España
& Portugal

2002

- Selección de hoteles y restaurantes
- Selecção de hotéis e restaurantes
- Sélection d'hôtels et de restaurants
- Selezione di alberghi e ristoranti
- Auswahl an Hotels und Restaurants
- Selection of hotels and restaurants

*En enero de 2002 el euro reemplazará
a la moneda nacional en España,
en Portugal y en otros diez países europeos.
Esta 30ª edición, en su formato actual,
de la Guía Roja España & Portugal
se expresa ya en la divisa europea,
así como en los títulos de la colección
La Guía Roja, Benelux, Deutschland, France,
Ireland, Italia, Paris y Portugal.*

*Los hoteleros y restauradores nos han fijado
todos sus precios en euros para 2002,
así los encontrará en esta edición,
totalmente actualizada por nuestros inspectores.*

*Para ayudarle a "pensar en euros",
La Guía Roja le facilita algunas referencias
a través de sus páginas, por ejemplo :*

*indica un restaurante
donde comerá "Bib Gourmand"
(Buenas comidas a precios moderados)
por menos de 30 € en España,
por menos de 25 € en Portugal.*

*Asimismo descubrirá toda la selección
de La Guía Roja España & Portugal en
www.ViaMihelin.com
y podrá hacernos llegar sus comentarios a
laguiaroja-esport@es.michelin.com
ya que en esta etapa de transición monetaria,
La Guía Roja le necesita más que nunca :
¡escríbanos!*

Sumario

La elección de un hotel, de un restaurante

Esta guía propone una selección de hoteles y restaurantes para uso de los automovilistas. Los establecimientos, clasificados según su confort, se citan por orden de preferencia dentro de cada categoría.

Categorías

🏨🏨🏨	XXXXX	*Gran lujo y tradición*
🏨🏨🏨	XXXX	*Gran confort*
🏨🏨	XXX	*Muy confortable*
🏨🏨	XX	*Confortable*
🏨	X	*Sencillo pero confortable*
🏡		*Sencillo pero correcto*
	🍽	*Bar de tapas*
sin rest.	sem rest.	*El hotel no dispone de restaurante*
con hab	com qto	*El restaurante tiene habitaciones*

Atractivo y tranquilidad

Ciertos establecimientos se distinguen en la guía por los símbolos en rojo que indicamos a continuación. La estancia en estos hoteles es especialmente agradable o tranquila.

Esto puede deberse a las características del edificio, a la decoración original, al emplazamiento, a la acogida y a los servicios que ofrece, o también a la tranquilidad del lugar.

🏨🏨🏨 ... 🏡		*Hoteles agradables*
XXXXX ... X, 🍽		*Restaurantes agradables*
« Parque »		*Elemento particularmente agradable*
		*Hotel muy tranquilo, o aislado y tranquilo*
		Hotel tranquilo
← mar		*Vista excepcional*
←		*Vista interesante o extensa*

Las localidades que poseen establecimientos agradables o muy tranquilos están señaladas en los mapas de las páginas 88 a 97, 760 y 761. Consúltenos para la preparación de sus viajes y envíenos sus impresiones a su regreso. Así nos ayudará en nuestra selección.

La instalación

Las habitaciones de los hoteles que recomendamos poseen, en general, cuarto de baño completo.
No obstante puede suceder que en las categorías 🏠 *y* ⌂ *algunas habitaciones carezcan de él.*

30 hab/30 qto	*Número de habitaciones*
	Ascensor
	Aire acondicionado
TV	*Televisión en la habitación*
	Habitaciones de fácil acceso para minusválidos
	Comidas servidas en el jardín o en la terraza
	Fitness club (gimnasio, sauna...)
	Piscina: al aire libre – cubierta
	Playa equipada – Jardín
	Tenis – Golf y número de hoyos
25/150	*Salas de conferencias: capacidad de las salas*
	Garaje en el hotel (generalmente de pago)
P	*Aparcamiento reservado a la clientela*
	Prohibidos los perros
	(en todo o en parte del establecimiento)
Fax	*Transmisión de documentos por telefax*
mayo-octubre maio-outubro	*Período de apertura comunicado por el hotelero*
temp.	*Apertura probable en temporada sin precisar fechas.* *Sin mención, el establecimiento está abierto todo el año*
28 012	
1 200	*Código postal*
4 150-130	

La mesa

Las estrellas

Algunos establecimientos merecen ser destacados por la calidad de su cocina. Los distinguimos con **las estrellas de buena mesa.**

En estos casos indicamos tres especialidades culinarias que pueden orientarles en su elección.

❀❀❀ **Una de las mejores mesas, justifica el viaje**
Cocina del más alto nivel, generalmente excepcional. Grandes vinos, servicio impecable, marco elegante... Precio en consonancia.

❀❀ **Mesa excelente, vale la pena desviarse**
Especialidades y vinos selectos... Cuente con un gasto en proporción.

❀ **Muy buena mesa en su categoría**
La estrella indica una buena etapa en su itinerario. Pero no compare la estrella de un establecimiento de lujo, de precios altos, con la de un establecimiento más sencillo en el que, a precios razonables, se sirve también una cocina de calidad.

El "Bib Gourmand"

Buenas comidas a precios moderados

Hemos realizado una selección de restaurantes que ofrecen, con una acertada relación calidad-precio, una buena comida, generalmente de tipo regional, para cuando Vd. desee encontrar establecimientos más sencillos a precios moderados.
Estos restaurantes se señalan con el "Bib Gourmand" y Comida *(España), o el "Bib Gourmand" y* Refeição *(Portugal). Ej.* Comida 30, Refeição 25.

Consulte los mapas con estrellas ❀❀❀, ❀❀, ❀ *y con* "Bib Gourmand" *, páginas 88 a 97, 760 y 761.*

Los vinos: ver páginas 75 y 763

Los precios

*Los precios que indicamos en esta guía nos fueron
proporcionados en el verano de 2001 y se aplican
en **temporada alta**. Pueden producirse
modificaciones debidas a variaciones de los precios
de bienes y servicios. El servicio está incluido.
En España el I.V.A. se añadirá al total de la
factura (7 %), salvo en Andorra (exento),
Canarias (4,5 % I.G.I.C.),
Ceuta y Melilla (4 % I.P.S.I.). En Portugal (12 %)
ya está incluido.*

*En algunas ciudades y con motivo de ciertas
manifestaciones comerciales o turísticas
(ferias, fiestas religiosas o patronales...),
los precios indicados por los hoteleros
pueden sufrir importantes aumentos.*

*Los hoteles y restaurantes figuran en negrita
cuando los hoteleros nos han señalado todos sus
precios comprometiéndose, bajo su responsabilidad,
a respetarlos ante los turistas de paso portadores
de nuestra Guía.*

*En temporada baja, algunos establecimientos ofrecen
condiciones ventajosas, infórmese al reservar.*

*Entre en el hotel o en el restaurante con su Guía
en la mano, demostrando así, que ésta le conduce
allí con confianza.*

Comidas

Comida 15,05	**Menú a precio fijo.**
Refeição 11,45	*Almuerzo o cena servido a las horas habituales*
	Comida a la carta.
carta 19,25 a 34,85	*El primer precio corresponde a una comida normal*
lista 13,95 a 23,45	*que comprende: entrada, plato fuerte del día y postre.*
	El 2º precio se refiere a una comida más completa
	(con especialidad de la casa) que comprende:
	dos platos y postre
Tapa 2,40	*Precio de una tapa*
Ración aprox. 8,40	*Precio de una ración*

Habitaciones

hab 34,85/54
qto 27,45/45

Precio de una habitación individual / Precio de una habitación doble, en temporada alta

Suites, apartamentos

Consulte al hotelero

hab ☕ 42,05/66,10

qto ☕ 34,45/49,85

Precio de la habitación con desayuno incluido

☕ 5,40

Precio del desayuno

Pensión

PA 27,85

Precio de la Pensión Alimenticia (desayuno, comida y cena).
El precio de la pensión completa se obtendrá añadiendo al importe de la habitación el de la Pensión Alimenticia por persona y día. Conviene concretar de antemano los precios con el hotelero.

Las arras

Algunos hoteleros piden una señal al hacer la reserva. Se trata de un depósito-garantía que compromete tanto al hotelero como al cliente. Conviene precisar con detalle las cláusulas de esta garantía.

Tarjetas de crédito

Tarjetas de crédito aceptadas por el establecimiento:
American Express – Diners Club – MasterCard (Eurocard)
Visa – Japan Credit Bureau

Las poblaciones

28000	*Código postal*
⊠ 7800 Beja	*Código postal y Oficina de Correos distribuidora*
P	*Capital de Provincia*
445 *M 27*	*Mapa Michelin y coordenadas*
24 000 h.	*Población*
alt. 175	*Altitud de la localidad*
3	*Número de teleféricos o telecabinas*
7	*Número de telesquíes o telesillas*
AX A	*Letras para localizar un emplazamiento en el plano*
18	*Golf y número de hoyos*
✳ ≼	*Panorama, vista*
	Aeropuerto
	Localidad con servicio Auto-Expreso. *Información en el número indicado*
	Transportes marítimos
i	*Información turística*

Las curiosidades

Grado de interés

★★★	*De interés excepcional*
★★	*Muy interesante*
★	*Interesante*

Situación de las curiosidades

Ver	*En la población*
Alred./Arred.	*En los alrededores de la población*
Excurs.	*Excursión en la región*
Norte, Sur-Sul, Este, Oeste	*La curiosidad está situada: al Norte, al Sur, al Este, al Oeste*
①, ④	*Salir por la salida ① o ④, localizada por el mismo signo en el plano*
6 km	*Distancia en kilómetros*

El coche, los neumáticos

Marcas de automóviles

Al final de la Guía encontrará una relación de las principales marcas de automóviles. En caso de avería, en el teléfono indicado le facilitarán la dirección del concesionario más cercano.

Velocidad máxima autorizada

	Autopista	Carretera	Población
España Portugal	120 km/h	90/100 km/h	50 km/h

El uso del cinturón de seguridad es obligatorio delante y detrás.

Sus neumáticos

Para cualquier tema relacionado con sus neumáticos Michelin, diríjase:

*En **España,** a la División Comercial Michelin en Tres Cantos (Madrid), Servicio de Atención al Cliente, teléfono **902 209 230** de 9 a 19 h., donde le facilitaremos los consejos e informaciones necesarios.*

Internet : **www.michelin.es**

E-mail : **webturismo@es.michelin.com**

*En **Portugal**, a la Dirección Comercial Michelin en Prior Velho (Lisboa).*

Las direcciones y números de teléfono de las Oficinas Michelin figuran en el texto de dichas localidades.

"Los Automóvil Club"

RACE	*Real Automóvil Club de España*
RACC	*Reial Automòbil Club de Catalunya*
RACVN	*Real Automóvil Club Vasco Navarro*
RACV	*Real Automóvil Club de Valencia*
ACA	*Automóvil Club de Andorra*
ACP	*Automóvel Club de Portugal*

Ver las direcciones y los números de teléfono en el texto de las localidades correspondientes.

Los mapas de alrededores

No olvide consultarlos

*Si busca un buen establecimiento,
por ejemplo, en los alrededores de Santander :
Consulte el mapa que acompaña al plano
de la ciudad.*

*En el "mapa de alrededores" (página de al lado)
figuran todas las localidades citadas en la Guía
que se encuentran en las proximidades
de la ciudad escogida, principalmente las situadas
en un radio de 40 km (límite de color).*

*Los "mapas de alrededores" permiten localizar
rápidamente todos los establecimientos seleccionados
en la Guía cercanos a las metrópolis regionales.*

Nota:

*Cuando una localidad figura en un "mapa
de alrededores", la metrópoli a la que pertenece
está impresa en color AZUL en la línea
de distancias entre ciudades.*

Ejemplo:

*COMILLAS figurará
en el "mapa
de alrededores"
de SANTANDER.*

COMILLAS 39520 Cantabria **442** B 17 – 2 461 h. – Playa.
Ver : *Pueblo pintoresco★*.
🛈 Aldea 6 ☎ 942 72 07 68.
Madrid 412 – Burgos 169 – Oviedo 152 – Santander 43.

Todos los "mapas de alrededores" se pueden localizar en las mapas temáticos páginas 88 a 97, 760 y 761.

Los planos

    Hoteles
    Restaurantes, Bares de tapas

Curiosidades

Edificio interesante
Edificio religioso interesante

Vías de circulación

Autopista, autovía
    número del acceso : completo-parcial
Vía importante de circulación
Sentido único – Calle impracticable, de uso restringido
Calle peatonal – Tranvía
Colón   *Calle comercial – Aparcamiento*
Puerta – Pasaje cubierto – Túnel
Estación y línea férrea
Funicular – Teleférico, telecabina
Puente móvil – Barcaza para coches

Signos diversos

Oficina de Información de Turismo
Mezquita – Sinagoga
Torre – Ruinas – Molino de viento – Depósito de agua
Jardín, parque, bosque – Cementerio – Crucero
Golf – Hipódromo – Plaza de toros
Estadio – Piscina al aire libre, cubierta
Vista – Panorama
Monumento – Fuente – Fábrica – Centro comercial
Puerto deportivo – Faro
Aeropuerto – Boca de metro – Estación de autobuses
Transporte por barco :
    pasajeros y vehículos, pasajeros solamente
Referencia común a los planos y a los mapas detallados Michelin
Oficina central de lista de correos – Teléfonos
Hospital – Mercado cubierto
Edificio público localizado con letra :
D   H   J   *- Diputación – Ayuntamiento – Palacio de Justicia*
G   *- Delegación del Gobierno (España),*
    Gobierno del distrito (Portugal)
M   T   U   *- Museo – Teatro – Universidad, Escuela Superior*
POL.   *- Policía (en las grandes ciudades : Jefatura)*
Guardia Civil (España)
Guardia Nacional (Portugal)

*Em Janeiro de 2002 o euro
substituirá à moeda nacional em Espanha,
em Portugal e noutros dez países europeus.
Esta 30ª edição, no seu formato actual,
do Guia Vermelho España & Portugal
já se expressa na divisa europeia,
assim como nos títulos da colecção
O Guia Vermelho, Benelux, Deutschland,
France, Ireland, Italia, Paris e Portugal.*

*Os hoteleiros e restauradores fixaram todos
os seus preços em euros para 2002,
assim os encontrará nesta edição,
totalmente actualizada pelos nossos inspectores.*

*Para ajudá-lo a "pensar em euros",
O Guia Vermelho facilita algumas referencias
ao longo das suas páginas, por exemplo :
☺ indica um restaurante
  onde comerá «Bib Gourmand»
  (Refeições cuidadas a preços moderados)
  por menos de 30 € em Espanha,
  por menos de 25 € em Portugal.*

*Igualmente descobrirá toda a selecção
do Guia Vermelho España & Portugal em
www.ViaMichelin.com
e poderá fazer-nos chegar os seus comentários a
laguiaroja-esport@es.michelin.com
já que nesta etapa de transição monetária,
O Guia Vermelho precisa de si mais do que nunca :
escreva-nos!*

Sumário

A escolha de um hotel, de um restaurante

*Este Guia propõe uma selecção de hotéis e restaurantes
para servir o automobilista de passagem.
Os estabelecimentos classificados,
segundo o seu conforto, estão indicados por ordem
de preferência dentro de cada categoria.*

Classe e conforto

🏨	XXXXX	*Grande luxo e tradição*
🏨	XXXX	*Grande conforto*
🏨	XXX	*Muito confortável*
🏨	XX	*Confortável*
🏠	X	*Simples, mas confortável*
🏠		*Simples, mas aceitável*
	℉	*Bar de tapas*
sin rest.	sem rest.	*O hotel não tem restaurante*
con hab	com qto	*O restaurante tem quartos*

Atractivos e tranquilidade

*A estadia em certos hotéis torna-se por vezes
particularmente agradável ou repousante.*

*Isto deve-se, por um lado às características
do edifício, à decoração original, à localização,
ao acolhimento e aos serviços prestados,
e por outro lado à tranquilidade dos locais.*

*Tais estabelecimentos distinguem-se no Guia pelos
símbolos a vermelho que abaixo se indicam.*

🏨 ... 🏠		*Hotéis agradáveis*
XXXXX ... X, ℉		*Restaurantes agradáveis*
« Parque »		*Elemento particularmente agradável*
		Hotel muito tranquilo, ou isolado e tranquilo
		Hotel tranquilo
⩽ mar		*Vista excepcional*
⩽		*Vista interessante ou ampla*

*As localidades que possuem hotéis e restaurantes
agradáveis ou muito tranquilos encontram-se nos
mapas nas páginas 88 a 97, 760 e 761.*

*Consulte-as para a preparação das suas viagens
e dê-nos as suas impressões quando regressar.
Assim facilitará a nossa seleção.*

A instalação

*Os quartos dos hotéis que lhe recomendamos
têm em geral quarto de banho completo.
No entanto pode acontecer que certos quartos,
nas categorias ⌂ e ♙, não o tenham.*

30 hab/30 qto	*Número de quartos*
	Elevador
	Ar condicionado
TV	*Televisão no quarto*
	Quartos de fácil acesso para deficientes físicos
	Refeições servidas no jardim ou na esplanada
	Fitness club
	Piscina ao ar livre ou coberta
	Praia equipada – Jardim de repouso
	Ténis
18	*Golfe e número de buracos*
25/150	*Salas de conferências:*
	capacidade mínima e máxima das salas
	Garagem (geralmente a pagar)
P	*Parque de estacionamento reservado aos clientes*
	Proibido a cães: em todo ou em parte
	do estabelecimento
Fax	*Transmissão de documentos por telecópias*
maio-outubro mayo-octubre	*Período de abertura comunicado pelo hoteleiro*
temp.	*Abertura provável na época mas sem datas precisas.* *Os estabelecimentos abertos todo* *o ano são os que não têm qualquer menção*
✉ 28 012	
✉ 1 200	*Código postal*
✉ 4 150-130	

18

A mesa

As estrelas

Entre os numerosos estabelecimentos recomendados neste guia, alguns merecem ser assinalados pela qualidade da sua cozinha.
*Nós classificamo-los por **estrelas**.*
Indicamos, para esses estabelecimentos, três especialidades culinárias que poderão orientar-vos na escolha.

✿✿✿ Uma das melhores mesas, vale a viagem

Come-se sempre muito bem e por vezes maravilhosamente. Vinhos de marca, serviço impecável, ambiente elegante... Preços em conformidade.

✿✿ Uma mesa excelente, merece um desvio

Especialidades e vinhos seleccionados ; deve estar preparado para uma despesa em concordância.

✿ Uma muito boa mesa na sua categoria

A estrela marca uma boa etapa no seu itinerário. Mas não compare a estrela dum estabelecimento de luxo com preços elevados com a estrela duma casa mais simples onde, com preços razoáveis se serve também uma cozinha de qualidade.

O "Bib Gourmand"

Refeições cuidadas a preços moderados

Deseja por vezes encontrar refeições mais simples a preços moderados, por isso nós selecionamos restaurantes propondo por um lado uma relação qualidade-preço particularmente favorável, por outro uma refeicão cuidada frequentemente de tipo regional.
*Estes restaurantes estão sinalizados por o "**Bib Gourmand**" 😊 e* Comida *(Espanha) ou o "**Bib Gourmand**" 😊 e* Refeição *(Portugal). Exemplo:* Comida *30,* Refeição *25.*

Consulte os mapas com estrelas ✿✿✿, ✿✿, ✿ e com "**Bib Gourmand**" 😊, *páginas 88 a 97, 760 e 761.*

Os vinhos : ver páginas 75 e 763

Os preços

*Os preços indicados neste Guia foram estabelecidos no Verão de 2001 e são preços de **época alta**. Podem portanto ser modificados, nomeadamente se se verificarem alterações no custo de vida ou nos preços dos bens e serviços. Em Espanha o I.V.A. será aplicado à totalidade da factura (7 %), salvo em Andorra (isento), Canarias (4,5 % I.G.I.C.), Ceuta e Melilla (4 % I.P.S.I.). Em Portugal (12 %) já está incluído.*

Em algumas cidades, por ocasião de manifestações comerciais ou turísticas os preços pedidos pelos hotéis poderão sofrer aumentos consideráveis.

Quando os hotéis e restaurantes figuram em carácteres destacados, significa que os hoteleiros nos deram todos os seus preços e se comprometeram sob a sua própria responsabilidade, a aplicá-los aos turistas de passagem, portadores do nosso Guia.

Em época baixa alguns estabelecimentos oferecem condições vantajosas, informe-se ao fazer a reserva.

Entre no hotel ou no restaurante com o Guia na mão e assim mostrará que ele o conduziu com confiança.

Refeições

Comida 15,05

Preço fixo

Refeição 11,45

Preço da refeição servida às horas normais

Refeições à lista

carta 19,25 a 34,85

lista 13,95 a 23,45

O primeiro preço corresponde a uma refeição simples, mas esmerada, compreendendo: entrada, prato do dia guarnecido e sobremesa. O segundo preço, refere-se a uma refeição mais completa (com especialidade), compreendendo: dois pratos e sobremesa.

Tapa 2,40

Preço de uma tapa

Ración aprox. 8,40

Preço de uma porção

Quartos

hab 34,85/54	*Preço para um quarto de uma pessoa / Preço para um*
qto 27,45/45	*quarto de duas pessoas em época alta*
Suites, apartamentos	*Consulte o hoteleiro*
hab ☕ 42,05/66,10	*O preço do pequeno almoço está incluído*
qto ☕ 34,45/49,85	*no preço do quarto*
☕ 5,40	*Preço do pequeno almoço*

Pensão

PA 27,85

*Preço das refeições (almoço e jantar). Este preço
deve juntar-se ao preço do quarto individual
(pequeno almoço incluído) para se obter o custo
da pensão completa por pessoa e por dia.
É indispensável um contacto antecipado
com o hotel para se obter o custo definitivo.*

O sinal

*Alguns hoteleiros pedem por vezes o pagamento
de um sinal. Trata-se de um depósito de garantia
que compromete tanto o hoteleiro como o cliente.*

Cartões de crédito

*Principais cartões de crédito aceites no estabelecimento:
American Express – Diners Club – MasterCard (Eurocard)
Visa – Japan Credit Bureau*

As cidades

28000	Código postal
✉ 7800 Beja	Código postal e nome do Centro de Distribuição Postal
P	Capital de distrito
445 M 27	Mapa Michelin e coordenada
24 000 h.	População
alt. 175	Altitude da localidade
⛴ 3	Número de teleféricos ou telecabinas
⛷ 7	Número de teleskis ou telecadeiras
AX A	Letras determinando um local na planta
⛳18	Golfe e número de buracos
✻ ≼	Panorama, vista
✈	Aeroporto
🚗	Localidade com serviço de transporte de viaturas em caminho-de-ferro. Informações pelo número de telefone indicado
⛴	Transportes marítimos
🛈	Informação turística

As curiosidades

Interesses

★★★	De interesse excepcional
★★	Muito interessante
★	Interessante

Localização

Ver	Na cidade
Alred./Arred.	Nos arredores da cidade
Excurs.	Excursões pela região
Norte, Sul-Sur, Este, Oeste	A curiosidade está situada: a Norte, a Sul, a Este, a Oeste
①. ④	Chega-se lá pela saída ① ou ④, assinalada pelo mesmo sinal na planta
6 km	Distância em quilómetros

O automóvel, os pneus

Marcas de automóveis

No final do Guia existe uma lista das principais marcas de automóveis. Em caso de avaria, o endereço do mais próximo agente da marca pretendida ser-lhe-á comunicado se ligar para o número de telefone indicado.

Velocidade: límites autorizados

Auto-estrada   Estrada   Localidade

Espanha
Portugal } *120 km/h   90/100 km/h   50 km/h*

O uso do cinto de segurança é obrigatório para todos os ocupantes do veículo.

Os seus pneus

Para qualquer assunto relacionado com os seus pneus Michelin, dirija-se:
*Em **Espanha**, à Divisão Comercial Michelin em Tres Cantos (Madrid), Serviço de Atenção ao Cliente, telefone **902 209 230** de 9 a 19 h., onde lhe proporcionaremos*
os conselhos e informações necessários.
*Internet : **www.michelin.es***
*E-mail : **webturismo@es.michelin.com***
*Em **Portugal**, à Direcção Comercial Michelin no Prior Velho (Lisboa).*
Os endereços e os números de telefone das agências Michelin figuram no texto das localidades correspondentes.

Automóvel clubes

RACE   Real Automóvil Club de España
RACC   Reial Automòbil Club de Catalunya
RACVN   Real Automóvil Club Vasco Navarro
RACV   Real Automóvil Club de Valencia
ACA   Automóvil Club de Andorra
ACP   Automóvel Club de Portugal
Ver no texto da maior parte das grandes cidades, a morada e o número de telefone de cada um dos Clubes Automóvel.

Os mapas
de arredores

Não esqueça de consultá-los

*Se procura um bom estabelecimento,
por exemplo, nos arredores de Santander :
Consulte o mapa que acompanha a planta da
cidade.*

*No "mapa de arredores" (página do lado)
aparecem todas as localidades citadas no
Guia que se encontram nas proximidades
da cidade escolhida, principalmente situadas
num raio de 40 km (limite de côr).*

*Os "mapas de arredores" permitem localizar
rápidamente todos os estabelecimentos seleccionados
no Guia perto das metrópoles regionais.*

Anotação:

*Quando uma localidade aparece num "mapa
de arredores", a metrópole a qual esta pertence,
está impressa na côr AZUL na linha de
distâncias entre cidades.*

Exemplo:

*COMILLAS
será indicado no
"mapa de arredores"
de SANTANDER.*

COMILLAS 39520 Cantabria **442** B 17 – 2 461 h. – Playa.
Ver : Pueblo pintoresco★.
🛈 Aldea 6 ✆ 942 72 07 68.
Madrid 412 – Burgos 169 – Oviedo 152 – Santander 43.

Todos os "mapas de arredores" estão indicados nos mapas temáticos páginas 88 a 97, 760 e 761.

As plantas

Hotéis

Restaurantes, Bares de tapas

Curiosidades

Edifício interessante

Edifício religioso interessante

Vias de circulação

Auto-estrada, estrada com faixas de rodagem separadas
- número do nó de acesso: completo-parcial

Grande via de circulação

Sentido único – Rua impraticável, regulamentada

Via reservada aos peões – Eléctrico

Colón Rua comercial – Parque de estacionamento

Porta – Passagem sob arco – Túnel

Estação e via férrea

Funicular – Teleférico, telecabine

Ponte móvel – Barcaça para automóveis

Diversos símbolos

Posto de Turismo

Mesquita – Sinagoga

Torre – Ruínas – Moinho de vento – Mãe d'água

Jardim, parque, bosque – Cemitério – Cruzeiro

Golfe – Hipódromo – Praça de touros

Estádio – Piscina ao ar livre, coberta

Vista – Panorama

Monumento – Fonte – Fábrica – Centro Comercial

Porto desportivo – Farol

Aeroporto – Estação de metro – Estação de autocarros

Transporte por barco:

    passageiros e automóveis, só de passageiros

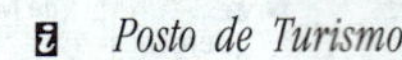

Referência comum às plantas e aos mapas Michelin
detalhados

Correio principal com posta-restante – Telefone

Hospital – Mercado coberto

Edifício público indicado por letra:

D H J - Conselho provincial – Câmara municipal – Tribunal

G - Delegação do Governo (Espanha),
    Governo civil (Portugal)

M T U - Museu – Teatro – Universidade, Grande Escola

POL. - Polícia (nas cidades principais: esquadra central)

Guarda Nacional (Espanha)

Guarda Nacional Republicana (Portugal)

En janvier 2002 l'euro remplace
la monnaie nationale en Espagne,
au Portugal et dans dix autres pays européens.
Comme les titres Benelux, Deutschland, France,
Ireland, Italia, Paris et Portugal de la collection
Le Guide Rouge, cette 30ᵉ édition du Guide Rouge
España & Portugal parle en devise européenne.

Les hôteliers et restaurateurs ont établi
tous leurs prix en euros pour l'année à venir.
Vous les trouverez ainsi dans cette édition 2002,
entièrement mise à jour par nos inspecteurs
sur le terrain.

Pour vous aider à « penser euro »,
Le Guide Rouge vous donne
quelques points de repère au fil de ses pages,
par exemple :

signale un restaurant
où vous mangerez gourmand
pour moins de 30 € en Espagne,
pour moins de 25 € au Portugal.

Vous pouvez également retrouver toute la sélection
du Guide Rouge España & Portugal sur
www.ViaMichelin.com
et nous faire part de vos commentaires à
laguiaroja-esport@es.michelin.com
Car plus que jamais en cette période de transition
monétaire, Le Guide Rouge a besoin de vous :
écrivez-nous !

Sommaire

Le choix d'un hôtel, d'un restaurant

*Ce guide vous propose une sélection d'hôtels
et restaurants établie à l'usage de l'automobiliste
de passage. Les établissements, classés
selon leur confort, sont cités par ordre de préférence
dans chaque catégorie.*

Catégories

🏨	XXXXX	*Grand luxe et tradition*
🏨	XXXX	*Grand confort*
🏨	XXX	*Très confortable*
🏨	XX	*De bon confort*
🏨	X	*Assez confortable*
⌂		*Simple mais convenable*
	♈	*Bar à tapas*
sin rest.	sem rest.	*L'hôtel n'a pas de restaurant*
con hab	com qto	*Le restaurant possède des chambres*

Agrément et tranquillité

*Certains établissements se distinguent dans le guide
par les symboles rouges indiqués ci-après.
Le séjour dans ces hôtels se révèle particulièrement
agréable ou reposant.
Cela peut tenir d'une part au caractère de l'édifice,
au décor original, au site, à l'accueil
et aux services qui sont proposés,
d'autre part à la tranquillité des lieux.*

🏨 ... ⌂	*Hôtels agréables*
XXXXX ... X, ♈	*Restaurants agréables*
« Parque »	*Élément particulièrement agréable*
	*Hôtel très tranquille ou isolé et tranquille*
	*Hôtel tranquille*
← mar	*Vue exceptionnelle*
←	*Vue intéressante ou étendue.*

*Les localités possédant des établissements agréables
ou très tranquilles sont repérées sur les cartes
pages 88 à 97, 760 et 761.
Consultez-les pour la préparation de vos voyages
et donnez-nous vos appréciations à votre retour,
vous faciliterez ainsi nos enquêtes.*

L'installation

Les chambres des hôtels que nous recommandons
possèdent, en général, des installations sanitaires
complètes. Il est toutefois possible
que dans les catégories 🏠 et 🛖,
certaines chambres en soient dépourvues.

30 hab/30 qto	Nombre de chambres
	Ascenseur
	Air conditionné
TV	Télévision dans la chambre
	Chambres accessibles aux handicapés physiques
	Repas servis au jardin ou en terrasse
	Salle de remise en forme
	Piscine : de plein air ou couverte
	Plage aménagée – Jardin de repos
	Tennis – Golf et nombre de trous
25/150	Salles de conférences : capacité des salles
	Garage dans l'hôtel (généralement payant)
P	Parking réservé à la clientèle
	Accès interdit aux chiens
	(dans tout ou partie de l'établissement)
Fax	Transmission de documents par télécopie
mayo-octubre maio-outubro	Période d'ouverture, communiquée par l'hôtelier
temp.	Ouverture probable en saison mais dates non précisées. En l'absence de mention, l'établissement est ouvert toute l'année.
✉ 28 012	
✉ 1 200	Code postal
✉ 4 150-130	

La table

Les étoiles

*Certains établissements méritent d'être signalés
à votre attention pour la qualité de leur cuisine.
Nous les distinguons par les étoiles de bonne table.*

*Nous indiquons, pour ces établissements, trois
spécialités culinaires qui pourront orienter votre choix.*

❀❀❀ Une des meilleures tables, vaut le voyage

*On y mange toujours très bien, parfois merveilleusement.
Grands vins, service impeccable, cadre élégant...
Prix en conséquence.*

❀❀ Table excellente, mérite un détour

*Spécialités et vins de choix...
Attendez-vous à une dépense en rapport.*

❀ Une très bonne table dans sa catégorie

*L'étoile marque une bonne étape sur votre itinéraire.
Mais ne comparez pas l'étoile d'un établissement
de luxe à prix élevés avec celle d'une petite maison
où à prix raisonnables, on sert également une cuisine
de qualité.*

Le "Bib Gourmand"

Repas soignés à prix modérés

*Vous souhaitez parfois trouver des tables
plus simples, à prix modérés ; c'est pourquoi nous avons
sélectionné des restaurants proposant,
pour un rapport qualité-prix particulièrement
favorable, un repas soigné, souvent de type régional.
Ces restaurants sont signalés par le* **"Bib Gourmand"**
et Comida *(Espagne) ou le* **"Bib Gourmand"** *et* Refeição
(Portugal) ; Ex. Comida 30, Refeição 25.

Consultez les cartes des étoiles ❀❀❀, ❀❀, ❀ *et des*
"Bib Gourmand", *pages 88 à 97, 760 et 761.*
Les vins : voir pages 75 et 763

Les prix

*Les prix que nous indiquons dans ce guide
ont été établis en été 2001 et s'appliquent
à **la haute saison**. Ils sont susceptibles
de modifications, notamment
en cas de variations des prix des biens et services.
Ils s'entendent service compris.*

*En Espagne la T.V.A. (I.V.A.) sera ajoutée à la note
(7 %), sauf en Andorre (pas de T.V.A.),
aux Canaries (4,5 % I.G.I.C.),
Ceuta et Melilla (4 % I.P.S.I.). Au Portugal
(12 %) elle est comprise dans les prix.*

*Dans certaines villes, à l'occasion de manifestations
commerciales ou touristiques, les prix demandés
par les hôteliers risquent d'être considérablement
majorés.*

*Les hôtels et restaurants figurent en gros caractères
lorsque les hôteliers nous ont donné tous leurs prix
et se sont engagés, sous leur propre responsabilité,
à les appliquer aux touristes de passage porteurs
de notre Guide.*

*Hors saison, certains établissements proposent
des conditions avantageuses, renseignez-vous
lors de votre réservation.*

*Entrez à l'hôtel le Guide à la main, vous montrerez
ainsi qu'il vous conduit là en confiance.*

Repas

Comida 15,05
Refeição 11,45

Menu à prix fixe :
Prix du menu servi aux heures normales

Repas à la carte

carta 19,25 a 34,85
lista 13,95 a 23,45

*Le premier prix correspond à un repas normal
comprenant : entrée, plat garni et dessert.
Le 2ᵉ prix concerne un repas plus complet
(avec spécialité) comprenant : deux plats et dessert*

Tapa 2,40 — *Prix d'une tapa*

Ración aprox. 8,40 — *Prix d'une portion*

Chambres

hab 34,85/54	*Prix pour une chambre d'une personne / Prix pour une*
qto 27,45/45	*chambre de deux personnes en haute saison*
Suites, apartamentos	*Se renseigner auprès de l'hôtelier*
hab ☕ 42,05/66,10	*Prix des chambres petit déjeuner compris*
qto ☕ 34,45/49,85	
☕ 5,40	*Prix du petit déjeuner*

Pension

PA 27,85 — *Prix de la « Pensión Alimenticia » (petit déjeuner
et les deux repas), à ajouter à celui de la chambre
individuelle pour obtenir le prix de la pension
complète par personne et par jour.
Il est indispensable de s'entendre par avance
avec l'hôtelier pour conclure un arrangement définitif.*

Les arrhes

*Certains hôteliers demandent le versement d'arrhes.
Il s'agit d'un dépôt-garantie qui engage l'hôtelier
comme le client. Bien faire préciser les dispositions
de cette garantie.*

Cartes de crédit

*Cartes de crédit acceptées par l'établissement :
American Express – Diners Club – MasterCard (Eurocard)
Visa – Japan Credit Bureau*

Les villes

28000	*Numéro de code postal*
✉ 7800 Beja	*Numéro de code postal et nom du bureau distributeur du courrier*
P	*Capitale de Province*
445 *M 27*	*Numéro de la Carte Michelin et carroyage*
24 000 h.	*Population*
alt. 175	*Altitude de la localité*
🚠 3	*Nombre de téléphériques ou télécabines*
🎿 7	*Nombre de remonte-pentes ou télésièges*
AX A	*Lettres repérant un emplacement sur le plan*
⚑18	*Golf et nombre de trous*
✳ ≼	*Panorama, point de vue*
✈	*Aéroport*
🚗	*Localité desservie par train-auto. Renseignements au numéro de téléphone indiqué*
⛴	*Transports maritimes*
🛈	*Information touristique*

Les curiosités

Intérêt

★★★	*Vaut le voyage*
★★	*Mérite un détour*
★	*Intéressant*

Situation

Ver	*Dans la ville*
Alred./Arred.	*Aux environs de la ville*
Excurs.	*Excursions dans la région*
Norte, Sur-Sul, Este, Oeste	*La curiosité est située : au Nord, au Sud, à l'Est, à l'Ouest*
①, ④	*On s'y rend par la sortie ① ou ④ repérée par le même signe sur le plan du Guide et sur la carte*
6 km	*Distance en kilomètres*

La voiture, les pneus

Marques automobiles

Une liste des principales marques automobiles figure en fin de Guide.
En cas de panne, l'adresse du plus proche agent de la marque vous sera communiquée en appelant le numéro de téléphone indiqué.

Vitesse : limites autorisées

	Autoroute	Route	Agglomération
Espagne Portugal	120 km/h	90/100 km/h	50 km/h

Le port de la ceinture de sécurité est obligatoire à l'avant et à l'arrière des véhicules.

Vos pneumatiques

Pour toute question concernant vos pneus Michelin, adressez-vous :

*En **Espagne**, à la Division Commerciale Michelin à Tres Cantos (Madrid), Service d'Assistance au Client, téléphone **902 209 230** de 9 à 19 h., où nous vous fournirons les conseils et l'information nécessaires.*

Internet : **www.michelin.es**

E-mail : **webturismo@es.michelin.com**

*Au **Portugal**, à la Direction Commerciale Michelin à Prior Velho (Lisbonne).*

Les adresses et les numéros de téléphone des agences Michelin figurent au texte des localités correspondantes.

Automobile clubs

RACE	Real Automóvil Club de España
RACC	Reial Automòbil Club de Catalunya
RACVN	Real Automóvil Club Vasco Navarro
RACV	Real Automóvil Club de Valencia
ACA	Automóvil Club de Andorra
ACP	Automóvel Club de Portugal

Voir au texte de la plupart des grandes villes, l'adresse et le numéro de téléphone de ces différents Automobile Clubs.

Les cartes de voisinage

Avez-vous pensé à les consulter ?

*Vous souhaitez trouver une bonne adresse,
par exemple, aux environs de Santander ?
Consultez la carte qui accompagne
le plan de la ville.*

*La "carte de voisinage" (ci-contre) attire votre
attention sur toutes les localités citées au Guide
autour de la ville choisie, et particulièrement
celles situées dans un rayon de 40 km
(limite de couleur).*

*Les "cartes de voisinage" vous permettent ainsi le
repérage rapide de toutes les ressources proposées
par le Guide autour des métropoles régionales.*

Nota :

*Lorsqu'une localité est présente sur
une "carte de voisinage", sa métropole de
rattachement est imprimée en BLEU sur
la ligne des distances de ville à ville.*

Exemple :

*Vous trouverez
COMILLAS sur la
"carte de voisinage"
de SANTANDER.*

COMILLAS *39520 Cantabria* **442** *B 17 – 2 461 h. – Playa.*
Ver : Pueblo pintoresco★.
Aldea 6 ℰ 942 72 07 68.
Madrid 412 – Burgos 169 – Oviedo 152 – Santander 43.

Toutes les « cartes de voisinage » sont localisées sur les cartes thématiques pages 88 à 97, 760 et 761.

Les plans

| | | *Hôtels* |
| | | *Restaurants, Bars à tapas* |

Curiosités

Bâtiment intéressant
Édifice religieux intéressant

Voirie

Autoroute, route à chaussées séparées
  échangeur : complet, partiel, numéro
Grande voie de circulation
Sens unique – Rue impraticable, réglementée
Rue piétonne – Tramway
Rue commerçante – Parc de stationnement
Porte – Passage sous voûte – Tunnel
Gare et voie ferrée
Funiculaire – Téléphérique, télécabine
Pont mobile – Bac pour autos

Signes divers

Information touristique
Mosquée – Synagogue
Tour – Ruines
Moulin à vent – Château d'eau
Jardin, parc, bois – Cimetière – Calvaire
Golf – Hippodrome – Arènes
Stade – Piscine de plein air, couverte
Vue – Panorama
Monument – Fontaine – Usine – Centre commercial
Port de plaisance – Phare
Aéroport – Station de métro – gare routière
Transport par bateau :
  passagers et voitures, passagers seulement
Repère commun aux plans et aux cartes Michelin détaillées
Bureau principal de poste restante – Téléphone
Hôpital – Marché couvert
Bâtiment public repéré par une lettre :
- Conseil provincial – Hôtel de ville – Palais de justice
- Délégation du gouvernement (Espagne),
  Gouvernement du district (Portugal)
- Musée – Théâtre – Université, grande école
- Police (commissariat central)
Gendarmerie (Espagne)
Gendarmerie (Portugal)

*Dal gennaio 2002 l'euro sostituisce
la moneta nazionale in Spagna, Portogallo
e in altri dieci paesi europei.
Come gli altri titoli della collezione
La Guida Rossa, Benelux, Deutschland, France,
Ireland, Italia, Paris e Portugal,
questa 30° edizione della Guida Rossa
España & Portugal si esprime in valuta europea.*

*Albergatori e ristoratori hanno definito
i loro prezzi in euro per il nuovo anno.
E' così che li troverete in questa edizione 2002,
completamente aggiornata dai nostri ispettori.*

*Per aiutarvi a "pensare in euro",
La Guida Rossa vi propone al proprio interno :*

   *evidenzia un ristorante che
offre un pranzo accurato a meno di
30 € in Spagna
25 € in Portogallo.*

*Potrete inoltre ritrovare l'intera selezione
della Guida Rossa España & Portugal
sul sito www.ViaMichelin.com
oppure inviarci i vostri commenti all'indirizzo
laguiaroja-esport@es.michelin.com
Ora più che mai,
in questo periodo di transizione monetaria,
La Guida Rossa ha bisogno di voi:
scriveteci !*

Sommario

La scelta di un albergo, di un ristorante

Questa guida propone una selezione di alberghi e ristoranti per orientare la scelta, dell'automobilista. Gli esercizi, classificati in base al confort che offrono, vengono citati in ordine di preferenza per ogni categoria.

Categorie

🏨	🍴🍴🍴🍴🍴	*Gran lusso e tradizione*
🏨	🍴🍴🍴🍴	*Gran confort*
🏨	🍴🍴🍴	*Molto confortevole*
🏨	🍴🍴	*Di buon confort*
🏠	🍴	*Abbastanza confortevole*
⚘		*Semplice, ma conveniente*
	🍷	*Bar con tapas*
sin rest.	sem rest.	*L'albergo non ha ristorante*
con hab	com qto	*Il ristorante dispone di camere*

Amenità e tranquillità

Alcuni esercizi sono evidenziati nella guida dai simboli rossi indicati qui di seguito. Il soggiorno in questi alberghi si rivela particolarmente ameno o riposante.

Ciò può dipendere sia dalle caratteristiche dell'edificio, dalle decorazioni non comuni, dalla sua posizione e dal servizio offerto, sia dalla tranquillità dei luoghi.

🏨 ... 🏠		*Alberghi ameni*
🍴🍴🍴🍴🍴 ... 🍴, 🍷		*Ristoranti ameni*
« Parque »		*Un particolare piacevole*
		Albergo molto tranquillo o isolato e tranquillo
		Albergo tranquillo
⇐ mar		*Vista eccezionale*
⇐		*Vista interessante o estesa*

Le località che possiedono degli esercizi ameni o molto tranquilli sono riportate sulle carte da pagina 88 a 97, 760 e 761.

Consultatele per la preparazione dei vostri viaggi e, al ritorno, inviateci i vostri pareri ; in tal modo agevolerete le nostre inchieste.

Installazioni

Le camere degli alberghi che raccomandiamo possiedono, generalmente, delle installazioni sanitarie complete. È possibile tuttavia che nelle categorie ⌂ e ☆ alcune camere ne siano sprovviste.

30 hab/30 qto	*Numero di camere*
↕	*Ascensore*
▤	*Aria condizionata*
TV	*Televisione in camera*
♿	*Camere di agevole accesso per i portatori di handicap*
	Pasti serviti in giardino o in terrazza
	Palestra
	Piscina: all'aperto – coperta
	Spiaggia attrezzata – Giardino
	Tennis – Golf e numero di buche
25/150	*Sale per conferenze: capienza minima e massima delle sale*
	Garage nell'albergo (generalmente a pagamento)
P	*Parcheggio riservato alla clientela*
	Accesso vietato ai cani (in tutto o in parte dell'esercizio)
Fax	*Trasmissione telefonica di documenti*
mayo-octubre maio-outubro	*Periodo di apertura, comunicato dall'albergatore*
temp.	*Probabile apertura in stagione, ma periodo non precisato.* *Gli esercizi senza tali menzioni sono aperti tutto l'anno.*
✉ 28 012	
✉ 1 200	*Codice postale*
✉ 4 150-130	

La tavola

Le stelle

*Alcuni esercizi meritano di essere segnalati
alla vostra attenzione per la qualità particolare
della loro cucina ; li abbiamo evidenziati
con le « stelle di ottima tavola ».*

*Per ognuno di questi ristoranti indichiamo tre
specialità culinarie che potranno aiutarvi nella scelta.*

❀❀❀ Una delle migliori tavole, vale il viaggio
*Vi si mangia sempre molto bene, a volte
meravigliosamente. Grandi vini, servizio impeccabile,
ambientazione accurata... Prezzi conformi.*

❀❀ Tavola eccellente, merita una deviazione
*Specialità e vini scelti... Aspettatevi una spesa
in proporzione.*

❀ Un'ottima tavola nella sua categoria
*La stella indica una tappa gastronomica
sul vostro itinerario.*
*Non mettete però a confronto la stella di un esercizio
di lusso, dai prezzi elevati, con quella di un piccolo
esercizio dove, a prezzi ragionevoli, viene offerta
una cucina di qualità.*

Il "Bib Gourmand"

Pasti accurati a prezzi contenuti

*Talvolta desiderate trovare delle tavole più semplici
a prezzi contenuti. Per questo motivo abbiamo
selezionato dei ristoranti che, per un rapporto
qualità-prezzo particolarmente favorevole, offrono
un pasto accurato spesso a carattere tipicamente
regionale.*
*Questi ristoranti sono evidenziati nel testo
con il "Bib Gourmand" 🍴 e Comida (Spagna)
o il "Bib Gourmand" 🍴 e Refeição (Portogallo),
es. Comida 30, Refeição 25.*

*Consultate le carte con stelle ❀❀❀, ❀❀, ❀ e con
"Bib Gourmand" 🍴, pagine 88 a 97, 760 e 761.*

I vini: vedere pagine 75 e 763

I prezzi

*I prezzi che indichiamo in questa guida sono stati stabiliti nell'estate 2001 e si applicano in **alta stagione**. Potranno pertanto subire delle variazioni in relazione ai cambiamenti*
dei prezzi di beni e servizi. Essi s'intendono comprensivi del servizio. In Spagna l'I.V.A. sarà aggiunta al conto (7 %) salvo in Andorra (non c'è l'I.V.A.), Canarie (4,5 % I.G.I.C.), Ceuta e Melilla (4 % I.P.S.I.). In Portogallo (12 %) è già compresa.

In alcune città, in occasione di manifestazioni turistiche o commerciali, i prezzi richiesti dagli albergatori potrebbero risultare considerevolmente più alti.

Gli alberghi e i ristoranti vengono menzionati in carattere grassetto quando gli albergatori ci hanno comunicato tutti i loro prezzi e si sono impegnati, sotto la propria responsabilità, ad applicarli ai turisti di passaggio, in possesso della nostra Guida.

In bassa stagione, certi esercizi applicano condizioni più vantaggiose, informatevi al momento de la prenotazione.

Entrate nell'albergo o nel ristorante con la Guida in mano, dimostrando in tal modo la fiducia in chi vi ha indirizzato.

Pasti

Comida 15,05
Refeição 11,45

Menu a prezzo fisso
Prezzo del menu servito ad ore normali

Pasto alla carta

carta 19,25 a 34,85
lista 13,95 a 23,45

Il primo prezzo corrisponde ad un pasto semplice comprendente: antipasto, piatto con contorno e dessert. Il secondo prezzo corrisponde ad un pasto più completo (con specialità) comprendente: due piatti e dessert.

Tapa 2,40 *Prezzo di una tapa*

Ración aprox. 8,40 *Prezzo di una porzione*

Camere

hab 34,85/54 **qto** 27,45/45	*Prezzo per una camera singola / Prezzo per una camera per due persone in alta stagione.*
Suites, apartamentos	*Informarsi presso l'albergatore*
hab ☕ 42,05/66,10 **qto** ☕ 34,45/49,85	*Prezzo della camera compresa la prima colazione*
☕ 5,40	*Prezzo della prima colazione*

Pensione

PA 27,85 — *Prezzo della « Pensión Alimenticia » (prima colazione più due pasti) da sommare a quello della camera per una persona per ottenere il prezzo della pensione completa per persona e per giorno. E' tuttavia indispensabile prendere accordi preventivi con l'albergatore per stabilire le condizioni definitive.*

La caparra

Alcuni albergatori chiedono il versamento di una caparra. Si tratta di un deposito-garanzia che impegna tanto l'albergatore che il cliente. Vi consigliamo di farvi precisare le norme riguardanti la reciproca garanzia di tale caparra.

Carte di credito

Carte di credito accettate dall'esercizio:
American Express – Diners Club – MasterCard (Eurocard)
Visa – Japan Credit Bureau

Le città

28000	Codice di avviamento postale
✉ 7800 Beja	Numero di codice e sede dell'Ufficio Postale
Ⓟ	Capoluogo di Provincia
445 M 27	Numero della carta Michelin e del riquadro
24 000 h.	Popolazione
alt. 175	Altitudine della località
🚠 3	Numero di funivie o cabinovie
🎿 7	Numero di sciovie o seggiovie
AX A	Lettere indicanti l'ubicazione sulla pianta
🚩18	Golf e numero di buche
❋ ◁	Panorama, vista
✈	Aeroporto
🚗	Località con servizio auto su treno. Informarsi al numero di telefono indicato
⛴	Trasporti marittimi
🛈	Ufficio informazioni turistiche

Luoghi d'interesse

Grado di interesse

★★★	Vale il viaggio
★★	Merita una deviazione
★	Interessante

Ubicazione

Ver	Nella città
Alred./Arred.	Nei dintorni della città
Excurs.	Nella regione
Norte, Sur-Sul, Este, Oeste	Il luogo si trova: a Nord, a Sud, a Est, a Ovest
①, ④	Ci si va dall'uscita ① o ④ indicata con lo stesso segno sulla pianta della guida e sulla carta stradale
6 km	Distanza chilometrica

L'automobile, i pneumatici

Marche automobilistiche

*L'elenco delle principali case automobilistiche
si trova in fondo alla Guida.
In caso di necessità l'indirizzo della più vicina
officina autorizzata, vi sarà comunicato chiamando
il numero telefonico indicato.*

Velocità massima autorizzata

	Autostrada	Strada	Abitato
Spagna Portogallo	120 km/h	90/100 km/h	50 km/h

*L'uso della cintura di sicurezza è obbligatorio
sia sui sedili anteriori che su quelli posteriori
degli autoveicoli.*

I vostri pneumatici

*Per ogni informazione riguardo ai vostri
pneumatici Michelin, rivolgetevi a:*

Per la **Spagna**, *Divisione Commerciale Michelin a
Tres Cantos (Madrid), Servizio di Assistenza ai
Clienti, telefono* **902 209 230** *dalle 9.00 alle 19.00,
che vi fornirà i consigli necessari e risponderà alle
vostre domande.*

Internet : **www.michelin.es**

E-mail : **webturismo@es.michelin.com**

Per il **Portogallo**, *Direzione Commerciale Michelin
a Prior Velho (Lisbona).*

*Gli indirizzi e i numeri di telefono degli uffici
Michelin sono riportati nel testo delle rispettive località.*

Automobile clubs

RACE	*Real Automóvil Club de España*
RACC	*Reial Automòbil Club de Catalunya*
RACVN	*Real Automóvil Club Vasco Navarro*
RACV	*Real Automóvil Club de Valencia*
ACA	*Automóvil Club de Andorra*
ACP	*Automóvel Club de Portugal*

*Troverete l'indirizzo e il numero di telefono
di questi Automobile Club nel testo della maggior
parte delle grandi città.*

Le carte dei dintorni

Sapete come usarle?

Se desiderate, per esempio, trovare un buon indirizzo nei dintorni di Santander, la "carta dei dintorni" (qui accanto) richiama la vostra attenzione su tutte le località citate nella Guida che si trovino nei dintorni della città prescelta, e in particolare su quelle raggiungibili nel raggio di 40 km (limite di colore).

Le "carte dei dintorni" coprono l'intero territorio e permettono la localizzazione rapida di tutte le risorse proposte dalla Guida nei dintorni delle metropoli regionali.

Nota:

Quando una località è presente su una "carta dei dintorni", la città a cui ci si riferisce è scritta in BLU nella linea delle distanze da città a città.

Esempio:

Troverete COMILLAS sulla "carta dei dentorni" di SANTANDER.

COMILLAS 39520 Cantabria **442** B 17 – 2 461 h. – Playa.
Ver : Pueblo pintoresco★.
🛈 Aldea 6 ✆ 942 72 07 68.
Madrid 412 – Burgos 169 – Oviedo 152 – Santander 43.

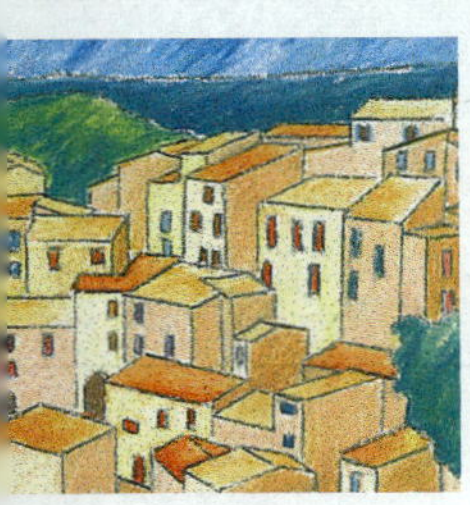

*Tutte le "carte
dei dintorni" sono
localizzate sulle
carte tematiche
pp 88-97 e
760-761.*

Le piante

□ ●   *Alberghi*
■ ●   *Ristoranti, Bar con tapas*

Curiosità

Edificio interessante
Costruzione religiosa interessante

Viabilità

Autostrada, strada a carreggiate separate
Svincolo: completo, parziale, numero
Grande via di circolazione
Senso unico – Via impraticabile,
     a circolazione regolamentata
Via pedonale – Tranvia
Colón   *Via commerciale – Parcheggio*
Porta – Sottopassaggio – Galleria
Stazione e ferrovia
Funicolare – Funivia, Cabinovia
Ponte mobile – Traghetto per auto

Simboli vari

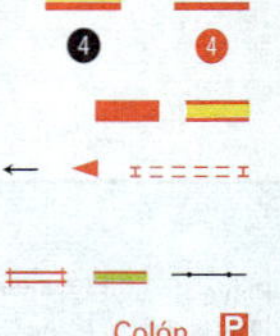

Ufficio informazioni turistiche
Moschea – Sinagoga
Torre – Ruderi – Mulino a vento – Torre idrica
Giardino, parco, bosco – Cimitero – Calvario
Golf – Ippodromo – Arena
Stadio – Piscina: all'aperto, coperta
Vista – Panorama
Monumento – Fontana – Fabbrica – Centro commerciale
Porto per imbarcazioni da diporto – Faro
Aeroporto – Stazione della Metropolitana – Autostazione
Trasporto con traghetto:
     passeggeri ed autovetture, solo passeggeri
Simbolo di riferimento comune alle piante ed alle carte
Michelin particolareggiate
Ufficio postale centrale e telefono
Ospedale – Mercato coperto
Edificio pubblico indicato con lettera:
D H   *- Sede del Governo della Provincia – Municipio*
G   *- Delegazione del governo (Spagna),*
     Governo distrettuale (Portogallo)
J M T U   *- Palazzo di Giustizia – Museo – Teatro – Università*
POL.   *- Polizia (Questura, nelle grandi città)*
Carabinieri (Spagna)
Guarda Nazionale Repubblicana (Portogallo)

*Ab Januar 2002 wird der Euro
die nationale Währung in Spanien und Portugal
sowie in weiteren zehn Europäischen Ländern
ersetzen. Wie die Titel der Kollektion
Die Roten Michelin-Führer Benelux,
Deutschland, France, Ireland, Italia, Paris
und Portugal ist die 30. Ausgabe
des Roten Michelin-Führer España & Portugal
ganz auf die neue Währung umgestellt.*

*Die Preise für das kommende Jahr wurden
von den Hotel- und Restaurantbesitzern
in Euro angegeben und wir haben sie
für diese Ausgabe 2002 übernommen.
Unsere Inspektoren haben mit der gewohnten
Sorgfalt vor Ort recherchiert und diese Ausgabe
auf den neuesten Stand gebracht.*

*Um Ihnen den Gebrauch mit dem noch neuen
Euro zu erleichtern, einige Anhaltspunkte :*

*hier bietet man Ihnen sorgfältig
zubereitete Mahlzeiten (Bib Gourmand)
in Spanien unter 30 €,
in Portugal unter 25 €*

*Die gesamte Auswahl des Roten Michelin-Führer
España & Portugal finden Sie auch im Internet unter
www.ViaMichelin.de. Besonders in diesem Jahr,
sind wir durch die Währungsumstellung,
auf Ihre Hinweise, mehr den je, angewiesen.
Ihre Kommentare sind uns sehr wichtig.
Sie erreichen den Roten Michelin-Führer
auch unter seiner E-Mail:
laguiaroja-esport@es.michelin.com
– Bitte schreiben Sie uns !*

Inhaltsverzeichnis

Wahl eines Hotels, eines Restaurants

Die Auswahl der in diesem Führer aufgeführten Hotels und Restaurants ist für Reisende gedacht. In jeder Kategorie drückt die Reihenfolge der Betriebe (sie sind nach ihrem Komfort klassifiziert) eine weitere Rangordnung aus.

Kategorien

⚑	✗✗✗✗✗	Großer Luxus und Tradition
⚑	✗✗✗✗	Großer Komfort
⚑	✗✗✗	Sehr komfortabel
⚑	✗✗	Mit gutem Komfort
⚑	✗	Mit Standard-Komfort
⚑		Bürgerlich
	⛾	Tapas-bar
sin rest.	sem rest.	Hotel ohne Restaurant
con hab	com qto	Restaurant vermietet auch Zimmer

Annehmlichkeiten

Manche Häuser sind im Führer durch rote Symbole gekennzeichnet (s. unten.) Der Aufenthalt in diesen ist wegen der schönen, ruhigen Lage, der nicht alltäglichen Einrichtung und Atmosphäre sowie dem gebotenen Service besonders angenehm und erholsam.

⚑ ... ⚑	Angenehme Hotels
✗✗✗✗✗ ... ✗, ⛾	Angenehme Restaurants
« Parque »	Besondere Annehmlichkeit
	Sehr ruhiges, oder abgelegenes und ruhiges Hotel
	Ruhiges Hotel
⇐ mar	Reizvolle Aussicht
⇐	Interessante oder weite Sicht

Die Übersichtskarten S. 88, S. 97, S. 760 und 761, auf denen die Orte mit besonders angenehmen oder sehr ruhigen Häusern eingezeichnet sind, helfen Ihnen bei der Reisevorbereitung. Teilen Sie uns bitte nach der Reise Ihre Erfahrungen und Meinungen mit. Sie helfen uns damit, den Führer weiter zu verbessern.

Einrichtung

*Die meisten der empfohlenen Hotels verfügen
über Zimmer, die alle oder doch zum größten
Teil mit Bad oder Dusche ausgestattet sind.
In den Häusern der Kategorien ⌂ und ⚲
kann diese jedoch in einigen Zimmern fehlen.*

30 hab/30 qto	*Anzahl der Zimmer*
	Fahrstuhl
	Klimaanlage
TV	*Fernsehen im Zimmer*
	Für Körperbehinderte leicht zugängliche Zimmer
	Garten-, Terrassenrestaurant
	Fitneßraum
	Freibad – Hallenbad
	Strandbad – Liegewiese, Garten
18	*Tennisplatz – Golfplatz und Lochzahl*
25/150	*Konferenzräume: Mindest- und Höchstkapazität*
	Hotelgarage (wird gewöhnlich berechnet)
P	*Parkplatz reserviert für Gäste*
	Hunde sind unerwünscht (im ganzen Haus bzw. in den Zimmern oder im Restaurant)
Fax	*Telefonische Dokumentenübermittlung*
mayo-octubre maio-outubro	*Öffnungszeit, vom Hotelier mitgeteilt*
temp.	*Unbestimmte Öffnungszeit eines Saisonhotels. Häuser ohne Angabe von Schließungszeiten sind ganzjährig geöffnet.*
✉ 28 012	
✉ 1 200	*Postleitzahl*
✉ 4 150-130	

Küche

Die Sterne

*Einige Häuser verdienen wegen ihrer
überdurchschnittlich guten Küche Ihre besondere
Beachtung. Auf diese Häuser weisen die Sterne hin.*

*Bei den mit « Stern » ausgezeichneten Betrieben
nennen wir drei kulinarische Spezialitäten,
die Sie probieren sollten.*

✿✿✿ Eine der besten Küchen: eine Reise wert
*Man ißt hier immer sehr gut, öfters auch
exzellent. Edle Weine, tadelloser Service,
gepflegte Atmosphäre... entsprechende Preise.*

✿✿ Eine hervorragende Küche: verdient einen Umweg
Ausgesuchte Menus und Weine... angemessene Preise.

✿ Eine sehr gute Küche: verdient Ihre besondere Beachtung
*Der Stern bedeutet eine angenehme Unterbrechung
Ihrer Reise.*
*Vergleichen Sie aber bitte nicht den Stern eines sehr teuren
Luxusrestaurants mit dem Stern eines kleineren oder
mittleren Hauses, wo man Ihnen zu einem annehmbaren
Preis eine ebenfalls vorzügliche Mahlzeit reicht.*

Der "Bib Gourmand"

Sorgfältig zubereitete, preiswerte Mahlzeiten

*Für Sie wird es interessant sein, auch solche Häuser
kennenzulernen, die eine etwas einfachere,
vorzugsweise regionale Küche zu einem besonders
günstigen Preis/Leistungs-Verhältnis bieten.*
*Im Text sind die betreffenden Restaurants durch die roten
Angaben* 😀 "Bib Gourmand" *und* Comida *(Spanien) oder*
😀 "Bib Gourmand" *und* Refeição *(Portugal) kenntlich
gemacht, z. B.* Comida 30,
Refeição 25.

Siehe Karten der Sterne ✿✿✿, ✿✿, ✿ *und*
"Bib Gourmand" 😀, *S. 88, S. 97, S. 760 und 761.*

Weine: siehe S. 75 und S. 763.

Preise

*Die in diesem Führer genannten Preise wurden
uns im Sommer 2001 angegeben, es sind
Hochsaisonpreise. Sie können sich mit den Preisen
von Waren und Dienstleistungen ändern.
Sie enthalten das Bedienungsgeld ; in Spanien,
die MWSt. (I.V.A.) wird der Rechnung hinzugefügt
(7 %), mit Ausnahme von Andorra (keine MWSt),
Kanarische Inseln (4,5 %), Ceuta und Melilla
(4 %). In Portugal (12 %) sind die angegebenen
Preise Inklusivpreise.*

*In einigen Städten werden bei touristischen
Veranstaltungen, Messen und Ausstellungen
von den Hotels beträchtlich erhöhte Preise verlangt.*

*Die Namen der Hotels und Restaurants,
die ihre Preise genannt haben, sind fettgedruckt.
Gleichzeitig haben sich diese Häuser verpflichtet,
die von den Hoteliers selbst angegebenen Preise
den Benutzern des Michelin-Führers zu berechnen.*

*Außerhalb der Saison bieten einige Betriebe
günstigere Preise an. Erkundigen Sie sich bei Ihrer
Reservierung danach.*

*Halten Sie beim Betreten des Hotels den Führer
in der Hand. Sie zeigen damit, daß Sie aufgrund
dieser Empfehlung gekommen sind.*

Mahlzeiten

Comida 15,05
Refeição 11,45

Feste Menupreise

*Preis für ein Menu, das zu den normalen
Tischzeiten serviert wird*

Mahlzeiten « à la carte »

carta 19,25 a 34,85
lista 13,95 a 23,45

*Der erste Preis entspricht einer einfachen Mahlzeit
und umfaßt Vorspeise, Tagesgericht mit Beilage,
Dessert. Der zweite Preis entspricht einer
reichlicheren Mahlzeit (mit Spezialgericht) bestehend
aus zwei Hauptgängen und Dessert*

Tapa 2,40

Preis für ein tapa

Ración aprox. 8,40

Preis für eine portion

Zimmer

<table>
<tr><td>hab 34,85/54</td><td>Preis für ein Einzelzimmer / Preis für ein Doppelzimmer während der Hauptsaison</td></tr>
<tr><td>qto 27,45/45</td><td></td></tr>
<tr><td>Suites, apartamentos</td><td>Preise auf Anfrage</td></tr>
<tr><td>hab ☕ 42,05/66,10</td><td>Zimmerpreis inkl. Frühstück</td></tr>
<tr><td>qto ☕ 34,45/49,85</td><td></td></tr>
<tr><td>☕ 5,40</td><td>Preis des Frühstücks</td></tr>
</table>

Pension

PA 27,85   *Preis der « Pensión Alimenticia » (= Frühstück und zwei Hauptmahlzeiten). Die Addition des Einzelzimmerpreises und des Preises der « Pensión Alimenticia » ergibt den Vollpensionspreis pro Person und Tag.*
Es ist unerläßlich, sich im voraus mit dem Hotelier über den definitiven Endpreis zu verständigen.

Anzahlung

Einige Hoteliers verlangen eine Anzahlung. Diese ist als Garantie sowohl für den Hotelier als auch für den Gast anzusehen. Es ist ratsam, sich beim Hotelier nach den genauen Bestimmungen zu erkundigen.

Kreditkarten

Vom Haus akzeptierte Kreditkarten:

AE ⓪ ⓜⓒ   *American Express – Diners Club – MasterCard (Eurocard)*
VISA JCB   *Visa – Japan Credit Bureau*

Städte

28000	Postleitzahl
✉ 7800 Beja	Postleitzahl und Name des Verteilerpostamtes
P	Provinzhauptstadt
445 M 27	Nummer der Michelin-Karte und Koordinaten des Planquadrats
24 000 h.	Einwohnerzahl
alt. 175	Höhe
🚠 3	Anzahl der Kabinenbahnen
🎿 7	Anzahl der Schlepp- oder Sessellifts
AX A	Markierung auf dem Stadtplan
⛳ 18	Golfplatz und Lochzahl
※ ←	Rundblick – Aussichtspunkt
✈	Flughafen
🚗	Ladestelle für Autoreisezüge – Nähere Auskunft unter der angegebenen Telefonnummer
⛴	Autofähre
🛈	Informationsstelle

Sehenswürdigkeiten

Bewertung

★★★	Eine Reise wert
★★	Verdient einen Umweg
★	Sehenswert

Lage

Ver	In der Stadt
Alred./Arred.	In der Umgebung der Stadt
Excurs.	Ausflugsziele
Norte, Sur-Sul, Este, Oeste	Im Norden, Süden, Osten, Westen der Stadt
①. ④	Zu erreichen über die Ausfallstraße ① bzw. ④, die auf dem Stadtplan und auf der Michelin-Karte identisch gekennzeichnet sind
6 km	Entfernung in Kilometern

Das Auto, die Reifen

Automobilfirmen

Am Ende des Führers finden Sie eine Liste mit Adressen der wichtigsten Automarken. Im Pannenfall erfahren Sie die Adresse der nächstgelegenen Vertragswerkstatt, wenn Sie die angegebene Rufnummer wählen.

Geschwindigkeitsbegrenzung (in km/h)

	Autobahn	Landstrasse	Geschlossene Ortschaften
Spanien Portugal	120 km/h	90/100 km/h	50 km/h

Das Tragen von Sicherheitsgurten ist auf Vorder-und Rücksitzen obligatorisch.

Ihre Reifen

Für alle Fragen, die Ihre Michelin Reifen betrefen wenden Sie sich bitte an.

Spanien, *Michelin Verkaufsabteilung, Kunderservice,* Telefon **902 209 230** *in Tres Cantos (Madrid).*

Werktags von 9 bis 19 Uhr erhalten Sie dort alle gewünschten Hinweise und Auskünfte.

Internet : **www.michelin.es**

E-mail : **webturismo @ es.michelin.com**.

In **Portugal** *an die Michelin Verkaufsabteilung in Prior Velho (Lisbonne).*

Die Anschrift und die Telefonnummern der Michelin-Niederlassungen sind im Text des jeweiligen Ortes vermerkt.

Automobil-clubs

RACE	*Real Automóvil Club de España*
RACC	*Reial Automòbil Club de Catalunya*
RACVN	*Real Automóvil Club Vasco Navarro*
RACV	*Real Automóvil Club de Valencia*
ACA	*Automóvil Club de Andorra*
ACP	*Automóvel Club de Portugal*

Im Ortstext der meisten großen Städte sind Adresse und Telefonnummer der einzelnen Automobil-Clubs angegeben.

Umgebungskarten

Denken Sie daran, sie zu benutzen

*Die Umgebungskarten sollen Ihnen die Suche
eines Hotels oder Restaurants in der Nähe
der größeren Städte erleichtern.*

*Wenn Sie beispielsweise eine gute Adresse
in der Nähe von Santander brauchen, gibt Ihnen
die Karte schnell einen Überblick über alle Orte,
die in diesem Michelin-Führer erwähnt sind.
Innerhalb der in Kontrastfarbe gedruckten Grenze
liegen Gemeinden, die im Umkreis
von 40 km zu erreichen sind.*

Anmerkung:

*Auf der Linie der Entfernungen zu anderen Orten
erscheint im Ortstext die jeweils nächste
Stadt mit Umgebungskarte in BLAU.*

Beispiel:

*Sie finden
COMILLAS auf
der Umgebungskarte
von SANTANDER.*

COMILLAS 39520 Cantabria **442** B 17 – 2 461 h. – Playa.
Ver : *Pueblo pintoresco*★.
fi Aldea 6 ✆ 942 72 07 68.
Madrid 412 – Burgos 169 – Oviedo 152 – Santander 43.

*Die Umgebungs-
karten finden
Sie auf der
Themenkarte
S. 88, S. 97,
S. 760 und 761.*

Stadtpläne

Hotels

Restaurants, Tapas-bar

Sehenswürdigkeiten

Sehenswertes Gebäude

Sehenswerter Sakralbau

Straßen

Autobahn, Schnellstraße

Nummer der Anschlußstelle: Autobahneinfahrt und/oder -ausfahrt

Hauptverkehrsstraße

Einbahnstraße – Gesperrte Straße, mit Verkehrsbeschränkungen

Fußgängerzone – Straßenbahn

Einkaufsstraße – Parkplatz, Parkhaus

Tor – Passage – Tunnel

Bahnhof und Bahnlinie

Standseilbahn – Seilschwebebahn

Bewegliche Brücke – Autofähre

Sonstige Zeichen

Informationsstelle

Moschee – Synagoge

Turm – Ruine – Windmühle – Wasserturm

Garten, Park, Wäldchen – Friedhof – Bildstock

Golfplatz – Pferderennbahn – Stierkampfarena

Stadion – Freibad – Hallenbad

Aussicht – Rundblick

Denkmal – Brunnen – Fabrik – Einkaufszentrum

Jachthafen – Leuchtturm

Flughafen – U-Bahnstation – Autobusbahnhof

Schiffsverbindungen: Autofähre – Personenfähre

Straßenkennzeichnung (identisch auf Michelin Stadtplänen und -Abschnittskarten)

Hauptpostamt (postlagernde Sendungen), Telefon

Krankenhaus – Markthalle

Öffentliches Gebäude, durch einen Buchstaben gekennzeichnet:

- Provinzverwaltung – Rathaus – Gerichtsgebäude

- Vertretung der Zentralregierung (Spanien), Bezirksverwaltung (Portugal)

- Museum – Theater – Universität, Hochschule

- Polizei (in größeren Städten Polizeipräsidium)

Guardia Civil (Spanien)

Guarda Nacional Republicana (Portugal)

*In January 2002 the euro replaces
the national currency of Spain, Portugal
and those of ten other European countries.
With this in mind, the 30th edition
of The Red Guide España & Portugal,
together with our titles Benelux, Deutschland,
France, Ireland, Italia, Paris and Portugal
all include prices quoted
in the new European currency.*

*Hotels and restaurants throughout Europe
have established their prices for next year
in euro, and you will find them all here
in the fully revised 2002 edition,
updated locally by our team of inspectors.*

*So to help you « think euro »,
The Red Guide has a few pointers :*

*indicates quality meals
for under 30 € in Spain
and 25 € in Portugal*

*Look out for the complete
Red Guide España & Portugal selection
on-line at **www.ViaMichelin.com**
and e-mail us with your comments to
laguiaroja-esport@es.michelin.com
In this time of monetary transition The Red Guide
needs your feedback more than ever:
write to us !*

Contents

Choosing a hotel or restaurant

This guide offers a selection of hotels and restaurants to help motorists on their travels. In each category establishments are listed in order of preference according to the degree of comfort they offer.

Categories

𝕏𝕏𝕏𝕏𝕏		*Luxury in the traditional style*
𝕏𝕏𝕏𝕏		*Top class comfort*
𝕏𝕏𝕏		*Very comfortable*
𝕏𝕏		*Comfortable*
𝕏		*Quite comfortable*
		Simple comfort
ᵠ		*Tapas bar*
sin rest.	sem rest.	*The hotel has no restaurant*
con hab	com qto	*The restaurant also offers accommodation*

Peaceful atmosphere and setting

Certain establishments are distinguished in the guide by the red symbols shown below. Your stay in such hotels will be particularly pleasant or restful, owing to the character of the building, its decor, the setting, the welcome and services offered, or simply the peace and quiet to be enjoyed there.

🏰 ... 🏠		*Pleasant hotels*
𝕏𝕏𝕏𝕏𝕏 ... 𝕏, ᵠ		*Pleasant restaurants*
« Parque »		*Particularly attractive feature*
		Very quiet or quiet, secluded hotel
		Quiet hotel
← mar		*Exceptional view*
←		*Interesting or extensive view*

The maps on pages 88 to 97, 760 and 761 indicate places with such peaceful, pleasant hotels and restaurants.

By consulting them before setting out and sending us your comments on your return you can help us with our enquiries.

Hotel facilities

*In general the hotels we recommend
have full bathroom and toilet facilities in each room.
This may not be the case, however, for certain
rooms in categories 🏠 and �.*

30 hab/30 qto	*Number of rooms*
🛗	*Lift (elevator)*
▤	*Air conditioning*
TV	*Television in room*
♿	*Rooms accessible to disabled people*
🌴	*Meals served in garden or on terrace*
🏋	*Exercise room*
🏊 🐬	*Outdoor or indoor swimming pool*
⛱ 🪑	*Beach with bathing facilities – Garden*
🎾 ⛳18	*Tennis court – Golf course and number of holes*
🛋 25/150	*Equipped conference hall (minimum and maximum capacity)*
🚗	*Hotel garage (additional charge in most cases)*
P	*Car park for customers only*
🐕‍🦺	*Dogs are excluded from all or part of the hotel*
Fax	*Telephone document transmission*
mayo-octubre maio-outubro	*Dates when open, as indicated by the hotelier*
temp.	*Probably open for the season – precise dates not available.*
	Where no date or season is shown, establishments are open all year round.
✉ 28 012	
✉ 1 200	*Postal number*
✉ 4 150-130	

Cuisine

Stars

*Certain establishments deserve to be brought
to your attention for the particularly fine quality
of their cooking.* **Michelin stars** *are awarded
for the standard of meals served.*
*For such restaurants we list
three culinary specialities to assist you in your choice.*

✿✿✿ Exceptional cuisine, worth a special journey
*One always eats here extremely well, sometimes
superbly. Fine wines, faultless service, elegant
surroundings. One will pay accordingly !*

✿✿ Excellent cooking, worth a detour
*Specialities and wines of first class quality.
This will be reflected in the price.*

✿ A very good restaurant in its category
*The star indicates a good place to stop on your journey.
But beware of comparing the star given
to an expensive « de luxe » establishment to that
of a simple restaurant where you can appreciate
fine cuisine at a reasonable price.*

The "Bib Gourmand"

Good food at moderate prices

*You may also like to know of other restaurants
with less elaborate, moderately priced menus
that offer good value for money and serve
carefully prepared meals, often of regional cooking.
In the guide such establishments are marked
the "Bib Gourmand" and* Comida *(Spain)
or the "Bib Gourmand" and* Refeição *(Portugal)
just before the price of the menu,
for example* Comida 30, Refeição 25.

*Please refer to the map of star-rated restaurants ✿✿✿,
✿✿, ✿ and "Bib Gourmand" , on pp 88 to 97,
760 and 761.*

Wines: see pp 75 and 763

Prices

*Prices quoted are valid for summer 2001, apply to **high season**. Changes may arise if goods and service costs are revised. The rates include service charge. In Spain the V.A.T. (I.V.A.) will be added to the bill (7 %), except in Andorra (no V.A.T.), Canary Islands (4,5 %), Ceuta and Melilla (4 %). In Portugal, the V.A.T. (12 %) is already included.*

In some towns, when commercial or tourist events are taking place, the hotel rates are likely to be considerably higher.

Hotels and restaurants in bold type have supplied details of all their rates and have assumed responsibility for maintaining them for all travellers in possession of this Guide.

Out of season, certain establishments offer special rates. Ask when booking.

Your recommendation is self-evident if you always walk into a hotel, Guide in hand.

Meals

Comida 15,05
Refeição 11,45

Set meals
Price for set meal served at normal hours

carta 19,25 a 34,85
lista 13,95 a 23,45

« A la carte » meals
The first figure is for a plain meal and includes hors-d'œuvre, main dish of the day with vegetables and dessert
The second figure is for a fuller meal (with speciality) and includes two main courses and dessert

Tapa 2,40
Price for a tapa

Ración aprox. 8,40
Price for a portion

Rooms

hab 34,85/54 **qto** 27,45/45	*Price for a single room / Price for a double in the season*
Suites, apartamentos	*Ask the hotelier*
hab ☕ 42,05/66,10	*Price includes breakfast*
qto ☕ 34,45/49,85	
☕ 5,40	*Price of continental breakfast*

Full board

PA 27,85 — *Price of the « Pensión Alimenticia »*
(breakfast, lunch and dinner). Add the charge
for the « Pensión Alimenticia » to the room rate
to give you the price for full board per person per day.
To avoid any risk of confusion it is essential
to agree terms in advance
with the hotel.

Deposits

Some hotels will require a deposit, which confirms
the commitment of customer and hotelier alike.
Make sure the terms of the agreement are clear.

Credit cards

Credit cards accepted by the establishment:
AE ① MC — *American Express – Diners Club – MasterCard (Eurocard)*
VISA JCB — *Visa – Japan Credit Bureau*

Towns

28 000	Postal number
✉ 7800 Beja	Postal number and name of the post office serving the town
P	Provincial capital
445 M 27	Michelin map number and co-ordinates
24 000 h.	Population
alt. 175	Altitude (in metres)
⛴ 3	Number of cable-cars
⛷ 7	Number of ski and chair-lifts
AX A	Letters giving the location of a place on the town plan
⛳18	Golf course and number of holes
☀ ≼	Panoramic view, viewpoint
✈	Airport
🚗	Place with a motorail connection; further information from telephone number listed
⛴	Shipping line
🛈	Tourist Information Centre

Sights

Star-rating

★★★	Worth a journey
★★	Worth a detour
★	Interesting

Location

Ver	Sights in town
Alred./Arred.	On the outskirts
Excurs.	In the surrounding area
Norte, Sur-Sul, Este, Oeste	The sight lies north, south, east or west of the town
①, ④	Sign on town plan and on the Michelin road map indicating the road leading to a place of interest
6 km	Distance in kilometres

Car, tyres

Car manufacturers

A list of the main Car Manufacturers is to be found at the end of the Guide.

Maximum speed limits

	Motorways	All other roads	Built-up areas
Spain Portugal	120 km/h	90/100 km/h	50 km/h

The wearing of seat belts is compulsory in the front and rear of vehicles.

Your tyres

For more information about Michelin tyres, contact our customer service team:

*In **Spain**, at the Michelin Sales Office in Tres Cantos (Madrid), tel **902 209 230** (9.00am – 7.00pm).*

Internet : **www.michelin.es**

E-mail : **webturismo@es.michelin.com.**

*In **Portugal**, at the Michelin Sales Office in Prior Velho (Lisbon).*

Addresses and contact numbers for all Michelin offices are listed under the appropriate place name.

Motoring organisations

RACE	*Real Automóvil Club de España*
RACC	*Reial Automòbil Club de Catalunya*
RACVN	*Real Automóvil Club Vasco Navarro*
RACV	*Real Automóvil Club de Valencia*
ACA	*Automóvil Club de Andorra*
ACP	*Automóvel Club de Portugal*

The address and telephone number of the various motoring organisations is given in the text of most of the large towns.

# *Local maps*

May we suggest that you consult them —

Should you be looking for a hotel or restaurant not too far from Santander, for example, you can nou' consult the map along with the town plan.

The local map (opposite) draws your attention to all places around the town or city selected, provided they are mentioned in the Guide.

Places located within a range of 40 km are clearly identified by the use of a different coloured background.

The various facilities recommended near the different regional capitals can be located quickly and easily.

Note:

Entries in the Guide provide information on distances to nearby towns.

Whenever a place appears on one of the local maps, the name of the town or city to which it is attached is printed in BLUE.

Example:

COMILLAS 39520 Cantabria **442** B 17 – 2 461 h. – Playa.
Ver : *Pueblo pintoresco★.*
🗗 *Aldea 6 ℰ 942 72 07 68.*
Madrid 412 – Burgos 169 – Oviedo 152 – Santander 43.

COMILLAS is to be found on the local map SANTANDER.

*All the local maps
are indicated on
the thematic maps
on pages 88 to 97,
760 and 761.*

Town plans

 Hotels

Restaurants, Tapas bar

Sights

 Place of interest

Interesting place of worship

Roads

 Motorway, dual carriageway

Junction complete, limited, number

Major through route

One-way street – Unsuitable for traffic, street subject
   to restrictions

Pedestrian street – Tramway

Colón   Shopping street – Car park

Gateway – Street passing under arch – Tunnel

Station and railway

Funicular – Cable-car

Lever bridge – Car ferry

Various signs

 Tourist Information Centre

Mosque – Synagogue

Tower – Ruins – Windmill – Water tower

Garden, park, wood – Cemetery – Cross

Golf course – Racecourse – Bullring

Stadium – Outdoor or indoor swimming pool

View – Panorama

Monument – Fountain – Factory – Shopping centre

Pleasure boat harbour – Lighthouse

Airport – Underground station – Coach station

Ferry services:

- passengers and cars, passengers only

③ Reference number common to town plans
and Michelin maps

Main post office with poste restante and telephone

Hospital – Covered market

Public buildings located by letter:

D   H   J   - Provincial Government Office – Town Hall – Law Courts

G   - Central government representation (Spain),
   District government office (Portugal)

M   T   U   - Museum – Theatre – University, College

POL.   - Police (in large towns police headquarters)

Civil Guard (Spain)

GNR   Portuguese National Police (Portugal)

① y ② Rías Baixas, Ribeiro
③ al ⑤ Valdeorras, Monterrei, Ribeira Sacra
⑥ al ⑨ Bierzo, Toro, Rueda, Cigales
⑩ Ribera del Duero
⑪ Rioja
⑫ Chacolí de Bizkaia y de Getaria
⑬ Navarra
⑭ al ⑰ Campo de Borja, Calatayud, Cariñena, Somontano
⑱ al ㉓ Terra Alta, Costers del Segre, Priorato, Conca de Barberá, Tarragona, Penedès
㉔ y ㉕ Alella, Pla de Bages

㉖ Ampurdán, Costa Brava
㉗ al ㉙ Méntrida, Vinos de Madrid, Mondéjar,
㉚ y ㉛ Valdepeñas, La Mancha
㉜ Ribera del Guadiana
㉝ al ㉟ Utiel – Requena, Almansa, Jumilla, Valencia, Yecla, Alicante, Bullas
㊵ Binissalem – Mallorca
㊶ al ㊹ Condado de Huelva, Jerez – Manzanilla – Sanlúcar de Barrameda, Málaga, Montilla – Moriles
㊺ Tacoronte – Acentejo, Valle de la Orotava, Ycoden – Daute – Isora, Abona, Valle de Güímar
㊻ al ㊽ Lanzarote, La Palma, El Hierro

CAVA ⑪, ⑬, ⑭, ⑯, ㉒ al ㉖

75

Vinos y especialidades regionales

En el mapa indicamos las Denominaciones de Origen que la legislación española controla y protege.

Regiones y localización en el mapa	Características de los vinos	Especialidades regionales
Andalucía ㊶ al ㊹	**Blancos** *afrutados* **Amontillados** *secos, avellanados* **Finos** *secos, punzantes* **Olorosos** *abocados, aromáticos*	*Jamón, Gazpacho, Fritura de pescados*
Aragón ⑭ al ⑰	**Tintos** *robustos* **Blancos** *afrutados* **Rosados** *afrutados, sabrosos* **Cava** *espumoso (método champenoise)*	*Jamón de Teruel, Ternasco, Magras*
Madrid, Castilla y León, Castilla-La Mancha, Extremadura ⑥ al ⑩ y ㉗ al ㉜	**Tintos** *aromáticos, muy afrutados* **Blancos** *aromáticos, equilibrados* **Rosados** *refrescantes*	*Asados, Embutidos, Queso Manchego, Migas, Cocido madrileño, Pisto*
Cataluña ⑱ al ㉖	**Tintos** *francos, robustos, redondos, equilibrados* **Blancos** *recios, amplios, afrutados, de aguja* **Rosados** *finos, elegantes* **Dulces y mistelas** *(postres)* **Cava** *espumoso (método champenoise)*	*Butifarra, Embutidos, Romesco (salsa), Escudella, Escalivada, Esqueixada, Crema catalana*
Galicia, Asturias, Cantabria ① al ⑤	**Tintos** *de mucha capa, elevada acidez* **Blancos** *muy aromáticos, amplios, persistentes (Albariño)*	*Pescados, Mariscos, Fabada, Queso Tetilla, Queso Cabrales, Empanada, Lacón con grelos, Filloas, Olla podrida, Sidra, Orujo*
Islas Baleares ㊵	**Tintos** *jugosos, elegantes* **Blancos y rosados** *ligeros*	*Sobrasada, Queso de Mahón, Caldereta de langosta*
Islas Canarias ㊺ al ㊽	**Tintos** *jóvenes, aromáticos* **Blancos y rosados** *ligeros*	*Pescados, Papas arrugadas*
Valencia, Murcia ㉝ al ㊴	**Tintos** *robustos, de gran extracto* **Blancos** *aromáticos, frescos, afrutados*	*Arroces, Turrón, Verduras, Hortalizas, Horchata*
Navarra ⑬	**Tintos** *sabrosos, con plenitud, muy aromáticos* **Rosados** *suaves, afrutados* **Cava** *espumoso (método champenoise)*	*Verduras, Hortalizas, Pochas, Espárragos, Queso Roncal*
País Vasco ⑫	**Blancos** *frescos, aromáticos, ácidos* **Tintos** *fragantes*	*Changurro, Cocochas, Porrusalda, Marmitako, Pantxineta, Queso Idiazábal*
La Rioja (Alta, Baja, Alavesa) ⑪	**Tintos** *de gran nivel, equilibrados, francos, aromáticos, poco ácidos* **Blancos** *secos* **Cava** *espumoso (método champenoise)*	*Pimientos, Chilindrón*

Vinhos e especialidades regionais

Indicamos no mapa as Denominações de Origem (Denominaciones de Origen) que são controladas e protegidas pela legislação.

Regiões e localização no mapa	Características dos vinhos	Especialidades regionais
Andalucía ㊶ *a* ㊹	**Brancos** *frutados* **Amontillados** *secos, avelanados* **Finos** *secos, pungentes* **Olorosos** *com bouquet, aromáticos*	*Presunto, Gazpacho (Sopa fria de tomate), Fritada de peixe*
Aragón ⑭ *a* ⑰	**Tintos** *robustos* **Brancos** *frutados* **Rosés** *frutados, saborosos* **Cava** *espumante (método champenoise)*	*Presunto de Teruel, Ternasco (Borrego), Magras (Fatias de fiambre)*
Madrid, Castilla y León, Castilla-La Mancha, Extremadura ⑥ *a* ⑩ *e* ㉗ *a* ㉜	**Tintos** *aromáticos, muito frutados* **Brancos** *aromáticos, equilibrados* **Rosés** *refrescantes*	*Assados, Enchidos, Queijo Manchego, Migas, Cozido madrilense, Pisto (Caldeirada de legumes)*
Cataluña ⑱ *a* ㉖	**Tintos** *francos, robustos, redondos, equilibrados* **Brancos** *secos, amplos, frutados, « perlants »* **Rosés** *finos, elegantes* **Doces e « mistelas »** *(sobremesas)* **Cava** *espumante (método champenoise)*	*Butifarra (Linguiça catalana), Enchidos, Romesco (molho), Escudella (Cozido), Escalivada (Pimentos e beringelas no forno), Esqueixada (Salada de bacalhau cru), Crema catalana (Leite creme)*
Galicia, Asturias, Cantabria ① *a* ⑤	**Tintos** *espessos, elevada acidêz* **Brancos** *muito aromáticos, amplos, persistentes (Albariño)*	*Peixes, Mariscos, Fabada (Feijoada), Queijo Tetilla, Queijo Cabrales, Empanada (Empada), Lacón con grelos (Pernil de porco com grelos), Filloas (Crêpes), Olla podrida (Cozido), Sidra, Aguardente*
Islas Baleares ㊵	**Tintos** *com bouquet, elegantes* **Brancos e rosés** *ligeiros*	*Sobrasada (Embuchado de porco), Queijo de Mahón, Caldeirada de lagosta*
Islas Canarias ㊺ *a* ㊽	**Tintos** *novos, aromáticos* **Brancos e rosés** *ligeiros*	*Peixes, Papas arrugadas (Batatas)*
Valencia, Murcia ㉝ *a* ㊴	**Tintos** *robustos, de grande extracto* **Brancos** *aromáticos, frescos, frutados*	*Arroz, Nogado, Legumes, Hortaliças, Horchata (Orchata)*
Navarra ⑬	**Tintos** *saborosos, encorpados, muito aromáticos* **Rosés** *suaves, frutados* **Cava** *Espumante (método champenoise)*	*Legumes, Hortaliças, Pochas (Feijão branco), Espargos, Queijo Roncal*
País Vasco ⑫	**Brancos** *frescos, aromáticos, acídulos* **Tintos** *perfumados*	*Changurro (Santola), Cocochas (Glândulas de peixe), Porrusalda (Sopa de bacalhau), Marmitako (Guisado de atum), Pantxineta (Folhado de amêndoas), Queijo Idiazábal*
La Rioja (Alta, Baja, Alavesa) ⑪	**Tintos** *de grande nível, equilibrados, francos, aromáticos, de pouca acidêz* **Brancos** *secos* **Cava** *espumante (método champenoise)*	*Pimentos, Chilindrón (Guisado de galinha ou borrego)*

Vins et spécialités régionales

Les Appellations d'Origine Contrôlées (Denominaciones de Origen) sont indiquées sur la carte.

Régions et localisation sur la carte	Caractéristiques des vins	Spécialités régionales
Andalucía ㊶ à ㊹	**Blancs** *fruités* **Amontillados** *secs au goût de noisette* **Finos** *secs, piquants* **Olorosos** *bouquetés, aromatiques*	*Jambon, Gazpacho (Soupe froide à la tomate), Fritura de pescados (Friture de poissons)*
Aragón ⑭ à ⑰	**Rouges** *corsés* **Blancs** *fruités* **Rosés** *fruités, équilibrés* **Cava** *mousseux (méthode champenoise)*	*Jambon de Teruel, Ternasco (Agneau), Magras (Tranches de jambon)*
Madrid, Castilla y León, Castilla-La Mancha Extremadura ⑥ à ⑩ et ㉗ à ㉜	**Rouges** *aromatiques, très fruités* **Blancs** *aromatiques, équilibrés* **Rosés** *frais*	*Rôtis, Charcuteries, Fromage Manchego, Migas (Pain et lardons frits) Pot-au-feu madrilène, Pisto (Ratatouille)*
Cataluña ⑱ à ㉖	**Rouges** *francs, corsés, ronds équilibrés* **Blancs** *secs, amples, fruités, perlants* **Rosés** *fins, élégants* **Vins doux et mistelles** *(de dessert)* **Cava** *mousseux (méthode champenoise)*	*Butifarra (saucisse catalane) Charcuterie, « Romesco » (sauce), Escudella (Pot-au-feu), Escalivada (Poivron et aubergine au four), Esqueixada (Salade de morue crue), Crema catalana (Crème brûlée)*
Galicia, Asturias, Cantabria ① à ⑤	**Rouges** *épais à l'acidité élevée* **Blancs** *très aromatiques, amples, persistants (Albariño)*	*Poissons et fruits de mer, Fabada (Cassoulet au lard) Fromage Tetilla, Fromage Cabrales, Empanada (Friand), Lacón con grelos (Jambonneau au tendre de navet), Filloas (Crêpes), Olla podrida (Pot-au-feu), Cidre, Eau de vie*
Islas Baleares ㊵	**Rouges** *bouquetés, élégants* **Blancs et rosés** *légers*	*Sobrasada (Saucisse pimentée), Fromage de Mahón, Ragoût de langouste*
Islas Canarias ㊺ à ㊽	**Rouges** *jeunes, aromatiques* **Blancs et rosés** *légers*	*Poissons, Papas arrugadas (Pommes de terre)*
Valencia, Murcia ㉝ à ㊴	**Rouges** *charpentés, tanniques* **Blancs** *aromatiques, frais, fruités*	*Riz, Nougat, Légumes, Primeurs, Horchata (Orgeat)*
Navarra ⑬	**Rouges** *bouquetés, pleins, très aromatiques* **Rosés** *fins, fruités* **Cava** *mousseux (méthode champenoise)*	*Légumes, Primeurs, Pochas (Haricots blancs), Asperges, Fromage Roncal*
País Vasco ⑫	**Blancs** *frais, aromatiques, acides* **Rouges** *parfumés*	*Changurro (Araignée de mer), Cocochas (Glandes de poisson), Porrusalda (Soupe de morue), Marmitako (Ragoût de thon), Pantxineta (Gâteau feuilleté aux amandes), Fromage Idiazábal*
La Rioja (Alta, Baja, Alavesa) ⑪	**Rouges** *équilibrés, francs, aromatiques, peu acides* **Blancs** *secs* **Cava** *mousseux (méthode champenoise)*	*Poivrons, Chilindrón (Ragoût de poulet ou agneau)*

Vini e specialità regionali

Sulla carta indichiamo le Denominazioni d'Origine (Denominaciones de Origen) controllate e protette dalla legislazione spagnola.

Regioni e localizzazione sulla carta	Caratteristiche dei vini	Specialità regionali
Andalucía ㊶ *a* ㊹	**Bianchi** *fruttati* **Amontillados** *secchi dal gusto di nocciola* **Finos** *secchi, frizzanti* **Olorosos** *con bouquet, aromatici*	*Prosciutto, Gazpacho (Zuppa fredda di pomodoro), Fritura de pescados (Frittura di pesce)*
Aragón ⑭ *a* ⑰	**Rossi** *corposi* **Bianchi** *fruttati* **Rosati** *fruttati, equilibrati* **Cava** *spumante (metodo champenoise)*	*Prosciutto di Teruel, Ternasco (Agnello), Magras (Fette di prosciutto)*
Madrid, Castilla y Léon, Castilla-La Mancha Extremadura ⑥ *a* ⑩ *e* ㉗ *a* ㉜	**Rossi** *aromatici, molto fruttati* **Bianchi** *aromatici, equilibrati* **Rosati** *freschi*	*Arrosti, Salumi, Formaggio Manchego, Migas (Pane e pancetta fritta), Bollito madrileno, Pisto (Peperonata)*
Cataluña ⑱ *a* ㉖	**Rossi** *franchi, corposi, rotondi, equilibrati* **Bianchi** *secchi, ampi, fruttati, effervescenti* **Rosati** *fini, eleganti* **Vini dolci, Mistelle** *(da dessert)* **Cava** *spumante (metodo champenoise)*	*Butifarra (Salsiccia catalana), Salumi, « Romesco » (salsa), Escudella (Bollito), Escalivada (Peperoni e melanzane al forno), Esqueixada (Insalata di merluzo crudo), Crema catalana*
Galicia, Asturias, Cantabria ① *a* ⑤	**Rossi** *aciduli* **Bianchi** *molto aromatici, ampi, persistenti (Albariño)*	*Pesci e frutti di mare, Fabada (Stufato di lardo), Formaggio Tetilla, Formaggio Cabrales, Empanada (Pasticcino), Lacón con grelos (Prosciuttino con rape), Filloas (Crespelle), Olla podrida (Bollito), Sidro, Acquavite*
Islas Baleares ㊵	**Rossi** *con bouquet, eleganti* **Bianchi e rosati** *leggeri*	*Sobrasada (Salsiccia piccante), Formaggio di Mahón, Spezzatino di aragosta*
Islas Canarias ㊺ *a* ㊽	**Rossi** *giovani, aromatici* **Bianchi e rosati** *leggeri*	*Pesci, Papas arrugadas (Patate)*
Valencia, Murcia ㉝ *a* ㊴	**Rossi** *strutturati, tannici* **Bianchi** *aromatici, freschi*	*Riso, Torrone, Verdure, Primizie, Horchata (Orzata)*
Navarra ⑬	**Rossi** *con bouquet, pieni, molto aromatici* **Rosati** *fini, fruttati* **Cava** *spumante (metodo champenoise)*	*Verdure, Primizie, Pochas (Fagioli bianchi), Asparagi, Formaggio Roncal*
País Vasco ⑫	**Bianchi** *freschi, aromatici, aciduli* **Rossi** *profumati*	*Changurro (Granseola), Cocochas (Guanciale di pesce), Porrusalda (Zuppa di merluzo), Marmitako (Ragù di tonno), Pantxineta (Sfoglia alle mandorle), Formaggio Idiazábal*
La Rioja (Alta, Baja, Alavesa) ⑪	**Rossi nobili** *equilibrati, franchi, aromatici, sapidi* **Bianchi** *secchi* **Cava** *spumante (metodo champenoise)*	*Peperoni, Chilindrón (Ragù di pollo o agnello)*

Weine und regionale Spezialitäten

Auf der Karte sind die geprüften und gesetzlich geschützten Herkunftsbezeichnungen (Denominaciones de Origen) angegeben.

Regionen und Lage auf der Karte	Charakteristik der Weine	Regionale Spezialitäten
Andalucía ㊶ bis ㊹	Fruchtige **Weißweine** / **Amontillados** *trocken Nußgeschmack* / **Finos** *trocken, pikant-bissig* / **Olorosos** *Bukettreich, aromatisch*	*Schinken, Gazpacho (Kalte Tomatensuppe), Fritura de pescados (Fisch Friture : ausgebackene Fische)*
Aragón ⑭ bis ⑰	*Vollmundige* **Rotweine** / *Fruchtige* **Weißweine** / *Fruchtige ausgewogene* **Rotweine** / **Cava** *(Flaschengärung oder méthode champenoise)*	*Schinken von Teruel, Ternasco (Lamm), Magras (Schinkenscheiben)*
Madrid, Castilla y León, Castilla-La Mancha Extremadura ⑥ bis ⑩ und ㉗ bis ㉜	*Aromatische, sehr fruchtige* **Rotweine** / *Aromatische, ausgewogene* **Weißweine** / *Erfrischende* **Roséweine**	*Braten, Würste, Manchego-Käse, Migas (Brot und frischer Speck), Pot-au-feu Madrider Art, Pisto (Ratatouille)*
Cataluña ⑱ bis ㉖	*Natürliche, körperreiche, ausgewogene, runde* **Rotweine** / *Trockene, reiche, fruchtige spritzige* **Weißweine** / *Feine, elegante* **Roséweine** / **Süße Weine, Mistella** *(Dessertweine)* / **Cava** *(Flaschengärung oder méthode champenoise)*	*Butifarra (Katalanische Wurst), Würste, « Romesco » (Sauce), Escudella (Eintopf), Escalivada (Paprika und Auberginen übersbacken), Esqueixada (Salat von Stockfisch : roh), Crema catalana (Karamelisierte Vanillecreme)*
Galicia, Asturias, Cantabria ① bis ⑤	*Schwere* **Rotweine** *mit hohem Säuregehalt* / *Sehr aromatische, volle, nachaltige* **Weißweine** *(Albariño)*	*Fische und Meeresfrüchte, Fabada (Bohneneintopf mit Speck), Tetilla-Käse, Cabrales-Käse, Empanada (Fleischpastete), Lacón con grelos (Schinken mit weißen Rüben), Filloas (Pfannkuchen), Olla podrida (Eintopf), Cidre, Schnaps*
Islas Baleares ㊵	*Bukettreiche, elegante* **Rotweine** / *Leichte Weiß- und* **Roséweine**	*Sobrasada (Paprikawurst), Mahón-Kase, Langoustenragout*
Islas Canarias ㊺ bis ㊽	*Junge aromatische* **Rotweine** / *Leichte Weiß- und* **Roséweine**	*Fische, Papas arrugadas (Kartoffeln)*
Valencia, Murcia ㉝ bis ㊴	*Kräftige tanninhaltige* **Rotweine** / *Frische, fruchtige aromatische* **Weißweine**	*Reis, Nougat, Frühgemüse, Gemüse, Horchata (Mandelmilchgetränk)*
Navarra ⑬	*Bukettreiche, volle sehr aromatische* **Rotweine** *Feine, fruchtige* **Roséweine** / **Cava** *(Flaschengärung oder méthode champenoise)*	*Frühgemüse, Gemüse, Pochas (Weiße Bohnen), Spargel, Roncal-Käse*
País Vasco ⑫	*Frische, aromatische, Säuvebetont* **Weißweine** / *Parfümiert* **Rotweine**	*Changurro (Mecresspinne), Cocochas, Porrusalda (Stockfischsuppe), Marmitako (Thnnfischragout), Pantxineta (Blätterteigkuchen mit Mandeln), Idiazábal-Käse*
La Rioja (Alta, Baja, Alavesa) ⑪	*Hochwertige, ausgeglichene, saubere, aromatische* **Rotweine** *mit geringem Säuregehalt* / *Trockene* **Weißweine** / **Cava** *(Flaschengärung oder méthode champenoise)*	*Paprika, Chilindrón (Ragout vom Hahn oder Lamm)*

Wines and regional specialities

The map shows the official wine regions (Denominaciones de Origen) which are controlled and protected by Spanish law.

Regions and location on the map	Wine's characteristics	Regional Specialities
Andalucía ④① to ④④	*Fruity* **whites** **Amontillados** *medium dry and nutty* **Finos** *very dry and piquant* **Olorosos** *smooth and aromatic*	*Gazpacho (Cold tomato soup), Fritura de pescados (Fried Fish)*
Aragón ⑭ to ⑰	*Robust* **reds** *Fruity* **whites** *Pleasant, fruity* **rosés** **Sparkling wines** *(méthode champenoise)*	*Teruel ham, Ternasco (Roast Lamb), Magras (Aragonese Ham Platter)*
Madrid, Castilla y León, Castilla-La Mancha Extremadura ⑥ to ⑩ *and* ㉗ to ㉜	*Aromatic and very fruity* **reds** *Aromatic and well balanced* **whites** *Refreshing* **rosés**	*Roast, Sausages, Manchego Cheese, Migas (fried breadcrumbs), Madrid stew, Pisto (Ratatouille)*
Cataluña ⑱ to ㉖	*Open, robust, rounded and well balanced* **reds** *Strong, full bodied and fruity* **whites** *Fine, elegant* **rosés** **Sweet, subtle** *dessert wines* **Sparking wines** *(méthode champenoise)*	*Butifarra (Catalan sausage), « Romesco » (sauce), Escudella (Stew), Escalivada (Mixed boiled vegetables), Esqueixada (Raw Cod Salad), Crema catalana (Crème brûlée)*
Galicia, Asturias, Cantabria ① to ⑤	*Complex, highly acidic* **reds** *Very aromatic and full bodied* **whites** *(Albariño)*	*Fish and seafood, Fabada (pork and bean stew), Tetilla Cheese, Cabrales Cheese, Empanada (Savoury Tart), Lacón con grelos (Salted shoulder of Pork with sprouting turnip tops), Filloas (Crêpes), Olla podrida (Hot Pot), Cider, Orujo (distilled grape skins and pips)*
Islas Baleares ④⓪	*Meaty, elegant* **reds** *Light* **whites and rosés**	*Sobrasada (Sausage spiced with pimento), Mahón Cheese, Lobster ragout*
Islas Canarias ④⑤ to ④⑧	*Young, aromatic* **reds** *Light* **whites and rosés**	*Fish, Papas arrugadas (Potatoes)*
Valencia, Murcia ㉝ to ㉟	*Robust* **reds** *Fresh, fruity and aromatic* **whites**	*Rice dishes, Nougat, Market garden produce, Horchata (Tiger Nut Summer Drink)*
Navarra ⑬	*Pleasant, full bodied and highly aromatic* **reds** *Smooth and fruity* **rosés** **Sparkling wines** *(méthode champenoise)*	*Green vegetables, Market garden produce, Pochas (Haricot Beans), Asparagus, Roncal Cheese*
País Vasco ⑫	*Fresh, aromatic and acidic* **whites** *Fragrant* **reds**	*Changurro (Spider Crab), Cocochas (Hake jaws), Porrusalda (Cod soup), Marmitako (Tuna & Potato stew), Pantxineta (Almond Pastry), Idiazábal Cheese*
La Rioja (Alta, Baja, Alavesa) ⑪	*High quality, well balanced, open and aromatic* **reds** *with little acidity* *Dry* **whites** **Sparkling wines** *(méthode champenoise)*	*Peppers, Chilindrón (Chicken/Lamb in a spicy tomato & pepper sauce)*

España

❀ ❀ ❀

| Donostia-San Sebastián | *Arzak* | Roses | *El Bulli* |
| Lasarte-Oria | *Martín Berasategui* | Sant Celoni | *Can Fabes* |

❀ ❀

Portals Nous (I. Balears: Mallorca)	*Tristán*	Madrid	*La Broche*
Barcelona	*Neichel*	Moraira	*Girasol*
Donostia-San Sebastián	*Akelaŕe*	Oiartzun	*Zuberoa*
Girona	*El Celler de Can Roca*	Sant Pol de Mar	*Sant Pau*

❀

Alacant	*Maestral*	Playa de las Américas	
Almendral	*Rocamador*	(I.Canarias: Tenerife)	*El Patio*
Aranjuez	*Casa José*	Tegueste (I.Canarias: Tenerife)	*El Drago*
Arriondas	*Casa Marcial*	Carril	*Loliña*
"	*El Corral del Indianu*	Cintruénigo	*Maher*
Badajoz	*Aldebarán*	Cocentaina	*L'Escaleta*
Cala Rajada (I.Balears: Mallorca)	*Ses Rotges*	Colmenar del Arroyo	*El Mesón de Doña Filo*
Palma de Mallorca (I.Balears: Mallorca)		A Coruña	*Pardo*
	Koldo Royo		
"	*Plat d'Or*	Donostia-San Sebastián	*Panier Fleuri*
Sóller (I.Balears: Mallorca)	*Ca's Puers*	"	*Urepel*
Barcelona	*Àbac*		
"	*La Dama*	Errenteria	*Mugaritz*
"	*Gaig*	Escalante	*San Román de Escalante*
"	*Jean Luc Figueras*	Estepona	*Lido*
"	*El Racó d'en Freixa*		
"	*Via Veneto*	Figueres	*Empordà*
Benavente	*El Ermitaño*	"	*Mas Pau*
Bilbao	*Etxanobe*		
"	*Goizeko Kabi*		
"	*Gorrotxa*	Galdakao	*Andra Mari*
"	*Zortziko*		
Cáceres	*Atrio*	Hernani	*Fagollaga*
Calldetenes	*Can Jubany*	Hondarribia	*Alameda*
Cambrils	*Can Bosch*	Huesca	*Lillas Pastia*
"	*Joan Gatell*	"	*Las Torres*

Illescas	*El Bohío*	Las Pedroñeras	*Las Rejas*
Iruña	*Europa*	Pontevedra	*Casa Solla*
"	*Josetxo*	Prats de Lluçanès	*Lluçanès*
"	*Rodero*	Prendes	*Casa Gerardo*
Lleida	*Carballeira*	Ramales de la Victoria	*Río Asón*
"	*Malena*	Ronda	*Tragabuches*
Lloret de Mar	*Les Petxines*	Roses	*La Llar*
Madrid	*Casa d'a Troya*	Salamanca	*Chez Víctor*
"	*El Chaflán*	San Xulián de Sales	*Roberto*
"	*Goizeko Kabi*	Sant Andreu de Llavaneres	*L'Esguard*
"	*La Paloma*	Sant Martí Sarroca	*Al Ras*
"	*Santceloni*	Santiago de Compostela	*Toñi Vicente*
"	*La Terraza (Casino M.)*	Sanxenxo	*La Taberna de Rotilio*
"	*Zalacain*	La Seu d'Urgell	*El Castell*
Málaga	*Café de París*		
Matadepera	*El Celler*	Tafalla	*Tubal*
Mont-Ras	*La Cuina de Can Pipes*	Tossa de Mar	*La Cuina de Can Simón*
Moraira	*La Seu*		
Moralzarzal	*El Cenador de Salvador*	València	*Ca'Sento*
		"	*Óscar Torrijos*
Oiartzun	*Matteo*	Viavélez	*Taberna Viavélez Puerto*
Olost	*Sala*	Vic	*Jordi Parramon*
Ondara	*Casa Pepa*	Villaverde de Pontones	*Cenador de Amós*

"Bib Gourmand"

Buenas comidas a precios moderados ______________

Refeições cuidadas a preços moderados ______________

Repas soignés à prix modérés ______________

Pasti accurati a prezzi contenuti ______________

Sorgfältig zubereitete, preiswerte Mahlzeiten ______________

Good food at moderate prices ______________

 Comida

Agoitz	*Beti Jai*	Benavente	*Orense*
Agua Amarga	*La Chumbera*	Benidorm	*Casa Modesto*
Aguilar de Campóo	*Cortés*	Beniel	*Angelín*
Aguilar de la Frontera	*La Casona*	Benimantell	*L'Obrer*
Alacant	*Puerto*	Berlanga de Duero	*Fray Tomás-Casa Vallecas*
"	*Valencia Once*	Bilbao	*Rogelio*
Albacete	*Casa Paco*	Blanes	*S'Auguer*
"	*Nuestro Bar*	Bocairent	*Riberet*
Alburquerque	*Las Alcabalas*	Boí	*La Cabana*
Alcanar	*Can Bunyoles*	Borja	*La Bóveda del Mercado*
L'Alcora	*Sant Francesc*	Borleña	*Mesón de Borleña*
Almagro	*La Cuerda*	Bossòst	*El Portalet*
Almansa	*Mesón de Pincelín*	Breda	*El Romaní de Breda*
Almendralejo	*Nandos*	Bueu	*Loureiro*
"	*El Paraíso*	Buño	*Casa Elías*
Almería	*La Gruta*	Burgos	*El Ángel*
"	*Veracruz*	"	*Mesón la Cueva*
Almodóvar del Campo	*El Comendador*	Cabezón de la Sal	*La Villa*
Almodóvar del Río	*La Taberna*	Cabrils	*Hostal de la Plaça*
Almuñecar	*Jacquy Cotobro*	Cacabelos	*La Moncloa de San Lázaro*
"	*Mar de Plata*	Calatayud	*La Brasa*
Alp	*Casa Patxi*	Arucas (I. Canarias: Gran Canaria)	
Andorra la Vella (Andorra)	*Can Manel*		*Mesón de la Montaña*
La Massana (Andorra)	*Borda Raubert*	Maspalomas (I. Canarias: Gran Canaria)	
Andújar	*Los Naranjos*		*Mallorca*
Antequera	*Caserío de San Benito*	Las Palmas de Gran Canaria	
"	*Lozano*	(I. Canarias: Gran Canaria)	*El Anexo*
"	*Noelia*	"	*La Cabaña Criolla*
Aracena	*José Vicente*	"	*Casa Carmelo*
Aranda de Duero	*El Lagar*	"	*Casa de Galicia*
Arantzazu	*Zelai Zabal*	"	*El Padrino*
Arcade	*Arcadia*	Haría (I. Canarias: Lanzarote)	*Casa'l Cura*
Arcos de la Frontera	*El Convento*	Puerto de la Cruz (I. Canarias: Tenerife)	
Arenas de San Pedro	*Hostería Los Galayos*		*Régulo*
Areu	*Vall Ferrera*	Santa Cruz de Tenerife (I. Canarias:	
Arévalo	*La Pinilla*	Tenerife):	*El Bacalao de la Cazuela*
Astorga	*La Peseta*	"	*Los Troncos*
Ávila	*Hostería de Bracamonte*	A Cañiza	*Reveca*
Ayora	*El Rincón*	Casalarreina	*La Vieja Bodega*
"	*77*	Castelló de la Plana	*Arro,pes*
Azkoitia	*Joseba*	Cazorla	*La Sarga*
Bunyola (I. Balears: Mallorca)	*Ca'n Penasso*	Cervatos	*Los Corros*
Es Migjorn Gran (I. Balears:		Cervelló	*Can Rafel*
Menorca)	*S'Engolidor*	Cervera	*Les Forques*
Balmaseda	*Abellaneda*	Coma-ruga	*Joila*
Baqueira-Beret	*Ticolet*	A Coruña	*La Penela*
Barbate	*Torres*	La Costa del Montseny	*De la Costa*
Barcelona	*Cañota*	Covarrubias	*De Galo*
"	*La Llotja*	Daroca de Rioja	*Venta Moncalvillo*
"	*La Provença*	Donostia-San Sebastián	*Bodegón Alejandro*
"	*St. Rémy*	"	*Casa Urola*
"	*Sal i Pebre*	Dosbarrios	*Los Arcos*
"	*La Taula*	Elda	*Fayago*
"	*Vivanda*	Esponellà	*Can Roca*
"	*La Yaya Amelia*	Estepona	*La Alcaría de Ramos*
Belate (Puerto de)	*Venta de Ulzama*	"	*El Rocío*

Fene	*Muiño do Vento*
Fombellida	*Fombellida*
Gavà	*La Pineda*
Ger	*El Rebost de Ger*
Getaria	*Iribar*
Gijón	*El Sueve*
Gombrèn	*La Fonda Xesc*
Granollers	*Les Arcades*
A Guarda	*Anduriña*
Hecho	*Gaby-Casa Blasquico*
L'Hospitalet de l'Infant	*Mar Blava*
Hoyos del Espino	*El Milano Real*
"	*Mira de Gredos*
Irún	*Ibaiondo*
Irurita	*Olari*
Jaén	*Bodegón de Pepe*
"	*Cipri*
Labacolla	*Ruta Jacobea*
Laguardia	*Héctor Oribe*
Laxe	*Casa do Arco*
Legutiano	*El Crucero*
Leintz-Gatzaga	*Gure Ametsa*
Leitza	*Arakindegia*
Llanes	*El Jornu*
Lleida	*Tapas Bus*
Logroño	*Mesón Egües*
Lucena	*Araceli*
Madremanya	*La Plaça*
Madrid	*La Bola*
"	*Casa Vallejo*
"	*La Despensa*
"	*Guisando*
"	*Sal Gorda*
"	*Taberna Carmencita*
"	*La Vaca Verónica*
"	*Zerain*
Málaga	*Adolfo*
"	*Figón de Juan*
"	*Valentín V.*
Malpica de Bergantiños	*As Garzas*
Matamorosa	*Mesón las Lanzas*
Medina de Rioseco	*La Rua*
Molins de Rei	*D'en Robert*
Montemayor	*Castillo de Montemayor*
Montseny	*Can Barrina*
Móra d'Ebre	*Fonda Turú*
El Morell	*La Grava*
Motilla del Palancar	*Seto*
Murcia	*Acuario*
"	*Las Cadenas*
"	*La Gran Taberna*
Navaleno	*El Maño*
Negreira	*Casa Barqueiro*
Olivenza	*Alcañices*
Olot	*Les Cols*
Oviedo	*Las Campanas de San Bernabé*
Palau-Sator	*Mas Pou*
Pasai Donibane	*Txulotxo*
Peñaranda de Bracamonte	
	Las Cabañas-El Tostón de Oro
El Perdigón	*Bodega Pámpano*
El Port de la Selva	*Ca l'Herminda*
Potes	*El Bodegón*
Pozuelo de Alarcón	*Bodega la Salud*
Puente de San Miguel	*La Ermita 1883*
"	*Hostería Calvo*
Puerto de Mazarrón	*Virgen del Mar*
El Puerto de Santa María	*Los Portales*
Quintanadueñas	*La Galería*
Reinosa	*Peña's*

Requena	*Mesón del Vino*
Reus	*El Pa Torrat*
La Riera de Gaià	*La Masía de l'Era*
Riudarenes	*La Brasa*
Rois	*Casa Ramallo*
Ruescas	*Casa Blas*
Salardú	*Es de Don Joan (Carmela)*
San Adrián	*Ríos*
San Fernando	*Venta los Tarantos*
San Pedro de Rudagüera	*La Ermita 1826*
San Pedro del Pinatar	*Juan Mari*
Sanlúcar de Barrameda	*Casa Bigote*
Sant Cugat del Vallès	*Casablanca*
Sant Joan d'Alacant	*Albatros*
Sant Pau d'Ordal	*Cal Xim*
Sant Quirze del Vallès	*Lluernari*
Santa Cruz de Mudela	*Las Canteras*
Santander	*Bodega del Riojano*
"	*Machinero*
"	*Mesón Gele*
Santiago de Compostela	*Casa Marcelo*
Santillana del Mar	*Colegiata*
Sarvisé	*Casa Frauca*
Sils	*Hostal de la Granota*
Solares	*Casa Enrique*
Solivella	*Cal Travé*
Soria	*Casa Augusto*
"	*El Mesón de Isabel*
Sudanell	*La Lluna*
Tapia de Casariego	*El Álamo*
Titulcia	*El Rincón de Luis*
Tolosa	*Hernialde*
"	*Sausta*
Torà	*Hostal Jaumet*
Tordesillas	*El Montico*
Torremolinos	*Figón de Montemar*
"	*El Roqueo*
Trigueros	*Los Arcos 2*
Tui	*O Cabalo Furado*
Usurbil	*Zumeta*
València	*Bazterretxe*
"	*El Gourmet*
"	*Montes*
"	*El Romeral*
Valencia de Don Juan	*Casa Alcón*
La Vall de Bianya	*Ca la Nàsia*
Valladolid	*Don Bacalao*
"	*El Figón de Recoletos*
"	*La Pedriza*
Vejer de la Frontera	*Trafalgar*
Vélez Blanco	*El Molino*
Vera	*Terraza Carmona*
Verín	*Gallego*
Vielha	*Can Manel*
"	*Era Lucana*
Vigo	*La Oca*
"	*Soriano*
Vila-Real	*Espliego*
Vilasobroso	*O'Rianxo*
Villabalter	*La Tahona de Ambrosia*
Villalba de la Sierra	*Mesón Nelia*
Villamayor del Río	*León*
Villanueva de Argaño	*Las Postas de Argaño*
Vitoria-Gasteiz	*Mesa*
Viver	*Thalassa.*
Zafra	*Josefina*
Zaldibia	*Árese*
Zamora	*Valderrey*
Zaragoza	*Campo del Toro*
"	*Don Pascual*
"	*Gayarre*

 *Las estrellas*
As estrelas
Les étoiles
Le stelle
Die Sterne
The stars

"Bib Gourmand"

 *Comida* 30 *Buenas comidas a precios moderados*
Refeições cuidadas a preços moderados
Repas soignés à prix modérés
Pasti accurati a prezzi contenuti
Sorgfältig zubereitete, preiswerte Mahlzeiten
Good food at moderate prices

 *Atractivo y tranquilidad*
Atractivos e tranquilidade
L'agrément
Amenità e tranquillità
Annehmlichkeit
Peaceful atmosphere and setting

Población con mapa de alrededores
Cidade com mapa de arredores
Carte de voisinage : voir à la ville choisie
Città con carta dei dintorni
Stadt mit Umgebungskarte
Town with a local map

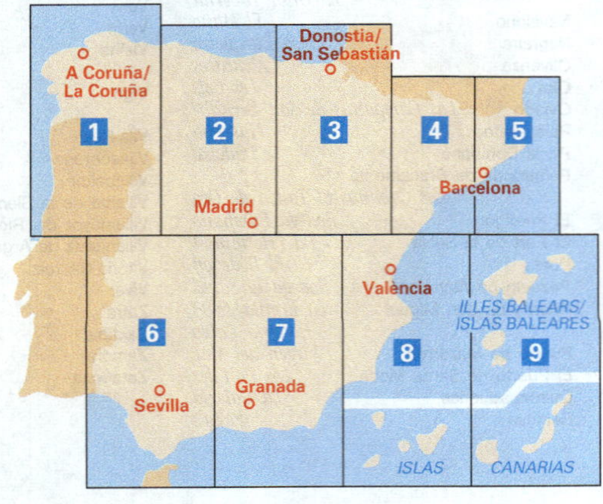

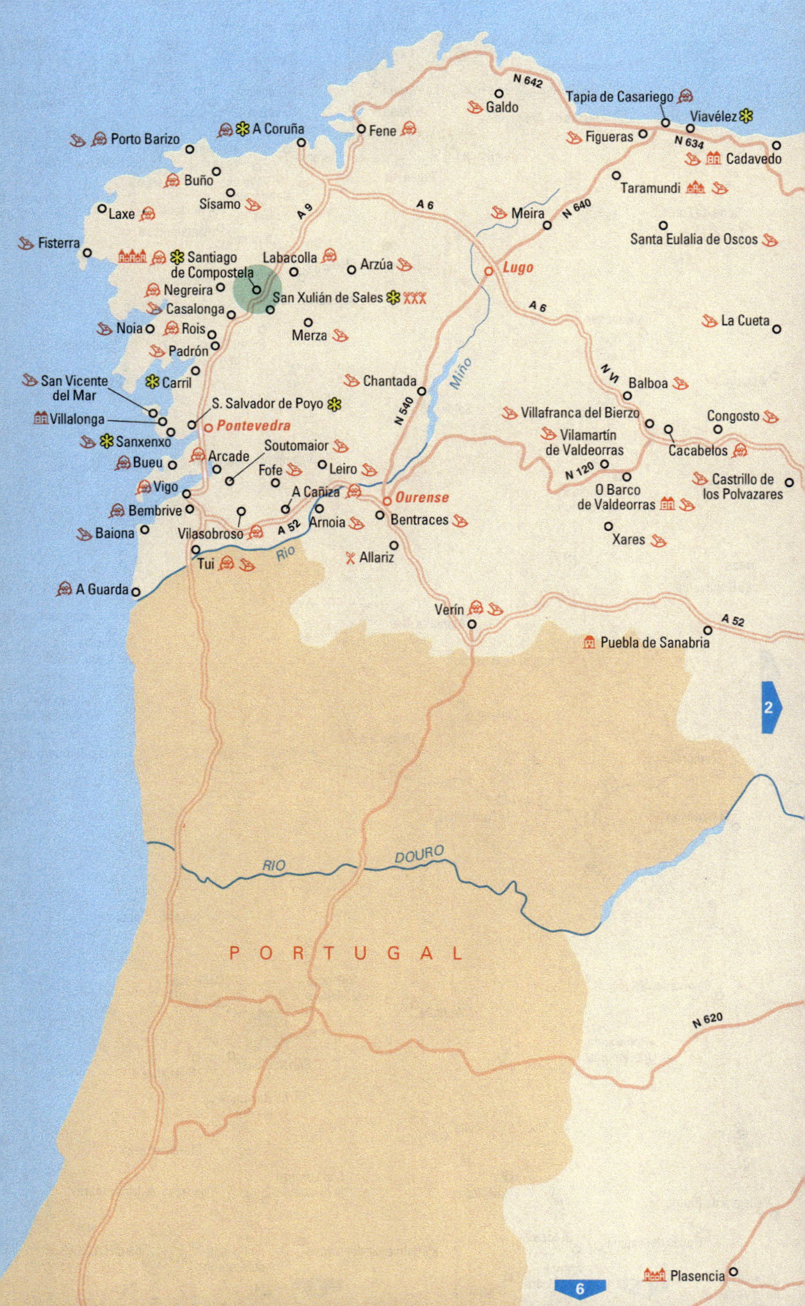

1
OCÉANO ATLÁNTICO
N 642
Galdo
Tapia de Casariego
Viavélez
Figueras
N 634
Porto Barizo
A Coruña
Fene
Cadavedo
Buño
Taramundi
Sísamo
A 9
A 6
Meira
N 640
Laxe
Santa Eulalia de Oscos
Fisterra
Labacolla
Santiago de Compostela
Arzúa
Lugo
Negreira
San Xulián de Sales
A 6
Casalonga
La Cueta
Noia
Rois
Merza
Padrón
Chantada
Balboa
Carril
N VI
San Vicente del Mar
S. Salvador de Poyo
N 540
Miño
Villafranca del Bierzo
Villalonga
Pontevedra
Congosto
Sanxenxo
Soutomaior
Vilamartín de Valdeorras
Cacabelos
Bueu
Arcade
Fofe
Leiro
N 120
Castrillo de los Polvazares
Vigo
A Cañiza
O Barco de Valdeorras
Bembrive
Ourense
Baiona
Vilasobroso
Arnoia
Bentraces
Xares
A 52
Tui
Allariz
Río
A Guarda
Verín
A 52
Puebla de Sanabria
2
RIO DOURO
PORTUGAL
N 620
6
Plasencia

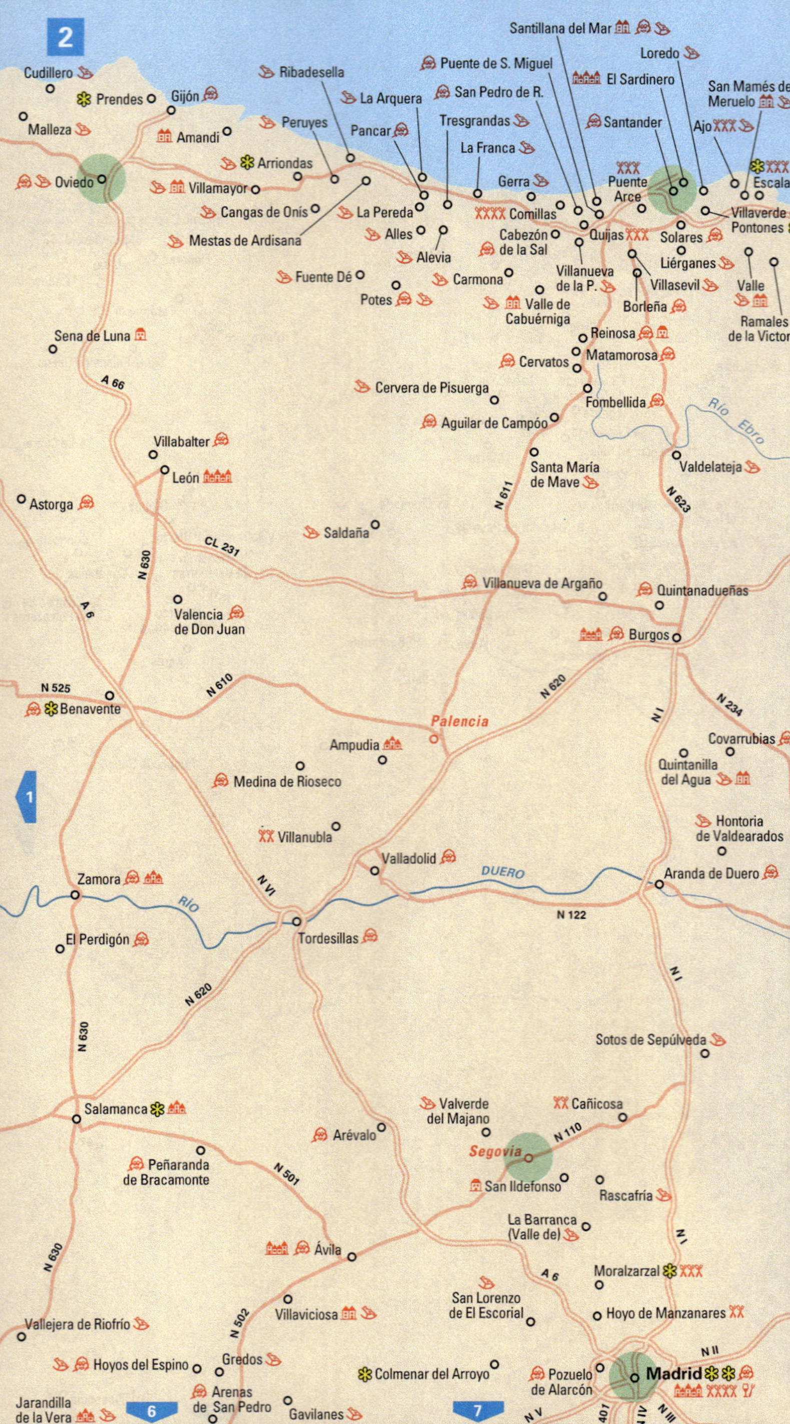

2
Cudillero
Prendes
Gijón
Malleza
Amandi
Ribadesella
La Arquera
Peruyes
Pancar
Tresgrandas
Santillana del Mar
Puente de S. Miguel
Loredo
San Pedro de R.
El Sardinero
San Mamés de Meruelo
Ajo
Santander
Oviedo
Arriondas
Villamayor
Cangas de Onís
La Pereda
Comillas
Puente Arce
Escalante
Villaverde de Pontones
Mestas de Ardisana
Alles
Gerra
La Franca
Cabezón de la Sal
Quijas
Solares
Liérganes
Alevia
Villanueva de la P.
Villasevil
Valle
Fuente Dé
Carmona
Borleña
Ramales de la Victoria
Potes
Valle de Cabuérniga
Reinosa
Matamorosa
Sena de Luna
Cervatos
Cervera de Pisuerga
Fombellida
Río Ebro
A 66
Aguilar de Campóo
Valdelateja
Villabalter
Santa María de Mave
N 611
N 623
León
Astorga
Saldaña
N 630
CL 231
A 6
Villanueva de Argaño
Quintanadueñas
Valencia de Don Juan
Burgos
N 525
N 610
N 620
N I
N 234
Benavente
Palencia
Covarrubias
Ampudia
Quintanilla del Agua
1
Medina de Rioseco
Hontoria de Valdearados
Villanubla
Valladolid
DUERO
Aranda de Duero
Zamora
N VI
N 122
N I
RÍO
El Perdigón
Tordesillas
N 620
N 630
Sotos de Sepúlveda
Salamanca
Valverde del Majano
Cañicosa
Arévalo
N 110
Peñaranda de Bracamonte
Segovia
N 501
San Ildefonso
Rascafría
La Barranca (Valle de)
N I
N 630
Ávila
Moralzarzal
A 6
Vallejera de Riofrío
N 502
Villaviciosa
San Lorenzo de El Escorial
Hoyo de Manzanares
Hoyos del Espino
Gredos
Colmenar del Arroyo
Pozuelo de Alarcón
Madrid
Jarandilla de la Vera
6
Arenas de San Pedro
Gavilanes
7
N V
N 401
N IV
N III
N II

OCÉANO ATLÁNTICO
3
FRANCE
DONOSTIA/SAN SEBASTIÁN
Errenteria
Armintza
Hondarribia
Neguri
Irún
Getaria
Hernani
Pasai Donibane
Bilbao
Oiartzun
Balmaseda
Zarautz
Urdazubi
Galdakao
A 8
Usurbil
LASARTE-ORIA
Kexaa
Axpe
Azkoitia
Irurita
A 68
Tolosa
Donamaria
Puerto de Arlabán
Zaldibia
Legutiano
Leitza
Puerto de Velate
Arantzazu
N 121
Vitoria/Gasteiz
Elorriaga
N I
Iruña
Agoitz
Miranda de Ebro
Hecho
Gares
Leyre(Monasterio de)
A 1
Briñas
Laguardia
N 111
Casalarreina
Páganos
Yesa
Tafalla
Villamayor del Río
Logroño
N 240
Daroca de Rioja
A 68
San Adrián
Azárrulla
Valvanera
(Monasterio de)
A 15
4
Baños de Fitero
Cintruénigo
Molinos
de Duero
A 330
Herreros
Río Ebro
Navaleno
Soria
Borja
N 122
A 68
Quintanas de Gormaz
Zaragoza
N 234
A 2
Berlanga de Duero
N 111
N II
N 232
Calatayud
Alcuneza
Piedra
(Monasterio de)
N II
Carabias
Pelegrina
Daroca
Tamajón
N 211
Villaluengo
Baños de Alcantud
Pastrana
Vega del Codorno
Albarracín
N 234
7
8

4
F R A
Bossòst
Sallent de Gállego
Pont d'Arròs
Vielha
Baqueira-Beret
Pineta (Valle de)
Unha
Sorpe
Benasque
Areu
La Massana
Sarvisé
Caldes de Boí
Andorra la Vella
Boí
Ainsa
Sant Julià de Lòria
N 240
Roda de Isábena
Castellciutat
N 260
Lecina
Huesca
El Grado
N 230
Buera
N 240
Peramola
C 1313
3
Torà
N 240
C 25
Lleida
Cervera
Vallfogona de Riucorb
A 2
Sudanell
A 2
Solivella
Poblet
(Monasterio de)
Sant Martí
Sarroca
RÍO
EBRO
El Morell
La Riera de Gaià
Castellvell
Coma-Ruga
N 232
Móra d'Ebre
Tarragona
Cambrils
Torre del Compte
L'Hospitalet del Infant
A 7
Fuentespalda
Tortosa
La Pobla
de Benifassà
Alcanar
8

N C E
ANDORRA
Llivia
Meranges
Bolvir de Cerdanya
Ger
Alp
La Molina
Castellar de N'Hug
Gombrèn
Sant Llorenç de Morunys
Prats de Lluçanès
Olost
Cardona
Vic
Sallent
Seva
Calldetenes
Manresa
Sant Marçal
Montseny
La Costa del Montseny
Gualba
Matadepera
SANT CELONI
Granollers
Sant Quirze del Vallès
Sant Cugat del Vallès
Cabrils
Molins de Rei
Cervelló
Barcelona
Sant Pau d'Ordal
Gava
C 151
N 152
C 1411
C 25
C 25
N 152
A 7
A 19
La Vall de Bianya
Olot
Beuda
Esponellà
Santa Pau
Nostra Senyora de la Salut
Madremanya
Santa Coloma de Farners
Riells
Riudarenes
Sils
Breda
Pont de Molins
Figueres
Fonolleres
Peratallada
Girona
Monells
La Bisbal d'Empordà
Torrent
Mont-ras
Llagostera
Blanes
Sant Pol de Mar
Sant Andreu de Llavaneras
A 7
Roses
CALA MONTJOI
El Port de la Selva
Albons
Torroella de Montgrí
Palau-Sator
Pals
Begur
Aigua Blava
Palafrugell
Llafranc
Platja d'Aro
S'Agaró
Sta. Cristina d'Aro
Tossa de Mar
Lloret de Mar
Playa de Fanals
Playa de Santa Cristina
MAR MEDITERRÁNEO

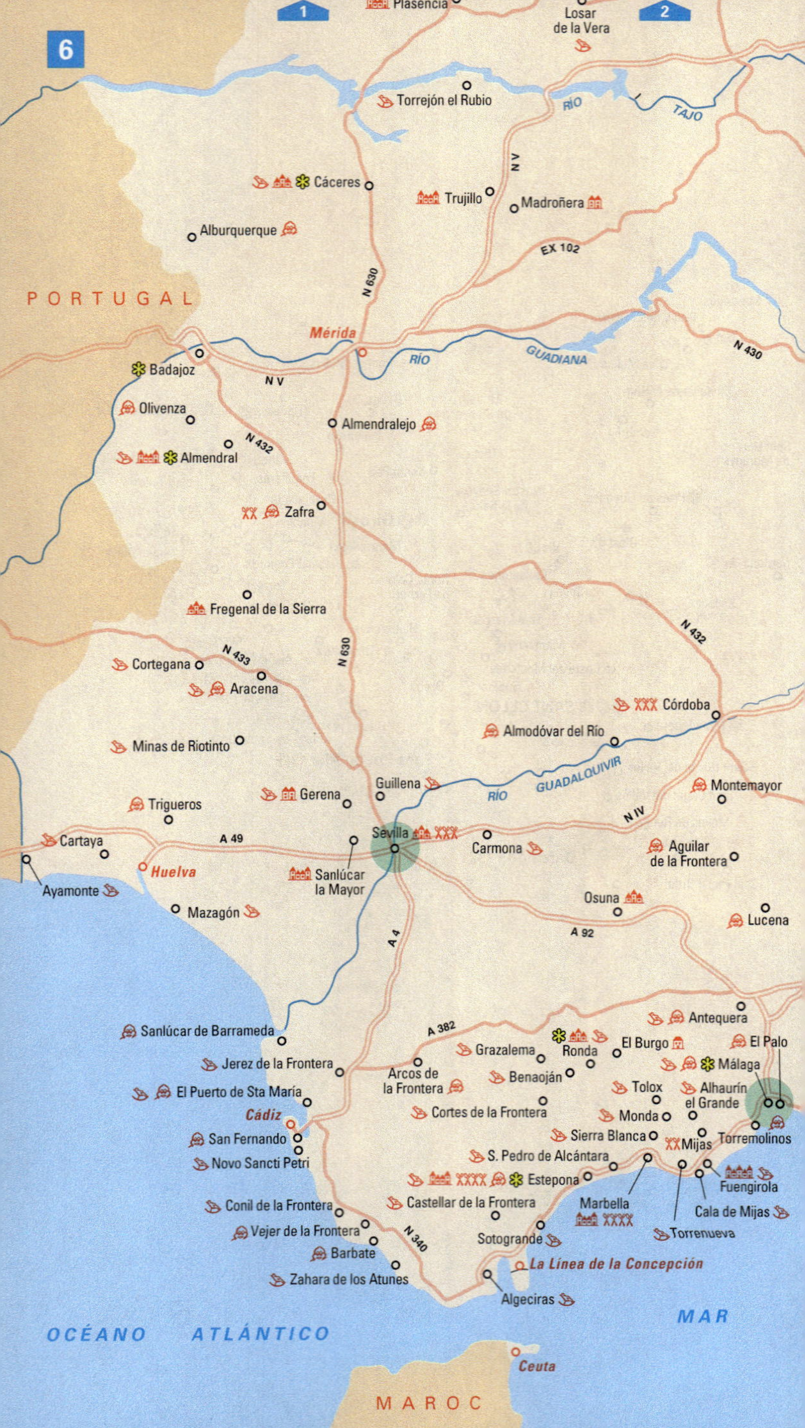

6
1
2
Plasencia
Losar de la Vera
Torrejón el Rubio
RÍO
TAJO
N V
Cáceres
Trujillo
Madroñera
EX 102
Alburquerque
PORTUGAL
Mérida
RÍO
GUADIANA
N 430
Badajoz
N V
Olivenza
Almendralejo
N 432
Almendral
Zafra
Fregenal de la Sierra
N 432
N 433
Cortegana
N 630
Aracena
Córdoba
Minas de Riotinto
Almodóvar del Río
Montemayor
Gerena
Guillena
RÍO GUADALQUIVIR
Trigueros
N IV
Cartaya
A 49
Sevilla
Carmona
Aguilar de la Frontera
Huelva
Sanlúcar la Mayor
Ayamonte
Mazagón
Osuna
Lucena
A 4
A 92
Sanlúcar de Barrameda
A 382
Antequera
Grazalema
Ronda
El Burgo
El Palo
Jerez de la Frontera
Arcos de la Frontera
Benaoján
Málaga
El Puerto de Sta María
Tolox
Alhaurín el Grande
Cádiz
Cortes de la Frontera
Monda
Torremolinos
San Fernando
Sierra Blanca
Mijas
Novo Sancti Petri
S. Pedro de Alcántara
Estepona
Fuengirola
Conil de la Frontera
Castellar de la Frontera
Marbella
Cala de Mijas
Vejer de la Frontera
N 340
Sotogrande
Torrenueva
Barbate
Zahara de los Atunes
La Línea de la Concepción
Algeciras
MAR
OCÉANO ATLÁNTICO
Ceuta
MAROC

5

2
3
7
8
Illescas
Titulcia
Chinchón
Villalba de la Sierra
N V
Toledo
Aranjuez
N 401
Cuenca
N 400
Dosbarrios
N III
N 420
Motilla del Palancar
CM 401
CM 400
N IV
Alarcón
Las Pedroñeras
Ciudad Real
Almagro
Albacete
Ballesteros de Calatrava
N 430
CM 412
N 420
N 301
Almodóvar del Campo
Santa Cruz de Mudela
N 322
CM 412
N IV
Siles
Cenajo
Andújar
Úbeda
Puebla de Don Fadrique
N 323
A 316
Puente del Obispo
Jaén
Cazorla
Sierra de Cazorla
Vélez Blanco
Orce
N 432
A 92 N
Puerto de Mazarrón
Zagrilla
N 340
Benalúa de Guadix
Baza
Finca La Bobadilla
A 92 N
Granada
Vera
A 92
La Alhambra
Alhama de Granada
Huétor Vega
Mojácar
Periana
Laujar de Andarax
Viñuela
N 323
Bubión
Frigiliana
Cádiar
Agua Amarga
N 340
N 340
Ruescas
Nerja
Almuñécar
Almería
San José
Rincón de la Victoria
Almerimar
MEDITERRÁNEO
Melilla

8
3
4
7
Manzanera
L'Alcora
A 7
Castelló de la Plana
Vila-real
Viver
N 234
Baños de Chulilla
Puçol
San Antonio
A 3
València
Requena
El Saler
RÍO JÚCAR
Cofrentes
Jalance
Ayora
N 430
Xàtiva
Guardamar
Almansa
Ontinyent
Rugat
Oliva
A 7
Bocairent
Cocentaina
Ondara
Penáguila
Benissa
Xàbia
Castalla
Benimantell
Moraira
N 330
Polop
Altea
Elda
Cala Finestrat
Sant Joan d'Alacant
La Vila Joiosa
Platja de Sant Joan
Alacant
Elche
Santa Pola
A 7
Tabarca
Beniel
MAR
Santa Cruz
Murcia
MEDITERRÁNEO
San Pedro del Pinatar
N 301
Los Belones
Cartagena
Barlovento
LA PALMA
Santa Cruz de la Palma
TENERIFE
El Socorro
Puerto de la Cruz
Santa Cruz
de Tenerife
LA GOMERA
Garachico
Las Cañadas del Teide
La Escalona
San Sebastián
de la Gomera
Playa de las Américas
EL HIERRO
Valverde
Las Playas

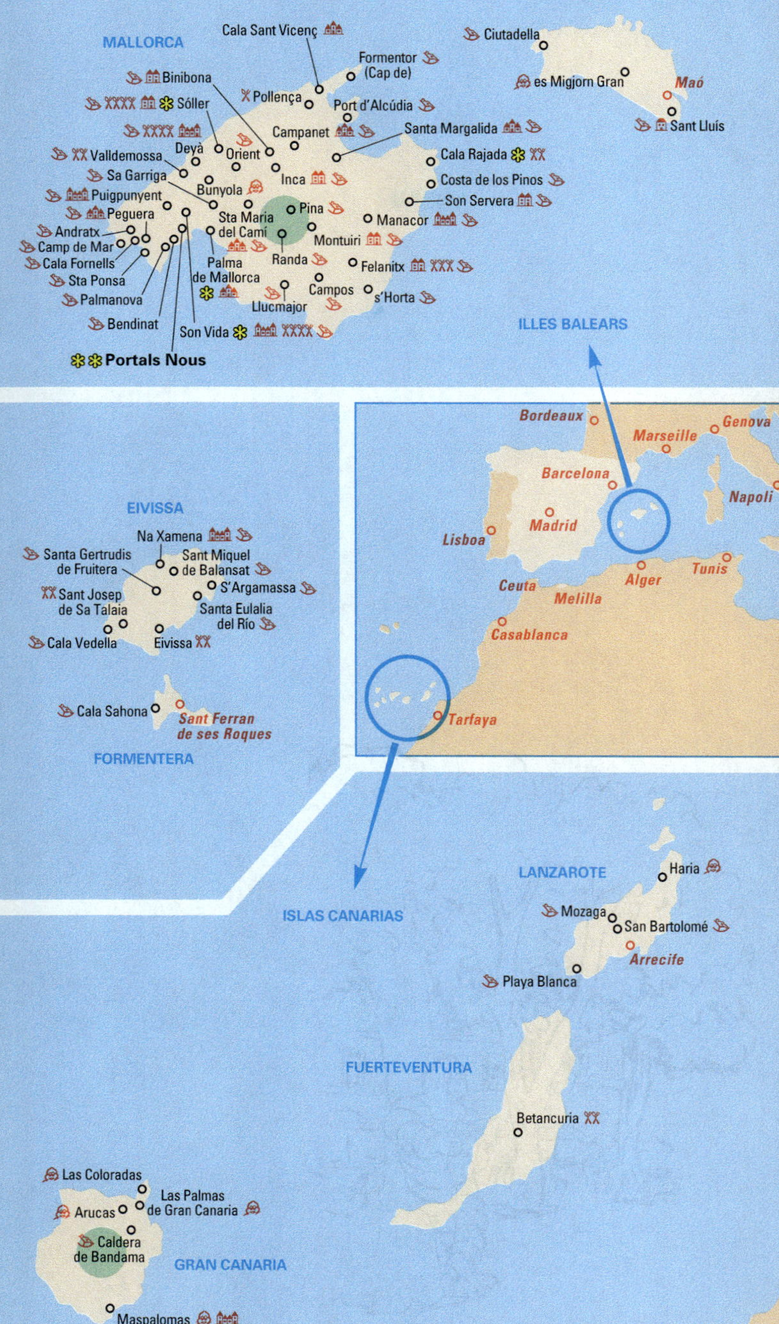

MENORCA
MALLORCA
Cala Sant Vicenç
Ciutadella
Formentor (Cap de)
Binibona
es Migjorn Gran
Maó
Sóller
Pollença
Port d'Alcúdia
Valldemossa
Campanet
Santa Margalida
Sant Lluís
Deyà
Orient
Cala Rajada
Sa Garriga
Inca
Costa de los Pinos
Puigpunyent
Bunyola
Son Servera
Peguera
Sta Maria del Camí
Pina
Manacor
Andratx
Randa
Montuiri
Camp de Mar
Palma de Mallorca
Felanitx
Cala Fornells
Campos
Sta Ponsa
s'Horta
Palmanova
Llucmajor
ILLES BALEARS
Bendinat
Son Vida
Portals Nous

EIVISSA
Na Xamena
Bordeaux
Santa Gertrudis de Fruitera
Sant Miquel de Balansat
Marseille
Genova
Sant Josep de Sa Talaia
S'Argamassa
Barcelona
Napoli
Santa Eulalia del Río
Lisboa
Madrid
Cala Vedella
Eivissa
Ceuta
Alger
Tunis
Melilla
Cala Sahona
Sant Ferran de ses Roques
Casablanca
FORMENTERA
Tarfaya

LANZAROTE
Haria
ISLAS CANARIAS
Mozaga
San Bartolomé
Arrecife
Playa Blanca

FUERTEVENTURA
Betancuria

Las Coloradas
Las Palmas de Gran Canaria
Arucas
Caldera de Bandama
GRAN CANARIA
Maspalomas
MAROC

Poblaciones
Cidades
Villes
Città
Städte
Towns

ABADIÑO o **ABADIANO** 48220 Bizkaia **442** C 22 – *7 008 h alt. 133.*
Madrid 399 – Bilbao *36 – Vitoria-Gasteiz 43.*

en la carretera N 634 *Norte : 2 km :*

🏠 **San Blas,** Laubideta 7, ✉ 48220, ✆ 94 681 42 00, *blassll@teleline.es, Fax 94 681 42 00*
– 🍴 rest, **TV** **P.** **AE** **①** **⑩** **VISA**. ✳
Comida 8,41 – ☕ 3,01 – **17 hab** 30,72/42,77 – PA 19,87.

ADAL TRETO 39760 Cantabria **442** B 19 – *Playa.*
Madrid 378 – Santander *41 – Bilbao 63.*

🏠 **Las Ruedas,** barrio La Maza (carret. N 634) ✆ 942 67 44 22, *info@hotel-lasruedas.com,*
Fax 942 67 44 22 – 🛗, 🍴 hab, **TV** **P.** **①** **⑩** **VISA**. ✳
cerrado Navidades – **Comida** *(cerrado lunes noche salvo verano, puentes y festivos)* carta
18,03 a 41,48 – ☕ 4,81 – **10 hab** 51,09/67,31.

ADEMUZ 46140 València **445** L 26 – *1 208 h alt. 670.*
Madrid 286 – Cuenca 120 – Teruel 44 – València 136.

🍴 **Casa Domingo,** av. de Valencia 1 ✆ 978 78 20 30, *casadomingo@ctv.es,*
Fax 978 78 20 56 – 🍴 rest, **TV** **P.** **AE** **①** **⑩** **VISA**. ✳
Comida 9,93 – ☕ 2,73 – **30 hab** 18,71/32,12 – PA 19,80.

ADRA 04770 Almería **446** V 20 – *20 002 h alt. 15 – Playa.*
Madrid 541 – Almería 59 – Granada 127 – Málaga 145.

🏨 **Meliá Adra** ⚓, Fábricas 86 ✆ 950 60 40 00, *meliaadra@solmelia.es, Fax 950 60 41 31,*
≤, 🛁, 🏊, 🏊 – 🛗 🍴 **TV** 🚗 – 🏖 25/300. **AE** **①** **⑩** **VISA**. ✳
Comida 13,82 – ☕ 7,50 – **116 hab** 93/113,50 – 1 suite.

ADRALL 25797 Lleida **443** F 34.
Madrid 592 – Andorra la Vella 26 – Lleida/Lérida 132 – Font-Romeu-Odeillo Via 74.

🍴 **La Perdiu d'Argent,** carret. C 1313 - Suroeste : 1 km ✆ 973 38 72 52,
Fax 973 38 72 54, ≤ – **P.** **①** **⑩** **VISA**. ✳
cerrado del 1 al 15 de febrero, del 1 al 15 de julio y miércoles – **Comida** carta aprox. 24,30.

AGAETE Las Palmas – *ver Canarias (Gran Canaria).*

AGOITZ o **AOÍZ** 31430 Navarra **442** D 25 – *360 h.*
🗊 *Francisco Indurain 12 - 1° ✆ 948 33 65 98 Fax 948 33 65 98.*
Madrid 413 – Iruña/Pamplona 28 – St-Jean-Pied-de-Port 58.

🏠 **Matxikot-Enea,** Las Eras 3 ✆ 948 33 42 25, *hostal.matxikot@wanadoo.es,*
Fax 948 33 42 77 – 🛗, 🍴 rest, **TV**. **AE** **⑩** **VISA**. ✳ rest
Comida *(cerrado domingo noche)* 9 – ☕ 3 – **9 hab** 45,10.

🍴 **Beti Jai** con hab, Santa Águeda 2 ✆ 948 33 60 52, *Fax 948 33 60 52 –* 🍴 rest, **TV**. **AE**
① **⑩** **VISA**. ✳
Comida carta 24,04 a 29,45 – ☕ 2,70 – **14 hab** 24,04/39,07.

AGRAMUNT 25310 Lleida **443** G 33 – *4 702 h alt. 337.*
Madrid 520 – Barcelona 123 – Lleida/Lérida 51 – La Seu d'Urgell/Seo de Urgel 98.

🏠 **Blanc i Negre 2,** carret. de Cervera - Sureste : 1,2 km ✆ 973 39 12 13,
Fax 973 39 12 13 – 🍴 **TV** 🚗 **P.** **AE** **⑩** **VISA** **JCB**. ✳ hab
Comida 9,62 – ☕ 3,60 – **24 hab** 21,03/42,07.

🏠 **Kipps,** carret. Salou-Artesa de Segre ✆ 973 39 08 25, *reserves@kipps.es,*
Fax 973 39 27 22, 🏊 – 🛗 🍴 **TV** **P.** – 🏖 25/150. **⑩** **VISA**
Comida 7,20 – ☕ 3 – **25 hab** 24,04/42,07.

ÁGREDA 42100 Soria **442** G 24 – *3 617 h alt. 941.*
Madrid 276 – Logroño 115 – Iruña/Pamplona 118 – Soria 50 – Zaragoza 107.

🏨 **Doña Juana,** av. de Soria 16 ✆ 976 64 72 16, *Fax 976 64 76 69 –* 🛗 **TV** **P.** **⑩**
VISA. ✳
Comida carta 18,05 a 22,12 – ☕ 6,61 – **47 hab** 24,73/40,72.

AGUA AMARGA 04149 Almería 👁️ **V 24** – *Playa*.
Madrid 568 – Almería 62 – Mojácar 33 – Níjar 32.

🏨 **Mikasa** 🦢 sin rest (es necesario reservar), carret. de Carboneras 📞 950 13 80 73, *suit e000@ aranzadi.es, Fax 950 13 80 73*, « Villa mediterránea con ☝ climatizada », 🍴 – 🖥️ 📺 🚗 🅿️ AE ⑩ 🅜🅒 VISA 🚫
cerrado 10 enero-15 marzo – **20 hab** ☕ 90/150.

🍴 **La Chumbera**, carret. de Carboneras - Norte : 1 km 📞 950 16 83 21, *Fax 950 16 83 21*, 🌂 – 🅿️ 🅜🅒 VISA
cerrado febrero, 2ª quincena de noviembre, lunes (salvo verano) y martes – **Comida** - sólo cena en verano - carta 27 a 30.

AGUADULCE 04720 Almería 👁️ **V 22** – *Playa*.
Madrid 560 – Almería 10 – Motril 102.

🏨 **Andarax**, Santa Fé (carret. N 340) 📞 950 34 07 08, *andarax@ eh.etursa.es, Fax 950 34 07 55*, ☝ – 🛗 🖥️ 📺 🚗 – 🔔 25/100
108 hab.

🍴 **La Cueva**, puerto deportivo 📞 950 34 72 89, *lacueva@ larural.es*, 🌂 – 🖥️ 🅜🅒 VISA 🚫
cerrado noviembre y lunes salvo festivos – **Comida** carta 20,81 a 24,02.

AGÜERO 22808 Huesca 👁️ **E 27** – *165 h*.
Alred. : Los Mallos★ Este : 11 km.
Madrid 432 – Huesca 42 – Jaca 59 – Iruña/Pamplona 132.

AGUILAR DE CAMPÓO 34800 Palencia 👁️ **D 17** – *7 594 h alt. 895.*
🛈 pl. de España 32 📞 979 12 36 41 (temp).
Madrid 323 – Palencia 97 – Santander 104.

🏨 **Valentín**, av. Generalísimo 23 📞 979 12 21 25, *hotelvalentin@ hotelvalentin.com, Fax 979 12 24 42* – 🛗, 🖥️ rest, 📺 🚗 🅿️ – 🔔 25/250. AE ⑩ 🅜🅒 VISA 🚫
Comida 9,62 – ☕ 3,61 – **46 hab** 45,08/57,10 – PA 22,84.

🏨 **Posada de Santa María la Real** 🦢, carret. de Cervera de Pisuerga 📞 979 12 20 00, *posada@ jazzviajeros.com, Fax 979 12 25 52*, « Conjunto rústico con jardín » – 📺 🅜🅒 VISA 🚫
cerrado del 22 al 25 de diciembre y del 15 al 31 de enero – **Comida** 12,02 – **18 hab** ☕ 40,27/54,69.

🍴 **Cortés** con hab, Puente 39 📞 979 12 30 55 – 📺 ⑩ 🅜🅒 VISA JCB 🚫
Comida carta 21,63 a 29,14 – ☕ 3,90 – **11 hab** 36,06.

AGUILAR DE LA FRONTERA 14920 Córdoba 👁️ **T 16** – *12 830 h alt. 372.*
Ver : *Localidad★ – Parroquia de Nuestra Señora del Soterráneo★ – Plaza de San José★ – Torre del Reloj★.*
Madrid 436 – Córdoba 52 – Antequera 70 – Jaén 102 – Sevilla 150.

🍴 **La Casona**, carret. Montoro-Puente Genil 📞 957 66 04 39, *Fax 957 68 83 43* – 🖥️ AE ⑩ 🅜🅒 VISA 🚫 – *cerrado 26 junio-10 julio* – **Comida** carta aprox. 21.

ÁGUILAS 30880 Murcia 👁️ **T 25** – *24 610 h – Playa.*
🛈 pl. Antonio Cortijos 📞 968 41 33 03 Fax 968 44 60 82.
Madrid 494 – Almería 132 – Cartagena 84 – Lorca 42 – Murcia 104.

🏨 **Carlos III**, Rey Carlos III-22 📞 968 41 16 50, *correo@ hotelcarlosiii.com, Fax 968 41 16 58* – 🖥️ 📺 AE ⑩ 🅜🅒 VISA 🚫 rest
Comida 7,21 – ☕ 4,20 – **32 hab** 51,08/75,12.

🏨 **El Paso**, Cartagena 13 📞 968 44 71 25, *hoteelpaso@ forodigital.es, Fax 968 44 71 27* – 🛗 🖥️ 📺 🚗 🅿️ 🅜🅒 VISA 🚫
Comida 7,21 – **24 hab** ☕ 34,86/51,09.

🍴 **El Faro**, José María Pereda-Edificio Beta 📞 968 41 28 83, *ismaesan@ ceta.es*, 🌂 – 🖥️ 🅜🅒 VISA 🚫
cerrado del 7 al 31 de enero y miércoles (salvo julio-agosto) – **Comida** carta 12,75 a 24,75.

en Calabardina *Noreste : 8,5 km :*

🏨 **Al Sur** 🦢, Torre de Cope 24, ✉️ 30889 Calabardina, 📞 968 41 94 66, *Fax 968 41 94 66*, ≤, 🌂, « Ambiente acogedor con agradable terraza » – 📺 🅜🅒 VISA 🚫
Comida - sólo clientes, sólo cena - 24,04 – **8 hab** ☕ 85/90.

🏨 **El Paraíso**, ✉️ 30889 Calabardina, 📞 968 41 94 44, *hotelelparaiso@ servivoz.net, Fax 968 41 94 44* – 🖥️ rest, 📺 AE ⑩ 🅜🅒 VISA 🚫
cerrado 20 diciembre-20 enero – **Comida** 9,01 – **39 hab** ☕ 36,20/54,20 – PA 18,20.

AGÜIMES Las Palmas – ver Canarias (Gran Canaria).

AIGUA BLAVA Girona – ver Begur.

AIGUADOLÇ (Puerto de) Barcelona – ver Sitges.

AINSA 22330 Huesca **443** E 30 – 1387 h alt. 589.

Ver : Plaza Mayor★.

🖪 av. Pirenaica 1 ℰ 974 50 07 67 ainsa@staragon.com Fax 974 50 07 67.

Madrid 510 – Huesca 120 – Lleida/Lérida 136 – Iruña/Pamplona 204.

Dos Ríos sin rest con cafetería, av. Central 4 ℰ 974 50 09 61, hotel.dos.rios@correo
.pirineo.com, Fax 974 51 00 25 – 📳 🗐 📺. 🖭 🐠 𝑉𝐼𝑆𝐴. ✇
abril-octubre y 26 diciembre-6 enero – ☲ 4,50 – **18 hab** 41/53,50.

Dos Ríos sin rest, av. Central 2 ℰ 974 50 01 06, hotel.dos.rios@pirineo.com,
Fax 974 51 00 25 – 📺. 🐠 𝑉𝐼𝑆𝐴. ✇
abril-octubre y 26 de diciembre-6 enero – ☲ 4,50 – **17 hab** 25,50/37,50.

✗ **Bodegón de Mallacán** con hab, pl. Mayor 6 ℰ 974 50 09 77, posadareal@pirineo.com,
Fax 974 50 09 53, �){ – 🗐 rest, 📺. 🖭 🐠 𝑉𝐼𝑆𝐴. ✇
Comida carta 25,30 a 33,23 – ☲ 7,06 – **6 hab** 48,08/90,15.

✗ **Bodegas del Sobrarbe,** pl. Mayor 2 ℰ 974 50 02 37, Fax 974 50 09 37, 🌞,
« Antiguas bodegas decoradas en estilo medieval » – 🖭 ⓐ 🐠 𝑉𝐼𝑆𝐴 𝐽𝐶𝐵. ✇
cerrado enero y febrero – **Comida** carta 22 a 28,30.

AJO 39170 Cantabria **442** B 19 – Playa.

Madrid 416 – Bilbao 86 – Santander 34.

XXX **La Casona de la Peña** ⌇ con hab, barrio de la Peña ℰ 942 67 05 67, lacasona@i
nfosystemas.com, Fax 942 67 06 41, « Casona palacio con antigüedades », 🚃 – 🗐 📺
🅿. 🖭 ⓐ 🐠 𝑉𝐼𝑆𝐴. ✇
cerrado 22 diciembre-12 enero – **Comida** (cerrado domingo noche y lunes) carta 34,89
a 44,17 – ☲ 9,01 – **4 hab** 144,24.

ALACANT o **ALICANTE** 03000 🅿 **445** Q 28 – 275 111 h – Playa.

Ver : Explanada de España★ DEZ - Colección de Arte del S. XX. Museo de La Asegurada★
EY M.

✈ de Alicante por ② : 12 km ℰ 96 691 94 00 – Iberia : av. Dr. Gadea 12 (entreplanta)
✉ 03001 ℰ 96 521 86 13 DYZ.

🚙 ℰ 96 592 50 47.

⛴ para Argel y Orán : Romeu y Cia S.A. Jorge Juan 6 ✉ 03002 ℰ 96 514 15 09 Fax
96 520 82 90.

🖪 Rambla de Méndez Núñez 23 ✉ 03002 ℰ 96 520 00 00
touristinfo.alicante@turisme.m400.gva.es Fax 96 520 02 43 y Portugal 17 ✉ 03003
ℰ 96 592 98 02 touristinfo.alicante@turisme.m400.gva.es Fax 96 592 01 12 – **R.A.C.E.**
Orense 3 ✉ 03003 ℰ 96 522 93 49 Fax 96 512 55 97.

Madrid 417 ③ – Albacete 168 ③ – Cartagena 110 ② – Murcia 81 ② – Valencia (por la
costa) 174 ①

Planos páginas siguientes

Meliá Alicante, Puerta del Mar 3, ✉ 03002, ℰ 96 520 50 00, Fax 96 520 47 56, ≼,
🏊 – 📳 🗐 📺 🕭 🅿 – 🔬 25/500. 🖭 ⓐ 🐠 𝑉𝐼𝑆𝐴 𝐽𝐶𝐵. ✇   EZ r
Comida 22,24 – ☲ 11,12 – **540 hab** 110,29/134,03 – 5 suites.

Tryp Gran Sol, Rambla Méndez Núñez 3, ✉ 03002, ℰ 96 520 30 00, gransol@tryp
net.com, Fax 96 521 14 39, ≼ – 📳 🗐 📺 – 🔬 25/200. 🖭 ⓐ 🐠 𝑉𝐼𝑆𝐴. ✇   DZ a
Comida 16,23 – ☲ 10,22 – **123 hab** 120,20/150,25.

Eurhotel Hesperia, Pintor Lorenzo Casanova 33, ✉ 03003, ℰ 96 513 04 40, hote
l@hesperia-eurhotel.com, Fax 96 592 83 23 – 📳 🗐 📺 🚘 – 🔬 25/250. 🖭 ⓐ 🐠
𝑉𝐼𝑆𝐴. ✇   CZ a
Doña Blanca (cerrado agosto, sábado, domingo y festivos) **Comida** carta 17,40 a 24,31
– ☲ 7,21 – **115 hab** 105,77/117,19 – 1 suite.

NH Cristal sin rest con cafetería por la noche de lunes a jueves, López Torregrosa 9,
✉ 03002, ℰ 96 514 36 59, nhcristal@nh-hoteles.es, Fax 96 520 66 96 – 📳 🗐 📺 –
🔬 35/40. 🖭 ⓐ 🐠 𝑉𝐼𝑆𝐴 𝐽𝐶𝐵. ✇   DY c
☲ 9,01 – **53 hab** 96,16/109,40.

Covadonga sin rest, pl. de los Luceros 17, ✉ 03004, ℰ 96 520 28 44, Fax 96 521 43 97
– 📳 🗐 📺 🚘. 🖭 ⓐ 🐠 𝑉𝐼𝑆𝐴. ✇   CY d
☲ 4,81 – **83 hab** 42,07/69,12.

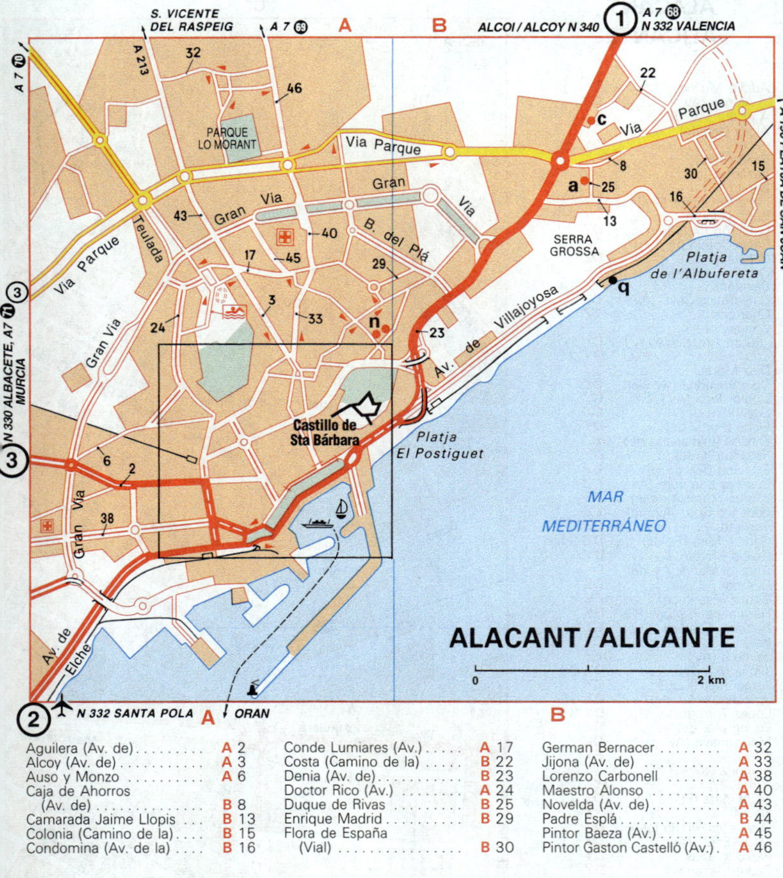

Aguilera (Av. de)	A 2	Conde Lumiares (Av.)	A 17	German Bernacer	A 32
Alcoy (Av. de)	A 3	Costa (Camino de la)	B 22	Jijona (Av. de)	A 33
Auso y Monzo	A 6	Denia (Av. de)	B 23	Lorenzo Carbonell	A 38
Caja de Ahorros (Av. de)	B 8	Doctor Rico (Av.)	A 24	Maestro Alonso	A 40
		Duque de Rivas	B 25	Novelda (Av. de)	A 43
Camarada Jaime Llopis	B 13	Enrique Madrid	B 29	Padre Esplá	B 44
Colonia (Camino de la)	B 15	Flora de España		Pintor Baeza (Av.)	A 45
Condomina (Av. de la)	B 16	(Vial)	B 30	Pintor Gaston Castelló (Av.)	A 46

Mediterránea Plaza sin rest con cafetería, pl. del Ayuntamiento 6, ⊠ 03002, ℰ 96 521 01 88, Fax 96 520 67 50, ⅙ – 🛗 🖭 📺 ఈ – 🕮 25/45. 🆎 ⓪ ⓜⓒ 𝘝𝘐𝘚𝘈. ⅏ ⌖ 9,91 – **50 hab** 111,73/124,95.
EYZ a

Sol Inn Alicante sin rest, Gravina 9, ⊠ 03002, ℰ 96 521 07 00, solinnalicante@solmelia.es, Fax 96 521 09 76 – 🛗 🖭 📺 ⇌. 🆎 ⓪ ⓜⓒ 𝘝𝘐𝘚𝘈. ⅏ ⌖ 7,26 – **66 hab** 66,26/71,31.
EY r

Leuka sin rest con cafetería, Segura 23, ⊠ 03004, ℰ 96 520 27 44, hotelleuka@infonegocio.com, Fax 96 514 12 22 – 🛗 🖭 📺 ⇌ – 🕮 25/125. 🆎 ⓪ ⓜⓒ 𝘝𝘐𝘚𝘈. ⅏ ⌖ 6,16 – **106 hab** 53,79/85,42.
CY 66

La Reforma sin rest con cafetería, Reyes Católicos 7, ⊠ 03003, ℰ 96 592 81 47, lareforma@jazzfree.com, Fax 96 592 39 50 – 🛗 🖭 📺 ⇌. 🆎 ⓜⓒ 𝘝𝘐𝘚𝘈 ⌖ 4,50 – **52 hab** 37,20/68,80.
DZ h

Les Monges Palace sin rest y sin ⌖, San Agustín 4, ⊠ 03002, ℰ 96 521 50 46, Fax 96 514 71 89 – 🖭 📺. ⓜⓒ 𝘝𝘐𝘚𝘈. ⅏ **18 hab** 31/52.
EY c

Dársena, Marina Deportiva - Muelle 6, ⊠ 03001, ℰ 96 520 75 89, restaurante@darsena.com, Fax 96 514 37 45, ≼, « En el puerto deportivo » – 🛗 🖭. 🆎 ⓪ ⓜⓒ 𝘝𝘐𝘚𝘈 ᴊᴄʙ. ⅏
EZ e
cerrado domingo noche – **Comida** - espec. en arroces - carta 22,08 a 29,89.

Nou Manolín, Villegas 3, ⊠ 03001, ℰ 96 520 03 68, Fax 96 521 70 07, Vinoteca – 🖭. 🆎 ⓪ ⓜⓒ 𝘝𝘐𝘚𝘈. ⅏
DY m
Comida carta 32,16 a 36,36.

ALACANT
ALICANTE

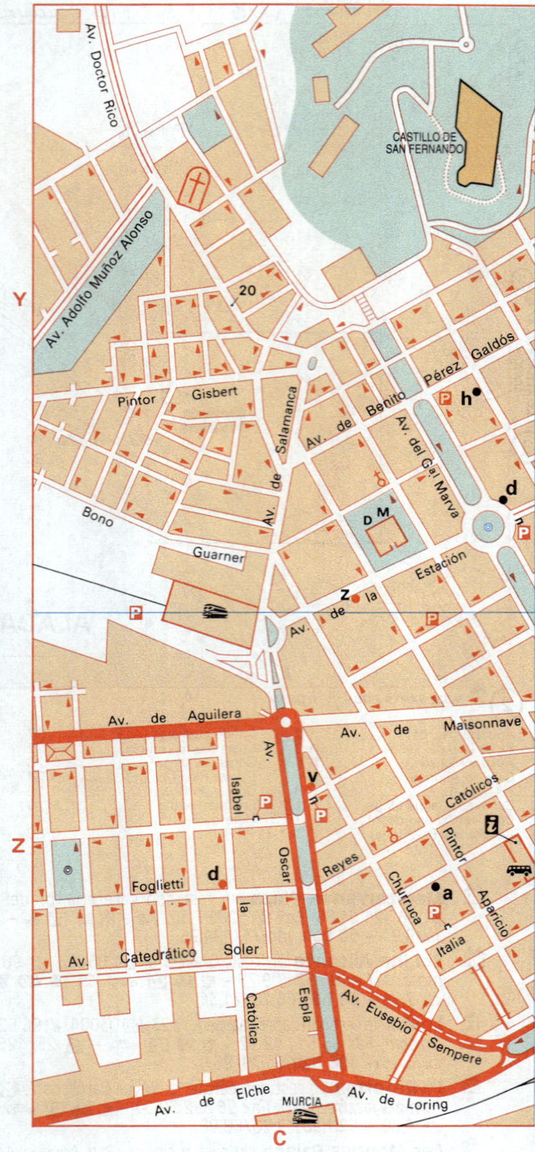

☭☭ **Monastrell**, San Fernando 10, ✉ 03002, ☎ 96 520 03 63, *monas@ wanadoo.es*,
Fax 96 598 00 27 – ▤. AE ① MC VISA. ✂   **EZ b**
cerrado lunes – **Comida** carta aprox. 34,90.

☭☭ **Aldebarán**, Real Club de Regatas - Muelle de Poniente 1, ✉ 03001, ☎ 96 512 31 30,
Fax 96 598 42 43, ≦ – ▤. AE ① MC VISA. ✂   **DZ y**
cerrado domingo noche – **Comida** carta 23,72 a 31,73.

XX **Color de Especias,** Médico Pascual Pérez 25, ✉ 03001, ☎ 96 520 72 01, « Ambiente
acogedor » – 🍽. AE ⓪ MO VISA. ⌖   DY e
cerrado domingo – **Comida** - es necesario reservar - carta 22,09 a 33,66.

XX **Piripi,** Oscar Esplá 30, ✉ 03003, ☎ 96 522 79 40, *Fax 96 521 70 07* – 🍽. AE ⓪ MO
VISA. ⌖   CZ v
Comida carta aprox. 32,10.

XX Govana, pl. Dr. Gómez Ulla 4, ⊠ 03013, ℰ 96 521 82 50, *govana@cuinaitertulia.org*,
    Fax 96 521 82 50 – 🖃   **A h**

XX **Valencia Once,** Valencia 11, ⊠ 03012, ℰ 96 521 13 09 – 🖃. AE ⓂⒸ VISA. ⌖   **DY a**
    cerrado del 2 al 16 de abril, 25 días en agosto, domingo noche y lunes noche – Comida
    carta 21,94 a 27,96.

X   **El Bocaíto,** Isabel la Católica 22, ⊠ 03007, ℰ 96 592 26 30 – 🖃. AE Ⓓ ⓂⒸ VISA. ⌖
    cerrado domingo – **Comida** carta 26 a 29.   **CZ d**

X   **La Goleta,** explanada de España 8, ⊠ 03002, ℰ 96 521 43 92, *joseluislagoleta@hot*
    mail.com, Fax 96 520 88 01, ☈ – AE Ⓓ ⓂⒸ VISA. ⌖   **EZ c**
    Comida - pescados, mariscos y arroces - carta 24,04 a 33,06.

X   **Nou Palas,** av. de la Estación 9, ⊠ 03003, ℰ 96 522 75 55 – 🖃. ⓂⒸ VISA   **CY z**
    cerrado domingo noche y lunes noche – **Comida** carta 20,02 a 27,95.

X   **Puerto,** Dr. Sapena 51, ⊠ 03013, ℰ 96 521 95 74 – 🖃. AE Ⓓ ⓂⒸ VISA. ⌖   **A n**
    cerrado domingo en julio y agosto – Comida - espec. en pescados, mariscos y arroces
    - carta aprox. 30,05.

por la carretera de València :

XXX **Maestral,** Andalucía 20-Vistahermosa, ⊠ 03016, ℰ 96 526 25 85, *Fax 96 516 18 88*,
     ☈, « Villa con terraza rodeada de jardín » – 🖃 ℙ. AE Ⓓ ⓂⒸ VISA. ⌖   **B a**
     cerrado domingo noche – **Comida** 51,09 y carta 28,53 a 38,94
     Espec. Suquet de salmonetes rellenos de manitas de cerdo, gamba y jamón con risotto
     de pequeños calamares. Salteado de vieiras y cigalas con berenjenas. Costillar de lechona
     con suprema de pichón, verduritas, crêpe de dátiles y almendras.

XX   **La Piel del Oso,** Vistahermosa, ⊠ 03016, ℰ 96 526 06 01, *osopardo@santandersu*
     pernet.com, Fax 96 526 81 02 – 🖃 ℙ. AE Ⓓ ⓂⒸ VISA JCB   **B c**
     cerrado domingo noche y lunes – **Comida** carta 21 a 36.

en la playa de la Albufereta :

🏨 **Albahía,** Sol Naciente 6, ⊠ 03016, ℰ 96 515 59 79, *hotelalbahia@cli.ccs.es*,
    Fax 96 515 53 73, 🛥, ⌖ – 🛗 🖃 📺 ℙ – 🔥 25/50. AE Ⓓ ⓂⒸ VISA. ⌖   **B q**
    Comida 9,65 – ☕ 6,43 – **93 hab** 84,14/102,17 – PA 24,04.

en la autovía N 332 *por ② : 5 km :*

🏨 **Express by Holiday Inn** *sin rest,* av. de Elche 112, ⊠ 03008, ℰ 96 601 10 00,
    Fax 96 601 10 01, ⋖ – 🛗 🖃 📺 & ℙ – 🔥 30. AE Ⓓ ⓂⒸ VISA JCB
    120 hab ☕ 110.

    Ver también : **Platja de Sant Joan** *por A 190 : 7 km* B
                    Sant Joan d'Alacant *por ① : 9 km.*

ALAGÓN *50630 Zaragoza* 443 **G 26** – *5 487 h.*
    Madrid 350 – Iruña/Pamplona 150 – Zaragoza 23.

🏠 **Los Ángeles,** pl. de la Alhóndiga 4 ℰ 976 61 13 40, *l.angeles@wanadoo.es*,
    Fax 976 61 21 11 – 🛗 🖃 📺. ⓂⒸ VISA. ⌖
    Comida *(cerrado domingo noche)* 10,21 – ☕ 3,60 – **30 hab** 30,05/42,07.

ALAIOR *Illes Balears – ver Balears (Menorca).*

ALÁJAR *21340 Huelva* 446 **S 10** – *824 h alt. 577.*
    Madrid 495 – Huelva 109 – Serpa 100 – Sevilla 102.

🏡 **La Posada,** Médico Emilio González 2 ℰ 959 12 57 12, *hotel.laposada@navegalia.com*,
    Fax 959 12 57 12 – AE ⓂⒸ VISA. ⌖
    Comida 10,80 – **8 hab** ☕ 28,80/42 – PA 20.

ALAMEDA DE LA SAGRA *45240 Toledo* 444 **L 18** – *2 724 h.*
    Madrid 52 – Toledo 31.

🏠 **La Maruxiña,** carret. de Ocaña - Noroeste : 0,7 km ℰ 925 50 04 92, *Fax 925 50 02 11*
    – 🛗 🖃 📺 ℙ. ⓂⒸ VISA. ⌖
    Comida 7,82 – ☕ 2,41 – **32 hab** 23,44/45,08 – PA 15,03.

ALAMEDA DEL VALLE *28749 Madrid* 444 **J 18** – *137 h alt. 1 135.*
    Madrid 83 – Segovia 54.

🏨 **La Posada de Alameda** ⌖, Grande 34 ℰ 91 869 13 37, *laposadadealameda@ana*
    kis.es, Fax 91 869 01 63 – 📺 ℙ – 🔥 25/90. Ⓓ ⓂⒸ VISA. ⌖
    Comida carta 25,50 a 31,50 – ☕ 4,51 – **22 hab** 54/66,10.

ALAQUÁS 46970 València **445** N 28 – 24 107 h.

Madrid 352 – Alacant/Alicante 184 – Castelló de la Plana/Castellon de la Plana 96 – València 7.

✗ **La Sequieta,** av. Camí Vell de Torrent 28 ℰ 96 150 00 27, *sebastianrp@canal21.com*, Fax 96 151 03 95 – ▤. 🆎 ⓪ ⓂⓄ *VISA*. ⚡
cerrado agosto, domingo y lunes noche – **Comida** carta 21,64 a 23,44.

No confundir :

Confort de los hoteles	: 🏨🏨🏨🏨 ... 🏠, 🎋
Confort de los restaurantes	: XXXXX ... X
Calidad de la comida	: ❀❀❀, ❀❀, ❀, 🦢

ALARCÓN 16213 Cuenca **444** N 23 – 245 h alt. 845.

Ver : Emplazamiento★★.

Madrid 189 – Albacete 94 – Cuenca 85 – València 163.

🏰 **Parador de Alarcón** ⌇, av. Amigos de los Castillos 3 ℰ 969 33 03 15, *alarcon@parador.es*, Fax 969 33 03 03, « Castillo medieval sobre un peñón rocoso dominando el río Júcar » – 🛗 ▤ 📺 🅿. 🆎 ⓪ ⓂⓄ *VISA* JCB. ⚡ rest
cerrado por obras hasta el 15 de mayo – **Comida** 24,04 – ☕ 8,71 – **13 hab** 93,18/116,48.

ALÀS i CERC o **ALÁS** 25718 Lleida **443** E 34 – 388 h alt. 768.

Madrid 603 – Lleida/Lérida 146 – La Seu d'Urgell/Seo de Urgel 7.

✗ **Alás,** Zulueta 10 ℰ 973 35 41 92, Fax 973 35 41 92 – 🆎 ⓪ ⓂⓄ *VISA* JCB. ⚡
cerrado del 17 al 13 de junio y lunes salvo festivos – **Comida** carta 13,27 a 21,09.

ALBA DE TORMES 37800 Salamanca **441** J 13 – 4 422 h alt. 826.

Ver : Iglesia de San Juan (grupo escultórico★).

🅑 Padre Raimundo 6 bajo ℰ 923 30 08 98 Fax 923 30 08 98.

Madrid 191 – Ávila 85 – Plasencia 123 – Salamanca 19.

🏠 **Alameda,** av. Juan Pablo II ℰ 923 30 00 31, *htalameda@jazzfree.com*, Fax 923 37 02 81, ⌇ – ▤ rest, 📺 🅿. 🆎 ⓪ ⓂⓄ *VISA*. ⚡
Comida 6,61 – ☕ 1,95 – **34 hab** 22,24/39,07.

ALBACETE 02000 🅟 **444** O y P 24 – 135 889 h alt. 686.

Ver : Museo (Muñecas romanas articuladas★) BY **M1**.

🅑 Tinte 2-edificio Posada del Rosario ✉ 02071 ℰ 967 58 05 22 – **R.A.C.E.** Caba 11 ✉ 02001 ℰ 967 51 16 54 Fax 967 50 90 57.

Madrid 249 ⑥ – Córdoba 358 ④ – Granada 350 ④ – Murcia 147 ③ – València 183 ②

Plano página siguiente

🏨 **Gran Hotel,** Marqués de Molins 1, ✉ 02001, ℰ 967 19 33 33, Fax 967 19 33 32 – 🛗 ▤ 📺 ♿ 🚗 – 🔥 25/175. 🆎 ⓪ ⓂⓄ *VISA* JCB. ⚡ rest .... BY r
Comida 12,02 – ☕ 4,21 – **48 hab** 72,12/90,15 – 1 suite.

🏨 **Europa,** San Antonio 39, ✉ 02001, ℰ 967 24 15 12, *europa@netvision.es*, Fax 967 21 45 69 – 🛗 ▤ 📺 🚗 – 🔥 25/350. 🆎 ⓪ ⓂⓄ *VISA*. ⚡ rest .... BY a
Comida 12,02 – ☕ 4,50 – **117 hab** 52,90/63,11 – 2 suites.

🏨 **San Antonio,** San Antonio 8, ✉ 02001, ℰ 967 52 35 35, *europa@netvision.es*, Fax 967 52 31 30 – 🛗 ▤ 📺 🚗 – 🔥 25/40. 🆎 ⓪ ⓂⓄ *VISA*. ⚡ rest .... BY t
Comida 15,02 – ☕ 6,01 – **32 hab** 72,13/90,17.

🏨 Tryp Los Llanos, av. de España 9, ✉ 02002, ℰ 967 22 37 50, *dtornos@trypnet.com*, Fax 967 23 46 07 – 🛗 ▤ 📺 🚗 – 🔥 25/400 .... BZ a
102 hab.

🏨 **NH Albar,** Isaac Peral 3, ✉ 02001, ℰ 967 21 68 61, *nhalbar@nh-hoteles.es*, Fax 967 21 43 79 – 🛗 ▤ 📺. 🆎 ⓪ ⓂⓄ *VISA* JCB. ⚡ .... BY e
Comida 15,02 - *El Quijano* : **Comida** carta 27,45 a 30,05 – ☕ 6,61 – **51 hab** 75,13/84,14.

🏨 **San José** sin rest, San José de Calasanz 12, ✉ 02002, ℰ 967 50 74 02, *reservas@hotelsanjose-albacete.es*, Fax 967 50 61 27 – 🛗 ▤ 📺 🚗 – 🔥 25/50. 🆎 ⓪ ⓂⓄ *VISA* JCB. ⚡ .... ABZ u
☕ 3,30 – **46 hab** 39/50.

🏨 **Florida,** Ibáñez Íbero 14, ✉ 02005, ℰ 967 55 00 88, Fax 967 22 91 15 – 🛗 ▤ 📺 ♿ 🚗 – 🔥 25/300. 🆎 ⓂⓄ *VISA*. ⚡ .... AY s
Comida 11,41 – ☕ 6,01 – **57 hab** 70,74/96,46.

ALBACETE

🏨 **Universidad,** av. de España 71, ✉ 02006, ☎ 967 50 88 95, h.universidad@line-pro.es, Fax 967 23 69 79 – 🛗 🗐 📺 ⅙ 🚗 – 🔬 25/350. AE ① ⓂⒸ VISA. 🛇 rest
Comida 10,85 – **80 hab** ⌑ 59,50/72,80.   por av. de España   **BZ**

🏨 **Príncipe,** Del Carmen 42, ✉ 02005, ☎ 967 52 11 55, Fax 967 24 83 56 – 🛗 🗐 📺 🚗.
AE ① ⓂⒸ VISA. 🛇   **BY**   s
Comida 9,02 – ⌑ 2,40 – **29 hab** 36,06/72,12.

🏨 **Altozano** sin rest y sin ⌑, pl. Altozano 7, ✉ 02001, ☎ 967 21 04 62, Fax 967 52 13 66
– 🛗 🗐 📺 🚗. ⓂⒸ VISA JCB   **ABY**   b
40 hab 30/53.

🏨 **Castilla** sin rest, paseo de la Cuba 3, ✉ 02001, ☎ 967 21 42 88, cortessanchez@ t
rra.es, Fax 967 24 27 67 – 🛗 🗐 📺 🚗. AE ① ⓂⒸ VISA   **BY**   n
⌑ 3,01 – **60 hab** 32,15/55,95.

🏨 **Albacete,** Carcelén 8, ✉ 02001, ☎ 967 21 81 11, Fax 967 21 87 25 – 🗐 📺. AE ①
ⓂⒸ VISA. 🛇 rest   **BY**   n
Comida (cerrado 15 julio-15 septiembre, sábado y domingo) 11,42 – ⌑ 3,61 – **36 hab**
28,10/48,08 – PA 24,04.

XXX **Casa Marlo,** pl. Gabriel Lodares 3, ⊠ 02002, ℰ 967 50 64 75, Fax 967 22 77 39, 🌦, « Decoración elegante » – 📧. 🆀🅴 ⓪ ⓂⓒⒸ 𝚅𝙸𝚂𝙰
cerrado domingo noche – **Comida** carta 25,20 a 29,40.

                  AZ v

XX **Rincón Gallego,** Teodoro Camino, ⊠ 02002, ℰ 967 21 14 94, sgb2001@terra.es –
📧. 🆀🅴 ⓪ ⓂⒸ 𝚅𝙸𝚂𝙰 ᴊᴄʙ.
Comida - cocina gallega - carta 20,40 a 30,95.

                  BZ x

I XX **Nuestro Bar,** Alcalde Conangla 102, ⊠ 02002, ℰ 967 24 33 73, nuestrobar@mail.o
no.es, Fax 967 66 46 78, 🌦 – 📧 🅿. 🆀🅴 ⓪ ⓂⒸ 𝚅𝙸𝚂𝙰.
cerrado julio y domingo noche – **Comida** - cocina regional - carta 19,22 a 25,03.

                  BZ t

XX **Casa Paco,** La Roda 26, ⊠ 02005, ℰ 967 22 00 41, casapaco@terra.es,
Fax 967 50 06 18 – 📧. 🆀🅴 ⓪ ⓂⒸ 𝚅𝙸𝚂𝙰.
cerrado agosto y domingo noche – **Comida** carta aprox. 25,88.

                  AY c

X **El Callejón,** Guzmán El Bueno 18, ⊠ 02002, ℰ 967 21 11 38, Fax 967 21 11 82, « Rest.
típico de ambiente taurino » – 📧. 🆀🅴 ⓪ ⓂⒸ 𝚅𝙸𝚂𝙰.
cerrado 20 julio-20 agosto y domingo noche – **Comida** carta 24,04 a 30,06.

                  BZ z

X **Horno de la Cruz,** Cruz 7, ⊠ 02001, ℰ 967 52 05 52 – 📧. 🆀🅴 ⓪ ⓂⒸ 𝚅𝙸𝚂𝙰.
cerrado 26 julio-26 agosto, domingo en julio y domingo noche resto del año – **Comida**
carta 17,17 a 30,68.

                  BY c

♈ **Gambrinus,** Mayor 59, ⊠ 02001, ℰ 967 24 79 30, 🌦 – 📧. 𝚅𝙸𝚂𝙰.
cerrado agosto – **Ración** aprox. 4,21.

                  BZ x

♈ **Rubia y Tinto,** Muelle 22, ⊠ 02001, ℰ 967 52 11 49 – 📧. 𝚅𝙸𝚂𝙰.
Tapa 1,20 **Ración** aprox. 6,62.

                  BY d

al Sureste 5 km por ② o ③ :

🏠 **Parador de Albacete** ☜, ⊠ 02000, ℰ 967 24 53 21, albacete@parador.es,
Fax 967 24 32 71, ≤, « Conjunto de estilo regional en pleno campo », ⤢, ✕ – 📧 📺
🅿 – 🔥 25/200. 🆀🅴 ⓪ ⓂⒸ 𝚅𝙸𝚂𝙰 ᴊᴄʙ.
Comida 22,84 – ⊑ 8,71 – **69 hab** 73,55/91,94.

ALBALAT DELS TARONGERS 46591 València 𝟦𝟦𝟧 M 28 – 522 h alt. 96.
Madrid 376 – Castelló de la Plana/Castellón de la Plana 49 – Sagunt/Sagunto 11 – València 35.

XX **Les Panses,** Partida les Panses 1 ℰ 96 262 82 00, gesgarbi@infonegocio.com,
Fax 96 391 44 43, 🌦, ⤢ – 📧 🅿. 🆀🅴 ⓪ ⓂⒸ 𝚅𝙸𝚂𝙰.
cerrado lunes y martes – **Comida** - sólo almuerzo salvo viernes y sábado - carta aprox.
22,83.

ALBARRACÍN 44100 Teruel 𝟦𝟦𝟥 K 25 – 1 164 h alt. 1 200.
Ver : Pueblo típico★ Emplazamiento★ Catedral (tapices★).
Madrid 268 – Cuenca 105 – Teruel 38 – Zaragoza 191.

🏠 **La Casona del Ajimez** ☜, San Juan 2 ℰ 978 71 03 21, Fax 978 70 03 26, ≤, 🌳 –
📺. 🆀🅴 ⓪ ⓂⒸ 𝚅𝙸𝚂𝙰.
cerrado del 13 al 19 de septiembre – **Comida** carta aprox. 24,63 – ⊑ 4,20 – **6 hab**
54,09/72,12.

🏠 **Casa de Santiago** ☜, Subida a las Torres 11 ℰ 978 70 03 16 – ⓂⒸ 𝚅𝙸𝚂𝙰. rest
cerrado 15 días en febrero y del 13 al 17 de septiembre – **Comida** 11,42 – ⊑ 4 – **9 hab**
36,06/52.

🏠 **Posada del Adarve** ☜ sin rest, Portal de Molina 23 ℰ 978 70 03 04 – 📺. 🆀🅴 ⓪
ⓂⒸ 𝚅𝙸𝚂𝙰.
⊑ 2,70 – **5 hab** 24,04/42,07.

🏠 **Arabia** sin rest, Bernardo Zapater 2 ℰ 978 71 02 12, grupoalmazan@lettera.net,
Fax 978 71 02 37, ≤, 🛗 – 📺. 🆀🅴 ⓂⒸ 𝚅𝙸𝚂𝙰.
⊑ 2,71 – **20 hab** 36/43,83 – 20 apartamentos.

🏠 **Doña Blanca** sin rest, Llano del Arrabal 10 ℰ 978 71 00 01 – 📺 🚗 🅿.
⊑ 5 – **10 hab** 51.

🏠 **Santo Cristo** ☜ sin rest, camino Santo Cristo ℰ 978 70 03 01 – 📺 🅿. ⓂⒸ 𝚅𝙸𝚂𝙰.
abril-noviembre y fines de semana resto del año – ⊑ 2,75 – **12 hab** 26/35.

🏠 **Mesón del Gallo,** Los Puentes 1 ℰ 978 71 00 32 – 📺. 𝚅𝙸𝚂𝙰.
Comida 9,92 – ⊑ 2,40 – **17 hab** 39,07.

X **El Portal,** Portal de Molina 14 ℰ 978 70 03 90, « Decoración castellana » – ⓂⒸ 𝚅𝙸𝚂𝙰.
cerrado domingo noche y lunes – **Comida** - sólo fines de semana de enero-marzo - carta
aprox. 18.

en la carretera de Teruel *Noreste : 1,5 km :*

Montes Universales, ⊠ 44100, ℘ 978 71 01 58, *Fax 978 71 02 12* – 📺 🚗 🅿 ⓜⓒ
VISA. ❄
Comida 8,44 – � 2,72 – **32 hab** 33,13/39,15 – PA 16,15.

La ALBERCA 37624 Salamanca **441** K 11 – *958 h alt. 1 050.*
Ver : *Pueblo típico*★★.
Alred. : *Sur : Carretera de Las Batuecas*★ – *Peña de Francia*★★ (❄★★) *Oeste : 15 km.*
🖸 La Puente 13 ℘ *923 41 52 91 info@laalberca.com (temp).*
Madrid 299 – Béjar 54 – Ciudad Rodrigo 49 – Salamanca 94.

Doña Teresa ⤸, carret. de Mogarraz ℘ 923 41 53 08, *hotelteresa@gpm.es,*
Fax 923 41 53 08, 🛁 – 🛗 🗐 📺 🚗. ᴀᴇ ⓞ ⓜⓒ *VISA*. ❄
Comida 16,83 – � 8,11 – **41 hab** 72,12/90,15.

Las Batuecas ⤸, av. de Las Batuecas 6 ℘ 923 41 51 88, *lasbatuecas@teleline.es,*
Fax 923 41 50 55 – 🗐 📺 🅿 ⓜⓒ *VISA*. ❄ rest
cerrado 10 enero-10 febrero – **Comida** 14 – � 4,80 – **38 hab** 48/72,12 – PA 27,05.

París ⤸, San Antonio 2 ℘ 923 41 51 31, *Fax 923 41 50 40* – 🗐 rest, 📺 🅿 ᴀᴇ ⓞ ⓜⓒ
VISA. ❄
Comida 9,70 – � 3,91 – **22 hab** 33,10/51,10 – PA 21,20.

ALBOLOTE 18220 Granada **446** U 19 – *10 070 h alt. 654.*
Madrid 415 – Antequera 91 – Granada 9.

Príncipe Felipe, av. Jacobo Camarero 32 ℘ 958 46 54 11, *Fax 958 46 54 46* – 🛗 🗐
📺 🚗 – 🏊 25/200. ᴀᴇ ⓞ ⓜⓒ *VISA* ᴊᴄʙ. ❄
Comida 7,21 – � 2,70 – **159 hab** 33,06/45,08.

en la autovía N 323 *Noreste : 3 km :*

Villa Blanca, urb. Villas Blancas, ⊠ 18220, ℘ 958 45 30 02, *villas@eel.es,*
Fax 958 45 31 61, ≼, 🏊 – 🗐 📺 🅿 ᴀᴇ ⓞ ⓜⓒ *VISA*. ❄ rest
Comida 10,22 – � 4,81 – **36 hab** 67,60/80,50.

ALBONS 17136 Girona **443** F 39 – *453 h alt. 25.*
Madrid 729 – Figueres 27 – Girona/Gerona 34 – Perpignan 82.

junto a la carretera C 252 *Oeste : 2 km :*

Albons ⤸, ⊠ 17136, ℘ 972 78 85 00, *hotelalb@intercom.es, Fax 972 78 86 58,* « En
una colina dominando el valle. Césped con 🏊 » – 🛗 🗐 📺 🚗 🅿 – 🏊 25/300. ᴀᴇ ⓞ
ⓜⓒ *VISA*. ❄
Comida 26 – � 10 – **32 hab** 101/126 – PA 55.

La ALBUFERETA (Playa de) *Alacant – ver Alacant.*

ALBURQUERQUE 06510 Badajoz **444** O 8 y 9 – *5 714 h alt. 440.*
Madrid 372 – Badajoz 46 – Cáceres 72 – Castelo de Vide 65 – Elvas 59.

Las Alcabalas, carret. C 530 ℘ 924 40 11 02, *Fax 924 40 11 89,* ≼ – 🗐 📺 🅿 ⓜⓒ *VISA*. ❄
Comida carta 17,20 a 24,80 – **14 hab** � 21,10/36,10.

ALCALÁ DE GUADAIRA 41500 Sevilla **446** T 12 – *52 515 h alt. 92.*
Madrid 529 – Cádiz 117 – Córdoba 131 – Málaga 193 – Sevilla 17.

Guadaira sin rest con cafetería, Mairena 8 ℘ 95 568 14 00, *hotelguadaira@nexo.es,*
Fax 95 568 14 00 – 🛗 🗐 📺 🚗. ᴀᴇ ⓞ ⓜⓒ *VISA*. ❄
� 2,71 – **27 hab** 54,09/84,14.

Sandra, pl. de la Zarzuela ℘ 95 568 00 59, *Fax 95 568 44 57* – 🗐 📺 – 🏊 25/80. ᴀᴇ
ⓞ ⓜⓒ *VISA*. ❄
Comida - ver rest. *Nuevo Coliseo* – � 4,20 – **53 hab** 60,10/84,14.

Nuevo Coliseo - *Hotel Sandra*, pl. de la Zarzuela ℘ 95 568 34 01, *Fax 95 568 44 57* –
🗐. ᴀᴇ ⓞ ⓜⓒ *VISA*. ❄ – *cerrado domingo* – **Comida** carta 33,04 a 39,06.

ALCALÁ DE HENARES 28800 Madrid **444** K 19 – *162 780 h alt. 588.*
Ver : *Antigua Universidad o Colegio de San Ildefonso (fachada plateresca*★*)* Z – *Capilla de
San Ildefonso (sepulcro*★ *del Cardenal Cisneros)* Z.
🏌 Valdeláguila, por ② : 8 km ℘ *91 885 96 59 Fax 91 885 96 59.*
🖸 Callejón de Santa María ⊠ 28801 ℘ *91 889 26 94.*
Madrid 32 ③ – Guadalajara 25 ① – Zaragoza 290 ①

ALCALÁ DE HENARES

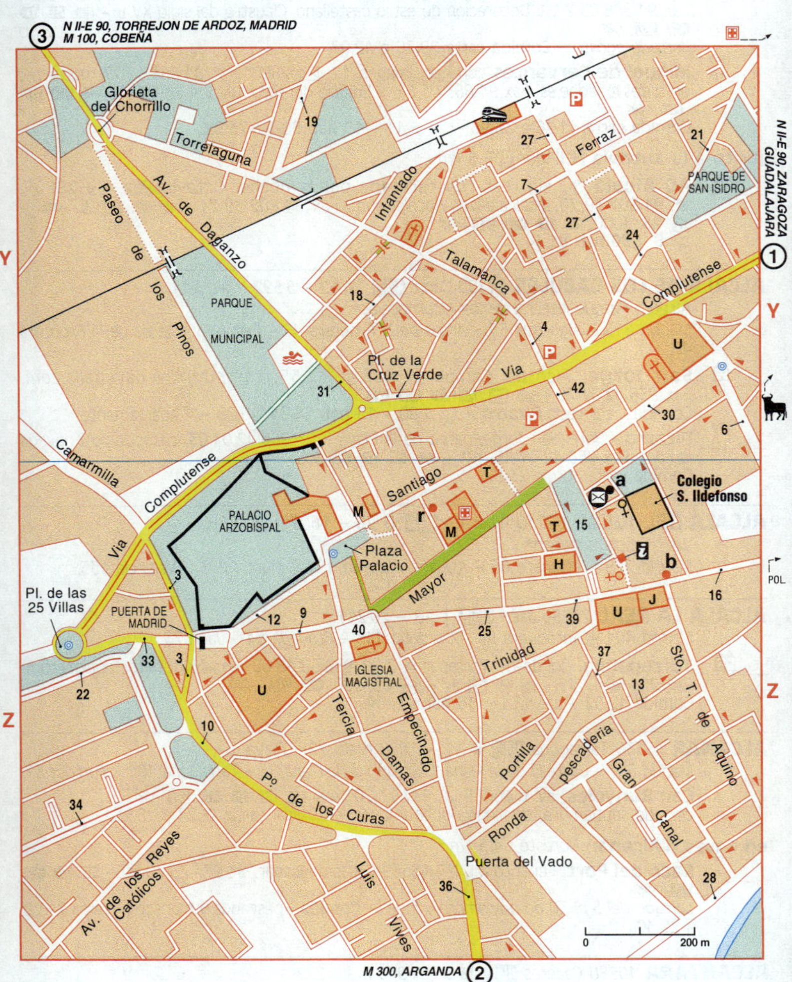

El Bedel sin rest con cafetería, pl. San Diego 6, ✉ 28801, ✆ 91 889 37 00, *elbedel@husa.es, Fax 91 889 37 16* – 📶 🖵 📺 – 👥 25/90. AE ① ⑩ VISA. ⊘
⛾ 7,70 – **50 hab** 79,70/99,70.
Z a

Cisneros, paseo de Pastrana 32, ✉ 28803, ✆ 91 888 25 11, *cisneros@green-hotele s.com, Fax 91 883 19 95*, 🌫 – 📶 🖵 📺 🚗 P – 👥 25/60. AE ① ⑩ VISA JCB. ⊘
por ②
Comida *(cerrado lunes)* 14 – ⛾ 7,20 – **42 hab** 63/80.

Express Alcalá de Henares sin rest, Antonio Suárez 8, ⊠ 28802, ℰ 91 879 61 81, *exhenares@nh-hoteles.es, Fax 91 883 16 66* – ⧉ 🗖 TV 🅿 AE ⓪ ⓜⓒ VISA JCB. ⌀
⌑ 6 – **92 hab** 75.

por pl. de las 25 Villas   **Z**

Bari, Vía Complutense 112, ⊠ 28805, ℰ 91 888 14 50, *Fax 91 883 38 36* – ⧉ 🗖 TV
🅿 AE ⓪ ⓜⓒ VISA. ⌀

por ①

Comida *(cerrado domingo)* 17,50 – ⌑ 4,30 – **49 hab** 44,95/71,52.

Hostería del Estudiante, Colegios 3, ⊠ 28801, ℰ 91 888 03 30, *alcala@parador.es, Fax 91 888 05 27*, « Decoración de estilo castellano. Claustro del siglo XV » – 🗖. AE ⓪
ⓜⓒ VISA. ⌀

Z b

cerrado agosto – **Comida** carta 29,76 a 42,07.

Miguel de Cervantes con hab, Imagen 12, ⊠ 28801, ℰ 91 883 12 77, *hotel-m-c ervantes@aedhe.es, Fax 91 883 05 02*, « Edificio del siglo XVII » – 🗖 TV. AE ⓪ ⓜⓒ VISA
JCB. ⌀

Z r

Comida carta 31,26 a 36,96 – ⌑ 5,41 – **13 hab** 58,30/73,92.

junto a la autovía N II *por ③ : 5 km :*

AC Alcalá ⌀ sin rest con cafetería por la noche, Octavio Paz, ⊠ 28805,
ℰ 91 802 39 70, *acalcala@ac-hoteles.com, Fax 91 802 39 71* – ⧉ 🗖 TV 🐧 🚗 –
⌂ 25/1000. AE ⓪ ⓜⓒ VISA. ⌀
⌑ 8 – **90 hab** 81,14.

ALCALÁ DE LOS GAZULES 11180 Cádiz **446** W 12 – *5 592 h alt. 211.*
Alred. : *Parque Natural de los Alcornocales★.*
Madrid 615 – Algeciras 55 – Arcos de la Frontera 42 – Cádiz 63 – Jerez de la Frontera 49.

San Jorge, Pico del Campo ℰ 956 41 32 55, *casapizarro@navegalia.com, Fax 956 42 01 75* – 🗖 TV. AE ⓪ ⓜⓒ VISA
Comida - ver rest. **Pizarro** – ⌑ 1,80 – **15 hab** 24,04/45,08 – 1 apartamento.

Pizarro - Hotel San Jorge, paseo de la Playa 9 ℰ 956 42 01 03, *casapizarro@navega lia.com, Fax 956 42 01 75*, ☷ – 🗖. AE ⓪ ⓜⓒ VISA
Comida carta aprox. 23,52.

ALCALÁ DEL JÚCAR 02210 Albacete **444** O 25 – *1 609 h alt. 596.*
Ver : *Emplazamiento★.*
Madrid 278 – Albacete 66 – Alacant/Alicante 158 – Murcia 203 – València 135.

ALCALÁ LA REAL 23680 Jaén **446** T 18 – *20 231 h.*
Madrid 401 – Antequera 97 – Córdoba 115 – Granada 54 – Jaén 73.

Torrepalma, Conde de Torrepalma 2 ℰ 953 58 18 00, *email@hoteltorrepalma.com, Fax 953 58 17 12* – ⧉ 🗖 TV 🐧 – ⌂ 25/130. ⓜⓒ VISA. ⌀
Comida 12,02 – ⌑ 3,31 – **38 hab** 42/54.

ALCANAR 43530 Tarragona **443** K 31 – *7 828 h alt. 72 – Playa.*
Madrid 507 – Castelló de la Plana/Castellón de la Plana 85 – Tarragona 101 – Tortosa 37.

Can Bunyoles, av. d'Abril 5 ℰ 977 73 20 14 – 🗖. AE ⓪ ⓜⓒ VISA. ⌀
cerrado septiembre, domingo noche y lunes – **Comida** carta 22,24 a 25,25.

en Cases d'Alcanar *Noreste : 4,5 km :*

Racó del Port, Lepanto 41, ⊠ 43569 Cases d'Alcanar, ℰ 977 73 70 50 – AE ⓪ ⓜⓒ
VISA. ⌀
cerrado del 5 al 30 de noviembre y lunes – **Comida** - pescados y mariscos - carta 21,88 a 29,30.

ALCÁNTARA 10980 Cáceres **444** M 9 – *1 948 h alt. 232.*
Ver : *Puente Romano★.*
Madrid 339 – Cáceres 64 – Castelo Branco 78 – Plasencia 109.

ALCANTARILLA 30820 Murcia **445** S 26 – *30 070 h alt. 66.*
Madrid 397 – Granada 276 – Murcia 7.

junto a la autovía N 340 *Suroeste : 5 km :*

La Paz, salida 647, ⊠ 30835 Sangonera la Seca, ℰ 968 80 13 37, *Fax 968 80 12 41*, ⌅
– ⧉ 🗖 TV 🚗 🅿 – ⌂ 25/500. AE ⓪ ⓜⓒ VISA. ⌀
Comida carta aprox. 25,80 – ⌑ 7,20 – **111 hab** 46,90/79,30.

ALCANTUD 16812 Cuenca **444** K 23 – 135 h alt. 892 – Balneario.
Madrid 156 – Cuenca 82 – Guadalajara 124 – Teruel 172.

en Baños de Alcantud Sur : 5 km :

Baños de Alcantud ⌂, ✉ 16812 Alcantud, ☎ 969 31 10 85, comp.turi.alcan@teleli
ne.es, Fax 969 14 60 21, Aguas terapéuticas, « ☷ rodeada de césped en un paraje con
arboleda » – TV P
32 hab, 5 apartamentos.

ALCAÑIZ 44600 Teruel **443** I 29 – 12 820 h alt. 338.
Ver : Colegiata (portada★).
🛈 Mayor 1 ☎ 978 83 12 13 turismo@ayto-alcanis.es Fax 978 83 12 13.
Madrid 397 – Teruel 156 – Tortosa 102 – Zaragoza 103.

Parador de Alcañiz ⌂, castillo de Calatravos ☎ 978 83 04 00, alcañiz@parador.es,
Fax 978 83 03 66, ≤ valle y colinas, « Edificio medieval. Decoración castellana » – 🛗 ▤
TV P AE ① MC VISA. ✸
cerrado por obras hasta el 28 de febrero – **Comida** 22,84 – ☕ 8,71 – **12 hab**
85,82/107,28.

Calpe, carret. de Zaragoza - Oeste : 1 km ☎ 978 83 07 32, reserve@gargallo-hotels.com,
Fax 978 83 00 54 – 🛗 ▤ TV ⇌ P – ⚶ 25/350. AE ① VISA JCB. ✸ rest
Comida (cerrado domingo noche) 12 – ☕ 6 – **40 hab** 81/101.

Meseguer, av. Maestrazgo 9 ☎ 978 83 10 02, meseguer@turinet.net,
Fax 978 83 01 41 – ▤ TV ⇌. AE ① MC VISA. ✸
Comida (cerrado del 17 al 30 de septiembre y domingo) 9,52 – ☕ 3 – **24 hab** 30,05/48,08.

Alcañiz, pl. Santo Domingo 6 ☎ 978 87 01 55, Fax 978 87 01 55 – ▤ TV ⇌. MC VISA. ✸
Comida 8,41 – **21 hab** ☕ 24,04/39,07.

ALCÁZAR DE SAN JUAN 13600 Ciudad Real **444** N 20 – 25 706 h alt. 651.
Madrid 149 – Albacete 147 – Aranjuez 102 – Ciudad Real 87 – Cuenca 156 – Toledo 99.

Ercilla Don Quijote, av. de Criptana 5 ☎ 926 54 38 00, Fax 926 54 63 00 – 🛗 ▤ TV ⇌
– ⚶ 25/80
Comida - ver rest. Sancho – **44 hab**.

Sancho - Hotel Ercilla Don Quijote, av. de Criptana 5 ☎ 926 54 38 00, Fax 926 54 63 00
– ▤ ⇌.

La Mancha, av. de la Constitución ☎ 926 54 10 47, 🌰 – ▤. VISA. ✸
cerrado agosto y miércoles – **Comida** - cocina regional - carta 14,36 a 23,35.

en la carretera de Herencia Oeste : 2 km :

Ercilla Barataria, av. de Herencia, ✉ 13600, ☎ 926 54 06 17, Fax 926 54 32 32 – ▤
TV P – ⚶ 25/500
37 hab.

Los ALCÁZARES 30710 Murcia **445** S 27 – 4 052 h – Playa.
🛈 av. Trece de Octubre 13 ☎ 968 17 13 61 losalcazares@marmenor.net Fax 968 57 52 49.
Madrid 444 – Alacant/Alicante 85 – Cartagena 25 – Murcia 54.

Cristina sin rest, La Base 4 ☎ 968 17 11 10, Fax 968 17 11 10 – 🛗 ▤ TV ⇌. ① MC
VISA. ✸
cerrado 22 diciembre-20 enero – ☕ 3 – **35 hab** 39/54.

ALCOBENDAS 28100 Madrid **444** K 19 – 78 916 h alt. 670 – **R.A.C.E.** paseo de la Chopera 57
✉ 28100 ☎ 91 662 25 16 Fax 91 661 65 04.
Madrid 17 – Ávila 124 – Guadalajara 60.

junto a la autovía N I Suroeste : 3 km :

La Moraleja sin rest, av. de Europa 17 - Parque Empresarial La Moraleja, ✉ 28108,
☎ 91 661 80 55, h.lamora@intelideas.com, Fax 91 661 21 88, ⑂, ☷ – 🛗 ▤ TV ⇌ P.
AE ① MC VISA. ✸
☕ 13 – **37 suites** 197.

en La Moraleja Sur : 4 km :

Ascot, pl. de La Moraleja, ✉ 28109 Alcobendas, ☎ 91 650 13 53, Fax 91 650 14 47, 🌰
– ▤. AE ① MC VISA. ✸ – cerrado domingo – **Comida** carta 23,42 a 39,35.

De Vinis, pl. de La Moraleja, ✉ 28109 Alcobendas, ☎ 91 650 59 00, Fax 91 556 08 58,
🌰, « Terraza junto a un pinar » – ▤. AE ① VISA. ✸
cerrado sábado mediodía y domingo – **Comida** carta aprox. 36,06.

ALCOCÉBER Castelló – ver Alcossebre.

ALCOI 03803 Alacant **445** P 28 – 64579 h alt. 545.
Alred. : Puerto de la Carrasqueta★ Sur : 15 km.
Madrid 405 – Albacete 156 – Alacant/Alicante 55 – Murcia 136 – València 110.

Reconquista, puente de San Jorge 1 ℰ 96 533 09 00, reconquista@hotelodon.com, Fax 96 533 09 55, ≼ – ▧ ▤ TV ⇔ – ▨ 25/260. AE ① MC VISA. ⨯ rest
Comida (cerrado 27 julio-9 septiembre, domingo y viernes) 12,62 – ⊑ 6,61 – **72 hab** 87,14/118,40.

Lolo, Castalla 5 ℰ 96 533 69 42, Fax 96 533 59 02 – ▤. AE ① MC VISA. ⨯
cerrado del 16 al 30 de septiembre y lunes – **Comida** carta aprox. 25,52.

ALCOLEA DEL PINAR 19260 Guadalajara **444** I 22 – 436 h alt. 1206.
Madrid 135 – Guadalajara 78 – Soria 92 – Zaragoza 178.

Zenit Alcolea, autovía N II - salida 132 - Suroeste : 1,7 km ℰ 949 30 00 96, Fax 949 30 00 97 – ▤ rest, TV P. MC VISA. ⨯
Comida 8,41 – ⊑ 4,06 – **38 hab** 27,05/40,51 – PA 20,89.

L'ALCORA 12110 Castelló **445** L 29 – 8372 h alt. 279.
Madrid 407 – Castelló de la Plana/Castellón de la Plana 19 – Teruel 130 – València 94.

Sant Francesc, av. Castelló 19 ℰ 964 36 09 24 – ▤. AE MC VISA. ⨯
Comida - sólo almuerzo salvo sábado - carta aprox. 27.

ALCOSSEBRE o **ALCOCÉBER** 12579 Castelló **445** L 30 – Playa.
🛈 San José 58 ℰ 964 41 22 05 touristinfo.alcossebre@turisme.m400.gva.es Fax 964 41 45 34.
Madrid 471 – Castelló de la Plana/Castellón de la Plana 49 – Tarragona 139.

en la playa :

Jeremías 🦐, Sur : 1 km ℰ 964 41 44 37, Fax 964 41 45 12, 🏠, ☌, 🐟 – ▧ TV P. AE ① MC VISA. ⨯
10 marzo-15 octubre – **Comida** (cerrado martes) 13,52 – ⊑ 7,21 – **39 hab** 42,07/84,14.

Can Roig, Sur : 3 km ℰ 964 41 43 91, 🏠 – AE ① MC VISA JCB. ⨯
marzo-15 octubre – **Comida** (cerrado martes y miércoles salvo junio-septiembre) carta aprox. 27,05.

Sancho Panza, Jai-Alai - urb. Las Fuentes ℰ 964 41 22 65, maherr@teleline.es, 🏠 – ▤. AE ① MC VISA. ⨯
cerrado 10 enero-10 febrero – **Comida** carta 17,13 a 23,59.

hacia la carretera N 340 Noroeste : 2 km :

D'El Tossalet sin rest, ✉ 12579, ℰ 964 41 44 69, ≼, ☌, ⨯ – P. MC VISA. ⨯
julio-septiembre – ⊑ 1,65 – **16 hab** 42,76.

L'ALCÚDIA 46250 València **445** O 28 – 9988 h.
Madrid 362 – Albacete 153 – Alacant/Alicante 134 – València 34.

Galbis, av. Antonio Almela 15 ℰ 96 254 10 93, galbis@galbis.com, Fax 96 299 65 84 – ▤. AE ① MC VISA. ⨯
cerrado Semana Santa y domingo – **Comida** carta 24,27 a 31,07.

ALCUNEZA Guadalajara – ver Sigüenza.

L'ALDEA 43896 Tarragona **443** J 31 – 3543 h alt. 5.
Madrid 498 – Castelló de la Plana/Castellón de la Plana 118 – Tarragona 72 – Tortosa 13.

Can Quimet, av. Catalunya 328 ℰ 977 45 00 03, Fax 977 45 00 03 – ▧ ▤ TV ⇔. AE ① MC VISA. ⨯
cerrado 23 diciembre-7 enero – **Comida** 10,80 – ⊑ 4,50 – **25 hab** 24/48.

ALDEANUEVA DE LA VERA 10440 Cáceres **444** L 12 – 2476 h alt. 658.
Madrid 217 – Ávila 149 – Cáceres 128 – Plasencia 49.

Chiquete, av. Extremadura 3 ℰ 927 57 24 94 – ▤ TV. MC VISA. ⨯
Comida 7,21 – ⊑ 1,80 – **13 hab** 24,04/36,06.

La ALDOSA *Andorra – ver Andorra (Principado de) : La Massana.*

ALELLA *08328 Barcelona* **443** *H 36 – 6 865 h alt. 90.*
Madrid 641 – Barcelona 15 – Granollers 16.

XXX Can Jonc, carret. de Granollers - Norte : 1,5 km *P* 93 555 20 68, *canjonc@ abaforum.es,*
Fax 93 540 82 36, « Villa modernista en un cerro con ≤ mar, monte y alrededores » –
[⇕] ▤ **P.**

XX **El Niu,** *rambla Angel Guimerà 16* *P* 93 555 17 00, *Fax 93 555 90 36* – ▤. ① **MC**
VISA. ⌘
cerrado domingo noche y lunes – **Comida** *carta 32,45 a 36,66.*

ALEVIA *Asturias – ver Panes.*

ALFAFAR *46910 València* **445** *28 N – 19 996 h alt. 6.*
Madrid 356 – València 6.

en la carretera de El Saler *Sureste : 4 km :*

X **La Matandeta,** *carret. CV 1045,* ✉ *46910,* *P* 96 211 21 84, *Fax 96 211 21 84,* ☇
– **P.** **MC** **VISA** **JCB**. ⌘
cerrado 2ª quincena de enero, 2ª quincena de septiembre y lunes – **Comida** - *sólo almuerzo*
salvo fines de semana y julio-octubre - carta 24,94 a 28,25.

ALFAJARÍN *50172 Zaragoza* **443** *H 27 – 1 546 h alt. 199.*
Madrid 342 – Lleida/Lérida 129 – Zaragoza 23.

▥ **Rausán,** *carret. N II (autopista A 2 - salida 1)* *P* 976 10 00 02, *hotelrausan@ infonego*
cio.com, Fax 976 10 10 17 – ▤ **TV** **P.** **AE** **MC** **VISA**. ⌘
Comida *10 –* ⌷ *4,25 –* **42 hab** *27/36.*

ALFARNATE *29194 Málaga* **446** *V 17 – 1 463 h alt. 925.*
Madrid 479 – Málaga 74 – Antequera 30 – Granada 74.

XX **Venta de Alfarnate,** *antigua carret. de Málaga-Granada - Oeste : 2 km*
P 95 275 93 88, *e.colmenar@ mx3.redetb.es, Fax 95 275 82 72,* « Venta del siglo XIII »
– **P.** **AE** ① **MC** **VISA**. ⌘
cerrado del 11 al 30 de junio y lunes – **Comida** - *carnes, sólo almuerzo en invierno salvo*
fines de semana - carta 17,10 a 26,60.

ALFARO *26540 La Rioja* **442** *F 24 – 9 432 h alt. 301.*
Madrid 319 – Logroño 78 – Iruña/Pamplona 81 – Soria 93 – Zaragoza 102.

▦ **Palacios,** *av. de Zaragoza* *P* 941 18 01 00, *comercial@ hotelpalacios.com,*
Fax 941 18 36 22, « Museo del vino de Rioja », ⊿, ⊰, ✗ – [⇕] ▤ **TV** **P.** – ⚓ 25/300.
AE ① **MC** **VISA** **JCB**
El Museo : **Comida** *carta aprox. 36,06 –* ⌷ *6,01 –* **86 hab** *34,86/48,10.*

L'ALFÀS DEL PI o **ALFAZ DEL PÍ** *03580 Alacant* **445** *Q 29 – 6 671 h alt. 80.*
🛈 *Federico García Lorca 11* *P* 96 588 89 05 Fax 96 588 71 12.
Madrid 468 – Alacant/Alicante 50 – Benidorm 7.

▥ **El Molí,** *Calvari 12* *P* 96 588 82 44, *Fax 96 588 82 44,* ☇, ⊿ – **TV**. **MC** **VISA**
⌘ rest
Comida - *sólo clientes - 12,92 –* **10 hab** ⌷ *50,79/77,83.*

en la carretera N 332 *Este : 3 km :*

XX **La Torreta,** ✉ *03581,* *P* 96 686 65 07, *Fax 96 686 40 85,* ☇ – ▤ **P.** **AE** ① **MC**
VISA. ⌘
cerrado sábado mediodía y domingo – **Comida** *carta 27,35 a 35,46.*

La ALGABA *41980 Sevilla* **446** *T 11 – 12 298 h alt. 10.*
Madrid 560 – Huelva 61 – Sevilla 11.

en la carretera A 431 *Norte : 2 km :*

▥ **Torre de los Guzmanes** *sin rest,* ✉ *41980,* *P* 95 578 91 75, *Fax 95 578 92 05,* ⊿
– ▤ **TV** **P.** – ⚓ 25/120. **AE** ① **MC** **VISA**. ⌘
⌷ *4,80 –* **55 hab** *43,63/65,44.*

ALGAIDA *Illes Balears – ver Balears (Mallorca).*

ALGAR 11369 Cádiz 446 W 13 – 1846 h alt. 204.

Madrid 597 – Algeciras 74 – Arcos de la Frontera 20 – Cádiz 87 – Marbella 121.

Villa de Algar, camino Arroyo Vinateros ✆ 956 71 02 75, villa-algar@tugasa.com, Fax 956 71 02 66, ≤, 🏊 – 🛗 🔲 📺 🅿. 🅰🅴 ① 🆎 🆅🆂🅰. 🚫
Comida (cerrado martes) 7,21 – ☕ 2 – **20 hab** 25/40.

El ALGAR 30366 Murcia 445 T 27.

Madrid 457 – Alacant/Alicante 95 – Cartagena 15 – Murcia 64.

José María Los Churrascos, av. Filipinas 22 ✆ 968 13 60 28, loschurrascos@loschurrascos.com, Fax 968 13 62 30 – 🔲 🅿. 🅰🅴 ① 🆎 🆅🆂🅰. 🚫
cerrado lunes – **Comida** carta aprox. 33,60.

ALGECIRAS 11200 Cádiz 446 X 13 – 101 556 h – Playas en El Rinconcillo y Getares.

Ver : carretera de Tarifa ≤★★★.

🚗 ✆ 956 65 49 07.

🚢 para Tánger y Ceuta : Cía Trasmediterránea, recinto del puerto ✆ 956 58 34 00 Fax 956 58 34 44.

🛈 Juan de la Cierva ✉ 11207 ✆ 956 57 26 36 otalgeciras@andalucia.org Fax 956 57 04 75
– R.A.C.E. carret. de Málaga 29 (edificio Elena) ✉ 11203 ✆ 956 66 49 51 Fax 956 58 74 74.

Madrid 681 ① – Cádiz 124 ② – Jerez de la Frontera 141 ② – Málaga 133 ① – Ronda 102 ①

ALGECIRAS

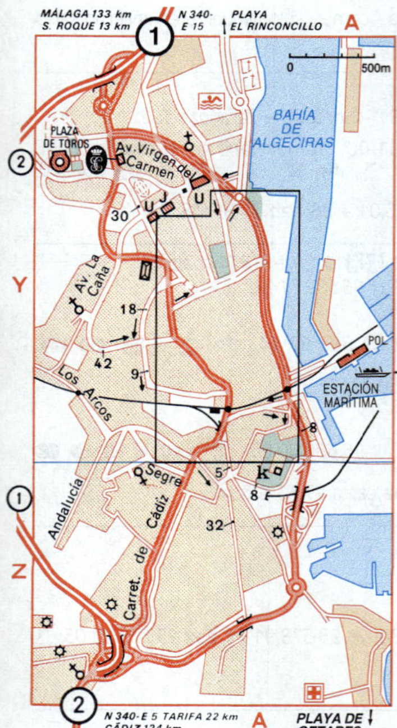

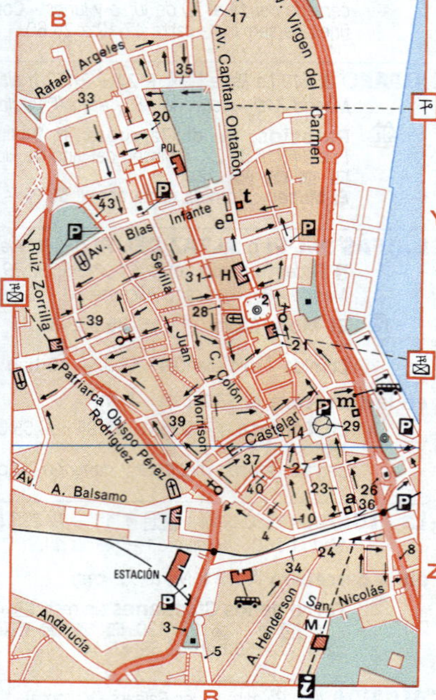

Reina Cristina 🏨, paseo de la Conferencia, ✉ 11207, ☎ 956 60 26 22, Fax 956 60 33 23, 🌿, « En un parque », 🏊, 🏊, 🚬, 🎾 – 🛗 🖿 📺 🅿 – 🎿 25/100. AE ① MO VISA. 🛇
Comida 18,03 – **186 hab** ☕ 87,80/154,92 – 2 suites.
AZ k

Alarde, Alfonso XI-4, ✉ 11201, ☎ 956 66 04 08, hotelalarde@husa.es, Fax 956 65 49 01 – 🛗 🖿 📺 – 🎿 25/45. AE ① MO VISA. 🛇
Comida (cerrado sábado y domingo) 9,60 – ☕ 5,75 – **68 hab** 40,70/74,70 – PA 22.
BY e

Don Manuel sin rest y sin ☕, Segismundo Moret 4, ✉ 11201, ☎ 956 63 46 06, Fax 956 63 47 16 – 🛗 🖿 📺 MO VISA. 🛇
15 hab 22/41.
BZ a

El Estrecho sin rest y sin ☕, av. Virgen del Carmen 15-7°, ✉ 11201, ☎ 956 65 35 11, Fax 956 65 35 11, ≼ – 🛗 MO VISA. 🛇
20 hab 24/36.
BY m

✗ Asador Iruña, Alfonso XI-11, ✉ 11201, ☎ 956 65 21 49 – 🖿
Comida - carnes.
BY t

en la autovía N 340 por ① : 4 km :

Alborán, Álamo, ✉ 11205, ☎ 956 63 28 70, algeciras@hotelsalboran.com, Fax 956 63 23 20 – 🛗 🖿 📺 🅿 – 🎿 25/550. AE ① MO VISA. 🛇 rest
Comida 9 – ☕ 3 – **79 hab** 60,10/90,15.

Ver también : **Palmones** por ① : 8 km
Los Barrios por ① : 10 km.

ALGORTA Bizkaia – ver Getxo.

ALHAMA DE ARAGÓN 50230 Zaragoza **443** I 24 – 1 195 h alt. 634 – Balneario.
Madrid 206 – Soria 99 – Teruel 166 – Zaragoza 115.

Balneario Termas Pallarés, Constitución 20 ☎ 976 84 00 11, balneario@termaspallares.com, Fax 976 84 05 35, « Lago de agua termal en un gran parque », 🎇, 🏊 de agua termal, 🚬 – 🛗 📺 🅿 – 🎿 25/120. AE ① MO VISA. 🛇
cerrado 10 diciembre-7 febrero – **Comida** 18,70 – ☕ 4,70 – **126 hab** 74,70/92,70.

Ver también : **Nuévalos** Sureste : 14 km.

ALHAMA DE GRANADA 18120 Granada **446** U 17 y 18 – 5 783 h alt. 960 – Balneario.
Ver : Localidad★ ✳★ – Iglesia de la Encarnación★.
Madrid 483 – Córdoba 158 – Granada 55 – Málaga 82.

al Norte : 3 km :

Balneario 🏨, carret. de Granada, ✉ 18120, ☎ 958 35 00 11, alhtermas@eresmas.com, Fax 958 35 02 97, Servicios terapéuticos, « En un parque », 🏊 de agua termal – 🛗 📺 🅿 AE ① MO VISA. 🛇
mayo-octubre – **Comida** carta aprox. 31,07 – ☕ 4,30 – **116 hab** 51,40/69,42.

ALHAMA DE MURCIA 30840 Murcia **445** S 25 – 14 131 h alt. 180 – Balneario.
Madrid 422 – Cartagena 54 – Lorca 35 – Murcia 37.

Los Bartolos, Alfonso X El Sabio 1 ☎ 968 63 16 71, Fax 968 63 31 43 – 🛗 🖿 📺. AE ① MO VISA. 🛇
Comida 7,81 – ☕ 2,10 – **18 hab** 21,04/33,66.

La ALHAMBRA Granada – ver Granada.

ALHAURÍN EL GRANDE 29120 Málaga **446** W 15 – 17 197 h alt. 239.
🖸 🖸 🖸 Alhaurín Golf, carret. de Fuengirola - Suroeste : 4 km ☎ 95 259 59 70 Fax 95 259 45 86.
Madrid 556 – Algeciras 114 – Antequera 77 – Málaga 31 – Marbella 33.

en la carretera de Mijas Suroeste : 2 km :

✗✗ **Fonda El Postillón** 🏨 con hab, ✉ 29120, ☎ 95 259 44 87, Fax 95 259 44 88, 🌿, « Conjunto acogedor con jardín y 🏊 », 🚬 – 📺 🅿 ① MO VISA. 🛇 rest
cerrado del 8 al 31 de enero – **Comida** (cerrado lunes) - sólo cena en verano - carta 20,40 a 25,53 – **5 hab** ☕ 96,16.

en la carretera de Málaga *Este : 2,5 km :*

El Mirador, ⊠ 29120, ℰ 95 249 07 89, Fax 95 259 50 29, ≼, 🏖, ⅃₅, ⊐, ※ – 📺
🅿 – 🛥 25/150. ⓜ🅒 🆅🅸🆂🅰. ⬩
Comida 9,92 – ⌂ 3,61 – **36 hab** 36,07/60,11.

en la carretera de Fuengirola *Suroeste : 3 km :*

Alhaurín Golf 🛥, ⊠ 29120 apartado 235, ℰ 95 259 58 00, *info@alhauringolf.com*,
Fax 95 259 41 95, 🏖, ⊐, ※, ⌐₁₈ ⌐₁₈ ⌐₉ – ▦ 📺 🅿 – 🛥 25/100. 🅰🅴 🅞 ⓜ🅒
🆅🅸🆂🅰. ⬩
Comida carta 19,20 a 29,20 – **38 hab** ⌂ 117,47/145,75.

ALICANTE *Alacant – ver Alacant.*

ALICÚN DE LAS TORRES *Granada – ver Villanueva de las Torres.*

ALJARAQUE 21110 Huelva **446** U 8 – 6 720 h.

⌐₁₈ *Bellavista, Noreste : 3 km ℰ 959 31 90 17 Fax 959 31 90 25.*
Madrid 652 – Faro 77 – Huelva 10.

※※ **La Plazuela,** La Fuente 40 ℰ 959 31 88 31 – ▦. 🅰🅴 🅞 ⓜ🅒 🆅🅸🆂🅰. ⬩
cerrado domingo – **Comida** carta aprox. 38,32.

※※ **Las Candelas,** Sureste : 0,5 km ℰ 959 31 84 33, *coma@andaluret.com*,
Fax 959 31 83 02 – ▦ 🅿. 🅰🅴 🅞 ⓜ🅒 🆅🅸🆂🅰. ⬩
cerrado domingo – **Comida** carta 23 a 31.

ALLARIZ 32660 Ourense **441** F 6 – 5 218 h alt. 470.

🛈 *Emilia Pardo Bazán ℰ 988 44 20 08 Fax 988 44 20 08.*
Madrid 482 – Ourense/Orense 19 – Vigo 112.

Pousada Torre Lombarda 🛥, Alfredo Nan ℰ 988 55 40 05, *torrelombarda@alla
riz.com, Fax 988 55 41 97,* « Antigua fábrica de curtidos » – 📺. 🅞 ⓜ🅒 🆅🅸🆂🅰
cerrado enero – **Comida** *(cerrado martes)* 12 – ⌂ 4,20 – **9 hab** 42/54.

O Portelo 🛥 sin rest, Rua do Portelo 20 ℰ 988 44 07 40, Fax 988 44 14 90, « Antigua
casa rural » – 📺. 🅰🅴 🅞 ⓜ🅒 🆅🅸🆂🅰 🅹🅲🅱
⌂ 3,60 – **9 hab** 39,10/45,10.

※ **Portovello,** Parque Portovello ℰ 988 44 08 05, 🏖, « Antigua fábrica de curtidos en
un parque junto al río. Balcón con ≼ » – ⓜ🅒 🆅🅸🆂🅰. ⬩
cerrado martes salvo verano – **Comida** carta 21,04 a 27,05.

※ **Acea da Costa,** Parque Portovello ℰ 988 44 22 88, 🏖, « Antiguo molino en un parque
junto al río » – ⓜ🅒 🆅🅸🆂🅰. ⬩
cerrado 8 enero-8 febrero y lunes – **Comida** carta 18,60 a 24,64.

※ **Casa Fandiño,** Vilanova 1 ℰ 988 44 22 16 – ▦. ⓜ🅒 🆅🅸🆂🅰. ⬩
cerrado del 9 al 31 de octubre, lunes noche y martes – **Comida** carta aprox. 23.

en Santa Mariña de Augas Santas *Norte : 7 km :*

Augasantas 🛥, ⊠ 32668 Santa Mariña de Augas Santas, ℰ 988 44 21 50,
Fax 988 44 21 50, « Antigua casa de labranza », ⊐ – 🅰🅴 ⓜ🅒 🆅🅸🆂🅰. ⬩
Comida - sólo clientes - 12 – **6 hab** ⌂ 60/72.

ALLES *Asturias – ver Panes.*

La ALMADRABA (Playa de) *Girona – ver Roses.*

La ALMADRABA DE MONTELEVA *Almería – ver Cabo de Gata.*

L'ALMADRAVA (Playa de) *Tarragona – ver L'Hospitalet de l'Infant.*

ALMAGRO 13270 Ciudad Real **444** P 18 – 8 962 h alt. 643.

Ver : *Pueblo típico★, Plaza Mayor★★ (Corral de Comedias★).*

🛈 *Bernardas 2 (Palacio Valdeparaíso) ℰ 926 86 07 17 turismo@ciudad-almagro.com Fax
926 86 07 17.*
Madrid 189 – Albacete 204 – Ciudad Real 23 – Córdoba 230 – Jaén 165.

Parador de Almagro ⚓, Ronda de San Francisco 31 ☎ 926 86 01 00, *almagro@ parador.es*, *Fax 926 86 01 50*, « Instalado en el convento de Santa Catalina-siglo XVI », ☒ – 🖳 📺 ⅊ 🅿 – 🏖 25/100. ⒶⒺ ⓪ ⓂⒸ 𝗩𝗜𝗦𝗔 JCB. ⌗
Comida 24,04 – ☕ 8,71 – **52 hab** 85,82/107,28 – 2 suites.

Confortel Almagro, carret. de Bolaños ☎ 926 86 00 11, *almagro.confortel@ once.es*, *Fax 926 86 06 18*, ☒ – 🖳 📺 ⅊ 🅿 – 🏖 25/150. ⒶⒺ ⓪ ⓂⒸ 𝗩𝗜𝗦𝗔 ⌗
cerrado enero – **Comida** 10,82 – ☕ 6,57 – **50 hab** 74,68/89,60.

Don Diego sin rest, Bolaños 1 ☎ 926 86 12 87, *hoteldondiego@ almagroturistico.com*, *Fax 926 86 05 74* – 🛗 🖳 📺 🚗. ⒶⒺ ⓪ ⓂⒸ 𝗩𝗜𝗦𝗔
☕ 2,75 – **31 hab** 48,25/66,50.

Hospedería Almagro, Ejido de Calatrava ☎ 926 88 20 87, *Fax 926 88 21 22*, 🏛,
« Instalado parcialmente en un convento » – 🖳 rest, 📺 🅿 – 🏖 25/100. ⓂⒸ 𝗩𝗜𝗦𝗔. ⌗
Comida *(cerrado domingo noche en invierno)* 7,75 – ☕ 2,80 – **42 hab** 24/40.

La Posada de Almagro, Gran Maestre 5 ☎ 926 26 12 01, *info@laposadadealmagro.com*, *Fax 926 26 12 01*, « Antigua posada » – 🖳. ⒶⒺ ⓪ ⓂⒸ 𝗩𝗜𝗦𝗔. ⌗ rest
Comida *(cerrado martes)* 15,03 – ☕ 3,01 – **11 hab** 39,07/69,12.

El Corregidor, pl. Fray Fernando Fernández de Córdoba 2 ☎ 926 86 06 48,
Fax 926 88 27 69, 🏛, « Antigua posada » – 🖳. ⒶⒺ ⓪ ⓂⒸ 𝗩𝗜𝗦𝗔 JCB. ⌗
cerrado lunes salvo en julio – **Comida** carta 26,75 a 33,65.

La Cuerda, pl. General Jorreto 6 ☎ 926 88 28 05, 🏛 – 🖳. ⓪ ⓂⒸ 𝗩𝗜𝗦𝗔
cerrado 29 agosto-14 septiembre y lunes noche – **Comida** carta 22,30 a 27,04.

junto al Santuario de Nuestra Señora de Las Nieves *Noroeste : 9 km :*

La Nieves, carret. Bolaños-Daimiel km 3, ✉ 13270, ☎ 926 87 05 63, *Fax 926 88 43 39*,
« En un bonito paraje junto al santuario. Plaza de toros » – 🅿. ⒶⒺ ⓪ ⓂⒸ 𝗩𝗜𝗦𝗔
cerrado del 15 al 31 de enero y lunes – **Comida** carta 19,20 a 23,20.

ALMANDOZ 31976 Navarra **442** C 25.
Madrid 437 – Bayonne 76 – Iruña/Pamplona 42 – *Donostia-San Sebastián* 63.

Beola ⚓ con hab, Mayor 13 ☎ 948 58 53 00, *beola@beola.com*, *Fax 948 58 53 60*,
« Decoración rústica » – 🛗, 🖳 rest, 📺 🅿. ⒶⒺ ⓂⒸ 𝗩𝗜𝗦𝗔. ⌗
cerrado 20 diciembre-enero – **Comida** *(cerrado domingo noche y lunes)* carta 24,04 a
34,85 – ☕ 4,21 – **15 hab** 33,06/45,08.

ALMANSA 02640 Albacete **444** P 26 – 22 488 h alt. 685.
Madrid 325 – Albacete 76 – Alacant/Alicante 96 – Murcia 131 – València 111.

Los Rosales, carret. de circunvalación ☎ 967 34 07 50, *Fax 967 31 18 82* – 🖳 rest, 📺
🅿. ⒶⒺ ⓪ ⓂⒸ 𝗩𝗜𝗦𝗔. ⌗
Comida 11,09 – ☕ 2,70 – **33 hab** 24,04/42,07.

Mesón de Pincelín, Las Norias 10 ☎ 967 34 00 07, *Fax 967 34 54 27*, « Decoración
regional » – 🖳. ⒶⒺ ⓪ ⓂⒸ 𝗩𝗜𝗦𝗔 JCB. ⌗
cerrado del 1 al 21 de agosto, domingo noche y lunes – **Comida** carta 22,24 a 30.

Bodegón Almansa, Corredera 128 ☎ 967 31 06 37, *bodegon@oen.es*,
Fax 967 34 03 00 – 🖳. ⒶⒺ ⓪ ⓂⒸ 𝗩𝗜𝗦𝗔. ⌗
cerrado del 1 al 15 de julio y martes – **Comida** carta 21,87 a 34,73.

Casa Valencia, carret. de circunvalación 20 ☎ 967 31 16 52 – 🖳 🅿. ⓪ ⓂⒸ
𝗩𝗜𝗦𝗔. ⌗
cerrado 2ª quincena de julio, domingo noche y lunes – **Comida** carta aprox. 28,84.

al Noroeste : *2,3 km :*

Confortel Almansa, av. de Madrid - salida 586 autovía, ✉ 02640, ☎ 967 34 47 00,
almansa.confortel@once.es, *Fax 967 31 15 60*, ☒ – 🖳 📺 ⅊ 🅿 – 🏖 25/200. ⒶⒺ ⓪ ⓂⒸ
𝗩𝗜𝗦𝗔. ⌗
cerrado 14 diciembre-13 enero – **Comida** 11 – ☕ 6 – **50 hab** 55/67 – PA 23,50.

Besonders angenehme Hotels oder Restaurants
sind im Führer **rot** gekennzeichnet.
Sie können uns helfen, wenn Sie uns die Häuser angeben,
in denen Sie sich besonders wohl gefühlt haben.

Jährlich erscheint eine komplett überarbeitete Ausgabe
aller **Roten** Michelin-Führer.

ALMÀSSERA *València – ver València.*

ALMAZCARA *24170 León* **441** *E 10.*
Madrid 378 – León 99 – Ponferrada 10.

Los Rosales, autovía A 6 ☎ *987 46 71 67, Fax 987 46 72 00 –* 📶 🍴 📺 **P.** **AE** **①** **MC**
VISA. ⚡
Comida *13,22 –* ⌂ *2,70 –* **40 hab** *20,43/36,06.*

ALMENDRAL *06171 Badajoz* **444** *Q 9 – 1 444 h alt. 324.*
Madrid 405 – Badajoz 36 – Mérida 70 – Zafra 52.

por la carretera N 435 *Sur : 6 km y desvío a la izquierda (por paso elevado) 1 km :*

Rocamador ⚡ (es necesario reservar), ✉ 06160 apartado 7 Barcarrota,
☎ *924 48 90 00, mail@rocamador.com, Fax 924 48 90 01,* 🏠, « Imponente finca de
estilo rústico en plena dehesa extremeña. Restaurante instalado en una capilla », 🍴 – 📺
P. – 🛏 *25/80.* **AE** **①** **MC** **VISA**. ⚡
Comida *(cerrado lunes) 48,08 y carta 35,46 a 40,26 –* ⌂ *12,02 –* **30 hab** *114,19/ 138,23*
Espec. Crocante de aceituna y bacalao con pimentón caramelizado. Solomillo de ibérico
relleno de olivas aliñadas con verduras. Bizcocho borracho de bellota con crema de hierbabuena y chocolate caliente.

ALMENDRALEJO *06200 Badajoz* **444** *P 10 – 24 120 h alt. 336.*
Madrid 368 – Badajoz 56 – Mérida 25 – Sevilla 172.

Vetonia, carret. N 630 - Noreste : 2 km ☎ *924 67 11 51, Fax 924 67 11 51,* 🍴 – 📶 🍴
📺 **P.** – 🛏 *25/500.* **AE** **①** **MC** **VISA** **JCB**. ⚡
Comida *10,22 –* ⌂ *3,90 –* **62 hab** *43,03/53,79 – PA 20,69.*

España sin rest, av. San Antonio 69 ☎ *924 67 01 20, Fax 924 67 01 20 –* 📶 🍴 📺 🚗.
MC **VISA**
cerrado 20 diciembre-7 enero – ⌂ *2,70 –* **26 hab** *25,72/45,02.*

El Paraíso, carret. N 630 - Sureste : 2 km ☎ *924 66 10 01, campomanes@ctv.es,*
Fax 924 67 02 55 – 🍴 **P.** **AE** **①** **MC** **VISA**. ⚡
cerrado lunes noche – Comida carta *25,36 a 29,86.*

El Danubio, carret. N 630 - Sureste : 1 km ☎ *924 66 10 84 –* 🍴 **P.**

Nandos, Ricardo Romero 16 ☎ *924 66 12 71 –* 🍴. **AE** **①** **MC** **VISA**. ⚡
cerrado agosto, domingo noche y miércoles
Comida carta *21,04 a 27,05.*

ALMERÍA *04000* **P** **446** *V 22 – 159 587 h – Playa.*
Ver : *Alcazaba★* ⇐★ *AY – Catedral★ ABZ.*
Alred. : *Parque Natural de Cabo de Gata - Níjar★★ (playas de los Genoveses y Monsul★)*
Este : 29 km por ②.
✈ *de Almería por* ② *: 8 km ☎ 950 21 37 00.*
⛴ *para Melilla : Cía. Trasmediterránea, parque Nicolás Salmerón 19* ✉ *04002*
☎ *950 23 61 55 Fax 950 26 37 14.*
🛈 *Parque de Nicolás Salmerón* ✉ *04002* ☎ *950 27 43 55 otalmaria@andalucia.or Fax*
950 27 43 60 – **R.A.C.E.** *Conde Ofalia 22* ✉ *04001* ☎ *950 23 00 66 Fax 950 25 07 84.*
Madrid 550 ② *– Cartagena 240* ② *– Granada 171* ① *– Jaén 232* ① *– Lorca 157* ② *– Motril*
112 ③

Planos páginas siguientes

Torreluz IV, pl. Flores 5, ✉ *04001,* ☎ *950 23 49 99, recep.torreluz-iv@larural.es,*
Fax 950 23 49 99, « Terraza con 🍴 » *–* 📶 🍴 📺 🚗 *–* 🛏 *25/220.* **AE** **①** **MC** **VISA**. ⚡
Comida *- ver rest.* **Asador Torreluz** *–* ⌂ *7,83 –* **105 hab** *60,63/103.* BY e

G.H. Almería sin rest con cafetería, av. Reina Regente 8, ✉ *04001,* ☎ *950 23 80 11,*
reservas@granhotelalmeria.com, Fax 950 27 06 91, ⇐, 🍴 *–* 📶 🍴 📺 🚗 *–* 🛏 *25/500.*
AE **①** **MC** **VISA**. ⚡
⌂ *7 –* **117 hab** *100/129.* BZ c

Torreluz III, pl. Flores 3, ✉ *04001,* ☎ *950 23 43 99, torreluz@torreluz.com,*
Fax 950 28 14 28 – 🍴 📺 🚗 *–* 🛏 *25/200.* **AE** **①** **MC** **VISA**. ⚡
Comida *- en el hotel* **Torreluz**-*ver también rest.* **Torreluz Mediterráneo** *–* ⌂ *5,11 –*
100 hab *55,53/74,16.* BY v

Costasol sin rest con cafetería, paseo de Almería 58, ✉ *04001,* ☎ *950 23 40 11, rece*
pcion@hotelcostasol.com, Fax 950 23 40 11 – 📶 🍴 📺 *–* 🛏 *25/70.* **AE** **①** **MC** **VISA**. ⚡
⌂ *4,50 –* **55 hab** *59,10/73,92.* BZ f

Indálico sin rest con cafetería, Dolores R. Sopeña 4, ✉ 04004, 𝒫 950 23 11 11, *hote lindalico@wanadoo.es, Fax 950 23 10 28* – |$| ▤ TV ⟷ – 👤 25/60. AE ⓞ MC VISA. ⚡
  ☕ 4,40 – **100 hab** 58/77.
CY s

Torreluz II, pl. Flores 6, ✉ 04001, 𝒫 950 23 43 99, *torreluz@torreluz.com, Fax 950 28 14 28* – |$| ▤ TV ⟷. AE ⓞ MC VISA. ⚡
Comida 10,81 – ☕ 5,11 – **24 hab** 38,82/57,28 – PA 26,73.
BY v

Sol Almería sin rest con cafetería, carret. de Ronda 193, ✉ 04005, 𝒫 950 27 18 11, *Fax 950 27 37 09* – |$| ▤ TV. MC VISA
  ☕ 4 – **25 hab** 36/59.
CY q

Embajador sin rest con cafetería, Calzada de Castro 4, ✉ 04006, 𝒫 950 25 55 11, *Fax 950 25 93 64* – |$| ▤ TV
67 hab.
CZ b

La Perla sin rest con cafetería, pl. del Carmen 7, ✉ 04003, 𝒫 950 23 88 77, *Fax 950 27 58 16* – ▤ TV
44 hab.
BY m

Nixar sin rest, Antonio Vico 24, ✉ 04003, 𝒫 950 23 72 55, *Fax 950 23 72 55* – ▤ TV. MC VISA. ⚡
  ☕ 1,80 – **37 hab** 22,40/37,65.
BY z

XXX **Torreluz Mediterráneo** - *Hotel Torreluz III*, pl. Flores 1, ✉ 04001, 𝒫 950 28 14 25, *torreluz@torreluz.com, Fax 950 28 14 28* – ▤. AE ⓞ MC VISA. ⚡
cerrado domingo – **Comida** carta 21,41 a 30,66.
BY e

XXX **Asador Torreluz** - *Hotel Torreluz IV*, Fructuoso Pérez 8, ✉ 04001, 𝒫 950 23 45 45, *hogasa@larural.es, Fax 950 23 49 99* – ▤. AE ⓞ MC VISA. ⚡
cerrado domingo – **Comida** carta 23 a 34.
BY a

XX **Club de Mar,** playa de las Almadrabillas, ✉ 04007, 𝒫 950 23 50 48, *restclubmar@l arural.es, Fax 950 28 15 97,* 🌴 – ▤. AE ⓞ MC VISA. ⚡
Comida carta 20 a 24,30.
CZ w

X **La Encina Plaza Vieja,** Marín 16, ✉ 04003, 𝒫 950 27 34 29, *plazavieja@mixmail.com, Fax 950 27 34 29* – ▤. AE ⓞ MC VISA. ⚡
cerrado septiembre y domingo – **Comida** carta 19,90 a 29.
BY b

X **Casa Sevilla,** Rueda López (Galería Comercial), ✉ 04004, 𝒫 950 27 29 12, *Fax 950 23 04 51* – ▤. AE ⓞ MC VISA. ⚡
cerrado del 1 al 15 de agosto y domingo – **Comida** carta 23,94 a 30,66.
BZ a

X **Valentín,** Tenor Iribarne 19, ✉ 04001, 𝒫 950 26 44 75, 🌴 – ▤. AE ⓞ MC VISA. ⚡
cerrado septiembre y lunes – **Comida** carta 22 a 27.
BY n

X **Veracruz,** av. del Cabo de Gata 119, ✉ 04007, 𝒫 950 25 12 20 – ▤. AE MC VISA. ⚡
por av. del Cabo de Gata CZ
Comida - pescados y mariscos - carta 17,12 a 30,37.

🍸/ Tasca Torreluz, Concepción Arenal 16, ✉ 04001, 𝒫 950 23 49 99, *Fax 950 23 49 99,* 🌴 – ▤
BY e

🍸/ **Casa Puga,** Jovellanos 7, ✉ 04003, 𝒫 950 23 15 30 – ▤. MC VISA. ⚡
cerrado 25 agosto-11 septiembre, domingo y festivos salvo Semana Santa – **Tapa** 0,76 **Ración** aprox. 9.
BY u

🍸/ **Casa Joaquín,** Real 111, ✉ 04002, 𝒫 950 26 43 59 – ▤. ⚡
cerrado septiembre, sábado noche y domingo – **Tapa** 0,90 **Ración** - pescados, mariscos e ibéricos - aprox. 12.
BZ m

🍸/ **El Quinto Toro,** Juan Leal 6, ✉ 04001, 𝒫 950 23 91 35 – ▤. ⚡
cerrado 1ª quincena de noviembre, sábado noche y domingo – **Tapa** 1 **Ración** aprox. 7,20.
BY r

🍸/ **Bonillo,** Granada 14, ✉ 04003, 𝒫 950 23 50 56 – ▤. ⚡
cerrado del 15 al 30 de junio, del 15 al 30 de agosto, sábado noche y domingo – **Tapa** 1 **Ración** - patatas a la brava - aprox. 9.
BY d

en la carretera de Málaga *por ③ : 2,5 km :*

Solymar, ✉ 04002, 𝒫 950 27 70 00, *Fax 950 27 70 10,* ≤ – |$| ▤ TV P. ⓞ MC VISA
Comida 20,22 – ☕ 7,81 – **15 hab** 72,12/93,16.

en la carretera de Aguadulce *por ③ : 5 km :*

XX **La Gruta,** ✉ 04002, 𝒫 950 23 93 35, *lagruta@larural.es, Fax 950 27 56 27,* « En una gruta » – ▤ P. AE ⓞ MC VISA. ⚡
cerrado 15 octubre-15 noviembre y domingo – **Comida** - carnes, sólo cena - carta 19,82 a 27,73.

XX **Bello Rincón,** ✉ 04002, 𝒫 950 23 84 27, *bellorin@larural.es, Fax 950 24 61 18* – ▤ P. AE ⓞ MC VISA. ⚡
cerrado julio, agosto y lunes – **Comida** - pescados y mariscos - carta 28,50 a 31,50.

A
B
N 340
Cam. de Largo Caballero
Ceuta
Los Genoveses
Paseo de la Caridad
Las Alfarerías
Restoy
Restoy
Av. de Pablo Iglesias
Ramos
14
Calvario
52
la Palma
FUENTECICA
La Fuentecica
Regociros
Cámaras
Rbla. Las Cruces
Granada
Barranco
Bolas
LA HOYA
Cerro de S. Cristóbal
A. Z Vico
m
d
Alcade
ALCAZABA
Santiago
35
S. Sebastián
Rbla. Obispo
J. Lirola
n 45
47
b
a
T
Las Claras
v 20
e
Reducto
H
12
u Real
Paseo
S. Pedro
r D
Arquimedes
P
Navarro Rodrigo
de
Plaza de Pavia
Almedina
Las Puras
8
M
M. Núñez
S. Juan
PAL. EPISCOPAL
E. Perez
Javier Sanz
Gen. Luque
Pedro
CATEDRAL
7
49
Rueda López
Jover
Séneca
10
Almería
N 340, MOTRIL, MÁLAGA
3
28
Parque
N. S. del Mar
T
Gen.
a
Hospital Real
Real
f
Tamayo
Nicolás
Gerona
6
Gen Segura
m
Rambla
Federico
Salmerón
i
18
Av.
H.
28
G
P
P
J
c
Reina Regente
P
Carret.
PUERTO COMERCIAL
Paseo
0   200 m
MELILLA

ALMERÍA

GRANADA, A 92
C
C
Y
Z
Guadalquivir
Granada
de
Amatisteros
Rambla
Mercurio
Isabel
Sta.
M. Auxiliadora
Carret.
de
Ronda
Zagal
Av. F. García Lorca
Belén
de
Rambla
García
Lorca
Av.
Barrio
Alto
Real
del
Silencio
Murcia
F.
Av.
BARRIO
ALTO
Muños
Av.
de
San
Juan
Bosco
POL
Belén
Dr
P. Ruiz Picasso
Stos Zárate
San
Leonardo
Carracido
Altamira
Pinzón
S. ISIDRO
Lorca
Orbera
Padre
Méndez
de
Doctor
Azorín
M
García
G.
Altamira
Marañón
Carret.
Castro
Av.
de
la
Estación
Hermanos
Av. de N. S. de Montserrat
MURCIA
Machado
Artes
de
Arcos
Ronda
Saguanto
de
J.
M.
Abad
Marina
América
Andalucía
Guatemala
S. ANTÓN
Av.
del
W
Pl. España
Cabo
Marítimo
de
Gata
C

ALMERIMAR *Almería – ver El Ejido.*

ALMODÓVAR DEL CAMPO 13580 Ciudad Real **444** P 17 – 7 718 h alt. 670.
Madrid 234 – Alcázar de San Juan 135 – Ciudad Real 47 – Puertollano 7 – Valdepeñas 89.

El Comendador, Jardín ☎ 926 48 39 53, ☶, « En una bodega » – 🗏. AE ① ⓂⓄ VISA. ᛞ
cerrado 16 septiembre-7 octubre y lunes – Comida *- cocina regional -* carta 21,26 a 30,12.

ALMODÓVAR DEL RÍO 14720 Córdoba **446** S 14 – 6 960 h alt. 123.
Ver : *Castillo★★.*
Madrid 414 – Córdoba 17 – Sevilla 123.

La Taberna, Antonio Machado 24 ☎ 957 71 36 84 – 🗏. ① ⓂⓄ VISA. ᛞ
cerrado agosto, lunes y domingo en julio
Comida carta 15,90 a 25,80.

ALMONTE 21730 Huelva **446** U 10 – 16 350 h alt. 75.
Madrid 593 – Huelva 53 – Sevilla 63.

en la carretera de El Rocío *Sur : 5 km :*

El Pastorcito, ✉ 21730, ☎ 959 45 02 05, Fax 959 45 02 69 – 🗏 P. AE ① ⓂⓄ VISA. ᛞ
cerrado semana del Rocío – Comida carta aprox. 24.

ALMORADÍ 03160 Alacant **445** R 27 – 12 304 h alt. 9.
Madrid 428 – Alacant/Alicante 52 – Cartagena 74 – Murcia 39.

El Cruce, Camino de Catral 156 - Norte : 1 km ☎ 96 570 03 56, elcruce@wanadoo.es,
Fax 96 678 22 68 – 🗏 P. AE ⓂⓄ VISA. ᛞ
cerrado agosto, domingo noche y lunes – Comida carta aprox. 22,84.

El Buey, La Reina 94 ☎ 96 678 15 93 – 🗏. ⓂⓄ VISA. ᛞ
*cerrado 20 agosto-10 septiembre, domingo noche, lunes, martes noche y miércoles noche
–* Comida carta 17,70 a 22,20.

La ALMUNIA DE DOÑA GODINA 50100 Zaragoza **443** H 25 – 5 775 h alt. 366.
Madrid 270 – Tudela 87 – Zaragoza 52.

El Patio, av. del Generalísimo 6 ☎ 976 60 10 37, elpatio@infonegocio.com,
Fax 976 60 05 63 – 🛗 🗏 TV P. AE ① ⓂⓄ VISA. ᛞ
Comida 9 - *El Patio de Goya* (cerrado lunes y noches de domingo a jueves) Comida carta
19,23 a 28,22 – ☲ 3,50 – **24 hab** 30/42.

ALMUÑA 33700 Asturias **441** B 10.
Madrid 542 – A Coruña/La Coruña 200 – Gijón 85 – Lugo 141 – Oviedo 92.

Casa Manoli ᛞ sin rest, carret. de Paredes y desvío a la izquierda 1 km ☎ 98 547 00 40,
Fax 98 547 00 40, ≤, ☶ – TV P. ᛞ
☲ 2,10 – **13 hab** 47.

ALMUÑÉCAR 18690 Granada **446** V 18 – 20 461 h alt. 24 – Playa.
Ver : *Castillo de San Miguel★.*
🛈 av. Europa-Palacete La Najarra ☎ 958 63 11 25 Fax 958 63 50 07.
Madrid 516 – Almería 136 – Granada *85 – Málaga 85.*

Chinasol, av. del Mediterráneo 51 ☎ 958 63 33 44, reservas@chinasol.com,
Fax 958 63 43 04, ≤, ☶, ☲ – 🛗, 🗏 rest, TV ⇌ – 🔬 25/80. AE ① ⓂⓄ VISA. ᛞ rest
El Bodegón : Comida carta 16 a 23,50 – ☲ 5 – **95 hab** 85/110 – 55 apartamentos.

Casablanca, pl. San Cristóbal 4 ☎ 958 63 55 75, Fax 958 63 55 89, ☶ – 🛗, 🗏 hab,
TV ⇌. AE ⓂⓄ VISA. ᛞ
Comida 9,30 – ☲ 2,70 – **35 hab** 42,20/60,20.

Goya, av. de Europa 31 ☎ 958 63 05 50, Fax 958 63 11 92, ☶ – 🗏 rest, TV. ⓂⓄ
VISA. ᛞ
Comida *(cerrado diciembre, enero, domingo y lunes)* 7,21 – ☲ 2,01 – **26 hab** 21,04/39,07.

Playa de San Cristóbal sin rest, pl. San Cristóbal 5 ☎ 958 63 36 12, jln000@teleli
ne.es, Fax 958 63 36 12 – TV. AE ⓂⓄ VISA
☲ 2,10 – **22 hab** 39/52.

Carmen, av. de Europa 19 ☎ 958 63 14 13, *h-carmen@teleline.es*, Fax *958 63 14 13* – AE ⓪ MC VISA. ⚡ rest
Comida 7,07 – ☕ 2,57 – **50 hab** 51,45/64,31.

San Sebastián sin rest, Ingenio Real 18 ☎ 958 63 04 66, Fax *958 63 42 02* – ⚡
☕ 2,50 – **19 hab** 18/30.

El Puente sin rest, av. de la Costa del Sol 14 ☎ 958 63 01 23 – ⚡
☕ 1,80 – **24 hab** 18,03/30,05.

Tropical sin rest y sin dj, av. de Europa 39 ☎ 958 63 34 58, *tovaga@teleline.es* – MC
VISA. ⚡
abril-15 octubre – **11 hab** 22/42.

Antonio, bajos del Paseo 12 ☎ 958 63 00 20, *prometeo94@hotmail.com*, ⚏ – ▤. MC
VISA. ⚡
Comida carta 26 a 35,02.

Los Geranios, pl. de la Rosa 4 ☎ 958 63 07 24, ⚏, « Decoración típica regional »
Comida - sólo cena salvo en verano.

Mar de Plata, paseo San Cristóbal ☎ 958 63 30 79, ⚏ – AE ⓪ MC VISA. ⚡
cerrado mayo y martes
Comida carta 17,37 a 23,99.

La Última Ola, Puerta del Mar 4 ☎ 958 63 00 18, *teo@ari.es*, ⚏ – AE ⓪ MC VISA. ⚡
cerrado 7 enero-15 marzo y lunes salvo verano – **Comida** carta 15,72 a 24,63.

El Chaleco, av. Costa del Sol 37 ☎ 958 63 24 02, *chaleco@ctv.es*, Fax *958 88 06 56* –
MC VISA – *cerrado enero, domingo noche y lunes salvo verano* – **Comida** - cocina francesa
- carta aprox. 19,79.

en la playa de Velilla *Este : 2,5 km :*

Velilla sin rest, edificio Inti-Yan IV, ✉ 18690 Velilla, ☎ 958 63 07 58, *jbonillotr@nexo.es*,
Fax *958 63 07 54* – TV. AE ⓪ MC VISA. ⚡
abril-15 octubre – ☕ 2,25 – **28 hab** 33/47.

al Oeste : *2,5 km :*

Jacquy Cotobro, paseo de Cotobro 11 (playa de Cotobro), ✉ 18690, ☎ 958 63 18 02,
Fax *958 63 18 02*, ⚏ – MC VISA
cerrado lunes (noviembre-marzo) – Comida carta 22,07 a 27.

ALMURADIEL 13760 Ciudad Real **444** Q 19 – *847 h alt. 808.*
Madrid 234 - Ciudad Real 91 - Puertollano 71 - Úbeda 81 - Valdepeñas 32.

Casa Marcos, antigua carret. N IV ☎ 926 33 90 34, Fax *926 33 92 58* – ▤ TV P. VISA. ⚡
Comida 8,41 – ☕ 3,01 – **48 hab** 24,04/36,06 – PA 17,13.

ALMUSSAFES 46440 València **445** O 28 – *6 335 h alt. 30.*
Madrid 402 - Albacete 172 - Alacant/Alicante 146 - *València 21.*

Bartos, Lira Almussafense 15 ☎ 96 178 22 22, *correo@hotelbartos.com,*
Fax *96 178 32 27*, ⚖, ⚊, ⚊ – 🛗 ▤ TV 🚗 – 🔔 25/100. AE ⓪ MC VISA. ⚡
Comida 11 – ☕ 6 – **79 hab** 90,20/108,20 – PA 21,60.

Isabel sin rest, San Vicente 31 ☎ 96 179 59 50, Fax *96 179 59 51* – 🛗 ▤ TV 🚗
22 hab.

Reig, Llauradors 13 ☎ 96 178 02 91, *reig@ctv.es*, Fax *96 178 03 42* – 🛗 ▤ TV. MC VISA
JCB. ⚡
Comida *(cerrado domingo)* 5,40 – ☕ 3 – **48 hab** 30,05/48,08.

ALP 17538 Girona **443** E 35 – *908 h alt. 1 158 – Deportes de invierno en Masella, Sureste : 7 km :*
⚡ 13.
Madrid 644 - Lleida/Lérida 175 - Puigcerdá 8.

Aero Hotel Cerdanya ⚬, passeig Agnès Fabra 4 ☎ 972 89 00 33, Fax *972 89 08 62,*
⚏ – TV. AE ⓪ MC VISA. ⚡
Comida 11 - *Ca l'Eudald :* Comida carta 21,40 a 29,25 – ☕ 5,50 – **30 hab** 41/76.

Casa Patxi, Orient 23 ☎ 972 89 01 82, *capatxi@alehop.com*, ⚏, « Decoración
rústica » – ⓪ MC VISA – *cerrado del 1 al 15 de julio, del 1 al 15 de noviembre, martes
noche y miércoles (salvo agosto y festivos)* – Comida carta 16,97 a 25,55.

El Mesón, Sant Pere 8 ☎ 972 14 41 20, Fax *972 89 17 07* – ▤. AE MC VISA. ⚡
cerrado del 2 al 16 de abril, domingo noche y lunes – **Comida** carta 18,32 a 31,25.

Les Lloses, av. Sports ☎ 972 89 00 96, ⚏ – P. ⓪ MC
cerrado octubre y martes – **Comida** carta aprox. 24,04.

ALPEDRETE 28430 Madrid 444 K 17 – 3 482 h alt. 919.

Madrid 42 – Segovia 54.

Sierra Real , Primavera 20 ℰ 91 857 15 00, *recepcion@hotelsierrareal.com*,
Fax 91 857 13 54, « Terraza-ático con ≼ valle y sierra de Guadarrama », ⅃ℰ – 📶 🛏 📺
🚗 🅿 – 🏊 50/170. AE ⓘ ⓜⓒ VISA ⚡
Comida 22,81 – ☕ 8,29 – **48 hab** 90/114 – PA 45,83.

ALPICAT 25110 Lleida 443 G 31 – 3 736 h alt. 264.

Madrid 459 – Lleida/Lérida 14 – Huesca 110 – Tarragona 105.

en el Camí Vell d'Alpicat *Sur : 2 km :*

Petit Català, La Vinya 2, ✉ 25110, ℰ 973 73 64 05, Fax 973 73 62 39 – 📺 🅿 AE ⓘ
ⓜⓒ VISA
cerrado del 6 al 20 de enero, domingo noche y lunes – **Comida** carta 22,08 a
30,36.

S'ALQUERIA BLANCA *Illes Balears – ver Balears (Mallorca).*

ALQUÉZAR 22145 Huesca 443 F 30 – 215 h alt. 660.

Ver : Paraje★★.

Alred. : Cañón de río Vero★.

Madrid 434 – Huesca 48 – Lleida/Lérida 105.

Santa María , sin rest, Arrabal ℰ 974 31 84 36, *info@hotel-santamaria.com*,
Fax 974 31 84 35, ≼ – 📶 📺 ⓘ ⓜⓒ VISA ⚡
21 hab ☕ 43,42/63,26.

Villa de Alquézar , sin rest, Pedro Arnal Cavero 12 ℰ 974 31 84 16,
Fax 974 31 84 16 – 📺 🅿 ⓜⓒ VISA ⚡
cerrado del 15 al 30 de enero – **28 hab** ☕ 24/36.

El ALQUIÁN 04130 Almería 446 V 22.

Madrid 556 – Almería 11 – Granada 169 – Lorca 136.

Los Arcos, carret. de Níjar 157 ℰ 950 29 76 03, Fax 950 29 76 05 – 📶 📺 🚗. AE
ⓜⓒ VISA ⚡
Comida *(cerrado noviembre y lunes)* 12 – ☕ 5 – **32 hab** 30/45.

por la carretera de Viator *Noroeste : 2 km y desvío a la derecha 1,8 km :*

Bellavista, Llanos del Alquián, ✉ 04130, ℰ 950 29 71 56, Fax 950 29 71 56 – 📺 🅿
AE ⓜⓒ VISA ⚡
cerrado del 16 al 31 de octubre, domingo noche y lunes – **Comida** carta 28 a 30.

ALSÁSUA *Navarra – ver Altsasu.*

ALTEA 03590 Alacant 445 Q 29 – 12 829 h – Playa.

ⓐ Don Cayo, Norte : 4 km ℰ 96 584 80 46 Fax 96 584 65 19.

ⓑ San Pedro 9 ℰ 96 584 41 14 *touristinfo.altea@turisme.m400.gva.es* Fax 96 584 42 13.

Madrid 475 – Alacant/Alicante 57 – Benidorm 11 – Gandía 60.

Altaya, Sant Pere 28 (zona del puerto) ℰ 96 584 08 00, Fax 96 584 06 59, 🌿 – 📶,
📺 hab, 📺 🚹 🅿 ⓜⓒ VISA ⚡
Comida *(cerrado noviembre y lunes)* 16 – ☕ 4,85 – **24 hab** 63,10/81,15.

Oustau de Altea, Mayor 5 (casco antiguo) ℰ 96 584 20 78, *oustau@ctv.es*,
Fax 96 584 23 01, 🌿
Comida - sólo cena.

Racó de Toni, La Mar 127 (zona del puerto) ℰ 96 584 17 63, Fax 96 584 16 97 – 📺.
AE ⓘ ⓜⓒ VISA
cerrado noviembre – **Comida** carta 27,03 a 36,24.

Mesón Altea, pl. Marqués Campo Fértil 4 (casco antiguo) ℰ 96 584 09 18, 🌿, « En
una casa de pueblo » – 📺. AE ⓜⓒ VISA
cerrado del 1 al 15 de diciembre y lunes – **Comida** carta aprox. 23,44.

El Negro de Altea, Santa Bárbara 4 (casco antiguo) ℰ 96 584 18 26, *icse@wanad
oo.es*, ≼ bahía, 🌿, « En una cueva » – 📺. ⓜⓒ VISA
cerrado lunes salvo julio y agosto – **Comida** - sólo cena, pescados y carnes a la brasa -
carta 21,23 a 27,04.

en la carretera de la playa de Albir *Suroeste : 2,5 km :*

Dukes, Edificio Sol 20, ✉ 03590, ℘ 96 584 34 83, Fax 96 584 34 83, 🍽, « Decoración elegante » – 🖥. *VISA*. ❄
Comida carta 33,04 a 40,26.

por la carretera de València :

Meliá Altea Hills 🐎, urb. Altea Hills - Noreste : 6 km, ✉ 03590, ℘ 96 688 10 06, *melia.altea.hill@ solmelia.com, Fax 96 688 10 24,* 🍽, Centro de salud y belleza, « En un enclave entre pinos y montañas con el mar al fondo », 🛁, 🏊, 🏊, 🐎, 🍴 – 🛗 🖥 TV ♿ 🚗 🅿 – 🔔 25/600. AE ① ⓶ VISA. ❄
Altaya : Comida carta 24,64 a 41,77 – **50 hab** ☕ 186/204 – 50 suites.

La Galera del Mar 🐎 sin rest, urb. Galera Mar 7 - Noreste : 5 km, ✉ 03590, ℘ 96 584 10 46, Fax 96 584 10 46, 🏊 – 🖥 🅿 AE ⓶ VISA
cerrado 5 noviembre-5 diciembre – **26 hab** ☕ 43/61.

Monte Molar, Noreste : 2,5 km y desvío a la izquierda 1 km, ✉ 03590, ℘ 96 584 15 81, *Fax 96 584 15 81,* ≤ mar, 🍽, « Instalado en una villa con terraza » – 🅿. AE ①
⓶ VISA
cerrado 15 diciembre-15 marzo y miércoles salvo julio-agosto – **Comida** - almuerzos previa reserva - carta 34,84 a 50,18.

Flamingo, urb. Altea Hills - Noreste : 6 km, ✉ 03590, ℘ 96 584 52 23, 🍽 – AE ⓶
VISA. ❄
cerrado del 4 al 20 de diciembre y del 6 al 31 de enero – **Comida** carta 33,40 a 55,44.

El Tulipán Negro, Partida La Olla 146 - Noreste : 2 km, ✉ 03590, ℘ 96 584 59 48, *restaurante@ tulipannegro.com, Fax 96 584 59 48,* 🍽 – 🖥 🅿 ⓶ VISA. ❄
cerrado miércoles y jueves mediodía – **Comida** carta aprox. 25,54.

ALTEA LA VELLA 03599 Alacant **445** **Q 29**.
Madrid 462 – Alacant/Alicante 48 – Benidorm 16 – Gandía 63.

Ca Toni, Rector Llinares 3 ℘ 96 584 84 37, 🍽 – AE ① ⓶ VISA. ❄
cerrado miércoles – **Comida** carta 27,65 a 36,07.

ALTO CAMPÓO *Cantabria – ver Reinosa.*

ALTO DE MEAGAS *Gipuzkoa – ver Zarautz.*

ALTRON 25567 Lleida **443** **E 33**.
Alred. : *Valle de Llessui★★ Oeste : 7,5 km.*
Madrid 587 – Lleida/Lérida 130 – Andorra la Vella 80 – La Seu d'Urgell/Seo de Urgel 61.

Vall d'Assua 🐎, carret. de Llessui ℘ 973 62 17 38, ≤ – 🖥 rest, 🅿. ❄
cerrado noviembre – **Comida** 12 – ☕ 4,50 – **11 hab** 16,55/33,10.

ALTSASU o **ALSÁSUA** 31800 Navarra **442** **D 23** – *6 793 h alt. 532.*
Alred. : *Sur : carretera★★ del Puerto de Urbasa – Este : carretera★★ del Puerto de Lizárraga (mirador★).*
Excurs. : *Santuario de San Miguel de Aralar★ (iglesia : frontal de altar★★) Noreste : 19 km.*
Madrid 402 – Iruña/Pamplona 50 – Donostia-San Sebastián 71 – Vitoria-Gasteiz 46.

ALTURA 12410 Castelló **445** **M 28** – *2 985 h alt. 400.*
Madrid 402 – Castelló de la Plana/Castellón de la Plana 60 – Sagunt/Sagunto 35 – Teruel 85 – València 58.

Victoria, av. Valencia 64 ℘ 964 14 61 53, Fax 964 14 60 08 – 🛗, 🖥 rest, TV. ① ⓶
VISA. ❄
cerrado del 3 al 21 de marzo – **Comida** *(cerrado domingo noche y lunes salvo julio-agosto)* 12,02 – **20 hab** ☕ 30,05/57,10.

ALZIRA 46600 València **445** **O 28** – *40 055 h alt. 24.*
Madrid 387 – Albacete 153 – Alacant/Alicante 127 – València 40.

Reconquista, Sueca 14 ℘ 96 240 30 61, *chhotel@ eurociber.es, Fax 96 240 25 36* – 🖥
TV 🚗 – 🔔 25/200. AE ① ⓶ VISA JCB. ❄ rest
Comida 11,90 – **78 hab** ☕ 64,31/96,46.

AMANDI *33311 Asturias* **441** *B 13.*

Ver : Iglesia de San Juan (ábside★, decoración★ de la cabecera).
Madrid 495 – Gijón 31 – Oviedo 45.

La Casona de Amandi *sin rest,* 98 589 01 30, *Fax* 98 589 01 29, *« Antigua casa solariega »,* – *abril-octubre* – 6 – **9 hab** 90.

AMASA *Gipuzkoa – ver Villabona.*

AMENEIRO *15866 A Coruña* **441** *D 4.*

Madrid 611 – A Coruña/La Coruña 71 – Pontevedra 50 – Santiago de Compostela 7.

Cierto Blanco, *carret. N 550* 981 54 83 83, – *cerrado domingo (julio-agosto) y lunes* – **Comida** *carta aprox. 36,07.*

L'AMETLLA DE MAR *43860 Tarragona* **443** *J 32 – 4 183 h alt. 20 – Playa.*

St. Joan 55 977 45 64 77 *tur.ametlla@ altanet.org Fax* 977 45 67 38.
Madrid 509 – Castelló de la Plana/Castellón de la Plana 132 – Tarragona 50 – Tortosa 33.

L'Alguer *sin rest, Mar 20* 977 49 33 72, *Fax* 977 49 33 75 –
3,91 – **37 hab** 33,66/56,50.

Bon Repòs, *pl. Catalunya 49* 977 45 60 25, *hbonrepos@ teleline.es, Fax* 977 45 65 82, *« Jardín con arbolado »,* – **Comida** *(sólo julio-agosto)* 11,42 – 5,41 – **38 hab** 45,08/69,12 – PA 28,25.

L'Alguer, *Trafalgar 21* 977 45 61 24, *rgt@ tinet.fut.es, Fax* 977 45 66 21, ≤, – *cerrado 15 diciembre-15 enero y lunes* – **Comida** - *pescados y mariscos* - *carta 19,82 a 31,24.*

L'AMETLLA DEL VALLÈS *08480 Barcelona* **443** *G 36 – 3 459 h alt. 312.*

Madrid 648 – Barcelona 38 – Girona/Gerona 83.

Buganvilia, *carret. Sant Feliu de Codinas 75* 93 843 18 00, *Fax* 93 843 18 02, – *cerrado domingo noche y lunes noche* – **Comida** *carta 27,05 a 38,77.*

La Masía, *passeig Torregassa 77* 93 843 00 02, *Fax* 93 843 17 17 – – *cerrado del 12 al 25 de agosto y martes* – **Comida** *carta 21,43 a 31,83.*

AMEYUGO *09219 Burgos* **442** *E 20 – 57 h.*

Madrid 311 – Burgos 67 – Logroño 60 – Vitoria-Gasteiz 44.

en el monumento al Pastor *Noroeste : 1 km :*

Mesón El Pastor, *carret. N I,* ⊠ 09219, 947 34 43 75, *Fax* 947 35 42 90 – – **Comida** *carta 20,83 a 30,06.*

AMOREBIETA-ETXANO *48340 Bizkaia* **442** *C 21 – 15 798 h alt. 70.*

Madrid 415 – Bilbao 21 – Donostia-San Sebastián 79 – Vitoria-Gasteiz 51.

Harrison Etxea, *San Pedro 12* 94 630 06 83, *Fax* 94 630 05 31, *« Decoración elegante »* – rest, – **Comida** 9,63 – 3,01 – **12 hab** 72,28/90,36.

en la carretera de Gernika-Lumo *Noreste : 1 km :*

Juantxu, *barrio Enartze,* ⊠ 48340, 94 673 26 50, *juantxujatetxea@ euskalnet.net,* ≤, – *cerrado 2ª quincena de noviembre, lunes noche y martes de julio a septiembre* – **Comida** - *sólo almuerzo de octubre a junio, salvo jueves, viernes y sábado* - *carta aprox. 37,50.*

en Boroa *Noroeste : 3,6 km :*

Boroa, ⊠ 48340, 94 673 47 47, *boroa@ boroa.com, Fax* 94 630 93 97, *« Decoración rústica »* – – *cerrado 24 diciembre-10 enero* – **Comida** - *sólo almuerzo salvo jueves, viernes y sábado* - *carta 31,70 a 48,08.*

AMPUDIA *34160 Palencia* 442 *G 15 – 750 h alt. 790.*
Madrid 243 – León 115 – Palencia 25 – Valladolid 35 – Zamora 114.

Posada de la Casa del Abad ⑤, pl. Francisco Martín Gromaz 12 ℘ 979 76 80 08,
hotel@casadelabad.com, Fax 979 76 83 00, « Rústico elegante en una posada del siglo
XVII », ↳, ⅃ – ▣ TV ⚙ – ⚓ 25/40. AE ① ⓂⒸ VISA. ⚒ rest
cerrado del 7 al 25 de enero – **Comida** 35 – ⚏ 10 – **18 hab** 95/115.

AMPUERO *39840 Cantabria* 442 *B 19 – 3 324 h alt. 11.*
Alred. : *Santuario de Nuestra Señora La Bien Aparecida* ⁎★ *Suroeste : 4 km.*
Madrid 430 – Bilbao 68 – Santander 50.

Casa Sarabia, Melchor Torío 3 ℘ 942 62 23 65 – ▤. AE ① ⓂⒸ VISA. ⚒
Comida carta 23,45 a 28,86.

AMURRIO *01470 Araba* 442 *C 20 – 9 849 h alt. 219.*
Madrid 372 – Bilbao 37 – Burgos 138 – Vitoria-Gasteiz 45.

al Oeste : *2 km :*

El Refor, Maskuribai 21, ✉ 01470, ℘ 94 539 33 14, *elrefor@elrefor.euskaluet.net,*
Fax 94 539 33 14 – ▤. AE ① ⓂⒸ VISA. ⚒
cerrado 2ª quincena de noviembre – **Comida** - sólo almuerzo salvo viernes y sábado - carta
aprox. 33,66.

AMUSCO *34420 Palencia* 442 *F 16 – 552 h alt. 770.*
Madrid 260 – Burgos 81 – Palencia 21 – Santander 180.

La Sinagoga, pl. Obispo Germán Vega 3 ℘ 979 80 22 20, *lasinagoga@infonegocio.com,*
Fax 979 80 20 09, « Sinagoga del siglo XV en el sótano » – TV. AE ① ⓂⒸ VISA. ⚒
Comida 7,81 – ⚏ 2,40 – **12 hab** 24,04/39,06.

ANDORRA (Principat d')★★

Andorra (Principado de)

443 E 34 y 35 **86** ⑭ ⑮ – *62 400 h.*

El Principado de Andorra ocupa una superficie de 464 km² y está situado en el corazón de los Pirineos, entre España y Francia. Desde 1993 el Principado es un Estado soberano miembro de la O.N.U.

La lengua oficial es el catalán, pero la mayoría de la población habla también francés y castellano.

La moneda de curso legal es el euro.

Para acceder al país se requiere pasaporte o carnet de identidad vigentes.

Andorra la Vella *Capital del Principado – alt. 1 029.*

Dr. Vilanova ℘ 00 376 82 02 14 Fax 00 376 82 58 23 pl. de la Rotonda ℘ 00 376 82 71 17 Fax 00 376 86 98 07 – **A.C.A.** *Babot Camp 13 ℘ 00 376 80 34 00 Fax 00 376 82 25 60.*
Madrid 625 – Barcelona 220 – Carcassonne 167 – Foix 102 – Girona/Gerona 245 – Lleida/Lérida 155 – Perpignan 170 – Tarragona 208 – Toulouse 185.

Crowne Plaza Andorra, Prat de la Creu 88 ℘ 00 376 87 44 44, *crowneplaza@andorra.ad,* Fax 00 376 87 44 45, ⸝ – ▤ TV ⸝ – 🚗 – 🏛 25/700. AE ① MC VISA JCB. rest   B b
Comida 15 – ⸝ 12,02 – **133 suites** 125,01/156,26.

Plaza, María Pla 19 ℘ 00 376 87 94 44, *hotel.plaza@andorra.ad,* Fax 00 376 82 17 21, ⸝ – ▤ TV ⸝ – 🚗 – 🏛 25/300. AE ① MC VISA   C a
La Cúpula : **Comida** carta 28,85 a 42,07 – ⸝ 10,82 – **92 hab** 122,61/153,26 – 8 suites.

Andorra Park H. ⸝, Les Canals 24 ℘ 00 376 87 77 77, *aph@andorraparkhotel.com,* Fax 00 376 82 09 83, ⸝, « ⸝ rodeada de jardines », ⸝ – ▤ TV ⸝ – 🏛 25/80. ① MC VISA ⸝   B d
Comida carta aprox. 43,20 – **38 hab** ⸝ 119,90/137,90 – 2 suites.

Mercure, de La Roda ℘ 00 376 87 36 02, *mercureandorra@ribecpuig.ad,* Fax 00 376 87 36 52, ⸝ – ▤ TV ⸝ – 🏛 25/175. MC VISA. ⸝ rest   C f
Comida - sólo buffet - 18 – ⸝ 8 – **164 hab** 130/145 – 9 suites.

President, av. Santa Coloma 44 ℘ 00 376 82 29 22, *janhotels@andorra.ad,* Fax 00 376 86 14 14, ⸝, ⸝ – ▤ TV 🚗 – 🏛 25/110. MC VISA. ⸝ rest   A m
Comida 15,93 – **109 hab** ⸝ 103/138 – 2 suites.

Diplomàtic, av. de Tarragona ℘ 00 376 80 27 80, *hoteldiplomatic@andorra.ad,* Fax 00 376 80 27 90, ⸝ – ▤ TV ⸝ – 🏛 25/200. ① MC VISA. ⸝ rest   C w
Comida 14,12 – **85 hab** ⸝ 76,03/109,99.

Flora sin rest, antic carrer Major 25 ℘ 00 376 82 15 08, *flora@andornet.ad,* Fax 00 376 86 20 85, ⸝ – ▤ TV 🚗. AE ① MC VISA   A p
⸝ 6 – **45 hab** 54/90.

Andorra Center, Dr. Nequi 12 ℘ 00 376 82 48 00, *andorra@besthotels.es,* Fax 00 376 82 86 06, ⸝ – ▤, ▤ rest, TV 🚗 – 🏛 25/50. ① MC VISA. ⸝   B e
Comida 11,11 – **148 hab** ⸝ 72,12/102,17.

Eden Roc, av. Dr. Mitjavila 1 ℘ 00 376 82 10 00, *edenroc@andonet.ad,* Fax 00 376 86 03 19 – ▤ TV 🚗. AE ① MC VISA. ⸝   C n
Comida *(cerrado junio)* 15,70 – **56 hab** ⸝ 82,40/127,40.

Novotel Andorra, Prat de la Creu ℘ 00 376 87 36 03, *novotelandorra@riberpuig.ad,* Fax 00 376 87 36 53, ⸝ – ▤ TV ⸝ – 🏛 25/40. MC VISA. ⸝ rest   C k
Comida - sólo buffet - 18 – ⸝ 8 – **97 hab** 121/130 – 5 suites.

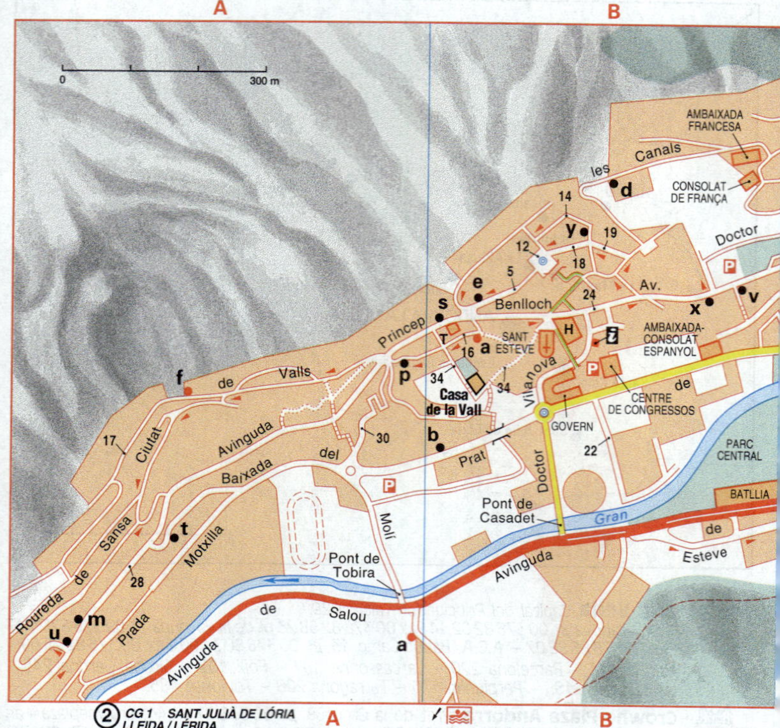

Tivoli, Sant Salvador 3 ℰ 00 376 80 42 65, tivotel@andorra.ad, Fax 00 376 82 06 89 – ⌷ ▤ TV 🦽 MC VISA ✖ Comida 10 – **29 hab** ☕ 33/58.	C c
Xalet Sasplugas ⛷, La Creu Grossa 15 ℰ 00 376 82 03 11, hotelsasplugas@andorra.ad, Fax 00 376 82 86 98, ≤, 🏕 – ⌷ TV 🚗. MC VISA ✖ rest Comida 17,20 - **Metropol** (cerrado del 1 al 15 de julio, domingo y lunes mediodía) **Comida** carta 27,25 a 30,75 – **26 hab** ☕ 45/78.	C q
Ibis, av. Meritxell 58 ℰ 00 376 87 36 01, ibisandorra@riberpuig.ad, Fax 00 376 87 36 51, ⅃ᴓ, ◰ – ⌷, ▤ rest, TV 🚗. MC VISA ✖ rest Comida 18 – ☕ 8 – **63 hab** 100/110.	C r
Pyrénées, av. Príncep Benlloch 20 ℰ 00 376 87 98 79, pyreneeshotel@andorra.ad, Fax 00 376 82 02 65, 🏊, ✖ – ⌷, ▤ rest, TV 🚗. ⓪ MC VISA ✖ rest Comida 16,83 – **74 hab** ☕ 39,97/63,11.	B s
Cérvol, av. Santa Coloma 46 ℰ 00 376 80 31 11, hc@hotelcervol.com, Fax 00 376 80 31 22, ⅃ᴓ – ⌷, ▤ rest, TV 🦽 🚗. ⓪ MC VISA ✖ rest Comida 14 – **99 hab** ☕ 59/80.	A u
Font del Marge, Baixada del Molí 49 ℰ 00 376 82 34 43, font-del-marge@andorra.ad, Fax 00 376 82 31 82, ≤ – ⌷, ▤ rest, TV 🦽 🚗. MC VISA ✖ rest cerrado noviembre – **Comida** 15 – **42 hab** ☕ 58/83.	A t
De l'Isard, av. Meritxell 36 ℰ 00 376 82 00 96, hotelisard@andorra.ad, Fax 00 376 86 66 95 – ⌷, ▤ rest, TV 🚗. VISA ✖ rest Comida 14,12 – **61 hab** ☕ 74,53/106,98.	B v
Sàlvia, av. Meritxell 68 ℰ 00 376 82 72 00, hotelsalvia@andorra.ad, Fax 00 376 82 72 48 – ⌷, ▤ rest, TV 🦽 🚗. VISA ✖ rest Comida - sólo buffet 14,12 – **59 hab** ☕ 76,63/111,18.	C e
Cassany sin rest, av. Meritxell 28 ℰ 00 376 82 06 36, hotelcassany@andorra.ad, Fax 00 376 86 36 09 – ⌷ TV. MC VISA ☕ 7,21 – **53 hab** 54,09/81,14.	B x

Florida sin rest, Llacuna 15 ✆ 00 376 82 01 05, *hotelflorida@andorra.ad*, *Fax 00 376 86 19 25*, ⨍ఉ – 濾 TV AE ① ⓂⒸ VISA JCB **B** y 48 hab ☕ 45/73.

Borda Estevet, carret. de La Comella 2 ✆ 00 376 86 40 26, *bordaestevet@andorra.ad*, *Fax 00 376 86 40 26*, « Decoración rústica » – 🗐 P ⓂⒸ VISA **A** a **Comida** carta 19,60 a 31,60.

Can Benet, antic carrer Major 9 ✆ 00 376 82 89 22, *mbenet@andorra.ad*, *Fax 00 376 82 89 22* – 🗐 ① ⓂⒸ VISA JCB **B** a cerrado lunes salvo festivos – **Comida** carta 19,50 a 27.

Celler d'En Toni con hab, Verge del Pilar 4 ✆ 00 376 82 12 52, *Fax 00 376 82 18 72* – 濾 TV ① ⓂⒸ VISA JCB. 🚫 **C** z cerrado del 1 al 15 de junio – **Comida** (cerrado domingo noche) carta 27,99 a 41,82 – 17 hab ☕ 32,50/56,30.

Taberna Ángel Belmonte, Ciutat de Consuegra 3 ✆ 00 376 82 24 60, *Fax 00 376 82 35 15* – 🗐 ① ⓂⒸ VISA. 🚫 **C** b **Comida** carta aprox. 27,93.

Can Manel, Mestre Xavier Plana 6 ✆ 00 376 82 23 97, *Fax 00 376 82 45 91* – 🗐 P ① ⓂⒸ VISA JCB **A** f cerrado del 1 al 15 de julio y miércoles – **Comida** carta 22 a 27,96.

Arinsal – alt. 1 145 – ✉ La Massana – *Deportes de invierno : 1550/2 560 m.* ✚23 ✚2. *Andorra la Vella 9.*

Xalet Verdú, ✆ 00 376 73 71 40, *xaletverdu@andornet.ad*, *Fax 00 376 73 71 41*, ⟰ climatizada – 濾 TV ♿ 🚗 P ⓂⒸ VISA. 🚫 cerrado mayo y noviembre – **Comida** - sólo cena - 14,70 – **52 hab** ☕ 71,40/93,40.

Canillo – *alt. 1 531* – ⊠ *Canillo.*
Alred. : *Crucifixión★ en la iglesia de Sant Joan de Caselles, Noreste : 1 km – Santuari de Meritxell (paraje★) Suroeste : 3 km.*
Andorra la Vella 12.

Bonavida, pl. Major ℰ 00 376 85 13 00, Fax 00 376 85 17 22, ≤, ⅃⌂ – 🛗 TV 🚗. ⊕ 🆎 VISA. ✺ – *cerrado octubre-noviembre* – **Comida** - sólo cena en mayo-junio - 18,49 – **48 hab** ⌁ 71,97/94,06.

Roc del Castell sin rest, carretera General ℰ 00 376 85 18 25, Fax 00 376 85 17 07 – 🛗 TV ⊕ 🆎 VISA JCB. ✺ ⌁ 6 – **44 hab** 54/67.

Encamp – *alt. 1 313* – ⊠ *Encamp.*
Andorra la Vella 7.

Coray, Caballers 38 ℰ 00 376 83 15 13, Fax 00 376 83 18 06, ≤, 🚜 – 🛗, 🍽 rest, TV 🚗. VISA. ✺
cerrado noviembre – **Comida** - sólo menú - 9 – **85 hab** ⌁ 37,25/44,47.

Univers, René Baulard 13 ℰ 00 376 83 10 05, *hotelunivers@ andorra.ad,* Fax 00 376 83 19 70 – 🛗 TV P. 🆎 VISA. ✺
cerrado noviembre – **Comida** 9,80 – ⌁ 4,30 – **31 hab** 35,50/52,70 – PA 22,20.

✕ **El Cresper,** Pas de la Casa 4 ℰ 00 376 83 36 36 – 🆎 VISA
cerrado del 15 al 30 de julio, domingo noche y lunes – **Comida** carta 19,60 a 28.

Escaldes Engordany – *alt. 1 105* – ⊠ *Escaldes Engordany.*
🛈 *pl. Co-Prínceps ℰ 00 376 82 09 63 uptee@ turismeescaldes.ad Fax 00 376 86 66 97.*
Andorra la Vella 2.

Plano página siguiente

Roc de Caldes 🦢, carret. d'Engolasters ℰ 00 376 86 27 67, *rocdecaldes@ andorra.ad,* Fax 00 376 86 33 25, « En el flanco de una montaña con ≤ », ⊠ – 🛗, 🍽 rest, TV 🚗 P. – 🔥 25/150. ⊕ 🆎 VISA. ✺ rest   por ①carretera de l'Obac
Comida 15 – **45 hab** ⌁ 148/170.

Roc Blanc, pl. dels Co-Prínceps 5 ℰ 00 376 87 14 00, *hotelrocblanc@ gruprocblanc.com,* Fax 00 376 86 02 44, ⅃⌂, ⊠ – 🛗, 🍽 rest, TV 🚗 – 🔥 25/600. AE ⊕ 🆎 VISA JCB. ✺ rest   D a
Brasserie L'Entrecôte : **Comida** carta 21,62 a 25,83 - **El Pí :** **Comida** carta aprox. 33,04 – **180 hab** ⌁ 122,80/162,90.

Delfos, av. del Fener 17 ℰ 00 376 87 70 00, *hotel.delfos@ andorra.ad,* Fax 00 376 86 16 42 – 🛗 🍽 TV 🚗 – 🔥 25/250. ⊕ 🆎 VISA JCB. ✺   D b
Comida 19,20 – **180 hab** ⌁ 75,75/103,40.

Prisma, av. del Fener 14 ℰ 00 376 86 79 29, *prisma@ ahotels.ad,* Fax 00 376 86 79 30 – 🛗, 🍽 rest, TV ♿ 🚗. AE ⊕ 🆎 VISA. ✺   D e
Comida - sólo almuerzo - 7,90 – **55 hab** ⌁ 84,20/120,20.

Panorama, carret. de l'Obac ℰ 00 376 87 34 00, *hotelpanorama@ gruprocblanc.com,* Fax 00 376 86 17 42, ≤ valle y montañas, ⅃⌂, ⊠ – 🛗, 🍽 rest, TV 🚗 – 🔥 25/300. AE ⊕ 🆎 VISA. ✺ rest   E d
Comida 23,15 – **177 hab** ⌁ 100,35/126,80.

Eureka, av. Carlemany 36 ℰ 00 376 86 66 00, *hoteleureka@ andorra.ad,* Fax 00 376 86 68 00 – 🛗 🍽 TV. 🆎 VISA. ✺ rest   E f
Comida 9 – **75 hab** ⌁ 43,28/69,72.

Valira, av. Carlemany 37 ℰ 00 376 82 05 65, *hotelvalira@ andorra.ad,* Fax 00 376 86 67 80 – 🛗 TV P. VISA. ✺   E k
Comida 14,12 – **55 hab** ⌁ 74,53/106,98.

Metropolis sin rest con cafetería, av. de les Escoles 25 ℰ 00 376 86 33 63, *info@ hotel-metropolis.com,* Fax 00 376 86 37 10 – 🛗 TV 🚗. 🆎 VISA   E q
68 hab ⌁ 58/78 – 1 apartamento.

Cosmos, av. de les Escoles 10 ℰ 00 376 87 07 50, *cosmos@ hotelcosmos.ad,* Fax 00 376 86 30 15 – 🛗, 🍽 rest, TV 🚗. 🆎 VISA. ✺   E n
Comida - ver también rest. **Il Dolce Basilico** - 11 – **75 hab** ⌁ 68,52/100,97, 76 apartamentos.

Eurotel, av. Fiter i Rosell 51 ℰ 00 376 86 30 31, *hoteles-silken@ eurotel.ad,* Fax 00 376 86 30 24 – 🛗 TV 🚗 P. AE 🆎 VISA. ✺   D r
Comida - sólo cena - 13,82 – **70 hab** ⌁ 50,48/73,32.

Les Closes, av. Carlemany 93 ℰ 00 376 82 83 11, Fax 00 376 82 29 68 – 🛗 TV 🚗. 🆎 VISA. ✺ hab   D t
Comida 8,50 – **78 hab** ⌁ 45/80.

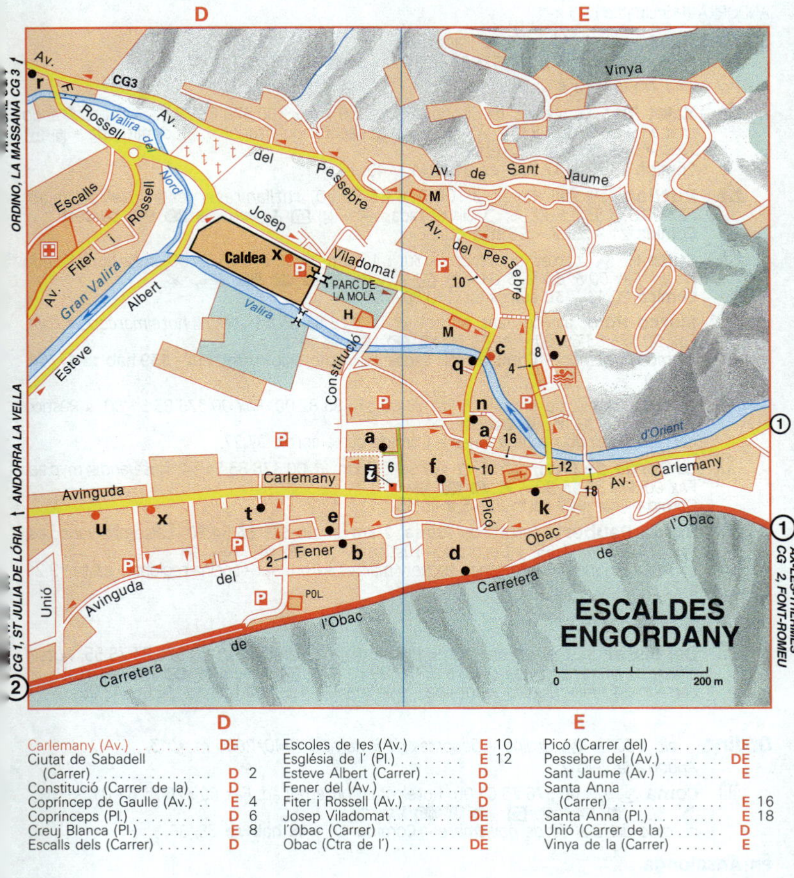

Espel, pl. Creu Blanca 1 ☎ 00 376 82 08 55, *Fax 00 376 82 80 56* – ▮‡▮ TV ⟳ MC VISA. ⊗
 E v
cerrado mayo – **Comida** - sólo menú - 13 – **102 hab** ⊇ 39,10/48,10.

San Marco, av. Carlemany 115-5º (C.C. Júlia) ☎ 00 376 86 09 99, *sari@ andorra.ad*,
Fax 00 376 80 41 75, ≼ – ▤. MC VISA. ⊗
 D u
cerrado domingo noche – **Comida** carta 30,08 a 35,19.

Aquarius, Parc de la Mola 10 (Caldea) ☎ 00 376 80 09 80, *Fax 00 376 82 92 22*,
« Decoración moderna con ≼ al centro lúdico-termal » – ▤ ⟳. MC
VISA
 D X
cerrado del 13 al 31 de mayo, del 4 al 8 de noviembre y martes – **Comida** carta 30,93
a 40,27

Casa Canut con hab, av. Carlemany 107 ☎ 00-376 82 13 42, *casacanut@ andorra.ad*,
Fax 00-376 86 09 96 – ▮‡▮ ▤ TV ⟳. AE ⓘ MC VISA JCB
 D X
Comida carta 38,10 a 56,40 – ⊇ 6 – **34 hab** 143,75/179,70.

Il Dolce Basilico - *Hotel Cosmos*, Santa Anna ☎ 00 376 87 07 55, *cosmos@ hotelco
smos.ad, Fax 00 376 86 30 15* – ▤ ⟳. MC VISA. ⊗
 E a
cerrado del 1 al 15 de julio, del 1 al 15 de octubre y lunes – **Comida** carta 30 a
40.

Gufo, av. de les Escoles ☎ 00 376 82 07 13, *Fax 00 376 82 73 53* –
MC VISA
 E c
Comida carta 18,10 a 28,50.

La Massana – *alt. 1241* – ⊠ *La Massana.*
🛗 *av. Sant Antoni* ℰ *00 376 83 56 93 Fax 00 376 83 86 93.*
Andorra la Vella 4.

🏨 **Xalet Ritz** ⟋, *carret. de Sispony - Sur : 1,8 km* ℰ *00 376 83 78 77, xaletritz@ando rnet.ad, Fax 00 376 83 77 20,* ≤, « *Bonita decoración interior* », ⌇ climatizada – 🛗 TV 🚗 P. ① MC VISA. 🚭 rest
Comida 18,70 – **47 hab** ☕ 91,40/127,40.

🏨 **Rutllan,** *av. del Ravell* ℰ *00 376 83 50 00, rutllan.reserves@hotelrutllan.ad, Fax 00 376 83 51 80,* ≤, ⌇ climatizada, 🛶 – 🛗 TV ⚙ 🚗. ① MC VISA. 🚭 rest
Comida 21 – ☕ 8 – **96 hab** 60/96.

🏨 **Suite H.** ⟋, *carret. de Sispony - Sur : 1,7 km* ℰ *00 376 73 73 00, suite.hotel@ando rra.ad, Fax 00 376 73 73 01* – 🛗 TV ⚙ 🚗 P. ① MC VISA JCB. 🚭
Comida 20,43 – **36 suites** ☕ 130,80/163,50.

🏨 **Marco Polo,** *av. de Sant Antoni* ℰ *00 376 83 63 63, hmp@hotelmarcopolo.com, Fax 00 376 83 65 00* – 🛗 TV P. ① MC VISA. 🚭 rest
cerrado noviembre – **Comida** - sólo cena en invierno, sólo buffet - 14 – **139 hab** ☕ 47/64, 1 suite.

🍴🍴🍴 **El Rusc,** *carret. de Arinsal 1,5 km* ℰ *00 376 83 82 00, Fax 00 376 83 51 80,* « *Rústico elegante* » – ▭ P. ① MC VISA. 🚭
cerrado domingo noche y lunes – **Comida** carta aprox. 37,27.

🍴🍴 **La Borda de l'Avi,** *carret. de Arinsal 0,7 km* ℰ *00 376 83 51 54, husa-and@myp.ad, Fax 00 376 83 53 90* – P. ① MC VISA
Comida - carnes - carta 26,45 a 40,35.

🍴 **Borda Raubert,** *carret. de Arinsal 2 km* ℰ *00 376 83 54 20, calserni@yahoo.es, Fax 00 376 86 61 65,* « *Decoración rústica* » – P. MC VISA JCB. 🚭
cerrado 15 junio-15 julio, lunes noche y martes – **Comida** - cocina regional - carta 19,21 a 22,22.

en La Aldosa *Noreste : 2,7 km :*

🏨 **Del Bisset** ⟋, *carret. de la Creu Blanca,* ⊠ *La Massana,* ℰ *00 376 83 75 55, hoteld elbisset@andorra.ad, Fax 00 376 83 79 89,* ≤ – 🛗 TV ⚙ 🚗 P. MC VISA. 🚭 rest
cerrado 24 junio-15 julio – **Comida** - sólo menú - 12 – **30 hab** ☕ 36,06/48,08.

Ordino – *alt. 1304* – ⊠ *Ordino* – *Deportes de invierno : 1940/2600 m.* 🎿 *13.*
Andorra la Vella 7.

🏨 **Coma** ⟋, ℰ *00 376 73 61 00, hotelcoma@internet.ad, Fax 00 376 73 61 01,* ≤, 🏞, ⌇, 🍴 – 🛗, ▭ rest, TV 🚗 P. MC VISA. 🚭
cerrado del 3 al 30 de noviembre – **Comida** 17 – **48 hab** ☕ 58/86.

en Ansalonga :

🏨 **Sant Miquel,** *carret. del Serrat - Noroeste : 1,8 km,* ⊠ *Ordino,* ℰ *00 376 80 06 25, hotel@santmiquel.com, Fax 00 376 85 05 71,* ≤ – 🛗 TV P. MC VISA. 🚭
cerrado 10 mayo-10 junio – **Comida** 9 – **20 hab** ☕ 42/60.

por la carretera de Canillo *Oeste : 2,3 km :*

🏨 **Babot** ⟋, ⊠ *Ordino,* ℰ *00 376 83 50 01, Fax 00 376 83 55 48,* « *En el flanco de una montaña con* ≤ *valle y montañas* », ⌇, 🍴 – TV 🚗 P. MC VISA. 🚭 rest
cerrado 4 noviembre-4 diciembre – **Comida** 16 – **55 hab** ☕ 58/87.

Pas de la Casa – *alt. 2091* – ⊠ *Pas de la Casa* – *Deportes de invierno : 2050/2600 m.* 🎿 *27* 🚠 *1.*
Ver : *Emplazamiento*★.
Alred. : *Port d'Envalira*★★.
Andorra la Vella 29.

🏨 **Le Sporting,** *Catalunya 1* ℰ *00 376 75 53 55, Fax 00 376 85 54 65* – 🛗 TV 🚗 – 🛗 25/60. VISA. 🚭 rest
5 diciembre-6 abril – **Comida** 22,87 – **76 hab** ☕ 80,81/149,96.

🏨 **Esquí d'Or,** *Catalunya 9* ℰ *00 376 85 51 27, Fax 00 376 85 51 78,* 🛗 – 🛗 TV 🚗
62 hab.

🏨 **Himàlaia Pas,** *Solana 51* ℰ *00 376 73 55 00, hotelhimalaiapas@andorra.ad, Fax 00 376 73 55 25,* 🛗, ⌇ – 🛗 TV 🚗. VISA
Comida - sólo cena, sólo buffet - 14,12 – **98 hab** ☕ 106,38/118,53.

por la carretera de Soldeu *Suroeste : 10 km :*

🏨 **Grau Roig** 🐾, Grau Roig, ✉ Pas de la Casa, ☎ 00 376 75 55 56, *hotelgrauroig@andorra.ad*, Fax 00 376 75 55 57, ≤, ⅃₅, 🅹 – 🅸 TV 🅰 🅿 AE ① MO VISA. ✸ rest
cerrado mayo y octubre-noviembre – **Comida** 22 – **44 hab** ☕ 145/190 – PA 46.

Sant Julià de Lòria – *alt. 909* – ✉ *Sant Julià de Lòria.*
Andorra la Vella 7.

🏨 **Imperial** sin rest, av. Rocafort 27 ☎ 00 376 84 34 78, *imperial@andornet.ad*, Fax 00 376 84 34 79 – 🅸 🖿 TV 🅿 MO VISA
cerrado 15 días en mayo y 15 días en noviembre – **45 hab** ☕ 64,40/91,40.

🏨 **Pol** sin rest, Verge de Canolich 52 ☎ 00 376 84 11 22, *hotelpolandorra@andorra.ad*, Fax 00 376 84 18 52 – 🅸 TV 🅿 MO VISA. ✸
cerrado 7 enero-6 febrero – **80 hab** ☕ 62/65.

🍴 **La Guingueta**, carret. de La Rabassa ☎ 00 376 84 29 45, Fax 00 376 84 39 45, 🎋, « Decoración rústica » – VISA
cerrado domingo noche y lunes – **Comida** carta 37 a 46.

al Sureste : *7 km :*

🏠 **Coma Bella** 🐾, bosque de La Rabassa - alt. 1 300, ✉ Sant Julià de Lória, ☎ 00 376 84 12 20, *comabella@myp.ad*, Fax 00 376 84 14 60, ≤, « En el bosque de La Rabassa », ⅃₅, 🅹 climatizada – 🅸 TV 🅿 MO VISA. ✸ rest
cerrado del 9 al 23 de abril – **Comida** - sólo menú - 10 – **30 hab** ☕ 55/75.

Santa Coloma – *alt. 970* – ✉ *Andorra la Vella.*
Andorra la Vella 3.

🏨 **Cerqueda** 🐾, Mossèn Lluís Pujol ☎ 00 376 82 02 35, Fax 00 376 86 19 09, 🅹, 🎋 – 🅸 TV 🅿 ① MO VISA. ✸ rest
cerrado 7 enero-6 febrero – **Comida** 14,50 – ☕ 5,50 – **65 hab** 28/51.

🍴 **Cal Bolet**, av. Verge del Remei 9 ☎ 00 376 82 44 44, *mirablau@andorra.ad*, Fax 00 376 82 43 02, 🎋 – 🖿 🅿 MO VISA. ✸
cerrado domingo noche – **Comida** carta 17,72 a 27,07.

🍴 **El Candeler**, Major 47 ☎ 00 376 86 97 87, « Decoración rústica acogedora » – 🅿 ① MO VISA. ✸
cerrado 25 días en agosto, domingo noche y lunes – **Comida** - pescados y mariscos - carta 27,64 a 30,36.

🍴 **Don Pernil**, av. d'Enclar 94 ☎ 00 376 86 52 55, Fax 00 376 86 36 24, 🎋, « Decoración rústica » – 🖿 🅿 ① MO VISA JCB
cerrado enero – **Comida** - carnes a la brasa - carta 17,34 a 25,91.

🍴 **Parador**, av. d'Enclar 100 ☎ 00 376 82 18 04, *restaurantparador@andorra.ad*, Fax 00 376 82 18 04 – 🖿 🅿 MO VISA JCB
cerrado del 1 al 23 de julio, domingo noche y lunes – **Comida** carta 20,50 a 24.

Soldeu – *alt. 1 826* – ✉ *Canillo* – *Deportes de invierno : 1 700/2 560 m.* ⛷21 ⛷2.
Andorra la Vella 19.

🏨 **Piolets**, carretera General ☎ 00 376 87 17 87, *piolets@ahotels.ad*, Fax 00 376 87 17 88, ⅃₅, 🅹 – 🅸 TV 🅰 🚗 – 🛎 25/80. ① MO VISA. ✸
Comida 10,50 – **118 hab** ☕ 111/171.

🏨 **Xalet Montana**, carret. General ☎ 00 376 85 10 18, *hotelnaudi@andornet.ad*, Fax 00 376 85 20 22, ≤, ⅃₅, 🅹 – 🅸 TV 🅰 🅿 MO VISA. ✸
cerrado mayo – **Comida** - sólo clientes - 15,02 – **40 hab** ☕ 85,64/114,19.

en Incles *Oeste : 1,8 km :*

🏠 **Parador Canaro**, ✉ Canillo, ☎ 00 376 85 10 46, Fax 00 376 85 17 20, ≤ – TV 🚗 🅿 MO VISA JCB. ✸
cerrado 10 mayo-2 julio – **Comida** 13 – **18 hab** ☕ 32/59,50.

en El Tarter *Oeste : 3 km :*

🏨 **Del Tarter**, ✉ Canillo, ☎ 00 376 80 20 80, *heltarter@andornet.ad*, Fax 00 376 85 14 74, ≤ – 🅸 TV 🚗 🅿 ① MO VISA. ✸
cerrado mayo y noviembre – **Comida** 14 – ☕ 8,41 – **37 hab** 55,20/68,67.

🏨 **Llop Gris** 🐾, ✉ Canillo, ☎ 00 376 85 15 59, *llopgris@llopgris.ad*, Fax 00 376 85 12 29, ≤, ⅃₅, 🅹 – 🅸 TV 🚗 🅿 – 🛎 30/80. VISA. ✸ rest
cerrado 15 abril-15 mayo y 15 octubre-15 noviembre – **Comida** 22 – **68 hab** ☕ 107/134.

🏠 **Del Clos,** ✉ Canillo, ✆ 00 376 85 15 00, hoteldelclos@andorra.ad, Fax 00 376 85 15 54, ⇐ – 🛗 TV 🚗. 🇲🇨 VISA. ✗
cerrado noviembre – **Comida** - sólo cena, buffet en invierno - 16,53 – **54 hab** ☕ 90,15/120,20.

ANDRATX *Illes Balears – ver Balears (Mallorca).*

ANDRÍN *33596 Asturias* 441 *B 15 – 241 h.*
Madrid 441 – Gijón 99 – Oviedo 110 – Santander 94.

🏠 **La Boriza** ⌂ sin rest, ✆ 98 541 70 49, Fax 98 541 70 49, ⇐ – TV 🅿. 🇲🇨 VISA. ✗
cerrado enero y febrero – **11 hab** ☕ 52,89/66,11.

ANDÚJAR *23740 Jaén* 446 *R 17 – 35 803 h alt. 212.*
Ver : *Localidad★ – Iglesia de Santa María (reja★) – Cristo en el huerto de los Olivos★★ – iglesia de San Bartolomé (portadas góticas★).*
Excurs. : *Santuario de la Virgen de la Cabeza : carretera en cornisa ⇐★★ Norte : 32 km – Parque Natural de la Sierra de Andújar★ Norte : 32 km.*
Madrid 321 – Córdoba 77 – Jaén 66 – Linares 41.

🏠🏠 **Del Val,** Hermanos Del Val 1 ✆ 953 50 09 50, hdelval@ofijaen.com, Fax 953 50 66 06, 🍴, ⌂, 🌿 – 🛗 ▤ TV ♿ 🅿 – 🔺 25/200. 🅰🅴 ⓘ 🇲🇨 VISA. ✗ rest
Comida 10 – ☕ 3,01 – **79 hab** 41,80/64,30.

🏠 **Don Pedro,** Gabriel Zamora 5 ✆ 953 50 12 74, Fax 953 50 47 85, 🍴 – 🛗 ▤ TV 🚗. 🅰🅴 ⓘ 🇲🇨 VISA. ✗ rest
Comida 7,96 – ☕ 2,40 – **29 hab** 24/36 – PA 18.

🏠 **La Fuente** sin ☕, Vendederas 4 ✆ 953 50 46 29, lfhotels@lfhoteles.com, Fax 953 50 19 00 – ▤ TV. 🅰🅴 ⓘ 🇲🇨 VISA. ✗
Comida 9,02 – **19 hab** 30,05/45,08.

🍴 **Los Naranjos,** Guadalupe 4 ✆ 953 51 03 90 – ▤. 🅰🅴 🇲🇨 VISA. ✗
cerrado del 15 al 31 de julio, domingo en verano y martes resto del año – **Comida** carta aprox. 19,24.

Los ÁNGELES *A Coruña – ver Os Ánxeles.*

ANGLÈS *17160 Girona* 443 *G 37 – 5 142 h alt. 181.*
Madrid 676 – Barcelona 96 – Girona/Gerona 18 – Vic 51.

🍴🍴 **L'Aliança d'Anglès,** Jacint Verdaguer 3 ✆ 972 42 01 56, 🍴 – ▤ 🅿. 🅰🅴 🇲🇨 VISA
cerrado del 1 al 21 de agosto, domingo noche y lunes – **Comida** carta aprox. 24,30.

ANSALONGA *Andorra – ver Andorra (Principado de) : Ordino.*

ANSERALL *25798 Lleida* 443 *E 34.*
Madrid 602 – Lleida/Lérida 142 – Andorra la Vella 18 – Barcelona 171.

al Norte : 2,5 km :

🍴🍴 **Masia d'en Valentí,** carret. N 145, ✉ 25798, ✆ 973 35 31 40, Fax 973 35 31 40, 🍴 – 🅿. 🇲🇨 VISA
cerrado del 2 al 12 de julio, del 15 al 30 de noviembre y miércoles – **Comida** carta aprox. 23,44.

ANTEQUERA *29200 Málaga* 446 *U 16 – 38 827 h alt. 512.*
Ver : *Localidad★ – Alcazaba ⇐★ - Museo Municipal (Efebo de Antequera★) – Colegiata de Santa María★.*
Alred. : *Noreste : Los dólmenes★ (cuevas de Menga, Viera y del Romeral) – El Torcal★★ Sur : 16 km - Carretera★ de Antequera a Málaga ⇐★★.*
Excurs. : *Desfiladero de Los Gaitanes★★ - Álora (pueblo★) Suroeste : 37 km.*
🛈 pl. de San Sebastián 7 ✆ 95 270 25 05 turismo@aytoantequera.com Fax 95 270 25 05.
Madrid 521 – Córdoba 125 – Granada 99 – Jaén 185 – Málaga 48 – Sevilla 164.

🏠🏠 **Parador de Antequera** ⌂, paseo García del Olmo ✆ 95 284 02 61, antequera@parador.es, Fax 95 284 13 12, ⇐, ⌂, 🌿 – ▤ TV 🅿 – 🔺 25/60. 🅰🅴 ⓘ 🇲🇨 VISA JCB. ✗
Comida 22,84 – ☕ 8,11 – **55 hab** 66,20/82,76.

🏨 **Nuevo Infante** sin rest y sin 🛏, Infante Don Fernando 5-2º ℘ 95 270 02 93, Fax 95 270 00 86 – 🛗 ▤ TV. �
12 hab 24,04/36,06.

✗ **Noelia**, Alameda de Andalucía 12 ℘ 95 284 54 07 – ▤. AE VISA. ✗
cerrado septiembre y miércoles
Comida carta 17,43 a 24,65.

en la antigua carretera de Málaga *Este : 2,5 km :*

✗✗ **Lozano** con hab, av. Principal 1, ✉ 29200, ℘ 95 284 27 12, hotellozano@hotellozan
o.com, Fax 95 284 27 12, 🛖 – ▤ TV P. AE ① MC VISA. ✗
Comida carta 16,80 a 23,30 – 🍵 3,60 – **17 hab** 47/57.

en la autovía de Málaga *Sureste : 12 km :*

🏨 **La Sierra**, ✉ 29200, ℘ 95 284 54 10, hotelsierra@grupolasierra.com, Fax 95 284 52 65, ⋜ – 🛗 ▤ TV 🚗 P. AE MC VISA. ✗
Comida 8,41 – 🍵 4,51 – **47 hab** 57,09/81,14.

por la carretera N 331 *Norte : 18 km :*

✗ **Caserío de San Benito**, cruce carret. de Alameda, ✉ 29200, ℘ 95 211 11 03, 🛖,
« Decoración rústica en un caserío en pleno campo » – P. VISA. ✗
cerrado del 1 al 20 de julio, lunes y noches de martes a jueves en invierno – **Comida** -
carnes - carta 17,43 a 24,04.

La ANTILLA 21449 Huelva 446 U 8 – Playa.
Madrid 656 – Ayamonte 28 – Faro 88 – Huelva 39 – Lepe 6.

🏨 Lepe-Mar, Delfín 12 ℘ 959 48 10 01, Fax 959 48 14 78, ⋜ – ▤ rest, 🚗
Comida - sólo buffet – **73 hab.**

Os ÁNXELES o **Los ÁNGELES** 15280 A Coruña 441 D 3.
Madrid 626 – Noya 24 – Pontevedra 50 – *Santiago de Compostela* 13.

🏨 **Casa Rosalía**, Soigrexa 29 ℘ 981 88 75 65, romanulloa@interbook.net, Fax 981 88 75 57, « Antigua casa de labranza », 🏊 – TV – 🎿 25/60. MC
VISA. ✗
cerrado 24 diciembre-21 enero – **Comida** (cerrado 24 diciembre-8 enero, domingo noche
y lunes) 12,02 – 🍵 3,61 – **31 hab** 40,87/52,89.

AOÍZ Navarra – ver Agoitz.

ARACENA 21200 Huelva 446 S 10 – 6 739 h alt. 682.
Ver : *Localidad★ – Gruta de las Maravillas★★★.*
Excurs. : *Sur : Parque Natural, Sierra de Aracena y Picos de Aroche★★.*
Madrid 514 – Beja 132 – Cáceres 243 – Huelva 108 – Sevilla 93.

🏨 **Los Castaños**, av. de Huelva 5 ℘ 959 12 63 00, Fax 959 12 62 87 – 🛗 TV 🚗 –
🎿 25/60. AE ① MC VISA. ✗
Comida (cerrado domingo noche y lunes) 11 – 🍵 4,50 – **33 hab** 36/54 – PA 26.

🏨 **Finca Valbono** 🐎, carret. de Carboneras - Noreste : 1,5 km ℘ 959 12 77 11, Fax 959 12 76 79, 🏊 – ▤ TV P. AE ① MC VISA
Comida 15,03 – 🍵 5,11 – **6 hab** 54,08/67,61 – 20 apartamentos.

🏨 **Sierra de Aracena** sin rest, Gran Vía 21 ℘ 959 12 60 19, hotelsierraaracena@wan
adoo.es, Fax 959 12 62 18 – 🛗 TV – 🎿 25/75. AE ① MC VISA. ✗
🍵 4,60 – **43 hab** 32/44.

✗ **Casas**, Colmenetas 41 ℘ 959 12 80 44, Fax 959 12 82 12, « Decoración de estilo
andaluz » – AE MC VISA. ✗
Comida - sólo almuerzo - carta 24,50 a 32.

✗ **José Vicente**, av. Andalucía 53 ℘ 959 12 84 55, Fax 959 12 84 55 – ▤. AE ① MC
VISA. ✗
cerrado del 15 al 30 de junio y viernes mediodía – **Comida** carta 18,15 a 26,75.

ARAIA 01250 Araba 442 D 23.
Madrid 408 – Iruña/Pamplona 64 – Donostia-San Sebastián 84 – Vitoria-Gasteiz 35.

✗ Caserío Marutegui, Noroeste : 1,8 km ℘ 945 30 44 55, Fax 945 31 45 58, « Caserío
típico » – P.

ARANDA DE DUERO 09400 Burgos **442** G 18 – *29 446 h alt. 798.*

Alred. : Peñaranda de Duero (plaza Mayor★) – Palacio de Avellaneda★ : artesonados★ Este :
18 km.

🛈 *La Sal* 🖉 *947 51 04 76.*

Madrid 156 – Burgos 83 – Segovia 115 – Soria 114 – Valladolid 93.

Julia, pl. de la Virgencilla 🖉 947 50 12 00, mpalomeros@nexo.es, Fax 947 50 04 49 – |$|,
🔲 rest, **TV** – 🔼 25/60. **AE** ① **MC** **VISA**. 🛠 rest
Comida 10,52 – 🖵 3 – **60 hab** 26,44/42,07.

Tres Condes, av. Castilla 66 🖉 947 50 24 00, Fax 947 50 24 04 – 🔲 rest, **TV** 🚗 –
🔼 25/200. **AE** ① **MC** **VISA**. 🛠
Comida *(cerrado domingo noche)* 12,62 – 🖵 4,05 – **35 hab** 41,01/60,10.

Aranda, San Francisco 51 🖉 947 50 16 00, Fax 947 50 16 04 – |$|, 🔲 rest, **TV**. **MC** **VISA**.
🛠 rest
Comida 10,82 – 🖵 4,50 – **44 hab** 32,45/49,28.

Mesón de la Villa, pl. Mayor 3 🖉 947 50 10 25, *Fax 947 50 83 19,* « Decoración
castellana » – 🔳. **AE** ① **MC** **VISA** **JCB**. 🛠
cerrado del 16 al 31 de octubre y lunes – **Comida** carta 25,25 a 30,65.

Casa Florencio, Isilla 14 🖉 947 50 02 30 – 🔳. **MC** **VISA**. 🛠
Comida - cordero asado - carta 14,42 a 19,72.

El Ciprés, pl. Jardines de Don Diego 1 🖉 947 50 74 14 – 🔳. **AE** ① **MC** **VISA**. 🛠
cerrado domingo noche – **Comida** - cordero asado - carta 21 a 29,40.

Mesón El Roble, pl. Jardines de Don Diego 7 🖉 947 50 29 02, mpalomeros@nexo.es,
« Decoración rústica castellana » – 🔳. ① **MC** **VISA**. 🛠
cerrado 20 días en noviembre, lunes noche y martes – **Comida** - cordero asado - carta
16,23 a 20,43.

Casa José María, Carrequemada 3 🖉 947 50 80 43 – 🔳. **AE** **MC** **VISA**. 🛠
cerrado miércoles noche – **Comida** - cordero asado - carta 19,20 a 26,20.

Chef Fermín, av. Castilla 69 🖉 947 50 23 58, *Fax 947 50 41 27* – 🔳. ① **MC**
VISA. 🛠
cerrado 2 noviembre-3 diciembre, lunes noche y martes salvo festivos o vísperas – **Comida**
carta 23,13 a 26,54.

El Lagar, Isilla 18 🖉 947 51 06 83, lagarisilla@teleline.es, Fax 947 50 43 16, « Decoración
rústica castellana » – 🔳. **AE** **MC** **VISA**. 🛠
Comida - pescados y carnes a la brasa - carta 23,81 a 27.

en la antigua carretera N I *Norte : 4,5 km :*

Montermoso, salida 164 ó 165 autovía, ✉ 09400, 🖉 947 50 15 50, Fax 947 50 15 50,
🚘 – |$|, 🔲 rest, **TV** **P** – 🔼 25/250. **AE** **MC** **VISA** **JCB**. 🛠 rest
Comida 14,15 – 🖵 5,79 – **57 hab** 42,45/53,38 – PA 27,26.

en la carretera N 122 *Oeste : 5,5 km :*

El Ventorro, carret. de Valladolid, ✉ 09400 apartado 209, 🖉 947 53 60 00,
Fax 947 53 61 34 – 🔲 rest, **TV** **P**. **AE** **MC** **VISA**. 🛠
Comida 10,82 – 🖵 3,61 – **21 hab** 25,24/34,86.

ARANJUEZ 28300 Madrid **444** L 19 – *35 872 h alt. 489.*

Ver : Reales Sitios★★ : Palacio Real★ (salón de porcelana★★), parterre y Jardín de la Isla★
AX – Jardín del Príncipe★★ (Casa del Labrador★★, Casa de Marinos : falúas reales★★) BX.

🛈 *pl. de San Antonio 9* 🖉 *91 891 04 27 Fax 91 891 41 97.*

Madrid 47 ① *– Albacete 202* ② *– Ciudad Real 156* ② *– Cuenca 147* ② *– Toledo 48* ②

Plano página siguiente

Real Sitio de Aranjuez sin rest, Infantas 15 🖉 91 892 54 71, Fax 91 891 46 02 – |$|
🔲 **TV** – 🔼 25/100. **AE** ① **MC** **VISA**. 🛠   BX a
🖵 4,81 – **25 hab** 66,11/79,33.

Almíbar, Almíbar 138 🖉 91 891 00 97, Fax 91 892 53 02 – 🔳. **AE** ① **MC** **VISA**. 🛠   BZ s
Comida carta 27,94 a 31,55.

Casa José, Abastos 32 🖉 91 891 14 88, casajose@jazzfree.com, Fax 91 891 14 88 –
🔳. **AE** ① **MC** **VISA**. 🛠   AY r
cerrado agosto, domingo noche y lunes – **Comida** carta 28,54 a 39,05
Espec. Corazones de alcachofas glaseadas con yemas de erizos. Escamas de bacalao confitado con ajos. Pichón de sangre asado en costra de sal.

Casa Pablo, Almíbar 42 🖉 91 891 14 51, Fax 91 892 50 49, « Decoración castellana »
– 🔳. **AE** **MC** **VISA**. 🛠   BY b
cerrado agosto – **Comida** carta aprox. 33,06.

ARANJUEZ

MADRID N IV-E 5
Casa de Marinos
JARDÍN DE LA ISLA
Carretera de Cádiz
Carretera de Madrid
TAJO
JARDÍN DEL PRÍNCIPE
Casa del Labrador
M 305 CHINCHÓN
Pl. la Eliptica
PALACIO REAL
JARDÍN DEL PARTERRE
Reina
Stuart
Primavera
Príncipe
Foso
N IV-E 5
San
Pl. de Parejas
Plaza de S. Antonio
Infantas
Rey
Antonio
Infantas
Gobernador
Av. Santiago Rusiñol
Gobernador
Verderón
Valera
Abastos
San Pascual
Andalucía
Stuart
San
Foso
Centro Cultural Isabel de Farnesio
Abastos
Rey
Oropéndola
Aves
U
Florida
Almibar
San
Pascual
Rosa
Carrera de
Stuart
Rosa
Eras
Foso
Bailén
García Lorca
Florida
Carret. de Ontigola
V. Real
Av. Plaza de Toros
Rey
Carmen
Sol
Cruces
Camino de las
Valera
Rio Jarama
Paseo del Deleite
Goya
Sorolla
Ribera
0   300 m
TOLEDO N 400
N IV-E 5 VALDEPEÑAS, ALBACETE

XX **Palacio de Osuna,** Príncipe 21 ☏ 91 892 42 15, Fax 91 892 42 33, 🌿 – 🗐. 🝙 ⓪
🝹 *VISA* JCB. 🛇   BX c
cerrado 2ª quincena de julio y domingo noche – **Comida** - espec. en asados - carta 20,42
a 25,48.

XX **El Concierto,** Real 1 ☏ 91 892 47 04 – 🗐. 🝙 ⓪ 🝹 *VISA*. 🛇   BY u
cerrado 1ª quincena de agosto, domingo noche y lunes – **Comida** carta 21 a 27.

X **El Faisán,** Capitán Angosto 21 ☏ 91 892 16 83 – 🗐. 🝙 ⓪ 🝹 *VISA*. 🛇   BY e
cerrado lunes noche – **Comida** carta 24,65 a 34,86.

ARANTZAZU *20567 Gipuzkoa* 442 *D 22* – *alt. 800.*
Ver : *Paraje★* – *Carretera★ de Aránzazu a Oñate.*
Madrid 410 – *Donostia-San Sebastián 83* – *Vitoria-Gasteiz 54.*

🏠 **Hospedería** 🦢, ☏ 943 78 13 13, *ostatua@euskalnet.net*, Fax 943 78 13 14 – ▮▮,
🗐 rest, 🕭 🝹 *VISA*. 🛇
cerrado enero – **Comida** 11,34 – ☕ 2,52 – **47 hab** 20,50/31,55 – PA 22,08.

XX **Zelai Zabal,** carret. de Oñate - Noroeste : 1 km ☏ 943 78 13 06, Fax 943 78 00 18 –
🐽 🗐 ℗. 🝙 🝹 *VISA*
cerrado enero-10 febrero, domingo noche y lunes – **Comida** carta 27 a 30.

L'ARBOÇ *43720 Tarragona* 443 *I 34.*
Madrid 557 – *Barcelona 70* – *Lleida/Lérida 111* – *Tarragona 38.*

🏠 **Don Pelayo,** Jacint Verdaguer 58 ☏ 977 16 70 81, Fax 977 67 07 14 – ▮▮ 🗐 📺 🚗.
🝙 🝹 *VISA*. 🛇
Comida 9,02 – **26 hab** ☕ 29,45/48,08 – PA 21,04.

L'ARBOCET *43312 Tarragona* 443 *I 32.*
Madrid 553 – *Cambrils 8* – *Lleida/Lérida 98* – *Tarragona 25* – *Tortosa 71.*

X **El Celler de l'Arbocet,** Baix 11 ☏ 977 83 75 91, « Ambiente acogedor en un marco
rústico » – 🗐 ℗. ⓪ 🝹 *VISA* JCB
cerrado febrero, domingo noche y lunes – **Comida** carta 24 a 29.

ARBOLÍ *43365 Tarragona* 443 *I 32* – *138 h alt. 715.*
Madrid 538 – *Barcelona 142* – *Lleida/Lérida 86* – *Tarragona 39.*

X **El Pigot d'Arboli,** Trinquet 7 ☏ 977 81 60 63, « Decoración regional » – 🝹 *VISA*
cerrado junio y martes salvo festivos – **Comida** - sólo almuerzo salvo julio y agosto - carta
aprox. 22,54.

ARCADE *36690 Pontevedra* 441 *E 4.*
Madrid 612 – *Ourense/Orense 113* – *Pontevedra 12* – *Vigo 22.*

X **Arcadia,** av. Castelao 25 ☏ 986 70 00 37 – 🗐. 🝙 ⓪ 🝹 *VISA*. 🛇
🐽 *cerrado octubre, domingo noche y lunes* – **Comida** - pescados y mariscos - carta 18,92
a 26,14.

ARCENIEGA *Araba* – *ver Artziniega.*

ARCHENA *30600 Murcia* 445 *R 26* – *13 852 h alt. 100* – *Balneario.*
Madrid 374 – *Albacete 127* – *Lorca 76* – *Murcia 24.*

🏡 **La Parra** sin rest, carret. Balneario 3 ☏ 968 67 04 44, Fax 968 67 04 44 – 🗐 📺.
VISA. 🛇
☕ 2,40 – **27 hab** 21,64/35,46.

en el balneario *Oeste : 2 km :*

🏨 **Termas** 🦢, ✉ 30600, ☏ 902 33 32 22, *informacion@balneario-archena-sa.es*,
Fax 968 67 10 02, 🛁, 🏊 de agua termal, 🦽, 🍴 – ▮▮ 🗐 📺 ℗. 🝙 🝹 *VISA*. 🛇
Comida 20,01 – ☕ 7,78 – **62 hab** 68,75/98 – 6 suites – PA 40,62.

🏠 **León** 🦢, ✉ 30600, ☏ 902 33 32 22, *informacion@balneario-archena-sa.es*,
Fax 968 67 10 02, 🛁, 🏊 de agua termal, 🦽, 🍴 – ▮▮ 🗐 📺 ℗ – 🛋 25/300. 🝙 🝹
VISA. 🛇
Comida - sólo buffet - 15,65 – ☕ 4,40 – **103 hab** 53,15/76,25 – PA 29,10.

🏠 **Levante** 🦢 sin ☕, ✉ 30600, ☏ 902 33 32 22, *informacion@balneario-archena-sa.es*,
Fax 968 67 10 02, 🛁, 🏊 de agua termal, 🦽, 🍴 – ▮▮ 🗐 📺 ℗. 🝙 🝹 *VISA*. 🛇
Comida - en el hotel **León** – **70 hab** 68,75/98.

ARCONES 40164 Segovia **442** I 18 – 255 h alt. 1 152.

Madrid 113 – Aranda de Duero 78 – *Segovia* 42 – Valladolid 120.

La Berrocosa, carret. N 110 📞 921 50 41 45, ≼ – TV P. MC VISA. ⋙
Comida 8,36 – ☕ 2,40 – **21 hab** 22,50/41,80.

Los ARCOS 31210 Navarra **442** E 23 – 1 381 h alt. 444.

Alred. : *Torres del Río (iglesia del Santo Sepulcro★) Suroeste : 7 km.*

Madrid 360 – Logroño 28 – Iruña/Pamplona 64 – Vitoria-Gasteiz 63.

ARCOS DE LA FRONTERA 11630 Cádiz **446** V 12 – 26 466 h alt. 187.

Ver : *Localidad★★, emplazamiento★★ – Plaza del Cabildo ≼★ – Iglesia de Santa María de la Asunción★ – Convento de la Caridad★.*

🛈 *pl. del Cabildo 📞 956 70 22 64 turismo@ayuntamientoarcos.org Fax 956 70 22 26.*

Madrid 586 – Cádiz 65 – Jerez de la Frontera 32 – Ronda 86 – Sevilla 91.

Parador de Arcos de la Frontera ⌂, pl. del Cabildo 📞 956 70 05 00, arcos@parador.es, Fax 956 70 11 16, ≼, « *Magnífica situación dominando un amplio panorama* »
– |≑| ▤ TV. AE ① MC VISA. ⋙
Comida 22,84 – ☕ 8,71 – **24 hab** 85,82/107,28.

Peña de Arcos, Muñoz Vázquez 42 📞 956 70 45 32, Fax 956 70 45 02 – |≑| ▤ TV 🚗.
AE ① MC VISA. ⋙
Comida 18,03 – ☕ 6,43 – **44 hab** 73,95/86,81.

Los Olivos sin rest, paseo de Boliches 30 📞 956 70 08 11, mmoreno0237@viautil.com,
Fax 956 70 20 18 – ▤ TV. AE ① MC VISA. ⋙
☕ 6,01 – **19 hab** 37,87/63,11.

Marqués de Torresoto sin rest, Marqués de Torresoto 4 📞 956 70 07 17, marques-torresoto.tugasa@cadiz.org, Fax 956 70 42 05 – ▤ TV. AE ① MC VISA. ⋙
☕ 3,15 – **15 hab** 50,28/67,29.

El Convento ⌂, Maldonado 2 📞 956 70 23 33, el convento@viautil.com,
Fax 956 70 41 28, ≼ – ▤ TV. AE ① MC VISA JCB. ⋙
Comida - ver rest. *El Convento* – ☕ 4,81 – **11 hab** 48,08/72,12.

La Fonda, Corredera 83 📞 956 70 00 57, lafonda@pobladores.com, Fax 956 70 36 61
– ▤ TV. ① MC VISA
Comida 9 – ☕ 1,50 – **19 hab** 33,06/48,08.

Arcotur sin rest, Alta 1 📞 956 70 45 25, Fax 956 45 25 24 – ▤ TV. MC VISA. ⋙
☕ 1,80 – **20 hab** 30,10/48,10.

El Convento - Hotel El Convento, Marqués de Torresoto 7 📞 956 70 32 22, elconvento@viautil.com, Fax 956 70 41 28, « *Patio de estilo andaluz* » – ▤. AE ① MC VISA
JCB. ⋙
Comida carta 22,24 a 30,67.

El Lago con hab, carret. A 382 - Este : 1 km 📞 956 70 11 17, ellago@viautil.com,
Fax 956 70 04 67, 🍃 – ▤ TV P. AE ① MC VISA
Comida (cerrado domingo en junio y julio) carta aprox. 21,45 – ☕ 5,53 – **10 hab** 38,80/59,50.

en la carretera A 382 *Oeste : 5 km :*

Arcos, ✉ 11630, 📞 956 70 16 05, Fax 956 70 16 05, 🍃 – ▤ TV. MC VISA. ⋙
Comida (cerrado miércoles noche) 4,10 – ☕ 2 – **19 hab** 21,04/42,07.

AREA (Playa de) Lugo – ver Viveiro.

AREETA Bizkaia – ver Getxo.

La ARENA (Playa de) Cantabria – ver Isla.

S'ARENAL Illes Balears – ver Balears (Mallorca) : Palma.

Los ARENALES DEL SOL 03195 Alacant **445** R 28 – Playa.

Madrid 434 – Alacant/Alicante 14 – Cartagena 90 – Elx/Elche 20 – Murcia 76.

Las Palomas, Isla de Ibiza 7 📞 96 691 07 76 – AE MC VISA. ⋙
cerrado domingo noche – **Comida** - asados por encargo - carta 14,93 a 27,35.

Las ARENAS Bizkaia – ver Getxo (Areeta).

ARENAS DE CABRALES 33554 Asturias **441** C 15.

Alred. : *Desfiladero del Cares* ★ *(Garganta divina del Cares* ★★ *3 h. y media a pie ida) Gargantas del Cares* ★.

Madrid 458 – Oviedo 100 – Santander 106.

Picos de Europa, carretera General ☎ 98 584 64 91, *picosdeuropa@fade.es*, Fax 98 584 65 45, ♨, « *Terraza bajo un hórreo al borde del río* », ⚁ – 🛗 TV P. AE Ⓒ ⓜ VISA. ✂
cerrado enero – **Comida** 9,62 – ⊔ 6,61 – **36 hab** 62,51/78,13 – PA 19,53.

Villa de Cabrales sin rest, carretera General ☎ 98 584 67 19, *mariaagf@hotmail.com*, Fax 98 584 67 33 – 🛗 TV P. ⓜ VISA. ✂
23 hab ⊔ 51,45/70,74.

Naranjo de Bulnes ➤ sin rest, carretera General ☎ 98 584 65 19, Fax 98 584 65 20, ≤ – 🛗 TV P. AE Ⓒ ⓜ VISA. ✂
abril-octubre – ⊔ 2,71 – **30 hab** 33,13/54,21.

en la carretera de Panes *Sureste : 2 km :*

La Casa de Juansabeli, ✉ 33554, ☎ 98 584 67 90, *juansabeli@picosdeuropa.net* – 🛗 TV P. ⓜ VISA. ✂
Comida 9,01 – ⊔ 4,20 – **16 hab** 48,08/66,11.

ARENAS DE SAN PEDRO 05400 Ávila **442** L 14 – *6 153 h.*

Alred. : *Cuevas del Águila* ★ *: 9 km.*

Madrid 143 – Ávila 73 – Plasencia 120 – Talavera de la Reina 46.

Hostería Los Galayos con hab, pl. Condestable Dávalos 2 ☎ 920 37 13 79, *losgalayos@lycosmail.com*, Fax 920 37 13 79, ♨, « *Bodegón típico* » – ▤ TV. AE Ⓒ ⓜ VISA JCB. ✂
Comida carta aprox. 22 – ⊔ 3 – **20 hab** 22/40.

Les ARENES *València – ver Valencia (playa de Levante).*

ARENYS DE MAR 08350 Barcelona **443** H 37 – *11 048 h – Playa.*

Madrid 672 – Barcelona 39 – Girona/Gerona 60.

en la carretera N II *Suroeste : 2 km :*

Hispania, Real 54, ✉ 08350, ☎ 93 791 04 57, Fax 93 791 26 61, Interesante bodega – ▤ P. AE Ⓒ ⓜ VISA
cerrado Semana Santa, octubre, domingo noche y martes – **Comida** carta 33,59 a 44,21.

ARES DEL MAESTRAT 12165 Castelló **445** K 29 – *340 h alt. 1 318.*

Madrid 439 – Peñíscola 85 – Castelló de la Plana/Castellón de la Plana 74.

D'Ares, pl. Mayor 4 ☎ 964 44 30 07 – TV. ⓜ VISA. ✂
cerrado del 4 al 30 de noviembre – **Comida** 9 – ⊔ 3,60 – **12 hab** 30/42.

ARETA *Araba – ver Llodio.*

AREU 25575 Lleida **443** E 33 – *alt. 920.*

Madrid 613 – Lleida/Lérida 157 – La Seu d'Urgell/Seo de Urgel 83.

Vall Ferrera ➤, Martí 1 ☎ 973 62 43 43, *hotelvallferrera@webfull.com*, Fax 973 62 43 76, ≤, « *Acogedor salón decorado con elegancia* » – TV. ⓜ VISA. ✂ rest
27 diciembre-6 enero, 14 abril-octubre y del 1 al 10 de diciembre – **Comida** carta 17,70 a 23,12 – ⊔ 5,90 – **17 hab** 54,10/72,10 – 6 apartamentos.

ARÉVALO 05200 Ávila **442** I 15 – *7 267 h alt. 827.*

Ver : *Plaza de la Villa* ★.

Madrid 121 – Ávila 55 – Salamanca 95 – Valladolid 78.

Fray Juan Gil sin rest, av. de los Deportes 2 ☎ 920 30 08 00, *hotelfrayjuangil@latinmail.com*, Fax 920 30 08 00 – 🛗 TV 🚘. ⓜ VISA. ✂
⊔ 2,75 – **27 hab** 37,50/49,50 – 3 suites.

El Tostón de Oro, av. de los Deportes 2 ☎ 920 30 07 98, Fax 920 30 07 98 – ▤. Ⓒ ⓜ VISA. ✂
cerrado 20 diciembre-20 enero y lunes – **Comida** carta 13,82 a 20,43.

Las Cubas, Figones 11 ☎ 920 30 01 25 – ▤. AE Ⓒ ⓜ VISA. ✂
cerrado 25 diciembre-2 enero y 2ª quincena de junio – **Comida** - sólo almuerzo salvo sábado - carta 19,81 a 27,63.

※ **La Pinilla**, Figones 1 ☎ 920 30 00 63 – 🖃. AE ⑩ ⑩⑥ *VISA*. ⬤
cerrado del 15 al 31 de julio, domingo noche, lunes y festivos noche – **Comida** carta aprox.
19,20.

※ **Donis**, pl. El Salvador 2-1º ☎ 920 30 06 92 – 🖃. ⑩⑥ *VISA*. ⬤
cerrado 15 días en septiembre, martes noche y miércoles salvo festivos o vísperas –
Comida carta aprox. 31,40.

junto a la autovía N VI *Noroeste : 3 km :*

🏠 **Las Fuentes**, salida 129, ✉ 05200, ☎ 920 30 37 09, *hostalfuentes@airtel.net*,
Fax 920 30 16 56 – 🖃 📺 📔 – ⚓ 25/400. AE ⑩ ⑩⑥ *VISA* JCB. ⬤
Comida 8,41 – ☕ 3,31 – **52 hab** 21,04/33,06.

Per visitare una città o una regione : utilizzate le guide Verdi Michelin.

S'ARGAMASSA (Urbanización) *Illes Balears – ver Balears (Eivissa) : Santa Eulalia del Río.*

ARGENTONA 08310 Barcelona 443 **H 37** – 7819 h alt. 75.
Madrid 657 – Barcelona 29 – Mataró 4.

※※ **El Celler d'Argentona**, Bernat de Riudemeya 6 ☎ 93 797 02 69, Fax 93 756 15 05,
« Celler típico » – 🖃. AE ⑩ ⑩⑥ *VISA* JCB
cerrado domingo noche y lunes – **Comida** carta 22,54 a 35,61.

※※ **Can Baladia**, passeig Baró de Viver 56 ☎ 93 797 40 08, *canbaladia@arrakis.es*,
Fax 93 756 13 60, « Antigua casa señorial », ⚓ – 🖃 📔 AE ⑩⑥ *VISA*. ⬤
cerrado domingo noche – **Comida** carta 19,63 a 30,65.

※※ **El Racó d'En Binu**, Puig i Cadafalch 14 ☎ 93 797 04 64 – 🖃. ⑩⑥ *VISA*
cerrado domingo noche y lunes – **Comida** carta 36,66 a 57,09.

ARGÓMANIZ 01192 Araba 442 **D 22**.
Madrid 364 – Donostia-San Sebastián 95 – Vitoria-Gasteiz 15.

🏰 **Parador de Argómaniz** ⬤, ☎ 945 29 32 00, *argomaniz@parador.es*,
Fax 945 29 32 87, ≤, 🛋 – 🛗, 🖃 rest, 📺 ♿ 📔 – ⚓ 25/90. AE ⑩ ⑩⑥ *VISA* JCB. ⬤
Comida 22,84 – ☕ 8,71 – **53 hab** 73,55/91,94.

ARGOÑOS 39197 Cantabria 442 **B 19** – 650 h alt. 24.
Madrid 482 – Bilbao 85 – Santander 40.

🏠 **Noray**, av. de Trasmiera 2 ☎ 942 62 61 11, Fax 942 62 62 52 – 🛗, 🖃 rest, 📺 📔 ⑩
⑩⑥ *VISA*. ⬤
abril-noviembre – **Comida** - sólo clientes - 11,86 – **50 hab** ☕ 32,45/52,88.

ARGÜELLES 33178 Asturias 441 **B 12**.
Madrid 463 – Oviedo 12 – Gijón 22.

※※ **El Asador de Abel**, La Revuelta del Coche ☎ 98 574 09 13, *asadorabel@eresmas.com*,
Fax 98 574 01 29, 🌿 – 🖃 📔 ⑩⑥ *VISA*. ⬤
cerrado agosto – **Comida** carta 24,70 a 27,71.

ARGUINEGUÍN *Las Palmas – ver Canarias (Gran Canaria).*

ARGUIS 22150 Huesca 443 **F 28** – 62 h alt. 1044.
Ver : Embalse★.
Madrid 404 – Huesca 21 – Jaca 52 – Iruña/Pamplona 163.

en la carretera N 330 *Este : 2 km :*

🏠 **Hospedería de Arguis**, ✉ 22150, ☎ 974 27 20 00, *hospederiarguis@terra.es*,
Fax 974 27 20 02, 🌿 – 🛗, 🖃 rest, 📺 📔 AE ⑩ ⑩⑥ *VISA*. ⬤
Comida 10,29 – **36 hab** ☕ 51,45/77,20.

ARINSAL *Andorra – ver Andorra (Principado de).*

ARLABÁN (Puerto de) *Gipuzkoa – ver Leint-Gatzaga.*

ARMENTIA *Araba – ver Vitoria/Gasteiz.*

ARMILLA *18100 Granada* 446 U 19 – *10 990 h alt. 675.*

Madrid 435 – Granada 7 – Guadix 64 – Jaén 99 – Motril 60.

Los Galanes, carret. de Granada - Noreste : 1 km 🖉 *958 55 05 08, Fax 958 55 05 08 –*
📧 TV **30 hab.**

ARMINTZA *48620 Bizkaia* 442 B 21.

Madrid 423 – Bilbao 31 – Donostia-San Sebastián 118 – Vitoria-Gasteiz 96.

Arresi 🦞, Portugane 7 🖉 *94 687 92 08, hotelarresi@hotelarresi.com,
Fax 94 687 93 10,* « Villa rodeada de un jardín en la ladera de un monte con el mar al
fondo », ⬛, 🛥, 🍴 – TV P. AE MC VISA. 🚭
Comida - sólo clientes - carta 30 a 36 – **10 hab** ☕ 108,18.

ARNEDO *26580 La Rioja* 442 F 23 – *12 463 h alt. 550.*

Madrid 306 – Calahorra 14 – Logroño 49 – Soria 80 – Zaragoza 138.

Virrey, paseo de la Constitución 27 🖉 *941 38 01 50, hvirrey@eniac.es, Fax 941 38 30 17*
– 📶 📧 TV 🚗 – 🏛 *25/300.* MC VISA. 🚭
Comida *(cerrado domingo noche)* 12,62 – ☕ 4,80 – **36 hab** 51,09/84,14 – PA 27,65.

Victoria, paseo de la Constitución 97 🖉 *941 38 01 00, hvictoria@hvictoria.com,
Fax 941 38 10 50* – 📶, 📧 rest, TV – 🏛 *25/500.* AE ① MC VISA. 🚭
Comida 10,22 – ☕ 6 – **48 hab** 54/78.

A ARNOIA *32234 Ourense* 441 F 5 – *1 028 h alt. 95 – Balneario.*

*Madrid 516 – Ourense/Orense 37 – Pontevedra 92 – Santiago de Compostela 153 – Vigo
72.*

Arnoia 🦞, Vilatermal 1 🖉 *988 49 24 00, Fax 988 49 24 22, Servicios terapéuticos,* « En
un bonito paraje de viñedos y montes junto al Miño », 🅵ﻼ, 🛁 de agua termal, ⬛ – 📶,
📧 rest, TV ♿ 🚗 P. AE ① MC VISA. 🚭
Comida 11,72 – **48 hab** ☕ 54,09/78,13 – 2 suites.

ARNUERO *39195 Cantabria* 442 B 19 – *1 884 h alt. 45.*

Madrid 451 – Bilbao 81 – Burgos 179 – Santander 37 – Torrelavega 62.

Hostería de Arnuero con hab, barrio Palacio 17 🖉 *942 67 71 21, Fax 942 67 71 21,*
🅵ﻼ – 📧 rest, TV P. MC VISA. 🚭 rest
julio-15 septiembre, Semana Santa y fines de semana resto del año – **Comida** *(cerrado
lunes) - sólo almuerzo de domingo a jueves en invierno -* carta 29,40 a 37,80 – ☕ 4,90
– **11 hab** 54/78.

ARONA *Santa Cruz de Tenerife – ver Canarias (Tenerife).*

La ARQUERA *Asturias – ver Llanes.*

ARRASATE o MONDRAGÓN *20500 Gipuzkoa* 442 C 22 – *25 213 h alt. 211.*

Madrid 390 – Bilbao 54 – Donostia-San Sebastián 79 – Bergara 9 – Vitoria-Gasteiz 34.

Mondragón, av. Biteri 16 🖉 *943 71 24 33, hotelmondragon@hotelmondragon.com,
Fax 943 71 23 43* – 📶 📧 TV ♿. AE ① MC VISA. 🚭
Comida 7,20 – ☕ 4,80 – **41 hab** 64,30/82 – 2 suites.

Arrasate sin rest, Biteri 1 🖉 *943 79 73 22, hotelarras@euskalnet.net, Fax 943 79 14 16*
– TV. AE ① MC VISA
☕ 3,10 – **12 hab** 43,30/51,10.

en el barrio de Garagartza *Oeste : 3 km :*

Ugaran, ✉ *20500 Arrasate,* 🖉 *943 79 76 58* – AE ① MC VISA. 🚭
cerrado agosto y domingo – **Comida** carta 25,50 a 35.

ARRECIFE *Las Palmas – ver Canarias (Lanzarote).*

ARRIONDAS *33540 Asturias* 441 B 14 – *2 214 h alt. 39.*

Alred. : *Mirador del Fito★★ Norte : 10,5 km.*

Madrid 426 – Gijón 62 – Oviedo 66 – Ribadesella 18.

Vega del Sella, La Morca (carret. N 625) - Sur : 1 km, ✉ *33550 Cangas de Onís,*
🖉 *98 584 05 31, Fax 98 584 09 51,* 🛥 – TV P. AE ① MC VISA. 🚭
Comida 9,02 – ☕ 5,11 – **23 hab** 45,68/57,10.

XX **El Corral del Indianu,** av. de Europa 14 *98 584 10 72, Fax 98 584 10 72*, 🍃,
« Decoración moderna en un marco rústico » – AE ① M© VISA. ✗
cerrado domingo noche, miércoles noche y jueves – **Comida** carta 26,30 a
34,10
Espec. Bombón de pollo de aldea y foie gras con garbanzos y maizitos. Salmón del Sella
(abril-julio). Arbeyos a la pimienta con foie.

en la carretera AS 342 :

🏠 **Posada del Valle** 🦢, Collía - Norte : 2,5 km, ✉ 33549 Collía, *98 584 11 57, hote
l@posadadelvalle.com, Fax 98 584 15 59*, ≤ valle – TV P. M© VISA. ✗
abril-15 octubre – **Comida** - sólo clientes, sólo cena - 14 – ☕ 5,50 – **8 hab**
47/59.

XX **Casa Marcial,** La Salgar 10 - Norte : 4 km, ✉ 33549 La Salgar, *98 584 09 91* – AE
① M© VISA. ✗
cerrado febrero, domingo noche y lunes (salvo agosto) – **Comida** carta 28,54 a 35,16
Espec. Salmón del río Sella con gazpacho de melón y espárragos (15 abril-15 julio). Rodaballo
salvaje con un Bloody Mary. Lomo de cordero asado en su jugo con setas.

ARROYO DE LA ENCOMIENDA 47195 Valladolid 442 H 15 – 1 427 h alt. 690.

Madrid 189 – Ávila 121 – Salamanca 108 – Segovia 119 – Valladolid 10 – Zamora 88.

🏨 **La Vega** 🦢, av. de Salamanca - Noreste : 2 km *983 40 71 00, lavega@tds.es,
Fax 983 40 70 54*, ⏚, ⊠ – 🛗 ☰ TV ♿ 🚗 P. – 🏊 25/400. AE ① M© VISA. ✗
Comida carta 29,44 a 34,86 – ☕ 8,41 – **143 hab** 87,74/103,38 – 6 suites.

ARROYO DE LA MIEL 29630 Málaga 446 W 16 – 15 180 h.

Madrid 552 – *Málaga* 19 – Marbella 40.

X **Ventorrillo de la Perra,** av. de la Constitución 85 (carret. de Torremolinos)
95 244 19 66, Fax 95 244 19 66, 🍃, « Terraza con arboleda » – AE ① M© VISA. ✗
cerrado noviembre y lunes – **Comida** carta 23,12 a 28,56.

ARTÁ (Cuevas de) Illes Balears – ver Balears (Mallorca).

ARTEIXO 15142 A Coruña 441 C 4 – 17 934 h alt. 32.

Madrid 615 – A Coruña/La Coruña 12 – *Santiago de Compostela* 78.

🏠 **Europa,** av. de Finisterre 31 - Noreste : 1,5 km *981 64 04 44, Fax 981 64 04 44* –
🛗 TV P. AE ① M© VISA. ✗
Comida - sólo clientes - 12 – ☕ 4 – **24 hab** 40/60.

en Villarrodis *Noreste : 3 km :*

🏠 **Las Camelias,** av. M. Platas Varela (carret. LC 410), ✉ 15141 Villarrodis,
981 64 03 25, Fax 981 64 03 25 – 🛗 TV 🚗. AE M© VISA. ✗
Comida *(cerrado Semana Santa y domingo)* 9,50 – ☕ 4,80 – **39 hab** 33/45,20 –
PA 22.

ARTENARA Las Palmas – ver Canarias (Gran Canaria).

ARTESA DE LLEIDA 25150 Lleida 443 H 32 – 1 156 h alt. 202.

Madrid 468 – Lleida/Lérida 11 – Huesca 127 – Tarragona 87.

X **Els Arcs,** Lleida *973 16 77 25, elsarcs@svt.es* – ☰ P. AE ① M© VISA. ✗
cerrado 1ª quincena de agosto, Navidades, lunes noche y martes (salvo festivos) – **Comida**
carta 24,65 a 36,67.

ARTESA DE SEGRE 25730 Lleida 443 G 33 – 3 141 h alt. 400.

Madrid 519 – Barcelona 141 – Lleida/Lérida 50.

🌳 **Montaña,** carret. de Agramunt 84 *973 40 01 86, Fax 973 40 01 86* – ☰ rest, TV 🚗
P. M© VISA. ✗ rest
Comida 8,50 – ☕ 3 – **29 hab** 11,50/30 – PA 17.

por la carretera de Foradada *Suroeste : 3 km :*

X **El Celler de l'Arnau,** Montsonís, ✉ 25737 Montsonís, *973 40 11 18,
Fax 973 40 11 18* – ☰. AE M© VISA. ✗
cerrado enero, domingo noche y lunes – **Comida** carta aprox. 28,85.

ARTIES 25599 Lleida **443** **D 32** – *alt. 1 143* – *Deportes de invierno en Baqueira-Beret.*
Ver : *Localidad★.*
Madrid 603 – Lleida/Lérida 169 – Vielha/Viella 6.

Parador de Arties, carret. de Baqueira ☎ 973 64 08 01, *arties@parador.es,*
Fax 973 64 10 01, ≼, 🛋, ⌇ climatizada, ⛶ – 🛗, 🍽 rest, 📺 👤 🚗 🅿 – 👥 25/100.
🆎 ⑩ ⓜ 𝘝𝘐𝘚𝘈 𝗝𝗖𝗕. 🚭
Comida 22,84 – ⛿ 8,71 – **54 hab** 85,82/107,28 – 3 suites.

Valartiés 🐾, Mayor 3 ☎ 973 64 43 64, *valarties@aranweb.com,* Fax 973 64 21 74, ≼,
🚗 – 🛗 🍽 📺 👤 🅿 🆎 ⑩ ⓜ 𝘝𝘐𝘚𝘈
cerrado noviembre – **Comida** - ver rest. *Casa Irene* – **26 hab** ⛿ 49,88/77,53 – 1 suite.

Edelweiss, carret. de Baqueira ☎ 973 64 44 23, Fax 973 64 09 02, ≼, ⛶ – 🛗 📺 🅿.
ⓜ 𝘝𝘐𝘚𝘈. 🚭
cerrado del 1 al 20 de noviembre - **Montarto** *(cerrado mayo, del 2 al 20 de noviembre*
y martes) **Comida** carta 17,13 a 24,64 – **25 hab** ⛿ 38/67.

Besiberri sin rest, Deth Fort 4 ☎ 973 64 08 29, Fax 973 64 26 96 – 🛗 📺. ⓜ 𝘝𝘐𝘚𝘈. 🚭
cerrado mayo y noviembre – **17 hab** ⛿ 66/84.

Casa Irene - Hotel *Valartiés,* Mayor 3 ☎ 973 64 43 64, *casairene@aranweb.com,*
Fax 973 64 21 74 – 🍽 🅿. 🆎 ⑩ ⓜ 𝘝𝘐𝘚𝘈. 🚭
cerrado noviembre, lunes y martes mediodía – **Comida** carta 32,15 a 38,16.

La Sal Gorda, carret. de Baqueira 5 ☎ 973 64 45 31, Fax 973 64 40 73 – 🆎 ⑩ ⓜ
𝘝𝘐𝘚𝘈. 🚭
cerrado 2ª quincena de junio – **Comida** - es necesario reservar - carta 35 a 40.

Urtau, pl. Urtau 2 ☎ 973 64 09 26, *rafasanmarti@jazzfree.com,* Fax 973 64 10 61 – 🆎
⑩ ⓜ 𝘝𝘐𝘚𝘈. 🚭
cerrado mayo-15 junio, 15 octubre-noviembre y miércoles – **Comida** - carnes - carta 20,80
a 26,13.

ARTZINIEGA o **ARCENIEGA** 01474 Araba **442** **C 20** – *1 216 h alt. 210.*
Madrid 384 – Bilbao 25 – Vitoria-Gasteiz 55 – Donostia-San Sebastián 123 – Santander 122.

Torre de Artziniega, Cuesta de Luciano 3 ☎ 945 39 65 00, *hoteltorre@jet.es,*
Fax 945 39 65 65, « Instalado en una torre medieval » – 🛗 📺. ⑩ 𝘝𝘐𝘚𝘈. 🚭
cerrado 24 diciembre-5 enero – **Comida** *(cerrado domingo y festivos noche)* 11,42 –
⛿ 4,21 – **8 hab** 40,87/53,49.

ARUCAS *Las Palmas – ver Canarias (Gran Canaria).*

ARURE *Santa Cruz de Tenerife – ver Canarias (La Gomera).*

ARZÚA 15810 A Coruña **441** **D 5** – *6 932 h alt. 385.*
Madrid 585 – Santiago de Compostela 39 – A Coruña/La Coruña 69 – Lugo 70.

Suiza, carret. N 547 ☎ 981 50 08 62, Fax 981 50 11 28, ≼ – 📺 🅿. 🆎 ⑩ ⓜ 𝘝𝘐𝘚𝘈
Comida 7,81 – ⛿ 2,40 – **15 hab** 43,41/48,34 – PA 18,07.

al Suroeste : *10 km :*

Casa Brandariz 🐾, Dombodán, ✉ 15819 Dombodán, ☎ 981 50 80 90, *ebrandariz*
@terra.es, Fax 981 50 09 90, ≼, « Antigua casa de labranza », 🚗 – 🅿. 𝘝𝘐𝘚𝘈. 🚭
Comida *(cerrado lunes)* 15,03 – **8 hab** ⛿ 36,06 – PA 30,05.

El ASTILLERO 39610 Cantabria **442** **B 18** – *12 587 h alt. 20 – Playa.*
Alred. : *Peña Cabarga ❀★★ Sureste : 8 km.*
Madrid 394 – Bilbao 99 – Santander 11.

Las Anclas, San José 11 ☎ 942 54 08 50, Fax 942 54 07 15 – 🛗, 🍽 rest, 📺. 🆎 ⑩
ⓜ 𝘝𝘐𝘚𝘈. 🚭
Comida carta 13,82 a 19,83 – ⛿ 4,50 – **58 hab** 60/78,13.

ASTORGA 24700 León **441** **E 11** – *13 802 h alt. 869.*
Ver : *Catedral★ (retablo mayor★, pórtico★).*
🅱 pl. Eduardo de Castro 5 ☎ 987 61 82 22 Fax 987 60 30 65.
Madrid 320 – León 47 – Lugo 184 – Ourense/Orense 232 – Ponferrada 62.

Astur Plaza, pl. de España 2 ☎ 987 61 89 00, *hotel@asturplaza.com,* Fax 987 61 89 49
– 🛗 🍽 📺 🚗 – 👥 25/200. 🆎 ⓜ 𝘝𝘐𝘚𝘈. 🚭
El César (cerrado del 7 al 31 de enero, domingo noche y lunes) **Comida** carta 24,04 a
28,86 – ⛿ 5,41 – **32 hab** 57,10/79,33 – 5 suites.

Gaudí, pl. Eduardo de Castro 6 *ℰ* 987 61 56 54, Fax *987 61 50 40* – |⮁| ▤ TV ⇔. AE ① MC *VISA*. ⛭
Comida 12,02 – ⛾ 6,61 – **32 hab** 42,07/66,11 – 3 suites – PA 30,65.

La Peseta con hab, pl. San Bartolomé 3 *ℰ* 987 61 72 75, Fax *987 61 53 00* – |⮁|, ▤ rest, TV. AE MC *VISA*. ⛭
Comida *(cerrado domingo noche y martes noche salvo agosto)* carta 18,93 a 24,94 – ⛾ 3,91 – **19 hab** 36,06/46,88.

en la carretera N VI :

Motel de Pradorrey, Noroeste : 5 km (A 6 salida 329-330), ✉ 24700, *ℰ* 987 61 57 29, Fax *987 61 92 20*, « En un marco medieval » – ▤ rest, TV P. AE ① MC *VISA*. ⛭ rest
Comida 10 – ⛾ 3 – **64 hab** 33,06/48,08.

Monterrey, Noroeste : 8,5 km (A 6 salida 333-334), ✉ 24714 Pradorrey, *ℰ* 987 60 66 11, Fax *987 60 66 33*, ≤ – TV ⇔ P. MC *VISA*. ⛭
Comida *(cerrado miércoles)* 7,51 – ⛾ 2,70 – **22 hab** 22,84/39,67.

*Quando os nomes dos hotéis e restaurantes
figuram em caracteres destacados,
significa que os hoteleiros comunicaram todos os seus preços
e comprometeram-se a aplicá-los aos turistas de passagem
possuidores do nosso guia.
Estes preços, estabelecidos no final do ano de 2000,
são, não obstante, susceptíveis de serem modificados
se o custo de vida sofrer variações importantes.*

ASTÚN (Valle de) 22889 Huesca **443** D 28 – alt. 1 700 – Deportes de invierno : ⚑ 16.
Madrid 517 – Huesca 108 – Oloron-Ste. Marie 59 – Iruña/Pamplona 147.

Europa ⟋, *ℰ* 974 37 33 12, hoteleuropa@astun.com, Fax 974 37 33 61, ≤, ⚔ – |⮁| TV. AE ① MC *VISA*. ⛭
diciembre-abril – **Comida** 12,02 – **36 hab** ⛾ 83,99/114,37.

Las ATALAYAS (Urbanización) Castelló – ver Peñíscola.

ATARFE 18230 Granada **446** U 18 – 10 045 h alt. 598.
Madrid 416 – Antequera 89 – Granada 12 – Jaén 88.

por la carretera de Las Canteras Norte : 3,5 km :

Mirador de la Ermita, Camino de Los Tres Juanes, ✉ 18230, *ℰ* 958 34 06 52, Fax *958 27 63 08*, ⛲, « Al borde de un peñón con ≤ Parque de Sierra Elvira » – ▤ P. AE ① MC *VISA*. ⛭
cerrado martes (salvo marzo-octubre) – **Comida** carta 23,14 a 33,96.

ATIENZA 19270 Guadalajara **444** I 21 – 467 h alt. 1 169.
Madrid 143 – Aranda de Duero 103 – Soria 85.

El Mirador con hab, Fueralavilla *ℰ* 949 39 90 38, ≤ – TV P. AE ① MC *VISA*. ⛭
Comida carta aprox. 20 – ⛾ 3,01 – **11 hab** 25/42.

AURITZ o BURGUETE 31640 Navarra **442** D 25 y 26 – 321 h alt. 960.
Madrid 439 – Jaca 120 – Iruña/Pamplona 44 – St-Jean-Pied-de-Port 32.

Loizu, av. Roncesvalles 7 *ℰ* 948 76 00 08, hloizu@emm.navarra.net, Fax *948 79 04 44*, ≤ – |⮁| TV P. MC *VISA*. ⛭
marzo-diciembre – **Comida** *(cerrado martes)* carta aprox. 17,43 – ⛾ 3,31 – **27 hab** 54,09.

ÁVILA

Alemania .... **B** 2	Esteban Domingo .... **B** 12	Reyes Católicos .... **B** 21
Alférez Provisional	General Mola (Plaza) ..... **A** 13	San Segundo .... **B** 22
(Av. de) .... **B** 4	Generalísimo Franco ..... **B** 14	San Vicente .... **B** 24
Caballeros .... **B** 6	Jimena Blázquez .... **A** 15	Santa (Pl. la) .... **A** 25
Calvo Sotelo (Plaza de) ... **B** 8	Lope Núñez .... **B** 16	Sonsoles (Bajada de) ..... **B** 27
Cardenal Pla y Deniel ..... **B** 10	Marqués de Benavites .... **AB** 18	Telares .... **A** 28
	Peregrino (Bajada del) .... **B** 19	Tomás Luis de Victoria .... **B** 30
	Ramón y Cajal .... **A** 20	Tostado .... **B** 31

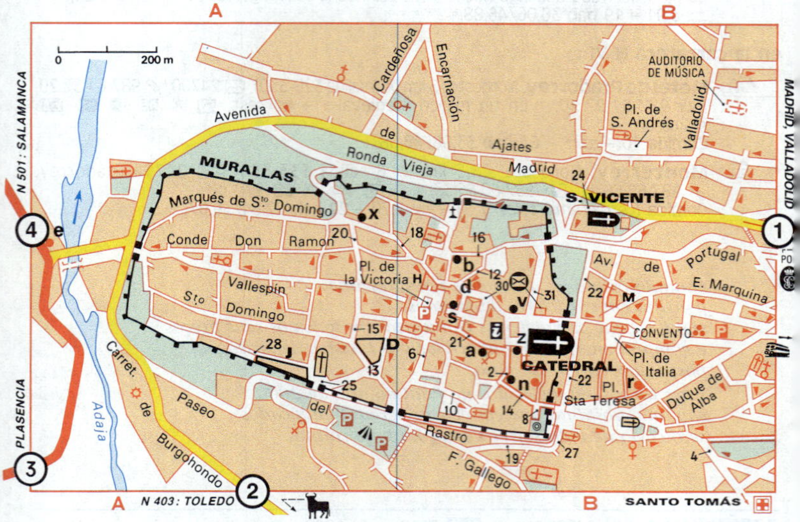

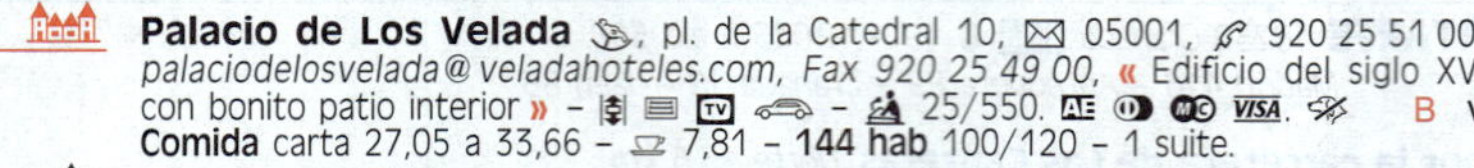

ÁVILA 05000 P 442 K 15 – 49 868 h alt. 1 131.

Ver : *Murallas*★★ – *Catedral*★★ B (obras de arte★★, sepulcro del Tostado★★, sacristía★★) Y – *Basílica de San Vicente*★★ (portada occidental★★, sepulcro de los Santos Titulares★★, cimborrio★)B – *Monasterio de Santo Tomás*★ (mausoleo★, Claustro del Silencio★, retablo de Santo Tomás★★) B.

🛈 pl. Catedral 4 ✉ 05001 ✆ 920 21 13 87 Fax 920 25 37 17 – **R.A.C.E.** av. Madrid 15 (bajo) ✉ 05001 ✆ 920 25 21 04.

Madrid 107 ① – Cáceres 235 ③ – Salamanca 98 ④ – Segovia 67 ① – Valladolid 120 ①

Palacio de Los Velada ⌂, pl. de la Catedral 10, ✉ 05001, ✆ 920 25 51 00, *palaciodelosvelada@ veladahoteles.com, Fax 920 25 49 00,* « Edificio del siglo XVI con bonito patio interior » – 📶 🖥 TV 🚗 – 🔔 25/550. AE ① MC VISA. ⌧   **B** **v**
Comida carta 27,05 a 33,66 – ⌑ 7,81 – **144 hab** 100/120 – 1 suite.

Parador de Ávila ⌂, Marqués Canales de Chozas 2, ✉ 05001, ✆ 920 21 13 40, *Fax 920 22 61 66,* « Decoración castellana », 🛋 – 📶 🖥 TV P – 🔔 25/170. AE ① MC VISA. ⌧   **A** **X**
Comida 24,04 – ⌑ 8,71 – **57 hab** 73,55/91,94 – 4 suites.

G.H. Palacio de Valderrábanos ⌂, pl. Catedral 9, ✉ 05001, ✆ 920 21 10 23, *informacion@ palaciovalderrabanos.com, Fax 920 25 16 91,* « Decoración elegante » – 📶 🖥 TV – 🔔 25/290. AE ① MC VISA JCB. ⌧ rest   **B** **z**
***El Fogón de Santa Teresa* : Comida** carta 22,24 a 27,05 – ⌑ 7,22 – **70 hab** 60,11/96,17, 3 suites.

Reina Isabel sin rest con cafetería, av. José Antonio 17, ✉ 05001, ✆ 920 25 10 22, *hotel@reinaisabel.com, Fax 920 25 11 73,* « Decoración elegante » – 📶 🖥 TV 🚗 – 🔔 25/100. AE ① MC VISA JCB. ⌧   por ①
⌑ 7,21 – **60 hab** 75,13/96,16.

Hostería de Bracamonte ⌂, Bracamonte 6, ✉ 05001, ✆ 920 25 12 80, *Fax 920 25 38 38,* 🏠, « Decoración castellana » – TV. MC VISA. ⌧   **B** **b**
cerrado 20 octubre-20 noviembre – **Comida** (cerrado martes) carta 19,23 a 25,24 – ⌑ 4,51 – **24 hab** 36,06/72,12.

Las Moradas sin rest, Generalísimo Franco 3, ✉ 05001, ✆ 920 22 24 88, *Fax 920 22 38 71* – 📶 🖥 TV. ① MC VISA. ⌧   **B** **n**
⌑ 4,80 – **27 hab** 81,13.

Hospedería La Sinagoga ⊗ sin rest, Reyes Católicos 22, ⊠ 05001, ℰ 920 35 23 21, *lasinagoga@airtel.net, Fax 920 35 34 74* – 📶 TV. AE ① MC VISA. ⊗   B a
⊇ 5,65 – **22 hab** 42,44/62,95.

Don Carmelo sin rest, paseo de Don Carmelo 30, ⊠ 05001, ℰ 920 22 80 50, *Fax 920 25 12 41* – 📶 TV ⟅. AE ① MC VISA. ⊗   por ①
⊇ 5,41 – **95 hab** 35,16/55,29 – 2 suites.

San Antonio, av. José Antonio 27, ⊠ 05001, ℰ 920 22 29 79, *Fax 920 25 72 26* – 📶, ▤ rest, TV ⟅. AE ① MC VISA. ⊗   por ①
Comida 13 – ⊇ 3 – **40 hab** 30/48.

San Juan sin rest y sin ⊇, Comuneros de Castilla 3, ⊠ 05001, ℰ 920 25 14 75, *Fax 920 21 32 40* – TV. ① MC VISA   B s
18 hab 22,83/42,07.

El Almacén, carret. de Salamanca 6, ⊠ 05002, ℰ 920 25 44 55, *Fax 920 21 10 26*, « Mirador frente a las murallas con ⬶ » – ▤. AE ① MC VISA. ⊗   A e
cerrado septiembre, domingo noche y lunes – **Comida** carta 22,18 a 30,56.

Copacabana, San Millán 9, ⊠ 05001, ℰ 920 21 11 10, *Fax 920 25 04 28* – ▤. AE ① MC VISA JCB. ⊗   B r
Comida carta 22,52 a 31,44.

Doña Guiomar, Tomás Luis de Victoria 3, ⊠ 05001, ℰ 920 25 37 09, *Fax 920 35 34 74* – ▤. AE ① MC VISA JCB. ⊗   B d
cerrado domingo noche – **Comida** carta 23,44 a 33,36.

Las Cancelas ⊗ con hab, Cruz Vieja 6, ⊠ 05001, ℰ 920 21 22 49, *Fax 920 21 22 30*, « Antigua posada con patio » – ▤ rest, TV. AE ① MC VISA. ⊗   B n
cerrado 9 enero-4 febrero – **Comida** carta 23,47 a 31,09 – ⊇ 3,01 – **14 hab** 36,14/54,21.

Mesón El Sol y H. Santa Teresa con hab, av. de los Hornos Caleros 25, ⊠ 05003, ℰ 920 22 02 11, *Fax 920 22 41 13* – 📶, ▤ rest, TV. AE ① MC VISA. ⊗   por ①
Comida carta 22,83 a 33,65 – ⊇ 4,81 – **15 hab** 40/53.

*Cuando los nombres de los hoteles y restaurantes
figuran en negrita,
significa que los hoteleros nos han señalado todos sus precios
comprometiéndose a aplicarlos a los turistas de paso
portadores de nuestra guía.
Estos precios, establecidos a finales del año 2001, pueden
no obstante variar si el coste de la vida sufre alteraciones importantes.*

AVILÉS 33400 Asturias 441 B 12 – *84 582 h alt. 13.*
   Alred.: *Salinas ⬶★ Noroeste : 5 km.*
   🛈 *Ruiz Gómez 21 ℰ 98 554 43 25 ofituria@princast.es Fax 98 554 63 15.*
   Madrid 466 – Ferrol 280 – Gijón 25 – Oviedo *33.*

Plano página siguiente

Villa de Avilés, Prado 3 ℰ 98 552 61 16, *villaaviles.booking@hoteles-silken.com, Fax 98 552 61 17* – 📶 ▤ TV ⟅ – 🔬 25/100. AE ① MC VISA. ⊗   AY v
Comida carta 24,94 a 28,24 – ⊇ 9,50 – **68 hab** 82/95 – 3 suites.

Luzana, Fruta 9 ℰ 98 556 58 40, *hluzana@las.es, Fax 98 556 49 12* – 📶, ▤ rest, TV – 🔬 25/60. AE ① MC VISA. ⊗   BY a
La Serrana : **Comida** carta 27,05 a 36,67 – ⊇ 4,21 – **73 hab** 69,12/84,14.

De la Villa sin rest con cafetería, pl. Domingo Álvarez Acebal 4 ℰ 98 512 97 04, *Fax 98 512 97 04*, ⬶ – 📶 TV. AE MC VISA. ⊗   AZ u
⊇ 3,31 – **16 hab** 48,08/66,11.

Don Pedro sin rest con cafetería, La Fruta 22 ℰ 98 551 22 88, *Fax 98 551 22 89*, « Decoración elegante en un marco rústico » – 📶 TV. AE ① MC VISA. ⊗   BY b
⊇ 6 – **8 hab** 50/60.

Casa Tataguyo 6, pl. del Carbayedo 6 ℰ 98 556 48 15, *Fax 98 556 48 15*, « Decoración rústica » – ▤. AE ① MC VISA JCB. ⊗   AZ n
cerrado 15 abril-15 mayo – **Comida** carta 28 a 35.

La Fragata, San Francisco 18 ℰ 98 555 19 29, « Decoración rústica » – AE ① MC VISA. ⊗   BZ r
cerrado del 1 al 15 de septiembre y domingo – **Comida** carta 22,50 a 33.

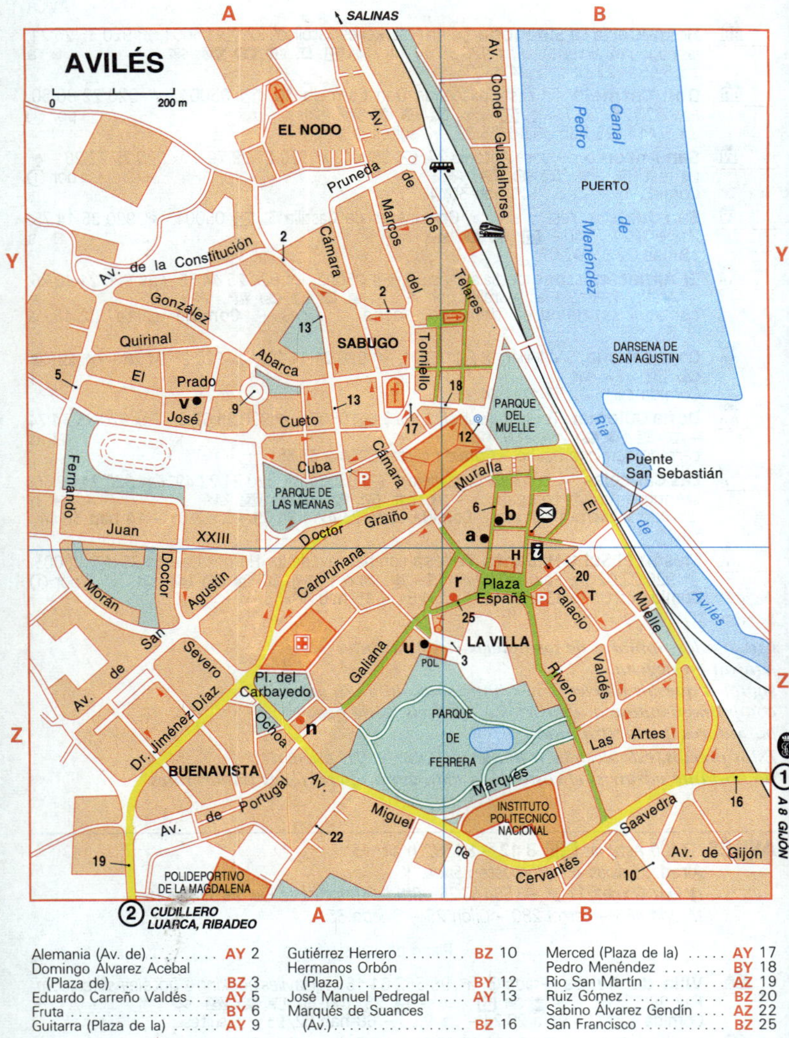

Alemania (Av. de)	**AY** 2	Gutiérrez Herrero	**BZ** 10	Merced (Plaza de la)	**AY** 17
Domingo Álvarez Acebal		Hermanos Orbón		Pedro Menéndez	**BY** 18
(Plaza de)	**BZ** 3	(Plaza)	**BY** 12	Rio San Martín	**AZ** 19
Eduardo Carreño Valdés	**AY** 5	José Manuel Pedregal	**AY** 13	Ruiz Gómez	**BZ** 20
Fruta	**BY** 6	Marqués de Suances		Sabino Álvarez Gendín	**AZ** 22
Guitarra (Plaza de la)	**AY** 9	(Av.)	**BZ** 16	San Francisco	**BZ** 25

Le nostre guide alberghi e ristoranti, guide turistiche e carte stradali sono complementari. Utilizzatele insieme.

AXPE 48291 Bizkaia **442** **C 22**.

Madrid 399 – Bilbao 41 – Donostia-San Sebastián 80 – Vitoria-Gasteiz 50.

XX **Mendigoikoa** con hab, barrio San Juan 33, ✉ 48290 apartado 74 Abadiño, ✆ 94 682 08 33, *mendigoikoa@terra.es*, Fax 94 682 11 36, « Decoración rústica » – **P.**
MC **VISA**.
cerrado 15 diciembre-15 enero – **Comida** *(cerrado domingo noche y lunes)* carta 39 a 45 – ☕ 7,50 – **12 hab** 59/87.

XX **Etxebarri,** pl. San Juan 1 ✆ 94 658 30 42, Fax 94 623 15 42 – 🖥 **P.** **AE** ① **MC**
VISA.
cerrado 24 diciembre-24 enero, domingo noche y lunes noche – **Comida** carta 36,07 a 47,49.

152

AYAMONTE 21400 Huelva **446** U 7 – *14 937 h alt. 84 – Playa.*

Ver : Localidad★.

☆ *Isla Canela, carret. de la Playa, Sureste : 6 km ℰ 959 47 72 63 Fax 959 47 72 71.*
⚓ *para Vila Real de Santo António (Portugal).*

🛈 *Muelle de Portugal ℰ 959 47 09 88 Fax 959 47 09 88.*
Madrid 680 – Beja 125 – Faro 53 – Huelva 52.

Parador de Ayamonte ⟋, *El Castillito ℰ 959 32 07 00, Fax 959 32 07 00, ≤ Aya-monte, el Guadiana, Portugal y el Atlántico,* ☀, ☞ – ▤ TV 🅿 – 🔼 25/110. AE ⓞ MⒸ VISA. ⋇
Comida 21,04 – ☕ 8,11 – **52 hab** 73,55/91,94 – 2 suites.

AYORA 46620 València **445** O 26 – *5 402 h alt. 552.*
Madrid 341 – Albacete 94 – Alacant/Alicante 117 – València 132.

Murpimar *sin rest y sin* ☕, *Virgen del Rosario 52 ℰ 96 219 10 33, Fax 96 219 12 12* – AE MⒸ VISA
16 hab 16,83/30,05.

77, *Virgen del Rosario 65 (carret. N 330) ℰ 96 219 13 15, restaurant77@ wanadoo.es, Fax 96 219 14 91* – ▤. AE ⓞ MⒸ VISA. ⋇
cerrado 12 enero-12 febrero y jueves – Comida *carta 17,01 a 24,72.*

El Rincón, *Parras 10 ℰ 96 219 17 05* – ▤. AE ⓞ MⒸ VISA
cerrado del 1 al 15 de julio, domingo noche y lunes – Comida *carta 16,08 a 24,64.*

AZAGRA 31560 Navarra **442** F 24 – *3 160 h alt. 292.*
Madrid 348 – Logroño 55 – Iruña/Pamplona 86 – Soria 120 – Tudela 43 – Zaragoza 130.

La Manduca, *Navas de Tolosa 97 ℰ 948 69 24 04, Fax 948 69 24 04,* « Decoración moderna » – ▤. AE ⓞ MⒸ VISA. ⋇
cerrado del 24 al 31 de agosto, domingo noche y lunes – **Comida** *carta aprox. 31.*

AZÁRRULLA 26289 La Rioja **442** F 20.
Madrid 328 – Burgos 100 – Logroño 70 – Soria 170 – Vitoria-Gasteiz 85.

Hostería Valle del Oja ⟋, *ℰ 941 42 74 16, Fax 941 42 74 32,* « Conjunto rural de estilo rústico-regional », ☀ – TV 🅿 – 🔼 25/200. ⓞ MⒸ VISA
Comida *(cerrado domingo noche y lunes salvo en verano)* 15,65 – **12 hab** ☕ 58,87/72,42, 8 apartamentos.

AZKOITIA 20720 Gipuzkoa **442** C 23 – *10 283 h alt. 113.*
Madrid 417 – Bilbao 67 – Iruña/Pamplona 94 – Donostia-San Sebastián 46 – Vitoria-Gasteiz 68.

Joseba, *Aizkibel 10 ℰ 943 85 34 12,* « En el antiguo palacio Floreaga » – ▤. AE ⓞ MⒸ VISA. ⋇
cerrado 19 agosto-3 septiembre, domingo noche y lunes – Comida *carta 23,30 a 28,50.*

La AZOHÍA Murcia – *ver Puerto de Mazarrón.*

AZPEITIA 20730 Gipuzkoa **442** C 23 – *13 170 h alt. 84.*
Madrid 427 – Bilbao 74 – Iruña/Pamplona 92 – Donostia-San Sebastián 41 – Vitoria-Gasteiz 71.

Loiola, *av. de Loyola 47 ℰ 943 15 16 16, loiola@ adegi.es, Fax 943 15 16 18* – |≑|, ▤ rest, TV ⇋ 🅿. AE MⒸ VISA. ⋇ – *cerrado 22 diciembre-18 enero –* **Comida** *(cerrado domingo noche)* 16,10 – ☕ 7,10 – **36 hab** 45/67,50.

Juantxo, *av. de Loyola 5 ℰ 943 81 43 15* – ▤. AE ⓞ MⒸ VISA. ⋇
cerrado 3 agosto-1 septiembre, domingo y martes noche – **Comida** *carta 22 a 30,75.*

en Loyola *Oeste : 1,5 km :*

Kiruri, *barrio Loyola 23,* ✉ *20730 Loyola, ℰ 943 81 56 08, loida@ landes.es, Fax 943 15 03 62* – ▤ 🅿. AE ⓞ MⒸ VISA. ⋇
cerrado 20 diciembre-7 enero y lunes noche – **Comida** *carta 22,84 a 34,26.*

AZUQUECA DE HENARES 19200 Guadalajara **444** K 20 – *11 996 h alt. 626.*
Madrid 45 – Guadalajara 12 – Segovia 139.

Alcor, *av. de Alcalá - Sur : 1,5 km ℰ 949 26 46 05, hotel-alcor@ factoryw.com, Fax 949 26 31 01, ≤* – |≑| ▤ TV ⇋ 🅿 – 🔼 25/200. AE ⓞ MⒸ VISA. ⋇ rest
La Gabarra : **Comida** *carta 28,85 a 34,86* – ☕ 4 – **36 hab** 54/62.

Azuqueca, *av. de Alovera - Norte : 1 km ℰ 949 26 44 88, Fax 949 26 44 98* – |≑| ▤ TV 🅿 – 🔼 25/300
45 hab.

BADAJOZ 06000 🅿 **444** P 9 – 130 247 h alt. 183.

🚂 Guadiana, por ② : 8 km ☎ 924 44 81 88 Fax 924 44 80 33.

✈ de Badajoz, por ② : 16 km ✉ 06195 ☎ 924 21 04 00.

🛈 pl. de la Libertad 3 ✉ 06005 ☎ 924 22 27 63 otbadajoz@bme.es Fax 924 22 27 63 –
R.A.C.E. Ronda del Pilar 75 ✉ 06002 ☎ 924 22 43 80 Fax 924 22 43 20.

Madrid 409 ② – Cáceres 91 ① – Córdoba 278 ③ – Lisboa 247 ④ – Mérida 62 ② – Sevilla 218 ③

BADAJOZ

Adelardo Covarsi	AZ	2
Afligidos	CY	3
Agustina de Aragón	BZ	4
Alféreces (Plaza de Los)	AZ	5
Alonso Cárdenas Cano	CZ	6
Antonio Cortes Lavado (Pl.)	BZ	7
Antonio Juez	AZ	9
Bomba	BZ	14
Bravo Murillo	BCY	15
Arco Agüero	BYZ	12
Camino Calamón	CZ	16
Campillo (El)	CY	17
Canteras Calamón	CZ	18
Cardenal Fonseca	CZ	19
Carolina Coronado (Av. de)	AY	20
Cervantes (Plaza)	CY	21
Concepción	BCY	23
Corte de Peleas (Carretera de)	CY	25
Costanilla	CY	26
Doroteo M. Benítez	AZ	28
Dosma	BY	29
Cristóbal Oudrid	BYZ	27
Enrique Segura Otano	BZ	32
Evora (Ciudad de)	BZ	33
Felipe Checa	BY	35
Fernández de la Puente	BZ	36
Francisco Pizarro	BY	38
Fransisco Morales Bermúdez	CZ	41
Fray Antonio Gómez	CZ	42
Gabino Tejado	CY	43
García de Paredes	AY	44
Hernán Cortés	BY	46
Joaquín Costa (Av.)	BY	48
Juan Carlos I de España	BY	49
Juan de Badajoz	BCZ	51
Juan Nogre	AZ	52
Manuel García Matos	BZ	54
María Auxiliadora (Av.)	AZ	55
Nuestra.Señora de Guadalupe	BZ	57
Obispo San Juan de Rivera	BY	58
Pedro de Valdivia	BZ	61
Pilar (Pl. de)	BZ	62
Pimienta	CZ	64
Ramón Albarrán	BYZ	65
Regino de Miguel	ABZ	67
Regulares Marroquíes	BY	68
República Argentina	AZ	69
República del Ecuador	AZ	71
Revellin (Puente)	CY	72
Reyes Católicos (Pl.)	BY	74
Ricardo Carapeto (Av.)	CY	75
San Lorenzo	CY	76
San Roque (Puente)	CY	78
Sevilla (Carretera)	CZ	79
Soto Mencera	BY	80
Suárez de Figueroa	BY	82

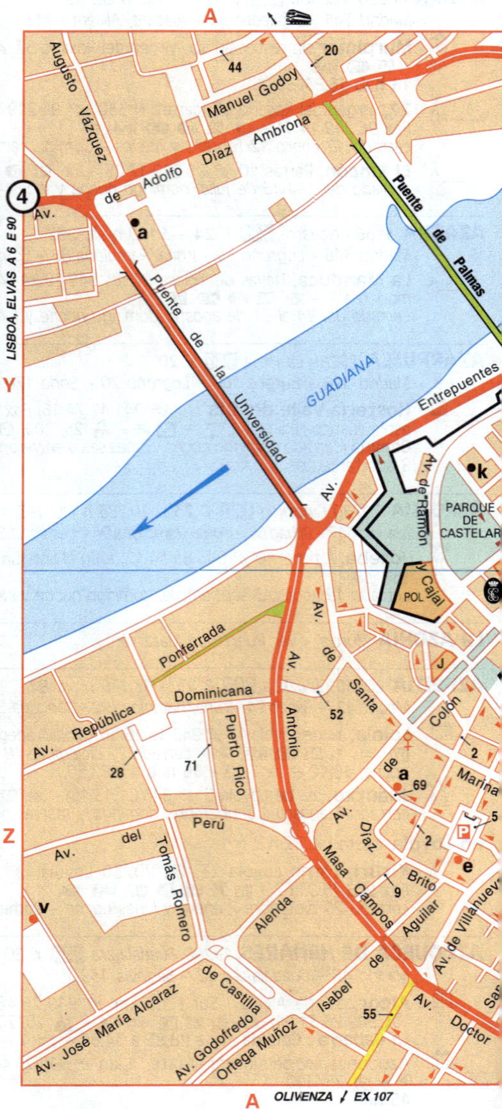

Barceló Zurbarán, paseo Castelar, ✉ 06001, ✆ 924 22 37 41, *zurbaran.adm@barcelo.com*, Fax *924 22 01 42*, 🏊 – 🛗 ☰ TV 🚗 – 👥 25/500. AE ① MC VISA JCB 🚫
Comida 11,42 – ☕ 8,11 – **215 hab** 75,13/118,40 – PA 30,65.   AY k

Río, av. Adolfo Díaz Ambrona 13, ✉ 06006, ✆ 924 27 26 00, *hotelrio@hotelrio.net*, Fax *924 27 38 74*, 🏊 – 🛗 ☰ TV ♿ 🅿 – 👥 25/900. AE ① MC VISA 🚫   AY a
Comida carta 18,64 a 35,76 – ☕ 7,21 – **93 hab** 65/90.

Condedu sin rest, Muñoz Torrero 27, ✉ 06001, ✆ 924 20 72 47, *condedu@infonegocio.com*, Fax *924 20 72 48* – 🛗 ☰ TV. AE ① MC VISA JCB 🚫   BY r
☕ 3 – **34 hab** 34/50.

XXXX **Aldebarán,** av. de Elvas (urb. Guadiana), ⌧ 06006, ℘ 924 27 42 61, *Fax 924 27 42 61,*
« Decoración elegante » – ▤. AE ⓪ ⓶ *VISA*. ⅌ *por* ④
cerrado 15 días en agosto y domingo – **Comida** 37,87 *y carta* 32,70 *a* 36
Espec. Salteado de verduras con lomo de conejo (septiembre-marzo). Manitas y careta de
cerdo con judías verdes, criadillas y vinagreta de piñones. Bavaroise de fruta de la pasión
con mango y helado de lichi.

X Gladys, av. Sinforiano Madroñero 31, ⌧ 06011, ℘ 924 24 85 58 – ▤ AZ **v**

⅌ **La Bahía,** pl. Alféreces 7, ⌧ 06005, ℘ 924 24 43 39, ⌃ – ▤. AE ⓪ *VISA*. ⅌ AZ **e**
Tapa 2,10 **Ración** - frituras y mariscos - aprox. 7.

⅌ **Martín Fierro,** República Argentina 16-B, ⌧ 06005, ℘ 924 25 86 02 – ▤. ⓪
VISA. ⅌ AZ **a**
cerrado domingo – **Tapa** 1,50 **Ración** *aprox.* 4,51.

en la antigua carretera N V *por* ② : *8 km* :

🏨 **Confortel Badajoz** ⌂, Golf del Guadiana, ⌧ 06080 apartado 378, ℘ 924 44 37 11,
confortel@once.es, Fax 924 44 37 08, ⅃ – ⌹ ▤ TV & ⌂ P. – 🛗 25/400. AE ⓪ ⓶
VISA. ⅌
Comida 13,50 – ☕ 7,21 – **104 hab** 72/90 – 16 suites – PA 29.

en la autovía N V *por* ④ : *4 km* :

XX **Las Bóvedas,** área de servicio - km 405, ⌧ 06006, ℘ 924 28 61 28, *bovedas@info*
negocio.com, Fax 924 28 61 80 – ▤ P. AE ⓪ ⓶ *VISA*. ⅌
Comida *carta* 24,34 *a* 27,20.

BADALONA 08911 Barcelona **443** **H 36** – *218 171 h* – *Playa.*
Madrid 635 – *Barcelona 8* – *Mataró 19.*

🏠 **Miramar** sin rest con cafetería por la noche, Santa Madrona 60 ℘ 93 384 03 11, *info*
@miramarhotel.net, Fax 93 389 16 27, ≼ – ⌹ ▤ TV ⌂. AE ⓶ *VISA*. ⅌
☕ 6 – **42 hab** 38/62.

X Obiols, Prim 170 ℘ 93 384 42 78, *Fax 93 384 42 78* – ▤.

BAENA 14850 Córdoba **446** **T 16** – *16 599 h alt. 407.*
Madrid 392 – *Antequera 88* – *Andújar 89* – *Córdoba 66* – *Granada 105* – *Jaén 66.*

🏨 **La Casa Grande,** av. de Cervantes 35 ℘ 957 67 19 05, *Fax 957 69 21 89* – ⌹ ▤ TV
P. AE ⓪ ⓶ *VISA*. ⅌
Comida 10 – ☕ 3,30 – **19 hab** 52,88/99,16 – PA 23,14.

🏠 **Iponuba,** Nicolás Alcalá 7 ℘ 957 67 00 75, *iponuba@interbook.net, Fax 957 69 07 02*
– ⌹, ▤ rest, ⌂. ⓶ *VISA*. ⅌
Comida *(cerrado domingo noche)* 8,41 – ☕ 3,86 – **31 hab** 30/53 – PA 19,23.

BAEZA 23440 Jaén **446** **S 19** – *17 691 h alt. 760.*
Ver : *Localidad*★★ – *Centro monumental*★★★ : *plaza del Pópulo*★ Z - *Catedral*★ *(interior*★★*)*
Z-*Palacio de Jabalquinto*★ *(fachada*★★*)* Z - *Ayuntamiento*★ Y – *Iglesia de San Andrés(tablas*
góticas★*)* Y.

🛈 pl. del Pópulo ℘ 953 74 04 44 *Fax 953 74 04 44.*
Madrid 319 ① – *Jaén 48* ③ – *Linares 20* ① – *Úbeda 9* ②

Plano página siguiente

🏨 **Confortel Baeza,** Concepción 3 ℘ 953 74 81 30, *carlosf.confortel@once.es,*
Fax 953 74 25 19 – ⌹ ▤ TV ⌂ – 🛗 25/60. AE ⓪ ⓶ *VISA*. ⅌ Y **a**
cerrado 16 diciembre-enero – **Comida** 12,02 – ☕ 6,01 – **81 hab** 65/75,73 – 3 suites –
PA 23,44.

🏨 **Hospedería Fuentenueva,** av. Puche Pardo ℘ 953 74 31 00, *reservas@fuentenu*
eva.com, Fax 953 74 32 00, ⌃, ⅃ – ▤ TV. AE ⓪ ⓶ *VISA* *por* ②
Comida 13 – **12 hab** ☕ 40/69 – PA 21.

⅌ **La Loma,** carret. de Úbeda ℘ 953 74 33 02 – ▤ TV P. ⓶ *VISA* JCB. ⅌ *por* ②
Comida 7,21 – ☕ 1,80 – **10 hab** 23,44/36,06 – PA 16,23.

XX Juanito con hab, av. Puche Pardo 43 ℘ 953 74 00 40, *Fax 953 74 23 24* – ⌹ ▤ TV
⌂ P. *por* ②
35 hab.

X **Sali,** pasaje Cardenal Benavides 15 ℘ 953 74 13 65, *Fax 953 74 47 01,* ⌃ – ▤. AE ⓪
⓶ *VISA*. ⅌ Y **e**
cerrado octubre y miércoles noche – **Comida** *carta* 19,02 *a* 30,66.

BAEZA

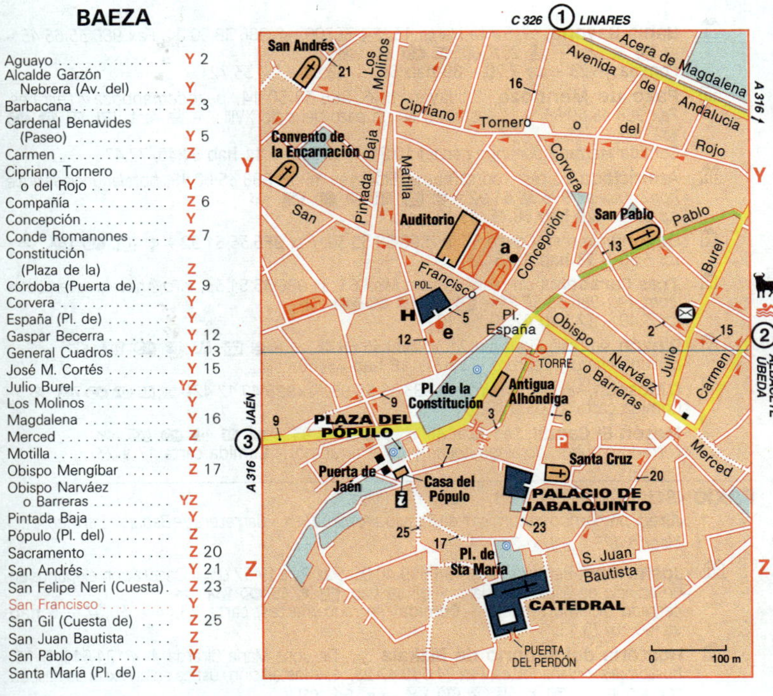

*Pour être inscrit au **guide Michelin** :*
- *pas de piston,*
- *pas de pot-de-vin !*

BAGERGUE Lleida – ver Salardú.

BAILÉN 23710 Jaén **446** **R 18** – 16814 h alt. 349.
Madrid 294 – Córdoba 104 – Jaén 37 – Úbeda 40.

en la antigua carretera N IV :

Bailén, cruce carret. de Jaén, ⊠ 23710, ℘ 953 67 01 00, Fax 953 67 25 30, ⊠, ⊜ – 🖩 TV P – 🛏 25/80
40 hab.

Motel Salvador, ⊠ 23710, ℘ 953 67 00 58, Fax 953 67 25 74 – 🖩 TV P – 🛏 25/350. AE ① ◑◉ VISA. ⊗ rest
Comida 9,62 – ☕ 3 – **26 hab** 36,66/49,28.

Zodíaco, ⊠ 23710, ℘ 953 67 10 62, hzodiaco@ofijaen.com, Fax 953 67 19 06 – 🖙 🖩 TV 🚗 P – 🛏 25/120. AE ① ◑◉ VISA JCB. ⊗
Comida 10,29 – ☕ 3,61 – **52 hab** 39,07/54,09 – PA 24,18.

BAIONA 36300 Pontevedra **441** **F 3** – 9690 h – Playa.
Ver : Monterreal (murallas★ : ≤★★).
Alred. : Carretera★ de Bayona a La Guardia.
🛈 Ventura Misa 17 ℘ 986 38 50 55 cat@baiona.org Fax 986 38 59 31.
Madrid 616 – Ourense/Orense 117 – Pontevedra 44 – Vigo 21.

Parador de Bayona ⊗, ℘ 986 35 50 00, baiona@parador.es, Fax 986 35 50 76, ≤,
« Reproducción de un típico pazo gallego en el recinto de un castillo feudal al borde del mar », ⚷, ⊠, ⊜, ✕ – 🖨 🖩 TV 🚷 P – 🛏 25/400. AE ① ◑◉ VISA. ⊗
Comida 24,04 – ☕ 9,32 – **117 hab** 98,08/122,60 – 5 suites.

Bahía Bayona, av. Santa Marta 13, ✉ 36308, ☎ 986 38 50 04, Fax 986 35 66 45 –
▮ TV 🅰 🚗 – 🛥 25/200. AE MO VISA. ⚒
Comida 16,23 – ☕ 7,20 – **89 hab** 69,71/88,94 – PA 33,72.

Pazo de Mendoza, Elduayen 1 ☎ 986 38 50 14, *pazodemendoza@terra.es*,
Fax 986 38 59 88, ≼, « Instalado en un pazo del siglo XVIII » – ▤ rest, TV. AE ⓞ MO
VISA. ⚒
Comida *(cerrado domingo noche)* 10,51 – ☕ 3,92 – **11 hab** 51,45/77,47.

Anunciada sin rest con cafetería, Elduayen 16 ☎ 986 35 60 18, *hotelanunciada@ale
hop.com*, Fax 986 35 61 92 – ▮ TV. AE ⓞ MO VISA. ⚒
☕ 2,10 – **28 hab** 38,46/53,49.

Bayona sin rest, Conde 36 ☎ 986 38 50 30, Fax 986 35 51 92 – ▮ TV. MO VISA. ⚒
☕ 3,30 – **33 hab** 39/54.

Tres Carabelas sin rest, Ventura Misa 61 ☎ 986 35 51 33, *info@hoteltrescarabelas
.com*, Fax 986 35 59 21 – TV. AE ⓞ MO VISA. ⚒
☕ 3,40 – **17 hab** 42,10/54,10.

Pinzón sin rest, Elduayen 21 ☎ 986 35 60 46, ≼ – ▮ TV. AE ⓞ MO VISA. ⚒
cerrado enero y febrero – ☕ 3 – **18 hab** 43/60.

O Moscón, Alférez Barreiro 2 ☎ 986 35 50 08, Fax 986 49 12 42 – ▤. AE ⓞ MO VISA. ⚒
Comida carta 21,03 a 43,57.

Mesón El Candil, San Juan 46 ☎ 986 35 74 93 – ▤. AE ⓞ MO VISA. ⚒
cerrado octubre, domingo noche y lunes (invierno) – **Comida** carta 17 a 23.

BAKIO 48130 Bizkaia **442** B 21 – 1 220 h – Playa.
Alred. : *Recorrido en cornisa★ de Baquio a Arminza ≼ ★ – Carretera de Baquio a Bermeo ≼ ★*.
Madrid 425 – Bilbao 28.

Joshe Mari, Bentalde 31 ☎ 94 619 40 05, Fax 94 619 57 03, « Decoración elegante en
un edificio de estilo colonial » – ▮, ▤ hab, TV P. AE MO VISA. ⚒
cerrado diciembre-enero – **Comida** *(cerrado martes)* carta 23,44 a 38,07 – **6 hab**
☕ 60,10/75,13.

Hostería del Señorío de Bizkaia ⚒, Dr. José María Cirarda 4 ☎ 94 619 47 25,
hostbizkaia@wanadoo.es, Fax 94 619 47 25, ≼, « Instalación rústica en un extenso césped
con jardín » – TV P. AE ⓞ MO VISA JCB. ⚒ rest
cerrado 7 enero-febrero – **Comida** 11,87 – ☕ 3,61 – **16 hab** 46,02/46,38.

Gotzón, barrio Bentalde 135 ☎ 94 619 40 43, 🌁 – ▤. AE MO VISA. ⚒
cerrado 8 enero-febrero y lunes – **Comida** carta 20 a 35,53.

en la carretera de Bermeo *Noreste : 4 km :*

Eneperi, barrio San Pelayo 89, ✉ 48130, ☎ 94 619 40 65, *eneperi@euskalnet.net*,
Fax 94 619 34 17, Museo de antiguos útiles de labranza, « En un caserío » – P. AE MO
VISA. ⚒
cerrado 10 enero-14 febrero, domingo noche y lunes – **Comida** - sólo almuerzo salvo
viernes, sábado y verano - carta 21 a 39.

BALAGUER 25600 Lleida **443** G 32 – 13 086 h alt. 233.
Ver : *Iglesia de Santa María★*.
🛈 pl. Mercadal 1 ☎ 973 44 66 06 *lafina@tinet.org* Fax 973 44 86 21.
Madrid 496 – Barcelona 149 – Huesca 125 – Lleida/Lérida 27.

Balaguer, La Banqueta 7 ☎ 973 44 57 50, Fax 973 44 57 50 – ▮. ▤ rest, TV. AE ⓞ
MO VISA. ⚒ rest
Comida *(cerrado sábado y domingo noche)* 9 – ☕ 4,80 – **30 hab** 36/51.

Cal Morell, passeig Estació 18 ☎ 973 44 80 09, *calmorell@s.v.t.es*, Fax 973 44 66 59
– ▤. AE ⓞ MO VISA JCB. ⚒
Comida carta 29,45 a 33,66.

El Turó, Hostal Nou (carret. C 53) - Este : 1 km ☎ 973 44 50 59, *elturo@ecodi.net* –
▤ P. MO VISA. ⚒
cerrado del 1 al 15 de septiembre y lunes salvo festivos y vísperas – **Comida** carta 17,43
a 26,75.

BALBOA 24525 León **441** D 9 – 554 h alt. 685.
Madrid 438 – León 149 – Lugo 85 – Ponferrada 41.

Ancares ⚒, Sur : 1,5 km ☎ 987 56 37 71, *hotelancares@bierzonet.es*,
Fax 987 56 37 69, « En un relajante paraje rural » – TV P. MO VISA. ⚒
Comida 10,50 – ☕ 4,20 – **16 hab** 52/57.

BALEARS (Illes) o BALEARES (Islas) ★★★

443 – 745 944 h.

La belleza de su naturaleza y sus privilegiadas playas han convertido el archipiélago en un destino turístico muy apreciado.

El archipiélago balear se extiende sobre una superficie de 5.000 km². Está formado por cinco islas (Mallorca, Menorca, Ibiza, Formentera y Cabrera) y numerosos islotes. Sus habitantes hablan el balear, lengua derivada del catalán.

MALLORCA: *Es la mayor de las Baleares y está considerada como uno de los centros turísticos más importantes de Europa. La industria del calzado y las fábricas de perlas artificiales de Manacor encuentran un amplio mercado en el extranjero. En ella se encuentra Palma, capital administrativa de la Comunidad autónoma.*

MENORCA: *Es la segunda por su superficie y población. Gran parte de sus costas han sido protegidas de la construcción masificada y ha permanecido al margen de las grandes corrientes turísticas.*

EIVISSA/IBIZA: *Conocida como la Isla Blanca, posee una personalidad única por sus casas blancas, por sus terrados y por sus calles tortuosas como zocos africanos. En los años 60 se estableció en Ibiza una juventud ávida de un modo de vida diferente que encontró aquí su hábitat.*

FORMENTERA: *Está formada por dos islotes unidos por un istmo llano y arenoso. Las playas de arena blanca y agua cristalina son el principal atractivo de esta pequeña isla. En la costa alternan los acantilados rocosos y las dunas salpicadas de arbustos.*

BALEARS (Illes) o BALEARES (Islas) ★★★ 443 – 745 944 h.

✈ ver : Palma de Mallorca, Mahó, Eivissa.

🛥 para Balears ver : Barcelona, València. En Balears ver : Palma de Mallorca, Maó, Eivissa.

MALLORCA

Algaida 07210 443 N 38 – 3 157 h.

Palma de Mallorca 22.

XX **Binicomprat**, carret. de Manacor - Noroeste : 1 km ☎ 971 12 54 11, Fax 971 12 54 09, 🌿 – 🗐 P. AE MO VISA. ⚡
Comida carta 18,33 a 28,26.

X **Es 4 Vents**, carret. de Manacor ☎ 971 66 51 73, Fax 971 12 54 09, 🌿 – 🗐 P. MO VISA. ⚡
cerrado 16 junio-15 julio y jueves salvo festivos – **Comida** carta 17,67 a 27,62.

X **Hostal Algaida**, carret. de Manacor ☎ 971 66 51 09, 🌿 – 🗐 P. ① MO VISA. ⚡
Comida carta 20,44 a 25,25.

s'Alqueria Blanca 07691 443 N 39.

Palma de Mallorca 55.

X **Bacco**, Jaume I-5 ☎ 971 16 42 85 – ① MO VISA. ⚡
cerrado noviembre-15 diciembre y martes – **Comida** - cocina italiana - carta 31,91 a 39,66.

Andratx 07150 443 N 37 – 6 869 h alt. 100.

Palma de Mallorca 31.

por la carretera C 719 Suroeste : 0,6 km y desvío a la izquierda 0,4 km :

🏡 **Son Esteve** 🦞, Camí Ca's Vidals 42, ✉ 07150, ☎ 971 23 52 72, sonesteve@yahoo.es, Fax 971 23 52 72, « Casa de labranza en una extensa finca con ⚓ y ≪ » – 🗐 TV P. AE MO VISA. ⚡
cerrado 7 noviembre-15 diciembre – **Comida** - sólo clientes - 21 – **7 hab** ⊊ 90/130.

Artà (Cuevas de) 07570 ★★★ **443** N 40.
Palma de Mallorca 78.

Banyalbufar 07191 **443** M 37 – *440 h alt. 100.*
Alred. : *Mirador de Ses Ànimes*★★ *Suroeste : 2 km.*
Palma de Mallorca 25.

🏠 **Sa Coma** ⤴, Camí d'es Molí 3 ☎ 971 61 80 34, *gc12057@autovia.com*,
Fax 971 61 81 98, ≼, ⛲, ✕ – |⇕| ▤ **P. AE MC VISA**. ✖
febrero-octubre – **Comida** *- sólo cena - 24 –* ☕ *15 –* **32 hab** *57/90.*

🏠 **Mar i Vent** ⤴, Major 49 ☎ 971 61 80 00, *marivent@fehm.es*, Fax 971 61 82 01, ≼
mar y montaña, ⛲, ✕ – |⇕| 🚗 **P. MC VISA**. ✖
cerrado diciembre-enero – **Comida** *(cerrado domingo noche) 21,04 –* **23 hab**
☕ *78,13/96,16.*

✕ **Son Tomás**, Baronía 17 ☎ 971 61 81 49, Fax 971 61 81 35, ≼, 🌳 – **MC VISA**. ✖
cerrado noviembre y martes – **Comida** *carta 20,41 a 26,75.*

Bendinat 07181 **443** N 37.
Palma de Mallorca 11.

🏰 **Ofra Resort H. Mallorca** ⤴, Arquitecto Francisco Casas 18 ☎ 971 70 77 77, *golf
@ofra-resort-hotel.com*, Fax 971 70 76 76, 🌳, « *Junto a un campo de golf* », 🖥, ⛲,
🏊, 🏌 – |⇕| ▤ **TV** & **P.** – 🏊 *25/180.* **AE ① MC VISA**. ✖
Comida *30 –* **100 hab** ☕ *170/195.*

🏨 **Bendinat** ⤴, ✉ 07015 Portals Nous, ☎ 971 67 57 25, Fax 971 67 72 76, 🌳,
« *Bungalows en un jardín con árboles y terrazas junto al mar* », ⛲, 🌿, ✕ – ▤ **TV P.**
AE ① MC VISA. ✖
febrero-octubre – **Comida** *carta 29,46 a 42,07 –* ☕ *12 –* **38 hab** *108/121.*

Binissalem 07350 **443** M 38 – *4676 h alt. 160.*
Palma de Mallorca 20 – Inca 7.

🏨 **Scott's** ⤴ *sin rest*, pl. Iglesia 12 ☎ 971 87 01 00, *reserve@scotthotel.com*,
Fax 971 87 02 67, « *Antigua casa señorial* », 🏊 – ▤. **AE MC VISA**. ✖
17 hab ☕ *130/210.*

Bunyola 07110 **443** M 38 – *4045 h alt. 230.*
Palma de Mallorca 16.

✕✕ **Sa Costa**, Cuesta de la Estación 21 ☎ 971 61 31 10, Fax 971 14 82 31, ≼, 🌳 – **P. ①**
MC VISA JCB
cerrado noviembre, domingo noche y lunes – **Comida** *carta 27 a 31,94.*

en la carretera de Sóller :

✕ **Ses Porxeres**, Noroeste : 3,5 km, ✉ 07110, ☎ 971 61 37 62, *sesporxeres@airtel.net*,
Fax 971 61 30 18, « *Decoración rústica* » – **P. AE ① MC VISA**. ✖
cerrado agosto y lunes – **Comida** *carta aprox. 26.*

✕ **Ca'n Penasso**, Oeste : 1,5 km, ✉ 07110, ☎ 971 61 32 12, Fax 971 61 53 53, ≼, 🌳,
« *Conjunto de estilo rústico regional* », ⛲, 🌿 – **P. MC VISA**. ✖
cerrado miércoles salvo en verano – **Comida** *carta 21,64 a 27,65.*

Caimari 07314 **443** M 38.
Palma de Mallorca 38 – Inca 6.

en Binibona *Noreste : 4 km :*

🏨 **Can Furiós** ⤴, Camí Vell Binibona 11, ✉ 07314, ☎ 971 51 57 51, *canfurios@nexo.es*,
Fax 971 87 53 66, 🌳, « *Antigua casa rural con* ⛲ *y* ≼ *campo y montañas* », 🌿 – ▤
TV P. MC VISA. ✖
cerrado 3 enero-10 febrero – **Comida** *(cerrado martes) carta aprox. 48,08 –* ☕ *12,02*
– **7 hab** *125,01/156,29.*

🏨 **Ets Albellons** ⤴, desvío 1,5 km, ✉ 07314, ☎ 971 87 50 69, *finca@albellons.com*,
Fax 971 87 51 43, 🌳, « *Conjunto rústico en pleno campo con* ≼ *pueblos, campo y
montaña* », ⛲ – ▤ **TV P. ① MC VISA JCB**. ✖
Comida *- sólo cena - 24,04 –* **9 hab** ☕ *106,01/149,04 – 3 suites.*

🏠 **Es Castell** ⤴, desvío 1,5 km, ✉ 07314, ☎ 971 87 51 54, Fax 971 87 51 54, 🌳,
« *Conjunto rústico en pleno campo con* ⛲ *y* ≼ *pueblos, campo y montañas* » – **P. AE**
① MC VISA. ✖ *rest*
Comida *- sólo clientes - 24,04 –* **12 hab** ☕ *91,17/132,23.*

Cala d'Or 07660 **443** N 39 – *Playa*.

Ver : *Paraje★*.

⛳ *Vall d'Or, Norte : 7 km* ☎ *971 83 70 68 Fax 971 83 72 99.*

🛈 *av. Perico Pomar 10* ☎ *971 65 74 63 Fax 971 65 74 63.*

Palma de Mallorca 64.

Meliá Cala d'Or 🦅, Portinatx 16 ☎ 971 65 75 12, *melia.cala.dor@solmelia.com*, Fax 971 64 32 42, *Lⓢ, ⌇, ▨, ⇶ – ⇳ ▤ TV ♿. AE ⓞ MC VISA* *marzo-noviembre* – **Comida** 21,04 – ☕ 13,22 – **18 hab** 222,37 – 31 suites.

Cala d'Or 🦅, av. de Bélgica 49 ☎ 971 65 72 49, *reservas@hotelcalador.es*, Fax 971 65 93 51, 🏖, « Terrazas bajo los pinos », ⌇ climatizada – ⇳ ▤ TV. MC VISA. ⊗ *febrero-octubre* – **Comida** - sólo cena - 22 – **97 hab** ☕ 86/112.

Rocador, Marqués de Comillas 3 ☎ 971 65 70 75, *rocador@infonegocio.com*, Fax 971 65 77 51, ≤, *Lⓢ, ⌇, ▨, ⇶* – ⇳, ▤ rest,. MC VISA. ⊗ *febrero-octubre* – **Comida** - sólo buffet 15,63 – ☕ 8,71 – **105 hab** 44,17/76,33.

Rocador Playa, Marqués de Comillas 1 ☎ 971 65 77 25, *rocador@infonegocio.com*, Fax 971 65 77 51, ≤, *Lⓢ, ⌇, ▨* – ⇳, ▤ rest,. MC VISA. ⊗ *abril-octubre* – **Comida** - sólo buffet 15,63 – ☕ 8,71 – **110 hab** 44,17/76,33.

Port Petit, av. Cala Llonga ☎ 971 64 30 39, *deymier@teleline.es*, Fax 971 64 30 73, ≤, 🏖 – AE ⓞ MC VISA *cerrado noviembre-marzo y martes salvo julio-agosto* – **Comida** - sólo cena - carta 32,05 a 40,63.

Ca'n Trompé, av. de Bélgica 12 ☎ 971 65 73 41, 🏖 – ▤. MC VISA. ⊗ *cerrado diciembre-15 febrero y martes de noviembre a marzo* – **Comida** carta 18,34 a 27,95.

Cala Figuera 07659 **443** O 39.

Ver : *Paraje★*.

Palma de Mallorca 59.

Cala Pí 07639 **443** N 38.

Palma de Mallorca 41.

Miquel, Torre de Cala Pí 13 ☎ 971 12 30 00, *Fax 971 12 30 92*, 🏖, « Decoración regional » – MC VISA. ⊗ *marzo-octubre* – **Comida** carta 19,20 a 36,30.

Cala Rajada 07590 **443** M 40 – *Playa*.

Alred. : *Capdepera (murallas ≤★) Oeste : 2,5 km.*

⛴. *para Ciutadella de Menorca : Cape Balear, Pizarro 49* ☎ *902 10 04 44 cape@cape-balear.com Fax 971 81 86 68.*

🛈 *Castellet 5* ☎ *971 56 30 33 ma.mintour16@bitel.es Fax 971 56 52 56.*

Palma de Mallorca 79.

L'Illot Park, Monturiol ☎ 971 56 60 26, *director@lillot.com*, Fax 971 56 60 28, *Lⓢ, ⌇, ▨* – ⇳ ▤ TV. AE ⓞ MC VISA. ⊗ rest *cerrado 6 enero-20 febrero* – **Comida** - sólo buffet - 15,78 – **90 apartamentos** ☕ 113,55/133,43 – 10 hab.

L'Illot, Hernán Cortés 41 ☎ 971 81 82 84, *director@lillot.com*, Fax 971 81 81 67, Servicios terapéuticos, *Lⓢ, ⌇, ▨* – ⇳ ▤ TV. AE ⓞ MC VISA. ⊗ rest *cerrado 20 noviembre-20 diciembre* – **Comida** 15,02 – **102 apartamentos** ☕ 110,34/129,66.

Son Moll, Tritón 25 ☎ 971 56 31 00, *sonmoll@grupotel.com*, Fax 971 56 35 81, ≤, ⌇ – ⇳ ▤ TV. MC VISA. ⊗ *abril-octubre* – **Comida** - sólo buffet - 20 – ☕ 8 – **125 hab** 46/80.

Ses Rotges con hab, Rafael Blanes 21 ☎ 971 56 31 08, *hotel@sesrotges.com*, Fax 971 56 43 45, 🏖, « Terraza rústico-regional con plantas » – ▤ hab, TV ⟿. AE ⓞ MC VISA. ⊗ *17 marzo-4 noviembre* – **Comida** - cocina francesa - 81 y carta 40,41 a 52,14 – ☕ 11 – **24 hab** 69/89 **Espec.** Delicias de foie gras hecho en casa. Ragoût de lenguado con trufas y compota de tomate. Carré de cordero adobado con especias y sus verduras.

Cala Sant Vicenç 443 M 39 – *Playa*.

Palma de Mallorca 61.

La Moraleja ⏴, ✉ 07469 Pollença, ✆ 971 53 40 10, *hotel@lamoraleja.net,*
Fax 971 53 34 18, ≤, 🛋, 🛳 – 📶 🖥 📺 🅿. 🅰🅴 ⓪ ⓜⓞ 𝐕𝐈𝐒𝐀. 🛇
mayo-octubre – **Comida** - sólo cena buffet - 36 – **17 hab** ⚏ 237/270 – 1 suite.

Cala Sant Vicenç ⏴, Maresers 2, ✉ 07469 Pollença, ✆ 971 53 02 50, *info@hote
lcala.com,* Fax 971 53 20 84, 🛖, ⅃ₒ, 🛳 climatizada – 📶 🖥 📺 ⅄. 🅰🅴 ⓪ ⓜⓞ 𝐕𝐈𝐒𝐀. 🛇
cerrado diciembre-enero - **Cavall Bernat** *(sólo cena)* **Comida** carta 36,06 a 51,69 – **38 hab**
⚏ 97/237.

Sa Calobra 07008 443 M 38 – *Playa*.

Ver : *Paraje*★ – *Carretera de acceso*★★★ – *Torrente de Pareis*★, *mirador*★.
Palma de Mallorca 68.

Calonge 07669 443 N 39.

Palma de Mallorca 60 – Manacor 28.

🍴 La Cascina, carret. Cala Llonga 22 ✆ 971 16 71 52, 🛖 – 🅿.
temp – **Comida** - cocina italiana.

Calvià 07184 443 N 37 – *37 173 h alt. 156*.

🛈 Ca'n Vich 29 ✆ 971 13 91 00 *turisme@calvia.com* Fax 971 13 91 46.
Palma de Mallorca 22.

🍴 **Ses Forquetes,** C'an Vich (edificio Ayuntamiento) ✆ 971 67 06 13, ≤, 🛖 – 🖥 🅿. 🅰🅴
ⓓ 𝐕𝐈𝐒𝐀 𝐉𝐂𝐁. 🛇
Comida carta 14,95 a 24,82.

Camp de Mar 07160 443 N 37.

Palma de Mallorca 25.

Dorint Royal Golfresort ⏴, Taula 2 ✆ 971 13 65 65, *info.pmicam@dorint.com,*
Fax 971 13 60 70, 🛖, Servicios de talasoterapia, « Lujosas instalaciones en un conjunto
de estilo señorial junto a un campo de golf », ⅃ₒ, ⅃, 🛳, ⑱g – 📶 🖥 📺 ⅄. ⇆ 🅿 –
🏋 25/480. 🅰🅴 ⓪ ⓜⓞ 𝐕𝐈𝐒𝐀. 🛇
Comida 42,06 – ⚏ 18 – **162 hab** 245/350 – 2 suites.

Campanet 07310 443 M 38 – *2 182 h alt. 167*.

Palma de Mallorca 39 – Inca 11 – Manacor 35.

al Noroeste : 4 km :

Monnaber Nou ⏴, Finca Monnaber Nou, ✉ 07310, ✆ 971 87 71 76, *monnaber@f
ehm.es,* Fax 971 87 71 27, 🛖, « Antigua casa de campo rodeada de extensa finca agrícola
con ≤ campo y montaña », ⅃ₒ, ⅃, 🛳, 🍴 – 🖥 📺 ⅄ 🅿 – 🏋 25/80. 🅰🅴 ⓪ ⓜⓞ
𝐕𝐈𝐒𝐀. 🛇
Comida carta 29,30 a 33,21 – **8 hab** ⚏ 108,18/150,25 – 6 suites, 11 apartamentos.

Campos 07630 443 N 39 – *6 477 h*.

Palma de Mallorca 38.

🍴 **Es Brot,** de La Rapita 44 ✆ 971 16 02 63 – 🖥. 🅰🅴 ⓜⓞ 𝐕𝐈𝐒𝐀. 🛇
cerrado 15 mayo-15 junio y lunes – **Comida** carta 24,04 a 35,46.

en la carretera de Porreres *Norte* : 4 km y desvío a la izquierda 1 km :

Son Bernadinet ⏴, ✉ 07630 apartado 53, ✆ 971 18 16 50, *sonbernadinet@tele
line.es,* Fax 971 18 60 43, ≤, « Conjunto de arquitectura tradicional mallorquina », ⅃ –
🖥 📺 🅿 – 🏋 25. ⓜⓞ 𝐕𝐈𝐒𝐀. 🛇
cerrado diciembre – **Comida** *(cerrado miércoles)* - sólo cena, sólo clientes - 25 – **11 hab**
⚏ 145/195.

Can Picafort 07458 443 M 39 – *Playa*.

Palma de Mallorca 56.

🍴 **Mandilego,** Isabel Garau 49 ✆ 971 85 00 89, 🛖 – 🖥. 🅰🅴 ⓜⓞ 𝐕𝐈𝐒𝐀. 🛇
cerrado 15 diciembre-13 febrero y lunes – **Comida** carta 25,03 a 35,06.

Capdepera 07580 443 M 40 – 7017 h alt. 102.

18 Capdepera, carret de Palma de Mallorca km 71 ℰ 971 81 85 00 Fax 971 81 81 93 – 18
Canyamel, carret. de Artà-Canyamel, Sur : 4 km ℰ 971 84 13 13 Fax 971 84 13 14.
Palma de Mallorca 77.

en Canyamel Sureste : 9 km :

Canyamel Park, Vía de Melesigeni, ⊠ 07580, ℰ 971 84 10 11, hcanyamel@baleares.
com, Fax 971 84 10 14, ₤₅, ⊒, ⊠ – 🛗 🔲 📺
temp – **Comida** - sólo cena buffet – **133 hab.**

Colònia de Sant Jordi 07638 443 O 38 – Playa.

Palma de Mallorca 52.

✕ Marisol, Gabriel Roca 65 ℰ 971 65 50 70, Fax 971 65 50 70, ≤, 🌳 – 🔲.

Sa Coma 07687 443 N 40 – Playa.

Palma de Mallorca 69.

Mallorca Palace, Ses Savines ℰ 971 81 20 09, Fax 971 81 20 40, « Estilo rústico
mallorquín », ₤₅, ⊒, ⊠ – 🛗 🔲 📺 🅿 – 🔼 25/60. AE ⓪ ⓂⒸ VISA. ⊗
20 enero-7 noviembre - **Es Molí d'es Palace** (cerrado lunes) **Comida** carta 31,15 a 36 –
99 hab ⊑ 206,15/278,87 – 15 suites.

Deyá 07179 443 M 37 – 616 h alt. 184.

Palma de Mallorca 28.

La Residencia ⑳, Finca Son Canals ℰ 971 63 90 11, laresidencia@hotel-laresidenci
a.com, Fax 971 63 93 70, ≤, 🌳, « Antigua casa señorial de estilo mallorquín », ₤₅,
⊒ climatizada, ⊠, 🚲, ✕ – 🛗 🔲 ♿ 🅿 – 🔼 25/50. AE ⓪ ⓂⒸ VISA JCB. ⊗
Comida - sólo clientes (ver también rest. **El Olivo**) 39,07 – **60 hab** ⊑ 198/409 – 3 suites.

Es Molí ⑳, carret. de Valldemosa - Suroeste : 1 km ℰ 971 63 90 00, esmoli@fehm.es,
Fax 971 63 93 33, ≤ valle y mar, 🌳, « Jardín escalonado », ⊒ climatizada, ✕ – 🛗 🔲
🅿. AE ⓪ ⓂⒸ VISA. ⊗
26 abril-28 octubre – **Comida** - sólo cena - 34,86 – **86 hab** ⊑ 126,21/206,74 – 1 suite.

El Olivo - Hotel La Residencia, Finca Son Canals ℰ 971 63 90 11, laresidencia@hotel-l
aresidencia.com, Fax 971 63 93 70, 🌳, « Instalado en un antiguo molino de aceite » –
🔲 🅿. AE ⓪ ⓂⒸ VISA JCB. ⊗
Comida carta 50,49 a 68,52.

Ca'n Quet, carret. de Valldemosa - Suroeste : 1,2 km ℰ 971 63 91 96, esmoli@fehm.es,
Fax 971 63 93 33, ≤ montaña, 🌳, ⊒ – 🅿. AE ⓪ ⓂⒸ VISA. ⊗
26 abril-29 octubre – **Comida** (cerrado lunes) carta 27,20 a 37,50.

Es Racó d'Es Teix, Sa Vinya Vella 6 ℰ 971 63 95 01, Fax 971 63 95 01, « Agradable
terraza » – 🅿. ⓂⒸ VISA
cerrado enero-15 febrero y martes – **Comida** carta 35 a 46,08.

Sebastián, Felipe Bauzá ℰ 971 63 94 17 – ⓂⒸ VISA
cerrado del 1 al 20 de diciembre, 6 enero-10 febrero y miércoles – **Comida** - sólo cena
- carta 32,55 a 37,50.

Drach (Cuevas del) ★★★ 443 N 39.

Palma de Mallorca 63 - Portocristo 1.

Estellencs 07192 443 N 37 – 411 h alt. 150.

Alred. : Mirador Ricardo Roca★★ Suroeste : 8 km.
Palma de Mallorca 31.

Felanitx 07200 443 N 39 – 14 176 h alt. 151.

Palma de Mallorca 50.

al Noreste : 6,5 km :

Sa Posada d'Aumallía ⑳, camino Son Prohens 1027, ⊠ 07200 apartado 159,
ℰ 971 58 26 57, aumallia@aumallia.com, Fax 971 58 32 69, ≤, 🌳, « En pleno campo »,
⊒, 🚲, ✕ – 🔲 📺 🅿. AE ⓪ ⓂⒸ VISA. ⊗ rest
cerrado diciembre-enero – **Comida** - es necesario reservar - carta aprox. 20,44 – **14 hab**
⊑ 108,18 a 144,24.

al Sureste : *6 km* :

XXX **Vista Hermosa** ⑤ con hab, carret. de Portocolom, ✉ 07200 apartado 39, ℘ 971 82 49 60, *vhermosa@ baleares.com, Fax 971 82 45 92,* 🌿, « Antigua casa señorial con ≤ valle, monte y mar », 🏋, ⌿, ⌿, ⌾ – 🍴 hab, 📺 ⌖ 🅿. AE ⑩ MC VISA ⌿
cerrado 5 enero-febrero – **Comida** carta 34,37 a 42,75 – **6 hab** ☕ 214/265, 4 suites.

Formentor (Cap de) *07470* 443 **M 39**.
Ver : *Carretera★ de Puerto de Pollensa al Cabo Formentor – Mirador des Colomer★★★ – Cabo Formentor★.*
Palma de Mallorca 78 – Port de Pollença/Puerto de Pollensa 20.

🏨 **Formentor** ⑤, ℘ 971 89 91 00, *formentor@ fehm.es, Fax 971 86 51 55,* 🌿,
« Magnífica situación frente al mar rodeado de un extenso pinar con ≤ bahía y montañas »,
⌿ climatizada, 🚡, ⌾ – 🔶 🍴 📺 🅿 – 🔔 25/200. AE ⑩ MC VISA JCB ⌿
22 abril-octubre – **Comida** 48 - *El Pi (sólo cena, cerrado 16 octubre-14 abril)* **Comida** carta 57,12 a 81,80 – **110 hab** ☕ 205,50/322,50 – 17 suites.

Fornalutx *07109* 443 **M 38** *– 549 h alt. 160.*
Palma de Mallorca 28.

✿ **Ca'n Reus** ⑤ sin rest, De l'Auba 26 ℘ 971 63 11 74, *Fax 971 63 11 74,* « Antigua casa rural » – 🍴. MC VISA
cerrado diciembre – **7 hab** ☕ 90,15/108,18.

S'Horta *07669* 443 **N 39**.
Palma de Mallorca 61 – Manacor 27.

al Este : *2,5 km* :

🏛 **Sa Pletassa** ⑤, Camino Viejo de s'Horta - Cala Marçal 362, ✉ 07669, ℘ 971 83 70 69, *sapletassa@ mallorcared.com, Fax 971 83 73 20,* 🌿, « En pleno campo », ⌿ – 📺 🅿. ⑩
MC VISA ⌿
Comida - sólo cena - 21,04 – **10 hab** ☕ 90,15/129,22 – 1 apartamento.

Ses Illetes o **Illetas** *07184* 443 **N 37** *– Playa.*
🛈 carret. de Andratx 33 ℘ 971 40 54 44 Fax 971 40 27 39.
Palma de Mallorca 8.

🏨 **Meliá de Mar** ⑤, passeig d'Illetes 7 ℘ 971 40 25 11, *melia.de.mar@ solmelia.com,*
Fax 971 40 58 52, ≤ mar y costa, 🌿, « Jardín con arbolado », 🏋, ⌿, ⌿, ⌾ – 🔶 🍴
📺 🅿 – 🔔 25/220. AE ⑩ MC VISA. ⌿ rest
cerrado diciembre-enero – **Comida** carta aprox. 48 – ☕ 18 – **133 hab** 235/275 – 11 suites.

🏨 **Bonsol** ⑤, passeig d'Illetes 30 ℘ 971 40 21 11, *bonsol@ fehm.es, Fax 971 40 25 59,* ≤,
🌿, « Terrazas bajo los pinos. Decoración castellana », 🏋, ⌿ climatizada, 🚡, ⌾ – 🔶
🍴 📺 🅿 – 🔔 25/80. AE ⑩ MC VISA JCB. ⌿ rest
cerrado 19 noviembre-19 diciembre – **Comida** carta 24 a 33 – **88 hab** ☕ 124/177,
4 suites.

S'Illot *07687* 443 **N 40** *– Playa.*
Palma de Mallorca 66.

XX **La Gamba de Oro,** Camí de la Mar 25 ℘ 971 81 04 97, *Fax 971 81 04 97* – 🍴. AE ⑩
MC VISA JCB. ⌿
cerrado del 7 enero-7 febrero y lunes – **Comida** carta 30,06 a 34,86.

Inca *07300* 443 **M 38** *– 20 415 h alt. 120.*
Palma de Mallorca 32.

X **Ca'n Amer,** Pau 39 ℘ 971 50 12 61, « Celler típico » – 🍴. AE MC VISA. ⌿
cerrado sábado y domingo (junio-septiembre) y domingo noche resto del año – **Comida**
carta 21 a 26,25.

X **Ca'n Moreno,** Gloria 103 ℘ 971 50 35 20 – 🍴. ⑩ MC VISA. ⌿
cerrado agosto y domingo – **Comida** carta 13,50 a 22,50.

por la carretera de Sencelles *Sur : 4 km* :

🏛 **Casa del Virrey** ⑤, Son Campaner, ✉ 07300 apartado 490, ℘ 971 88 10 18, *casa virrey@ gmx.net, Fax 971 88 33 23,* 🌿, « Mansión señorial del siglo XVII », ⌿, 🚡 – 🍴
📺 🅿 – 🔔 25. ⑩ MC VISA. ⌿
Comida carta 28,26 a 38,47 – **10 hab** ☕ 99,17/168,28 – 6 suites.

Llucmajor 07620 **443** N 38 – *19 579 h.*
Palma de Mallorca 24.

al Oeste : *4 km :*

Mallorca Marriott Son Antem ⊗, ⊠ 07620, ℘ 971 12 91 00, *mhrs.pmigs.dos m@marriott.com, Fax 971 12 91 01,* ≤, *«* Elegante complejo situado entre dos campos de golf *»*, ⌁, ✗, ⌐18 – ⌷ ▤ ▥ & **P.** – ⛵ 25/300. ⒜⒠ ⓞ ⓜⓒ *VISA*. ⊗
Comida 27 – **142 hab** ⫿ 235/250 – 8 suites.

Magaluf 07182 **443** N 37 – *Playa.*
⌐18 *Poniente, carret. de Cala Figuera* ℘ *971 13 01 48 Fax 971 13 01 76.*
🄱 *Pere Vaquer Ramis 1* ℘ *971 13 11 26 omtmagaluf@calvia.com Fax 971 13 11 88.*
Palma de Mallorca 21.

en Cala Vinyes *Sur : 2 km :*

Cala Viñas ⊗, *Sirenes 17,* ⊠ *07184 Cala Vinyes,* ℘ *971 13 11 00, Fax 971 13 09 82,*
≤, ⌁, ⌁, ⌁, ✗ – ⌷ ▤ ▥ & **P.** – ⛵ 25/250. ⒜⒠ ⓞ ⓜⓒ *VISA*. ⊗
abril-noviembre – **Comida** 21,05 – **240 hab** ⫿ 99,50/153,25 – 10 suites, 25 apartamentos.

Manacor 07500 **443** N 39 – *26 021 h alt. 110.*
Palma de Mallorca 49.

✗ **Ses Arcades,** *carret. Palma de Mallorca-Artà-km 49* ℘ *971 55 47 66* – ▤. ⓜⓒ *VISA*. ⊗
cerrado agosto, domingo noche y lunes – **Comida** *carta 19,54 a 31.*

al Norte : *4 km :*

La Reserva Rotana *(anexo* 🄱🄱 *)* ⊗, *camí de s'Avall,* ⊠ *07500 apartado 69,*
℘ *971 84 56 85, info@reservarotana.com, Fax 971 55 52 58,* ⌂, *«* Finca señorial acogedora y elegante en una extensa reserva natural *»*, ⌁, ⍋, ✗, ⌐9 – ⌷ ▤ ▥ **P.** ⒜⒠
ⓞ ⓜⓒ *VISA*. ⊗
cerrado 8 enero-8 febrero – **Comida** *carta aprox. 45* – **21 hab** ⫿ 210/380 – 1 suite.

Montuïri 07230 **443** N 38 – *2 045 h alt. 170.*
Palma de Mallorca 30 – Manacor 21.

Es Figueral Nou ⊗, *carret. de Sant Joan - Noreste : 1 km* ℘ *971 64 67 64, esfigu eral@baleares.com, Fax 971 64 67 47,* ≤ *valle y sierra de Tramuntana, «* Antigua casa señorial *»*, ⍋, ⌁, ⌁, ⍋, ✗ – ▤ ▥ & **P.** – ⛵ 25/50. ⒜⒠ ⓜⓒ *VISA*. ⊗
Es Pati de Montuïri : **Comida** *carta 26 a 32* – **25 hab** ⫿ 126,20/180,30.

Orient 07349 **443** M 38.
Palma de Mallorca 26.

L'Hermitage ⊗, *carret. de Alaró - Noreste : 1,3 km* ℘ *971 18 03 03, Fax 971 18 04 11,*
≤, ⌂, *«* Antigua casa de campo *»*, ⌁, ⍋, ✗ – ▥ **P.** ⒜⒠ ⓞ ⓜⓒ *VISA*. ⊗
4 febrero-4 noviembre – **Comida** *carta 33 a 48* – **24 hab** ⫿ 120/190.

✗ **Mandala,** *Nueva 1* ℘ *971 61 52 85,* ⌂ – ⓜⓒ *VISA*. ⊗ – *cerrado 2 diciembre-2 enero, lunes en verano y domingo resto del año* – **Comida** - *sólo almuerzo septiembre-mayo salvo viernes-sábado y sólo cena junio-agosto salvo domingo - carta 20,59 a 28,85.*

Palma de Mallorca 07000 🄿 **443** N 37 – *308 616 h* – *Playas : Portixol DV, Can Pastilla por*
④ *: 10 km y s'Arenal por* ④ *: 14 km.*
Ver : *Barrio de la Catedral★ : Catedral/La Seu★★ GZ – Iglesia de Sant Francesc (claustro★) HZ – Museo de Mallorca (Sección de Bellas Artes★ : San Jorge★) GZ M1 - Museo Diocesano (cuadro de Pere Nisart : San Jorge★) GZ M2.*
Otras curiosidades : *La Lonja/La Llotja★ FZ - Palacio Sollerich (patio★) GY Z – Pueblo Español★ BU A - Castillo de Bellver★ BU ☀★★.*
⌐18 *Son Vida, Noroeste : 5 km* ℘ *971 79 12 10 Fax 971 79 11 27 AT –* ⌐18 *Bendinat, carret. de Bendinat, Oeste : 15 km* ℘ *971 40 52 00 Fax 971 70 07 86 AV. –* ✈ *de Palma de Mallorca por* ④ *: 11 km* ℘ *971 78 90 99 – Iberia : av. Joan March 8* ⊠ *07002*
℘ *971 75 71 19 HX. –* ⛴ *para la Península, Menorca y Eivissa : Cía. Trasmediterránea, Muelle de Peraires* ⊠ *07015* ℘ *971 70 73 00 Fax 971 70 73 45 BV.*
🄱 *pl. de la Reina 2* ⊠ *07012* ℘ *971 71 22 16 Fax 971 72 02 51 Sant Domingo 11* ⊠ *07001*
℘ *971 72 40 90 turisme@a-palma.es Fax 971 72 02 40 pl. Espanya (parc de les Estacions)*
⊠ *07002* ℘ *971 75 43 29 turisme@a-palma.es Fax 971 29 37 29 y en el aeropuerto*
℘ *971 78 95 56 ma.mintour25@bitel.es Fax 971 78 95 56* – **R.A.C.C.** *av. Conde Sallent 7*
⊠ *07003* ℘ *971 71 51 40 Fax 971 72 67 35.*
Alcúdia 52 ② – Peguera/Paguera 22 ⑤ – Sóller 30 ① – Son Servera 64 ③

PALMA DE MALLORCA

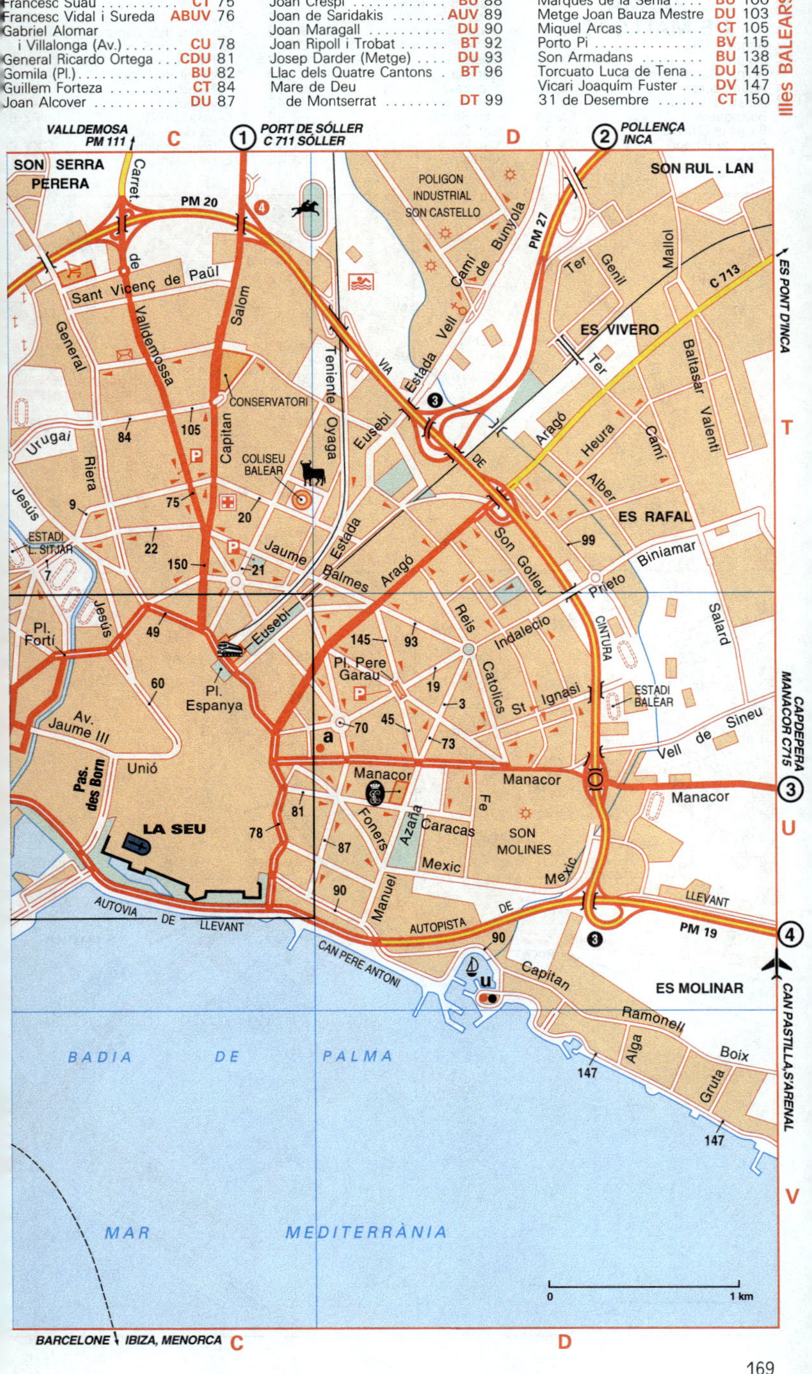

Illes BALEARS
VALLDEMOSA PM 111
C
PORT DE SÓLLER
C 711 SÓLLER
D
POLLENÇA INCA
SON SERRA PERERA
SON RUL . LAN
Carret.
PM 20
4
ES PONT D'INCA
de Valldemossa
Sant Vicenç de Paül
POLIGON INDUSTRIAL SON CASTELLO
Camí de Bunyola
PM 27
C 713
ES VIVERO
T
Salom
Ter
Genil
Mallol
Baltasar Valenti
General
VIA
Estada Vell
Teniente Oyaga
Eusebi
3
DE
Aragó
Ter
Heura
Camí
CONSERVATORI
Capitan
84
105
Urugai
Alber
ES RAFAL
Riera
9
COLISEU BALEAR
75
20
Estada
99
Biniamar
ESTADI L. SITJAR
22
150
Jaume
Balmes
Aragó
Son Gotleu
Prieto
Salard
7
21
CINTURA
Jesús
49
Eusebi
Reis
145
93
Indalecio
ESTADI BALEAR
Pl. Fortí
60
Pl. Pere Garau
19
Catolics
St. Ignasi
Vell de Sineu
Av. Jaume III
Pl. Espanya
3
Manacor
CAPDEPERA MANACOR C 715
a
70
45
73
U
Manacor
Unió
Manacor
3
Pas. des Born
81
Foners
Azaña
Caracas
SON MOLINES
Mexic
LA SEU
78
87
Mexic
Mexic
LLEVANT
90
Manuel
DE
PM 19
4
AUTOVIA
DE
LLEVANT
AUTOPISTA
90
CAN PERE ANTONI
Capitan
ES MOLINAR
CAN PASTILLA, S'ARENAL
U
Ramonell
BADIA
DE
PALMA
Alga
Boix
147
Gruta
147
V
MAR
MEDITERRÀNIA
0
1 km
BARCELONE
IBIZA, MENORCA
C
D

PALMA
DE MALLORCA

Illes BALEARS
G
H
X
Y
Z
Jesús
Cerda
Alemanya
Av.
Comte de Sallent
31 de Desembre
91
SÓLLER
Eusebi Estada
INCA
Fontsanta
Marqués
de la
Miquel Marqués
Cecili Metel
St Miquel
27
a
31
P
p
Roma
33
Via
Sang
Oms
60
Carme
Pietat
Pl. Espanya
i
Oms
52
Pl.Olivar
63
Alexandre
Rosselló
Aragó
Marqués
Av.
55
Horts
Missió
95
Concepció
Pietat
136
60
St Jaume
40
121
St Miquel
Pl.
st Antoni
Manacor
P
119
Unió
Pl. Mercat
T
148
Pl. Major
Sindicat
e b
t
Pas. des Born
n
144
130
85
Colom
34
57
Ferreria
Pl.
Mercadal
25
J
Av.
Gabriel
64
81
Z
51
i
G
Pl. Cort
H 36
Sta Eulàlia
42
94
120
D
S
50
PARLAMENT
54
132
St Francesc
CASA DE
CULTURA
118
Jeroni Pou
Alomar
12
109
Sol
6
Morey
L'Almudaina
LA SEU
133
135
141
108
13
Pl.Porta
d'es Camp
Pérez Galdós
M 2
a
Miramar
M 1
43
St Alonso
114
Baños
Árabes
37
Villalonga
Joan Maragall
PARC
DE LA
MAR
P
AUTOVIA
DE
PALMA
DE
LLEVANT

Palacio Ca Sa Galesa sin rest, Miramar 8, ⊠ 07001, ℰ 971 71 54 00, *reservas@p alaciocasagalesa.com, Fax 971 72 15 79*, « Decoración elegante en un antiguo palacete. Mobiliario de época », ⬛ – 🛗 ▤ TV P. AE ① MC VISA. ⅋
☕ 16,53 – **12 hab** 198,94/251,83.
    GZ a

Saratoga, passeig Mallorca 6, ⊠ 07012, ℰ 971 72 72 40, *hotelsaratoga@hotelsarat oga.es, Fax 971 72 73 12*, ₤ᵣ, ⌇ – 🛗 ▤ TV 🚗 – 🔏 25/130. AE ① MC VISA. ⅋
Comida 18 – **162 hab** ☕ 81/129 – 25 suites.
    FY s

Tryp Jaime III sin rest con cafetería, passeig Mallorca 14-B, ⊠ 07012, ℰ 971 72 59 43, *Fax 971 72 59 46* – 🛗 ▤ TV. AE ① MC VISA. ⅋
☕ 7,50 – **88 hab** 102/115.
    FY n

Palladium sin rest con cafetería, passeig Mallorca 40, ⊠ 07012, ℰ 971 71 28 41, *emai l@hotelpalladium.btlink.net, Fax 971 71 46 65* – 🛗 ▤ TV. AE ① MC VISA JCB. ⅋
☕ 7,81 – **53 hab** 69,11/102,17.
    FX z

San Lorenzo ⌂ sin rest, San Lorenzo 14, ⊠ 07012, ℰ 971 72 82 00, *sanlorenzo @fehm.es, Fax 971 71 19 01*, « Antigua casa señorial », ⌇ – ▤ TV. AE ① MC VISA. ⅋
☕ 9,62 – **6 hab** 190/210.
    FY v

Almudaina sin rest, av. Jaume III-9, ⊠ 07012, ℰ 971 72 73 40, *almudaina@bitel.es, Fax 971 72 25 99* – 🛗 ▤ TV – 🔏 25/35
78 hab.
    FY r

Born sin rest, Sant Jaume 3, ⊠ 07012, ℰ 971 71 29 42, *hborn@bitel.es, Fax 971 71 86 18*, « Antigua casa solariega. Patio con palmeras » – ▤ TV. AE ① MC VISA. ⅋
25 hab ☕ 57,10/89,55.
    GY b

Cannes sin rest, Cardenal Pou 8, ⊠ 07003, ℰ 971 72 69 43, *Fax 971 72 69 43* – 🛗 ▤ TV. MC VISA JCB. ⅋
☕ 3 – **56 hab** 45/66.
    GX p

Chopin, Ca'n Puigdorfila 2, ⊠ 07001, ℰ 971 72 35 56, *Fax 971 22 87 21*, « Terraza »
– ▤. AE MC VISA. ⅋
cerrado del 15 al 30 de agosto y domingo – **Comida** carta 28,85 a 44.
    GY n

Baserri, Via Roma 6, ⊠ 07003, ℰ 971 71 60 11 – ▤
Comida - cocina vasca.
    GX a

Gran Dragón, Ruiz de Alda 5, ⊠ 07011, ℰ 971 28 02 02, *Fax 971 73 58 71* – ▤. AE ① MC VISA JCB. ⅋
Comida - rest. chino - carta 15,62 a 26,93.
    FX k

Diplomatic, Palau Reial 5, ⊠ 07001, ℰ 971 72 64 82, *Fax 971 72 64 82* – ▤   **GZ s**

Xoriguer, Fábrica 60, ⊠ 07013, ℰ 971 28 83 32, *Fax 971 28 83 32* – ▤. AE ① MC VISA JCB. ⅋
cerrado agosto y festivos – **Comida** carta aprox. 30.
    EY a

La Bodeguilla, Sant Jaume 1, ⊠ 07012, ℰ 971 71 82 74, *labodeguilla@la-bodeguill a.com, Fax 971 72 60 90* – ▤. AE MC VISA. ⅋
cerrado julio y domingo – **Comida** carta 23,33 a 35,23.
    GY t

Asador Tierra Aranda, Concepción 4, ⊠ 07012, ℰ 971 71 42 56, *Fax 971 71 42 56*, 🌿, « Terraza con plantas » – ▤. AE ① MC VISA JCB. ⅋
cerrado del 15 al 31 de julio, domingo en verano y lunes resto del año – **Comida** - asados y carnes a la brasa - carta 20 a 26,42.
    GY e

Ca'n Nofre, Manacor 27, ⊠ 07006, ℰ 971 46 23 59 – ▤. ① MC VISA. ⅋   **DU a**
cerrado domingo – **Comida** carta 16 a 23.

Peppone, Bayarte 14, ⊠ 07013, ℰ 971 45 42 42 – ▤. AE ① MC VISA. ⅋   **EY d**
cerrado domingo y lunes mediodía – **Comida** - cocina italiana - carta 18,33 a 26,57.

La Lubina, Muelle Viejo, ⊠ 07012, ℰ 971 72 33 50, *Fax 971 72 46 56*, ≤, 🌿 – ▤.
AE ① MC VISA. ⅋
Comida - pescados y mariscos - carta aprox. 28,80.
    FZ c

Al Oeste de la Bahía :

Meliá Victoria, av. Joan Miró 21, ⊠ 07014, ℰ 971 73 25 42, *melia.victoria@solmel ia.com, Fax 971 45 08 24*, ≤ bahía y ciudad, 🌿, ₤ᵣ, ⌇, ⬛ – 🛗 ▤ TV ♿ P. – 🔏 25/500.
AE ① MC VISA JCB. ⅋
Comida carta 33,06 a 38,46 – ☕ 16,53 – **167 hab** 137,16/252,72, 6 suites.
    BU u

Meliá Palas Atenea, av. Ingeniero Gabriel Roca 29, ⊠ 07014, ℰ 971 28 14 00, *meli a.palas.atenea@solmelia.com, Fax 971 45 19 89*, ≤, ⌇, ⬛ – 🛗 ▤ TV ♿ – 🔏 25/350.
AE ① MC VISA. ⅋
Comida *(cerrado lunes)* 23 – ☕ 14 – **353 hab** 157/180, 8 suites.
    BU e

Tryp Bellver, paseo Marítimo 11, ✉ 07014, ✆ 971 73 51 42, *Fax 971 73 14 51*, ≤ bahía y ciudad, 🌴, ⌿ – 🛗 ▤ 📺 – 🕴 25/150. ⒶⒺ ⓪ ⓜⓒ *VISA* ⒿⒸⒷ. ⅜ BU v
Comida 19,83 – ☕ 14,72 – **381 hab** 138,83/151,46 – 2 suites.

Mirador, av. Ingeniero Gabriel Roca 10, ✉ 07014, ✆ 971 73 20 46, *mirador@hotelm irador.es, Fax 971 73 39 15*, ≤ – 🛗 ▤ 📺 – 🕴 25/80. ⒶⒺ ⓪ ⓜⓒ *VISA*. ⅜ BU x
Comida - sólo buffet - 17 – ☕ 12 – **87 hab** 117/156.

Armadams sin rest, Marquès de la Sènia 34, ✉ 07014, ✆ 971 22 21 21, *armadams @hotelarmadams.com, Fax 971 28 62 76*, 🛋, ⌿ – 🛗 ▤ 📺 🚗 – 🕴 25/50. ⒶⒺ ⓪ ⓜⓒ *VISA* ⒿⒸⒷ. ⅜ BU t
☕ 12 – **73 hab** 121/162.

Isla Mallorca, pl. Almirante Churruca 5, ✉ 07014 Palma, ✆ 971 28 12 00, *Fax 971 45 65 03*, 🛋, ⌿ – 🛗 ▤ 📺 – 🕴 25/60 BU s
110 hab.

Koldo Royo, av. Ingeniero Gabriel Roca 3, ✉ 07014, ✆ 971 73 24 35, *koldo.royo@a tlas-iap.es, Fax 971 73 86 47*, ≤ – ▤. ⒶⒺ ⓜⓒ *VISA*. ⅜ EZ c
❀ *cerrado sábado mediodía y domingo* – **Comida** carta 36,06 a 52,29
Espec. Ensalada de ostras con granizado de agua de mar (septiembre-abril). Salmonetes con puré de patata al aceite de oliva virgen y jugo de setas. Láminas de merengue crujiente con fresitas de bosque y sorbete de naranja (abril-septiembre).

Mediterráneo 1930, av. Ingeniero Gabriel Roca 33, ✉ 07014, ✆ 971 73 03 77, *Fax 971 28 92 66*, « Decoración estilo años treinta » – ▤. ⒶⒺ ⓜⓒ *VISA*. ⅜ BU u
Comida carta 21,51 a 27,63.

en La Bonanova :

Valparaíso Palace ⌂, Francisco Vidal i Sureda 23, ✉ 07015 Palma de Mallorca, ✆ 971 40 03 00, *valparaiso@grupotel.com, Fax 971 40 59 04*, 🌴, « Magnífica situación con ≤ bahía, puerto y ciudad », 🛋, ⌿, ⬚, 🌊, ✗ – 🛗 ▤ 📺 🅿 – 🕴 25/300. ⒶⒺ ⓪ ⓜⓒ *VISA*. ⅜ BV a
Comida 46 – **163 hab** ☕ 142,14/240,10 – 11 suites.

Hesperia Ciutat de Mallorca, Francisco Vidal i Sureda 24, ✉ 07015 Palma de Mallorca, ✆ 971 70 13 06, *hotel@hesperia-ciutatdemallorca.com, Fax 971 70 14 16*, 🌴, « Bonito jardín con ⌿ », 🛋 – 🛗 ▤ 📺 🅿 – 🕴 25/75. ⒶⒺ ⓪ ⓜⓒ *VISA*. ⅜ BV x
Comida 18 – ☕ 9 – **60 hab** 90/114 – 2 suites.

Catalonia Majórica ⌂, Garita 3, ✉ 07015 Palma de Mallorca, ✆ 971 40 02 61, *cata lonia@hoteles-catalonia.es, Fax 971 40 59 06*, ≤, 🛋, ⌿, ⬚ – 🛗 ▤ 📺 ⚹ – 🕴 25/60. ⒶⒺ ⓜⓒ *VISA*. ⅜ BV t
Comida - sólo cena buffet - 16,83 – ☕ 9,02 – **168 hab** 131,62/177,93.

Samantha's, Francisco Vidal i Sureda 115, ✉ 07015 Palma de Mallorca, ✆ 971 70 00 00, *Fax 971 70 09 99* – ▤ 🅿. ⒶⒺ ⓪ ⓜⓒ *VISA*. ⅜ AU c
Comida carta 28,10 a 36,40.

en Porto Pí :

Porto Pí, av. Joan Miró 174, ✉ 07015 Palma de Mallorca, ✆ 971 40 00 87, *portopi@wana doo.es, Fax 971 40 56 63*, 🌴, « Antigua villa mallorquina » – ▤. ⒶⒺ ⓪ ⓜⓒ *VISA*. ⅜ *cerrado sábado mediodía y domingo* – **Comida** carta aprox. 48,52. BV e

Gran Dragón III, av. Joan Miró 146, ✉ 07015 Palma de Mallorca, ✆ 971 70 17 17, *Fax 971 73 58 71* – ▤. ⒶⒺ ⓪ ⓜⓒ *VISA* ⒿⒸⒷ. ⅜ BV v
Comida - rest. chino - carta 15,62 a 26,93.

en Cala Major :

Nixe Palace, av. Joan Miró 269, ✉ 07015 Palma de Mallorca, ✆ 971 70 08 88, *hotel nixepalace@h-santos.es, Fax 971 40 31 71*, ≤ mar y costa, 🛋, ⌿, ⬚ – 🛗 ▤ 📺 ⚹ 🚗 – 🕴 25/180. ⒶⒺ ⓪ ⓜⓒ *VISA*. ⅜ AV s
Comida carta aprox. 27,10 – ☕ 16,53 – **129 hab** 192,32/240,40, 2 suites, 2 apartamentos.

en Sant Agustí :

Buona Sera, av. Joan Miró 299, ✉ 07015 Palma de Mallorca, ✆ 971 40 03 22 – ▤. ⒶⒺ ⓜⓒ *VISA*. ⅜ AV t
Comida - cocina italiana - carta 18,60 a 27,35.

en Gènova :

Son Berga, carret. Gènova km 4, ✉ 07015 Palma de Mallorca, ✆ 971 45 38 69, *Fax 971 73 75 60*, 🌴, « Decoración típica regional » – ▤ 🅿. ⒶⒺ ⓪ ⓜⓒ *VISA* ⒿⒸⒷ. ⅜ AU a
Comida carta 20,15 a 31,10.

Sa Caseta, Alférez Martínez Vaquer 1, ✉ 07015 Palma de Mallorca, ✆ 971 70 15 72, *Fax 971 28 49 61*, 🌴 – ▤. ⓪ ⓜⓒ *VISA*. ⅜ AU t
Comida carta aprox. 22,84.

en Son Vida :

Castillo H. Son Vida ⑤, Raixa 2, ✉ 07013 Palma de Mallorca, ☏ 971 79 00 00, *info @ hotelsonvida.com, Fax 971 79 00 17*, 🏠, « Antiguo palacio señorial entre pinos con ≤ ciudad, bahía y montañas », ⅃ₛ, ⅃ climatizada, ⊠, ⇶, ✗, |₁₈ – ♨ ▤ TV ⅋ P – 🅼 25/200. AE ◑ ⓜⓒ VISA. ✗ rest
    AT a
El Jardín : **Comida** carta 39,07 a 52,89 - *Bellver* : **Comida** carta 39,06 a 49,29 – **158 hab** ⊠ 247,32/268,35 – 12 suites.

Arabella Sheraton Golf H. Son Vida ⑤, Vinagrella, ✉ 07013 Palma de Mallorca, ☏ 971 78 71 00, *arabella@ arabella.es, Fax 971 78 72 00*, ≤, 🏠, « Edificio señorial en un marco elegante de ambiente acogedor junto al golf », ⅃ₛ, ⅃, ⊠, ⇶, ✗, |₁₈ – ♨ ▤ TV ⅋ ☞ P – 🅼 25/90. AE ◑ ⓜⓒ VISA. ✗
    AT b
Comida - ver también rest. *Plat d'Or* - *Foravila* : **Comida** carta 32,06 a 45,28 – **92 hab** ⊠ 240,89/443,55 – 1 suite.

Plat d'Or - *Hotel Arabella Sheraton Golf H. Son Vida*, Vinagrella, ✉ 07013 Palma de Mallorca, ☏ 971 78 71 00, *arabella@ arabella.es, Fax 971 78 72 00*, 🏠 – ▤ ☞ P. AE ◑ ⓜⓒ VISA. ✗
    AT b
Comida - sólo cena, buffet en domingo - 59,95 y carta 41,47 a 51,09
Espec. Ensalada de pinzas de bogavante con vinagreta ligera de pimientos de piquillo. Lubina a la sal con verduras de temporada, patatas ratte y salsa bearnesa. Filetitos de ternera blanca envueltos en panceta con polenta, ajo tierno y glasa de soja.

El Pato, Solleric, ✉ 07013 Palma de Mallorca, ☏ 971 79 15 00, *Fax 971 79 11 27*, ≤, 🏠, « Junto al golf » – ▤
    AT k

Al Este de la Bahía :

en es Molinar :

Portixol, Sirena 27, ✉ 07006 Palma de Mallorca, ☏ 971 27 18 00, *hotel@ portixol.com, Fax 971 27 50 25*, ≤, « Decoración original con mobiliario de diseño », ⅃ – ♨ ▤ TV. AE ◑ ⓜⓒ VISA. ✗
    DU u
Comida - ver rest. *Portixol* – **23 hab** ⊠ 165/175.

Portixol – *Hotel Portixol*, Sirena 27, ✉ 07006 Palma de Mallorca, ☏ 971 27 18 00, *hotel@ portixol.com, Fax 971 27 50 25*, 🏠, ⅃ – ▤. AE ◑ ⓜⓒ VISA. ✗
    DU u
Comida carta 30 a 39.

en es Coll d'en Rabassa *por* ④ : *6 km* :

Casa Fernando, Trafalgar 27, ✉ 07007 Palma de Mallorca, ☏ 971 26 54 17 – ▤. ◑ ⓜⓒ VISA. ✗ – *cerrado lunes* – **Comida** - pescados y mariscos - carta 30 a 40.

en Playa de Palma (Can Pastilla, ses Meravelles, s'Arenal) *por* ④ : *10 y 20 km* :

Garonda, carret. de s'Arenal 28, ✉ 07610 Can Pastilla, ☏ 971 26 22 00, *Fax 971 26 21 09*, ≤, ⅃ climatizada, ⇶ – ♨ ▤ TV
Comida - sólo cena buffet – **133 hab.**

Playa Golf, Llaüt 26, ✉ 07600 s'Arenal, ☏ 971 26 26 50, *playagolf@ fehm.es, Fax 971 49 18 52*, ≤, ⅃, ⊠, ✗ – ♨ ▤ TV – 🅼 25/60. AE ⓜⓒ VISA. ✗
cerrado noviembre y diciembre – **Comida** - sólo cena buffet - 18 – ⊠ 7,66 – **210 hab** 94,72/126,21 – 12 suites.

Royal Cupido, Marbella 32, ✉ 07610 Can Pastilla, ☏ 971 26 43 00, *Fax 971 26 55 10*, ≤, ⅃ – ♨ ▤ TV P – 🅼 25/100. AE ◑ ⓜⓒ VISA. ✗
Comida - sólo cena buffet - 16,25 – ⊠ 8,12 – **179 hab** 97/146.

Leman, av. Son Rigo 6, ✉ 07610 Can Pastilla, ☏ 971 26 07 12, *info@ hotel-leman.com, Fax 971 49 25 20*, ≤, ⅃ₛ, ⅃, ⊠ – ♨ ▤ TV. AE ◑ ⓜⓒ VISA. ✗ – *cerrado 3 noviembre-25 enero* – **Comida** - sólo cena buffet - 12,62 – **98 hab** ⊠ 96,76 – 23 apartamentos.

Aya, carret. de s'Arenal 60, ✉ 07600 s'Arenal, ☏ 971 26 04 50, *hotelaya@ retemail.es, Fax 971 26 62 16*, ≤, ⅃, ⇶ – ♨ ▤. ◑ ⓜⓒ VISA. ✗
abril-octubre – **Comida** - sólo buffet 13 – **145 hab** ⊠ 67/115.

Cristóbal Colón, Les Parcelles 13, ✉ 07610 Can Pastilla, ☏ 971 74 40 00, *hccolon @ infonegocio.com, Fax 971 74 34 42*, ⅃, ⊠ – ♨ ▤ TV. ⓜⓒ VISA. ✗
marzo-noviembre – **Comida** - sólo buffet - 23,32 – **158 hab** ⊠ 87,58/128,52 – PA 46,64.

Boreal, Mar Jónico 9, ✉ 07610 Can Pastilla, ☏ 971 26 21 12, *Fax 971 26 84 40*, ⅃, ⊠, ✗ – ♨ ▤ TV. ✗
cerrado 30 octubre-20 diciembre – **Comida** - sólo buffet - 7,21 – **64 hab** ⊠ 37,02/58,90.

Luxor, av. Son Rigo 21, ✉ 07610 Can Pastilla, ☏ 971 26 05 12, *Fax 971 49 25 09*, ⅃, ✗ – ♨ ▤ TV. ✗
cerrado noviembre-20 diciembre – **Comida** - sólo buffet - 7,21 – **92 hab** ⊠ 28,87/47,15.

Ca's Cotxer, carret. de s'Arenal 31, ✉ 07600 Can Pastilla, ☏ 971 26 20 49 – ▤. AE ◑ ⓜⓒ VISA. ✗ hab
cerrado martes – **Comida** carta 26,10 a 35.

Palmanova 07181 443 N 37 – *Playa.*

 *Poniente, zona de Magaluf* ℰ *971 72 36 15.*

passeig de la Mar 13 ℰ *971 68 23 65 omtpalmanova@calvia.com Fax 971 68 23 65.*
Palma de Mallorca 17.

por la carretera de Palma :

 **Punta Negra** ⤷, Noreste : 2,5 km, ⌧ 07011 Portals Nous, ℰ *971 68 07 62, hpun tanegra@ terra.es, Fax 971 68 39 19,* ⩽ *bahía,* « Magnífica situación al borde de una cala », – 25/40. AE ⓞ ⓜⓒ VISA.
Comida 24,04 – **137 hab** ⌷ 90,15/204,34.

 **Son Caliu** ⤷, urb. Son Caliu - Noreste : 2 km, ⌧ 07011 Portals Nous, ℰ *971 68 22 00, soncaliu@ soncaliu.com, Fax 971 68 37 20,* , « Jardín con », , –
25/200. AE ⓞ ⓜⓒ VISA. rest
cerrado 17 noviembre-22 diciembre – **Comida** 12 – **226 hab** ⌷ 94/140 – 5 suites.

Peguera o Paguera 07160 443 N 37 – *Playa.*

del Sebel.lí 5 ℰ *971 68 70 83 omtpeguera@ calvia.com Fax 971 68 54 68.*
Palma de Mallorca 23.

 **Hesperia Villamil,** Bulevar de Peguera 66 ℰ *971 68 60 50, hotel@ hesperia-villamil. com, Fax 971 68 68 15,* ⩽, , « Terraza bajo los pinos con », , , –
P – 25/50. AE ⓞ ⓜⓒ VISA.
La Terrasse *(sólo cena)* **Comida** carta 23,59 a 37,41 – **121 hab** ⌷ 173,69/283,68, 4 suites.

 **G.H. Sunna Park,** Gavines 19 ℰ *971 68 67 50, seramar@ hotelsunnapark.com, Fax 971 68 67 66,* , , , – P. AE ⓞ ⓜⓒ VISA. rest
cerrado 5 noviembre-19 enero – **Comida** - sólo cena buffet 20,60 – **128 hab** ⌷ 94/140.

Bahía, av. de Peguera 81 ℰ *971 68 61 00, Fax 971 68 61 04,* , – . AE ⓜⓒ
VISA.
7 abril-7 noviembre – **Comida** - sólo cena - 24,04 – **55 hab** ⌷ 63,10/171,28.

La Gran Tortuga, carret. de Cala Fornells ℰ *971 68 60 23, Fax 971 68 52 20,* ,
« Terrazas con y ⩽ bahía y mar » – AE ⓞ ⓜⓒ VISA.
Comida carta 21,09 a 34,45.

La Gritta, L'Espiga 9 ℰ *971 68 60 22, Fax 971 68 60 22,* , « Terraza con ⩽ mar »
– . AE ⓞ ⓜⓒ VISA.
cerrado noviembre-febrero – **Comida** carta 21,78 a 29.

en la carretera de Palma *Este : 2 km :*

 **Galatzó Mallorquín** ⤷, ⌧ 07160, ℰ *971 68 62 70, galatzó@ fehm.es, Fax 971 68 78 52,* , « Magnífica situación sobre un promontorio, ⩽ mar y colinas circundantes », , , , , – P – 25/50. ⓜⓒ VISA.
cerrado enero – - ***Vista de Rey*** *(cerrado 20 noviembre-enero y domingo)* **Comida** carta 32,16 a 40,56 – **132 hab** ⌷ 112,38/200,75 – 66 suites.

en Cala Fornells *Suroeste : 1,5 km :*

 Coronado ⤷, ⌧ 07160, ℰ *971 68 68 00, Fax 971 68 74 57,* ⩽ cala y mar, « Rodeado de pinos », , , , – P
Comida - sólo cena – **139 hab.**

Petra 07520 443 N 39 – *2 629 h.*

Palma de Mallorca 46.

 **Sa Plaça Petra** con hab, pl. Ramón Llull 4 ℰ *971 56 16 46, Fax 971 56 16 46,* –
. ⓞ ⓜⓒ VISA.
cerrado noviembre – **Comida** *(cerrado martes)* carta 15,93 a 28,56 – **3 hab**
⌷ 90,15/108,18.

Pina 07220 **443** N 38.

Palma de Mallorca 27 – Inca 16 – Manacor 40.

Son Xotano ≫, carret. de Sencelles - Norte : 1,5 km ℰ 971 87 25 00, *sonxotano @ mallorcanet.com*, Fax 971 87 25 01, ≤, « Casa de campo », ⌿ – ▤ hab, 📺 ℗ AE ◍ ◍ VISA ⋘
cerrado 15 noviembre-24 diciembre – **Comida** *(cerrado martes)* 24,04 – **8 hab** ⊡ 113,59/152,66 – 8 suites.

Pollença 07460 **443** M 39 – 11 256 h alt. 200 – Playa en Port de Pollença.
🖈 Pollença, carret. de Palma de Mallorca km 49,3 ℰ 971 53 32 16 Fax 971 53 32 65.
Palma de Mallorca 55.

Juma sin rest, pl. Major 9 ℰ 971 53 50 02, *juma@ hoteljuma.com*, Fax 971 53 41 55, « Mobiliario de estilo antiguo en un marco acogedor » – ▤ 📺 AE ◍ ◍ VISA ⋘
cerrado 15 noviembre-15 diciembre – **7 hab** ⊡ 77,17/96,46.

Clivia, av. Pollentia 5 ℰ 971 53 36 35 – ▤. AE ◍ ◍ VISA ⋘
cerrado 15 noviembre-15 diciembre, lunes mediodía, miércoles mediodía en verano y miércoles en invierno – **Comida** carta 21 a 35,46.

Cantonet, Montesión 20 ℰ 971 53 04 29, *restaurantecantonet@ hotmail.com*, ☂ – ▤. ◍ ◍ VISA ⋘
cerrado enero, noviembre y martes salvo verano – **Comida** - sólo cena en verano - carta 23,44 a 36,66.

La Font del Gall, Montesión 4 ℰ 971 53 03 96 – ▤. ◍ VISA ⋘
abril-octubre – **Comida** - sólo cena - carta 35,76 a 39,96.

en la carretera del Port de Pollença *Este : 2 km :*

Ca'n Pacienci, ✉ 07470 apartado 183 Port de Pollença, ℰ 971 53 07 87, ☂ – ▤ ℗ ◍ VISA ⋘
abril-octubre – **Comida** *(cerrado domingo)* - sólo cena - carta aprox. 34.

Es Pont d'Inca 07009 **443** N 38.

Palma de Mallorca 7.

S'Altell, av. Antonio Maura 69 (carret. de Inca C 713) ℰ 971 60 10 01 – ▤. AE ◍ ◍ VISA ⋘
cerrado agosto, domingo y lunes – **Comida** - sólo cena - carta 19,70 a 24,10.

Port d'Alcúdia o **Puerto de Alcudia** 07410 **443** M 39 – Playa.
⛴ para Ciutadella de Menorca : Iscomar Ferris, Muelle Comercial ℰ 902 11 91 28 *iscomarferris@ ral.es* Fax 971 54 94 76.
🛈 carret. de Artà 68 ℰ 971 89 26 15 Fax 971 89 26 15.
Palma de Mallorca 54.

Alcudiamar ≫, paseo Marítimo 1 ℰ 971 89 72 15, *botelalcudiamarrec@ aricomo.com*, Fax 971 89 72 26, ☂, « Situación privilegiada en el puerto deportivo con ≤ mar y costa », 🛠 ⌿ ⛱ – ▤ 📺 � ℗ AE ◍ ◍ VISA ⋘
marzo-octubre – **Comida** - sólo cena - 30 – **78 hab** ⊡ 150/216 – 28 suites.

Jardín, dels Tritons ℰ 971 89 40 30, *info@ restaurante-jardin.com*, Fax 971 89 40 76, ☂ – ▤. ◍ ◍ VISA ⋘
15 marzo-15 noviembre – **Comida** - sólo almuerzo en invierno salvo viernes y sábado - carta 22,53 a 35,91.

Bogavante, Teodor Canet 2 ℰ 971 54 73 64, Fax 971 54 73 64, ☂ – ▤.

en la carretera de sa Pobla *Suroeste : 4 km :*

Mesón los Patos, Camí de Ca'n Blau 42, ✉ 07408, ℰ 971 89 02 65, Fax 971 89 02 64, ☂, « Decoración rústica », ⌿ – ▤ ℗ AE ◍ ◍ VISA ⋘
cerrado 10 enero-25 febrero y martes – **Comida** carta 16,53 a 22,84.

en la playa de Muro *Sur : 6 km :*

Palace de Muro, carret. de Alcúdia-Artà, ✉ 07458 Platja de Muro, ℰ 971 89 42 24, *palacemuro@ aricomo.com*, Fax 971 89 42 13, « Agradable terraza con ⌿ frente al mar », 🛠 ⛱ – ▤ 📺 � – ⬚ 25/400. ◍ VISA ⋘
Comida 30,05 – **63 hab** ⊡ 178,80/285,48 – 80 suites.

Parc Natural, carret. de Alcúdia-Artà, ✉ 07458 Platja de Muro, ℰ 971 89 20 17, Fax 971 89 03 45, 🛠 ⌿ ⛱ – ▤ 📺 � ℗ – ⬚ 25/175. AE ◍ ◍ VISA
febrero-7 noviembre – **Comida** - sólo buffet 30 – **120 hab** ⊡ 138/228 – 36 suites.

Port d'Andratx o Puerto de Andratx 07157 443 N 37.

Alred. : *Paraje★ – Recorrido en cornisa★★★ de Port d'Andratx a Sóller.*
Palma de Mallorca 34.

Brismar, av. Almirante Riera Alemany 6 ℘ 971 67 16 00, *brismar@fehm.es,*
Fax 971 67 11 83, ≤, 佘 – ⊉ TV P. AE Ⓞ MC VISA. ⊗
cerrado 16 noviembre-7 febrero – **Comida** *10,30 –* ☲ *5,14 –* **56 hab** *46,31/66,89 –* PA
21,82.

Miramar, av. Mateo Bosch 22 ℘ 971 67 16 17, *miramar@bitel.es, Fax 971 67 34 11,* ≤,
佘 – AE Ⓞ MC VISA
cerrado 15 diciembre-15 enero – **Comida** *carta 36,80 a 43,93.*

Layn, av. Almirante Riera Alemany 20 ℘ 971 67 18 55, *restaurant@layn.net,*
Fax 971 67 30 11, ≤, 佘 – AE Ⓞ MC VISA JCB
cerrado 15 diciembre-15 enero y lunes – **Comida** *carta 18,77 a 30,92.*

Rocamar, av. Almirante Riera Alemany 29 bis ℘ 971 67 12 61, *franca@wanadoo.es,*
Fax 971 67 16 78, ≤, 佘 – AE Ⓞ MC VISA. ⊗
cerrado lunes en invierno – **Comida** *- pescados y mariscos - carta 25,23 a 27,93.*

Un consejo Michelin :

Para que sus viajes sean un éxito, prepárelos de antemano.

*Los mapas y las guías Michelin le proporcionan todas las indicaciones útiles
sobre :*
itinerarios, visitas de curiosidades, alojamiento, precios, etc...

Port de Pollença o Puerto de Pollensa 07470 443 M 39 – Playa.

Ver : *Paraje★.*
Alred. : *Carretera★ de Port de Pollença al Cabo Formentor★ : Mirador d'Es Colomer★★★.*
🛈 *Monges 9 ℘ 971 86 54 67 ma.mintour11@bitel.es Fax 971 86 67 46.*
Palma de Mallorca 58.

Illa d'Or ⊗, passeig Colom 265 ℘ 971 86 51 00, *illador@fehm.es, Fax 971 86 42 13,*
≤, 佘, « Terraza con árboles », Ⅰ₆, ⊼, ⊼, ℀ – ⊉ ▤ TV – ⚒ 25/40. AE Ⓞ MC
VISA. ⊗
cerrado 24 noviembre-8 febrero – **Comida** *25 –* **118 hab** ☲ *84/181 – 2 suites –* PA 43.

Daina, Atilio Boveri 2 ℘ 971 86 62 50, *Fax 971 86 64 61,* ≤, ⊼ – ⊉, ▤ rest, TV. AE
MC VISA. ⊗
marzo-noviembre – **Comida** *- sólo cena buffet - 15,03 –* **62 hab** ☲ *59,96/119,90, 5 suites.*

Miramar, passeig Anglada Camarasa 39 ℘ 971 86 64 00, *h.miramar@fehm.es,*
Fax 971 86 40 75, ≤ – ⊉ ▤ TV. AE MC VISA. ⊗
abril-octubre – **Comida** *- sólo cena - 12 –* **84 hab** ☲ *65/109.*

Uyal, passeig de Londres ℘ 971 86 55 00, *hoposa@hoposa.es, Fax 971 86 55 13,* ≤,
« Terraza con árboles », ⊼, ℀ – ⊉, ▤ rest, P. AE Ⓞ MC VISA. ⊗
marzo-noviembre – **Comida** *- sólo cena buffet - 19,08 –* ☲ *7,75 –* **105 hab** *39,90/79,81.*

Bahía, passeig Voramar 27 ℘ 971 86 59 84, *mafigueiras@interbook.net,*
Fax 971 86 56 30, 佘 – ⊉. MC VISA. ⊗
abril-octubre – **Comida** *carta 22,81 a 29,43 –* **30 hab** ☲ *75.*

Panorama Golden Beach, urb. Gommar 5 ℘ 971 86 51 92, *Fax 971 86 51 92,* ⊼ –
P. AE Ⓞ MC VISA JCB. ⊗ rest
mayo-octubre – **Comida** *- sólo cena buffet - 12 –* ☲ *6 –* **40 hab** *42/60.*

Reial Club Nàutic, Muelle Viejo ℘ 971 86 56 22, *rcnpp@serjebal.com, Fax 971 86 46 36,*
≤, 佘, ⊼ – ▤.

Corb Mari, passeig Anglada Camarasa 91 ℘ 971 86 70 40, 佘, « Terraza » – AE Ⓞ
MC VISA. ⊗
febrero-octubre – **Comida** *(cerrado lunes) - carnes y pescados a la parrilla - carta 23,80
a 29,50.*

Stay, Estación Marítima ℘ 971 86 40 13, *stay@stayrestaurant.com, Fax 971 86 81 66,*
≤, 佘, « Terraza frente al mar » – AE MC VISA JCB. ⊗
Comida *carta 22,24 a 33,36.*

Lonja del Pescado, Muelle Viejo ℘ 971 86 65 04, *Fax 971 86 62 95,* ≤, 佘 – ▤. MC
VISA. ⊗
cerrado 10 diciembre-15 febrero y miércoles salvo julio-agosto – **Comida** *- pescados y
mariscos - carta 25,22 a 35,10.*

en la carretera de Alcúdia *Sur : 3 km :*

XX **Ca'n Cuarassa**, ⊠ 07470, ☎ 971 86 42 66, *cancuarassa@cancuarassa.com*, *Fax 971 86 80 21*, ≤, 🏠 – AE ⑩ VISA
Comida carta 21,66 a 29,42.

Port de Sóller o **Puerto de Sóller** 07108 443 M 38 – *Playa.*
🛈 *Canonge Oliver 10* ☎ *971 63 30 42 MA.Mintour09@bitel.es Fax 971 63 30 42.*
Palma de Mallorca 32.

🏨 **Edén**, passeig Es Través 26 ☎ 971 63 16 00, *hoteleden@hoteleden.com*, *Fax 971 63 36 56*, ≤, 🛝 – |🛗|, 🍽 rest, 🅿 AE ⑩ ⑩ VISA JCB. 🛇
23 marzo-octubre – **Comida** - sólo buffet - 18,63 – ⭐ 6 – **150 hab** 38,58/69,12 – PA 36,06.

🏨 **Edén Park** sin rest, Santa María del Camí 1 ☎ 971 63 12 00, *hoteleden@hoteleden.com*, *Fax 971 63 36 56*, 🛝 – |🛗| 🅿 AE ⑩ ⑩ VISA JCB. 🛇
mayo-15 octubre – ⭐ 6 – **64 hab** 38,58/69,12.

X **Es Canyis**, platja de'n Repic ☎ 971 63 14 06, *escanyls@arrakis.es*, *Fax 971 63 51 09*, 🏠 – 🍽. ⑩ VISA. 🛇
cerrado enero, febrero, domingo noche y lunes – **Comida** carta aprox. 25,28.

X **Randemar**, Es Través 16 ☎ 971 63 45 78, *randemar@teleline.es*, *Fax 971 63 45 78*, 🏠 – 🍽. AE ⑩ ⑩ VISA. 🛇
cerrado 15 noviembre-22 diciembre y miércoles de febrero-abril – **Comida** - cocina italiana - carta 19,98 a 27,65.

Ne confondez pas :

Confort des hôtels	: 🏨🏨🏨 ... 🏠, 🏕
Confort des restaurants	: XXXXX ... X
Qualité de la table	: ❀❀❀, ❀❀, ❀, 🍴

Portals Nous 07015 443 N 37 – *Puerto deportivo.*
Palma de Mallorca 12.

XXXX **Tristán**, Puerto Portals ☎ 971 67 55 47, *tristan.portals@mail.cinet.es*, *Fax 971 67 90 83*, ≤, 🏠, « Elegante terraza en el puerto deportivo » – 🍽. AE ⑩ ⑩ VISA. 🛇
❀❀
cerrado 8 enero-27 febrero y lunes salvo 15 abril-septiembre – **Comida** - sólo cena - 88,35 y carta 48,69 a 61,31
Espec. Sopa fría de patata con bonito marinado y tartar de ternera en rosti. Raviolis rellenos de tomate estofado con fondue de parmesano y mantequilla de orégano. Lechona mallorquina a nuestra manera.

Portals Vells 07184 443 N 37 – *Playa.*
Palma de Mallorca 25.

X **Ca'n Pau Perdiueta**, Ibiza 5 ☎ 971 18 05 09, 🏠 – ⑩ VISA. 🛇
cerrado diciembre-7 enero, domingo noche y lunes – **Comida** - pescados y mariscos - carta 26,66 a 39,67.

Portocolom 07670 443 N 39 – *Playa.*
Palma de Mallorca 63.

X **Celler Sa Sinia**, Pescadors ☎ 971 82 43 23, 🏠 – 🍽. ⑩ ⑩ VISA JCB. 🛇
febrero-octubre – **Comida** *(cerrado lunes)* carta 21 a 35,46.

Portocristo 07680 443 N 40 – *Playa.*
Alred. : *Cuevas del Drach★★★ Sur : 1 km – Cuevas del Hams (sala de los Anzuelos★) Oeste : 1,5 km.*
🛈 *Bordils 53-B* ☎ *971 81 51 03.*
Palma de Mallorca 62.

X Sa Carrotja, av. d'en Joan Amer 45 ☎ 971 82 15 03 – 🍽.

Portopetro 07691 **443** N 39.

Alred. : *Cala Santanyí (paraje★) Suroeste : 16 km.*
Palma de Mallorca 61.

Puigpunyent 07194 **443** N 37 – *1 145 h alt. 240.*

Palma de Mallorca 36.

 **G.H. Son Net** , Castillo Son Net *971 14 70 00, recepcion@sonnet.es,*
Fax 971 14 70 01, ≤, , « Elegante mansión mallorquina del siglo XVII », , , ,
– – 25/40. AE MC VISA JCB
***Sa Tafona* : Comida** carta 32,15 a 51,09 – 19,83 – **16 hab** 234/354,60,
6 suites.

Randa 07629 **443** N 38.

Ver : *Santuario de Cura★ ★★.*
Palma de Mallorca 26.

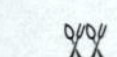 **Es Recó de Randa** con hab, Font 21 *971 66 09 97, esreco@fehm.es,*
Fax 971 66 25 58, « Terrazas », – TV AE MC VISA
Comida carta 21,04 a 29,94 – **14 hab** 105,18/135,23.

Sant Salvador **443** N 39 – *alt. 509.*

Ver : *Monasterio★ (★★).*
Palma de Mallorca 55 – Felanitx 6.

Santa Margalida 07450 **443** M 39 – *5 241 h.*

Palma de Mallorca 43.

en la carretera de Alcúdia PM 341 *Norte : 4 km :*

 **Casal Santa Eulàlia** , 07458 Ca'n Picafort, *971 18 51 49, Fax 971 18 51 61,*
« Mansión de arquitectura mallorquina del siglo XIII », , – TV AE MC
VISA
2 marzo-15 noviembre – **Comida** 24,04 – **25 hab** 189,31/208,85.

Santa Maria del Camí 07320 **443** N 38 – *3 972 h alt. 150.*

Palma de Mallorca 16.

Molí des Torrent, carret. de Bunyola 75 - Noroeste : 1,8 km *971 14 05 03,*
Fax 971 62 01 82, , « En un antiguo molino » – P. MC VISA JCB
cerrado jueves y viernes mediodía – **Comida** - sólo cena en julio y agosto - carta 29,22
a 34,86.

por la carretera de Alaró *Norte : 2 km y desvío 2 km :*

 **Read's H.** , 07320, *971 14 02 62, readshotel@readshotel.com,*
Fax 971 14 07 62, ≤, , « Antigua casa señorial de estilo mallorquín rodeada de césped
con », , , – TV AE MC VISA
Comida carta aprox. 58,30 – **11 hab** 243,25/286,17 – 14 suites.

Santa Ponça 07180 **443** N 37 – *Playa.*

Santa Ponça, urb. Nova Santa Ponça *971 69 02 11 Fax 971 69 33 64.*
Vía Puig de Galatzó *971 69 17 12 omtsantaponsa@calvia.com Fax 971 69 41 37.*
Palma de Mallorca 21.

 Bahía del Sol, av. Rei Jaume I-74 *971 69 11 50, Fax 971 69 06 50,* , , – P.
– 25/60
Comida - sólo cena buffet – **209 hab.**

 **Hesperia Playas de Mallorca,** Gran Via del Puig Major 2 *971 69 33 66, hotel@hes*
peria-playasdemallorca.com, Fax 971 69 20 70, – TV AE MC VISA
JCB
febrero-octubre – **Comida** - sólo buffet - 9,01 – 6,01 – **215 hab** 72,12/90,15.

 **Casablanca,** Via Rei Sancho 6 *971 69 03 61, hotelcasablana@wanadoo.es,*
Fax 971 69 05 51, ≤, – , rest, P. MC VISA
mayo-octubre – **Comida** - sólo cena buffet - 12,62 – 5,11 – **87 hab** 48,56/
70,68.

Illes BALEARS

Miguel, av. Rei Jaume I-92 ☎ 971 69 09 13, 🌿 – 🗐. 🅼🅲 *VISA*. ⛔
marzo-octubre – **Comida** *(cerrado lunes)* carta 24,04 a 35,46.

Jackie's, Via Puig de Galatzó 18 ☎ 971 69 00 67, *jackies@eresmas.com*,
Fax 971 69 20 01, 🌿 – 🅰🅴 ⓪ 🅼🅲 *VISA*. ⛔
abril-octubre – **Comida** carta 14,89 a 25,39.

en el Club de Golf *Sureste : 3 km :*

Golf Santa Ponça 🦢, ⊠ 07180, ☎ 971 69 71 33, Fax 971 69 48 53, ≤ campo de
golf y bahía, 🌿, 🏊, 🎱 – 🛗 🗐 📺 🅿. 🅰🅴 ⓪ 🅼🅲 *VISA*
Comida carta aprox. 37 – **10 hab** � 110/170 – 2 suites.

Sineu 07510 *443* N 39 – *2 581 h alt. 160.*
Palma de Mallorca 45.

León de Sineu 🦢 sin rest, dels Bous 129 ☎ 971 52 02 11, *reservas@hotel-leon-si*
neu.com, Fax 971 85 50 58, « *Antigua casa con bonito patio ajardinado* », 🏊 – 📺. 🅼🅲
VISA. ⛔
7 hab ⊻ 90/114.

Sóller 07100 *443* M 38 – *10 021 h alt. 54 – Playa en Port de Sóller.*
🖪 *pl. de Sa Constitució 1* ☎ 971 63 02 00 Fax 971 63 37 22.
Palma de Mallorca 27.

Ca's Puers con hab, Isabel II-39 ☎ 971 63 80 04, *stay@caspuers.com*, Fax 971 63 04 29,
🌿, « *Antigua casa señorial frente a la sierra de Tramuntana con plantas en terraza*
arbolada » – 🗐 📺 🅿. 🅰🅴 ⓪ 🅼🅲 *VISA*. ⛔
febrero-15 noviembre – **Comida** *(cerrado lunes)* - sólo cena - carta 45,73 a 50,84 – **4 hab**
⊻ 113/132,20 – 2 suites
Espec. Gambas salteadas sobre ensalada de melón y gelatina de tomate (junio-octubre).
Vieiras con almendras frescas y rebozuelos (abril-junio). Espalda de lechona asada con rollito
de verduras y chorizo (septiembre-abril).

El Guía con hab de abril a octubre, Castañer 3 ☎ 971 63 02 27, Fax 971 63 26 34 –
🗐 rest,. 🅼🅲 *VISA*. ⛔
Comida *(cerrado lunes salvo festivos de noviembre a marzo)* carta 22,84 a 31,86 – ⊻ 3,91
– **18 hab** 39,07/54,09.

en el camino de Son Puça *Noroeste : 2 km :*

Ca N'ai 🦢, ⊠ 07100, ☎ 971 63 24 94, *finca-canai@terra.es*, Fax 971 63 18 99,
≤ sierra de Alfabia y Puig Major, 🌿, « *Casa de campo* », 🏊 – 🗐 🅿. 🅰🅴 ⓪ 🅼🅲
VISA. ⛔
febrero-octubre – **Comida** *(cerrado lunes)* 22,81 – **11 hab** ⊻ 204,08.

por la carretera de Deià *Noroeste : 5 km y desvío a la derecha 2,3 km :*

Bens d'Avall, urb. Costa de Deià, ⊠ 07100, ☎ 971 63 23 81, Fax 971 63 23 81, ≤, 🌿
– 🅰🅴 ⓪ 🅼🅲 *VISA*. ⛔
abril-noviembre – **Comida** *(cerrado lunes en julio-agosto, domingo noche y lunes resto año)*
carta 35,73 a 41.

Son Sardina 07120 *443* N 37.
Palma de Mallorca 7.

en Sa Garriga *Norte : 2 km :*

Los Naranjos 🦢, Destre 61, ⊠ 07120, ☎ 971 43 90 00, *hotel-naranjos@2001.es*,
Fax 971 43 84 83, 🌿, « *Casa señorial en una finca agrícola con naranjos* », 🏋,
🏊 climatizada – 📺 🅿. 🅰🅴 ⓪ 🅼🅲 *VISA*. ⛔
cerrado 15 noviembre-15 diciembre – **Comida** *(cerrado noviembre-15 diciembre,*
viernes y sábado) - es necesario reservar - carta 26,10 a 41,40 – **8 hab** ⊻ 195/
245.

Son Servera 07550 **443** N 40 – *6 002 h alt. 92 – Playa.*

Son Servera, Noreste : 7,5 km 𝄐 971 84 00 96 Fax 971 84 01 60.
av. Joan Servera Camps 𝄐 971 58 58 64 ofitur-sonser@teleline.es Fax 971 58 58 64.
Palma de Mallorca 65.

en la carretera de Capdepera *Noreste : 3 km :*

Petit H. Cases de Pula sin rest, ⊠ 07550, 𝄐 971 56 74 92, Fax 971 56 72 71,
≤, « Antigua casa de campo », ⤢ – ▣ ᴛᴠ ℙ AE ① ⓂⒸ VISA.
10 hab ⊇ 168,28/225,38.

XX **S'Era de Pula,** ⊠ 07550, 𝄐 971 56 79 40, Fax 971 56 81 80, ᛩ, « Decoración rústica
regional » – ℙ AE ① ⓂⒸ VISA.
cerrado 10 enero-febrero y lunes – **Comida** carta 25,84 a 30,56.

en Cala Millor *Sureste : 3 km :*

Hipocampo Park, av. S'Estanyol, ⊠ 07560 Cala Millor, 𝄐 971 58 70 02, *hipopark
@hipotels.com,* Fax 971 58 70 30, ᴌ₅, ⤢, ☒, ✗ – ▯ ▣ ᴛᴠ ⅊ ℙ – ⅋ 25/120. AE ①
ⓂⒸ VISA.
20 enero-10 noviembre – **Comida** 31,25 – **98 hab** ⊇ 128,13/203,14,
105 suites.

XX Son Floriana con hab, urb. Son Floriana, ⊠ 07560 Cala Millor, 𝄐 971 58 60 75, *prot
ur@baleares.com,* Fax 971 81 35 46, ᛩ, « Decoración rústica regional » – ▣ hab,
ᴛᴠ ℙ
10 hab.

por la antigua carretera de Artà *Norte : 3 km y desvío a la derecha 0,5 km :*

Finca Son Gener , ⊠ 07550 apartado 136, 𝄐 971 18 36 12, Fax 971 18 35 91,
ᛩ, « Antigua casa de campo rodeada de extensa finca agrícola con ≤ campo y
montañas », ⤢ – ▣ ᴛᴠ ℙ AE ⓂⒸ VISA.
cerrado diciembre-15 enero – **Comida** *(cerrado martes)* - sólo clientes, sólo cena - 33 –
10 hab ⊇ 222.

en Costa de los Pinos *Noreste : 7,5 km :*

Eurotel Golf Punta Rotja , ⊠ 07559 Costa de los Pinos, 𝄐 971 81 65 00, *punt
a@baleares.com,* Fax 971 81 65 65, ≤ mar y montaña, ᛩ, Servicios de talasoterapia,
« Jardín bajo los pinos », ᴌ₅, ⤢ climatizada, ✗ – ▯ ▣ ᴛᴠ ℙ – ⅋ 25/250. AE ① ⓂⒸ
VISA. rest
cerrado del 5 al 15 de febrero – **Comida** 22 – **199 hab** ⊇ 156,14/191,39,
2 suites.

Valldemosa 07170 **443** M 37 – *1 370 h alt. 427.*

Palma de Mallorca 18.

en la carretera de Andratx *Oeste : 2,5 km :*

XX **Vistamar** con hab, ⊠ 07170, 𝄐 971 61 23 00, *info@vistamarhotel.es,*
Fax 971 61 25 83, ᛩ, « Conjunto de estilo mallorquín », ⤢ – ▣ ᴛᴠ ℙ AE ① ⓂⒸ
VISA.
febrero-octubre – **Comida** *(cerrado lunes mediodía)* carta 31,84 a 36,65 – ⊇ 15 – **18 hab**
138/180.

MENORCA

Alaior 07730 **443** M 42 – *6 406 h alt. 130.*

Maó/Mahón 12.

en Son Bou *Suroeste : 8,5 km :*

Jardín de Menorca , urb. Torre Solí Nou, ⊠ 07730, 𝄐 971 37 80 40,
Fax 971 37 80 50, ≤, ᛩ, « Villas en torno a la ⤢ rodeada de césped », ᴌ₅, ☒ – ▯ ▣
ᴛᴠ ℙ – ⅋ 25/200
Comida - sólo cena buffet – **144 apartamentos.**

XX **Club San Jaime,** urb. San Jaime, ⊠ 07730 apartado 43, 𝄐 971 37 27 87,
Fax 971 37 21 02, ᛩ, ⤢, ✗ – AE ① ⓂⒸ VISA.
mayo-octubre – **Comida** carta 21,25 a 28,75.

Es Castell 07720 **443** M 42.

Maó/Mahón 3.

🏨 **Barceló Hamilton** 🦢, paseo de Santa Águeda 6 ℘ 971 36 20 50, *hamilton@barcelo. com, Fax 971 35 16 94,* ≤, 🛋, 🏊 – 🛗 ▤ 📺
Comida - sólo bufett – **162 hab.**

🏨 **Rey Carlos III** 🦢, Carlos III-2 ℘ 971 36 31 00, *rcarlosiii@infotelecon.es, Fax 971 36 31 08,* « Amplias terrazas con 🏊 y ≤ » – 🛗 ▤ 📺. 💳 VISA. ⚡
abril-octubre – **Comida** - sólo cena bufett - 11,58 – ☕ 6,43 – **82 hab** 47,48/84,14, 3 suites.

🏨 **Agamenón** 🦢, Agamenón 16 ℘ 971 36 21 50, *agamenon@sethotels.com, Fax 971 36 21 54,* ≤, 🌿, 🏊 – 🛗 ▤ 📺 ♿ 🅿 – 🚤 25/100. 💳 💳 VISA. ⚡
abril-octubre – **Comida** - sólo cena 15,02 – **75 hab** ☕ 78,13/132,22.

Ciutadella de Menorca o Ciudadela 07760 **443** M 41 – 20 707 h.

Ver : *Localidad★.*

⛴ *para Port d'Alcúdia : Iscomar Ferris, Muelle Comercial ℘ 902 11 91 28.*

⛴. *para Cala Rajada : Cape Balear, Marina ℘ 971 48 25 87 cape@capebalear.com Fax 971 48 25 87.*

🅱 *pl. de la Catedral 5 ℘ 971 38 26 93 me.mintouror@bitel.es Fax 971 38 26 67.*
Maó/Mahón 44.

🏰 **Hesperia Patricia** sin rest, passeig Sant Nicolau 90 ℘ 971 38 55 11, *hotel@hesper ia-patricia.com, Fax 971 48 11 20,* 🏊 – 🛗 ▤ 📺 – 🚤 25/110. 💳 💳 💳 VISA. ⚡
☕ 8,10 – **44 hab** 110/120.

🍴 **Club Nàutic,** Camí de Baix 8-1° ℘ 971 38 27 73, *gomila@infotelecom.es, Fax 971 38 27 73,* 🌿 – ▤ 🅿 💳 VISA. ⚡
Comida carta 22,24 a 37,56.

🍴 **Cas Ferrer de sa Font,** Portal de sa Font 16 ℘ 971 48 07 84, 🌿 – ▤. 💳 💳 VISA. ⚡
cerrado marzo y lunes – **Comida** carta 27,05 a 39,07.

🍴 **Casa Manolo,** Marina 117 ℘ 971 38 00 03, 🌿 – ▤. 💳 💳 💳 VISA. ⚡
cerrado noviembre-diciembre – **Comida** carta aprox. 27,94.

🍴 **El Horno,** d'es Forn 12 ℘ 971 38 07 67 – ▤. 💳 💳 💳 VISA. ⚡
abril-octubre – **Comida** - sólo cena - carta 19,40 a 23,70.

🍴 **Racó d'es Palau,** Palau 3 ℘ 971 38 54 02, 🌿 – ▤. 💳 💳 💳 VISA. ⚡
abril-octubre – **Comida** *(cerrado domingo mediodía)* carta 22 a 30.

en la carretera del Cap d'Artrutx *Sur : 3 km :*

🍴 **Es Caliu,** ✉ 07760 apartado 355, ℘ 971 38 01 65, 🌿, « Decoración rústica » – 🅿 💳
VISA. ⚡
cerrado Navidades – **Comida** - carnes a la brasa - carta aprox. 27,05.

por la carretera de Cala Morell :

🏨 **Sant Ignasi** 🦢, Noreste : 3 km y desvío a la izquierda 1,6 km, ✉ 07760, ℘ 971 38 55 75, *santignasi@santignasi.com, Fax 971 48 05 37,* ≤, 🌿, « Acogedora masía en pleno campo », 🏊 – ▤ 📺 ♿ 🅿 💳 VISA
cerrado 10 diciembre-8 enero - **Es Lloc** *(cerrado de lunes a miércoles de octubre-abril)*
Comida carta 34,82 a 45,82 – ☕ 9 – **20 hab** 123,20/192,32.

🍸 **Biniatram** 🦢 sin rest, Noreste : 7,5 km, ✉ 07760, ℘ 971 38 31 13, *Fax 971 48 28 27,* « Casa de campo con 🏊 en plena naturaleza », 🍴 – 🅿 💳 VISA. ⚡
☕ 6,01 – **4 hab** 71 – 4 apartamentos.

en el camino de Macarella *Sureste : 7,5 km :*

🏨 **Morvedra Nou** 🦢, ✉ 07760, ℘ 971 35 95 21, *morvedra@ccoline.es, Fax 971 35 91 74,* 🌿, « Acogedora casa de campo con 🏊 » – ▤ 📺 ♿ 🅿 💳 VISA. ⚡
cerrado Navidades – **Comida** *(abril-noviembre)* 16,08 – **18 hab** ☕ 171,71/191.

Ferreries 07750 **443** M 42 – 3 652 h.

Maó/Mahón 29.

en Cala Santa Galdana *Suroeste : 7 km :*

🏨 Cala Galdana 🦢, ✉ 07750 Cala Santa Galdana, ℘ 971 15 45 00, *galdana@infotelec on.es, Fax 971 15 45 26,* ≤, 🌿, 🛋, 🏊, 🏖 – 🛗 ▤ 📺
204 hab.

🍴🍴 **Tornare,** ✉ 07750 Cala Santa Galdana, ℘ 971 15 45 00, *galdana@infotelecom.es, Fax 971 15 45 26,* 🌿 – ▤. 💳 💳 💳 VISA. ⚡
abril-octubre – **Comida** carta 27,05 a 33.

Fornells 07748 **443** L 42.

Maó/Mahón 30.

✗ **S'Áncora,** passeig Marítim 8 ☎ 971 37 66 70, Fax 971 37 65 37, ⚘ – ▣. AE ⓸ ⓶⓶ VISA. ⚓
cerrado enero-febrero y viernes mediodía – **Comida** *carta 28,55 a 36,96.*

✗ **Es Cranc,** Escoles 31 ☎ 971 37 64 42, Vivero propio – ▣. ⓶⓶ VISA. ⚓
cerrado diciembre-febrero y miércoles salvo 15 julio-15 septiembre – **Comida** *carta 36,21 a 59,79.*

en la urbanización Playas de Fornells *Suroeste : 4 km :*

🏠 Tramontana Park ⚓, Parcela H-4, ✉ 07748, ☎ 971 37 67 42, Fax 971 37 67 48, ⚘, 🏊 – ▣ rest, 📺
Comida - *sólo buffet –* **87 apartamentos.**

In questa guida
uno stesso simbolo, uno stesso carattere
stampati in rosso o in **nero**, in magro o in **grassetto**,
hanno un significato diverso.
Leggete attentamente le pagine esplicative.

Maó o Mahón 07700 **443** M 42 – 21 814 h.

Ver : *Emplazamiento★, La Rada★.*

✈ *de Menorca, Sant Climent, Suroeste : 5 km* ☎ 971 15 70 00 Fax 971 15 70 70 – Iberia : *aeropuerto* ☎ 971 36 90 15.

⛴ *para la Península y Mallorca : Cía Trasmediterránea, Nuevo Muelle Comercial t Ñ 971 36 60 50 Fax 971 36 99 28.*

🛈 *pl. Explanada 40* ✉ *07703* ☎ *971 36 37 90 turisme.cime@silme.es Fax 971 36 74 15.*

Planos páginas siguientes

🏨 **Port Mahón,** av. Fort de l'Eau 13, ✉ 07701, ☎ 971 36 26 00, portmahón@sethot els.com, Fax 971 35 10 50, ≤, ⚘, 🏊 – 🛗 ▣ 📺 ♿ – 🅰 25/40. AE ⓸ ⓶⓶ VISA. ⚓
CY **a**
Comida *carta 21,20 a 34 –* **80 hab** ☕ 90/140 – **2 suites.**

🏨 **Catalonia Mirador des Port,** Vilanova 1, ✉ 07701, ☎ 971 36 00 16, cataloni@h oteles-catalonia.es, Fax 971 36 73 46, ≤, 🏊 – 🛗 ▣ 📺. AE ⓸ ⓶⓶ VISA JCB. ⚓
AY **b**
Comida - *sólo cena - 12,02 –* ☕ *9,02 –* **69 hab** 98,56/131,65.

✗✗ La Minerva, Moll de Llevant 87 (puerto), ✉ 07701, ☎ 971 35 19 95, Fax 971 35 20 76, ⚘ – 🛗 ▣
BCY **d**

✗ **Jardí Marivent,** Moll de Llevant 314 (puerto), ✉ 07701, ☎ 971 36 98 01, ≤, ⚘ – ▣. AE ⓸ ⓶⓶ VISA
CY **e**
cerrado 20 diciembre-17 febrero y domingo – **Comida** *carta 23,43 a 34,54.*

✗ **Jàgaro,** Moll de Llevant 334 (puerto), ✉ 07701, ☎ 971 36 23 90, Fax 971 36 86 87, ≤, ⚘ – ▣. AE ⓸ ⓶⓶ VISA JCB. ⚓
CZ
cerrado 3 semanas en febrero, domingo mediodía en verano y domingo noche resto del año – **Comida** *carta 21,90 a 30,65.*

✗ **Andaira,** d'es Forn 61, ✉ 07702, ☎ 971 36 68 17, andaira61@eresmas.com, ⚘ – ▣. ⓸ ⓶⓶ VISA
AY **k**
cerrado enero-febrero, lunes salvo verano y domingo – **Comida** - *sólo cena en verano - carta 23,42 a 27,71.*

✗ **Gregal,** Moll de Llevant 306 (puerto), ✉ 07701, ☎ 971 36 66 06, Fax 971 35 11 47, ≤ – ▣. AE ⓸ ⓶⓶ VISA JCB. ⚓
CY **m**
Semana Santa-noviembre – **Comida** *carta 23,80 a 38,46.*

en Cala Fonduco *Este : 1 km :*

🏠 **Miramar** ⚓, Fonduco 46, ✉ 07720 es Castell, ☎ 971 36 29 00, miramar@infotele com.es, Fax 971 35 12 40, 🏊 – 🛗 ▣ 📺. ⓶⓶ VISA. ⚓
abril-octubre – **Comida** - *sólo cena - carta aprox. 30 –* **25 hab** ☕ 102/107.

en la carretera de es Castell *Este : 1,5 km :*

🍴 **Del Almirante** ⚓, ✉ 07720 es Castell, ☎ 971 36 27 00, Fax 971 36 27 04, « Antigua villa con 🏊 », ✗ – ▣ rest, 🅿. ⓸ ⓶⓶ VISA. ⚓
mayo-octubre – **Comida** - *sólo cena 8,50 –* **39 hab** ☕ 49/82.

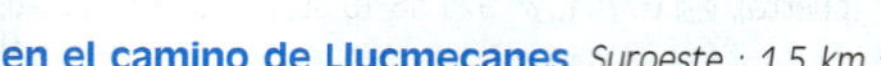

---

en el camino de Llucmeçanes *Suroeste : 1,5 km :*

Sa Vinya, Camí de Baix 47, ⊠ 07712 Llucmeçanes, ℰ 971 36 93 82, 🛖, « En una casita de campo » – P. MC VISA JCB   por : av. de la Mediterrànea **AZ**
cerrado diciembre-enero y domingo – **Comida** - *sólo cena* - carta 24,39 a 34,33.

Es Mercadal 07740 443 M 42 – 2 601 h alt. 120.

Alred. : *Monte Toro :* ≼★★ *(3,5 km).*

[9] *Son Parc, Noreste :* 6 km ℰ 971 18 88 75.

Maó/Mahón 22.

Ca n'Aguedet, Lepanto 30-1º ℰ 971 37 53 91 – ▤. AE ① MC VISA. ✺
Comida - *cocina regional* - carta 19,84 a 28,85.

Ca n'Olga, Pont na Macarrana ℰ 971 37 54 59, 🛖, « Agradable terraza » – AE ① MC VISA. ✺
cerrado 15 diciembre-15 marzo, lunes y martes en invierno – **Comida** - *sólo cena de junio a octubre* - carta aprox. 36,51.

Es Migjorn Gran 07749 443 M 42 – 1 051 h.

Maó/Mahón 18.

S'Engolidor con hab, Major 3 ℰ 971 37 01 93, 🛖 – MC VISA. ✺
febrero-octubre
Comida *(sólo fines de semana febrero-abril y cerrado lunes resto del año)* - *sólo cena* - carta 18,94 a 21,64 – **4 hab** ☑ 28,85/38,46.

Sant Climent 07712 443 M 42.

Maó/Mahón 6.

XX **Es Molí de Foc,** Sant Llorenç 65 ℘ 971 15 32 22, Fax 971 15 32 22, – . AE ①
MC VISA.
cerrado enero, domingo noche y lunes – **Comida** *carta aprox. 36.*

Sant Lluís 07710 443 M 42 – 3404 h.

Maó/Mahón 4.

por la carretera de Binibèquer :

X **Sa Parereta d'en Doro,** Camí de Binissafuller - Suroeste : 2,5 km y desvío a la derecha
1 km, ⊠ 07710, ℘ 971 15 03 53, , « Casa en el campo » – P. MC VISA
febrero-noviembre – **Comida** *(cerrado domingo-lunes de septiembre a junio y martes-*
miércoles en invierno) - sólo cena - carta 24,11 a 31,84.

X **Biniali** con hab, carret. S'Ullastrar-Binibèquer 50 - Suroeste : 1,5 km, ⊠ 07710,
℘ 971 15 17 24, Fax 971 15 03 52, , , « Antigua casa de campo », – P. AE ①
MC VISA JCB. rest
Semana Santa-noviembre – **Comida** *carta 20,04 a 29,57* – 7,21 – **9 hab** 105,39/124,32.

por la carretera de es Castell *Noreste : 1,5 km y desvío a la izquierda 0,5 km :*

Biniarroca , ⊠ 07710, ℘ 971 15 00 59, hotel@biniarroca.com, Fax 971 15 12 50,
, « Agradable conjunto rural con y jardín » – TV P. MC VISA.
marzo-octubre – **Comida** *carta aprox. 36* – **12 hab** 132,22/168,28.

Eivissa o Ibiza 07800 **443** P 34 – 30 376 h – Playa.

Ver : *Emplazamiento*★★, *La Ciudad Alta*★ *(Dalt Vila)* **BZ** : *Catedral* **B** ✳★ - *Museo Arqueológico*★ **M1**.

Otras curiosidades : *Museo monográfico de Puig de Molins*★ **AZ M2** *(busto de la Diosa Tanit*★*) - Sa Penya*★ **BY**.

⚑18 ⚑9 *Ibiza, por* ② : 10 km ℘ 971 19 61 18 Fax 971 19 60 51.

✈ *de Ibiza, por* ③ : 9 km ℘ 971 80 90 00 – Iberia : *passeig Vara de Rey 15* ℘ 971 30 08 33 **BY**. – 🚢 *para la Península y Mallorca* : *Cía. Trasmediterránea, Andenes del Puerto, Estación Marítima* ℘ 971 31 50 50 Fax 971 31 21 04 **BY**.

🛈 *pl. d'Antoni Riquer 2* ℘ 971 30 19 00 Fax 971 30 15 62.

Planos páginas siguientes

Royal Plaza, *Pere Francès 27* ℘ 971 31 00 00, royalpla@press.es, Fax 971 31 40 95, 🛁, 🏊 – 🛗 🖥 📺 🚗 – 🔔 25/45. 🅰🅴 ⓪ 🆖 💳. 🛇
Comida carta 25,53 a 32,24 – ☕ 12 – **112 hab** 120/170 – 5 suites. **V b**

Montesol *sin rest con cafetería, passeig Vara de Rei 2* ℘ 971 31 01 61, *hotelmontesol@hotelmontesol.com, Fax 971 31 06 02* – 🛗 🖥 📺. 🆖 💳. 🛇
☕ 4,50 – **55 hab** 52,08/97,74. **Y x**

La Ventana, *Sa Carrossa 13* ℘ 971 30 35 37, *hotellaventana@teleline.es*, Fax 971 39 01 45, 🌿, « *Decoración original* » – 🖥 📺. 🅰🅴 🆖 💳
Comida - sólo cena - carta aprox. 30 – ☕ 7,21 – **13 hab** 193,04 – 1 suite. **Z r**

El Corsario 🌿, *Ponent 5* ℘ 971 30 12 48, *elcorsario@ctv.es, Fax 971 39 19 53*, ≤, 🌿
« *Conjunto de estilo ibicenco* » – 🅰🅴 ⓪ 🆖 💳
Comida *(cerrado noviembre)* - sólo cena - 77 – ☕ 12,02 – **13 hab** 114 – 1 suite. **Z a**

EIVISSA
IBIZA

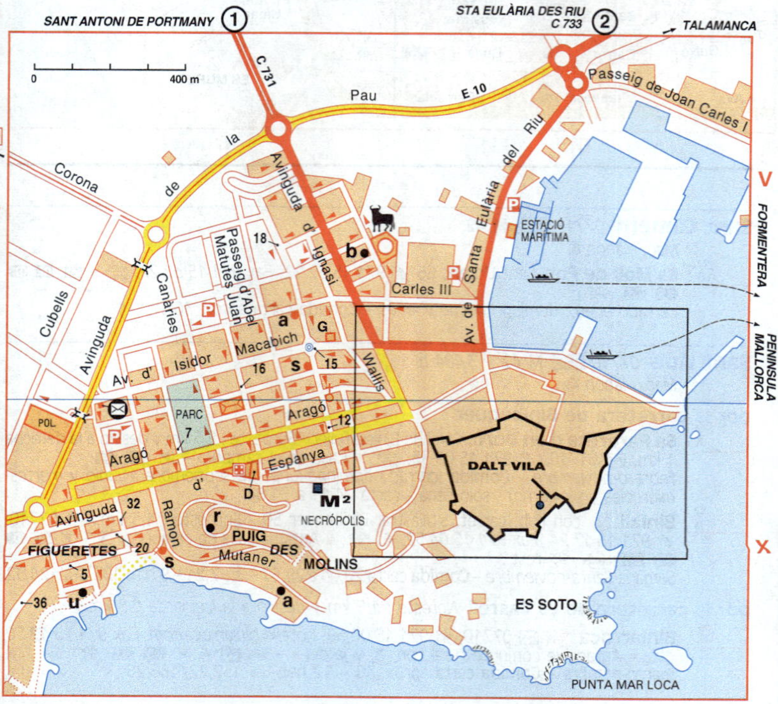

XX **El Cigarral**, Fray Vicente Nicolás 9 ✆ 971 31 12 46, biyor@ctv.es, Fax 971 31 12 46 – ▤. AE ⓪ MC VISA JCB. ❀   **V a**
cerrado 20 agosto-15 septiembre y domingo – **Comida** carta 24,50 a 34.

X **Sa Caldera**, Bisbe Huix 19 ✆ 971 30 64 16 – ▤. AE ⓪ MC VISA. ❀   **V s**
cerrado sábado mediodía en julio, sábado mediodía y domingo mediodía en agosto – **Comida** carta 22,85 a 28,43.

X **Ca n'Alfredo**, passeig Vara de Rei 16 ✆ 971 31 12 74, Fax 971 31 12 74, ☘, Bistro – ▤. AE ⓪ MC VISA. ❀   **Y n**
cerrado del 1 al 15 de mayo, de 15 al 30 de noviembre y lunes salvo festivos – **Comida** carta 23,73 a 30.

X **Nanking**, de Mar 8-1º ✆ 971 19 09 51, Fax 971 19 11 44 – ▤. AE ⓪ MC VISA. ❀   **Y v**
cerrado 7 enero-7 febrero, 17 junio-27 julio, miércoles y jueves mediodía – **Comida** - rest. chino - carta 15 a 25.

en la playa de ses Figueretes :

🏨 **Los Molinos**, Ramón Muntaner 60, ✉ 07800, ✆ 971 30 22 50, Fax 971 30 25 04, ≤, « Bonito jardín y terraza con ⌇ al borde del mar », Ⓕ – ▤ ▤ TV 🚗 – 🏊 25/150. AE ⓪ MC VISA. ❀   **X a**
Comida carta 21,79 a 32,16 – **154 hab** ⌷ 82,94/144,24.

🏨 **Ibiza Playa**, Tarragona 5, ✉ 07800, ✆ 971 30 48 00, verser@.intercom.es, Fax 971 30 69 02, ≤, Ⓕ, ⌇ – ▤ rest, TV   **X u**
Comida - sólo cena buffet – **157 hab.**

🏨 Cenit sin rest, Arxiduc Lluis Salvador ✆ 971 30 14 04, Fax 971 30 07 54, ≤, ⌇ – ▤   **X r**
62 hab.

X **Príncipe**, passeig de ses Pitiüses ✆ 971 30 19 14, ☘ – ▤. AE MC VISA   **X s**
mayo-octubre – **Comida** (cerrado miércoles mediodía) carta 16,23 a 28,52.

EIVISSA
IBIZA

Illes BALEARS

en es Vivé *Suroeste : 2,5 km :*

Torre del Mar ⚓, platja d'en Bossa, ☒ 07819 apartado 564 Es Vivé, ☎ 971 30 30 50, *htdm@ infonegocio.com*, *Fax 971 30 40 60*, ≤, « Jardín con terraza y ⌇ al borde del mar », ⌐ᴈ, ⌇, ✗ – ⋈ ▤ ᴛᴠ ᴘ. – ⚇ 25/220
Comida - sólo cena – **213 hab**, 4 suites.

en Sant Jordi *por ③ : 3 km :*

S'Oficina, Begonias 17 (edif. Cantábrico), ☒ 07817 Sant Jordi, ☎ 971 39 00 81, *Fax 971 39 94 29*, 🛝 – ▤ ᴘ. ᴀᴇ ⓪ ᴹᴄ ᴠɪsᴀ ᴊᴄʙ
cerrado lunes – **Comida** - cocina vasca - carta 26,89 a 33,96.

al Este *por ② :*

Argos, playa de Talamanca : 2,8 km, ☒ 07800 apartado 107, ☎ 971 31 21 62, *argoshostal@ steinweb.net*, *Fax 971 31 62 01*, ≤, ⌐ᴈ, ⌇ climatizada – ⋈ ▤ ᴛᴠ ᴘ. – ⚇ 25/50. ᴀᴇ ⓪ ᴹᴄ ᴠɪsᴀ. 🛝
Comida - sólo cena buffet - 16,83 – **106 hab** ⌑ 81,14/146,65.

Anchorage ⚓ sin rest, puerto deportivo Marina Botafoch : 2,5 km, ☒ 07800 apartado 750, ☎ 971 31 17 11, *Fax 971 31 12 10*, ≤ puerto y ciudad – ▤ ᴛᴠ
20 hab.

en la carretera de Sant Miquel de Balansat *por ② : 6,5 km :*

La Masía d'en Sort, ☒ 07800 apartado 897, ☎ 971 31 02 28, *Fax 971 31 51 65*, 🛝,
« Antigua masía ibicenca. Galería de arte » – ᴘ. ᴀᴇ ⓪ ᴹᴄ ᴠɪsᴀ. 🛝
16 marzo-octubre – **Comida** - sólo cena - carta 21,73 a 28,73.

Portinatx 07820 🄸🄸🄸 M 34 – *Playa*.

Ver : *Paraje★*.

Eivissa/Ibiza 29.

Sant Agustí des Vedrà o **San Agustín** 07839 🄸🄸🄸 P 33.

Eivissa/Ibiza 20.

por la carretera de Sant Josep de Sa Talaia :

Sa Tasca, ☒ 07830 Sant Josep de Sa Talaia, ☎ 971 34 37 03, 🛝 – ᴘ.

Sant Antoni de Portmany 07820 🄸🄸🄸 P 33 – *14 663 h* – *Playa*.

🅱 passeig de Ses Fonts ☎ 971 34 33 63 *turismo@ sanantoni.net Fax 971 34 33 63*.
Eivissa/Ibiza 15.

Tropical, Cervantes 28 ☎ 971 34 00 50, *Fax 971 34 40 69*, ⌇ – ⋈, ▤ rest,. ᴀᴇ ⓪ ᴹᴄ ᴠɪsᴀ. 🛝
mayo-octubre – **Comida** - sólo cena buffet - 12,63 – **142 hab** ⌑ 40/61,30.

Rías Baixas, Cervantes 14 ☎ 971 34 04 80, *Fax 971 34 07 71* – ▤. ᴀᴇ ⓪ ᴹᴄ ᴠɪsᴀ. 🛝
15 marzo-15 enero – **Comida** *(cerrado lunes de 15 marzo a mayo y lunes mediodía resto del año)* - cocina gallega - carta 24,03 a 30,79.

Sa Prensa, General Prim 6 ☎ 971 34 16 70, 🛝 – ▤. ᴀᴇ ⓪ ᴹᴄ ᴠɪsᴀ ᴊᴄʙ. 🛝
cerrado domingo noche en invierno – **Comida** carta 16,24 a 27,65.

en la carretera de Santa Agnès *Norte : 1 km :*

Sa Capella, ☒ 07820 apartado 419, ☎ 971 34 00 57, « En una antigua capilla » – ᴘ.
ᴹᴄ ᴠɪsᴀ. 🛝 – *abril-octubre* – **Comida** - sólo cena - carta aprox. 35,91.

en Cala Gració *Noroeste : 3,5 km :*

Es Pi D'or-O'Pazo, ☒ 07820 Sant Antoni de Portmany, ☎ 971 34 28 72, 🛝 – ▤ ᴘ.
ᴀᴇ ᴹᴄ ᴠɪsᴀ. 🛝 – *cerrado 12 diciembre-febrero* – **Comida** - cocina gallega - carta 23 a 33,60.

Sant Josep de Sa Talaia o **San José** 07830 🄸🄸🄸 P 33 – *9 851 h alt. 216*.

Eivissa/Ibiza 14.

por la carretera de Eivissa :

Cana Joana, Este : 2,5 km, ☒ 07830 apartado 149, ☎ 971 80 01 58, *Fax 971 80 07 75*,
≤, 🛝, « Decoracion regional » – ᴘ. ᴀᴇ ᴹᴄ ᴠɪsᴀ ᴊᴄʙ
cerrado 4 noviembre-9 enero, domingo noche y lunes – **Comida** - sólo cena de junio-2 noviembre - carta 32,16 a 41,01.

Ca'n Domingo de Ca'n Botja, Este : 3 km, ☒ 07830, ☎ 971 80 01 84,
Fax 971 39 64 53, 🛝 – ᴘ. ᴀᴇ ⓪ ᴹᴄ ᴠɪsᴀ – *abril-diciembre* – **Comida** *(cerrado domingo de abril a junio)* - sólo cena - carta 27,95 a 34,26.

en la playa de Cala Tarida *Noroeste : 7 km :*

C'as Milà, ⊠ 07830, 𝄞 971 80 61 93, ≤, 🏠 – 🅿. 🅰🅴 ⓜⓒ 𝘝𝘐𝘚𝘈. 🛇
mayo-octubre y fines de semana resto del año – **Comida** carta 19 a 27.

en Cala Vedella *Suroeste : 8 km :*

Village 🦅, urb. Caló d'en Real, ⊠ 07830 apartado 27 Sant Josep de Sa Talaia,
𝄞 971 80 80 01, *village@ctv.es*, Fax 971 80 80 27, 🏠, 🛆, 🏕s, 🍴 – 🖵 📺 🅿. ⓜⓒ
𝘝𝘐𝘚𝘈. 🛇
Comida *(cerrado lunes)* carta 48 a 58 – **19 hab** ⌑ 93/143 – 1 suite.

Sant Miquel de Balansat o San Miguel 07815 **443** O 34.

Eivissa/Ibiza 19.

por la carretera de Port de Sant Miquel *Norte : 2,5 km y desvío a la izquierda 1 km :*

Cas'Pla 🦅 sin rest, ⊠ 07800 apartado 777 Eivissa, 𝄞 971 33 45 87, *hotel@caspla-i
biza.com*, Fax 971 33 46 04, ≤, « Conjunto de edificios de arquitectura popular ibicenca »,
🏋, 🛆 – 🖵 📺 🅿. 𝘝𝘐𝘚𝘈. 🛇
cerrado 10 enero-febrero y noviembre-15 diciembre – ⌑ 9 – **16 hab** 145.

en la urbanización Na Xamena *Noroeste : 6 km :*

Hacienda 🦅, ⊠ 07815, 𝄞 971 33 45 00, *hotelhacienda@retemail.es*,
Fax 971 33 45 14, 🏠, « Edificio de estilo ibicenco con ≤ cala », 🛆, 🛆, 🍴 – 📶 🖵 📺
🅿. 🅰🅴 ⓞ ⓜⓒ 𝘝𝘐𝘚𝘈. 🛇
abril-octubre – **Comida** carta 42,67 a 75,13 – ⌑ 15,63 – **56 hab** 218,17/335,36 – 7 suites.

Santa Eulalia del Río 07840 **443** P 34 – 15 545 h – Playa.

Ver : *Puig de Missa★.*

🄱 *Mariano Riquer Wallis 4* 𝄞 971 33 07 28 Fax 971 33 07 28.
Eivissa/Ibiza 15.

Tres Torres 🦅, passeig Marítim (frente puerto deportivo) 𝄞 971 33 03 26, *roman
b@ecohoteles.com*, Fax 971 33 20 85, ≤, 🛆 climatizada – 📶 🖵 📺 🅿. 🅰🅴 ⓞ ⓜⓒ
𝘝𝘐𝘚𝘈. 🛇
mayo-octubre – **Comida** - sólo cena buffet - 18,03 – **113 hab** ⌑ 138,23/183,31, 1 suite.

Doña Margarita Puerto, puerto deportivo 𝄞 971 33 22 00, Fax 971 33 99 88, ≤,
🏠 – 🅰🅴 ⓞ ⓜⓒ 𝘝𝘐𝘚𝘈
cerrado diciembre-enero y lunes – **Comida** *(cerrado noches 20 octubre-Semana Santa
salvo fines de semana)* carta 27,65 a 37,26.

Celler Ca'n Pere, Sant Jaume 63 𝄞 971 33 00 56, 🏠, « Celler típico » – 🅰🅴 ⓞ ⓜⓒ
𝘝𝘐𝘚𝘈. 🛇
cerrado 15 enero-15 marzo y jueves – **Comida** carta 22 a 35,91.

El Naranjo, Sant Josep 31 𝄞 971 33 03 24, *contact@elnaranjo.com*, 🏠 – 🅰🅴 ⓜⓒ
𝘝𝘐𝘚𝘈. 🛇
abril-octubre – **Comida** *(cerrado lunes)* - sólo cena - carta 18,93 a 34,86.

en la urbanización s'Argamassa *Noreste : 3,5 km :*

Sol Élite S'Argamassa 🦅, ⊠ 07849 Urbanización S'Argamassa, 𝄞 971 33 00 51,
sol.elite.sargamassa@solmelia.com, Fax 971 33 00 76, ≤, 🛆, 🐎, 🍴 – 📶 🖵 📺 🅿. 🅰🅴 ⓞ
ⓜⓒ 𝘝𝘐𝘚𝘈. 🛇
mayo-octubre – **Comida** - sólo buffet - 15 – ⌑ 7,50 – **217 hab** 96,50/155,50.

por la carretera de Cala Llonga *Sur : 4 km :*

La Casita, urb. Valverde, ⊠ 07840, 𝄞 971 33 02 93, *la-casita@ctv.es*,
Fax 971 33 05 77, 🏠, « Decoración regional » – 🖵 🅿. 🅰🅴 ⓞ ⓜⓒ 𝘝𝘐𝘚𝘈. 🛇
cerrado 15 noviembre-15 diciembre y martes – **Comida** - sólo cena salvo sábado, domingo
y festivos - carta 25 a 39.

en la carretera de Eivissa *Suroeste : 5,5 km :*

La Colina 🦅, ⊠ 07840, 𝄞 971 33 27 67, *lacolina@gmx.net*, Fax 971 33 27 67,
« Antigua casa de campo », 🛆 – 🅿. ⓞ ⓜⓒ 𝘝𝘐𝘚𝘈. 🛇 rest
cerrado diciembre – **Comida** - sólo clientes, sólo cena - carta aprox. 24,21 – **16 hab**
⌑ 66,70/87,15.

por la carretera de Sant Carles *Noreste : 5,5 km :*

Can Curreu 🦅, ⊠ 07850 apartado 240 Sant Carles de Peralta, 𝄞 971 33 52 80,
Fax 971 33 52 80, « Finca rústica de ambiente acogedor », 🏋, 🛆 – 🖵 📺 🅿. 🅰🅴 ⓞ ⓜⓒ
𝘝𝘐𝘚𝘈. 🛇
Comida carta 29,91 a 45,67 – **8 hab** ⌑ 210,35 – 2 suites.

Illes BALEARS

Santa Gertrudis de Fruitera 07814 **443** O y P 34.
Eivissa/Ibiza 11.

en la carretera de Eivissa :

⁂ Ama Lur, Sureste : 2,5 km, ✉ 07814, ☎ 971 31 45 54, 🌳 – 🍽 P
Comida - sólo cena, cocina vasca.

✕ **Can Pau,** Sur : 2 km, ✉ 07814, ☎ 971 19 70 07, 🌳, « Antigua casa campesina.
Terraza » – 🍽 P. AE MC VISA. ✳
cerrado enero y lunes salvo verano – **Comida** carta 31 a 36,66.

al Oeste : *6,5 km :*

🏠 **Cas Gasi** 🦅, Camí Vell de Sant Mateu, ✉ 07814, ☎ 971 19 77 00, *info@casgasi.com,*
Fax 971 19 78 99, « Finca rústica de estilo ibicenco », 🏊 – 🍽 TV P. MC VISA. ✳
Comida - sólo clientes - carta 34 a 47 – **10 hab** ☕ 265.

FORMENTERA

Cala Sahona 07860 **443** P 35 – *Playa.*

🏠 **Cala Saona** 🦅, playa, ✉ 07860 apartado 88 Sant Francesc, ☎ 971 32 20 30,
Fax 971 32 25 09, ≤, 🌳, 🏊, ✕ – 🔌 🍽 TV P. VISA. ✳
mayo-octubre – **Comida** - sólo cena - 15,03 – **116 hab** ☕ 90,15/128,61.

Es Pujols 07871 **443** P 34 – *Playa.*

🅱 *Port de la Savina* ✉ *07870* ☎ *971 32 20 57 oit@illadeformentera.com Fax*
971 32 28 25.

🏠 **Sa Volta,** Miramar 94, ✉ 07860 apartado 71 Sant Francesc, ☎ 971 32 81 25, *savol*
ta@interbook.net, Fax 971 32 82 28, 🏊 – 🔌, 🍽 rest, TV. AE ① MC VISA. ✳
cerrado enero – **Comida** *(cerrado lunes)* 18 – ☕ 8 – **25 hab** 66/120.

⁂ **Caminito,** carret. de La Savina, ✉ 07871 es Pujols, ☎ 971 32 81 06, *caminitoforme*
ntera@wanadoo.es, Fax 971 32 87 34, 🌳 – 🍽 P. AE ① MC VISA. ✳
cerrado enero-marzo – **Comida** - sólo cena, carnes, rest. argentino - carta aprox. 32.

✕ **Capri** con hab, Miramar 41-47, ✉ 07871 Sant Ferran, ☎ 971 32 83 52,
Fax 971 32 88 39, 🌳 – P. AE MC VISA. ✳ hab
abril-octubre – **Comida** carta 16,66 a 23,24 – ☕ 3,31 – **15 hab** 31,55/44,81.

al Noroeste : *5 km :*

✕ **Es Molí de Sal,** Ses Illetes, ✉ 07870 La Savina, ☎ (659) 13 67 73, *Fax 971 18 74 91,*
≤ *mar e isla de Ibiza,* 🌳 – P. AE ① MC VISA. ✳
15 abril-octubre – **Comida** carta 27,89 a 45.

Sant Ferran de ses Roques o San Fernando 07871 **443** P 34.

🏠 **Illes Pitiüses** sin rest, av. Joan Castelló Guasch 48 ☎ 971 32 87 40, *hostalillespitiüse*
s@cempresarial.com, Fax 971 32 80 17 – 🍽 TV P. AE ① MC VISA JCB
☕ 5 – **25 hab** 42/53.

✕ **Las Ranas,** carret. de Cala En Baster ☎ 971 32 81 95, 🌳 – MC VISA. ✳
20 abril-20 octubre – **Comida** *(cerrado lunes)* - sólo cena - carta 21 a 30.

BALLESTEROS DE CALATRAVA 13432 Ciudad Real **444** P 18 – *644 h alt. 659.*
Madrid 198 – Alcázar de San Juan 82 – Ciudad Real 21 – Puertollano 34 – Valdepeñas 60.

🏠 **Palacio de la Serna** 🦅, Cervantes 18 ☎ 926 84 22 08, *ballesteroscalatrava@pala*
ciodelaserna.com, Fax 926 84 22 24, « Palacio del siglo XVIII », 🏊 – TV P. – 🏋 25/150.
AE ① MC VISA. ✳ rest
Comida *(cerrado lunes y martes)* 22 – ☕ 9 – **20 hab** 100 – PA 50.

BALMASEDA 48800 Bizkaia **442** C 20 – *7 307 h alt. 147.*
🅱 *Convento de Santa Clara, Campo de las Monjas 1 ☎ 94 680 13 56 info@turismoen*
cartaciones.com Fax 94 680 13 56.
Madrid 411 – Bilbao 27 – Santander 107.

🏠 **San Roque,** Campo de las Monjas 1 ☎ 94 610 22 68, *Fax 94 610 24 64,* « En el antiguo
monasterio de Santa Clara » – 🔌 TV P. MC VISA. ✳
Comida *(cerrado lunes)* 10,22 – ☕ 6 – **21 hab** 42/54.

⁂ **Abellaneda,** La Cuesta 12 ☎ 94 680 16 74, *Fax 94 680 29 59* – AE ① MC VISA
Comida carta 26,45 a 30,71.

BALNEARIO – *ver el nombre propio del balneario.*

BANDEIRA 36570 Pontevedra **441** D 5.

Madrid 581 – Lugo 91 – Ourense/Orense 80 – Pontevedra 83 – Santiago de Compostela 30.

Victorino, Empanada 1 ☎ 986 58 53 30, Fax 986 58 53 30 – |$| TV. MC VISA. *Comida* 11 – ☕ 3 – **12 hab** 25/40.

BANYALBUFAR *Illes Balears – ver Balears (Mallorca).*

BANYERES DE MARIOLA 03450 Alacant **445** P 28 – 6 919 h alt. 816.

Madrid 382 – Albacete 132 – Alacant/Alicante 57 – Murcia 124 – València 104.

Pirámide, Pintor Segrelles 8 ☎ 96 556 64 71, piramide@parlantimenjant.com, Fax 96 656 81 73 – ▤. AE ① MC VISA. ✗
cerrado del 5 al 25 de agosto – **Comida** - sólo almuerzo salvo sábado - carta 18,94 a 21, 64.

BANYOLES 17820 Girona **443** F 38 – 11 870 h alt. 172.

Ver : Localidad★ – Museo Arqueológico Comarcal★.
Alred. : Lago★ – Iglesia de Santa María de Porqueres★.
🛈 passeig Industria 25 ☎ 972 57 55 73 turisme@ajbanyoles.org Fax 972 57 49 17.
Madrid 729 – Figueres 29 – Girona/Gerona 19.

Quatre Estacions, passeig de La Farga 5 ☎ 972 57 33 00, Fax 972 57 33 00 – ▤. AE ① MC VISA. ✗
cerrado domingo noche y lunes – **Comida** carta 16,80 a 24.

a orillas del lago :

L'Ast ⌕ sin rest, passeig Dalmau 63, ✉ 17820, ☎ 972 57 04 14, Fax 972 57 04 14, ⴲ – |$| TV. AE ① MC VISA JCB. ✗
27 hab ☕ 40/65.

La BAÑEZA 24750 León **441** F 12 – 9 722 h alt. 771.

Madrid 297 – León 48 – Ponferrada 85 – Zamora 106.

Paco Rubio, Astorga 65 ☎ 987 64 10 81 – ▤. AE ① MC VISA. ✗
Comida carta 22,84 a 28.

en la carretera LE 420 *Norte : 1,5 km* :

Río Verde, ✉ 24750, ☎ 987 64 17 12, mjgl@navegalia.com, Fax 987 64 17 12, ≤, 🌲, ⴲ – TV P. MC VISA. ✗
Comida 12,62 – ☕ 4,51 – **15 hab** 27,05/37,86 – PA 26,75.

BAÑOS DE ALCANTUD *Cuenca – ver Alcantud.*

BAÑOS DE CHULILLA *València – ver Chulilla.*

BAÑOS DE FITERO *Navarra – ver Fitero.*

BAÑOS DE FORTUNA *Murcia – ver Fortuna.*

BAÑOS DE MOLGAS 32701 Ourense **441** F 6 – 3 208 h alt. 460 – Balneario.

Madrid 536 – Ourense/Orense 36 – Ponferrada 154.

Balneario, Samuel González Movilla 26 ☎ 988 43 02 46, balneariomolgas@terra.es, Fax 988 43 04 05 – |$| TV. MC VISA. ✗
cerrado 15 diciembre-22 febrero – **Comida** 9,61 – ☕ 2,85 – **28 hab** 23,43/40,86 – PA 21,03.

BAÑOS DE SIERRA ALHAMILLA *Almería – ver Pechina.*

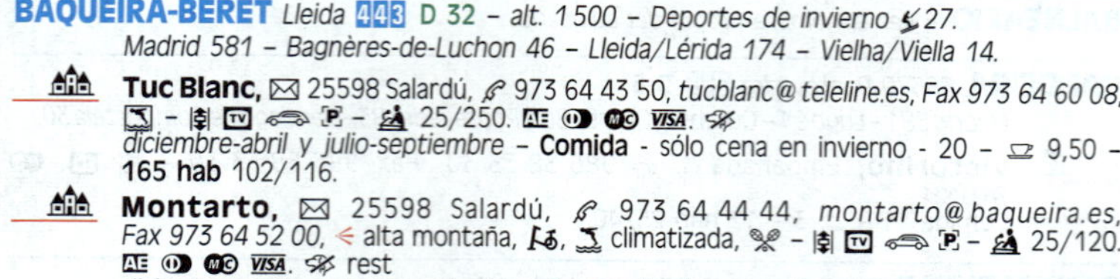

BAQUEIRA-BERET Lleida **443** D 32 – alt. 1 500 – Deportes de invierno ≰ 27.
Madrid 581 – Bagnères-de-Luchon 46 – Lleida/Lérida 174 – Vielha/Viella 14.

Tuc Blanc, ⊠ 25598 Salardú, ℘ 973 64 43 50, tucblanc@teleline.es, Fax 973 64 60 08,
☒ – 劇 TV ⇔ P – 🏖 25/250. AE ① ⓂⓒⓄ VISA. ⅍
diciembre-abril y julio-septiembre – **Comida** - sólo cena en invierno - 20 – ⚌ 9,50 –
165 hab 102/116.

Montarto, ⊠ 25598 Salardú, ℘ 973 64 44 44, montarto@baqueira.es,
Fax 973 64 52 00, ≤ alta montaña, ß, ☒ climatizada, ℀ – 劇 TV ⇔ P – 🏖 25/120.
AE ① Ⓜⓒ VISA. ⅍ rest
diciembre-abril y julio-5 septiembre – **La Perdiu Blanca** (sólo cena) **Comida** carta 21,04
a 24,50 – **160 hab** ⚌ 90,16/193,54.

Val de Ruda, ⊠ 25598 Salardú, ℘ 973 64 52 58, hotelvalderuda@teleline.es,
Fax 973 64 58 12, ≤, « Decoración típica aranesa » – TV P. Ⓜⓒ VISA. ⅍
diciembre-mayo y julio-septiembre – **Comida** - sólo cena - 19,83 – ⚌ 10,22 – **34 hab**
129,22/184,21.

Ticolet, edificio Biciberri, ⊠ 25598 Salardú, ℘ 973 64 54 77, Fax 973 64 54 77 – AE
① Ⓜⓒ VISA. ⅍
cerrado mayo-15 julio y octubre-noviembre – **Comida** carta aprox. 30.

La Borda Lobato, ⊠ 25598 Salardú, ℘ 973 64 57 08, montarto@baqueira.es,
Fax 973 64 52 00, « Antigua cuadra aranesa » – P. AE ① Ⓜⓒ VISA. ⅍
cerrado 10 mayo-20 junio y octubre-noviembre – **Comida** carta 27,80 a 32,01.

en la carretera de Beret :

Tryp Royal Tanau ⑤, Norte : 3 km, ⊠ 25598 Salardú, ℘ 973 64 44 46, royaltan
au@trypnet.com, Fax 973 64 43 44, ≤, Servicios de hidroterapia, ☒ – 劇 TV ⅙ ⇔ P.
AE ① Ⓜⓒ VISA. ⅍
diciembre-abril y julio-septiembre – **Eth Cauder** (sólo cena) **Comida** carta aprox. 26,44
– ⚌ 14,42 – **30 hab** 215,16 – 15 apartamentos.

Chalet Bassibe, urb. Nin de Beret - Norte : 2,5 km, ⊠ 25598 Salardú, ℘ 973 64 51 52,
bassibe@teleline.es, Fax 973 64 50 32, ≤, ☒ – 劇 TV ⇔. AE ① Ⓜⓒ
VISA. ⅍
diciembre-abril y julio-septiembre – **Comida** - sólo cena en invierno - carta 22,54 a 26,90
– **34 hab** ⚌ 105,18/158.
Ver también : **Salardú** Oeste : 4 km

BARBASTRO 22300 Huesca **443** F 30 – 15 827 h alt. 215.
Ver : Catedral★.
Alred. : Torreciudad : ≤★★ (Noreste : 24 km).
🛈 av. de la Merced 64 ℘ 974 30 83 50 turismo@barbastro-ayto.es Fax 974 30 83 51.
Madrid 442 – Huesca 52 – Lleida/Lérida 68.

Clemente, Corona de Aragón 5 ℘ 974 31 01 86, Fax 974 30 83 81 – 劇 ▤ TV ⅙ –
🏖 25/60. VISA. ⅍
Comida 9,02 – ⚌ 4,81 – **32 hab** 42,07/54,09.

Pirineos, General Ricardos 13 ℘ 974 31 00 00, hspirineos@retemail.es,
Fax 974 31 00 00 – ▤ rest, TV ⇔. AE ① Ⓜⓒ VISA. ⅍ rest
Comida (cerrado domingo noche) 10,82 – ⚌ 5,41 – **27 hab** 33,06/45,08.

Cenador de San Julián, av. de la Merced 64 ℘ 974 31 12 05, Fax 974 31 12 05, 🌺
– ▤. AE ① Ⓜⓒ VISA. ⅍
cerrado del 15 al 30 de septiembre y lunes – **Comida** carta 20,43 a 25,54.

Flor, Goya 3 ℘ 974 31 10 56, Fax 974 31 13 18 – ▤. AE ① Ⓜⓒ VISA. ⅍
Comida carta 23 a 30.

en la carretera de Huesca N 240 Oeste : 1 km :

Rey Sancho Ramírez, ⊠ 22300, ℘ 974 30 83 44, hotelreysanchoramirez@infone
gocio.com, Fax 974 30 83 45, ≤, ☒, ℀ – 劇 ▤ TV ⇔ P. AE ① Ⓜⓒ VISA
JCB. ⅍
cerrado 24 diciembre-7 enero – **Comida** (cerrado lunes) 13 – ⚌ 9 – **75 hab** 74/
100.

BARBATE 11160 Cádiz **446** X 12 – 21 440 h – Playa.
🛈 Vázquez Mella 2 ℘ 956 43 39 62 turismo@aytobarbate.org Fax 956 43 39 62.
Madrid 677 – Algeciras 72 – Cádiz 60 – Córdoba 279 – Sevilla 169.

Torres, Ruiz de Alda 1 ℘ 956 43 09 85, Fax 956 43 09 85 – ▤. AE ① Ⓜⓒ
VISA. ⅍
cerrado 15 octubre-15 noviembre y lunes – **Comida** - pescados y mariscos - carta aprox.
28,55.

Madrid 609 – *Barcelona* 18 – Mataró 39.

junto a la autopista A 7 *Sureste : 2 km :*

▥ **Campanile,** carret. N 150 - sector Baricentro, ✉ 08210, ✆ 93 729 29 28, *campaba rbera@retemail.es,* Fax 93 729 25 52 – 🛗 📺 📺 ♿ 🚗 🅿 – 🛎 60/220. 🆎 ⓘ ⓜⓒ 𝑽𝑰𝑺𝑨
Comida 14 – ☕ 6 – **212 hab** 84.

La BARCA (Playa de) *Pontevedra – ver Vigo.*

BARCELONA

08000 $\boxed{P}$ 443 H 36 – *1 681 132 h.*

Madrid 627 ⑥ – Bilbao 607 ⑥ – Lleida/Lérida 169 ⑥ – Perpignan 187 ② – Tarragona 109 ⑥ – Toulouse 388 ② – València 361 ⑥ – Zaragoza 307 ⑥.

OFICINAS DE TURISMO

🛈 *pl. de Catalunya 17-S,* ✉ *08002,* ✆ *906 301 282, teltura@ barcelonaturisme.com Fax 93 304 31 55, passeig de Gràcia 107 (Palau Robert),* ✉ *08008,* ✆ *93 238 40 00, Fax 93 238 40 10, Sants Estació,* ✉ *08014* ✆ *906 301 282, teltura@ barcelonaturisme.com y en el aeropuerto* ✆ *93 478 47 04 (Terminal A) y* ✆ *93 478 05 65 (Terminal B).*

INFORMACIONES PRÁCTICAS

R.A.C.E. *Muntaner 81-bajo,* ✉ *08011* ✆ *93 451 15 51, Fax 93 451 22 57.*
⛳, ⛳ *Prat por ⑤ : 16 km* ✆ *93 379 02 78. –* ✈ *de Barcelona por ⑤ : 18 km* ✆ *93 298 38 38 – Iberia : Diputació 258,* ✉ *08007,* ✆ *93 401 3381* HV – 🚗 *Sants* ✆ *902 240 202.*
⛴ *para Baleares : Cia. Trasmediterránea, Moll de Sant Beltrà – Estació Marítima,* ✉ *08039,* ✆ *93 295 91 00, Fax 93 295 91 34* CT.

CURIOSIDADES

Barrio Gótico★★ : *Casa de l'Ardiaca*★ MX A *Catedral*★ MX, *Carrer Paradis 10 (columnas romanas*★*)* MX **135**, *Plaça del Rei*★★ MX **149**, *Museu d'Història de la Ciutat*★ *(excavaciones ciudad romana*★★*)* MX **M¹**, *Capilla de Santa Ágata*★ *(retablo del Condestable*★★*)* MX F, *Mirador del Rei Martí* ⩽ ★★ MX K *Museu Frederic Marès*★ MX **M²**.
La Rambla★★ : *Museu d'Art Contemporani de Barcelona (MACBA)*★ *(edificio*★★*)* HX **M¹⁰**, *Centre de Cultura Contemporània de Barcelona (CCCB) : patio*★ HX R, *Antiguo Hospital de la Santa Creu (patio gótico*★*)* LY, *Iglesia de Santa Maria del Pi*★ LX, *Palau de la Virreina*★ LX, *Palau Güell*★★ LY, *Plaça Reial*★★ MY
La Fachada Marítima★ : *Atarazanas y Museo Marítimo*★★ MY, *Port Vell*★ *(Aquàrium*★*)* NY, *Basílica de la Mercé*★ NY, *La Llotja*★ *(sala gótica*★★*)* NX, *Estació de França*★ NVX, *Parque de la Ciutadella*★ NV, KX *(Castell dels Tres Dragons*★★ NV **M⁷**, *Museo de Zoología*★ NV **M⁷**, *Parque Zoológico*★ KX), *La Barceloneta*★ KXY, *Museu d'Història de Catalunya*★ KY **M⁹**, *Vila Olímpica*★ *(puerto deportivo*★★*, torres geme-las* ✳ ★★★*)* DT
Carrer de Montcada★★ : *Museo Picasso*★ NV, *Iglesia de Santa María del Mar*★★ *(rosetón*★*)* NX
Montjuïc★ : ⩽★ CT, *Pavelló Mies van der Rohe*★★ BT Z, *Museu Nacional d'Art de Catalunya*★★★ CT **M⁴**, *Pueblo Español (Poble Espanyol)*★ BT E, *Anella Olímpica*★ *(Estadi Olimpic*★ CT, *Palau Sant Jordi*★★ BT **P¹**), *Fundació Joan Miró*★★★ CT W, *Teatre Grec*★ CT **T¹**, *Museo Arqueológico*★ CT **M⁵** – **El Ensanche**★★ : *Sagrada Familia*★★★ *(fachada este o del Nacimiento*★★*,* ⩽★★ *desde la torre este)* JU, *Hospital de Sant Pau*★ CS, *Passeig de Gràcia*★★ HV *(Casa Lleó Morera*★ HV Y, *Casa Amatller*★ HV Y, *Casa Batlló*★★ HV Y, *La Pedrera o Casa Milà*★★★ HV P), *Casa Terrades (les Punxes*★*)* HV Q, *Park Güell*★★ BS *(banco ondulado*★★*), Palau de la Música Catalana*★★ MV *(fachada*★*, cúpula invertida*★★*), Fundació Antoni Tàpies*★★ HV S
Otras curiosidades : *Monasterio de Santa María de Pedralbes*★★ *(iglesia*★*, claustro*★*, frescos de la capilla de Sant Miquel*★★★*, colección Thyssen-Bornemisza*★*)* AT, *Palacio de Pedralbes (Museu de les Arts Decoratives*★*)* EX *Pabellones Güell*★ EX *Iglesia de Sant Pau del Camp (claustro*★*)* LY *Museu de la Ciència*★ BS **M¹⁹**, *Teatre Nacional de Catalunya*★ KU **T²**

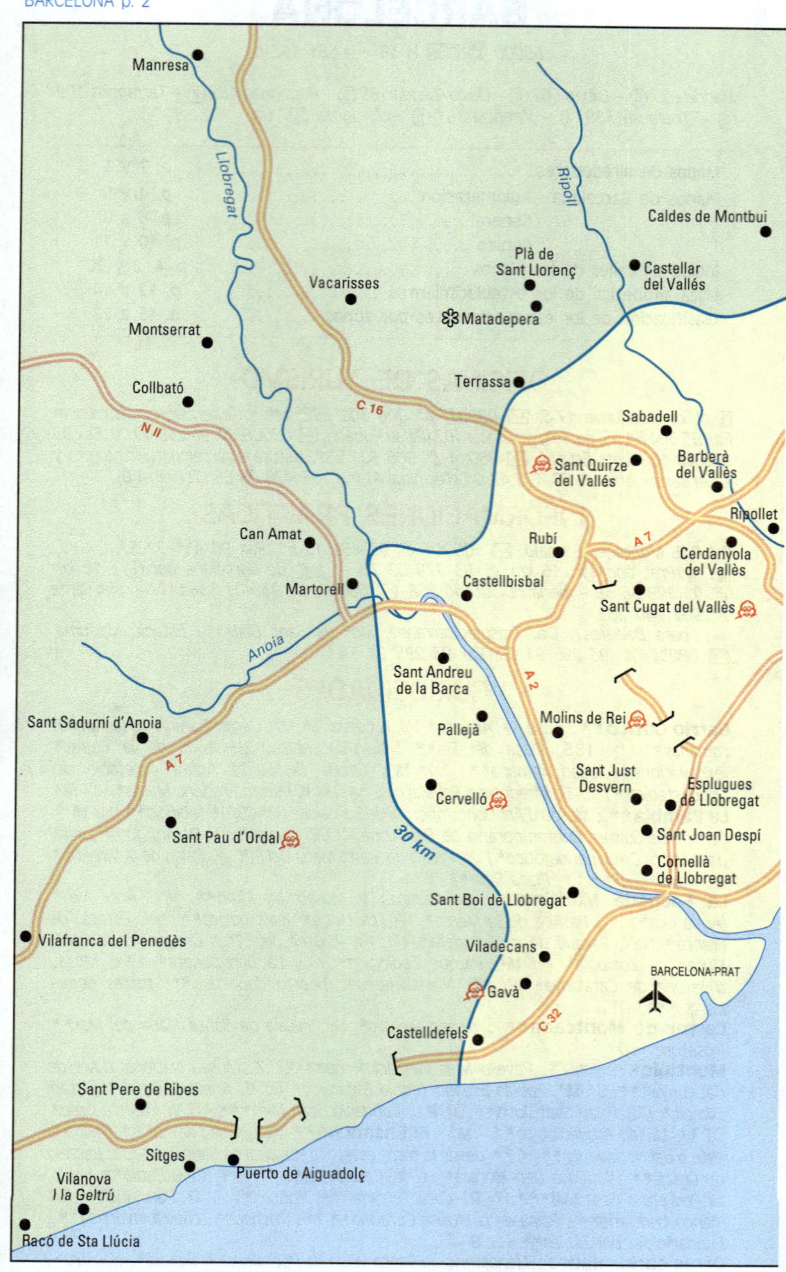

Se cercate un albergo tranquillo,
oltre a consultare le carte dell'introduzione,
rintracciate nell'elenco degli stabilimenti quelli con il simbolo ☃ o ☃.

Cànoves
✿ ✿ ✿ Sant Celoni
La Garriga
L'Ametlla del Vallès
Corró d' Amunt
Tenes
C 17
A 7
Cardedeu
✿ ✿ Sant Pol de Mar
30 km
Granollers
C 32
Sant Andreu de Llavaneres
✿
Arenys de Mar
Parets del Vallès
Caldes d'Estrac
Argentona
Montmeló
Vilanova del Vallès
Mataró
Port Balís
Cabrils
Mollet del Vallès
Cabrera de Mar
Santa Perpètua de Mogoda
Vallromanes
C 33
Premià de Dalt
Alella
El Masnou
Badalona
BARCELONA ✿ ✿
MAR
MEDITERRÁNEO
0
10 km

BARCELONA

TERRASSA / TARRASA
S. CUGAT DEL VALLÈS
0   1 km
E 9
PARC
TIBIDABO
(532)
DE
VALLVIDRERA
COLLSEROLA
VELODROM
Mundet
LA VALL D'HEBRON
Montbau
Vall d'Hebron
Penitents
PARC GÜELL
Vallcarca
Estació inferior
Av. del Tibidabo
Pl. de Lesseps
ST. GERVASI
Muntaner
Gal. Mitre
V. Augusta
MONESTIR DE PEDRALBES
SARRIÀ
Av. de Pedralbes
Ronda del
Pl. Francesc Macià
Av. de Sarrià
Corts
Comte
Av.
les
de Roma
Aragó
ESPLUGUES DE LLOBREGAT
S. JUST DESVERN
Zona Universitaria
DIAGONAL
Traves. de
Brasil
Sants
Sants
Pl. d'Espanya
Carret. Reial
N 340
A 2
Laurea
Miró
Collblanc
FERIA
Can Vidalet
Pubilla Cases
COLLBLANC
Torrassa
Sta Eulàlia
Badal
Gran
MONTJUÏC
L'HOSPITALET DE LLOBREGAT
Florida
Can Serra
Sta Eulàlia
La Campana
Magòria
St Ildefons
Can Boixeres
Rambla Just Oliveras
Carrilet
St Josep
Ildefons Cerdà
Ronda del
Mig
AUDITORIO
Cornellà
Gavarra
Av. Carrilet
Av. de la Gran Via
FIRA DE MOSTRES MONTJUÏC-2
CORNELLÀ DE LLOBREGAT
C 245
CASTELLDEFELS
LLEIDA / LÉRIDA TARRAGONA
Carret. de Cornellà
Carret. d'Esplugues
Ronda DE DALT
RONDA DE DALT
CASTELLDEFELS SITGES
C 31

BARCELONA p. 5
GIRONA/GERONA
PUIGCERDÀ VIC
C
D
MATARÓ
N 150
C 58
C 33
N 152
Besòs
VALLBONA
STA COLOMA DE GRAMENET
C 31
N II
18
Trinitat Vella
Sta Coloma
H
107
179
166
Pep Ventura
BADALONA
NOU BARRIS
154
Liszt
184
Trinitat-Nova
186
2
117
Gorg
Canyelles
Via Julia
Torras i Bages
30
116
Sant Roc
156
88
Sant Andreu
S. ANDREU
Joan XXIII
S. ADRIÀ DE BESÒS
Pas.
de Valldaura
Santander
Valldaura
200
Llucmajor
136
Verneda
29
28
H
HORTA
65
Virrei Amat
88
Fabra i Puig
27
Vilapicina
77
Sagrera
La Pau
26
Horta
S
77
17
4
de
Prim
Llobregòs
Maragall
147
Congrés
Sant Martí
Besòs
LITORAL
TUNEL DE LA ROVIRA
113
90
Sagrera
Guipúscoa
Besòs Mar
146
Guinardó
162
Navas
Catalanes
Prim
SANT PAU
Camp de l'Arpa
Bac de Roda
24
56
Indústria
Clot
IV
Diagonal
EUROPOLIS
Gracia
Hospital St Pau
Aragó
Corts
Bilbao
Selva de Mar
Alfons X
Encants
Pere
Poblenou
d
138
Padilla
Pl. de les Glòries Catalanes
b
191
SAGRADA FAMILIA
141
Travessera de
Llacuna
e
Pl. de Joan Carles I
191
PLAÇA BRAUS MONUMENTAL
Diagonal
n
Balmes
de Sant Joan
Pl. de Tetuán
Badajoz
VILA OLÍMPICA
PAS DE GRACIA
Arago
145
d'Icaria
c
a
de
114
Via
198
PARC ZOOLÒGIC
M
França
f
Pl. de Catalunya
CATEDRAL
H
22
BARRI GÒTIC
160
d'Urgell
174
LA BARCELONETA
Av. del Paral. lel
PLATJA
ESTACIÓ MARÍTIMO
S
M5
T1
119
a
W
T
21
M4
75
MAR MEDITERRÀNIA
MAR MEDITERRÁNEO
ESTADI OLÍMPIC
Castell de Montjuïc
RONDA
DEL LITORAL
E   POBLE ESPANYOL
M4   MUSEU D'ART DE CATALUNYA
M5   MUSEU ARQUEOLÒGIC
P1   PALAU SANT JORDI
T1   TEATRE GREC
W   FUNDACIÓ JOAN MIRÓ
Z   PAVELLÓ MIES VAN DER ROHE
BALEARES GENOVA
C
D
S
T
199

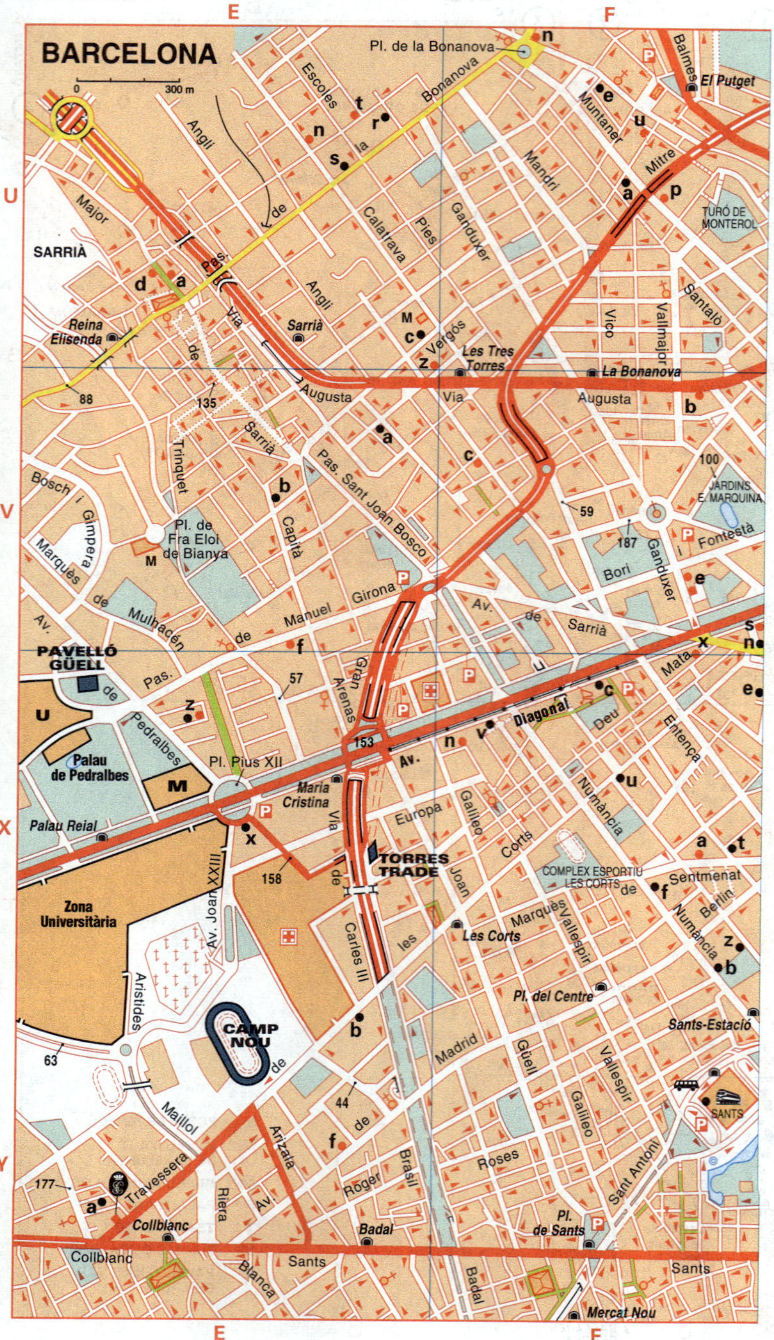

BARCELONA
0   300 m
SARRIÀ
Escoles
Bonanova
Pl. de la Bonanova
El Putget
TURÓ DE MONTEROL
Major
Anglí
Pas.
Via
de
Reina Elisenda
Sarrià
Calatrava
Pies
Anglí
Muntaner
Mandri
Ganduxer
Mitre
Santaló
Vico
Vallmajor
88
135
Augusta
Via
Vergós
Les Tres Torres
La Bonanova
Augusta
Bosch i Gimpera
Marquès
de
Trinquet
Sarrià
Pl. de Fra Eloi de Bianya
Capità
Pas. Sant Joan Bosco
100
JARDINS E. MARQUINA
Fontestà
59
187
Bori
Ganduxer
PAVELLÓ GÜELL
Mulhacén
de
Manuel Girona
Av. de Sarrià
Av.
Pas.
de Pedralbes
57
Gran Arenas
Diagonal
Mata
Entença
Deu
Numància
PALAU de PEDRALBES
Pl. Pius XII
153
AV.
Maria Cristina
Via
Europa
Galileo
Corts
Numància
Palau Reial
Av. Joan XXIII
158
de
TORRES TRADE
Joan
COMPLEX ESPORTIU LES CORTS
de
Sentmenat
Berlin
Zona Universitària
Aristides
Carles III
les
Les Corts
Marquès
Vallespir
Numància
Pl. del Centre
Sants-Estació
Majllol
Arizala
de
Madrid
Güell
Galileo
Vallespir
SANTS
177
Travessera
Riera
Av
Roger
Brasil
Roses
Sant Antoni
Collblanc
Badal
Pl. de Sants
Collblanc
Blanca
Sants
Badal
Sants
Mercat Nou
CAMP NOU
63
44

G
H
U
Puiget
Lesseps
Gran
Olla
Joanic
Pàdua
Fontana
Gràcia
GRÀCIA
Bailèn
e
Balmes
Pl. Molina
Augusta
Olla
de
f
h
u
e
k
v
s
Via
St. Gervasi
Gràcia
de
Rosselló
Girona
z
f
Aribau
v
de
Còrsega
Verdaguer
m
c
Gràcia
a
x
Q
Muntaner
Via
Diagonal
Bruc
Pl. Joan Carles I
Roger de Llúria
U
e
Muntaner
v
Balmes
Augusta
c
z
Diagonal
S
r
M
Pau
V
Travessera
r
n
PAS
P
g
Claris
h
Av.
s
a
Paris
Diagonal
RA
d
P
f
w
Aragó
t
P
a
k
Rosselló
b
Provença
M
m
Pas. de Gràcia
g
u
n
Provença
q
DE
t
P
Casanova
z
Muntaner
r
Balmes
Valencia
e
Cent
v
Corsega
Aribau
Provença
DE
S
V
de GRÀCIA
Pl. Francesc. Macià
p
Mallorca
y
v
CATALUNYA
i
r
m
u
g
M
f
Av.
Comte
Paris
Pl. Doctor Letamendi
g
h
Diputació
de
Sarria
a
m
e
h
Catalanes
g
Viladomat
P
Hospital Clinic
Villarroel
w
Aragó
Consell
Balmes
199
s
Y
b
Provença
Valencia
u
x
Muntaner
Aribau
p
u
X
Tarradellas
Paris
c
d'Urgell
n
Cent
Casanova
Corts
k
198
Universitat
d
a
Rosselló
f
Aragó
les
Diputació
c
u
121
Entença
Mallorca
Roma
Comte
R
Josep
Rocafort
h
de
Aragó
Sant Antoni
w
Joaquim
M 10
Entença
Provença
Viladomat
Urgell
Costa
r
Av.
Valencia
de
Villarroel
Sant Antoni
Ronda
132
Tarragona
d'Urgell
de
Carme
m
Aragó
Consell
Rocafort
Sant Antoni Abat
Sant Antoni
Tarragona
PARC JOAN MIRÓ
f
Diputació
Via
Floridablanca
Viladomat
Ronda de Sant Pau
SANTS
Gran
Entença
f
Rocafort
Manso
Hostafrancs
Pl. d'Espanya
n
Rocafort
Poble Sec
Av.
del
Paral.lel
c
r
Creu
Coberta
c
Av.
del
Paral.lel
e
120
Espanya
FIRA
PALAU DEL CINQUANTENARI
b
151
G
TARRAGONA
H

ESTACIÓ MARITIMA BALEARES, GENOVA

Continuación Barcelona p. 10

REPERTORIO
DE CALLES (fin)

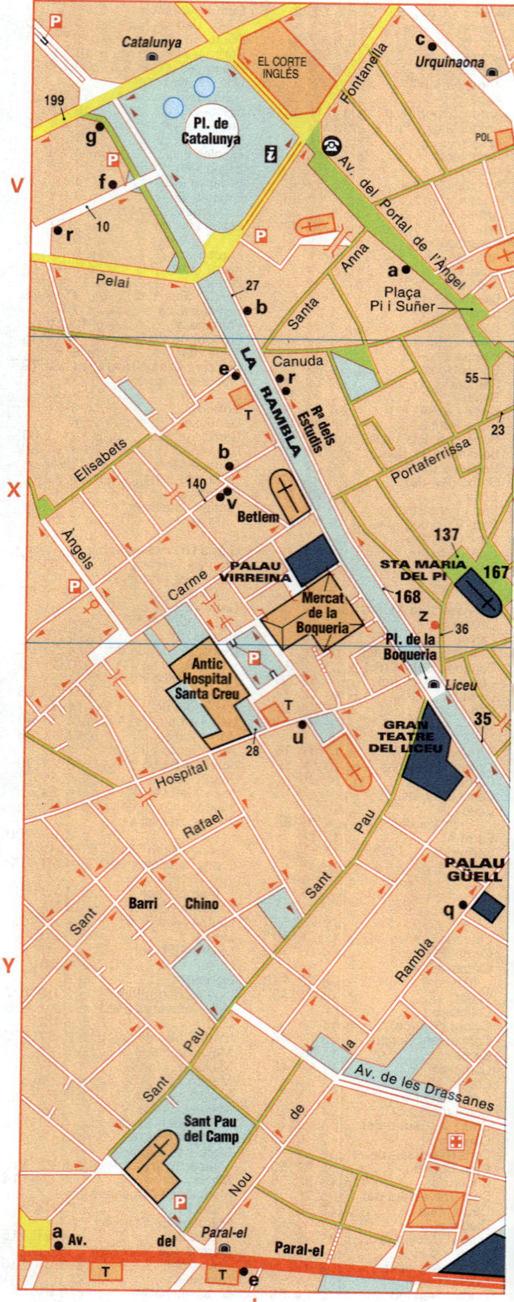

PALAU DE LA MÚSICA CATALANA
PARC DE LA CIUTADELLA
LA RIBERA
Via
Laietana
St Pere més Alt
Sant Pere més Baix
Carders
Assaonadors
Princesa
Mercaders
Pl. Antoni Maura
MUSEU PICASSO
Mercat del Born
Picasso
Pg.
Comerç
de
CATEDRAL
Pl. de l'Angel
Mirallers
Argenteria
Jaume 1
STA MARIA DEL MAR
Av. Marqués de l'Argentera
ESTACIÓ DE FRANÇA
BARRI GÒTIC
Via
Laietana
Palla
Pl. St Jaume
Palau de la Generalitat
Pl. del Palau
LA LLOTJA
Pl. Antonio López
Ferrán
Avinyó
PLAÇA REIAL
Serra
Colom
Ample
de
LA MERCÈ
Moll del Dipòsit
PALAU DE MAR
MARINA
Escudellers
LA RAMBLA
Pl. del Teatre
Ample
Clavé
Pl. del Duc de Medinaceli
RONDA DEL LITORAL
Moll de Bosch i Alsina
(Moll de la Fusta)
Pl. del Ictinio
Imax
Josep A.
Passeig
REAL CLUB NÀUTICO
L'Aquàrium
Moll d'Espanya
Sta Mónica
Drassanes
Pl. Portal de la Pau
PORT VELL
Pl. de la Odisea
MAREMAGNUM
DRASSANES I MUSEU MARÍTIM
Monument a Colom
Rambla de Mar
REAL CLUB MARÍTIMA
DUANES
0   100 m

Lista alfabética de los establecimientos
Lista alfabética dos estabelecimentos
Liste alphabétique des établissements
Elenco alfabetico degli esercizi
Alphabetische liste der häuser
Alphabetical list of establishments

A

16 Abac
25 Abalon
18 Abba Sants
20 Abbot
18 AC Diplomatic
19 AC Front Marítim
20 Acacia (Aparthotel)
20 Accés (Aparthotel)
26 Acontraluz
16 Agut d'Avignon
19 Alexandra
20 Alfa Aeropuerto
20 Alguer (L')
23 Alimara
15 Ambassador
22 Anfiteatro
24 Aristol
17 Arts
26 Asador de Aranda (El)
    . av. del Tibidabo 31
21 Asador de Aranda (El) Londres 94
23 Asador Izarra
20 Astoria
15 Atlantis
18 Avenida Palace

B

23 ba-ba-reeba
19 Balmes
24 Balmoral
18 Barceló H. Sants
19 Barcelona Mar
15 Barcelona Universal
15 Barcino (G.H.)
26 Bellini (Il)
20 Beltxenea
23 Bierzo (O')
16 Bona Cuina (La)
25 Bonanova (Aparthotel)
26 Botafumeiro

C

20 Caledonian
22 Camarga (La)
26 Can Cortada
17 Can Culleretes
22 Can Fayos
17 Can Majó
17 Can Ramonet
27 Can Traví Nou
23 Cañota
19 Capital
17 Caracoles (Los)
23 Carles Grill
22 Casa Calvet
22 Casa Darío
27 Casa Pepe
    pl. de la Bonanova 4
27 Casa Pepe
    Balmes 377
23 Casa Toni
22 Casimiro
18 Catalonia (G.H.)
25 Catalonia Albéniz
15 Catalonia Albinoni
24 Catalonia Aragón
24 Catalonia Atenas
18 Catalonia Barcelona Plaza
25 Catalonia Castellnou
15 Catalonia Duques de Bergara
25 Catalonia Mikado
24 Catalonia Park Putxet
20 Catalonia Roma
25 Catalonia Rubens
24 Catalonia Suite
16 Catalunya Plaza
26 Celler Can Mateo
20 Century Park
23 Cervecería Catalana
23 Chicoa
19 City Park H.
18 Claris
15 Colón
25 Colors
25 Condado

19 NH Podium
20 NH Rallye
19 NH Sant Angelo
19 Núñez Urgel
27 Oliana (L')
21 Olivé (L')
21 Oliver y Hardy
20 Onix
21 Orotava
22 Ostres (Les)
27 OT

P – Q

23 Paolo (Da)
20 Paral.lel
16 Park H.
27 Pati Blau (El)
21 Pescadors (Els)
21 Petit Paris
26 Petite Marmite (La)
17 Pitarra
17 Pou Dols
18 Princesa Sofia Inter-Continental
20 Prisma
21 Provença (La)
26 Quattro Stagioni (Le)
28 Quirze

R

21 Racó d'en Cesc
26 Racó d'en Freixa (El)
23 Racó de la Vila
19 Rafael Diagonal Port
16 Ramblas H.
15 Reding
16 Regencia Colón
19 Regente
15 Regina
16 Reial Club Marítim
25 Rekor'd
25 Reno
17 Rey Juan Carlos I
16 Rialto
21 Rías de Galicia
17 Ritz
18 Ritz Roger de Llúria
15 Rivoli Rambla
26 Roig Robí
15 Royal
21 Ruccula

S

17 Sagardi
27 Sal i Pebre
24 Sansi Pedralbes
16 Sant Agustí
25 Sant Pau
27 Satoru Miyanu
25 Senator (Aparthotel)
16 Senyor Parellada
22 Solera Gallega
24 St. Gervasi
19 St. Moritz
26 St. Rémy
16 Suizo
17 Suquet de l'Almirall
16 7 Portes

T

20 Taber
21 Talaia Mar
23 Tapasbar Comte d'Urgell 204
27 Tapasbar Via Augusta 9
27 Taula (La)
26 Tram-Tram
22 Tramonti 1980
26 Trapío (El)
27 Tritón
23 Trobador (El)
23 Tryp Presidente
22 Túnel del Port (El)
16 Turín
24 Turó de Vilana
17 Txakolin
23 Txapela

V – W – X – Y – Z

22 Vaquería (La)
27 Venta (La)
25 Via Veneto
24 Victoria H. Suites
22 Vieiras (As)
21 Vinya Rosa-Magí
27 Vivanda
24 Wilson
21 Windsor
17 Xampanyet (El)
26 Xarxa (La)
21 Yantar de la Ribera (El)
22 Yashima
27 Yaya Amelia (La)
25 Zenit Barcelona
26 Zure Etxea

Ciutat Vella y La Barceloneta : Ramblas, pl. de Catalunya, Via Laietana, pl. St. Jaume, passeig de Colom, passeig de Joan Borbó Comte de Barcelona (planos p. 5 a 9)

Le Méridien Barcelona, La Rambla 111, ⊠ 08002, ℘ 93 318 62 00, *lemeridien@meridienbarcelona.com, Fax 93 301 77 76* – 📶 ▤ TV & 🚗 – 🔬 25/200. AE ① MC VISA JCB. ✑
LX b
Comida carta 27 a 45 – ⊡ 17 – **197 hab** 300/330 – 7 suites.

Colón, av. de la Catedral 7, ⊠ 08002, ℘ 93 301 14 04, *info@hotelcolon.es, Fax 93 317 29 15* – 📶 ▤ TV – 🔬 25/120. AE ① MC VISA JCB
MV e
Comida 15,75 – ⊡ 13,25 – **138 hab** 142/205 – 9 suites.

Rivoli Rambla, La Rambla 128, ⊠ 08002, ℘ 93 481 76 76, *rivoli@alba-mssl.es, Fax 93 317 20 38,* 🛁 – 📶 ▤ TV – 🔬 25/180. AE ① MC VISA JCB. ✑
LX r
Comida 22 – ⊡ 16,50 – **81 hab** 193/228,30 – 9 suites.

Royal sin rest con cafetería, La Rambla 117, ⊠ 08002, ℘ 93 301 94 00, *hotelroyal@hroyal.com, Fax 93 317 31 79* – 📶 ▤ TV 🚗 – 🔬 25/100. AE ① MC VISA JCB. ✑
LX e
⊡ 12 – **108 hab** 165/195.

Ambassador, Pintor Fortuny 13, ⊠ 08001, ℘ 93 342 61 80, *reservasambassador@vivolihotels.com, Fax 93 317 20 38,* 🛁, 🏊 – 📶 ▤ TV & 🚗 – 🔬 25/200. AE ① MC VISA JCB. ✑
LX v
Comida carta 25,04 a 34,04 – ⊡ 17,68 – **96 hab** 209/250 – 9 suites.

Catalonia Duques de Bergara, Bergara 11, ⊠ 08002, ℘ 93 301 51 51, *duques@hoteles-catalonia.es, Fax 93 317 34 42,* 🏊 – 📶 ▤ TV & – 🔬 25/400. AE ① MC VISA JCB. ✑
LV f
Comida 16,83 – ⊡ 12,03 – **148 hab** 217,56/250,67.

Montecarlo sin rest, La Rambla 124, ⊠ 08002, ℘ 93 412 04 04, *hotel@montecarlobcn.com, Fax 93 318 73 23* – 📶 ▤ TV 🚗. AE ① MC VISA. ✑
LX r
⊡ 12,02 – **57 hab** 114,19/300,51 – 2 suites.

G.H. Barcino sin rest, Jaume I-6, ⊠ 08002, ℘ 93 302 20 12, *reserve@gargallo-hotels.com, Fax 93 301 42 42* – 📶 ▤ TV &. AE ① VISA JCB
MX r
⊡ 13 – **53 hab** 162/196.

Meliá Confort Apolo sin rest con cafetería, av. del Paral.lel 57, ⊠ 08004, ℘ 93 443 11 22, *meliaconfort.apolo@solmelia.es, Fax 93 443 00 59* – 📶 ▤ TV & 🚗 – 🔬 25/500. AE ① MC VISA JCB. ✑
LY e
⊡ 13 – **314 hab** 158/189.

Barcelona Universal, av. del Paral.lel 76-78, ⊠ 08001, ℘ 93 567 74 47, *bcnuniversal@nnhotels.es, Fax 93 567 74 40* – 📶 ▤ TV & 🚗 – 🔬 25/100. AE ① MC VISA JCB. ✑
LY a
Comida 18,60 – ⊡ 12 – **164 hab** 160/177 – 3 suites.

Laietana Palace sin rest, Via Laietana 17, ⊠ 08003, ℘ 93 268 79 40, *reservas@laietanapalace.com, Fax 93 319 02 45* – 📶 ▤ TV &. AE ① MC VISA JCB
MX g
⊡ 13,22 – **62 hab** 181,81/208,25.

Montblanc sin rest, Via Laietana 61, ⊠ 08003, ℘ 93 343 55 55, *montblanc@hcchotels.com, Fax 93 343 55 58* – 📶 ▤ TV & – 🔬 25/85. AE ① MC VISA JCB. ✑ LV c
⊡ 14 – **79 hab** 156/195.

H 10 Gravina sin rest con cafetería, Gravina 12, ⊠ 08001, ℘ 93 301 68 68, *gravina@smc.es, Fax 93 317 28 38* – 📶 ▤ TV & – 🔬 25/50
HX d
81 hab, 4 suites.

Catalonia Albinoni sin rest, av. Portal de l'Àngel 17, ⊠ 08002, ℘ 93 318 41 41, *cataloni@hoteles-catalonia.es, Fax 93 301 26 31,* « En el antiguo palacio Rocamora » – 📶 ▤ TV &. AE ① MC VISA JCB. ✑
LV a
⊡ 12,03 – **74 hab** 164,67/177,93.

Reding, Gravina 5, ⊠ 08001, ℘ 93 412 10 97, *reding@occidental-hotels.com, Fax 93 268 34 82* – 📶 ▤ TV &. AE ① MC VISA JCB. ✑
HX d
Comida (cerrado domingo) 7,81 – ⊡ 8,41 – **44 hab** 135,23/159,27.

Lleó sin rest con cafetería, Pelai 22, ⊠ 08001, ℘ 93 318 13 12, *reserva@hotel-lleo.es, Fax 93 412 26 57* – 📶 ▤ TV & – 🔬 25/150. AE MC VISA JCB. ✑
HX a
⊡ 9 – **89 hab** 99/132.

Gótico sin rest, Jaume I-14, ⊠ 08002, ℘ 93 315 22 11, *reserve@gargallo-hotels.com, Fax 93 315 21 13* – 📶 ▤ TV &. AE ① VISA JCB
MX b
⊡ 13 – **78 hab** 162/196.

Regina sin rest con cafetería, Bergara 2, ⊠ 08002, ℘ 93 301 32 32, *reservas@reginahotel.com, Fax 93 318 23 26* – 📶 ▤ TV. AE ① MC VISA JCB. ✑
LV r
⊡ 12,50 – **102 hab** 156,26/216,36.

Atlantis sin rest, Pelai 20, ⊠ 08001, ℘ 93 318 90 12, *hotelatlantis@retemail.es, Fax 93 412 09 14* – 📶 ▤ TV &. AE ① MC VISA. ✑
HX a
⊡ 7,21 – **42 hab** 120,20/150,25.

Catalunya Plaza sin rest con cafetería al mediodía, pl. de Catalunya 7, ✉ 08002, ℘ 93 317 71 71, *catalunya@city-hoteles.es*, Fax *93 317 78 55* – 📶 ≣ 📺 – 🏊 25. 🆎 ⓓ ⓶ 🆅🅸🆂🅰. ✀
LV g
☕ 12,62 – **46 hab** 225/255.

Park H., av. Marquès de l'Argentera 11, ✉ 08003, ℘ 93 319 60 00, *parkhotel@park hotelbarcelona.com*, Fax *93 319 45 19* – 📶 ≣ 📺 ௬. 🆎 ⓓ ⓶ 🆅🅸🆂🅰. ✀
NX e
Comida - ver rest. **Abac** – **91 hab** ☕ 103/135.

Gaudí sin rest con cafetería, Nou de la Rambla 12, ✉ 08001, ℘ 93 317 90 32, *gaudí@hotel gaudí.es*, Fax *93 412 26 36*, 🛎 – 📶 ≣ 📺 🚗 – 🏊 25. 🆎 ⓓ ⓶ 🆅🅸🆂🅰 🇯🇨🇧 LY q
☕ 8 – **73 hab** 92/117.

Ramblas H. sin rest, Rambles 33, ✉ 08002, ℘ 93 301 57 00, Fax *93 412 25 07* – 📶
≣ 📺. 🆎 ⓶ 🆅🅸🆂🅰
MY z
77 hab ☕ 135,23/144,24.

Rialto, Ferran 42, ✉ 08002, ℘ 93 318 52 12, *reserve@gargallo-hoteles.com*,
Fax *93 318 53 12* – 📶 ≣ 📺. 🆎 ⓓ 🆅🅸🆂🅰 🇯🇨🇧. ✀ rest
MX s
Comida 14 – ☕ 11 – **199 hab** 97/117 – 2 suites.

Mesón Castilla sin rest, Valldoncella 5, ✉ 08001, ℘ 93 318 21 82, *hmesoncastilla @teleline.es*, Fax *93 412 40 20* – 📶 ≣ 📺 🚗. 🆎 ⓓ ⓶ 🆅🅸🆂🅰 🇯🇨🇧 HX c
56 hab ☕ 86/110.

Sant Agustí, pl. Sant Agustí 3, ✉ 08001, ℘ 93 318 16 58, *hotelsa@hotelsa.com*,
Fax *93 317 29 28* – 📶 ≣ 📺 ௬. 🆎 ⓓ ⓶ 🆅🅸🆂🅰 🇯🇨🇧. ✀
LY u
Comida 9,02 – **77 hab** ☕ 96/120.

Regencia Colón sin rest, Sagristans 13, ✉ 08002, ℘ 93 318 98 58, *info@hotelreg enciacolon.com*, Fax *93 317 28 22* – 📶 ≣ 📺. 🆎 ⓓ ⓶ 🆅🅸🆂🅰 🇯🇨🇧. ✀
MV r
☕ 8,55 – **55 hab** 85,19/129,36.

Hesperia Metropol sin rest, Ample 31, ✉ 08002, ℘ 93 310 51 00, *hotel@hesper ia-metropol.com*, Fax *93 319 12 76* – 📶 ≣ 📺 – 🏊 25. 🆎 ⓓ ⓶ 🆅🅸🆂🅰. ✀
NY r
☕ 8,41 – **68 hab** 123,51/136,13.

Turín sin rest, Pintor Fortuny 9, ✉ 08001, ℘ 93 302 48 12, *hotelturin@teleline.es*,
Fax *93 302 10 05* – 📶 ≣ 📺 ௬ 🚗. 🆎 ⓓ ⓶ 🆅🅸🆂🅰. ✀
LX v
☕ 9 – **60 hab** 90/132.

Suizo sin rest, pl. del Àngel 12, ✉ 08002, ℘ 93 310 61 08, *reserve@gargallo-hotels.com*,
Fax *93 315 04 61* – 📶 ≣ 📺 ௬. 🆎 ⓓ 🆅🅸🆂🅰 🇯🇨🇧
MX d
☕ 11 – **59 hab** 97/117.

Continental sin rest, Rambles 138-2º, ✉ 08002, ℘ 93 301 25 70, *ramblas@hotelco ntinental.com*, Fax *93 302 73 60* – 📶 📺 🆎 ⓓ ⓶ 🆅🅸🆂🅰
LV b
☕ 3,80 – **35 hab** 61,30/89,55.

Àbac, Rec 79-89, ✉ 08003, ℘ 93 319 66 00, *restabac@infonegocio.com*,
Fax *93 319 45 19* – ≣ 🚗. 🆎 ⓓ ⓶ 🆅🅸🆂🅰. ✀
NX e
cerrado del 6 al 13 de enero, 3 semanas en agosto, domingo y lunes mediodía – **Comida** 55 y carta 42,07 a 57
Espec. Foie gras al vapor de bambú. Arroz caldoso de ñoras y gambas. Conguito helado y yogurt ácido.

Hofmann, Argenteria 74-78 (1º), ✉ 08003, ℘ 93 319 58 89, *hofmann@ysi.es*,
Fax *93 319 58 89*, « Marco acogedor con plantas » – ≣. 🆎 ⓓ ⓶ 🆅🅸🆂🅰. ✀ NX v
cerrado agosto, sábado y domingo – **Comida** carta 30,64 a 40,87.

Agut d'Avignon, Trinitat 3, ✉ 08002, ℘ 93 302 60 34, Fax *93 302 53 18* – ≣. 🆎
ⓓ ⓶ 🆅🅸🆂🅰 🇯🇨🇧. ✀
MY n
Comida carta 24,25 a 36,78.

Neyras, Via Laietana 41, ✉ 08003, ℘ 93 302 46 47, Fax *93 318 56 37* – ≣. 🆎 ⓶
🆅🅸🆂🅰. ✀
MV b
Comida carta 24,34 a 41,17.

La Bona Cuina, Pietat 12, ✉ 08002, ℘ 93 268 23 94, Fax *93 315 08 12* – ≣. 🆎 ⓓ
⓶ 🆅🅸🆂🅰. ✀
MX e
Comida carta aprox. 42,07.

Reial Club Marítim, Moll d'Espanya, ✉ 08039, ℘ 93 221 71 43, Fax *93 221 44 12*,
≼, ⛲, « En el puerto deportivo » – ≣. 🆎 ⓓ ⓶ 🆅🅸🆂🅰 🇯🇨🇧. ✀
NY a
cerrado 3 semanas en agosto y domingo noche – **Comida** carta 22,69 a 32,75.

Senyor Parellada, Argenteria 37, ✉ 08003, ℘ 93 310 50 94, Fax *93 268 31 57* – ≣.
🆎 ⓓ ⓶ 🆅🅸🆂🅰 🇯🇨🇧. ✀
NX t
cerrado domingo y festivos – **Comida** carta aprox. 21,04.

7 Portes, passeig d'Isabel II-14, ✉ 08003, ℘ 93 319 30 33, *info@7portes.com*,
Fax *93 319 30 46* – ≣. 🆎 ⓓ ⓶ 🆅🅸🆂🅰 🇯🇨🇧. ✀
NX s
Comida carta aprox. 27,80.

XX **El Gran Café,** Avinyó 9, ⊠ 08002, ✆ 93 318 79 86, *Fax 93 412 07 42,* « Decoración estilo 1900 » – AE ⓘ MC VISA. ✀
MY a
cerrado domingo – **Comida** carta 19 a 29,06.

XX **L'Elx al Moll,** Moll d'Espanya-Maremagnun, Local 9, ⊠ 08039, ✆ 93 225 81 17, *Fax 93 225 81 20,* ≼, 🍽, « En el puerto deportivo » – 🖳. AE MC VISA
NY m
Comida - arroces - carta 17,44 a 24,64.

X **Pou Dols,** baixada de Sant Miquel 6, ⊠ 08002, ✆ 93 412 05 79 – 🖳. AE ⓘ MC VISA. ✀
MX c
cerrado 3 semanas en agosto, sábado mediodía y domingo – **Comida** carta 25,41 a 33,44.

X **Can Ramonet,** Maquinista 17, ⊠ 08003, ✆ 93 319 30 64, *canramonet@eresmas.com, Fax 93 319 70 14,* 🍽 – 🖳. AE ⓘ MC VISA JCB. ✀
KY e
cerrado del 7 al 22 de enero, del 17 al 31 de agosto y domingo noche – **Comida** - pescados y mariscos - carta 21,60 a 33,30.

X **Pitarra,** Avinyó 56, ⊠ 08002, ✆ 93 301 16 47, *Fax 93 301 85 62,* « Decoración evocadora con recuerdos del poeta Pitarra » – 🖳. AE ⓘ MC VISA JCB
NY e
cerrado agosto, domingo y festivos noche – **Comida** carta 16,16 a 24,41.

X **Hostal El Pintor,** Sant Honorat 7, ⊠ 08002, ✆ 93 301 40 65, *Fax 93 412 28 20,* « Decoración rústica » – 🖳. MC VISA. ✀
MX u
Comida carta 18,93 a 31,49.

X **Can Majó,** Almirall Aixada 23, ⊠ 08003, ✆ 93 221 54 55, *canmajo@terra.es, Fax 93 221 54 55,* 🍽 – 🖳. AE ⓘ MC VISA. ✀
KY x
cerrado lunes – **Comida** - pescados y mariscos - carta 25,24 a 31,85.

X **Suquet de l'Almirall,** passeig Joan de Borbó 65, ⊠ 08003, ✆ 93 221 62 33, *suqu etalmirall.accua@terra.es, Fax 93 221 62 33,* 🍽 – 🖳. ⓘ MC VISA. ✀
KY z
cerrado domingo noche, festivos noche y lunes – **Comida** - pescados - carta 29,16 a 35,16.

X **Can Culleretes,** Quintana 5, ⊠ 08002, ✆ 93 317 64 85, *Fax 93 412 59 92,* « Rest. típico » – 🖳. MC VISA JCB. ✀
MY c
cerrado julio, domingo noche y lunes – **Comida** carta 15 a 22.

X **Los Caracoles,** Escudellers 14, ⊠ 08002, ✆ 93 302 31 85, *caracoles@versin.com, Fax 93 302 07 43,* « Rest. típico. Decoración rústica regional » – 🖳. AE ⓘ MC VISA JCB. ✀
MY k
Comida carta 21,17 a 34,01.

🍴 **Estrella de Plata,** pl. del Palau 9, ⊠ 08003, ✆ 93 319 60 07, *tapas@estrella-de-pl ata.es, Fax 93 310 38 50,* 🍽 – 🖳. AE MC VISA
NX r
cerrado Navidades, del 1 al 15 de agosto, domingo y lunes – **Tapa** 5,11 **Ración** aprox. 8,40.

🍴 Txakolin, av. Marquès de l'Argentera 19, ⊠ 08003, ✆ 93 268 17 81 – 🖳
NV s
- tapas vascas.

🍴 **Sagardi,** Argenteria 62, ⊠ 08003, ✆ 93 319 99 93, *sagardi@sagardi.es, Fax 93 268 48 86,* Sidrería vasca – 🖳. AE ⓘ MC VISA. ✀
NX a
Tapa 1 - tapas vascas.

🍴 Euskal Etxea, placeta Montcada 1-3, ⊠ 08003, ✆ 93 310 21 85 – 🖳
NX c
- tapas vascas.

🍴 **Irati,** Cardenal Casanyes 17, ⊠ 08002, ✆ 93 302 30 84, *sagardi@sagardi.es, Fax 93 412 73 76* – 🖳. AE ⓘ MC VISA. ✀
LX z
cerrado Navidades, 3 semanas en agosto, domingo noche y lunes – **Tapa** 1 - tapas vascas.

🍴 **El Xampanyet,** Montcada 22, ⊠ 08003, ✆ 93 319 70 03 – ⓘ MC. ✀
NX f
cerrado agosto, domingo noche y lunes – **Tapa** 2 **Ración** - conservas y salazones - aprox. 4,50.

Sur Diagonal : Gran Via de les Corts Catalanes, passeig de Gràcia, Balmes, Muntaner, Aragó (planos p. 2 a 6)

🏨 **Arts** 🦢, Marina 19, ⊠ 08005, ✆ 93 221 10 00, *info@harts.es, Fax 93 221 10 70,* 🍽, « Situación estratégica en el Port Olímpic dominando la ciudad y alrededores », 🏋, 🏊 – 📶 🖳 📺 ♿ 🚗 – 🛎 25/900. AE ⓘ MC VISA JCB. ✀
DT r
Comida 69 - *Newport Room* : **Comida** carta 58 a 70,75 – ☕ 21,60 – **397 hab** 421, 59 suites, 27 apartamentos.

🏨 **Rey Juan Carlos I** 🦢, av. Diagonal 661, ⊠ 08028, ✆ 93 364 40 40, *Fax 93 364 42 32,* 🍽, « Modernas instalaciones dominando la ciudad y alrededores. Parque con estanque y 🏊 », 🏋, 🏊, 🚣 – 📶 🖳 📺 ♿ 🚗 🅿 – 🛎 25/1000. AE ⓘ MC VISA. ✀
AT z
Chez Vous (cerrado 27 diciembre-10 enero y domingo) **Comida** carta 33,60 a 47,42 - *Café Polo* (buffet) **Comida** 27,04 – ☕ 18,90 – **375 hab** 241/300 – 37 suites.

🏨 **Ritz,** Gran Via de les Corts Catalanes 668, ⊠ 08010, ✆ 93 318 52 00, *ritz@ritzbcn.com, Fax 93 318 01 48* – 📶 🖳 📺 – 🛎 25/280. AE ⓘ MC VISA JCB. ✀
JV p
Comida carta 47 a 52 – ☕ 20 – **119 hab** 337/361 – 6 suites.

Claris ⏴, Pau Claris 150, ⊠ 08009, ℘ 93 487 62 62, *claris@derbyhotels.es*, *Fax 93 215 79 70*, « Modernas instalaciones con antigüedades. Museo arqueológico », ⎿♨, ⊒ – |≑| ▤ ⊡ ⇔ – ♨ 25/120. ᴬᴱ ⓪ ⓜ◎ *VISA* ᴶᶜᴮ. ⅏ rest   HV w
East 47 *(cerrado agosto y lunes)* **Comida** carta 40 a 50 – ⌸ 18 – **80 hab** 328/365, 40 suites.

Majestic, passeig de Gràcia 68, ⊠ 08007, ℘ 93 488 17 17, *recepcion@hotelmajesti c.es, Fax 93 488 18 80,* ⎿♨, ⊒ – |≑| ▤ ⊡ ⇱ ⇔ – ♨ 25/400. ᴬᴱ ⓪ ⓜ◎ *VISA* ᴶᶜᴮ. ⅏ **Comida** - ver también rest. *Drolma* - 22 – ⌸ 18 – **273 hab** 228/284 – 30 suites.
          HV f

Fira Palace, av. Rius i Taulet 1, ⊠ 08004, ℘ 93 426 22 23, *sales@fira-palace.com, Fax 93 424 86 79,* ⎿♨, ⊡ – |≑| ▤ ⊡ ⇱ ⇔ – ♨ 25/1300. ᴬᴱ ⓪ ⓜ◎ *VISA* ᴶᶜᴮ. ⅏ **Comida** 21,04 - *El Mall* : **Comida** carta 23,50 a 30,96 – ⌸ 13,22 – **258 hab** 204,34/240,40 – 18 suites.
          CT s

G.H. Havana, Gran Via de les Corts Catalanes 647, ⊠ 08010, ℘ 93 412 11 15, *hote lhavanasilken@hoteles-silken.com, Fax 93 412 26 11* – |≑| ▤ ⊡ ⇱ ⇔ – ♨ 25/150. ᴬᴱ ⓪ ⓜ◎ *VISA* ᴶᶜᴮ. ⅏ rest   JV e
Comida carta 24,40 a 39 – ⌸ 14,12 – **141 hab** 156,26/174,29 – 4 suites.

Meliá Barcelona, av. de Sarrià 50, ⊠ 08029, ℘ 93 410 60 60, *melia.barcelona@so lmelia.es, Fax 93 321 51 79,* ⟨, ⎿♨ – |≑| ▤ ⊡ ⇔ – ♨ 25/500. ᴬᴱ ⓪ ⓜ◎ *VISA* ᴶᶜᴮ. ⅏   FV n
Comida carta 25,25 a 46 – ⌸ 17 – **299 hab** 195/222 – 15 suites.

Princesa Sofía Inter-Continental, pl. Pius XII-4, ⊠ 08028, ℘ 93 508 10 00, *barc elona@interconti.com, Fax 93 508 10 01,* ⟨, ⎿♨, ⊡, ⇻ – |≑| ▤ ⊡ ⇱ ⇔ – ♨ 25/1200. ᴬᴱ ⓪ ⓜ◎ *VISA* ᴶᶜᴮ. ⅏   EX x
Comida 23,20 – ⌸ 20 – **475 hab** 319/349 – 25 suites.

Hilton Barcelona, av. Diagonal 589, ⊠ 08014, ℘ 93 495 77 77, *barcelona@hilton. com, Fax 93 495 77 00,* ♨≈, ⎿♨ – |≑| ▤ ⊡ ⇱ ⇔ ℙ – ♨ 25/600. ᴬᴱ ⓪ ⓜ◎ *VISA* ᴶᶜᴮ. ⅏   FX v
Comida carta 35 a 43 – ⌸ 17,43 – **287 hab** 270/300 – 2 suites – PA 89.

AC Diplomatic, Pau Claris 122, ⊠ 08009, ℘ 93 272 38 10, *Fax 93 272 38 11,* ⎿♨ – |≑| ▤ ⊡ ⇱ ⇔ – ♨ 25/70. ᴬᴱ ⓪ ⓜ◎ *VISA* ᴶᶜᴮ. ⅏   HV g
Comida 19,23 – ⌸ 11,12 – **209 hab** 232,23 – 2 suites.

NH Calderón, Rambla de Catalunya 26, ⊠ 08007, ℘ 93 301 00 00, *nhcalderon@nh -hoteles.es, Fax 93 412 01 20,* ⎿♨, ⊒, ⊡ – |≑| ▤ ⊡ ⇔ – ♨ 25/200. ᴬᴱ ⓪ ⓜ◎ *VISA*. ⅏   HX t
Comida carta 27,05 a 36,06 – ⌸ 17 – **224 hab** 213 – 29 suites.

Catalonia Barcelona Plaza, pl. d'Espanya 6, ⊠ 08014, ℘ 93 426 26 00, *plaza@h oteles-catalonia.es, Fax 93 426 04 00,* ⎿♨, ⊒ climatizada – |≑| ▤ ⊡ ⇱ ⇔ – ♨ 25/600. ᴬᴱ ⓪ ⓜ◎ *VISA* ᴶᶜᴮ. ⅏   GY r
Gourmet Plaza : **Comida** carta aprox. 27,05 – ⌸ 12,03 – **338 hab** 217,56/250,67, 9 suites.

Barceló H. Sants, pl. dels Països Catalans, ⊠ 08014, ℘ 93 490 95 95, *hotelbcsant s@barceloclavel.com, Fax 93 490 60 45,* « En la estación de Sants dominando la ciudad y alrededores », ⎿♨ – |≑| ▤ ⊡ ⇱ ℙ – ♨ 25/1500. ᴬᴱ ⓪ ⓜ◎ *VISA* ᴶᶜᴮ. ⅏   FY
Comida 42,07 – ⌸ 13,82 – **364 hab** 150,25/210,35 – 13 suites.

Condes de Barcelona *(Monument i Centre)*, passeig de Gràcia 75, ⊠ 08008, ℘ 93 467 47 80, *reservas@condesdebarcelona.com, Fax 93 467 47 85* – |≑| ▤ ⊡ ⇱ ⇔ – ♨ 25/200. ᴬᴱ ⓪ ⓜ◎ *VISA* ᴶᶜᴮ. ⅏   HV m
Thalassa : **Comida** carta 28 a 33 – ⌸ 15,02 – **181 hab** 270,45 – 2 suites.

G.H. Catalonia, Balmes 142, ⊠ 08008, ℘ 93 415 90 90, *cataloni@hoteles-catalonia.es, Fax 93 415 22 09* – |≑| ▤ ⊡ ⇱ ⇔ – ♨ 50/230. ᴬᴱ ⓪ ⓜ◎ *VISA* ᴶᶜᴮ. ⅏   HV b
Comida 18,03 – ⌸ 12,03 – **84 hab** 217,56/250,67.

Avenida Palace, Gran Via de les Corts Catalanes 605, ⊠ 08007, ℘ 93 301 96 00, *avpalace@husa.es, Fax 93 318 12 34* – |≑| ▤ ⊡ – ♨ 25/350. ᴬᴱ ⓪ ⓜ◎ *VISA* ᴶᶜᴮ. ⅏ rest
Comida 30,70 – ⌸ 12,70 – **146 hab** 142,70/205,70 – 14 suites – PA 60,70.   HX r

L'Illa, av. Diagonal 555, ⊠ 08029, ℘ 93 410 33 00, *Fax 93 410 88 92* – |≑| ▤ ⊡ ⇱ – ♨ 25/100. ᴬᴱ ⓪ ⓜ◎ *VISA*. ⅏   FX c
Comida *(cerrado agosto, sábado y domingo)* 15,70 – ⌸ 12 – **93 hab** 183,70/222,70, 10 suites.

Abba Sants, Numància 32, ⊠ 08029, ℘ 93 600 31 00, *abba-sants@abbahoteles.com, Fax 93 600 31 01* – |≑| ▤ ⊡ ⇱ ⇔ – ♨ 25/200. ᴬᴱ ⓪ ⓜ◎ *VISA* ᴶᶜᴮ. ⅏   FX b
Amalur : **Comida** carta 33,06 a 42,21 – ⌸ 13,22 – **140 hab** 133/145.

Ritz Roger de Llúria, Roger de Llúria 28, ⊠ 08010, ℘ 93 343 60 80, *hotelritz-rog erdelluria@rogerdelluria.com, Fax 93 343 60 81* – |≑| ▤ ⊡ ⇱ – ♨ 25/60. ᴬᴱ ⓪ ⓜ◎ *VISA*. ⅏   JV b
Comida 36 – ⌸ 15 – **46 hab** 171,89/193,77 – 2 suites.

Rafael Diagonal Port, Lope de Vega 4, ⊠ 08005, ℰ 93 230 20 00, *diagonalport@rafae lhoteles.com, Fax 93 230 20 10* – 🛗 🖵 TV 🕭 🚗 – 🕭 25/175. AE ① MC VISA. 🛠
Comida 15,63 – ☕ 10,22 – **115 hab** 142,44/154,46.   **DT** b

AC Front Marítim, passeig García Faria 69, ⊠ 08019, ℰ 93 303 44 40, *acfmaritim @ac-hoteles.com, Fax 93 303 44 41,* 🛌 – 🛗 🖵 TV 🕭 🚗 – 🕭 25/160. AE ① MC VISA. 🛠   **DST** d
Comida - sólo cena, sólo clientes - 12 – ☕ 9,02 – **177 hab** 156.

Gallery H., Rosselló 249, ⊠ 08008, ℰ 93 415 99 11, *email@galleryhotel.com, Fax 93 415 91 84,* 🌂, 🛌 – 🛗 🖵 TV 🕭 🚗 – 🕭 25/200. AE ① MC VISA JCB. 🛠
Comida carta 28,31 a 38,54 – ☕ 15,03 – **108 hab** 222,37/258,44 – 5 suites.   **HV** d

St. Moritz, Diputació 264, ⊠ 08007, ℰ 93 412 15 00, *j.martinez@hcchotels.com, Fax 93 412 12 36* – 🛗 🖵 TV 🕭 🚗 – 🕭 25/200. AE ① MC VISA JCB. 🛠   **JV** g
Comida 20 – ☕ 18 – **92 hab** 200/240.

Gran Derby sin rest, Loreto 28, ⊠ 08029, ℰ 93 322 20 62, *info@derbyhotels.es, Fax 93 419 68 20,* 🏊 – 🛗 🖵 TV 🚗 – 🕭 25/100   **GX** g
29 hab, 12 suites.

City Park H., Nicaragua 47, ⊠ 08029, ℰ 93 363 74 74, *cityparkhotel@logiccontrol.es, Fax 93 419 71 63* – 🛗 🖵 TV 🕭 🚗 – 🕭 25/75. AE ① MC VISA. 🛠 rest   **FX** z
Comida 15,02 – ☕ 12,62 – **80 hab** 168,28/192,32.

NH Podium, Bailén 4, ⊠ 08010, ℰ 93 265 02 02, *nhpodium@nh-hoteles.es, Fax 93 265 05 06,* 🛌, 🏊 – 🛗 🖵 TV 🕭 🚗 – 🕭 25/240. AE ① MC VISA JCB. 🛠
***Corella* : Comida** carta 22,62 a 28,71 – ☕ 13,22 – **140 hab** 141,30/171,30,
5 suites.   **JV** n

Balmes, Mallorca 216, ⊠ 08008, ℰ 93 451 19 14, *balmes@derbyhotels.es, Fax 93 451 00 49,* « Terraza con 🏊 » – 🛗 🖵 TV 🚗 – 🕭 25/30. AE ① MC VISA JCB. 🛠 rest   **HV** v
Comida 16,82 – **92 hab** ☕ 153/181 – 8 suites.

Derby sin rest con cafetería, Loreto 21, ⊠ 08029, ℰ 93 322 32 15, *info@derbyhote ls.es, Fax 93 410 08 62* – 🛗 🖵 TV 🚗 – 🕭 25/60   **FX** e
107 hab, 4 suites.

Alexandra, Mallorca 251, ⊠ 08008, ℰ 93 467 71 66, *informacion@hotel-alexandra. com, Fax 93 488 02 58* – 🛗 🖵 TV 🕭 🚗 – 🕭 25/100. AE ① MC VISA. 🛠   **HV** v
Comida 18,03 – ☕ 13,22 – **99 hab** 192,32/228,38 – 8 suites.

NH Master, València 105, ⊠ 08011, ℰ 93 323 62 15, *nhmaster@nhhoteles.es, Fax 93 323 43 89* – 🛗 🖵 TV 🚗 – 🕭 25/100. AE ① MC VISA JCB. 🛠 rest **HX** n
Comida *(cerrado agosto, sábado y domingo)* 15,06 – ☕ 11,74 – **80 hab** 138/180 – 1 suite.

Cristal Palace, Diputació 257, ⊠ 08007, ℰ 93 487 87 78, *reservas@hotelcristalpalace.c om, Fax 93 487 90 30* – 🛗 🖵 TV 🕭 🚗 – 🕭 25/100. AE ① MC VISA JCB. 🛠 **HX** t
Comida 21,03 – ☕ 13,22 – **147 hab** 181,80/208,25 – 1 suite.

NH Numància, Numància 74, ⊠ 08029, ℰ 93 322 44 51, *nhnumancia@nh-hoteles.es, Fax 93 410 76 42* – 🛗 🖵 TV 🚗 – 🕭 25/70. AE ① MC VISA. 🛠   **FX** f
Comida carta 27,05 a 36,06 – ☕ 12 – **140 hab** 159.

NH Sant Angelo sin rest con cafetería por la noche, Consell de Cent 74, ⊠ 08015, ℰ 93 423 46 47, *nhangelo@nh-hoteles.es, Fax 93 423 88 40* – 🛗 🖵 TV 🕭 🚗 – 🕭 25. AE ① MC VISA. 🛠   **GY** f
☕ 12 – **50 hab** 159.

Núñez Urgell, Comte d'Urgell 232, ⊠ 08036, ℰ 93 322 41 53, *nunezurgell@nnhotels.es, Fax 93 419 01 06* – 🛗 🖵 TV 🚗 – 🕭 25/150. AE ① MC VISA. 🛠 rest   **GX** a
Comida *(cerrado agosto, sábado y domingo)* 18 – ☕ 12 – **106 hab** 102/200 – 2 suites.

Barcelona Mar, Provençals 10, ⊠ 08019, ℰ 93 266 52 00, *barcelonamar@husa.es, Fax 93 266 52 07,* 🏊 – 🛗 🖵 TV 🕭 🚗. AE ① MC VISA. 🛠   **DTS** x
Comida *(cerrado domingo)* carta aprox. 25,70 – ☕ 10,70 – **75 hab** 126,70/159,70.

Capital, Arquitectura 1, ⊠ 08908 L'Hospitalet de Llobregat, ℰ 93 298 05 30, *info@h otelcapital.com, Fax 93 298 05 31* – 🛗 🖵 TV 🕭 🚗 – 🕭 26/60. AE ① MC VISA. 🛠
Comida 11 – ☕ 9 – **103 hab** 121/133.   **BT** s

Expo H. Barcelona, Mallorca 1, ⊠ 08014, ℰ 93 600 30 20, *comercialbcn@expogr upo.com, Fax 93 292 79 60,* 🏊 – 🛗 🖵 TV 🚗 – 🕭 25/300. AE ① MC VISA JCB. 🛠
Comida 15,03 – ☕ 10,52 – **435 hab** 96,16/102,17 – PA 34,56.   **GY** m

Regente sin rest, Rambla de Catalunya 76, ⊠ 08008, ℰ 93 487 59 89, *regente@hcchotel s.com, Fax 93 487 32 27,* 🏊 – 🛗 🖵 TV – 🕭 25/120. AE ① MC VISA JCB. 🛠   **HV** t
☕ 17 – **79 hab** 185/225.

NH Forum, Ecuador 20, ⊠ 08029, ℰ 93 419 36 36, *nhforum@nh-hoteles.es, Fax 93 419 89 10* – 🛗 🖵 TV 🚗 – 🕭 25/50. AE ① MC VISA JCB. 🛠 rest   **FX** t
cerrado Navidades, agosto y domingo mediodía – **Comida** 24,04 – ☕ 11,42 – **47 hab** 150,25 – 1 suite.

NH Rallye, Travessera de les Corts 150, ✉ 08028, ℰ 93 339 90 50, *nhrallye@nh-hoteles .es, Fax 93 411 07 90,* ⅃ふ, ⅃ – ⮕ 🖩 📺 ⅃ 🚗 – ⅃ 25/300. 𝖠𝖤 ⓘ 𝗠𝗖 𝗩𝗜𝗦𝗔 𝖩𝖢𝖡. ⅃ rest
Comida 21,03 – ⅃ 12,02 – **105 hab** 162,27/168,28 – 1 suite. EY **b**

NH Les Corts sin rest con cafetería por la noche, Travessera de les Corts 292, ✉ 08029, ℰ 93 322 08 11, *nhcorts@nh-hoteles.es, Fax 93 322 09 08* – ⮕ 🖩 📺 ⅃ 🚗 –
⅃ 25/80. 𝖠𝖤 ⓘ 𝗠𝗖 𝗩𝗜𝗦𝗔 𝖩𝖢𝖡 FX **u**
⅃ 12 – **80 hab** 120,20/144,25 – 1 suite.

Caledonian sin rest, Gran Via de les Corts Catalanes 574, ✉ 08011, ℰ 93 453 02 00, *caledonian@hotel-caledonian.com, Fax 93 451 77 03* – ⮕ 🖩 📺 ⅃. 𝖠𝖤 ⓘ 𝗠𝗖 𝗩𝗜𝗦𝗔. ⅃
⅃ 9,60 – **51 hab** 90/126. HX **w**

Aparthotel Acàcia sin rest, Comte d'Urgell 194, ✉ 08036, ℰ 93 454 07 37, *acaci a@aparthotel-sl.es, Fax 93 451 85 82* – ⮕ 🖩 📺 ⅃ 🚗. 𝖠𝖤 ⓘ 𝗠𝗖 𝗩𝗜𝗦𝗔. ⅃ GX **b**
⅃ 5,70 – **26 apartamentos** 147/158.

Onix sin rest, Llançà 30, ✉ 08015, ℰ 93 426 00 87, *hotelonix@icyesa.es, Fax 93 426 19 81,* ⅃ – ⮕ 🖩 📺 ⅃ 🚗 – ⅃ 25/70. 𝖠𝖤 ⓘ 𝗠𝗖 𝗩𝗜𝗦𝗔. ⅃ GY **n**
⅃ 9 – **80 hab** 119/149.

Alfa Aeropuerto, Zona Franca - calle K (entrada principal Mercabarna), ✉ 08040, ℰ 93 336 25 64, *haa@drac.com, Fax 93 335 55 92,* ⅃ふ, ⅃ – ⮕ 🖩 📺 𝗣 – ⅃ 25/180.
𝖠𝖤 ⓘ 𝗠𝗖 𝗩𝗜𝗦𝗔. ⅃ por Pg. de la Zona Franca BT
Gran Mercat : **Comida** carta 24 a 41,50 – ⅃ 10,30 – **98 hab** 127/159,50 – 1 suite.

Astoria, París 203, ✉ 08036, ℰ 93 209 83 11, *info@derbyhotel.es, Fax 93 202 30 08* – ⮕ 🖩 📺 🚗 – ⅃ 25/30. 𝖠𝖤 ⓘ 𝗠𝗖 𝗩𝗜𝗦𝗔 𝖩𝖢𝖡. ⅃ rest HV **k**
Comida - sólo almuerzo - 16,83 – **114 hab** ⅃ 170,06/197,32 – 3 suites.

Millennium sin rest, Ronda Sant Pau 14, ✉ 08001, ℰ 93 441 41 77, *info@hotel -millennium.com, Fax 93 324 81 50,* ⅃ふ – ⮕ 🖩 📺 ⅃ – ⅃ 25/140. 𝖠𝖤 ⓘ 𝗠𝗖 𝗩𝗜𝗦𝗔. ⅃
⅃ 10 – **46 hab** 115/170. HY **c**

Taber sin rest, Aragó 256, ✉ 08007, ℰ 93 487 38 87, *taber@hcchotels.com, Fax 93 488 13 50* – ⮕ 🖩 📺 – ⅃ 25. 𝖠𝖤 ⓘ 𝗠𝗖 𝗩𝗜𝗦𝗔 𝖩𝖢𝖡. ⅃ HX **g**
⅃ 14 – **93 hab** 156/195.

Catalonia Roma sin rest, av. de Roma 31, ✉ 08029, ℰ 93 410 66 33, *cataloni @hoteles-catalonia.es, Fax 93 410 13 52* – ⮕ 🖩 📺 – ⅃ 25. 𝖠𝖤 ⓘ 𝗠𝗖 𝗩𝗜𝗦𝗔 𝖩𝖢𝖡. ⅃
⅃ 9,02 – **49 hab** 125,01/144,87. GX **r**

Abbot sin rest, av. de Roma 23, ✉ 08029, ℰ 93 430 04 05, *informacion@hotel-a bbot.com, Fax 93 419 57 41* – ⮕ 🖩 📺 ⅃ 🚗 – ⅃ 25/80. 𝖠𝖤 ⓘ 𝗠𝗖 𝗩𝗜𝗦𝗔. ⅃ GXY **e**
⅃ 10,50 – **35 hab** 117,50/146 – 4 suites.

Century Park sin rest, València 154, ✉ 08011, ℰ 93 453 44 00, *centurypark@ret email.es, Fax 93 453 26 26* – ⮕ 🖩 📺 ⅃. 𝖠𝖤 𝗠𝗖 𝗩𝗜𝗦𝗔 HX **f**
⅃ 6,60 – **48 hab** 102,77/145,44.

Glòries sin rest, Padilla 173, ✉ 08013, ℰ 93 265 08 08, *info@hotelglories.com, Fax 93 245 20 22* – ⮕ 🖩 📺 ⅃ – ⅃ 25/50. 𝖠𝖤 ⓘ 𝗠𝗖 𝗩𝗜𝗦𝗔. ⅃ KU **e**
67 hab ⅃ 107/153.

Paral.lel sin rest, Poeta Cabanyes 7, ✉ 08004, ℰ 93 329 11 04, *hparalel@nnhotels.es, Fax 93 442 16 56* – ⮕ 🖩 📺. 𝖠𝖤 ⓘ 𝗠𝗖 𝗩𝗜𝗦𝗔 HY **b**
⅃ 5,40 – **64 hab** 59,50/93,75 – 2 suites.

Aparthotel Accés sin rest, Gran Via de les Corts Catalanes 327, ✉ 08014, ℰ 93 425 51 61, *acces@cogeinternet.es, Fax 93 426 80 64* – ⮕ 🖩 📺 🚗. 𝖠𝖤 ⓘ 𝗠𝗖
𝗩𝗜𝗦𝗔. ⅃ BT **t**
⅃ 8,41 – **22 apartamentos** 117,20/135,23.

Prisma sin rest, av. Josep Tarradellas 119, ✉ 08029, ℰ 93 439 42 07, *Fax 93 405 04 27* – ⮕ 🖩 📺 ⅃. 𝖠𝖤 ⓘ 𝗠𝗖 𝗩𝗜𝗦𝗔. ⅃ GX **s**
⅃ 5,71 – **47 hab** 90,15/111,19.

L'Alguer sin rest, passatge Pere Rodriguez 20, ✉ 08028, ℰ 93 334 60 50, *hotel-alg uer@terra.es, Fax 93 333 83 65* – ⮕ 🖩 📺. 𝖠𝖤 ⓘ 𝗠𝗖 𝗩𝗜𝗦𝗔. ⅃ EY **a**
33 hab ⅃ 67/96.

La Dama, av. Diagonal 423, ✉ 08036, ℰ 93 202 06 86, *Fax 93 200 72 99,* « En un edificio de estilo modernista » – 🖩. 𝖠𝖤 ⓘ 𝗠𝗖 𝗩𝗜𝗦𝗔. ⅃ HV **a**
Comida carta 37 a 50,55
Espec. Tartar de salmón envuelto en salmón ahumado. Filetes de lenguado con gambas al perfume de estragón. Carro de pastelería de elaboración propia.

Drolma - *Hotel Majestic,* passeig de Gràcia 68, ✉ 08007, ℰ 93 496 77 10, *drolma@h otelmajestic.es, Fax 93 488 18 80* – ⮕ 🖩 🚗. 𝖠𝖤 ⓘ 𝗠𝗖 𝗩𝗜𝗦𝗔 𝖩𝖢𝖡. ⅃ HV **f**
cerrado agosto y domingo – **Comida** carta 68,60 a 78,80.

Beltxenea, Mallorca 275, ✉ 08008, ℰ 93 215 30 24, *Fax 93 487 00 81,* ⅃,
« Elegante casa señorial » – 🖩. 𝖠𝖤 ⓘ 𝗠𝗖 𝗩𝗜𝗦𝗔. ⅃ HV **h**
cerrado agosto, Navidades, sábado mediodía y domingo – **Comida** carta 42 a 51.

XXX **Casa Calvet,** Casp 48, ⊠ 08010, ℰ 93 412 40 12, Fax 93 412 43 36 – ▤. AE ⓘ MC VISA. ⚄
JVX r
cerrado del 11 al 29 de agosto, domingo y festivos – **Comida** carta 35,76 a 46,27.

XXX **Jaume de Provença,** Provença 88, ⊠ 08029, ℰ 93 430 00 29, Fax 93 439 29 50 –
▤. AE ⓘ MC VISA JCB. ⚄
GX h
cerrado 4 días en Navidades, Semana Santa, agosto, domingo noche y lunes – **Comida** carta 38,75 a 42.

XXX **Windsor,** Còrsega 286, ⊠ 08008, ℰ 93 415 84 83, windsor@minorisa.es, Fax 93 217 42 65 – ▤. AE ⓘ MC VISA JCB. ⚄
HV b
cerrado Semana Santa, agosto, sábado mediodía y domingo – **Comida** carta 25,98 a 38,96.

XXX **Oliver y Hardy,** av. Diagonal 593, ⊠ 08014, ℰ 93 419 31 81, oliveryhardy@intermail.es, Fax 93 419 18 99, 🌐 – ▤. AE ⓘ MC VISA. ⚄
FX n
cerrado Semana Santa, sábado mediodía y domingo – **Comida** carta 33,06 a 42,97.

XXX **Talaia Mar,** Marina 16, ⊠ 08005, ℰ 93 221 90 90, talaia@talaia-mar.es, Fax 93 221 89 89, ≤ – ▤ 🚗. AE ⓘ MC VISA. ⚄
DT t
Comida carta aprox. 42,07.

XXX **Maria Cristina,** Provença 271, ⊠ 08008, ℰ 93 215 32 37, Fax 93 215 83 23 – ▤. AE ⓘ MC VISA JCB. ⚄
HV g
cerrado sábado mediodía y domingo – **Comida** carta 37 a 50.

XXX **Gargantua i Pantagruel,** Aragó 214, ⊠ 08011, ℰ 93 453 20 20, gip@mhp.es, Fax 93 451 39 08 – ▤. AE ⓘ MC VISA. ⚄
HX x
cerrado Semana Santa y domingo noche – **Comida** - cocina ilerdense - carta 23,14 a 35,47.

XX **Maitetxu,** Balmes 55, ⊠ 08007, ℰ 93 451 20 65, bcn@sefes.es, Fax 93 487 33 49 –
▤. AE ⓘ MC VISA
HX h
cerrado del 15 al 31 de agosto y domingo – **Comida** carta 22,85 a 30,96.

XX **Orotava,** Consell de Cent 335, ⊠ 08007, ℰ 93 487 73 74, orotavabcn@terra.es, Fax 93 488 26 50 – ▤. AE ⓘ MC VISA JCB
HX j
cerrado domingo – **Comida** carta 33,67 a 47,10.

XX **Els Pescadors,** pl. Prim 1, ⊠ 08005, ℰ 93 225 20 18, elspescadors@retemail.es, Fax 93 224 00 04, 🌳 – ▤. AE ⓘ MC VISA JCB
DT e
cerrado Semana Santa – **Comida** carta 28,50 a 37,60.

XX **Koxkera,** Marquès de Sentmenat 67, ⊠ 08029, ℰ 93 322 35 56, Fax 93 322 35 56 –
▤. AE ⓘ MC VISA JCB. ⚄
FX a
cerrado del 10 al 31 de agosto y domingo – **Comida** carta 22 a 30.

XX **L'Olivé,** Balmes 47, ⊠ 08007, ℰ 93 452 19 90, Fax 93 451 24 18 – ▤. AE ⓘ MC VISA. ⚄
HX h
cerrado domingo noche – **Comida** carta 22,60 a 39,90.

XX **El Asador de Aranda,** Londres 94, ⊠ 08036, ℰ 93 414 67 90, Fax 93 414 67 90 –
▤. AE ⓘ MC VISA. ⚄
GV n
cerrado domingo noche – **Comida** - cordero asado - carta 24,10 a 31,60.

XX **Ruccula,** Moll de Barcelona (World Trade Center), ⊠ 08039, ℰ 93 508 82 68, Fax 93 508 82 69 – ▤ 🚗. AE ⓘ MC VISA. ⚄
CT a
cerrado domingo noche – **Comida** carta aprox. 28,83.

XX **Rías de Galicia,** Lleida 7, ⊠ 08004, ℰ 93 424 81 52, info@riasdegalicia.com, Fax 93 426 13 07 – ▤. AE ⓘ MC VISA. ⚄
HY e
Comida - pescados y mariscos - carta 31,70 a 38,15.

XX **El Yantar de la Ribera,** Roger de Flor 114, ⊠ 08013, ℰ 93 265 63 09, « Decoración castellana » – ▤. AE ⓘ MC VISA. ⚄
JV u
cerrado domingo noche – **Comida** - asados - carta 20,58 a 24,04.

XX **La Provença,** Provença 242, ⊠ 08008, ℰ 93 323 23 67, Fax 93 451 23 89 – ▤. AE ⓘ MC VISA
HV y
Comida carta 17,85 a 22,66.

XX **Racó d'en Cesc,** Diputació 201, ⊠ 08011, ℰ 93 453 23 52, Fax 93 453 23 52 – ▤. AE ⓘ MC VISA. ⚄
HX k
cerrado Semana Santa, agosto y domingo – **Comida** carta 30,60 a 34,05.

XX **Vinya Rosa-Magí,** av. de Sarrià 17, ⊠ 08029, ℰ 93 430 00 03, Fax 93 430 00 41 –
▤. AE ⓘ MC VISA
GX y
cerrado sábado mediodía y domingo – **Comida** carta 28,34 a 36,96.

XX **Gorría,** Diputació 421, ⊠ 08013, ℰ 93 245 11 64, Fax 93 232 78 57 – ▤. AE ⓘ MC VISA JCB. ⚄
JU a
cerrado Semana Santa, agosto, domingo y festivos noche – **Comida** - cocina vasco-navarra - carta 32,46 a 37,26.

XX **Petit París,** París 196, ⊠ 08036, ℰ 93 218 26 78 – ▤. AE ⓘ MC VISA JCB. ⚄ HV k
Comida carta 30,64 a 40,85.

XXX **Yashima**, Josep Tarradellas 145, ✉ 08029, ☎ 93 419 06 97, Fax *93 410 80 25* – 🖾. AE ① ⓄⓄ VISA JCB. ⅝
GV f
cerrado domingo y festivos – **Comida** - rest. japonés - carta 32,44 a 40,26.

XX **Muffins**, València 210, ✉ 08011, ☎ 93 454 02 21, Fax *93 453 91 39* – 🖾. AE ⓄⓄ VISA. ⅝
HX e
cerrado agosto, sábado mediodía, domingo y festivos – **Comida** carta aprox. 30,01.

XX **La Llotja**, Aribau 55, ✉ 08011, ☎ 93 453 89 58, Fax *93 453 34 13* – 🖾. AE ① ⓄⓄ VISA JCB. ⅝
HX u
cerrado domingo noche – Comida - carnes, pescados a la brasa y bacalaos - carta 21,03 a 24,03.

XX **La Maison du Languedoc Roussillon**, Pau Claris 77, ✉ 08010, ☎ 93 301 04 98, *jeanf@prodexport.com*, Fax *93 301 05 65* – 🖾. AE ① ⓄⓄ VISA
JX a
cerrado agosto, sábado mediodía, domingo y festivos – **Comida** - cocina del suroeste francés - carta 35,45 a 59,87.

XX **Casa Darío**, Consell de Cent 256, ✉ 08011, ☎ 93 453 31 35, Fax *93 451 33 95* – 🖾. AE ① ⓄⓄ VISA JCB. ⅝
HX p
cerrado agosto y domingo – **Comida** carta 29,98 a 38,77.

XX **Les Ostres**, València 267, ✉ 08007, ☎ 93 215 30 35, Fax *93 487 32 53* – 🖾. AE ① ⓄⓄ VISA. ⅝
HV w
cerrado Semana Santa y domingo – **Comida** - pescados y mariscos - carta 29 a 44.

XX **Solera Gallega**, París 176, ✉ 08036, ☎ 93 322 91 40, *solerag@teleline.es*, Fax *93 322 91 40* – 🖾. AE ① ⓄⓄ VISA. ⅝
GHV p
cerrado del 15 al 31 de agosto y lunes – **Comida** - pescados y mariscos - carta 30,65 a 39,37.

XX **Anfiteatro**, av. Litoral (Parc del Port Olímpic), ✉ 08005, ☎ 659 69 53 45, Fax *93 457 14 19*, ⛱ – 🖾. AE ⓄⓄ VISA. ⅝
DT c
cerrado domingo noche y lunes – **Comida** carta 34,86 a 44,78.

XX **El Dento**, Loreto 32, ✉ 08029, ☎ 93 321 67 56, Fax *93 430 83 42* – 🖾. AE ① ⓄⓄ VISA. ⅝
GX g
cerrado Semana Santa, 3 semanas en agosto, sábado noche y festivos noche – **Comida** carta 21 a 34.

XX **Can Fayos**, Loreto 22, ✉ 08029, ☎ 93 439 30 22, Fax *93 439 30 22*, Interesante bodega – 🖾. AE ① ⓄⓄ VISA. ⅝
GX g
cerrado domingo y festivos – **Comida** carta 29,15 a 33,96.

XX **El Túnel del Port**, Moll de Gregal 12 (Port Olímpic), ✉ 08005, ☎ 93 221 03 21, Fax *93 221 35 86*, ≤, ⛱ – 🖾. AE ① ⓄⓄ VISA JCB
DT a
cerrado domingo noche y lunes – **Comida** carta 27,80 a 35,60.

XX **Lungomare**, Marina 16-18, ✉ 08005, ☎ 93 221 04 28, *lungom@mhp.es*, Fax *93 221 60 19* – 🖾. AE ① ⓄⓄ VISA JCB. ⅝
DT t
cerrado domingo noche – **Comida** - cocina italiana - carta 21,69 a 28,10.

XX **La Vaquería**, Déu i Mata 141, ✉ 08029, ☎ 93 419 07 35, Fax *93 322 12 03*, « Instalado en una antigua vaquería » – 🖾. AE ① ⓄⓄ VISA
FVX x
cerrado sábado mediodía y domingo – **Comida** carta 24,04 a 35,46.

XX **El Menjador de Can Ravell**, Girona 59, ✉ 08009, ☎ 93 216 03 66, *ravell@ment amail.net*, Fax *93 459 39 56* – 🖾. AE ① ⓄⓄ VISA JCB
JV c
cerrado 10 días en Semana Santa, 10 días en agosto, sábado mediodía y domingo – **Comida** carta 33,96 a 47,48.

XX **Merlot**, Diputació 381, ✉ 08013, ☎ 93 265 06 08, Fax *93 265 06 08* – 🖾. AE ① ⓄⓄ VISA JCB. ⅝
JV v
cerrado domingo noche y lunes noche – **Comida** carta 26,09 a 41,30.

X **Tramonti 1980**, av. Diagonal 501, ✉ 08029, ☎ 93 410 15 35, *tramonti1980@hot mail.com*, Fax *93 405 04 43* – 🖾. AE ① ⓄⓄ VISA. ⅝
FV s
Comida - cocina italiana - carta 22,52 a 30,03.

X **La Camarga**, Aribau 117, ✉ 08036, ☎ 93 323 66 55, Fax *93 454 10 11* – 🖾. AE ① ⓄⓄ VISA
HV u
Comida carta 18,46 a 25,67.

X **Casimiro**, Londres 84, ✉ 08036, ☎ 93 410 30 93, Fax *93 321 75 94* – 🖾. AE ① ⓄⓄ VISA JCB. ⅝
GV z
cerrado agosto y domingo – **Comida** carta 21,49 a 30,95.

X **As Vieiras**, Comte Borrell 171, ✉ 08015, ☎ 93 453 11 25, Fax *93 453 11 25* – 🖾. ① ⓄⓄ VISA. ⅝
HX s
cerrado del 15 al 31 de agosto y domingo noche – **Comida** - pescados y mariscos - carta 24,04 a 37,06.

XX **O'Bierzo**, Vila i Vilà 73, ⊠ 08004, ✆ 93 441 82 04 – 🗐. 🄰🄴 🄼🄲 𝗩𝗜𝗦𝗔. ✂ JY u
cerrado Semana Santa, 3 semanas en agosto, domingo noche y lunes – **Comida** carta 26,23 a 39,85.

XX **Nervión**, Còrsega 232, ⊠ 08036, ✆ 93 218 06 27 – 🗐. 🄰🄴 🄳 🄼🄲 𝗩𝗜𝗦𝗔 🄹🄲🄱. ✂ HV r
cerrado Semana Santa, agosto, domingo y festivos – **Comida** - cocina vasca - carta 16,83 a 45,38.

XX **Lázaro**, Aribau 146 bis, ⊠ 08036, ✆ 93 218 74 18, *Fax 93 218 77 47* – 🗐. 🄰🄴 🄳 🄼🄲
𝗩𝗜𝗦𝗔. ✂ HV r
cerrado agosto, domingo y festivos – **Comida** carta 16,80 a 28,10.

XX **Asador Izarra**, Sicilia 135, ⊠ 08013, ✆ 93 245 21 03 – 🗐. 🄰🄴 🄳 🄼🄲 𝗩𝗜𝗦𝗔. ✂ JV s
cerrado 21 días en agosto y domingo – **Comida** carta 30,16 a 49,38.

XX **Racó de la Vila**, Ciutat de Granada 33, ⊠ 08005, ✆ 93 485 47 72, *Fax 93 309 14 71*,
« Decoración rústica » – 🗐. 🄰🄴 🄳 🄼🄲 𝗩𝗜𝗦𝗔 🄹🄲🄱. ✂ DT n
cerrado domingo noche – **Comida** carta aprox. 24,04.

XX **La Lubina**, Viladomat 257, ⊠ 08029, ✆ 93 430 03 33, *Fax 93 430 03 33* – 🗐. 🄰🄴 🄳
🄼🄲 𝗩𝗜𝗦𝗔 🄹🄲🄱. ✂ GX c
cerrado agosto y domingo – **Comida** - pescados y mariscos - carta 27,06 a 34,86.

XX **Chicoa**, Aribau 73, ⊠ 08036, ✆ 93 453 11 23, « Decoración rústica » – 🗐. 🄰🄴 🄼🄲
𝗩𝗜𝗦𝗔. ✂ HX m
cerrado agosto, domingo, lunes noche y festivos – **Comida** carta 21,52 a 29,57.

XX **Da Paolo**, av. de Madrid 63, ⊠ 08028, ✆ 93 490 48 91, *Fax 93 411 25 90* – 🗐. 🄰🄴 🄳
🄼🄲 𝗩𝗜𝗦𝗔. ✂ EY f
cerrado 15 días en agosto y domingo – **Comida** - cocina italiana - carta 17,65 a 23,50.

XX **Casa Toni**, Sepúlveda 62, ⊠ 08015, ✆ 93 424 00 68, *Fax 93 424 00 68* – 🗐. 🄰🄴 🄳
🄼🄲 𝗩𝗜𝗦𝗔. ✂ HY f
cerrado Semana Santa y sábado en verano – **Comida** carta 16,82 a 26,14.

XX **Marisqueiro Panduriño**, Floridablanca 3, ⊠ 08015, ✆ 93 325 70 16, *info@riasde
galicia.com, Fax 93 426 13 07* – 🗐. 🄰🄴 🄳 🄼🄲 𝗩𝗜𝗦𝗔. ✂ HY c
cerrado agosto y lunes salvo festivos – **Comida** - pescados y mariscos - carta 25,23 a 33,94.

X **Elche**, Vila i Vilà 71, ⊠ 08004, ✆ 93 441 30 89, *Fax 93 329 40 12* – 🗐. 🄰🄴 🄼🄲 𝗩𝗜𝗦𝗔. ✂
Comida - arroces - carta 17,38 a 23,61. JY a

X **Cañota**, Lleida 7, ⊠ 08004, ✆ 93 325 91 71, *info@riasdegalicia.com, Fax 93 426 13 07*,
🏡 – 🗐. 🄰🄴 🄳 🄼🄲 𝗩𝗜𝗦𝗔. ✂ HY e
Comida - carnes a la brasa - carta 19,21 a 27,03.

X **Carles Grill**, Comte d'Urgell 280, ⊠ 08036, ✆ 93 410 43 00, *Fax 93 410 43 00* – 🗐.
🄰🄴 🄳 🄼🄲 𝗩𝗜𝗦𝗔. ✂ GV m
cerrado domingo noche – **Comida** - carnes - carta aprox. 25,40.

Y **Mesón Cinco Jotas**, Rambla de Cataluña 91-93, ⊠ 08008, ✆ 93 487 89 42, *meso
n5j02@airtel.net, Fax 93 487 91 21*, 🏡 – 🄰🄴 🄳 🄼🄲 𝗩𝗜𝗦𝗔. ✂ HV q
Tapa 1,90 **Ración** - espec. en ibéricos - aprox. 9.

Y **ba-ba-reeba**, passeig de Gràcia 28, ⊠ 08007, ✆ 93 301 43 02, *btap01@retemail.es,
Fax 93 342 55 39*, 🏡 – 🗐. 🄰🄴 🄳 🄼🄲 𝗩𝗜𝗦𝗔. ✂ JX z
Tapa 1,35 **Ración** aprox. 4,96.

Y **El Trobador**, Enric Granados 122, ⊠ 08008, ✆ 93 416 00 57, *Fax 93 301 35 74* – 🗐.
🄰🄴 🄳 🄼🄲 𝗩𝗜𝗦𝗔 🄹🄲🄱. ✂ HV a
Tapa 1,95 **Ración** aprox. 3,61.

Y **Txapela**, passeig de Gràcia 8-10, ⊠ 08007, ✆ 93 412 02 89, *Fax 93 412 24 78*, 🏡 –
🗐. 🄰🄴 🄳 🄼🄲 𝗩𝗜𝗦𝗔 🄹🄲🄱 JV s
Tapa 1 - tapas vascas.

Y Tapasbar, Comte d'Urgell 204, ⊠ 08036, ✆ 93 430 18 00, *Fax 93 322 96 87* –
🗐 GX b

Y **Cervecería Catalana**, Mallorca 236, ⊠ 08008, ✆ 93 216 03 68, *jahumada@62onl
ine.com, Fax 93 488 17 97*, 🏡 – 🗐. 🄰🄴 🄳 🄼🄲 𝗩𝗜𝗦𝗔 HV e
Tapa 1,80 **Ración** aprox. 4,80.

Norte Diagonal : Via Augusta, Capità Arenas, ronda General Mitre, passeig de la Bonanova, av. de Pedralbes (planos p. 2 a 6)

🏨 Alimara, Berruguete 126, ⊠ 08035, ✆ 93 427 00 00, *hotel.alimara@cett.es,
Fax 93 427 92 92* – 📶 🗐 📺 ♿ 🚗 – 🕍 25/470 BS c
156 hab.

🏨 **Tryp Presidente**, av. Diagonal 570, ⊠ 08021, ✆ 93 200 21 11, *presidente@trypn
et.com, Fax 93 209 51 06* – 📶 🗐 📺 – 🕍 25/420. 🄰🄴 🄳 🄼🄲 𝗩𝗜𝗦𝗔 🄹🄲🄱. ✂ GV u
Comida 12,02 – ☕ 12,02 – **155 hab** 175/219.

Sansi Pedralbes, av. Pearson 1-3, ✉ 08034, ✆ 93 206 38 80, *sansihotels@iws.es,*
Fax 93 206 38 81 – ❘♦❘ ▤ TV ⇔ – 🛄 25/60. AE ① MO VISA. ⅙ rest   **AT** v
Comida *(cerrado sábado y domingo)* carta aprox. 28,85 – ☕ 11,85 – **70 hab**
139,74/159,87.

Hesperia Sarrià, Vergós 20, ✉ 08017, ✆ 93 204 55 51, *hotel@hesperia-sarria.com,*
Fax 93 204 43 92 – ❘♦❘ ▤ TV ⇔ – 🛄 25/300. AE ① MO VISA. ⅙   **EU** c
Comida 18 – ☕ 13 – **134 hab** 168,28/198,33.

Córcega, Còrsega 368, ✉ 08037, ✆ 93 208 19 19, *corcega@hoteles-catalonia.es,*
Fax 93 208 08 57 – ❘♦❘ ▤ TV ♿ AE ① MO VISA JCB. ⅙   **HU** x
Comida 12,02 – ☕ 12,03 – **77 hab** 164,67/177,93 – 2 suites.

Balmoral sin rest con cafetería, Via Augusta 5, ✉ 08006, ✆ 93 217 87 00, *info@h*
otelbalmoral.com, Fax 93 415 14 21 – ❘♦❘ ▤ TV ⇔ – 🛄 25/200. AE ① MO VISA. ⅙
☕ 11,72 – **106 hab** 123,21/153,26.   **HV** n

Catalonia Suite, Muntaner 505, ✉ 08022, ✆ 93 212 80 12, *cataloni@hoteles-cata*
lonia.es, Fax 93 211 23 17 – ❘♦❘ ▤ TV ⇔ – 🛄 25/90. AE ① MO VISA JCB. ⅙   **FU** a
Comida 15,03 – ☕ 12,03 – **77 suites** 164,67/177,93.

Guillermo Tell sin rest, Guillem Tell 49, ✉ 08006, ✆ 93 415 40 00, *info@ guillemho*
tel.com, Fax 93 217 34 65 – ❘♦❘ ▤ TV ♿ ⇔ – 🛄 25/80. AE ① MO VISA. ⅙   **GU** k
☕ 6,97 – **61 hab** 112,66/125,91.

Turó de Vilana sin rest con cafetería al mediodía, Vilana 7, ✉ 08017, ✆ 93 434 03 63,
hotel@ turodevilana.com, Fax 93 418 89 03 – ❘♦❘ ▤ TV ⇔ – 🛄 25/40. AE ① MO
VISA. ⅙   **EU** r
☕ 9,62 – **20 hab** 132,22/150,25.

NH Cóndor, Via Augusta 127, ✉ 08006, ✆ 93 209 45 11, *nhcondor@ nh-hoteles.es,*
Fax 93 202 27 13 – ❘♦❘ ▤ TV – 🛄 25/50. AE ① MO VISA. ⅙   **GU** z
Comida *(cerrado agosto, sábado y domingo)* 20,10 – ☕ 12 – **66 hab** 122/150 – 12 suites.

NH Belagua sin rest con cafetería por la noche, Via Augusta 89, ✉ 08006,
✆ 93 237 39 40, *nhbelagua@ nh-hoteles.es, Fax 93 415 30 62* – ❘♦❘ ▤ TV – 🛄 25/70.
AE ① MO VISA. ⅙   **GU** s
☕ 12 – **72 hab** 159.

Confort sin rest, Travessera de Gràcia 72, ✉ 08006, ✆ 93 238 68 28, *confort@ me*
diumhoteles.com, Fax 93 238 73 29 – ❘♦❘ ▤ TV ♿ ⇔. AE ① MO VISA. ⅙   **GV** v
☕ 5,71 – **36 hab** 105,18/126,21.

Aristol sin rest, Cartagena 369, ✉ 08025, ✆ 93 433 51 00, *aristol@ mediumhoteles.*
com, Fax 93 433 51 01 – ❘♦❘ ▤ TV. AE ① MO VISA   **CS** u
☕ 5,71 – **21 hab** 105,18/120,20.

St. Gervasi, Sant Gervasi de Cassoles 26, ✉ 08022, ✆ 93 253 17 40, *stgervasi.book*
ing@ hoteles-silken.com, Fax 93 253 17 41 – ❘♦❘ ▤ TV ♿ ⇔ – 🛄 25/50. AE ① MO
VISA. ⅙   **GU** e
Comida 15 – ☕ 9,60 – **51 hab** 103/135.

NH Pedralbes sin rest con cafetería por la noche, Fontcuberta 4, ✉ 08034,
✆ 93 203 71 12, *nhpedralbes@ nh-hoteles.es, Fax 93 205 70 65* – ❘♦❘ ▤ TV – 🛄 25. AE
① MO VISA. ⅙   **EV** b
☕ 11 – **31 hab** 148.

Victoria H. Suites, Beltrán i Rózpide 7-9, ✉ 08034, ✆ 93 206 99 00, *victoria@ ho*
telvictoriabarcelona.com, Fax 93 280 52 67, ⤓ – ❘♦❘ ▤ TV ⇔. AE ① MO VISA. ⅙   **EX** z
Comida *(cerrado agosto, sábado, domingo y festivos)* 11,71 – **67 hab** ☕ 151,45/175,49,
7 suites.

Catalonia Park Putxet, Putxet 68, ✉ 08023, ✆ 93 212 51 58, *cataloni@ hoteles*
-catalonia.es, Fax 93 418 58 17 – ❘♦❘ ▤ TV ♿ ⇔ – 🛄 25/200. AE ① MO VISA JCB. ⅙
Comida 12,02 – ☕ 9,02 – **141 hab** 125,01/144,87.   **GU** a

Covadonga sin rest, av. Diagonal 596, ✉ 08021, ✆ 93 209 55 11, *covadonga@ hch*
otels.com, Fax 93 209 58 33 – ❘♦❘ ▤ TV. AE ① MO VISA JCB. ⅙   **GV** v
☕ 14 – **85 hab** 156/195.

Catalonia Aragón, Aragó 569 bis, ✉ 08026, ✆ 93 245 89 05, *cataloni@ hoteles-c*
atalonia.es, Fax 93 247 09 23 – ❘♦❘ ▤ TV ♿ AE ① MO VISA JCB. ⅙   **CS** e
Comida 12,02 – ☕ 9,02 – **161 hab** 131,62/144,87.

Wilson sin rest, av. Diagonal 568, ✉ 08021, ✆ 93 209 25 11, *wilson@ husa.es,*
Fax 93 200 83 70 – ❘♦❘ ▤ TV. AE ① MO VISA. ⅙   **GV** a
☕ 10,82 – **52 hab** 120,20/168,28 – 5 suites.

Catalonia Atenas, av. Meridiana 151, ✉ 08026, ✆ 93 232 20 11, *cataloni@ hotele*
s-catalonia.es, Fax 93 232 09 10, ⤓ – ❘♦❘ ▤ TV ♿ ⇔ – 🛄 25/200. AE ① MO VISA
JCB. ⅙   **CS** z
Comida 13,22 – ☕ 9,02 – **201 hab** 125,01/144,87.

Catalonia Mikado, passeig de la Bonanova 58, ⊠ 08017, ✆ 93 211 41 66, *catalon
i@ hoteles-catalonia.es, Fax 93 211 42 10* – 🛗 🖭 📺 ⟐ ⟿ – 🕿 25. 🆎 ⓪ ⓶ 🆅🆂🅰
JCB. ⛔   **EU** s
Comida 12,02 – ☕ 9,02 – **68 hab** 131,62/144,87.

Condado sin rest, Aribau 201, ⊠ 08021, ✆ 93 200 23 11, *hotelcondado@ hotelcond
ado.es, Fax 93 200 25 86* – 🛗 🖭 📺 ⟐. 🆎 ⓪ ⓶ 🆅🆂🅰 JCB.   **GV** g
☕ 9 – **81 hab** 101/127.

Catalonia Albéniz sin rest con cafetería por la noche, Aragó 591, ⊠ 08026,
✆ 93 265 26 26, *cataloni@ hoteles-catalonia.es, Fax 93 265 40 07* – 🛗 🖭 📺 ⟐ –
🕿 25/40. 🆎 ⓪ ⓶ 🆅🆂🅰 JCB. ⛔   **CS** e
☕ 9,02 – **47 hab** 125,01/144,87.

Catalonia Rubens, passeig de la Mare de Déu del Coll 10, ⊠ 08023, ✆ 93 219 12 04,
cataloni@ hoteles-catalonia.es, Fax 93 219 12 69 – 🛗 🖭 📺 ⟐ – 🕿 25/35. 🆎 ⓪ ⓶
🆅🆂🅰 JCB. ⛔   **BS** y
Comida 13,22 – ☕ 9,02 – **139 hab** 125,01/144,87.

Rekor'd sin rest, Muntaner 352, ⊠ 08021, ✆ 93 200 19 53, *rekord@ city-hotels.es,
Fax 93 414 50 84* – 🛗 🖭 📺. 🆎 ⓪ ⓶ 🆅🆂🅰. ⛔   **GU** c
15 hab ☕ 133/157.

Zenit Barcelona sin rest con cafetería, Santaló 8, ⊠ 08021, ✆ 93 241 18 00, *zeni
tbarna@ zenithoteles.com, Fax 93 241 18 05* – 🛗 🖭 📺 – 🕿 25 – 🆎 ⓪ ⓶ 🆅🆂🅰. ⛔
☕ 10,22 **81 hab** 114,19/168,28.   **GV** t

Catalonia Castellnou, Castellnou 61, ⊠ 08017, ✆ 93 203 05 50, *cataloni@ hotele
s-catalonia.es, Fax 93 205 60 14* – 🛗 🖭 📺 ⟐. 🆎 ⓪ ⓶ 🆅🆂🅰. ⛔ **EV** a
Comida 9,02 – ☕ 9,02 – **49 hab** 125,01/144,87.

Medicis sin rest, Castillejos 340, ⊠ 08025, ✆ 93 450 00 53, *Fax 93 455 34 81* – 🛗 🖭
📺 ⟿. 🆎 ⓪ ⓶ 🆅🆂🅰. ⛔   **CS** a
☕ 5,41 – **30 hab** 87,15/108,18.

Abalon sin rest, Travessera de Gràcia 380-384, ⊠ 08025, ✆ 93 450 04 60,
Fax 93 435 81 23 – 🛗 🖭 📺 ⟿. 🆎 ⓪ ⓶ 🆅🆂🅰. ⛔   **CS** a
☕ 5,41 – **40 hab** 72,12/99,17.

Aparthotel Senator sin rest, Via Augusta 167, ⊠ 08021, ✆ 93 201 14 05,
Fax 93 202 00 97 – 🛗 🖭 📺. 🆎 ⓪ ⓶ 🆅🆂🅰. ⛔   **GU** m
18 apartamentos ☕ 127/139.

Aparthotel Bonanova sin rest y sin ☕, Bisbe Sivilla 7, ⊠ 08022, ✆ 93 253 15 63, *bonan
ova@ aparthotel-sl.es, Fax 93 418 44 97* – 🛗 🖭 📺 ⟐. 🆎 ⓪ ⓶ 🆅🆂🅰. ⛔ **FU** e
21 apartamentos 95,56/150,25.

Sant Pau sin rest con cafetería, Sant Antoni Maria Claret 173, ⊠ 08041,
✆ 93 433 51 51, *santpau@ amrey-hotels.com, Fax 93 433 41 51* – 🛗 🖭 📺 ⟐ ⟿. 🆎
⓶ 🆅🆂🅰. ⛔   **CS** r
92 hab ☕ 77/121.

Colors sin rest, Campoamor 79, ⊠ 08031, ✆ 93 274 99 20, *gruptravi@ hotelcolors.com,
Fax 93 427 42 20* – 🛗 🖭 📺. 🆎 ⓪ ⓶ 🆅🆂🅰. ⛔   **CS** v
25 hab ☕ 71,38/96,46.

Neichel, Beltran i Rózpide 1, ⊠ 08034, ✆ 93 203 84 08, *neichel@ relaischateaux.com,
Fax 93 205 63 69* – 🖭. 🆎 ⓪ ⓶ 🆅🆂🅰. ⛔   **EX** z
❀❀
cerrado agosto, domingo y lunes – **Comida** 51,68 y carta 43,86 a 55,88
Espec. Arroz integral de Pals salteado con corintos, verduritas y gambas de Palamós al
jengibre. Lubina rellena con couscous de bogavante, jugo/emulsión de hinojo fresco y
aceite de oliva a la trufa. Menú de sabores y aromas del Mediterráneo en degustación.

Via Veneto, Ganduxer 10, ⊠ 08021, ✆ 93 200 72 44, *pmonje@ adam.es,
Fax 93 201 60 95, « Estilo belle époque »* – 🖭. 🆎 ⓪ ⓶ 🆅🆂🅰. ⛔   **FV** e
❀
cerrado del 1 al 20 de agosto, sábado mediodía y domingo – **Comida** carta 40,15 a 51,99
Espec. Salmonetes dorados con jugo de verduras, muselina de berenjenas y aceitunas
negras. Pato asado en su jugo con cebollitas y tomate relleno de higos. Helado de leche
merengada con tocinillo de cielo y salsa toffee.

Jean Luc Figueras, Santa Teresa 10, ⊠ 08012, ✆ 93 415 28 77, *jlfigueras@ rete
mail.es, Fax 93 218 92 62, « Decoración elegante »* – 🖭. 🆎 ⓪ ⓶ 🆅🆂🅰. ⛔ **HV** z
❀
*cerrado del 1 al 8 de enero, Semana Santa, del 11 al 26 de agosto, sábado mediodía y
domingo* – **Comida** 35,76 y carta 42,09 a 67,01
Espec. Tarta fina de butifarra del perol, patatas ratte y trufa (noviembre-junio). Canelones
de cigala con provenzal de tomate y olivas negras. Cochinillo confitado con miel de melo-
cotón y queso de cabra.

Reno, Tuset 27, ⊠ 08006, ✆ 93 200 91 29, *reno@ paradis.es, Fax 93 414 41 14* – 🖭.
🆎 ⓪ ⓶ 🆅🆂🅰 JCB. ⛔   **GV** r
cerrado sábado mediodía – **Comida** carta 33,60 a 48,09.

XXX **Gaig,** passeig de Maragall 402, ⊠ 08031, ℘ 93 429 10 17, *RTGAIG@teleline.es,*
❀ *Fax 93 429 70 02,* 🌳 – ▣. AE ① MC VISA JCB   CS s
cerrado Semana Santa, 3 semanas en agosto, lunes y festivos noche – **Comida** carta 31,71
a 45,53
Espec. Arroz bomba del Delta con pichón y setas de Burdeos. Rape asado a la catalana
con patatas a la brotesca. La innovación de la crema catalana.

XXX **Botafumeiro,** Gran de Gràcia 81, ⊠ 08012, ℘ 93 218 42 30, *info@botafumeiro.es,*
Fax 93 415 58 48 – ▣. AE ① MC VISA JCB. 🚫   HU v
cerrado 3 semanas en agosto – **Comida** - pescados y mariscos - carta 35,46 a 53,49.

XX **El Racó d'en Freixa,** Sant Elíes 22, ⊠ 08006, ℘ 93 209 75 59, *freixa@chi.es,*
❀ *Fax 93 209 79 18* – ▣. AE ① MC VISA. 🚫   GU h
cerrado Semana Santa, agosto, lunes y festivos noche – **Comida** 50,82 y carta 39,70 a 54,73
Espec. Sopa de perejil con cangrejos de mar y de río con helado de algas. Pichón castellano
con coca de maíz y setas a la pimienta larga (otoño). Líquido, helado y caliente de chocolates
a las especies.

XX **Celler Can Mateo,** passeig de Sant Joan 149, ⊠ 08037, ℘ 93 457 60 54,
Fax 93 457 60 54 – ▣. AE ① MC VISA. 🚫   HU e
cerrado del 7 al 27 de agosto, sábado y domingo – **Comida** carta 59,31 a 76,43.

XX **El Trapío,** Esperanza 25, ⊠ 08017, ℘ 93 211 58 17, *Fax 93 417 10 37,* 🌳,
« Terraza » – ▣. AE ① MC VISA. 🚫   EU t
cerrado sábado mediodía y domingo en julio-agosto, domingo noche resto del año –
Comida carta 18,28 a 26,75.

XX **Can Cortada,** av. de l'Estatut de Catalunya, ⊠ 08035, ℘ 93 427 23 15, *gruptravi*
@cancortada.com, Fax 93 427 02 94, 🌳, « En una antigua masía » – 🛗 ▣ P. AE ① MC
VISA JCB   BS e
Comida carta aprox. 24,64.

XX **El Asador de Aranda,** av. del Tibidabo 31, ⊠ 08022, ℘ 93 417 01 15,
Fax 93 212 24 82, 🌳, « Antiguo palacete » – ▣ P. AE ① MC VISA. 🚫   BS b
cerrado domingo noche – **Comida** - cordero asado - carta 24,10 a 31,60.

XX **Roig Robí,** Sèneca 20, ⊠ 08006, ℘ 93 218 92 22, *roigrobi@inicia.es, Fax 93 415 78 42,*
🌳, « Terraza-jardín » – ▣ 🚗. AE ① MC VISA JCB. 🚫   HV c
cerrado 3 semanas en agosto, sábado mediodía y domingo – **Comida** carta 35 a 52.

XX **Il Bellini,** Via Augusta 201, ⊠ 08021, ℘ 93 200 50 99, *ilbellini@airtel.net,*
Fax 93 200 43 82, 🌳 – ▣. AE ① MC VISA. 🚫   FV b
cerrado del 4 al 25 de agosto y domingo – **Comida** - cocina italiana - carta 32,76 a 36,06.

XX **Zure Etxea,** Jordi Girona Salgado 10, ⊠ 08034, ℘ 93 203 83 90, *zureetxea@xarxa.net,*
Fax 93 280 31 46 – ▣. AE ① MC VISA   AT r
cerrado Semana Santa, 3 semanas en agosto, sábado mediodía, domingo y festivos –
Comida - cocina vasca - carta 30,65 a 43,87.

XX **Tram-Tram,** Major de Sarrià 121, ⊠ 08017, ℘ 93 204 85 18, 🌳 – ▣. AE MC VISA. 🚫
cerrado del 23 al 31 de diciembre, Semana Santa, 15 días en agosto, sábado mediodía y
domingo – **Comida** carta 29,67 a 45,92.   EU d

XX **St. Rémy,** Iradier 12, ⊠ 08017, ℘ 93 418 75 04, *Fax 93 434 04 34* – ▣. AE ①
👻 MC VISA
cerrado domingo noche – **Comida** carta 19,42 a 24,46.   EU n

XX **Laurak,** La Granada del Penedès 14-16, ⊠ 08006, ℘ 93 218 71 65, *Fax 93 218 98 67*
– ▣. AE ① MC VISA. 🚫   HV e
cerrado 23 diciembre-2 enero, del 6 al 27 de agosto y domingo – **Comida** - cocina vasca
- carta aprox. 35.

XX **Acontraluz,** Milanesat 19, ⊠ 08017, ℘ 93 203 06 58, *Fax 93 216 07 50,* 🌳 – ▣. AE
① MC VISA JCB. 🚫   EU z
Comida carta 22,53 a 29,75.

XX **Daxa,** Muntaner 472, ⊠ 08006, ℘ 93 201 60 06 – ▣. AE ① MC VISA. 🚫   FU p
cerrado del 4 al 26 de agosto y domingo noche – **Comida** carta aprox. 29,15.

XX **La Xarxa,** pl. Molina 4, ⊠ 08006, ℘ 93 415 41 68, *mayte@ohime.com,*
Fax 93 200 52 22 – ▣. AE MC VISA. 🚫   GU v
cerrado agosto, domingo noche y lunes noche – **Comida** - pescados y mariscos - carta
30,87 a 34,04.

XX **Le Quattro Stagioni,** Dr. Roux 37, ⊠ 08017, ℘ 93 205 22 79, *susana@4stagioni.*
com, Fax 93 205 78 65, 🌳, « Patio-terraza » – ▣. AE ① MC VISA. 🚫   FV c
cerrado Semana Santa, domingo y lunes mediodía (julio-agosto), domingo noche y lunes
(resto del año) – **Comida** - cocina italiana - carta 22,69 a 30,35.

XX **La Petite Marmite,** Madrazo 68, ⊠ 08006, ℘ 93 201 48 79, *Fax 93 202 23 43* – ▣
🚗. AE ① MC VISA. 🚫   GU f
cerrado Semana Santa, agosto, sábado (junio-septiembre), domingo y festivos – **Comida**
carta 19,20 a 26,50.

X **Tritón,** Alfambra 16, ✉ 08034, ☎ 93 203 30 85, Fax 93 204 31 90 – 🖵 🚗 🄿 AE 🆖 VISA. 🚫
AT t
cerrado 15 días en Semana Santa, 15 días en agosto, domingo y festivos – **Comida** carta 23,08 a 40,12.

X **Vivanda,** Major de Sarrià 134, ✉ 08017, ☎ 93 205 47 17, Fax 93 434 05 48, 🌳 – 🖵. 🄾 🆖 VISA. 🚫
EU a
cerrado domingo y lunes mediodía – **Comida** carta 23,56 a 30.

X **OT,** Torres 25, ✉ 08012, ☎ 93 284 77 52, olage13@hotmail.com, Fax 93 284 77 52 – 🖵. AE 🆖 VISA. 🚫
HU f
cerrado 24 diciembre-6 enero, del 15 al 31 de agosto, sábado mediodía, domingo y festivos – **Comida** - menú fijo cada mes - 36,74.

X **L'Oliana,** Santaló 54, ✉ 08021, ☎ 93 201 32 82, Fax 93 414 44 17 – 🖵. AE 🆖 VISA. 🚫
GV e
cerrado domingo noche – **Comida** carta 20,59 a 32,10.

X **La Venta,** pl. Dr. Andreu, ✉ 08035, ☎ 93 212 64 55, Fax 93 212 51 44, 🌳, « Antiguo café » – 🖵. AE 🄾 🆖 VISA
BS d
cerrado domingo – **Comida** carta 23,89 a 32,76.

X **Sal i Pebre,** Alfambra 14, ✉ 08034, ☎ 93 205 36 58, Fax 93 205 56 72 – 🖵. AE 🄾 🆖 VISA JCB. 🚫
AT t
Comida - sólo almuerzo salvo viernes y sábado - carta 12,91 a 18,17.

X **Medulio,** av. Príncipe de Asturias 6, ✉ 08012, ☎ 93 415 44 49, medulio@restaurantemedulio.com, Fax 93 415 34 36 – 🖵. AE 🄾 🆖 VISA JCB. 🚫
GU r
cerrado 10 julio-10 agosto, domingo noche y lunes salvo festivos o vísperas – **Comida** - pescados y mariscos - carta 24,94 a 66,08.

X **Can Travi Nou,** final c. Jorge Manrique, ✉ 08035, ☎ 93 428 03 01, info@gruptravi.com, Fax 93 428 19 17, 🌳, « Antigua masía » – 🄿. AE 🄾 🆖 VISA JCB. 🚫 BS a
cerrado domingo noche – **Comida** carta aprox. 31,02.

X **Julivert Meu,** Jordi Girona Salgado 12, ✉ 08034, ☎ 93 204 11 96, Fax 93 205 56 72 – 🖵. AE 🄾 🆖 VISA JCB. 🚫
AT r
Comida carta 12,91 a 18,17.

X **El Pati Blau,** Jordi Girona Salgado 14, ✉ 08034, ☎ 93 204 22 15, Fax 93 205 56 72, « Marco acogedor » – 🖵. AE 🄾 🆖 VISA JCB. 🚫
AT r
Comida carta 12,91 a 18,17.

X **La Taula,** Sant Màrius 8-12, ✉ 08022, ☎ 93 417 28 48, Fax 93 434 01 27 – 🖵. AE 🄾 🆖 VISA JCB. 🚫
FU u
cerrado agosto, sábado mediodía, domingo y festivos – **Comida** carta 15,62 a 22,24.

X **Satoru Miyano,** Ganduxer 18, ✉ 08021, ☎ 93 414 31 04, Fax 93 414 31 78 – 🖵. AE 🄾 🆖 VISA. 🚫
FV e
cerrado agosto, domingo, lunes noche y festivos – **Comida** carta 21,04 a 31,25.

X **A la Menta,** passeig Manuel Girona 50, ✉ 08034, ☎ 93 204 15 49, « Taberna típica » – 🖵. AE 🆖 VISA. 🚫
EV f
cerrado domingo noche y festivos noche – **Comida** carta 28,23 a 36.

X **L'Encís,** Provença 379, ✉ 08025, ☎ 93 457 68 74, Fax 93 457 68 74 – 🖵. AE 🄾 🆖 VISA JCB. 🚫
JU e
cerrado Semana Santa, del 12 al 31 de agosto, domingo, sábado noche en verano y lunes noche en invierno – **Comida** - festivos sólo almuerzo - carta 21 a 29.

X **Folquer,** Torrent de l'Olla 3, ✉ 08012, ☎ 93 217 43 95, Fax 93 458 12 11 – 🖵. AE 🄾 🆖 VISA. 🚫
HU a
cerrado 21 días en agosto, sábado mediodía y domingo – **Comida** carta 17,25 a 29,75.

X **La Yaya Amelia,** Sardenya 364, ✉ 08025, ☎ 93 456 45 73 – 🖵. AE 🄾 🆖 VISA JCB
cerrado Semana Santa, 3 semanas en agosto y domingo – **Comida** - cocina vasca - carta 21,13 a 30,01.
JU n

Y/ **José Luis,** av. Diagonal 520, ✉ 08006, ☎ 93 200 83 12, Fax 93 200 83 12, 🌳 – 🖵. AE 🄾 🆖 VISA. 🚫
HV s
Tapa 2,10 **Ración** aprox. 9,62.

Y/ **Casa Pepe,** pl. de la Bonanova 4 ☎ 93 418 00 87, Fax 93 418 95 53 – 🖵. 🆖 VISA. 🚫
FU n
cerrado del 6 al 27 de agosto y lunes – **Tapa** 7,22 **Ración** aprox. 13,83.

Y/ Tapasbar, Via Augusta 9, ✉ 08006, ☎ 93 415 99 33, viaaugusta@tapasbar.es, Fax 93 415 92 29 – 🖵
HV n

Y/ **Casa Pepe,** Balmes 377, ✉ 08022, ☎ 93 417 11 76, Fax 93 418 95 53 – 🖵. 🆖 VISA. 🚫
GU u
cerrado del 13 al 19 de agosto y lunes – **Tapa** 7,22 **Ración** aprox. 13,83.

Alrededores

en Esplugues de Llobregat :

XXX **La Masía**, av. Paûsos Catalans 58-60, ⊠ 08950 Esplugues de Llobregat, ✆ 93 371 00 09, *lamasia@lamasia-rte.com, Fax 93 372 84 00*, 🌴, « Terraza bajo los pinos » – 📧 🄿 🄰🄴
🄳 🄼🄲 𝖵𝖨𝖲𝖠 𝖩𝖢𝖡. ✖   AT s
cerrado domingo noche – **Comida** carta 25,50 a 37,50.

X **Quirze**, Laureà Miró 202, ⊠ 08950 Esplugues de Llobregat, ✆ 93 371 10 84, *casaquize@teleline.es, Fax 93 371 65 12*, 🌴 – 📧 🄿 🄰🄴 🄳 🄼🄲 𝖵𝖨𝖲𝖠   AT e
cerrado agosto, sábado noche y domingo – **Comida** carta 20,72 a 26,73.

en Sant Just Desvern :

🏰 **Hesperia Sant Just,** Frederic Mompou 1, ⊠ 08960 Sant Just Desvern, ✆ 93 473 25 17, *hotel@hesperia-santjust.com, Fax 93 473 24 50*, ≤, 🏋 – ⮁ 📧 📺 🚗
– 🛁 25/450. 🄰🄴 🄳 🄼🄲 𝖵𝖨𝖲𝖠. ✖   AT a
Comida 20,83 - *Alambí* : **Comida** carta 30,91 a 33 – ⌑ 11 – **144 hab** 170/201,90 – 6 suites.

XX **El Mirador de Sant Just,** av. Indústria 12, ⊠ 08960 Sant Just Desvern, ✆ 93 499 03 42, *elmirador@elmirador.org, Fax 93 499 04 41*, ≤, « Suspendido en la chimenea de una antigua fábrica » – 📧. 🄰🄴 🄳 🄼🄲 𝖵𝖨𝖲𝖠   AT f
cerrado del 15 al 31 de agosto y domingo noche – **Comida** carta 25,36 a 38,33.

en Sant Joan Despí :

🏠 **Hesperia Sant Joan** sin rest con cafetería, Josep Trueta 2, ⊠ 08970 Sant Joan Despí, ✆ 93 477 30 03, *hotel@hesperia-santjoansuites.com, Fax 93 477 33 88*, 🏋, 🛋 – ⮁ 📧
📺 🛆 🚗 – 🛁 25/90. 🄰🄴 🄳 🄼🄲 𝖵𝖨𝖲𝖠   AT x
⌑ 8,41 – **128 hab** 145,44/171,29.

en Cornellà de Llobregat :

🏠 **Ibis Barcelona Fira de Cornellà** ✍, Albert Einstein 53-55, ⊠ 08940 Cornellà de Llobregat, ✆ 93 475 17 77, *h3132@accor-hotels.com, Fax 93 475 17 79* – ⮁ 📧 📺 🛆
🄿 🄰🄴 🄳 🄼🄲 𝖵𝖨𝖲𝖠. ✖ rest   AT g
Comida carta aprox. 19,56 – ⌑ 4,75 – **122 hab** 57,25.

El BARCO DE ÁVILA 05600 Ávila 🄸🄸🄸 K 13 – *2 515 h alt. 1 009.*

Madrid 193 – Ávila 81 – Béjar 30 – Plasencia 70 – Salamanca 89.

🏠 **Manila** ✍, carret. de Plasencia ✆ 920 34 08 44, *Fax 920 34 12 91*, ≤ – ⮁, 📧 rest, 📺
🄿 – 🛁 25/35. 🄰🄴 🄳 🄼🄲 𝖵𝖨𝖲𝖠. ✖
Comida 9,62 – ⌑ 5,71 – **50 hab** 48,08/65,51 – PA 21,34.

🏠 **Bellavista**, carret. de Ávila 15 ✆ 920 34 07 53, *bellavista@babysoftmtm.com, Fax 920 34 08 74* – 📧 📺. 🄰🄴 🄳 🄼🄲 𝖵𝖨𝖲𝖠. ✖
Comida 8,12 – ⌑ 6,01 – **25 hab** 51,11/63,13.

XX **El Casino**, Pasión 2-1° ✆ 920 34 10 86, *elcasino@arrakis.es* – 📧. 🄰🄴 🄳 🄼🄲 𝖵𝖨𝖲𝖠. ✖
cerrado miércoles – **Comida** carta 18,33 a 26,44.

O BARCO DE VALDEORRAS 32300 Ourense 🄸🄸🄸 E 9 – *10 379 h alt. 324.*

Madrid 439 – Lugo 123 – Ourense/Orense 118 – Ponferrada 52.

🏠 **Pazo do Castro** ✍, O Castro - Norte : 1,5 km ✆ 988 34 74 23, *pazodocastro@valdeorras.com, Fax 988 34 74 82*, ≤, 🌴, « Instalado en un pazo del siglo XVII con mobiliario de época. Capilla, Museo de carruajes », 🛋 climatizada, 🎾, 🏊, 🍴 – 📧 📺 🛆 🄿 –
🛁 25/60. 🄰🄴 🄼🄲 𝖵𝖨𝖲𝖠. ✖
Comida 15,03 – ⌑ 6 – **22 hab** 69,70/87,10 – PA 36,10.

🏠 **Espada**, carret. N 120 - Noreste : 1,5 km ✆ 988 32 26 86, *Fax 988 32 27 07* – ⮁ 📺
🚗 🄿 🄼🄲 𝖵𝖨𝖲𝖠. ✖ – **Comida** 19,23 – ⌑ 4,21 – **40 hab** 36,06/58,30.

X **San Mauro**, pl. de la Iglesia 11 ✆ 988 32 01 45 – 📧. 🄰🄴 🄳 🄼🄲 𝖵𝖨𝖲𝖠. ✖
cerrado 17 junio-15 julio y lunes – **Comida** carta 16,52 a 34,57.

BARLOVENTO Santa Cruz de Tenerife – ver Canarias (La Palma).

BARO 25593 Lleida 🄸🄸🄸 E 33.

Madrid 561 – Lleida/Lérida 121 – Andorra la Vella 81.

X **Farré**, carret. de Sort ✆ 973 66 20 35, *fondafarre@hotmail.com, Fax 973 66 20 62* –
📧 🄿 🄼🄲 𝖵𝖨𝖲𝖠. ✖
cerrado 24 diciembre-10 enero y viernes noche – **Comida** carta 18,25 a 25,85.

La BARRANCA (Valle de) Madrid – ver Navacerrada.

LOS BARRIOS *11370 Cádiz* **446** **X 13** – *13 901 h alt. 23.*

Madrid 666 – Algeciras 10 – Cádiz 127 – Gibraltar 28 – Marbella 77.

Real, av. Pablo Picasso 7 *956 62 00 24, Fax 956 62 19 68 –* |$| ▤ TV. MC VISA. ⌀
Comida *(cerrado viernes)* 7,21 – ☕ 1,50 – **22 hab** 24,64/36,66 – PA 17,73.

junto a la autovía N 340 *Sureste : 6,5 km :*

Guadacorte Park ⌀, salida 113, ✉ 11370, *956 67 75 00, reservas@hotelguad
acortepark.com, Fax 956 67 86 00,* 🍴, 🛁, ⓣ, ⇌ – |$| ▤ TV ♿ ⌨ 🅿 – 🏊 25/450.
AE ① MC VISA. ⌀
Comida 19,53 – ☕ 10 – **109 hab** 84/105 – 7 suites – PA 49.

BARRO *33529 Asturias* **441** **B 15** – *Playa.*

Madrid 460 – Oviedo 106 – Santander 103.

Miracielos ⌀ sin rest con cafetería, playa de Miracielos *98 540 25 85, info@hot
elmiracielos.com, Fax 98 540 25 82 –* |$| TV ⇌ 🅿 ① MC VISA. ⌀
☕ 4,80 – **21 hab** 60,10/72,12.

Quintamar, playa de Barro *98 540 01 52, Fax 98 540 26 39 –* TV 🅿. AE ① MC VISA. ⌀
Comida *(junio-septiembre y fines de semana resto del año)* 7,22 – ☕ 3,61 – **10 hab**
54,18/72,24 – PA 18,06.

Kaype ⌀, playa de Barro *98 540 09 00, Fax 98 540 04 18,* ≤ – |$| TV 🅿. AE MC VISA. ⌀
Semana Santa-octubre – **Comida** 9,60 – ☕ 4,20 – **48 hab** 51/75.

BAZA *18800 Granada* **446** **T 21** – *19 997 h alt. 872.*

Ver : *Colegiata de Santa María de la Encarnación* ★ – *Baños árabes* ★.

Madrid 425 – Granada 105 – Murcia 178.

Venta del Sol, carret. de Murcia *958 70 03 00, Fax 958 70 03 04 –* ▤ TV ⇌ 🅿.
MC VISA. ⌀
Comida 7,21 – ☕ 2,70 – **25 hab** 22,84/34,86 – 10 apartamentos.

Anabel, María de Luna *958 86 09 98, hotelanabel@gsmbox.es, Fax 958 86 09 98 –*
▤ TV. MC VISA. ⌀ rest
Comida *(cerrado domingo)* 10 – **18 hab** ☕ 27/40.

por la carretera de Murcia *Noreste : 3,5 km y desvío a la derecha 4 km :*

Cuevas Al Jatib ⌀, Arroyo Cúrcal, ✉ 18800, *958 34 22 48, info@aljatib.com,
Fax 958 86 15 16,* 🍴, Servicio de baños árabes, « Pintoresco hábitat autóctono en
casas-cueva » – TV ♿ 🅿. AE MC VISA. ⌀
Comida *(cerrado lunes)* - conviene reservar - carta 12,90 a 22,24 – ☕ 4,06 – **5 apartamentos** 109,38.

BECERRIL DE LA SIERRA *28490 Madrid* **444** **J 18** – *1 957 h alt. 1 080.*

Madrid 54 – Segovia 63.

Las Gacelas, San Sebastián 53 *91 853 80 00, Fax 91 853 75 06,* ≤, ⓣ, 🌲, 🍴 – |$|,
▤ rest, TV 🅿 – 🏊 25/100 – **43 hab.**

Victoria sin rest y sin ☕, San Sebastián 12 *91 853 85 61, Fax 91 853 86 32 –* |$| TV. ⌀
10 hab 38,46/48,08.

BEGUR *17255 Girona* **443** **G 39** – *2 734 h.*

Ver : *Localidad* ★ – 🅱 av. 11 de Septiembre 5 *972 62 45 20 begurturisme01@jet.es Fax
972 62 45 78 – Madrid 739 – Girona/Gerona 45 – Palamós 17.*

Rosa, Pi i Rallo 19 *972 62 30 15, info@hotel-rosa.com, Fax 972 62 43 20 –* ▤ TV. AE
① MC VISA. ⌀
marzo-noviembre – **Comida** *(cerrado miércoles salvo verano)* carta 22,60 a 25,60 – **23 hab**
☕ 42,45/67,30.

en la playa de Sa Riera *Norte : 2 km :*

Sa Riera ⌀ sin rest, ✉ 17255, *972 62 30 00, Fax 972 62 34 60,* 🌲 – |$| 🅿. MC VISA. ⌀
Semana Santa-15 octubre – ☕ 5,11 – **47 hab** 39,07/72,12.

en Aigua Blava *Sureste : 3,5 km :*

Aigua Blava ⌀, platja de Fornells, ✉ 17255, *972 62 20 58, hotelaiguablava@ai
guablava.com, Fax 972 62 21 12,* « Parque ajardinado, ≤ cala », 🌲, 🍴 – ▤ TV 🅿 –
🏊 25/60. AE MC VISA. ⌀
23 febrero-10 noviembre – **Comida** 28,30 – **88 hab** ☕ 103,90/169,10 – PA 54,66.

Parador de Aiguablava ⟱, platja d'Aigua Blava, ✉ 17255, ☎ 972 62 21 62, *aigu ablava@parador.es*, Fax 972 62 21 66, « Magnífica situación con ≤ cala », ⟱ – ⟱ ▤ TV P – ⟱ 25/180. AE ① MC VISA JCB. ⟱
Comida 22,84 – ⟱ 8,71 – **83 hab** 95,63/119,54.

Bonaigua ⟱ sin rest, platja de Fornells, ✉ 17255, ☎ 972 62 20 50, *bonaigua@ctv.es*, Fax 972 62 20 54, ≤, ⟱ – ⟱ ⟱ P. AE MC VISA
Semana Santa-15 octubre – **47 hab** ⟱ 57,40/84,25.

por la antigua carretera de Palafrugell *y desvío a la izquierda - Sur : 5 km :*

Jordi's ⟱ sin rest, ✉ 17255 apartado 47, ☎ 972 30 15 70, Fax 972 61 13 14, ≤, « Antigua masía », ⟱ – P. MC VISA
10 hab ⟱ 61,90/73,92.

BEHOBIA *Gipuzkoa – ver Irún.*

BÉJAR *37700 Salamanca* 441 **K 12** – *17 027 h alt. 938 – en La Covatilla :* ⟱ 3.
🛈 *paseo de Cervantes 6* ☎ 923 40 30 05 Fax 923 40 30 05.
Madrid 211 – Ávila 105 – Plasencia 63 – Salamanca 72.

Colón (anexo ⟱), Colón 42 ☎ 923 40 06 50, Fax 923 40 06 50, ⟱, ⟱ – ⟱, ▤ rest, TV – ⟱ 25/600. AE ① MC VISA. ⟱
Comida 12,62 – ⟱ 4,66 – **70 hab** 44,17/60,70.

Argentino sin ⟱, travesía Recreo ☎ 923 40 23 64 – TV. MC VISA. ⟱
Comida - ver rest. ***Argentino*** – **13 hab** 21,08/33,13.

Argentino - *Hotel Argentino, carret. de Salamanca 93* ☎ 923 40 26 92, ⟱ – ▤. AE ① MC VISA JCB. ⟱
Comida carta 15,64 a 30,41.

Gol, *travesía de Béjar* ☎ 923 41 00 33 – ▤. MC VISA. ⟱
cerrado junio y lunes - **Comida** carta 14,72 a 21,62.

BELATE (Puerto de) *Navarra* 442 **C 25** – *alt. 847.*
Madrid 432 – Bayonne 85 – Iruña/Pamplona 33 – Donostia-San Sebastián 72.

en la carretera NA 1210 *Sur : 2 km :*

Venta de Ulzama ⟱ con hab, ✉ 31797 Arraitz, ☎ 948 30 51 38, *ventaulzama@j et.es*, Fax 948 30 51 38, ≤ – TV ⟱ P. AE ① MC VISA. ⟱
cerrado enero – Comida *(cerrado lunes salvo julio-septiembre)* carta 24 a 29 – ⟱ 4 –
15 hab 43/54.

BELLAVISTA *Sevilla – ver Sevilla.*

BELLPUIG D'URGELL *25250 Lleida* 443 **H 33** – *3 706 h alt. 308.*
Ver : *Convento de Sant Bartomeu★.*
Madrid 502 – Barcelona 127 – Lleida/Lérida 33 – Tarragona 86.

Bellpuig, *antigua carret. N II* ☎ 973 32 02 50, *h.bellpuig@teleline.es*, Fax 973 32 22 53 – ▤ TV P. AE ① MC VISA. ⟱
cerrado 10 días en diciembre y 20 días en julio – **Comida** 7,20 – ⟱ 2,10 – **57 hab** 23,70/46,60.

BELLVER DE CERDANYA *25720 Lleida* 443 **E 35** – *1 549 h alt. 1 061.*
Ver : *Localidad★.*
Alred. : *Parque Natural Cadí-Moixeró★* – 🛈 *pl. de Sant Roc 9* ☎ 973 51 02 29 Fax 973 51 02 29 (temp) – Madrid 634 – Lleida/Lérida 165 – La Seu d'Urgell/Seo de Urgel 32.*

Bellavista, *carret. de Puigcerdà 43* ☎ 973 51 00 00, *h.bellavista@grupobbv.net*, Fax 973 51 04 18, ≤, ⟱, ⟱ – ⟱ TV P – ⟱ 25/150. MC VISA. ⟱
cerrado noviembre – **Comida** *(cerrado domingo noche en invierno)* 11,42 – ⟱ 5,41 –
50 hab 27,95/46,58 – PA 28,25.

Cal Rei de Talló ⟱, *barrio Talló - Suroeste : 1 km* ☎ 973 51 10 96, *tallo@wanadoo.es*, Fax 973 51 10 96 – TV. AE ① MC VISA JCB. ⟱ rest
cerrado 2 semanas en mayo y 2 semanas en noviembre – **Comida** carta 14,11 a 24,64
– **12 hab** ⟱ 76,42.

Picot Negre, *Camí Reial 1* ☎ 973 51 11 98, *picotnegre@lycos.es* – MC VISA
cerrado noviembre – **Comida** - *sólo almuerzo salvo fines de semana y verano* - carta 22,54
a 29,75.

BELMONTE 16640 Cuenca **444** N 21 – 2 601 h alt. 720.

Ver : Antigua Colegiata (Sillería★) - Castillo (artesonados★).

Alred. : Villaescusa de Haro (Iglesia parroquial : capilla de la Asunción★) Noreste : 6 km.

Madrid 157 – Albacete 107 – Ciudad Real 142 – Cuenca 101.

Palacio Buenavista Hospedería, José Antonio González 2 ☎ 967 18 75 80, Fax 967 18 75 88, « Palacio del siglo XVI con artesonados y rejerías originales » – 📶 ▤ 📺 🅿 – 🔏 25. 🆎 ① 🔴 ⓒ 𝑽𝑰𝑺𝑨. 🛇 rest
Comida 11 – **18 hab** ⌑ 30/56 – 4 suites – PA 30.

Los BELONES 30385 Murcia **445** T 27.

Madrid 459 – Alacant/Alicante 102 – Cartagena 20 – Murcia 69.

por la carretera de Portman Sur : 3 km :

Hyatt Regency La Manga 🏖, ✉ 30385, ☎ 968 33 12 34, info@hyattlamanga.com, Fax 968 33 12 35, ⩽ campo de golf y montañas, 🏡, 🏊 climatizada, 🏌 – 📶 ▤ 📺 ☇ 🅿 – 🔏 25/400. 🆎 ① 🔴 ⓒ 𝑽𝑰𝑺𝑨. 🛇
Comida 30,05 – ⌑ 16,23 – **185 hab** 271/302 – 7 suites.

BEMBRIVE Pontevedra – ver Vigo.

BENACAZÓN 41805 Sevilla **446** T 11 – 4 753 h alt. 113.

Madrid 566 – Huelva 72 – Sevilla 20.

Andalusi Park H., autopista A 49 - salida 6 ☎ 95 570 56 00, info@hotelandalusipark.com, Fax 95 570 50 79, « Edificio de estilo árabe rodeado de un jardín inspirado en el de la Alhambra granadina », 🏋, 🏊 – 📶 ▤ 📺 ☇ 🅿 – 🔏 25/500. 🆎 ① 🔴 ⓒ 𝑽𝑰𝑺𝑨. 🛇
Comida 27,05 – ⌑ 10,52 – **189 hab** 96,16/120,20 – 11 suites – PA 54,91.

BENAHAVÍS 29679 Málaga **446** W 14 – 1 405 h alt. 185.

Madrid 610 – Algeciras 78 – Málaga 79 – Marbella 17 – Ronda 60.

Amanhavis 🏖, del Pilar ☎ 95 285 60 26, info@amanhavis.com, Fax 95 285 61 51, 🏡, 🏊 – ▤ 📺. 🆎 🔴 ⓒ 𝑽𝑰𝑺𝑨. 🛇
cerrado 7 enero-11 febrero – **Comida** (cerrado domingo y lunes) - sólo cena - 31,95 – ⌑ 11 – **9 hab** 117/177.

Los Faroles, Málaga 21 ☎ 95 285 54 25, 🏡 – 🆎 ① 🔴 ⓒ 𝑽𝑰𝑺𝑨. 🛇
cerrado 15 febrero-15 marzo y miércoles – **Comida** carta 19,53 a 25,23.

La Escalera, Almendro 4 ☎ 95 285 52 35, 🏡 – **Comida** - sólo cena en verano.

El Fogón de La Aldea, La Aldea ☎ 95 285 51 90, Fax 95 285 51 92, 🏡
Comida - sólo cena, sólo carnes.

BENALMÁDENA 29639 Málaga **446** W 16 – 25 747 h.

Madrid 579 – Algeciras 117 – Málaga 20.

La Fonda 🏖 sin rest, Santo Domingo 7 ☎ 95 256 83 24, Fax 95 256 82 73, 🏊 climatizada – ▤ 📺. 🆎 ① 🔴 ⓒ 𝑽𝑰𝑺𝑨. 🛇
26 hab ⌑ 52/73.

Casa Fidel, Maestra Ayala 1 ☎ 95 244 91 65, juancho@eresmas.com, Fax 95 256 80 84, 🏡 – 🆎 ① 🔴 ⓒ 𝑽𝑰𝑺𝑨
cerrado agosto, martes y miércoles mediodía – **Comida** carta 21,64 a 28,55.

BENALMÁDENA COSTA 29630 Málaga **446** W 16 – Playa.

🏌 Torrequebrada, carret. de Cádiz, Suroeste : 4 km ☎ 95 244 27 42 Fax 95 256 11 29.

🛈 av. Antonio Machado (pl. Los Porches) ☎ 95 244 12 95 Fax 95 244 06 78.

Madrid 558 – Málaga 28 – Marbella 46.

Torrequebrada, carret. de Cádiz - Suroeste : 2 km ☎ 95 244 60 00, reservas@torrequebrada.com, Fax 95 244 57 02, ⩽ mar, 🏡, 🏋, 🏊, 🏊, 🎾, 🍴 – 📶 ▤ 📺 ☇ 🚗
🅿 – 🔏 25/600. 🆎 ① 🔴 ⓒ 𝑽𝑰𝑺𝑨. 🛇
Café Royal (sólo cena) **Comida** carta 29,46 a 40,27 - **Pavillón** (sólo almuerzo y buffet en verano) **Comida** carta aprox. 38,47 – **328 hab** ⌑ 211,29 a 233,07 – 22 suites.

Tritón, av. Antonio Machado 29 ☎ 95 244 32 40, hotel-triton@spa.es, Fax 95 244 26 49, ⩽, 🏡, « Gran jardín tropical », 🏋, 🏊, 🎾 – 📶 ▤ 📺 🚗 🅿 – 🔏 25/280. 🆎 ① 🔴 ⓒ 𝑽𝑰𝑺𝑨. 🛇
Comida - sólo cena buffet - 21,60 – **363 hab** ⌑ 112,69/159,27 – 10 suites.

Alay, av. del Alay 5 ☎ 95 244 14 40, alay@activanet.es, Fax 95 244 63 80, <, climatizada, – 25/750. AE ⓘ ⓂⒸ VISA.
Comida 23 – **246 hab** 99,50/117 – PA 40.

Riviera, av. Antonio Machado 49 ☎ 95 244 12 40, riviera@medplaya.com, Fax 95 244 22 30, <, « Terrazas escalonadas con césped », – AE ⓘ ⓂⒸ VISA.
cerrado enero y febrero – **Comida** - sólo cena buffet - 19,23 – 10,22 – **189 hab** 74,53/103,37.

Mar de Alborán, av. del Alay 5 ☎ 95 244 64 27, Fax 95 244 63 80, <, – . AE ⓘ ⓂⒸ VISA.
cerrado enero, domingo noche y lunes – **Comida** carta aprox. 26,50.

Doña Pilar, Dársena de Levante, local 11 - Puerto Marina ☎ 95 256 13 03, Fax 95 256 13 03, , « Terraza con < puerto deportivo » – . AE ⓂⒸ VISA.
cerrado miércoles – **Comida** carta 15,50 a 27,30.

El Varadero, Pueblo Marinero - Puerto Marina ☎ 95 256 43 27, Fax 95 256 38 06, – . AE ⓘ ⓂⒸ VISA
cerrado 3 diciembre- 3 enero – **Comida** - pescados y mariscos - carta 18,31 a 25,52.

Asador del Camborio, castillo El Bil-Bil ☎ 95 244 20 67, – ⓂⒸ VISA.
cerrado lunes en verano y martes resto del año – **Comida** carta 21,64 a 27,04.

BENALÚA DE GUADIX 18510 Granada **446** T 20 – 3 067 h alt. 903.

Madrid 438 – Almería 118 – Granada 51 – Jaén 110.

Cuevas La Granja sin rest y sin , Camino de la Granja - Norte : 0,5 km ☎ 958 67 60 00, cuevas@granada.net, Fax 958 67 60 00, « Cuevas típicas en un cerro en pleno campo », – TV P. ⓂⒸ VISA JCB
6 apartamentos 60.

BENAOJÁN 29370 Málaga **446** V 14 – 1 593 h alt. 565.

Madrid 567 – Algeciras 95 – Cádiz 138 – Marbella 81 – Ronda 22 – Sevilla 135.

por la carretera de Ronda Sureste : 2 km :

Molino del Santo , barriada Estación, ⌧ 29370, ☎ 95 216 71 51, molino@logic control.es, Fax 95 216 73 27, , « Instalado en un antiguo molino de aceite », climatizada – rest, P. AE ⓘ ⓂⒸ VISA.
15 febrero-17 noviembre – **Comida** carta 19,30 a 26,80 – **17 hab** 130,20/163,90.

BENASQUE 22440 Huesca **443** E 31 – 1 507 h alt. 1 138 – Balneario – Deportes de invierno en Cerler : 16.

Alred. : Sur : Valle de Benasque★ – Congosto de Ventamillo★ Sur : 16 km.

San Sebatián 5 ☎ 974 55 12 89 turismo@benasque.org Fax 974 55 12 89.

Madrid 538 – Huesca 148 – Lleida/Lérida 148.

G.H. Benasque , carret. de Anciles ☎ 974 55 10 11, granhotelbenasque@hoteles-v alero.com, Fax 974 55 28 21, <, , – 25/300 – **69 hab.**

St Antón, carret. de Francia ☎ 974 55 16 11, info@san.anton.com, Fax 974 55 16 21, < – , rest, TV P. ⓂⒸ VISA.
cerrado del 1 al 15 de mayo y del 1 al 15 de noviembre - **Casa Pedro** : Comida carta 16,82 a 27,04 – 3,60 – **34 hab** 48,68/97,36.

Aragüells sin rest con cafetería, av. de Los Tilos ☎ 974 55 16 19, Fax 974 55 16 64 – TV . ⓂⒸ VISA.
cerrado mayo y noviembre – **19 hab** 48/66.

Ciria, av. de Los Tilos ☎ 974 55 16 12, hotelciria@infonegocio.com, Fax 974 55 16 86 – , rest, TV P. ⓂⒸ VISA.
Comida 14,12 - **El Fogaril** : Comida carta 21,04 a 28,85 – 6,91 – **40 hab** 41,02/69,42, 2 suites.

San Marsial sin rest, av. de Francia 75 ☎ 974 55 16 16, smarcial@teleline.es, Fax 974 55 16 23 – TV. ⓘ ⓂⒸ VISA
cerrado 20 octubre-15 noviembre – **25 hab** 63,10/81,13.

Avenida, av. de Los Tilos 3 ☎ 974 55 11 26, Fax 974 55 15 15 – rest, TV. ⓘ ⓂⒸ VISA.
cerrado 15 días en mayo y noviembre – **Comida** 10,80 – 5,10 – **16 hab** 48,10/60,15 – PA 23,50.

La Parrilla, av. de Francia ☎ 974 55 11 34, magdalenaostariz@ctv.es, Fax 974 55 12 68 – ⓂⒸ VISA.
cerrado del 24 al 31 de mayo y del 1 al 7 de octubre – **Comida** carta 19,23 a 32,46.

por la carretera de Francia *Noreste : 13 km :*

🏠 **Llanos del Hospital** ⌖, camino del Hospital, ✉ 22440, ☎ 974 55 20 12, *hotel@ll anosdelhospital.com, Fax 974 55 10 52* – |⌷| 📺 **P.** **MC** **VISA**. ✗
cerrado 15 octubre-1 diciembre – **Comida** 11,42 – ☕ 6,01 – **57 hab** 48,08/54,09 – PA 23,44.

BENAVENTE *49600 Zamora* **441** **F 12** – *14 410 h alt. 724.*

ℹ *pl. Gonzalo Silvela 3* ☎ *980 63 33 32 concejales@aytobenavente.org Fax 980 63 61 08.*
Madrid 259 – León 71 – Ourense/Orense 242 – Palencia 108 – Ponferrada 125 – Valladolid 99 – Zamora 66.

🏛 **Parador de Benavente** ⌖, paseo Ramón y Cajal ☎ 980 63 03 00, *Fax 980 63 03 03,*
⇐ – 🖥 📺 ⌦ **P.** – ♿ 25/100. **AE** **①** **MC** **VISA** **JCB**. ✗
Comida 22,84 – ☕ 8,71 – **30 hab** 80,91/101,14.

🏠 **Orense,** Perú 14 ☎ 980 63 01 56, *Fax 980 63 47 93* – |⌷| 🖥 📺 ⌦. **AE** **①** **MC** **VISA**. ✗
Comida - cocina gallega - carta 19,36 a 30,10
☕ 3,61 – **33 hab** 25,54/41,77.

🏠 **Avenida,** av. General Primo de Rivera 17 ☎ 980 63 10 31, *hostalavenida@benavente .net, Fax 980 63 14 85* – 🖥 rest, 📺. **AE** **①** **MC** **VISA**
cerrado 24 diciembre-8 enero – **Comida** *(cerrado domingo)* 8,41 – ☕ 2,40 – **20 hab** 25,72/41,80 – PA 16,35.

🏠 **Universal** sin rest y sin ☕, Perú 7 ☎ 980 63 19 98, *huniversal@usuarios.retecal.es, Fax 980 63 80 34* – |⌷| 📺. **AE** **MC** **VISA**. ✗
20 hab 24,04/39,07.

por la carretera de León *Noreste : 2,5 km y desvío a la derecha 0,5 km :*

XX **El Ermitaño,** ✉ 49600 apartado 101, ☎ 980 63 67 95, *Fax 980 63 22 13* – 🖥 **P.** **AE**
✿ **①** **MC** **VISA**. ✗
cerrado del 4 al 18 de noviembre y lunes salvo festivos – **Comida** carta 24,04 a 31,86
Espec. Canutillos de cecina con hígado de pato y dulce de membrillo. Suprema de bacalao con manitas de lechazo, panceta y aceite de menta. Crema helada de queso con compota de peras y manzana tostada.

en la autovía N VI :

🏛 **Tudanca,** Noroeste : 6 km, ✉ 49600 apartado 97, ☎ 980 63 64 66, *donzoilo@lacaj a.net, Fax 980 63 68 19* – 🖥 📺 ⌦ **P.** – ♿ 25/200. **AE** **①** **MC** **VISA**. ✗
Comida 11,45 – ☕ 3,91 – **32 hab** 43,27/54,09 – PA 26,75.

🏠 **Arenas,** Sureste : 2 km - salida 259 autovía, ✉ 49600, ☎ 980 63 03 34, *Fax 980 63 03 34* – |⌷| 📺 ⌦ **P.** **AE** **MC** **VISA**
Comida 10,25 – ☕ 2,40 – **37 hab** 33,05/45,07 – PA 23.

BENDINAT *Illes Balears – ver Balears (Mallorca).*

BENETÚSSER *València – ver València.*

BENICARLÓ *12580 Castelló* **445** **K 31** – *18 460 h alt. 27 – Playa.*

ℹ *pl. de la Constitución* ☎ *964 47 31 80 touristinfo.benicarlo@turisme.m400.gva.es Fax 964 47 31 80.*
Madrid 492 – Castelló de la Plana/Castellón de la Plana 69 – Tarragona 116 – Tortosa 55.

🏛 **Parador de Benicarló** ⌖, av. del Papa Luna 5 ☎ 964 47 01 00, *benicarlo@parador.es, Fax 964 47 09 34,* ⌦, ⌦, XX – 🖥 📺 ♿ **P.** – ♿ 25/60. **AE** **①** **MC** **VISA**. ✗
Comida 22,84 – ☕ 8,71 – **108 hab** 73,55/91,94.

🏛 Márynton, paseo Marítimo 5 ☎ 964 46 50 30, *Fax 964 46 07 20* – |⌷| 🖥 📺 ⌦
26 hab.

🏛 **Rosi,** Dr. Fleming 50 ☎ 964 46 00 08, *Fax 964 46 00 08* – |⌷| 🖥 📺 ⌦. **AE** **①** **MC** **VISA**. ✗
Comida *(cerrado del 1 al 15 de junio, domingo noche y lunes)* carta 15,75 a 18,50 – **24 hab**
☕ 39,10/60,10.

☆ **Sol** sin rest, carret. N 340 ☎ 964 47 13 49, *hotelsol61@hotmail.com, Fax 964 47 13 49*
– 📺 ⌦ **P.** **MC** **VISA**
☕ 4,18 – **22 hab** 29,58/41,16.

XX **El Cortijo,** av. Méndez Núñez 85 ☎ 964 47 00 75, *Fax 964 47 00 75* – 🖥. **AE** **①** **MC**
VISA. ✗
cerrado del 1 al 15 de julio, domingo noche y lunes – **Comida** - pescados y mariscos - carta 23,63 a 39,86.

BENICÀSSIM 12560 Castelló **445** L 30 – 6 151 h – Playa.

🛈 Médico Segarra 4 (Ayuntamiento) ☎ 964 30 09 62 turismo@benicassim.org Fax 964 30 01 39.

Madrid 436 – Castelló de la Plana/Castellón de la Plana 14 – Tarragona 165 – València 88.

Avenida y Eco-Avenida, av. de Castellón 2 ☎ 964 30 00 47, hotelavenida@stalker.es, Fax 964 30 00 79, ⌲ climatizada – P. AE ➊ MC VISA. ✗ rest
15 febrero-octubre – **Comida** 12 – ☷ 4,80 – **64 hab** 42,07/54,09.

✗ **Plaza**, Cristóbal Colón 3 ☎ 964 30 00 72 – ▣. AE ➊ MC VISA.
cerrado 15 diciembre-15 enero y martes – **Comida** carta aprox. 18,03.

en la zona de la playa :

Intur Bonaire, av. Gimeno Tomás 3 ☎ 964 39 24 80, bonaire@intur.com, Fax 964 39 56 01, ♨, « Pequeño pinar », 🛌, ⌲, ✗ – ▣ TV P. AE ➊ MC VISA. ✗ rest
Comida 20,88 – ☷ 7,66 – **83 hab** 76,78/95,71 – PA 41,01.

Intur Orange, av. Gimeno Tomás 9 ☎ 964 39 44 00, orange@intur.com, Fax 964 30 15 41, « ⌲ rodeada de césped con árboles », ✗ – ⬧ ▣ TV P. – ⬩ 25/400. ➊ MC VISA. ✗ rest
9 febrero-17 noviembre – **Comida** - sólo buffet - 20,19 – ☷ 6,61 – **415 hab** 70,32/81,92 – PA 33,66.

Trinimar sin rest, av. Ferrándiz Salvador 184 ☎ 964 30 08 50, trinimar@hotasa.es, Fax 964 30 08 66, ≼, ⌲ – ⬧ ▣ TV P. ➊ MC VISA. ✗
cerrado noviembre y diciembre – **170 hab** ☷ 75/124.

Intur Azor, av. Gimeno Tomás 1 ☎ 964 39 20 00, azor@intur.com, Fax 964 39 23 79, ≼, « Terraza con flores », ⌲, ⌂, ✗ – ⬧ ▣ TV P. AE ➊ MC VISA. ✗ rest
marzo-octubre – **Comida** - sólo buffet - 20,19 – ☷ 6,61 – **88 hab** 70,32/81,92.

Voramar, paseo Pilar Coloma 1 ☎ 964 30 01 50, hvoramar@infocsnet.es, Fax 964 30 05 26, ≼, « Terraza », ✗ – ⬧, ▣ rest, TV ⟿. AE ➊ MC VISA. ✗ rest
cerrado febrero – **Comida** 13 – ☷ 6 – **59 hab** 50/75 – PA 27.

Vista Alegre, av. de Barcelona 71 ☎ 964 30 04 00, vistaalegre@imk.es, Fax 964 30 04 00, ⌲ – ⬧, ▣ rest, P. AE MC VISA. ✗ rest
marzo-octubre – **Comida** 11,42 – ☷ 3,76 – **68 hab** 25,84/43,87.

Tramontana sin rest, paseo Marítimo Ferrándiz Salvador 6 ☎ 964 30 03 00, Fax 964 30 46 21, ⌂ – ⬧ P. AE ➊ MC VISA. ✗
marzo-octubre – **65 hab** ☷ 31/51.

en el Desierto de las Palmas Noroeste : 8 km :

✗ **Desierto de las Palmas**, ✉ 12560 apartado 135, ☎ 964 30 09 47, cgavenida@t erra.es, Fax 964 39 41 01, ≼ montaña, valle y mar, ♨ – P. MC VISA. ✗
cerrado 20 enero-20 febrero y martes salvo julio-septiembre – **Comida** carta 18 a 25,75.

BENIDORM 03500 Alacant **445** Q 29 – 75 322 h – Playa.

Ver : Promontorio del Castillo ≼★ AZ.

🛈 av. Martínez Alejos 6 ✉ 03501 ☎ 96 585 13 11 turistinfo.benidorm @turisme.m400.gva.es Fax 96 680 88 58 av. del Derramador ✉ 03503 ☎ 96 680 59 14 turistinfo.benidormR@turisme.m400.gva.es y Europa ✉ 03503 ☎ 96 586 00 95 turistinfo.benidosrE@turisme.m400.gva.es.

Madrid 459 ③ – Alacant/Alicante 44 ③ – Valencia (por la costa) 136 ③

Plano página siguiente

Agir, av. del Mediterráneo 11, ✉ 03503, ☎ 96 585 51 62, hotelagir@ctv.es, Fax 96 585 89 50, « Ático con solarium y ⌲ » – ⬧ ▣ TV ♿ – ⬩ 25/80. AE ➊ MC VISA. ✗   BY k
Comida 20,43 – ☷ 8,41 – **84 hab** 87,75/115,55 – 5 suites – PA 39,07.

Cimbel, av. de Europa 1, ✉ 03500, ☎ 96 585 21 00, cimbel@hotelcimbel.com, Fax 96 586 06 61, ≼, ⌲ climatizada – ⬧ ▣ TV ⟿. AE ➊ MC VISA. ✗   BY f
Comida 27,77 – **139 hab** ☷ 73,33/158,67 – 1 suite.

Don Pancho, av. del Mediterráneo 39, ✉ 03503, ☎ 96 585 29 50, hotel@don-pancho.com, Fax 96 586 77 79, ⌲ climatizada, ✗ – ⬧ ▣ TV ⟿ P. – ⬩ 25/330. AE ➊ MC VISA. ✗   CY e
Comida - sólo buffet - 19,23 – ☷ 8,25 – **252 hab** 100/126,25 – PA 38,75.

G.H. Delfín, playa de Poniente - La Cala, ✉ 03502, ☎ 96 585 34 00, Fax 96 585 71 54, ≼, ♨, « Jardín con ⌲ », ✗ – ⬧ ▣ TV P. AE ➊ MC VISA. ✗ rest por ②: 3 km
14 marzo-octubre – **Comida** carta 20,03 a 33,55 – ☷ 7,80 – **92 hab** 84,16/141,48.

Alameda	AZ	
Alcoy (Av. de)	BYZ	2
Almendros (Av. de los)	AY	3
Amsterdam	CY	4
Ayuntamiento (Pl. del)	AZ	5
Beniardá (Av. de)	AY	6
Bruselas	CY	7
Carretera (Pas. de la)	AZ	
Cruz (Pl. de la)	BZ	8
Cuenca (Av. de)	BY	9
Dr Orts Llorca (Av. del)	BY	10
Filipinas (Av. de)	CY	13
Forn	AZ	14
Herrerías	BZ	16
Hispanidad (Pl. de la)	BZ	17
Marina Española (Av. de la)	AY	20
Marqués de Comillas	AYZ	21
Martínez Alejos (Av. de)	BZ	23
San Jaime (Pl.)	AZ	24
San Pedro	AYZ	25
Señoría (Pl. de la)	AZ	27
Tomás Ortuño	AY	28
Torreón (Pl. del)	BZ	29
Virgen del Sufragio (Av.)	BZ	32

Bilbaino, av. Virgen del Sufragio 1, ✉ 03500, ✆ 96 585 08 04, *bilbaino@arrakis.es*, *Fax 96 585 08 05*, ≤ – ⬆ ▤ TV. MC VISA. ✗   BZ f
marzo-noviembre – **Comida** 12 – ☷ 6 – **38 hab** 50/90.

Tiffany's, av. del Mediterráneo 51 (edificio Coblanca 3), ✉ 03503, ✆ 96 585 44 68 – ▤. AE ① MC VISA. ✗   CY c
cerrado 7 enero-7 febrero – **Comida** - sólo cena - carta 27,65 a 31,55.

I Fratelli, av. Dr. Orts Llorca 21, ✉ 03503, ✆ 96 585 39 79, *Fax 96 585 39 79*, 🏠 – ▤. AE ① MC VISA   BY u
cerrado noviembre – **Comida** carta 27,03 a 36,80.

La Lubina, av. de Bilbao 3, ✉ 03500, ✆ 96 585 30 85, *lalubina@terra.es*, *Fax 96 585 30 85*, 🏠 – ▤. AE MC VISA. ✗   BY e
cerrado 30 noviembre-28 febrero – **Comida** carta 19,83 a 23,44.

en Cala Finestrat *por* ② : 4 km :

Casa Modesto, ✉ 03500 Benidorm, ✆ 96 585 86 37, ≤ – ① MC VISA. ✗
cerrado 15 enero-15 febrero y lunes salvo julio-septiembre – **Comida** - pescados y mariscos - carta 20 a 26.

BENIEL 30130 Murcia **445** R 26 Y 27 – 6 975 h alt. 29.

Madrid 412 – Alacant/Alicante 58 – Cartagena 64 – Murcia 16.

al Sureste : 2 km :

X **Angelín,** Vereda del Rollo 55, ✉ 30130, ℰ 968 60 11 00, Fax 96 530 52 87 – ▤ **P.** AE
ⓓ Ⓜ**Ⓒ** *VISA*. ✸
cerrado domingo noche – Comida carta 12,60 a 30.

BENIFAIÓ 46450 València **445** O 28 – 11 850 h alt. 35.

Madrid 404 – Albacete 170 – Alacant/Alicante 144 – València 22.

XX La Caseta, Gracia 5 ℰ 96 178 22 07 – ▤.

BENIMANTELL 03516 Alacant **445** P 29 – 404 h alt. 527.

Madrid 437 – Alcoi 32 – Alacant/Alicante 68 – Gandía 85.

X **Venta la Montaña,** carret. de Alcoy 9 ℰ 96 588 51 41, « Decoración regional » – ▤.
Ⓜ**Ⓒ** *VISA*. ✸
cerrado 1 semana en junio y lunes salvo agosto – **Comida** - sólo almuerzo salvo agosto
- carta 15,60 a 22.

X **L'Obrer,** carret. de Alcoy 27 ℰ 96 588 50 88 – ▤ **P.** AE ⓓ Ⓜ**Ⓒ** *VISA*. ✸
cerrado 23 junio-1 agosto y viernes – Comida - sólo almuerzo salvo agosto - carta 14,25
a 20,10.

BENIPARRELL 46469 València **445** N 28 – 1 366 h alt. 20.

Madrid 362 – València 11.

🏠 **Quiquet,** av. Levante 45 ℰ 96 120 07 50, Fax 96 121 26 77 – |$| ▤ TV **P.** – 🕳 25/70.
AE Ⓜ**Ⓒ** *VISA*. ✸ rest
Comida 13,52 – ☕ 4,21 – **34 hab** 45,08/57,10.

BENISANÓ 46181 València **445** N 28 – 1 643 h alt. 70.

Madrid 344 – Teruel 129 – València 24.

X **Levante,** Virgen del Fundamento 27 ℰ 96 278 07 21, Fax 96 279 00 21, Interesante
bodega – ▤. AE Ⓜ**Ⓒ** *VISA*. ✸
cerrado 10 julio-10 agosto y martes salvo festivos – **Comida** - paellas - carta 15,05 a 19,66.

BENISSA 03720 Alacant **445** P 30 – 8 583 h.

🛈 av. Pais Valenciá 1 ℰ 96 573 22 25 turismo@benissa.net Fax 96 573 25 37.
Madrid 458 – Alacant/Alicante 71 – València 110.

X **Casa Cantó,** av. País Valencià 223 ℰ 96 573 06 29 – ▤. AE ⓓ Ⓜ**Ⓒ** *VISA*. ✸
cerrado noviembre y domingo – **Comida** carta 23,50 a 37.

en la carretera N 332 Sur : 4,8 km :

XX **Al Zaraq,** Partida de Benimarraig 79, ✉ 03720, ℰ 96 573 16 15, alzaraq@offcampu
s.net, Fax 96 573 16 15, ≼, 🏡 – **P.** AE Ⓜ**Ⓒ** *VISA*
cerrado lunes – **Comida** - sólo cena, rest. libanés - carta aprox. 37,20.

por la carretera de la costa :

🏰 **Cases de Sant Jaume** ◈, Partida Paratella 44 - Sureste : 3 km y desvío a la izquierda
0,5 km ℰ 96 649 90 75, hotel@santjaume.net, Fax 96 649 82 08, « Rodeado de un paraje
pintoresco en pleno campo », 🛋, ☒ – ▤ TV ⅙ **P.** AE Ⓜ**Ⓒ** *VISA*. ✸ rest
Comida carta 21,34 a 30,05 – **26 hab** ☕ 79,33/99,17.

XXX **La Chaca,** Fanadix X-5, cruce carret. Calpe-Moraira - Sureste : 9 km, ✉ 03720,
ℰ 96 574 77 06, lachaca@tb.system.com, Fax 96 574 77 06, 🏡, « Instalado en una
villa » – **P.** ⓓ Ⓜ**Ⓒ** *VISA*
cerrado 11 noviembre-17 diciembre y lunes – **Comida** - cocina franco-belga, sólo cena -
carta 30,90 a 41,10.

BENTRACES 32890 Ourense **441** F 6.

Madrid 495 – Ourense/Orense 16 – Pontevedra 104.

🏰 **Palacio de Bentraces** ◈ sin rest, ℰ 988 38 33 81, rusticae@edigital.es,
Fax 988 38 33 81, ≼, « Elegante pazo señorial rodeado de un extenso jardín con ☒ » –
|$| TV **P.** – 🕳 25/50. AE ⓓ Ⓜ**Ⓒ** *VISA*. ✸
cerrado 22 diciembre-22 enero – ☕ 8 – **9 hab** 75/94.

BERA o **VERA DE BIDASOA** 31780 Navarra **442** **C 24** – *3 471 h alt. 56.*

Madrid 470 – Iruña/Pamplona 75 – Donostia-San Sebastián 33.

X **Euskalduna** con hab, Eztegara 2 📞 948 63 03 92 – **TV** **P.** **MC** **VISA**. ✿ hab
cerrado octubre – **Comida** *(cerrado miércoles) 9,02 –* ☕ *2 –* **5 hab** *24/36 –*
PA 20.

BÉRCHULES 18451 Granada **446** **V 20** – *864 h alt. 1 350.*

Madrid 507 – Almería 110 – Granada 125 – Lorca 228 – Motril 130 – Úbeda 184.

⌂ **Los Bérchules** ⤝, 📞 958 85 25 30, hot.berchules@interbook.net, Fax 958 76 90 00,
⇦ – **P.** **AE** **O** **MC** **VISA**. ✿ rest
Comida 8 – ☕ 4 – **13 hab** 30/40.

BERGA 08600 Barcelona **443** **F 35** – *14 324 h alt. 715.*

🛈 carret. C 16 (antigua C 1411) km 75.200 📞 93 822 15 00 turismo@elbergueda.org Fax
93 822 16 80.

Madrid 627 – Barcelona 117 – Lleida/Lérida 158.

🏨 **Estel** sin rest, carret. Sant Fruitós 39 📞 93 821 34 63, info@hotelestel.com,
Fax 93 821 35 79 – **TV** **P.** **AE** **O** **MC** **VISA**. ✿
☕ 4,21 – **40 hab** 30,05/48,08.

XX **Sala,** passeig de la Pau 27 📞 93 821 11 85, rest.sala@minorisa.es, Fax 93 822 20 54 –
■. **AE** **O** **MC** **VISA**. ✿
cerrado domingo noche y lunes – **Comida** *carta 20,10 a 32,10.*

BERGARA 20570 Gipuzkoa **442** **C 22** – *15 121 h alt. 155.*

Madrid 399 – Bilbao 61 – Donostia-San Sebastián 62 – Vitoria-Gasteiz 44.

🏠 **Ormazabal** sin rest, Barrenkale 11 📞 943 76 36 50, h-ormazabal@infonegocio.com,
Fax 943 76 36 50, « Casa antigua con mobiliario de época » – **TV**. **AE** **O** **MC** **VISA**
☕ 4 – **14 hab** 40/49.

🏠 **Ariznoa** sin rest, Telesforo de Aranzadi 3 📞 943 76 18 46, Fax 943 76 18 48 – 🛗 **TV**.
AE **O** **MC** **VISA**. ✿
☕ 3 – **18 hab** 33/48.

XXX **Lasa,** Zubiaurre 35 📞 943 76 10 55, koldolasa@restaurantelasa.com, Fax 943 76 20 29,
🏜, « Antiguo palacete señorial » – 🛗 ■ **P.** **AE** **O** **MC** **VISA**. ✿
cerrado 24 diciembre-7 enero, del 4 al 23 de agosto y domingo noche – **Comida** *- sólo
almuerzo salvo viernes y sábado - carta 30,65 a 39,67.*

XX **Zumelaga,** San Antonio 5 📞 943 76 20 21, zumelaga@euskalnet.net, Fax 943 76 20 21
– ■. **AE** **MC** **VISA**. ✿
*cerrado Semana Santa, agosto, Navidades, domingo, lunes noche, martes noche y
miércoles noche –* **Comida** *carta 31,86 a 38,27.*

BERGONDO 15217 A Coruña **441** **C 5** – *5 443 h.*

*Madrid 582 – A Coruña/La Coruña 21 – Ferrol 30 – Lugo 78 – Santiago de Compostela
63.*

en Fiobre *Noreste : 2,5 km :*

XX **A Cabana,** carret. de Ferrol, ✉ 15165 Fiobre, 📞 981 79 11 53, Fax 981 79 14 28, ⇦
ría, 🏜 – **P.** **AE** **O** **MC** **VISA**. ✿
cerrado del 1 al 15 de octubre y lunes noche salvo agosto – **Comida** *carta 26 a 36,70.*

BERIAIN 31191 Navarra **442** **D 25** – *alt. 442.*

Madrid 389 – Logroño 87 – Iruña/Pamplona 8.

🏠 **Alaiz,** carret. N 121 📞 948 31 01 75, Fax 948 31 03 50, 🏋 – 🛗, ■ rest, **TV** 🚘 **P.**
AE **O** **MC** **VISA** **JCB**. ✿
cerrado 23 diciembre-7 enero – **Comida** *(cerrado sábado y domingo) 7,50 –* ☕ *3,60 –*
71 hab 30,60/46.

BERLANGA DE DUERO 42360 Soria **442** **H 21** – *1 294 h alt. 922.*

Madrid 206 – Aranda de Duero 85 – Soria 47.

🏠 **Fray Tomás-Casa Vallecas,** Real 16 📞 975 34 31 36, Fax 975 34 31 69, « Hotel
instalado en una casa-palacio del siglo XV » – ■ rest, **TV**. **AE** **O** **MC** **VISA**. ✿
cerrado 10 días en Navidades – **Comida** *carta 15,62 a 28,55 –* ☕ *4,51 –* **14 hab**
28,85/45,68.

BERMEO 48370 Bizkaia **442** B 21 – 18 111 h – Playa.

   Alred. : *Alto de Sollube★ Suroeste : 5 km.*

   ⊠ *Askatasun Bidea 2 ℘ 94 617 91 54 turismo@ bermeo.org Fax 94 617 91 59.*

   Madrid 432 – Bilbao 34 – Donostia-San Sebastián 98.

   Txaraka ⊱ sin rest, Almike Auzoa 5 ℘ 94 688 55 58, Fax 94 688 51 64 – 📶 TV P. MC
   VISA. ⊗
   ☕ 6 – **12 hab** 51,10/69,10.

   ✗ **Jokin,** Eupeme Deuna 13 ℘ 94 688 40 89, rjokin@ euskalnet.net, Fax 94 688 56 65, ≼,
   ♨ – 🍴. AE ① MC VISA. ⊗
   cerrado domingo noche – **Comida** carta 27,65 a 34,86.

   ✗ **Beitxi,** Eskoikiz 6 ℘ 94 688 00 06, beitxi@ euskalnet.net, Fax 94 688 53 72 – 🍴. AE ①
   MC VISA. ⊗
   cerrado miércoles noche – **Comida** carta 18,93 a 32.

   ✗ **Almiketxu,** Almike Auzoa 8 - Sur : 1,5 km ℘ 94 688 09 25, ♨, « Típico caserío vasco »
   – P. MC VISA. ⊗
   cerrado del 15 al 30 de noviembre y lunes – **Comida** carta 22,24 a 28,85.

BERRIA (Playa de) Cantabria – *ver Santoña.*

BERRIOPLANO 31195 Navarra **442** D 24 – alt. 450.

   Madrid 391 – Jaca 117 – Logroño 98 – Iruña/Pamplona 6.

   ⌂ **NH El Toro,** carret. N 240 A ℘ 948 30 22 11, nhtoro@ nh-hoteles.es, Fax 948 30 20 85,
   « Edificio de estilo regional », ⼘ – 🍴 TV P. – ⚒ 25/350. AE ① MC VISA. ⊗
   Comida carta 27,05 a 36,06 – ☕ 9 – **60 hab** 95 – 5 suites.

BESALÚ 17850 Girona **443** F 38 – 2 099 h alt. 151.

   Ver : *Localidad★★ – Puente fortificado★, núcleo antiguo★★, Iglesia de Sant Pere★.*

   ⊠ *pl. de la Llibertat 2 ℘ 972 59 12 40 otbesalu@ agtad.es Fax 972 59 04 11.*

   Madrid 743 – Figueres 24 – Girona/Gerona 32.

   ✗✗ **Els Fogons de Can Llaudes,** Prat de Sant Pere 6 ℘ 972 59 08 58, Fax 972 59 02 16,
   ♨, « Capilla románica del siglo XI » – 🍴. AE MC VISA
   cerrado del 8 al 21 de noviembre y martes salvo festivos – **Comida** carta 27,35 a
   35,85.

   ✗ **Cúria Reial** con hab, pl. de la Llibertat 8 ℘ 972 59 02 63, curia-reial@ teleline.es,
   Fax 972 59 02 63, ♨, « Instalado en un antiguo convento » – 🍴. AE ① MC VISA
   JCB. ⊗
   Comida (cerrado febrero, lunes noche y martes) carta 13,37 a 24,85 – ☕ 4,21 – **7 hab**
   27,04.

   ✗ **Pont Vell,** Pont Vell 24 ℘ 972 59 10 27, info@ restaurantpontvell.com, ≼, ♨ – AE ①
   MC VISA. ⊗
   cerrado 15 días en enero y martes salvo verano – **Comida** - sólo almuerzo de noviembre
   a mayo, salvo fines de semana - carta 17,41 a 26,44.

BETANCURIA Las Palmas – *ver Canarias (Fuerteventura).*

BETANZOS 15300 A Coruña **441** C 5 – 11 871 h alt. 24.

   *Madrid 576 – Santiago de Compostela 60 – A Coruña/La Coruña 23 – Ferrol 38 – Lugo
   73.*

   ✗✗ **La Penela,** Rúa dos Ferradores 21 ℘ 981 77 31 27, Fax 981 79 65 25, « Decoración
   neorrústica » – 🍴. MC VISA. ⊗
   cerrado del 10 al 25 de enero y lunes – **Comida** carta 16,10 a 22.

BÉTERA 46117 València **445** N 28 – 9 717 h alt. 125.

   Madrid 355 – València 19 – Teruel 137.

por la carretera de San Antonio de Benagéber *Suroeste : 3,5 km :*

   ⌂ **Adhoc Parque** ⊱, urb. Torre en Conill - Botxi 6-8 ℘ 96 169 83 93, adhocparque@ i
   nfonegocio.com, Fax 96 169 81 91, ≼, ⼘, ⎯ – 📶 TV P – ⚒ 25/150. AE ① MC VISA.
   ⊗ rest
   Comida carta 25,54 a 35,15 – ☕ 6,01 – **40 hab** 105/131 – 1 suite.

   ⌂ Valencia Golf H. ⊱, ℘ 96 169 80 46, Fax 96 169 81 83, ≼, ⎯, ⛳ – 📶 TV P
   31 hab.

BETETA 16870 Cuenca 444 K 23 – 387 h alt. 1 210.

Ver : *Hoz de Beteta*★.

Madrid 217 – Cuenca 109 – Guadalajara 161.

Los Tilos ⟲, Extrarradio ℰ 969 31 80 97, *lostilos@pymex.com*, Fax 969 31 82 99, ≼ – TV 🚗 P. AE ① MC VISA. ⚗
cerrado 10 enero-febrero – **Comida** 10,80 – ⊇ 3,15 – **24 hab** 42.

BETRÉN Lleida – ver Vielha.

BEUDA 17850 Girona 443 F 38 – 131 h alt. 338.

Madrid 732 – Girona/Gerona 36 – Figueres 33.

en la carretera de Maià de Montcal *Este : 3,5 km :*

Mas Salvanera ⟲, ✉ 17850, ℰ 972 59 09 75, *salvanera@salvanera.com*, Fax 972 59 08 63, « *Masía del siglo XVII decorada con mobiliario antiguo* », ⟰ – P. AE MC VISA. ⚗
cerrado del 1 al 10 de enero, del 20 al 31 de julio y del 11 al 19 de septiembre – **Comida** - sólo clientes - 21,04 – **8 hab** ⊇ 86,55/108,18.

BIAR 03410 Alacant 445 Q 27 – 3 395 h alt. 650.

🛈 av. de Villena 2 ℰ 96 581 11 77 *touristinfo.biar@turisme.m400.gva.es*.

Madrid 370 – Albacete 119 – Alcoi 36 – Alacant/Alicante 50 – València 130.

Vila de Biar ⟲, San José 2 ℰ 96 581 13 04, *hotelbiar@ctv.es*, Fax 96 581 13 12, « Jardín con ⟰ » – ⃞ ▤ TV ᶑ P. – 🛝 25. AE ① MC VISA. ⚗ rest
Comida 13,80 – ⊇ 5,50 – **42 hab** 62,60/78,20 – PA 31,30.

Fuente El Pájaro, Camino de la Virgen ℰ 96 581 09 02 – ▤. AE ① MC VISA. ⚗
cerrado del 8 al 14 de mayo, 28 octubre-4 noviembre y lunes salvo festivos – **Comida** carta 19,08 a 27,35.

BIEDES Asturias – ver Santullano.

BIELSA 22350 Huesca 443 E 30 – 430 h alt. 1 053.

Ver : *Parque Nacional de Ordesa y Monte Perdido*★★★.

Madrid 544 – Huesca 154 – Lleida/Lérida 170.

Bielsa ⟲, carret. de Ainsa ℰ 974 50 10 08, *hotelbielsa@hotelbielsa.com*, Fax 974 50 11 13, ≼ – ⃞ TV P. MC VISA. ⚗
15 marzo-octubre – **Comida** 12,02 – ⊇ 5,70 – **60 hab** 33,05/38,96 – PA 26,44.

Valle de Pineta ⟲, Baja ℰ 974 50 10 10, *hotelvalledepineta@monteperdido.es*, Fax 974 50 11 91, ≼, ⟰ – ⃞ TV 🚗. MC VISA
Navidades, Semana Santa y junio-septiembre – **Comida** 8,41 – ⊇ 3,60 – **26 hab** 24,94/37,11 – PA 20,43.

Marboré ⟲ sin rest, av. Pineta ℰ 974 50 11 11 – TV. MC VISA. ⚗
cerrado noviembre – ⊇ 2,50 – **12 hab** 25/32.

en el valle de Pineta *Noroeste : 14 km :*

Parador de Bielsa ⟲, alt. 1350, ✉ 22350 Bielsa, ℰ 974 50 10 11, *bielsa@parador.es*, Fax 974 50 11 88, ≼, « En un magnífico paraje de montaña » – ⃞ TV P. AE ① MC VISA. ⚗
cerrado por obras hasta el 15 de marzo – **Comida** 22,84 – ⊇ 8,71 – **29 hab** 80,91/101,14.

BIESCAS 22630 Huesca 443 E 29 – 1 142 h alt. 860.

Madrid 458 – Huesca 68 – Jaca 30.

Casa Ruba, Esperanza 18 ℰ 974 48 50 01, Fax 974 48 50 01 – ⃞, ▤ rest, TV. VISA. ⚗
cerrado 15 octubre-noviembre – **Comida** *(cerrado domingo noche salvo verano)* 10,80 – ⊇ 3 – **29 hab** 24,64/38,45 – PA 19,70.

La Rambla ⟲, rambla San Pedro 7 ℰ 974 48 51 77, *larambla@public.ibercaja.es*, Fax 974 48 51 77, ≼ – TV. MC VISA. ⚗
cerrado noviembre – **Comida** 9,95 – ⊇ 3,30 – **30 hab** 28,80/39,10 – PA 19,85.

BILBAO

48000 **P** *Vizcaya* **442** **C 20** *– 372 054 h.*

Madrid 393 ⑤ *– Barcelona 613* ⑤ *– A Coruña/La Coruña 567* ⑤ *– Lisboa 899* ⑤ *– Donostia-San Sebastián 102* ④ *– Santander 103* ⑥ *– Toulouse 449* ④ *– València 600* ⑤ *– Zaragoza 305* ⑤

OFICINAS DE TURISMO

ₐ *paseo del Arenal 1* ✉ *48005* ℰ *94 479 57 60, bit@ ayto.bilbao.net Fax 94 479 57 61.*

INFORMACIONES PRÁCTICAS

R.A.C.V.N. *Rodriguez Arias 59 bis* ✉ *48013* ℰ *94 442 58 08 Fax 94 441 27 12.*

ₙ₈ *Laukariz, urb. Monte Berriaga-carret de Mungia – Noreste por Bl 631* *(B)* ℰ *94 674 04 62.*

de Bilbao, Sondika, Noreste : 11 km por autovia Bl 631 ℰ *94 486 96 64 – Iberia : Ercilla 20* ✉ *48009* ℰ *94 424 19 35* DY.

Abando ℰ *(94) 423 06 17.*

Cia. Trasmediterránea, Colón de Larreategui 30 ✉ *48009* ℰ *94 423 43 00 Fax 94 424 74 59* EY.

CURIOSIDADES

Ver : *Museo Guggenheim Bilbao*★★★ DX *– Museo de Bellas Artes*★ *(sección de arte antiguo*★★ *)* DY **M**.

López de Haro, Obispo Orueta 2, ⊠ 48009, ℰ 94 423 55 00, *lh@ hotellopezdeharo .com*, Fax 94 423 45 00 – 🛗 🗏 TV 🚗 – 🕭 25/40. AE ① MC VISA. ⚹ EY r
Club Náutico (cerrado 15 julio-15 agosto, sábado mediodía y domingo) **Comida** carta 35,74 a 42,08 – ☕ 10,75 – **49 hab** 169,95/232,65 – 4 suites.

Carlton, pl. de Federico Moyúa 2, ⊠ 48009, ℰ 94 416 22 00, *hcarlton@ hcarlton.tsai.es*, Fax 94 416 46 28 – 🛗 🗏 TV 🚗 – 🕭 25/200. AE ① MC VISA JCB. ⚹ DY x
Comida carta 23,81 a 34,01 – ☕ 13,50 – **141 hab** 134/168 – 7 suites.

Indautxu, pl. Bombero Etxaniz 2, ⊠ 48010, ℰ 94 421 11 98, *reservas@ hotelindaut xu.com*, Fax 94 422 13 31 – 🛗 🗏 TV ♿ 🚗 – 🕭 25/400. AE ① MC VISA JCB. ⚹
Comida - ver rest. *Etxaniz* – ☕ 10,82 – **181 hab** 112,99/138,83 – 3 suites. DZ b

Ercilla, Ercilla 37, ⊠ 48011, ℰ 94 470 57 00, *ercilla@ hotelercilla.es*, Fax 94 443 93 35 – 🛗 🗏 TV 🚗 – 🕭 25/400. AE ① MC VISA. ⚹ rest DY a
Comida - ver rest. *Bermeo* – **338 hab** ☕ 136,15/178,70 – 8 suites.

NH Villa de Bilbao, Gran Vía de Don Diego López de Haro 87, ⊠ 48011, ℰ 94 441 60 00, *nhbilbao@ nh-hoteles.es*, Fax 94 441 65 29 – 🛗 🗏 TV 🚗 – 🕭 25/250. AE ① MC VISA JCB. ⚹ CY n
Comida 21 - *La Pérgola* : **Comida** carta 23,70 a 28,50 – ☕ 10,80 – **139 hab** 145 – 3 suites – PA 52.

Abando, Colón de Larreátegui 9, ⊠ 48001, ℰ 94 423 62 00, *habando@ habando.tsai.es*, Fax 94 424 55 26 – 🛗 🗏 TV 🚗 – 🕭 25/150. AE ① MC VISA JCB. ⚹ EY b
Comida (cerrado domingo y festivos) carta 30,05 a 39,07 – ☕ 9,62 – **142 hab** 75,13/126,21 – 3 suites.

Hesperia Zubialde, Camino de la Ventosa 34, ⊠ 48013, ℰ 94 400 81 00, *hotel@ hesper ia-zubialde.com*, Fax 94 400 81 10 – 🛗 🗏 TV ♿ P – 🕭 25/300. AE ① MC VISA JCB. ⚹
El Botxo : **Comida** carta 27,35 a 40,57 – ☕ 10,22 – **82 hab** 139,43. AV x

Barceló H. Avenida, av. Zumalacárregui 40, ⊠ 48006, ℰ 94 412 43 00, *hotelbcav enida@ barceloclavel.com*, Fax 94 411 46 17 – 🛗 🗏 TV ♿ 🚗 P – 🕭 25/800. AE ① MC VISA JCB. ⚹ FZ a
Comida 16,80 – ☕ 10,50 – **140 hab** 60/98 – 3 suites.

Conde Duque, paseo Campo de Volantín 22, ⊠ 48007, ℰ 94 445 60 00, *reservas@ h otelcondeduque.com*, Fax 94 445 60 66 – 🛗 🗏 TV 🚗 – 🕭 25/120 EX m
65 hab, 2 suites.

Barceló H. Nervión, paseo Campo de Volantín 11, ⊠ 48007, ℰ 94 445 47 00, *hote lbcnervion@ barceloclavel.com*, Fax 94 445 56 08 – 🛗 🗏 TV ♿ 🚗 – 🕭 25/350. AE ① MC VISA JCB. ⚹ rest EY a
Comida 15 – ☕ 10 – **324 hab** 84/105 – 24 suites.

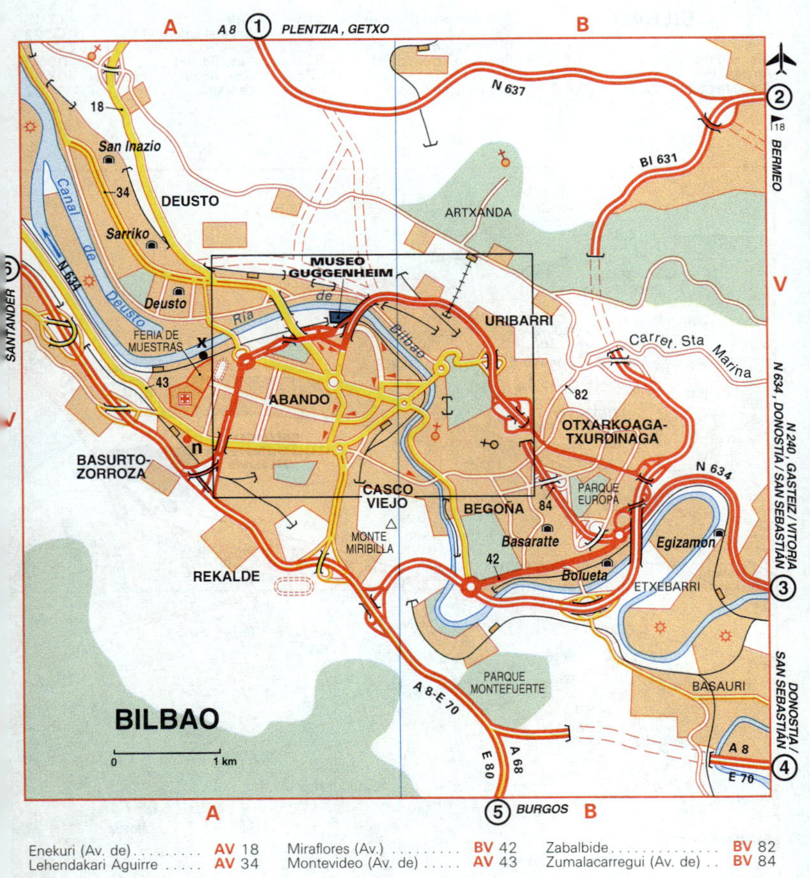

Enekuri (Av. de)	**AV** 18	Miraflores (Av.)	**BV** 42	Zabalbide	**BV** 82
Lehendakari Aguirre	**AV** 34	Montevideo (Av. de)	**AV** 43	Zumalacarregui (Av. de)	**BV** 84

NH de Deusto sin rest con cafetería salvo de viernes a domingo, Francisco Macià 9, ✉ 48014, 🕿 94 476 00 06, *hoteldedeusto@teleline.es, Fax 94 476 21 99* – 🛗 ▤ 📺 🚗 – 🏊 25/90. 🆎 ⑩ 🅜🅒 𝗩𝗜𝗦𝗔. ✖
  ☕ 10 – **70 hab** 142. CX f

Tryp Arenal, Fueros 2, ✉ 48005, 🕿 94 415 31 00, *adolfo.arribas@solmelia.com, Fax 94 415 63 95* – 🛗 ▤ 📺 – 🏊 25/75. 🆎 ⑩ 🅜🅒 𝗩𝗜𝗦𝗔. ✖
  Comida 21,04 – ☕ 9,02 – **40 hab** 105,18/133,22. EYZ m

Sirimiri sin rest, pl. de la Encarnación 3, ✉ 48006, 🕿 94 433 07 59, *hsirimiri@euska lnet.net, Fax 94 433 08 75*, 🛁 – 🛗 📺 🅿. 🆎 ⑩ 🅜🅒 𝗩𝗜𝗦𝗔. ✖
  ☕ 6 – **28 hab** 50/70. FZ e

Iturrienea 🐾 sin rest, Santa María 14, ✉ 48005, 🕿 94 416 15 00, *Fax 94 415 89 29* – 📺. ⑩ 🅜🅒 𝗩𝗜𝗦𝗔. ✖
  ☕ 3 – **21 hab** 52/58. EZ e

Vista Alegre sin rest, Pablo Picasso 13, ✉ 48012, 🕿 94 443 14 50, *info@hotelvist aalegre.com, Fax 94 443 14 54* – 📺 🚗. 🅜🅒 𝗩𝗜𝗦𝗔. ✖
  ☕ 4 – **35 hab** 45,01/60. DZ t

Zabálburu sin rest, Pedro Martínez Artola 8, ✉ 48012, 🕿 94 443 71 00, *Fax 94 410 00 73* – 📺 🚗. 🆎 🅜🅒 𝗩𝗜𝗦𝗔. ✖
  ☕ 5 – **38 hab** 43/57. DZ d

Plaza San Pedro sin rest, Luzarra 7, ✉ 48014, 🕿 94 476 31 26, *Fax 94 476 38 95* – 🛗 📺. 🆎 ⑩ 🅜🅒 𝗩𝗜𝗦𝗔. ✖
  ☕ 3,30 – **19 hab** 37,25/49,30. CX x

BILBAO

C
D
DEUSTO
Ramón
U
UNIVERSIDAD
Pl. de
S. Pedro
y
Cajal
X
Av.
Lehendakari
d
Aguirre
Pl.
San Pio X
Hnos Aguirre
UNIVERSIDAD
DE DEUSTO
Av.
R.
Madariaga
Av.
Luis
de
Blas
de
Otero
f
Ybarra
DEUSTO
de
Botica
Vieja
BILBAO
Av.
Universidades
Av.
a
Ribera
de
Deusto
Puente
DE
del
Deusto
Pte. Príncipes
de España
Power
Ribera de
RÍA
MUSEO
GUGGENHEIM
BILBAO
(Sector   en   obras)
60
P
36
Heros
Alameda
Puente
Euskalduna
EUSKALDUNA JAUREGIA
u
Alameda
Mazarredo
Iparraguirre
de
Recalde
14
Av. Eduardo Victoria de Lecea
Pl. del
Museo
Juan
Henao
Ajuriaguerra
Henao
Pl. Sagrado
Corazon
PARQUE DE DOÑA CASILDA
DE ITURRIZAR
Paseo José Anselmo Clavé
M
Elcano
Colón
de
Ercilla
Pl. de
Ensanche
de
F.
Serrate
Gran
s
Vía
Don
Aguirre
Diego
G
28
38
P
GOBIERNO
VASCO
n
Haro
Areiza
Pl. de
Campuzano
V
Pl. Moyúa
López
D
CAMPO
DE
SAN MAMÉS
Rodriguez
Arias
Máximo
Ercilla
x
Moyúa
Y
Arana
Licenciado
Poza
Revilla
Iparraguirre
R.
Alameda
Arias
San Mamés
Briñas
Alameda
INDAUTXU
de
Z
Lic.
Poza
52
Astarloa
ABANDO
78
Sabino
Simón
Dr.
Urquijo
Indautxu
M.
a
Pl.
Bizkaia
4
r
c
Elcano
P
30
Díaz
Bolívar
Allende
u
Al.
ALHÓNDIGA
P
Luis
Pérez
Galdós
Gregorio
Gordoniz
San
Fernandez del Campo
Hurtado
Av.
María
Gal
Alameda
Eguia
9
b
Egaña
Mamés
s
69
Av.
Autonomía
Pl. de la
Casilla
Pl. Guardia
Civil
Autonomía
Labayru
Recalde
General
d
Pl. de
Zabálburu
Pl. Dr.
Fleming
Z
P.
del
P
22
PABELLÓN
DE DEPORTES
General
Pl. Amezola
Salazar
53
50
t
P
P
Alzola
Gordoniz
AMETZOLA
PARQUE
AMETZOLA
Reyes
Católicos
Ulizar
de
Garay
Zabala
Ferrocarril
S. Brouard
IRALABARRI
Irala
Juan
C
D

Lersundi	DX 36	Pedro Eguillor (Pl.)	DY 52	San Francisco Javier (Pl.)	CZ 69
Marqués del Puerto	DY 38	Pedro Martínez Artola	DZ 53	Santiago (Pl.)	EZ 71
Merced (Muelle)	EZ 40	Pío Baroja (Pl.)	EZ 55	Santos Juanes (Pl.)	EZ 73
Merced (Puente)	EZ 41	Plaza Nueva	EZ 57	Sombrerería	EZ 75
Moraza (Pl. de)	EX 45	Puerto de La Paz (Av.)	DX 60	Victor Chávarri (Pl.)	CY 78
Pablo Picasso	DZ 50	Ribera (Puente)	EZ 65	Viuda de Epalza	EY 80

0   400 m

CIUDAD JARDIN

Maurice Ravel

MATIKO
FUNICULAR
Tiboli
45
MATIKO
Matiko
CASTAÑOS
Castaños
de la
Epalza
Villa
Anselma de Salces
Tiboli
Huertas de
Salve
Campo
Muelle de Volantín
Paseo
Pasarela Zubi Zuri
Muelle de
Uribitarte
Uribitarte
de
Uribitarte
Mazarredo
Ibañez
de
S. VICENTE
ADUANA
Pl. Venezuela
Larreátegui
Haro
de
Urquijo
Amézaga
Navarra
Abando
Pl. Circular
EST. DE ABANDO
Batllén
Buenos Aires
M. del Arenal
Arenal
Sendeja
Esperanza
Askao
55
32
5
80
2
3
Ribera
Correo
Sta. Maria
CASCO VIEJO
Dos de Mayo
Hernani
Fransisco
Ribera
San
las
Cortes
SAN FRANSISCO
Concepción
Pl. de la Cantera
Pl. Tres Pilares
BILBAO-LA-VIEJA
Pte. de S. Anton
ATXURI
RIA DE BILBAO
41
40
65
73
7
75
15
9
71
57
8
CATEDRAL
M
T

ARTXANDA
FUNICULAR DE
Vía Vieja
Av. de Lezama
URIBARRI
Trav. Uribarri
Maurice Ravel
Bakio
Monte Armo
Trauko
Uribarri
ZURBARAN
Zumaia
Zumaia
Lezama
Vieja
Pl. E. Erkoreka
Av. de
Zumalacárregui
PARQUE
ETXEBARRIA
CAMPOS DE MALLONA
Av. de Zumalacárregui
Vía Vieja de Lezama
ASCENSOR A BEGOÑA
Casco Viejo
Pl. Miguel de Unamuno
Museo Vasco
Sokoloetxe
Amadeo Deprit
Amadeo Deprit
BEGOÑA
San Isidro
Basilica de Begoña
Pl. de Juan XXIII
Iturribide
Pl. Zumarraga
Fika
SOLOKOETXE
Iturribide
Zaballbide
Ronda
Zabalbide
Santutxu
Fika
Pl. de la Encarnación
Museo de Arte Sacro
Santutxu
Carmelo

XXXX **Zortziko**, Alameda de Mazarredo 17, ⊠ 48001, ☎ 94 423 97 43, *zortziko@zortziko.es*, *Fax 94 423 56 87* – 🗐. AE ① MC VISA. ※ EY e
cerrado 16 agosto-16 septiembre, domingo y lunes noche – **Comida** carta 39,67 a 49,88
Espec. Foie a la plancha en terrina, gelée de vino blanco al anís estrellado y rosas de Siria. Lomo de merluza dos cocciones, puré de guisantes, almejas y harina de espárragos trigueros. Caneton asado y su muslo deshuesado a la miel de encinas.

XXXX **Bermeo** - *Hotel Ercilla*, Ercilla 37, ⊠ 48011, ☎ 94 470 57 00, *ercilla@hotelercilla.es*, *Fax 94 443 93 35* – 🗐. AE ① MC VISA. ※ DY a
cerrado del 1 al 15 de agosto, sábado mediodía y domingo noche – **Comida** carta 31,75 a 42.

XXX **Etxaniz** - *Hotel Indautxu*, Gordoniz 15, ⊠ 48010, ☎ 94 421 11 98, *reservas@hotelindautxu.com, Fax 94 422 13 31* – 🗐. AE ① MC VISA. ※ DZ b
cerrado Semana Santa, del 1 al 15 de agosto y domingo – **Comida** carta 28,85 a 40,27.

XXX **Guria**, Gran Vía de Don Diego López de Haro 66, ⊠ 48011, ☎ 94 441 57 80, *restguria@euskalnet.net, Fax 94 441 85 64* – 🗐. AE ① MC VISA JCB. ※ CY s
cerrado domingo noche – **Comida** carta 37,81 a 51,69.

XXX **Goizeko Kabi**, Particular de Estraunza 4, ⊠ 48011, ☎ 94 442 11 29, *goizekokabi@aqua.com, Fax 94 441 50 04* – 🗐. AE ① MC VISA. ※ CDY a
cerrado 31 julio-18 agosto y domingo – **Comida** 36,10 y carta 37,05 a 43,30
Espec. Templado de bogavante en crema de calabacín y teja de queso. Lomos de lenguado con cigalas empanadas y espárragos naturales (abril-julio). Jamoncito de gallo de corral con ninfas del bosque y pasta fresca.

XXX **Gorrotxa**, Alameda Urquijo 30 (galería), ⊠ 48008, ☎ 94 443 49 37, *Fax 94 422 05 35* – 🗐. AE ① MC VISA JCB. ※ DY r
cerrado 28 marzo-1 abril, 25 agosto-16 septiembre y domingo – **Comida** 38 y carta 38 a 47
Espec. Ensalada de bogavante con verdura templada. Escalopines de rape en salsa Colbert. Pato a la naranja.

XXX **Matxinbenta**, Ledesma 26, ⊠ 48001, ☎ 94 424 84 95, *Fax 94 423 84 03* – 🗐. AE ① MC VISA JCB. ※ EY d
cerrado domingo noche – **Comida** carta 31,85 a 39,07.

XX **Etxanobe**, av. de Abandoibarra 4-3º, ⊠ 48009, ☎ 94 442 10 71, *etxanobe@abaforum.es, Fax 94 442 10 23*, ≤, 🌆, « En una dependencia del palacio Euskalduna » – 🗐. AE ① MC VISA. ※ CXY u
cerrado del 1 al 20 de agosto, domingo y festivos noche – **Comida** carta 35,30 a 43,50
Espec. Arroz cremoso con hongos y manitas. Rape asado con sofrito de chipirones y bacon. Pastel fluido de almendra.

XX **Víctor**, pl. Nueva 2-1º, ⊠ 48005, ☎ 94 415 16 78, *victor@cyl.com, Fax 94 415 06 16* – 🗐. AE ① MC VISA JCB. ※ EZ s
cerrado Semana Santa, del 1 al 15 de agosto, del 1 al 15 de septiembre y domingo salvo mayo – **Comida** carta 28,23 a 41,15.

XX **Guggenheim Bilbao**, av. de Abandoibarra 2 ☎ 94 423 93 33, *restguggen@bezeroak.euskaltel.es, Fax 94 424 25 60*, Decoración moderna, « En el Museo Guggenheim » – 🗐. AE ① MC VISA. ※ DX
cerrado 25 diciembre-1 enero, domingo noche, lunes noche, martes noche (julio-agosto) y domingo noche, lunes y martes noche resto del año – **Comida** carta 43,56 a 45,98.

XX **Casa Vasca**, av. Lehendakari Aguirre 13, ⊠ 48014, ☎ 94 448 39 80, *casavasca@casavasca.com, Fax 94 476 14 87* – 🗐 🚗. AE ① MC VISA. ※ CX d
cerrado domingo noche y festivos noche – **Comida** carta 23,59 a 30,34.

XX **La Cuchara de Euskalduna**, Ribera de Botica Vieja 27, ⊠ 48014, ☎ 94 476 15 59, *Fax 94 448 01 24* – 🗐. AE MC VISA. ※ CX a
cerrado domingo – **Comida** carta 34 a 44.

XX **Yandiola**, paseo Campo de Volantín 15, ⊠ 48007, ☎ 94 413 40 13, *restaurant@yandiola.com, Fax 94 413 40 13* – 🗐. AE ① MC VISA JCB. ※ EY
cerrado domingo – **Comida** carta aprox. 29,15.

XX **Guetaria**, Colón de Larreátegui 12, ⊠ 48001, ☎ 94 424 39 23, *Fax 94 423 25 27* – 🗐. ① MC VISA. ※ EY z
cerrado Semana Santa – **Comida** carta 24,49 a 29,30.

XX Asador Ibáñez de Bilbao, Ibáñez de Bilbao 6, ⊠ 48001, ☎ 94 423 30 34, *Fax 94 423 30 34* – 🗐 EY t
Comida - espec. en asados.

XX **El Asador de Aranda**, Egaña 27, ⊠ 48010, ☎ 94 443 06 64, *Fax 94 443 06 64* – 🗐. AE ① MC VISA. ※ DZ s
cerrado domingo noche – **Comida** - asados y carnes - carta 22,54 a 30.

XX **Begoña,** Virgen de Begoña, ⊠ 48006, ℰ 94 412 72 57, *rest-begoña-@ jet.es,*
Fax 94 412 72 57 – ▤. AE ⓞ Ⓜⓒ VISA. ⅏   **FY x**
cerrado 15 julio-14 agosto y domingo – **Comida** carta 25,25 a 36,11.

XX **Rogelio,** carret. de Basurto a Castrejana 7, ⊠ 48002, ℰ 94 427 30 21, *pegusa@inf*
onegocio.com, Fax 94 427 17 78 – ▤. AE ⓞ Ⓜⓒ VISA. ⅏   **AV n**
cerrado Semana Santa, 21 julio-1 septiembre y domingo – **Comida** carta 24 a 30.

X **Serantes,** Licenciado Poza 16, ⊠ 48011, ℰ 94 421 21 29, *Fax 94 444 59 79* – ▤. AE
ⓞ Ⓜⓒ VISA. ⅏   **DY z**
cerrado del 1 al 20 de septiembre – **Comida** - pescados y mariscos - carta 35,15 a 38,77.

X **Serantes II,** Alameda de Urquijo 51, ⊠ 48011, ℰ 94 410 26 99, *Fax 94 444 59 79* –
▤. AE ⓞ Ⓜⓒ VISA. ⅏   **DY u**
cerrado 20 días en julio – **Comida** - pescados y mariscos - carta 35,15 a 38,77.

X **Albatros,** San Vicente 5, ⊠ 48001, ℰ 94 423 68 85, *Fax 94 423 69 00* – ▤. AE ⓞ
Ⓜⓒ VISA. ⅏   **EY n**
cerrado domingo – **Comida** carta 22,54 a 29,76.

Ⲩ/ **Colmado Ibérico,** Alameda de Urquijo 20, ⊠ 48008, ℰ 94 443 60 01, *colmadoiber*
ico@ infonegocio.com, Fax 94 470 30 39 – ▤. AE ⓞ Ⓜⓒ VISA. ⅏   **DYZ c**
Tapa 1,02 **Ración** - espec. en ibéricos - aprox. 8.

Ⲩ/ **El Viandar de Sota,** Gran Vía de Don Diego López de Haro 45, ⊠ 48011,
ℰ 94 415 25 00, *Fax 94 415 25 00* – ▤. Ⓜⓒ VISA. ⅏   **DY v**
Tapa 1,20 **Ración** aprox. 12.

Ⲩ/ **Gatz,** Santa María 10, ⊠ 48005, ℰ 94 415 48 61 – ▤. ⅏   **EZ c**
cerrado del 16 al 30 de septiembre y domingo noche – **Tapa** 1,10 **Ración** aprox. 5,50.

Ⲩ/ **Xukela,** El Perro 2, ⊠ 48005, ℰ 94 415 97 72 – ▤. Ⓜⓒ VISA. ⅏   **EZ a**
Tapa 1,20 **Ración** - quesos y patés - aprox. 6.

Ⲩ/ **Víctor Montes,** pl. Nueva 8, ⊠ 48005, ℰ 94 415 70 67, *victormontes.sl@ terra.es,*
Fax 94 415 95 10, 🍴 – ▤. AE ⓞ Ⓜⓒ VISA. ⅏   **EZ d**
cerrado Semana Santa, del 1 al 15 de agosto y domingo noche – **Tapa** 1,50.

Ⲩ/ **Rio-Oja,** El Perro 4, ⊠ 48005, ℰ 94 415 08 71 – ▤. ⓞ Ⓜⓒ VISA. ⅏   **EZ a**
cerrado Semana Santa, 24 días en septiembre y lunes – **Ración** aprox. 5,90.

BINÉFAR 22500 Huesca 443 G 30 – *8 033 h alt. 286.*
Madrid 488 – Barcelona 214 – Huesca 81 – Lleida/Lérida 39.

🏠 **La Paz,** av. Aragón 30 ℰ 974 42 86 00, *Fax 974 43 04 11* – |≑|, ▤ rest, TV – 🏛 25/300.
Ⓜⓒ VISA
Comida (cerrado domingo noche) 10,52 – ☕ 3,01 – **58 hab** 21,04/36,06 – PA 19,53.

⚘ **Cantábrico,** Zaragoza 1 ℰ 974 42 86 50, *recepcion@ hostalcantabrico.com,*
Fax 974 42 86 50 – |≑|, ▤ rest, TV. Ⓜⓒ VISA. ⅏ rest
Comida (cerrado domingo) 10,50 – ☕ 4,50 – **30 hab** 20/36.

BINIBONA *Illes Balears – ver Balears (Mallorca) : Caimari.*

BINISSALEM *Illes Balears – ver Balears (Mallorca).*

La BISBAL D'EMPORDÀ 17100 Girona 443 G 39 – *7 778 h alt. 39.*
Ver : *Castillo-palacio★.*
🛈 pl. del Castell ℰ 972 64 51 60.
Madrid 723 – *Girona/Gerona* 28 – Barcelona 125.

🏰 **Castell d'Empordà** ⚘, carret. del Castell - Norte : 1,5 km ℰ 972 64 62 54,
Fax 972 64 55 50, « Castillo medieval en un paraje entre olivares y encinas. Santuario »,
🏊 – ▤ TV P. AE ⓞ Ⓜⓒ VISA. ⅏
marzo-octubre – **Comida** 27,04 – ☕ 9,20 – **13 hab** 144,24/198,33 – 1 suite.

X **El Taller,** carret. C 255 - Noroeste : 1 km ℰ 972 64 31 92 – ▤ P. ⓞ VISA. ⅏
cerrado lunes – **Comida** carta 17,74 a 28.

BLANES 17300 Girona 443 G 38 – *25 408 h* – Playa.
Ver : *Localidad★ – Jardín Botánico Marimurtra★ (≤★), paseo Marítimo★.*
🛈 pl. Catalunya 21 ℰ 972 33 03 48 turisme@blanes.net Fax 972 33 46 86.
Madrid 691 – Barcelona 61 – *Girona/Gerona* 46.

X **S'Auguer,** S'Auguer 2 ℰ 972 35 14 05, « Decoración rústica » – ▤. Ⓜⓒ
VISA. ⅏
cerrado del 1 al 20 de enero y miércoles – **Comida** carta 20,44 a 26,44.

en la playa de S'Abanell :

🏨 **Horitzó,** passeig Marítim S'Abanell 11, ✉ 17300 Blanes, ☎ 972 33 04 00, horitzo@g
na.es, Fax 972 33 78 63, ≤ – 🛗 📺 🚗. AE ⓪ ⓜⓒ *VISA*. ❄
abril-octubre – **Comida** 14,50 – ☕ 5,40 – **122 hab** 44/73 – PA 24,50.

🏨 **Stella Maris,** Vila de Madrid 18, ✉ 17300 Blanes, ☎ 972 33 00 92, hotestema@tel
eline.es, Fax 972 33 57 03, 🏊 – 🛗, 🍽 rest, 📺. AE ⓪ ⓜⓒ *VISA*. ❄ rest
marzo-octubre – **Comida** - sólo buffet - 10 – **98 hab** ☕ 31,56/50,49 – PA 17.

en la carretera de Lloret de Mar :

🍴 **El Ventall,** ✉ 17300 apartado 457, ☎ 972 33 29 81, elventall@elventall.com,
Fax 972 33 29 81, � – 🍽. ⓪ ⓜⓒ *VISA*. ❄
cerrado martes – **Comida** carta 27,05 a 42,07.

| Europe | Se il nome di un albergo è stampato in carattere magro,
chiedete arrivando le condizioni che vi saranno praticate. |

BOADELLA D'EMPORDÀ 17723 Girona 443 F 38 – 193 h alt. 150.

Madrid 766 – Girona/Gerona 56.

🍴 **El Trull d'en Francesc,** Placeta de L'Oli 1 ☎ 972 56 90 27, francesc@trullfrancesc
.com – 🍽 P. ⓪ ⓜⓒ *VISA* JCB. ❄
cerrado febrero, lunes y martes – **Comida** carta 16,53 a 26,75.

BOADILLA DEL MONTE 28660 Madrid 444 K 18 – 15 984 h.

🏌18 🏌9 Lomas-Bosque, urb. El Bosque ☎ 91 616 75 00 Fax 91 616 73 93 – 🏌9 Las Encinas
de Boadilla, carret. de Boadilla-Pozuelo km 1,4 ☎ 91 633 11 00 Fax 91 633 18 99.
Madrid 17.

🏨 **Boadilla Palacio,** Mártires 17 ☎ 91 633 31 15, Fax 91 633 28 70, 🌂 – 🛗 🍽 📺 🚗
– 🏊 25. AE ⓪ ⓜⓒ *VISA*. ❄
Comida (cerrado sábado mediodía y domingo noche) 9,02 – ☕ 6,61 – **36 apartamentos**
111,07.

🍴 **La Cañada,** carret. de Madrid - Este : 1,5 km ☎ 91 633 12 83, Fax 91 632 11 86, ≤,
🌂, 🍴 – 🍽 P. ⓜⓒ *VISA*. ❄
cerrado domingo noche y lunes noche – **Comida** carta 23,20 a 32.

BOCAIRENT 46880 València 445 P 28 – 4 607 h alt. 680.

🅱 pl. del Ayuntamiento 2 ☎ 96 290 50 62 touristinfo.bocairent@turisme.m400.gva.es Fax
96 290 50 85.

Madrid 383 – Albacete 134 – Alacant/Alicante 84 – València 93.

🏨 **L'Estació** ❄, Parc de l'Estació ☎ 96 290 52 11, Fax 96 290 54 23 – 🍽 📺 ♿ P. ⓜⓒ
VISA. ❄
Comida 18,03 – ☕ 3,61 – **14 hab** 78,13/90,15.

🍴 **Riberet,** av. Sant Blai 16 ☎ 96 290 53 23 – 🍽. AE ⓜⓒ *VISA*. ❄
🐸 cerrado 2ª semana de febrero, del 1 al 15 de septiembre, domingo noche y lunes – **Comida**
carta 21,31 a 25,84.

BOCEGUILLAS 40560 Segovia 442 H 19 – 553 h alt. 957.

Madrid 119 – Burgos 124 – Segovia 73 – Soria 154 – Valladolid 134.

🏨 **Tres Hermanos,** antigua carret. N I (vía de servicio) ☎ 921 54 30 40, Fax 921 54 30 40
– 📺 🚗 P. ⓜⓒ *VISA*. ❄ rest
Comida 10,82 – ☕ 4,21 – **30 hab** 30,05/48,08.

🍴 **Área de Boceguillas,** autovía del Norte - salidas 115 y 119 ☎ 921 54 37 28,
Fax 921 54 37 28, ≤, 🏊 – 🍽 P. *VISA*. ❄
cerrado del 10 al 30 de agosto – **Comida** carta 21,04 a 25,84.

BOECILLO 47151 Valladolid 442 H 15 – 836 h alt. 720.

Madrid 179 – Aranda de Duero 85 – Segovia 103 – Valladolid 14.

al Oeste : 2 km :

🍴 **El Yugo de Castilla,** paraje de las Guindaleras - Las Bodegas, ✉ 47151,
☎ 983 55 20 75, Fax 983 55 20 75, 🌂, « En una bodega del siglo XII » – 🍽 P. AE ⓪
ⓜⓒ *VISA*
Comida - carnes a la brasa y asados - carta 18,33 a 24,94.

BOÍ 25528 Lleida **443** E 32 – *alt. 1 250 – Balneario en Caldes de Boí*.

Ver : *Valle*★★.

Alred. : *Este : Parque Nacional de Aigües Tortes y Lago San Mauricio*★★ – *Caldes de Boí*★.

Madrid 575 – Lleida/Lérida 143 – Viella 56.

La Cabana, *carret. de Tahüll* ℘ *973 69 62 13* – 🗔. AE ① MC VISA. ⌗
cerrado mayo-23 junio, octubre, noviembre y lunes en invierno – **Comida** *carta 16,23 a 24,04.*

en Caldes de Boí *Norte : 5 km :*

El Manantial ⌂, ✉ *25528 Caldes de Boí*, ℘ *973 69 62 10, info@ caldesdeboi.com, Fax 973 69 62 10*, ≤, « *Magnífico parque* », ⌕ *de agua termal*, ⌕, ⌗, ⌗ – ▯ TV ⌗
▯ MC VISA. ⌗ *rest*
15 junio-septiembre – **Comida** *22,99 –* ⌸ *7,96 –* **118 hab** *80,84/129,82 – PA 42,97.*

BOIRO 15930 A Coruña **441** E 3 – *16 792 h – Playa.*

Madrid 660 – A Coruña/La Coruña 112 – Pontevedra 57 – Santiago de Compostela 40.

Jopi *sin rest, Derechos Humanos 6* ℘ *981 84 44 70, Fax 981 84 44 08* – ▯ TV. AE MC
VISA. ⌗
cerrado Navidades – ⌸ *4,80 –* **35 hab** *33/46.*

Los BOLICHES *Málaga – ver Fuengirola.*

BOLTAÑA 22340 Huesca **443** E 30 – *777 h alt. 643.*

🛈 *av. de Ordesa 47* ℘ *974 50 20 43 soaso@ staragon.com Fax 974 50 23 02.*
Madrid 473 – Huesca 90 – Lleida/Lérida 143 – Sabiñánigo 72.

Boltaña ⌂, *av. de Ordesa 39* ℘ *974 50 20 00, hboltaña.@ staragon.com, Fax 974 50 22 36* – ▯ TV ▯ – ⌕ *25/100.* AE ① MC VISA. ⌗
cerrado 10 diciembre-10 enero – **Comida** *- ver rest.* **El Parador** *–* ⌸ *4 –* **55 hab** *23/37.*

El Parador *- Hotel Boltaña, av. de Ordesa 37* ℘ *974 50 23 31, hboltaña@ staragon.com, Fax 974 50 22 36* – 🗔 ▯. AE ① MC VISA. ⌗
cerrado 10 diciembre-10 enero – **Comida** *carta 15,05 a 21.*

BOLVIR DE CERDANYA 17539 Girona **443** E 35 – *226 h alt. 1 145.*

Madrid 657 – Barcelona 172 – Girona/Gerona 156 – Lleida/Lérida 188.

Torre del Remei ⌂, *Camí Reial - Noreste : 1 km* ℘ *972 14 01 82, t.remei@ gro.se rvicom.es, Fax 972 14 04 49*, ≤ *sierra del Cadí y Pirineos*, ⌗, « *Elegante palacete rodeado de jardín* », ⌕ – ▯ 🗔 TV ▯ – ⌕ *25/30.* AE ① MC VISA JCB. ⌗ *rest*
Comida *carta 43,88 a 48,09 –* ⌸ *16,23 –* **10 hab** *180,30/288,49 – 1 suite.*

La BONAIGUA (Port de) Lleida **443** E 32 – *alt. 2 072 – Deportes de invierno en Baqueira-Beret – Madrid 623 – Andorra la Vella 126 – Lleida/Lérida 186.*

Cap del Port, *carret. C 28,* ✉ *25587 Alto Aneu,* ℘ *973 25 00 82*, ≤, « *Antiguo refugio de alta montaña* » – ▯. ① VISA. ⌗
cerrado mayo, junio y lunes salvo agosto – **Comida** *carta 25,60 a 30,50.*

en la carretera C 28 *Sureste : 5,5 km :*

Les Ares, *Refugi de la Verge dels Ares,* ✉ *25587,* ℘ *973 29 83 09* – ▯. ⌗
cerrado mayo, noviembre y martes salvo festivos – **Comida** *- carnes a la brasa - carta aprox. 22,84.*

La BONANOVA *Illes Balears – ver Balears (Mallorca) : Palma.*

BOO DE GUARNIZO 39673 Cantabria **442** B 18.

Madrid 398 – Santander 10.

Los Ángeles, *San Camilo 1 (carret. S 436)* ℘ *942 54 03 39, hlosangeles@ ceoecant.es, Fax 942 55 82 46* – ▯ 🗔 TV ▯ – ⌕ *25/80.* AE ① MC VISA. ⌗
Comida *10,07 –* ⌸ *5,41 –* **44 hab** *54,09/90,15 – PA 21,71.*

Les BORGES DEL CAMP 43350 Tarragona **443** I 33 – *1 355 h alt. 247.*

Madrid 527 – Lleida/Lérida 83 – Tarragona 28 – Tortosa 94.

La Fonda Emilio, *av. Sra. de Gener 65* ℘ *977 81 70 25, f.emilio@ eresmas.net, Fax 977 81 73 85* – 🗔 ▯. AE MC VISA. ⌗
cerrado 25 diciembre-4 enero, 12 septiembre-4 octubre y viernes salvo festivos – **Comida** *carta 23,16 a 28,47.*

BORJA 50540 Zaragoza 442 G 25 – 3 859 h alt. 448.

🛈 pl. de España 1 ℘ 976 85 20 01 esperanzaayto@terra.es Fax 976 86 72 15.

Madrid 309 – Logroño 135 – Iruña/Pamplona 138 – Soria 96 – Zaragoza 64.

La Bóveda del Mercado, pl. del Mercado 4 ℘ 976 86 82 51, Fax 976 15 85 63, « En una antigua bodega » – ⓞ ⓜⓒ VISA JCB. ⌧

cerrado del 1 al 20 de febrero, domingo noche y lunes – **Comida** carta 18,34 a 27,05.

BORLEÑA 39699 Cantabria 442 C 18.

Madrid 360 – Bilbao 111 – Burgos 117 – Santander 33.

De Borleña, carret. N 623 ℘ 942 59 76 22, Fax 942 59 76 20 – TV. AE ⓞ ⓜⓒ VISA. ⌧
cerrado 5 noviembre-1 diciembre – **Comida** - ver rest. **Mesón de Borleña** – ⌸ 3,31 – **10 hab** 39,07/60,10.

Mesón de Borleña -Hotel De Borleña, carret. N 623 ℘ 942 59 76 43, Fax 942 59 76 20, 🍽 – AE ⓞ ⓜⓒ VISA. ⌧
cerrado 5 noviembre-1 diciembre – **Comida** carta 15,93 a 25,54.

BORNOS 11640 Cádiz 446 V 12 – 7 179 h alt. 169.

Ver : Castillo-palacio de los Ribera★.

🛈 pl. Alcalde José González 2 ℘ 956 72 82 64 adetur@retemail.es Fax 956 72 82 64.

Madrid 575 – Algeciras 118 – Cádiz 74 – Ronda 70 – Sevilla 88.

Bornos, av. San Jerónimo ℘ 956 71 22 89, 🏊 – 🛗 ▤ TV P. VISA. ⌧
Comida 7,21 – ⌸ 2,75 – **20 hab** 21,07/36,06 – PA 16,52.

BOROA Bizkaia – ver Amorebieta-Etxano.

BORREDÀ 08619 Barcelona 443 F 35 – 448 h alt. 854.

Madrid 640 – Barcelona 121 – Font-Romeu 80 – Girona/Gerona 105.

El Revolt, Camí de la Coma 2 ℘ 93 823 90 17 – ▤. ⓜⓒ VISA. ⌧
cerrado del 1 al 15 de julio y jueves – **Comida** - sólo almuerzo en invierno - carta 14,70 a 23,70.

BOSSÒST 25550 Lleida 443 D 32 – 779 h alt. 710.

Ver : Iglesia de la Purificació de Maria★★.

🛈 Eduard Aunós ℘ 973 64 72 79 (temp).

Madrid 611 – Lleida/Lérida 179 – Vielha/Viella 16.

Batalla, urb. Sol de la Vall ℘ 973 64 81 99, hotelsbatalla@interbook.net, Fax 973 64 70 02 – TV. AE ⓞ ⓜⓒ VISA. ⌧ hab
Comida 12 – ⌸ 4,70 – **16 hab** 36,12/50,60.

El Portalet 🛏 con hab, Sant Jaume 32 ℘ 973 64 82 00, Fax 973 64 70 52 – ▤ rest, P. AE ⓞ ⓜⓒ VISA. ⌧
Comida (cerrado domingo noche y lunes) carta 24 a 30,30 – ⌸ 4,81 – **6 hab** 42,10.

BOT 43785 Tarragona 443 I 31 – 837 h alt. 290.

Madrid 474 – Lleida/Lérida 100 – Tarragona 102 – Tortosa 53.

Can Josep, av. Catalunya 34 ℘ 977 42 82 40, Fax 977 42 83 45 – ▤. ⓜⓒ VISA. ⌧
Comida carta 18,02 a 27,03.

BREDA 17400 Girona 443 G 37 – 3 192 h alt. 169.

Madrid 658 – Barcelona 56 – Girona/Gerona 53 – Vic 48.

El Romaní de Breda, Joan XXIII-36 ℘ 972 87 10 51 – ▤ P. AE ⓜⓒ VISA. ⌧
cerrado 20 diciembre-10 enero, domingo noche y jueves salvo festivos – **Comida** carta 12 a 24,05.

BREÑA ALTA Santa Cruz de Tenerife – ver Canarias : La Palma.

BRIHUEGA 19400 Guadalajara 444 J 21 – 3 035 h alt. 897.

Madrid 94 – Guadalajara 35 – Soria 149.

Asador El Tolmo, av. de la Constitución 26 ℘ 949 28 04 76, Fax 949 28 11 30 – ▤. AE ⓜⓒ VISA. ⌧
Comida carta 16,50 a 24.

BRIÑAS 26290 La Rioja **442** E 21 – 191 h alt. 454.

Madrid 328 – Bilbao 99 – Burgos 96 – Logroño 49 – Vitoria-Gasteiz 43.

Hospedería Señorío de Briñas ⌂ sin rest, travesía de la calle Real 3 ☎ 941 30 42 24, hsbrinas@ arrakis.es, Fax 941 30 43 45, « Palacete del siglo XVIII » – TV 🚗 P. – 🏊 25. ① ⓂⒸ VISA

cerrado 15 diciembre-15 enero – **11 hab** ☕ 66,11/102,17 – 3 suites.

BRIVIESCA 09240 Burgos **442** E 20 – 5 795 h alt. 725.

Madrid 285 – Burgos 42 – Vitoria-Gasteiz 78.

Isabel sin rest con cafetería, Santa María Encimera 21 ☎ 947 59 29 59, Fax 947 59 29 50 – ⏐🕽⏐ 🗏 TV. AE ① ⓂⒸ VISA. ⅏
☕ 3 – **21 hab** 29/45.

El Concejo, pl. Mayor 14 ☎ 947 59 16 86 – 🗏. AE ① ⓂⒸ VISA. ⅏
Comida carta 22,84 a 29,45.

BRONCHALES 44367 Teruel **443** K 25 – 478 h alt. 1 569.

Madrid 261 – Teruel 55 – Zaragoza 184.

Suiza ⌂, Fombuena 8 ☎ 978 70 10 89, h-suiza@ terel.org, Fax 978 70 14 09 – TV 🚗. ⓂⒸ VISA. ⅏
cerrado noviembre – **Comida** 11,12 – ☕ 3,01 – **48 hab** 24/30 – PA 24.

BROTO 22370 Huesca **443** E 29 – 403 h alt. 905.

Madrid 484 – Huesca 94 – Jaca 56.

Pradas, av. de Ordesa 7 ☎ 974 48 60 04, hpradas@ infonegocio.com, Fax 974 48 63 96 – ⏐🕽⏐, 🗏 rest, TV P. AE ① ⓂⒸ VISA. ⅏
cerrado febrero – **Comida** 11 – ☕ 3 – **24 hab** 24/96.

Latre sin rest, av. de Ordesa 23 ☎ 974 48 60 53, Fax 974 48 60 00, ≤ – ⏐🕽⏐ P. AE ① ⓂⒸ VISA. ⅏
☕ 3,12 – **34 hab** 25/36,87.

BROZAS 10950 Cáceres **444** N 9 – 2 307 h alt. 411.

Madrid 330 – Cáceres 51 – Castelo Branco 95 – Plasencia 95.

La Posada, pl. de Ovando 1 ☎ 927 39 50 19, Fax 927 37 30 30 – 🗏 TV. ⅏
Comida 6,01 – ☕ 3 – **12 hab** 15,02/30,05 – PA 15,02.

El BRULL 08553 Barcelona **443** G 36 – 182 h alt. 843.

🏌18 Osona Montanyà, Oeste : 3 km ☎ 93 884 01 70 Fax 93 884 04 07.
Madrid 635 – Barcelona 65 – Manresa 51.

El Castell, ☎ 93 884 00 63, Fax 93 884 00 63, ≤ – 🗏 P. AE ⓂⒸ VISA. ⅏
cerrado septiembre y miércoles – **Comida** - sólo almuerzo salvo fines de semana y festivos - carta aprox. 19,24.

en el Club de Golf Oeste : 3 km :

L'Estanyol, ✉ 08553, ☎ 93 884 03 54, Fax 93 884 05 27, ≤ campo de golf – 🗏 P. ⓂⒸ VISA. ⅏
Comida - sólo almuerzo de octubre a junio salvo viernes y sábado - carta 22,98 a 33,06.

BRUNETE 28690 Madrid **444** K 18 – 2 505 h.

Madrid 32 – Ávila 92 – Talavera de la Reina 99.

por la carretera M 501 Sureste : 2 km :

El Vivero, ✉ 28690, ☎ 91 815 92 22, Fax 91 815 92 22 – 🗏 P. AE ① ⓂⒸ VISA. ⅏
cerrado agosto y jueves – **Comida** - asados - carta 17,13 a 18,03.

BUBIÓN 18412 Granada **446** V 19 – 303 h alt. 1 150.

Ver : Barranco de Poqueira★★.
Alred. : Pampaneira★★ Sur : 5 km.
Madrid 504 – Almería 151 – Granada 78.

Villa Turística de Bubión ⌂, ☎ 958 76 39 09, bubion@ villabubion.com, Fax 958 76 39 05, ≤, 🍽 – 🗏 rest, TV P. – 🏊 25/60. AE ① ⓂⒸ VISA. ⅏
Comida 11,12 – ☕ 5,56 – **43 apartamentos** 57,70/72,12.

Teide, Carretera 2 ☎ 958 76 30 37, 🏡, « Decoración típica » – AE ① ⓂⒸ VISA. ⅏
cerrado 15 junio-1 julio y martes – **Comida** carta 9,62 a 16,23.

BUERA 22146 Huesca **443** **F 30** – alt. 522.

Madrid 432 – Huesca 49 – Lleida/Lérida 95.

La Posada de Lalola 🦐, La Fuente 14 🅟 974 31 84 37, « Decoración rústica » – 📺. AE 🅜🅒 VISA. 🛇
cerrado 7 enero-20 febrero – **Comida** - ver rest. **Lalola** – 6 hab ☕ 66,10.

Lalola - Hotel la Posada de Lalola, pl. Mayor 🅟 974 31 84 37 – 🗐. AE ① 🅜🅒 VISA. 🛇
cerrado 7 enero-20 febrero, lunes en julio, lunes y martes resto del año salvo reservas
– **Comida** carta aprox. 27.

BUEU 36930 Pontevedra **441** **F 3** – 11 506 h – Playa.

Madrid 621 – Pontevedra 19 – Vigo 32.

Bueumar, av. Agrelo 10 - Noreste : 1,5 km, ✉ 36938 Cela, 🅟 986 39 00 30, bueum
ar@wanadoo.es, Fax 986 32 40 40, ≼ – 🛗 📺 ⅙ 🅟 AE ① 🅜🅒 VISA. 🛇
El Ancla (cerrado martes en invierno) carta 19,50 a 22,20 – ☕ 1,90 – **51 hab** 36,10/48,10.

Incamar, Montero Ríos 147 🅟 986 39 00 26, incamar@terra.es, Fax 986 39 06 07 – 🛗,
🗐 rest, 📺. AE 🅜🅒 VISA. 🛇
cerrado 20 diciembre-9 enero – **Comida** 7,21 – ☕ 3,01 – **55 hab** 30,05/42,07 – PA 16,83.

Loureiro con hab, playa de Loureiro - Noreste : 1 km 🅟 986 32 07 19, Fax 986 32 14 98,
≼ – 🛗 📺 🅟 AE ① 🅜🅒 VISA. 🛇
Comida - pescados y mariscos - carta 14,30 a 25,83 – ☕ 3,00 – **27 hab** 33,05/45,07.

BUNYOLA Illes Balears – ver Balears (Mallorca).

BUÑO 15111 A Coruña **441** **C 3**.

🛈 Estrada Buño-Malpica 🅟 981 70 73 00 expobergantinos@xunta.es Fax 981 71 10 70.
Madrid 644 – Carballo 10 – A Coruña/La Coruña 67 – Santiago de Compostela 55.

Casa Elías, Santa Catalina 13 🅟 981 71 10 49, elias@alsernet.es, Fax 981 71 10 49,
Vivero propio – 🗐 🅟 AE ① 🅜🅒 VISA. 🛇
cerrado del 15 al 30 de octubre y lunes salvo festivos – Comida - pescados y mariscos
- carta 21 a 28.

BURELA 27880 Lugo **441** **B 7**.

Madrid 612 – A Coruña/La Coruña 157 – Lugo 108.

Palacio de Cristal, av. Arcadio Pardiñas 154 🅟 982 58 58 03, Fax 982 58 57 29 – 🛗
📺 🚗. ① 🅜🅒 VISA. 🛇
cerrado Navidades – **Comida** 15,02 – ☕ 4,50 – **30 hab** 36,06/60,10 – PA 33,05.

Luzern sin rest con cafetería, av. Arcadio Pardiñas 171 🅟 982 58 55 70,
Fax 982 58 59 66 – 📺. 🅜🅒 VISA
☕ 2,40 – **19 hab** 18,03/33,06.

Sargo, Rosalía de Castro 2 🅟 982 58 51 38, Fax 982 58 53 75 – 🗐. AE VISA. 🛇
Comida carta 19,23 a 32,15.

El BURGO 29420 Málaga **446** **V 15** – 2 040 h alt. 591.

Madrid 538 – Antequera 80 – Málaga 71 – Marbella 63 – Ronda 26.

Posada del Canónigo sin rest, Mesones 24 🅟 95 216 01 85, Fax 95 216 01 85, « Casa
del siglo XVIII » – 🗐. 🅜🅒 VISA. 🛇
12 hab ☕ 37,30/52.

El BURGO DE OSMA 42300 Soria **442** **H 20** – 5 054 h alt. 895.

Ver : Catedral★ (sepulcro de Pedro de Osma★, museo : documentos antiguos y códices
miniados★).
🛈 pl. Mayor 1 🅟 975 36 01 16.
Madrid 183 – Aranda de Duero 56 – Soria 56.

II Virrey, Mayor 4 🅟 975 34 13 11, virreypalafox@airtelnet.es, Fax 975 34 08 55,
« Decoración elegante », 🛌 – 🛗 📺 🚗 – ⚒ 25/60. AE ① 🅜🅒 VISA. 🛇
cerrado Navidades – **Comida** - ver rest. **Virrey Palafox** – ☕ 9,62 – **52 hab** 60,10/84,14.

Río Ucero, carret. N 122 🅟 975 34 12 78, Fax 975 34 12 50 – 🛗, 🗐 rest, 📺 🅟
⚒ 25/180. AE ① 🅜🅒 VISA. 🛇
Puente Real : **Comida** carta 24,63 a 31,53 – ☕ 4,80 – **86 hab** 42,07/60,10.

Virrey Palafox - Hotel II Virrey, Universidad 7 🅟 975 34 02 22, virreypalafox@airte
lnet.es, Fax 975 34 08 55, « Decoración castellana » – 🗐. AE ① 🅜🅒 VISA. 🛇
cerrado Navidades y domingo noche – **Comida** carta 19,84 a 29,76.

BURGOS 09000 ℙ 442 E 18 y 19 – 169 111 h alt. 856.

Ver : *Catedral*★★★ *(crucero, coro y Capilla Mayor*★★*, Girola*★*, capilla del Condestable*★★*, capilla de Santa Ana*★*)* **A** – *Museo de Burgos*★ *(arqueta hispanoárabe*★*, frontal de altar*★*, sepulcro de Juan de Padilla*★*)* **B M1** – *Arco de Santa María*★ **A B** – *Iglesia de San Nicolás : retablo*★ **A** - *Iglesia de San Esteban*★ **A**.

Alred. : *Real Monasterio de las Huelgas*★★ *(sala Capitular : pendón*★*, museo de telas medievales*★★*) por av. del Monasterio de las Huelgas* **A** – *Cartuja de Miraflores : iglesia*★ *(conjunto escultórico de la Capilla Mayor*★★★*)* **B**.

🛈 pl. Alonso Martínez 7 ✉ 09003 ℰ 947 20 31 25 Fax 947 27 65 29 y paseo del Espolón ✉ 09003 ℰ 947 28 88 74 Fax 947 28 88 62 – **R.A.C.E.** Vitoria 50 ✉ 09004 ℰ 947 27 40 63 Fax 947 27 02 84.

Madrid 239 ② – Bilbao 156 ① – Santander 154 ① – Valladolid 125 ③ – Vitoria-Gasteiz 111 ①

BURGOS

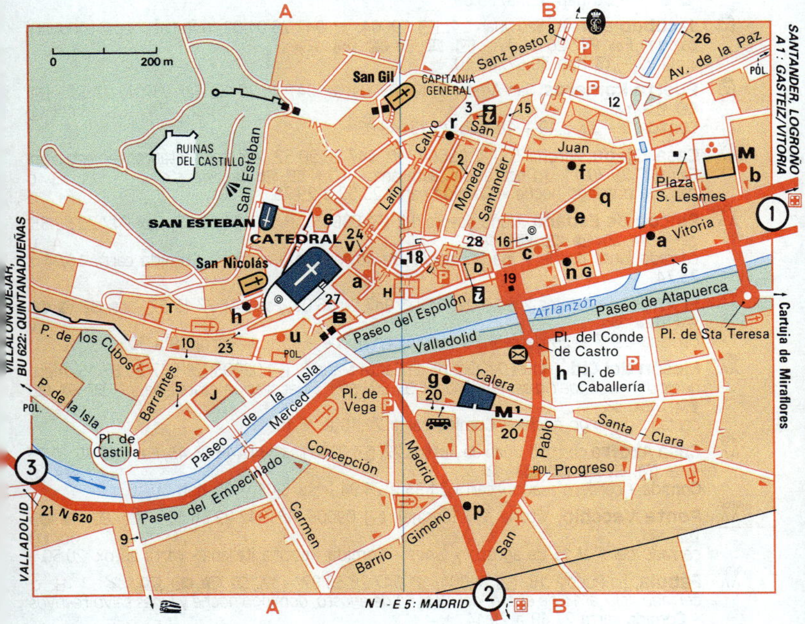

Puerta de Burgos, Vitoria 69, ✉ 09006, ℰ 947 24 10 00, *hotel@puertadeburgos.es*, Fax 947 24 07 07, ⚖ – 🛗 🖥 📺 🚗 – 🕿 25/500. 🅰🅴 ⓞ 🆗 🆅🅸🆂🅰. ⚶por ①
Begoña *(cerrado domingo y festivos)* **Comida** carta 25,65 a 32,16 – ☕ 8,41 – **136 hab** 90,15/113,89 – 1 suite.

Almirante Bonifaz, Vitoria 22, ✉ 09004, ℰ 947 20 69 43, *almirantebonifaz@almirantebonifaz.com*, Fax 947 25 64 04 – 🛗 🖥 📺 – 🕿 25/200. 🅰🅴 ⓞ 🆗 🆅🅸🆂🅰 🅹🅲🅱. ⚶ **B** a
Los Sauces *(cerrado lunes mediodía)* **Comida** carta 24,50 a 29 – ☕ 8 – **79 hab** 66/118.

Rice, av. de los Reyes Católicos 30, ✉ 09005, ℰ 947 22 23 00, *hotelrice@hotelrice.com*, Fax 947 22 35 50 – 🛗 🖥 📺 – 🕿 25/100. 🅰🅴 ⓞ 🆗 🆅🅸🆂🅰. ⚶
Comida *(cerrado domingo)* carta 18,03 a 24,64 – ☕ 7,81 – **50 hab** 70,32/97,36.
por av. de los Reyes Católicos **B**

Corona de Castilla, Madrid 15, ✉ 09002, ℰ 947 26 21 42, *coronacastilla@turinet.net*, Fax 947 20 80 42 – 🛗, 🖥 rest, 📺 🚗 – 🕿 25/350. 🅰🅴 ⓞ 🆗 🆅🅸🆂🅰 🅹🅲🅱. ⚶ **B** p
Comida 9,62 – ☕ 8,11 – **87 hab** 66,11/117,20.

María Luisa sin rest, av. del Cid Campeador 42, ⊠ 09005, 🖉 947 22 80 00, *hotelm arialuisa@ hotelrice.com, Fax 947 22 80 80*, « Decoración elegante » – 📶 📺 🚗 – 🏛 25/40. 🆎 ⓞ ⓜⓒ 🆚. 🦺 ⚏ 5,41 – **44 hab** 60,70/87,15.
por av. del Cid Campeador　　B

Meliá Confort Fernán González, Calera 17, ⊠ 09002, 🖉 947 20 94 41, *hfegon za@ burgos.net, Fax 947 27 41 21* – 📶 ▤ 📺 🚗 – 🏛 25/500. 🆎 ⓞ ⓜⓒ 🆚. 🦺
B　g
Fernán González : Comida carta 28,20 a 31,30 – ⚏ 10 – **82 hab** 70,90/123,80.

Del Cid, pl. Santa María 8, ⊠ 09003, 🖉 947 20 87 15, *mesondelcid@ mesondelcid.es, Fax 947 26 94 60*, ⬟ – 📶 📺 🚗 – 🏛 25/200. 🆎 ⓞ ⓜⓒ 🆚 ⒿⒸⒷ
A　h
Comida - ver rest. *Mesón del Cid* – ⚏ 9 – **56 hab** 112.

Cordón sin rest, La Puebla 6, ⊠ 09004, 🖉 947 26 50 00, *hotelcordon@ cyl.com, Fax 947 20 02 69* – 📶 ▤ 📺 – 🏛 25/70. 🆎 ⓞ ⓜⓒ 🆚 ⒿⒸⒷ. 🦺
B　e
⚏ 6 – **35 hab** 54/100.

Tizona sin rest, Severo Ochoa 7, ⊠ 09006, 🖉 947 23 41 23, Fax 947 22 73 19 – 📺 🚗 – 🏛 25/60. 🆎 ⓜⓒ 🆚
por av. del G. Yagüe　　B
⚏ 3,01 – **40 hab** 45,08/66,11.

Norte y Londres sin rest, pl. de Alonso Martínez 10, ⊠ 09003, 🖉 947 26 41 25, Fax 947 27 73 75 – 📶 📺. 🆎 ⓜⓒ 🆚
B　r
⚏ 5,15 – **50 hab** 43,73/65,60.

Jacobeo sin rest, San Juan 24, ⊠ 09004, 🖉 947 26 01 02, *hoteljacobeo@ todoburg os.com, Fax 947 26 01 00* – 📺. 🆎 ⓞ ⓜⓒ 🆚 ⒿⒸⒷ
B　f
⚏ 4,21 – **13 hab** 39,67/60,10.

Puerta Romeros, San Amaro 2, ⊠ 09001, 🖉 947 46 20 12, Fax 947 46 07 38 – 📺. ⓜⓒ 🆚. 🦺
por ③
Comida 9 – ⚏ 2,40 – **16 hab** 25,25/48,08.

Casa Ojeda, Vitoria 5, ⊠ 09004, 🖉 947 20 90 52, *ojeda@ restauranteojeda.com, Fax 947 20 70 11*, « Decoración castellana » – ▤. 🆎 ⓞ ⓜⓒ 🆚. 🦺
B　c
cerrado domingo noche – **Comida** carta 23,59 a 29,75.

Rincón de España, Nuño Rasura 11, ⊠ 09003, 🖉 947 20 59 55, Fax 947 20 59 55, 🍽 – ▤. 🆎 ⓞ ⓜⓒ 🆚. 🦺
A　u
cerrado lunes noche y martes noche de noviembre a marzo – **Comida** carta 16,24 a 23,74.

El Ángel, La Paloma 24, ⊠ 09003, 🖉 947 20 86 08, Fax 947 27 15 57 – ▤. 🆎 ⓞ ⓜⓒ 🆚 ⒿⒸⒷ. 🦺
A　v
cerrado del 7 al 28 de febrero y domingo noche – **Comida** carta 19 a 30.

Mesón del Cid - *Hotel Del Cid,* pl. de Santa María 8, ⊠ 09003, 🖉 947 20 87 15, *meso ndelcid@ mesondelcid.es, Fax 947 26 94 60*, 🍽, « Decoración castellana » – 🆎 ⓞ ⓜⓒ 🆚 ⒿⒸⒷ. 🦺
A　h
cerrado domingo noche – **Comida** carta 21,10 a 26,10.

Casa Azofra con hab, Juan de Austria 22, ⊠ 09001, 🖉 947 46 03 43, Fax 947 46 11 75 – ▤ 📺. 🆎 ⓞ ⓜⓒ 🆚. 🦺
por ③
Comida - cordero asado - carta 21,93 a 24,94 – ⚏ 6,01 – **29 hab** 60,10.

Ponte Vecchio, Vitoria 111 (pasaje), ⊠ 09006, 🖉 947 22 56 50 – ▤. 🆎 ⓞ ⓜⓒ 🆚. 🦺
por ①
cerrado del 1 al 15 de agosto y lunes – **Comida** - cocina italiana - carta aprox. 20,50.

Fábula, La Puebla 18, ⊠ 09004, 🖉 947 26 30 92 – ▤. 🆎 ⓞ ⓜⓒ 🆚. 🦺
B　q
cerrado del 7 al 13 de enero, del 12 al 31 de agosto, domingo noche y lunes salvo festivos – **Comida** carta 27,49 a 29,14.

El Asador de Aranda, Llana de Afuera, ⊠ 09003, 🖉 947 26 81 41, Fax 947 26 81 41, ⬟ – ▤. ⓞ ⓜⓒ 🆚. 🦺
A　e
cerrado domingo noche – **Comida** - cordero asado - carta 21,83 a 29,20.

Don Jamón, San Pablo 3, ⊠ 09002, 🖉 947 26 56 61, Fax 947 26 00 36 – ▤. 🆎 ⓞ ⓜⓒ 🆚. 🦺
B　h
Comida carta 25,60 a 34,20.

Mesón La Cueva, pl. de Santa María 7, ⊠ 09003, 🖉 947 20 86 71, « Decoración castellana » – 🆎 ⓞ ⓜⓒ 🆚. 🦺
A　h
cerrado febrero y domingo noche – **Comida** carta 26,70 a 30,34.

Cervecería Don Jamón, Alvar García 2, ⊠ 09004, 🖉 947 27 28 72, Fax 947 47 11 59, 🍽 – ▤. 🆎 ⓞ ⓜⓒ 🆚. 🦺
B　b
Tapa 1,35 Ración - ibéricos - aprox. 9.

El Morito, Sombrerería 27, ⊠ 09003, 🖉 947 26 75 55, 🍽 – ▤. 🦺
A　a
Tapa 1,20 Ración - patatas bravas y morcilla - aprox. 3,91.

en la autovía N I *por ② :*

🏰 **Landa Palace,** 3,5 Km, ✉ 09001, ☎ 947 25 77 77, *landapal@teleline.es,*
Fax *947 26 46 76,* 🕭, ⌇, ▨, 🚙 – ⬍ 🗏 TV ⇆ 🅿 – ⛴ 25. ⓶ VISA. ⌁
Comida carta aprox. 40,87 – ⌣ 12,02 – **39 hab** 230/240 – 3 suites.

XX **La Varga** con hab, 5 km, ✉ 09195 Villagonzalo-Pedernales, ☎ 947 20 16 40,
Fax *947 26 21 72* – 🗏 rest, TV 🅿 AE ① ⓶ VISA. ⌁
Comida carta aprox. 25,12 – ⌣ 4,20 – **12 hab** 33,50/52,89.

en la carretera de Quintanadueñas *Norte : 4 km :*

🏠 **Las Terrazas,** ✉ 09001, ☎ 947 27 02 05, Fax 947 27 36 02 – TV ⇆ 🅿 ⓶
VISA. ⌁   por P. de la Isla   **A**
Comida 7,50 – ⌣ 3 – **26 hab** 30/48.
Ver también : **Castrillo del Val** *por ① : 11 km*
                   Villagonzalo-Pedernales *por ③ : 8 km.*

BURGUETE *Navarra – ver Auritz.*

BURRIANA *12530 Castelló* 445 **M 29** *– 25 438 h.*
   Madrid 410 – Castelló de la Plana/Castellón de la Plana 11 – València 62.

en la autopista A 7 *Suroeste : 4 km :*

🏨 **La Plana,** ✉ 12530, ☎ 964 51 25 50, *hotel.la-plana@autogrill.es,* Fax 964 51 27 54 –
⬍ 🗏 TV 🅿 AE ① ⓶ VISA. ⌁ rest
***Rhodas Grill :* Comida** carta 15 a 25 – ⌣ 6 – **56 hab** 45/68.

en la playa *Sureste : 2,5 km :*

🏨 **Aloha,** av. Mediterráneo 74, ✉ 12530, ☎ 964 58 50 00, Fax 964 58 50 00, ⌇ – ⬍ 🗏
TV 🅿 ① ⓶ VISA. ⌁
Comida 13,52 – ⌣ 3,91 – **30 hab** 38,16/57,25 – PA 26,14.

CABEZÓN DE LA SAL *39500 Cantabria* 442 **C 17** *– 6 789 h alt. 128.*
   🛈 *pl. Ricardo Botín* ☎ *942 70 03 32 Fax 942 70 19 44*
   Madrid 401 – Burgos 158 – Oviedo 161 – Palencia 191 – Santander 39.

XX **La Villa,** pl. de la Bodega ☎ 942 70 17 04 – 🗏. AE ⓶ VISA. ⌁
🐧 *cerrado enero y lunes salvo agosto –* **Comida** carta 18,30 a 21,31.

en la carretera de Luzmela *Sur : 3 km :*

XX **Venta Santa Lucía,** ✉ 39509 Luzmela, ☎ 942 70 18 36, Fax 942 70 10 61, 🏖,
« Antigua posada » – 🅿 ① ⓶ VISA. ⌁
cerrado del 1 al 15 de febrero, del 1 al 15 de noviembre y martes – **Comida** carta 18,63
a 28,25.

CABIO (Playa de) *A Coruña – ver A Pobra do Caramiñal.*

CABO *– ver a continuación y el nombre propio del cabo.*

CABO BLANCO *Santa Cruz de Tenerife – ver Canarias (Tenerife) : Arona.*

CABO DE GATA *04150 Almería* 446 **V 23** *– Playa.*
   Madrid 576 – Almería 30.

en La Almadraba de Monteleva *Sureste : 5 km :*

🏨 **Las Salinas de Cabo de Gata** 🦐, Las Salinas, ✉ 04150 Cabo de Gata,
☎ 950 37 01 03, *elmolesl@larural.es,* Fax 950 37 12 39, ≼ – 🗏 TV. AE ① ⓶ j VISA. ⌁
Morales *(cerrado lunes en invierno)* **Comida** carta 20,82 a 28,83 – ⌣ 5,11 – **14 hab**
60,10/97.

CABO DE PALOS *30370 Murcia* 445 **T 27.**
   Madrid 465 – Alacant/Alicante 108 – Cartagena 26 – Murcia 75.

X **La Tana,** paseo de la Barra 33 ☎ 968 56 30 03, *damunt@teleline.es,* ≼, 🏖 – 🗏. AE
① ⓶ VISA. ⌁
cerrado diciembre – **Comida** carta 16,20 a 21,92.

CABRA 14940 Córdoba **446** **T 16** – 20 343 h alt. 350.

Madrid 432 – Antequera 66 – Córdoba 75 – Granada 113 – Jaén 99.

Ⓧ Mesón del Vizconde, Martín Belda 16 ℰ 957 52 17 02, Fax 957 52 58 93 – 🔲
Comida - espec. en pescados y mariscos.

en la carretera A 316 Norte : 2,5 km :

🏠 **Mitra,** ✉ 14940, ℰ 957 52 96 00, Fax 957 52 91 46 – 🔲 📺 🅿 ⓪ 🆖 🆅🆂🅰. 🛪
Comida 7,81 – 🍵 3,01 – **15 hab** 30,05/48,08.

La CABRERA 28751 Madrid **444** **J 19** – 1093 h alt. 1038.

Madrid 56 – Burgos 191 – *Segovia* 77.

🏠 **Mavi,** Generalísimo 8 ℰ 91 868 80 00, Fax 91 868 88 21, 🍂 – 📺 🅿 🅰🅴 ⓪ 🆖 🆅🆂🅰.
🛪 rest
Comida 9,02 – 🍵 2,70 – **42 hab** 21,64/36,06.

CABRERA DE MAR 08349 Barcelona **443** **H 37** – 2 909 h alt. 125.

Madrid 651 – *Barcelona* 23 – Mataró 8.

ⓍⓍ **El Racó de Santa Marta,** Josep Doménech 35 ℰ 93 759 01 98, Fax 93 759 20 24,
🍂, « Terraza con ⩹ » – 🔲 🅿 🆖 🆅🆂🅰. 🛪
cerrado 2 semanas en enero, 3 semanas en noviembre, domingo noche y lunes salvo festivos – **Comida** - sólo almuerzo salvo fines de semana y junio-15 octubre - carta aprox.
29,30.

CABRILS 08348 Barcelona **443** **H 37** – 3 042 h alt. 147.

Madrid 650 – *Barcelona* 23 – Mataró 7.

🏠 **Cabrils,** Emilia Carles 31 ℰ 93 753 24 56, Fax 93 753 02 12, 🍂 – 📺 🅿 🅰🅴 ⓪ 🆖 🆅🆂🅰
cerrado 22 diciembre-enero – **Comida** (cerrado miércoles) 9 – 🍵 3 – **19 hab** 24/39 –
PA 17.

ⓍⓍ **Hostal de la Plaça** con hab, pl. de l'Església 11 ℰ 93 753 19 02, hostal@ arrakis.es,
Fax 93 753 18 67, 🍂 – 🔲 📺 🅿 🅰🅴 ⓪ 🆖 🆅🆂🅰. 🛪
Comida (cerrado 12 septiembre-7 octubre, domingo noche y lunes) carta 25 a 29 – 🍵 6
– **15 hab** 66/81.

Ⓧ **Splá,** Emilia Carles 18 ℰ 93 753 19 06, mar.pla@ mail.cinet.es – 🔲. 🆖 🆅🆂🅰
cerrado 15 octubre-5 noviembre – **Comida** carta aprox. 25,22.

CABUEÑES Asturias – ver Gijón.

CACABELOS 24540 León **441** **E 9** – 4 903 h.

Madrid 393 – León 116 – Lugo 108 – Ponferrada 14.

🏨 **Santa María** sin rest, Santa María 20-A ℰ 987 54 95 88, Fax 987 54 92 05 – 📺. 🆖
🆅🆂🅰. 🛪
cerrado 21 diciembre-7 enero – 🍵 3,82 – **20 hab** 25,73/38,59.

Ⓧ **La Moncloa de San Lázaro,** Cimadevilla 97 ℰ 987 54 61 01, prada@ teleline.es,
Fax 987 54 90 56, 🍂, « Rest. típico. Conjunto rústico regional » – 🅿 🅰🅴 ⓪ 🆖 🆅🆂🅰. 🛪
cerrado del 1 al 15 de enero – **Comida** carta 15,64 a 19,84.

CÁCERES 10000 🅿 **444** **N 10** – 84 319 h alt. 439.

Ver : El Cáceres Viejo★★★ BYZ : Plaza de Santa María★, Palacio de los Golfines de Abajo★
D.

Alred. : Virgen de la Montaña ⩹★ Este : 3 km BZ – Arroyo de la Luz (Iglesia de la Asunción :
tablas del retablo★) Oeste : 20 km.

🏌 Norba, por ② : 6 km ℰ 927 23 14 41 Fax 927 23 14 80.

🛈 pl. Mayor 10 ✉ 10003 ℰ 927 62 50 47 otcaceres@ bme.es Fax 927 62 50 47 – R.A.C.E.
Amberes 7 (bajo) ✉ 10005 ℰ 927 62 90 00 Fax 927 23 95 26.

Madrid 307 ① – Coimbra 292 ③ – Córdoba 325 ② – Salamanca 217 ③ – Sevilla 265 ②

Plano página siguiente

🏛 **Parador de Cáceres** 🐾, Ancha 6, ✉ 10003, ℰ 927 21 17 59, caceres@ parador.es,
Fax 927 21 17 29, 🍂, « Instalado en el antiguo palacio de Torreorgaz » – 📶 🔲 📺 ♿
🚗 – 🝙 25/30. 🅰🅴 ⓪ 🆖 🆅🆂🅰 🇯🇨🇧. 🛪   BZ   b
Comida 24,04 - **Torreorgaz** : **Comida** carta 25,54 a 32,15 – 🍵 8,71 – **30 hab**
85,82/107,28 – 1 suite.

CÁCERES

América (Pl. de)	**AZ** 2	Gen. Primo de Rivera (Av. del)	**AZ** 22	Ramón y Cajal (Paseo de)	**AY** 42
Amor de Dios	**BZ** 3	Isabel de Moctezuma (Av.)	**AZ** 24	Reyes Católicos	**AY** 43
Ancha	**BZ** 4	José L. Cotallo	**AY** 25	San Antón	**AZ** 47
Antonio Reyes Huertas	**BZ** 6	Juan XXIII	**AZ** 26	San Blas (Av. de)	**BY** 45
Arturo Aranguren	**AZ** 7	Lope de Vega	**BY** 28	San Jorge	**AY** 49
Ceres	**BY** 9	Marqués (Cuesta del)	**BY** 30	San Juan (Pl. de)	**BZ** 51
Colón	**BZ** 10	Mayor (Pl.)	**BY**	San Pedro	**BZ** 53
Compañía (Cuesta de la)	**BY** 12	Médico Sorapán	**BZ** 31	S. Pedro de Alcántara	
Diego María Crehuet	**BZ** 14	Millán Astray (Av.)	**BZ** 32	(Av.)	**AZ** 54
Fuente Nueva	**BZ** 15	Mono	**BY** 33	San Roque	**BZ** 56
Gabino Muriel	**AZ** 17	Perreros	**BZ** 35	Tiendas	**BY** 58
		Pintores	**BY** 36	Trabajo	**AY** 59
		Portugal (Av. de)	**AZ** 37	Universidad (Av. de la)	**BY** 60
		Profesor Hdez Pacheco	**BZ** 39	Viena	**AZ** 62

Meliá Cáceres, pl. de San Juan 11, ✉ 10003, ☎ 927 21 58 00, *melia.caceres@s olmelia.com, Fax 927 21 40 70, « Instalado en el antiguo palacio de los Marqueses de Oquendo »* – ⚡ ▤ 🖵 – 25/200. AE ① MC VISA. ⚘ **BYZ** X
Comida carta aprox. 30,95 – ☕ 10,52 – **86 hab** 113,18/147,91.

Extremadura, av. Virgen de Guadalupe 28, ✉ 10001, ☎ 927 62 96 39, *apicardo@w anadoo.es, Fax 927 62 92 49*, ⚓ – ⚡ ▤ 🖵 ᵹ ⇔ – 25/800. AE ①
MC VISA **AZ** t
Comida 19,23 - **Orellana** *(cerrado domingo)* Comida carta 29,28 a 36,50 – ☕ 9 – **151 hab** 99,16/132,22.

Alcántara, av. Virgen de Guadalupe 14, ⊠ 10001, ℘ 927 22 39 00, *halcantara@ca mpocastilla.es*, Fax 927 22 39 04 – 🛗 🗏 TV 🚗. AE ① ⬤ VISA JCB. 🛏
AZ a
Comida 15,70 – ⊡ 7,70 – **64 hab** 56,70/85,70 – 2 suites – PA 31,70.

Las Marinas sin rest, San Pedro 16, ⊠ 10003, ℘ 927 21 45 78, Fax 927 21 59 79 –
🛗 🗏 TV. AE ① ⬤ VISA. 🛏
BZ s
⊡ 7,21 – **18 hab** 93,16/117,20.

Iberia sin rest, Pintores 2, ⊠ 10003, ℘ 927 24 76 34, Fax 927 24 82 00 – 🗏 TV. ⬤
VISA. 🛏
BY t
⊡ 3,31 – **36 hab** 39,07/51,09.

Atrio, av. de España 30 (pasaje), ⊠ 10002, ℘ 927 24 29 28, Fax 927 22 11 11,
« Decoración elegante » – 🗏. ① ⬤ VISA
AZ n
cerrado domingo noche – **Comida** 51,09 y carta 36,29 a 51,39
Espec. Crema de hongos con trufa negra (diciembre-marzo). Bogavante con ensalada
de hortalizas y gazpacho (mayo-octubre). Cordero merino con mollejitas.

Torre de Sande, de los Condes 3, ⊠ 10003, ℘ 927 21 11 47, Fax 927 21 11 47, 🌿,
« Terraza-jardín en un marco histórico » – 🗏. AE ① ⬤ VISA. 🛏
BZ n
cerrado domingo noche – **Comida** carta aprox. 33,06.

Corregidor, Moret 7, ⊠ 10003, ℘ 927 21 52 06, *corregidor@eresmas.com*,
Fax 927 21 61 09 – 🗏. AE ① VISA. 🛏
BY z
cerrado del 15 al 31 de agosto – **Comida** carta 23,02 a 33,55.

El Figón de Eustaquio, pl. de San Juan 12, ⊠ 10003, ℘ 927 24 81 94,
Fax 927 24 81 94, « Decoración rústica » – 🗏. AE ① ⬤ VISA. 🛏
BY e
Comida carta 23,45 a 34,27.

Café de Piñuelas, Publio Hurtado 1, ⊠ 10003, ℘ 927 22 08 25 – 🗏. AE ① ⬤
VISA. 🛏
BY c
cerrado del 1 al 15 de agosto, domingo noche y lunes noche en verano, domingo resto
del año – **Comida** carta 26 a 29.

El Asador, Moret 34, ⊠ 10003, ℘ 927 22 38 37, *elasador@navegalia.com*,
Fax 927 22 33 72 – 🗏. ⬤ VISA. 🛏
BY r
Tapa 1,50 **Ración** aprox. 6,01.

Donde Manuel, Gómez Becerra 14, ⊠ 10001, ℘ 927 24 22 32 – 🗏. VISA. 🛏
AZ f
Tapa 2,57 **Ración** aprox. 8,24.

en la carretera N 630 :

Barceló V Centenario 🛏, urb. Los Castellanos - por ③ : 1,5 km, ⊠ 10005,
℘ 927 23 22 00, *vcentenario@barcelo.com*, Fax 927 23 22 02, 🏊, ✵ – 🛗 🗏 TV 🚗
🅿 – 🚻 25/450. AE ① ⬤ VISA. 🛏 rest
Florencia : **Comida** carta 29,75 a 36,06 – ⊡ 8,71 – **129 hab** 93,16/111,19 – 9 suites.

NH Cáceres Golf 🛏, Residencial Ceres Golf - por ② : 6 km, ⊠ 10080 apartado 894,
℘ 927 23 46 00, *nh@nh-hoteles.es*, Fax 927 23 46 12, ≤, 🏊 – 🛗 🗏 TV 🅿 –
🚻 25/300. AE ① ⬤ VISA. 🛏
Comida 14,42 – ⊡ 6,01 – **103 hab** 81,14.

Álvarez, por ③ : 4 km, ⊠ 10080 apartado 292, ℘ 927 26 90 39, *complejoalvarez@t erra.es*, Fax 927 23 06 50, 🌿 – 🗏 🅿 AE ① ⬤ VISA. 🛏
cerrado domingo noche – **Comida** carta 21,80 a 26,50.

CADAQUÉS 17488 Girona 443 F 39 – 1814 h – Playa.

Ver : Localidad★★ – Emplazamiento★, iglesia de Santa María (retablo barroco★★).
Alred. : Cala de Portlligat★ Norte : 2 km – Casa-Museo Salvador Dalí★ Norte : 2 km – Parque
Natural de Cap de Creus★★ Norte : 4 km.
🛈 Cotxe 2 ℘ 972 25 83 15 otcadaq@ddgi.es Fax 972 15 94 42.
Madrid 776 – Figueres 31 – *Girona/Gerona* 70.

Playa Sol sin rest con cafetería, platja Pianch 3 ℘ 972 25 81 00, *playasol@publintur.es*,
Fax 972 25 80 54, ≤, 🏊, 🌿 – 🛗 🗏 TV 🚗. AE ① ⬤ VISA. 🛏
cerrado 15 diciembre-15 febrero – ⊡ 9,02 – **50 hab** 90,15/132,22.

S'Aguarda, carret. de Port-Lligat 28 - Norte : 1 km ℘ 972 25 80 82, *hotelsaguarda @grn.es*, Fax 972 25 10 57, 🏊 – 🛗 🗏 TV 🅿 AE ① ⬤ VISA. 🛏
cerrado noviembre – **Comida** (15 julio-15 septiembre) - sólo clientes - 13 – ⊡ 6 – **28 hab** 50/71.

Llane Petit, Dr. Bartomeus 37 ℘ 972 25 10 20, *llanepetit@ctv.es*, Fax 972 25 87 78
– 🛗 🗏 TV 🚗 🅿 AE ⬤ VISA JCB. 🛏 rest
cerrado 7 enero-10 febrero – **Comida** 13,80 – **37 hab** ⊡ 95/107.

Blaumar sin rest, Massa d'Or 21 ℘ 972 15 90 20, *blaumar@grn.es*, Fax 972 15 93 36,
≤, 🏊 – 🗏 TV 🚗. AE ① ⬤ VISA. 🛏
cerrado 10 febrero-10 marzo y 3 noviembre-19 diciembre – ⊡ 7,50 – **27 hab** 64,30/77.

✕ **Es Baluard,** Riba Nemesio Llorens 2 ☎ 972 25 81 83, Fax *972 15 93 45,* « Instalado en un antiguo baluarte » – 🅰🅴 🅜🅒 𝗩𝗜𝗦𝗔
junio-septiembre, festivos y fines de semana resto del año – **Comida** carta 21,62 a 34,02.

✕ **La Galiota,** Narcís Monturiol 9 ☎ 972 25 81 87 – 🗐. 🅰🅴 🅜🅒 𝗩𝗜𝗦𝗔. ⚡
julio-septiembre – **Comida** carta 19,84 a 26,45.

✕ **Don Quijote,** av. Caridad Seriñana 5 ☎ 972 25 81 41, ⛲, « Terraza cubierta de yedra »
– 🅜🅒 𝗩𝗜𝗦𝗔
cerrado octubre, noviembre y lunes salvo julio-agosto – **Comida** carta 22,85 a 28,85.

CADAVEDO *33788 Asturias* � **B 10** *– Playa.*
Madrid 531 – A Coruña/La Coruña 212 – Gijón 74 – Lugo 153 – Oviedo 82.

🏨 **Torre de Villademoros** 🕊, sin rest, *Villademoros - Oeste : 1,5 km* ☎ 98 564 52 64, *correo@ torrevillademoros.com, Fax 98 564 52 65,* ≤, « *Casona del siglo XVIII con panera y jardín al lado de una torre medieval* » – 📺 🅿. 🅜🅒 𝗩𝗜𝗦𝗔. ⚡
cerrado 7 enero-15 febrero – ⛾ 5,50 – **10 hab** 58/90.

CÁDIAR *18440 Granada* � **V 20** *– 2018 h alt. 720.*
Madrid 515 – Almería 105 – Granada 101 – Málaga 156.

en la carretera de Torvizcón *Suroeste : 3,5 km :*

🏠 **Alquería de Morayma** 🕊, ⊠ *18440,* ☎ *958 34 32 21, alqueria@ alqueriamoraym a.com, Fax 958 34 32 21,* ⛲, « *Conjunto rústico en pleno campo con* ≤ *Las Alpujarras y alrededores* », ☇ – 🗐 rest, 📺 🅿 – 🏊 25/60. 🅜🅒 𝗩𝗜𝗦𝗔. ⚡ rest
Comida 11 – ⛾ 3 – **13 hab** 37/47 – 5 apartamentos – PA 24.

Our hotel and restaurant guides, our tourist guides and our road maps are complementary. Use them together.

CÁDIZ *11000* 🅿 � **W 11** *– 157355 h – Playa.*
Ver : *Localidad*★★ *– Cárcel Real*★ CZ **J** *– Iglesia de Santa Cruz*★ BCZ *- Casa de la Contaduría : Museo Catedralicio*★ CZ **M1** *– Catedral*★★ BZ *– Oratorio de la Santa Cueva*★ BY *– Plaza de Mina*★★ BY *– Museo de Cádiz*★ BY **M2** *– Hospital de Mujeres*★ BZ *– Torre Tavira*★ BY *- Parque Genovés*★AY.

🚢 *para Canarias : Cía. Trasmediterránea, Muelle Alfonso XIII, Estación Marítima* ⊠ *11006* ☎ *956 22 74 21 Fax 956 22 20 38 CY.*

🅑 *av. Ramón de Carranza* ⊠ *11006* ☎ *956 25 86 46 otcadiz@ andalucia.org Fax 956 25 24 49 y pl. de San Juan de Dios 11* ⊠ *11005* ☎ *956 24 10 01 delegacionturis mo@ cadizayto.es Fax 956 24 10 05* – **R.A.C.E.** *Bulgaria (Parque Empresarial poniente Módulo 3.3.)* ⊠ *11011* ☎ *956 25 07 07.*
Madrid 646 ① *– Algeciras 124* ① *– Córdoba 239* ① *– Granada 306* ① *– Málaga 262* ①
– Sevilla 123 ①

Planos páginas siguientes

🏨 **Parador H. Atlántico,** av. Duque de Nájera 9, ⊠ *11002,* ☎ *956 22 69 05, cadiz@ p arador.es, Fax 956 21 45 82,* ≤, 🛠, ☇ – 🔃 🗐 📺 ♿ 🚗 🅿 – 🏊 25/700. 🅰🅴 ① 🅜🅒 𝗩𝗜𝗦𝗔. ⚡ rest   AY r
Comida 22,84 – ⛾ 8,11 – **141 hab** 73,55/91,94 – 8 suites.

🏨 **Playa Victoria,** glorieta Ingeniero La Cierva 4, ⊠ *11010,* ☎ *956 20 51 00, hpv@ te leline.es, Fax 956 26 33 00,* ≤, ☇, ⛲ – 🔃 🗐 📺 ♿ 🚗 – 🏊 25/250. 🅰🅴 ① 🅜🅒 𝗩𝗜𝗦𝗔. ⚡   por ①
Comida 20 – ⛾ 9 – **184 hab** 117/150 – 4 suites.

🏨 **Meliá la Caleta** sin rest con cafetería, av. Amílcar Barca 47 - playa de la Victoria, ⊠ *11009,* ☎ *956 27 94 11, melia.la.caleta@ solmelia.com, Fax 956 25 93 22,* ≤ – 🔃 🗐 📺 ♿ 🚗 – 🏊 25/150. 🅰🅴 ① 🅜🅒 𝗩𝗜𝗦𝗔. ⚡   por ①
⛾ 9,02 – **141 hab** 108,18/135,23 – 2 suites.

🏨 **Puertatierra** sin rest con cafetería, av. Andalucía 34, ⊠ *11008,* ☎ *956 27 21 11, puer tatierra@ hotelesmonte.com, Fax 956 25 03 11,* ✕ – 🔃 🗐 📺 🚗 – 🏊 25/200. 🅰🅴 ① 🅜🅒 𝗩𝗜𝗦𝗔. ⚡   por ①
⛾ 9 – **98 hab** 99/124.

🏨 **Regio 2** sin rest, av. Andalucía 79, ⊠ *11008,* ☎ *956 25 30 08, Fax 956 25 30 09* – 🔃 🗐 📺 🚗 🅿. 🅰🅴 ① 🅜🅒 𝗩𝗜𝗦𝗔. ⚡   por ①
⛾ 3,61 – **40 hab** 39,07/60,10.

🏨 **Regio** sin rest, av. Ana de Viya 11, ⊠ *11009,* ☎ *956 27 93 31, Fax 956 27 91 13* – 🔃 🗐 📺. 🅰🅴 ① 🅜🅒 𝗩𝗜𝗦𝗔. ⚡   por ①
⛾ 3,50 – **40 hab** 42/72.

CÁDIZ

XX **El Faro,** San Félix 15, ⊠ 11002, ℰ 902 21 10 68, *elfaro-cadiz@raini-computer.net,*
Fax 956 21 21 88 – ▤ ⇔. AE ① MC VISA JCB. ⌦   **AZ b**
Comida carta 24 a 33.

X **La Leyenda,** paseo Marítimo 20, ⊠ 11009, ℰ 956 26 21 85, *Fax 956 07 51 08,* ⌦
– ▤. AE ① MC VISA. ⌦   por ①
cerrado domingo noche y lunes salvo julio-agosto – **Comida** carta 17,70 a
21,90.

✗ **1800,** paseo Marítimo 3, ✉ 11010, ✆ 956 26 02 03, — . AE ⓸ ⓶ *VISA*.
cerrado febrero – **Comida** carta aprox. 22,25. por ①

✗ **El Brocal,** av. José León de Carranza 4, ✉ 11011, ✆ 956 25 77 59, Fax *956 25 77 59*
– . AE ⓶ *VISA*.
cerrado Semana Santa y domingo – **Comida** carta 14,40 a 19,40. por ①

 Aurelio, Zorrilla 1, ✉ 11004, ✆ 956 22 10 31 – .
cerrado lunes salvo julio-septiembre – **Tapa** 1,20 **Ración** aprox. 6,01. BY a

Ⴔ **Balandro,** Alameda Apodaca 22, ⊠ 11004, ℰ 956 22 09 92, Fax 956 22 09 92, ≤, �´
– ▤. ᴀᴇ ⑩ ⑯ ᴠɪsᴀ. ⅗   **BY** c
cerrado domingo noche y lunes salvo julio-agosto – **Tapa** 1,80 **Ración** aprox. 6,01.

Ⴔ **La Perola & Cia,** Cánovas del Castillo 34, ⊠ 11001, ℰ 956 21 14 30 – ▤. ᴀᴇ ⑩ ⑯
ᴠɪsᴀ. ⅗   **BY** v
cerrado domingo en verano – **Tapa** 2,40 **Ración** aprox. 6,61.

Ⴔ **Joselito,** San Francisco 38, ⊠ 11005, ℰ 956 25 45 57, �´ – ᴀᴇ ⑩ ⑯ ᴠɪsᴀ. ⅗   **CZ** v
cerrado domingo en verano – **Tapa** 1,20 **Ración** aprox. 6,01.

en la playa de Cortadura *Sur : 4,5 km :*

XX **Ventorrillo del Chato,** Vía Augusta Julia (carret. N IV), ⊠ 11011 Cádiz,
ℰ 956 25 00 25, Fax 956 25 32 22, « *Decoración rústica* » – ▤ ᴘ. ᴀᴇ ⑩ ⑯ ᴠɪsᴀ
ᴊᴄʙ. ⅗
cerrado domingo – **Comida** carta 24,94 a 31,85.

CAÍDOS (Valle de los) 28209 Madrid **[444]** K 17 – *Zona de peaje.*
Ver : *Lugar*★★ – *Basílica*★★ *(cúpula★)* – *Cruz★.*
Madrid 52 – El Escorial 13 – Segovia 47.

CAIMARI *Illes Balears – ver Balears (Mallorca).*

CALA D'OR *Illes Balears – ver Balears (Mallorca).*

CALA DE MIJAS Málaga **[446]** W 15 – *Playa.*
ヿ₁₈ ヿ₁₈ *La Cala, Norte : 7 km* ℰ *95 266 90 33 Fax 95 266 90 34.*
Madrid 565 – Algeciras 105 – Fuengirola 7 – Málaga 40 – Marbella 21.

al Norte : *7 km :*

🏠 **La Cala** ⟜, ⊠ 29649 apartado 106 Mijas Costa, ℰ 95 266 90 00, *hotel@ lacala.com*,
Fax 95 266 90 39, �´, « *Edificio de estilo andaluz entre dos campos de golf con ≤*
montañas », ₰, ⟚, ⟙, ⟜, ヿ₁₈ ヿ₁₈ – ▮ ▤ ᴛᴠ ᴘ. – 🅰 45/60. ᴀᴇ ⑯ ᴠɪsᴀ. ⅗
Comida 30 – ⟐ 15,02 – **96 hab** 177,90/218,16 – 5 suites.

CALA FIGUERA *Illes Balears – ver Balears (Mallorca).*

CALA FINESTRAT *Alacant – ver Benidorm.*

CALA FONDUCO *Illes Balears – ver Balears (Menorca) : Maó.*

CALA FORNELLS *Illes Balears – ver Balears (Mallorca) : Peguera.*

CALA GRACIÓ *Illes Balears – ver Balears (Eivissa) : Sant Antony de Portmany.*

CALA MAJOR *Illes Balears – ver Balears (Mallorca) : Palma.*

CALA MILLOR *Illes Balears – ver Balears (Mallorca) : Son Servera.*

CALA MONTJOI *Girona – ver Roses.*

CALA PÍ *Illes Balears – ver Balears (Mallorca).*

CALA RAJADA *Illes Balears – ver Balears (Mallorca).*

CALA SAHONA *Illes Balears – ver Balears (Formentera).*

CALA SANT VICENÇ *Illes Balears – ver Balears (Mallorca).*

CALA SANTA GALDANA *Illes Balears – ver Balears (Menorca) : Ferreries.*

CALA TARIDA (Playa de) *Illes Balears – ver Balears (Eivissa) : Sant Josep de Sa Talaia.*

CALA VEDELLA *Illes Balears – ver Balears (Eivissa) : Sant Josep de Sa Talaia.*

CALA VINYES *Illes Balears – ver Balears (Mallorca) : Magaluf.*

CALABARDINA *Murcia – ver Águilas.*

CALAF *08280 Barcelona* **443** *G 34 – 3 184 h alt. 680.*
Madrid 551 – Barcelona 93 – Lleida/Lérida 82 – Manresa 34.

X **Buffet Català**, carret. de Igualada 1 ℉ 93 869 84 49 – ▤ P. MO VISA. ⌗
cerrado del 3 al 31 de julio y lunes salvo festivos – **Comida** - sólo almuerzo buffet - carta 18 a 27.

CALAFELL *43820 Tarragona* **443** *I 34 – 7 061 h – Playa.*
Ver : *Localidad★.*
🛈 *Sant Pere 29-31* ℉ *977 69 91 41 tur.calafell@alcanet.org Fax 977 69 29 81.*
Madrid 574 – Barcelona 65 – Tarragona 31.

en la playa :

🏨 **Kursaal** ⌇, av. Sant Joan de Déu 119 ℉ 977 69 23 00, Fax 977 69 27 55, ≤, 🏖 – ▯
▤ TV ⌂. AE ① MO VISA. ⌗
Semana Santa-15 octubre – **Comida** 17 – 😗 6 – **39 hab** 36/72.

🏨 **Roserar**, Rafael Casanova 17-23 ℉ 977 69 03 55, *roserar@retemail.es*,
Fax 977 69 01 78, ↻, ⌓ – ▯, ▤ rest, TV ⌂. MO VISA. ⌗ rest
febrero-noviembre – **Comida** - sólo clientes, sólo buffet – 7,80 – **80 hab** 😗 54/90.

🏨 **Canadá Palace**, av. Mossèn Jaume Soler 44 ℉ 977 69 15 00, Fax 977 69 12 55, ⌓,
⌗ – ▯ P. VISA. ⌗
cerrado diciembre y enero – **Comida** 11,12 – 😗 9,02 – **160 hab** 78,13/90,15.

XX **Masia de la Platja**, Vilamar 67 ℉ 977 69 13 41 – ▤. AE ① MO VISA
cerrado 24 diciembre-18 enero, martes noche y miércoles – **Comida** - pescados y mariscos - carta 25,24 a 35,16.

XX **Vell Papiol**, Vilamar 30 ℉ 977 69 13 49 – ▤. MO VISA. ⌗
cerrado 25 diciembre-25 enero, lunes y martes noche – **Comida** - pescados y mariscos - carta 28,81 a 47,62.

por la carretera C 246 *Sureste : 2 km :*

XX **La Barca de Ca l'Ardet**, urb. Mas Mel, ✉ 43820, ℉ 977 69 15 59, *calardet@terra.es*,
Fax 977 69 34 42 – ▤. ① MO VISA
cerrado noviembre, lunes noche y martes – **Comida** carta 28,80 a 40,30.

CALAHONDA *18730 Granada* **446** *V 19 – Playa.*
Alred. : *Carretera★ de Calahonda a Castell de Ferro.*
Madrid 518 – Almería 100 – Granada 87 – Málaga 121 – Motril 13.

X **El Ancla** con hab, av. de los Geranios 1 ℉ 958 62 30 42, Fax 958 62 34 27, 🏖 – ▯ ▤
TV. MO VISA. ⌗
Comida carta aprox. 36,06 – 😗 3,61 – **26 hab** 30,05/60,10.

CALAHORRA *26500 La Rioja* **442** *F 24 – 18 829 h alt. 350.*
Madrid 320 – Logroño 55 – Soria 94 – Zaragoza 128.

🏯 **Parador de Calahorra**, paseo Mercadal ℉ 941 13 03 58, *calahorra@parador.es*,
Fax 941 13 51 39, ⇆ – ▯ ▤ TV P. – ⚓ 25/140. AE ① MO VISA. ⌗
cerrado por obras hasta el 28 de febrero – **Comida** 22,84 – 😗 8,71 – **62 hab** 73,55/91,94.

🏨 **Ciudad de Calahorra**, Maestro Falla 1 ℉ 941 14 74 34, *ciudadcalahorra@fer.es*,
Fax 941 14 74 34 – ▯ ▤ TV ⌂ – ⚓ 25/60. AE ① VISA. ⌗
Comida (cerrado lunes) 9,01 – 😗 3,60 – **25 hab** 51,68/65,51 – PA 21,03.

XX **Chef Nino** con hab, Padre Lucas 2 ℉ 941 13 31 04, Fax 941 13 35 16 – ▯ ▤ TV. AE
MO VISA. ⌗
Comida (cerrado diciembre, domingo noche y lunes) carta 22,24 a 33,66 – 😗 3,61 –
28 hab 24,19/38,01.

X **La Taberna de la Cuarta Esquina**, Cuatro Esquinas 16 ℉ 941 13 43 55 – ▤. AE
① MO VISA. ⌗
cerrado del 8 al 28 de julio y martes – **Comida** carta aprox. 23,37.

⍨ **Lizarran**, Bebricio 67 ℉ 941 14 82 64 – ▤. MO VISA. ⌗
Tapa 1,05 **Ración** aprox. 4,51.

La CALAHORRA 18512 Granada **446** U 20 – 954 h alt. 1 300.

Ver : *Localidad* ★ – *Castillo* ★★.

Alred. : *Puerto de la Ragua* ★★ *Sur : 12 km.*

Madrid 459 – Almería 100 – Granada 72 – Jaén 131.

Hospedería del Zenete, carret. de la Ragua 1 ℰ 958 67 71 92, *zenete@navegalia .com, Fax 958 67 71 92* – ⬍ ▤ 🆃🆅 ⬅ 🄿 AE MC VISA. ☜ rest
Comida 7,21 – ☕ 4,51 – **21 hab** 43,27/54,09.

Labella, carret. de Aldeire 1 ℰ 958 67 70 00, *Fax 958 67 72 41* – ▤ rest, 🆃🆅 🄿 AE ①
MC VISA JCB
Comida 7,20 – ☕ 2 – **11 hab** 18/33.

El Castillo, carret. de la Ragua ℰ 958 67 71 92, *Fax 958 67 71 92* – ▤ rest, 🆃🆅 🄿 MC
VISA. ☜
Comida 9 – ☕ 3 – **12 hab** 18/30.

Manjón, Los Caños 20 ℰ 958 67 70 81, *Fax 958 67 70 81* – ▤ rest, 🆃🆅. AE ① MC
VISA. ☜
Comida 7,13 – ☕ 2,38 – **10 hab** 17,82/29,69.

CALAMOCHA 44200 Teruel **443** J 26 – 4 270 h alt. 884.

Madrid 261 – Soria 157 – Teruel 72 – Zaragoza 110.

Lázaro sin rest con cafetería, carret. N 234 ℰ 978 73 20 70, *Fax 978 73 20 98* – ⬍ 🆃🆅
⬅. MC VISA. ☜
☕ 3,75 – **36 hab** 31,25/50.

Calamocha, carret. N 234 ℰ 978 73 14 12, *Fax 978 73 21 59* – ▤ 🆃🆅 ⬅ 🄿 AE ①
MC VISA JCB. ☜
Comida 9 – ☕ 2,70 – **22 hab** 21/48.

Fidalgo, carret. N 234 ℰ 978 73 02 77, *Fax 978 73 02 77* – ▤ rest, 🆃🆅 🄿 MC VISA. ☜
Comida 10,50 – ☕ 2,50 – **20 hab** 27/48.

CALANDA 44570 Teruel **443** J 29 – 3 538 h alt. 466.

Madrid 362 – Teruel 136 – Zaragoza 123.

Balfagón, carret. N 211 ℰ 978 84 63 12, *Fax 978 84 63 12* – ▤ 🆃🆅 ⬅ 🄿 ① MC
VISA. ☜
Comida *(cerrado domingo noche)* 8 – ☕ 2 – **30 hab** 22/35.

CALATAYUD 50300 Zaragoza **443** H 25 – 18 759 h alt. 534.

🄱 *pl. del Fuerte* ℰ 976 88 63 22.

Madrid 235 – Cuenca 295 – Iruña/Pamplona 205 – Teruel 139 – Tortosa 289 – Zaragoza 87.

Hospedería Mesón de la Dolores ☟, pl. Mesones 4 ℰ 976 88 90 55, *recepcion @mesonladolores.com, Fax 976 88 90 59,* « Antigua posada evocando recuerdos de la vida de la Dolores » – ⬍ ▤ 🆃🆅 ⬅. AE ① MC VISA. ☜
Comida 11 – ☕ 5 – **34 hab** 44/66 – PA 22.

Hospedería El Pilar ☟, Baltasar Gracián 15 ℰ 976 89 70 20, *Fax 976 89 70 21* – ⬍,
▤ rest, 🆃🆅. ☜
Comida *(cerrado domingo noche y lunes)* 7,81 – ☕ 2,70 – **14 hab** 21/42.

Fornos, paseo de las Cortes de Aragón 5 ℰ 976 88 13 00, *Fax 976 88 31 47* – ⬍ ▤
🆃🆅. AE ① MC VISA JCB. ☜ rest
Comida 9,50 – ☕ 3,75 – **46 hab** 29/48 – PA 20.

Bílbilis, Madre Puy 1 ℰ 976 88 39 55, *Fax 976 88 41 69* – ▤. AE ① MC VISA
cerrado lunes salvo festivos – **Comida** carta aprox. 23,74.

La Brasa, paseo de las Cortes de Aragón 6 ℰ 976 88 24 70, *pacosantos@latinmail.com* – ▤. MC VISA. ☜
cerrado martes noche y miércoles noche salvo julio-septiembre – **Comida** carta 17,88 a 23,89.

La Perla, San Antón 17 ℰ 976 88 13 40 – ▤. VISA. ☜
cerrado del 12 al 18 de agosto, del 15 al 30 de septiembre y domingo – **Comida** carta aprox. 24,04.

en la antigua carretera N II *Este : 2 km :*

Calatayud, salida 237 autovía, ⊠ 50300, ℰ 976 88 13 23, *Fax 976 88 54 38* – ⬍ ▤
🆃🆅 🄿 – 🏊 25/300. AE ① MC VISA. ☜
Comida 8,43 – **63 hab** ☕ 36,09/62,32.

CALDAS DE LUNA 24146 León **441** D 12 – *Balneario.*

Madrid 391 – León 62 – Oviedo 69 – Ponferrada 114.

Balneario Caldas de Luna , ℰ 987 59 40 66, *Fax 987 59 40 66*, – TV P
– 25/50. AE ① MC VISA.
Comida 12,86 – 4,50 – **30 hab** 67,44/80,78.

CALDAS DE REIS o **CALDAS DE REYES** 36650 Pontevedra **441** E 4 – *9 042 h alt. 22 –*
Balneario.

Madrid 621 – Ourense/Orense 122 – Pontevedra 23 – Santiago de Compostela 39.

Balneario Acuña, Herrería 2 ℰ 986 54 00 10, *Fax 986 54 00 10*, « *Jardín con arbolado.*
de agua termal » – P. MC VISA. rest
11 abril-octubre – **Comida** 14,54 – 2,64 – **21 hab** 39,67/52,89.

La CALDERA DE BANDAMA *Las Palmas – ver Canarias (Gran Canaria) : Santa Brígida.*

CALDERS 08279 Barcelona **443** G 35 – *561 h alt. 552.*

Madrid 593 – Barcelona 71 – Manresa 18 – Vic 35.

en la carretera N 141 *Noreste : 2,5 km :*

Urbisol , ✉ 08279, ℰ 93 830 91 53, *urbisol@ caixamanresa.com*, *Fax 93 830 92 62*,
« *Alojamiento de estilo moderno en una masía* », – TV P. AE ① MC
VISA.
cerrado del 6 al 31 de enero – **Comida** *(cerrado domingo noche, lunes noche y martes)*
9,60 – **10 hab** 60/90.

CALDES DE BOÍ *Lleida – ver Boí.*

CALDES DE MALAVELLA 17455 Girona **443** G 38 – *3 156 h alt. 94 – Balneario.*

Madrid 696 – Barcelona 83 – Girona/Gerona 21.

Balneario Vichy Catalán , av. Dr. Furest 32 ℰ 972 47 00 00, *balneario@ vichy*
catalan.es, *Fax 972 47 22 99*, « *En un parque* », , , – , rest, TV P –
25/100. AE ① MC VISA.
Comida 25,72 – 7,21 – **82 hab** 79,82/135,56 – 4 suites.

Balneario Prats , pl. Sant Esteve 7 ℰ 972 47 00 51, *balneari.prats@ ctv.es*,
Fax 972 47 22 33, « *Terraza con arbolado* », *de agua termal* – , rest, TV P
– 25/50. AE ① MC VISA JCB.
Comida 18,30 – 5,99 – **75 hab** 89,60/95,90.

en la carretera N II *Noroeste : 6 km :*

Can Piu, ✉ 17455, ℰ 972 47 75 18, *Fax 972 47 75 18* – P. AE ① MC
VISA.
cerrado del 12 al 27 de junio y miércoles salvo festivos o vísperas – **Comida** carta aprox.
26,21.

CALDES DE MONTBUI 08140 Barcelona **443** H 36 – *11 480 h alt. 180 – Balneario.*

pl. Font del Lleó 20 ℰ 93 865 41 40 *m.caldesm@ diba.es* Fax 93 865 34 00.
Madrid 636 – Barcelona 33 – Manresa 57.

Vila de Caldes, pl. de l'Àngel 5 ℰ 93 865 41 00, *viladecaldes@ grupbroquetas.com*,
Fax 93 865 00 95, Centro termal, « *Solarium con* y » – TV – 25/50.
AE ① MC VISA.
Comida *(cerrado domingo noche)* carta 27,35 a 36,06 – 9,02 – **30 hab** 90,15/
108,18.

Balneario Broquetas , pl. Font del Lleó 1 ℰ 93 865 01 00, *broquetas@ grupbr*
oquetas.com, *Fax 93 865 23 12*, , « *Jardín con arbolado y climatizada* » – , rest,
TV P – 25/300. AE ① MC VISA. rest
Comida 18,03 – 8,71 – **77 hab** 69,12/99,17 – 4 suites.

Balneario Termas Victoria , Barcelona 12 ℰ 93 865 01 50, *info@ termesvicto*
ria.com, *Fax 93 865 08 16*, , – TV . ① MC VISA. rest
Comida 19 – 7,20 – **89 hab** 72/83.

Robert de Nola, passeig del Remei 50 ℰ 93 865 40 47, *Fax 93 865 40 47* – . AE ①
MC VISA.
cerrado Semana Santa, del 6 al 27 de agosto, domingo noche y lunes – **Comida** carta 17,88
a 26,75.

CALDES D'ESTRAC o CALDETAS 08393 Barcelona 443 H 37 – 1 451 h – Playa.

Madrid 661 – *Barcelona* 36 – *Girona/Gerona* 62.

Jet, Riera de Caldetes ℰ 93 791 07 00, hotjet@jet.es, Fax 93 791 27 54, ⊐ – |₤|, ▤ rest, TV ⇔. AE ① ⑩ VISA. ⅋ rest
cerrado enero-febrero – **Comida** 15 – ⊊ 5,40 – **36 hab** 51,40/61.

CALELLA 08370 Barcelona 443 H 37 – 11 577 h – Playa.

🛈 Sant Jaume 231 ℰ 93 769 05 59 ptcalella@publintur.es Fax 93 769 59 82.

Madrid 683 – Barcelona 48 – *Girona/Gerona* 55.

Bernat II, av. del Turisme 42 ℰ 93 766 59 60, Fax 93 766 07 16, ⅃ó, ⊐, ⊠ – |₤| ▤ TV – ⚐ 25/300. AE ① ⑩ VISA. ⅋
Comida 13,22 – ⊊ 5,11 – **132 hab** 84,14/117,20 – 5 suites.

Sant Jordi, av. del Turisme 80 ℰ 93 766 59 80, santjordi@ctv.es, Fax 93 766 05 66, ⊐ – |₤| ▤ TV ⅍ P. AE ① ⑩ VISA. ⅋ rest
Comida (cerrado 2 al 31 de enero) 15 – **49 hab** ⊊ 78/102.

Vila, Sant Josep 66 ℰ 93 769 02 08, hvila@hotelvila.com, Fax 93 766 19 56, ⊐ – |₤| ▤ TV – ⚐ 25/160. AE ① VISA. ⅋
Comida 12,02 – ⊊ 5,41 – **169 hab** 44,17/63,11 – 1 suite – PA 25,24.

Calella Park, Jovara 257 ℰ 93 769 21 03, hotenco@hotenco.com, Fax 93 766 00 88, ⊐ – |₤|, ▤ rest,. VISA. ⅋
abril-octubre – **Comida** - sólo buffet, sólo clientes - 10,09 – ⊊ 5,40 – **50 hab** 41,01/53,64.

El Hogar Gallego, Ànimes 73 ℰ 93 766 20 27, Fax 93 766 40 03 – ▤ P. AE ① ⑩ VISA. ⅋
cerrado lunes – **Comida** - pescados y mariscos - carta 24,64 a 41,17.

CALELLA DE PALAFRUGELL 17210 Girona 443 G 39 – Playa.

Ver : *Pueblo pesquero★.*

Alred. : *Jardín Botánico del Cap Roig★ ⩽★★.*

🛈 Les Voltes 6 ℰ 972 61 44 75 (temp).

Madrid 727 – *Girona/Gerona* 44 – Palafrugell 6 – Palamós 17.

Alga ⟨⟩, av. Joan Pericot i Garcia 55 ℰ 972 61 70 80, alga@novarahotels.com, Fax 972 61 51 02, ⛲, ⊐, ⟿, ※ – |₤| TV P. AE ⑩ VISA. ⅋
Semana Santa-octubre - **El Cantir** (sólo cena salvo julio-agosto) **Comida** carta 18,01 a 31,83 – **53 hab** ⊊ 66/112,60.

Garbí ⟨⟩, Baldomer Gili i Roig 20 ℰ 972 61 40 40, Fax 972 61 58 03, ⛱, « En el centro de un pinar », ⊐ climatizada, ⟿ – |₤| TV ⇔ P. AE ⑩ VISA. ⅋ rest
22 marzo-octubre – **Comida** 17,50 – ⊊ 6,46 – **50 hab** 47,54/81,08.

Sant Roc ⟨⟩, pl. Atlàntic 2 (barri Sant Roc) ℰ 972 61 42 50, santroc@grn.es, Fax 972 61 40 68, « Terraza dominando la costa con ⩽ » – |₤|, ▤ rest, TV P. AE ① ⑩ VISA JCB. ⅋ rest
15 marzo-3 noviembre – **Comida** 20 – ⊊ 8,50 – **48 hab** 85,90/107,60 – PA 38,60.

Port-Bo ⟨⟩ sin rest, August Pi i Sunyer 6 ℰ 972 61 49 62, hportbo@grn.es, Fax 972 61 40 65, ⊐ climatizada – |₤| ▤ TV P. ⑩ VISA
15 marzo-15 diciembre – **32 hab** ⊊ 69,12/90,15.

La Torre ⟨⟩, passeig de la Torre 28 ℰ 972 61 46 03, Fax 972 61 51 71, ⩽, ⛱ – P. ⑩ VISA. ⅋
junio-septiembre – **Comida** 13,20 – **28 hab** ⊊ 48/92.

Mediterrani, Francesc Estrabau 40 ℰ 972 61 45 00, Fax 972 61 45 00, ⩽, ※ – |₤| TV P. AE ⑩ VISA. ⅋ rest
mayo-septiembre – **Comida** 14,27 – **38 hab** ⊊ 51/90,15 – PA 27,64.

Sa Jambina, Boffil i Codina 21 ℰ 972 61 46 13 – ▤. ① ⑩ VISA. ⅋
cerrado 15 octubre-15 noviembre y lunes – **Comida** - sólo almuerzo en invierno - carta 23,43 a 34.

CALLDETENES 08519 Barcelona 443 G 36 – 1 447 h alt. 489.

Madrid 673 – Barcelona 72 – Girona/Gerona 64 – Manresa 57 – Vic 4.

Can Jubany, acceso carret. C 25 - Este : 1,5 km ℰ 93 889 10 23, Fax 93 886 26 80, « En una masía » – ▤ P. AE ① ⑩ VISA. ⅋
cerrado del 1 al 15 de enero, del 1 al 15 de septiembre, domingo y lunes – **Comida** 30,05 y carta 23,44 a 36,55
Espec. Milhojas de trufa negra con patata (noviembre-marzo). Becada asada al momento con su canapé. Nuestro requesón con miel y helado de Idiazabal.

CALLOSA D'EN SARRIÀ 03510 Alacant 445 Q 29 – 7 503 h alt. 150.

Madrid 472 – Alacant/Alicante 57 – Benidorm 14 – Gandía 68.

El Repòs del Viatger sin rest (es necesario reservar), Major 1 ☎ 96 588 23 22, jron da@infonegocio.com, Fax 96 588 23 22, « Interesante biblioteca » – ⑩ⓒ 𝗩𝗜𝗦𝗔. ✋
5 hab ⬠ 30,05/48,08.

Sa CALOBRA Illes Balears – ver Balears (Mallorca).

CALONGE Illes Balears – ver Balears (Mallorca).

CALP o **CALPE** 03710 Alacant 445 Q 30 – 10 962 h – Playa.

Alred. : Peñón de Ifach★.

⌖9 Ifach, urb. San Jaime, Noreste : 3 km ☎ 96 649 71 14.

🛈 av. Ejércitos Españoles 44 ☎ 96 583 69 20 Fax 96 583 12 50 y pl. del Mosquit ☎ 96 583 85 32 touristinfo.calpecentro@turisme.m400.gva.es Fax 96 583 85 31.

Madrid 464 – Alacant/Alicante 63 – Benidorm 22 – Gandía 48.

La Cambra, Delfín ☎ 96 583 06 05 – ▤. ⒜⒠ ⑩ⓒ 𝗩𝗜𝗦𝗔
cerrado 15 días en mayo, 15 días en noviembre y domingo – **Comida** - sólo almuerzo salvo viernes y sábado de octubre a junio - carta 17,50 a 36.

El Bodegón, Delfín 8 ☎ 96 583 01 64, « Decoración rústica castellana » – ▤. ⒜⒠ ⑩
⑩ⓒ 𝗩𝗜𝗦𝗔. ✋
cerrado febrero y domingo – **Comida** carta 19,39 a 27,64.

Shadi, La Niña - edificio Nerea, local 4 ☎ 96 583 64 64, shadi.libanes@hotmail.com – ▤.
⑩ⓒ 𝗩𝗜𝗦𝗔. ✋
cerrado martes noche – **Comida** - rest. libanés - carta aprox. 28,23.

Los Zapatos, La Santa María 7 ☎ 96 583 15 07, loszapatos@ctv.es, Fax 96 583 15 07
– ▤. ⒜⒠ ⑩ ⑩ⓒ 𝗩𝗜𝗦𝗔. ✋
cerrado enero y miércoles – **Comida** - sólo cena salvo domingo - carta 30,59 a 39,19.

Casita Suiza, Jardín 9 - edificio Apolo III ☎ 96 583 06 06, casita-suiza@ctv.es,
Fax 96 583 06 06 – ▤. ⒜⒠ ⑩ ⑩ⓒ 𝗩𝗜𝗦𝗔
cerrado del 1 al 20 de agosto, del 1 al 20 de diciembre, domingo y lunes – **Comida** - sólo cena, cocina suiza - carta 24 a 29.

en la carretera de València Norte : 4,5 km :

Venta La Chata sin rest, carret. N 332 - km 172, ✉ 03710, ☎ 96 583 03 08,
Fax 96 583 03 08, « Decoración regional », 🚃 – 𝗧𝗩 🚗 🅿. ⒜⒠ ⑩ ⑩ⓒ 𝗩𝗜𝗦𝗔
⬠ 2,70 – **17 hab** 33/54.

CALVIÀ Illes Balears – ver Balears (Mallorca).

CAMALEÑO 39587 Cantabria 442 C 15 – 1 192 h.

Madrid 483 – Oviedo 173 – Santander 126.

El Jisu 🏔, carret. de Fuente Dé - Oeste : 0,5 km ☎ 942 73 30 38, Fax 942 73 03 15,
🏕 – 𝗧𝗩 🅿. ⑩ⓒ 𝗩𝗜𝗦𝗔. ✋
cerrado 15 enero-15 febrero – **Comida** 12 – ⬠ 5 – **9 hab** 42/54.

El Caserío 🏔, ☎ 942 73 30 48, Fax 942 73 30 48, ≪ – 🅿. ⑩ ⑩ⓒ 𝗩𝗜𝗦𝗔. ✋
marzo-octubre y fines de semana resto del año – **Comida** 7,21 – ⬠ 2,70 – **17 hab**
21,03/36,06.

CAMARENA 45180 Toledo 444 M 15 – 1 948 h.

Madrid 58 – Talavera de la Reina 80 – Toledo 29.

Mesón Gregorio II, Real 34 ☎ 91 817 43 72, Fax 91 817 40 33 – ▤. ⒜⒠ ⑩ ⑩ⓒ
𝗩𝗜𝗦𝗔. ✋
cerrado miércoles – **Comida** carta 22,82 a 28,83.

CAMBADOS 36630 Pontevedra 441 E 3 – 12 503 h – Playa.

Ver : Plaza de Fefiñanes★.

🛈 pl. del Ayuntamiento ☎ 986 52 07 86 con camba2m@ixmail.com Fax 986 52 48 66.

Madrid 638 – Pontevedra 34 – Santiago de Compostela 61.

Parador de Cambados, Príncipe 1 ☎ 986 54 22 50, Fax 986 54 20 68, 🏕,
« Conjunto de estilo regional », 🏊, 🚃, 🍴 – 📶 𝗧𝗩 🅿 – 🔬 25/60. ⒜⒠ ⑩ ⑩ⓒ 𝗩𝗜𝗦𝗔
𝗝𝗖𝗕. ✋
cerrado por obras hasta el 31 de mayo – **Comida** 22,84 – ⬠ 8,71 – **63 hab** 73,55/91,94.

🏨 **Casa Rosita**, av. de Villagarcía 8 ☎ 986 54 34 77, Fax 986 54 28 78, ⅃ – 🍴 rest, TV
P. AE MO VISA. ⊗
cerrado 20 diciembre-10 enero – **Comida** (cerrado domingo noche) 15 – ⊊ 3,60 – **29 hab**
27,05/46,90 – PA 28,60.

🏠 **A Mariña** sin rest, Os Pazos 6 ☎ 986 54 33 97, Fax 986 54 24 70 – ⧉ TV 🚗. MO
VISA. ⊗
15 marzo-15 diciembre – ⊊ 4,07 – **42 hab** 37,88/57,88.

🏠 **Carisan** sin rest, Eduardo Pondal 2 ☎ 986 52 01 08, Fax 986 54 24 70 – ⧉ TV 🚗. ◑
MO VISA. ⊗
junio-octubre – ⊊ 3 – **30 hab** 25,24/42,07.

🏠 **Briones** sin rest, Da Praia 3 ☎ 986 52 46 77, Fax 986 54 24 70, ⩽ – ⧉ TV.
MO VISA. ⊗
junio-octubre – ⊊ 3 – **34 hab** 25,24/42,07.

XX **Ribadomar**, Terra Santa 17 ☎ 986 54 36 79, Fax 986 54 36 79 – P. AE ◑ MO VISA
JCB. ⊗
cerrado del 1 al 15 de octubre, domingo noche y lunes salvo verano – **Comida** carta 17,72
a 23,74.

X **Posta do Sol**, Ribeira de Fefiñans ☎ 986 54 22 85, 🎋, « Instalado en un antiguo bar »
– AE ◑ MO VISA. ⊗
cerrado 15 enero-15 febrero y miércoles salvo en verano – **Comida** carta 18,63 a 28,85.

en Sisán :

🏨 **Pazo Carrasqueira**, Carrasqueira 6 - Sureste : 3,5 km, ✉ 36638 Sisán,
☎ 986 71 00 32, p.carrasqueira@retemail.es, Fax 986 71 00 32, « Edificio de estilo
regional », ⅃ – TV P. AE ◑ MO VISA. ⊗
Comida (cerrado domingo noche salvo abril-octubre) 18,03 – **9 hab** ⊊ 44,72/76,93.

🏨 **San Marcos-Salnes**, Puente Castrelo - Sureste : 2 km, ✉ 36638 Sisán, ☎ 986 71 84 62,
Fax 986 71 05 11, ⅃ – ⧉, 🍴 rest, TV P. AE ◑ MO VISA. ⊗
cerrado 15 diciembre-15 enero – **Comida** 12 – **80 hab** ⊊ 54/72.

CAMBRILS 43850 Tarragona 443 I 33 – 14 903 h – Playa.

Ver : Localidad★.

Alred. : Parque de Samá★ Norte : 8 km – Castillo-Monasterio de Escornalbou★★ Noroeste :
26 km.

🛈 paseo de las Palmeras 1 ☎ 977 79 23 07 ptur.cambrils@altanet.org Fax 977 79 26 25.
Madrid 554 ③ – Castelló de la Plana/Castellón de la Plana 165 ③ – Tarragona 18 ③

Planos páginas siguientes

en el puerto :

🏨 **Mónica H.**, Galcerán Marquet 3 ☎ 977 79 10 00, Fax 977 79 36 78, « Césped con ⅃
y palmeras » – ⧉ 🍴 TV 🚗 – 🏊 25/60. AE MO VISA. ⊗   CZ b
cerrado 20 diciembre-10 enero – **Comida** - sólo clientes - 15 – ⊊ 9 – **78 hab** 55,50/110
– PA 30.

🏨 **Rovira**, av. Diputació 6 ☎ 977 36 09 00, Fax 977 36 09 44, ⩽, ⅃ – ⧉ 🍴 TV 🚗 –
🏊 25/40. AE ◑ MO VISA. ⊗   CZ f
cerrado 20 diciembre-20 enero – **Comida** (cerrado martes salvo 15 junio-15 septiembre)
16,25 – ⊊ 7,25 – **56 hab** 54/75 – 2 suites – PA 33.

🏨 **Port Eugeni**, pl. Aragó 49 ☎ 977 36 52 61, Fax 977 36 56 13, ⅃ – ⧉ 🍴 TV 🚗 –
🏊 25/200. AE ◑ MO VISA. ⊗   CY a
Comida - sólo buffet - 9,02 – **105 hab** ⊊ 65,44/85,32.

🏨 **Princep**, Narcís Monturiol 2 ☎ 977 36 11 27, hprincep@scnt.net, Fax 977 36 35 32 –
⧉ 🍴 TV 🚗. AE ◑ MO VISA. ⊗   CZ c
Can Pessic (cerrado 17 diciembre-22 enero, domingo noche y lunes) **Comida** carta 24,63
a 38,86 – **27 hab** ⊊ 65,21/75,85.

🏠 **Can Solé**, Ramón Llull 19 ☎ 977 36 02 36, cansole@wanadoo.es, Fax 977 36 17 68, 🎋
– 🍴 TV 🚗. AE ◑ MO VISA. ⊗ rest   BZ e
cerrado 21 diciembre-7 enero – **Comida** (cerrado domingo noche y viernes) 13,22 –
⊊ 4,66 – **26 hab** 36,06/60,10 – PA 30,05.

XX **Joan Gatell**, passeig Miramar 26 ☎ 977 36 00 57, joangatell@aeht.es,
❀ Fax 977 79 37 44, ⩽, 🎋 – 🍴. AE ◑ MO VISA. ⊗   BZ s
cerrado 11 diciembre-11 enero, del 2 al 17 de mayo, domingo noche y lunes – **Comida**
- pescados y mariscos - 48 y carta 48 a 59
Espec. Atún fresco con vinagreta de aceitunas negras y escalonias. Arroz marinera en
cassola. Caldereta de bogavante.

XX **Can Bosch,** Rambla Jaume I-19 ✆ 977 36 00 19, *Fax 977 36 91 04* – ▤. AE ◑ MC VISA. ✈ BZ d
✿ *cerrado 22 diciembre-enero, domingo noche y lunes* – **Comida** - pescados y mariscos - carta 30,95 a 46,88
Espec. Lasagna fría de langostinos y espárragos a la salsa de pesto. Risotto con bogavante. Brocheta de rape con espardenyes y verduritas de temporada.

XX **Rincón de Diego,** Drassanes 7 ✆ 977 36 13 07, *Fax 977 36 56 10* – ▤. AE ◑ MC VISA. ✈ CZ v
cerrado 22 diciembre-30 enero, domingo noche y lunes – **Comida** - pescados y mariscos - carta 28,75 a 41,30.

XX **Casa Gallau,** Pescadors 25 ✆ 977 36 02 61, *gallau@terra.es, Fax 977 36 08 00,* ☂ – ▤. AE ◑ MC VISA. ✈ CZ c
cerrado 23 diciembre-23 enero y martes – **Comida** - pescados y mariscos - carta 20,73 a 37,56.

XX **La Cuina de l'Anna,** pl. Mossèn Joan Batalla 5 ✆ 977 36 64 24, *Fax 977 36 64 24* – ▤. AE ◑ MC VISA. ✈ BZ u
cerrado febrero, martes noche y miércoles (salvo verano) – **Comida** carta 20,46 a 29,56.

XX **Rovira,** passeig Miramar 37 ✆ 977 36 01 05, *Fax 977 36 09 41,* ☂ – AE ◑ MC VISA. ✈ CZ n
cerrado 20 diciembre-20 enero y miércoles – **Comida** - pescados y mariscos - carta 24 a 33.

XX **Bandert,** Rambla Jaume I ✆ 977 36 10 63 – ▤. ◑ MC VISA. ✈ CZ x
cerrado martes – **Comida** carta 27,27 a 42,65.

X **Gami,** Sant Pere 9 ✆ 977 36 10 49, *Fax 977 36 10 49,* ☂ – ▤. AE ◑ MC VISA JCB. ✈ CZ z
cerrado 20 diciembre-20 enero, martes noche y miércoles – **Comida** carta aprox. 28,95.

X **Acuamar,** Consolat de Mar 66 ✆ 977 36 00 59, *Fax 977 36 46 58,* ≤ – ▤. AE ◑ MC VISA. ✈ CZ k
cerrado 12 octubre-12 noviembre, miércoles noche y jueves – **Comida** carta 20,73 a 27,52.

X **Font Casa Gallot,** Joan S. Elcano 8 ✆ 977 36 44 57, *Fax 977 79 15 78,* ☂ – ▤. MC VISA. ✈ BZ r
cerrado 22 diciembre-enero, domingo noche y lunes salvo festivos – **Comida** carta 19,90 a 33,80.

X **Montserrat,** Mestre Miquel Planas 9 ✆ 977 36 16 40, *Fax 977 36 51 04* – ▤. MC VISA. ✈ CZ r
cerrado Navidades, del 1 al 15 de noviembre y lunes salvo festivos – **Comida** carta 23,44 a 29,90.

X **Macarrilla,** Barques 14 ✆ 977 36 08 14, ☂ – ▤. ◑ MC VISA JCB. ✈ CZ w
cerrado 15 octubre-15 noviembre y martes – **Comida** - pescados y mariscos - carta aprox. 31.

en la carretera de Salou *por la costa :*

🏨 **Tropicana,** av. Diputació 33 - Este : 1,5 km, ✉ 43850, ✆ 977 36 01 12, *hoteltropicana@ctv.es, Fax 977 36 01 12,* ☂, « Césped con ⛱ y palmeras » – |‡|, ▤ rest, TV P. MC VISA. ✈
23 marzo-3 noviembre – **Comida** 11,40 – ☕ 4,80 – **30 hab** 30/60 – PA 23,50.

XX **Casa Soler,** av. Diputació 197 - Este : 5 km, ✉ 43850, ✆ 977 38 04 63, *rcsoler.@teleline.es, Fax 977 38 04 63* – ▤ P. AE ◑ MC VISA
Comida carta 21,03 a 33,96.

al Noroeste : *por* ① *:*

🏨 **Mas Gallau,** carret. N 340 : 3,5 km, ✉ 43850 apartado 129, ✆ 977 36 05 88, *masgallau@autovia.com, Fax 977 36 05 88,* « Jardín con ⛱ », 🚲 – |‡| ▤ TV ♿ 🚗 P – 🎤 25/400. AE ◑ MC VISA. ✈
Comida - ver rest. ***Mas Gallau*** – **38 hab** ☕ 93,16/114,19 – 2 suites.

XX **Mas Gallau** - *Hotel Mas Gallau,* carret. N 340 : 3,5 km, ✉ 43850 apartado 129, ✆ 977 36 05 88, *masgallau@autovia.com, Fax 977 36 05 88,* « Decoración rústica » – ▤ P. AE ◑ MC VISA. ✈
Comida carta 25,54 a 32,16.

X **Mas de l'Avi,** Frederic Marès - urb. Jardins de Vilafortuny : 5 km, ✉ 43850, ✆ 977 79 50 09, ☂ – MC VISA. ✈
cerrado 14 enero-19 febrero, domingo noche y lunes – **Comida** carta 25,42 a 31,26.

CAMBRILS

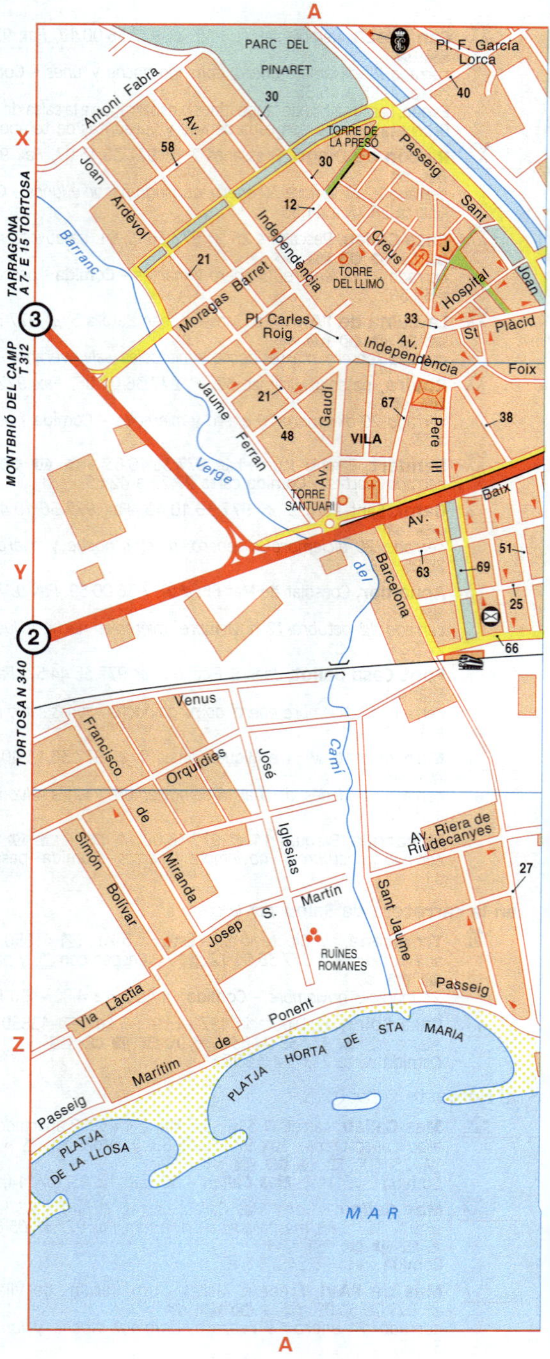

A
PARC DEL PINARET
Pl. F. García Lorca
40
30
Antoni Fabra
Av.
58
TORRE DE LA PRESÓ
30
Passeig Sant
Joan Ardèvol
Joan
Barranc
12
21
Independència
Creus
TORRE DEL LLIMÓ
Moragas Barret
Pl. Carles Roig
33
Av. Independència
St. Plàcid
Hospital
J
X
TARRAGONA A 7 - E 15 TORTOSA
Foix
MONTBRIÓ DEL CAMP T 312
3
Jaume Ferran
Verge
21
48
Gaudí
VILA
67
Pere III
38
TORRE SANTUARI
Av.
Baix
Av.
del
Barcelona
51
63
69
25
Y
TORTOSA N 340
2
66
Venus
Francisco
de
Orquídies
José
Camí
Simón Bolívar
Miranda
Josep
Iglesias
S. Martín
Sant Jaume
Av. Riera de Riudecanyes
27
RUÏNES ROMANES
Via Làctia
Ponent
Passeig
Marítim
de
PLATJA HORTA DE STA MARIA
Z
PLATJA DE LA LLOSA
MAR
A

N 340
TARRAGONA
PORT AVENTURA
1
B
C
X
Y
Z
0   200 m
42
Camí   de   Reus
Raval   de   Gràcia
7
4
Av. Adelaida
Baptista
Camp   de
St
Isidre
Salle
63
66
M
PAVELLÓ
POLIESPORTIU
P
H
POL.
Av. dels Països
Bertran de Cambrils
Catalans
Andalusia
Ventura   Gassol
36
Pompeu Fabra
Monestir   de   Scala   Dei
Monestir
de Poblet
Barranc
Regueral
31
19
Balears
Pl. de la
Concòrdia
64
Balears
Vinyols
43
Colom
Cristòfol
Pl. Aragó
Jaume I
a
18
13
Rambla
24
10
d
39
w
45
x
b
54
57
P
52
28
45
z
14
f
15
e
r
61
v
LA MARINA, SALOU
22 u
46
c
49
k
Av. de
la Diputació
PARC
16
r 9
6
g
DEL
Pl.
Catalunya
s
n
CLUB
NAUTIC
55
37
60
PESCADOR
TORRE
DEL PORT
P
34
PORT
Marítim
i
LLOTJA
P
M E D I T E R R À N I A
ALFORJA

La CAMELLA *Santa Cruz de Tenerife – ver Canarias (Tenerife) : Arona.*

CAMP DE MAR *Illes Balears – ver Balears (Mallorca).*

CAMPANET *Illes Balears – ver Balears (Mallorca).*

El CAMPELLO *03560 Alacant* **445** **Q 28** *– 11 094 h – Playa.*

Madrid 431 – Alacant/Alicante 13 – Benidorm 29.

La Peña, San Vicente 12 (zona de la playa) ✆ 96 563 10 48, *lapenya@.ctv, Fax 96 563 10 48* – ▤. AE ⓓ MC VISA JCB. ✈
cerrado del 15 al 30 de enero – **Comida** - pescados y mariscos - carta 19,83 a 33,06.

Cavia, San Vicente 43 (zona de la playa) ✆ 96 563 28 57, *Fax 96 563 28 57,* – ▤. AE ⓓ MC VISA. ✈
cerrado del 3 al 30 de noviembre y martes – **Comida** carta 26,45 a 33,96.

Andra-Mari, av. Jijona 37 (junto urb. 5 Torres) ✆ 96 563 34 35 – ▤. AE ⓓ MC VISA. ✈
cerrado del 4 al 18 de noviembre, domingo noche y lunes noche – **Comida** - cocina vasca - carta 18,60 a 28,70.

en la playa Muchavista *Sur : 5 km :*

San Juan, av. Jaime I-110, ✉ 03560 El Campello, ✆ 96 565 26 42, *Fax 96 565 23 08,* ≤, , – TV P. AE MC VISA. ✈
Semana Santa-septiembre – **Comida** 15 – ☕ 3,60 – **29 hab** 38/62,50 – PA 28.

CAMPILLOS *29320 Málaga* **446** **U 15** *– 7 589 h alt. 461.*

Madrid 508 – Antequera 33 – Marbella 138 – Osuna 49.

Mesón Los Chopos con hab, carret. A 382 - Oeste : 1,5 km ✆ 95 272 27 70, *Fax 95 272 60 17* – ▤ TV P – 25/300. AE ⓓ MC VISA JCB. ✈
Comida carta aprox. 22 – ☕ 3 – **11 hab** 25/40.

Dans ce guide
un même symbole, un même mot,
imprimé en noir ou en rouge, en maigre ou en **gras**,
n'ont pas tout à fait la même signification.
Lisez attentivement les pages explicatives.

CAMPO DE CRIPTANA *13610 Ciudad Real* **444** **N 20** *– 13 491 h alt. 707.*

Madrid 151 – Albacete 137 – Aranjuez 101 – Ciudad Real 99 – Cuenca 139 – Toledo 115.

Cueva La Martina, Rocinante 13 ✆ 926 56 14 76, *cueva-martina@eresmas.com, Fax 926 56 14 76,* Tienda de artesanía regional, « Sobre una loma junto a los molinos de viento, en una cueva con mirador, dando sobre el pueblo y la llanura manchega » – ▤. MC VISA JCB. ✈
cerrado octubre y lunes – **Comida** carta 18,01 a 28,24.

CAMPO DEL HOSPITAL *15359 A Coruña* **441** **B 6.**

Madrid 586 – A Coruña/La Coruña 95 – Lugo 82 – Ortigueira 15.

Villa de Cedeira, ✆ 981 49 91 45, *Fax 981 44 52 59* – ▤ rest, TV P. MC VISA. ✈
Comida 9 – ☕ 3 – **52 hab** 21/39.

CAMPOS *Illes Balears – ver Balears (Mallorca).*

CAMPRODÓN *17867 Girona* **443** **F 37** *– 2 188 h alt. 950.*

Ver : *Localidad★ – Pont Nou★ – Iglesia románica del Monasterio de Sant Pere★.*

Camprodón, Bac de San Antoni ✆ 972 13 01 25 Fax 972 13 06 25.

pl. d'Espanya 1 ✆ 972 74 00 10 turismecamprodon@retemail.es Fax 972 13 03 24.

Madrid 699 – Barcelona 127 – Girona/Gerona 80.

Maristany ⛄, av. Maristany 20 ✆ 972 13 00 78, *maristany@lix.intcrcom.es*, *Fax 972 74 07 78*, ≤, « Jardín con ⛱ » – |‡| TV P. AE VISA. ✂
Comida *(cerrado miércoles)* 15,78 – **10 hab** ☐ 90,16.

Edelweiss sin rest, carret. de Sant Joan 28 ✆ 972 74 06 14, *info@edelweisshotel.net*, *Fax 972 74 06 05*, ≤, « Ambiente acogedor » – |‡| TV P – 🏔 25/50. MC VISA
cerrado del 6 al 19 de mayo – **21 hab** ☐ 61,30/93,16.

Güell sin rest con cafetería, pl. d'Espanya 8 ✆ 972 74 00 11, *info@hotelguell.com*, *Fax 972 74 11 12* – |‡| TV 🚗. AE ⓓ MC VISA. ✂
cerrado 15 días en junio y 15 días en noviembre – ☐ 7 – **39 hab** 38/60.

CAN AMAT (Urbanización) *Barcelona* – *ver Martorell.*

CAN PASTILLA *Illes Balears* – *ver Balears (Mallorca) : Palma.*

CAN PICAFORT *Illes Balears* – *ver Balears (Mallorca).*

CANARIAS (Islas) ★★★

1 637 641 h.

El archipiélago canario, situado en el Océano Atlántico, al Norte del Trópico de Cáncer, goza de un privilegiado clima durante todo el año. Se extiende sobre una superficie de 7.273 km². Está formado por nueve islas y cuatro islotes agrupados en dos provincias: Las Palmas (Gran Canaria, Fuerteventura y Lanzarote) y Santa Cruz de Tenerife (Tenerife, La Palma, La Gomera y El Hierro). Santa Cruz de Tenerife y Las Palmas de Gran Canaria comparten la capitalidad administrativa de la autonomía. Cada isla tiene su Cabildo Insular, que es en realidad el órgano de gobierno propio.

La temporada alta en Canarias va del 1 de Noviembre al 30 de Abril. No siempre es fácil reservar habitación por cuenta propia pues la mayoria de los hoteles canalizan su clientela a través de las agencias de viaje.

GRAN CANARIA : La costa Norte y Oeste es abrupta y rocosa, mientras que el Sur, más accesible y con immensas playas arenosas, ha alcanzado un gran desarrollo turístico.

FUERTEVENTURA : Por su superficie es la segunda después de Tenerife y la de menor densidad de población (28h./km²) después de El Hierro.
El clima suave, la constancia de los vientos y las características del mar hacen de sus costas el lugar ideal para la práctica del "windsurfing" y de otros deportes náuticos.

LANZAROTE : Declarada Reserva de la Biosfera. El turismo viene atraído por la peculiaridad de su paisaje: tierras volcánicas salpicadas de oasis de vegetación y cultivos.

TENERIFE : Es la mayor en superficie. Su cadena montañosa está dominada por el cono volcánico del Teide (3.718 m), el punto más alto de España.
Los dos centros turísticos más importantes son el Puerto de la Cruz (en el Norte) y la Playa de las Américas (en el Sur).

LA PALMA : La "Isla Bonita" es muy montañosa: alcanza los 2.426 m. La Palma es una de las más ricas y pobladas de todas las Canarias.

LA GOMERA : Sus costas son abruptas, atormentadas por impresionantes barrancos. Es un lugar ideal para pasar unas tranquilas vacaciones en contacto con la naturaleza.

EL HIERRO : Es la más pequeña de las Canarias. Está poco poblada y sus principales fuentes económicas son el ganado y la agricultura; de sus viñas se obtiene un delicioso vino blanco. Su litoral rocoso es idóneo para la pesca submarina.

CANARIAS (Islas) ★★★ – *1 637 641 h.*

ver : Las Palmas de Gran Canaria, Fuerteventura, Lanzarote, El Médano, Santa Cruz de Tenerife, El Hierro, La Palma.

para Canarias ver : Cádiz. En Canarias ver : Las Palmas de Gran Canaria, Puerto del Rosario, Arrecife, Los Cristianos, Santa Cruz de Tenerife, San Sebastián de la Gomera, Valverde, Santa Cruz de la Palma.

GRAN CANARIA

Agaete *35480 – 4 777 h alt. 43.*

Ver : *Valle de Agaete★.* **Alred.** : *carretera a Los Berrazales★ Sureste : 7 km. Las Palmas de Gran Canaria 34.*

Agüimes *35260 – 15 986 h alt. 275. – Las Palmas de Gran Canaria 33.*

Casa de Los Camellos ⑤, Progreso 12-esq. Retama ℰ 928 78 50 03, hrcamellos @hecansa.com, Fax 928 78 50 53 – TV. MC VISA. ※ - **El Oroval** *(cerrado domingo noche y lunes)* **Comida** carta 16,68 a 23,74 – ☲ 3,61 - **11 hab** 49,43/67,91 - 1 suite.

Villa de Agüimes ⑤, Sol 3 ℰ 928 78 50 03, hrcamellos@hecansa.com, Fax 928 78 50 53 – TV. AE MC VISA. ※ – *cerrado del 15 al 30 de enero y del 15 al 30 de septiembre* – **Comida** - *en el Hotel* **Casa de Los Camellos** – ☲ 3,75 - **6 hab** 44,96/61,81.

Arguineguín *35120 – Playa. – Las Palmas de Gran Canaria 63.*

en la playa de Patalavaca *Noroeste : 2 km :*

Steigenberger La Canaria ⑤, Barranco de la Verga (carret. C 812), ✉ 35120 Arguineguín, ℰ 928 15 04 00, reservas@lacanaria.com, Fax 928 15 10 03, ≤ mar, ⅃₆, ☒ climatizada, ▦, ☞, ※ – 🛗 ▤ TV P – ᗌ 25/150. AE ① MC VISA JCB. ※ **Coquillage** *(sólo cena)* **Comida** carta 41 a 60 - **Cristal** *(sólo cena buffet)* **Comida** 31 – **232 hab** ☲ 207/391 - 17 suites.

Artenara *35350 – 1057 h alt. 1219.*

Ver : *Ermita de la Cuevita* ⩹★ *– Mesón de la Silla* ⩹★.

Alred. : *Carretera de Las Palmas* ⩹★ *del pueblo troglodita de Juncalillo – Pinar de Tamadaba★★ (*⩹★★*) Noroeste : 12 km.*

Las Palmas de Gran Canaria 48.

Arucas *35400 – 25986 h.*

Ver : *Montaña de Arucas* ⩹★.

Alred. : *Cenobio de Valerón★ Noroeste : 11 km.*

Las Palmas de Gran Canaria 17.

en la montaña de Arucas *Norte : 2,5 :*

✕ **Mesón de la Montaña,** ✉ 35400 Arucas, ✆ 928 60 14 75, *mesonarucas@hvsl.es,* Fax 928 60 54 42, 🏠 – 🖃 🄿 AE ① MC VISA. ⋙

Comida carta aprox. 20,50.

Verwechseln Sie nicht :

Komfort der Hotels   : 🏨 ... 🏠, ⟐

Komfort der Restaurants   : XXXXX ... ✕

Gute Küche   : ✿✿✿, ✿✿, ✿, 🅐

Cruz de Tejeda *35328 – 2361 h alt. 1450.*

Ver : *Paraje★★.*

Alred. : *Pozo de las Nieves★★★* ☀★★★ *Sureste : 10 km.*

Las Palmas de Gran Canaria 42.

🏨 **El Refugio** ⬎, Cruz de Tejeda ✆ 928 66 65 13, *elrefugio@canariasonline.com,* Fax 928 66 65 20, ⌥ – 🖃 hab, TV 🄿 AE MC VISA. ⋙

Comida 12,02 – 🍵 4,50 – **10 hab** 44/63,11.

Gáldar *35460 – 20370 h alt. 124.*

Ver : *Cueva con pinturas murales★.*

Las Palmas de Gran Canaria 26.

Maspalomas *35100 – Playa.*

Ver : *Playa★.*

Alred. : *Norte : Barranco de Fataga★★ – San Bartolomé de Tirajana (paraje★) Norte : 23 km por Fataga.*

🛈 *Maspalomas, av. de Neckerman* ✆ 928 76 25 81 Fax 928 76 82 45.

🛈 *av. de España (Centro Comercial Yumbo)* ✆ 928 77 15 50 Fax 928 76 78 48.

Las Palmas de Gran Canaria 50.

Planos páginas siguientes

✕✕ **Amaiur,** av. de Neckerman 42 ✆ 928 76 44 14, Fax 928 36 89 37 – 🖃 🄿 AE ① MC VISA. ⋙   **A** d

cerrado 8 junio-8 julio y domingo – **Comida** - cocina vasca - carta 21,20 a 30.

✕ **Mallorca,** Alcalde Santos González 11 - San Fernando ✆ 928 77 05 16, Fax 928 77 05 16, 🏠 – 🖃. AE MC VISA. ⋙   **AB** b

Comida - cocina mallorquina - carta 18,10 a 25,41.

junto al faro :

🏨 **Grand H. Residencia** ⬎, av. del Oasis 32, ✉ 35106 Maspalomas Oeste, ✆ 928 72 31 00, *residencia@a1web.es,* Fax 928 72 31 08, 🏠, Centro de salud con ⌥ climatizada, « Villas de estilo canario en torno a una bonita terraza con ⌥ », 🛁 – 🛗 🖃 TV ♿ 🚗. AE ① MC VISA. ⋙ rest   **A** z

Comida 51,08 – 🍵 15,03 – **90 hab** 282,48/326,05 – 3 suites.

🏨 **Ifa-Faro Maspalomas** ⬎ (posible cierre por obras de mayo-septiembre), pl. de Colón 1, ✉ 35106 Maspalomas Oeste, ✆ 928 14 22 14, *faro@ifacanarias.es,* Fax 928 14 19 40, ⩹, 🏠, ⌥ climatizada – 🛗 🖃 TV – 🔏 25/60. AE ① MC VISA. ⋙   **A** b

Guatiboa (sólo cena) **Comida** carta 29,45 a 39,07 - *El Jardín (sólo almuerzo)* **Comida** carta 18,64 a 24,64 – **183 hab** 🍵 136,43/209,15 – 5 suites.

en la playa del Inglés :

Apolo, av. de Estados Unidos 28, ⊠ 35100 Maspalomas, ℰ 928 76 00 58, *apolo@int ercom.es, Fax 928 76 39 18*, ≤, ⤬ climatizada, ✕ – ⬍ ▤ TV. AE ① ⓂⓒⒸ *VISA*. ✍
B f
Comida - sólo cena buffet - 32 – ☲ 10 – **115 hab** 100/165.

Rías Bajas, av. de Tirajana - edificio Playa del Sol, ⊠ 35100 Maspalomas, ℰ 928 76 40 33, *Fax 928 76 85 48* – ▤. AE ① Ⓜⓒ *VISA*. ✍
B a
Comida - cocina gallega - carta 25,85 a 39,87.

en la playa de San Agustín :

Meliá Tamarindos, Las Retamas 3, ⊠ 35100 Maspalomas, ℰ 928 77 40 90, *melia.tamarindos@solmelia.com, Fax 928 77 40 91*, ≤, « ⤳ climatizada rodeada de terrazas y jardín », ✕ – ⬍ ▤ TV P – ♨ 25/350. AE ① Ⓜⓒ *VISA* JCB. ✍
D k
Comida - sólo cena - 24,04 – **300 hab** ☲ 116,75/156,14 – 25 suites.

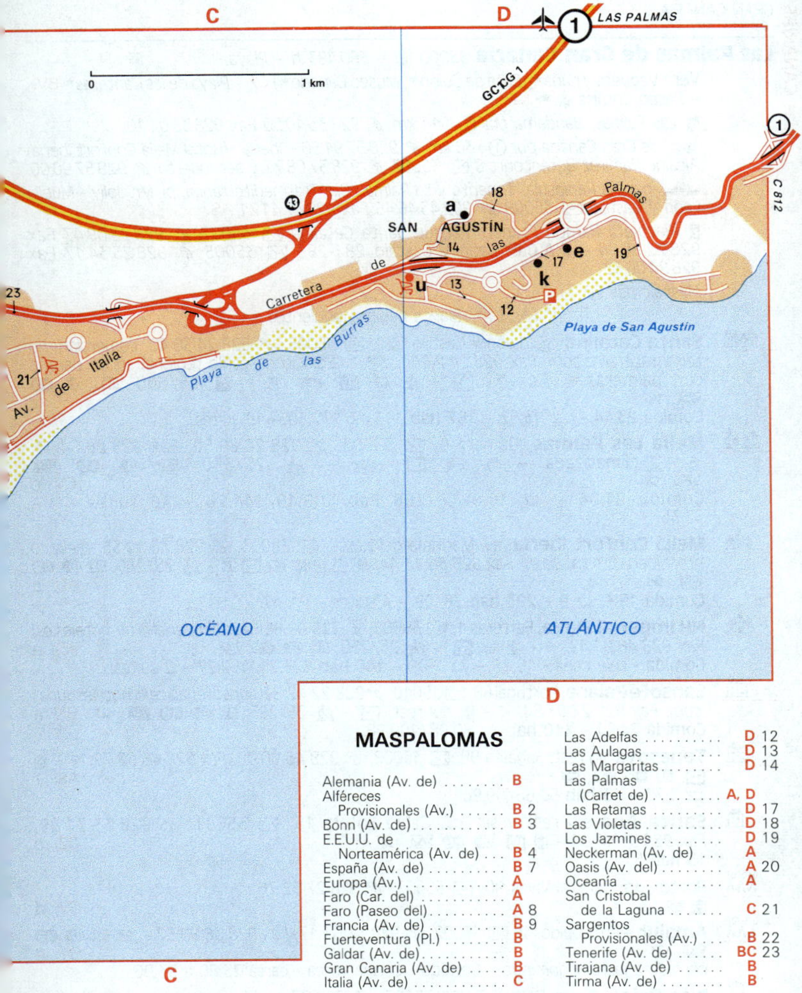

MASPALOMAS

Gloria Palace, Las Margaritas, ✉ 35100 Maspalomas, ✆ 928 76 83 00, *gloriapalac e@hvsl.es, Fax 928 76 79 29,* ≤, Servicios de talasoterapia, « Amplia terraza con palmeras y ⌇ climatizada », ⌖, ✗ – ▯ ▤ 📺 ♿ ℗ – ⛴ 40/450. 🆎 ⑩ 🅜🅒 **VISA**. ❄
D a
Comida - sólo buffet - 18,03 - **Gorbea** (*sólo cena, cerrado 21 mayo-5 julio*) **Comida** carta 26,30 a 33,66 – **346 hab** ⌑ 206,45/232,60 – 102 suites.

Costa Canaria, Las Retamas 1, ✉ 35100 Maspalomas, ✆ 928 76 02 00, *reservas@c osta-canaria.com, Fax 928 72 04 13,* ⌇ climatizada, �, ✗ – ▯ ▤ 📺. 🆎 ⑩ 🅜🅒 **VISA**. ❄
D e
Comida - sólo cena buffet - 21,60 – ⌑ 10,80 – **224 hab** 100,90/155, 12 suites.

Anno Domini, Centro Comercial San Agustín - local 82 a 85, ✉ 35100 Maspalomas, ✆ 928 76 29 15, *Fax 928 76 08 60,* 🏛 – ▤. ❄
D u
cerrado septiembre y domingo – **Comida** - sólo cena, cocina francesa - carta 19,84 a 27,94.

Las Palmas de Gran Canaria 35000 Ⓟ – 360 483 h – Playa.

Ver : *Vegueta-Triana★ (Casa de Colón★, Museo Canario★)* CZ *– Playa de las Canteras★* BVX *– Paseo Cornisa ✳★* AT.

Las Palmas, Bandama por ② : 14 km ℘ 928 35 10 50 Fax 928 35 01 10.

de Gran Canaria por ① : 30 km ℘ 928 57 91 30 – Iberia : (Hotel Meliá Confort Iberia) Alcalde Ramírez Betencourt 8 ⊠ 35003 ℘ 928 37 08 77 y aeropuerto ℘ 928 57 90 00.

para la Península, Tenerife y La Palma : Cía. Trasmediterránea, pl. Mr. Jolly - Muelle León y Castillo ⊠ 35008 ℘ 902 45 46 45 Fax 928 47 41 21 AS.

🛈 Plazoleta Ramón Franco, Parque Santa Catalina ⊠ 35007 ℘ 928 22 09 47 Fax 928 22 98 20 – **R.A.C.E.** León y Castillo 281-283 ⊠ 35005 ℘ 928 23 34 17 Fax 928 24 06 72.

Maspalomas 50 ①

Planos páginas siguientes

Santa Catalina 🦢, León y Castillo 227, ⊠ 35005, ℘ 928 24 30 40, *comercial@ hotelsantacatalina.com, Fax 928 24 27 64,* 🖼, *« Edificio de estilo regional en un parque con palmeras »*, ⅃, ⌗, ⌗ – ▯ ▤ TV ⌂ Ⓟ – 🛋 25/600. AE ① MC VISA. 🐾
AT z
Comida 23,44 – ⌧ 13,52 – **187 hab** 113,47/177,30 – 19 suites.

Meliá Las Palmas, Gomera 6, ⊠ 35008, ℘ 928 26 80 50, Fax 928 26 84 11, ≤, ⅃ climatizada – ▯ ▤ TV ⌂ – 🛋 25/350. AE ① MC VISA JCB. 🐾
CV c
Comida 24,04 – ⌧ 10,82 – **266 hab** 108,19/144,26 – 46 suites – PA 53,35.

Meliá Confort Iberia, av. Marítima del Norte, ⊠ 35003, ℘ 928 36 11 33, *melia.confort.iberia@ solmelia.es, Fax 928 36 13 44,* ≤, ⅃ – ▯ ▤ TV Ⓟ – 🛋 25/160. AE ① MC VISA. 🐾
AU a
Comida 19 – ⌧ 9 – **293 hab** 78/98 – 4 suites – PA 47.

NH Imperial Playa, Ferreras 1, ⊠ 35008, ℘ 928 46 88 54, *nhimperial@ nh-hoteles.es, Fax 928 46 94 42,* ≤ – ▯ ▤ TV – 🛋 25/250. AE ① MC VISA. 🐾
AS e
Comida - sólo cena - 16,23 – ⌧ 9,01 – **140 hab** 123,21/162,27 – 2 suites.

Sansofé Palace, Portugal 68, ⊠ 35010, ℘ 928 22 42 82, *sansofepalace@ hotelesdunas.com, Fax 928 27 07 84,* ≤ – ▯, ▤ rest, TV – 🛋 25/225. AE ① MC VISA. 🐾 BX a
Comida 24,94 – **110 hab** ⌧ 80,98/109,98.

Tenesoya sin rest, Sagasta 98, ⊠ 35008, ℘ 928 46 96 08, Fax 928 46 02 79, ≤ – ▯ TV. AE MC VISA. 🐾
AS r
⌧ 3,78 – **43 hab** 53,66/59,96.

Santa Ana sin rest y sin ⌧, Calvo Sotelo 15, ⊠ 35001, ℘ 928 33 71 99, Fax 928 31 46 60 – ▯ TV. ① MC VISA. 🐾
CZ c
15 hab 51.

XXX Portovigo, General Vives 90, ⊠ 35007, ℘ 928 27 92 76
▯ ▤
CV d

XXX **Amaiur,** Pérez Galdós 2, ⊠ 35002, ℘ 928 37 07 17, Fax 928 36 89 37 – ▤. AE ① MC VISA. 🐾
BY e
cerrado agosto y domingo – **Comida** - cocina vasca - carta 23,80 a 33,06.

XX **Rías Bajas,** Simón Bolívar 3, ⊠ 35007, ℘ 928 27 13 16, *riasbajas@ navegalia.com, Fax 928 26 28 88* – ▤. AE ① MC VISA. 🐾
CVX n
Comida carta aprox. 34,50.

XX **La Casita,** León y Castillo 227, ⊠ 35005, ℘ 928 23 46 99 – ▤. AE ① MC VISA. 🐾
AT z
cerrado agosto y domingo noche – **Comida** carta aprox. 30,65.

XX **Anthuriun,** Pi y Margall 10, ⊠ 35006, ℘ 928 24 49 08 – ▤. AE ① MC VISA JCB. 🐾
CX a
cerrado 20 días en septiembre, sábado mediodía y domingo – **Comida** carta 27,50 a 33,05.

XX **La Sama,** Marina 87 - barrio marinero de San Cristóbal, ⊠ 35016, ℘ 928 32 14 28, Fax 928 31 71 92, ≤ mar – AE ① MC VISA. 🐾
por ①
Comida - pescados y mariscos - carta 23,13 a 28,99.

XX El Cid Casa Pablo, Tomás Miller 73, ⊠ 35007, ℘ 928 26 81 58, Fax 928 27 57 52, 🖼 – ▤
BV v

XX **Casa Rafael,** Luis Antúnez 25, ⊠ 35006, ℘ 928 24 49 89, Fax 928 22 92 10 – ▤. AE ① VISA. 🐾
AT c
cerrado domingo – **Comida** carta aprox. 28,09.

LAS PALMAS
DE GRAN CANARIA

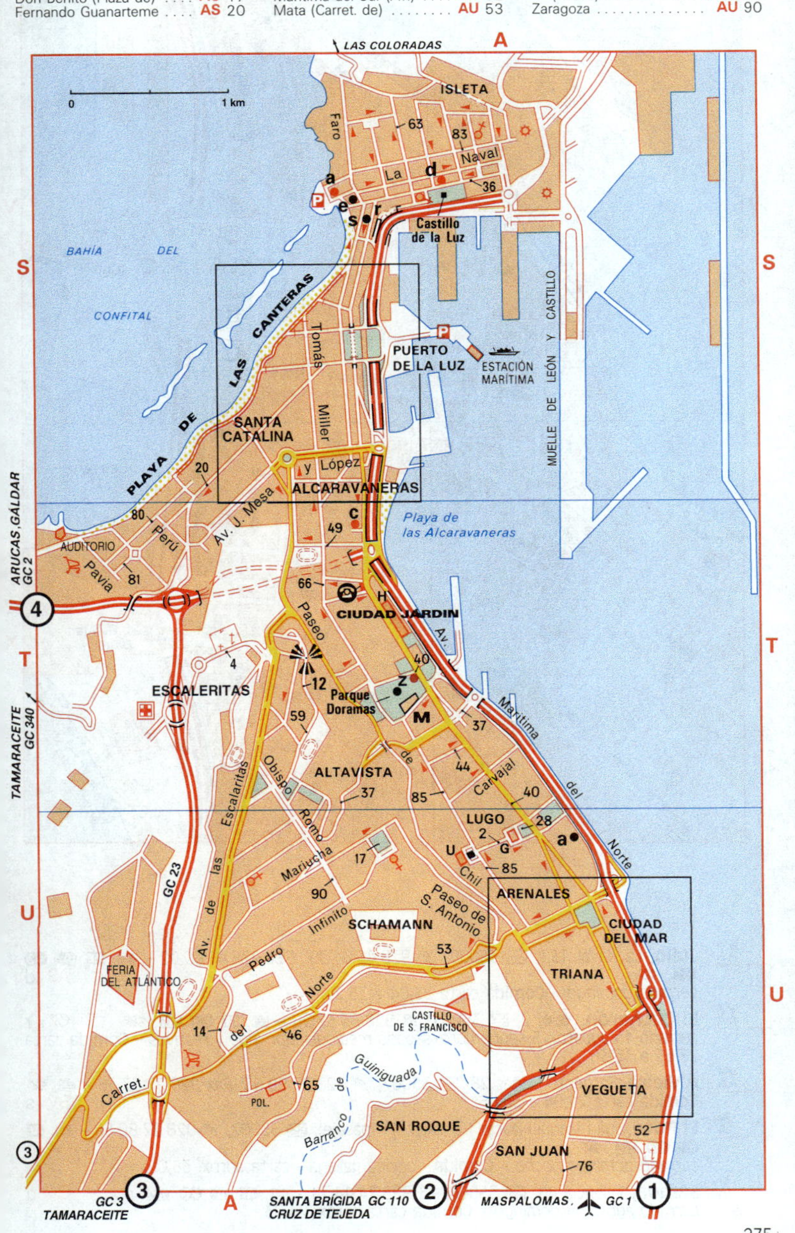

PUERTO DE LA LUZ

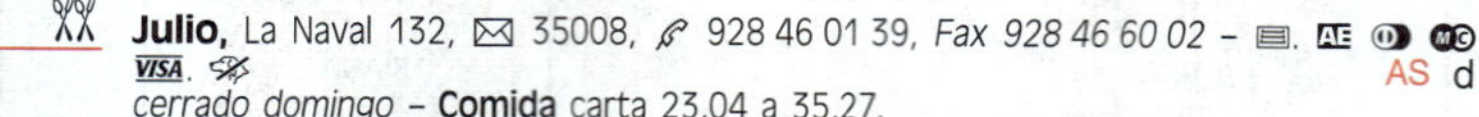

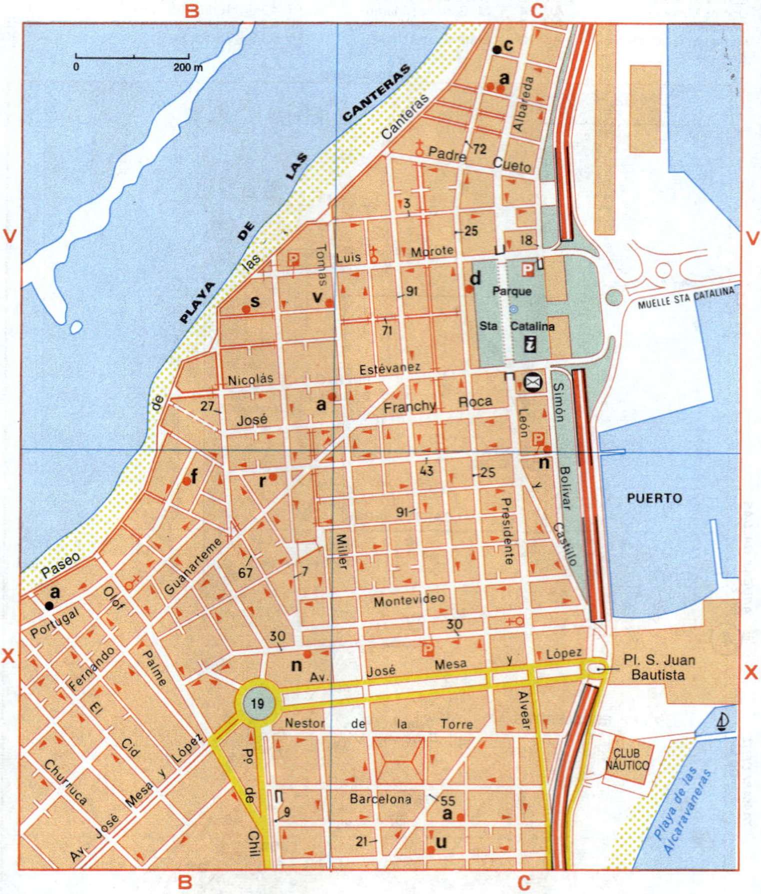

XX **Julio,** La Naval 132, ⊠ 35008, ☎ 928 46 01 39, *Fax 928 46 60 02* – ▤. AE ⊙ MC VISA. ✗ AS d
cerrado domingo – **Comida** carta 23,04 a 35,27.

XX **El Cucharón,** Reloj 2, ⊠ 35001, ☎ 928 33 32 96 – ▤. AE MC VISA. ✗ CZ r
cerrado 15 agosto-15 septiembre, sábado mediodía, domingo y festivos – **Comida** carta 28,55 a 36,36.

XX **A'Vieira,** Sargento Llagas 26, ⊠ 35007, ☎ 928 27 99 56, *Fax 928 27 07 56* – ▤. ✗
Comida carta 21,04 a 36,06. BV s

X **El Pote,** Juan Manuel Durán González 41 (pasaje), ⊠ 35007, ☎ 928 27 80 58 – ▤. AE ⊙ MC VISA. ✗ BX n
cerrado domingo noche – **Comida** - cocina gallega - carta aprox. 36,06.

X **Samoa,** Valencia 46, ⊠ 35006, ☎ 928 24 14 71 – ▤. AE ⊙ MC VISA. ✗ CX u
cerrado agosto y domingo – **Comida** carta aprox. 24,03.

VEGUETA, TRIANA

<table>
<tr><td>✕</td><td>Casa Carmelo, paseo de las Canteras 2, ✉ 35009, ✆ 928 46 90 56, jomcamar@w anadoo.es, Fax 928 48 80 42, ≼ – ▤. AE ⓪ Ⓜ️Ⓒ VISA JCB. ⅍
Comida carta 22,24 a 27,05.</td><td>AS a</td></tr>
</table>

✕ **Casa Carmelo**, paseo de las Canteras 2, ✉ 35009, ✆ 928 46 90 56, *jomcamar@w anadoo.es*, Fax 928 48 80 42, ≼ – ▤. AE ⓪ Ⓜ️Ⓒ VISA JCB. ⅍   AS a
Comida carta 22,24 a 27,05.

✕ **Casa de Galicia**, Salvador Cuyás 8, ✉ 35008, ✆ 928 27 98 55, Fax 928 22 92 10 – ▤. AE ⓪ Ⓜ️Ⓒ VISA. ⅍   CV a
Comida - cocina gallega - carta 23,74 a 27,95.

✕ **El Anexo**, Salvador Cuyás 10, ✉ 35008, ✆ 928 27 26 45, Fax 928 22 92 10 – ▤. AE ⓪ Ⓜ️Ⓒ VISA. ⅍   CV a
cerrado domingo – Comida carta 22,54 a 26,75.

✕ **Asturias**, Capitán Lucena 6, ✉ 35007, ✆ 928 27 42 19 – ▤. AE ⓪ Ⓜ️Ⓒ VISA. ⅍   BV a
cerrado del 1 al 15 de septiembre – Comida carta 22,03 a 34,56.

Islas CANARIAS

✗ **El Pescador,** Marina 81 - barrio marinero de San Cristóbal, ⊠ 35016, 𝄞 928 33 04 32, Fax 928 31 71 92, ← – ☒ ⑪ ⓜ VISA. ⚡
por ①
cerrado domingo noche – **Comida** carta 18,78 a 27,94.

✗ **La Cabaña Criolla,** Los Martínez de Escobar 37, ⊠ 35007, 𝄞 928 27 02 16, Fax 928 27 70 90, « Decoración rústica » – ▤. ☒ ⑪ ⓜ VISA. ⚡
BX r
cerrado lunes – **Comida** - carnes a la brasa - carta aprox. 27,17.

✗ **El Novillo Precoz,** Portugal 9, ⊠ 35010, 𝄞 928 22 16 59 – ▤. ☒ ⑪ ⓜ VISA JCB. ⚡
cerrado 10 días en julio, 5 días en agosto y lunes – **Comida** - carnes a la brasa - carta 19,42 a 31,86.
BX f

en Las Coloradas zona de La Isleta :

✗ **El Padrino,** Jesús Nazareno 1, ⊠ 35009 Maspalomas, 𝄞 928 46 20 94, Fax 928 46 20 94, 🏖 – ▤. ☒ ⑪ ⓜ VISA. ⚡
por Pérez Muñoz AS
Comida - pescados y mariscos - carta 22,24 a 26,44.

✗ **Pitango,** María Dolorosa 2, ⊠ 35009 Maspalomas, 𝄞 928 46 64 94, 🏖 – ☒ ⑪ ⓜ VISA. ⚡
por Pérez Muñoz AS
cerrado septiembre, lunes y martes – **Comida** - carnes a la brasa - carta 17 a 21.

Santa Brígida 35300 – 12 224 h alt. 426.

Alred. : Mirador de Bandama★★ Este : 7 km.

🏳 Bandama, Este : 7 km 𝄞 928 35 10 50 Fax 928 35 01 10.

Las Palmas de Gran Canaria 15.

✗ **Mano de Hierro,** Vuelta Del Pino 25 𝄞 928 64 03 88, manodehierro@worldonline.es, Fax 928 64 81 15 – ℗. ☒ ⑪ ⓜ VISA. ⚡
cerrado 15 julio-agosto – **Comida** carta aprox. 20,59.

en Las Meleguinas Norte : 2 km :

✗ **Las Grutas de Artiles,** ⊠ 35300 Santa Brígida, 𝄞 928 64 05 75, las.grutas@teleli ne.es, Fax 928 64 12 50, 🏖, ⚓, ✗ – ℗. ☒ ⑪ ⓜ VISA. ⚡
Comida carta 17,13 a 23,14.

en Monte Lentiscal Noreste : 4 km :

🏨 **Santa Brígida** (Hotel escuela), Real de Coello 2, ⊠ 35310 Monte Lentiscal, 𝄞 828 01 04 12, reservas.hesb@hecansa.com, Fax 828 01 04 01, ℟, ⚓, 🚗 – 🛗 ▤ ㊉ – 🏄 25/150. ☒ ⑪ ⓜ VISA. ⚡
Satautey : **Comida** carta 23,44 a 29,45 – ☕ 8,41 – **41 hab** 81,14/120,20.

en El Madroñal Suroeste : 4,5 km :

✗ **Martell,** ⊠ 35308 El Madroñal, 𝄞 928 64 24 83, Interesante bodega, « Decoración rústica regional » – ☒ ⑪ ⓜ VISA. ⚡
cerrado septiembre – **Comida** carta 20,44 a 29,46.

en la Caldera de Bandama Este : 7 km :

🏨 Golf Bandama 🦅, ⊠ 35017 apartado 12 Tafira Alta, 𝄞 928 35 33 54, Fax 928 35 12 90, ← campo de golf, mar y montaña, 🏖, ⚓ climatizada, 🏳 – ℗
34 hab.

Tafira Alta 35017 – alt. 375.

Ver : Jardín Canario★.

Las Palmas de Gran Canaria 8.

✗ La Masía de Canarias, Murillo 36 𝄞 928 35 01 20, Fax 928 35 01 20, 🏖.

Ferienreisen wollen gut vorbereitet sein.

Die Straßenkarten und Führer von Michelin
geben Ihnen Anregungen und praktische Hinweise zur Gestaltung Ihrer
Reise :
Streckenvorschläge, Auswahl und Besichtigungsbedingungen
der Sehenswürdigkeiten, Unterkunft, Preise ... u. a. m.

Telde 35200 – 77 640 h alt. 130.
  Alred. : *Gruta de Cuatro Puertas* ★ *Sur : 6 km.*
  Las Palmas de Gran Canaria 20.

Teror 35330 – 10 341 h alt. 445.
  Alred. : *Mirador de Zamora* ★ ≼ ★ *Oeste : 7 km por carretera de Valleseco.*
  Las Palmas de Gran Canaria 21.

Vecindario 35110.
  Las Palmas de Gran Canaria 36.

  G.H. Vecindario Aeropuerto, av. del Atlántico 353 - salida 28 autovía GC-1
  ℘ 902 172 182, hvaeropuerto@anjoca.com, Fax 928 79 15 49, ⅃⑤, ⅀ climatizada – ⧫
  ▤ ⏹ ⅙ ⇔ ℗ – ⅍ 25/200. AE ⓞ ⑩ VISA. ⅏
  Comida 15,03 – � 7,51 – **159 hab** 93,16/117,20 – 12 suites – PA 30,35.

Vega de San Mateo 35320 – 6 110 h alt. 950.
  Las Palmas de Gran Canaria 23.

  La Veguetilla, carret. de Las Palmas ℘ 928 66 07 64, Fax 928 66 18 01, ⛱ – ℗. AE
  ⓞ ⑩ VISA. ⅏
  Comida carta 19,54 a 27,64.

Cuando los nombres de los hoteles y restaurantes
figuran en negrita,
significa que los hoteleros nos han señalado todos sus precios
comprometiéndose a aplicarlos a los turistas de paso
portadores de nuestra guía.
Estos precios, establecidos a finales del año 2001, pueden
no obstante variar si el coste de la vida sufre alteraciones importantes.

Quand les hôtels et les restaurants figurent en gros caractères,
c'est que les hôteliers ont donné tous leur prix
et se sont engagés à les appliquer aux touristes de passage
porteurs de notre ouvrage.
Ces prix établis en fin d'année 2001 sont cependant susceptibles
d'être modifiés si le coût de la vie subit des variations importantes.

FUERTEVENTURA (Las Palmas)

Betancuria 35637 – 550 h alt. 395.
  Ver : *Pueblo* ★.
  Puerto del Rosario 29.

  Casa Santa María, pl. Santa María ℘ 928 87 82 82, Fax 928 87 84 00, ⛱,
  « Armonioso conjunto rural con bodega típica, artesanía local y bonito jardín » – ⑩
  VISA. ⅏
  Comida - sólo almuerzo - carta aprox. 27,05.

Corralejo 35660 – Playa.
  Ver : *Puerto y Playas* ★.
  🅱 pl. Pública de Corralejo ℘ 928 86 62 35 turismo.laoliva@teleline.es Fax 928 86 61 86.
  Puerto del Rosario 38.

  Atlantis Palace, av. Grandes Playas 12 ℘ 928 53 60 50, management@atlantishote
  l.com, Fax 928 53 53 67, ⅃⑤, ⅀ – ⧫ ▤ ⏹ ⅙ ⇔ – ⅍ 25/200. AE ⑩ VISA. ⅏
  Comida - sólo cena buffet - 15,93 – **221 hab** � 48,08/60,10 – 7 suites.

  Atlantis Dunapark, av. Generalísimo Franco ℘ 928 53 52 51, management.dunapa
  rk@atlantishotels.com, Fax 928 53 54 91, ⅃⑤, ⅀ climatizada, ⅄ – ▤ ⏹ ⅙. AE ⓞ ⑩
  VISA. ⅏
  Comida - sólo cena buffet - 15,93 – **79 hab** � 54,69/90,16.

  Suite H. Fuentepark, Anguila 1 ℘ 928 53 53 10, reservations@atlantishotels.com,
  Fax 928 53 51 75, ⅀ climatizada – ▤ ⏹. AE ⑩ VISA. ⅏
  Comida - sólo cena buffet - 9,46 – **76 hab** � 58,05/70,67.

Puerto del Rosario 35600 – 16 883 h – Playa.

de Fuerteventura, Sur : 6 km 928 86 06 00 – Iberia : El Matorral 928 86 05 00.
para Lanzarote, Gran Canaria y Tenerife : Cía Trasmediterránea, León y Castillo 58 928 85 08 77 Fax 928 85 24 08.
av. de la Constitución 5 928 53 08 44 patturismo@cabildofuer.es Fax 928 85 16 95.
Corralejo 38 ①

Palace Puerto Rosario sin rest, av. Ruperto González Negrín 9 928 85 94 64, recepcion@hmppuertodelrosario.com, Fax 928 85 22 60, ⩽ – TV. AE MC VISA. CY h
6,02 – **88 hab** 54,10/82,95.

Atlántico, Hermanos Machado 26 928 85 85 12 – AE ◑ MC VISA. BZ d
cerrado del 1 al 15 de agosto, domingo y festivos – **Comida** carta 21,60 a 39.

PUERTO
DEL ROSARIO

1º de Mayo (Av.)	**BYZ**
23 de Mayo	**ABZ**
Almirante Lallermand (El)	**CY**
Barranco Negrin	**AZ**
Barranco Pilón	**BY**
Cataluña	**AY**
Cervantes	**AY**
Comandante Díaz Trayter	**CY** 4
Cosco	**AZ**
Cruz (La)	**BY**
Domínguez Peña	**CY**
Doctor Fleming	**BZ** 5
Duero	**BZ**
Dulcinea	**AY**
Ecuador	**CY**
Fernández Castañeira	**BZ** 8
Garcia Escámez	**BZ**
Gomera (La)	**AY**
Goya	**AZ**
Gran Canaria	**ABY**
Gran Capitán	**CY**
Hernán Cortés	**CY**
Hispanidad	**CY**
Jesús y Maria	**BCY** 9
Juan de Berthencourt (Av.)	**ABY**
Juan José Felipe	**BZ** 10
León y Castillo	**ABY**
Mancha (La)	**AYZ**
Manuel Velázquez Cabrera (Av.)	**CY**
Méjico	**CY**
Miño	**BZ** 13
Molinos de Vento	**BYZ**
Nuestra Señora Virgen de la Peña	**AY**
Pozos (Los)	**BZ**
Prof. Juan Tadeo Cabrera	**BZ**
Rafael Alberti	**AZ**
Reyes de España (Av. de los)	**BCZ**
Rosario (El)	**BZ**
Sagrado Corazón	**CY** 14
San Roque	**BZ**
Sancho Panza	**AY**
Santo Tomás de Aquino	**BCY**
Secundino Alonso	**BZ**
Sevilla	**AY**
Tenerife	**AY**
Teresa Lopez	**BY**
Velázquez	**AY**
Venta (La)	**AYZ**
Viriato	**CY**
Zurbarán	**AYZ**

en Playa Blanca *por* ② : *3,5 km* :

Fuerteventura, ✉ 35610 Puerto del Rosario, ☎ 928 85 11 50, *Fax 928 85 11 58*, ≤, ⌿, ⇌, ✕ – TV 🚗 P – 25/40. AE ① MC VISA. ✗
Comida 21,09 – ☕ 7,21 – **50 hab** 55,29/69,12.   por carret. del aeropuerto   AZ

In questa guida
uno stesso simbolo, uno stesso carattere
stampati in rosso o in nero, in magro o in **grassetto**,
hanno un significato diverso.
Leggete attentamente le pagine esplicative.

LANZAROTE (Las Palmas)

Arrecife 35500 – 33 398 h – Playa.

Alred. : Fundación César Manrique★ por ① : 7 km – Teguise (castillo de Santa Bárbara ☀★) por ① : 11 km – Tiagua (Museo Agrícola El Patio★) por ③ : 13 km – Guatiza (Jardín de Cactus★) por ① : 15 km – La Geria★★ (de Mozaga a Yaiza) por ③ : 17 km - Cueva de los Verdes★★★ Noreste : 27 km por Guatiza – Jameos del Agua★ Noreste : 29 km por Guatiza - Mirador del Río★★ (☀★★) Noroeste : 33 km por Guatiza. ✈ de Lanzarote, Oeste : 6 km ☎ 928 84 60 01. ⛴ para Gran Canaria, Tenerife, La Palma y la Península : Cía. Trasmediterránea, José Antonio 90 ☎ 928 82 49 30 Telex 95336 Fax 928 81 23 63.

🛈 Blas Cabrera Felipe ☎ 928 81 17 62 info@turismolanzarote.com Fax 928 80 00 80 – **R.A.C.E.** Blas Cabrera Tophan 17-1º izda ☎ 928 80 68 81 Fax 928 80 65 86.

Costa Teguise 7 ①

ARRECIFE

Aniagua	B 2	El Guinaguaria	B 7
Aquilino Fernández	C 3	Emilio Ley	C 8
Colombia	B 4	Fenauto	B 9
		Fernández Ladreda	C 10
		García de Hita	C 14

Inés (La)	B 15
José Betancort	C 16
José Ortega y Gasset	B 17
Mercedes (La)	D 20

Lancelot, av. Mancomunidad 9 — 928 80 50 99, Fax 928 80 50 39, ⩽, ☇ – |⊉|, ▤ rest, TV – 🛁 25/100. AE ⓪ MO VISA JCB. ⋘ – **Comida** 10,82 – **110 hab** ☷ 52,89/67,31. B t

Miramar, av. Coll 2 — 928 80 15 22, hmiramar@teleline.es, Fax 928 80 15 33, ☷ – |⊉| TV ⴵ. AE ⓪ MO VISA. ⋘ C z
Comida (cerrado sábado y domingo) 9,02 – ☷ 4,81 – **85 hab** 48,08/63,11.

Chef Nizar, Luís Morote 19 — 928 80 12 60 – ▤. MO VISA. ⋘ C h
cerrado 20 mayo-5 julio y domingo – **Comida** - rest. libanés - carta aprox. 32.

por la carretera de Tías Oeste : 2,5 km :

A. Colón, Cactus - urb. Ciudad Jardín - playa del Cable, ✉ 35500, — 928 80 56 49, Fax 928 51 25 54 – ▤. AE ⓪ MO VISA. ⋘   por José Antonio Primo de Rivera   A
cerrado 15 agosto-15 septiembre – **Comida** carta 29,96 a 47,08.

Islas CANARIAS

Costa Teguise 35509 – Playa.

₁₈ Costa Teguise, urb. Costa Teguise ℘ 928 59 05 12 Fax 928 59 23 37.
Arrecife 7.

Gran Meliá Salinas ⬧, av. Islas Canarias ℘ 928 59 00 40, *gran.melia.salinas@solme lia.com,* Fax 928 59 11 10, ≤, ⛲, « Profusión de plantas. Terraza con ☷ climatizada », Ⓕ, ⛆, ✗ – |♯| ▤ TV P – ⚐ 25/400. AE ① ⓜⓒ VISA. ✗
Atlántida (sólo cena buffet) **Comida** 37,56 - *La Graciosa (sólo cena, cerrado domingo y lunes)* **Comida** carta aprox. 44,47 - *Casa Canaria (cerrado martes)* **Comida** carta aprox. 33,05 – **308 hab** ⚍ 267,45/318,53 – 2 suites.

Occidental Teguise Playa ⬧, av. El Jablillo ℘ 928 59 06 54, *teguise@occidental -hoteles.com,* Fax 928 59 09 79, ≤, Ⓕ, ☷ climatizada, ✗ – |♯| ▤ TV & P – ⚐ 25/325. AE ① ⓜⓒ VISA. ✗
Comida - sólo buffet - 20,43 – ⚍ 7,81 – **303 hab** 114,19/153,26 – 11 suites.

La Jordana, Los Geranios - Local 10 y 11 ℘ 928 59 03 28, ⛲ – ▤. AE ⓜⓒ VISA. ✗
cerrado septiembre y domingo – **Comida** carta 20,20 a 27,90.

Neptuno, Península del Jablillo - Local 6 ℘ 928 59 03 78, Fax 928 59 07 06 – ▤. AE ① ⓜⓒ VISA. ✗
cerrado 15 junio-15 julio y domingo – **Comida** carta aprox. 28,10.

al Norte : 2 km :

Beatriz Costa Teguise ⬧, Atalaya 3, ⊠ 35509, ℘ 928 59 08 28, *reservasl@beatri zhoteles.com,* Fax 928 59 00 52, Ⓕ, ☷ climatizada, ✗ – |♯| ▤ TV & P – ⚐ 25/1000
Comida - sólo cena buffet – **332 hab** – 16 suites.

al Suroeste : 2 km :

Occidental Oasis ⬧, av. del Mar, ⊠ 35509, ℘ 928 59 04 10, *oasis@occidental-ho teles.com,* Fax 928 59 07 91, ≤, Ⓕ, ☷ climatizada, ⛆, ✗ – |♯| ▤ TV & P – ⚐ 25/550. AE ① ⓜⓒ VISA. ✗
Comida - sólo buffet - 20,43 - *Via Veneto (cocina italiana, sólo cena, cerrado de domingo a miércoles)* **Comida** carta aprox. 27,05 - *Las Reses (cerrado de jueves a lunes)* **Comida** carta aprox. 20,43 – **360 hab** ⚍ 114,79/153,26 – 12 suites.

Barceló Suites ⬧, av. del Mar 5, ⊠ 35509, ℘ 928 59 13 29, *suites@barcelo.com,* Fax 928 59 13 37, Ⓕ, ☷ climatizada, ✗ – |♯| ▤ TV P – ⚐ 25/200. ① ⓜⓒ VISA. ✗
Comida - sólo buffet - 14,42 – ⚍ 7,21 – **194 hab** 81,70/97,90 – 248 suites – PA 28,80.

Haría 35520 – 2 626 h alt. 270.

Alred. : *Mirador* ≤★ *Sur : 5 km – Fundación César Manrique*★ *Norte : 7 km.*
Arrecife 29.

Casa'l Cura, Nueva 1 ℘ 928 83 55 56, Fax 928 82 14 42 – P. AE ⓜⓒ VISA. ✗
Comida - sólo almuerzo - carta aprox. 24,62.

Montañas del Fuego – Zona de peaje.

Ver : *Parque Nacional de Timanfaya*★★★.
Arrecife 31.

Mozaga 35562.

Arrecife 13.

Caserío de Mozaga ⬧, Malva 8 ℘ 928 52 00 60, *reservas@caseriodemozaga.com,* Fax 928 52 20 29, ≤ – TV. AE ① ⓜⓒ VISA. ✗
Comida - sólo cena, sólo clientes - 14,72 – **6 hab** ⚍ 76/107 – 2 suites.

Nazaret 35509.

Arrecife 15.

Lagomar, Los Loros 6 ℘ 928 84 56 65, *info@lag-o-mar.com,* Fax 928 84 53 69, ⛲, « Emplazamiento singular al pie de una roca con lago artificial y cuevas » – P. ⓜⓒ VISA. ✗
cerrado domingo noche y lunes – **Comida** carta aprox. 28,55.

Playa Blanca – *Playa.*

Alred. : *Punta del Papagayo★ ≤★ Sur : 5 km.*
Arrecife 38.

Timanfaya Palace ⛣, urb. Montaña Roja ✆ 928 51 76 76, *timan @ h10.es*, Fax 928 51 70 35, ≤, ⌨, ⟰ climatizada, ✗ – 🛗 ▤ TV P – 🏊 25/550
Comida - sólo cena buffet – **293 hab** – 8 suites.

Hesperia Playa Dorada ⛣, costa de Papagayo, ✉ 35570 Yaiza, ✆ 928 51 71 20, *playa-dorada @ adv.es*, Fax 928 51 74 32, ≤, ⌨, ⟰ climatizada, ⟰, ✗ – 🛗 ▤ TV 🚹 P – 🏊 25/250. AE ① MC VISA. ✗
Comida - sólo cena buffet - 15,93 – **458 hab** ☕ 90,15/123,21 – 8 suites.

Lanzarote Princess ⛣, costa de Papagayo, ✉ 35570 Yaiza, ✆ 928 51 71 08, *lanp r@h10.es*, Fax 928 51 70 11, ≤, « Terraza con ⟰ climatizada », ✗ – 🛗 ▤ TV P – 🏊 25/200. AE ① MC VISA ✗
Comida - sólo cena buffet - 12,02 – ☕ 7,21 – **375 hab** 69,11/109,38 – 32 suites.

El Marisco Casa Brígida, El Palangre 1, ✉ 35570 Yaiza, ✆ 928 51 73 85, 🏠 – ① MC VISA. ✗
cerrado 15 junio-15 julio y lunes – **Comida** carta 18,63 a 20,41.

Puerto del Carmen 35510 – *Playa.*

🛈 av. de las Playas ✆ 928 51 33 51 *puertodelcarmen @ tias.org* Fax 928 51 56 15.
Arrecife 15.

Los Fariones, Roque del Este 1 ✆ 928 51 01 75, *fariones @ infolanz.es*, Fax 928 51 02 02, 🏠, « Terraza y jardín tropical con ≤ mar », ⌨, ⟰ climatizada, ⟰, ✗ – 🛗, ▤ rest, TV – 🏊 25/75. AE ① MC VISA. ✗
Comida - sólo cena buffet - 21,04 – **242 hab** ☕ 120,20 – 6 suites.

Fariones Playa, Acatife 2 ✆ 928 51 34 00, *fariones @ infolanz.es*, Fax 928 51 02 02, ≤, ⌨, ⟰ climatizada, ⟰, ✗ – 🛗 ▤ TV 🚹 – 🏊 25/150. AE ① MC VISA. ✗
Comida - sólo cena buffet - 21,04 – **231 apartamentos** ☕ 120,20.

La Cañada, César Manrique 3 ✆ 928 51 04 15, *restcanada @ eresmas.com*, Fax 928 51 21 08, 🏠 – ▤. AE ① MC VISA. ✗
cerrado domingo – **Comida** carta aprox. 25,83.

El Faro, Alegranza 2 ✆ 928 51 47 90, *fariones @ infolanz.es* – AE ① MC VISA. ✗
Comida - sólo cena - carta 14,13 a 23,14.

en la playa de Los Pocillos *Este : 3 km :*

La Geria, Júpiter 5, ✉ 35519 Los Pocillos, ✆ 928 51 04 41, *hlageria @ hvsl.es*, Fax 928 51 19 19, ≤, ⌨, ⟰ climatizada, ⟰, ✗ – 🛗 ▤ TV P. ① MC VISA. ✗
Comida - sólo cena buffet - 18,03 – ☕ 9,62 – **244 hab** 87,15/132,22.

en la urbanización Matagorda *Este : 4,5 km :*

C. Colón, Centro Comercial Matagorda 47, ✉ 35510 Matagorda, ✆ 928 51 25 54, Fax 928 51 25 54 – AE ① MC VISA. ✗
Comida carta 19,39 a 22,87.

San Bartolomé 35550 – *6 798 h alt. 240.*

Arrecife 8.

al Noroeste : *3,5 km :*

Finca de La Florida ⛣, El Islote 90, ✉ 35550, ✆ 928 52 11 36, *reserva @ hotelfi ncadelaflorida.com*, Fax 928 52 03 11, ≤, ⌨, ⟰ climatizada, ✗ – ▤ TV P. AE ① MC VISA. ✗
cerrado mayo-junio – **Comida** - sólo cena, sólo clientes - 15,03 – **15 hab** ☕ 102,18/126,23 – 1 apartamento.

Yaiza 35570 – *5 125 h alt. 192.*

Alred. : *La Geria★★ (de Yaiza a Mozaga) Noreste : 17 km – Salinas de Janubio★ Suroeste : 6 km – El Golfo★★ Noroeste : 8 km.*
Arrecife 22.

Finca de las Salinas ⛣, La Cuesta 17 ✆ 928 83 03 25, *fsalina @ santandersuperne t.com*, Fax 928 83 03 29, ⌨, ⟰ climatizada, ✗ – ▤ TV P. AE MC VISA. ✗
cerrado julio – **Comida** *(cerrado domingo)* - sólo cena, sólo clientes - carta aprox. 22,84 – **17 hab** ☕ 113,59/168,28 – 2 suites.

La Era, Barranco 3 ✆ 928 83 00 16, *info @ la-era.com*, Fax 928 83 03 68, « Instalado en una casa de campo del siglo XVII » – P. AE ① MC VISA. ✗
Comida carta 18,62 a 23,89.

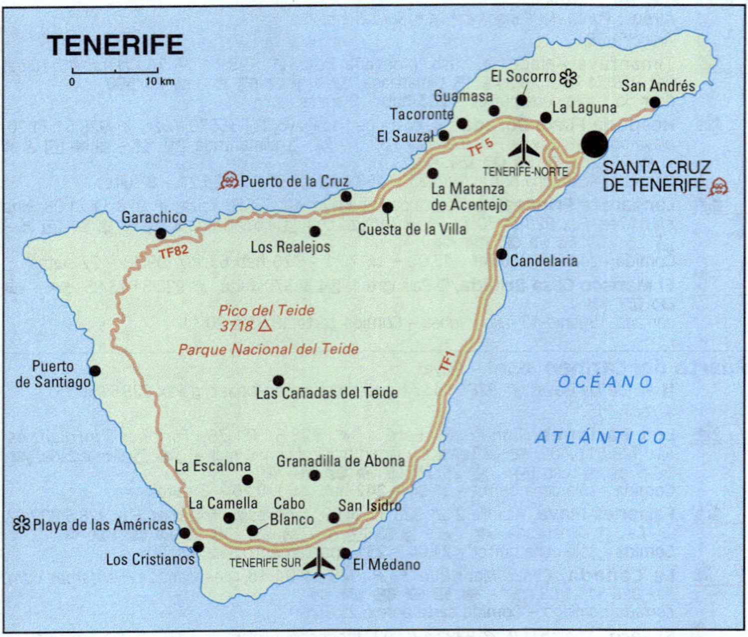

Arona *38640 – 41 636 h alt. 610.*
Alred. : *Mirador de la Centinela★ Sureste : 11 km.*
Santa Cruz de Tenerife 72.

en La Camella *Sur : 4,5 km :*

Mesón Las Rejas, carret. General del Sur 1, ✉ 38267 La Camella, ☎ 922 72 08 94, *Fax 922 72 12 99* – ▤. AE MC VISA. ✈ – *cerrado 15 junio-15 julio y domingo* – **Comida** - espec. en carnes y asados - carta aprox. 24,33.

en Cabo Blanco *Sureste : 6,5 km :*

Los Ángeles, carret. General 23, ✉ 38626 Cabo Blanco, ☎ 922 72 04 62, *Fax 922 72 04 62,* 🏠 – ▤ P. AE MC VISA. ✈ – *cerrado del 15 al 31 de enero, del 15 al 31 de julio, domingo noche y lunes* – **Comida** carta 31,24 a 34,84.

Candelaria *38530 – 10 655 h – Playa.*
Santa Cruz de Tenerife 22.

El Archete, Lomo de Aroba 2 - cruce autopista ☎ 922 50 01 15, *Fax 922 50 01 15* – ▤ P. MC VISA. ✈ – *cerrado domingo* – **Comida** carta 17,72 a 21,31.

Las Cañadas del Teide – *alt. 2 160 – 1.*
Ver : *Parque Nacional del Teide★★★.*
Alred. : *Pico del Teide★★★ Norte : 4 km, teleférico y 45 min. a pie* – Boca de Tauce★★ *Suroeste : 7 km.*
Excurs. : *Ascenso por La Orotava★.*
Santa Cruz de Tenerife 67.

Parador de Las Cañadas del Teide ⚘, ✉ 38300 apartado 15 La Orotava, ☎ 922 38 64 15, *canadas@parador.es, Fax 922 38 23 52,* ← valle y Teide, « En un paraje volcánico », ⛹, 🧖 – ▤ ▤ TV ♿ P. AE ◑ MC VISA. ✈
Comida 22,84 – ☕ 8,71 – **37 hab** 76,01/95,02.

Los Cristianos 38650 – Playa.

⛴ *Cía. Trasmediterránea, Muelle de los Cristianos* ☎ *922 79 61 78 Fax 922 79 61 79.*
Santa Cruz de Tenerife 75.

Arona G.H., av. Juan Carlos I ☎ 922 75 06 78, arona@ aronahotel.com, Fax 922 75 02 43,
≤, 🌳, ⌂, ⌐ climatizada – 🛗 ▤ 📺 – 🏋 25/250. AE ⑩ MC VISA. ✸
Comida - cena sólo buffet - **La Palapa** *(sólo almuerzo)* **Comida** carta 13,52 a 23,13 –
399 hab ⚏ 111,19/162,27 – 2 suites.

Paradise Park, urb. Oasis del Sur ☎ 922 75 72 27, reservations@ hotelparadisepark.com,
Fax 922 79 48 59, 🌳, ⌂, ⌐ climatizada – 🛗 ▤ 📺 ♿ 🅿 – 🏋 25/120. AE ⑩ MC VISA. ✸
Comida 12,32 – **280 hab** ⚏ 90,15/144,24 – 112 apartamentos.

Reverón Plaza, General Franco 26 ☎ 922 75 71 20, hotelplaza@ atlantis.es,
Fax 922 75 70 52, 🌳, « Ambiente acogedor », ⌂, ⌐ climatizada – 🛗 ▤ 📺 – 🏋 25/50.
AE ⑩ MC VISA. ✸ -**Mirador Plaza :** Comida carta 21 a 36,66 – ⚏ 9,01 – **44 hab** 60,10/96,16.

X **Le Bistrot d'Alain,** Valle Menéndez 16 ☎ 922 75 23 36, 🌳 – ▤. AE MC VISA
cerrado junio-15 julio y lunes – **Comida** - sólo cena, cocina francesa - carta aprox. 26,75.

X **El Rincón del Arroz,** Los Sabandeños-edificio Soledad-Local 1 ☎ 922 79 73 70, rinc
ondelarroz@ eresmas.com – ▤. AE ⑩ MC VISA. ✸ – *cerrado 15 diciembre-8 enero, 23
mayo-7 junio, domingo noche y lunes* – **Comida** - espec. en arroces - carta 18,48 a 27,80.

Garachico 38450 – 5 755 h.

Santa Cruz de Tenerife 61.

San Roque 🐾, Esteban de Ponte 32 ☎ 922 13 34 35, info@ hotelsanroque.com,
Fax 922 13 34 06, 🌳, « Casa señorial de estilo modernista con bonito patio canario »,
⌐ climatizada – ▤ 📺. AE ⑩ MC VISA. ✸ rest
Comida - sólo menú - 21,05 – **20 hab** ⚏ 150,26/228,39.

Granadilla de Abona 38600 – 17 141 h alt. 670.

Santa Cruz de Tenerife 68.

🏠 **Senderos de Abona,** La Iglesia 5 ☎ 922 77 02 00, Fax 922 77 03 08, 🌳, « Acogedor
marco rústico antiguo en torno a varios patios ajardinados » – 📺. AE MC VISA. ✸
cerrado del 1 al 15 de junio – **Comida** *(cerrado miércoles)* 12,02 – **17 hab** ⚏ 66,11/96,16.

Guamasa 38330.

Santa Cruz de Tenerife 26.

XXX **La Berlanga,** carret. C 820-216 ☎ 922 63 91 05, Fax 922 63 91 09 – ▤ 🅿.

Güimar 38500 – 14 345 h alt. 290.

Alred. : *Mirador de Don Martín*★ *Sur : 4 km. Santa Cruz de Tenerife 36.*

Icod de los Vinos 38430 – 21 329 h.

Ver : *Pueblo*★ *- Drago milenario*★*.* **Alred. :** *Valle de El Palmar*★★ *Oeste : 20 km – San Juan
del Reparo (carretera de Garachico* ≤★*) Suroeste : 6 km.*
Santa Cruz de Tenerife 60.

La Laguna 38200 – 117 718 h alt. 550.

Ver : *Iglesia de la Concepción*★.

Alred. : *Monte de las Mercedes*★★ *(Mirador del Pico del Inglés*★★*, Mirador de Cruz del
Carmen*★*) Noreste : 11 km – Mirador del Pico de las Flores* ✳★★ *Suroeste : 15 km – Pinar
de La Esperanza*★ *Suroeste : 20 km – Puerto de El Bailadero*★ *Noreste : 20 km – Taganana*★
(carretera ≤★★ *de El Bailadero) Noreste : 24 km.* 🛈 Obispo Rey Redondo 1 ✉ 38201
☎ 922 60 11 06 turismo.laguna@ cabtfe.es Fax 922 60 11 02. Santa Cruz de Tenerife 9.

🏨 Nivaria sin rest, pl. del Adelantado 11, ✉ 38201, ☎ 922 26 42 98, Fax 922 25 96 34 –
🛗 📺 🚗 – 🏋 25/65
73 apartamentos.

X La Hoya del Camello, carret. General del Norte 128 - Oeste : 1,5 km, ✉ 38293,
☎ 922 26 20 54, Fax 922 26 51 05 – 🅿.

X Casa Maquila, callejón Maquila 4, ✉ 38202, ☎ 922 25 70 20.

X **El Principito,** Santo Domingo 26, ✉ 38201, ☎ 922 63 39 16 – ▤. ⑩ MC VISA. ✸
cerrado domingo y lunes – **Comida** carta 23,44 a 29,15.

en la carretera de La Esperanza Suroeste : 3 km :

XX Los Candiles, ✉ 38206, ☎ 922 31 22 80, Fax 922 31 22 12 – 🅿.

Masca 38489.

Ver : *Paisaje*★. *Santa Cruz de Tenerife 90.*

La Matanza de Acentejo *38370 – 5 883 h alt. 520.*

Santa Cruz de Tenerife 26.

al Noroeste : *3 km :*

El Faisán de Lucas, Acentejo 68, ⊠ 38370, ℘ 922 57 82 49, ≤, 🛖 – **P**.
Comida - sólo cena salvo fines de semana.

El Médano *38612 – Playa.*

✈ *Tenerife-Sur, Oeste : 8 km ℘ 922 75 90 00.*
Santa Cruz de Tenerife 62.

Avencio, Chasna 6 ℘ 922 17 60 79 – 🔲. **AE** **MC** **VISA**. ❄
cerrado septiembre, domingo noche y lunes – **Comida** carta aprox. 18,03.

La Orotava *38300 – 34 871 h alt. 390.*

Ver : *Calle de San Francisco*★ *– Emplazamiento*★.
Alred. : *Mirador Humboldt*★★★ *Noreste : 3 km – Sur : Valle de La Orotava*★★★.
🗋 *La Carrera 2 ℘ 922 32 30 41 Fax 922 33 45 12.*
Santa Cruz de Tenerife 36.

Playa de las Américas *38660 – Playa.*

Alred. : *Adeje (Barranco del Infierno*★, *2 km a pie) Norte : 7 km.*
🇵9 🇵18 *Sur, urb. El Guincho, Sureste : 15 km ℘ 922 73 81 70.*
🗋 *av. Rafael Puig Llubina 1 ℘ 922 75 06 33 admin@correo.costaadeje.es Fax 922 75 06 33.*
Santa Cruz de Tenerife 75.

G.H. Bahía del Duque ⟩, Alcalde Walter Paetzmann (playa del Duque), ⊠ 38660
Costa Adeje, ℘ 922 74 69 00, comercial@bahia-duque.com, Fax 922 74 69 25, ≤, 🛖,
« Imitando unas villas de época en acogedora armonía con vegetación subtropical en torno a
varias ⊠ », 🛁, ⊠ climatizada, 🚗, ✗ – 🛗 🔲 TV & **P** – 🔼 25/1000. **AE** **①** **MC** **VISA**. ❄
El Duque (sólo cena, cerrado julio y domingo) **Comida** carta 35,46 a 49,29 - *La Brasserie*
(sólo cena, cerrado mayo y martes) **Comida** carta 30,05 a 41,48 - *La Trattoria* (sólo cena,
cerrado junio y lunes) **Comida** carta 26,15 a 36,06 – **324 hab** ⊇ 406,89/431,53 – 38 suites.

Jardines de Nivaria ⟩, París (playa de Fañabé), ⊠ 38660 Costa Adeje,
℘ 922 71 33 33, informacion@nivaria.es, Fax 922 71 33 40, ≤, 🛖, « Bonita zona ajardinada con ⊠ climatizada frente al mar », 🛁, ✗ – 🛗 🔲 TV & 🚗 – 🔼 25/350. **AE**
① **MC** **VISA**. ❄
La Cúpula (sólo cena, cerrado domingo) **Comida** carta 25 a 38 - *Solandra* (sólo cena
buffet) **Comida** 27,05 – **249 hab** ⊇ 210/331 – 22 suites.

Grand H. Anthelia Park ⟩, Londres, ⊠ 38670 Costa Adeje, ℘ 922 71 33 35, gran
.hotel.anthelia@iberostar.com, Fax 922 71 90 81, ≤, 🛖, ⊠ climatizada, ✗ – 🛗 🔲 TV
& 🚗 **P** – 🔼 25/400. **AE** **①** **MC** **VISA**. ❄
Comida 26,95 - *Poseidón* (sólo cena) **Comida** carta aprox. 45,07 - *Zeus* (sólo cena buffet)
Comida 26,95 – **324 hab** ⊇ 161,67/245,21 – 41 suites.

Jardín Tropical, Gran Bretaña, ⊠ 38670 Costa Adeje, ℘ 922 74 60 00, hotel@jardin-tro
pical.com, Fax 922 74 60 60, ≤, 🛖, « Profusión de plantas y jardines subtropicales en
un armonioso conjunto », 🛁, ⊠ climatizada – 🛗 🔲 TV **P** – 🔼 25/300. **AE** **①** **MC** **VISA**. ❄
Comida - ver también rest. *El Patio - Las Rocas* (arroces, pescados y mariscos) **Comida**
carta 27,65 a 44,78 - *Las Mimosas* (sólo buffet) **Comida** 29,44 – **434 hab**
⊇ 346,17/512,04.

Gala, av. Arquitecto Gómez Cuesta 3 ℘ 922 79 45 13, hotelgala@interbook.net,
Fax 922 79 64 65, 🛁, ⊠ climatizada – 🛗 🔲 TV 🚗 – 🔼 25/300. **AE** **①** **MC**
VISA. ❄
Comida - sólo buffet - 12,62 – **308 hab** ⊇ 115,69/165,27 – 10 suites.

Bitácora, av. Antonio Domínguez Alfonso 1 ℘ 922 79 15 40, bitacora@springhoteles
.com, Fax 922 79 66 77, ⊠ climatizada, 🚗, ✗ – 🛗 🔲 TV &. **AE** **①** **MC** **VISA**. ❄
Comida - sólo buffet - 21 – ⊇ 9,62 – **314 hab** 90,15/138,23 – PA 40,87.

Occidental La Siesta, Rafael Puig 21 ℘ 922 79 23 00, lasiesta@occidental-hoteles.com,
Fax 922 79 22 20, ⊠ climatizada, 🚗, ✗ – 🛗 🔲 TV & – 🔼 25/650. **AE** **①** **MC** **VISA**. ❄
Comida - sólo buffet - 14,42 – ⊇ 11,41 – **282 hab** 93,75/114,19 – PA 37,86.

Park H. Hesperia Troya, av. Rafael Puig Lluvina 2 ℘ 922 79 01 00, hotel@hesper
ia-troya.com, Fax 922 79 45 72, 🛁, ⊠ climatizada, ✗ – 🛗 🔲 TV **P**. **AE** **①** **MC** **VISA**. ❄
Comida - sólo buffet - 21,63 – **354 hab** ⊇ 60,10/96,16.

XXX El Patio - *Hotel Jardín Tropical*, Gran Bretaña, ✉ 38670 Costa Adeje, ✆ 922 74 60 00,
❀ *elpatio@ jardin-tropical.com, Fax 922 74 60 60,* ☎, « Jardín de invierno » – ▤. AE ① MO
VISA. ⚘ – **Comida** - sólo cena - 54,09 y carta 33,66 a 40,57
Espec. Carpaccio de atún rojo con tapenade. Lomo de lubina crujiente con picadillo de hongos. Helado cremoso de gofio con crujiente de millo.

X **Bleu de Toit,** Centro Comercial Río Center - Torviscas ✆ 922 71 49 38, *bleu-de-toit*
@ canary-guide.com, Fax 922 71 49 38 – ▤. AE MO VISA
cerrado mayo y domingo – **Comida** - sólo cena, cocina francesa - carta 25,75 a 45,47.

Puerto de la Cruz *38400 – 39 549 h – Playa.*

Ver : *Pueblo★ – Paseo Marítimo★ (Lago Martiánez★)* BZ.
Alred. : *Playa Jardín★ por av. Blas Pérez González* AZ – *Jardín de aclimatación de La
Orotava★★★ por* ① *: 1,5 km – Mirador Humboldt★★★, La Orotava★ por* ①.
🛈 *pl. de Europa* ✆ *922 38 60 00 vicentet@ cabtfe.es Fax 922 38 47 69.*
Santa Cruz de Tenerife 36 ①

Planos páginas siguientes

🏨 **Botánico** ⚘, Richard J. Yeoward 1 ✆ 922 38 14 00, *hotelbotanico@ hotelbotanico.com,*
Fax 922 38 15 04, ≤, « Jardines tropicales », ₤₅, ⚊ climatizada, ※ – ❙ ▤ TV P –
⚒ 25/500. AE ① MO VISA. ⚘   DZ h
Comida 36,06 -*La Parrilla* (sólo cena) Comida carta 36,06 a 45,08 -*Il Pappagallo* (sólo cena,
cocina italiana) **Comida** carta aprox. 40,87 - *The Oriental* (cocina tailandesa, sólo cena, cerrado junio-agosto) **Comida** carta aprox. 42,07 – **240 hab** ☕ 118,05/162,57 – 10 suites.

🏨 **Semiramis,** Leopoldo Cólogan Zulueta 12 - urb. La Paz ✆ 922 37 32 00, *hotelsemira*
mis@ retemail.es, Fax 922 37 31 93, ≤ mar, ₤₅, ⚊ climatizada, ※ – ❙ ▤ TV –
⚒ 25/920. AE ① MO VISA. ⚘ – **Comida** *(cerrado miércoles)* - sólo cena - carta aprox.
29,05 – **294 hab** ☕ 82,64/112,39 – 3 suites.   DY k

🏨 **El Tope,** Calzada de Martiánez 2 ✆ 922 38 50 52, *hoteleltope@ tope.es, Fax 922 38 00 03,*
≤, ⚊ climatizada, 🚡, ※ – ❙ ▤ TV P – ⚒ 25/250. AE ① MO VISA. ⚘   CZ e
Comida - cena sólo buffet - 30,05 – ☕ 12,85 – **217 hab** 96,20/132,20.

🏨 **Meliá Puerto de la Cruz,** av. Marqués de Villanueva del Prado ✆ 922 38 40 11, *meli*
a.puerto.de.la.cruz@ solmelia.com, Fax 922 38 65 59, ≤, ⚊ climatizada, 🚡, ※ – ❙ ▤ TV
P – ⚒ 25/400. AE ① MO VISA JCB. ⚘   DZ f
Comida - cena sólo buffet - 19,08 – ☕ 7,57 – **300 hab** 82,82/129,21.

🏨 **Tenerife Playa,** av. de Colón 12 ✆ 922 38 32 11, *tnpla@ h10.es, Fax 922 38 37 91,* ≤,
⚊ climatizada, 🚡 – ❙ ▤ TV ⅙ – ⚒ 25/130. AE ① MO VISA. ⚘   CY a
Comida - cena sólo buffet - 23,60 – ☕ 9 – **324 hab** 77,85/116,75.

🏨 **San Felipe,** av. de Colón 22 - playa Martiánez ✆ 922 38 33 11, *sanfl@ h10.es,*
Fax 922 37 37 18, ≤, ₤₅, ⚊ climatizada, 🚡, ※ – ❙ ▤ TV P – ⚒ 25/200. AE ① MO VISA.
⚘ – **Comida** - cena sólo buffet - 23,34 – **225 hab** ☕ 104,12/165,33 – 35 suites.   DY u

🏨 **Puerto Palace,** Doctor Cobiella Zaera (carret. de Las Arenas) ✆ 922 37 24 60, *hotel*
esmm@ eresmas.net, Fax 922 37 35 23, ≤, ⚊ climatizada, 🚡, ※ – ❙ ▤ TV ⅙ 🚗 –
⚒ 25/700. AE ① MO VISA. ⚘   por ②
Comida 27,20 – **290 hab** ☕ 101,12/131,33.

🏨 **Don Manolito,** Dr. Madán 6 ✆ 922 38 50 40, *mi.vaca@ interbook.net, Fax 922 37 08 77,*
⚊ climatizada – ❙, ▤ rest, TV. AE ① MO VISA. ⚘   AY m
Comida - sólo cena, sólo clientes - 11,72 – ☕ 5,11 – **93 hab** 60,10/72,12.

🏨 **Monopol,** Quintana 15 ✆ 922 38 46 11, *monopol@ interbook.net, Fax 922 37 03 10,*
« Patio canario con plantas », ⚊ climatizada – ❙, ▤ rest, TV. ① MO VISA JCB. ⚘ rest
Comida - cena sólo buffet - 10,22 – **92 hab** ☕ 39/78.   BY n

🏨 **Chimisay** sin rest, Agustín de Bethencourt 14 ✆ 922 38 35 52, *chimisay@ mx2redes*
tb.es, Fax 922 38 28 40, ⚊ climatizada – ❙ TV – ⚒ 25/40. AE VISA. ⚘   BY m
☕ 4,80 – **67 hab** 43/56.

🏨 **San Telmo,** San Telmo 18 ✆ 922 38 58 53, *hotelsantelmo@ hotelsantelmo.com,*
Fax 922 38 59 91, ≤, ⚊ climatizada – ❙, ▤ rest, TV. MO VISA. ⚘   CY e
Comida - sólo clientes - 9,62 – ☕ 3,79 – **91 hab** 31,85/57,10 – PA 18,03.

XX **Magnolia** *(Felipe "El Payés Catalán")*, av. Marqués de Villanueva del Prado
✆ 922 38 56 14, Fax 922 38 01 27, ☎ – ▤. AE ① MO VISA JCB. ⚘   DZ w
cerrado martes – **Comida** carta 19 a 37,80.

X **Régulo,** San Felipe 16 ✆ 922 38 45 06, *Fax 922 37 04 20,* « Patio con balcón y plantas »
– AE MO VISA. ⚘ – *cerrado julio y domingo* – **Comida** carta 15,49 a 23,14.   BY u

X **Palatino,** El Lomo 28 ✆ 922 38 23 74, *r-palati@ teleline.es, Fax 922 38 23 78* – ▤. AE ①
MO VISA JCB   AY t
cerrado del 15 junio-15 julio y domingo – **Comida** carta 17,88 a 31,83.

X **Mi Vaca y Yo,** Cruz Verde 3 ✆ 922 38 52 47, *Fax 922 37 08 77,* « Decoración típica » – AE
① MO VISA – *cerrado 15 mayo-junio, lunes y martes* – **Comida** carta 14,51 a 29,02.   BY e

Aguilar y Quesada .... **CY** 2	Cólogan .... **BY** 9	Enrique Talg .... **CZ** 17
Agustín de	Constitución	Iglesia (Pl. de la) .... **BY** 18
Bethencourt............ **BY** 3	(Plaza de la) .... **BZ** 12	José Arroyo .... **BY** 20
Agustín Espinoza ...... **AZ** 5	Cupido .... **BZ** 13	José del Campo Llarena
Álvarez Rixo .... **AZ** 6	Doctor Ingrand .... **BZ** 15	(Avenida) .... **AZ** 21
Casino .... **CY** 8	Doctor Madán .... **AYZ** 16	Luis Pavaggi (Paseo) ... **AZ** 25

Puerto de Santiago 38683 – *Playa.*

Alred. : *Los Gigantes (acantilado★) Norte : 2 km.*

Santa Cruz de Tenerife 101.

Pancho, playa de la Arena ✆ 922 86 13 23, fraro@abaforum.es, Fax 922 86 14 74,
– AE ① MC VISA
cerrado junio y lunes – **Comida** carta 19,24 a 27,43.

Los Realejos 38410 – 29 481 h alt. 420.

Santa Cruz de Tenerife 45.

Las Chozas, carret. del Jardín - Noreste : 1,5 km ✆ 922 34 20 54, « Decoración rústica »
– AE MC VISA
cerrado domingo – **Comida** - sólo cena - carta 17,10 a 18,90.

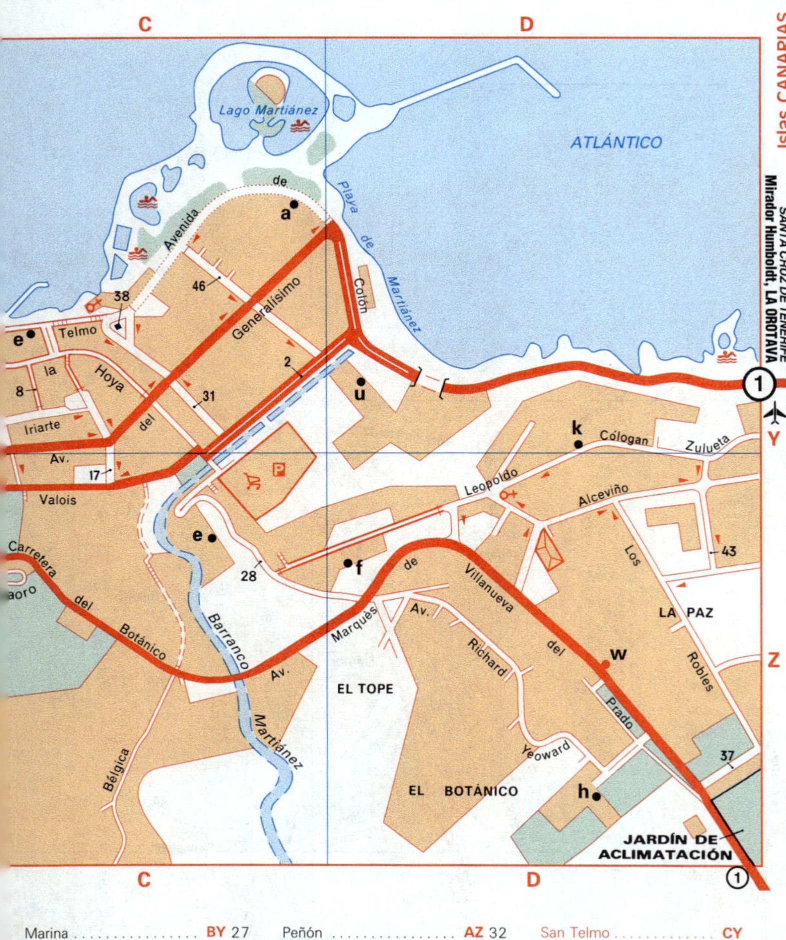

San Andrés 38120 – Playa.

Santa Cruz de Tenerife 8.

✗ **El Rubí**, Dique 19 ℘ 922 54 94 05, *ramonpl@ canariastelecom.com* – AE ⓘ MC
VISA JCB
Comida - pescados, mariscos y arroces - carta aprox. 21,04.

✗ **Ramón**, Dique 23 ℘ 922 54 93 08, *ramonpl@ canariastelecom.com* – AE ⓘ MC
VISA JCB
Comida - pescados y mariscos - carta aprox. 21,04.

San Isidro 38611.

Santa Cruz de Tenerife 61.

✗ **El Jable**, Bentejui 9 ℘ 922 39 06 98, « Rest. típico » – ▤. AE ⓘ MC VISA. ⌀
cerrado domingo y lunes mediodía – **Comida** carta aprox. 27,05.

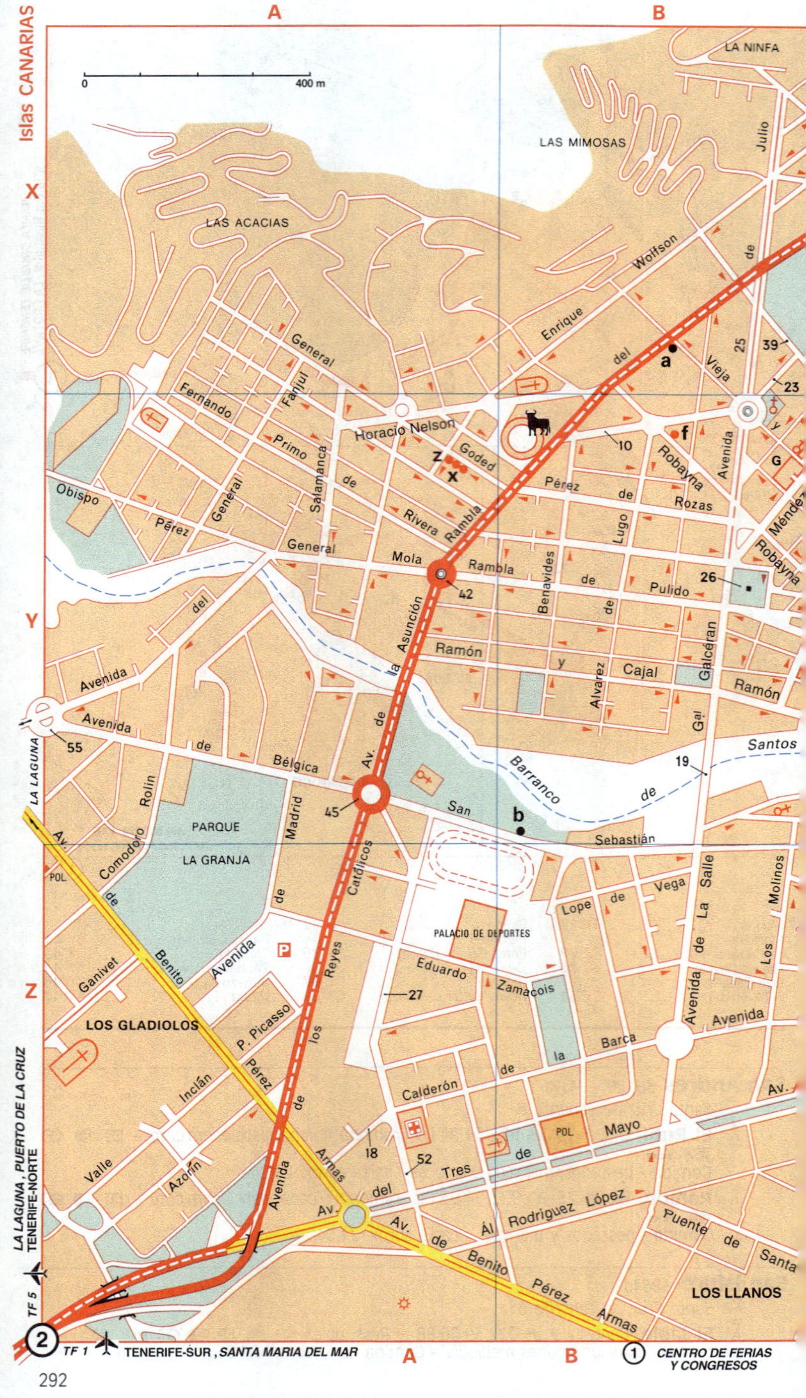

Islas CANARIAS
A
B
0   400 m
LA NINFA
LAS MIMOSAS
LAS ACACIAS
X
Julio
Wolfson
Enrique
del
Vieja
a
25
39
23
y
G
Méndez
Avenida
de
Fernando
General
Fanjul
Horacio Nelson
Z
Goded
X
10
f
Robayna
Rozas
Robayna
Obispo
Primo
Salamanca
Pérez
de
Lugo
Pérez
General
de
Rivera
Rambla
Benavides
de
Pulido
26
General
Mola
Rambla
de
Y
la
Asunción
42
Ramón
y
Álvarez
Cajal
Galcerán
Ramón
del
Avenida
Avenida
Gal.
Santos
LA LAGUNA, PUERTO DE LA CRUZ
TENERIFE-NORTE
LA LAGUNA
55
Rolin
Avenida
de
Bélgica
Av.
de
Barranco
de
19
San
b
45
Madrid
Catolicos
Sebastián
Av.
Comodoro
POL
PARQUE
LA GRANJA
de
la
Lope
de
Vega
de
La Salle
Los
Molinos
Ganivet
Benito
Avenida
Reyes
Av.
Avenida
P
los
PALACIO DE DEPORTES
Barca
Z
LOS GLADIOLOS
P. Picasso
de
Eduardo
Zamacois
27
Inclán
Pérez
de
Calderón
POL
Mayo
Valle
Azorín
Armas
18
52
Tres
de
Av.
del
Ál. Rodríguez López
Puente
de
Santa
Avenida
Av.
de
Benito
Pérez
Armas
LOS LLANOS
2
TF 5
TF 1
TENERIFE-SUR, SANTA MARIA DEL MAR
A
B
1
CENTRO DE FERIAS
Y CONGRESOS

292

SANTA CRUZ DE TENERIFE

Santa Cruz de Tenerife 38000 ℗ – 202 674 h.

Ver : *Dique del puerto* ⪡★ DX – *Parque Municipal García Sanabria*★ BCX – *Museo de la Naturaleza y el Hombre*★ CY – *Parque Marítimo César Manrique*★ CZ.

⬡₁₈ Tenerife, por ② : 16 km ℘ 922 63 66 07.

✈ Tenerife-Norte por ② : 13 km ℘ 922 63 59 99, y Tenerife-Sur por ② : 62 km ℘ 922 75 90 00 – Iberia : Villalba Hervás 2-4 ✉ 38002 ℘ 922 53 39 82 BZ.

⛴ *para La Palma, Gran Canaria, Lanzarote, Fuerteventura, La Gomera y la Península :* Cía Trasmediterránea, Muelle Ribera, Est. Marít. ✉ 38001 ℘ 902 45 46 45 Fax 922 84 22 43.

🛈 pl. de España ✉ 38003 ℘ 922 23 98 97 sonsoles@cabtfe.es Fax 922 23 98 12 – **R.A.C.E.** av. de Anaga (edificio Bahía Club) ✉ 38001 ℘ 922 65 97 00 Fax 922 59 66 06.

Playa de las Américas 75 ② – *Puerto de la Cruz 36* ①

Planos páginas precedentes

Mencey, av. Dr. José Naveiras 38, ✉ 38004, ℘ 922 27 67 00, *reservations.hotelmencey@ luxurycolletion.com, Fax 922 28 00 17*, 🍴, ☰ climatizada, ✕ – 🛗 ▤ TV ♿ – 🏛 25/500. AE ① MC VISA JCB. ✀
Comida carta 27,03 a 33,94 – ☕ 14,42 – **265 hab** 171,29/201,34, 21 suites.
CX k

Santa Cruz *(Hotel escuela),* av. San Sebastián 152, ✉ 38006, ℘ 922 01 05 00, *hotel.ehsc@hecansa.com, Fax 922 01 05 01* – 🛗 ▤ TV ♿ – 🏛 25/160. AE ① MC VISA. ✀
Comida 17,16 – ☕ 7,61 – **57 hab** 76,15/96,92 – 8 suites – PA 41,80.
BY b

Contemporáneo, rambla General Franco 116, ✉ 38001, ℘ 922 27 15 71, *consultas@ hotelcontemporaneo.com, Fax 922 27 12 23* – 🛗 ▤ TV 🚗 – 🏛 25/200. AE ① MC VISA. ✀
Comida *(cerrado agosto y domingo)* 14,42 – ☕ 6 – **124 hab** 57,69/85,64 – 2 suites – PA 29,62.
CX e

Príncipe Paz sin rest, Valentín Sanz 33, ✉ 38002, ℘ 922 24 99 55, *principepaz@ principepaz.com, Fax 922 28 10 65* – 🛗 ▤ TV – 🏛 25/80
80 hab.
CY a

Taburiente sin rest con cafetería, Doctor José Naveiras 24-A, ✉ 38001, ℘ 922 27 60 00, *hotel-taburiente@ teleline.es, Fax 922 27 05 62*, 🍴, ☰ – 🛗 TV 🚗 – 🏛 25/150. AE ① MC VISA. ✀
114 hab ☕ 63 – 2 suites.
CX r

Colón Rambla, Viera y Clavijo 49, ✉ 38004, ℘ 922 27 25 50, Fax 922 27 27 16, ☰ – 🛗 ▤ TV 🚗. AE MC VISA. ✀
Comida *(cerrado agosto, domingo y lunes)* 11,42 – ☕ 5,29 – **32 apartamentos** 57,70/80,54 – 8 hab.
BX a

El Coto de Antonio, General Goded 13, ✉ 38006, ℘ 922 27 21 05, Fax 922 29 09 22 – ▤. AE ① MC VISA. ✀
cerrado 20 días en agosto y domingo noche – **Comida** carta 33,06 a 39,07.
AY x

El Bacalao de la Cazuela, General Goded 11, ✉ 38006, ℘ 922 29 32 49, Fax 922 24 45 24 – ▤. AE ① MC VISA. ✀
cerrado domingo – **Comida** carta 21,63 a 29,15.
AY x

Ainara, La Luna 8, ✉ 38002, ℘ 922 27 76 60, Fax 922 27 76 60 – ▤. AE ① MC VISA. ✀
Comida carta 26,90 a 35,50.
CY n

Los Troncos, General Goded 17, ✉ 38006, ℘ 922 28 41 52 – ▤. AE ① MC VISA. ✀
cerrado 15 agosto-15 septiembre y miércoles
Comida carta aprox. 25,55.
AY z

La Cazuela, Robayna 34, ✉ 38004, ℘ 922 27 23 00, Fax 922 24 45 24, 🍴 – ▤. AE ① MC VISA. ✀
cerrado Semana Santa y domingo – **Comida** carta 23,53 a 34,86.
BY f

Santa Úrsula 38390 – 8 734 h alt. 290.
Santa Cruz de Tenerife 27.

en Cuesta de la Villa *por la antigua carretera del Puerto de la Cruz - Suroeste : 2 km :*

XX Los Corales, Cuesta de la Villa 130, ⊠ 38390 Santa Úrsula, ✆ 922 30 22 61, *los.coral es@retemail.es*, Fax 922 32 17 27, ≤ valle de la Orotava, Puerto de la Cruz y mar – ℙ.

El Sauzal 38360 – 6 610 h alt. 450.
Santa Cruz de Tenerife 24.

XX Casa del Vino, La Baranda - Sur : 1,5 km ✆ 922 56 38 86, Fax 922 29 30 28, « Casona del siglo XVII. Museo del vino » – ℙ.

X **La Ermita,** urb. Los Ángeles - Oeste : 1 km ✆ 922 57 53 80, Fax 922 57 51 74 – ℙ. AE
Ⓞ MC VISA
cerrado domingo noche y miércoles – **Comida** carta aprox. 24,04.

Tacoronte 38350 – 17 161 h alt. 510.
ﾃ18 Tenerife, Campo Golf 1 El Peñón ✆ 922 63 66 07 Fax 922 63 64 80.
Santa Cruz de Tenerife 24.

en la carretera C 820 *Este : 3,5 km :*

XX **Los Limoneros,** Los Naranjeros, ⊠ 38340 Los Naranjeros, ✆ 922 63 66 37, *rlimone ros@jazzfree.com*, Fax 922 63 69 76 – ▤ ℙ. AE Ⓞ MC VISA JCB.
cerrado 15 días en agosto y domingo – **Comida** carta 35,50 a 48.

Tegueste 38280 – 7 979 h alt. 399.
Santa Cruz de Tenerife 17.

en El Socorro *Suroeste : 2 km :*

XX **El Drago,** Marqués de Celada 2, ⊠ 38280 Tegueste, ✆ 922 54 30 01, *drago@activa*
🕸 *net.es*, Fax 922 54 44 54, « Casa de campo de ambiente acogedor » – ℙ. AE Ⓞ MC VISA
cerrado agosto y lunes – **Comida** - cenas sólo viernes y sábado - 34,56 y carta 32,76 a 43,28
Espec. Ensalada de quesos canarios. Cazuela de cherne. Conejo en salmorejo.

Vilaflor 38613 – 1 526 h alt. 1 400.
Santa Cruz de Tenerife 83.

en La Escalona *por la carretera de Arona - Suroeste : 7 km :*

🏠 **El Nogal** 🦮, Camino Real, ⊠ 38614 La Escalona, ✆ 922 72 60 50, *h.elnogal@teleline.es*, Fax 922 72 58 53, « Conjunto de estilo canario frente a un valle », 🏊 – TV ℙ. AE Ⓞ MC
VISA
Comida *(cerrado lunes)* 15 – **20 hab** ⊑ 51/75.

LA GOMERA (Santa Cruz de Tenerife)

Arure 38892.
Ver : ≤★ de Taguluche.
Alred. : *Barranco del Valle Gran Rey★★ Sur : 7 km.*
San Sebastián de la Gomera 36.

San Sebastián de la Gomera 38800 – 6 337 h – Playa.
Alred. : *Valle de Hermigua★★ 17 km por ①.*
Excurs. : *Parque Nacional Garajonay★★ 15 km por ② – Agulo★ 26 km por ①.*
✈ *La Gomera por ② : 32 km ✆ 922 87 30 00 – Iberia : aeropuerto ⊠ 38812 Alajeró ✆ 922 87 30 24.*
⛴ *para Tenerife, El Hierro, La Palma : Cía Trasmediterránea : Estación Marítima del Puerto ✆ 922 87 08 02 Fax 922 87 13 24.*
🛈 Real 4 ✆ 922 14 15 12 *turismo@gomera-island.com* Fax 922 14 01 51.
Arure 36.

Plano página siguiente

🏨 Parador de San Sebastián de La Gomera 🦮 (cierre temporal), Llano de la Horca 1, ⊠ 38800 apartado 21, ✆ 922 87 11 00, *gomera@parador.es*, Fax 922 87 11 16, ≤, « Decoración elegante. Edificio de estilo regional », 🏊, 🌳 – ▤ rest, TV ℙ   Z
56 hab – 2 suites.

SAN SEBASTIÁN DE LA GOMERA

Américas (Pl. de las) . . . . . . **Z**
Cañada del Herrero . . . . . . **Z** 2
Colón (Av. de) . . . . **Z** **Y**
Constitución . . . . **Z** **Z**
Descubridores (Av. de los) . . **Z** **Z**
Era (La) . . . . **Y**

Fred Oisen (Paseo de) . . . **Z**
Horca (La) . . . . **Z** 3
Lomo del Clavio (Camino del) . . . . **Y**
Luz (La) . . . . **Y**
Majona . . . . **Y**
Medio (El) . . . . **Y**
Náutico (El) . . . . **Z**
Orilla del Llanos . . . . **Y**
Palmitas (Las) . . . . **Y**
Pista (La) . . . . **Y**

Profesor Armas Fernàndez . . . . **YZ**
Puntallana (Camino de) . . . **Y**
Quinto Centenario (Av. del) . **YZ**
República de Chile . . . . **Z** 4
República de Cuba . . . . **Y** 6
República de Venezuela . . . **Y** 7
Ruiz de Padrón . . . . **YZ**
San Cristóbal (Camino) . . . . **Y**
San Sebastián . . . . **Y**
Tanquito (El) . . . . **Y**

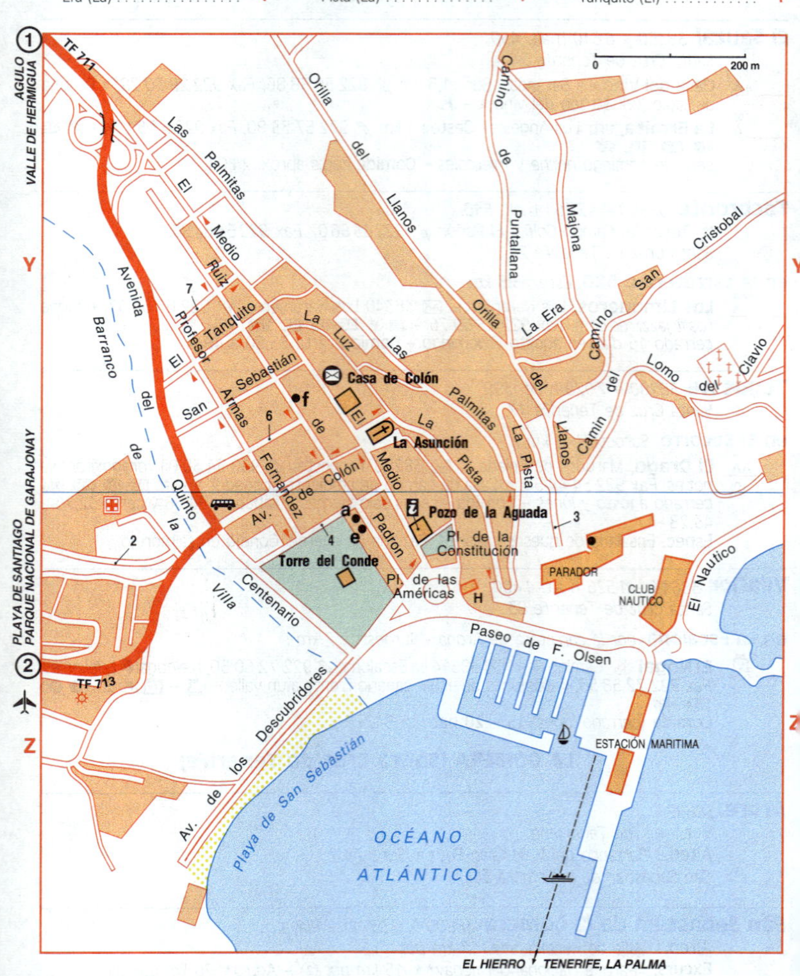

Torre del Conde, Ruiz de Padrón 19 ℰ 922 87 00 00, Fax 922 87 13 14 –
AE MO VISA. Comida 9,62 – **38 hab** ☕ 51/72,12.
Z a

Villa Gomera sin rest y sin ☕, Ruiz de Padrón 68 ℰ 922 87 00 20, Fax 922 87 02 35
– **16 hab** 24,04/45,07.
Y f

Garajonay sin rest, Ruiz de Padrón 17 ℰ 922 87 05 50, Fax 922 87 05 54 –
VISA. ☕ 3,61 – **29 hab** 30,05/38,46.
Z e

Frontera *38911 – 3 469 h alt. 400.*

🛈 *La Corredera 10 (Ayuntamiento)* 📞 *922 55 59 99 aytofrontera@cistia.es Fax 922 55 60 63.*
Valverde 34.

🏠 Ida Inés, *Camino del Hoyo - Belgara Alta 2* 📞 *922 55 94 45, hotel-idaines@canouyueb .com, Fax 922 55 60 88,* ≼ *–* 📺 🅿
Comida - *sólo cena –* **12 hab.**

Sabinosa *38912.*

Alred. : *Camino de La Dehesa* ≼★ *del sur de la isla.*
Valverde 43.

Valverde *38900 – 3 526 h alt. 600.*

Alred. : *Oeste : 8 km El Golfo★★ (Mirador de la Peña* ≼★★ *).*
Excurs. : *El Pinar (bosque★) Suroeste : 20 km.*
✈ *de El Hierro, Este : 10 km* 📞 *922 55 37 00 – Iberia :* 📞 *922 55 08 78.*
🛥 *para Tenerife, Gran Canaria, Fuerteventura, Lanzarote y la Península : Cía Trasmediterránea : Puerto de la Estaca 3* 📞 *922 55 01 29 Fax 922 55 01 29.*
🛈 *Dr. Quintero Magdaleno 4* 📞 *922 55 03 02 hieturis@arrakis.es Fax 922 55 29 07.*
Sabinosa 43.

🏠 **Boomerang** *sin rest y sin* ☕, *Dr. Gost 1* 📞 *922 55 02 00, Fax 922 55 02 53 –* 📺 . 🆎 ⓪ ⓜⓒ 𝘝𝘐𝘚𝘈
15 hab *34,26/45,68 – 2 suites.*

en Echedo *Noroeste : 5 km :*

🍴 **La Higuera de Abuela,** ✉ *38900 Valverde,* 📞 *922 55 10 26,* ☂, « *Agradable terraza »* – 🆎 ⓜⓒ 𝘝𝘐𝘚𝘈. ✗
Comida *carta aprox. 19,23.*

en el mirador de la Peña *Oeste : 9 km :*

🍴🍴 **Mirador de La Peña** *(Restaurante escuela),* carret. de Guarazoca 40, ✉ *38900 Valverde,* 📞 *922 55 03 00, remirador@hecansa.com, Fax 922 55 13 16,* ☂, « *Situación dominante con* ≼ *mar y valle del golfo »* – 🅿 . 🆎 ⓪ ⓜⓒ 𝘝𝘐𝘚𝘈. ✗
cerrado lunes – **Comida** *carta aprox. 21,04.*

en Las Playas *Suroeste : 20 km :*

🏨 **Parador de El Hierro** ♨, ✉ *38990 Valverde,* 📞 *922 55 80 36, Fax 922 55 80 86,* 🏊 *–* ▦ rest, 📺 🅿 . 🆎 ⓪ ⓜⓒ 𝘝𝘐𝘚𝘈. ✗
Comida *22,84 –* ☕ *8,71 –* **47 hab** *85,82/107,28.*

Barlovento 38726 – 2557 h alt. 577.

Santa Cruz de La Palma 41.

🏠 **La Palma Romántica** 🦢, Las Llanadas - carret. de La Laguna de Barlovento - Suroeste : 1 km 𝒫 922 18 62 21, palmarom@lix.intercom.es, Fax 922 18 64 00, ≤, « Ambiente acogedor », ↖, 🏊, 🏊, 🍽 – 📺 P. 🅜🅒 VISA
Comida 15,03 – **41 hab** ☕ 108,18.

Breña Alta 38710 – 5101 h alt. 350.

Santa Cruz de La Palma 10.

en la carretera TF 812 Norte : 2,5 km :

✗ **Las Tres Chimeneas,** Buenavista de Arriba 82, ✉ 38710, 𝒫 922 42 94 70 – P. 🅜🅒 VISA. 🦐
cerrado 15 días en agosto, 15 días en septiembre, lunes noche y martes – **Comida** carta aprox. 21,04.

Ferienreisen wollen gut vorbereitet sein.

Die Straßenkarten und Führer von Michelin
geben Ihnen Anregungen und praktische Hinweise zur Gestaltung Ihrer Reise :
Streckenvorschläge, Auswahl und Besichtigungsbedingungen
der Sehenswürdigkeiten, Unterkunft, Preise ... u. a. m.

Los Llanos de Aridane 38760 – 15522 h alt. 350.

Alred. : El Time★★ ❄★★ Oeste : 12 km – Parque Nacional de la Caldera de Taburiente★★★ (La Cumbrecita y El Lomo de las Chozas ❄★★★) Noreste : 20 km – Fuencaliente (paisaje★) Sureste : 23 km – Volcán de San Antonio★ Sureste : 25 km – Volcán Teneguía★ – R.A.C.E. Venezuela 1 (local C) ✉ 38760 𝒫 922 40 20 15 Fax 922 40 20 15.

Santa Cruz de La Palma 37.

🏠 **Valle Aridane** sin rest, glorieta Castillo Olivares 3 𝒫 922 46 26 00, Fax 922 40 10 19
– 📳 📺 AE ① 🅜🅒 VISA. 🦐
☕ 3,46 – **42 hab** 31,25/37,86.

⚓ **Edén** sin rest, pl. de España 𝒫 922 46 01 04, Fax 922 46 01 83 AE ①
🅜🅒 VISA
☕ 3,92 – **19 hab** 20,50/30,12.

Santa Cruz de La Palma 38700 – 17069 h – Playa.

Ver : Iglesia de El Salvador (artesonados★) Y.

Alred. : Mirador de la Concepción ≤★ Suroeste : 9 km – Parque Nacional de la Caldera de Taburiente★★★ (La Cumbrecita y El Lomo de las Chozas ❄★★★) Oeste : 33 km – Noroeste : La Galga (barranco★), Los Tilos★, Roque de los Muchachos★★★ (❄★★★) 36 km por ①.

🛩 de La Palma, Suroeste : 8 km 𝒫 922 42 61 00 – Iberia : Apurón 1 𝒫 922 41 13 45.

🚢 para Tenerife, Gran Canaria, Fuerteventura, Lanzarote y la Península : Cía. Trasmediterránea : Anselmo Pérez de Brito 2 𝒫 922 41 11 21 Fax 922 41 39 53.

🛈 O'Daly 22 (Casa Salazar) 𝒫 922 41 21 06 patrotur@la-palma-tur.org Fax 922 42 00 30.

Los Llanos de Aridane 37.

Plano página siguiente

🏠 **Marítimo,** av. Marítima 75 𝒫 922 42 02 22, info@maritimo.chi.es, Fax 922 41 43 02 –
📳, 🍽 rest, 📺 ♿ – 🏊 25/36. AE ① 🅜🅒 VISA. 🦐   Y a
Comida 9,02 – ☕ 4,20 – **96 hab** 46,88/78,13 – PA 18,90.

en la playa de Los Cancajos Sureste : 4,5 km :

🏠 **Hacienda San Jorge,** pl. de Los Cancajos 22, ✉ 38712 Breña Alta, 𝒫 922 18 10 66, comercial@hsanjorge.com, Fax 922 43 45 28, 🌴, « Jardín con 🏊 », ↖ – 📳 📺 P. –
🏊 25/120. AE ① 🅜🅒 VISA. 🦐
Comida - sólo cena - 12 – ☕ 6 – **155 apartamentos** 67,91/79,94.

SANTA CRUZ DE LA PALMA

ISLAS CANARIAS

en la carretera de San Antonio a Breña Alta *Suroeste : 6 km :*

Parador de La Palma , carret. El Zumacal, 38720 Breña Baja, 922 43 58 28, lapalma@parador.es, Fax 922 43 59 99, – Comida 22,84 – 8,71 – **78 hab** 85,82/107,28.

Los CANCAJOS (Playa de) *Santa Cruz de Tenerife – ver Canarias (La Palma) : Santa Cruz de la Palma.*

CANDANCHÚ 22889 Huesca 443 D 28 – *alt. 1 560 – Deportes de invierno :* 25.
> **Alred. :** *Puerto de Somport★★* ✳★★ *Norte : 2 km.*
> *Madrid 513 – Huesca 123 – Oloron-Ste-Marie 55 – Iruña/Pamplona 143.*

Tobazo, ✆ 974 37 31 25, Fax 974 37 31 25, ≤ alta montaña – ⊞ ☎ 🅿. ⓜⓒ ⓥⓘⓢⓐ. ⚓
diciembre-abril y 10 julio-agosto – **Comida** 10,51 – ☕ 6,01 – **52 hab** 41,46/79,93.

CANDÁS 33430 Asturias 441 B 12 – *Playa.*
> 🄱 *Baragaña Alta* ✆ 98 588 48 88 turismo@ayto-carreño.es, Fax 98 588 47 11 (temp).
> *Madrid 477 – Avilés 17 – Gijón 14 – Oviedo 38.*

Marsol, Astilleros ✆ 98 587 01 00, hmarsol@teleline.es, Fax 98 587 15 62, ≤ – ⊞ ▦ ☎ 🚗 🅿. ⒶⒺ ⓪ ⓜⓒ ⓥⓘⓢⓐ. ⚓
Comida 15 – ☕ 6 – **85 hab** 99/132.

La Parra sin rest, Tenderina 4 ✆ 98 587 20 04, hotelaparra@eresmas.com, Fax 98 587 04 96 – ⊞ ☎. ⓜⓒ ⓥⓘⓢⓐ. ⚓
17 hab ☕ 64/77.

en la carretera AS 239 *Sureste : 2 km :*

Piedra, ✉ 33491 Perlora, ✆ 98 587 09 15, Fax 98 587 10 56 – ⊞, ▦ rest, ☎ 🅿 – 👙 25/400. ⓜⓒ ⓥⓘⓢⓐ. ⚓
Comida 9,02 – **82 hab** ☕ 51,69/74,53.

CANDELARIA *Santa Cruz de Tenerife – ver Canarias (Tenerife).*

CANDELARIO 37710 Salamanca 441 K 12 – *1 094 h alt. 1 126.*
> **Ver :** *Pueblo típico★.*
> *Madrid 217 – Ávila 108 – Béjar 5 – Plasencia 61 – Salamanca 74.*

Artesa 🍴, Mayor 57 ✆ 923 41 31 11, artesa@verial.es, Fax 923 41 30 87, Artesanía local – ⓪ ⓜⓒ ⓥⓘⓢⓐ. ⚓
Comida (sólo fines de semana de octubre-mayo salvo Navidades) 12,02 – **11 hab** ☕ 33,06/47,48.

CANDELEDA 05480 Ávila 442 L 14 – *5 539 h alt. 428.*
> *Madrid 163 – Ávila 93 – Plasencia 100 – Talavera de la Reina 64.*

Los Castañuelos, Castañuelos 1 ✆ 920 38 06 84, Fax 920 38 19 73 – ▦ ☎. ⒶⒺ ⓪ ⓜⓒ ⓥⓘⓢⓐ. ⚓
cerrado del 15 al 30 de junio – **Comida** carta 16,83 a 25,25 – ☕ 3,60 – **14 hab** 30,90/38,60.

CÁNDUAS 15116 A Coruña 441 C 3.
> *Madrid 651 – Santiago de Compostela 66 – A Coruña/La Coruña 65.*

Mar de Ardora, As Revoltas - carret. LC 430 - Este : 2 km ✆ 981 75 43 11, ≤ – ⓜⓒ ⓥⓘⓢⓐ. ⚓
cerrado 15 días en enero, domingo noche y lunes (salvo julio-agosto) – **Comida** carta 19,85 a 27,70.

CANELAS (Playa de) *Pontevedra – ver Portonovo.*

CANFRANC-ESTACIÓN 22880 Huesca 443 D 28 – *610 h.*
> 🄱 *pl. Ayuntamiento 1* ✆ 974 37 31 41 Fax 974 37 30 37.
> *Madrid 504 – Huesca 114 – Iruña/Pamplona 134.*

Villa de Canfranc, Fernando el Católico 17 ✆ 974 37 20 12, hvcanfranc@spicom.es, Fax 974 37 20 12, 🌊 – ⊞ ☎ 🚗
temp – **Comida** - sólo clientes, sólo menú – **52 hab.**

Villa Anayet, pl. Aragón 8 ✆ 974 37 31 46, Fax 974 37 33 91, ≤, 🌊 – ⊞. ⓜⓒ ⓥⓘⓢⓐ. ⚓
3 diciembre-15 abril y julio-25 septiembre – **Comida** - sólo clientes, sólo menú - 7,21 – ☕ 2,46 – **67 hab** 18,21/32,63 – PA 14,36.

en la carretera N 330 *Norte : 2,5 km :*

Santa Cristina 🦢, ✉ 22880, 📞 974 37 33 00, *reservas@santacristina.com,* *Fax 974 37 33 10* – 🛗 📺 🅿 – 🏊 25/50. 🆎 ⓘ 🆖 *VISA*. 🛇 rest
cerrado 13 octubre-5 diciembre – **Comida** 11,25 – ☕ 4,50 – **58 hab** 53,05/63,32.
Ver también : **Astún (Valle de)** *Norte : 12,5 km*
Candanchú *Norte : 9 km.*

CANGAS *36940 Pontevedra* **441** **F 3** *– 21 729 h – Playa.*
Alred. : *Hío (crucero★) Noroeste : 7 km.*
Madrid 629 – Pontevedra 33 – Vigo 24.

Las Vegas *sin rest, av. Pontevedra* 📞 986 30 43 00, *Fax 986 30 49 58,* ≤, 🏊 – 📺 🅿
🆎 🆖 *VISA*. 🛇
☕ 4,20 – **29 hab** 30,05/48,08 – 4 suites.

Hollywood *sin rest, av. de Marín 21* 📞 986 30 50 52, *Fax 986 30 49 58* – 🛗 🗉 📺. 🆎
🆖 *VISA*. 🛇
☕ 3 – **18 hab** 30,05/48,08 – 2 suites.

por la carretera de la costa C 550 :

Don Hotel 🦢, *Tobal Darbo - Oeste : 2 km,* ✉ 36940, 📞 986 30 44 00, *Fax 986 30 42 54,*
🏊, 🐎 – 🗉 rest, 📺 🅿 – 🏊 25/250
40 hab – 8 suites.

Doade, *Hío - Oeste : 6 km,* ✉ 36948, 📞 986 32 83 02, 🏛 – 🗉 🅿. 🆖 *VISA*. 🛇
cerrado 2ª quincena de noviembre y lunes (salvo junio-septiembre) – **Comida** carta 21,06
a 42,08.

CANGAS DE ONÍS *33550 Asturias* **441** **B 14** *– 6 484 h alt. 63.*
Alred. : *Desfiladero de los Beyos★★★ Sur : 18 km.*
🛈 *av. de Covadonga (pl. del Ayuntamiento)* 📞 98 584 80 05 *Fax 98 584 80 05 (temp).*
Madrid 419 – Oviedo 74 – Palencia 193 – Santander 147.

Los Lagos, *jardines del Ayuntamiento 3,* ✉ 33550, 📞 98 584 92 77, *alturas@fade.es,*
Fax 98 584 84 05 – 🛗 📺 – 🏊 25. 🆎 ⓘ 🆖 *VISA*. 🛇 – *cerrado 9 enero-9 febrero* –
Comida - ver rest. *Los Arcos* – ☕ 4,80 – **45 hab** 60,10/78,13.

Puente Romano *sin rest, Puente Romano* 📞 98 584 93 39, *puenteromano@hispap*
ortal.com, Fax 98 594 72 84 – 📺. 🆎 🆖 *VISA*. 🛇
Semana Santa-octubre – ☕ 4,20 – **27 hab** 54,09/66,11.

Los Robles *sin rest y sin* ☕, *San Pelayo 8* 📞 98 594 70 52, *Fax 98 594 71 65* – 🛗 📺
ⓘ 🆖 *VISA*. 🛇
18 hab 57,88/64,31 – 5 apartamentos.

Los Arcos *- Hotel Los Lagos,* av. de Covadonga 17 📞 98 584 92 77, *alturas@fade.es,*
Fax 98 584 84 05 – 🗉. 🆎 ⓘ 🆖 *VISA*. 🛇
cerrado 9 enero-9 febrero y lunes – **Comida** carta 25,85 a 32,44.

en la carretera de Arriondas :

Parador de Cangas de Onís 🦢, *Villanueva - Noroeste : 3 km,* ✉ 33550,
📞 98 584 94 02, *cangas@parador.es, Fax 98 584 95 20, Restos arqueológicos,* « *En el*
antiguo Monasterio de San Pedro de Villanueva junto al río Sella y al pie de los Picos de
Europa » – 🛗 🗉 📺 ♿ 🅿 – 🏊 25/400. 🆎 ⓘ 🆖 *VISA* **JCB**. 🛇
Comida 22,84 – ☕ 8,71 – **64 hab** 85,82/107,28.

El Capitán, *Vega de Los Caseros - Noroeste : 2,5 km,* ✉ 33550, 📞 98 584 83 57,
Fax 98 594 71 14 – 🛗, 🗉 rest, 📺 🅿. 🆎 ⓘ 🆖 *VISA*. 🛇
abril-octubre – **Comida** 9,30 – ☕ 3,30 – **28 hab** 50/65 – PA 18,90.

en la carretera de Covadonga :

El Campanu, *La Venta - Este : 3 km,* ✉ 33589 La Venta, 📞 98 594 02 11, *campan*
u@teleline.es, Fax 98 594 02 10 – 🛗, 🗉 rest, 📺 🅿. 🆎 🆖 *VISA*. 🛇
Comida *(cerrado lunes en invierno)* 9,02 – ☕ 3,60 – **12 hab** 38,58/77,17 – PA 21,64.

La Cabaña, *Susierra - Este : 2,5 km,* ✉ 33589 Susierra, 📞 98 594 00 84 – 🗉 🅿. 🆎
ⓘ 🆖 *VISA*. 🛇
cerrado febrero-3 marzo, miércoles noche y jueves – **Comida** carta 20,70 a 30,30.

CANIDO *36390 Pontevedra* **441** **F 3** *– Playa.*
Madrid 612 – Ourense/Orense 108 – Vigo 10.

Cíes y Resid. Estay *con hab, playa de Canido 191* 📞 986 49 01 01, *Fax 986 49 08 75*
– 🗉 rest, 📺 🚗. 🆎 🆖 *VISA*. 🛇 – *cerrado 21 diciembre-4 enero* – **Comida** *(cerrado*
domingo noche y lunes salvo verano) carta 22,25 a 28,90 – ☕ 2,70 – **26 hab** 36,06/48,09.

CANILLO Andorra – ver Andorra (Principado de).

CÀNOVES 08440 Barcelona **443** G 37 – 561 h alt. 552.

Madrid 643 – *Barcelona* 42 – Girona/Gerona 76 – Vic 39.

X **Can Garriga,** pl. de Sant Muç 8 ℘ 93 871 00 47, cangarriga@wanadoo.es, Fax 93 871 06 73 – ▤. ◍ 〔VISA〕. ⋪
cerrado del 1 al 15 de septiembre y lunes salvo festivos y vísperas – **Comida** - sólo almuerzo en invierno salvo viernes y sábado - carta 20,43 a 26,30.

CANTAVIEJA 44140 Teruel **443** K 28 – 737 h alt. 1200.

Madrid 392 – Teruel 91.

▥ **Balfagón,** av. del Maestrazgo 20 ℘ 964 18 50 76, mabalgas@arrakis.es, Fax 964 18 50 76, ⬳ – 〔TV〕 〔P.〕 〔AE〕 ① ◍ 〔VISA〕. ⋪
cerrado del 16 al 26 de diciembre y del 10 al 28 de febrero – **Comida** (cerrado domingo noche y lunes mediodía salvo festivos y verano) 10,21 – 〔立〕 5,10 – **38 hab** 46,57/58,59 – PA 22,53.

CANTERAS 30394 Murcia **445** T 27.

Madrid 465 – Alacant/Alicante 112 – Cartagena 8 – Lorca 68 – Murcia 66.

X **Sacromonte,** Cooperativa Alcalde Cartagena ℘ 968 53 53 28, restsacramonte@hotmail.com, Fax 968 53 53 47 – ▤. 〔AE〕 ① ◍ 〔VISA〕 〔JCB〕. ⋪
cerrado lunes salvo festivos o vísperas – **Comida** carta 14,42 a 24,04.

CANTONIGRÒS 08569 Barcelona **443** F 37.

Alred. : Rupit★ Este : 9 km.

Madrid 641 – Barcelona 94 – Figueres 84 – Manresa 72 – Vic 24 – Girona/Gerona 85.

X **Ca l'Ignasi,** Major 38 ℘ 93 852 51 24, nasi@lix.intercom.es, Fax 93 852 50 59, « Decoración rústica » – 〔AE〕 ◍ 〔VISA〕. ⋪
Comida (cerrado lunes y martes salvo julio-agosto) carta 19,23 a 29,75.

CANYAMEL Illes Balears – ver Balears (Mallorca) : Capdepera.

CANYELLES PETITES (Playa de) Girona – ver Roses.

Las CAÑADAS DEL TEIDE Santa Cruz de Tenerife – ver Canarias (Tenerife).

CAÑAMARES 16890 Cuenca **444** K 23 – 622 h alt. 883.

Alred. : Convento de San Miguel de las Victorias (emplazamiento★).

Madrid 191 – Cuenca 52 – Sacedón 72 – Teruel 181.

▥ **Río Escabas,** carret. de Cuenca ℘ 969 31 04 52, Fax 969 31 03 76 – 〔TV〕 ⇆ 〔P.〕 〔AE〕 ◍ 〔VISA〕. ⋪ rest
Comida 10,82 – 〔立〕 2,70 – **25 hab** 36,06/54,09.

CAÑAMERO 10136 Cáceres **444** N 13 – 1901 h alt. 611.

Madrid 265 – Cáceres 113 – Mérida 114.

▨ **Ruiz** ⬳, Pablo García Garrido 2 ℘ 927 15 70 75, Fax 927 15 71 28 – ▤ 〔TV〕. 〔AE〕 ◍ 〔VISA〕. ⋪
Comida 8 – 〔立〕 3 – **27 hab** 26/45.

CAÑICOSA 40163 Segovia **442** I 18 – alt. 1156.

Madrid 114 – Aranda de Duero 79 – *Segovia* 39 – Valladolid 106.

XX **Codex Calixtinus,** Caces 6 ℘ 921 50 42 06, codex@codexcalixtinus.com, Fax 921 50 42 06, « Ambiente acogedor en un marco rústico » – 〔AE〕 ① ◍ 〔VISA〕 〔JCB〕
Comida carta 29 a 34.

A CAÑIZA 36880 Pontevedra **441** F 5 – 7387 h.

Madrid 548 – Ourense/Orense 49 – Pontevedra 76 – Vigo 57.

▥ **O'Pozo,** carret. N 120 - Este : 1 km ℘ 986 65 10 50, Fax 986 65 15 98, ⌁ – 〔TV〕 〔P.〕 〔AE〕 ① ◍ 〔VISA〕. ⋪
Comida carta aprox. 28,85 – 〔立〕 3,31 – **20 hab** 21,04/33,06.

X **Reveca,** Progreso 15 ℘ 986 65 13 88 – 〔P.〕 ① ◍ 〔VISA〕 〔JCB〕. ⋪
cerrado lunes – **Comida** carta 15,91 a 19,52.

CAPDEPERA *Illes Balears – ver Balears (Mallorca).*

CAPELLADES *08786 Barcelona* **443** **H 35** *– 5 027 h alt. 317.*

Madrid 574 – Barcelona 75 – Lleida/Lérida 105 – Manresa 39.

XX **Tall de Conill** con hab, pl. Àngel Guimerà 11 ☎ *93 801 01 30, saumell@ infomail.laca ixa.es, Fax 93 801 04 04 –* |🛗|, ▤ rest, TV. AE ① MO VISA. ✈ *cerrado del 2 al 10 de enero y del 8 al 24 de julio –* **Comida** *(cerrado domingo noche y lunes) carta 31,26 a 37,86 –* ⍔ *4,51 –* **10 hab** *39,07/51,09.*

CAPILEIRA *18413 Granada* **446** **V 19** *– 576 h alt. 1 561.*

Madrid 505 – Granada 80 – Motril 51.

🏠 **Finca Los Llanos** ➥, carret. de Sierra Nevada ☎ *958 76 30 71, Fax 958 76 32 06,* ≤, ♨ – TV. AE ① MO VISA. ✈ *cerrado del 6 al 31 de enero –* **Comida** *9,02 –* ⍔ *4,81 –* **10 hab** *36,06/48,08 – 15 apartamentos.*

🌴 **Mesón Poqueira** ➥, Dr. Castilla 1 ☎ *958 76 30 48, Fax 958 76 30 48,* ≤, 🏞 – ① MO VISA JCB. ✈ **Comida** *(cerrado lunes en invierno) 9,61 –* ⍔ *2,10 –* **17 hab** *18,03/30,05 – PA 19,23.*

CARABIAS *19266 Guadalajara* **444** **I 21.**

Madrid 143 – Aranda de Duero 130 – Guadalajara 86 – Soria 91 – Zaragoza 211.

🏚 **Valdeoma** ➥, Cirueches 2 ☎ *600 464 309, valdeoma@ airtel.net, Fax 600 466 921,* ≤, 🏞 – ① MO VISA. ✈ **Comida** *- sólo cena, sólo clientes - 21,04 –* ⍔ *4,81 –* **10 hab** *63,11/72,12.*

CARAVACA DE LA CRUZ *30400 Murcia* **445** **R 24** *– 21 238 h alt. 650.*

🛈 *De las Monjas 17* ☎ *968 70 24 24 Fax 968 70 09 52.*

Madrid 386 – Albacete 139 – Lorca 60 – Murcia 70.

🏚 **Central Caravaca** sin rest, Gran Vía 18 ☎ *968 70 70 55, Fax 968 70 73 69 –* ▤ TV 🚘. ① MO VISA. ✈ ⍔ *3 –* **30 hab** *38/61.*

X **Los Viñales,** av. Juan Carlos I-41 ☎ *968 70 84 58 –* ▤. MO VISA. ✈ *cerrado 28 enero-10 febrero y martes –* **Comida** *carta aprox. 24,64.*

X **Cañota,** Gran Vía 41 ☎ *968 70 88 44 –* ▤. VISA. ✈ *cerrado domingo –* **Comida** *- sólo almuerzo - carta 12,63 a 25.*

O CARBALLIÑO o **CARBALLINO** *32500 Ourense* **441** **E 5** *– 11 017 h alt. 397 – Balneario.*

Madrid 528 – Ourense/Orense 29 – Pontevedra 76 – Santiago de Compostela 86.

🏠 **Arenteiro** sin rest, Alameda 19 ☎ *988 27 05 50, Fax 988 27 31 56 –* |🛗|. AE ① MO VISA. ✈ *abril-septiembre –* ⍔ *3 –* **45 hab** *27/48.*

🏠 **Noroeste** sin rest y sin ⍔, Xose Pontes 2 ☎ *988 27 09 70 –* TV. VISA. ✈ **15 hab** *24.*

CARBALLO *15100 A Coruña* **441** **C 3** *– 24 898 h alt. 106 – Balneario.*

Madrid 636 – A Coruña/La Coruña 35 – Santiago de Compostela 45.

🏛 **Baños Vellos,** Estrella 10 ☎ *981 70 33 54, balneario.carballo@ turinet.net, Fax 981 70 34 51, Servicios terapéuticos,* 💠 – |🛗| TV **60 hab.**

🏠 **Moncarsol** sin rest, av. Finisterre 9 ☎ *981 70 24 11, Fax 981 70 25 18 –* |🛗| TV 🚘 – ♙ *25/75* **41 hab.**

XX **Chochi,** Perú 9 ☎ *981 70 23 11 –* ▤. AE ① MO VISA. ✈ *cerrado domingo –* **Comida** *carta aprox. 28,80.*

CARCAIXENT o **CARCAGENTE** *46740 València* **445** **O 28** *– 20 062 h alt. 21.*

Madrid 381 – Gandía 39 – València 43 – Xàtiva/Játiva 18.

en la carretera C 3320 *Suroeste : 3 km :*

XX **Masía de la Calzada,** Partida de la Marjal 259, ✉ *46740,* ☎ *96 243 04 33,* 🏞, *« Decoración rústica » –* ▤.

CARCHUNA 18730 Granada **446** V 19 – Playa.
Madrid 506 – Almería 98 – Granada 85.

por la carretera N 340 Este : 2 km :

Perla de Andalucía, urb. Perla de Andalucía, ⊠ 18730, ✆ 958 62 42 42, perla@e
h.etursa.es, Fax 958 62 43 62, ≤, 🏯, 🏊 – 🔄 ▤ 📺 🚗. 🅰🅴 ⓓ 🅜🅲 𝗩𝗜𝗦𝗔 𝐉𝐂𝐁.
🍴 rest
abril-septiembre – **Comida** 10,93 – **57 hab** ⊑ 75,13/106 – PA 27,01.

CARDEDEU 08440 Barcelona **443** H 37 – 9 074 h alt. 193.
Madrid 648 – Barcelona 35 – Girona/Gerona 68 – Manresa 77.

Racó del Santcrist, Teresa Oller 35 ✆ 93 846 10 43, racosantcrist@terra.es,
Fax 93 871 33 53 – ▤. 🅰🅴 ⓓ 🅜🅲 𝗩𝗜𝗦𝗔 𝐉𝐂𝐁. 🍴
cerrado enero, domingo noche y lunes – **Comida** - pescados y mariscos - carta 26,62 a
37,24.

CARDONA 08261 Barcelona **443** G 35 – 6 402 h alt. 750.
Ver : Localidad★ – Colegiata★★ (cripta★) – Castillo★ - Montaña de la Sal★★.
🛈 av. Rastrillo ✆ 93 869 27 98 tur.cardona@diba.es Fax 93 869 29 01.
Madrid 596 – Lleida/Lérida 127 – Manresa 32.

Parador de Cardona 🦢, ✆ 93 869 12 75, cardona@parador.es, Fax 93 869 16 36,
≤ valle y montaña, « Instalado en un castillo medieval », 𝐈𝐚 – 🔄 ▤ 📺 ♿ 🅿 – 🔏 25/80.
🅰🅴 ⓓ 🅜🅲 𝗩𝗜𝗦𝗔 𝐉𝐂𝐁. 🍴
Comida 22,84 – ⊑ 8,71 – **54 hab** 85,82/107,28.

La CARLOTA 14100 Córdoba **446** S 15 – 8 843 h alt. 213.
Madrid 428 – Córdoba 30 – Granada 193 – Sevilla 108.

en la antigua carretera N IV Noreste : 2 km :

El Pilar, ⊠ 14100, ✆ 957 30 01 67, hotelelpilar@hotelelpilar.com, Fax 957 30 06 19,
🏊, 🌾 – 🔄 ▤ 📺 🅿 – 🔏 25/700. 🅰🅴 ⓓ 🅜🅲 𝗩𝗜𝗦𝗔
Comida - ver rest. *El Pilar* – ⊑ 4,21 – **85 hab** 36,06/47,18.

El Pilar - Hotel El Pilar, ⊠ 14100, ✆ 957 30 01 67, hotelelpilar@hotelelpilar.com,
Fax 957 30 06 19 – ▤ 🅿. 🅰🅴 ⓓ 🅜🅲 𝗩𝗜𝗦𝗔. 🍴
Comida carta aprox. 25,24.

CARMONA 41410 Sevilla **446** T 13 – 23 516 h alt. 248.
Ver : Localidad★★ – Casco antiguo★ - Puerta de Sevilla★ AZ – Iglesia de San Pedro★ AZ –
Santa María la Mayor★ BY – Convento de las Descalzas★ BY – Necrópolis romana★ por
calle Sevilla AZ.
🛈 Arco de la Puerta de Sevilla ✆ 95 419 09 55 turismo@carmona.org Fax 95 419 00 80.
Madrid 503 ① – Córdoba 105 ① – Sevilla 40 ③
Plano página siguiente

Parador de Carmona 🦢, ✆ 95 414 10 10, carmona@parador.es, Fax 95 414 17 12,
≤ vega del Corbones, « Conjunto de estilo mudéjar », 🏊 – 🔄 ▤ 📺 ♿ 🅿 – 🔏 25/250.
🅰🅴 ⓓ 🅜🅲 𝗩𝗜𝗦𝗔. 🍴   BY x
Comida 24,04 – ⊑ 8,71 – **63 hab** 90,72/113,40.

Alcázar de La Reina 🦢, pl. de Lasso 2 ✆ 95 419 62 00, alcazar-reina@alcazar-rei
na.es, Fax 95 414 01 13, 🏊 – 🔄 ▤ 📺 ♿ 🚗 🅿 – 🔏 25/600. 🅰🅴 ⓓ 🅜🅲 𝗩𝗜𝗦𝗔.
🍴 rest   BY c
Comida 13,22 - *Ferrara* : **Comida** carta 25,69 a 33,20 – ⊑ 7,81 – **66 hab** 90,15/114,19,
2 suites.

Casa de Carmona, pl. de Lasso 1 ✆ 95 419 10 00, reserve@casadecarmona.com,
Fax 95 419 01 89, « Instalado en un palacio del siglo XVI. Mobiliario de gran estilo » – 🔄
▤ 📺 🅿 – 🔏 25/70. 🅰🅴 ⓓ 🅜🅲 𝗩𝗜𝗦𝗔. 🍴 rest   BY u
Comida carta 24,60 a 32,83 – **31 hab** ⊑ 270/300 – 1 suite.

San Pedro sin rest, San Pedro 3 ✆ 95 414 16 06, Fax 95 414 16 06 – ▤ 📺. 🅜🅲 𝗩𝗜𝗦𝗔
⊑ 2,70 – **14 hab** 42,07/72,12.   AZ n

San Fernando, Sacramento 3 ✆ 95 414 35 56, Fax 95 414 35 57 – ▤. 🅰🅴 🅜🅲 𝗩𝗜𝗦𝗔 𝐉𝐂𝐁
cerrado agosto, domingo noche y lunes – **Comida** carta 26,80 a 30,80.   BY s

El Ancla, Bonifacio IV-8 ✆ 95 414 38 04 – ▤. 🅰🅴 ⓓ 🅜🅲 𝗩𝗜𝗦𝗔. 🍴
cerrado martes noche y miércoles – **Comida** carta aprox. 24,04.   por Sevilla AZ

La Almazara, Santa Ana 31 ✆ 95 419 00 76, Fax 95 414 36 50 – ▤   AY r

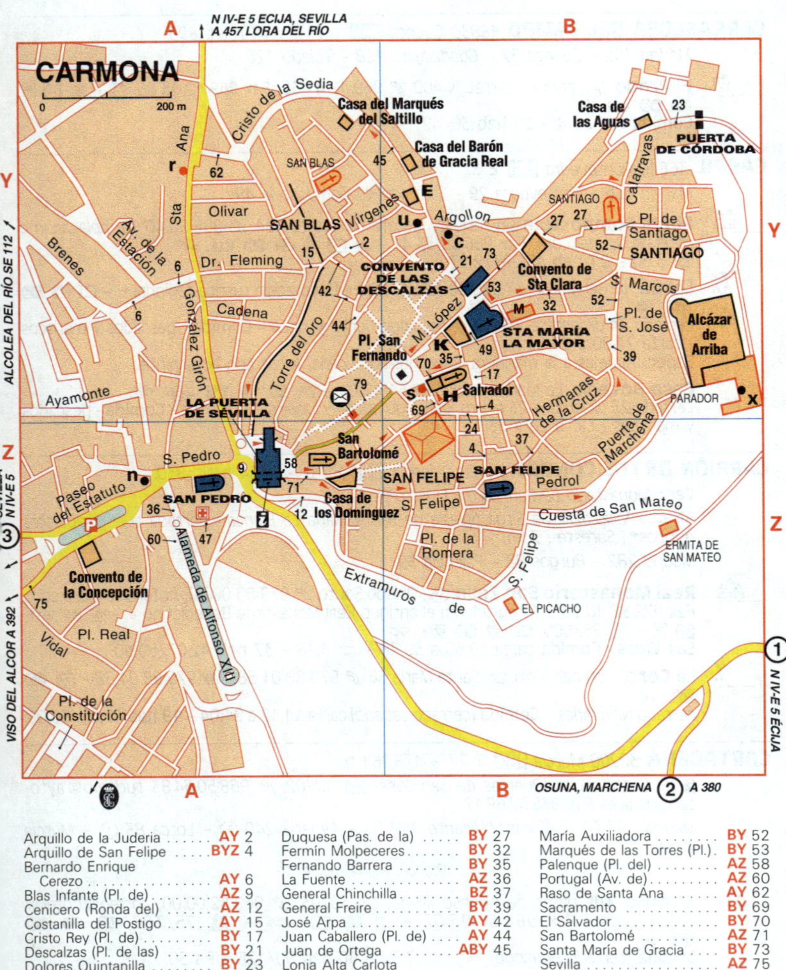

CARMONA 39554 Cantabria **442** **C 16**.

Madrid 408 – Oviedo 162 – Santander 69.

Venta de Carmona con hab, barrio del Palacio ☎ 942 72 80 57, *cantur@canta bria.org*, Fax 942 72 80 57, ≤, « Instalado en un palacete » – **P.** *VISA* cerrado 7 enero-15 marzo – **Comida** carta 13,96 a 21 – ☕ 3 – **8 hab** 50,48.

La CAROLINA 23200 Jaén **446** **R 19** – 14 759 h alt. 205.

Madrid 267 – Córdoba 131 – Jaén 66 – Úbeda 50.

NH La Perdiz, antigua carret. N IV - salida 268 autovía ☎ 953 66 03 00, *nhperdiz@n h-hoteles.es*, Fax 953 68 13 62, 🌊, « Conjunto de estilo rústico », – **P.** – 25/400. *AE* *D* *MO* *VISA* *JCB*. rest
Comida 18 – ☕ 7,20 – **82 hab** 72/78.

La Gran Parada sin rest y sin ☕, av. Vilches 9 - salida 268 autovía ☎ 953 66 02 75, Fax 953 66 00 52 – *TV* **P.**
18 hab 18,63/25,24.

CARRASCOSA DEL CAMPO 16830 Cuenca **444** L 21 – 143 h alt. 898.

Madrid 105 – Cuenca 57 – Guadalajara 128 – Toledo 126.

El Prado 🦢, antigua carret. N 400 ℘ 969 12 41 32, Fax 969 12 43 86, ⤵ – ▦ 📺 P.
Ⓓ ⓂⒸ 𝗩𝗜𝗦𝗔. ⚒
Comida 9 – ☲ 4 – **20 hab** 36/42.

CARRIL 36610 Pontevedra **441** E 3.

Madrid 636 – Pontevedra 29 – *Santiago de Compostela 48.*

Playa Compostela sin rest, av. Rosalía de Castro 134 ℘ 986 50 40 10, hplayacomp
ostela@hotmail.com, Fax 986 50 33 41 – ⧯ 📺 P. Ⓓ ⓂⒸ 𝗩𝗜𝗦𝗔. ⚒
☲ 3,60 – **21 hab** 48,08/72,12.

Loliña, pl. del Muelle ℘ 986 50 12 81, 🏠, « Decoración rústica regional » – Ⓐ Ⓔ Ⓓ ⓂⒸ
𝗩𝗜𝗦𝗔. ⚒
cerrado 24 diciembre-24 enero, domingo noche y lunes – **Comida** - pescados y mariscos
- carta 24,80 a 39,60
Espec. Almejas a la marinera. Rape guisado Loliña. Arroz con bogavante.

Casa Bóveda, La Marina 2 ℘ 986 51 12 04 – ▦. Ⓐ Ⓔ Ⓓ 𝗩𝗜𝗦𝗔 ᴊᴄʙ. ⚒
cerrado 23 diciembre-23 enero, domingo noche y lunes salvo agosto – **Comida** - pescados
y mariscos - carta 28 a 33.

CARRIÓN DE LOS CONDES 34120 Palencia **442** E 16 – 2 534 h alt. 830.

Ver : Monasterio de San Zoilo (claustro★).

Alred. : Villalcazar de Sirga (iglesia de Santa María La Blanca : portada sur★, sepulcros
góticos★) Sureste : 7 km.

Madrid 282 – Burgos 82 – Palencia 39.

Real Monasterio San Zoilo 🦢, Obispo Souto ℘ 979 88 00 50, hotel@sanzoilo.com,
Fax 979 88 10 90, « Integrado en el antiguo Real Monasterio Benedictino » – ⧯, ▦ rest,
📺 P. – 🕴 25/500. Ⓐ Ⓔ Ⓓ ⓂⒸ 𝗩𝗜𝗦𝗔. ⚒
Las Vigas : **Comida** carta 19,60 a 30,78 – ☲ 4,18 – **37 hab** 42,07/59,50.

La Corte con hab y sin ☲, Santa María 36 ℘ 979 88 01 38, Fax 979 88 01 38 – 📺. ⓂⒸ
𝗩𝗜𝗦𝗔. ⚒
cerrado Navidades – **Comida** (cerrado sábado) carta 11,12 a 21,04 – **19 hab** 12,02/30,05.

CARTAGENA 30200 Murcia **445** T 27 – 173 061 h.

🛈 pl. Bastarreche (Puertas de San José) ✉ 30202 ℘ 968 50 64 83 turismo@ayto-
cartagena.es Fax 968 52 69 12.

Madrid 444 ① – Alacant/Alicante 110 ① – Almería 240 ① – Lorca 83 ① – Murcia
49 ①

Plano página siguiente

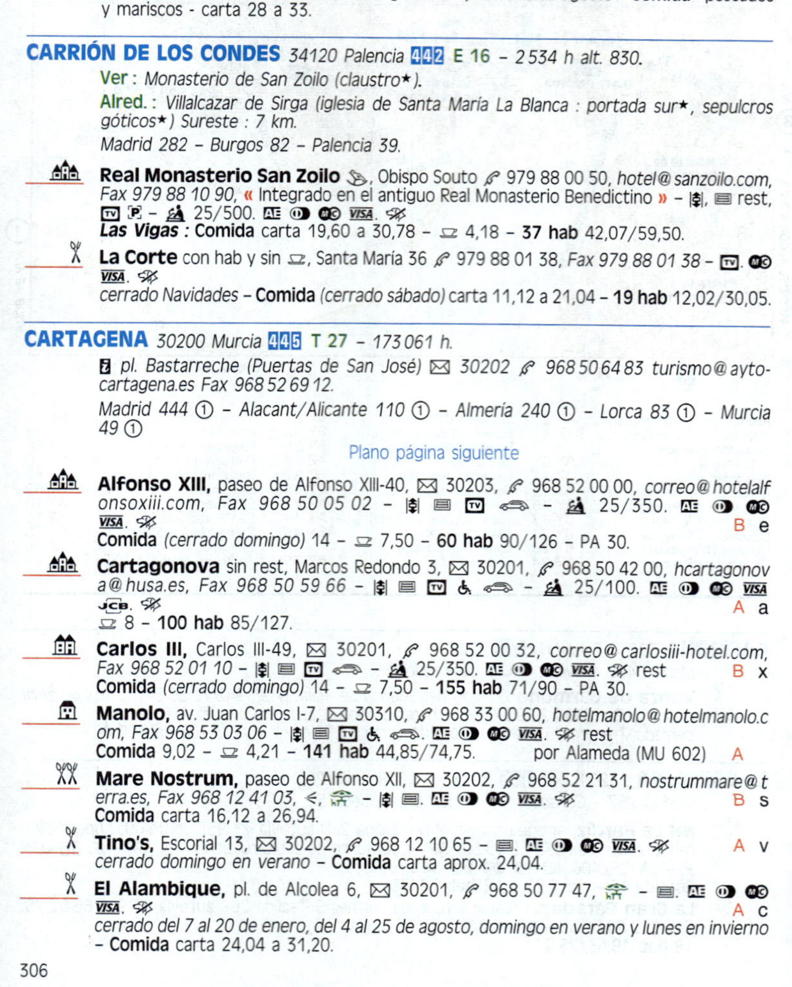

Alfonso XIII, paseo de Alfonso XIII-40, ✉ 30203, ℘ 968 52 00 00, correo@hotelalf
onsoxiii.com, Fax 968 50 05 02 – ⧯ ▦ 📺 🚗 – 🕴 25/350. Ⓐ Ⓔ Ⓓ ⓂⒸ
𝗩𝗜𝗦𝗔. ⚒   B e
Comida (cerrado domingo) 14 – ☲ 7,50 – **60 hab** 90/126 – PA 30.

Cartagonova sin rest, Marcos Redondo 3, ✉ 30201, ℘ 968 50 42 00, hcartagonov
a@husa.es, Fax 968 50 59 66 – ⧯ ▦ 📺 ♿ 🚗 – 🕴 25/100. Ⓐ Ⓔ Ⓓ ⓂⒸ 𝗩𝗜𝗦𝗔
ᴊᴄʙ. ⚒   A a
☲ 8 – **100 hab** 85/127.

Carlos III, Carlos III-49, ✉ 30201, ℘ 968 52 00 32, correo@carlosiii-hotel.com,
Fax 968 52 01 10 – ⧯ ▦ 📺 🚗 – 🕴 25/350. Ⓐ Ⓔ Ⓓ ⓂⒸ 𝗩𝗜𝗦𝗔. ⚒ rest   B x
Comida (cerrado domingo) 14 – ☲ 7,50 – **155 hab** 71/90 – PA 30.

Manolo, av. Juan Carlos I-7, ✉ 30310, ℘ 968 33 00 60, hotelmanolo@hotelmanolo.c
om, Fax 968 53 03 06 – ⧯ ▦ 📺 ♿ 🚗. Ⓐ Ⓔ Ⓓ ⓂⒸ 𝗩𝗜𝗦𝗔. ⚒ rest
Comida 9,02 – ☲ 4,21 – **141 hab** 44,85/74,75.   por Alameda (MU 602)   A

Mare Nostrum, paseo de Alfonso XII, ✉ 30202, ℘ 968 52 21 31, nostrummare@t
erra.es, Fax 968 12 41 03, ≼, 🏠 – ⧯ ▦. Ⓐ Ⓔ Ⓓ ⓂⒸ 𝗩𝗜𝗦𝗔. ⚒   B s
Comida carta 16,12 a 26,94.

Tino's, Escorial 13, ✉ 30202, ℘ 968 12 10 65 – ▦. Ⓐ Ⓔ Ⓓ ⓂⒸ 𝗩𝗜𝗦𝗔. ⚒   A v
cerrado domingo en verano – **Comida** carta aprox. 24,04.

El Alambique, pl. de Alcolea 6, ✉ 30201, ℘ 968 50 77 47, 🏠 – ▦. Ⓐ Ⓔ Ⓓ ⓂⒸ
𝗩𝗜𝗦𝗔. ⚒   A c
cerrado del 7 al 20 de enero, del 4 al 25 de agosto, domingo en verano y lunes en invierno
– **Comida** carta 24,04 a 31,20.

en la carretera de La Palma *Norte : 6 km* :

XX **Los Sauces**, junto a la autovía N 301, 30300 apartado 74 Barrio de Peral, 968 53 07 58, *los-sauces@ctv.es*, Fax 968 53 07 58, « En pleno campo con agradable terraza » – *cerrado sábado y domingo mediodía en julio-agosto y domingo noche resto del año* – **Comida** carta aprox. 25,10.

CARTAYA 21450 Huelva **446** U 8 – 10 438 h alt. 20.

Alred. : *Marismas del río Piedras y Flecha de El Rompido★ 8,5 km al Sur.*

Madrid 648 – Faro 89 – Huelva 27 – Sevilla 116.

Plaza Chica sin rest, De la Plaza 29 959 39 03 30, *hotelplazachica@tacma.com*, Fax 959 39 38 32 – 25/60. 4 – **11 hab** 48,08/60,01.

en la carretera de El Rompido *Sur : 6,5 km* :

San Miguel , 21459 El Rompido, 959 50 42 63, *hotelsanmiguel@yahoo.com*, Fax 959 50 42 62, ≤ valle y pueblos de alrededores con el mar al fondo, – rest – **Comida** 15 – 4,50 – **32 hab** 55,30/70,60.

CARVAJAL Málaga – ver Fuengirola.

CASALARREINA 26230 La Rioja **442** E 21 – 862 h alt. 499.

Madrid 319 – Bilbao 100 – Burgos 88 – Logroño 48 – Vitoria-Gasteiz 54.

X **La Vieja Bodega**, Calvo Sotelo 17 941 32 42 54, *viejabodega@inicia.es*, Fax 941 32 41 38, « Decoración rústica » – *cerrado 28 enero-15 febrero* – **Comida** carta 21 a 25,80.

CASALONGA A Coruña 441 D 4.

Madrid 621 – A Coruña/La Coruña 78 – Pontevedra 49 – *Santiago de Compostela 9.*

al Sureste : *2,5 km :*

Casa Grande de Cornide sin rest, Cornide, ✉ 15886 Teo, ✆ 981 80 55 99, *casagcornide@teleline.es, Fax 981 80 57 51,* « Conjunto acogedor con jardín y ⌇ » – TV
P. AE ① MC VISA
cerrado 20 diciembre-20 enero – ☕ 6 – **10 hab** 60/80.

CASARES 29690 Málaga 446 W 14 – 3 309 h alt. 435.

Ver : *Pueblo★ – Casco antiguo★.*
Madrid 640 – Algeciras 56 – Estepona 24 – Málaga 111.

Casares , Copera 52 ✆ 95 289 52 11, *hotelcasares@cherrytel.com,*
Fax 95 289 42 27, ≤ *valle –* TV ૐ. MC VISA. ✗
Comida *(cerrado jueves)* 9,02 – ☕ 3 – **17 hab** 48/60,01.

CASCANTE 31520 Navarra 442 G 24 – 3 312 h.

Madrid 307 – Logroño 104 – Iruña/Pamplona 94 – Soria 81 – Zaragoza 85.

Mesón Ibarra, Vicente y Tutor 3 ✆ 948 85 04 77 – ▤. MC VISA. ✗
cerrado del 1 al 20 de septiembre y lunes – **Comida** *carta* 18,90 a 26,81.

CASES D'ALCANAR Tarragona – ver Alcanar.

CASTALLA 03420 Alacant 445 Q 27 – 7 205 h alt. 630.

Madrid 376 – Albacete 129 – Alacant/Alicante 37 – València 138.

en la carretera de Villena *Norte : 2,5 km :*

Izaskun, ✉ 03420 apartado 76, ✆ 96 656 08 08, *Fax 96 656 08 08* – P. AE ① MC
VISA. ✗
cerrado Semana Santa y lunes – **Comida** *- cocina vasca - carta aprox.* 31,26.

por la carretera de Petrer *Suroeste : 10 km :*

Xorret del Catí , Partida del Catí, ✉ 03420, ✆ 96 556 04 00, *hotelxorret@terra.es,*
Fax 96 556 04 01, ≤, ᒻ⅃, ⌇, ✗ – ▤ TV P. – ⚓ 25/50. ① MC VISA. ✗ rest
Comida 10,72 – **54 hab** ☕ 56,49/76,92.

CASTEJÓN DE SOS 22466 Huesca 443 E 31 – 466 h alt. 904.

Madrid 524 – Huesca 134 – Lleida/Lérida 134.

Pirineos, El Real 38 ✆ 974 55 32 51, *inform@hotelpirineos.com, Fax 974 55 33 69* – ⫘
TV. ① MC VISA. ✗
cerrado del 6 al 27 de noviembre – **Comida** 10,22 – ☕ 6 – **30 hab** 30/54,09.

Plaza sin rest, pl. del Pilar 2 ✆ 974 55 30 50, *morancho@openbar.es,*
Fax 974 55 30 50 – TV ⇔ P. VISA
☕ 4,20 – **12 hab** 40/45.

Sositana, Valle Sositana 2, ✉ 08211, ✆ 974 55 30 94, *Fax 974 55 30 94* – TV. AE MC
VISA. ✗
Comida 10,22 – ☕ 3 – **14 hab** 24,04/36,06.

Es CASTELL Illes Balears – ver Balears (Menorca).

CASTELL DE FERRO 18740 Granada 446 V 19 – Playa.

Alred. : *Carretera★ de Castell de Ferro a Calahonda.*
Madrid 528 – Almería 90 – *Granada 93* – Málaga 131.

Ibérico, carret. N 340 ✆ 958 65 60 80, ⌇ – ⫘ TV P. ① MC VISA. ✗ rest
Comida 8,45 – ☕ 2,40 – **28 hab** 22,85/42,05 – PA 16,35.

CASTELLAR DE N'HUG 08696 Barcelona 443 F 36 – 162 h alt. 1 395.

Madrid 666 – Manresa 89 – Ripoll 39.

Les Fonts , Suroeste : 3 km ✆ 93 825 70 89, *lesfonts@bsab.com, Fax 93 825 70 89,*
≤, ⌇, 🌲 – ⫘ TV P. AE MC VISA. ✗ rest
cerrado 26 junio-12 julio y noviembre – **Comida** *(cerrado martes)* 14 – ☕ 6 – **25 hab**
71.

CASTELLAR DE LA FRONTERA 11350 Cádiz **446** X 13 – 2 299 h alt. 257.

> **Ver** : *Localidad* ★.
>
> *Madrid 698 – Algeciras 27 – Cádiz 150 – Gibraltar 27.*

al Sureste : 8 km :

     La Almoraima 🌿, ✉ 11350, ℰ 956 69 30 02, Fax 956 69 32 14, 🀫, « *Antigua casa-convento en un gran parque* », ⌱, 🐎, ✘ – ▤ 🆃🆅 🅿. 🄰🄴 ① 🅜🅒 *VISA*. ✘
     Comida 19,53 – ☕ 6,01 – **17 hab** 55,89/90,15.

CASTELLAR DEL VALLÉS 08211 Barcelona **443** H 36 – 13 481 h.

> *Madrid 625 – Barcelona 32 – Sabadell 8.*

por la carretera de Terrassa *Suroeste : 5 km :*

     Can Font, ✉ 08211, ℰ 93 714 53 77, Fax 93 714 53 77, 🀫, « *Decoración rústica catalana* » – ▤ 🅿. 🄰🄴 ① 🅜🅒 *VISA*. ✘
     cerrado del 1 al 6 de enero, 2 semanas en agosto, lunes noche, martes y festivos noche – **Comida** carta 29 a 37.

CASTELLBISBAL 08755 Barcelona **443** H 35 – 4 969 h alt. 132.

> *Madrid 605 – Barcelona 30 – Manresa 40 – Tarragona 84.*

en la carretera de Martorell a Terrassa C 243 *Oeste : 9 km :*

     Ca l'Esteve, ✉ 08755, ℰ 93 775 56 90, *mariaesteve @ eresmas.com,* Fax 93 774 18 23, 🀫, ✘ – ▤ 🅿. ① 🅜🅒 *VISA* 🄹🄲🄱. ✘
     cerrado 16 agosto-3 septiembre, domingo noche y lunes – **Comida** carta 19,24 a 32,01.

CASTELLCIUTAT *Lleida – ver La Seu d'Urgell.*

CASTELLDEFELS 08860 Barcelona **443** I 35 – 33 023 h – Playa.

> 🄱 *pl. de la Iglesia 1* ℰ 93 665 11 50 Fax 93 665 77 14.
>
> *Madrid 615 – Barcelona 29 – Tarragona 72.*

en el barrio de la playa :

     Ciudad de Castelldefels, passeig de la Marina 212 ℰ 93 665 19 00, *ranchopark @ grup-soteras.com,* Fax 93 636 08 32, 🀫, ⌱ – ▥ ▤ 🆃🆅 🚗 – 🕭 70/500. 🄰🄴 ① 🅜🅒 *VISA*. ✘ rest
     Comida 19,20 – ☕ 9,02 – **104 hab** 84,14/96,16.

     Mediterráneo, passeig Marítim 294 ℰ 93 665 21 00, *hmediterraneo @ cambrabcn.es,* Fax 93 665 22 50, ⌱ – ▥ ▤ 🆃🆅 🚗 – 🕭 25/200. 🄰🄴 ① 🅜🅒 *VISA*. ✘
     Comida 18 – ☕ 8,50 – **47 hab** 88/133 – PA 37,50.

     Playafels, playa Ribera de San Pedro 1-9 ℰ 93 665 12 50, *playafels @ grup-soteras.com,* Fax 93 664 10 01, ≤, ⌱ – ▥ ▤ 🆃🆅 🅿 – 🕭 25/500. 🄰🄴 ① 🅜🅒 *VISA*. ✘ rest
     Comida 25 – ☕ 11 – **34 hab** 120/144.

     Luna, passeig de la Marina 155 ℰ 93 665 21 50, *hotluna @ teleline.es,* Fax 93 665 22 12, « *Terraza con arbolado* », ⌱, 🐎 – ▥ ▤ 🆃🆅 🅿 – 🕭 25/150. 🄰🄴 ① 🅜🅒 *VISA*. ✘ rest
     Comida 15,03 – ☕ 8,71 – **29 hab** 81,14/105,18 – 1 suite – PA 33,06.

     Neptuno, av. dels Banys 45 ℰ 93 664 43 63, *hotelnep @ teleline.es,* Fax 93 664 43 63, 🀫 – ▤ 🆃🆅 – 🕭 25/100. 🄰🄴 ① 🅜🅒 *VISA*
     Comida *(cerrado domingo noche y lunes)* 10,25 – ☕ 6,01 – **16 hab** 60,10/84,14.

     La Canasta, passeig Marítim 197 ℰ 93 665 68 57, *canasta @ mdin.es,* Fax 93 636 02 88, 🀫 – ▤. 🄰🄴 ① 🅜🅒 *VISA*. ✘
     Comida carta 36,36 a 42,37.

     Mar Blanc, Ribera de Sant Pere 17 ℰ 93 636 00 75, Fax 93 636 00 75, ≤, 🀫 – ▤. 🄰🄴 ① 🅜🅒 *VISA*. ✘
     cerrado lunes salvo festivos – **Comida** carta 26,45 a 42,97.

en la carretera C 246 *Suroeste : 2,5 km :*

     Las Botas, av. Constitución 326, ✉ 08860, ℰ 93 665 18 24, Fax 93 665 18 24, 🀫, « *Decoración típica* » – ▤ 🚗 🅿. 🄰🄴 ① 🅜🅒 *VISA*. ✘
     Comida carta 24,08 a 27,87.

en Torre Barona *Oeste : 2,5 km :*

     G.H. Don Jaime, av. del Hotel 22, ✉ 08860 Castelldefels, ℰ 93 665 13 00, *donjaime @ grup-soteras.com,* Fax 93 664 51 51, 🀫, 🛁, ⌱, ⌱, 🐎 – ▥ ▤ 🆃🆅 ♿ 🚗 🅿 – 🕭 25/170. 🄰🄴 ① 🅜🅒 *VISA* 🄹🄲🄱. ✘
     Comida 23 – ☕ 11 – **227 hab** 103/120 – 7 suites.

CASTELLFOLLIT DE LA ROCA 17856 Girona **443** F 37 – 1029 h alt. 296.

Ver : Emplazamiento★ (Parque Natural de la zona volcánica de La Garrotxa★).
Madrid 682 – Barcelona 143 – Figueres 44 – Girona/Gerona 46 – Vic 64.

CASTELLÓ D'EMPÚRIES 17486 Girona **443** F 39 – 3645 h alt. 17.

Ver : Localidad★ – Iglesia de Santa María★ (retablo★, portada★★).
🗗 pl. dels Homes 1 ℰ 972 15 62 33 cultura@castellodempuries.net Fax 972 15 80 63.
Madrid 753 – Figueres 8 – Girona/Gerona 47.

Canet, pl. Joc de la Pilota 2 ℰ 972 25 03 40, info@hotelcanet.com, Fax 972 25 06 07,
🛖, 🏊 – 🛗 🗏 📺 🅿 – 🔥 25/60. 🅜🅒 🆅🅘🆂🅰. 🛇 rest
cerrado noviembre – **Comida** (cerrado lunes salvo festivos y verano) 9 – **29 hab** 🖵 45/50.

Allioli, carret. Figueras-Rosas (urb. Castellnou) ℰ 972 25 03 20, Fax 972 25 03 00,
« Decoración rústica catalana » – 🛗 🗏 📺 🚗 🅿 🅐🅔 🅜🅒 🆅🅘🆂🅰. 🛇 rest
cerrado 15 diciembre-15 febrero – **Comida** carta 20,38 a 28,04 – 🖵 3,91 – **43 hab**
48,08/87,15.

Emporium, Santa Clara 31 ℰ 972 25 05 93, reserves@emporiumhotel.com,
Fax 972 25 06 61, 🛖 – 🛗, 🗏 rest, 📺 🅿 🅐🅔 🅞 🅜🅒 🆅🅘🆂🅰. 🛇
cerrado octubre – **Comida** (cerrado sábado en invierno) 8,70 – 🖵 4,80 – **42 hab** 36/57
– PA 18,60.

CASTELLÓ DE LA PLANA o **CASTELLÓN DE LA PLANA** 12000 🄿 Castelló **445** M 29
– 138489 h alt. 28.

🏌 Mediterráneo, urb. la Coma, Norte : 3,5 km por ① ℰ 964 32 12 27 Fax 964 65 77 34
– 🏌 Costa de Azahar, Noreste : 6 km B ℰ 964 28 09 79 Fax 964 28 09 79.
🗗 pl. María Agustina 5 ✉ 12003 ℰ 964 35 86 88 touristinfo.
castellon@turisme.m400.gva.es Fax 964 35 86 89 – R.A.C.E. Cardenal Costa 37 ✉ 12005
ℰ 964 25 38 06 Fax 964 21 24 43.
Madrid 426 ② – Tarragona 183 ① – Teruel 148 ③ – Tortosa 122 ① – València 75 ②

Plano página siguiente

Intur Castellón, Herrero 20, ✉ 12002, ℰ 964 22 50 00, castellon@intur.com,
Fax 964 23 26 06, 🛌 – 🛗 🗏 📺 🚗 – 🔥 25/220. 🅐🅔 🅞 🅜🅒 🆅🅘🆂🅰. 🛇   A n
Comida 18 – 🖵 7,50 – **118 hab** 95/120 – 5 suites.

Castellón Center, Ronda Mijares 86, ✉ 12002, ℰ 964 34 27 77, reservas@hotelc
astelloncenter.com, Fax 964 25 49 29, 🛌 – 🛗 🗏 📺 🚗 – 🔥 25/200. 🅐🅔 🅞 🅜🅒
🆅🅘🆂🅰. 🛇   A y
Comida 12,02 – 🖵 6,61 – **78 hab** 95/110.

NH Mindoro, Moyano 4, ✉ 12002, ℰ 964 22 23 00, nhmindoro@nh-hoteles.es,
Fax 964 23 31 54 – 🛗 🗏 📺 🚗 – 🔥 25/300. 🅐🅔 🅞 🅜🅒 🆅🅘🆂🅰. 🛇   A a
Comida 13,56 – 🖵 9,02 – **93 hab** 108,18 – 12 suites.

Jaime I, Ronda Mijares 67, ✉ 12002, ℰ 964 25 03 00, info@hoteljaimei.com,
Fax 964 20 37 79 – 🛗 🗏 📺 🚗 – 🔥 25/200. 🅐🅔 🅞 🅜🅒 🆅🅘🆂🅰. 🛇   A b
Comida 12,02 - **Los Naranjos** (cerrado domingo noche) **Comida** carta aprox. 19,82 –
🖵 5,85 – **89 hab** 62/80.

AC Castellón sin rest con cafetería por la noche, Carcagente 3, ✉ 12002,
ℰ 96 472 38 25, accastellon@ac-hoteles.com, Fax 96 472 38 26, 🛌 – 🛗 🗏 📺 🚗 –
🔥 25/50. 🅐🅔 🅞 🅜🅒 🆅🅘🆂🅰. 🛇   A d
🖵 6 – **81 hab** 76,33.

Doña Lola, Lucena 3, ✉ 12006, ℰ 964 21 40 11, d.lola@infocsnet.com,
Fax 964 25 22 35 – 🛗 🗏 📺 – 🔥 25/100. 🅐🅔 🅞 🅜🅒 🆅🅘🆂🅰 🅹🅒🅑. 🛇   A c
Comida (cerrado 20 diciembre-3 enero y sábado) 11 – 🖵 4 – **36 hab** 43/57.

Zaymar sin rest, Historiador Viciana 6, ✉ 12006, ℰ 964 25 43 81, Fax 964 21 79 90
– 🛗 🗏 📺. 🅐🅔 🅞 🅜🅒 🆅🅘🆂🅰 🅹🅒🅑. 🛇   A h
27 hab 🖵 42/54.

XX Peñalen, Fola 11, ✉ 12002, ℰ 964 23 41 31 – 🗏   A x

XX **Delmónico**, pl. Cometa Halley 7, ✉ 12005, ℰ 964 26 00 44, Fax 964 26 13 85 – 🗏.
🅐🅔 🅞 🅜🅒 🆅🅘🆂🅰   A r
cerrado Semana Santa, 15 agosto-7 septiembre, domingo en verano y de lunes a jueves
por la noche resto del año – **Comida** - espec. en arroces - carta aprox. 36,06.

XX **Pairal**, Dr. Fleming 24, ✉ 12005, ℰ 964 23 34 04, Fax 964 23 67 07 – 🗏. 🅐🅔 🅞 🅜🅒
🆅🅘🆂🅰. 🛇   A z
cerrado Semana Santa y domingo – **Comida** carta 30,06 a 34,56.

X **Arro, pes**, Benárabe 5, ✉ 12005, ℰ 964 23 76 58, Fax 964 23 54 49 – 🗏. 🅐🅔 🅞 🅜🅒
🆅🅘🆂🅰. 🛇   A u
cerrado agosto, domingo noche y lunes – **Comida** - arroces, pescados y mariscos - carta
19,70 a 26,70.

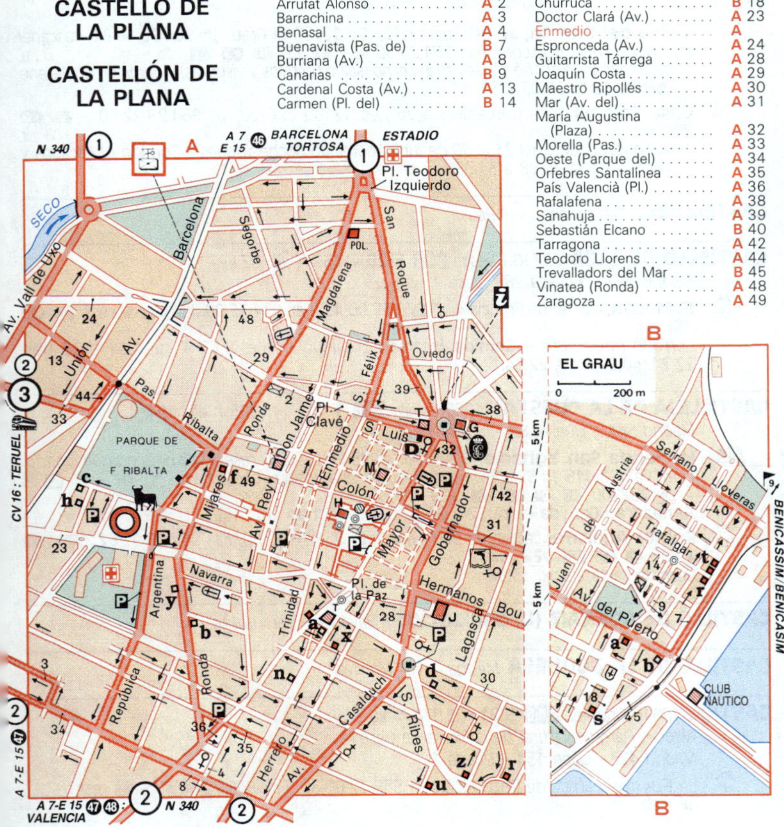

✗ **Mesón Navarro II,** Amadeo I-8, ✉ 12001, ☎ 964 25 09 66, *navarroajv@ arrakis.es,
Fax 964 25 09 66 – 🖥. AE MO VISA. ✗   **A f**
cerrado agosto, domingo noche y lunes (septiembre-junio), domingo resto del año –
Comida *carta 16,23 a 30,66.*

✗ **Eleazar,** Ximénez 14, ✉ 12002, ☎ 964 23 48 61 – 🖥. AE ① MO
VISA. ✗   **A a**
cerrado agosto, domingo noche y lunes – **Comida** *carta aprox. 22,84.*

en el puerto (Grau) *Este : 5 km :*

🏨 **Express Turcosa,** Treballadors de la Mar 1, ✉ 12100 El Grau, ☎ 964 28 36 00, *nhtu
rcosa@nhhoteles.es, Fax 964 28 47 37,* ⬚ – 🛗 🖥 📺 – 🛎 25/200. AE ① MO
VISA. ✗   **B b**
Comida *carta 15,03 a 21,04* – 🍽 *8* – **70 hab** *98.*

🍴🍴🍴 **Mare Nostrum,** paseo Buenavista 32, ✉ 12100 El Grau, ☎ 964 28 29 29, *buenofo
ix@ hotmail.com, Fax 964 28 29 29* – 🖥. AE MO VISA. ✗   **B t**
cerrado del 8 al 23 de enero, 2ª quincena de septiembre, domingo y lunes noche – **Comida**
carta aprox. 33,08.

🍴🍴 **Rafael,** Churruca 28, ✉ 12100 El Grau, ☎ 964 28 21 85, *Fax 964 28 16 26* – 🖥. AE ①
MO VISA. ✗   **B s**
cerrado del 15 al 30 de septiembre, domingo y festivos – **Comida** - pescados y mariscos
- carta aprox. 45.

🍴🍴 **Brisamar,** paseo Buenavista 26, ✉ 12100 El Grau, ☎ 964 28 36 64, *Fax 964 28 03 36,*
🌿 – 🖥. AE ① MO VISA. ✗   **B t**
cerrado 15 octubre-15 noviembre y martes – **Comida** *carta 20,73 a 27,04.*

Tasca del Puerto, av. del Puerto 13, ✉ 12100 El Grau, ☎ 964 28 44 81, *tascadelpuerto@infonegocio.com, Fax 964 28 50 33* – ▤. AE ⓓ ⓜⓒ VISA. ✂ B a
cerrado domingo noche y lunes en invierno (salvo festivos y vísperas) y domingo en verano – **Comida** carta 26,05 a 32,25.

Casa Falomir, paseo Buenavista 25, ✉ 12100 El Grau, ☎ 964 28 22 80 – ▤. ⓜⓒ VISA. ✂ B r
cerrado Navidades, del 23 al 30 de junio, domingo noche y lunes – **Comida** - pescados y mariscos - carta 15,88 a 31,38.

CASTELLVELL *Tarragona – ver Reus.*

CASTIELLO DE JACA *22710 Huesca* 443 **E 28** – *139 h alt. 921.*

Madrid 488 – Huesca 98 – Jaca 7.

El Mesón, carret. de Francia 4 ☎ 974 35 00 45, *Fax 974 35 00 06,* ← – ▤ rest, TV. ⓜⓒ VISA. ✂
cerrado noviembre – **Comida** *(cerrado domingo noche)* 9,62 – ☐ 4,21 – **25 hab** 22,24/40,27 – PA 22,84.

CASTILLEJA DE LA CUESTA *41950 Sevilla* 446 **T 11** – *15 205 h alt. 104.*

Madrid 541 – Huelva 82 – Sevilla 7.

Hacienda San Ygnacio, Real 190 ☎ 954 16 92 90, *reservas@haciendasanygnacio.com, Fax 95 416 14 37,* ☂, « Instalado en una antigua hacienda », ⛱, ☂ – ▤ TV P – 🏛 25/200. AE ⓓ ⓜⓒ VISA JCB. ✂
Almazara : **Comida** carta 22 a 26 – ☐ 8 – **16 hab** 102/135.

Robles Aljarafe, carret. de Bormujos 2 ☎ 95 416 92 60, *Fax 95 416 92 62,* ☂ – ▤ P. AE ⓓ ⓜⓒ VISA JCB. ✂
Comida carta aprox. 33,06.

CASTILLO DE GORRAIZ (Urbanización) *Navarra – ver Huarte.*

CASTILLO DE LA DUQUESA *Málaga – ver Manilva.*

CASTRIL *18816 Granada* 446 **S 21** – *3 074 h alt. 959.*

Alred. : *Parque Natural de la Sierra de Castril★.*

Madrid 423 – Jaén 154 – Úbeda 100.

La Fuente, carret. de Pozo Alcón ☎ 958 72 00 30, *Fax 958 72 00 30* – ▤ rest, **38 hab.**

CASTRILLO DE DUERO *47318 Valladolid* 442 **H 17** – *225 h alt. 816.*

Madrid 203 – Aranda de Duero 34 – Burgos 111 – Palencia 119 – Segovia 76 – Valladolid 74.

en la carretera N 122 *Noroeste : 6 km :*

El Empecinado con hab, ✉ 47318, ☎ 983 88 07 93, *Fax 983 88 06 29,* ☂, Vinoteca – ▤ TV P
6 hab.

CASTRILLO DE LOS POLVAZARES *24718 León* 441 **E 11** – *alt. 907.*

Madrid 339 – León 48 – Ponferrada 61 – Zamora 132.

Cuca la Vaina ⚲, Jardín ☎ 987 69 10 78, *Fax 987 69 10 78* – ⓜⓒ VISA. ✂ rest
cerrado 8 enero-2 febrero – **Comida** *(cerrado lunes)* - sólo almuerzo salvo viérnes, sábado y verano - 13,60 – ☐ 3,40 – **7 hab** 54,70.

Casa Coscolo ⚲ con hab, El Rincón 1 ☎ 987 69 19 84, « Conjunto rústico regional » – TV. ⓜⓒ VISA. ✂ rest
cerrado del 1 al 15 de febrero – **Comida** *(cerrado lunes)* - carnes a la brasa - carta aprox. 22,08 – ☐ 3,01 – **4 hab** 36,06/51,09.

Dieser Führer ist kein vollständiges Hotel- und Restaurantverzeichnis.
Um den Ansprüchen aller Touristen gerecht zu werden,
haben wir uns auf eine Auswahl in jeder Kategorie beschränkt.

CASTRILLO DEL VAL 09193 Burgos **442** F **19** – 1612 h alt. 939.

Madrid 243 – Burgos 11 – Logroño 114 – Vitoria-Gasteiz 116.

en la carretera N 120 *Noreste : 3 km :*

Camino de Santiago ⊠, urb. Los Tomillares, ⊠ 09193, ℰ 947 42 12 93, Fax 947 42 10 77 – |≋| TV ⇔ P. – 🏛 400. ⓓ ⓜⓒ VISA
Comida - ver rest. **Los Braseros** – ⌆ 4,51 – **40 hab** 40,87/64,92.

Los Braseros - Hotel Camino de Santiago, urb. Los Tomillares, ⊠ 09193, ℰ 947 42 12 01, Fax 947 42 10 77 – ▤ P. ⓓ ⓜⓒ VISA. ⚕
cerrado enero y martes – **Comida** carta aprox. 21,04.

CASTRO CALDELAS 32760 Ourense **441** E **7** – 1970 h alt. 720.

Madrid 504 – Lugo 88 – Ourense/Orense 48 – Ponferrada 110.

Pousada Vicente Risco ⊠, Grande 4 ℰ 988 20 33 60, Fax 988 20 36 03, « Casona en piedra de ambiente acogedor » – TV. ⓜⓒ VISA. ⚕
Comida 9,02 – **8 hab** ⌆ 36,06/45,08.

CASTRO URDIALES 39700 Cantabria **442** B **20** – 13 575 h – Playa.

🛈 av. de la Constitución 1 ℰ 942 87 15 12 Fax 942 87 13 37.

Madrid 430 – *Bilbao* 36 – Santander 73.

La Sota sin rest, La Correría 1 ℰ 942 87 11 88, Fax 942 87 12 84 – |≋| TV. ⓜⓒ VISA. ⚕
⌆ 2,10 – **19 hab** 36,06/54,09.

Mesón El Segoviano, La Correría 19 ℰ 942 86 18 59, Fax 942 86 37 54, ⛱ – AE ⓓ ⓜⓒ VISA JCB. ⚕
Comida carta 30,04 a 42,09.

Mesón Marinero, La Correría 23 ℰ 942 86 00 05, ⛱ – ▤. AE ⓓ ⓜⓒ VISA. ⚕
Comida carta 24,50 a 33,06.

Ardigales, Ardigales 18 ℰ 942 87 16 95 – ▤. ⓜⓒ VISA. ⚕
cerrado 15 enero-15 febrero, martes noche y miércoles – **Comida** carta 20,13 a 29,15.

en la playa :

Las Rocas, av. de la Playa, ⊠ 39700, ℰ 942 86 04 00, reservas@lasrocashotel.com, Fax 942 86 13 82, ≼ – |≋|, ▤ rest, TV ⇔ – 🏛 25/150. AE ⓓ ⓜⓒ VISA. ⚕ rest
Comida (cerrado Navidades) 18 – **66 hab** ⌆ 89/108 – PA 36.

CASTROJERIZ 09110 Burgos **442** F **17** – 904 h alt. 808.

Madrid 249 – Burgos 43 – Palencia 48 – Valladolid 99.

La Posada, Landelino Tardajos 5 ℰ 947 37 86 10, Fax 947 37 86 11 – |≋| TV. ⓜⓒ VISA. ⚕
cerrado 24 septiembre-7 octubre – **Comida** - ver rest. **El Mesón** – ⌆ 3,61 – **21 hab** 28,25/47,48.

La Cachava, Real 93-95 ℰ 947 37 85 47, cachava@teleline.es, Fax 947 37 76 01, ⛱, « Antigua casa de labranza de ambiente acogedor con patio ajardinado » – ৬. AE ⓓ ⓜⓒ VISA JCB. ⚕
cerrado 15 diciembre-15 enero – **Comida** - sólo clientes - 12,02 – ⌆ 5,41 – **7 hab** 46,28/59,50 – PA 27,05.

El Mesón - Hotel La Posada con hab, Cordón 1 ℰ 947 37 74 00 – ⓜⓒ VISA. ⚕
cerrado del 24 septiembre-7 octubre – **Comida** carta aprox. 21,03 – ⌆ 3,61 – **7 hab** 20,43/32,45.

CASTROPOL 33760 Asturias **441** B **8** – 4 913 h – Playa.

Madrid 589 – A Coruña/La Coruña 173 – Lugo 88 – Oviedo 154.

Peña-Mar, carret. N 640 ℰ 98 563 51 49, Fax 98 563 54 98 – |≋| TV P. AE ⓓ ⓜⓒ VISA. ⚕
Comida - ver rest. **Peña-Mar** – ⌆ 3,50 – **24 hab** 42/48.

Peña-Mar - Hotel Peña-Mar, carret. N 640 ℰ 98 563 50 06, Fax 98 563 54 98 – P. AE ⓓ ⓜⓒ VISA. ⚕
cerrado noviembre y miércoles – **Comida** carta 20,21 a 36.

El Risón de Peña Mar, El Muelle ℰ 98 563 50 65, Fax 98 563 54 98, ≼, ⛱ – AE ⓓ ⓜⓒ VISA. ⚕
cerrado 15 noviembre-15 diciembre y lunes – **Comida** carta 20,21 a 36.

Casa Vicente con hab, carret. N 640 ℰ 98 563 50 51, Fax 98 563 53 62, ≼ – TV P. AE ⓓ ⓜⓒ VISA. ⚕
cerrado octubre – **Comida** (cerrado martes) carta 21,04 a 31,25 – ⌆ 3,01 – **14 hab** 27,05/39,07.

CASTROVERDE DE CAMPOS 49110 Zamora **441** G 14 – 468 h alt. 707.

Madrid 261 – Benavente 34 – León 90 – Palencia 77 – Valladolid 69 – Zamora 69.

Mesón del Labrador, Doctor Corral 27 ☎ 980 66 46 53, Fax 980 66 46 53 – ▪. **MC** **VISA**. ⌘ – cerrado del 15 al 30 de septiembre – **Comida** carta 17,20 a 30.

CAUDETE 02660 Albacete **445** P 27 – 7763 h alt. 559.

Madrid 353 – Albacete 101 – Alacant/Alicante 77 – València 113.

El Lengüetero con hab, av. de Valencia 116 ☎ 96 582 55 80, hrleng@arrakis.es, Fax 96 582 67 91 – ▪ **TV** **P**. **AE** **MC** **VISA**. ⌘
Comida (cerrado del 1 al 15 de enero y domingo) carta 22,54 a 30 – ⌑ 4,50 – **15 hab** 23,14/40,87.

La CAVA Tarragona – ver Deltebre.

CAZALLA DE LA SIERRA 41370 Sevilla **446** S 12 – 5016 h alt. 590.

Madrid 493 – Aracena 83 – Écija 102 – Sevilla 95.

Posada del Moro ⌘, paseo del Moro ☎ 95 488 48 58, sangoy2001@hotmait.com, Fax 95 488 48 58, ⌘, ⌑ – ▪ **TV** **AE** **MC** **VISA**. ⌘
Comida 15,03 – ⌑ 4,21 – **15 hab** 36,06/54,09.

CAZORLA 23470 Jaén **446** S 20 – 8885 h alt. 790.

Ver : Localidad★ – Emplazamiento★.

Alred. : La Iruela : carretera★ de los Miradores ≤★ - Noreste : 3 km – Parque Natural de la Sierra de Cazorla, Segura y Las Villas★★★ (Hornos ≤★).

Excurs. : Cueva del Agua★ Sur : 38 km – Tíscar★ Sur : 39 km.

🛈 Juan Domingo 2 ☎ 953 72 01 15 quercus@excursionesquercus.com Fax 953 71 00 68.

Madrid 363 – Jaén 101 – Úbeda 46.

Villa Turística de Cazorla ⌘, Ladera de San Isicio ☎ 953 71 01 00, cazorla@villa cazorla.com, Fax 953 71 01 52, ≤, ⌘, « Conjunto de villas imitando un pueblo andaluz », ⌑ – ▪ **TV** & **P**. – ⌘ 25/40. **AE** **①** **MC** **VISA**. ⌘
Comida 8 – **16 hab** ⌑ 50/68 – 16 apartamentos.

Guadalquivir sin rest, Nueva 6 ☎ 953 72 02 68, info@hguadalquivir.com, Fax 953 72 02 68 – |≋| ▪ **TV** ⌘. **MC** **VISA**. ⌘
⌑ 3,31 – **11 hab** 27,65/37,26.

Andalucía sin rest, Martínez Falero 42 ☎ 953 72 12 68 – **TV** ⌘. **MC** **VISA**. ⌘
⌑ 3 – **11 hab** 24/33.

Parque sin rest, Hilario Marco 62 ☎ 953 72 18 06, cazorla@hotelparque.net, Fax 953 72 18 06 – ▪ **TV** ⌘. **MC** **VISA**. ⌘
⌑ 3,15 – **8 hab** 22,85/36,07.

La Sarga, pl. del Mercado ☎ 953 72 15 07, Fax 953 72 06 31, ≤ – ▪. **AE** **①** **MC** **VISA**. ⌘
cerrado septiembre y martes – **Comida** carta 22,54 a 27,65.

en la carretera de la Sierra Noreste : 2,5 km :

Sierra de Cazorla ⌘, ✉ 23476 La Iruela, ☎ 953 72 00 15, info@hotelsierradecaz orla.com, Fax 953 72 00 17, ≤, ⌑ – |≋| ▪ **TV** **P**. – ⌘ 25/30. **AE** **①** **MC** **VISA**. ⌘ rest
Comida 9,02 – ⌑ 4,51 – **57 hab** 42,07/57,10 – 2 suites – PA 20,73.

en la Sierra de Cazorla :

Parador de Cazorla ⌘, Lugar Sacejo - Este : 26 km - alt. 1 400, ✉ 23470 Cazorla, ☎ 953 72 70 75, cazorla@parador.es, Fax 953 72 70 77, ≤ montañas, « En plena sierra de Cazorla », ⌑, ⌘ – ▪ rest, **TV** **P**. **AE** **①** **MC** **VISA**. ⌘
Comida 21,04 – ⌑ 8,11 – **33 hab** 73,55/91,94.

Noguera de la Sierpe ⌘, carret. del Tranco - Noreste : 30 km, ✉ 23478 Coto Ríos, ☎ 953 71 30 21, Fax 953 71 31 09, ⌘, « Decoración rústico-regional », ⌑ – ▪ rest, **TV** **P**. **①** **MC** **VISA** **JCB**. ⌘ rest
Comida carta 15,61 a 20,42 – **42 hab** ⌑ 46,27/69,11.

Mirasierra ⌘, carret. del Tranco - Noreste : 36,3 km, ✉ 23478 Coto Ríos, ☎ 953 71 30 44, info@hotel-mirasierra.com, Fax 953 71 30 44, ⌘, ⌑ – ▪ rest, **TV** **P**. **MC** **VISA**. ⌘
cerrado 7 enero-8 febrero – **Comida** 9,61 – ⌑ 2,85 – **19 hab** 27,04/39,06 – PA 18,75.

Santa María de la Sierra ⌘, carret. del Tranco - Noreste : 25,5 km y desvío al Chaparral 2,8 km, ✉ 23476 La Iruela, ☎ 953 12 40 70, info@crsantamaria.com, Fax 953 12 41 32, ⌘, « Conjunto rústico en pleno bosque », ⌑ – **TV** & **P**. **AE** **①** **MC** **VISA** **JCB**. ⌘ rest
Comida - sólo clientes - 9,62 – **12 hab** ⌑ 33,06/51,09.

CEDEIRA
CEDEIRA 15350 A Coruña **441** B 5 – *7 450 h* – Playa.

Madrid 659 – A Coruña/La Coruña 106 – Ferrol 37 – Santiago de Compostela *128.*

XX **Avenida** con hab, Cuatro Caminos 66 ℘ 981 49 21 12, *avenida@infonegocio.com,* Fax 981 49 21 12 – ▤ rest, TV. AE ① MC VISA. ⚶
Comida - pescados y mariscos - carta 27 a 35 – ⌣ 4 – **11 hab** 40/60.

CEE
CEE 15270 A Coruña **441** D 2 – *6 921 h* – Playa.

Madrid 710 – A Coruña/La Coruña 97 – Santiago de Compostela *89.*

La Marina, av. Fernando Blanco 26 ℘ 981 74 73 81, *āmarina@teleline.es,* Fax 981 74 65 11 – ▮🗲▮ TV. AE ① MC VISA. ⚶
Comida (cerrado domingo en invierno) 9,01 – ⌣ 2,10 – **29 hab** 33,05/42,07.

CELANOVA
CELANOVA 32800 Ourense **441** F 6 – *5 902 h alt. 519.*

Ver : *Monasterio (claustro★★).*

Alred. : *Santa Comba de Bande (iglesia★) Sur : 26 km.*

Madrid 488 – Ourense/Orense 26 – Vigo 99.

Betanzos, Celso Emilio Ferreiro 7 ℘ 988 45 10 36, Fax 988 45 10 11 – ▮🗲▮, ▤ rest, TV 🚗. AE ① MC VISA JCB. ⚶
cerrado del 22 diciembre-7 enero – **Comida** 12 – ⌣ 2,60 – **33 hab** 20/36.

por la carretera C 531 *Sureste : 3 km :*

Pazo Hospedería A Fábrica ⚘ sin rest, ✉ 32817 Sampaio, ℘ 988 43 20 92, Fax 988 43 20 92, « En un antiguo pazo », 🚗 – TV P. MC VISA. ⚶
⌣ 4,21 – **6 hab** 49,88 – 1 suite.

CELLERS
CELLERS 25631 Lleida **443** F 32 – *alt. 325.*

Madrid 551 – Lleida/Lérida 82.

Terradets, carret. C 13 ℘ 973 65 11 20, *info@hotelterradets.com,* Fax 973 65 13 04, ≤, ⚘ – ▮🗲▮ ▤ TV 🕭 🚗 P – 🏛 25/100. ① MC VISA. ⚶ rest
Comida 11,12 – ⌣ 5,53 – **59 hab** 36,36/51,84.

CENAJO
CENAJO Murcia **445** Q 24.

Madrid 333 – Albacete 88 – Lorca 102 – Murcia 115.

Barceló Cenajo ⚘, ✉ 30440 Moratalla, ℘ 968 72 10 11, *elcenajo@barcelo.com,* Fax 968 72 06 45, ≤, « En un bonito paraje junto al embalse », ⚘, ▥, 🚗, ⚒ – ▤ TV P – 🏛 25/150. AE MC VISA. ⚶ rest
Comida 12,86 – ⌣ 5,11 – **69 hab** 75,73/121,40.

CENES DE LA VEGA
CENES DE LA VEGA 18190 Granada **446** U 19 – *2 384 h alt. 741.*

Madrid 439 – Granada *8.*

XXX **Ruta del Veleta,** carret. de Sierra Nevada 136 ℘ 958 48 61 34, *rutadelveleta@granada.net,* Fax 958 48 62 93, « Decoración típica » – ▤ P. AE ① MC VISA JCB. ⚶
Comida carta 29,75 a 36,96.

CERCEDILLA
CERCEDILLA 28470 Madrid **444** J 17 – *3 884 h alt. 1 188.*

Madrid 56 – El Escorial 20 – Segovia *39.*

Longinos El Aribel sin rest, Emilio Serrano 71 ℘ 91 852 15 11, *aribel@wanadoo.es,* Fax 91 852 15 61 – TV P. AE ① MC VISA. ⚶
⌣ 1,65 – **23 hab** 30,05/40,87.

CERDANYOLA DEL VALLÈS
CERDANYOLA DEL VALLÈS 08290 Barcelona **443** H 36 – *57 410 h.*

Madrid 606 – Barcelona *15 – Mataró 39.*

Parc del Vallès ⚘, dels Artesans 2-8 (Parc Tecnològic) ℘ 93 692 06 61, *reservas@hotelparavalles.com,* Fax 93 692 04 82, 🏋, ⚘ – ▮🗲▮ ▤ TV 🕭 P – 🏛 25/350
82 hab.

al Oeste : *3 km :*

Bellaterra, autopista A 7 - área de Bellaterra, ✉ 08290 Cerdanyola, ℘ 93 692 60 54, Fax 93 580 47 68, ⚘, 🚗 – ▮🗲▮ ▤ TV 🕭 🚗 P – 🏛 25/200. AE ① MC VISA. ⚶ rest
Comida carta aprox. 23 – ⌣ 8 – **114 hab** 81/101 – 1 suite.

Meliá Confort Campus (Hotel escuela), Campus de Bellaterra (Vila Universitaria), ☒ 08193 Bellaterra, ☏ 93 580 83 53, melia.confort.campus@solmelia.com, Fax 93 580 89 78 – 🛗 🗏 TV – 🏋 25/500. AE ① ⑩ VISA JCB. ⅍
Comida 8,83 – ☕ 9,75 – **55 hab** 91/103,25.

CEREZO DE ARRIBA 40592 Segovia 442 I 19 – 180 h alt. 1 129.
Madrid 100 – Aranda de Duero 59 – El Burgo de Osma 79 – Segovia 62.

Casón de la Pinilla ⅍, Finca La Rinconada ☏ 921 55 72 01, casonpinilla@teleline.es, Fax 921 55 72 09, 🛖 – TV P. AE ① ⑩ VISA. ⅍ rest
cerrado del 16 al 23 de diciembre – **Comida** 12,92 – **11 hab** ☕ 53,49/60,10.

CERRADO DE CALDERÓN Málaga – ver Málaga.

CERVATOS 39213 Cantabria 442 D 17.
Ver : Colegiata★ : decoración escultórica★.
Madrid 345 – Aguilar de Campóo 23 – Burgos 109 – Santander 75.

Los Corros, carret. N 611 - Norte : 1 km ☏ 942 75 34 21, Fax 942 75 50 52 – P. AE ① ⑩ VISA. ⅍
Comida carta 22 a 29.

CERVELLÓ 08758 Barcelona 443 H 35 – 5 391 h alt. 122.
Madrid 608 – Barcelona 25 – Manresa 62 – Tarragona 82.

al Noroeste : 4,5 km :

Can Rafel ⅍, urb. Can Rafel, ☒ 08758, ☏ 93 650 10 05, crafel@retemail.es, Fax 93 650 10 05, ≤, « Ambiente acogedor », ☄, – 🗏 rest, TV P – 🏋 25. AE ①
⑩ VISA
Comida (cerrado 7 enero-2 febrero, domingo noche, festivos noche y martes) carta 25,40 a 28,44 – ☕ 7,50 – **32 hab** 44/63 – PA 36.

CERVERA 25200 Lleida 443 G 33 – 6 944 h alt. 548.
Ver : Localidad★ – Callejón de la Brujas★★ – Universidad★★ – Basílica de Santa María★.
Madrid 523 – Barcelona 100 – Lleida/Lérida 63 – Tarragona 84.

Bonavista sin rest, av. Catalunya 14 ☏ 973 53 00 27, Fax 973 53 34 04 – 🛗 TV
25 hab.

Les Forques, av. Catalunya 4 ☏ 973 53 15 22, forques@teleline.es, Fax 973 53 20 19
– 🗏. AE ⑩ VISA
cerrado del 15 al 31 de enero, del 15 al 31 de julio y martes – Comida - sólo almuerzo salvo sábado - carta 14,75 a 27,15.

CERVERA DE PISUERGA 34840 Palencia 442 D 16 – 2 759 h alt. 900.
Madrid 348 – Burgos 118 – Palencia 122 – Santander 129.

Peñalabra, General Mola 72 ☏ 979 87 00 37, peñalabra@wanadoo.es, Fax 979 87 00 37, 🏋 – 🛗, 🗏 rest, TV. ⑩ VISA. ⅍
cerrado 25 septiembre-12 octubre – **Comida** 10,22 – ☕ 2,70 – **27 hab** 18,03/33,66 – PA 22,24.

Pineda, Calvo Sotelo 21 ☏ 979 87 03 90 – TV. VISA. ⅍
cerrado 25 diciembre-6 enero - **Casa Víctor** (cerrado domingo noche salvo julio y agosto)
Comida carta aprox. 24,94 – ☕ 1,80 – **13 hab** 21,04/33,06.

en la carretera de Resoba Noroeste : 2,5 km :

Parador de Cervera de Pisuerga ⅍, ☒ 34840, ☏ 979 87 00 75, cervera@parador.es, Fax 979 87 01 05, 🛖, « Magnífica situación con ≤ montañas y pantano de Ruesga » – 🛗 TV 🚗 P – 🏋 25/100. AE ① ⑩ VISA. ⅍ rest
Comida 21,04 – ☕ 8,71 – **80 hab** 73,55/91,94.

CERVO 27888 Lugo 441 A 7 – 13 129 h alt. 69.
Madrid 611 – A Coruña/La Coruña 162 – Lugo 105.

en la carretera C 642 Noroeste : 5 km :

O Castelo con hab, ☒ 27888, ☏ 982 59 44 02, Fax 982 59 44 76 – TV P. AE ① ⑩ VISA. ⅍
Comida carta 18,60 a 29 – ☕ 3 – **22 hab** 48/60.

CEUTA *51000* 959 ⑤ y ⑩ 990 **F 15** – *73 208 h – Playa.*

Ver : *Monte Hacho★ : Ermita de San Antonio ⇐★★.*

🚢 *para Algeciras : Cía. Trasmediterránea, Muelle Cañonero Dato 6* ℘ *956 52 22 38 Fax 956 52 22 24* Z.

🛈 *av. Muelle Cañonero Dato* ✉ *51001* ℘ *956 50 77 46 oitceuta@ciceuta.es Fax 956 52 82 48 –* **R.A.C.E.** *Beatriz de Silva 12-1º E* ℘ *956 51 27 22 Fax 956 51 78 31.*

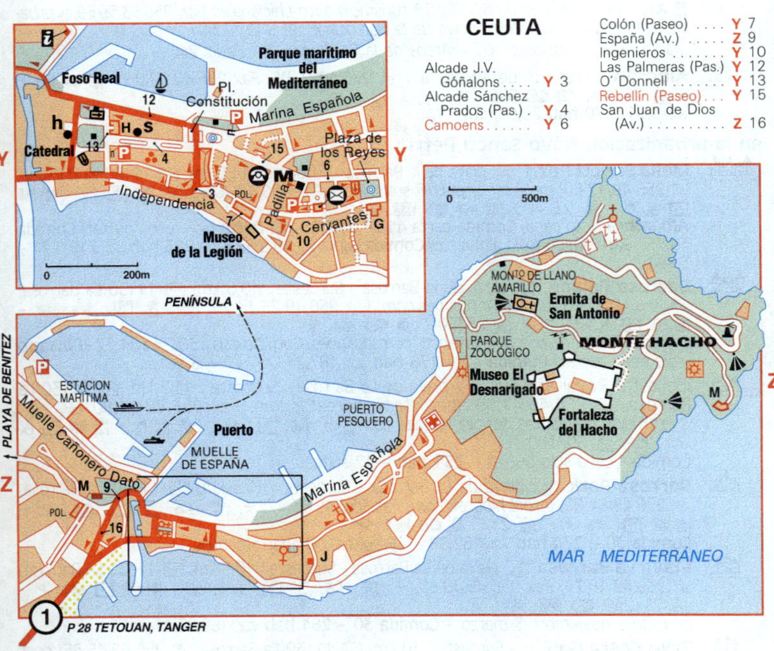

🏨 **Parador H. La Muralla**, *pl. Virgen de África 15,* ✉ *51001,* ℘ *956 51 49 40, ceuta @parador.es, Fax 956 51 49 47, ⇐, «* Instalado parcialmente en la antigua muralla *»,* 🏊
🍴 – 📶 📺 P – 🔔 *25/150.* AE ① ⓞ MC VISA JCB. 🚫   **Y** h
Comida *21,04 –* ☕ *8,11 –* **106 hab** *80,91/101,14.*

🏨 **Meliá Confort Ceuta**, *paseo Alcalde Sánchez Prados 3,* ✉ *51001,* ℘ *956 51 12 00, melia.confort.ceuta@solmelia.es, Fax 956 51 15 01,* 🛗, 🏊 – 📶 📺 🚗 – 🔔 *25/300.*
AE ① ⓞ MC VISA JCB. 🚫   **Y** s
Comida *9,65 –* ☕ *7,21 –* **121 hab** *90,15/106,98 – 1 suite.*

CHANTADA *27500 Lugo* 441 **E 6** – *9 754 h alt. 483.*

Alred. : *Oseira : Monasterio de Santa María la Real★ (sala capitular★) Suroeste : 15 km.*
Madrid 534 – Lugo 55 – Ourense/Orense 42 – Santiago de Compostela 90.

🏨 **Mogay**, *Antonio Lorenzana 3* ℘ *982 44 08 47, Mogayo@jotmail.com, Fax 982 44 08 47*
– 📶 📺 🚗 *–* 🔔 *25/300.* AE ① ⓞ MC VISA. 🚫
Comida *(cerrado domingo) carta aprox. 27,65 –* ☕ *4,02 –* **29 hab** *30,05/ 42,07.*

por la antigua carretera de Lalín *Oeste : 3 km y desvío a la izquierda 6,5 km :*

🏠 **Pazo as Casas** 🍽 *(es necesario reservar), Las Casas,* ✉ *27513 San Pedro de Viana,*
℘ *982 17 15 12, info@pazoascasas.com, Fax 982 44 05 53, ⇐, «* Antiguo pazo rodeado de una extensa finca con capilla *»,* 🌳 *–* 📺 P MC VISA. 🚫
cerrado 7 enero-3 febrero – **Comida** *- sólo cena, sólo clientes - 13 –* **10 hab** ☕ *39/ 63.*

CHAPELA 36320 Pontevedra **441** F 3.

Madrid 608 – Pontevedra 27 – Redondela 7 – Vigo 7.

XX **El Canario**, av. de Vigo 194 ℘ 986 45 00 03, *elcanario@arrakis.es*, Fax 986 45 01 34
– ▤. AE ⑩ MC VISA. ⚶

cerrado Semana Santa, sábado y domingo – **Comida** carta 20,98 a 30,20.

CHICLANA DE LA FRONTERA 11130 Cádiz **446** W 11 – 46 610 h alt. 17.

Alred. : *Playa de la Barrosa★★ Suroeste : 7 km.*

ſ₁₈ ſ₁₈ *Novo Sancti Petri, urb. Novo Sancti Petri, Suroeste : 10 km* ℘ *956 49 40 05.*

🛈 *Alameda del Río* ℘ *956 53 59 69 turismo@ ayto-chiclana.es Fax 956 53 59 69 y urbanización Novo Sancti Petri, playa de la Barrosa* ℘ *956 49 72 34 Fax 956 49 72 34.*

Madrid 646 – Algeciras 102 – Arcos de la Frontera 60 – Cádiz 24.

🏨 **Alborán** sin rest, pl. de Andalucía 1 ℘ 956 40 39 06, Fax 956 40 39 06 – 🛗 ▤ TV P
– ⚒ 25/100. AE MC VISA. ⚶
☕ 3,01 – **70 hab** 76,93/102,17.

en la urbanización Novo Sancti Petri :

🏨🏨🏨 **Meliá Sancti Petri** ⚑, playa de la Barrosa - Suroeste : 11,5 km, ✉ 11130 La Barrosa,
℘ 956 49 12 00, *melia.sancti.petri@ solmelia.es*, Fax 956 49 70 53, ⟨, ⚊, ⚊, XX – 🛗 ▤
TV ⚭ P – ⚒ 25/400. AE ⑩ MC VISA. ⚶
Alhambra *(sólo cena)* **Comida** carta 41,30 a 46,85 - **El Patio** *(sólo cena buffet)* **Comida**
38,75 - **San Marco** *(sólo almuerzo)* **Comida** carta 27,40 a 32,45 – **223 hab** ☕ 219/274 –
3 suites.

🏨🏨🏨 **Barrosa Palace** ⚑, playa de la Barrosa - Suroeste : 10,5 km, ✉ 11130 La Barrosa,
℘ 956 49 22 00, *barrosa@ hipotels.com*, Fax 956 49 23 13, ⟨, ☂, ⚊, ⚊, ⛳, ⚑ –
🛗 ▤ TV ⚭ ⚭ P – ⚒ 25/500. ⑩ MC VISA. ⚶
cerrado diciembre-enero – - **Enebro** *(cerrado lunes)* **Comida** carta 30,25 a 41,62 - **Pinsapo**
(sólo cena buffet) **Comida** 42 – **178 hab** ☕ 187,27/267,79 – 8 suites.

🏨🏨 Iberostar Royal Andalus ⚑, playa de La Barrosa - Suroeste : 11,5 km, ✉ 11130 La
Barrosa, ℘ 956 49 41 09, *iberostar@ iberostar.com*, Fax 956 49 44 90, ⟨, ☂,
« *Profusión de plantas. Amplia terraza con* ⚊ », Ⅰⓢ, ⚊, ⛳, XX, ſ₁₈ ſ₉ – 🛗 ▤ TV ⚭
⚭ P – ⚒ 30/300
Comida - cena sólo buffet – **251 hab** – 12 suites.

🏨🏨 **Barrosa Park** ⚑, playa de La Barrosa - Suroeste : 10,5 km, ✉ 11130 La Barrosa,
℘ 956 49 64 00, *info@ hipotels.com*, Fax 956 49 63 47, ⟨, ☂, Ⅰⓢ, ⚊, ⚊, ⛳, XX –
🛗 ▤ TV ⚭ P – ⚒ 25/500. MC VISA. ⚶
Comida 30 – **274 hab** ☕ 182,98 – 16 suites, 90 apartamentos.

🏨🏨 **Playa La Barrosa** ⚑, playa de La Barrosa - Suroeste : 10,5 km, ✉ 11130 La Barrosa,
℘ 956 49 48 24, Fax 956 49 48 60, ⟨, ☂, Ⅰⓢ, ⚊, ⚊, ⛳, XX – 🛗 ▤ TV ⚭ P –
⚒ 25/250. MC VISA. ⚶
cerrado 5 noviembre-5 marzo – **Comida** 30 – **264 hab** ☕ 182,98.

🏨🏨 **Tryp Costa Golf** ⚑, Suroeste : 10 km, ✉ 11130 La Barrosa, ℘ 956 49 45 35, *cost
agolf@ trypnet.com*, Fax 956 49 46 26, ☂, « *Jardín con* ⚊ *junto al campo de golf* », Ⅰⓢ,
⚊ – ▤ TV ⚭ P – ⚒ 25/325. AE ⑩ MC VISA. ⚶
Comida - sólo buffet - 15,02 - **Tratoria Baco :** **Comida** carta 14,13 a 22,53 – **195 hab**
☕ 121,70/210,35.

X **Novo Golf Cachito**, Centro Comercial - Suroeste : 11 km, ✉ 11130 La Barrosa,
℘ 956 49 52 49, ☂ – ▤. AE ⑩ MC VISA. ⚶
cerrado 15 días en noviembre – **Comida** carta 16,52 a 24,94.

CHILCHES Castelló – ver Xilxes.

CHINCHÓN 28370 Madrid **444** L 19 – 3 994 h alt. 753.

Ver : *Plaza Mayor ★★.*

Madrid 46 – Aranjuez 26 – Cuenca 131.

🏨🏨 **Parador de Chinchón**, av. Generalísimo 1 ℘ 91 894 08 36, Fax 91 894 09 08,
« *Instalado en un convento del siglo XVII con jardín* », ⚊ – ▤ TV ⚭ – ⚒ 25/100. AE
⑩ MC VISA JCB. ⚶
Comida 22,84 – ☕ 8,71 – **36 hab** 85,82/107,28 – 2 suites.

XX **Café de la Iberia**, pl. Mayor 17 ℘ 91 894 09 98, Fax 91 894 08 94, ☂, « *Antiguo café.
Balcón con* ⟨ » – ▤. AE MC VISA. ⚶
cerrado del 1 al 15 de septiembre y miércoles noche en invierno – **Comida** carta aprox.
28,25.

XX **La Balconada**, pl. Mayor ℘ 91 894 13 03, *info@ labalconada.com*, Fax 91 894 13 03,
« *Decoración castellana. Balcón con* ⟨ » – ▤. AE ⑩ MC VISA. ⚶
cerrado miércoles – **Comida** carta 22,84 a 31,86.

por la carretera de Titulcia *Oeste : 3 km :*

Nuevo Chinchón ⌘, urb. Nuevo Chinchón, ✉ 28370, ✆ 91 894 05 44, *nuevochin chon@teleline.es, Fax 91 893 51 28*, ⌂, ⌐ – ▤ **TV** **P** – ⚓ 25. **AE** **①** **MC** **VISA**. ⌘
Comida carta 22,09 a 26,74 – ☕ 4,21 – **18 hab** 45,08/58,30.

CHIPIONA *11550 Cádiz* **446** *V 10* – *14 455 h – Playa.*

Ver : Playa de Regla★.

Madrid 614 – Cádiz 54 – Jerez de la Frontera 32 – Sevilla 106.

Cruz del Mar, *av. de Sanlúcar 1* ✆ *956 37 11 00, reservas@hotelcruzdelmar.com, Fax 956 37 13 64*, ≤, ⌂, « *Patio con* ⌐ » – ⇅, ▤ hab, **TV**. **AE** **①** **MC** **VISA**. ⌘
cerrado 15 noviembre-15 febrero – **Comida** 15,02 – ☕ 6,61 – **74 hab** 63,10/87,14, 14 apartamentos.

Al Sur de Chipiona, *av. de Sevilla 101* ✆ *956 37 03 00, hotelsur@arrakis.es, Fax 956 37 08 59*, ⌐ – ⇅ ▤ **TV** ⇴ – ⚓ 25/700
67 hab.

Brasilia, *av. del Faro 12* ✆ *956 37 10 54, brasilia@interbook.net, Fax 956 37 10 54*, ⌐
– ⇅ ▤ **TV** ⇴. **AE** **①** **MC** **VISA**. ⌘
Comida - sólo cena, sólo clientes - 17,58 – ☕ 4,51 – **44 hab** 53/71,70.

La Española, *Isaac Peral 4* ✆ *956 37 37 71, laespanola@iespana.es, Fax 956 37 21 44*
– ⇅ ▤ **TV** ⇴. **AE** **①** **MC** **VISA**. ⌘
Comida 9,61 – ☕ 1,50 – **19 hab** 30,05/40,08.

Chipiona, *Dr. Gómez Ulla 19* ✆ *956 37 02 00, hotelchipiona@hotelchipionasl.es, Fax 956 37 29 49* – ⇅, ▤ hab, **TV** **P**. **AE** **①** **MC** **VISA**. ⌘
16 febrero-octubre – **Comida** 13 – ☕ 2,70 – **44 hab** 35/47 – PA 22.

Las Galias *sin rest y sin* ☕, *av. de Sevilla 65* ✆ *956 37 09 10, Fax 956 37 09 10* – ▤
TV. **MC** **VISA**. ⌘
10 hab 58.

CHIVA *46370 València* **445** *N 27* – *7 562 h alt. 240.*

⛳ *El Bosque, Sureste : 12 km* ✆ *96 180 80 00.*

Madrid 318 – València 31.

✗ **Pelegrí,** *Colón 29* ✆ *96 252 03 40* – ▤. **AE** **MC** **VISA**
cerrado 7 días en agosto y martes – **Comida** carta 24,04 a 33,06.

en la autovía N III *Este : 9 km :*

Motel La Carreta, *salida 334,* ✉ *46370,* ✆ *96 180 54 00, Fax 96 180 51 65*, ⌐, ✗
– ▤ **TV** **P** – ⚓ 25/250. **AE** **①** **MC** **VISA**. ⌘
Comida 14 – ☕ 3 – **80 hab** 54/73.

CHULILLA *46167 València* **445** *N 27* – *675 h alt. 400 – Balneario.*

Madrid 306 – Cuenca 170 – Requena 43 – Teruel 131 – València 61.

en Baños de Chulilla *Sureste : 4,5 km :*

Balneario de Chulilla ⌘, ✉ *46167 Chulilla,* ✆ *96 165 70 13, termas@infase.es, Fax 96 165 70 31, Servicios terapéuticos,* ⚕, ⌐ *de agua termal* – ⇅ **P**. **MC** **VISA**. ⌘
cerrado 21 diciembre-19 febrero – **Comida** 11,42 – ☕ 5,53 – **77 hab** 39,67/63,11 – PA 22,24.

CINTRUÉNIGO *31592 Navarra* **442** *F 24* – *5 080 h alt. 391.*

Madrid 308 – Iruña/Pamplona 87 – Soria 82 – Zaragoza 99.

Maher, *Ribera 19* ✆ *948 81 11 50, gestion@hotelmaher.com, Fax 948 81 27 76,* ⚕ –
⇅ ▤ **TV** ⇴ – ⚓ 25/300. **AE** **①** **MC** **VISA**. ⌘ rest
cerrado 15 diciembre-15 enero – **Comida** (*cerrado domingo noche, y lunes*) carta 28,85 a 40,57 – ☕ 9,02 – **14 hab** 90,15/180,30
Espec. Galleta de hojaldre con hortalizas y foie caramelizado. Rodaballo envuelto en hierbas aromáticas, jugo de corales y picado de aceituna negra. Milhojas de avellana con toffee de leche y helado de caramelo.

Alhama, *carret. N 113 - km 91* ✆ *948 81 27 74, alhama@.ctv.es, Fax 948 81 28 07* –
▤ **TV** ⇴ **P**. **MC** **VISA**. ⌘
Comida 9,02 – ☕ 4,81 – **36 hab** 30,35/44,93.

CIUDAD DE LA IMAGEN *Madrid – ver Pozuelo de Alarcón.*

🛈 Alarcos 21 bajo ✉ 13001 ☎ 926 20 00 37 infotur@cpe-cr.es Fax 926 20 00 37 –
R.A.C.E. General Aguilera 13-2° C ✉ 13001 ☎ 926 22 92 77 Fax 926 22 92 77.

Madrid 204 ② – Albacete 212 ② – Badajoz 324 ④ – Córdoba 196 ④ – Jaén 176 ③ –
Toledo 121 ①

CIUDAD REAL

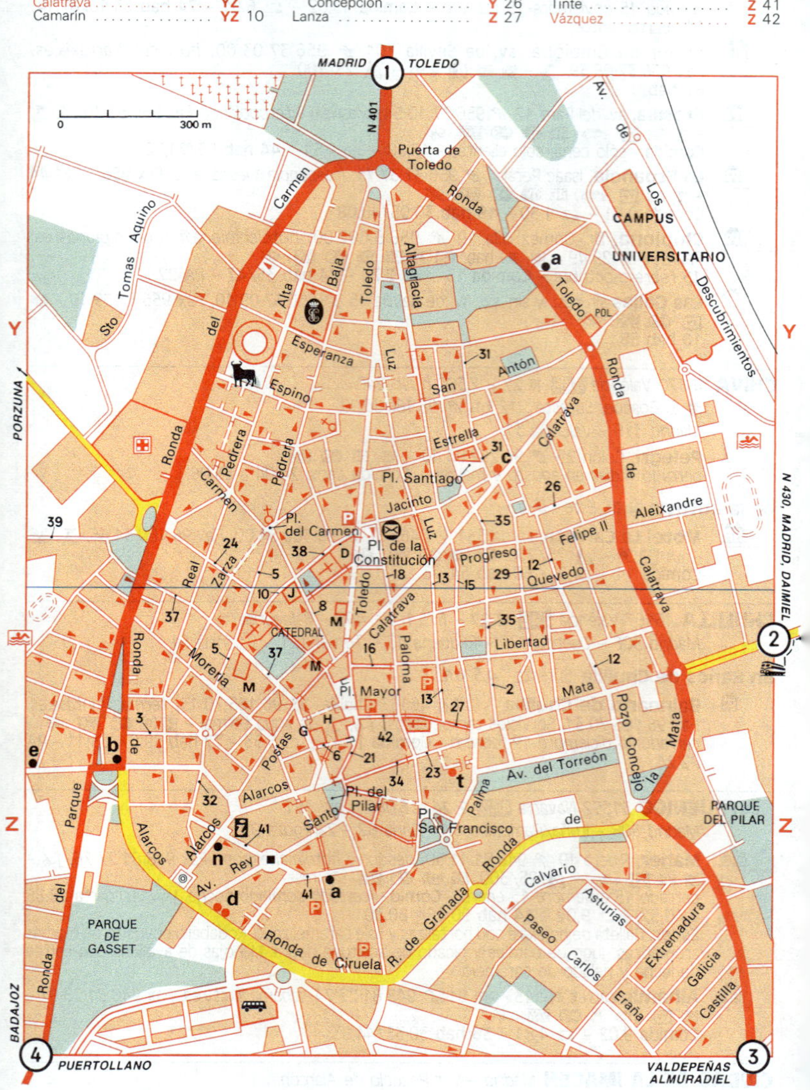

Doña Carlota, Ronda de Toledo 21, ⊠ 13003, ℘ 926 23 16 10, Fax 926 23 16 10 – 劇 ▤ 🆃🆅 ⇔ 🅿 – 🔬 25/600. 🆀🅔 ⓓ 🆀🅒 🆅🅸🆂🅰. 🛇   Y a
Comida 12,02 – ☕ 3,60 – **145 hab** 48,08/66,11 – 16 apartamentos – PA 23,50.

NH Ciudad Real, Alarcos 25, ⊠ 13001, ℘ 926 21 70 10, nh@nh-hoteles.es, Fax 926 21 71 31 – 劇 ▤ 🆃🆅 ⇔ – 🔬 25/250. 🆀🅔 ⓓ 🆀🅒 🆅🅸🆂🅰. 🛇 rest   Z n
Comida 12,02 – ☕ 7,21 – **91 hab** 75,12/87,14.

Santa Cecilia, Tinte 3, ⊠ 13001, ℘ 926 22 85 45, Fax 926 22 86 18, 🛎 – 劇 ▤ 🆃🆅 ⇔ – 🔬 25/500. 🆀🅔 ⓓ 🆀🅒 🆅🅸🆂🅰. 🛇   Z a
El Real : **Comida** carta 24 a 28 – ☕ 7,25 – **70 hab** 72/90.

Paraíso, Ronda del Parque (urb. Los Girasoles), ⊠ 13002, ℘ 926 21 06 06, hparaiso @teleline.es, Fax 926 21 06 06, 🛎 , 🚗 – 劇 ▤ 🆃🆅 ⇔ – 🔬 25/700. 🆀🅔 ⓓ 🆀🅒 🆅🅸🆂🅰. 🛇   por ④
Sándalo : **Comida** carta 20,41 a 28,80 – ☕ 3 – **40 hab** 42/54 – 3 suites.

Tryp Almanzor, Bernardo Balbuena 14, ⊠ 13002, ℘ 926 21 43 03, dtoralm@tryn et.com, Fax 926 21 34 84 – 劇 ▤ 🆃🆅 🅿 – 🔬 25/300. 🆀🅔 ⓓ 🆀🅒 🆅🅸🆂🅰 🅹🅲🅱. 🛇   Z b
Comida 10,21 – ☕ 6,61 – **71 hab** 58,89/74,52.

Navarro, av. Pío XII-18, ⊠ 13002, ℘ 926 21 43 77, Fax 926 21 43 47 – 劇 ▤ 🆃🆅 ⇔. 🆀🅔 ⓓ 🆀🅒 🆅🅸🆂🅰. 🛇 rest   Z e
Comida (cerrado domingo noche) 9 – ☕ 3 – **30 hab** 26/38,50.

Miami Park, Ronda de Ciruela 34, ⊠ 13004, ℘ 926 22 20 43, macias-2@infonegoc io.com, Fax 926 25 21 57 – ▤. 🆀🅔 ⓓ 🆀🅒 🆅🅸🆂🅰. 🛇   Z d
cerrado del 1 al 15 de agosto y domingo noche – **Comida** carta 28,86 a 34,87.

Gran Mesón, Ronda de Ciruela 34, ⊠ 13004, ℘ 926 22 72 39, r-gran-meson@airte l.net, Fax 926 22 04 35 – ▤. 🆀🅔 ⓓ 🆀🅒 🆅🅸🆂🅰. 🛇   Z d
cerrado domingo noche – **Comida** carta aprox. 31,25.

El Perejil, Calatrava 39, ⊠ 13003, ℘ 926 22 36 75, Fax 926 22 36 75, « Decoración rústica » – ▤. 🆀🅔 ⓓ 🆀🅒 🆅🅸🆂🅰. 🛇   Y c
cerrado del 15 al 30 de agosto y lunes – **Comida** carta 17,44 a 26,45.

San Huberto, pasaje General Rey 8, ⊠ 13001, ℘ 926 25 22 54, Fax 926 86 50 07 – ▤. 🆀🅔 ⓓ 🆀🅒 🆅🅸🆂🅰. 🛇   Z t
cerrado del 1 al 22 de agosto y domingo noche – **Comida** - asados - carta 26,45 a 29,45.

CIUDAD RODRIGO 37500 Salamanca 🔢 K 10 – 14 973 h alt. 650.

Ver : *Catedral★ (altar★, portada de la Virgen★, claustro★) – Plaza Mayor★.*
🅱 *pl. de Amayuelas 5 ℘ 923 46 05 61.*
Madrid 294 – Cáceres 160 – Castelo Branco 164 – Plasencia 131 – Salamanca 89.

Parador de Ciudad Rodrigo 🛇, pl. del Castillo 1 ℘ 923 46 01 50, Fax 923 46 04 04, « En un castillo feudal del siglo XV », 🚗 – ▤ 🆃🆅 🅿 – 🔬 25/40. 🆀🅔 ⓓ 🆀🅒 🆅🅸🆂🅰. 🛇
Comida 21,04 – ☕ 8,11 – **35 hab** 79,32/99,16.

Conde Rodrigo I, pl. de San Salvador 9 ℘ 923 46 14 04, info@conderodrigo.com, Fax 923 46 14 08 – 劇 ▤ 🆃🆅. ⓓ 🆀🅒 🆅🅸🆂🅰. 🛇
Comida 10,65 – ☕ 3,22 – **35 hab** 43,09/49,52 – PA 21,22.

Cruce, av. Portugal 2 ℘ 923 46 04 50, Fax 923 46 04 58 – 劇, ▤ rest, 🆃🆅 🅿. 🆀🅔 ⓓ 🆀🅒 🆅🅸🆂🅰. 🛇 rest
Comida 8,11 – ☕ 2,40 – **39 hab** 25,24/40,26 – PA 18,63.

La Brasa, av. Salamanca 32 ℘ 923 46 07 93 – ▤. 🆀🅔 ⓓ 🆀🅒 🆅🅸🆂🅰 🅹🅲🅱
cerrado martes noche – **Comida** - carnes - carta 20,78 a 30,06.

en la carretera de Conejera *Suroeste : 3 km :*

Conde Rodrigo II 🛇, Huerta de las Viñas, ⊠ 37500, ℘ 923 48 04 48, info@cond erodrigo.com, Fax 923 48 19 03, « En pleno campo », 🛎, 🚗, 🍴 – ▤ 🆃🆅 🅿 – 🔬 25/600. ⓓ 🆀🅒 🆅🅸🆂🅰. 🛇
Comida 16,08 – ☕ 3,22 – **37 hab** 48,23/54,66 – PA 34,08.

CIUTADELLA DE MENORCA o CIUDADELA *Illes Balears – ver Balears (Menorca).*

COCA 40480 Segovia 🔢 I 16 – 1 995 h alt. 789.

Ver : *Castillo★★.*
Madrid 137 – Segovia 50 – Valladolid 62.

COCENTAINA 03820 Alacant **445** **P 28** – 10 567 h alt. 445.
Madrid 397 – Alacant/Alicante 63 – València 104.

Odón, av. del País Valencià 145 ℘ 96 559 12 12, odon@hotelodon.com,
Fax 96 559 23 99 – |≝| ▤ TV P – 🛝 25/200. ⓞ ⓜⓒ VISA. ⅙
Comida 13,82 – ☕ 6,31 – **59 hab** 69,12/113,59.

Nou Hostalet sin rest, av. Xàtiva 4 ℘ 96 559 27 03, correo@nouhostalet.com,
Fax 96 650 10 95 – |≝| ▤ TV. ⓜⓒ VISA
☕ 4,80 – **22 hab** 31/54,10.

El Laurel, Juan María Carbonell 3 ℘ 96 559 17 38, Fax 96 559 17 38 – ▤. AE ⓞ ⓜⓒ
VISA. ⅙
cerrado del 7 al 14 de enero, del 15 al 31 de agosto, domingo noche, martes noche,
miércoles noche y lunes – **Comida** carta 16,80 a 21,30.

La Bodega, Alqueria d'Aznar 11 ℘ 96 559 29 74 – ▤. ⓜⓒ VISA. ⅙
cerrado agosto, domingo noche, lunes noche y martes noche – **Comida** carta aprox. 27,62.

La Montaña, Partida Els Algars 139 - Sureste : 1 km ℘ 96 559 08 32, Fax 96 650 03 82,
🌿, « En pleno campo » – P. AE ⓜⓒ VISA. ⅙
cerrado del 7 al 14 de enero, Semana Santa, 20 días en agosto y martes – **Comida** - sólo
almuerzo salvo viernes y sábado - carta 21,34 a 32,15.

San Cristóbal, Estación del Norte 10 - Noroeste : 2 km ℘ 96 650 07 22,
Fax 96 650 05 92, 🌿, « Magnífica situación con ≤ valle y montaña » – ▤ P. ⓜⓒ VISA
JCB. ⅙
cerrado del 7 al 31 de enero y lunes salvo festivos – **Comida** carta aprox. 21,36.

por la carretera N 340 Norte : 1,5 km y desvío a la izquierda 0,5 km en el km 803 :

L'Escaleta, Pujada Estació del Nord 205, ⊠ 03824, ℘ 96 559 21 00, lescaleta@ctv.es,
Fax 96 559 17 45, 🌿, « Ambiente acogedor con agradable terraza » – ▤ P. AE ⓞ ⓜⓒ
VISA JCB. ⅙
cerrado Semana Santa, domingo noche y lunes – **Comida** 42,07 y carta 24 a 34,30
Espec. Milhojas de foie y calabaza con vinagreta de cítricos. Merluza al horno sobre ver-
duras en textura. Pichón de Navaz al vermut y hongos sobre risotto trufado.

COFIÑAL 24857 León **441** **C 14**.
Madrid 465 – Gijón 109 – León 74 – Oviedo 85.

Tropezón, ℘ 987 73 10 53, Fax 987 73 12 80 – TV P. ⓜⓒ VISA. ⅙
Comida 7,21 – ☕ 1,35 – **10 hab** 36,06.

COFRENTES 46625 València **445** **O 26** – 815 h alt. 437 – Balneario.
Madrid 316 – Albacete 93 – Alacant/Alicante 141 – València 106.

en la carretera de Casas Ibáñez Oeste : 4 km :

Balneario Hervideros de Cofrentes ⅙, ⊠ 46625, ℘ 96 189 40 25, balneario
@balneario.com, Fax 96 189 40 05, « En un parque », 🏊, ✗ – |≝| ▤ TV P – 🛝 25/100.
AE ⓞ ⓜⓒ VISA. ⅙
cerrado 21 diciembre-21 febrero – **Comida** 12,02 – ☕ 3,31 – **162 hab** 36,06/60,10.

COÍN 29100 Málaga **446** **W 15** – 14 731 h alt. 209.
Madrid 561 – Algeciras 108 – Antequera 81 – Málaga 35 – Marbella 27.

en la carretera de Monda Suroeste : 3 km :

Santa Fé ⅙ con hab, ⊠ 29100, ℘ 95 245 29 16, info@santafe-hotel.com,
Fax 95 245 38 43, 🌿, « Casa rústica en el campo », 🏊 – P. ⓞ ⓜⓒ VISA. ⅙ hab
cerrado 15 días en enero-febrero y 15 días en noviembre – **Comida** (cerrado martes) carta
15,31 a 24,43 – **5 hab** ☕ 54,66/61,09.

COLERA 17469 Girona **443** **E 39** – 450 h alt. 10 – Playa.
Alred. : carretera de Portbou★★.
🛈 Labrun 34 ⊠ 17496 ℘ 972 38 90 50 colera@ddgi.es Fax 972 38 92 83.
Madrid 756 – Banyuls-sur-Mer 22 – Girona/Gerona 67.

La Gambina, passeig Marítim 5 ℘ 972 38 91 72, Fax 972 38 91 56 – |≝|, ▤ rest, TV.
ⓜⓒ VISA. ⅙ rest
cerrado enero y febrero – **Comida** 10,25 – **20 hab** ☕ 36/66.

en la carretera de Llançà Sur : 3 km :

Garbet, ⊠ 17469, ℘ 972 38 90 02, Fax 972 38 90 02, ≤, 🌿 – ⓜⓒ VISA
15 marzo-15 octubre – **Comida** carta 23 a 39.

COLINDRES 39750 Cantabria **442** B 19 – 5 536 h – Playa.
Madrid 423 – Bilbao 62 – *Santander* 45.

Montecarlo, Ramón Pelayo 9 ℰ 942 65 01 63, Fax 942 65 00 75 – 🖭 rest, 📺
19 hab.

Es COLL D'EN RABASSA Illes Balears – ver Balears (Mallorca) : Palma.

COLLBATÓ 08293 Barcelona **443** H 35 – 1 205 h alt. 388.
Madrid 609 – *Barcelona* 52 – Lleida/Lérida 146 – Tarragona 102.

Can Missé ⌂, Amadeu Vives 9 ℰ 93 777 90 61, canmisse@infodisc.es,
Fax 93 777 90 63 – 🖭 rest, 📺 🅿 🆀 🆎 🆆🅲 🆅🅸🆂🅰. ⌘
cerrado 24 diciembre-8 enero – **Comida** (cerrado del 15 al 30 de julio y miércoles) 8,11
– **11 hab** ☕ 48,08/78,13.

*Um conselho da **Michelin** :*

Para que as suas viagens sejam um éxito, prepare-as com antecedência.

*Os **mapas** e guias **Michelin** proporcionam-lhe todas as indicações úteis
sobre :*
itinerários, visitas aos pontos com interesse, alojamento, preços, etc...

COLLADO MEDIANO 28450 Madrid **444** J 17 – 2 386 h alt. 1 030.
Madrid 40 – *Segovia* 51.

Martín, Real 84 ℰ 91 859 85 07, rtmartin@retemail.es, Fax 91 855 86 08, 🍃 – 🖭. 🆎
🆆🅲 🆅🅸🆂🅰
cerrado 1ª quincena de octubre y lunes salvo vísperas de festivos – **Comida** carta aprox.
30,51.

COLLADO VILLALBA 28400 Madrid **444** K 18 – 26 267 h alt. 917
Madrid 39 – Ávila 69 – El Escorial 18 – Segovia 50.

en el barrio de la estación Suroeste : 2 km :

Galaico, antigua carret. de La Coruña 45, ✉ 28400 Collado Villalba, ℰ 91 851 03 04,
Fax 91 851 30 03, ← – ◧ 🖭 📺 🚗 🅿 – 🛁 25/150. 🆆🅲 🆅🅸🆂🅰. ⌘
Agarimo : Comida carta 21,50 a 29,50 – ☕ 4,50 – **50 hab** 46,50/67,50 –
2 suites.

Santa Bárbara sin rest, Goya 1, ✉ 28400 Collado Villalba, ℰ 91 851 44 09,
Fax 91 851 46 89 – ◧ 🖭 📺 🚗. 🆎 🆆🅲 🆅🅸🆂🅰. ⌘
☕ 3,10 – **32 hab** 33,20/45.

COLLOTO Asturias – ver Oviedo.

COLLSUSPINA 08178 Barcelona **443** G 36 – 214 h alt. 961.
Madrid 627 – Barcelona 64 – Manresa 36.

Can Xarina, Major 30 ℰ 93 830 05 77, « Casa del siglo XVI. Decoración rústica » – 🖭.
🆆🅲 🆅🅸🆂🅰. ⌘
cerrado 24 junio-7 julio, del 15 al 30 de noviembre, domingo noche y lunes – **Comida** carta
24,64 a 28,10.

COLMENAR DEL ARROYO 28213 Madrid **444** K 17 – 570 h alt. 690.
Madrid 56 – Ávila 80 – Segovia 84 – Talavera de la Reina 87.

El Mesón de Doña Filo, San Juan 3 ℰ 91 865 14 71, Fax 91 865 14 80 – 🖭. 🆆🅲
🆅🅸🆂🅰. ⌘
cerrado 2ª quincena de junio, 2ª quincena de septiembre y martes – **Comida** - sólo almuerzo salvo viernes, sábado y vísperas de festivos - 30 y carta 29,15 a 34,57
Espec. Ensalada tibia de berberechos y espinacas sobre gazpacho de pimientos y huevas
de salmón. Bacalao fresco asado sobre guiso de morro de cerdo y tripas de bacalao. Ca-
rrillada de ternera al vino tinto con compota dulce de verduritas.

Chicote's, General Franco 1 ℰ 91 865 12 26, 🍃 – 🖭. 🆎 🅞 🆆🅲
🆅🅸🆂🅰. ⌘
cerrado del 15 al 30 de septiembre y lunes – **Comida** carta 26,14 a 33,05.

COLMENAR VIEJO 28770 Madrid 444 J y K 18 – 39 699 h alt. 883.
Madrid 34.

Ⅹ **Santi Mostacilla,** Zurbarán 2 (carret. de Miraflores) ✆ 91 845 60 37 – ▤. ᴀᴇ ⓞ ⓜⓒ
ⱽⁱˢᵃ. ⅋
cerrado del 3 al 30 de septiembre y lunes – **Comida** carta 19,23 a 30,65.

COLOMBRES 33590 Asturias 441 B 16 – alt. 110 – Playa.
Madrid 436 – Gijón 122 – Oviedo 132 – Santander 79.

en la carretera N 634 :

🏠 **San Ángel,** Noroeste : 2 km, ✉ 33590, ✆ 98 541 20 00, Fax 98 541 20 73, ≼, ⌡, ⇶,
Ⅹ – ▯ ᴛᴠ ℙ ᴀᴇ ⓞ ⓜⓒ ⱽⁱˢᵃ. ⅋
Semana Santa-diciembre – **Comida** *(cerrado diciembre)* 19,23 – ⌣ 6,23 – **77 hab**
57,90/79,25.

🏠 **Casa Junco,** Noroeste : 1,5 km, ✉ 33590, ✆ 98 541 22 43, *casajunco@asturvia.caj*
astur.es, Fax 98 541 23 55, Ⅹ – ᴛᴠ ℙ ⓜⓒ ⱽⁱˢᵃ. ⅋
Comida 7,81 – ⌣ 4,51 – **24 hab** 33,06/54,09 – PA 20,13.

COLÒNIA DE SANT JORDI *Illes Balears – ver Balears (Mallorca).*

Las COLORADAS *Las Palmas – ver Canarias (Gran Canaria) : Las Palmas de Gran Canaria.*

COLUNGA 33320 Asturias 441 B 14 – 4 916 h alt. 21.
Madrid 517 – Gijón 43 – Oviedo 60 – Santander 37.

en la carretera N 632 *Este : 3 km :*

🏠 **Los Caspios** ⅋ sin rest, La Isla, ✉ 33320, ✆ 98 585 20 98, Fax 98 585 20 97, « Casa
solariega », ⌡, ⇶ – ᴛᴠ ℙ ᴀᴇ ⓞ ⓜⓒ ⱽⁱˢᵃ. ⅋
⌣ 6 – **7 hab** 84/96.

Sa COMA *Illes Balears – ver Balears (Mallorca).*

La COMA I La PEDRA 25284 Lleida 443 F 34 – 225 h alt. 1 004.
Madrid 610 – Berga 37 – Font Romeu-Odeilo Vía 102 – Lleida/Lérida 151.

🏠 **Fonts del Cardener** ⅋, carret. de Tuixent - Norte : 1 km ✆ 973 49 23 77, ≼, Ⅹ
– ᴛᴠ ⇌ ℙ ⓞ ⓜⓒ ⱽⁱˢᵃ. ⅋
cerrado del 7 al 30 de mayo y del 7 al 30 de noviembre – **Comida** *(cerrado miércoles y*
jueves salvo festivos, Semana Santa, verano y Navidades) 12,32 – ⌣ 5,11 – **13 hab**
27,05/45,08 – 4 apartamentos – PA 25,29.

COMA-RUGA 43880 Tarragona 443 I 34 – Playa.
🛈 av. Brisamar 1 ✆ 977 68 00 10 *turisme@elvendrell.net* Fax 977 68 36 54.
Madrid 567 – Barcelona 81 – Tarragona 24.

🏠 **G.H. Europe,** vía Palfuriana 107 ✆ 977 68 42 00, *ghe@europe-hotels.org,*
Fax 977 68 27 70, ≼, ⌂, ⌡ climatizada, Ⅹ – ▯ ▤ ᴛᴠ ⇌ – ⚓ 25/150
Comida - sólo buffet – **142 hab** – 6 suites, 4 apartamentos.

🏠 **Casa Martí,** Vilafranca 8 ✆ 977 68 01 11, Fax 977 68 22 77, ≼, ⌡ – ▯, ▤ rest, ᴛᴠ ℙ
Comida - sólo buffet – **220 hab.**

🏠 **Gallo Negro,** Santiago Rusiñol 10 ✆ 977 68 03 05, Fax 977 68 07 01, ⌂ – ▯, ▤ rest,
ᴛᴠ – ⚓ 25/50. ᴀᴇ ⓞ ⓜⓒ ⱽⁱˢᵃ. ⅋ rest
abril-octubre – **Comida** 10,82 – ⌣ 4,21 – **44 hab** 48,08/61,30 – PA 21,03.

ⅩⅩ **Joila,** av. Generalitat 24 ✆ 977 68 08 27, Fax 977 68 21 49 – ▤ ℙ ᴀᴇ ⓞ ⓜⓒ
ⱽⁱˢᵃ. ⅋
cerrado 24 diciembre-24 enero, martes noche y miércoles –**Comida** carta 21,93 a 30.

Pleasant hotels or restaurants are shown
in the Guide by a red sign.
Please send us the names
of any where you have enjoyed your stay.
Your **Michelin Guide** will be even better.

COMBARRO 36993 Pontevedra **441** E 3 – *Playa.*

Ver : *Pueblo pesquero★ - Hórreos★.*

Madrid 610 – Pontevedra 6 – Santiago de Compostela 63 – Vigo 29.

Stella Maris sin rest, carret. de La Toja *℘* 986 77 03 66, Fax 986 77 12 04, *≼ –* |♯| TV
P. AE MC VISA. ℅
☕ 3 – **27 hab** 34,80/51.

COMILLAS 39520 Cantabria **442** B 17 – *2461 h – Playa.*

Ver : *Pueblo pintoresco★.*

🄯 *Aldea 6 ℘ 942 72 07 68.*

Madrid 412 – Burgos 169 – Oviedo 152 – Santander 43.

Comillas, paseo de Solatorre 1 *℘* 942 72 23 00, *hcomillas@ceoecant.es,*
Fax 942 72 23 39, *≊ –* |♯|, ▤ rest, TV P. ① MC VISA. ℅
Comida - sólo clientes - 24,04 – ☕ 7,81 – **30 hab** 65,51/90,15, 27 apartamentos – PA
47,48.

El Capricho de Gaudí, barrio de Sobrellano *℘* 942 72 03 65, Fax 942 72 08 42,
« *Palacete original del arquitecto Gaudí* » – ▤ P. AE ① MC VISA. ℅
cerrado enero, domingo noche y lunes salvo verano – **Comida** carta 27,05 a 33,06.

Gurea, Ignacio Fernández de Castro 11 *℘* 942 72 24 46, 🏠 *–* ▤. AE ① MC VISA. ℅
cerrado febrero y lunes – **Comida** carta 17,74 a 23,50.

en Trasvía *Oeste : 2 km :*

Dunas de Oyambre 🐦 sin rest, barrio La Cotera, ✉ 39528 Trasvía, *℘* 942 72 24 00,
Fax 942 72 24 01, *≼ –* TV P. MC VISA. ℅
Semana Santa-15 octubre – ☕ 3,61 – **21 hab** 54,09/66,11.

CONDADO DE SAN JORGE *Girona – ver Platja d'Aro.*

CONGOSTO 24398 León **441** E 10 – *1948 h.*

Madrid 381 – León 101 – Ponferrada 12.

en el santuario *Noreste : 2 km :*

Virgen de la Peña 🐦, ✉ 24398 Congosto, *℘* 987 46 70 20, Fax 987 46 71 02, *≼*
valle, pantano y montañas, ≊, ✕ – ▤ TV P. AE MC VISA. ℅
Comida - ver rest. ***Virgen de la Peña*** *–* ☕ 4,51 – **44 hab** 38,46/53,49.

Virgen de la Peña - Hotel Virgen de la Peña, ✉ 24398 Congosto, *℘* 987 46 70 20,
Fax 987 46 71 02, 🏠, « *Terraza con ≼ valle, pantano y montañas* », ≊, ✕ – ▤ P. AE
MC VISA. ℅
cerrado enero, lunes y martes – **Comida** carta aprox. 20,43.

CONIL DE LA FRONTERA 11140 Cádiz **446** X 11 – *15524 h – Playa.*

🄯 *Carretera 1 ℘ 956 44 05 01 turismo@arconet.es Fax 956 44 05 00.*

Madrid 657 – Algeciras 87 – Cádiz 40 – Sevilla 149.

Don Pelayo, carret. El Punto 19 *℘* 956 44 34 72, Fax 956 44 22 63, 🏠 *–* |♯|, ▤ rest,
TV. ① MC VISA. ℅
Comida 6,01 – ☕ 2,40 – **31 hab** 28,55/52,59.

Tres Jotas sin rest, prolongación San Sebastián 24 *℘* 956 44 04 50, *hotel3j@infone*
gocio.com, Fax 956 44 04 50 – |♯| TV 🚗. AE ① MC VISA. ℅
☕ 2,85 – **36 hab** 35,91/55,14.

al Noroeste :

Fuerte Conil 🐦, playa de la Fontanilla : 0,5 km *℘* 956 44 33 44, *ehfuerte@fuerte*
hoteles.com, Fax 956 44 23 00, *≼,* 🏠, 🎠, ≊, 🏊, ✕ – |♯| ▤ TV ♿ P. – 🔺 25/280.
AE ① MC VISA. ℅
febrero-octubre – **Comida** - sólo cena buffet - 19,23 – **240 hab** ☕ 117,20/146,04 –
10 suites.

Flamenco 🐦, urb. Fuente del Gallo : 3 km *℘* 956 44 07 11, *flamenco@lander.es,*
Fax 956 44 05 42, *≼,* 🏠, ≊, 🎠, 🚲, ✕ – |♯| ▤ TV P. AE ① MC VISA. ℅
cerrado 9 enero-12 febrero – **Comida** 16,50 – ☕ 7,20 – **114 hab** 55,90/83,90 – 6 apartamentos.

Diufain 🐦, carret. Fuente del Gallo : 1 km *℘* 956 44 25 51, Fax 956 44 30 30 – ▤ TV
P. ① MC VISA. ℅
Comida 8,40 – ☕ 2,40 – **30 hab** 36,10/72,10.

CONSTANTINA 41450 Sevilla **446** S 13 – 7 519 h alt. 556.

Madrid 494 – Aracena 121 – Écija 82 – Sevilla 94.

San Blas ⤳ sin rest, Miraflores 4 ℰ 95 588 00 77, hsanblas@arrakis.es, Fax 95 588 19 00, ⌿ – ▤ 🆃🆅 🅿 🄰🄴 🄾🄸 🄼🄲 🆅🅸🆂🄰. ✶

⌸ 4 – **15 hab** 39/54.

Cambio de Tercio, Virgen del Robledo 53 ℰ 95 588 10 80, Fax 95 588 05 96, Decorado con motivos taurinos – ▤. 🄰🄴 🄾🄸 🄼🄲 🆅🅸🆂🄰. ✶

cerrado martes – **Comida** carta 18 a 25,85.

CORCONTE 39294 Cantabria **442** C 18 – alt. 936 – Balneario.

Madrid 331 – Bilbao 117 – Burgos 94 – Santander 64 – Vitoria-Gasteiz 154.

G.H. Balneario de Corconte ⤳, ℰ 947 15 42 81, Fax 947 15 42 33, ≼, Servicios terapéuticos, « Junto al embalse del Ebro », ♒ – ⧏ 🅿 🄼🄲 🆅🅸🆂🄰. ✶ rest

cerrado enero-febrero – **Comida** 16,53 – ⌸ 3,91 – **76 hab** 46,28/60,10.

CÓRDOBA

14000 ℗ **446** **S 15** *– 310 488 h. alt. 124.*

Madrid 407 ② *– Badajoz 278* ① *– Granada 166* ③ *– Málaga 175* ④ *– Sevilla 143* ④.

OFICINAS DE TURISMO

🛈 *Torrijos 10,* ✉ *14003,* ☎ *957 47 12 35, otcordoba@ andalucia.org Fax 957 49 17 78 y pl. Judá Levi,* ✉ *14003,* ☎ *957 20 10 40, Fax 957 20 02 77.*

INFORMACIONES PRÁCTICAS

R.A.C.E. ☎ *900 200 093.*

✈ *Córdoba, Norte : 9 km por av. del Brillante (V)* ☎ *957 35 02 08 Fax 957 33 08 36.*

CURIOSIDADES

Ver : *Mezquita-Catedral*★★★ *(mihrab*★★★*, Capilla Real*★*, silleria*★★*, púlpitos*★★*)* BZ *– Judería*★★ AZ *– Palacio de Viana*★★ BY *– Museo Arqueológico Provincial*★★ BZ **M1** *– Alcázar de los Reyes Cristianos*★ *(mosaicos*★*, sarcófago romano*★*, jardines*★ *)* AZ *– Iglesias Fernandinas*★ *(Santa Marina de Aguas Santas* BY*, San Miguel* BY*, San Lorenzo* V*) – Torre de la Calahorra : maqueta*★ BZ *– Museo Julio Romero de Torres*★ BZ **M7** *– Plaza de los Capuchinos*★ BY.

Alred. : *Medina Azahara*★★ *Oeste : 6 km* X *– Las Ermitas : vistas*★★ *13 km* V.

Meliá Córdoba, jardines de la Victoria, ⊠ 14004, ℰ 957 29 80 66, *reservas.melia.cordoba@solmelia.com*, Fax 957 29 81 47, 🏊 – 🛗 🗏 📺 – 👥 25/120. ⒶⒺ ① Ⓜ© 𝘝𝘐𝘚𝘈 JCB. ⌗
AZ p
Comida 22,84 – 🍵 9,92 – **147 hab** 105,18/129,22 – PA 47,26.

NH Amistad Córdoba 🍸, pl. de Maimónides 3, ⊠ 14004, ℰ 957 42 03 35, Fax 957 42 03 65, « Junto a la muralla árabe. Patio mudéjar » – 🛗 🗏 📺 🚗 – 👥 25/50. ⒶⒺ ① Ⓜ© 𝘝𝘐𝘚𝘈. ⌗
AZ v
Comida carta 27,05 a 36,06 – 🍵 11 – **84 hab** 111.

Alfaros, Alfaros 18, ⊠ 14001, ℰ 957 49 19 20, *alfaros@macihoteles.com*, Fax 957 49 22 10, 🏊 – 🛗 🗏 📺 ♿ 🚗 – 👥 25/300. ⒶⒺ ① Ⓜ© 𝘝𝘐𝘚𝘈 JCB. ⌗
BY s
Comida 17,85 - *Alarifes* : **Comida** carta 24,12 a 27,04 – 🍵 8,04 – **131 hab** 93,25/115,76 – 2 suites.

Hesperia Córdoba, av. de la Confederación 1, ⊠ 14009, ℰ 957 42 10 42, *hotel@hesperia-cordoba.com*, Fax 957 29 99 97, ≤, 🏊 – 🛗 🗏 📺 ♿ 🚗 – 👥 25/255. ⒶⒺ ① Ⓜ© 𝘝𝘐𝘚𝘈 JCB. ⌗
BZ b
Comida 21,04 – 🍵 9,02 – **108 hab** 108,18/131,62 – 2 suites – PA 43,66.

El Conquistador sin rest, Magistral González Francés 15, ⊠ 14003, ℰ 957 48 11 02, *conquist@teleline.es*, Fax 957 47 46 77 – 🛗 🗏 📺 🚗 – 👥 25/100. ⒶⒺ ① Ⓜ© 𝘝𝘐𝘚𝘈. ⌗
BZ w
🍵 10,51 – **102 hab** 144,25/156,26.

Occidental Gran Capitán, av. de América 5, ⊠ 14008, ℰ 957 47 02 50, *comercial.ogc@oh-es.com*, Fax 957 47 46 43 – 🛗 🗏 📺 🚗 – 👥 25/300. ⒶⒺ ① Ⓜ© 𝘝𝘐𝘚𝘈 JCB. ⌗
AY c
Comida (cerrado 15 julio-agosto) 11,75 – 🍵 9,02 – **96 hab** 98,45/123,06 – 3 suites.

Sol Inn Gallos sin rest con cafetería, av. Medina Azahara 7, ⊠ 14005, ℰ 957 23 55 00, *sol.inn.gallos@solmelia.com*, Fax 957 23 16 36, 🏊 – 🛗 🗏 📺. ⒶⒺ ① Ⓜ© 𝘝𝘐𝘚𝘈 JCB. ⌗
AY e
🍵 7,51 – **115 hab** 78,13/96,16.

Maimónides sin rest, Torrijos 4, ⊠ 14003, ℰ 957 47 15 00, Fax 957 48 38 03 – 🛗 🗏 📺 🚗
AZ e
82 hab.

El Califa sin rest con cafetería, Lope de Hoces 14, ⊠ 14003, ℰ 957 29 94 00, Fax 957 29 57 16 – 🛗 🗏 📺 🚗 – 👥 25/70. ⒶⒺ ① Ⓜ© 𝘝𝘐𝘚𝘈 JCB
AYZ b
64 hab 🍵 71/110 – 2 suites.

Averroes, Campo Madre de Dios 38, ⊠ 14002, ℰ 957 43 59 78, *averroes@jet.es*, Fax 957 43 59 81 – 🛗 🗏 📺 🚗 – 👥 25/250. ⒶⒺ ① Ⓜ© 𝘝𝘐𝘚𝘈. ⌗ rest
X c
Comida 9,45 – 🍵 5,40 – **72 hab** 46,93/73,60.

Selu sin rest, Eduardo Dato 7, ⊠ 14003, ℰ 957 47 65 00, *hotelselu@interbook.net*, Fax 957 47 83 76 – 🛗 🗏 📺 🚗. ⒶⒺ ① Ⓜ© 𝘝𝘐𝘚𝘈 JCB
AY s
🍵 6,43 – **99 hab** 60,19/92,60.

Serrano sin rest, Pérez Galdós 6, ⊠ 14001, ℰ 957 47 01 42, Fax 957 48 65 13 – 🛗 🗏 📺. ⒶⒺ ① Ⓜ© 𝘝𝘐𝘚𝘈 JCB. ⌗
AY a
🍵 2,70 – **64 hab** 32,36/55,95.

Cisne sin rest con cafetería, av. Cervantes 14, ⊠ 14008, ℰ 957 48 16 76, *hcisne@colon.net*, Fax 957 49 05 13 – 🛗 🗏 📺 – 👥 25/70. Ⓜ© 𝘝𝘐𝘚𝘈
AY r
🍵 1,80 – **44 hab** 34,26/54,09.

Los Omeyas sin rest, Encarnación 17, ⊠ 14003, ℰ 957 49 22 67, Fax 957 49 16 59 – 🛗 🗏 📺 🚗. ⒶⒺ ① Ⓜ© 𝘝𝘐𝘚𝘈 JCB. ⌗
BZ t
🍵 3,50 – **29 hab** 38/62.

Albucasis sin rest, Buen Pastor 11, ⊠ 14003, ℰ 957 47 86 25, Fax 957 47 86 25 – 🛗 🗏 🚗. ⒶⒺ Ⓜ© 𝘝𝘐𝘚𝘈. ⌗
AZ x
cerrado 8 enero-8 febrero – 🍵 5,11 – **15 hab** 45,08/69,12.

Maestre sin rest y sin 🍵, Romero Barros 4, ⊠ 14003, ℰ 957 47 24 10, Fax 957 47 53 95 – 🛗 🗏 📺 🚗. ⒶⒺ ① Ⓜ© 𝘝𝘐𝘚𝘈 JCB. ⌗
BZ s
26 hab 27/45.

Mezquita sin rest, pl. Santa Catalina 1, ⊠ 14003, ℰ 957 47 55 85, *hotelmezquita@wanadoo.es*, Fax 957 47 62 19 – 🛗 🗏 📺. ⒶⒺ ① Ⓜ© 𝘝𝘐𝘚𝘈. ⌗
BZ w
🍵 3,50 – **21 hab** 34/66.

Riviera sin rest y sin 🍵, pl. Aladreros 5, ⊠ 14001, ℰ 957 47 30 00, *riviera@arrakis.es*, Fax 957 47 60 18 – 🛗 🗏 📺 – 👥 25/50. ⒶⒺ ①. ⌗
AY m
29 hab 36/51.

Marisa sin rest, Cardenal Herrero 6, ⊠ 14003, ℰ 957 47 31 42, Fax 957 47 41 44 – 🗏 🚗. ⒶⒺ ① Ⓜ© 𝘝𝘐𝘚𝘈 JCB
ABZ a
🍵 3,97 – **28 hab** 36,06/57,10.

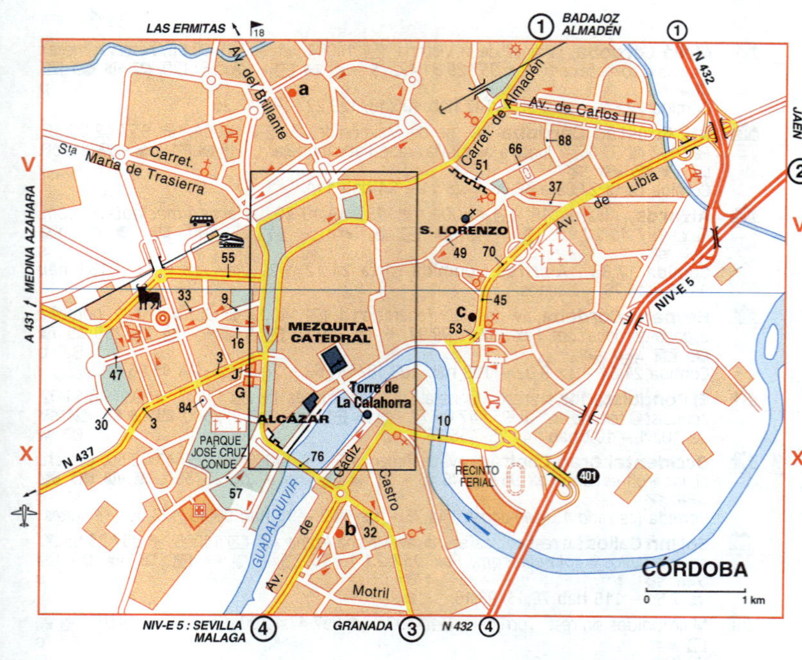

El Blasón, José Zorrilla 11, ⊠ 14008, ☎ 957 48 06 25, *Fax 957 47 47 42* – ▤. AE ⑩ MC VISA. ⫘
AY n
Comida carta 21,93 a 30,05.

El Caballo Rojo, Cardenal Herrero 28, ⊠ 14003, ☎ 957 47 53 75, *Fax 957 47 47 42*,
🍴 – 🛗 ▤. AE ⑩ MC VISA. ⫘
AZ r
Comida carta 25,23 a 31,55.

Almudaina, jardines de los Santos Mártires 1, ⊠ 14004, ☎ 957 47 43 42, *almudaina@restaurantealmudaina.com, Fax 957 48 34 94,* « Conjunto de estilo regional con patio cubierto » – ▤. AE ⑩ MC VISA. ⫘
AZ c
cerrado domingo (15 junio-agosto) y domingo noche resto del año – **Comida** carta aprox. 31,85.

Ciro's, paseo de la Victoria 19-21, ⊠ 14004, ☎ 957 29 04 64, *ciroscordoba@teleline.es, Fax 957 29 30 22,* 🍴 – ▤. AE ⑩ MC VISA. ⫘
AY t
Comida carta 24,78 a 32.

El Churrasco, Romero 16, ⊠ 14003, ☎ 957 29 08 19, *elchurrasco@elchurrasco.com, Fax 957 29 40 81,* « Patio y bodega » – ▤. AE ⑩ MC VISA JCB. ⫘
AZ n
cerrado agosto – **Comida** carta 30,06 a 33,06.

Bodegas Campos, Lineros 32, ⊠ 14002, ☎ 957 49 76 43, *Fax 957 49 03 18,* « En unas antiguas bodegas » – ▤ P. AE MC VISA. ⫘
BZ f
cerrado domingo noche – **Comida** carta 30,05 a 33,06.

Astoria-Casa Matías, El Nogal 16, ⊠ 14006, ☎ 957 27 76 53 – ▤. AE ⑩ MC VISA. ⫘
cerrado domingo en verano – **Comida** carta aprox. 30,05.
V a

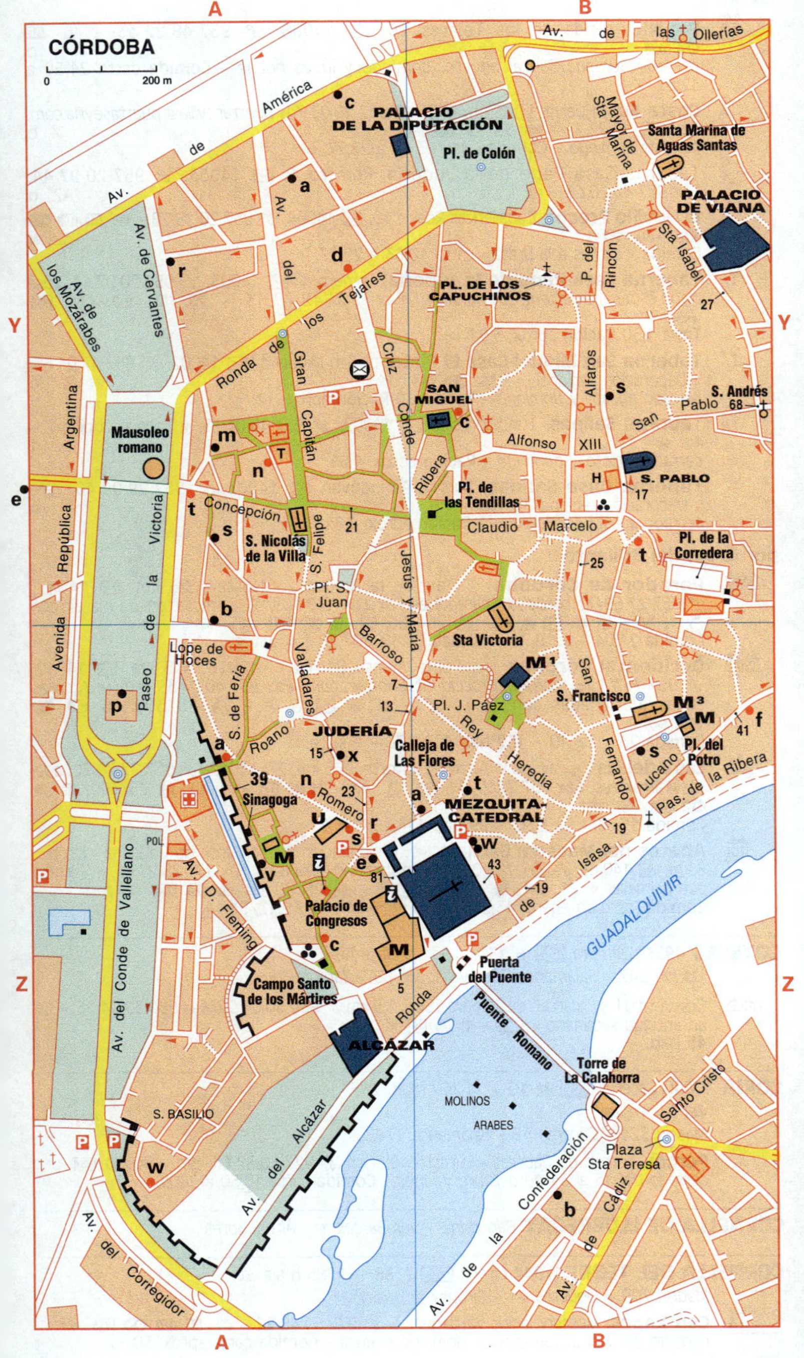

CÓRDOBA
0   200 m
A
B
Av.   de   las   Ollerías
América
c
PALACIO
DE LA DIPUTACIÓN
Pl. de Colón
Mayor de Sta Marina
Santa Marina de
Aguas Santas
de
a
Av.
del
d
PALACIO
DE VIANA
r
Av. de Cervantes
Av. de los Mozárabes
Tejares
los
de
Ronda
Gran Capitán
PL. DE LOS
CAPUCHINOS
Cruz
Conde
P. del Rincón
Sta Isabel
Alfaros
27
Y
Y
SAN
MIGUEL
C
S
S. Andrés
Pablo   68
Argentina
República
Avenida
Paseo   de   la   Victoria
Mausoleo
romano
m
T
n
Ribera
Alfonso   XIII
San
Pablo
e
t
Concepción
S. Felipe
S. Nicolás
de la Villa
21
Pl. de
las Tendillas
H
17
S. PABLO
s
b
Pl. S.
Juan
Jesús y María
Claudio   Marcelo
25
t
Pl. de la
Corredera
Lope de
Hoces
Barroso
Sta Victoria
p
Valladares
7
13
M 1
S. Francisco
M 3
M
41   f
JUDERÍA
15
x
Calleja de
Las Flores
Pl. J. Páez
Rey
San   Fernando
Heredia
s
Lucano
Pl. del
Potro
Pas. de la Ribera
a
S. de Feria
Roano
39
Sinagoga
n
23
Romero
r
a
t
MEZQUITA-
CATEDRAL
19
U
s
e
81
i
w
43
19
de
POL
Av. D. Fleming
M
v
i
Palacio de
Congresos
M
P
Puerta
del Puente
GUADALQUIVIR
Campo Santo
de los Mártires
5
Ronda
Av. del Conde de Vallellano
P
P
c
ALCÁZAR
Puente   Romano
Torre de
La Calahorra
Santo Cristo
S. BASILIO
Av. del Alcázar
MOLINOS
ARABES
Plaza
Sta Teresa
w
Confederación
Av. de Cádiz
Av. del Corregidor
Av. de la
b
Z
Z
A
B

XX **Pic-Nic,** ronda de los Tejares 16, ⊠ 14008, ℰ 957 48 22 33 – 🗐. AE
ⓂⒸ VISA   AY d
cerrado Semana Santa, agosto, domingo y lunes noche – **Comida** carta 21,50 a
32,82.

X **Costa Sur,** Huelva 17, ⊠ 14013, ℰ 957 29 03 74, *puertasevilla@puertasevilla.com,*
Fax 957 42 02 72 – 🗐. AE Ⓞ VISA. ✗   X b
cerrado domingo – **Comida** carta 23,44 a 28,27.

X Taberna Casa Pepe de la Judería, Romero 1, ⊠ 14003, ℰ 957 20 07 44,
Fax 957 42 20 63 – 🗐   AZ u

X **El Novillo Precoz,** Caballerizas Reales 10, ⊠ 14004, ℰ 957 20 18 28 – 🗐. AE Ⓞ ⓂⒸ
VISA JCB ✗   AZ w
Comida - carnes a la brasa - carta 18,63 a 29,77.

Y/ **Taberna Casa Pepe de la Judería,** Romero 1, ⊠ 14003, ℰ 957 20 07 44, *casa*
pepe@casapepedelajuderia.com, Fax 957 42 20 63 – 🗐. AE Ⓞ ⓂⒸ VISA
JCB ✗   AZ
Tapa 1,50 **Ración** aprox. 3,91.

Y/ **Taberna San Miguel-Casa El Pisto,** pl. San Miguel 1, ⊠ 14002, ℰ 957 47 01 66,
« Decoración regional » – 🗐. ⓂⒸ VISA ✗   BY c
cerrado agosto y domingo – **Tapa** 1,80 **Ración** aprox. 12.

Y/ **Taberna Salinas,** Tundidores 3, ⊠ 14002, ℰ 957 48 01 35, « Taberna típica » –
🗐. ✗   BY t
cerrado agosto y domingo – **Ración** aprox. 4,51.

Y/ **Taberna Casa Salinas,** Puerta Almodóvar, ⊠ 14003, ℰ 957 29 08 46, 🌴,
« Decoración regional » – ✗   AZ a
cerrado agosto y miércoles – **Ración** aprox. 4,81.

por la av. del Brillante V :

🏨 **Parador de Córdoba** 🦢, av. de la Arruzafa - Norte : 3,5 km, ⊠ 14012,
ℰ 957 27 59 00, *cordoba@parador.es, Fax 957 28 04 09,* ≤, « Amplia terraza y jardín con
🏊 », X – ⌷ 🗐 TV 🔀 P – 🛁 25/300. AE Ⓞ ⓂⒸ VISA JCB. ✗
Comida 21,04 – 🍵 8,71 – **90 hab** 85,82/107,28 – 4 suites.

🏨 **Occidental Córdoba** 🦢, Poeta Alonso Bonilla 7 - Norte : 4,5 km, ⊠ 14012,
ℰ 957 76 74 76, *cordoba@occidental-hoteles.com, Fax 957 40 04 39,* 🌴, « Amplias
zonas ajardinadas con 🏊 », X – ⌷ 🗐 TV 🔀 P – 🛁 25/300. AE Ⓞ ⓂⒸ
VISA. ✗
Comida 23 – 🍵 10 – **152 hab** 108/130 – 1 suite.

🏨 **Las Adelfas** 🦢, av. de la Arruzafa - Norte : 3,5 km, ⊠ 14012, ℰ 957 27 74 20, *adel*
fas@arrakis.es, Fax 957 27 27 94, 🌴, 🏊, X – ⌷ 🗐 TV 🚗 P – 🛁 25/300. AE Ⓞ
ⓂⒸ VISA ✗ rest
Comida 15,03 – 🍵 9,92 – **99 hab** 114,19/126,21.

🏨 **Abetos del Maestre Escuela** 🦢, prolongación av. San José de Calasanz - Norte :
6 km, ⊠ 14012, ℰ 957 76 70 63, *hotelabetos@teleline.es, Fax 957 28 21 75,* « Terraza
con palmeras », 🏊, 🎾, X – ⌷ 🗐 TV P – 🛁 25/80. AE Ⓞ ⓂⒸ VISA. ✗ rest
Comida *(cerrado enero)* 13,22 – 🍵 4,66 – **44 hab** 69,12/81,14.

CORESES 49530 Zamora 441 H 13 – *1331 h alt. 646.*
Madrid 247 – Salamanca 78 – Valladolid 88 – Zamora 15.

🏨 Convento I 🦢, carret. de Zamora - Sur : 1,5 km ℰ 980 50 04 22, *Fax 980 50 04 25,* « En
un antiguo seminario », 🏊 – ⌷ 🗐 TV P
45 hab.

CORIA 10800 Cáceres 444 M 10 – *11 260 h alt. 263.*
Ver : *Catedral★.*
Madrid 321 – Cáceres 69 – Salamanca 174.

XX **Percor,** carret. de Cáceres - Sureste : 0,5 km ℰ 927 50 32 64, 🌴 – P. ⓂⒸ VISA
cerrado del 15 al 31 de octubre y lunes – **Comida** carta 18,50 a 26,28.

CORNELLÀ DE LLOBREGAT Barcelona – *ver Barcelona : Alrededores.*

CORNELLÀ DEL TERRI 17844 Girona 443 F 38 – *1 785 h alt. 96.*
Madrid 709 – Figueres 41 – Girona/Gerona 15.

XX **Can Xapes,** Mossèn Jacint Verdaguer 5 ℰ 972 59 40 22 – 🗐. AE Ⓞ ⓂⒸ VISA. ✗
cerrado del 1 al 20 de agosto, domingo y lunes – **Comida** carta aprox. 30,65.

CORNELLANA 33850 Asturias **441** B 11 – alt. 50.
Madrid 473 – Oviedo 39.

La Fuente, carret. N 634 ℘ 98 583 40 42, Fax 98 583 40 02, 🏠, 🚗 – 📺 **P.** **MO** **VISA**
Comida 10,82 – ☕ 3,31 – **16 hab** 25,72/38,58.

CORNISA CANTÁBRICA ★★ Bizkaia y Gipuzkoa **442** B 22.

CORRALEJO Las Palmas – ver Canarias (Fuerteventura).

CORRÓ D'AMUNT Barcelona – ver Granollers.

CORTADURA (Playa de) Cádiz – ver Cádiz.

CORTEGANA 21230 Huelva **446** S 9 – 5 225 h alt. 690.
Madrid 490 – Aracena 30 – Huelva 114 – Serpa 77 – Sevilla 120 – Zafra 92.

por la carretera de El Repilado a La Corte Noreste : 9,5 km :

La Posada de Cortegana 🐎, ☒ 21230, ℘ 959 50 33 01, Fax 959 50 33 02,
« Cabañas típicas de madera en un entorno natural », 🏊 – 🖥 📺 **P.** **MO** **VISA**. 🛇 rest
Comida 9,02 – **40 hab** ☕ 46,58/58,60 – PA 18,03.

CORTES DE LA FRONTERA 29380 Málaga **446** W 13 – 3 740 h alt. 623.
Madrid 582 – Algeciras 80 – Cádiz 131 – Málaga 119 – Marbella 87 – Ronda 37 – Sevilla 141.

Sol y Sierra 🐎, av. Sol y Sierra 1 ℘ 95 215 45 23, summahotels@futurnet.es,
Fax 95 215 45 18, « Césped con 🏊 y ≤ valle y serranía de Ronda » – 🖥 📺 **P.** **AE** **MO**
VISA. 🛇
Comida 25 – **26 hab** ☕ 96/122.

A CORUÑA o **La CORUÑA** 15000 **P** **441** B 4 – 252 694 h – Playa.
Ver : Avenida de la Marina★ ABY – Domus-Casa del Hombre★ V.
Alred. : Cambre (Iglesia de Santa María★) 11 km por ②.
🚢 La Coruña, por ② : 7 km ℘ 981 28 52 00 Fax 981 28 03 32.
✈ de La Coruña-Alvedro por ② : 10 km ℘ 981 18 73 15 – Iberia : aeropuerto Alvedro ℘ 981 18 72 54.
🚗 ℘ 981 23 82 76.
🛈 Dársena de la Marina ☒ 15001 ℘ 981 22 18 22 Fax 981 22 18 22 – **R.A.C.E.** Rosalía de Castro 12 (bajo) ☒ 15004 ℘ 981 20 34 17 Fax 981 22 56 58.
Madrid 603 ② – Bilbao 622 ② – Porto 305 ② – Santiago de Compostela 73 ② – Sevilla 950 ② – Vigo 156 ②

Plano página siguiente

Meliá María Pita, av. Pedro Barrié de la Maza 1, ☒ 15003, ℘ 981 20 50 00, dtorm ap@trypnet.com, Fax 981 20 55 65, ≤ playa, mar y ciudad – 🛗 🖥 📺 🚹 🚗 – 🏛 25/300. **AE** **①** **MO** **VISA**. 🛇   AY **a**
Trueiro : Comida carta 30,05 a 36,06 – ☕ 12,25 – **164 hab** 125/160 – 17 suites.

Finisterre, paseo del Parrote 22, ☒ 15001, ℘ 981 20 54 00, info@hotelfinisterre.com, Fax 981 20 84 62, « Magnífica situación con ≤ », 🏋, 🏊 climatizada, 🍴 – 🛗 🖥 📺 **P.** – 🏛 25/600. **AE** **①** **MO** **VISA**. 🛇 rest   BZ **n**
Comida 28 – ☕ 11 – **117 hab** 126/145 – 10 suites – PA 57.

NH Atlántico, jardines de Méndez Núñez, ☒ 15006, ℘ 981 22 65 00, nhatlantico@nh-hoteles.es, Fax 981 20 10 71 – 🛗 🖥 📺 🚗 – 🏛 25/180. **AE** **①** **MO** **VISA**. 🛇   AZ **v**
Comida 22,20 – ☕ 11,40 – **198 hab** 148,20 – 1 suite.

Tryp Coruña sin rest, Ramón y Cajal 53, ☒ 15006, ℘ 981 24 27 11, melia.confort.coruna@solmelia.es, Fax 981 23 67 28 – 🛗 🖥 📺 – 🏛 25/175. **AE** **①** **MO**
VISA. 🛇   X **c**
☕ 10,22 – **175 hab** 120,21/150,25 – 6 suites.

Riazor sin rest con cafetería, av. Pedro Barrié de la Maza 29, ☒ 15004, ℘ 981 25 34 00, reservas@riazorhotel.com, Fax 981 25 34 04, ≤ – 🛗 📺 🚗 – 🏛 25/200. **AE** **①** **MO**
VISA. 🛇   AZ **e**
☕ 6,01 – **174 hab** 66,11/99,16.

Ciudad de La Coruña, Adormideras, ☒ 15002, ℘ 981 21 11 00, salgado.hotel@teleline.es, Fax 981 22 46 10, ≤, 🏋, 🏊 – 🛗, 🖥 rest, 📺 **P.** – 🏛 25/160. **AE** **①** **MO**
VISA. 🛇   V **a**
Comida 16,53 – ☕ 9,92 – **122 hab** 95,86/109,08 – 9 suites.

A CORUÑA
LA CORUÑA

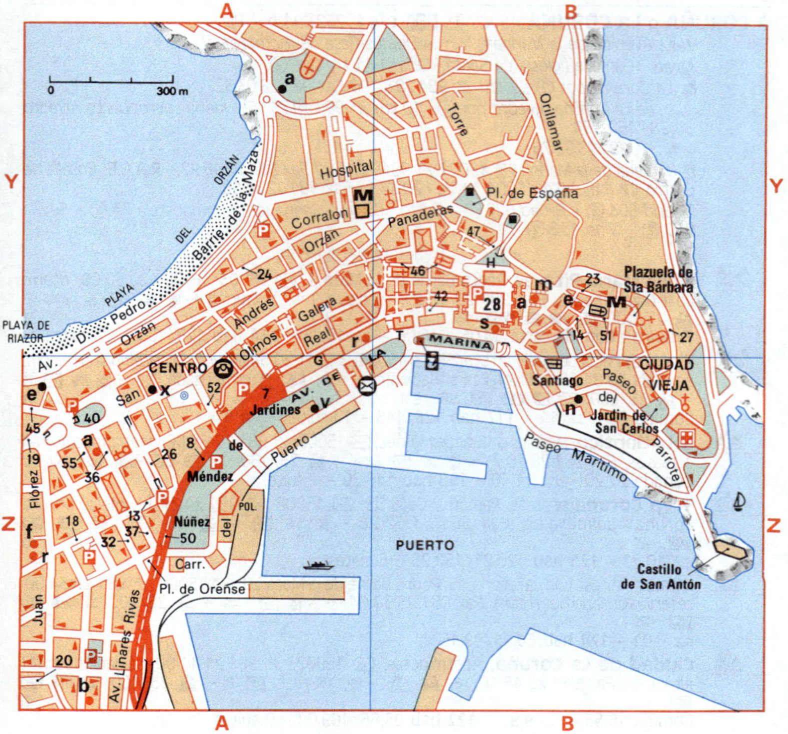

Avenida sin rest con cafetería, av. Alfonso Molina 30, ⊠ 15008, ℰ 981 24 94 66, *aven ida@hotelavenida.com, Fax 981 24 94 66* – 📺 ᶜᵘ ⇔ – 🏊 25/90. ⒹⒸ ⓂⒸ VISA ⅏
⚿ 5,11 – **71 hab** 96.

X r

Nido sin rest y sin ⚿, San Andrés 146, ⊠ 15003, ℰ 981 21 32 01, Fax 981 21 32 65 – 📶 📺 ⓂⒸ VISA ⅏
40 hab 35/50.

AZ x

Almirante sin rest, paseo de Ronda 54, ⊠ 15011, ℰ 981 25 96 00, Fax 981 25 96 08 – 📺 ⒶⒺ ⓂⒸ VISA
cerrado Navidades – ⚿ 2,40 – **20 hab** 42,10.

V f

Mar del Plata sin rest con cafetería, paseo de Ronda 58, ⊠ 15011, ℰ 981 25 79 62, *Fax 981 25 79 99* – 📺 ⇔. ⒹⒸ ⓂⒸ VISA JCB ⅏
⚿ 3,31 – **27 hab** 39,07.

V f

Pardo, Novoa Santos 15, ⊠ 15006, ℰ 981 28 00 21, *caja-pardo@eresmas.com,* *Fax 981 17 76 60* – 🍽. ⒶⒺ ⒹⒸ ⓂⒸ VISA ⅏
cerrado del 15 al 30 de junio y domingo – **Comida** 36,06 y carta 30,05 a 38,06
Espec. Ensalada de boquerones de la casa. Mero braseado con pisto de verduras. Sopa de frutas al aroma de vainilla.

X c

A la Brasa, Juan Florez 38, ⊠ 15004, ℰ 981 27 07 27, Fax 981 27 52 83 – 🍽. ⒶⒺ ⒹⒸ ⓂⒸ VISA ⅏
cerrado Navidades – **Comida** carta 24,12 a 35,04.

AZ f

Coral, callejón de la Estacada 9, ⊠ 15001, ℰ 981 20 05 69, *restcoral@hotmail.com,* *Fax 981 22 91 04* – 🍽. ⒶⒺ ⒹⒸ ⓂⒸ VISA JCB ⅏
cerrado domingo salvo 15 julio-15 septiembre – **Comida** carta 25,24 a 32,45.

AY r

Pablo Gallego, pl. de María Pita 11-bajo, ⊠ 15001, ℰ 981 20 88 88, Fax 981 22 91 04 – 🍽. ⒶⒺ ⒹⒸ ⓂⒸ VISA JCB ⅏
cerrado domingo – **Comida** carta 25,02 a 34,04.

BY a

La Viña, av. del Pasaje 123, ⊠ 15006, ℰ 981 28 08 54, Fax 981 28 93 52 – 🍽 P. ⒶⒺ ⓂⒸ VISA ⅏
cerrado enero y domingo – **Comida** - pescados y mariscos - carta 19,50 a 26,42.

X x

El Manjar, Alfredo Vicenti 29, ⊠ 15004, ℰ 981 25 18 85, « Decoración estilo 1930 » – ⒶⒺ ⒹⒸ ⓂⒸ VISA ⅏
cerrado domingo noche – **Comida** carta aprox. 28.

V r

Alba, av. del Pasaje 63, ⊠ 15006, ℰ 981 28 52 20, Fax 981 28 33 87, ≼ bahía y playa de Santa Cristina – 🍽 P. ⒶⒺ ⒹⒸ ⓂⒸ VISA ⅏
cerrado Semana Santa, del 15 al 31 de agosto, domingo noche y lunes – **Comida** carta 19,30 a 24,77.

X v

La Iebolina, Capitán Troncoso 18, ⊠ 15001, ℰ 981 20 50 44 – 🍽. ⒹⒸ ⓂⒸ VISA ⅏
cerrado octubre y domingo salvo agosto – **Comida** carta 27,05 a 31,25.

BY m

La Penela, pl. de María Pita 12, ⊠ 15001, ℰ 981 20 92 00, Fax 981 79 65 25 – 🍽. ⒶⒺ ⒹⒸ ⓂⒸ VISA ⅏
cerrado del 10 al 25 de enero y domingo – **Comida** carta 16,85 a 22,90.

BY s

O Alpendre, Emilia Pardo Bazán 21, ⊠ 15005, ℰ 981 23 72 83 – 🍽. ⒶⒺ ⒹⒸ ⓂⒸ VISA ⅏
cerrado domingo (julio-agosto) y domingo noche resto del año – **Comida** carta 20,43 a 26,44.

AZ b

Pimentón, María Luisa Durán Marquina 6, ⊠ 15011, ℰ 981 14 34 88 – 🍽. ⒶⒺ ⒹⒸ ⓂⒸ VISA ⅏
cerrado 15 días en Semana Santa, del 1 al 15 de octubre, domingo y festivos salvo viernes y sábado – **Comida** carta aprox. 32,43.

V f

Manolito, Fernández Latorre 116, ⊠ 15006, ℰ 981 23 01 02, *manolito@jet.es,* *Fax 981 15 39 93* – 🍽. ⒶⒺ ⒹⒸ ⓂⒸ VISA ⅏
cerrado domingo noche – **Comida** carta 24,04 a 30,05.

X c

Mundo, Cabo Santiago Gómez 8, ⊠ 15004, ℰ 981 14 08 84 – 🍽. ⓂⒸ VISA ⅏
cerrado domingo y festivos noche (salvo viernes o sábado) – **Comida** carta 18,02 a 24,63.

AZ r

Manolito, Ramón y Cajal 45, ⊠ 15006, ℰ 981 28 20 62, *manolito@jet.es,* *Fax 981 15 39 93* – 🍽. ⒶⒺ ⒹⒸ ⓂⒸ VISA ⅏
cerrado domingo noche – **Comida** carta 24,04 a 30,05.

X z

El Manantial, Puerta de Aires 4, ⊠ 15001, ℰ 981 21 30 17 – ⒶⒺ ⒹⒸ ⓂⒸ VISA ⅏
cerrado 2ª quincena de febrero, domingo y lunes mediodía – **Comida** carta 22,84 a 28,86.

BY e

Prada a Tope, Payo Gómez 9, ⊠ 15004, ℰ 981 22 61 08 – 🍽. ⓂⒸ VISA ⅏
cerrado 19 agosto-19 septiembre y domingo – **Tapa** 3,01 **Ración** - productos de El Bierzo - aprox. 6,01.

AZ a

en Culleredo *Sureste : 5 km :*

Crunia, av. Fonteculler 58, ✉ 15174 Culleredo, ℰ 981 65 00 88, *hotelcrunia@terra.es,*
Fax 981 65 00 89, ⇔ – ⁅Ⅳ ⇔ ℗ – 25/200. 🆎 ⓓ ⓜⓒ 𝗩𝗜𝗦𝗔. ⚗   X   t
Comida - sólo clientes - 18 – ☕ 6 – **27 hab** 80/112 – PA 40.

en Perillo *Sureste : 6 km :*

Rías Altas ⚒, av. de las Américas 57, ✉ 15172 Perillo, ℰ 981 63 53 00, *hriasa@la*
nder.es, Fax 981 63 61 09, ⇐ bahía, 🛁, 🏊, 🚣, ✗ – ⁅Ⅳ ⇔ – 25/80. 🆎 ⓓ
ⓜⓒ 𝗩𝗜𝗦𝗔. ⚗   X   e
Comida carta aprox. 27,65 – ☕ 7,21 – **103 hab** 81,14/102,17.

El Madrileño, av. de las Américas 17, ✉ 15172 Perillo, ℰ 981 63 50 78, *elmadrileño*
@terra.com, Fax 981 63 50 78, ⇐, ⇔ – ▤. 🆎 ⓓ ⓜⓒ 𝗩𝗜𝗦𝗔. ⚗   X   s
Comida carta 25,21 a 30,61.

Orlinda, carret. de Santa Cruz 73, ✉ 15172 Perillo, ℰ 981 63 50 72, ⇐ – ⓓ ⓜⓒ 𝗩𝗜𝗦𝗔. ⚗
cerrado Navidades, domingo noche y lunes – **Comida** carta 25 a 30.   X   a

---

COSGAYA *39539 Cantabria* **442** **C 15** – *86 h alt. 530.*
Madrid 413 – Palencia 187 – Santander 129.

Del Oso, ℰ 942 73 30 18, *Fax 942 73 30 36,* 🏊, ✗ – ⁅Ⅳ ℗ ⓓ ⓜⓒ 𝗩𝗜𝗦𝗔. ⚗
cerrado 7 enero-15 febrero – **Comida** carta 22,24 a 28,86 – ☕ 4,81 – **51 hab**
46,88/60,10.

COSLADA *28820 Madrid* **444** **L 20** – *73 844 h alt. 621.*
Madrid 17 – Guadalajara 43.

NH Villa de Coslada, av. de la Constitución 75 ℰ 91 674 88 00, *nhcoslada@nh-hot*
eles.es, Fax 91 672 88 65 – ⁅Ⅳ ▤ ⇔ – 25/400. 🆎 ⓓ ⓜⓒ 𝗩𝗜𝗦𝗔. ⚗
Comida *(cerrado sábado, domingo y festivos)* carta aprox. 30,65 – ☕ 9,02 – **78 hab**
108,18.

La Ciaboga, av. del Plantío 5 ℰ 91 673 59 18, *Fax 91 669 49 47* – ▤. 🆎 ⓓ ⓜⓒ
𝗩𝗜𝗦𝗔. ⚗
cerrado domingo – **Comida** carta 28,83 a 33,64.

en el barrio de la estación *Noreste : 4,5 km :*

La Fragata, av. San Pablo 14, ✉ 28820 Coslada, ℰ 91 673 38 02 – ▤. 🆎 ⓓ ⓜⓒ 𝗩𝗜𝗦𝗔. ⚗
cerrado agosto, domingo y miércoles noche – **Comida** carta 26,44 a 34,86.

COSTA *– ver a continuación y el nombre propio de la costa.*

COSTA DE LOS PINOS *Illes Balears – ver Balears (Mallorca) : Son Servera.*

La COSTA DEL MONTSENY *08470 Barcelona* **443** **G 37**.
Madrid 639 – Barcelona 54 – Girona/Gerona 65 – Vic 62.

De la Costa, ℰ 93 847 52 51, ⇐ *sierra del Montseny* – ⓜⓒ 𝗩𝗜𝗦𝗔. ⚗
cerrado septiembre y jueves
Comida carta 19,53 a 30,05.

COSTA TEGUISE *Las Palmas – ver Canarias (Lanzarote).*

COVADONGA *33589 Asturias* **441** **B 14** – *alt. 260.*
Ver : *Emplazamiento*★★ – *Museo (corona*★).
Alred. : *Mirador de la Reina* ⇐★★ *Sureste : 8 km – Lagos de Enol y de la Ercina*★ *Sureste :*
12,5 km – 🛈 *explanada de la Basílica* ℰ *98 584 60 35 Fax 985 84 60 43.*
Madrid 429 – Oviedo 84 – Palencia 203 – Santander 157.

en la carretera AS 262 :

Peñalba, La Riera - Noroeste : 3,5 km ℰ 98 584 61 00, *peñalba@turipet.net,*
Fax 98 584 61 00 – ℗. 🆎 ⓜⓒ 𝗩𝗜𝗦𝗔. ⚗
Comida - sólo clientes - 12,22 – ☕ 4,21 – **8 hab** 60,50.

Auseva sin rest, El Repelao - Noroeste : 1,5 km ℰ 98 584 60 23, *Fax 98 584 61 07* –
⁅Ⅳ. 🆎 ⓓ ⓜⓒ 𝗩𝗜𝗦𝗔. ⚗
marzo-octubre – ☕ 5,11 – **12 hab** 45,68/57,10.

Casa Asprón sin rest, Noroeste : 0,5 km, ✉ 33589, ℰ 98 584 60 92, *disfruta@cas*
aspron.com, Fax 98 584 60 92 – ⁅Ⅳ. ⓜⓒ 𝗩𝗜𝗦𝗔. ⚗
☕ 3,01 – **8 hab** 42,07/54,09.

COVALEDA *42157 Soria* **442** **G 21** *– 2 079 h alt. 1 214.*
Madrid 233 – Burgos 96 – Soria 50.

Pinares de Urbión, Numancia 4 ℰ 975 37 05 33, Fax 975 37 05 33, 🏊, 🖼 – ⊞ 📺
– 🏊 25/105. 𝔸𝔼 ⓄⒾ 𝕄ℂ 𝖵𝖨𝖲𝖠. ⚓
cerrado Navidades y enero – **Comida** 9,02 – ☕ 4,21 – **56 hab** 36,06/60,10.

COVARRUBIAS *09346 Burgos* **442** **F 19** *– 629 h alt. 840.*
Ver : *Colegiata★ - Museo (tríptico★).*
Excurs. : *Quintanilla de las Viñas : Iglesia★ Noreste : 24 km.*
Madrid 228 – Burgos 39 – Palencia 94 – Soria 117.

Arlanza 🛏, Mayor 11 ℰ 947 40 05 02, *hotel@hotelarlanza.com,* Fax 947 40 05 02,
« *Estilo castellano* » – ⊞ 📺. 𝔸𝔼 ⓄⒾ 𝕄ℂ 𝖵𝖨𝖲𝖠. ⚓ rest
cerrado 15 diciembre-febrero – **Comida** *(cerrado domingo noche)* 11,42 – ☕ 3,91 –
40 hab 33,06/56,50.

Rey Chindasvinto, pl. del Rey Chindasvinto 5 ℰ 947 40 65 60, Fax 947 40 65 43, 🏯
– ⊞ 🖥 📺 🅿. 𝔸𝔼 ⓄⒾ 𝕄ℂ 𝖵𝖨𝖲𝖠
Comida 9,10 – **14 hab** ☕ 33,10/54,10.

De Galo, Monseñor Vargas 10 ℰ 947 40 63 93, Fax 947 40 63 93, « *En una antigua*
cuadra » – 🖥. 𝔸𝔼 𝕄ℂ 𝖵𝖨𝖲𝖠. ⚓
cerrado del 16 al 31 de enero, febrero y miércoles – **Comida** - *sólo almuerzo de lunes*
a jueves del 15 diciembre-15 marzo - carta 16,59 a 29,04.

> **I prezzi** Per ogni chiarimento sui prezzi qui riportati,
> consultate le spiegazioni alla pagina dell' introduzione.

COVAS *27868 Lugo* **441** **B 7**.
Madrid 604 – A Coruña/La Coruña 117 – Lugo 90 – Viveiro 2.

Las Sirenas, carret. C 642 - Norte : 1 km ℰ 982 56 02 00, Fax 982 55 12 67 – 📺 🅿.
𝔸𝔼 𝕄ℂ 𝖵𝖨𝖲𝖠. ⚓
Comida 9,92 – ☕ 6,70 – **30 hab** 66/91 – 62 apartamentos.

Dolusa sin rest, Suasbarras 14 ℰ 982 56 08 66, *l.rios@teleline.es,* Fax 982 55 06 55 –
⊞ 📺 🚗. 𝕄ℂ 𝖵𝖨𝖲𝖠. ⚓
☕ 2,10 – **15 hab** 27,04/42,07.

COVELO *36872 Pontevedra* **441** **F 4** *– 3 711 h alt. 490.*
Madrid 555 – Ourense/Orense 62 – Pontevedra 47 – Vigo 49.

en Fofe *Norte : 8 km :*

Rectoral de Fofe 🛏, Aldea de Arriba 13, ✉ 36873 Fofe, ℰ 986 66 87 50, *fofe*
@recynet.com, Fax 986 66 87 37, ≤ valle y montaña, 🏯, « Instalado en una antigua casa
rectoral en plena naturaleza », 🏊 – 📺 🅿. 𝔸𝔼 ⓄⒾ 𝕄ℂ 𝖵𝖨𝖲𝖠 𝐉𝐂𝐁. ⚓ rest
Comida - *es necesario reservar* - 12 – ☕ 4 – **7 hab** 42/60 – PA 24.

CRECENTE *36493 Pontevedra* **441** **F 5** *– 3 859 h alt. 240.*
Madrid 551 – Ourense/Orense 58 – Pontevedra 85 – Vigo 60.

en el cruce de la carretera Arbo-Filgueira *Suroeste : 2 km :*

Hijos Dalgo, Pousa, ✉ 36493, ℰ 986 66 63 19, *info@ruralcasa.com,* Fax 986 66 63 19,
🏯, « Casa rural de ambiente acogedor », 🏊 – 📺 🅿. ⓄⒾ 𝕄ℂ 𝖵𝖨𝖲𝖠. ⚓
Comida - *sólo clientes* - 15 – **10 hab** ☕ 55/60.

LOS CRISTIANOS *Santa Cruz de Tenerife – ver Canarias (Tenerife).*

El CRUCERO *Asturias – ver Tineo.*

CRUZ DE TEJEDA *Las Palmas – ver Canarias (Gran Canaria).*

CUACOS DE YUSTE *10430 Cáceres* **444** **L 12** *– 930 h alt. 520.*
Madrid 223 – Ávila 153 – Cáceres 130 – Plasencia 45.

Moregón, av. de la Constitución 77 ℰ 927 17 21 81, *moregon@moregon.com,*
Fax 927 17 22 68 – 🖥 📺. 𝔸𝔼 𝕄ℂ 𝖵𝖨𝖲𝖠. ⚓
Comida 7,80 – ☕ 1,80 – **16 hab** 21,64/42,07 – PA 17,43.

CUDILLERO 33150 Asturias **441** B 11 – 6 538 h.

Ver : *Muelle :* ≤★.
Alred. : *Ermita del Espiritu Santo* (≤★) *Este : 7 km – Cabo Vidio*★★ (≤★★) *Noroeste : 14 km.*
Madrid 505 – Oviedo 57 – Luarca 53.

Casona de la Paca sin rest, El Pito - Sureste : 1 km ℰ 98 559 13 16, *hotel@cason
adelapaca.com*, Fax *98 559 09 95*, « Instalado parcialmente en una casona montañesa »,
⊴, ↝ – ⊜ TV P. MC VISA. ⅜
cerrado 10 diciembre-30 enero – ⊇ *5,50* – **19 hab** *62/71,50* – 10 apartamentos.

La Casona de Pío ⊛, Riofrío 3 ℰ 98 559 15 12, *casonadepio@arrakis.es*,
Fax *98 559 15 19*, « Instalado en una antigua fábrica de salazones » – TV. MC VISA. ⅜
cerrado 10 enero-10 febrero – **Comida** *18,03* – ⊇ *1,80* – **11 hab** *45,86/65,51.*

El Pescador ⊛ con hab, El Pito-Tolombreo de Arriba - Sureste : 1,5 km ℰ 98 559 09 37,
Fax *98 559 08 87*, ≤, ⌂ – TV P. MC VISA. ⅜
cerrado noviembre – **Comida** - espec. en pescados - carta *27,06 a 30,06* – ⊇ *6,01* – **8 hab**
57,10/75,13.

al Oeste : 5 km :

Mariño ⊛ con hab, Concha de Artedo, ⊠ 33155 Concha de Artedo, ℰ 98 559 11 88,
hotelrestaurante@concha-artedo.com, Fax *98 559 01 86*, ≤, ⌂ – TV P. AE ① MC
VISA. ⅜
cerrado del 12 al 28 de febrero – **Comida** carta *27,65 a 36,36* – ⊇ *3,61* – **12 hab**
30,05/54,09.

CUÉLLAR 40200 Segovia **442** I 16 – 9 071 h alt. 857.
Madrid 147 – Aranda de Duero 67 – Salamanca 138 – Segovia 60 – Valladolid 50.

San Francisco, av. Camilo José Cela 2 ℰ 921 14 00 09, Fax *921 14 32 43*, ⌂ – ⊜,
≣ rest, TV. AE ① MC VISA. ⅜
Comida *8,71* – ⊇ *3* – **28 hab** *31,34/52,25.*

en la carretera CL 601 *Sur : 3,5 km :*

Florida con hab, ⊠ 40200, ℰ 921 14 02 75, Fax *921 14 03 68*, ⌂ – ≣ TV P. MC
VISA. ⅜
cerrado 15 días en noviembre – **Comida** (cerrado lunes) carta *24,93 a 33,64* – **10 hab**
⊇ *45,07/60,10.*

CUENCA 16000 P **444** L 23 – 46 047 h alt. 923.
Ver : *Emplazamiento*★★ *– Ciudad Antigua*★★ Y : *Catedral (portada de la sala capitular*★,
Museo Diocesano★ *: díptico bizantino*★ **M1**) *– Casas Colgadas*★ ≤★ *: Museo de Arte Abs-
tracto Español*★★ *- Museo de Cuenca*★ **M2** *– Plaza de las Angustias*★ Y *– Puente de San
Pablo* ≤★ Y.
Alred. : *Hoz del Huécar :* ≤★ Y *– Las Torcas*★ *20 km por* ① *– Ciudad Encantada*★ *Noroeste :
25 km* Y.
⌸ *Villar de Olalla por* ② *: 10,5 km* ℰ 969 26 71 98.
🛈 pl. Mayor 1 ⊠ 16001 ℰ *969 23 21 19* ofi.turismo@aytocuenca.org Fax *969 23 53 56*
– R.A.C.E. Teniente González 2 ⊠ 16002 ℰ *969 21 14 95* Fax *969 21 14 95.*
Madrid 164 ③ *– Albacete 145* ① *– Toledo 185* ③ *– València 209* ① *– Zaragoza 336* ①

Plano página siguiente

Parador de Cuenca ⊛, paseo del Huécar, ⊠ 16001, ℰ 969 23 23 20, *cuenca@p
arador.es*, Fax *969 23 25 34*, « Antiguo convento junto a la Hoz del Huécar con ≤ », ⊴,
⋇ – ⊜ ≣ TV 🚗 P. – 🔔 25/150. AE ① MC VISA. ⅜   Y f
Comida *24,04* – ⊇ *8,71* – **61 hab** *85,82/107,28* – 2 suites.

NH Ciudad de Cuenca, Ronda de San José 1, ⊠ 16004, ℰ 969 23 05 02,
Fax *969 23 05 03* – ⊜ ≣ TV �′ 🚗 P. – 🔔 25/200. AE ① MC VISA. ⅜   por ①
Comida *16,80* – ⊇ *7,21* – **73 hab** *69,20/123,40* – 1 suite.

Torremangana, San Ignacio de Loyola 9, ⊠ 16002, ℰ 969 24 08 33, *hoteltorrema
nga@hoteltorremanga.com*, Fax *969 24 08 32* – ⊜ ≣ TV 🚗 – 🔔 25/500. AE ① MC
VISA. ⅜ rest   Y u
La Cocina : **Comida** carta *19,92 a 31,08* – ⊇ *8,35* – **118 hab** *69,70/99,20* – 2 suites.

Leonor de Aquitania, San Pedro 60, ⊠ 16001, ℰ 969 23 10 00, *reservas@hotel
leonordeaquitania.com*, Fax *969 23 10 04*, ≤ – ⊜ TV. AE ① MC VISA. ⅜   Y z
Horno de las Campanas (cerrado martes) **Comida** carta *16,50 a 21* – ⊇ *7* – **49 hab**
65/90.

Alfonso VIII, parque San Julián 3, ⊠ 16002, ℰ 969 21 25 12, Fax *969 21 43 25* – ⊜
≣ TV – 🔔 60/350. AE ① MC VISA. ⅜ rest   Z c
Comida *13,60* – **44 hab** ⊇ *55,62/87* – 4 suites, 6 apartamentos.

Francabel sin rest, av. Castilla-La Mancha 7, ✉ 16003, ✆ 969 22 62 22, *Fax 969 22 62 22* – ⊡ TV ⇔. MC VISA JCB. ✦ Z b
⊡ 4 – **30 hab** 30/44.

Posada de San José ⊱ sin rest, Julián Romero 4, ✉ 16001, ✆ 969 21 13 00, *psanjose @arrakis.es, Fax 969 23 03 65*, ≼ Hoz del Huécar, « Edificio del siglo XVII » – AE ① MC VISA Y e
⊡ 4,25 – **29 hab** 41,50/62.

Cánovas sin rest y sin ⊡, Fray Luis de León 38, ✉ 16001, ✆ 969 21 39 73, *Fax 969 21 39 73* – ⊡ TV. MC VISA. ✦ Y h
17 hab 30,05/42,07.

Cortés sin rest, Ramón y Cajal 49, ✉ 16004, ✆ 969 22 04 00, *cortes@arrakis.es, Fax 969 22 04 06* – ⊡ TV ⇔. MC VISA. ✦ Z m
⊡ 2,40 – **44 hab** 25,24/42,54.

Arévalo sin rest y sin ⊡, Ramón y Cajal 25, ✉ 16001, ✆ 969 22 39 79, *Fax 969 22 39 79* – ⊡ TV. AE MC VISA. ✦ Z d
35 hab 26,50/39,12.

Avenida sin rest, Carretería 25-3º, ✉ 16002, ℰ 969 21 43 43, Fax 969 21 23 35 – |≑|
TV. AE ① MC VISA
☕ 1,65 – **32 hab** 21/37,50.
Z v

Posada Huécar sin rest y sin ☕, paseo del Huécar 3, ✉ 16001, ℰ 969 21 42 01,
huecar@servinet.net, Fax 969 21 42 01 – TV. AE ① MC VISA. ⌗
12 hab 24/42.
Y w

Figón de Pedro, Cervantes 13, ✉ 16004, ℰ 969 22 45 11, colgadas@pymex.com,
Fax 969 23 11 92 – |≑| TV
Comida - ver rest. **Figón de Pedro** – **28 hab**.
Z e

Castilla sin rest y sin ☕, Diego Jiménez 4-1º, ✉ 16004, ℰ 969 22 53 57, hcastilla.
3064@cajarural.com – TV. AE ① MC VISA. ⌗
15 hab 29,24/42,66.
Z a

XX **Mesón Casas Colgadas,** Canónigos, ✉ 16001, ℰ 969 22 35 09, colgadas@pymex
.com, Fax 969 23 11 92, « Instalado en una de las casas colgadas con ≼ Hoz del Huécar »
– ▤. AE ① MC VISA. ⌗
Y x
cerrado lunes noche – **Comida** carta 26,72 a 30,42.

XX **Casa Marlo,** Colón 41, ✉ 16002, ℰ 969 21 11 73, Fax 969 21 38 60, « Decoración
regional » – ▤. AE MC VISA. ⌗
Z r
cerrado domingo noche – **Comida** carta aprox. 27,65.

XX **Figón de Pedro** - Hotel Figón de Pedro, Cervantes 13, ✉ 16004, ℰ 969 22 68 21, colga
das@pymex.com, Fax 969 23 11 92, « Decoración castellana » – ▤. AE ① MC VISA. ⌗
cerrado domingo noche – **Comida** carta 22,22 a 29,52.
Z e

XX **San Nicolás,** San Pedro 15, ✉ 16001, ℰ 969 21 22 05, administracion@sannicolas.net,
Fax 969 23 22 88, ⌂ – ▤. MC VISA. ⌗
Y r
cerrado domingo noche – **Comida** carta 22,69 a 39,52.

XX **Asador de Antonio,** av. Castilla-La Mancha 3, ✉ 16003, ℰ 969 22 20 10 – ▤. AE
① MC VISA. ⌗
Z u
cerrado del 1 al 15 de julio, domingo noche y lunes – **Comida** carta 14,75 a 22,28.

X **Rincón de Paco,** Hurtado de Mendoza 3, ✉ 16002, ℰ 969 21 34 18 – ▤. AE ① MC
VISA JCB. ⌗
Z n
cerrado 23 julio-3 agosto – **Comida** carta aprox. 26,45.

X **Plaza Mayor,** pl. Mayor 5, ✉ 16001, ℰ 969 21 14 96, « Decoración castellana » – ▤.
AE ① MC VISA JCB. ⌗
Y v
cerrado del 15 al 30 de junio y lunes – **Comida** carta 21,13 a 27,70.

Y/ **La Ponderosa,** San Francisco 20, ✉ 16002, ℰ 969 21 32 14 – ▤. ⌗
Z k
cerrado julio y domingo – **Tapa** 6 **Ración** aprox. 9.

Y/ **La Ración,** Colón 39, ✉ 16002, ℰ 969 22 59 92, Fax 969 21 38 60 – ▤. AE MC VISA
Tapa 3,61 **Ración** aprox. 6,01.
Z r

por la carretera de Palomera Y al Noreste : 6 km y desvío a la izquierda por carretera de
Buenache 1,2 km :

Cueva del Fraile ⌂, ✉ 16001, ℰ 969 21 15 71, reservas@hotelcuevadelfraile.com,
Fax 969 25 60 47, « Edificio del siglo XVI. Decoración castellana », ⌤, XX – TV P –
⛰ 25/200. AE ① MC VISA JCB. ⌗
Comida 16,50 – ☕ 7 – **62 hab** 65/90 – 1 suite – PA 34.

CUESTA DE LA VILLA Santa Cruz de Tenerife – ver Canarias (Tenerife) : Santa Úrsula.

La CUETA 24141 León **441** **C 11**.
Madrid 428 – Oviedo 105.

El Rincón de Babia ⌂, barrio de Quejo ℰ 987 48 82 92, Fax 987 48 82 92,
« Ambiente acogedor en una casa rural » – P. MC VISA. ⌗
Comida - sólo clientes - 11 – **10 hab** ☕ 45 – 1 apartamento.

CUEVA - ver el nombre propio de la cueva.

CULLERA 46400 València **445** **O 29** – 19 984 h – Playa.
🛈 del Riu 38 ℰ 96 172 09 74 touristinfo.cullera@turisme.m400 gva.es Fax 96 173 80 62
y pl. Constitución ℰ 96 173 15 86 touristinfo.cullerap@turisme.m400.gva.es
Fax 96 173 15 86.
Madrid 388 – Alacant/Alicante 136 – València 38.

Santamarta, av. del Racó 52 ℰ 96 173 80 29, santamarta-hotel@santamarta-hotel.
com, Fax 96 173 29 95, ⌤ – |≑| ▤ TV 🚗 – ⛰ 25/300. AE ① MC VISA. ⌗
Comida - sólo buffet - 17,50 – ☕ 6,60 – **200 hab** 75,80/96 – PA 34,80.

î Latina sin rest, Rellano San Antonio 2 ℰ 96 173 16 00, *hotelilatina@cempresarial.com*, *Fax 96 172 34 48* – |≋| TV. AE MC VISA
cerrado noviembre – ☕ 3,61 – **35 hab** 45,08/57,10.

La Reina, av. País Valencià 59 ℰ 96 172 05 63, *hotel-lareina@teleline.es*, *Fax 96 172 05 63* – ≣ TV. ① MC VISA. ✻
Comida 12,02 – ☕ 3,60 – **10 hab** 33,05/48 – PA 21.

en el Estany de Cullera *Sureste : 5 km :*

Casa Salvador, ✉ 46400 Cullera, ℰ 96 172 01 36, *Fax 96 173 22 48*, 🏡, « Terraza sobre el Estany con ◄ » – ≣ P. AE ① MC VISA JCB. ✻
Comida - espec. en arroces - carta 25 a 35.

junto a la playa de Dosel *Noreste : 5,5 km :*

Safi, carret. del Faro a El Saler, ✉ 46408 Cullera, ℰ 96 174 65 77, *Fax 96 174 69 33*, 🏡 – ≣ TV P. AE ① MC VISA. ✻ rest
Comida 10,29 – ☕ 3,86 – **30 hab** 32,15/54,66 – PA 20,22.

CULLEREDO *A Coruña – ver A Coruña.*

El CUMIAL *Ourense – ver Ourense.*

CUNIT *43881 Tarragona* **443** *I 34 – 2 427 h – Playa.*
Madrid 580 – Barcelona 58 – Tarragona 37.

L'Avi Pau, av. Barcelona 160 ℰ 977 67 48 61, *avipau@avipau.com*, *Fax 977 67 48 61* – ≣ P. AE ① MC VISA. ✻
cerrado 15 días en noviembre y martes salvo octubre-abril – **Comida** - sólo almuerzo salvo viernes y sábado de octubre-abril - carta 28,86 a 43,58.

CUZCURRITA DE RÍO TIRÓN *26214 La Rioja* **442** *E 21 – 466 h alt. 519.*
Madrid 321 – Burgos 78 – Logroño 54 – Vitoria-Gasteiz 58.

El Botero 🐦 con hab, San Sebastián 83 ℰ 941 30 15 00, *Fax 941 30 15 34* – ≣ rest, TV P. MC VISA. ✻
Comida carta aprox. 21,64 – ☕ 3,61 – **19 hab** 24,04/32,45.

DAIMIEL *13250 Ciudad Real* **444** *O 19 – 16 214 h alt. 625.*
Madrid 172 – Ciudad Real 31 – Toledo 122 – Valdepeñas 51.

Las Tablas, Virgen de las Cruces 5 ℰ 926 85 21 07, *lastablas@husa.es*, *Fax 926 85 32 64*, 🏡 – |≋| ≣ TV 🚗 P. – 🛏 25/100
33 hab.

en la carretera N 430 *Suroeste : 3,5 km :*

Nueva Tierrallana, ✉ 13250, ℰ 926 85 27 63, *Fax 926 85 27 63* – ≣ TV P. AE ① MC VISA JCB. ✻
Comida 7,82 – ☕ 2,10 – **32 hab** 18,03/30,05 – PA 16,23.

DANTXARINEA *31712 Navarra* **442** *C 25.*
Madrid 475 – Bayonne 29 – Iruña/Pamplona 80.

Menta, carret. de Francia ℰ 948 59 90 20, *Fax 948 59 90 20* – ≣ P. VISA. ✻
cerrado lunes noche y martes de octubre-julio – **Comida** carta 17,40 a 27.

DARNIUS *17722 Girona* **443** *E 38 – 506 h alt. 193.*
Madrid 759 – Girona/Gerona 56.

Darnius 🐦, carret. de Massanet ℰ 972 53 51 17, *Fax 972 53 51 17* – P. AE MC VISA. ✻ rest
cerrado enero-marzo – **Comida** (*cerrado jueves*) 7,80 – ☕ 3 – **10 hab** 33,10.

DAROCA *50360 Zaragoza* **443** *I 25 – 2 630 h alt. 797.*
Ver : *Murallas★ – Colegiata de Santa María (retablos★, capilla de los Corporales★, Museo Parroquial★) – Madrid 269 – Soria 135 – Teruel 96 – Zaragoza 85.*

Posada del Almudí 🐦, Grajera 7 ℰ 976 80 06 06, *posadadealmudi@teleline.es*, *Fax 976 80 11 41*, « En una casa palacio de los siglos XV y XVI » – |≋|, ≣ rest, TV P. – 🛏 25/30. MC VISA. ✻
Comida 9 – **13 hab** ☕ 55 – PA 18.

DAROCA DE RIOJA 26373 La Rioja 442 E 22 – 52 h alt. 726.

Madrid 346 – Burgos 108 – Logroño 20 – Vitoria-Gasteiz 90.

Venta Moncalvillo, carret. de Medrano 6 ℘ 941 44 48 32, venta@moncalvillo.com, Fax 941 44 48 34 – **P.** ⓘ ⓜ **VISA**. ⚒
Comida - sólo almuerzo salvo viernes y sábado - carta 14,12 a 25,84.

DEBA 20820 Gipuzkoa 442 C 22 – 5000 h – Playa.

Alred. : Carretera en cornisa★ de Deva a Lequeitio ≤★.
Madrid 459 – Bilbao 66 – Donostia-San Sebastián 41.

Urgain, Arenal 5 ℘ 943 19 11 01, urdain@euskalnet.net, Fax 943 19 14 73 – ▤. AE ⓘ ⓜ **VISA**
cerrado 10 días en noviembre y martes noche salvo verano – **Comida** carta 26,55 a 41,25.

DELTEBRE 43580 Tarragona 443 J 32 – 10121 h alt. 26.

Ver : Parque Natural del Delta del Ebro★★.
Madrid 541 – Amposta 15 – Castelló de la Plana/Castellón de la Plana 130 – Tarragona 77 – Tortosa 23.

en La Cava :

Rull, av. Esportiva 155, ✉ 43580 Deltebre, ℘ 977 48 77 28, hotelrull@dsi.es, Fax 977 48 77 29, ⚖ – ▮ ▤ **TV** ₺ **P.** AE ⓘ ⓜ **VISA** **JCB**. ⚒
Comida 10,82 – ☕ 4,81 – **38 hab** 60,10/90,15.

Delta H. ⚘, av. del Canal, ✉ 43580 Deltebre, ℘ 977 48 00 46, delta-hotel@dsi.es, Fax 977 48 06 63, « En los arrozales del Delta » – ▤ **TV** ₺ **P.** – ⚓ 25/60. AE ⓘ ⓜ **VISA**. ⚒
Comida 9 – ☕ 4,10 – **24 hab** 43,20/73,60.

Can Casanova, av. del Canal, ✉ 43580, ℘ 977 48 11 94 – ▤ **P.** AE **VISA**. ⚒
Comida carta 18,04 a 22,25.

DÉNIA 03700 Alacant 445 P 30 – 25157 h – Playa.

🛥 para Baleares : Balearia, Estación Marítima ℘ 96 642 86 00 Fax 96 578 76 05.
🛈 pl. del Oculista Büigues 9 ℘ 96 642 23 67 tourist.info@denia.net Fax 96 578 09 57.
Madrid 447 – Alacant/Alicante 92 – València 99.

Costa Blanca, Pintor Llorens 3 ℘ 96 578 03 36, marti.roig@teleline.es, Fax 96 578 30 27 – ▮ ▤ **TV** **P.** – ⚓ 25/60. AE ⓘ ⓜ **VISA**. ⚒
Comida (cerrado domingo) 10,50 – ☕ 6 – **53 hab** 52,50/84.

L'Ánfora sin rest y sin ☕, Explanada Cervantes 9 ℘ 96 643 01 01, Fax 96 642 16 90 – ▮ ▤ **TV**. AE ⓜ **VISA**. ⚒
11 hab 30,05/48,08.

Romano con hab, av. del Cid 3 (subida al castillo) ℘ 96 642 17 89, Fax 96 642 29 58, ⚖ – ▤ **TV**. AE ⓜ **VISA**. ⚒
Comida - sólo cena salvo domingo - carta 28,25 a 35,46 – ☕ 7,21 – **7 hab** 90,15/138,23.

El Asador del Puerto, pl. del Raset 10 ℘ 96 642 34 82, elraset@retemail.es, Fax 96 642 44 79, ⚖ – ▤. ⓘ ⓜ **VISA**. ⚒
cerrado miércoles salvo mayo-septiembre – **Comida** carta 22,99 a 30,65.

El Raset, Bellavista 7 ℘ 96 578 50 40, elraset@retemail.es, Fax 96 642 44 79, ⚖ – ▤.
AE ⓘ ⓜ **VISA**. ⚒
cerrado martes salvo mayo-septiembre – **Comida** carta 22,39 a 30,65.

La Barqueta, Bellavista 10 ℘ 96 642 16 26, elraset@retemail.es, Fax 96 642 44 79, ⚖ – ▤. AE ⓜ **VISA**. ⚒
cerrado jueves salvo mayo-septiembre – **Comida** carta 17,88 a 23,59.

L'Olleta, av. d'Alacant 19 ℘ 966 42 09 52 – ▤. ⓜ **VISA** **JCB**. ⚒
cerrado Navidades y domingo – **Comida** carta 24,04 a 27,05.

Drassanes, Port 15 ℘ 96 578 11 18, Fax 96 643 11 61 – ▤. AE ⓜ **VISA**. ⚒
cerrado noviembre y lunes – **Comida** carta 16,53 a 20,63.

Ticino, Bellavista 3 ℘ 96 578 91 03, elraset@retemail.es, Fax 96 642 44 79, ⚖ – ▤.
AE ⓜ **VISA**. ⚒
cerrado miércoles salvo mayo-septiembre – **Comida** - cocina italiana - carta 14,68 a 19,08.

por la carretera de Ondara Oeste : 2,5 km y desvío a la derecha 1 km :

El Tossalet del Carme, Partida Tossalet 33, ✉ 03700, ℘ 96 643 00 04, events@hexo.es, Fax 96 642 59 52, ⚖, « Antigua casa señorial con pinar y bonito jardín » – ▤ **P.** AE ⓘ ⓜ **VISA**. ⚒
cerrado domingo noche y lunes salvo verano – **Comida** carta 28,25 a 35,46.

en la carretera de Las Rotas :

X **El Trampoli,** playa - Sureste : 4 km, ⊠ 03700, 𝄢 96 578 12 96, 🍹 – ▤. AE MC VISA. 🛇
cerrado 10 enero-10 febrero – **Comida** - pescados, mariscos y arroz abanda - carta aprox. 48.

en la carretera de Las Marinas :

🏠 **Rosa** ⊗, Congre 3 - Noroeste : 2 km, ⊠ 03700, 𝄢 96 578 15 73, *hotelrosa@jazzfree.com, Fax 96 642 47 74*, 🍹, « Marco acogedor con terraza », ⊼, ✕ – |≑| ▤ TV P.
MC VISA. 🛇
marzo-noviembre – **Comida** 15,02 – **35 hab** ⊇ 94,07 – 5 apartamentos.

🏠 **Los Ángeles** ⊗, Noroeste : 5 km, ⊠ 03700, 𝄢 96 578 04 58, *hotel-la@teleline.es, Fax 96 642 09 06*, ≤, 🍹, ✕ – |≑| ▤ TV P. – 🛆 25/50. ① MC VISA. 🛇
cerrado diciembre-15 enero – **Comida** 15 – **61 hab** ⊇ 81,14/117,20 – PA 27,35.

XXX **El Poblet,** urb. El Poblet - Noroeste : 3 km, ⊠ 03700, 𝄢 96 578 41 79, *nana@bbunet.com, Fax 96 578 76 62*, 🍹 – ▤. AE ① MC VISA. 🛇
cerrado domingo noche y lunes – **Comida** carta aprox. 44,55.

X **Al Vent,** Las Velas, local 15 - Noroeste : 4 km, ⊠ 03700, 𝄢 96 578 91 45, 🍹 – ▤.
MC VISA. 🛇
marzo-octubre – **Comida** *(cerrado miércoles)* carta 27,20 a 39,14.

X **Paquebote,** Llac Hurón 3 (playa Almadrava) - Noroeste : 9 km, ⊠ 03700,
𝄢 96 647 42 70, 🍹 – P. AE MC VISA. 🛇
abril-octubre – **Comida** *(cerrado lunes)* carta 18,36 a 28,22.

DERIO 48160 Bizkaia **442** C 21 – *4 904 h alt. 25.*
Madrid 408 – *Bilbao* 11 – Donostia-San Sebastián 108.

🏠 **Andrea** ⊗, Larrauri 1-C (edificio Arteaga Centrum) 𝄢 94 454 42 38, *andrea-hotel@teleline.es, Fax 94 454 43 30* – |≑|, ▤ rest, TV ⇌ P. – 🛆 25/400. AE ① MC VISA. 🛇 rest
Comida 13 – ⊇ 6,61 – **74 hab** 92/114 – 4 apartamentos.

en la autovía BI 631 *Norte : 3 km :*

XX **Txakoli Artebakarra,** salida autovía Artebakarra-Laukariz, ⊠ 48160,
𝄢 94 454 12 92, Fax 94 454 01 16, 🍹 – ▤ P. AE ① MC VISA
cerrado 20 días en febrero, 20 días en agosto, lunes noche, martes y miércoles noche –
Comida carta 29,84 a 36,96.

A DERRASA 32792 Ourense **441** F 6.
Madrid 509 – Pontevedra 110 – Ourense/Orense 10.

X **Roupeiro,** Roupeiro (carret. C 536) 𝄢 988 38 00 38, « Decoración rústica » – P.
VISA. 🛇
cerrado del 15 al 30 de julio – **Comida** carta aprox. 26.

DESFILADERO – *ver el nombre propio del desfiladero.*

DESIERTO DE LAS PALMAS Castelló – *ver Benicàssim.*

DESTRIANA 24730 León **441** F 11 – *982 h.*
Madrid 325 – Benavente 59 – León 64 – Ponferrada 81 – Zamora 123.

🏠 **La Romana** ⊗, pl. del Parque 24 𝄢 987 63 02 09, *sancho@jet.es, Fax 987 63 02 30*
– TV. AE MC VISA. 🛇
Comida 11 – ⊇ 4 – **5 hab** 36/44.

DEYÁ Illes Balears – *ver Balears (Mallorca).*

DON BENITO 06400 Badajoz **444** P 12 – *28 601 h alt. 279.*
Madrid 311 – Badajoz 113 – Mérida 49.

🏠 **Vegas Altas,** av. Badajoz (carret. C 520) 𝄢 924 81 00 05, *hotelvegasaltas@ctv.es, Fax 924 81 10 13*, ⊼, ✕ – |≑| ▤ TV 🚻 ⇌ P. – 🛆 25/1000. AE ① MC VISA. 🛇
Comida 9,92 – ⊇ 4,81 – **77 hab** 64,31/83,54 – 3 suites.

en la carretera de Villanueva *Este : 2,5 km :*

🏠 **Veracruz,** av. Vegas Altas 105, ⊠ 06400, 𝄢 924 80 11 84, Fax 924 80 13 62 – |≑| ▤
TV P. MC VISA. 🛇
Comida 7,21 – ⊇ 1,71 – **53 hab** 21,03/30,05.

DON BENITO

en la carretera de Medellín *Oeste : 3 km :*

✂ **Alejandro,** ✉ 06400, ℰ 924 80 17 10 – 🗏 Ⓟ AE ⓸ ⓜⓒ *VISA*
Comida carta 21,02 a 27,03.

DON GONZALO *Murcia – ver La Paca.*

DONAMARIA *31750 Navarra* 442 *C 25 – 344 h alt. 175.*
Madrid 481 – Biarritz 61 – Iruña/Pamplona 57 – Donostia-San Sebastián *57.*

✂ **Donamaria'ko Benta** *con hab, barrio de la Venta 4 - Oeste : 1 km* ℰ *948 45 07 08,*
donamariako@jet.es, Fax 948 45 07 08, « *Decoración rústica en una venta del siglo XIX* »
– Ⓟ ⓜⓒ *VISA*
Comida *(cerrado domingo noche y lunes)* carta 21 a 23,40 – **5 hab** 50.

DONOSTIA – SAN SEBASTIÁN

20000 Ⓟ *Guipúzcoa* **442** **C 24** *– 176 019 h. – Playa.*

Madrid 453 ② *– Bayonne 54* ① *– Bilbao 102* ③ *– Iruña/Pamplona 79* ② *– Vitoria-Gasteiz 95* ②.

OFICINAS DE TURISMO

🛈 *Erregina Erregentearen 8,* ✉ *20003,* 📞 *943 48 11 66, cat@donostia.org Fax 943 48 11 72.*

INFORMACIONES PRÁCTICAS

R.A.C.V.N. *(Real Automóvil Club Vasco Navarro) Foruen pasealekua 4,* ✉ *20005,* 📞 *943 43 08 00, Fax 943 42 91 50.*

de San Sebastián, Jaizkíbel por N I : 14 km (B) 📞 *943 61 68 45.*

de San Sebastián, Fuenterrabía por ① *: 20 km* 📞 *943 66 85 00 – Iberia : Bengoetxea 3,* ✉ *20004,* 📞 *943 42 35 86* CZ *y aeropuerto,* ✉ *20280,* 📞 *943 66 85 19.*

CURIOSIDADES

Ver : *Emplazamiento y bahía*★★★ ABV *– Aquarium-Palacio del Mar*★ AV *– Monte Igueldo* ≤★★★ AV *– Monte Urgull* ≤★★ DY.

Alred. : *Monte Ulía* ≤★ *Noreste : 7 km por N I* CV.

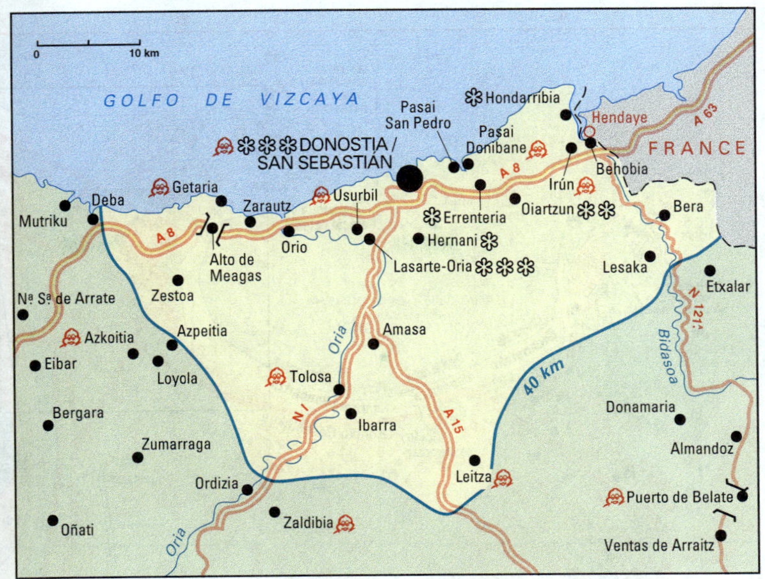

Centro :

María Cristina, Okendo 1, ⊠ 20004, ✆ 943 43 76 00, *hmc@westin.com*, Fax 943 43 76 76, ≼ – |≑| ▤ TV – ⚓ 25/300. AE ⓪ ⑯ VISA JCB. ✸ rest   EY h
Easo : Comida carta 31,26 a 49,28 – ☕ 19,23 – **108 hab** 337,17/509,06 – 28 suites.

De Londres y de Inglaterra, Zubieta 2, ⊠ 20007, ✆ 943 44 07 70, *reservas@hlondres.com*, Fax 943 44 04 91, ≼ – |≑| ▤ TV ὁ – ⚓ 25/300. AE ⓪ ⑯ VISA. ✸   DZ z
Comida 17 - ***La Brasserie Mari Galant*** : Comida carta 24,40 a 31,50 – ☕ 11 – **137 hab** 155/185 – 11 suites.

Tryp Orly, pl. Zaragoza 4, ⊠ 20007, ✆ 943 46 32 00, *cciorl@tripnet.com*, Fax 943 45 61 01, ≼ – |≑| ▤ TV ⇦ – ⚓ 25/50. AE ⓪ ⑯ VISA. ✸   DZ a
Comida (cerrado noches de domingo a jueves) 14,42 – ☕ 11 – **64 hab** 109,08/136,28.

Europa, San Martín 52, ⊠ 20007, ✆ 943 47 08 80, *europa@hotel-europa.com*, Fax 943 47 17 30 – |≑| ▤ TV – ⚓ 25/130. AE ⓪ ⑯ VISA. ✸   DZ v
Comida 17,50 – ☕ 6,50 – **68 hab** 116/145,44.

Niza sin rest, Zubieta 56, ⊠ 20007, ✆ 943 42 66 63, *niza@adegi.es*, Fax 943 44 12 51 – |≑| TV ⇦. AE ⓪ ⑯ VISA. ✸   DZ b
☕ 6,20 – **41 hab** 49,50/106.

Zaragoza Plaza sin rest, pl. de Zaragoza 3, ⊠ 20007, ✆ 943 45 21 03, *hotelzaragoza@terra.es*, Fax 943 44 65 02 – |≑| ▤ TV ὁ. ⑯ VISA. ✸   DZ e
☕ 3 – **19 hab** 90,15/96,16.

Parma sin rest, Salamanca pasealekua 10, ⊠ 20003, ✆ 943 42 88 93, *hotelparma@hotelparma.com*, Fax 943 42 40 82 – ▤ TV. AE ⓪ ⑯ VISA JCB. ✸   EY u
☕ 6,31 – **27 hab** 69,42/102,23.

Donostierra sin rest y sin ☕, San Martin 6-1º, ⊠ 20005, ✆ 943 42 61 67, *reservas@pensiondonostiarra.com*, Fax 943 43 00 71 – TV. ⑯ VISA. ✸   ZE x
15 hab 48,50/70,75.

Casa Nicolasa, Aldamar 4-1º, ⊠ 20003, ✆ 943 42 17 62, Fax 943 42 09 57 – ▤. AE ⓪ ⑯ VISA JCB   EY w
cerrado 23 enero-15 febrero, domingo y lunes noche – **Comida** carta 43,50 a 51.

Urepel, Salamanca pasealekua 3, ⊠ 20003, ✆ 943 42 40 40, Fax 943 42 40 40 – ▤. AE ⓪ ⑯ VISA. ✸   EY e
cerrado 2 semanas en Navidades, Semana Santa, 3 semanas en julio, domingo y martes – **Comida** carta 32,40 a 36,40
Espec. Verduras asadas con pasta fresca, ibéricos y queso Idiazabal. Rape al horno con cebolletas braseadas en aceite de sardina sobre nueces en crema. Foie gras parrilla con polenta, manzana errecilla y salsa de membrillo.

XXX **Panier Fleuri,** Salamanca pasealekua 1, ✉ 20003, 𝄋 943 42 42 05, Fax 943 42 42 05
– ▣. AE ① MO VISA JCB. ⌀   EY e
cerrado Navidades, 2ª quincena febrero, del 1 al 21 de junio, domingo noche y miércoles
– **Comida** 41,90 y carta 37,85 a 45,68
Espec. Ensalada de ostras de Arcade al vinagre de cava y harina de limón (septiembre-abril).
Lomo de bacalao asado con salsa vizcaina y de pimiento verde. Carrilleras de ternera en
salsa de vino tinto con puré de patata y crujiente de cebolla.

XX **Kursaal,** Zurriola pasealekua 1, ✉ 20002, 𝄋 943 00 31 62, kursaal@martinberasateg
ui.com, Fax 943 00 31 64, « En el Palacio de Congresos al borde de la ría y con el mar al
fondo » – ▣. AE ① VISA. ⌀   EY q
cerrado 24 diciembre-8 enero, domingo noche y lunes – **Comida** carta 31,50
a 51.

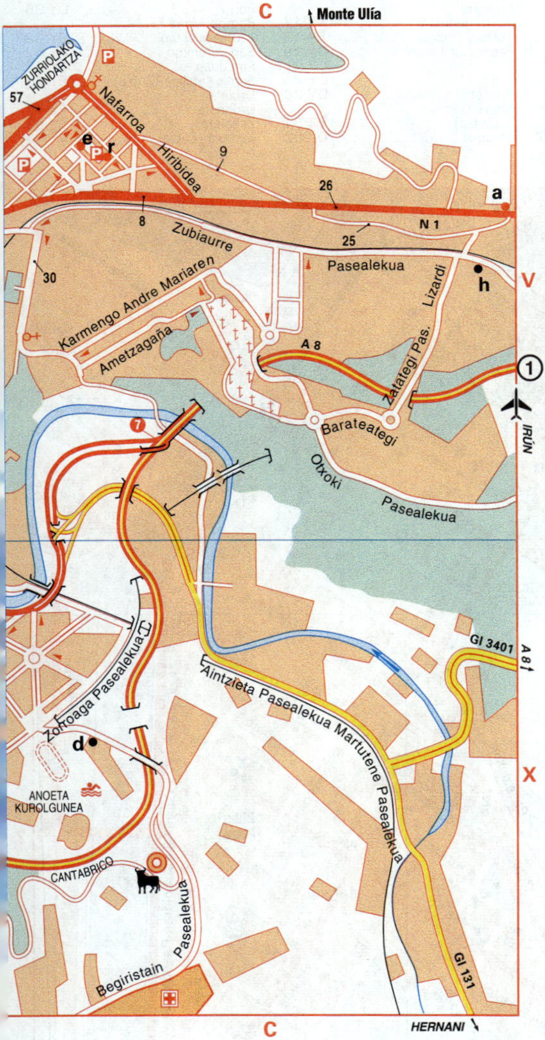

DONOSTIA/ SAN SEBASTIÁN

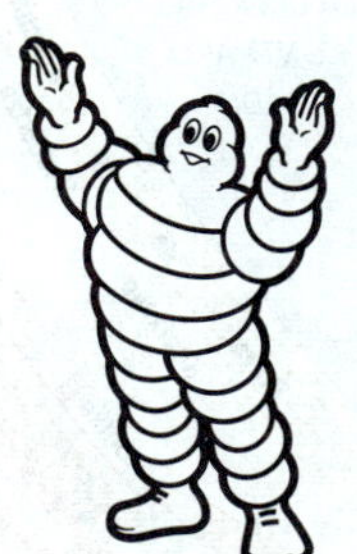

Antso Jakitunaren (Hiribidea) .... BV 4
Argentinako Errepublikaren (Pasealekua) .... BV 6
Ategorrieta (Hiribidea)... CV 9
Ategorrietako Galtzara Zaharra .... CV 10
Beatriz Infantaren ...... AV 12
Bizkaia (Pasealekua) .... BX 13
Ehunurteurrenaren (Plaza) .... BV 16
Garibai .... BV 21
Heriz (Pasealekua) ...... AV 23
Intxaurrondo .... CV 25
Jose Elosegi Alkatearen (Hiribidea) .... CV 26
Kristina Infantaren ...... AV 29
Mandasko Dukearen (Pasealekua) .... CV 30
Pasealeku Berria .... BV 33
Pio Baroja (Pasealekua).. AV 34
Pio XII (Aren Plaza) .... BX 35
Resurreccion Maria Azkue .... AV 40
Sanserreka (Pasealekua) . BV 44
Satrustegi (Hiribidea) ... AV 46
Tolosa (Hiribidea) ...... AV 47
Urumea (Pasealekua) ... BV 50
Zumalakarregi (Hiribidea) .... AV 55

XX **Juanito Kojua,** Portu 14, ✉ 20003, ☎ 943 42 01 80, *Fax 943 42 18 71* – ▤. AE ⓓ MC VISA. ✈ DY m
cerrado 7 días en diciembre, 21 días en febrero, 15 días en junio, domingo noche y lunes – **Comida** carta 24,64 a 32,66.

XX **Beti Jai,** Fermín Calbetón 22, ✉ 20003, ☎ 943 42 77 37, *jbeltran@euskalnet.net, Fax 943 42 30 09* – ▤. AE ⓓ MC VISA JCB. ✈ DY r
cerrado 20 diciembre-10 enero, 20 junio-10 julio, lunes y martes – **Comida** - pescados y mariscos - carta 30 a 40.

X **Casa Urola,** Fermín Calbetón 20, ✉ 20003, ☎ 943 42 34 24, *Fax 943 42 44 24* – ▤. AE ⓓ MC VISA. ✈ DY r
cerrado miércoles – **Comida** carta 25,50 a 29,70.

La Muralla, Embeltrán 3, ✉ 20003, ☎ 943 43 35 08, *lamuralla@ euskalnet.net* – 🍽. 🅼🅲 *VISA*. 🚫	DY t

cerrado domingo y miércoles noche – **Comida** carta 24,40 a 35,05.

Casa Urbano, Abutzuaren 17, ✉ 20003, ☎ 943 42 04 34 – 🍽. 🅰🅴 🅳 🅼🅲 *VISA*. 🚫	DY y

cerrado Navidades, del 15 al 30 de junio, domingo y miércoles noche – **Comida** carta 23 a 30.

Bodegón Alejandro, Fermín Calbetón 4, ✉ 20003, ☎ 943 42 71 58, Fax 943 42 95 42 – 🍽. 🅰🅴 🅳 🅼🅲 *VISA*. 🚫	DY u

cerrado 15 días en Navidades, 15 días en Semana Santa, lunes y martes noche (salvo julio-agosto y vísperas de festivos) – **Comida** carta aprox. 22,84.

Ψ/ **Ganbara,** San Jerónimo 21, ✉ 20003, ℘ 943 42 25 75, *Fax 943 42 25 75* – 🖃. AE ⓸
Ⓜ️ⓒ VISA. ⌗   DY x
cerrado 2ª quincena de junio, 2ª quincena de noviembre, domingo noche en invierno,
martes mediodía y lunes – **Tapa** 1,35 **Ración** aprox. 9,02.

Ψ/ **Martínez,** Abutzuaren 31-13, ✉ 20003, ℘ 943 42 49 65 – 🖃. ⌗   DY y
cerrado del 16 al 31 de enero, junio, jueves y viernes mediodía – **Tapa** 1,35 **Ración**
aprox. 7,81.

Ψ/ **Txepetxa,** Arrandegui 5, ✉ 20003, ℘ 943 42 22 27, *txepetxa1 @ clientes.euskaltel.es*
– 🖃. ⌗   DY p
cerrado 15 días en junio, 15 días en octubre, lunes y martes mediodía en agosto – **Tapa**
1,50 **Ración** aprox. 5,41.

Ψ/ **Tamboril,** Arrandegui 2, ✉ 20003, ℘ 943 42 35 07, *tamboril @ teleline.es,*
Fax 943 43 17 63, 🏠 – 🖃. Ⓜ️ⓒ VISA. ⌗   DY v
cerrado del 1 al 15 de marzo y del 1 al 21 de noviembre – **Tapa** 1,35 **Ración** aprox. 7.

al Este :

🏠 **Pellizar,** paseo Zubiaurre 70 (barrio Inchaurrondo), ✉ 20015, ℘ 943 28 12 11,
Fax 943 28 16 55 – 📶 TV P. AE Ⓜ️ⓒ VISA. ⌗   CV h
cerrado 12 diciembre-12 enero – **Comida** *(cerrado domingo)* 12,05 – ⛄ 4,21 – **46 hab**
43,27/72,12.

XXXX **Arzak,** alto de Miracruz 21, ✉ 20015, ℘ 943 27 84 65, *arzak @ jet.es, Fax 943 27 27 53*
❀❀❀ – 🖃 P. AE ⓸ Ⓜ️ⓒ VISA. ⌗   CV a
cerrado 16 junio-4 julio, del 3 al 27 de noviembre, domingo noche y lunes – **Comida** 75,10
y carta 67,30 a 79,92
Espec. Acordeón de patata con marisco. Lenguado con gelatina inesperada e infusión de
cocido. Pan de chocolate con helado de levadura y cáscara de mango.

XX **Larzabal,** Calzada Vieja de Ategorrieta 3, ✉ 20013, ℘ 943 27 52 60, *larzabal @ mart*
inberasategui.com, Fax 943 28 13 72 – 🖃 P. AE ⓸ Ⓜ️ⓒ VISA JCB   CV r
cerrado 20 diciembre-10 enero, lunes noche y martes – **Comida** *carta 29,11 a 38,12.*

X **Mirador de Ulía,** subida al Monte Ulía - 5 km, ✉ 20013, ℘ 943 27 27 07,
Fax 943 29 35 79, ≼ ciudad y bahía, 🏠 – P. VISA   CV
cerrado febrero, lunes y martes – **Comida** *carta 27,05 a 30,65.*

Ψ/ **Aloña Berri,** Bermingham 24 (Gros), ✉ 20001, ℘ 943 29 08 18 – 🖃. Ⓜ️ⓒ VISA. ⌗ CV r
cerrado 15 días en Semana Santa, 1ª quincena de noviembre, domingo noche y lunes –
Tapa 1,60 **Ración** aprox. 6.

Ψ/ **Bergara,** General Arteche 8 (Gros), ✉ 20002, ℘ 943 27 50 26, *tapasbarbergara @ er*
esmas.com – 🖃   CV e
cerrado octubre – **Tapa** 1,50 **Ración** aprox. 5,50.

al Sur :

🏨 **Amara Plaza,** pl. Pío XII-7, ✉ 20010, ℘ 943 46 46 00, *amaraplaza @ hoteles-silken.com,*
Fax 943 47 25 48 – 📶 🖃 TV ♿ 🚗 – 🚹 25/400. AE ⓸ Ⓜ️ⓒ VISA. ⌗   BX r
Comida 15 – ⛄ 10,22 – **160 hab** 116,99/144,24 – 3 suites.

🏨 **Anoeta,** Anoeta pasealekua 30, ✉ 20014, ℘ 943 45 14 99, *hotel @ hotelanoeta.com,*
Fax 943 45 20 36, 🏠 – 📶 🖃 TV 🚗 – 🚹 25/100. AE ⓸ Ⓜ️ⓒ VISA. ⌗   CX d
Xanti : **Comida** *carta 21,80 a 33,60* – ⛄ 5,12 – **26 hab** 75,50/95,50.

XX **Miramón Arbelaitz,** Mikeletegui 53 (Parque Miramón), ✉ 20009, ℘ 943 30 82 20,
miramon @ bezeroak.euskaltel.com, Fax 943 30 82 55 – 🖃. ⓸ Ⓜ️ⓒ VISA   BX z
cerrado domingo, lunes noche y martes noche – **Comida** *carta 29,50 a 52,50.*

al Oeste :

🏨 **NH Aránzazu,** Vitoria-Gasteiz 1, ✉ 20018, ℘ 943 21 90 77, *nharanzazu @ nh-hotele*
s.es, Fax 943 21 90 50 – 📶 🖃 TV ♿ 🚗 – 🚹 25/300. AE ⓸ Ⓜ️ⓒ VISA. ⌗   AV b
Comida *carta 27,05 a 36,06* – ⛄ 11 – **176 hab** 163 – 4 suites.

🏨 **Costa Vasca** ⚘, av. Pío Baroja 15, ✉ 20008, ℘ 943 31 79 50, *hcosta @ hcosta.tsai.es,*
Fax 943 21 24 28, 🏠, ⛱, ✀ – 📶 🖃 TV 🚗 P. – 🚹 25/400. AE ⓸ Ⓜ️ⓒ VISA. ⌗
Comida *carta 26 a 33* – ⛄ 9 – **196 hab** 94,57/126 – 7 suites.   AV m

🏨 **Mercure Monte Igueldo** ⚘, Tsasargiko pasealekua 134 - 5 km, ✉ 20008,
℘ 943 21 02 11, *hotel @ monteigueldo.com, Fax 943 21 50 28,* ✳ mar, bahía y ciudad,
« *Magnífica situación dominando la bahía* », ⛱ – 📶, 🖃 rest, TV P. – 🚹 25/200. AE ⓸
Ⓜ️ⓒ VISA. ⌗   AV a
Comida 17,25 – ⛄ 9,50 – **125 hab** 88/110 – PA 37,40.

🏨 **San Sebastián,** Zumalakarregi hir 20, ✉ 20008, ℘ 943 31 66 60, *hsansebastian @ h*
sansebastian.tsai.es, Fax 943 21 72 99 – 📶 🖃 TV 🚗 – 🚹 25/150. AE ⓸ Ⓜ️ⓒ VISA. ⌗
Comida 16 – ⛄ 9 – **87 hab** 87/126 – 3 suites.   AV r

La Galería sin rest, Kristina Infantaren 1, ✉ 20008, ☎ 943 21 60 77, *hotel@hotella galeria.com*, Fax *943 21 12 98*, « Marco acogedor con mobiliario de época » – 📶 📺 🅿.
AE ① ⓜⓞ VISA. ✋
☐ 4,80 – **23 hab** 78,88/107,28.
AV n

Ezeiza, Satrustegi hir 13, ✉ 20008, ☎ 943 21 43 11, *hotelezeiza@adegi.es*,
Fax *943 21 47 68* – 📶 ▦ 📺 ☞ – 🏊 25. AE ① VISA. ✋
Comida (*cerrado 15 diciembre-15 enero*) 21,64 – ☐ 4,21 – **30 hab** 75,13/99,17.
AV v

Nicol's ⤴, Gudamendi pasealekua 21 - 5 km, ✉ 20008, ☎ 943 21 57 99, *hotel@ho telnicols.com*, Fax *943 21 17 24*, « Amplio césped », 🏊 – 📺 ♿ 🅿. ① ⓜⓞ VISA.
✋ rest
por Igeldo pasealekua AV
Comida 9,50 – ☐ 3,60 – **42 hab** 59,50/84.

Avenida sin rest, Igeldo pasealekua 55, ✉ 20008, ☎ 943 21 20 22, *avenida@hotela venida.net*, Fax *943 21 28 87*, 🏊 – 📶 📺 🅿. AE ① ⓜⓞ VISA
AV f
47 hab ☐ 84,14/96,16.

Akelaŕe, paseo del Padre Orcolaga 56 (barrio de Igueldo) : 7,5 km, ✉ 20008,
☎ 943 31 12 09, *restaurante@akelarre.net*, Fax *943 21 92 68*, « Magnífica situación en la ladera de un monte con el mar al fondo » – ▦ 🅿. AE ① ⓜⓞ VISA. ✋
cerrado febrero, del 1 al 15 de octubre, domingo noche y lunes salvo festivos o vísperas – **Comida** 72,12 y carta 48,98 a 77,53
por Igeldo pasealekua AV
Espec. Irlandés de lentejas y sisas con germen y ficoûde glacial. Lenguado a la parrilla con cítricos y espárragos frescos. Nueces, limón y canela en crujiente equilibrio.

Chomin con hab y sin ☐, Beatriz Infantaren 16, ✉ 20008, ☎ 943 31 73 12, *chomin ss@arrakis.es*, Fax *943 21 14 01*, 🌿 – 📺. AE ① ⓜⓞ VISA. ✋
AV n
cerrado 15 diciembre-15 enero – **Comida** (*cerrado lunes en verano, lunes y martes resto del año*) carta 22,81 a 30,40 – **8 hab** 48,08/60,10.

Rekondo, Igueldo pasealekua 57, ✉ 20008, ☎ 943 21 29 07, *restaurant@rekondo.c om*, Fax *943 21 95 64*, 🌿 – ▦ 🅿. AE ① ⓜⓞ VISA. ✋
AV f
cerrado del 10 al 24 de julio, del 1 al 25 de noviembre y miércoles – **Comida** carta 26,31 a 36,23.

San Martín, Funikular plaza 5, ✉ 20008, ☎ 943 21 40 84, ≼, 🌿 – AE ⓜⓞ
VISA. ✋
AV c
cerrado febrero, domingo noche y lunes – **Comida** carta 30 a 37.

DOS HERMANAS 41700 Sevilla 446 U 12 – *77 997 h alt. 42.*

Madrid 547 – Cádiz 108 – Huelva 111 – Sevilla 20.

La Motilla sin rest con cafetería, carret. N IV - Oeste : 1 km ☎ 95 566 68 16, *hmotil la@teleline.es*, Fax *95 566 68 88*, 🏊, ※ – 📶 ▦ 📺 ☞ 🅿 – 🏊 25/250. AE ① ⓜⓞ VISA
JCB. ✋
☐ 9,65 – **101 hab** 148,55/186,75.

La Gamba, Marbella 4 ☎ 95 472 65 59, *juanmanuelruiz@laciudad.com*»,
Fax *95 566 30 17* – ▦. AE ① ⓜⓞ VISA JCB. ✋
cerrado agosto y lunes – **Comida** - pescados y mariscos - carta 27,64 a 39,29.

DOSBARRIOS 45311 Toledo 444 M 19 – *1941 h alt. 710.*

Madrid 72 – Alcázar de San Juan 78 – Aranjuez 25 – Toledo 62.

Los Arcos con hab, autovía N IV - km 70 ☎ 925 12 21 29, *arcos@teleline.es*,
Fax *925 13 72 47* – ▦ 📺 🅿. ⓜⓞ VISA. ✋
Comida carta 18,03 a 27,05 – ☐ 2,10 – **16 hab** 43,57/72,12.

DRACH (Cuevas del) *Illes Balears – ver Balears (Mallorca).*

La DUQUESA (Puerto de) *Málaga – ver Manilva.*

DURANGO 48200 Bizkaia 442 C 22 – *22 492 h alt. 119.*

Madrid 425 – Bilbao 34 – Donostia-San Sebastián 71 – Vitoria-Gasteiz 40.

G.H. Durango, Gasteiz Bidea 2 ☎ 94 621 75 80, *reservas@granhoteldurango.com*,
Fax *94 621 75 94*, �́ – 📶 ▦ 📺 ♿ ☞ – 🏊 25/400. AE ① ⓜⓞ VISA. ✋
Comida carta aprox. 32,45 – ☐ 9,02 – **66 hab** 94,24/117,80 – 3 suites.

Kurutziaga, Kurutziaga 52 ☎ 94 620 08 64, *kurutziaga@teleline.es*, Fax *94 620 14 09*,
�́ – 📶, ▦ rest, 📺 🅿 ① ⓜⓞ VISA. ✋ rest
cerrado Navidades – **Comida** (*cerrado domingo en agosto y domingo noche resto del año*) 13,55 – ☐ 7,81 – **18 hab** 51,09/83,39.

DÚRCAL 18650 Granada **446** **V 19** – 5 822 h alt. 830.

Madrid 460 – Almería 149 – Granada 35 – Málaga 129.

🏠 **Mariami** sin rest con cafetería, Comandante Lázaro 82 ✆ 958 78 04 09, *elgaleon@t eleline.es*, Fax 958 78 04 09 – 🗐 📺 🚗. **AE** ⓞ ⓜⓒ **VISA**
☕ 3,61 – **25 hab** 33,06/51,09 – 1 apartamento.

EA 48287 Bizkaia **442** **B 22** – 787 h alt. 100.

Madrid 434 – Bilbao 52 – Donostia-San Sebastián 70 – Vitoria-Gasteiz 82.

en Natxitua *Noroeste : 3,5 km :*

XX **Ermintxo** 🐟 con hab, barrio Elejalde, ✉ 48311 Natxitua, ✆ 94 627 77 00, Fax 94 627 77 51, ≤ – 📺 **P.** ⓜⓒ **VISA**. ⅏
cerrado noviembre – **Comida** *(cerrado martes salvo julio-agosto) carta 24,04 a 30,05 –*
☕ 4,21 – **8 hab** 36,06/45,08.

ECAY 31481 Navarra **442** **D 25**.

Madrid 416 – Iruña/Pamplona 27 – Jaca 101 – St-Jean-Pied-de-Port 59.

🏠 **Ekai**, carret. de Aoiz ✆ 948 33 41 53, *hotelekai@hotelekai.com*, Fax 948 33 41 53, ≤ –
🗐 📺 **P.** ⓜⓒ **VISA**. ⅏
cerrado Navidades – **Comida** *11,25 –* ☕ *4,90 –* **20 hab** 48/78 – PA 22.

ECHEDO *Santa Cruz de Tenerife – ver Canarias (El Hierro) : Valverde.*

ÉCIJA 41400 Sevilla **446** **T 14** – 35 727 h alt. 101.

Ver : *Localidad★ – Iglesia de Santiago★ (retablo★) – Iglesia de San Juan (torre★) – Palacios de Benamejí, Peñaflor y Valdehermoso (fachadas★).*

🅱 *Cánovas del Castillo 4 (Palacio de Benamejí)* ✆ 95 590 29 33 Fax 95 590 29 19.

Madrid 458 – Antequera 86 – Cádiz 188 – Córdoba 51 – Granada 183 – Jerez de la Frontera 155 – Ronda 141 – Sevilla 92.

🏠 **Ciudad del Sol** *(Casa Pirula)*, av. Miguel de Cervantes 52 ✆ 95 483 03 00, *informaci on@hotelpirula.com*, Fax 95 483 58 79 – 🛗 🗐 📺 **P.** – 🔥 25/40. **AE** ⓞ ⓜⓒ **VISA** **JCB**. ⅏ rest
Comida 7,21 – ☕ 2,50 – **30 hab** 30,05/54,09.

junto a la autovía N IV *Noreste : 3 km :*

🏠 **Astigi**, salida 450, ✉ 41400, ✆ 95 590 50 55, *informacion@hotelastigi.com*, Fax 95 483 57 01 – 🗐 📺 **P.** **AE** ⓞ **VISA**. ⅏
Comida 15,03 – ☕ 2,40 – **18 hab** 36,61/54,09.

EGÜÉS 31486 Navarra **442** **D 25** – 1 267 h alt. 491.

Madrid 395 – Iruña/Pamplona 10.

X Egüés, carret. de Aoiz ✆ 948 33 00 81, Fax 948 33 00 63, « Decoración rústica » –
🗐 **P.**
Comida - asados a la brasa.

EIBAR 20600 Gipuzkoa **442** **C 22** – 32 108 h alt. 120.

Madrid 439 – Bilbao 46 – Iruña/Pamplona 117 – Donostia-San Sebastián 55.

🏠🏠 **Arrate**, Ego Gain 5 ✆ 943 20 72 42, *harrate@teleline.es*, Fax 943 70 00 74 – 🛗, 🗐 rest, 📺 ⅄ – 🔥 25/80. **AE** ⓞ ⓜⓒ **VISA** **JCB**. ⅏
Comida *(cerrado domingo)* 12 – ☕ 5,50 – **86 hab** 60/78 – PA 25.

XX **Chalcha**, Isasi 7 ✆ 943 20 11 26 – **AE** ⓞ ⓜⓒ **VISA**. ⅏
cerrado agosto, domingo en julio y lunes resto del año – **Comida** carta 30,05 a 40,27.

X **Eskarne**, Arragüeta 4 ✆ 943 12 16 50 – 🗐. **AE** ⓜⓒ **VISA**
cerrado agosto – **Comida** *- sólo almuerzo salvo viernes y sábado - carta 24,38 a 33,64.*

en Nuestra Señora de Arrate *Noreste : 8 km :*

X **Kantabria**, ✉ 20600 Eibar, ✆ 943 12 12 62, Fax 943 12 12 62, ≤ – 🗐. **AE** ⓜⓒ **VISA**. ⅏
cerrado 25 marzo-8 abril y martes – **Comida** carta 23,87 a 29,24.

EIVISSA *Illes Balears – ver Balears.*

El EJIDO 04700 Almería 446 V 21 – 41 700 h alt. 140.

⟜ Almerimar, Sur : 10 km ℘ 950 49 74 54 Fax 950 49 72 33.
Madrid 586 – Almería 32 – Granada 157 – Málaga 189.

Ejidohotel, av. Oasis (carret. N 340 A) ℘ 950 48 64 14, ejidoh@cajamar.es,
Fax 950 48 64 16 – 🛗 ⬛ 📺 🚗 🅿 – 🛏 25/100. 🆎 ⓪ 💳. 🦺
Comida 10,82 – ☕ 4,81 – **86 hab** 40,87/64,91 – PA 21,04.

La Pampa, pl. de la Onu 2 ℘ 950 48 25 25 – ⬛. 🆎 ⓪ 🅜© 💳 🇯🇨🇧. 🦺
cerrado agosto y domingo – **Comida** - carnes - carta aprox. 30,50.

en Almerimar Sur : 10 km :

Meliá Almerimar 🦢, ⊠ 04700 El Ejido, ℘ 950 49 70 07, melia.almerimar@sol,
Fax 950 49 71 45, ≤, 🏋, 🛆, 🏊, 🎪, 🍽 – 🛗 ⬛ 📺 � 🅿 – 🛏 25/900. 🆎 ⓪ 🅜©
💳. 🦺
Comida 13,82 – ☕ 7,51 – **275 hab** 76,33/121,40 – 3 suites.

Meliá Golf Almerimar 🦢, ⊠ 04700 El Ejido, ℘ 950 49 70 50, Fax 950 49 70 19,
≤, 🛆, 🏌, 🍽, ⟜ – 🛗 ⬛ 📺 🅿 – 🛏 25/300. 🆎 ⓪ 🅜© 💳. 🦺
Comida 17,42 – ☕ 7,96 – **147 hab** 95,32/136,54 – 2 suites.

El Segoviano, puerto deportivo Dársena 2 - edificio La Estrella, ⊠ 04711 El Ejido,
℘ 950 49 75 44, 🏮 – ⬛. 🆎 🅜© 💳. 🦺
cerrado domingo noche en invierno y lunes – **Comida** carta 24,02 a 30,63.

Náutico Almerimar, puerto deportivo, ⊠ 04711 El Ejido, ℘ 950 49 70 73,
Fax 950 49 71 62, 🏮 – ⬛. 🆎 ⓪ 🅜© 💳. 🦺
Comida carta 22,24 a 37,27.

ELANTXOBE 48310 Bizkaia 442 C 22 – 488 h alt. 81.

Ver : Pueblo★
Madrid 439 – Bilbao 45 – Donostia-San Sebastián 90 – Vitoria-Gasteiz 75.

Itsasmin 🦢 sin rest, Nagusia 32 ℘ 94 627 61 74, Fax 94 627 62 93 – 📺. 🅜©
💳. 🦺
cerrado 15 diciembre-15 enero – ☕ 3,61 – **15 hab** 36,06/48,08.

ELCHE Alacant – ver Elx.

ELDA 03600 Alacant 445 Q 27 – 54 010 h alt. 395.

Madrid 381 – Albacete 134 – Alacant/Alicante 37 – Murcia 80.

Elda sin rest, av. Chapí 4 ℘ 96 538 05 56, Fax 96 538 16 37 – ⬛ 📺 🚗. 🆎 ⓪ 🅜©
💳. 🦺
cerrado del 5 al 25 de agosto – ☕ 5,26 – **37 hab** 36,66/53,49.

Fayago, Colón 19 ℘ 96 538 10 13 – ⬛. 🆎 ⓪ 🅜© 💳. 🦺
cerrado 15 días en agosto, domingo noche y lunes
Comida carta 17,42 a 30,64.

en la antigua carretera de Alacant Sureste : 2 km :

Idella, ⊠ 03600, ℘ 96 539 20 14 – ⬛ 🅿 🆎 ⓪ 🅜© 💳. 🦺
Comida carta 22 a 30,60.

ELIZONDO 31700 Navarra 442 C 25 – alt. 196.

Madrid 450 – Bayonne 53 – Iruña/Pamplona 49 – St-Jean-Pied-de-Port 31.

Baztán, carret. de Pamplona - Suroeste : 1,5 km ℘ 948 58 00 50, hotelbaztan@
tsai.es, Fax 948 45 23 23, ≤, 🏮, 🛆 – 🛗, ⬛ rest, 📺 🅿 – 🛏 25/50. 🅜©
💳. 🦺
20 febrero-15 noviembre – **Comida** 16 – ☕ 6 – **84 hab** 60/75 – PA 32,30.

Saskaitz sin rest, María Azpilikueta 10 ℘ 948 58 04 88, hotelelizondo@biaizpe.net,
Fax 948 58 06 15 – 📺. 🆎 ⓪ 🅜© 💳. 🦺
☕ 4,50 – **24 hab** 30/51,10.

Santxotena, Pedro Axular ℘ 948 58 02 97, Fax 948 58 02 97 – ⬛. 🅜© 💳
cerrado 15 días en Navidades, 1ª quincena de septiembre, domingo noche en agosto y lunes
– **Comida** carta 19,23 a 28,85.

Galarza, Santiago 1 ℘ 948 58 01 01 – 🅿 🆎 🅜© 💳. 🦺
cerrado 10 días en febrero, 20 septiembre-10 octubre, lunes noche y martes – **Comida**
carta 18 a 20,90.

ELORRIAGA Araba – ver Vitoria/Gasteiz.

ELORRIO 48230 Bizkaia **442** **C 22** – 7 309 h alt. 182.

Madrid 395 – *Bilbao* 43 – Donostia-San Sebastián 73 – Vitoria-Gasteiz 46.

Elorrio ⌂, barrio San Agustín-carret. de Durango 1 km ℘ 94 623 15 55, *hotelelorrio
@ wanadoo.es, Fax 94 623 16 63* – |≢|, ▤ rest, ⊤⊽ Ⓟ – ⚎ 25/75
27 hab.

Nuestras **guías de hoteles**, *nuestras* **guías turísticas
y nuestros** **mapas de carreteras** *son complementarios.*

Utilícelos conjuntamente.

ELX o **ELCHE** 03200 Alacant **445** **R 27** – 187 596 h alt. 90.

Ver : *El Palmeral*★★ YZ - *Huerto del Cura*★★ Z- *Parque Municipal*★ Y.

🛈 *Parc Municipal - Portell de Granyana* ✉ 3202 ℘ 96 545 27 47
touristinfo.elx@ turisme.m400.gva.es Fax 96 545 78 94.

Madrid 406 ③ – Alacant/Alicante 24 ① – Murcia 57 ②

Plano página siguiente

Huerto del Cura ⌂, Porta de la Morera 14, ✉ 03203, ℘ 96 661 00 11, *comercia
l@ huertodelcura.com, Fax 96 542 19 10,* 🌇, « Pabellones rodeados de jardines en un
palmeral », ⤢, ✵ – ▤ ⊤⊽ Ⓟ – ⚎ 25/600. ᴀᴇ ⓞ ⓜⓒ ⓥⓘⓢⓐ. ⌸ **Z c**
Comida 22,23 - **Els Capellans** : **Comida** carta 24,93 a 33,34 – ⌷ 9,02 – **72 hab**
102,17/114,19 – 10 suites.

Milenio ⌂ Prolongación de Curtidores, ✉ 03203, ℘ 96 661 20 33, *comercial@ hue
rtodelcura.com, Fax 96 661 52 04,* « En un palmeral », ⤢ – |≢| ▤ ⊤⊽ ⅚ Ⓟ – ⚎ 25/180.
ᴀᴇ ⓞ ⓜⓒ ⓥⓘⓢⓐ. ⌸ **Z b**
⌷ 5,71 – **72 hab** 87,15/96,16.
Comida carta aprox. 22,24.

AC Elche sin rest con cafetería por la noche, D'Almansa 62 ℘ 96 666 20 65, *acelche
@ ac-hoteles.com, Fax 96 666 20 64,* ⌘ – |≢| ▤ ⊤⊽ ⌕ Ⓟ – ⚎ 25. ᴀᴇ ⓞ ⓜⓒ
ⓥⓘⓢⓐ. ⌸ por av. de Novelda **X**
⌷ 6,01 – **63 hab** 84,14.

Meliá Confort Elche sin rest, av. Joan Carles I-5, ✉ 03203, ℘ 96 661 00 33, *meli
a.confort.elche@ solmelia.com, Fax 96 661 01 10* – |≢| ▤ ⊤⊽ – ⚎ 25/40. ᴀᴇ ⓞ ⓜⓒ
ⓥⓘⓢⓐ. ⌸ **Y a**
⌷ 7,26 – **70 hab** 75,73/93,72.

Madruga sin rest y sin ⌷, pl. Jardí d'Asp 5, ✉ 03206, ℘ 96 667 47 94 – |≢| ▤
⊤⊽. ⌸ **X n**
cerrado agosto – **28 hab** 36,06/44,17.

Candilejas sin rest y sin ⌷, Dr. Ferràn 19, ✉ 03201, ℘ 96 546 65 12, *Fax 96 546 66 52*
– |≢| ▤ ⊤⊽ ⓞ ⓜⓒ ⓥⓘⓢⓐ. ⌸ **X r**
cerrado 2ª quincena de agosto – **24 hab** 37.

La Magrana, av. de Alicante 109, ✉ 03291, ℘ 96 545 82 16, 🌇 – ▤ Ⓟ ᴀᴇ ⓞ ⓜⓒ
ⓥⓘⓢⓐ. ⌸ **X v**
cerrado domingo noche y lunes – **Comida** carta 23,14 a 32,16.

Mesón El Granaino, Josep Maria Buch 40, ✉ 03201, ℘ 96 666 40 80,
Fax 96 666 40 80, « Mesón típico » – ▤. ᴀᴇ ⓞ ⓥⓘⓢⓐ. ⌸ **Y e**
cerrado del 7 al 21 de agosto y domingo – **Comida** carta 20,43 a 27,95.

Asador Ilicitano, Maestro Giner 9, ✉ 03201, ℘ 96 543 58 64 – ▤. ᴀᴇ ⓞ ⓜⓒ
ⓥⓘⓢⓐ. ⌸ **X t**
cerrado del 15 al 31 de agosto y domingo – **Comida** carta 18 a 33.

Taverna Olivereta, Olivereta 4, ✉ 03203, ℘ 96 661 29 34 – ▤. ⌸ **Z s**
cerrado 15 agosto-4 septiembre y domingo – **Tapa** 2,10 **Ración** aprox. 3,61.

Tapería del Mercat, pl. de la Fruita 6, ✉ 03202, ℘ 96 545 09 98, 🌇 – ▤. ⌸ **Z u**
cerrado del 15 al 30 de agosto, domingo y lunes noche – **Tapa** 2,10 **Ración**
aprox. 3,91.

por la carretera de El Altet X Sureste : 4,5 km :

La Finca, Partida de Perleta 1-7, ✉ 03295, ℘ 96 545 60 07, *lafinca@ abserver.es,
Fax 96 661 25 78,* 🌇, « Casa de campo con terraza ajardinada » – ▤ Ⓟ. ᴀᴇ ⓜⓒ
ⓥⓘⓢⓐ. ⌸
cerrado 20 días en enero y domingo noche – **Comida** carta 26,26 a 36,06.

por la carretera de La Alcúdia X Sur : 2 km :

Alcúdia, carret. Dolores, ✉ 03290, ℘ 96 545 44 42, *Fax 96 661 33 87* – ▤ Ⓟ. ⓞ ⓜⓒ
ⓥⓘⓢⓐ. ⌸
cerrado agosto y domingo – **Comida** - carnes a la brasa - carta 13,22 a 25,85.

ELX
ELCHE

ALMANSA, N 330
A 7-E 15 73
ASPE A 7-E 15 74
CREVILLENTE, MURCIA 75
A 7-E 15 74 ALACANT/ALICANTE
ALACANT/ALICANTE
EL ALTET
SANTA POLA
LA ALCUDIA DOLORES
Av. del Ferrocarril
Av. de la Llibertat
Av. de Novelda
Vinalopó
EL PALMERAL
Circunvalación
TORRE DE RESSEMBLANC
N 340
C 3317
0 500 m

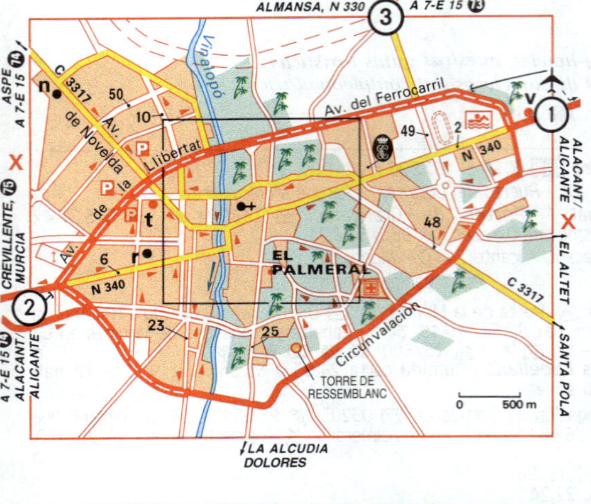

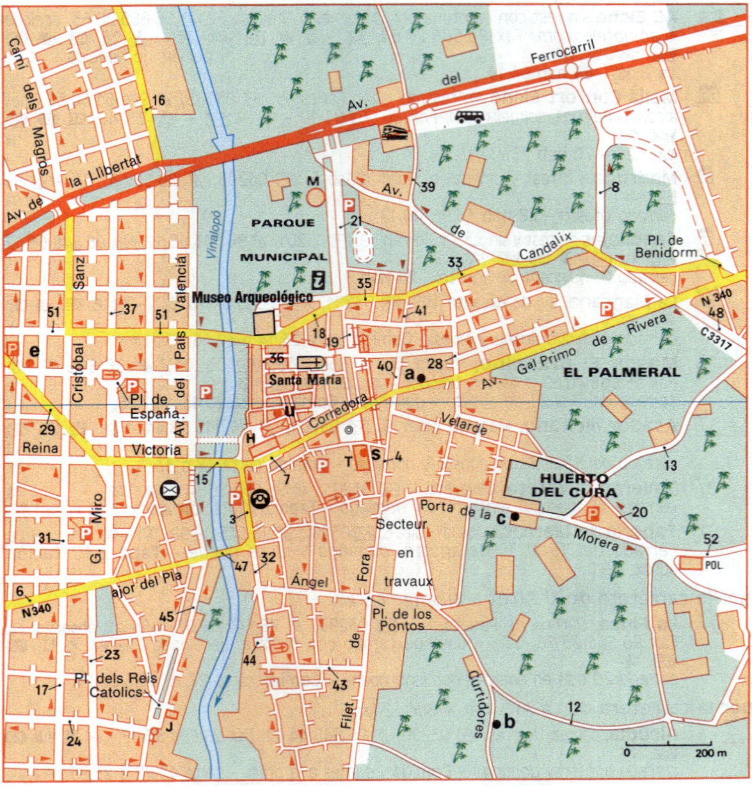

Av. del Ferrocarril
Camí dels Magros
Av. de la Llibertat
PARQUE MUNICIPAL
Museo Arqueológico
Santa María
Corredora
Av. de Candalix
Pl. de Benidorm
Av. Gal Primo de Rivera
EL PALMERAL
Velarde
HUERTO DEL CURA
Porta de la Morera
Secteur en travaux
Pl. de España
Reina Victoria
Av. del País Valencia
Sanz
Cristóbal
G. Miro
Major del Pla
Ángel
Fora
Pl. de los Pontos
Filet de Fora
Curtidores
Pl. dels Reis Catolics
Vinalopó
N 340
C 3317
0 200 m

EMPURIABRAVA 17487 Girona 443 F 39 – Playa.

Ver : Urbanización★ – 🛈 Pompeu Fabra ℘ 972 45 08 02 Fax 972 45 06 00 y Puigmal 1 ℘ 972 45 20 13 (temp) – Madrid 752 – Figueres 15 – Girona/Gerona 52.

Port Salins ⅏, av. Fages de Climent 10-15 ℘ 902 45 47 00, info@hotelportsalins.com, Fax 972 45 60 47, �, « Junto a un canal con ≤ », 🌊 climatizada – 🛗 🔲 TV 🚹 🚗 P. AE MO VISA. 🍴
Comida 21 – **42 hab** 🍽 125/142.

Briaxis, Cavall de Mar 25 ℘ 972 45 15 45, Fax 972 45 18 89, 🌴, « Junto al canal principal con ≤ », 🌊 – 🛗 🔲 TV P. ① MO VISA
Comida 17,50 – **52 hab** 🍽 97/108 – PA 34,80.

Valmar, Puigmal 5 ℘ 972 45 53 29, Fax 972 45 43 36, 🌊 – 🛗, 🔲 rest, TV P. – 🛎 25/250. AE ① MO VISA
Comida 6,60 – **43 hab** 🍽 48/72.

Castell Blanc, Sector Aeroclub 56 ℘ 972 45 61 45, hotelcastellblanc@arrakis, Fax 972 45 61 46, 🌴, 🌊 – 🛗 🔲 TV 🚹 P. AE MO VISA. 🍴 rest
Comida 9 – **62 hab** 🍽 70/88 – 2 suites.

Silvia, Puigmal 14 ℘ 972 45 29 92, hotelsilvia@inicia.es, Fax 972 45 28 55, 🌴 – 🛗, 🔲 rest, TV 🚹 P. MO VISA. 🍴
Comida (cerrado sábado en invierno y domingo noche resto del año) 7,20 – 🍽 5,10 – **33 hab** 33,30/43,30.

Casa Rosendo, Sant Mori 11 ℘ 972 45 08 37, 🌴 – 🔲. MO VISA. 🍴
cerrado domingo de octubre a Semana Santa – **Tapa** 2,40 **Ración** - espec. en embutidos ibéricos - aprox. 9,02.

EMPÚRIES Girona – ver L'Escala.

ENCAMP Andorra – ver Andorra (Principado de).

ERRENTERIA o **RENTERÍA** 20100 Gipuzkoa 442 C 24 – 41 163 h alt. 11.

Madrid 479 – Bayonne 45 – Iruña/Pamplona 98 – Donostia-San Sebastián 7.

Lintzirin, carret. N I - Este : 1,5 km, ✉ 20180 apartado 30 Oiartzun, ℘ 943 49 20 00, lintziri@adegi.es, Fax 943 49 25 04 – 🛗, 🔲 rest, TV 🚹 P. AE ① MO VISA. 🍴
Comida (cerrado domingo noche) 9,02 – 🍽 7,72 – **130 hab** 49/81 – PA 23.

en el cruce de la carretera de Astigarraga a Oiartzun Sur : 4 km y desvío 1,5 km :

Mugaritz, Aldura aldea 20-Otzazulueta Baserria, ✉ 20100, ℘ 943 51 83 43, mugaritz@euskalnet.net, Fax 943 51 82 16, « Caserío neorústico en pleno monte » – 🔲 P. AE ① MO VISA. 🍴
cerrado 23 diciembre-14 enero, Semana Santa, sábado, domingo noche y lunes – **Comida** - sólo almuerzo salvo viernes de enero a marzo - 59,49 y carta aprox. 47,57
Espec. Foie gras de pato asado con caldo de arroz bomba y lechuga de mar. Pichón asado y deshuesado con puré ligero de hojas silvestres y clásico ragoût de interiores. Posos de café expreso sobre sopa fría de cacao.

L'ESCALA 17130 Girona 443 F 39 – 5 142 h – Playa.

Ver : Villa turística★.

Alred. : Empúries★★ (ruinas griegas y romanas) - Emplazamiento★★ Norte : 2 km.
🛈 pl. de Les Escoles 1 ℘ 972 77 06 03 lescala@lescala.org Fax 972 77 33 85.
Madrid 748 – Barcelona 135 – Girona/Gerona 39.

Nieves-Mar, passeig Marítim 8 ℘ 972 77 03 00, mail@nievesmar.com, Fax 972 77 36 05, ≤ mar, 🌊, 🍴 – 🛗, 🔲 rest, TV P. – 🛎 25/70. AE ① MO VISA. 🍴 rest
marzo-octubre – **Comida** 19 – **75 hab** 🍽 60/95.

Voramar, passeig Lluís Albert 2 ℘ 972 77 01 08, voramarescala@terra.com, Fax 972 77 03 77, ≤, 🌴, 🌊 – 🛗 TV. ① MO VISA. 🍴 rest
cerrado enero-15 febrero – **Comida** (cerrado domingo noche y lunes salvo verano) 14 – 🍽 4 – **36 hab** 43/71 – PA 28.

El Roser, Iglesia 7 ℘ 972 77 02 19, reseescala@teleline.es, Fax 972 77 34 98 – 🛗, 🔲 rest, TV. AE ① MO VISA. 🍴 rest – **Comida** carta 22 a 30 – 🍽 4,20 – **25 hab** 27,20/42.

Els Pescadors, Port d'en Perris 5 ℘ 972 77 07 28, els@pescadors.com, Fax 972 77 07 28, ≤ – 🔲. AE ① MO VISA. 🍴
cerrado noviembre y domingo noche (diciembre-marzo) – **Comida** carta 21,80 a 37,98.

Miryam con hab, Ronda del Padró 4 ℘ 972 77 02 87, Fax 972 77 22 02 – 🔲 rest, TV P. MO VISA. 🍴
cerrado 9 diciembre-20 enero – **Comida** (cerrado domingo noche salvo julio-agosto) carta 24,91 a 42,91 – 🍽 5,40 – **14 hab** 48.

XX **El Roser 2,** passeig Lluís Albert 1 📞 972 77 11 02, *reseescala@teleline.es,* Fax 972 77 45 29, <, 🌴 – ▤. AE ⓞ MC VISA. ✁
cerrado febrero – **Comida** carta 29,21 a 46,60.

X **L'Avi Freu,** passeig Lluís Albert 7 📞 972 77 12 41, <, 🌴 – ▤. AE ⓞ MC VISA
cerrado noviembre – **Comida** carta 14,40 a 28,65.

en Port Escala *Este : 2 km :*

XX **Cafè Navili,** Romeu de Corbera, ✉ 17130 L'Escala, 📞 972 77 12 01, Fax 972 77 15 66 – ▤. MC VISA
cerrado noviembre, diciembre y lunes – **Comida** carta 23,72 a 36,94.

X **La Clota,** port esportiu, ✉ 17130 L'Escala, 📞 972 77 08 27, *laclota@cdgir.net,* Fax 972 77 29 05, 🌴 – ▤. AE ⓞ MC VISA JCB
marzo-octubre – **Comida** carta 24 a 42.

en Empúries *Noroeste : 2 km :*

X **Mesón del Conde,** pl. Iglesia 4, ✉ 17130 L'Escala, 📞 972 77 03 06, *meson@grn.es,* Fax 972 77 32 35 – ▤. AE ⓞ MC VISA. ✁
cerrado noviembre, lunes noche y martes – **Comida** carta 25,24 a 35,76.

en la carretera de Figueres *Oeste : 2 km :*

XX **El Molí de L'Escala,** Camp dels Pilans - Camí de les Corts, ✉ 17130, 📞 972 77 47 27, Fax 972 77 47 25, 🌴, « Masía con molino del siglo XVI » – **P.**

ESCALANTE 39795 Cantabria **442** B 19 – 711 h alt. 7.
Madrid 479 – Bilbao 82 – *Santander* 45.

🏠 **Las Solanas de Escalante** ⇿ sin rest, San Juan 📞 942 67 78 10, *lassolanas@inicia.es,* Fax 942 67 78 22 – TV. AE MC VISA
cerrado del 10 al 30 de enero – **12 hab** ⇄ 42,07/60,10.

XXX **San Román de Escalante** ⇿ con hab, carret. de Castillo 1,5 km 📞 942 67 77 28, *sanro manescalante@mundivia.es,* Fax 942 67 76 43, <, « Elegante decoración en una casona montañesa del siglo XVII. Ermita románica », 🂡, 🌴 – ▤ TV **P.** AE ⓞ MC VISA. ✁
☺ *cerrado 20 diciembre-20 enero* – **Comida** 38 y carta 32 a 40,03 – ⇄ 9 – **13 hab** 108/132, 3 suites
Espec. Almejas de Escalante con espinacas y tocino. Raviolis de jibión con crema de pisto. Pan de solomillo de cerdo, foie y Jabugo.

ESCALDES ENGORDANY Andorra – ver Andorra (Principado de).

La ESCALONA Santa Cruz de Tenerife – ver Canarias (Tenerife) : Vilaflor.

ESCUNHAU Lleida – ver Vielha.

ESPASANTE 15339 A Coruña **441** A 6.
Madrid 615 – A Coruña/La Coruña 107 – Lugo 104 – Viveiro 28.

X **Planeta,** puerto - Norte : 1km 📞 981 40 83 66, Fax 981 40 80 37, <, Vivero propio – AE ⓞ MC VISA. ✁
cerrado 15 días en noviembre y lunes noche salvo verano – **Comida** - pescados y mariscos - carta 19,62 a 30,62.

El ESPINAR 40400 Segovia **442** J 17 – 5 101 h alt. 1 260.
Madrid 62 – Ávila 41 – *Segovia* 30.

🏠 **Casa Marino,** Marqués de Perales 11 📞 921 18 23 39 – ▤ rest, TV. MC VISA. ✁
cerrado 15 septiembre-8 octubre – **Comida** *(cerrado domingo noche y lunes noche)* 12,62 – ⇄ 3,01 – **17 hab** 33,06/36,06 – PA 27,65.

L'ESPLUGA DE FRANCOLÍ 43440 Tarragona **443** H 33 – 3 602 h alt. 414.
Madrid 521 – Barcelona 123 – Lleida/Lérida 63 – Tarragona 39.

🏠 **Hostal del Senglar** ⇿, pl. Montserrat Canals 1 📞 977 87 01 21, *recepcio@hostaldelsen glar.com,* Fax 977 87 01 27, « Jardín. Rest. típico », 🂡, X – |🛗|, ▤ rest, TV **P.** ⇄ 25/150. AE ⓞ MC VISA. ✁ – **Comida** 14,30 – ⇄ 3,61 – **40 hab** 33,96/53,18 – PA 30,05.

🏠 **L'Ocell Francolí,** passeig Cañellas 2-3 📞 977 87 12 16, *info@ocellfrancoli.com,* Fax 977 87 12 16 – ▤ rest, TV. MC VISA. ✁ rest
cerrado 1ª quincena de enero – **Comida** *(cerrado domingo noche)* 13 – ⇄ 4,21 – **12 hab** 23/38.

ESPONELLÀ 17832 Girona 443 **F 38** – 383 h alt. 142.

Madrid 739 – Figueres 19 – *Girona/Gerona* 29.

Can Roca, av. Carlos de Fortuny 1 ✆ 972 59 70 12, canrocarestaurant@yahoo.es, – 🖃 **P.** **AE** **MC** **VISA**. ⚡

cerrado 1ª quincena de marzo, 2ª quincena de septiembre, domingo noche (salvo verano) y martes – **Comida** - carnes - carta 15,02 a 25,22.

ESPOT 25597 Lleida 443 **E 33** – 239 h alt. 1 340 – Deportes de invierno en Super Espot : ⚡ 10.

Alred. : Oeste : Parque Nacional de Aigües Tortes★★.

🛈 Prat del Guarda 4 ✆ 973 62 40 36 aiguestortes@catalunya.com Fax 973 62 40 36.

Madrid 619 – Lleida/Lérida 166.

ESQUEDAS 22810 Huesca 443 **F 28** – 147 h alt. 509.

Madrid 404 – Huesca 14 – Iruña/Pamplona 150.

Venta del Sotón, carret. A 132 ✆ 974 27 02 41, soton@computerhuesca.es, Fax 974 27 01 61, « Interior rústico » – 🖃 **P.** **AE** **O** **MC** **VISA** cerrado 15 enero-15 febrero, domingo noche y lunes – **Comida** carta 30,06 a 35,77.

ESTANY DE CULLERA València – ver Cullera.

L'ESTARTIT 17258 Girona 443 **F 39** – 6 723 h – Playa.

Excurs. : Islas Medes★★ (en barco).

🛈 passeig Marítim 47-50 ✆ 972 75 19 10 otestar@ddgi.es Fax 972 75 17 49.

Madrid 745 – Figueres 39 – *Girona/Gerona* 35.

Bell Aire, Església 39 ✆ 972 75 13 02, info@hotelbellaire.com, Fax 972 75 19 58, – 🛗 **TV**. **AE** **O** **MC** **VISA**. ⚡

Semana Santa y 25 abril-septiembre – **Comida** 9,02 – ☕ 3,46 – **76 hab** 40,81/61,78.

Miramar, av. de Roma 21 ✆ 972 75 06 28, hotelmiramar@hotelmiramar.net, Fax 972 75 05 00, ⚓, ⚓, – **TV** **P.** **MC** **VISA**. ⚡

Semana Santa-15 octubre – **Comida** - sólo menú - 10,22 – ☕ 4,20 – **64 hab** 41,50/78,13.

La Masía, carret. de Torroella de Montgrí - Oeste : 1 km ✆ 972 75 10 00, la@masia.com, Fax 972 75 18 90, ⚓, ⚓, – 🛗, 🖃 rest, **TV** **P.** **AE** **O** **MC** **VISA**. ⚡ rest

23 marzo-14 octubre – **Comida** carta aprox. 16,35 – ☕ 4,50 – **77 hab** 33/57.

La Gaviota, passeig Marítim 92 ✆ 972 75 20 19, gaviota26@tecnogrup.com, Fax 972 75 20 19, – 🖃. **O** **MC** **VISA**. ⚡

cerrado 15 noviembre-15 diciembre y lunes – **Comida** carta 21,44 a 29,16.

ESTELLA Navarra – ver Lizarra.

ESTEPONA 29680 Málaga 446 **W 14** – 36 307 h – Playa.

Ver : Localidad★ - Casco antiguo★.

🏌 El Paraíso, Noreste : 13 km por N 340 ✆ 95 288 38 46 Fax 95 288 58 27.

🛈 av. San Lorenzo 1 ✆ 95 280 20 02 turismo@infoestepona.com Fax 95 279 21 81.

Madrid 640 – Algeciras 51 – Málaga 85.

Aguamarina, av. San Lorenzo 32 ✆ 95 280 61 55, rayberthoteles@costasol.net, Fax 95 280 45 98 – 🛗 🖃 **TV** – **36 hab.**

Robbies, Jubrique 11 ✆ 95 280 21 21, Fax 95 280 21 21 – 🖃. **MC** **VISA**. ⚡ cerrado diciembre, del 14 al 28 de febrero y lunes – **Comida** - sólo cena - carta 30,05 a 34,56.

El Rocío, carret. de Málaga - Noreste : 2 km ✆ 95 280 00 46, – **P.** **AE** **O** **MC** **VISA**. ⚡ cerrado 15 días en mayo, 15 días en noviembre y lunes – **Comida** carta 18,25 a 24.

en el puerto deportivo :

El Cenachero, ✉ 29680 Estepona, ✆ 95 280 14 42, – 🖃. **AE** **O** **MC** **VISA**. ⚡ cerrado del 15 al 30 de noviembre y martes – **Comida** carta 17,44 a 25,84.

por la autovía de Málaga :

Las Dunas ⚡, La Boladilla Baja - Noreste : 8,5 km, ✉ 29689, ✆ 95 279 43 45, lasdunas@las-dunas.com, Fax 95 279 48 25, ≤, , Servicios terapéuticos, « Jardín con ⚓ climatizada frente al mar », 🏋, ⚓ – 🛗 🖃 **TV** 🚗 **P.** **AE** **O** **MC** **VISA**. ⚡ **Comida** - ver también rest. **Lido** - **Bistro Felix** (cocina asiática) **Comida** carta 56,03 a 63,24 – ☕ 21 – **73 hab** 278/347 – 34 suites.

Kempinski ⚭, playa del Padrón - Noreste : 4 km, ✉ 29680, ☏ 95 280 95 00, *agp. reservation@kempinski.com, Fax 95 280 95 50*, « Amplio jardín con ☌ frente al mar », - 25/300. AE ① ⓜⓒ VISA. rest
Comida carta aprox. 52,29 - ☕ 19 - **131 hab** 235/275 - 17 suites.

Costa del Sol Princess ⚭, Noreste : 9 km y desvío 1 km, ✉ 29689, ☏ 95 279 30 00, *Fax 95 279 34 01*, ≤, - 25/220. AE ① ⓜⓒ VISA.
Comida 19 - ☕ 12 - **143 hab** 151/189.

Andalucía Princess ⚭, Noreste : 9 km y desvío 1 km, ✉ 29689, ☏ 95 280 88 33, *Fax 95 280 26 52*, - AE ① ⓜⓒ VISA.
Comida 19 - ☕ 12 - **383 hab** 164/202 - 2 suites - PA 41.

El Paraíso Costa del Sol ⚭, urb. El Paraíso - Noreste : 11,5 km y desvío 1,5 km, ✉ 29680, ☏ 95 288 30 00, *hparaiso@jet.es, Fax 95 288 20 19*, ≤ mar y montaña, Servicios terapéuticos, - 25/120. AE ① ⓜⓒ VISA.
Comida 24,94 - *La Pirámide* : **Comida** carta 28,74 a 39,46 - **186 hab** ☕ 109,65/170,39, 5 suites.

Atalaya Park ⚭, Noreste : 12,5 km y desvío 1 km ☏ 95 288 90 00, *hotel@atalaya -park.es, Fax 95 288 90 19*, ≤, « Extenso jardín con arbolado », - 25/600. AE ① ⓜⓒ VISA.
Comida 17,40 - *Don Quijote* (*sólo cena, cerrado domingo y lunes salvo verano*) **Comida** carta 30,60 a 34,40 - *La Torre* (*sólo buffet*) **Comida** 17,40 - **416 hab** ☕ 210/257 - 32 suites.

Lido - *Hotel Las Dunas*, La Boladilla Baja - Noreste : 8,5 km, ✉ 29689, ☏ 95 279 43 45, *lasdunas@-dunas.com, Fax 95 279 48 25*, ≤, - AE ① ⓜⓒ VISA.
Comida - sólo cena - 61,10 y carta 46,25 a 90,15
Espec. Carabineros con tallarines negros en salsa de azafrán. Lenguado con espárragos blancos a la mantequilla roja. Soufflé de requesón con ruibarbo.

La Alcaría de Ramos, urb. El Paraíso - Noreste : 11,5 km y desvío 1,5 km, ✉ 29680, ☏ 95 288 61 78, - ⓜⓒ VISA.
cerrado domingo salvo agosto - **Comida** - sólo cena - carta 16,30 a 21.

Playa Bella, urb. Playa Bella - Noreste : 7 km, ✉ 29680, ☏ 95 280 16 45 - ⓜⓒ VISA.
cerrado 15 enero-15 febrero y miércoles - **Comida** carta 19,33 a 26,46.

ESTERRI D'ÀNEU 25580 Lleida **443** **E 33** - *446 h alt. 957*.
Ver : *Vall d'Àneu★★*.
Alred. : *Iglesia de Sant Joan d'Isil★ Noroeste : 9 km.*
🛈 *Major 42 bis* ☏ *973 62 63 45 vallsdaneu@autovia.com.*
Madrid 624 - Lleida/Lérida 168 - La Seu d'Urgell/Seo de Urgel 84.

La Creu sin rest, Major 3 ☏ 973 62 64 37, *pensiolacreu@yahoo.es, Fax 973 62 62 86* - VISA.
21 hab ☕ 22/40.

Els Puis con hab, av. Dr. Morelló 13 ☏ 973 62 61 60, *els-puis@mixmail.com, Fax 973 62 63 62*, ≤ - ▤ rest, TV. AE ① ⓜⓒ VISA JCB.
cerrado mayo - **Comida** (*cerrado lunes en invierno*) carta 19 a 26,42 - ☕ 4,20 - **7 hab** 34.

A ESTRADA 36680 Pontevedra **441** **D 4** - *21 947 h.*
Madrid 599 - Ourense/Orense 100 - Pontevedra 44 - Santiago de Compostela 23.

Nixon, av. de Puenteareas 14 ☏ 986 57 02 61, *Fax 986 57 02 61* - ▤. AE ① ⓜⓒ VISA
cerrado del 14 al 30 de noviembre y lunes - **Comida** carta 26,45 a 34,87.

ETXALAR 31760 Navarra **442** **C 25** - *844 h alt. 100*.
Madrid 494 - Biarritz 48 - Pamplona 65 - Donostia-San Sebastián 40.

en la carretera N 121 A *Oeste : 4 km :*

Venta de Etxalar, ✉ 31760, ☏ 948 63 50 00, *Fax 948 63 52 60*, - TV ⓜⓒ VISA.
Comida (*cerrado domingo noche*) 8 - ☕ 4 - **40 hab** 33/45 - PA 18.

EZCARAY 26280 La Rioja **442** **F 20** - *1 704 h alt. 813 - Deportes de invierno en Valdezcaray : ≤ 9.*
🛈 *Sagastía 1* ☏ *941 35 46 79 turismo@ezcaray.org Fax 941 35 46 79.*
Madrid 316 - Burgos 73 - Logroño 61 - Vitoria-Gasteiz 80.

Echaurren, Héroes del Alcázar 2 ☏ 941 35 40 47, *echaurren@ger.es, Fax 941 42 71 33* - ▤ rest, TV. AE ① ⓜⓒ VISA. rest
cerrado 10 días en junio y del 10 al 30 de noviembre - **Comida** (*cerrado domingo noche y lunes salvo julio-septiembre*) carta 19 a 35,80 - ☕ 6,20 - **25 hab** 39,10/69,10 - 2 suites, 4 apartamentos.

🏠 **Iguareña,** Lamberto F. Muñoz 14 ℰ 941 35 41 44, Fax 941 35 41 44 – |≑|, ▤ rest, TV.
AE ⓪ ⓜⓒ VISA. ✻
Comida - sólo almuerzo salvo viernes y sábado - 9,62 – ⚌ 3,61 – **25 hab** 44,78.

✕ **El Rincón del Vino,** av. Jesús Nazareno 2 ℰ 941 35 43 75, rinconvi@ infonegocio.com,
Fax 941 42 72 68, 🏠, Exposición, venta de vinos y productos típicos de La Rioja, « Rústico
regional » – P. AE ⓜⓒ VISA. ✻
cerrado del 1 al 20 de junio, martes noche y miércoles salvo agosto – **Comida** carta 23,89
a 33,06.

FALSET 43730 Tarragona 443 I 32 – 2 477 h alt. 364.
Ver : Localidad★ – Madrid 518 – Lleida/Lérida 96 – Tarragona 43 – Tortosa 66.

🏠 **Sport,** Miguel Barceló 6 ℰ 977 83 00 78, Fax 977 83 00 63 – |≑| ▤ TV. AE ⓪ ⓜⓒ VISA. ✻
Comida carta 21,02 a 36,06 – ⚌ 3,61 – **32 hab** 48,08/60,10.

FANALS (Playa de) Girona – ver Lloret de Mar.

FELANITX Illes Balears – ver Balears (Mallorca).

FELECHOSA 33688 Asturias 442 C 13.
Madrid 467 – Oviedo 52 – Mieres 37 – Gijón 56.

🍴 **Casa El Rápido,** carret. General 6 ℰ 98 548 70 51, casaelrapido@ asturies.org,
Fax 98 548 75 42 – TV. ⓪ ⓜⓒ VISA. ✻
Comida (cerrado lunes) 9 – ⚌ 3 – **9 hab** 24/36 – PA 21.

La FELGUERA 33930 Asturias 441 C 13.
Madrid 448 – Gijón 40 – Mieres 14 – Oviedo 21.

🏠 **San Pedro** sin rest, Melquíades Álvarez 81 ℰ 98 569 32 11, correo@ hotelsanpedro.c
om, Fax 98 567 63 23 – |≑| TV. AE ⓪ ⓜⓒ VISA. ✻
⚌ 3,22 – **14 hab** 40,13/52,99.

✕ **Siglo XXI,** Baldomero Alonso 15 ℰ 98 569 17 20, 🏠 – ▤. ⓪ ⓜⓒ VISA. ✻
cerrado agosto y domingo – **Comida** carta 26,75 a 35,16.

FENE 15500 A Coruña 441 B 5 – 14 759 h alt. 30.
Madrid 609 – A Coruña/La Coruña 58 – Ferrol 6 – Santiago de Compostela 86.

por la carretera N 651 Sur : 3 km y desvío a San Marcos 1 km :

✕ **Muiño do Vento,** Magalofes, ✉ 15509 Magalofes, ℰ 981 34 09 21, Fax 981 34 09 21
🙂 – ▤ P. AE ⓪ ⓜⓒ VISA. ✻
cerrado septiembre, domingo noche (salvo julio-agosto) y lunes – **Comida** carta aprox.
26,44.

FERRERIES Illes Balears – ver Balears (Menorca).

FERROL 15400 A Coruña 441 B 4 – 85 132 h – Playa.
🛈 pl. Camilo José Cela (edificio administrativo 1º) ✉ 15403 ℰ 981 33 71 31 Fax
981 33 70 13.
Madrid 608 ② – A Coruña/La Coruña 61 ② – Gijón 321 ① – Oviedo 306 ① – Santiago
de Compostela 103 ②

Planos páginas siguientes

🏨 **Parador de Ferrol,** Almirante Fernández Martín, ✉ 15401, ℰ 981 35 67 20, ferro
l@parador.es, Fax 981 35 67 21, ≤, « Edificio de estilo regional » – ▤ rest, TV –
🔒 25/100. AE ⓪ ⓜⓒ VISA. ✻   AZ a
cerrado por obras hasta el 1 de marzo – **Comida** 21,04 – ⚌ 8,11 – **38 hab** 73,55/91,94.

🏨 **El Suizo** sin rest, Dolores 67, ✉ 15402, ℰ 981 30 04 00, hotelsuizo@ logiccontrol.es,
Fax 981 30 03 06 – |≑| ▤ TV 🚗. AE ⓪ ⓜⓒ VISA. ✻   BZ b
⚌ 6,60 – **34 hab** 60,15/75,20.

🏨 **Almirante,** María 2, ✉ 15402, ℰ 981 33 30 73, almirante@ infonegocio.com,
Fax 981 33 39 62 – |≑| TV 🔒 – 🔒 25/200. AE ⓪ ⓜⓒ VISA. ✻   CY c
Gavia (cerrado del 8 al 22 de enero y domingo noche) **Comida** carta 23 a 36 – ⚌ 9 –
97 hab 82/104.

🏠 **Valencia** sin rest, av. de Catabois 390, ✉ 15405, ℰ 981 37 03 12, Fax 981 31 89 01
– |≑| TV 🚗. AE ⓜⓒ VISA. ✻   por ①
⚌ 4 – **29 hab** 45.

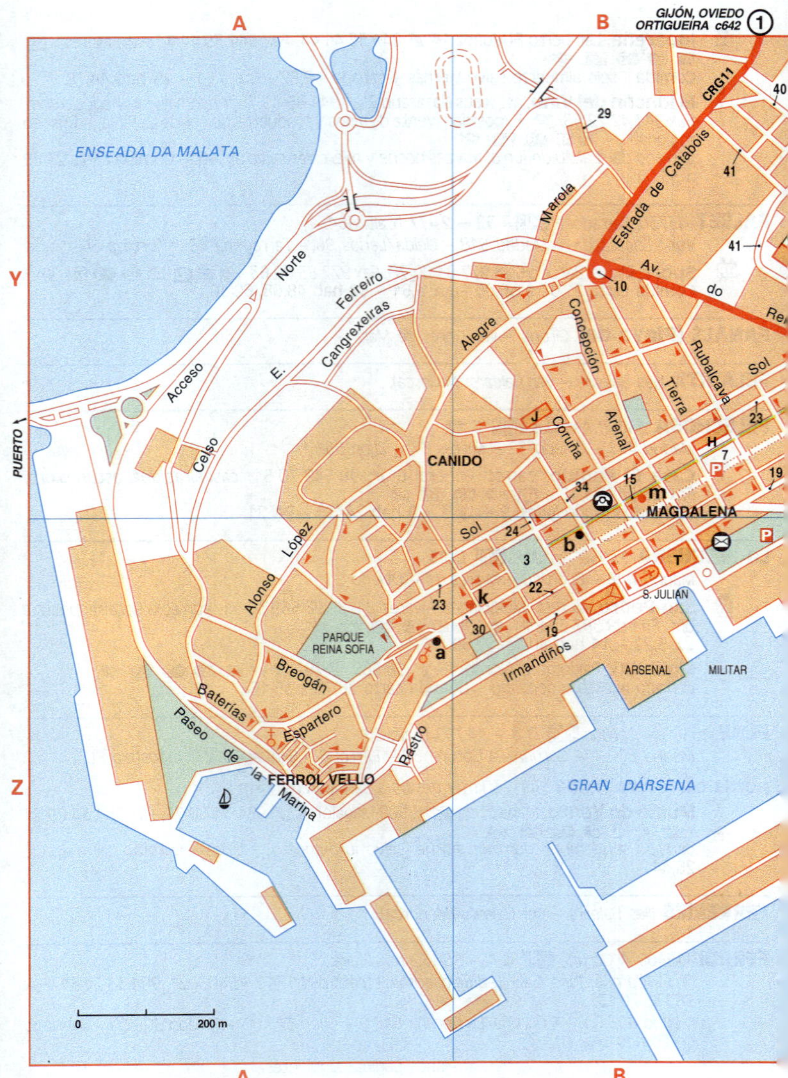

GIJÓN, OVIEDO
ORTIGUEIRA c642
1
ENSEADA DA MALATA
PUERTO
Y
Acceso
Norte
E. Cangrexeiras
Ferreiro
Celso
Alegre
CANIDO
Coruña
Concepción
Arenal
Tierra
Rubalcava
Sol
Estrada de Catabois
CRG11
Marola
Av. do Re
29
40
41
41
10
23
H
7
P
19
34
15
m
MAGDALENA
López
Sol
24
3
b
Alonsa
23
k
22
30
19
a
T
S. JULIAN
P
Breogán
Baterías
Espartero
Irmandiños
ARSENAL
MILITAR
Paseo de la Marina
Rastro
FERROL VELLO
Z
GRAN DÁRSENA
PARQUE
REINA SOFIA
0   200 m
A
B

America sin rest, Sánchez Calviño 70-76, ⊠ 15404, 𝄐 981 37 02 08, hotel.america
@ teleline.es, Fax 981 37 02 48 – TV. AE MO VISA.   CY a
5,41 – 30 hab 57,10/72,13.
O'Parrulo, av. de Catabois 401, ⊠ 15405, 𝄐 981 31 86 53, Fax 981 32 35 31 – P.
AE O MO VISA.   pdf 1
cerrado 23 diciembre-7 enero, domingo y miércoles noche – Comida carta 24,05
a 37,74.
O'Xantar, Real 182, ⊠ 15401, 𝄐 981 35 51 18 – AE O MO VISA
JCB.   BZ k
cerrado domingo noche – Comida carta aprox. 27,05.
Pataquiña, Dolores 35, ⊠ 15402, 𝄐 981 35 23 11 – AE O MO VISA.   BY m
cerrado domingo noche (octubre-junio) – Comida carta 20,23 a 31,86.

Street	Grid	No.
Acceso Norte	AY	
Alcalde Usero	CY	
Alegre	ABY	
Alonso López	AYZ	
Álvarez de Sotomayor	CY	2
Amboaxe (Praza de)	BZ	3
Angustias (Praza das)	CZ	5
Armas (Praza de)	BY	7
As Pías (Avenida)	CY	8
Baterías	AZ	
Breogán	AZ	
Cangrexeiras	AY	
Canido (Praza de)	BY	10
Caranza (Estrada de)	CY	12
Cardosas (Camiño de)	CY	
Castela (Estrada de)	CY	
Castillo de Andrade	CY	13
Catabois (Estrada de)	BY	
Catalunya	CY	14
Celso E. Ferreiro	AY	
Circunvalación (Estrada de)	CZ	
Colón	CZ	
Concepción Arenal	BY	
Coruña	BYZ	
Cuntis	CY	
Deporte	CY	
Dolores	BYZ	15
España (Praza de)	CY	
Españoleto	CY	
Espartero	AZ	
Esteiro (Avenida de)	CYZ	
Euzkadi	CY	16
Fernando VI	CZ	
Galiano	BCY	18
Iglesia	BCYZ	19
Inferniño	CY	20
Instituto	CY	
Irmandiños	BZ	
Mac-Mahón (Avenida de)	CZ	
Magdalena	BCYZ	22
María	ABYZ	23
Marina (Paseo de la)	AZ	
Marola	BY	
Méndez Núñez	BZ	24
Naturalista López Seoane	CYZ	25
Paz (Avenida da)	CY	
Pontevedra	CY	28
Ramón y Cajal	CY	
Raposeiro (Estrada do)	BY	29
Rastro	AZ	
Real	BCYZ	30
Rei (Avenida do)	BCY	
Ricardo Carballo Calero	CY	31
Río Mera	CY	32
Rochel	CY	
Rubalcava	BY	
San Roque y Ánimas	CZ	35
Sánchez Barcaiztegui	BY	34
Sol	BYZ	
Soto	CY	
Taxonera	CZ	
Tierra	BY	
Velázquez	CY	37
Venezuela	CY	38
Vigo (Avenida de)	CYZ	
Villarrube	BY	40
Virgen de la Cabeza	BY	41
Zurbarán	CY	42

por Estrada do Raposeiro BY *Noroeste : 4 km :*

XX **A Gabeira**, Balón, ✉ 15593, ☎ 981 31 90 57, *Fax 981 36 92 23*, ⌂ – 🔲 🅿 AE ⓪ ⓜⓒ *VISA*. ⌖
cerrado 14 octubre-4 noviembre, domingo noche y lunes – **Comida** carta aprox. 30,05.

FIGUERAS 33794 Asturias **441** B 8.

Madrid 593 – Lugo 92 – Oviedo 150.

🏰 **Palacete Peñalba** ⌂, El Cotarelo ☎ 98 563 61 25, *Fax 98 563 62 47*, « *Palacete de estilo modernista* », ⌂ – 📺 🅿 AE ⓪ ⓜⓒ *VISA*
Comida - ver rest. **Peñalba** – ☕ 5 – **12 hab** 60,20/70,60.

XX **Peñalba** - *Hotel Peñalba*, av. Trenor (puerto) ☎ 98 563 61 66, *Fax 98 563 62 47* – AE
⓪ ⓜⓒ *VISA*. ⌖ – **Comida** carta aprox. 39,76.

FIGUERES 17600 Girona **443** **F 38** – 35 301 h alt. 30.

Ver : *Localidad★ – Teatre-Museu Dalí★★ BY – Torre Galatea★ BY – Museo de Juguetes (Museu de Joguets★) BZ – Castillo de Sant Ferran★ AY.*

Alred. : *Vilabertran (Monasterio de Santa María de Vilabertran★★) Noreste : 5 km.*

Torremirona, Navata por ④ : 9,5 km ℰ 972 55 37 37 Fax 972 55 37 16.

pl. del Sol ℰ 972 50 31 55 fituris@ddgi.es Fax 972 67 31 66.

Madrid 744 ③ – *Girona/Gerona* 42 ③ – Perpignan 58 ①

President, ronda Firal 33 ℰ 972 50 17 00, Fax 972 50 19 97 – ⫴, ▤ rest, TV, ⊶ P. — BZ   v
AE ① MC VISA. ⊗
Comida 12,02 – ⊇ 6,62 – **76 hab** 36,07/60,10 – PA 30,65.

Duràn, Lasauca 5 ℰ 972 50 12 50, duran@hotelduran.com, Fax 972 50 26 09 – ⫴ ▤
TV ⊶ – 25/80. AE ① MC VISA — BZ   c
Comida - ver rest. **Duràn** – ⊇ 6,01 – **65 hab** 44,47/63,10.

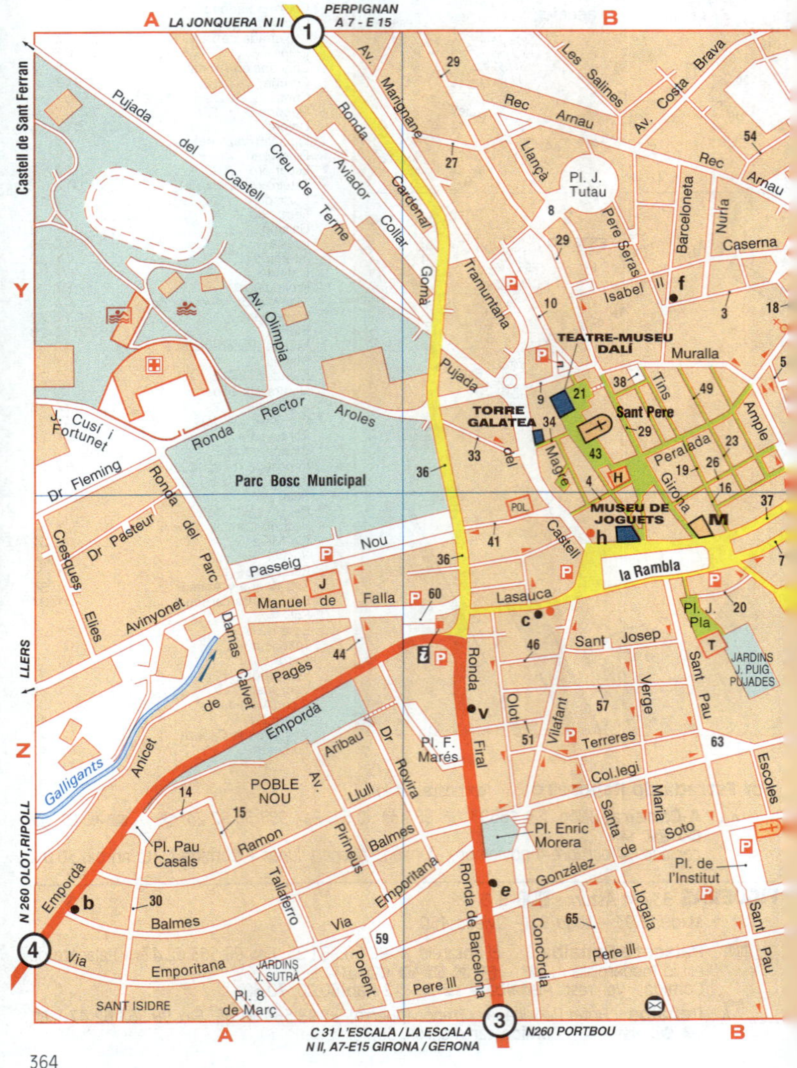

Pirineos, ronda Barcelona 1 ℘ 972 50 03 12, Fax 972 50 07 66 – ⅙ ▤ TV ⇔ P –
🛏 90. AE ① MC VISA   BZ e
Comida (cerrado domingo noche y lunes) 9,01 – ☕ 5,40 – **56 hab** 43,27/52,88.

Ronda, ronda Barcelona 104 ℘ 972 50 39 11, info@hotelronda.com, Fax 972 50 16 82
– ⅙, ▤ rest, TV ⇔ P. AE MC VISA. ⅍ rest   por ③
Comida 15 – ☕ 6 – **52 hab** 29/51.

Travé, carret. de Olot ℘ 972 50 05 91, Fax 972 67 14 83, ⅃ – ⅙ ▤ TV ⇔ P –
🛏 25/150. AE ① MC VISA. ⅍ rest   AZ b
Comida 15 – ☕ 5 – **72 hab** 35/58 – PA 33.

Los Ángeles sin rest, Barceloneta 10 ℘ 972 51 06 61, hangeles@olemail.com,
Fax 972 51 07 00 – TV ⇔. AE ① MC VISA   BY f
☕ 3,60 – **40 hab** 26,89/38,58.

FIGUERES
FIGUERAS

XX **Duràn** - *Hotel Duràn*, Lasauca 5 📞 972 50 12 50, *duran@hotelduran.com*, *Fax 972 50 26 09*, « *Decoración típica ampurdanesa* » – ▤ ℙ. AE ① MC VISA   BZ c
Comida carta 18,33 a 47,19.

X **Castell 4**, Pujada del Castell 4 📞 972 51 01 04 – ▤. AE ① MC VISA. ✗   BZ h
cerrado domingo – **Comida** carta 18,30 a 27,30.

en la antigua carretera N II :

🏨 **Empordà**, por ① : 1,5 km, ✉ 17600, 📞 972 50 05 62, *hotelemporda@hotelemporda.com, Fax 972 50 93 58*, 🍽 – ❘♦❘ ▤ TV 🚗 ℙ. AE ① MC VISA. ✗ rest
Comida 26 y carta 37,86 a 51,68 – ⚏ 8,40 – **39 hab** 66,12/105 – 3 suites
Espec. Verduras al Wok al aceite de soja. Dento asado al perfume de tomillo con chanfaina. Becada asada (noviembre-febrero).

🏨 **Bon Retorn**, por ③ : 2,5 km, ✉ 17600, 📞 972 50 46 23, *Fax 972 67 39 79*, ☇ – ❘♦❘ ▤ TV ⅙ 🚗 ℙ. ① MC VISA. ✗ rest
Comida *(cerrado febrero y lunes mediodía)* 21 – ⚏ 9,02 – **50 hab** 45/59.

en la carretera de Olot *por ④* :

🏨 **Torremirona** ➥, 9,5 km, ✉ 17744 Navata, 📞 972 56 67 00, *hoteltorre@retemail.es, Fax 972 56 67 67*, 🍽, « *Junto al golf con ≤ montañas y alrededores* », Ⅰ₅, ☇, Ⅰ₁₈ – ▤ TV ⅙ ℙ – 🏌 25/90. AE ① MC VISA. ✗
Comida 18,63 – ⚏ 10,25 – **48 hab** 161,97 – 1 suite.

🏨 **Mas Falgarona** ➥, 4,5 km y desvío en Avinyonet centro 1 km, ✉ 17742 Avinyonet de Puigventós, 📞 972 54 66 28, *email@masfalgarona.com, Fax 972 54 70 71*, 🍽, « *Masía de ambiente acogedor en pleno campo* », ☇ – TV ℙ – 🏌 20. AE MC VISA. ✗ rest
cerrado enero – **Comida** - *es necesario reservar* - 31 – **8 hab** ⚏ 125/150 – 1 suite.

XXX **Mas Pau** ➥ con hab, 5 km, ✉ 17742 Avinyonet de Puigventós, 📞 972 54 61 54, *maspau@grn.es, Fax 972 54 63 26*, 🍽, « *Antigua masía con jardín y* ☇ » – ❘♦❘, ▤ hab, TV ℙ. AE ① MC VISA
cerrado 7 enero-15 marzo – **Comida** *(cerrado domingo noche y martes mediodía salvo en verano y lunes)* carta 31,50 a 51,60 – ⚏ 9,03 – **17 hab** 72/90,05, 3 suites
Espec. Sopa fría de pescado en gelée con bastoncitos de all i oli. Lubina asada con cigalitas, caracoles de mar y vinagreta de romesco. Pichón asado con grosellas.

Ses FIGUERETES (Playa de) *Illes Balears – ver Balears (Eivissa).*

FINCA LA BOBADILLA *Granada – ver Loja.*

FINISTERRE *A Coruña – ver Fisterra.*

FIOBRE *A Coruña – ver Bergondo.*

FISCAL *22373 Huesca* **443** **E 29** *– 249 h alt. 768.*
Madrid 534 – Huesca 144 – Lleida/Lérida 160.

⚘ **Río Ara**, carret. de Ordesa 📞 974 50 30 20, *info@hostalrioara.com, Fax 974 50 30 20*, ≤ – ▤ rest, TV ℙ. MC VISA. ✗
Comida 9,62 – **27 hab** ⚏ 30,05/48,08.

FISTERRA o FINISTERRE *15155 A Coruña* **441** **D 2** *– 4964 h – Playa.*
Alred. : *Cabo★ ≤★ Sur : 3,5 km, carretera★ a Corcubión (pueblo★) Noreste : 13 km.*
Madrid 733 – A Coruña/La Coruña 115 – Santiago de Compostela 131.

🏯 **Finisterre**, Federico Ávila 8 📞 981 74 00 00, *hotfinis@finisterrae.com, Fax 981 74 00 54* – TV 🚗. AE ① MC VISA. ✗ hab
Comida 9,02 – ⚏ 3,01 – **48 hab** 27,05/42,07.

X **O'Centolo**, Bajada del Puerto 📞 981 74 04 52, *chellmaster@arrakis.es, Fax 981 74 06 82*, 🍽 – AE ① MC VISA
cerrado 22 diciembre-22 enero – **Comida** - *pescados y mariscos* - carta 19,23 a 29,45.

en la carretera del faro *Sur : 3,5 km :*

🏯 **O Semáforo** ➥, ✉ 15155, 📞 981 72 58 69, *Fax 981 74 08 07*, « *En un promontorio rocoso frente al mar* » – ❘♦❘ TV. MC VISA. ✗
cerrado noviembre – **Comida** *(cerrado martes salvo julio y agosto)* 12,02 – ⚏ 3,31 – **5 hab** 48,08/84,14 – PA 26,14.

FITERO 31593 Navarra **442** F 24 – 2 109 h alt. 223 – Balneario.
Madrid 308 – Iruña/Pamplona 93 – Soria 82 – Zaragoza 105.

en Baños de Fitero Oeste : 4 km :

Balneario Gustavo Adolfo Bécquer ≫, Extramuros, ⊠ 31593 Fitero, ℰ 948 77 61 00, balneario@fitero.com, Fax 948 77 62 25, ₤₅, ⅃ de agua termal, ⅃, 👟, ※ – |≱|, 圁 rest, ₸ℙ – ≰ 25/200. ₩₳. ≸ marzo-15 diciembre – **Comida** 18,93 – ☎ 6,94 – **207 hab** 34,07/52,37.

Virrey Palafox ≫, Extramuros, ⊠ 31593 Fitero, ℰ 948 77 62 75, balneario@fitero.com, Fax 948 77 62 25, ⅃ de agua termal, 👟, ※ – |≱|, 圁 rest, ₸ ℙ. ₩₳. ≸ marzo-15 diciembre – **Comida** - sólo menú - 18,93 – ☎ 6,94 – **63 hab** 34,07/52,37.

FOFE Pontevedra – ver Covelo.

FOMBELLIDA 39213 Cantabria **442** D 17.
Madrid 338 – Aguilar de Campóo 24 – Burgos 105 – Santander 80.

Fombellida, carret. N 611 ℰ 942 75 33 63, « Decoración rústica » – ℙ. ₳ℇ ⓪ ₥ℂ ₩₳. ≸ cerrado domingo noche y festivos noche – Comida carta 19,41 a 25,83.

FONOLLERES Girona – ver Parlavà.

FONT D'EN SEGURES o **FUENTE EN SEGURES** 12160 Castelló **445** K 29 – alt. 821 – Balneario.
Madrid 502 – Castelló de la Plana/Castellón de la Plana 79 – Tortosa 126.

Los Pinos ≫, ℰ 964 43 13 11, ≤ – |≱| ₸ 🚗 ₩₳. ≸ 15 junio-septiembre – **Comida** 7,21 – ☎ 2,40 – **48 hab** 18,03/36,06 – PA 13,82.

FONTANILLES 17257 Girona **443** F 39 – 90 h.
Madrid 740 – Figueres 44 – Girona/Gerona 38.

Can Bech, Major 12 ℰ 972 75 93 17, Fax 972 76 00 16, « Antigua masía » – 圁 ℙ. ₥ℂ ₩₳. ≸ cerrado 10 diciembre-10 enero – **Comida** (sólo fines de semana salvo 24 junio-24 septiembre) carta 24 a 32.

FONTIBRE 39212 Cantabria **442** C 17.
Madrid 352 – Burgos 116 – Bilbao 169 – Vitoria-Gasteiz 178 – Santander 73.

Posada Rural Fontibre ≫ sin rest, El Molino 23 ℰ 942 77 96 55, fontibreposada@ceoecant.es, Fax 942 77 96 67, ≤, « Casona ubicada sobre el nacimiento del río Ebro » – ₥ℂ ₩₳
☎ 4,20 – **7 hab** 57,09/81,14.

Fuentebro, ℰ 942 77 97 72, Fax 942 75 50 52, « Ubicado sobre el nacimiento del río Ebro » – ₳ℇ ⓪ ₥ℂ ₩₳. ≸ cerrado noviembre y lunes – **Comida** carta 20,50 a 29,50.

FONTSCALDES 43813 Tarragona **443** I 33.
Madrid 540 – Barcelona 100 – Lleida/Lérida 76 – Tarragona 26.

en la carretera N 240 Norte : 3 km :

Les Espelmes, ⊠ 43813, ℰ 977 60 10 42, espelmes@cconline.es, Fax 977 60 15 12, ≤, 👁 – 圁 ℙ. ₳ℇ ⓪ ₥ℂ ₩₳ ⊥ᴄʙ. ≸ cerrado 17 junio-29 julio y miércoles – **Comida** carta 16,80 a 25,80.

FORADADA 25737 Lleida **443** G 33 – 141 h alt. 455.
Madrid 510 – Barcelona 141 – Lleida/Lérida 50.

La Solana, Major 4 ℰ 973 40 07 09, 👁 – 圁. ⓪ ₥ℂ ₩₳. ≸ cerrado 2ª quincena de febrero, domingo noche y lunes – **Comida** carta 23,79 a 31,77.

FORCALL 12310 Castelló **445** K 29 – 569 h alt. 680.
Madrid 423 – Castelló de la Plana/Castellón de la Plana 110 – Teruel 122.

Aguilar sin rest, av. III Centenario 1 ℰ 964 17 11 06, Fax 964 17 11 06 – ₸ ℙ. ₥ℂ ₩₳
☎ 2,10 – **15 hab** 18,03/30,05.

Mesón de la Vila, pl. Mayor 8 ℰ 964 17 11 25, « Decoración rústica » – 圁. ₥ℂ ₩₳. ≸ cerrado 16 octubre-6 noviembre y lunes – **Comida** carta aprox. 21,04.

FORMENTERA *Illes Balears – ver Balears.*

FORMENTOR (Cap de) *Illes Balears – ver Balears (Mallorca).*

El FORMIGAL *Huesca – ver Sallent de Gállego.*

FORNALUTX *Illes Balears – ver Balears (Mallorca).*

FORNELLS *Illes Balears – ver Balears (Menorca).*

FORNELLS DE LA SELVA 17458 Girona **443** G 38 – *1 160 h alt. 102.*

Madrid 693 – Barcelona 91 – *Girona/Gerona* 8 – Sant Feliu de Guíxols 37.

Fornells Park, antigua carret. N II - Norte : 1,5 km ✆ 972 47 61 25, *fornellspark@h usa.es,* Fax 972 47 65 79, « Pinar », ⅃, 🚲 – ⬆ ▤ 📺 👦 🅿 – 🏄 25/150. 🅰🅴 ⑪ 🅼🅲 🆅🅸🆂🅰 ✵ rest

Comida 15,70 – ⊑ 7,70 – **50 hab** 66,70/78,70 – 3 suites.

FORTUNA 30630 Murcia **445** R 26 – *6 081 h alt. 240 – Balneario.*

Madrid 388 – Albacete 141 – Alacant/Alicante 96 – Murcia 25.

en Baños de Fortuna *Noreste : 3 km :*

Victoria ⚓, ✉ 30630 Fortuna, ✆ 968 68 50 11, *fortunaleana@leana.es,* Fax 968 68 50 87, ⅃ de agua termal, 🚲, ✖ – ⬆ ▤ 📺 🅿 – 🏄 25/200. 🅰🅴 🅼🅲 🆅🅸🆂🅰. ✵

Comida 17,50 – ⊑ 4 – **53 hab** 41/62 – 1 suite – PA 33.

Balneario ⚓, ✉ 30630 Fortuna, ✆ 968 68 50 11, *fortunaleana@leana.es,* Fax 968 68 50 87, ⅃ de agua termal, 🚲, ✖ – ⬆ ▤ 📺 🅿 – 🏄 25/200. 🅰🅴 🅼🅲 🆅🅸🆂🅰. ✵

cerrado enero y febrero – Comida 17,50 – ⊑ 4 – **58 hab** 41/62 – PA 33.

España ⚓, ✉ 30630, ✆ 968 68 50 11, *fortunaleana@leana.es,* Fax 968 68 50 87, ⅃ de agua termal, 🚲, ✖ – ⬆, ▤ rest, 📺 🅿 – 🏄 25/200. 🅰🅴 🅼🅲 🆅🅸🆂🅰. ✵

cerrado diciembre y enero – Comida 11 – ⊑ 2,50 – **54 hab** 30/36 – PA 20,50.

FORUA 48393 Bizkaia **442** B y C 21 – *962 h alt. 28.*

Madrid 430 – *Bilbao* 35 – Donostia-San Sebastián 85 – Vitoria-Gasteiz 70.

Baserri Maitea, barrio de Atxondoa - Noroeste : 1,5 km ✆ 94 625 34 08, *baserrim aitea@baserrimaitea.euskalnet.net,* Fax 94 625 57 88, « Caserío del siglo XVIII » – 🅿. 🅰🅴 🅼🅲 🆅🅸🆂🅰. ✵

cerrado domingo noche – Comida - sólo almuerzo salvo viernes y sábado de noviembre-abril - carta aprox. 33,95.

Torre Barri, Torre Barri 4 ✆ 94 625 25 07, 🌿 – ▤. 🅰🅴 🅼🅲 🆅🅸🆂🅰. ✵

cerrado 2ª quincena de septiembre y miércoles – Comida carta 19,83 a 24,64.

La FOSCA *Girona – ver Palamós.*

FOZ 27780 Lugo **441** B 8 – *9 446 h.*

Alred. : Iglesia de San Martín de Mondoñedo (capiteles★) Sur : 2,5 km.

🛈 av. de Lugo 1 ✆ 982 14 06 75 Fax 982 14 06 75.

Madrid 598 – A Coruña/La Coruña 145 – Lugo 94 – Oviedo 194.

FRAGA 22520 Huesca **443** H 31 – *11 591 h alt. 118.*

Madrid 436 – Huesca 108 – Lleida/Lérida 27 – Tarragona 119.

Casanova, av. de Madrid 54 ✆ 974 47 19 90, *reserve@gargallo-hotels.com,* Fax 974 45 37 88 – ⬆ ▤ 📺 🚗 – 🏄 25/200. 🅰🅴 ⑪ 🆅🅸🆂🅰 🅹🅲🅱. ✵ rest

Comida 17 – ⊑ 6 – **89 hab** 82/103.

La FRANCA 33590 Asturias **441** B 16 – *Playa.*

Madrid 438 – Gijón 114 – Oviedo 124 – Santander 81.

Mirador de la Franca ⚓, playa - Oeste : 1,2 km ✆ 98 541 21 45, *lafranca@hote lmirador.com,* Fax 98 541 21 53, ≤, ✖ – 📺 🅿. 🅰🅴 ⑪ 🅼🅲 🆅🅸🆂🅰. ✵

marzo-noviembre – Comida 15,03 – ⊑ 6,01 – **61 hab** 79/92.

FREGENAL DE LA SIERRA 06340 Badajoz **444** R 10 – 5 436 h alt. 579.

Madrid 445 – Aracena 55 – Badajoz 97 – Jerez de los Caballeros 22 – Monesterio 43.

Cristina, El Puerto ℘ 924 70 00 40, Fax 924 70 10 33, ⌨ – 🛗 🖾 📺 📭 – ⚓ 25/400. 𝔸𝔼 Ⓞ ⓂⓄ 𝚅𝙸𝚂𝙰. ⌁
Comida (cerrado lunes) 12,78 – ⊑ 3,29 – **39 hab** 38,83/48,99.

Fregenal, Orihuela Grande 2 ℘ 924 72 01 27, Fax 924 72 01 26 – 🖾 📺. ⓂⓄ 𝚅𝙸𝚂𝙰. ⌁
Comida 6,61 – ⊑ 2,10 – **14 hab** 22,51/35,37.

FRIGILIANA 29788 Málaga **446** V 18 – 2 125 h alt. 311.

Ver : Localidad★ – Barrio Morisco-mudéjar★★.

Madrid 555 – Granada 111 – Málaga 58.

Las Chinas sin rest y sin ⊑, pl. Amparo Guerrero 14 ℘ 95 253 30 73, Fax 95 253 30 73, ⇐ – 📺. ⌁
9 hab 21,35/36,06.

al Noroeste : 6 km :

Los Caracoles ⍤, carret. de Frigiliana-Torrox, ✉ 29788, ℘ 95 203 06 80, loacarac oles@ari.es, Fax 95 203 06 80, ⇐ Sierra de Tejeda, mar y pueblos de alrededores, ☀,
« Peculiar instalación decorada con elementos naturales ubicada en lo alto de una montaña », ⌨ – 📺 📭 ⓂⓄ 𝚅𝙸𝚂𝙰. ⌁
Comida (cerrado noviembre y lunes) carta 21,93 a 27,49 – ⊑ 4,81 – **6 hab** 48,68/72,12, 5 suites.

FRÓMISTA 34440 Palencia **442** F 16 – 1 013 h alt. 780.

Ver : Iglesia de San Martín★★.

🄑 paseo Central ℘ 979 81 01 80 (Semana Santa-12 octubre).

Madrid 257 – Burgos 78 – Palencia 31 – Santander 170.

San Martín, pl. San Martín 7 ℘ 979 81 00 00, Fax 979 81 00 00, ⇐ – 📺 📭 𝔸𝔼 ⓂⓄ 𝚅𝙸𝚂𝙰. ⌁
cerrado enero – **Comida** (cerrado miércoles) 7,81 – ⊑ 3,46 – **12 hab** 30,05/33,06.

Hostería de los Palmeros, pl. San Telmo 4 ℘ 979 81 00 67, Fax 979 81 01 92 – 🖾. 𝔸𝔼 ⓄⓂⓄ 𝚅𝙸𝚂𝙰. ⌁
cerrado martes salvo Navidades, Semana Santa y verano – **Comida** carta 23 a 35,88.

FRONTERA Santa Cruz de Tenerife – ver Canarias (El Hierro).

FUENGIROLA 29640 Málaga **446** W 16 – 43 048 h – Playa.

🄑 av. Jesús Santos Rein 6 ℘ 95 246 74 57 turismo@fuengirola.org Fax 95 246 51 00.

Madrid 575 ① – Algeciras 104 ② – Málaga 31 ①

Plano página siguiente

Las Pirámides, Miguel Márquez ℘ 95 247 06 00, piramides@vnet.es, Fax 95 258 32 97, ⇐, ⌨ – 🛗 🖾 📺 🚗 – ⚓ 25/400. 𝔸𝔼 Ⓞ ⓂⓄ 𝚅𝙸𝚂𝙰. ⌁   s
Comida - sólo cena buffet - 21,04 – ⊑ 9,62 – **316 hab** 129,22/159,27.

Villa de Laredo, paseo Marítimo Rey de España 42 ℘ 95 247 76 89, hotelvilladelare do@hotmail.com, Fax 95 247 79 50, ⇐, ⌨ – 🛗 🖾 📺. 𝔸𝔼 Ⓞ ⓂⓄ 𝚅𝙸𝚂𝙰. ⌁   d
Comida - sólo menú - 15,02 – ⊑ 5,10 – **50 hab** 64,30/74,82.

Italia sin rest, de la Cruz 1 ℘ 95 247 41 93, Fax 95 246 19 09 – 🛗 🖾 📺. ⓂⓄ 𝚅𝙸𝚂𝙰. ⌁   z
⊑ 2,70 – **40 hab** 32/56,25.

Agur sin rest, Tostón 2 ℘ 95 247 66 66, Fax 95 266 40 66 – 🛗 📺. ⓂⓄ 𝚅𝙸𝚂𝙰. ⌁   q
40 hab ⊑ 30,23/55,95.

Portofino, paseo Marítimo Rey de España 29 ℘ 95 247 06 43, Fax 95 266 56 15, ☀ – 🖾. 𝔸𝔼 Ⓞ ⓂⓄ 𝚅𝙸𝚂𝙰. ⌁   c
cerrado del 1 al 15 de julio, del 1 al 15 de diciembre y lunes – **Comida** - sólo cena en verano - carta 17 a 29.

Monopol, Palangreros 7 ℘ 95 247 44 48, monopol@microsur.es, Fax 95 247 44 48, « Decoración neo-rústica » – 𝔸𝔼 Ⓞ ⓂⓄ 𝚅𝙸𝚂𝙰. ⌁   r
cerrado 15 julio-agosto y domingo – **Comida** - sólo cena - carta 23 a 30.

Tomate, Troncón 19 ℘ 95 246 35 59, Fax 95 247 23 06, ☀   a
Comida - sólo cena.

Old Swiss House, Marina Nacional 28 ℘ 95 247 26 06, Fax 95 247 26 06 – 🖾. 𝔸𝔼 ⓂⓄ 𝚅𝙸𝚂𝙰. ⌁   n
cerrado 20 diciembre-4 enero, 15 julio-5 agosto y martes – **Comida** carta 21,79 a 32,51.

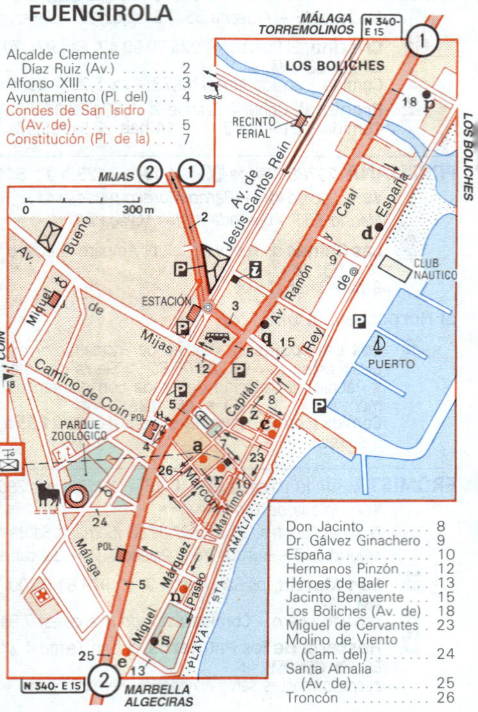

La Gaviota, paseo Marítimo Rey de España 29 ℘ 95 247 36 37, 🕮 – ⓘ 💳 𝗩𝗜𝗦𝗔. 🚫 **c**
cerrado 10 diciembre-15 enero y miércoles – **Comida** - *sólo cena julio-agosto* - carta 20,09 a 25,15.

Taberna del Pescador, Héroes de Baler 4 ℘ 95 247 41 67, *tabdepes@arrakis.es,* *Fax 95 258 65 39* – 🛏 🇦🇪 ⓘ 💳 𝗩𝗜𝗦𝗔. 🚫
Comida - *pescados y mariscos* - carta 23,95 a 31,65. **e**

en Los Boliches :

Yaramar, paseo Marítimo Rey de España, ✉ 29640 Fuengirola, ℘ 95 292 11 00, *yaramar@yaramar.com,* *Fax 95 247 30 10,* ≤, 🛁, 🏊 climatizada, 🎪 – 🛗 🛏 📺 ♿ 🚗 – 🔔 25/100 *por paseo Marítimo Rey de España*
Comida - *sólo cena* – **242 hab.**

Ángela, paseo Marítimo Rey de España, ✉ 29640 Fuengirola, ℘ 95 247 52 00, *Fax 95 246 30 38,* ≤, 🏊 climatizada, 🍴 – 🛗 🛏 📺 🇦🇪 ⓘ 💳 𝗩𝗜𝗦𝗔. 🚫
Comida - *sólo cena buffet* - 28,25 – 🍵 13 – **261 hab** 80/125. **p**

en Carvajal *por* ① *: 4 km :*

El Balandro, paseo Marítimo, ✉ 29640 Fuengirola, ℘ 95 266 11 29, ≤, 🕮 – 🛏 🚗. 🇦🇪 ⓘ 💳 𝗩𝗜𝗦𝗔. 🚫
cerrado del 1 al 15 de junio, del 1 al 15 de diciembre y domingo – **Comida** - *espec. en carnes y asados* - carta 20,43 a 34,86.

por la carretera de Coín :

Byblos Andaluz 🕭, urb. Mijas Golf - Noroeste : 5,5 km, ✉ 29640, ℘ 95 246 02 50, *byblos@spa.es, Fax 95 247 67 83,* ≤ *campo de golf y montañas,* 🎪, *Servicios de talasoterapia,* « *Elegante conjunto de estilo andaluz situado entre dos campos de golf* », 🛁, 🏊, 🎣, 🍴, 🏌 🏌 – 🛗 🛏 📺 🅿 – 🔔 20/170. 🇦🇪 ⓘ 💳 𝗩𝗜𝗦𝗔 𝗝𝗖𝗕. 🚫 rest
Le Nailhac (*sólo cena, cerrado enero y miércoles*) **Comida** carta 49,88 a 54,69 - ***Byblos Andaluz*** (*sólo cena*) **Comida** carta 37,26 a 42,67 – 🍵 18 – **108 hab** 256/380 – 36 suites.

Tamisa Golf, urb. Mijas Golf - Noroeste : 5,5 km, ✉ 29650 Mijas Costa, ℘ 95 258 59 88, *reservas@hoteltamisagolf.com, Fax 95 266 38 93,* 🎪, 🛁, 🏊, 🏊 – 🛗 🛏 📺 🅿 – 🔔 25/60. 🇦🇪 ⓘ 💳 𝗩𝗜𝗦𝗔. 🚫
***Salvador* : Comida** carta 32 a 48,69 – **24 hab** 🍵 121,49/187,43.

FUENLABRADA 28940 Madrid 🔟 L 18 – *144 069 h alt. 664*
Madrid 20 – Aranjuez 37 – El Escorial 59 – Toledo 56.

Avenida de España, av. de España 18, ✉ 28941, ℘ 91 606 22 11, *Fax 91 606 41 29* – 🛗 🛏 📺 🚗 🅿 – 🔔 40/500. 💳 𝗩𝗜𝗦𝗔. 🚫
Comida (*cerrado agosto y domingo*) 9,02 – 🍵 3,91 – **80 hab** 48,08/60,10.

en la carretera de Pinto *Sureste : 3 km :*

Ciudad de Fuenlabrada, Polígono Industrial La Cantueña, ✉ 28941, ℘ 91 642 17 00, *Fax 91 642 09 57* – 🛗 🛏 📺 🚗 🅿 – 🔔 25/200 – **70 hab.**

FUENMAYOR *26360 La Rioja* 442 **E 22** – *2 075 h alt. 433.*

Madrid 346 – Logroño 13 – Vitoria-Gasteiz 77.

XX **Chuchi,** carret. de Vitoria 2 ☎ 941 45 04 22, *Fax 941 45 06 68* – ▤. AE ⓓ ⓜⓒ VISA. ✂
cerrado del 1 al 19 de septiembre y miércoles noche – **Comida** carta 25 a 32.

X **Asador Alameda,** pl. Félix Azpilicueta 1 ☎ 941 45 00 44, *Fax 941 45 00 44* – ▤. AE ⓜⓒ VISA. ✂
cerrado agosto, domingo noche y lunes – **Comida** carta 24,61 a 30,61.

FUENTE BERROCAL (Urbanización) *Valladolid – ver Valladolid.*

FUENTE DÉ *Cantabria* 442 **C 15** – *alt. 1 070* – 1.

Ver : *Paraje★★.*

Alred. : *Mirador del Cable ※★★ estación superior del teleférico.*

Madrid 424 – Palencia 198 – Potes 25 – Santander 140.

Parador de Fuente Dé ♨, alt. 1 005, ✉ 39588 Espinama, ☎ 942 73 66 51, *fuentede@parador.es, Fax 942 73 66 54,* « Magnífica situación al pie de los Picos de Europa ← valle y montaña » – |♦| TV 🚗 P – 25/80. AE ⓓ ⓜⓒ VISA JCB. ✂ rest
marzo-10 diciembre – **Comida** 21,04 – ☕ 8,11 – **78 hab** 66,20/82,76.

Rebeco ♨, alt. 1 005, ✉ 39588 Espinama, ☎ 942 73 66 01, *hotelrebeco@mundivia.es, Fax 942 73 66 00,* ⛱, « Magnífica situación al pie de los picos de Europa ← valle y montaña » – |♦|, ▤ rest, TV P. AE ⓓ ⓜⓒ VISA. ✂
Comida 11,54 – ☕ 3,81 – **30 hab** 44,86/48,88 – PA 26,92.

FUENTE DE PIEDRA *29520 Málaga* 446 **U 15** – *1 969 h.*

Madrid 544 – Antequera 23 – Córdoba 137 – Granada 120 – Sevilla 141.

X **La Laguna** con hab, av. de Málaga 9 ☎ 95 273 52 92 – ▤ TV P. AE ⓜⓒ VISA. ✂
Comida carta 12,61 a 19,24 – ☕ 2,10 – **9 hab** 27,05/36,06.

FUENTE EN SEGURES *Castelló – ver Font d'en Segures.*

FUENTEHERIDOS *21292 Huelva* 446 **S 10** – *639 h alt. 717.*

Madrid 492 – Aracena 10 – Huelva 122 – Serpa 98 – Zafra 91.

Villa Turística de Fuenteheridos ♨, carret. N 433 - Norte : 1 km ☎ 959 12 52 02, *villatfh@arrakis.es, Fax 959 12 51 99,* 🏊 – |♦| ▤ TV ♿ P – 25/150. AE ⓓ ⓜⓒ VISA. ✂ rest
Comida 12 – **41 apartamentos** ☕ 54/72.

X **La Capellanía,** carret. N 433 - Noreste : 1 km ☎ 959 12 50 34, *capellania@teleline.es, Fax 959 12 50 34,* ⛱ – P. ✂
cerrado del 15 al 30 de junio y lunes – **Comida** carta 21,90 a 29,60.

FUENTERRABÍA *Gipuzkoa – ver Hondarribia.*

FUENTESPALDA *44587 Teruel* 443 **J 30** – *420 h alt. 712.*

Madrid 446 – Alcañiz 26 – Lleida/Lérida 116 – Teruel 182 – Tortosa 43 – Zaragoza 136.

por la carretera de Valderrobres *Noreste : 6,3 km y desvío a la izquierda : 5,3 km :*

La Torre del Visco ♨ (es necesario reservar), ✉ 44580 apartado 15 Valderrobres, ☎ 978 76 90 15, *Fax 978 76 90 16,* ←, « Marco rústico acogedor en pleno campo » – 🚗 P. ⓜⓒ VISA. ✂
cerrado del 7 al 17 de enero – **Comida** *(cerrado de lunes a jueves mediodía salvo verano)* 45 – **10 hab** ☕ 185 – 4 suites.

FUERTEVENTURA *Las Palmas – ver Canarias.*

La FULIOLA *25332 Lleida* 443 **G 33** – *1 269 h alt. 275.*

Madrid 505 – Lleida/Lérida 46 – Barcelona 126 – Tarragona 84.

X **Xopluc,** Boldú (carret. C 53) - Noroeste : 1,5 km ☎ 973 57 06 49, *Fax 973 57 06 49* – ▤ P. AE ⓓ ⓜⓒ VISA. ✂
cerrado del 1 al 15 de enero, del 1 al 15 de julio y lunes – **Comida** carta aprox. 21,04.

GALAPAGAR 28260 Madrid **444** K 17 – 9 237 h alt. 881

Madrid 37 – Ávila 79 – Segovia 66 – Toledo 105.

XX **Garnacha,** carret. Las Rozas-El Escorial 12 ✆ 91 858 33 24, Fax 91 858 44 23 – 🗐 🅿.
AE ① MO VISA. ✋
cerrado 15 días en noviembre, domingo noche (salvo verano) y lunes – **Comida** *carta 30,66
a 35,46.*

GALAROZA 21291 Huelva **446** S 9 – 1 538 h alt. 556.

Madrid 485 – Aracena 15 – Huelva 113 – Serpa 89 – Zafra 82.

🏠 **Galaroza Sierra,** carret. N 433 - Oeste : 0,5 km ✆ 959 12 32 37, Fax 959 12 32 36,
♨ – 🗐 rest, TV 🅿. AE ① MO VISA. ✋
Comida 12 – ☕ 3,50 – **22 hab** 30/48 – 7 apartamentos – PA 24.

Per i grandi viaggi d'affari o di turismo,
Guida MICHELIN rossa *: EUROPE.*

GALDAKAO o GALDÁCANO 48960 Bizkaia **442** C 21 – 28 885 h alt. 60.

Madrid 403 – *Bilbao* 11 – Donostia-San Sebastián 91 – Vitoria-Gasteiz 68.

XXX **Andra Mari,** barrio Elexalde 22 ✆ 94 456 00 05, andramari@andra-mari.com,
❀ Fax 94 456 27 31, ⬱ montañas, 🏔, « Decoración regional » – 🗐 🅿. AE ① MO VISA
JCB. ✋
cerrado 28 de marzo-2 abril, del 4 al 31 de agosto y domingo – **Comida** *36 y carta 33,50
a 39*
Espec. Chipirones salteados sobre crema de calabaza y almendra. Lomo de bacalao a la
plancha con caldo concentrado de garbanzos. Bonito marinado en aceite de ajo con migas
de tomate (verano).

XX **Aretxondo,** barrio Elexalde 20 ✆ 94 456 76 71, Fax 94 456 76 72, ⬱, « Caserío con
plantas » – 🗐 🅿. AE MO VISA. ✋
cerrado 1ª quincena de enero, Semana Santa, 1ª quincena de agosto y lunes – **Comida**
- sólo almuerzo salvo fines de semana - carta 21,94 a 34,56.

GÁLDAR Las Palmas – ver Canarias (Gran Canaria).

GALDO Lugo – ver Viveiro.

GANDESA 43780 Tarragona **443** I 31 – 2 591 h alt. 368.

🛈 Bassa D'En Gaire 1 ✆ 977 42 00 18 cmarti@terra-alta.altanet.org Fax 977 42 03 95.
Madrid 459 – Lleida/Lérida 92 – Tarragona 87 – Tortosa 40.

🏠 Piqué, Via Catalunya 68 ✆ 977 42 00 68, Fax 977 42 03 29 – 🗐 rest, 🅿
48 hab.

GANDÍA 46700 València **445** P 29 – 52 000 h – Playa.

🛈 Marqués de Campo ✆ 96 287 77 88 touristinfo.gandia@turisme.m400.gva.es Fax
96 287 77 88 passeig Marítim Neptú 45 ✆ 96 284 24 07 (temp)touristinfo.
gandiap@turisme.m400.gva.es.
Madrid 416 – Albacete 170 – Alacant/Alicante 109 – València 68.

Plano página siguiente

🏨 **Borgia,** República Argentina 5 ✆ 96 287 81 09, ntspain@bitmailer.net, Fax 96 287 80 31
– 📶 🗐 TV – 🔥 25/150. AE ① MO VISA. ✋
Comida 19,53 – ☕ 4,69 – **72 hab** 58,54/73,62.

🏠 **Los Naranjos** sin rest, av. Pío XI-57 ✆ 96 287 31 43, Fax 96 287 31 44 – 📶 🗐 TV. ①
MO VISA
☕ 3,67 – **35 hab** 26,28/42,78.

XX L'Ullal, Benicanena 12 ✆ 96 287 73 82 – 🗐.

en el puerto (Grau) *Noreste : 3 km :*

🏠 **La Alberca** sin rest, Cullera 8, ✉ 46730 Grau de Gandía, ✆ 96 284 51 63,
Fax 96 284 51 63 – 📶 🗐 TV. AE MO VISA. ✋   **Z a**
☕ 3,25 – **17 hab** 29/49.

XX **L'Ham,** Germans Benlliure, ✉ 46730 Grau de Gandía, ✆ 96 284 60 06 – 🗐. AE ① MO
VISA JCB. ✋   **Z n**
cerrado del 1 al 15 de febrero, del 1 al 15 de octubre y lunes – **Comida** *- sólo almuerzo
salvo agosto, viernes y sábado, arroces, pescados y mariscos - carta 18,63 a 30,06.*

MAR
MEDITERRÀNIA
PLATJA DE XERACO
Carret.
Natzaret
Carret. Natzaret-Oliva
Carret. Sequia del Rei
GANDIA, BARX, OLIVA
La Rioja
Castella la Nova
Astúries
La Devesa
Catalunya
Passeig
Pl. del Castell
Camp
de
La
Rioja
Morvedre
Horta
Galícia
Mallorca
Marítim
Oliva
PLATJA
PARC
CLOT DE
LA MOTA
Navegant
Canàries
Atlàntic
Balears
Ràbida
Nostrum
Alcoi
Atlàntic
Barraques
La
Illes
Grau
Illes
Rosa
dels
Cullera
Vents
Grau
Pl.
Alcoi
Cullera
Pau
de
la
GRAU
CLUB
NÀUTIC
Camí Vell del Grau
Eivissa
Goleta
Molí de Sta Maria
Barranc
Sant Nicolau
Serpis
Padilla
Libertat
Av.
del
Port
Vell
de
l'Alquerie
del
Duc
GANDIA, OLIVA
POL
Mare
Neptú
Av. del
0   200 m

en la zona de la playa *Noreste : 4 km - ver plano :*

Bayren I, passeig Marítim Neptú 62, ⊠ 46730 Grau de Gandía, ☎ 96 284 03 00, *reservas@hotelesbayren.com, Fax 96 284 06 53,* 🍴, « Terraza con ≼ », ⌿ – 🛗 ▤ 📺 🅿. – 🔺 25/600. 📧 ⓞ 🐱 💳. ⁓
X d
Comida 18,03 – ⊇ 6,01 – **162 hab** 90,76/116,27 – 10 suites.

Albatros sin rest con cafetería por la noche, Grau 11, ⊠ 46730 Grau de Gandía, ☎ 96 284 56 00, *albatros@hotel-albatros.com, Fax 96 284 50 00,* ⌿ – 🛗 ▤ 📺 🅿. 📧 🐱 💳. ⁓
Y c
⊇ 3,61 – **44 hab** 41,60/55,06 – 1 suite.

Bayren II, Mallorca 19, ⊠ 46730 Grau de Gandía, ☎ 96 284 07 00, *reservas@hotelesbayren.com, Fax 96 284 51 67,* ⌿ – 🛗 ▤ 📺. 📧 ⓞ 🐱 💳. ⁓
X k
junio-octubre – **Comida** - sólo buffet - 16,83 – ⊇ 5,41 – **119 hab** 74,38/94,66 – 2 suites.

Gandía, La Devesa 17, ⊠ 46730 Grau de Gandía, ☎ 96 284 13 00, *Fax 96 284 13 50,* ⌿ – 🛗 ▤ 📺. 🐱 💳. ⁓ rest
X g
Comida - sólo buffet - 19,53 – ⊇ 4,69 – **126 hab** 58,54/73,62 – PA 37,11.

Gamba, carret. de Natzaret-Oliva, ⊠ 46730 Grau de Gandía, ☎ 96 284 13 10, *gambamarisqueria@gambamarisqueria.com,* 🍴 – ▤ 🅿. 📧 ⓞ 🐱 💳. ⁓
cerrado noviembre y lunes – **Comida** - sólo almuerzo salvo viernes y sábado, pescados y mariscos - carta aprox. 45,07. por carret. Natzaret-Oliva *X*

Kayuko, Asturias 23, ⊠ 46730 Grau de Gandía, ☎ 96 284 01 37, *Fax 96 284 01 37,* 🍴 – ▤. 📧 ⓞ 🐱 💳. ⁓
X t
cerrado noviembre y lunes – **Comida** - pescados y mariscos - carta aprox. 45,08.

Emilio, av. Vicente Calderón - bloque F5, ⊠ 46730 Grau de Gandía, ☎ 96 284 07 61, *Fax 96 284 15 21* – ▤. 📧 ⓞ 🐱 💳. ⁓
X z
cerrado miércoles – **Comida** carta 22,54 a 35,16.

As de Oros, passeig Marítim Neptú 26, ⊠ 46730 Grau de Gandía, ☎ 96 284 02 39, *Fax 96 284 02 39* – ▤. 📧 ⓞ 🐱 💳 JCB. ⁓
Y q
cerrado febrero, domingo noche y lunes salvo julio-septiembre – **Comida** - pescados y mariscos - carta 21,02 a 30,03.

Gonzalo, Castella la Vella, ⊠ 46730 Grau de Gandía, ☎ 96 284 58 68 – ▤. ⓞ 🐱
💳. ⁓ por La Rioja *X*
cerrado del 1 al 15 de noviembre, domingo noche y lunes noche – **Comida** carta 18,64 a 22,56.

en la carretera de Barx *Oeste : 7 km :*

Imperio II, ⊠ 46728 Marxuquera, ☎ 96 287 56 60 – ▤ 🅿. 🐱 💳. ⁓
cerrado 15 octubre-15 noviembre y miércoles – **Comida** carta 19,20 a 24,92.
Ver también : **Villalonga** *Sur : 11 km.*

GARABALLA *16312 Cuenca* 445 M 25 *– 178 h alt. 889.*
Madrid 300 – Cuenca 100 – Teruel 80 – València 124.

Hospedería Ntra. Sra. de Tejeda, Convento ☎ 969 36 70 76, *Fax 969 36 70 78 –* 📺 ♿ 🅿 – 🔺 25/80. 🐱 💳. ⁓
Comida (cerrado lunes) 15,63 – ⊇ 3 – **21 hab** 46,60/61,60 – PA 31,40.

GARACHICO *Santa Cruz de Tenerife – ver Canarias (Tenerife).*

GARAGARTZA (barrio de) *Gipuzkoa – ver Arrasate.*

GARAIOA *31692 Navarra* 442 D 26 *– 137 h alt. 777.*
Madrid 438 – Bayonne 98 – Iruña/Pamplona 55.

Arostegui ⌿, Chiquirrín 24 ☎ 948 76 40 44, *harostegui@jet.es, Fax 948 76 40 44,* ≼ – 📺. 🐱 💳. ⁓
Comida *(cerrado enero-febrero y lunes)* 13,22 – ⊇ 5,40 – **14 hab** 30/54.

GARES o **PUENTE LA REINA** *31100 Navarra* 442 D 24 *– 2 155 h alt. 346.*
Ver : Iglesia del Crucifijo (Cristo★) – Iglesia Santiago (portada★).
Alred. : Eunate★ Este : 5 km – Cirauqui★ (iglesia de San Román : portada★) Oeste : 6 km.
Madrid 403 – Logroño 68 – Iruña/Pamplona 24.

Jakue, carret. de Pamplona - Noreste : 1 km ☎ 948 34 10 17, *pjakue@cop.es, Fax 948 34 11 20* – 🛗, ▤ rest, 📺 🅿 – 🔺 25/300. 📧 ⓞ 🐱 💳. ⁓ rest
Comida 11,20 – ⊇ 4,25 – **28 hab** 84,25/103.

XXX **Mesón del Peregrino** con hab, carret. de Pamplona - Noreste : 1 km ✆ 948 34 00 75, Fax 948 34 11 90, 👁, « Decoración original en un ambiente rústico », 🏊, 🚗 – 🍽 rest, 📺 🅿 AE ① MC VISA
cerrado 24 diciembre-15 enero – **Comida** (cerrado domingo noche y lunes) carta 40,95 a 53,57 – ☕ 10,84 – **13 hab** 72,28/90,36 – 1 suite.

GARGALLO 44558 Teruel **443** J 28 – 133 h.
Madrid 327 – Teruel 94 – Zaragoza 129.

🏠 Venta La Pintada, carret. N 211 ✆ 978 72 70 12, Fax 978 75 24 63, 🏊 – 🛗 🍽 📺 ♿ 🚗 🅿
28 hab.

GARGANTA – ver a continuación y el nombre propio de la garganta.

GARÒS Lleida – ver Vielha.

La GARRIGA 08530 Barcelona **443** G 36 – 9 453 h alt. 258 – Balneario.
Madrid 650 – Barcelona 38 – Girona/Gerona 84.

🏠 **Termes La Garriga,** Banys 23 ✆ 93 871 70 86, termes@termes.com, Fax 93 871 78 87, Servicios terapéuticos, « Jardín con 🏊 de agua termal », 🏋, 🏊 – 🛗 🍽 📺 🚗 AE VISA 🚫
Comida 27,64 – ☕ 9 – **21 hab** 86,54/119 – 1 suite.

🏠 **Balneario Blancafort** 🦮, Banys 59 ✆ 93 871 46 00, info@balnearioblancafort.com, Fax 93 871 57 50, 🏊 de agua termal, 🚗, 🍴 – 🛗 🍽 📺 🅿 – 🔥 25/50. ① MC VISA 🚫
Comida 19 – ☕ 6 – **56 hab** 82/107.

X **Catalonia,** carret. de L'Ametlla 68 ✆ 93 871 56 54, 👁 – 🍽 🅿 AE ① MC VISA JCB 🚫
cerrado del 1 al 15 de septiembre y miércoles noche – **Comida** carta 16,54 a 38,17.

Sa GARRIGA Illes Balears – ver Balears (Mallorca) : Son Sardina.

GARRUCHA 04630 Almería **446** U 24 – 4 295 h alt. 24 – Playa.
Madrid 536 – Almería 100 – Murcia 140.

🏚 **Cervantes** sin rest, Colón 3 ✆ 950 46 02 52, Fax 950 46 02 52 – 🍽 📺 🚫
Semana Santa y junio-septiembre – **19 hab** ☕ 30/45,70.

X **El Almejero,** Explanada del Puerto ✆ 950 46 04 05, Fax 950 46 04 05, 👁 – 🍽 AE ① MC VISA 🚫
Comida - pescados y mariscos - carta 22,84 a 36,06.

GAUTEGIZ ARTEAGA 48314 Bizkaia **442** B 22 – 836 h alt. 40.
Madrid 431 – Bilbao 52 – Donostia-San Sebastián 94 – Vitoria-Gasteiz 98.

en la carretera de Ibarrangelu Noreste : 3 km :

🏠 **Txopebenta** sin rest, barrio Zendokiz, ✉ 48314, ✆ 94 625 49 23, txopebenta@terra.es, Fax 94 625 49 23 – 🅿 🚫
☕ 4,80 – **6 hab** 38,50/48,50.

GAVÀ 08850 Barcelona **443** I 36 – 35 167 h – Playa.
Madrid 620 – Barcelona 24 – Tarragona 77.

en la carretera C 31 Sur : 4 km :

X **La Pineda,** ✉ 08850, ✆ 93 633 04 42, rpineda@cms.es, Fax 93 633 04 46, 👁 – 🍽 🅿 MC VISA
Comida carta 19,83 a 30,10.

en la zona de la playa Sur : 5 km :

XXX **Les Marines,** Calafell 21, ✉ 08850, ✆ 93 633 35 70, gerencia@lesmarines.com, Fax 93 633 18 31, 👁, « En un pinar » – 🍽 🅿 AE ① MC VISA JCB
cerrado domingo noche y lunes – **Comida** carta 30,65 a 38,47.

GAVILANES 05460 Ávila **444** L 15 – 744 h alt. 677.
Madrid 122 – Arenas de San Pedro 26 – Ávila 102 – Talavera de la Reina 60 – Toledo 24.

🏚 **Mirador del Tiétar** 🦮, Risquillo 22 ✆ 920 38 48 67, ≤, 🏊 – 🍽 rest, 🚗 🅿 VISA 🚫
Comida 17,42 – ☕ 2,70 – **40 hab** 33,05/46,87.

GÈNOVA Illes Balears – ver Balears (Mallorca) : Palma.

GER 17539 Girona **443** E 35 – 270 h alt. 1434.
Madrid 634 – Ax-les-Thermes 58 – Andorra la Vella 56 – Girona/Gerona 153 – Puigcerdà 11 – La Seu d'Urgell/Seo de Urgel 38.

XX **El Rebost de Ger,** pl. Major 2 *&* 972 14 70 55, rebost@ctv.es, Fax 972 14 70 55, « Decoración rústica » – ▤. 匧 ⓞ 匨 匧. ✥
cerrado 2ª quincena de junio, 1ª quincena de octubre, lunes y martes – **Comida** carta 27,95 a 30.

GERENA 41860 Sevilla **446** T 11 – 5176 h alt. 89.
Madrid 553 – Aracena 64 – Huelva 113 – Sevilla 27.

en la carretera de Sevilla A 477 Noreste : 5 km :
Cortijo El Esparragal ⑤, ✉ 41860, *&* 95 578 27 02, elesparragal@elesparragal. com, Fax 95 578 27 83, « Antiguo convento en una extensa finca con jardín y ⚓ » – ▤ 匧 匦 – 逢 25/150. ⓞ 匨 匧. ✥
Comida 21,04 – ☕ 7,21 – **15 hab** 108,18/126,22 – 3 suites.

GERNIKA-LUMO o **GUERNICA Y LUNO** 48300 Bizkaia **442** C 21 – 15999 h alt. 10.
Alred. : Norte : Carretera de Bermeo ⩽★, Ría de Guernica★ – Balcón de Vizcaya ⩽★★ Sureste : 18 km.
🛈 Artekalea 8 *&* 94 625 58 92 turismo@gernika-lumo.net Fax 94 625 32 12.
Madrid 429 – Bilbao 33 – Donostia-San Sebastián 84 – Vitoria-Gasteiz 69.

Gernika sin rest, Carlos Gangoiti 17 *&* 94 625 03 50, h-gernika@hotel-gernika.com, Fax 94 625 58 74 – 🛗 匧 匦. 匧 ⓞ 匨 匧. ✥
cerrado 22 diciembre-enero – ☕ 4,51 – **23 hab** 42,91/62,73.

XX **Zallo Barri,** Juan Kaltzada 79 *&* 94 625 18 00, restaurant@zallobarri.com, Fax 94 625 18 00 – ▤. 匧 ⓞ 匨 匧. ✥
cerrado domingo noche, martes noche y miércoles noche – **Comida** carta 26,44 a 31,25.

X **Boliña** con hab, Barrenkalle 3 *&* 94 625 03 00, Fax 94 625 03 00 – ▤ rest, 匧. ⓞ 匨 匧. ✥
cerrado Navidades – **Comida** (cerrado domingo) carta 15 a 29,40 – ☕ 3 – **16 hab** 33/48.

GERONA Girona – ver Girona.

GERRA Cantabria – ver San Vicente de la Barquera.

GETAFE 28900 Madrid **444** L 18 – 139500 h alt. 623
Madrid 14 – Aranjuez 38 – Toledo 56.

Carlos III sin rest, Velasco 7, ✉ 28901, *&* 91 683 13 92, Fax 91 683 18 03 – ▤ 匧 ⇔.
匧 匨 匧. ✥
☕ 3,60 – **51 hab** 56,50.

en la autovía N IV Sureste : 5,5 km :
Motel Los Ángeles, ✉ 28906, *&* 91 683 94 00, Fax 91 684 00 99, ⚓, ✿, ✻ – ▤
匧 ⇔ 匦 – 逢 25/600. 匧 匨 匧. ✥
Comida 18,03 – ☕ 7,82 – **118 hab** 52,89/75,13 – 3 suites – PA 42,07.

GETARIA o **GUETARIA** 20808 Gipuzkoa **442** C 23 – 2348 h.
Alred. : Carretera en cornisa★★ de Guetaria a Zarauz.
🛈 Parque Aldamar 2 *&* 943 14 09 57 (temp).
Madrid 487 – Bilbao 77 – Iruña/Pamplona 107 – Donostia-San Sebastián 24.

XX **Elkano,** Herrerieta 2 *&* 943 14 06 14, Fax 943 14 05 30 – ▤. 匧 ⓞ 匨 匧. ✥
cerrado del 1 al 15 de febrero, del 1 al 15 de noviembre, domingo noche y lunes noche (salvo junio-octubre) – **Comida** - pescados y mariscos - carta 27,65 a 42,67.

XX **Kaia Kaipe,** General Arnao 4 *&* 943 14 05 00, kaia@edunet.es, Fax 943 14 01 21, ⩽ puerto pesquero y mar, ✿ – ▤. 匧 ⓞ 匨 匧. ✥
cerrado 1ª quincena de marzo y 2ª quincena de octubre – **Comida** - pescados y mariscos - carta 30,64 a 39,65.

X **Iribar** con hab y sin ☕, Nagusia 34 *&* 943 14 04 06, iribar@iname.com – ▤ rest, 匧.
匧 ⓞ 匨 匧. ✥
cerrado 15 días en abril y 15 días en octubre – **Comida** (cerrado miércoles noche y jueves) - pescados y mariscos - carta 24,04 a 30,06 – **5 hab** 39,07.

✗ **Talai-Pe,** Puerto Viejo ✆ 943 14 06 13, *Fax 943 86 11 63*, ≤, « Decoración rústica marinera » – AE ① MC VISA JCB. ⌘
cerrado 23 septiembre-6 octubre, 15 días en invierno, domingo noche y lunes salvo agosto – **Comida** - pescados y mariscos - carta 25,02 a 47,91.

por la carretera de Zumaia *Oeste : 1 km y desvío a la izquierda 1,5 km :*

Caserío Pikamendi ⌂, barrio de San Prudencio, ⊠ 20808, ✆ 943 14 02 13, *Fax 943 14 09 31*, ≤, ⌘, « Elegante caserío en pleno campo con mobiliario de época », ⌦ – TV P. MC VISA. ⌘
Comida 45 – ⌁ 20 – **6 hab** 150/210.

GETXO *48990 Bizkaia* **442** B **21** – *79 517 h alt. 51.*

ᵣ₈ *Neguri, Noroeste : 2 km* ✆ 94 491 02 00 Fax 94 460 56 11.
🛈 *en Algorta : playa de Ereaga* ✆ 94 491 08 00 infoturismo @ getxo.net Fax 94 491 12 99.
Madrid 407 – Bilbao *14 – Donostia-San Sebastián 113.*

en Getxoko Andramari (Santa María de Getxo) :

XXX **Cubita,** carret. de la Galea 30, ⊠ 48990 Getxo, ✆ 94 491 17 00, *Fax 94 460 21 12*, ≤, Adosado al molino de Aixerrota. Galería de arte – ▤ P. AE ① MC VISA. ⌘
cerrado agosto y miércoles – **Comida** carta 36,46 a 47,92.

en Algorta :

Los Tamarises, playa de Ereaga, ⊠ 48990 Getxo, ✆ 94 491 00 05, *Fax 94 491 13 10*, ≤ – |≢| TV – 🛋 40/200. AE ① MC VISA JCB. ⌘
Comida - ver rest. **Los Tamarises** – ⌁ 4,80 – **42 hab** 66,60/103,03.

Igeretxe Agustín, playa de Ereaga, ⊠ 48990 Getxo, ✆ 94 491 00 09, *Fax 94 460 85 99*, ≤, Servicios terapéuticos – |≢| ▤ TV – 🛋 25/300. AE ① MC VISA. ⌘
Comida 21,04 – **21 hab** ⌁ 58,90/91,35 – 1 suite – PA 39,07.

XX **Cubita Kaia,** puerto deportivo, ⊠ 48990 Getxo, ✆ 94 460 01 03, c.kaia @ euskalnet .net, *Fax 94 460 14 67* – ▤. AE ① MC VISA
cerrado 1ª quincena de junio, 1ª quincena de noviembre, domingo noche y lunes – **Comida** carta 34,56 a 37,87.

XX **Los Tamarises** - *Hotel Los Tamarises,* playa de Ereaga, ⊠ 48990 Getxo, ✆ 94 491 05 44, *Fax 94 491 13 10*, ≤, ⌘ – ▤. AE ① MC VISA JCB. ⌘
Comida carta 33,92 a 43,01.

en Neguri :

Los Chopos, av. de Los Chopos 2, ⊠ 48990 Getxo, ✆ 94 491 22 55, *Fax 94 491 28 02*, « Antigua villa señorial », ⇝ – |≢| ▤ TV P. AE ① MC VISA. ⌘
Comida 21,04 – **32 hab** ⌁ 58,90/91,35.

Neguri sin rest, av. de Algorta 14, ⊠ 48990 Getxo, ✆ 94 491 05 09, hotelneguri @ e uskalnet.net, *Fax 94 491 19 43*, « Antigua villa señorial » – TV P. AE ① MC VISA. ⌘
⌁ 5,70 – **10 hab** 69/75.

Artaza, av. de Los Chopos 12, ⊠ 48990 Getxo, ✆ 94 491 28 52, hotelartaza @ eusk alnet.net, *Fax 94 491 29 34*, « Antigua villa señorial » – |≢|, ▤ rest, TV P. AE ① MC VISA. ⌘
Comida *(cerrado 25 diciembre-1 enero, Semana Santa y domingo noche)* carta 23,95 a 26,59 – **14 hab** ⌁ 63,85/98,90.

en Areeta (Las Arenas) :

XX **El Chalet,** Manuel Smith 12, ⊠ 48990 Getxo, ✆ 94 463 89 84, marbahon @ arrakis.es, *Fax 94 464 99 15*, ⌘ – ▤. AE MC VISA. ⌘
cerrado Semana Santa, 21 días en agosto y lunes – **Comida** carta aprox. 31,25.

GETXOKO ANDRAMARI *Bizkaia – ver* Getxo.

Gli alberghi o ristoranti ameni sono indicati nella guida con un simbolo rosso.
Contribuite a mantenere la guida aggiornata segnalandoci gli alberghi e ristoranti dove avete soggiornato piacevolmente.

GIBRALTAR 446 X 13 y 14 – 28 339 h.

Ver : *Localidad*★.

✈ de Gibraltar, Norte : 2,7 km ℘ 9567 730 26 – G.B. Airways y B. Airways, Cloister Building Irish Town ℘ 9567 792 00 – Pegasus E. Air and Sea Services LTD. CTHE Tower Marina Bay – Iberia 2 A Main Street, Unit G 10-ed. I.C.C. ℘ 9567 776 66.

🛈 Casemates Square ℘ 9567 749 82 y Cathedral Square (Duke of Kent House) ℘ 9567 749 50 tourismo@gibraltar.gi Fax 9567 749 43 – **R.A.C.E.** 18B, Halifax Road P.O. Box 385 ℘ 9567 790 05 Fax 9567 744 96. – Madrid 673 – Cádiz 144 – Málaga 127.

🏨 **The Rock,** 3 Europa Road ℘ 9567 730 00, tocrhotel@gibnynex.gi, Fax 9567 735 13, ≤ puerto, estrecho y costa española, 🛎, « Terraza y jardín con flores », ⅃ – |≱| ▤ 📺 ♿ 🅿 – 🕍 25/120. 🆎 ⑪ ⑩ **VISA**. ❊ rest
Comida - sólo cena salvo domingo - 21,95 – ⊆ 13,22 – **104 hab** 165. — a

🏨 The Eliott, 2 Governor's Parade ℘ 9567 705 00, Fax 9567 702 43, 🛎, 🎠, ⅃ – |≱| ▤ 📺 🅿 – 🕍 25/150 **118 hab** – 2 suites. — e

🏨 **The Caleta** ⚓, Catalan Bay ℘ 9567 756 01, caletareservations@gibrynesc.gl, Fax 9567 421 43, ≤, 🛎, ⅃ – |≱|, ▤ rest, 📺 🅿 – 🕍 25/210. 🆎 ⑪ ⑩ **VISA**. ❊ v
Comida 24 – ⊆ 13 – **90 hab** 215.

🏨 Continental sin rest con cafetería, Enginer Lane (esquina Main Street) ℘ 9567 769 00, contiho@gibnet, Fax 9567 417 02 – |≱| ▤ 📺 – **18 hab.** — u

✗ **Bunters,** 1 College Lane ✆ 9567 704 82, *bunters@gibraltar.gi, Fax 9567 726 69* – 🗏. AE ① MC *VISA* JCB. ✗   c
cerrado Navidades, agosto y festivos – **Comida** carta 26,73 a 38,07.

✗ **El Patio,** 54 Irish Town ✆ 9567 708 22 – 🗏. AE MC *VISA* JCB   s
cerrado junio y domingo – **Comida** - espec. en pescados - carta 35 a 46.

GIJÓN 33200 *Asturias* **441** B 13 – *260 267 h – Playa.*

🏌 *Castiello, Sureste : 5 km* ✆ *98 536 63 13 Fax 98 536 63 13.*

⛴ *Cía. Trasmediterránea, Claudio Alvargonzález 2* AX ✆ *98 517 61 00 Fax 98 534 58 70.*

🛈 *Marqués de San Esteban 1* ✉ *33206* ✆ *98 534 60 46 Fax 98 534 60 46* – **R.A.C.E.** *Palacio Valdes 19 (bajo)* ✉ *33206* ✆ *98 535 53 60 Fax 98 535 09 70.*

Madrid 474 ③ – *Bilbao 296* ① – *A Coruña/La Coruña 341* ③ – *Oviedo 30* ③ – *Santander 193* ①

Plano página siguiente

🏨 **Parador de Gijón,** parque de Isabel la Católica, ✉ 33203, ✆ 98 537 05 11, *gijon @parador.es, Fax 98 537 02 33,* « Junto al parque » – 🛗 🗏 TV P. AE ① MC *VISA*. ✗
Comida 22,84 – ☕ 8,71 – **40 hab** 93,18/116,48.   por av. del Molinón   CY

🏨 **Hernán Cortés** sin rest, Fernández Vallín 5, ✉ 33205, ✆ 98 534 60 00, *info@hotelherna ncortes.es, Fax 98 535 56 45* – 🛗 🗏 TV 🚗 – 🛎 25. AE ① MC *VISA*. ✗   AY a
☕ 5,50 – **40 hab** 75,60/95,40 – 16 suites.

🏨 **Begoña Park,** urb. El Rinconín, ✉ 33203, ✆ 98 513 39 09, *cbegoñapark@hotelesb egoña.com, Fax 98 513 16 02* – 🛗 🗏 TV 🚗 – 🛎 25/900. AE ① MC *VISA*. ✗
Comida 15,10 – ☕ 8,36 – **98 hab** 86,37/107,74.   por ①

🏨 **Tryp Rey Pelayo,** av. Torcuato Fernández Miranda 26, ✉ 33203, ✆ 98 519 98 00, *reypelayo@trypnet.com, Fax 98 519 98 09* – 🛗 🗏 TV 🚱 🚗 – 🛎 25/150. AE ① MC
VISA. ✗   por av. de Torcuato Fernández Miranda   CZ
Comida *(cerrado lunes)* carta 29,65 a 34,54 – ☕ 10,81 – **124 hab** 124,45/156,28, 6 suites.

🏨 **Príncipe de Asturias** sin rest, Manso 2, ✉ 33203, ✆ 98 536 71 11, *cha-reservas @hotelprincipeasturias.com, Fax 98 533 47 41,* ≤ – 🛗 TV – 🛎 25/150. AE ① MC
VISA. ✗   CY v
☕ 9,56 – **80 hab** 102,57/128,38.

🏨 **Alcomar** sin rest con cafetería, Cabrales 24, ✉ 33201, ✆ 98 535 70 11, *Fax 98 534 67 42,* ≤ – 🛗 TV – 🛎 25/100. AE ① MC *VISA*. ✗   AY d
☕ 5,11 – **45 hab** 67,31/93,16.

🏨 **Begoña,** av. de la Costa 44, ✉ 33205, ✆ 98 514 72 11, *Fax 98 539 82 22* – 🛗, 🗏 rest, TV 🚗 – 🛎 25/300. AE ① MC *VISA*. ✗   AZ e·
Comida 11,75 – ☕ 4,96 – **238 hab** 58,81/74,83 – 11 suites.

🏨 **Don Manuel,** Marqués de San Esteban 5, ✉ 33206, ✆ 98 517 13 13, *Fax 98 517 12 38* – 🛗, 🗏 rest, TV   AY k
49 hab.

🏨 **San Miguel** sin rest con cafetería, Marqués de Casa Valdés 8, ✉ 33202, ✆ 98 534 00 25, *hsmiguel@hsanmiguel.com, Fax 98 534 00 37* – 🛗 TV. AE ① MC *VISA*   BY e
☕ 4,06 – **45 hab** 61,09/80,39.

🏨 **Gijón** sin rest con cafetería, Pedro Duro 6, ✉ 33206, ✆ 98 535 60 36, *hotelgijon@a rrakis.es, Fax 98 535 99 57* – 🛗 TV. AE ① MC *VISA*. ✗   AY t
☕ 4 – **30 hab** 62/92.

🏨 **Pathos** sin rest, Santa Elena 6, ✉ 33201, ✆ 98 517 64 00, *hotelpathos@teleline.es, Fax 98 517 69 17* – 🛗 🗏 TV – 🛎 25/50. AE ① MC *VISA*. ✗   AX s
☕ 5,71 – **56 hab** 78,13/98,57.

🏨 **Agüera** sin rest, Hermanos Felgueroso 28, ✉ 33205, ✆ 98 514 05 00, *Fax 98 538 68 61* – 🛗 TV. AE ① MC *VISA*. ✗   BZ w
☕ 6 – **35 hab** 77,20/96,50.

🏨 **Pasaje** sin rest con cafetería, Marqués de San Esteban 3, ✉ 33206, ✆ 98 534 24 00, *hotel-pasaje@fade.es, Fax 98 534 25 51,* ≤ – 🛗 TV – 🛎 25/40. AE ① MC
VISA. ✗   AY k
☕ 4,51 – **29 hab** 53,49/90,15.

🏨 **Asturias** sin rest con cafetería, pl. Mayor 11, ✉ 33201, ✆ 98 535 06 00, *hotelastur ias@fade.es, Fax 98 534 68 72* – 🛗 TV 🚱 – 🛎 25/150. AE ① MC *VISA*. ✗   AY u
☕ 3,31 – **86 hab** 72,12/96,16.

🏨 **Bahía** sin rest y sin ☕, av. del LLano 44, ✉ 33209, ✆ 98 516 37 00, *Fax 98 516 37 00* – 🛗 TV 🚗. MC *VISA*. ✗   AZ v
34 hab 44/63.

GIJÓN

Miramar sin rest y sin ⌖, Santa Lucía 9, ⌧ 33206, ℘ 98 535 10 08, *h.miramar@green-soft.com*, Fax *98 534 09 32* – 🛗 📺 AE ① MC VISA JCB — **23 hab** 62,51/78,13.　　AY n

Castilla sin rest, Corrida 50, ⌧ 33206, ℘ 98 534 62 00, *hotelcastilla@fade.es*, Fax *98 534 63 64* – 🛗 📺 AE MC VISA ⌖ 2,70 – **44 hab** 48/69.　　AY r

Avenida sin rest y sin ⌖, Robustiana Armiño 4, ⌧ 33207, ℘ 98 535 28 43, Fax *98 535 28 44* – 📺 MC VISA — **38 hab** 38,58/54,14.　　AY c

El Puerto, Claudio Alvargonzález (edificio puerto deportivo), ⌧ 33201, ℘ 98 534 90 96, Fax *98 534 90 96*, ≤, 🍴 – ▤ AE ① VISA — cerrado Semana Santa y domingo noche – **Comida** carta 31,25 a 42,07.　　AX c

La Zamorana, Hermanos Felgueroso 38, ⌧ 33209, ℘ 98 538 06 32, Fax *98 514 90 70* – ▤ AE ① MC VISA — cerrado del 1 al 15 de abril, del 15 al 31 de octubre y lunes salvo agosto – **Comida** - espec. en pescados y mariscos - carta 25,85 a 33,96.　　BZ a

La Marmita, Begoña 20, ⌧ 33201, ℘ 98 535 49 41, *lamarmita@telecable.es*, Fax *98 535 49 68*, 🍴, « Ambiente acogedor » – AE ① MC VISA — cerrado del 1 al 21 de marzo y domingo salvo agosto – **Comida** carta 25,24 a 29,75.　　AY n

XX **Casa Víctor,** Carmen 11, ⊠ 33206, 𝄞 98 535 00 93, Fax 98 532 27 49 – 🗉. AE ➀ ⓂⒸ
    VISA. ⌲
    cerrado 25 diciembre-25 enero y domingo – **Comida** carta 27 a 33.   AY t

XX **V. Crespo,** Periodista Adeflor 3, ⊠ 33205, 𝄞 98 534 75 34, vcrespo@metcom.atod
    avela.com – 🗉. AE ➀ ⓂⒸ VISA JCB. ⌲   AZ r
    cerrado julio, domingo noche y lunes – **Comida** carta 30,51 a 38,47.

X   **El Sueve,** Domingo García de la Fuente 12, ⊠ 33205, 𝄞 98 514 57 03 – 🗉. AE ➀ ⓂⒸ
    VISA. ⌲   AZ s
    cerrado 3 semanas en noviembre, domingo y miércoles noche – **Comida** - carnes a la brasa
    - carta 18,60 a 27,63.

X   **Casa Justo,** Hermanos Felgueroso 50, ⊠ 33209, 𝄞 98 538 63 57, Fax 98 538 63 57,
    « Sidrería típica » – 🗉. AE ➀ ⓂⒸ VISA. ⌲   BZ z
    cerrado 15 días en junio, 15 días en noviembre y jueves salvo festivos, vísperas y agosto
    – **Comida** carta 22,54 a 28,86.

X   **El Candil,** Numa Guilhou 1, ⊠ 33206, 𝄞 98 535 30 38 – 🗉. AE ➀ ⓂⒸ
    VISA. ⌲   AY e
    cerrado Navidades y domingo – **Comida** carta 22,84 a 32,15.

en Somió por ➀ :

XXX **Las Delicias,** barrio Fuejo - 4 km, ⊠ 33203 Gijón, 𝄞 98 536 02 27, lasdelicias@fade.es,
    Fax 98 513 00 95, ⌲ – 🗉 P. AE ➀ ⓂⒸ VISA. ⌲
    cerrado martes salvo festivos, vísperas y agosto – **Comida** carta 29,45 a
    40,87.

XX **La Pondala,** av. Dioniso Cifuentes 58 - 3 km, ⊠ 33203 Gijón, 𝄞 98 536 11 60,
    Fax 98 536 60 88, ⌲ – AE ➀ ⓂⒸ VISA. ⌲
    cerrado 15 días en junio, 15 días en noviembre y jueves – **Comida** carta 24 a
    35,50.

en La Providencia por ➀ : 5 km CY :

XX **Los Hórreos,** ⊠ 33203 Gijón, 𝄞 98 537 43 10, edurneig@igijon.com, Fax 98 513 07 42
    – P. AE ➀ ⓂⒸ VISA. ⌲
    cerrado lunes – **Comida** carta 25,24 a 36,06.

en Cabueñes por ➀ : 5 km CZ :

X   **El Llagar de Cabueñes,** carret. N 632, ⊠ 33394 Cabueñes, 𝄞 98 513 36 31, llag
    ar@astures.com, Fax 98 513 25 64, ⌲, « Rest. típico en un antiguo lagar » – P. AE ➀
    ⓂⒸ VISA. ⌲
    cerrado del 15 al 30 de octubre – **Comida** carta 25 a 34.

en Santurio por ➀ : 7,5 km CZ :

XX **Los Nogales,** ⊠ 33394 Santurio, 𝄞 98 533 63 34, teleconta@mugenat.es,
    Fax 98 519 52 32, ← – 🗉 P. AE ➀ ⓂⒸ VISA. ⌲
    cerrado 24 diciembre-enero y martes – **Comida** carta 34,85 a 55,29.

en Mareo por ➁ : 6 km :

XXX **La Solana,** carret. Centro Asturiano, ⊠ 33390 Mareo, 𝄞 98 516 81 86,
    Fax 98 516 81 86, ⌲, « Elegante casona de indianos con jardín » – P. ➀ ⓂⒸ
    VISA. ⌲
    cerrado domingo noche y lunes – **Comida** carta 24,34 a 33,81.

GIRONA o **GERONA** 17000 P 443 G 38 – 70 409 h alt. 70.

Ver : Ciudad antigua (Força Vella)★★ – Catedral★ (nave★★, retablo mayor★, Tesoro★★ :
Beatus★★, Tapiz de la Creación★★★, Claustro★) BY – Museu d'Art★★ : Viga de
Cruilles★, retablo de Púbol★, retablo de Sant Miquel de Cruilles★★ BYM1 – Colegiata de
Sant Feliu : Sarcófagos★, Sarcófago con cacería de leones★ BYR – Monasterio de Sant
Pere de Galligants★ : Museo Arqueológico (sepulcro de las Estaciones★) BY – Baños
Árabes★ BYS.

Alred. : Púbol (Casa-Museu Castell Gala Dalí★) Este : 16 km por C 255.

🏌 Girona, Sant Julià de Ramis, Norte : 4 km 𝄞 972 17 16 41 Fax 972 17 16 82.

✈ de Girona por ➁ : 13 km 𝄞 972 18 66 00.

🛈 Rambla de la Llibertat 1 ⊠ 17004 𝄞 972 22 65 75 Fax 972 22 66 12 – **R.A.C.C.** carret.
de Barcelona 22 ⊠ 17002 𝄞 972 22 36 62 Fax 972 22 15 57.

Madrid 708 ➁ – Barcelona 97 ➁ – Manresa 134 ➁ – Mataró 77 ➁ – Perpignan 91 ➀
– Sabadell 95 ➁

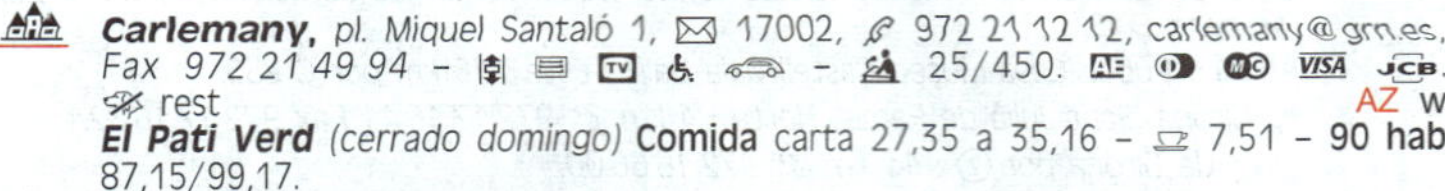

Carlemany, pl. Miquel Santaló 1, ✉ 17002, ✆ 972 21 12 12, carlemany@grn.es, Fax 972 21 49 94 – 🛗 📰 📺 ♿ 🚗 – 🅰 25/450. AE ⓄⒹ ⓂⒸ VISA JCB. rest
El Pati Verd (cerrado domingo) **Comida** carta 27,35 a 35,16 – 🍵 7,51 – **90 hab** 87,15/99,17.

AZ w

Meliá Confort Girona, Barcelona 112, ✉ 17003, ✆ 972 40 05 00, melia.confort.girona@solmelia.es, Fax 972 24 32 33 – 🛗 📰 📺 ♿ 🚗 – 🅰 25/350. AE ⓂⒸ VISA.
Comida 12,02 – **113 hab** 🍵 97,66/127,41.

por ②

GIRONA / GERONA

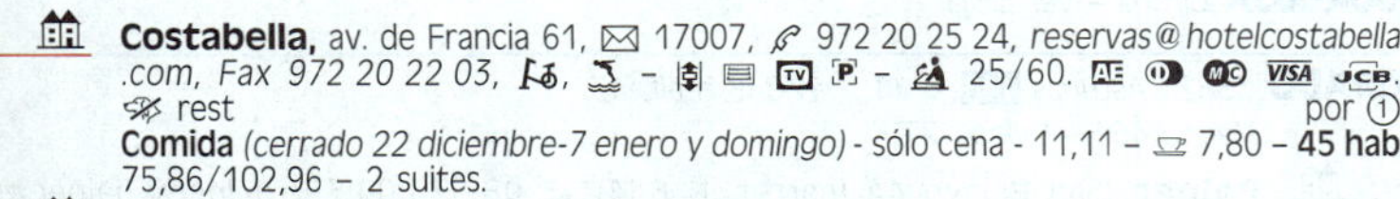

Costabella, av. de Francia 61, ⊠ 17007, ℰ 972 20 25 24, *reservas@hotelcostabella*
.com, Fax 972 20 22 03, ↆ, ⌇ – ⊡ ▭ TV P – ⊿ 25/60. AE ⓪ MC VISA JCB.
⊗ rest   por ①
Comida *(cerrado 22 diciembre-7 enero y domingo)* - sólo cena - 11,11 – ⊊ 7,80 – **45 hab**
75,86/102,96 – 2 suites.

Ultonia sin rest, Gran Via de Jaume I-22, ⊠ 17001, ℰ 972 20 38 50, *hotelultonia@h*
usa.es, Fax 972 20 33 34 – ⊡ ▭ TV – ⊿ 25/60. AE ⓪ MC VISA   **AY** x
⊊ 7 – **45 hab** 80/90.

Condal sin rest y sin 🍴, Joan Maragall 10, ⊠ 17002, ℘ 972 20 44 62, Fax 972 20 44 62 – 🛗 📺. AE MC VISA JCB
38 hab 22,43/42,06.
AZ p

Albereda, Albereda 7, ⊠ 17004, ℘ 972 22 60 02, *rest.albereda@teleline.es*, *Fax 972 22 60 02* – 🍴. AE ① MC VISA. ⌘
cerrado 15 días agosto, Navidades, lunes noche y festivos – **Comida** carta 27,04 a 32,16.
BZ a

Massana, Bonastruc de Porta 10, ⊠ 17001, ℘ 972 21 38 20 – 🍴. AE ① MC VISA. ⌘
cerrado Navidades, del 6 al 31 de agosto, domingo noche y martes – **Comida** carta 22,50 a 33,70.
AY k

Mar Plaça, pl. Independència 3, ⊠ 17001, ℘ 972 20 59 62 – 🍴. AE MC VISA JCB. ⌘
cerrado del 15 al 25 de enero, domingo noche y lunes – **Comida** carta 29 a 50.
BY n

Casa Marieta, pl. Independència 5 ℘ 972 20 10 16, *info@casamarieta.com*, *Fax 972 41 41 72* – 🍴
BY n

al Noroeste *por* ① *y desvío a la izquierda 2 km :*

El Celler de Can Roca, carret. Taialà 40, ⊠ 17007, ℘ 972 22 21 57, Fax 972 48 52 59 – 🍴 P. AE ① MC VISA JCB. ⌘
cerrado 23 diciembre-8 enero, del 1 al 15 de julio, domingo y lunes – **Comida** 45,08 y carta 34,85 a 47,10
Espec. Tartar de bonito con helado de anchoa y caramelo de aceitunas negras (verano). Salmonetes con naranja y coliflor. Pies de cerdo con espardenyes, alcachofas y aceite de picada.

en la carretera del aeropuerto *por* ② :

Novotel Girona, por A 7 salida 8 : 12 km, ⊠ 17457 Riudellots de la Selva, ℘ 972 47 71 00, *h0503@accor-hotels.com*, Fax 972 47 72 96, 🏊, 🚣, 🍴 – 🍴 📺 ♿ P – 🔒 25/200. AE ① MC VISA
Comida carta aprox. 24,64 – 🍵 9,92 – **79 hab** 84,89/100,52 – 2 suites.

Vilobí Park, por A 7 salida 8 : 13 km, ⊠ 17185 Vilobí d'Onyar, ℘ 972 47 31 86, Fax 972 47 34 63 – 🛗 🍴 📺 ♿ P – 🔒 25/200. AE ① MC VISA JCB. ⌘ rest
Comida 9,60 – 🍵 4,20 – **32 hab** 38,42/60,02.

GOIÁN 36750 Pontevedra **441** G 3.
Madrid 610 – Ourense/Orense 106 – Pontevedra 63 – Viana do Castelo 63 – Vigo 44.

Asensio con hab, Tollo 2 (carret. C 550) ℘ 986 62 01 52, Fax 986 62 01 52 – 📺 P. MC VISA. ⌘
cerrado 15 septiembre-15 octubre – **Comida** *(cerrado domingo noche y miércoles)* carta aprox. 21,50 – 🍵 3 – **6 hab** 42,50.

GOIURIA Bizkaia – *ver Iurreta.*

La GOLA (Playa de) Girona – *ver Torroella de Montgrí.*

GOMBRÈN 17531 Girona **443** F 36 – *239 h.*
Madrid 663 – Barcelona 120 – Girona/Gerona 94 – Puigcerdá 56.

La Fonda Xesc con hab, pl. Roser 1 ℘ 972 73 04 04, *xesc@cconline.es*, Fax 972 73 04 04 – 🍴 rest, 📺. AE ① MC VISA. ⌘
Comida *(cerrado domingo noche y lunes)* carta 25 a 30,62 – **14 hab** 🍵 52.

La GOMERA Santa Cruz de Tenerife – *ver Canarias.*

GORGUJA Girona – *ver Llívia.*

GRADO 33820 Asturias **441** B 11 – *12 048 h alt. 47.*
Madrid 461 – Oviedo 27.

Palper, San Pelayo 44 (carret. N 634) ℘ 98 575 00 39, *palper@palper.es*, Fax 98 575 03 65 – 🛗, 🍴 rest, 📺 P – 🔒 25/300. AE ① MC VISA. ⌘
Comida *(cerrado lunes)* carta 21,94 a 29,76 – 🍵 4,50 – **30 hab** 52/70.

El GRADO 22390 Huesca **443** **F 30** – 589 h alt. 467.

Ver : *Torreciudad* ⩽★★ *Noreste* : 5 km.

Madrid 460 – Huesca 70 – Lleida/Lérida 86.

※ **Bodega del Somontano** con apartamentos y sin ⌣, barrio del Cinca 11 (carret. de Barbastro) ℰ 974 30 40 30, *Fax 974 30 43 19* – 🍴 rest, 📺 🅿. 🆎 ⓜⓒ 𝘝𝘐𝘚𝘈. ⚥ rest
Comida *(cerrado martes)* carta 18,50 a 24,90 – **3 apartamentos** 48/72,10.

※ **Tres Caminos,** barrio del Cinca 17 (carret. de Barbastro) ℰ 974 30 40 52, *Fax 974 30 41 22,* ⩽ – 🍴 🅿. ⓜⓒ 𝘝𝘐𝘚𝘈. ⚥
Comida carta 18,50 a 25.

en la carretera C 139 *Sureste : 2 km :*

🏨 **Hostería El Tozal** ⤳, ✉ 22390, ℰ 974 30 40 00, *eltozalhosteria@worldonline.es,* *Fax 974 30 42 55,* ⩽, 🚣 – ⮁ 🍴 📺 🅿. ⓜⓒ 𝘝𝘐𝘚𝘈. ⚥
Comida 10,21 – **35 hab** ⌣ 46,87/70,01.

GRAN CANARIA *Las Palmas – ver Canarias.*

GRANADA

18000 P 4|4|6 U 19 – *287 864 h. alt. 682*
Deportes de invierno en Sierra Nevada : ⚡ *17* 🚡 *2.*

Madrid 416 ① *– Málaga 124* ④ *– Murcia 278* ② *– Sevilla 250* ④ *– València 487* ①.

OFICINAS DE TURISMO

🛈 *pl. de Mariana Pineda 10,* ✉ *18009,* ☎ *958 24 71 28, infotur@dipgra.es Fax 958 22 89 16 y Mariana Pineda,* ✉ *18009,* ☎ *958 22 59 90, otgranada@andalucia.org Fax 958 22 39 27.*

INFORMACIONES PRÁCTICAS

R.A.C.E. *Camino de Ronda 92 – Bajo,* ✉ *18004,* ☎ *958 26 21 50, Fax 958 26 11 16.*

🏎 *Granada, av. Corsarios (Las Gabias) por* ③ *: 8 km* ☎ *958 58 44 36.*

✈ *de Granada por* ④ *: 17 km* ☎ *958 24 52 23 – Iberia : pl. Isabel la Católica 2,* ✉ *18009,* ☎ *958 22 75 92.*

CURIOSIDADES

Ver : *Emplazamiento*★★★ *– Alhambra*★★★ CDY *(Bosque*★*, Puerta de la Justicia*★*) – Palacios Nazaries*★★★ *: jardines y torres*★★ CY *– Palacio de Carlos V*★★ CY *: Museo de la Alhambra*★ *(jarrón azul*★*), Museo de Bellas Artes (Cardo y zanahorias*★★ *de Sánchez Cotán) – Alcazaba*★ *(*≤★★*)* CY *– Generalife*★★ DX *– Capilla Real*★★ *(reja*★★★*, sepulcros*★★★*, retablo*★*, Museo : colección de obras de arte*★★*)* BY *– Catedral*★ BY *(Capilla Mayor*★*, portada norte de la Capilla Real*★*) – Cartuja*★ *: sacristía*★★ *– Iglesia de San Juan de Dios*★ AX *– Monasterio de San Jerónimo*★ *(iglesia*★★*, retablo*★*)* AX *– Albayzín*★★ *: terraza de la iglesia de San Nicolás (*≤★★★*)* CX **N2** *– El Bañuelo*★ CX *– Museo Arqueológico (portada plateresca*★*)* CX *– Parque de las Ciencias*★ T.

Excurs. : *Sierra Nevada (pico de Veleta*★★*) Sureste : 46 km* T.

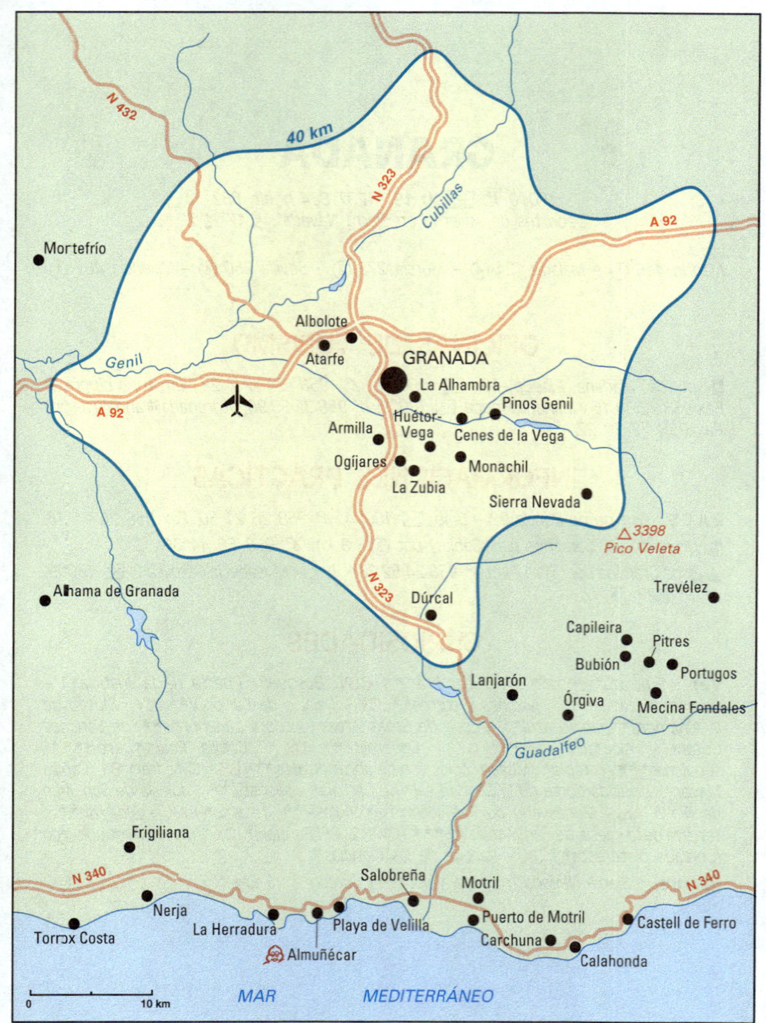

en la ciudad :

Saray, paseo de Enrique Tierno Galván 4, ✉ 18006, ✆ 958 13 00 09, *hotelsaray@h -santos.es, Fax 958 12 91 61*, ≼, ⛲, ⛆ – ⬧ ▤ TV & ⛁ – ⚄ 25/250. AE ① ⑩ VISA JCB. ⋇
  T m
  Comida carta aprox. 27,05 – ⛶ 9,02 – **202 hab** 114,79/143,04 – 11 suites.

Granada Center, av. Fuentenueva, ✉ 18002, ✆ 958 20 50 00, *Fax 958 28 96 96* – ⬧ ▤ TV & ⛁ – ⚄ 25/200. AE ① ⑩ VISA. ⋇
  T e
  Comida carta 26,75 a 36,82 – ⛶ 10,25 – **171 hab** 110,60/144,25 – 1 suite.

G.H. Luna de Granada, pl. Manuel Cano 2, ✉ 18004, ✆ 958 20 10 00, *reservas@ hoteles -ma.es, Fax 958 28 40 52*, ⛆ – ⬧ ▤ TV & ⛁ – ⚄ 25/390. AE ① ⑩ VISA JCB. ⋇
  T z
  Comida 21 – ⛶ 9 – **245 hab** 93/117 – 8 suites.

Carmen, Acera del Darro 62, ✉ 18005, ✆ 958 25 83 00, *reservas@ hotelcarmen.com, Fax 958 25 64 62*, ⛆ – ⬧ ▤ TV & ⛁ – ⚄ 25/250. AE ① ⑩ VISA JCB. ⋇ rest
  BZ a
  Comida 18 – ⛶ 11 – **278 hab** 90/120 – 5 suites.

GRANADA

N 323
JAÉN, MADRID
MURCIA
ALMERÍA
N 342
CÓRDOBA
MÁLAGA, SEVILLA
PALACIO
POLI DE PORTIVA
0   500 m
Av. de Beiro
Río
Av. de
Pulianas
Madrid
CARTUJA
Carret. de Murcia
SACROMONTE
Camino
ALBAICÍN
GENERALIFE
CATEDRAL
ALHAMBRA
Arabial
de
Recogidas
Ronda
PALACIO DE
CONGRESOS
Genil
Genil
SIERRA NEVADA
MOTRIL   N 323
HUÉTOR VEGA

GRANADA
A
B
Santa Bárbara
Ventanilla
Pl. del Triunfo
Cristóbal
Cuesta
de
la
20
76
e
San Juan de Dios
Gran
G
46
U
SAN JUAN DE DIOS
San Juan de Dios
San
Elvira
Zenete
Convento de Sta Isabel la Real
44
Rector López Argüeta
X
San Jerónimo
Los Arandas
Santa
Vía
Isabel la Real
SAN JERÓNIMO
Capitán
Duquesa
Santos Justo y Pastor
73
40
c
Elvira
Plaza S. Miguel Bajo
San José
Gregorio
Cuesta de S.
w
Gran
78
U
POL.
Escuelas
San
Paula
Jerónimo
de
Baja
Cald. Nueva
13
Sta Ana y S. Gil
Pl. de los Lobos
Málaga
Cárcel
P
Elvira
Chancillería
66
36
53
Colón
e
b
J
f
52
a
12
CATEDRAL
CAPILLA REAL
z
Plaza Nueva
Obispo Hurtado
Tablas
Pl. de la Trinidad
d
d
d
Cuesta
Y
Católicos
38
P
Alhóndiga
Mesones
Pl. Bib. Rambla
Alcaicería
77
63
Pavaneras
Corral del Carbón
Reyes
de Carmen
67
Gracia
Puentezuelas
e
x
H
s
San Matías
16
Escudo
a
Navas
Puerta Real
Ángel
r
Varela
61
San
h
n
P
Ganivet
POL.
Pl. de Gracia
Solarillo de Gracia
Recogidas
z
r
Acera del Casino
Pl. del Campillo
68
E.
Lozano
e
Pl. de Mariana Pineda
n p
P
Tejeiro
Antón
P
PALACIO DE BIBATAUBIN
Carrera
San Jacinto
3
Z
y
de
Pedro de
Portón
47
Duende
Acera
del
Darro
a
de la Virgen
a
Antonio
Alarcón
Alhamar
Alhamar
d
f
Paseo

GRANADA
0   200 m
Alhacaba
Arco de las Pesas
Pl. Aliatar
64
37
San Nicolás
N²
de S. Nicolás
Camino Nuevo.
Cuesta de María la Miel
Carril de las Tomasas
ALBAYZÍN
Casa del Chapiz
Camino
del
Sacromonte
Chapiz
X
de
los
Reyes
c
Palacio de los Córdova
San Juan
Convento de Sta Catalina de Zafra
Museo Arqueológico
Manjón
Paseo
del Padre
Paseo de los Tristes
GENERALIFE
MIRADOR
EL BAÑUELO
San Pedro
Darro
CARRERA   DEL   DARRO
n
TORRE DE COMARES
PALACIOS NAZARÍES
ALHAMBRA
TORRE DE LAS DAMAS
TORRE DEL MIHRAB
Paseo de las Adelfas
ALCAZABA
PALACIO DE CARLOS V
TORRE DE LA VELA
JARDINES
DEL   PARTAL
TORRE DE LA CAUTIVA
de Gomérez
PUERTA DE LAS GRANADAS
PTA DE LA JUSTICIA
Z
TORRE DE LAS INFANTAS
Real
PARADOR DE SAN FRANCISCO
Paseo de los Cipreses
Y
Cuesta   del   Aire
Peña   Partida
n
Entrada al Generalife y a la Alhambra
c
a
P
Cuesta del Realejo
Sto Domingo
Antequeruela
f
AUDITORIO MANUEL DE FALLA
Campo del Príncipe
Casa-Museo Manuel de Falla
Cuesta   Baja
Carmen de los Mártires
Paco Seco de Lucena
Santiago
Belén
Molinos
Cuesta   del   Caldero
Solares
Cuesta del Pescado
Vistillas de los Angeles
Z
del   Salón
Paseo de la Bomba
Escoriaza
Genil

Meliá Granada, Ángel Ganivet 7, ⊠ 18009, ℰ 958 22 74 00, *melia.granada@sol.me lia.es, Fax 958 22 74 03* – 🛗 ▤ 📺 ⚃ – 🏊 554250. 🆎 ⓞ ⓶ *VISA* ᴶᶜᴮ. 彩   BZ   n
Comida 18,03 – ☕ 12,02 – **232 hab** 125,01/150,25.

Corona de Granada, Pedro Antonio de Alarcón 10, ⊠ 18005, ℰ 958 52 12 50, *coro na@jet.es, Fax 958 52 12 78,* ⅃ – 🛗 ▤ 📺 🚗 – 🏊 25/160. 🆎 ⓞ ⓶ *VISA.* 彩 rest
Comida 14,75 – ☕ 8 – **93 hab** 75/115 – 2 suites.   AZ   a

Tryp Albayzín, Carrera del Genil 48, ⊠ 18005, ℰ 958 22 00 02, *tryp.albaycin@hot eles-tryp.com, Fax 958 22 01 81* – 🛗 ▤ 📺 🚗 – 🏊 25/100. 🆎 ⓞ ⓶ *VISA* ᴶᶜᴮ. 彩
Comida 24,04 – ☕ 10,82 – **108 hab** 113,59/157,76.   BZ   f

Princesa Ana, av. de la Constitución 37, ⊠ 18014, ℰ 958 28 74 47, *Fax 958 27 39 54,* « Decoración elegante » – 🛗 ▤ 📺 🚗. 🆎 ⓞ ⓶ *VISA.* 彩   S   c
Comida 20 – ☕ 9 – **59 hab** 75/117 – 2 suites – PA 43.

Cóndor, av. de la Constitución 6, ⊠ 18012, ℰ 958 28 37 11, *condor@maciahoteles. com, Fax 958 28 38 50* – 🛗 ▤ 📺 🚗 – 🏊 25/50. 🆎 ⓞ ⓶ *VISA* ᴶᶜᴮ. 彩   S   b
Comida 12 – ☕ 7,21 – **104 hab** 70,92/108,18.

Triunfo Granada, pl. del Triunfo 19, ⊠ 18010, ℰ 958 20 74 44, *h-triunfo-granada @granada.net, Fax 958 27 90 17* – 🛗 ▤ 📺 🚗 – 🏊 25/150. 🆎 ⓞ ⓶
VISA. 彩   AX   e
Puerta Elvira : **Comida** carta 22,53 a 35,04 – ☕ 9,01 – **37 hab** 66,71/102,17.

Rallye, paseo de Ronda 107, ⊠ 18003, ℰ 958 27 28 00, *rallye@retemail.es, Fax 958 27 28 62* – 🛗 ▤ 📺 🚗 – 🏊 25/200. 🆎 ⓞ ⓶ *VISA* ᴶᶜᴮ. 彩   T   v
Comida 18,03 – ☕ 9,62 – **79 hab** 87,14/107.

Dauro sin rest, Acera del Darro 19, ⊠ 18005, ℰ 958 22 21 57, *comercial@hoteles-d auro.com, Fax 958 22 85 19* – 🛗 ▤ 📺 🚗. 🆎 ⓞ ⓶ *VISA* ᴶᶜᴮ. 彩   BZ   d
☕ 5,71 – **36 hab** 57,01/96,16.

Dauro II sin rest con cafetería, Navas 5, ⊠ 18009, ℰ 958 22 15 81, *comercial@hoteles-da uro.com, Fax 958 22 27 32* – 🛗 ▤ 📺 – 🏊 25/80. 🆎 ⓞ ⓶ *VISA* ᴶᶜᴮ. 彩   BZ   r
☕ 5,71 – **48 hab** 57/96,16.

San Antón, San Antón, ⊠ 18005, ℰ 958 52 01 00, *santon@autovia.com, Fax 958 52 19 82,* 🍃, ⅃ – 🛗 ▤ 📺 ⚃ 🚗 – 🏊 25/400. 🆎 ⓞ ⓶ *VISA*
ᴶᶜᴮ. 彩   T   s
Comida 16,53 – ☕ 9,02 – **161 hab** 84,14/120,20 – 28 suites – PA 36,06.

Anacapri sin rest, Joaquín Costa 7, ⊠ 18010, ℰ 958 22 74 77, *reservas@hotelanac apri.com, Fax 958 22 89 09* – 🛗 ▤ 📺. 🆎 ⓞ ⓶ *VISA.* 彩   BY   d
☕ 5,41 – **52 hab** 60,10/84,14.

NH Inglaterra sin rest, Cettie Meriem 4, ⊠ 18010, ℰ 958 22 15 58, *nhinglaterra@n h-hoteles.es, Fax 958 22 71 00* – 🛗 ▤ 📺 🚗 – 🏊 25/40. 🆎 ⓞ ⓶ *VISA*
ᴶᶜᴮ. 彩   BY   e
☕ 8,41 – **36 hab** 87,15/101,57.

Reina Cristina, Tablas 4, ⊠ 18002, ℰ 958 25 32 11, *clientes@hotelreinacristina.com, Fax 958 25 57 28* – 🛗 ▤ 📺 🚗. 🆎 ⓞ ⓶ *VISA.* 彩 rest   AY   a
Comida 21,04 – **43 hab** ☕ 61,90/96,16 – PA 27,65.

Gran Vía Granada, Gran Vía de Colón 25, ⊠ 18001, ℰ 958 28 54 64, *granvia@ma ciahoteles.com, Fax 958 28 55 91* – 🛗 ▤ 📺 🚗. 🆎 ⓞ ⓶ *VISA* ᴶᶜᴮ. 彩   BX   c
Comida 12 – ☕ 6,16 – **85 hab** 46/69,12.

Casa Morisca sin rest, Cuesta de la Victoria 9, ⊠ 18010, ℰ 958 22 11 00, *info@h otelcasamorisca.com, Fax 958 21 57 96,* « Casa morisca del siglo XV » – 🛗 ▤ 📺. 🆎 ⓞ
⓶ *VISA* ᴶᶜᴮ. 彩   DX   c
☕ 6,66 – **14 hab** 105,78/132,22.

Reino de Granada sin rest, Recogidas 53, ⊠ 18005, ℰ 958 26 58 78, *Fax 958 26 36 42* – 🛗 ▤ 📺 🚗. 🆎 ⓞ ⓶ *VISA* ᴶᶜᴮ   AZ   y
☕ 4,81 – **41 hab** 46/71.

Universal sin rest, Recogidas 16, ⊠ 18002, ℰ 958 26 00 16, *Fax 958 26 32 29* – 🛗 ▤ 📺 🚗 – 🏊 25/50. 🆎 ⓞ ⓶ *VISA* ᴶᶜᴮ   AZ   z
☕ 4,21 – **56 hab** 52,50/74,69.

Navas, Navas 24, ⊠ 18009, ℰ 958 22 59 59, *alixares@jet.es, Fax 958 22 75 23* – 🛗 ▤ 📺   BY   a
Comida - *sólo buffet* – **40 hab.**

Luna Arabial y Luna de Granada II sin rest, Arabial 83, ⊠ 18004, ℰ 958 27 66 00, *reservas@hoteles-ma.es, Fax 958 27 47 59,* ⅃ – 🛗 ▤ 📺 🚗. 🆎 ⓞ ⓶ *VISA* ᴶᶜᴮ. 彩
☕ 7 – **25 hab** 63/79 – 95 apartamentos.   T   z

Carmen de Santa Inés sin rest, Placeta de Porras 7, ⊠ 18018, ℰ 958 22 63 80, *sinescar@teleline.es, Fax 958 22 44 04,* « Antigua casa árabe ampliada en los siglos XVI y XVII. Patio », – ▤ 📺. 🆎 ⓞ ⓶ *VISA.* 彩   BX   w
☕ 6 – **9 hab** 72/120.

Palacio de Santa Inés sin rest, Cuesta de Santa Inés 9, ✉ 18010, ✆ 958 22 23 62, *sinespal@ teleline.es, Fax 958 22 24 65,* « Edificio del siglo XVI. Patio » – 🖥 📺. 𝖠𝖤 ⓘ 𝖬𝖢 *VISA*. ✄
　　CX **n**
☕ 6 – **13 hab** 72/96 – 2 apartamentos.

Ana María sin rest, paseo de Ronda 101, ✉ 18003, ✆ 958 28 99 11, *hotelreino@ in terbook.net, Fax 958 28 92 15* – 🖥 📺 🚗 – 🔬 25/80. 𝖠𝖤 ⓘ 𝖬𝖢 *VISA*
　　T **v**
☕ 5,50 – **30 hab** 47/65.

Reina Ana María sin rest, Sócrates 10, ✉ 18002, ✆ 958 20 98 61, *Fax 958 27 10 81* – 🖥 📺 🚗. 𝖠𝖤 ⓘ 𝖬𝖢 *VISA*
　　T **c**
☕ 5 – **25 hab** 35,50/58.

Juan Miguel sin rest con cafetería, Acera del Darro 24, ✉ 18005, ✆ 958 52 11 11, *jhtlmiguel@ arrakis.es, Fax 958 25 89 16* – 🛗 🖥 📺 🚗. 𝖠𝖤 ⓘ 𝖬𝖢 *VISA* 𝖩𝖢𝖡
　　BZ **e**
☕ 8,41 – **66 hab** 69,12/111,19.

Aben Humeya, av. de Madrid 10, ✉ 18012, ✆ 958 29 50 61, *Fax 958 27 10 84* – 🛗 🖥 📺 ♿. 𝖠𝖤 ⓘ 𝖬𝖢 *VISA* 𝖩𝖢𝖡. ✄
　　S **a**
Comida 9 – ☕ 6 – **171 hab** 48/69.

Maciá Plaza sin rest, pl. Nueva 4, ✉ 18010, ✆ 958 22 75 36, *maciaplaza@ maciaho teles.com, Fax 958 22 75 33* – 🛗 🖥 📺. 𝖠𝖤 ⓘ 𝖬𝖢 *VISA* 𝖩𝖢𝖡. ✄
　　BY **b**
☕ 4,81 – **44 hab** 41,47/62,51.

Las Nieves, Alhóndiga 8, ✉ 18001, ✆ 958 26 53 11, *hotellasnieves@ infonegocio.com, Fax 958 52 31 95* – 🛗 🖥 📺. 𝖠𝖤 ⓘ 𝖬𝖢 *VISA*
　　AY **x**
Comida *(cerrado del 1 al 15 de julio y domingo)* 9,90 – ☕ 3,30 – **30 hab** 60/75.

Sacromonte sin rest y sin ☕, pl. del Lino 1, ✉ 18002, ✆ 958 26 64 11, *Fax 958 26 67 07* – 🛗 🖥 📺 🚗. *VISA*. ✄
　　AY **e**
33 hab 42/55.

Verona sin rest y sin ☕, Recogidas 9-1º, ✉ 18005, ✆ 958 25 55 07, *hverona@ terra.es, Fax 958 25 25 09* – 🛗 🖥 📺 🚗. 𝖬𝖢 *VISA*. ✄
　　AZ **r**
11 hab 26/32.

Los Santanderinos, Albahaca 1, ✉ 18006, ✆ 958 12 83 35, *Fax 958 13 32 06* – 🖥. 𝖠𝖤 ⓘ 𝖬𝖢 *VISA*. ✄
　　T **f**
cerrado 2ª quincena de agosto, domingo y lunes noche – **Comida** carta 30,66 a 36,66.

Las Tinajas, Martínez Campos 17, ✉ 18002, ✆ 958 25 43 93, *Fax 958 25 53 35* – 🖥. 𝖠𝖤 ⓘ *VISA*. ✄
　　AZ **p**
cerrado 16 julio-14 agosto – **Comida** carta 25,25 a 29,25.

La Ermita en la Plaza de Toros, av. Doctor Olóriz 25, ✉ 18012, ✆ 958 29 02 57, *clientes@ laermita.com, Fax 958 27 63 08,* « Decoración rústica bajo los soportales de la Plaza de Toros » – 🖥. 𝖠𝖤 ⓘ 𝖬𝖢 *VISA*. ✄
　　S **e**
Comida carta aprox. 28,20.

Pilar del Toro, Hospital de Santa Ana 12, ✉ 18009, ✆ 958 22 38 47, *Fax 958 22 26 71,* 🌿 – 🖥. 𝖠𝖤 ⓘ 𝖬𝖢 *VISA*. ✄
　　BY **f**
Comida carta 16,23 a 28,25.

Mesón A. Pérez, Pintor Rodríguez Acosta 1, ✉ 18002, ✆ 958 28 80 79, *Fax 958 27 33 87* – 🖥. 𝖠𝖤 ⓘ 𝖬𝖢 *VISA*. ✄
　　T **n**
cerrado sábado y domingo (15 julio-15 septiembre) y domingo noche resto del año – **Comida** carta 14,27 a 23,64.

La Zarza Mora, paseo de Ronda 98, ✉ 18004, ✆ 958 26 61 42 – 🖥. 𝖠𝖤 𝖬𝖢 *VISA*. ✄
　　T **a**
cerrado agosto, domingo noche y lunes – **Comida** - pescados y mariscos - carta 27,05 a 36,06.

La Gaviota, av. de Andalucía 2, ✉ 18014, ✆ 958 29 25 72, *Fax 958 29 25 72* – 🖥. 𝖠𝖤 𝖬𝖢 *VISA*. ✄
　　S **r**
cerrado domingo en verano y domingo noche resto del año – **Comida** carta 24,90 a 33,90.

Real Asador de Castilla, Escudo del Carmen 17, ✉ 18009, ✆ 958 22 29 10, *Fax 958 22 29 10,* 🌿 – 🖥. 𝖠𝖤 ⓘ 𝖬𝖢 *VISA*. ✄
　　BY **s**
cerrado agosto y lunes – **Comida** - espec. en carnes - carta 24,04 a 30,05.

Cunini, pl. Pescadería 14, ✉ 18001, ✆ 958 25 07 77, *Fax 958 25 07 77,* 🌿 – 🖥. 𝖠𝖤 ⓘ 𝖬𝖢 *VISA* 𝖩𝖢𝖡. ✄
　　AY **d**
cerrado domingo noche y lunes – **Comida** - pescados y mariscos - carta 24,66 a 33,06.

Mariquilla, Lope de Vega 2, ✉ 18002, ✆ 958 52 16 32 – 🖥. 𝖬𝖢 *VISA*. ✄
　　AZ **n**
cerrado 16 julio-agosto, domingo noche y lunes – **Comida** carta 19,33 a 22,84.

Lago di Como, Campo del Príncipe 8, ✉ 18009, ✆ 958 22 61 54, *Fax 958 22 61 54,* 🌿 – 🖥. 𝖠𝖤 𝖬𝖢 *VISA*. ✄
　　CZ **f**
Comida - cocina italiana - carta 21,04 a 30,05.

✕ **China,** Pedro Antonio de Alarcón 23, ✉ 18004, ℰ 958 25 02 00, *luissin@hotmail.com,*
Fax 958 25 02 00 – ▤. AE ⓓ ⓂⒸ *VISA* JCB. ✘   T d
Comida - rest. chino - carta 21,62 a 31,20.

✕ **Mucho Gusto,** El Guerra 30, ✉ 18014, ℰ 958 16 08 29, ☂ – P. AE ⓂⒸ *VISA*. ✘   S v
cerrado agosto, domingo noche y lunes – **Comida** carta 15,50 a 28.

♈ **Bodegas Castañeda,** Almireceros 1, ✉ 18010, ℰ 958 21 54 64 – ▤. ✘   BY z
Tapa 5,41 **Ración** - ibéricos, ahumados, quesos - aprox. 12,62.

♈ **La Mancha,** Joaquín Costa 10 ℰ 958 22 89 68 – ▤. ✘   BY e
Tapa 6,61 **Ración** - ibéricos - aprox. 12,62.

♈ **De Costa a Costa,** Ancha de Gracia 3, ✉ 18003, ℰ 958 52 31 37 – ▤. ⓂⒸ
VISA. ✘   T s
cerrado 1ª quincena de agosto y lunes – **Ración** - pescados y mariscos - aprox. 6,01.

♈ **Casa Enrique,** Acera del Darro 8, ✉ 18005, ℰ 958 25 50 08, ☂ – ▤. ✘   BZ h
cerrado domingo – **Tapa** 1,30 **Ración** - ibéricos, anchoas - aprox. 11.

♈ El Chanquete, Pedro Antonio de Alarcón 27, ✉ 18004, ℰ 958 52 20 10, ☂ – ▤
- pescados y mariscos.   T d

♈ **Mesón Luis,** Pedro Antonio de Alarcón 41, ✉ 18004, ℰ 958 52 13 09 – ▤. ✘   T a
cerrado agosto y lunes – **Ración** - pescados, mariscos y berenjenas - aprox. 8,41.

♈ **Taberna Tendido 1,** av. Doctor Olóriz 25, ✉ 18012, ℰ 958 27 23 02, *info@tendi
do1.com, Fax 958 27 72 19,* ☂, « Bajo los soportales de la Plaza de Toros » – ▤. AE
ⓂⒸ *VISA*   S n
Tapa 2,70 **Ración** aprox. 8,40.

en La Alhambra :

🏨 **Alhambra Palace,** Peña Partida 2, ✉ 18009, ℰ 958 22 14 68, *reservas@h-alhamb
rapalace.es, Fax 958 22 64 04,* « Edificio de estilo árabe con ≤ Granada y Sierra Nevada »
– ▤ ▤ TV – 🏊 25/120. AE ⓓ ⓂⒸ *VISA* JCB. ✘   CY n
Comida 30 – ☕ 10 – **113 hab** 115/150 – 13 suites.

🏨 **Parador de Granada** ⚕, Alhambra, ✉ 18009, ℰ 958 22 14 40, *Fax 958 22 22 64,*
☂, « Instalado en el antiguo convento de San Francisco (siglo XV). Jardín » – ▤ TV ♿
P – 🏊 25/30. AE ⓓ ⓂⒸ *VISA* JCB. ✘   DY
Comida 24,04 – ☕ 10,52 – **34 hab** 161,84/202,30 – 2 suites.

🏨 **Guadalupe,** paseo de la Sabika, ✉ 18009, ℰ 958 22 34 24, *guadalupeh@infonegoc
io.com, Fax 958 22 37 98* – ▤ ▤ TV. AE ⓓ ⓂⒸ *VISA* JCB. ✘ rest   DY a
Comida 15,62 – ☕ 6,60 – **58 hab** 57/93 – PA 32.

🏠 **América** ⚕, Real de la Alhambra 53, ✉ 18009, ℰ 958 22 74 71, *hamerica@moebi
us.es, Fax 958 22 74 70,* ☂ – ▤ hab,. ⓂⒸ *VISA*. ✘   DY z
marzo-noviembre – **Comida** *(cerrado sábado y domingo)* 15,10 – ☕ 6,45 – **14 hab**
60,50/96,50 – 1 suite – PA 31,15.

✕✕ **Jardines Alberto,** av. Alixares del Generalife, ✉ 18009, ℰ 958 22 48 18, *jardinesa
lberto@ctv.es, Fax 958 22 48 18,* ☂ – ▤. AE ⓂⒸ *VISA* JCB. ✘   DY c
cerrado domingo noche – **Comida** carta 17,74 a 27,05.

en la carretera de Madrid *por* ① *: 3 km :*

🏨 **Camping Motel Sierra Nevada,** av. de Madrid 107, ✉ 18014, ℰ 958 15 00 62,
campingmotel@terra.es, Fax 958 15 09 54, ☂, 🏊, ✕ – ▤ rest, TV P. AE ⓓ ⓂⒸ
VISA. ✘
Comida 5,71 – **25 hab** ☕ 27,97/42,43 – 8 apartamentos.

en la carretera de Málaga *por* ④ *: 5 km :*

🏨 **Sol Inn Alcano,** av. de Andalucía 130, ✉ 18015, ℰ 958 28 30 50, *sol.inn.alcano@s
olmelia.es, Fax 958 29 14 29,* ☂, « Agradable jardín central con 🏊 », ✕ – ▤ TV P. AE
ⓓ ⓂⒸ *VISA* JCB. ✘ rest
Comida 12,02 – ☕ 7,57 – **100 hab** 69,41/85,10.

GRANADILLA DE ABONA *Santa Cruz de Tenerife – ver Canarias (Tenerife).*

GRANDAS DE SALIME *33730 Asturias* 441 *C 9 – 1330 h alt. 562.*
Madrid 548 – Cangas 88 – Luarca 104 – Oviedo 142.

en la carretera AS 14 *Noreste : 5,5 km :*

🏨 Las Grandas ⚕, Vistalegre, ✉ 33730, ℰ 98 562 72 98, *Fax 98 562 73 19,* Junto a un
embalse – TV P
15 hab.

La GRANJA o SAN ILDEFONSO 40100 Segovia 442 J 17 – 4 949 h alt. 1 192.

Ver : *Palacio de La Granja de San Ildefonso*★★ (*Museo de Tapices*★★) – *Jardines*★★ *(surtidores*★★*)*.

Madrid 74 – Segovia 13.

Las Fuentes sin rest, Padre Claret 6 ℘ 921 47 10 24, Fax 921 47 17 41, – TV. ① MC VISA. ℅
cerrado enero – **9 hab** 84,10/108,20.

Roma, Guardas 2 ℘ 921 47 07 52, Fax 921 47 02 78, – TV. MC VISA. ℅
cerrado noviembre – **Comida** *(cerrado martes)* 10,82 – 4,81 – **16 hab** 39,07/57,10.

Reina XIV, Reina 14 ℘ 921 47 05 48 – . AE ① MC VISA JCB. ℅
cerrado enero, del 24 al 30 de junio y lunes – **Comida** carta 23,40 a 29,40.

Dólar, Valenciana 1 ℘ 921 47 02 69, Fax 921 47 02 69 – AE ① MC VISA. ℅
cerrado noviembre y miércoles – **Comida** carta aprox. 20,40.

en Pradera de Navalhorno *carretera del puerto de Navacerrada - Sur : 2,5 km :*

El Torreón con hab, ✉ 40109 Valsain, ℘ 921 47 09 04, Fax 921 47 20 68, – TV. P. AE ① MC VISA. ℅
Comida *(cerrado martes)* carta aprox. 30,50 – 3,01 – **10 hab** 24,96/36.

en Valsain *por la carretera del puerto de Navacerrada - Sur : 3 km :*

Hilaria, ✉ 40109 Valsain, ℘ 921 47 02 92, Fax 921 47 18 93, – AE ① MC VISA. ℅
cerrado 10 días en junio, noviembre y lunes (salvo agosto y festivos) – **Comida** carta 20,42 a 25,23.

GRANOLLERS 08400 Barcelona 443 H 36 – 52 062 h alt. 148.

Madrid 641 ③ – *Barcelona 29 – Girona/Gerona 75* ② *– Manresa 70* ③

Plano página siguiente

Ciutat de Granollers , Turó Bruguet 2 (carret. de Mataró) ℘ 93 879 62 20, *comercial@hotelciutat.com*, Fax 93 879 58 46, , , , – TV P. – 30/600. AE ① MC VISA JCB
City : **Comida** carta 20 a 27,78 – 8,01 – **111 hab** 113,58/141,98.   BZ **m**

Aparthotel Atenea Vallès, Magallanes ℘ 93 879 48 20, *ateneav@city-hoteles.es*, Fax 93 879 34 61, – TV – 25/120. AE ① MC VISA. ℅
Comida *(cerrado agosto)* 21,04 – 8,41 – **84 apartamentos** 87,15/105,17.   AZ **a**

Granollers, av. Francesc Macià 300 ℘ 93 879 51 00, *h.granollers@hotelgranollers.com*, Fax 93 879 42 55, – TV – 25/250. AE ① MC VISA JCB. ℅
Gran Olla : **Comida** carta 24 a 36 – 7,50 – **72 hab** 66/84.   AZ **n**

Iris, av. Sant Esteve 92 ℘ 93 879 29 29, *hotel@hoteliris.com*, Fax 93 879 20 06 – TV – 25/40. AE ① MC VISA JCB. ℅ rest   BZ **k**
Comida 13,30 – 5,11 – **56 hab** 45,08/61,30.

Europa con hab, Anselm Clavé 1 ℘ 93 870 03 12, Fax 93 870 79 01 – TV. AE ① MC VISA JCB. ℅   BY **f**
Comida carta 16,40 a 26 – **7 hab** 66/91.

El Trabuc, carret. de El Masnou ℘ 93 870 86 57, *trabuc@jet.es*, Fax 93 860 40 24, , « *Antigua casa de campo* » – P. AE ① MC VISA JCB. ℅
cerrado del 15 al 31 de agosto y domingo noche – **Comida** carta 25,50 a 39.   por carret. de Masnou AZ

L'Antic Casino, pl. de la Font Verda ℘ 93 870 43 45, *casino@pednet.com*, Fax 93 860 63 70 – . AE ① MC VISA   BY **h**
cerrado domingo noche y lunes – **Comida** carta 26,44 a 31,85.

La Taverna d'en Grivé, Josep Maria Segarra 98 (carret. de Sant Celoni) ℘ 93 849 57 83, Fax 93 840 13 12 – P. AE ① MC VISA JCB. ℅   BY **c**
cerrado del 6 al 26 de agosto, domingo noche y lunes – **Comida** carta 33,73 a 44.

L'Asador, Mare de Déu de Núria 22 ℘ 93 879 24 58 – . AE ① MC VISA. ℅   AY **e**
cerrado agosto, domingo noche y lunes – **Comida** carta 16,22 a 22,84.

Les Arcades, Girona 29 ℘ 93 879 40 96, Fax 93 870 91 56 – . MC VISA JCB. ℅   BY **b**
cerrado 25 junio-16 julio, lunes noche y martes
Comida carta 14,75 a 21,90.

Layon, pl. de la Caserna 2 ℘ 93 879 40 82, Fax 93 879 53 11 – . ① MC VISA. ℅   AY **d**
cerrado del 1 al 22 de septiembre y martes salvo festivos – **Comida** carta 13,22 a 26,04.

Racó del Mar, av. Francesc Macià 99 ℘ 93 879 62 68 – . AE ① MC VISA. ℅   ABZ **r**
cerrado domingo noche y lunes – **Comida** - pescados y mariscos - carta 22,84 a 28,25.

GRANOLLERS

N 152ª LA GARRIGA
CÀNOVES
C 17 VIC
NORD
MARE DE DÈU DE MONTSERRAT
Ramon
Llull
Francesc
Narcís
Monturiol
Palau
Mariá
MARE DE DÈU DE FÀTIMA
Av. de l'Estació del Nord
Pl. de la Constitució
Torras
Casanova
València
Ponent
Corró
Joan
Prim
Girona
Muntanya
Ribas
c
Sagarra
PARC PUIG DE LES FORQUES
C 35 CARDEDEU
PARC DE PONENT
Rafael
i
Bages
T
Rec
Flor
b
8
María de
Olivar
Carles Riba
Josep
ST ESTEVE
H
Pius XII
Roger
de
Princesa
Sant Jaume
Barcelona
Alfons IV
Pl de la Corona
PARC TORRAS VILLA
Josep
Pg.
Equador
Argentina
Brasil
Uruguai
Umbert
Venequela
CONGOST
Z.I.
JORDI
CAMP
PARC DE CONGOST
Annibal
Sant
Riba
Foment
Sant
de
Esteve
Josep
Llevant
Enric
Prat
de
la
PAVELLO D'ESPORTS
Camp de les
Companys
Macià
M
k
Moreres
a
r
9
Pl. de Serrat I Bonastre
m
Montserrat
de Dèu
Francesc
14
CENTRE
Pl. de les Arts
Tres
Torres
Mare de
de
PALAU D'ESPORTS
10
Ronda
Sud
Terrades
Esteve
Ronda
Sud
A 7-E15 GIRONA / GERONA
C 60 MATARÓ
Londres
Lluís
Ral
Av.
Z.I. CAN MUNTANYOLA
Camí
n
26
SABADELL, BARCELONA C 17
C 33 BARCELONA EL MASNOU
0   200 m

en Vilanova del Vallès *por la carretera de El Masnou* AZ :

Alfa Vallès 🦢, Sur : 4,5 km, ✉ 08410 Vilanova del Vallès, 🕿 93 845 60 50, *info@h otelalfavalles.com*, Fax 93 845 60 61, ≤, ₤ᵪ, 🏊 – 🛗 🗏 📺 👍 🅿 – 🏖 25/200. 🄰🄴 🄼🄲 🆅🄸🅂🄰. ⚹ rest
El Turó verd : **Comida** carta 26 a 32 – 🍵 12 – **100 hab** 75/100 – 2 suites.

El Bon Caliu, Verge de Núria 26 - Sur : 6 km, ✉ 08410 Vilanova del Vallès, 🕿 93 845 60 68, Fax 93 845 60 68 – 🗏. 🄰🄴 🄾 🄼🄲 🆅🄸🅂🄰. ⚹
cerrado Semana Santa, agosto y domingo – **Comida** carta 23,37 a 35,31.

en Corró d'Amunt *por la carretera de Cànoves - Norte : 8,5 km* BY :

Tasta Olletes, ✉ 08520 apartado 51 Les Franqueses, 🕿 93 871 01 51, Fax 93 871 01 51 – 🗏 🅿. 🄼🄲 🆅🄸🅂🄰. ⚹
cerrado martes – **Comida** carta 28,12 a 34,26.

GRAUS 22430 Huesca **443** **F 31** – *3 267 h alt. 468.*
Madrid 475 – Huesca 85 – Lleida/Lérida 85.

Lleida, glorieta Joaquín Costa 🕿 974 54 09 25, *hlleida@icg.es*, Fax 974 54 07 54 – 🗏 📺 🅿. 🄰🄴 🄾 🄼🄲 🆅🄸🅂🄰 🄹🄲🄱
Comida 10,39 – 🍵 3,75 – **27 hab** 27,19/44,47 – PA 21,12.

GRAZALEMA 11610 Cádiz **446** **V 13** – *2 325 h alt. 823.*
Ver : *Localidad*★.
Alred. : *Parque Natural de la Sierra de Grazalema.*
Madrid 567 – Cádiz 136 – Ronda 27 – Sevilla 135.

Puerta de La Villa 🦢, pl. Pequeña 8 🕿 956 13 23 76, *info@grazhotel.com*, Fax 956 13 20 87, ₤ᵪ, 🏊 climatizada – 🛗 🗏 📺 👍 🚗 – 🏖 25/40. 🄼🄲 🆅🄸🅂🄰. ⚹
La Garrocha : **Comida** carta 20,70 a 34,80 – 🍵 9,25 – **28 hab** 87,30/109,10 – 5 apartamentos.

Villa Turística de Grazalema 🦢, El Olivar 🕿 956 13 21 36, Fax 956 13 22 13, ≤, 🏊 – 🗏 📺 👍 🅿 – 🏖 25/70. 🄰🄴 🄾 🄼🄲 🆅🄸🅂🄰 🄹🄲🄱. ⚹
Comida 12,62 – **24 hab** 🍵 44,47/60,10 – 38 apartamentos.

Casa de las Piedras, Las Piedras 32 🕿 956 13 20 14, Fax 956 13 22 38, ⛲ – 🄾 🄼🄲 🆅🄸🅂🄰. ⚹
Comida *(25 junio-15 julio)* 8,41 – **16 hab** 🍵 25,24/39,07.

Cádiz el Chico, pl. de España 8 🕿 956 13 20 27 – 🗏. 🄰🄴 🄼🄲 🆅🄸🅂🄰. ⚹
Comida carta 15,03 a 28,85.

GREDOS 05132 Ávila **442** **K 14**.
Ver : *Sierra*★★ - *Emplazamiento del Parador*★★.
Alred. : *Carretera del puerto del Pico*★ (≤★) *Sureste : 18 km.*
Madrid 169 – Ávila 63 – Béjar 71.

Parador de Gredos 🦢, alt. 1 650 🕿 920 34 80 48, Fax 920 34 82 05, ≤ sierra de Gredos – 🛗 📺 🅿 – 🏖 25/100. 🄰🄴 🄾 🄼🄲 🆅🄸🅂🄰 🄹🄲🄱. ⚹
cerrado por obras hasta el 22 de marzo – **Comida** 22,84 – 🍵 8,71 – **74 hab** 66,20/82,76, 2 suites.

GRIÑÓN 28971 Madrid **444** **L 18** – *2 332 h alt. 670.*
Madrid 32 – Aranjuez 36 – Toledo 47.

El Mesón de Griñón, Palo 2 🕿 91 814 01 13, Fax 91 814 01 13, ⛲ – 🗏 🚗 🅿. 🄰🄴 🄼🄲 🆅🄸🅂🄰. ⚹
cerrado julio y agosto – **Comida** carta 28,31 a 37,95.

El Lechal, carret. de Navalcarnero - Oeste : 1 km 🕿 91 814 01 62, ⛲ – 🗏 🅿. 🄰🄴 🄼🄲 🆅🄸🅂🄰. ⚹
cerrado agosto y jueves – **Comida** carta 24 a 34,50.

O GROVE 36980 Pontevedra **441** **E 3** – *10 367 h – Playa.*
🛈 pl. del Corgo 🕿 986 73 14 15 *(temp).*
Madrid 635 – Pontevedra 31 – Santiago de Compostela 74.

Maruxia sin rest, Luis Casais 14 🕿 986 73 27 95, *hmaruxia@hotmail.com*, Fax 986 73 05 07 – 🛗 📺 🚗. 🄰🄴 🄾 🄼🄲 🆅🄸🅂🄰. ⚹
cerrado 8 enero-15 febrero – 🍵 5,50 – **60 hab** 41,50/63,75.

Norat, av. Luis Casais 22 🕿 986 73 33 99, *norat@infonegocio.com*, Fax 986 73 30 12 – 🛗, 🗏 rest, 📺 🅿. 🄰🄴 🄼🄲 🆅🄸🅂🄰. ⚹
Comida 9,02 – 🍵 3,01 – **65 hab** 56,80/68,82 – PA 21,04.

🏠 **Serantes** sin rest con cafetería, Castelao 40 ✆ 986 73 22 04, Fax 986 73 23 91 – ⬆
📺. ⓂⒸ 𝘝𝘐𝘚𝘈. ✂
marzo-noviembre – ☕ 3,31 – **32 hab** 38,60/51,45.

🏠 **Amandi,** Castelao 94 ✆ 986 73 19 42, *hamandi@wanadoo.es*, Fax 986 73 16 43, ⛱ –
⬆ 📺 🚗. ⓂⒸ 𝘝𝘐𝘚𝘈. ✂
Comida 15 – **25 hab** ☕ 69/79,30.

🏠 **El Molusco,** Castelao 206 - puente de La Toja ✆ 986 73 07 61, *molusco@igara.net*,
Fax 986 73 29 84 – ⬆ 📺 ♿ 🅿. 𝗔𝗘 ⓪ ⓂⒸ 𝘝𝘐𝘚𝘈. ✂
cerrado enero y febrero – **Comida** *(cerrado 15 diciembre-febrero y domingo noche salvo
julio-agosto)* 17,72 – **36 hab** ☕ 75,54/86,76.

✕✕ **El Crisol,** Hospital 10 ✆ 986 73 00 29 – ▤. 𝗔𝗘 ⓪ ⓂⒸ 𝘝𝘐𝘚𝘈. ✂
cerrado lunes – **Comida** - pescados y mariscos - carta 22,21 a 30,04.

✕ **Beiramar,** av. Beiramar 30 ✆ 986 73 10 81, *gerente@restaurantebeiramar.com*,
Fax 986 73 36 71 – ▤. 𝗔𝗘 ⓪ ⓂⒸ 𝘝𝘐𝘚𝘈. ✂
cerrado noviembre y lunes salvo verano – **Comida** - pescados y mariscos - carta 22,83
a 32,75.

✕ **La Posada del Mar,** Castelao 202 ✆ 986 73 01 06, Fax 986 73 01 06 – ▤ 🅿. 𝗔𝗘 ⓪
ⓂⒸ 𝘝𝘐𝘚𝘈. ✂
cerrado 10 diciembre-enero, domingo mediodía (junio-agosto), domingo noche y lunes –
Comida carta 27,03 a 33,04.

✕ **Dorna,** Castelao 150 ✆ 986 73 18 42, Fax 986 73 32 17 – ▤. 𝗔𝗘 ⓪ ⓂⒸ 𝘝𝘐𝘚𝘈. ✂
Comida carta 20,14 a 31,56.

✕ **Finisterre,** pl. del Corgo 2 B ✆ 986 73 07 48 – ▤. 𝗔𝗘 ⓪ ⓂⒸ 𝘝𝘐𝘚𝘈. ✂
cerrado 26 diciembre-20 enero y domingo noche – **Comida** - pescados y mariscos - carta
18,35 a 30.

✕ **El Combatiente,** pl. del Corgo 10 ✆ 986 73 07 41 – 𝗔𝗘 ⓂⒸ 𝘝𝘐𝘚𝘈. ✂
cerrado noviembre y lunes – **Comida** - pescados y mariscos - carta 30,05 a 36,06.

en la carretera de Pontevedra *Sur : 3 km :*

🏨 **Touris** sin rest, Ardia 175, ✉ 36980, ✆ 986 73 02 51, Fax 986 73 20 00, ⬲, ⛱, ✕ –
⬆ 📺 🅿. 𝗔𝗘 ⓪ ⓂⒸ 𝘝𝘐𝘚𝘈 𝗝𝗖𝗕. ✂
marzo-noviembre – ☕ 6 – **48 hab** 60,10/78,14.

en San Vicente del Mar *Sur : 8,5 km :*

🏨 **Mar Atlántico** ⛷, ✉ 36989 San Vicente del Mar, ✆ 986 73 80 61, *maratlan@cyb
erweb.es*, Fax 986 73 82 99, « Jardín con ⛱ », 🛁, ⛱ – ⬆, ▤ rest, 📺 🅿. 𝗔𝗘 ⓪ ⓂⒸ
𝘝𝘐𝘚𝘈. ✂
Semana Santa-octubre – **Comida** 16,82 – ☕ 6,60 – **47 hab** 81/93.

GUADALAJARA 19000 🅿 **444** K 20 – *67847 h alt. 679.*

Ver : *Palacio del Infantado★ (fachada★, patio★)* AY.

🛈 pl. de los Caídos 6 ✉ 19001 ✆ 949 21 16 26 Fax 949 21 16 26 – **R.A.C.E.** *Condesa Vega
del Pozo 4* ✉ 19001 ✆ 949 22 04 96

Madrid 55 ② – *Aranda de Duero* 159 ② – *Calatayud* 179 ① – *Cuenca* 156 ① – *Teruel*
245 ①

Plano página siguiente

🏨 **Meliá Confort Guadalajara,** junto autovía N II, ✉ 19002, ✆ 949 20 93 04, *melia
.confort.guadalajara@solmelia.com*, Fax 949 22 64 10 – ⬆ ▤ 📺 ♿ 🅿 – 🔔 25/650. 𝗔𝗘
⓪ ⓂⒸ 𝘝𝘐𝘚𝘈. ✂   por ①
Comida 22,09 – ☕ 10 – **159 hab** 98/123.

🏨 **AC Guadalajara** sin rest con cafetería por la noche, av. del Ejército 6, ✉ 19004,
✆ 949 24 83 70, *acguadalajara@ac-hoteles.com*, Fax 949 24 83 71, 🛁 – ⬆ ▤ 📺 ♿ 🚗
– 🔔 30. 𝗔𝗘 ⓪ ⓂⒸ 𝘝𝘐𝘚𝘈. ✂   AY   t
☕ 7,81 – **101 hab** 96,16/110,59 – 2 suites.

🏨 **Alcarria,** Toledo 39, ✉ 19002, ✆ 949 25 33 00, *alcarria@green-hoteles.com*,
Fax 949 25 34 07 – ⬆ ▤ 📺 – 🔔 25/300. 𝗔𝗘 ⓪ ⓂⒸ 𝘝𝘐𝘚𝘈 𝗝𝗖𝗕. ✂ rest   BZ   e
Comida 10 – ☕ 6 – **53 hab** 60/75.

🏨 **Pax** ⛷, av. de Venezuela 15, ✉ 19005, ✆ 949 24 80 60, *hotelpax@husa.es*,
Fax 949 22 69 55, ⬲, 🏊 – ⬆ ▤ 📺 🅿 – 🔔 25/400. 𝗔𝗘 ⓪ ⓂⒸ 𝘝𝘐𝘚𝘈. ✂
Comida 16,80 – ☕ 7,30 – **60 hab** 71,70/89,60 – PA 34,80.   por Zaragoza   BY

🏠 **Infante** sin rest, San Juan de Dios 14, ✉ 19001, ✆ 949 22 35 55, Fax 949 22 35 98
– ⬆ ▤ 📺 🚗. 𝗔𝗘 ⓪ ⓂⒸ 𝘝𝘐𝘚𝘈. ✂   AY   a
☕ 2,70 – **37 hab** 33,12/45,02.

GUADALAJARA

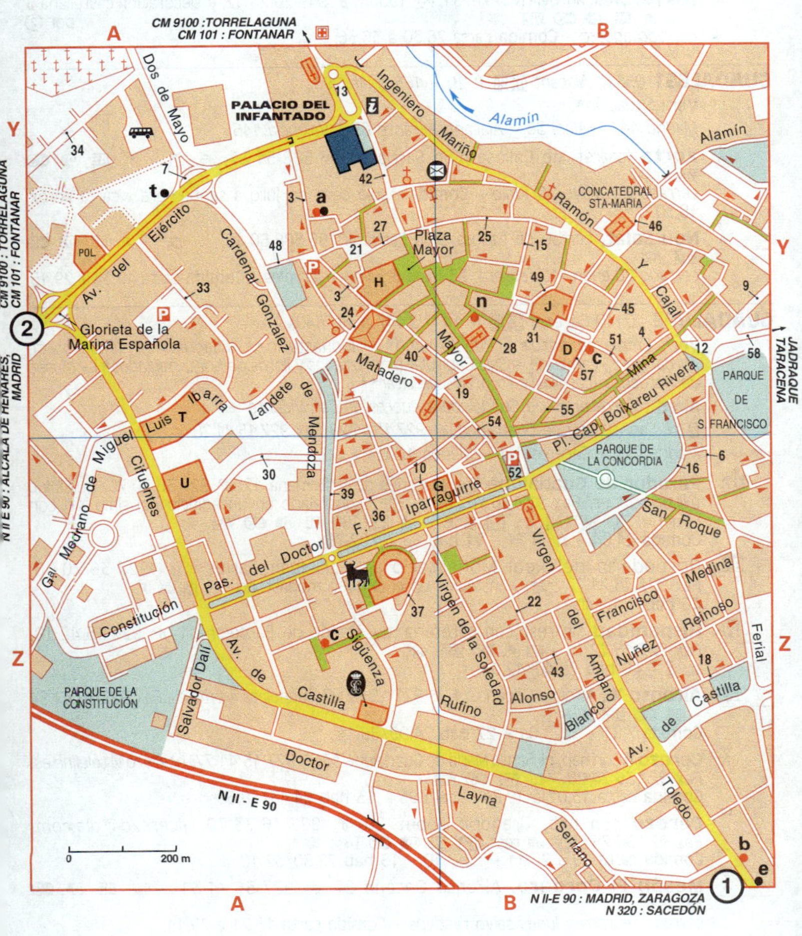

Amparito Roca, Toledo 19, ⊠ 19002, ✆ 949 21 46 39, Fax 949 21 57 97, 🌿 – ▣.
AE VISA. ⊘ **BZ b**
cerrado Semana Santa, 2ª quincena de agosto y domingo – **Comida** carta aprox. 35,05.

Albahaca, San Juan de Dios 14, ⊠ 19001, ✆ 949 25 43 99, 🌿 – ▣. MC
VISA. ⊘ **AY a**
cerrado domingo noche – **Comida** - espec. en arroces - carta aprox. 25,03.

XX **Lino,** Vizcondesa de Jorbalán 10, ⊠ 19001, ℰ 949 25 38 45, *restaurantelino@ yahoo.es*
– 🗏. 𝗔𝗘 𝗠𝗖 *VISA*. 🍴   BY c
Comida carta 20,43 a 29,75.

XX **Miguel Ángel,** Alfonso López de Haro 4, ⊠ 19001, ℰ 949 21 22 51, *Fax 949 21 25 63,*
« Decoración castellana » – 🗏. 𝗔𝗘 𝗠𝗖 *VISA*. 🍴   BY n
Comida carta 21,63 a 26,75.

X **Diego's,** Sigüenza 16, ⊠ 19003, ℰ 949 25 36 34, *lozanojesus@ terra.es,*
Fax 949 21 31 11 – 🗏. 𝗠𝗖 *VISA*. 🍴   AZ c
cerrado del 5 al 31 de agosto y lunes – **Comida** carta 21,64 a 29,45.

X **Los Faroles,** autovía N II - km 51, ⊠ 19004, ℰ 949 20 23 32, « Decoración castellana »
– 🗏 🅿. 𝗔𝗘 ⓪ 𝗠𝗖 *VISA*. 🍴   por ②
cerrado agosto – **Comida** carta 26,30 a 36,36.

GUADALEST 03517 Alacant **445** P 29 – 165 h alt. 995.

Ver : *Situación★.*

Madrid 441 – Alcoi 36 – Alacant/Alicante 65 – València 145.

X **Xorta,** carret. de Callosa d'En Sarrià ℰ 96 588 51 87, ≤, ⤳ – 🅿. 𝗔𝗘 ⓪ 𝗠𝗖
VISA. 🍴
cerrado 20 mayo-20 junio – **Comida** - sólo cena de julio a septiembre - carta aprox.
18,30.

X **Nou Salat,** carret. de Callosa d'En Sarrià ℰ 96 588 50 19, ≤, 🌇 – 🅿. 𝗔𝗘 ⓪ 𝗠𝗖
VISA. 🍴
cerrado 20 enero-10 febrero, 25 junio-5 julio y miércoles – **Comida** carta 19,53 a 29,15.

GUADALUPE 10140 Cáceres **444** N 14 – 2 447 h alt. 640.

Ver : *Emplazamiento★ - Pueblo viejo★ – Monasterio★★ : Sacristía★★ (cuadros de*
Zurbarán★★) camarín★ – Sala Capitular (antifonarios y libros de horas miniados★) – Museo
de bordados (casullas y frontales de altar★★).

Alred. : *Carretera★ de Guadalupe a Puerto de San Vicente ≤★.*

🛈 *pl. Santa María de Guadalupe* ℰ *927 15 41 28 Fax 927 15 41 28.*

Madrid 225 – Cáceres 129 – Mérida 129.

🏛 **Parador de Guadalupe** ⤳, Marqués de la Romana 12 ℰ 927 36 70 75, *guadalup*
e@parador.es, Fax 927 36 70 76, ≤, 🌇, « Instalado en un edificio del siglo XVI con
jardín », ⤳, 🍴 – 🛗 🗏 📺 ♿ 🅿 – 🔏 25/180. 𝗔𝗘 ⓪ 𝗠𝗖 *VISA*. 🍴
Comida 21,04 – ⊊ 8,71 – **41 hab** 66,20/82,76.

🏠 **Hospedería del Real Monasterio** ⤳, pl. Juan Carlos I ℰ 927 36 70 00,
Fax 927 36 71 77, 🌇, « Instalado en el antiguo monasterio » – 🛗 🗏 🅿
46 hab – 1 suite.

🏠 **Hispanidad** sin rest con cafetería, av. Conde de Barcelona 1 ℰ 927 15 42 10,
Fax 927 15 42 11 – 🗏 🅿. 𝗠𝗖 *VISA*. 🍴
⊊ 3 – **40 hab** 29,40/42,07.

🏠 **Alfonso XI,** Alfonso Onceno 21 ℰ 927 15 42 87, *juanplaza@bme.es, Fax 927 15 41 84*
– 🗏. 𝗠𝗖 *VISA* 𝗝𝗖𝗕
Comida 7,81 – ⊊ 3,01 – **27 hab** 24,09/36,14.

X **Cerezo II** con hab, pl. Santa María de Guadalupe 33 ℰ 927 15 41 77, *hcerezo@ teleline.es,*
Fax 927 36 74 28 – 🗏 📺. 𝗠𝗖 *VISA*
Comida carta 13,07 a 19,84 – ⊊ 1,95 – **13 hab** 24,43/38,58.

X **Cerezo** con hab, Gregorio López 20 ℰ 927 36 73 79, *jlcerezo@ ole.com,*
Fax 927 36 75 31 – 🗏 rest, 📺. 𝗔𝗘 ⓪ 𝗠𝗖 *VISA*. 🍴
Comida carta 19 a 25,11 – ⊊ 2,10 – **15 hab** 22,80/32,10.

X **Mesón El Cordero,** Alfonso Onceno 27 ℰ 927 36 71 31 – 🗏. 𝗔𝗘 ⓪ 𝗠𝗖
VISA. 🍴
cerrado febrero y lunes salvo festivos – **Comida** carta 16,21 a 29,14.

GUADARRAMA 28440 Madrid **444** J 17 – 6 950 h alt. 965

Madrid 48 – Segovia 43.

XX **Laciana,** Alfonso Senra 17 ℰ 91 854 03 37 – 🗏. ⓪ 𝗠𝗖 *VISA* 𝗝𝗖𝗕. 🍴
Comida - sólo almuerzo salvo fines de semana y verano - carta 20 a 30,34.

X **Asador Los Caños,** Alfonso Senra 51 ℰ 91 854 02 69, *j.o.garrido@ terra.es,*
Fax 91 854 31 32, 🌇 – 🗏. 𝗔𝗘 ⓪ 𝗠𝗖 *VISA*. 🍴
cerrado 18 junio-10 julio – **Comida** - sólo almuerzo de domingo a jueves salvo Navidades,
Semana Santa y verano – cordero asado - carta 22,39 a 27,50.

en la carretera N VI :

XX **Miravalle,** Sureste : 4,5 km, ⊠ 28440, 𝒸 91 850 03 00, Fax 91 851 24 28, 🍃 – ▤
🅟 Ⓜⓒ 𝐕𝐈𝐒𝐀. 🛇
cerrado enero y miércoles – **Comida** carta 25,05 a 35.

X **La Sopa Boba,** Sureste : 5,5 km, ⊠ 28440, 𝒸 91 850 63 70, 🍃, « Cabaña típica »
– ▤ 🅟 🄰🄴 ⓞ Ⓜⓒ 𝐕𝐈𝐒𝐀. 🛇
cerrado noviembre, domingo noche y lunes – **Comida** carta 21,93 a 27,79.

GUADIX 18500 Granada **446** U 20 – 19 634 h alt. 949.
Ver : *Localidad★ - Catedral (fachada★) – Barrio de Santiago★ – Barrio de las Cuevas★.*
Alred. : *Carretera★★ de Guadix a Purullena (Oeste : 5 km).*
🄳 *av. Mariana Pineda* 𝒸 958 66 26 65 Fax 958 66 53 38.
Madrid 436 – Almería 112 – Granada 57 – Murcia 226 – Úbeda 119.

🏠 **Comercio,** Mira de Amezcua 3 𝒸 958 66 05 00, *hotelcomercio@ moebius.es,*
Fax 958 66 50 72 – ▤ 📺. 🄰🄴 ⓞ Ⓜⓒ 𝐕𝐈𝐒𝐀
Comida 10,22 – ☕ 5,41 – **24 hab** 33,06/51,09.

🏠 **Carmen** sin rest, av. Mariana Pineda 61 𝒸 958 66 15 00, *bonachera@ mixmail.com,*
Fax 958 66 01 79 – 🛗 ▤ 📺 ⅙ 🚗. Ⓜⓒ 𝐕𝐈𝐒𝐀. 🛇
☕ 3,22 – **38 hab** 41,16/51,45.

en la carretera de Murcia *Noreste : 2,5 km :*

🏠 **Cuevas Pedro Antonio de Alarcón,** barriada San Torcuato, ⊠ 18500,
𝒸 958 66 49 86, *cavehotel@ vnet.es,* Fax 958 66 17 21, 🍃, « Instalado en unas cuevas
típicas », ⅃ – ▤ rest, 📺 🅟. Ⓜⓒ 𝐕𝐈𝐒𝐀. 🛇
Comida 9,62 – ☕ 4,51 – **20 apartamentos** 54,69.

GUALBA 08474 Barcelona **443** G 37 – 628 h alt. 177.
Madrid 657 – Girona/Gerona 52 – Barcelona 57.

al Sureste : *3 km y desvío a la izquierda 1 km :*

🏠🏠 **Masferrer** 🦢, 𝒸 93 848 77 05, *hm@hotelmasferrer.com,* Fax 93 848 70 84, 🍃,
« Antigua masía agrícola rodeada de césped con ⅃ y la sierra del Montseny al fondo »
– ▤ 📺 🅟 🄰🄴 ⓞ Ⓜⓒ 𝐕𝐈𝐒𝐀. 🛇
Comida - es necesario reservar - carta aprox. 25 – ☕ 7 – **11 hab** 80/139.

GUAMASA *Santa Cruz de Tenerife – ver (Canarias) Tenerife.*

A GUARDA o **La GUARDIA** 36780 Pontevedra **441** G 3 – 9 727 h alt. 40 – Playa.
Alred. : *Monte de Santa Tecla★ (≤★★) Sur : 3 km.*
🄳 *av. Rosalía de Castro* 𝒸 986 61 18 50.
Madrid 628 – Ourense/Orense 129 – Pontevedra 72 – Porto 148 – Vigo 53.

🏠🏠 **Convento de San Benito** sin rest, pl. de San Benito 𝒸 986 61 11 66,
Fax 986 61 15 17, ≤, « Antiguo convento » – 📺. 🄰🄴 ⓞ Ⓜⓒ 𝐕𝐈𝐒𝐀. 🛇
cerrado enero-15 febrero – ☕ 4,50 – **24 hab** 42/63.

🏠 **Eli-Mar** sin rest, Vicente Sobrino 12 𝒸 986 61 30 00, Fax 986 61 11 56 – 📺. 🄰🄴 ⓞ Ⓜⓒ
𝐕𝐈𝐒𝐀. 🛇
☕ 3,60 – **18 hab** 21,03/39,06 – 2 apartamentos.

🏠 **Bruselas** sin rest, Orense 7 𝒸 986 61 11 21, Fax 986 61 11 21 – 🚗. 🛇
☕ 1,80 – **37 hab** 22,90/37,38.

XX **Bitadorna,** Calvo sotelo 30 𝒸 986 61 19 70, *carreiro@ wanadoo.es,* Fax 986 61 42 98
– ▤. 🄰🄴 ⓞ Ⓜⓒ 𝐕𝐈𝐒𝐀. 🛇
*cerrado 2ª quincena de febrero, 2ª quincena de octubre, domingo noche y lunes noche
salvo julio-agosto* – **Comida** carta 19,24 a 25,84.

X **Xeito,** Dr. Fernández Albor 19 𝒸 986 61 04 74, *carreiro@ wanadoo.es,* Fax 986 61 42 98,
🍃 – ⓞ Ⓜⓒ 𝐕𝐈𝐒𝐀. 🛇
cerrado 2ª quincena de febrero, 2ª quicena de octubre y lunes salvo julio-agosto – **Comida**
carta 15,63 a 19,84.

X **Marusía,** Calvo Sotelo 29 𝒸 986 61 38 09 – ⓞ Ⓜⓒ 𝐕𝐈𝐒𝐀. 🛇
cerrado 20 diciembre-20 enero – **Comida** - pescados y mariscos - carta 19,23 a 27,65.

X **Anduriña,** Calvo Sotelo 58 𝒸 986 61 11 08, Fax 986 61 11 56, ≤, 🍃 – ▤. 🄰🄴 ⓞ Ⓜⓒ
𝐕𝐈𝐒𝐀. 🛇
cerrado del 12 al 30 de noviembre y domingo noche – Comida - pescados y mariscos
- carta aprox. 24,93.

GUARDAMAR 46711 València **445** P 29 – 51 h alt. 11.

Madrid 422 – Gandía 6 – València 70.

X **Arnadí,** Molí 14 ✆ 96 281 90 57, « Terraza-jardín » – 🖼. AE ① MC VISA. ⌾
cerrado del 1 al 10 de abril, del 1 al 21 de noviembre, domingo noche y lunes salvo verano
– **Comida** - sólo cena en verano, cocina francesa - carta 19,55 a 28,15.

GUARDAMAR DEL SEGURA 03140 Alacant **445** R 28 – 7 513 h – Playa.

🛈 pl. de la Constitución 7 ✆ 96 572 72 92 touristinfo.guardamar@turisme.m400gva.es Fax
96 572 72 92.

Madrid 442 – Alacant/Alicante 36 – Cartagena 74 – Murcia 52.

🏨 **Meridional,** av. de la Libertad 64, urb. Las Dunas - Sur : 1 km ✆ 96 572 83 40, meri
dion@lobocom.es, Fax 96 572 83 06, ≤ – 🛗 🖾 TV 🅿. MC VISA. ⌾
Comida 15,05 – **52 hab** ⊑ 87,15/120,25 – PA 36,10.

🏨 Guardamar, av. Puerto Rico 11 ✆ 96 572 96 50, Fax 96 572 95 30, ≤, 🏊 – 🛗 🖾
TV 🚗
52 hab.

🏠 **Mediterráneo,** av. Cartagena 26 ✆ 96 572 94 07, Fax 96 572 94 07 – 🛗 🖾 TV. AE
① MC VISA. ⌾
Comida 10,22 – ⊑ 4,21 – **30 hab** 33,06/48,08.

🌳 **Eden-Mar** sin rest, Mediterráneo 19 ✆ 96 572 92 13, Fax 96 572 92 13 – TV. MC
VISA. ⌾
⊑ 4,21 – **25 hab** 30,05/48,08.

X **Chez Víctor 2,** av. de Perú 1 - urb. Las Dunas ✆ 96 572 82 18, ≤, 🏖 – ① MC
VISA. ⌾
cerrado 15 enero-15 febrero y martes – **Comida** carta 21,60 a 31,80.

La GUARDIA Pontevedra – ver A Guarda.

A GUDIÑA 32540 Ourense **441** F 8 – 2 017 h alt. 979.

Madrid 395 – Ourense/Orense 125 – Ponferrada 116 – Vila Real 121.

🌳 **Relojero,** carret. N 525 ✆ 988 42 10 01, Fax 988 42 11 39 – TV 🅿. AE MC VISA. ⌾
Comida 9,01 – ⊑ 3,60 – **25 hab** 24,04/33,05.

GUERNICA Y LUNO Bizkaia – ver Gernika-Lumo.

GUETARIA Gipuzkoa – ver Getaria.

GUIJUELO 37770 Salamanca **441** K 12 – 4 755 h alt. 1 010.

Madrid 206 – Ávila 99 – Plasencia 83 – Salamanca 49.

🏠 **Torres** sin rest con cafetería, San Marcos 3 ✆ 923 58 14 51, htorres@iponet.es,
Fax 923 58 00 17 – 🛗 TV. AE ① MC VISA. ⌾
⊑ 3,60 – **37 hab** 51,10.

GUILLENA 41210 Sevilla **446** T 11 – 7 715 h alt. 23.

Madrid 545 – Aracena 71 – Huelva 108 – Sevilla 21.

en la carretera de Burguillos Noreste : 5 km :

🏨 **Cortijo Águila Real** 🐎, ✉ 41210, ✆ 95 578 50 06, hotel@aguilareal.com,
Fax 95 578 43 30, ≤, 🏖, « Elegante cortijo andaluz con amplio jardín y 🏊 » – 🖾 TV
🅿 – 🔬 25/500. AE ① MC VISA. ⌾
Comida - sólo clientes - 22 – ⊑ 10 – **10 hab** 96/120 – 4 suites.

en Torre de la Reina Sureste : 7,5 km :

🏨 **Cortijo Torre de la Reina** 🐎, paseo de la Alameda, ✉ 41210 Guillena,
✆ 95 578 01 36, info@torredelareina.com, Fax 95 578 01 22, « Ambiente elegante en
una antigua residencia nobiliaria con jardín y 🏊 » – 🖾 TV 🅿 – 🔬 25/700. AE ① MC
VISA. ⌾
Comida - sólo clientes - 24,04 – ⊑ 7,21 – **6 hab** 120,20/129,21 – 6 suites – PA 52,28.

GÜIMAR Santa Cruz de Tenerife – ver Canarias (Tenerife).

HARÍA Las Palmas – ver Canarias (Lanzarote).

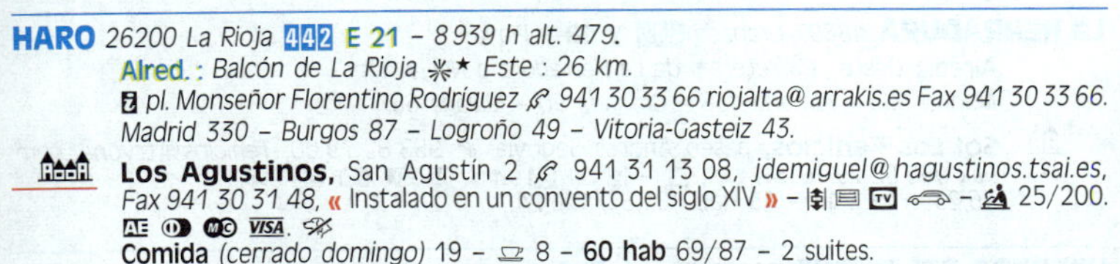

HARO 26200 La Rioja **442** **E 21** – 8 939 h alt. 479.

Alred. : Balcón de La Rioja ❀★ Este : 26 km.

🛈 pl. Monseñor Florentino Rodríguez ℘ 941 30 33 66 riojalta@arrakis.es Fax 941 30 33 66.

Madrid 330 – Burgos 87 – Logroño 49 – Vitoria-Gasteiz 43.

Los Agustinos, San Agustín 2 ℘ 941 31 13 08, jdemiguel@hagustinos.tsai.es, Fax 941 30 31 48, « Instalado en un convento del siglo XIV » – ⧉ 🖃 📺 🚗 – 🛏 25/200. 🖭 ⓞ ⓜⓒ 🆅🅸🆂🅰. ❀

Comida (cerrado domingo) 19 – 🍵 8 – **60 hab** 69/87 – 2 suites.

Luz sin rest, Camilo José Cela 1 ℘ 941 30 47 48, recepcion@luzhotel.com, Fax 941 30 47 51 – ⧉ 🖃 📺 🚗 – 🛏 25/500. 🖭 ⓞ ⓜⓒ 🆅🅸🆂🅰. ❀

🍵 4,51 – **37 hab** 54,69/68,21 – 3 suites.

Higinia sin rest, pl. Monseñor Florentino Rodríguez ℘ 941 30 43 44, Fax 941 30 31 48 – 📺. 🖭 ⓞ ⓜⓒ 🆅🅸🆂🅰. ❀ – abril-10 diciembre – 🍵 6 – **21 hab** 42/52.

Beethoven II, Santo Tomás 3 ℘ 941 31 11 81, Fax 941 31 13 63 – 🖃. ⓜⓒ 🆅🅸🆂🅰. ❀
Comida carta 21,64 a 26,44.

Mesón Atamauri, pl. Juan García Gato 1 ℘ 941 30 32 20, Fax 941 30 34 31, « Decoración rústica » – 🖃. 🖭 ⓞ ⓜⓒ 🆅🅸🆂🅰 🅹🅲🅱. ❀
cerrado 2ª quincena de diciembre, domingo noche y lunes – **Comida** carta aprox. 28.

Terete, Lucrecia Arana 17 ℘ 941 31 00 23, Fax 941 31 03 93, « Rest. típico con bodega » – 🖃. ⓜⓒ 🆅🅸🆂🅰. ❀ – cerrado del 1 al 15 de julio, del 15 al 30 de octubre, domingo noche y lunes – **Comida** - cordero asado - carta aprox. 21,94.

en la carretera N 124 Sureste : 1 km :

Ciudad de Haro, av. de Logroño, 🖂 26200, ℘ 941 31 12 13, hotel@iturriharo.com, Fax 941 31 17 21, ≼, 🏊 – ⧉ 🖃 📺 🅿 – 🛏 25/100. 🖭 ⓞ ⓜⓒ 🆅🅸🆂🅰. ❀ rest
Siglo XXI : **Comida** carta aprox. 30,86 – 🍵 9 – **52 hab** 71/111.

HECHO 22720 Huesca **443** **D 27** – alt. 833.

Madrid 497 – Huesca 102 – Jaca 49 – Iruña/Pamplona 122.

Gaby-Casa Blasquico con hab, pl. La Fuente 1 ℘ 974 37 50 07, 🌤 – 📺. ⓜⓒ 🆅🅸🆂🅰. ❀
cerrado del 1 al 15 de septiembre
Comida carta 18,03 a 27,05 – 🍵 3,61 – **6 hab** 48,08.

Serbal de Los Cazadores, Mayor 6 ℘ 974 37 53 35, cc11893@cconline.com, Fax 974 37 53 35, 🌤 – ⓜⓒ 🆅🅸🆂🅰. ❀
cerrado del 10 al 30 de noviembre – **Comida** carta 18,94 a 27,14.

en la carretera de Selva de Oza Norte : 7 km :

Usón 🤚, 🖂 22720, ℘ 974 37 53 58, hoteluson@teleline.es, Fax 974 37 53 58, ≼ valle y montañas – 🅿. ⓜⓒ 🆅🅸🆂🅰. ❀ – 15 marzo-15 octubre – **Comida** - sólo cena clientes - 10,21 – 🍵 4,50 – **14 hab** 30,05/36,06.

HELLÍN 02400 Albacete **444** **Q 24** – 23 540 h alt. 566.

Madrid 306 – Albacete 59 – Murcia 84 – València 186.

Reina Victoria, Coullaut Valera 3 ℘ 967 30 02 50, Fax 967 30 02 50 – ⧉ 🖃 📺 🚗. 🖭 ⓞ ⓜⓒ 🆅🅸🆂🅰. ❀
Comida 9,62 – 🍵 3,91 – **24 hab** 48,08/84,14 – 1 suite.

Hellín, carret. de Murcia 31 ℘ 967 30 01 42, Fax 967 30 28 89 – 🖃 rest, 📺 🅿. 🖭 ⓞ ⓜⓒ 🆅🅸🆂🅰 🅹🅲🅱. ❀
D'on Manuel (cerrado domingo noche) **Comida** carta 16,73 a 26,23 – 🍵 2,70 – **19 hab** 24,04/39,07.

Emilio con hab, carret. de Jaén 23 ℘ 967 30 15 80, Fax 967 30 47 75 – 🖃 📺 🅿. 🖭 ⓞ ⓜⓒ 🆅🅸🆂🅰. ❀
Comida carta 24,64 a 33,66 – 🍵 3,61 – **15 hab** 45,08/57,10 – 3 apartamentos.

HERNANI 20120 Gipuzkoa **442** **C 24** – 18 524 h.

Madrid 452 – Biarritz 56 – Bilbao 103 – Donostia-San Sebastián 8 – Vitoria-Gasteiz 102 – Iruña/Pamplona 72.

en la carretera de Goizueta Sureste : 5 km :

Fagollaga, Ereñozu Auzoa 68-69, 🖂 20120, ℘ 943 55 00 31, fagollaga@fagollaga.com, Fax 943 33 18 01, 🌤 – 🖃 🅿. 🖭 ⓞ ⓜⓒ 🆅🅸🆂🅰. ❀
cerrado 7 días en Navidades, 15 días en Semana Santa, domingo noche y lunes – **Comida** carta 37,74 a 42,25
Espec. Helado de bacalao y aceite de oliva con jugo de ajo y perejil. Salmonete asado con infusión de regaliz y aceitunas. Torrija actualizada con sorbete de manzana y cristal de piñones.

La HERRADURA 18697 Granada **446** **V 18** – Playa.

Alred. : Oeste : Carretera★ de La Herradura a Nerja ≤★★.

Madrid 523 – Almería 138 – Granada 90 – Málaga 66.

Sol Los Fenicios, paseo Andrés Segovia ℘ 958 82 79 00, fenicios@trypnet.com, Fax 958 82 79 10, ≤, 🏊, 🏋 – 🛗 🖿 TV 🚗. AE ① ⑩⓪ VISA. 🚫
16,23 – ☕ 8,11 – **43 hab** 101,57/126,21.

HERRERA DEL DUQUE 06670 Badajoz **444** **O 14** – 4 116 h alt. 471.

Madrid 231 – Cáceres 171 – Plasencia 193.

El Torreón, av. Juan Carlos I-2 ℘ 924 64 20 42, Fax 924 64 21 07 – 🖿 TV 🚭 P. AE ① ⑩⓪ VISA. 🚫
Comida 7,81 – ☕ 4,21 – **28 hab** 12,86/32,15.

HERRERÍAS DE VALCARCE 24526 León **441** **D 9**.

Paraíso del Bierzo 🦃, ℘ 987 68 41 37, Fax 987 68 41 37, ≤, 🏊, « Conjunto rústico en pleno campo » – TV P. ⑩⓪ VISA. 🚫
Comida 9,02 – ☕ 4,21 – **13 hab** 31,85/46,28.

HERREROS 42145 Soria **442** **G 21** – alt. 1 118.

Madrid 250 – Burgos 121 – Logroño 128 – Soria 24.

Casa del Cura 🦃, Estación ℘ 975 27 04 64, Fax 975 27 04 65, « Ambiente acogedor en una casa rural con jardín y ≤ montañas » – 🚫
Comida 18,33 – ☕ 4,08 – **12 hab** 36,14/59,03.

El HIERRO Santa Cruz de Tenerife – ver Canarias.

HONDARRIBIA o **FUENTERRABÍA** 20280 Gipuzkoa **442** **B 24** – 13 974 h – Playa.

Ver : Ciudad Vieja★.

Alred. : Ermita de San Marcial (≤★★) Este : 9 km - Cabo Higuer★ (≤★) Norte : 4 km – Trayecto★★ de Fuenterrabía a Pasajes de San Juan por el Jaizkíbel : capilla de Nuestra Señora de Guadalupe ≤★ – Hostal del Jaizkíbel ≤★★, descenso a Pasajes de San Juan ≤★ – Pasai Donibane★.

✈ de San Sebastián ℘ 943 64 34 64 – Iberia : ver Donostia-San Sebastián.

🛈 Javier Ugarte 6 ℘ 943 64 54 58 bidasoa@bidasoaturismo.com Fax 943 64 54 66.

Madrid 512 ① – Iruña/Pamplona 95 ① – St-Jean-de-Luz 18 ① – Donostia-San Sebastián 19 ①

Plano página siguiente

Parador de Hondarribia 🦃 sin rest, pl. de Armas 14 ℘ 943 64 55 00, hondarribia@parador.es, Fax 943 64 21 53, « Instalado en un castillo medieval con el estuario del Bidasoa al fondo » – 🛗 TV P. – 🔧 25/70. AE ① ⑩⓪ VISA JCB   AY a
☕ 8,71 – **36 hab** 93,18/116,48.

Río Bidasoa 🦃 sin rest con cafetería, Nafarroa Behera 1 ℘ 943 64 54 08, reservas@hotelbidasoa.com, Fax 943 64 51 70, « Jardín con 🏊 » – 🛗 🖿 TV P. – 🔧 25/150. AE ① ⑩⓪ VISA. 🚫   BZ b
☕ 8 – **37 hab** 82/103.

Obispo 🦃 sin rest, pl. del Obispo 1 ℘ 943 64 54 00, recepcion@hotelobispo.com, Fax 943 64 23 86, « Palacio del siglo XIV » – TV 🚭. AE ① ⑩⓪ VISA. 🚫   AZ c
☕ 7,81 – **17 hab** 78,11/96,16.

Pampinot 🦃 sin rest, Mayor 5 ℘ 943 64 06 00, informacion@hotelpampinot.com, Fax 943 64 51 28, « Casa señorial del siglo XVI » – TV. AE ① ⑩⓪ VISA   AZ d
cerrado febrero – ☕ 7,82 – **8 hab** 90,15/111,19.

Jauregui, Zuloaga 5 ℘ 943 64 14 00, jauregui@hoteljauregui.com, Fax 943 64 44 04 – 🛗 🖿 TV 🚭 🚗 – 🔧 25/80. AE ① ⑩⓪ VISA. 🚫   AX e
Comida 9,32 – ☕ 6,91 – **42 hab** 68,52/98,57 – 11 apartamentos.

San Nicolás 🦃 sin rest, pl. de Armas 6 ℘ 943 64 42 78, Fax 943 64 42 78 – TV. AE ① ⑩⓪ VISA. 🚫   AZ f
☕ 5 – **12 hab** 46/57.

Ramón Roteta, Irún 1 ℘ 943 64 16 93, rroteta@facilnet.es, Fax 943 64 58 63, 🏊, « Villa decorada con elegancia » – 🖿. AE ① ⑩⓪ VISA JCB. 🚫   BY a
cerrado martes mediodía (verano), domingo noche y martes resto del año – **Comida** carta 32,53 a 49,70.

HONDARRIBIA
FUENTERRABÍA

Le Guide change, changez de guide Michelin tous les ans.

XX **Alameda,** Minasoroeta 1 ℰ 943 64 27 89, Fax 943 64 26 63, 🌳 – 🍽. 🅰🅴 ⓓ ⓶🅶
❀ _VISA_. ⊰
AZ s
cerrado 23 diciembre-6 enero, 2ª semana de junio, domingo noche y lunes – **Comida** 30,12
y carta 32,52 a 40,96
Espec. Sopa espumosa de espárragos y taco de foie asado con mermelada de zanahorias
y sesos (abril-junio). Guisantes tiernos con brandada ahumada de bacalao y bogavante
(abril-junio). Pato caneton asado con frutos de primavera.

XX **Sebastián,** Mayor 11 ℰ 943 64 01 67, Fax 943 64 46 04 – 🅰🅴 ⓓ ⓶🅶 _VISA_   AZ k
cerrado noviembre, domingo noche y lunes – **Comida** carta 34,25 a 41,46.

XX **Arraunlari,** paseo Butrón 3 ℰ 943 64 15 81, 🌳 – 🅰🅴 ⓓ ⓶🅶 _VISA_. ⊰   AX m
cerrado 15 diciembre-15 enero, domingo noche y lunes – **Comida** carta 30,30
a 36.

X **Zeria,** San Pedro 23 ℰ 943 64 27 80, Fax 943 64 12 14, 🌳, « Decoración rústica » –
🅰🅴 ⓓ ⓶🅶 _VISA_ ⒿⒸⒷ. ⊰   AX n
cerrado febrero, domingo noche y jueves salvo en verano – **Comida** - pescados y mariscos
- carta 28 a 34.

En esta guía,
el mismo símbolo en rojo _o en_ **negro,** _la misma palabra en_
letra fina o en **negrita,** _no significan lo mismo._

Lea atentamente la introducción.

Neste guia
um mesmo símbolo, impresso a **preto** _ou a_ vermelho,
ou a mesma palavra com carácteres
de tamanhos diferentes não têm o mesmo significado.

Leia atentamente as páginas de introdução.

HONRUBIA DE LA CUESTA 40541 Segovia 442 H 18 – 107 h alt. 1.001.
Madrid 143 – Aranda de Duero 18 – Segovia 97.

en El Miliario _Sur : 4 km :_

X **Mesón Las Campanas** con hab, antigua carret. N I, ✉ 40541 Honrubia de la Cuesta,
ℰ 921 53 43 65, 🌳, « Decoración rústica regional » – Ⓟ 🅰🅴 ⓶🅶 _VISA_. ⊰
Comida carta 16,80 a 22,95 – ⊇ 1,95 – **7 hab** 36.

HONTORIA DE VALDEARADOS 09420 Burgos 442 G 19 – 243 h alt. 870.
Madrid 176 – Aranda de Duero 20 – Burgos 92 – Segovia 140 – Valladolid 120.

por la carretera de Caleruega _Noreste : 2 km :_

XX **La Posada de Salaverri** ⊱ con hab, ✉ 09420, ℰ 947 56 10 31, Fax 947 56 10 31,
« En una casa de estilo rústico » – Ⓟ ⓶🅶 _VISA_. ⊰
Comida _(cerrado lunes)_ carta 21,64 a 27,95 – **5 hab** ⊇ 45,08/48,08.

HORNA Burgos – ver Villarcayo.

S'HORTA Illes Balears – ver Balears (Mallorca).

HORTA DE SANT JOAN 43596 Tarragona 443 J 30 – 1.314 h alt. 542.
Ver : _Localidad_★★ – _Núcleo antiguo_★.
Alred. : _Ports de Beseit_★★ Sur : 8 km – Roques d'en Benet★★ Sureste : 3 km.
Madrid 468 – Alcañiz 61 – Lleida/Lérida 107 – Teruel 217 – Tortosa 36 – Zaragoza 136.

🏠 **Miralles,** av. de la Generalitat 19 ℰ 977 43 51 14, _info@hotelmiralles.com,_
Fax 977 43 55 77 – |韓|, 🍽 rest, ♿ Ⓟ 🅰🅴 ⓶🅶 _VISA_. ⊰
cerrado Navidades – **Comida** _(cerrado domingo noche de octubre-julio)_ 9,02 – ⊇ 3,01
– **42 hab** 18,03/34,86.

HORTIGÜELA 09640 Burgos 442 F 19 – 115 h alt. 941.
Madrid 211 – Burgos 42 – Palencia 113 – Soria 103.

🏠 **Virgen de las Naves,** San Roque ℰ 947 38 41 96, _hvr@ctv.es,_ Fax 947 38 41 98, ⅃♂
– |韓|, 🍽 rest, 📺 🅰🅴 ⓓ ⓶🅶 _VISA_. ⊰
25 marzo-12 diciembre – **Comida** _(cerrado lunes)_ 9,90 – ⊇ 3,91 – **27 hab** 32,13/52,63
– PA 21.

L'HOSPITALET DE L'INFANT o **HOSPITALET DEL INFANTE** 43890 Tarragona 443 J 32 – 2 690 h – Playa.

🛈 Alamanda 2 ℰ 977 82 33 28 turisme@vandellas-hospitalet.org Fax 977 82 39 41.
Madrid 579 – Castelló de la Plana/Castellón de la Plana 151 – Tarragona 37 – Tortosa 52.

Pino Alto ⋙, urb. Pino Alto - Noreste : 1 km, ✉ 43892 Miami Platja, ℰ 977 81 10 00, pinoalto@terra.es, Fax 977 81 09 07, « Terraza », 𝄃𝄃, ⊥, ⊥, ⚓, 🚗 – 🛗 ▤ 📺 🚙 – 🏛 25/140. 🖭 ① 🕲 𝐕𝐈𝐒𝐀. ⅏
21 marzo-20 octubre – **Comida** 15 – ⊆ 6 – **137 hab** 83/116.

Meridiano Mar, passeig Marítim 31 ℰ 977 82 39 27, Fax 977 82 39 74, ⊥ – 🛗 ▤ 📺 ⅙ 🄿 🕲 𝐕𝐈𝐒𝐀. ⅏
Semana Santa-octubre – **Comida** - sólo buffet - 9 – **87 hab** ⊆ 108,18/180,30.

Vistamar, del Mar 24 ℰ 977 82 30 00, hotelvistamar@eresmas.com, Fax 977 82 32 75, ⋞, ⊥ – 🛗 ▤ 📺 🚙. 🖭 ① 🕲 𝐕𝐈𝐒𝐀. ⅏
21 marzo-20 octubre – **Comida** 10 – ⊆ 6 – **72 hab** 80/110,80 – 9 apartamentos.

Tívoli ⋙ sin rest, Les Barques 14 ℰ 977 82 02 11, Fax 977 82 02 41, ⊥ – 🛗 ▤ 📺 🚙. 🖭 ① 🕲 𝐕𝐈𝐒𝐀. ⅏
⊆ 6 – **40 hab** 82/114.

✕ **L'Olla,** Via Augusta 58 ℰ 977 82 04 38, l-olla@teleline.es – ▤. 🖭 ① 🕲 𝐕𝐈𝐒𝐀 𝐉𝐂𝐁. ⅏
cerrado 20 diciembre-8 enero, lunes noche y martes noche (salvo julio-agosto) y domingo noche – **Comida** carta aprox. 22,90.

✕ **Mar Blava,** port esportiu ℰ 977 82 02 06, Fax 977 82 39 41 – ▤. 🖭 ① 🕲 𝐕𝐈𝐒𝐀. ⅏
cerrado 20 diciembre-enero, domingo noche y lunes
Comida carta 24,34 a 30,65.

en la playa de L'Almadrava Suroeste : 10 km :

Llorca ⋙, ✉ 43890 L'Hospitalet del Infant, ℰ 977 82 31 09, Fax 977 82 31 09, ⋞, 🏡 – 🄿. 🖭 🕲 𝐕𝐈𝐒𝐀. ⅏
Semana Santa y junio-septiembre – **Comida** 9,60 – ⊆ 5,10 – **15 hab** 32,40/50,40 – PA 22,80.

Els HOSTALETS D'EN BAS 17177 Girona 443 F 37.
Madrid 711 – Girona/Gerona 47 – Olot 10 – Vic 44.

✕ **L'Hostalet,** Vic 18 ℰ 972 69 00 06, hostalet@agtat.es, Fax 972 69 04 03 – ▤ 🄿. 🕲 𝐕𝐈𝐒𝐀. ⅏
cerrado julio, domingo noche y martes salvo festivos – **Comida** carta 11,63 a 16,65.

HOYO DE MANZANARES 28240 Madrid 444 K 18 – 3 472 h alt. 1001
Madrid 34 – El Escorial 28 – Segovia 76.

✕✕ **El Vagón de Beni,** San Macario 6 ℰ 91 856 68 12, 🏡, « Vagón de ambiente acogedor en un armonioso conjunto que imita una estación de época » – ▤ 🄿. 🖭 ① 🕲 𝐕𝐈𝐒𝐀. ⅏
cerrado del 1 al 15 de octubre, domingo noche y lunes – **Comida** carta aprox. 39.

HOYOS 10850 Cáceres 444 L 9 – 959 h alt. 510.
Madrid 305 – Alcántara 73 – Cáceres 106 – Salamanca 150.

✕✕ **Il Cigno,** av. de Extremadura 4 ℰ 927 51 44 13 – ▤. 🕲 𝐕𝐈𝐒𝐀. ⅏
cerrado enero, del 15 al 30 de septiembre y lunes – **Comida** - sólo almuerzo salvo sábado, julio y agosto - carta 22,83 a 28,84.

HOYOS DEL ESPINO 05634 Ávila 442 K 14 – 332 h.
Alred. : Laguna Grande★ (⋞★) Sur : 12 km.
Madrid 174 – Ávila 68 – Plasencia 107 – Salamanca 130 – Talavera de la Reina 87.

El Milano Real ⋙, Toleo ℰ 920 34 91 08, milanor@santandermpernet.com, Fax 920 34 91 56, ⋞ sierra de Gredos, 🏡, « Ambiente acogedor » – 🛗 📺 🄿 – 🏛 25. 🖭 ① 🕲 𝐕𝐈𝐒𝐀. ⅏
Comida (cerrado martes de octubre a mayo) carta 25 a 29,70 – ⊆ 6,60 – **21 hab** 54/60.

✕✕ **Mira de Gredos** ⋙ con hab, ℰ 920 34 90 23, ⋞ sierra de Gredos – 📺 🄿. 𝐕𝐈𝐒𝐀. ⅏
cerrado octubre – **Comida** (cerrado jueves salvo Semana Santa, verano y festivos) carta aprox. 22,84 – ⊆ 3,91 – **15 hab** 33,06/42,07.

HOZNAYO 39716 Cantabria **442** B 18.

Madrid 399 – Bilbao 86 – Burgos 156 – Santander 22.

Villa Pasiega sin rest, carret. N 634 (Las Barreras) ℘ 942 52 59 62, Fax 942 52 59 63, ⅓, ☒ – 🛗 ▤ TV 🚗 P – 🏊 25/250. AE MC VISA. ⊗
☕ 4,21 – **48 hab** 53/66.

Adelma, carret. N 634 ℘ 942 52 40 96, Fax 942 52 43 72, ≼ – 🛗, ▤ rest, TV P
50 hab.

Los Pasiegos, carret. N 634 ℘ 942 52 50 90, falcon@santandersupernet.com, Fax 942 52 51 14 – 🛗, ▤ rest, TV 🚗 P. AE MC VISA. ⊗ rest
Comida 9 – ☕ 6 – **44 hab** 48/66 – PA 22.

Ne confondez pas :

Confort des hôtels : 🏰🏰🏰 … 🏠 , 🍸

Confort des restaurants : XXXXX … X

Qualité de la table : ✿✿✿ , ✿✿ , ✿ , 🍴

HUARTE 31620 Navarra **442** D 25 – 2 828 h alt. 441.

Madrid 402 – Iruña/Pamplona 7.

en la urbanización Castillo de Gorraiz Sur : 2,5 km :

XX **Palacio Castillo de Gorraiz,** av. de Egües 78, ☒ 31620 Gorraiz, ℘ 948 33 73 30, castillodegorraiz@castillodegorraiz.com, Fax 948 33 75 57, ≼, « En un castillo » – 🛗 ▤
P. AE ① MC VISA. ⊗
cerrado del 1 al 15 de enero, Semana Santa, domingo noche y lunes – **Comida** carta 27,30
a 29,30.

HUELVA 21000 P **446** U 9 – 144 579 h alt. 56.

Ver : Localidad★ – Barrio de Reina Victoria★.

Alred. : Paraje Natural de las Marismas del Odiel★★ 2 km por ③.

▤₁₈ Bellavista, carret. de Aljaraque km 6 ℘ 959 31 90 17 Fax 959 31 90 25.

🅱 av. de Alemania 12 ☒ 21001 ℘ 959 25 74 03 othuelva@turismo-andaluz.com
Fax 959 25 74 03 – **R.A.C.E.** Ruiz de Alda 6 ☒ 21002 ℘ 959 25 30 40 Fax
959 26 29 00.

Madrid 629 ② – Badajoz 248 ② – Faro 105 ① – Mérida 282 ② – Sevilla 92 ②

Plano página siguiente

NH Luz Huelva sin rest, Alameda Sundheim 26, ☒ 21003, ℘ 959 25 00 11, nhluzh uelva@nh-hoteles.es, Fax 959 25 81 10 – 🛗 ▤ TV 🚗 – 🏊 25/150. AE ① MC VISA
JCB. ⊗
☕ 7,81 – **102 hab** 92 – 5 suites.   BZ e

Monte Conquero sin rest con cafetería, Pablo Rada 10, ☒ 21004, ℘ 959 28 55 00, monteconquero@hotelesmonte.com, Fax 959 28 39 12 – 🛗 ▤ TV 🚗 – 🏊 25/120. AE
① MC VISA. ⊗
☕ 7,50 – **164 hab** 79/93 – 2 suites.   BZ s

Tartessos, av. Martín Alonso Pinzón 13, ☒ 21003, ℘ 959 28 27 11, Fax 959 25 06 17
– 🛗 ▤ TV – 🏊 25/70   BZ a
Comida El Estero – **106 hab** – 4 suites.

Los Condes sin rest con cafetería, Alameda Sundheim 14, ☒ 21003, ℘ 959 28 24 00, Fax 959 28 50 41 – 🛗 ▤ TV 🚗. ① MC VISA. ⊗   BZ b
☕ 3 – **54 hab** 33/54.

Costa de la Luz sin rest y sin ☕, José María Amo 8, ☒ 21001, ℘ 959 25 64 22, Fax 959 25 64 22 – 🛗 TV. ① VISA. ⊗   AZ d
35 hab 27/48.

XX **Las Meigas,** av. Guatemala 44, ☒ 21003, ℘ 959 27 19 58, Fax 959 27 19 77 – ▤. AE
① MC VISA JCB. ⊗   AY s
cerrado domingo de 15 julio-15 septiembre – **Comida** carta aprox. 30.35.

XX **Cabaña Abuelo Manué,** pl. de la Soledad 1, ☒ 21004, ℘ 959 25 65 71 – ▤. AE ①
MC VISA. ⊗   BZ p
Comida carta 18,03 a 27,05.

♈/ **Cabaña Abuelo Manué,** pl. de la Soledad 1, ☒ 21004, ℘ 959 25 65 71, 🌿 – ▤.
AE ① MC VISA. ⊗   BZ p
Tapa 2,40 **Ración** aprox. 7,21.

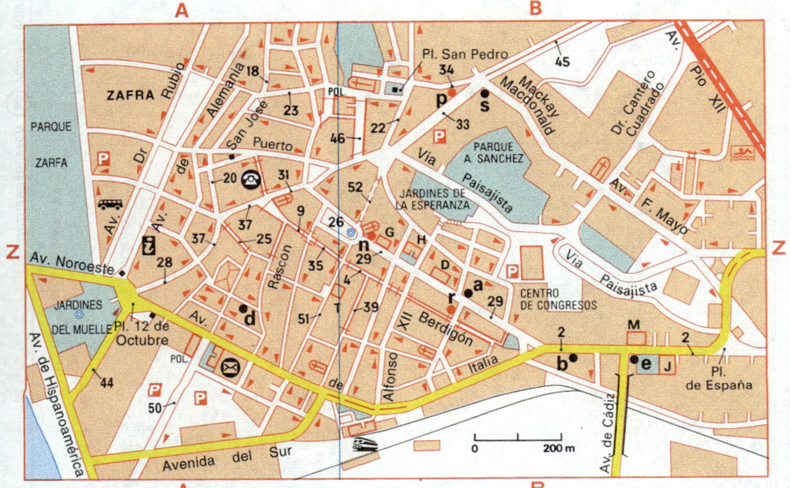

HUELVA

Alameda Sundheim   **BZ** 2
Alcalde Federico
  Molina Orta (Av.) **ABY** 3
Arquitecto Pérez
  Carasa . . . . **BZ** 4
Buenos Aires (Pas.) . **AY** 8
Concepción . . . . . . **AZ** 9
Francisco
  Montenegro (Av. de) **AY** 10
Fray Junípero Serra . **AY** 14
Guatemala (Av. de) . **AY** 16
Independencia (Pas.) **AZ** 18
Jabugo . . . . **BY** 19
José Nogales . . . . . **AZ** 20
La Fuente . . . . **BZ** 22
La Palma . . . . **AZ** 23
Las Bocas . . . . **AZ** 25
Las Monjas (Pl. de) . **AZ** 26
Manuel de Falla . . . **AY** 27
Marina . . . . **AZ** 28
Martín Alonso
  Pinzón (Av. de) . . **BZ** 29
Méndez Núñez . . . . **AZ** 31
Pablo Rada . . . . . . **BZ** 33
Padre Jesús de
  la Pasión . . . . **BZ** 34
Palacios . . . . **AZ** 35
Plus Ultra . . . . **AZ** 37
Puente del Río
  Odiel (Carret. al) **AY** 38
Rábida . . . . **BZ** 39
Roque Barcia . . . . . **AY** 41
Rubén Darío . . . . . . **AY** 42
San Antonio (Av. de) **AY** 43
Sanlúcar de
  Barrameda . . . . . **AZ** 44
San Sebastián . . . . **BZ** 45
Santa Fé (Pas. de) . **ABZ** 46
Tomás Domínguez
  Ortiz (Av. de) . . . **AZ** 50
Vázquez López . . . . **AZ** 51
3 de Agosto . . . . . . **BZ** 52

Portichuelo, Gran Vía 1, ✉ 21003, ✆ 959 24 57 68 – 🍽. AE ⓪ ⓜⓞ VISA. ⌗
BZ n
cerrado domingo en verano y domingo noche resto del año – **Tapa** 1,80 **Ración** aprox. 9,02.

Taberna El Condado, Sor Ángela de la Cruz 3, ✉ 21003, ✆ 959 26 11 23 – 🍽. ⓜⓞ VISA. ⌗
BZ r
cerrado domingo – **Tapa** 2,40 **Ración** aprox. 10,80.

HUESCA 22000 ℙ 443 F 28 – 50 085 h alt. 466.

Ver : Catedral★ (retablo de Damián Forment★★) BY**A** – Museo Arqueológico Provincial★ (colección de primitivos aragoneses★) AY**M1** – Iglesia de San Pedro el Viejo★ (claustro★) BZ**B**.

Excurs. : Castillo de Loarre★★ (✻★★) Noroeste : 36 km por ④.

🛈 pl. de la Catedral 1 ✉ 22002 ℘ 974 29 21 70 Fax 974 29 21 54 y pl. de la Catedral 1 ✉ 22002 ℘ 974 29 21 70 turismo.aytohuesca@aragob.es Fax 974 29 21 54 – **R.A.C.E.** Valentín Carderera 3 (1ª planta) ✉ 22003 ℘ 974 22 13 33 Fax 974 24 68 37.

Madrid 392 ③ – Lleida/Lérida 123 ② – Iruña/Pamplona 164 ④ – Pau 211 ④ – Zaragoza 72 ③

HUESCA

Pedro I de Aragón, Parque 34, ⊠ 22003, ℰ 974 22 03 00, reserve@gargallo-hotels.com, Fax 974 22 00 94, ⌇ – |≑| ▤ TV 🚗 – 🔥 25/500. AE ① VISA JCB. ⦿ rest
AZ a
Comida 17 – ⌣ 10 – **125 hab** 82/103 – 4 suites.

San Marcos sin rest, San Orencio 10, ⊠ 22001, ℰ 974 22 29 31, Fax 974 22 29 31 – |≑| ▤ TV. ① MC VISA. ⦿
BZ f
⌣ 2,25 – **29 hab** 21,94/36,23.

Rugaca sin rest, Porches de Galicia 1, ⊠ 22002, ℰ 974 22 64 49, hrugaca@airtel.net, Fax 974 23 08 05 – ▤ TV. VISA. ⦿
BZ n
cerrado 24 diciembre-10 enero – ⌣ 4,51 – **24 hab** 25,30/46,57.

Lizana-2 sin rest y sin ⌣, pl. de Lizana 6, ⊠ 22002, ℰ 974 22 65 57, Fax 974 23 14 55 – TV 🚗. AE MC VISA. ⦿
AY e
15 hab 44,44.

XXX **Las Torres,** María Auxiliadora 3, ⊠ 22003, ℰ 974 22 82 13, Fax 974 22 88 79 – ▤. ✿ AE ① MC VISA. ⦿
AY d
cerrado 15 días en Semana Santa, del 15 al 31 de agosto y domingo – **Comida** 39,07 y carta 27,05 a 33,06
Espec. Lasaña de anguila, puerro y aceituna negra. Bacalao con sopa de ajo y cresta de gallo. Foie de oca con crêpe de plátanos y salsa de cacao.

XX **Lillas Pastia,** pl. de Navarra 4, ⊠ 22002, ℰ 974 21 16 91, Fax 974 21 16 91, 🌣, « En el antiguo casino » – ▤. AE ① MC VISA. ⦿
AZ k
✿ cerrado 22 octubre-17 noviembre, domingo noche y martes – **Comida** 43,73 y carta 24,98 a 32,83
Espec. Canelón de patata y bacalao con huevas de trucha y arenque. San Pedro asado al tomillo y regaliz en cama de verduras. Pollo rustido a nuestro chilindrón.

XX El Molinero, San Orencio 10, ⊠ 22001, ℰ 974 23 07 31, Fax 974 23 07 31 – ▤
BZ f

XX **Apolo,** Alcoraz 2, ⊠ 22002, ℰ 974 21 27 36, arazo@pobladores.com, Fax 974 21 27 36 – ▤. AE ① MC VISA. ⦿
AZ z
cerrado del 15 al 30 de julio y domingo – **Comida** carta aprox. 25,70.

X **La Campana,** Coso Alto 78, ⊠ 22003, ℰ 974 22 95 00 – ▤. AE ① MC VISA JCB. ⦿
AY t
cerrado del 16 al 31 de agosto y domingo – **Comida** carta 17,50 a 24.

X **El Bodegón,** Pedro IV-4, ⊠ 22002, ℰ 974 23 16 81, Fax 974 27 00 92 – ▤. AE MC VISA
AY z
cerrado miércoles – **Comida** carta aprox. 24.

Y/ **Hervi,** Santa Paciencia 2, ⊠ 22002, ℰ 974 24 03 33, 🌣 – ▤. AE MC VISA. ⦿
BZ p
cerrado 12 días en febrero, 20 días en septiembre y jueves – **Tapa** 1,50 **Ración** aprox. 8.

Y/ Rugaca, Porches de Galicia 1, ⊠ 22002, ℰ 974 22 00 39, 🌣 – ▤
BZ n

Y/ **Mi Bar,** Coso Alto 26, ⊠ 22003, ℰ 974 22 00 54, ramonbitrian@wanadoo.es, 🌣 – ▤. ⦿
AZ s
cerrado domingo – **Tapa** 0,75 **Ración** aprox. 2,40.

en la carretera N 240 por ② : 2,5 km :

Montearagón, ⊠ 22191 Quicena, ℰ 974 22 23 50, hotelmon@teleline.es, Fax 974 22 23 54 – |≑| ▤ TV P. AE ① MC VISA. ⦿
Comida 15 – **27 hab** ⌣ 50/80.
Ver también : **Esquedas** por ③ : 14 km.

HUETE 16500 Cuenca **444** L 21 – 2 369 h alt. 885.
Madrid 118 – Cuenca 53 – Guadalajara 98 – Toledo 138.

Casa Palacio Conde de Garcinarro sin rest, Juan Carlos I-19 ℰ 969 37 21 50, garcinar@teleline.es, « Palacete señorial del siglo XVI con mobiliario antiguo. Patio castellano » – AE ① MC VISA JCB
⌣ 4,50 – **15 hab** 58.

HUÉTOR VEGA 18198 Granada **446** U 19 – 6 658 h alt. 685.

Madrid 436 – *Gránada 7* – Málaga 133 – Murcia 292 – Sevilla 267 – València 547.

Villa Sur sin rest, av. Andalucía 57 ☎ 958 30 22 83, villasur@larural.es, Fax 958 30 22 83, ≼, « Villa de ambiente acogedor decorada con elegancia », ☒ – 🖃 📺 🚗. 🐵 *VISA* JCB. ✗
☕ 4,50 – **5 hab** 40/56.

HUMANES DE MADRID 28970 Madrid **444** L 18 – 7 834 h

Madrid 26 – Aranjuez 41 – Ávila 132 – Segovia 119 – Toledo 55.

Coque, Francisco Encinas 8 ☎ 91 604 02 02, Fax 91 604 22 37 – 🖃 📇 AE ① 🐵 *VISA*. ✗
cerrado Semana Santa, agosto, domingo noche y lunes – **Comida** carta 32,61 a 46,28.

IBARRA Gipuzkoa – ver Tolosa.

Un consejo Michelin :

Para que sus viajes sean un éxito, prepárelos de antemano.

Los mapas y las guías Michelin le proporcionan todas las indicaciones útiles sobre :

itinerarios, visitas de curiosidades, alojamiento, precios, etc...

Um conselho da Michelin :

Para que as suas viagens sejam um éxito, prepare-as com antecedência.

Os mapas e guias Michelin proporcionam-lhe todas as indicações úteis sobre :

itinerários, visitas aos pontos com interesse, alojamento, preços, etc...

IBI 03440 Alacant **445** Q 28 – 20 452 h alt. 820.

Madrid 390 – Albacete 138 – Alacant/Alicante 41 – València 123.

Ricardo, Juan Brotóns 11 ☎ 96 655 11 03, ricardorestaurante@hotmail.com – 🖃. AE 🐵 *VISA*. ✗
cerrado agosto, domingo noche y lunes noche – **Comida** carta 24,64 a 31,86.

por la carretera de Alcoi Este : 2,5 km y desvío a la izquierda 0,5 km :

Serafines, Parque Natural San Pascual, ✉ 03440, ☎ 965 52 93 35, « En plena naturaleza » – 🖃 📇 🐵 *VISA*. ✗
cerrado 15 agosto-5 septiembre, domingo noche, lunes, martes noche y miércoles noche – **Comida** carta aprox. 25,25.

IBIZA 'Iles Balears – ver Balears (Eivissa).

ICOD DE LOS VINOS Santa Cruz de Tenerife – ver Canarias (Tenerife).

La IGLESUELA DEL CID 44142 Teruel **443** K 29 – 484 h alt. 1 227.

Madrid 415 – Morella 37 – Teruel 113.

Hospedería La Iglesuela del Cid ✗, Ondevilla 4 ☎ 964 44 34 76, hospederiaiglesuela@husa.es, Fax 964 44 34 61, ☀, « Palacete señorial del siglo XVIII con escalera imperial » – 📳 📺 ⅙ 📇 – 🖄 25. AE ① 🐵 *VISA*. ✗
Comida 16,70 – ☕ 9,70 – **35 hab** 75,70/108,70 – 1 suite – PA 34,70.

Casa Amada, Fuentenueva 10 ☎ 964 44 33 73, Fax 964 44 33 73 – 🐵 *VISA*. ✗
Comida 11,40 – ☕ 3,60 – **21 hab** 22,30/32,50 – PA 21,50.

IGUALADA 08700 Barcelona **443** H 34 – 32 422 h alt. 315.

Madrid 562 – Barcelona 67 – Lleida/Lérida 93 – Tarragona 93.

América, antigua carret. N II ☎ 93 803 10 00, Fax 93 805 00 78, ☀, ☒, 🏊 – 📳 🖃 📺 📇 – 🖄 25/400. AE ① 🐵 *VISA*. ✗
cerrado del 23 al 30 de diciembre y 29 julio-18 agosto – **Comida** (cerrado domingo salvo festivos) 14,42 – ☕ 5,41 – **52 hab** 33,06/66,11 – PA 29.

X **El Jardí de Granja Plá,** Rambla de Sant Isidre 12 ℘ 93 803 18 64, *granjapla@telel ine.es, Fax 93 805 03 13* – 🖃. 𝔸𝔼 ⓞ ⓜⓒ 𝘝𝘐𝘚𝘈. ✸
cerrado del 5 al 21 de agosto, domingo noche, lunes y martes noche – **Comida** carta 28,02 a 33,19.

X **El Mirall,** passeig Verdaguer 6 ℘ 93 804 25 02 – 🖃. 𝔸𝔼 ⓞ ⓜⓒ 𝘝𝘐𝘚𝘈
cerrado 1ª quincena de septiembre, domingo y miércoles noche – **Comida** carta 28,50 a 34,50.

ILLESCAS 45200 Toledo **444** L 18 – *7 942 h alt. 588*
Madrid 37 – Aranjuez 31 – Ávila 144 – Toledo 34.

XX **El Bohío,** av. Castilla-La Mancha 81 ℘ 925 51 11 26, *elbohio@arrakis.es,*
Fax 925 51 11 26, « Decoración castellana » – 🖃. 𝔸𝔼 ⓞ ⓜⓒ 𝘝𝘐𝘚𝘈 ⱼ𝘤ʙ. ✸
cerrado agosto, domingo y lunes noche – **Comida** 51,09 y carta 44,17 a 51,69
Espec. Panceta asada con pisto manchego y huevo. Atún fresco semicurado en ensalada con escabeche de perdiz (temp). Bogavante salteado con berza, pata de ternera y puré de orejones.

Ses ILLETES o **ILLETAS** *Illes Balears – ver Balears (Mallorca).*

S'ILLOT *Illes Balears – ver Balears (Mallorca).*

In this guide,
a symbol or a character,
printed in red or **black,** in **bold** or light type,
does not have the same meaning.
Please read the explanatory pages carefully.

INCA *Illes Balears – ver Balears (Mallorca).*

INCLES *Andorra – ver Andorra (Principado de) : Soldeu.*

INGLÉS (Playa del) *Las Palmas – ver Canarias (Gran Canaria) : Maspalomas.*

IRÚN 20300 Gipuzkoa **442** B y C 24 – *53 861 h alt. 20.*
Alred. : *Ermita de San Marcial* ☀ ★★ *Este : 3 km.*
🖪 *barrio de Behobia por* ① *: 2 km* ✉ *20305* ℘ *943 62 26 27.*
Madrid 509 ② *– Bayonne 34* ① *– Iruña/Pamplona 90* ① *– Donostia-San Sebastián 16* ②
Planos páginas siguientes

Lizaso sin rest y sin ☕, Aduana 5, ✉ 20302, ℘ 943 61 16 00 – 📺. ✸   AY a
20 hab 29,65/39,65.

XXX **Mertxe,** Francisco de Gainza 9 (barrio Beraun), ✉ 20302, ℘ 943 62 46 82, 🏡 – 𝔸𝔼
ⓜⓒ 𝘝𝘐𝘚𝘈 ⱼ𝘤ʙ   BY b
cerrado 21 diciembre-2 enero, del 2 al 11 de julio, domingo noche y miércoles – **Comida** carta 24,64 a 37.

XX **Larretxipi,** Larretxipi 5, ✉ 20304, ℘ 943 63 26 59 – 𝔸𝔼 ⓞ ⓜⓒ 𝘝𝘐𝘚𝘈. ✸   BZ n
cerrado 2ª quincena de marzo, 2ª quincena de noviembre, domingo noche y martes –
Comida *carta 23,14 a 31,10.*

XX **Labeko Etxea,** barrio de Olaberria 49, ✉ 20303 apartado 203, ℘ 943 63 19 64, *labe koetxea@jet.es, Fax 943 63 20 62,* 🏡, « Antiguo caserío decorado en estilo rústico » –
🖃 🅿 𝔸𝔼 ⓞ ⓜⓒ 𝘝𝘐𝘚𝘈 ⱼ𝘤ʙ. ✸   por Eguzkitzaldea : 2 km   BZ
cerrado del 1 al 7 de junio, del 15 al 30 de noviembre, domingo noche y miércoles – **Comida** carta 21,65 a 30,90.

X **Ibaiondo,** Joaquín Tadeo Murguía 1, ✉ 20304, ℘ 943 63 28 88 – 🖃.
ⓜⓒ 𝘝𝘐𝘚𝘈   CY f
cerrado 15 días en febrero, 15 días en agosto, domingo noche y lunes – **Comida** carta 22,84 a 27,65.

en Behobia *por* ① *: 2,5 km (salida 1-autopista A 8) :*

🏨 **ETH,** Komete Sarea 5, ✉ 20305 Irún, ℘ 943 63 41 00, *hotel@hoteleth.com, Fax 943 62 19 98* – 📶, 🖃 rest, 📺 ⬤ 🅿 𝔸𝔼 ⓞ ⓜⓒ 𝘝𝘐𝘚𝘈. ✸
Comida 7,50 – ☕ 5,60 – **50 hab** 52,60/65.

IRÚN

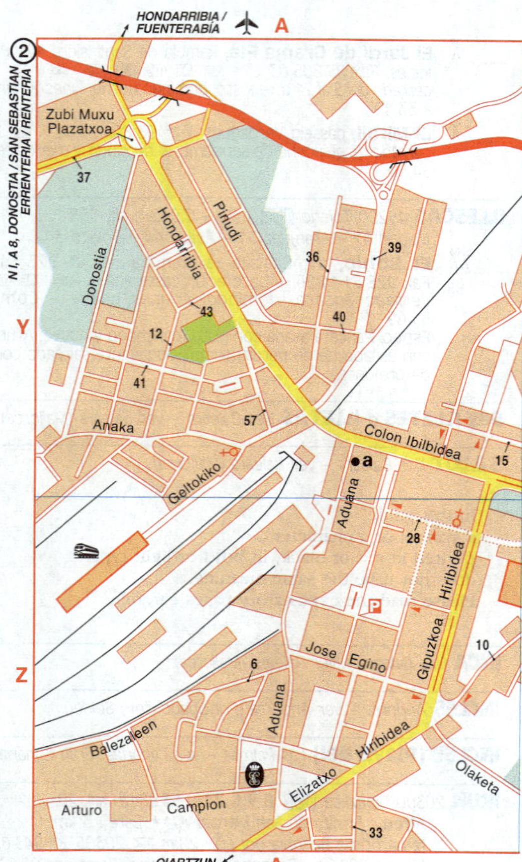

al Oeste por ②:

Tryp Urdanibia, carret. N I : 3 km, ⊠ 20305, ✆ 943 63 04 40, *tryp.urdanibia@hot
eles-tryp.com, Fax 943 63 04 10,* 🏊 – 🛗 🗐 📺 🅿 – 🔏 25/500. 🆎 ⑩ 🐵 VISA.
🛇 rest
Comida 14,12 – ☟ 8,11 – **115 hab** 96,16/120,20.

Jaizubía, Poblado vasco de Urdanibia : 4 km, ⊠ 20305, ✆ 943 61 80 66 – 🆎 ⑩ 🐵
VISA JCB
cerrado febrero y lunes – **Comida** carta 29 a 40,80.

junto a la autopista A 8 (salida 2) por ② : 4,5 km :

Atalaia, Aritz Ondo 69 (centro comercial Txingudi), ⊠ 20305, ✆ 943 63 55 18,
Fax 943 63 55 18 – 🗐 🅿 🆎 ⑩ 🐵 VISA
Comida - *sólo almuerzo de octubre a mayo salvo viérnes y sábado* - carta 17,43
a 27,35.

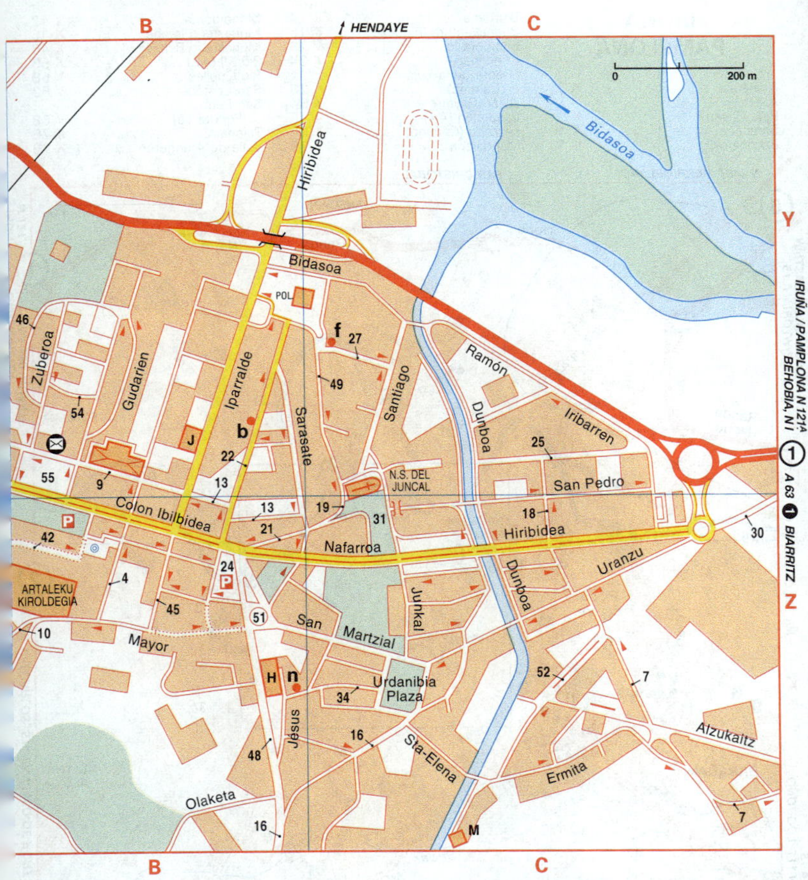

IRUÑA o **PAMPLONA** 31000 Ⓟ Navarra 442 D 25 – 191 197 h alt. 415.

Ver : *Catedral★ (sepulcro★, claustro★)* BY – *Museo de Navarra★ (mosaicos★, capiteles★, pinturas murales★, arqueta hispano-árabe★)* AYM.

Ulzama, por ① : 21 km ℰ 948 30 54 71 Fax 948 30 92 09.

de Pamplona por ③ : 7 km ℰ 948 16 87 00 – Iberia : aeropuerto ⊠ 31003 ℰ 948 31 79 55.

Eslava 1 ⊠ 31001 ℰ 948 20 65 40 Fax 948 20 70 34 – **R.A.C.V.N.** av. Sancho el Fuerte 29 ⊠ 31007 ℰ 948 26 65 62 Fax 948 17 68 83.

Madrid 396 ③ – Barcelona 471 ③ – Bayonne 118 ① – Bilbao 157 ⑤ – Donostia-San Sebastián 79 ⑤ – Zaragoza 169 ③

Planos páginas siguientes

Tres Reyes, Jardines de la Taconera, ⊠ 31001, ℰ 948 22 66 00, *hotel3reyes@abc.ibern et.com*, Fax 948 22 29 30, ⅃⅃ 🛠 – 🛗 🖥 TV 🚗 Ⓟ – 🔏 25/500. AE ⓓ ⓜⓒ VISA. ⅍ Comida 25,24 – ⊇ 13,50 – **152 hab** 420 – 8 suites.   AY x

NH Iruña Park, Arcadio María Larraona 1, ⊠ 31008, ℰ 948 19 71 19, *nhirunapark@nh-h oteles.es*, Fax 948 17 23 87, ⅃⅃ – 🛗 🖥 TV ♿ 🚗 – 🔏 25/1500. AE ⓓ ⓜⓒ VISA. ⅍ Comida 43 – ⊇ 11 – **219 hab** 105,18/132,22 – 6 suites.   X r

Blanca de Navarra, Av. Pío XII-43, ⊠ 31008, ℰ 948 17 10 10, *comercial@hotelblancad enavarra.com*, Fax 948 17 54 14 – 🛗 🖥 TV 🚗 – 🔏 25/400. AE ⓓ ⓜⓒ VISA. ⅍ X e Comida 20 – ⊇ 8,50 – **100 hab** 84/106 – 2 suites.

IRUÑA
PAMPLONA

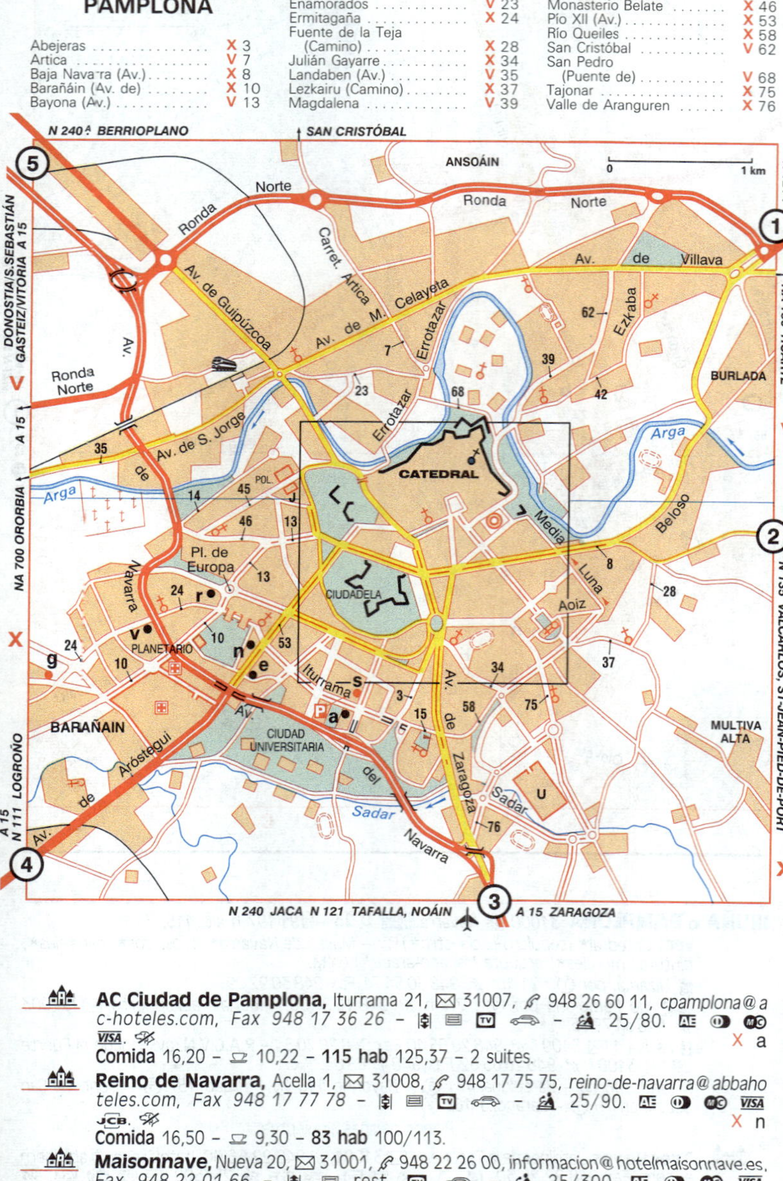

AC Ciudad de Pamplona, Iturrama 21, ⊠ 31007, ℘ 948 26 60 11, *cpamplona@a c-hoteles.com*, *Fax 948 17 36 26* – 🛗 🖿 TV 🚗 – 🔖 25/80. AE ⓘ MC VISA. 🛇
X a
Comida 16,20 – 🍽 10,22 – **115 hab** 125,37 – 2 suites.

Reino de Navarra, Acella 1, ⊠ 31008, ℘ 948 17 75 75, *reino-de-navarra@abbaho teles.com*, *Fax 948 17 77 78* – 🛗 🖿 TV 🚗 – 🔖 25/90. AE ⓘ MC VISA JCB. 🛇
X n
Comida 16,50 – 🍽 9,30 – **83 hab** 100/113.

Maisonnave, Nueva 20, ⊠ 31001, ℘ 948 22 26 00, *informacion@hotelmaisonnave.es*, *Fax 948 22 01 66* – 🛗, 🖿 rest, TV 🚗 – 🔖 25/300. AE ⓘ MC VISA. 🛇 rest
AY e
Comida *(cerrado 15 julio-agosto y sábado)* carta 24,03 a 31,84 – 🍽 7,21 – **138 hab** 67,90/84,74.

Albret sin rest con cafetería, Ermitagaña 3, ⊠ 31008, ℘ 948 17 22 33, *reservas@h otelalbret.net*, *Fax 948 17 83 84* – 🛗 🖿 TV 🚗 – 🔖 60/150. AE ⓘ MC VISA. 🛇
X v
🍽 9 – **108 hab** 156/180 – 2 suites.

IRUÑA
PAMPLONA

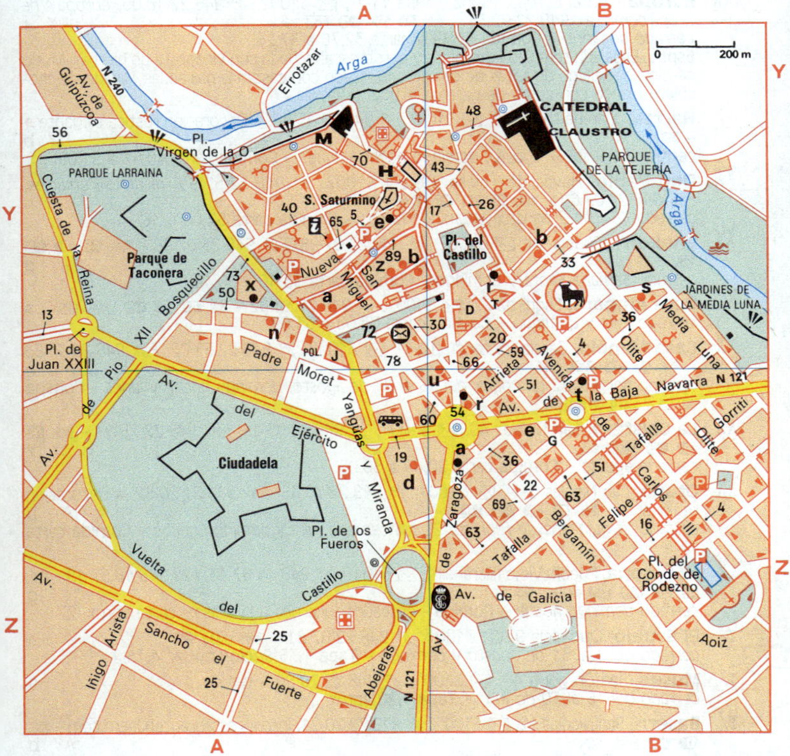

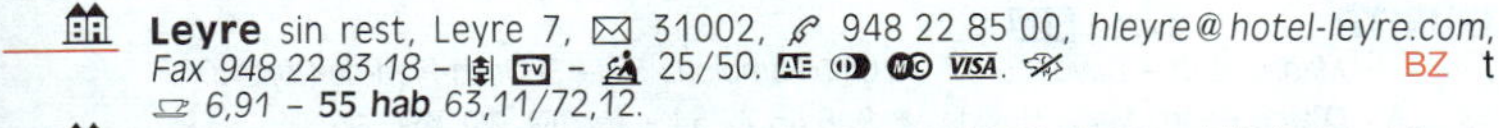

🏨 **Leyre** sin rest, Leyre 7, ✉ 31002, ✆ 948 22 85 00, *hleyre @ hotel-leyre.com*, *Fax 948 22 83 18* – 🛗 📺 – 25/50. AE ① MC VISA. 💳 **BZ t**
🍽 6,91 – **55 hab** 63,11/72,12.

🏨 **Yoldi** sin rest, av. de San Ignacio 11, ✉ 31002, ✆ 948 22 48 00, *yoldi@ hotelyoldi.com*, *Fax 948 21 20 45* – 🛗 📺. AE ① MC VISA. 💳 **BZ r**
🍽 9 – **50 hab** 50/75.

🏨 **Europa**, Espoz y Mina 11-1º, ✉ 31002, ✆ 948 22 18 00, *europa@ heuropa.com*, *Fax 948 22 92 35* – 🛗 ▤ 📺. AE ① MC VISA. 💳 **BY r**
Comida - ver rest. *Europa* – 🍽 6,91 – **25 hab** 45,08/103,98.

🏨 **Avenida**, av. de Zaragoza 5, ✉ 31003, ✆ 948 24 54 54, *hotelavenida@ ctv.es*, *Fax 948 23 23 23* – 🛗 ▤ 📺. AE ① MC VISA JCB. 💳 **BZ a**
Comida (cerrado domingo noche) 9 – 🍽 7,90 – **27 hab** 59,50/87,75 – PA 23,45.

🍴 **Josetxo**, pl. Príncipe de Viana 1, ✉ 31002, ✆ 948 22 20 97, *josetxo@ beh.navegalia. com, Fax 948 22 41 57*, « Decoración elegante » – ▤. AE ① MC VISA. 💳 **BZ r**
cerrado agosto y domingo – **Comida** carta 37,56 a 53,04
Espec. Huevos rotos con foie a la parrilla y hongo beltza. Perdiz a la cazadora con su saquito de hongos (octubre-enero). Pastel de pera con crema de higos braseados.

XXX **Rodero,** Arrieta 3, ✉ 31002, ✆ 948 22 80 35, Fax *948 21 12 17* – 🖪. 🄰🄴 🄼🄲 *VISA*. ⌦
      cerrado domingo – **Comida** 49,28 y carta 32,70 a 39,30   BY s
      Espec. Corona de alcachofas fritas con cigalas, su coral y aceite de pimientos. Rodaballo
      con fideuá de chipirones, vinagreta de tomate y cebollino. Cochinillo confitado con migas
      de pastor y gelatina de manzana ácida.

XXX **Alhambra,** Francisco Bergamín 7, ✉ 31003, ✆ 948 24 50 07, *heuropa@cmn.navarr*
      a.net, Fax 948 24 09 19 – 🖪. 🄰🄴 🄳 🄼🄲 *VISA*. ⌦
      cerrado Semana Santa y domingo – **Comida** carta 36,96 a 46,13.   BZ e

XXX **Europa** - *Hotel Europa*, Espoz y Mina 11-1º, ✉ 31002, ✆ 948 22 18 00, *europa@he*
      uropa.com, Fax 948 22 92 35 – 🖪. 🄰🄴 🄳 🄼🄲 *VISA*. ⌦   BY r
      cerrado domingo – **Comida** 35,46 y carta 32,76 a 37,26
      Espec. Ensalada templada de vainas y perdiz escabechada con vinagreta de hierbas. Muslo
      de pintada relleno de setas de temporada, asado con castañas glaseadas. Helado de cho-
      colate blanco con zumo de naranja, frutas y vainilla.

XXX **Hartza,** Juan de Labrit 19, ✉ 31001, ✆ 948 22 45 68, « Decoración rústica elegante »
      – 🖪   BY b
      cerrado 28 julio-27 agosto, domingo noche y lunes – **Comida** carta 40,57 a 51,09.

XXX **Don Pablo,** Navas de Tolosa 19, ✉ 31002, ✆ 948 22 52 99, *hiturric@eniac.es*,
      Fax 948 21 02 64 – 🖪. 🄰🄴 🄳 🄼🄲 *VISA*. ⌦   AY n
      cerrado 15 julio-2 agosto y domingo noche – **Comida** carta 32,08 a 36.

XX   **Enekorri,** Tudela 14, ✉ 31002, ✆ 948 23 07 98, Fax *948 23 07 98* – 🖪. 🄰🄴 🄳 🄼🄲
      VISA. ⌦   AZ d
      cerrado Semana Santa y domingo – **Comida** carta 33,46 a 36,45.

XX   **Casa Amparo,** Esquiroz 22, ✉ 31007, ✆ 948 26 11 62 – 🖪. 🄰🄴 🄳 🄼🄲 *VISA*. ⌦X s
      cerrado julio y domingo – **Comida** carta 27,05 a 31,09.

XX   **Casa Manolo,** García Castañón 12-1º, ✉ 31002, ✆ 948 22 51 02, Fax *948 20 33 83*
      – 🖪. 🄰🄴 🄳 *VISA*. ⌦   BYZ u
      cerrado del 8 al 22 de enero, del 13 al 27 de agosto, domingo noche y lunes – **Comida**
      carta 23,44 a 31,26.

XX   **La Chistera,** San Nicolás 40, ✉ 31001, ✆ 948 21 05 12, Fax *948 22 78 81* – 🖪. 🄰🄴
      🄳 🄼🄲 *VISA*. ⌦   AY z
      cerrado agosto – **Comida** carta 20,43 a 30,05.

XX   **Otano,** San Nicolás 5-1º, ✉ 31001, ✆ 948 22 70 36, Fax *948 21 20 12*, « Decoración
      regional » – 🖪. 🄰🄴 🄳 🄼🄲 *VISA*   AY b
      cerrado 2ª quincena de febrero, 2ª quincena de julio y domingo noche – **Comida** carta
      27 a 30.

X   **La Casona,** Pueblo Viejo (Barañain), ✉ 31010, ✆ 948 18 67 13, Fax *948 18 67 15* – 🖪.
      🄰🄴 🄳 🄼🄲 *VISA* 🄹🄲🄱. ⌦   X g
      cerrado domingo noche – **Comida** - pescados y carnes a la brasa - carta aprox. 27.

Y/   **El Espejo,** Ciudadela 9, ✉ 31001, ✆ 948 22 87 81 – 🖪. *VISA*. ⌦   AY a
      cerrado del 1 al 31 de agosto y domingo – **Tapa** 1,35 **Ración** aprox. 4,75.

Y/   **Museo,** San Gregorio 48, ✉ 31001, ✆ 948 22 20 50 – 🖪. ⌦   AY a
      cerrado del 15 al 30 de julio – **Tapa** 1,20 aprox. 3.

Y/   **Baserri,** San Nicolás 32, ✉ 31001, ✆ 948 22 20 21, *info@restaurantebaserri.com* – 🖪.
      🄳 🄼🄲 *VISA*. ⌦   AY b
      Tapa 1,60 **Ración** aprox. 5.

      Ver también : **Berrioplano** *por N 240 A : 6 km* V.

IRURITA *31730 Navarra* 🄸🄸🄸 **C 25**.

      Madrid 448 – Bayonne 57 – Iruña/Pamplona 53 – St-Jean-Pied-de-Port 40.

X   **Olari,** Pedro María Hualde ✆ 948 45 22 54 – 🖪. 🄳 🄼🄲 *VISA*. ⌦
      cerrado 2ª quincena de junio y lunes – **Comida** carta 14,42 a 26,14.

ISABA *Navarra – ver Izaba.*

ISLA *– ver a continuación y el nombre propio de la isla.*

ISLA *39195 Cantabria* 🄸🄸🄸 **B 19** *– Playa.*

      Madrid 426 – Bilbao 81 – Santander 40.

en la playa de La Arena *Noroeste : 2 km :*

🏠   **Campomar** ⌦, ✉ 39195 Isla, ✆ 942 67 94 32, *campomar@ceoecant.es*,
      Fax 942 67 94 28 – 📶, 🖪 rest, 📺 🄿. 🄰🄴 🄼🄲 *VISA*. ⌦
      cerrado 15 diciembre-enero – **Comida** 8,40 – ☕ 3,60 – **41 hab** 60,13/66,14 – PA 16,83.

en la playa de Quejo *Este : 3 km :*

Olimpo ⚘, Finca Los Cuarezos, ⊠ 39195 Isla, ✆ 942 67 93 32, *Fax 942 67 94 63*, ⩽ playa, ☘, ⚒, ⚓, ✗ – ⧉ ▤ TV ⇔ ℙ – ⚓ 25/60. AE ① ⑩ VISA JCB. ✗
Comida 22,54 – ☕ 7,51 – **70 hab** 90,15/117,20.

Estrella del Norte, av. Juan Hormaechea, ⊠ 39195 Isla, ✆ 942 65 99 70, *estrellad elnorte@cantabriainter.net, Fax 942 65 99 75*, ⚓ – ⧉ ▤ TV ⇔ – ⚓ 25/100. AE ① ⑩ VISA. ✗
cerrado 15 noviembre-10 diciembre – **Comida** 10,82 – ☕ 7,21 – **47 hab** 90,18/108,22.

Pelayo, av. Juan Hormaechea 22, ⊠ 39195 Isla, ✆ 942 67 96 01, *Fax 942 67 96 42* –
⧉, ▤ rest, TV ℙ. AE ⑩ VISA. ✗
Semana Santa y julio-septiembre – **Comida** 10,52 – **27 hab** ☕ 49,04/61,30 – PA 21,04.

Astuy, av. Juan Hormaechea 1, ⊠ 39195 Isla, ✆ 942 67 95 40, *astuy@hotel-astuy.es, Fax 942 67 95 88*, ⩽, ⛱, ⚓ – ⧉, ▤ rest, TV ℙ. AE ① ⑩ VISA. ✗
Comida 11 – ☕ 4,90 – **53 hab** 59,50/83,50.

ISLA CRISTINA 21410 Huelva **446** U 8 – *16 575 h – Playa.*

🏌18 🏌9 *Islantilla, urb. Islantilla, Este : 6,5 km* ✆ *959 48 60 39 Fax 959 48 61 04.*
Madrid 672 – Beja 138 – Faro 69 – Huelva 56.

Paraíso Playa ⚘, av. de la playa ✆ 959 33 02 35, *hparaiso@retemail.es, Fax 959 34 37 45*, ⚓ – ▤ hab, TV ℙ. AE ① ⑩ VISA. ✗
cerrado 15 diciembre-15 enero – **Comida** *(junio-septiembre)* 10,81 – ☕ 3,60 – **34 hab** 45,07/87,14 – PA 25,24.

Sol y Mar ⚘, playa Central ✆ 959 33 20 50, ⩽, ⛱ – TV ℙ. AE ① ⑩ VISA JCB. ✗
Comida *(cerrado lunes en invierno)* 10,22 – ☕ 3,01 – **16 hab** 39,07/72,12.

Los Geranios ⚘, av. de la Playa ✆ 959 33 18 00, *geranioshotel@hispavista.com, Fax 959 33 19 50* – TV. AE ① ⑩ VISA. ✗ rest
Comida 15 – **29 hab** ☕ 54/107,28.

en la urbanización Islantilla *Este : 6,5 km :*

Confortel Islantilla, ⊠ 21410 apartado 169, ✆ 959 48 60 17, *acruz.confortel@o nce.es, Fax 959 48 60 70*, ⩽, ☘, ⚓, ✗ – ⧉ ▤ TV ♿ ⇔ – ⚓ 25/120. AE ① ⑩ VISA. ✗
cerrado 9 diciembre-24 enero – **Manhattan** *(sólo buffet)* **Comida** 15,03 - *El Fogón de la Antilla (sólo cena)* **Comida** carta 23,44 a 33,96 – ☕ 8,41 – **312 hab** 96,16/120,20, 16 suites.

ISLANTILLA (Urbanización) *Huelva – ver Isla Cristina.*

IURRETA 48215 Bizkaia **442** C 22 – *4 874 h alt. 114.*
Madrid 390 – Bilbao 37 – Donostia-San Sebastián 74 – Vitoria-Gasteiz 42.

en Goiuria *Noroeste : 2,5 km :*

✗ **Ikuspegi,** Goiuria 12, ⊠ 48215 Iurreta, ✆ 94 681 10 82, ⩽ pueblo, valle del Duranguesado y montaña – ▤ ℙ. ① ⑩ VISA. ✗
cerrado 25 diciembre-10 enero – **Comida** - sólo almuerzo salvo jueves, viernes y sábado - carta 31,25 a 38,46.

✗ **Goiuria,** ⊠ 48215 Irrueta, ✆ 94 681 08 86, *Fax 94 681 08 86*, ⩽ pueblo, valle del Duranguesado y montañas – ℙ. AE ① ⑩ VISA JCB. ✗
cerrado agosto, domingo noche y martes noche – **Comida** carta 23,13 a 35,31.

IZABA o **ISABA** 31417 Navarra **442** D 27 – *551 h alt. 813.*
Alred. : *Oeste : Valle del Roncal★ – Sureste : Carretera★ del Roncal a Ansó.*
🛈 *Bormapea 5 ✆ 948 89 32 51 TURISMO-ISABA@terra.es Fax 948 89 32 51.*
Madrid 467 – Huesca 129 – Iruña/Pamplona 97.

Isaba ⚘, Bormapea 51 ✆ 948 89 30 00, *Fax 948 89 30 30*, ⩽ – ⧉ TV ℙ – ⚓ 35/60. ⑩ VISA. ✗
28 de marzo-3 noviembre – **Comida** *(cerrado domingo noche y lunes)* 12,02 – ☕ 6,01 – **50 hab** 45,29/69,42 – PA 25,50.

Lola ⚘, Mendigacha 17 ✆ 948 89 30 12, *hostallola@jet.es, Fax 948 89 30 12* – TV. AE ⑩ VISA JCB. ✗
cerrado del 15 al 30 de noviembre – **Comida** 13,22 – ☕ 4,81 – **24 hab** 33,06/48,18.

Ezkaurre ⚘, Garagardoia ✆ 948 89 33 03, *Fax 948 89 33 02* – AE ⑩ VISA. ✗
cerrado 10 diciembre-2 enero – **Comida** - sólo menú - 10 – ☕ 2,50 – **12 hab** 28/40 – PA 20.

JACA 22700 Huesca **443** E 28 – 14 426 h alt. 820.

Ver : *Catedral★ (capiteles historiados★) - Museo Diocesano (frescos★)* Y.

Alred. : *Monasterio de San Juan de la Peña★★ : paraje★★ – Claustro★ (capiteles★★) Suroeste : 21 km por ③.*

🆉 *av. Regimiento de Galicia 2* 🖋 *974 36 00 98 oficinaturismo@aytojaca.es Fax 974 35 51 65.*

Madrid 481 ② – Huesca 91 ② – Oloron-Ste-Marie 87 ① – Iruña/Pamplona 111 ③

Aparthotel Oroel, av. de Francia 37 🖋 974 36 24 11, *oroel@inturmark.es*, *Fax 974 36 38 04*, ⚊ – 🛗, ☰ rest, 📺 ⊂⊃. 🆎 ① 🆆🅲 *VISA*. 🦋   Y a
cerrado octubre y noviembre – **Comida** 15 – ☕ 7,50 – **124 hab** 63,10/80,50 – PA 31,90.

Gran Hotel, paseo de la Constitución 1 🖋 974 36 09 00, *ghotel@inturmark.es*, *Fax 974 36 40 61*, ⚊ – 🛗, ☰ rest, 📺 🅿. 🆎 ① 🆆🅲 *VISA*. 🦋   Z b
cerrado abril y mayo – **Comida** 15 – ☕ 7,50 – **164 hab** 57,10/73,30 – 1 suite – PA 31,90.

Conde Aznar, paseo de la Constitución 3 🖋 974 36 10 50, *Fax 974 36 07 97* – 📺. 🆎 🆆🅲 *VISA*. 🦋 rest   Z c
Comida - ver también rest. *La Cocina Aragonesa* - 12 – ☕ 4 – **24 hab** 38/57.

Canfranc, av. Oroel 23 🖋 974 36 31 32, *Fax 974 36 49 79*, ≤ – 🛗 📺 🅿. 🆎 ① 🆆🅲 *VISA*. 🦋 rest   Z d
Comida - sólo clientes, sólo cena - 41,47 – ☕ 4,81 – **20 hab** 51,09/75,13.

Ramiro I, Carmen 23 🖋 974 36 13 67, *Fax 974 36 13 61* – 🛗 ☰ 📺. 🆎 🆆🅲 *VISA*. 🦋   Z h
cerrado noviembre – **Comida** - sólo clientes, sólo menú - 9,65 – ☕ 3,10 – **28 hab** 28,70/52,60.

Ciudad de Jaca sin rest, Sancho Ramírez 15 🖋 974 36 43 11, *Fax 974 36 43 95* – 🛗 📺   Z k
32 hab.

A Boira sin rest, Valle de Ansó 3 🖋 974 36 38 48, *aboira@pirinet.com*, *Fax 974 35 52 76* – 🛗 📺. 🆎 ① 🆆🅲 *VISA*. 🦋   Y m
☕ 4,20 – **30 hab** 27/48.

Mur, Santa Orosia 1 🖋 974 36 01 00, *Fax 974 35 61 62* – 🛗 📺. 🆆🅲 *VISA*. 🦋   Y e
cerrado noviembre – **Comida** - sólo menú - 10 – **68 hab** ☕ 16/52.

A Nieu sin rest, av. Zaragoza 22 🖋 974 36 16 79, *Fax 974 35 55 94* – 📺. 🆆🅲 *VISA*. 🦋   Y r
☕ 3,50 – **18 hab** 39/46.

La Cocina Aragonesa - Hotel Conde Aznar, Cervantes 5 🖋 974 36 10 50, *Fax 974 36 07 97*, « *Decoración regional* » – ☰. 🆎 🆆🅲 *VISA*. 🦋   Z n
cerrado 15 días en noviembre y miércoles salvo en invierno – **Comida** carta 24 a 38.

El Fogón, Carmen 22 🖋 974 36 38 92, *elfogon@wanadoo.es*, *Fax 974 37 80 41* – 🆎 🆆🅲 *VISA*. 🦋   Z v
cerrado del 1 al 15 de mayo, del 15 al 30 de junio y lunes – **Comida** carta 22,82 a 30,61.

El Portón, pl. Marqués de Lacadena 1 🖋 974 35 58 54, *Fax 974 35 58 54* – ☰. 🆎 🆆🅲 *VISA*. 🦋   Z s
cerrado del 1 al 15 de junio, del 3 al 30 de noviembre y miércoles – **Comida** carta aprox. 25,54.

El Parador, Ferrenal 16 🖋 974 35 57 28, *pirinet@nova.es* – ☰   Z p

Gastón, av. Primer Viernes de Mayo 14-1º 🖋 974 36 17 19, *teresato90@hotmail.com* – ☰. ① 🆆🅲 *VISA*. 🦋   Y s
cerrado 1ª quincena de junio, 2ª quincena de octubre y miércoles salvo festivos – **Comida** carta aprox. 24,98.

José, av. Domingo Miral 4 🖋 974 36 11 12, *restaurantejos@teleline.es*, *Fax 974 36 11 12* – ☰. 🆎 🆆🅲 *VISA*. 🦋   Z t
cerrado noviembre y lunes (salvo Navidades, Semana Santa y julio-agosto) – **Comida** carta 18,97 a 30,05.

en la carretera N 330 por ① Norte : 3 km :

Charlé, ✉ 22700, 🖋 974 36 00 44, *charle@jaca.com*, *Fax 974 36 00 97*, 🚅 – 📺 🅿. 🆆🅲 *VISA*. 🦋 rest
Comida (cerrado domingo noche y lunes) 16,53 – **14 hab** ☕ 46/76.

JACA

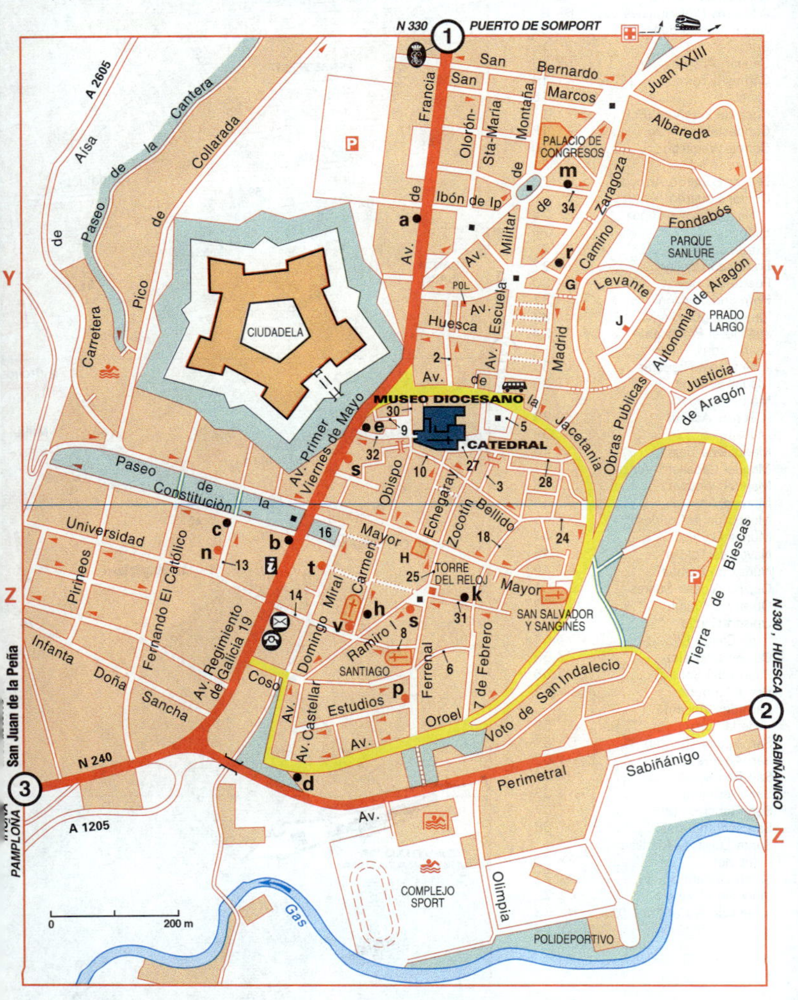

JADRAQUE 19240 Guadalajara **444** **J 21** – 1 184 h alt. 832.
Madrid 103 – Guadalajara 48 – Soria 114.

✕ **El Castillo** con hab, carret. de Soria 8 ℰ 949 89 02 54, Fax 949 89 02 54 – ▤ rest, ℗.
AE ⓓ ⓜⓒ VISA. ⊛
Comida carta aprox. 22,84 – ⌷ 1,80 – **19 hab** 16/28.

✕ **Cuatro Caminos** con hab, Cuatro Caminos 10 ℰ 949 89 00 21 – ▤ rest, TV. AE ⓜⓒ
VISA. ⊛
Comida carta 17,02 a 23,61 – ⌷ 2,10 – **7 hab** 21,04/42,07.

JAÉN

A
A 311
ANDUJAR
FUERTE DEL REY
Av. de Barcelona
Goya
30
PEÑAMEFECIT
Av. de Arjona
Dr. G. Duran
Avila
Av. de
Andalucía
X
SANTA ISABEL
San Lucas
Sagrado Corazón de Jesús
59
18
59
35
CÓRDOBA
A 316
3
Ejército
Carretera de Córdoba
Av. del
Millán
Puerta de Martos
PALACIO DE CONGRESOS
45
Carretera de
LA MAGDALENA
40
45
SAN VICENTE DE PAÚL
La Magdalena
Y
Circunvalación
71
70
34
S. JUAN
CASTILLO DE
SANTA CATALINA
Z
Circunvalación
Carretera al Castillo
SAN SEBASTIÀN
de
Tiro Ctra Nacional
Gta de Lola Torres
A

B
C
N 323-E 902
1
BAILÉN, VALDEPEÑAS
STA MARÍA DEL VALLE
Paseo de España
26
Pl. de la Concordia
41
Z
Madrid
de
Carret.
Madrid
de
5
5
Valle
del
María
Sta
Misericordia
X
24
Av.
de
Ruíz
Jiménez
Luna
la
31
Paseo
Grandes
Muñoz
Av.
de
LA VICTORIA
Madrid
La
de
52
73
Ronda
8
Español
Arquitecto
k
SAN ROQUE
51
M
49
r
Baeza
56
14
d
de
Parque de La Victoria
Pl. de las Batallas
58
J
G
BAÑOS ÁRABES
Priego
POL.
Bergés
M
62
S. ANDRÉS
Estación
EGIDO DE BELÉN
68
S. Juan
Martínez
16
61
17
b
Pl. de Belén
Molina
Pl. de los Jardinillos
48
c
Granada
S. BARTOLOMÉ
Almendros
38
20
e
Av.
de
PARQUE FELIPE ARCHE
22
n
74
54
63
65
S. Bartolomé
21
v
c
P
ARCO DE S. LORENZO
S
Pl. de la Constitución
d
9
X
Aguilar
Colón
3
SAGRARIO
32
S. ILDEFONSO
Alameda de Calvo Sotelo
36
D
12
e
Cerón
67
47
72
2
CAMPO HÍPICO
13
39
a
Pl. de Santa María
43
LA MERCED
55
H
CATEDRAL
Z
44
Conde
Jesus
7
Fuente
de
Don
Diego
Ronda
Sur
27
Carrera
de
25
Senda
de
los
Huertos
B
C
0
300 m
ÚBEDA A 316
2
N 323-E 902 GRANADA
Y

JAÉN 23000 **P** 446 S 18 – 107 413 h alt. 574.

Ver : Localidad★ – Catedral★★ BZ – Capilla de San Andrés★ BY – Iglesia de San Ildefonso★ CZ – Baños árabes★★ BY.

Alred. : Castillo de Santa Catalina★ ✳★★) AZ.

🛈 Maestra 13 bajo ⊠ 23002 ✆ 953 24 26 24 otjaen@ andalucia.org Fax 953 24 26 24 y Maestra 13 ⊠ 23002 ✆ 953 19 04 55 otjaen@ andalucia.org Fax 953 24 26 24 – **R.A.C.E.** Arquitecto Berges 1 (bajo) ⊠ 23007 ✆ 953 25 38 15 Fax 953 25 38 15.

Madrid 336 ① – Almería 232 ② – Córdoba 107 ③ – Granada 94 ② – Linares 51 ① – Úbeda 57 ②

Planos páginas precedentes

Parador de Jaén ⑤, Oeste : 4,5 km, ⊠ 23001, ✆ 953 23 00 00, Fax 953 23 09 30, « Instalado en un castillo con ≤ Jaén, olivares y montañas », ⊼ – ⑤ ▤ TV P – ⑤ 25/60. AE ① MC VISA. ✳
        AZ h
Comida 22,84 – � 8,71 – **45 hab** 85,82/107,28.

Infanta Cristina, av. de Madrid, ⊠ 23009, ✆ 953 26 30 40, directorhic@ swin.net, Fax 953 27 42 96, « Decoración elegante », ⊼ – ⑤ ▤ TV & 🚗 – ⑤ 25/600. AE ① MC VISA. ✳
        CX z
Az-zait (cerrado domingo en julio y agosto) **Comida** carta 22 a 30 – ⊑ 7 – **60 hab** 82/101, 2 suites.

Condestable Iranzo, paseo de la Estación 32, ⊠ 23008, ✆ 953 22 28 00, Fax 953 26 38 07 – ⑤ ▤ TV – ⑤ 30/250 – **159 hab.**
        BY r

Europa sin rest, pl. Belén 1, ⊠ 23003, ✆ 953 22 27 00, pemana@ofijaen.com, Fax 953 22 26 92 – ⑤ ▤ TV &. AE ① MC VISA
        CY b
⊑ 3,50 – **37 hab** 34/54.

Xauen sin rest con self-service, pl. Deán Mazas 3, ⊠ 23001, ✆ 953 24 07 89, hotelx auen@ terra.es, Fax 953 19 03 12 – ⑤ ▤ TV. AE ① MC VISA
        BZ s
⊑ 2,85 – **35 hab** 35,82/48,68.

Reyes Católicos sin rest y sin ⊑, av. de Granada 1-6º, ⊠ 23001, ✆ 953 22 22 50, Fax 953 22 22 50 – ⑤ TV. AE ① VISA
        CY c
28 hab 27,81/43,46.

Horno de Salvador, carret. al Castillo - Oeste : 3,5 km, ⊠ 23001, ✆ 953 23 05 28, 🌳 – ▤ P. AE MC VISA. ✳   por carret. al Castillo AZ
cerrado julio, domingo noche y lunes – **Comida** carta 27,05 a 36,06.

Casa Antonio, Fermín Palma 3, ⊠ 23008, ✆ 953 27 02 62, casantonio@ mailperson al.com, Fax 953 27 58 27 – ▤. AE ① MC VISA. ✳
        BY k
cerrado agosto y domingo – **Comida** carta 25,84 a 29,16.

Casa Vicente, Francisco Martín Mora 1, ⊠ 23002, ✆ 953 23 28 16, « Antigua casa de estilo andaluz con agradable patio » – ▤
        BZ a

La Alacena, Puerta del Sol 4, ⊠ 23007, ✆ 953 26 62 14 – ▤. ✳   BY d
cerrado 2ª quincena de agosto y martes – **Comida** carta 24,40 a 29.

Mesón Río Chico, Nueva 12, ⊠ 23001, ✆ 953 24 08 02 – ▤. MC VISA. ✳ BY e
cerrado 15 agosto-7 septiembre, domingo noche y lunes – **Comida** carta 18,60 a 26,02.

Mesón Nuyra, pasaje Nuyra, ⊠ 23001, ✆ 953 24 07 63, « Decoración regional » – ▤. AE ① MC VISA JCB. ✳
        BY e
cerrado 2ª quincena de agosto y domingo noche – **Comida** - sólo almuerzo en agosto - carta aprox. 24,64.

Cipri, Doctor Sagaz Zubelzu 10, ⊠ 23001, ✆ 953 23 42 95 – ▤. AE ① MC VISA. ✳
        CZ c
cerrado domingo – **Comida** carta 21,04 a 30,05.

Bodegón de Pepe, Nueva 7, ⊠ 23001, ✆ 953 24 26 45, bodepepe@ hotmail.com – ▤. AE ① MC VISA. ✳
        BY n
cerrado 15 julio-15 agosto, domingo noche y lunes – **Comida** carta aprox. 22,84.

Taberna El Hortelano, Teodoro Calvache 25, ⊠ 23001, ✆ 953 24 29 40 – ▤. ✳
cerrado del 15 al 31 de agosto y domingo – **Tapa** 1 **Ración** - ibéricos - aprox. 9,02. CZ d

Mesón Museo del Vino, Doctor Sagaz Zubelzu 4, ⊠ 23001, ✆ 953 24 26 88 – ▤. MC VISA. ✳
        BZ v
cerrado agosto y domingo – **Ración** - ibéricos - aprox. 9,02.

La Manchega, Bernardo López 8, ⊠ 23002, ✆ 953 23 21 92, Taberna tipica – ▤ - queso manchego, lomo de orza.
        BZ e

Taberna Casa Gorrión, Arco del Consuelo 7, ⊠ 23004, ✆ 953 23 20 00, taberna gorrion@ wanadoo.es, Antigua taberna típica – MC VISA
        BZ e
cerrado julio, domingo en verano y lunes resto del año – **Tapa** 2,10 **Ración** - bacalao con pan en aceite, queso manchego, ibéricos - aprox. 9.

El Escalón de Juanito, Melchor Cobo Medina 21, ⊠ 23001, ✆ 609 244 977 – ▤
cerrado lunes – **Tapa** 1,71 **Ración** - ibéricos, lomo de orza - aprox. 5,71. CZ x

en la antigua carretera N 323 *por* ② : *7,3 km* :

🏨 **Mistral,** ⊠ 23170 La Guardia de Jaén, ☏ 953 32 21 04, Fax 953 32 21 00, ⌧ – 📶 📺 🅿. 🕪 *VISA*. 🛇
Comida 10 – ☕ 3 – **16 hab** 30/43 – PA 22,50.

JALANCE 46624 València **445** O 26 – *1 056 h alt. 453.*

Madrid 329 – Albacete 126 – Alacant/Alicante 135 – Teruel 170 – València 111.

🏨 **Meliá del Valle** 🤚, Colón 41 ☏ 96 189 70 00, Fax 96 189 71 20, 🌁, « En una loma rodeada de montañas », ⌧ – 📳 📶 📺 & 🅿 – 🔬 25/500. 🆎 ① 🕪 *VISA* *JCB*. 🛇
Comida 13,22 – **44 hab** ☕ 72,09/90,50.

La JARA Alacant – *ver La Xara.*

JARANDILLA DE LA VERA 10450 Cáceres **444** L 12 – *3 022 h alt. 660.*

Alred. : *Monasterio de Yuste*★ *Suroeste : 12 km.*

Madrid 213 – Cáceres 132 – Plasencia 53.

🏰 **Parador de Jarandilla de la Vera** 🤚, ☏ 927 56 01 17, *jarandilla@parador.es,* Fax 927 56 00 88, « Instalado en un castillo feudal del siglo XV », ⌧, 🚠, 🍴 – 📶 📺 🅿. 🆎 ① 🕪 *VISA* *JCB*. 🛇
Comida 24,04 – ☕ 8,71 – **53 hab** 85,82/107,28.

🏨 **Jaranda,** av. Doña Soledad Vega Ortiz 101 ☏ 927 56 02 06, *hoteljaranda@retemail.es,* Fax 927 56 02 06 – 📶 📺. 🕪 *VISA*. 🛇
Comida - sólo clientes - 9 – **22 hab** ☕ 52.

✕ **El Labrador,** av. Doña Soledad Vega Ortiz 133 ☏ 927 56 07 91 – 📶. 🕪 *VISA*. 🛇
cerrado del 15 al 30 de junio, del 1 al 15 de octubre y martes – **Comida** carta aprox. 22.

JÁTIVA València – *ver Xàtiva.*

JÁVEA Alacant – *ver Xàbia.*

JAVIER 31411 Navarra **442** E 26 – *132 h alt. 475.*

Madrid 411 – Jaca 68 – Iruña/Pamplona 51.

🏨 **Xabier** 🤚, pl. del Santo ☏ 948 88 40 06, *hotelxavier@airtel.net,* Fax 948 88 40 78 – 📳, 📶 rest, 📺. 🆎 ① 🕪 *VISA*. 🛇
Comida 13,86 – ☕ 5,72 – **46 hab** 46/65,25 – PA 26.

✕ **El Mesón** 🤚 con hab, Explanada ☏ 948 88 40 35, Fax 948 88 42 26 – 📶 rest, 📺. 🆎 🕪 *VISA*. 🛇
marzo-15 diciembre – **Comida** carta 18,63 a 25,84 – ☕ 4,50 – **8 hab** 36/50.

JEREZ DE LA FRONTERA 11400 Cádiz **446** V 11 – *184 364 h alt. 55.*

Ver : *Localidad*★★ – *Iglesia de San Juan de los Caballeros*★ AY – *Plaza de la Asunción*★ BZ**13** *(Cabildo*★★ ABZ**C2**) – *Palacio del Marqués de Bertemati*★ AZ**R** – *Catedral*★★ AZ – *Alcázar*★ AZ – *Iglesia de San Miguel*★★ BZ – *Casa Domecq*★ BY**C4** – *Museo de Relojes*★★ AY - *Real Escuela Andaluza de Arte Ecuestre*★ *(espectáculo*★★*)* BY.

Alred. : *La Cartuja*★ *Sur : 6 km por calle Cartuja* BZ – *La Yeguada de La Cartuja*★ *Sur : 6,5 km por calle Cartuja* BZ.

🏌 *Montecastillo, por* ② : *11,3 km* ☏ 956 15 12 00 Fax 956 15 12 09.

✈ *de Jerez, por la carretera N IV* ① : *11 km* ☏ 956 15 00 83 – *Iberia, aeropuerto* ☏ 956 15 00 10.

🛈 Larga 39 ☏ 956 33 11 50 *turismo.ipdc@aytojerez.es* Fax 956 33 17 31.

Madrid 613 ② – Antequera 176 ② – Cádiz 35 ③ – Écija 155 ② – Ronda 116 ② – Sevilla 90 ①

Plano página siguiente

🏨 **Jerez,** av. Alcalde Álvaro Domecq 35, ⊠ 11405, ☏ 956 30 06 00, *reservas@jerezhotel.com,* Fax 956 30 50 01, 🌁, ⌧, 🚠, 🍴 – 📳 📶 📺 & 🅿 – 🔬 25/350. 🆎 ① 🕪 *VISA* 🛇
  por ①
Comida 24 – ☕ 11 – **120 hab** 115/135 – 9 suites.

🏨 **Royal Sherry Park,** av. Alcalde Álvaro Domecq 11 bis, ⊠ 11405, ☏ 956 31 76 14, *sherry@sherryparkhotel.com,* Fax 956 31 13 00, 🌁, « Jardín con ⌧ », 🛋, 🔲 – 📳 📶 📺 & 🅿 – 🔬 25/280. 🆎 ① 🕪 *VISA*. 🛇
  BY a
El Ábaco : **Comida** carta 20,90 a 26,14 – ☕ 9 – **170 hab** 99/124 – 3 suites.

JEREX DE LA FRONTERA

Serit sin rest, Higueras 7, ⊠ 11402, ℘ 956 34 07 00, *hotelserit@redicom.es*, Fax 956 34 07 16 – |≉| 🖵 📺 ₺ 🚗. 🇦🇪 ⓐ 🇲🇨 *VISA*
BZ **a**
☕ 6 – **35 hab** 46/66.

El Coloso sin rest y sin ☕, Pedro Alonso 13, ⊠ 11402, ℘ 956 34 90 08, *elcoloso@hotmail.com*, Fax 956 34 90 08 – |≉| 🖵 📺 🚗. ⓐ 🇲🇨 *VISA*. ✄
BZ **c**
24 hab 32/50 – 4 apartamentos.

Gaitán, Gaitán 3, ⊠ 11403, ℘ 956 34 58 59, *jk1@arrakis.es*, Fax 956 34 58 59, « Decoración regional » – 🖵. 🇦🇪 ⓐ 🇲🇨 *VISA*. ✄
AY **z**
cerrado domingo noche – **Comida** carta 23,96 a 38,05.

Tendido 6, Circo 10, ⊠ 11405, ℘ 956 34 48 35, *info@tendido6.com*, Fax 956 33 03 74, « Decorado con motivos taurinos. Patio andaluz » – 🖵. 🇦🇪 ⓐ 🇲🇨 *VISA* **JCB**. ✄
BY **e**
cerrado domingo – **Comida** carta aprox. 23,44.

Juanito, Pescadería Vieja 8-10, ⊠ 11403, ℘ 956 33 48 38, Fax 956 33 72 72, ☂, « Decoración regional » – 🖵. 🇦🇪 ⓐ 🇲🇨 *VISA*. ✄
BZ **s**
cerrado domingo en verano, domingo noche y lunes resto del año – **Tapa** 1,81 **Ración** aprox. 6,02.

La Tertulia, Porvera 11, ⊠ 11403, ℘ 956 16 89 79, ☂ – 🖵. ✄
BY **f**
Tapa 1,20 **Ración** aprox. 6.

en la carretera A 382 *por* ② :

Montecastillo 🦢, 9,8 km y desvío a la derecha 1,5 km, ⊠ 11406 apartado 386, ℘ 956 15 12 00, *markt@montecastillo.com*, Fax 956 15 12 09, ≤, ☂, 🏊, ⛳ – |≉| 🖵 📺 **P** – 🏄 25/200. 🇦🇪 ⓐ 🇲🇨 *VISA*. ✄
Comida carta 21,62 a 34,55 – **119 hab** ☕ 294,50 – 2 suites.

La Cueva Park, 10,5 km, ⊠ 11406 apartado 536, ℘ 956 18 91 20, *hotel@hotellacueva.com*, Fax 956 18 91 21, 🏊 – |≉| 🖵 📺 🚗 **P** – 🏄 25/400. 🇦🇪 ⓐ 🇲🇨 *VISA*. ✄
Comida - ver rest. ***Mesón La Cueva*** – ☕ 9,02 – **56 hab** 90,15/117,20 – 2 suites.

Mesón La Cueva - Hotel La Cueva Park, 10,5 km, ⊠ 11406 apartado 536, ℘ 956 18 90 20, *lacueva@.viautil.com*, Fax 956 18 90 20, ☂, 🏊 – 🖵 **P**. 🇦🇪 ⓐ 🇲🇨 *VISA*. ✄
Comida carta 18,04 a 27,06.

Sadunia, av. de Arcos 73 : 3 km, ⊠ 11406, ℘ 956 34 25 97, *sadunia@mvallejo.com*, Fax 956 14 32 09, ☂ – 🖵 **P**. 🇦🇪 ⓐ 🇲🇨 *VISA*. ✄
cerrado domingo en verano, domingo noche y lunes resto del año – **Comida** carta 20,13 a 28,25.

en la carretera de Sanlúcar de Barrameda *por* ④ : 6 km :

Venta Antonio, ⊠ 11408 apartado 618, ℘ 956 14 05 35, *restauranteventaantonio@infonegocio.com*, Fax 956 14 05 35, ☂ – 🖵 **P**. 🇦🇪 ⓐ 🇲🇨 *VISA*. ✄
Comida - pescados y mariscos - carta 27,05 a 29,65.

JEREZ DE LOS CABALLEROS 06380 Badajoz **444** R 9 – 10 295 h alt. 507.

Madrid 444 – Badajoz 75 – Mérida 103 – Zafra 40.

Los Templarios, carret. de Villanueva ℘ 924 73 16 36, *templarios5@interbook.net*, Fax 924 75 03 38, ≤ dehesa extremeña, 🏊, ✗ – |≉| 🖵 📺 **P** – 🏄 25/150. 🇦🇪 ⓐ 🇲🇨 *VISA*. ✄
Comida 10,22 – ☕ 3 – **46 hab** 31,25/49,28 – 3 suites – PA 19,92.

Oasis, El Campo 18 ℘ 924 73 12 44, Fax 924 73 14 53 – 🖵 📺. 🇦🇪 ⓐ 🇲🇨 *VISA*. ✄
Comida 7,21 – ☕ 1,50 – **30 hab** 24,04/36,06.

JERTE 10612 Cáceres **444** L 12 – 1 215 h alt. 613.

Madrid 220 – Ávila 110 – Cáceres 125 – Plasencia 40 – Salamanca 113.

Hospedería Valle del Jerte 🦢, Ramón Cepeda 118 ℘ 927 47 04 03, *deljertehosp@tpi.infomail.es*, Fax 927 47 01 31, ☂, « En un pintoresco paraje del valle del Jerte » – |≉| 🖵 📺 **P**. 🇦🇪 ⓐ 🇲🇨 *VISA*. ✄
Comida 13,52 – ☕ 7,51 – **24 hab** 63,10/99,60 – 1 suite.

Valle del Jerte y H. La Sotorriza con hab, Gargantilla 16 ℘ 927 47 00 52, *sotarriza@mmteam.interbook.net*, Fax 927 47 04 48, « En el valle del Jerte » – 🖵 📺. 🇦🇪 🇲🇨 *VISA*. ✄
Comida (cerrado domingo noche) carta 12,92 a 24,31 – ☕ 3,60 – **5 hab** 33,66/51.

La JONQUERA o **La JUNQUERA** 17700 Girona **443** E 38 – 2 639 h alt. 112.

🛂 autopista. A7 - área servicio Porta Catalana 🖉 972 55 43 54 oitgirona@mailcat.net Fax 972 55 45 80.

Madrid 762 – Figueres 21 – *Girona/Gerona 56* – Perpignan 36.

en la autopista A 7 *Sur : 2 km :*

🏨 **Porta Catalana,** ✉ 17700 apartado 72, 🖉 972 55 46 40, *jonquera.hostel@areas.es,* Fax 972 55 52 75 – 🛗 ▤ 🆅 ᰪ 🅿 ᴀᴇ ① ◍ 𝘝𝘐𝘚𝘈. ⟲ rest
Comida carta aprox. 18,50 – ☕ 8,50 – **81 hab** 70/90.

JUMILLA 30520 Murcia **445** Q 26 – *19 825 h alt. 496.*

Madrid 354 – Albacete 100 – Alacant/Alicante 89 – Murcia 75.

🍴 Monasterio, av. de la Asunción 40 🖉 968 78 20 92 – ▤.

La JUNQUERA *Girona – ver La Jonquera.*

KEXAA o **QUEJANA** 01478 Araba **442** C 20.

Madrid 377 – *Bilbao 32* – Burgos 148 – Vitoria-Gasteiz 50 – Miranda de Ebro 67.

🏠 **Los Arcos de Quejana** ⟿, carret. Beotegi 25 🖉 945 39 93 20, *arcosdequejana@infonegocio.com,* Fax 945 39 93 44, ≤, « En un pintoresco paraje » – 🆅 🅿 – ♨ 25/40. ᴀᴇ ① ◍ 𝘝𝘐𝘚𝘈. ⟲ rest
cerrado 23 diciembre-4 enero – **Comida** 10,82 – ☕ 5,10 – **16 hab** 51,09/61,61.

LABACOLLA 15820 A Coruña **441** D 4.

✈ de Santiago de Compostela 🖉 981 54 75 01.

Madrid 628 – A Coruña/La Coruña 77 – Lugo 97 – *Santiago de Compostela 11.*

🏨 **Ruta Jacobea,** antigua carret. N 634 🖉 981 88 82 11, *hotel@rjacobea.com,* Fax 981 89 70 80 – 🛗 ▤ 🆅 ᴀ 🅿 – ♨ 25/50. ᴀᴇ ① ◍ 𝘝𝘐𝘚𝘈
Comida - ver rest. *Ruta Jacobea* – ☕ 6,43 – **20 hab** 61,74/77,17.

🏠 **Garcas,** antigua carret. N 634 🖉 981 88 82 25, *h.garcas@teleline.es,* Fax 981 88 83 17 – 🛗, ▤ rest, 🆅 🅿 – ♨ 25/200. ᴀᴇ ① ◍ 𝘝𝘐𝘚𝘈. ⟲
Comida 9,62 – ☕ 2,40 – **62 hab** 45,08.

🏠 **San Paio,** La Fábrica 🖉 981 88 82 05, Fax 981 88 82 21 – ▤ rest, 🆅 🅿 ᴀᴇ ① ◍ 𝘝𝘐𝘚𝘈 ᴊᴄʙ. ⟲
Comida carta aprox. 25,24 – ☕ 3,61 – **46 hab** 23,44/36,06.

🍴 **Ruta Jacobea** - Hotel Ruta Jacobea, antigua carret. N 634 🖉 981 88 82 11, *restaurante@rjacobea.com,* Fax 981 88 84 94 – ▤ 🅿 ᴀᴇ ① ◍ 𝘝𝘐𝘚𝘈. ⟲
Comida carta 22,60 a 30.

LABRA 33556 Asturias **441** B 14.

Madrid 511 – Oviedo 61 – Santander 137.

🏠 Mirador Montañas de Covadonga ⟿, 🖉 98 594 01 96, Fax 98 584 80 33, ≤ – 🆅 🅿
14 hab.

LABUERDA 22360 Huesca **443** E 30 – *155 h alt. 569.*

Madrid 496 – Huesca 109 – Jaca 95 – Lleida/Lérida 128.

en la carretera A 138 *Sur : 2 km :*

🏠 **Peña Montañesa,** ✉ 22360, 🖉 974 51 00 51, *hotel@peñamontañesa.com,* Fax 974 51 00 66, ≤, �️, 🖼 – ▤ 🆅 🅿 ◍ 𝘝𝘐𝘚𝘈. ⟲
cerrado 10 enero-10 febrero – **Comida** 10,50 – ☕ 5,50 – **10 hab** 48/60.

LAGUARDIA 01300 Araba **442** E 22 – *1 545 h alt. 635.*

Ver : *Pueblo★.*

🛂 pl. San Juan 🖉 941 60 08 45 turismo@laguardia-alava.com Fax 941 60 08 45.

Madrid 348 – Logroño 17 – Vitoria-Gasteiz 66.

🏨 **Castillo El Collado,** paseo El Collado 1 🖉 941 12 12 00, *hcastillocollado@euskalnet.net,* Fax 941 60 08 78, « Decoración elegante en una casa señorial adosada a las antiguas murallas » – ▤ 🆅 ᴀᴇ ① ◍ 𝘝𝘐𝘚𝘈 ᴊᴄʙ. ⟲ rest
cerrado 15 enero-10 febrero – **Comida** carta 29,70 a 35,10 – ☕ 7,80 – **8 hab** 80/103.

Antigua Bodega de Don Cosme Palacio 🦢, carret. de Elciego ☎ 941 12 11 95, *antiguabodega@cosmepalacio.com, Fax 941 60 02 10*, « *En una antigua bodega* » – 📺 🅿 – 🏊 60. 🅰🅴 🅼🅲 💳. ✦
cerrado 24 diciembre-25 enero – **Comida** *(cerrado domingo noche y lunes)* - sólo clientes - 18,03 – ☕ 5,89 – **13 hab** 48,08/64,91.

Posada Mayor de Migueloa 🦢 con hab, Mayor de Migueloa 20 ☎ 941 12 11 75, *Fax 941 12 10 22*, « *Palacio del siglo XVII con bodega típica* » – 📧 📺 🅿 🅰🅴 🅾 🅼🅲 💳. ✦ rest – *cerrado 21 diciembre-21 enero* – **Comida** carta 25,24 a 38,07 – ☕ 6,61 – **8 hab** 72,12/90,15.

Marixa con hab, Sancho Abarca 8 ☎ 941 60 01 65, *hotelmarixa@terra.es, Fax 941 60 02 02*, ≤ – 📧 📺. 🅼🅲 💳
Comida carta 22,24 a 32,15 – ☕ 5 – **10 hab** 43/60.

en Páganos *Noroeste : 2,5 km :*

Héctor Oribe, Gasteiz 8, ✉ 01309 Páganos, ☎ 556 60 07 15, Fax 941 60 07 15 – 📧. 🅾 🅼🅲 💳. ✦
cerrado domingo noche y lunes – Comida carta 20,13 a 24,03.

La LAGUNA *Santa Cruz de Tenerife – ver Canarias (Tenerife).*

LALÍN 36500 Pontevedra 🟦441🟦 **E 5** – *19 777 h alt. 552.*
Madrid 563 – Chantada 37 – Lugo 72 – Ourense/Orense 62 – Pontevedra 74 – *Santiago de Compostela 53.*

Os Arcos, Dr. D. Wenceslao Calvo Garra 6 ☎ 986 78 08 99 – 🅰🅴 🅼🅲 💳. ✦
cerrado lunes salvo festivos – **Comida** carta 21,04 a 27,05.

LANCIEGO *Araba – ver Lantziego.*

LANJARÓN 18420 Granada 🟦446🟦 **V 19** – *3 954 h alt. 720 – Balneario.*
Alred. : *Las Alpujarras★.*
Madrid 475 – Almería 157 – *Granada 51* – Málaga 140.

Miramar, av. de las Alpujarras 10 ☎ 958 77 01 61, *info@elhotelmiramar.com, Fax 958 77 01 61*, 🏊 – 📧 📺. 🅰🅴 🅾 🅼🅲 💳. ✦
abril-diciembre – **Comida** 18,03 – **57 hab** ☕ 46,28/65,51 – 2 suites.

Nuevo Palas, av. de las Alpujarras 24 ☎ 958 77 01 11, *informacion@hotelnuevopalas.com, Fax 958 77 12 83*, 🗛, 🏊 climatizada – 📧 rest, 📺 🅿. 🅼🅲 💳. ✦
cerrado enero-24 febrero – **Comida** 15,43 – ☕ 3,85 – **28 hab** 38,58/51,45 – 2 suites.

Paraíso, av. de las Alpujarras 18 ☎ 958 77 00 12, *Fax 958 77 09 27* – 📧 rest, 📺 🚗. 🅰🅴 🅾 🅼🅲 💳. ✦ rest
abril-diciembre – **Comida** 13,22 – ☕ 2,88 – **49 hab** 24,04/42,07.

Alcadima 🦢, General Rodrigo 3 ☎ 958 77 08 09, *info@alcadima.com, Fax 958 77 11 82*, ≤ montaña, 🏖, 🏊 – 📧 rest, 📺 🚗. 🅰🅴 🅾 🅼🅲 💳. ✦
cerrado del 5 al 20 de enero – **Comida** 12 – ☕ 4,50 – **29 apartamentos** 39/45.

LANTZIEGO o LANCIEGO 01308 Araba 🟦442🟦 **E 22** – *581 h alt. 545.*
Madrid 358 – Bilbao 116 – Burgos 128 – Logroño 17 – Vitoria-Gasteiz 48.

Larrain, Mayor 13 ☎ 941 12 82 26, *larrain@iponet.es, Fax 941 12 82 51* – 📧. 🅰🅴 🅾 🅼🅲 💳. ✦
Comida - es necesario reservar - 14,12 – ☕ 5,14 – **10 hab** 47,26/54,01.

La LANZADA (Playa de) *Pontevedra – ver Noalla.*

LANZAROTE *Las Palmas – ver Canarias.*

LAREDO 39770 Cantabria 🟦442🟦 **B 19** – *13 019 h alt. 5 – Playa.*
🛈 Alameda de Miramar ☎ 942 61 10 96 Fax 942 61 10 96.
Madrid 427 – Bilbao 58 – Burgos 184 – *Santander 48.*

Ramona sin rest y sin ☕, Alameda José Antonio 4 ☎ 942 60 71 89 – 📺. 🅰🅴 🅾 🅼🅲 💳 🅹🅲🅱
marzo-noviembre – **16 hab** 40,27/57,09.

El Marinero, Zamanillo 6 ☎ 942 60 60 08, Fax 942 61 25 54 – 📧. 🅰🅴 🅾 🅼🅲 💳. ✦
Comida carta 27,50 a 33.

Casa Felipe, travesía Comandante Villar 5 ☎ 942 60 32 12 – 📧. 🅼🅲 💳. ✦
cerrado 2ª quincena de diciembre y lunes – **Comida** carta 21,90 a 30,95.

en el barrio de la playa :

El Ancla ⑤, González Gallego 10, ✉ 39770 Laredo, ☎ 942 60 55 00, *ancla@cantab riainter.net, Fax 942 61 16 02,* 🍽 – 🖃 rest, TV – 🔌 25/50. AE ① MC VISA. ✗
Comida *(cerrado noviembre y martes)* 20 – ☐ 5,50 – **25 hab** 62/93.

Camarote, av. Victoria, ✉ 39770 Laredo, ☎ 942 60 67 07 – 🖃. AE ① MC VISA. ✗
cerrado 24 diciembre-3 enero y domingo noche – **Comida** carta 24,64 a 31,88.

en la antigua carretera de Bilbao *Sur : 1 km :*

Miramar, alto de Laredo, ✉ 39770, ☎ 942 61 03 67, *proinasa@arrakis.es, Fax 942 61 16 92,* ≤ Laredo y bahía, ≦ – 🖃 TV P. AE ① MC VISA. ✗
Comida 14,72 – ☐ 4,81 – **45 hab** 58,90/79,33 – PA 27,20.

LAROLES 18494 Granada **446** U 20 – *alt. 1010.*

Madrid 481 – Almería 84 – Granada 99 – Lorca 202 – Motril 104 – Úbeda 158.

Refugio de Nevada ⑤, carret. de Mairena ☎ 958 76 03 20, *alpujarr@ctv.es, Fax 958 76 03 04,* ≤ sierra de Gádor y alrededores, 🏛, « Conjunto de estilo regional » – TV ♿ P.
12 hab.

LASARTE-ORIA 20160 Gipuzkoa **442** C 23 – *18 165 h alt. 42.*

Madrid 491 – Bilbao 98 – Donostia-San Sebastián 8 – Tolosa 22.

Txartel sin ☐, paseo del Circuito ☎ 943 36 23 40, *info@hoteltxartel.com, Fax 943 36 48 04* – 🛗 TV P. AE ① MC VISA JCB
Comida - ver rest. Txartel Txoko – ☐ 4 – **70 hab** 45/72.

Ibiltze sin rest con cafetería, Antxota 3-4 ☎ 943 36 56 44, Fax 943 36 67 46 – TV 🚗.
AE ① MC VISA. ✗
☐ 3,61 – **36 hab** 60,10/78,13.

Martín Berasategui, Loidi 4 ☎ 943 36 64 71, *martin@martinberasategui.com, Fax 943 36 61 07,* ≤, 🏛 – 🖃 P. AE ① MC VISA. ✗
cerrado 15 diciembre-15 enero, sábado mediodía, domingo noche, lunes y martes –
Comida 70,92 y carta 51,02 a 59,95
Espec. Gelatina caliente de frutos de mar con sopa de anís y sorbete de hinojo. Taco de foie gras asado con crema de rúcula y vinagreta de su jugo de cocción. La sorpresa de chocolate y canela con granizado de vino tinto.

Txartel Txoko - *Hotel Txartel,* paseo del Circuito 1 ☎ 943 37 01 92 – 🖃 P. AE MC VISA. ✗
cerrado 25 diciembre-7 enero, 22 agosto-13 septiembre, domingo noche y lunes – **Comida** carta 24,05 a 30,05.

LASTRES 33330 Asturias **441** B 14 – *1312 h alt. 21 – Playa.*

Madrid 497 – Gijón 46 – Oviedo 62.

Palacio de Vallados ⑤, Pedro Villarta ☎ 98 585 04 44, *vallados@netcom.es, Fax 98 585 05 17,* ≤ – 🛗 TV 🚗 P. AE ① MC VISA. ✗
marzo-octubre – **Comida** - sólo clientes - 12,02 – ☐ 4,21 – **29 hab** 48,10/66,25.

Eutimio, San Antonio ☎ 98 585 00 12, *casaeutimio@fade.es, Fax 98 585 00 12,* « Ambiente acogedor » – TV. MC VISA. ✗
cerrado Navidades – **Comida** - ver rest. **Eutimio** – ☐ 6,01 – **11 hab** 42,07/54,09.

Eutimio - *Hotel Eutimio,* San Antonio ☎ 98 585 00 12, *casaeutimio@fade.es, Fax 98 585 00 12,* ≤ – ① MC VISA. ✗
cerrado 20 días en noviembre, 20 días en diciembre y lunes salvo festivos – **Comida** - pescados y mariscos - carta aprox. 31,24.

LAUJAR DE ANDARAX 04470 Almería **446** V 21 – *1780 h alt. 921.*

Madrid 497 – Almería 70 – Granada 115 – Málaga 191.

Villa Turística de Laujar ⑤, camino del Caleche - Noreste : 1 km ☎ 950 51 30 27, *turrualp@larural.es, Fax 950 51 35 54,* « Complejo alpujarreño en el valle de Andarax », ≦, 🍽, ✗ – 🛗 🖃 TV ♿ P. – 🔌 25/50. AE ① MC VISA. ✗ rest
Comida 11,42 – **31 apartamentos** ☐ 50,48/68,52 – PA 20,43.

Almirez, carret. de Berja - Oeste : 1 km ☎ 950 51 35 14, *almihost@larural.es, Fax 950 51 35 61* – TV P. ① MC VISA. ✗ rest
Comida 9,02 – ☐ 3,85 – **20 hab** 23,47/35,36.

LAXE 15117 A Coruña **441** **C 2** – 3 484 h – Playa.

Madrid 665 – *Santiago de Compostela* 66 – A Coruña/La Coruña 69.

XX **Casa do Arco** con hab, Real 1 *ℰ* 981 70 69 04, *portozas@valem.com*, Fax 981 70 69 04, « Antigua casa en piedra del siglo XV » – **TV**. **AE** **MC** **VISA**. ⚡ cerrado del 1 al 15 de noviembre – **Comida** *(cerrado martes)* carta 18,63 a 27,05 – **4 hab** ⚏ 60,10.

LECINA 22148 Huesca **443** **F 30**.

Madrid 451 – Huesca 68 – Lleida/Lérida 117.

La Choca ⚜, pl. Mayor 1 *ℰ* 974 34 30 70, *chocala@wanadoo.es*, Fax 974 34 30 70, ≤ – **MC** **VISA**. ⚡ rest cerrado del 24 al 31 de diciembre y noviembre – **Comida** *(cerrado jueves)* 12 – ⚏ 4 – **9 hab** 29/40.

LEGANÉS 28910 Madrid **444** **L 18** – 171 907 h alt. 667

Madrid 15 – Aranjuez 41 – Segovia 104.

Sol Inn Leganés sin rest, av. Universidad 7, ⊠ 28911, *ℰ* 91 689 61 61, *sol.inn.leganes@s olmelia.com*, Fax 91 693 69 09 – ‖ ▤ **TV** ⴺ ⇐ – ⚒ 25/350. **AE** **OD** **MC** **VISA**. ⚡ ⚏ 6,61 – **78 hab** 73,92/92,55.

Parquesur, av. de Gran Bretaña (C.C. Parquesur), ⊠ 28916, *ℰ* 91 688 26 00, *hotelparque sur@hotelparquesur.com*, Fax 91 688 49 70 – ▤ **TV** ⴺ – ⚒ 25/350. **AE** **OD** **MC** **VISA**. ⚡ **Comida** *(cerrado agosto)* 22,54 – ⚏ 9,47 – **83 hab** 109,99/129,22.

LEGUTIANO o **VILLARREAL DE ÁLAVA** 01170 Araba **442** **D 22** – 1 214 h alt. 975.

Madrid 370 – Bilbao 51 – Vitoria-Gasteiz 15.

X **El Crucero**, Kurutxalde (carret. N 240) *ℰ* 945 45 50 33 – **OD** **MC** **VISA**. ⚡ **Comida** carta aprox. 23,44.

LEINTZ-GATZAGA o **SALINAS DE LENIZ** 20530 Gipuzkoa **442** **D 22** – 188 h.

Madrid 377 – *Bilbao* 68 – Donostia-San Sebastián 83 – Vitoria-Gasteiz 22.

en el puerto de Arlabán *por la carretera GI 627 - Suroeste : 3 km :*

XX **Gure Ametsa** con hab, ⊠ 20530 Leintz-Gatzaga, *ℰ* 943 71 49 52, Fax 943 71 49 52 – ▤ rest, **P**. **AE** **MC** **VISA**. ⚡ cerrado 23 diciembre-3 enero y del 10 al 31 de agosto – **Comida** *(cerrado lunes noche)* carta 24,64 a 27,95 – ⚏ 3,31 – **5 hab** 30,05/39,07.

LEIRO 32420 Ourense **441** **E 5** – 2 235 h alt. 99.

Madrid 531 – Ourense/Orense 37 – Pontevedra 72 – Santiago de Compostela 93.

Mosteiro de San Clodio ⚜, San Clodio - Este : 1 km *ℰ* 988 48 56 01, *sanclodio @infonegocio.com*, Fax 988 48 56 04, « Instalado en un antiguo monasterio » – ‖ ▤ **TV** **P** – ⚒ 25/250. **OD** **MC** **VISA**. ⚡ rest **Comida** *(cerrado domingo noche)* carta 33 a 43 – ⚏ 12 – **21 hab** 127/165 – 4 suites.

LEITZA 31880 Navarra **442** **C 24** – 3 123 h alt. 450.

Madrid 446 – Iruña/Pamplona 51 – *Donostia-San Sebastián* 47.

X **Arakindegia**, Elbarren 42 *ℰ* 948 51 00 52, Fax 948 51 06 33 – ▤. **AE** **OD** **MC** **VISA**. ⚡ cerrado Navidades, Semana Santa y sábado – **Comida** carta 15,06 a 27,10.

LEKEITIO 48280 Bizkaia **442** **B 22** – 6 780 h alt. 10.

Alred. : Carretera en cornisa de Lequeitio a Deva ≤ ★.

Madrid 452 – *Bilbao* 56 – Donostia-San Sebastián 61 – Vitoria-Gasteiz 82.

Emperatriz Zita, av. Santa Elena *ℰ* 94 684 26 55, *rlekeitio@usa.net*, Fax 94 624 35 00, ≤ playa y puerto, Servicios de talasoterapia, ⬚ – ‖, ▤ rest, **TV** **P** – ⚒ 25/55. **AE** **OD** **MC** **VISA**. ⚡ **Comida** 15,02 – ⚏ 6,61 – **42 hab** 42,07/66,11 – PA 27,04.

Zubieta ⚜ sin rest, Portal de Atea *ℰ* 94 684 30 30, *hotelzubieta@hotelzubieta.com*, Fax 94 684 10 99 – ‖ **TV** ⴺ **P** – ⚒ 25/30. **MC** **VISA**. ⚡ cerrado 12 diciembre-8 febrero – ⚏ 6 – **12 hab** 51/63 – 8 suites, 4 apartamentos.

Beitia, av. Pascual Abaroa 25 *ℰ* 94 684 01 11, Fax 94 684 21 65, ⛲ – ‖ **TV**. **AE** **OD** **VISA**. ⚡ Semana Santa-octubre – **Comida** 16,83 – ⚏ 5,11 – **30 hab** 34,02/47,66.

Piñupe sin rest, av. Pascual Abaroa 10 *ℰ* 94 684 29 84, Fax 94 684 07 72 – **TV**. **MC** **VISA**. ⚡ cerrado 20 septiembre-octubre – ⚏ 4,51 – **12 hab** 42,07/50,49.

XX **Oxangoiti,** Gamarra 2, ⊠ apartado 9, 𝒞 94 684 31 51, « En un antiguo palacio » – ▤.
⓪ⓒ ⓥⓘⓢⓐ. ⅀
cerrado del 5 al 20 de noviembre y lunes (salvo julio-8 septiembre) – **Comida** carta 31,85
a 39,37.

XX **Egaña,** Antiguako Ama 2 𝒞 94 684 01 03, Fax 94 684 01 03 – ▤. ⓞ ⓪ⓒ ⓥⓘⓢⓐ
cerrado febrero y lunes – **Comida** carta aprox. 27.

LEÓN 24000 ℗ **441** E **13** – *147 625 h alt. 822.*

Ver : *Catedral★★★ B (vidrieras★★★, trascoro★, Descendimiento★, claustro★) – San
Isidoro★ B(Panteón Real★★ : capiteles★ y frescos★★ - Tesoro★★ : Cáliz de Doña Urraca★,
Arqueta de los marfiles★) – Antiguo Convento de San Marcos★ (fachada★★, Museo de
León★, Cristo de Carrizo★★★, sacristía★) A.*

Excurs. : *San Miguel de la Escalada★ (pórtico exterior★, iglesia★) 28 km por ② – Cuevas
de Valporquero★★ Norte : 47 km B.*

✈ *de León por ④ : 6 km 𝒞 987 87 77 00.*

🅱 *pl. de Regla 3 ⊠ 24003 𝒞 987 23 70 82 Fax 987 27 33 91 –* **R.A.C.E.** *Gonzalo de Tapia
4 (bajo comercial) ⊠ 24008 𝒞 987 24 71 22 Fax 987 07 11 11.*

*Madrid 327 ③ – Burgos 192 ② – A Coruña/La Coruña 325 ④ – Salamanca 197 ④ –
Valladolid 139 ② – Vigo 367 ④*

Plano página siguiente

🏰🏰🏰🏰 **Parador H. San Marcos,** pl. de San Marcos 7, ⊠ 24001, 𝒞 987 23 73 00, *leon@ p
arador.es, Fax 987 23 34 58,* « Lujosa instalación en un convento del siglo XVI », 🛥 – ▥
▤ rest, ⓣⓥ ℗ – 🛎 25/500. ⒶⒺ ⓞ ⓪ⓒ ⓥⓘⓢⓐ ⒿⒸⒷ. ⅀   A
Comida 25,24 – ☕ 9,32 – **185 hab** 105,44/131,80 – 15 suites.

🏰🏰🏰🏰 **Alfonso V,** Padre Isla 1, ⊠ 24002, 𝒞 987 22 09 00, *alfonsov@ lesein.es,
Fax 987 22 12 44,* « Decoración moderna » – ▥ ▤ ⓣⓥ 🚗. ⒶⒺ ⓞ ⓪ⓒ
ⓥⓘⓢⓐ. ⅀   B v
Comida *(cerrado domingo noche)* 19,60 – ☕ 9,30 – **57 hab** 76,50/113 – 5 suites.

🏰🏰🏰 **AC San Antonio** sin rest con cafetería por la noche, Velázquez 10, ⊠ 24005,
𝒞 987 21 84 44, *acleon@ ac-hoteles.com, Fax 987 21 84 45,* 🛋 – ▥ ▤ ⓣⓥ 🚗. ⒶⒺ ⓞ
⓪ⓒ ⓥⓘⓢⓐ. ⅀   *por Alcalde Miguel Castaño*   B
☕ 6 – **84ª hab** 69,72.

🏰🏰🏰 **Luis de León,** Fray Luis de León 26, ⊠ 24005, 𝒞 987 21 88 20, *luisdeleon@ hotele
s-silken.com, Fax 987 21 88 21 –* ▥ ▤ ⓣⓥ 🚗 – 🛎 25/200. ⒶⒺ ⓞ ⓪ⓒ ⓥⓘⓢⓐ
⅀ rest   *por Alcalde Miguel Castaño*   B
Las Médulas : Comida carta 20,44 a 32 – ☕ 9,62 – **113 hab** 71,52/83,54.

🏰🏰🏰 **Conde Luna,** av. de la Independencia 7, ⊠ 24003, 𝒞 987 20 66 00, *cluna@ lesein.es,
Fax 987 21 27 52 –* ▥, ▤ rest, ⓣⓥ 🚗 – 🛎 45/270. ⒶⒺ ⓞ ⓪ⓒ ⓥⓘⓢⓐ. ⅀   B a
Mesón del Conde Luna *(cerrado domingo noche)* **Comida** carta 21,80 a 27,70 – ☕ 8,40
– **151 hab** 66,50/100 – 3 suites.

🏰🏰🏰 **Quindós,** Gran Vía de San Marcos 38, ⊠ 24002, 𝒞 987 23 62 00, *hotelquindos@ ho
telquindos.com, Fax 987 24 22 01,* « Importante colección de obras de arte
contemporáneo » – ▥, ▤ rest, ⓣⓥ – 🛎 25/30. ⒶⒺ ⓞ ⓪ⓒ ⓥⓘⓢⓐ. ⅀   A e
Comida - ver también rest. **Formela** – ☕ 5,04 – **96 hab** 50,42/69,39.

🏰🏰 **La Posada Regia,** Regidores 11, ⊠ 24003, 𝒞 987 21 31 73, *regialeon@ smonica.com,
Fax 987 21 30 31,* « Decoración rústica » – ▥ ⓣⓥ. ⒶⒺ ⓪ⓒ ⓥⓘⓢⓐ. ⅀   B t
Comida - ver rest. **Bodega Regia** – **20 hab** ☕ 51,08/81,13.

🏰🏰 **Temple Riosol,** av. de Palencia 3, ⊠ 24009, 𝒞 987 21 66 50, *hotelriosol@ interboo
k.net, Fax 987 21 69 97 –* ▥, ▤ rest, ⓣⓥ – 🛎 25/300. ⒶⒺ ⓞ ⓪ⓒ ⓥⓘⓢⓐ. ⅀   A s
Comida 11 – ☕ 3 – **134 hab** 44,17/65,06.

🏰🏰 **París,** Ancha 18, ⊠ 24003, 𝒞 987 23 86 00, *hparis@ lesein.es, Fax 987 27 15 72 –* ▥,
▤ rest, ⓣⓥ – 🛎 25/200. ⒶⒺ ⓞ ⓪ⓒ ⓥⓘⓢⓐ. ⅀ rest   B f
Mesón Rosetón *(cerrado lunes)* **Comida** carta 22 a 26 – ☕ 2 – **57 hab** 44/63.

🍸 **Boccalino,** pl. San Isidoro 9, ⊠ 24003, 𝒞 987 22 30 60, Fax 987 22 78 78 – ▤ rest,
ⓣⓥ. ⓪ⓒ ⓥⓘⓢⓐ. ⅀   B z
Comida 8,41 – **10 hab** ☕ 36,06/57,10.

XXX **Formela** - Hotel Quindós, Gran Vía de San Marcos 38, ⊠ 24002, 𝒞 987 22 45 34, *form
ela@ hotelquindos.com, Fax 987 24 22 01,* « Decoración moderna » – ▤. ⒶⒺ ⓞ ⓪ⓒ
ⓥⓘⓢⓐ. ⅀   A e
cerrado domingo – **Comida** carta 24,04 a 30,05.

XX **Vivaldi,** Platerías 4, ⊠ 24003, 𝒞 987 26 07 60, Fax 987 26 00 94 – ▤. ⒶⒺ ⓞ ⓪ⓒ
ⓥⓘⓢⓐ. ⅀   B u
cerrado 1ª quincena de julio, domingo en verano, domingo noche y lunes resto del año
– **Comida** carta 22,84 a 31,85.

LEÓN

XX **Bitácora,** García I-8, ✉ 24006, ℰ 987 21 27 58, « Decoración interior de un barco »
– 🍴. **AE** ⓘ **MC** **VISA** 🐾
cerrado domingo – **Comida** - pescados y mariscos - carta 21,64 a 28,87.   **B** y

XX **Bodega Regia** - Hotel La Posada Regia, Regidores 9, ✉ 24003, ℰ 987 21 31 73, regi
aleon@smonica.com, Fax 987 21 30 31, 🏮, « En un marco acogedor con restos de una
muralla romana » – 🍴. **AE** ⓘ **MC** **VISA** 🐾   **B** t
cerrado 2ª quincena de enero, 1ª quincena de septiembre y domingo – **Comida** carta 21,02
a 31,24.

XX **Adonías,** Santa Nonia 16, ✉ 24003, ℰ 987 20 67 68, adonias@teleline.es,
Fax 987 25 26 76 – 🍴. **AE** ⓘ **MC** **VISA** 🐾   **B** n
cerrado domingo – **Comida** carta 27,62 a 35,13.

XX **Casa Pozo,** pl. San Marcelo 15, ✉ 24003, ℰ 987 22 30 39, pozo@argored.com,
Fax 987 23 71 03 – 🍴. **AE** **MC** **VISA** 🐾   **B** x
cerrado domingo en verano – **Comida** carta 23,44 a 30,66.

X **Amancio,** Juan Madrazo 15, ✉ 24002, ℰ 987 27 34 80, giganto@marca.es – 🍴. **AE**
ⓘ **MC** **VISA** **JCB** 🐾   **A** b
cerrado del 1 al 20 de agosto, domingo noche y lunes – **Comida** carta 20,13 a 27,54.

Ⅴ **Prada a Tope,** Alfonso IX-9, ✉ 24004, ℰ 987 25 72 21, Fax 987 56 30 81 – 🍴. **MC**
VISA 🐾   **A** r
Tapa 3,01 **Ración** - productos de El Bierzo - aprox. 9,63.

en la carretera N 630 *por ① : 4 km :*

Cortes de León, ⊠ 24008, ☎ 987 27 24 22, *hotelcortesleon@ctv.es,*
Fax 987 27 00 30, ≤, 🛁, ⊅, ※ – 🛗 ▤ TV 🚗 P – 🛎 25/1000. AE ① Ⓜⓒ
VISA. ※
Comida *(cerrado domingo noche)* 15,03 – ☕ 7,21 – **107 hab** 66,11/96,16 – 4 suites –
PA 36,06.

en la carretera N 621 *por ② : 4 km :*

Del Pozo, ⊠ 24197 Villarrodrigo de las Regueras, ☎ 987 28 19 03, *hoteldelpozo@h*
oteldelpozo.com, Fax 987 28 16 81 – 🛗 ▤ TV 🚗 P – 🛎 25/800. AE ① Ⓜⓒ
VISA. ※
Comida *(cerrado enero y martes)* 9,02 – ☕ 3,61 – **60 hab** 81,73/102,17.
Ver también : **San Andrés del Rabanedo** *por ④ : 4 km*
Villabalter *por av. de los Peregrinos : 6 km* A

LEPE *21440 Huelva* 446 *U 8 – 16 562 h alt. 28.*
Madrid 657 – Faro 72 – Huelva 41 – Sevilla 121.

La Noria *sin rest, av. Diputación* ☎ 959 38 31 93, *hotellanoria@teleline.es,*
Fax 959 38 22 82 – TV. AE ① Ⓜⓒ VISA. ※
cerrado del 23 al 31 de diciembre – **20 hab** ☕ 33,06/57,10.

Tamara *sin rest, Río Segre 19* ☎ 959 38 35 48, *Fax 959 38 35 48* – ▤ TV. ① Ⓜⓒ VISA
☕ 2,40 – **20 hab** 30/48.

en la carretera N 431 *Noreste : 1,5 km :*

Camelot *sin rest,* ⊠ 21440, ☎ 959 38 07 02, *Fax 959 38 07 02* – ▤ TV. ① Ⓜⓒ
VISA. ※
cerrado Navidades – ☕ 2,40 – **14 hab** 22,56/41,89.

LÉRIDA *Lleida – ver Lleida.*

LERMA *09340 Burgos* 442 *F 18 – 2 417 h alt. 844.*
Ver : *Plaza Mayor★.*
🏌 *Lerma, autovía N I, Sur : 8 km* ☎ 947 17 12 14 Fax 947 17 12 16.
🛈 *Audiencia 6* ☎ 947 17 70 02 *citlerma@csa.es Fax 947 17 70 02.*
Madrid 206 – Burgos 37 – Palencia 72.

Alisa, *antigua carret. N I - salida 203 autovía* ☎ 947 17 02 50, *Fax 947 17 11 60* – ▤ rest,
TV 🚗 P – 🛎 25/300. AE ① Ⓜⓒ VISA. ※
Comida 15,03 – ☕ 5,41 – **36 hab** 38,59/56,60.

El Zaguán *sin rest, Barquillo 6* ☎ 947 17 20 83, « *Casa solariega del siglo XVII* » – TV. ※
☕ 3,01 – **5 hab** 39,15.

Docar *sin rest, Santa Teresa de Jesús 18* ☎ 947 17 10 73, *Fax 947 17 10 73* – TV. AE
① Ⓜⓒ VISA
☕ 2,50 – **15 hab** 25,24/36,06.

Casa Brigante, *pl. Mayor 5* ☎ 947 17 05 94 – ▤. Ⓜⓒ VISA. ※
cerrado 15 enero-15 febrero, lunes noche y martes noche – **Comida** carta 16,23 a 22,53.

Lis 2, *paseo de los Mesones 3* ☎ 947 17 01 25 – ▤. AE ① Ⓜⓒ VISA. ※
Comida carta 24,05 a 28,85.

LES *25540 Lleida* 443 *D 32 – 648 h alt. 630.*
🛈 *pl. de l'Ajuntament 1* ☎ 973 64 73 03 Fax 973 64 83 82 (temp).
Madrid 616 – Bagnères-de-Luchon 23 – Lleida/Lérida 184.

Talabart, *Baños 1* ☎ 973 64 80 11, *554abart@megacceso.com, Fax 973 64 81 85* – TV
P. AE ① Ⓜⓒ VISA. ※ hab
cerrado noviembre – **Comida** 12,02 – ☕ 4,81 – **24 hab** 27,05/42,07.

LESAKA *31770 Navarra* 442 *C 24 – 2 687 h alt. 77.*
Madrid 482 – Biarritz 41 – Iruña/Pamplona 71 – Donostia-San Sebastián 37.

Casino, *pl. Vieja 23* ☎ 948 63 71 52, 🏤 – AE ① Ⓜⓒ VISA
cerrado lunes noche salvo festivos o vísperas – **Comida** carta 22,24 a 29,45.

LEVANTE (Playa de) *València – ver Valencia.*

LEYRE (Monasterio de) 31410 Navarra **442** **E 26** – alt. 750.

Ver : ❋★★ – Monasterio★ (iglesia★★ : cripta★★, interior★, portada oeste★).
Alred. : Hoz de Lumbier★, Oeste : 14 km, Hoz de Arbayún★ (mirador : ≼★★) Norte : 31 km.
Madrid 419 – Jaca 68 – Iruña/Pamplona 51.

Hospedería de Leyre 🦢, ℘ 948 88 41 00, hotel@monasteriodeleyre.com,
Fax 948 88 41 37 – |💲|, 🍽 rest, **P.** **AE** **①** **MC** **VISA**. 🛇
marzo-10 diciembre – **Comida** 12,02 – ☕ 4,81 – **33 hab** 30,60/59,40.

LEZAMA 48196 Bizkaia **442** **C 21** – 2 002 h.

Madrid 394 – *Bilbao* 14 – Donostia-San Sebastián 91 – Vitoria-Gasteiz 71.

Matsa 🦢 sin rest, Aretxalde 153 ℘ 94 455 60 86, hotelmatsa@euskalnet.net,
Fax 94 455 51 48 – **TV** 👪 **P.** **AE** **MC** **VISA**. 🛇
☕ 3,30 – **12 hab** 46,30/55,30.

LIBRILLA 30892 Murcia **445** **S 25** – 3 735 h alt. 167.

Madrid 411 – Cartagena 59 – Lorca 46 – Murcia 29.

en la autovía N 340 *Noreste : 5 km :*

Entre-Sierras, ✉ 30892, ℘ 968 65 91 10, htlentresierras@navegalia.com,
Fax 968 65 91 10 – 🍽 **TV** 🚗 **P.** **AE** **①** **MC** **VISA**. 🛇 rest
Comida 8 – ☕ 4,20 – **60 hab** 50/100 – 2 suites.

LIÉDENA 31487 Navarra **442** **E 26** – 282 h alt. 450.

Madrid 402 – Jaca 71 – Iruña/Pamplona 40 – Tafalla 49 – Zaragoza 144.

Latorre, carret. N 240 ℘ 948 87 06 10, Fax 948 87 11 11, ≼, Complejo deportivo, 🏌,
⚲, 🎾, ✂ – |💲| 🍽 **TV** 🚗 **P.** – 🏛 25/200
40 hab.

LIÉRGANES 39722 Cantabria **442** **B 18** – 2 267 h alt. 110 – Balneario.

Madrid 389 – *Santander* 24 – Bilbao 93 – Burgos 151.

El Arral 🦢 sin rest, Convento 1 ℘ 942 52 84 75, el-arral@terra.es, Fax 942 52 82 54,
« Casona junto al río Miera. Ermita », 🚙 – **TV**. **MC** **VISA**. 🛇
cerrado 15 enero-1 febrero – ☕ 5 – **10 hab** 58/75.

LINARES 23700 Jaén **446** **R 19** – 58 417 h alt. 418.

Ver : Localidad★ – Museo Arqueológico★.
Madrid 297 – Ciudad Real 154 – Córdoba 122 – Jaén 51 – Úbeda 27 – Valdepeñas 96.

Tryp aníbal, Cid Campeador 11 ℘ 953 65 04 00, solinñanibal@solmelia.es,
Fax 953 65 22 04, 🏞 – |💲| 🍽 **TV** 🚗 – 🏛 30/600. **AE** **①** **MC** **VISA**. 🛇
Comida 13,25 – ☕ 5,15 – **126 hab** 64,31/89,40.

Victoria sin rest y sin ☕, Cervantes 7 ℘ 953 69 25 00, victoriahotel@terra.es,
Fax 953 69 25 00 – |💲| 🍽 **TV** 🚗. **AE** **MC** **VISA**
56 hab 39,07/60,10.

Cervantes, Cervantes 23 ℘ 953 69 05 00, hotelcervantes@teleline.es, Fax 953 69 00 96
– |💲| 🍽 **TV** 🚗
45 hab.

La LÍNEA DE LA CONCEPCIÓN 11300 Cádiz **446** **X 13 y 14** – 58 646 h – Playa.

🅱 av. 20 de Abril ℘ 956 76 99 50 otlalinea@andalucia.org Fax 956 76 72 64.
Madrid 673 – Algeciras 20 – Cádiz 144 – Málaga 127.

AC La Línea de la Concepción sin rest con cafetería por la noche, Los Caireles 2
℘ 956 17 55 66, Fax 956 17 15 63, 🏌, ⚲ – |💲| 🍽 **TV** 🚗. **AE** **①** **MC** **VISA**. 🛇
☕ 5,41 – **80 hab** 74,20.

LIZARRA o ESTELLA 31200 Navarra **442** **D 23** – 13 569 h alt. 430.

Ver : Palacio de los Reyes de Navarra★ – Iglesia San Pedro de la Rúa : (portada★, claustro★)
– Iglesia de San Miguel : (fachada★, altorrelieves★★).
Alred. : Monasterio de Irache★ (iglesia★) Suroeste : 3 km – Monasterio de Iranzu
(garganta★) Norte : 10 km.
Excurs. : carretera del Puerto de Lizarraga★★ (mirador★), carretera del Puerto de
Urbasa★★.
🅱 San Nicolás 1 ℘ 948 55 63 01 oit.estella@cfnavarra.com Fax 948 55 63 01.
Madrid 380 – Logroño 48 – Iruña/Pamplona 45 – Vitoria-Gasteiz 70.

XX **Navarra**, Gustavo de Maeztu 16 (Los Llanos) ℘ 948 55 10 69, *Fax 948 55 47 53,* « Villa rodeada de jardín decorada en estilo navarro-medieval » – ▤. 🅰🅴 j𝗩𝗜𝗦𝗔. ⌿ *cerrado Navidades, domingo noche y lunes* – **Comida** carta aprox. 31,86.

XX **Richard**, av. de Yerri 10 ℘ 948 55 13 16, *Fax 948 55 13 16* – ▤. 🅰🅴 🆖 𝗩𝗜𝗦𝗔. ⌿ *cerrado 1ª quincena de septiembre y lunes* – **Comida** carta 25,24 a 34,56.

en la carretera de Logroño *Suroeste : 3 km :*

🏠 **Irache,** Prado de Irache 7, ✉ 31240 Ayegui, ℘ 948 55 11 50, *hoteliratxe@terra.es, Fax 948 55 47 54,* ⬓, ⌘ – 🛗 ▤ 📺 ⅄ 🅿 – 🛎 25/200. 🅰🅴 🆖 𝗩𝗜𝗦𝗔. ⌿ rest **Comida** *(cerrado 23 diciembre-4 enero y miércoles)* - sólo almuerzo salvo Semana Santa y verano - 12,62 – ⇌ 6,01 – **31 hab** 60,10/76,33 – 20 apartamentos.

LLADÓ *17745 Girona* 443 *F 38 – 481 h.*

Madrid 757 – Figueres 13 – Girona/Gerona 42.

X **Can Kiku,** pl. Major 1 ℘ 972 56 51 04 – ▤. 🆖 𝗩𝗜𝗦𝗔. ⌿ *cerrado 20 diciembre-15 enero y lunes* – **Comida** carta 24 a 30,12.

LLAFRANC *17211 Girona* 443 *G 39 – Playa.*

Alred. : *Faro de San Sebastián★ (✳★) Este : 2 km.*

Madrid 726 – Girona/Gerona 43 – Palafrugell 5 – Palamós 16.

🏠 **Llafranch,** passeig de Cipsela 16 ℘ 972 30 02 08, *hllafranch@pala.com, Fax 972 30 52 59,* ≤, ⌘ – ▤ rest, 📺. 🅰🅴 🆖 𝗩𝗜𝗦𝗔. ⌿ *cerrado del 9 al 26 de diciembre* – **Comida** 20,50 – ⇌ 8,50 – **28 hab** 60/106 – PA 41.

🏠 **Llevant,** Francesc de Blanes 5 ℘ 972 30 03 66, *hllevant@arrakis.es, Fax 972 30 03 45,* ⌘ – 🛗 ▤ 📺 🅿 – 🛎 25. 🅰🅴 🆖 𝗩𝗜𝗦𝗔. ⌿ rest **Comida** 18,40 – **24 hab** ⇌ 86,28/128,10.

🏠 **Terramar** sin rest con cafetería, passeig de Cipsela 1 ℘ 972 30 02 00, *hterramar@i nfonegocio.com, Fax 972 30 06 26,* ≤ – 🛗 ▤ 📺. 🆔 🆖 𝗩𝗜𝗦𝗔. ⌿ *abril-octubre* – ⇌ 8,41 – **53 hab** 102,17.

🏠 **Casamar** ⌐, Nero 3 ℘ 972 30 01 04, *casamar@intercon.es, Fax 972 61 06 51,* ⌘, « Terraza con ≤ » – 📺. 🅰🅴 🆖 𝗩𝗜𝗦𝗔 *abril-octubre* – **Comida** 11 – **20 hab** ⇌ 40/59 – PA 22.

junto al faro de San Sebastián *Este : 2 km :*

XX **El Far de Sant Sebastià** ⌐ con hab, ✉ 17200 Palafrugell, ℘ 972 30 16 39, *hote lfss@intercom.es, Fax 972 30 43 28,* ⌘, « Antigua hospedería y ermita con una privilegiada situación frente al mar » – ▤ 📺 🅿. 🅰🅴 🆔 🆖 𝗩𝗜𝗦𝗔. ⌿ *cerrado 7 enero-7 febrero* – **Comida** *(cerrado domingo noche y lunes salvo Semana Santa-15 octubre)* carta 24 a 35 – ⇌ 12 – **9 hab** 176/220.

LLAGOSTERA *17240 Girona* 443 *G 38 – 5 381 h alt. 60.*

Madrid 699 – Barcelona 86 – Girona/Gerona 23.

por la carretera de Romanyà de la Selva *Noreste : 5 Km :*

🏠 **Masía Sureda** ⌐, Veûnat Panedes 43, ✉ 17240, ℘ 972 80 55 00, *info@masiasur eda.com, Fax 972 80 55 12,* ⌘, « Instalado parcialmente en una masía del siglo XVII con amplias zonas ajardinadas y ⬓ » – ▤ 📺 🅿 🆖 𝗩𝗜𝗦𝗔. ⌿ *cerrado 7 enero-7 febrero* – **Comida** 23 – **16 hab** ⇌ 168.

en la carretera de Sant Feliu de Guíxols *Este : 5 km :*

XX **Els Tinars,** ✉ 17240, ℘ 972 83 06 26, *tinars@lix.intercom.es, Fax 972 83 12 77,* ⌘ – ▤ 🅿. 🅰🅴 🆔 🆖 𝗩𝗜𝗦𝗔 *cerrado 14 enero-7 febrero y martes de octubre-mayo* – **Comida** carta 23,05 a 37,95.

LLANARS *17869 Girona* 443 *F 37 – 388 h alt. 1 080.*

Madrid 701 – Barcelona 129 – Girona/Gerona 82.

🏠 **Grèvol** ⌐, carret. de Camprodón ℘ 972 74 10 13, *info@hotelgrevol.com, Fax 972 74 10 87,* ≤, « Chalet de montaña decorado con elegancia », ⌂, ▣, ⚒ – 🛗 ▤ rest, 📺 ⅄ ⇔ 🅿 – 🛎 25/100. 🅰🅴 🆔 🆖 𝗩𝗜𝗦𝗔. ⌿ *cerrado del 6 al 22 de mayo y del 4 al 20 de noviembre* – **Comida** *(cerrado lunes)* 27 – **36 hab** ⇌ 133,21/144,45.

LLÁNAVES DE LA REINA 24912 León **441** C 15.

Madrid 373 – León 118 – Oviedo 133 – Santander 147.

San Glorio ⚓, carret. N 621 ☎ 987 74 04 18, Fax 987 74 04 61 – ⏫ ▤ TV ⟿ P –
⛲ 25/50. MC VISA. ✂ – **Comida** 7,81 – ☕ 4,21
26 hab 36,06/54,09.

LLANÇÀ 17490 Girona **443** E 39 – 3 500 h – Playa.

⊡ av. de Europa 37 ☎ 972 38 08 55 turisme@llanca.net Fax 972 12 19 31.

Madrid 767 – Banyuls 31 – *Girona/Gerona* 60.

Beri, La Creu 17 ☎ 972 38 01 98, Fax 972 12 13 12, ⤋ – ⏫, ▤ rest, TV P AE ⓪ MC
VISA
cerrado enero – **Comida** 9,02 – ☕ 3,61 – **60 hab** 24,04/42,07.

Carbonell, Mayor 19 ☎ 972 38 02 09, hotel.carbonell@teleline.es, Fax 972 12 01 87 –
▤ TV ♿ P AE ⓪ MC VISA. ✂
Semana Santa y 15 junio-25 septiembre – **Comida** 12 – ☕ 3,31 – **34 hab** 24/42.

en la carretera de Portbou *Norte : 1 km :*

Gri-Mar, ✉ 17490, ☎ 972 38 01 67, grimar@speedcom.es, Fax 972 12 16 20, ≼, ⤋,
⛵, ✂ – ⏫ TV ⟿ P – ⛲ 25. AE ⓪ MC VISA
abril-octubre – **Comida** 17,52 – **39 hab** ☕ 54,22/85,29.

en el puerto *Noreste : 1,5 km :*

La Goleta, Pintor Terruella 22, ✉ 17490, ☎ 972 38 01 25, goleta@xecweb.com,
Fax 972 12 06 86 – ⏫, ▤ rest, TV P AE ⓪ MC VISA. ✂
cerrado noviembre y lunes – **Comida** 15,03 – ☕ 4 – **30 hab** 46/55 – PA 31.

La Vela, av. Pau Casals 23, ✉ 17490, ☎ 972 38 04 75 – ▤. AE ⓪ MC VISA
cerrado noviembre – **Comida** carta 24,04 a 30,05.

Miramar con hab, passeig Marítim 7, ✉ 17490, ☎ 972 38 01 32, hostalmiramar@te
leline.es, Fax 972 12 10 08, 🌿 – ▤ rest, TV AE ⓪ MC VISA. ✂ rest
cerrado enero y febrero – **Comida** (cerrado domingo noche y lunes) carta 33,66 a 39,67
– **21 hab** ☕ 36,06/72,12.

El Vaixell, Canigó 18, ✉ 17490, ☎ 972 38 02 95, rest-vaixell@teleline.es,
Fax 972 38 02 95 – ▤ P AE ⓪ MC VISA. ✂
cerrado noviembre y lunes salvo julio-agosto – **Comida** - sólo almuerzo salvo Semana Santa,
junio-agosto, viernes y sábado - carta 19,21 a 25,22.

Club Nàutic, Moll Jordi Canal, ✉ 17490, ☎ 972 38 05 17, ≼ puerto y playa, 🌿 – ⏫
▤. AE ⓪ MC VISA
cerrado noviembre y miércoles salvo julio-agosto – **Comida** carta 19.90 a 33.50.

La Brasa, pl. Catalunya 6, ✉ 17490, ☎ 972 38 02 02, 🌿 – ▤. AE ⓪ MC VISA. ✂
cerrado 15 diciembre-15 febrero y martes – **Comida** carta 20,41 a 27,94.

LLANES 33500 Asturias **441** B 15 – 13 382 h – Playa.

▚₁₈ La Cuesta, Sureste : 3 km ☎ 98 541 70 84 Fax 98 541 70 84.

⊡ Alfonso IX (edificio La Torre) ☎ 98 540 01 64 llanesturismo@ctv.es Fax 98 540 19 99.

Madrid 453 – Gijón 103 – Oviedo 113 – Santander 96.

Don Paco, Posada Herrera 1 ☎ 98 540 01 50, hdonpado@jazzfree.com,
Fax 98 540 26 81 – ⏫ TV. AE MC VISA JCB. ✂
junio-septiembre – **Comida** 24 – ☕ 6,25 – **42 hab** 52,51/73.

G.H. Paraíso sin rest, Pidal 2 ☎ 98 540 19 71, ampudia@jazzfree.com, Fax 98 540 25 90
– ⏫ ▤ TV ⟿. AE ⓪ MC VISA. ✂
Semana Santa-octubre – ☕ 4,21 – **22 hab** 57,22/71,52.

Montemar sin rest con cafetería, Genaro Riestra 8 ☎ 98 540 01 00, hmontemar@ja
zzfree.com, Fax 98 540 26 81, ≼ – ⏫ TV P AE MC VISA JCB. ✂
☕ 6,25 – **41 hab** 52,51/73.

Miraolas, paseo de San Antón 14 ☎ 98 540 08 28, Fax 98 540 27 74, ≼ – ⏫ TV ⟿
P MC VISA. ✂
cerrado febrero – **Comida** (cerrado lunes salvo en verano) 11,21 – ☕ 4,67 – **37 hab** 84,14.

Las Rocas sin rest, Marqués de Canillejas 3 ☎ 98 540 24 31, hotellasrocas@jazzfree.
com, Fax 98 540 24 34 – ⏫ TV. ⓪ MC VISA. ✂
Semana Santa-septiembre – ☕ 7,21 – **33 hab** 48,08/78,13.

Sablon's, playa del Sablón 1 ☎ 98 540 19 87, hsablon@fade.es, Fax 98 540 19 88, ≼
– TV ⟿. MC VISA. ✂
19 marzo-octubre – **Comida** - ver rest. **Sablon's** – ☕ 4,20 – **35 hab** 48,08/90,15.

La Posada del Rey sin rest y sin ⌐, Mayor 11 ℘ 557540 13 32, Fax 98 540 13 32 – TV. AE ⓪ ⓜⓒ VISA. ⅏ – **6 hab** 84,14/96,17.

Peñablanca sin rest, Pidal 1 ℘ 98 540 01 66, Fax 98 540 14 45 – TV. ⓜⓒ VISA. ⅏ 15 junio-15 septiembre – ⌐ 3 – **31 hab** 30/66.

Sablon's - *Hotel Sablon's*, playa del Sablón 1 ℘ 98 540 00 62, hsablon@fade.es, Fax 98 540 19 88, 🚡 – ⓪ ⓜⓒ VISA. ⅏ 19 marzo-octubre – **Comida** carta aprox. 24,66.

en la playa de Toró *Oeste : 1 km :*

Mirador de Toró, ✉ 33500 Llanes, ℘ 98 540 08 82, Fax 98 540 08 82, ≼, 🚡 – P. AE ⓪ VISA
cerrado domingo noche y lunes salvo julio-agosto – **Comida** carta 21,04 a 30,05.

en Pancar *Suroeste : 1,5 km :*

El Jornu con hab y sin ⌐, Cuetu Molin, ✉ 33509 Pancar, ℘ 98 540 16 15, Fax 98 540 16 15, 🚡 – TV. ⓜⓒ VISA. ⅏
cerrado noviembre – **Comida** *(cerrado domingo noche y lunes)* carta 19,53 a 26,75 – **4 apartamentos** 75,13/87,15.

en La Arquera :

La Arquera sin rest, Sur : 2 km, ✉ 33500 Llanes, ℘ 98 540 24 24, arquera@infone gocio.com, Fax 98 540 01 75, ≼, « Antigua casona con mobiliario de estilo » – TV ⬅ P. ⓜⓒ VISA JCB
⌐ 5,68 – **13 hab** 67,07/83,83.

Las Brisas, Sur : 2 km, ✉ 33500, ℘ 98 540 17 26, Fax 98 540 13 82, ⌤ – ⓑ TV P. AE ⓪ ⓜⓒ VISA. ⅏
cerrado enero – **Comida** 10,82 – ⌐ 4,81 – **60 hab** 54,69/83,54.

Prau Riu 🦐 con hab, carret. de Parres - Sur : 2,5 km, ✉ 33500 Llanes, ℘ 98 540 11 54, Fax 98 540 11 54, 🚡 – TV P. AE ⓪ ⓜⓒ VISA JCB. ⅏
cerrado noviembre – **Comida** *(cerrado martes salvo Semana Santa-septiembre)* carta 16,25 a 25,25 – **6 hab** ⌐ 48,05.

en La Pereda *Sur : 4 km :*

La Posada de Babel 🦐, ✉ 33509 La Pereda, ℘ 98 540 25 25, posadadebabel@h otmar.com, Fax 98 540 26 22, « Amplia zona de césped con árboles » – TV P. AE ⓪ ⓜⓒ VISA. ⅏ rest
cerrado 15 diciembre-15 febrero – **Comida** *(sólo fines de semana de 15 octubre-marzo y cerrado domingo resto del año) - sólo cena -* 22,84 – ⌐ 6 – **11 hab** 65/81,20.

El Habana 🦐, ✉ 33509 La Pereda, ℘ 98 540 25 26, hotel@elhabana.net, Fax 98 540 20 75, ⌤ – TV P. AE ⓜⓒ VISA JCB. ⅏ rest
15 marzo-15 octubre y fines de semana resto del año salvo 12 diciembre-enero – **Comida** *- sólo cena, sólo clientes -* 15 – ⌐ 5,70 – **10 hab** 72/82.

en Parres *Suroeste : 4 km :*

La Quintana del Cuera 🦐, barrio San Antón, ✉ 33509 Parres, ℘ 98 540 23 56, laquintana@llanesyconcejo.com, Fax 98 540 15 89, ⌤ – TV P. AE ⓪ ⓜⓒ VISA. ⅏
cerrado 15 enero-15 febrero – **Comida** *(cerrado lunes)* 13,22 – ⌐ 5,71 – **16 hab** 62/78.

LLANO DE BRUJAS 30161 Murcia **445** R 26.

Madrid 408 – Alacant/Alicante 90 – Cartagena 63 – Lorca 78 – Murcia 4.

Almudi, Mayor 114 ℘ 968 87 01 21, 🚡 – ▤ P. AE ⓪ ⓜⓒ VISA. ⅏
cerrado domingo noche – **Comida** carta 17,70 a 25,80.

LOS LLANOS DE ARIDANE Santa Cruz de Tenerife – ver Canarias (La Palma).

LLEIDA o LÉRIDA 25000 Ⓟ **443** H 31 – 119 380 h alt. 151.

Ver : *La Seu Vella★★ : Situación★, Iglesia★★ (capiteles★), claustro★★ (capiteles★ campanario★★) Y – Iglesia de Sant Llorenç★ Z.*

Ⓕ Ⓕ Raimat, por ⑤ : 9 km ℘ 973 73 75 39.

🄱 av. de Madrid 36 ✉ 25002 ℘ 973 27 09 97 cit.lleida@nailcat.net Fax 973 27 09 49 – R.A.C.C. av. del Segre 6 ✉ 25007 ℘ 973 24 12 45 Fax 973 23 08 25.

Madrid 470 ④ – Barcelona 169 ③ – Huesca 123 ⑤ – Iruña/Pamplona 314 ⑤ – Perpignan 340 ⑤ – Tarbes 276 ① – Tarragona 97 ② – Toulouse 323 ① – València 350 ③ – Zaragoza 150 ④

LLEIDA
LÉRIDA

NH Pirineos, Gran Passeig de Ronda 63, ✉ 25006, ☎ 973 27 31 99, *Fax 973 26 20 43*
– |‡| ▤ TV ⅙ ⟿ – ☝ 25/150. AE ⓞ MC VISA. ⤧ rest   Y c
Comida *(cerrado domingo mediodía)* 19,23 – ☕ 10,22 – **92 hab** 105,18.

Condes de Urgel, av. de Barcelona 21, ✉ 25001 Lleida, ☎ 973 20 23 00,
Fax 973 20 24 04 – |‡| ▤ TV ⅙ P – ☝ 25/300. AE ⓞ MC VISA. ⤧   Z m
El Sauce (cerrado domingo) **Comida** carta 23,44 a 34 – ☕ 8 – **92 hab** 84/97.

Sansi Park H. y Camparan Suites H., av. Alcalde Porqueres 4, ✉ 25008,
☎ 973 24 40 00, *sansihotels@iws.es, Fax 973 24 31 38* – |‡| ▤ TV ⟿ – ☝ 25/400.
AE ⓞ MC VISA. ⤧ rest   Y a
Comida *(cerrado domingo y lunes)* 11,72 – ☕ 7,51 – **120 hab** 70,02/83,84 – 70 apar-
tamentos

Catalonia Transit sin rest, pl. de Ramón Berenguer IV (estación RENFE), ✉ 25007,
☎ 973 23 00 08, *cataloni@hoteles-catalonia.es, Fax 973 22 27 85* – |‡| ▤ TV ⅙
☝ 25/120. AE ⓞ MC VISA. ⤧   Y n
☕ 3,91 – **51 hab** 65,51/85,36.

Tryp Segrià sin rest, 2º passeig de Ronda 23, ✉ 25004, ☎ 973 23 89 89, *segria@t
rypnet.com, Fax 973 23 36 07* – |‡| ▤ TV – ☝ 25/50. AE ⓞ MC VISA   Y h
☕ 6 – **48 hab** 60,75/76.

Real sin rest y sin ☕, av. de Blondel 22, ✉ 25002, ☎ 973 23 94 05, *eizasa@encomix.es,
Fax 973 23 94 07* – |‡| ▤ TV. AE ⓞ MC VISA   Z d
41 hab 39/51.

Ramón Berenguer IV sin rest, pl. de Ramón Berenguer IV-2, ✉ 25007,
☎ 973 23 73 45, *Fax 973 23 95 41* – |‡| ▤ TV. AE ⓞ MC VISA JCB   Y z
☕ 4,21 – **52 hab** 24,77/34,58.

Sheyton, av. Prat de la Riba 39, ✉ 25008, ☎ 973 23 81 97, « Interior de estilo inglés »
– ▤. AE ⓞ MC VISA. ⤧   Y f
cerrado 15 días en Semana Santa y domingo – **Comida** carta 22,45 a 29,55.

Forn del Nastasi, Salmerón 10, ✉ 25004, ☎ 973 23 45 10, *Fax 973 24 63 57* – ▤   Y s

Ambrosia, Cardenal Cisneros 30, ✉ 25003, ☎ 973 28 16 53, *Fax 973 28 16 53* – ▤.
AE ⓞ VISA. ⤧   por Cardenal Cisneros   Z
cerrado domingo – **Comida** carta 23,80 a 29,45.

La Pérgola, Gran Passeig de Ronda 123, ✉ 25006, ☎ 973 23 82 37 – ▤. AE ⓞ MC
VISA. ⤧   Y d
cerrado 7 días en agosto, domingo en verano y miércoles en invierno – **Comida** carta 34,47
a 39,16.

El Cuiner Català, Alfred Perenya 64, ✉ 25004, ☎ 973 24 52 83, *cuinercatala@tel
eline.es, Fax 973 23 07 95* – ▤. AE ⓞ MC VISA. ⤧   Y k
cerrado del 1 al 15 de enero, del 1 al 15 de agosto, domingo noche y lunes – **Comida** carta
20,29 a 28,55.

Refugi de Viana, Bobalà 8, ✉ 25004, ☎ 973 22 03 64 – ▤. AE ⓞ MC VISA. ⤧
cerrado martes – **Comida** - carnes a la brasa - carta 25,54 a 34,26.   Y p

Xalet Suís, av. Alcalde Rovira Roure 9, ✉ 25006, ☎ 973 23 55 67, *Fax 973 22 09 76*
– ▤. AE ⓞ MC VISA. ⤧   Y x
cerrado 2ª quincena de enero y 2ª quincena de agosto – **Comida** carta 21,43 a 33,30.

Flor de Lis, av. Alcalde Rovira Roure 22-24, ✉ 25006, ☎ 973 24 63 06, *lisflor@terra.es,
Fax 973 23 53 18* – ▤. ⓞ MC VISA. ⤧   Y m
cerrado martes noche y miércoles – **Comida** carta 15,92 a 22,54.

L'Antull, Cristóbal de Boleda 1, ✉ 25006, ☎ 973 26 96 36 – ▤. AE ⓞ MC VISA JCB. ⤧
cerrado Semana Santa, del 1 al 15 de agosto, miércoles noche y festivos – **Comida** carta
21,04 a 34,26.   Y v

Racó del pi, Camí Mariola 48, ✉ 25192, ☎ 973 26 19 00, *Fax 973 26 19 43*, 🌲 – ▤
P. AE MC VISA. ⤧   por av. de Píus XII   YZ
cerrado lunes – **Comida** carta aprox. 26,44.

La Huerta, av. Tortosa 9, ✉ 25005, ☎ 973 24 24 13, *restlahuerta@wanadoo.es,
Fax 973 22 09 76* – ▤. AE ⓞ MC VISA. ⤧   por av. del Segre   Y
Comida carta aprox. 23,45.

El Celler del Roser, Cavallers 24, ✉ 25002, ☎ 973 23 90 70, *cellerroser@teleline.es,
Fax 973 23 59 50* – ▤. AE ⓞ MC VISA. ⤧   Z r
cerrado domingo noche y lunes – **Comida** - espec. en bacalaos - carta 18,30 a 27,95.

Casa Lluís, pl. de Ramón Berenguer IV-8, ✉ 25007, ☎ 973 24 00 26, *Fax 973 24 00 26*
– ▤. ⓞ MC VISA. ⤧   Y b
cerrado sábado – **Comida** carta 24,94 a 27,05.

Mini Tanger, Ramón Soldevila 4, ✉ 25002, ☎ 973 26 60 13 – ▤. AE ⓞ MC VISA. ⤧
cerrado sábado noche (agosto-15 septiembre), domingo y festivos resto del año – **Tapa**
4,92 **Ración** aprox. 9,84.   Z a

en la carretera N II a *por ④ : 3,5 km :*

XX **Carballeira,** ⊠ 25194 Butsenit, ℰ *973 27 27 28, Fax 973 26 02 98* – ▤ P. AE MC
VISA. ⅋
cerrado del 1 al 6 de enero, Semana Santa, 22 julio-4 agosto, domingo noche y lunes –
Comida - pescados y mariscos - carta 30,36 a 48,38
Espec. Carpaccio de ceps. Perdiz deshuesada sobre crujiente de puerro, vinagre de Modena
y foie. Rodaballo con verduritas frescas de temporada.

en la carretera C 230 *por ③ : 2 km :*

XX **Malena,** av. de Flix 30 (previsto traslado a av. del President Tarradellas 45), ⊠ 25001,
ℰ *973 21 15 41* – ▤. ① MC VISA. ⅋
*cerrado del 1 al 8 de enero, Semana Santa, del 15 al 31 de agosto, domingo noche, lunes
noche y martes* – **Comida** 47 y carta 35 a 45
Espec. Patatas y habas con caracoles al all i oli de menta. Merluza con verduras y setas
a la vinagreta. Sopa de almendras con mousse de chocolate.

en la autopista A2 *por ③ : 10 km dirección Barcelona :*

Lleida sin rest, área de Lleida, ⊠ 25080 apartado 502 Lleida, ℰ *973 13 60 23, lleida.
hotel@ areas.es, Fax 973 13 60 25* – ▯ ▤ TV ⅋ ⇔ P. – 25/100. AE ①
MC VISA
⊊ 8,10 – **75 hab** 72,20/90,20.

por la carretera N 240 *por ⑤ :*

XXX **El Nou Forn del Nastasi,** Rovira Roure 87 (carret. N 240) : 2 km, ⊠ 25198,
ℰ *973 22 37 28, Fax 973 22 37 28,* ⅏ – ▤ P. AE ① MC VISA. ⅋
cerrado del 15 al 31 de agosto, domingo noche y lunes – **Comida** carta 23,62 a 36,60.

XX **Fonda del Nastasi,** carret. N 240 : 3 km, ⊠ 25198, ℰ *973 24 92 22, Fax 973 24 76 92,*
Interesante bodega – ▤ P. AE ① MC VISA. ⅋
cerrado lunes – **Comida** - sólo almuerzo, salvo viernes y sábado - carta 20 a 27,94.

X **Tapas Bus,** Enric Farreny 36 : 2 km, ⊠ 25199, ℰ *973 23 85 60, Fax 973 23 85 70,*
« Imitación de un antiguo autobús decorado con originalidad » – ▤. ① MC
VISA. ⅋
cerrado 1ª quincena de agosto, domingo noche y lunes – **Comida** carta 17,73 a 21,04.

LLESP 25526 Lleida **443** E 32.
Madrid 537 – Bagnéres de Luchon 78 – Lleida/Lérida 130 – Vielha/Viella 45.

X **Villa María,** carret. de Caldes de Boí ℰ *973 69 10 29, henares@ eresmas.com,* ⅏ – P.
① MC VISA. ⅋
cerrado del 25 al 30 de junio y del 12 al 24 de septiembre – **Comida** carta 14,10 a 23,52.

LLÍVIA 17527 Girona **443** E 35 – 901 h alt. 1 224.
Ver : Museo Municipal (farmacia★).
🛈 Forns 11 ℰ *972 89 63 13 Fax 972 89 63 13.*
Madrid 658 – Girona/Gerona 156 – Puigcerdà 6.

Llívia, av. de Catalunya 111 ℰ *972 14 60 00, llivia@ grn.es, Fax 972 14 60 00,* ≼, ⅃, ☞,
⅓ – ▯ TV ⇔ P. – 25/150. ① MC VISA. ⅋ rest
cerrado noviembre – **Comida** (cerrado lunes) 14,12 – **63 hab** ⊊ 46,57/84,74.

L'Esquirol, av. de Catalunya 58 ℰ *972 89 63 03, recepcio@ hotelesquirol.com,*
Fax 972 89 63 03, ≼ – TV P. MC VISA. ⅋ rest
Comida 12 – **20 hab** ⊊ 38,46/61,90 – PA 24.

Aparthotel les Corts ⬔ sin rest, Cana 7 ℰ *972 14 62 56, Fax 972 14 62 66,* ⌞⅄,
▨ – ▯ TV P. AE ① MC VISA. ⅋
cerrado 15 mayo-15 junio – **4 hab** ⊊ 40/45 – 4 apartamentos.

XX **Can Ventura,** pl. Major 1 ℰ *972 89 61 78,* « Decoración rústica en un edificio del siglo
XVIII » – AE ① MC VISA. ⅋
cerrado 15 junio-15 julio, lunes y martes salvo festivos – **Comida** carta 22,54 a 29,15.

X **La Ginesta** (Can Jesús), av. de Catalunya 131 ℰ *972 89 62 87, Fax 972 14 63 59* – ①
MC VISA. ⅋
cerrado del 1 al 15 de julio y lunes – **Comida** carta 29,43 a 34,85.

en Gorguja *Noreste : 2 km :*

X **La Formatgeria de Llívia,** Pla de Ro, ⊠ 17527 Llívia, ℰ *972 14 62 79,* ≼, « En una
antigua fábrica de quesos » – P. AE MC VISA
cerrado 15 junio-15 julio, del 24 al 30 de septiembre, martes y miércoles – **Comida** carta
21,04 a 24,65.

Madrid 385 – Bilbao 20 – Burgos 142 – Vitoria-Gasteiz 49.

en Areta *Este : 3 km :*

XXX **Palacio de Anuncibai,** *Barrio Anuncibai,* ⊠ *01400 apartado 106 Llodio,* ℰ *94 672 61 88, rest@palacioanunciabai.com, Fax 94 672 61 79,* « *Palacete señorial con zona ajardinada* » – ▦ P. AE ⓪ MC VISA JCB. ⅏
cerrado Semana Santa y del 4 al 28 de agosto – **Comida** *- sólo almuerzo de domingo a jueves - carta 22,84 a 36,06.*

LLORET DE MAR *17310 Girona* **443** **G 38** *– 22 504 h – Playa.*

🛈 *pl. de la Vila 1* ℰ *972 36 47 35 turisme@lloret.org Fax 972 36 77 50 y Estación de Auto-buses* ℰ *972 36 57 88 turisme@lloret.org Fax 972 37 13 95.*

Madrid 695 ② *– Barcelona 67* ② *– Girona/Gerona 43* ②

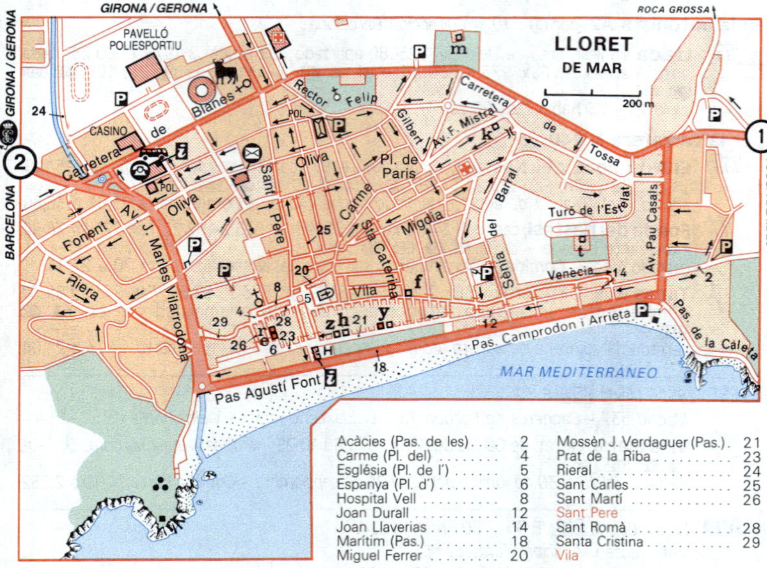

Acàcies (Pas. de les)	2	Mossèn J. Verdaguer (Pas.)	21
Carme (Pl. del)	4	Prat de la Riba	23
Església (Pl. de l')	5	Rieral	24
Espanya (Pl. d')	6	Sant Carles	25
Hospital Vell	8	Sant Martí	26
Joan Durall	12	Sant Pere	
Joan Llaverias	14	Sant Romà	28
Marítim (Pas.)	18	Santa Cristina	29
Miguel Ferrer	20	Vila	

Roger de Flor ⊗, *Turó de l'Estelat,* ⊠ *apartado 66,* ℰ *972 36 48 00, rogerdeflor @nexo.es, Fax 972 37 16 37,* 🏛, « *Grandes terrazas con* ≤ », ⚓, ⚜, ⸙ – ▦ TV 🚗 P. – 🛎 *25/120.* AE ⓪ MC VISA ⅏
15 marzo-octubre – **Comida** *27 –* ☕ *12 –* **87 hab** *81,41/137,57 – 6 suites – PA 56.*   t

G.H. Monterrey ⊗, *carret. de Tossa de Mar* ℰ *972 36 40 50, info@ghmonterrey.com, Fax 972 36 35 12,* 🏛, *Servicios de talasoterapia,* « *Amplio jardín* », ⚓, ⚜ – 🛗 ▦ TV 🔥 P. – 🛎 *25/425.* AE ⓪ MC VISA ⅏ *rest*
marzo-octubre – **Comida** *- sólo buffet - 19,23 –* ☕ *7,51 –* **223 hab** *123,69/154,61.*   m

Miramar, *passeig Mossèn J. Verdaguer 6* ℰ *972 36 47 62, Fax 972 36 45 15,* 🛁,
⚓ *climatizada –* 🛗 ▦ TV 🔥. AE ⓪ MC VISA ⅏ *rest*   z
15 marzo-octubre – **Comida** *11 –* **54 hab** ☕ *86/120.*

Marsol, *passeig Mossèn J. Verdaguer 7* ℰ *972 36 57 54, hmarsol@sefes.es, Fax 972 37 22 05,* ⚓, ⚜ – 🛗 ▦ TV – 🛎 *25/75.* AE ⓪ MC VISA ⅏   h
Comida *9,50 -* **Els Dofins** *: Comida carta 22,40 a 28,60 –* **115 hab** ☕ *88,40/ 110,50.*

Vila del Mar, *de la Vila 55* ℰ *972 34 92 92, hovil@grn.es, Fax 972 37 11 68,* 🛁, ⚓
– 🛗 ▦ TV 🔥 🚗. AE ⓪ MC VISA ⅏   f
marzo-noviembre – **Comida** *18,03 –* **36 hab** ☕ *131,32/146,95 – PA 33,66.*

Mercedes, *av. F. Mistral 32* ℰ *972 36 43 12, hotelmercedes@hotelmercedes.com, Fax 972 36 49 53,* 🏛, 🛁, ⚓ *climatizada –* 🛗 ▦ 🚗. AE ⓪ MC VISA ⅏   k
16 abril-octubre – **Comida** *15 –* ☕ *6,15 –* **116 hab** *39,80/61.*

Excelsior, passeig Mossèn J. Verdaguer 16 ℘ 972 36 61 76, *exc@mx2.redestb.es*, Fax 972 37 16 54, 🍴 – 📶 📺. AE ⓪ MO VISA. 🛇 rest
18 marzo-10 noviembre – **Comida** - ver también rest. **Les Petxines** - 21,04 – ☕ 4,06 – **45 hab** 38,37/72,12.
y

Les Petxines - *Hotel Excelsior*, passeig Mossèn J. Verdaguer 16 ℘ 972 36 41 37, *exc@mx2.redestb.es*, Fax 972 37 16 54 – 🍽. AE ⓪ MO VISA. 🛇
18 marzo-19 noviembre – **Comida** *(cerrado domingo noche salvo julio-agosto y lunes)* – sólo cena en julio y agosto – carta 36,06 a 39,96
Espec. Consomé de pescado al aroma de citronelle con ravioli y gambas. Suquet de pescado y marisco. Pichón en distintas versiones.
y

Can Bolet, Sant Mateu 6 ℘ 972 37 12 37 – 🍽. ⓪ MO VISA. 🛇
cerrado enero, del 8 al 14 de febrero, domingo noche y lunes de noviembre-diciembre – **Comida** carta 18,03 a 25,24.
r

Can Tarradas, pl. d'Espanya 7 ℘ 972 36 97 95, Fax 972 37 06 02, 🍴 – 🍽. MO VISA. 🛇
Comida carta 16,06 a 32,35.
e

en la playa de Fanals *por ② : 2 km :*

Rigat Park ☟, ⊠ 17310 Lloret de Mar, ℘ 972 36 52 00, *hotel@rigat.com*, Fax 972 37 04 11, ≤, 🍴, « Parque con arbolado », 🌊 climatizada, 🎾 – 📶 🍽 📺 🅿 – 🛎 25/650. AE ⓪ MO VISA. 🛇 rest
marzo-noviembre – **Comida** carta 36 a 45 – **83 hab** ☕ 180/200 – 16 suites.

en la playa de Santa Cristina *por ② : 3 km :*

Santa Marta ☟, ⊠ 17310 Lloret de Mar, ℘ 972 36 49 04, *hstamarta@grn.es*, Fax 972 36 92 80, ≤, « En un gran pinar con 🌊 al borde del mar », 🎾, 💥 – 📶 🍽 📺 🅿 – 🛎 25/120. AE ⓪ MO VISA. 🛇 rest
cerrado 16 diciembre-enero – **Comida** *(cerrado diciembre-febrero)* carta 35,45 a 39,35 – ☕ 12,02 – **76 hab** 144,25/210 – 2 suites.

en la urbanización Playa Canyelles *por ① : 3 km :*

El Trull, ⊠ 17310 apartado 429, ℘ 972 36 49 28, *trull@lix.intercom.es*, Fax 972 37 13 08, 🍴, « Decoración rústica », 🌊, 💥 – 📶 🍽 🅿 AE ⓪ MO VISA. 🛇
Comida carta 24,43 a 42,48.

LLUCMAJOR *Illes Balears – ver Balears (Mallorca).*

LOARRE *22809 Huesca* **443** *F 28 – 396 h alt. 773.*
Ver : *Castillo★★ (✳★★).*
Madrid 415 – Huesca 36 – Iruña/Pamplona 144.

Hospedería de Loarre con hab, pl. Mayor ℘ 974 38 27 06, Fax 974 38 27 13 – 📶, 🍽 rest, 📺 MO VISA. 🛇 rest
cerrado enero – **Comida** *(cerrado lunes, miércoles y jueves en invierno y martes salvo verano)* carta 22,24 a 27,65 – **12 hab** ☕ 32,45/51,09.

LODOSA *31580 Navarra* **442** *E 23 – 4 483 h alt. 320.*
Madrid 334 – Logroño 34 – Iruña/Pamplona 81 – Zaragoza 152.

Marzo con hab, Ancha 24 ℘ 948 69 30 52, *hrmarzo@santandersupernet.com*, Fax 948 69 40 38 – 📶, 🍽 rest, 📺. AE MO VISA. 🛇
cerrado 23 diciembre-5 enero – **Comida** *(cerrado domingo noche)* carta 15,43 a 25,05 – ☕ 3,31 – **14 hab** 21,04/39,07.

LOGROÑO *26000* 🅿 *La Rioja* **442** *E 22 – 128 331 h alt. 384.*
Excurs. : *Valle del Iregua★ (contrafuertes de la sierra de Cameros★) 50 km por ③.*
🛈 Príncipe de Vergara 1 -paseo del Espolón ⊠ 26071 ℘ 941 29 12 60 Fax 941 29 16 40 – R.A.C.E. Huesca 3 (bajo) ⊠ 26002 ℘ 941 24 82 91 Fax 941 24 83 06.
Madrid 331 ③ – Burgos 144 ④ – Iruña/Pamplona 92 ① – Vitoria-Gasteiz 93 ④ – Zaragoza 175 ③

Plano página siguiente

NH Herencia Rioja, Marqués de Murrieta 14, ⊠ 26005, ℘ 941 21 02 22, *nhherencia@nh-hoteles.es*, Fax 941 21 02 06 – 📶 🍽 📺 🚗 – 🛎 25/150. AE ⓪ MO VISA. 🛇
El Zarcillo (cerrado domingo) **Comida** carta 27,05 a 36,06 – ☕ 9 – **81 hab** 110 – 2 suites.
A h

Carlton Rioja, Gran Vía del Rey Juan Carlos I-5, ⊠ 26002, ℘ 941 24 21 00, *hotels@pretur.es*, Fax 941 24 35 02, 🍴 – 📶 🍽 📺 ♿ 🚗 – 🛎 25/150. AE ⓪ MO VISA JCB. 🛇
Comida 22,53 – ☕ 8,50 – **116 hab** 88,50/110,50 – 4 suites – PA 48,08.
A c

LOGROÑO

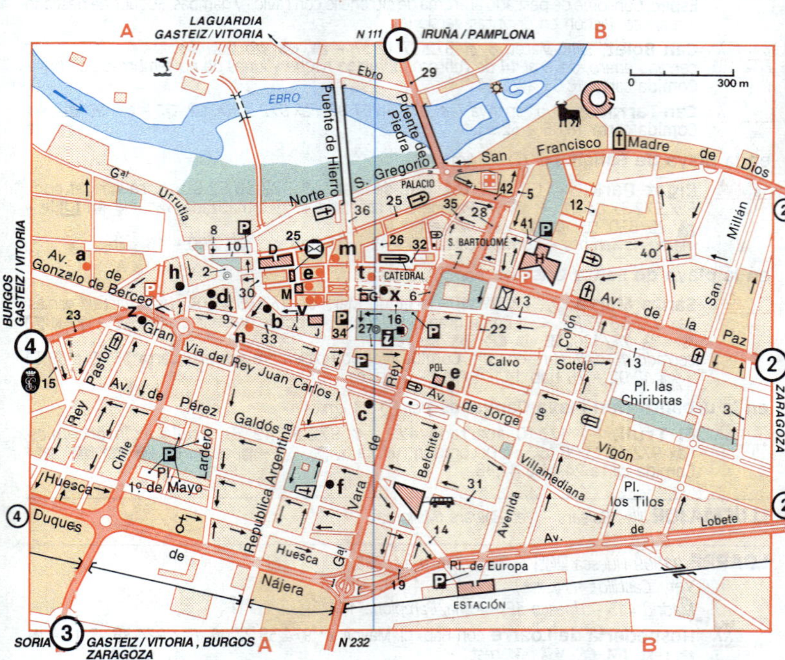

Tryp Los Bracos sin rest con cafetería, Bretón de los Herreros 29, ✉ 26001, ℰ 941 22 66 08, *melia.confort.los.bracos@solmelia.com*, Fax 941 22 67 54 – 📶 🖥 📺 🚗 – 🛎 25/80. AE ① MO VISA. 🛇
☕ 9,02 – **71 hab** 93,16/102,17.
A b

Gran Vía sin rest, Gran Vía del Rey Juan Carlos I-71 bis ℰ 941 28 78 50, *clopez@husa.es*, Fax 941 28 78 51 – 📶 🖥 📺 🚗 – 🛎 25/100. AE ① MO VISA. 🛇
☕ 8,10 – **81 hab** 83,70/100,70 – 2 suites.
A z

Ciudad de Logroño sin rest, Menéndez Pelayo 7, ✉ 26002, ℰ 941 25 02 44, *hotels@pretur.es*, Fax 941 25 43 90 – 📶 🖥 📺 🚗 – 🛎 25/90. AE ① MO VISA
☕ 7 – **95 hab** 65,50/82.
A f

Murrieta, Marqués de Murrieta 1, ✉ 26005, ℰ 941 22 41 50, *hotels@pretur.es*, Fax 941 22 32 13 – 📶 📺 🚗. AE ① MO VISA. 🛇 rest
Comida 13 – ☕ 5,90 – **113 hab** 53/65,50.
A d

Condes de Haro sin rest, Saturnino Ulargui 6, ✉ 26001, ℰ 941 20 85 00, *condes-haro@green-hoteles.com*, Fax 941 20 87 96 – 📶 🖥 📺 🚗 – 🛎 25/50. AE ① MO VISA. 🛇
☕ 5 – **44 hab** 64/79.
A d

Marqués de Vallejo sin rest, Marqués de Vallejo 8, ✉ 26001, ℰ 941 24 83 33, Fax 941 24 02 88 – 📶 📺. AE ① MO VISA. 🛇
☕ 4,80 – **31 hab** 55,28/69,11.
B x

Isasa sin rest y sin ☕, Doctores Castroviejo 13-1º, ✉ 26003, ℰ 941 25 65 99, *ohy@arrakis.es*, Fax 941 25 65 99 – 📶 🖥 📺 🚗. MO VISA. 🛇
cerrado Navidades – **30 hab** 35/60.
B e

XX **La Chatilla de San Agustín,** San Agustín 6, ⊠ 26001, ℰ 941 20 45 45, Fax 941 20 45 45 – 🗐. ⓓ ⓜⓒ 𝘝𝘐𝘚𝘈. ⌘
   A e
cerrado 2ª quincena de agosto, domingo y lunes noche – **Comida** carta 28,85 a 32.

XX **Cachetero,** Laurel 3, ⊠ 26001, ℰ 941 22 84 63, cachetero@fer.es, Fax 941 22 84 63 – 🗐. ⓜⓒ 𝘝𝘐𝘚𝘈. ⌘
   A v
cerrado 1ª quincena de agosto, domingo y miércoles noche – **Comida** carta aprox. 30,05.

XX **Leito's,** Portales 30, ⊠ 26001, ℰ 941 21 20 78, leitos@fer.es – 🗐. ⓜⓒ 𝘝𝘐𝘚𝘈   A m
cerrado domingo y lunes mediodía – **Comida** carta 27,65 a 34,06.

X **Zubillaga,** San Agustín 3, ⊠ 26001, ℰ 941 22 00 76, Fax 941 22 00 76 – 🗐. ⒶⒺ ⓓ ⓜⓒ 𝘝𝘐𝘚𝘈. ⌘
   A e
cerrado del 2 al 15 de noviembre, martes noche y miércoles salvo festivos – **Comida** carta 19 a 26.

X **Avenida Portugal 21,** av. de Portugal 21, ⊠ 26001, ℰ 941 22 86 02, Fax 941 22 86 02 – 🗐. ⒶⒺ ⓓ ⓜⓒ 𝘝𝘐𝘚𝘈. ⌘
   A n
cerrado del 5 al 29 de agosto y domingo – **Comida** carta 25,85 a 32,46.

X **Mesón Egües,** La Campa 3, ⊠ 26005, ℰ 941 22 86 03 – 🗐. ⒶⒺ ⓓ ⓜⓒ 𝘝𝘐𝘚𝘈. ⌘
   A a
cerrado Navidades, Semana Santa y domingo – Comida - asados - carta aprox. 28,28.

X **Las Cubanas,** San Agustín 17, ⊠ 26001, ℰ 941 22 00 50 – 🗐. ⒶⒺ ⓓ ⓜⓒ 𝘝𝘐𝘚𝘈. ⌘
   A e
cerrado 2ª quincena de julio, del 20 al 30 de septiembre y domingo – **Comida** - sólo almuerzo salvo viernes - carta 18,03 a 22,84.

♈/ El Rey del Jamón, Portales 45, ⊠ 26001, ℰ 941 26 38 73, 🏛, « Decoración rústica » – 🗐
   AB t
espec. en embutidos.

♈/ **Mesón del Jamón,** Laurel 9, ⊠ 26001, ℰ 941 25 68 89 – 🗐. ⌘   A v
cerrado 2ª quincena de febrero y lunes – **Tapa** 1,20 **Ración** aprox. 2,75.

en la carretera de circunvalación *por ① : 4 km :*

🏨 **Zenit Soto Galo,** Polígono Industrial de Cantabria I, ⊠ 26006, ℰ 941 27 15 55, soto galo@zenithoteles.com, Fax 941 27 15 60 – 🛗 🗐 📺 🅿 – 🛦 25/200. ⓜⓒ 𝘝𝘐𝘚𝘈. ⌘
Comida 8,41 – ⊑ 3,91 – **56 hab** 60,10/72,12.

LOIU *48180 Bizkaia* 442 **C 21** – *1684 h.*

Madrid 399 – Bilbao 7 – Bermeo 29 – Vitoria-Gasteiz 76 – Donostia-San Sebastián 103.

🏨 **Loiu,** Lastetxe 24 ℰ 94 453 50 38, Fax 94 453 61 77 – 🛗, 🗐 rest, 📺 🅿. ⓜⓒ 𝘝𝘐𝘚𝘈. ⌘
Comida 18 – ⊑ 6 – **24 hab** 85/97.

LOJA *18300 Granada* 446 **U 17** – *20321 h alt. 475.*

Madrid 484 – Antequera 43 – Granada 55 – Málaga 71.

🏨 **Del Manzanil,** carret. de Granada - Este : 1,5 km ℰ 958 32 17 11, Fax 958 32 18 50, 🏛 – 🛗 🗐 📺 🅿 ⒶⒺ ⓓ ⓜⓒ 𝘝𝘐𝘚𝘈. ⌘ rest
Comida 18 – ⊑ 3 – **47 hab** 24,10/34,25 – 2 apartamentos.

🏠 **Mirador,** av. Andalucía ℰ 902 323 800, abades@abades.com, Fax 902 323 804, ≤, 🏛 – 🛗 🗐 📺 ᕒ 🚗 🅿 ⒶⒺ ⓓ ⓜⓒ 𝘝𝘐𝘚𝘈 ᴊᴄʙ
Comida 7,21 – ⊑ 3,01 – **28 hab** 29,29/45,01.

en la autovía A 92 *Sur : 5 km :*

🏨 **Los Abades,** ⊠ 18300, ℰ 902 323 800, abades@abades.com, Fax 902 323 804, ≤ – 🛗 🗐 📺 🅿 – 🛦 25/500. ⒶⒺ ⓓ ⓜⓒ 𝘝𝘐𝘚𝘈 ᴊᴄʙ
Comida 9,01 – ⊑ 3,01 – **76 hab** 30,05/42,07.

🏨 **Manzanil Área,** ⊠ 18300, ℰ 958 32 32 00, info@hotelesmanzanil.com, Fax 958 32 34 80, ≤ – 🛗 🗐 📺 ᕒ 🚗 🅿 – 🛦 25/60. ⒶⒺ ⓓ ⓜⓒ 𝘝𝘐𝘚𝘈. ⌘ rest
Comida 18 – ⊑ 3 – **76 hab** 32/56.

en la Finca La Bobadilla *por la autovía A 92 - Oeste : 18 km y desvío 3 km :*

🏰 **La Bobadilla** 🦢, por salida a Villanueva de Tapia, ⊠ 18300 apartado 144 Loja, ℰ 958 32 18 61, labobadilla.comer@barcelo.com, Fax 958 32 18 10, ≤, 🏛, « Elegante cortijo andaluz », ᕒ, 🏊, 🖾, ☞, 🎾 – 🛗 🗐 📺 🅿 – 🛦 25/120. ⒶⒺ ⓓ ⓜⓒ 𝘝𝘐𝘚𝘈 ᴊᴄʙ. ⌘ rest
La Finca (sólo cena en verano) **Comida** carta 57,09 a 70,91 - *EL Cortijo* : **Comida** carta 33,86 a 56,49 – **52 hab** ⊑ 200,73/269,85 – 10 suites.

LO PAGÁN *Murcia* – *ver San Pedro del Pinatar.*

LORCA

LORCA 30800 Murcia **445** **S 24** – 67 024 h alt. 331.

🛈 Lope Gisbert (Casa de los Guevara) ☎ 968 46 61 57 Fax 968 46 61 57.

Madrid 460 ① – Almería 157 ③ – Cartagena 83 ① – Granada 221 ③ – Murcia 64 ①

Jardines de Lorca 🕭, Alameda Rafael Méndez ☎ 968 47 05 99, reservas@hoteles
demurcia.com, Fax 968 47 07 19 – 🛗 🛏 📺 🚗 🅿 – 🔄 25/500. 🝙 ⓓ 🝙
VISA. 🛇
Comida 9,47 – 🍵 5,68 – **45 hab** 72,57/91,50.

LORCA

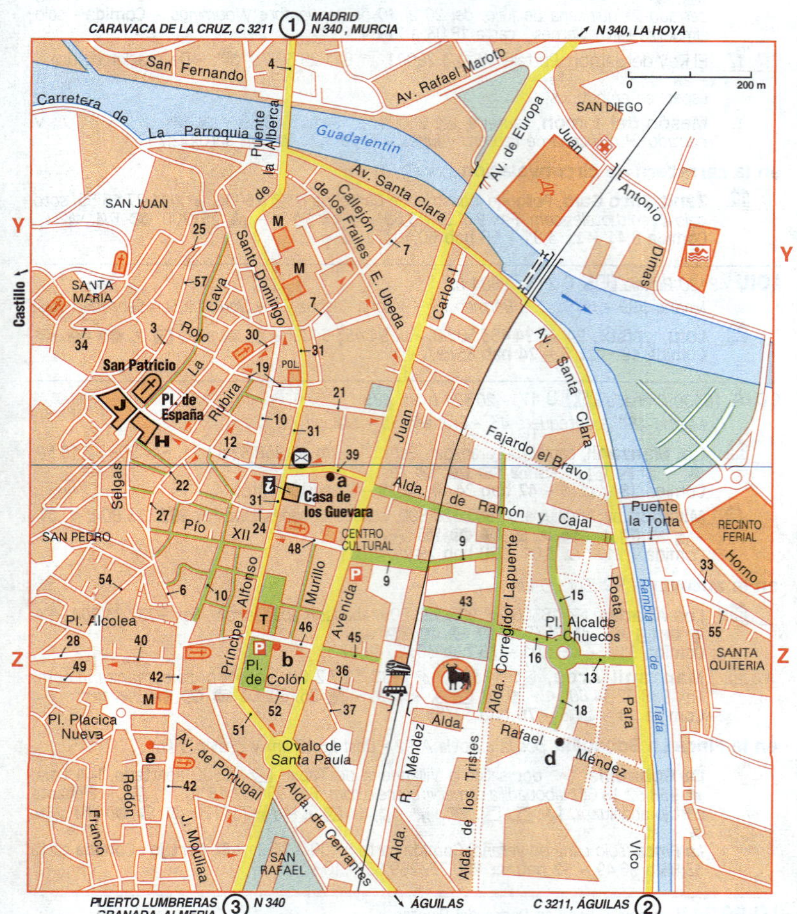

🏠 **Alameda** sin rest, Musso Valiente 8 ✆ 968 40 66 00, *info@hotel-alameda.com*, *Fax 968 40 66 44* – |⚡| ▦ 📺. 🅼🅒 *VISA*   Z a
☕ 3,01 – **40 hab** 42,07/60,10.

✗✗ **El Teatro,** pl. Colón 12 ✆ 968 46 99 09 – ▦. 🅰🅴 🅼🅒 *VISA*. ⌘   Z b
cerrado agosto y domingo – **Comida** carta 14,20 a 23,20.

✗ **Rincón de los Valientes,** Rincón de los Valientes 3 ✆ 968 44 12 63 – ▦. 🅰🅴 🅼🅒 *VISA*. ⌘
Comida carta aprox. 16,23.   Z e

en la antigua carretera de Granada *por ③ : 3 km :*

🏰 **Amaltea,** polígono Los Peñones, ✉ 30800, ✆ 968 40 65 65, *amalteahotel@jet.es*, *Fax 968 40 69 89*, « Jardín con ⚓ » – |⚡| ▦ 📺 🚗 🅿. – 🛁 25/800. 🅰🅴 ① 🅼🅒 *VISA*. ⌘
Comida *(cerrado domingo en julio-agosto)* 17,43 – ☕ 7,21 – **55 hab** 90,15/114,19, 3 suites.

LOREDO 39140 Cantabria **442** B 18 – Playa.
Madrid 409 – Bilbao 96 – Santander 25.

🏠 **El Encinar** 🦢 sin rest, callejo de los Beatos-Latas, ✉ 39140 Somo, ✆ 942 50 40 33, *Fax 942 50 02 44*, ⚓ climatizada – 📺 🅿. *VISA*. ⌘
Semana Santa y julio-agosto – ☕ 2,40 – **23 hab** 43,27/58,90.

✗ **Hostería de Latas** con hab *(fines de semana y junio-septiembre)*, barrio de Latas 10 ✆ 942 50 42 33, *Fax 942 50 92 36*, 🏡 – ▦ 📺 🅿. ① 🅼🅒 *VISA*. ⌘ rest
cerrado diciembre – **Comida** *(cerrado domingo noche)* carta 21,60 a 30,70 – **7 hab** ☕ 28,45/50,95.

LOSAR DE LA VERA 10460 Cáceres **444** L 13 – 2 855 h alt. 545.
Madrid 219 – Ávila 137 – Cáceres 156 – Plasencia 61.

por la carretera C 501 *Sureste : 1,5 km y desvío a la derecha 0,5 km :*

🏠 **Hostería Fontivieja** 🦢 sin rest, paraje de los Mártires, ✉ 10460, ✆ 927 57 01 08, *fontivieja@latinmail.com*, *Fax 927 57 01 08*, ⩽, ⚓, 🎾 – ▦ 📺 🅿. ① 🅼🅒 *VISA*. ⌘
20 hab ☕ 36,06/48,08.

LOYOLA Gipuzkoa – ver Azpeitia.

LUANCO 33440 Asturias **441** B 12 – Playa.
Ver : *Cabo de Peñas★.*
Madrid 478 – Gijón 15 – Oviedo 42.

🏨 **La Estación de Luanco,** Gijón 10 ✆ 98 588 35 16, *Fax 98 588 04 25*, ⚓ – |⚡| ▦ 📺 – 🛁 25/30. 🅰🅴 ① 🅼🅒 *VISA*. ⌘
Comida 19,23 – ☕ 4,51 – **24 hab** 63,11/84,14 – 4 suites.

🏠 **La Plaza** sin rest, pl. de la Baragaña 9 ✆ 98 588 08 79, *hlplaza@terra.es*, *Fax 98 588 02 23* – |⚡| 📺. 🅼🅒 *VISA*. ⌘
14 hab ☕ 60/84.

✗ **Casa Néstor,** Conde Real Agrado 6 ✆ 98 588 03 15 – 🅰🅴 ① 🅼🅒 *VISA*. ⌘
cerrado del 1 al 15 de octubre – **Comida** - sólo almuerzo salvo fines de semana y verano - carta 24,04 a 30,05.

en la carretera AS 239 *Sureste : 3,5 km :*

✗ **El Hórreo,** Antromero, ✉ 33449 Antromero, ✆ 98 587 14 70 – ▦ 🅿. ① 🅼🅒 *VISA*. ⌘
cerrado 1ª quincena de junio, 1ª quincena de octubre, domingo noche y lunes – **Comida** - pescados y mariscos - carta aprox. 27,05.

LUARCA 33700 Asturias **441** B 10 – 19 920 h – Playa.
Ver : *Emplazamiento★ (⩽★).*
Excurs. : *Suroeste, Valle de Navia : recorrido de Navia a Grandas de Salime (❋★★ Embalse de Arbón, Vivedro ❋★★, confluencia★★ de los ríos Navia y Frío).*
🇮 Olavarrieta (Capilla Palacio del Marqués de Ferrera) ✆ 98 564 00 83 *concejalias@wanadoo.es Fax 985 47 03 71 (temp).*
Madrid 536 – A Coruña/La Coruña 226 – Gijón 97 – Oviedo 101.

🏰 **Villa La Argentina** 🦢, Villar de Luarca - Este : 1,5 km ✆ 98 564 01 02, *reservas@villalaargentina.com*, *Fax 98 564 09 73*, « Elegante palacete del siglo XIX », ⚓, 🎾 – 📺 🅿. 🅼🅒 *VISA* 🅹🅲🅑. ⌘
cerrado enero – **Comida** - sólo fines de semana y verano, sólo cena - 12,02 – ☕ 4,81 – **12 hab** 67,61/75,13.

Báltico, paseo del muelle 1 ☎ 98 564 09 91, *Fax 98 564 09 91* – TV. MC VISA. ✗
Comida 10,22 – ☑ 3,01 – **15 hab** 60,10.

Villa Blanca, av. de Galicia 25 ☎ 98 564 10 79, *Fax 98 564 10 79*, ☆ – 🍴. AE ⓞ MC
VISA JCB. ✗
cerrado del 1 al 15 de noviembre y lunes en invierno – **Comida** carta 18,94
a 29,45.

Sport, Rivero 9 ☎ 98 564 10 78, *sport@arrakis.es, Fax 98 564 16 93* – 🍴. AE ⓞ MC
VISA. ✗
cerrado enero y jueves salvo verano – **Comida** - pescados y mariscos - carta 20,14
a 29,46.

LUCAINENA DE LAS TORRES 04210 Almería **446** **U 23** – 556 h alt. 553.
Madrid 552 – Almería 55 – Murcia 182.

Venta El Museo, pl. Maestro Paco 6 ☎ 950 36 42 00, *Fax 950 36 41 36*, ☆,
« *Decorado con aperos de labranza* » – P. AE ⓞ MC VISA. ✗
cerrado junio y lunes – **Comida** carta aprox. 24.60.

LUCENA 14900 Córdoba **446** **T 16** – 32 054 h alt. 485.
Madrid 471 – Antequera 57 – Córdoba 73 – Granada 150.

Santo Domingo, El Agua 12 ☎ 957 51 11 00, *hsantodomingo@husa.es,*
Fax 957 51 62 95 – 🛗 🍴 TV. AE ⓞ MC VISA. ✗
Comida 13,70 – ☑ 4,70 – **30 hab** 58,70/92,70 – PA 30,70.

Baltanás sin rest y sin ☑, av. del Parque 10 ☎ 957 50 05 24, *baltanas@amike.com,*
Fax 957 50 12 72 – 🍴 TV 🚗. AE MC VISA
39 hab 27,70/40.

Araceli, av. del Parque 10 ☎ 957 50 17 14, *Fax 957 51 42 79* – 🍴. ⓞ MC
VISA. ✗
cerrado del 15 al 30 de agosto – **Comida** carta 22,24 a 29,90.

en la carretera N 331 *Suroeste : 2,5 km :*

Los Bronces, ✉ 14900, ☎ 957 51 62 80, *hotellosbronces@teleline.es,*
Fax 957 50 09 12, ☆ – 🛗 🍴 TV ✦ P. AE ⓞ MC VISA. ✗
Comida - espec. en asados - carta 18,03 a 23,74 – ☑ 3,54 – **40 hab** 38,58/57,88.

LUGO 27000 **P** **441** **C 7** – 87 605 h alt. 485.
Ver : Murallas★★ – Catedral★ *(portada Norte : Cristo en Majestad★)* Z A.
🛈 pr. Maior 27 (galerías) ✉ 27001 ☎ 982 23 13 61 Fax 982 29 42 38 – **R.A.C.E.** *Das Her-*
manitas 1 (entlo.) ✉ 27002 ☎ 982 25 07 11 Fax 982 25 07 11.
Madrid 506 ② – A Coruña/La Coruña 97 ④ – Ourense/Orense 96 ③ – Oviedo 255 ① –
Santiago de Compostela 107 ③

Plano página siguiente

G.H. Lugo, av. Ramón Ferreiro 21, ✉ 27002, ☎ 982 22 41 52, *ghlugo@proalsa.es,*
Fax 982 24 16 60, ⚓ – 🛗 🍴 TV ✦ P – ♨ 25/350. AE ⓞ MC VISA
JCB. ✗   por av. Ramón Ferreiro   Z
Comida *(cerrado domingo)* 22,24 – ☑ 10 – **156 hab** 88,35/110,44 – 12 suites.

Méndez Núñez sin rest, Raiña 1, ✉ 27001, ☎ 982 23 07 11, *Fax 982 22 97 38* – 🛗
TV – ♨ 25/100. AE MC VISA   Z a
☑ 4,25 – **86 hab** 45,10/54,10.

España sin rest y sin ☑, Vilalba 2 bis, ✉ 27002, ☎ 982 23 15 40 – TV. VISA. ✗
17 hab 20/35.   Z h

Alberto, Cruz 4, ✉ 27001, ☎ 982 22 83 10, *hoteljorge-mesonalberto@2000.es,*
Fax 982 30 31 07 – 🍴. AE ⓞ MC VISA JCB. ✗   Z c
cerrado del 15 al 30 de noviembre y domingo salvo vísperas de festivos – **Comida** carta
21,34 a 28,44.

La Barra, San Marcos 27, ✉ 27001, ☎ 982 25 29 20, *labarra27@jazz-free.com,*
Fax 982 25 30 22 – 🍴. AE ⓞ MC VISA. ✗   Y d
cerrado domingo – **Comida** carta 27,65 a 39,23.

Antonio, av. das Américas 87, ✉ 27004, ☎ 982 21 64 70, *restantonio@diagram.es,*
Fax 982 21 63 13 – 🍴. AE ⓞ VISA JCB. ✗   por ③
cerrado lunes salvo festivos o vísperas – **Comida** carta 18,92 a 30,63.

España, Xeneral Franco 10, ✉ 27001, ☎ 982 22 60 16, *Fax 982 24 27 17* – 🍴. AE ⓞ
MC VISA. ✗   Y r
Comida carta aprox. 24.

LUGO

Verruga, Cruz 12, ✉ 27001, ✆ 982 22 98 55, *restaurante@verruga.org,*
Fax 982 22 98 18 – ▪ **AE ① MC VISA** ✗   **Z** c
cerrado domingo noche y lunes – **Comida** carta 28,10 a 37,65.

Campos, Nova 4, ✉ 27001, ✆ 982 22 97 43, *Fax 982 22 02 84* – ▪ **AE ①**
MC VISA   **Z** u
cerrado del 15 al 30 de octubre y lunes salvo verano – **Comida** carta 21,50 a 31,85.

en la carretera N 640 *por* ① :

Jorge I, La Campiña - 3 km, ✉ 27192 Muja, ✆ 982 30 32 55, *hoteljorgei-mesonalbe*
rto@2000.es, Fax 982 30 31 07 – ▪ rest, **TV P. AE ① MC VISA JCB.** ✗
Comida *(cerrado lunes)* carta 18,33 a 24,94 – ☕ 4,51 – **30 hab** 37,26/48,08.

La Palloza, 5,5 km, ✉ 27192 Muja, ✆ 982 30 30 32, *restpalloza@terra.es,*
Fax 982 30 30 84 – ▪ **P. AE ① MC VISA.** ✗
cerrado lunes noche y martes salvo festivos – **Comida** carta 24,94 a 30,72.

en la carretera N VI :

Los Olmos ✗ sin rest, por ④ : 3 km, ✉ 27296 Lugo, ✆ 982 20 00 32, *Fax 982 21 59 18*
– ▯ **TV** 🚗 **P. AE ① MC VISA** ✗
☕ 3,01 – **70 hab** 24,12/45,02.

Torre de Nuñez, Conturiz - por ② : 4,5 km, ✉ 27160 Conturiz, ✆ 982 30 40 40,
htorra@teleline.es, Fax 982 30 43 93 – ▯, ▪ rest, **TV** 🚗 **P. MC VISA.** ✗
Comida 9,01 – ☕ 2,70 – **129 hab** 27,04/42,07 – PA 21,03.

O Muiño, entre ② y ③ : 2 km, ✉ 27294 Lugo, ✆ 982 23 05 50, « Terrazas al borde
del río. Decoración rústica » – ▪ **P. AE ① MC VISA** ✗
cerrado lunes – **Comida** carta 11,71 a 23,80.

en la carretera N 540 *por* ③ : 4,5 km :

Santiago, urb. Bellavista, ✉ 27294 Lugo, ✆ 982 01 01 01, *Fax 982 01 01 20,* ✦, ⚒,
✗ – ▯ ▪ **TV** 🚗 **P.** – 🛎 25/200. **AE ① MC VISA** ✗
Comida 10,22 – ☕ 6,61 – **60 hab** 54,09/72,12.

LUGONES 33420 Asturias **441** B 12.

Madrid 457 – Avilés 28 – Gijón 24 – *Oviedo* 6.

El Cabroncín, carret. de Paredes 1 ✆ 98 526 63 80, « Decoración rústica » – ▪ **P. ①**
MC VISA ✗
cerrado del 4 al 18 de febrero, del 2 al 16 de septiembre, domingo noche y lunes – **Comida**
carta 25,55 a 32,16.

LUZAIDE o VALCARLOS 31660 Navarra 442 C 26 – 582 h alt. 365.
Madrid 464 – Iruña/Pamplona 65 – St-Jean-Pied-de-Port 11.

Maitena con hab, Elizaldea ☎ 948 79 02 10, Fax 948 79 02 10, ≤, 🌳 – 🅼🅲 VISA. ⛒
cerrado 7 enero-20 febrero – **Comida** *(cerrado jueves en octubre-15 junio)* carta 17,74
a 20,14 – ☲ 3,30 – **8 hab** 42,07.

MAÇANET DE CABRENYS 17720 Girona 443 E 38 – 690 h.
Madrid 769 – Figueres 28 – Girona/Gerona 67.

Els Caçadors ⬇, urb. Casanova ☎ 972 54 41 36, hec@navegalia.com,
Fax 972 54 33 60, ≤, 🛏, 🚿, 🎾 – 🛗, 🍽 rest, TV P. 🅼🅲 VISA. ⛒
Comida 12,60 – ☲ 6,60 – **18 hab** 30/54.

MADREMANYA 17462 Girona 443 G 38 – 179 h alt. 177.
Madrid 717 – Barcelona 115 – Girona/Gerona 19 – Figueres 49 – Palafrugell 21.

La Plaça ⬇, Sant Esteve 17 ☎ 972 49 04 87, Fax 972 49 04 87, 🌳, « Decoración
moderna en un marco rústico » – 🛗 🍽 TV P. 🅼🅲 VISA
cerrado 15 enero-15 febrero – **Comida** *(cerrado domingo noche, lunes, martes y miércoles
salvo verano) - sólo cena -* carta 22,99 a 29,56 – ☲ 9,20 – **9 suites** 60,10/84,14 – 1 hab.

MADRID

28000 🄿 **444** K 19 – *3 084 673 h. alt. 646.*

Barcelona 617 ② – Bilbao 395 ① – A Coruña/La Coruña 684 ⑦ – Lisboa 625 ⑥ – Málaga 494 ④ – Paris 1276 ① – Porto 609 ⑦ – Sevilla 531 ④ – València 352 ③ – Zaragoza 322 ②.

OFICINAS DE TURISMO

🄸 *Duque de Medinaceli 2,* ✉ *28014,* ✆ *91 429 49 51, turismo@comadrid.es Fax 91 429 37 05.*

🄸 *Pl. Mayor 3,* ✉ *28012,* ✆ *91 588 16 36, inforturismo@munimadrid.es Fax 91 366 54 77.*

🄸 *Mercado Puerta de Toledo,* ✉ *28005,* ✆ *91 364 18 76, turismo@comadrid.es Fax 91 364 24 32.*

🄸 *Estación de Atocha,* ✉ *28014,* ✆ *91 528 46 30, turismo@comadrid.es.*

🄸 *Estación de Chamartín,* ✉ *28036,* ✆ *91 315 99 76, turismo@comadrid.es Fax 91 323 79 51.*

🄸 *Aeropuerto de Madrid-Barajas,* ✉ *28042* ✆ *91 305 86 56, turismo@comadrid.es Fax 91 301 00 33.*

INFORMACIONES PRÁCTICAS

BANCOS Y OFICINAS DE CAMBIO

Principales bancos :
invierno (abiertos de lunes a viernes de 8.30 a 14 h. y sábados de 8.30 a 14 h. salvo festivos).
verano (abiertos de lunes a viernes de 8.30 a 14 h. salvo festivos).
En las zonas turísticas suele haber oficinas de cambio no oficiales.

TRANSPORTES

Taxi : *cartel visible indicando LIBRE durante el día y luz verde por la noche. Compañías de radio-taxi.*

Metro y Autobuses : *Una completa red de metro y autobuses enlaza las diferentes zonas de Madrid. Para el aeropuerto, además del metro, existe una línea de autobuses con su terminal urbana en Pl. de Colón (parking subterráneo).*

Aeropuerto y Compañías Aéreas :
✈ *Aeropuerto de Madrid-Barajas por ② : 12 km,* ✆ *91 393 60 00.*
Iberia, Velázquez 130, ✉ *28006,* ✆ *91 587 87 87* HUV.
Iberia, aeropuerto, ✉ *28042,* ✆ *91 587 87 87.*
Iberia, Santa Cruz de Marcenado 2, ✉ *28015,* ✆ *902 400 500* DV.

ESTACIONES DE TREN

Chamartín, 🚗 ✆ *91 733 11 22* HR.
Atocha, ✆ *902 240 202* GYZ.

RACE *(Real Automóvil Club de España)*

Isaac Newton – Parque Tecnológico de Madrid (PTM), ✉ *28760, Tres Cantos (Madrid)* ☎ *91 594 74 00, Fax 91 594 73 88.*

CAMPOS DE GOLF

🏳9, 🏳18, 🏳18 *Club de Campo – Villa de Madrid* ☎ *91 550 20 10* AL
🏳18, 🏳18 *La Moraleja por* ① *: 11 km* ☎ *91 650 07 00*
🏳9 *Club Barberán por* ⑤ *: 10 km* ☎ *91 509 11 40*
🏳18, 🏳9 *Las Lomas – El Bosque por* ⑥ *: 18 km* ☎ *91 616 75 00*
🏳18 *Real Automóvil Club de España por* ① *: 28 km* ☎ *91 657 00 11*
🏳18 *Nuevo Club de Madrid, Las Matas por* ⑦ *: 26 km* ☎ *91 630 08 20*
🏳9 *Somosaguas O : 10 km por Casa de Campo* ☎ *91 352 16 47* AM
🏳18 *Club Olivar de la Hinojosa, por M-40* ☎ *91 721 18 89* CL
🏳18 *La Dehesa, Villanueva de la Cañada por* ⑦ *y desvío a El Escorial : 28 km* ☎ *91 815 70 22*
🏳18, 🏳18 *Real Sociedad Hípica Española Club de Campo por* ① *: 28 km* ☎ *91 657 10 18*

ALQUILER DE COCHES

AVIS, ☎ *902 135 531 – EUROPCAR,* ☎ *902 105 030 – HERTZ,* ☎ *91 372 93 00 – NATIONAL ATESA,* ☎ *91 782 01 30.*

CURIOSIDADES

PANORÁMICAS DE MADRID

Faro de Madrid : ❋ ★★ DU.

MUSEOS

Museo del Prado★★★ NY *– Museo Thyssen Bornemisza*★★★ MY **M**[6] *– Palacio Real*★★ KXY *(Palacio*★ *: Salón del trono*★*, Real Armería*★★*, Museo de Carruajes Reales*★ DX **M**[1]*) – Museo Arqueológico Nacional*★★ *(Dama de Elche*★★★*)* NV *– Museo Lázaro Galdiano*★★ *(colección de esmaltes y marfiles*★★★*)* GU **M**[4] *– Casón del Buen Retiro*★ NY *– Museo Nacional Centro de Arte Reina Sofía*★ *(El Guernica*★★★*)* MZ *– Museo del Ejército*★ NY *– Museo de América*★ *(Tesoro de los Quimbayas*★*, Códice Trocortesiano*★★★*)* DU *– Real Academia de Bellas Artes de San Fernando*★ LX **M**[2] *– Museo Cerralbo*★ KV *– Museo Sorolla*★ FU **M**[5] *– Museo de la Ciudad (maquetas*★*)* HT **M**[7] *– Museo Naval (modelos*★*, mapa de Juan de la Cosa*★★*)* NXY **M**[3] *– Museo Nacional de Artes Decorativas (guadamecíes*★*)* NX **M**[8] *– Museo Municipal (portada*★★*, maqueta de Madrid*★*)* LV **M**[10] *– Museo Nacional de Ciencia y Tecnología (ballestilla*★★*)* FZ **M**[9].

IGLESIAS Y MONASTERIOS

Monasterio de las Descalzas Reales★★ KLX *– Iglesia de San Francisco el Grande (sillería*★*, sillería de la sacristía*★*)* KZ *– Real Monasterio de la Encarnación*★ *(relicario*★*)* KX *– Iglesia de San Antonio de la Florida (frescos*★★*)* DV *– Iglesia de San Miguel*★ KY.

BARRIOS HISTÓRICOS

Barrio de Oriente★★ KVXY *– El Madrid de los Borbones*★★ MNXYZ *– El Viejo Madrid*★ KYZ.

LUGARES PINTORESCOS

Plaza Mayor★★ KY *– Parque del Buen Retiro*★★ HY *– Zoo-Aquarium*★★ AM *– Plaza de la Villa*★ KY *– Jardines de las Vistillas (*❋ ★*)* KYZ *– Campo del Moro*★ DX *– Ciudad Universitaria*★ DT *– Casa de Campo*★ AL *– Plaza de Cibeles*★ MNX *– Paseo del Prado*★ MNXYZ *– Puerta de Alcalá*★ NX *– Plaza Monumental de las Ventas*★ JUV *– Parque del Oeste*★ DV.

COMPRAS

Grandes almacenes : *calles Preciados, Carmen, Goya, Serrano, Arapiles, Princesa, Raimundo Fernández Villaverde.*

Centros comerciales : *El Jardín de Serrano, ABC, La Galería del Prado, La Vaguada.*

Comercios de lujo : *calles Serrano, Velázquez, Goya, Ortega y Gasset.*

Antigüedades : *calle del Prado, barrio de Las Cortes, barrio Salamanca, calle Ribera de Curtidores (El Rastro).*

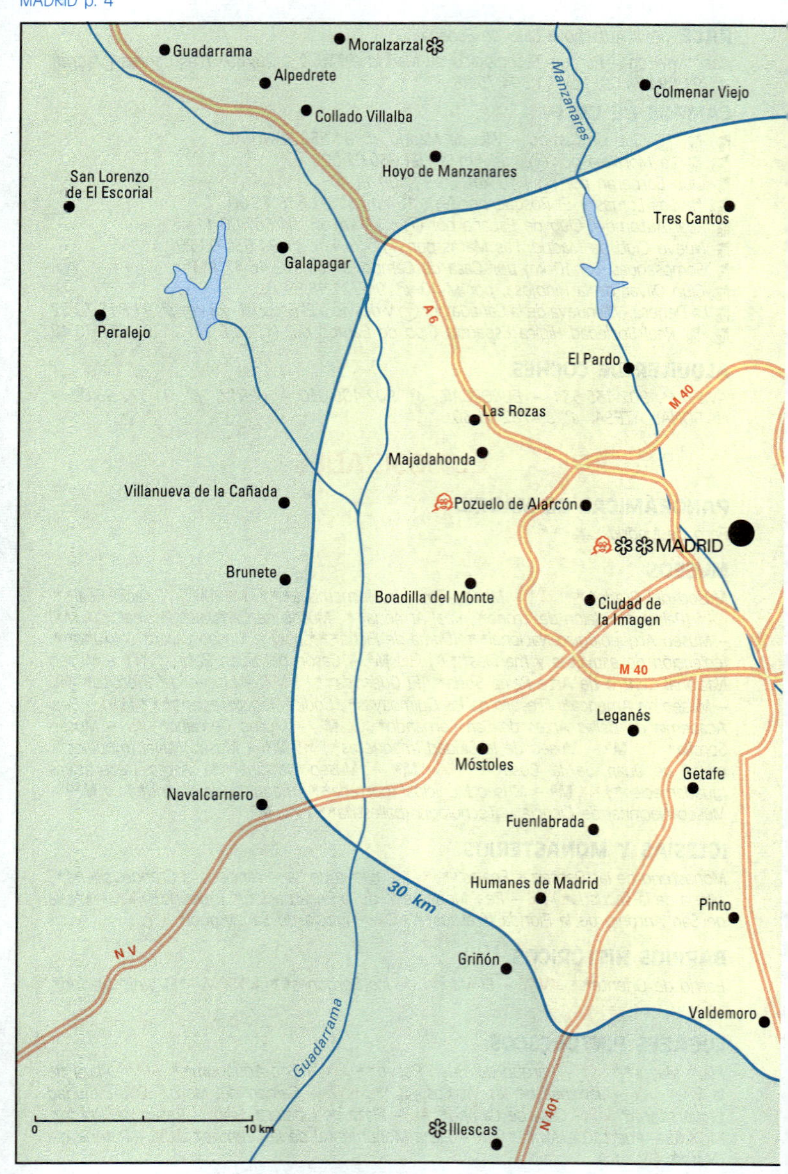

Não confundir :

Conforto dos hotéis

Conforto dos restaurantes

Qualidade da cozinha

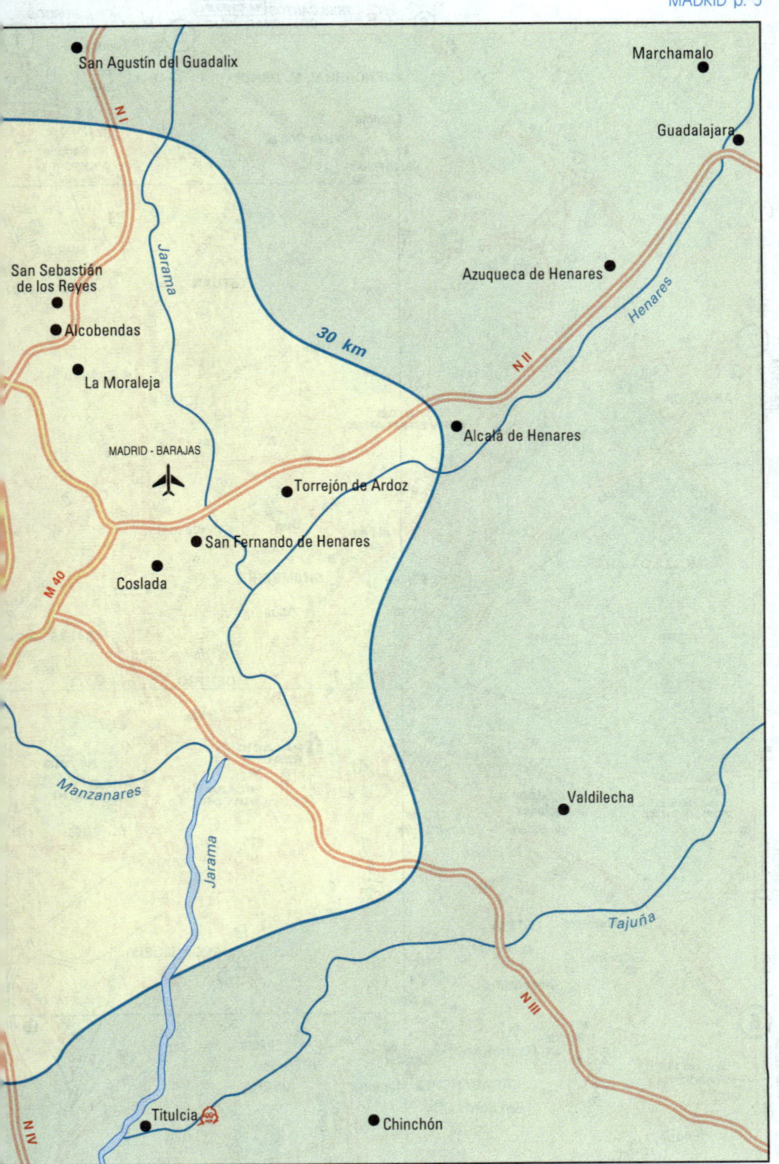

In questa guida
uno stesso simbolo, uno stesso carattere
stampati in rosso o in nero, in magro o in grassetto,
hanno un significato diverso.
Leggete attentamente le pagine esplicative.

TRES CANTOS
MICHELIN
COLMENAR VIEJO
BURGOS
N I-E 5
EL PARDO
A
B
8
8
M 607
1
M 605
M 40
E 5-E 90-E 901
M 40
FUENCARRAL-EL PARDO
Oria
Fuencarral
Ramón y Cajal
10
Lacoma
Herrera
M 30
Herrera Oria
U
Av. de la Ilustración
la
Ilustración
165
Begoña
LA VAGUADA
CIUDAD DEPORTIVA
DEL REAL MADRID
7
M 40
Av. del Card.
113
51
de
Av. de Asturias
TETUÁN
1
LA ZARZUELA
Delgado
P
CHAMARTÍN
25
b
161
Sinesio
120
Murillo
M. Inurria
CHAMARTÍN
24
Francos Rodríguez
Castellana
Av. de Pío XII
SEGOVIA
EL ESCORIAL
Av. del P.
Huidobro
Carret.
9 18 18
64
51
Bravo
S. BERNABEU
7
A 6
9
8
ARAVACA
CIUDAD
UNIVERSITARIA
200
195
Serrano
Av. Príncipe de Vergara
Francisco Silvela
L
Carret.
de Castilla
9-18
El
Av. Puerta
de Hierro
216
Santa
Paseo de la
M 503
M 500
Pardo
El Faro
Cea
J.
Abascal
Engracia
Serrano
SALAMANCA
MONCLOA-ARAVACA
204
Bermúdez
CHAMBERÍ
Alcalá
Princesa
A. Aguilera
P
20
Sagasta
Goya
CASA
DE
CAMPO
Pas. M. de Monistrol
244
P
CENTRO
100
P
Gran Vía
M 30
9
Lago
S
Av. de Portugal
PALACIO
REAL
EL
RETIRO
AUDITORIO
18
Segovia
H
MUSEO
DEL PRADO
PARQUE
ZOOLÓGICO
Parque de
Atracciones
Av. de Portugal
Segovia
PLAZA
MAYOR
Atocha
119
198
CIUDAD DE
LA IMAGEN
Alto de
Extremadura
Batán
235
22
46
M 502
Lucero
229
ATOCHA
Extremadura
Sepúlveda
66
15
LATINA
142
2
Campamento
Laguna
Vista
Alegre
Antonio
ARGANZUELA
N V-E 90
Empalme
Valmojado
Carpetana
110
14
PLANETARIO
López
P
6
Paseo de Avenida de
P
Aluche
Oporto
Av. de Oporto
13
11
TALAVERA
DE LA REINA
Carabanchel
110
229
Usera
M 30
12
M 401
Opañel
Pl.Elíptica
Av. de
Av. de la
Aviación
los Poblados
CARABANCHEL
Abrantes
USERA
Córdoba
Pan Bendito
Pl. Juana de Austria
Joaquín
Turina
6
M 401
Manzanares
28
VILLAVERDE
12
M 40
23
22
6
M 40
27
E 5-E 90-E 901
25
24
E5-N IV
21
A
TOLEDO
5
B
4
ARANJUEZ
4
N 401
Av.

MADRID

C
0   2 km
Cercanías
BARAJAS
M 40
A 10
Sta María
San Lorenzo
Mar de Cristal
89
241
223
Gran Vía de Hortaleza
Arturo
Av.
144
San Fernando
(06-2002)
Canillas
HORTALEZA
Moscatelar
Esperanza
Silvano
Soria
de
la Paz
Z
PARQUE FERIAL
JUAN CARLOS I
Recintos
Feriales
205
P
PARQUE
JUAN
CARLOS I
PALACIO DE
CONGRESOS
GUADALAJARA
N II-E 90
de
América
A 2
Arturo
Soria
13
247
b
Canillejas
M 40
Av.
Paz
Concepción
B.
Suances
Torre
Arias
Pueblo
Nuevo
Quintana
Alcalá
Alcalá
Ciudad
Lineal
Ascao
CIUDAD LINEAL
G. Noblejas
V
Hermanos García
Noblejas
SAN BLAS
Simancas
San Blas
L
ESTADIO DE
LA COMUNIDAD
Esquerdo
Doctor
Av.
de la
Av. de Daroca
O'Donnell
N 100
Vinateros
MORATALAZ
Artilleros
Pavones
M 40
VICÁLVARO
Vicálvaro
Valdebernardo
Av. del Mediterráneo
M 30
Av. de la Albufera
Alto d.
Arenal
Buenos Aires
PUENTE DE
VALLECAS
M.
Hernández
A 3
VALENCIA
N III-E 901
Santa
Eugenia
Sierra de
Guadalupe
Vallecas
Entrevías
El Pozo
M 40
VILLA DE
VALLECAS
M 45
MERCAMADRID
C
M

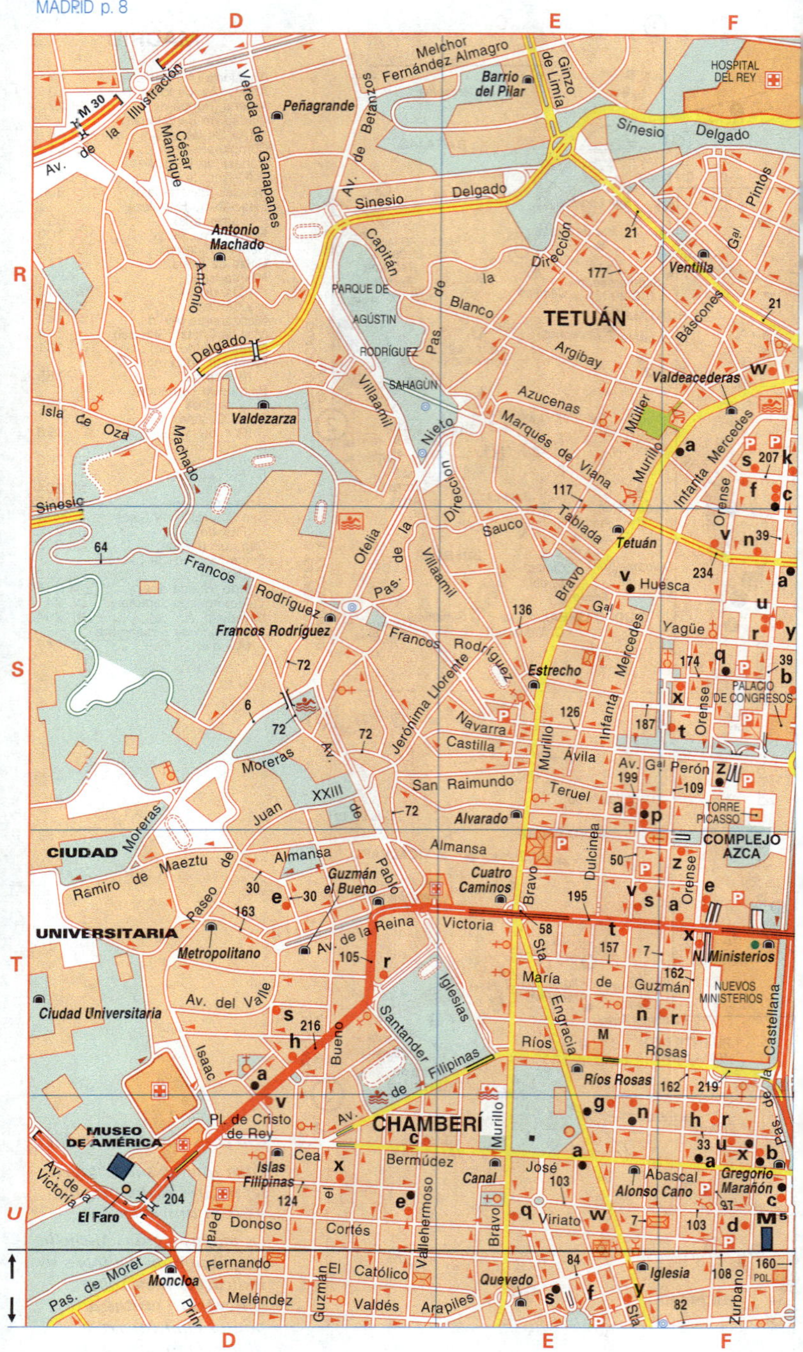
Peñagrande
HOSPITAL DEL REY
Barrio del Pilar
Melchor Fernández Almagro
Ginzo de Limia
Sinesio Delgado
Av. de Betanzos
Vereda de Ganapanes
Av. de la Illustración
M 30
César Manrique
Antonio Machado
Antonio Machado
Sinesio Delgado
Capitán Blanco
Dirección
TETUÁN
177
21
Ventilla
21
Bascones
Gal. Pintos
PARQUE DE AGUSTÍN RODRÍGUEZ SAHAGÚN
Villaamil
Delgado
Valdeacederas
w
Argibay
Azucenas
Marqués de Viana
Müller
Infanta Mercedes
a
P P
s
207
k
Isla de Oza
Valdezarza
Machado
Otelia
Nieto
Pas. de la Dirección
Villaamil
Sauco
Tablada
117
Tetuán
Orense
f
c
v
n
39
Sinesio
64
Francos Rodríguez
Francos Rodríguez
Francos Rodríguez
Bravo
Gal.
Huesca
v
234
a
u
72
6
72
72
Jerónima Llorente
Estrecho
136
Yagüe
r
y
174
q
39
b
72
Moreras
Av.
Navarra
Castilla
126
Infanta Mercedes
Murillo
x
PALACIO DE CONGRESOS
187
t
Orense
Moreras
XXIII
Juan
de
San Raimundo
Teruel
Avila
Av. Gal. Perón
199
109
z
TORRE PICASSO
CIUDAD
Ramiro de Maeztu
72
Alvarado
a
p
Almansa
Almansa
Dulcinea
50
z
COMPLEJO AZCA
UNIVERSITARIA
Paseo
30
30
e
163
Guzmán el Bueno
Pablo
Cuatro Caminos
Bravo
195
v
s
a
e
P
Metropolitano
Av. de la Reina
Victoria
58
t
x
N. Ministerios
105
r
157
7
162
NUEVOS MINISTERIOS
Ciudad Universitaria
Av. del Valle
Iglesias
Santander
María
de
Guzmán
n
r
Isaac
Bueno
s
216
h
Ríos
M
Rosas
Pas. de la Castellana
a
de Filipinas
Av.
Ríos Rosas
162
219
PL. de Cristo de Rey
Murillo
CHAMBERÍ
g
n
h
r
MUSEO DE AMÉRICA
Cea
c
33
u
x
b
Islas Filipinas
x
Bermúdez
José
103
a
Abascal
Alonso Cano
Gregorio Marañón
a
Av. de la Victoria
204
124
el
Canal
e
Viriato
w
7
103
d
c
M 5
El Faro
Peral
Donoso
Cortés
Vallehermoso
q
Zurbano
160
POL.
Pas. de Moret
Moncloa
Fernando
El Católico
Quevedo
84
Iglesia
108
Guzmán
Meléndez
Valdés
Arapiles
s
f
y
82
Priv.

MADRID
Cercanías
0   500 m
PALACIO DE EXPOSICIONES
165
178
171
CHAMARTÍN
Burgos
Hiedra
Av.
Av.
de
Av.
de
Pío
de
M 30
Arturo
San
Luis
Mesena
89
Soria
Gran Vía de Hortaleza
Hoyos
Pas. de la Castellana
Inurria
Mateo
Duque de Pastrana
POL.
34
d
Sta María
la
Paz
Arturo
Soria
Mesena
Añastro
TORRES KIO
41   106
Francisco Suárez
Jerez
Pío XII
Pío XII
Z
Magdalena
M 30
Asura
Pl. de Castilla
h   94
CHAMARTÍN
102
s
Av. de
Av. de
237   76
Alfonso
Arturo
Soria
López
31
Castellana
73
c
Padre
Av.   127   s   de   Alberto   Alcocer
202
Costa   Rica
XIII
Arturo Soria
Cuzco
a
Damián
183
v   c   Colombia
la   Serna
Av.   de   Alfonso   y
Arturio Soria
José Silva
c
189
m
Aslo de San Rafael (06-02)
La Habana
253
h
z   a
r
Uruguay
Cajal
Av. de la Paz
ESTADIO S. BERNABEU
135
Serrano
Concha   Espina Av.
Víctor   Ramón   y
XIII
Torrelaguna
Santiago Benabéu
b
Av.   de   Concha   Espina
t
PARQUE DE BERLÍN
Hoyos
M 30
f
Paseo
Serrano
Pl. de Cataluña
132
s
z   184
Marcenado
Alfonso XIII
w
h
Joaquín
c
Dr. Arce
Vergara
AUDITORIO NAC. DE MÚSICA
López
del   Rey
Corazón   de   María
de
201
República Argentina
R.T.V.E.
M
r
Cruz del Rayo
s   Canillas
Clara
América
Av.
Vitruvio
Serrano
P
Hoyos
Prosperidad
v   e   e
de
t
Puente de la Paz
M
Costa
de
Canillas
TORRES BLANCAS
Av.
la
Paz
Brasilia
b
q   María
López
Cartagena
Avenida
Parque de las Avenidas
Bruselas
de
M 4
130
169
Cartagena
Av. de América
Coslada
b   Cartagena
a
v
z   t
a   s
n
z
Diego de León
156
PLAZA MONUMENTAL DE LAS VENTAS
Rubén Darío
Castellana
Serrano
Velázquez
Vergara
67
POL.
17
Azcona
El Carmen
g   x   Juan   Bravo
d
Principe
Francisco
Peñalver

U
D
E
F
160
POL
Pas de Moret
Moncloa
Fernando
Católico
Quevedo
Iglesia
108
Zurbano
84
Meléndez
Guzmán El
Valdés
Arapiles
s
f
v
82
Princesa
Ferraz
Argüelles
Alberto Aguilera
b
San Bernardo
e
d
Bilbao
k
b
e
V
Pas. del Pintor
r
150
z
c
Luchana
Engracia
40
a
P
V
PARQUE
DEL
OESTE
P
p
259
TELEFÉRICO
208
Carranza
166
Almagro
La Rosaleda
Rosales
POL.
Princesa
Sagasta
San Antonio
de la Florida
e
h
Bernardo
Fuencarral
Génova
Templo de
Debod
M
Pl. de
España
Gran
San
CENTRO
Hortaleza
M
15
Vincente
Torija
Gran
Vía
Pas. de Recoletos
M 30
100
Gran
Vía
PL. DE
CIBELES
147
Príncipe Pío
PALACIO
REAL
Teatro Real
de la Opera
Montera
Alcalá
M
CASA
DE
CAMPO
18
Cuesta de S.
Bailén
Arenal
M
PASEO
Puente
del Rey
M¹
CAMPO
DEL
MORO
Pl. de la
Puerta del Sol
M
Av.
Portugal
Mayor
Prado
M
PLAZA
MAYOR
DEL
Pte de
Segovia
H
Huertas
MUSEO
DEL PRADO
Segovia
Segovia
Toledo
Atocha
93
M 30
258
Ronda
Bailén
Gran Vía de
S. Francisco
Toledo
Ribera
de
Embajadores
Lavapiés
Sta Isabel
Atocha
Y
Av.
del Santo
Pas. de los Melancólicos
Pas.
Segovia
Cuitidores
P
POL
Ermita
Manzanares
CASINO
DE LA REINA
242
22
Gta de Puerta
de Toledo
V
Puerta
de Toledo
Embajadores
243
Delicias
181
235
85
Puente de
San Isidro
181
Imperial
Toledo
Pirámides
las
Acacias
172
n
r
Acacias
Palos de
la Frontera
ESTADIO
V. CALDERÓN
Pirámides
Pas. del Dr. Vallejo Nágera
87
Ferrocarril
Av. del Manzanares
Pas.
Pas.
de
228
Embajadores
Pas. del Quince de Mayo
15
PARQUE
DE LA
ARGANZUELA
Yeserías
e
Delicias
M⁹
Z
Marqués
de Vadillo
Antonio
M 30
Av.
María
ARGANZUELA
la Cabeza
Urgel
General Ricardos
Jacinto Verdaguer
2
121
28
Mercedes Arteaga
Antonio Leyva
u
14
v
P
PALACIO
DE CRISTAL
Pas.
500 m
Pas. de Santa
López
Manzanares
del
Legazpi
240
Pl. de
Legazpi
D
E
F

PLAZA MONUMENTAL DE LAS VENTAS
Rubén Darío
SALAMANCA
El Carmen
Alcalá
Diego de León
Azcona
156
17
Peñalver
67
POL
Bravo
Velázquez
Vergara
Juan
N. de Balboa
Serrano
Castellana
Silvela
Av. de los Toreros
129
Ventas
63
Lista
de
4
Ayala
Ortega
148
Gasset
75
Alcalá
Pl. de Manuel Becerra
N. de Balboa
Ayala
Manuel Becerra
Principe
Hermosilla
Hermosilla
151
Parque de la Quinta Fuente del Berro
Serrano
Goya
Velázquez
Goya
Juan
Goya
Alcalá
Jorge
Juan
Conde
210
PALACIO DE LOS DEPORTES
Jorge Juan
O'Donnell
Paz
P. de Vergara
96
O'Donnell
TORRE ESPAÑA
Baranda
PUERTA DE ALCALÁ
Retiro
70
Narváez
R.T.V.E.
Alcalá
Menéndez
Ibiza
Ibiza
O'Donnell
Alfonso
Estanque
Alcalde
Sáinz
PARQUE DE ROMA
EL PARTERRE
Alfonso XII
POL
Sáinz de Baranda
Juan Esplandiu
69
PARQUE DEL BUEN RETIRO
RETIRO
Pelayo
Palacio de Cristal
180
de Nazaret
Astros
Doctor
175
90
55
LA CHOPERA
Alfonso XII
90
Estrella
37
OBSERVATORIO ASTRONÓMICO
M-30
55
19
Pl. Corregidor Alonso de Aguilar
Pl. de Mariano de Cavia
Atocha Renfe
198
Conde de Casal
Pl. Conde de Casal
A 3
PANTEÓN
Avenida Cavaniles
Esquerdo
Mediterráneo
ATOCHA
Av. de
Menéndez Pelayo
Valderribas
del
Méndez
Comercio
Ciudad
Doctor
Valderribas
Paz
Camino
de
Sierra
Toledana
Valderribas
10
Pacífico
Bosch
de
139
Barcelona
Bustamante
Álvaro
Pta. de Vallecas
193
de
PARQUE DE LAS DELICIAS
Méndez
Pedro
Méndez Álvaro
Igueldo
155
Nueva Numancia
Méndez Álvaro
Álvaro
M 30
Monte
Monte
de
la
Albufera
Arroyo del Olivar
Portazgo
Bolívar
PLANETARIO
CINE IMAX
Av. de la Paz
Perdido
155
POL

461

K
L
a
m
Sagasta
Bilbao
Glorieta
de Bilbao
Pastor
159
Apodaca
Montserrat
Divino
Barceló
Palacio de Liria
Conde
Duque
Amaniel
Palma
Bernardo
CENTRO CULTURAL
CLRA DEL REY
Pl. Dos
de Mayo
Fuencarral
V. Rodríguez
Palma
M 10
MALASAÑA
d
k
Espíritu
Santo
Tribunal
M
San Mateo
f
250
211
Noviciado
San
Pez
de
222
TORRE
DE MADRID
EDIFICIO
ESPAÑA
Reyes
Madera
123
Colón
Pez
MUSEO
CERRALBO
s
Luna
Pizarro
Baja
246
Ferraz
Plaza
r
u
f
z
POL
Corredera
Barco
24
de España
Gran Vía
g
Puebla
Hortaleza
Pelayo
Río
v
c
133
238
T
Fuencarral
Cuesta
de San Vicente
PALACIO DEL
SENADO
T
n
Santo Domingo
a
Infantas
Jardines de
Sabatini
Torija
y
e
n
Gran Vía
Gran Vía
a
Bailén
p
c
r
k
z
Callao
q
Z
s
PALACIO REAL
LA ENCARNACIÓN
Bola
231
36
u
p
256
LAS DESCALZAS
REALES
Carmen
c
Jardines
18
h
Teatro Real
de la Opera
e
v
t
f
M 2
Pl. de
Isabel II
186
v
Pl. de
Oriente
s
w
Alcalá
Sevilla
Pl. de la
Armería
252
e
Arenal
Sol
x
Pl. de
Canalejas
g
v
232
218
Catedral N. S. de
la Almuneda
116
r
Mayor
Pl. de la
Puerta del Sol
Cruz
88
T
249
32
u
POL
168
188
81
PL. DE LA
VILLA
Mayor
45
PLAZA
MAYOR
Pl. de
la Provincia
Carretas
9
T
a
f
H
Arco de
Cuchilleros
n
d
Pl. J.
Benavente
s
Sacramento
SAN
MIGUEL
60
Atocha
Huertas
s
54
190
52
53
f
M
San Pedro
220
T
Jardines
Pl. de la
Paja
Capilla
del Obispo
r
c
v
S. Isidro
Colegiata
Magdalena
Antón Martín
de las
43
Toledo
Pl. de Tirso
de Molina
Jesús
Vistillas
y
42
91
78
a
e
Don Pedro
192
La Latina
225
y
María
San Francisco
el Grande
214
Pl. de
Cascorro
Mesón
Lavapiés
Olivar
Ave
María
w
Pl. de la
Cebada
de
Zurita
Calatrava
112
Paredes
Lavapiés
Argumosa
Gran Vía de
San Francisco
Toledo
el Rastro
Ribera de Curtidores
Embajadores
Valencia
T
0   200 m
Cercanías
K
L

MADRID

A. Martínez
Pl. Alonso Martínez
Pl. Sta. Bárbara
Zurbano
Castellana
Paseo de la
Génova
Argensola
Fernando VI
Colón
MUSEO DE CERA
JARDINES DEL DESCUBRIMIENTO
Hortaleza
Pelayo
CHUECA
Gravina
Chueca
Almirante
Recoletos
Recoletos
MUSEO ARQUEOLÓGICO NACIONAL
Villanueva
Serrano
Prim
SALAMANCA
S. Marcos
Recoletos
Paseo
Palacio de Buenavista
Palacio de Linares
PUERTA DE ALCALÁ
Barquillo
PL. DE CIBELES
Alcalá
Gran Vía
Banco de España
Alfonso XI
Alcalá
BANCO DE ESPAÑA
Alfonso XII
Teatro de la Zarzuela
PASEO DEL PRADO
Montalbán
PALACIO DEL CONGRESO
Antonio Maura
Pl. de la Lealtad
MUSEO DEL EJÉRCITO
Pl. Cánovas del Castillo
Felipe IV
CASÓN DEL BUEN RETIRO
Prado
Huertas
Jesús
MUSEO DEL PRADO
Moreto
PARQUE DEL BUEN RETIRO
Moratín
Fúcar
Espalter
Pl. de Murillo
JARDÍN BOTÁNICO
Alfonso XII
Atocha
Sta
Isabel
Claudio Moyano
Pl. Emperador Carlos V
OBSERVATORIO ASTRONÓMICO
CENTRO DE ARTE REINA SOFÍA
Atocha
ATOCHA

Lista alfabética de los establecimientos
Lista alfabética dos estabelecimentos
Liste alphabétique des établissements
Elenco alfabetico degli esercizi
Alphabetische liste der Häuser
Alphabetical list of establishments

A

37 AC Aitana
42 AC Aravaca
30 AC Avenida de América
34 AC Santo Mauro
29 Adler
29 Agumar
26 Ainhoa
40 Al-Fanus
31 Al Mounia
36 Alborán
38 Albufera (L')
39 Aldaba
25 Alexandra
32 Alkalde
31 Almirez (El)
30 Amparo (El)
40 Ancha (La)
35 Annapurna
33 Aramo
26 Arce
38 Aristos
24 Arosa
26 Asador de Aranda (El) Preciados 44
32 Asador de Aranda (El) Diego de León 9
40 Asador de Aranda (El) pl. de Castilla 3
41 Asador Gaztelu
42 Asador Los Condes
32 Asador Velate
37 Asturianos
25 Atlántico

B

26 Bajamar
36 Balear
31 Balzac
41 *Barcaza Marinera (La)*
27 Barraca (La)
33 Barril (El) Goya 86
33 Barril (El) Don Ramón de la Cruz 91
29 Bauzá
33 Betelu
28 Bocaito

38 Bodegón (El)
28 Bola (La)
27 Bolivar
31 Borbollón (El)
41 Borrachos de Velázquez (Los)
28 Botillería (La)
27 Botín
35 Broche (La)
28 Buey (El)

C

39 Cabo Mayor
26 Café de Oriente
25 California
26 Camarilla (La)
33 Cantábrico (El)
25 Carlos V
33 Carlton
41 Carpaccio
39 Carta Marina
32 Casa d'a Troya
27 Casa Gallega Bordadores 11
27 Casa Gallega pl. de San Miguel 8
36 Casa Grana
36 Casa Hilda
32 Casa Jorge
27 Casa Lucio
27 Casa Parrondo
32 Casa Portal
28 Casa Vallejo
34 Casiña (A')
25 Casón del Tormes
32 Castela (La)
34 Castellana Inter-Continental
31 Castelló 9 Castelló 9
39 Castelló 9 Corazón de María 78
38 Castilla Plaza
28 Cava de Don Pedro (La)
27 Cava del Faraón (La)
35 Cava Real (La)
38 Chaflán (El)
37 Chamartín
34 Chantarella
32 Chiscón de Castelló (El)
36 Chulia

M

41 Madrid Jabugo I
30 Madroño (El)
26 Maestro Villa
40 María (De)
24 Mayorazgo
29 Meliá Avenida América
37 Meliá Castilla
29 Meliá Galgos
34 Meliá Madrid Princesa
26 Mentidero
    de la Villa (El)
42 Mesón (El)
33 Mesón Cinco Jotas Puigcerdá
33 Mesón Cinco Jotas Serrano 118
37 Mesón Cinco Jotas
    paseo de San Francisco de Sales 27
41 Mesón Cinco Jotas
    Padre Damián 42
36 Mesón del Cid
42 Mesón Don Fernando
23 Mesón Gregorio III
31 Miel (La)
34 Miguel Ángel
34 Mindanao
31 Misión (La) José Silva 22
39 Misión (La)
    Comandante Zorita 6
26 Moaña
40 Molino (El)
    Conde de Serrallo 1
40 Molino (El) Orense 70
34 Molino de los Porches (El)
34 Moncloa Garden
25 Mora
42 Moreras (Las)

N

25 Negresco
35 NH Abascal
35 NH Alberto Aguilera
30 NH Alcalá
35 NH Argüelles
30 NH Balboa
35 NH Bretón
35 NH Embajada
37 NH Eurobuilding
37 NH La Habana
30 NH Lagasca
24 NH Nacional
29 NH Parque Avenidas
38 NH Práctico
29 NH *Príncipe de Vergara*
35 NH Prisma
29 NH Sanvy
30 NH Sur
35 NH Zurbano
27 Nicola (Da) pl. de los Mostenses 11
41 Nicola (Da) Orense 4

32 Nicolás
32 Nicomedes
30 Novotel Madrid-Campo
    de las Naciones
29 Novotel Madrid-Puente de la Paz

O – P

36 Odriozola
31 Olio (L')
39 Olivo (El)
26 Ópera de Madrid (La)
33 Orbayo
37 Orense
34 Orfila
36 Orzán
31 Oter Epicure
40 Ox's
24 Palacio San Martín
31 Paloma (La)
40 Paparazzi
31 Paradis Casa América
26 Paradis Madrid
40 Pardo (El)
25 París
36 Parra (La)
27 Pato Mudo (El)
39 Pazo (O')
27 Pazo de Gondomar
39 Pedralbes
30 Pedro Larumbe
36 Pedrusco de Aldealcorvo (El)
32 Pelotari
32 Pescador (El)
27 Pinocchio Bel Canto
36 Pinocchio Orfila
27 Plaza Marina
25 Plaza Mayor
36 Plaza de Chamberí (La)
36 Polizón
31 Ponteareas
36 Porto Alegre 2
42 Portonovo
26 Posada de la Villa
28 Prada a Tope
25 Prado (El)
33 Praga
38 Príncipe de Viana
38 Príncipe y Serrano
41 Prost
38 Puerta Castilla
33 Puerta de Toledo

Q – R

28 Quinta del Sordo (La)
28 Quintana (La)
32 Rafa
33 Rafael Atocha

Establecimientos con estrellas
Estabelecimentos com estrelas
Les établissements à étoiles
Gli esercizi con stelle
Die Stern-Restaurants
Starred establishments

35 La Broche

32 Casa d'a Troya	35 Santceloni
38 El Chaflán	26 Terraza (La)
39 Goizeko Kabi	(Casino de Madrid)
31 Paloma (La)	38 Zalacaín

Buenas comidas a precios moderados
Refeições cuidadas a preços moderados
Repas soignés à prix modérés
Pasti accurati a prezzi contenuti
Sorgfältig zubereitete preiswerte Mahlzeiten
Good food at moderate prices

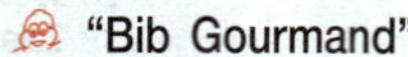 "Bib Gourmand"

28 Bola (La)	28 Taberna
28 Casa Vallejo	Carmencita
37 Despensa (La)	27 Vaca Verónica (La)
32 Guisando	28 Zerain
34 Sal Gorda	

Restaurantes especializados
Restaurants classés suivant leur genre
Ristoranti classificati secondo il loro genere
Restaurants nach Art geordnet
Restaurants classified according to type

Andaluces

41 **Borrachos de Velázquez (Los)**
32 **Giralda III (La)**
    Maldonado 4

32 **Giralda IV (La)**
    Claudio Coello 24

Arroces

38 **Albufera (L')**
36 **Balear**

27 **Barraca (La)**
27 **Pato Mudo (El)**

Asturianos

27 **Casa Parrondo**
32 **Casa Portal**

39 **Ferreiro**
32 **Hoja (La)**

Bacalaos

39 **Foque (El)**
33 **Tasca La Farmacia** Diego de León 9

41 **Tasca La Farmacia**
    Capitán Haya 19

Carnes y asados

26 **Asador de Aranda (El)** Preciados 44
32 **Asador de Aranda (El)**
    Diego de León 9
40 **Asador de Aranda (El)**
    pl. de Castilla 3
42 **Asador Los Condes**
40 **Donde Marian**
32 *Horno de Juan*
26 **Julián de Tolosa**
40 **Leñera (La)**
40 **María (De)**

40 **Molino (El)** Conde de Serrallo 1
40 **Molino (El)** Orense 70
34 **Molino de los Porches (El)**
42 **Moreras (Las)**
33 **Orbayo**
40 **Ox's**
42 **Rancho Texano**
35 **Reses (Las)**
41 **Rías Bajas**
39 **Tahona (La)**

Catalanes

32 **Casa Jorge**

39 **Pedralbes**

Cocido

28 **Bola (La)**

Embutidos Ibéricos

41 Mesón Jabugo I
33 Mesón Cinco Jotas Puigcerdá
33 Mesón Cinco Jotas Serrano 118

37 Mesón Cinco Jotas
   paseo de San Francisco de Sales 27
41 Mesón Cinco Jotas Padre Damián 42

Gallegos

39 Carta Marina
32 Casa d'a Troya
27 Casa Gallega Bordadores 11
27 Casa Gallega pl. de San Miguel 8
31 Grelo (O')
26 Moaña
27 Pazo de Gondomar

31 Ponteareas
42 Portonovo
41 Rianxo
   Raimundo F. Villaverde 49
39 Rianxo Oruro 11
27 Toja (La)
33 Torito (El)
36 Villa de Foz

Pescados y mariscos

26 Bajamar
33 Barril (El) Goya 86
33 Barril (El) Don Ramón de la Cruz 91
33 Cantábrico (El)
32 Casa d'a Troya
30 Combarro José Ortega y Gasset 40
38 Combarro Reina Mercedes 12
36 Kulixka
40 Leñera (La)

40 María (De)
40 Ox's
39 Pazo (O')
32 Pescador (El)
36 Polizón
42 Remos (Los)
39 Telégrafo (El)
32 Trainera (La)

Vascos y navarros

26 Ainhoa
41 Asador Gaztelu
32 Asador Velate
34 Currito
26 Errota-Zar
42 Gaztelubide
39 Gaztelupe

39 Goizeko-Kabi
40 Jai-Alai
34 Lizarran
35 Lur Maitea
31 Oter Epicure
38 Príncipe de Viana

Alemanes

40 Fass

Chinos

32 Dynasty

29 Tsé Yang – Hotel Villa Magna

Egipcios

27 La Cava del Faraón

Hindúes

35 Annapurna

40 Ganges

Italianos

41 Carpaccio
28 Ciao Madrid
26 Don Giovanni
31 Lucca
41 Nicola (Da) pl. de los Mostenses 11
41 Nicola (Da) Orense 4

31 Olio (L')
40 Paparazzi
36 Pinocchio Orfila
40 Rugantino
40 Tattaglia

Japoneses

28 Ginza
40 Kabuki
27 Robata

31 Suntory
36 Tsunami

Libaneses

40 Funy (De)

Maghrebíes

31 Al Mounia

Sirios

40 Al-Fanus

MAPAS Y GUÍAS MICHELIN

Oficina de información

Av. de los Encuartes 19 - 28760 Tres Cantos (Madrid) ✆ **91 410 50 00**

Abierto de lunes a viernes de 8 h. a 16 h. 30

Centro : Paseo del Prado, Puerta del Sol, Gran Vía, Alcalá, Paseo de Recoletos, Plaza Mayor (planos p. 14 y 15 salvo mención especial)

The Westin Palace, pl. de las Cortes 7, ⊠ 28014, ✆ 91 360 80 00, *Fax 91 360 81 00,* 🛗 – 🛗 🖃 📺 🛗 🚗 – 🛗 25/500. 🆎 ⓪ 🅜🅒 *VISA* 🅙🅒🅑. 🛠 rest   MY e
Comida 41,17 - *La Cupola (sólo cena, cerrado agosto, domingo y lunes)* **Comida** carta 54,46 a 68,72 – ⌕ 25 – **417 hab** 350/376 – 48 suites.

Villa Real, pl. de las Cortes 10, ⊠ 28014, ✆ 91 420 37 67, *villareal@derbyhotels.es, Fax 91 420 25 47,* « Decoración elegante con objetos de arte antiguo » – 🛗 🖃 📺 🚗 – 🛗 35/220. 🆎 ⓪ 🅜🅒 *VISA* 🅙🅒🅑. 🛠 rest   MY c
Europa : **Comida** carta 30,48 a 48,03 – ⌕ 16,23 – **96 hab** 267,45/300,51 – 19 suites.

Crowne Plaza Madrid City Centre, pl. de España, ⊠ 28013, ✆ 91 454 85 00, *reservas@crowneplazamadrid.com, Fax 91 548 23 89,* ≤, 🛗 – 🛗 🖃 📺 🛗 – 🛗 25/220. 🆎 ⓪ 🅜🅒 *VISA* 🅙🅒🅑. 🛠   KV s
⌕ 18 – **295 hab** 258/280 – 11 suites.

Tryp Ambassador, Cuesta de Santo Domingo 5, ⊠ 28013, ✆ 91 541 67 00, *amba sador@trypnet.com, Fax 91 559 10 40* – 🛗 🖃 📺 – 🛗 25/280. 🆎 ⓪ 🅜🅒 *VISA* 🅙🅒🅑. 🛠   KX k
Comida carta 27,95 a 36,06 – ⌕ 13,52 – **159 hab** 172,76/218,51 – 23 suites.

NH Nacional, paseo del Prado 48, ⊠ 28014, ✆ 91 429 66 29, *nh@nh-hoteles.es, Fax 91 369 15 64* – 🛗 🖃 📺 🛗 🚗 – 🛗 25/150. 🆎 ⓪ 🅜🅒 *VISA* 🅙🅒🅑. 🛠 rest   NZ r
Comida *(cerrado agosto)* carta 52,88 a 58,36 – ⌕ 15,43 – **213 hab** 168,28/210,35, 1 suite.

Liabeny, Salud 3, ⊠ 28013, ✆ 91 531 90 00, *liabeny@apunte.es, Fax 91 532 74 21* – 🛗 🖃 📺 🚗 – 🛗 25/125. 🆎 ⓪ 🅜🅒 *VISA*. 🛠   LX c
Comida 18 – ⌕ 11,40 – **222 hab** 99,25/134,25 – PA 37,90.

Emperador sin rest, Gran Vía 53, ⊠ 28013, ✆ 91 547 28 00, *hemperador@sei.es, Fax 91 547 28 17,* 🛗, 🏊 – 🛗 🖃 📺 – 🛗 25/150. 🆎 ⓪ 🅜🅒 *VISA*. 🛠   KX n
⌕ 15,02 – **230 hab** 152,05/189,91 – 2 suites.

Santo Domingo, pl. de Santo Domingo 13, ⊠ 28013, ✆ 91 547 98 00, *reserva@h otelsantodomingo.com, Fax 91 547 59 95* – 🛗 🖃 📺 – 🛗 25/70. 🆎 ⓪ 🅜🅒 *VISA*. 🛠   KX a
Comida 28,55 – ⌕ 10,52 – **120 hab** 153,26/202,84.

Palacio San Martín, pl. San Martín 5, ⊠ 28013, ✆ 91 701 50 00, *sanmartin@intu r.com, Fax 91 701 50 10* – 🛗 🖃 📺 – 🛗 25. 🆎 ⓪ 🅜🅒 *VISA*. 🛠   KX t
Comida 22,54 – ⌕ 13 – **93 hab** 144,24/192,32 – 1 suite.

Arosa sin rest con cafetería, Salud 21, ⊠ 28013, ✆ 91 532 16 00, *arosa@hotelaros a.com, Fax 91 531 31 27* – 🛗 🖃 📺 🚗 – 🛗 25/45. 🆎 ⓪ 🅜🅒 *VISA* 🅙🅒🅑   LX q
⌕ 12,02 – **134 hab** 104,73/161,97.

Mayorazgo, Flor Baja 3, ⊠ 28013, ✆ 91 547 26 00, *comercial@hotelmayorazgo.com, Fax 91 541 24 85* – 🛗 🖃 📺 🚗 – 🛗 25/200. 🆎 ⓪ 🅜🅒 *VISA* 🅙🅒🅑. 🛠   KV c
Comida 24 – ⌕ 12 – **200 hab** 120/156 – PA 60.

Gaudí, Gran Vía 9, ⊠ 28013, ✆ 91 531 22 22, *gaudi@hoteles-catalonia.es, Fax 91 531 54 69,* 🛗 – 🛗 🖃 📺 🛗 – 🛗 25/120. 🆎 ⓪ 🅜🅒 *VISA*. 🛠   LX s
Comida 16,83 – ⌕ 12,03 – **185 hab** 171,28/204,38.

G.H. Reina Victoria, pl. de Santa Ana 14, ⊠ 28012, ✆ 91 531 45 00, *rvasvic@try pnet.com, Fax 91 522 03 07* – 🛗 🖃 📺 🚗 – 🛗 25/350. 🆎 ⓪ 🅜🅒 *VISA* 🅙🅒🅑. 🛠
Comida 21,03 – ⌕ 13,52 – **195 hab** 164,50/208,10 – 6 suites – PA 55,59.   LY s

El Coloso, Leganitos 13, ⊠ 28013, ✆ 91 548 76 40, *hotelelcoloso@cestein.es, Fax 91 547 49 68* – 🛗 🖃 📺 🚗   KX y
84 hab.

Lope de Vega sin rest, Lope de Vega 49, ⊠ 28014, ✆ 91 360 00 11, *lopedevega @green-hotels.com, Fax 91 429 23 91* – 🛗 🖃 📺 🚗 – 🛗 25/50. 🆎 ⓪ 🅜🅒 *VISA* 🅙🅒🅑   MY d
⌕ 11 – **60 hab** 155.

Suecia, Marqués de Casa Riera 4, ✉ 28014, ☎ 91 531 69 00, *bookings@hotelsuecia.com*, Fax *91 521 71 41* – 🛗 ▤ 📺 – 🏛 25/150. 🆎 ⓪ 🅜🅒 *VISA* JCB. ✄ MX r
Comida 22 – ☕ 13 – **119 hab** 132/165 – 9 suites – PA 57.

Tryp Menfis, Gran Vía 74, ✉ 28013, ☎ 91 547 09 00, *menfis@trypnet.com*, Fax *91 547 51 99* – 🛗 ▤ 📺 – 🏛 25/35 KV u
116 hab.

Tryp Cibeles sin rest, Mesonero Romanos 13, ✉ 28004, ☎ 91 532 15 52, Fax *91 532 65 70* – 🛗 ▤ 📺 – 🏛 25. 🆎 ⓪ 🅜🅒 *VISA* JCB. ✄ LX n
☕ 12,02 – **132 hab** 164,52/208,10.

Tryp Washington, Gran Vía 72, ✉ 28013, ☎ 91 541 72 27, *washington@trypnet.com*, Fax *91 547 09 00* – 🛗 ▤ 📺 ♿ KV u
Comida - en el Hotel Tryp Menfis – **115 hab.**

Atlántico sin rest, Gran Vía 38, ✉ 28013, ☎ 91 522 64 80, *informacion@hotelatlantico.es*, Fax *91 531 02 10* – 🛗 ▤ 📺. 🆎 ⓪ 🅜🅒 *VISA*. ✄ LX e
78 hab ☕ 108,07/150,87.

Regina sin rest, Alcalá 19, ✉ 28014, ☎ 91 521 47 25, Fax *91 522 40 88* – 🛗 ▤ 📺. 🆎 ⓪ 🅜🅒 *VISA*. ✄ LX v
142 hab ☕ 125.

Casón del Tormes sin rest, Río 7, ✉ 28013, ☎ 91 541 97 46, *hotormes@infonegocio.com*, Fax *91 541 18 52* – 🛗 ▤ 📺. 🆎 ⓪ 🅜🅒 *VISA*. ✄ KV v
☕ 5 – **63 hab** 71/89.

El Prado sin rest, Prado 11, ✉ 28014, ☎ 91 369 02 34, *prado@green-hoteles.com*, Fax *91 429 28 29* – 🛗 ▤ 📺 – 🏛 25/50. 🆎 ⓪ 🅜🅒 *VISA* JCB. ✄ LY a
☕ 4 – **47 hab** 113/141.

Suite Prado sin rest, Manuel Fernández y González 10, ✉ 28014, ☎ 91 420 23 18, *hotel@suiteprado.com*, Fax *91 420 05 59* – 🛗 ▤ 📺. 🆎 ⓪ 🅜🅒 *VISA*. ✄ LY a
☕ 7,21 – **18 hab** 118,64/148,30.

Tryp Gran Vía sin rest, Gran Vía 25, ✉ 28013, ☎ 91 522 11 21, *granvía@trypnet.com*, Fax *91 521 24 24* – 🛗 ▤ 📺 ♿ – 🏛 25/50. 🆎 ⓪ 🅜🅒 *VISA* JCB. ✄ LX z
☕ 10 – **175 hab** 123/154.

Carlos V sin rest, Maestro Vitoria 5, ✉ 28013, ☎ 91 531 41 00, *recepcion@hotelcarlosv.com*, Fax *91 531 37 61* – 🛗 ▤ 📺. 🆎 ⓪ 🅜🅒 *VISA* JCB. ✄ LX f
67 hab ☕ 90,04/113,31.

Cortezo sin rest con cafetería, Dr. Cortezo 3, ✉ 28012, ☎ 91 369 01 01, *info@hotelcortezo.com*, Fax *91 369 37 74* – 🛗 ▤ 📺 🚗 – 🏛 25/100. 🆎 ⓪ 🅜🅒 *VISA* JCB. ✄ LY f
☕ 8,52 – **85 hab** 86,82/123,15.

París, Alcalá 2, ✉ 28014, ☎ 91 521 64 96, Fax *91 531 01 88* – 🛗 📺. 🆎 ⓪ 🅜🅒 *VISA* JCB. ✄ LY x
Comida - sólo clientes - 20 – ☕ 4 – **120 hab** 65/85 – PA 35.

Los Condes sin rest, Los Libreros 7, ✉ 28004, ☎ 91 521 54 55, *hcondes@verial.es*, Fax *91 521 78 82* – 🛗 ▤ 📺. 🆎 ⓪ 🅜🅒 *VISA* JCB. ✄ KLV g
68 hab ☕ 82/125.

Reyes Católicos sin rest, Ángel 18, ✉ 28005, ☎ 91 365 86 00, Fax *91 365 98 67* – 🛗 ▤ 📺 🚗. 🆎 *VISA*. ✄ KZ w
☕ 4,57 – **38 hab** 59,20/99,59.

Negresco sin rest, Mesonero Romanos 12, ✉ 28013, ☎ 91 523 86 10, Fax *91 521 64 30* – 🛗 ▤ 📺 LX u
19 hab.

Plaza Mayor sin rest, Atocha 2, ✉ 28012, ☎ 91 360 06 06, *info@h-plazamayor.com*, Fax *91 360 06 10* – 🛗 ▤ 📺. 🆎 ⓪ 🅜🅒 *VISA* JCB. ✄ LY d
35 hab ☕ 50/75.

Mora sin rest y sin ☕, paseo del Prado 32, ✉ 28014, ☎ 91 420 15 69, Fax *91 420 05 64* – 🛗 ▤ 📺 NZ c
60 hab.

Inglés sin rest, Echegaray 8, ✉ 28014, ☎ 91 429 65 51, Fax *91 420 24 23* – 🛗 📺 🚗. 🆎 ⓪ 🅜🅒 *VISA*. ✄ LY u
☕ 5 – **58 hab** 61/85.

Alexandra sin rest, San Bernardo 29, ✉ 28015, ☎ 91 542 04 00, *alexhot@teleline.es*, Fax *91 559 28 25* – 🛗 ▤ 📺 – 🏛 25/90. 🆎 ⓪ 🅜🅒 *VISA* JCB. ✄ KV z
☕ 6,51 – **68 hab** 66/82,75.

California sin rest, Gran Vía 38-1º, ✉ 28013, ☎ 91 522 47 03, Fax *91 531 61 01* – 🛗 ▤ 📺. 🆎 ⓪ 🅜🅒 *VISA*. ✄ LX e
26 hab ☕ 69/96.

XXXX **Teatro Real,** Felipe V-2º, ⊠ 28013, 𝓟 91 516 06 70, *Fax 91 559 96 29,* « En una
dependencia del Teatro Real » – 🍽. AE ⓸ MC VISA. ✵   KX h
cerrado agosto – **Comida** - sólo cena - carta 38,46 a 46,87.

XXXX **La Terraza** (*Casino de Madrid*), Alcalá 15-3º, ⊠ 28014, 𝓟 91 521 87 00, *jmartinf@ c*
❀ *asinomadrid.org, Fax 91 523 44 36,* ⋚, « Marco elegante en el Casino de Madrid, siglo
XIX. Terraza » – ▮ 🍽. AE ⓸ MC VISA. ✵   LX v
cerrado agosto, sábado mediodía y domingo – **Comida** 77,92 y carta 58,08 a 66,74
Espec. Carpaccio de ceps con pasta fresca en vinagreta de piñones y aceitunas. Cabracho
en salmorejo con puré de patata y aceite de oliva. Sablé de chocolate con helado de hierbabuena.

XXX **Paradis Madrid,** Marqués de Cubas 14, ⊠ 28014, 𝓟 91 429 73 03, *paradis-madrid*
@ *paradis.es, Fax 91 429 32 95* – 🍽. AE ⓸ MC VISA JCB. ✵   MY v
cerrado sábado mediodía, domingo y festivos – **Comida** carta 33,06 a 43,28.

XXX **Café de Oriente,** pl. de Oriente 2, ⊠ 28013, 𝓟 91 541 39 74, *cafeoriente@ grupo*
lezama.com, Fax 91 547 77 07, « En una bodega » – 🍽. AE ⓸ MC VISA. ✵   KXY w
Comida carta aprox. 40,27.

XXX **Moaña,** Hileras 4, ⊠ 28013, 𝓟 91 548 29 14, *Fax 91 541 65 98* – ▮ 🍽 ⟐. AE ⓸
MC VISA JCB. ✵   KY r
cerrado domingo noche – **Comida** - cocina gallega - carta 22,96 a 39,52.

XXX **I,** Barquillo 10, ⊠ 28004, 𝓟 91 522 82 26, *Fax 91 523 02 77* – 🍽. AE ⓸ MC VISA. ✵
cerrado del 6 al 23 de agosto y domingo – **Comida** carta 21,17 a 30,05.   MX a

XXX **Bajamar,** Gran Vía 78, ⊠ 28013, 𝓟 91 548 48 18, *rtebajamar@ jazzfree.com,*
Fax 91 559 13 26 – 🍽. AE ⓸ MC VISA JCB. ✵   KV r
Comida - pescados y mariscos - carta 33,66 a 40,88.

XX **Errota-Zar,** Jovellanos 3-1º, ⊠ 28014, 𝓟 91 531 25 64, *errota@ errota-zar.com,*
Fax 91 531 25 64 – 🍽. AE ⓸ MC VISA. ✵   MY s
cerrado agosto y domingo – **Comida** - cocina vasca - carta 37,20 a 39,50.

XX Ainhoa, Bárbara de Braganza 12, ⊠ 28004, 𝓟 91 308 27 26 – 🍽   NV s
Comida - cocina vasca.

XX **Posada de la Villa,** Cava Baja 9, ⊠ 28005, 𝓟 91 366 18 60, *povisa@ posadadelavi*
lla.com, Fax 91 366 18 80, « Antigua posada de estilo castellano » – 🍽. ⓸ MC
VISA. ✵   KZ v
cerrado agosto y domingo noche – **Comida** carta 20,89 a 33,96.

XX **La Joya de Jardines,** Jardines 3, ⊠ 28013, 𝓟 91 521 22 17, *Fax 91 522 92 85* – 🍽.
AE ⓸ MC VISA JCB. ✵   LX p
cerrado agosto – **Comida** carta 26 a 36,35.

XX **Don Pelayo,** Alcalá 33, ⊠ 28014, 𝓟 91 531 00 31, *Fax 91 531 00 31* – 🍽. AE ⓸ MC
VISA JCB. ✵   MX s
cerrado del 15 al 30 de agosto y domingo – **Comida** carta aprox. 31,10.

XX **El Asador de Aranda,** Preciados 44, ⊠ 28013, 𝓟 91 547 21 56, *Fax 91 556 62 02,*
« Decoración castellana » – 🍽. AE ⓸ MC VISA. ✵   KX z
cerrado 22 julio-14 agosto y lunes noche – **Comida** - cordero asado - carta aprox. 27,95.

XX **Arce,** Augusto Figueroa 32, ⊠ 28004, 𝓟 91 522 04 40, *Fax 91 522 59 13* – 🍽. AE ⓸
MC VISA JCB. ✵   MV c
cerrado Semana Santa, del 16 al 31 de agosto, sábado mediodía y domingo – **Comida** carta
31,91 a 44,87.

XX Don Giovanni, Felipe V-4, ⊠ 28013, 𝓟 91 541 46 70, *reservas@ grupolezama.com,*
Fax 91 548 20 52 – 🍽   KX h
Comida - cocina italiana.

XX **La Camarilla,** Cava Baja 21, ⊠ 28005, 𝓟 91 354 02 07, *lacamarilla@ stnet.es,*
Fax 91 354 02 07 – 🍽. AE ⓸ MC VISA JCB. ✵   KZ y
cerrado lunes – **Comida** carta 29,91 a 39,36.

XX **El Mentidero de la Villa,** Santo Tomé 6, ⊠ 28004, 𝓟 91 308 12 85, « Decoración
original » – 🍽. AE ⓸ MC VISA. ✵   MV b
cerrado agosto, sábado mediodía y domingo – **Comida** carta 29,40 a 34,50.

XX **Julián de Tolosa,** Cava Baja 18, ⊠ 28005, 𝓟 91 365 82 10, *Fax 91 366 33 08,*
« Decoración neorústica » – 🍽. AE ⓸ MC VISA JCB. ✵   KZ c
cerrado domingo noche – **Comida** - carnes a la brasa - carta 28,56 a 37,56.

XX **Maestro Villa,** Cava de San Miguel 8, ⊠ 28005, 𝓟 91 364 20 36, *Fax 91 366 35 41*
– 🍽. AE ⓸ MC VISA   KY n
Comida carta 28 a 36.

XX **La Ópera de Madrid,** Amnistía 5, ⊠ 28013, 𝓟 91 559 50 92, *Fax 91 559 50 92,*
« Ambiente acogedor » – 🍽. AE ⓸ MC VISA JCB. ✵   KY g
cerrado agosto y domingo – **Comida** carta 27 a 32.

XX **Pinocchio Bel Canto,** Sánchez Bustillo 5, ⊠ 28012, ℰ 91 468 73 73, *restaurante @ pinocchio.es, Fax 91 662 18 65, Cenas amenizadas* – 国. AE ① MC VISA. ⋘   NZ t
cerrado agosto, sábado mediodía y domingo – **Comida** carta 20,92 a 23,44.

XX **El Landó,** pl. Gabriel Miró 8, ⊠ 28005, ℰ 91 366 76 81, *ellandomadrid@ hotmail.com, Fax 91 366 76 81* – 国. AE ① MC VISA. ⋘   KZ a
cerrado Semana Santa, agosto y domingo – **Comida** carta aprox. 40,87.

XX **Sixto Gran Mesón,** Cervantes 28, ⊠ 28014, ℰ 91 429 22 55, *Fax 91 735 54 12,* « *Decoración castellana* » – 国. AE ① MC VISA. ⋘   MY n
cerrado domingo noche – **Comida** carta 21,34 a 24,94.

XX **Casa Gallega,** Bordadores 11, ⊠ 28013, ℰ 91 541 90 55, *Fax 91 559 12 25* – 国. AE ① MC VISA JCB. ⋘   KY v
cerrado martes – **Comida** - cocina gallega - carta 24,64 a 36,66.

XX **Romesco,** Gravina 18, ⊠ 28004, ℰ 91 531 09 49, *restauranteromesco@ hotmail.com, Fax 91 531 09 49* – 国. AE ① MC VISA. ⋘   MV a
cerrado domingo y festivos – **Comida** carta aprox. 29,15.

XX **Casa Gallega,** pl. de San Miguel 8, ⊠ 28005, ℰ 91 547 30 55 – 国. AE ① MC VISA JCB. ⋘   KY c
cerrado lunes – **Comida** - cocina gallega - carta 29,20 a 40,23.

XX **La Toja,** Siete de Julio 3, ⊠ 28012, ℰ 91 366 46 64, *Fax 91 366 52 30* – 国. AE ① MC VISA JCB. ⋘   KY u
cerrado julio – **Comida** - cocina gallega - carta 19,56 a 27,05.

XX **El Rincón de Esteban,** Santa Catalina 3, ⊠ 28014, ℰ 91 429 92 89, *Fax 91 365 87 70* – 国. AE ① MC VISA. ⋘   MY a
cerrado agosto y domingo – **Comida** carta 29,45 a 37,86.

XX **Da Nicola,** pl. de los Mostenses 11, ⊠ 28015, ℰ 91 542 25 74, *Fax 91 547 89 82* – 国. AE ① MC VISA JCB. ⋘   KV f
Comida - cocina italiana - carta 12,93 a 16,98.

XX **Botín,** Cuchilleros 17, ⊠ 28005, ℰ 91 366 42 17, *Fax 91 366 84 94,* « Decoración viejo Madrid. Bodega típica » – 国. AE ① MC VISA JCB. ⋘   KY n
Comida carta 24,20 a 30,70.

XX **Esteban,** Cava Baja 36, ⊠ 28005, ℰ 91 365 90 91, *restesteban@ inicia.es, Fax 91 366 93 91* – 国. AE ① MC VISA. ⋘   KZ y
cerrado julio, domingo y lunes noche – **Comida** carta 22,70 a 34,70.

XX **Casa Parrondo,** Trujillos 4, ⊠ 28013, ℰ 91 522 62 34, *Fax 91 542 31 47* – 国. AE ① MC VISA. ⋘   KX v
cerrado domingo noche – **Comida** - cocina asturiana - carta 28,86 a 46,88.

XX **La Cava del Faraón,** Segovia 8, ⊠ 28005, ℰ 91 542 52 54, *Fax 91 457 45 30* – 国. AE ① MC VISA. ⋘   KY s
cerrado lunes – **Comida** - rest. egipcio, sólo cena - carta 19,85 a 24,94.

XX **Pazo de Gondomar,** San Martín 2, ⊠ 28013, ℰ 91 532 31 63, *Fax 91 522 58 12* – 国. AE ① MC VISA JCB. ⋘   KXY s
Comida - cocina gallega - carta 19,55 a 38,50.

XX **La Gastroteca de Stéphane y Arturo,** pl. de Chueca 8, ⊠ 28004, ℰ 91 532 25 64, *Fax 91 522 88 04* – 国. AE ① MC VISA   MV e
cerrado Semana Santa, agosto, sábado mediodía y domingo – **Comida** carta 30,60 a 40,80.

XX **El Pato Mudo,** Costanilla de los Ángeles 8, ⊠ 28013, ℰ 91 559 48 40, *creboll@ recol.es* – 国. AE ① MC VISA JCB. ⋘   KX e
cerrado domingo noche – **Comida** - arroces - carta 15,33 a 24,94.

X **La Barraca,** Reina 29, ⊠ 28004, ℰ 91 532 71 54, *lbarraca@ eresmas.com, Fax 91 523 82 73* – 国. AE ① MC VISA JCB. ⋘   LX a
Comida - arroces - carta aprox. 28.

X **Bolívar,** Manuela Malasaña 28, ⊠ 28004, ℰ 91 445 12 74 – 国. AE ① MC VISA. ⋘   LV a
cerrado agosto y domingo – **Comida** carta 22 a 26,53.

X Casa Lucio, Cava Baja 35, ⊠ 28005, ℰ 91 365 32 52, *Fax 91 366 48 66,* « Decoración castellana » – 国   KZ y

X **Plaza Marina,** pl. de la Marina Española 4, ⊠ 28013, ℰ 91 542 38 95, *Fax 91 372 94 87* – 国. AE ① MC VISA JCB. ⋘   KX p
cerrado agosto y domingo noche – **Comida** carta 20,43 a 24,64.

X **Robata,** Reina 31, ⊠ 28004, ℰ 91 521 85 28, *Fax 91 531 30 63* – 国. AE ① VISA. ⋘   LX a
cerrado martes – **Comida** - rest. japonés - carta aprox. 27,05.

X **La Vaca Verónica,** Moratín 38, ⊠ 28014, ℰ 91 429 78 27 – 国. AE ① MC VISA JCB. ⋘   MZ e
cerrado sábado mediodía – **Comida** carta 22,70 a 26,90.

X **Mesón Gregorio III,** Bordadores 5, ⊠ 28013, ☎ 91 542 59 56 – 🗉. 𝖠𝖤 ⓪ 🅜🅒 🆅🅸🆂🅰. ⌖
    KY v
cerrado miércoles – **Comida** carta 23,66 a 28,30.

X **Zerain,** Quevedo 3, ⊠ 28014, ☎ 91 429 79 09, *Fax 91 429 17 20, Sidrería vasca* – 🗉. 𝖠𝖤 ⓪ 🅜🅒 🆅🅸🆂🅰. ⌖
    MY x
cerrado Semana Santa, agosto, domingo y Navidades – **Comida** carta 24 a 30,20.

X **Taberna del Alabardero,** Felipe V-6, ⊠ 28013, ☎ 91 547 25 77, *Fax 91 541 73 98*
  – 🗉. 𝖠𝖤 ⓪ 🅜🅒 🆅🅸🆂🅰 𝖩𝖢𝖡. ⌖
    KX h
Comida carta 35,54 a 39,71.

X **La Quintana,** Bordadores 7, ⊠ 28013, ☎ 91 542 04 88, *Fax 91 542 04 88* – 🗉. 𝖠𝖤 ⓪ 🅜🅒 🆅🅸🆂🅰 𝖩𝖢𝖡. ⌖
    KY v
cerrado lunes – **Comida** carta 23 a 30,45.

X **Casa Vallejo,** San Lorenzo 9, ⊠ 28004, ☎ 91 308 61 58 – 🗉. 🅜🅒 🆅🅸🆂🅰 𝖩𝖢𝖡. ⌖
    LV f
cerrado Semana Santa, agosto, domingo, lunes noche y festivos – **Comida** carta 16,53 a 26,15.

X **El Schotis,** Cava Baja 11, ⊠ 28005, ☎ 91 365 32 30, *Fax 91 365 72 44* – 🗉. 𝖠𝖤 ⓪ 🅜🅒 🆅🅸🆂🅰 𝖩𝖢𝖡. ⌖
    KZ v
cerrado del 16 al 31 de agosto y domingo noche – **Comida** carta 26,50 a 34,50.

X **Domine Cabra,** Huertas 54, ⊠ 28014, ☎ 91 429 43 65 – 🗉. 𝖠𝖤 ⓪ 🅜🅒 🆅🅸🆂🅰 𝖩𝖢𝖡. ⌖
    MZ s
cerrado del 5 al 18 de agosto y domingo noche – **Comida** carta 14,40 a 21.

X **Ciao Madrid,** Argensola 7, ⊠ 28004, ☎ 91 308 25 19, *Fax 91 308 25 19* – 🗉. 𝖠𝖤 ⓪ 🅜🅒 🆅🅸🆂🅰 𝖩𝖢𝖡
    MV t
cerrado Semana Santa, agosto, sábado mediodía y domingo – **Comida** - cocina italiana - carta 16,35 a 24,60.

X **La Bola,** Bola 5, ⊠ 28013, ☎ 91 547 69 30, *Fax 91 541 71 64* – 🗉. ⌖
    KX r
cerrado sábado noche, domingo en julio-agosto y domingo noche resto del año – **Comida** - cocido madrileño - carta 22 a 30.

X **El Buey,** pl. de la Marina Española 1, ⊠ 28013, ☎ 91 541 30 41, *Fax 91 576 22 30* –
  🗉. 𝖠𝖤 🅜🅒 🆅🅸🆂🅰 𝖩𝖢𝖡. ⌖
    KX c
Comida carta 21,34 a 22,84.

X **La Esquina del Real,** Amnistía 2, ⊠ 28013, ☎ 91 559 43 09 – 🗉. 𝖠𝖤 🅜🅒 🆅🅸🆂🅰. ⌖
cerrado 13 agosto-11 septiembre, sábado mediodía y domingo – **Comida** carta 32,50 a 37.
    KY e

X **La Quinta del Sordo,** Sacramento 10, ⊠ 28005, ☎ 91 548 18 52, *Fax 91 548 18 52*
  – 🗉. 𝖠𝖤 ⓪ 🅜🅒 🆅🅸🆂🅰 𝖩𝖢𝖡. ⌖
    KY f
cerrado domingo en verano y domingo noche resto del año – **Comida** carta 17,20 a 25,50.

X **Taberna Carmencita,** Libertad 16, ⊠ 28004, ☎ 91 531 66 12, *carmencita@ imfo blue.com,* « Taberna típica » – 🗉. 𝖠𝖤 ⓪ 🅜🅒 🆅🅸🆂🅰. ⌖
    MX u
cerrado agosto, sábado mediodía y domingo – **Comida** carta 12,62 a 23,44.

X **Ginza,** pl. de las Cortes 3, ⊠ 28013, ☎ 91 429 76 19, *Fax 91 429 45 66* – 🗉. 𝖠𝖤 ⓪ 🅜🅒 🆅🅸🆂🅰 𝖩𝖢𝖡. ⌖
    MY v
cerrado lunes – **Comida** - rest. japonés - carta 27,05 a 36,06.

Y/ **La Botillería,** pl. de Oriente 4, ⊠ 28013, ☎ 91 548 46 20, *cafeoriente@ grupolezam a.com, Fax 91 547 77 07,* 🍴 – 🗉. 𝖠𝖤 ⓪ 🅜🅒 🆅🅸🆂🅰. ⌖
    KX w
Tapa 2,70 **Ración** aprox. 12.

Y/ **Prada a Tope,** Príncipe 11, ⊠ 28012, ☎ 91 429 59 21 – 🗉. ⓪ 🅜🅒 🆅🅸🆂🅰 𝖩𝖢𝖡. ⌖
    LY u
cerrado agosto y lunes – **Tapa** 4,20 **Ración** - productos de El Bierzo - aprox. 6.

Y/ **La Cava de Don Pedro,** Don Pedro 4, ⊠ 28005, ☎ 91 366 78 04 – 🗉. 🆅🅸🆂🅰. ⌖
    KZ e
cerrado del 15 al 31 de agosto, lunes y martes mediodía – **Tapa** 1,50 **Ración** aprox. 5,41.

Y/ **Taberna Almendro 13,** Almendro 13, ⊠ 28005, ☎ 91 365 42 52 – 🗉. ⌖
    KZ r
Tapa 1,60 **Ración** aprox. 5,41.

Y/ **Taberna de San Bernardo,** San Bernardo 85, ⊠ 28015, ☎ 91 445 41 70 – 🗉
    LV m
Tapa 1,20 **Ración** aprox. 4,60.

Y/ **Desahogo Taberna,** pl. de San Miguel, ⊠ 28005, ☎ 91 559 08 97 – 𝖠𝖤 ⓪ 🅜🅒 🆅🅸🆂🅰
cerrado domingo noche y lunes – **Tapa** 2,40 **Ración** - sólo noche en julio-agosto - aprox. 9,62.
    KY c

Y/ **Taberna de Dolores,** pl. de Jesús 4, ⊠ 28014, ☎ 91 429 22 43 – 🗉. ⌖ **MY** z
Tapa 1,50 **Ración** aprox. 7,21.

Y/ **Bocaito,** Libertad 6, ⊠ 28004, ☎ 91 532 12 19, *bocaito@bocaito.com, Fax 91 522 56 29* – 🗉. ⓪ 🅜🅒 🆅🅸🆂🅰. ⌖
    MX b
cerrado agosto, sábado mediodía y domingo – **Tapa** 1,80 **Ración** aprox. 9,02.

Y/ **La Taurina,** Carrera de San Jerónimo 5, ⊠ 28014, ☎ 91 531 39 69, « Decoración taurina » – 🗉. 🅜🅒 🆅🅸🆂🅰. ⌖
    LY x
Tapa 2,10 **Ración** aprox. 5,41.

Retiro, Salamanca, Ciudad Lineal : Paseo de la Castellana, Velázquez, Serrano, Goya, Príncipe de Vergara, Narváez, Don Ramón de la Cruz (planos p. 9 y 11 salvo mención especial)

Ritz, pl. de la Lealtad 5, ✉ 28014, ℰ 91 701 67 67, *reservas@ritz.es, Fax 91 701 67 76,* ♨, 🏋 – 📶 🗏 📺 – 🔥 25/280. 🆎 ⑩ 🅜🅒 🆅🅸🆂🅰 🅹🅲🅱. 🛇 rest   plano p. 15   NY k
Comida carta 45,08 a 60,10 – ☕ 24,64 – **130 hab** 510/570 – 29 suites.

Villa Magna, paseo de la Castellana 22, ✉ 28046, ℰ 91 587 12 34, *hotel@villamag na.es, Fax 91 431 22 86,* ♨, 🏋 – 📶 🗏 📺 🚗 – 🔥 25/440. 🆎 ⑩ 🅜🅒 🆅🅸🆂🅰 🅹🅲🅱. 🛇   GV y
Comida 33,06 - *Le Divellec* (cerrado domingo) **Comida** carta 43,06 a 58,29 - *Tsé Yang* (rest. chino) **Comida** carta 28 a 41,50 – ☕ 24 – **164 hab** 420,71/475,72 – 18 suites.

Wellington, Velázquez 8, ✉ 28001, ℰ 91 575 44 00, *wellington@hotel-wellington.com, Fax 91 576 41 64,* 🏊 – 📶 🗏 📺 🚗 – 🔥 25/300. 🆎 ⑩ 🅜🅒 🆅🅸🆂🅰 🅹🅲🅱. 🛇   HX t
Comida - ver rest. *Goizeko Wellington* – ☕ 16,50 – **198 hab** 215/270 – 25 suites.

Foxá M-30, Serrano Galvache 14, ✉ 28033, ℰ 91 384 04 00, *foxam30@foxa.com, Fax 91 384 04 02,* « Decoración elegante con mobiliario de época », 🏋, 🏊, 🏊 – 📶 🗏 📺 ♿ 🚗 – 🔥 25/650. 🆎 ⑩ 🅜🅒 🆅🅸🆂🅰. 🛇   JR x
Comida 48 – **73 hab** ☕ 160 – 2 suites.

Adler, Velázquez 33, ✉ 28001, ℰ 91 426 32 20, *hoteladler@iova-sa.com, Fax 91 426 32 21,* « Ambiente acogedor » – 📶 🗏 📺 🚗. 🆎 ⑩ 🅜🅒 🆅🅸🆂🅰. 🛇   HV x
Comida carta 34,71 a 43,18 – ☕ 19,23 – **45 hab** 258,45/321,55.

Meliá Galgos, Claudio Coello 139, ✉ 28006, ℰ 91 562 66 00, *melia.galgos@solmelia.es, Fax 91 561 76 62* – 📶 🗏 📺 🚗 – 🔥 25/300. 🆎 ⑩ 🅜🅒 🆅🅸🆂🅰 🅹🅲🅱. 🛇   GU a
Diábolo : **Comida** carta 24,19 a 37,12 – ☕ 16 – **357 hab** 137,50/281,90.

Gran Meliá Fénix, Hermosilla 2, ✉ 28001, ℰ 91 431 67 00, *Fax 91 576 06 61* – 📶 🗏 📺 🚗 – 🔥 25/100. 🆎 ⑩ 🅜🅒 🆅🅸🆂🅰 🅹🅲🅱. 🛇   plano p. 15   NV c
Comida carta aprox. 39,07 – ☕ 18 – **213 hab** 289/346 – 13 suites.

Meliá Avenida América, Juan Ignacio Luca de Tena 36, ✉ 28027, ℰ 91 423 24 00, *melia.avenida.america@solmelia.es, Fax 91 320 14 40,* 🏋, 🏊, 🏊 – 📶 🗏 📺 ♿ 🚗 – 🔥 25/1500. 🆎 ⑩ 🅜🅒 🆅🅸🆂🅰 🅹🅲🅱. 🛇   plano p. 7   CL b
Comida 28 – ☕ 13,52 – **322 hab** 158/198 – 18 suites – PA 60.

Sofitel Madrid Aeropuerto, Av. Capital de España, Madrid 10, ✉ 28042, ℰ 91 721 00 70, *h1606@accor-hotels.com, Fax 91 721 05 15,* 🏊 – 📶 🗏 📺 ♿ 🚗 – 🔥 50/120. 🆎 ⑩ 🆅🅸🆂🅰. 🛇 rest   plano p. 7   CL x
Comida 25,24 – ☕ 15 – **178 hab** 248/258 – 3 suites.

NH Príncipe de Vergara, Príncipe de Vergara 92, ✉ 28006, ℰ 91 563 26 95, *nhpr incipe@nh-hoteles.es, Fax 91 563 72 53,* 🏋 – 📶 🗏 📺 🚗 – 🔥 25/200. 🆎 ⑩ 🅜🅒 🆅🅸🆂🅰. 🛇   HU c
Comida carta 27,05 a 36,06 – ☕ 16 – **170 hab** 201 – 3 suites.

Emperatriz, López de Hoyos 4, ✉ 28006, ℰ 91 563 80 88, *comercial@hotel-empe ratriz.com, Fax 91 563 98 04* – 📶 🗏 📺 – 🔥 25/150. 🆎 ⑩ 🅜🅒 🆅🅸🆂🅰. 🛇   GU z
Comida 24,04 – ☕ 13,22 – **155 hab** 156,26/186,31 – 3 suites – PA 61,30.

NH Sanvy, Goya 3, ✉ 28001, ℰ 91 576 08 00, *nhsanvy@nh-hoteles.es, Fax 91 575 24 43* – 📶 🗏 📺 – 🔥 25/150. 🆎 ⑩ 🅜🅒 🆅🅸🆂🅰 🅹🅲🅱. 🛇 rest   plano p. 15   NV r
Comida - ver rest. *Sorolla* – ☕ 15,62 – **139 hab** 171,65/195,63 – 10 suites.

Bauzá, Goya 79, ✉ 28001, ℰ 91 435 75 45, *info@hotelbauza.com, Fax 91 431 09 43,* 🏋 – 📶 🗏 📺 🚗 – 🔥 25/425. 🆎 ⑩ 🅜🅒 🆅🅸🆂🅰. 🛇   HV c
Comida 36,06 – ☕ 11,72 – **169 hab** 150,25/210,35 – 1 suite, 7 apartamentos.

Agumar sin rest con cafetería, paseo Reina Cristina 7, ✉ 28014, ℰ 91 552 69 00, *hote lagumar@h-santos.es, Fax 91 433 60 95* – 📶 🗏 📺 🚗 – 🔥 25/150. 🆎 ⑩ 🅜🅒 🆅🅸🆂🅰 🅹🅲🅱. 🛇   HY a
☕ 12,62 – **239 hab** 138,23/174,29 – 6 suites.

Novotel Madrid Puente de La Paz, Albacete 1, ✉ 28027, ℰ 91 724 76 00, *h0843@accor-hotels.com, Fax 91 724 76 10,* 🏊 – 📶 🗏 📺 ♿ 🚗 🅿 – 🔥 25/250. 🆎 ⑩ 🆅🅸🆂🅰. 🛇 rest   JT t
Comida 21,80 – ☕ 11 – **236 hab** 110/120.

Zenit Conde de Orgaz, Moscatelar 24, ✉ 28043, ℰ 91 748 97 60, *condeorgaz@z enithoteles.com, Fax 91 388 00 09* – 📶 🗏 📺 🚗 – 🔥 25/140. 🆎 ⑩ 🅜🅒 🆅🅸🆂🅰. 🛇
Comida carta 24,02 a 43,86 – ☕ 10,90 – **90 hab** 129,90/157,01.   plano p. 7   CL z

NH Parque Avenidas, Biarritz 2, ✉ 28028, ℰ 91 361 02 88, *nhparque@nh-hoteles.es, Fax 91 361 21 38,* 🏊 – 📶 🗏 📺 ♿ 🚗 – 🔥 25/400. 🆎 ⑩ 🅜🅒 🆅🅸🆂🅰. 🛇   JU a
Comida carta 27,05 a 36,06 – ☕ 14 – **198 hab** 173 – 1 suite.

Rafael Ventas, Alcalá 269, ✉ 28027, ℰ 91 326 16 20, *rafaelventas@rafaelhoteles .com, Fax 91 326 18 19* – 📶 🗏 📺 ♿ 🚗 – 🔥 25/80. 🆎 ⑩ 🅜🅒 🆅🅸🆂🅰. 🛇   JV a
Comida carta 33,70 a 38,60 – ☕ 9,50 – **110 hab** 124/145 – 1 suite – PA 40,50.

NH Alcalá, Alcalá 66, ⊠ 28009, ℰ 91 435 10 60, nhalcala@nh-hoteles.es, Fax 91 435 11 05 – 🛗 ▤ TV ⇔ – 🔬 25/100. AE ⓭ MC VISA. ⇪
Comida (cerrado Navidades, Semana Santa, agosto, sábado, domingo y festivos) 15,02 – ⊡ 13,99 – **146 hab** 159/192.
HX w

AC Avenida de América sin rest con cafetería por la noche, Cartagena 83, ⊠ 28028, ℰ 91 724 42 40, acamerica@ac-hoteles.com, Fax 91 724 42 41 – 🛗 ▤ TV ⇔. AE ⓭ MC VISA. ⇪
⊡ 9,02 – **145 hab** 156.
JU b

Jardín de Recoletos, Gil de Santivañes 6, ⊠ 28001, ℰ 91 781 16 40, Fax 91 781 16 41, ⇱, « Terraza » – 🛗 ▤ TV ⇔. AE ⓭ MC VISA. ⇪
Comida 21,04 – **43 hab** ⊡ 159,27/177,30.
NV p

El Madroño, General Díaz Porlier 101, ⊠ 28006, ℰ 91 562 52 92, Fax 91 563 06 97 – 🛗 ▤ TV ⇔ – 🔬 25/300. AE ⓭ MC VISA. ⇪
Comida (cerrado agosto y domingo) 15,03 – ⊡ 6,61 – **66 hab** 124,11/153,05 – PA 36,66.
HU z

NH Lagasca, Lagasca 64, ⊠ 28001, ℰ 91 575 46 06, nhlagasca@nh-hoteles.es, Fax 91 575 16 94 – 🛗 ▤ TV – 🔬 25/45. AE ⓭ MC VISA. ⇪
Comida (cerrado agosto, sábado y domingo) carta 27,05 a 30,06 – ⊡ 14 – **100 hab** 192.
GHV k

G.H. Colón, Pez Volador 1-11, ⊠ 28007, ℰ 91 573 59 00, fiesta-colon@euróciber.es, Fax 91 573 08 09, ⮫, ⇱ – 🛗 ▤ TV ⇔ – 🔬 25/250. AE ⓭ MC VISA JCB. ⇪
Comida 13,20 – ⊡ 9,60 – **359 hab** 123,40/148,10 – PA 33,40.
JY x

Novotel Madrid Campo de las Naciones, Amsterdan 3, ⊠ 28042, ℰ 91 721 18 18, h1636@accor-hotels.com, Fax 91 721 11 22, ⇱, ⬛ – 🛗 ▤ TV ⇃ ⇔ – 🔬 25/400. AE ⓭ VISA. ⇪ rest
plano p. 7 CL x
Comida 15,63 – ⊡ 11 – **240 hab** 116/130 – 6 suites.

Serrano Royal sin rest, Marqués de Villamejor 8, ⊠ 28006, ℰ 91 576 96 26, serranoroyal@husa.es, Fax 91 575 33 07 – 🛗 ▤ TV. AE ⓭ MC VISA. ⇪
⊡ 11,70 – **29 hab** 159,70/195,70 – 5 suites.
GV q

Claridge, pl. Conde de Casal 6, ⊠ 28007, ℰ 91 551 94 00, reservas@hotelclarige.es, Fax 91 501 03 85 – 🛗 ▤ TV. AE ⓭ MC VISA JCB. ⇪
Comida 12 – ⊡ 6,60 – **150 hab** 82/107 – PA 25.
JY a

NH Balboa, Núñez de Balboa 112, ⊠ 28006, ℰ 91 563 03 24, nhbalboa@nh-hoteles.es, Fax 91 562 69 80 – 🛗 ▤ TV – 🔬 25/30. AE ⓭ MC VISA JCB. ⇪
Comida (cerrado agosto) carta 30,17 a 33,64 – ⊡ 12,02 – **120 hab** 155/226 – PA 55,07.
HU n

Suites Barrio de Salamanca sin rest con cafetería, General Oráa 17, ⊠ 28006, ℰ 91 825 59 00, barriodesalamanca@green-hoteles.com, Fax 91 825 59 01 – 🛗 ▤ TV ⇔. AE ⓭ MC VISA JCB
GU t
⊡ 3,61 – **10 hab** 132/158 – 22 suites.

Zenit Abeba sin rest, Alcántara 63, ⊠ 28006, ℰ 91 401 16 50, abeba@zenithoteles.com, Fax 91 402 75 91 – 🛗 ▤ TV ⇔. AE ⓭ MC VISA JCB. ⇪
⊡ 9,61 – **90 hab** 126,21/158,06.
JV k

NH Sur sin rest, paseo Infanta Isabel 9, ⊠ 28014, ℰ 91 539 94 00, nhsur@nh-hoteles.es, Fax 91 467 09 96 – 🛗 ▤ TV – 🔬 25/30. AE ⓭ MC VISA JCB. ⇪ plano p. 15 NZ a
⊡ 10,20 – **68 hab** 127,25/186,30.

Horcher, Alfonso XII-6, ⊠ 28014, ℰ 91 522 07 31, Fax 91 523 34 90, « Decoración elegante » – ▤. AE ⓭ MC VISA. ⇪
NX y
cerrado agosto, Semana Santa, sábado mediodía y domingo – **Comida** carta 60,10 a 66,20.

Club 31, Alcalá 58, ⊠ 28014, ℰ 91 531 00 92, club31@club31.net, Fax 91 531 00 92 – ▤. AE ⓭ MC VISA JCB. ⇪
plano p. 15 NX e
cerrado agosto – **Comida** carta 31,55 a 48,38.

El Amparo, Puigcerdá 8, ⊠ 28001, ℰ 91 431 64 56, Fax 91 575 54 91, « Decoración original » – ▤. AE ⓭ MC VISA. ⇪
GX h
cerrado sábado mediodía y domingo – **Comida** carta 57,99 a 61,60.

Combarro, José Ortega y Gasset 40, ⊠ 28006, ℰ 91 577 82 72, combarro@combarro.com, Fax 91 435 95 12 – ▤. AE ⓭ MC VISA JCB. ⇪
HV e
cerrado agosto y domingo noche – **Comida** - pescados y mariscos - carta 37,56 a 47,18.

Pedro Larumbe, Serrano 61-ático 2ª planta, ⊠ 28006, ℰ 91 575 11 12, info@larumbe.com, Fax 91 576 60 19, « Elegante palacete » – 🛗 ▤. AE ⓭ MC VISA JCB. ⇪
cerrado Semana Santa, 15 días en agosto, sábado mediodía, domingo y festivos – **Comida** carta 34,35 a 54,69.
GV r

Goizeko Wellington - Hotel Wellington, Villanueva 34, ⊠ 28001, ℰ 91 577 01 38, goizeko@goizekowellington.com – ▤. AE ⓭ MC VISA. ⇪
HX t
cerrado domingo noche – **Comida** carta 41 a 55.

Sorolla - Hotel Sanvy, Hermosilla 4-1º, ⊠ 28001, ℰ 91 431 27 15, Fax 91 431 83 75 – ▤. AE ⓭ MC VISA. ⇪
plano p. 15 NV r
cerrado agosto – **Comida** carta 24,04 a 36,06.

XXX **Suntory,** paseo de la Castellana 36, ⊠ 28046, ✆ 91 577 37 34, *rsmad@nova.es*,
Fax 91 577 44 55 – 🖃 🚗. **AE ① MC VISA JCB**. ✖ GU d
cerrado Semana Santa, domingo y festivos – **Comida** - rest. japonés - carta 32,50 a 53,53.

XXX **Balzac,** Moreto 7, ⊠ 28014, ✆ 91 420 01 77, *balzac@burosoft.com, Fax 91 429 83 70*
– 🖃. **AE ① MC VISA**. ✖ plano p. 15 NY a
cerrado 15 días en agosto, sábado mediodía y domingo – **Comida** carta 31,97 a 48,05.

XXX **Ponteareas,** Claudio Coello 96, ⊠ 28006, ✆ 91 575 58 73, *Fax 91 431 99 57* – 🖃 🚗.
AE ① MC VISA JCB. ✖ GV w
cerrado 20 días en agosto y domingo – **Comida** - cocina gallega - carta 24,17 a 42,80.

XXX **Paradis Casa América,** paseo de Recoletos 2, ⊠ 28001, ✆ 91 575 45 40, *casa-a
merica@paradis.es, Fax 91 576 02 15*, 🏯, « En una dependencia del Palacio de Linares »
– 🖃. **AE ① VISA**. ✖ plano p. 15 NX n
cerrado sábado mediodía, domingo y festivos – **Comida** carta aprox. 39,07.

XXX **Castelló 9,** Castelló 9, ⊠ 28001, ✆ 91 435 00 67, *Fax 91 435 91 34* – 🖃. **AE ① MC**
VISA. ✖ HX e
cerrado Semana Santa, agosto, domingo y festivos – **Comida** carta 37,14 a 41,36.

XX **La Paloma,** Jorge Juan 39, ⊠ 28001, ✆ 91 576 86 92, *Fax 91 575 51 41* – 🖃. **AE ①**
✿ **MC VISA**. ✖ HX g
cerrado Navidades, Semana Santa, agosto, domingo y festivos – **Comida** 51,09 y carta
32,90 a 44,93
Espec. Raviolis rellenos de colas de cigalas. Cordero caramelizado a la miel de romero y
ajos. Milhojas de hojaldre con pera Williams caramelizada.

XX **Viridiana,** Juan de Mena 14, ⊠ 28014, ✆ 91 523 44 78, *Fax 91 532 42 74* – 🖃. **AE**
MC VISA plano p. 15 NY r
cerrado domingo – **Comida** carta 45,09 a 60,11.

XX **Oter Epicure,** Claudio Coello 71, ⊠ 28001, ✆ 91 431 67 71, *Fax 91 401 30 00* – 🖃.
AE ① VISA. ✖ GV n
cerrado del 10 al 30 de agosto y domingo – **Comida** - cocina vasco-navarra - carta 23
a 35.

XX **O'Grelo,** Menorca 39, ⊠ 28009, ✆ 91 409 72 04 – 🖃. **AE ① MC VISA**. ✖ JX y
cerrado agosto y domingo noche – **Comida** - cocina gallega - carta 30,50 a 36,06.

XX **Jota Cinco,** Alcalá 423, ⊠ 28027, ✆ 91 742 93 85, *Fax 91 742 62 09* – 🖃 🚗. **AE**
① VISA. ✖ plano p. 7 CL v
cerrado Semana Santa, del 7 al 27 de agosto y domingo noche – **Comida** carta 28,70 a
42,37.

XX **La Gamella,** Alfonso XII-4, ⊠ 28014, ✆ 91 532 45 09, *restaurante@lagamella.com*,
Fax 91 523 11 84 – 🖃. **AE ① MC VISA**. ✖ plano p. 15 NX r
cerrado sábado mediodía y domingo – **Comida** carta 27 a 37.

XX **El Borbollón,** Recoletos 7, ⊠ 28001, ✆ 91 431 41 34 – 🖃. **AE ① MC**
VISA. ✖ plano p. 15 NV u
cerrado agosto, sábado mediodía, domingo y festivos – **Comida** carta 25,07 a 34,09.

XX **Lucca,** José Ortega y Gasset 29, ⊠ 28006, ✆ 91 576 01 44 – 🖃. **AE ① MC VISA**. ✖
Comida - cocina italiana - carta 22,24 a 26,14. HV f

XX **Al Mounia,** Recoletos 5, ⊠ 28001, ✆ 91 435 08 28, *Fax 91 575 01 73*, « Ambiente
oriental » – 🖃. **AE ① MC VISA**. ✖ plano p. 13 NV u
cerrado Semana Santa, agosto, domingo y lunes – **Comida** - cocina maghrebí - carta
aprox. 26.

XX **Gerardo,** D. Ramón de la Cruz 86, ⊠ 28006, ✆ 91 401 89 46, *Fax 91 401 30 00* – 🖃.
AE ① MC VISA. ✖ JV s
cerrado del 1 al 15 de agosto – **Comida** carta 30 a 32.

XX **Teatriz,** Hermosilla 15, ⊠ 28001, ✆ 91 577 53 79, *Fax 91 431 69 10*, « Instalado en
un antiguo teatro » – 🖃. **AE ① MC VISA**. ✖ GV u
Comida carta 25,23 a 28,23.

XX **L'Olio,** Serrano 85, ⊠ 28006, ✆ 91 563 81 52, *lolio@nexo.es, Fax 91 411 15 65* – 🖃.
AE ① MC VISA JCB. ✖ GU u
cerrado sábado mediodía – **Comida** - cocina italiana - carta 25,22 a 32,45.

XX **La Miel,** Maldonado 14, ⊠ 28006, ✆ 91 435 50 45 – 🖃. **AE ① MC VISA**. ✖ HU x
cerrado Semana Santa y del 4 al 25 de agosto y domingo – **Comida** carta 28,20 a 34,20.

XX **El Almirez,** Maldonado 5, ⊠ 28006, ✆ 91 411 54 69, *elalmirez@santandersupernet.es*,
Fax 91 345 16 96 – 🖃. **AE ① MC VISA**. ✖ GHU e
cerrado Semana Santa, agosto y domingo noche – **Comida** carta 24,62 a 29,63.

XX **La Misión,** José Silva 22, ⊠ 28043, ✆ 91 519 24 63, *Fax 91 416 26 93*, 🏯 , « Evocación
de una antigua misión americana » – 🖃. **AE ① MC VISA**. ✖ JS c
cerrado Semana Santa, sábado mediodía y domingo – **Comida** carta 26,75 a 29,90.

XX **El Chiscón de Castelló,** Castelló 3, ✉ 28001, ✆ 91 575 56 62, *Fax 91 575 56 05,* « Ambiente acogedor » – ▤. 🅰🅴 ⓓ ⓜⓒ 𝗩𝗜𝗦𝗔. ✄ HX e
cerrado agosto, domingo y festivos – **Comida** carta 23,50 a 28.

XX **Rafa,** Narváez 68, ✉ 28009, ✆ 91 573 10 87, *casarafa@jazzfree.com,* *Fax 91 573 82 98,* 🏠 – ▤ 🚗. 🅰🅴 ⓓ ⓜⓒ 𝗩𝗜𝗦𝗔. ✄ HX s
cerrado lunes noche – **Comida** carta 28,90 a 43,40.

XX **El Asador de Aranda,** Diego de León 9, ✉ 28006, ✆ 91 563 02 46, *Fax 91 556 62 02* – ▤. 🅰🅴 ⓓ ⓜⓒ 𝗩𝗜𝗦𝗔. ✄ HU s
cerrado 5 agosto-3 septiembre y domingo noche – **Comida** - cordero asado - carta aprox. 27,95.

XX **Nicomedes,** Moscatelar 18, ✉ 28043, ✆ 91 388 78 28, *nicorest@terra.es,* *Fax 91 300 50 37,* 🏠 – ▤. 🅰🅴 ⓓ ⓜⓒ 𝗩𝗜𝗦𝗔. ✄ CL z
cerrado Semana Santa, agosto, domingo noche y lunes – **Comida** carta 28,86 a 33,22.

XX **Guisando,** Núñez de Balboa 75, ✉ 28006, ✆ 91 575 10 10, *Fax 91 575 09 00* – ▤. 🅰🅴 ⓓ ⓜⓒ 𝗩𝗜𝗦𝗔. ✄ HV f
cerrado Semana Santa, agosto, sábado mediodía y domingo – **Comida** carta 19,24 a 20,44.

XX **Nicolás,** Villalar 4, ✉ 28001, ✆ 91 431 77 37, *jam@mail.ddnet.es, Fax 91 577 86 65* – ▤. 🅰🅴 ⓓ ⓜⓒ 𝗩𝗜𝗦𝗔. ✄ plano p. 15 NX t
cerrado Semana Santa, agosto, domingo y lunes – **Comida** carta 24,52 a 30,94.

XX Dynasty, O'Donnell 31, ✉ 28009, ✆ 91 431 08 47 – ▤ HX a
Comida - rest. chino.

XX **La Hoja,** Doctor Castelo 48, ✉ 28009, ✆ 91 409 25 22, *info@lahoja.es, Fax 91 574 14 78* – ▤. 🅰🅴 ⓜⓒ 𝗩𝗜𝗦𝗔 𝗝𝗖𝗕. ✄ JX y
cerrado agosto, domingo y lunes noche – **Comida** - cocina asturiana - carta 28,85 a 41,26.

X **Casa d'a Troya,** Emiliano Barral 14, ✉ 28043, ✆ 91 416 44 55, *Fax 91 416 42 80* – ▤. ⓓ ⓜⓒ 𝗩𝗜𝗦𝗔. ✄ JS f
cerrado 24 diciembre-2 enero, 15 julio-1 septiembre, domingo y festivos – **Comida** - cocina gallega, pescados y mariscos - carta 20,44 a 34,56
Espec. Pulpo a la gallega. Merluza a la gallega. Tarta de Santiago.

X La Giralda IV, Claudio Coello 24, ✉ 28001, ✆ 91 576 40 69 – ▤ GX h
Comida - rest. andaluz.

X La Giralda III, Maldonado 4, ✉ 28006, ✆ 91 577 77 62 – ▤ GU g
Comida - rest. andaluz.

X **Alkalde,** Jorge Juan 10, ✉ 28001, ✆ 91 576 33 59, *alkalde@activanet.es, Fax 91 576 33 59* – ▤. 🅰🅴 ⓓ ⓜⓒ 𝗩𝗜𝗦𝗔 𝗝𝗖𝗕. ✄ GX v
Comida carta 36,06 a 42,07.

X **Asador Velate,** Jorge Juan 91, ✉ 28009, ✆ 91 435 10 24, *catering@asadorvelate .com, Fax 91 576 12 40* – ▤. 🅰🅴 ⓓ ⓜⓒ 𝗩𝗜𝗦𝗔 𝗝𝗖𝗕. ✄ JX x
cerrado del 3 al 18 de agosto y domingo – **Comida** - cocina vasca - carta 26,75 a 40,72.

X **Horno de Juan,** Lope de Rueda 4, ✉ 28009, ✆ 91 575 69 16, *hornodejuan@line-pro.es, Fax 91 576 01 88,* « Decoración castellana » – ▤. 🅰🅴 ⓓ ⓜⓒ 𝗩𝗜𝗦𝗔. ✄ HX n
Comida - espec. en asados - carta 23,70 a 31,84.

X **Casa Portal,** Doctor Castelo 26, ✉ 28009, ✆ 91 574 20 26 – ▤. ⓜⓒ 𝗩𝗜𝗦𝗔. ✄ HJX b
cerrado 15 julio-20 agosto, domingo y lunes noche – **Comida** - cocina asturiana - carta 23,14 a 35,16.

X **Pelotari,** Recoletos 3, ✉ 28001, ✆ 91 578 24 97, *informacion@asados-pelotari.com, Fax 91 431 60 04* – ▤. 🅰🅴 ⓓ ⓜⓒ 𝗩𝗜𝗦𝗔. ✄ plano p. 15 NV u
cerrado 15 días en agosto y domingo – **Comida** carta 24,42 a 38,40.

X **Casa Jorge,** Alejandro González 8, ✉ 28028, ✆ 91 356 41 74, *Fax 91 356 41 74* – ▤. 🅰🅴 ⓓ ⓜⓒ 𝗩𝗜𝗦𝗔. ✄ JV f
Comida - espec. en cocina catalana - carta aprox. 27,05.

X **Sixto,** José Ortega y Gasset 83, ✉ 28006, ✆ 91 402 15 83, *Fax 91 735 54 12* – ▤. 🅰🅴 ⓓ ⓜⓒ 𝗩𝗜𝗦𝗔. ✄ JV e
cerrado domingo noche – **Comida** carta 20,14 a 23,14.

X **La Trainera,** Lagasca 60, ✉ 28001, ✆ 91 576 05 75, *Fax 91 575 06 31* – ▤. 🅰🅴 ⓓ ⓜⓒ 𝗩𝗜𝗦𝗔 𝗝𝗖𝗕. ✄ GHV k
cerrado agosto y domingo – **Comida** - pescados y mariscos - carta 28,83 a 42,06.

X **El Pescador,** José Ortega y Gasset 75, ✉ 28006, ✆ 91 402 12 90, *Fax 91 401 30 26* – ▤. ⓜⓒ 𝗩𝗜𝗦𝗔. ✄ JV t
cerrado Semana Santa, agosto y domingo – **Comida** - pescados y mariscos - carta 30,35 a 57,50.

X **La Castela,** Doctor Castelo 22, ✉ 28009, ✆ 91 574 00 15 – ▤. 🅰🅴 ⓓ ⓜⓒ 𝗩𝗜𝗦𝗔 𝗝𝗖𝗕. ✄ HX r
Comida carta aprox. 27,94.

✗ **La Taberna de Juan**, Arturo Soria 2, ✉ 28027, ℰ 91 742 85 64, *Fax 91 742 62 09* –
▤ CL v

✗ **Betelu**, Florencio Llorente 27, ✉ 28027, ℰ 91 326 50 87, *josefo@servimail.ari.es*,
Fax 91 405 00 05 – ▤. 🆎 Ⓞ ⓂⒸ 𝗩𝗜𝗦𝗔. ⌘   plano p. 5 CL u
cerrado agosto, domingo y lunes – **Comida** carta 20,36 a 33,04.

✗ **El Torito**, Alcalde Sáinz de Baranda 80, ✉ 28007, ℰ 91 573 48 14 – ▤. 🆎 Ⓞ ⓂⒸ
𝗩𝗜𝗦𝗔. ⌘   JX f
cerrado agosto, domingo y lunes – **Comida** - pescados y mariscos - carta 29,16 a 41,86.

✗ **Orbayo,** Claudio Coello 4, ✉ 28001, ℰ 91 576 41 86 – ▤. 🆎 Ⓞ ⓂⒸ 𝗩𝗜𝗦𝗔. ⌘   GX m
cerrado agosto y domingo noche – **Comida** carta 17,72 a 25,24.

𝖸 **José Luis**, General Oráa 5, ✉ 28006, ℰ 91 561 64 13, 🏠 – ▤. 🆎 Ⓞ ⓂⒸ 𝗩𝗜𝗦𝗔. ⌘
Tapa 2,10 **Ración** aprox. 9,62.   GU z

𝖸 **Mesón Cinco Jotas,** Puigcerdá, ✉ 28001, ℰ 91 575 41 25, *jgarcia@osborne.es*,
Fax 91 575 56 35, 🏠 – ▤. Ⓞ ⓂⒸ 𝗩𝗜𝗦𝗔. ⌘   GX v
Tapa 1,90 **Ración** - espec. en ibéricos - aprox. 9.

𝖸 **Tasca La Farmacia,** Diego de León 9, ✉ 28006, ℰ 91 564 86 52, *Fax 91 556 62 02*
– ▤. 🆎 Ⓞ ⓂⒸ 𝗩𝗜𝗦𝗔   GHU s
cerrado 23 julio-20 agosto y domingo – **Tapa** 2,10 **Ración** - espec. en bacalaos - aprox. 4.

𝖸 **Mesón Cinco Jotas,** Serrano 118, ✉ 28006, ℰ 91 563 27 10, *jgarcia@osborne.es*,
Fax 91 561 32 84, 🏠 – ▤. 🆎 Ⓞ ⓂⒸ 𝗩𝗜𝗦𝗔. ⌘   GU a
Tapa 1,90 **Ración** - espec. en ibéricos - aprox. 9.

𝖸 **El Barril,** Goya 86, ✉ 28009, ℰ 91 578 39 98 – ▤. 🆎 Ⓞ ⓂⒸ 𝗩𝗜𝗦𝗔. ⌘   JVX r
cerrado domingo noche – **Tapa** 1,80 **Ración** - espec. en mariscos - aprox. 15.

𝖸 **José Luis,** Serrano 89, ✉ 28006, ℰ 91 563 09 58, *joseluis@nexo.es*, *Fax 91 563 31 02*,
🏠 – ▤. 🆎 Ⓞ ⓂⒸ 𝗩𝗜𝗦𝗔. ⌘   GU u
Tapa 1,50 **Ración** aprox. 10,82.

𝖸 **Taberna de la Daniela**, General Pardiñas 21, ✉ 28001, ℰ 91 575 23 29,
Fax 91 409 07 11 – ▤. 🆎 ⓂⒸ 𝗩𝗜𝗦𝗔. ⌘   HV s
Tapa 1,35 **Ración** aprox. 5,70.

𝖸 **El Barril,** Don Ramón de la Cruz 91, ✉ 28006, ℰ 91 401 33 05 – ▤. 🆎 Ⓞ ⓂⒸ 𝗩𝗜𝗦𝗔. ⌘
cerrado del 16 al 31 de agosto – **Tapa** 2 **Ración** - mariscos - aprox. 7.   JV n

𝖸 **Jurucha,** Ayala 19, ✉ 28001, ℰ 91 575 00 98 – ▤. ⌘   GV a
cerrado Semana Santa, agosto, domingo y festivos – **Tapa** 1,20 **Ración** aprox. 3.

𝖸 **El Cantábrico,** Padilla 39, ✉ 28006, ℰ 91 402 50 42 – ▤. 🆎 Ⓞ ⓂⒸ 𝗩𝗜𝗦𝗔. ⌘   HV r
cerrado agosto – **Ración** - mariscos - aprox. 15,03.

Arganzuela, Carabanchel, Villaverde : Antonio López, Paseo de Las Delicias, Paseo
Santa María de la Cabeza (planos p. 6 y 10 salvo mención especial)

🏨 **Rafael Atocha**, Méndez Álvaro 30, ✉ 28045, ℰ 91 468 81 00, *rafaelatocha@rafa
elhoteles.com*, *Fax 91 468 81 20* – 🛗 ▤ 📺 ♿ 🚗 – 🔒 25/450. 🆎 Ⓞ ⓂⒸ 𝗩𝗜𝗦𝗔. ⌘
Comida 18,03 – ☕ 9,32 – **245 hab** 150/185.   GZ t

🏨 **Rafael Pirámides,** paseo de las Acacias 40, ✉ 28005, ℰ 91 517 18 28, *rafaelpiramides
@rafaelhoteles.com*, *Fax 91 517 00 90* – 🛗 ▤ 📺 ♿ 🚗. 🆎 Ⓞ ⓂⒸ 𝗩𝗜𝗦𝗔   DZ r
Comida 9,92 – ☕ 8,41 – **84 hab** 110/130 – 9 suites.

🏨 **Carlton,** paseo de las Delicias 26, ✉ 28045, ℰ 91 539 71 00, *carlton@hotelcarlton.com*,
Fax 91 527 85 10 – 🛗 ▤ 📺 🆎 Ⓞ ⓂⒸ 𝗩𝗜𝗦𝗔 ᴶᶜᴮ. ⌘   FZ n
Comida 24,34 – ☕ 11,27 – **105 hab** 138,83/173,54 – 7 suites.

🏨 **Praga** sin rest con cafetería, Antonio López 65, ✉ 28019, ℰ 91 469 06 00, *hotelpra
ga@h-santos.es*, *Fax 91 469 83 25* – 🛗 ▤ 📺 🚗 – 🔒 25/350. 🆎 Ⓞ ⓂⒸ 𝗩𝗜𝗦𝗔
ᴶᶜᴮ. ⌘   DZ u
☕ 10,22 – **420 hab** 120,20/150,25.

🏨 **Aramo,** paseo Santa María de la Cabeza 73, ✉ 28045, ℰ 91 473 91 11, *aramo@abb
ahoteles.com*, *Fax 91 473 92 14* – 🛗 ▤ 📺 🚗. 🆎 Ⓞ ⓂⒸ 𝗩𝗜𝗦𝗔. ⌘   EZ e
Comida 14,15 – ☕ 10,20 – **108 hab** 109/120.

🏨 **Puerta de Toledo** sin rest, glorieta Puerta de Toledo 4, ✉ 28005, ℰ 91 474 71 00,
hpto@hotel-puertadetoledo.es, *Fax 91 474 07 47* – 🛗 ▤ 📺 🚗 – 🔒 25/30. 🆎 Ⓞ ⓂⒸ
𝗩𝗜𝗦𝗔 ᴶᶜᴮ. ⌘   DY v
☕ 8 – **152 hab** 60/100.

✗✗ **Hontoria,** pl. del General Maroto 2, ✉ 28045, ℰ 91 473 04 25 – ▤. 🆎 Ⓞ ⓂⒸ
𝗩𝗜𝗦𝗔. ⌘   EZ v
cerrado Semana Santa, agosto, domingo y festivos – **Comida** carta 24,04 a 34,11.

✗✗ **Los Cigarrales,** Antonio López 52, ✉ 28019, ℰ 91 469 74 52, *Fax 91 560 69 34* – ▤
🚗. 🆎 Ⓞ ⓂⒸ 𝗩𝗜𝗦𝗔 ᴶᶜᴮ. ⌘   DZ n
cerrado domingo (julio-septiembre) y domingo noche resto del año – **Comida** carta 24,65
a 29,30.

Moncloa : Princesa, Paseo del pintor Rosales, Paseo de la Florida, Casa de Campo (planos p. 6 Y 10 salvo mención especial)

Meliá Madrid Princesa, Princesa 27, ⊠ 28008, ℰ 91 541 82 00, *melia.madrid@s olmelia.es, Fax 91 541 19 88,* ⅃ᵬ – 🛗 🖭 TV – 🕊 25/200. AE ① MC VISA JCB. ⬥
plano p. 14   KV   t
Comida carta 36,31 a 52,53 – ⯑ 17,12 – **253 hab** 234,72/266,87 – 23 suites.

Husa Princesa, Princesa 40, ⊠ 28008, ℰ 91 542 21 00, *husaprincesa@husa.es, Fax 91 542 73 28,* ⅃ᵬ, 🔄 – 🛗 🖭 TV 🕭 ⇔ – 🕊 25/500. AE ① MC VISA JCB. ⬥ rest
Comida carta 34 a 43 – ⯑ 17 – **263 hab** 240/300 – 12 suites.   DV   z

Tryp Monte Real ⬥, Arroyofresno 17, ⊠ 28035, ℰ 91 316 21 40, *montereal@t rypnet.com, Fax 91 316 39 34,* « Jardín », 🔄 – 🛗 🖭 TV ⇔ P – 🕊 25/250. AE ① MC VISA JCB. ⬥
AL   b
Comida 33 – ⯑ 13,52 – **76 hab** 120/150 – 4 suites.

Sofitel Madrid Plaza de España sin rest, Tutor 1, ⊠ 28008, ℰ 91 541 98 80, *h1320@accor-hotels.com, Fax 91 542 57 36* – 🛗 🖭 TV 🕭 – 🕊 25/30. AE ① VISA
⯑ 15,60 – **97 hab** 245/263.   plano p. 14   KV   d

Moncloa Garden sin rest, Serrano Jover 1, ⊠ 28015, ℰ 91 542 45 82, *comercial@mo ncloagarden.com, Fax 91 542 71 69* – 🛗 🖭 TV – 🕊 25/60. AE ① MC VISA JCB. ⬥
⯑ 8,41 – **113 hab** 136,43/150,25 – 15 suites.   DV   c

Tirol sin rest con cafetería, Marqués de Urquijo 4, ⊠ 28008, ℰ 91 548 19 00, *Fax 91 541 39 58* – 🛗 🖭 TV. MC VISA. ⬥   DV   r
89 hab ⯑ 93,16/103,98 – 6 suites.

Sal Gorda, Beatriz de Bobadilla 9, ⊠ 28040, ℰ 91 553 95 06 – 🖭. AE ① MC VISA. ⬥   DT   e
cerrado agosto y domingo – Comida carta 22,24 a 26,45.

El Molino de los Porches, paseo Pintor Rosales 1, ⊠ 28008, ℰ 91 548 13 36, *Fax 91 547 97 61,* 🌱, « En el parque del Oeste con agradable terraza » – 🖭. AE ① MC VISA. ⬥   DV   e
Comida - asados - carta 29,75 a 60,70.

A'Casiña, Casa de Campo-Pabellón de Pontevedra, ⊠ 28011, ℰ 91 526 34 25, *Fax 91 526 37 13,* 🌱 – 🖭. AE ① MC VISA. ⬥   AM   s
cerrado domingo noche – **Comida** carta 24,34 a 35,16.

Chantarella, Luisa Fernanda 27, ⊠ 28008, ℰ 91 541 80 03 – 🖭. AE ① MC VISA. ⬥
cerrado del 1 al 28 de agosto, sábado mediodía y domingo – **Comida** carta 25,10 a 30,95.   DV   h

Currito, Casa de Campo-Pabellón de Vizcaya, ⊠ 28011, ℰ 91 464 57 04, *Fax 91 479 72 54,* 🌱 – 🖭 P. AE ① MC VISA. ⬥   AM   s
cerrado domingo noche – **Comida** - cocina vasca - carta 33,66 a 40,88.

Lizarran, Princesa 13, ⊠ 28008, ℰ 91 541 64 50, *Fax 91 541 64 50* – 🖭. ① MC VISA. ⬥
Tapa 0,80 **Ración** - tapas vascas - aprox. 5,50.   plano p. 14   KV   k

Chamberí : San Bernardo, Fuencarral, Alberto Aguilera, Santa Engracia (planos p. 8 y 15)

AC Santo Mauro, Zurbano 36, ⊠ 28010, ℰ 91 319 69 00, *santo-mauro@ac-hotel es.com, Fax 91 308 54 77,* 🌱, « Elegante palacete con jardín », 🔄 – 🛗 🖭 TV ⇔ –
🕊 25. AE ① MC VISA JCB. ⬥   FV   e
Santo Mauro : **Comida** carta 47,46 a 59,48 – ⯑ 17 – **33 hab** 329,46 – 4 suites.

Miguel Ángel, Miguel Ángel 31, ⊠ 28010, ℰ 91 442 00 22, *hma@occidental-hotel es.com, Fax 91 442 53 20,* ⅃ᵬ, 🔄 – 🛗 🖭 TV 🕭 ⇔ – 🕊 25/300. AE ① MC VISA. ⬥
Arco : **Comida** carta 21,02 a 33,34 – ⯑ 16,53 – **251 hab** 240/299 – 20 suites.   FU   c

Hesperia Madrid, paseo de la Castellana 57, ⊠ 28046, ℰ 91 210 88 00, *hotel@h esperia-madrid.com, Fax 91 210 88 99* – 🛗 🖭 TV – 🕊 25/300. AE ① MC VISA JCB. ⬥
Comida (ver también rest. *Santceloni*) 21,04 – ⯑ 16,23 – **139 hab** 270,46/315,53, 32 suites.   FU   b

Castellana Inter-Continental, paseo de la Castellana 49, ⊠ 28046, ℰ 91 700 73 00, *madrid@interconti.com, Fax 91 308 54 23,* 🌱, « Terraza-jardín », ⅃ᵬ – 🛗 🖭 TV ⇔ – 🕊 25/550. AE ① MC VISA JCB. ⬥   GU   v
Comida carta 34,86 a 41,47 – ⯑ 21,04 – **281 hab** 320/355 – 27 suites.

Orfila, Orfila 6, ⊠ 28010, ℰ 91 702 77 70, *inforeservas@hotelorfila.com, Fax 91 702 77 72,* 🌱, « Palacete del siglo XIX decorado con elegancia » – 🛗 🖭 TV ⇔ – 🕊 25/80. AE ① MC VISA. ⬥   NV   d
Comida carta 40 a 56 – ⯑ 18 – **28 hab** 271/331 – 4 suites.

Mindanao, paseo de San Francisco de Sales 15, ⊠ 28003, ℰ 91 549 55 00, *recepci on@hotel-mindanao.es, Fax 91 544 55 96,* 🔄, 🔄 – 🛗 🖭 TV 🕭 ⇔ – 🕊 25/250. AE ① MC VISA JCB. ⬥   DT   a
Comida 33,06 - *El Candelabro* (cerrado agosto y domingo) **Comida** carta 33,06 a 36,66 – ⯑ 12,92 – **272 hab** 116,75/142 – 9 suites.

NH Abascal, José Abascal 47, ✉ 28003, ✆ 91 441 00 15, Fax 91 442 22 11, 🛗 – 🛗
▤ 📺 ⚫ 🚗 – 🔺 25/180. 🆎 ⓪ ⓂⒸ 𝓥𝓘𝓢𝓐 ᴶᶜᴮ. ⚡ rest   FU   a
Comida (cerrado agosto) 27 – ☕ 16 – **181 hab** 202/222 – 3 suites – PA 60.

Gran Versalles sin rest con cafetería, Covarrubias 4, ✉ 28010, ✆ 91 447 57 00, hgv@h
otelgranversalles.es, Fax 91 446 39 87 – 🛗 ▤ 📺 – 🔺 25/120   MV   a
143 hab, 2 suites.

NH Zurbano, Zurbano 79-81, ✉ 28003, ✆ 91 441 45 00, nhzurbano@nh-hoteles.es,
Fax 91 441 32 24 – 🛗 ▤ 📺 ⚫ 🚗 – 🔺 25/200. 🆎 ⓪ ⓂⒸ 𝓥𝓘𝓢𝓐. ⚡   FU   x
Comida 21,03 – ☕ 13,22 – **255 hab** 148,75/168,58 – 11 suites.

NH Embajada, Santa Engracia 5, ✉ 28010, ✆ 91 594 02 13, nhembajada@nh-hote
les.es, Fax 91 447 33 12, « Bonito edificio de estilo español » – 🛗 ▤ 📺 – 🔺 25/60. 🆎
⓪ ⓂⒸ 𝓥𝓘𝓢𝓐. ⚡   MV   r
Comida (cerrado agosto, sábado y domingo) carta 27,05 a 36,06 – ☕ 13 – **101 hab** 178.

NH Alberto Aguilera, Alberto Aguilera 18, ✉ 28015, ✆ 91 446 09 00,
Fax 91 446 09 04 – 🛗 ▤ 📺 ⚫ 🚗 – 🔺 25/100. 🆎 ⓪ ⓂⒸ 𝓥𝓘𝓢𝓐. ⚡   DV   b
Comida (cerrado agosto, sábado y domingo) carta 27,05 a 36,06 – ☕ 14 – **148 hab** 173,
5 suites.

NH Prisma, Santa Engracia 120, ✉ 28003, ✆ 91 441 93 77, nhprisma@nhhoteles.es,
Fax 91 442 58 51 – 🛗 ▤ 📺 – 🔺 25/70. 🆎 ⓪ ⓂⒸ 𝓥𝓘𝓢𝓐 ᴶᶜᴮ. ⚡   EU   g
Comida (cerrado agosto) carta 21,31 a 36,94 – ☕ 12 – **103 suites** 210 – 7 hab.

NH Argüelles sin rest con cafetería por la noche, Vallehermoso 65, ✉ 28015,
✆ 91 593 97 77, nharguelles@nh-hoteles.es, Fax 91 594 27 39 – 🛗 ▤ 📺 🚗. 🆎 ⓪
ⓂⒸ 𝓥𝓘𝓢𝓐. ⚡   DU   e
☕ 12 – **75 hab** 162.

Sol Inn Alondras sin rest con cafetería, José Abascal 8, ✉ 28003, ✆ 91 447 40 00,
sol.inn.alondras@solmelia.com, Fax 91 593 88 00 – 🛗 ▤ 📺. 🆎 ⓪ ⓂⒸ 𝓥𝓘𝓢𝓐 ᴶᶜᴮ. ⚡
☕ 10,52 – **72 hab** 136,73/190,64.   EU   a

NH Bretón, Bretón de los Herreros 29, ✉ 28003, ✆ 91 442 83 00, Fax 91 441 38 16
– 🛗 ▤ 📺 – 🔺 25. 🆎 ⓪ ⓂⒸ 𝓥𝓘𝓢𝓐. ⚡   EU   n
Comida (cerrado domingo) carta 15,03 a 21,04 – ☕ 12 – **54 hab** 162 – 2 suites.

Trafalgar sin rest con cafetería, Trafalgar 35, ✉ 28010, ✆ 91 445 62 00,
Fax 91 446 64 56 – 🛗 ▤ 📺. 🆎 ⓪ ⓂⒸ 𝓥𝓘𝓢𝓐. ⚡   EU   s
48 hab ☕ 74,52/106,98.

Santceloni - Hotel Hesperia Madrid, paseo de la Castellana 57, ✉ 28046,
✆ 91 210 88 40, santceloni@hesperia-madrid.com, Fax 91 210 88 99 – ▤. 🆎 ⓪ ⓂⒸ 𝓥𝓘𝓢𝓐
ᴶᶜᴮ. ⚡   FU   b
cerrado 6 agosto-3 septiembre, sábado mediodía, domingo y festivos – **Comida** 62,35 y
carta 54,99 a 86,24.
Espec. Raviolis de gambas al aceite de ceps. Lubina con alcachofas al vino tinto. Canapé
de plátano con helado de turrón.

Jockey, Amador de los Ríos 6, ✉ 28010, ✆ 91 319 24 35, Fax 91 319 24 35 – ▤   NV   k

La Broche Miguel Ángel 29, ✉ 28010, ✆ 91 399 34 37, labroche@teleline.es,
Fax 91 399 37 78 – ▤. 🆎 ⓪ ⓂⒸ 𝓥𝓘𝓢𝓐. ⚡   FU   c
cerrado Semana Santa, agosto, sábado y domingo – **Comida** 63,71 y carta 50,52 a 64,92
Espec. Sardinas marinadas rellenas de huevas de arenque y verduras. Lomo de bacalao con
sanfaina y una crema ligera al pil pil y aceite de salvia. Arroz Basmati guisado con pichón
de Navaz aromatizado al aceite de brasas (temp).

Las Cuatro Estaciones, General Ibáñez de Íbero 5, ✉ 28003, ✆ 91 553 63 05,
Fax 91 553 32 98 – ▤. 🆎 ⓪ ⓂⒸ 𝓥𝓘𝓢𝓐 ᴶᶜᴮ. ⚡   DT   r
cerrado Semana Santa, agosto, sábado mediodía y domingo – **Comida** carta 35,46 a 55,30.

Annapurna, Zurbano 5, ✉ 28010, ✆ 91 319 87 16, Fax 91 308 32 49 – ▤. 🆎 ⓪
𝓥𝓘𝓢𝓐. ⚡   MV   w
cerrado sábado mediodía, domingo y festivos – **Comida** - cocina hindú - carta 21,67 a 27,92.

Lur Maitea, Fernando el Santo 4, ✉ 28010, ✆ 91 308 03 50, Fax 91 308 62 25 – ▤
Comida - cocina vasca.   MV   u

Solchaga, pl. Alonso Martínez 2, ✉ 28004, ✆ 91 447 14 96, webmanager@mail.tod
oesp.es, Fax 91 593 22 23 – ▤. 🆎 ⓪ ⓂⒸ 𝓥𝓘𝓢𝓐. ⚡   MV   x
cerrado agosto, domingo noche y festivos noche – **Comida** carta 22,84 a 30,95.

La Cava Real, Espronceda 34, ✉ 28003, ✆ 91 442 54 32, cavareal@navegalia.com,
Fax 91 442 34 04, Enoteca – ▤. 🆎 ⓪ ⓂⒸ 𝓥𝓘𝓢𝓐. ⚡   FU   h
cerrado agosto, domingo y festivos – **Comida** carta 30,81 a 36,06.

Las Reses, Orfila 3, ✉ 28010, ✆ 91 308 03 82, Fax 91 308 03 82 – ▤. 🆎 ⓂⒸ 𝓥𝓘𝓢𝓐 ᴶᶜᴮ. ⚡
cerrado Semana Santa, del 12 al 25 de agosto, sábado mediodía y domingo – **Comida** -
carnes - carta 24,04 a 40,84.   NV   e

Escolástico, Santa Engracia 24, ✉ 28010, ✆ 91 594 04 67 – ▤. 🆎 ⓂⒸ 𝓥𝓘𝓢𝓐. ⚡   FV   b
cerrado agosto y domingo – **Comida** carta 32,50 a 37,50.

XX **La Vendimia,** pl. del Conde del Valle de Suchil 7, ✉ 28015, ℘ 91 445 73 77, *Fax 91 448 86 72* – 🍽. AE ⬤ VISA. ✗ DV **b**
cerrado domingo noche – **Comida** carta 24,04 a 30,05.

XX **Soroa,** Modesto Lafuente 88, ✉ 28003, ℘ 91 553 17 95, *Fax 91 553 17 98* – 🍽. AE ⬤ MC VISA. ✗ FT **x**
cerrado agosto, domingo, lunes y festivos – **Comida** carta 32,78 a 34,20.

XX **Kulixka,** Fuencarral 124, ✉ 28010, ℘ 91 447 25 38 – 🍽. AE ⬤ MC VISA. ✗ EV **v**
cerrado Semana Santa, agosto y domingo – **Comida** - pescados y mariscos - carta 24 a 30.

XX **Porto Alegre 2,** Trafalgar 15, ✉ 28010, ℘ 91 593 37 62, *portoalegrell@terra.es,* *Fax 91 445 19 74* – 🍽. AE ⬤ MC VISA JCB. ✗ EV **d**
cerrado agosto y domingo – **Comida** carta 25,55 a 30,96.

XX **Odriozola,** Zurbano 13, ✉ 28010, ℘ 91 319 31 50 – 🍽. AE ⬤ MC VISA JCB. ✗
cerrado del 1 al 7 de enero, 21 días en agosto, sábado mediodía y domingo – **Comida** carta 36 a 39. MV **d**

XX **Orzán,** General Ampudia 18, ✉ 28003, ℘ 91 534 23 80, *Fax 91 554 85 80* – 🍽. AE ⬤ MC VISA. ✗ DT **s**
cerrado Semana Santa, agosto, domingo y festivos noche – **Comida** carta 33,64 a 40,85.

XX **Casa Hilda,** Bravo Murillo 24, ✉ 28015, ℘ 91 446 35 69 – 🍽. AE ⬤ MC VISA. ✗ EU **q**
cerrado agosto, domingo noche y lunes noche – **Comida** carta 21 a 38.

XX **Tsunami,** Caracas 10, ✉ 28010, ℘ 91 308 05 69, *Fax 91 308 05 69* – 🍽. AE MC VISA. ✗ FV **a**
cerrado 15 días en agosto, sábado mediodía, domingo y festivos – **Comida** - rest. japonés - carta 24,04 a 36,06.

XX **Chuliá,** María de Guzmán 36, ✉ 28003, ℘ 91 535 31 23, *hchulia@teleline.es,* *Fax 91 535 10 10* – 🍽. AE ⬤ MC VISA. ✗ ET **n**
cerrado agosto, domingo y lunes noche – **Comida** carta 20,90 a 36,60.

XX **Polizón,** Viriato 39, ✉ 28010, ℘ 91 593 39 19 – 🍽. AE ⬤ MC VISA JCB. ✗ EU **w**
cerrado agosto y domingo noche – **Comida** - pescados y mariscos - carta 24 a 26.

XX **La Plaza de Chamberí,** pl. de Chamberí 10, ✉ 28010, ℘ 91 446 06 97, *Fax 91 594 21 20* – 🍽. AE ⬤ MC VISA JCB. ✗ FV **k**
Comida carta 25,71 a 26,65.

XX **Mesón del Cid,** Fernández de la Hoz 57, ✉ 28003, ℘ 91 442 07 55, *Fax 91 442 47 77* – 🍽. AE ⬤ MC VISA. ✗ FU **r**
cerrado Semana Santa, agosto, domingo (junio-septiembre), domingo noche y festivos noche resto del año – **Comida** carta 26,44 a 32,16.

XX **Gala,** Espronceda 14, ✉ 28003, ℘ 91 442 22 44 – 🍽. AE ⬤ MC VISA. ✗ EU **n**
cerrado 2ª semana en agosto y domingo – **Comida** carta 25,85 a 33,24.

XX **Doña,** Zurbano 59, ✉ 28010, ℘ 91 319 25 51, *Fax 91 441 90 20* – 🍽. AE ⬤ VISA. ✗ FU **d**
cerrado domingo noche y del 15 al 31 de agosto – **Comida** carta 19,08 a 31,55.

XX **Alborán,** Ponzano 39-41, ✉ 28003, ℘ 91 399 21 50, *alboran@alboran-rest.com,* *Fax 91 399 21 50* – 🍽. AE ⬤ MC VISA. ✗ EU **g**
cerrado domingo noche – **Comida** carta 21,64 a 35,47.

XX **Horno de Juan,** Joaquín María López 30, ✉ 28015, ℘ 91 543 30 43, *jml@hornodejuan.com, Fax 91 543 18 25* – 🍽. AE ⬤ MC VISA JCB. ✗ DU **x**
cerrado 2ª quincena de agosto y domingo noche – **Comida** carta 20,14 a 26,45.

X **La Parra,** Monte Esquinza 34, ✉ 28010, ℘ 91 319 54 98 – 🍽. AE ⬤ MC VISA. ✗ FV **v**
cerrado agosto, sábado mediodía y domingo – **Comida** carta 24,04 a 29,15.

X **El Pedrusco de Aldealcorvo,** Juan de Austria 27, ✉ 28010, ℘ 91 446 88 33, *asador@elpedruscodealdealcorvo.es, Fax 91 446 88 33,* « Decoración castellana » – 🍽. AE ⬤ MC VISA. ✗ EU **f**
cerrado agosto, domingo y lunes noche – **Comida** carta 23,44 a 29,75.

X **Villa de Foz,** Gonzálo de Córdoba 10, ✉ 28010, ℘ 91 446 89 93 – 🍽. AE VISA. ✗ EV **e**
cerrado agosto y domingo – **Comida** - cocina gallega - carta 20,10 a 27,90.

X **Casa Grana,** Orellana 6, ✉ 28004, ℘ 91 308 32 77, *Fax 91 308 32 77* – 🍽. AE ⬤ MC VISA. ✗ MV **g**
cerrado Semana Santa, agosto, sábado mediodía, domingo y festivos – **Comida** carta 22,67 a 30,03.

X **Pinocchio Orfila,** Orfila 2, ✉ 28010, ℘ 91 308 16 47, *restaurante@pinocchio.es, Fax 91 662 18 65* – 🍽. AE ⬤ MC VISA. ✗ NV **d**
cerrado agosto, sábado mediodía, domingo y festivos – **Comida** - cocina italiana - carta 18,06 a 24,97.

X **Balear,** Sagunto 18, ✉ 28010, ℘ 91 447 91 15, *Fax 91 445 19 97* – 🍽. AE MC VISA. ✗ EU **y**
cerrado domingo noche y lunes noche – **Comida** - arroces - carta 24,60 a 45.

Don Sancho, Bretón de los Herreros 58, ✉ 28003, ☎ 91 441 37 94 – ▤. AE ◑ MC VISA. ⚡ FU u
cerrado agosto, domingo, lunes noche y festivos – **Comida** carta 21,34 a 27,65.

La Despensa, Cardenal Cisneros 6, ✉ 28010, ☎ 91 446 17 94 – ▤. AE ◑ MC VISA. ⚡ EV p
cerrado 20 agosto-13 septiembre, domingo noche y lunes – **Comida** carta 16,52 a 19,24.

Triclinivm, Ponzano 99, ✉ 28003, ☎ 91 536 05 67 – ▤. VISA. ⚡ ET t
cerrado del 5 al 26 de agosto y domingo – **Tapa** 1,50 **Ración** aprox. 13,82.

Mesón Cinco Jotas, paseo de San Francisco de Sales 27, ✉ 28003, ☎ 91 544 01 89, *jgarcia@osboire..es, Fax 91 549 06 51,* ☂ – ▤. AE ◑ MC VISA. ⚡ DT h
Tapa 1,90 **Ración** - espec. en ibéricos - aprox. 9.

José Luis, paseo de San Francisco de Sales 14, ✉ 28003, ☎ 91 442 67 40, ☂ – ▤. AE ◑ MC VISA. ⚡ DU v
Tapa 2,10 **Ración** aprox. 9,62.

Asturianos, Vallehermoso 94, ✉ 28003, ☎ 91 533 59 47, *Fax 91 533 59 47,* ☂ – ▤. AE MC VISA DU c
cerrado julio y sábado – **Tapa** 2,72 **Ración** aprox. 6,58.

Zubia, Espronceda 28, ✉ 28003, ☎ 91 441 04 32, *zubiarestaurante@eresmas.com, Fax 91 441 10 43* – ▤ FU h

La Taberna de Don Alonso, Alonso Cano 64, ✉ 28003, ☎ 91 533 52 49 – ▤. ⚡ EFT r
cerrado Semana Santa, agosto, domingo y festivos noche – **Tapa** 1,60 **Ración** aprox. 9,10.

Taberna El Maño, Vallehermoso 59, ✉ 28015, ☎ 91 448 40 35, ☂, Ambiente taurino – MC VISA DU e
cerrado agosto, domingo noche y lunes – **Tapa** 2,40 **Ración** aprox. 7,81.

Chamartín, Tetuán : Paseo de la Castellana, Capitán Haya, Orense, Alberto Alcocer, Paseo de la Habana (planos p. 8 y 9)

Meliá Castilla, Capitán Haya 43, ✉ 28020, ☎ 91 567 50 00, *melia.castilla@solmelia.com, Fax 91 567 50 51,* ⛱ – |♦| ▤ TV ♿ 🚗 – 👥 25/800. AE ◑ MC VISA JCB. ⚡ FR c
Comida - ver rest. ***L'Albufera*** y rest. ***La Fragata*** – ☕ 17 – **891 hab** 233/241 – 14 suites.

NH Eurobuilding, Padre Damián 23, ✉ 28036, ☎ 91 345 45 00, *nheurobuilding@nh-hoteles.es, Fax 91 345 45 76,* « Jardín y terraza con ⛱ », 🏋 – |♦| ▤ TV ♿ 🚗 – 👥 25/900. AE ◑ MC VISA. ⚡ rest GS a
Magerit *(cerrado agosto)* **Comida** carta 29,43 a 36,34 – ☕ 16,22 – **416 hab** 192,32, 84 suites.

Holiday Inn Madrid, pl. Carlos Trías Beltrán 4 (acceso por Orense 22-24), ✉ 28020, ☎ 91 456 80 00, *Fax 91 456 80 01,* 🏋, ⛱ – |♦| ▤ TV ♿ – 👥 25/400. AE ◑ MC VISA JCB FS z
Comida - buffet - 13,62 - ***Big Blue :*** **Comida** *(cerrado 15 julio-agosto)* **Comida** carta 20,98 a 33,03 – ☕ 17 – **282 hab** 283/300 – 31 suites.

Cuzco sin rest con cafetería, paseo de la Castellana 133, ✉ 28046, ☎ 91 556 06 00, *hotelcuzco@mundivia.es, Fax 91 556 03 72,* 🏋 – |♦| ▤ TV 🚗 P – 👥 25/450. AE ◑ MC VISA. ⚡ FS a
☕ 11 – **322 hab** 164/205 – 8 suites.

Chamartín, estación de Chamartín, ✉ 28036, ☎ 91 334 49 00, *chamartin@husa.es, Fax 91 733 02 14* – |♦| ▤ TV – 👥 25/600. AE ◑ MC VISA JCB. ⚡ HR
Comida - ver rest. ***Cota 13*** – ☕ 10,20 – **360 hab** 135,70/157,70 – 18 suites.

Confortel Madrid, López de Hoyos 143, ✉ 28002, ☎ 91 744 50 00, *com.confortel@once.es, Fax 91 415 30 73* – |♦| ▤ TV 🚗 – 👥 25/40. AE ◑ MC VISA JT y
cerrado agosto, sábado y domingo – **Comida** 21,03 – ☕ 10,21 – **120 suites** 129,81/162,27.

AC Aitana, paseo de la Castellana 152, ✉ 28046, ☎ 91 458 49 70, *aitana@ac-hoteles.com, Fax 91 458 49 71* – |♦| ▤ TV ♿. AE ◑ MC VISA. ⚡ GS c
Comida 21,04 – ☕ 11,12 – **110 hab** 214 – 2 suites.

NH La Habana, paseo de la Habana 73, ✉ 28036, ☎ 91 345 82 84, *Fax 91 457 75 79* – |♦| ▤ TV 🚗 – 👥 25/250. AE ◑ MC VISA JCB. ⚡ rest HS f
Comida 30 – ☕ 14 – **156 hab** 157/178 – PA 74.

Orense, Pedro Teixeira 5, ✉ 28020, ☎ 91 597 15 68, *comercial@hotelorense.com, Fax 91 597 12 95* – |♦| ▤ TV 🚗. AE ◑ MC VISA JCB. ⚡ FS q
Comida 16,88 – ☕ 10,82 – **140 hab** 147,04/174,17 – PA 43,75.

Foxá 32, Agustín de Foxá 32, ✉ 28036, ☎ 91 733 10 60, *foxa32@foxa.com, Fax 91 314 11 65* – |♦| ▤ TV 🚗 – 👥 25/250. AE ◑ MC VISA. ⚡ GR e
Comida 10,82 – ☕ 10 – **63 hab** 150/167 – 98 suites.

Foxá 25, Agustín de Foxá 25, ✉ 28036, ✆ 91 323 11 19, *foxa25@foxa.com,*
Fax 91 314 53 11 – |≜| 🗏 📺 🚗. 🆎 ⓓ 🅼ⓒ *VISA*. ✖   GR a
Comida 10,82 – ☕ 10 – **121 suites** 150/167.

Puerta Castilla, paseo de la Castellana 191, ✉ 28046, ✆ 91 453 19 00, *comercial*
@puertacastilla.com, Fax 91 453 19 05, 🏋 – |≜| 🗏 📺 🚗 – 🏛 25/150. 🆎 ⓓ 🅼ⓒ
VISA. ✖   GR z
Comida *(cerrado agosto)* 21 – ☕ 14,50 – **234 hab** 183,31/201,34 – 28 suites – PA 57,25.

Castilla Plaza, paseo de la Castellana 220, ✉ 28046, ✆ 91 567 43 00, *castilla-plaza*
@abbahoteles.com, Fax 91 315 54 06 – |≜| 🗏 📺 🚗 – 🏛 25/150. 🆎 ⓓ 🅼ⓒ *VISA*. ✖
Comida 21,64 – ☕ 13,25 – **139 hab** 162/202,50.   GR u

Tryp Centro Norte sin rest, Mauricio Ravel 10, ✉ 28046, ✆ 91 733 34 00, *centron*
orte@trypnet.com, Fax 91 314 60 47, ♒ – |≜| 🗏 📺 ♿ – 🏛 25/250   HR n
203 hab.

Don Pío sin rest, av. Pío XII-25, ✉ 28016, ✆ 91 353 07 80, *Fax 91 353 07 81* – |≜| 🗏
📺 🅿. 🆎 🅼ⓒ *VISA*. ✖   HR s
☕ 9,02 – **40 hab** 129,22/144,24.

El Gran Atlanta sin rest, Comandante Zorita 34, ✉ 28020, ✆ 91 553 59 00, *hatla*
nta@arrakis.es, Fax 91 533 08 58, 🏋 – |≜| 🗏 📺 🚗 – 🏛 25/120. 🆎 ⓓ 🅼ⓒ *VISA*. ✖
☕ 8,41 – **180 hab** 84,14/127,80.   ES p

Tryp Togumar sin rest, Canillas 59, ✉ 28002, ✆ 91 519 00 51, *Fax 91 519 48 45* –
|≜| 🗏 📺 🚗. 🆎 ⓓ 🅼ⓒ *VISA*. ✖
☕ 7,80 – **62 hab** 93,15/108,18.   JT s

Aristos, av. Pío XII-34, ✉ 28016, ✆ 91 345 04 50, *hotelaristos@elchaflan.com,*
Fax 91 345 10 23 – |≜| 🗏 📺. 🆎 ⓓ 🅼ⓒ *VISA*. ✖   JR d
Comida - ver rest. – *El Chaflán* – ☕ 11,41 – **22 hab** 106,10/144,13 – 1 suite.

NH Práctico sin rest, Bravo Murillo 304, ✉ 28020, ✆ 91 571 28 80, *nhpractico@n*
h-hoteles.es, Fax 91 571 56 31 – |≜| 🗏 📺 🚗. 🆎 ⓓ 🅼ⓒ *VISA* JCB. ✖   FR a
☕ 10,76 – **35 hab** 136,31/151,65.

Sol Inn Infanta Mercedes sin rest, Huesca 21, ✉ 28020, ✆ 91 570 33 33, *infan*
ta.mercedes@solmelia.com, Fax 91 571 11 56 – |≜| 🗏 📺 ♿ 🚗 – 🏛 25/50. 🆎 ⓓ 🅼ⓒ
VISA. ✖   ES v
☕ 6,61 – **61 hab** 80,54/112,57.

La Residencia de El Viso 🐕, Nervión 8, ✉ 28002, ✆ 91 564 03 70, *reservas@r*
esidenciadelviso.com, Fax 91 564 19 65, 🌳 – |≜| 🗏 📺. 🆎 ⓓ 🅼ⓒ *VISA*. ✖   HT c
Comida 16 – ☕ 8 – **12 hab** 72/118 – PA 40.

XXXXX **Zalacaín**, Álvarez de Baena 4, ✉ 28006, ✆ 91 561 48 40, *Fax 91 561 47 32* – 🗏. 🆎
❀   ⓓ 🅼ⓒ *VISA* JCB. ✖   GU b
cerrado Semana Santa, agosto, sábado mediodía, domingo y festivos – **Comida** 81,14 y
carta 44,32 a 58,15
Espec. Cazoleta de carabineros con corazones de alcachofa al coriandro. Albondigón de
pato confitado y cordero lechal con hortalizas. Sopa de piña con crema de anís.

XXXX   **Príncipe y Serrano**, Serrano 240, ✉ 28016, ✆ 91 458 62 31, *Fax 91 458 62 31* –
🗏. 🆎 ⓓ 🅼ⓒ *VISA*. ✖   HS a
cerrado agosto, sábado mediodía y domingo – **Comida** carta 32,76 a 46,58.

XXXX   **El Bodegón**, Pinar 15, ✉ 28006, ✆ 91 562 31 37, *Fax 91 562 97 25* – 🗏. 🆎 ⓓ 🅼ⓒ
VISA. ✖   GU q
cerrado agosto, sábado mediodía, domingo y festivos – **Comida** carta 41,16 a 50,18.

XXXX   **Príncipe de Viana**, Manuel de Falla 5, ✉ 28036, ✆ 91 457 15 49, *p.viana@teleline.es,*
Fax 91 457 52 83 – 🗏. 🆎 ⓓ 🅼ⓒ *VISA* JCB. ✖   GS c
cerrado Semana Santa, agosto, sábado mediodía y domingo – **Comida** - cocina vasco-
navarra - carta 40,80 a 48,20.

XXX   **L'Albufera** - *Hotel Meliá Castilla*, Capitán Haya 45, ✉ 28020, ✆ 91 567 51 97,
Fax 91 567 50 51 – 🗏 🚗. 🆎 ⓓ 🅼ⓒ *VISA* JCB. ✖   FR c
Comida - espec. en arroces - carta aprox. 40,57.

XXX   **La Fragata** - *Hotel Meliá Castilla*, Capitán Haya 45, ✉ 28020, ✆ 91 567 51 96,
Fax 91 567 50 51 – 🗏 🚗. 🆎 ⓓ 🅼ⓒ *VISA*. ✖   FR c
cerrado agosto y festivos – **Comida** carta 37,28 a 50.

XXX   **Combarro**, *Reina Mercedes 12*, ✉ 28020, ✆ 91 554 77 84, *combarro@combarro.com,*
Fax 91 534 25 01 – 🗏. 🆎 ⓓ 🅼ⓒ *VISA* JCB. ✖   ES a
cerrado agosto y domingo noche – **Comida** - pescados y mariscos - carta 37,56 a 47,18.

XXX   **El Chaflán** - *Hotel Aristos*, av. Pío XII-34, ✉ 28016, ✆ 91 350 61 93, *restaurante@e*
❀   *lchaflan.com, Fax 91 345 10 23,* 🌳 – 🗏. 🆎 ⓓ 🅼ⓒ *VISA*. ✖   JR d
cerrado 21 días en agosto, sábado mediodía, domingo y festivos – **Comida** carta 36,04
a 52,43
Espec. Foie con salteado de tubérculos y espuma de boniato. Besugo con judías y chopitos.
Sopa de pera con helado de vainilla y mousse de chocolate.

XXX **José Luis,** Rafael Salgado 11, ⊠ 28036, 𝒫 91 457 50 36, *Fax 91 344 10 46* – 🗐. AE
① MC VISA. ⌗ GS m
cerrado agosto y domingo – **Comida** carta 33,36 a 40,27.

XXX Señorío de Alcocer, av. de Alberto Alcocer 1, ⊠ 28036, 𝒫 91 345 16 96,
Fax 91 345 16 96 – 🗐 GS e

XXX **Goizeko Kabi,** Comandante Zorita 37, ⊠ 28020, 𝒫 91 533 01 85, *Fax 91 533 02 14*
– 🗐. AE ① VISA. ⌗ ES a
cerrado domingo – **Comida** - cocina vasca - carta 47,50 a 57
Espec. Marinada de atún con tapenade de olivas (15 mayo-octubre). Ligero suquet de
langostinos. Becada asada al viejo brandy (15 noviembre-febrero).

XXX **El Olivo,** General Gallegos 1, ⊠ 28036, 𝒫 91 359 15 35, *elolivojpv@yahoo.com,*
Fax 91 345 91 83 – 🗐. AE ① MC VISA JCB. ⌗ GR c
cerrado del 15 al 31 de agosto, domingo y lunes – **Comida** carta 37 a 42,35.

XXX **Cabo Mayor,** Juan Ramón Jiménez 37, ⊠ 28036, 𝒫 91 350 87 76, *cabomayor@tel*
eline.es, Fax 91 359 16 21, « Decoración marinera » – 🗐. AE ① MC VISA. ⌗ GS v
cerrado domingo – **Comida** carta 35,46 a 63,09.

XXX **Aldaba,** av. de Alberto Alcocer 5, ⊠ 28036, 𝒫 91 345 21 93 – 🗐. AE ① MC VISA. ⌗
cerrado agosto, sábado mediodía y domingo – **Comida** carta 28,10 a 39,06. GS e

XXX **El Foque,** Suero de Quiñones 22, ⊠ 28002, 𝒫 91 519 25 72, *Fax 91 561 07 99* – 🗐.
AE ① MC VISA. ⌗ HT r
cerrado domingo – **Comida** - espec. en bacalaos - carta 32,10 a 38,70.

XXX **Castelló 9,** Corazón de María 78, ⊠ 28002, 𝒫 91 519 34 15, *castello9@castello9.com,*
Fax 91 519 37 23 – 🗐. AE ① MC VISA. ⌗ JT w
cerrado domingo y agosto – **Comida** carta 27,64 a 33,21.

XX **De Vinis,** paseo de la Castellana 123, ⊠ 28046, 𝒫 91 556 40 33, *devinis@wanadoo.es,*
Fax 91 556 08 58 – 🗐. AE ① VISA. ⌗ GS h
cerrado Semana Santa, 15 días en agosto, sábado mediodía, domingo y festivos – **Comida**
carta aprox. 51,09.

XX Teitu, Capitán Haya 20, ⊠ 28020, 𝒫 91 556 21 14, *Fax 91 556 22 60* – 🗐 FS y

XX **La Tahona,** Capitán Haya 21 (lateral), ⊠ 28020, 𝒫 91 555 04 41, *Fax 91 556 62 02,*
« Decoración castellano-medieval » – 🗐. AE ① MC VISA. ⌗ FS u
cerrado 12 agosto-11 septiembre y domingo noche – **Comida** - cordero asado - carta
aprox. 27,95.

XX **La Misión,** Comandante Zorita 6, ⊠ 28020, 𝒫 91 533 27 57, *lamision@lamision.es,*
Fax 91 534 50 90 – 🗐. AE ① MC VISA. ⌗ ET s
cerrado sábado mediodía y domingo – **Comida** carta 27,34 a 28,84.

XX **O'Pazo,** Reina Mercedes 20, ⊠ 28020, 𝒫 91 553 23 33, *Fax 91 554 90 72* – 🗐. MC
VISA. ⌗ EFS p
cerrado Semana Santa, agosto y domingo – **Comida** - pescados y mariscos - carta 36,96
a 42,37.

XX **Carta Marina,** Padre Damián 40, ⊠ 28036, 𝒫 91 458 68 26, *Fax 91 458 68 26* – 🗐.
AE ① MC VISA JCB. ⌗ GS k
cerrado agosto y domingo – **Comida** - cocina gallega - carta 35 a 39.

XX **Pedralbes,** Basílica 15, ⊠ 28020, 𝒫 91 555 30 27, *Fax 91 570 95 30,* 🍸 – 🗐. AE ①
MC VISA. ⌗ FT z
cerrado domingo noche – **Comida** - cocina catalana - carta 20 a 28,50.

XX **Gerardo,** av. de Alberto Alcocer 46 C, ⊠ 28016, 𝒫 91 457 94 59, *Fax 91 401 30 00*
– 🗐. AE ① VISA. ⌗ HS v
cerrado del 11 al 26 de agosto y domingo noche – **Comida** carta 30 a 36.

XX **El Telégrafo,** Padre Damián 44, ⊠ 28036, 𝒫 91 350 61 19, *Fax 91 401 34 43,* 🍸,
« Imitando el interior de un barco » – 🗐. AE ① VISA. ⌗ GS s
Comida - pescados y mariscos - carta 26 a 35.

XX **Gaztelupe,** Comandante Zorita 32, ⊠ 28020, 𝒫 91 534 90 28, *Fax 91 554 65 66* – 🗐.
AE ① VISA. ⌗ ES p
cerrado domingo (julio-15 septiembre) y domingo noche resto del año – **Comida** - cocina
vasca - carta 39 a 46.

XX **Rianxo,** Oruro 11, ⊠ 28016, 𝒫 91 457 10 06, *Fax 91 457 22 04* – 🗐. AE ① MC
VISA. ⌗ HS h
Comida - cocina gallega - carta 34,27 a 46,58.

XX **El Comité,** pl. de San Amaro 8, ⊠ 28020, 𝒫 91 571 87 11, *Fax 91 435 43 27, Bistro*
– 🗐. AE ① MC VISA. ⌗ FS x
cerrado una semana en agosto, sábado mediodía y domingo – **Comida** carta 30,63 a 33,64.

XX **Ferreiro,** Comandante Zorita 32, ⊠ 28020, 𝒫 91 553 93 42, *Fax 91 553 89 90* – 🗐.
AE ① MC VISA ES p
Comida - cocina asturiana - carta 29,72 a 34,25.

XX **De María,** Félix Boix 5, ✉ 28036, ☎ 91 359 65 07, *demaria@infonegocio.com,*
Fax 91 350 56 63 – 🖥. AE ① MC VISA. ⌿
GR h
Comida - pescados y carnes a la brasa - carta 24 a 37,68.

XX **Cota 13** - *Hotel Chamartín,* estación de Chamartín, ✉ 28036, ☎ 91 334 49 00, *cham*
artin@husa.es, Fax 91 733 02 14 – 🖥. AE ① MC VISA JCB. ⌿
HR
cerrado agosto – **Comida** carta 21,80 a 30,80.

XX **La Leñera,** Hernani 60, ✉ 28020, ☎ 91 554 13 38, *Fax 91 554 13 38* – 🖥. AE ①
VISA. ⌿
ET v
cerrado del 11 al 28 de agosto y domingo noche – **Comida** - espec. en carnes a la brasa
- carta 20 a 32,24.

XX **Ganges,** Bolivia 11, ✉ 28016, ☎ 91 457 27 29, *Fax 91 457 27 75* – 🖥. AE ① MC VISA
JCB. ⌿
HS c
Comida - cocina hindú - carta 27,05 a 34,86.

XX **Jai-Alai,** Balbina Valverde 2, ✉ 28002, ☎ 91 561 27 42, *jaialai@infonegocio.com,*
Fax 91 561 38 46, ⛱ – 🖥. AE ① MC VISA
GT h
cerrado agosto y lunes – **Comida** - cocina vasca - carta 26,63 a 31,62.

XX **De Funy,** Serrano 213, ✉ 28016, ☎ 91 457 69 15, *defuny@eresmas.es,*
Fax 91 457 45 30 – 🖥. AE ① MC VISA JCB. ⌿
HS z
Comida - rest. libanés - carta 27,95 a 31,55.

XX **El Pardo,** paseo de la Castellana 105, ✉ 28046, ☎ 91 556 72 74 – 🖥. AE ① MC
VISA. ⌿
FS b
cerrado agosto, sábado mediodía y domingo – **Comida** carta 22,69 a 26,54.

XX **Ox's,** Juan Ramón Jiménez 11, ✉ 28036, ☎ 91 458 19 03, *Fax 91 344 14 37* – 🖥. AE
① MC VISA. ⌿
GS t
cerrado agosto y domingo – **Comida** - pescados y carnes a la brasa - carta 27,05 a 36,37.

XX **Donde Marian,** Torpedero Tucumán 32, ✉ 28016, ☎ 91 359 04 84 – 🖥. AE ① MC
VISA. ⌿
JR z
cerrado Semana Santa, agosto, sábado mediodía y festivos – **Comida** - carnes a la brasa
- carta 25,24 a 32,84.

XX **La Ancha,** Príncipe de Vergara 204, ✉ 28002, ☎ 91 563 89 77, *Fax 91 563 89 77,* ⛱
– 🖥. AE ① MC VISA. ⌿
HT z
cerrado 15 días en Navidades, Semana Santa, domingo y festivos – **Comida** carta 25,24
a 28,85.

XX **Rugantino,** Velázquez 136, ✉ 28006, ☎ 91 561 02 22 – 🖥. AE ① MC VISA. ⌿
HU e
Comida - cocina italiana - carta 20,55 a 24,64.

XX **Tattaglia,** paseo de la Habana 17, ✉ 28036, ☎ 91 562 85 90, *bgarcia@mail.vips.es* –
🖥. AE ① MC VISA. ⌿
GS b
Comida - cocina italiana - carta 23,61 a 26,14.

XX **Fass,** Rodríguez Marín 84, ✉ 28002, ☎ 91 563 60 83, *fass@wanadoo.es,*
Fax 91 563 74 53, « *Decoración estilo bávaro* » – 🖥. AE ① MC VISA. ⌿
HS t
Comida - cocina alemana - carta 17,10 a 26,10.

X **Tandem,** Pedro Muguruza 5, ✉ 28036, ☎ 91 350 30 47, *tandem.accua@terra.es* – 🖥.
AE ① MC VISA. ⌿
GR x
cerrado 24 julio-21 agosto, sábado mediodía y domingo – **Comida** carta 17,78 a 19,99.

X **Paparazzi,** Sor Ángela de la Cruz 22, ✉ 28020, ☎ 91 579 67 67 – 🖥. AE ① MC
VISA. ⌿
FS v
Comida - cocina italiana - carta 19,99 a 23,02.

X **El Molino,** Conde de Serrallo 1, ✉ 28020, ☎ 91 571 24 10, « *Decoración castellana* »
– 🖥. AE ① MC VISA. ⌿
FR w
Comida - asados - carta 20,75 a 41,18.

X **El Molino,** Orense 70, ✉ 28020, ☎ 91 571 37 76, *Fax 91 571 37 76,* « *Decoración*
castellana » – 🖥. AE ① MC VISA. ⌿
FR f
Comida - asados - carta 20,75 a 41,18.

X **Al-Fanus,** Pechuán 6, ✉ 28002, ☎ 91 562 77 18, *Fax 91 562 77 18* – 🖥. AE ① MC
VISA. ⌿
HT k
cerrado domingo noche – **Comida** - rest. sirio - carta 22,09 a 24,49.

X **El Asador de Aranda,** pl. de Castilla 3, ✉ 28046, ☎ 91 733 87 02, *Fax 91 556 62 02,*
« *Decoración castellana* » – 🖥. AE ① MC VISA. ⌿
GR b
cerrado 12 agosto-10 septiembre y domingo noche – **Comida** - cordero asado - carta
aprox. 27.

X **Kabuki,** av. Presidente Carmona 2, ✉ 28020, ☎ 91 417 64 15, *Fax 91 556 02 32,* ⛱
– 🖥. AE ① MC VISA JCB. ⌿
FS t
cerrado agosto, sábado mediodía, domingo y festivos – **Comida** - rest. japonés - carta 24
a 30,20.

※ **Carpaccio,** Sor Ángela de la Cruz 8, ⊠ 28020, ℘ 91 417 01 60, *danicola@worldonli ne.es, Fax 91 597 05 90* – 🗏. **AE** ⓞ **MO** **VISA**. ※
FS   n
Comida - cocina italiana - carta 14,22 a 20,77.

※ **Asador Gaztelu,** Rosario Pino 18, ⊠ 28020, ℘ 91 571 38 85, ⇌ – 🗏. **AE** ⓞ **MO**
VISA. ※
FR   s
cerrado del 10 al 30 de agosto – **Comida** - cocina vasca - carta 30,12 a 36,75.

※ **Prost,** Orense 6 (edificio Metrocentro), ⊠ 28020, ℘ 91 555 28 94, ⇌ – 🗏. **AE** ⓞ **MO**
VISA. ※
FT   e
cerrado domingo – **Comida** carta aprox. 33,36.

※ **Da Nicola,** Orense 4, ⊠ 28020, ℘ 91 555 77 53, *Fax 91 556 68 17* – 🗏. **AE** ⓞ **MO**
VISA **JCB**. ※
FT   e
Comida - cocina italiana - carta 12,93 a 16,98.

※ Rianxo, Raimundo Fernández Villaverde 49, ⊠ 28003, ℘ 91 534 88 32, *Fax 91 554 09 81*
– 🗏
FT   a
Comida - cocina gallega.

※ **Los Borrachos de Velázquez,** Príncipe de Vergara 205, ⊠ 28002, ℘ 91 563 40 02,
Fax 91 563 93 35 – 🗏. **AE** ⓞ **MO** **VISA**. ※
HT   s
cerrado domingo – **Comida** - rest. andaluz - carta 22,23 a 35,45.

※ **La Barcaza Marinera,** Puenteareas 1, ⊠ 28002, ℘ 91 510 10 20 – 🗏. **AE** ⓞ **MO**
VISA. ※
JT   v
cerrado septiembre, domingo noche y lunes – **Comida** carta 20,50 a 26.

※ **Rías Bajas,** Alustante 11, ⊠ 28002, ℘ 91 413 49 65, *Fax 91 413 99 79* – 🗏. **AE** ⓞ
MO **VISA**. ※
JT   e
cerrado agosto y domingo noche – **Comida** - espec. en carnes a la piedra - carta 21,04
a 33,06.

🍸/ **Tasca La Farmacia,** Capitán Haya 19, ⊠ 28020, ℘ 91 555 81 46, *Fax 91 556 62 02*
– 🗏. **AE** ⓞ **MO** **VISA**
FS   r
cerrado 13 agosto-10 septiembre y domingo – **Tapa** 2,10 **Ración** - espec. en bacalaos -
aprox. 4.

🍸/ **José Luis,** paseo de la Habana 4, ⊠ 28036, ℘ 91 562 75 96, *joseluis@nexo.es,
Fax 91 562 31 18* – 🗏. **AE** ⓞ **MO** **VISA**. ※
GT   h
Tapa 1,50 **Ración** aprox. 10,82.

🍸/ **Mesón Cinco Jotas,** Padre Damián 42, ⊠ 28036, ℘ 91 350 31 73, *jgarcia@osboire.es,
Fax 91 345 79 51* – 🗏. **AE** ⓞ **MO** **VISA**. ※
GS   s
Tapa 1,90 **Ración** - espec. en ibéricos - aprox. 9.

🍸/ **Madrid Jabugo I,** Capitán Haya 54, ⊠ 28020, ℘ 91 570 33 78 – 🗏. **AE** **MO**
VISA. ※
FR   k
cerrado agosto y domingo – **Tapa** 2,30 **Ración** - espec. en ibéricos y chacinas - aprox. 16,10.

Alrededores

por la salida ② :

🏰 **Tryp Barajas,** av. de Logroño 305 - N II y desvío a Barajas pueblo : 15 km, ⊠ 28042,
℘ 91 747 77 00, *hotel.barajas@intelideas.com, Fax 91 747 87 17,* ⇌, 🛌, 🏊, 🎾 – 🛗
🗏 **TV** **P** – 🚶 25/675. **AE** ⓞ **MO** **VISA** **JCB**. ※ rest
Comida carta 23,75 a 33,36 – ☕ 13,52 – **218 hab** 164,53/208,10 – 12 suites.

🏰 **Tryp Alameda,** av. de Logroño 100 - N II y desvío a Barajas pueblo : 15 km, ⊠ 28042,
℘ 91 747 48 00, *hotel.alameda@intelideas.com, Fax 91 747 89 28,* 🔲 – 🛗 🗏 **TV** **P** –
🚶 25/280. **AE** ⓞ **MO** **VISA**. ※
Comida 24 – ☕ 11 – **136 hab** 155/193 – 9 suites.

🏨 **Aparthotel Convención Barajas** sin rest, Noray 10 - N II, desvío a Barajas pueblo
y Zona Industrial : 10 km, ⊠ 28042, ℘ 91 371 74 10, *comercial@hotel.convencion.com,
Fax 91 371 79 01* – 🛗 🗏 **TV** 🚗 – 🚶 25. **AE** ⓞ **MO** **VISA**. ※
☕ 9 – **95 apartamentos** 125/155.

🏨 **Tryp Diana,** Galeón 27 - N II, desvío a Barajas pueblo y aeropuerto por vía de servicio :
13 km, ⊠ 28042, ℘ 91 747 13 55, *diana@trypnet.com, Fax 91 747 97 97,* 🏊 – 🛗 🗏
TV – 🚶 25/220. **AE** ⓞ **MO** **VISA**. ※
Asador Duque de Osuna (*cerrado domingo y festivos*) **Comida** carta 23 a 31 – ☕ 11
– **227 hab** 155/193 – 39 suites.

🏨 **Villa de Barajas,** av. de Logroño 331 - N II y desvío a Barajas pueblo : 15 km, ⊠ 28042,
℘ 91 329 28 18, *villabarajas@infonegocio.com, Fax 91 329 27 04* – 🛗 🗏 **TV** 🚗 –
🚶 25. **AE** ⓞ **MO** **VISA**
Comida - sólo cena - 21,40 – ☕ 7 – **36 hab** 74/93.

🏨 **Express Barajas** sin rest con cafetería salvo fines de semana y agosto, Catamarán 1
- N II, desvío a Barajas pueblo y Zona Industrial : 10 km, ⊠ 28042, ℘ 91 742 02 00,
exbarajas@nh-hoteles.es, Fax 91 741 11 00 – 🛗 🗏 **TV** 🚗. **AE** ⓞ **MO** **VISA**. ※
☕ 6 – **80 hab** 78.

XX **Rancho Texano,** av. de Aragón 364 - N II y acceso vía de servicio Coslada-San Fernando : 12 km, ⊠ 28022, 🖉 91 747 47 36, *ranchotexano@ranchotexano.com,* Fax 91 747 94 68, 🏡, « Terraza » – 🗏 **P.** **AE** ⓪ **MO** **VISA** **JCB**. ⨯
cerrado domingo noche – **Comida** - espec. en carnes - carta 23,06 a 30,41.

X **Mesón Don Fernando,** Canal de Suez 1 - N II y desvío a Barajas pueblo : 15 km, ⊠ 28042, 🖉 91 747 75 51 – 🗏. **AE** ⓪ **MO** **VISA**. ⨯
cerrado agosto y sábado – **Comida** carta 16,81 a 26,23.

X Las Moreras, av. de Aragón 359 - N II, acceso vía de servicio Coslada-San Fernando y desvío a Madrid por Puente de San Fernando : 15,5 km, ⊠ 28042, 🖉 91 747 46 34, *las-moreras@teleline.es, Fax 91 329 18 59,* 🏡, « Pabellones castellanos en torno a una amplia terraza » – 🗏 **P.**
Comida - espec. en asados y carnes a la brasa.

por la salida ⑦ :

🏠 **AC Aravaca** sin rest con cafetería por la noche, Camino de la Zarzuela 3 - Aravaca : 10,2 km - salida 10 autopista, ⊠ 28023, 🖉 91 740 06 80, *acaravaca@ac-hoteles.com,* Fax 91 740 06 81, ℔ – 🛗 🗏 **TV** 🖰 🚗 – 🔬 25/35. **AE** ⓪ **MO** **VISA**. ⨯
☕ 9,02 – **110 hab** 130,42.

🏠 **Concordy** sin rest con cafetería, cruce N VI con M-40 - El Plantío : 11,7 km, ⊠ 28023, 🖉 91 307 65 54, *Fax 91 372 81 95* – 🛗 🗏 **TV** **P.** **MO** **VISA**. ⨯
☕ 2,25 – **22 hab** 54,69/60,77.

XX **Gaztelubide,** Sopelana 13 - La Florida : 12,8 km, ⊠ 28023, 🖉 91 372 85 44, *gaztelubide@teleline.es, Fax 91 372 84 19,* 🏡 – 🛗 🗏 **P.** **AE** ⓪ **MO** **VISA**. ⨯
cerrado domingo noche – **Comida** - cocina vasca - carta 32,45 a 37,26.

XX **Portonovo,** 10,5 km - salida 10 autopista, ⊠ 28023, 🖉 91 307 01 73, Fax 91 307 02 86, 🏡 – 🗏 **P.** **AE** ⓪ **MO** **VISA** **JCB**. ⨯
cerrado domingo noche – **Comida** - cocina gallega - carta 22,96 a 39,52.

XX **Los Remos,** La Florida : 13 km, ⊠ 28023, 🖉 91 307 72 30, Fax 91 372 84 35 – 🗏 **P.**
AE ⓪ **MO** **VISA**. ⨯
Comida - pescados y mariscos - carta 24 a 28.

XX **Asador Los Condes,** av. de la Victoria 7 - El Plantío : 12,5 km, ⊠ 28023, 🖉 91 307 73 00, Fax 91 307 79 69 – 🗏 **P.** **AE** ⓪ **MO** **VISA**. ⨯
cerrado del 5 al 31 de agosto, domingo noche y lunes – **Comida** - espec. en asados - carta 21,39 a 24,70.

XX **La Dehesa,** Centro Comercial Sexta Avenida (terraza) - El Plantío : 13 km, ⊠ 28023, 🖉 91 372 91 27, *javia111275@teleline.es, Fax 91 897 83 51,* 🏡 – 🗏. **AE** ⓪ **MO**
VISA. ⨯
cerrado domingo en agosto, domingo noche y lunes noche resto del año – **Comida** carta 29,91 a 38,16.

por la salida ⑧ *14,5 km :*

XX **El Mesón,** carret. M 607, ⊠ 28049, 🖉 91 734 10 19, Fax 91 734 05 77, 🏡,
« Decoración rústica en una casa de campo castellana » – 🗏 **P.** **AE** ⓪ **MO**
VISA. ⨯
cerrado del 15 al 31 de agosto – **Comida** carta 26 a 35.

Neumáticos MICHELIN S.A., División Comercial TRES CANTOS Av. de los Encuartes 19, ⊠ 28760 🖉 91 410 50 00, Aton. Cliente 91 410 53 30, Fax 91 410 50 10

MADRIDEJOS 45710 Toledo **444** **N 19** – *10 332 h alt. 688.*

Madrid 120 – Alcázar de San Juan 29 – Ciudad Real 84 – Toledo 74 – Valdepeñas 81.

en la autovía N IV *Norte : 6 km :*

XX **Un Alto en el Camino,** ⊠ 45710, 🖉 925 46 00 00, *mseller@arrakis.es,* Fax 925 46 35 41 – 🗏 **P.** **MO** **VISA**. ⨯
cerrado del 10 al 20 de septiembre y sábado – **Comida** - sólo almuerzo - carta 18,34 a 24,04.

MADRONA 40154 Segovia **442** **J 17** – *alt. 1 088.*

Madrid 90 – Ávila 58 – *Segovia 9.*

🏠 **Sotopalacio** sin rest, Segovia 15 🖉 921 48 51 00, *sotopalacio@segonet.com,* Fax 921 48 52 24 – **TV**. ⓪ **MO** **VISA** **JCB**. ⨯
☕ 3,30 – **12 hab** 42,10.

El MADROÑAL Las Palmas – ver Canarias (Gran Canaria) : Santa Brígida.

MADROÑERA 10210 Cáceres 444 N 12 – 3 240 h alt. 589.

Madrid 262 – Cáceres 62 – Mérida 102 – Plasencia 99.

Soterraña ⚐, Real 75 ℰ 927 33 42 62, soterrana@soterrana.com, Fax 927 31 93 39, ☂, « Antigua casa señorial » – 🖭 📺 – 🔥 25/30. ⒶⒺ ⓞ ⓜⓒ 𝘝𝘐𝘚𝘈. ✶
Comida 12,62 – **9 hab** ⚏ 51,44/64,30 – PA 27,87.

MAGALUF Illes Balears – ver Balears (Mallorca).

MAGAZ 34220 Palencia 442 G 16 – 782 h alt. 728.

Madrid 237 – Burgos 79 – León 137 – Palencia 9 – Valladolid 49.

Europa Centro ⚐, urb. Castillo de Magaz (carret. de Palencia) - Oeste : 1 km ℰ 979 78 40 00, Fax 979 78 41 85, ← – |$| 🖭 📺 ᵫ ⇔ 🅿 – 🔥 25/500. ⒶⒺ ⓞ ⓜⓒ 𝘝𝘐𝘚𝘈. ✶ rest
Comida 14,45 – ⚏ 7,21 – **114 hab** 60/78 – 8 suites.

MAHÓN Illes Balears – ver Balears (Menorca) : Maó.

MAJADAHONDA 28220 Madrid 444 K 18 – 34 031 h alt. 743
R.A.C.E. av. España 18 ✉ 28220 ℰ 91 639 41 59 Fax 91 639 10 62.
Madrid 20 – Segovia 82 – Toledo 83.

Pimentel, Cristo 16 ℰ 91 639 40 46 – 🖭. ⒶⒺ ⓞ ⓜⓒ 𝘝𝘐𝘚𝘈. ✶
cerrado 15 días en agosto, domingo noche y lunes – **Comida** carta 24,64 a 29,45.

Ars Vivendi, Cristo 23 ℰ 91 634 02 87, Fax 91 351 46 82 – 🖭. ⓞ ⓜⓒ 𝘝𝘐𝘚𝘈. ✶
cerrado agosto, domingo noche y martes – **Comida** - cocina italiana - carta 28,24 a 40,26.

MÁLAGA

29000 🅿 **446** **V 16** – *534 683 h. – Playa.*

Madrid 494 ④ – Algeciras 133 ② – Córdoba 175 ④ – Sevilla 217 ④ – València 651 ④.

OFICINAS DE TURISMO

🖪 *pasaje de Chinitas 4,* ✉ *29015,* ✆ *95 221 34 45, otmalaga@ turismo-anadaluz.com Fax 95 222 94 21 y av. Cervantes 1,* ✉ *29016,* ✆ *95 260 44 10, info@ malagatu rismo.com Fax 95 221 41 20.*

INFORMACIONES PRÁCTICAS

R.A.C.E. *Córdoba 17 (bajo)* ✉ *29001* ✆ *95 222 98 36 Fax 95 260 83 83.*

🛩 *Málaga por* ② *: 9 km* ✆ *95 237 66 77 Fax 95 237 66 12 –* 🛩 *El Candado, por* ① *: 5 km* ✆ *95 229 93 40 Fax 95 229 48 12.*

✈ *de Málaga por* ② *: 9 km* ✆ *95 204 88 44 – Iberia : Molina Larios 13* ✉ *29015* ✆ *95 213 61 48* CY *y aeropuerto* ✆ *95 204 84 84.*

🚗 ✆ *95 212 82 25.*

⛴ *para Melilla : Cia. Trasmediterránea, Estacíon Maritima, Local E-1* ✉ *29016* CZ *–* ✆ *95 206 12 06 Fax 95 206 12 21.*

CURIOSIDADES

Ver : *Gibralfaro :* ≼★★ DY *– Alcazaba★* ≼★ *(Museo Arqueológico★)* DY *– Catedral★* CZ *– Iglesia de El Sagrario (portada★ , retablo manierista★★)* CY *– Santuario de la Virgen de la Victoria★ por calle Victoria* EY.

Alred. : *Finca de la Concepción★ 7 km por* ④ *– El Retiro★ 15 km por av. de Andalucía* CZ.

Parador de Málaga-Gibralfaro ⚲, Castillo de Gibralfaro, ✉ 29016, 𝒞 95 222 19 02, *Fax 95 222 19 04*, « Magnífica situación con ≤ Málaga y mar », 🛳 – 劇 🔲 📺 ⚲ 🅿 – 🏊 25/60. AE ⑩ MC VISA JCB. ✖ Comida 24,04 – ☕ 8,71 – **38 hab** 93,18/116,48.
    FY a

AC Málaga Palacio, Cortina del Muelle 1, ✉ 29015, 𝒞 95 221 51 85, *malaga@ac-hoteles.com, Fax 95 222 51 00*, ≤, 🛳 – 劇 🔲 📺 ⚲ – 🏊 25/60. AE ⑩ MC VISA ✖
Comida 22,23 – ☕ 10,81 – **197 hab** 158,19 – 17 suites.
    DZ n

NH Málaga ⚲, av. Río Guadalmedina, ✉ 29007, 𝒞 95 207 13 23, *nhmalaga@nhhoteles.es, Fax 95 239 38 62*, 🏋 – 劇 🔲 📺 ⚲ 🚗 – 🏊 25/900. AE ⑩ MC VISA ✖ rest
Comida 36,06 – ☕ 10,22 – **129 hab** 150,25 – 4 suites.
    CZ y

Tryp Alameda sin rest, av. de la Aurora (C.C. Larios), ✉ 29002, 𝒞 95 236 80 20, *alameda@trypnet.com, Fax 95 236 81 28* – 劇 🔲 📺. AE ⑩ MC VISA ✖
☕ 10,22 – **130 hab** 129,37/160,92 – 2 suites.
    AV n

Larios, Marqués de Larios 2, ✉ 29005, 𝒞 95 222 22 00, *info@hotel-larios.com, Fax 95 222 24 07* – 劇 🔲 📺 – 🏊 25/150. AE ⑩ MC VISA ✖
Comida 25,84 – ☕ 9,01 – **40 hab** 150,25/360,60.
    DY s

Don Curro sin rest con cafetería, Sancha de Lara 7, ✉ 29015, 𝒞 95 222 72 00, *hoteldoncurro@infonegocio.com, Fax 95 221 59 46* – 劇 🔲 📺 – 🏊 25/60. AE ⑩ MC VISA JCB
☕ 4,50 – **118 hab** 65/95.
    DZ e

Los Naranjos sin rest, paseo de Sancha 35, ✉ 29016, 𝒞 95 222 43 19, *reser@hotel-losnaranjos.com, Fax 95 222 59 75* – 劇 🔲 📺 🚗. AE ⑩ MC VISA ✖
☕ 6,01 – **40 hab** 67,43/97,36 – 1 suite.
    BU t

California sin rest, paseo de Sancha 17, ✉ 29016, 𝒞 95 221 51 64, *hcalifornia@spa.es, Fax 95 222 68 86* – 劇 🔲 📺. AE ⑩ MC VISA ✖
☕ 4,80 – **25 hab** 66,11.
    BU s

Venecia sin rest y sin ☕, Alameda Principal 9, ✉ 29001, 𝒞 95 221 36 36, *Fax 952 21 36 37* – 劇 🔲 📺. AE ⑩ MC VISA ✖
40 hab 58/72.
    DZ u

Don Paco sin rest y sin ☕, Salitre 53, ✉ 29002, 𝒞 95 231 90 08, *recepcion@hotel-donpaco.com, Fax 95 231 90 62* – 劇 🔲 📺. MC VISA ✖
25 hab 48,20/60,25.
    AV b

Zeus sin rest y sin ☕, Canales 8, ✉ 29002, 𝒞 95 231 72 00, *Fax 95 231 41 59* – 劇 📺. MC VISA ✖
32 hab 48,20/60,25.
    AV a

CÓRDOBA, GRANADA
N 331 Finca de la Concepción
C
D
CENTRO CULTURAL PROVINCIAL
la Regente
Austria
Av.
Av. de
POL
Ventura
Rodríguez
de
Ollerías
Peña
San
Quintín
Juan
Francisco Monje
la
Rosaleda
Álamos
77
Don
Carretería
135
27
Trinidad
138
Méndez
30
Comedias
Fátima
Jaboneros
Jara
los Mártires
13
Núñez
Y
Zamorano
123
Granada
n
Mármoles
Puente de la Aurora
d
Pulidero
Puente
120
125
95
Pta. de Guimbarda
Cisneros
37
56
40
Mota
Parejo
s
31
la
Agustín
Nueva
a
F
de
Cerrojo
M
CATEDRAL
Don
Armengual
Calvo
120
84
133
106
Pta. de Sto Domingo
130
v
95
n
Hilera
Cristian
5
86
r
e
42
Hilera
M
Y
8
D
Pta. de Mar
u
80
Av. de Andalucía
140
Principal
Paseo
Paseo
El Retiro
M
Alameda
Heredia
Paseo
Cines del Perchel
Av. de la Aurora
Alam.
Tomás
Córdoba
Benítez
P
Heredia
ESTACIÓN MARÍTIMA
Ancha del Carmen
Cuarteles
de
J
Manuel
Salitre
Matadero
Agustín
San Andrés
Pasillo
Comandante
Colón
del
Av.
Z
C
D
MA 402: ÁLORA
N 340-E 15: MARBELLA
Guadalmedina

COLMENAR
C 345
Santuario de la Virgen de la Victoria
Cruz Verde
Lagunillas
61
T
M
67
Pl. de la
Merced
Victoria
Mundo Nuevo
Santiago
Granada
Alcazabilla
M
Císter
2
G
H
Guillén
Sotelo
ALCAZABA
Plaza
Gen. Torrijos
Parque
del
de
de
los
España
Curas
Farola
Paseo
de
la
Pas. Marítimo
Ciudad de Melilla
PUERTO
Paseo de Reding
Pinosol
CASTILLO DE
GIBRALFARO
a
Y
N 340-E 15 ALMERÍA
CALETA, EL PALO
Cementerio
inglés
M
Puerto
Keromnes
J
Cervantes
Maestranza
s
b
Arenal
18
a
x
Z
MAR
MEDITERRÁNEO
MÁLAGA
0   300 m
MELILLA
E
F
E
F

499

XXX **Café de París,** Vélez Málaga 8, ✉ 29016, ✆ 95 222 50 43, *cafedeparis@mixmail.com,
Fax 95 260 38 64* – ▤ ▤. AE ① MC VISA JCB. ✗   **FZ x**
cerrado Semana Santa, 2ª quincena de julio, domingo y lunes noche – **Comida** 41,92 y carta
25,84 a 38,92
Espec. Carpaccio de langostinos con pie de cerdo y curry. Lubina con maíz y verduras al
dente. Coulant de avellanas fluido.

XX **Adolfo,** paseo Marítimo Pablo Ruiz Picasso 12, ✉ 29016, ✆ 95 260 19 14,
Fax 95 260 19 14 – ▤. AE ① MC VISA JCB. ✗   **BU r**
cerrado domingo – **Comida** carta 24,62 a 29,94.

XX **La Ménsula,** Maestranza 18, ✉ 29016, ✆ 95 222 50 30 – ▤. AE ①
VISA. ✗   **FZ b**
cerrado del 16 al 31 de julio y domingo – **Comida** carta aprox. 30,05.

XX **Santa Paula,** av. de los Guindos - Local 28 (barriada Santa Paula), ✉ 29004,
✆ 95 223 65 57, *stapaula@inicia.es, Fax 95 223 94 45,* ▥ – ▤. AE ① MC
VISA. ✗   por ② : 3 km
Comida carta 16,24 a 29,46.

XX **Doña Pepa,** Vélez Málaga 6, ✉ 29016, ✆ 95 260 34 89, *donapepa@infhosteleria.com,
Fax 95 260 34 89* – ▤. AE ① MC VISA. ✗   **FZ a**
cerrado septiembre y domingo – **Comida** carta 21 a 32.

X ⊛ **Figón de Juan,** pasaje Esperanto 1, ⊠ 29007, ℰ 95 228 75 47 – 🗐. AE MC VISA. ⍟
AV e
cerrado agosto y domingo – **Comida** carta 18,03 a 25,22.

X **El Chinitas,** Moreno Monroy 4, ⊠ 29015, ℰ 95 221 09 72, *chinitas@arrakis.es,*
Fax 95 222 00 31, 🌡 – 🗐. ◑ MC VISA. ⍟
DY a
Comida carta 19,20 a 27,90.

X El Refectorium, Cervantes 8, ⊠ 29016, ℰ 95 221 89 90 – 🗐
FY s

Y/ **El Trillo,** Don Juan Díaz 4, ⊠ 29015, ℰ 95 260 39 20, *Fax 952 60 23 82,* 🌡 – 🗐. AE
VISA. ⍟
DZ r
cerrado domingo – **Tapa** 1,80 **Ración** aprox. 4,81.

Y/ **La Posada,** Granada 33, ⊠ 29015, ℰ 95 221 70 69, « Decoración típica » – 🗐. AE MC
VISA. ⍟
DY n
Tapa 1,20 **Ración** - carnes - aprox. 4,21.

Y/ **La Casa del Piyayo,** Granada 36, ⊠ 29015, ℰ 95 222 00 96, « Decorado con un barco
de pesca » – 🗐. AE MC VISA. ⍟
DY d
cerrado lunes – **Tapa** 1,20 **Ración** - pescados y mariscos - aprox. 4,81.

Y/ La Alegría, Marín García 10, ⊠ 29005, ℰ 95 221 52 52, 🌡 – 🗐
DZ v

por la carretera C 345 BU *Noroeste : 16 km y desvío a la izquierda 4 km :*

🏠 **Humaina** 🦢, paraje El Cerrado - carret. de Colmenar, ⊠ 29013, ℰ 95 264 10 25,
hotelhumaina@activanet.es, Fax 95 264 01 15, « En pleno Parque Natural de los Montes
de Málaga » – 🗐 TV P – 🛋 25/30. ◑ MC VISA. ⍟ rest
cerrado 7 enero-7 febrero – **Comida** carta 16,07 a 26,74 – ☕ 5,41 – **13 hab** 47,48/
59,50.

en Cerrado de Calderón *por ① : 6 km :*

XX El Campanario, paseo de la Sierra 36, ⊠ 29018 Málaga, ℰ 95 220 24 48, 🌡,
« Magnífica situación con ⩻ bahía de Málaga » – 🗐.

en El Palo *por ① : 6 km :*

X **El Cobertizo,** av. Pío Baroja 25 (urb. Echeverría), ⊠ 29017 Málaga, ℰ 95 229 59 39,
🌳 – 🗐. AE ◑ MC VISA. ⍟
cerrado septiembre y miércoles salvo festivos – **Comida** carta 20,13 a 25,54.

X ⊛ **Valentín V.,** av. Juan Sebastián Elcano 44, ⊠ 29017 Málaga, ℰ 95 229 55 17, *valen
tinv.@.infhosteleria.com,* 🌳 – 🗐. AE ◑ MC VISA. ⍟
cerrado domingo noche y lunes – **Comida** carta 21,32 a 29.

X **Casa Pedro,** Quitapenas 121 (playa), ⊠ 29017 Málaga, ℰ 95 229 00 13,
Fax 95 229 00 03, ⩻, 🌳 – 🛗 🗐. AE ◑ MC VISA. ⍟
cerrado 2ª quincena de enero, 2ª quincena de noviembre y lunes noche – **Comida** carta
17,80 a 29,32.

MALLEZA *33866 Asturias* 441 B 11.
Madrid 504 – Oviedo 56.

🏛 **Palacio Conde de Toreno** 🦢, La Granja - Norte : 1 km ℰ 98 583 58 83,
Fax 98 583 58 30, « Palacio del siglo XVII en una extensa finca. Capilla », 🚗 – TV P –
🛋 25/200. MC VISA. ⍟ rest
cerrado enero – **Comida** *(cerrado lunes)* 9 – **17 hab** ☕ 66,11/78,13.

MALLORCA *Illes Balears – ver Balears.*

MALPARTIDA DE CÁCERES *10910 Cáceres* 444 N 10 – *3 747 h alt. 371.*
Madrid 308 – Alcántara 52 – Badajoz 103 – Cáceres 12 – Mérida 81 – Plasencia 94.

🕊 **Peña Cruz,** carret. N 521 ℰ 927 27 62 92, *Fax 927 27 50 27,* 🏊 – 🗐 TV 🚗 P. MC
VISA. ⍟
Comida 8,41 – ☕ 3 – **32 hab** 24/42,07.

MALPARTIDA DE PLASENCIA *10680 Cáceres* 444 M 11 – *4 234 h alt. 467.*
*Madrid 227 – Ávila 158 – Cáceres 88 – Ciudad Real 313 – Salamanca 139 – Talavera de
la Reina 111 – Plasencia 8.*

🏘 **Cañada Real** 🦢, carret. C 511 - Sur : 1 km ℰ 927 45 94 07, *principal@hotelcreal.es,*
Fax 927 45 94 34, 🏊 – 🛗 🗐 TV 🚿 🚗 P – 🛋 25/600. AE ◑ MC VISA. ⍟
Comida *(cerrado domingo noche y lunes)* carta 19 a 29 – ☕ 4,20 – **61 hab** 64/
84.

MALPICA DE BERGANTIÑOS 15113 A Coruña **441** C 3 – 7 434 h – Playa.

Madrid 651 – Carballo 18 – A Coruña/La Coruña 58 – *Santiago de Compostela* 63.

Panchito sin rest, pl. Villar Amigo 6 ℰ 981 72 03 07 – TV. MC VISA. ⚡
⚏ 4,20 – **11 hab** 33/36.

en Porto Barizo *Oeste : 7 km :*

As Garzas � con hab, Porto Barizo 40, ✉ 15113 Malpica de Bergantiños,
ℰ 981 72 17 65, Fax 981 72 17 65, ≼ – ▤ rest, TV P. ⚡
cerrado 15 enero-febrero – **Comida** *(cerrado lunes salvo en verano, festivos y vísperas)*
carta 23 a 29 – ⚏ 2,71 – **5 hab** 50.

MANACOR *Illes Balears – ver Balears (Mallorca).*

La MANGA DEL MAR MENOR 30380 Murcia **445** T 27 – Playa.

⌖₁₈ ⌖₁₈ ⌖₁₈ La Manga, Suroeste : 11 km ℰ 968 17 50 00 Fax 968 17 50 58.
⊡ km 0 ℰ 968 14 61 36 Fax 968 56 49 58.
Madrid 473 – Cartagena 34 – Murcia 83.

Villas La Manga, Gran Vía de La Manga ℰ 968 14 52 22, *hotel@villaslamanga.es,*
Fax 968 14 53 23, ⟍ – ▤ TV P. – 🛎 25/80. AE ① MC VISA. ⚡
cerrado 22 diciembre-8 enero – **Comida** 10 – ⚏ 9 – **60 hab** 103/156.

Borsalino, edificio Babilonia ℰ 968 56 31 30, Fax 968 56 31 30, ≼, 🌡 – AE ① MC
VISA. ⚡
cerrado 10 enero-10 febrero y martes salvo verano – **Comida** - cocina francesa - carta
19 a 31.

San Remo, Hacienda Dos Mares ℰ 968 14 08 13, Fax 968 14 08 13, 🌡 – ▤. AE ①
MC VISA JCB. ⚡
Comida carta 15,48 a 21,64.

MANILVA 29691 Málaga **446** W 14 – 4 902 h – Playa.
Madrid 643 – Algeciras 40 – Málaga 97 – Ronda 61.

en el Puerto de la Duquesa *Sureste : 4 km :*

Macues, ✉ 29692 Puerto de la Duquesa, ℰ 95 289 03 95, Fax 95 289 03 39, ≼, 🌡
– AE ① MC VISA. ⚡
Comida - sólo cena salvo fines de semana - carta 21,64 a 29,04.

en Castillo de la Duquesa *Sureste : 4,8 km :*

Mesón del Castillo, pl. Mayor, ✉ 29691 Manilva, ℰ 95 289 07 66 – ▤. AE ① MC
VISA. ⚡
cerrado 15 días en junio, 15 días en noviembre y lunes – **Comida** carta 18,75 a 28.

Hachomar, San José 4, ✉ 29691 Manilva, ℰ 95 289 03 47, Fax 952 89 01 24, 🌡 –
▤. AE ① MC VISA. ⚡
Comida carta 14,73 a 28,85.

MANISES 46940 València **445** N 28 – 24 453 h alt. 52.

⌖₉ Manises, carret. de Ribaroja, Noroeste : 2,5 km ℰ 96 152 38 04.
✈ de Valencia-Manises, ℰ 96 159 85 00.
Madrid 346 – Castelló de la Plana/Castellón de la Plana 78 – Requena 64 – *València* 10.

Meliá Confort Azafata, autopista del aeropuerto 15 ℰ 96 154 61 00, *melia.confort.a*
zafata@solmelia.com, Fax 96 153 20 19, 🛋 – 🛗 ▤ TV 🚗 P. – 🛎 25/300
124 hab, 4 suites.

MANLLEU 08560 Barcelona **443** F 36 – 16 242 h alt. 461.
Madrid 649 – Barcelona 78 – Girona/Gerona 104 – Vic 9.

Torres, passeig de Sant Joan 40 ℰ 93 850 61 88, *hoteltorres@torrespetit.com,*
Fax 93 850 61 88 – ▤ rest, TV 🚗 – 🛎 30. AE ① MC VISA JCB
cerrado 21 diciembre-7 enero – **Comida** - ver también rest. **Torres Petit** - 10,52 – ⚏ 5,95
– **17 hab** 35,70/59,50 – PA 21,59.

Torres Petit - Hotel Torres, passeig de Sant Joan 38 ℰ 93 850 61 88, *torrespetit@t*
orrespetit.com, Fax 93 850 61 88 – ▤ 🚗. AE ① MC VISA JCB. ⚡
cerrado Navidades, Semana Santa, 1 semana en agosto y domingo – **Comida** carta 23,44
a 37,12.

MANRESA 08240 Barcelona **443** G 35 – 66 879 h alt. 205.

Ver : *Localidad★ – Basílica-Colegiata de Santa María★★* BZ – *Cova de Sant Ignazi★★* BZ – *Pont Vell★* BZ.

🏢 pl. Major 1 ℘ 93 878 23 01 oiac@ajmanresa.org Fax 93 878 23 03.

Madrid 591 ③ – Barcelona 59 ① – Lleida/Lérida 122 ③ – Perpignan 239 ① – Tarragona 115 ② – Sabadell 67 ①

Els Noguers ⌂, carret. C-55 - km 29 ℘ 93 874 32 58, Fax 93 877 20 52 – 📶 ▤ 📺
🚫 P – 🏖 25/100. ⓂⓄ VISA. ✕
por ①
Comida *(cerrado 22 julio-11 agosto, domingo y lunes noche)* 12,02 – ☕ 3,61 – **30 hab** 45,02/54,09.

MANRESA

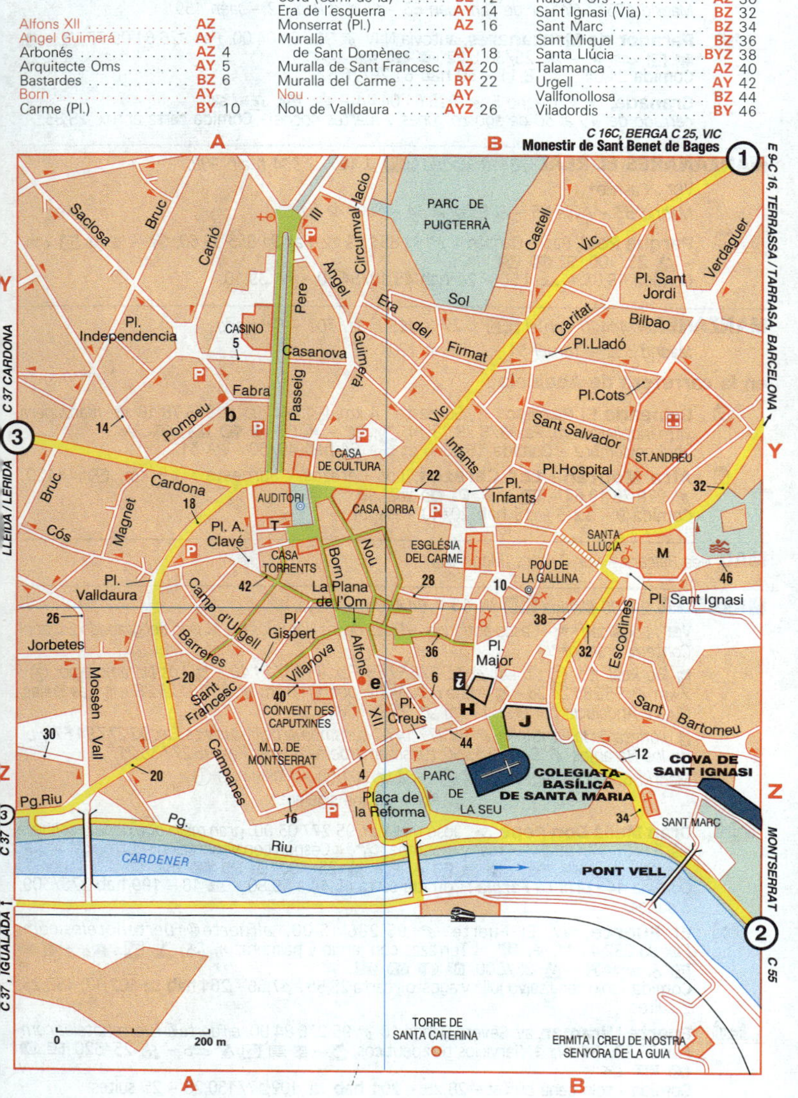

XX **Aligué**, barriada El Guix 8 (carret. de Vic) ℘ 93 873 25 62, aligue@restaurantaligue.es,
Fax 93 874 80 47 – ▤ 🅿 AE ① ⑩ VISA ⅋   por ①
cerrado del 15 al 31 de agosto, domingo noche y lunes – **Comida** carta 30,33 a 36,64.

XX **Catalonia**, Pompeu Fabra 13-1º ℘ 93 872 08 44, *Fax 93 875 13 81* – ▤ AE ⑩
VISA ⅋   AY b
cerrado agosto y noches de domingo a martes – **Comida** carta 21,43 a 32,15.

XX **La Cuina**, Alfons XII-18 ℘ 93 872 89 69, *Fax 93 872 89 69* – ▤ AE ① ⑩ VISA
JCB ⅋   AZ e
cerrado jueves – **Comida** carta 22,84 a 33,06.

MANZANARES 13200 Ciudad Real **444** O 19 – *18 326 h alt. 645.*
Madrid 173 – Alcázar de San Juan 63 – Ciudad Real 52 – Jaén 159.

🏨 **Parador de Manzanares**, autovía N IV ℘ 926 61 04 00, *Fax 926 61 09 35*, ⅃ – 🛗
▤ TV 🚗 🅿 – 🔬 25/300. AE ① ⑩ VISA ⅋
Comida 21,04 – ☕ 8,11 – **50 hab** 61,29/76,62.

X **Granada**, Dr. Camacho 5 ℘ 926 61 04 44 – ▤. VISA JCB ⅋
cerrado del 15 al 30 de agosto, lunes y martes noche – **Comida** carta aprox. 28,83.

MANZANARES EL REAL 28410 Madrid **444** J 18 – *2 334 h alt. 908.*
Ver : *Castillo★*.
Madrid 53 – Ávila 85 – El Escorial 34 – Segovia 51.

🏨 **Parque Real**, Padre Damián 4 ℘ 91 853 99 12, *Fax 91 853 99 60*, 🌿 – 🛗 ▤ TV 🚗
– 🔬 25/100. AE ⑩ VISA ⅋
Comida 18,03 – ☕ 4,50 – **24 hab** 45,10/54,10 – PA 39,10.

MANZANERA 44420 Teruel **443** L 27 – *465 h alt. 700 – Balneario.*
Madrid 352 – Teruel 51 – València 120.

en la carretera de Abejuela :

🏠 **Balneario El Paraíso** ⚕, Suroeste : 4 km, ✉ 44420, ℘ 978 78 18 18, *manzanera
@mariopilato.com, Fax 978 78 18 14*, ⅃, XX – 🅿 AE ① ⑩ VISA JCB ⅋
abril-noviembre – **Comida** 15,63 – ☕ 5 – **64 hab** 40/60 – PA 31.

🏠 **Alta Montaña Los Cerezos**, Los Cerezos - Suroeste : 3,5 km, ✉ 44420,
℘ 978 78 19 64 – TV 🚗. AE ⑩ VISA ⅋
Comida 9 – ☕ 3 – **15 hab** 20/40 – PA 21.

MAÓ *Illes Balears – ver Balears (Menorca).*

MARBELLA 29600 Málaga **446** W 15 – *84 410 h – Playa.*
Ver : *Localidad★★ – Casco antiguo★ – Plaza de los Naranjos★ – Museo del grabado Español
Contemporáneo★.*
🏌 Río Real, por ① : 5 km ℘ 95 276 57 33 Fax 95 277 21 40 – 🏌 Los Naranjos, por ② :
7 km ℘ 95 281 24 28 – 🏌 Aloha urb. Aloha, por ② : 8 km ℘ 95 281 23 88 – 🏌 Las Brisas,
Nueva Andalucía por ② : 11 km ℘ 95 281 08 75.
🏢 glorieta de la Fontanilla ℘ 95 277 14 42 turismomarbella@ctv.es Fax 95 277 94 57 y pl.
de los Naranjos ℘ 95 282 35 50 turismomarbella@ctv.es Fax 95 277 36 21.
Madrid 602 ① – Algeciras 77 ② – Cádiz 201 ② – Málaga 59 ①

Plano página siguiente

🏨 **Gran Meliá Don Pepe** ⚓, José Meliá ℘ 95 277 03 00, *gran.melia.don.pepe@solmelia
.es, Fax 95 277 99 54*, ≤ mar y montaña, 🌿, « Césped con vegetación subtropical », ⛵,
⅃, ▣, ▲, 🎾, XX – 🛗 ▤ TV & 🅿 – 🔬 25/300. AE ① ⑩ VISA ⅋   por ②
Comida 44 - *Grill La Farola :* **Comida** carta 45,44 a 59,80 – ☕ 18 – **199 hab** 275/309,
3 suites.

🏨 **El Fuerte**, av. El Fuerte ℘ 95 286 15 00, *elfuerte@fuertehoteles.com,
Fax 95 282 44 11*, ≤, 🌿, « Terrazas con jardín y palmeras », ⚽, ⅃, ▣, ▲ – 🛗 ▤
TV & 🚗 🅿 – 🔬 25/500. AE ① ⑩ VISA ⅋   B e
Comida - sólo cena salvo julio y agosto - carta 28,55 a 37,56 – **261 hab** ☕ 102,17/150,25,
2 suites.

🏨 **Fuerte Miramar**, av. Severo Ochoa 10 ℘ 95 276 84 00, *elfuerte@fuertehoteles.com,
Fax 95 276 84 14*, ≤, Servicios terapéuticos, ⅃ – 🛗 ▤ TV & 🚗 – 🔬 25/320. AE ①
⑩ VISA ⅋   B v
Comida - sólo cena buffet - 28,25 – **201 hab** ☕ 102,17/150,25 – 25 suites.

MARBELLA

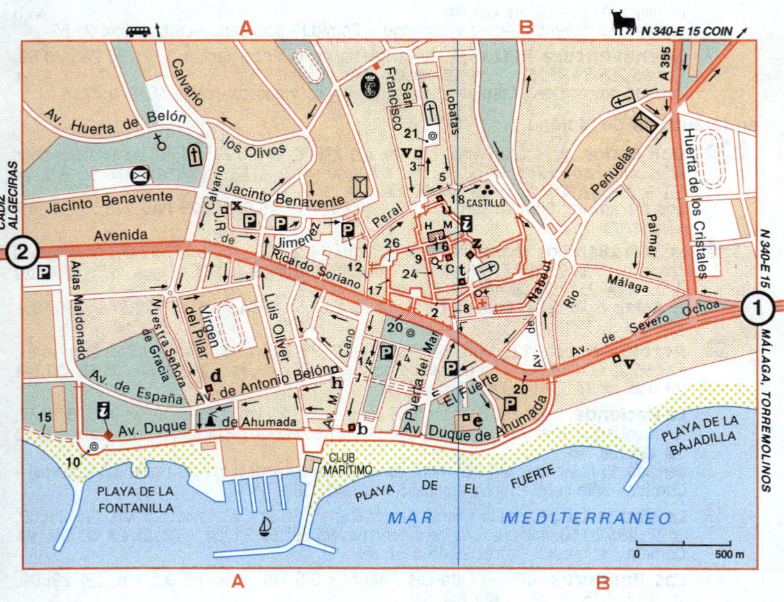

🏨 **Sultán Club Marbella**, av. Arturo Rubinstein ℰ 95 277 15 62, Fax 95 277 55 58, ♨, ⓘ, ⌇, ⌇ – ▯ ▤ TV ⇔. AE ① MC VISA. ✗   por ②
Monarque : Comida carta 30 a 42 – ⌸ 9 – **76 apartamentos** 213/258.

🏨 **Marbella Inn** sin rest con cafetería, Jacinto Benavente - bloque 6 ℰ 95 282 54 87, *marbella@xpress.es*, Fax 95 282 54 87, ⌇ climatizada – ▯ ▤ TV. AE ① MC
VISA. ✗   A x
⌸ 4 – **24 hab** 90 – 32 apartamentos.

🏨 **Lima** sin rest, av. Antonio Belón 2 ℰ 95 277 05 00, Fax 95 286 30 91 – ▯ ▤ TV. AE ①
MC VISA. ✗   A h
⌸ 4,50 – **64 hab** 69,55/86,94.

🏨 **Linda Marbella** sin rest, Ancha 21 ℰ 95 285 71 71, *lindamarbellasl@terra.es*,
Fax 95 285 71 71 – ▤ TV. AE ① MC VISA. ✗   A v
⌸ 4 – **14 hab** 54/84.

XXX **Santiago**, av. Duque de Ahumada 5 ℰ 95 277 43 39, *reservas@restaurantesantiago.com*, Fax 95 282 45 03, ♨ – ▤. AE ① MC VISA JCB. ✗   A b
cerrado noviembre – **Comida** - pescados y mariscos - carta 27,65 a 33,06.

XXX Triana, Gloria 11 ℰ 95 277 99 62 – ▤   B t
Comida - espec. en arroces.

XX **La Tirana**, urb. La Merced Chica - Huerta Márquez ℰ 95 286 34 24, ♨, « Terraza con jardín » – AE MC VISA   por ②
cerrado 15 enero-febrero y domingo salvo en verano – **Comida** - sólo cena - carta 25,20 a 30,60.

XX **Cenicienta**, av. Cánovas del Castillo 52 (circunvalación) ℰ 95 277 43 18, ♨ – AE ①
MC VISA   por ②
cerrado 15 enero-15 febrero y domingo – **Comida** - sólo cena - carta 34 a 40.

XX **Mena**, pl. de los Naranjos 10 ℰ 95 277 15 97, Fax 95 277 80 10, ♨ – AE ① MC
VISA. ✗   A c
cerrado domingo – **Comida** carta 32,45 a 41,08.

X **Mamma Angela,** Virgen del Pilar 17 ☎ 95 277 68 99, 🍽 – 🗐. 🆎 *VISA*. 🛇   A d
cerrado 15 noviembre-20 diciembre y martes – **Comida** - sólo cena, cocina italiana - carta
16,84 a 24,32.

X **El Balcón de la Virgen,** Remedios 2 ☎ 95 277 60 92, Fax 95 277 60 92, 🍽, « Edificio
del siglo XVI » – 🆎 ⓞ 🆎 *VISA*   A u
cerrado 15 diciembre-enero y domingo – **Comida** - sólo cena - carta aprox. 21,55.

X **Buenaventura Plaza,** pl. de la Iglesia de la Encarnación 5 ☎ 95 285 80 69,
Fax 95 285 81 93, 🍽 – 🗐. 🆎 ⓞ 🆎 *VISA*. 🛇   B z
cerrado noviembre – **Comida** - sólo cena en julio y agosto - carta 30,03 a 42,05.

en la autovía de Málaga *por* ① :

🏨 **Don Carlos** ⑤, salida Elviria : 10 km, ✉ 29600, ☎ 95 283 11 40, *resa@ hotel-donc
arlos.com,* Fax 95 283 34 29, ≤, 🍽, « Amplio jardín », 🏋, ⊿ climatizada, 🍽 – 🛗 🗐
📺 ⑤ 🅿 – 🛎 25/1200. 🆎 ⓞ 🆎 *VISA*. 🛇
Los Naranjos : **Comida** carta 33,36 a 48,68 – � 15,62 – **225 hab** 228,38/267,45,
14 suites.

🏨 **Le Méridien Los Monteros** ⑤, 5,5 km, ✉ 29600, ☎ 95 277 17 00, *hotel@ mon
teros.com,* Fax 95 282 58 46, ≤, 🍽, « Jardín subtropical con ⊿ », 🏖, 🍽 – 🛗 🗐 📺
⑤ 🅿 – 🛎 25/400. 🆎 ⓞ 🆎 *VISA*. 🛇
El Corzo (sólo cena) **Comida** carta 42,28 a 60,52 – **34 hab** ⊿ 222,37 a 296,59 –
134 suites.

🏨 **Artola** sin rest, 12,5 km, ✉ 29600, ☎ 95 283 13 90, *hotelartola@ inves.es,*
Fax 95 283 04 50, ≤, « En un campo de golf », ⊿, 🏖, ⑨ – 🛗 📺 🚗 🅿. 🆎 🆎 *VISA*
29 hab ⊿ 73,85/113,74 – 2 suites.

XXX **La Hacienda,** salida Las Chapas : 11,5 km y desvío 1,5 km, ✉ 29600, ☎ 95 283 12 67,
lahacienda@ vnet.es, Fax 95 283 33 28, 🍽, « Decoración rústica. Patio-terraza » – 🅿. 🆎
ⓞ 🆎 *VISA*. 🛇
cerrado 15 noviembre-20 diciembre, lunes (salvo agosto) y martes (salvo julio-agosto) –
Comida - sólo cena en julio y agosto - carta 37,56 a 48,39.

XX **Le Chêne Liège,** salida Elviria - La Mairena : 10 km y desvío 5,5 km, ✉ 29600,
☎ 95 285 20 50, *mairena@ mairena.com,* Fax 95 283 62 23, 🍽 – 🗐. 🆎 ⓞ 🆎 *VISA*. 🛇
Comida - sólo cena - carta 29,45 a 37,26.

XX **Las Banderas,** urb. El Lido-Las Chapas : 9,5 km y desvío 0,5 km, ✉ 29600,
☎ 95 283 18 19, 🍽 – 🆎 *VISA*. 🛇
cerrado lunes – **Comida** carta 22,83 a 29,46.

en la autovía de Cádiz *por* ② :

🏨 **Marbella Club** ⑤, Bulevar Príncipe Alfonso von Hohenlohe : 3 km, ✉ 29600,
☎ 95 282 22 11, *hotel@ marbellaclub.com,* Fax 95 282 98 84, 🍽, 🏋, ⊿ climatizada,
🏖, 🏖, 🍽 – 🗐 📺 🅿 – 🛎 25/180. 🆎 ⓞ 🆎 *VISA*. 🛇
Comida carta 51,70 a 64,92 – ⊿ 20,58 – **84 hab** 353,70/508,04 – 48 suites.

🏨 **Puente Romano** ⑤, 3,5 km, ✉ 29600, ☎ 95 282 09 00, *hotel@ puenteromano.com,*
Fax 95 277 57 66, 🍽, « Elegante conjunto de estilo andaluz en un magnífico jardín »,
🏋, ⊿ climatizada, 🏖, 🍽 – 🛗 🗐 📺 🅿 – 🛎 25/170. 🆎 ⓞ 🆎 *VISA* 🆓
🛇 rest
Roberto : **Comida** carta 34,86 a 49,88 – ⊿ 18,03 – **145 hab** 270,46/342,58 – 89 suites.

🏨 **Coral Beach,** 5 km, ✉ 29600, ☎ 95 282 45 00, *reservas@ hotelcoralbeach.com,*
Fax 95 282 62 57, 🏋, ⊿, 🏖 – 🛗 🗐 📺 🅿 – 🛎 25/200. 🆎 ⓞ 🆎
VISA. 🛇
15 marzo-octubre – *Florencia* (sólo cena) **Comida** carta 27,05 a 39,67 – ⊿ 13,82 –
148 hab 198,33/225,38 – 22 suites.

🏨 **Riu Rincón Andaluz** ⑤, 8 km, ✉ 29660 Nueva Andalucía, ☎ 95 281 15 17,
Fax 95 281 41 80, « Imitación de un pueblo andaluz », ⊿, 🏖, 🏖 – 🗐 📺 🅿 –
🛎 25/100. 🆎 ⓞ 🆎 *VISA*. 🛇
Comida 18,03 – **227 hab** ⊿ 157,80/197,25.

🏨 **Andalucía Plaza,** urb. Nueva Andalucía : 7,3 km, ✉ 29660 Nueva Andalucía,
☎ 95 281 20 00, *andpl@ h10.es,* Fax 95 281 47 92, 🍽, 🏋, ⊿, 🗗 – 🛗 🗐 📺 –
🛎 25/600. 🆎 ⓞ 🆎 *VISA*. 🛇
Comida 25,84 – **388 hab** ⊿ 162,27/213,96 – 2 suites – PA 41,47.

🏨 **Meliá Marbella Dinamar,** 6 km, ✉ 29660 Nueva Andalucía, ☎ 95 281 05 00, *dina
mar@ trypnet.com,* Fax 95 281 23 46, ≤, 🍽, « Jardín con ⊿ », 🗗, 🍽 – 🛗 🗐 📺 🅿
– 🛎 25/150. 🆎 ⓞ 🆎 *VISA*. 🛇
Comida 30,35 – ⊿ 13,52 – **116 hab** 165,28/206,45.

XXXX **La Meridiana,** camino de la Cruz : 3,5 km, ✉ 29600, ☎ 95 277 61 90, Fax 95 282 60 24,
≤, 🍽, « Terraza con jardín » – 🗐 🅿. 🆎 ⓞ 🆎 *VISA*
cerrado 9 enero-10 febrero – **Comida** - sólo cena - carta 43,56 a 50,48.

MATAMOROSA 39200 Cantabria **442** D 17.

Madrid 346 – Aguilar de Campóo 31 – Reinosa 3 – *Santander* 73.

Mesón Las Lanzas, Real 85 ☎ 942 75 19 57 – **P.** **AE** **MC** **VISA**. ✂
cerrado del 4 al 11 de mayo – **Comida** carta 21,01 a 24,02.

Le Guide change, changez de guide Michelin tous les ans.

La MATANZA DE ACENTEJO Santa Cruz de Tenerife – ver Canarias (Tenerife).

MATARÓ 08300 Barcelona **443** H 37 – 101 479 h – Playa.

Ver : Localidad★ – Puerto deportivo★ – Conjunto arqueológico de Torre Llauder★.

La Riera 48 (Ajuntament) ✉ 08301 ☎ 93 758 21 21 ajmataro@infomataro.net Fax
93 758 24 72.

Madrid 661 ② – *Barcelona* 28 ② – Girona/Gerona 72 ③ – Sabadell 47 ③

MATARÓ

America (Av.)	**BY** 2	Genovesos (Muralla dels)	**AY** 12	Sant Bonaventura .... **AY** 30
Ajuntament (Pl.)	**AY** 4	Havana (Pl. l')	**BY** 14	Sant Francesc d'Asis ..... **AY** 32
Escaletes (Baixada de les)	**AZ** 8	Hospital	**ABY** 16	Sant Llorenc (Muralla de) . **AZ** 34
Geganta (Cami de la)	**AY** 10	Josep Anselm Clavé	**AY** 18	Sant Simó .... **AY** 37
		Massot (Baixada d'en)	**AY** 21	Santa Maria .... **AY** 39
		Pascual Madoz	**BY** 24	Tigre (Muralla del) ...... **AY** 41
		Portal de Valldeix	**AY** 25	Xammar .... **AYZ** 49

NH Ciutat de Mataró, Camí Ral 648, ⊠ 08302, ℰ 93 757 55 22, *nhc-mataro@nh
-hoteles.es*, Fax 93 757 57 26 – 🛗 🚪 TV 🚹 🚗 – 🔬 25/330. AE ① MC VISA. ⚗ rest
Camí Real : Comida carta 20,44 a 28,85 – 🍵 9,62 – **101 hab** 105,18 – 4 suites, 17
apartamentos.   por Camí Ral   AZ

Colón sin rest con cafetería, Colón 6, ⊠ 08301, ℰ 93 790 58 04, Fax 93 790 62 86 –
🛗 🚪 TV. AE ① MC VISA   AZ   b
🍵 7,60 – **52 hab** 51/75,75.

El Nou Cents, El Torrent 21, ⊠ 08302, ℰ 93 799 37 51, *sercatering@nexo.es*,
Fax 93 741 11 07 – 🚪. AE ① MC VISA JCB   AY   d
cerrado Semana Santa, agosto y domingo – **Comida** carta 28,85 a 35,46.

Can Manel, Prat de la Riba 14 ℰ 93 790 68 18, Fax 93 790 76 29 – 🚪. AE ① MC
VISA. ⚗   ABY   x
cerrado Semana Santa, 20 días en agosto y domingo – **Comida** carta 23,74 a 30,29.

MAZAGÓN 21130 Huelva **446** U 9 – *Playa*.
🛈 pl. Odón Betanzos ℰ 959 37 63 00 Fax 959 37 60 44.
Madrid 638 – Huelva 23 – Sevilla 102.

Carabela Santa María, av. de los Conquistadores ℰ 959 53 60 18, Fax 959 37 72 58
– 🛗 🚪 TV 🚹 🅿 – 🔬 25/60. AE ① MC VISA. ⚗
Comida - sólo buffet - 13,22 – 🍵 4,81 – **73 hab** 67,16/83,96.

El Remo, av. de los Conquistadores 123 ℰ 959 53 61 38, 🍹 – 🚪.

por la carretera de Matalascañas :

Parador de Mazagón 🛏, Sureste : 6,5 km, ⊠ 21130, ℰ 959 53 63 00, *mazagon
@parador.es*, Fax 959 53 62 28, ≤ mar, « Jardín con 🏊 », 🏋, ⚗ – 🚪 TV 🚹 🅿 –
🔬 25/120. AE ① MC VISA JCB. ⚗
Comida 24,04 – 🍵 8,71 – **42 hab** 93,18/116,48 – 1 suite.

Albaida, Sureste : 1 km, ⊠ 21130, ℰ 959 37 60 29, *hotelalbaida@ole.com*,
Fax 959 37 61 08, 🍹 – 🚪 TV 🅿 – 🔬 25/45. AE ① MC VISA JCB. ⚗
Comida 9 – **24 hab** 🍵 41,20/69,20.

MECINA FONDALES 18416 Granada **446** V 20 – *alt. 930*.
Madrid 488 – Granada 69 – Almería 139 – Málaga 128 – Motril 43.

Albergue de Mecina 🛏, La Fuente ℰ 958 76 62 54, *alpujarr@ctv.es*,
Fax 958 76 62 55, ≤, 🍹 – TV – 🔬 25/100. MC VISA. ⚗
Comida 12 – 🍵 5,50 – **22 hab** 42,55/53,20.

El MÉDANO Santa Cruz de Tenerife – ver Canarias (Tenerife).

MEDELLÍN 06411 Badajoz **444** P 12 – *2 347 h alt. 251*.
Madrid 317 – Badajoz 102 – Cáceres 88 – Mérida 44.

Quinto Cecilio, Noroeste : 2 km ℰ 924 82 28 01, *quintocecilio@b.m.e.es*,
Fax 924 80 08 41, « En un cerro con ≤ vega y alrededores » – 🚪 🅿. AE ① MC VISA. ⚗
cerrado del 7 al 21 de enero y lunes salvo festivos – **Comida** carta 18,63 a 26,14.

MEDINA DE POMAR 09500 Burgos **442** D 19 – *5 584 h alt. 607*.
Madrid 329 – Bilbao 81 – Burgos 86 – Santander 108.

Las Merindades, pl. de Juan Salazar ℰ 947 19 08 22, Fax 947 19 15 56 – 🛗, 🚪 rest,
TV 🚗. AE ① MC VISA. ⚗
Comida *(cerrado domingo noche)* 15,02 – 🍵 4,35 – **29 hab** 51,44/64,30 – PA 34,27.

El Olvido, av. de Burgos ℰ 947 19 00 01 – 🚪 🅿. MC VISA. ⚗
cerrado octubre – **Comida** carta aprox. 24,04.

MEDINA DE RIOSECO 47800 Valladolid **442** G 14 – *4 945 h alt. 735*.
Ver : Iglesia de Santa María (capilla de los Benavente★).
Madrid 223 – León 94 – Palencia 50 – Valladolid 41 – Zamora 80.

Pasos, Lázaro Alonso 44 ℰ 983 70 10 02, Fax 983 72 05 02, « Decoración castellana »
– 🚪. AE ① MC VISA. ⚗
cerrado del 15 al 30 de octubre y lunes salvo festivos – **Comida** carta 16,92 a 24,90.

La Rua, San Juan 25 ℰ 983 70 07 83, 🍹 – 🚪. AE MC VISA. ⚗
cerrado del 10 al 30 de septiembre y jueves noche
Comida carta 18,03 a 24,04.

MEDINA DEL CAMPO 47400 Valladolid **442** I **15** – 20499 h alt. 721.

Ver : *Castillo de la Mota★.*

E *pl. Mayor de la Hispanidad 27- 1º (Casa del Peso) 𝒫 983 81 13 57 Fax 983 81 13 57.*
Madrid 154 – Salamanca 81 – Valladolid 43.

Villa de Ferias, carret. de Madrid km 157 𝒫 983 80 27 00, Fax 983 80 27 00 – ▤ ▥
▤ **P** – 🏊 25/400. **AE** **MC** **VISA**. ⚙
Comida 10,22 – ☕ 3,61 – **38 hab** 33,06/48,08 – PA 21,04.

La Mota sin rest y sin ☕, Fernando el Católico 4 𝒫 983 80 04 50, Fax 983 80 36 30
– |‡| ▥ **P.** **AE** **MC** **VISA**. ⚙
44 hab 31,25/44,47.

El Orensano, Claudio Moyano 20 𝒫 983 80 03 41 – ▭. ⚙
Comida *(cerrado domingo)* 7,20 – ☕ 1,80 – **24 hab** 18/30.

Don Pepe, Claudio Moyano 1 𝒫 983 80 18 95, *donpepecm1@terra.es,*
Fax 983 80 35 48 – ▤. **AE** **D** **MC** **VISA**. ⚙
Comida carta 16,53 a 24,64.

Mónaco, pl. Mayor de la Hispanidad 26 𝒫 983 81 02 95 – ▤. **AE** **MC** **VISA**. ⚙
cerrado del 15 al 21 de septiembre y lunes – **Comida** carta 19,23 a 27,05.

Continental, pl. Mayor de la Hispanidad 15 𝒫 983 80 10 14 – ▤. **AE** **MC** **VISA**. ⚙
cerrado del 15 al 30 de octubre y martes – **Comida** carta 18,64 a 24,64.

en la carretera de Velascálvaro *Suroeste : 4 km :*

Palacio de las Salinas ⚙, Las Salinas, ✉ 47400, 𝒫 983 80 44 50, *balneario@pal*
aciodelassalinas.es, Fax 983 80 46 15, Servicios terapéuticos, « Edificio del siglo XIX », ⚒
– |‡| ▥ **P.** **MC** **VISA**. ⚙
cerrado Navidades – **Comida** 16,53 – ☕ 4,81 – **64 hab** 57,85/98,50.

MEDINA SIDONIA 11170 Cádiz **446** W **12** – 15877 h alt. 304.

Ver : *Localidad★ – Conjunto arqueológico romano★ – Iglesia de Santa María la Mayor★*
(retablo★).
Madrid 620 – Algeciras 73 – Arcos de la Frontera 42 – Cádiz 42 – Jerez de la Frontera 37.

en la carretera A 393 *Sureste : 3 km :*

Venta La Duquesa, ✉ 11170 apartado 35, 𝒫 95 641 08 36, *duquesa@arconet.es,*
Fax 95 641 20 00, 🌿 – ▤ **P.** **D** **MC** **VISA**. ⚙
Comida carta 17,13 a 22,23.

en la carretera A 390 *Sur : 4 km :*

Medina Park con hab, ✉ 11170, 𝒫 956 41 05 04, *medpark@eresmas.es,*
Fax 956 41 20 30 – ▤ ▥ **P.** **AE** **D** **MC** **VISA**. ⚙ rest
Comida carta aprox. 17,12 – ☕ 3 – **17 hab** 33,05/54,09.

MEDINACELI 42240 Soria **442** I **22** – 775 h alt. 1201.

Madrid 154 – Soria 76 – Zaragoza 178.

Arco Romano y Resid. Medinaceli ⚙ con hab y sin ☕, Barranco 2
𝒫 975 32 61 30, *arcorense@ibarcom.com,* ≤, Galería de arte – **MC** **VISA**. ⚙
cerrado noviembre – **Comida** *(cerrado lunes noche)* carta aprox. 19,84 – **7 hab**
18,03/27,05.

La Cerámica ⚙ con hab, Santa Isabel 2 𝒫 975 32 63 81, Fax 975 32 63 81 – **MC** **VISA**. ⚙
cerrado del 1 al 15 de enero – **Comida** carta 17,22 a 23,11 – ☕ 3,91 – **9 hab** 39,07/51,09.

en la antigua carretera N II *Sureste : 3,5 km :*

Nico, ✉ 42240, 𝒫 975 32 60 11, Fax 975 32 64 74 – ▤ rest, ▥ ▭ **P.** **AE** **D** **MC**
VISA. ⚙
cerrado 7 enero-7 febrero – **Comida** carta 18,03 a 30,35 – ☕ 6,01 – **22 hab** 48,08/63,71
– PA 32,82.

Duque de Medinaceli, ✉ 42240, 𝒫 975 32 61 11, Fax 975 32 64 72 – ▥ ▭. **AE**
D **MC** **VISA**. ⚙
Comida 18,03 – ☕ 5,11 – **12 hab** 38,46/48,08 – PA 29,75.

MEIRA 27240 Lugo **441** C **8** – 1833 h alt. 383.

Madrid 538 – A Coruña/La Coruña 121 – Lugo 36.

al Este : *3 km :*

Casa Cazoleiro ⚙, Grañanova, ✉ 27240, 𝒫 982 33 03 31, *casacazoleiro@teleline.es,*
Fax 982 33 03 31, « Casa rural en pleno campo » – ▥ **P.** **MC** **VISA**. ⚙
Comida *(cerrado lunes)* 9,32 – ☕ 3,01 – **8 hab** 24,04/36,06.

Las MELEGUINAS Las Palmas – ver Canarias (Gran Canaria) : Santa Brígida.

During the season, particularly in resorts, it is wise to book in advance.

MELILLA 52000 959 ⑥ y ⑪ – 63 670 h – Playa.

Ver : Ciudad antigua★ : Terraza Museo Municipal ✳★ BZ**M**.

✈ de Melilla, carret. de Yasinen por av. de la Duquesa Victoria 4 km AY ✆ 95 267 38 00
– Iberia : Cándido Lobera 2 ✆ 95 268 15 07.

🛥 para Almería y Málaga : Cía. Trasmediterránea : General Marina 1 ✆ 95 269 09 02
Fax 95 269 01 78 AY.

🛈 Fortuny 21 (Palacio de Congresos) ✉ 52004 ✆ 95 267 54 44 cevtt@melilla500.com
Fax 95 269 12 32 – **R.A.C.E.** Pablo Vallesca 8-2º (edificio Anfora) ✉ 52004 ✆ 95 268 17 13
Fax 95 268 17 13.

MELILLA

Actor Tallavi	AZ	
Alvaro de Bazan	AZ	
Armas (Pl. de)	BZ	
Avanzadilla (Pl. de la)	BZ	
Castillejos	AY	3
Comandante Benitez (Pl.)	AY	4
Concepción	BZ	6
Democracia (Av. de la)	AY	
Duquesa Victoria	AY	7
España (Pl. de)	AY	
Florentina (Túnel de)	BZ	
Iglesia	BZ	9
Juan Carlos I (Av. del Rey)	AY	10
L. de Sotomayor	AY	
Macias (Av. del Gen.)	BY, ZB	
Maestranza (Pl. de la)	BZ	12
Marina (Gen.)	AY	
Marina (Puerta de la)	BZ	
Marítimo (Paseo)	AZ	
Marqués de Montémar	AZ	13
Menéndez y Pelayo (Pl.)	AY	15
Miguel Acosta	BZ	16
Músico Granados	AZ	
O'Donnell (Gen.)	AY	
Pablo Vallescá	AY	18
Parada (Pl. de la)	BZ	
Polavieja (Gen.)	AZ	
Prim (Gen.)	AY	
Querol	AYZ	
Reyes Católicos (Av.)	AY	
San Miguel	BZ	19
Santiago (Puerta de)	BZ	
Tte. Gen. García-Valiño	AY	21

Parador de Melilla ⟨⟩, av. Cándido Lobera, ✉ 52001, ℘ 95 268 49 40, *melilla@p arador.es*, Fax 95 268 34 86, ≤, ⤢, 🐟 – 📶 🖥 📺 🅿. AE ① ⓜⓒ VISA. ⨯ AY a
Comida 22,84 – ⌑ 8,11 – **40 hab** 73,55/91,94.

Rusadir, Pablo Vallesca 5, ✉ 52001, ℘ 95 268 12 40, *reserve@gargallo-hotels.com,* Fax 95 267 05 27 – 📶 🖥 📺 – 🕴 25/100. AE ① VISA JCB. ⨯ rest AY e
Comida 15 – ⌑ 6 – **43 hab** 89/111.

Los Salazones, Conde Alcaudete 15, ✉ 52006, ℘ 95 267 36 52, Fax 95 267 15 15 – 🖥. ⨯
por av. Marqués de Montemar AZ
cerrado 15 septiembre-5 octubre – **Comida** - pescados y mariscos - carta aprox. 28,85.

MENORCA *Illes Balears – ver Balears.*

MERANGES *17539 Girona* **443** *E 35 – 61 h alt. 1 540.*
Madrid 652 – Girona/Gerona 166 – Puigcerdà 18 – La Seu d'Urgell/Seo de Urgel 50.

Can Borrell ⟨⟩ con hab, Retorn 3 ℘ 972 88 00 33, *info@ canborrell.com,* Fax 972 88 01 44, ≤, 🏮, « En un típico pueblo de montaña. Decoración rústica » – 🅿. ⓜⓒ VISA. ⨯
cerrado 7 enero-abril salvo Semana Santa, fines de semana y festivos – **Comida** *(cerrado lunes noche y martes)* - cocina regional - carta 25 a 34 – **8 hab** ⌑ 60/78.

Ses MERAVELLES *Illes Balears – ver Balears (Mallorca) : Palma.*

Es MERCADAL *Illes Balears – ver Balears (Menorca).*

MERCADILLO DE MENA *09586 Burgos* **442** *C 20.*
Madrid 406 – Bilbao 31 – Santander 83.

Posada Don Saulo, carret. Bilbao-Reinosa ℘ 947 14 12 05, *donsaulo@ jazzfree.com,* Fax 947 14 13 00, ≤ – 📺 🅿. ⓜⓒ VISA. ⨯
Comida - ver rest. **Mesón Don Pablo** – ⌑ 3,91 – **12 hab** 30,05/54,90.

Mesón Don Pablo - Hotel Posada Don Saulo, carret. Bilbao-Reinosa ℘ 947 12 66 63, *donsaulo@ jazzfree.com,* Fax 947 14 13 00 – 🅿. ⓜⓒ VISA. ⨯
cerrado del 16 al 31 de octubre – **Comida** carta 17,73 a 21,64.

MÉRIDA *06800 Badajoz* **444** *P 10 Y 11 – 51 135 h alt. 221.*
Ver : *Mérida romana*★★ : *Museo Nacional de Arte Romano*★★ *(edificio*★*), Mosaicos*★ BYZM1 – *Teatro romano*★★ BZ – *Anfiteatro romano*★ BZ – *Puente romano*★ BZ.
🛈 paseo de José Álvarez Sáenz de Buruaga ℘ 924 31 53 53 *otmerida@ bme.es* Fax 924 31 47 14.
Madrid 347 ② *– Badajoz 62* ③ *– Cáceres 71* ① *– Ciudad Real 252* ② *– Córdoba 254* ③ *– Sevilla 194* ③

Planos páginas siguientes

Parador de Mérida, pl. de la Constitución 3 ℘ 924 31 38 00, *merida@ parador.es,* Fax 924 31 92 08, « Instalado en un antiguo convento », 🛌, ⤢, 🐟 – 📶 🖥 📺 🅿. – 🕴 25/150. AE ① ⓜⓒ VISA. ⨯ BY a
Comida 22,84 – ⌑ 8,71 – **80 hab** 80,91/101,14 – 2 suites.

Velada Mérida, av. Princesa Sofía ℘ 924 31 51 10, *recepcion.merida@ veladahotele s.com,* Fax 924 31 15 52, ≤, ⤢ – 📶 🖥 📺 🅿. – 🕴 25/1000. AE ① ⓜⓒ VISA. ⨯ BZ b
Alcazaba : **Comida** carta 27,95 a 35,68 – ⌑ 8,36 – **99 hab** 83,60/102,89.

Nova Roma, Suárez Somonte 42 ℘ 924 31 12 61, *novaroma@ extremadura.net,* Fax 924 30 01 60 – 📶 🖥 📺 �car – 🕴 25/150 BZ x
55 hab.

Zeus, av. Princesa Sofía 8 ℘ 924 31 81 11, Fax 924 30 33 76 – 📶 🖥 📺 🅿. AE ① ⓜⓒ VISA. ⨯ BZ a
Comida *(cerrado domingo noche)* 10 – ⌑ 4 – **44 hab** 52/65.

Cervantes, Camilo José Cela 10 ℘ 924 31 49 01, *informacion@ hotelcervantes.com,* Fax 924 31 13 42 – 📶 🖥 📺 🚗. AE ① ⓜⓒ VISA. ⨯ BY e
Comida *(cerrado domingo)* 13,22 – ⌑ 3,01 – **30 hab** 36,06/54,09.

Rufino, pl. de Santa Clara 2 ℘ 924 30 19 30, Fax 924 30 19 30, 🏮 – 🖥 AY s

MÉRIDA

en la antigua carretera N V :

Tryp Medea, av. de Portugal - por ③ : 3 km, ✉ 06800, ✆ 924 37 24 00, *medea@t rypnet.com, Fax 924 37 30 20*, 🏋, 🏊, 🏊 – 📶 🗐 📺 🚗 🅿 – 🏛 25/350. AE ① MC VISA. 🐾
El Encinar (cerrado domingo) **Comida** carta 24,14 a 29,90 – 🍵 9,62 – **125 hab** 99,17/123,82 – 1 suite.

Las Lomas, por ② : 3 km, ✉ 06800, ✆ 924 31 10 11, *info@hotellaslomas.com*, Fax 924 30 08 41, 🏊 – 📶 🗐 📺 🅿 – 🏛 25/800. AE ① MC VISA JCB. 🐾
Comida 21,03 – 🍵 7,21 – **134 hab** 87,45/109,32.

Bahía Nirri, centro comercial El Foro - por ③ : 3 km, ✉ 06800, ✆ 924 37 20 01 – 🗐.
AE ① MC VISA. 🐾
Comida carta 21,34 a 28,25.

MERZA 36580 Pontevedra **441** D 5.

Madrid 581 – Lugo 97 – Ourense/Orense 85 – Pontevedra 88 – *Santiago de Compostela 40.*

al Sureste :   2 km :

Balneario Baños da Brea , Paradela 4, ⊠ 36580, ℰ 986 58 36 14, Fax 986 58 36 19, ≼, , Servicios terapéuticos – , P. , *cerrado enero* – **Comida** 11,42 – 3,31 – **35 hab** 33,06/43,87 – PA 22,24.

MESTAS DE ARDISANA 33507 Asturias **441** B 15.

Madrid 458 – Cangas de Onís 27 – Gijón 96 – Oviedo 83 – Ribadesella 32.

Benzua sin rest, 98 592 56 85, diamulle@cyberastur.es, Fax 98 592 56 85 – TV P. MC VISA.
cerrado del 1 al 15 de noviembre – 3,50 – **10 hab** 50/67.

MIAJADAS 10100 Cáceres **444** O 12 – 9619 h alt. 297.

Madrid 291 – Cáceres 60 – Mérida 52.

El Cortijo, carret. de Don Benito - Sur : 1 km 927 34 79 95, Fax 927 34 79 95 – TV P. MC VISA.
cerrado 2ª quincena de junio – **Comida** 8,41 – 2,10 – **20 hab** 18,03/30,05.

en la antigua carretera N V :

Triana, Suroeste : 1,5 km, 10100, 927 34 71 21, hoteltriana@bme.es,
Fax 927 34 71 21 – P. – 25/800. AE O MC VISA JCB.
Comida 9,02 – 3,01 – **33 hab** 24,04/42,07.

La Torre, Suroeste : 2 km, 10100, 927 34 78 55, Fax 927 34 79 96 – TV P. O VISA. rest
cerrado del 1 al 15 de julio – **Comida** 9,61 – 1,80 – **31 hab** 18,03/30.

MIERES 33600 Asturias **441** C 12 – 53 170 h alt. 209.

Manuel Llaneza 8 (Casa de Cultura) 98 545 05 33 turismo@ayto-mieres.es Fax 98 545 05 33.

Madrid 426 – Gijón 48 – León 102 – Oviedo 20.

L'Albar, Teodoro Cuesta 1 98 546 84 45 – . O MC VISA.
cerrado martes – **Comida** carta 22,20 a 30,10.

Es MIGJORN GRAN Illes Balears – ver Balears (Menorca).

MIGUEL ESTEBAN 45830 Toledo **444** N 20 – 4 452 h alt. 679.

Madrid 136 – Albacete 135 – Alcázar de San Juan 22 – Toledo 122.

El Torreón del Miguelete, carret. CM 310 925 56 74 11, torreon@paralelo40.org,
Fax 925 56 70 39 – TV P. AE O MC VISA.
Comida 9,02 – 3,01 – **12 hab** 18,03/36,06.

MIJAS 29650 Málaga **446** W 16 – 32 835 h alt. 475.

Ver : Pueblo★ ★.

Mijas, Sur : 5 km 95 247 68 43 Fax 95 246 79 43.
Madrid 585 – Algeciras 115 – Málaga 30.

Mijas, urb. Tamisa 2 95 248 58 00, mijasnes@hotasa.es, Fax 95 248 58 25, ≤ montañas, Fuengirola y mar, , « Conjunto de estilo andaluz », , , , – TV P – 25/70. AE O MC VISA JCB.
Comida 19,68 – 9,60 – **95 hab** 83,54/96,46 – 3 suites – PA 44,48.

El Capricho, Los Caños 5-1º 95 248 51 11, , « Terraza con ≤ » – . AE O MC VISA JCB.
cerrado 15 noviembre-15 diciembre y miércoles – **Comida** carta 18,34 a 28,25.

El Olivar, av. Virgen de la Peña - edificio El Rosario 95 248 61 96, Fax 95 248 61 96, ≤, – AE O MC VISA.
cerrado febrero y sábado – **Comida** carta 15,51 a 26,75.

en la carretera de Fuengirola :

Valparaíso, Sur : 4 Km, 29650, 95 248 59 75, Fax 95 248 59 96, ≤ Fuengirola y mar, , – P. AE O MC VISA.
cerrado domingo – **Comida** - sólo cena - carta 29,45 a 38,77.

La Capucine, Sur : 5 km, 29650, 95 258 31 50, lacapucine@fincapucine.com,
Fax 95 258 31 50, , « Conjunto acogedor con agradable terraza » – P. AE MC VISA.
cerrado enero y miércoles – **Comida** - sólo cena, cocina franco-belga - carta 28 a 42,28.

El MILIARIO Segovia – ver Honrubia de la Cuesta.

MINAS DE RIOTINTO 21660 Huelva **446** S 10 – 5 374 h alt. 417.

Ver : Localidad ★★ – Parque Minero de Riotinto★★ (Museo Minero y Ferroviario★, Corta Atalaya★★★, Cerro Colorado★★).

Madrid 514 – Aracena 35 – Beja 155 – Huelva 74 – Sevilla 86 – Zafra 131.

Santa Bárbara ॐ, Cerro de los Embusteros 𝄞 959 59 11 88, *sta. arb@teleline.es*, Fax 959 59 06 39, ☂ – 🔲 📺 𝗣 ⓪ 🆖 𝘝𝘐𝘚𝘈. ✖
Comida 9,02 – **19 hab** ☞ 40,87/51,09 – 1 suite.

MIRAFLORES DE LA SIERRA 28792 Madrid **444** J 18 – 2 649 h alt. 1 150.

Madrid 52 – El Escorial 50 – *Segovia* 92.

La Posada, Calvo Sotelo 6 𝄞 91 844 46 46, *h.la.posada@excite.es*, Fax 91 844 32 12 – |🛗| 🔲 📺 🚗 – 🛠 25. 🆎 🆖 𝘝𝘐𝘚𝘈. ✖
Comida - ver rest. **Mesón Maito** – ☞ 3,60 – **18 hab** 60,10/72,12 – 8 apartamentos.

Mesón Maito - Hotel La Posada, Calvo Sotelo 5 𝄞 91 844 35 67, *maitosa@teleline.es*, Fax 91 844 32 12, ☂, « Decoración castellana » – 🔲. 🆎 ⓪ 🆖 𝘝𝘐𝘚𝘈. ✖
Comida carta 23,10 a 34,22.

Llerja, Norte 5 𝄞 91 844 37 86, Fax 91 844 37 86 – 🔲. 🆎 ⓪ 🆖 𝘝𝘐𝘚𝘈 𝗝𝗖𝗕. ✖
cerrado del 10 al 30 de septiembre y lunes – **Comida** carta 21,60 a 26,80.

Asador La Fuente, Mayor 12 𝄞 91 844 42 16, *crisazo@yahoo.es*, ☂ – 🔲. 🆎 ⓪ 🆖 𝘝𝘐𝘚𝘈. ✖
cerrado del 15 al 30 de septiembre – **Comida** - asados - carta 16,23 a 23,44.

MIRAMBEL 44141 Teruel **443** K 28 – 138 h alt. 993.

Madrid 420 – Morella 24 – Teruel 120.

Fonda Guimerá, Agustín Pastor 28 𝄞 964 17 82 69, Fax 964 17 82 93 – 𝘝𝘐𝘚𝘈. ✖
Comida 7,21 – ☞ 2 – **16 hab** 15/24.

MIRANDA DE EBRO 09200 Burgos **442** D 21 – 37 197 h alt. 463.

Madrid 322 – Bilbao 84 – Burgos 79 – Logroño 71 – Vitoria-Gasteiz 33.

Hospedería El Convento ॐ, San Francisco 15 (casco antiguo) 𝄞 947 33 27 12, *elco nvento@ctv.es*, Fax 947 33 26 52, « En un convento con claustro. Amplio jardín con arboleda » – |🛗| 📺 𝗣 – 🛠 25/150
36 hab.

Neguri, Estación 80 𝄞 947 32 25 12, Fax 947 32 22 83 – 🔲. 🆎 ⓪ 🆖 𝘝𝘐𝘚𝘈 𝗝𝗖𝗕. ✖
cerrado del 1 al 15 de agosto, domingo noche y lunes – **Comida** carta 29,90 a 33,10.

MOGRO 39310 Cantabria **442** B 18.

Madrid 394 – *Santander* 14 – Torrelavega 12.

El Desierto sin rest, junto estación ferrocarril 𝄞 942 57 66 47, *eldesierto@hotmail.c om*, Fax 942 57 66 47, ≼, « Antigua casona » – 𝗣 🆎 ⓪ 🆖 𝘝𝘐𝘚𝘈. ✖
Semana Santa y 15 junio-15 septiembre – ☞ 3,31 – **11 hab** 33/52,90.

en la zona de la playa :

Milagros Golf, playa de Mogro, ✉ 39310, 𝄞 942 51 74 74, *milagrosgolf@hotelesd ecantabria.com*, Fax 942 51 74 75, ≼, 𝟐𝟔 – |🛗| 🔲 📺 🚗 – 🛠 25/300. 🆎 ⓪ 🆖 𝘝𝘐𝘚𝘈. ✖
Comida 19,83 – ☞ 7,21 – **75 hab** 87,14/120,20.

MOGUER 21800 Huelva **446** U 9 – 12 193 h alt. 50.

Ver : Localidad★ – Monasterio de Santa Clara★ – Casa-Museo Zenobia y Juan Ramón★ – calle Andalucía★ – Torre de la Iglesia de Nuestra Señora de la Granada★.

Madrid 618 – Huelva 19 – Sevilla 82.

Platero sin rest y sin ☞, Aceña 4 𝄞 959 37 21 59 – 📺. ✖
18 hab 15/26.

MOIÀ Barcelona **443** G 38 – 3 303 h alt. 776.

Alred. : Monasterio de Santa María de l'Estany★, (claustro★ : capiteles★★) Norte : 8 km.

Madrid 611 – Barcelona 72 – Manresa 26.

MOJÁCAR 04638 Almería **446** U 24 – 4 305 h alt. 175 – Playa.

Ver : Localidad★ – Emplazamiento★.

☐ Cortijo Grande (Turre) ✆ 950 47 91 76 Fax 950 46 81 75.

☐ pl. Nueva ✆ 950 61 50 25 turismo@mojacarviva.com Fax 950 61 51 63.

Madrid 527 – Almería 95 – Murcia 141.

Mamabel's, Embajadores 5 ✆ 950 47 24 48, hotel@mamabels.com, Fax 950 47 24 48, ≼ mar, 😎 – TV. MC VISA. ⚹
Comida (cerrado 7 enero-7 febrero y domingo salvo verano y Navidades) - sólo cena - 12,02 – ☕ 4,80 – **9 hab** 57,09.

Arco Plaza sin rest y sin ☕, Aire 1 ✆ 950 47 27 77, Fax 950 47 27 17 – ▤ TV. AE MC VISA
cerrado noviembre – **15 hab** 36,06 a 48,08.

en la playa :

Parador de Mojácar, paseo del Mediterráneo - Sureste : 2,5 km, ✉ 04638, ✆ 950 47 82 50, mojacar@parador.es, Fax 950 47 81 83, ≼, ⏳, 🏖, ✖ – ▤ TV P –
🏊 25/300. AE ① MC VISA. ⚹
Comida 22,84 – ☕ 8,71 – **98 hab** 73,55/91,94.

El Puntazo (anexo 🏠), paseo del Mediterráneo - Sureste : 4,5 km, ✉ 04638, ✆ 950 47 82 65, puntazo@arrakis.es, Fax 950 47 82 85, ≼, 😎, ⏳ – ▤ TV 🚗 P –
🏊 25/150. AE MC VISA. ⚹
Comida 9,79 – ☕ 4,66 – **15 hab** 57,70/72,12 – 24 apartamentos – PA 21,46.

Virgen del Mar sin rest, paseo del Mediterráneo - Sureste : 4,5 km, ✉ 04638, ✆ 950 47 22 22, info@hotelvirgendelmar.com, Fax 950 47 22 11 – |🛗| ▤ TV 🚗. AE ①
MC VISA. ⚹
40 hab ☕ 54,60 a 78.

Córdoba (hotel 🏠) con hab, Piedra Villazar 1 - Sureste : 2,4 km, ✉ 04638, ✆ 950 61 50 19, Fax 950 47 80 78, 😎 – ▤ TV. AE ① MC VISA. ⚹
Comida (cerrado domingo noche y lunes salvo julio-septiembre) - cocina cordobesa - carta 17,12 a 20,87 – **5 hab** ☕ 57,69/72,12.

El MOLAR 28710 Madrid **444** J 19 – 2 755 h alt. 817.

Madrid 44 – Aranda de Duero 115 – Guadalajara 63 – *Segovia* 94.

Azul sin rest, av. José Antonio 57 ✆ 91 841 02 53, Fax 91 841 02 55 – ▤ TV P.
MC VISA
☕ 4 – **40 hab** 55.

La MOLINA 17537 Girona **443** E 35 – alt. 1 300 – Deportes de invierno ⛷ 12 ⛷ 1.

☐ av. Supermolina ✆ 972 89 20 31 lamolina@lamolina.com Fax 972 14 50 48.

Madrid 651 – Barcelona 148 – Girona/Gerona 131 – Lleida/Lérida 180.

Roc Blanc ♨, alt. 1 450 ✆ 972 14 50 00, rocblanc@minorisa.es, Fax 972 14 50 02, ≼,
⏳, 🚡 – |🛗| TV P. AE ① MC VISA. ⚹ rest
diciembre-14 abril y 23 junio-15 septiembre – **Comida** - sólo buffet, sólo clientes - 12,02
– ☕ 5,38 – **52 hab** 48,53/69,57.

Adserá ♨, alt. 1 600 ✆ 972 89 20 01, hotel@hoteladsera.com, Fax 972 89 20 25, ≼,
⏳ – |🛗| TV P. MC VISA
4 diciembre-10 abril y julio-14 septiembre – **Comida** - sólo buffet - 16 – ☕ 6 – **41 hab**
49/80.

Niu dels Falcons ♨, Font Moreu 10 ✆ 972 89 20 73, niudelsfalcons@mailpersona
l.com, Fax 972 89 27 04, « Ambiente acogedor en un chalet de montaña » – TV P. MC
VISA JCB. ⚹ rest
cerrado abril, del 24 al 30 de junio y noviembre – **Comida** - sólo clientes, sólo cena - 15
– **7 hab** ☕ 62,50/78,10.

MOLINA DE ARAGÓN 19300 Guadalajara **444** J 24 – 3 656 h alt. 1 050.

Madrid 197 – Guadalajara 141 – Teruel 104 – Zaragoza 144.

La Subalterna, Martínez Izquierdo ✆ 949 83 23 63, Fax 949 34 40 05, « En el palacio de
los Molina » – |🛗|, ▤ rest, TV
15 hab.

San Francisco sin rest y sin ☕, pl. San Francisco 6 ✆ 949 83 27 14 – TV. AE MC
VISA. ⚹
18 hab 27,50/42,50.

MOLINASECA 24413 León **441** E 10 – 744 h alt. 585.

Madrid 383 – León 103 – Lugo 125 – Oviedo 213 – Ponferrada 6,5.

La Posada de Muriel, pl. del Santo Cristo ✆ 987 45 32 01, info@lasposadas.com, Fax 987 45 31 35 – 🗐 TV. AE ① MC VISA JCB. ✸ rest
Comida (cerrado 1ª quincena de febrero, 2ª quincena de octubre, domingo noche y lunes) 27 – ☕ 4,50 – **8 hab** 40/60.

Casa Ramón, Jardines Ángeles Balboa 2 ✆ 987 45 31 53 – 🗐. AE ① MC VISA. ✸ cerrado 16 septiembre-15 octubre y lunes salvo festivos o vísperas – **Comida** carta 30,10 a 38,10.

Mesón Real, av. Fraga Iribarne 30 ✆ 987 45 31 66, 🎪 – 🅿.

Es MOLINAR Illes Balears – ver Balears (Mallorca) : Palma.

Los MOLINOS 28460 Madrid **444** J 17 – 2 530 h alt. 1 045.

Madrid 55 – Ávila 71 – Segovia 58.

La Fábrica de Hielo, Miguel Menéndez Boneta 21 ✆ 91 855 03 70, 🎪, « En una antigua fábrica de hielo » – 🗐 🅿. AE ① MC VISA. ✸
cerrado lunes – **Comida** - sólo almuerzo de martes a jueves - carta 21,04 a 25,79.

Asador Paco, Pradillos 11 ✆ 91 855 17 52 – 🗐. MC VISA. ✸
cerrado del 15 al 30 de septiembre y martes – **Comida** - asados y carnes - carta 24,64 a 31,25.

MOLINOS DE DUERO 42156 Soria **442** G 21 – 189 h alt. 1 323.

Madrid 232 – Burgos 110 – Logroño 75 – Soria 38.

Real Posada de la Mesta ⑆, pl. Cañerías ✆ 975 37 85 31, posadamesta.3017@c ajarural.com, Fax 975 23 15 39, « Ambiente acogedor en una casona del siglo XVIII » – TV. AE ① MC VISA. ✸
junio-septiembre, fines de semana y puentes resto del año (salvo del 15 al 31 de enero) – **Comida** carta aprox. 31 – ☕ 8 – **13 hab** 78,13/96,16 – 1 suite.

San Martín, pl. San Martín Ximénez 3 ✆ 975 37 84 42, Fax 975 37 84 77 – TV. VISA. ✸
cerrado enero – **Comida** (cerrado lunes) 9 – **16 hab** ☕ 36/48.

MOLINS DE REI 08750 Barcelona **443** H 36 – 17 771 h alt. 37.

Madrid 600 – Barcelona 18 – Tarragona 92.

D'en Robert, av. de Barcelona 232 ✆ 93 680 02 14, Fax 93 680 02 14 – 🗐. AE ① MC VISA. ✸
cerrado agosto, domingo y lunes noche – **Comida** carta 18,50 a 26,18.

MOLLERUSSA 25230 Lleida **443** H 32 – 9 108 h alt. 250.

Madrid 481 – Barcelona 137 – Lleida/Lérida 23 – La Seu d'Urgell/Seo de Urgell 136 – Tarragona 83.

Duch sin rest, Prat de la Riba 8 ✆ 973 71 18 10, Fax 973 71 18 13, 🛋, 🏊 – 🛗 🗐 TV – 🖼 25/35. ① MC VISA
☕ 3,91 – **20 hab** 30,05/52,89.

MOLLET DE PERALADA 17752 Girona **443** E 39 – 180 h alt. 59.

Madrid 751 – Girona/Gerona 53 – Figueres 15 – Perpignan 59.

Ca la Maria, Unió 5 ✆ 972 56 33 82 – 🗐 🅿 MC VISA
cerrado 15 febrero-15 marzo y martes – **Comida** carta 18,50 a 23.

MOLLET DEL VALLÈS 08100 Barcelona **443** H 36 – 40 947 h.

Madrid 618 – Barcelona 21 – Girona/Gerona 85 – Manresa 53 – Vic 50.

Ciutat sin rest, Gallecs 68 ✆ 93 579 58 00, mollet@hotelciutat.com, Fax 93 579 58 01 – 🛗 🗐 TV 🛍 🚗 – 🖼 25/200. AE ① MC VISA JCB
☕ 6,94 – **64 hab** 85,47/106,83.

MOLLINA 29532 Málaga **446** U 16 – 3 067 h alt. 477.

Madrid 473 – Antequera 16 – Córdoba 114 – Granada 101 – Sevilla 157.

en la antigua carretera N 334 Sureste : 3 km :

Molino de Saydo, salida 142 autovía, ✉ 29532, ✆ 95 274 04 75, saydo@arrakis.es, Fax 95 274 04 66, 🏊 – 🗐 TV 🅿 MC VISA. ✸
Comida (cerrado domingo) 13,52 – ☕ 3,01 – **48 hab** 36,06/51,09.

MOLLÓ 17868 Girona **443** E 37 – 333 h alt. 1 140.

Alred. : Beget★★ (iglesia románica★★ : Majestad de Beget★) Sureste : 18 km.

Madrid 707 – Barcelona 135 – Girona/Gerona 88 – Prats de Molló 24.

Calitxó ⏚, passatge El Serrat ✆ 972 74 03 86, hotelcalitxo@terra.es, Fax 972 74 07 46, ≤, 🚗 – |\$| TV P. MC VISA. ⍟
Comida 18 – **26 hab** ☕ 51.

MOMBUEY 49310 Zamora **441** F 11 – 530 h alt. 894.

Madrid 320 – León 124 – Ourense/Orense 181 – Valladolid 138 – Zamora 86.

La Ruta, carret. N 525 - Sureste : 1 km ✆ 980 64 27 30, Fax 980 64 27 30, ≤ – TV P. VISA. ⍟
Comida 7,81 – ☕ 2,40 – **14 hab** 16,78/28,84.

MONACHIL 18193 Granada **446** U 19 – 6 604 h alt. 730.

Madrid 440 – Granada 10 – Málaga 137 – Murcia 296 – Sevilla 271 – València 551.

Los Cerezos ⏚, av. de la Libertad (Los Llanos) ✆ 958 30 00 04, hcerezos@infonegocio.com, Fax 958 30 80 05, ≤ la vega, Granada y Sierra Nevada, 🏊 – 🖥 TV P. AE ① MC VISA
Comida - ver rest. **Los Cerezos** – **16 hab** ☕ 39,07/54,09.

Los Cerezos - Hotel Los Cerezos, Granada 33 ✆ 958 50 01 17, hcerezos@infonegocio.com, Fax 958 30 80 05, 🌿 – 🖥 P. AE ① MC VISA
Comida carta aprox. 22,84.

MONASTERIO – ver el nombre propio del monasterio.

MONDA 29110 Málaga **446** W 15 – 1 664 h alt. 377.

Madrid 567 – Algeciras 96 – Málaga 42 – Marbella 17 – Ronda 76.

El Castillo de Monda ⏚, ✆ 95 245 71 42, mondas@spa.es, Fax 95 245 73 36, ≤ serranía de Ronda y pueblo, « Instalado en un castillo árabe », 🏊 – 🖥 TV P – 🧖 25/80. AE ① MC VISA. ⍟
Comida 21,49 – ☕ 10,58 – **26 hab** 111,13/127,33.

MONDARIZ-BALNEARIO 36878 Pontevedra **441** F 4 – 662 h alt. 70 – Balneario.

📍18 Tryp Mondariz Golf ✆ 986 65 62 00 Fax 986 66 45 12.

Madrid 575 – Ourense/Orense 70 – Pontevedra 51 – Vigo 34.

Meliá Balneario Mondariz ⏚, av. Enrique Peinador ✆ 986 65 61 56, melia.balneario.mondariz@solmelia.com, Fax 986 65 61 86, Servicios terapéuticos, 🚴, 🏊, 🏊, 🚗 – |\$| 🖥 TV 🚗 P – 🧖 25/350. AE ① MC VISA. ⍟
Comida carta 20,43 a 27,65 – ☕ 11,26 – **145 hab** 111,04/138,91.

MONDOÑEDO 27740 Lugo **441** B 7 – 5 774 h alt. 139.

Ver : Catedral★.

Madrid 571 – A Coruña/La Coruña 115 – Lugo 60 – Viveiro 59.

MONDRAGÓN Gipuzkoa – ver Arrasate.

MONELLS 17121 Girona **443** G 38.

Madrid 713 – Girona/Gerona 28 – Barcelona 114 – Palamós 24.

Arcs de Monells ⏚, Vilanova 1 ✆ 972 63 03 04, hotelarcs@retemail.es, Fax 972 63 03 65, « Instalado parcialmente en una antigua masía frente a una extensa pradera con 🏊 » – 🖥 TV ♿ P – 🧖 15/25. AE MC VISA. ⍟ rest
Comida 28,20 – ☕ 9,60 – **23 hab** 129,60/162.

L'Hort del Rector, L'Esglèsia 2 ✆ 972 63 03 96, Fax 972 77 39 74 – 🖥. AE MC VISA. ⍟
cerrado 18 septiembre-11 octubre, lunes y martes mediodía – **Comida** - sólo almuerzo salvo fines de semana, espec. en bacalaos - carta 18,50 a 26,75.

MONESTERIO 06260 Badajoz **444** R 11 – 5 202 h alt. 755.

Madrid 444 – Badajoz 126 – Cáceres 150 – Córdoba 197 – Mérida 82 – Sevilla 97.

Moya, paseo de Extremadura 278 ✆ 924 51 61 36, Fax 924 51 63 24 – 🖥 TV P. AE ① MC VISA. ⍟
Comida (cerrado domingo) 6,01 – ☕ 1,20 – **36 hab** 30,05/33,06.

MONFORTE DE LEMOS 27400 Lugo **441** E 7 – 20 510 h alt. 298 – R.A.C.E. Doctor Casares 110 ⊠ 27400 ℰ 982 40 23 00 Fax 982 40 37 71.

Madrid 501 – Lugo 65 – Ourense/Orense 49 – Ponferrada 112.

Puente Romano sin rest, paseo del Malecón ℰ 982 41 11 68, hotelpromano@inter book.net, Fax 982 40 35 51 – |$| TV ⇔. AE ① ⑩⑥ VISA
⊇ 3,10 – **32 hab** 25,80/39,11.

O Grelo, Chantada 16 ℰ 982 40 47 01, Fax 982 40 36 00 – ▤. AE ① ⑩⑥ VISA JCB. ✿
cerrado del 1 al 20 de julio y domingo noche – **Comida** carta 15,80 a 21.

La Fortaleza, Campo de la Virgen (subida al Castillo) ℰ 982 40 06 04, Fax 982 40 52 09, ☂ – ▤. AE ① ⑩⑥ VISA. ✿
Comida carta 16 a 22.

MONT-RAS 17253 Girona **443** G 39 – 1 358 h alt. 88.

Madrid 717 – Figueres 54 – Girona/Gerona 40 – Barcelona 119.

por la carretera de Palamós Sureste : 1,5 km y desvío a la izquierda 2 km :

La Cuina de Can Pipes, barri Canyelles, ⊠ 17253, ℰ 972 30 66 77, canpipes@re temail.es, Fax 972 30 69 99, ☂, « Masía del siglo XVIII con jardín y terraza arbolada » – ▤ P. AE ⑩⑥ VISA JCB. ✿
cerrado enero-febrero, del 24 al 30 de septiembre, domingo noche, lunes y martes (salvo julio-agosto) – **Comida** - sólo cena en julio-agosto salvo sábado y domingo - 60,10 y carta 46,28 a 65,51
Espec. Gambas de Palamós con crema de gambas gratinada, chips de ajo y perejil. Mar y montaña de arroz, pichón y bogavante. Crema catalana y granizado de caramelo.

MONTANEJOS 12448 Castelló **445** L 28 – 422 h alt. 369 – Balneario.

Madrid 408 – Castelló de la Plana/Castellón de la Plana 62 – Teruel 106 – València 95.

Rosaleda del Mijares ⧉, carret. de Tales 28 ℰ 964 13 10 79, info@hotelesrosal eda.com, Fax 964 13 11 36, ≤, ▮⌂, ▩ – |$|, ▤ rest, TV P – ⚒ 25/40. ⑩⑥ VISA. ✿
cerrado 1 enero-1 febrero – **Comida** 11,50 – ⊇ 4,80 – **58 hab** 66,11 – PA 27,65.

Xauen ⧉, av. Fuente de los Baños 26 ℰ 964 13 11 51, xauen@hotelxauen.com, Fax 964 13 13 75, ≤ – |$|, ▤ rest, TV. AE ⑩⑥ VISA. ✿
cerrado enero – **Comida** 11,42 – ⊇ 10,22 – **57 hab** 60,10.

La Valenciana ⧉, San Jaime 40 ℰ 964 13 10 62, Fax 964 13 12 83 – |$|, ▤ rest, TV. ⑩⑥ VISA. ✿
cerrado del 1 al 14 de febrero – **Comida** 10,81 – ⊇ 3 – **30 hab** 24,04/42,07.

MONTAÑAS DEL FUEGO Las Palmas – ver Canarias (Lanzarote).

MONTBLANC 43400 Tarragona **443** H 33 – 5 612 h alt. 350.

Ver : Localidad★★ - Emplazamiento★★ – Recinto amurallado★★ (Iglesia de Sant Miquel★, Iglesia de Santa María★★ : órgano★★, Museo Comarcal de la Conca de Barberà★).
Otras curiosidades : Convento de la Serra★, Hospital de Santa Magdalena★.
🛈 Miquel Alfonso (iglesia St. Francesc) ℰ 977 86 17 33 tur.montblanc@altanet.org Fax 977 86 17 33.

Madrid 518 – Barcelona 112 – Lleida/Lérida 61 – Tarragona 36.

Ducal, Francesc Macià 11 ℰ 977 86 24 48, Fax 977 86 21 31 – ▤ rest, P – ⚒ 25/50. AE ① ⑩⑥ VISA. ✿
Comida 9,01 – ⊇ 3,60 – **41 hab** 23,74/37,56.

El Molí del Mallol, Muralla Santa Anna 2, ⊠ 43400 apartado 93, ℰ 977 86 05 91, mallolrestauracio@molimallol.com, Fax 977 86 26 83 – ▤ P. AE ① ⑩⑥ VISA. ✿
cerrado domingo noche y lunes noche – **Comida** carta 18,79 a 28,20.

MONTBRIÓ DEL CAMP 43340 Tarragona **443** I 33 – 1 393 h alt. 132.

Madrid 554 – Barcelona 125 – Lleida/Lérida 97 – Tarragona 21.

Termes Montbrió ⧉, Nou 38 ℰ 977 81 40 00, hoteltermes@gruprocblanc.com, Fax 977 82 69 69, ☂, Servicios terapéuticos, « En una antigua finca con un extenso y bonito jardín », ▮⌂, ▨, ▩ – |$| ▤ TV & P – ⚒ 40/450. AE ① ⑩⑥ VISA. ✿
Horta Florida (cerrado domingo noche) **Comida** carta 27,10 a 40,90 – **214 hab** ⊇ 171,15/245,80.

St. Jordi sin rest, av. de Sant Jordi 24 ☎ 977 82 67 19, *st.jordi@atriumhotels.com*, *Fax 977 82 67 60* – 🛗 🔲 📺 🅿 AE Ⓞ ⑩ VISA
23 hab ☑ 36,06/55,89.

Torre dels Cavallers, carret. de Cambrils ☎ 977 82 60 53, *torre@grn.es*, *Fax 977 82 60 53*, « Decoración rústica » – 🅿 ⑩ VISA. 🛇
cerrado martes – **Comida** carta aprox. 25,24.

MONTE – *ver el nombre propio del monte.*

MONTE LENTISCAL *Las Palmas – ver Canarias (Gran Canaria) : Santa Brígida.*

MONTEAGUDO *30160 Murcia* **445** **R 26.**
Madrid 400 – Alacant/Alicante 77 – Murcia 5.

Monteagudo, av. Constitución 93 ☎ 968 85 00 64, *correo@restaurantemonteagudo.com, Fax 968 85 17 10* – 🔲 🅿 AE Ⓞ ⑩ VISA. 🛇
cerrado domingo en julio-agosto y domingo noche resto del año – **Comida** carta 23,44 a 29,75.

MONTEFRÍO *18270 Granada* **446** **U 17** – *7 885 h alt. 833.*
🛈 pl. de España 1 ☎ 958 33 60 04 Fax 958 33 61 86.
Madrid 423 – Granada 52 – Antequera 85 – Jaén 95 – Málaga 114.

La Enrea ⏰, paraje de La Enrea ☎ 958 33 66 62, *laenrea@mixmail.com, Fax 958 33 67 96*, 🌳 – 📺 ♿ AE Ⓞ ⑩ VISA. 🛇
Comida 8,41 – ☑ 4,21 – **19 hab** 29,45/50,48.

MONTEJAQUE *29360 Málaga* **446** **V 14** – *969 h alt. 687.*
Madrid 563 – Algeciras 100 – Cádiz 136 – Málaga 106 – Marbella 78 – Ronda 18 – Sevilla 125.

Palacete de Mañara, pl. de la Constitución 2 ☎ 95 216 72 52, *Fax 95 216 74 08*, « En un pintoresco pueblo de la serranía de Ronda », 🏊 – 🔲 rest, 📺 ⑩ VISA. 🛇
cerrado 7 enero-12 febrero – **Comida** 12 – ☑ 3 – **8 hab** 55.

La Casita, Estrecha 3 ☎ 95 216 73 92, *cassierr@clientes.unicaja.es, Fax 95 216 72 99*, « En un paraje pintoresco de la serranía de Ronda », 🏊 – 🔲. ⑩ VISA. 🛇
cerrado enero y miércoles – **Comida** - sólo almuerzo en invierno salvo fines de semana - carta 15,03 a 21,04.

MONTEMAYOR *14530 Córdoba* **446** **T 15** – *3 629 h alt. 387.*
Madrid 433 – Córdoba 33 – Jaén 117 – Lucena 37.

Castillo de Montemayor, carret. N 331 ☎ 957 38 42 00, *Fax 957 38 43 06*, 🌳, 🏊 – 🛗 🔲 📺 ♿ 🅿 – 🏛 25/800. AE Ⓞ ⑩ VISA. 🛇
Comida carta aprox. 25,24 – ☑ 2,60 – **54 hab** 27,60/46,90.

MONTFERRER I CASTELLBÒ o MONTFERRER *25711 Lleida* **443** **E 34** – *681 h.*
Madrid 599 – Lleida/Lérida 130 – La Seu d'Urgell/Seo de Urgel 3.

La Masía, carret. N 260 ☎ 973 35 24 45 – 🔲 🅿 ⑩ VISA. 🛇
cerrado 15 junio-15 julio y miércoles – **Comida** carta aprox. 21,34.

MONTILLA *14550 Córdoba* **446** **T 16** – *21 607 h alt. 400.*
Madrid 443 – Córdoba 45 – Jaén 117 – Lucena 28.

Bellido sin rest, Enfermería 57 ☎ 957 65 19 15, *hbellido@wanadoo.es* – 🔲 📺 🚗. AE Ⓞ ⑩ VISA JCB. 🛇
☑ 2,10 – **21 hab** 21,03/39,66.

Las Camachas, av. Europa 3 ☎ 957 65 00 04, *Fax 957 65 03 32*, 🌳 – 🔲 🅿 AE Ⓞ ⑩ VISA JCB. 🛇
Comida carta aprox. 23,70.

en la carretera N 331 :

Don Gonzalo, Suroeste : 3 km, ✉ 14550, ☎ 957 65 06 58, *hoteldongonzalo@terra.es*, *Fax 957 65 06 66*, 🏊, 🌳, 🍴 – 🛗 🔲 📺 🅿 – 🏛 25/70. AE Ⓞ ⑩ VISA. 🛇
Comida 11 – ☑ 4,51 – **30 hab** 36,06/57,10 – 1 suite.

Alfar, Noroeste : 5 km, ✉ 14550 apartado 178, ☎ 957 65 11 11, *alfar@hotmail.com*, *Fax 957 65 11 20*, 🏊 – 🔲 📺 🅿 AE Ⓞ ⑩ VISA. 🛇
Comida 7,81 – ☑ 2,10 – **38 hab** 24/42 – PA 17,70.

MONTMELÓ 08160 Barcelona **443** H 36 – 7 470 h alt. 72.

Madrid 627 – *Barcelona* 20 – Girona/Gerona 80 – Manresa 54.

Montmeló H., Nou 1 ℘ 93 572 24 24, hotelmontmelo@husa.es, Fax 93 572 12 08 –
[🛗] 🖻 📺 🖳 🚗 🅿 – 🛎 25/80. 🖭 ① 🅜🅒 🆅🅸🆂🅰. 🛇
Comida (cerrado sábado y domingo) 10,82 – 🖵 7,21 – **30 hab** 78,13/96,16.

MONTSENY 08460 Barcelona **443** G 37 – 277 h alt. 522.

Alred. : *Sierra de Montseny*★.

Madrid 673 – Barcelona 60 – Girona/Gerona 68 – Vic 36.

Can Barrina 🦢 con hab, carret. de Palautordera - Sur : 1,2 km ℘ 93 847 30 65, canb
arrina@ctu.es, Fax 93 847 31 84, 🍴, « Antigua casa de campo, césped con 🏊 y terraza
con ≼ sierra de Montseny » – 📺 🅿. 🖭 ① 🅜🅒 🆅🅸🆂🅰. 🛇
Comida carta aprox. 30 – 🖵 9,02 – **14 hab** 51,09/72,12.

por la carretera de Tona Noroeste : 7 km y desvío a la derecha 1 km :

Sant Bernat 🦢, 🖃 08460, ℘ 93 847 30 11, hsantbernat@husa.es, Fax 93 847 32 20,
« En plena sierra del Montseny con ≼ », 🏊, 🛶 – 📺 🅿 – 🛎 25/55. 🖭 ① 🅜🅒 🆅🅸🆂🅰. 🛇
Comida 19,23 – **19 hab** 🖵 84,70/117,40 – 3 suites.

MONTSERRAT 08691 Barcelona **443** H 35 – alt. 725.

Ver : *Lugar*★★★ – *La Moreneta*★★.

Alred. : *Carretera de acceso por el oeste* ≼★★ – *Ermita Sant Jeroni*★, *Ermita de Santa
Cecilia* (iglesia★), *Ermita de Sant Miquel*★.

Madrid 594 – *Barcelona* 49 – Lleida/Lérida 125 – Manresa 22.

Abat Cisneros 🦢, pl. Monestir ℘ 93 877 77 01, reserves@larsa-montserrat.com,
Fax 93 877 77 24 – [🛗], 🖻 rest, 📺 🖳. 🖭 ① 🅜🅒 🆅🅸🆂🅰 �🅹🅲🅱. 🛇
Comida 22,04 – **56 hab** 🖵 44,17/76,99.

MONTUIRI Illes Balears – ver Balears (Mallorca).

MONZÓN 22400 Huesca **443** G 30 – 14 405 h alt. 368.

🚏 Estación de Autobuses ℘ 974 40 48 54 Fax 974 40 48 54.

Madrid 463 – Huesca 70 – Lleida/Lérida 50.

Vianetto, av. de Lérida 25 ℘ 974 40 19 00, vianetto@monzon.net, Fax 974 40 45 40
– [🛗] 🖻 📺. 🖭 ① 🅜🅒 🆅🅸🆂🅰
Comida 9,02 – 🖵 3,91 – **84 hab** 24,64/42,07.

Piscis, pl. de Aragón 1 ℘ 974 40 00 48, Fax 974 40 40 10 – 🖻. 🅜🅒 🆅🅸🆂🅰. 🛇
Comida carta 22,83 a 29,15.

MORA 45400 Toledo **444** M 18 – 9 244 h alt. 717. Madrid 100 – Ciudad Real 92 – Toledo 31.

Agripino, pl. Príncipe de Asturias 9 ℘ 925 30 00 00 – [🛗] 🖻 📺. ① 🅜🅒 🆅🅸🆂🅰. 🛇
cerrado agosto – **Comida** 12,02 – 🖵 1,80 – **20 hab** 18,03/30,05.

Los Conejos con hab, Cánovas del Castillo 14 ℘ 925 30 15 04, Fax 925 30 15 86 – 🖻
📺. 🖭 ① 🅜🅒 🆅🅸🆂🅰. 🛇
Comida carta 19,24 a 22,54 – 🖵 3,01 – **5 hab** 25,54/38,58.

MÓRA D'EBRE 43740 Tarragona **443** I 31 – 4 487 h.

Alred. : *Castillo de Miravet*★ Suroeste : 11 km.

Madrid 504 – Lleida/Lérida 81 – Tarragona 68 – Tortosa 51.

Fonda Turú con hab y sin 🖵, Comarques Catalanes 1 ℘ 977 40 03 30, ≼ – 🖻 rest,
📺. 🖭 🆅🅸🆂🅰. 🛇 hab
Comida carta 16,23 a 29,86 – **24 hab** 15,03/30,05.

MORA DE RUBIELOS 44400 Teruel **443** L 27 – 1 313 h alt. 1 035.

Madrid 341 – Castelló de la Plana/Castellón de la Plana 92 – Teruel 40 – València 129.

Jaime I, pl. de la Villa ℘ 978 80 00 92, reserve@gargallo-hotels.com, Fax 978 80 00 67
– [🛗] 📺. 🖭 ① 🆅🅸🆂🅰 �🅹🅲🅱. 🛇 rest
Comida 13 – 🖵 9 – **35 hab** 57/76.

La Rueda II, carret. de Alcalá de la Selva ℘ 978 80 03 50, hotellarueda@gudar.com,
Fax 978 80 61 92, 🏊 – [🛗], 🖻 rest, 📺 🅿 – 🛎 25/30. 🖭 ① 🅜🅒 🆅🅸🆂🅰. 🛇 rest
Comida 9,90 – 🖵 5,10 – **48 hab** 30/48.

El Rinconcico, Santa Lucía 4 ℘ 978 80 60 63 – 🖻. 🖭 🅜🅒 🆅🅸🆂🅰. 🛇
cerrado 15 junio-15 julio y martes – **Comida** carta 12,92 a 21,93.

MORAIRA 03724 Alacant **445** P 30 – 757 h – Playa.

☑ carret. Moraira-Calpe 22-A ✆ 96 574 51 68 touristinfo.teulada@turisme.m400.gva Fax 96 574 51 68.

Madrid 483 – Alacant/Alicante 75 – Gandía 65.

Los Limoneros ⚓ sin rest y sin ☑, Mar del Norte 20 ✆ 96 649 03 51, Fax 96 649 03 50, ⚒ – ▤ ⺊ꓔⱽ. ﯼ Ⓓ Ⓜꓲ 𝐕𝐈𝐒𝐀. ⋙
16 apartamentos 66,11/90,15.

La Sort, av. de Madrid 1 ✆ 96 649 11 61, lasort@ctv.es, Fax 96 574 51 35 – ▤. ﯼ Ⓜꓲ 𝐕𝐈𝐒𝐀. ⋙
cerrado 23 diciembre-16 enero – **Comida** carta 33,50 a 55.

La Seu, Dr. Calatayud 24 ✆ 96 574 57 52 – ▤. Ⓜꓲ 𝐕𝐈𝐒𝐀. ⋙
❀ *cerrado 31 diciembre-15 enero y martes* – **Comida** 39,07 y carta 32,76 a 37,23
Espec. Ensalada de butifarra de Benissa con ventresca de atún. Bonito envuelto en berenjena y melón con ajo blanco de chufas. Escórpora con ravioli de puchero.

Casa Dorita, Barranquet ✆ 96 574 48 61, Fax 96 574 48 61 – ▤. ﯼ Ⓜꓲ 𝐕𝐈𝐒𝐀. ⋙
cerrado enero y lunes – **Comida** - sólo almuerzo salvo fines de semana y verano - carta 22,24 a 30,05.

por la carretera de Calp :

Swiss Moraira ⚓ sin rest, Oeste : 2,5 km, ✉ 03724, ✆ 96 574 71 04, Fax 96 574 70 74, ⚒, ꙮ – ▤ ⱽꓔ ⱇ – ⨝ 30/100
24 hab, 1 suite.

Gema H. ⚓, Estaca de Bares 11 - Suroeste : 2,5 km, ✉ 03724, ✆ 96 649 88 40, Fax 96 574 71 88, ≤, ⚒, ꙮ – ⫯ ⱽꓔ ⱇ ﯼ Ⓜꓲ 𝐕𝐈𝐒𝐀. ⋙ rest
Comida 10,82 – ☕ 5,41 – **39 hab** 42,68/51,69.

Girasol, Suroeste : 1,5 km, ✉ 03724, ✆ 96 574 43 73, girasol@alc.servicom.es, Fax 96 649 05 45, « Villa acondicionada con elegancia » – ▤ ⱇ ﯼ Ⓓ Ⓜꓲ 𝐕𝐈𝐒𝐀
ᴶᶜᴮ. ⋙
❀❀ *cerrado noviembre, domingo noche (octubre-marzo) y lunes salvo verano y festivos* –
Comida - sólo cena en verano salvo domingo - 71,83 y carta 52,29 a 76,53
Espec. Ensalada de atún con pimienta de Sechuán y vinagreta de Wasabi (marzo-octubre). Filetes de salmonetes con muselina de patata y limón. Crema quemada a la naranja con sorbete de cacao amargo (octubre-mayo).

La Bona Taula, Suroeste : 1,5 km, ✉ 03724, ✆ 96 649 02 06, bonataula@bonataula.com, Fax 96 574 23 84, ≤ mar, ꙮ – ▤ ⱇ ﯼ Ⓓ Ⓜꓲ 𝐕𝐈𝐒𝐀. ⋙
cerrado del 15 al 30 de noviembre y lunes – **Comida** carta 32,16 a 37,26.

en El Portet *Noreste : 1,5 km :*

Le Dauphin, ✉ 03724 apartado 324 Moraira, ✆ 96 649 04 32, dauphin@cto.es, Fax 96 649 04 32, ꙮ, « Villa mediterránea con terraza y ≤ peñón de Ifach, Calpe y mar »
– ▤. ﯼ Ⓓ Ⓜꓲ 𝐕𝐈𝐒𝐀. ⋙
cerrado 16 febrero-16 marzo, 10 noviembre-10 diciembre y lunes – **Comida** - sólo cena salvo fines de semana de noviembre a mayo - carta 40,85 a 48,92.

La MORALEJA *Madrid – ver Alcobendas.*

MORALZARZAL 28411 Madrid **444** J 18 – 2 248 h alt. 979.
Madrid 44 – Ávila 77 – Segovia 57.

El Cenador de Salvador ⚓ con hab, av. de España 30 ✆ 91 857 77 22, cenador0@teleline.es, Fax 91 857 77 80, ꙮ, « Elegante villa con terraza ajardinada » – ▤ ⱽꓔ
ⱇ ﯼ Ⓓ Ⓜꓲ 𝐕𝐈𝐒𝐀. ⋙
Comida (cerrado domingo noche y lunes) 69,42 y carta 34,18 a 47,66 – ☕ 15,03 – **7 hab** 210,35
Espec. Salmorejo de remolacha y smetana. Risotto de carabineros y boletus edulis. Milhojas de pistacho y merengue de pera Williams.

MOREDA DE ALLER 33670 Asturias **441** C 12.
Madrid 436 – Gijón 60 – León 103 – Oviedo 30.

Collainos, av. Tartiere 44 ✆ 98 548 10 40 – ⫯ ⱽꓔ. Ⓓ Ⓜꓲ 𝐕𝐈𝐒𝐀. ⋙
Comida 6,01 – ☕ 3,01 – **8 hab** 24,04/36,06.

La Teyka, Constitución 35 ✆ 98 548 10 20, teyka35@hotmail.com – Ⓜꓲ
𝐕𝐈𝐒𝐀. ⋙
Comida carta 15,02 a 26,05.

El MORELL 43760 Tarragona 443 I 33 – 2 366 h alt. 85.

Madrid 528 – Lleida/Lérida 84 – Tarragona 29 – Tortosa 95.

✗ **La Grava** con hab, Pareteta 4 ℘ 977 84 06 18, Fax 977 84 13 99, 🏖, ⋽ – 🗐 rest,
📺. 🖭 🖭 🖭. ⋘
cerrado Navidades y 2ª quincena de junio – **Comida** (cerrado domingo) carta 23,43 a 28,37
– ☕ 2,70 – **22 hab** 18,03/36,06.

MORELLA 12300 Castelló 445 K 29 – 2 717 h alt. 1 004.

Ver : Emplazamiento★ – Basílica de Santa María la Mayor★ – Castillo ≼★.

🄸 pl. de San Miguel ℘ 964 17 30 32 touristinfo.morella@turisme.m400.gva.es Fax
964 17 30 32.

Madrid 440 – Castelló de la Plana/Castellón de la Plana 98 – Teruel 139.

🏨 **Rey Don Jaime,** Juan Giner 6 ℘ 964 16 09 11, hotel@reydonjaimemorella.com,
Fax 964 16 09 88 – 🛗, 🗐 rest, 📺 – 🕍 25/200. 🖭 🖭 🖭. ⋘
Comida 9,65 – ☕ 5,15 – **44 hab** 36,50/59.

🏨 **Cardenal Ram,** Cuesta Suñer 1 ℘ 964 17 30 85, hotelcardenalram@ctv.es,
Fax 964 17 32 18, « Casa señorial del siglo XVI » – 🗐 rest, 📺. 🖭 🖭 🖭. ⋘
Comida (cerrado del 15 al 26 de diciembre y lunes salvo verano) 12,02 – ☕ 4,81 – **17 hab**
33,06/51,09 – 2 suites – PA 24,04.

🏠 **Del Pastor** ⋟ sin rest, San Julián 12 ℘ 964 16 10 16, Fax 964 17 33 22, ≼ – 🗐 📺.
🖭 🖭. ⋘
12 hab ☕ 37/61.

✗✗ **Casa Roque,** Cuesta San Juan 1 ℘ 964 16 03 36, morella@restaurantecasaroque.com,
Fax 964 16 02 00, « Casa-palacio del siglo XVII » – 🗐. 🖭 🖭 🖭 🖭 🖭. ⋘
cerrado 2ª quincena de noviembre, domingo noche y lunes – **Comida** carta 23,91 a
26,14.

✗ **Meson del Pastor,** Cuesta Jovaní 7 ℘ 964 16 02 49, Fax 964 17 31 07 – 🗐. 🖭 🖭
🖭. ⋘
cerrado del 1 al 15 de julio y miércoles salvo festivos – **Comida** - sólo almuerzo salvo verano
- carta 11,71 a 18,71.

✗ **Blanca,** Marquesa de Fuente el Sol 9 ℘ 964 17 32 98 – 🗐. 🖭 🖭. ⋘
cerrado febrero y miércoles salvo festivos – **Comida** carta 13,81 a 20,89.

en la carretera CS 840 Oeste : 4,5 km :

🏨 **Fábrica de Giner,** ✉ 12300, ℘ 964 17 31 42, Fax 964 17 31 97 – 🛗 🗐 📺 🅿. 🖭
🖭 🖭 🖭. ⋘ rest
Comida (cerrado martes) 14,75 – **24 hab** ☕ 64,30/75,14.

MÓSTOLES 28930 Madrid 444 L 18 – 193 056 h alt. 661.

Madrid 17 – Toledo 64.

✗ **Mesón Gregorio I,** Reyes Católicos 16, ✉ 28938, ℘ 91 613 22 75, lafuencisla@er
esmas.com, Fax 91 618 88 63, « Decoración típica » – 🗐. 🖭 🖭. ⋘
Comida carta 24 a 32.

en la autovía N V Suroeste : 5,5 km :

✗✗ **La Fuencisla,** ✉ 28935, ℘ 91 647 22 89, « Decoración rústica » – 🗐 🅿. 🖭 🖭. ⋘
Comida carta 30 a 41.

MOTA DEL CUERVO 16630 Cuenca 444 N 21 – 5 568 h alt. 750.

Madrid 139 – Albacete 108 – Alcázar de San Juan 36 – Cuenca 113.

🏨 **Mesón de Don Quijote,** Francisco Costi 2 ℘ 967 18 02 00, mesondonquijote@ho
tmail.com, Fax 967 18 07 11, « Decoración regional », ⋽ – 🗐 📺 🅿. 🖭 🖭 🖭 🖭.
⋘ rest
Comida 11,90 – ☕ 5,10 – **36 hab** 43,57/64,60 – PA 23,13.

MOTILLA DEL PALANCAR 16200 Cuenca 444 N 24 – 4 744 h alt. 900.

Madrid 202 – Cuenca 68 – València 146.

✗✗ **Seto** con hab, carret. Madrid 54 ℘ 969 33 21 18, Fax 969 33 32 28, « Decoración rústica
regional » – 🛗 🗐 📺 🚗 🅿. 🖭 🖭 🖭 🖭. ⋘
Comida carta 22,50 a 30 – ☕ 5 – **21 hab** 36/48.

MOTRICO Gipuzkoa – ver Mutriku.

MOTRIL 18600 Granada **446** **V 19** – 45 880 h alt. 65.

  ⓖ Los Moriscos, urb. playa Granada carret. de Bailén : 8 km ℘ 958 82 55 27 Fax 958 82 55 27.

  Madrid 501 – Almería 112 – Antequera 147 – Granada 73 – Málaga 96.

  Tropical sin ☷, Rodríguez Acosta 23 ℘ 958 60 04 50, Fax 958 60 04 50 – |≑| ▤ TV. AE ⓞ Ⓜⓒ VISA. ⚫
  Comida (cerrado junio y domingo) 10,85 – **21 hab** 30/48,10.

  Mesón La Casuca, carret. de Almería 11 ℘ 958 60 77 28, ⌂ – ▤. ⓂⒸ VISA. ⚫
  Comida - espec. en carnes a la parrilla - carta aprox. 31,26.

por la carretera N 340 Oeste : 3 km y desvío a la derecha 0,5 km :

  Casa de los Bates ⚠ sin rest (es necesario reservar), carret. de Mirasierra, ✉ 18600, ℘ 958 34 94 95, borjar@jet.es, Fax 958 34 91 22, « En un antiguo palacete rodeado de jardines », ⚓ – TV P. AE ⓞ ⓂⒸ VISA. ⚫
  5 hab ☷ 90,15/120,20.

en el puerto Suroeste : 4,5 km :

  G.H. Motril ⚠, av. playa de Poniente, ✉ 18600, ℘ 958 60 77 44, hmotril@anjoca.com, Fax 958 60 77 76, ≤, ☒ – |≑| ▤ TV P. – ⚓ 25/50. AE ⓂⒸ VISA. ⚫
  Comida 18 – ☷ 6 – **71 hab** 78/96 – 22 suites.

  Marquesina Puerto, av. playa de Poniente, ✉ 18600, ℘ 958 60 80 08, ⌂ – ▤. ⓞ ⓂⒸ VISA. ⚫
  Comida carta 23,70 a 30.

MOZAGA Las Palmas – ver Canarias (Lanzarote).

MOZÁRBEZ 37183 Salamanca **441** **J 13** – 324 h alt. 871.

  Madrid 219 – Béjar 64 – Peñaranda de Bracamonte 53 – Salamanca 14.

  Mozárbez, carret. N 630 ℘ 923 30 82 91, Fax 923 30 82 91, ☒ – ▤ TV ⇔ P. AE ⓞ ⓂⒸ VISA. ⚫
  Comida 7,81 – ☷ 3,01 – **40 hab** 27,05/48,08 – PA 15,84.

MUCHAVISTA (Playa) Alacant – ver El Campello.

MUGARDOS 15620 A Coruña **441** **B 5** – 6 478 h alt. 8.

  Madrid 612 – Santiago de Compostela 90 – A Coruña/La Coruña 51 – Ferrol 13.

  Mesón da Pedreira, La Pedreira 33 - Sureste : 1,5 km ℘ 981 47 08 08, pamasoal@ctv.es, Fax 981 47 00 66 – ▤ P. AE ⓞ ⓂⒸ VISA. ⚫
  cerrado 15 septiembre-6 octubre, domingo noche y festivos noche – **Comida** carta 15,03 a 25,85.

MÚJICA Bizkaia – ver Muxika.

MULA 30170 Murcia **445** **R 25** – 12 930 h alt. 300.

  Madrid 394 – Cartagena 92 – Lorca 66 – Murcia 39.

  Alcázar, carret. de Pliego - Sur : 1 km ℘ 968 66 21 05, alcazarsigloxx@paralelo40.org – ▤ TV P.
  20 hab.

MUNDAKA 48360 Bizkaia **442** **B 21** – 1 639 h – Playa.

  ⓑ Kepa Deuna ℘ 94 617 72 01 turismomundaka@bizkaia.org Fax 617 72 01.

  Madrid 436 – Bilbao 37 – Donostia-San Sebastián 105.

  Atalaya, paseo de Txorrokopunta 2 ℘ 94 617 70 00, Fax 94 687 68 99 – |≑| TV P. AE ⓞ ⓂⒸ VISA. ⚫
  Comida (cerrado lunes) - sólo clientes - 18,03 – ☷ 7 – **11 hab** 67/84.

  El Puerto sin rest, Portu 1 ℘ 94 687 67 25, hotelelpuerto@euskalnet.net, Fax 94 687 67 26, ≤ – TV ⇔. ⓂⒸ VISA
  ☷ 6 – **11 hab** 51,02/69,02.

  Mundaka sin rest, Florentino Larrínaga 9 ℘ 94 687 67 00, hotelmundaka@euskalnet.net, Fax 94 687 61 58 – |≑| TV P. AE ⓞ ⓂⒸ VISA
  cerrado Navidades – ☷ 5,50 – **19 hab** 45/67.

MUNGIA o **MUNGUÍA** 48100 Bizkaia 442 B 21 – 12 995 h alt. 20.

Madrid 449 – Bermeo 17 – Bilbao 17 – Donostia-San Sebastián 114.

🏨 **Torrebillela,** Beko-Kale 18 ℘ 94 674 32 00, hoteltorrebillela@infonegocio.com, Fax 94 674 39 27 – |🛗|, ☰ rest, 📺. 🅼🅲 𝗩𝗜𝗦𝗔. ✕
   Comida 11,42 – ☕ 4,51 – **18 hab** 51,09/84,14.

🏨 **Lauaxeta,** Lauaxeta 4 ℘ 94 674 43 80, hotellauaxeta@infonegocio.com, Fax 94 674 43 79, ☂ – ☰ rest, 📺. 🅼🅲 𝗩𝗜𝗦𝗔. ✕
   Comida (cerrado agosto y domingo) 12,62 – ☕ 4,51 – **17 hab** 45,08/78,13 – PA 28,55.

MURCIA 30000 🅟 445 S 26 – 338 250 h alt. 43.

Ver : Catedral★ (fachada★, Capilla de los Vélez★, Museo : San Jerónimo★, campanario : ≼★) DY – Museo Salzillo★ CY - calle de la Trapería★ DY.

✈ de Murcia-San Javier por ② : 50 km ℘ 968 17 20 00.

🚆 Santa Clara (detrás del Teatro Romea) ✉ 30004 ℘ 968 22 06 59 Fax 968 22 06 59 y Plano de San Francisco (Palacio Almudí) ✉ 30004 ℘ 968 35 87 20 turismo@ayto murcia.es Fax 968 35 87 23 – **R.A.C.E.** San Leandro 1 (edificio Martinica) ✉ 30003 ℘ 968 25 00 72 Fax 968 34 02 29. – Madrid 404 ① – Albacete 146 ① – Alacant/Alicante 81 ① – Cartagena 49 ② – Lorca 64 ③ – València 256 ①

Plano página siguiente

🏰 **Meliá 7 Coronas,** paseo de Garay 5, ✉ 30003, ℘ 968 21 77 72, melia.sietecoronas @solmelia.es, Fax 968 22 12 94, « Terraza-jardín » – |🛗| ☰ 📺 🚗 – 🛎 25/400. 🆎 ⓪ 🅼🅲 𝗩𝗜𝗦𝗔. ✕
   X x
   Comida - ver rest. **Las Coronas** – ☕ 11,42 – **153 hab** 119,90/145,14 – 3 suites.

🏰 **NH Rincón de Pepe,** pl. Apóstoles 34, ✉ 30001, ℘ 968 21 22 39, nhrincon@nh-h oteles.es, Fax 968 22 17 44 – |🛗| ☰ 📺 🚗 – 🛎 25/150. 🆎 ⓪ 🅼🅲 𝗩𝗜𝗦𝗔 🅹🅲🅱. ✕
   Comida - ver rest. **Rincón de Pepe** – ☕ 10,22 – **147 hab** 99,17 – 4 suites.   **DY r**

🏰 **NH Amistad Murcia,** Condestable 1, ✉ 30009, ℘ 968 28 29 29, nha-murcia@nhh oteles.es, Fax 968 28 08 28 – |🛗| ☰ 📺 🚗 – 🛎 25/600. 🆎 ⓪ 🅼🅲 𝗩𝗜𝗦𝗔. ✕   **X r**
   Comida (cerrado sábado en agosto y domingo) carta 18,48 a 26,53 – ☕ 10,21 – **143 hab** 101/126,21 – 5 suites.

🏰 **Arco de San Juan,** pl. de Ceballos 10, ✉ 30003, ℘ 968 21 04 55, reservas@arco sanjuan.com, Fax 968 22 08 09 – |🛗| ☰ 📺 🚗 – 🛎 25/300. 🆎 ⓪ 🅼🅲 𝗩𝗜𝗦𝗔. ✕
   Comida - ver rest. **Del Arco** – **103 hab** ☕ 75/95 – 3 suites.   **DZ n**

🏨 **Catalonia Conde de Floridablanca,** Corbalán 3, ✉ 30002, ℘ 968 21 46 26, cata loni@hoteles-catalonia.es, Fax 968 21 32 15 – |🛗| ☰ 📺 🚗 – 🛎 25/75. 🆎 🅼🅲 𝗩𝗜𝗦𝗔. ✕
   Comida 10,22 – ☕ 9,02 – **79 hab** 98,56/118,42 – 6 suites.   **DZ f**

🏨 **Hispano 2,** Radio Murcia 3, ✉ 30001, ℘ 968 21 61 52, hotel@hotelhispano.com, Fax 968 21 68 59 – |🛗| ☰ 📺 🚗 – 🛎 25/100. 🆎 ⓪ 🅼🅲 𝗩𝗜𝗦𝗔. ✕   **DY e**
   Comida - ver rest. **Hispano** – ☕ 3,21 – **35 hab** 45,07/57,09.

🏨 **Hespería Fontoria** sin rest con cafetería, Madre de Dios 4, ✉ 30004, ℘ 968 21 77 89, hotel@hesperia-fontoria.com, Fax 968 21 07 41 – |🛗| ☰ 📺 🚗 – 🛎 25/120. 🆎 ⓪ 🅼🅲 𝗩𝗜𝗦𝗔 🅹🅲🅱. ✕   **DY a**
   ☕ 7,51 – **120 hab** 84,14/96,16.

🏨 **Churra-Vistalegre** con cafetería, Arquitecto Juan J. Belmonte 4, ✉ 30007, ℘ 968 20 17 50, churra@larural.es, Fax 968 20 17 95 – |🛗| ☰ 📺 🚗 – 🛎 25/100. 🆎 ⓪ 🅼🅲 𝗩𝗜𝗦𝗔. ✕   **X e**
   Comida - ver rest. **El Churra** – ☕ 4,21 – **57 hab** 42,07/60,10.

🏨 **La Huertanica,** Infantes 5, ✉ 30001, ℘ 968 21 76 69, Fax 968 21 25 04 – |🛗| ☰ 📺 🚗. 🆎 ⓪ 🅼🅲 𝗩𝗜𝗦𝗔. ✕   **DY b**
   Comida (cerrado agosto) 9,62 – ☕ 4,50 – **31 hab** 33,05/45,07.

🏨 **El Churra,** Obispo Sancho Dávila 1, ✉ 30007, ℘ 968 23 84 00, churra@larural.es, Fax 968 23 77 93 – |🛗| ☰ 📺 🚗 – 🛎 25/50. 🆎 ⓪ 🅼🅲 𝗩𝗜𝗦𝗔. ✕   **X z**
   Comida - ver rest. **El Churra** – ☕ 4,21 – **96 hab** 42,07/60,10 – 1 suite.

🏨 **Pacoche Murcia,** Cartagena 30, ✉ 30002, ℘ 968 21 33 85, hotel-pacoche@eresm as.com, Fax 968 21 33 85 – |🛗| ☰ 📺 ♿ 🚗 – 🛎 25/50. 🆎 ⓪ 🅼🅲 𝗩𝗜𝗦𝗔 🅹🅲🅱. ✕
   Comida - ver rest. **Universal Pacoche** – ☕ 4,51 – **72 hab** 51,09/78,13.   **DZ e**

🏨 **Casa Emilio** sin rest con cafetería, Alameda de Colón 9, ✉ 30010, ℘ 968 22 06 31, Fax 968 21 30 29 – |🛗| ☰ 📺 – 🛎 25/100. 🅼🅲 𝗩𝗜𝗦𝗔. ✕   **DZ c**
   ☕ 3 – **42 hab** 28,20/42,10.

🏨 **Zenit Majesty** sin rest con cafetería, pl. San Pedro 5, ✉ 30004, ℘ 968 21 47 41, majesty@zenithoteles.com, Fax 968 21 67 65 – |🛗| ☰ 📺. 🆎 🅼🅲 𝗩𝗜𝗦𝗔. ✕   **CY a**
   ☕ 6,30 – **67 hab** 54,09/71,82.

🏨 **Universal Pacoche** sin ☕, Cartagena 21, ✉ 30002, ℘ 968 21 76 05, Fax 968 21 76 05 – |🛗| ☰ 📺. 🆎 ⓪ 🅼🅲 𝗩𝗜𝗦𝗔. ✕   **DZ b**
   Comida - ver rest. **Universal Pacoche** – **47 hab** 32/40.

MURCIA

Alfonso x el Sabio (Gran Vía) . . . . DY, X 2
Cardenal Belluga (Pl.) . . . DY 5
Ciudad de Almería (Av.) . . . . . X 7
Colón (Alameda de) . . . . DZ
Constitución (Av. de la) . X 9
Emilio Díez de Revenga (Plaza) . . . . X 12
España (Glorieta de) . . . . DZ 15
Floridablanca . . . . DZ, X 18
Garay (Paseo de) . . . . . . DZ 20
General Primo de Rivera (Av.) . . . . X 22
General Yagüe . . . . X 25
Gómez Cortina . . . . CY 28
Industria . . . . X 30
Infante Don Juan Manuel (Avenida) . . . . DZ 33
Intendente Jorge Palacio (Av.) . . . . X 35
Isaac Albeniz . . . . X 37
Isidoro de la Cierva . . . . DY 40
Jaime I el Conquistador . . . . . X 42
José Antonio Ponzoa . . . DY 44
Juan Carlos I (Av.) . . . . . X 46
Juan XXIII (Plaza) . . . . . . X 48
Levante (Ronda de) . . . . X 50
Libertad (Av. de la) . . . . . X 53
Licenciado Cascales . . . . DY 56
Luis Fontes Pagán . . . . . X 58
Marcos Redondo . . . . . . CY 60
Marqués de Corvera (Paseo) . . . . X 63
Martínez Tornel (Pl.) . . . . DZ 65
Melilla . . . . X 66
Miguel de Cervantes (Av.) . . X 67
Norte (Ronda) . . . . X 69
Obispo Frutos . . . . X 71
Perea (Av.) . . . . X 73
Platería . . . . DY
Proclamación . . . . DZ 75
Puerta de Orihuela . . . . X 76
Rector José Loustau . . . . X 77
San Francisco (Plano de) . . . . CYZ 78
Sociedad . . . . DY 80
Teniente Flomesta (Av.) . . . . DZ 83
Trapería . . . . DY
Vistabella (Puente de) . . . . . X 85

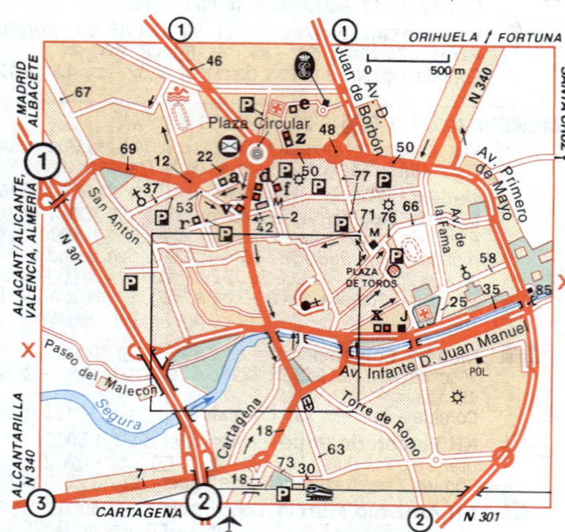

ORIHUELA / FORTUNA
MADRID ALBACETE
ALACANT/ALICANTE, VALENCIA, ALMERIA
N 301
ALCANTARILLA N 340
Juan de Borbón
Av. D.
Plaza Circular
Av. Primero de Mayo
SANTA CRUZ
N 340
Av. de la fama
PLAZA DE TOROS
San Antón
Paseo del Malecón
Segura
Av. Infante D. Juan Manuel
POL
Cartagena
Torre de Romo
CARTAGENA
N 301
500 m

C
D
San Andrés
Mariano Girada
Acisclo
Díaz
Gran Via
Pl. Santo Domingo
U
MUSEO SALZILLO
Pl. San Agustín
Santa Teresa
Santa
Pl. Mayor
Plaza Sta Isabel
Pl. Julián Romea
Merced
Alejandro Seiquer
García Alix
San Nicolás
Sagasta
Pl. Santa Catalina
Escultor Salzillo
Via
Platería
Trapería
Casino
Pl. Cetina
Juan de la Cierva
Sagasta
Pilar
S. Pedro
Pascual
Freneria
CATEDRAL
San Antonio
POL
JARDINES DEL MALECÓN
Jara Carrillo
Puente Viejo
Apóstoles
Ceballos
Paseo del Malecón de la Peña
Alcalde Gaspar de la Peña
Segura
N 301
Pl. Camachos
Puente Nuevo
Pl. de la Cruz Roja
Av. Río Segura
Pl. González Conde
Alameda de Colon
JARDÍN DE FLORIDABLANCA
Cartagena
Torre de Romo
Princesa
Y
Z
100 m

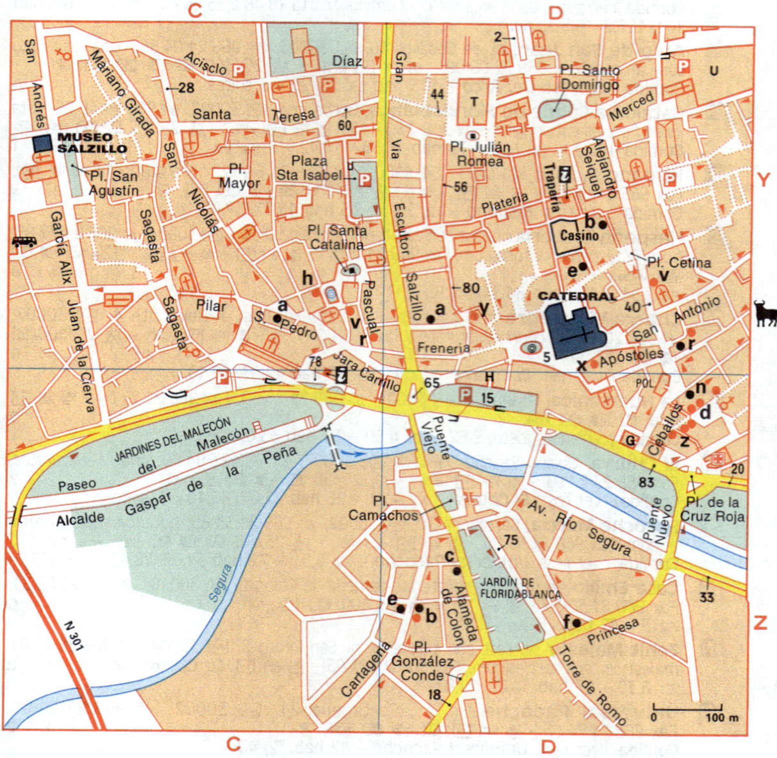

XXX **Rincón de Pepe** - *Hotel NH Rincón de Pepe*, pl. Apóstoles 34, ✉ 30001, 𝄢 968 21 22 39, *rinconpp@mur.hnet.es*, *Fax 968 22 17 44* – 🗖 🚗. AE ① MC VISA JCB. ✕
                                                                      DY r
cerrado domingo noche – **Comida** carta 18,50 a 32.

XXX **Alfonso X,** av. Alfonso X el Sabio 8, ✉ 30008, 𝄢 968 23 10 66, *Fax 968 24 26 26,* 🌳,
« Decoración moderna » – 🗖. AE ① MC VISA. ✕   X f
cerrado domingo (julio-agosto) – **Comida** carta 24 a 30.

XXX **Del Arco** - *Hotel Arco de San Juan*, pl. de San Juan 1, ✉ 30003, 𝄢 968 21 04 55,
reservas@arcosanjuan.com, Fax 968 22 08 09 – 🗖 🚗. AE ① MC VISA. ✕   DZ d
cerrado agosto y domingo – **Comida** carta 23 a 35.

XXX **Las Coronas** - *Hotel Meliá 7 Coronas*, paseo de Garay 5, ✉ 30003, 𝄢 968 21 77 72,
melia.sietecoronas@solmelia.es, Fax 968 22 12 94 – 🗖 🚗. AE ① MC VISA. ✕ X x
Comida carta 26,45 a 37,87.

XXX **Raimundo González,** pl. Raimundo González Frutos 5, ✉ 30001, 𝄢 968 21 23 77,
mgmolina@forodigital.es, Fax 968 22 03 20 – 🗖. MC VISA. ✕   DY v
cerrado agosto, domingo noche y lunes – **Comida** carta 24,05 a 33,36.

XX **Rocío,** Batalla de las Flores, ✉ 30008, 𝄢 968 24 29 30, *Fax 968 23 76 61* – 🗖. AE ①
MC VISA. ✕   X a
cerrado domingo – **Comida** carta 25 a 30.

XX **Las Cadenas,** Apóstoles 10, ✉ 30001, 𝄢 968 22 09 24 – 🗖. AE ① MC
VISA. ✕   DY x
cerrado agosto y domingo – Comida carta 19,60 a 29,10.

XX **Hispano** - *Hotel Hispano 2,* Arquitecto Cerdá 7, ✉ 30001, 𝄢 968 21 61 52, *hotel@h
otelhispano.com, Fax 968 21 68 59* – 🗖. AE ① MC VISA. ✕   DY e
cerrado domingo en julio-agosto – **Comida** carta 19,53 a 29,75.

XX **Acuario,** pl. Puxmarina 3, ✉ 30004, 𝄢 968 21 99 55, *Fax 968 21 99 55* – 🗖. AE ①
MC VISA. ✕   DY y
cerrado del 15 al 30 de agosto y domingo – Comida carta 18,34 a 23,04.

XX **El Churra** - *Hoteles Churra-Vistalegre y El Churra,* av. Marqués de los Vélez 12, ✉ 30008,
𝄢 968 23 84 00, *churra@larural.es, Fax 968 23 77 93* – 🗖 🚗. AE ① MC
VISA. ✕   X z
Comida carta 19,24 a 27,65.

XX **La Gran Taberna,** av. de la Libertad 6, ✉ 30009, 𝄢 968 24 45 22, *Fax 968 23 60 48*
– 🗖. AE ① MC VISA. ✕   X v
cerrado 2ª quincena de agosto y domingo – Comida carta 24,04 a 30,06.

X **Morales,** av. de la Constitución 12, ✉ 30008, 𝄢 968 23 10 26, *Fax 968 23 10 26* – 🗖.
AE ① MC VISA. ✕   X d
cerrado del 15 al 31 de agosto, sábado noche y domingo – **Comida** carta 22,24 a 27,65.

X **Alborada,** Lepanto 4, ✉ 30008, 𝄢 968 23 23 23 – 🗖. AE ① MC VISA. ✕   X d
cerrado 15 días en agosto y domingo – **Comida** carta 18,93 a 25,24.

X **Universal Pacoche** - *Hoteles Pacoche Murcia y Universal Pacoche,* Cartagena 25,
✉ 30002, 𝄢 968 21 13 38 – 🗖. AE ① MC VISA. ✕   DZ b
cerrado agosto – **Comida** carta aprox. 15,03.

X La Parranda, pl. de San Juan, ✉ 30003, 𝄢 968 22 06 75, 🌳 – 🗖   DZ z

X **La Reunión,** pl. de San Juan 2, ✉ 30003, 𝄢 968 21 94 95, *lareunion@ono.com,
Fax 968 93 38 53* – 🗖. ① MC VISA. ✕   DZ d
cerrado agosto, domingo noche y lunes – **Comida** - cocina francesa - carta 19,84 a 27,95.

Y/ **La Pequeña Taberna,** General Margallo 7, ✉ 30003, 𝄢 968 21 98 40,
Fax 968 21 98 40, 🌳 – 🗖. AE ① MC VISA. ✕   DZ z
cerrado agosto y martes – **Tapa** 1,50 **Ración** aprox. 4,50.

Y/ **Mesón Las Viandas,** Pascual 2-4, ✉ 30004, 𝄢 968 22 11 88 – 🗖. ① MC VISA. ✕
cerrado sábado y domingo en agosto – **Tapa** 1,80 **Ración** aprox. 3,31.   CY r

Y/ **La Pequeña Pequeña,** General Margallo 10, ✉ 30003, 𝄢 968 21 51 65 – 🗖. AE ①
MC VISA. ✕   DZ z
cerrado julio y jueves – **Tapa** 1,50 **Ración** aprox. 4,50.

Y/ **Las Flores,** pl. de las Flores, ✉ 30004, 𝄢 968 21 66 27, 🌳 – 🗖. ① MC
VISA. ✕   CY v
cerrado martes salvo festivos – **Tapa** 2,10 **Ración** aprox. 4,20.

Y/ **Mesón Murcia,** pl. de las Flores 6, ✉ 30004, 𝄢 968 21 96 56, 🌳 – 🗖. MC VISA. ✕
cerrado fines de semana mediodía en julio-agosto – **Tapa** 2,10 **Ración** aprox. 3. CY h

Y/ Taberna La Parranda, San José 1, ✉ 30003, 𝄢 968 22 06 75, 🌳 – 🗖   DZ n
Ver también : **Santa Cruz** *Noreste : 9 km* X.

MURGIA o **MURGUÍA** 01130 Araba **442** D 21 – alt. 620.

Zuia, zona deportiva de Altube, Noroeste : 5 km ℰ 945 40 32 90 Fax 945 43 09 18.
Madrid 362 – Bilbao 45 – Vitoria-Gasteiz 19.

La Casa del Patrón ⅍, San Martín 2 ℰ 945 46 25 28, hotel@casadelpatron.com, Fax 945 46 24 80 – |₴| 🖭 🆕 🚗. 🆎 ⓞ 🆘 🆅🆂🅰. ✕ rest
Comida 12,86 – ⧖ 4,50 – **14 hab** 38,58/57,88.

en Sarria Norte : 1,5 km :

Arlobi, Elizalde 21, ✉ 01139 Sarria, ℰ 945 43 02 12, 🏠 – 🖭 🅿. 🆎 🆘 🆅🆂🅰. ✕
cerrado del 20 al 30 de agosto, domingo noche y martes noche – **Comida** carta 21,79 a 26,75.

en la autopista A 68 Noroeste : 5 km :

Altube, área de servicio Altube, dirección Bilbao, ✉ 01139 Altube, ℰ 945 43 01 73, altube@areas.es, Fax 945 43 02 51 – 🖭 rest, 🆅 🅿. 🆎 ⓞ 🆘 🆅🆂🅰. ✕
Comida 10,76 – ⧖ 4,81 – **20 hab** 53,94/67,46.

Motel Altube, área de servicio Altube, dirección Logroño, ✉ 01139 Altube, ℰ 945 43 01 50, altube@areas.es, Fax 945 46 26 32 – 🖭 rest, 🆅 🅿. 🆎 ⓞ 🆘 🆅🆂🅰. ✕
Comida 10,76 – ⧖ 4,81 – **20 hab** 76,48/91,35.

MURIEDAS 39600 Cantabria **442** B 18.
Madrid 392 – Bilbao 102 – Burgos 149 – Santander 6.

Parayas sin rest, av. de la Concordia 6 ℰ 942 25 13 00, Fax 942 36 19 36 – |₴| 🆅 🚗. 🆘 🆅🆂🅰. ✕
marzo-octubre – ⧖ 3,91 – **26 hab** 49,04/61,30.

San Luis sin rest, av. de Bilbao 28 ℰ 942 25 15 41, Fax 942 25 11 08 – 🆅 🅿. 🆎 ⓞ 🆘 🆅🆂🅰. ✕
⧖ 2,40 – **22 hab** 60,10/69,12.

MURILLO EL FRUTO 31313 Navarra **442** E 25 – 724 h alt. 366.
Madrid 361 – Iruña/Pamplona 69 – Jaca 115 – Logroño 91 – Tudela 55.

Txapi Txuri con hab, Santa Úrsula 59 ℰ 948 71 58 08, Fax 948 71 58 08, 🏠 – 🖭 rest,. ⓞ 🆘 🆅🆂🅰. ✕
cerrado 21 días en enero y 15 días en septiembre – **Comida** (cerrado domingo noche y lunes salvo festivos) - cena sólo clientes - carta 18,04 a 22,85 – ⧖ 3,70 – **5 hab** 29,60/40,70.

MURO (Playa de) Illes Balears – ver Balears (Mallorca) : Port d'Alcúdia.

MUROS 15250 A Coruña **441** D 2 – 10 178 h – Playa.
Madrid 674 – Pontevedra 97 – Santiago de Compostela 72.

Muradana, av. Castelao 99 ℰ 981 82 68 85, hotelmuradana@wanadoo.es – |₴| 🖭. 🆘 🆅🆂🅰. ✕
Comida 7,83 – ⧖ 2,10 – **14 hab** 39,15/48,19 – PA 14,15.

MUSKIZ 48550 Bizkaia **442** C 20 – 6 394 h alt. 10.
Madrid 419 – Bilbao 28 – Santander 82.

en la carretera N 634 Noroeste : 4 km :

Muskiz sin rest, El Haya 16, ✉ 48550, ℰ 94 670 76 34, hotelmuskiz@hotelmuskiz.com, Fax 94 670 74 51 – 🖭 🅿. 🆘 🆅🆂🅰. ✕
⧖ 3,76 – **20 hab** 51,09/69,12.

MUTRIKU o **MOTRICO** 20830 Gipuzkoa **442** C 22 – 4 466 h – Playa.
Madrid 464 – Bilbao 75 – Donostia-San Sebastián 45.

Jarri-Toki, carret. de Deva - Este : 1 km ℰ 943 60 32 39, ≼ mar, 🏠 – 🅿. 🆘 🆅🆂🅰. ✕
cerrado del 16 al 30 de noviembre, domingo y lunes (septiembre-junio) – **Comida** carta 24,04 a 30,05.

MUXIKA o **MÚJICA** 48392 Bizkaia **442** C 21 – 1 432 h alt. 40.
Madrid 406 – Bilbao 32 – Donostia-San Sebastián 84 – Vitoria-Gasteiz 56.

Remenetxe, carret. BI 635 (barrio Ugarte) ℰ 94 625 35 20, remenetxe@remenetxe.com, Fax 94 625 57 83, 🏠, « Caserío típico » – 🖭 🅿. 🆎 ⓞ 🆘 🆅🆂🅰. ✕
cerrado febrero y miércoles – **Comida** carta 33,06 a 36,86.

NÁJERA 26300 La Rioja **442** E 21 – 6 901 h alt. 484.

Ver : *Monasterio de Santa María la Real★ (claustro★★, iglesia★ : panteón real★, sepulcro de Blanca de Navarra★, coro alto : sillería★).*

Madrid 324 – Burgos 85 – Logroño 28 – Vitoria-Gasteiz 84.

NATXITUA Bizkaia – ver Ea.

NAVA 33520 Asturias **441** B 13 – 5 564 h.

Madrid 463 – Gijón 41 – *Oviedo* 32 – Santander 173.

Villa de Nava ⑤, carret. de Santander ℘ 98 571 80 70, hnava@retemail.es, Fax 98 571 80 83 – ▤ rest, 🆃🆅 ⅙ 🅿 – ⚿ 25/300. 🄰🄴 ⓞ 🄼🄲 🆅🄸🅂🄰 ⋇
Comida 10 - *Casa Mino* : **Comida** carta 22,24 a 28,23 – ☕ 4,80 – **39 hab** 57/72 – 1 suite.

NAVACERRADA 28491 Madrid **444** J 17 – 1 597 h alt. 1 203 – Deportes de invierno en el Puerto de Navacerrada ⚐ 8.

Madrid 50 – El Escorial 21 – *Segovia* 35.

Nava Real, Huertas ℘ 91 853 10 00, Fax 91 853 12 40, « Decoración íntima en un ambiente acogedor » – 🆃🆅 – ⚿ 25. 🄰🄴 ⓞ 🄼🄲 🆅🄸🅂🄰 ⋇
Comida 12,02 – ☕ 3,01 – **12 hab** 42,07/48,08.

Ricardo, Audiencia ℘ 91 853 11 23 – ▤. ⓞ 🄼🄲 🆅🄸🅂🄰. ⋇
cerrado 2ª quincena de septiembre y lunes – **Comida** carta aprox. 24,16.

Felipe, av. de Madrid 2 ℘ 91 856 08 34, Fax 91 853 12 46 – ▤. 🄰🄴 ⓞ 🄼🄲 🆅🄸🅂🄰 🄹🄲🄱. ⋇
Comida carta 20,58 a 34,55.

Asador Felipe, del Mayo 3 ℘ 91 853 10 41, Fax 91 853 12 46, 🌰, « Decoración castellana » – 🄰🄴 ⓞ 🄼🄲 🆅🄸🅂🄰 🄹🄲🄱. ⋇
junio-15 octubre y fines de semana resto del año – **Comida** carta 22,53 a 36,66.

La Galería, Iglesia 9 ℘ 91 856 05 79 – ▤. 🄰🄴 🄼🄲 🆅🄸🅂🄰. ⋇
cerrado del 15 al 30 de septiembre – **Comida** - sólo almuerzo salvo verano y fines de semana - carta 24,20 a 36,43.

en la carretera M 601 :

Arcipreste de Hita, Noroeste : 1,5 km, ✉ 28491, ℘ 91 856 01 25, Fax 91 856 02 70, ≤ pantano y montañas, 🛋, ⌣, ▨ – 🛗, ▤ rest, 🆃🆅 🅿 – ⚿ 25/60. 🄰🄴 ⓞ 🄼🄲 🆅🄸🅂🄰. ⋇
Comida 18,03 – ☕ 6,01 – **40 hab** 60,10/72,12 – PA 30,06.

La Fonda Real, Noroeste : 2 km, ✉ 28491, ℘ 91 856 03 05, Fax 91 856 05 40, « Decoración castellana del siglo XVIII » – 🅿. 🄰🄴 🄼🄲 🆅🄸🅂🄰. ⋇
Comida - sólo almuerzo salvo Navidades, Semana Santa, verano y fines de semana - carta 27,66 a 40,28.

Las Postas con hab, Suroeste : 1,5 km, ✉ 28491, ℘ 91 856 02 50, las-postas@terra.es, Fax 91 853 11 51, ≤ – ▤ rest, 🆃🆅 🅿 – ⚿ 25/60. 🄰🄴 🄼🄲 🆅🄸🅂🄰. ⋇
Comida carta 18,18 a 23,64 – ☕ 3,94 – **20 hab** 38,79/48,48.

en el valle de La Barranca Noreste : 3,5 km :

La Barranca ⑤, pinar de La Barranca - alt. 1 470, ✉ 28491 Navacerrada, ℘ 91 856 00 00, Fax 91 856 05 40, ≤, ⌣, ✵ – 🛗 🆃🆅 🅿 – ⚿ 25/35. 🄼🄲 🆅🄸🅂🄰. ⋇
Comida 22,54 – **42 hab** ☕ 65,76/85,56 – 2 suites – PA 36,22.

NAVACERRADA (Puerto de) 28470 Madrid-Segovia **444** J 17 – alt. 1 860 – Deportes de invierno : ⚐ 8.

Ver : *Puerto★ (≤★).*

Madrid 57 – El Escorial 28 – *Segovia* 28.

Pasadoiro, carret. N 601 ℘ 91 852 14 27, pasadoiro@teleline.es, Fax 91 852 35 29, ≤ – 🆃🆅 🅿. 🄰🄴 ⓞ 🄼🄲 🆅🄸🅂🄰. ⋇
Comida (cerrado miércoles) 16,52 – ☕ 2,70 – **36 hab** 36,06/54,09 – PA 33,05.

NAVAL 22320 Huesca **443** F 30 – 303 h alt. 637.

Madrid 471 – Huesca 81 – Lleida/Lérida 108.

Olivera ⑤, San Miguel ℘ 974 30 03 01, Fax 974 30 03 01, ≤, ✵ – ▤ rest, 🅿
30 hab.

NAVALCARNERO 28600 Madrid **444** L 17 – *10 294 h alt. 671.*

 🛈 *pl. de Segovia 1 (bajo) ℰ 91 811 13 48 Fax 91 811 31 61.*
 Madrid 32 – El Escorial 42 – Talavera de la Reina 85.

 XX Hostería de las Monjas, pl. de la Iglesia 1 ℰ 91 811 18 19, 🌇, « Decoración castellana »
 – 🗏.

en la autovía N V :

 🏨 El Labrador G.H., Suroeste : 5 km, ✉ 28600, ℰ 91 813 94 20, Fax 91 813 94 44 – 🗏
 TV P.
 82 hab.

 XX Felipe IV, Este : 3 km, ✉ 28600, ℰ 91 811 09 13, Fax 91 811 09 13, 🌇 – 🗏 P.

NAVALENO 42149 Soria **442** G 20 – *973 h alt. 1 200.*

 Madrid 219 – Burgos 97 – Logroño 108 – Soria 48.

 X **El Maño,** Calleja del Barrio 5 ℰ 975 37 42 61 – 🗏. ➊ ➋➌ VISA. ✄
 cerrado 2ª quincena de enero
 Comida carta 15,03 a 21,04.

NAVALMORAL DE LA MATA 10300 Cáceres **444** M 13 – *15 211 h alt. 514.*

 Madrid 180 – Cáceres 121 – Plasencia 69.

 🏠 **Brasilia,** antigua carret. N V ℰ 927 53 07 50, Fax 927 53 07 54, 🏊 – 🗏 TV P. ➋➌
 VISA. ✄
 Comida 13,82 – ☕ 2,40 – **43 hab** 29,45/46,88 – PA 30,04.

 X **Los Arcos de Baram,** Regimiento Argel 6 ℰ 927 53 30 60 – 🗏. ➊ ➋➌ VISA. ✄
 Comida carta 18,64 a 24,04.

Las NAVAS DEL MARQUÉS 05230 Ávila **442** K 17 – *4 087 h alt. 1 318.*

 Madrid 81 – Ávila 40 – El Escorial 26.

 X Montecarlo, García del Real 22 ℰ 91 897 06 49, Fax 91 897 12 08 – 🗏.

NAVIA 33710 Asturias **441** B 9 – *8 914 h – Playa.*

 🛈 *pl. de las Armas ℰ 98 547 37 95 (temp).*
 Madrid 565 – A Coruña/La Coruña 203 – Gijón 118 – Oviedo 122.

 🏨 **Palacio Arias** sin rest, av. de los Emigrantes 11 ℰ 98 547 36 71, cnavia@ teleline.es,
 Fax 98 547 36 83, « Antiguo palacete » – 🛗 TV 🚗 P. AE ➋➌ VISA. ✄
 ☕ 4,50 – **16 hab** 45,02/90,03.

 🏨 **Blanco** ♨, La Colorada - Norte : 1 km ℰ 98 563 07 75, moni@ arrakis.es,
 Fax 98 547 32 01, 🏊, XX – 🛗, 🗏 rest, TV P. – 🔧 25/500. AE ➊ ➋➌ VISA. ✄
 Comida 10 – ☕ 5 – **44 hab** 30/60 – PA 24.

 🏨 **Palacio Arias II** sin rest, av. de los Emigrantes 11 ℰ 98 547 36 71, cnavia@ teleline.es,
 Fax 98 547 36 83 – 🛗 TV 🚗 P. AE ➋➌ VISA. ✄
 ☕ 4,50 – **29 hab** 28,94/50,16 – 4 apartamentos.

NAZARET Las Palmas – ver Canarias (Lanzarote).

NEGREIRA 15830 A Coruña **441** D 3 – *6 265 h alt. 183.*

 Madrid 633 – A Coruña/La Coruña 92 – Santiago de Compostela 20.

 🏠 **Tamara,** av. de Santiago ℰ 981 88 52 01, h.tamara@ teleline.es, Fax 981 88 58 13 – 🛗
 TV P. ➋➌ VISA. ✄ rest
 Comida 6,01 – ☕ 1,80 – **40 hab** 21,03/33,05 – 22 apartamentos.

 XX **Lago Blanco,** av. Vilachan 11 ℰ 981 88 15 44, lagoblanco@ travel.to, Fax 981 88 15 44
 – 🗏. AE ➋➌ VISA. ✄
 cerrado 23 septiembre-7 octubre y lunes – **Comida** carta 15,90 a 25,95.

 X **Casa Barqueiro,** av. de Santiago ℰ 981 81 82 34, Vinoteca – 🗏. ➋➌
 VISA. ✄
 Comida carta aprox. 18,03.

en Ponte Maceira por la carretera de Portomouro - Este : 4 km :

 XX **Ponte Maceira,** ✉ 15864 Ames, ℰ 981 88 16 80, Fax 981 88 16 92, « En un lugar
 pintoresco junto al río Tambre » – ➋➌ VISA. ✄
 marzo-octubre – **Comida** (cerrado lunes) carta 17,72 a 22,56.

NEGURI Bizkaia – ver Getxo.

NERJA 29780 Málaga **446** V 18 – 14 334 h – Playa.

Ver : Localidad★ – Balcón de Europa★.

Alred. : Cueva de Nerja★★ Noreste : 4 km – Carretera★ de Nerja a La Herradura ≤★★.

🛈 Puerta del Mar 2 ☎ 95 252 15 31 turismo@nerja.net Fax 95 252 62 87.

Madrid 549 – Almería 169 – *Granada* 107 – Málaga 52.

Parador de Nerja, Almuñécar 8 ☎ 95 252 00 50, Fax 95 252 19 97, ≤ mar, 🍽, « Césped frente al mar », ⌁, ✗ – 🛗 🖥 📺 🅿 – 🔬 25/150. 🗛 ⓘ ⓜ 𝗩𝗜𝗦𝗔. ✗
Comida 22,84 – 🍽 8,71 – **73 hab** 93,18/116,48.

Balcón de Europa, paseo Balcón de Europa 1 ☎ 95 252 08 00, balconeuropa@spa.es, Fax 95 252 44 90, ≤, 🍽, ✗ climatizada, 🏖 – 🛗 🖥 📺 – 🔬 25/100. 🗛 ⓘ ⓜ 𝗩𝗜𝗦𝗔. ✗ rest
Comida 24,04 – 🍽 8,10 – **111 hab** 89,19/132,22 – PA 44,17.

Plaza Cavana, pl. Cavana 10 ☎ 95 252 40 00, Fax 95 252 40 08, ✗, ✗ – 🛗 🖥 📺 🚗 – 🔬 25/120. ⓘ ⓜ 𝗩𝗜𝗦𝗔. ✗
Comida - sólo cena - 12 – **35 hab** 🍽 70/100.

Perla Marina, Mérida 7 ☎ 95 252 33 50, Fax 95 252 40 83, ≤, ✗ – 🛗 🖥 📺 🚗 🅿 – 🔬 25/180. 🗛 ⓘ ⓜ 𝗩𝗜𝗦𝗔. ✗
Comida - sólo cena buffet - 16,82 – 🍽 4,50 – **106 hab** 60,10/102,17.

Carabeo, Hernando de Carabeo 34 ☎ 95 252 54 44, hcarabeo@arrakis.es, Fax 95 252 26 77, ≤, 🍽, « Ambiente acogedor con decoración de estilo inglés », ✗ – 🖥 📺. ⓜ 𝗩𝗜𝗦𝗔. ✗
marzo-15 noviembre – **Comida** (cerrado lunes) carta 21,04 a 32,60 – **6 hab** 🍽 66,11/138,23 – 1 apartamento.

Jimesol, Chaparil 6 ☎ 95 252 58 88, Fax 95 252 58 88, ✗ – 🛗 🖥 📺
51 hab.

Don Peque sin rest, Diputación Provincial 13-1º ☎ 95 252 13 18, Fax 95 252 13 18 – ⓜ 𝗩𝗜𝗦𝗔. ✗
🍽 3 – **10 hab** 37.

XX De Miguel, Pintada 2 ☎ 95 252 29 96 – 🖥
Comida - sólo cena.

X **Verano Azul,** Almirante Ferrándiz 31 ☎ 95 252 69 62, 🍽 – 🗛 ⓜ 𝗩𝗜𝗦𝗔. ✗
cerrado 15 noviembre-15 diciembre y miércoles – **Comida** carta 14,27 a 21,63.

NIGRÁN 36350 Pontevedra **441** F 3.

Madrid 619 – Ourense/Orense 108 – Pontevedra 44 – Vigo 17.

XX **Los Abetos,** av. Val Miñor 89 (carret. C 550) ☎ 986 36 81 47, losabetos@interplanet.es, Fax 986 36 55 67, interesante bodega – 🖥 🅿. 🗛 ⓘ ⓜ 𝗩𝗜𝗦𝗔. ✗
Comida carta 14,66 a 29,32.

NOALLA 36990 Pontevedra **441** E 3 – Playa.

Madrid 633 – Pontevedra 27 – Santiago de Compostela 79.

en la playa de La Lanzada Oeste : 1,3 km :

Delfín Azul, ✉ 36990 Noalla, ☎ 986 74 51 66, garrey@teleline.es, Fax 986 74 48 09, ≤ – 🛗 📺 🚗 🅿. ⓘ ⓜ 𝗩𝗜𝗦𝗔. ✗
Comida 15,62 – **87 hab** 🍽 38,46/64,90 – PA 26,92.

NOIA 15200 A Coruña **441** D 3 – 14 082 h.

Ver : Iglesia de San Martín★.

Alred. : Oeste : Rías de Muros y Noia★★.

Madrid 639 – A Coruña/La Coruña 109 – Pontevedra 62 – *Santiago de Compostela* 35.

Park ⊗, carret. de Muros-Barro ☎ 981 82 37 29, Fax 981 82 31 33, ≤, ✗ – 📺 ♿ 🚗 🅿 – 🔬 25/60. ⓜ 𝗩𝗜𝗦𝗔. ✗
Comida 12,02 – **63 hab** 🍽 60,10/84,14 – PA 19,83.

X **Ceboleiro** con hab, Galicia 15 ☎ 981 82 44 97, Fax 981 82 44 97 – 🖥 rest, 📺. 🗛 ⓘ ⓜ 𝗩𝗜𝗦𝗔. ✗
Comida carta 16,23 a 24,04 – 🍽 2,40 – **13 hab** 32,15/51,45.

por la carretera de Boiro Sur : 0,8 km y desvío a la derecha 0,3 km :

Casa do Torno ⊗ sin rest, Lugar do Torno 1, ✉ 15200, ☎ 981 84 20 74, Fax 981 84 23 76, « Casa rural » – 📺 🅿. ⓜ 𝗩𝗜𝗦𝗔. ✗
🍽 4,21 – **8 hab** 30,05/45,08.

NOJA 39180 Cantabria **442** B 19 – 1 562 h – Playa.

Madrid 422 – Bilbao 79 – *Santander* 45.

en la playa de Ris *Noroeste : 2 km :*

Torre Cristina ⑤, La Sierra 9, ✉ 39184 Ris, ☎ 942 67 54 20, Fax 942 63 10 24, ≤, ⤳ – 🛗, 🍽 rest, 📺 🅿 ⓜ 🆅🆂🅰. ✺
15 junio-15 septiembre – **Comida** - sólo clientes – ☕ 3,60 – **49 hab** 54/90.

Las Dunas, paseo Marítimo 4, ✉ 39184 Ris, ☎ 942 63 01 23, hotellasdunas@terra.es, Fax 942 63 01 08, ≤, ⤳ – 🛗 📺 🅿 ⓜ 🆅🆂🅰. ✺
Semana Santa-septiembre – **Comida** 9,62 – ☕ 4,21 – **70 hab** 57,10/84,14 – PA 16,23.

Montemar ⑤, Arenal 21, ✉ 39184 Ris, ☎ 942 63 03 20, montemar@hotelmonte mar.com, Fax 942 63 03 20, ⤳ – 🛗, 🍽 rest, 📺 🅿 ⓜ 🆅🆂🅰. ✺
15 junio-septiembre – **Comida** 10,82 – ☕ 4,51 – **61 hab** 40,27/57,10.

NOREÑA 33180 Asturias **441** B 12 – 4 193 h alt. 199.

Madrid 447 – *Oviedo* 16.

Doña Nieves sin ☕, Pío XII-4 ☎ 98 574 02 74, hotelcabeza@verial.es, Fax 98 574 12 71, ⸙ – 🛗 📺 – 🔁 25/100. 🅰🅴 🅾 ⓜ 🆅🆂🅰. ✺
Comida - en el Hotel *Cabeza* – **27 hab** 40,87/54,09.

Cabeza, Javier Lauzurica 4 ☎ 98 574 02 74, hotelcabeza@verial.es, Fax 98 574 12 71 – 🛗, 🍽 rest, 📺 🚗. 🅰🅴 🅾 ⓜ 🆅🆂🅰. ✺
Comida (cerrado domingo) 10,82 – ☕ 4,51 – **48 hab** 40,87/54,09.

NOSTRA SENYORA DE LA SALUT (Santuario de) Girona **443** F 37.

Madrid 706 – Barcelona 122 – *Girona/Gerona* 58 – Vic 37.

La Salut ⑤, ✉ 17174 Sant Feliu de Pallerols, ☎ 972 44 40 06, ladeu@grn.es, Fax 972 44 44 87, « Magnífica situación con ≤ montañas y valle » – 🛗 📺 ⅙ 🅿 🅰🅴 🆅🆂🅰. ✺
Comida 10,22 – **34 hab** ☕ 29,80/59,60 – PA 19,80.

NOVO SANCTI PETRI (Urbanización) Cádiz – ver *Chiclana de la Frontera.*

La NUCIA 03530 Alacant **445** Q 29 – 6 106 h alt. 85.

Madrid 450 – *Alacant/Alicante* 56 – Gandía 64.

en la carretera de Benidorm *Sur : 4,5 km y desvío a la derecha 1 km :*

Kaskade I, urb. Panorama III, ✉ 03530, ☎ 96 587 31 40, Fax 96 587 34 48, 🍹, ⤳, ⤳ – 🅿 🆅🆂🅰. ✺
cerrado del 1 al 15 de diciembre – **Comida** carta 18,50 a 25.

NUESTRA SEÑORA DE ARRATE Gipuzkoa – ver *Eibar.*

NUÉVALOS 50210 Zaragoza **443** I 24 – 252 h alt. 724.

Ver : Monasterio de Piedra : Parque y cascadas★★ (Sur : 3 km).
Madrid 223 – Guadalajara 166 – Tudela 139 – Zaragoza 108.

Río Piedra, travesía Monasterio de Piedra 1 ☎ 976 84 90 07, Fax 976 84 90 87, 🍹, ⤳ – 🍽 rest, 📺 🚗 🅿 🅰🅴 🅾 ⓜ 🆅🆂🅰. ✺
Comida 14,85 – ☕ 3,27 – **30 hab** 30,05/42,07.

en el Monasterio de Piedra *Sur : 3 km :*

Monasterio de Piedra ⑤, ✉ 50210 Nuévalos, ☎ 976 84 90 11, hotel@monaste riopiedra.com, Fax 976 84 90 54, « Instalado en el antiguo monasterio », ⤳, 🍽 – 🍽 rest, 📺 ⅙ 🅿 – 🔁 25/170. 🅰🅴 🅾 ⓜ 🆅🆂🅰. ✺ rest
Comida 18,97 – ☕ 3,61 – **61 hab** 51,09/78,13 – PA 36,06.

OCAÑA 45300 Toledo **444** M 19 – 6 708 h alt. 730.

Madrid 66 – Alcázar de San Juan 90 – Aranjuez 15 – Toledo 52.

Plaza Mayor, av. del Generalísimo 2 ☎ 925 12 06 50, Fax 925 12 06 17 – 🛗 🍽 📺. 🅾 ⓜ 🆅🆂🅰. ✺ rest
Comida 15 – ☕ 6 – **21 hab** 41/51.

Casa Carmelo, Santa Catalina 10 ☎ 925 13 07 77, casacarmelo@paralelo40.org, Fax 925 13 07 77, « Patio cubierto de estilo toledano con cuevas típicas » – 🍽. 🅰🅴 🅾 ⓜ 🆅🆂🅰. ✺
cerrado del 15 al 30 de septiembre y domingo noche – **Comida** carta 21,93 a 29,75.

OCHAGAVÍA 31680 Navarra **442** D 26 – 591 h alt. 765.
Madrid 472 – Bayonne 119 – Iruña/Pamplona 75 – Tudela 165.

Auñamendi, pl. Gurpide 1 ℰ 948 89 01 89, auniamendi@jet.es, Fax 948 89 01 89 –
▤ rest, 📺. 🆎 ⓪ ⓜⓒ 𝘝𝘐𝘚𝘈. ✄
cerrado 11 septiembre-11 octubre – **Comida** 13,20 – ☕ 5,40 – **11 hab** 36/54 – PA 31,80.

OGÍJARES 18151 Granada **446** U 19 – 5 062 h alt. 717. – Madrid 426 – *Granada* 9 – Málaga 129.

en la carretera de Armilla *Noroeste : 2 km :*

XX **Chanquete**, ✉ 18151, ℰ 958 50 80 08, Fax 958 50 80 08, 🌿 – ▤
Comida - pescados y mariscos.

al Suroeste : *4 km :*

Cortijo Landete ⑤, Buganvillas, ✉ 18151, ℰ 958 50 66 60, landete@santanders
upernet.com, Fax 958 50 69 68, 🌿, 🏊, ✄ – ▤ 📺 🚗. ⓜⓒ 𝘝𝘐𝘚𝘈. ✄
Comida 25,69 – ☕ 7,96 – **9 hab** 100,91/126,15 – PA 59,34.

OIARTZUN o **OYARZUN** 20180 Gipuzkoa **442** C 24 – 8 393 h alt. 81.
Madrid 481 – Bayonne 42 – Iruña/Pamplona 98 – *Donostia-San Sebastián* 11.

XXX **Zuberoa**, barrio Iturriotz 8 ℰ 943 49 12 28, Fax 943 49 26 79, 🌿, « Rústico elegante
✿✿ en un caserío del siglo XV con bonita terraza y ≼ » – ▤ 🅿. 🆎 ⓪ ⓜⓒ 𝘝𝘐𝘚𝘈. ✄
cerrado del 1 al 15 de enero, 1 al 15 de abril, 15 octubre-1 noviembre, domingo noche
y lunes – **Comida** 72,12 y carta 44,18 a 60,71
Espec. Yema de huevo escalfada sobre crema de coliflor, gelatina de caviar de trucha y
coral de cigalas. Bacalao confitado con porrusalda glaseada y aceites de perejil y pimentón.
Raviolis de poularda y trufa al Royal de foie.

XX **Matteo**, barrio Ugaldetxo 11 ℰ 943 49 11 94, info@restaurantematteo.com,
✿ Fax 943 49 00 59 – ▤ 🅿. 🆎 ⓪ ⓜⓒ 𝘝𝘐𝘚𝘈. ✄
cerrado Navidades y domingo – **Comida** 40,27 y carta 32,76 a 41,77
Espec. Ensalada templada de cigalitas con ragoût de mollejitas de pato y sus crujientes.
Lomo de ciervo con puré de frutas otoñales (octubre-febrero). Lubina con salsa de vino
tinto y polvo de vino tinto.

XX **Kazkazuri**, Kazkazuri ℰ 943 49 32 26, 🌿 – ▤. 🆎 ⓪ ⓜⓒ 𝘝𝘐𝘚𝘈 𝗝𝗖𝗕. ✄
Comida carta 21,90 a 27,70.

X **Albistur**, pl. Klarene 1 (barrio de Alcibar) ℰ 943 49 07 11, 🌿 – ▤. 🆎 ⓜⓒ 𝘝𝘐𝘚𝘈. ✄
cerrado del 15 al 30 de diciembre, del 15 al 30 de junio, lunes noche y martes – **Comida**
carta 18,48 a 25,85.

OIEREGI o **OYEREGUI** 31720 Navarra **442** C 25.
Alred. : *Noroeste : Valle del Bidasoa★.*
Madrid 449 – Bayonne 68 – Iruña/Pamplona 50 – *Donostia-San Sebastián* 55.

OION o **OYÓN** 01320 Araba **442** E 22 – 2 192 h alt. 440.
Madrid 339 – Logroño 4 – Iruña/Pamplona 90 – Vitoria-Gasteiz 89.

X **Mesón la Cueva**, Concepción 15 ℰ 941 60 10 22, « Instalado en una antigua bodega »
– ▤. ⓜⓒ 𝘝𝘐𝘚𝘈. ✄
cerrado julio y lunes – **Comida** - sólo almuerzo salvo viernes y sábado - carta 17,50 a 22.

OIX 17856 Girona **443** F 37.
Madrid 684 – *Girona/Gerona* 53 – Barcelona 150.

Hostal de la Rovira ⑤, Major 1 ℰ 972 29 43 47, Fax 972 29 43 47, « Antigua masía »
– 🛗 ▤ 📺
16 hab.

OJEDO 39585 Cantabria **442** C 16.
Madrid 398 – Aguilar de Campóo 81 – Santander 111.

Infantado, carret. N 621 ℰ 942 73 09 39, Fax 942 73 05 78, 🏊 – 🛗, ▤ rest, 📺 🚗
🅿. ⓜⓒ 𝘝𝘐𝘚𝘈. ✄
cerrado 20 enero-20 febrero – **Comida** 13,22 – ☕ 2,70 – **46 hab** 39,66/58,90 – 2 suites.

Peña Sagra, cruce carret. N 621 y N 627 ℰ 942 73 07 92, peñasagra@yahoo.es,
Fax 942 73 07 96 – 📺 🅿. 🆎 ⓪ ⓜⓒ 𝘝𝘐𝘚𝘈 𝗝𝗖𝗕. ✄
Comida 7,22 – **25 hab** ☕ 36,14/55,42.

X **Martín**, carret. N 621 ℰ 942 73 07 00, Fax 942 73 02 33, ≼ – 🅿. 🆎 ⓜⓒ 𝘝𝘐𝘚𝘈. ✄
cerrado enero y febrero – **Comida** carta 11 a 20.

OJÉN 29610 Málaga **446** W 15 – 1976 h alt. 780.

Madrid 610 – Algeciras 85 – Málaga 64 – Marbella 8.

en la Sierra Blanca Noroeste : 10 km por A 355 y carretera particular :

Refugio de Juanar ⬧, ✉ 29610 Ojén, ☏ 95 288 10 00, juanar@sopde.es, Fax 95 288 10 01, « Refugio de caza », 🏊, 🚴, ✕ – 🛗 📺 🅿 – 🔺 25/60. 🅰🅴 🅾 🅼🅲 💳. ✄
Comida 21,78 – ☕ 6,47 – **23 hab** 70,68/97,19 – 3 suites – PA 44,81.

OLEIROS 15173 A Coruña **441** B 5 – 18 727 h alt. 79.

Madrid 580 – A Coruña/La Coruña 8 – Ferrol 24 – Santiago de Compostela 78.

El Refugio, pl. de Galicia 11 ☏ 981 61 08 03, Fax 981 63 14 80 – 🔳. 🅰🅴 🅾 🅼🅲 💳 🆓. ✄

cerrado septiembre y domingo noche – **Comida** carta aprox. 32,72.

OLITE 31390 Navarra **442** E 25 – 3 049 h alt. 380.

Ver : Castillo de los Reyes de Navarra★ – Iglesia de Santa María la Real (fachada★).

🛈 Mayor 1 ☏ 948 74 17 03 Fax 948 74 17 03.

Madrid 370 – Iruña/Pamplona 43 – Soria 140 – Zaragoza 140.

Parador de Olite ⬧, pl. de los Teobaldos 2 ☏ 948 74 00 00, olite@parador.es, Fax 948 74 02 01, « Instalado parcialmente en el antiguo castillo de los Reyes de Navarra » – 🛗 🔳 📺 – 🔺 25/100. 🅰🅴 🅾 🅼🅲 💳 🆓. ✄
Comida 22,84 – ☕ 8,71 – **43 hab** 80,91/101,14.

Merindad de Olite, Rua de la Judería 11 ☏ 948 74 02 13, Fax 948 74 07 35 – 🔳 📺. 🅰🅴 🅾 🅼🅲 💳. ✄
Comida (cerrado febrero, domingo noche y lunes) 11 – ☕ 4,50 – **10 hab** 43/54 – PA 26,50.

Carlos III el Noble, Rua de Medios 1 ☏ 948 74 06 44, Fax 948 71 24 67 – 📺. 🅾 🅼🅲 💳. ✄
Comida 12 – ☕ 4,20 – **14 hab** 36/54 – PA 29.

Casa Zanito con hab, Rua Mayor 16 ☏ 948 74 00 02, Fax 948 71 20 87 – 🛗 🔳 📺. 🅰🅴 🅾 🅼🅲 💳. ✄
Comida (cerrado lunes y martes salvo julio-agosto) carta 26,50 a 36 – **16 hab** ☕ 41/60.

OLIVA 46780 València **445** P 29 – 20 311 h – Playa.

🏌 Olivanova, Sureste : 6 km ☏ 96 285 76 66 Fax 96 285 76 67.

🛈 passeig Lluís Vives ☏ 96 285 55 28 touristinfo.oliva@turisme-m400.gva.es Fax 96 285 55 28.

Madrid 424 – Alacant/Alicante 101 – Gandía 8 – València 76.

en la playa Este : 3 km :

Kiko Port, ✉ 46780 apartado 70, ☏ 96 285 61 52, kikopark@kikopark.com, Fax 96 285 43 20, 🌐, « Frente al puerto deportivo con ≤ mar » – 🔳. 🅼🅲 💳. ✄
cerrado del 7 al 25 de noviembre y martes – **Comida** carta 19,23 a 34,80.

Soqueta, Vía de Ronda, ✉ 46780, ☏ 96 285 14 52, 🌐 – 🅰🅴 🅾 🅼🅲 💳. ✄
cerrado diciembre y lunes – **Comida** carta aprox. 30,05.

al Sur : 3 km :

Mistral, Partida l'Elca, ✉ 46780, ☏ 96 285 53 49, Fax 96 285 10 53, 🌐 – 🔳 🅿 🅼🅲 💳. ✄
cerrado noviembre y lunes – **Comida** - sólo cena en verano - carta 20,35 a 24,83.

en la playa de Terranova Noreste : 3,5 km :

El Clotal, Partida Terranova, ✉ 46780 Oliva, ☏ 96 285 27 64, 🌐 – 🅿 🅼🅲 💳. ✄
cerrado 25 octubre-25 noviembre y lunes – **Comida** carta 21 a 27,89.

por la carretera de Alacant al borde del mar - Sureste : 6 km :

Oliva Nova Golf ⬧, ✉ 46780 apartado 31, ☏ 96 285 76 00, puri@chg.es, Fax 96 285 76 76, ≤, 🌐, « Bonito conjunto con jardines y 🏊 frente al mar », 🏖, ✕, 🏌 – 🛗 🔳 📺 ♿ 🅿 – 🔺 25/70. 🅰🅴 🅾 🅼🅲 💳. ✄
Comida 23,44 – **116 hab** ☕ 132,20/171,29 – 62 suites – PA 42,67.

La OLIVA (Monasterio de) 31310 Navarra **442** E 25.

Ver : Monasterio★ (iglesia★★, claustro★).

Madrid 366 – Iruña/Pamplona 73 – Zaragoza 117.

OLIVENZA 06100 Badajoz **444** P 8 – 10 004 h alt. 268.
Madrid 434 – Badajoz 30 – Cáceres 125 – Mérida 90 – Portalegre 81.

X **Alcañices,** Colón 3 ℰ 924 49 15 70, Fax 924 49 15 70 – ▤. ◑ ◉ VISA
cerrado del 1 al 15 de octubre y martes noche
Comida carta 18,62 a 24,93.

L'OLLERÍA 46850 València **445** P 28 – 6 791 h alt. 232.
Madrid 388 – Albacete 137 – Alacant/Aicante 96 – València 73.

⌂ **San Miguel,** av. Diputación 6 ℰ 96 220 03 59, Fax 96 220 02 87 – ⇕ ▤ TV ⇔. AE
◉ VISA. ⌘
cerrado del 16 al 31 de agosto y domingo – **Comida** 9,02 – ☕ 4,51 – **24 hab** 27,20/40,60.

Se procura um hotel tranquilo,
consulte primeiro os mapas da introdução
ou localize no texto os hotéis assinalados com o símbolo ⌘ *ou* ⌘.

OLMEDO 47410 Valladolid **442** I 15 – 3 637 h alt. 771.
Madrid 151 – Ávila 79 – Salamanca 132 – Valladolid 44 – Zamora 114.

X **Mesón Mariano,** Arco San Francisco 10 ℰ 983 60 04 42 – ▤. AE ◑ ◉ VISA. ⌘
cerrado del 16 al 31 de octubre y jueves noche – **Comida** carta 19,23 a 26,74.

OLOCAU 46169 València **445** M 28 – 568 h.
Madrid 356 – Alacant/Aicante 218 – Castelló de la Plana/Castellón de la Plana 77 – Teruel
112 – *València* 37.

⌢ **L'Arquet,** av. Font de Frare 4 ℰ 96 273 98 14, Fax 96 273 98 14 – ▤ TV. AE ◑ ◉
VISA. ⌘
Comida 9,02 – **6 hab** ☕ 36,06/48,08.

OLOST 08516 Barcelona **443** G 36 – 960 h alt. 669.
Madrid 618 – Barcelona 85 – Girona/Gerona 98 – Manresa 71.

XX **Sala** con hab, pl. Major 17 ℰ 93 888 01 06, Fax 93 812 90 68 – ▤ rest, TV ⇔. AE ◑
⌘ ◉ VISA. ⌘
cerrado del 1 al 15 de septiembre – **Comida** (cerrado domingo noche y lunes noche) carta
28,85 a 38,47 – ☕ 4,50 – **12 hab** 21,04/42,07
Espec. Raviolis de bogavante con un jugo cremoso de cigalas. Nuestra tarta de trufas
(diciembre-marzo). Salmis de becada (15 noviembre-15 febrero).

OLOT 17800 Girona **443** F 37 – 26 613 h alt. 443.
Ver : Localidad★ - Iglesia de Sant Esteve★ (cuadro de El Greco★) BY, Museo Comarcal de
la Garrotxa★ BY M – Casa Solà-Morales (fachada modernista★★) BY.
Alred. : Parque Natural de la Zona volcánica de la Garrotxa★.
🛈 Lorenzana 15 ℰ 972 26 01 41 turisme@olot.org Fax 972 27 00 56.
Madrid 700 ② – Barcelona 130 ② – *Girona/Gerona* 57 ①
Plano página siguiente

⌂ **Riu Olot** sin rest, carret. de Santa Pau ℰ 972 26 94 44, Fax 972 26 67 03, ⇐ – ⇕ ▤
TV ⇩ ⇔ P – 25/40. AE ◉ VISA. ⌘   BZ c
28 hab ☕ 54,09/68,82 – 4 suites.

⌂ **Borrell** sin rest, Nónit Escubós 8 ℰ 972 27 61 61, borrell@agtat.es, Fax 972 27 04 08
– ⇕ ▤ TV ⇔. AE ◉ VISA. ⌘   AZ a
cerrado del 21 al 31 de diciembre – ☕ 6,50 – **24 hab** 45/62.

⌂ **Perla d'Olot,** av. Santa Coloma 97 ℰ 972 26 23 26, hperla@agtat.es, Fax 972 27 07 74
– ⇕ ▤ TV ⇩ ⇔. AE ◑ ◉ VISA. ⌘ rest   por ②
Comida (cerrado del 1 al 19 de julio) 8,48 – ☕ 5,96 – **36 apartamentos** 28,76/49,08
– PA 22,22.

⌂ **La Perla,** carret. La Deu 9 ℰ 972 26 23 26, hperla@agtat.es, Fax 972 27 07 74 – ⇕,
▤ rest, TV ⇔. AE ◑ ◉ VISA. ⌘   por ②
Comida (cerrado del 1 al 19 de julio) 8,48 – ☕ 5,96 – **30 hab** 18,88/38,38 – PA 22,22.

XX **Les Cols,** Mas Les Cols - carret. de La Canya ℰ 972 26 92 09, lescols@interbook-net,
Fax 972 26 92 09, ⛩ – ▤. AE ◑ ◉ VISA JCB   por ①
cerrado 29 julio-18 agosto, domingo, lunes noche y festivos – Comida carta 26,60 a 30.

X **La Deu,** carret. La Deu - Sur : 2 km ℰ 972 26 10 04, ladeu@grn.es, Fax 972 26 64 36,
⛩ – ▤ P. AE ◑ ◉ VISA. ⌘   por ②
cerrado domingo noche – **Comida** carta 18,94 a 27,41.

OLOT

RIPOLL
CRÀTER VOLCÀ DEL MONTSACOPA
Lope de Vega
Miguel de Cervantes
Bisbe
Serra
Av. Sant Joan
Abadesses
Morrot
Estires
Bernat
Sant
Av. Jaume II
Av. Girona
N 260
GIRONA / GERONA
FIGUERES / FIGUERAS
CASA SOLÀ MORALES
Convent de la Mare de Déu del Carme
SANT ESTEVE
Pl. Rector Ferrer
Pl. Palau
Santa Maria del Tura
Pou
Av.
de
Reis
Bolòs
Pare
Roca
Sant
Rafel
Sant
Glaç
Catòlics
Pl. Clarà
Mulleras
Bisbe Lorenzana
Fluvià
SANT CRISTÒFOR
DESEMPARATS
Fatima
Barcelona
Verge de
Passeig
Pont de Ferro
Av. Batlló
a
Av. Valencia
Av. Catalunya
Pl. Espanya
Av. Navarra
MALAGRIDA
CAPUTXINS
Ronda
Fontanella
Fluvià
FLUVIÀ
Joan
Maragall
Jordi
Volcà Pedraguda
Santa Pau
Pont de les Mores
Pont de Colom
Av. Uruguai
Av. Santa Coloma de Farners
Av. Perú
Xile
Honduras
Av.
Av. Mèxic
Av. Veneçuela
Av. Bolívia
Paraguai
Sant
Avenue
Trial
GE 524
c
PARQUE NATURAL ZONA VOLCÀNICA DE LA GARROTXA
VIC, BARCELONA
C 63
Casals dels Volcans
0   200 m

OLULA DEL RÍO 04860 Almería **446** T 23 – 5 695 h alt. 487.

Madrid 528 – Almería 116 – Murcia 142.

🏠 **La Tejera,** antigua carret. de Huércal-Overa ✆ 950 44 22 12, Fax 950 44 15 12, 🎋 –
📶 🍽 TV **P.** – 🎿 25/600. **AE MC VISA**. ✦
Comida 8,11 – ☕ 3 – **37 hab** 24,04/54,09.

ONDARA 03760 Alacant **445** P 30 – 4 776 h alt. 35.

Madrid 431 – Alcoi 88 – Alacant/Alicante 84 – Denia 10 – Xàbia/Jávea 16 – València 94.

XX **Casa Pepa,** Pla de la Font 87 - Suroeste : 1,5 km ✆ 96 576 66 06, casa.pepa@wana
doo.es, Fax 96 647 70 45, 🎋, « Típica casa de campo entre naranjos con agradable terraza bajo una parra frente a un olivar » – 🍽 **P. AE MC VISA**. ✦
cerrado febrero, domingo noche (salvo julio-agosto) y lunes – **Comida** - sólo cena (julio-
15 septiembre) - carta 31,20 a 43,20
Espec. Prensado de verduras con anchoas y salsa de ñoras. Figatell de pato con
foie gras y setas. Arroz de atún de sorra con caracoles y judías de careta (julio-
septiembre).

ONDÁRROA 48700 Bizkaia **442** C 22 – 10 265 h – Playa.

Ver : Pueblo típico★.

Alred. : Carretera en cornisa de Ondárroa a Lequeitio ≤★.

Madrid 427 – Bilbao 61 – Donostia-San Sebastián 49 – Vitoria-Gasteiz 72.

ONTINYENT o **ONTENIENTE** 46870 València **445** P 28 – 29 511 h alt. 400.

🚩 pl. de Santo Domingo 13 ✆ 96 291 60 90 touristinfo.ontinyent@turisme.m400.gva.es
Fax 96 291 63 03.

Madrid 369 – Albacete 122 – Alacant/Alicante 91 – València 84.

XXX **Masía Buenavista,** Partida Buenavista - Noroeste : 1 km ✆ 96 291 50 96,
Fax 96 291 50 96, 🎋, « Antigua masía rodeada de pinos » – 🍽 **P. MC**
VISA. ✦
cerrado Semana Santa, del 1 al 7 de agosto, domingo noche y lunes – **Comida** - espec.
en arroces - carta aprox. 55,84.

X **El Tinell de Calabuig,** Gomis 23 ✆ 96 291 50 48, Fax 96 291 52 30 – 🍽. **AE ① MC**
VISA. ✦
cerrado Semana Santa, del 1 al 15 de agosto, domingo y lunes noche – **Comida** carta 30,65
a 36,66.

X **Vicente Pastor,** av. Daniel Gil 13 ✆ 96 238 00 28, vtepastor@teleline.es – 🍽. **AE MC**
VISA. ✦
cerrado del 1 al 21 de agosto y domingo – **Comida** carta 22,20 a 27,60.

OÑATI 20560 Gipuzkoa **442** C 22 – 10 264 h alt. 231.

Alred. : Carretera★ a Arantzazu.

🚩 Foruen Enparantza 4 ✆ 943 78 34 53 Fax 943 78 30 69.

Madrid 401 – Bilbao 62 – Donostia-San Sebastián 74 – Vitoria-Gasteiz 45.

en la carretera de Urrejola Oeste : 2 km :

XX **Etxe-Aundi** 🐦 con hab, Torre Auzo 9, ✉ 20560, ✆ 943 78 19 56, reservas@etxe
-aundi.com, Fax 943 78 32 90, « Antigua casa solariega » – 🍽 TV **P. AE ① MC**
VISA. ✦
cerrado del 2 al 23 de agosto – **Comida** (cerrado domingo noche) carta 23,44 a 29,46
– ☕ 4,21 – **12 hab** 40,87/51,10.

en la carretera de Arantzazu Suroeste : 2 km :

🏠 **Soraluze** 🐦, ✉ 20560, ✆ 943 71 61 79, Fax 943 71 60 70, ≤ – 🍽 rest, TV **P. AE MC**
VISA. ✦
Comida (cerrado domingo noche) 7 – ☕ 3,90 – **12 hab** 39,60/49,30 – PA 15,20.

ORCE 18858 Granada **446** S 22 – 1 412 h alt. 925.

Ver : Localidad★.

Madrid 522 – Granada 136 – Murcia 158.

por la carretera de María Sureste : 7 km y desvío a la izquierda 0,5 km :

🏠 **Laveranda** 🐦 sin rest (es necesario reservar), Fuentenueva, ✉ 18858,
✆ 958 34 43 80, Fax 958 34 43 80, « En unas cuevas » – **P.**
abril-diciembre – **6 hab** ☕ 37/46 – 3 apartamentos.

ORDES 15680 A Coruña **441** C 4 – 11 693 h.
Madrid 599 – A Coruña/La Coruña 39 – *Santiago de Compostela* 27.

Nogallas, Alfonso Senra 110 ℘ 981 68 01 55, Fax 981 68 01 31 – |✿| TV. AE ① ⓂⓒVISA. ⦸
Comida 9,02 – 🍵 3,31 – **56 hab** 21,04/36,06 – PA 21,04.

San Roque, Alfonso Senra 100 ℘ 981 68 13 77, sanroque@terra.es – 🔲. AE ① Ⓜⓒ
VISA. ⦸
cerrado del 16 al 31 de octubre y domingo – **Comida** carta 16,24 a 24,64.

ORDESA Y MONTE PERDIDO (Parque Nacional de) Huesca **443** E 29 y 30 – alt.
1 320.
Ver : Parque Nacional★★★.
Madrid 490 – Huesca 100 – Jaca 62.
Hoteles y restaurantes ver : **Torla** Suroeste : 8 km.

ORDINO Andorra – ver Andorra (Principado de).

ORDIZIA 20240 Gipuzkoa **442** C 23 – 8 966 h.
Madrid 421 – Beasain 2 – Iruña/Pamplona 68 – *Donostia-San Sebastián* 41 – *Vitoria-Gasteiz* 71.

Martínez, Santa María 10 ℘ 943 88 06 41, Fax 943 88 06 41 – 🔲. AE ① Ⓜⓒ VISA
JCB. ⦸
cerrado agosto y lunes – **Comida** carta 16,21 a 28,34.

ORDUÑA 48460 Bizkaia **442** D 20 – 4 194 h alt. 283.
Alred. : Sur : Carretera del Puerto de Orduña ✳★.
Madrid 357 – Bilbao 45 – Burgos 111 – Vitoria-Gasteiz 40.

ORENSE Ourense – ver Ourense.

ORGANYÀ 25794 Lleida **443** F 33 – 1 049 h alt. 558.
Alred. : Garganta de Tresponts★★ Norte : 2 km – Embalse de Oliana★ Sur : 6 km – Coll
de Nargó (iglesia de Sant Climent★★) Sur : 6 km.
🅱 pl. Homilies ℘ 973 38 20 02 ajuntament@organya.ddt.net Fax 973 38 35 36 (temp).
Madrid 579 – Lleida/Lérida 110 – La Seu d'Urgell/Seo de Urgel 23.

ÓRGIVA 18400 Granada **446** V 19 – 4 994 h alt. 450.
Madrid 485 – Almería 121 – *Granada* 60 – Málaga 121.

Taray Alpujarra ⦸, carret. A 348 - Sur : 1 km ℘ 958 78 45 25, tarayalp@teleline.es,
Fax 958 78 45 31, ⬙ – 🔲 TV P. AE ① Ⓜⓒ VISA. ⦸
Comida 11,87 – 🍵 3,74 – **27 hab** 42,05/56,08 – PA 27,48.

Mirasol, av. González Robles 5 ℘ 958 78 51 08, Fax 958 78 51 59 – |✿|, 🔲 rest, TV. ①
Ⓜⓒ VISA. ⦸ rest
Comida 6,65 – 🍵 4 – **19 hab** 21/36.

ORIENT Illes Balears – ver Balears (Mallorca).

ORIHUELA 03300 Alacant **445** R 27 – 49 642 h alt. 24.
🅱 Francisco Díe 25 (Palacio Rubalcava) ℘ 96 530 27 47 touristinfo.orihuela@turisme.
m400.gva.es Fax 96 530 62 94.
Madrid 445 – Alacant/Alicante 60 – Cartagena 81 – Murcia 24.

SH Palacio de Tudemir, Alfonso XIII-1 ℘ 96 673 80 10, palacio.tudemir@sh-serot
el.com, Fax 96 673 80 70, « Instalado en un edificio del siglo XVIII », ⌧ – |✿| 🔲 TV ♿ –
🕑 25/350. AE ① Ⓜⓒ VISA JCB. ⦸
Comida carta 23,70 a 33 – 🍵 6,01 – **50 hab** 88,95/108,17 – 1 suite.

Rey Teodomiro sin rest y sin 🍵, av. Teodomiro 10-1º ℘ 96 530 03 49, Fax 96 674 33 48
– |✿| 🔲 TV
23 hab.

ORIO 20810 Gipuzkoa **442** C 23 – 4 247 h – Playa.
Madrid 479 – Bilbao 85 – Iruña/Pamplona 100 – *Donostia-San Sebastián* 22.

Itsas-Ondo, Kaia 7 ℘ 943 13 11 79 – 🔲. AE Ⓜⓒ VISA. ⦸
cerrado 16 septiembre-12 octubre, Navidades y martes noche – **Comida** carta 14,30 a
28,85.

ORÌS 08573 Barcelona 443 F 36 – 226 h alt. 708.

Madrid 638 – Girona/Gerona 83 – Barcelona 87 – Font-Romeu 104.

- **L'Auró,** cruce de carret. C 17-km 84,2 ℘ 93 859 53 01, aurorescon@terra.es – 🖂 P.
  MC VISA. ⚘
  cerrado 24 agosto-15 septiembre, domingo noche y lunes – **Comida** carta 15,30 a 29,80.

OROPESA 45460 Toledo 444 M 14 – 2 911 h alt. 420.

Ver : Castillo★.

Madrid 155 – Ávila 122 – Talavera de la Reina 33.

- **Parador de Oropesa,** pl. del Palacio 1 ℘ 925 43 00 00, Fax 925 43 07 77, « Instalado
  en un castillo-palacio del siglo XIV », ⤽, 🚗 – 🛗 🖂 TV P. – 🔼 25/45. AE ① MC VISA. ⚘
  Comida 24,04 – 🍵 8,71 – **44 hab** 73,55/91,94 – 4 suites.
- **La Hostería,** pl. del Palacio 5 ℘ 925 43 08 75, lahosteria@chosteriadeoropesa.com,
  Fax 925 43 08 75 – 🖂 TV – 🔼 25. ① MC VISA. ⚘
  Comida 8,41 – **12 hab** 🍵 39,07/51,09 – PA 19,23.

La OROTAVA Santa Cruz de Tenerife – ver Canarias (Tenerife).

ORPESA o **OROPESA DEL MAR** 12594 Castelló 445 L 30 – 2 451 h alt. 16 – Playa.

🛈 av. de la Plana 4 ℘ 964 31 22 41 touristinfo.orpesa@turisme.m400.gva.es Fax
964 31 22 41.

Madrid 447 – Castelló de la Plana/Castellón de la Plana 22 – Tortosa 100.

en la zona de la playa :

- **Marina d'Or** sin rest, paseo Marítimo (urb. Marina d'Or), 🖂 12594, ℘ 964 31 10 00,
  apartamentos@marinador.com, Fax 964 31 32 84 – 🛗 🖂 TV 🚗 P. MC VISA. ⚘
  144 hab 🍵 69,36/138,68.
- **Neptuno Playa** sin rest, paseo Marítimo La Concha 1, 🖂 12594, ℘ 964 31 00 40,
  Fax 964 31 00 75, ⤶ – 🛗 🖂 TV 🚗. AE ① MC VISA
  Semana Santa-1 octubre – 🍵 4,50 – **88 hab** 42/75.
- **Marina,** paseo Marítimo La Concha 12, 🖂 12594, ℘ 964 31 00 99, Fax 964 31 00 99,
  ⤶ – 🛗, 🖂 rest, TV. AE ① MC VISA. ⚘
  Comida 9 – 🍵 3,60 – **17 hab** 30,10/51,20 – PA 21.
- **Oropesa Sol** ⤵ sin rest y sin 🍵, av. de Madrid 11, 🖂 12594, ℘ 964 31 01 50 – 🛗 P. ⚘
  20 marzo-septiembre – **50 hab** 22,69/32,30.

en Las Playetas carretera de Benicasim por la costa - Sur : 5 km :

- **El Cid,** 🖂 12594 Orpesa, ℘ 964 30 07 00, Fax 964 30 48 78, ⤽, 🚗, ⚒ – 🛗 🖂 TV
  P. ① MC VISA. ⚘
  marzo-septiembre – **Comida** 12,92 – **54 hab** 🍵 58,22/80,38 – PA 33,05.

ORREAGA o **RONCESVALLES** 31650 Navarra 442 C 26 – 60 h alt. 952.

Ver : Pueblo★ - Conjunto Monumental : museo★.

🛈 Antiguo Molino ℘ 948 76 03 01 Fax 948 76 03 01.

Madrid 446 – Iruña/Pamplona 47 – St-Jean-Pied-de-Port 29.

- **La Posada,** ℘ 948 76 02 25, Fax 948 76 02 25, ⤶ – P. MC VISA. ⚘
  cerrado noviembre – **Comida** 10,30 – 🍵 3,80 – **18 hab** 34/44.

ORRIOLS 17468 Girona 443 F 38.

Madrid 730 – Figueres 21 – Girona/Gerona 21.

- **L'Odissea de l'Empordà** con hab, av. del Castell 6 ℘ 972 55 17 18, odiseahost@in
  ame.com, Fax 972 56 04 18, ⇗, « Palacio de estilo renacentista », ⤽ – 🖂 TV P. –
  🔼 25/70. AE MC VISA. ⚘
  cerrado enero-1 marzo – **Comida** (cerrado martes y miércoles mediodía salvo verano) carta
  aprox. 48 – 🍵 12 – **10 hab** 222.

ORTIGOSA DEL MONTE 40421 Segovia 442 J 17 – 290 h.

Madrid 72 – Ávila 56 – Segovia 15.

en la carretera N 603 :

- Venta Vieja, Este : 2,5 km, 🖂 40421, ℘ 921 48 91 64, vtavieja@autovia.com,
  Fax 921 48 91 97, ⇗, « Decoración rústica » – P.
- **Becea,** Este : 2,3 km, 🖂 40421, ℘ 921 48 90 49, ⇗ – P. AE MC VISA
  Comida carta 15 a 22,80.

ORTIGUEIRA 15330 A Coruña **441** A 6 – *9 658 h alt. 11.*

Madrid 615 – A Coruña/La Coruña 97 – Lugo 104 – Vivero 34.

La Perla sin rest, av. de La Penela 𝄞 981 40 01 50, Fax 981 40 01 51 – TV P. ⚡
⌂ 3 – **28 hab** 24/42.

OSEJA DE SAJAMBRE 24916 León **441** C 14 – *345 h alt. 760.*

*Alred. : Mirador★★ ≼★★ Norte : 2 km – Desfiladero de los Beyos★★★ Noroeste : 5 km –
Puerto del Pontón★ (≼★★) Sur : 11 km – Puerto de Panderruedas★ (mirador de Piedrafitas
≼★★ 15 mn. a pie) Sureste : 17 km.*

Madrid 385 – León 122 – Oviedo 108 – Palencia 159.

OSORNO LA MAYOR 34460 Palencia **442** E 16 – *1 786 h alt. 800.*

Madrid 277 – Burgos 58 – Palencia 51 – Santander 150.

Tierra de Campos, La Fuente 𝄞 979 81 72 16, Fax 979 81 72 18 – ▯ TV P. ⓜⓒ
VISA. ⚡

cerrado febrero-6 marzo – **Comida** 15 – ⌂ 5 – **30 hab** 36/49 – PA 29.

OSUNA 41640 Sevilla **446** U 14 – *16 240 h alt. 328.*

*Ver : Localidad★★ - Zona monumental★ – Colegiata★ (lienzos de Ribera★★, Panteón
Ducal★★) – Monasterio de la Encarnación★ – Palacios y Casas Señoriales★★ – calle San
Pedro★ – Torre de la Iglesia de la Merced★.*

Madrid 489 – Córdoba 85 – Granada 169 – Málaga 123 – Sevilla 92.

Palacio Marqués de la Gomera ⚑, San Pedro 20 𝄞 95 481 22 23, sanpedro@o
lanet.net, Fax 95 481 02 00, « Palacio barroco del siglo XVIII » – ▤ TV ♿ ⛐. AE ⓜⓒ VISA.
⚡ rest
La Casa del Marqués : **Comida** carta 14,11 a 26,59 – ⌂ 9,04 – **18 hab** 60,24/108,43,
2 suites.

Villa Ducal, área de servicio - salida 84 autovía 𝄞 95 582 02 72, Fax 95 582 02 80 –
▤ TV ⛐. AE ① ⓜⓒ VISA. ⚡
Comida 6 – ⌂ 1,80 – **23 hab** 22,80 – PA 13,80.

El Caballo Blanco, Granada 1 𝄞 95 481 01 84, Fax 95 481 01 84 – ▤ TV P. AE ①
ⓜⓒ VISA JCB. ⚡
Comida (cerrado domingo) carta 15 a 23,40 – ⌂ 2,40 – **13 hab** 23,44/39 – PA 27,64.

Doña Guadalupe, pl. de Guadalupe 6 𝄞 95 481 05 58, Fax 95 481 04 04 – ▤. AE ①
ⓜⓒ VISA. ⚡
cerrado del 1 al 15 de agosto y martes – **Comida** carta 21,04 a 34,56.

OTUR 33792 Asturias **441** B 10 – *Playa.*

Madrid 548 – A Coruña/La Coruña 193 – Gijón 91 – Lugo 134 – Oviedo 98.

Casa Consuelo, carret N 634 𝄞 98 547 07 67, garciaalvaro@jotmail.com,
Fax 98 564 16 42, ≼ – ▯ TV P. AE ① ⓜⓒ VISA. ⚡
Comida - ver rest. *Casa Consuelo* – ⌂ 3,91 – **37 hab** 35,37/45,02.

Casa Consuelo - Hotel Casa Consuelo, carret. N 634 𝄞 98 564 18 09, garciaalvaro@j
otmail.com, Fax 98 564 16 42 – ▤ P. AE ① ⓜⓒ VISA. ⚡
cerrado 20 días en noviembre y lunes salvo festivos – **Comida** carta 27,05 a 33,67.

OURENSE o ORENSE 32000 P **441** E 6 – *108 382 h alt. 125.*

*Ver : Catedral★ (Pórtico del Paraíso★★) AYB – Museo Arqueológico y de Bellas Artes (Cami-
no del Calvario★) AZM – Claustro de San Francisco★ AY.*

*Excurs. : Ribas de Sil (Monasterio de San Esteban : paraje★) 27 km por ② - Gargantas del
Sil★ 26 km por ②.*

🛈 Curros Enríquez 1 (Torre de Orense) 𝄞 988 37 20 20 – **R.A.C.E.** rua Do Progreso 66 (ofic.
4) ✉ 32002 𝄞 988 21 06 46.

*Madrid 499 ④ – Ferrol 198 ① – A Coruña/La Coruña 183 ① – Santiago de Compostela
111 ① – Vigo 101 ⑤*

Plano página siguiente

G.H. San Martín sin rest con cafetería, Curros Enríquez 1, ✉ 32003, 𝄞 988 37 18 11,
ghourense@proalsa.es, Fax 988 37 21 38 – ▯ ▤ TV ⛐ – 🛝 25/250. AE ① ⓜⓒ
VISA. ⚡
⌂ 10 – **89 hab** 88,35/110,44 – 1 suite.   AY a

Francisco II sin rest con cafetería, Bedoya 17, ✉ 32004, 𝄞 988 24 20 95,
Fax 988 24 24 16 – ▯ ▤ TV ⛐ – 🛝 25/100. AE ⓜⓒ VISA. ⚡   AY e
⌂ 6,01 – **80 hab** 54,10/72,12.

OURENSE/ORENSE

Altiana sin rest con cafetería, Ervedelo 14, ✉ 32002, ✆ 988 37 09 52, *Fax 988 37 01 28* – 🛗 TV – 🏊 25/40 — AY u
32 hab.

Sanmiguel, San Miguel 12, ✉ 32005, ✆ 988 22 12 45, *info@restaurante-sanmiguel .com, Fax 988 24 27 49* – 🖩 🚗 AE ① ⑩ VISA JCB. 🛇 — AY s
cerrado 10 enero-1 febrero – **Comida** carta aprox. 29,45.

Martín Fierro, Sáenz Díez 17, ✉ 32003, ✆ 988 37 26 43, *info@restaurantemartin fierro.com, Fax 988 37 22 63* – 🖩 P. AE ① ⑩ VISA JCB. 🛇 — AY b
cerrado domingo – **Comida** carta 22,04 a 35.

Adega San Cosme, pl. de San Cosme 2, ✉ 32005, ✆ 988 24 88 00 – 🖩. AE VISA. 🛇 — AZ d
cerrado del 16 al 31 de agosto y domingo – **Comida** carta 16,22 a 25,25.

Zarampallo con hab, Hermanos Villar 29, ✉ 32005, ✆ 988 23 00 08, *Fax 988 23 00 08* – 🛗, 🖩 rest, TV. AE ① ⑩ VISA. 🛇 — AY c
Comida (cerrado domingo noche) carta 14,42 a 28,22 – ☕ 1,81 – **14 hab** 24/42,10.

en El Cumial por ④ : 6 km :

Auriense 🐎, El Cumial 12, ✉ 32915 El Cumial, ✆ 988 23 49 00, *auriense@infonego cio.com, Fax 988 24 50 01*, ≤, 🔳, 🍴 – 🛗 🖩 TV P – 🏊 25/500 — por ④
119 hab – 16 suites.

Ver también : **La Derrasa** por ③ : 10 km.

Ver : Catedral★ (retablo mayor★, Cámara Santa : estatuas-columnas★★, tesoro★★) BYZ – Antiguo Hospital del Principado (escudo★) AYP.

Alred. : Santuarios del Monte Naranco★ (Santa María del Naranco★★, San Miguel de Lillo★ : jambas★★) Noroeste : 4 km por av. de los Monumentos AY.

Excurs. : Iglesia de Santa Cristina de Lena★ (❄★) 34 km por ② – Teverga ≼★ de Peñas Juntas - Desfiladero de Teverga★ 43 km por ③.

▮₁₈ Club Deportivo La Barganiza : 12 km ℰ 98 574 24 68 Fax 98 574 24 42.

✈ de Asturias por ① : 47 km ℰ 98 512 75 00 – Iberia : Centro de Negocios (Hotel De la Reconquista) Gil de Jaz 16 ⊠ 33004 ℰ 98 527 63 78.

🛈 pl. Alfonso-II el Casto 6 ⊠ 33003 ℰ 98 521 33 85 Fax 98 522 84 59 y Marqués de Santa Cruz ⊠ 33007 ℰ 98 522 75 86 Fax 98 522 75 86 – **R.A.C.E.** Foncalada 6-bajo ⊠ 33002 ℰ 98 522 31 06 Fax 98 522 76 68.

Madrid 446 ② – Bilbao 306 ① – A Coruña/La Coruña 326 ③ – Gijón 29 ① – León 121 ② – Santander 203 ②

🏨 **De la Reconquista,** Gil de Jaz 16, ⊠ 33004, ℰ 98 524 11 00, reconquista@hotel elareconquista.com, Fax 98 524 11 66, « Lujosa instalación en un magnífico edificio del siglo XVIII » – ▮ ▤ 📺 ৬ 🚗 – 🔏 25/800. ᴀᴇ ⓞ ⓜⓒ 𝚅𝙸𝚂𝙰. ⋘   AY P
Comida carta 31,39 a 48,07 – ⊆ 14 – **132 hab** 155/195 – 10 suites – PA 75.

🏨 **Regente** sin rest, Jovellanos 31, ⊠ 33003, ℰ 98 522 23 43, hotelregentecha@hote lresidenciaregente.es, Fax 98 522 93 31 – ▮ 📺 🅿 – 🔏 25/220. ᴀᴇ ⓞ ⓜⓒ 𝚅𝙸𝚂𝙰. ⋘
⊆ 9,02 – **126 hab** 96,16/110,10.   BY a

🏨 **NH Principado,** San Francisco 6, ⊠ 33003, ℰ 98 521 77 92, nhprincipado@nh-hot eles.es, Fax 98 521 39 46 – ▮, ▤ rest, 📺 – 🔏 25/200. ᴀᴇ ⓞ ⓜⓒ 𝚅𝙸𝚂𝙰. ⋘   BZ e
Comida 12,02 – ⊆ 9,02 – **88 hab** 84,15/99,78 – 9 suites – PA 33,06.

OVIEDO

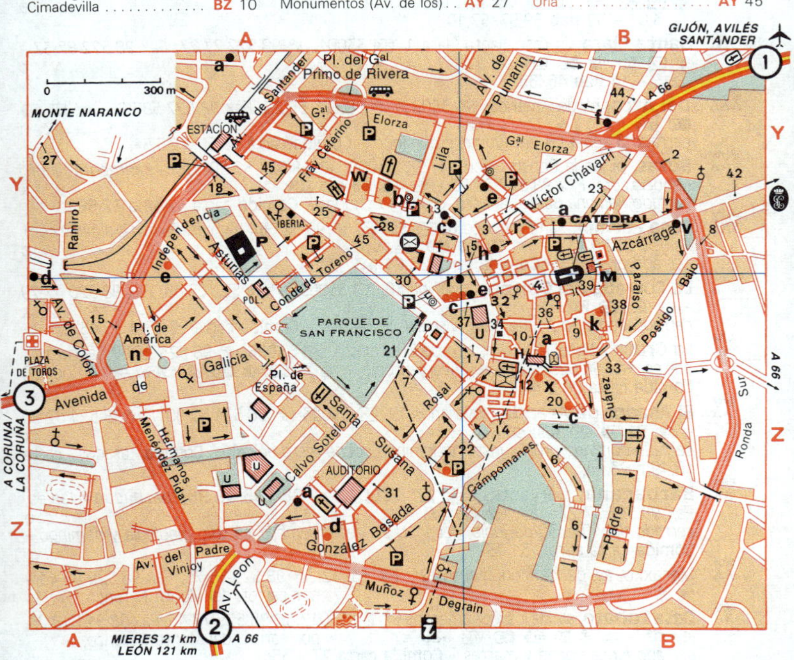

La Gruta, alto de Buenavista, ✉ 33006, ✆ 98 523 24 50, *lagruta @ fade.es,*
Fax 98 525 31 41, ≤, ⅃⬚ – |≋| TV P – ⬚ 25/600. Æ ⓪ ⓜⓒ VISA JCB. ✛ por ③
Comida - ver rest. *La Gruta* – ☕ 7 – **101 hab** 63/81 – 4 suites.

Ciudad de Oviedo sin rest con cafetería, Gascona 21, ✉ 33001, ✆ 98 522 22 24, *covie*
do@ hotelclarin.es, Fax 98 522 15 99 – |≋| ▤ TV ⇔. Æ ⓪ ⓜⓒ VISA. ✛   **BY e**
☕ 1,05 – **58 hab** 76,33/97,96.

Monumental Naranco, Marcelino Suárez 29, ✉ 33012, ✆ 98 596 32 80,
Fax 98 596 39 90, ⅃⬚, ▩ – ▤ TV ⅙ ⇔ – ⬚ 25/300. Æ ⓪ ⓜⓒ VISA. ✛   **AY d**
Comida 16,53 – ☕ 9,32 – **62 hab** 102,18/114,19 – 2 suites – PA 42,38.

Clarín, Caveda 23, ✉ 33002, ✆ 98 522 72 72, *clarin @ hotelclarin.es, Fax 98 522 80 18*
– |≋| TV – ⬚ 25/60. Æ ⓪ ⓜⓒ VISA. ✛   **AY b**
Comida 11,42 – ☕ 1,05 – **47 hab** 76,33/97,96.

Ramiro I sin rest con cafetería, av. Calvo Sotelo 13, ✉ 33007, ✆ 98 523 28 50, *rami*
ro@ hotelramiro.com, Fax 98 523 63 29 – |≋| TV ⇔ – ⬚ 25/50. Æ ⓪ ⓜⓒ VISA. ✛
83 hab ☕ 69,42/107,28.   **AZ a**

Vetusta sin rest, Covadonga 2, ✉ 33002, ✆ 98 522 22 29, *info @ hotelvetusta.com,*
Fax 98 522 22 09 – |≋| ▤ TV. Æ ⓪ ⓜⓒ VISA. ✛   **AY c**
☕ 4,21 – **16 hab** 76,69/96.

El Magistral sin rest, Jovellanos 3, ✉ 33003, ✆ 98 521 51 16, *hotel @ elmagistral.com,*
Fax 98 521 06 79 – |≋| TV – ⬚ 25/40. Æ ⓪ ⓜⓒ VISA JCB. ✛   **BY h**
☕ 9,02 – **34 hab** 75,13/102,17.

Campus sin rest, Fernando Vela 13, ✉ 33001, ✆ 98 511 16 19, *chareservas@ari.es,*
Fax 98 511 13 88 – |≋| TV ⇔. Æ ⓪ ⓜⓒ VISA   **BY f**
☕ 6,61 – **58 apartamentos** 105,78/132,22.

Astures sin rest, Campo de los Patos 7, ✉ 33010, ℰ 98 520 09 08, *hastures@inicia.es*, *Fax 98 522 67 46* – |≣| TV ⟵. AE MC VISA. ⌘
� 6,01 – **65 hab** 81,74/102,17. BY v

Campoamor sin rest, Argüelles 23, ✉ 33003, ℰ 98 521 07 20, *Fax 98 521 18 92* – |≣| ≣ TV. AE ① MC VISA. ⌘
� 4,50 – **16 hab** 55/91. AZ r

Carreño sin rest, Monte Gamonal 4, ✉ 33012, ℰ 98 511 86 22, *Fax 98 511 82 65* – |≣| TV & ⟵. AE ① MC VISA. ⌘
⊆ 3,01 – **32 hab** 39,97/57,10. AY a

Santa Clara sin rest, Santa Clara 1, ✉ 33001, ℰ 98 522 27 27, *Fax 98 522 87 37* – |≣| TV. AE ① MC VISA. ⌘
⊆ 3 – **14 hab** 46/65. AY c

XXX **Del Arco,** pl. de América, ✉ 33005, ℰ 98 525 55 22, *Fax 98 527 58 79* – ≣. AE ① MC VISA AZ n
cerrado 3 semanas en agosto y domingo – **Comida** carta 33,50 a 35,61.

XXX **Botas,** pl. de la Constitución 11, ✉ 33009, ℰ 98 521 56 90, *restaurantebotas@info negocio.com, Fax 98 522 22 70* – ≣. AE ① MC VISA. ⌘ BZ x
cerrado Semana Santa, agosto, domingo y lunes – **Comida** carta 32,36 a 39,56.

XXX **Casa Fermín,** San Francisco 8, ✉ 33003, ℰ 98 521 64 52, *casafermin@almirez.com, Fax 98 522 92 12* – ≣. AE ① MC VISA. ⌘ AZ c
cerrado domingo – **Comida** carta 33,04 a 37,24.

XXX **La Corrada del Obispo,** Canóniga 18, ✉ 33003, ℰ 98 522 00 48, *Fax 98 520 47 79* – ≣. AE MC VISA. ⌘ BZ k
cerrado domingo noche salvo víspera de festivo – **Comida** carta 29,45 a 35,45.

XX **La Gruta** - Hotel La Gruta, alto de Buenavista, ✉ 33006, ℰ 98 523 24 50, *lagruta@f ade.es, Fax 98 525 31 41,* ≼, Vivero propio – ≣ P. AE ① MC VISA JCB. ⌘ por ③
Comida carta 28 a 44.

XX **El Asador de Aranda,** Jovellanos 19, ✉ 33003, ℰ 98 521 32 90, *Fax 98 521 32 90* – ≣. AE ① MC VISA. ⌘ BY r
cerrado domingo (julio-agosto) y domingo noche resto del año – **Comida** - asados - carta 18,49 a 23,14.

XX **Barbacana,** Cervantes 27, ✉ 33004, ℰ 98 596 30 96, *barbacan@las.es, Fax 98 596 37 27* – ≣. ① MC VISA. ⌘ AY e
cerrado del 10 al 30 de junio, del 11 al 24 de noviembre, sábado mediodía y domingo – **Comida** carta aprox. 31,25.

XX Meraxko, av. de los Monumentos 21, ✉ 33012, ℰ 98 529 55 76, *Fax 98 529 68 43* – ≣ P por carret. del Monte Naranco AY

XX **Casa Lobato,** av. de los Monumentos 67, ✉ 33012, ℰ 98 529 77 45, *Fax 98 511 18 25,* ≼, ⛲ – ≣ P. AE ① MC VISA JCB. ⌘ por carret. del Monte Naranco AY
cerrado lunes noche y martes – **Comida** carta 27 a 35.

XX **Casa Conrado,** Argüelles 1, ✉ 33003, ℰ 98 522 39 19, *casaconrado@navegalia.com, Fax 98 522 57 93* – ≣. AE ① MC VISA. ⌘ BY h
cerrado agosto y domingo – **Comida** carta 21,75 a 29,59.

XX **La Goleta,** Covadonga 32, ✉ 33002, ℰ 98 521 38 47, *lagoleta@navegalia.com, Fax 98 521 26 09* – ≣. AE ① MC VISA. ⌘ AY b
cerrado julio y domingo – **Comida** carta 23,55 a 33,78.

XX **Sasinia,** Félix Aramburu 12, ✉ 33007, ℰ 98 527 46 21, *Fax 98 525 29 60* – ≣. MC VISA. ⌘ AZ d
cerrado del 10 al 25 de enero y del 10 al 25 de agosto – **Comida** carta aprox. 33,25.

X **Logos,** San Francisco 10, ✉ 33003, ℰ 98 521 20 70, *Fax 98 521 20 70* – ≣. AE ① MC VISA AZ c
cerrado del 15 al 31 de agosto – **Comida** carta 21 a 26,50.

X **Casa Arturo,** pl. de San Miguel 1, ✉ 33007, ℰ 98 522 94 88 – ≣. AE ① MC VISA. ⌘ AZ t
cerrado 3 semanas en agosto, domingo noche (julio-agosto) y domingo resto del año – **Comida** carta 30,06 a 34,27.

X **El Raitán y El Chigre,** pl. de Trascorrales 6, ✉ 33009, ℰ 98 521 42 18, *Fax 98 522 83 21,* « Decoración rústica regional » – ≣. ① MC VISA. ⌘ BZ a
cerrado domingo noche – **Comida** - cocina regional - carta 29,90 a 32,90.

X **Las Campanas de San Bernabé,** San Bernabé 7, ✉ 33002, ℰ 98 522 49 31, *Fax 98 522 49 32* – ≣. AE ① MC VISA. ⌘ AY w
cerrado agosto y domingo – **Comida** carta 16,52 a 18,92.

Y/ **Logos,** San Francisco 10, ✉ 33003, ℰ 98 521 20 70, *Fax 98 521 20 70* – ≣. AE ① MC VISA AZ c
cerrado del 15 al 31 de agosto – **Tapa** 3,60 **Ración** aprox. 9.

Y/ Prada a Tope, Carpio 20, ✉ 33009, ℰ 98 520 48 67 – ≣ BZ c
- productos de El Bierzo.

al Norte *por av. de Pumarín : 3 km* BY :

🏠 **Casa Camila** 🐾, Fitoria 28, ✉ 33012, ✆ 98 511 48 22, *info@casacamila.com*, *Fax 98 529 41 98*, **«** Magnífica situación en la falda del Naranco con ⬅ Oviedo, valle y montañas **»** – 🍴 rest, 📺 🆎 ⓜⓒ 🆅🅸🆂🅰. ✂ rest
Comida *(cerrado lunes)* 15 – ☕ 6,60 – **7 hab** 66/81 – PA 36,60.

en Colloto *por La Tenderina : 4 km* BY :

🏠 **Palacio de la Viñona** 🐾 sin rest, Julián Clavería 14, ✉ 33010 Colloto, ✆ 98 579 33 99, *hotel@palaciovinona.net*, *Fax 98 579 43 73*, **«** Ambiente acogedor **»**, 🚲 – 🛗 📺 🅿 🆎 ⓜⓒ 🆅🅸🆂🅰 ✂
☕ 6 – **15 hab** 78/100.

OYARZUN *Gipuzkoa – ver Oiartzun.*

OYEREGUI *Navarra – ver Oieregi.*

OYÓN *Araba – ver Oion.*

La PACA *30812 Murcia* **445** *S 24.*
Madrid 426 – Albacete 173 – Lorca 27 – Murcia 95.

en Don Gonzalo *Noroeste : 3 km :*

🏠 **Hospedería Casazul,** carret. de Caravaca, ✉ 30812 La Paca, ✆ 968 49 16 82, *casazul-ucomur@coceta.com, Fax 968 49 15 95*, 👁 – 🅿 🆎 ⓜⓒ 🆅🅸🆂🅰
Comida *(cerrado lunes)* 12,02 – **10 hab** ☕ 24,04/42,07.

PADRÓN *15900 A Coruña* **441** *D 4 – 10 147 h alt. 5.*
Madrid 634 – A Coruña/La Coruña 94 – Ourense/Orense 135 – Pontevedra 37 – *Santiago de Compostela 20.*

🏠 **A Casa Antiga do Monte** 🐾, Boca do Monte-Lestrove - Suroeste : 1,5 km ✆ 981 81 24 00, *susavilaocio@nexo.es, Fax 981 81 24 01*, ⬅, **«** Edificio señorial en una antigua casa de labranza **»**, 🏋, 🏊, 🚲 – 🍴 rest, 📺 🚗 🅿 🆎 ⓞ ⓜⓒ 🆅🅸🆂🅰. ✂
Comida - sólo cena, sólo clientes - 16,08 – ☕ 7,40 – **16 hab** 54,66/77,17.

🏠 **Pazo de Hermida** 🐾 sin rest, Trasmuro 21, ✉ 15916 Lestrove, ✆ 981 81 71 10, *Fax 981 81 71 17*, **«** Antiguo pazo en una extensa finca **»** – 📺 🅿 🆎 ⓞ ⓜⓒ 🆅🅸🆂🅰. ✂
☕ 3,61 – **6 hab** 72,12.

🍴🍴 **Chef Rivera** con hab, enlace Parque 7 ✆ 981 81 05 23, *Fax 981 81 14 54* – 🛗, 🍴 rest, 📺 🚗. 🆎 ⓞ ⓜⓒ 🆅🅸🆂🅰. ✂
Comida *(cerrado domingo noche en invierno)* carta 20,44 a 37,27 – ☕ 3,01 – **20 hab** 29,45/41,47.

🍴 **A Casa dos Martínez,** Rúa Longa 7 ✆ 981 81 05 77, *ac2m2002@yahoo.es* – ⓜⓒ 🆅🅸🆂🅰. ✂
cerrado 15 días en febrero, 15 días en octubre, domingo noche y lunes – **Comida** carta 15,65 a 23,01.

en la carretera N 550 *Norte : 2 km :*

🏠 **Scala,** ✉ 15900, ✆ 981 81 13 12, *Fax 981 81 15 00*, ⬅, 🏊 – 🛗, 🍴 rest, 📺 🅿 ⓜⓒ 🆅🅸🆂🅰. ✂
Comida 9,01 – ☕ 3 – **194 hab** 45,07/63,10.

PÁGANOS *Araba – ver Laguardia.*

PAGUERA *Illes Balears – ver Balears (Mallorca) : Peguera.*

PAIPORTA *València – ver València.*

PAJARES (Puerto de) *33693 Asturias* **441** *C 12 – alt. 1 364 – Deportes de invierno :* 🎿 *13.*
Ver : *Puerto*★★ *– Carretera del puerto*★★.
Madrid 378 – León 59 – Oviedo 59.

> **Reisen Sie nicht heute mit einer Karte von gestern.**

Los PALACIOS Y VILLAFRANCA 41720 Sevilla 446 U 12 – 29 417 h alt. 12.

Madrid 529 – Cádiz 94 – Huelva 120 – *Sevilla* 33.

Manolo Mayo con hab, av. de Sevilla 29 ℰ 95 581 10 86, hrmmayo@arrakis.es, Fax 95 581 11 52 – 🗏 TV ⇋. AE ① MC VISA. ⚓
cerrado del 1 al 15 de agosto – **Comida** carta 20,40 a 25,90 – ⌑ 3,61 – **25 hab** 36,06/54,09.

PALAFRUGELL 17200 Girona 443 G 39 – 17 343 h alt. 87 – Playas : Calella, Llafranc y Tamariu.

🛈 Carrilet 2 ℰ 972 30 02 28 turismesau@hotmail.com Fax 972 61 12 61 y pl. de l'Església (Can Rosés) ℰ 972 61 18 20 turismépalafrugell.net Fax 972 61 17 56.

Madrid 736 – Barcelona 123 – *Girona/Gerona* 39 – Portbou 108.

La Xicra, Estret 17 ℰ 972 30 56 30, Fax 972 30 56 30 – 🗏. AE ① MC VISA. ⚓
cerrado noviembre, martes noche y miércoles salvo agosto – **Comida** carta 22,34 a 36,27.

La Casona, paraje La Sauleda 4 ℰ 972 30 36 61, micronei@grn, Fax 972 30 66 15 – 🗏 P. MC VISA
cerrado noviembre-15 diciembre, domingo noche y lunes – **Comida** carta 17 a 27,50.

PALAMÓS 17230 Girona 443 G 39 – 13 258 h – Playa.

🛈 passeig del Mar 22 ℰ 972 60 05 00 info@palamos.org Fax 972 60 01 37.

Madrid 726 – Barcelona 109 – *Girona/Gerona* 46.

Trias, passeig del Mar ℰ 972 60 18 00, Fax 972 60 18 19, ≤, ⊼ climatizada – 🛗 🗏 TV ⇋ P. AE ① MC VISA. ⚓ rest
27 marzo-29 septiembre – **Comida** 24 – ⌑ 9,50 – **70 hab** 59/132 – PA 36.

Vostra Llar, av. President Macià 12 ℰ 972 31 42 62, vostra.llar@gro.servicom.es, Fax 972 31 43 07, 🌞 – 🛗, 🗏 rest, TV
temp – **45 hab.**

Marina, av. 11 de Setembre 48 ℰ 972 31 42 50, info@hotelmarina-palamos.com, Fax 972 60 00 24 – 🛗, 🗏 rest, TV ᵹ. AE ① MC VISA. ⚓ rest
Comida 15,02 – ⌑ 5,26 – **62 hab** 37,57/50,18 – PA 23,89.

La Gamba, pl. Sant Pere 1 ℰ 972 31 46 33, restaurant@lagambapalamos.com, Fax 972 31 85 26, 🌞 – 🗏. AE ① MC VISA
cerrado noviembre y miércoles – **Comida** - pescados y mariscos - carta 25,83 a 31,30.

La Menta, Tauler i Servià 1 ℰ 972 31 47 09 – 🗏. AE ① MC VISA. ⚓
cerrado noviembre, domingo noche y miércoles – **Comida** carta 30,84 a 43,28.

María de Cadaqués, Tauler i Servià 6 ℰ 972 31 40 09, mariacadaques@eresmas.net
– 🗏. AE ① MC VISA
cerrado 10 diciembre-enero y lunes – **Comida** - pescados y mariscos - carta 21,70 a 28,20.

Bell Port, passeig del Mar 1 ℰ 972 31 57 72, 🌞 – 🗏. AE ① MC VISA JCB
cerrado 10 diciembre-1 febrero – **Comida** (sólo almuerzo salvo viernes y sábado del 2 febrero al 1 mayo) carta 28,17 a 43,06.

L'Arcada, Pagès Ortiz 49 ℰ 972 31 51 69, 🌞 – 🗏. MC VISA
cerrado 24 diciembre-4 febrero, domingo noche y lunes – **Comida** carta aprox. 36,06.

Celler de la Planassa, Vapor 4 (La Planassa) ℰ 972 31 64 96, Fax 972 60 04 12, 🌞
– 🗏. MC VISA
cerrado noviembre, lunes mediodía (julio-agosto), domingo noche y lunes resto del año – **Comida** carta 20,44 a 31,25.

Gamas, Indústria 3 ℰ 972 31 76 51 – 🗏. AE ① MC VISA. ⚓
cerrado 15 diciembre-15 enero y lunes – **Comida** - pescados y mariscos - carta 21,03 a 37,27.

en La Fosca Noreste : 2 km :

Áncora 🌖, Josep Plà, ✉ 17230 apartado 242 Palamós, ℰ 972 31 48 58, hancora@teleline.es, Fax 972 60 24 70, ≤, ⊼, ✗ – 🛗 🗏 TV P. AE MC VISA. ⚓ rest
Comida 17,13 – ⌑ 5,71 – **46 hab** 52,60/73,95.

en Plà de Vall-Llobregà carretera de Palafrugell C 255 - Norte : 3,5 km :

Mas dels Arcs, ✉ 17230 apartado 115 Palamós, ℰ 972 31 51 35 – 🗏 P. ① MC VISA. ⚓
cerrado 8 enero-1 marzo, miércoles noche y jueves (octubre-mayo), jueves resto año – **Comida** carta 18 a 33.

PALAU-SATOR 17256 Girona **443** G 39 – 291 h alt. 20.

Ver : *Localidad★*.

Madrid 732 – Girona/Gerona 37 – Figueres 51 – Palafrugell 17 – Palamós 24.

X **Mas Pou**, pl. de la Mota 4 ℘ 972 63 41 25, info@maspou.com, Fax 972 63 50 13 – ▤
P. **AE** **①** **MC** **VISA**. ⅏
cerrado 23 diciembre-1 febrero, domingo noche y lunes(invierno), lunes resto del año –
Comida carta 17,12 a 24,32.

PALAU-SAVERDERA 17495 Girona **443** F 39 – 682 h alt. 78.

Madrid 763 – Figueres 17 – Girona/Gerona 57.

X El Tinell, av. de Catalunya 2 (urb. Mas Isac) - Noroeste : 1,3 km ℘ 972 53 00 82, ≼, 綶,
« *Decoración rústica* » – **P**.

en la carretera de Castelló d'Empúries *Suroeste : 2,7 km :*

X **Aiguamolls**, Veûnat Les Torroelles, ⊠ 17495, ℘ 972 55 20 63, aiguamolls@terra.es,
Fax 97 215 27 88 – ▤ **P**. **MC** **VISA**. ⅏
cerrado del 1 al 15 de marzo, del 1 al 15 de noviembre y lunes – Comida - *sólo cena en*
verano - carta 19,30 a 24,80.

PALENCIA 34000 **P** **442** F 16 – 81 988 h alt. 781.

Ver : *Catedral★★ (interior★★ : tríptico★ - Museo★ : tapices★)* AY.

Alred. : *Baños de Cerrato (Basílica de San Juan Bautista★) 14 km por ②.*

ℹ Mayor 105 ⊠ 34001 ℘ 979 74 00 68 Fax 979 70 08 22 – **R.A.C.E.** av. Casado del Alisal
25 ⊠ 34001 ℘ 979 74 69 50 Fax 979 70 19 74.

Madrid 235 ② – Burgos 88 ② – León 128 ③ – Santander 203 ① – Valladolid 47 ②

Plano página siguiente

🏠 **Castilla Vieja,** av. Casado del Alisal 26, ⊠ 34001, ℘ 979 74 90 44, h-castillavieja@m
undicia.es, Fax 979 74 75 77 – ▐⧉▌, ▤ rest, **TV** ⅋ ⟷ – ⅍ 25/250. **AE** **①** **MC** **VISA** **JCB**.
⅏ rest
BZ   x
Comida 13 – � 7 – **67 hab** 51,60/72,12 – 2 suites.

🏠 **Rey Sancho,** av. Ponce de León, ⊠ 34005, ℘ 979 72 53 00, reysancho@iconet.es,
Fax 979 71 03 34, 綶, ⊠, ⅋ – ▐⧉▌, ▤ rest, **TV** ⟷ **P** – ⅍ 25/550. **AE** **①** **MC** **VISA**. ⅏
Comida 10,82 – ⊒ 9 – **92 hab** 52/73 – 1 suite.
AZ   a

🏠 **Don Rodrigo,** Los Gatos 1, ⊠ 34005, ℘ 979 70 62 80, h-donrodrigo@mundivia.es,
Fax 979 70 62 81 – ▐⧉▌, ▤ rest, **TV** ⟷. **AE** **MC** **VISA**. ⅏
Comida 14 – ⊒ 4,21 – **20 hab** 36,06/48,08.
AZ   d

🏠 **Monclús** sin rest, Menéndez Pelayo 3, ⊠ 34001, ℘ 979 74 43 00, hotelmonclus@tu
rwl.com, Fax 979 74 44 90 – ▐⧉▌ **TV**. **AE** **①** **MC** **VISA** **JCB**. ⅏
⊒ 2,70 – **40 hab** 33/50.
AZ   c

🏠 **Colón 27** sin rest y sin ⊒, Colón 27, ⊠ 34002, ℘ 979 74 07 00, Fax 979 74 07 20 –
▐⧉▌ **TV**. **MC** **VISA**. ⅏
22 hab 28,94/41,80.
BZ   f

🏠 **Ávila** sin rest, Conde Vallellano 5, ⊠ 34002, ℘ 979 71 19 10, Fax 979 71 19 10 – **TV**
⟷. **AE** **①** **MC** **VISA**. ⅏
⊒ 3,16 – **20 hab** 30,22/48,23.
BZ   n

XX **Casa Lucio**, Don Sancho 2, ⊠ 34001, ℘ 979 74 81 90, Fax 979 74 81 90 – ▤. **AE** **①**
MC **VISA**. ⅏
AZ   s
cerrado del 1 al 15 de julio y domingo – Comida carta 25,54 a 28,86.

XX **Ponte Vecchio,** Doctrinos 1, ⊠ 34005, ℘ 979 74 52 15 – ▤. **AE** **①** **MC**
VISA. ⅏
AZ   u
cerrado del 1 al 15 de agosto y lunes – Comida - *cocina italiana -* carta aprox. 24,04.

XX **La Fragata,** Pedro Fernández del Pulgar 6, ⊠ 34005, ℘ 979 75 01 29,
Fax 979 75 01 29 – ▤. **AE** **①** **MC** **VISA**. ⅏
AZ   e
cerrado domingo noche en julio-agosto – Comida carta 21,50 a 29.

XX **Isabel,** Valentín Calderón 6, ⊠ 34001, ℘ 979 74 99 98 – ▤. **AE** **①** **MC**
VISA. ⅏
AY   b
cerrado del 16 al 31 de julio, domingo noche y lunes noche – Comida carta 15,91 a 23,09.

X **Asador La Encina,** Casañé 2, ⊠ 34002, ℘ 979 71 09 36, « *Decoración rústica* » –
▤. **AE** **①** **MC** **VISA**. ⅏
BZ   m
cerrado del 1 al 16 de agosto – Comida carta 24,04 a 31,85.

X **Casa Damián,** Ignacio Martínez de Azcoitia 9, ⊠ 34001, ℘ 979 74 46 28,
Fax 979 74 38 70 – ▤. **AE** **①** **MC** **VISA**. ⅏
AY   r
cerrado 24 diciembre-5 enero, 24 julio-24 agosto, domingo noche y lunes – Comida carta
22,53 a 29,16.

PALENCIA

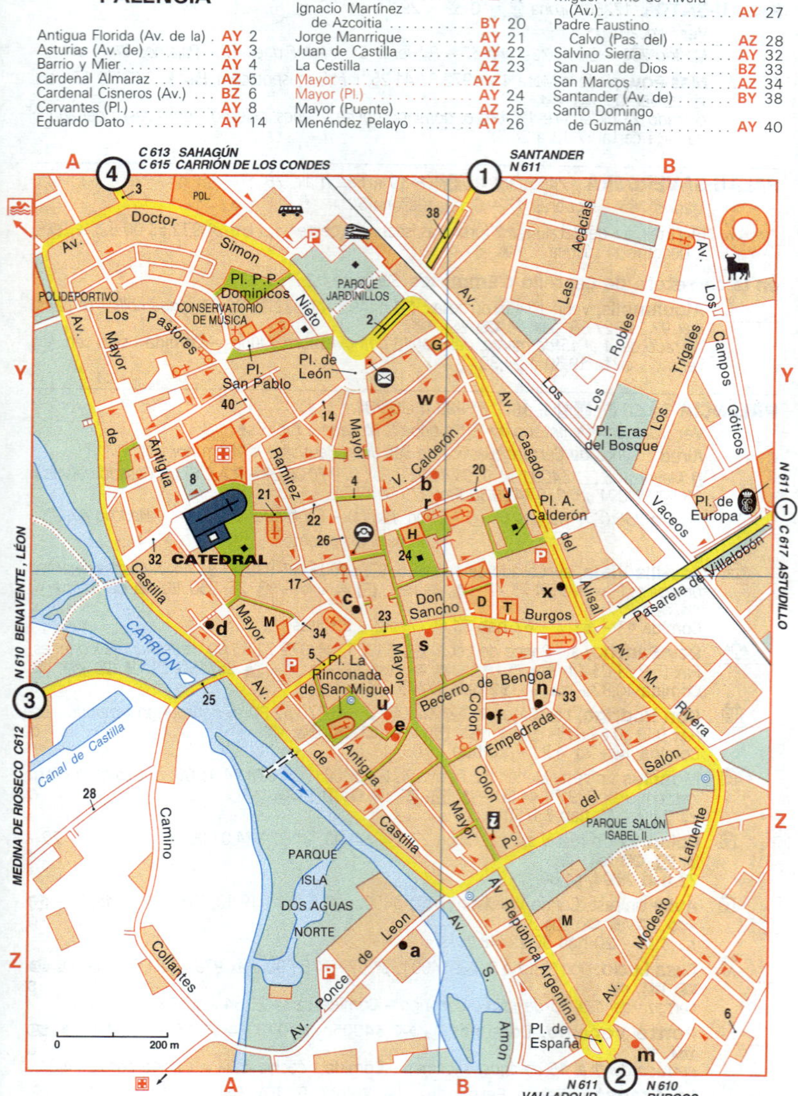

The Guide changes, so renew your Guide every year.

PALLEJÀ 08780 Barcelona **443** H 35 – 6595 h alt. 87.
Madrid 606 – *Barcelona* 22 – Manresa 48 – Tarragona 89.

XX **Paradís Pallejá**, av. Prat de la Riba 119 ℰ 93 663 00 98, Fax 93 663 00 97,
« Decoración rústica en una antigua casa señorial » – 🍽 **P**. AE ⓓ MC VISA. ⚡
Comida - sólo almuerzo salvo viernes y sábado - carta aprox. 33,36.

La PALMA Santa Cruz de Tenerife – ver Canarias.

PALMA DE MALLORCA Illes Balears – ver Balears (Mallorca).

PALMA DEL RÍO 14700 Córdoba **446** S 14 – 17978 h alt. 54.
Madrid 462 – Córdoba 55 – Sevilla 92.

🏨 **Castillo**, Portada 47 ℰ 957 64 57 10, hcastillo@hotelcastillo.com, Fax 957 64 57 40 –
📶 🍽 TV **P**. ⓓ MC VISA
Comida 7,22 – ☕ 2,10 – **48 hab** 30/42.

XX **Hospedería de San Francisco** con hab, av. Pío XII-35 ℰ 957 71 01 83, hospederi
a@zoom.es, Fax 957 71 02 36, « Antiguo convento » – 🍽 TV 🚗. AE MC VISA. ⚡
Comida carta 20,13 a 25,54 – ☕ 6,01 – **21 hab** 64,91/81,14 – 1 apartamento.

PALMANOVA Illes Balears – ver Balears (Mallorca).

El PALMAR 46012 València **445** O 29.
Madrid 368 – Gandía 48 – *València* 20.

XX Racó de l'Olla, carret. de El Saler - Norte : 1,5 km ℰ 96 162 01 72, Fax 96 162 02 68,
≤, 🍴, « En un paraje verde junto a la Albufera » – 🍽 **P**
Comida - sólo almuerzo salvo en verano.

Las PALMAS DE GRAN CANARIA Las Palmas – ver Canarias (Gran Canaria).

PALMEIRA 15950 A Coruña **441** E 3 – Playa.
Madrid 659 – *Santiago de Compostela* 61 – A Coruña/La Coruña 135 – Pontevedra 69.

🏨 **Río Azor** 🏖, playa de Insuela - Suroeste : 1 km ℰ 981 86 72 12, rioazor@arrakis.es,
Fax 981 83 86 21, ≤, 🏊, 🍴 – 📶 🍽 TV 🚗 **P** – 🎿 25/180. AE MC VISA. ⚡
Comida 13,22 – ☕ 6,01 – **46 hab** 76,92/96,16 – 3 suites.

PALMONES 11379 Cádiz **446** X 13 – Playa.
Madrid 661 – Algeciras 8 – Cádiz 125 – Málaga 133.

XX **Mesón El Copo**, Trasmayo 2 ℰ 956 67 77 10, elcopo@ono.com, Fax 956 67 77 86 –
🍽. AE ⓓ MC VISA. ⚡
cerrado domingo – **Comida** - pescados y mariscos - carta 24 a 32,70.

El PALO Málaga – ver Málaga.

PALOL DE REVARDIT 17483 Girona **443** F 38 – 378 h alt. 152.
Madrid 699 – Barcelona 110 – Figueres 30 – *Girona/Gerona* 11 – Vic 77.

X **Els Caçadors**, Mas Bosch (carret. de Camós) ℰ 972 59 42 39, cc103297@cconline.es
– 🍽 **P**. AE ⓓ MC VISA
cerrado 9 septiembre-21 octubre, miércoles y festivos noche – **Comida** carta 20,89 a
30,20.

PALOS DE LA FRONTERA 21810 Huelva **446** U 9 – 7335 h alt. 26.
Ver : Localidad★.
Alred. : La Rábida★ 3 km al Suroeste – Muelle de las Carabelas★ 3 km al Suroeste.
Madrid 623 – Huelva 12 – Sevilla 93.

🏨 **La Pinta**, Rábida 79 ℰ 959 35 05 11, h-lapinta.3065@cajarural.com, Fax 959 53 01 64
– 🍽 TV 🚗. AE ⓓ MC VISA. ⚡
Comida 9,62 – ☕ 3,01 – **30 hab** 36,06/60,10 – PA 19,83.

PALS 17256 Girona **443** G 39 – 1 675 h alt. 55.

    Ver : Pueblo medieval★. – ⓘ₁₈ Pals, playa ℰ 972 63 60 06 Fax 972 63 70 09.

    🄱 Aniceta Figueras 6 ℰ 972 66 78 57 Fax 972 66 78 18 (temp).

    Madrid 744 – *Girona/Gerona* 40 – Palafrugell 8.

  X **Sol Blanc** con hab, carret. de Torroella de Montgrí - Norte : 1,5 km ℰ 972 66 73 65, restaurant-sol-blanc@retemail.es, Fax 972 63 62 65, 🌿, « Antigua masía en pleno campo » – 🗐 🅿. 🄼🄲 *VISA* JCB – *cerrado noviembre* – **Comida** *(cerrado martes y miércoles salvo 15 junio-15 septiembre)* carta 15,92 a 29,15 – **2 hab** � 96,17.

en la playa :

  🏨 **Sa Punta** ⬧, Este : 6 km, ✉ 17256, ℰ 972 66 73 76, sapunta@grm.es, Fax 972 66 73 15, « 🌊 con terrazas ajardinadas », 🛦 – 🛗 🗐 📺 🚗 🅿 – 🛗 25/60. 🄰🄴 ⑩ 🄼🄲 *VISA* JCB. ⌇
      Comida - ver rest. *Sa Punta* – ⊔ 9 – **30 hab** 120,20/138,20 – 3 suites.

  🏨 **La Costa** ⬧, av. Arenales de Mar 3 - Este : 8 km, ✉ 17256, ℰ 972 66 77 40, info@lacostahotel.com, Fax 972 66 77 36, ⩽, 🌿, « Gran 🌊 junto a un pinar », 🛦, ✗, ⓘ₁₈ – 🛗 🗐 📺 🚗 🅿 – 🛗 25/300. 🄰🄴 ⑩ 🄼🄲 *VISA*. ⌇
      febrero-noviembre – **Comida** 30,65 – **117 hab** ⊔ 158,07/226,82 – 3 suites.

  XXX **Sa Punta** - Hotel Sa Punta, Este : 6 km, ✉ 17256, ℰ 972 66 73 76, sapunta@grm.es, Fax 972 66 73 15, « 🌊 con terrazas ajardinadas » – 🗐 🚗 🅿. 🄰🄴 ⑩ 🄼🄲 *VISA* JCB. ⌇
      Comida carta 30,10 a 42.

PÁMANES 39718 Cantabria **442** B 18.

    Madrid 381 – *Santander* 24 – Bilbao 91 – Burgos 146.

  X **Casa Navarro,** Lastra ℰ 942 52 82 32, navarrohaya@worldonline.es, Fax 942 52 84 84 – 🗐. 🄰🄴 ⑩ 🄼🄲 *VISA*. ⌇ – *cerrado lunes* – **Comida** carta 16,68 a 21,18.

PAMPLONA Navarra – *ver Iruña*.

PANCAR Asturias – *ver Llanes*.

PANDORADO 24132 León **441** D 12.

    Madrid 384 – León 54 – Oviedo 102 – Ponferrada 150.

  🏘 **La Ermita** ⬧, carret. LE 493 ℰ 987 58 09 01, informacion@laermita.com, Fax 987 58 09 99, ⩽, 🌊 – 🗐 rest, 📺 🅿 – 🛗 25. 🄰🄴 ⑩ 🄼🄲 *VISA*. ⌇
      cerrado 25 septiembre-10 octubre – **Comida** *(cerrado domingo noche y lunes)* carta 26,73 a 34,25 – ⊔ 8,41 – **14 hab** 84,14/108,18.

PANES 33570 Asturias **441** C 16 – alt. 50.

    Alred. : *Desfiladero de La Hermida*★★ Suroeste : 12 km. – 🄱 carret. general (Peñamellera Baja) ℰ 98 541 40 08 pbaja@netcom.es Fax 985 41 44 51 (temp).

    Madrid 427 – Oviedo 128 – Santander 89.

  🏠 **Tres Palacios,** Mayor ℰ 98 541 40 32, Fax 98 541 44 63 – 🛗 📺 🅿. 🄰🄴 🄼🄲 *VISA*. ⌇
      Comida 9,02 – ⊔ 4,81 – **29 hab** 33,06/58,90 – PA 20.

  X **Covadonga** con hab, Virgilio Linares ℰ 98 541 40 35, covadonga.panes@futurnet.es, Fax 98 541 41 62, 🌿 – 📺. 🄰🄴 ⑩ 🄼🄲 *VISA*. ⌇
      Comida carta 18,64 a 26,45 – ⊔ 3,01 – **22 hab** 30,05/54,09.

en Alevia Noroeste : 3 km :

  🏠 **Casona d'Alevia** ⬧ sin rest, ✉ 33579 Peñamellera Baja, ℰ 98 541 41 76, alevia@nauta.es, Fax 98 541 44 26, « Acogedor marco regional » – 📺. ⑩ 🄼🄲 *VISA*. ⌇
      cerrado 8 enero-7 febrero – ⊔ 5,70 – **9 hab** 60,10/71,50.

en la carretera de Cangas de Onís :

  🏠 **La Molinuca,** Oeste : 6 km, ✉ 33578 Peñamellera Alta, ℰ 98 541 40 30, Fax 98 541 43 97, ⩽, 🌿 – 📺 🅿 ⑩ 🄼🄲 *VISA*. ⌇
      marzo-3 noviembre – **Comida** 9,92 – ⊔ 3,61 – **29 hab** 45,68/57,10 – PA 23,44.

  XX **Casa Julián** ⬧ con hab, Oeste : 9 km, ✉ 33578 Niserias, ℰ 98 541 57 97, hotel@casajulian.com, Fax 98 541 57 97, ⩽, « Al borde del río Cares » – 📺 🅿 ⑩ 🄼🄲 *VISA* JCB. ⌇
      marzo-15 diciembre – **Comida** carta aprox. 33 – ⊔ 3,60 – **4 hab** 48/60,10.

en Alles por la carretera de Cangas de Onís - Oeste : 10,5 km :

  🏠 **La Tahona de Besnes** ⬧, Besnes, ✉ 33578 Alles, ℰ 98 541 57 49, latahona@ctv.es, Fax 98 541 57 49, 🌿, « Rústico regional » – 📺 🅿 🄰🄴 ⑩ 🄼🄲 *VISA*. ⌇
      Comida 12 – ⊔ 5,41 – **13 hab** 46/58 – PA 26.

PANTICOSA 22661 Huesca **443** D 29 – *1 005 h alt. 1 185 – Balneario – Deportes de invierno :* ⛷ *13* 🚡 *1.*

> **Alred. :** *Balneario de Panticosa★ – Norte : Garganta del Escalar★★.*
>
> *Madrid 481 – Huesca 86.*

🏠 **Arruebo,** La Cruz 8 ✆ 974 48 70 52, Fax 974 48 70 52, ≤ – TV
Comida - sólo cena en invierno, sólo menu, sólo clientes – **18 hab.**

🏠 **Escalar,** La Cruz 2 ✆ 974 48 70 08, Fax 974 48 70 03, ≤, ⌙ climatizada – TV 🚗. AE
① MC VISA. ⌘
25 diciembre-10 abril y 15 junio-15 septiembre – **Comida** - sólo menú - 9,02 – **32 hab**
⛾ 27,05.

🏠 **Morlans,** San Miguel ✆ 974 48 70 57, casamorlans@terra.es, Fax 974 48 73 86 –
▤ rest, TV P. MC VISA. ⌘
25 diciembre-abril y julio-septiembre – **Comida** - sólo menú - 10,82 – ⛾ 6,61 – **25 hab**
39,06/60,10 – PA 28.

🏠 **Sabocos** ⌖, acceso telesilla ✆ 974 48 74 88, Fax 974 48 70 58, ≤ – ▥ TV P. ① MC
VISA. ⌘
cerrado mayo y noviembre – **Comida** - sólo cena en invierno - 10,82 – ⛾ 6,01 – **28 hab**
40,87/54,09.

🏠 **Panticosa,** La Cruz ✆ 974 48 70 00, Fax 974 48 70 01 – ▥ TV P. VISA. ⌘
diciembre-15 abril y julio-15 septiembre – **Comida** - sólo clientes - 10 – ⛾ 4 – **30 hab**
37/45 – PA 21.

🏠 **Valle de Tena,** La Cruz 69 ✆ 974 48 70 73, Fax 974 48 70 92 – TV P. MC VISA. ⌘
6 diciembre-15 abril y julio-20 septiembre – **Comida** - sólo clientes - 9,62 – ⛾ 6,61 –
28 hab 40,27/54,09 – PA 20,68.

EL PARDO 28048 Madrid **444** K 18.

> **Ver :** *Palacio Real★ (tapices★) – Convento de Capuchinos : Cristo yacente★*
>
> *Madrid 17 – Segovia 93.*

✗ **Menéndez,** av. de La Guardia 25 ✆ 91 376 15 56, Fax 91 376 15 56, 🏮 – ▤. AE ①
MC VISA. ⌘
cerrado del 10 al 25 de agosto – **Comida** carta 19,22 a 29,43.

PAREDES Pontevedra – ver Vilaboa.

PARETS DEL VALLÈS 08150 Barcelona **443** H 36 – *10 928 h alt. 94.*

> *Madrid 637 – Barcelona 24 – Girona/Gerona 81 – Manresa 64.*

✗✗ **El Jardí,** Major 1 ✆ 93 562 01 03, 🏮, « Terraza » – ▤. AE ① MC VISA. ⌘
cerrado Semana Santa, agosto, lunes noche y martes – **Comida** carta 19,53 a 30,65.

PARLAVÀ 17133 Girona **443** F 39 – *335 h alt. 40.*

> *Madrid 719 – Girona/Gerona 24 – Barcelona 120 – Figueres 36 – Palamós 26.*

en Fonolleres *por la carretera de Torroella de Montgrí - Noreste : 2 km :*

🏚 **Mas Crisaran** ⌖ (es necesario reservar), ✉ 17133 Fonolleres, ✆ 972 76 90 00, *agro
lodge@ctv.es*, Fax 972 76 92 19, « Antigua masía de ambiente acogedor con extensa
pradera », ⌙ – ▥ ▤ TV P. AE MC VISA. ⌘
cerrado 2 enero-febrero – **Comida** *(cerrado domingo)* - sólo cena en verano - 26 – **8 hab**
⛾ 168,30/192,32 – 1 suite.

PARRES Asturias – ver Llanes.

PAS DE LA CASA Andorra – ver Andorra (Principado de).

PASAI DONIBANE o **PASAJES DE SAN JUAN** 20110 Gipuzkoa **442** B 24 – *18 203 h.*

> **Ver :** *Localidad pintoresca★.*
>
> **Alred. :** *Trayecto★★ de Pasajes de San Juan a Fuenterrabía por el Jaizkíbel.*
>
> *Madrid 477 – Iruña/Pamplona 100 – St-Jean-de-Luz 27 – Donostia-San Sebastián 11.*

✗ **Casa Cámara,** San Juan 79 ✆ 943 52 36 99, ≤, Vivero propio – MC VISA. ⌘
cerrado domingo noche y lunes – **Comida** - pescados y mariscos - carta 20,42 a 27,63.

✗ **Nicolasa,** San Juan 59 ✆ 943 51 54 69, ≤ – AE MC VISA. ⌘
cerrado 16 diciembre-15 enero, domingo noche y lunes – **Comida** carta 19,84 a 27,65.

X **Txulotxo**, San Juan 71 *943 52 39 52, Fax 943 51 96 01, < – AE ⓘ ⓜⓒ VISA, ⅍
cerrado del 1 al 15 de enero, domingo noche y martes – **Comida** - pescados - carta 20 a 25.

X **Badiola**, San Juan 18 *943 51 84 15, jbadiola@bezercakeuskaltel-es – AE ⓘ ⓜⓒ VISA, ⅍
cerrado 20 diciembre-10 enero, domingo noche y martes – **Comida** carta 15,93 a 25,54.

PASAI SAN PEDRO o **PASAJES DE SAN PEDRO** 20110 Gipuzkoa 442 C 24 – 18 203 h.
Madrid 458 – Bayonne 50 – Iruña/Pamplona 84 – Donostia-San Sebastián 6.

en Trintxerpe :

XX **Izkiña**, Euskadi Etorbidea 19, ⊠ 20110 Trintxerpe, *943 39 90 43, aoo@infonegocio.com, Fax 943 39 90 43, Vivero propio – ▤. AE ⓜⓒ VISA, ⅍
cerrado Semana Santa, del 26 al 31 de agosto, domingo noche y lunes – **Comida** - pescados y mariscos - carta aprox. 39,07.

PASARÓN DE LA VERA 10411 Cáceres 444 L 12 – 724 h alt. 596.
Madrid 229 – Ávila 154 – Cáceres 115 – Plasencia 30.

🏠 **La Casa de Pasarón** ⅍, La Magdalena 18 *927 46 94 07, pasaron@pasaron.com, « Antigua casa señorial » – TV. ⓜⓒ VISA, ⅍
cerrado 10 enero-10 febrero – **Comida** (cerrado lunes) 15 – **12 hab** ⊒ 42/66.

PASTRANA 19100 Guadalajara 444 K 21 – 1092 h alt. 759.
Ver : Colegiata (tapices★).
Madrid 101 – Guadalajara 46 – Sacedón 39 – Tarancón 59.

🏨 **Hospedería Real de Pastrana** ⅍, Convento del Carmen - Sur : 1,5 km
*949 37 10 60, Fax 949 37 10 60, « Instalado en un convento » – ▤, ▤ rest, TV P –
🏊 25/150. AE ⓘ ⓜⓒ VISA JCB. ⅍ rest
Comida 11,87 – **25 hab** ⊒ 47/62 – 2 suites – PA 27.

PATALAVACA (Playa de) Las Palmas – ver Canarias (Gran Canaria) : Arguineguín.

PATONES 28189 Madrid 444 J 19 – 339 h alt. 832.
Madrid 76 – Guadalajara 55 – Segovia 116.

en Patones de Arriba :

🏠 **El Tiempo Perdido** ⅍, travesía del Ayuntamiento 7, ⊠ 28189, *91 843 21 52, tiempoperdido@teleline.es, Fax 91 843 21 48, « Ambiente acogedor » – ▤ TV. AE ⓘ ⓜⓒ VISA
cerrado agosto y de lunes a jueves salvo festivos y vísperas – **Comida** - ver rest. *El Poleo* – ⊒ 14 – **7 hab** 202.

XX **El Poleo** - Hotel El Tiempo Perdido, travesía del Arroyo 3, ⊠ 28189, *91 843 21 01, Fax 91 843 21 48, 🌳, « Rústico elegante » – ▤. AE ⓘ VISA
cerrado Navidades y 15 días en julio – **Comida** (sólo fines de semana) carta 28,86 a 33.

X **Cardamomo**, Chopo 22, ⊠ 28189, *91 843 29 07 – ▤. ⓘ ⓜⓒ VISA JCB. ⅍
cerrado 16 agosto-15 septiembre, lunes, martes y miércoles – **Comida** - es necesario reservar - carta 25,80 a 30,03.

PAU 17494 Girona 443 F 39 – 363 h alt. 33.
Madrid 760 – Figueres 14 – Girona/Gerona 54.

XX **L'Olivar d'en Norat**, carret. de Rosas - Este : 1 km *972 53 03 00, 🌳 – ▤ P. AE ⓘ ⓜⓒ VISA
cerrado lunes – **Comida** - cocina vasca - carta 18,32 a 38,64.

El PAULAR 28741 Madrid 444 J 18 – alt. 1 073.
Ver : Cartuja★ (iglesia : retablo★★).
Madrid 76 – Segovia 55.
Hoteles y restaurantes ver : **Rascafría** Norte : 1,5 km.

PAXARIÑAS (Playa de) Pontevedra – ver Portonovo.

PECHINA 04259 Almería **446** V 22 – 2 166 h alt. 98 – Balneario.
Madrid 566 – Almería 12 – Guadix 102.

en Baños de Sierra Alhamilla *Noreste : 8 km :*

🏨 **Balneario de Sierra Alhamilla** ⚒, Los Baños, ✉ 04259 Pechina, ✆ 950 31 74 13,
Fax 950 16 02 57, ≼ sierra, valle y mar, 🍃, « Antiguas albercas », ⤴ de agua termal –
📺. ① ⓜ **VISA**. ✖
Comida 13,22 – 🍵 4,51 – **19 hab** 39,06/62,50 – PA 23,14.

PECHÓN 39594 Cantabria **442** B 16 – Playa.
Madrid 417 – Gijón 116 – Oviedo 128 – Santander 68.

🏨 **Don Pablo** ⚒ sin rest, El Cruce ✆ 942 71 95 00, Fax 942 71 95 00 – 📺 ⛟ **P.** **AE**
ⓜ **VISA** **JCB**
18 hab 🍵 53,49/69,12.

🏠 **Posada Mellante** ⚒ sin rest, ✆ 942 71 94 71, raquel@posadamellante.jazztel.es,
Fax 942 71 94 71 – **P.** **AE** ⓜ **VISA**. ✖
🍵 2,40 – **13 hab** 27,04/42,07.

PEDRAZA DE LA SIERRA 40172 Segovia **442** I 18 – 448 h alt. 1.073.
Ver : *Pueblo histórico*★★.
🛈 Real 3 ✆ 921 50 86 66.
Madrid 126 – Aranda de Duero 85 – *Segovia* 35.

🏘 El Hotel de la Villa ⚒, Calzada 5 ✆ 921 50 86 51, Fax 921 50 86 53, « Ambiente acogedor. Decoración elegante » – 🛗 ▤ 📺 – 🛏 25/50
24 hab – 2 suites.

🏨 **La Posada de Don Mariano** ⚒, Mayor 14 ✆ 921 50 98 86, Fax 921 50 98 87,
« Elegante decoración interior » – 📺. **AE** ① ⓜ **VISA**. ✖
Comida *(cerrado del 15 al 30 de enero, del 15 al 30 de junio, domingo noche y lunes)* 22,37
– 🍵 6 – **18 hab** 66,11/78,13.

XX **La Olma,** pl. del Ganado 1 ✆ 921 50 99 81, Fax 921 50 99 35 – ▤. **AE** ① ⓜ **VISA**. ✖
cerrado martes – **Comida** carta 16,84 a 28,85.

X **El Corral de Joaquina,** Íscar 3 ✆ 921 50 98 19, Fax 921 46 39 08, 🍃 – ▤. **AE** ①
ⓜ **VISA**. ✖
cerrado lunes (salvo festivos y julio-15 septiembre) – **Comida** - sólo almuerzo en invierno
salvo fines de semana - carta 17,80 a 21,60.

X **Molino del Monte,** Real 5 ✆ 921 50 99 26, Fax 921 12 71 42 – ⓜ **VISA**
Comida - asados, sólo almuerzo salvo fines de semana - carta 22 a 28.

PEDREZUELA 28723 Madrid **444** J 19 – 798 h.
Madrid 44 – Aranda de Duero 117 – Guadalajara 72 – *Segovia* 92.

XX **Los Nuevos Hornos** Ángel, autovía N I - Norte : 2 km ✆ 91 843 35 71,
Fax 91 843 38 73, 🍃 – ▤ **P.** **AE** ⓜ **VISA**. ✖
cerrado agosto, lunes noche y martes – **Comida** carta 20,44 a 33,95.

Las PEDROÑERAS 16660 Cuenca **444** N 21 y 22 – 6 475 h alt. 700.
Madrid 160 – Albacete 89 – Alcázar de San Juan 58 – Cuenca 111.

XXX **Las Rejas,** av. del Brasil ✆ 967 16 10 89, Fax 967 16 21 68, « En un marco rústico
⚜ acogedor » – ▤ **P.** **AE** ① ⓜ **VISA**. ✖
cerrado domingo noche y lunes – **Comida** 48,08 y carta 37,86 a 45,08
Espec. Quesos con trufas, hierbas y frutos secos. Foie gras asado con estofado de alubias
y jugo de perdiz. Bacalao con ajos, cominos y azafrán.

El PEDROSO 41360 Sevilla **446** S 12 – 2 393 h alt. 415.
Madrid 502 – Aracena 104 – Écija 96 – Sevilla 74.

🏠 **Casa Montehuéznar,** av. de la Estación 15 ✆ 95 488 90 00, hueznar@arrakis.es,
Fax 95 488 93 04 – ▤. **AE** ① ⓜ **VISA** **JCB**. ✖
8 hab 🍵 26/48.

X **Los Álamos,** carret. de Sevilla A 432 - Suroeste : 0,5 km ✆ 95 488 96 11 – ▤ **P.** **AE**
① ⓜ **VISA**. ✖
cerrado del 16 al 30 de septiembre – **Comida** carta 14,72 a 20,14.

PEGUERA Illes Balears – ver Balears (Mallorca).

PELEGRINA 19268 Guadalajara **444** I 22.

Madrid 129 – Aranda de Duero 144 – Guadalajara 72 – Soria 114 – Zaragoza 200.

La Casa de Pepe Benlloch 🍴 sin rest, La Plaza 3 ℰ 949 39 00 37, *jardinalcarria @ brihuegarural.com* – TV. MC VISA. ⌘
6 hab ⌂ 63,11.

PENÀGUILA 03815 Alacant **445** P 28 – 351 h alt. 685.

Madrid 432 – Alcoi 19 – Alacant/Alicante 76 – Gandia 100.

al Oeste : 3,5 km :

Mas de Pau 🍴, carret. de Alcoy, ✉ 03815, ℰ 96 551 31 11, Fax 96 551 31 09, ≤, 🌳,
« Interior rústico », ☒, ✗ – TV P – ☕ 25/65
18 hab.

PEÑAFIEL 47300 Valladolid **442** H 17 – 5 003 h alt. 755.

Ver : Castillo★.

🛈 pl. del Coso 2 ℰ 983 88 15 26 *info@ turismopenafiel.com* Fax 983 88 06 50.
Madrid 176 – Aranda de Duero 38 – Valladolid 55.

Ribera del Duero 🍴, av. Escalona 17 ℰ 983 88 16 16, *reserocisa@ hotelriberaeldue
ro.com*, Fax 983 88 14 44 – ♦ ≣ TV P – ☕ 25/450
27 hab.

PEÑARANDA DE BRACAMONTE 37300 Salamanca **441** J 14 – 6 290 h alt. 730.

🛈 Carlos I-1 ℰ 923 54 00 01 (temp).
Madrid 164 – Ávila 56 – Salamanca 43.

Las Cabañas - El Tostón de Oro, Carmen 14 ℰ 923 54 02 03, Fax 923 54 02 03
– ≣. AE ① MC VISA. ⌘
cerrado lunes salvo festivo – **Comida** carta 22,34 a 30,76.

La Encina, av. de Salamanca 10 ℰ 923 54 20 40 – ≣.

PEÑARROYA PUEBLONUEVO 14200 Córdoba **446** R 14 – 13 946 h alt. 577.

Madrid 394 – Azuaga 46 – Córdoba 83 – Sevilla 232.

Gran Hotel sin rest, Trinidad 7 ℰ 957 57 00 58, Fax 957 57 01 94 – ≣ TV. MC VISA
⌂ 2,70 – **17 hab** 21/35,40.

PEÑÍSCOLA 12598 Castelló **445** K 31 – 3 677 h – Playa.

Ver : Ciudad Vieja★ (castillo ≤★).

🛈 paseo Marítimo ℰ 964 48 02 08 *touristinfo.penyiscola@ turisme.m400.gva.es* Fax
964 48 02 08.
Madrid 494 – Castelló de la Plana/Castellón de la Plana 76 – Tarragona 124 – Tortosa 63.

Hostería del Mar (Parador Colaborador), av. Papa Luna 18 ℰ 964 48 06 00, *hostem
ar@ dragonet.es*, Fax 964 48 13 63, ≤, Cenas medievales los sábados, « Interior
castellano », ☒ – ♦ ≣ TV P – ☕ 25/300. AE ① MC VISA. ⌘ rest
Comida carta 25 a 46 – ⌂ 7 – **85 hab** 83/110 – 1 suite.

Jaime I, av. Pigmalión ℰ 964 48 99 00, *pserrat@ cesser.com*, Fax 964 48 94 10, ☒ – ♦
≣ TV P. AE ① MC VISA. ⌘
marzo-octubre – **Comida** - sólo buffet - 13,82 – ⌂ 5,11 – **47 hab** 39,07/78,14.

Porto Cristo, av. Papa Luna 2 ℰ 964 48 07 18, Fax 964 48 90 49 – ♦ ≣ TV P. ⌘
Semana Santa-octubre – **Comida** 10 – ⌂ 5,10 – **41 hab** 42,07/81,74 – PA 25,10.

Mare Nostrum sin rest, Molino 4 ℰ 964 48 16 26, ≤ – ♦ ≣ TV. MC VISA. ⌘
cerrado 15 diciembre-15 febrero – **24 hab** ⌂ 45,08/67,31.

Les Doyes, av. Papa Luna 10 ℰ 964 48 07 95, *aplati@ teleline.es*, Fax 964 48 08 55, 🌳
– ≣. AE ① MC VISA. ⌘
19 marzo-14 octubre – **Comida** carta 15,33 a 27,66.

Simó con hab, Porteta 5 ℰ 964 48 06 20, *simo@ peniscola.net*, Fax 964 48 16 63, ≤, 🌳
– ≣ rest, TV. AE ① MC VISA. ⌘
marzo-septiembre – **Comida** (cerrado martes salvo 16 junio-agosto) carta 22,09 a 35,16
– ⌂ 4,51 – **10 hab** 43,73/55,31.

en la urbanización Las Atalayas *por la carretera CS 500 - Noroeste :* 1 km :

Benedicto XIII 🍴, ✉ 12598, ℰ 964 48 08 01, *benexiii@ arrakis.es*, Fax 964 48 95 23,
≤, 🌳, ☒, ✗ – ♦ ≣ TV P – ☕ 25/80. AE ① MC VISA JCB. ⌘
15 marzo-15 octubre – **Comida** 13,07 – ⌂ 5,71 – **30 hab** 55,30/69,12 – PA 27,07.

PERALADA 17491 Girona 443 F 39 – 1 118 h alt. 2.

Ver : Localidad★ – Castillo-palacio de Perelada★ – Convento del Carme★ (colección de vidrio★★) – Claustro de Sant Domènec★.

🏌 Peralada, Paraje La Garriga ℘ 972 53 82 87 Fax 972 53 82 36.

🗓 pl. Peixateria 6 ℘ 972 53 80 25.

Madrid 738 – Girona/Gerona 47 – Perpignan 61.

Hostal de la Font sin rest, de la Font 15-19 ℘ 972 53 85 07, info@hostaldelafont.com, Fax 972 53 85 06, « Bonito patio con plantas » – ⬚ ▤ TV. AE ① MC VISA JCB. ※
☕ 4 – **12 hab** 72/90.

Cal Sagristà, Rodona 2 ℘ 972 53 83 01, Fax 972 53 83 01, ☂ – ▤. AE ① MC VISA
cerrado 21 días en febrero, 15 días en noviembre, lunes noche y martes salvo julio – agosto – **Comida** carta 21,20 a 29,40.

PERALEJO 28211 Madrid 444 K 17.

Madrid 48 – El Escorial 6 – Ávila 70 – Segovia 66 – Toledo 103.

Casavieja, ℘ 91 899 20 11, ☂, « Decoración rústica » – ▤. AE MC VISA ※
cerrado del 10 al 25 de septiembre y lunes – **Comida** carta 16,87 a 23,79.

PERALES DEL PUERTO 10896 Cáceres 444 L 9 – 967 h alt. 441.

Madrid 300 – Alcántara 68 – Cáceres 101 – Salamanca 149.

La Taberna Encantada, av. Sierra de Gata 96 ℘ 927 51 41 61, tabernaencantada@ingenia.es, Fax 927 51 41 03, « Decoración rústica » – ▤. AE ① MC VISA JCB. ※
cerrado 15 septiembre-15 octubre, domingo noche y lunes – **Comida** carta 19,84 a 24,05.

PERAMOLA 25790 Lleida 443 F 33 – 393 h alt. 566.

Madrid 567 – Lleida/Lérida 98 – La Seu d'Urgell/Seo de Urgel 47.

al Noreste : 2,5 km :

Can Boix ⑤, Afueras, ✉ 25790, ℘ 973 47 02 66, hotel@canboix.com, Fax 973 47 02 81, ≼, ⑤, ※ – ▤ TV ⑤ ℙ – ⑤ 25/40. AE ① MC VISA JCB. ※ rest
cerrado 10 enero-10 febrero y 15 días en noviembre – **Comida** 18,03 – ☕ 7,81 – **41 hab** 81,74/102,17 – PA 32,45.

PERATALLADA 17113 Girona 443 G 39 – alt. 43.

Ver : Localidad★★.

Madrid 752 – Girona/Gerona 33 – Palafrugell 16.

Castell de Peratallada ⑤ con hab, pl. del Castell 1 ℘ 972 63 40 21, casteperat@aplitec.com, Fax 972 63 40 11, ☂, « Castillo medieval con su torre de homenaje », ☞ – ▤ TV. AE ① MC VISA JCB – cerrado 15 enero-15 febrero – **Comida** (cerrado domingo noche y lunes) carta 33 a 45 – **7 hab** ☕ 108/240.

Rossini, Riera 4 ℘ 972 63 40 86, Fax 972 63 43 08, ☂ – ▤. AE ① MC VISA. ※
cerrado febrero, lunes, martes y miércoles mediodía salvo verano – **Comida** carta 37,09 a 41,30.

La Riera ⑤ con hab, pl. les Voltes 3 ℘ 972 63 41 42, Fax 972 63 50 40, « Instalado en una antigua casa medieval. Decoración rústica » – TV ℙ. AE ① MC VISA. ※
Comida (cerrado martes) carta aprox. 19,21 – ☕ 4,81 – **8 hab** 54,20.

Can Nau, pl. Esquiladors 2 ℘ 972 63 40 35, cannau@terra.es, « Instalado en una antigua casa de estilo regional » – ▤. MC VISA. ※
cerrado 31 enero-12 marzo, domingo noche salvo agosto y miércoles salvo festivos – **Comida** carta 15,60 a 21,10.

El Borinot, del Forn 15 ℘ 972 63 40 84, rborinot@borinot.com, Fax 972 63 41 39, « Decoración rústica en una antigua casa regional » – ℙ. AE ① MC VISA. ※
cerrado de lunes a jueves (noviembre-abril) y martes salvo festivos resto del año – **Comida** carta 11,58 a 21,85.

Can Bonay, pl. les Voltes 13 ℘ 972 63 40 34, ☂, « Bodega museo » – ⬚ ▤ ℙ. MC VISA. ※
cerrado 15 octubre-noviembre y lunes salvo festivos – **Comida** carta 17,59 a 26,60.

El PERDIGÓN 49720 Zamora 441 H 12 – 858 h alt. 720.

Madrid 243 – Salamanca 74 – Valladolid 88 – Zamora 12.

Bodega Pámpano, barrio de las Bodegas ℘ 980 57 62 17, « En una antigua bodega » – ℙ. AE ① MC VISA. ※
cerrado 1 semana en noviembre, lunes salvo festivos y vísperas – **Comida** - carnes a la brasa - carta 15 a 18.

La PEREDA Asturias – ver Llanes.

El PERELLÓ 43519 Tarragona **443** J 32 – 2 119 h alt. 142.

Madrid 519 – Castelló de la Plana/Castellón de la Plana 132 – Tarragona 59 – Tortosa 33.

× **Censals,** carret. N 340 ℘ 977 49 00 59, Censals@ navegalia.com, Fax 977 49 10 20 – ▤ ℙ. 🅰🅴 🅼🅲 🆅🅸🆂🅰. ✸
cerrado 1ª quincena de noviembre, martes noche y miércoles salvo verano – **Comida** carta 14,42 a 30,05.

PERIANA 29710 Málaga **446** V 17 – 3 362 h alt. 547.

Madrid 504 – Málaga 53 – Granada 92 – Motril 88.

al Este : 4 km :

🏨 **Villa Turística de la Axarquía** ⑤, Carril del Cortijo Blanco, ✉ 29710, ℘ 95 253 62 22, Fax 95 253 62 22, « En el corazón de la Axarquía con el embalse de la Viñuela, la sierra circundante y el mar al fondo », ⑤, ✸ – ▤ ▤ 📺 ℙ. 🅰🅴 ① 🅼🅲 🆅🅸🆂🅰. ✸ rest
cerrado 7 enero-7 febrero – **Comida** 12 – **14 hab** ⌂ 60/75 – 27 apartamentos – PA 25.

PERILLO A Coruña – ver A Coruña.

PERUYES 33547 Asturias **441** B 14.

Madrid 522 – Gijón 89 – Oviedo 71 – Ribadesella 13.

🏨 **Aultre Naray** ⑤, ℘ 98 584 08 08, aultre@ aultrenaray.com, Fax 98 584 08 48, « En un bonito paraje entre montañas » – 📺 ℙ. 🅰🅴 🅼🅲 🆅🅸🆂🅰. ✸
Semana Santa-11 noviembre, Navidades y fines de semana resto del año – **Comida** (cerrado miércoles) - sólo cena, sólo clientes - 18 – ⌂ 6 – **10 hab** 63,40/79,25.

PETRA Illes Balears – ver Balears (Mallorca).

PETRER 03610 Alacant **445** Q 27 – 24 383 h alt. 640.

Madrid 380 – Albacete 130 – Alacant/Alicante 36 – Elda 2 – Murcia 82.

×× **La Sirena,** av. de Madrid 14 ℘ 96 537 17 18, info@ lasirena.net, Fax 96 695 09 22 – ▤. 🅰🅴 ① 🅼🅲 🆅🅸🆂🅰. ✸
cerrado Semana Santa, 3 últimas semanas de agosto, domingo noche y lunes – **Comida** - espec. en pescados y mariscos - carta 24,30 a 36,40.

El PÍ DE SANT JUST 25286 Lleida **443** G 34.

Madrid 582 – Lleida/Lérida 113 – Manresa 47 – Solsona 5.

× El Pí con hab, carret. C 1410 ℘ 973 48 07 00, Fax 973 48 08 04, ⑤, ✸ – ▤ rest, 📺 ℙ
11 hab.

PICANYA 46210 València **445** N 28 – 7 789 h alt. 15.

Madrid 356 – València 10.

🏨 Císcar sin rest, Alquería de Moret (Polígono Industrial) ℘ 96 159 43 00 – ▤ ▤ 📺 ⟶ – 🛏 25/50
43 hab.

PIEDRA (Monasterio de) Zaragoza – ver Nuévalos.

PIEDRAHÍTA 05500 Ávila **442** K 14 – 2 242 h alt. 1 062.

Madrid 172 – Ávila 62 – Plasencia 88 – Salamanca 70.

⚘ **Gran Duque,** Pastelería 17 ℘ 920 36 02 77, Fax 920 36 02 77 – ▤, ▤ rest, 📺. 🅰🅴 ① 🅼🅲 🆅🅸🆂🅰. ✸
Comida 7,81 – ⌂ 3,31 – **21 hab** 36,06/45,08 – PA 18,93.

PIEDRALAVES 05440 Ávila **442** L 15 – 2 097 h alt. 730.

Madrid 95 – Ávila 83 – Plasencia 159.

🏨 **Almanzor,** Progreso 4 ℘ 91 866 50 00, Fax 91 866 50 25, « Terraza con arbolado y ⑤ » – ▤, ▤ rest, ℙ. 🅼🅲 🆅🅸🆂🅰. ✸
cerrado 15 diciembre-15 enero – **Comida** 11,30 – ⌂ 4 – **59 hab** 27/37 – PA 20,50.

PINA *Illes Balears – ver Balears (Mallorca).*

PINEDA DE MAR *08397 Barcelona* **443** **H 38** *– 16 317 h – Playa.*
🛈 *Sant Joan Nonell* ✆ *93 762 34 90 Fax 93 767 12 12 (temp).*
Madrid 694 – Barcelona 51 – Girona/Gerona 52.

🏠 **Mercè,** Rdo. Antoni Doltra 2 ✆ *93 767 00 78, Fax 93 767 10 10,* ⊼, ✘ – 🛗, 🍽 rest,.
VISA ✘
Semana Santa-octubre **- La Taverna** *(cerrado 10 enero-20 marzo y lunes)* **Comida** carta
23,30 a 36 – ☕ 5 – **170 hab** 21,03/40,86.

🏠 **Mont Palau,** Roig i Jalpi 1 ✆ *93 767 14 66, montpalau@teleline.es, Fax 93 767 05 83,*
⊼ – 🛗 🅿 🄰🄴 ⓪ ⓜⓒ **VISA** ✘ rest
mayo-octubre – **Comida** - sólo buffet - 9 – **127 hab** ☕ 27/42 – PA 18.

🏠 **Sabiote,** Mossèn Antoni Doltra 15 ✆ *93 767 14 40, jausab@arrakis.es, Fax 93 767 14 40*
– 🛗, 🍽 rest, 📺 🅿 🄰🄴 ⓪ ⓜⓒ **VISA** ✘
cerrado 10 diciembre-9 enero – **Comida** *(cerrado lunes salvo festivos)* 7,81 – ☕ 3,61 –
26 hab 54,09 – PA 16,35.

✘ **Can Formiga,** Església 104 ✆ *93 767 17 35, Fax 937 62 91 68* – 🍽. ⓪ ⓜⓒ **VISA**
cerrado del 16 al 31 de mayo, del 24 al 31 de octubre, domingo noche y lunes – **Comida**
carta 19,05 a 39,43.

PINETA (Valle de) *Huesca – ver Bielsa.*

PINOS GENIL *18191 Granada* **446** **U 19** *– 1 069 h alt. 774.*
Madrid 443 – Granada 11.

en la carretera de Granada *Oeste : 3 km :*

✘✘ **Los Pinillos,** ✉ *18191,* ✆ *958 48 61 09, Fax 958 48 72 16,* ⛱ – 🍽 🅿 🄰🄴 ⓪ ⓜⓒ
VISA ✘
cerrado agosto, domingo noche y martes – **Comida** carta 20,13 a 28,61.

EL PINÓS o **PINOSO** *03650 Alacant* **445** **Q 26** *– 5 612 h alt. 450.*
Madrid 399 – Albacete 148 – Alacant/Alicante 59 – Murcia 61.

✘ **Paco Gandía,** San Francisco 2 ✆ *965 47 80 23* – 🍽. ⓪ ⓜⓒ **VISA** ✘
cerrado agosto – **Comida** - sólo almuerzo, espec. en arroz con conejo y caracoles - carta
22,84 a 33,06.

PINTO *28320 Madrid* **444** **L 18** *– 22 305 h alt. 604.*
Madrid 20 – Aranjuez 28 – Toledo 59.

🏛 **Plaza Santiago,** pl. de Santiago 1 ✆ *91 692 83 90, hotelpsantiago@servicecom.es,*
Fax 91 692 83 91 – 🛗 🍽 📺 🚗 – 🛎 25/300. 🄰🄴 ⓪ ⓜⓒ **VISA** ✘
Savarín (cerrado domingo en agosto) **Comida** carta 21,94 a 28,25 – ☕ 7,81 – **45 hab**
59,50/75,13.

🏠 **Villa de Pinto** sin rest, Del Barco 10 ✆ *91 691 14 11, Fax 91 691 22 06* – 🛗 🍽 📺
🚗. 🄰🄴 ⓪ ⓜⓒ **VISA** ✘
☕ 6,01 – **66 hab** 42,07/51,09.

🏠 Indiana sin rest, Castilla 8 ✆ *91 692 62 53, Fax 91 691 69 52* – 🛗 🍽 📺 🚗
25 hab.

✘✘ **Albahaca,** San Juan 18 ✆ *91 691 28 88, albahaca@inicia.es, Fax 91 691 28 88* – 🍽.
VISA ✘
cerrado del 13 agosto-1 septiembre y jueves – **Comida** - sólo almuerzo salvo fines de
semana - carta 22,84 a 33,65.

PIORNAL *10615 Cáceres* **444** **L 12** *– 1 490 h alt. 1 170.*
Madrid 241 – Ávila 138 – Cáceres 117 – Plasencia 31 – Salamanca 149.

🏠 **Hospedería La Serrana** ⚘, carret. de Garganta la Olla - Este : 1 km ✆ *927 47 60 34,*
laserrana@bme.es, Fax 927 47 53 32, 🏊 – 🍽 rest, 📺 ♿ 🅿 – 🛎 25/150. 🄰🄴 ⓪ ⓜⓒ
VISA ✘
Comida 12,62 – ☕ 3,60 – **30 hab** 30,12/42,17.

PITRES *18414 Granada* **446** **V 20** *– alt. 1 295.*
Madrid 468 – Granada 70 – Almería 140 – Málaga 128 – Motril 43.

🏠 **San Roque,** Cruz 1 ✆ *958 85 75 28, Fax 958 85 75 28,* ⛱ – 📺 🅿 ✘
cerrado enero – **Comida** 9 – ☕ 3 – **8 hab** 32/52 – PA 20.

PLA DE LA ERMITA DE TAÜLL Lleida – ver Taüll

PLÀ DE SANT LLORENÇ Barcelona – ver Matadepera.

EL PLA DE SANT TIRS 25796 Lleida **443** F 34.

Madrid 591 – Lleida/Lérida 131 – Andorra La Vella 29 – Barcelona 177.

Plat d'Or, Coromines 12 ✆ 973 38 72 87, Fax 973 36 05 42 – 🖥 🅿. 🆑🅴 🅼🅲 🆅🅸🆂🅰
cerrado 15 días en junio y miércoles salvo festivo – **Comida** - sólo almuerzo salvo fines de semana - carta 20,64 a 28,81.

PLÀ DE VALL LLOBREGÀ Girona – ver Palamós.

PLASENCIA 10600 Cáceres **444** L 11 – 36 826 h alt. 355.

Ver : Catedral★ (retablo★, sillería★).

🛈 pl. de la Catedral ✆ 927 41 38 43 turismo@plasencia.com Fax 927 42 55 94.

Madrid 257 – Ávila 150 – Cáceres 85 – Ciudad Real 332 – Salamanca 132 – Talavera de la Reina 136.

Parador de Plasencia ⤴, pl. de San Vicente Ferrer ✆ 927 42 58 70, plasencia@p arador.es, Fax 927 42 58 72, « Convento dominico del siglo XV », 🛌, 🏊 – 🛗 🖥 📺 ♿ 🚗 – 🕭 25/75. 🆑🅴 🅾 🅼🅲 🆅🅸🆂🅰. 🛳
Comida 24,04 – 🍵 8,71 – **64 hab** 90,72/113,40 – 2 suites.

Alfonso VIII, Alfonso VIII-34 ✆ 927 41 02 50, comercial@hotelalfonsoviii.com, Fax 927 41 80 42 – 🛗 🖥 📺 🚗 – 🕭 25/400. 🆑🅴 🅾 🅼🅲 🆅🅸🆂🅰. 🛳
Comida 21,05 – 🍵 9,05 – **53 hab** 58,60/101 – 2 suites – PA 41,50.

Real, av. de Salamanca ✆ 927 41 29 00, Fax 927 41 68 24 – 🛗 🖥 📺 🅿. 🆑🅴 🅾 🅼🅲 🆅🅸🆂🅰. 🛳
Comida 8,75 – 🍵 2,50 – **33 hab** 28/47.

La Alacena de Chus, Higuerillas 2 ✆ 927 42 37 86 – 🖥. 🆑🅴 🅾 🅼🅲 🆅🅸🆂🅰. 🛳
cerrado del 15 al 30 de enero, domingo noche y lunes – **Comida** carta 24,63 a 29,11.

Puerta Talavera, Talavera 30-bajo ✆ 927 42 42 69, Fax 927 42 43 97 – 🖥. 🆑🅴 🅾 🅼🅲 🆅🅸🆂🅰. 🛳
Comida carta 23,43 a 28,83.

Viña La Mazuela, av. de las Acacias 1 (urb. La Mazuela) ✆ 927 42 58 42, Fax 927 42 57 52 – 🖥. 🅾 🅼🅲 🆅🅸🆂🅰. 🛳
cerrado del 1 al 15 de agosto y domingo en verano – **Comida** carta 21,64 a 29,45.

Casa Juan, Arenillas 2 ✆ 927 42 40 42, ecst.casajuan@turinet.net – 🖥. 🆑🅴 🅼🅲 🆅🅸🆂🅰. 🛳
cerrado del 24 al 31 de enero, del 16 al 30 de junio y jueves – **Comida** carta 16,83 a 26,74.

Florida 2, av. de España 22 ✆ 927 41 38 58, floridados@wanadoo.es, Fax 927 41 42 91 – 🖥. 🅼🅲 🆅🅸🆂🅰. 🛳
Comida carta 20,14 a 24,65.

La Pitarra del Gordo, pl. Mayor 8 ✆ 927 41 45 05, 🍽 – 🖥. 🛳
Tapa 0,90 **Ración** - embutidos y quesos - aprox. 11,42.

en la carretera N 630 Suroeste : 3 km :

Azar, ✉ 10600, ✆ 927 42 18 33, azar@ctv.es, Fax 927 42 18 33 – 🛗 🖥 📺 🚗 🅿 – 🕭 25/400. 🅼🅲 🆅🅸🆂🅰. 🛳
cerrado 20 diciembre-6 enero – **Comida** 15,63 – 🍵 5,41 – **48 hab** 81,14 – PA 31,16.

PLASENCIA DEL MONTE 22810 Huesca **443** F 28 – 263 h alt. 535.

Madrid 407 – Huesca 17 – Iruña/Pamplona 147.

El Cobertizo con hab, carret. A 132 ✆ 974 27 00 11, Fax 974 27 00 92, 🏊 – 🖥 rest, 📺 🅿. 🆑🅴 🅼🅲 🆅🅸🆂🅰
Comida carta 18 a 24 – 🍵 3,30 – **24 hab** 21/38.

PLATJA D'ARO 17250 Girona **443** G 39 – 4 785 h – Playa.

🏌18 🏌9 D'Aro, urb. Mas Nou, Noroeste : 4,5 km ✆ 972 82 69 00 Fax 972 82 69 06.

🛈 Mossèn Cinto Verdaguer 4 ✆ 972 81 71 79 tourisme@platjadaro.com Fax 972 82 56 57.

Madrid 715 – Barcelona 102 – Girona/Gerona 39.

Columbus ⤴, passeig del Mar 100 ✆ 972 81 71 66, info@eurocolumbus.es, Fax 972 81 75 03, ≤, 🍽, 🏊, ✂ – 🛗 🖥 📺 🅿 – 🕭 25/250. 🆑🅴 🅾 🅼🅲 🆅🅸🆂🅰. 🛳
marzo-octubre – **Comida** 18 – **100 hab** 🍵 90/140 – 2 suites.

Platjapark, av. d'Estrasburg 10 ℰ 972 81 68 05, *platjapark@ahotels.net*, Fax 972 81 68 03, ⑤, ⌧ – ▯ ▤ TV ♿ 🚗 – 👥 25/475. AE ⑪ MO VISA. ⌧ cerrado enero y febrero – **Comida** - sólo buffet - 16,80 – **191 hab** ☕ 64,52/107,44, 8 suites.

Mar Condal ⌫, passeig Marítim 104 ℰ 972 81 80 69, *hotel.marcondal@gro.servico m.es*, Fax 972 81 61 14, ≤, ⌫, ⌧ – ▯, ▤ rest, TV 🚗 ▯P. AE ⑪ MO VISA. ⌧ cerrado 15 octubre-5 diciembre – **Comida** - sólo buffet - 9,02 – **150 hab** ☕ 60,10/102,17, 2 suites – PA 20.

Cosmopolita, Pinar del Mar 30 ℰ 972 81 73 50, *hotelcosmopolita@teleline.es*, Fax 972 81 74 50, ≤ – ▯, ▤ rest, TV. MO VISA. ⌧ rest cerrado enero – **Comida** 11,50 – ☕ 5,10 – **92 hab** 48/90 – PA 19,50.

Costa Brava ⌫, carret. de Palamós - Punta d'en Ramís ℰ 972 81 73 08, *aromar@g rn.es*, Fax 972 82 63 48, ⌫, « Magnífica situación al borde del mar con ≤ » – TV ▯P. AE ⑪ MO VISA JCB. ⌧ rest marzo-noviembre y Navidades – **Can Poldo** : **Comida** carta 18 a 25 – ☕ 7 – **57 hab** 55/105.

Aromar, Passeig Marítim ℰ 972 81 70 62, *aromar@grn.es*, Fax 972 81 75 72, ≤, ⌫, ⌧ – ▯, ▤ rest, TV 🚗 – 👥 25/100. AE ⑪ MO VISA. ⌧ rest 15 febrero-15 noviembre – **160 hab** ☕ 60/102.

Xaloc, carret. de Palamós - playa de Rovira ℰ 972 81 73 00, *xaloc@ghthotels.com*, Fax 972 81 61 00 – ▯, ▤ rest, TV ▯P. AE MO VISA. ⌧ rest mayo-septiembre – **Comida** - sólo cena, buffet - 12,30 – ☕ 5,15 – **47 hab** 58,60/99,17.

Panamá sin rest, carret. de S'Agaró, ✉ 17250, ℰ 972 81 76 39, Fax 972 81 79 34, ⌧ – ▯ TV. AE MO VISA. ⌧ abril-octubre – **42 hab** ☕ 53/73.

Aradi, av. Cavall Bernat 78 ℰ 972 81 73 76, Fax 972 81 62 79, ⌫ – ▤. AE ⑪ MO VISA JCB. ⌧ **Comida** carta 20 a 25.

en la carretera de Mas Nou *Oeste : 1,5 km :*

Carles Camós-Big Rock ⌫ con hab, barri de Fanals 5, ✉ 17250, ℰ 972 81 80 12, *bigrock@navegalia.com*, Fax 972 81 89 71, « Antigua masía señorial », ⌧ – ▤ TV ▯P. AE ⑪ MO VISA cerrado diciembre – **Comida** (cerrado domingo noche y lunes) - sólo cena salvo fines de semana - carta 24,10 a 30,50 – ☕ 7,50 – **5 suites** 100/150.

en Condado de San Jorge *Noreste : 2 km :*

Park H. San Jorge, ✉ 17251 Calonge, ℰ 972 65 23 11, *hotelsanjorge@hoteles-sil kem.com*, Fax 972 65 25 76, « Agradable terraza con arbolado, ≤ rocas y mar », ⑤, ⌧, ⌧ – ▯ ▤ TV ▯P – 👥 25/150. AE ⑪ MO VISA. ⌧ rest cerrado diciembre y enero – **Comida** - sólo cena salvo julio-agosto - 23,44 – **96 hab** ☕ 125,67/167,09 – 7 suites.

PLATJA DE SANT JOAN o PLAYA DE SAN JUAN 03540 Alacant **445** Q 28 – Playa.

Madrid 424 – Alacant/Alicante 7 – Benidorm 33.

Sidi San Juan ⌫, ℰ 96 516 13 00, *sidisanjuan@ctv.es*, Fax 96 516 33 46, ≤ mar, ⌫, Centro de estética, ⑤, ⌧, ⌧, ⌫, ⌧ – ▯ ▤ TV 🚗 ▯P – 👥 25/250. AE ⑪ MO VISA **Comida** 27 - **Grill Sant Joan** : **Comida** carta 34,23 a 46,73 – ☕ 12 – **172 hab** 142/186, 4 suites – PA 52.

Holiday Inn Alicante-Playa de San Juan ⌫, av. de Cataluña 20 ℰ 96 515 61 85, *hi.alc.playa@retemail.es*, Fax 96 515 39 36, ⑤, ⌧ – ▯ ▤ TV ♿ ▯P – 👥 50/100. AE ⑪ MO VISA JCB. ⌧ **Comida** 13 – ☕ 8 – **126 hab** 120/135 – PA 26.

Almirante ⌫, av. de Niza 38 ℰ 96 565 01 12, *info@hotelalmirante.com*, Fax 96 565 71 69, ≤, ⌧, ⌫, ⌧ – ▯ ▤ TV ▯P – 👥 25/70. AE ⑪ MO VISA. ⌧ **Pocardy** : **Comida** carta 17,41 a 19,82 – ☕ 3,90 – **64 hab** 62,47/99,16.

Mío Cid, av. Costablanca 22-A ℰ 96 515 27 00, Fax 96 526 52 26, ≤, ⌫, ⌧ – ▯ ▤ TV ♿ 🚗. AE ⑪ MO VISA. ⌧ **Comida** 18,03 – ☕ 6,62 – **43 hab** 76,63/97,37 – PA 36,28.

Castilla, av. Países Escandinavos 7 ℰ 96 516 20 33, *comercial@hcastilla.com*, Fax 96 516 20 61, ⌧ – ▯ ▤ TV ▯P – 👥 25/120. AE ⑪ MO VISA JCB. ⌧ **Comida** 16,82 – ☕ 9,02 – **155 hab** 78,97/107,82 – PA 40,27.

Estella, av. Costa Blanca 125 ℰ 96 516 04 07 – ▤. AE ⑪ MO VISA. ⌧ cerrado del 20 al 30 de junio, del 10 al 30 de noviembre, domingo noche y lunes – **Comida** carta 20,54 a 30,35.

Marcolisa, av. La Condomina 62 ℰ 96 516 41 38, ⌫ – **Comida** - cocina franco-belga.

en la carretera de Sant Joan d'Alacant *Noroeste : 2 km :*

   X **La Vaquería,** carret. Benimagrell 52, ⊠ 03560 El Campello, 𝄞 96 594 03 23, Fax 96 598 00 27, 🏠 – 🍽. AE ⓘ Ⓜⓒ VISA. 🛇 *cerrado lunes* – **Comida** - espec. en carnes a la brasa - carta 16,80 a 24.

PLAYA – *ver el nombre propio de la playa.*

PLAYA BLANCA *Las Palmas* – *ver Canarias (Fuerteventura) : Puerto del Rosario.*

PLAYA BLANCA *Las Palmas* – *ver Canarias (Lanzarote).*

PLAYA CANYELLES (Urbanización) *Girona* – *ver Lloret de Mar.*

PLAYA GRANDE *Murcia* – *ver Puerto de Mazarrón.*

PLAYA DE PALMA *Illes Balears* – *ver Balears (Mallorca) : Palma.*

PLAYA DE SAN JUAN *Alacant* – *ver Platja de Sant Joan.*

PLAYA DE LAS AMÉRICAS *Santa Cruz de Tenerife* – *ver Canarias (Tenerife).*

Las PLAYAS *Santa Cruz de Tenerife* – *ver Canarias (El Hierro) : Valverde.*

PLAYAS DE FORNELLS (Urbanización) *Illes Balears* – *ver Balears (Menorca) : Fornells.*

Las PLAYETAS *Castelló* – *ver Orpesa.*

La POBLA DE BENIFASSÀ o PUEBLA DE BENIFASAR *12599 Castelló* 445 *K 30 – 231 h* alt. 600.
   Madrid 531 – Amposta 53 – Castelló de la Plana/Castellón de la Plana 122 – Peñíscola 65 – Tarragona 139 – Tortosa 53.

   🏠 Tinença de Benifassà 🦩, Mayor 50 𝄞 977 72 90 44, Fax 964 17 75 56, < – 🍽 rest, TV ♿
   10 hab.

La POBLA DE CLARAMUNT *08787 Barcelona* 443 *H 35 – 1635 h alt. 246.*
   Madrid 570 – Barcelona 71 – Lleida/Lérida 101 – Manresa 35.

en la carretera C 244 *Sur : 2 km :*

   X **La Farga,** av. Corral de la Farga 15 (residencial El Xaro), ⊠ 08787, 𝄞 93 808 61 85, Fax 93 808 61 85, « Césped con 🛝 » – 🍽 P. AE VISA. 🛇 *cerrado agosto* – **Comida** - sólo almuerzo salvo viernes y sábado - carta 20,71 a 38,09.

LA POBLA DE FARNALS *46137 València* 445 *N 29 – 4501 h alt. 14.*
   Madrid 369 – Castelló de la Plana/Castellón de la Plana 58 – València 17.

en la playa *Este : 5 km :*

   XX **Bergamonte,** av. del Mar 10, ⊠ 46137, 𝄞 96 146 16 12, Fax 96 146 14 77, 🏠, « Típica barraca valenciana », 🛝, 🍴 – 🍽 P. AE Ⓜⓒ VISA. 🛇 *cerrado domingo noche y lunes noche* – **Comida** carta 25,22 a 33,62.

POBLET (Monasterio de) 43448 Tarragona **443** H 33 – alt. 490.

Ver : *Paraje★ – Monasterio★★★ (capilla de Sant Jordi★★, Plaza Mayor★, Puerta Real★, Palacio del Rey Martín★, claustro★★ : capiteles★, templete★, sala capitular★★ ; Iglesia★★ : Panteón Real★★, Retablo Mayor★★).*

🛈 *paseo del Abat Conill 9* 🕿 *977 87 12 47 oturconca@ conca.altanet.org Fax 977 87 12 87.*

Madrid 528 – Barcelona 122 – Lleida/Lérida 51 – Tarragona 46.

Masía del Cadet 🦢, ⊠ 43449 Les Masies, 🕿 977 87 08 69, *masiadelcadet@ yahoo.es*, Fax 977 87 08 69, ≤, 🎋 – 📶, 🖿 rest, 📺 🅿 AE ⓓ ⓜⓒ VISA. 🛇
cerrado domingo noche y lunes salvo festivos – **Comida** *12,02 –* ⊑ *7,10 –* **12 hab** 45/60,10.

Monestir 🦢 *sin rest,* ⊠ 43449 Les Masies, 🕿 977 87 00 58, Fax 977 87 00 30, 🏊 – 📶 📺 🚗 🅿 ⓜⓒ VISA. 🛇
cerrado enero y febrero – ⊑ *5,26 –* **30 hab** 57,40/75,13.

✗ **Fonoll,** pl. Ramón Berenguer IV-2 🕿 977 87 03 33, *miforo@ hotmail.com*, Fax 977 87 13 66, 🎋 – 🅿 AE ⓓ ⓜⓒ VISA. 🛇
Comida *(cerrado 20 diciembre-22 enero y jueves)* carta 19,60 a 23,35.

A POBRA DE TRIVES o **La PUEBLA DE TRIVES** 32780 Ourense **441** E 8 – 3 077 h alt. 730.

Madrid 479 – Bragança 146 – Lugo 115 – Ourense/Orense 74 – Ponferrada 84.

Casa Grande de Trives *sin rest,* Marqués de Trives 17 🕿 988 33 20 66, *informaci on@ casagrandetrives.com,* Fax 988 33 20 66, « En una casa rural » – 📺. ⓜⓒ VISA. 🛇
⊑ *5,11 –* **9 hab** 39/48.

POBRA DO CARAMIÑAL o **PUEBLA DEL CARAMIÑAL** 15940 A Coruña **441** E 3 – 9 863 h – Playa.

Alred. : *Mirador de la Curota★★★ Norte : 10 km.*

Madrid 665 – A Coruña/La Coruña 123 – Pontevedra 68 – Santiago de Compostela 51.

✗✗ **O Lagar,** Condado 7 🕿 981 83 00 37, Fax 981 83 23 59 – 🖿. AE ⓜⓒ VISA. 🛇
cerrado 23 diciembre-8 enero, domingo noche y lunes – **Comida** *- sólo almuerzo salvo viernes, sábado y vísperas de festivos (octubre-15 junio) -* carta 20,74 a 29,35.

en la playa de Cabio *Sur : 3 km :*

Lombiña *sin rest,* Xobre-Costa 74, ⊠ 15940 A Pobra do Caramiñal, 🕿 981 83 39 10, *hotelombina@ eresmas.com,* Fax 981 83 39 12, 🏊 – 📶 📺 🚗 🅿 ⓜⓒ VISA. 🛇
cerrado 20 diciembre-7 enero – ⊑ *4,50 –* **32 hab** 50/62.

Los POCILLOS (Playa de) Las Palmas – *ver Canarias (Lanzarote) : Puerto del Carmen.*

POLA DE ALLANDE 33880 Asturias **441** C 10 – 710 h alt. 524.

Madrid 500 – Cangas 21 – Luarca 84 – Oviedo 106.

La Nueva Allandesa, Donato Fernández 3 🕿 98 580 70 27, Fax 98 580 80 31 – 📶, 🖿 rest, 📺. AE
Comida *(cerrado domingo noche)* 9 – ⊑ *3,60 –* **36 hab** 30/50 – PA 21.

POLA DE SIERO 33510 Asturias **441** B 12.

Madrid 470 – Gijón 23 – Oviedo 18.

Lóriga, Valeriano León 22 🕿 98 572 00 26, *info@ hotel-loriga.com,* Fax 98 572 07 98 – 📶 📺 🚗 – 🔬 25/300. AE ⓓ ⓜⓒ VISA. 🛇
Comida *- ver rest. La Ferrada –* ⊑ *4,50 –* **40 hab** 50/85,50.

✗ **La Ferrada** *- Hotel Lóriga,* Valeriano León 20 🕿 98 572 00 26, *info@ hotel-loriga.com,* Fax 98 572 07 98 – 🖿. AE ⓓ ⓜⓒ VISA. 🛇
Comida carta 24,04 a 35,47.

POLA DE SOMIEDO 33840 Asturias **441** C 11.

Madrid 444 – Oviedo 86.

Casa Miño *sin rest,* Rafael Rey López 🕿 98 576 37 30, *casamino@ inicia.es,* Fax 98 576 37 50 – 📶 📺. ⓜⓒ VISA. 🛇
cerrado 16 diciembre-16 enero – ⊑ *6 –* **15 hab** 48,08/72,12.

POLLENÇA Illes Balears – *ver Balears (Mallorca).*

POLOP 03520 Alacant **445** Q 29 – 1903 h alt. 230.

   Madrid 449 – Alacant/Alicante 57 – Gandía 63.

XXX   **Devachan** ⑤ con hab, Sant Francesc 13 ℘ 96 689 56 40, hoteldevachan@ctv.es,
      Fax 96 689 62 33, 🏠, « Elegante casa señorial en un enclave pintoresco rodeado de huer-
      tos con las montañas al fondo » – ▣ 📺. AE ⓞ ⓜⓒ VISA. ⬠
      Comida (cerrado lunes) carta 30,65 a 50,10 – **5 hab** ⌑ 135,25/150,30.

X   **Ca l'Àngeles,** Gabriel Miró 12 ℘ 96 587 02 26 – ▣. ⓜⓒ VISA. ⬠
      cerrado 15 junio-15 julio y martes – **Comida** - sólo almuerzo salvo viernes, sábado y junio-
      septiembre - carta 24 a 32,30.

POMALUENGO 39660 Cantabria **442** C 18.

   Madrid 367 – Santander 26 – Bilbao 105 – Burgos 132.

X   **La Venta de Castañeda,** Castañeda (carret. N 634) ℘ 942 59 21 40, ventacastañe
      da@teleline.es, Fax 942 59 21 40 – ▣ 🅿. AE ⓜⓒ VISA. ⬠
      cerrado lunes noche – **Comida** carta 18,45 a 24,75.

PONFERRADA 24400 León **441** E 10 – 59 702 h alt. 543.

   Alred. : Peñalba de Santiago★ Sureste : 21 km – Las Médulas★ Suroeste :
   22 km.

   🛈 Gil y Carrasco 4 (junto al Castillo) ℘ 987 42 42 36 Fax 987 42 42 36.

   Madrid 385 – Benavente 125 – León 105 – Lugo 121 – Ourense/Orense 159 – Oviedo 210.

🏨   **Del Temple,** av. de Portugal 2 ℘ 987 41 00 58, Fax 987 42 35 25, « Decoración evo-
      cadora de la época de los Templarios » – 📶 ▣ 📺 🚗 – 🔬 25/120. AE ⓞ ⓜⓒ
      VISA. ⬠
      Comida 11 – ⌑ 4 – **112 hab** 43,57/63,11 – 2 suites.

🏨   **Madrid,** av. de La Puebla 44 ℘ 987 41 15 50, Fax 987 41 18 61 – 📶, ▣ rest, 📺 –
      🔬 25/200. AE ⓞ ⓜⓒ VISA JCB. ⬠
      Comida (cerrado domingo noche) 9 – ⌑ 4 – **55 hab** 35/47 – PA 18.

🏨   **Bérgidum** sin rest con cafetería por la noche, av. de la Plata 4 ℘ 987 40 15 12, hote
      lbergidum@hotelbergidum.com, Fax 987 40 16 00 – 📶 ▣ 📺 🚗. AE ⓞ
      ⓜⓒ VISA
      ⌑ 3,61 – **71 hab** 50,64/69,42.

en la carretera N VI :

🏨   Novo, Norte : 2,5 km, ✉ 24400, ℘ 987 42 44 41, Fax 987 42 60 59 – ▣ 📺 🚗 🅿.
      60 hab.

X   **Azul Montearenas,** Noreste : 6 km, ✉ 24400, ℘ 987 41 70 12, Fax 987 42 48 21,
      ⪡ – ▣ 🅿. AE ⓞ ⓜⓒ VISA JCB. ⬠
      cerrado domingo noche – **Comida** carta 17,43 a 25,24.

PONT D'ARRÒS Lleida – ver Vielha.

Es PONT D'INCA Illes Balears – ver Balears (Mallorca).

El PONT DE BAR 25723 Lleida **443** E 34 – 169 h.

   Madrid 614 – Puigcerdà 34 – La Seu d'Urgell/Seo de Urgel 23.

en la carretera N 260 Este : 4,5 km :

X   **La Taverna dels Noguers,** ✉ 25723, ℘ 973 38 40 20 – ▣ 🅿. ⓜⓒ VISA
      cerrado 8 enero-4 febrero, julio (salvo fines de semana) y jueves – **Comida** - sólo almuerzo
      salvo sábado - carta aprox. 25,20.

PONT DE MOLINS 17706 Girona **443** F 38 – 260 h.

   Madrid 749 – Figueres 6 – Girona/Gerona 42.

X   **El Molí** ⑤ con hab de abril-octubre, carret. Les Escaules - Oeste : 2 km ℘ 972 52 92 71,
      molipark@intercom.es, Fax 972 52 91 01, 🏠, « Antiguo molino », ⬠ – 🅿. AE ⓞ ⓜⓒ VISA
      JCB. ⬠ hab
      Comida (cerrado 15 diciembre – 15 enero, martes nodre y miércoles) – carta 16,20 a 22,20
      – **8 hab** ⌑ 42/69,50.

EL PONT DE SUERT 25520 Lleida **443** E 32 – 2 143 h alt. 838.

   Alred. : Embalse de Escales★ Sur : 5 km.

   Madrid 555 – Lleida/Lérida 123 – Vielha/Viella 40.

PONTE CALDELAS 36820 Pontevedra **441** E 4 – 7 467 h alt. 320 – Balneario.

Madrid 582 – Ourense/Orense 88 – Pontevedra 14 – Vigo 41.

Las Colonias sin rest, av. de Pontevedra 3 ☎ 986 76 63 08, hotel.lascolonias@infonegocio.com, Fax 986 76 65 03 – ⌑ TV ⇔. ① MC VISA. ❄
⌑ 3 – **29 hab** 36,10/48,10.

Don Antonio, av. de Vigo 28 ☎ 986 75 09 46 – AE ① MC VISA. ❄
cerrado jueves salvo festivos – **Comida** carta 15,17 a 23,43.

PONTE MACEIRA A Coruña – ver Negreira.

PONTE ULLA o **PUENTE ULLA** 15881 A Coruña **441** D 4.

Madrid 585 – Santiago de Compostela 22 – A Coruña/La Coruña 94 – Pontevedra 58.

Villa Verde, Lugar de Figueiredo 10 ☎ 981 51 26 52, ⌑ – ⌑ P. AE ① MC VISA. ❄
cerrado del 24 al 31 de diciembre y lunes – **Comida** carta 19 a 24,60.

PONTEAREAS o **PUENTEAREAS** 36860 Pontevedra **441** F 4 – 15 630 h.

Madrid 576 – Ourense/Orense 75 – Pontevedra 45 – Vigo 26.

Condado, Alcázar de Toledo 62 ☎ 986 64 13 10, Fax 986 64 13 19 – ⌑ ⌑ TV P. AE MC VISA. ❄
Comida (cerrado domingo) 10,82 – ⌑ 3,01 – **28 hab** 31,85/51,09 – PA 22,24.

PONTECESO 15110 A Coruña **441** C 3 – 7 382 h alt. 21.

Madrid 655 – Santiago de Compostela 70 – A Coruña/La Coruña 61.

Teyma sin rest, av. Bergantiños 27 ☎ 981 71 54 04, hteyma@eresmas.com – ⌑ TV ⇔.
AE ① MC VISA. ❄
⌑ 3,01 – **12 hab** 36,06.

PONTEDEUME o **PUENTEDEUME** 15600 A Coruña **441** B 5 – 8 851 h – Playa.

Madrid 599 – A Coruña/La Coruña 48 – Ferrol 15 – Lugo 95 – Santiago de Compostela 85.

Brasilia, av. Coruña 5 ☎ 981 43 02 49, Fax 981 43 34 34 – ⌑. AE MC VISA. ❄
Comida carta 13,67 a 24,04.

PONTEVEDRA 36000 P **441** E 4 – 75 148 h.

Ver : Barrio antiguo★ : Plaza de la Leña★ BY– Museo Provincial (tesoros célticos★) BY M1 – Iglesia de Santa María la Mayor★ (fachada oeste★) AY – Ría★.

Alred. : Mirador de Coto Redondo★★ ☀★★ 14 km por ③.

🛈 Xeneral Gutiérrez Mellado 1 ✉ 36001 ☎ 986 85 08 14 Fax 986 85 08 14.

Madrid 599 ② – Lugo 146 ① – Ourense/Orense 100 ② – Santiago de Compostela 57 ① – Vigo 27 ③

Plano página siguiente

Parador de Pontevedra, Barón 19, ✉ 36002, ☎ 986 85 58 00, Fax 986 85 21 95, ⌑, « Antiguo pazo acondicionado », ⌑ – ⌑ ⌑ TV P. – ⌑ 25/40. AE ① MC VISA JCB. ❄   AY a
Comida 22,84 – ⌑ 8,71 – **45 hab** 73,55/91,94 – 2 suites.

Galicia Palace, av. de Vigo 3, ✉ 36003, ☎ 986 86 44 11, galiciapalace@ctv.es, Fax 986 86 10 26 – ⌑ ⌑ TV ⌑ ⇔ – ⌑ 25/300. AE ① MC VISA. ❄ rest   BZ t
Comida 15,02 – ⌑ 6,61 – **80 hab** 83,54/91,95 – 5 suites.

Rías Bajas, Daniel de la Sota 7, ✉ 36001, ☎ 986 85 51 00, hrbajas@.jet.es, Fax 986 85 51 00 – ⌑, ⌑ rest, TV ⇔ – ⌑ 25/90. AE ① MC VISA   BZ n
Comida 9,38 – ⌑ 4,37 – **93 hab** 50/84,38 – 7 suites.

Don Pepe sin rest, carret. de La Toja 24, ✉ 36163 Poyo, ☎ 986 87 22 60, Fax 986 87 34 33 – ⌑ TV P. AE ① MC VISA. ❄   por Puente de la Barca AY
⌑ 4,81 – **27 hab** 46,88/51,09 – 2 suites.

Virgen del Camino sin rest con cafetería, Virgen del Camino 55, ✉ 36001, ☎ 986 85 59 00, reservas@hotelvirgendelcamino.com, Fax 986 85 09 00 – ⌑ TV ⇔ – ⌑ 25/50. AE ① MC VISA. ❄   BZ v
⌑ 4,21 – **53 hab** 48,08/75,13.

Ruas sin rest, Sarmiento 20, ✉ 36002, ☎ 986 84 64 16, Fax 986 84 64 11 – ⌑ TV. AE ① MC VISA JCB   BY r
⌑ 4,21 – **22 hab** 36,06/51,08.

Alfonso XIII	**AY** 2	
Andrés Mellado	**BZ** 3	
Andrés Muruais	**BZ** 5	
Arzobispo Malvar	**AY** 6	
Augusto González Besada	**AZ** 7	
Benito Corbal	**BZ**	
Buenos Aires (Av. de)	**BY**	
Charino (Paio Gómez)	**AY** 8	
Cobián Roffignac	**BZ** 9	
Concepción Arenal (Pl.)	**AY** 10	
Condesa Pardo Bazán	**AY** 11	
Cruz Vermella	**BY** 12	
Daniel de la Sota	**BZ** 14	
Eduardo Pondal (Avenida de)	**BZ** 15	
España (Pl. de)	**AZ** 16	
Ferrería (Pl. de la)	**BZ** 17	
Fray Juan de Navarrete	**BZ** 18	
Gen. Gutiérrez Mellado	**AZ** 19	
General Martitegui	**AY** 20	
Isabel II	**AY** 22	
Juan Bautista Andrade	**BY** 24	
Juan Manuel Pintos	**BY** 25	
Manuel Quirogaz	**BZ** 29	
Michelena	**BZ** 31	
Montero Rios (Gran Vía de)	**AZ** 32	
Oliva	**BZ**	
Padre Amoedo Carballo	**BY** 36	
Padre Fernando Olmedo	**BZ** 37	
Padre Feijóo	**BZ** 38	
Padre Gaite	**BY** 39	
Pedreira (Pl. de la)	**BY** 40	
Peirao (Pl. do)	**AY** 41	
Peregrina	**BZ** 42	
Peregrina (Pl.)	**BZ** 43	
Real	**BY**	
Sagasta	**BZ** 44	
San Bartolomé (Arcos de)	**BY** 45	
San José (Pl. de)	**AZ** 46	
San Nicolás	**BY** 47	
San Roque	**AZ** 48	
Santa María (Av. de)	**AY** 50	
Sarmiento	**BY** 50	
Soportales de la Herrería	**BZ** 52	
Valentín García Escudero (Pl.)	**BY** 55	
Verdura (Pl. de la)	**BY** 56	
Virgen del Camino	**BZ** 58	

☭☭ **Román**, Augusto García Sánchez 12, ⊠ 36001, ☎ 986 84 35 60, *Fax 986 84 35 60* – ▤. AE ⓪ MC VISA. ⊗   **BZ s**
cerrado domingo noche salvo agosto – **Comida** carta aprox. 26,60.

☭☭ **Alameda de Doña Antonia**, Soportales de la Herrería 4-1°, ⊠ 36001, ☎ 986 84 72 74 – MC VISA. ⊗   **BZ x**
cerrado domingo – **Comida** carta aprox. 30,67.

☭ **Alameda**, Alameda 10, ⊠ 36001, ☎ 986 85 74 12 – ▤. AE MC VISA. ⊗   **AZ a**
cerrado domingo – **Comida** carta 21,65 a 33,07.

☭ **Chipén**, Peregrina 3, ⊠ 36001, ☎ 986 84 58 80 – ▤. AE MC VISA. ⊗   **BZ a**
Comida carta 12 a 18.

en San Salvador de Poyo *por Puente de la Barca* AY :

🏨 **París** sin rest, carret. de La Toja : 3 km, ✉ 36994 San Salvador de Poyo, ✆ 986 87 31 98, *Fax 986 87 30 40*, 🏊 – 📶 TV P AE MC VISA. ✋
☕ 2,70 – **39 hab** 24,04/48,08.

🍴🍴 **Casa Solla**, av. Sineiro 7 (carret. de La Toja : 2 km), ✉ 36994 San Salvador de Poyo,
✆ 986 87 28 84, *pepesolla@ yahoo.com*, *Fax 986 87 31 29* – 📶 P AE ① MC VISA. ✋
cerrado 15 días en Navidades, domingo noche y jueves noche – **Comida** carta 27,65 a 38,46
Espec. Cigalitas crujientes con sopa aireada de puerros y puré de setas. Palometa roja con
espuma de queso San Simón, olivas negras y ajetes. Gelatina de enebro con jugo de cítricos.

🍴🍴 **Casa Ces**, carret. de La Toja : 2 km, ✉ 36994 San Salvador de Poyo, ✆ 986 87 29 46,
casaces1908@ jazfree.com – AE ① MC VISA. ✋
cerrado 2ª quincena de septiembre y domingo noche – **Comida** carta aprox. 28,25.

en San Juan de Poyo *por Puente de la Barca : 4 km* AY :

🏨 **San Juan** sin rest, Cesteiro 6, ✉ 36994 San Juan de Poyo, ✆ 986 77 00 20,
Fax 986 77 05 11 – 📶 TV P AE MC VISA. ✋
☕ 2,70 – **82 hab** 25,54/45,08.

en la carretera N 550 *por* ① *: 4 km :*

🍴 **Corinto** con hab, Touceda 27, ✉ 36157 Alba, ✆ 986 87 03 45, *Fax 986 87 07 51* – P
AE MC VISA. ✋
cerrado enero – **Comida** *(cerrado domingo noche y lunes)* carta aprox. 28,50 – ☕ 2,50
– **16 hab** 18/32,20.

PONTS 25740 Lleida 443 G 33 – *2 247 h alt. 363.*

Madrid 533 – Barcelona 131 – Lleida/Lérida 64.

🏨 **Boncompte**, pl. Sant Cristòfol 1 ✆ 973 46 10 02, *Fax 973 46 10 04* – 📶 📶 TV 👤 🚗
P AE ① MC VISA
Comida 9,61 – ☕ 4,80 – **34 hab** 33/50,48 – PA 24.

🍴 **Ponts**, carret. de Calaf 2 ✆ 973 46 00 17, *restaurant-ponts@ infonegocio.com*,
Fax 973 46 08 39 – 📶 P MC VISA. ✋
cerrado del 1 al 15 de julio y jueves – **Comida** - sólo almuerzo de lunes a miércoles - carta
16,21 a 27,90.

🍴 **Ventureta**, carret. de Seo de Urgel 2 ✆ 973 46 03 45, *Fax 973 46 03 45* – 📶. MC
VISA. ✋
cerrado del 5 al 20 de junio y jueves – **Comida** carta 17,44 a 23,45.

PORRERA 43739 Tarragona 443 I 32 – *435 h alt. 316.*

Alred. : *Scala Dei★ Noroeste : 17 km.*

Madrid 530 – Lleida/Lérida 84 – Tarragona 42 – Tortosa 80.

🍴🍴 **Lo Teatret**, Onze de Setembre 4 ✆ 977 82 81 61, *Fax 977 82 81 95*, « Ambientado en
un teatro » – 📶. MC VISA. ✋
cerrado febrero y del 11 al 18 de septiembre – **Comida** carta 13,20 a 22,80.

O PORRIÑO 36400 Pontevedra 441 F 4 – *15 093 h alt. 29.*

Madrid 585 – Ourense/Orense 86 – Pontevedra 34 – Porto 142 – Vigo 15.

🏨 **Motel Acapulco**, Antonio Palacios 147 ✆ 986 33 15 07, *Fax 986 33 64 65* – 📶 TV 🚗
P AE ① MC VISA. ✋
Albariño : **Comida** carta 9,60 a 18,98 – ☕ 3 – **40 hab** 34,71/64,60 – PA 15,03.

🏨 **Parque** sin rest con cafetería, parque del Cristo ✆ 986 33 16 04, *Fax 986 33 15 79* –
📶 TV 🚗. AE ① MC VISA. ✋
☕ 4,80 – **47 hab** 47,47/53,49.

🍴 **El Asador de Suso**, av. de Galicia 42 ✆ 986 33 42 08 – 📶. ① MC VISA. ✋
cerrado domingo – **Comida** - sólo almuerzo salvo viernes y sábado - carta 15,92 a 27,64.

por la autovía N 120 *salida 660 - Noroeste : 5 km :*

🍴🍴 Casa Alfredo, Tameiga-Rans 87, ✉ 36416 Mos, ✆ 986 33 85 40, *casaalfredo@ telelin
e.es*, *Fax 986 33 47 82* – 📶.

PORT BALÍS *Barcelona – ver Sant Andreu de Llavaneres.*

PORT D'ALCÚDIA *Illes Balears – ver Balears (Mallorca).*

PORT D'ANDRATX *Illes Balears – ver Balears (Mallorca).*

EL PORT DE LA SELVA 17489 Girona **443** E 39 – *760 h – Playa.*

Ver : *Localidad★.*

Alred. : *Monasterio de Sant Pere de Rodes★★★ (paraje★★, iglesia★★, campanario★★, capiteles★) Suroeste : 8 km.*

🛈 *Mar 1 ℰ 972 38 70 25 porselva@ddgi.es Fax 972 38 74 13 (temp).*

Madrid 776 – Banyuls 39 – Girona/Gerona 67.

Ca l'Herminda, *l'Illa 7 ℰ 972 38 70 75, herminda@teleline.es, ≼, ☂, « Decoración rústica » –* 🗏. AE MC VISA
abril-septiembre – **Comida** *(cerrado lunes noche y martes de abril a junio) carta 18,20 a 30.*

Club Nàutic, *La Lloia ℰ 972 12 61 51, Fax 972 38 70 01, ≼ pueblo y puerto deportivo,* ⌦ *–* AE ⓪ MC VISA JCB
cerrado 7 enero-7 febrero – **Comida** *(sólo fines de semana y festivos salvo junio-septiembre) carta 15,50 a 25,10.*

Bellavista, *Platja 3 ℰ 972 38 70 50, Fax 972 38 71 30, ≼, ☂ –* 🗏
Comida *- sólo almuerzo (octubre-marzo).*

PORT DE POLLENÇA *Illes Balears – ver Balears (Mallorca).*

PORT DE SÓLLER *Illes Balears – ver Balears (Mallorca).*

PORT ESCALA *Girona – ver L'Escala.*

PORTALS NOUS *Illes Balears – ver Balears (Mallorca).*

PORTALS VELLS *Illes Balears – ver Balears (Mallorca).*

PORTBOU 17497 Girona **443** E 39 – *1908 h – Playa.*

Alred. : *carretera de Colera★★.*

🛈 *passeig Lluís Companys ℰ 972 12 51 61 Fax 972 12 51 61 (temp).*

Madrid 782 – Banyuls 17 – Girona/Gerona 74.

La Masía *sin rest, passeig de la Sardana 1 ℰ 972 39 03 72, Fax 972 12 50 66 –* 📺. MC VISA
⌚ *4,81 –* **14 hab** *36,06/64,91.*

Comodoro *sin rest, Méndez Núñez 1 ℰ 972 39 01 87, Fax 972 39 01 87 –* AE ⓪ MC VISA JCB
junio-1 octubre – **14 hab** ⌚ *65.*

L'Àncora, *passeig de la Sardana 3 ℰ 972 39 00 25, Fax 972 39 03 60, ☂ –* 🗏. MC VISA
cerrado noviembre, lunes noche y martes – **Comida** *carta 27,05 a 43,27.*

La PORTELA DE VALCARCE *León – ver Vega de Valcarce.*

El PORTET *Alacant – ver Moraira.*

PORTO BARIZO *A Coruña – ver Malpica de Bergantiños*

PORTO PÍ *Illes Balears – ver Balears (Mallorca) : Palma.*

PORTO DO SON 15970 A Coruña **441** D 2 – *10 414 h – Playa.*

Madrid 662 – Muros 47 – Noia 15 – Pontevedra 72 – Santiago de Compostela 52.

Arnela II *con hab, travesía 13 Septiembre 4 ℰ 981 76 73 44 –* 📺. VISA. ⌦
Comida *carta 13,39 a 20,15 –* ⌚ *2,41 –* **10 hab** *18,10/30,10.*

PORTOCOLOM *Illes Balears – ver Balears (Mallorca).*

PORTOCRISTO *Illes Balears – ver Balears (Mallorca).*

PORTOMARÍN 27170 Lugo **441** D 7 – 2 159 h.

Ver : Iglesia★.

Excurs. : Vilar de Donas (iglesia : frescos★) Noroeste : 36 km.

Madrid 515 – Lugo 40 – Ourense/Orense 80.

Pousada de Portomarín ⌂, av. de Sarria ℘ 982 54 52 00, hpousada@lander.es, Fax 982 54 52 70, ≼, ⌂, ☒ – ⧨, 🍽 rest, TV ⇔ P – 🏊 25/300
32 hab – 2 suites.

PORTOPETRO Illes Balears – ver. Balears (Mallorca).

PORTONOVO 36970 Pontevedra **441** E 3 – Playa.

Madrid 626 – Pontevedra 22 – Santiago de Compostela 79 – Vigo 49.

Siroco sin rest, av. de Pontevedra 12 ℘ 986 72 08 43, Fax 986 69 10 16, ≼ – ⧨ TV.
MC VISA. ⌀
Semana Santa-12 octubre – ☕ 3 – **32 hab** 42/72.

Nuevo Cachalote, Marina ℘ 986 72 34 54, monchoi@ctv.es, Fax 986 72 34 55 – ⧨,
🍽 rest, TV P. MC VISA. ⌀
abril-15 octubre – **Comida** 11,50 – **31 hab** ☕ 30,87/56,12 – PA 21,88.

Cachalote sin rest, Marina ℘ 986 72 08 52, monchoi@ctv.es, Fax 986 72 34 55 – ⧨
TV. MC VISA. ⌀
junio-septiembre – **27 hab** ☕ 27,60/46,12.

Punta Lucero, av. de Pontevedra 18 ℘ 986 72 02 24, puntalucero@retemail.es,
Fax 986 69 06 54, ≼ – ⧨ TV. MC VISA. ⌀
cerrado 15 diciembre-15 enero – **Comida** - sólo clientes 15 – **35 hab** ☕ 45,13/
68,60.

Martín-Esperanza, av. de Pontevedra 60 ℘ 986 72 05 21, Fax 986 72 10 78, ≼ – ⧨
TV ⇔. MC VISA. ⌀
Semana Santa-noviembre – **Comida** 9 – ☕ 3,90 – **17 hab** 30/54 – PA 18.

Titanic, Rafael Picó 46 ℘ 986 72 36 45, ≼ – 🍽. ⓞ MC VISA JCB. ⌀
cerrado 20 diciembre-3 enero y lunes en invierno – **Comida** carta 13,97 a
24,63.

en la playa de Canelas Oeste : 1 km :

Villa Cabicastro ⌂, ✉ 36970 Portonovo, ℘ 986 69 08 48, cabicast@teleline.es,
Fax 986 69 02 58, ≼, ☒ – 🍽 rest, TV P – 🏊 25/100. VISA. ⌀
Comida (cerrado noviembre-mayo) 13,82 – ☕ 4 – **34 apartamentos** 86,50.

Duna ⌂, ✉ 36970 Portonovo, ℘ 986 69 14 11, monchoi@ctv.es, Fax 986 69 14 43,
≼ – ⧨ TV ⇔ P. MC VISA. ⌀
abril-octubre – **Comida** - sólo almuerzo, sólo clientes - 11,50 – **33 hab** ☕ 37,50/
63,63.

Canelas, ✉ 36970 Portonovo, ℘ 986 72 08 67, hotel@canelas.es, Fax 986 69 08 90
– ⧨ TV ⇔ P. VISA. ⌀
marzo-noviembre – **Comida** - sólo clientes - 11,72 – ☕ 3,38 – **36 hab** 38,37/42,50.

en la playa de Paxariñas Oeste : 2 km :

Galatea, Paxariñas, ✉ 36970 Portonovo, ℘ 986 72 70 27, correo@hotelgalatea.com,
Fax 986 72 78 33, ≼, Servicios terapéuticos, ⌂, ☒, ☒, ⌀ – ⧨ 🍽 TV ♿ ⇔ P –
🏊 25/200. AE ⓞ MC VISA. ⌀
Comida 24,43 – ☕ 8,36 – **80 hab** 102,89/122,19 – 6 suites – PA 48,64.

Luz de Luna, ✉ 36970 Portonovo, ℘ 986 69 09 09, Fax 986 69 12 63, ≼, ☒, ⌀ –
⧨ TV P. AE MC VISA. ⌀
marzo-diciembre – **Comida** - sólo clientes - 11,42 – ☕ 4,51 – **67 hab** 42,07/54,99,
24 apartamentos – PA 21,34.

Ver también : **Sanxenxo** Este : 1,5 km
Noalla Noroeste : 9 km.

PORTUGOS 18415 Granada **446** V 20 – 457 h alt. 1 305.

Madrid 506 – Granada 87 – Motril 56.

Nuevo Malagueño ⌂, Sierra Nevada 1 ℘ 958 76 60 98, Fax 958 85 73 37, ≼ – ⧨,
🍽 rest, TV ⇔ P – 🏊 25/200. MC VISA. ⌀
cerrado del 1 al 30 de julio – **Comida** (cerrado miércoles) 9,02 – ☕ 5,05 – **30 hab**
31,25/59,50 – PA 24,49.

POSADA DE VALDEÓN 24915 León 441 C 15 – 496 h alt. 940.

Alred. : *Puerto de Pandetrave*★★ *Sureste : 9 km – Puerto de Panderruedas*★ *(Mirador de Piedrafitas*★★*) Suroeste : 6 km – Puerto del Pontón*★ ≤★★ *Suroeste : 12 km.*
Madrid 411 – León 123 – Oviedo 140 – Santander 170.

Corona ⑤, Rebanal 4 ✆ 987 74 05 78, Fax 987 74 05 95 – MC VISA. ⑤
abril-diciembre – **Comida** 11,90 – ⌑ 3,86 – **20 hab** 27/38,58.

Casa Abascal ⑤, El Salvador ✆ 987 74 05 07, Fax 987 74 05 07 – TV P. MC VISA. ⑤
Comida 10,21 – ⌑ 3 – **40 hab** 36/45 – PA 24.

POTES 39570 Cantabria 442 C 16 – 1411 h alt. 291.

Ver : *Paraje*★.
Alred. : *Santo Toribio de Liébana* ≤★ *Suroeste : 3 km – Desfiladero de La Hermida*★★ *Norte : 18 km – Puerto de San Glorio*★ *(Mirador de Llesba* ≤★★*) Suroeste : 27 km y 30 mn. a pie.*
🛈 *Independencia 30* ✆ *942 73 07 87 Fax 942 73 07 87.*
Madrid 399 – Palencia 173 – Santander 115.

Valdecoro, Roscabado 5 ✆ 942 73 00 25, Fax 942 73 03 15, ≤ – ⬍, 🍴 rest, TV 🚗
P. AE MC VISA. ⑤
cerrado enero - **Paco Wences** : **Comida** carta 17,43 a 20,13 – **41 hab** ⌑ 36,66/61,30.

El Bodegón, San Roque ✆ 942 73 02 47 – MC VISA. ⑤
😊 **Comida** carta 17,40 a 21,92.

en la carretera de Fuente Dé *Oeste : 1,5 km :*

La Cabaña ⑤ sin rest, La Molina, ✉ 39570, ✆ 942 73 00 50, *kiko@mundiria.es*,
Fax 942 73 00 51, ≤, ⛱ – TV P. MC VISA. ⑤
⌑ 4,50 – **24 hab** 47/58.

POTRÍES 46721 València 445 P 29 – 964 h alt. 12.

Madrid 416 – Alacant/Alicante 115 – Denia 36 – Gandía 6 – València 73 – Xàtiva/Játiva 35.

Molí-Canyar, carret. de Gandía ✆ 96 280 10 30, « *Antiguo molino* » – P.

POZOBLANCO 14400 Córdoba 446 Q 15 – 15 445 h alt. 649.

🛈₉ *Pozoblanco, Sur : 3 km* ✆ *957 33 91 71 Fax 957 33 91 71.*
Madrid 361 – Ciudad Real 164 – Córdoba 67.

Los Godos, Villanueva de Córdoba 32 ✆ 957 77 00 22, Fax 957 77 09 88 – 🍴 🍴 TV.
AE ① MC VISA. ⑤
Comida 7,81 – ⌑ 5,14 – **32 hab** 32,15/57,88.

en la carretera de Alcaracejos *Oeste : 2 km :*

San Francisco, ✉ 14400, ✆ 957 77 15 12, Fax 957 77 09 88 – 🍴 🍴 TV P. AE ①
MC VISA. ⑤
Comida carta 13,50 a 19,23 – ⌑ 5,14 – **40 hab** 39,70/61,09.

POZUELO DE ALARCÓN 28200 Madrid 444 K 18 – 48 297 h alt. 690.

Madrid 12.

La Española, av. Juan XXIII-5, ✉ 28224, ✆ 91 715 87 85, *yacabo@teleline.es*,
Fax 91 352 67 93, 🌳 – 🍴 🚗 P. AE ① MC VISA. ⑤
cerrado domingo noche y lunes – **Comida** carta 22,75 a 28,69.

Zen, Inglaterra 3, ✉ 28223, ✆ 91 351 02 19, Fax 91 351 40 24 – 🍴. AE ① MC
VISA. ⑤
Comida - rest. oriental - carta 17,25 a 32,29.

Boleca, av. del General Mola 44, ✉ 28224, ✆ 91 715 20 42, 🌳 – 🍴 P. AE ① MC
VISA. ⑤
cerrado agosto, domingo noche y sábado mediodía – **Comida** carta 25,81 a 33,60.

Bodega La Salud, Jesús Gil González 36, ✉ 28223, ✆ 91 715 33 90, *yacabo@telel
ine.es*, Fax 91 352 67 93 – 🍴. AE ① MC VISA. ⑤
😊 *cerrado Semana Santa, agosto, domingo noche y jueves –* **Comida** - carnes a la brasa -
carta 18,57 a 21,10.

en la carretera M 602 *Sureste : 2,5 km :*

Chaplin, Zoco, ✉ 28223, ✆ 91 715 75 59, 🌳 – 🍴.

en la Ciudad de la Imagen *Sur : 6,5 km :*

🏠 **Express Ciudad de la Imagen** sin rest con cafetería, Luis Buñuel 1, ✉ 28223 Pozuelo de Alarcón, 📞 91 711 02 22, *Fax 91 711 24 28* – 📶 🖥 📺 🅿. AE ⓘ ⓂⓒⒸ VISA. ⅍
☕ 6 – **76 hab** 78.

PRÁDENA *40165 Segovia* **442** *I 18 – 495 h alt. 1 121.*
Madrid 106 – Segovia 47 – Aranda de Duero 73 – Valladolid 118.

☂ **Posada del Acebo** sin rest, Iglesia 7 📞 921 50 72 60, *acebo@tursegovia.com,*
Fax 921 50 72 60 – VISA. ⅍
8 hab ☕ 36/48.

PRADERA DE NAVALHORNO *Segovia – ver La Granja.*

PRADES *43364 Tarragona* **443** *I 32 – 475 h.*
Madrid 530 – Lleida/Lérida 68 – Tarragona 50.

🍴 **L'Estanc,** pl. Major 9 📞 977 86 81 67 – Ⓜⓒ VISA. ⅍
cerrado 15 enero-15 febrero y miércoles – **Comida** *- carnes - carta 16,86 a 25,35.*

PRADO *33344 Asturias* **441** *B 14 – alt. 135.*
Madrid 498 – Gijón 56 – Oviedo 96 – Santander 141.

🏠 **EL Babú,** Carrales - carret. N 632 - Oeste : 1 km, ✉ 33343 Carrales, 📞 98 585 32 72,
elbabu@elbabu.com, Fax 98 585 32 73, ≤, 🌳, « Decoración moderna » – 📺 🅿. Ⓜⓒ
VISA. ⅍
cerrado 15 enero-15 febrero – **Comida** *15,63 –* ☕ *5,11 –* **7 hab** *51,69/72,12.*

PRADO DEL REY *11660 Cádiz* **446** *V 13 – 5 489 h alt. 431.*
Madrid 556 – Arcos de la Frontera 34 – Algeciras 114 – Cádiz 98 – Ronda 56 – Sevilla 95.

en la carretera C 344 *Sureste : 7 km :*

🏠 **Puerta del Parque,** ✉ 11660, 📞 956 23 12 58, *Fax 956 72 35 30 –* 🖥 📺 🅿. AE ⓘ
Ⓜⓒ VISA. JCB
Comida *(cerrado lunes)* 6 – **14 hab** ☕ 16/32 – PA 12.

PRATS DE LLUÇANÈS *08513 Barcelona* **443** *F 36 – 2 625 h alt. 707.*
🛈 *pl. Nova 10* 📞 *93 856 01 00 Fax 93 850 80 70 (temp).*
Madrid 607 – Barcelona 98 – Berga 32 – Girona/Gerona 97 – Manresa 43 – Vic 29.

🍴🍴 **Lluçanès,** Major 1 📞 93 850 80 50, *cuina@restaurantllucanes.com, Fax 93 850 87 06*
🕸 *–* 🖥. AE Ⓜⓒ VISA. ⅍
cerrado domingo noche, lunes y martes – **Comida** *43,27 y carta 36,37 a 52,29*
Espec. Centolla, ostras y caviar iraní. Dos sensaciones de hígado de pato con frutas a la plancha. Rodaballo de playa asado, butifarra negra y romesco.

PRAVIA *33120 Asturias* **441** *B 11 – 9 831 h alt. 17.*
Madrid 490 – Gijón 49 – Oviedo 42.

🏠 **Casa del Busto,** pl. del Rey Don Silo 1 📞 98 582 27 71, *Fax 98 582 27 72,* « Caserón palaciego del siglo XVI » – 📺. AE ⓘ Ⓜⓒ VISA. ⅍ rest
Comida *(cerrado lunes)* 9 – **26 hab** ☕ 49,50/77,20.

🍴 **Balbona,** Pico Meras 2 📞 98 582 11 62, *Fax 98 582 08 80 –* 🖥. AE ⓘ Ⓜⓒ
VISA. ⅍
cerrado 24 septiembre-7 octubre y martes salvo festivos – **Comida** *carta 18 a 26,50.*

PREMIÀ DE DALT *08338 Barcelona* **443** *H 37 – 6 511 h alt. 142.*
Madrid 627 – Barcelona 20 – Girona/Gerona 82.

en la carretera de Premià de Mar *Sur : 2 km :*

🍴 **Sant Antoni,** Penedès 43, ✉ 08338 Premià de Dalt, 📞 93 752 34 81, *Fax 93 752 34 81,* 🌳, « Decoración regional » – 🅿. ⓘ Ⓜⓒ VISA. ⅍
cerrado del 16 al 31 de agosto y lunes – **Comida** *- sólo almuerzo en invierno salvo viernes y sábado - carta 19,40 a 26,80.*

PRENDES 33438 Asturias **441** B 12.

Madrid 484 – Avilés 17 – Gijón 10 – *Oviedo* 32.

Casa Gerardo, carret. AS 19 ℰ 98 588 77 97, Fax 98 588 77 98 – ▤ 🅿 AE ① MO VISA. ⅍

cerrado enero y lunes – **Comida** - sólo almuerzo salvo viernes y sábado - 40 y carta 38 a 48

Espec. Ensalada templada de anchoas con melón, sandía y hortalizas verdes. Sargo al horno con manzana, hongos y mayonesa de ajos. Becada asada en abrigo de algas marinas y su salsa (invierno).

PRIEGO 16800 Cuenca **444** K 23 – *1 046 h alt. 868.*

Madrid 179 – Cuenca 65 – Sacedón 58 – Teruel 201.

El Rosal, Dr. Nicolás Herráiz 45 ℰ 969 31 20 85, Fax 969 31 20 86 – ▤ rest, TV 🚗. AE VISA. ⅍

Comida 10 – ☕ 2,50 – **25 hab** 22,43 – PA 20.

PRIEGO DE CÓRDOBA 14800 Córdoba **446** T 17 – *20 823 h alt. 649.*

Ver : *Localidad*★★ – *Fuentes del Rey y de la Salud*★★ – *Parroquia de la Asunción*★ : *Capilla del Sagrario*★★ – *Barrio de la Villa*★★ – *El Adarve*★.

Madrid 395 – Antequera 85 – Córdoba 103 – Granada 79.

en Zagrilla *Noroeste : 10 km :*

Villa Turística de Priego ⍓, ✉ 14816 Zagrilla, ℰ 957 70 35 03, *alonatur@arra kis.es*, Fax 957 70 35 73, *« Imitación de un pueblo andaluz en un bonito paraje de olivares y montañas »*, ⍓ – ▤ TV 🅿 – 🛝 50/150. AE ① MO VISA. ⅍

Comida 9,92 – ☕ 5,41 – **52 apartamentos** 47,47/64,91.

La PROVIDENCIA Asturias – *ver Gijón.*

PRULLANS 25727 Lleida **443** E 35 – *192 h alt. 1 096.*

Madrid 632 – Lleida/Lérida 163 – Puigcerdà 22.

Muntanya ⍓, Puig 3 ℰ 973 51 02 60, *muntanya@prullans.com*, Fax 973 51 06 06, ≤, ⌖, ⍓, 🚗 – 🛗 TV 🅿 – 🛝 25. MO VISA. ⅍ rest

cerrado noviembre – **Comida** 13,60 – **50 hab** ☕ 29,50/47,60 – PA 25.

PRUVIA 33192 Asturias **441** B 12.

Madrid 468 – Avilés 29 – Gijón 13 – *Oviedo* 15.

La Campana, carret. AS-18 ℰ 98 526 58 36, Fax 98 526 48 80, ⌖, 🚗 – 🛗, ▤ rest, TV 🅿 – 🛝 25/1000. AE ① MO VISA. ⅍

Comida carta 28,25 a 31,06 – ☕ 5,41 – **34 hab** 66,11/84,14.

La Venta del Jamón, carret. AS 18 ℰ 98 526 28 02, Fax 98 526 79 59, 🍽, *« Decoración rústica »* – 🅿 MO VISA. ⅍

Comida carta 30,50 a 37.

PUÇOL 46530 València **445** N 29 – *12 432 h alt. 48.*

Madrid 373 – Castelló de la Plana/Castellón de la Plana 54 – *València* 23.

Monte Picayo ⍓, urb. Monte Picayo ℰ 96 142 01 00, Fax 96 142 21 68, 🍽, *« En la ladera de un monte con ≤ »*, ⍓, 🚗, ✗ – 🛗 ▤ TV 🅿 – 🛝 25/500. AE ① MO VISA JCB. ⅍

Comida 18 – **79 hab** ☕ 138,23/162,27 – 3 suites.

Alba sin rest y sin ☕, av. Hostalets 96 ℰ 96 142 24 44, *hotelalba@nexo.es*, Fax 96 142 21 48 – 🛗 ▤ TV 🚗. MO VISA. ⅍

16 hab 42,07/54,09.

Asador Mares, carret. de Barcelona 17 ℰ 96 142 07 21, Fax 96 146 40 33, 🍽 – ▤. AE ① MO VISA. ⅍

cerrado Semana Santa, del 5 al 20 de octubre, domingo noche, lunes noche y martes – **Comida** carta 18,20 a 22,25.

Rincón del Faro, carret. de Barcelona 49 ℰ 96 142 01 20 – ▤. AE ① MO VISA. ⅍

cerrado septiembre, domingo noche y lunes noche – **Comida** carta 27,95 a 33,75.

PUEBLA DE ALFINDÉN 50171 Zaragoza **443** H 27 – *1 439 h alt. 197.*

Madrid 340 – Huesca 83 – Lleida/Lérida 139 – Zaragoza 17.

Galatea, Barrio Nuevo 6 (carret. N II) ℰ 976 10 79 99, *galate@.jet.es*, Fax 976 10 79 99, *« Ambiente acogedor »* – ▤. AE ① MO VISA. ⅍

cerrado del 5 al 22 de agosto – **Comida** carta 25 a 31,80.

en la autopista A 2 *Noroeste : 1,5 km :*

    Aragón sin rest, área de servicio Casablanca-Aragón (dirección Lérida), ✉ 50171, 𝄞 976 10 73 47, Fax 976 10 73 28 – 🖳 TV 🕭 P. AE ① MC VISA. ⚹
    40 hab ☕ 32/46.

PUEBLA DE BENIFASAR *Castelló – ver La Pobla de Benifassà.*

PUEBLA DE DON FADRIQUE 18820 Granada **446** S 22 – *2 419 h alt. 1 164.*
    Madrid 388 – Almería 199 – Granada 163 – Lorca 99 – Úbeda 149.

al Noroeste : *12 km :*

    Collados de la Sagra 🦢, carret. de La Sagra 1, ✉ 18820, 𝄞 958 34 44 72, Fax 958 34 44 71, ≤, 🍽, « Al pie de la sierra de la Sagra », ⊥ – 🖳 rest, TV 🚗 P. –
    🛎 25/30. ① MC VISA. ⚹
    Comida *(cerrado martes)* 10 – **20 hab** ☕ 45/60 – 4 apartamentos – PA 22.

PUEBLA DE SANABRIA 49300 Zamora **441** F 10 – *1 696 h alt. 898.*
    Alred. : *Carretera a San Martín de Castañeda ≤* ★ *Noreste : 20 km.*
    Madrid 341 – León 126 – Ourense/Orense 158 – Valladolid 183 – Zamora 110.

    Parador de Puebla de Sanabria 🦢, av. del Lago 18 𝄞 980 62 00 01, Fax 980 62 03 51, ≤ – 📳 TV 🚗 P. – 🛎 25/40. AE ① MC VISA. ⚹ rest
    Comida 21,04 – ☕ 8,11 – **44 hab** 66,20/82,76.

    Los Perales 🦢 sin rest, colonia Los Perales 𝄞 980 62 00 25, *sanabriaperale@infone gocio.com*, Fax 980 62 03 85 – TV P. – 🛎 25/50. AE ① MC VISA JCB
    ☕ 3,60 – **24 hab** 42/54.

    Hospedería La Cartería, Rua 16 𝄞 980 62 03 12, *sanabria23@infonegocio.com*, Fax 980 62 03 85, « Instalado en una casa del siglo XVIII » – TV. AE MC VISA JCB. ⚹
    Comida 12 – ☕ 3,60 – **5 hab** 60,10/72,10.

La PUEBLA DE TRIVES *Ourense – ver Poboa de Trives.*

La PUEBLA DE VALVERDE 44450 Teruel **443** L 27 – *474 h alt. 1 118.*
    Madrid 329 – Morella 134 – Sagunt/Sagunto 96 – Teruel 24.

en la carretera N 234 *Sureste : 4,5 km :*

    Euro-Ruta, ✉ 44450, 𝄞 978 67 01 36, Fax 978 67 01 37 – TV P. AE ① MC VISA. ⚹ rest
    Comida 10 – ☕ 4 – **24 hab** 25/48 – PA 20.

PUEBLA DE LA SIERRA 28190 Madrid **444** I 19 – *48 h alt. 1 161.*
    Madrid 103 – Guadalajara 110 – Segovia 104.

    Parador de la Puebla con hab, pl. de Carlos Ruiz 2 𝄞 91 869 72 56, Fax 91 869 72 56, ≤, 🍽 – TV. VISA
    Comida *(cerrado miércoles)* carta 12,02 a 25,84 – **5 hab** ☕ 42,07.

PUEBLA DEL CARAMIÑAL *A Coruña – ver A Pobra do Caramiñal.*

PUENTE ARCE 39478 Cantabria **442** B 18.
    Madrid 380 – Bilbao 110 – Santander 12 – Torrelavega 14.

    El Molino, carret. N 611 𝄞 942 57 50 55, Fax 942 57 52 54, « Instalado en un antiguo molino » – P. AE ① MC VISA JCB. ⚹
    cerrado domingo noche y lunes salvo verano – **Comida** carta 28,25 a 34,56.

    Cenador del Marqués, barrio La Soledad 9 𝄞 942 57 58 37, *cenadormarques@air tel.net*, Fax 942 57 58 24, ≤, « Instalado en un palacio reconstruido » – 🖳 P. AE ① MC VISA. ⚹
    cerrado domingo noche – **Comida** carta 25,50 a 31,80.

    Puente Arce *(Casa Setien)*, barrio del Puente 5 𝄞 942 57 52 51, Fax 942 57 50 35, 🍽, « Terraza-jardín. Decoración rústica » – 🖳 P. AE ① MC VISA. ⚹
    cerrado octubre – **Comida** carta 22,84 a 34,56.

en la carretera de Vioño *Sur : 2 km :*

X **Paraíso del Pas,** ✉ 39478 Oruña, ✆ 942 57 50 01, *Fax 942 57 57 62,* 🍴,
« Decoración rústica al borde del río Pas *»* – P. AE ⓂⒸ VISA. ✗
cerrado 8 enero-15 febrero y lunes – **Comida** *carta aprox. 26.*

PUENTE DE SAN MIGUEL 39530 Cantabria **442** B 17.

Madrid 376 – Burgos 141 – Santander *26 – Torrelavega 4.*

XX **La Ermita 1883** con hab, pl. Javier Irastorza 89 ✆ 942 83 84 91, *Fax 942 82 02 58 –*
🚪 TV. ⓂⒸ VISA. ✗
Comida *carta 18,30 a 30 –* ☕ *4,50 –* **6 hab** *27/41,40.*

X **Hostería Calvo** con hab, carret. de Oviedo 182 ✆ 942 82 00 56, *Fax 942 82 00 42 –*
🚪 rest, TV. AE Ⓞ ⓂⒸ VISA. ✗
Comida *(cerrado domingo noche y lunes) carta 18,03 a 21,63 –* ☕ *2,40 –* **8 hab**
30,05/48,08.

PUENTE DE SANABRIA 49350 Zamora **441** F 10.

Alred. : *Norte : Carretera a San Martín de Castañeda* ⇐★.

Madrid 347 – Benavente 90 – León 132 – Ourense/Orense 164 – Zamora 116.

⛲ Gela, carret. del lago ✆ 980 62 03 40 – TV
16 hab.

PUENTE DEL OBISPO 23529 Jaén **446** S 19.

Madrid 324 – Jaén 42 – Linares 25 – Úbeda 13.

por la carretera A 316 *Suroeste : 1 km y desvío a la derecha 2 km :*

🏠 **Hacienda La Laguna** ⑤, ✉ 23529, ✆ 953 12 71 72, *lalaguna@ turinet.net,*
Fax 953 12 71 74, 🍴, *«* Antigua hacienda entre olivos con interesante museo del
aceite *»,* 🏊 – 🚪 TV & P – 🎪 *25/100.* ⓂⒸ VISA JCB. ✗
Comida *12,02 –* **17 hab** ☕ *49,58/63,10 – 2 apartamentos – PA 24,04.*

PUENTE GENIL 14500 Córdoba **446** T 15 – *25 969 h alt. 171.*

Madrid 469 – Córdoba 71 – Málaga 102 – Sevilla 128.

🏠 **Xenil** sin rest y sin ☕, Poeta García Lorca 3 ✆ 957 60 02 00, *Fax 957 60 58 75 –* 🛗 🚪
TV P. ⓂⒸ VISA. ✗
35 hab *30,05/48,08.*

X **Alfonso,** Jaén 1 ✆ 957 60 54 55 – 🚪. AE Ⓞ ⓂⒸ VISA. ✗
cerrado agosto, domingo noche y miércoles noche – **Comida** *carta 19,23 a 24,64.*

PUENTE LA REINA Navarra – *ver Gares.*

PUENTE LA REINA DE JACA 22753 Huesca **443** E 27 – *303 h.*

Madrid 541 – Huesca 71 – Jaca 21 – Iruña/Pamplona 92.

🏠 **Anaya,** carret. de Pamplona 12 ✆ 974 37 74 11, *Fax 974 37 73 97 –* 🛗, 🚪 rest, TV 🚗
P. ⓂⒸ VISA. ✗
cerrado del 20 al 30 de junio y del 1 al 20 de octubre – ☕ *4,21 –* **40 hab** *28,13/41,25.*

PUENTE ULLA A Coruña – *ver Ponte Ulla.*

PUENTE VIESGO 39670 Santander **442** C 18 – *2 464 h alt. 71 – Balneario.*

Ver : *Cueva del castillo★.*

Madrid 364 – Bilbao 128 – Burgos 125 – Santander *26.*

🏨 **G.H. Puente Viesgo** ⑤, Manuel Pérez Mazo ✆ 942 59 80 61, *rhin@gruporhin.com,*
Fax 942 59 82 61, Servicios terapéuticos, 🛁, 🏊, 🌳, 🍴 – 🛗, 🚪 rest, TV 🚗 P –
🎪 *25/300.* AE Ⓞ ⓂⒸ VISA. ✗
Comida *20,30 -* ***El Jardín* : Comida** *carta 25,87 a 40,07 –* ☕ *8 –* **98 hab** *105/127,50,*
3 suites – PA 41,31.

PUENTEAREAS Pontevedra – *ver Ponteareas.*

PUENTEDEUME A Coruña – *ver Pontedeume.*

PUERTO – ver a continuación y el nombre propio del puerto.

PUERTO BANÚS Málaga **446** W 15 – Playa.
Ver : Puerto deportivo★★.
Madrid 622 – Algeciras 69 – Málaga 68 – Marbella 8.

XXX **Cipriano,** av. Playas del Duque - edificio Sevilla, ⊠ 29660 Nueva Andalucía, ℘ 95 281 10 77, rtecipriano@infonegocio.com, Fax 95 281 10 77, 🐝 – 🍽 P. AE ① ◑◐
VISA. ⚗
cerrado 7 enero-7 febrero – **Comida** carta 34,26 a 40,27.

XX **Le Biarritz,** Ribera-Casa VX – local 1 y 2, ⊠ 29660 Nueva Andalucía, ℘ 95 281 12 48, Fax 95 281 12 48, 🐝 – 🍽. ① ◑◐ VISA
cerrado martes – **Comida** - sólo cena, cocina francesa - carta 35 a 60.

PUERTO DE ALCUDIA Illes Balears – ver Balears (Mallorca) : Port d'Alcúdia.

PUERTO DE ANDRATX Illes Balears – ver Balears (Mallorca) : Port d'Andratx.

PUERTO DE LA CRUZ Santa Cruz de Tenerife – ver Canarias (Tenerife).

PUERTO DEL CARMEN Las Palmas – ver Canarias (Lanzarote).

PUERTO DEL ROSARIO Las Palmas – ver Canarias (Fuerteventura).

PUERTO DE MAZARRÓN 30860 Murcia **445** T 26 – Playa.
🛈 av. Dr. Meca 47 ℘ 968 59 44 26 Fax 968 59 44 26.
Madrid 459 – Cartagena 33 – Lorca 55 – Murcia 69.

🏨 **La Cumbre** ⚘, urb. La Cumbre ℘ 968 59 48 61, Fax 968 59 44 50, ≤, ⊃ – 🛗 🍽 TV
🚗 P. – 🏛 25/300. AE ① ◑◐ VISA. ⚗
Comida (cerrado enero) 13,90 – ⊡ 6,60 – **119 hab** 46,10/65,60 – PA 28,60.

XX **Virgen del Mar,** paseo Marítimo 2 ℘ 968 59 50 57, ≤, 🐝 – 🍽. AE ① ◑◐
VISA. ⚗
cerrado noviembre – **Comida** - pescados y mariscos - carta aprox. 30,04.

X **El Puerto,** pl. del Mar ℘ 968 59 48 05 – 🍽.

en Playa Grande Oeste : 3 km :

🏨 **Playa Grande,** av. del Castellar 19, ⊠ 30870 Mazarrón, ℘ 968 15 57 15, Fax 968 15 57 13, ≤, 🐝, ⊃ – 🛗 🍽 TV 🚗 – 🏛 25/250. VISA. ⚗
cerrado 15 diciembre-1 febrero – **Comida** 15 – **38 hab** ⊡ 65,51/82,94.

en La Azohía Sureste : 9 km :

🏨 **L'Azohía** ⚘, C.I.T. San Ginés, ⊠ 30868 La Azohía, ℘ 968 15 02 28, azohia@partner
-hotels.com, Fax 968 15 02 66, ≤ mar, ⊃ – 🛗 🍽 TV & 🚗 P. – 🏛 25/600. AE ① ◑◐
VISA. ⚗
Comida - sólo almuerzo buffet – 12,92 - **Almadraba** : **Comida** carta 16,83 a 21,64 –
113 hab ⊡ 72,12 – 2 suites.

PUERTO DE POLLENSA Illes Balears – ver Balears (Mallorca) : Port de Pollença.

El PUERTO DE SANTA MARÍA 11500 Cádiz **446** W 11 – 69 663 h – Playa.
Ver : Localidad★ – Iglesia Mayor Prioral (portada del Sol★).
🏌 Vistahermosa, Oeste : 1,5 km ℘ 956 54 19 68 Fax 956 87 56 04.
🛈 Luna 22 ℘ 956 54 24 13 ptoturis@elpuertosm.es Fax 956 54 22 46.
Madrid 610 ① – Cádiz 22 ② – Jerez de la Frontera 12 ① – Sevilla 102 ①

Planos páginas siguientes

🏨 **Monasterio de San Miguel,** Larga 27 ℘ 956 54 04 40, monasterio@jale.com, Fax 956 54 26 04, « Antiguo convento », ⊃ – 🛗 🍽 TV 🚗 – 🏛 25/400. AE ① ◑◐
VISA. ⚗
CY a
Las Bóvedas : **Comida** carta 23,37 a 33,70 – ⊡ 10,22 – **140 hab** 124,41/155,21, 10 suites.

🏨 **Santa María** sin rest con cafetería, av. de la Bajamar ℘ 956 87 32 11, Fax 956 87 36 52, ⊃ – 🛗 🍽 TV 🚗 – 🏛 25/200. AE ① ◑◐ VISA. ⚗
BZ c
⊡ 5,20 – **100 hab** 68,15/84,20.

EL PUERTO DE SANTA MARÍA

Alfonso X El Sabio (Plaza) . . . . BZ 3
Antonio Fernández Sevilla . . . . AZ
Arzobispo Bizarrón . . ABY 4
Aurora . . . . BZ 6
Caldevilla . . . . CY 7
Carmen Pérez Pascual . BY 9
Catavino . . . . BZ 10
Curva . . . . BZ 12
Dr Múñoz Seca . . . . . . BY 13
Ejército (Av. del) . . . . . . AZ
Elias Ahuja (Pl. de) . . . . AZ 15
Enrique Bartolomé (Pl. de) . . . . AZ 16
Fernán Caballero . . . . . BZ 18
Fray Bernal Boyl (Av.) . . CY 19
Galeras Reales (Pl. de las) . . . . BZ 21
Ganado . . . . BY
Herrería (Pl. de la) . . . . BZ 22
Isaac Peral (Pl. de) . . . . BZ 24
Javier de Burgos . . . . . CZ 25
Libertad (Av. de la) . . . . AZ 27
Luis Mazzantini . . . . AZ 28
Luna . . . . BZ
Magisterio (Rotonda) . . AZ 30
Menesteo . . . . BZ 31
Micaela Aramburu de Mora . . . . BZ 33
Miguel del Pino (Pl.) . . . AZ 34
Misericordia . . . . BZ 36
Pedro Múñoz Seca . . . . BZ 37
Polvorista (Pl. del) . . . . . BZ 39
Pozos Dulces . . . . CY 40
Ribera del Marisco . . . . CZ 41
Ribera del Río . . . . .CYZ 42
Ricarco Alcón . . . . BZ 43
San Juan . . . . BY 46
San Juan (Pl.) . . . . AY 48
San Sebastian . . . . . . ABYZ 49
Santa M. de la Cabeza . AY 51
Santísima Trinidad . . . . CY 52
Santo Domingo . . . . . . BZ 54
Varilargueros . . . . AZ 55
Virgen de los Milagros . BCYZ

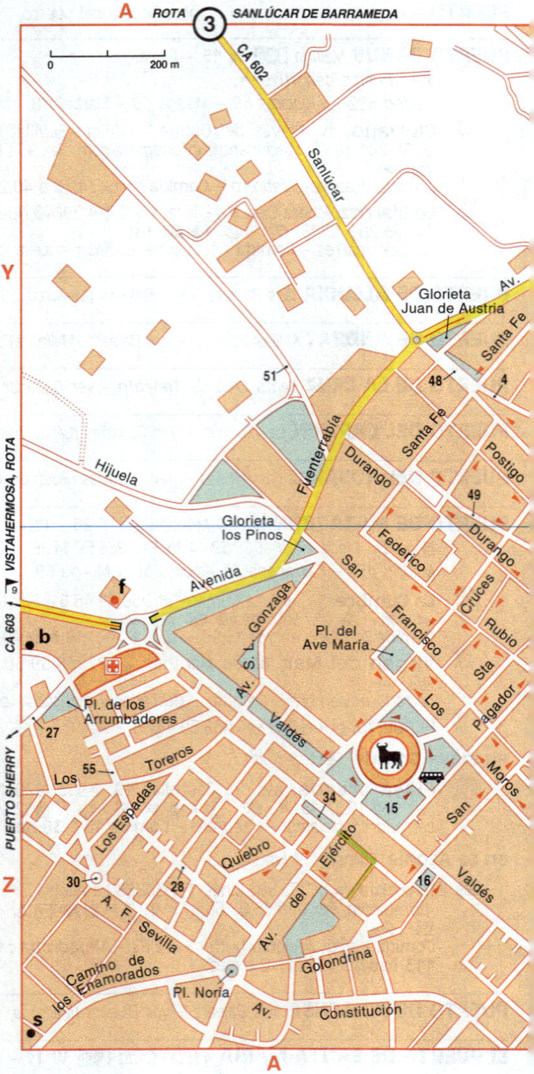

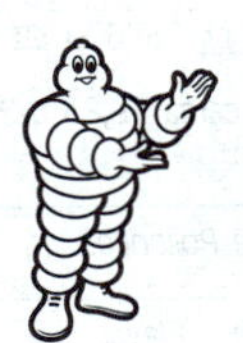

Del Mar sin rest con cafetería, av. Marina de Guerra ✆ 956 87 59 11, *Fax 956 85 87 16* – ▤ TV 🚗. AE ⓓ ⓜ VISA — AZ b
☕ 4 – **41 hab** 60/90.

Los Cántaros sin rest con cafetería, Curva 6 ✆ 956 54 02 40, *reservas@hotelloscantaros.com, Fax 956 54 11 21* – |≑| ▤ TV. AE ⓓ ⓜ VISA. ✈ — BZ e
☕ 4,81 – **39 hab** 70,92/91,35.

Dunas Puerto , Camino de los Enamorados ✆ 956 85 03 11, *dunas@jale.com, Fax 956 85 02 50*, , – ▤ TV P. AE ⓓ ⓜ VISA. ✈ rest — AZ s
Comida 12,92 – ☕ 5,56 – **60 hab** 78,88/98,42 – PA 26,75.

Chaikana sin rest, Javier de Burgos 17 ✆ 956 54 29 02, *chaikana@teleline.es, Fax 956 54 29 22* – ▤ TV. AE ⓓ ⓜ VISA. ✈ — CZ n
☕ 2,55 – **25 hab** 39,07/57,70.

XXX **El Faro del Puerto,** av. de Fuentebravía ℰ 956 87 09 52, *elfaro-puerto@raini-com puter.net, Fax 956 54 04 66,* 🌳 – 🔳 P. AE ① MC VISA. ✶ AZ f
cerrado domingo noche – **Comida** carta 29,73 a 35,82.

XX **Casa Flores,** Ribera del Río 9 ℰ 956 54 35 12, *restaurante@casaflores.com, Fax 956 54 02 64* – 🔳 🚗. AE ① MC VISA. ✶ – **Comida** carta 21,33 a 31,24. CZ r

XX **Los Portales,** Ribera del Río 13 ℰ 956 54 18 12, *restaurante@losportales.com, Fax 956 54 21 16* – 🔳 🚗. AE ① MC VISA. ✶ CZ s
Comida carta aprox. 30,05.

♈ **Casa Paco Ceballos,** Ribera del Marisco ℰ 956 54 29 08, 🌳 – 🔳. AE ① MC VISA. ✶ CZ s
cerrado miércoles de octubre a mayo – **Tapa** 1,80 **Ración** - pescados y mariscos - aprox. 7,21.

Er Beti, Misericordia 7 ✆ 956 54 26 01 – 🖩   BZ **b**
- carnes.

Liba, pl. de las Galeras Reales ✆ 956 87 25 94, 🌳   BZ **a**
- pescados.

en la carretera de Cádiz *por ② : 2,5 km :*

Meliá El Caballo Blanco, av. Madrid 1, ✉ 11500, ✆ 956 56 25 41, *melia.el.caballo
.blanco@solmelia.com, Fax 956 56 27 12*, 🌳, « Jardín con 🏊 » – 🖩 📺 🅿 – 🔏 25/150.
🆎 ⑩ 🅜🅒 🆅🅸🆂🅰. 🛇 rest
Comida 15,02 – 🍵 9,02 – **94 hab** 115/142.

en Valdelagrana *por ② : 2,5 km :*

Puertobahía, av. la Paz 38, ✉ 11500 Puerto de Santa María, ✆ 956 56 27 00,
Fax 956 56 12 21, ≼, 🏊, 🚲, 🍴 – 🛗 🖩 📺 🅿 – 🔏 25/200. 🆎 🅜🅒
🆅🅸🆂🅰. 🛇
Comida 14,50 – 🍵 6,50 – **330 hab** 75/111,80.

en la carretera de Rota CA 603 AZ : *Oeste : 1,5 km :*

Los Jándalos 🦢 sin rest, Amparo Osborne - Vistahermosa, ✉ 11500, ✆ 956 87 34 11,
reservas@jandalos.com, Fax 956 87 20 12, « Bonito conjunto con profusión de plantas,
jardín y 🏊 » – 🖩 📺 🚗 🅿. 🆎 ⑩ 🅜🅒 🆅🅸🆂🅰. 🛇
🍵 6 – **43 apartamentos** 120/210.

PUERTO DE SANTIAGO *Santa Cruz de Tenerife – ver Canarias (Tenerife).*

PUERTO DE SÓLLER *Illes Balears – ver Balears (Mallorca) : Port de Sóller.*

PUERTO LÁPICE *13650 Ciudad Real* **444** *O 19 – 1000 h alt. 676.*

*Madrid 135 – Alcázar de San Juan 25 – Ciudad Real 62 – Toledo 85 – Valdepeñas
65.*

El Puerto, av. de Juan Carlos I-59 ✆ 926 58 30 50, *Fax 926 58 30 52* – 🖩 📺 🅿 – 🔏 25.
🆎 🅜🅒 🆅🅸🆂🅰. 🛇 rest
cerrado del 15 al 22 de enero – **Comida** 9 – 🍵 3,60 – **27 hab** 30,10/42,10 –
PA 21.

PUERTO LUMBRERAS *30890 Murcia* **445** *T 24 – 9824 h alt. 333.*

Madrid 466 – Almería 141 – Granada 203 – Murcia 80.

Parador de Puerto Lumbreras, av. de Juan Carlos I-77 ✆ 968 40 20 25, *pto.lum
breras@parador.es, Fax 968 40 28 36*, 🏊, 🚲 – 🛗 🖩 📺 🚗 🅿 – 🔏 25/60. 🆎 ⑩ 🅜🅒
🆅🅸🆂🅰 🅹🅲🅱. 🛇
Comida 21,04 – 🍵 8,11 – **60 hab** 61,29/76,62.

Riscal, av. de Juan Carlos I-5 ✆ 968 40 20 50, *hotelriscal@puerto-lumbreras.com*,
Fax 968 40 06 71, 🌳 – 🛗 🖩 📺 🅿 – 🔏 25/800. 🅜🅒 🆅🅸🆂🅰. 🛇 rest
Comida 10,22 – 🍵 4,51 – **48 hab** 39,07/54,09 – PA 24,94.

PUERTOLLANO *13500 Ciudad Real* **444** *P 17 – 49459 h alt. 708.*

Excurs. : *Castillo Convento de Calatrava la Nueva★ Este : 35 km.*

Madrid 235 – Ciudad Real 38.

Tryp Puertollano sin rest, Lope de Vega 3 ✆ 926 41 07 68, *Fax 926 41 05 45* – 🛗
🖩 📺 🚗 – 🔏 25/200. 🆎 ⑩ 🅜🅒 🆅🅸🆂🅰
🍵 6,61 – **39 hab** 56,49/70,31.

en la carretera de Ciudad Real *Noreste : 2 km :*

Verona, ✉ 13500, ✆ 926 42 54 79, *Fax 926 42 54 79* – 🛗 🖩 📺 🚗 🅿 – 🔏 25/600.
🅜🅒 🆅🅸🆂🅰. 🛇
Comida 9,02 – 🍵 3,31 – **30 hab** 30,05/54,09 – PA 21,35.

Los PUERTOS DE SANTA BÁRBARA *30396 Murcia* **445** *T 26.*

Madrid 436 – Cartagena 12 – Lorca 58 – Murcia 46.

María Zapata, Sur : 1 km ✆ 968 16 30 30, 🌳, « Antigua casa de campo » – 🖩 🅿.
🆎 ⑩ 🅜🅒 🆅🅸🆂🅰. 🛇
cerrado lunes – **Comida** carta 33,18 a 41,36.

PUIG 46540 València **445** **N 29** – 6 430 h alt. 50.

Madrid 367 – Castelló de la Plana/Castellón de la Plana 57 – València 18.

Ronda II sin rest., Julio Ribelles 15 ℰ 96 147 12 28, Fax 96 147 12 28 – ⊠ ▤ TV –
≜ 25/225. AE ⓞ ⓜⓒ VISA. ✍
59 hab ⌤ 39,76/59,95.

Ronda I sin rest, Julio Ribelles 9 ℰ 96 147 12 79, Fax 96 147 12 79 – ⊠ ▤ TV ⇔. AE
ⓞ ⓜⓒ VISA. ✍
⌤ 3,16 – **45 hab** 28,40/42,91.

Casbah, Julio Ribelles 13 ℰ 96 147 31 52, Fax 96 147 32 42 – ⊠ ▤ TV ⇔ P – ≜ 25.
AE ⓜⓒ VISA
Comida 9,01 – ⌤ 4,20 – **58 hab** 36,07/48,10 – PA 22,22.

Pensión Ronda sin rest, Julio Ribelles 5 ℰ 96 147 12 79, Fax 96 147 12 79 – ⊠ TV.
AE ⓞ ⓜⓒ VISA. ✍
⌤ 2,52 – **19 hab** 15,78/27,77.

PUIG-REIG 08692 Barcelona **443** **G 35** – 4 676 h alt. 455.

Madrid 605 – Andorra la Vella 101 – Barcelona 86 – Girona/Gerona 129 – Lleida/Lérida
146.

El Celler de ca la Quica, Major 48 ℰ 93 838 02 20, « Antigua casa de piedra con
interesante bodega » – ⓜⓒ VISA. ✍
cerrado 15 julio-15 agosto, lunes y martes – **Comida** - sólo almuerzo salvo viernes y sábado
- carta 22,03 a 30,50.

PUIGCERDÀ 17520 Girona **443** **E 35** – 6 414 h alt. 1 152.

Ver : Campanario★.

🛆 🛆 Cerdanya, Suroeste : 1 km ℰ 972 14 14 08 Fax 972 88 13 38.

🛈 Querol 1 ℰ 972 88 05 42 info@puigcerda.com Fax 972 14 15 22.

Madrid 653 – Barcelona 169 – Girona/Gerona 152 – Lleida/Lérida 184.

Avet Blau H. sin rest, pl. de Santa María 14 ℰ 972 88 25 52, Fax 972 88 12 12 – TV.
ⓞ ⓜⓒ VISA
6 hab ⌤ 84,14.

Tèrminus, pl. Estació 2 ℰ 972 88 02 12, Fax 972 88 00 02 – ⊠ TV – ≜ 30. ⓞ
ⓜⓒ VISA
cerrado 2ª y 3ª semana de noviembre – **Comida** (cerrado del 16 al 31 de mayo, 2ª y 3ª
semana de noviembre y domingo noche) 9,65 – **24 hab** ⌤ 36,66/65,51.

Del Lago ⏍ sin rest, av. Dr. Piguillem 7 ℰ 972 88 10 00, hlago@minorisa.es,
Fax 972 14 15 11, « Amplio jardín con ⏍ » – TV P. AE ⓞ ⓜⓒ VISA JCB. ✍
⌤ 5,40 – **13 hab** 54,10/69,12.

Puigcerdà, av. Catalunya 42 ℰ 972 88 21 81, Fax 972 88 12 56 – ⊠, ▤ rest, TV
Comida - sólo clientes – **39 hab.**

Estació, pl. Estació 2 ℰ 972 88 03 50, Fax 972 14 13 40 – AE ⓞ ⓜⓒ VISA JCB. ✍
Comida 9,02 – ⌤ 3,01 – **23 hab** 22,54/39,07.

La Tieta, dels Ferrers 20 ℰ 972 88 01 56 – ⓜⓒ VISA
cerrado 12 junio-13 julio, lunes, martes y miércoles salvo festivos – **Comida** carta 22,23
a 31,25.

La Vila, Alfons I-34 ℰ 972 14 08 04 – ▤. AE ⓞ ⓜⓒ VISA
cerrado del 1 al 15 de junio, domingo noche y lunes – **Comida** carta aprox. 25,48.

en la carretera de Barcelona Sureste : 1 km :

Puigcerdà Park H., ⊠ 17520, ℰ 972 88 07 50, Fax 972 88 07 54, ≼, ⏍, 🎾, ✗ –
⊠, ▤ rest, TV P. AE ⓜⓒ VISA. ✍ rest
cerrado del 2 al 19 de abril y 11 noviembre-5 diciembre – **Comida** 21,04 – **54 hab**
⌤ 67,31/81,14 – PA 45.

en la carretera de Llívia Noreste : 1 km :

Del Prado, ⊠ 17520, ℰ 972 88 04 00, hprado@teleline.es, Fax 972 14 11 58,
⏍ climatizada, 🎾, ✗ – ⊠, ▤ rest, TV ⬥ ⇔ P. AE ⓞ ⓜⓒ VISA. ✍ rest
Comida (cerrado del 1 al 15 de noviembre) carta 19,83 a 24,94 – **54 hab** ⌤ 52,29/83,54.
Ver también : **Bolvir** Suroeste : 6 km.

PUIGPUNYENT Illes Balears – ver Balears (Mallorca).

Es PUJOLS Illes Balears – ver Balears (Formentera).

PUNTA UMBRÍA 21100 Huelva **446** U 9 – 9 897 h – Playa.
Madrid 648 – Huelva 21.

🏠 **Ayamontino**, av. de Andalucía 35 ✆ 959 31 14 50, Fax 959 31 03 16 – 🛗 📺 🚗 🅿️
AE ① ⓂⒸ VISA. ✕
cerrado del 22 al 31 de diciembre – **Comida** 11,42 – 🍵 3,46 – **45 hab** 40,39/63,11.

en la antigua carretera de Huelva *Noroeste : 7,5 km :*

XX **El Paraíso,** ✉ 21100, ✆ 959 31 27 56, *mensajes@restauranteparaiso.jazztel.es,*
Fax 959 31 27 56 – 🖥 🅿️. AE ① ⓂⒸ VISA. ✕
Comida carta 27,05 a 36,06.

QUART DE POBLET 46930 València **445** N 28 – 27 404 h.
Madrid 343 – *València* 9.

X **Casa Gijón,** Joanot Martorell 16 ✆ 96 154 50 11, *gijonrestaurantes@cesser.com,*
Fax 96 154 10 65, « *Decoración típica* » – 🖥. AE ① ⓂⒸ VISA. ✕
Comida carta aprox. 21,80.

QUATRETONDETA 03811 Alacant **445** P 29 – alt. 520.
Madrid 430 – Alcoi 23 – Alacant/Alicante 80 – Benidorm 55 – València 116.

🌳 **Els Frares,** av. País Valencià 20 ✆ 96 551 12 34, *elsfrares@terra.es,* Fax 96 551 12 00
– AE ① ⓂⒸ VISA. ✕
cerrado del 7 al 28 de enero y 26 junio-26 julio – **Comida** - sólo clientes - 16,50 – 🍵 4,50
– **9 hab** 48/69 – PA 33.

QUEJANA Araba – ver Kexaa.

QUEJO (Playa de) Cantabria – ver Isla.

QUEVEDA 39314 Cantabria **442** B 17 – 623 h alt. 41.
Madrid 382 – *Santander* 24 – Santillana del Mar 6 – Torrelavega 6.

🏠 **La Casona de Luis,** carret. C 6316 ✆ 942 89 50 05, *casonadeluis@terra.es,*
Fax 942 89 51 21 – 📺 🅿️. AE ① ⓂⒸ VISA JCB. ✕ rest
Comida 7,50 – 🍵 3 – **21 hab** 54/66 – PA 18.

QUIJAS 39590 Cantabria **442** B 17.
Madrid 386 – Burgos 147 – Oviedo 172 – *Santander* 30.

🏠 **La Torre de Quijas** sin rest, barrio Vinueva 76 ✆ 942 82 06 45, Fax 942 83 82 55 –
📺 🅿️. ⓂⒸ VISA. ✕
cerrado 24 diciembre-enero – 🍵 5,11 – **20 hab** 51/87,15.

XXX **Hostería de Quijas** con hab, carret. N 634 ✆ 942 82 08 33, *quijas@telelineb.es,*
Fax 942 83 80 50, « Casa señorial del siglo XVIII con amplio jardín y 🏊 » – 📺 🅿️. AE ①
ⓂⒸ VISA. ✕
cerrado 15 diciembre-15 enero – **Comida** *(cerrado lunes)* carta 28,25 a 36,66 – 🍵 5,41
– **14 hab** 60,10 – 5 suites.

QUINTANADUEÑAS 09197 Burgos **442** E 18 – alt. 850.
Madrid 241 – Burgos 6 – Palencia 90 – Valladolid 125.

XX **La Galería,** Mayor 14 ✆ 947 29 26 06, Fax 947 29 26 05 – 🖥. AE ① ⓂⒸ
VISA. ✕
cerrado última semana de julio, 1ª semana de agosto y domingo noche – **Comida** carta
aprox. 23,43.

QUINTANAR DE LA ORDEN 45800 Toledo **444** N 20 – 8 991 h alt. 691.
Madrid 120 – Albacete 127 – Alcázar de San Juan 27 – Toledo 98.

X Costablanca, carret. N 301 ✆ 925 18 05 19 – 🖥 🅿️.

QUINTANAR DE LA SIERRA 09670 Burgos **442** G 20 – 2 093 h alt. 1 200.
Alred. : *Laguna Negra de Neila*★★ *(carretera*★★*) Noroeste : 15 km.*
Madrid 253 – Burgos 76 – Soria 70.

QUINTANAS DE GORMAZ 42313 Soria **442** H 21 – 200 h alt. 778.

Madrid 222 – Almazán 43 – Aranda de Duero 69 – Soria 71.

La Casa Grande de Gormaz ⚘, camino de Las Fuentes - Sur : 1 km ✆ 975 34 09 82,
« En una villa de estilo colonial », 🍴, ✂ – **MC** **VISA**. ✗
cerrado 24 diciembre-1 enero – **Comida** - sólo clientes - 14 – ☕ 5 – **11 hab** 43/60.

QUINTANILLA DEL AGUA 09347 Burgos **442** F 19.

Madrid 213 – Burgos 45 – Palencia 88 – Soria 131.

El Batán del Molino ⚘ sin rest, El Molino ✆ 947 17 47 15, Fax 947 17 47 49,
« Instalado en un molino del siglo XI » – **P.** **MC** **VISA**
☕ 3,50 – **9 hab** 30,05/42,07.

RÁBADE 27370 Lugo **441** C 7 – 1 692 h.

Madrid 530 – A Coruña/La Coruña 79 – Lugo 15 – Ponferrada 133 – Santiago de Compostela 100.

Manuel Francisco, antigua carret. N VI ✆ 982 39 00 12, mflugo@mundo-r.com,
Fax 982 39 00 12 – 🛗, 🍽 rest, **TV** **P.** – 🔥 25/200. **AE** **O** **MC** **VISA**. ✗
Asador Coto Real (espec. en carnes y asados) **Comida** carta 18,50 a 29 – ☕ 5,50 – **40 hab**
40/60.

RABANAL DEL CAMINO 24722 León **441** E 11 – alt. 1 150.

Madrid 353 – León 67 – Ponferrada 34 – Zamora 86.

La Posada de Gaspar ⚘, Real 27 ✆ 987 69 10 79, Fax 987 69 19 96, « Edificio de
estilo regional » – **TV** **P.** **MC** **VISA**. ✗
marzo-10 diciembre – **Comida** 7,81 – ☕ 4,21 – **11 hab** 39,07/60,10.

La RÁBITA 18760 Granada **446** V 20 – Playa.

Madrid 549 – Almería 69 – Granada 120 – Málaga 152.

Las Conchas, paseo Marítimo 55 ✆ 958 83 74 05, Fax 958 82 90 17, ≤ – 🛗, 🍽 hab,
TV 🚗 **P.** **O** **MC** **VISA**. ✗
abril-septiembre – **Comida** 9 – ☕ 4 – **24 hab** 42/64 – 1 suite.

RACÓ DE SANTA LLÚCIA Barcelona – ver Vilanova i la Geltrú.

RAJÓ Pontevedra – ver Raxó.

RAMALES DE LA VICTORIA 39800 Cantabria **442** C 19 – 2 481 h alt. 84.

Madrid 368 – Bilbao 64 – Burgos 125 – *Santander* 51.

Rio Asón con hab, Barón de Adzaneta 17 ✆ 942 64 61 57, Fax 942 67 83 60 – 🍽 rest,.
AE **O** **MC** **VISA**. ✗
cerrado 23 diciembre-enero – **Comida** (cerrado lunes noche en verano, domingo noche
y lunes resto del año) 18,03 y carta 34,86 a 42,07 – ☕ 4,81 – **9 hab** 39,67/46,28
Espec. Huevo inanol sobre salmón ahumado y salsa de Oporto caramelizada. Pato ligeramente asado a las especias de Asia y salsa de endrinas. Pastel de chocolate caliente con
galleta crujiente, mango y su sorbete.

RANDA Illes Balears – ver Balears (Mallorca).

RASCAFRÍA 28740 Madrid **444** J 18 – 1 366 h alt. 1 163.

Ver : Cartuja de El Paular★ (iglesia : retablo★★).

Madrid 78 – *Segovia* 51.

Santa María de El Paular ⚘, carret. M 604 - Sur : 1,5 km, ✉ 28741 El Paular,
✆ 91 869 10 11, reservas@paular.palace-hotel-madrid.es, Fax 91 869 10 06, « Cartuja
del siglo XIV », ⚓ climatizada, 🍴, ✂ – **TV** **P.** – 🔥 25/100. **AE** **O** **MC** **VISA**.
✗ rest
cerrado enero – **Comida** 33,06 – **52 hab** ☕ 112,39/141,24.

Rosaly sin rest, av. del Valle 39 ✆ 91 869 12 13, Fax 91 869 12 55, ≤ – **TV** **P.** **VISA**. ✗
☕ 2,40 – **32 hab** 21,03/33,05.

Los Calizos ⚘ con hab, carret. de Miraflores - Este : 1 km ✆ 91 869 11 12,
Fax 91 869 11 12, 🍴, 🍴 – **P.** **AE** **O** **MC** **VISA**. ✗
Comida carta 26,15 a 34,95 – ☕ 5,60 – **12 hab** 42,07/57,09.

RAXÓ o **RAJÓ** 36992 Pontevedra **441** E 3 – Playa.

Madrid 617 – Ourense/Orense 103 – Pontevedra 13 – Santiago de Compostela 68.

Gran Proa, playa de Raxó 4 ✆ 986 74 04 33, h.granproa@terra.es, Fax 986 74 03 17, ⚅ – ╪, ▤ rest, ▣ �. ⒜Ⓔ ⓪ ⓶ⓒ ⱱⱤⱢⱥ. ⱥ
marzo-noviembre – **Comida** 13,52 – ⚌ 4,51 – **43 hab** 51,21/64,01.

Los REALEJOS Santa Cruz de Tenerife – ver Canarias (Tenerife).

REBOREDO 36988 Pontevedra **441** E 3 – Playa.

Madrid 650 – A Coruña/La Coruña 116 – Pontevedra 52 – Santiago de Compostela 36.

Bosque-Mar, ✆ 986 73 10 55, bosquemar@jet.es, Fax 986 73 05 12, ⌇, ⌷, ⇆ – ╪ ▣ ⟷ Ⓟ
temp – **Comida** - sólo cena – **65 hab** – 8 apartamentos.

Mirador Ría de Arosa, ✆ 986 73 08 38, reservas@miradorriadearosa.com, Fax 986 73 06 48, ≼ – ▣ ⟷ Ⓟ. ⒜Ⓔ ⓪ ⓶ⓒ ⱱⱤⱢⱥ. ⱥ
Comida (cerrado noviembre y diciembre) 15 – ⚌ 6 – **41 hab** 34/59.

Els REGUERS 43527 Tarragona **443** J 31.

Madrid 546 – Castelló de la Plana/Castellón de la plana 134 – Tarragona 93 – Tortosa 7.

El Celler d'en Panxampla, carret. d'Alfara - Norte : 0,5 km ✆ 977 47 41 35, panxampla@teleline.es, Fax 977 47 42 11, « Antigua masía » – ▤ Ⓟ. ⒜Ⓔ ⓶ⓒ ⱱⱤⱢⱥ. ⱥ
cerrado del 1 al 30 de septiembre, lunes noche y martes – **Comida** carta 20,44 a 31,56.

Calau, Cabassers 26 ✆ 977 47 40 05 – ▤ Ⓟ. ⓶ⓒ ⱱⱤⱢⱥ. ⱥ
cerrado julio, martes noche y miércoles – **Comida** - carnes a la brasa - carta 16,33 a 21,65.

REINOSA 39200 Cantabria **442** C 17 – 12 852 h alt. 850 – Balneario en Fontibre – Deportes de invierno en Alto Campóo, Oeste : 25 km : ⚡12.

Excurs. : Pico de Tres Mares★★★ (❄★★★) Oeste : 26 km y telesilla.

Madrid 355 – Burgos 116 – Palencia 129 – Santander 69.

Vejo, av. Cantabria 83 ✆ 942 75 17 00, hvejo@infonegocio.com, Fax 942 75 47 63, ≼, ⌇, ⁎ – ╪ ▣ ⟷ Ⓟ – ⚓ 25/500. ⒜Ⓔ ⓪ ⓶ⓒ ⱱⱤⱢⱥ. ⱥ rest
Comida 16,22 – ⚌ 4,50 – **71 hab** 42,07/58,89 – PA 29,56.

Fontibre Iberia, Nestares - Oeste : 1 km ✆ 942 75 04 50, Fax 942 75 04 54, ≼, ⁎ – ╪ ▣ Ⓟ – ⚓ 25/300
50 hab.

Villa Rosa sin rest, Héroes de la Guardia Civil 4 ✆ 942 75 47 47, posada@villarosa.com, Fax 942 75 44 05, « Villa de estilo 1900 con antigüedades » – ╪ ▣. ⓪ ⓶ⓒ ⱱⱤⱢⱥ. ⱥ
12 hab ⚌ 30,05/54,09.

Peña's, av. Puente de Carlos III-7 (interior) ✆ 942 75 41 26 – ⒜Ⓔ ⓶ⓒ ⱱⱤⱢⱥ. ⱥ
cerrado miércoles – **Comida** carta aprox. 21,09.

en Alto Campóo Oeste : 25 km :

Corza Blanca ≽, alt. 1 660, ✉ 39200 Reinosa, ✆ 942 77 92 51, Fax 942 77 92 50, ≼, ⌇ – ╪ ▣ Ⓟ. ⒜Ⓔ ⓶ⓒ ⱱⱤⱢⱥ. ⱥ
cerrado mayo y octubre-noviembre – **Comida** 12,02 – ⚌ 4,51 – **68 hab** 46,89/69,14.

RENEDO DE CABUÉRNIGA 39516 Cantabria **442** C 17.

Madrid 400 – Burgos 156 – *Santander* 60.

Reserva del Saja 🦌, carret. de Reinosa ☎ 942 70 61 90, *info@reservadelsaja.com*, Fax 942 70 61 08, ≼, ⌿ – ▤ rest, ⊺℣ 🅿 – �︎ 25/300. 🔘 𝗩𝗜𝗦𝗔. ⪥
cerrado enero – **Comida** (cerrado lunes salvo verano) 10,22 – **26 hab** 🍵 48/72 – PA 27.

RENTERÍA Gipuzkoa – ver Errenteria.

REQUENA 46340 València **445** N 26 – 17 014 h alt. 292.

🛈 García Montes ☎ 96 230 38 51 *touristinfo.requena@turisme.m400.gva.es* Fax 96 230 38 51.

Madrid 279 – Albacete 103 – València 69.

Avenida sin rest y sin 🍵, San Agustín 10 ☎ 96 230 04 80, Fax 96 230 04 80 – |≑| ▤ ⊺℣. 𝗔𝗘 ⓞ 🔘 𝗩𝗜𝗦𝗔 𝗝𝗖𝗕
30 hab 23/35,50.

Mesón del Vino, av. Arrabal 11 ☎ 96 230 00 01, « Decoración regional » – ▤. ⓞ 🔘 𝗩𝗜𝗦𝗔. ⪥
cerrado septiembre y martes – **Comida** carta 19,83 a 24,64.

REQUIJADA 40173 Segovia **442** I 18.

Madrid 116 – *Segovia* 36 – Aranda de Duero 89 – Valladolid 117.

Posada de Las Vegas 🦌, La Ermita ☎ 607 18 22 75, Fax 607 18 86 93, « Acogedor marco rústico con la sierra de Guadarrama al fondo » – |≑| ⊺℣. 𝗔𝗘 🔘 𝗩𝗜𝗦𝗔. ⪥
Comida 27,05 – 🍵 6,01 – **6 hab** 66,11/84,14.

REUS 43200 Tarragona **443** I 33 – 88 595 h alt. 134.

Ver : Localidad★ - Casa Navàs★★ BY – Palau Bofarull★ BY – Teatre Fortuny★ BYT.

Alred. : Universal Studios Port Aventura★★★ por ③.

🛆 Reus Aigüesverds, carret. de Cambrils km 1,8-Mas Guardià ☎ 977 75 27 25 Fax 977 75 19 38.

✈ de Reus por ② : 3 km ☎ 977 77 98 00.

🛈 Sant Joan ✉ 43201 ☎ 977 34 59 43 *infoturisme@reus.net* Fax 977 34 00 10.

Madrid 547 ④ – Barcelona 118 ② – Castelló de la Plana/Castellón de la Plana 177 ③ – Lleida/Lérida 90 ① – Tarragona 14 ②

Planos páginas siguientes

NH Ciutat de Reus, av. Marià Fortuny 85, ✉ 43203, ☎ 977 34 53 53, *nhc-reus@nh-hoteles.es*, Fax 977 34 32 34 – |≑| ▤ ⊺℣ ⅙ 🚗 – 🚫 60/400. 𝗔𝗘 ⓞ 🔘 𝗩𝗜𝗦𝗔 𝗝𝗖𝗕. ⪥ rest
Comida (cerrado domingo) 15,03 – 🍵 10,22 – **76 hab** 96,16 – 8 suites.   CX   r

Gaudí, Arrabal Robuster 49, ✉ 43204, ☎ 977 34 55 45, *reserve@gargallo-hotels.com*, Fax 977 34 28 08 – |≑| ▤ ⊺℣ – 🚫 25/150. 𝗔𝗘 ⓞ 𝗩𝗜𝗦𝗔 𝗝𝗖𝗕. ⪥ rest   BZ   a
Comida 15 – 🍵 10 – **79 hab** 62/80.

Quality Reus sin rest, carret. de Salou 129 - Sureste : 1,5 km, ✉ 43205, ☎ 977 75 21 46, *qualityr@teleline.es*, Fax 977 77 31 73 – |≑| ▤ ⊺℣ ⅙ 🚗 – 🚫 25/50.
𝗔𝗘 ⓞ 🔘 𝗩𝗜𝗦𝗔   por ③
🍵 9 – **60 hab** 108,20.

Simonet, Raval Santa Anna 18, ✉ 43201, ☎ 977 34 59 74, *restelle@hostalsimonet.com*, Fax 977 34 45 81, 🍴 – ▤ ⊺℣ 🚗. 𝗔𝗘 🔘 𝗩𝗜𝗦𝗔. ⪥   BY   e
cerrado 24 diciembre-1 enero – **Comida** (cerrado domingo noche) 15,03 – 🍵 3,91 – **39 hab** 37,91/68,81.

La Glorieta del Castell, pl. Castell 2, ✉ 43201, ☎ 977 34 08 26, Fax 977 34 08 26 – ▤. 𝗔𝗘 ⓞ 🔘 𝗩𝗜𝗦𝗔 𝗝𝗖𝗕. ⪥   BZ   c
cerrado domingo – **Comida** carta aprox. 28.

El Tupí, Alcalde Joan Bertran 3, ✉ 43202, ☎ 977 31 05 37 – ▤. 𝗔𝗘 ⓞ 🔘 𝗩𝗜𝗦𝗔. ⪥
cerrado del 15 al 31 de agosto y domingo – **Comida** carta 18,04 a 25,24.   AZ   s

en la carretera de Tarragona por ② : 1 km :

Masia Típica Crusells, ✉ 43206, ☎ 977 75 40 60, Fax 977 77 24 12, « Decoración regional » – ▤ 🅿. 𝗔𝗘 ⓞ 🔘 𝗩𝗜𝗦𝗔. ⪥
cerrado domingo noche y lunes noche – **Comida** carta 21,64 a 24,64.

en Castellvell (Baix Camp) Norte : 2 km AX :

El Pa Torrat, av. de Reus 24, ✉ 43392 Castellvell, ☎ 977 85 52 12, Fax 977 85 52 12, « Decoración rústica » – ▤. 𝗔𝗘 ⓞ 🔘 𝗩𝗜𝗦𝗔. ⪥
cerrado Navidades, del 15 al 31 de agosto, martes y festivos noche – **Comida** - cocina regional - carta 19,54 a 27,35.

REUS

Alt del Carme	AZ	3
Amargura	BY	4
Baluard (Pl. del)	BZ	7
Barreres	BZ	8
Bertran de Castellet	BX	9
Bisbe Borràs	AX	10
Castell (Pl.)	BY	12
Comte de Reus (Pl. de)	AZ	13
Doctor Codina Castellví	AZ	15
Font	BZ	16
Francesc Bartrina	AX	18
Galera	BYZ	21
Galió	BY	22
Hospital	BY	24
Josep Anselm Clavé	BY	25
Josep Anselm Clavé (Pl.)	CY	27
Josep M. Arnavat i Vilaró	CY	28
Josep Sardà i Cailà	AY	30
Jueus (Carreró dels)	BZ	31
Major	BZ	33
Mar	BY	34
Marià Benlliure	BZ	36
Mercadal (Pl. del)	BY	37
Mestres (Closa de)	BZ	38
Misericordia (Passeig de)	AZ	39
Monsenyor Higini Anglès	CZ	40
O'Donnell	ABZ	42
Pallol (Raval del)	BY	43
Pintor Fortuny (Pl. del)	AY	45
Pintor Tapiró (Av. del)	AX	46
Puríssima Sang (Pl. de la)	CY	48
Ramón J. Sender	BZ	49
Rigoberta Menchu	AZ	50
Robuster (Raval de)	BZ	52
Sales (Raseta de)	BZ	54
Salvador Espriu Misericordia	BY	55
Sant Elíes	AY	56
Sant Francesc Xavier	BZ	57
Sant Jaume	BZ	58
Sant Miquel	BY	61
Sant Pere (Raval de)	BZ	63
Sant Vicenç	BY	64
Santa Anna (Raval de)	BY	66
Santa Anna	BY	67
Segle XX (Av. del)	AX	69
Selva del Camp	BY	72
Vallroquetes	BY	73
Vapor Nou	AY	74
Víctor (Pl. del)	AX	75
Vidre	BY	78

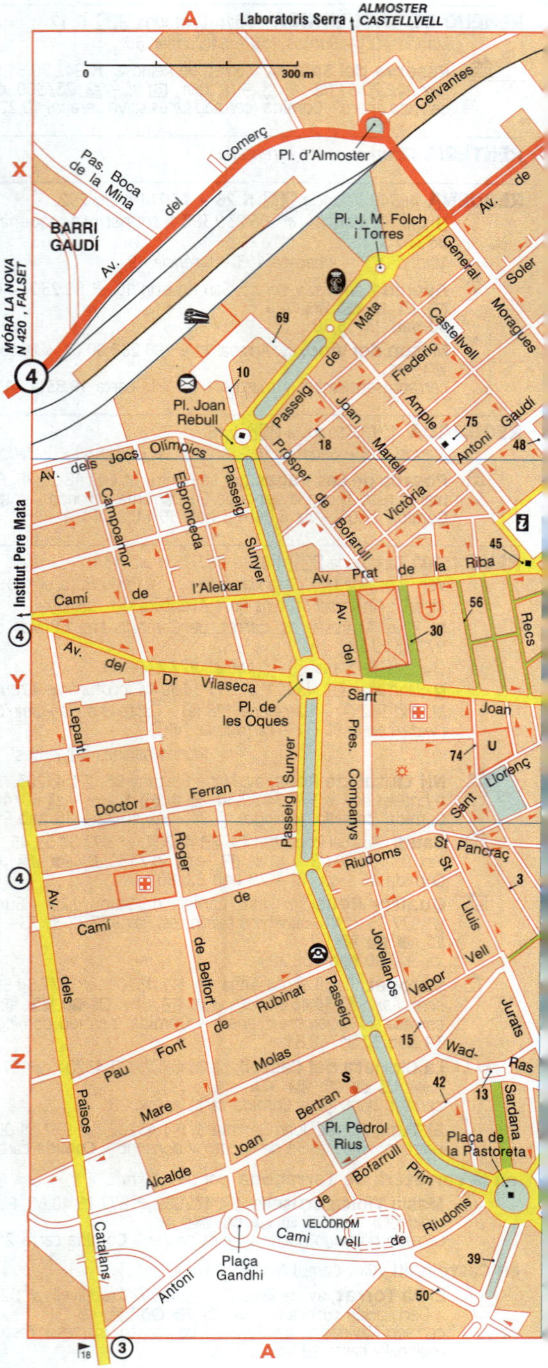

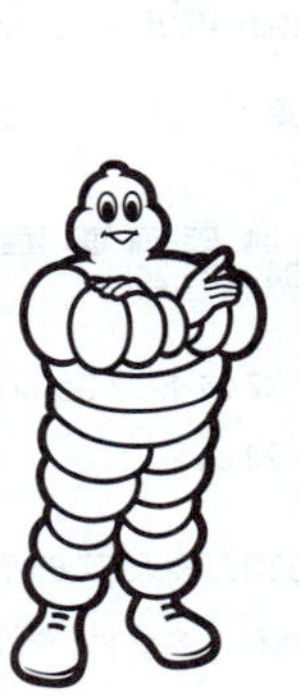

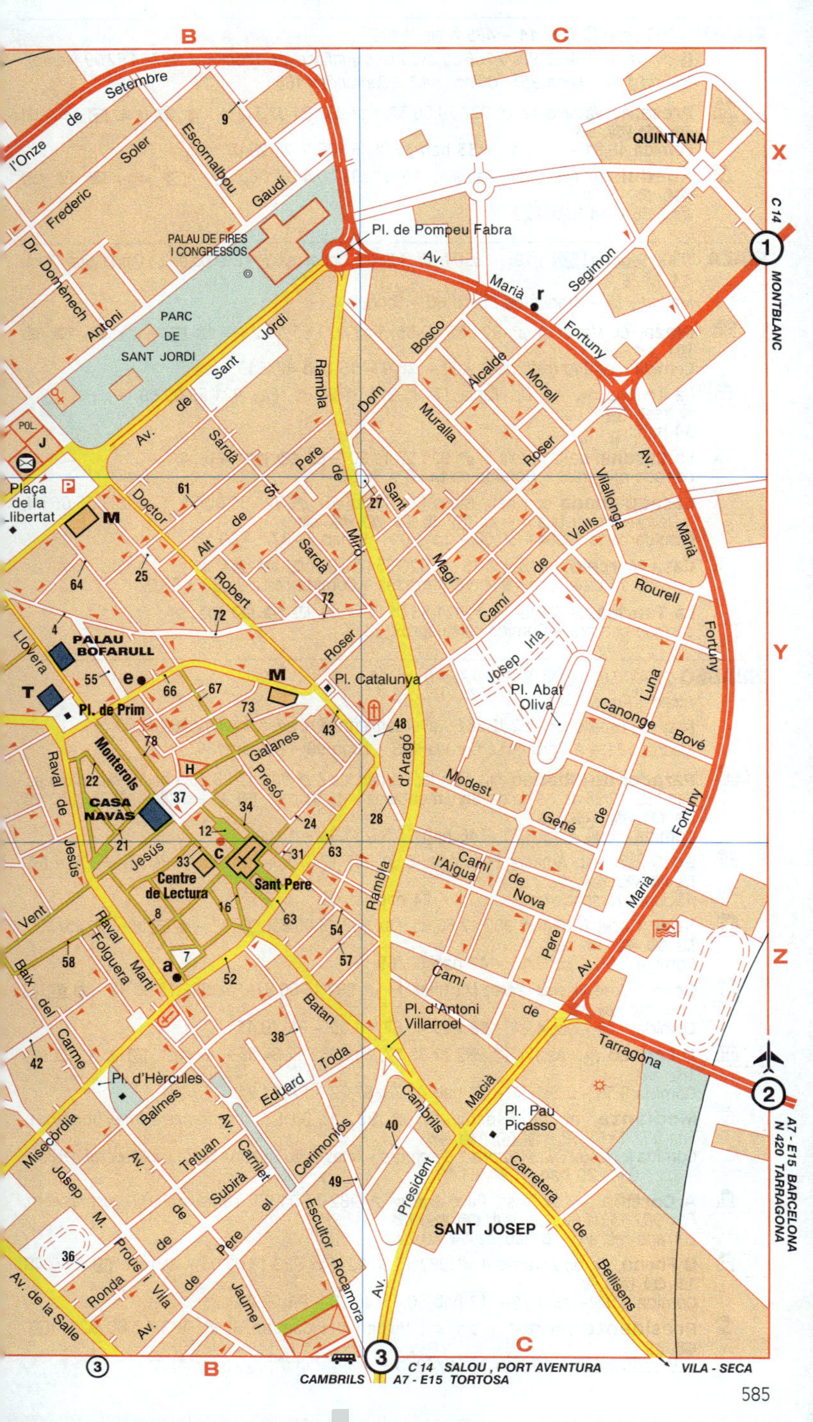

B
C
QUINTANA
X
C 14
MONTBLANC
1
Setembre
de
l'Onze
Soler
Frederic
Escornalbou
9
Gaudí
Dr. Domènech
Antoni
PALAU DE FIRES
I CONGRESSOS
PARC
DE
SANT JORDI
Sant
Jordi
Av.
Pl. de Pompeu Fabra
Av.
Marià
r
Segimon
Fortuny
Bosco
Alcalde
Morell
Roser
Muralla
Av.
Vilallonga
Marià
POL.
J
Plaça
de la
Llibertat
P
Av.
Sardà
Pere
de
St
Rambla
de
Dom
Sant
Magí
de
Valls
Fortuny
61
Doctor
Alt
Sardà
Miró
27
Sant
Camí
Rourell
Luna
M
Robert
72
Roser
Josep Irla
Pl. Abat
Oliva
Canonge
Bové
64
25
72
4
Llovera
PALAU
BOFARULL
55
e
66
67
M
Pl. Catalunya
73
43
48
d'Aragó
Modest
T
Pl. de Prim
78
Galanes
Presó
Gené
de
Fortuny
Monterols
22
H
34
24
28
Camí
l'Aigua
de
Nova
Marià
CASA
NAVÀS
37
12
63
Raval
de
Jesús
21
Jesús
33
C
31
Rambla
Pere
Av.
Centre
de Lectura
Sant Pere
16
63
54
Vent
8
a
7
54
57
Camí
Baix
del
Carme
58
52
de
Z
Batan
Pl. d'Antoni
Villarroel
A7 - E15 BARCELONA
N 420 TARRAGONA
Raval
Folguera
Martí
38
Toda
Macià
Tarragona
2
42
Pl. d'Hèrcules
Eduard
Cambrils
Pl. Pau
Picasso
Balmes
Av.
Tetuan
Carrilet
Cerimonios
40
President
Carretera
Misericòrdia
Subirà
el
Pere
49
de
Josep
M.
de
de
Jaume I
SANT JOSEP
de
Bellisens
36
Prats i Vila
Ronda
Escultor Rocamora
Av.
Av. de la Salle
Av.
3
B
3
C
CAMBRILS
C 14 SALOU , PORT AVENTURA
A7 - E15 TORTOSA
VILA - SECA

RIAÑO 24900 León **441** D 14 – 485 h alt. 1 125.

🖂 av. Valcayo 8 ℘ 987 74 06 65 aytoriano@infonegocio.com Fax 987 74 62 09 (temp).
Madrid 374 – León 95 – Oviedo 112 – Santander 166.

Presa, av. Valcayo 12 ℘ 987 74 06 37, Fax 987 74 07 37, ≤ – 🛗, 🍽 rest, 📺 🚙. 🗚
⑩ 🆚 ⚹
Comida 10,81 – ☕ 3,45 – **33 hab** 36,06/51,08 – PA 25,07.

Abedul sin rest, av. Valcayo 16 ℘ 987 74 07 06, ≤ – 📺 🚙. 🗚 ⑩ 🆚
🆚. ⚹
☕ 3,86 – **14 hab** 48,23.

RIAZA 40500 Segovia **442** I 19 – 1 650 h alt. 1 200 – Deportes de invierno en La Pinilla, Sur : 9 km
- ≤ 13 ≤ 1.
Madrid 116 – Aranda de Duero 60 – Segovia 70.

Plaza, pl. Mayor 4 ℘ 921 55 10 55, Fax 921 55 11 28 – 🍽 📺 – 🏊 25. ⑩ 🆚
🆚. ⚹
Comida (cerrado miércoles) 9,02 – ☕ 9 – **15 hab** 42/51.

La Trucha 🐟, av. Dr. Tapia 17 ℘ 921 55 00 61, Fax 921 55 00 86, ≤, 🏕, 🏊 –
🍽 rest, 📺
30 hab.

La Casona, de la Iglesia 5 ℘ 921 55 11 20 – 🗚 🆚 🆚 ᴊᴄʙ. ⚹
cerrado miércoles – **Comida** carta 28 a 36,06.

Casaquemada con hab, Isidro Rodríguez 18 ℘ 921 55 00 51, Fax 921 55 06 04,
« Decoración rústica » – 🍽 📺. 🗚 ⑩ 🆚 🆚. ⚹
Comida carta 17,44 a 30,06 – ☕ 3,01 – **9 hab** 39,07/54,09.

Casa Marcelo, pl. Mayor 16 ℘ 921 55 03 20 – 🗚 ⑩ 🆚. ⚹
cerrado 15 diciembre-15 enero y martes – **Comida** carta 22,54 a 38,02.

La Taurina, pl. Mayor 6 ℘ 921 55 01 05 – 🍽. 🗚 ⑩ 🆚 🆚. ⚹
cerrado octubre – **Comida** carta aprox. 23,60.

RIBADEO 27700 Lugo **441** B 8 – 8 761 h alt. 46.

Alred. : Puente ≤★.

🖂 pl. de España ℘ 982 12 86 89 ayuntamiento@ribadeo.org Fax 982 13 09 75.
Madrid 591 – A Coruña/La Coruña 158 – Lugo 90 – Oviedo 169.

Parador de Ribadeo 🐟, Amador Fernández 7 ℘ 982 12 88 25, ribadeo@parador.es,
Fax 982 12 83 46, ≤ ría del Eo y montañas – 🛗, 🍽 rest, 📺 ♿ 🚙 🅿 – 🏊 25/100. 🗚
⑩ 🆚 ᴊᴄʙ. ⚹
Comida 21,04 – ☕ 8,71 – **46 hab** 73,55/91,94 – 1 suite.

Eo 🐟 sin rest, Amador Fernández 5 ℘ 982 12 87 50, Fax 982 12 80 21, ≤, 🏊 – 📺
🗚 ⑩ 🆚 🆚
15 junio-15 septiembre – ☕ 4 – **24 hab** 47/61.

Voar, carret. N 634 ℘ 982 12 86 85, Fax 982 13 06 85, 🏊, 🍽 – 🛗 📺 🅿 – 🏊 25/300.
🗚 🆚 🆚. ⚹ rest
Comida 7,30 – ☕ 5,10 – **42 hab** 60/65.

Bouza, José Vicente Pérez Martínez 13 ℘ 982 13 00 87, Fax 982 13 00 84 – 🛗 📺 ♿
🚙. 🆚 🆚. ⚹
Comida 9,02 – ☕ 4,21 – **28 hab** 40,87/51,09 – PA 20,43.

O Cabazo 🐟, Alza 1 ℘ 982 12 85 17, Fax 982 12 84 66 – 🍽 rest, 📺 ♿ 🅿. 🗚 🆚
🆚. ⚹
Comida 8,50 – ☕ 4,21 – **19 hab** 45,78/57,22 – PA 21,21.

Mediante, pl. de España 16 ℘ 982 13 04 53, mediante@interbook.net,
Fax 982 13 07 58 – 🛗 📺. 🆚. ⚹
Comida (cerrado 2 noviembre-2 diciembre y lunes salvo Semana Santa y julio-octubre) 8,41
– ☕ 3,01 – **20 hab** 41,80/61,10.

A Cortiña 🐟 sin rest, Paco Lanza ℘ 982 13 01 87, cantalarana@eresmas.com,
Fax 982 13 01 87, 🌱 – 🅿. 🆚 🆚. ⚹
cerrado febrero – **6 hab** ☕ 54/60,20.

O Forno, av. de Asturias 4 ℘ 982 13 08 02, Fax 982 13 08 03 – 🍽 rest, 📺 🚙. 🗚
⑩ 🆚 🆚. ⚹
Comida 9,02 – ☕ 4,21 – **17 hab** 30,05/48,08 – PA 22,24.

Presidente sin rest y sin ☕, Virgen del Camino 3 ℘ 982 12 80 92 – 📺
🆚 🆚
julio-septiembre – **19 hab** 36,06/42,07.

RIBADESELLA 33560 Asturias **441** B 14 – 6 182 h – Playa.

Ver : *Cuevas Tito Bustillo★ (pinturas rupestres★).*

🛈 *Marqueses de Argüelles (El Muelle)* ℘ *98 586 00 38 oficina@ribadesellaturismo.com Fax 98 586 03 51.*

Madrid 485 – Gijón 67 – Oviedo 84 – Santander 128.

Marina, Gran Vía 36 ℘ 98 586 00 50, *hmarina@las.es,* Fax 98 586 01 57 – 🛗 TV. 🅜🅒 VISA. ⚡
abril-octubre – **Comida** 10,22 – ☕ 3,01 – **46 hab** 42,07/57,01 – PA 23,44.

en la playa :

G.H. del Sella 🦢, ⊠ 33560, ℘ 98 586 01 50, *granhoteldelsella@hotmail.com.,* Fax 98 585 74 49, ≼, 🏊, 🚡, 🎾 – 🛗 TV P – 🛶 25/300. AE ① 🅜🅒 VISA. ⚡
abril-15 octubre – **Comida** 18,03 – ☕ 6,01 – **78 hab** 81,73/102,17, 4 suites.

Don Pepe 🦢, Dionisio Ruisánchez 12, ⊠ 33560, ℘ 98 585 78 81, *hoteldonpepe@retemail.es,* Fax 98 585 78 77, ≼ – 🛗 TV 🚗. AE ① 🅜🅒 VISA. ⚡
abril-15 octubre – **Comida** 13,50 – ☕ 4,81 – **32 hab** 62,51/78,14 – PA 31.

Ribadesella Playa sin rest, Ricardo Cangás 3, ⊠ 33560, ℘ 98 586 07 15, *jlgarcia@fade.es,* Fax 98 586 02 20, ≼ – TV P. AE ① 🅜🅒 VISA. ⚡
☕ 3,60 – **17 hab** 51,09/69,12.

Derby sin rest, El Pico 24, ⊠ 33560, ℘ 98 586 00 92, Fax 98 586 03 79 – 🛗 TV
abril-octubre – ☕ 2,70 – **27 hab** 30/43.

por la carretera de Collía :

El Carmen sin rest, El Carmen - Suroeste : 4 km, ⊠ 33567 El Carmen, ℘ 98 586 12 89, *hotel@hotelelcarmen.com,* Fax 98 586 12 48, ≼, 🚡 – TV P. 🅜🅒 VISA. ⚡
cerrado 22 diciembre-7 enero – ☕ 4,60 – **8 hab** 46/58.

La Biesca 🦢 sin rest, Sebreño - Suroeste : 2,5 km, ⊠ 33560 Ribadesella, ℘ 98 586 00 00, *labiesca@wanadoo.es,* Fax 98 586 04 11, ≼ – TV P. ① 🅜🅒 VISA. ⚡
abril-octubre – ☕ 4,50 – **11 hab** 49,30/55,30.

en la carretera AS 263 :

Camangu sin rest, Camango - Este : 4,5 km, ⊠ 33568 Camango, ℘ 98 585 76 46, *hcamangu@eresmas.com,* Fax 98 585 76 46 – TV P. 🅜🅒 VISA. ⚡
☕ 3,50 – **10 hab** 39/47.

Casa Tista, Toriello - Este : 5 km, ⊠ 33568 Toriello, ℘ 98 586 09 54, 🌿 – ▭ P. ⚡
cerrado noviembre – **Comida** - pescados y mariscos - carta 23,50 a 29.

RIBERA DE CARDÓS 25570 Lleida **443** E 33 – alt. 920.

Alred. : *Valle de Cardós★.*

Madrid 614 – Lleida/Lérida 157 – Sort 21.

Sol i Neu 🦢, Llimera 1 ℘ 973 62 31 37, Fax 973 62 31 37, ≼, 🏊, 🎾 – TV P. AE 🅜🅒 VISA. ⚡
15 marzo-15 diciembre – **Comida** - sólo menú - 11,25 – ☕ 4,10 – **27 hab** 30/51.

RIBES DE FRESER 17534 Girona **443** F 36 – 2 358 h alt. 920 – Balneario.

Excurs. : *Vall de Núria★ (tren cremallera ≼★★).*

🛈 *pl. Ajuntament 3* ℘ *972 72 77 28 patronat.turisme@vallderibes.com Fax 972 72 70 16.*

Madrid 689 – Barcelona 118 – Girona/Gerona 101.

Catalunya Park H. 🦢, passeig Mauri 9 ℘ 972 72 71 98, Fax 972 72 70 17, ≼, « Césped con 🏊 » – 🛗 TV 🚗. ⚡
Semana Santa y junio-septiembre – **Comida** 14 – ☕ 4,50 – **55 hab** 30/51.

Sant Antoni, Sant Quintí 55 ℘ 972 72 70 18, Fax 972 72 77 81, 🌿, 🏊 – 🛗 TV 🛶 25/100. 🅜🅒 VISA. ⚡
cerrado del 15 al 31 de octubre – **Comida** 15,02 – ☕ 4,51 – **48 hab** 42,08/63,11 – PA 29,15.

Catalunya, Sant Quintí 37 ℘ 972 72 70 17, Fax 972 72 70 17 – 🛗 TV. ⚡
Comida - sólo cena - 14 – ☕ 4,50 – **18 hab** 29/45.

RICOTE 30610 Murcia **445** R 25 – 1679 h alt. 400.

Madrid 371 – Archena 10 – Cieza 15 – Cehegín 40 – Lorca 93 – Murcia 37.

X **El Sordo,** Algarrobo ℘ 968 69 71 50, elsordo@E-toller.es, Fax 968 69 72 09 – ▤ ℗. ㎰ ⓓ ⓜⓒ ⅦⅪ ⎎ⒸⒷ. ⅏
cerrado julio y miércoles – **Comida** - espec. en asados y caza - carta aprox. 25,85.

RIELLS 17404 Girona **443** G 37 – 998 h alt. 487.

Madrid 657 – Barcelona 59 – *Girona/Gerona* 59 – Vic 44.

XX **Can Marlet** ⑤ con hab, Sureste : 1,5 km ℘ 972 87 09 03, info@canmarlet.com, Fax 972 87 09 43, « En un frondoso paraje de la sierra del Montseny », ⚘, ⚘ – ▤ ㋓ ℗. ㎰ ⓜⓒ ⅦⅪ. ⅏
Navidades, Semana Santa, julio-septiembre y fines de semana resto del año – **Comida** carta 28,60 a 32 – **11 hab** ⍓ 78,80.

Sa RIERA (Playa de) Girona – ver Begur.

La RIERA DE GAIÀ 43762 Tarragona **443** I 34 – 894 h alt. 28.

Madrid 558 – Barcelona 102 – Lleida/Lérida 118 – Sitges 34 – Tarragona 14.

X **La Masia de l'Era,** Sant Joan 64 ℘ 977 65 54 02, ⚘, « Marco rústico catalán » – ℗. ⓜⓒ ⅦⅪ. ⅏
cerrado 14 octubre-7 noviembre y lunes de octubre a julio – **Comida** (sólo almuerzo de domingo a jueves en invierno) carta 20 a 28.

RINCÓN DE LA VICTORIA 29730 Málaga **446** V 17 – 13 007 h – Playa.

⌖₁₈ Añoreta, av. del Golf-urb. Añoreta Golf ℘ 95 240 40 00 Fax 95 240 40 50.
Madrid 568 – Almería 208 – Granada 139 – *Málaga* 14.

㎙ **Rincón Sol,** av. del Mediterráneo 174 ℘ 95 240 11 00, rincosol@spa.es, Fax 95 240 43 79, ≤, ⚘ₛ – ⧉ ▤ ㋓ ⅙ ⇔ – ⚎ 25/180. ㎰ ⓓ ⓜⓒ ⅦⅪ. ⅏
Comida 11,72 – ⍓ 4,81 – **86 hab** 51,09/66,11 – 1 suite.

por la carretera de Macharaviaya Noreste : 8 km y desvío a la derecha 1,3 km :

㎙ **Molino de Santillán** ⑤, ✉ 29730 apartado 101, ℘ 902 120 240, msantillan@spa.es, Fax 95 240 09 50, ≤, ⚘, « Cortijo en pleno campo con el mar al fondo », ⚘, ⚘ – ㋓ ℗. ㎰ ⓓ ⓜⓒ ⅦⅪ ⎎ⒸⒷ. ⅏ rest
cerrado enero y febrero – **Comida** - sólo clientes - 19,80 – ⍓ 7,80 – **10 hab** 89,70/ 113,80.

RIÓPAR 02450 Albacete **445** Q 22 – 1 290 h alt. 1 139.

Madrid 295 – Albacete 119 – Ciudad Real 173 – Valdepeñas 108.

㎙ **Riópar** ⑤, Choperas ℘ 967 43 51 91, hriopar@paralelo40.org, Fax 967 43 53 77, ≤ – ⧉ ㋓ ℗ – ⚎ 25/50. ⓓ ⅦⅪ. ⅏
Comida (cerrado lunes salvo verano y festivos) carta 15,02 a 25,40 – **30 hab** ⍓ 39,07/62,50.

㎠ **Los Bronces,** Haza de San Luis 11 ℘ 967 43 50 33, Fax 967 43 50 90, ⚘ – ▤ rest, ℗. ㎰ ⓓ ⓜⓒ ⅦⅪ ⎎ⒸⒷ. ⅏
Comida 8,41 – ⍓ 2,30 – **20 hab** 18/33.

RIPOLL 17500 Girona **443** F 36 – 11 204 h alt. 682.

Ver : *Localidad*★ - *Antiguo Monasterio de Santa María*★ (portada★★★, iglesia★, claustro★).
Alred. : *San Juan de las Abadesas*★ : puente medieval★, Monasterio★★ (iglesia★ : descendimiento de la Cruz★★, claustro★) Noreste : 10 km.
🛈 pl. de l'Abat Oliba ℘ 972 70 23 51 otripoll@ddgi.es Fax 972 70 23 51.
Madrid 675 – Barcelona 104 – Girona/Gerona 86 – Puigcerdà 65.

🏠 **Del Ripollés,** pl. Nova 11 ℘ 972 70 02 15, ramontu@intercom.es, Fax 972 70 00 27, ⚘ – ㋓. ⓜⓒ ⅦⅪ. ⅏
Comida (cerrado domingo mediodía) 9 – ⍓ 3,65 – **8 hab** 30,05/48,10.

XX **Reccapolis,** carret. Sant Joan 68 (C 151a) ℘ 972 70 21 06, a022191@sp-editores.es, Fax 972 70 21 06, ⚘ – ㎰ ⓜⓒ ⅦⅪ. ⅏
cerrado septiembre y miércoles – **Comida** carta 19 a 34,86.

en la carretera C 17 Sur : 2 km :

㎙ **Solana del Ter,** ✉ 17500, ℘ 972 70 10 62, hotel@solanadelter.com, Fax 972 71 43 43, ≤, ⚘, ⚘, ⚘, ⚘ – ⧉, ▤ rest, ㋓ ⅙ ⇔ ℗ – ⚎ 25/300. ⓜⓒ ⅦⅪ. ⅏
Comida (cerrado domingo noche en invierno) 16 – ⍓ 6 – **43 hab** 42/66 – PA 32.

RIPOLLET 08291 Barcelona **443** **H 36** – 26 835 h alt. 79.

Madrid 625 – *Barcelona* 16 – Girona/Gerona 74 – Sabadell 6.

XX **Eulalia**, Casanovas 29 ℘ 93 692 04 02, Fax 93 691 63 57 – ▤ P. AE MO VISA. ⌗
cerrado del 3 al 27 de agosto, domingo, lunes y martes noche – **Comida** carta 18,20 a 33.

RIS (Playa de) Cantabria – *ver Noja*.

RIUDARENES 17421 Girona **443** **G 38** – 1 102 h alt. 84.

Madrid 693 – Barcelona 80 – *Girona/Gerona* 27.

⌂ **La Brasa**, carret. Santa Coloma 21 ℘ 972 85 60 17, info@labrasa.com, Fax 972 85 62 38
– ▮ ▤ TV. AE O MO VISA JCB. ⌗
cerrado 15 enero-25 febrero – **Comida** - *ver rest.* **La Brasa** – **20 hab**
⌸ 28/55.

X **La Brasa** - Hotel La Brasa, carret. Santa Coloma 21 ℘ 972 85 60 17, info@labrasa.com,
Fax 972 85 62 38 – ▤. AE O MO VISA. ⌗
cerrado 15 enero-25 febrero y lunes – Comida - *sólo almuerzo, cocina regional* - carta 18 a 21.

Ferienreisen wollen gut vorbereitet sein.

Die Straßenkarten und Führer von Michelin
geben Ihnen Anregungen und praktische Hinweise zur Gestaltung Ihrer
Reise :
Streckenvorschläge, Auswahl und Besichtigungsbedingungen
der Sehenswürdigkeiten, Unterkunft, Preise ... u. a. m.

ROA DE DUERO 09300 Burgos **442** **G 18** – 2 264 h alt. 810.

Madrid 181 – Aranda de Duero 20 – Burgos 82 – Palencia 72 – Valladolid 76.

X **Chuleta**, av. de la Paz 7 ℘ 947 54 03 12 – ▤. O MO VISA. ⌗
cerrado lunes noche – **Comida** carta aprox. 19,70.

ROCAFORT 46111 València **445** **N 28** – 4 055 h alt. 35.

Madrid 361 – *València* 9.

XX **Été**, Francisco Carbonell 33 ℘ 96 131 11 90, ete@web.es, Fax 96 363 67 63 – ▤. AE
O MO VISA – *cerrado Semana Santa, del 16 al 31 de agosto, domingo, lunes y festivos*
– **Comida** carta 23,40 a 29.

El ROCÍO 21750 Huelva **446** **U 10**.

Ver : *Parque Nacional de Doñana*★★★.

Madrid 607 – Huelva 67 – Sevilla 78.

⌂ **Toruño** ⌗, pl. del Acebuchal 22 ℘ 959 44 23 23, hoteltoruno@eremas.com,
Fax 959 44 23 38, « *Junto a las marismas de Doñana* » – ▤ TV. MO VISA. ⌗
cerrado del 15 al 23 de mayo – **Comida** 12,02 – **30 hab** ⌸ 45,38/60,10 – PA 24,04.

en la carretera de Matalascañas *Suroeste : 4 km :*

⌂⌂ **El Cortijo de los Mimbrales** ⌗, ✉ 21750, ℘ 959 44 22 37, info@cortijomimbr
ales.com, Fax 959 44 24 43, ⌗, « *Conjunto rural con* ⌗ *en una extensa finca* » – ▤ rest,
TV P. AE O MO VISA. ⌗ rest
Comida 24 – ⌸ 6 – **14 hab** 85/120 – 6 apartamentos.

La RODA 02630 Albacete **444** **O 23** – 12 938 h alt. 716.

Madrid 210 – Albacete 37.

⌂ **Flor de la Mancha**, Alfredo Atienza 139 ℘ 967 44 09 00, Fax 967 44 09 04 – ▮,
▤ rest, TV P. AE O MO VISA JCB. ⌗
Comida 13,25 – ⌸ 4,20 – **54 hab** 33,10/54,10.

XX **Juanito** con hab, Mártires 15 ℘ 967 54 80 41, hoteljuanito@hoteljuanito.com,
Fax 967 54 81 46 – ▮ ▤ TV. AE MO VISA. ⌗ rest
Comida carta 19,23 a 32,15 – ⌸ 3,01 – **31 hab** 21,04/42,07.

en la carretera N 301 *Noroeste : 2,5 km :*

X **Juanito**, ✉ 02630, ℘ 967 44 15 12, Fax 967 44 40 06 – ▤ P. AE O MO VISA. ⌗
Comida carta 21,49 a 29,09.

RODA DE ISÁBENA 22482 Huesca **448** F 31 – 281 h alt. 751.

Madrid 491 – Huesca 106 – Lleida/Lérida 95.

Hospedería de Roda de Isábena , pl. de la Catedral ℰ 974 54 45 54, *Fax 974 54 45 00*, ≤, « Instalado en un edificio medieval » – TV P. ① MO VISA.
cerrado noviembre y del 20 al 26 de diciembre – **Comida** *- ver rest.* **Hospedería La Catedral** *–* 4,20 – **11 hab** 25/36.

Hospedería La Catedral - *Hotel Hospedería de Roda de Isábena*, pl. Pons Sorolla ℰ 974 54 45 45, « Instalado en el refectorio. Claustro del siglo XII » – ① MO VISA.
cerrado noviembre, del 20 al 26 de diciembre y domingo noche salvo verano – **Comida** carta aprox. 19,50.

ROIS 15911 A Coruña **441** D 4.

Madrid 638 – A Coruña/La Coruña 98 – Pontevedra 41 – Santiago de Compostela 46.

Casa Ramallo, Castro 5 ℰ 981 80 41 80, *Fax 981 80 41 80* – P. AE ① MO VISA.
cerrado lunes – **Comida** carta aprox. 21,04.

ROJALES 03170 Alacant **445** R 27 – 5 227 h alt. 125.

18 La Marquesa, urb. Ciudad Quesada ℰ 96 671 42 58 Fax 96 671 42 67.

Madrid 435 – Alacant/Alicante 58 – Benidorm 100 – Elx/Elche 23 – Cartagena 71 – Murcia 46.

por la carretera de Guardamar del Segura *Noreste : 2 km y desvío a la izquierda 1 km :*

Viloriens, Huerta Rojales, ✉ 03170, ℰ 96 671 54 72, , « Casa de campo con terraza » – P.

ROMANYÀ DE LA SELVA 17246 Girona **443** G 38.

Madrid 699 – Barcelona 97 – Girona/Gerona 31 – Sant Feliu de Guíxols 18.

Can Roquet, pl. Església ℰ 972 83 32 89 – P.

RONCESVALLES Navarra – *ver Orreaga.*

RONDA 29400 Málaga **446** V 14 – 35 788 h alt. 750.

Ver : *Localidad*★★ *- La Ciudad*★★ *– Puente Nuevo*★ Y *- Jardines de Forestier*★ Y *– Baños árabes*★ Z *– Minarete de San Sebastián*★ Z *– Santa María la Mayor*★ Z *– Palacio de Mondragón*★★ *: Museo de la Ciudad* Z *– Arco de Cristo* ≤★★ Y *– Plaza de Toros*★ Y *– Templete de la Virgen de los Dolores*★ YV.

Alred. : *Iglesia rupestre de la Virgen de la Cabeza*★ ≤★★ *2,7 km por* ③ *– Cueva de la Pileta*★ *20 km por* ①.

Excurs. : *carretera*★★ *de Ronda a San Pedro de Alcántara por* ②.

pl. de España 9 ℰ 95 287 12 72 Fax 95 287 12 72 y paseo Blas Infante ℰ 952 18 71 19 Fax 952 18 71 47.

Madrid 612 ① *– Algeciras 102* ③ *– Antequera 94* ① *– Cádiz 149* ① *– Málaga 96* ② *– Sevilla 147* ①

Plano página siguiente

Parador de Ronda, pl. de España ℰ 95 287 75 00, *ronda@parador.es, Fax 95 287 81 88*, ≤, « Instalado en el antiguo ayuntamiento. Al borde del Tajo », , – ⧈ TV – 25/80. AE ① MO VISA. Y a
Comida 24,04 – 8,71 – **70 hab** 90,72/113,40 – 8 suites.

Maestranza, Virgen de la Paz 24 ℰ 95 218 70 72, *reservas@hotelmaestranza.com, Fax 95 219 01 70* – ⧈ TV – 25/200. AE ① MO VISA. Y r
Sol y Sombra : **Comida** carta aprox. 27,05 – 7,82 – **52 hab** 75,10/105,72, 2 suites.

San Gabriel sin rest, Marqués de Moctezuma 19 ℰ 95 219 03 92, *info@hotelsangabriel.com, Fax 95 219 01 17*, « Mansión señorial del siglo XVIII » – ⧈ TV. AE MO VISA. Z v
cerrado del 15 al 31 de enero – 4,25 – **16 hab** 60/73.

Reina Victoria , av. Dr. Fleming 25 ℰ 95 287 12 40, *reinavictoriaronda@husa.es, Fax 95 287 10 75*, « Al borde del Tajo con ≤ valle y serranía de Ronda », , – ⧈ TV P. – 25/200. AE ① MO VISA JCB por ①
Comida 21 – 9 – **89 hab** 76,70/116,70 – PA 42.

RONDA

Un consejo Michelin:

Para que sus viajes
sean un éxito,
prepárelos de antemano.
Los mapas
y las guías Michelin
le proporcionan
todas las indicaciones
útiles sobre:
itinerarios,
visitas de curiosidades,
alojamiento, precios, etc...

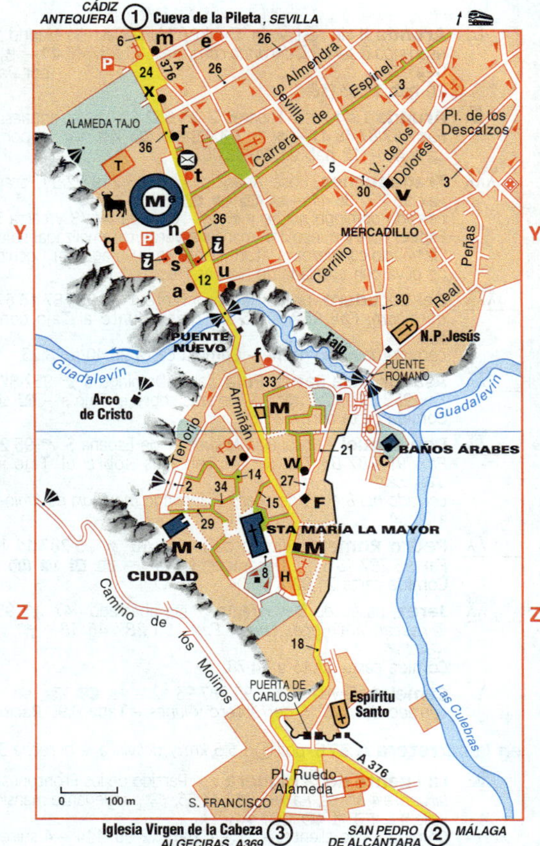

La Casona de la Ciudad sin rest, Marqués de Salvatierra 5 *95 287 95 95, reser vas@lacasonadelaciudad.com, Fax 95 216 10 95,* « Casona del siglo XVI con terraza-jardín » – 🛗 🗏 📺 🚗. AE MC VISA. ⌘   Z w
5 – **9 hab** 120.

Don Miguel, pl. de España 4 *95 287 77 22, info@dmiguel.com, Fax 95 287 83 77,* ≤ – 🛗 🗏 📺 🚗. AE ① MC VISA JCB. ⌘   Y u
cerrado del 8 al 22 de enero - **Comida** - ver rest. **Don Miguel** - ⌘ 8,41 - **30 hab** 42,06/63,10.

Don Javier, José Aparicio 3 *952 87 20 20, laespañola@ronda.net, Fax 952 87 10 08,* ⌘ – 🛗 🗏 📺. AE ① MC VISA. ⌘   Y n
Comida 15,03 – **14 hab** ⌘ 60,77/101,28.

La Española, José Aparicio 5 *952 87 10 52, laespanola@ronda.net,* *Fax 952 87 24 53,* ⌘ – 🛗 🗏 📺. AE ① MC VISA. ⌘   Y s
Comida 15,03 – **15 hab** ⌘ 43,87/87,78.

Royal sin rest y sin ⌘, Virgen de la Paz 42 *95 287 11 41, hroyal@ronda.net,* *Fax 95 287 81 32* – 🗏 📺. AE ① MC VISA JCB. ⌘   Y x
29 hab 25,70/42.

Alavera de los Baños ⌘, Hoyo San Miguel, ✉ apartado 97, *952 87 91 43, alav era@ctv.es, Fax 952 87 91 43,* ⌘, ⌘ – MC VISA. ⌘ hab   Z c
cerrado 18 de noviembre-23 diciembre - **Comida** carta aprox. 24 – **10 hab** ⌘ 50,50/70.

Colón sin rest con cafetería, Pozo 1 *952 87 02 18* – 🛗 🗏 📺. MC VISA JCB. ⌘   Y m
⌘ 2,41 – **10 hab** 30,05/60,10.

Arunda II sin rest y sin 🍽, José María Castelló Madrid 10-12 🕿 952 87 25 19, *hotel esarunda@ serraniaderonda.com, Fax 95 287 48 41* – 🛗 🖳 📺 🚗. AE ① ⑩ⓒ VISA JCB. ⚡
por Padre Mariano Soubirón   Y
20 hab 21,03/36.

Arunda I sin rest, Tabares 2 🕿 952 19 01 02, *hotelesarunda@ serraniaderonda.com, Fax 952 87 48 41* – 🛗 🖳 📺. AE ① ⑩ⓒ VISA. ⚡   *por carret. de la estación*   Y
🍽 2,40 – **12 hab** 21,04/36,06.

Tragabuches, José Aparicio 1 🕿 95 219 02 91, *tragabuches@ tragabuches.com, Fax 95 287 86 41* – 🖳. AE ① ⑩ⓒ VISA JCB. ⚡   Y s
🕸 *cerrado domingo noche y lunes* – **Comida** 47,78 y carta 34,56 a 37,13
Espec. Foie y queso con manzana verde caramelizada, soja y almendras. Gazpacho andaluz helado con cerezas, atún y jengibre (julio-agosto). Cochinillo lechón confitado en aceite de oliva con ensalada de hierbas frescas.

Del Escudero, paseo de Blas Infante 1 🕿 952 87 13 67, *escudero@ restauranteescudero.com, Fax 952 87 45 32,* 👁, « Junto al Tajo con ≼ valle » – 🖳. AE ① ⑩ⓒ VISA. ⚡   Y q
cerrado domingo noche – **Comida** carta 25,40 a 28,25.

Asador Casa Santa Pola, Santo Domingo 3 🕿 952 87 92 08, *santapola@ ronda.net, Fax 952 87 93 28,* 🌿, « Terrazas sobre el Tajo » – AE ① ⑩ⓒ VISA. ⚡   Y f
Comida carta aprox. 35,34.

Don Miguel - *Hotel Don Miguel,* pl. de España 5 🕿 95 287 10 90, *info@ dmiguel.com, Fax 95 287 83 77,* 👁 🌿, « Terrazas sobre el Tajo » – 🛗 🖳. AE ① ⑩ⓒ VISA JCB. ⚡   Y u
cerrado del 8 al 23 de enero y domingo mediodía de junio-agosto – **Comida** carta 18,94 a 25,54.

Pedro Romero, Virgen de la Paz 18 🕿 95 287 11 10, *pedroromero@ ronda.net, Fax 95 287 10 61,* « Decoración típica » – 🖳. AE ① ⑩ⓒ VISA. ⚡   Y t
Comida carta 21,02 a 33,04.

Jerez, paseo de Blas Infante 2, ✉ apartado 447, 🕿 95 287 20 98, *restaurantejerez @ restaurantejerez.com, Fax 95 287 46 36,* 🌿 – 🖳. AE ① ⑩ⓒ VISA JCB. ⚡   Y n
Comida carta 17,13 a 24,78.

Camelot, Sevilla 45 🕿 95 287 93 12 – 🖳. ⑩ⓒ VISA. ⚡   Y e
cerrado del 1 al 15 de febrero y lunes – **Tapa** 0,90 **Ración** aprox. 6.

en la carretera A 376 *por ① : 5,5 km y desvío a la derecha 3,2 km :*

La Fuente de la Higuera 🐬, Partido de los Frontones, ✉ 29400, 🕿 95 211 43 55, *lafuente@ ncs.es, Fax 95 211 43 56,* 🌿, « Elegante mansión rural con 🏊 y ≼ olivares y valle » – 📺 🅿. ⑩ⓒ VISA. ⚡
Comida - sólo clientes - 27 – **4 hab** 🍽 99/114 – 4 suites.

ROQUETAS DE MAR 04740 Almería **446** V 22 – 32 361 h – Playa.
🛈 Playa Serena, urb. Playa Serena 🕿 950 33 30 55 Fax 950 33 30 55.
Madrid 605 – Almería 18 – Granada 176 – Málaga 208.

en la urbanización Roquetas de Mar *Sur : 4 km :*

Al-Baida, av. Las Gaviotas 94, ✉ 04740, 🕿 950 33 38 21, Fax 950 33 39 51, 🌿 – 🖳. AE ① ⑩ⓒ VISA JCB. ⚡
Comida carta 25,23 a 40,25.

ROSES o **ROSAS** 17480 Girona **443** F 39 – 10 303 h – Playa.
Ver : *Localidad★ – Ciudadela★.*
🖪 av. de Rhode 101 🕿 972 25 73 31 otroses@ ddgi.es Fax 972 15 11 50.
Madrid 763 – Barcelona 153 – *Girona/Gerona* 56.

Terraza, passeig Marítim 16 🕿 972 25 61 54, *info@ hotelterraza.com, Fax 972 25 68 66,* ≼, 🌿, 🎣, 🏊 climatizada, ✄ – 🛗 🖳 📺 🚗 🅿 – 🔔 25/150. AE ① ⑩ⓒ VISA. ⚡ rest
marzo-15 noviembre – **Comida** - sólo cena en abril-mayo y octubre - 24 – 🍽 9 – **112 hab** 90/120.

Coral Platja, av. de Rhode 28 🕿 972 25 21 10, *reservas@ prestigehotels.com, Fax 972 25 21 00,* ≼, 🏊 – 🛗 🖳 📺 🅿. AE ① ⑩ⓒ VISA. ⚡
15 mayo-2 noviembre – **Comida** - sólo buffet - 18,03 – **167 hab** 🍽 91,95/141,24.

Ramblamar ⤬, av. de Rhode 153 ☎ 972 25 63 54, *hotelsrisech@navegalia.com,*
Fax 972 25 68 11, ≤ mar – ⊞ ▤ TV. AE MC VISA. ⊠
22 marzo-13 octubre – **Comida** 15 – ☕ 7,50 – **52 hab** 50,50/86,55 – PA 27,50.

Goya sin rest, Riera Ginjolers ☎ 972 25 61 23, *info@goyahotel.com, Fax 972 15 14 61,*
⤫ – ⊞ ▤ TV P. AE ① MC VISA
abril-octubre – **75 hab** ☕ 51,60/80,65.

Mont-Mar, Dr. Ferran 7 ☎ 972 25 43 67, *Fax 972 45 97 01 –* ⊞ ▤ ⇔. AE MC
VISA. ⊠
Comida 7,21 – **30 hab** ☕ 28,85.

Novel Risech, av. de Rhode 183 ☎ 972 25 62 84, *hotelsrisech@navegalia.com,*
Fax 972 25 68 11, ≤, ⛱ – ⊞, ▤ rest, TV. AE MC VISA. ⊠
cerrado 7 enero-1 febrero – **Comida** 13,85 – ☕ 6 – **78 hab** 31,85/53,75 – PA 25,70.

✗✗ **Flor de Lis,** Cosconilles 47 ☎ 972 25 43 16, *Fax 972 25 43 16,* « Decoración rústica »
– ▤. AE ① MC VISA. ⊠
Semana Santa-5 octubre – **Comida** *(cerrado martes salvo julio-septiembre) - sólo cena,*
cocina francesa - carta 31,21 a 46,42.

✗ **Die Insel,** Pescadors 17 ☎ 972 25 71 23, *Fax 972 15 37 69 –* ▤. AE ① MC
VISA. ⊠
cerrado 15 enero-1 marzo, 20 noviembre-8 diciembre y martes – **Comida** carta 27,43 a
40,31.

✗ **El Trull,** Sant Sebastià 12 ☎ 972 25 62 61, ⛱, Decoración rústica – ▤. AE ① MC
VISA. ⊠
cerrado diciembre, enero y martes – **Comida** carta 13,37 a 22,24.

✗ **Llevant,** av. de Rhode 145 ☎ 972 25 68 35, ⛱ – ▤. AE ① MC VISA. ⊠
cerrado diciembre-enero, martes mediodía (julio-agosto) y martes resto del año – **Comida**
carta 17,43 a 24,03.

en la urbanización Santa Margarida *Oeste : 2 km :*

Monterrey, passeig Marítim 72, ✉ 17480 Roses, ☎ 972 25 66 76, *hotel@monterre*
y.es, Fax 972 25 38 69, ≤, ⏃, ⤫ climatizada – ⊞, ▤ rest, TV P. AE ① MC VISA.
⊠ rest
15 marzo-15 noviembre – **Comida** 12 – ☕ 6 – **135 hab** 62,55/85,30.

Marítim, Jacinto Benavente 2, ✉ 17480 Roses, ☎ 972 25 63 90, *Fax 972 25 68 75,* ≤,
⤫ – ⊞, ▤ rest, P. MC VISA. ⊠
marzo-octubre – **Comida** - sólo buffet - 11 – **132 hab** ☕ 61,30/92,60.

Montecarlo, av. de la Platja, ✉ 17480 Roses, ☎ 972 25 66 73, *hotel-montecarlo@c*
tv.es, Fax 972 25 57 03, ≤, ⬛ – ⊞, ▤ rest,. AE ① MC VISA. ⊠
15 marzo-15 noviembre – **Comida** 10,20 – ☕ 5,70 – **126 hab** 52/82 –
PA 25.

✗ **El Jabalí** con hab, Jacinto Benavente, ✉ 17480 Roses, ☎ 972 25 65 25, *thalassaspo*
rt@xarxacontrol.es, Fax 972 15 33 28, ⛱, « Decoración rústica » – ▤ TV. AE ①
MC VISA
abril-octubre – **Comida** *(cerrado miércoles salvo verano) - sólo cena - carta 15,41 a 24,63*
– **4 hab** ☕ 52,22/86,43.

en la playa de Canyelles Petites *Sureste : 2,5 km :*

Vistabella ⤬, av. Díaz Pacheco 26, ✉ 17480 Roses, ☎ 972 25 62 00, *vistabella@r*
eadysoft.es, Fax 972 25 32 13, ≤, ⛱, « Terraza ajardinada », ⏃, ⬛ – ⊞ ▤ TV ⇔
P. AE ① MC VISA. ⊠ rest
marzo-noviembre – **Comida** 40,86 – **22 hab** ☕ 242,95 – 7 suites.

en la playa de La Almadraba *Sureste : 4 km :*

Almadraba Park H. ⤬, ✉ 17480 Roses, ☎ 972 25 65 50, *almadrabapark@almad*
rabapark.com, Fax 972 25 67 50, ≤ mar, ⛱, « Terrazas ajardinadas », ⤫, ✗✗ – ⊞ ▤
TV ♿ P. – 🕿 25/190. AE ① MC VISA. ⊠ rest
28 marzo-14 octubre – **Comida** 30,65 – ☕ 11,72 – **60 hab** 100/140,
6 suites.

en la carretera de Figueres *Oeste : 4,5 km :*

✗✗✗ **La Llar,** ✉ 17480 apartado 315 Roses, ☎ 972 25 53 68, *Fax 972 15 16 08 –* ▤ P. AE
⊛ ① MC VISA. ⊠
cerrado del 1 al 15 de febrero, del 15 al 30 de noviembre, miércoles noche y jueves (salvo
verano y festivos) – **Comida** 52 y carta 36,25 a 48,70
Espec. Tartar de lubina y salmón fresco con caviar iraní. Espardenyes sobre compota
de tomate a la miel. Lomo de ciervo asado con salsa de arándanos (noviembre-
marzo).

en Cala Montjoi *Sureste : 7 km :*

XXX / ❀❀❀ **El Bulli,** ✉ 17480 apartado 30 Roses, 𝒫 972 15 04 57, *bulli@elbulli.com,* Fax 972 15 07 17, 🌿, « Villa de acogedor marco rústico frente a una cala » – 🖥 P. AE ⓘ MC VISA ⚡
abril-octubre – **Comida** *(cerrado lunes y martes salvo julio-septiembre)* - sólo cena - 115 y carta 73 a 93
Espec. Raviolis de sepia y coco a la soja y jengibre. Civet de conejo. Espardenyes en agri-dulce.

ROTA 11520 Cádiz **446** W 10 – *27139 h* – *Playa.*
Ver : Villa vieja★ – Playa de la Costilla★.
🛈 *Cuna 2 (Palacio Municipal Castillo de Luna) 𝒫 956 84 63 45 turismorota@hotmail.com Fax 956 84 63 46.*
Madrid 632 – Cádiz 44 – Jerez de la Frontera 34 – Sevilla 125.

🏨 **Duque de Nájera,** Gravina 2 𝒫 956 84 60 20, *direccion@hotelduquedenajera.com,* Fax 956 81 24 72, ≤, ℔, ♨ – 🛗 🖥 TV ᵬ ᴔ – ⚓ 25/300. AE ⓘ MC VISA ⚡
Comida 20,13 - *Embarcadero :* **Comida** carta 20,13 a 29,83 – ☕ 9,62 – **92 hab** 121,04/151,30.

en la carretera de Chipiona *Oeste : 2 km :*

🏨 **Playa de la Luz** ⚘, av. Diputación, ✉ 11520, 𝒫 956 81 05 00, *reservas@hotelpla yadelaluz.com,* Fax 956 81 06 06, 🌿, « Conjunto típico andaluz », ℔, ♨, 🌳, ✗ – 🖥 TV ᵬ ᴔ P. – ⚓ 25/300. AE ⓘ MC VISA ⚡
Comida 20,13 - *Atlántico (sólo cena en verano)* **Comida** carta 18,30 a 24,40 – ☕ 9,62 – **235 hab** 95,68/119,60.

Las ROZAS 28230 Madrid **444** K 18 – *35211 h alt. 718*
Madrid 19 – Segovia 91.

🏨 **Express Las Rozas** sin rest con cafetería, Camino Viejo de Madrid 38 𝒫 91 637 09 00, *exlasrozas@nh-hoteles.es,* Fax 91 637 01 50 – 🛗 🖥 TV ᴔ. AE ⓘ MC VISA ⚡
☕ 6 – **80 apartamentos** 69.

en la autovía N VI :

XX **Gobolem,** La Cornisa 18 - Sureste : 2 km, ✉ 28230, 𝒫 91 634 05 44, 🌿 – 🖥 P. AE ⓘ MC VISA ⚡
cerrado domingo noche – **Comida** carta aprox. 32,94.

XX **El Asador de Aranda,** Sureste : 1,5 km, ✉ 28230, 𝒫 91 639 30 27, Fax 91 556 62 02, 🌿, « Decoración castellana. Patio-terraza » – 🖥 P. AE ⓘ MC VISA ⚡
cerrado domingo noche – **Comida** - cordero asado - carta aprox. 25,24.

en la carretera M 505 *Noroeste : 5 km :*

🏨 **Express Monte Rozas** sin rest, ✉ 28230, 𝒫 91 640 74 24, *exmonterozas@nh-ho teles.es,* Fax 91 640 60 22 – 🛗 🖥 TV ᴔ P. AE ⓘ MC VISA ⚡
☕ 6 – **63 hab** 72/97.

RUBÍ 08191 Barcelona **443** H 36 – *50384 h alt. 123.*
Madrid 616 – Barcelona 26 – Lleida/Lérida 160 – Mataró 43.

🏨 **Sant Pere II** sin rest, Riu Segre 27 𝒫 93 588 59 95, Fax 93 588 50 36, ≤ – 🛗 🖥 TV ᴔ. MC VISA JCB
☕ 6,61 – **18 hab** 52,75/71,65.

RUBIELOS DE MORA 44415 Teruel **443** L 28 – *570 h alt. 929.*
🛈 *pl. de Hispanoamérica 1 𝒫 978 80 40 01 rubimora@teleline.es Fax 978 80 40 96.*
Madrid 357 – Castelló de la Plana/Castellón de la Plana 93 – Teruel 56.

🏨 **Los Leones,** pl. Igual y Gil 3 𝒫 978 80 44 77, *hoteleones@gudar.com,* « Caserón del siglo XVII » – TV MC VISA ⚡
Comida 15,03 – ☕ 5,11 – **12 hab** 39,07/72,12 – PA 30,05.

🏨 **Montaña Rubielos** ⚘, av. de los Mártires 𝒫 978 80 42 36, *hotelmontana@gudar. com,* Fax 978 80 42 84, ≤, ℔, ☒ – 🖥 rest, TV P. – ⚓ 25/300. AE MC VISA ⚡
cerrado del 1 al 15 de mayo y del 1 al 15 de noviembre – **Comida** 11,41 – **37 hab** ☕ 38,46/57,68 – PA 22,08.

RUESCAS 04151 Almería **446** V 23.

Madrid 568 – Almería 26 – Granada 182.

Casa Blas, carret. de San José ℘ 950 20 81 81, Fax 950 20 81 81, 🕿 – 🖿 🅿. AE ⑩ Ⓜ️Ⓒ VISA. 🦊
cerrado del 15 al 30 de septiembre y lunes – **Comida** carta 18,02 a 25,03.

RUGAT 46842 València **445** P 28 – 199 h alt. 300.

Madrid 398 – Alcoi 41 – Denia 46 – Gandía 21.

La Casa Vieja 🦐, Horno 4 ℘ 96 281 40 13, lacasavieja@xpress.es, Fax 96 281 40 13, 🕿, « Ambiente acogedor en un marco rústico », 🛁 – ⑩ Ⓜ️Ⓒ VISA JCB. 🦊 rest
cerrado 15 diciembre-15 enero – **Comida** (cerrado martes mediodía en verano, domingo mediodía, lunes noche, martes, jueves noche y sábado mediodía en invierno) 9 – **6 hab** ☕ 60/80.

In questa guida
uno stesso simbolo, uno stesso carattere
stampati in rosso o in **nero**, in magro o in **grassetto**,
hanno un significato diverso.
Leggete attentamente le pagine esplicative.

RUILOBA 39527 Cantabria **442** B 17 – 731 h alt. 35.

Madrid 393 – Aguilar de Campóo 106 – Oviedo 150 – Santander 41.

La Cigoña 🦐, barrio La Iglesia ℘ 942 72 10 75, lacigoña@ceoecant.es, Fax 942 72 10 75, 🕿, « Casa de pueblo con mobiliario antiguo y cuidado jardín » – TV. AE ⑩ Ⓜ️Ⓒ VISA JCB.
cerrado 7 enero-15 marzo – **Comida** (cerrado miércoles) 11,72 – ☕ 3,01 – **16 hab** 33,06/48.

RUTE 14960 Córdoba **446** U 16 – 9 703 h alt. 637.

Madrid 494 – Antequera 60 – Córdoba 96 – Granada 127.

María Luisa, carret. Lucena-Loja ℘ 957 53 80 96, hotel@hotelmarialuisa.es, Fax 957 53 90 37, 🛁, 🛁, 🐟 – 🛗 🖿 TV 🅿. AE ⑩ Ⓜ️Ⓒ VISA JCB. 🦊
Comida 17,95 – **37 hab** ☕ 41,92/59,88.

SABADELL 08200 Barcelona **443** H 36 – 189 184 h alt. 188.

Madrid 626 ② – Barcelona 23 ② – Lleida/Lérida 169 ② – Mataró 47 ② – Tarragona 108 ②

Planos páginas siguientes

Sabadell, pl. Catalunya 10, ✉ 08206, ℘ 93 727 92 00, cataloni@hoteles-catalonia.es, Fax 93 727 86 17 – 🛗 🖿 TV 🦽 🚗 – 🔬 25/300. AE ⑩ Ⓜ️Ⓒ VISA JCB. 🦊
AY a
Comida 15,03 – ☕ 9,02 – **110 hab** 125,01/144,87.

G.H. Verdi, av. Francesc Macià 62, ✉ 08208, ℘ 93 723 11 11, cataloni@hoteles-catalonia.es, Fax 93 723 12 32 – 🛗 🖿 TV 🦽 🚗 – 🔬 25/450. AE ⑩ Ⓜ️Ⓒ VISA JCB. 🦊
AX b
Comida 16,83 – ☕ 9,02 – **172 hab** 125,01/144,87.

Urpí, av. 11 Setembre 38, ✉ 08208, ℘ 902 31 31 34, Fax 93 723 35 28 – 🛗 🖿 TV 🚗 – 🔬 25/600. AE ⑩ Ⓜ️Ⓒ VISA JCB. 🦊 rest
BX c
Comida 10,82 – ☕ 5,71 – **123 hab** 42,07/60,10 – PA 23,74.

Forrellat, Horta Novella 27, ✉ 08201, ℘ 93 725 71 51, Fax 93 725 71 51 – 🖿. AE ⑩ Ⓜ️Ⓒ VISA JCB. 🦊
BZ d
cerrado Semana Santa, agosto y domingo – **Comida** carta 22,84 a 39,80.

Can Feu, Pintor Borrasà 45, ✉ 08205, ℘ 93 727 70 42 – 🖿. Ⓜ️Ⓒ VISA. 🦊
AZ e
cerrado agosto, sábado noche y domingo – **Comida** carta aprox. 34,26.

Sagardi, passeig Manresa 15, ✉ 08202, ℘ 93 726 24 95, sagardi@teleline.es, Fax 93 725 43 91 – 🖿. AE Ⓜ️Ⓒ VISA. 🦊
BY n
Tapa 1 - tapas vascas -.

Txesuskoa, D'en Font 18, ✉ 08201, ℘ 93 727 92 83 – Ⓜ️Ⓒ VISA. 🦊
BY f
cerrado del 5 al 18 de agosto – **Tapa** 0,81 **Ración** - tapas vascas - aprox. 3,25.

SABADELL

Advocat Cirera	BY	2
Angel Guimera	BZ	3
Borriana	BY	4
Can Feu (Pg.)	AYZ	5
Casanovas i Bosch	CY	6
Doctor Robert (Pl.)	BY	7
Doctor Puig	BY	8
Escola Industrial	BY	10
Església	BY	11
Francesc Izard	CX	12
Joan Maragall	BY	14
Lluís Carreras	AX	15
Lluna	BY	17
Mare de Deu de les Neus	BY	18
Marià Fortuny	BY	19
Mestre Rius	BY	20
Monterols	BX	22
Mossèn Gaietà	BZ	23
Narcisa Freixas	CY	24
Pedregar	BY	25
Prats de Lluçanès (Ctra. de)	AX	27
Puigcerda	AZ	28
Rosa	BY	29
Sant Antoni	BY	31
Sant Antoni Mª Claret	BY	32
Sant Feliu	BY	33
Sant Francesc	BY	34
Sant Roc (Pl.)	BY	35

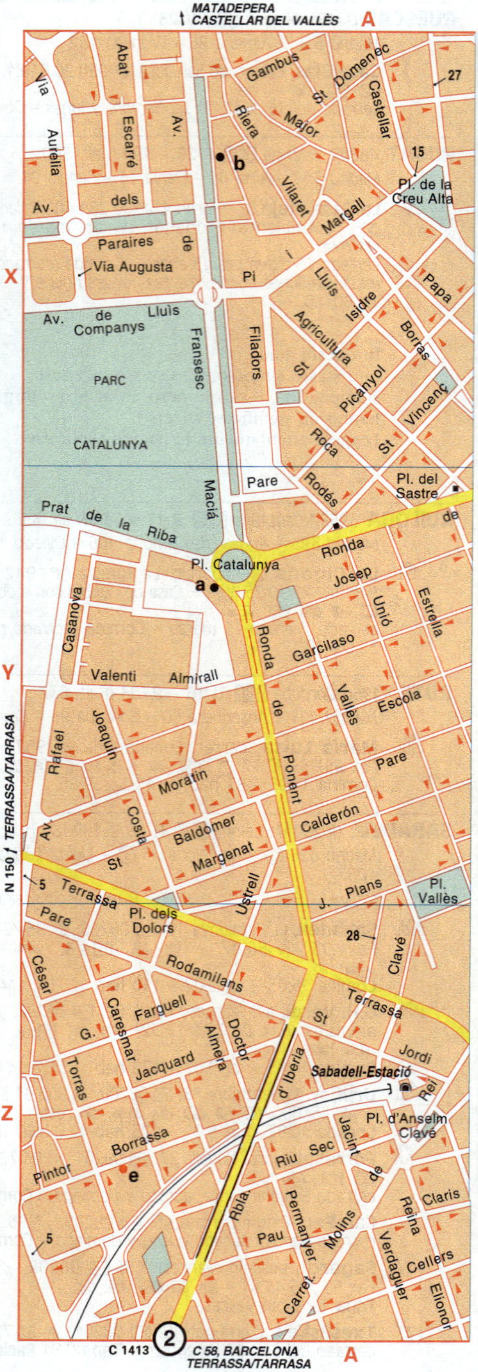

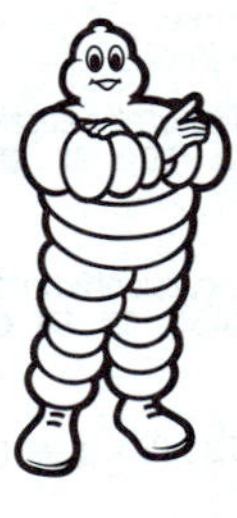

En los hoteles y restaurantes citados con menú a precio fijo, generalmente también se puede comer a la carta.

MATADEPERA
CASTELLAR DEL VALLÈS
B
C
C 155, GRANOLLERS
C 1413, CALDES DE MONTBUI
1
Ripoll
0   200m
Carret. de Caldes
X
Paco
Agnès
Armengol
Ribot
Canonge
POL
Cinca
Montseny
Joncar
i
Serra
Batllevell
PARC
TAULÍ
TORRE DE
L'AIGUA
Pl. dels
Usafges
Mutiló
Cusidó
Maties
Baronia
12
Villa
St
Antoni
Miquel
Fra
Rector Santena
Pl. de
Pep Ventura
Batlle
Pl. del
Taulí
Vidal
Briz
Pelai
Carret. de Caldes
Montllor
i
Pujal St
Can Puiggener
Pas. Revolució
Av. 11 de Setembre
Pius XI
c
Villarrubias
Bofi
Salut
Romeu
Vidal
Brujas
Quevedo
Forn
22
Soledat
Honorat
Font Nova
Paus
Salut
ST. SALVADOR
Zamenhof
Pl. Batlle
Marcet
Via de Massagué
Convent
St
Llobet
Alfons
Covadonga
Pl. de
St Salvador
Pl. Granados
34
18
Salut
17
Creueta
Estacio
Sala
Renom
Garcilaso
Capmany
LA PURÍSSIMA
8 Comedies
19
Carme
St Josep
St
Pl. de
Fr. Mompou
SABADELL-CENTRE
Jovellanos
Pia
Gràcia
Manresa
M
Pg. de
31
n
Pl. Major
4
20
St Jean
Industria
6
Pl.
d'Antoni
Llonch
Corominas
Sallarès
Calderón
10
M
29
11
St Antoni
25
Llorenç
Concepcio
Creus
Pl. del
Mercat
M
ST FELIU
Tres
Pl. de
St Jaume
f
St Quirze
35
7
32
Narcis
T
Colom
33
14
H
Alfons XIII
J
Jardi
Blasco
Estrella
Pl. del Gas
T
2
Sabadell-Rambla
Lacy
Unió
Cugat
Bages
Novella
Sant Pere
Rambla
Giralt
23
d
Migdia
Pau
3
J
Lacy
Sallarès
Turull
de
Sant
Osca
Avellaneda
Planes
Riego
ESCOLA TEXTIL
D'ARTS I OFICIS
Horta
Espirall
St
Gurrea
Cardellach
Garay
Comillas
Pascual
Barcelona
Roger
Portugal
Ferran
Montserrat
Sol
Bosch
i
Pl. de
St Joan
Amat
Sol
Ausiàs
Marc
de
Viladomat
Flor
St
Alemanya
Cervantes
Zurbano
Olaguer
Félix
Borrell
Rambla
Marques
Calassanç
Alguersuari
Padrís
Duran
Z
Sant
Pau i Sors
Sol
Duran
B
C 58
Santa Maria
de Barberà
2
A 18
C

S'ABANELL (Playa de) *Girona – ver Blanes.*

SABINOSA *Santa Cruz de Tenerife – ver Canarias (El Hierro).*

SABIÑÁNIGO *22600 Huesca* **443** **E 28** *– 9 917 h alt. 798.*
Madrid 443 – Huesca 53 – Jaca 18.

La Pardina ⑤, Santa Orosia 36 (carret. de Jaca) ℘ 974 48 09 75, Fax 974 48 10 73, ♨, ☞ – ⭤, ▤ rest, TV P. AE ① MC VISA. ⑳
cerrado noviembre – **Comida** 8,71 – **63 hab** ⬱ 56/84.

Mi Casa, av. del Ejército 32 ℘ 974 48 04 00, Fax 974 48 29 79 – ⭤, ▤ rest, TV. MC VISA. ⑳
Comida *(cerrado domingo noche en invierno)* 11 – ⬱ 5 – **72 hab** 43/57.

en la carretera de circunvalación *Este : 1,5 km :*

Confortel Sabiñánigo, ✉ 22600, ℘ 974 48 34 45, Fax 974 48 32 80, ≼, ♨, ✂ – ⭤, ▤ rest, TV P. AE ① MC VISA. ⑳
cerrado diciembre – **Comida** 11,25 – ⬱ 6 – **48 hab** 52,50/63.

When looking for a quiet hotel
use the maps in the introduction
or look for establishments with the sign ⑤ *or* ⑤.

SACEDÓN *19120 Guadalajara* **444** **K 21** *– 1 632 h alt. 740.*
Madrid 107 – Guadalajara 51.

Mariblanca *sin* ⬱ *salvo verano,* pl. de Abajo 2 ℘ 949 35 00 44, Fax 949 35 00 44, ♨, ☞ – ▤ TV P. AE MC VISA. ⑳
cerrado septiembre – **Comida** *(cerrado domingo noche)* 9,02 – ⬱ 6,50 – **31 hab** 22,54/35,16.

SADA *15160 A Coruña* **441** **B 5** *– 9 190 h – Playa.*
Madrid 584 – A Coruña/La Coruña 20 – Ferrol 38 – Santiago de Compostela 68.

Sada Marina H., paseo Marítimo ℘ 981 62 34 06, info@ hotelsadamarina.com, Fax 981 62 38 06, ≼ – ⭤, ▤ rest, TV ⬚ – � 25/1000. AE ① MC VISA JCB. ⑳ rest
Comida *(cerrado lunes de noviembre-marzo)* 14,79 – ⬱ 7,21 – **76 hab** 85,45/105,98 – PA 30,61.

S' AGARÓ *17248 Girona* **443** **G 39** *– Playa.*
Ver : *Localidad★ (≼★).*
Madrid 717 – Barcelona 103 – Girona/Gerona 42.

Hostal de La Gavina ⑤, pl. de la Rosaleda ℘ 972 32 11 00, gavina@ lagavina.com, Fax 972 32 15 73, ≼, ♨, « Lujosa instalación con mobiliario de gran estilo », ↕ъ, ♨, ☞, ✂ – ⭤ ▤ TV ⬚ P. – 🔺 25/400. AE ① MC VISA. ⑳
28 diciembre-2 enero y Semana Santa-12 octubre – **Comida** 35,45 - **Candlelight** *(sólo cena)* **Comida** carta 41 a 49 – ⬱ 16,25 – **58 hab** 183,35/264,45 – 16 suites.

S'Agaró H. ⑤, platja de Sant Pol ℘ 972 32 52 00, info@ hotelsagaro.com, Fax 972 32 45 33, ≼, ♨, « ♨ con jardín frente al mar » – ⭤ ▤ TV P. – 🔺 25/250. AE ① MC VISA. ⑳ rest
Comida 22 – ⬱ 11 – **95 hab** 99/148.

Confortel Caleta Park, platja de Sant Pol ℘ 972 32 00 12, mminguez.confortel@ once.es, Fax 972 32 40 96, ≼, ♨, ♨, ✂ – ⭤ ▤ TV ঙ ⬚ P. – 🔺 25/150. AE ① MC VISA. ⑳
20 febrero-noviembre – **Comida** 18 – ⬱ 8 – **95 hab** 132/159 – PA 44.

Sant Pol, platja de Sant Pol 125, ✉ 17248, ℘ 972 32 10 70, info@ hotelsantpol.com, Fax 972 82 23 78, ≼, ♨ – ⭤ ▤ TV ঙ ⬚ P. AE ① MC VISA JCB. ⑳ rest
cerrado noviembre – **Comida** 13,22 – ⬱ 4,50 – **24 hab** 57,10/78,10.

La Taverna del Mar, platja de Sant Pol ℘ 972 32 38 00, pellicer@ latavernadelmar .com, Fax 972 82 18 46, ≼, ♨, ⛵ – AE ① MC VISA. ⑳
cerrado diciembre y martes salvo julio-agosto – **Comida** - pescados y mariscos - carta 36,91 a 49,22.

Barcarola *con hab,* platja de Sant Pol, ✉ 17248, ℘ 972 32 69 32, barcarol@ retemail.es, Fax 972 82 01 97, ♨, ♨ – ▤ TV. AE MC VISA. ⑳
Comida carta 20,43 a 28,25 – **4 hab** ⬱ 75,13/87,15.

SAGUNT o **SAGUNTO** *46500 València* **445** **M 29** – *58 164 h alt. 45.*

Ver : *Acrópolis* ❋★.

🖪 *pl. Cronista Chabret* ℰ *96 266 22 13 touristinfo.sagunto@turisme.m400.gva.es Fax 96 265 05 63.*

Madrid 350 – Castelló de la Plana/Castellón de la Plana 40 – Teruel 120 – València *28.*

🏠 **Azahar** sin rest, av. Pais Valencià 8 ℰ 96 266 33 68, Fax 96 265 01 75 – 🛗 🗏 📺 🚗. ᴀᴇ ᴍᴄ 𝘝𝘐𝘚𝘈. ⌦
  ⌑ 4 – **25 hab** 48/60.

🍴 **L'Armeler,** subida del Castillo 44 ℰ 96 266 43 82, *larmeler@sagunt.com,* Fax 96 266 43 82, 🏶 – 🗏. ᴀᴇ ① ᴍᴄ 𝘝𝘐𝘚𝘈 ᴊᴄʙ. ⌦
  cerrado domingo noche y lunes noche de abril-septiembre – **Comida** *-* sólo almuerzo de octubre a marzo salvo jueves, viernes y sábado - carta aprox. 26,60.

en el puerto *Este : 6 km :*

🏠 **El Bergantín,** pl. del Sol, ✉ 46520 Puerto de Sagunto, ℰ 96 268 03 59, Fax 96 267 33 23 – 🛗 🗏 📺 ᴍᴄ 𝘝𝘐𝘚𝘈. ⌦
  cerrado 8 diciembre-8 enero – **Comida** 9,02 – ⌑ 2,70 – **24 hab** 27,05/36,06 – PA 19,23.

🍴 **El Almirez,** Cataluña 7, ✉ 46520 Puerto de Sagunto, ℰ 96 268 00 30 – 🗏. ᴍᴄ 𝘝𝘐𝘚𝘈. ⌦
  cerrado julio y lunes – **Comida** carta aprox. 32,16.

SAHAGÚN *24320 León* **441** **E 14** – *3 351 h alt. 816.*

Madrid 298 – León 66 – Palencia 63 – Valladolid 110.

🏠 **La Codorniz,** av. de la Constitución 97 ℰ 987 78 02 76, Fax 987 78 01 86 – 🛗, 🗏 rest, 📺 🚗 – 🛐 25/60. ᴀᴇ ① ᴍᴄ 𝘝𝘐𝘚𝘈. ⌦
  Comida *-* ver también rest. *San Facundo* - 9,02 – ⌑ 3,61 – **40 hab** 31,85/43,27.

🍴🍴 **Luis,** pl. Mayor 4 ℰ 987 78 10 85, Fax 987 78 10 85, 🏶 – 🗏. ᴀᴇ ① ᴍᴄ 𝘝𝘐𝘚𝘈. ⌦
  cerrado lunes noche – **Comida** carta 20,50 a 31.

🍴🍴 **San Facundo** - *Hotel La Codorniz,* av. de la Constitución 99 ℰ 987 78 02 76, Fax 987 78 01 86, « *Decoración de estilo mudéjar* » – 🗏. ᴀᴇ ① ᴍᴄ 𝘝𝘐𝘚𝘈. ⌦
  Comida carta 22,24 a 30,06.

SALAMANCA *37000* ℙ **441** **J 12 y 13** – *186 322 h alt. 800.*

Ver : *El centro monumental*★★★ *: Plaza Mayor*★★★ BY, *Casa de las Conchas*★ BY, *Patio de Escuelas*★★★ *(fachada de la Universidad*★★★*)* BZU – *Escuelas Menores (patio*★★*, cielo de Salamanca*★*)* BZU1 – *Catedral Nueva*★★ *(fachada occidental*★★★*)* BZ – *Catedral Vieja*★★★ *(retablo mayor*★★*, sepulcro*★★ *del obispo Anaya, órgano*★*)* BZB – *Convento de San Esteban*★ *(fachada*★★*, claustro*★*)* BZ – *Convento de las Dueñas (claustro*★★*)* BZF – *Palacio de Fonseca (patio*★*)* BYD.

Otras curiosidades : *Iglesia de la Purísima Concepción (retablo de la Inmaculada Concepción*★*)* BYP – *Convento de las Úrsulas (sepulcro*★*)* BYX- *Colegio Fonseca (patio*★*)* AY.

🖪 *Rua Mayor (Casa de Las Conchas)* ✉ *37008* ℰ *923 26 85 71 Fax 923 26 24 92 y pl. Mayor 14* ✉ *37002* ℰ *923 21 83 42 Fax 923 27 91 21 –* **R.A.C.E.** ℰ *900 20 00 93.*

Madrid 206 ② *– Ávila 98* ② *– Cáceres 217* ③ *– Valladolid 115* ① *– Zamora 62* ①

Planos páginas siguientes

🏨 **NH Palacio de Castellanos,** San Pablo 58, ✉ 37008, ℰ 923 26 18 18, *nhpalacio @nh-hoteles.es, Fax 923 26 18 19,* 🏶, « *Elegante patio interior* » – 🛗 🗏 📺 🚗 – 🛐 25/120. ᴀᴇ ① ᴍᴄ 𝘝𝘐𝘚𝘈. ⌦ BZ **r**
  Comida 18,03 – ⌑ 10,82 – **62 hab** 99,17/129,22 – PA 46,88.

🏨 Gran Hotel, pl. Poeta Iglesias 3, ✉ 37001, ℰ 923 21 35 00, Fax 923 21 35 00 – 🛗 🗏 📺 – 🛐 25/400 BY **r**
  Comida Feudal – **133 hab**, 4 suites.

🏨 **Parador de Salamanca,** Teso de la Feria 2, ✉ 37008, ℰ 923 19 20 82, Fax 923 19 20 87, ≤, 🏶, « *Buena situación con la ciudad al fondo* », ⌲, 🚗, 🍴 – 🛗 🗏 📺 ℙ – 🛐 25/220. ᴀᴇ ① ᴍᴄ 𝘝𝘐𝘚𝘈 ᴊᴄʙ. ⌦ AZ **a**
  Comida 22,84 – ⌑ 8,71 – **108 hab** 80,91/101,14.

🏨 **Rector** sin rest, Rector Esperabé 10, ✉ 37008, ℰ 923 21 84 82, *hotelrector@telelin e.es, Fax 923 21 40 08* – 🛗 🗏 📺 🚗. ᴀᴇ ① ᴍᴄ 𝘝𝘐𝘚𝘈. ⌦ BZ **e**
  ⌑ 7 – **14 hab** 86/108.

🏨 **Meliá Confort Salamanca** sin rest, Álava 8, ✉ 37001, ℰ 923 26 11 11, *melia.co nfort.salamanca@solmelia.com, Fax 923 26 24 29* – 🛗 🗏 📺 🚗 – 🛐 25/60. ᴀᴇ ① ᴍᴄ 𝘝𝘐𝘚𝘈. ⌦ CYZ **f**
  ⌑ 9,01 – **59 hab** 114,19/123,21 – 4 suites.

SALAMANCA

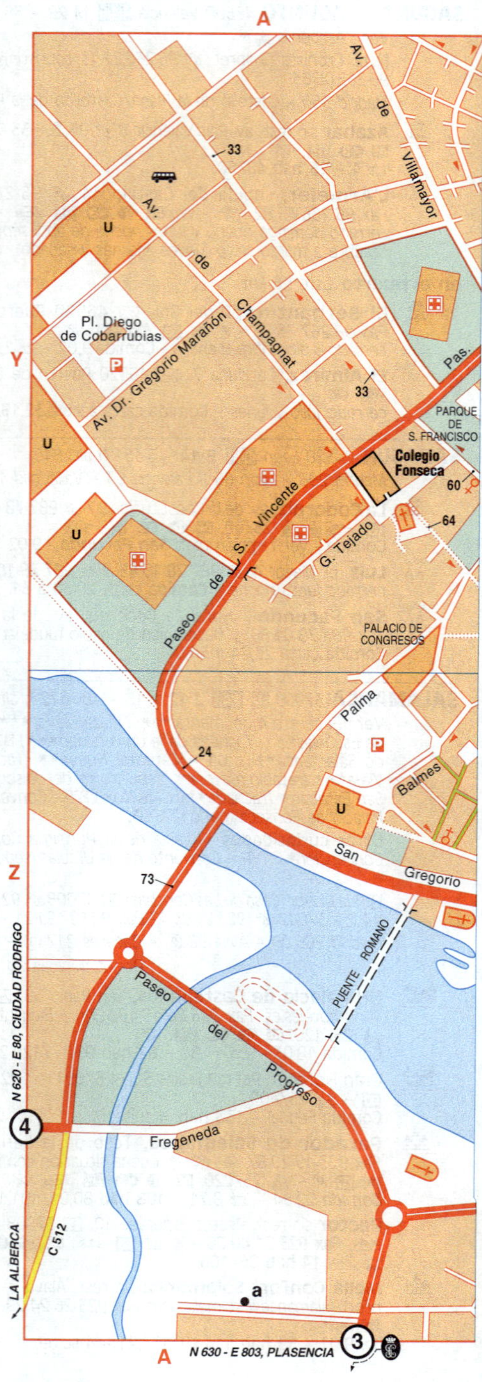

A
Av. de Villamayor
33
Av. de Champagnat
33
Pl. Diego de Cobarrubias
P
Av. Dr. Gregorio Marañón
Y
U
PARQUE DE S. FRANCISCO
Colegio Fonseca
60
64
U
U
Paseo de V. S. Vincente
G. Tejado
PALACIO DE CONGRESOS
Palma
P
24
Balmes
U
San Gregorio
Z
73
San
PUENTE ROMANO
Paseo del Progreso
N 620 - E 80, CIUDAD RODRIGO
4
LA ALBERCA
C 512
Fregeneda
a
A
N 630 - E 803, PLASENCIA
3

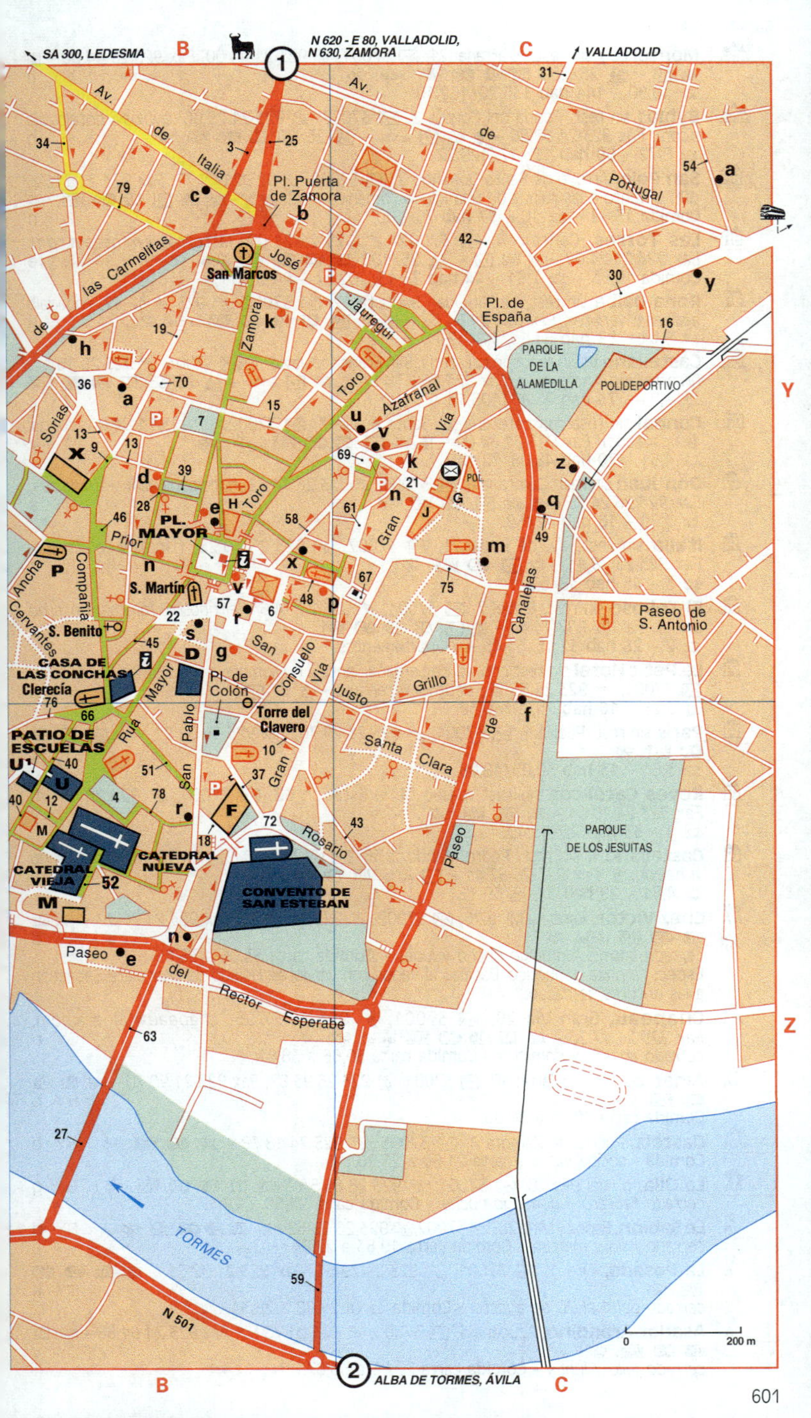

SA 300, LEDESMA
B
N 620 - E 80, VALLADOLID,
N 630, ZAMORA
C
VALLADOLID
1
31
34
3
25
54
a
79
c
Portugal
Av.
de
Italia
42
Pl. Puerta
de Zamora
b
30
y
San Marcos
José
P
16
k
Jauregui
Pl. de
España
PARQUE
DE LA
ALAMEDILLA
POLIDEPORTIVO
Y
19
h
Zamora
Toro
Azafranal
36
70
a
Via
15
u
Sorias
7
v
69
k
z
P
13
9
P
21
q
x
d
39
n
G
J
49
46
28
e
H
Prior
PL.
MAYOR
Toro
58
61
Gran
m
P
n
Ancha
Compañía
S. Martín
x
67
75
Cervantes
57
v
r
48
p
S. Benito
22
s
6
San
Canalejas
Paseo de
S. Antonio
45
D
g
Consuelo
CASA DE
LAS CONCHAS
Clerecía
Pl. de
Colón
Via
Justo
Grillo
f
76
66
Torre del
Clavero
PATIO DE
ESCUELAS
Santa
Clara
U1
40
10
51
Gran
U
12
4
78
r
37
F
43
PARQUE
DE LOS JESUITAS
40
M
18
72
CATEDRAL
NUEVA
Rosario
CATEDRAL
VIEJA
52
M
Paseo
de
Paseo
e
n
del
Rector
Esperabe
Z
CONVENTO DE
SAN ESTEBAN
63
27
TORMES
59
N 501
B
2
ALBA DE TORMES, ÁVILA
C
0   200 m

Monterrey sin rest, Azafranal 21, ⊠ 37001, ℘ 923 21 44 00, *Fax 923 21 44 00* – 🛗 🗏 📺 – 🔥 25/250. 🆎 ⓓ 🅜🅒 *VISA* 🇯🇨🄱. ⋘ — CY **u**
☕ 10,90 – **144 hab** 135,20/169,10.

Byblos sin rest, Ronda del Corpus 2, ⊠ 37002, ℘ 923 21 25 00, *byblos@hotelbyblos.com, Fax 923 21 60 80* – 🛗 🗏 📺 🚗 – 🔥 25/60. 🆎 🅜🅒 *VISA*. ⋘ — BY **h**
☕ 8,72 – **69 hab** 105,17/129,22.

San Polo, Arroyo de Santo Domingo 2, ⊠ 37008, ℘ 923 21 11 77, *Fax 923 21 11 77*, �, « Junto a las ruinas de una iglesia románico-mudéjar » – 🛗 🗏 📺. 🆎 🅜🅒 *VISA*. ⋘ — BZ **n**
Comida 13,82 – ☕ 10 – **37 hab** 70/100.

Las Torres, Concejo 4, ⊠ 37002, ℘ 923 21 21 00, *lastorres@mmteam.com, Fax 923 21 21 01* – 🛗 🗏 📺 – 🔥 25/100. 🆎 ⓓ 🅜🅒 *VISA* 🇯🇨🄱. ⋘ — BY **e**
Comida 16,83 – ☕ 7,81 – **44 hab** 78,13/102,17 – PA 33,06.

Rona Dalba sin rest, pl. San Juan Bautista 12, ⊠ 37002, ℘ 923 26 32 32, *ronadalba-silken@verial.es, Fax 923 21 54 57* – 🛗 🗏 📺. 🆎 ⓓ 🅜🅒 *VISA* 🇯🇨🄱. ⋘ — BY **a**
☕ 9,61 – **89 hab** 81,13/114,19.

Castellano III sin rest con cafetería, San Francisco Javier 2, ⊠ 37003, ℘ 923 26 16 11, *hrcastellano@helcom.es, Fax 923 26 67 41* – 🛗 🗏 📺 🚗 – 🔥 25/35. 🆎 ⓓ 🅜🅒 *VISA* — CY **z**
☕ 7,81 – **73 hab** 75,13/108,18.

Condal sin rest con cafetería, pl. Santa Eulalia 3, ⊠ 37002, ℘ 923 21 84 00, *condal@algara.com, Fax 923 21 84 00* – 🛗 🗏 📺. 🆎 🅜🅒 *VISA* 🇯🇨🄱. ⋘ — CY **v**
☕ 4,51 – **70 hab** 48,08/72,12.

Don Juan sin rest, Quintana 6, ⊠ 37001, ℘ 923 26 14 73, *hoteldonjuan@wanadoo.es, Fax 923 26 24 75* – 🛗 🗏 📺. 🅜🅒 *VISA*. ⋘ — BY **s**
☕ 3,90 – **16 hab** 42/59.

Italia sin rest, av. de Italia 11, ⊠ 37007, ℘ 923 25 50 25, *h.italia@teleline.es, Fax 923 25 78 11* – 🛗 📺. 🅜🅒 *VISA*. ⋘ — BY **c**
☕ 3 – **45 hab** 38/52.

El Toboso sin rest, Clavel 7, ⊠ 37001, ℘ 923 27 14 64, *eltoboso@mmteam.interbook.net, Fax 923 27 14 64* – 🛗 📺. 🆎 ⓓ 🅜🅒 *VISA* — BY **x**
☕ 2 – **28 hab** 32,15/51,45 – 7 apartamentos.

Le Petit Hotel sin rest con ☕ de Semana Santa a noviembre, ronda Sancti Spíritus 39, ⊠ 37001, ℘ 923 26 55 76, *petithot@terra.es* – 🛗 🗏 📺 — CY **m**
☕ 3,25 – **16 hab** 25,25/40,30.

París sin rest, Padilla 1, ⊠ 37001, ℘ 923 26 29 70, *Fax 923 26 09 91* – 🗏 📺. 🆎 ⓓ 🅜🅒 *VISA*. ⋘ — CY **q**
☕ 3,61 – **13 hab** 30,05/48,08.

Reyes Católicos sin rest, paseo de la Estación 32, ⊠ 37004, ℘ 923 24 10 64, *Fax 923 24 10 64* – 🗏 📺. *VISA*. ⋘ — CY **y**
☕ 4 – **33 hab** 29/43,40.

Castellano II sin rest, Pedro Mendoza 36, ⊠ 37004, ℘ 923 24 28 12, *hrcastellano@helcom.es, Fax 923 26 67 41* – 📺 🚗. 🆎 ⓓ 🅜🅒 *VISA* — CY **a**
☕ 4,81 – **29 hab** 51,09/69,12.

Chez Víctor, Espoz y Mina 26, ⊠ 37002, ℘ 923 21 31 23, *Fax 923 21 76 99* – 🗏. 🆎 ⓓ 🅜🅒 *VISA* 🇯🇨🄱. ⋘ — BY **d**
❀
cerrado agosto, domingo noche y lunes – **Comida** carta 33,06 a 36,65
Espec. La pizza de ibérico. Bacalao al vapor con verduras. Helado de chocolate Sebastián a las brisures de cacao.

Chapeau, Gran Vía 20, ⊠ 37001, ℘ 923 26 57 95, *chapeau@algara.com, Fax 923 21 17 26* – 🗏. 🆎 ⓓ 🅜🅒 *VISA* 🇯🇨🄱. ⋘ — CY **n**
cerrado agosto y domingo – **Comida** carta 30,66 a 38,87.

Albatros, Obispo Jarrín 10, ⊠ 37001, ℘ 923 26 93 87, *Fax 923 21 90 70* – 🗏. 🆎 ⓓ 🅜🅒 *VISA*. ⋘ — BY **p**
Comida carta 20,43 a 30,06.

Gasteiz, Puerta de Zamora 4, ⊠ 37005, ℘ 923 24 18 78 – 🗏. 🅜🅒 *VISA*. ⋘ — BY **b**
Comida - cocina vasca - carta 21,60 a 28,20.

La Olla, pl. del Peso 8, ⊠ 37001, ℘ 923 26 85 54 – 🗏. 🆎 ⓓ 🅜🅒 *VISA*. ⋘ — BY **g**
cerrado febrero y domingo noche – **Comida** carta 21,60 a 28.

Le Sablon, Espoz y Mina 20, ⊠ 37002, ℘ 923 26 29 52 – 🗏. 🆎 ⓓ 🅜🅒 *VISA*. ⋘ — BY **d**
cerrado julio y martes – **Comida** carta 19,53 a 27,04.

La Posada, Aire 1, ⊠ 37001, ℘ 923 21 72 51, *Fax 923 21 72 51* – 🗏. 🆎 ⓓ 🅜🅒 *VISA*. ⋘ — CY **k**
cerrado del 1 al 20 de agosto – **Comida** carta 21,98 a 28,31.

Asador Arandino, Azucena 5, ⊠ 37001, ℘ 923 21 73 82, *Fax 923 21 61 88* – 🗏. 🆎 ⓓ 🅜🅒 *VISA*. ⋘ — CY **v**
cerrado julio y lunes – **Comida** carta 27,66 a 36,07.

§ **Plus Ultra,** Concejo 4, ⊠ 37002, ℰ 923 21 72 11, 🌳 – 🖃. 🗱   BY e
Tapa 1 **Ración** aprox. 6,50.

§ **Mesón Cervantes,** pl. Mayor 15, ⊠ 37002, ℰ 923 21 72 13, 🌳 – 🖃. **AE** ⓪ **MO**
VISA. 🗱   BY v
Tapa 1 **Ración** aprox. 9.

§ Bambú, Prior 4, ⊠ 37002, ℰ 923 26 00 92 – 🖃   BY n
- carnes a la brasa.

§ **Prada a Tope,** del Arco 12-14, ⊠ 37002, ℰ 923 26 17 98 – 🖃. **AE** ⓪ **MO** **VISA**
JCB. 🗱   BY k
Tapa 0,90 **Ración** - productos de El Bierzo - aprox. 3,01.

en la carretera N 630 *por* ① : *3 km :*

🏨 **Helmántico,** ⊠ 37184 Villares de la Reina, ℰ 923 22 12 20, *Fax 923 24 53 41* – 🛗 🖃
📺 🚗 **P.** **AE** ⓪ **MO** **VISA**. 🗱
Comida 11 – � 5,50 – **55 hab** 60/72 – PA 27,50.

🏨 **Moderno,** ⊠ 37184 Villares de la Reina, ℰ 923 12 03 68, *Fax 923 12 14 39* – 🖃 📺
🚗 **P.** **AE** ⓪ **MO** **VISA**. 🗱
Comida *(cerrado viernes)* 7,81 – � 3,60 – **19 hab** 39/57 – PA 16.

en la carretera N 501 *por* ② :

🏨 **Regio,** 5,5 km, ⊠ 37900 Santa Marta de Tormes, ℰ 923 13 88 88, *recepcion@hote*
lregio.com, Fax 923 13 80 44, 🌳, 🏊, 🌲, 🗡 – 🛗 🖃 📺 **P.** – 🎣 25/800. **AE** ⓪ **MO** **VISA**
JCB. 🗱
Lazarillo de Tormes : **Comida** carta 23,60 a 29,45 – � 5,86 – **121 hab** 72,12/102,17.

🏨 **Meliá Horus** 🐎, av. de la Serna 20 : 3 km, ⊠ 37900 Santa Marta de Tormes,
ℰ 923 20 11 00, *melia.horus@solmelia.com, Fax 923 20 11 12,* 🔦, 🏊, 🗡 – 🛗 🖃 📺
♿ 🚗 **P.** – 🎣 25/600. **AE** ⓪ **MO** **VISA** **JCB**. 🗱
Comida 18,03 – � 8,41 – **86 hab** 93/113 – 4 suites.

🏨 **Emperatriz III,** 2,5 km, ⊠ 37900 Santa Marta de Tormes, ℰ 923 28 15 99, *info@e*
mperatrizhotel.com, Fax 923 28 16 66, 🌳, 🏊 – 🛗 🖃 📺 **P.** – 🎣 23/350. **MO** **VISA**. 🗱
Comida 15,03 – � 4,21 – **76 hab** 63,14/99,22.

SALARDÚ 25598 Lleida **443** D 32 – *alt. 1 267 – Deportes de invierno en Baqueira-Beret, Este :*
4 km - ≰27.
Ver : *Localidad★ – Iglesia de Sant Andreu★.*
Madrid 611 – Lleida/Lérida 172 – Vielha/Viella 9.

🏨 **Petit Lacreu,** carret. de Viella ℰ 973 64 41 42, *Fax 973 64 42 43,* ≼, 🏊 climatizada,
🌲 – 🛗 📺 **P.** **AE** **MO** **VISA**. 🗱
diciembre-abril y julio-septiembre – **Comida** - en el Hotel **Lacreu** – � 7,21 – **30 hab**
48,08/78,13.

🏨 **Lacreu,** carret. de Viella ℰ 973 64 42 22, *Fax 973 64 42 43,* ≼, 🏊 climatizada, 🌲 – 🛗,
🖃 rest, 📺 **P.** **AE** **MO** **VISA**. 🗱
diciembre-abril y julio-septiembre – **Comida** - sólo clientes - 13,22 – � 5,41 – **68 hab**
39,07/51,09.

🏨 **Garona,** ℰ 973 64 50 10, *Fax 973 64 40 26,* ≼ – 🛗 📺 🚗. **VISA**. 🗱
diciembre-abril y 10 julio-septiembre – **Comida** - sólo cena en invierno - 13,22 – � 6 –
31 hab 45,08/66,11.

🏨 **Deth Paûs** 🐎, pl. de la Pica ℰ 973 64 58 36, *Fax 973 64 45 00,* ≼ – 🛗 📺 **P.** **MO**
VISA. 🗱
diciembre-abril y julio-septiembre – **Aloy** *(sólo cena en invierno)* **Comida** carta 15 a 21 –
� 4,81 – **18 hab** 45/60.

en Unha *Norte : 0,5 km :*

§ **Es de Don Joan (Carmela),** Santa Eulalia, ⊠ 25598 Salardú, ℰ 973 64 57 51,
Fax 973 64 42 66 – **P.** **AE** ⓪ **MO** **VISA**. 🗱
diciembre-abril y 22 junio-12 octubre – **Comida** - carnes - carta aprox. 24,04.

en Tredós *por la carretera del port de la Bonaigua :*

🏨 **De Tredós** 🐎, Este : 1,4 km, ⊠ 25598 Salardú, ℰ 973 64 40 14, *Fax 973 64 43 00,*
≼ – 🛗 📺 ♿ **P.** **MO** **VISA**. 🗱
diciembre-abril y julio-septiembre – **Comida** - sólo cena - 16,82 – **37 hab** � 59,19/87,14.

🏨 **Orri** 🐎, Este : 1,2 km, ⊠ 25598 Salardú, ℰ 973 64 60 86, *hotel.orri@husa.es,*
Fax 973 64 60 89, ≼ – 🛗 📺 ♿ **P.** **VISA**. 🗱
10 diciembre-20 abril y 16 junio-15 septiembre – **Comida** - sólo cena en invierno - 13,22
– **30 hab** � 153,40.

en Bagergue *Norte : 2 km :*

    Casa Perú, Sant Antoni 6, ✉ 25598 Bagergue, ☎ 973 64 54 37, *casaperu@ aranweb.com*, Fax 973 64 54 37 – 🆖 💳. ⚒
cerrado 15 septiembre-15 octubre – **Comida** - carnes - carta 19,95 a 23,30.

SALDAÑA 34100 Palencia **442** E 15 – *3 100 h alt. 910.*

    Madrid 291 – Burgos 92 – León 101 – Palencia 65.

    Dipo's 🦢, carret. de Relea - Norte : 1,5 km ☎ 979 89 01 44, Fax 979 89 05 50, 🏡, 🏊,
    ⚒ – 📺 🚗 🅿. 🆎 ⓄⒾ 🆖 💳. ⚒
    Comida 8 – ☕ 4 – **40 hab** 22/36 – PA 20.

SALDUERO 42156 Soria **442** G 21 – *216 h alt. 1 096.*

    Madrid 228 – Burgos 108 – Logroño 85 – Soria 42.

    Las Nieves, Rafael García 20 ☎ 975 37 84 17, Fax 975 37 85 07 – 📺. 🆖
    💳. ⚒
    Comida 7,81 – ☕ 3,01 – **16 hab** 24,04/36,06 – PA 18,63.

El SALER 46012 València **445** N 29 – *Playa.*

    ⛳ *El Saler (Parador El Saler) Sur : 7 km ☎ 96 161 03 84 Fax 96 162 70 16.*

    Madrid 356 – Gandía 55 – València 12.

al Sur :

    Sidi Saler 🦢, playa - 3 km, ✉ 46012 València, ☎ 96 161 04 11, *sidisaler@ ctv.es*,
    Fax 96 161 08 38, ≤, 🏡, 🏖, 🏊, 🏊, 🦟, ⚒ – 📶 ▤ 📺 🅿 – 🛎 25/300. 🆎 ⓄⒾ 🆖
    💳. ⚒ rest
    Comida 27 - **Les Dunes** *(sólo cena)* **Comida** carta 33,43 a 45,08 - **Brasserie Le Jardin**
    (sólo almuerzo) **Comida** carta 33,06 a 39,07 – ☕ 12 – **260 hab** 160/220,
    16 suites.

    Parador de El Saler 🦢, 7 km, ✉ 46012 València, ☎ 96 161 11 86, Fax 96 162 70 16,
    ≤, « En el centro de un campo de golf », 🏖, 🏊, ⛳ – 📶 ▤ 📺 🅿 – 🛎 25/200. 🆎 ⓄⒾ
    🆖 💳. ⚒
    Comida 24,04 – ☕ 8,71 – **58 hab** 95,63/119,54.

SALINAS 33400 Asturias **441** B 12 – *Playa.*

    Ver : *Desde la Peñona ≤★ de la playa.*

    Madrid 488 – Avilés 5 – Gijón 24 – Oviedo 39.

    Real Balneario, Juan Sitges 3 ☎ 98 551 86 13, Fax 98 550 11 58, ≤ – ▤. 🆎 ⓄⒾ 🆖
    💳. ⚒
    cerrado del 7 al 31 de enero – **Comida** carta 26 a 45.

    Las Conchas, Pablo Laloux - edificio Espartal ☎ 98 550 14 45, ≤, 🏡 – ⓄⒾ 🆖
    💳. ⚒
    cerrado 15 octubre-17 noviembre y lunes – **Comida** carta 28,85 a 39,67.

    Piemonte, Príncipe de Asturias 74 ☎ 98 550 00 25, 🏡 – 🆎 ⓄⒾ 🆖
    💳. ⚒
    cerrado 2ª quincena de diciembre, 2ª quincena de septiembre y miércoles – **Comida** carta
    15,93 a 22,39.

SALINAS DE LENIZ *Gipuzkoa – ver Leintz-Gatzaga.*

SALINAS DE PAMPLONA 31191 Navarra **442** D 25.

    Madrid 405 – Jaca 95 – Iruña/Pamplona 22.

    Getzenea, del Aire 9 ☎ 948 31 28 59, *getzenea@infonegocio.com*, Fax 948 46 81 25
    – 🆎 ⓄⒾ 🆖 💳. ⚒
    cerrado lunes – **Comida** - sólo almuerzo salvo viernes y sábado - carta 20,44 a 27,65.

SALINAS DE SIN 22365 Huesca **443** E 30 – *alt. 725.*

    Madrid 541 – Huesca 146.

    Mesón de Salinas con hab, cruce carret. de Bielsa ☎ 974 50 40 01, Fax 974 50 40 41,
    🏡 – 📶, ▤ rest, 📺 🅿. 🆎 ⓄⒾ 🆖 💳. ⚒
    cerrado enero – **Comida** carta 12,02 a 21,03 – ☕ 3,91 – **25 hab** 21,64/
    36,10.

SALLENT 08650 Barcelona **443** G 35 – 7 659 h alt. 275.

Madrid 593 – Barcelona 70 – Berga 39 – Manresa 14 – Vic 54.

junto a la autovía C 1411 :

Hostal del Camp 🦐, Sur : 3,8 km, ✉ 08650, 🕿 93 837 08 77, a092578@sp-edit
ores.es, Fax 93 837 02 66, ≼, « Edificio de estilo regional en pleno campo », 🛝 – 🖼 📺
🅿. 🄰🄴 ⑩ 🆅🆂🄰. 🚫
Comida 7,50 – 🍽 3 – **10 hab** 45/60 – PA 18.

La Sala, Sur : 4,5 km, ✉ 08650, 🕿 93 837 02 68, lasala@minorisa.es, Fax 93 837 25 54,
« Antigua masía. Interesante bodega » – 🖼 🅿. 🄰🄴 ⑩ ⑩ 🆅🆂🄰. 🚫
cerrado Semana Santa, 21 días en agosto y domingo noche – **Comida** carta 26,03 a
37,30.

SALLENT DE GÁLLEGO 22640 Huesca **443** D 29 – 1 823 h alt. 1 305 – Deportes de invierno
en El Formigal : ⛷ 22 ⛷ 1.

Madrid 485 – Huesca 90 – Jaca 52 – Pau 78.

Bocalé sin rest, Francia 🕿 974 48 85 55, Fax 974 48 85 56, ≼, 🛝 – 🛗 📺 🚗 🅿. ⑩
🆅🆂🄰. 🚫
21 hab 🍽 62/100.

Almud 🦐, Espadilla 11 🕿 974 48 83 66, hotelalmud@ctv.es, Fax 974 48 83 66, ≼ – 📺.
🄰🄴 ⑩ ⑩ 🆅🆂🄰. 🚫
Comida - sólo cena, sólo menú, sólo clientes - 10,85 – **11 hab** 🍽 66,20/84,50.

El Reyno sin rest, Francia 10 🕿 974 48 81 52, elreyno@apdo.es, Fax 974 48 81 52 –
🛗 📺 🚗. ⑩ ⑩ 🆅🆂🄰. 🚫
🍽 3,50 – **7 hab** 42/63,50 – 7 apartamentos.

Familiar Maximina, La Iglesia 3 🕿 974 48 84 36, Fax 974 48 84 36 – 📺. ⑩
🆅🆂🄰. 🚫
cerrado del 1 al 20 de noviembre – **Comida** - sólo cena, sólo menú, sólo clientes - 9,92
– 🍽 3,91 – **9 hab** 33,06/51,09.

en El Formigal Noroeste : 4 km :

Formigal 🦐, ✉ 22640 El Formigal, 🕿 974 49 00 30, hotel@formigal.com,
Fax 974 49 02 04, ≼ alta montaña, 🛠, 🛝 – 🛗 📺 🚗 🅿 – 🏊 25/120. 🄰🄴 ⑩ ⑩
🆅🆂🄰. 🚫
cerrado 15 octubre-noviembre – **Comida** 21 – 🍽 12 – **107 hab** 98,56/147,85.

Villa de Sallent 🦐 (anexo 🏠), ✉ 22640 El Formigal, 🕿 974 49 02 23,
Fax 974 49 01 50, ≼ alta montaña, 🛠, 🛝, 🛝 – 🛗 📺 🚗 – 🏊 25/150. 🄰🄴 ⑩ ⑩
🆅🆂🄰. 🚫
Comida 19,50 – 🍽 9 – **82 hab** 108/144.

Eguzki-Lore 🦐, ✉ 22640 El Formigal, 🕿 974 49 01 23, Fax 974 49 01 22, ≼ alta
montaña – 📺. 🄰🄴 ⑩ ⑩ 🆅🆂🄰 🄹🄲🄱. 🚫 rest
Comida - sólo cena - 15,03 – **35 hab** 🍽 57,10/96,16 – 1 suite.

SALOBREÑA 18680 Granada **446** V 19 – 9 220 h alt. 100 – Playa.

Ver : Localidad★.

🏌 Los Moriscos, Sureste : 5 km 🕿 958 82 55 27.
Madrid 499 – Almería 119 – Granada 74 – Málaga 102.

en la carretera de Málaga Oeste : 1 km :

Salambina, ✉ 18680, 🕿 958 61 00 37, Fax 958 61 13 28, ≼ plantaciones de cañas y
mar, 🏖 – 🖼 rest, 🅿. 🄰🄴 ⑩ ⑩ 🆅🆂🄰 🄹🄲🄱. 🚫
Comida 11 – 🍽 4 – **14 hab** 24/36.

SALOU 43840 Tarragona **443** I 33 – 8 236 h – Playa.

Ver : Localidad★.

Alred. : Universal Studios Port Aventura★★★.

🄱 passeig Jaume I-4 (xalet Torremar) 🕿 977 35 01 02 pmtsalou@salou.org Fax
977 38 07 47.

Madrid 556 ① – Lleida/Lérida 99 ① – Tarragona 10 ②

Planos páginas siguientes

Regina Gran Hotel, Joan ferrer 3 🕿 977 35 35 33, pregina@tinet.org,
Fax 977 38 88 78, 🛠, 🛝, 🛝 – 🛗 🖼 📺 🚗 – 🏊 25/200. 🄰🄴 ⑩
🆅🆂🄰. 🚫
BY t
cerrado enero – **Comida** - sólo buffet - 11,42 – **288 hab** 🍽 105,18 – 6 suites.

SALOU

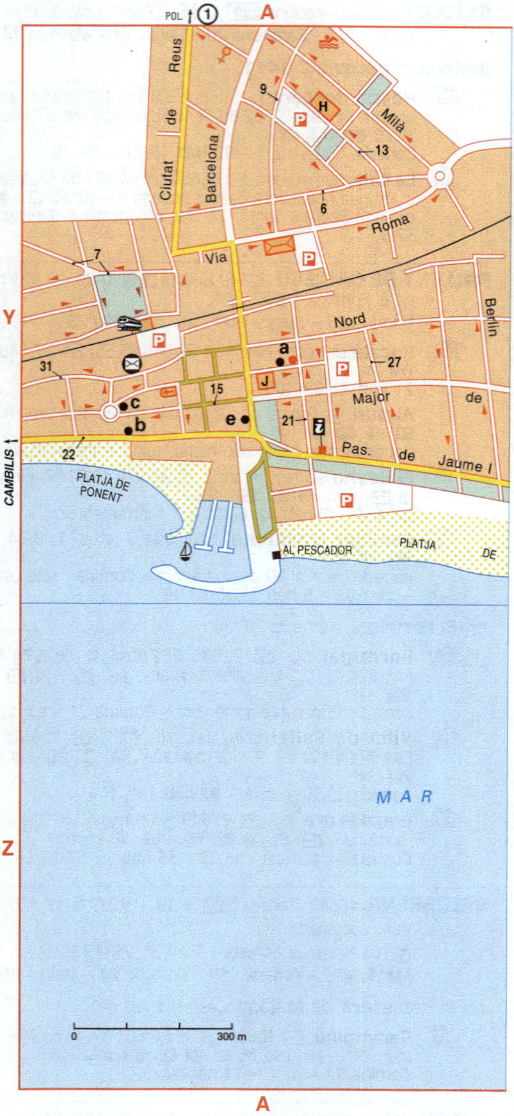

Regente Aragón, Llevant 5 ✆ 977 35 20 02, hotel@hotelregentearagon.com, Fax 977 35 20 03, 🌊, 🏋, 🏊 – 🛗 🗄 📺 🚗. AE ① MC VISA JCB. 🚫   AY **a**
Comida 16,82 – ☕ 7,20 – **60 hab** 103,30/135,20.

Rotonda, pl. Mossén Muntanyola 4 ✆ 977 35 01 74, casablancaplaya@ctv.es, Fax 977 35 01 17 – 🛗 🗄 📺 ⚹. AE MC VISA. 🚫   AY **c**
12 abril-15 octubre – **Comida** - en el hotel **Casablanca Playa** – **12 hab** ☕ 56,50/87, 8 suites.

Casablanca Playa, passeig Miramar 12 ✆ 977 38 01 07, casablancaplaya@ctv.es, Fax 977 35 01 17, ≤, 🏊 – 🛗 🗄 📺 ⚹ 🚗. AE ① MC VISA. 🚫   AY **b**
Comida 9,77 – **63 hab** ☕ 57,88/86,52 – PA 27,10.

Caspel, Alfons V-9 ℘ 977 38 02 07, caspel@costa-dourada.com, Fax 977 35 01 75, 🛋, ⌂, ⌂ – ⊯ 🖭 – 🕭 25/170. AE ① MC VISA. ※ — **BZ d**
Comida - sólo buffet - 12,62 – ☕ 7,81 – **95 hab** 72,12/90,15 – PA 25,24.

Planas, pl. Bonet 3 ℘ 977 38 01 08, Fax 977 38 05 33, ≤, « Terraza con arbolado » – ⊯, 🖭 rest, MC VISA. ※ — **AY e**
abril-octubre – **Comida** 13,82 – ☕ 5,41 – **100 hab** 34,26/60,70.

Albatros, Brusel.les 60 ℘ 977 38 50 70, Fax 977 38 50 70, 🏠 – 🖭 🚗. AE ① MC VISA JCB. ※ — **BZ f**
cerrado del 1 al 25 de febrero, domingo noche y lunes salvo festivos – **Comida** carta 27,21 a 33,80.

XX **Quim Font**, Colom 17 ☎ 977 38 57 45, *casafont@casafont.com*, *Fax 977 38 24 36*, ≼
– 🗐. 🅰🅴 ⓞ ⓜⓒ 𝖵𝖨𝖲𝖠. ✄   **BZ h**
cerrado Navidades, domingo noche (octubre-junio) y lunes – **Comida** carta 21,08 a
36,14.

XX **La Goleta**, Gavina - playa Capellans ☎ 977 38 35 66, *Fax 977 35 01 17*, ≼, 🏖 – 🗐 🅿.
🅰🅴 ⓞ ⓜⓒ 𝖵𝖨𝖲𝖠. ✄   **BZ k**
cerrado domingo noche salvo mayo-septiembre – **Comida** carta 26,40 a 41,40.

XX **José Luis**, Llevant 7 ☎ 977 35 07 07, *rjoseluis@bigfoot.com*, *Fax 977 35 20 03* – 🗐
🚗. 🅰🅴 ⓞ ⓜⓒ 𝖵𝖨𝖲𝖠 𝖩𝖢𝖡. ✄   **AY a**
cerrado lunes en invierno – **Comida** carta 27,02 a 37,82.

XX **Castillo de Javier**, av. Carles Buhigas 29 ☎ 977 35 22 22, *hosmare@teleline.es*,
Fax 977 38 80 41 – 🗐. 🅰🅴 ⓞ ⓜⓒ 𝖵𝖨𝖲𝖠. ✄   **BZ x**
Comida carta aprox. 24,04.

SALT 17190 Girona **443** G 38 – *21 939 h alt. 86.*
  Madrid 695 – Girona/Gerona 4 – Palafrugell 40 – Palamós 46.

X **Vilanova**, passeig Marqués de Camps 51 ☎ 972 23 30 26 – 🗐. 🅰🅴 ⓜⓒ 𝖵𝖨𝖲𝖠
𝖩𝖢𝖡. ✄
cerrado Semana Santa, 21 días en agosto y domingo – **Comida** carta 12,86 a 21.

SAMANIEGO 01307 Araba **442** E 21 – *247 h alt. 572.*
  Madrid 339 – Bilbao 107 – Burgos 108 – Logroño 34 – Vitoria-Gasteiz 59.

🏠 **Palacio de Samaniego** 🐦, Constitución 12 ☎ 941 60 91 51, *jonyana@mediaweb.es*,
Fax 941 60 91 57, « Antigua casa señorial » – 📺 🅰🅴 ⓞ ⓜⓒ 𝖵𝖨𝖲𝖠 𝖩𝖢𝖡. ✄
cerrado enero – **Comida** - *sólo fines de semana* - 30,05 – ☕ 5,41 – **12 hab** 45,08/78,13.

SAMIEIRA 36992 Pontevedra **441** E 3.
  Madrid 616 – Pontevedra 12 – Santiago de Compostela 69 – Vigo 38.

🏠 **Covelo**, carret. de La Toja ☎ 986 74 11 21, *hotelcovelo@infonegocio.com*,
Fax 986 74 15 20, ≼, 🏊 – 🛗 📺 🅿. ⓜⓒ 𝖵𝖨𝖲𝖠. ✄
21 marzo-21 octubre – **Comida** 16,83 – **50 hab** ☕ 75,13/90,15.

🏠 Covelmar, carret. de La Toja 20 ☎ 986 74 10 00, *Fax 986 74 10 98*, ≼ – 🛗 📺 🚗
temp – **Comida** - *sólo clientes* – **68 hab.**

SAN ADRIÁN 31570 Navarra **442** E 24 – *4 998 h alt. 318.*
  Madrid 324 – Logroño 56 – Iruña/Pamplona 74 – Zaragoza 131.

🎋 **Ochoa** sin rest, Delicias 3 ☎ 948 67 08 26 – 📺. ⓜⓒ 𝖵𝖨𝖲𝖠. ✄
cerrado agosto – ☕ 3,50 – **15 hab** 22,25/31,25.

XX **Ríos**, av. Celso Muerza 18 ☎ 948 69 60 68, *Fax 948 69 60 87* – 🗐 🅿. 🅰🅴 ⓞ ⓜⓒ
😊 𝖵𝖨𝖲𝖠. ✄
cerrado del 15 al 31 de diciembre, del 1 al 15 de agosto, domingo y lunes noche – Comida
carta 26,13 a 30.

SAN AGUSTÍN (Playa de) *Las Palmas – ver Canarias (Gran Canaria) : Maspalomas.*

SAN AGUSTÍN *Illes Balears – ver Balears : Sant Agustí des Vedrà.*

SAN AGUSTÍN DEL GUADALIX 28750 Madrid **444** J 19 – *3 133 h alt. 648.*
  Madrid 34 – Aranda de Duero 128.

🏠 **El Figón de Raúl**, av. de Madrid 19 ☎ 91 841 90 11, *Fax 91 841 90 50* – 🗐 📺 🚗
🅿 – 🛎 25. 🅰🅴 ⓞ ⓜⓒ 𝖵𝖨𝖲𝖠. ✄
Comida *(cerrado domingo noche)* carta 21,33 a 30,65 – **16 hab** ☕ 45,08/55,29.

XX **Caserón de Araceli**, del Olivar 8 ☎ 91 841 85 31, *araceli@caserondearaceli.es*,
Fax 91 843 52 71, 🏖 – 🗐 🚗. 🅰🅴 ⓞ ⓜⓒ 𝖵𝖨𝖲𝖠. ✄
Comida carta 29,76 a 35,46.

XX **Casa Juaneca**, Lucio Benito 3 ☎ 91 841 84 78, *Fax 91 841 82 64* – 🗐. 🅰🅴 ⓞ
𝖵𝖨𝖲𝖠. ✄
cerrado domingo noche – **Comida** carta 25,75 a 33,06.

SAN ANDRÉS *Santa Cruz de Tenerife – ver Canarias (Tenerife).*

SAN ANTONIO 46390 València **445** N 26.

Madrid 278 – Requena 6 – Teruel 118 – València 75.

Casa Doña Anita sin rest, Mayor 13 🖉 96 232 07 37, casadeanita@tubal.net, Fax 96 230 53 47 – TV. MC VISA

8 hab ☑ 40,86/54,09.

SAN BARTOLOMÉ Las Palmas – ver Canarias (Lanzarote).

SAN COSME 33155 Asturias **441** B 11.

Madrid 530 – Gijón 58 – Luarca 37 – Oviedo 68.

El Chisco 🐾, carret. AS 222 🖉 98 559 73 21, chisco@astures.com, Fax 98 559 72 65 – TV. P. AE ⓘ MC VISA. 🛠
cerrado 10 diciembre-3 enero – **Comida** (cerrado lunes salvo verano) 6,61 – **22 hab** ☑ 45,68.

SAN EMILIANO 24144 León **441** D 12 – 999 h alt. 1 179.

Madrid 401 – León 72 – Oviedo 81 – Ponferrada 96.

Valle de San Emiliano, 🖉 987 59 41 50 – TV. MC VISA. 🛠 rest
Comida 9 – ☑ 2,40 – **24 hab** 24/36,14 – PA 20,48.

SAN ESTEBAN DE PRAVIA 33130 Asturias **441** B 11.

Madrid 503 – Oviedo 53 – Avilés 22 – Gijón 45.

Casa de la Administración, Suárez Inclán 29 🖉 98 558 01 23, hcadministracion @comunired.com, Fax 98 558 03 21 – [$] TV P. ⓘ MC VISA JCB. 🛠
Comida - ver rest. *Casa de la Ribera* – ☑ 6,01 – **12 hab** 72,12/90,15.

Casa de la Ribera, pl. de Altamira 4 🖉 98 558 01 01, Fax 98 558 00 65 – ▤. ⓘ MC VISA JCB. 🛠
cerrado noviembre, domingo noche y lunes – **Comida** carta 25,69 a 33,06.

SAN FERNANDO Illes Balears – ver Balears (Formentera).

SAN FERNANDO 11100 Cádiz **446** W 11 – 91 696 h – Playa.

ℹ Real 24 🖉 956 89 78 46 pator@maptel.es Fax 956 88 99 64.

Madrid 634 – Algeciras 108 – Cádiz 13 – Sevilla 126.

Barceló Bahía Sur, Caño Herrera (Parque Comercial Bahía Sur) 🖉 956 88 00 86, bahi asur@barcelo.com, Fax 956 59 30 80, ≤, 🌴, « Terrazas ajardinadas con 🛝 » – [$] ▤ TV P – 🏊 25/850. AE ⓘ MC VISA. 🛠
Comida 15,02 – ☑ 6,62 – **100 hab** 108,18/132,22 – 282 apartamentos.

Venta Los Tarantos, Cuesta de la Ardila 63 🖉 956 88 12 72, « Decoración regional. Patio » – AE ⓘ MC VISA JCB. 🛠
cerrado domingo – **Comida** carta 23,73 a 27,71.

SAN FERNANDO DE HENARES 28830 Madrid **444** L 20 – 25 477 h alt. 585

Madrid 17 – Guadalajara 40.

en la carretera de Mejorada del Campo Sureste : 3 km :

Palacio del Negralejo, ✉ 28820 apartado 97 Coslada, 🖉 91 669 11 25, postbox @palaciodelnegralejo.es, Fax 91 672 54 55, « Instalación rústica en una antigua casa de campo señorial » – ▤ P. AE ⓘ MC VISA. 🛠
cerrado 24 diciembre-2 enero, Semana Santa, agosto y domingo noche – **Comida** carta 31 a 41,50.

La Posta Real, ✉ 28830 apartado 111 San Fernando de Henares, 🖉 91 672 12 74, lapostareal@retemail.es, Fax 91 672 16 62, Plaza de toros, « Antigua casa de postas » – ▤ P. AE ⓘ MC VISA. 🛠
cerrado Semana Santa y agosto – **Comida** - sólo almuerzo salvo fines de semana y vísperas de festivos - carta 31,40 a 40,26.

SAN ILDEFONSO Segovia – ver La Granja.

SAN ISIDRO Santa Cruz de Tenerife – ver Canarias (Tenerife).

SAN JAVIER 30730 Murcia **445** S 27 – 15 277 h alt. 27.

✈ San Javier, Sureste : 5 km ✆ 968 17 20 00 – Iberia : aeropuerto ✆ 968 17 20 45.
Madrid 440 – Alacant/Alicante 76 – Cartagena 34 – Murcia 45.

✗ **Moderno**, pl. García Alix ✆ 968 57 00 49, restmoderno@tpl.infomail.es,
Fax 968 57 05 66 – 🍽. AE ① MO VISA. ⚒
cerrado 10 noviembre-1 diciembre y lunes – **Comida** carta 27,05 a 33,66.

SAN JOSÉ 04118 Almería **446** V 23 – Playa.
Madrid 590 – Almería 40.

🏨 **Cortijo El Sotillo** ⟋, Norte : 1 km ✆ 950 61 11 00, sotillo@2000.es, Fax 950 61 11 05,
« Cortijo mediterráneo con ⤶ climatizada », ✗ – 🍽 TV 🕭 P. MO VISA. ⚒
Comida 18 – ☕ 6 – **20 hab** 85/100 – PA 42.

🏨 **Agades**, Sidi Bel Abbes 1 ✆ 950 38 03 90, Fax 950 38 00 06, ⛱, ⤶ – 🍽 hab, TV 🕭
🚗 P. AE MO VISA. ⚒ rest
Comida (Semana Santa-octubre) 12 – ☕ 6 – **37 hab** 52/65.

🏨 **Tres Pinos** ⟋ sin rest y sin ☕, camino de la Escuela ✆ 950 38 02 12, Fax 950 38 02 13,
⤶ – TV. AE MO VISA. ⚒
marzo-octubre – **16 apartamentos** 65.

SAN JOSÉ Illes Balears – ver Balears (Eivissa) : Sant Josep de Sa Talaia.

SAN JOSÉ DE LA RINCONADA 41300 Sevilla **446** T 12 – 8 098 h.
Madrid 532 – Aracena 87 – Carmona 42 – Huelva 105 – Sevilla 15.

en la carretera C 433 Suroeste : 4,5 km :

🏨 **Majaravique**, ⊠ 41300, ✆ 95 490 30 99, Fax 95 490 34 60 – 🍽 TV 🕭 P. AE ① MO
VISA. ⚒
Comida 8,41 – ☕ 3,01 – **44 hab** 48,08/84,14.

SAN JUAN DE ALICANTE Alacant – ver Sant Joan d'Alacant.

SAN JUAN DE AZNALFARACHE Sevilla – ver Sevilla.

SAN JUAN DE POYO Pontevedra – ver Pontevedra.

SAN JULIÁN DE SALES A Coruña – ver San Xulián de Sales.

SAN LORENZO DE EL ESCORIAL 28200 Madrid **444** K 17 – 8 704 h alt. 1 040.

Ver : Monasterio★★★ (Palacios★★ : tapices★ - Panteones★★ : Panteón de los Reyes★★★,
Panteón de los Infantes★) – Salas capitulares★ - Basílica★★ - Biblioteca★★ – Nuevos Mu-
seos★★ : El Martirio de San Mauricio y la legión Tebana★ – Casita del Príncipe★ (Techos
pompeyanos★).

Alred. : Silla de Felipe II ≤★ Sur : 7 km.

🏌 Herrería, ✆ 91 890 51 11 Fax 91 890 71 54.

🛈 Grimaldi 2 ✆ 91 890 53 13 sanlorenzodeelescorial@camadrid.es Fax 91 890 53 13.
Madrid 49 – Ávila 64 – Segovia 52.

🏨 **Victoria Palace**, Juan de Toledo 4 ✆ 91 896 98 90, info@hotelvictoriapalace.com,
Fax 91 896 98 96, ≤, « Terraza con arbolado », ⤶ – 🛗, 🍽 rest, TV P – 🕭 25/200. AE
① MO VISA. ⚒
Comida 29 – ☕ 8 – **87 hab** 101/127.

🏨 **Botánico** ⟋, Timoteo Padrós 16 ✆ 91 890 78 79, Fax 91 890 81 58, « Elegante villa
de ambiente acogedor » – 🛗 🍽 TV P – 🕭 25/40. AE ① MO VISA. ⚒
Comida 24,04 – ☕ 6,91 – **20 hab** 73,13/93,76.

🏨 **Miranda Suizo**, Floridablanca 18 ✆ 91 890 47 11, reservas@hotelmirandasuizo.com,
Fax 91 890 43 58, ⛱ – 🛗, 🍽 rest, TV – 🕭 25/100. AE ① MO VISA. ⚒
Comida 20 – **52 hab** ☕ 64/82 – PA 40.

🏨 **Florida**, Floridablanca 12 ✆ 91 890 17 21, hotelflorida@teleline.es, Fax 91 890 17 15,
⛱ – 🛗 🍽 TV – 🕭 40/90. AE ① MO VISA. ⚒
Comida 16,88 - **El Carillón** : **Comida** carta 19,99 a 24,79 – ☕ 4,18 – **50 hab** 57,88/70,74.

🏨 **Cristina** sin rest, Juan de Toledo 6 ✆ 91 890 19 61, hcristina@jazzviajeros.com,
Fax 91 890 12 04, ⛱ – 🛗 TV. ① MO VISA. ⚒
cerrado Navidades – ☕ 3,01 – **16 hab** 43,42.

Tres Arcos, Juan de Toledo 42 ℘ 91 890 68 97, Fax 91 890 79 97, 🏠 – 🛗 📺 🚗. 🅼🅲 𝘝𝘐𝘚𝘈. 🎇 rest
Comida *(cerrado domingo noche)* 15 – ☕ 4,21 – **30 hab** 36,10/51,10.

Charolés, Floridablanca 24 ℘ 91 890 59 75, Fax 91 890 05 92, 🏠 – 🗏. 🅰🅴 ⓪ 🅼🅲 𝘝𝘐𝘚𝘈. 🎇
Comida carta 32,74 a 43,27.

Parrilla Príncipe con hab, Floridablanca 6 ℘ 91 890 16 11, *p.principe@wanadoo.es*, Fax 91 890 76 01, 🏠 – 🗏 rest, 📺. 🅰🅴 ⓪ 🅼🅲 𝘝𝘐𝘚𝘈. 🎇
Comida *(cerrado martes)* carta 37,10 a 45,20 – ☕ 5,40 – **18 hab** 43,30/57.

Alaska, pl. de San Lorenzo 4 ℘ 91 890 43 65, Fax 91 890 43 65, 🏠 – 🗏. 🅰🅴 ⓪ 🅼🅲 𝘝𝘐𝘚𝘈. 🎇
cerrado lunes – **Comida** carta 18,34 a 28,55.

al Noroeste : *1,8 km :*

Horizontal, Camino Horizontal, ✉ 28200, ℘ 91 890 38 11, Fax 91 890 38 11, 🏠 – 🅿. 🅰🅴 ⓪ 🅼🅲 𝘝𝘐𝘚𝘈. 🎇
cerrado martes de octubre-marzo – **Comida** carta aprox. 32,16.

SAN MAMÉS DE MERUELO 39192 Cantabria 442 B 19 – *alt. 60.*

Madrid 446 – Bilbao 75 – Burgos 173 – Santander 38 – Torrelavega 56.

Casona de Meruelo 🕭 sin rest, barrio de la Iglesia ℘ 942 63 70 92, *alustros@int erbook.net*, Fax 942 65 70 42, ≤ valle, « Casa señorial del siglo XVIII », ⌇ climatizada – 📺. 🅼🅲 𝘝𝘐𝘚𝘈. 🎇
cerrado 22 diciembre-enero – ☕ 5,41 – **11 hab** 72,12.

SAN MARTÍN DE LA VIRGEN DE MONCAYO 50584 Zaragoza 443 G 24 – *332 h alt. 813.*

Madrid 292 – Zaragoza 100.

Gomar 🕭, camino de la Gayata ℘ 976 19 21 01, Fax 976 19 20 98, ≤, 🏠 – 🗏 rest, 📺 🅿 ⓪ 🅼🅲 𝘝𝘐𝘚𝘈. 🎇
Comida 9,02 – ☕ 3 – **22 hab** 18/31,12 – PA 21,10.

SAN MARTÍN DE OSCOS 33777 Asturias 441 C 9 – *571 h alt. 697.*

Madrid 602 – Lugo 91 – Oviedo 199.

La Marquesita con hab, carretera Principal ℘ 98 562 60 02, Fax 98 562 60 02, 🏠 – 📺. 🅰🅴 ⓪ 🅼🅲 𝘝𝘐𝘚𝘈. 🎇 rest
Comida carta 11,42 a 21,04 – ☕ 3,60 – **6 hab** 36/45.

SAN MARTÍN DE VALDEIGLESIAS 28680 Madrid 444 K 16 – *5 428 h alt. 681.*

Madrid 73 – Ávila 58 – Toledo 81.

La Corredera, Corredera Alta 28 ℘ 91 861 10 84, *fpbernabeu@redestb.es*, Fax 91 861 04 34 – 🛗 🗏 📺. 🅰🅴 ⓪ 🅼🅲 𝘝𝘐𝘚𝘈. 🎇
cerrado del 15 al 30 de noviembre – **Los Arcos : Comida** carta 30,65 a 36,70 – ☕ 3,60 – **14 hab** 54,10.

SAN MIGUEL Illes Balears – ver Balears (Eivissa) : Sant Miquel de Balansat.

SAN MIGUEL DE LUENA 39687 Cantabria 442 C 18.

Madrid 345 – Burgos 102 – Santander 51.

en la subida al puerto del Escudo *carretera N 623 - Sureste : 2,5 km :*

Ana Isabel con hab, ✉ 39687, ℘ 942 59 52 06, *h-anaisabel@cantabria.org*, Fax 942 59 52 06 – 📺 🅿 🅰🅴 🅼🅲 𝘝𝘐𝘚𝘈. 🎇
cerrado del 1 al 15 de enero – **Comida** carta aprox. 18,34 – ☕ 2,40 – **9 hab** 27,05/45,08.

SAN MILLÁN DE LA COGOLLA 26226 La Rioja 442 F 21 – *299 h alt. 728.*

Ver : *Monasterio de Suso★ - Monasterio de Yuso (marfiles tallados★★).*
🖪 Monasterio de Yuso (edificio Aula de La Lengua) ℘ 941 37 32 59 Fax 941 37 32 59.
Madrid 326 – Burgos 96 – Logroño 53 – Soria 114 – Vitoria-Gasteiz 82.

en el Monasterio de Yuso :

Hostería del Monasterio de San Millán 🕭, ✉ 26226 San Millán de la Cogolla, ℘ 941 37 32 77, *hosteria@sanmillan.com*, Fax 941 37 32 66, ≤, « Instalado en un ala del monasterio de Yuso » – 🛗, 🗏 rest, 📺 🅿 – 🛎 25/150. 🅰🅴 🅼🅲 𝘝𝘐𝘚𝘈. 🎇 rest
cerrado del 15 al 31 de enero – **Comida** 15,05 – ☕ 6,55 – **22 hab** 77,53/96,16 – 3 suites – PA 31,10.

SAN PEDRO DE ALCÁNTARA 29670 Málaga **446** W 14 – Playa.

Excurs. : Carretera★★ de San Pedro de Alcántara a Ronda (cornisa★★).

⌐₁₈ ⌐₁₈ ⌐₉ Guadalmina, Oeste : 3 km ℘ 95 288 33 75 Fax 95 288 34 83 – ⌐₁₈ Aloha, Oeste : 3 km ℘ 95 281 23 88 – ⌐₁₈ ⌐₁₈ Atalaya Golf Country Club, Oeste : 3,5 km ℘ 95 288 28 12 – ⌐₁₈ ⌐₉ La Quinta Golf Country Club - urb. La Quinta Golf - Norte : 3,3 km ℘ 95 276 23 90 Fax 95 278 34 66.

🛈 Marqués del Duero 69 ℘ 95 278 52 52 Fax 95 278 90 90.

Madrid 624 – Algeciras 69 – Málaga 70.

El Parabién, Linda Vista 14 ℘ 95 278 65 81, Fax 95 278 65 81, 🌳 – 🗏. **⑩** **VISA**
cerrado domingo – **Comida** carta 20,30 a 26,40.

por la carretera de Ronda y desvío a la derecha :

The Westin La Quinta ⑤, urb. La Quinta - Norte : 3,3 km, ✉ 29660 Nueva Andalucía, ℘ 95 276 20 00, laquinta.marbella@westin.com, Fax 95 276 20 25, ≤, 🌳, « Entre dos campos de golf », ₤₅, ⊼ climatizada – 📶 🗏 📺 ஃ ⇔ – 🔺 25/300. 🝆 Ⓞ ⑩ **VISA**. ⊗
Comida 21,03 – ⊐ 16,83 – **169 hab** 252,43/270,46 – 3 suites.

Taberna del Alabardero ⑤ con hab, urb. Fuente del Espanto-Cerro Artola - Norte : 3,8 km, ✉ 29679 Benahavís, ℘ 95 281 27 94, taberna.alabardero@terra.es, Fax 95 281 86 30, 🌳, « Paseos ajardinados junto a la ⊼ » – 📶 🗏 📺 ஃ 🅿 – 🔺 25/40. 🝆 Ⓞ ⑩ **VISA**. ⊗
Comida carta 40,11 a 49,58 – ⊐ 13,82 – **22 hab** 204,34/276,47.

El Gamonal, Camino La Quinta - Norte : 2 km, ✉ 29670, ℘ 95 278 99 21, 🌳 – 🅿. **⑩** **VISA**. ⊗
cerrado 20 enero-20 febrero y miércoles – **Comida** - sólo cena en verano - carta 24,64 a 34,86.

por la carretera de Cádiz :

Golf H. Guadalmina ⑤, urb. Guadalmina Baja - Suroeste : 2 km y desvío 1,2 km, ✉ 29678, ℘ 95 288 22 11, reservas@hotelguadalmina.com, Fax 95 288 22 91, ≤, 🌳, « Ambiente acogedor. Agradables terrazas », ⊼, ⚓, 🏖, ⌐₁₈ ⌐₁₈ – 📶 🗏 📺 🅿 – 🔺 25/300. 🝆 Ⓞ ⑩ **VISA**. ⊗
Comida 31,85 – **179 hab** ⊐ 185,42/228,39 – 12 suites.

Víctor, Centro Comercial Guadalmina - Suroeste : 2,2 km, ✉ 29678, ℘ 95 288 34 91, 🌳 – 🗏. 🝆 ⑩ **VISA**. ⊗
cerrado domingo noche y lunes – **Comida** carta 25,84 a 31,23.

SAN PEDRO DE RUDAGÜERA 39539 Cantabria **442** B 17 – 442 h alt. 70.

Madrid 387 – Santander 36 – Santillana del Mar 23 – Torrelavega 14.

La Ermita 1826 ⑤ con hab, ℘ 942 71 90 71, Fax 942 82 02 58, « Decoración rústica regional » – 🗏 rest, 📺. ⑩ **VISA**. ⊗
Comida carta aprox. 26,10 – ⊐ 4,50 – **5 hab** 28,20/35,40.

SAN PEDRO DE VIVEIRO 27866 Lugo **441** B 7.

Madrid 615 – A Coruña/La Coruña 142 – Ferrol 97 – Lugo 104.

O Val do Naseiro ⑤, ℘ 982 59 84 34, Fax 982 59 82 64, ≤ – 📶, 🗏 rest, 📺 ⇔ 🅿 – 🔺 25/700. 🝆 ⑩ **VISA**. ⊗
Comida 9,02 – **39 hab** ⊐ 67,31/84,14 – 2 suites.

SAN PEDRO DEL PINATAR 30740 Murcia **445** S 27 – 12 221 h – Playa.

🛈 Parque de los Reyes de España ℘ 968 18 23 01 sppinatar@marmenor.net Fax 968 18 37 06.

Madrid 441 – Alacant/Alicante 70 – Cartagena 40 – Murcia 51.

La Casa del Reloj, antigua carret. N 332 - Noreste : 1,5 km ℘ 968 18 24 06, correo@restaurantelacasadelreloj.com, Fax 968 18 24 06, 🌳 – 🗏 🅿. 🝆 Ⓞ ⑩ **VISA**. ⊗
cerrado 15 octubre-15 noviembre – **Comida** carta 18,63 a 22,84.

Juan Mari, Julio Albaladejo 12 ℘ 968 18 38 69, 🌳 – 🗏. 🝆 Ⓞ ⑩ **VISA**. ⊗
cerrado del 10 al 31 de enero y martes – Comida carta 21 a 30.

en Lo Pagán :

Traíña, av. Generalísimo 84 - Sur : 1 km, ✉ 30747 Lo Pagán, ℘ 968 33 50 22, info@hoteltraina.com, Fax 968 33 50 22, ⊼ climatizada – 📶 🗏 📺 ஃ 🅿 – 🔺 25/200. 🝆 Ⓞ ⑩ **VISA**. ⊗
Comida 14,43 – ⊐ 3,61 – **42 hab** 63,71/85,95 – 1 suite.

Barceló Lodomar ⚓, Río Bidasoa 1 - Sur : 3,5 km, ✉ 30747 Lo Pagán, ℰ 968 18 68 02, *lodomar@barcelo.com, Fax 968 18 68 04*, « Frente a Las Salinas », 🏊 – 🛗 🖃 📺 🚗 – 🍴 25/100. AE ⓘ ⓜ VISA. 🚫
Comida - sólo buffet - 14,15 – ☕ 6,43 – **88 hab** 115,40/200,74.

Neptuno, Generalísimo 19 - Sur : 2,5 km, ✉ 30747 Lo Pagán, ℰ 968 18 19 11, *hotelneptuno@hotmail.com, Fax 968 18 33 01*, ⇐ – 🛗 🖃 📺. AE ⓘ ⓜ VISA
cerrado 15 diciembre-15 enero – **Comida** 18 – ☕ 5,40 – **40 hab** 36/66.

Venezuela, Campoamor - Sur : 2,5 km, ✉ 30747 Lo Pagán, ℰ 968 18 15 15, *Fax 968 18 20 21*, 🌳 – 🖃. ⓘ ⓜ VISA. 🚫
cerrado 15 octubre-15 noviembre y lunes – **Comida** - espec. en pescados y mariscos - carta 21,04 a 28,25.

SAN RAFAEL 40410 Segovia 442 J 17.

Madrid 62 – *Segovia 39* – Ávila 52 – Toledo 132.

en la carretera de Segovia N 603 *Norte : 8 km :*

Tryp Comendador, Río Tajo - urb. Los Ángeles de San Rafael, ✉ 40422 Los Ángeles de San Rafael, ℰ 921 19 58 00, *tryp.comendador@solmelia.com, Fax 921 19 58 09*, ⇐, 🏋, 🏊 – 🛗 🖃 📺 ♿ 🚗 🅿 – 🍴 25/300. AE ⓜ VISA. 🚫
Comida 18 – ☕ 9 – **150 hab** 93/117 – PA 33.

SAN ROQUE 11360 Cádiz 446 X 13 – 23 092 h alt. 110.

🏌 San Roque, carret. de Málaga, Noreste : 8 km ℰ 956 61 30 30 Fax 956 61 30 13 –
🏌 Alcaidesa Links, carret. de Málaga, Noreste : 5 km ℰ 956 79 10 40 Fax 956 79 10 41.
Madrid 678 – Algeciras 15 – Cádiz 136 – Málaga 123.

en la carretera de La Línea de la Concepción *Sur : 3 km :*

Los Remos, Villa Victoria, ✉ 11360, ℰ 956 69 84 12, *Fax 956 69 84 97*, 🌳, « Villa de estilo neocolonial rodeada de jardín » – 🖃 🅿. AE ⓘ ⓜ VISA. 🚫
cerrado domingo – **Comida** carta aprox. 33,95.

SAN SALVADOR DE POYO Pontevedra – ver Pontevedra.

SAN SEBASTIÁN Gipuzkoa – ver Donostia-San Sebastián.

SAN SEBASTIÁN DE LA GOMERA Santa Cruz de Tenerife – ver Canarias (La Gomera).

SAN SEBASTIÁN DE LOS REYES 28700 Madrid 444 K 19 – 53 794 h alt. 678.

Madrid 18.

Zenit de los Reyes, pl. Ciudad Real 2 ℰ 91 659 16 00, *reyes@zenithoteles.com, Fax 91 659 16 01* – 🛗 🖃 📺 ♿ 🚗 – 🍴 25/150. AE ⓘ ⓜ VISA. 🚫
Comida 9,02 – ☕ 8,41 – **72 hab** 96,16/120,20.

Izamar, av. Matapiñonera 6 ℰ 91 654 38 93, *mizaguirrego@nexo.es, Fax 91 653 69 42*, 🌳 – 🖃 🅿. AE ⓘ ⓜ VISA. 🚫
cerrado domingo noche y lunes – **Comida** - pescados y mariscos - carta 39,46 a 42,06.

El Sumiller, Lanzarote 1 - Nave 21 ℰ 91 663 99 57, *Fax 91 654 04 36*, Interesante bodega – 🖃. AE ⓘ ⓜ VISA. 🚫
cerrado Semana Santa, 21 días en agosto y domingo – **Comida** carta 30,34 a 33,06.

Pablo, antigua carret. N I ℰ 91 652 36 36, *pablo@saloneseuropa.com, Fax 91 663 69 00*, 🌳 – 🖃 🅿. AE ⓘ VISA. 🚫
cerrado del 12 al 25 de agosto – **Comida** carta aprox. 25,25.

Vicente, Lanzarote 26 ℰ 91 663 95 32, *Fax 91 651 31 71* – 🖃. AE ⓘ ⓜ VISA. 🚫
cerrado del 7 al 21 de agosto y domingo – **Comida** carta aprox. 29.

Gaztelupe, Isla de La Palma 2 ℰ 91 653 06 16, *gaztelupe@gaztelupe.com, Fax 91 653 37 91* – 🖃 🚗. AE ⓘ ⓜ VISA. 🚫
cerrado domingo noche – **Comida** - cocina vasca - carta 23,65 a 35,63.

El Rincón de Castresana, Talavera de la Reina 7 ℰ 91 651 25 03 – 🖃. AE ⓘ ⓜ VISA JCB. 🚫
cerrado del 10 al 20 de agosto y sábado – **Comida** carta 13,82 a 29,45.

en la carretera de Algete *Noreste : 7 km :*

✕ **El Molino,** ✉ 28700, ✆ 91 653 59 83, *Fax 91 651 55 83,* « Decoración castellana » –
☰ **P.** AE ⓞ ⓜⓒ *VISA*. ✖
Comida - asados - carta 20,75 a 41,18.

SAN VICENTE DE TORANZO *39699 Cantabria* **442** *C 18 – alt. 168.*
Madrid 354 – Bilbao 124 – Burgos 115 – Santander 36.

🏨 **Posada del Pas,** carret. N 623 ✆ 942 59 44 11, *Fax 942 59 43 86,* ⊾, ✕ – ☰ rest,
TV 🚗 **P.** AE ⓞ ⓜⓒ *VISA*. ✖
cerrado diciembre – **Comida** 10,22 – ☕ 3,91 – **32 hab** 47,48/65,51.

SAN VICENTE DEL MAR *Pontevedra – ver O Grove.*

SAN VICENTE DE LA BARQUERA *39540 Cantabria* **442** *B 16 – 4 349 h – Playa.*
Ver : *Emplazamiento*★.
Alred. : *Carretera de Unquera* ⇐★.
🛈 av. Generalísimo 20 ✆ 942 71 07 97 Fax 942 71 07 97.
Madrid 421 – Gijón 131 – Oviedo 141 – Santander 64.

🏨 **Miramar** ⑤, La Barquera - Norte : 1 km ✆ 942 71 03 63, *Fax 942 71 00 75,* ⇐ – 🛗
TV 🚗 **P.** ⓜⓒ *VISA*. ✖
Semana Santa y junio-1 noviembre – **Comida** - ver rest. **Miramar** – ☕ 5,41 – **21 hab**
57,10/72,12.

🏠 **Luzón** sin rest, av. Miramar 1 ✆ 942 71 00 50, *Fax 942 71 00 50,* ⇐ – 🛗 TV. ⓜⓒ
VISA. ✖
☕ 2,40 – **36 hab** 30,05/46,88.

🏠 **Noray** ⑤ sin rest, Río Saja 3 ✆ 942 71 21 41, *noray@ceoecant.es, Fax 942 71 24 32,*
⇐ – TV 🚗 **P.** AE ⓞ ⓜⓒ *VISA*. ✖
☕ 3,61 – **20 hab** 36,06/53,50.

✕✕ **Maruja,** av. Generalísimo ✆ 942 71 00 77, *maruja@arrakis.es, Fax 942 71 20 51* – AE ⓞ
ⓜⓒ *VISA*. ✖
Comida carta 22,28 a 28,89.

✕ **Miramar** - *Hotel Miramar* ⑤ con hab, La Barquera - Norte : 1 km ✆ 942 71 00 75,
Fax 942 71 00 75, ⇐ *playa, mar y montaña,* 🌧 – ☰ rest, TV **P.** ⓜⓒ *VISA*. ✖
marzo-15 diciembre – **Comida** carta 29,15 a 36,96 – ☕ 9,02 – **15 hab** 57,10/72,12.

✕ **Boga-Boga** con hab, pl. José Antonio 9 ✆ 942 71 01 35, *Fax 942 71 01 51,* 🌧 – 🛗,
☰ rest, TV. AE ⓞ ⓜⓒ *VISA*. ✖
Comida *(cerrado martes de octubre a mayo)* carta 18,15 a 30,04 – ☕ 3,60 – **18 hab**
39,48/56,31.

en Gerra *Noreste : 5 km :*

🏠 **Gerra Mayor** ⑤ sin rest con cafetería por la noche en julio-agosto, ✉ 39547 Gerra,
✆ 942 71 14 01, *Fax 942 71 14 01,* ⇐ *playa, mar y montañas* – **P.** ⓜⓒ *VISA*. ✖
cerrado 23 diciembre-12 febrero – ☕ 3,31 – **19 hab** 47,48/53,49.

SAN VICENTE DE LA SONSIERRA *26338 La Rioja* **442** *E 21 – 1 105 h alt. 528.*
Madrid 334 – Bilbao 107 – Burgos 103 – Logroño 35 – Vitoria-Gasteiz 44.

✕ **Casa Toni,** Zumalacárregui 27 ✆ 941 33 40 01, *Fax 941 33 40 01* – ☰. AE ⓜⓒ *VISA*. ✖
*cerrado 2ª quincena de junio, 2ª quincena de septiembre, domingo noche y lunes salvo
agosto* – **Comida** carta 22,17 a 33,40.

SAN XULIÁN DE SALES o **SAN JULIÁN DE SALES** *15885 A Coruña* **441** *D 4.*
Madrid 629 – A Coruña/La Coruña 78 – Lugo 105 – Santiago de Compostela 9.

✕✕✕ **Roberto** ⑤ con hab, ✆ 981 51 17 69, *Fax 981 51 18 94,* 🌧, « Antigua casa de campo
con jardín. Decoración rústica » – TV **P.** AE ⓞ ⓜⓒ *VISA* JCB. ✖ rest
cerrado enero – **Comida** *(cerrado domingo noche)* 40 y carta 26 a 33 – **4 hab** ☕ 50/60
Espec. Bogavante con verduras al aroma de Modena. Vieiras sobre fondo de puré de patata.
Rodaballo braseado con verduritas crujientes.

SANGENJO *Pontevedra – ver Sanxenxo.*

SANGÜESA *Navarra – ver Zangoza.*

SANLÚCAR DE BARRAMEDA 11540 Cádiz 446 V 10 – 57044 h – Playa.

Ver : *Localidad★ – Iglesia de Nuestra Señora de la O (portada★★) – Covachas★.*

🛈 *Calzada del Ejército* ℘ *956 36 61 10 Fax 956 36 61 32.*

Madrid 669 – Cádiz 45 – Jerez de la Frontera 23 – Sevilla 106.

Doñana, Orfeón Santa Cecilia ℘ 956 36 50 00, Fax 956 36 71 41, ⌿ – 🛗 🗏 📺 ⟷ – 🚗 25/350. AE ① ⓜ③ VISA. ⌿
Comida 13,22 – 😐 4,05 – **96 hab** 63,10/79,33.

Tartaneros sin rest, Tartaneros 8 ℘ 956 36 20 44, Fax 956 38 53 94, « Antigua mansión señorial » – 🗏 📺. AE ① ⓜ③ VISA. ⌿
😐 6,01 – **22 hab** 72,12/90,15.

Los Helechos sin rest, pl. Madre de Dios 9 ℘ 956 36 13 49, Fax 956 36 96 50, « Casa típica andaluza. Patio » – 🗏 📺 ⟷. AE ① ⓜ③ VISA. ⌿
😐 3,61 – **56 hab** 40,57/54,10.

Posada de Palacio sin rest, Caballeros 11 (barrio alto) ℘ 956 36 48 40, Fax 956 36 50 60, « Casa antigua de estilo andaluz » – ① ⓜ③ VISA
marzo-octubre – 😐 6 – **16 hab** 48/84.

Mirador Doñana, Bajo de Guía ℘ 956 36 42 05, Fax 956 36 42 05, ⋜, 🌂 – 🗏. AE ① ⓜ③ VISA. ⌿
cerrado 15 enero-15 febrero – **Comida** - pescados y mariscos - carta 18,78 a 25,09.

Casa Bigote, Bajo de Guía 10 ℘ 956 36 26 96, *casabigote@ teleline.es,* Fax 956 36 87 21 – 🗏. AE ① ⓜ③ VISA JCB. ⌿
cerrado noviembre y domingo – **Comida** - pescados y mariscos - carta 16,81 a 22,84.

El Veranillo, prolongación av. Cerro Falón ℘ 956 36 27 19, 🌂 – 🗏. ⓜ③ VISA
cerrado domingo noche – **Comida** carta 18 a 24,10.

SANLÚCAR LA MAYOR 41800 Sevilla 446 T 11 – 9448 h alt. 143.

Madrid 569 – Huelva 72 – Sevilla 18.

Hacienda Benazuza ⌿, Virgen de las Nieves ℘ 95 570 33 44, *hbenazuza@ arrakis.es,* Fax 95 570 34 10, ⋜, « Instalado en una alquería árabe del siglo X », ⌿, 🌄, 🍴 – 🛗 🗏 📺 🅿 – 🚗 25/400. AE ① ⓜ③ VISA. ⌿
cerrado 7 enero-7 febrero – **La Alquería** *(sólo cena en primavera-verano, cerrado domingo y lunes)* **Comida** carta 50,48 a 69,12 – 😐 18,63 – **26 hab** 294,50/366,62, 18 suites.

G.H. Solúcar, carret. A 472 - Este : 1 km ℘ 95 570 34 08, *info@ granhotelsolucar.com,* Fax 95 570 16 17, ⌿ – 🛗 🗏 📺 🅿 – 🚗 25/500. AE ① ⓜ③ VISA. ⌿
Comida 18 – 😐 10 – **148 hab** 150/160 – 1 suite.

La Coquina, Juan Carlos I-15 ℘ 95 570 06 89, 🌂 – 🗏. AE ① ⓜ③ VISA. ⌿
cerrado 1 semana en mayo, del 15 al 30 de septiembre y lunes salvo festivos – **Comida** - pescados y mariscos - carta aprox. 24,04.

SANT AGUSTÍ *Illes Balears* – *ver Balears (Mallorca) : Palma.*

SANT AGUSTÍ DES VEDRÀ *Illes Balears* – *ver Balears (Eivissa).*

SANT ANDREU DE LLAVANERES 08392 Barcelona 443 H 37 – 4182 h alt. 114.

🛇 *Llavaneres, Oeste : 1 km* ℘ *93 792 60 50 Fax 93 795 25 58.*

Madrid 666 – Barcelona 35 – Girona/Gerona 67.

L'Esguard, passatge de les Alzines 16 ℘ 93 792 77 67, *esguard@ correo.olmus.com,* Fax 93 792 77 14, « Antigua masía » – 🗏. AE ① ⓜ③ VISA. ⌿
cerrado domingo noche, lunes y martes – **Comida** 57,10 y carta 42,67 a 54,69
Espec. Caviaromera (primavera-verano). Arrosset de la casa mariscado al curry. Pichón asado con salsa mediterránea de olivas y berenjena a la brasa con rúcula.

en Port Balís *Sureste : 3 km :*

Can Jaume, ✉ 08392 Sant Andreu de Llavaneres, ℘ 93 792 69 60, Fax 93 795 20 12, 🌂 – 🗏. ① ⓜ③ VISA. ⌿
cerrado del 1 al 24 de enero y miércoles – **Comida** - sólo almuerzo salvo sábado - carta 20,44 a 36,35.

SANT ANDREU DE LA BARCA 08740 Barcelona 443 H 35 – 14547 h alt. 42.

Madrid 604 – Barcelona 26 – Manresa 43.

Catalonia Bristol, Via de l'Esport 4 ℘ 93 682 11 77, *cataloni@ hoteles-catalonia.es,* Fax 93 682 37 97, ⌿ – 🛗 🗏 📺 ⌖ – 🚗 25/180. AE ① ⓜ③ VISA JCB. ⌿
Comida 10,82 – 😐 9,02 – **57 hab** 98,56/111,81.

 17252 Girona **443** G 39 – *Playa*.

目 *av. Catalunya* & *972 66 17 14 calonge@ddgi.es Fax 972 66 10 80.*
Madrid 717 – Barcelona 107 – Girona/Gerona *48*.

Rosa dels Vents, passeig de Mar & 972 65 13 11, *hotel@rosadelsvents.com,*
Fax 972 65 06 97, ← – |≑|, ▤ rest, TV ⇔ P ① ⑩ VISA ⋙
abril-septiembre – **Comida** 11,41 – ☕ 5,40 – **58 hab** 66/96,10.

Rosamar, passeig Josep Mundet 43 & 972 65 05 48, *rosamar@qrn.es,*
Fax 972 65 21 61, ← – |≑|, ▤ rest, TV P ⑩ VISA ⋙ rest
Semana Santa-octubre – **Comida** - sólo buffet - 10,50 – **50 hab** ☕ 72/120 – PA 19.

Refugi de Pescadors, passeig Josep Mundet 55 & 972 65 06 64, 🌤, « Imitación del
interior de un barco » – ▤. AE ① ⑩ VISA ⋙
cerrado noviembre, domingo noche y lunes salvo festivos – **Comida** - pescados y mariscos
- carta 24,63 a 38,45.

Costa Brava con hab, av. Catalunya 28 & 972 65 10 61, *restcostabrava@terra.es* –
▤ rest,. AE ⑩ VISA ⋙ rest
cerrado enero – **Comida** *(cerrado miércoles)* carta aprox. 27 – ☕ 4,50 – **6 hab** 36.

 Illes Balears – *ver Balears (Eivissa)*.

 08830 Barcelona **443** H 36 – *77 894 h alt. 30*.
Madrid 626 – Barcelona *19 – Tarragona 83*.

El Castell ⅖, Castell 1 & 93 640 07 00, *elcastell@elcastell.com, Fax 93 640 07 04,* ⌇
– |≑| ▤ TV P – ⚄ 25/100. AE ① ⑩ VISA JCB ⋙ rest
Comida 10 – **44 hab** ☕ 60/91.

 43540 Tarragona **443** K 31 – *10 574 h*.

目 *pl. Carles III-13* & *977 74 01 00 turisme@larapita Fax 977 74 43 87.*
Madrid 505 – Castelló de la Plana/Castellón de la Plana 91 – Tarragona 90 – Tortosa 29.

La Rápita, pl. Lluís Companys & 977 74 15 07, *aprapita@sbgrup.com, Fax 977 74 19 54,*
⌇ – |≑|, ▤ rest, TV ⅙ ⇔ – ⚄ 25/50. AE ① ⑩ VISA ⋙
Comida - sólo buffet - 10,50 – ☕ 4,80 – **210 apartamentos** 65,10/81,40 – 22 hab –
PA 21.

Llansola, Sant Isidre 98 & 977 74 04 03, *Fax 977 74 04 03* – ▤ rest, TV ⇔ P ⑩
VISA ⋙
cerrado noviembre – **Comida** *(cerrado domingo noche y lunes mediodía)* 11,12 – **21 hab**
☕ 31,25/53.

Miami Park, av. Constitució 33 & 977 74 03 51, *miami@miamicanpons.com,*
Fax 977 74 11 66 – |≑| ⇔. AE ① ⑩ VISA ⋙
Semana Santa-octubre – **Comida** - ver rest. **Miami** – ☕ 4,66 – **62 hab** 29/48.

Juanito Platja, passeig Marítim & 977 74 04 62, *Fax 977 74 27 57*, ←, 🌤 – P ⑩
VISA ⋙
abril-septiembre – **Comida** 15,03 – ☕ 4,21 – **35 hab** 33,06/51,09.

Plaça Vella, Arsenal 31 & 977 74 24 96, *Fax 977 74 43 97* – |≑|, ▤ rest, TV
Comida L'Áncora – **21 hab.**

Varadero, av. Constitució 1 & 977 74 10 01, *Fax 977 74 22 06*, 🌤 – ▤. AE ① ⑩ VISA
cerrado 15 diciembre-20 enero y lunes – **Comida** - pescados y mariscos - carta 20,43 a
31,25.

Miami - *Hotel Miami Park*, av. Constitució 37 & 977 74 05 51, *miami@miamicamporu*
s.com, Fax 977 74 11 66 – ▤. AE ① ⑩ VISA
Comida - sólo almuerzo de domingo a jueves en invierno, pescados y mariscos - carta 21,04
a 29,45.

Can Víctor, Vista Alegre 8 & 977 74 29 05, *canvictor@larapita.com, Fax 977 74 53 30,*
🌤 – ▤. AE ① ⑩ VISA JCB
Comida - pescados y mariscos - carta aprox. 22,38.

Casa Ramón, Pou de les Figueretes 7 & 977 74 14 58, *convictor@larapita.com,*
Fax 977 74 53 30 – ▤. AE ① ⑩ VISA JCB
Comida - pescados y mariscos - carta aprox. 22,38.

Brasseria Elena, pl. Lluís Companys 1 & 977 74 29 68, 🌤 – ⑩ VISA ⋙
cerrado 2 noviembre-2 diciembre y martes en invierno – **Comida** - carnes a la brasa - carta
13,68 a 20,14.

Can Batiste con hab, Sant Isidre 204 & 977 74 23 08, *Fax 977 74 23 08* – ▤ rest, TV
⑩ VISA ⋙
Comida *(cerrado domingo noche y lunes)* carta 19,63 a 40,87 – ☕ 3 – **10 hab**
21,04/36,06.

SANT CELONI 08470 Barcelona **443** G 37 – 11 937 h alt. 152.

Alred. : *Noroeste, Sierra de Montseny★ : itinerario★★ de San Celoni a Santa Fé del Mont-seny – Carretera★ de San Celoni a Tona por Montseny.*

Madrid 662 – Barcelona 51 – Girona/Gerona 54.

Suis sin rest, Major 152 ☎ 93 867 00 02, Fax 93 867 43 43 – TV. MC VISA. ⚡
⚏ 4,06 – **28 hab** 42,07/81,14.

Can Fabes, Sant Joan 6 ☎ 93 867 28 51, *racocanfabes@troc.es*, Fax 93 867 38 61,
« Rústico elegante » – 🖥 🚗. AE ① MC VISA JCB
cerrado 28 enero-11 febrero, 24 junio-8 julio, domingo noche y lunes – **Comida** 107 y carta 78 a 96
Espec. Langostinos con sofrito y pimienta. Pichón mar y montaña. Festival de chocolate.

Les Tines, passeig dels Esports 16 ☎ 93 867 25 54, *lestines@inicia.es*, 🌿 – 🖥. AE ①
MC VISA JCB. ⚡
Comida carta 20,40 a 28,02.

en la carretera C 251 *Suroeste : 5,5 km :*

Típica Cuina Catalana, ✉ 08460 Santa María de Palautordera, ☎ 93 848 94 51,
Fax 93 848 94 51 – 🖥 P. MC VISA. ⚡
cerrado 15 enero-1 febrero y lunes salvo festivos – **Comida** carta 21,04 a 24,35.

*Wenn Sie an ein Hotel im Ausland schreiben,
fügen Sie Ihrem Brief einen internationalen Antwortschein bei,
(im Postamt erhältlich).*

SANT CLIMENT *Illes Balears – ver Balears (Menorca).*

SANT CUGAT DEL VALLÈS 08190 Barcelona **443** H 36 – 38 834 h alt. 180.

Ver : *Monasterio★★ (Iglesia★ : retablo de todos los Santos★, claustro★ : capiteles románicos★).*

🏌 *Sant Cugat, Villa ☎ 93 674 39 08 Fax 93 675 51 52.*

Madrid 615 – Barcelona 20 – Sabadell 9.

La Fonda, Enric Granados 12 ☎ 93 764 50 59, Fax 93 675 54 26 – 🖥. AE ① MC
VISA. ⚡
cerrado domingo noche y lunes – **Comida** carta 24,45 a 31,30.

Casablanca, Sabadell 47 ☎ 93 674 53 07, « Decoración rústica » – 🖥. ① MC
VISA. ⚡
cerrado Semana Santa, del 15 al 30 de septiembre y domingo – **Comida** carta 17,88 a 25,54.

Macxim, Rambla Jaume Sàbat 6 ☎ 93 674 77 00, 🌿 – 🖥. AE ① MC VISA. ⚡
cerrado del 16 al 31 de agosto y domingo noche – **Comida** - *sólo cena de lunes a sábado* - carta 22,21 a 30,27.

al Noroeste : *3 km :*

Novotel Barcelona Sant Cugat, pl. Xavier Cugat, ✉ 08190, ☎ 93 589 41 41,
h1167@accor-hotels.com, Fax 93 589 30 31, ≤, 🌿, ⊇ – 🛗 🖥 TV ♿ 🚗 P –
🏊 25/300. AE ① VISA. ⚡ rest
Comida 21 – ⚏ 11 – **146 hab** 98/113 – 4 suites.

por la carretera de Rubí *y desvío a la izquierda - Oeste : 3,5 km :*

Masia Ametller, junto a la autopista A7, ✉ 08190, ☎ 93 674 91 51, Fax 93 675 09 07,
🌿, « Decoración rústica » – 🖥 P. AE ① MC VISA. ⚡
cerrado lunes – **Comida** carta 18,60 a 30,60.

por la carretera de Barcelona BP 1417 *Sureste : 6 km :*

Can Cortés, urb. Can Cortés, ✉ 08190, ☎ 93 674 17 04, *cancor@intercom.es*,
Fax 93 675 27 07, ≤, 🌿, Enoteca de vinos y cavas catalanes, « Antigua masía », ⊇ –
P. AE ① MC VISA. ⚡
cerrado del 16 al 31 de agosto, miércoles noche y jueves noche salvo verano, domingo noche, lunes y martes todo el año – **Comida** carta aprox. 23,50.

SANT FELIU DE BOADA 17256 Girona **443** G 39.

Madrid 736 – Girona/Gerona 39 – Barcelona 136 – Perpignan 104.

Can Joan, La Font 9 ☎ 972 63 43 13, 🌿 – 🖥 P. AE ① MC VISA. ⚡
cerrado febrero y martes salvo festivos – **Comida** carta 15,02 a 21,19.

SANT FELIU DE GUÍXOLS 17220 Girona **443** G 39 – 16 088 h – Playa.

Ver : Localidad★, Iglesia Monasterio de Sant Feliu★ (portada★★) – Capilla de Sant Elm (≤★★)
– Pedralta★.

🛈 pl. Monestir 🕾 972 82 00 51 turisme@guixols.net Fax 972 82 01 19.
Madrid 713 ③ – Barcelona 100 ③ – Girona/Gerona 37 ③

A	B
SANT FELIU DE GUÍXOLS	Juli Garreta (Avenida) .... **A** 17
	Major .... **AB** 18
	Mercat (Pl. del) .... **A** 20
Anselm Clavé .... **A** 2	Monestir (Pl. del) ..... **A** 22
Antoni Vidal (Rambla) .... **A** 3	Notaria .... **A** 23
Especiers .... **A** 8	Portalet (Rambla del) ...... **B** 24
Guíxols (Pas Dels) ..... **B** 9	Robert .... **A** 25
Hospital .... **A** 12	Rutlla .... **A** 26
Joan Goula .... **A** 15	Sant Joan (Pl. de) ..... **A** 28
J. Verdaguer .... **A** 16	Volta .... **A** 30

Curhotel Hipócrates 🏡, carret. de Sant Pol 229 🕾 972 32 06 62, c.hipocrates@t
urinet.net, Fax 972 32 38 04, ≤, 🏥, Servicios terapéuticos y de cirugía estética, 🗚, 🏊,
🏊 – 🛗 TV 🅿 – 🕿 25/150. AE MC VISA. 🗚
B c
marzo-5 noviembre – **Comida** 18,03 – **90 hab** � 100,70/143,85 – PA 37,75.

Plaça sin rest, pl. Mercat 22 🕾 972 32 51 55, info@hotelplaza.org, Fax 972 82 13 21 –
🛗 🖥 TV. AE ① MC VISA
A f
⊇ 4,81 – **19 hab** 96,46.

Casa Buxó, Major 18 🕾 972 32 01 87 – 🖥. AE ① MC VISA
A n
abril-12 octubre – **Comida** (cerrado miércoles de abril-junio) carta 19,24 a 31,26.

Can Salvi, passeig del Mar 23 🕾 972 32 10 13, cansalvi@telelineb.com,
Fax 972 82 13 37, 🏥 – AE ① MC VISA
A r
cerrado 7 enero-7 febrero, domingo noche y lunes salvo junio-septiembre – **Comida** carta
31,86 a 41,62.

Can Toni, Sant Martirià 29 🕾 972 32 10 26, Fax 972 32 46 77 – 🖥
A u

Cau del Pescador, Sant Domènec 11 🕾 972 32 40 52 – 🖥. AE ① MC VISA JCB
A n
cerrado 7 enero-7 febrero y martes en invierno – **Comida** - pescados y mariscos - carta
21,03 a 36,06.

SANT FERRAN DE SES ROQUES *Illes Balears – ver Balears (Formentera).*

SANT FRUITÓS DE BAGES *08272 Barcelona* **443** *G 35 – 4 549 h alt. 246.*

Ver : *Monasterio de Sant Benet de Bages★★.*

Madrid 596 – Barcelona 72 – Manresa 5.

La Sagrera sin rest, av. Bertrand i Serra 2 *☎ 93 876 09 42, Fax 93 878 85 92 –* 📧 📺. AE ◑ ◉ VISA. ⚡
☕ 3 – **8 hab** 34/47.

SANT GREGORI *17150 Girona* **443** *G 38 – 1 830 h alt. 112.*

Madrid 707 – Girona/Gerona 9 – Barcelona 108 – Figueres 52.

Maràngels, carret. GI 531 - Este : 1 km *☎ 972 42 91 59, marangels@grn.es, Fax 972 42 91 59,* « *Masía con zona ajardinada* » *–* 📧 P. AE ◉ VISA. ⚡
cerrado lunes – **Comida** carta 20,21 a 33,61.

SANT HILARI SACALM *17403 Girona* **443** *G 37 – 4 677 h alt. 801 – Balneario.*

Ver : *Localidad★.*

🆔 *pl. Dr. Robert ☎ 972 86 96 86 santhilari@wanadoo.es Fax 972 86 96 77.*

Madrid 664 – Barcelona 82 – Girona/Gerona 45 – Vic 36.

Torrás y Tarres, pl. Gravalosa 13 *☎ 972 86 80 96, Fax 972 87 22 34 –* 🛗. AE ◑ ◉
VISA. ⚡
cerrado 23 diciembre-enero – **Comida** *(cerrado lunes)* 11,42 *–* ☕ 5,71 *–* **58 hab**
21,64/41,77.

<table><tr><td>**Los precios**</td><td>Para cualquier aclaración sobre los precios indicados en esta guía, consulte la introducción.</td></tr></table>

SANT JOAN DESPÍ *Barcelona – ver Barcelona : Alrededores.*

SANT JOAN D'ALACANT o **SAN JUAN DE ALICANTE** *03550 Alacant* **445** *Q 28 – 14 369 h alt. 50.*

Madrid 426 – Alcoi 46 – Alacant/Alicante 9 – Benidorm 34.

Roma sin rest, Mercat 1 *☎ 96 565 40 16, Fax 96 565 40 16 –* 🛗 📧 📺 P. AE ◉
VISA. ⚡
27 hab ☕ 25,84/44,78.

El Patio de San Juan, av. de Alicante 17 - Sur : 1 km *☎ 96 565 68 00, ahoracomo
@airte.net, Fax 96 515 30 51,* 🌳 *–* 📧 P. AE ◑ ◉ VISA JCB
cerrado 15 enero-15 febrero, domingo noche y lunes – **Comida** *- sólo cena en julio y agosto
- carta aprox. 30,20.*

La Quintería, Dr. Gadea 17 *☎ 96 565 22 94 –* 📧. AE ◑ ◉ VISA. ⚡
cerrado 20 junio-20 julio, domingo y miércoles noche – **Comida** *- cocina gallega - carta
33 a 48,50.*

Albatros, Severo Ochoa *☎ 96 565 72 26 –* 📧. AE ◑ ◉ VISA. ⚡
cerrado 6 septiembre-5 octubre y lunes
Comida carta aprox. 30.

SANT JORDI *Illes Balears – ver Balears (Eivissa).*

SANT JOSEP DE SA TALAIA *Illes Balears – ver Balears (Eivissa).*

SANT JULIÀ DE LÓRIA *Andorra – ver Andorra (Principado de).*

SANT JULIÀ DE VILATORTA *08504 Barcelona* **443** *G 36 – 1 934 h alt. 595.*

Madrid 643 – Barcelona 72 – Girona/Gerona 85 – Manresa 58.

Ca la Manyana con hab, av. Nostra Senyora de Montserrat 38 *☎ 93 812 24 94, cala
manyana@teleline.es, Fax 93 888 70 04 –* 📧 📺. AE ◑ ◉ VISA. ⚡ rest
cerrado del 1 al 15 de febrero – **Comida** *(cerrado domingo noche y lunes)* carta 23,50
a 34,70 *–* ☕ 5,60 *–* **21 hab** 47/55.

SANT JUST DESVERN *Barcelona – ver Barcelona : Alrededores.*

SANT LLORENÇ DE MORUNYS 25282 Lleida 443 F 34 – 839 h alt. 925.

Madrid 596 – Barcelona 148 – Berga 31 – Lleida/Lérida 127.

Cas-Tor ⑤, carret. de La Coma - Noroeste : 1 km ℘ 973 49 21 02, Fax 973 49 22 28, ⌧, ⌧ – TV P. MC VISA. ⌧ rest
julio-septiembre y fines de semana resto del año – **Comida** 12 – ⌧ 5,11 – **17 hab** 24,04/39,67 – PA 28,28.

Piteus, carret. de Berga ℘ 973 49 23 40, Fax 973 49 23 40 – ☒ TV. MC VISA
Comida 7,21 – ⌧ 3 – **23 hab** 24,64/49,28 – 3 apartamentos.

SANT LLUÍS Illes Balears – ver Balears (Menorca).

SANT MARÇAL Barcelona 443 G 37.

Madrid 686 – Barcelona 86 – Girona/Gerona 60 – Vic 36.

Sant Marçal ⑤, ✉ 08460 Montseny, ℘ 93 847 30 43, *jordi.tell@terra.es*, Fax 93 847 30 43, ≼, « Decoración rústica », ⌧ – TV P. – ⌧ 25/200. AE ① MC VISA. ⌧
Comida 28 – ⌧ 11,90 – **12 hab** 158,67.

SANT MARTÍ SARROCA 08731 Barcelona 443 H 34 – 2 394 h alt. 340.

Madrid 583 – Barcelona 65 – Tarragona 65.

Al Ras, Pepet Teixidor 14 (barri La Roca) - Suroeste : 1,5 km ℘ 93 899 14 08, *alras@a rrakis.es*, Fax 93 899 14 08, « Bonita terraza acristalada » – ▤. MC VISA
cerrado 1 semana en febrero, 1 semana en junio, 1 semana en octubre, domingo noche y lunes – **Comida** 47,99 y carta 31,10 a 38,01
Espec. Arroz cremoso de colmenillas con espardenyes. Bacalao con emulsión de aceite de ceps y judías del Ganxet. Pastel caliente de chocolate.

SANT MARTÍ VELL 17462 Girona 443 F 38 – 199 h alt. 65.

Madrid 706 – Girona/Gerona 14 – Barcelona 106 – Figueres 47.

De la Riera, carret. de Bordils a Corça - Sureste : 1 km ℘ 972 49 02 11, *casiahumad a@jazzfree.com*, Fax 972 49 06 48, ⌧ – P. AE MC VISA
cerrado 2ª quincena de noviembre y de domingo noche a jueves mediodía (15 septiembre-junio) – **Comida** - sólo cena de julio a 15 de septiembre salvo sábado y domingo - carta 21,30 a 26.

SANT MIQUEL DE BALANSAT Illes Balears – ver Balears (Eivissa).

SANT PAU D'ORDAL 08739 Barcelona 443 H 35.

Madrid 587 – Barcelona 51 – Lleida/Lérida 116 – Tarragona 66.

Cal Xim, pl. Subirats 5 ℘ 93 899 30 92, Interesante enoteca – ▤. AE MC VISA. ⌧
cerrado Semana Santa, 2ª quincena de agosto y domingo – Comida - carnes a la brasa, sólo almuerzo salvo viernes y sábado - carta 14,07 a 27,50.

Cal Pere del Maset, Ponent 20 ℘ 93 899 30 28, Fax 93 899 40 49 – ▤. AE ① MC VISA. ⌧
cerrado agosto y lunes – **Comida** carta 21,64 a 34,86.

SANT PERE PESCADOR 17470 Girona 443 F 39 – 1 215 h alt. 5.

Madrid 750 – Figueres 16 – Girona/Gerona 47.

Can Ceret, del Mar 1 ℘ 972 55 04 33, *canceret@tena.es*, Fax 972 55 04 33, ⌧,
« Marco rústico en una antigua casa de pueblo » – ☒ ▤ TV ⌧. AE ① MC VISA. ⌧
cerrado 4 noviembre-4 diciembre – **Comida** (cerrado domingo noche y lunes) 13,82 – **10 hab** ⌧ 48/78,13.

SANT PERE DE RIBES 08810 Barcelona 443 I 35 – 13 722 h alt. 44.

Madrid 596 – Barcelona 46 – Sitges 4 – Tarragona 52.

El Tovalló Verd, carret. dels Cards 58 ℘ 93 896 21 21, Fax 93 896 21 21 – ▤. AE ① MC VISA. ⌧
cerrado noviembre y miércoles – **Comida** carta 27,04 a 37,25.

El Rebost de l'Avia, av. Els Cards 29 ℘ 93 896 08 35, *bluemoon@spribes.net*, Fax 93 896 27 92 – ▤. AE ① MC VISA JCB. ⌧
Comida carta 27,05 a 33,06.

La Torrada, carret. de Sitges 7 ℘ 93 896 29 93, « Decoración rústica » – ▤. AE MC VISA. ⌧
cerrado febrero y lunes – **Comida** - carnes a la brasa - carta 18,63 a 26,76.

en la carretera de Olivella *Noreste : 1,5 km :*

X **Can Lloses,** ✉ 08810, ☏ 93 896 07 46, *canlloses@wol.es,* Fax 93 896 07 46, ≤ – ▤
P. MC VISA JCB. ✗
cerrado octubre y martes – **Comida** *-* carnes *-* carta 17,13 a 24,35.

SANT POL DE MAR 08395 Barcelona **443** H 37 *– 2 383 h – Playa.*
Madrid 679 – Barcelona *46 – Girona/Gerona 53.*

🏠 **Gran Sol** (Hotel escuela), carret. N II ☏ 93 760 00 51, *gransol@euht-santpol.org,*
Fax 93 760 09 85, ≤, ⬛, ✗ – ⬛ ▤ TV P. – ⬛ 25/200. AE ① MC VISA. ✗ rest
Comida 16 – ☕ 9 – **44 hab** 72/90 – PA 33.

XXXX **Sant Pau,** Nou 10 ☏ 93 760 06 62, *santpaurest@eresmas.com,* Fax 93 760 09 50 – ▤
❀❀ P. AE ① MC VISA. ✗
*cerrado del 6 al 22 de mayo, del 4 al 20 de noviembre, domingo noche, lunes y jueves
mediodía –* **Comida** carta 55,50 a 74
Espec. Bacalao confitado, yema rellena, crema de patatas, membrillo y pasas (enero-mayo).
Salmonete relleno de verduras dos salsas. Estudio sobre una manzana reineta al horno, en
texturas y temperaturas (diciembre-abril).

SANT QUIRZE DEL VALLÈS 08192 Barcelona **443** H 36 *– 9 047 h alt. 188.*
Madrid 611 – Barcelona *22 – Manresa 46 – Mataró 34 – Vic 59.*

XX **Lluernari,** Pintor Vila Puig 73 ☏ 93 721 01 63, *lluernari@sumi.es,* Fax 93 721 01 63, ☂
😊 – ▤. MC VISA. ✗
*cerrado del 7 al 16 de enero, Semana Santa, del 2 al 21 de agosto, domingo noche y lunes
–* **Comida** carta 18,86 a 26,25.

SANT SADURNÍ D'ANOIA 08770 Barcelona **443** H 35 *– 9 283 h alt. 162.*
Madrid 578 – Barcelona *46 – Lleida/Lérida 120 – Tarragona 68.*

en la carretera C 243 a *Suroeste : 4 km :*

🏠 **Sol i Vi,** Can Bas, ✉ 08739 Lavern, ☏ 93 899 32 04, Fax 93 899 34 35, ≤, « Frente a
los viñedos », ⬛ – ▤ TV �car P. AE ① MC VISA. ✗
Comida 15,10 – ☕ 4,80 – **25 hab** 48,40/72,60.

en la carretera de Ordal *Sureste : 4,5 km :*

XX **Mirador de les Caves,** Els Casots, ✉ 08770 apartado 72 Els Casots, ☏ 93 899 31 78,
mirador.caves@retemail.es, Fax 93 899 33 88, ≤ – ▤ P. AE ① MC VISA. ✗
cerrado 15 días en agosto, domingo noche y lunes noche – **Comida** carta 20,43 a 31,85.

SANT SALVADOR *Illes Balears – ver Balears (Mallorca).*

SAN SALVADOR (Playa de) *Tarragona – ver El Vendrell.*

SANT VICENT DEL RASPEIG o **SAN VICENTE DEL RASPEIG** 03690 Alacant **445** Q
28 *– 30 119 h alt. 110.*
Madrid 422 – Alcoi 49 – Alacant/Alicante 9 – Benidorm 48.

X **La Paixareta,** Torres Quevedo 10 ☏ 96 566 58 39 – ▤. AE MC VISA. ✗
cerrado 15 agosto-3 septiembre, domingo en verano y domingo noche resto del año –
Comida carta 24,04 a 27,05.

SANTA BAIA 32792 Ourense **441** F 6.
Madrid 493 – Ourense/Orense 28 – Pontevedra 113 – Vigo 87.

XX **Galileo,** carret. C 536 ☏ 988 38 04 25, *galileoita@eresmas.com,* Fax 988 38 04 25 – ▤
P. AE MC VISA. ✗
cerrado domingo noche y lunes – **Comida** carta 27,66 a 38,47.

SANTA BÁRBARA 43570 Tarragona **443** J 31 *– 3 322 h alt. 79.*
Madrid 515 – Castelló de la Plana/Castellón de la Plana 107 – Tarragona 98 – Tortosa 15.

🏠 **Venta de la Punta,** Major 207 ☏ 977 71 89 63, Fax 977 71 81 37 – ▤ TV 🚗.
AE ① MC VISA. ✗
Comida - ver rest. *Venta de la Punta* – ☕ 3 – **22 hab** 24,04/48,08.

X **Venta de la Punta** - Hotel Venta de la Punta, carret. de Madrid 2 ☏ 977 71 90 95,
Fax 977 71 81 37 – ▤. AE ① MC VISA. ✗
cerrado 15 días en enero, 15 días en septiembre y domingo noche – **Comida** carta 16,82
a 25,24.

SANTA BRÍGIDA Las Palmas – ver Canarias (Gran Canaria).

SANTA COLOMA Andorra – ver Andorra (Principado de).

SANTA COLOMA DE FARNERS 17430 Girona **443** G 38 – 8 111 h alt. 104 – Balneario.

Ver : Localidad★.

Madrid 700 – Barcelona 87 – Girona/Gerona 29.

Balneario Termas Orión ⑤, Afueras - Sur : 2 km ℘ 972 84 00 65, Fax 972 84 04 66, « En un gran parque », 🔄, 🔄, ✕ – 🕴, 🔲 rest, TV 🔥 P – 🛶 25/500. MC VISA. 🍴
cerrado 7 enero-25 febrero – **Comida** 15,03 – ⚏ 6 – **67 hab** 51,09/73,94 – PA 30,65.

en la carretera de Sils Sureste : 2 km :

XX **Mas Solá,** ✉ 17430, ℘ 972 84 08 48, massola@massola.net, Fax 972 84 35 59, « Antigua masía. Decoración rústica regional », 🔄, ✕ – 🔲 P. AE ① MC VISA. 🍴
cerrado febrero, domingo noche, lunes noche y martes – **Comida** carta 18,03 a 33,96.

SANTA COLOMA DE QUERALT 43420 Tarragona **443** H 34 – 2 553 h.

Madrid 536 – Barcelona 91 – Lleida/Lérida 85 – Tarragona 59.

XX **Hostal Colomí,** Raval de Jesús 10 ℘ 977 88 06 53 – 🔲. AE ① MC VISA
cerrado 1 semana en diciembre, 1 semana en septiembre y martes – **Comida** - sólo almuerzo salvo viernes y sábado - carta 19,23 a 25,54.

SANTA COMBA 15840 A Coruña **441** C 3 – 11 347 h alt. 352.

Madrid 653 – A Coruña/La Coruña 67 – Santiago de Compostela 33.

XX **Retiro da Costiña,** av. de Santiago 12 ℘ 981 88 02 44 – 🔲 P. AE ① MC VISA. 🍴
cerrado miércoles – **Comida** carta 21,64 a 30,05.

Nos guides hôteliers, nos guides touristiques et nos cartes routières sont complémentaires. Utilisez-les ensemble.

Unsere Hotel-, Reiseführer und Straßenkarten ergänzen sich. Benutzen Sie sie zusammen.

SANTA CRISTINA (Playa de) Girona – ver Lloret de Mar.

SANTA CRISTINA D'ARO 17246 Girona **443** G 39 – 1 859 h.

☞ Costa Brava, La Masía ℘ 972 83 70 55 Fax 972 83 72 72.
🛈 pl. Mossèn Baldiri Reixac 1 ℘ 972 83 70 10 turisme.stacri@ddgi.es Fax 972 83 74 12.
Madrid 709 – Barcelona 96 – Girona/Gerona 33.

junto al golf Oeste : 2 km :

Golf Costa Brava ⑤, ✉ 17246, ℘ 972 83 51 51, hgolf@santacristina.net, Fax 972 83 75 88, ≤, 🏊, 🔄, 🎾, ☞ – 🕴 🔲 TV P – 🛶 25/200. AE ① MC VISA. 🍴 rest
Semana Santa-octubre – **Comida** 21 – ⚏ 8 – **91 hab** 60/110 – PA 45.

en la carretera de Platja d'Aro Este : 2 km :

Mas Torrellas ⑤, ✉ 17246, ℘ 972 83 75 26, Fax 972 83 75 27, « Antigua masía », 🔄, ✕ – 🔲 hab, TV P. AE ① MC VISA. 🍴 hab
marzo-octubre – **Comida** 16 – **17 hab** ⚏ 45/79 – PA 32.

en la carretera de Girona Noroeste : 2 km :

XX **Les Panolles,** ✉ 17246, ℘ 972 83 70 11, lespanolles@lespanolles.com, Fax 972 83 72 54, 🏡, « Masía típica decorada en estilo rústico » – 🔲 P. AE ①
MC VISA
cerrado miércoles noche en invierno – **Comida** carta 25,50 a 32,59.

al Noroeste : 5 km :

Mas Tapiolas ⑤, Veünat de Solius, ✉ 17246 Solius, ℘ 972 83 70 17, info@euro-mar.com, Fax 972 83 71 34, « Instalado parcialmente en una masía del siglo XVIII con amplias zonas ajardinadas », 🏋, 🔄, 🔄, ✕ – 🕴 🔲 TV 🔥 P – 🛶 25/450. AE ① MC VISA. 🍴 rest
Comida 27 – **40 hab** ⚏ 153,26/192,32 – PA 48,70.

SANTA CRUZ 15179 A Coruña 441 B 4 – Playa.

Madrid 584 – A Coruña/La Coruña 4 – Ferrol 28 – *Santiago de Compostela 82.*

 **Sol Porto Cobo** ⤵, María Soliña 2 ℘ 981 61 41 00, *sol.porto.cobo@solmelia.com,*
Fax 981 61 49 20, ≤ bahía y La Coruña, 🌊 – 🛗, 🍴 rest, 📺 🅿 – 🔥 25/150. 🅰🅴 ⓞ 🆑 𝗩𝗜𝗦𝗔. 🐾
Comida 18,75 – ☕ 6,61 – **58 hab** 72,12/89,55 – PA 40,12.

SANTA CRUZ 30162 Murcia 445 R 26.

Madrid 403 – Murcia 9.

XXXX **Hostería Palacete Rural La Seda,** Vereda del Catalán - Norte : 1 km ℘ 968 87 08 48,
reservas@palacetelaseda.com, Fax 968 87 08 48, « Imponente palacete con plantas en
plena huerta murciana » – 🍴 🅿 🅰🅴 ⓞ 𝗩𝗜𝗦𝗔. 🐾
cerrado agosto y domingo – **Comida** carta 26,40 a 33.

SANTA CRUZ DE BEZANA 39100 Cantabria 442 B 18 – 5 280 h alt. 45.

Madrid 378 – Bilbao 102 – *Santander 8* – Torrelavega 18.

 **Camargo,** barrio Bojar 2, ✉ 39608 Igollo de Camargo, ℘ 942 58 58 70, *hotelcamar*
go@.com, Fax 942 58 58 73 – 🛗, 🍴 rest, 📺 🅿 🅰🅴 🆑 𝗩𝗜𝗦𝗔. 🐾
Comida *(cerrado domingo)* 7,80 – ☕ 2,10 – **32 hab** 66,44/84,14.

🌳 **Los Sauces** ⤵ sin rest, Alto de Maoño (carret. N 611) - Sur : 2 km ℘ 942 58 03 76,
Fax 942 58 03 76 – 📺 🅿. 🐾
☕ 1,80 – **10 hab** 48,08.

SANTA CRUZ DE MUDELA 13730 Ciudad Real 444 Q 19 – 4 775 h alt. 716.

Madrid 218 – Ciudad Real 77 – Jaén 118 – Valdepeñas 15.

al Noreste : 3 km :

Balneario Cervantes ⤵, Camino de los Molinos, ✉ 13730, ℘ 926 33 13 13, *baln*
eariocervantes@manchanet.es, Fax 926 33 14 41, Servicios terapéuticos, « Conjunto
regional en pleno campo », 🌊, 🚲 – 🍴 📺 ♿ 🅿 – 🔥 25/100. 🅰🅴 🆑 𝗩𝗜𝗦𝗔. 🐾
Comida 10,85 – ☕ 3,90 – **80 hab** 55,55/85,30.

en la autovía N IV Sur : 4 km :

🍴 **Las Canteras** con hab, dirección Bailén, ✉ 13730, ℘ 926 34 32 03, *las.canteras@t*
erra.es, Fax 926 34 24 75 – 🍴 📺 🚗 🅿 🅰🅴 ⓞ 🆑 𝗩𝗜𝗦𝗔. 🐾
Comida carta aprox. 24,65 – ☕ 6,01 – **21 hab** 21,04/42,07.

SANTA CRUZ DE TENERIFE Santa Cruz de Tenerife – ver Canarias (Tenerife).

SANTA CRUZ DE LA PALMA Santa Cruz de Tenerife – ver Canarias (La Palma).

SANTA CRUZ DE LA SERÓS 22792 Huesca 443 E 27 – 137 h alt. 788.

Ver : *Pueblo★.*
Alred. : *Monasterio de San Juan de la Peña★★ (paraje★★, claustro★ : capiteles★★) Sur : 5 km.*
Madrid 480 – Huesca 85 – Jaca 14 – Iruña/Pamplona 105.

en la carretera N 240 Norte : 4,5 km :

🏠 Aragón, ✉ 22792, ℘ 974 37 71 12, *hotelaragon@wanadoo.es, Fax 974 36 21 89,* ≤, 🌊
– 🅿
22 hab.

SANTA ELENA 23213 Jaén 446 Q 19 – 1 076 h alt. 742.

Madrid 255 – Córdoba 143 – Jaén 78.

🍴 **El Mesón** con hab, av. Andalucía 91 ℘ 953 66 41 00, *meson@servarland.com,*
Fax 953 66 41 02, ≤, 🌳 – 🍴 📺 🅿 🅰🅴 ⓞ 🆑 𝗩𝗜𝗦𝗔. 🐾
Comida carta aprox. 18,72 – ☕ 3,61 – **22 hab** 21/34,86.

SANTA EUGÈNIA DE BERGA 08507 Barcelona 443 G 36 – 1 591 h alt. 538.

Madrid 641 – Barcelona 70 – Girona/Gerona 83 – Vic 4.

L'Arumi H., carret. d'Arbúcies 1 ℘ 93 889 53 32, Fax 93 889 55 73, ≤ – 🛗 🍴 📺 🚗
🅿 🅰🅴 ⓞ 🆑 𝗩𝗜𝗦𝗔. 🐾
Comida - ver rest. *L'Arumi* – ☕ 5 – **18 hab** 48/60 – 3 suites.

XX **L'Arumi** - Hotel L'Arumi H., carret. d'Arbúcies 21 ℘ 93 885 56 03, Fax 93 889 55 73 –
🍴 🅿 🅰🅴 ⓞ 🆑 𝗩𝗜𝗦𝗔. 🐾
cerrado julio, domingo noche y lunes – **Comida** carta aprox. 21,80.

SANTA EUGENIA DE RIBEIRA *A Coruña – ver Santa Uxía de Ribeira.*

SANTA EULALIA *03639 Alacant* **445** *Q 27.*
Madrid 367 – Albacete 120 – Alacant/Alicante 50 – Elda 11 – Murcia 94.

La Casona, acceso autovía ☎ 96 547 51 44, Fax 96 656 08 08, 🍃, « En un pinar. Decoración rústica » – **P.**

SANTA EULALIA DE OSCOS *33776 Asturias* **441** *C 8 – 611 h alt. 547.*
Madrid 579 – A Coruña/La Coruña 169 – Lugo 78 – Oviedo 181.

Casona del Bosque de Pumares ʁ sin rest, Pumares - Oeste : 1 km ☎ 98 562 12 97, casonpumares@jazzfree.com, Fax 98 562 13 13, « Acogedor marco rústico en una casona del siglo XVII » – **TV P. MC VISA**. ♨
cerrado 15 enero-15 febrero – ⊔ 4,81 – **9 hab** 54,09/60,10.

Casa Pedro, ☎ 98 562 60 97, Fax 98 562 60 97 – **TV P. MC VISA**. ♨
Comida (cerrado domingo noche en invierno) 9,02 – ⊔ 3,61 – **6 hab** 33,66/42,07 – PA 21,64.

SANTA EULALIA DEL RÍO *Illes Balears – ver Balears (Eivissa).*

SANTA GERTRUDIS DE FRUITERA *Illes Balears – ver Balears (Eivissa).*

SANTA MARGALIDA *Illes Balears – ver Balears (Mallorca).*

SANTA MARGARIDA (Urbanización) *Girona – ver Roses.*

SANTA MARGARIDA i ELS MONJÓS *08730 Barcelona* **443** *I 34 y 35 – 3 922 h alt. 161.*
Madrid 571 – Barcelona 59 – Tarragona 43.

Hostal del Penedés, carret. N 340 - Suroeste : 1 km ☎ 93 898 00 61, Fax 93 818 60 32 – 🚿 □ **TV P. AE MC VISA**
Comida 12 – ⊔ 5 – **32 hab** 36/60.

SANTA MARÍA DE GETXO *Bizkaia – ver Getxo (Getxoko Andramari).*

SANTA MARÍA DE HUERTA *42260 Soria* **442** *I 23 – 611 h alt. 764.*
Ver : *Monasterio*★★ *(claustro de los Caballeros*★*, refectorio*★★*).*
Madrid 182 – Soria 84 – Zaragoza 131.

SANTA MARÍA DE MAVE *34492 Palencia* **442** *D 17.*
Madrid 323 – Burgos 79 – Santander 116.

Hostería El Convento ʁ, ☎ 979 12 36 11, Fax 979 12 54 92, « Antiguo convento » – **P. AE ① MC VISA**. ♨
Comida 12,02 – ⊔ 4,81 – **25 hab** 42,07/54,09 – PA 26,40.

SANTA MARÍA DEL ÁGUILA *04710 Almería* **446** *V 21.*
Madrid 565 – Almería 32 – Granada 154 – Málaga 172.

en la carretera de Almería *Este : 3 km :*

El Edén, ✉ 04710, ☎ 950 58 10 36, Fax 950 58 05 10 – □ rest, **TV** ⮜ **P. AE MC VISA**. ♨ rest
Comida 7 – ⊔ 2,40 – **23 hab** 24/48 – PA 16.

SANTA MARIA DEL CAMÍ *Illes Balears – ver Balears (Mallorca).*

SANTA MARÍA DEL MAR Asturias 441 B 11.

Madrid 500 – Avilés 12 – Luarca 53 – *Oviedo* 43.

Marqués de la Moral , av. Fernández Trapa 89 - Suroeste : 1 km, ⊠ 33457 Naveces, ℰ 98 551 93 40, Fax 98 551 93 42, – ▤ rest, TV P – 25/220. AE MC VISA.
Comida 10,82 – ☕ 3,61 – **31 hab** 48,08/66,11 – PA 21,64.

Román con hab, paseo Marítimo 11, ⊠ 33457 Naveces, ℰ 98 551 94 88, Fax 98 551 98 89, < – TV. AE MC VISA.
Comida carta aprox. 33,36 – ☕ 3,31 – **14 hab** 39,07/48,08.

SANTA MARIÑA DE AUGAS SANTAS Ourense – ver Allariz.

SANTA PAU 17811 Girona 443 F 37 – 1381 h.

Ver : Localidad★.

Madrid 690 – Figueres 55 – *Girona/Gerona* 43.

Cal Sastre , Cases Noves 1 ℰ 972 68 00 49, sastre@aqtat.es, Fax 972 68 04 81, <, – TV. AE ① MC VISA.
cerrado 20 enero-20 febrero – **Comida** - ver rest. *Cal Sastre* – **10 hab** ☕ 66/90.

Cal Sastre - Hotel Cal Sastre, placeta dels Balls 6 ℰ 972 68 04 21, sastre@agtat.es, Fax 972 68 04 81 – AE ① MC VISA.
cerrado 20 enero-20 febrero – **Comida** (cerrado domingo noche y lunes) - sólo almuerzo salvo 15 abril-15 octubre - carta 22,20 a 31,10.

por la carretera Gi 524 Noroeste : 6 km :

La Francesa, Pí 27, ⊠ 17811, ℰ 972 26 22 41, lafrancesa@garrotxa.com, Fax 972 26 22 41, – ▤. AE ① MC VISA.
cerrado del 15 al 31 de agosto, domingo noche y lunes salvo festivos – **Comida** carta 15,62 a 22,23.

SANTA PERPÈTUA DE MOGODA 08130 Barcelona 443 H 36 – 16710 h alt. 74.

Madrid 632 – *Barcelona* 22 – Mataró 41 – Sabadell 6.

Catalán sin rest y sin ☕, Cim Vallès - Polígono Industrial Les Minetes ℰ 93 544 91 44, hostelcim@terra.es, Fax 93 544 91 42 – ▤ TV & P. AE MC VISA
79 hab 23,14/55,89.

SANTA POLA 03130 Alacant 445 R 28 – 15365 h – Playa.

𝐢 pl. de la Diputación 6 ℰ 96 669 22 76 touristinfo.santapola@turisme.m400.gva.es Fax 96 669 60 39.

Madrid 423 – Alacant/Alicante 19 – Cartagena 91 – Murcia 75.

Patilla, Elche 29 ℰ 96 541 10 15, Fax 96 541 52 95 – ▤ TV P. AE ① MC VISA.
Comida 13,22 – ☕ 4,98 – **72 hab** 31,25/56,49 – PA 27,68.

Picola, Alicante 64 ℰ 96 541 10 44, Fax 96 541 10 44 – ▤ rest,. AE MC VISA.
Comida 10,29 – ☕ 3,61 – **20 hab** 30,05/36,66.

Miramar, av. Pérez Ojeda ℰ 96 541 10 00, Fax 96 541 38 96, <, – ▤.

en la playa del Varadero Este : 1,5 km :

Varadero, Santiago Bernabeu, ⊠ 03130 Santa Pola, ℰ 96 541 17 66, Fax 96 669 29 95, <, – ▤ P. AE ① MC VISA.
Comida carta 22 a 26.

en la carretera N 332 :

Marina Palace, Norte : 1 km, ⊠ 03130, ℰ 96 541 13 12, hotelmarinapalace@futornet.es, Fax 96 541 16 02, <, , – ▤ TV & P. – 25/200. MC VISA.
Comida 41,26 – ☕ 6,75 – **100 hab** 57,23/95,78 – PA 25,90.

El Faro, Norte : 2,5 km, ⊠ 03130, ℰ 96 541 21 36, Fax 96 669 24 08, – ▤ P. AE ① MC VISA.
Comida carta 23 a 30.

en la carretera de Elx Noroeste : 3 km :

María Picola, ⊠ 03130, ℰ 96 541 35 13, Fax 96 541 55 62, – ▤ P. AE ① MC VISA.
cerrado octubre, lunes mediodía (julio-agosto), domingo noche y lunes resto del año – **Comida** carta 27,64 a 36,06.

SANTA ÚRSULA *Santa Cruz de Tenerife – ver Canarias (Tenerife).*

SANTA UXÍA DE RIBEIRA o **SANTA EUGENIA DE RIBEIRA** *15960 A Coruña* **441**
E 3 – 23 255 h alt. 8.
Madrid 643 – Santiago de Compostela 61 – A Coruña/La Coruña 134 – Pontevedra 71.

Carolinas, paseo das Carolinas 28 ☎ 981 87 02 75, Fax 981 87 04 39 – 📶 📺
20 hab.

Baiuca, av. Miguel Rodríguez Bautista 17 ☎ 981 87 36 82, *baiuca@arrakis.es* – 🖃. AE
MC VISA. ✗
cerrado del 23 al 31 de diciembre y domingo – **Comida** carta 19,24 a 33,06.

SANTANDER *39000* Ⓟ *Cantabria* **442** *B 18 – 196 218 h – Playa.*
*Ver : Museo Regional de Prehistoria y Arqueología★ (bastones de mando★) FZ*M1 *–
El Sardinero★★* CDY.

ᵢ₈ ᵢ₉ *Pedreña, por ③ : 24 km* ☎ *942 50 00 01 Fax 942 50 01 36.*
✈ *de Santander por ③ : 7 km* ☎ *942 20 21 00 – Iberia : paseo de Pereda 18* ⊠ *39004*
☎ *942 22 97 00* FZ *y aeropuerto* ☎ *942 20 21 56.*
🚢 *Cía. Trasmediterránea, paseo de Pereda 13* ⊠ *39004* ☎ *942 22 14 00 Fax
942 21 73 83.*

🛈 *Jardines de Pereda* ⊠ *39003* ☎ *942 20 30 00 Fax 942 20 30 05 pl. de Velarde 5 (pl.
Porticada)* ⊠ *39001* ☎ *942 31 07 08 Fax 942 31 32 48 y av. Reina Victoria* ⊠ *39005*
☎ *942 74 04 14 (temp)* – **R.A.C.E.** *Marcelino Sanz de Sautuola 4* ⊠ *39003* ☎ *942 22 32 37
Fax 942 22 32 73.*
*Madrid 389 ② – Bilbao 116 ③ – Burgos 154 ② – León 266 ① – Oviedo 203 ① – Valladolid
250 ①*

Planos páginas siguientes

Bahía, av. Alfonso XIII-6, ⊠ 39002, ☎ 942 20 50 00, *hotelbahia@gruposardinero.com*,
Fax 942 20 50 01, ≤ – 📶 🖃 📺 ⅁ 🚗 – 🔬 25/700. AE ① MC VISA JCB. ✗   EZ **h**
Comida 21,03 – ☕ 9,01 – **167 hab** 135,23/180,30 – 21 suites.

Castelar, Castelar 25, ⊠ 39004, ☎ 942 22 52 00, *grupocastelar@mundivia.es*,
Fax 942 22 52 00, Servicios de talasoterapia – 📶 🖃 📺 – 🔬 25/45. AE MC VISA. ✗
Comida 15,03 – ☕ 7,36 – **41 hab** 96,16/115,10 – 1 suite.   CY **s**

NH Ciudad de Santander, Menéndez Pelayo 13, ⊠ 39006, ☎ 942 31 99 00, *nhc-s
antander@nh-hoteles.es*, Fax 942 21 73 03 – 📶 🖃 📺 🚗 Ⓟ – 🔬 25/220. AE ① MC
VISA JCB. ✗ rest   FZ **e**
Airén *(cerrado domingo)* **Comida** carta 24,02 a 28,23 – ☕ 8,71 – **60 hab** 102,89/154,33,
2 suites.

Central, General Mola 5, ⊠ 39004, ☎ 942 22 24 00, *hotelcentral@elcentral.com*,
Fax 942 36 38 29, « Decoración original en un ambiente acogedor » – 📶 🖃 📺 –
🔬 25/40. AE ① MC VISA. ✗   EZ **c**
Comida *(cerrado domingo)* 10 – ☕ 5 – **40 hab** 65,50/101,50 – 1 suite.

México, Calderón de la Barca 3, ⊠ 39002, ☎ 942 21 24 50, *informacion@hotel-mex
ico.com*, Fax 942 22 92 38 – 📶 📺. ① MC VISA. ✗   EZ **w**
Comida - ver rest **La Solana del México** – ☕ 6 – **30 hab** 63/101 – 2 suites.

Express Santander 🖎 sin rest, Parque Empresarial Nueva Montaña, ⊠ 39011,
☎ 942 35 22 66, Fax 942 35 27 50 – 📶 🖃 📺 🚗 – 🔬 25/100. AE ① MC VISA JCB
☕ 5,10 – **103 hab** 102,17.   por av. Parayas AY

Piñamar, Ruiz de Alda 15, ⊠ 39009, ☎ 942 36 18 66, Fax 942 36 19 36 – 🖃 📺. MC
VISA. ✗   BY **x**
Comida 11,42 – ☕ 4,51 – **34 hab** 74,38/96,31 – PA 27,35.

San Glorio 2 sin rest con cafetería, Federico Vial 3, ⊠ 39009, ☎ 942 22 16 66,
Fax 942 31 21 09 – 📺. AE ① MC VISA JCB. ✗   BY **e**
☕ 4 – **33 hab** 62/75.

Alisas, Nicolás Salmerón 3, ⊠ 39009, ☎ 942 22 27 50, *hotelalisas@teleline.es*,
Fax 942 22 24 86 – 📺 – 🔬 25/120. AE ① MC VISA. ✗   BY **т**
Comida 7,21 – ☕ 4,81 – **70 hab** 48,08/96,16 – PA 21,04.

Romano sin rest, Federico Vial 8, ⊠ 39009, ☎ 942 22 30 71, Fax 942 22 30 71 – 📺.
AE MC VISA. ✗   BY **u**
☕ 3 – **25 hab** 36/42.

Puerto, Hernán Cortés 63, ⊠ 39003, ☎ 942 21 56 55, Fax 942 21 93 93, Vivero propio
– 🖃. AE ① MC VISA. ✗   FZ **m**
Comida - pescados y mariscos - carta 27,05 a 42,50.

XX **Sixtina,** Sol 47, 39003, 942 21 95 95, « Ambiente acogedor » – AE MC
VISA.
cerrado domingo noche – **Comida** carta 22,37 a 31,26.
FZ q

XX **Zacarías,** General Mola 41, 39003, 942 21 23 33, *Fax 942 36 11 87* – AE
MC VISA
Comida carta aprox. 32,15.
FZ r

XX **Asador Lechazo Aranda,** Tetuán 15, 39004, 942 21 48 23 – MC VISA.
cerrado lunes noche – **Comida** - cordero asado - carta aprox. 23,50.
FZ t

XX **La Solana del México** - *Hotel México,* Calderón de la Barca 3, 39002,
942 21 24 50, *informacion@hotel-mexico.com, Fax 942 22 92 38* – MC VISA.
cerrado domingo – **Comida** carta 19,30 a 26,40.
EZ w

XX **Cañadío,** Gómez Oreña 15 (pl. Cañadío), 39003, 942 31 41 49, *aquiros@mundi
via.es* – AE MC VISA.
Comida carta aprox. 31,51.
FZ c

XX **La Bombi,** Casimiro Sáinz 15, 39003, 942 21 30 28, *Fax 942 28 14 16* – AE
MC VISA JCB.
Comida carta 28,86 a 32,45.
FZ b

XX **Mesón Segoviano,** Menéndez Pelayo 49, 39006, 942 31 10 10, *info@meson
segoviano.com,* « Decoración castellana » – AE MC VISA.
cerrado domingo – **Comida** carta aprox. 25,85.
FZ f

XX **El Serbal,** Andrés del Río 7, 39004, 942 22 25 15, *Fax 942 22 25 15* – AE MC
VISA.
cerrado domingo noche salvo julio-septiembre – **Comida** carta 24,05 a 31,26.
FZ k

XX **Posada del Mar,** Juan de la Cosa 3, 39004, 942 21 30 23, *Fax 942 21 56 56,*
« Decoración rústica » – AE MC VISA.
cerrado 15 septiembre-1 octubre y domingo – **Comida** carta 28 a 35.
FZ p

XX **Machinero,** Ruiz de Alda 16, 39009, 942 31 49 21, *restaurante@machinero.com,
Fax 942 05 13 72* – AE MC VISA.
cerrado domingo – **Comida** carta 20,44 a 25,85.
BY t

LA ENCINA
ABICHE
Bolado
Av. Cantabria
La Torre
BARRIO LA TORRE
A 67
BOLADO
Aviche
La Torre
MONTE
San Pedro
SANTANDER - TORRELAVEGA
UNIVERSIDAD MENÉNDEZ
del Mar
Repuente
AUTOVÍA
Castros
Av.
Fernando
de
de
Paseo
SAN ROQUE
General
A 67
Baj.
del
de
Los
Vega
Dávila
Acebedos
Guevara
Santa
OVIEDO GIJON
84
BARRIO SAN LUIS
8
Cisneros
PALENCIA TORRELAVEGA
Caleruco
General
Alonso
60
Burgos
H
Av. Calvo Sotelo
Paseo
de
BARRIO SAN MIGUEL
Av.
Paseo
C.
Floranes
P
3
Catedral
67
Fernando
López
CIUDAD JARDIN
J
San
Vargas
Alta
e
r
20
Gal
25
Alta
t x u
MARQUES DE VALDECILLA
Av. de Valdecilla
Castilla
Hermida
80
Antonio
41
Cajo
Castilla
de
la
Hermida
MUELLES DE MALIAÑO
41
Marqués
Av. Eduardo García del Río
N 623
PUERTO
65
PESQUERO
MUELLES DE LA MARGEN NORTE
BURGOS N 623
N 634 EL ASTILLERO LAREDO, BILBAO
A
B

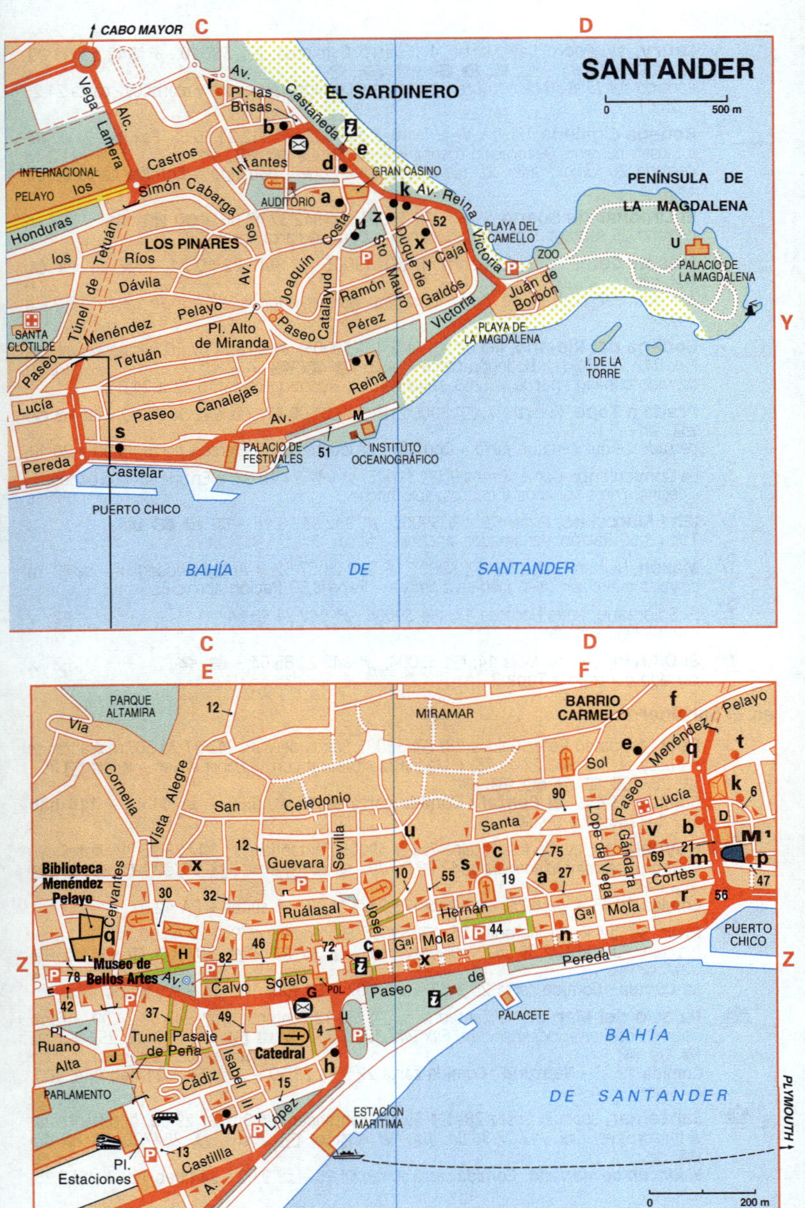

Um conselho da Michelin :

Para que as suas viagens sejam um êxito, prepare-as com antecedência.

Os mapas e guias Michelin proporcionam-lhe todas as indicações úteis sobre :
itinerários, visitas aos pontos com interesse, alojamento, preços, etc...

Laury, av. Pedro San Martín 4 (Cuatro Caminos), ✉ 39010, ✆ 942 33 01 09, Fax *942 34 63 85* – 🖃. AE ⓘ MC VISA JCB. 🛇
AY v
cerrado del 15 al 30 de octubre y domingo – **Comida** - pescados y mariscos - carta 21,25 a 33,61.

Bodega Cigaleña, Daoiz y Velarde 19, ✉ 39003, ✆ 942 21 30 62, Fax *942 21 01 84*, « Museo del vino. Decoración rústica » – 🖃. AE ⓘ MC VISA. 🛇
FZ a
cerrado 20 junio-3 julio, 20 octubre-5 noviembre y domingo – **Comida** carta aprox. 35,47.

El Limonar de Soano, Rubio, ✉ 39001, ✆ 942 37 43 06 – MC VISA. 🛇
EZ q
cerrado 15 febrero-3 marzo y domingo – **Comida** carta aprox. 28.

Mesón Gele, Eduardo Benot 4, ✉ 39003, ✆ 942 22 10 21 – 🖃. AE ⓘ MC VISA. 🛇
FZ n
cerrado del 1 al 18 de junio, domingo noche y lunes – **Comida** carta 18,93 a 24,05.

Bodega del Riojano, Río de la Pila 5, ✉ 39003, ✆ 942 21 67 50, *vicmer@nexo.es*, Fax *942 57 52 54*, « Bodegón típico » – AE ⓘ MC VISA JCB. 🛇
FZ u
cerrado domingo noche y lunes salvo verano – **Comida** carta 16,22 a 24,04.

Prada a Tope, Guevara 7, ✉ 39001, ✆ 942 21 00 97, Fax *942 36 21 60* – AE ⓘ MC VISA. 🛇
EZ x
cerrado 2ª quincena de junio – **Comida** - productos de El Bierzo - carta 15,90 a 20,40.

La Conveniente, Gómez Oreña 9, ✉ 39003, ✆ 942 21 28 87, « En una antigua bodega » - cecina, fritos variados y quesos, sólo noche.
FZ s

¡Eh ! Marcelino, Pizarro 6, ✉ 39003, ✆ 942 03 56 16 – AE ⓘ MC VISA
FZ c
Tapa 1,50 **Ración** - ahumados, anchoas - aprox. 6.

Mazón, Hernán Cortés 57, ✉ 39003, ✆ 942 21 57 52, « Antigua bodega » – 🛇 FZ m
cerrado miércoles salvo julio-septiembre – **Tapa** 3,50 **Ración** aprox. 6.

El Solorzano, Peña Herbosa 17, ✉ 39003, ✆ 942 21 30 64
FZ v
- mejillones, anchoas.

El Diluvio, General Mola 14, ✉ 39004, ✆ 942 21 85 63 – 🖃. 🛇
FZ x
cerrado domingo – **Tapa** 2.

en El Sardinero :

Real 🐾, paseo Pérez Galdós 28, ✉ 39005 Santander, ✆ 942 27 25 50, *realsantander@husa.es*, Fax *942 27 45 73*, « Magnífica situación con ≤ bahía », 🚿 – ⬍ 🖃 TV P – 🔼 25/200. AE ⓘ MC VISA. 🛇
CY v
Comida 23,44 - *El Puntal* : **Comida** carta 30,35 a 45,68 – ☕ 11,42 – **114 hab** 197,13/246,41 – 9 suites.

Hoyuela 🐾, av. de los Hoteles 7, ✉ 39005 Santander, ✆ 942 28 26 28, *hotelhoyuela@gruposardinero.com*, Fax *942 28 00 40* – ⬍ 🖃 TV 🚗 – 🔼 60/300. AE ⓘ MC VISA JCB. 🛇
CY a
Comida 20,43 – ☕ 8,71 – **49 hab** 126,21/174,29 – 6 suites – PA 42,07.

Rhin 🐾, av. Reina Victoria 153, ✉ 39005 Santander, ✆ 942 27 43 00, *rhin@gruporhin.com*, Fax *942 27 86 53*, ≤ playa y mar – ⬍ 🖃 TV – 🔼 50/300. AE ⓘ MC VISA JCB. 🛇
CDY k
La Cúpula : **Comida** carta 25 a 32 – ☕ 7,07 – **89 hab** 86/133 – PA 37,29.

Palacio del Mar, av. de Cantabria 5, ✉ 39012 Santander, ✆ 942 39 24 00, *informacion@hotel-palaciodelmar.com*, Fax *942 39 22 20* – ⬍ 🖃 TV 🚗 P – 🔼 25/450. AE ⓘ MC VISA. 🛇
por av. de Castañeda CY
Comida 19,23 - *Neptuno* : **Comida** carta 22,50 a 29,50 – ☕ 8,50 – **21 hab** 144/180, 47 suites – PA 46.

Santemar, Joaquín Costa 28, ✉ 39005 Santander, ✆ 942 27 29 00, *hotelsantemar@h-santos.es*, Fax *942 27 86 04*, 🖦, 🍴 – ⬍ 🖃 TV 🚗 – 🔼 25/700. AE ⓘ MC VISA. 🛇
CY u
El Rincón de Mariano : **Comida** carta aprox. 31,25 – ☕ 9,62 – **344 hab** 120,20/150,25, 6 suites.

Chiqui 🐾, av. Manuel García Lago 9, ✉ 39005 Santander, ✆ 942 28 27 00, *hotelchiqui@hotelchiqui.com*, Fax *942 27 30 32*, ≤ playa y mar – ⬍, 🖃 rest, TV 🚗 P – 🔼 25/700. AE MC VISA. 🛇
por av. de Castañeda CY
Comida 16,82 – ☕ 7,21 – **157 hab** 75,72/119 – 4 suites – PA 34,73.

Sardinero, pl. de Italia 1, ✉ 39005 Santander, ✆ 942 27 11 00, *hotelsardinero@gruposardinero.com*, Fax *942 27 16 98*, ≤ – ⬍, 🖃 rest, TV – 🔼 25/150. AE ⓘ MC VISA. 🛇
CY d
Comida 14,42 – ☕ 7,21 – **109 hab** 85,34/119 – PA 32,45.

Rhin Victoria ⬚, María Luisa Pelayo 38, ✉ 39005 Santander, ℰ 942 27 43 08, *rhin @ gruporhin.com, Fax 942 27 61 26*, ⬚ – |⬚|, ☰ rest, 📺 🚗 – ⬚ 25/150. AE ⓘ MC
VISA. ⬚   DY x
Comida 15 – ☕ 6 – **32 hab** 84,14/120 – 16 apartamentos – PA 36.

Don Carlos, Duque de Santo Mauro 20, ✉ 39005 Santander, ℰ 942 28 00 66, *hote ldoncarlos@ mundivia.com, Fax 942 28 11 77* – |⬚|, ☰ rest, 📺 🚗. MC
VISA. ⬚   CY z
Comida 11,11 – ☕ 3,31 – **28 apartamentos** 108,20/120,22 – PA 24,04.

Carlos III sin rest, av. Reina Victoria 135, ✉ 39005 Santander, ℰ 942 27 16 16,
Fax 942 27 16 16 – 📺. AE MC VISA. ⬚   DY k
15 marzo-5 noviembre – ☕ 2,90 – **20 hab** 48/63.

Las Brisas ⬚ sin rest, La Braña 14, ✉ 39005 Santander, ℰ 942 27 50 11, *brisasde lsardinero@ hotmail.com, Fax 942 28 11 73* – 📺. AE ⓘ MC VISA. ⬚   CY b
☕ 6 – **13 hab** 74/90.

La Sardina, Dr. Fleming 3, ✉ 39005 Santander, ℰ 942 27 10 35, *vicmer@ nexo.es, Fax 942 27 10 35*, « Interior barco de pesca » – ☰. AE ⓘ MC VISA
JCB. ⬚   CY r
cerrado domingo noche y martes salvo verano – **Comida** carta 24,94 a 33,36.

Rhin, pl. de Italia 2, ✉ 39005 Santander, ℰ 942 27 30 34, *rhin@ gruporhin.com, Fax 942 27 80 08*, ⬚ playa y mar – ☰. AE ⓘ MC VISA JCB. ⬚   CY e
Comida carta 25 a 34.

SANTES CREUS (Monasterio de) *43815 Tarragona* **443** *H 34 – alt. 340.*
Ver : *Monasterio*★★★ *(Gran claustro*★★★ *- Sala capitular*★★ *- Iglesia*★★ *: rosetón*★ *- tumbas reales*★★, *patio del Palacio Real*★*).*
Madrid 555 – Barcelona 95 – Lleida/Lérida 83 – Tarragona 32.

Grau ⬚ con hab, Pere El Gran 3 ℰ 977 63 83 11 – ☰ rest,. AE MC VISA. ⬚
Semana Santa y julio-15 octubre (Hotel) – **Comida** *(cerrado 15 diciembre-15 enero, domingo noche y lunes)* carta aprox. 21,19 – ☕ 3,61 – **15 hab** 25,84/36,06.

SANTIAGO DE COMPOSTELA

15700 A Coruña **441** *D 4 – 105 851 h. alt. 264.*

Madrid 613 ② – A Coruña/La Coruña 72 ② – Ferrol 103 ② – Ourense/Orense 111 ③ – Vigo 84 ④.

OFICINAS DE TURISMO

🛈 *Rúa do Vilar 43,* ✉ *15705,* ✆ *981 58 40 81, ot.santiago@ xunta.es Fax 981 56 51 78.*

INFORMACIONES PRÁCTICAS

R.A.C.E. *Romero Donallo 1 (entreplanta)* ✆ *981 53 18 00 Fax 981 53 18 06.*

⌐₉ *Santiago, por ② : 9 km* ✆ *981 88 82 76 Fax 981 88 82 76.*

✈ *de Santiago de Compostela, Labacolla por ② : 12 km* ✆ *981 54 75 01 – Iberia : Xeneral Pardiñas 36* ✉ *15701* ✆ *981 57 20 24* Z.

CURIOSIDADES

Ver : *Plaza del Obradoiro o Plaza de España*★★★ V *– Catedral*★★★ *(Fachada del Obradoiro*★★★*, Pórtico de la Gloria*★★★*, Museo de tapices*★★*, Claustro*★*, Puerta de las Platerias*★★ *)* V *– Palacio Gelmírez (salón sinodal*★ *)* V A *– Hostal de los Reyes Católicos*★ *: fachada*★ V *– Barrio antiguo*★★ VX *: Plaza de la Quintana*★★ *– Puerta del Perdón*★ *– Monasterio de San Martín Pinario*★ V *– Colegiata de Santa María del Sar*★ *(arcos geminados*★ *)* Z *– Paseo de la Ferradura* ⇐★ XY*.*

Alred. : *Pazo de Oca*★ *: parque*★★ *25 km por* ③*.*

Parador H. Reyes Católicos, praça do Obradoiro 1, ✉ 15705, ☎ 981 58 22 00, *santiago@parador.es, Fax 981 56 30 94*, « Lujosa instalación en un magnífico edificio del siglo XVI. Mobiliario de gran estilo » – ⧉ ▤ TV ᵭ ⇌ – 🕮 25/250. AE ① MC VISA JCB. ⤢

V

Comida 25,24 – **Libredón** carta 39,04 a 45,08 – **Enxebre** carta 21,04 a 25,24 – ⛾ 11,72 – **130 hab** 129,95/162,44 – 6 suites.

Meliá Araguaney, Alfredo Brañas 5, ✉ 15701, ☎ 981 55 96 00, *melia@araguaney .com, Fax 981 59 02 87*, ⧓ – ⧉ ▤ TV ᵭ ⇌ – 🕮 25/300. AE ① MC VISA JCB. ⤢

Comida 18 – ⛾ 10 – **79 hab** 137/166 – 1 suite – PA 46.

Z c

Meliá Confort Santiago, Rúa do Restollar 24 (El Pajonal), ✉ 15702, ☎ 981 53 49 49, *direccion@mc-santiago.com, Fax 981 52 45 66* – ⧉ ▤ TV ᵭ ⇌ – 🕮 25/300. AE ① MC VISA. ⤢

Z v

Comida 18 – ⛾ 9 – **93 hab** 123,20/156 – 6 suites.

Peregrino, av. Rosalía de Castro, ✉ 15706, ☎ 981 52 18 50, *hperegri@jet.es, Fax 981 52 17 77*, ⛲, ⧓ climatizada, ⚘ – ⧉ ▤ TV P. – 🕮 25/250. AE ① MC VISA. ⤢

Z n

Comida carta 18,64 a 27,05 – ⛾ 8,41 – **142 hab** 89,25/112,33 – 7 suites.

Hesperia Compostela sin rest con cafetería, Hórreo 1, ✉ 15702, ☎ 981 58 57 00, *hotel@hesperia-compostela.com, Fax 981 55 52 81* – ⧉ TV – 🕮 25/200. AE ① MC VISA. ⤢

X a

⛾ 7,70 – **98 hab** 102,89/128,60 – 1 suite.

Virxe da Cerca sin rest, Rua Virxe da Cerca 27, ✉ 15703, ☎ 981 56 93 50, *pousa das@jet.es, Fax 981 58 69 25*, « Instalado parcialmente en un edificio del siglo XVIII » – ⧉ ▤ TV – 🕮 25/75. AE ① MC VISA. ⤢

X g

⛾ 7 – **39 hab** 72/84.

Hesperia Gelmírez sin rest con cafetería, Hórreo 92, ✉ 15702, ☎ 981 56 11 00, *hotel@hesperia-gelmirez.com, Fax 981 55 52 81* – ⧉ TV – 🕮 25/180. AE ① MC VISA. ⤢

Z a

⛾ 6,40 – **138 hab** 70,70/90.

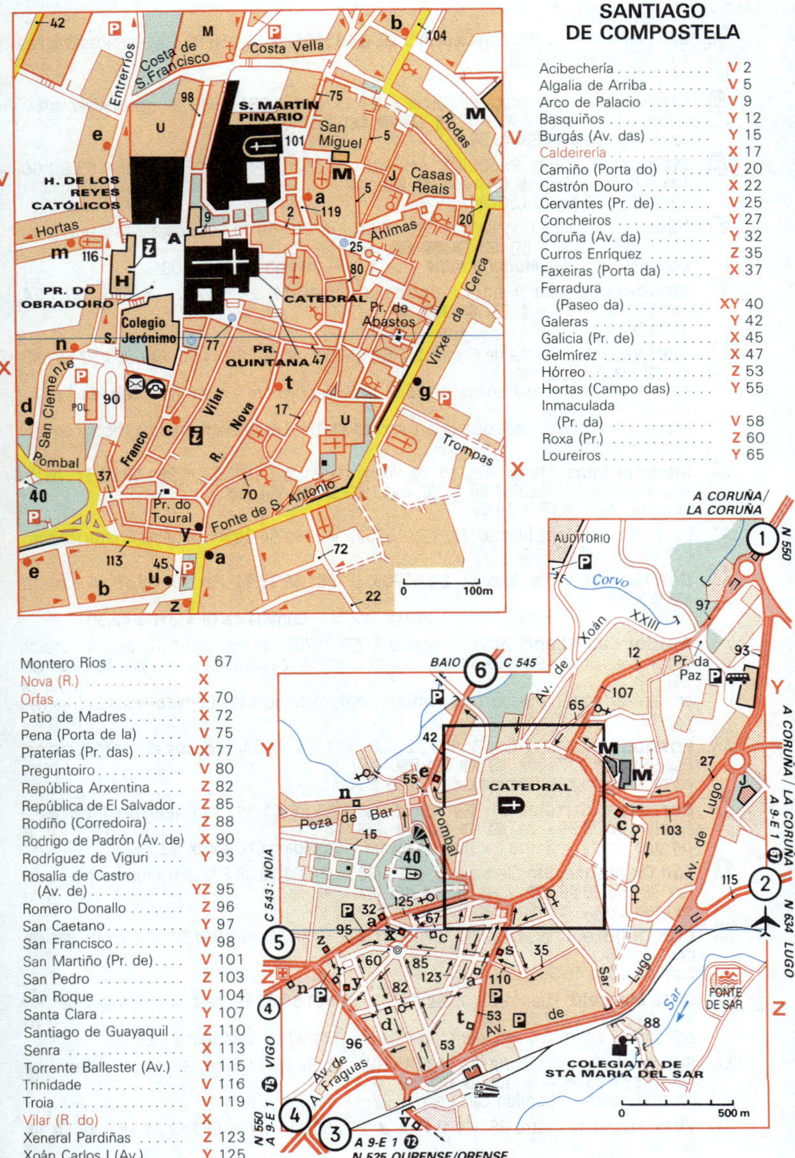

Área Central sin rest, París 7-C, ⊠ 15707, 𝄢 981 55 22 22, *Fax 981 55 22 23* – TV – 25/75. ⅊ ⓪ ⅏ VISA. ⤫ 4,83 – **60 hab** 48,08/66,11.   por ②

San Carlos sin rest con cafetería, Hórreo 106, ⊠ 15702, 𝄢 981 56 05 05, *hotelsan carlos@verial.es, Fax 981 56 05 06* – TV – 25. ⅊ ⓪ ⅏ VISA JCB. ⤫   Z t ⤫ 7,80 – **21 hab** 83/99.

San Lorenzo, San Lorenzo 2, ⊠ 15705, 𝄢 981 58 01 33, *info@hsanlorenzo.com, Fax 981 56 15 50* – TV – 25/80. ⅊ ⓪ ⅏ VISA JCB. ⤫   Y n **Comida** 11 – ⤫ 5 – **58 hab** 36/52 – PA 22,95.

San Clemente sin rest, San Clemente 28, ⊠ 15703, ☎ 981 56 92 60, *pousadas@.jet.es*, *Fax 981 58 66 26* – TV
X d
10 hab.

Universal sin rest, praça de Galicia 2, ⊠ 15706, ☎ 981 58 58 00, *hoteluniversal@ve rial.es, Fax 981 58 57 90* – |⧮| TV. AE ⊕ MC VISA. ⚡
X u
⊇ 3 – **54 hab** 34,86/49,88.

México sin rest, República Arxentina 33-4º, ⊠ 15706, ☎ 981 59 80 00, *Fax 981 59 80 16* – |⧮| TV ⊜. MC VISA. ⚡
Z d
⊇ 2,70 – **57 hab** 24,50/41.

Vilas, av. Romero Donallo 9-A, ⊠ 15706, ☎ 981 59 11 50, *hostalvilas@teleline.es, Fax 981 59 11 50* – TV. AE ⊕ MC VISA JCB. ⚡
Z r
Comida - ver rest. **Moncho Vilas** – ⊇ 3,01 – **28 hab** 27,05/45,08.

Mapoula sin rest y sin ⊇, Entremurallas 10-3º, ⊠ 15702, ☎ 981 58 01 24, *Fax 981 58 40 89* – |⧮| TV. MC VISA. ⚡
X y
12 hab 24,04/33,06.

Toñi Vicente, Rosalía de Castro 24, ⊠ 15706, ☎ 981 59 41 00, *Fax 981 59 35 54* – ▤. AE ⊕ MC VISA. ⚡
Y a
cerrado 23 diciembre-7 enero, del 15 al 30 de septiembre y domingo – **Comida** 41,47 y carta 27,93 a 40,57
Espec. Ensalada marinada de lubina. Lamprea a la bordalesa (enero-marzo). Lacón con grelos (octubre-marzo).

Moncho Vilas - *Hotel Vilas,* av. de Villagarcía 21, ⊠ 15706, ☎ 981 59 86 37, *hostal vilas@teleline.es, Fax 981 59 11 50* – ▤. AE ⊕ MC VISA. ⚡
Z y
Comida carta 24,04 a 36,07.

La Tacita d'Juan, Hórreo 31, ⊠ 15702, ☎ 981 56 20 41, *latacita@latacita.com, Fax 981 56 04 18* – ▤
Z s

Don Gaiferos, Rúa Nova 23, ⊠ 15705, ☎ 981 58 38 94, *Fax 981 58 38 94* – ▤. AE ⊕ MC VISA. ⚡
X t
cerrado del 7 al 15 de enero y domingo noche – **Comida** carta 33,01 a 42,50.

Asador Castellano, Nova de Abaixo 2, ⊠ 15705, ☎ 981 59 03 57, *asadorcastellan @terra.es, Fax 981 59 44 89,* « Decoración castellana » – ▤. AE ⊕ MC VISA. ⚡
YZ x
cerrado domingo (julio-agosto) y domingo noche resto del año – **Comida** - espec. en carnes - carta 24,70 a 30,53.

Fornos, Hórreo 24, ⊠ 15702, ☎ 981 56 57 21, *fornos.accua@terra.es, Fax 981 57 17 27* – ▤. AE ⊕ MC VISA. ⚡
X z
cerrado domingo – **Comida** carta 21,63 a 30,35.

Carretas, Carretas 21, ⊠ 15705, ☎ 981 56 31 11, *san.clemente@terra.es, Fax 981 56 29 39* – ▤. AE ⊕ MC VISA JCB. ⚡
V e
cerrado del 17 al 31 de agosto y domingo – **Comida** carta aprox. 28.

San Clemente, San Clemente 6, ⊠ 15705, ☎ 981 58 08 82, *san.clemente@terra.es, Fax 981 56 29 39,* ⛱ – ▤. AE ⊕ MC VISA JCB. ⚡
X n
cerrado lunes – **Comida** carta 21 a 28,50.

Don Quijote, Galeras 20, ⊠ 15705, ☎ 981 58 68 59, *Fax 981 57 29 69* – ▤. AE ⊕ MC VISA. ⚡
Y e
Comida carta 16,53 a 32,76.

Casa Marcelo, Rúa Hortas 1, ⊠ 15705, ☎ 981 55 85 80, *restaurante@casamarcelo .net, Fax 981 55 47 62* – ▤
V m
cerrado 15 enero-febrero, domingo y lunes – Comida - sólo menú - 24.

Sexto II, Rúa da Raíña 23, ⊠ 15705, ☎ 981 56 05 24, *sextouno@terra.es, Fax 981 56 05 96* – ▤. AE ⊕ MC VISA. ⚡
X c
cerrado martes – **Comida** carta aprox. 27.

Vilas, Rosalía de Castro 88, ⊠ 15706, ☎ 981 59 21 70, *Fax 981 59 23 58* – ▤. AE ⊕ MC VISA JCB. ⚡
Z z
cerrado domingo – **Comida** carta aprox. 32,47.

Green, Montero Ríos 16, ⊠ 15706, ☎ 981 58 09 76 – ▤. AE ⊕ MC VISA. ⚡
X b
cerrado del 1 al 15 de agosto y domingo noche – **Comida** carta 14,57 a 24,35.

Prada a Tope, Troya 10, ⊠ 15704, ☎ 981 58 19 09, *santiago@pradaatope.es, Fax 981 58 55 34* – AE MC VISA. ⚡
V a
Tapa 4,21 **Ración** - productos de El Bierzo - aprox. 9,02.

La Bodeguilla de San Roque, San Roque 13, ⊠ 15704, ☎ 981 56 43 79, ⛱ – AE ⊕ MC VISA. ⚡
V b
Tapa 2,85 **Ración** aprox. 4,96.

Adega Abrigadoiro, Carrera del Conde 5, ⌧ 15706, ✆ 981 56 31 63, « Decoración típica » – ⌦
X e
Ración - espec. en quesos y embutidos - aprox. 4,81.

O Dezaseis, Rua de San Pedro 16, ⌧ 15703, ✆ 981 57 76 33, dezaseis@arrakis.es, Fax 981 56 48 80, ⌦, « Decoración típica » – ▤. **MC** **VISA**. ⌦
Y c
cerrado domingo – **Tapa** 2,40 **Ración** aprox. 6,01.

en la carretera N 550 *por* ① : *6 km* :

Castro, Formarís, ⌧ 15884 Sionlla, ✆ 981 50 93 04, info@castrohotel.com, Fax 981 88 80 63, ← – ⌦ ▤ **TV** **P** – ⌦ 25/700. **AE** **①** **MC** **VISA**. ⌦
Comida - ver rest. *Castro* – ⌦ 4,81 – **119 hab** 36,06/51,09.

Castro - Hotel Castro, Formarís, ⌧ 15884 Sionlla, ✆ 981 58 25 91, info@castrohotel.com, Fax 981 88 80 63 – **P**. **AE** **①** **MC** **VISA**. ⌦
cerrado 24 diciembre-7 enero y domingo – **Comida** carta aprox. 25,85.

en la carretera N 634 *por* ② :

Puerta del Camino, Miguel Ferro Caveiro (San Lázaro) - 2 km, ⌧ 15703 Santiago de Compostela, ✆ 981 56 94 00, info@puertadelcamino.com, Fax 981 57 26 27, ⌦, ⌦ – ⌦ ▤ **TV** ⌦ ⌦ **P** – ⌦ 25/900. **AE** **①** **MC** **VISA**. ⌦
Comida 22,54 - *Berenguela* (cerrado domingo) **Comida** carta 24,95 a 33,06 – ⌦ 9,02 – **160 hab** 100,97/126,21 – 4 suites.

Mercure Los Abetos (anexo ⌦) ⌦, San Lázaro - carret. Arines 3 km, ⌧ 15892 Arines, ✆ 981 55 70 26, hmercure-abetos@jet.es, Fax 981 58 61 77, ←, ⌦ climatizada, ⌦, ⌦ – ⌦ ▤ **TV** **P** – ⌦ 25/500. **AE** **①** **MC** **VISA**. ⌦
Comida 18,03 – ⌦ 10,22 – **78 hab** 72,12/90,15 – 70 apartamentos.

Santiago Apóstol, cuesta de San Marcos 1 - 4 km, ⌧ 15820 Labacolla, ✆ 981 55 71 55, santiagoapostol@husa.es, Fax 981 58 64 99, ← – ⌦ **TV** ⌦ **P** – ⌦ 25/250. **AE** **①** **MC** **VISA**. ⌦
Comida 10,22 – ⌦ 6,01 – **97 hab** 48,68/64,91 – 1 suite – PA 26,44.

Sexto, San Marcos - 5 km, ⌧ 15820 Labacolla, ✆ 981 57 14 07, sextouno@terra.es, Fax 981 57 14 07, ⌦ – ▤ **P**. **AE** **①** **MC** **VISA**. ⌦
Comida carta aprox. 27.

en la carretera de La Estrada C 541 *por* ③ :

Los Tilos ⌦ sin rest con cafetería, 3 km, ⌧ 15894 Montouto, ✆ 981 81 92 00, htilos@lander.es, Fax 981 80 15 14, ← – ⌦ **TV** – ⌦ 25/500. **AE** **①** **MC** **VISA**. ⌦
⌦ 5,71 – **92 hab** 69,12/97,96 – 3 suites.

Congreso ⌦, 4,5 km, ⌧ 15894 Montouto, ✆ 981 81 90 80, hcongreso@jet.es, Fax 981 81 91 24, ⌦ – ⌦, ▤ hab, **TV** ⌦ **P** – ⌦ 25/400. **AE** **①** **MC** **VISA**. ⌦ rest
Comida 13,25 – ⌦ 5,40 – **101 hab** 53,70/79.

SANTIAGO DE LA RIBERA 30720 Murcia **445** S 27 – *Playa.*

🛈 Padre Juan ✆ 968 57 17 04 santigodelaribera@marmenor.net Fax 968 57 39 63.
Madrid 438 – Alacant/Alicante 76 – Cartagena 37 – Murcia 48.

Ribera, explanada de Barnuevo 12 ✆ 968 57 02 00, hotelribera@forodigital.es, Fax 968 57 02 00, ← – ⌦ ▤ **TV** – **42 hab.**

SANTIAGO MILLAS 24732 León **441** E 11 – *364 h alt. 955.*

Madrid 329 – Benavente 59 – León 55 – Ponferrada 81.

en el Barrio de Abajo *Este : 3 km :*

Guts Muths ⌦, Matanza 1, ⌧ 24732, ✆ 987 69 11 23, Fax 987 69 11 23 – **①** **MC** **VISA**. ⌦
Comida 16,50 – ⌦ 4 – **8 hab** 48/57.

SANTILLANA DEL MAR 39330 Cantabria **442** B 17 – *3 839 h alt. 82.*

Ver : *Pueblo pintoresco*★★ : *Colegiata*★ *(interior : cuatro Apóstoles*★, *retablo*★, *claustro*★ : *capiteles*★★*).*

Alred. : *Cueva prehistórica*★★ *de Altamira (techo*★★★*) Suroeste : 2 km.*

🛈 *pl. Mayor* ✆ 942 81 82 51.
Madrid 393 – Bilbao 130 – Oviedo 171 – Santander 26.

Parador de Santillana Gil Blas ⌦, pl. Ramón Pelayo 11 ✆ 942 81 80 00, santillana@parador.es, Fax 942 81 83 91, « Antigua casa señorial », ⌦ – ⌦ **TV** ⌦ **P** – ⌦ 25/200. **AE** **①** **MC** **VISA**. ⌦
Comida 22,84 – ⌦ 8,71 – **54 hab** 105,44/131,80 – 1 suite.

Casa del Marqués ⟋ sin rest, Cantón 26 𝄐 942 81 88 88, *casa-marques@telefon ica.net, Fax 942 81 88 88*, « Antigua casa señorial » – ▯ ▤ TV P. AE ⓘ MC VISA. ⚓
marzo-17 diciembre – **15 hab** ⌑ 135,23/153,26.

Altamira ⟋, Cantón 1 𝄐 942 81 80 25, *hotelaltamira@worlonline.es, Fax 942 84 01 36*, « Casa señorial del siglo XVII » – ▤ rest, TV. AE ⓘ MC VISA. ⚓
Comida 12,62 – ⌑ 5,40 – **32 hab** 45,07/90,15.

Los Infantes, av. Le Dorat 1 𝄐 942 81 81 00, *hinfantes@mundivia.es, Fax 942 84 01 03*, « Fachada del siglo XVIII » – TV P. AE MC VISA. ⚓
Comida *(cerrado 10 diciembre-febrero)* 12,02 – ⌑ 4,21 – **48 hab** 78,13/90,15.

Santillana, El Cruce 𝄐 942 81 80 11, *santillana@mundivia.es, Fax 942 84 01 03* – TV AE MC VISA. ⚓ rest
abril-10 noviembre – **Comida** 9,02 – ⌑ 4,21 – **36 hab** 78,13/90,15.

Siglo XVIII ⟋ sin rest, Revolgo 38 𝄐 942 84 02 10, *hotelsigloXVIII@arrakis.es, Fax 942 84 02 11*, ⟿ – TV P. AE ⓘ MC VISA. ⚓
marzo-12 diciembre – ⌑ 3,46 – **16 hab** 54,08/69,11.

Casa del Organista ⟋ sin rest, Los Hornos 4 𝄐 942 84 03 52, *organist@arrakis.es, Fax 942 84 01 91*, « Casona montañesa del siglo XVIII » – TV P. MC VISA. ⚓
cerrado 15 enero-15 febrero – ⌑ 4,20 – **14 hab** 66/84.

✗ **Los Blasones,** pl. de la Gándara 8 𝄐 942 81 80 70, *Fax 942 84 02 07* – ▤. AE ⓘ MC VISA. ⚓
marzo-noviembre – **Comida** *(cerrado jueves)* carta 24,04 a 27,25.

por la carretera de Suances :

Colegiata ⟋, Los Hornos 20 - Norte : 1 km, ✉ 39330, 𝄐 942 84 02 16, *Fax 942 84 02 17*, « En una ladera con ≤ », ⟿ – ▯ TV P. – ▵ 25/300. AE MC VISA. ⚓
Comida carta 20,43 a 27,05 – ⌑ 3,21 – **27 hab** 45,03/64,34.

Casa Guela ⟋ sin rest, Los Hornos (Camping) - Norte : 1,5 km, ✉ 39330, 𝄐 942 81 82 50, *Fax 942 84 01 83*, « Casa rural decorada con elegancia » – TV ♿ P. AE ⓘ MC VISA. ⚓
10 hab ⌑ 72,10/96,10.

en la carretera de Puente de San Miguel *Sureste : 2,3 km :*

Zabala, barrio Vispieres, ✉ 39330, 𝄐 942 83 84 00, *Fax 942 83 83 30* – ▯ ▤ TV P. AE ⓘ MC VISA. ⚓
Comida *(cerrado noviembre)* 6,01 – ⌑ 2,40 – **27 hab** 54,09/66,11.

SANTO DOMINGO DE SILOS 09610 Burgos **442** G 19 – *328 h alt. 1 003.*

Ver : *Monasterio★★ (claustro★★★).*
Madrid 203 – Burgos 58 – Soria 99.

Tres Coronas de Silos ⟋, pl. Mayor 6 𝄐 947 39 00 47, *Fax 947 39 00 65*, « Conjunto castellano » – TV. AE MC VISA. ⚓ rest
Comida 12,62 – ⌑ 5,95 – **16 hab** 46,88/70,92.

Silos 2000, Santo Domingo 74 𝄐 947 39 01 32, *Fax 947 39 01 27* – ▯ ▤ TV ♿ 🚗 P. AE ⓘ MC VISA. ⚓
Comida 9,01 – ⌑ 4,21 – **28 hab** 35,76/47,78.

SANTO DOMINGO DE LA CALZADA 26250 La Rioja **442** E 21 – *5 308 h alt. 639.*

Ver : *Catedral★ (retablo mayor★★).*
🛈 Mayor 70 𝄐 941 34 12 30 *santodomingo@riooja.org Fax 941 34 12 31.*
Madrid 310 – Burgos 67 – Logroño 47 – Vitoria-Gasteiz 65.

Parador de Santo Domingo de la Calzada, pl. del Santo 3 𝄐 941 34 03 00, *sto. domingo@paradores.es, Fax 941 34 03 25*, « Antiguo hospital de peregrinos », ♨ – ▯ ▤ TV ♿ 🚗 – ▵ 25/120. AE ⓘ MC VISA. ⚓
Comida 22,84 – ⌑ 8,71 – **59 hab** 88,82/107,28 – 2 suites.

El Corregidor, Mayor 14 𝄐 941 34 21 28, *Fax 941 34 21 15* – ▯, ▤ rest, TV 🚗 – ▵ 25/300. AE ⓘ MC VISA. ⚓
Comida *(cerrado lunes noche)* 15,03 – ⌑ 6 – **32 hab** 61,01/76,32.

✗ **El Rincón de Emilio,** pl. Bonifacio Gil 7 𝄐 941 34 09 90, *plgarciaes@grupobbva.net, Fax 941 34 05 27*, 🌳 – ▤. AE MC VISA. ⚓
cerrado febrero y martes noche – **Comida** carta 21,93 a 25,09.

✗ Mesón El Peregrino, av. de Calahorra 19 𝄐 941 34 02 02, *Fax 941 34 21 15*, 🌳
« Decoración rústica ».

SANTO TOMÉ DEL PUERTO 40590 Segovia **442** I 19 – 370 h alt. 1 129.

Madrid 100 – Aranda de Duero 61 – *Segovia* 59.

Mirasierra, antigua carret. N I ℘ 921 55 72 98, *reservas@hotelmirasierra.com*,
Fax 921 55 71 05, ☒ – ☰ TV P. AE ⓪ ⓂⒸ VISA. ✳
cerrado 24 diciembre-7 enero – **Comida** 27 – ☲ 4 – **41 hab** 54/75.

SANTOMERA 30140 Murcia **445** R 26 – 8 488 h alt. 28.

Madrid 402 – Alacant/Alicante 68 – Cartagena 74 – Murcia 14.

Santos sin rest con cafetería, Almazara 11 ℘ 968 86 52 11, *hsantosweb@jazzfree.com*,
Fax 968 86 52 11 – |🛗| ☰ TV ⇔. ⓂⒸ VISA. ✳
☲ 3,61 – **14 hab** 33,66/48,08.

*Os nossos guias de hotéis, guias turísticos e mapas de estradas
são complementares. Utilize-os juntos.*

SANTOÑA 39740 Cantabria **442** B 19 – 10 929 h – Playa.

Madrid 441 – Bilbao 81 – *Santander* 48.

Castilla, Manzanedo 29 ℘ 942 66 22 61, *hotelcastilla@airtel.net*, Fax 942 66 24 51 – |🛗|,
☰ rest, TV. AE ⓪ ⓂⒸ VISA JCB. ✳
cerrado enero – **Comida** (cerrado lunes) 12,02 – ☲ 4,21 – **42 hab** 45,08/66,11 – PA 24,04.

Puerto Rico, General Salinas 8 ℘ 942 67 19 11, *hotelpuertorico@mundivia.es*,
Fax 942 67 19 07 – |🛗| TV – 🏛 25/50. ⓂⒸ VISA. ✳
cerrado noviembre-febrero – **Comida** (cerrado lunes noche) 9,01 – **30 hab**
☲ 40,86/69,11 – PA 21,03.

La Marisma 2, Manzanedo 19 ℘ 942 66 06 06 – ☰. AE ⓪ ⓂⒸ VISA. ✳
cerrado noviembre y lunes salvo verano – **Comida** - pescados y mariscos - carta 29,75
a 35,76.

en la playa de Berria *Noroeste : 3 km :*

Juan de la Cosa ⟋, ✉ 39740 Santoña, ℘ 942 66 12 38, Fax 942 66 16 32, ≤, 🍽,
🛋, ☒ – |🛗| ☰ TV ⇔ P – 🏛 25/300. AE ⓪ ⓂⒸ VISA. ✳
cerrado 20 diciembre-20 enero – **Comida** (sólo fines de semana de noviembre a febrero)
18 – ☲ 7 – **49 hab** 65/95 – 4 suites, 18 apartamentos – PA 27.

SANTPEDOR 08251 Barcelona **443** G 35 – 4 579 h alt. 320.

Madrid 638 – Barcelona 69 – Manresa 6 – Vic 54.

Ramón, Camí de Juncadella ℘ 93 832 08 50, *restaurantramon@terra.es*,
Fax 93 827 22 41, 🍽 – ☰ P. AE ⓪ ⓂⒸ VISA. ✳
cerrado domingo noche – **Comida** carta 28,80 a 35,10.

SANTUARIO – ver el nombre propio del santuario.

SANTULLANO Asturias **441** B 12 – 2 435 h alt. 167.

Madrid 470 – Avilés 20 – Gijón 34 – *Oviedo* 25.

en Biedes *Este : 3 km :*

Casa Edelmiro, ✉ 33190 Biedes, ℘ 98 579 94 92, *casaedelmiro@arenaradio.com*,
Fax 98 579 90 11 – P. AE ⓪ ⓂⒸ VISA JCB. ✳
cerrado del 1 al 15 de agosto y martes salvo festivos – **Comida** carta 14,42 a 24,04.

SANTURIO Asturias – ver Gijón.

SANTURTZI o **SANTURCE** 48980 Bizkaia **442** B 20 – 50 124 h.

Madrid 411 – *Bilbao* 20 – Santander 97.

San Jorge, Antonio Alzaga 51 ℘ 94 483 93 93, *reservas@hotelsanjorge.com*,
Fax 94 483 93 75 – |🛗|, ☰ rest, TV ⇔ – 🏛 25/100. AE ⓪ ⓂⒸ VISA. ✳
Comida 9,61 – ☲ 4,50 – **30 hab** 47,60/63,34.

Currito, av. Murrieta 21 ℘ 94 493 73 08, Fax 94 493 71 35, ≤, 🍽 – AE ⓪ ⓂⒸ
VISA. ✳
cerrado domingo noche – **Comida** carta 27 a 38,40.

Kai-Alde, Capitán Mendizábal 7 ℘ 94 461 00 34, Fax 94 461 00 34, 🍽 – AE ⓪ ⓂⒸ VISA
cerrado lunes noche – **Comida** carta 18,02 a 33,04.

SANXENXO o **SANGENJO** 36960 Pontevedra **441** E 3 – *14659 h* – *Playa*.

7 *playa de la Panadeira* ✆ *986 72 02 85 (temp)*.

Madrid 622 – Ourense/Orense 123 – Pontevedra 18 – Santiago de Compostela 75.

Carlos I, Vigo 2 ✆ 986 72 70 36, *interrias@jet.es*, Fax 986 72 11 08, ≤, Servicios terapéuticos, ⅃₅, ∑, ∑, ✗ – ‖ ▤ TV ← P. – 25/450. AE ① MC VISA. ✗
Comida *(cerrado enero, febrero y lunes)* 19,23 – ⌣ 6,01 – **127 hab** 100,97/113,59, 1 suite – PA 42,07.

Augusta ⌂, Lugar de Padriñán ✆ 986 72 78 78, *hotelaugusta@airtel.net*, Fax 986 72 70 60, ≤, ⛲, ⅃₅, ∑ climatizada, ∑ – ‖ ▤ TV ← – 25/180. AE ① MC VISA. ✗
Comida 16,53 – ⌣ 7,21 – **56 hab** 87,15/105,18.

Sanxenxo, av. Playa de Silgar 3 ✆ 986 69 11 11, *sanxenxo@jet.es*, Fax 986 72 37 79, ≤, ⛲, ⅃₅, ∑ – ‖ ▤ TV ← – 25/35. AE ① MC VISA. ✗
15 marzo-12 diciembre – **Comida** 18 – ⌣ 8 – **47 hab** 81/100.

Rotilio, av. del Puerto ✆ 986 72 02 00, *hotelrotilio@hotelrotilio.com*, Fax 986 72 41 88, ≤ – ‖ TV. AE ① MC VISA. ✗
Comida - ver rest. *La Taberna de Rotilio* – ⌣ 7,21 – **40 hab** 50,60/88,95.

Ton sin rest, El Castañal ✆ 986 69 10 03, *ton@corevia.com*, Fax 986 69 10 06, ∑ – ‖ TV P. MC VISA. ✗
95 hab ⌣ 61,30/84,14.

Sanxenxo Playa, av. Playa de Silgar 15 ✆ 986 72 10 07, *sanxenxoplaya@jet.es*, Fax 986 72 10 75, ≤ – ‖ ▤ TV P. ① MC VISA. ✗
Semana Santa-octubre – **Comida** 9,01 – ⌣ 4,50 – **27 hab** 69,11/87,14.

Punta Vicaño sin rest, paseo Playa de Silgar 94 ✆ 986 72 00 11, Fax 986 72 07 81, ∑ – TV ← P. AE ① MC VISA. ✗
junio-septiembre – ⌣ 3,15 – **38 hab** 29,85/50,70.

Minso sin rest, av. do Porto 1 ✆ 986 72 01 50, *hotelminso@hotelminso.com*, Fax 986 69 09 32, ≤ – ‖ TV. AE ① MC VISA. ✗
cerrado 15 diciembre-15 enero – ⌣ 4,06 – **44 hab** 48,68/88,35.

Marycielo sin rest, av. Playa de Silgar 26 ✆ 986 72 00 50, *hotelesmarycielo@corbaldu ran.com*, Fax 986 69 05 82 – ‖ TV ←
27 hab.

Faro Salazón sin rest, Sol 6 ✆ 986 72 33 99, *farosalazon@jet.es*, Fax 986 72 40 68 – ‖ TV ←. ① MC VISA. ✗
30 hab ⌣ 66,11/80,54.

Cervantes, Progreso 31 ✆ 986 72 07 00, Fax 986 72 07 01, ⛲ – ▤ rest,. MC VISA. ✗
Semana Santa y junio-septiembre – **Comida** 15 – **18 hab** ⌣ 30/51.

Casa Román, Carlos Casas 2 ✆ 986 72 00 31, Fax 986 72 00 31 – ‖ TV
Comida - sólo clientes – **32 hab**.

Marycielo Playa sin rest, av. de Madrid 22 ✆ 986 69 17 62, Fax 986 69 05 82, ≤ – TV
temp – **13 hab**.

Cervantes 2 sin rest, Progreso 27 ✆ 986 72 43 34 – ‖. MC VISA. ✗
Semana Santa y 15 junio-15 septiembre – **20 hab** ⌣ 28/45.

La Taberna de Rotilio - Hotel Rotilio, av. del Puerto ✆ 986 72 02 00, *hotelrotilio @hotelrotilio.com*, Fax 986 72 41 88, Vivero propio – ▤. AE ① MC VISA. ✗
cerrado 15 diciembre-15 enero, domingo noche y lunes de octubre a mayo – **Comida** 36,06 y carta 25,25 a 37,27
Espec. Sopa de mar y sus tropezones. Abadejo al horno con mantequilla de camarones. Milhojas o solomillo ibérico.

Mesón Don Camilo, Poetas Galegos 9 ✆ 986 69 11 24, Fax 986 69 11 24 – ▤. AE ① MC VISA. ✗
cerrado noviembre y miércoles salvo verano – **Comida** carta 21,87 a 32,25.

en la carretera C 550 :

Nanín, playa de Nanín - Este : 1 km, ✉ 36960, ✆ 986 69 15 00, *hotel@nanin.com*, Fax 986 69 16 01, ≤, ∑ – ‖, ▤ rest, TV ← P. MC VISA. ✗
Semana Santa-15 diciembre – **Comida** 13,90 – ⌣ 3,58 – **24 hab** 99,28 – 28 apartamentos.

Áncora sin rest, La Granja-Dorrón - Este : 3,5 km, ✉ 36960, ✆ 986 74 10 74, Fax 986 74 13 90 – TV P. AE ① MC VISA. ✗
abril-noviembre – **30 hab** ⌣ 47,33/63,11.

Ver también : **Portonovo** *Oeste : 1,5 km.*

El SARDINERO *Cantabria – ver Santander.*

SARDÓN DE DUERO 47340 Valladolid **442** H 16 – 679 h.
Madrid 208 – Aranda de Duero 66 – Valladolid 26.

Sardón, carret. N 122 ℰ 983 68 03 07, Fax 983 68 03 07 – 🍽 rest,. AE ① ⓜⓒ VISA
Comida 10,20 – ☕ 2,90 – **12 hab** 17,90/29,90 – PA 23,30.

SARRIA Araba – ver Murgia.

SARRIA 27600 Lugo **441** D 7 – 12 437 h alt. 420.
Madrid 491 – Lugo 32 – Ourense/Orense 81 – Ponferrada 109.

NH Alfonso IX ⑤, Peregrino 29 ℰ 982 53 00 05, nhalfonso@nh-hoteles.es,
Fax 982 53 12 61 – 🛗 🍽 TV 🅿 – 🔒 25/400. AE ① ⓜⓒ VISA. ⅌ rest
Comida 13,82 – ☕ 5,71 – **60 hab** 60,10.

Roma, Calvo Sotelo 2 ℰ 982 53 22 11, h.roma@teleline.es, Fax 982 53 36 08 – TV. ⓜⓒ
VISA. ⅌
Comida - espec. en carnes a la brasa - 10 – ☕ 3,50 – **18 hab** 28/40 – PA 20.

SARRIÓN 44460 Teruel **443** L 27 – 1 021 h alt. 991.
Madrid 338 – Castelló de la Plana/Castellón de la Plana 118 – Teruel 37 – València 109.

El Asturiano, carret. N 234 ℰ 978 78 10 00, Fax 978 78 10 32 – TV 🚗 🅿. AE ⓜⓒ
VISA. ⅌
Comida 8,41 – ☕ 2,40 – **15 hab** 20,43/33,06 – PA 18,03.

SARVISÉ 22374 Huesca **443** E 29.
Madrid 475 – Huesca 93 – Jaca 58.

Casa Frauca con hab, carret. de Ordesa ℰ 974 48 63 53, Fax 974 48 67 89 – 🍽 rest,
TV. AE ① ⓜⓒ VISA. ⅌
cerrado 7 enero-febrero – Comida (cerrado domingo noche, salvo verano) carta 17,44
a 21,63 – ☕ 3,16 – **12 hab** 30,05/36,06.

El SAUZAL Santa Cruz de Tenerife – ver Canarias (Tenerife).

SEGORBE 12400 Castelló **445** M 28 – 7 435 h alt. 358.
Ver : Museo (colección de retablos★).
🛈 Marcelino Blasco 3 ℰ 964 71 32 54 touristinfo.segorbe@turisme.m400.gva.es Fax
964 71 32 54.
Madrid 395 – Castelló de la Plana/Castellón de la Plana 57 – Sagunt/Sagunto 34 – Teruel
83 – València 57.

María de Luna, av. Comunidad Valenciana 2 ℰ 964 71 13 13, mariadeluna@retemail.es,
Fax 964 71 12 13 – 🛗 🍽 TV ♿ 🚗. ⓜⓒ VISA. ⅌
Comida (cerrado del 1 al 15 de julio y lunes) 9,01 – **37 hab** ☕ 33/54.

Hospedería El Palen ⑤ sin rest, Franco Ricart 9 ℰ 964 71 07 40, elpalen@infobit.es,
Fax 964 71 24 10, « Casa del siglo XVIII » – 🛗 🍽 TV. VISA. ⅌
8 hab ☕ 36,06/54,09.

SEGOVIA 40000 ℙ **442** J 17 – 57 617 h alt. 1 005.
Ver : Emplazamiento★★ - Acueducto romano★★★ BY – Ciudad vieja★★ : Catedral★★
AY(claustro★, tapices★) – Plaza de San Martín★ (iglesia de San Martín★) BY – Iglesia de
San Millán★ BY- Iglesia de San Juan de los Caballeros★ BYM1- Iglesia de San Esteban
(torre★) AX – Alcázar★ AX- Capilla de la Vera Cruz★ AX – Monasterio de El Parral★ AX.
Alred. : Palacio de La Granja de San Ildefonso★★ (Museo de Tapices ★★, Jardines★★ :
surtidores★★) Sureste : 11 km por ③ – Palacio de Riofrío★ Sur : 11 km por ⑤.
🛈 pl. Mayor 10 ✉ 40001 ℰ 921 46 03 34 Fax 921 46 03 30 y pl. del Azoguejo 1 ✉ 40001
ℰ 921 46 29 06 segoviaturismo@interbook.net Fax 921 46 04 92 – **R.A.C.E.** pl. de la Rubia
8 ✉ 40001 ℰ 921 46 02 75 Fax 921 46 02 78.
Madrid 98 ④ – Ávila 67 ⑤ – Burgos 198 ② – Valladolid 110 ①

Planos páginas siguientes

Parador de Segovia ⑤, carret. CL 601, ✉ 40003, ℰ 921 44 37 37, segovia@pa
rador.es, Fax 921 43 73 62, ≤ Segovia y sierra de Guadarrama, 🔼, ☒, ☒, 🚲, ✗ – 🛗
🍽 TV ♿ 🚗 🅿 – 🔒 25/350. AE ① ⓜⓒ VISA JCB. ⅌   AZ v
Comida 24,04 – ☕ 8,71 – **106 hab** 90,72/113,40 – 7 suites.

Los Arcos, paseo de Ezequiel González 26, ✉ 40002, ℰ 921 43 74 62, hotellosarcos@ho
tellosarcos.com, Fax 921 42 81 61, 🔼 – 🛗 🍽 TV 🚗 – 🔒 25/300. AE ① ⓜⓒ VISA JCB. ⅌
Comida - ver rest. **La Cocina de Segovia** – ☕ 8,41 – **59 hab** 77,80/111,70.   BY t

Hostería Ayala Berganza, Carretas 5, ⊠ 40001, ✆ 921 46 04 48, *ayalaberganza @partner-hotels.com*, Fax *921 46 23 77*, « Instalado parcialmente en un edificio del siglo XVI » – |⌀| ▤ TV – ☒ 25. AE ① MC VISA. ⌘ BY w
Comida *(cerrado lunes)* 6,91 – **17 hab** ⊐ 87,15/96,16.

Infanta Isabel ⊱ sin rest, Isabel la Católica 1, ⊠ 40001, ✆ 921 46 13 00, *hinfant a@teleline.es*, Fax *921 46 22 17* – |⌀| ▤ TV ⊶ – ☒ 25. AE ① MC VISA JCB. ⌘ BY a
⊐ 7,21 – **37 hab** 62,51/84,14.

Acueducto, av. del Padre Claret 10, ⊠ 40001, ✆ 921 42 48 00, *reservas@hotelacu educto.com*, Fax *921 42 84 46* – |⌀| ▤ TV ⊶ – ☒ 25/200. AE ① MC VISA. ⌘ BY v
Comida 10,21 – ⊐ 5,79 – **79 hab** 48,21/73,02.

Los Linajes ⊱ sin rest con cafetería, Doctor Velasco 9, ⊠ 40003, ✆ 921 46 04 75, Fax *921 46 04 79*, ≼ – |⌀| ▤ TV ⊶ – ☒ 25/200. AE ① MC VISA JCB. ⌘ AX p
⊐ 6,61 – **55 hab** 59,50/83,54.

Las Sirenas sin rest y sin ⊐, Juan Bravo 30, ⊠ 40001, ✆ 921 46 26 63, *hotelsiren as@terra.es*, Fax *921 46 26 57* – |⌀| ▤ TV. AE ① MC VISA JCB. ⌘ BY f
39 hab 45/60.

Ruta de Castilla, carret. de Soria 25, ⊠ 40003, ✆ 921 44 10 88, *hotel@rutacastil la.com*, Fax *921 44 10 09* – |⌀| ▤ TV ♿ ⊶ – ☒ 25/100. MC VISA. ⌘ AZ a
Comida 9,02 – ⊐ 4,57 – **34 hab** 44,17/56,50.

Don Jaime sin rest, Ochoa Ondátegui 8, ⊠ 40001, ✆ 921 44 47 90, Fax *921 44 47 87*
– TV ⊶. MC VISA JCB. ⌘ BY b
⊐ 3 – **16 hab** 22/38.

Fornos sin rest y sin ⊐, Infanta Isabel 13-1º, ⊠ 40001, ✆ 921 46 01 98, Fax *921 46 01 98* – ▤ TV. MC VISA. ⌘ BY n
10 hab 38,52/51,40.

XXX **La Cocina de Segovia** - *Hotel Los Arcos*, paseo de Ezequiel González 26, ⊠ 40002, ✆ 921 43 74 62, *hotellosarcos@hotellosarcos.com*, Fax *921 42 81 61* – ▤ ⊶. AE ① MC VISA JCB. ⌘ BY t
Comida carta 35,80 a 41,40.

XX **Mesón de Cándido,** pl. Azoguejo 5, ⊠ 40001, ✆ 921 42 59 11, *mesondecandido @mesondecandido.es*, Fax *921 42 96 33*, 🌿, « Casa del siglo XV. Decoración castellana »
– ▤. AE ① MC VISA JCB. ⌘ BY s
Comida carta aprox. 26.

SEGOVIA

Alférez Provisional .	**AZ**	2
Azoguejo (Plaza de)	**BY**	8
Cervantes	**BY**	15
Colón	**BY**	18
Conde de Cheste (Pl. del)	**BY**	21
Cronista Lecea . . .	**BY**	23
Escuderos	**AY**	24
Fernández Ladreda (Av.) .	**BY**	27
Gobernador F. Jiménez	**BY**	30
Independencia . . .	**BY**	36
Isabel la Católica .	**BY**	39
José Antonio (Av.) .	**AZ**	43
Juan Bravo	**BY**	47
Juan Carlos I	**AZ**	50
Judería Vieja	**AY**	51
Laguna (C. de Dr.) .	**BY**	52
Marqués del Arco .	**AY**	56
Mayor (Pl.)	**ABY**	59
Merced (Pl. de la) .	**AX**	62
Obispo Gandasegui	**BY**	67
Padre Claret (Av.) .	**BY**	70
Ruiz de Alda	**BY**	73
Salón (Pas. del) . .	**BY**	76
San Lorenzo (Pl.) . .	**AZ**	77
San Martín (Pl.) . . .	**BY**	78
San Quirze	**BX**	81
Santiago (Puerta) .	**AX**	83
Santo Tomás	**AZ**	85
Serafín	**BY**	88
Socorro	**AY**	91
Valdelaguila	**BX**	94
Zuloagas	**BY**	96

José María, Cronista Lecea 11, ✉ 40001, ✆ 921 46 60 17, *rtejosemaria@interbook.net, Fax 921 46 61 29* – ▤. 🅰🅴 ⓓ 🅜🅒 *VISA*
Comida carta 21,64 a 27,95. — BY **u**

Duque, Cervantes 12, ✉ 40001, ✆ 921 46 24 87, *restauranteduque@infonegocio.com, Fax 921 46 24 82,* « Casa del siglo XIX. Decoración castellana » – ▤. 🅰🅴 ⓓ 🅜🅒 *VISA* JCB. 🛇 **Comida** carta 24,04 a 29,46. — BY **e**

Maracaibo, paseo de Ezequiel González 25, ✉ 40002, ✆ 921 46 15 45, *maracaibo@segonet.com, Fax 921 46 23 47* – ▤. 🅰🅴 ⓓ 🅜🅒 *VISA*. 🛇 **Comida** carta 21,65 a 36,07. — BY **h**

✕✕ **La Concepción,** pl. Mayor 15, ✉ 40001, ☎ 921 46 09 30, *laconcepcion@terra.es,*
Fax 921 46 09 31, 🍽 – AE Ⓞ MC VISA. ✗   ABY z
Comida carta 30,65 a 41,47.

✕✕ **Mesón Mayor,** pl. Mayor 3, ✉ 40001, ☎ 921 46 09 15, Fax 921 46 18 19, 🍽 – ▣.
AE MC VISA. ✗   BY x
Comida carta 18,50 a 28,85.

✕ **El Bernardino,** Cervantes 2, ✉ 40001, ☎ 921 46 24 77, *rtebernardino@interbook.*
net, Fax 921 46 24 74, 🍽 – ▣. AE Ⓞ MC VISA JCB. ✗   BY e
Comida carta aprox. 29,43.

✕ **Villena,** pl. Mayor 10, ✉ 40001, ☎ 921 46 17 42, 🍽 – ▣. AE Ⓞ MC VISA. ✗   BY r
Comida carta 25,54 a 30,36.

✕ **Solaire,** Santa Engracia 3, ✉ 40001, ☎ 921 46 24 95, Fax 921 46 24 97 – ▣. AE Ⓞ
VISA. ✗   BY c
Comida carta aprox. 24,29.

✕ **La Taurina,** pl. Mayor 8, ✉ 40001, ☎ 921 46 09 02, Fax 921 46 08 97, 🍽,
« Decoración castellana » – AE Ⓞ MC VISA   BY x
Comida carta aprox. 23,40.

🍷/ **Cuevas de Duque,** Santa Engracia 6, ✉ 40001, ☎ 921 46 24 86, Fax 921 46 24 82
– ▣. AE Ⓞ MC VISA JCB. ✗   BY e
Tapa 0,60 **Ración** aprox. 7,21.

en la carretera N 110 *por* ② :

🏨 **Puerta de Segovia,** 2,8 km, ✉ 40196 La Lastrilla, ☎ 921 43 71 61, *hotelpuertase*
govia@futurnet.es, Fax 921 43 79 63, ⌇, ✕ – 🛗 ▣ TV ♿ P – 🔔 25/1000. AE Ⓞ MC
VISA JCB. ✗
Comida 23 – ☕ 7,21 – **205 hab** 54,87/91,35 – PA 44,75.

🏠 **Avenida del Sotillo,** 3 km, ✉ 40196 La Lastrilla, ☎ 921 44 54 14, Fax 921 43 56 69
– 🛗 ▣ TV 🚗 P. AE MC VISA. ✗ rest
Comida 6,01 – ☕ 3 – **29 hab** 27,04/39,07.

🏠 **Venta Magullo,** 2,5 km, ✉ 40196 La Lastrilla, ☎ 921 43 50 11, Fax 921 44 07 63 –
🛗, ▣ rest, TV P. AE MC VISA. ✗
Comida 8 – ☕ 2,25 – **65 hab** 28/43.

en la carretera de Arévalo C 605 *por* ⑤ : *4,5 km :*

✕ **La Parrilla de Tejadilla,** ✉ 40196 Zamarramala, ☎ 921 44 21 49, Fax 921 44 37 20,
🍽 – ▣ P. AE Ⓞ MC VISA. ✗
cerrado del 10 al 25 de enero y lunes – **Comida** - espec. en pescados y carnes a la brasa
- carta 27,64 a 35,45.

SEGUR DE CALAFELL 43882 Tarragona **443** I 34 – *Playa.*
🛈 *carret. de Barcelona 76* ☎ *977 15 90 58 tur2calafell@altanet.org Fax 977 15 91 13.*
Madrid 577 – Barcelona 62 – Tarragona 33.

🏨 **Victoria,** carret. Barcelona 98 ☎ 977 16 20 02, Fax 977 16 20 08, 🍽, 🎱,
⌇ climatizada, 🌲 – 🛗, ▣ rest, TV 🚗. MC VISA. ✗ rest
cerrado del 15 al 26 de diciembre – **Comida** *(cerrado diciembre-febrero, domingo noche*
y lunes) 13,82 – **32 hab** ☕ 57,10/79,75.

✕ **Mediterràni,** pl. Mediterràni ☎ 977 16 23 27, *rmedite@teleline.es* – ▣. AE MC
VISA. ✗
cerrado 20 diciembre-20 enero, domingo noche y lunes – **Comida** carta 20,60 a 31,54.

SENA DE LUNA 24145 León **441** D 12 – *519 h alt. 1 142.*
Madrid 411 – León 65 – Oviedo 64 – Ponferrada 147.

🏠 **Días de Luna,** carret. de Villablino ☎ 987 59 77 67, *turismorural@diasdeluna.com,*
Fax 987 59 77 67, « Casa rural de ambiente acogedor en un bonito paraje » – P. MC
VISA. ✗
Comida 12,60 – **15 hab** ☕ 34,80/48 – 1 apartamento – PA 19,80.

SEO DE URGEL Lleida – *ver La Seu d'Urgell.*

SEPÚLVEDA 40300 Segovia 442 I 18 – 1378 h alt. 1014.

Ver : *Emplazamiento*★.

Madrid 123 – Aranda de Duero 52 – Segovia 59 – Valladolid 107.

X **Cristóbal,** Conde Sepúlveda 9 ✆ 921 54 01 00, *Fax 921 54 05 68*, « Decoración castellana » – 国. AE ① ◐ VISA. ✛
cerrado del 1 al 15 de septiembre, del 15 al 30 de diciembre, lunes noche y martes – **Comida** carta 18,19 a 27,95.

X **Casa Paulino,** Barbacana 2 ✆ 921 54 00 16, *Fax 921 54 01 34* – 国. AE ① ◐ VISA. ✛
cerrado del 15 al 30 de junio, del 15 al 30 de noviembre y lunes salvo agosto – **Comida** carta 14,12 a 28,25.

SERRADUY 22483 Huesca 443 F 31 – alt. 917.

Alred. : *Roda de Isábena : enclave*★ *montañoso - Catedral : sepulcro de San Ramón*★ *(Suroeste : 6 km).*

Madrid 508 – Huesca 118 – Lleida/Lérida 100.

⌂ **Casa Peix** ✎, ✆ 974 54 44 30, *barrabes@inicia.es, Fax 974 54 44 60*, ≋ – P. VISA
marzo-diciembre – **Comida** 12 – ☕ 5,42 – **26 hab** 27/39.

SERREJÓN 10528 Cáceres 444 M 12 – 386 h alt. 341.

Madrid 211 – Cáceres 122 – Plasencia 41 – Talavera de la Reina 95.

🌴 **Alcaudón** ✎, Caganchas 17 ✆ 927 54 76 00, *alcaudon@sinix.net*, « Antigua casa de labranza » – AE ① ◐ VISA ✛
cerrado julio – **Comida** *(cerrado lunes)* 9,60 – **8 hab** ☕ 35,36/54,65 – PA 19,25.

SETCASES 17869 Girona 443 E 36 – 150 h alt. 1279 – Deportes de invierno en Vallter : ≴8.

Madrid 710 – Barcelona 138 – Girona/Gerona 91.

⌂ **La Coma** ✎, ✆ 972 13 60 74, *Fax 972 13 60 73*, ≤, ₲, ≋, ✿ – TV P. ◐ VISA. ✛
Comida 15 – **20 hab** ☕ 71,52.

SETENIL 11692 Cádiz 446 V 14 – 2973 h alt. 572.

Ver : *Localidad*★.

Madrid 543 – Antequera 86 – Arcos de la Frontera 81 – Ronda 19.

⌂ **El Almendral** ✎, Sur : 1 km ✆ 956 13 40 29, *el-almendral.tugasa@cadiz.org, Fax 956 13 44 44*, ≋ – 国 hab, TV P. AE ① ◐ VISA. ✛
Comida 13,29 – ☕ 3,31 – **28 hab** 31,10/50,49.

La SEU D'URGELL o **SEO DE URGEL** 25700 Lleida 443 E 34 – 11195 h alt. 700.

Ver : *Localidad*★ *- Catedral de Santa María*★★ *(Claustro*★ *: Iglesia de Sant Miquel*★ *- Museo diocesano*★ *: Beatus*★★*, retablo de la Abella de la Conca*★*).*

🛈 av. Valls d'Andorra 33 ✆ 973 35 15 11 *turismeseu@svt.es Fax 973 36 01 56.*

Madrid 602 – Andorra la Vella 20 – Barcelona 200 – Lleida/Lérida 133.

🏯 **Parador de la Seu d'Urgell,** Sant Domènec 6 ✆ 973 35 20 00, *seo@parador.es, Fax 973 35 23 09*, ≋ – ⬍ 国 TV ⇔ – 🛆 25/60. AE ① ◐ VISA. ✛
cerrado por obras hasta el 28 de febrero – **Comida** 22,84 – ☕ 8,71 – **78 hab** 73,55/91,94, 1 suite.

🏨 **Nice,** av. Pau Claris 4 ✆ 973 35 21 00, *nice@hotelnice.net, Fax 973 35 12 21* – ⬍ 国 TV ⇔ – 🛆 25/100. AE ① ◐ VISA. ✛ hab
Comida 11,42 – ☕ 6,31 – **51 hab** 34,10/53,10 – 5 suites – PA 29,15.

⌂ **Avenida,** av. Pau Claris 24 ✆ 973 35 01 04, *reserves@avenhotel.com, Fax 973 35 35 45* – ⬍ TV. AE ① ◐ VISA. ✛
Comida *- sólo menú -* 9,61 – ☕ 5,26 – **47 hab** 29,38/44,75.

⌂ **Duc d'Urgell,** Josep de Zulueta 43 ✆ 973 35 21 95, *Fax 973 35 21 95* – ⬍ TV ⇔ P. ◐ VISA. ✛
Comida *(cerrado del 1 al 15 de enero y domingo)* 7,50 – ☕ 3,60 – **36 hab** 31/44.

X **Cal Pacho,** La Font 11 ✆ 973 35 27 19, *Fax 973 35 27 19* – 国. ◐ VISA. ✛
cerrado del 6 al 19 de mayo, del 4 al 17 de noviembre y domingo – **Comida** *- sólo almuerzo salvo junio-septiembre y fines de semana -* carta 13,82 a 20,13.

X **Cal Teo,** av. Pau Claris 38 ✆ 973 35 10 29, *mesonteo@hotmail.com, Fax 973 35 33 13* – 国. ◐ VISA. ✛
cerrado domingo noche y lunes – **Comida** carta 9,90 a 19,80.

en Castellciutat *Suroeste : 1 km :*

El Castell ⑤, carret. N 260, ✉ 25710 apartado 53 La Seu d'Urgell, ℰ 973 36 05 12, *elcastell@relaischateaux.com, Fax 973 35 15 74,* ≤ valle, Seo de Urgel y montañas, « ⌇ rodeada de césped », � – ▤ ⊡ ℙ – ⌂ 25/75. ⓐⒺ ⓞ ⓜⓞ 𝘝𝘐𝘚𝘈. ⚡ rest
Comida 55 y carta 40 a 50 – **34 hab** ⊏ 120/155 – 3 suites
Espec. Los raviolis de foie de pato y su crujiente de manzana. Jarrete de ternera lechal del Pirineo, asado y servido con setas. Cremoso de chocolate con salsa de yogurt y plátano salteado.

La Glorieta ⑤, Camí de La Seu, ✉ 25710 Castellciutat, ℰ 973 35 10 45, *Fax 973 35 42 61,* ≤ valle y montañas, ⌇ – ⌷ ⊡ ℙ. ⓐⒺ ⓞ ⓜⓞ 𝘝𝘐𝘚𝘈. ⚡
Comida *(cerrado lunes)* 15 – ⊏ 7 – **28 hab** 30/53 – PA 37.

La Seu con hab, carret. N 260, ✉ 25710 Castellciutat, ℰ 973 35 24 00, *mpirineu@t eleline.es, Fax 973 35 34 10* – ▤ ⊡ ℙ. ⓐⒺ ⓞ ⓜⓞ 𝘝𝘐𝘚𝘈. ⚡
cerrado 25 junio-25 julio – **Comida** carta 18,90 a 27,60 – ⊏ 5,40 – **18 hab** 45/63.

SEVA *08553 Barcelona* 443 *G 36 – 1 758 h alt. 663.*
     Madrid 665 – Barcelona 60 – Manresa 48 – Vic 15.

al Sur : *5,5 km :*

El Montanyà ⑤, av. Montseny (urb. El Montanyà), ✉ 08553, ℰ 93 884 06 06, *comercial@elmontanya.com, Fax 93 884 05 58,* ≤ sierras del Montseny y del Cadí, �, ⌇, ⌇, ✕, ⓲ – ⌷ ▤ ⊡ 👤 ℙ – ⌂ 25/400. ⓐⒺ ⓞ ⓜⓞ 𝘝𝘐𝘚𝘈. ⚡
Comida 21,06 – ⊏ 8,41 – **57 hab** 99,39/145,28 – 7 suites, 30 apartamentos.

SEVILLA

41000 $\boxed{P}$ **446** T **11** *y* **12** – *704 857 h. alt. 12.*

Madrid 531 ①– *A Coruña/La Coruña 917* ⑥ – *Lisboa 410* ⑥ – *Málaga 211* ② – *València 659* ①.

OFICINAS DE TURISMO

🔢 *av. de la Constitución 21 B* ✉ *41001,* ☎ *95 422 14 04, otsevilla@ andalucia.org Fax 95 422 97 53 y paseo de Las Delicias 9,* ✉ *41012,* ☎ *95 423 44 65.*

INFORMACIONES PRÁCTICAS

R.A.C.E. *(R.A.C. de Andalucía) av. Eduardo Dato 22,* ✉ *41018,* ☎ *95 463 13 50, Fax 95 465 96 04.*

📓 *Pineda* FS ☎ *95 461 14 00*

📓 *Las Minas (Aznalcázar) SO : 25 km por* ⑤ ☎ *95 575 06 78.*

✈ *de Sevilla-San Pablo por* ① *: 14 km* ☎ *95 444 90 00 – Iberia : av. de la Buhaira 8 (edificio Cecofar),* ✉ *41018,* ☎ *95 498 82 08* FR.

CURIOSIDADES

Ver : *La Giralda*★★★ *(*❄ ★★★*)* BX *– Catedral*★★★ *(retablo Capilla Mayor*★★★*, Capilla Real*★★*)* BX *– Real Alcázar*★★★ BXY *(Cuarto del Almirante : retablo de la Virgen de los Mareantes*★ *; Palacio de Pedro el Cruel*★★★ *: cúpula*★★★ *del Salón de Embajadores ; Palacio de Carlos V : tapices*★★ *; Jardines*★ *: galería del grutesco*★*) – Barrio de Santa Cruz*★★★ BCX *(Hospital de los Venerables*★*) – Museo de Bellas Artes*★★ *(sala V*★★★*, sala X*★★*)* AV *– Casa de Pilatos*★★ *(azulejos*★★*, escalera*★★ *: cúpula*★*)* CX *– Parque de María Luisa*★★ FR *(Plaza de España*★ FR **114** *– Museo Arqueológico*★ FR **M**[1] *: Tesoro de Carambolo*★*, colección romana*★*).*

Otras curiosidades : *Hospital de la Caridad*★ *(iglesia*★★*)* BY *– Convento de Santa Paula*★ CV *(portada*★ *iglesia) – Iglesia del Salvador*★ BX *(retablos barrocos*★*, Palacio de la Condesa de Lebrija*★ BV*) – Capilla de San José*★ BX *– Ayuntamiento (fachada oriental*★*)* BX *– Iglesia de Santa María la Blanca*★ CX *– Isla Mágica*★ FP.

Alred. : *Itálica*★ *9 km por* ⑥.

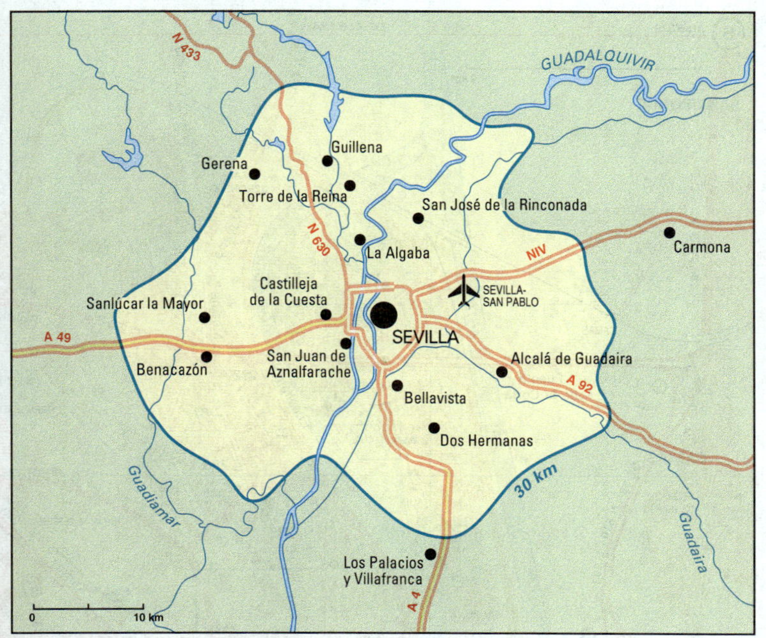

Alfonso XIII, San Fernando 2, ⊠ 41004, ℰ 95 491 70 00, *Fax 95 491 70 99*, 🏮, « Majestuoso edificio de estilo andaluz », ⟇, 🚣 – 🛗 ▤ 📺 🚗 – 🏛 25/500. 🆎 ⓪ 🐵 *VISA* ᴶᶜᴮ. ✄
BY c
San Fernando : Comida carta 39,66 a 55,30 – ☕ 19,83 – **127 hab** 300,50/390,65, 19 suites.

Barceló G.H. Renacimiento 🚣, Isla de la Cartuja, ⊠ 41092, ℰ 95 446 22 22, *rena cimiento@barcelo.com, Fax 95 446 04 28*, ⟇ – 🛗 ▤ 📺 🚗 – 🏛 25/650. 🆎 ⓪ 🐵 *VISA*. ✄
FP a
Comida 17,43 – ☕ 12,92 – **288 hab** 179,10/221,17 – 7 suites – PA 39,06.

Meliá Colón, Canalejas 1, ⊠ 41001, ℰ 95 422 29 00, *colon@trypnet.com, Fax 95 422 09 38*, 🛗₆ – 🛗 ▤ 📺 ♿ 🚗 – 🏛 25/200. 🆎 ⓪ 🐵 *VISA* ᴶᶜᴮ. ✄
AX s
Comida - ver rest. **El Burladero** – ☕ 15,03 – **204 hab** 186,43/260 – 14 suites.

Hesperia Sevilla, av. Eduardo Dato 49, ⊠ 41018, ℰ 95 454 83 00, *hotel@hesperi a-sevilla.com, Fax 95 453 23 42*, ⟇ – 🛗 ▤ 📺 ♿ 🅿 – 🏛 25/600. 🆎 ⓪ 🐵 *VISA*. ✄
FR a
Comida *(cerrado agosto)* carta aprox. 27,44 – ☕ 11 – **242 hab** 170/215 – 2 suites.

Meliá Sevilla, Doctor Pedro de Castro 1, ⊠ 41004, ℰ 95 442 15 11, *melia.sevilla@s olmelia.es, Fax 95 442 29 77*, 🛗₆, ⟇ – 🛗 ▤ 📺 ♿ 🚗 – 🏛 25/1000. 🆎 ⓪ 🐵 *VISA* ᴶᶜᴮ. ✄
FR n
cerrado julio-agosto – **La Albufera :** Comida carta aprox. 33,34 – ☕ 13,52 – **359 hab** 222,37/250,02 – 5 suites.

Meliá Lebreros, Luis Morales 2, ⊠ 41018, ℰ 95 457 94 00, *melia.lebreros@solmeli a.es, Fax 95 458 23 09*, ⟇ – 🛗 ▤ 📺 ♿ 🚗 – 🏛 25/600. 🆎 ⓪ 🐵 *VISA* ᴶᶜᴮ. ✄
FR v
Comida - ver rest. **La Dehesa** – ☕ 14,18 – **431 hab** 233,49/262,52 – 6 suites.

Meliá Confort Macarena, San Juan de Ribera 2, ⊠ 41009, ℰ 95 437 58 00, *meli a.confort.macarena@solmelia.es, Fax 95 438 18 03*, ⟇ – 🛗 ▤ 📺 ♿ – 🏛 25/700. 🆎 ⓪ 🐵 *VISA* ᴶᶜᴮ. ✄
FR e
Comida 20 – ☕ 11,25 – **321 hab** 130,75/147,25 – 10 suites.

Occidental Sevilla sin rest con cafetería, av. Kansas City, ⊠ 41018, ℰ 95 491 97 97, *reservas-sevilla@occidental-hoteles.com, Fax 95 458 46 15*, ⟇ – 🛗 ▤ 📺 ♿ – 🏛 25/450. 🆎 ⓪ 🐵 *VISA* ᴶᶜᴮ. ✄
FR s
☕ 11 – **228 hab** 120/140 – 14 suites.

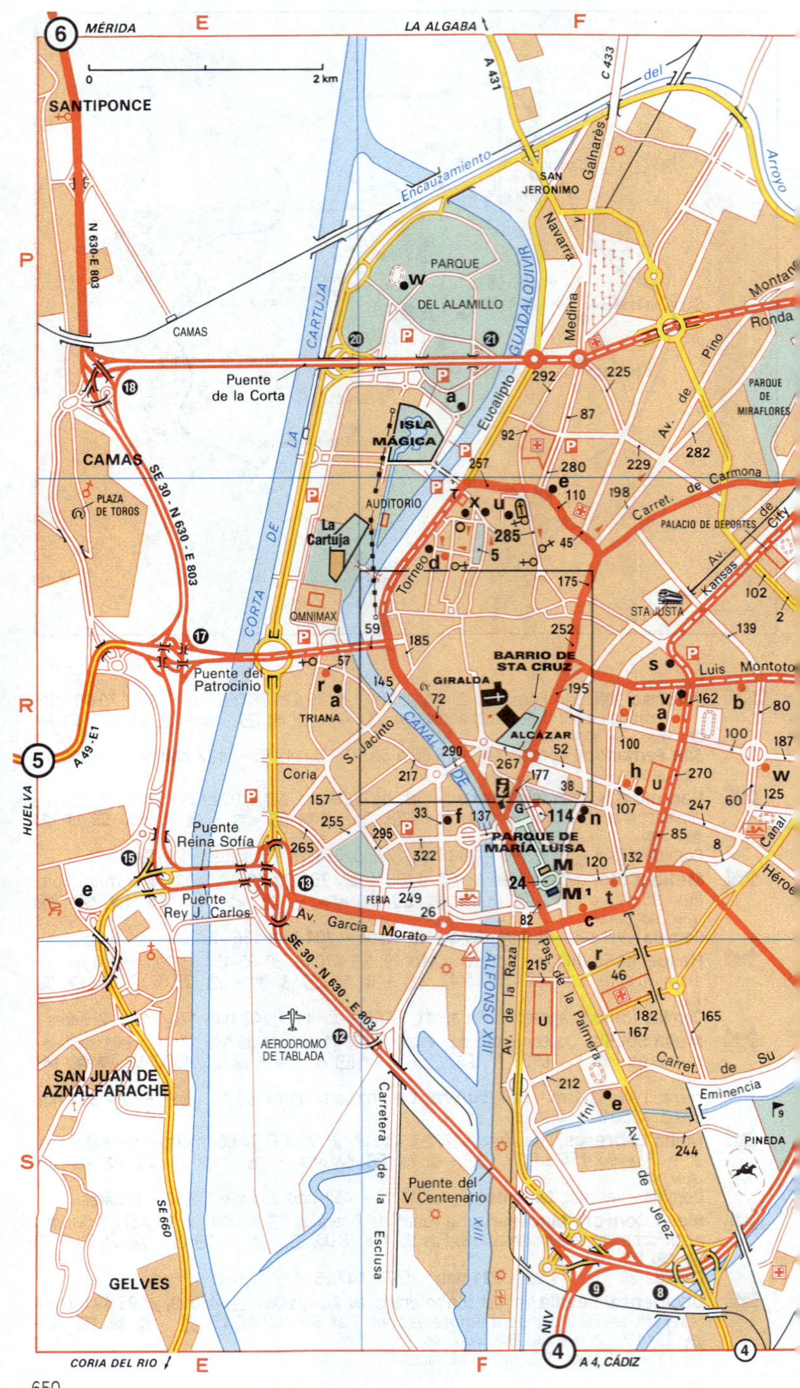

MÉRIDA
LA ALGABA
SANTIPONCE
0   2 km
CAMAS
N 630 - E 803
A 431
C 433
del
Arroyo
Encauzamiento
SAN JERONIMO
Navarra
Montaño
Ronda
PARQUE
DEL ALAMILLO
w
Galnares
Medina
Av. de Pino
PARQUE DE MIRAFLORES
Puente de la Corta
CAMAS
SE 30 - N 630 - E 803
PLAZA DE TOROS
20
21
GUADALQUIVIR
Eucalipto
292
225
87
92
282
P
a
P
ISLA MÁGICA
257
280
229
Carret. de Carmona
AUDITORIO
La Cartuja
T
X u
e
110
198
PALACIO DE DEPORTES
City
285
5
45
Av. Kansas
102
2
OMNIMAX
Torneo
d
175
STA JUSTA
139
59
252
P
Luis Montoto
P
185
BARRIO DE STA CRUZ
s
Puente del Patrocinio
57
145
GIRALDA
72
195
r
b
80
17
r
a
v
162
a
100
TRIANA
S. Jacinto
CANAL DE
ALCÁZAR
52
100
187
HUELVA
A 49-E1
5
Coria
290
267
177
38
h
U
W
125
217
G
107
270
60
157
33 f 137
114 n
85
247
8
Puente Reina Sofía
255
295
PARQUE DE MARÍA LUISA
120
132
P
265
322
M
Héroe
15
13
FERIA 249
24
M¹
t
Canal
e
Puente Rey J. Carlos
26
82
c
Av. Garcia Morato
SE 30 - N 630 - E 803
ALFONSO XIII
Av. de la Raza
215
r
46
Pas. de la Palmera
182
165
167
AERODROMO DE TABLADA
12
U
U
Carret. de Su
SAN JUAN DE AZNALFARACHE
Carretera de la Esclusa
212
Eminencia
e
9
244
PINEDA
S
SE 660
Puente del V Centenario
XIII
Av. de Jerez
GELVES
9
8
CORIA DEL RIO
E
F
4
A 4, CÁDIZ
4
6
E
F
P
R
S
18

SEVILLA

Nuestras guías de hoteles, nuestras guías turísticas y nuestros mapas de carreteras son complementarios. Utilícelos conjuntamente.

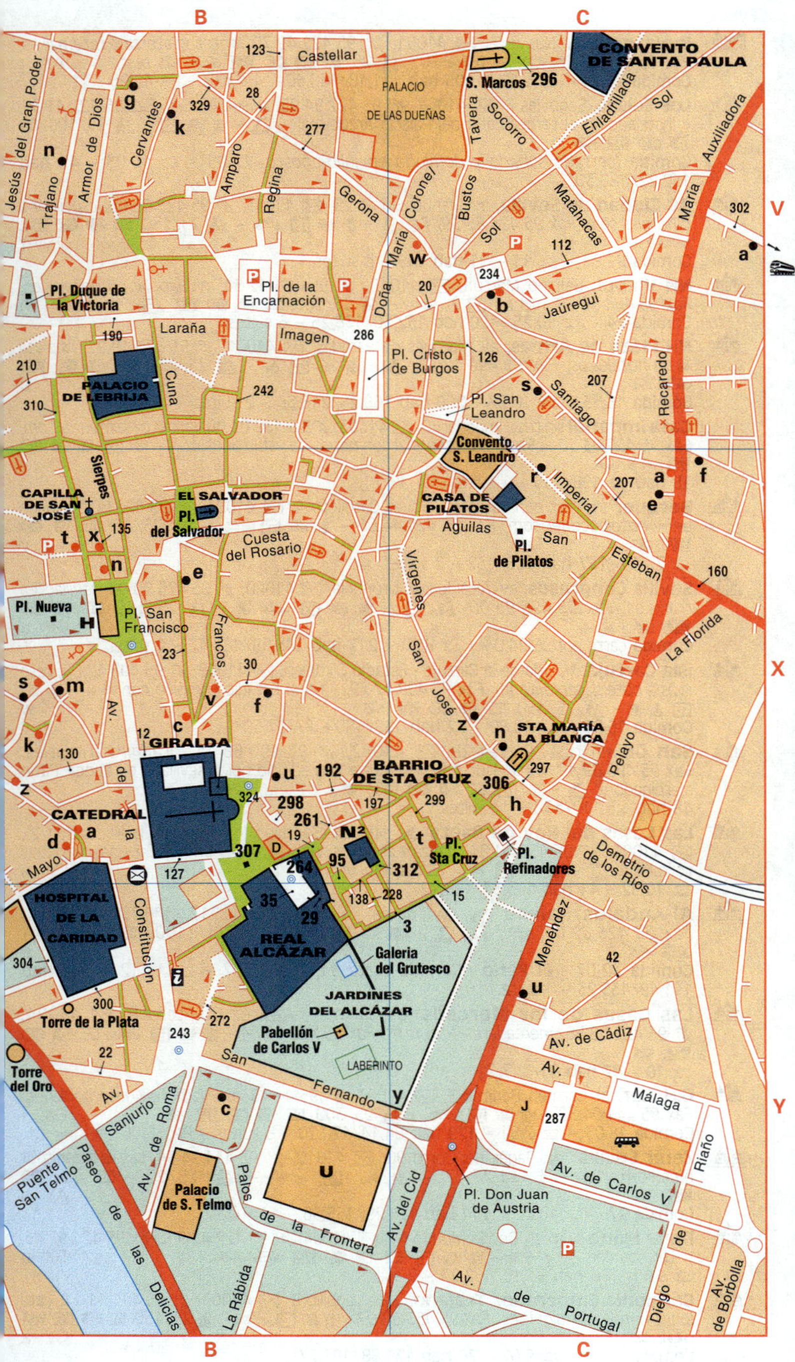

B
C
123
Castellar
CONVENTO
DE SANTA PAULA
S. Marcos 296
PALACIO
DE LAS DUEÑAS
g
329
28
k
277
n
Cervantes
Armor de Dios
Jesús del Gran Poder
Trajano
Amparo
Regina
Gerona
Doña Maria Coronel
Bustos Tavera
Socorro
Enladrillada
Sol
Matahacas
Maria Auxiliadora
302
a
V
W
Pl. Duque de
la Victoria
Pl. de la
Encarnación
20
234
b
Jaúregui
112
210
Laraña
Imagen
286
Pl. Cristo
de Burgos
126
207
207
Santiago
s
a
190
Pl. San
Leandro
190
PALACIO
DE LEBRIJA
Cuna
242
Convento
S. Leandro
r
Imperial
e
a
e
f
310
Sierpes
CAPILLA
DE SAN
JOSÉ
EL SALVADOR
Pl.
del Salvador
CASA DE
PILATOS
Recaredo
160
t
x
135
Cuesta
del Rosario
Aguilas
Pl.
de Pilatos
San
Esteban
X
n
e
Pl. Nueva
H
Pl. San
Francisco
Francos
Virgenes
La Florida
23
30
San
s
m
f
José
z
STA MARÍA
LA BLANCA
297
k
130
v
c
Av.
n
Pelayo
z
12
GIRALDA
u
192
BARRIO
DE STA CRUZ
306
324
298
197
299
h
CATEDRAL
a
261
19
N2
Demetrio
de los Ríos
d
307
D
95
312
t
Pl.
Sta Cruz
Pl.
Refinadores
127
264
138
228
15
Mayo
de
HOSPITAL
DE LA
CARIDAD
Constitución
35
29
3
42
la
REAL
ALCÁZAR
Galería
del Grutesco
304
JARDINES
DEL ALCÁZAR
Menéndez
u
300
272
Torre de la Plata
243
Pabellón
de Carlos V
LABERINTO
Av. de Cádiz
Av.
22
San
Málaga
Torre
del Oro
Av.
Fernando
y
J
287
Sanjurjo
Av. de Roma
c
Riaño
Puente
San Telmo
Paseo de las Delicias
Palacio
de S. Telmo
Palos
U
Av. del Cid
Pl. Don Juan
de Austria
Av. de Carlos V
Diego
Av. de Borbolla
de la Frontera
La Rábida
P
Av.
de
Portugal
B
C

Inglaterra, pl. Nueva 7, ✉ 41001, ℘ 95 422 49 70, *hotelinglaterra@retemail.es*, *Fax 95 456 13 36* – ⬍ ▤ TV 🚗 – 🛥 25. AE ⓘ MC VISA JCB. ⚡ rest **AX** r
Comida 21,04 – ☕ 9,62 – **105 hab** 111,18/148,30 – 4 suites – PA 43,95.

Los Seises, Segovias 6, ✉ 41004, ℘ 95 422 94 95, *seises@jet.es*, *Fax 95 422 43 34*, « Instalado en el tercer patio del Palacio Arzobispal », 🏊 – ⬍ ▤ TV – 🛥 25/100. AE ⓘ MC VISA ⚡ **BX** f
Comida *(cerrado sábado y domingo en julio-agosto)* 27,05 – ☕ 15,03 – **42 hab** 132,22/180,30.

AC Ciudad de Sevilla, av. Manuel Siurot 25, ✉ 41013, ℘ 95 423 05 05, *csevilla@ac-hoteles.com, Fax 95 423 85 39*, 🏋, 🏊 – ⬍ ▤ TV 🚗 – 🛥 25/150. AE ⓘ MC VISA. ⚡ rest **FS** r
Comida 22,83 – ☕ 11 – **91 hab** 149 – 3 suites.

NH Viapol, Balbino Marrón, ✉ 41018, ℘ 95 464 52 54, *nhviapol@nh-hoteles.es*, *Fax 95 464 66 68* – ⬍ ▤ TV 🚗 – 🛥 25/250. AE ⓘ MC VISA JCB. ⚡ rest **FR** h
Comida 24 – ☕ 10,25 – **90 hab** 132,50/138,25 – 6 suites.

NH Plaza de Armas, av. Marqués de Paradas, ✉ 41001, ℘ 95 490 19 92, *nhplaza@nh-hoteles.es, Fax 95 490 12 32*, 🏊 – ⬍ ▤ TV 🚗 – 🛥 25/250. AE ⓘ MC VISA JCB. ⚡ **AV** c
Comida 16,53 – ☕ 10,22 – **260 hab** 168,28/216,36 – 2 suites.

Casa Imperial sin rest, Imperial 29, ✉ 41003, ℘ 95 450 03 00, *info@casaimperial.com*, *Fax 95 450 03 30*, « Residencia señorial con patios de estilo andaluz » – ▤ TV. AE ⓘ MC VISA JCB. ⚡ **CX** r
18 hab ☕ 198/215 – 7 suites.

Bécquer sin rest con cafetería, Reyes Católicos 4, ✉ 41001, ℘ 95 422 89 00, *becquer@hotelbecquer.com, Fax 95 421 44 00* – ⬍ ▤ TV 🚗 – 🛥 25/45. AE ⓘ MC VISA. ⚡ **AX** v
☕ 7,21 – **137 hab** 108/132 – 2 suites.

Sevilla Congresos, av. Alcalde Luis Uruñuela, ✉ 41020, ℘ 95 425 90 00, *sevillac@arrakis.es, Fax 95 425 95 00*, 🏋, 🏊 – ⬍ ▤ TV 🚗 🅿 – 🛥 25/150. AE ⓘ MC VISA. ⚡ **GP** a
Comida carta aprox. 24,04 – ☕ 8,86 – **217 hab** 145,99/182,47 – 1 suite.

Isla Cartuja 🦢, Isla de la Cartuja - Estadio Olímpico, ✉ 41092, ℘ 95 408 17 00, *reservas@hotelslacartuja.com, Fax 95 408 17 79*, « En el Estadio Olímpico con ≼ » – ⬍ ▤ TV 🚗 🅿 – 🛥 25/150. AE ⓘ MC VISA. ⚡ **FP** w
Comida 18,03 – ☕ 10,80 – **72 hab** 150/180 – PA 37,50.

San Gil sin rest, Parras 28, ✉ 41002, ℘ 95 490 68 11, *hsangil@arrakis.es*, *Fax 95 490 69 39*, « Instalado parcialmente en un edificio típico sevillano de época. Patio ajardinado », 🏊 – ▤ TV. AE ⓘ MC VISA. ⚡ **FR** u
48 hab ☕ 110/138 – 13 suites.

Las Casas del Rey de Baeza 🦢 sin rest, Santiago (pl. Jesús de la Redención 2), ✉ 41003, ℘ 95 456 14 96, *baeza@zoom.es, Fax 95 456 14 41*, « En unas antiguas corralas », 🏊 – ⬍ ▤ TV 🚗. AE ⓘ MC VISA. ⚡ **CV** s
☕ 10,82 – **41 hab** 103,37/129,22.

Al-Andalus Palace 🦢, av. de la Palmera, ✉ 41012, ℘ 95 423 06 00, *Fax 95 423 02 00*, 🎋, 🏋, 🏊 – ⬍ ▤ TV 🚗 – 🛥 25/1100. AE ⓘ MC VISA JCB. ⚡ **FS** e
Comida 42,07 - *El Patio* : **Comida** carta 31,26 a 42,07 – ☕ 11,12 – **327 hab** 111,19/135,23 – 1 suite.

Las Casas de los Mercaderes sin rest, Álvarez Quintero 9, ✉ 41004, ℘ 95 422 58 58, *mercaderes@zoom.es, Fax 95 422 98 84* – ⬍ ▤ TV 🚗. AE ⓘ MC VISA. ⚡ **BX** e
☕ 10 – **47 hab** 81/117.

G.H. Lar, pl. Carmen Benítez 3, ✉ 41003, ℘ 95 441 03 61, *larhotel@interbook.net.*, *Fax 95 441 04 52* – ⬍ ▤ TV 🚗 – 🛥 25/300. AE ⓘ MC VISA. ⚡ **CX** f
Comida 18,03 – ☕ 7,81 – **129 hab** 84,14/120,20 – 8 suites – PA 36,06.

Zenit Sevilla 🦢, Pagés del Corro 90, ✉ 41010, ℘ 95 434 74 34, *sevilla@zenithoteles.com, Fax 95 434 27 07* – ⬍ ▤ TV 🚗 – 🛥 25/220. AE ⓘ MC VISA. ⚡ **AY** a
Comida 27 – ☕ 10,22 – **114 hab** 124,29/155,36 – 14 suites.

Doña María sin rest, Don Remondo 19, ✉ 41004, ℘ 95 422 49 90, *Fax 95 421 95 46*, « Terraza con 🏊 y ≼ » – ⬍ ▤ TV. AE ⓘ MC VISA JCB. ⚡ **BX** u
☕ 9,61 – **66 hab** 93,16/162,27 – 2 suites.

Catalonia Emperador Trajano, José Laguillo 8, ✉ 41003, ℘ 95 441 11 11, *cataloni@hoteles-catalonia.es., Fax 95 453 57 02* – ⬍ ▤ TV 🚗 – 🛥 25/150. AE ⓘ MC VISA JCB. ⚡ **CV** a
Comida 16,83 – ☕ 9,02 – **76 hab** 171,88/197,77.

Monte Triana sin rest con cafetería, Clara de Jesús Montero 24, ⊠ 41010, ℰ 95 434 31 11, *montetriana@ hotelesmonte.com, Fax 95 434 33 28* – 🛗 ▤ TV ⇔ – 🛝 25/40. AE ① MC VISA. ⌘
⌣ 7,50 – **117 hab** 94/100.
ER a

Pasarela sin rest, av. de la Borbolla 11, ⊠ 41004, ℰ 95 441 55 11, *pasarela-hotel@ byprojet.com, Fax 95 442 07 27,* ⅃ₒ – 🛗 ▤ TV – 🛝 25. AE ① MC VISA. ⌘
⌣ 9,62 – **77 hab** 96,16/168,28 – 5 suites.
FR n

Catalonia Giralda, Sierra Nevada 3, ⊠ 41003, ℰ 95 441 66 61, *cataloni@ hoteles-catalonia.es, Fax 95 441 93 52* – 🛗 ▤ TV – 🛝 25/250. AE ① MC VISA JCB. ⌘
Comida 12,02 – ⌣ 9,02 – **98 hab** 171,88/197,77.
CX e

Alcázar sin rest, Menéndez Pelayo 10, ⊠ 41004, ℰ 95 441 20 11, *Fax 95 442 16 59* – 🛗 ▤ TV ⇔. ① MC VISA. ⌘
93 hab ⌣ 110,30/136,45.
CY u

Catalonia Hispalis, av. de Andalucía 52, ⊠ 41006, ℰ 95 452 94 33, *cataloni@ hoteles-catalonia.es, Fax 95 467 53 13* – 🛗 ▤ TV ℙ – 🛝 25/50. AE ① MC VISA JCB. ⌘
Comida 13,22 – ⌣ 9,02 – **99 hab** 171,88/197,77.
GR v

Monte Carmelo sin rest con cafetería, Virgen de la Victoria 7, ⊠ 41011, ℰ 95 427 90 00, *montecarmelo@ hotelmonte.com, Fax 95 427 10 04* – 🛗 ▤ TV ⇔ – 🛝 25/35. AE ① MC VISA. ⌘
⌣ 6,50 – **68 hab** 68/93.
FR f

Fernando III, San José 21, ⊠ 41004, ℰ 95 421 77 08, *fernandoiii@ altur.com, Fax 95 422 02 46,* ⅃ – 🛗 ▤ TV ⅍ ⇔ – 🛝 25/250. AE ① MC VISA. ⌘ rest
Comida 15,25 – ⌣ 9,62 – **156 hab** 106,40/133 – 1 suite – PA 40,12.
CX z

San Pablo, av. de la Innovación 10, ⊠ 41020, ℰ 95 425 23 25, *Fax 95 425 31 00* – 🛗 ▤ TV ⇔ – 🛝 25/60
83 suites, 18 hab.
GP e

Las Casas de la Judería sin rest, Callejón Dos Hermanas 7, ⊠ 41004, ℰ 95 441 51 50, *Fax 95 442 21 70* – 🛗 ▤ TV ⇔
83 hab, 12 suites.
CX n

Regina sin rest con cafetería, San Vicente 97, ⊠ 41002, ℰ 95 490 75 75, *Fax 95 490 75 62* – 🛗 ▤ TV ⇔. AE ① MC VISA. ⌘
⌣ 8,41 – **68 hab** 165,27/204,94 – 4 suites.
FR d

Cervantes sin rest, Cervantes 10, ⊠ 41003, ℰ 95 490 02 80, *hotelcervantes@ infonegocio.com, Fax 95 490 05 36* – 🛗 ▤ TV ⇔. AE ① MC VISA. ⌘
⌣ 7,21 – **48 hab** 72,88/104,13.
BV k

Puerta de Triana sin rest, Reyes Católicos 5, ⊠ 41001, ℰ 95 421 54 04, *Fax 95 421 54 01* – 🛗 ▤ TV. AE ① MC VISA JCB. ⌘
65 hab ⌣ 51/75.
AX t

Corregidor sin rest, Morgado 17, ⊠ 41003, ℰ 95 438 51 11, *Fax 95 438 42 38* – 🛗 ▤ TV. AE ① MC VISA
⌣ 7,50 – **76 hab** 66/84 – 1 suite.
BV g

Patio de la Cartuja sin rest, Lumbreras 8-10, ⊠ 41002, ℰ 95 490 02 00, *patios@ bbvnet.com, Fax 95 490 20 56* – ▤ TV ⇔. AE MC VISA. ⌘
⌣ 4 – **57 apartamentos** 60/85.
FR x

Patio de la Alameda sin rest y sin ⌣, Alameda de Hércules 56, ⊠ 41002, ℰ 95 490 49 99, *patios@ bbvnet.com, Fax 95 490 02 26* – ▤ TV ⇔. AE MC VISA. ⌘
22 apartamentos 60/85.
FR x

La Rábida, Castelar 24, ⊠ 41001, ℰ 95 422 09 60, *hotel-rabida@ sol.com, Fax 95 422 43 75* – 🛗, ▤ hab, TV
100 hab.
AX d

Baco, pl. Ponce de León 15, ⊠ 41003, ℰ 95 456 50 50, *Fax 95 456 36 54* – 🛗 ▤ TV
Comida - ver rest. El Bacalao – **25 hab.**
CV b

Montecarlo (anexo 🏠), Gravina 51, ⊠ 41001, ℰ 95 421 75 03, *info@ hotel-montecarlo.net, Fax 95 421 68 25* – 🛗 ▤ TV. AE ① MC VISA. ⌘
Comida (*cerrado domingo*) 11,72 – ⌣ 5,10 – **51 hab** 60,10/120,20.
AX e

Europa sin rest y sin ⌣, Jimios 5, ⊠ 41001, ℰ 95 450 04 43, *info@ hoteleuropasevilla.com, Fax 95 421 00 16* – 🛗 ▤ TV. MC VISA
16 hab 48,08/60,10.
BX m

Venecia sin rest, Trajano 31, ⊠ 41002, ℰ 95 438 11 61, *hotelvenecia@ hispavista.com, Fax 95 490 19 55* – 🛗 ▤ TV ⇔. AE ① MC VISA
⌣ 5,41 – **24 hab** 42,08/84,15.
BV n

🏠 **Maestranza-Centro** sin rest y sin ☕, Gamazo 12, ✉ 41001, ✆ 95 422 67 66, *info @ hotel-maestranza.com, Fax 95 421 44 04* – 🛗 🖥 📺. 🅜🅒 *VISA*. ✦
BX s
18 hab 60/102.

🏠 **Reyes Católicos** sin rest y sin ☕, Gravina 57, ✉ 41001, ✆ 95 421 12 00, *info@h otel-reyescatolicos.com, Fax 95 421 63 12* – 🛗 🖥 📺. 🅐🅔 ⓞ 🅜🅒 *VISA*. ✦
AX z
27 hab 60,10/120,20.

XXX **Egaña Oriza,** San Fernando 41, ✉ 41004, ✆ 95 422 72 54, *oriza@ jet.es, Fax 95 450 27 27,* « Jardín de invierno junto a la antigua muralla de la ciudad » – 🖥. 🅐🅔 ⓞ 🅜🅒 *VISA*. ✦
CY y
cerrado agosto, sábado mediodía y domingo – **Comida** carta 42 a 66.

XXX **Taberna del Alabardero** con hab, Zaragoza 20, ✉ 41001, ✆ 95 456 06 37, *rest. alabardero@ esh.es, Fax 95 456 36 66,* « Antigua casa palacio » – 🛗 🖥 📺 🚗. 🅐🅔 ⓞ 🅜🅒 *VISA* 🆓. ✦
AX n
cerrado agosto – **Comida** carta 34,70 a 47 – **7 hab** ☕ 108,50/135.

XXX **El Burladero** - *Hotel Meliá Colón,* Canalejas 1, ✉ 41001, ✆ 95 422 29 00, *trypcolon @ sei.es, Fax 95 422 09 38,* « Decoración evocando la tauromaquia » – 🖥. 🅐🅔 ⓞ 🅜🅒 *VISA* 🆓. ✦
AX a
cerrado julio y agosto – **Comida** carta 32,76 a 38,46.

XXX **La Dehesa** - *Hotel Meliá Lebreros,* Luis Morales 2, ✉ 41018, ✆ 95 457 62 04, *melia. lebreros@ solmelia.es, Fax 95 458 23 09,* « Decoración típica andaluza » – 🖥. 🅐🅔 ⓞ 🅜🅒 *VISA* 🆓. ✦
FR v
Comida - carnes a la brasa - carta 20,43 a 30,33.

XXX **Marea Grande,** Diego Angulo Íñiguez 16 - edificio Alcázar, ✉ 41018, ✆ 95 453 80 00, *Fax 95 453 80 00* – 🖥. 🅐🅔 ⓞ 🅜🅒 *VISA*. ✦
FR r
cerrado 2ª quincena de agosto y domingo – **Comida** - pescados y mariscos - carta 26,74 a 36,51.

XX **Al-Mutamid,** Alfonso XI-1, ✉ 41005, ✆ 95 492 55 04, *modesto@ andalunet.com, Fax 95 492 25 02* – 🖥. 🅐🅔 ⓞ 🅜🅒 *VISA*. ✦
FR w
cerrado 2ª quincena de agosto – **Comida** carta 19,80 a 36,96.

XX **La Albahaca,** pl. Santa Cruz 12, ✉ 41004, ✆ 95 422 07 14, *Fax 95 456 12 04,* 🌿 « Instalado en una antigua casa señorial » – 🖥. 🅐🅔 ⓞ 🅜🅒 *VISA* 🆓. ✦
CX t
cerrado domingo – **Comida** carta 24,65 a 33,66.

XX **La Isla,** Arfe 25, ✉ 41001, ✆ 95 421 26 31, *laisla@ restaurantelaisla.com, Fax 95 456 22 19* – 🖥. 🅐🅔 ⓞ 🅜🅒 *VISA*. ✦
BX a
Comida carta 35,46 a 42,37.

XX **El Asador de Aranda,** Luis Montoto 150, ✉ 41005, ✆ 95 457 81 41, *Fax 95 457 81 41,* 🌿 « Instalado en un antiguo palacete » – 🖥 🅟. 🅐🅔 ⓞ 🅜🅒 *VISA*. ✦
cerrado agosto y domingo noche – **Comida** - cordero asado - carta 19,53 a 30,80. FR b

XX **Pleamar,** Gustavo Bacarisas 1, ✉ 41010, ✆ 95 427 79 80, *Fax 95 445 01 80* – 🖥. 🅐🅔 ⓞ 🅜🅒 *VISA*. ✦
AY z
cerrado del 15 al 31 de agosto y domingo – **Comida** - pescados y mariscos - carta aprox. 27,66.

XX **Ox's,** Betis 61, ✉ 41010, ✆ 95 427 95 85, *Fax 95 427 84 65* – 🖥. 🅐🅔 ⓞ 🅜🅒 *VISA* 🆓. ✦
AY b
cerrado julio, domingo noche y lunes – **Comida** - cocina navarra - carta 26,44 a 36,06.

XX **La Dorada,** av. Ramón y Cajal - edificio Viapol, ✉ 41018, ✆ 95 492 10 66, *info@ lad orada.net, Fax 95 465 05 28,* 🌿 – 🖥. 🅐🅔 ⓞ 🅜🅒 *VISA*. ✦
FR h
cerrado domingo noche – **Comida** - pescados y mariscos - carta 28,25 a 40,58.

XX **Casa Robles,** Álvarez Quintero 58, ✉ 41004, ✆ 95 456 32 72, *casa-robles@ andalun et.com, Fax 95 456 44 79* – 🖥. 🅐🅔 ⓞ 🅜🅒 *VISA* 🆓. ✦
BX c
Comida carta aprox. 31,25.

XX **Poncio,** Victoria 8, ✉ 41010, ✆ 95 434 00 10, *Fax 95 433 41 43* – 🖥. 🅐🅔 ⓞ 🅜🅒 *VISA*. ✦
cerrado domingo – **Comida** carta 24,64 a 31,85. AY v

XX El Bacalao - *Hotel Baco,* pl. Ponce de León 15, ✉ 41003, ✆ 95 421 66 70, *Fax 95 456 36 54* – 🖥
CV b
Comida - espec. en bacalaos.

X **El Espigón,** Bogotá 1, ✉ 41013, ✆ 95 462 68 51, *Fax 95 423 53 40* – 🖥. 🅐🅔 ⓞ 🅜🅒 *VISA*. ✦
FR c
Comida - pescados y mariscos - carta 22,24 a 37,26.

X **El Espigón II,** Felipe II-28, ✉ 41013, ✆ 95 423 49 24, *Fax 95 423 53 40* – 🖥. 🅐🅔 ⓞ 🅜🅒 *VISA*. ✦
FR t
Comida - pescados y mariscos - carta aprox. 28,26.

X **Rincón de Casana,** Santo Domingo de la Calzada 13, ✉ 41018, ✆ 95 453 17 10, *casana@ caymasa.es, Fax 95 453 78 37,* « Decoración regional » – 🖥. 🅐🅔 ⓞ 🅜🅒 *VISA*. ✦
cerrado agosto y domingo noche – **Comida** carta aprox. 33,04. FR a

Becerrita, Recaredo 9, ✉ 41003, ✆ 95 441 20 57, *becerrita@andalunet.com*, *Fax 95 453 37 27* – 🍴. **AE** **①** **⓾** **VISA** **JCB**. ⚘ CX a
cerrado 15 días en agosto y domingo noche – **Comida** carta 24,75 a 36.

Eslava, Eslava 3, ✉ 41002, ✆ 95 490 65 68 – 🍴. **AE** **①** **⓾** **VISA**. ⚘ FR d
cerrado agosto y domingo – **Comida** carta 18,03 a 26,44.

Horacio, Antonia Díaz 9, ✉ 41001, ✆ 95 422 53 85, *Fax 95 421 79 27* – 🍴. **AE** **①** **⓾** **VISA** **JCB**. ⚘ AX c
cerrado del 12 al 29 de agosto – **Comida** carta 21,02 a 25,84.

Enrique Becerra, Gamazo 2, ✉ 41001, ✆ 95 421 30 49, *26mayo98@suq.servicom.es*, *Fax 95 422 70 93* – 🍴 BX s

Sol y Sombra, Castilla 149-151, ✉ 41010, ✆ 95 433 39 35, « Decorado con motivos taurinos » – 🍴. **⓾** **VISA**. ⚘ ER r
cerrado agosto, lunes y martes mediodía – **Tapa** 1,65 **Ración** aprox. 10.

El Rinconcillo, Gerona 40, ✉ 41003, ✆ 95 422 31 83, *yojama@eurociber.es*, « Decoración típica en una antigua taberna » – 🍴. **①** **⓾** **VISA**. ⚘ CV w
cerrado miércoles – **Tapa** 1,50 **Ración** aprox. 7.

Mesón Cinco Jotas, Albareda 15, ✉ 41001, ✆ 954 21 05 21, *narias-b@airtel.net*, *Fax 954 56 41 44* – 🍴. **AE** **①** **⓾** **VISA**. ⚘ BX t
Tapa 1,90 **Ración** - espc. en ibéricos - aprox. 9.

Modesto, Cano y Cueto 5, ✉ 41005, ✆ 95 441 68 11, *modesto@andalunet.com*, *Fax 95 492 25 02*, 🌿 – 🍴. **AE** **①** **⓾** **VISA**. ⚘ CX h
Tapa 2,10 **Ración** - pescados y mariscos - aprox. 9.

España, San Fernando 41, ✉ 41004, ✆ 95 422 72 11, *oriza@jet.es, Fax 95 450 27 27*, 🌿 – 🍴. **AE** **①** **⓾** **VISA**. ⚘ CY y
cerrado agosto – **Tapa** 2 **Ración** aprox. 9.

José Luis, pl. de Cuba 3, ✉ 41011, ✆ 95 427 20 17, *Fax 95 427 64 80*, 🌿 – 🍴. **AE** **①** **⓾** **VISA**. ⚘ AY e
Tapa 1,20 **Ración** aprox. 8,41.

Bodeguita Romero, Harinas 10, ✉ 41001, ✆ 95 421 41 78, *sabenye@hotmail.com* – 🍴. **AE** **①** **⓾** **VISA** **JCB**. ⚘ BX k
cerrado agosto y lunes – **Tapa** 1,60 **Ración** aprox. 7,05.

El Portón, General Polavieja 20, ✉ 41004, ✆ 95 421 40 72, 🌿 – 🍴. **AE** **①** **⓾** **VISA**. ⚘ BX n
Tapa 1,50 **Ración** aprox. 5,86.

Albahaca, Pagés del Corro 119, ✉ 41010, ✆ 95 427 41 63, *Fax 95 427 41 63*, 🌿 – 🍴. **①** **⓾** **VISA**. ⚘ AY t
cerrado agosto y domingo – **Tapa** 1,62 **Ración** aprox. 7,45.

Casa La Viuda, Albareda 2, ✉ 41001, ✆ 95 421 54 20, *Fax 95 450 10 64*, 🌿 – 🍴. **⓾** **VISA**. ⚘ BX x
cerrado domingo en julio-agosto – **Tapa** 1,50 **Ración** aprox. 6,61.

Mesón Cinco Jotas, Castelar 1, ✉ 41001, ✆ 95 421 58 62, *narias-b@airtel.net*, *Fax 95 421 27 86*, 🌿 – 🍴. **AE** **①** **⓾** **VISA**. ⚘ BX z
Tapa 1,90 **Ración** - espc. en ibéricos - aprox. 9.

Infanta, Arfe 36, ✉ 41001, ✆ 95 422 96 89 – 🍴 BX d

Robles, Placentines 2, ✉ 41004, ✆ 95 421 31 62, *Fax 95 456 44 79*, 🌿 – 🍴. **AE** **①** **⓾** **VISA** **JCB**. ⚘ BX v
Tapa 2,10 **Ración** aprox. 10.

en San Juan de Aznalfarache ER y ES :

Alcora ⚘, carret. de Tomares, ✉ 41920 San Juan de Aznalfarache, ✆ 95 476 94 00, *reservas@hotelalcora.com, Fax 95 476 94 98*, ≼, « Patio con plantas », 🛌, 🏊 – 🛗 🖾 📺 ♿ 🚗 🅿 – 🕺 25/1400. **AE** **①** **⓾** **VISA**. ⚘ ER e
Don Aníbal (cerrado julio, agosto y domingo) **Comida** carta 30,65 a 34,26 – ☕ 11 – **395 hab** 150/180 – 6 suites.

en Bellavista *por av. de Jerez* FS : 5,5 km :

Doña Carmela, av. de Jerez 14, ✉ 41014 Sevilla, ✆ 95 469 29 03, *dcarmela@arrakis.es, Fax 95 469 34 37* – 🛗 🖾 📺 ♿ 🚗 – 🕺 25/50. **AE** **①** **⓾** **VISA**.
Comida 9,02 – ☕ 4,81 – **58 hab** 57,70/72,12 – 1 suite.

SIERRA BLANCA *Málaga – ver Ojén.*

SIERRA DE CAZORLA *Jaén – ver Cazorla.*

SIERRA DE URBIÓN ★★ Soria **442** F y G 21 – alt. 2 228.

Ver : Laguna Negra de Urbión★★ (carretera★★) – Laguna Negra de Neila★★ (carretera★★).
Hoteles y restaurantes ver : **Soria.**

SIERRA NEVADA 18196 Granada **446** U 19 – alt. 2 080 – Deportes de invierno ≰17 ≰2.
Madrid 461 – Granada 31.

Meliá Sierra Nevada, pl. Pradollano ✆ 958 48 04 00, Fax 958 48 04 58, ≤, ₤₅, ⩍
– ☝ TV ⇔ – 🏊 25/250. AE ① MC VISA JCB. ✇
diciembre-abril – **Comida** - sólo cena buffet - 21,04 – ⌑ 10,22 – **217 hab** 148,75/161,07,
4 suites.

Ziryab, pl. de Andalucía ✆ 958 48 05 12, Fax 958 48 14 15, ≤ – ☝ TV
Comida - sólo buffet - **147 hab.**

Kenia Nevada, Virgen de las Nieves 6 ✆ 958 48 09 11, kenianevada@arrakis.es,
Fax 958 48 08 07, ≤, « Conjunto de estilo alpino », ₤₅, ⩍ – ☝ TV ⇔ – 🏊 25/90. AE
① MC VISA. ✇
Comida - sólo buffet - 20 – ⌑ 9 – **66 hab** 67/120 – 1 suite.

Meliá Sol y Nieve, pl. Pradollano ✆ 958 48 03 00, Fax 958 48 08 54, ≤, ₤₅ – ☝ TV
⇔. AE ① MC VISA JCB. ✇
diciembre-abril y 6 julio-26 agosto – **Comida** - sólo cena buffet - 21,04 – ⌑ 10,22 –
177 hab 148,75/161,06.

Rumaykiyya ⏺, Dehesa San Jerónimo Par 511 ✆ 958 48 25 08, reservas@hoteles
-ma.es, Fax 958 48 00 32, ≤, ₤₅ – ☝ TV ⇔. AE ① MC VISA. ✇
Comida 18,03 – ⌑ 10 – **48 hab** 103/128.

Nevasur ⏺, Virgen de las Nieves 17 ✆ 958 48 03 50, Fax 958 48 03 65, ≤ Sierra
Nevada y valle, ⏳ – ☝ TV. AE ① MC VISA. ✇
Comida - sólo buffet - 12,02 – **65 hab** ⌑ 120,20.

Ruta del Veleta Sierra Nevada, edificio Europa ✆ 958 48 12 01, rutadelveleta
@granada.net, Fax 958 48 62 93 – ▤. AE ① MC VISA JCB. ✇
octubre-abril – **Comida** carta 27,11 a 40,61.

SIETE AGUAS 46392 València **445** N 27 – 993 h alt. 700.
Madrid 298 – Albacete 122 – Requena 19 – València 53.

junto a la autovía N III Sureste : 5,5 km :

Venta l'Home, salida 306 sentido Valencia y 311 sentido Madrid, ✉ 46360 apartado
32 Buñol, ✆ 96 250 35 15, 🌿, « Decoración rústica en una casa de postas del siglo XVII »,
⏳ – P. AE ① MC VISA
Comida - carnes - carta 24,50 a 31.

SIETE IGLESIAS DE TRABANCOS 47511 Valladolid **442** H 14 – 641 h alt. 726.
Madrid 184 – Salamanca 65 – Valladolid 54 – Zamora 68.

Los Toreros del Trabancos, autovía A 62 - km 177 ✆ 983 81 71 05,
Fax 983 81 71 06 – ☝ ▤ TV ₺ P. AE ① MC VISA. ✇
Comida 10,82 – ⌑ 3,01 – **40 hab** 30,05/54,09 – PA 24,64.

SIGÜENZA 19250 Guadalajara **444** I 22 – 5 426 h alt. 1 070.
Ver : Catedral★★ (Interior : puerta capilla de la Anunciación★, conjunto escultórico del
crucero★★, techo de la sacristía★, cúpula de la capilla de las Reliquias★, púlpitos
presbiterio★, crucifijo capilla girola★ - Capilla del Doncel : sepulcro del Doncel★★).
🅱 Ermita del Humilladero ✆ 949 34 70 07 siguenza@siguenza.com Fax 949 34 70 08.
Madrid 129 – Guadalajara 73 – Soria 96 – Zaragoza 191.

Parador de Sigüenza ⏺, ✆ 949 39 01 00, siguenza@parador.es, Fax 949 39 13 64,
« Instalado en un castillo medieval », ₤₅ – ☝ ▤ TV P – 🏊 25/200. AE ① MC VISA JCB. ✇
Comida 24,04 – ⌑ 8,71 – **79 hab** 73,55/91,94 – 2 suites.

El Doncel, paseo de la Alameda 3 ✆ 949 39 00 01, hostaldoncel@futurnet.es,
Fax 949 39 10 90 – ▤ rest, TV. ① MC VISA. ✇
cerrado 22 diciembre-1 enero y del 15 al 30 de noviembre – **Comida** (cerrado lunes) 12
– ⌑ 4,50 – **17 hab** 33/45 – PA 27.

El Motor, av. Juan Carlos I-2 ✆ 949 39 08 27, Fax 949 39 00 07 – ▤ TV P. AE MC VISA. ✇
cerrado del 1 al 15 de marzo y lunes – **Comida** 9,01 – ⌑ 4,20 – **18 hab** 30,05/42,07
– PA 17,37.

Laberinto, Alameda 1 ✆ 949 39 11 65, laberintohotel@turismosngu.com – ☝ TV. ①
MC VISA. ✇ – **Comida** 8 – ⌑ 3 – **14 hab** 36/42.

Calle Mayor, Mayor 21 ✆ 949 39 17 48, Fax 949 39 38 15 – ▤. AE ① MC VISA. ✇
cerrado lunes salvo en verano – **Comida** carta aprox. 24.

en Alcuneza *Noreste : 6 km :*

🏠 **El Molino de Alcuneza** ⑤, ✉ 19264 Alcuneza, ☎ 949 39 15 01, *molinoal@teleli ne.es, Fax 949 34 70 04*, « Antiguo molino de ambiente rústico acogedor », ☒ – 📺 🅿. 𝔸𝔼 ⓪ ⓜ⓪ 𝗩𝗜𝗦𝗔. 🛇
Comida *(cerrado domingo)* - sólo cena, sólo clientes - 21,04 – ⌑ 5,11 – **11 hab** 60,10/ 84,14.

SILES *23380 Jaen* **446** **Q 22** *– 2 756 h alt. 800.*
Madrid 297 – Albacete 136 – Ciudad Real 175 – Jaén 157 – Valdepeñas 109.

en la carretera de las Acebeas : *Sureste : 9,5 km :*

🏠 Antiguo Seminario de Siles ⑤, alt. 1 240 m, ✉ 23380, ☎ 678 61 30 00, *lfhotelse minari@airtel.net, Fax 678 67 12 00*, 🏕, « En un pintoresco paraje de la sierra de Segura », ☒, 🚣 – |♦| ▤ 📺 🅿. – 🛶 25/50
32 hab.

SILLEDA *36540 Pontevedra* **441** **D 5** *– 9 619 h alt. 463.*
Madrid 574 – Chantada 50 – Lugo 84 – Ourense/Orense 73 – Pontevedra 63 –
Santiago de Compostela 37.

🏠 **Ramos** sin rest, San Isidro 24 ☎ 986 58 12 12, *Fax 986 58 02 83* – |♦| 📺 🚗. 𝔸𝔼 ⓪ ⓜ⓪ 𝗩𝗜𝗦𝗔. 🛇
⌑ 3,31 – **33 hab** 38,59/51,45 – 2 apartamentos.

🍴 **Ricardo,** San Isidro 15 ☎ 986 58 08 77 – ⓜ⓪ 𝗩𝗜𝗦𝗔. 🛇
Comida carta 17,81 a 24,01.

SILS *17410 Girona* **443** **G 38** *– 2 376 h alt. 75.*
Madrid 689 – Barcelona 76 – Girona/Gerona 27.

🍴 **Hostal de la Granota,** carret. N II - Este : 1,5 km ☎ 972 85 30 44, *Fax 972 85 32 44,* 🏕, « Ambiente típico catalán en una antigua casa de postas » – 🅿. 𝔸𝔼 ⓜ⓪ 𝗩𝗜𝗦𝗔. 🛇 *cerrado 10 julio-10 agosto y miércoles* – **Comida** carta 19,53 a 24,05.

SIMANCAS *47130 Valladolid* **442** **H 15** *– 2 031 h alt. 725.*
🏌 Entrepinos, carret. de Pesqueruela km 1,5 ☎ 983 59 05 11 Fax 983 59 07 65.
Madrid 197 – Ávila 117 – Salamanca 103 – Segovia 125 – Valladolid 11 – Zamora 85.

en la carretera del pinar *Sureste : 4 km :*

🍴🍴🍴 **El Bohío,** ✉ 47130, ☎ 983 59 00 55, *Fax 983 48 02 63,* 🏕, « Lindando con un pinar al borde del Duero » – ▤ 🅿. 𝔸𝔼 ⓪ ⓜ⓪ 𝗩𝗜𝗦𝗔
cerrado lunes y martes - **Comida** carta aprox. 27,05.

SINEU *Illes Balears – ver Balears (Mallorca).*

SIRESA *22790 Huesca* **443** **D 27.**
Ver : *Iglesia★ (retablos★).*
Madrid 483 – Huesca 100 – Jaca 50 – Iruña/Pamplona 120.

🏠 **Castillo d'Acher,** La Virgen ☎ 974 37 53 13, *Fax 974 37 52 33* – 🅿. 𝗩𝗜𝗦𝗔. 🛇 rest
Comida 7,21 – ⌑ 3,61 – **25 hab** 24,04/36,06 – PA 18,03.

SÍSAMO *15106 A Coruña* **441** **C 3.**
Madrid 640 – Carballo 3 – A Coruña/La Coruña 43 – Santiago de Compostela 46.

🏠 **Pazo do Souto** ⑤, Torre 1 ☎ 981 75 60 65, *reservas@pazodosouto.com, Fax 981 75 61 91,* « Antiguo pazo » – 📺 🅿. 𝔸𝔼 ⓪ ⓜ⓪ 𝗩𝗜𝗦𝗔. 🛇 rest
Comida 12 – ⌑ 5 – **11 hab** 45/60.

SISÁN *Pontevedra – ver Cambados.*

SITGES *08870 Barcelona* **443** **I 35** *– 13 096 h – Playa.*
Ver : *Localidad★★ - Casc antic★★ – Museo del Cau Ferrat★★* EZ *– Museo Maricel de Mar★* EZ *– Casa Llopis★* DY.

🏌 Terramar, ☎ 93 894 05 80 Fax 93 894 70 51 AX.
🅱 Sinia Morera 1 ☎ 93 894 42 51 info@sitgestur.com Fax 93 894 43 05.
Madrid 597 ① – Barcelona 45 ② – Lleida/Lérida 135 ① – Tarragona 53 ③

SITGES

Tryp San Sebastián Playa sin rest con cafetería, Port Alegre 53 ✆ 93 894 86 76, *sansebastian@trypnet.com, Fax 93 894 04 30*, ☒ – ⊟ ▤ TV ⇔ – ☝ 25/120. AE ⊙ MC VISA
☐ 9,60 – **48 hab** 150,30/210,40 – 3 suites.
CV e

Calípolis, av. de Sofía 2 ✆ 93 894 15 00, *hotel@hesperia-calipolis.com*, *Fax 93 894 07 64*, ≤ – ⊟ ▤ TV ⅙ – ☝ 25/300. AE ⊙ MC VISA. ⅍
Comida 18,63 – ☐ 10,22 – **163 hab** 132,22/145,45 – 7 suites.
DZ a

Aparthotel Mediterráneo sin rest con cafeteria, av. de Sofía 3 ✆ 93 894 51 34, *mediterraneo@interplanet.es, Fax 93 894 51 34*, ≤, ☒ – ⊟ ▤ TV ⇔ – ☝ 25/100. AE ⊙ MC VISA. ⅍
☐ 9 – **44 apartamentos** 117/138.
BV v

Subur Marítim ⅏, passeig Marítim ✆ 93 894 15 50, *info@hotelsuburmaritim.com*, *Fax 93 894 04 27*, ≤, « Césped con ☒ » – ⊟ ▤ TV P – ☝ 25/100. AE ⊙ MC VISA. ⅍ rest
Comida 18 - *Cau del Vinyet* : **Comida** carta 27,05 a 33,06 – **46 hab** ☐ 132/164 – 1 suite.
AX n

Antemare ⅏, av. Verge de Montserrat 48 ✆ 93 894 70 00, *antemare@antemare.com*, *Fax 93 894 63 01*, Servicios de talasoterapia, ↥, ☒ – ⊟ ▤ TV – ☝ 25/300. AE ⊙ MC VISA. ⅍
Comida 10,52 – **117 hab** ☐ 124,41/147,25.
AX s

Sitges Park H., Jesús 16 ✆ 93 894 02 50, *sitgespark@sct.ictnet.es, Fax 93 894 08 39*, « Instalado parcialmente en un edificio de época », ☒ – ⊟ ▤ TV – ☝ 25/90. AE ⊙ MC VISA JCB. ⅍
20 marzo-noviembre – **Comida** - sólo clientes - 13 – ☐ 5,70 – **85 hab** 39/78,15 – PA 26,15.
EY z

Capri y Veracruz sin rest, av. de Sofía 13-15 ✆ 93 811 02 67, *Fax 93 894 51 88*, ☒ – ▤ TV – ☝ 25/120. AE MC VISA
57 hab ☐ 92/116.
BV r

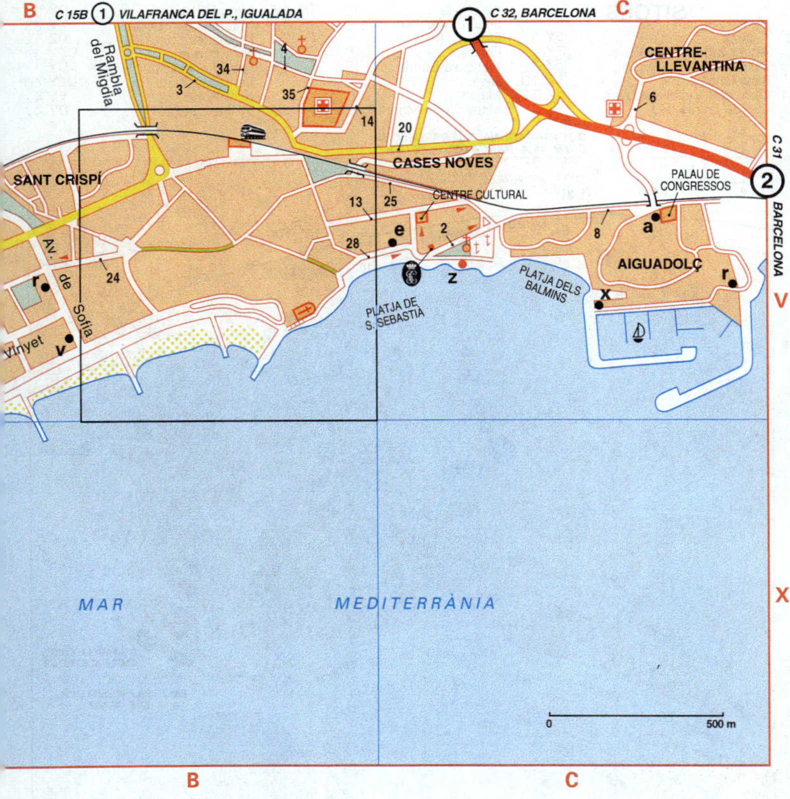

Subur sin rest con cafetería, passeig de la Ribera ✆ 93 894 00 66, *info@hotelsubur.com*, *Fax 93 894 69 86* – ❘‡❘ ▤ **TV** – ⚓ 25/40. **AE** ⊙ **MC** **VISA** **DZ** c
96 hab ☕ 81/101.

La Santa María, passeig de la Ribera 52 ✆ 93 894 09 99, *info@lasantamaria.com*, *Fax 93 894 78 71*, ☂ – ❘‡❘, ▤ hab, **TV** **P.** **AE** ⊙ **MC** **VISA**. ⚶ **DZ** f
cerrado 15 diciembre-15 febrero – **Comida** carta aprox. 19,88 – **60 hab** ☕ 66/87.

La Pinta, passeig de la Ribera 58 ✆ 93 894 09 99, *info@lapinta.net*, *Fax 93 894 03 79*, ☂ – ❘‡❘ ▤ **TV**. **AE** ⊙ **MC** **VISA**. ⚶ **DZ** t
cerrado 15 diciembre-15 febrero – **Comida** carta aprox. 19,88 – **24 hab** ☕ 66/87.

Galeón, Sant Francesc 46 ✆ 93 894 06 12, *Fax 93 894 63 35*, ⚓ – ❘‡❘ ▤ **TV**. **MC** **VISA**. ⚶ **DY** u
mayo-octubre – **Comida** 11,12 – ☕ 5,11 – **47 hab** 45,08/63,11.

Platjador, passeig de la Ribera 35 ✆ 93 894 50 54, *Fax 93 811 03 84*, ⚓ – ❘‡❘ ▤ **TV**. **MC** **VISA**. ⚶ **DZ** m
abril-octubre – **Comida** 11,12 – ☕ 5,11 – **59 hab** 48,08/69,12.

Romàntic y La Renaixença sin rest, Sant Isidre 33 ✆ 93 894 83 75, *romantic@hotelromantic.com*, *Fax 93 811 41 29*, « Patio-jardín con arbolado » – **AE** **MC** **VISA** **EY** b
15 marzo-octubre – **69 hab** ☕ 61,47/92.

XXX **El Greco,** passeig de la Ribera 70 ✆ 93 894 29 06, *greco@interplanet.es*, *Fax 93 811 31 38*, ☂ – ▤. **AE** ⊙ **MC** **VISA** **DZ** s
cerrado 15 días en noviembre, martes y miércoles mediodía – **Comida** carta 39 a 50.

XX **El Velero,** passeig de la Ribera 38 ✆ 93 894 20 51, *elvelero@restaurantevelero.com*, *Fax 93 894 15 14* – ▤. **AE** ⊙ **MC** **VISA**. ⚶ **DZ** m
cerrado 22 diciembre-22 enero, domingo noche y lunes – **Comida** carta 27,50 a 42,83.

XX **Maricel**, passeig de la Ribera 6 ℘ 93 894 20 54, *restaurante@maricel.es*,
Fax 93 894 38 96, ≤, 🌿 – 🗐. AE ① ◑ VISA. ⊗   **EZ** r
cerrado del 15 al 30 de noviembre, martes noche y miércoles – **Comida** carta 27,92 a 38,31.

XX **Fragata**, passeig de la Ribera 1 ℘ 93 894 10 86, Fax 93 894 00 31, 🌿 – 🗐. AE ① ◑
VISA   **EZ** p
Comida carta 21,83 a 27,72.

X **Mare Nostrum**, passeig de la Ribera 60 ℘ 93 894 33 93, Fax 93 894 33 93, 🌿 – AE
① ◑ VISA. ⊗   **DZ** e
cerrado 15 diciembre-1 febrero y miércoles – **Comida** carta 23,08 a 30,95.

X **Oliver's**, Isla de Cuba 39 ℘ 93 894 35 16 – 🗐. ◑ VISA. ⊗   **DY** d
cerrado 15 diciembre-15 enero y lunes – **Comida** - sólo cena salvo sábado, domingo y
festivos - carta 23,44 a 27,65.

X **La Nansa**, Carreta 24 ℘ 93 894 19 27, Fax 93 894 25 25 – 🗐. AE ① ◑ VISA. ⊗
cerrado enero, miércoles, martes de octubre-junio y martes mediodía de julio-septiembre
– **Comida** carta 24,64 a 33,06.   **EZ** n

X **La Masía**, passeig Vilanova 164 ℘ 93 894 10 76, Fax 93 894 61 60, 🌿, « Decoración
rústica regional » – 🗐. P. AE ① ◑ VISA. ⊗   **AV** v
Comida carta 13,53 a 29.

X **Els 4 Gats**, Sant Pau 13 ℘ 93 894 19 15 – 🗐. AE ① ◑ VISA. ⊗   **EZ** k
15 abril-15 octubre – **Comida** (*cerrado miércoles*) carta 27,35 a 33,66.

※ **La Torreta**, Port Alegre 17 — 93 894 52 53, *latorreta@interplanet.es*,
Fax 93 894 73 31, 🐦 – AE ① ⓜ VISA JCB. ※   EZ y
cerrado del 10 al 31 de diciembre y martes – **Comida** carta 25,23 a 42,96.

※ **Vivero**, passeig Balmins — 93 894 21 49, Fax 93 811 30 00, ←, 🐦 – ☰ P. AE ① ⓜ
VISA JCB   CV z
cerrado 18 diciembre-18 enero y martes de enero-abril – **Comida** - pescados y mariscos
- carta 22,43 a 40,28.

en el puerto de Aiguadolç *por ② : 1,5 km :*

🏨 **Meliá Gran Sitges** ⌂, ⊠ 08870 Sitges, — 93 811 08 11, *reservas.sitges@melia.com*,
Fax 93 894 90 97, ←, 🐦, Teatro-auditorio, « Césped con ⌘ », ⅃, ◱, – ⬍ ☰ TV ♿ ⇦
– ⚓ 25/1400. AE ① ⓜ VISA JCB. ※   CV a
Noray : Comida carta 22,83 a 36,95 – ⌑ 16,53 – **294 hab** 162,27/203,14 – 13 suites.

🏨 **Estela Barcelona** ⌂, av. port d'Aiguadolç, ⊠ 08870 Sitges, — 93 811 45 45, *info
@hotelestela.com*, Fax 93 811 45 46, ←, 🐦, Junto al puerto deportivo, « Decoración
original con objetos de arte », ⅃ – ⬍ ☰ TV ♿ ⇦ – ⚓ 25/300. AE ① ⓜ VISA
JCB. ※   CV r
Comida 21 – **48 hab** ⌑ 150/170 – 9 suites.

🏨 **Sol Port d'Aiguadolç** ⌂, ⊠ 08870 Sitges, — 93 811 31 77, *latinmail@aiguadolc.
com*, Fax 93 810 23 40, ←, 🐦, « En el puerto deportivo », ⅃, ⅃ – ⬍ ☰ TV. AE ①
ⓜ VISA. ※   CV x
Comida 9 – ⌑ 8,40 – **48 apartamentos** 105,17/135,22.

SOBRADO DOS MONXES 15312 A Coruña **441** C 5 – 2 739 h.

Madrid 552 – A Coruña/La Coruña 64 – Lugo 46 – *Santiago de Compostela* 61.

🏠 **San Marcus**, — 981 78 75 27, 🐦, ⅃, 🛥 – TV. ⓜ VISA. ※
20 marzo-20 diciembre – **Comida** 13,25 – ⌑ 3 – **12 hab** 24/30.

El SOCORRO Santa Cruz de Tenerife – ver Canarias (Tenerife) : Tegueste

---

La SOLANA 13240 Ciudad Real **444** P 20 – 13 892 h alt. 770.

Madrid 188 – Alcázar de San Juan 78 – Ciudad Real 67 – Manzanares 15.

☖ **San Jorge**, carret. de Manzanares — 926 63 34 02, Fax 926 63 22 41 – ☰ TV ⇦ P.
VISA. ※
cerrado del 7 al 27 de enero – **Comida** 9,62 – ⌑ 2,10 – **21 hab** 27,05/51,09 – PA 21,34.

SOLARES 39710 Cantabria **442** B 18 – 5 723 h alt. 70.

Madrid 387 – Bilbao 85 – Burgos 152 – *Santander* 19.

🏨 **Hostería Palacio de Los Marqueses de Valbuena**, General Mola 6
— 942 52 28 66, *hosteria@turinet.net*, Fax 942 52 28 64, « Casa señorial del siglo XVI »
– TV P. – ⚓ 25/300. ⓜ VISA. ※
Comida 10,22 – **27 hab** ⌑ 57,14/85,72.

※※ **Casa Enrique** con hab, paseo de la Estación 20 — 942 52 00 73, *casaen@mundivia.es*,
Fax 942 52 01 60 – ☰ rest, TV P. AE ① ⓜ VISA JCB. ※
cerrado 20 septiembre-10 octubre – **Comida** *(cerrado domingo noche)* carta aprox. 27,65
– ⌑ 3,01 – **16 hab** 30,05/54,09.

SOLDEU Andorra – ver Andorra (Principado de).

SOLIVELLA 43412 Tarragona **443** H 33 – 710 h.

Alred. : *Monasterio de Vallbona de les Monges★★ (iglesia★★, claustro★).*
Madrid 525 – Lleida/Lérida 66 – Tarragona 51.

※※ **Cal Travé**, carret. d'Andorra 56 — 977 89 21 65, *sanspetit@eresmas.com*,
Fax 977 89 20 73, « Decoración típica » – ☰. ① ⓜ VISA. ※
cerrado del 1 al 15 de junio, del 1 al 15 de octubre y miércoles – **Comida** - carnes a la
brasa - carta 21,71 a 29,75.

SÓLLER Illes Balears – ver Balears (Mallorca).

Ne voyagez pas aujourd'hui avec une carte d'hier.

SOLSONA 25280 Lleida 443 G 34 – 6 601 h alt. 664.

Ver : *Localidad★★ - Museo Diocesano y Comarcal★★ (pinturas★★ románicas y góticas, frescos de Sant Quirze de Pedret★★, frescos de Sant Pau de Caserres★, Cena de Santa Constanza★) – Catedral★ (Virgen del Claustro★).*

🖪 *carret. Basella 1* ℘ *973 48 23 10 turisme@elsolsonesinvita.com Fax 973 48 19 33.*
Madrid 577 – Lleida/Lérida 108 – Manresa 52.

🏨 **Crisami,** *carret. de Manresa 52* ℘ *973 48 04 13, Fax 973 48 17 17* – 🍴 rest, 📺 ⇐ 🅿 *VISA*
Comida 9,65 – ⚌ 3,61 – **21 hab** 32,15/45,02.

en la carretera de Manresa *Este : 1 km :*

🍴🍴 **Vilaseca Gran Sol,** ✉ 25280, ℘ *973 48 10 00, Fax 973 48 10 00* – 🍴 🅿 AE ① ⑩
VISA. ✍
cerrado 6 enero-7 febrero, domingo noche y lunes – **Comida** *carta 17,40 a 23,40.*

SOMIÓ *Asturias – ver Gijón.*

SON BOU *Illes Balears – ver Balears (Menorca) : Alaior.*

SON SARDINA *Illes Balears – ver Balears (Mallorca).*

SON SERVERA *Illes Balears – ver Balears (Mallorca).*

SON VIDA *Illes Balears – ver Balears (Mallorca) : Palma.*

SONDIKA 48150 Bizkaia 442 C 21 – 3 352 h alt. 42.

✈ *de Bilbao, Sondika* ℘ *94 486 93 01.*
Madrid 400 – Bilbao 14 – Vitoria-Gasteiz 72 – Donostia-San Sebastián 100.

🏨 **Meliá Confort Sondika,** *carret. La Avanzada 2 - Oeste : 1 km* ℘ *94 453 80 52, meli a.confort.sondika@solmelia.com, Fax 94 453 86 20* – 🛗 🍴 📺 🚭 ⇐ – 🚤 25/150. AE
① ⑩ *VISA*. ✍
Comida *carta 27,50 a 34,25* – ⚌ 7,81 – **68 hab** 111,18/126,81.

🍴🍴 **Gaztañaga,** *Izarza Bidea 2* ℘ *94 453 15 10, Fax 94 453 21 82* – 🍴. AE ① ⑩ *VISA*. ✍
cerrado 10 días en Semana Santa, del 15 al 31 de agosto, sábado y domingo – **Comida**
- sólo almuerzo salvo viernes - carta 24,64 a 34,26.

SORBAS 04270 Almería 446 U 23 – 2 707 h alt. 409.

Ver : *Emplazamiento★.*
Madrid 552 – Almería 59 – Granada 174 – Murcia 167.

SORIA 42000 🅟 442 G 22 – 35 540 h alt. 1 050.

Ver : *Iglesia de Santo Domingo★ (portada★★) A – Catedral de San Pedro (claustro★) B – San Juan de Duero (claustro★) B.*

🖪 *pl. Ramón y Cajal* ✉ *42003* ℘ *975 21 20 52 Fax 975 21 20 52* – **R.A.C.E.** *pl. Rosel* ✉
42005 ℘ *975 21 14 05 Fax 975 21 14 90.*
Madrid 225 ③ – Burgos 142 ④ – Calatayud 92 ② – Guadalajara 169 ③ – Logroño 106
① – Iruña/Pamplona 167 ②

Plano página siguiente

🏨 **Parador de Soria** ⅏, *parque del Castillo,* ✉ *42005,* ℘ *975 24 08 00, soria@para dor.es, Fax 975 24 08 03,* ⩽ *valle del Duero y montañas* – 🍴 rest, 📺 🅿 – 🚤 25/140.
AE ① ⑩ *VISA* JCB. ✍   B e
Comida 22,84 – ⚌ 8,71 – **34 hab** 73,55/91,94.

🏨 **Ciudad de Soria** *sin rest con cafetería por la noche, Zaragoza,* ✉ *42004,* ℘ *975 22 42 05, ciudadsoria@numancia.net, Fax 975 22 44 28* – 🛗 🍴 📺 ⇐. AE ① ⑩ *VISA*. ✍
⚌ 6 – **29 hab** 70/90 – 1 suite.   por ④

🏨 **Mesón Leonor** ⅏, *paseo del Mirón,* ✉ *42005,* ℘ *975 22 02 50, Fax 975 22 99 53,*
⩽ – 🍴 📺 🅿 – 🚤 25/200. AE ① ⑩ *VISA*. ✍ rest   B b
Comida 13,97 – ⚌ 4,06 – **32 hab** 44,47/66,11 – PA 26,59.

🏨 **Solar de Tejada Hostería** *sin rest y sin* ⚌*, Claustrilla 1,* ✉ *42002,* ℘ *975 23 00 54, solardetejada@wanadoo.es, Fax 975 23 00 54* – 🛗 📺. AE ① ⑩ *VISA*. ✍   A c
18 hab 39/48.

🍴🍴 **Maroto,** *paseo del Espolón 20,* ✉ *42001,* ℘ *975 22 40 86, Fax 975 22 91 82* – 🍴. AE
① ⑩ *VISA*. ✍   A e
cerrado 2ª quincena de febrero y lunes – **Comida** *carta aprox. 29,45.*

Tierra de Máutiko, Diputación 1, ⊠ 42001, ℰ 975 21 49 48, Fax 975 23 33 36, 🏠 – 🍽. **AE** ① **MC** **VISA**. 🛇
Comida carta 22,85 a 26,75.
A x

Fogón del Salvador, pl. del Salvador 1, ⊠ 42001, ℰ 975 23 01 94, *asador@fogonsalvador.com*, Fax 975 23 24 09 – 🍽. **AE** ① **MC** **VISA**. 🛇
Comida - espec. en carnes a la brasa y asados - carta 26,15 a 34,86.
A k

Mesón Castellano, pl. Mayor 2, ⊠ 42002, ℰ 975 21 30 45, Fax 975 21 26 90 – 🍽. **AE** ① **VISA**. 🛇
cerrado lunes salvo verano – **Comida** carta aprox. 27,05 a 30,05.
B t

Casa Augusto, pl. Mayor 5, ⊠ 42002, ℰ 975 21 30 41, *casa-augusto@airtel.net*, Fax 975 21 30 41 – 🍽. **AE** **MC** **VISA**. 🛇
Comida carta 16,66 a 20,15.
B r

El Mesón de Isabel, pl. Mayor 4, ⊠ 42002, ℰ 975 21 19 44, Fax 975 21 30 41 – **AE** **MC** **VISA**. 🛇
Comida carta aprox. 17,01.
B r

en la carretera N 122 *por ② : 6 km :*

Cadosa, ⊠ 42004, ℰ 975 21 31 43, *cadosa@green-hoteles.com*, Fax 975 21 31 43 – 🛗, 🍽 rest, **TV** 🚗 **P** – 🔺 25/275. **AE** ① **MC** **VISA**. 🛇 rest
Comida 9 – 🍵 4 – **64 hab** 60/78 – PA 22.

en la carretera N 234 *por ④ : 8 km y desvío a la derecha 1,2 km :*

Valonsadero 🍴, Monte Valonsadero, ⊠ 42001, ℰ 975 18 00 06, Fax 975 18 01 01, ≤, 🏠, « *Decoración elegante* » – 🛗 🍽 **TV** **P**. **AE** ① **MC** **VISA**. 🛇
Comida 21,04 – 🍵 6,01 – **9 hab** 63,11/84,14 – PA 48,08.

SORPE 25587 Lleida **443** E 33 – alt. 1 113.
Madrid 627 – Lleida/Lérida 174 – La Seu d'Urgell/Seo de Urgel 90.

en la carretera del puerto de la Bonaigua *Oeste : 4,5 km :*

Els Avets 🍴, ⊠ 25587, ℰ 973 62 63 55, *hotel@elsavets.com*, Fax 973 62 63 38, ≤, 🏠, 🔲 climatizada – **TV** 🚗 **P**. ① **MC** **VISA**. 🛇
Navidades, 20 junio-septiembre y puentes resto del año – **Comida** 16,23 – 🍵 5,71 – **28 hab** 43,57/87,15.

SORT 25560 Lleida **443** E 33 – *1 511 h alt. 720.*

🖪 av. Comtes de Pallars 21 *♠ 973 62 10 02 turipallars@terra.es Fax 973 62 10 03.*
Madrid 593 – Lleida/Lérida 136.

Pessets, *carret. de Seo de Urgel ♠ 973 62 00 00, info@hotelpessets.com,*
Fax 973 62 08 19, ≤, ⌿, ⌿, ⌿ – ⌷, 🖹 rest, 📺 – 🕿 30/200. 🆎 VISA. ⌿ rest
cerrado noviembre – **Comida** *13 –* **80 hab** ⌷ 45/79.

Fogony, *av. Generalitat 45 ♠ 973 62 12 25, fogony@catalunya.com, Fax 973 62 12 25,*
⌿ – 🖹. 🆎 ⓪ ⓜⓒ VISA. ⌿
cerrado del 7 al 22 de enero, domingo noche y lunes – **Comida** *carta 32,16 a 47,78.*

SOS DEL REY CATÓLICO 50680 Zaragoza **443** E 26 – *974 h alt. 652.*

Ver : *Iglesia de San Esteban★ (cripta★, coro★).*
Alred. : *Uncastillo (iglesia de Santa María : portada Sur★, sillería★, claustro★) Sureste : 22 km.*
Madrid 423 – Huesca 109 – Iruña/Pamplona 59 – Zaragoza 122.

Parador de Sos del Rey Católico ⌿, *Arquitecto Sáinz de Vicuña 1 ♠ 948 88 80 11,*
sos@parador.es, Fax 948 88 81 00, ≤, « *Conjunto de estilo aragonés* » – ⌷ 🖹 📺 🅿
🕿 25/45. 🆎 ⓪ ⓜⓒ VISA JCB. ⌿
cerrado por obras hasta el 10 de abril – **Comida** *22,84 –* ⌷ *8,71 –* **65 hab** *73,55/91,94.*

SOTO DE CANGAS 33559 Asturias **441** B 14 – *155 h alt. 84.*
Madrid 439 – Oviedo 73 – Santander 134.

La Balsa *sin rest, carret. de Covadonga ♠ 98 594 00 56, Fax 98 594 00 56 –* 📺. 🆎 ⓪
ⓜⓒ VISA. ⌿
Semana Santa-diciembre – ⌷ *3,91 –* **14 hab** *30,05/60,10.*

La Ablaneda *sin rest, El Bosque - carret. de Covadonga - Sur : 1 km,* ✉ *33589 El Bosque,*
♠ 98 594 02 45, hotel-ablaneda@fade.es, Fax 98 594 02 46 – 📺 🅿. 🆎 ⓜⓒ VISA. ⌿
⌷ *3,61 –* **10 hab** *45,68/57,10.*

SOTO DE LUIÑA 33156 Asturias **441** B 11.
Madrid 520 – Avilés 37 – Gijón 60 – Luarca 30 – Oviedo 66.

al Noroeste : *1,5 km :*

Cabo Vidio ⌿ *con hab, acceso carret. N 632,* ✉ *33156, ♠ 98 559 61 12, reservas*
@cabovidio.com, Fax 98 559 61 12 – 📺 🅿. ⓪ ⓜⓒ VISA. ⌿
cerrado enero – **Comida** *(cerrado lunes) carta 21 a 31 –* ⌷ *4,50 –* **12 hab** *30/60.*

SOTO DEL REAL 28791 Madrid **444** J 18 – *2 697 h alt. 921.*
Madrid 47 – El Escorial 47 – Guadalajara 92 – Segovia 83.

Suite H. Prado Real, *El Prado (urb. Prado Real) ♠ 91 847 86 98, Fax 91 847 84 32,*
⌿ – 🖹 📺 🅿 – 🕿 25/120. 🆎 ⓪ ⓜⓒ VISA. ⌿
Comida *18,03 –* **49 hab** ⌷ *70,11/90,75.*

La Cabaña, *pl. Chozas de la Sierra (urb. La Ermita) ♠ 91 847 78 82, Fax 91 847 78 82,*
⌿ – 🖹 🅿. ⓪ ⓜⓒ VISA. ⌿
cerrado martes – **Comida** *carta 26,15 a 32,76.*

SOTOGRANDE 11310 Cádiz **446** X 14 – *Playa.*

🏌 🏌 *Sotogrande, paseo del Parque ♠ 956 78 50 14 Fax 956 79 50 29 –* 🏌 🏌 *Valderrama,*
urb. Sotogrande, Suroeste : 4 km ♠ 956 79 12 00 Fax 956 79 60 28 – 🏌 *Almenara, urb.*
Sotogrande, Suroeste : 5,5 km ♠ 956 79 03 00 Fax 956 58 20 24.
Madrid 666 – Algeciras 27 – Cádiz 148 – Málaga 111.

Royal Golf *sin rest, salida 130 autovía - vía de servicio dirección Málaga ♠ 956 79 62 63,*
comercial@royalgolfhoteles.com, Fax 956 78 51 59, ⌿, ⌿ – ⌷ 🖹 📺 ⌿ – 🕿 25/350.
🆎 ⓜⓒ VISA. ⌿
70 hab ⌷ *106,98/116 –* **38 apartamentos.**

en el puerto deportivo *Noreste : 3 km :*

Club Marítimo ⌿ *sin rest,* ✉ *11310, ♠ 956 79 02 00, clubmar@arrakis.es,*
Fax 956 79 03 77, ≤, « *Patio con plantas* » – ⌷ 🖹 📺 – 🕿 25/40. 🆎 ⓪ ⓜⓒ VISA
cerrado 22 diciembre-7 enero – ⌷ *7,81 –* **25 hab** *132,22/165,27 –* **14 suites.**

Vicente, *local A-8,* ✉ *11310, ♠ 956 79 02 12,* ⌿ – 🆎 ⓪ ⓜⓒ VISA. ⌿
cerrado lunes – **Comida** *- sólo cena en julio y agosto - carta aprox. 31,85.*

Zaldía, *edificio Hotel Club Marítimo,* ✉ *11310 Sotogrande, ♠ 956 79 01 21,*
Fax 956 79 03 46, ⌿ – 🖹. 🆎 ⓪ ⓜⓒ VISA
Comida *carta 28,85 a 43,88.*

al Suroeste :   *5,5 km :*

Almenara ⟋, av. Almenara, ⊠ 11310, ℘ 956 58 20 00, *almenara.hotel@ nh-hoteles.es,*
Fax 956 58 20 01, ≤, ⟡, ⟡, ⟡, ⟡, ⟡, ⟡ – ⟡ ▤ TV ⟡ P – ⟡ 25/80. AE ① ⑩ VISA ⟡
Comida - sólo cena - carta aprox. 43,28 – ⟡ 16,23 – **130 hab** 186,31/210,35 – 20 suites.

SOTOS DE SEPÚLVEDA 40593 Segovia **442** I 19.

Madrid 108 – Aranda de Duero 64 – El Burgo de Osma 78 – Segovia 74.

Palacio de Esquileo ⟋, ℘ 921 12 55 12, *Fax 921 55 73 84*, « Marco rústico en un
paraje verde » – ▤ TV ⟡ ⟡ P – ⟡ 25. ⑩ VISA. ⟡
Comida *(cerrado lunes)* - martes a jueves previa reserva - 13,82 – **12 hab** ⟡ 48,08/77,17.

SOTOSALBOS 40170 Segovia **442** I 18 – 94 h alt. 1 161.

Madrid 106 – Aranda de Duero 98 – Segovia 20.

De Buen Amor ⟋ sin rest, Eras 7 ℘ 921 40 30 20, *hosbamor@ cempresarial.com,*
Fax 921 40 30 22, « Antigua casa de labranza » – TV. AE ① ⑩ VISA. ⟡
⟡ 4,50 – **12 hab** 48,08/72,12.

SOTOSERRANO 37657 Salamanca **441** K 11 – 673 h alt. 522.

Madrid 311 – Béjar 36 – Ciudad Rodrigo 61 – Salamanca 106.

Mirador ⟋, carret. de Coria 29 ℘ 923 42 21 55, *hotelmirador@ wanadoo.es,*
Fax 923 42 21 55, ≤ – ▤ TV P. ⑩ VISA. ⟡
cerrado del 3 al 18 de septiembre – **Comida** 10 – ⟡ 2,10 – **14 hab** 24,04/36,06.

SOUTOMAIOR 36691 Pontevedra **441** F 4.

Madrid 602 – Pontevedra 16 – Vigo 22.

junto al castillo *Sur : 3 km :*

Pousada del Castillo de Soutomaior ⟋, ⊠ 36691, ℘ 986 70 51 05,
Fax 986 70 52 53, ≤, « En el recinto de una fortaleza medieval con jardín botánico » –
⟡, ▤ rest, TV P. AE ① ⑩ VISA. ⟡ rest
Comida *(cerrado domingo noche y lunes)* 17 – **12 hab** ⟡ 48,20/75,30 – 2 suites – PA 33,10.

SUANCES 39340 Cantabria **442** B 17 – 5 842 h – Playa.

Madrid 394 – Bilbao 131 – Oviedo 182 – Santander 28.

en la zona de la playa :

Cuevas III, Ceballos 53, ⊠ 39340, ℘ 942 84 43 43, *hcuevas3@ jazzfree.com,*
Fax 942 84 44 45 – ⟡, ▤ rest, TV P. ① ⑩ VISA. ⟡
cerrado enero-febrero – **Comida** - bufett, sólo clientes - 12,02 – **62 hab** ⟡ 65,63/93,75.

Suances, Ceballos 45, ⊠ 39340, ℘ 942 84 42 22, *Fax 942 84 42 11*, ≤, ⟡ – ⟡ TV P.
AE ① ⑩ VISA. ⟡
Comida 10,82 – ⟡ 5,11 – **34 hab** 72,12/84,14.

Azul sin rest, Acacio Gutiérrez 98 ℘ 942 81 15 51, *Fax 942 81 15 21*, ⟡ – ⟡ ▤ TV ⟡
– ⟡ 25/200. AE ① ⑩ VISA. ⟡
⟡ 6,01 – **29 hab** 84,14/108,43.

Sito, av. de la Marina Española 3, ⊠ 39340, ℘ 942 81 04 16, *Fax 942 84 40 44* – ▤.
AE ① ⑩ VISA. ⟡
cerrado lunes salvo junio-septiembre – **Comida** carta 22,04 a 33,06.

en la zona del faro :

Apart. El Caserío ⟋, av. Acacio Gutiérrez 157, ⊠ 39340, ℘ 942 81 05 75, *caseri
o@ eurociber.es, Fax 942 81 05 76*, ≤, ⟡ – TV ⟡. AE ① ⑩ VISA. ⟡
cerrado 24 diciembre-25 enero – **Comida** - ver rest. *El Caserío* – ⟡ 3,91 – **19 apartamentos** 54,09/90,15.

Albatros ⟋, Madrid 18-B (carret. de Tagle), ⊠ 39340, ℘ 942 84 41 40, *reservas@ h
otelalbatros-suances.com, Fax 942 84 41 12*, ≤, ⟡ – ⟡ TV P. ① ⑩ VISA. ⟡ rest
Comida - sólo clientes - 15 – ⟡ 4,50 – **42 hab** 66/84.

El Castillo ⟋ sin rest, av. Acacio Gutiérrez 142, ⊠ 39340, ℘ 942 81 03 83,
Fax 942 81 03 74, ≤, « Reproducción de un pequeño castillo » – TV. ⑩ VISA
⟡ 4,75 – **9 hab** 78.

El Caserío - *Hotel Apart. El Caserío* ⟋ con hab, av. Acacio Gutiérrez 159, ⊠ 39340,
℘ 942 81 05 75, *caserio@ caserio.com, Fax 942 81 05 76*, ⟡ – ▤ rest, TV P. AE ① ⑩
VISA. ⟡
cerrado 24 diciembre-25 enero – **Comida** carta 25,28 a 31,26 – ⟡ 3,91 – **9 hab** 42,07/66,11.

SUDANELL 25173 Lleida **443** H 31 – 704 h alt. 152.

Madrid 453 – Huesca 127 – Lleida/Lérida 11 – Tarragona 105.

X **La Lluna**, av. Catalunya 11 ℰ 973 25 81 93 – ▤. 𝐀𝐄 𝐌𝐎 𝘝𝘐𝘚𝘈. ⅏

Comida - sólo almuerzo salvo sábado, espec. en caracoles y carnes - carta 14,73 a 22,44.

TABARCA (Isla de) 03138 Alacant **445** R 28 – Playa.

⟜. Accesos desde : Alacant, Santa Pola y Torrevieja.

🏠 **Casa del Gobernador** 🦢 sin rest, Arzola ℰ 96 596 08 86, Fax 96 596 12 72, ≤ – 𝐌𝐎 𝘝𝘐𝘚𝘈. ⅏

cerrado 15 enero-15 febrero - **14 hab** 🖙 51,45/64,31.

X **La Almadraba,** Virgen del Carmen 3 ℰ 96 597 05 87, Fax 96 596 10 39, ≤, 🌳 – 𝐀𝐄 🅞 𝐌𝐎 𝘝𝘐𝘚𝘈. ⅏

cerrado 8 enero-15 marzo y lunes en invierno - **Comida** carta 18,63 a 25,25.

TACORONTE Santa Cruz de Tenerife – ver Canarias (Tenerife).

TAFALLA 31300 Navarra **442** E 24 – 10 249 h alt. 426.

Alred. : Ujué★ Este : 19 km.

Madrid 365 – Logroño 86 – Iruña/Pamplona 38 – Zaragoza 135.

🏨 **Ciudad de Tafalla,** Escuelas Pías 7 ℰ 948 70 40 46, Fax 948 70 39 18 – 🛗 ▤ 📺 – 🏛 25/100. 🅞 𝐌𝐎 𝘝𝘐𝘚𝘈. ⅏

Comida 11,12 – 🖙 6,01 – **15 hab** 60,10/90,15.

XXX **Tubal,** pl. de Navarra 4-1º ℰ 948 70 08 52, tubal@restaurantetubal.es, Fax 948 70 00 50, « Bonito patio estilo jardín de invierno » – 🛗 ▤. 𝐀𝐄 🅞 𝐌𝐎 𝘝𝘐𝘚𝘈. ⅏

cerrado 21 agosto-4 septiembre, domingo noche y lunes – **Comida** 33,06 y carta 32,45 a 37,86

Espec. Huevo en costra de patatas fritas, pimientos y tosta de ajo. Costillar de cordero lechal con higaditos, lechezuelas y jugo de choriceros. Copita de leche merengada con espuma de almendra y crujiente de canela.

TAFIRA ALTA Las Palmas – ver Canarias (Gran Canaria).

TALAVERA DE LA REINA 45600 Toledo **444** M 15 – 69 136 h alt. 371.

🄱 Ronda del Cañillo (Torreón) ℰ 925 82 63 22 Fax 925 82 16 16.

Madrid 120 – Ávila 121 – Cáceres 187 – Córdoba 435 – Mérida 227.

🏨 **Beatriz,** av. de Madrid 1 ℰ 925 80 76 00, Fax 925 81 58 08 – 🛗 ▤ 📺 – 🏛 25/1000. 𝐀𝐄 🅞 𝐌𝐎 𝘝𝘐𝘚𝘈. ⅏

Comida - ver rest. **Anticuario** – 🖙 4,35 – **165 hab** 44,29/62,50.

🏨 **Talavera,** Prado 18 ℰ 925 80 02 00, htalavera@husa.es, Fax 925 82 66 06 – 🛗 ▤ 📺 🚗 – 🏛 25/150. 𝐀𝐄 🅞 𝐌𝐎 𝘝𝘐𝘚𝘈. ⅏

Comida 9,70 – 🖙 4,70 – **75 hab** 34,70/53,70.

🏨 **Perales,** av. Pío XII-3 ℰ 925 80 39 00, Fax 925 80 39 00 – 🛗 ▤ 📺. 𝐌𝐎 𝘝𝘐𝘚𝘈. ⅏

Comida (cerrado 15 días en verano y 15 días en invierno) 7,81 – 🖙 3 – **59 hab** 33,05/54,09.

XX **Anticuario** - Hotel Beatriz, av. de Madrid 1 ℰ 925 80 76 00, Fax 925 81 58 08 – ▤. 𝐀𝐄 🅞 𝐌𝐎 𝘝𝘐𝘚𝘈. ⅏

cerrado domingo noche – **Comida** carta 18,60 a 25,55.

X Penalty, Cabeza del Moro 5 ℰ 925 81 53 44 – ▤

Comida - pescados y mariscos.

𝗬 **El Esturión,** Miguel Hernández 7 ℰ 925 82 46 38 – ▤. 𝐀𝐄 𝐌𝐎 𝘝𝘐𝘚𝘈. ⅏

cerrado del 1 al 15 de julio y lunes – **Tapa** 2,41 **Ración** - frituras y pescados - aprox. 11,42.

𝗬 **Taberna Mingote,** pl. Federico García Lorca 5 ℰ 925 82 56 33, 🌳, Grabados de Mingote y motivos taurinos – ▤. 𝐀𝐄 𝐌𝐎 𝘝𝘐𝘚𝘈. ⅏

cerrado del 15 al 31 de julio y martes – **Tapa** 2,41 **Ración** aprox. 11,42.

TAMAJÓN 19222 Guadalajara **444** I 20 – 167 h alt. 1.029.

Madrid 93 – Aranda de Duero 124 – Guadalajara 49.

🄲 **Tamaya** 🦢, Picota ℰ 949 85 91 87, ≤ – ▤ rest, 🄟. ⅏

Comida - sólo clientes - 10,82 – **10 hab** 🖙 42,07.

TAMARITE DE LITERA 22550 Huesca 443 G 31 – 3988 h alt. 360.

Madrid 506 – Huesca 96 – Lleida/Lérida 36.

XX **Casa Toro**, av. Florences Gili ☎ 974 42 03 52 – 🖃 P. AE ① MC VISA
cerrado del 15 al 30 de noviembre, domingo noche y lunes – **Comida** carta 22 a 31.

TAMARIU 17212 Girona 443 G 39 – Playa.

Madrid 731 – *Girona/Gerona* 48 – Palafrugell 10 – Palamós 21.

Tamariu, passeig del Mar 3 ☎ 972 62 00 31, *hotel@tamariu.com*, Fax 972 62 05 00, 🌇
– 🛗 🖃 TV 🚗. MC VISA. 🛠 rest
marzo-noviembre – **Comida** 15 – **17 hab** 🖙 60/95.

Es Furió, Foraió 7 ☎ 972 62 00 36, *acomas@intercom.es*, Fax 972 30 66 67 – 🖃 TV.
MC VISA. 🛠
marzo-agosto – **Comida** 10 – **8 hab** 🖙 51/88.

Para los grandes viajes de negocios o de turismo,
Guía Roja MICHELIN : EUROPE.

TAPIA DE CASARIEGO 33740 Asturias 441 B 9 – 4282 h – Playa.

🗓 pl. de la Iglesia ☎ 98 547 29 68 (temp).
Madrid 578 – A Coruña/La Coruña 184 – Lugo 99 – Oviedo 143.

XX **Palermo**, Bonifacio Amago 13 ☎ 98 562 83 70, Fax 98 562 83 70 – 🖃. ① MC
VISA. 🛠
cerrado del 1 al 15 de noviembre y domingo noche salvo julio-agosto – **Comida** carta 15,72
a 26,45.

XX **El Bote**, Marqués de Casariego 30 ☎ 98 562 82 82, *proguiva@telepolis.com*,
Fax 98 547 10 86 – 🖃. AE ① MC VISA. 🛠
cerrado 15 de enero-15 de febrero y miércoles – **Comida** carta 27,04 a 33,63.

en la carretera N 634 *Suroeste : 2,5 km :*

X **El Álamo**, Rapalcuarto, ✉ 33749 Rapalcuarto, ☎ 98 562 86 49, Fax 98 547 26 49 – 🖃
P. AE ① MC VISA. 🛠
cerrado del 1 al 20 de febrero y martes noche salvo julio-agosto – **Comida** carta 18,93
a 24,33.

TARAMUNDI 33775 Asturias 441 B 8 – 1015 h alt. 276.

Madrid 571 – Lugo 65 – Oviedo 195.

La Rectoral 🐾, La Villa ☎ 98 564 67 67, *larectoral@infonegocio.com*,
Fax 98 564 67 77, ≤ valle y montañas, 🌇, « Rústico regional del siglo XVIII », 🛗 – TV
P – 🛁 25. AE ① MC VISA. 🛠
cerrado enero y febrero – **Comida** *(cerrado miércoles)* 17,96 – 🖙 5,99 – **18 hab**
83,83/107,78.

Casa Petronila, pl. del Campo ☎ 98 564 68 74, Fax 98 564 68 85 – 🛗, 🖃 rest, TV.
AE MC VISA. 🛠
Comida 7,23 – 🖵 3,31 – **20 hab** 36,14/48,19.

TARANCÓN 16400 Cuenca 444 L 20 y 21 – 10891 h alt. 806.

Madrid 81 – Cuenca 82 – València 267.

Sur, antigua carret. N III ☎ 969 32 06 00, Fax 969 32 06 04 – 🖃 TV P. MC VISA. 🛠
Comida 10 – 🖙 3,90 – **29 hab** 33,05/51,08 – PA 23,13.

X **Mesón del Cantarero**, antigua carret. N III ☎ 969 32 05 33, *meson.cantarero@cit
elan.es*, Fax 969 32 42 12, 🌇 – 🖃 P. AE ① MC VISA. 🛠
cerrado lunes noche y martes noche – **Comida** carta 21,43 a 33,71.

X **Stop** con hab, antigua carret. N III ☎ 969 32 01 00, Fax 969 32 06 42 – 🖃 TV P. MC
VISA. 🛠
cerrado noviembre – **Comida** *(cerrado domingo noche y lunes)* carta 21,90 a 29,15 –
🖙 3,01 – **9 hab** 33,06/45,08.

TARANES 33557 Asturias 441 C 14.

Madrid 437 – Gijón 116 – León 186 – Oviedo 111.

en la carretera AS 261 *Este : 3 km :*

La Casona de Mestas 🐾, ✉ 33557, ☎ 98 584 30 55, Fax 98 584 30 92, « En un
paraje montañoso » – P. AE MC VISA. 🛠
cerrado 20 enero-1 marzo – **Comida** 12 – 🖙 3,91 – **14 hab** 40,87/51,09.

TARAZONA 50500 Zaragoza **443** G 24 – *10 638 h alt. 480.*

Ver : *Catedral (capilla★).*
Alred. : *Monasterio de Veruela★★ (iglesia abacial★★, claustro★ : sala capitular★).*
🛈 *pl. de San Francisco 1* ℰ *976 64 00 74 turitarazona@jazzfree.com Fax 976 19 90 75.*
Madrid 294 – Iruña/Pamplona 107 – Soria 68 – Zaragoza 88.

Ituri-Asso, Virgen del Río 3 ℰ 976 19 91 66, *hotel@ituriasso.com,* Fax 976 19 91 68 –
🛗 ▤ 📺 🚙 – 🏊 25/300. 🆎 ⓪ 🅼🅲 🆅🅸🆂🅰. 🎇
cerrado del 24 al 31 de diciembre – **Comida** *(cerrado domingo noche)* 15,03 – 🍽 4,81
– **17 hab** 36,40/70,74 – PA 34,86.

Brujas de Bécquer, carret. de Zaragoza - Sureste : 1 km ℰ 976 64 04 04, *hbrujbe
cquer@infonegocio.com,* Fax 976 64 01 98 – 🛗 ▤ 📺 🚙 🅿 – 🏊 25/500. 🆎 ⓪ 🅼🅲
🆅🅸🆂🅰. 🎇 rest
Comida 7,20 – 🍽 3,30 – **56 hab** 30/36,06.

✗ **O Cubillar** con hab, pl. de Nuestra Señora 12 ℰ 976 64 11 92, *o.cubillar@yahoo.es,*
Fax 976 19 90 86 – ▤ rest, 📺. 🆎 🅼🅲 🆅🅸🆂🅰. 🎇
Comida carta 22,84 a 28,25 – **4 hab** 🍽 54,09/84,14.

✗ **El Galeón,** av. La Paz 1 ℰ 976 64 29 65, Fax 976 64 29 65 – ▤. 🆎 ⓪ 🅼🅲 🆅🅸🆂🅰 🅹🅲🅱
cerrado domingo noche – **Comida** carta 19,83 a 24,64.

TARIFA 11380 Cádiz **446** X 13 – *15 528 h – Playa.*

Ver : *Mirador del Estrecho ≼★★ – Playa de los Lances★.*
Alred. : *Ruinas romanas de Baelo Claudia★ 15 km al Noroeste.*
🛥. *para Tánger : Marruecostour, estación Marítima* ℰ *956 68 47 51 Fax 956 68 48 35.*
🛈 *paseo de la Alameda* ✉ *apartado 248* ℰ *956 68 09 93 pmt@teleline.es Fax 956 68 09 93.*
Madrid 715 – Algeciras 22 – Cádiz 99.

en la carretera de Cádiz :

Balcón de España 🦶, La Peña 2 - Noroeste : 8 km, ✉ 11380 apartado 57,
ℰ 956 68 09 63, *balcones@cherrytel.com,* Fax 956 68 04 72, 🏡, « Jardín con arbolado
y 🏊 », 🍴 – 🅿. 🆎 🅼🅲 🆅🅸🆂🅰. 🎇
abril-25 octubre – **Comida** 16,50 – **38 hab** 🍽 71,50/89,50.

La Codorniz, Noroeste : 6,5 km, ✉ 11380, ℰ 956 68 47 44, *lacodorniz@cherrytel.com,*
Fax 956 68 41 01, 🏡, 🏊, 🚲 – ▤ rest, 📺 🅿. 🆎 ⓪ 🅼🅲 🆅🅸🆂🅰. 🎇
Comida 14,43 – 🍽 2,70 – **35 hab** 51,09/90,15.

San José del Valle, cruce de Bolonia - Noroeste : 15 km, ✉ 11380, ℰ 956 68 70 92,
Fax 956 68 71 22 – ▤ 📺 🅿. ⓪ 🅼🅲 🆅🅸🆂🅰. 🎇
marzo-diciembre – **Comida** 9 – 🍽 2 – **17 hab** 33/66.

en la carretera de Málaga *Noreste : 11 km :*

Mesón de Sancho, ✉ 11380 apartado 25, ℰ 956 68 49 00, *rsancho@cherrytel.com,*
Fax 956 68 47 21, 🏊 – 📺 🅿. 🆎 ⓪ 🅼🅲 🆅🅸🆂🅰 🅹🅲🅱. 🎇 rest
Comida 14,12 – 🍽 4,25 – **40 hab** 43/54.

TARRAGONA 43000 🅿 **443** I 33 – *112 801 h alt. 49 – Playa.*

Ver : *Tarragona romana★★ : Passeig Arqueológic★★* DZ, *Museu Nacional Arqueològic de
Tarragona★★* DZM – *Recinte Monumental del Pretori i del Circ Romà★* DZM1 –
Anfiteatro★★ DZ – *Museu i Necrópolis Paleocristiana★* AY – *Ciudad medieval : Catedral★★
(Museo Diocesano★★, claustro★★, retablo de Santa Tecla★★★)* DZ.
Otras curiosidades : *El Serrallo★* AY.
Alred. : *Acueducto de les Ferreres★★ 4 km por* ④ *– Mausoleo de Centcelles★★ Noroeste :
5 km por* ③ *– Torre de los Escipiones★ 5 km por* ① *– Villa romana de Els Munts★ :
emplazamiento★★, termas★ 12 km por* ①.
Excurs. : *Arco de Berà★ 20 km por* ① *(Roda de Berà).*
🏌 *Costa Dorada, Este : 8 km* ℰ *977 65 33 61 Fax 977 65 30 28 – Iberia : rambla Nova 116*
✉ *43001* ℰ *977 24 11 09* AZ.
🛥 *Agencia Marítima Transhispánica, Apodaca 40* ✉ *43004* ℰ *977 22 55 06 Fax
977 22 28 56* BY.
🛈 *Fortuny 4* ✉ *43001* ℰ *977 23 34 15 tarracogene@navegalia.com Fax 977 24 47 07 y
Major 39* ✉ *43003* ℰ *977 25 07 95 turisme.tgna@ajtgna.org Fax 977 24 55 07 –* **R.A.C.E.**
rambla Nova 114 ✉ *43001* ℰ *977 21 19 62 Fax 977 24 26 32 – Madrid 555* ④ *– Barcelona
109* ④ *– Castelló de la Plana/Castellón de la Plana 184* ③ *– Lleida/Lérida 97* ④

Planos páginas siguientes

Imperial Tarraco, passeig de les Palmeres, ✉ 43003, ℰ 977 23 30 40, *imperial@t
inet.fut.es,* Fax 977 21 65 66, ≼, 🏊, 🍴 – 🛗 ▤ 📺 🅿 – 🏊 25/500. 🆎 ⓪ 🅼🅲
🆅🅸🆂🅰. 🎇   DZ d
Comida 15,03 – **155 hab** 🍽 112,40/143,10 – 15 suites.

TARRAGONA

Cuixa (Camí de la) ..... **BY** 13
Generalitat (Pl. de la) ... **AY** 15

Independència
  (Pg. de la) .... **AY** 16
Mallorca .... **AY** 21
President F. Macià
  (Av.) .... **AY** 36

President Lluís Companys (Av.) . **AY** 37
Rafael Canasova
  (Pg. Marítim de) .... **BY** 38
Rovira i Virgili .... **BY** 44
Trafalgar .... **AY** 54

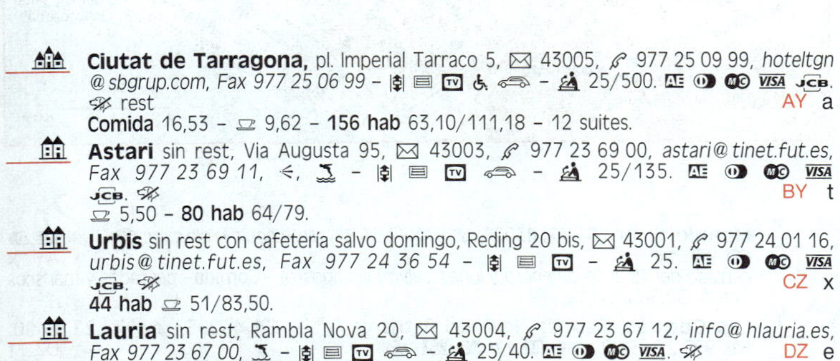

Ciutat de Tarragona, pl. Imperial Tarraco 5, ⊠ 43005, ✆ 977 25 09 99, *hoteltgn @sbgrup.com*, *Fax 977 25 06 99* – |≑| 🗏 📺 ⅾ 🚗 – 🔏 25/500. 🄰🄴 ⑩ 🄼🄲 𝗩𝗜𝗦𝗔 ᴶᶜᴮ. ⚬ rest
AY **a**
Comida 16,53 – ⌂ 9,62 – **156 hab** 63,10/111,18 – 12 suites.

Astari sin rest, Via Augusta 95, ⊠ 43003, ✆ 977 23 69 00, *astari@tinet.fut.es*, *Fax 977 23 69 11*, ≼, ⌇ – |≑| 🗏 📺 🚗 – 🔏 25/135. 🄰🄴 ⑩ 🄼🄲 𝗩𝗜𝗦𝗔 ᴶᶜᴮ. ⚬
BY **t**
⌂ 5,50 – **80 hab** 64/79.

Urbis sin rest con cafetería salvo domingo, Reding 20 bis, ⊠ 43001, ✆ 977 24 01 16, *urbis@tinet.fut.es*, *Fax 977 24 36 54* – |≑| 🗏 📺 – 🔏 25. 🄰🄴 ⑩ 🄼🄲 𝗩𝗜𝗦𝗔 ᴶᶜᴮ. ⚬
CZ **x**
44 hab ⌂ 51/83,50.

Lauria sin rest, Rambla Nova 20, ⊠ 43004, ✆ 977 23 67 12, *info@hlauria.es*, *Fax 977 23 67 00*, ⌇ – |≑| 🗏 📺 🚗 – 🔏 25/40. 🄰🄴 ⑩ 🄼🄲 𝗩𝗜𝗦𝗔. ⚬
DZ **e**
⌂ 5,50 – **72 hab** 37/64.

Belle Époque, Mare de Déu de la Mercè 1, ⊠ 43003, ✆ 977 24 44 04, *restbe@tin et.fut.es*, *Fax 977 23 80 55*, « Decoración modernista » – 🗏. 🄰🄴 ⑩ 🄼🄲 𝗩𝗜𝗦𝗔. ⚬
DZ **v**
cerrado domingo (junio-septiembre) – **Comida** - sólo cena - carta 21,70 a 28,55.

Merlot, Cavallers 6, ⊠ 43003, ✆ 977 22 06 52, *merlot@retemail.es*, *Fax 977 22 81 53*, 🌳, « Marco rústico acogedor con bodega » – 🗏. 🄰🄴 ⑩ 🄼🄲 𝗩𝗜𝗦𝗔. ⚬
DZ **f**
cerrado domingo y lunes mediodía – **Comida** carta 29,81 a 37,26.

Fortí de la Reina Anna Stuart, platja del Miracle, ⊠ 43007, ✆ 977 24 48 77, *Fax 977 22 20 99*, ≼ ciudad y mar, « En una antigua fortaleza » – |≑| 🗏 🄿. 🄰🄴 🄼🄲 𝗩𝗜𝗦𝗔. ⚬
BY **e**
cerrado enero, domingo noche y martes – **Comida** carta 27,95 a 36,36.

Estació Marítima, Moll de Costa Tinglado 4 (puerto), ⊠ 43004, ✆ 977 22 74 18, *Fax 977 23 21 00*, ≼, 🌳 – 🗏. 🄰🄴 ⑩ 🄼🄲 𝗩𝗜𝗦𝗔. ⚬
AY **n**
cerrado domingo noche y lunes – **Comida** - pescados y mariscos - carta 27,05 a 38,46.

TARRAGONA

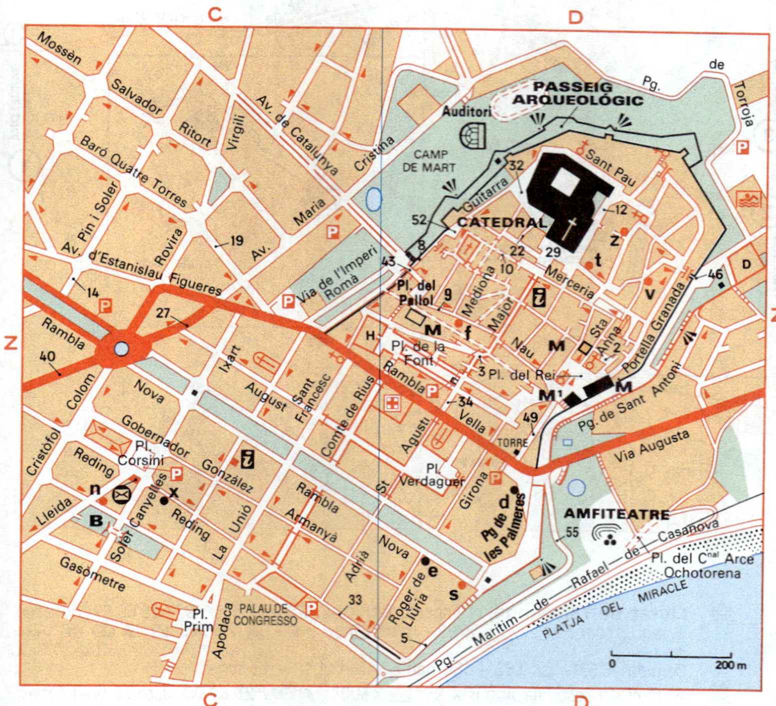

<table>
<tr><td>✗</td><td>Manolo, Gravina 61, ✉ 43004, ☎ 977 22 34 84, rte-manolo@ole.com, 🌿 – 🍽 ⚏ ⬥ 🅜 VISA. 🛇</td><td>AY x</td></tr>
</table>

✗ **Manolo**, Gravina 61, ✉ 43004, ☎ 977 22 34 84, *rte-manolo@ole.com*, – AY x
cerrado del 15 al 31 de enero y lunes (salvo julio-agosto) – **Comida** - pescados y mariscos - carta 30,66 a 50,19.

✗ **Les Coques**, Baixada Nova del Patriarca 2 bis, ✉ 43003, ☎ 977 22 83 00, DZ t
Fax 977 22 83 00 –
cerrado 10 días en febrero, 22 julio-12 agosto y domingo – **Comida** carta 26,44 a 36,66.

✗ **Barhaus**, Sant Llorenç 22, ✉ 43004, ☎ 977 24 47 70, « En una dependencia del Colegio DZ z
de Arquitectos » –
cerrado del 1 al 15 de enero, del 18 al 30 de agosto, domingo y lunes noche – **Comida** carta aprox. 22,24.

✗ **Cal Martí**, Sant Pere 12, ✉ 43004, ☎ 977 21 23 84 – AY h
cerrado septiembre, domingo noche y lunes – **Comida** carta 20,24 a 28,84.

en la carretera de Barcelona *por* ① :

Nuria, Via Augusta 217 - 1,8 km, ✉ 43007, ☎ 977 23 50 11, *reservas@hotel-nuria.com*,
Fax 977 24 41 36 –
cerrado 20 diciembre-20 de enero – **Comida** (cerrado domingo) - sólo cena - carta aprox. 22,30 – ☕ 6,01 – **57 hab** 75,13.

Sant Jordi sin rest, 2 km, ✉ 43007, ☎ 977 20 75 15, Fax 977 20 76 32, ≤ –
cerrado 17 diciembre-14 enero – ☕ 4,21 – **39 hab** 30,06/60,10.

XX **Sol Ric,** Via Augusta 227 - 1,9 km, ⊠ 43007, 𝒫 977 23 20 32, Fax 977 23 68 29, 🌳,
« Decoracíon rústica catalana. Terraza con arbolado » – 🍽 🅿. AE MC VISA. 🛇
cerrado 20 diciembre-20 enero, domingo noche y lunes – **Comida** carta 14,41
a 24,47.

en la carretera N 240 *por* ④ : *2 km :*

XX **Can Sala,** ⊠ 43007, 𝒫 977 22 85 75, Fax 977 23 59 22, 🌳, « Decoración rústica.
Terraza con arbolado » – 🍽 🅿. AE ① MC VISA
cerrado domingo noche y martes salvo 25 diciembre-abril – **Comida** carta aprox. 30,03.

TARRASA *Barcelona – ver Terrassa.*

TÀRREGA 25300 Lleida 443 H 33 – *11 344 h alt. 373.*

Madrid 503 – Balaguer 25 – Barcelona 112 – Lleida/Lérida 44 – Tarragona 74.

Pintor Marsà, av. Catalunya 112 𝒫 973 50 15 16, *hostaldelcarme@servicom.es,*
Fax 973 31 03 86, 🌳 – 🍽 rest, TV 🅿 – 🔺 25/40. ① MC VISA. 🛇 rest
Comida *(cerrado domingo noche y lunes)* 16,80 – ☕ 4 – **23 hab** 27,10/48,10 – 1 suite.

El TARTER – *ver Andorra (Principado de Andorra) : Soldeu.*

TAÜLL 25528 Lleida 443 E 32 – *alt. 1 630 – Deportes de invierno ≶ 15.*

Ver : *Iglesia de Sant Climent*★★ – *Iglesia de Santa María*★.

Madrid 567 – Lleida/Lérida 150 – Vielha/Viella 57.

X **El Calíu,** carret. de Pistas 𝒫 973 69 62 12, 🌳 – AE MC VISA. 🛇
Comida *(cerrado martes en invierno)* - *sólo fines de semana en primavera y otoño* - carta
13,51 a 25,85.

en Pla de la Ermita de Taüll *Este : 2 km :*

Boí Taüll ⑤, ⊠ 25528 Taüll, 𝒫 973 69 60 00, *reservas@boitaullresort.es,*
Fax 973 69 60 33, ≤, 🏋, ⛲ climatizada – 🛗 TV 🔧 🚗 🅿 – 🔺 25/150
temp – **Comida** - *sólo buffet, en invierno sólo cena* – **90 hab.**

Romànic ⑤, ⊠ 25528 Taüll, 𝒫 973 69 67 06, *reservas@boitaullresort.es,*
Fax 973 69 61 71, ≤ – 🛗 TV 🚗 🅿 – 🔺 25/200
temp – **Comida** - *sólo buffet, en invierno sólo cena* – **41 hab.**

TAVERNES DE LA VALLDIGNA 46760 València 445 O 29 – *16 062 h alt. 7 – Playa a 4 km.*

Madrid 393 – Alacant/Alicante 129 – Gandía 16 – València 57.

en la carretera N 332 *Noreste : 3 km :*

X **Las 5 Hermanas II,** ⊠ 46760, 𝒫 96 283 70 35, ≤ campos de naranjos – 🍽 🅿. AE
MC VISA. 🛇
cerrado noviembre y lunes – **Comida** carta 13,50 a 21,60.

TEGUESTE *Santa Cruz de Tenerife – ver Canarias (Tenerife).*

TELDE *Las Palmas – ver Canarias (Gran Canaria).*

TEMBLEQUE 45780 Toledo 444 M 19 – *2 141 h.*

Ver : *Plaza Mayor*★.

Madrid 92 – Aranjuez 46 – Ciudad Real 105 – Toledo 55.

TENERIFE *Santa Cruz de Tenerife – ver Canarias.*

TEROR *Las Palmas – ver Canarias (Gran Canaria).*

TERRADES 17731 Girona 443 F 38 – *184 h.*

Madrid 748 – Girona/Gerona 50 – Figueres 14 – Perpignan 60 – Vic 114.

X **La Fornal,** Major 31 𝒫 972 56 90 95, *globalnetal@airtel.net* – 🍽 🅿. AE ① MC VISA
cerrado 15 diciembre-8 enero y lunes – **Comida** carta 17,10 a 27,60.

TERRANOVA (Playa de) *València – ver Oliva.*

TERRASSA/TARRASA
0   300 m
21
Historiador Cradús
Av. de l'Abat
Marcet
Av. de
d
Amat
Transversal
Ample
Rellinars
Transversal
Amadeu de Savoia
Bartolomeu
Matadepera
Joan Artigués
Ample
Jaume
Periodista
Grané
Castellar
Passeig
del
Cervantes
Montserrat
Nord
Mas
Adei
Plaça de l'Estació del Nord
Vint-i-Dos
de
Juliol
Pl. de la Dona
Rambla
Sant Isidre
31
Sant Josep
Sant Antoni
IGLESIAS SANT PERE
Salmerón
e
Doctor
Pearson
MUSEU DE LA CIÈNCA I DE LA TÈCNICA DE CATALUNYA
T
9
Castellar
Av. de
Museu Textil
14
U
U
Vives
Barcelona
Pl. d'Enric Granados
Rasa
Cardaire
Miquel
U
Volta
d'Ègara
H
12
Pl. Vella
20
Plaça del Dr. Robert
PARC
Pl. de A. Clavé
35
Pl. del Progrés
Terrassa
17
Sant
Genis
32
DE
Marinel.lo Bosch
Plaça dels Països Catalans
Col·legi
28
Topete
VALLPARADIS
Montcada
Infant Martí
b
Vallhonrat
Montcada
Agricultura
23
Avinyó
26
Rubí
Vallparadis
Germà
Angel
Guimerà
Concepción
Arenal
Colom
Glòries Catalanes
25
Joan
Lepant
de
Tolosa
Joaquim
Bages
Av. de les
Lepant
Las
Navas
Plaça del Segle XX
Morella
Santa
Eulàlia
26
a
Monpeó
Valls
de
Santa
Av. de Can Jofresa
Colom
Av.
Rubí
MANRESA MONTSERRAT
C 16-E 9
A E 9-C 16, TARRAGONA   2   C 58, BARCELONA
RUBY
N 150, SABADELL

TERRASSA o TARRASA 08220 Barcelona **443** H 36 – 157 442 h alt. 277.

Ver : Conjunto Monumental de Iglesias de Sant Pere★★ : Sant Miquel★, Santa María★ (retablo de los Santos Abdón y Senén★★) – Iglesia de Sant Pere (retablo de piedra★) – Masía Freixa★ – Museo de la Ciencia y la Técnica de Cataluña★.

🖪 Raval de Montserrat 14 ⊠ 08221 ✆ 93 739 70 19 turisme@terrassa.org. Fax 93 739 70 63 – Madrid 613 – Barcelona 31 – Lleida/Lérida 156 – Manresa 41.

Plano página precedente

Don Cándido, Rambleta Pare Alegre 98, ⊠ 08224, ✆ 93 733 33 00, doncandido@cirsa.com, Fax 93 733 08 49, ≤, Servicios terapéuticos, ⅃ – ⋕ 🖭 TV 🕭 🚗 – 🛆 25/800. AE ① MC VISA
AZ **a**

Comida 11 – 🖙 10 – **103 hab** 117/142 – PA 30.

XX **Burrull-Hostal del Fum,** carret. de Moncada 19, ⊠ 08221, ✆ 93 788 83 37, Fax 93 788 57 79 – 🖭 P. AE ① MC VISA. ⅍
AZ **b**
cerrado agosto, domingo noche y lunes – **Comida** carta 18,73 a 30,93.

XX **Sara,** av. Abat Marcet 201, ⊠ 08225, ✆ 93 735 80 25, Fax 93 735 86 05 – 🖭. AE ① MC VISA. ⅍
AY **d**
cerrado Semana Santa, 3 semanas en agosto y domingo – **Comida** carta 20,42 a 30,03.

X **Casa Toni,** carret. de Castellar 124, ⊠ 08222, ✆ 93 786 47 08, Fax 93 786 47 08, « Museo del vino » – 🖭. AE ① MC VISA. ⅍
BY **e**
cerrado Semana Santa, del 15 al 31 de agosto, sábado y domingo noche – **Comida** carta 18,63 a 24,79.

TERUEL 44000 P **443** K 26 – 31 068 h alt. 916.

Ver : Emplazamiento★ – Museo Provincial★ Y, Torres mudéjares★ YZ – Catedral (techo artesonado★) Y.

🖪 Tomás Nougués 1 ⊠ 44001 ✆ 978 60 22 79 ofi.turismo.teruel@aragob.es Fax 978 60 22 79 – **R.A.C.E.** av. de Aragón 10 bajo ⊠ 44002 ✆ 978 60 34 95 Fax 978 60 34 96. Madrid 301 ② – Albacete 245 ② – Cuenca 152 ② – Lleida/Lérida 334 ② – València 146 ② – Zaragoza 184 ②

Reina Cristina, paseo del Óvalo 1, ⊠ 44001, ✆ 978 60 68 60, reserve@gargallo-hotels.com, Fax 978 60 53 63 – ⋕, 🖭 rest, TV – 🛆 25/350. AE ① VISA JCB. ⅍ rest
Z **a**
Comida 17 – 🖙 10 – **81 hab** 81/101.

TERUEL

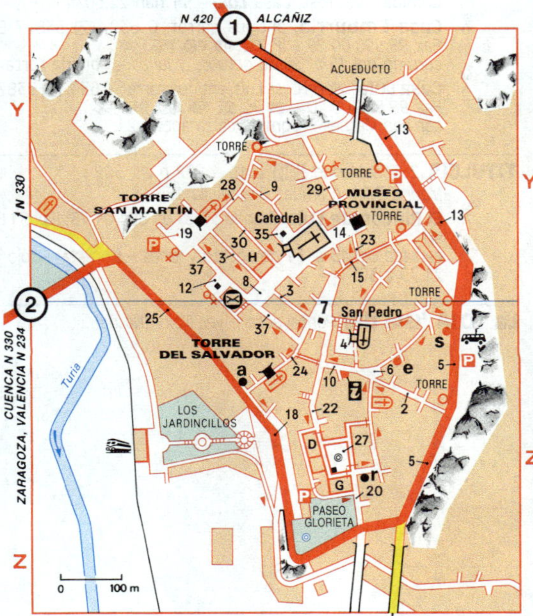

🏨 **Plaza,** pl. Tremedal 3, ✉ 44001, ☎ 978 60 86 55, *hotelplaza@teruel.org*, Fax 978 60 86 55 – 🛗 ▤ 📺. 🅼🅲 *VISA*. ✦
Comida 7,21 – ⌴ 6,61 – **18 hab** 48,08/72,12.
    Z r

🏨 **Civera,** av. de Sagunto 37, ✉ 44002, ☎ 978 60 23 00, *reserve@gargallo-hotels.com*, Fax 978 60 23 04 – 🛗 📺 🅿 – 🔬 25/150. 🅰🅴 ⓪ *VISA* 🅹🅲🅱. ✦ rest
Comida - sólo clientes - 13 – ⌴ 6 – **73 hab** 65/82.
    por N 234   **Z**

🏨 **Oriente,** av. de Sagunto 7, ✉ 44002, ☎ 978 60 15 50, Fax 978 60 15 67 – 📺. 🅼🅲 *VISA*. ✦
Comida 9,70 – ⌴ 3,90 – **39 hab** 37,30/50,50.
    por N 234   **Z**

✗ **La Menta,** Bartolomé Esteban 10, ✉ 44001, ☎ 978 60 75 32 – ▤. 🅰🅴 🅼🅲 *VISA* 🅹🅲🅱. ✦
cerrado del 7 al 25 de enero, del 9 al 25 de julio y domingo – **Comida** carta 22,50 a 31.
    Z e

✗ **Ambeles,** Ronda Ambeles 6, ✉ 44001, ☎ 978 61 08 06 – ▤. 🅼🅲 *VISA*. ✦
cerrado del 22 julio-4 agosto y domingo noche – **Comida** carta 17,20 a 21,60.
    Z s

en la carretera N 234 *Noroeste : 2 km :*

🏰 **Parador de Teruel,** ✉ 44080 apartado 67, ☎ 978 60 18 00, Fax 978 60 86 12, ⚓, ⚞, ✗ – 🛗, ▤ rest, 📺 🅿 – 🔬 25/200. 🅰🅴 ⓪ 🅼🅲 *VISA*. ✦
Comida 22,84 – ⌴ 8,71 – **54 hab** 66,20/82,76 – **6 suites.**

El TIEMBLO 05270 Ávila **442** K 16 – *3 795 h alt. 680.*

Alred. : *Embalse de Burguillo★ Noroeste : 7 km – Pantano de San Juan ⩻★ Este : 17 km.*
Madrid 83 – Ávila 50.

🏨 **Toros de Guisando,** av. de Madrid ☎ 91 862 70 82, *torosdeguisando@airtel.net*, Fax 91 862 71 92, ⩻ – 🛗 ▤ 📺 🚗 🅿 – 🔬 25/400. 🅼🅲 *VISA*. ✦
Comida *(cerrado lunes)* 15,20 – ⌴ 3,60 – **24 hab** 49/63 – PA 32.

TINEO 33870 Asturias **441** B 10 – *14 857 h alt. 673.*

Ver : ❋★★.
Madrid 523 – León 185 – Lugo 184 – Oviedo 68 – Ponferrada 135.

en El Crucero *Noreste : 3,5 km :*

🏨 **Casa Lula** ⩘ sin ⌴, antigua carret. C 630, ✉ 33877 El Crucero, ☎ 98 580 16 00, Fax 98 590 00 10 – 📺 🅿. 🅰🅴 ⓪ 🅼🅲 *VISA*. ✦
Comida - ver rest. *Casa Lula* – **11 hab** 22,50/45.

✗ **Casa Emburria,** antigua carret. C 630, ✉ 33877 El Crucero, ☎ 98 580 01 92, Fax 98 590 00 29 – 🅿. 🅰🅴 ⓪ 🅼🅲 *VISA*. ✦
cerrado del 15 al 30 de octubre y lunes – **Comida** carta 18,60 a 28,80.

✗ **Casa Lula** - *Hotel Casa Lula,* antigua carret. C 630, ✉ 33877 El Crucero, ☎ 98 580 02 38, Fax 98 590 00 10 – ▤ 🅿. 🅰🅴 ⓪ 🅼🅲 *VISA*. ✦
cerrado viernes – **Comida** carta aprox. 21.

TITULCIA 28359 Madrid **444** L 19 – *872 h alt. 509*

Madrid 37 – Aranjuez 21 – Ávila 159.

✗ **El Rincón de Luis,** Grande 31 ☎ 91 801 01 75, Fax 91 801 00 82 – ▤. 🅰🅴 ⓪ 🅼🅲 *VISA*. ✦
cerrado del 15 al 31 de agosto y lunes – **Comida** - sólo almuerzo salvo sábado - carta 21,75 a 30.

La TOJA (Isla de) *Pontevedra – ver Toxa (Illa da).*

TOLEDO

45000 **P** 444 **M** 17 *– 63 561 h. alt. 529.*

Madrid 71 ①*– Ávila 137* ⑥ *– Ciudad Real 120* ③ *– Talavera de la Reina 78* ⑥*.*

OFICINAS DE TURISMO

i *Puerta Bisagra* ⊠ *45003,* ℘ *925 22 08 43, Fax 925 25 26 48 y pl. del Ayuntamiento 1* ⊠ *45001,* ℘ *925 25 40 30, turitoledo@ line-pro.es Fax 925 25 59 46.*

INFORMACIONES PRÁCTICAS

R.A.C.E. *Colombia 10,* ⊠ *45004,* ℘ *925 21 16 37, Fax 925 21 56 54.*

CURIOSIDADES

Ver : *Emplazamiento*★★★ *– El Toledo Antiguo*★★★ *– Catedral*★★★ BY *(Retablo de la Capilla Mayor*★★*, Sillería del coro*★★★*, transparente girola*★*, artesonado mudéjar de la sala capitular*★*, Sacristía : obras de El Greco*★*, Tesoro : custodia*★★*) – Iglesia de Santo Tomé : El Entierro del Conde de Orgaz*★★★ AY *– Casa y Museo de El Greco*★ AY **M¹** *– Sinagoga del tránsito*★★ *(decoración mudéjar*★★*)* AYZ *– Iglesia de Santa María la Blanca*★ *: capiteles*★ AY *– Monasterio de San Juan de los Reyes*★ *(iglesia : décoración escultórica*★*)* AY *– Iglesia de San Román : museo de los concilios y de la cultura visigoda*★ BY *– Museo de Santa Cruz*★★ *(fachada*★★*, colección de pintura de los s. XVI y XVII*★*, obras de El Greco*★*, obras de primitivos*★*, retablo de la Asunción de El Greco*★*, patio plateresco*★*, escalera de Covarrubias*★*)* CXY*.*

Otras curiosidades : *Hospital de Tavera*★ *: palacio*★ *– Iglesia : El bautismo de Cristo de El Greco*★ BX*.*

Parador de Toledo ⌂, cerro del Emperador, ✉ 45002, ☏ 925 22 18 50, *toledo @parador.es*, Fax 925 22 51 66, ≋, « Edificio de estilo regional sobre la hoz del Tajo con rodeada de césped y la ciudad al fondo » – ⌷ ▤ TV P – ⌂ 25/100. AE ① MC VISA. ☞
BZ   t
Comida 24,04 – ☕ 8,71 – **73 hab** 90,72/113,40 – 3 suites.

AC Ciudad de Toledo ⌂, carret. de Circunvalación 15, ✉ 45005, ☏ 925 28 51 25, *ctoledo@ac-hoteles.com*, Fax 925 28 47 00, « Privilegiada situación con la ciudad al fondo » – ⌷ ▤ TV P – ⌂ 25/40. AE ① MC VISA. ☞
AZ   e
Comida 27 – ☕ 10,22 – **49 hab** 151,46.

Beatriz ⌂, carret. de Ávila, ✉ 45005, ☏ 925 26 91 00, *beatriztoledo@ beatrizhotel es.com*, Fax 925 21 58 65, ≼, « Amplia terraza con ⌁ », ⌲, ※ – ⌷ ▤ TV ⌸ P – ⌂ 25/2000. AE ① MC VISA. ☞
por ④   AX
Comida - ver rest. *Alacena* – ☕ 9,32 – **295 hab** 90,60/130.

María Cristina, Marqués de Mendigorría 1, ✉ 45003, ☏ 925 21 32 02, *reservashot elmariacristina@ hotelesmayoral.com*, Fax 925 21 26 50 – ⌷ ▤ TV ⌸ – ⌂ 25/200. AE ① MC VISA. ☞
BX   s
Comida 18,01 - *El Ábside* (cerrado domingo) **Comida** carta 18,81 a 28,94 – ☕ 6,01 – **73 hab** 59,49/92,60.

Doménico ⌂, cerro del Emperador, ✉ 45002, ☏ 925 28 01 01, *reservas@ hoteldo menico.com*, Fax 925 28 01 03, ≋, « Buena situación con la ciudad al fondo », ⌁ – ⌷ ▤ TV P – ⌂ 25/100. AE MC VISA. ☞ rest
BZ   a
Comida 21,87 – ☕ 7,81 – **50 hab** 74,54/108,54.

Alfonso VI, General Moscardó 2, ✉ 45001, ☏ 925 22 26 00, *info@ hotelalfonsovi.com*, Fax 925 21 44 58 – ⌷ ▤ TV – ⌂ 25/150. AE ① MC VISA JCB. ☞
CY   u
Comida 22,10 – ☕ 9 – **83 hab** 78,73/124,52.

Abacería ⌂, Pontezuelas 8, ✉ 45004, ☏ 925 25 00 00, *abaceria@ hotelabaceria.com*, Fax 925 25 18 68, « Buena situación con la ciudad al fondo », ⌁ – ⌷ ▤ TV ⌸ P – ⌂ 50. AE ① MC VISA. ☞
AZ   x
Comida 16,30 – ☕ 5,50 – **40 hab** 47,90/86,90 – PA 30,40.

Pintor El Greco sin rest, Alamillos del Tránsito 13, ✉ 45002, ☏ 925 28 51 91, *info @hotelpintorelgreco.com*, Fax 925 21 58 19 – ⌷ ▤ TV. AE ① MC VISA JCB
AY   a
☕ 5,75 – **33 hab** 80/100.

Carlos V, Trastamara 1, ✉ 45001, ☏ 925 22 21 00, *info@ carlosv.com*, Fax 925 22 21 05 – ⌷ ▤ TV – ⌂ 25/80. AE ① MC VISA JCB. ☞
BY   a
Comida 24,04 – ☕ 8,24 – **69 hab** 75,86/111,14.

Mayoral, av. Castilla-La Mancha 5, ✉ 45003, ☏ 925 21 60 00, *reservashotelmayoral @hotelesmayoral.com*, Fax 925 21 69 54 – ⌷ ▤ TV ⌸ – ⌂ 25/130. AE ① MC VISA. ☞
CX   s
Comida (cerrado domingo) 18,01 – ☕ 5,78 – **110 hab** 59,49/92,60.

Princesa Galiana sin rest, paseo de la Rosa 58, ✉ 45006, ☏ 925 25 72 00, *hotelp-rincesa-galiana@ teleline.es*, Fax 925 22 99 76 – ⌷ ▤ TV ⌖ ⌸ – ⌂ 25/30. ① MC VISA. ☞
por paseo de la Rosa   CX
☕ 6 – **27 hab** 56/85.

Los Cigarrales, carret. de Circunvalación 32, ✉ 45004, ☏ 925 22 00 53, *cigarrales @hotelcigarrales.com*, Fax 925 21 55 46, « Buena situación con la ciudad al fondo » – ⌷ ▤ TV P. AE ① MC VISA. ☞ rest
AZ   x
Comida 9,58 – ☕ 4,30 – **35 hab** 26,16/41,41 – PA 19,95.

Real sin rest, Real del Arrabal 4, ✉ 45003, ☏ 925 22 93 00, Fax 925 22 87 67 – ⌷ ▤ TV ⌸. AE ① MC VISA. ☞
BX   n
☕ 5,40 – **54 hab** 51,08/81,13.

Duque de Lerma ⌂ sin rest, Espino 4, ✉ 45003, ☏ 925 22 25 00, *hotel-martin @terra.es*, Fax 925 22 12 00 – ⌷ ▤ TV ⌸. MC VISA. ☞
BX   v
☕ 2,41 – **18 hab** 51,09/59,50.

Bulevar sin rest y sin ☕, Ronda de Buenavista 23, ✉ 45005, ☏ 925 25 56 48, *bule varhotel@ mail.cinet.es*, Fax 925 25 56 80 – ⌷ ▤ TV ⌸. AE ① MC VISA
40 suites 70,70/88,35.
por ④   AX

Las Conchas sin rest, Juan Labrador 8, ✉ 45001, ☏ 925 21 07 60, *lasconchas@ ctv.es* – ⌷ ▤ TV ⌖. AE ① MC VISA. ☞
BCY   q
☕ 4,51 – **35 hab** 48,08/60,10.

Gavilanes II sin rest, Marqués de Mendigorría 14, ✉ 45003, ☏ 925 21 16 28, *gavila nesll@ hotmail.com*, Fax 925 21 16 28 – ▤ TV ⌸. MC VISA. ☞
BX   b
☕ 3 – **15 hab** 32/40.

Santa Isabel sin rest, Santa Isabel 24, ✉ 45002, ☏ 925 25 31 20, *santa-isabel@ arr akis.es*, Fax 925 25 31 36 – ⌷ ▤ TV ⌸. AE ① MC VISA JCB. ☞
BY   e
☕ 3,75 – **23 hab** 28/42.

TOLEDO

*Si desea pernoctar
en un Parador
o en un hotel
muy tranquilo, aislado,
avise por teléfono,
sobre todo en temporada.*

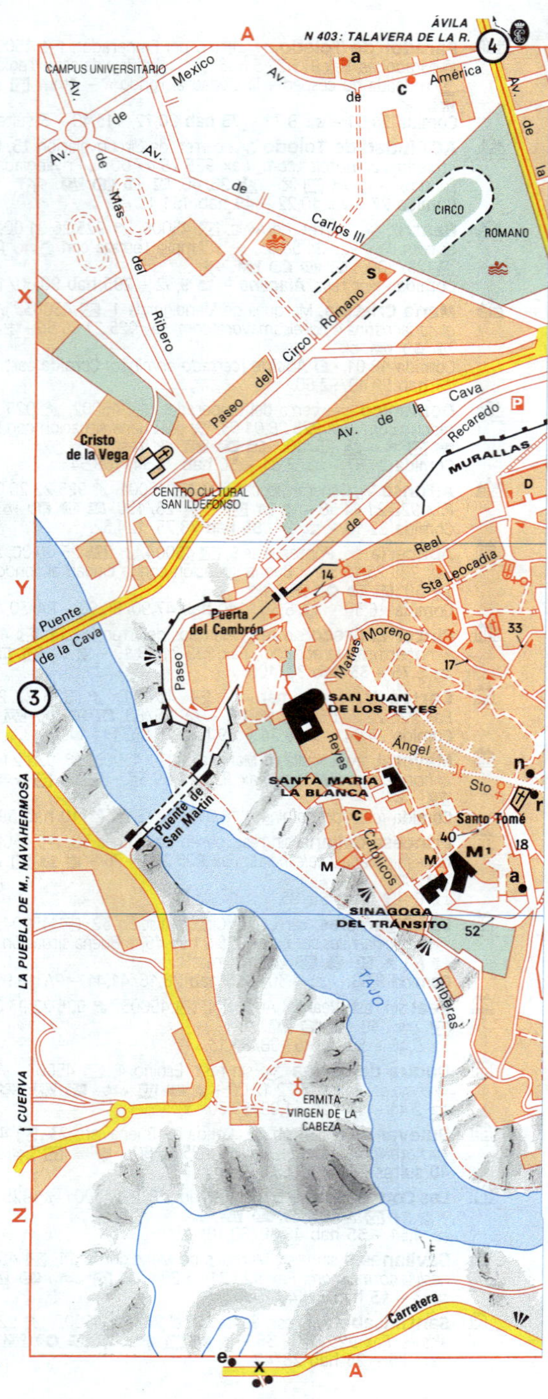

B
4
MADRID
1
C
b
s
HOSPITAL
DE TAVERA
28
LAS
COVACHUELAS
X
s
PARQUE
DE
SAFONT
TAJO
CIUDAD REAL
ARANJUEZ,
Av. de Los
Duques de Lerma
PASEO
DE
MERCHÁN
Cardenal Tavera
v
d
28
Puente de
Azarquiel
2
Reconquista
Pl. de
Alfonso VI
Puerta
Nueva de Bisagra
e
t
Santiago
del Arrabal
ÁRABES
Real del Arrabal
LA   ANTEQUERUELA
r   Puerta
del Sol
G. Lobo
n
J
P
VALDEPEÑAS
Paseo de la Rosa
Puente de
Alcántara
PTA DEL VALMARDON
Cristo de la Luz
f
32
53
MUSEO DE
SANTA CRUZ
CONVENTO DE
LA CONCEPCIÓN
Castillo de
S. Servando
Z   Sillería
Merced
San Vicente
Alfileritos
v   7
POL.
k
G
Cervantes
Ronda de Juabelo
45
Plata
49
Pl. de
Zocodover
24
33
9
20
Comercio
Pte. Nuevo
de Alcántara
44
SAN ROMÁN
2
29
g
50
a
Alcázar
Circunvalación
San Ildefonso
c
T
q
e
San Pedro
x
27
s
3
34   Claustro
13
u   P
POLIDEPORTIVO
AUDITORIUM
Trinidad
n
36
8
CATEDRAL
P
Tomé
4
19
46   41
H   b   Audiencia
Cuesta San Justo
48   22
42
Pozo
Paseo de Cabestreros
e
Ave María
38
Sola
Amargo
TAJO
San Torcuato
Carretera
Carreras   de   San   Sebastián
f
del   Tajo
Circunvalación
ERMITA DE
LA VIRGEN
DEL VALLE
de
a   t
0   200 m
B
C

681

Martín sin rest, Covachuelas 12, ✉ 45003, ℰ 925 22 17 33, *hotel-martin@terra.es,*
Fax 925 22 19 18 – |≣| ≣ [TV]. [MC] [VISA]. ⚒
☕ 2,41 – **29 hab** 40,57/45,08 – 2 apartamentos.
BX d

Imperio sin rest con cafetería, Cadenas 5, ✉ 45001, ℰ 925 22 76 50, *himperio@te*
leline.es, Fax 925 25 31 83 – |≣| ≣ [TV]. [AE] [①] [MC] [VISA]
☕ 3,30 – **21 hab** 27,05/39,70.
BY v

El Diamantista sin rest, pl. Retama 4, ✉ 45002, ℰ 925 25 14 27, Fax 925 21 05 86
– ≣ [TV]. [AE] [①] [MC] [VISA]. ⚒
☕ 3 – **16 hab** 34/46.
BCZ f

Centro sin rest y sin ☕, Nueva 13, ✉ 45001, ℰ 925 25 70 91, *javirodriguez@worl*
donline.es, Fax 925 25 78 48 – |≣| ≣ [TV]. [AE] [MC] [VISA]
23 hab 27,05/39,08.
BY k

Nuevo Labrador sin rest y sin ☕, Juan Labrador 10, ✉ 45001, ℰ 925 22 26 20,
Fax 925 22 93 99 – |≣| ≣ [TV]. [MC] [VISA]
12 hab 25,70/38,50.
BCY s

Sol sin rest, Azacanes 15, ✉ 45003, ℰ 925 21 36 50, *hotel.sol@to.adade.es,*
Fax 925 21 61 59 – ≣ [TV] 🚗. [MC] [VISA]. ⚒
☕ 3,40 – **24 hab** 33/44,50.
BX r

Puerta de Bisagra sin rest, Del Potro 5, ✉ 45003, ℰ 925 28 52 77, Fax 925 28 52 77
– |≣| ≣ [TV]. [MC] [VISA]. ⚒
☕ 1,60 – **19 hab** 25,72/45,01.
BX t

La Campana sin rest y sin ☕, La Campana 10, ✉ 45002, ℰ 925 22 16 59, *hostal*
@cempresarial.com, Fax 925 22 16 62 – ≣ [TV]. [AE] [MC] [VISA]. ⚒
10 hab 24,04/41,47.
AY n

Santo Tomé sin rest y sin ☕, Santo Tomé 13, ✉ 45002, ℰ 925 22 17 12, *hostals*
antotome@altavista.com, Fax 925 22 58 55 – |≣| ≣ [TV]. [AE] [①] [MC] [VISA]
[JCB]. ⚒
10 hab 36/45.
AY r

XXX **Alacena** - *Hotel Beatriz*, carret. de Ávila, ✉ 45005, ℰ 925 26 91 00, *beatriztoledo*
@beatrizhoteles.com, Fax 925 21 58 65, 🌳, ✗ – ≣ 🚗 [P]. [AE] [①] [MC]
[VISA]. ⚒
Comida carta 29,87 a 35,88.
por ④ AX

XX **Hostal del Cardenal** 🦢 con hab, paseo Recaredo 24, ✉ 45004, ℰ 925 22 49 00,
hostcardenal@retemail.es, Fax 925 22 29 91, 🌳, « Instalado en la antigua residencia del
cardenal Lorenzana. Jardín con arbolado » – ≣ [TV]. [AE] [①] [MC] [VISA].
⚒ rest
Comida carta 19,05 a 27,63 – ☕ 6,39 – **27 hab** 55,68/89,75.
BX e

XX **Adolfo**, La Granada 6, ✉ 45001, ℰ 925 22 73 21, *adolfo-toledo@adolfo-toledo.com,*
Fax 925 25 31 98, « Artesonado siglo XIV-XV » – ≣. [AE] [①] [MC] [VISA]
[JCB]. ⚒
BY g
cerrado del 7 al 13 de enero, del 15 al 31 de julio y domingo noche – **Comida** carta 41,37
a 43,95.

XX **Casón de los López de Toledo**, Sillería 3, ✉ 45001, ℰ 925 25 47 74, *casontole*
do@casontoledo.com, Fax 925 25 72 82, Exposición y venta de antigüedades, « Casona
señorial de estilo castellano con balcón de esquina en fachada » – ≣. [AE] [MC]
[VISA]. ⚒
BXY z
cerrado del 1 al 15 de agosto y domingo noche – **Comida** carta 25,24 a 38,17.

XX El Pórtico, av. de América 1, ✉ 45004, ℰ 925 21 43 15, Fax 925 22 14 86
– ≣
AX c

XX **Rincón de Eloy**, Juan Labrador 10, ✉ 45001, ℰ 925 22 93 99, Fax 925 22 93 99 –
≣. [MC] [VISA]
BCY s
Comida carta 27,60 a 29,10.

XX **Venta de Aires**, Circo Romano 35, ✉ 45004, ℰ 925 22 05 45, *ventadeaires@serv*
icom2000.com, Fax 925 22 45 09 – ≣. [AE] [①] [MC] [VISA] [JCB]. ⚒
AX s
cerrado domingo noche – **Comida** carta 36 a 51.

XX **La Lumbre**, Real del Arrabal 5, ✉ 45003, ℰ 925 28 53 07, *lalumbre@teleline.es,*
Fax 925 22 03 73 – ≣. [AE] [①] [MC] [VISA]. ⚒
BX n
cerrado julio y domingo – **Comida** - asados - carta 22,99 a 26,30.

XX **La Perdiz**, Reyes Católicos 7, ✉ 45002, ℰ 925 25 29 19, *adolfo-toledo@adolfo-tole*
do.com, Fax 925 25 29 19 – ≣. [AE] [①] [MC] [VISA] [JCB]. ⚒
AY c
cerrado del 1 al 15 de agosto, domingo noche y lunes salvo festivos – **Comida** carta 18,92
a 27,04.

XX **El Cobertizo**, Hombre de Palo 9, ✉ 45001, ℰ 925 22 38 09, Fax 925 25 20 08 – ≣.
[AE] [①] [MC] [VISA] [JCB]. ⚒
BY c
cerrado domingo noche – **Comida** carta 21,34 a 28,25.

✗ **Mesón Aurelio,** Sinagoga 1, ✉ 45001, ✆ 925 22 13 92, *raurelio@santandersupern et.com, Fax 925 25 34 61* – ▤. 𝖠𝖤 ⓞ ⓜⓒ 𝖵𝖨𝖲𝖠 𝖩𝖢𝖡. ✼   BY c
cerrado agosto y lunes – **Comida** carta 31,86 a 38,46.

✗ **Aurelio,** pl. del Ayuntamiento 4, ✉ 45001, ✆ 925 22 77 16, *raurelio@santandersup ernet.com, Fax 925 25 34 61,* « Decoración típica » – ▤. 𝖠𝖤 ⓞ ⓜⓒ 𝖵𝖨𝖲𝖠 𝖩𝖢𝖡. ✼   BY b
cerrado julio y martes – **Comida** carta 29,15 a 32,76.

✗ **Casa Aurelio,** Sinagoga 6, ✉ 45001, ✆ 925 22 20 97, *raurelio@santandersupernet. com, Fax 925 25 34 61,* « Decoración típica regional » – ▤. 𝖠𝖤 ⓞ ⓜⓒ 𝖵𝖨𝖲𝖠 𝖩𝖢𝖡. ✼
cerrado julio y miércoles – **Comida** carta 29,46 a 37,26.   BY c

✗ **La Parrilla,** Horno de los Bizcochos 8, ✉ 45001, ✆ 925 21 22 45 – ▤. 𝖠𝖤 ⓞ ⓜⓒ 𝖵𝖨𝖲𝖠. ✼
Comida carta 16 a 25,50.   CY e

✗ **Los Cuatro Tiempos,** Sixto Ramón Parro 5, ✉ 45001, ✆ 925 22 37 82 – ▤. 𝖠𝖤 ⓞ
ⓜⓒ 𝖵𝖨𝖲𝖠. ✼   BY n
cerrado domingo noche – **Comida** carta 18,17 a 26,13.

✗ **La Catedral,** Nuncio Viejo 1, ✉ 45002, ✆ 925 22 42 44, *adolfo-toledo@adolfo-toledo. com, Fax 925 25 31 98* – ▤. 𝖠𝖤 ⓞ ⓜⓒ 𝖵𝖨𝖲𝖠 𝖩𝖢𝖡. ✼   BY x
Comida carta 22,80 a 29,10.

✗ **Hierbabuena,** callejón de San José 17, ✉ 45003, ✆ 925 22 39 24, *Fax 925 22 39 24*
– ▤. 𝖠𝖤 ⓞ ⓜⓒ 𝖵𝖨𝖲𝖠. ✼   BX f
cerrado domingo noche – **Comida** carta 25,85 a 34,86.

♈ El Pasito, pl. de Cuba 3, ✉ 45004, ✆ 925 21 00 30 – ▤   AX a

en la carretera de Madrid *por* ① : 5 km :

✗ **Los Gavilanes** con hab, ✉ 45080 apartado 400, ✆ 925 22 46 22, *gavilanes1@hot mail.com, Fax 925 22 41 06,* ☗ – ▤ 𝖳𝖵 🅿. ⓜⓒ 𝖵𝖨𝖲𝖠
Comida *(cerrado 20 diciembre-10 enero)* carta 15 a 27 – ☕ 3 – **12 hab** 30/36.

en la carretera de Cuerva AZ *Suroeste : 3,5 km :*

🏠 **La Almazara** ⓢ sin rest, ✉ 45080 apartado 6, ✆ 925 22 38 66, *hotelalmazara@ri bernet.es, Fax 925 25 05 62,* ≼, « Antigua casa de campo rodeada de una finca » – 🅿.
𝖠𝖤 ⓞ ⓜⓒ 𝖵𝖨𝖲𝖠. ✼
cerrado 10 diciembre-20 febrero – ☕ 3 – **28 hab** 27/42.

TOLOSA 20400 Gipuzkoa 𝟦𝟦𝟤 C 23 – *18 085 h alt. 77.*
Madrid 444 – Iruña/Pamplona 64 – Donostia-San Sebastián 26 – Vitoria-Gasteiz 89.

🏠 **Oria,** Oria 2 ✆ 943 65 46 88, *Fax 943 65 36 12* – |≡|, ▤ rest, 𝖳𝖵 ♿ 🚗 – 🕭 25/40.
𝖠𝖤 ⓞ ⓜⓒ 𝖵𝖨𝖲𝖠. ✼
cerrado 24 diciembre-7 enero – **Comida** 12 – ☕ 5,70 – **57 hab** 42,67/54,69 – PA 25,24.

✗✗✗ **Fronton,** San Francisco 4-1º ✆ 943 65 29 41, *Fax 943 65 29 41* – |≡| ▤. ⓞ ⓜⓒ 𝖵𝖨𝖲𝖠
cerrado Navidades, domingo noche y lunes – **Comida** carta aprox. 27,22.

✗✗ **Sausta,** Belate pasealekua 7-8 ✆ 943 65 54 53, *Fax 943 65 54 53* – ▤. ⓜⓒ 𝖵𝖨𝖲𝖠. ✼
☺ *cerrado 15 días en Semana Santa, 15 días en agosto, domingo noche y lunes* – **Comida** carta aprox. 25,82.

✗ **Hernialde,** Martín José Iraola 10 ✆ 943 67 56 54 – ▤.
☺ 𝖠𝖤 ⓞ ⓜⓒ 𝖵𝖨𝖲𝖠. ✼
cerrado agosto, lunes noche, martes y miércoles noche – **Comida** carta aprox. 24,20.

✗ **Casa Nicolás,** av. Zumalakarregi 6 ✆ 943 65 47 59 – ▤. 𝖠𝖤 ⓞ ⓜⓒ 𝖵𝖨𝖲𝖠. ✼
cerrado domingo y festivos – **Comida** carta 39,07 a 42,07.

en Ibarra *Este : 1,5 km :*

✗ **Eluska,** Euskal Herria 12, ✉ 20400 Tolosa, ✆ 943 67 13 74 – ▤. ✼
cerrado 15 días en julio, 15 días en noviembre y lunes – **Comida** carta 27,64 a 40,11.

TOLOX 29109 Málaga 𝟦𝟦𝟨 V 15 – *2 931 h alt. 315 – Balneario.*
Madrid 600 – Antequera 81 – Málaga 54 – Marbella 46 – Ronda 53.

♨ **Balneario** ⓢ, Extramuros ✆ 95 248 70 91, *Fax 95 248 74 62,* 🚙 – 🅿. ⓜⓒ 𝖵𝖨𝖲𝖠. ✼
julio-15 octubre – **Comida** 9,92 – ☕ 2,10 – **53 hab** 18,03/26,44 – PA 19,83.

TOMELLOSO 13700 Ciudad Real 𝟦𝟦𝟦 O 20 – *27 936 h alt. 662.*
Madrid 179 – Alcázar de San Juan 31 – Ciudad Real 96 – Valdepeñas 67.

🏨 Ramomar, Concordia 17 ✆ 926 50 59 94, *Fax 926 50 53 65,* ⚓ – |≡| ▤ 𝖳𝖵 🚗 –
🕭 25/400 – **42 hab.**

🏠 Paloma sin rest y sin ☕, Campo 10 ✆ 926 51 33 00, *Fax 926 51 33 08* – |≡| 𝖳𝖵 🚗 🅿
40 hab.

TOMIÑO 36740 Pontevedra 441 G 3 – 10 130 h.

Madrid 616 – Ourense/Orense 117 – Pontevedra 60 – Vigo 41.

en la carretera C 550 *Sur : 2,5 km :*

X **O'Miñoteiro,** Vilar de Matos - Forcadela, ✉ 36740, ✆ 986 62 24 33 – P. AE MO VISA. ℁
Comida carta 16,83 a 22,84.

TONA 08551 Barcelona 443 G 36 – 5 505 h alt. 600.

Alred. : *Sierra de Montseny★ : Carretera★ de Tona a Sant Celoni por Montseny.*
Madrid 627 – Barcelona 56 – Manresa 42.

🏨 **Aloha,** carret. de Manresa 6 ✆ 93 887 02 77, aloha@entorno.es, Fax 93 887 07 11, 🏠, 🏊 – 📶, ▤ rest, TV P. – 🚗 25/130. AE ① MO VISA. ℁
cerrado 24 diciembre-4 enero – **Comida** *(cerrado domingo noche)* 18,10 – 🍴 9,10 – **36 hab** 46,30/72,80.

XX **Torre Simón,** Doctor Bayès 75 ✆ 93 887 00 92, Fax 93 887 00 92, 🏠, « Antigua casa señorial con torre modernista » – P. AE MO VISA. ℁
cerrado agosto, domingo noche y lunes – **Comida** carta 35,75 a 42,25.

TORÀ 25750 Lleida 443 G 34 – 1 130 h alt. 448.

Madrid 542 – Barcelona 110 – Lleida/Lérida 83 – Manresa 49.

X **Hostal Jaumet** con hab, carret. C 1412 ✆ 973 47 30 77, caljaumet@svt.es, Fax 973 47 30 77, 🏠, 🏊 – 📶 ▤ TV 🚗 P. ① MO VISA JCB. ℁
cerrado 10 días en febrero y 10 días en noviembre – **Comida** carta 20 a 24 – 🍴 5 – **17 hab** 54.

TORDESILLAS 47100 Valladolid 442 H 14 y 15 – 7 637 h alt. 702.

Ver : *Convento de Santa Clara★ (artesonado★★, patio★).*
🛈 Casas del Tratado ✆ 983 77 10 67.
Madrid 179 – Ávila 109 – León 142 – Salamanca 85 – Segovia 118 – Valladolid 30 – Zamora 67.

🏨 **Parador de Tordesillas** 🦢, carret. de Salamanca - Suroeste : 2 km ✆ 983 77 00 51, Fax 983 77 10 13, « En un pinar », 🏊, 🎾 – 📶 ▤ TV 🚗 P. – 🚗 25/400. AE ① MO VISA. ℁
Comida 22,84 – 🍴 8,71 – **71 hab** 73,55/91,94.

🏨 **Doña Carmen,** carret. de Salamanca ✆ 983 77 01 12, Fax 983 77 19 54, ≼ – ▤ TV P. AE ① MO VISA. ℁
Comida 13,22 – 🍴 3,01 – **15 hab** 33,06/57,10.

🏨 **Los Toreros,** av. de Valladolid 26 ✆ 983 77 19 00, Fax 983 77 19 54, 🏠 – ▤ rest, TV P. – 🚗 25/60. AE ① MO VISA
Comida 9,62 – 🍴 2,40 – **27 hab** 27,05/42,07.

X **Los Duques,** av. de Valladolid 34 ✆ 983 77 19 92, Fax 983 79 68 20 – ▤. AE ① MO VISA. ℁
cerrado del 15 al 31 de diciembre y lunes – **Comida** carta 22,82 a 32,82.

X **Mesón Valderrey,** antigua carret. N VI ✆ 983 77 11 72, Fax 983 77 11 72 – ▤. AE ① MO VISA. ℁
Comida carta 14,42 a 22,84.

en la autovía N 620 *Este : 5 km :*

🏨 **El Montico,** ✉ 47080 apartado 12, ✆ 983 02 82 00, elmontico@elmontico.com, Fax 983 02 82 01, 🏠, « En un pinar », 🎣, 🏊, 🎾, X – TV 🚗 P. – 🚗 25/500. AE ① MO VISA. ℁ rest
Comida carta 16,83 a 27,05 – 🍴 7,21 – **51 hab** 60,10/96,16 – 4 suites.

TORLA 22376 Huesca 443 E 29 – 363 h alt. 1 113.

Ver : *Paisaje★★.*
Alred. : *Parque Nacional de Ordesa y Monte Perdido★★★ Noreste : 8 km.*
Madrid 482 – Huesca 92 – Jaca 54.

🏨 **Abetos** sin rest, carret. de Ordesa ✆ 974 48 64 48, hotelabetos@torla.com, Fax 974 48 64 00, ≼ – 📶 TV 🚗 P. AE MO VISA. ℁
Semana Santa-15 octubre – 🍴 6 – **22 hab** 40/60.

🏨 **Edelweiss,** av. de Ordesa 1 ✆ 974 48 61 73, Fax 974 48 63 72, ≼, 🎣 – 📶 TV P. AE MO VISA. ℁
15 marzo-15 diciembre – **Comida** - sólo cena - 10,80 – 🍴 6,60 – **57 hab** 19,20/45,70.

Villa de Torla ⅍, pl. Aragón 1 ☏ 974 48 61 56, *Fax 974 48 63 65*, ≤, ⏋ – |≑|, ▤ rest, TV 🚗. MC VISA. ⚹
Comida - sólo menú, sólo clientes - 12 – ⌑ 5 – **38 hab** 31/66 – PA 29.

Bujaruelo, av. de Ordesa ☏ 974 48 61 74, *hotelbujaruelo@torla.com*, *Fax 974 48 63 30*, ≤ – TV P. AE MC VISA. ⚹
cerrado 10 enero-15 marzo – **Comida** - sólo menú - 11 – ⌑ 4 – **27 hab** 30/45.

Ballarín ⅍, Capuvita 11 ☏ 974 48 61 55, *Fax 974 48 61 55* – |≑| TV. VISA ⚹
Comida 9 – ⌑ 3,50 – **27 hab** 27/46.

Bella Vista sin rest, av. de Ordesa 6 ☏ 974 48 61 53, *info@bellavistaordesa.com*, *Fax 974 48 62 07*, ≤ – TV P. VISA. ⚹
abril-septiembre – ⌑ 4 – **16 hab** 24/45.

TORO 49800 Zamora **441** H 13 – 9 649 h alt. 745.
Ver : Colegiata★ (portada occidental★★ - Interior : cúpula★, cuadro de la Virgen de la Mosca★).
🛈 pl. Mayor 1 ☏ 980 10 81 07 *turismo@toroayto.es Fax 980 10 81 06*.
Madrid 210 – Salamanca 66 – Valladolid 63 – Zamora 33.

Juan II ⅍, paseo del Espolón 1 ☏ 980 69 03 00, *Fax 980 69 23 76*, ⏋ – |≑|, ▤ rest, TV. AE ① MC VISA. ⚹ rest
Comida 9,02 – ⌑ 4,21 – **42 hab** 42,07/60,10 – PA 18,90.

María de Molina, pl. San Julián de los Caballeros 1 ☏ 980 69 14 14, *h.molina@helcom.es*, *Fax 980 69 14 14* – |≑| ▤ TV – ⚐ 25/400. AE MC VISA. ⚹
Comida 8,11 – ⌑ 3,91 – **33 hab** 40,27/54,09 – PA 17,13.

TORÓ (Playa de) Asturias – ver Llanes.

TORQUEMADA 34230 Palencia **442** F 17 – 1 305 h alt. 740.
Madrid 253 – Burgos 63 – Palencia 26 – Valladolid 61.

en la autovía N 620 Este : 6,5 km :

Las Lagunas, ✉ 34230, ☏ 979 80 04 06, *Fax 979 80 01 11* – |≑| ▤ TV 🚗 P. AE MC VISA. ⚹
Comida 9,01 – ⌑ 2,40 – **40 hab** 42,07/72,12.

TORRE BARONA Barcelona – ver Castelldefels.

TORRE DEL COMPTE 44597 Teruel **443** J 30 – 205 h alt. 497.
Madrid 409 – Teruel 189 – Tortosa 71 – Zaragoza 136.

La Parada del Compte ⅍, antigua Estación del Ferrocarril - Noreste : 2,5 km ☏ 978 76 90 72, *rusticae@rusticae.es*, *Fax 978 76 90 74*, ≤, ⛲, « En una antigua Estación de Ferrocarril en pleno campo » – ▤ rest, P. – ⚐ 25/30. MC VISA. ⚹ rest
cerrado del 10 al 31 de enero – **Comida** - es necesario reservar - carta aprox. 30 – **9 hab** ⌑ 79/97.

TORRE DEL MAR 29740 Málaga **446** V 17 – Playa.
🛈 av. de Andalucía 119 ☏ 95 254 11 04 Fax 95 254 33 31.
Madrid 570 – Almería 190 – Granada 141 – Málaga 31.

Mainake, prolongación calle Copo ☏ 95 254 72 46, *mainake@husa.es*, *Fax 95 254 15 43*, ⛲, ⏋ – |≑| ▤ TV ♿ – ⚐ 25/300. AE ① MC VISA. ⚹ rest
Comida 11,41 – ⌑ 7,81 – **40 hab** 81,70/101,70.

Las Yucas sin rest, av. de Andalucía ☏ 95 254 09 01, *Fax 95 254 22 72* – |≑| ▤ TV 🚗. MC VISA. ⚹
38 hab 38,59/70,75.

Mediterráneo sin rest y sin ⌑, av. de Andalucía 65 ☏ 95 254 08 48, *Fax 95 254 08 48* – TV 🚗
18 hab.

Le Canard, Azucarera, bloque 8 - Pueblo Rocío ☏ 95 254 12 96, ⛲ – MC VISA. ⚹
cerrado lunes – **Comida** - cocina francesa - carta 29,15 a 43,57.

El Jardín, paseo Marítimo de Levante 5 ☏ 95 254 48 31, ⛲ – AE ① MC VISA
cerrado noviembre y martes – **Comida** carta 14,89 a 23,81.

TORRE DE LA REINA Sevilla – ver Guillena.

TORREBAJA 46143 València 445 L 26 – 455 h alt. 760.
Madrid 276 – Cuenca 113 – Teruel 37 – València 140.

Emilio con hab, carret. N 420 ☎ 978 78 30 04, casaemilio@rincondeademuz.net,
Fax 978 78 30 19 – rest, TV P. MC VISA.
Comida (cerrado domingo noche y lunes noche) 9,10 – 4 – **19 hab** 25/35 – PA 20.

TORRECABALLEROS 40160 Segovia 442 J 17 – 296 h alt. 1152.
Madrid 97 – Segovia 12.

Burgos sin rest, carret. N 110 ☎ 921 40 12 18 – TV P. AE O MC VISA.
3,01 – **26 hab** 19,29/38,58.

La Portada de Mediodía, San Nicolás de Bari 31 ☎ 921 40 10 11, Fax 921 40 10 88,
– AE O MC VISA.
cerrado domingo noche y lunes – **Comida** carta aprox. 22,43.

El Rancho de la Aldegüela, pl. Marqués de Lozoya 3 ☎ 921 40 10 60, info@el-ra
ncho.com, Fax 921 40 12 28, , Granja escuela, « Conjunto rústico con agradable terraza
y arboleda » – AE O MC VISA.
cerrado domingo noche y jueves – **Comida** carta 25,80 a 29,40.

Posada de Javier, carret. N 110 ☎ 921 40 11 36, Fax 921 40 12 31, , « Decoración
rústica » – AE O MC VISA.
cerrado julio y lunes – **Comida** - sólo almuerzo salvo viernes, sábado y domingo - carta
21,32 a 26,93.

TORRECILLA EN CAMEROS 26100 La Rioja 442 F 22 – 467 h alt. 774.
Madrid 306 – Burgos 174 – Logroño 29 – Soria 78 – Vitoria-Gasteiz 116.

Sagasta sin rest, San Juan 4 ☎ 941 46 02 92, Fax 941 46 02 91 – TV . MC VISA.
4,20 – **17 hab** 36/54.

TORREDELCAMPO 23640 Jaén 446 S 18 – 11144 h.
Madrid 343 – Córdoba 99 – Granada 106 – Jaén 10.

Torrezaf, San Bartolomé 90 ☎ 953 56 71 00, torrezaf@infonegocio.com,
Fax 953 41 00 86 – TV – 25/100. AE O MC VISA.
Comida 7,80 – 3 – **52 hab** 29/36.

TORREDEMBARRA 43830 Tarragona 443 I 34 – 6218 h – Playa.
av. Pompeu Fabra 3 ☎ 977 64 45 80 torredembarra-turisme@publiweb.es Fax
977 64 38 35.
Madrid 566 – Barcelona 94 – Lleida/Lérida 110 – Tarragona 12.

en la zona de la playa :

Morros, Pérez Galdós 15, ✉ 43830, ☎ 977 64 02 25, Fax 977 64 18 64 – TV. AE O
MC VISA
cerrado 20 diciembre-10 enero – **Comida** - ver rest. **Morros** – 5,41 – **76 hab**
36,06/63,11.

Costa Fina, av. Montserrat 33, ✉ 43830, ☎ 977 64 00 75, Fax 977 64 35 59 – ,
rest, TV . MC VISA.
15 marzo-15 octubre – **Comida** 9,60 – **48 hab** 33/60.

Morros - Hotel Morros, Rafel de Campalans 42, ✉ 43830, ☎ 977 64 00 61, morros
@grupocastilla.es, Fax 977 64 33 03, , , « Terraza » – . AE O MC VISA
cerrado 20 diciembre-20 enero, domingo noche y lunes – **Comida** carta 26,44 a 35,16.

La Quilla, puerto deportivo, ✉ 43830, ☎ 977 64 50 91, , – . O MC VISA.
cerrado 15 diciembre-15 febrero, domingo noche y lunes salvo julio-agosto – **Comida** -
pescados y mariscos - carta 34,41 a 52,90.

Can Cues, Tamarit 14, ✉ 43830, ☎ 977 64 05 73 – . AE O MC VISA.
cerrado del 24 al 27 de diciembre, del 15 al 30 de octubre, domingo noche y lunes – **Comida**
carta 17,43 a 38,49.

TORREDONJIMENO 23650 Jaén 446 S 18 – 13003 h alt. 589.
Madrid 343 – Andújar 40 – Córdoba 91 – Granada 115 – Jaén 19.

Twist, carret. de Jaén 132 ☎ 953 34 42 54, Fax 953 34 42 55 – TV P. – 25/100.
AE O MC VISA.
Comida 7,21 – 2,40 – **32 hab** 24,04/33,66.

TORREGUADIARO 11312 Cádiz **446** **X 14** – *Playa*.

↖ *La Cañada, Oeste : 3 km* ☎ *956 79 41 00 Fax 956 79 42 41.*
Madrid 650 – Algeciras 29 – Cádiz 153 – Málaga 104.

Patricia sin rest, carret. N 340 ☎ *956 61 53 00, hotelpatricia@cherrytel.com,*
Fax 956 61 58 50, ≤ – TV P. MC VISA
☂ *3,76 –* **30 hab** *29,15/51,99.*

TORREJÓN DE ARDOZ 28850 Madrid **444** **K 19** – *82 807 h alt. 585.*
Madrid 23.

Aida, av. de la Constitución 167 ☎ *91 677 65 53, grupohostal@adv.es, Fax 91 675 15 54*
– |‡| ≣ TV ⇆ – ⚓ 25/300. AE ① MC VISA. ⌁
Comida *(cerrado agosto) - sólo cena - 16 –* ☂ *8 –* **68 hab** *91/125.*

Torre Hogar, av. de la Constitución 96 ☎ *91 677 59 75, reservas@torrehogar.com,*
Fax 91 656 85 25 – |‡| ≣ TV ⇆ – ⚓ 25/300. AE ① MC VISA. ⌁
Comida *(cerrado agosto y domingo) 18 –* ☂ *8,50 –* **84 hab** *95/110.*

Torrejón, av. de la Constitución 173 ☎ *91 675 26 44, grupohostal@adv.es,*
Fax 91 677 34 44 – |‡| ≣ TV P. – ⚓ 25/350. AE ① MC VISA. ⌁
Grill Don José : **Comida** *carta 24 a 30 –* ☂ *5 –* **70 hab** *65/73.*

Don Sancho sin rest, Cristo 2-2° ☎ *91 675 26 15, Fax 91 675 25 64 –* |‡| ≣ TV ⇆.
AE ① MC VISA. ⌁
☂ *3 –* **16 hab** *48,23/64,31.*

La Casa Grande con hab, Madrid 2 ☎ *91 675 39 00, lcg@lacasagrande.es,*
Fax 91 675 06 91, 🏠, « *Instalado en una Casa de Labor del siglo XVI. Museo de Iconos.*
Lagar » – ≣ TV P. – ⚓ 25/100. AE MC VISA. ⌁
cerrado agosto – **Comida** *(cerrado domingo noche) carta 35,46 a 39,07 –* **8 hab**
☂ *105,18/132,22.*

Vaquerín, ronda del Poniente 2 ☎ *91 675 66 20 –* ≣. AE ① MC VISA. ⌁
cerrado sábado y domingo noche – **Comida** *carta aprox. 27.*

Plaza, Veredillas ☎ *91 676 23 52 –* ≣. AE MC VISA. ⌁
cerrado del 10 al 30 de agosto y domingo – **Comida** *carta 19,20 a 26,28.*

TORREJÓN EL RUBIO 10694 Cáceres **444** **M 11** – *763 h alt. 290.*
Madrid 252 – Cáceres 57 – Mérida 135 – Plasencia 41.

Hospedería Parque de Monfragüe 🦅, *carret. de Plasencia - Norte : 1,5 km*
☎ *927 45 52 45, monfra@ctv.es, Fax 927 45 50 16,* 🏊 – |‡| ≣ TV P. – ⚓ 25/100. AE
① MC VISA. ⌁
Comida *15,63 –* ☂ *6 –* **56 hab** *75,13/93,16 – 4 suites.*

TORRELAGUNA 28180 Madrid **444** **J 19** – *2 575 h alt. 744.*
Madrid 58 – Guadalajara 47 – Segovia 108.

La Posada del Camino Real, San Francisco 6 ☎ *91 843 12 58, Fax 91 848 55 20 –*
≣ TV MC VISA. ⌁
Comida *10,82 –* **14 hab** ☂ *48,08/60,10 – PA 21,04.*

TORRELAVEGA 39300 Cantabria **442** **B 17** – *59 520 h alt. 23.*
🛈 *Ruiz Tagle 6* ☎ *942 89 29 82 turismotorrelavega@cantabria.org Fax 942 88 40 83.*
Madrid 384 ② *– Bilbao 121* ② *– Oviedo 178* ④ *– Santander 24* ①
Plano página siguiente

Torrelavega, av. Julio Hauzeur 6 ☎ *942 80 31 20, htorrela@teleline.es,*
Fax 942 80 27 00 – |‡| ≣ TV – ⚓ 25/450. AE ① MC VISA. ⌁   **Y** a
Comida *(cerrado domingo salvo verano) 9,92 –* ☂ *7,51 –* **116 hab** *75,13/102,17.*

Marqués de Santillana sin rest con cafetería por la noche, Marqués de Santillana 8
☎ *942 89 29 34, Fax 942 89 29 34 –* |‡| TV ⇆. MC VISA   **Z** b
38 hab ☂ *70/100.*

Cuatro Caminos sin rest y sin ☂, Julián Ceballos 8 ☎ *942 80 42 30, Fax 942 80 42 30*
– |‡| TV. VISA   **Z** c
8 hab *42,07/54,09.*

Lucio, Goya 2 ☎ *942 80 70 96 –* ≣. AE MC VISA. ⌁   **Z** h
cerrado del 20 al 31 de enero, del 10 al 30 de septiembre y miércoles – **Comida** *carta*
18,31 a 23,42.

Villa de Santillana, Julián Ceballos 11 ☎ *942 88 30 73, restaurante@villasantillana.*
com, Fax 942 88 47 74 – ≣. AE ① MC VISA. ⌁   **Y** e
cerrado 10 días en febrero, 20 días en junio-julio y lunes – **Comida** *carta 19,83 a 21,94.*

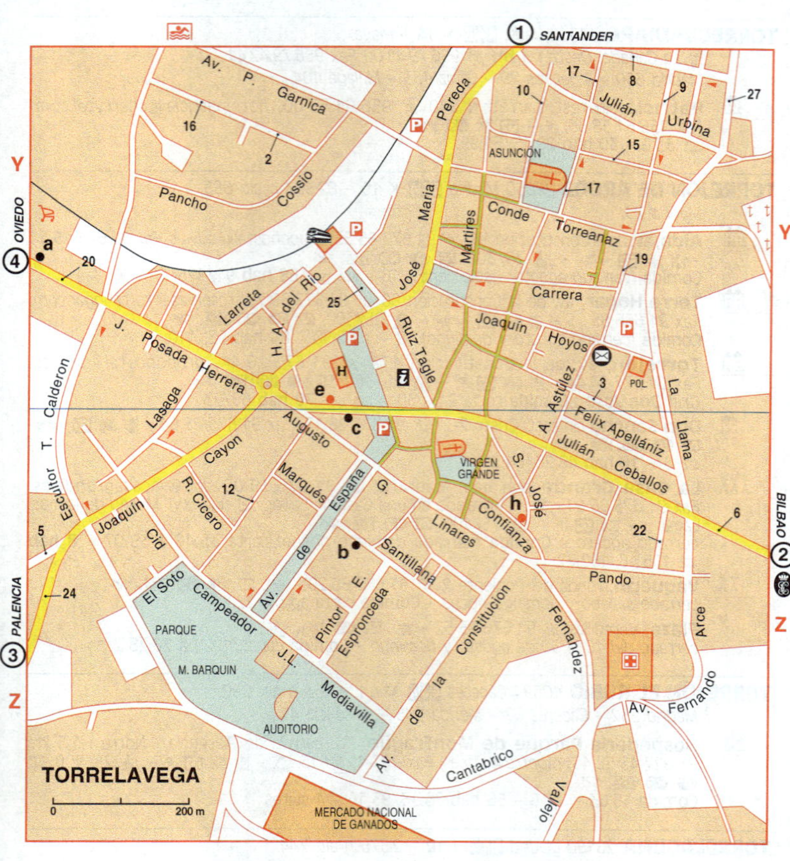

Alonso Riaño	**Y** 2	Casimiro Sainz	**Y** 9	Juan J. Ruano	**Y** 19
Berta Perogordo	**Y** 3	Ceferino Calderón	**Y** 10	Julio Hauzeur (Av.)	**Y** 20
Besaya (Av. del)	**Z** 5	Garcilaso de la Vega	**Z** 12	P. Molleda	**Z** 22
Bilbao (Av. de)	**Z** 6	General Ceballos	**Y** 15	Palencia (Av. de)	**Z** 24
Bonifacio Castillo		José Gutiérrez	**Y** 16	Pelayo (Av. M.)	**Y** 25
Orcajo	**Y** 8	Juan XXII	**Y** 17	Pintor Varela	**Y** 27

TORREMOLINOS 29620 Málaga **446** **W 16** – 35 309 h – Playa.

🛈 pl. de las Comunidades Autónomas 📞 95 237 19 09 Fax 95 237 95 51.

Madrid 569 ① – Algeciras 124 ② – Málaga 16 ①

Plano página siguiente

Meliá Costa del Sol, paseo Marítimo 11 📞 95 238 66 77, melia.costa.sol@ solmelia. com, Fax 95 238 64 17, ≤, Servicios de talasoterapia, ⌂ – ⧈ ☰ TV ⅙ P – 25/200. AE ① MC VISA. ⌇   Y b
Comida - sólo buffet - 18,63 – ⊇ 10,22 – **522 hab** 96,16/120,20 – 18 suites.

Sol Don Pablo, paseo Marítimo 📞 95 238 38 88, sol.elite.don.pablo@ solmelia.com, Fax 95 238 37 83, ≤, ⌂, ⌂, ⅍ – ⧈ ☰ TV ⅙ P – 25/200. AE ① MC VISA. ⌇   Y s
Comida - sólo buffet - 21,04 – **443 hab** ⊇ 100,64/148,55.

Sol Don Pedro, av. del Lido 📞 95 238 68 44, sol.don.pedro@ solmelia.es, Fax 95 238 69 35, ⌂, ⅍ – ⧈ ☰ TV ⅙ P – 25/40. AE ① MC VISA JCB. ⌇   Y p
Comida - sólo buffet - 11,25 – ⊇ 5,30 – **295 hab** 69,45/104,15.

TORREMOLINOS

Isabel sin rest, paseo Marítimo 97 ℘ 95 238 17 44, *reservas@hotelisabel.net*, *Fax 95 238 11 98*, ≤, ⊐ – ⫴ ▤ TV 🚗. AE ① MC VISA. ⚓
marzo-octubre – **36 hab** ⊐ 63/95.   Y n

Cetus, paseo Marítimo ℘ 95 237 41 18, *Fax 95 238 24 55*, ≤, ⸙ – ▤. AE MC VISA. ⚓
cerrado domingo salvo agosto – **Comida** carta 24,60 a 36,50.   Y c

al Suroeste : *barrios de La Carihuela y Montemar :*

Pez Espada, Salvador Allende 11, ✉ 29620, ℘ 95 238 03 00, *pezespad@gna.es*, *Fax 95 237 28 01*, ≤, ⊐, ⊐, 🏖, ⸙ – ⫴ ▤ TV P – 🏊 25/250. AE ① MC VISA JCB. ⚓ Z x
Comida (*cerrado sábado*) 18,13 – ⊐ 9,92 – **192 hab** 76,93/108,18 – 13 suites – PA 39,67.

Sol Élite Aloha Puerto, Salvador Allende 45, ✉ 29620, ℘ 95 238 70 66, *sol.elite.aloha.puerto@solmelia.com*, *Fax 95 238 57 01*, ≤, ⊐ climatizada, ⸙ – ⫴ ▤ TV –
🏊 25/500. AE ① MC VISA. ⚓   Z f
Comida - sólo buffet - 12,02 – ⊐ 5,70 – **372 hab** 120,25/150,25.

Tropicana, Trópico 6, ✉ 29620, ℘ 95 238 66 00, *hoteltropicana@spa.es*, *Fax 95 238 05 68*, ≤, ⊐ – ⫴ ▤ TV – 🏊 25. AE ① MC VISA. ⚓   Z q
Mango : **Comida** carta 19,24 a 32,16 – ⊐ 11 – **84 hab** 10,30/135.

El Tiburón sin rest, Los Nidos 7, ✉ 29620, ℘ 95 238 13 11, *Fax 95 238 22 44*, ⊐ –
⫴ TV. AE ① MC VISA   Z d
mayo-octubre – **40 hab** ⊐ 33/51.

Figón de Montemar, av. Pez Espada 101, ✉ 29620, ℘ 95 237 26 88, 🏖 – ▤. AE
① MC VISA. ⚓   Z v
cerrado 15 enero-15 febrero y domingo – **Comida** carta aprox. 22,50.

La Jábega, Mar 17, ✉ 29620, ℘ 95 238 63 75, *Fax 95 237 08 16*, ≤, 🏖 – ▤. AE ①
MC VISA JCB. ⚓   Z e
Comida - pescados y mariscos - carta 18 a 27.

El Roqueo, Carmen 35, ✉ 29620, ℘ 95 238 49 46, ≤, 🏖 – AE ① MC
VISA. ⚓   Z a
cerrado 20 diciembre-20 enero y martes – **Comida** carta 17,74 a 24,95.

en la carretera de Málaga *por* ① :

Parador de Málaga del Golf, junto al golf - 5 km, ✉ 29080 apartado 324 Málaga,
℘ 95 238 12 55, *malaga@parador.es*, *Fax 95 238 89 63*, ≤, 🏖, « Junto al campo de
golf », ⊐, ⸙, ⏐₁₈ – ▤ TV ♿ P – 🏊 25/70. AE ① MC VISA. ⚓
Comida 22,84 – ⊐ 8,71 – **56 hab** 85,82/107,28 – 4 suites.

Frutos, urb. Los Álamos - 3 km, ✉ 29620, ℘ 95 238 14 50, *Fax 95 237 13 77*, 🏖 –
▤ P. AE ① MC VISA. ⚓ – *cerrado domingo noche en invierno* – **Comida** carta aprox. 31,24.

TORRENT *17123 Girona* **443** *G 39* – *219 h.*
Madrid 744 – Barcelona 133 – Girona/Gerona 37 – Palafrugell 4.

Mas de Torrent ⚓, ℘ 972 30 32 92, *infohotel@mastorrent.com, Fax 972 30 32 93*, ≤,
🏖, « Masía del siglo XVIII », ⊐, 🏖, ⸙ – ▤ TV ♿ P – 🏊 25/40. AE ① MC VISA. ⚓
Comida (*cerrado 7 enero-7 febrero, domingo noche y lunes*) carta 41 a 55 – ⊐ 17 –
32 hab 224/280 – 7 suites.

TORRENT *46900 València* **445** *N 28* – *56 191 h alt. 63* – *Madrid 345 – Alacant/Alicante 182 –*
Castelló de la Plana/Castellón de la Plana 86 – València 12.

en El Vedat *Suroeste : 4,5 km :*

Lido ⚓, Juan Ramón Jiménez 5, ✉ 46901 El Vedat, ℘ 96 155 15 00, *lido@hotel-lido.net, Fax 96 155 12 02*, ≤, ⅃₅, ⊐, 🏖 – ⫴ ▤ TV P – 🏊 25/500. AE ① MC VISA. ⚓ rest
Comida 17,73 – ⊐ 6,01 – **60 hab** 74,98/108,93 – PA 35,46.

TORRENUEVA *29649 Málaga* **446** *W 15* – *Playa.*
Madrid 572 – Málaga 42 – Algeciras 101 – Marbella 18 – Ronda 80.

El Océano H. & Beach Club ⚓, autovía N 340 - km 199 ℘ 95 258 75 50, *paradise@oceanohotelbeachclub.com, Fax 95 258 76 37*, 🏖, « Privilegiada situación al borde
del mar », ⊐ – ▤ TV P. AE MC VISA. ⚓
Comida carta 26,37 a 36 – ⊐ 10,50 – **18 hab** 113,70/215,70.

TORREVIEJA *03180 Alacant* **445** *S 27* – *25 891 h* – *Playa.*
⏐₁₈ ⏐₁₈ Villamartín, Suroeste : 7,5 km ℘ 96 676 51 70 Fax 96 676 51 58 – ⏐₁₈ Campoamor,
Dehesa de Campoamor, Suroeste : 10 km ℘ 96 532 13 66 Fax 96 532 05 06.
🛈 pl. Capdepón ℘ 96 570 34 33 *touristinfo.torrevieja@turisme.m400.gva.es* Fax
96 571 59 36 – *Madrid 435 – Alacant/Alicante 50 – Cartagena 60 – Murcia 45.*

Cano sin rest, Zoa 53 🌮 96 670 09 58, *hotelcano@terra.es*, Fax *96 670 09 58* – 📶 📺.
🅼🅲 *VISA*. 🛇
☕ 4 – **28 hab** 35/50.

Miramar, paseo Vista Alegre 🌮 96 571 34 15, *torrevieja@restaurante-miramar.es*,
Fax *96 571 07 65*, ≤, 🍃 – 🅰🅴 ⓪ 🅼🅲 *VISA*. 🛇
cerrado noviembre y martes – **Comida** carta 20,98 a 28,34.

al Suroeste *por la carretera de Cartagena* :

Montepiedra 🦢, Saavedra Fajardo 1 - Dehesa de Campoamor : 11 km, ✉ 03189
Dehesa de Campoamor, 🌮 96 532 03 00, Fax *96 532 06 34*, 🍃, « 🏊 rodeada de césped
y plantas », 🚐, ✂ – 🖥 📺 🅿 – 🏛 25/150. 🅰🅴 ⓪ 🅼🅲 *VISA*. 🛇
Comida 17,66 – ☕ 6,78 – **64 hab** 60,01/85,12 – PA 34,07.

Motel Las Barcas sin rest, 4,5 km, ✉ 03180 Torrevieja, 🌮 96 571 00 81, *sonia@v
isual.es*, Fax *96 670 55 05*, ≤ – 📺 🅿 ⓪ 🅼🅲 *VISA*
☕ 4 – **30 hab** 50.

Casa Alfonso, Garcilaso de la Vega-Dehesa de Campoamor : 11 km, ✉ 03192 Dehesa
de Campoamor, 🌮 96 532 27 17, Fax *96 532 13 65*, « Villa con agradable terraza » – 🖥.
🅰🅴 🅼🅲 *VISA*. 🛇
cerrado 22 diciembre-22 enero y lunes – **Comida** carta aprox. 31,26.

Asturias, 5,5 km, ✉ 03180 Torrevieja, 🌮 96 532 80 44, *astur@restasturias.jazztel.es*,
Fax *96 532 98 00*, 🍃 – 🅿.

Las Villas, Dehesa de Campoamor : 11 km, ✉ 03192 Dehesa de Campoamor,
🌮 96 532 00 05, Fax *96 532 07 66*, 🍃 – 🖥 🅿. 🅰🅴 🅼🅲 *VISA*. 🛇
cerrado 8 enero-8 febrero – **Comida** carta 20 a 25.

Don Sandy, 9,5 km, ✉ 03180 Torrevieja, 🌮 96 532 12 17, 🍃 – 🖥 🅿. 🅰🅴 ⓪ 🅼🅲 *VISA*. 🛇
cerrado 15 enero-15 febrero – **Comida** carta aprox. 30,05.

TORRIJOS 45500 Toledo **444** **M 17** – *9 522 h alt. 529.*
Madrid 87 – Ávila 113 – Toledo 29.

Castilla, av. de Toledo 🌮 925 76 18 00, *hotel-castilla@hotel-castilla.com*,
Fax *925 77 00 00*, 🏊 – 📶 🖥 📺 🅿 – 🏛 25/250. 🅰🅴 ⓪ 🅼🅲 *VISA* 🅹🅲🅱. 🛇
Comida 10,50 – **63 hab** ☕ 35,51/52,34.

El Mesón, Puente 19 🌮 925 76 04 00, Fax *925 76 08 56* – 📶, 🖥 rest, 📺 – 🏛 25/400
44 hab.

Tinín, Puente 62 🌮 925 76 11 65 – 🖥. 🅰🅴 🅼🅲 *VISA*. 🛇
cerrado 16 agosto-4 septiembre y miércoles – **Comida** carta 16,23 a 24,64.

TORROELLA DE MONTGRÍ 17257 Girona **443** **F 39** – *6 723 h alt. 20.*
Ver : *Localidad★ - Castillo* ≤★★.
🏌18 🏌9 *Empordá, Sur : 1,5 km* 🌮 972 76 04 50 Fax *972 75 71 00.*
🅱 *carret de l'Estartit-Torroella* 🌮 972 75 79 74 *otestar@ddgi.es* (temp).
Madrid 740 – Barcelona 127 – Girona/Gerona 30.

Palau Lo Mirador 🦢, passeig de l'Església 🌮 972 75 80 63, *palaulomirador@telelin
e.es*, Fax *972 75 82 46*, « Edificio gótico-renacentista », 🏊, 🚐 – 🖥 📺 🅿 – 🏛 25/60.
🅰🅴 ⓪ 🅼🅲 *VISA* 🅹🅲🅱. 🛇 rest
cerrado febrero – **Comida** (*cerrado lunes salvo verano*) 46,57 – **10 hab** ☕ 126,21/240,40.

Coll sin rest, carret. de Estartit 🌮 972 75 81 99, *hotelcoll@jazzfree.com*,
Fax *972 75 85 12*, 🏊 – 📶 📺 🅿 🅼🅲 *VISA*. 🛇
cerrado 15 diciembre-febrero – **24 hab** ☕ 55,40/70.

en la playa de La Gola *Sureste : 7,5 km* :

Picasso, carret. de Pals y desvío a la izquierda, ✉ 17257 Torroella de Montgrí,
🌮 972 75 75 72, *info@hotelpicasso.net*, Fax *972 76 11 00*, 🍃, 🏊 – 🖥 rest, 🅿 🅼🅲 *VISA*.
🛇 rest
cerrado 15 diciembre-15 enero – **Comida** (*cerrado miércoles salvo verano*) 15 – **20 hab**
☕ 34/60 – PA 28.

TORROX COSTA 29793 Málaga **446** **V 18** – *Playa.*
Madrid 529 – Almería 159 – Granada 115 – Málaga 45 – Motril 48.

por la carretera N 340 *Oeste : 1,5 km y desvío a la derecha 1 km* :

Cortijo Amaya 🦢, ✉ 29793, 🌮 95 253 02 45, *cortijoamaya@teleline.es*,
Fax *95 253 02 45*, « Casa de estilo regional en pleno campo », 🏊, 🚐, ✂ – 🖥 hab, 📺
🅿 ⓪ 🅼🅲 *VISA*. 🛇
Comida - sólo clientes - 18,03 – **14 hab** ☕ 39,07/60,10.

TORTOSA

692

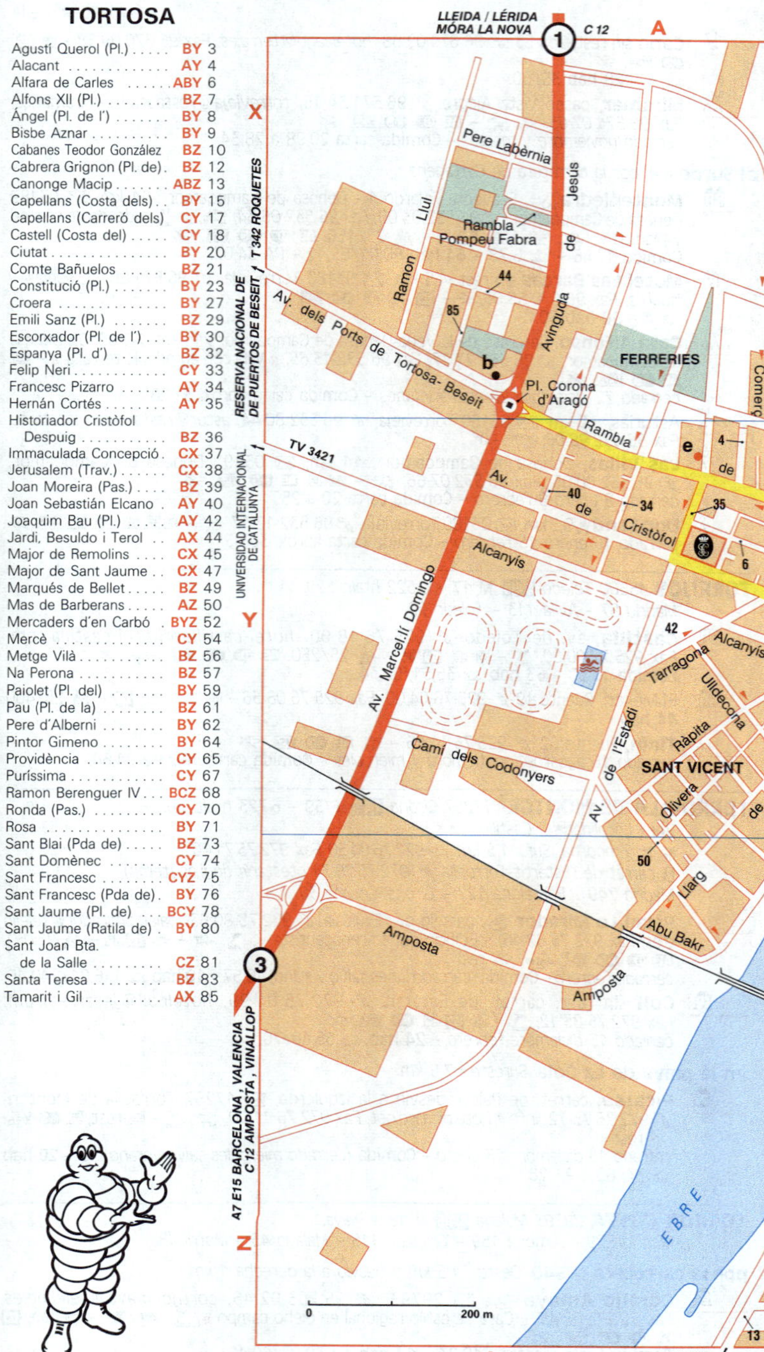

LLEIDA / LÉRIDA
MÓRA LA NOVA
C 12
A
X
Y
N
RESERVA NACIONAL DE
DE PUERTOS DE BESEIT
T 342 ROQUETES
UNIVERSITAT INTERNACIONAL
DE CATALUNYA
A7 E15 BARCELONA, VALENCIA
C 12 AMPOSTA, VINALLOP
TV 3421
Pere Labèrnia
Rambla
Pompeu Fabra
Llul
Ramon
Jesús
de
Avinguda
FERRERIES
Av. dels Ports de Tortosa- Beseit
b
Pl. Corona
d'Aragó
Rambla
Comerç
e
4
de
Av.
de
40
34
35
Cristòfol
Alcanyís
6
Alcanyís
42
Tarragona
Ulldecona
Ràpita
Av. de l'Estàdi
SANT VICENT
Olivera
de
Av. Marcel.li Domingo
Camí dels Codonyers
50
Llarg
Amposta
Abu Bakr
Amposta
Amposta
EBRE
AUDITORI
0
200 m
44
85
13
A

BENIFALLET
T 301
B
C
X
Portal de Remolins
Pasqual Roca
REMOLINS
Trav. del Mur
Sol
Perpel de Felip
Rambla de
Jaume
38
45
Benifallet
Tió
37
SANT JAUME
Rasquera
47
JARDINS DEL PRÍNCEP
Escorxador Municipal
78
70
30
Sta Anna
80
Castell de la Suda
18
17
REIALS COL.LEGIS
15
CATEDRAL
PALAU EPISCOPAL
18
St Domingo
(M)
Pedrell
l'Ebre
27
33
65
Callau
FORT DEL BONET
Y
74
54
Vall
Pl.Mossèn Sol
71
del
20
9
59
Nou
Montcada
67
Convent Sta Clara
FORT DE LA VICTÒRIA
64
3
23
8
52
76
75
Generalitat
52
73
61
83
FORT DEL CARME
56
32
St Blai
H
57
POL
29
12
Simpàtica
10
36
Argentina
10
Miguel de
Carret.
Av.
de
68
68
P 7
81
EIXAMPLE ANTIC
Av.
Ronda
Genovesos
36
de
Cervantes
Llotja de Mar
Reus
Carret.
Seminari
P
49
PARC MUNICIPAL TEODOR GONZÁLEZ
Ronda
POL
v
dels
39
a
21
EIXAMPLE
13
Docs
Rosselló
Rosselló
Poeta Francesc Vicenç Garcia
B
C
2
C 42 L'ALDEA , PARQUE NATURAL DEL EBRO
A7 E15 BARCELONA , VALENCIA
EBRE
Trav.
Migdia
Catalunya
62
Castelló
6
Tarragona
Colom
Vicent
Pl. Pius XII
Sant
Pont de l'Estat
de
Felip
Passeig
de
Lleida
Av.
la
de
de la Generalitat

TORTOSA 43500 Tarragona **443** J 31 – 29 717 h alt. 10.

Ver : *Localidad★ - Catedral★★* BY – *Palacio Episcopal★ : capilla gótica★* BY – *Reales Colegios de Tortosa★ (Colegio Sant Lluís★ patio★★)* CY.

🏢 pl. del Bimil.lenari por ② 𝒞 977 51 08 22 aj.tortosa@altanet.org Fax 977 51 08 22.

Madrid 486 ① – *Castelló de la Plana/Castellón de la Plana 123* ③ – *Lleida/Lérida 129* ① – *Tarragona 83* ③ – *Zaragoza 204* ①

Planos páginas precedentes

🏨 **Parador de Tortosa** ⧖, Castillo de la Zuda 𝒞 977 44 44 50, tortosa@parador.es, Fax 977 44 44 58, ≤, « En un castillo medieval », ⴵ, ⟋ – 🛗 🖵 📺 🅿 – 🕴 25/150. ⧉ ◎ ⑩ 🆅🆂🅰 🅹🅲🅱. 🛇
Comida 22,84 – 🍵 8,71 – **72 hab** 73,55/91,94.
CY

🏨 **Corona Tortosa,** pl. Corona de Aragón 𝒞 977 58 04 33, hcorona@sbgrup.com, Fax 977 58 04 28, ⴵ, ⟋ – 🛗 🖵 📺 ♿ � – 🕴 25/250. ⧉ ◎ ⑩ 🆅🆂🅰. 🛇 rest
Comida 9 – 🍵 6,91 – **72 hab** 51,54/68,82 – 30 apartamentos.
AX b

🏨 **Tortosa Parc** sin rest con cafetería por la noche, Comte de Bañuelos 10 𝒞 977 44 61 12, htortosaparc@readysoft.es, Fax 977 44 61 12 – 🛗 🖵 📺 ⟍. ⑩ 🆅🆂🅰
🍵 4,21 – **84 hab** 21,03/38,46.
BZ a

🍴 **Rosa Pinyol,** Hernán Cortés 17 𝒞 977 50 20 01, Fax 977 50 20 01 – 🖵. ⧉ ◎ ⑩ 🆅🆂🅰. 🛇
AY e
cerrado del 1 al 7 de julio, 2ª quincena de septiembre, domingo noche y lunes – **Comida** carta 19 a 26.

🍴 **El Parc,** av. Generalitat 72 𝒞 977 44 48 66, Fax 977 51 11 19, « En un parque » – 🖵. ⧉ ◎ ⑩ 🆅🆂🅰. 🛇
BZ v
cerrado martes – **Comida** carta aprox. 27,05.

🍴 **Sant Carles,** Rambla Felip Pedrell 13 𝒞 977 44 10 48, Fax 977 51 04 44 – 🖵. ⧉ ◎ ⑩ 🆅🆂🅰. 🛇
BX t
cerrado del 12 al 18 de agosto, domingo y festivos – **Comida** - pescados y mariscos - carta 22,50 a 27,30.

TOSES (Port de) 17536 Girona **443** E 36 – 148 h alt. 1 800.

Ver : ≤★.

Madrid 679 – *Girona/Gerona 131 – Puigcerdà 26.*

🏠 La Collada, carret. N 152 𝒞 972 89 21 00, Fax 972 89 20 47, ≤ valle y montañas, ⴵ climatizada – 🛗 📺 ♿ ⟍ 🅿
33 hab.

TOSSA DE MAR 17320 Girona **443** G 38 – 3 406 h – Playa.

Ver : *Localidad veraniega★, Vila Vella★* BZ – *Museo Municipal★* BZM.

Alred. : *Recorrido en cornisa★★ de Tossa de Mar a Lloret de Mar 11 km por ②.*

🏢 av. del Pelegrí 25 𝒞 972 34 01 08 oftossa@ddgi.es Fax 972 34 07 12.

Madrid 707 ③ – *Barcelona 79* ③ – *Girona/Gerona 41* ①

Plano página siguiente

🏨 **G.H. Reymar** ⧖, platja de Mar Menuda 𝒞 972 34 03 12, mail@ghreymar.com, Fax 972 34 15 04, ≤, ⽕, ↓, ⴵ, ⬛, ⋇ – 🛗 🖵 📺 ⟍ – 🕴 25/50. ⧉ ◎ ⑩ 🆅🆂🅰 🅹🅲🅱. 🛇
BY x
3 mayo-20 octubre – **Comida** 29 – **148 hab** 🍵 110/220 – 18 suites.

🏨 **Mar Menuda** ⧖, platja de Mar Menuda 𝒞 972 34 10 00, hotel@marmenuda.com, Fax 972 34 00 87, ≤, ⽕, « Terraza con arbolado », ⋇ – 🛗 🖵 📺 ⟍ 🅿 – 🕴 25/100. ⧉ ◎ ⑩ 🆅🆂🅰. 🛇 rest
BY w
cerrado 4 noviembre-26 diciembre – **Comida** carta aprox. 26 – **50 hab** 🍵 88/118.

🏨 **Diana** sin rest, pl. de España 6 𝒞 972 34 18 86, info@diana-hotel.com, Fax 972 34 18 86, ≤, « Elegante edificio modernista de principios del siglo XX » – 🛗 📺. ⧉ ◎ ⑩ 🆅🆂🅰 BZ c
marzo-noviembre – 🍵 7,57 – **21 hab** 102,86.

🏨 **Florida,** av. de la Palma 12 𝒞 972 34 03 08, hotelflorida@husa.es, Fax 972 34 09 53 – 🛗 🖵 📺 🅿. ⧉ ◎ ⑩ 🆅🆂🅰. 🛇
BZ d
marzo-octubre – **Comida** 15,62 – 🍵 5,40 – **49 hab** 46,90/76,33.

🏠 **Sant March** ⧖ sin rest, av. del Pelegrí 2 𝒞 972 34 00 78, Fax 972 34 25 34, ⴵ – 📺 🅿. ⑩ 🆅🆂🅰. 🛇
AZ u
Semana Santa-7 octubre – **29 hab** 🍵 26,44/60,10.

🏠 **Avenida,** av. de la Palma 5 𝒞 972 34 07 56, hotelavenida@telefonica.net, Fax 972 34 22 70 – 🛗 📺. ⧉ ◎ ⑩ 🆅🆂🅰. 🛇 rest
BZ f
Semana Santa-octubre – **Comida** - sólo clientes - 11,42 – 🍵 4,80 – **50 hab** 40,27/66,11 – PA 22,24.

TOSSA DE MAR

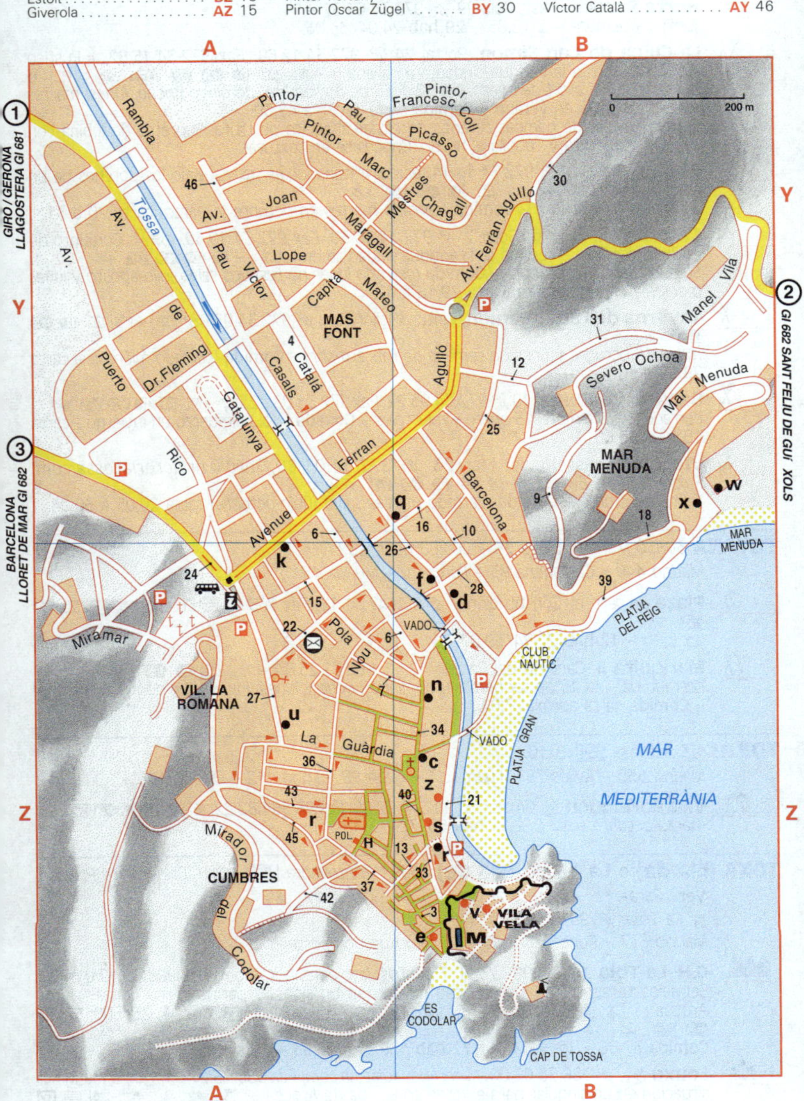

Capri sin rest, passeig del Mar 17   972 34 03 58, caprihotel@tossa.com,
Fax 972 34 15 52, — 📺 🅼🅲 VISA
marzo-noviembre – 22 hab ☐ 73,95.
    BZ r

Corisco sin rest, Pou de la Vila 8 ☎ 972 34 01 74, Fax 972 34 27 85, ≤ – ⬍ TV. ① ⓜ VISA
BZ n
abril-septiembre – **28 hab** � 60/88.

Canaima sin rest, av. de la Palma 24 ☎ 972 34 09 95, hotelcanaima@teleline.es,
Fax 972 34 26 26 – AE ⓜ VISA. ✗
BY q
Semana Santa-septiembre – **17 hab** ⊇ 50.

Horta Rosel sin rest, Pola 29 ☎ 972 34 04 32 – P
AZ k
junio-septiembre – ⊇ 2,85 – **29 hab** 24,04/33,06.

La Cuina de Can Simon, Portal 24 ☎ 972 34 12 69, Fax 972 34 15 82, « Rústico
elegante junto a la antigua ciudad amurallada » – ▤. AE ① ⓜ VISA JCB. ✗
BZ e
cerrado del 16 al 31 de enero, del 12 al 30 de noviembre, domingo noche, lunes, martes
y festivos salvo en verano – **Comida** carta 30,07 a 42,30
Espec. Raviolis de gambas rellenos de caviar al aceite de trufa. Suprema de lubina con
láminas de patata y cebolla al horno. Chocolate en texturas.

Es Molí, Tarull 5 ☎ 972 34 14 14, esmoli@wanadoo.es, ☂, « Bajo los porches de un
patio ajardinado » – ⇔. AE ① ⓜ VISA. ✗
AZ r
24 marzo-14 octubre – **Comida** (cerrado martes en octubre y marzo) carta 20 a 31.

Castell Vell, pl. Roig i Soler 2 ☎ 972 34 10 30, Fax 972 34 10 30, ☂, « Conjunto de
estilo regional en el recinto de la antigua ciudad amurallada » – AE ① ⓜ VISA. ✗
BZ v
Semana Santa-15 octubre – **Comida** (cerrado lunes no festivos salvo julio-agosto y lunes
mediodía en septiembre) carta 29,15 a 42.

Taverna de l'abat Ramon, Pintor Vilallonga 1 ☎ 972 34 07 08, ☂ – ▤. AE ① ⓜ
VISA. ✗
BZ v
mayo-15 octubre y fines de semana de febrero-abril – **Comida** (cerrado miércoles) carta
29,50 a 35.

Bahía, passeig del Mar 19 ☎ 972 34 03 22, Fax 972 34 03 22, ☂ – ▤. AE ① ⓜ VISA. ✗
cerrado 24 diciembre-15 enero y miércoles – **Comida** - sólo almuerzo en invierno - carta
18,60 a 25,60.
BZ s

Victoria, passeig del Mar 23 ☎ 972 34 01 66, info@hrvictoriatossa.com,
Fax 972 34 01 66, ☂ – ▤. AE ① ⓜ VISA JCB
BZ z
febrero-octubre – **Comida** (cerrado martes salvo junio-octubre) carta 20,05 a 30,94.

TOTANA 30850 Murcia **445** S 25 – 20 288 h alt. 232.
Madrid 440 – Cartagena 63 – Lorca 20 – Murcia 45.

Plaza sin rest, pl. Constitución 5 ☎ 968 42 31 12, Fax 968 42 25 30 – ⬍ ▤ TV. AE ⓜ
VISA. ✗
⊇ 2,10 – **12 hab** 25,84/39,07.

Mariquita II, Cánovas del Castillo 12 ☎ 968 42 25 54 – ▤. AE ① ⓜ VISA. ✗
cerrado del 1 al 15 de septiembre, domingo noche y lunes (invierno) y domingo (verano)
– **Comida** carta aprox. 27,04.

TOX 33793 Asturias **441** B 10.
Madrid 558 – Avilés 75 – Luarca 11 – Gijón 98 – Lugo 132 – Oviedo 106.

Villa Borinquen ⦿ sin rest, ☎ 98 564 82 20, Fax 98 564 82 22, ≤ – ⬍ TV P. ⓜ VISA. ✗
marzo-octubre – ⊇ 6 – **11 hab** 60/72.

TOXA (Illa da) o **La TOJA (Isla de)** 36991 Pontevedra **441** E 3 – Balneario – Playa.
Ver : Paraje★★ – Carretera★ de La Toja a Canelas.
☘ La Toja, ☎ 986 73 01 58.
Madrid 637 – Pontevedra 33 – Santiago de Compostela 73.

G.H. La Toja ⦿, ☎ 986 73 00 25, info@latojagranhotel.com, Fax 986 73 12 01, ☂,
Servicios terapéuticos, « Suntuoso edificio en un singular paraje verde con ≤ ría de
Arousa », ⓕ, ☲ climatizada, ☒, ☵, ✗, ☘ – ⬍, ▤ rest, TV P – 益 25/500. AE ①
ⓜ VISA. ✗
Comida 37,86 – ⊇ 13,22 – **172 hab** 159,27/198,33 – 25 suites.

Louxo ⦿, ☎ 986 73 02 00, hotel@louxolatoja.com, Fax 986 73 27 91, ☂, « Magnífica
situación en un singular paraje verde con ≤ ría de Arousa », ☵, ☲, ✗, ☘ – ⬍ ▤ TV
⦿ P – 益 25/200. AE ① ⓜ VISA. ✗
Comida 18,03 – ⊇ 9,01 – **113 hab** 90,15/112,38 – 3 suites.

Los Hornos, ☎ 986 73 10 32, Fax 986 73 12 01, ≤ ría de Arosa, ☂ – AE ① ⓜ VISA. ✗
cerrado enero, domingo noche y lunes salvo junio-septiembre – **Comida** carta 23,43 a
33,64.

TRAGACETE 16150 Cuenca **444** K 24 – 345 h alt. 1 283.

Alred. : *Nacimiento del río Cuervo★ (cascadas★) Norte : 12 km.*
Madrid 235 – Cuenca 71 – Teruel 89.

El Gamo ⤳ sin rest, Fernando Royuela ℘ 969 28 90 11, *elgamo@teleline.es,*
Fax 969 28 92 28 – |♦| TV ⇔. MC VISA. ⚡
⚏ 3,01 – **40 hab** 42,07/48,08.

Hospedería Real del Júcar ⤳, *Muñoz Grandes 7* ℘ 969 28 92 05, *hospjucar@w*
anadoo.es, Fax 969 28 92 04 – TV P. AE MC VISA. ⚡ rest
cerrado 15 enero-3 febrero – **Comida** 11,86 – ⚏ 3,60 – **25 hab** 32,30/49,40 – PA 23,13.

Serranía ⤳, *Fernando Royuela 2* ℘ 969 28 90 19 – VISA. ⚡
marzo-20 diciembre – **Comida** 10,22 – ⚏ 2,70 – **24 hab** 18,03/36,06.

TRASVÍA Santander – ver Comillas.

TRECEÑO 39592 Cantabria **442** C 17.

Madrid 402 – Burgos 163 – Oviedo 140 – Santander 47.

Casona de La Salceda sin rest, barrio la Plaza 16 ℘ 942 70 50 75, *la-salceda@ipo*
net.es, Fax 942 70 50 71, « Antigua casona montañesa » – TV. AE ① MC
VISA. ⚡
cerrado 8 enero-8 febrero – **10 hab** ⚏ 60,10/72,12 – 1 suite.

TREDÓS Lleida – ver Salardú.

TREMP 25620 Lleida **443** F 32 – 6 514 h alt. 432.

Ver : *Iglesia de Santa María★ (Santa María de Valldeflors★).*
Alred. : *Pantano de Sant Antoni★ Este : carretera a Coll de Nargó (collado de Bòixols★★)*
– Castell de Mur★ Suroeste : 19 km – Iglesia de Santa María de Covet★ Suroeste : 32 km.
Excurs. : *Norte : Vall Fosca★ – Noreste : Desfiladero de Collegats★★ (roca de l'Argenteria★).*
🛈 *pl. de la Creu 1* ℘ 973 65 00 09 Fax 973 65 20 36.
Madrid 546 – Huesca 156 – Lleida/Lérida 93.

Siglo XX, pl. de la Creu 8 ℘ 973 65 00 00, *hotelseglexx@catalunya.com,*
Fax 973 65 26 12, ⤓ – |♦| ▤ TV ⇔. MC VISA. ⚡ rest
Comida 8,41 – **49 hab** ⚏ 37,26/55,29.

Alegret sin ⚏, pl. de la Creu 30 ℘ 973 65 01 00, Fax 973 65 17 28 – |♦| TV ⇔. MC
VISA JCB. ⚡ rest
cerrado 22 diciembre-9 enero – **Comida** *(cerrado miércoles y domingo noche) - sólo menú*
- 9 – **25 hab** 20/30.

TRES CANTOS 28760 Madrid **444** K 18 – 22 301 h alt. 802 – **R.A.C.E.** *Isaac Newton - Parque*
Tecnológico de Madrid (PTM) ℘ 91 594 74 00 Fax 91 594 73 88.
Madrid 26.

Jardín de Tres Cantos, av. de los Encuartes 17 ℘ 91 806 49 99, *Fax 91 806 49 80*
– |♦| ▤ TV ⇔ – ♨ 25/90. AE ① MC VISA. ⚡
Comida 15,03 – ⚏ 7,81 – **54 hab** 90,15/102,17.

Holiday Inn Express Madrid Tres Cantos ⤳ sin rest con cafetería por la noche,
Parque Empresarial Euronova ℘ 91 803 99 00, *trescantos@empresshi.com,*
Fax 91 803 59 99 – |♦| ▤ TV ♿ ⇔ – ♨ 20/45. AE ① MC VISA JCB. ⚡
61 hab ⚏ 82.

Latores, av. de Viñuelas 17 (2ª fase) ℘ 91 803 95 73, *aramirez@latores.com,*
Fax 91 804 47 51, ☀ – ▤. MC VISA. ⚡
Comida carta aprox. 30,06.

Neumáticos MICHELIN S.A., División Comercial Av. de los Encuartes 19,
✉ 28760 ℘ 91 410 50 00, Aton. Cliente 91 410 53 30, Fax 91 410 50 10

TRESGRANDAS 33598 Asturias **441** B 16.

Madrid 421 – Gijón 101 – Oviedo 111 – Santander 77.

El Molino de Tresgrandas ⤳, ℘ 98 541 11 91, *hotel@molinotresgrandas.com,*
Fax 98 541 11 57, ≤, « Instalado en un antiguo molino », 🐎 – TV P. AE MC
VISA. ⚡
cerrado del 1 al 15 de febrero y del 22 al 27 de diciembre – **Comida** *- sólo clientes -* 13,82
– ⚏ 5,71 – **8 hab** 57,04/67,31.

TREVÉLEZ 18417 Granada **446** U 20 – 823 h alt. 1.476.

Ver : Pueblo★ – Valle del río Trevélez★.

Madrid 507 – Almería 130 – Granada 97 – Málaga 154.

en la carretera de Juviles Sur : 4 km :

Alcazaba de Busquístar ⌂, ⊠ 18416 Busquístar, ℰ 958 85 86 87, info@ alpuja rrallazaba.com, Fax 958 85 86 93, ≤, « Conjunto de estilo alpujarreño », ⛱ – TV P. – ≤ 25/100. MC VISA. ⊗

Comida 11,40 – ☕ 2,80 – **43 hab** 30/60,10.

TRIGUEROS 21620 Huelva **446** T 9 – 7016 h alt. 78.

Madrid 612 – Huelva 19 – Sevilla 84.

Los Arcos 2, carret. N 435 ℰ 959 30 52 11, ☂ – ▤ P. AE ① MC VISA. ⊗

Comida carta 14,12 a 24,04.

TRINTXERPE Gipuzkoa – ver Pasai San Pedro.

TRUJILLO 10200 Cáceres **444** N 12 – 8.919 h alt. 564.

Ver : Pueblo histórico★★. Plaza Mayor★★ (palacio de los Duques de San Carlos★, palacio del Marqués de la Conquista : balcón de esquina★) – Iglesia de Santa María★ (retablo★).

🛈 pl. Mayor ℰ 927 32 26 77 ofitur@ ayto-trujillo.com Fax 927 65 91 40.

Madrid 254 – Cáceres 47 – Mérida 89 – Plasencia 80.

Parador de Trujillo ⌂, pl. de Santa Beatriz de Silva 1 ℰ 927 32 13 50, trujillo@ p arador.es, Fax 927 32 13 66, « Instalado en el antiguo convento de Santa Clara » – ▤ TV ⇔ P. – ≤ 25/90. AE ① MC VISA JCB. ⊗

Comida 24,04 – ☕ 8,71 – **46 hab** 73,55/91,94 – 1 suite.

Victoria, pl. del Campillo 22 ℰ 927 32 18 19, Fax 927 32 30 84, ⛱ – ⧈ ▤ TV ☷. AE MC VISA. ⊗

Comida 9,02 – ☕ 4,20 – **27 hab** 57,09.

Pizarro, pl. Mayor 13 ℰ 927 32 02 55 – ▤. AE ① MC VISA. ⊗

Comida - cocina regional - carta 20,43 a 27,05.

Mesón La Cadena con hab, pl. Mayor 8 ℰ 927 32 14 63, Fax 927 32 31 16 – ▤. AE ① MC VISA. ⊗

Comida carta aprox. 20,43 – ☕ 4 – **8 hab** 27,90/34,85.

junto a la autovía N V Suroeste : 6 km :

La Majada, salida 259, ⊠ 10200, ℰ 927 32 11 88, Fax 927 32 03 49, ☂ – ▤ P. ① MC VISA. ⊗

Comida carta aprox. 26,45.

TUDELA 31500 Navarra **442** F 25 – 26.163 h alt. 275.

Ver : Catedral★ (claustro★★, portada del Juicio Final★, interior – capilla de Nuestra Señora de la Esperanza★).

🛈 pl. Vieja 1 ℰ 948 84 80 58 oit.tudela@ cfnavarra.es Fax 948 84 80 58.

Madrid 316 – Logroño 103 – Iruña/Pamplona 84 – Soria 90 – Zaragoza 81.

AC Ciudad de Tudela, Misericordia ℰ 948 40 24 40, tudela@ ac-hoteles.com, Fax 948 40 24 41, ↖ – ⧈ ▤ TV ☷ P. – ≤ 25/250. AE ① MC VISA. ⊗

Comida (cerrado domingo) 33,06 – ☕ 8 – **41 hab** 100,97 – 1 suite.

Tudela Bardenas, av. de Zaragoza 60 ℰ 948 41 08 02, htb@ navarra.net, Fax 948 41 09 72 – ⧈ ▤ TV ⇔ – ≤ 25/130. AE ① MC VISA

Comida (cerrado domingo noche) 12,02 – ☕ 5,20 – **46 hab** 51/62 – PA 28.

Express Delta, av. de Zaragoza 29 ℰ 948 82 14 00, nhdelta@ nh-hoteles.es, Fax 948 82 14 00 – ⧈ ▤ TV – ≤ 25/40. AE ① MC VISA. ⊗

Comida carta 15,03 a 21,04 – ☕ 7 – **43 hab** 73.

Santamaría, San Marcial 14 ℰ 948 82 12 00, Fax 948 82 12 00 – ⧈ ▤ TV – ≤ 25/200. AE ① MC VISA. ⊗

Comida (cerrado sábado y domingo) 18,04 – ☕ 4,81 – **52 hab** 48,09/66,12.

Nueva Parrilla, Carlos III el Noble 6 ℰ 948 82 24 00, Fax 948 82 25 45 – ▤ TV ⇔. VISA JCB

Comida 9,62 – ☕ 4,80 – **22 hab** 30,05/45,07.

XX **Morase** con hab, paseo de Invierno 2 ☎ 948 82 17 00, Fax 948 82 17 04 – ▤ TV. AE ① MC VISA JCB. ⁂ rest
cerrado del 1 al 15 de agosto – **Comida** *(cerrado domingo noche) carta 24,93 a 30,74* – ☲ 6,31 – **7 hab** 51,08/60,10.

XX **33,** Pablo Sarasate 7 ☎ 948 82 76 06, Fax 948 41 10 08 – ▤. AE MC VISA. ⁂
cerrado del 1 al 20 de agosto y domingo – **Comida** *carta 24,34 a 30,95.*

X **Iruña,** Muro 11 ☎ 948 82 10 00 – ▤. AE MC VISA. ⁂
cerrado jueves – **Comida** *carta aprox. 24,04.*

X **Mesón Julián,** Merced 9 ☎ 948 82 20 28 – ▤. MC VISA. ⁂
cerrado agosto, lunes (mayo-junio) y domingo resto del año – **Comida** *carta 20,43 a 27,65.*

en la carretera N 232 *Sureste : 3 km :*

XX **Beethoven,** ⊠ 31512 Fontellas, ☎ 948 82 52 60, *bethoven@can.es,* Fax 948 82 52 60 – ▤ P. AE ① MC VISA. ⁂
cerrado agosto y domingo – **Comida** *carta 27,53 a 35,04.*

TUDELA DE DUERO 47320 Valladolid 442 **H 16** – 4842 h alt. 701.
Madrid 188 – Aranda de Duero 77 – Segovia 107 – Valladolid 16.

🏠 **Jaramiel,** carret. N 122 - Noroeste : 1 km ☎ 983 52 02 67, *hotjaramiel@adenet.es,* Fax 983 52 20 12, ⅃₅, ⅃ – TV P. ① MC VISA. ⁂
cerrado Navidades – **Comida** 10 – ☲ 4 – **42 hab** 30/48.

TUÉJAR 46177 València 445 **M 26** – 1329 h alt. 650.
Madrid 318 – Cuenca 153 – Teruel 98 – Utiel 47 – València 79.

🍃 **Álvarez,** av. Ramón Villanueva 69 ☎ 96 163 52 82, Fax 96 163 52 24 – ▤ rest, TV. MC VISA. ⁂
Comida 9,60 – ☲ 3 – **20 hab** 24/36 – PA 19,20.

TUI 36700 Pontevedra 441 **F 4** – 15 346 h alt. 44.
Ver : Emplazamiento★, Catedral★ (portada★).
🛈 Colón, ☎ 986 60 17 89.
Madrid 604 – Ourense/Orense 105 – Pontevedra 48 – Porto 124 – Vigo 29.

🏠 **Parador de Tuy** ⑤, av. de Portugal ☎ 986 60 03 00, *tui@parador.es,* Fax 986 60 21 63, ≼, 👁, « Reproducción de una casa señorial gallega », ⅃, 🖼, ⁑ – ▤ TV P. AE ① MC VISA JCB. ⁂
Comida 22,84 – ☲ 8,71 – **29 hab** 73,55/91,94 – 1 suite.

🏠 **Colón Tuy,** Colón 11 ☎ 986 60 02 23, *colonhot@jet.es,* Fax 986 60 03 27, ≼, ⅃, ⁑ – ▤ TV 🚗 – 🔏 25/100. AE ① MC VISA. ⁂
Comida *(cerrado domingo)* 8,41 – ☲ 5,50 – **45 hab** 37,30/66.

X **O Cabalo Furado,** pl. do Concello ☎ 986 60 12 15, Fax 986 60 12 15 – AE ① MC VISA. ⁂
cerrado 23 diciembre-8 enero, del 16 al 30 de junio, domingo en julio-septiembre, domingo noche y lunes resto del año – **Comida** *carta 15,62 a 23,60.*

al Norte : *3 km :*

🏠 **Alfonso I,** Gándara-Guillarei, ⊠ 36720 Guillarei, ☎ 986 60 70 60, *reservas@halfonso primero.com,* Fax 986 60 36 78 – ▤ TV ♿ P. – 🔏 25/200. AE ① MC VISA. ⁂
Reino de Galicia : **Comida** *carta 20,80 a 26,44* – ☲ 5,40 – **61 hab** 48/66,10 – 3 suites.

TURÉGANO 40370 Segovia 442 **I 17** – 1082 h alt. 935.
Madrid 130 – Aranda de Duero 72 – *Segovia* 35 – Valladolid 96.

XX **El Zaguán** con hab, pl. de España 16 ☎ 921 50 11 65, *zaguan@ctv.es,* Fax 921 50 07 76, « Decoración rústica-regional » – ▤ TV. MC VISA. ⁂
cerrado Navidades – **Comida** *(cerrado domingo noche) carta 17,44 a 23,44* – ☲ 4,81 – **15 hab** 36,06/60,10.

ÚBEDA 23400 Jaén 446 **R 19** – 31 962 h alt. 757.
Ver : Localidad★★ – Barrio Antiguo★★ : plaza Vázquez de Molina★★ BZ, Palacio de las Cadenas★ BZH, capilla de El Salvador★★ BZ – Iglesia de Santa María de los Alcázares★ BZ – Iglesia de San Pablo★ BY – Palacio del Conde de Guadina (torre★) AYQ.
🛈 pl. Baja del Marqués 4 (Palacio de Contadero) ☎ 953 75 08 97 *otubeda@andalucia.org* Fax 953 79 26 70 AZ.
Madrid 323 – Albacete 209 – Almería 227 – Granada 141 – Jaén 57 – Linares 27 – Lorca 277.

<table>
<tr><td>Alaminos</td><td>AY 2</td><td>Cruz de Hierro</td><td>BY 27</td><td>Merced
(Cuesta de la)</td><td>BY 64</td></tr>
<tr><td>Antonio Medina</td><td>AY 4</td><td>Descalzas (Pl.)</td><td>BY 30</td><td>Mesones</td><td>AY</td></tr>
<tr><td>Ayuntamiento
(Pl. del)</td><td>BZ 6</td><td>Doctor Quesada</td><td>AY 32</td><td>Obispo Cobos</td><td>AY 67</td></tr>
<tr><td></td><td></td><td>Fuente Seca</td><td>BY 33</td><td>Real</td><td>AY</td></tr>
<tr><td>Baja del Salvador</td><td>BZ 8</td><td>Horno Contador</td><td>BZ 36</td><td>San Francisco (Pl.)</td><td>AZ 70</td></tr>
<tr><td>Baja Marqués (Pl.)</td><td>AZ 10</td><td>Juan González</td><td>BZ 39</td><td>San Lorenzo (Pl.)</td><td>AZ 73</td></tr>
<tr><td>Beltrán de la Cueva</td><td>BY 12</td><td>Juan Montilla</td><td>BZ 42</td><td>San Nicólas</td><td>BY 74</td></tr>
<tr><td>Campanario</td><td>AY 15</td><td>Juan Pasquau</td><td>AY 46</td><td>San Pedro (Pl. de)</td><td>AY 75</td></tr>
<tr><td>Carmen</td><td>BY 18</td><td>Jurado Gómez</td><td>AZ 49</td><td>San Clava (Pl. de)</td><td>AZ 76</td></tr>
<tr><td>Condestable Dávalos</td><td>AZ 21</td><td>Luna y Sol</td><td>AZ 52</td><td>Santo Domingo</td><td>AZ 79</td></tr>
<tr><td>Corazón de Jesús</td><td>AZ 24</td><td>María de Molina</td><td>BZ 55</td><td>Trillo</td><td>BY 82</td></tr>
<tr><td>Corredera de S. Fernando</td><td>ABY</td><td>Marqués (Pl. del)</td><td>AZ 58</td><td></td><td></td></tr>
</table>

Parador de Úbeda ⊗, pl. Vázquez Molina ✆ 953 75 03 45, *ubeda@parador.es*, *Fax 953 75 12 59*, « Instalado en un palacio del siglo XVI » – 🖥 📺 – 25/90. AE ⓞ
Ⓜ️Ⓒ VISA JCB.
Comida 24,04 – ☕ 8,71 – **36 hab** 90,72/113,40.
BZ c

Meliá Confort Ciudad de Úbeda, Cronista Juan de la Torre ✆ 953 79 10 11, *meli*
a.confort.ubeda@solmelia.com, *Fax 953 79 10 12* – 🛗 🖥 📺 🚗 P – 25/450. AE ⓞ
Ⓜ️Ⓒ VISA.
Comida 13,25 – ☕ 9 – **92 hab** 99,67 – 4 suites.
por Obispo Cobos   AY

María de Molina, pl. del Ayuntamiento ✆ 953 79 53 56, *hotelmm@hotel-maria-de*
-molina.com, *Fax 953 79 36 94*, 🌿, « Acogedoras estancias con patio central, en pleno
corazón del casco histórico » – 🛗 🖥 📺 AE ⓞ Ⓜ️Ⓒ VISA.
Comida 15,02 – ☕ 6 – **20 hab** 66/99 – PA 30.
BZ a

Palacio de la Rambla sin rest, pl. del Marqués 1 ✆ 953 75 01 96, *rusticae@rustic*
ae.es., *Fax 953 75 02 67*, « Antiguo palacete con mobiliario de época », 🌿 – 🖥 📺. AE
Ⓜ️Ⓒ VISA.
cerrado 15 julio-15 agosto – **8 hab** ☕ 72/93.
AY a

🏨 **Álvar Fáñez**, Juan Pasquau 5 ℰ 953 79 60 43, Fax 953 79 60 43, « En pleno centro histórico con patio central y solana » – |≑| ▤ TV – ⌂ 25/70. AE MC VISA. ✗ AY   r
Comida 14,43 – **11 hab** � 72,13/90,17.

🏨 **Rosaleda de Don Pedro**, Obispo Toral 2 ℰ 953 79 61 11, hotelhusa@rosaledaded onpedro.com, Fax 953 79 51 49, ☂, ☒ – |≑| ▤ TV ⇔ – ⌂ 25/350. AE MC VISA. ✗
Comida 17 – ⊑ 7 – **30 hab** 75/100.   BY   a

🏠 **La Paz** sin rest, Andalucía 1 ℰ 953 75 21 40, reservas@hotel-lapaz.com, Fax 953 75 08 48 – |≑| ▤ TV ⇔ – ⌂ 25/40. ⓘ MC VISA   por Minas   AY
⊑ 3,35 – **40 hab** 31,50/52,60.

🏠 **Dos Hermanas** sin rest, Risquillo Bajo 1 ℰ 953 75 21 24, Fax 953 79 13 15 – |≑| ▤ TV.
MC VISA. ✗   por Minas   AY
⊑ 3,46 – **30 hab** 21,03/34,56.

🏠 **Victoria** sin rest y sin ⊑, Alaminos 5 ℰ 953 75 29 52 – ▤ TV. AE ⓘ MC VISA JCB. ✗
15 hab 18/31.   por Alaminos   AY

🍴 **Cusco**, parque de Vandelvira 8 ℰ 953 75 34 13 – ▤. MC VISA. ✗
cerrado domingo noche – **Comida** carta 17,74 a 23,74.   por Obispo Cobos   AY

ULLASTRET 17133 Girona **443** F 39 – 256 h alt. 49.
Alred. : Ciutat ibérica★★.
Madrid 731 – Girona/Gerona 27 – Figueres 40 – Palafrugell 16.

ULLDECONA 43550 Tarragona **443** K 31 – 5 032 h alt. 134.
Madrid 510 – Castelló de la Plana/Castellón de la Plana 88 – Tarragona 104 – Tortosa 30.

🍴 **Bon Lloc** ☚ con hab, antigua carret. de Vinaroz ℰ 977 57 30 16, ☂ – ▤ rest, TV
P. AE MC VISA. ✗
cerrado del 15 al 30 de septiembre – **Comida** (cerrado lunes) carta 11,50 a 18,20 – ⊑ 3,10
– **8 hab** 18,10/30,10.

en la carretera de La Sénia Noroeste : 2 km :
🍴🍴 **Les Moles**, ✉ 43550 apartado 1, ℰ 977 57 32 24, lesmoles@lesmoles.com,
Fax 977 57 32 24 – ▤ P. AE ⓘ MC VISA. ✗
cerrado del 8 al 30 de julio, domingo noche y lunes – **Comida** carta 24 a 33,85.

UNCASTILLO 50678 Zaragoza **442** E 26 – 834 h alt. 601.
Madrid 386 – Huesca 88 – Iruña/Pamplona 83 – Zaragoza 107.

🍴 **Posada La Pastora** ☚ sin rest, Roncesvalles 1 ℰ 976 67 94 99, lapastora@lapast ora.net, Fax 976 67 92 11 – TV. AE ⓘ MC VISA. ✗
⊑ 3,91 – **8 hab** 30,05/43,87.

UNHA Lleida – ver Salardú.

UNQUERA 39560 Cantabria **442** B 15.
Madrid 420 – Gijón 110 – Oviedo 122 – Santander 65.

🏨 **Canal** sin rest, pl. de la Estación ℰ 942 71 70 70, Fax 942 71 71 01 – |≑| TV. AE MC
VISA. ✗
⊑ 4,51 – **56 hab** 30,05/47,18.

UÑA 16152 Cuenca **444** L 24 – 166 h alt. 1 190.
Madrid 201 – Cuenca 40 – Guadalajara 183 – Teruel 120.

🍴 **Agua-Riscas** ☚ con hab, Egido 23 ℰ 969 28 28 52, Fax 969 28 28 52, ☂ – TV. MC
VISA. ✗ rest
Comida carta 15,63 a 25,54 – ⊑ 4,66 – **10 hab** 28,55/41,47.

URDAZUBI o **URDAX** 31711 Navarra **442** C 25 – 459 h alt. 95.
Madrid 475 – Bayonne 26 – Iruña/Pamplona 80.

🏠 **Irigoienea** ☚ sin rest, barrio Iribere - Noreste : 1,5 km ℰ 948 59 92 67, hoirigoinea @jet.es, Fax 948 59 92 43, ≤, « Ambiente acogedor en pleno campo » – TV P. MC
VISA. ✗
cerrado del 20 al 30 de junio y Navidades – ⊑ 3,61 – **11 hab** 27,50/54,09.

🍴 **La Koska**, San Salvador 3 ℰ 948 59 90 42, Fax 948 59 90 42, « Decoración rústica »
– P. AE MC VISA
cerrado del 15 al 30 de noviembre, domingo noche y lunes – **Comida** carta 23 a 29.

URKIOLA (Puerto de) 48211 Bizkaia 442 C 22 – alt. 700.

Madrid 386 – *Bilbao* 40 – Donostia-San Sebastián 79 – Vitoria-Gasteiz 31.

Bizkarra con hab, ℰ 94 681 20 26, Fax 94 681 20 26, ⌂ – 🅟 AE MC VISA. ⊗ cerrado 24 diciembre-10 enero – **Comida** (cerrado lunes) carta aprox. 26 – **4 hab** ⊇ 27/45.

USURBIL 20170 Gipuzkoa 442 C 23 – alt. 27.

Madrid 485 – Bilbao 97 – Iruña/Pamplona 88 – *Donostia-San Sebastián* 9.

por la carretera de Bilbao Oeste : 3 km y desvío a la izquierda 0,5 km :

Saltxipi, Txoko Alde 23, ✉ 20170, ℰ 943 36 11 27, saltxipi@adenet.es, Fax 943 36 55 54, ⌂, « Decoración regional » – 🖬 🅟 ⓘ MC VISA. ⊗ cerrado del 1 al 15 de julio, del 1 al 15 de noviembre, domingo noche y lunes – **Comida** carta 36 a 46.

Zumeta, Txoko Alde 34, ✉ 20170, ℰ 943 36 27 13 – 🖬. MC VISA cerrado martes noche y miércoles noche – **Comida** carta 16,25 a 24,95.

UTEBO 50180 Zaragoza 443 G 27 – 7 766 h alt. 207.

Madrid 334 – Iruña/Pamplona 157 – Zaragoza 13.

en la antigua carretera N 232 Oeste : 2 km :

El Águila, ✉ 50180, ℰ 976 77 11 00, elaguila@jazzfree.com, Fax 976 77 11 05 – 🖬 TV 🅟 – 🛏 25/200. AE ⓘ MC VISA. ⊗ rest **Comida** (cerrado domingo) 9 – ⊇ 3 – **50 hab** 28,50/41,70.

en la autovía N 232 Sureste : 2,5 km :

Las Ventas, dirección Logroño, ✉ 50180, ℰ 976 77 04 82, Fax 976 77 04 82, ⊼, ✗ – 🖬 TV 🅟 – 🛏 25/200 **Comida** La Sidrería – **57 hab.**

UTIEL 46300 València 445 N 26 – 11 392 h alt. 720.

Madrid 269 – Albacete 117 – Almansa 97 – València 82.

El Carro, Héroes del Tollo 21 ℰ 96 217 11 31 – 🖬. AE MC VISA. ⊗ cerrado 24 junio-7 julio, domingo y miércoles noche – **Comida** carta 25,24 a 33,06.

VACARISSES 08233 Barcelona 443 H 35 – 871 h alt. 382.

Madrid 595 – *Barcelona* 42 – Lleida/Lérida 130 – Manresa 22 – Terrassa/Tarrasa 10.

El Cingle, pl. Major ℰ 93 828 02 33, elcingle@elcingle.com, Fax 93 835 96 42, ⌂ – 🖬. AE MC VISA cerrado 1 semana en enero, Semana Santa, del 15 al 31 de agosto y lunes – **Comida** - sólo almuerzo de domingo a miércoles - carta aprox. 44,78.

VADILLOS 16892 Cuenca 444 K 23.

Madrid 234 – Cuenca 70 – Teruel 164.

Caserío de Vadillos, av. San Martín de Porres ℰ 969 31 32 39, Fax 969 31 32 01 – TV 🅟 ⓘ MC VISA. ⊗ **Comida** 10 – ⊇ 3 – **22 hab** 30/43,30.

El Batán ⊗, carret. de Solán de Cabras - Sureste : 1 km ℰ 969 31 31 42 – 🅟 **19 hab.**

VADOCONDES 09491 Burgos 442 H 19 – 493 h alt. 831.

Madrid 167 – Aranda de Duero 11 – Burgos 94 – Soria 101 – Valladolid 104.

Dos Escudos, carret. N 122 - Suroeste : 1 km ℰ 947 52 80 12, Fax 947 52 80 12 – 🖬 rest, TV 🚗 🅟 MC VISA. ⊗ **Comida** 9,02 – ⊇ 2,40 – **17 hab** 27,05/42,07.

VALCARLOS Navarra – ver Luzaide.

VALDECABALLEROS 06689 Badajoz 444 O 14 – 1 755 h alt. 419.

Madrid 227 – Cáceres 132 – Plasencia 167.

Hostería Los Encinares ⊗, carret. de Guadalupe ℰ 924 64 32 12, losencinares@t eleline.es, Fax 924 64 32 35, ⊼, ✗ – 🖬 TV 🅟 – 🛏 25/300. VISA. ⊗ **Comida** 10,22 – ⊇ 3,22 – **55 hab** 62,20/78,13.

VALDELAGRANA Cádiz – ver El Puerto de Santa María.

VALDELATEJA 09145 Burgos **442** D 18 – alt. 772.
Madrid 293 – Bilbao 106 – Burgos 57 – Santander 95 – Vitoria-Gasteiz 128.

Balneario de Valdelateja ⟋, carret. N 623 ℘ 947 15 02 20, *grupocastelar@mu ndivia.es*, Fax 947 15 02 71, ≤, Servicios terapéuticos, « Bonito paraje junto al río Rudrón », ₤₅, ⣱, ⟋ – |⌷| TV P. – ⤤ 25/70. AE MO VISA. ⪥
cerrado 11 diciembre-febrero – **Comida** 10,82 – **34 hab** ⌷ 76,93/99,76.

VALDEMORO 28340 Madrid **444** L 18 – 17 954 h.
Madrid 27 – Aranjuez 21 – Toledo 53.

Rus sin rest y sin ⌷, Estrella de Elola 8 ℘ 91 895 67 11, Fax 91 895 24 83 – ▤ TV. ⪥
16 hab 36/48.

XXX **Chirón,** Alarcón 27 ℘ 91 895 69 74, *rte.chiron@terra.es*, Fax 91 895 69 60 – ▤. AE ① MO VISA JCB. ⪥
cerrado del 1 al 21 de agosto y domingo noche – **Comida** carta 25,84 a 30,66.

VALDEPEÑAS 13300 Ciudad Real **444** P 19 – 25 067 h alt. 720.
Alred. : San Carlos del Valle★ (plaza Mayor★) Noreste : 22 km.
Madrid 203 – Albacete 168 – Alcázar de San Juan 87 – Aranjuez 156 – Ciudad Real 62 – Córdoba 206 – Jaén 135 – Linares 96 – Toledo 153 – Úbeda 122.

Hospedería Museo Valdepeñas, Unión 98 ℘ 926 31 07 95, Fax 926 31 08 82, ⣱,
« En una antigua bodega » – ▤ TV. AE ① MO VISA. ⪥
Comida 11,40 – ⌷ 5 – **13 hab** 33,13/57,20.

Central sin rest con cafetería, Capitán Fillol 4 ℘ 926 31 33 88, Fax 926 31 35 09 – |⌷|
▤ TV ⟅⟆. MO VISA JCB. ⪥
⌷ 3,50 – **26 hab** 32/52,30.

en la autovía N IV :

Sol Inn El Hidalgo, Norte : 7 km, ✉ 13300, ℘ 926 31 30 88, *sol.inn.el.hidalgo@sol melia.es*, Fax 926 31 33 36, « ⟋ rodeada de césped », ⟅⟆ – ▤ TV P. AE ① MO VISA JCB. ⪥ rest
Comida 18 – ⌷ 8 – **54 hab** 73/89 – PA 36.

Vista Alegre, Noroeste : 3 km, ✉ 13300, ℘ 926 31 17 76, Fax 926 31 00 54 – ▤ TV
P. VISA. ⪥
Comida 7,66 – ⌷ 2,70 – **15 hab** 30,05/39,07.

XX **La Aguzadera,** Norte : 4 km, ✉ 13300, ℘ 926 32 32 08, *la-aguzadera@manchanet.es,*
Fax 926 31 14 02, ⟿, ⣱, ⟋ – ▤ P. AE ① MO VISA. ⪥
cerrado del 15 al 28 de febrero y lunes – **Comida** - cocina regional - carta 22,57 a 34,64.

X **Venta La Quintería,** Norte : 4 km, ✉ 13300, ℘ 926 33 82 93, *la-aguzadera@man chanet.es*, Fax 926 31 14 02, « Venta típica manchega con patio » – ▤ P. AE ① MO VISA. ⪥
cerrado del 1 al 15 de febrero y miércoles – **Comida** - cocina regional - carta aprox. 22,24.

VALDERROBRES 44580 Teruel **443** J 30 – 1870 h alt. 508.
Madrid 421 – Lleida/Lérida 141 – Teruel 195 – Tortosa 56 – Zaragoza 141.

Querol, av. Hispanidad 14 ℘ 978 85 01 92, *hostalquerol@terra.es*, Fax 978 89 08 57 –
▤ TV. MO VISA. ⪥
Comida (cerrado domingo) 10,22 – ⌷ 4,50 – **19 hab** 22,53/37,56.

VALDEVIMBRE 24230 León **441** E 13 – 1 275 h alt. 811.
Madrid 332 – León 25 – Palencia 123 – Ponferrada 104 – Valladolid 133.

X **La Cueva del Cura,** Cuesta de la Horca ℘ 987 30 40 37, « Rest. típico en una cueva »
– ① MO VISA. ⪥
cerrado martes salvo julio y agosto – **Comida** carta 14,12 a 21,34.

VALDILECHA 28511 Madrid **444** L 20 – 1665 h alt. 718.
Madrid 44 – Guadalajara 48 – Toledo 111.

El Palacete de La Ochava, prolongación calle Alcalá 4 ℘ 91 876 10 20, *laochava @airtel.net*, Fax 91 876 10 21 – |⌷| ▤ TV ⟅⟆. AE ① MO VISA. ⪥
Comida - ver rest. *La Ochava* – ⌷ 4,81 – **20 hab** 42,08/54,10.

X **La Ochava** - Hotel El Palacete de La Ochava, Mayor 58 ℘ 91 873 80 69, *laochava@a irtel.net*, Fax 91 873 86 10 – ▤. AE MO VISA. ⪥
Comida carta aprox. 24,19.

VALÈNCIA

46000 **P** **445** *N 28 y 29 – 777 427 h. alt. 13.*

Madrid 352 ④ – Albacete 183 ③ – Alacant/Alicante (por la costa) 174 ③ – Barcelona 355 ① – Bilbao 600 ① – Castelló de la Plana/Castellón de la Plana 75 ① – Málaga 608 ③ – Sevilla 659 ④ – Zaragoza 318 ①.

OFICINAS DE TURISMO

i *Pl. del Ayuntamiento 1,* ✉ *46002.* 🕾 *96 351 04 17, turistinfo.aytovalencia@ turisme.m400.gva.es Fax 96 352 58 12, Paz 48,* ✉ *46003,* 🕾 *96 398 64 22, turistinfo.valencia@ turisme.m400.gva.es Fax 96 398 64 21, Xàtiva 24 (Estación del Norte),* ✉ *46007,* 🕾 *96 352 85 73, turistinfo.renfe@ turisme.m400.gva.es Fax 96 352 85 73 y Poeta Querol,* ✉ *46002,* 🕾 *96 351 49 07, turistinfo.dipuvalencia@ turisme.m400.gva.es Fax 96 351 99 27.*

INFORMACIONES PRÁCTICAS

R.A.C.E. *(R.A.C. de Valencia) Av. Regne de València 64* ✉ *46005.* 🕾 *96 374 94 05, Fax 96 373 71 06.*

9 *Club de Golf Manises por ④ : 12 km* 🕾 *96 153 40 69.*
18 *Club Escorpión NO : 19 km por carretera de Liria* 🕾 *96 160 12 11.*
18 *El Saler (Parador de El Saler) por ② : 15 km* 🕾 *96 161 03 84.*

✈ *de Valencia-Manises por ④ : 11 km* 🕾 *96 159 85 00 – Iberia : Paz 14,* ✉ *46003,* 🕾 *902 400 500* EFY.

🚢 *para Baleares : Cia. Trasmediterránea, Estación Maritima,* ✉ *46024,* 🕾 *96 367 75 80, Fax 96 367 06 44* CV.

CURIOSIDADES

Ver : *La Ciudad Vieja★ : Catedral★ (El Miguelete★, Capilla del Santo Cáliz★)* EX, *Palacio de la Generalidad★ (artesonado★ del Salón dorado)* EX **D** ; *Lonja★ (sala de la contratación★★)* DY.

Otras curiosidades : *Museo de Cerámica★★ (Palacio del Marqués de Dos Aguas★★)* EY **M¹** – *Museo de Bellas Artes San Pio V★ (primitivos valencianos★★)* FX – *Colegio del Patriarca o del Corpus Christi★ (triptico de la Pasión★)* EY **N** – *Torres de Serranos★* EX.

VALÈNCIA

Un Consejo Michelin:

Para que sus viajes sean un éxito, prepárelos de antemano. Los mapas y las guías Michelin le proporcionan todas las indicaciones útiles sobre: itinerarios, visitas de curiosidades, alojamiento, precios, etc...

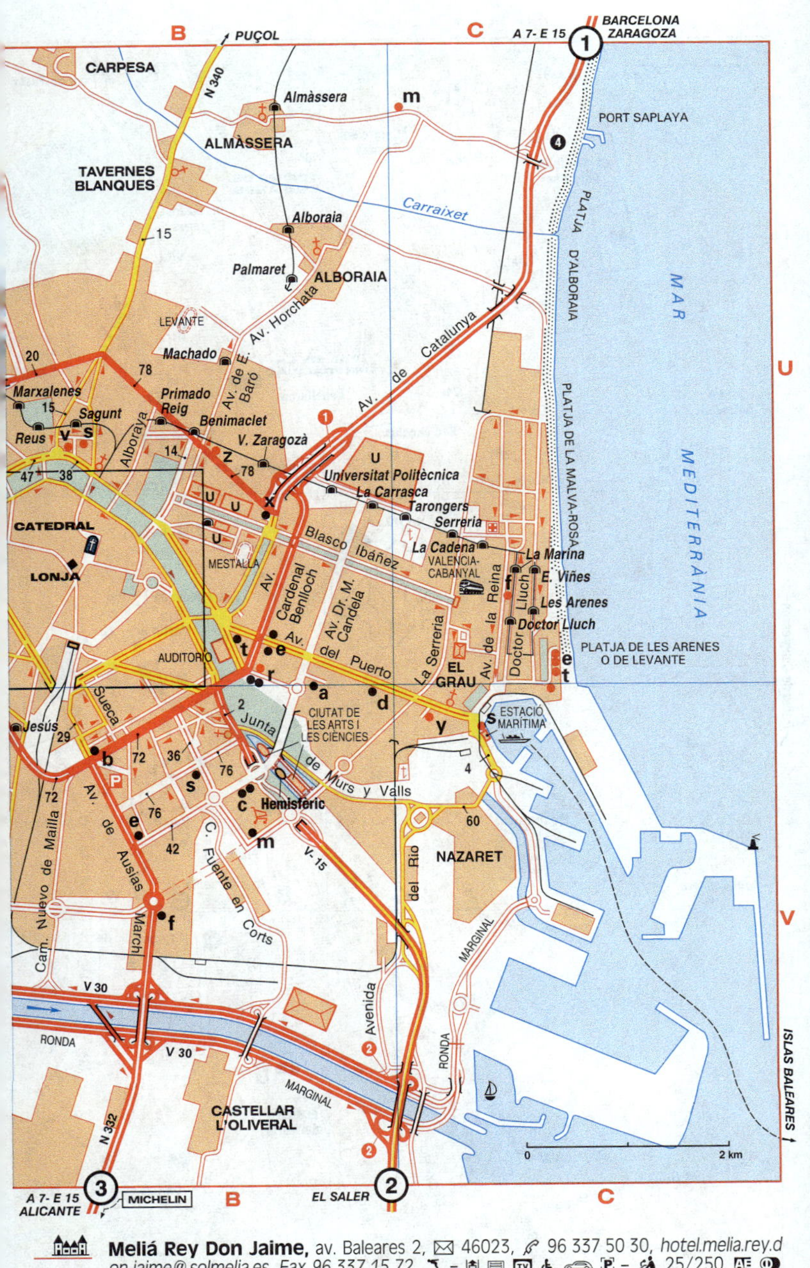

Meliá Rey Don Jaime, av. Baleares 2, ✉ 46023, ✆ 96 337 50 30, hotel.melia.rey.d
on.jaime@solmelia.es, Fax 96 337 15 72, ⚊ ‑ 🛗 📶 TV 🚻 🚗 Ⓟ ‑ 🏊 25/250. AE ①
Ⓜ Ⓒ VISA ❌   BU   r
Comida carta 33,06 a 39,07 ‑ ☕ 10,82 ‑ 317 hab 126,21/150,25 ‑ 1 suite.

NH Las Artes, av. Instituto Obrero 28, ✉ 46013, ✆ 96 335 13 10, nhlasartes@ nh-hotel
es.es, Fax 96 374 86 22, ↕, ⚊ ‑ 🛗 📶 TV 🚗 ‑ 🏊 25/250. AE ① Ⓜ Ⓒ VISA JCB ❌
Comida carta aprox. 24,63 ‑ ☕ 10,22 ‑ 172 hab 129,22/162,27 ‑ 2 suites.   BV   c

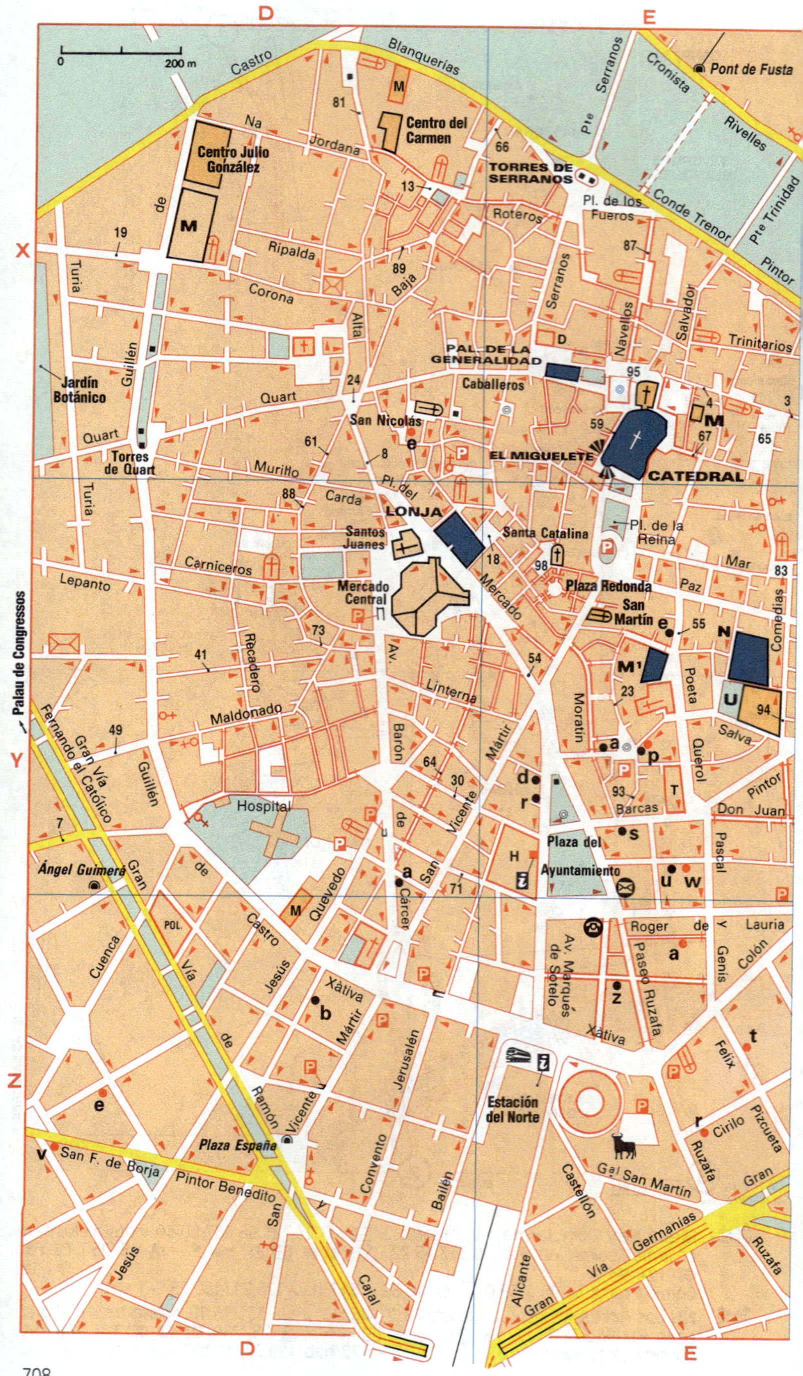

D
E
0 200 m
Castro
Blanquerías
Pte Serranos
Cronista
Pont de Fusta
M
81
Centro del Carmen
66
Rivelles
Pte Trinidad
Na
Jordana
TORRES DE SERRANOS
Conde Trenor
Centro Julio González
13
Pl. de los Fueros
Pintor
M
Ripalda
Roteros
87
X
19
Corona
Baja
89
Serranos
Trinitarios
Turia
Guillén
Alta
Navellos
Salvador
Quart
24
PAL. DE LA GENERALIDAD
D
Jardín Botánico
Caballeros
95
3
Quart
San Nicolás
61
e
59
M
4
Torres de Quart
8
San Nicolás
EL MIGUELETE
CATEDRAL
67
65
Turia
Murillo
P
Pl. del
88
Carda
LONJA
Santa Catalina
Pl. de la Reina
Santos Juanes
18
98
Mar
83
Carniceros
Mercado Central
Plaza Redonda
San Martín
e
55
Lepanto
Mercado
N
Palau de Congressos
73
54
M¹
Comedias
41
Recadero
Linterna
23
U
94
Maldonado
Barón
Moratín
Poeta
Salva
Gran Vía Fernando el Católico
49
a
p
Pintor
Guillén
64
Mártir
d
93
T
Don Juan
Y
7
30
r
Barcas
Pascal
Hospital
Vicente
H
s
Ángel Guimerá
San
i
Plaza del Ayuntamiento
u
w
de
a
Cárcel
71
Roger
de
y
Lauria
Quevedo
M
Av. Marqués de Sotelo
a
Colón
Castro
Paseo Ruzafa
Cuenca
Vía
Jesús
Xàtiva
z
Gran
de
b
Mártir
Xàtiva
t
Felix
Z
e
Jerusalén
Estación del Norte
Pizcueta
Ramón
Vicente
i
Cirilo
Ruzafa
r
Plaza España
Gran
V
San F. de Borja
Convento
Bailén
Gat San Martín
Castellón
Pintor Benedito
San
Vía Germanías
Gran
Jesús
Cajal
Alicante
Gran
Ruzafa

VALÈNCIA

Jardines
del Real
U
Av. Blasco Ibáñez
MUSEO DE
BELLAS ARTES
SAN PIO V
San Pio V
General Elio
Jardín de Monforte
Llano del Real
Micer Masco
X
López
M
G
48
Viejo
Pl. del Temple
Puente del Real
Paseo de la
Gobernador
P
Paseo de la
Mar
Pl. de Tetuán
Convento de Santo Domingo
35
Alameda
Puente Calatrava
Alameda
Paz
LA GLORIETA
Pl. Alfonso el Magnánimo
Ciudadela
Y
el Pontó
Sorolla
77
Colón
de Austria
J
Plaza Porta de la Mar
Av. Navarro Reverter
Grabador
n
Sorni
s
Plaza
América
Conde Salvatierra de Alava
Jorge
Esteve
P
Isabel la Católica
Amorós
P
Puente de Aragón
Av. Jacinto Benavente
q
P
Hernán
s
Cirilo
Juan
Turia
Altea
Pizarro
Amorós
Cortés
z
e
P
de
Ciscar
Salamanca
Z
Marqués
Joaquín
k
m
Via
Maestro
Conde
Burriana
b
Almirante
Gozalbo
a
P
Costa
Doña
Germana
d
Av. Regne
de
Reina
València
f
h
TARRAGONA
ALACANT / ALICANTE
PLATJA DE MALVA-ROSA
L'Hemisfèric
F

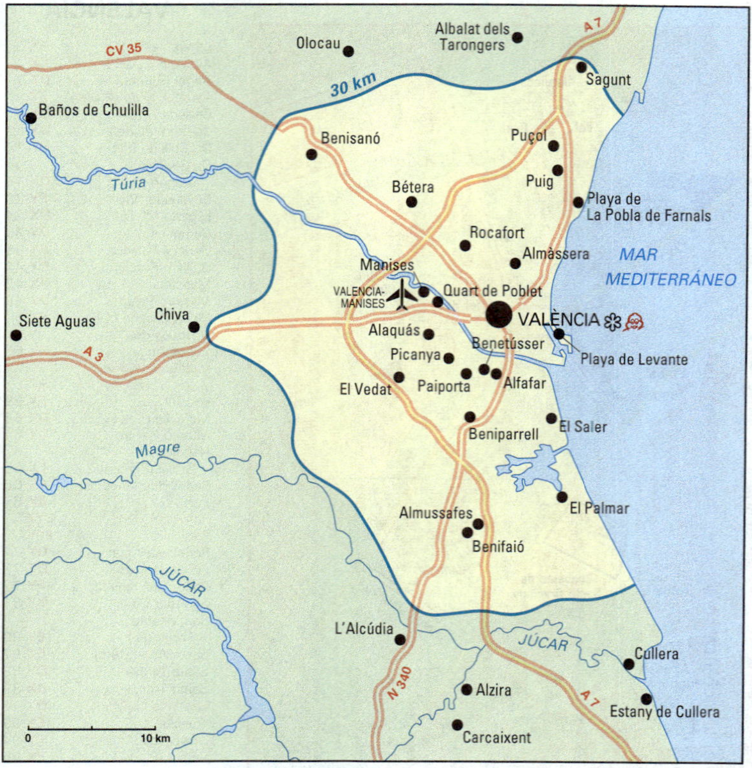

Hesperia Parque Central, pl. Manuel Sanchís Guarner, ⊠ 46006, ℰ 96 303 91 00, *hotel@ hesperia-parquecentral.com*, Fax 96 303 91 30, ⅃ – ▯ ▤ TV ⇔ – 🛎 25/250.
AE ⓸ MC VISA. ⊗ BV b
Comida 17,42 – ⌑ 8,41 – **178 hab** 126,21/159,27 – 14 suites.

Meliá Plaza, pl. del Ayuntamiento 4, ⊠ 46002, ℰ 96 352 06 12, *melia.plaza@ solme lia.com*, Fax 96 352 04 26, ⅃ – ▯ ▤ TV ⅃ – 🛎 25/80. AE ⓸ MC VISA JCB. ⊗ EY d
Comida 17,43 – ⌑ 8,41 – **100 hab** 127,41/161,07 – 1 suite – PA 34,86.

Abba Acteón sin rest con cafetería, Vicente Beltrán Grimal 2, ⊠ 46023, ℰ 96 331 07 07, *acteon@ acteon.com*, Fax 96 330 22 30, ⅃ – ▯ ▤ TV ⅃ ⇔ – 🛎 25/400. AE ⓸ MC VISA. ⊗ BUV a
⌑ 10,22 – **182 hab** 120/150 – 5 suites.

NH Center, Ricardo Micó 1, ⊠ 46009, ℰ 96 347 50 00, *nhcenter@ nh-hoteles.es*, Fax 96 347 62 52, ⅃, ⅃ climatizada, ▧ – ▯ ▤ TV ⅃ ⇔ – 🛎 25/400. AE ⓸ MC VISA JCB. ⊗ AU r
Comida 21,04 – ⌑ 10,22 – **190 hab** 129,22 – 3 suites – PA 51,69.

Holiday Inn Valencia, paseo de la Alameda 38, ⊠ 46023, ℰ 96 303 21 00, *maria. escudero@basshotels.com*, Fax 96 303 21 26, ⅃ – ▯ ▤ TV ⅃ ⇔ – 🛎 25/55. AE ⓸ MC VISA. ⊗ rest BU r
Comida 21,04 – ⌑ 10,50 – **200 hab** 185/225.

Jardín Botánico sin rest, peset Cervera 6, ⊠ 46008, ℰ 96 315 40 12, *inf-reservas @hoteljardinbotanico.com*, Fax 96 315 34 08 – ▯ ▤ TV. AE MC VISA. ⊗ AU f
⌑ 9 – **16 hab** 93,16/99,17.

Conqueridor, Cervantes 9, ⊠ 46007, ℰ 96 352 29 10, *hconquer@ infonegocio.com*, Fax 96 352 28 83 – ▯ ▤ TV – 🛎 25/80. AE ⓸ MC VISA JCB. ⊗ DZ b
Comida 19 – ⌑ 10 – **55 hab** 100/160 – 4 suites – PA 39.

Meliá Confort Inglés, Marqués de Dos Aguas 6, ✉ 46002, ☎ 96 351 64 26, *melia* *.confort.ingles@solmelia.es, Fax 96 394 02 51,* « Instalado en el palacio de los Duques de Cardona-siglo XVIII » – ⃖ ▤ TV – ⚇ 25/60. AE ⓪ MC VISA JCB. ✗   **EY e**
Comida 14 – ☕ 8 – **63 hab** 110/139.

Dimar sin rest con cafetería, Gran Vía Marqués del Turia 80, ✉ 46005, ☎ 96 395 10 30, *dimar@mx2.redestb.es, Fax 96 395 19 26* – ⃖ ▤ TV – ⚇ 25/50. AE ⓪ MC VISA. ✗   **FZ q**
☕ 9 – **103 hab** 72,70/119,70 – 1 suite.

Reina Victoria, Barcas 4, ✉ 46002, ☎ 96 352 04 87, *hreinavictoriavalencia@husa.es, Fax 96 352 27 21* – ⃖ ▤ TV – ⚇ 25/75. AE ⓪ MC VISA. ✗   **EY s**
Comida 13,70 – ☕ 8,70 – **94 hab** 87,70/131,70 – 3 suites.

NH Ciudad de Valencia ⌂, av. del Puerto 214, ✉ 46023, ☎ 96 330 75 00, *nhc-v* *alencia@nh-hoteles.es, Fax 96 330 98 64* – ⃖ ▤ TV ⌂ – ⚇ 30/80. AE ⓪ MC VISA JCB. ✗   **BV d**
Comida 15,03 – ☕ 8,42 – **147 hab** 95,59 – 2 suites.

Excelsior sin rest, Barcelonina 5, ✉ 46002, ☎ 96 351 46 12, *Fax 96 352 34 78* – ⃖ ▤ TV ♿. AE ⓪ MC VISA. ✗   **EY a**
☕ 9,02 – **81 hab** 131,62/164,71.

Turia, Profesor Beltrán Baguena 2, ✉ 46009, ☎ 96 347 00 00, *hoteltur@infonegoci* *o.com, Fax 96 347 32 44* – ⃖ ▤ TV ⌂ – ⚇ 25/300. AE MC VISA. ✗   **AU r**
Comida - sólo cena - 18,03 – ☕ 8,41 – **160 hab** 108,18 – 10 suites.

Cónsul del Mar, av. del Puerto 39, ✉ 46021, ☎ 96 362 54 32, *reservas@hotelcon* *suldelmar.com, Fax 96 362 16 25,* « Antigua casa señorial », ⚘, ▥ – ⃖ ▤ TV P – ⚇ 25/50. AE ⓪ MC VISA   **BU e**
Comida 8,71 – ☕ 5,41 – **45 hab** 81,14/87,15.

NH Abashiri, av. Ausias March 59, ✉ 46013, ☎ 96 373 28 52, *Fax 96 373 49 66* – ⃖ ▤ TV ⌂ – ⚇ 30/250. AE ⓪ MC VISA JCB. ✗   **BV e**
Comida 17,43 – ☕ 8,41 – **168 hab** 78,13/102,17 – PA 30,77.

Express by Holiday Inn Ciudad de las Ciencias sin rest con cafetería por la noche, Escritor Rafael Ferreres 22, ✉ 46013, ☎ 96 316 25 30, *Fax 96 395 28 48* – ⃖ ▤ TV ♿ ⌂ P – ⚇ 25/100   **BV m**
100 hab.

NH Villacarlos sin rest, av. del Puerto 60, ✉ 46023, ☎ 96 337 50 25, *nhvillacarlos* *@nhhoteles.es, Fax 96 337 50 74* – ⃖ ▤ TV. AE ⓪ MC VISA. ✗   **BU e**
☕ 9 – **51 hab** 126,60.

Ad-Hoc, Boix 4, ✉ 46003, ☎ 96 391 91 40, *adhoc@nexo.net, Fax 96 391 36 67,* « Bonito edificio del siglo XIX » – ⃖ ▤ TV. AE ⓪ MC VISA. ✗ rest   **FX a**
Comida *(cerrado sábado mediodía y domingo)* 18,60 – ☕ 6,01 – **28 hab** 105/131.

Express Las Artes sin rest, av. Instituto Obrero 26, ✉ 46013, ☎ 96 335 60 62, *exla* *sartes@nh-hoteles.es, Fax 96 333 46 83* – ⃖ ▤ TV ⌂. AE ⓪ MC VISA JCB. ✗   **BV c**
☕ 8 – **121 hab** 81,33.

Express by Holiday Inn Valencia San Luis sin rest, av. de Ausias March 99, ✉ 46013, ☎ 96 306 30 00, *Fax 96 306 30 40* – ⃖ ▤ TV ♿ ⌂ – ⚇ 25/70. AE ⓪ MC VISA JCB   **BV f**
125 hab ☕ 84,11.

Renasa sin rest con cafetería, av. de Cataluña 5, ✉ 46010, ☎ 96 369 24 50, *hotel-r* *enasa@conexion2000.com, Fax 96 393 18 24* – ⃖ ▤ TV – ⚇ 25/75. AE ⓪ MC VISA. ✗   **BU x**
69 hab ☕ 66,11/108,18 – 4 suites.

Expo H. Valencia, av. Pío XII-4, ✉ 46009, ☎ 96 347 09 09, *comercialval@expogru* *po.com, Fax 96 348 31 81,* ▥ – ⃖ ▤ TV – ⚇ 25/500. AE ⓪ MC VISA JCB. ✗   **AU e**
Comida carta 17,44 a 22,22 – ☕ 7,80 – **400 hab** 81,74/102,17.

Serrano, General Urrutia 48, ✉ 46013, ☎ 96 334 78 00, *Fax 96 334 78 01* – ⃖ ▤ TV ♿ ⌂ P – ⚇ 25/300. AE ⓪ MC VISA. ✗   **BV s**
Comida *(cerrado sábado, domingo y festivos)* 11,41 – ☕ 6,31 – **105 hab** 64,30.

Mediterráneo sin rest, Barón de Cárcer 45, ✉ 46001, ☎ 96 351 01 42, *riasmedite* *r@terra.es, Fax 96 351 01 42* – ⃖ ▤ TV. AE ⓪ MC VISA JCB. ✗   **DY a**
☕ 4,80 – **34 hab** 60,10/93,20.

Villarreal sin rest, Àngel Guimerà 58, ✉ 46008, ☎ 96 382 46 33, *Fax 96 384 02 47* – ⃖ ▤ TV ♿   **AU b**
28 hab.

Venecia sin rest y sin ☕, En Llop 5, ✉ 46002, ☎ 96 352 42 67, *Fax 96 352 44 21* – ⃖ ▤ TV. ⓪ MC VISA   **EY r**
55 hab 91,35/96,16.

Continental sin rest, Correos 8, ✉ 46002, 𝒸 96 353 52 82, *continental@contitel.es*, *Fax 96 353 11 13* – |✿| ▣ ▣. 🅰🅴 ⓪ ⓜⓒ 𝘝𝘐𝘚𝘈. 🚳 – **43 hab** ⌑ 52/91.
EY u

Sorolla sin rest, Convento de Santa Clara 5, ✉ 46002, 𝒸 96 352 33 92, *hsorolla@in fonegocio.com, Fax 96 352 14 65* – |✿| ▣ ▣. 🅰🅴 ⓪ ⓜⓒ 𝘝𝘐𝘚𝘈 🅹🅲🅱 🚳 ⌑ 7 – **50 hab** 72/105.
EZ z

Rías Gallegas, Cirilo Amorós 4, ✉ 46004, 𝒸 96 352 51 11, *Fax 96 351 99 10* – ▣ 🅿. 🅰🅴 ⓪ ⓜⓒ 𝘝𝘐𝘚𝘈
EZ r
cerrado agosto y domingo – **Comida** carta 26,45 a 50,48.

Eladio, Chiva 40, ✉ 46018, 𝒸 96 384 22 44, *michel@resteladio.com, Fax 96 384 64 21* – ▣. 🅰🅴 ⓪ ⓜⓒ 𝘝𝘐𝘚𝘈. 🚳
AU a
cerrado agosto y domingo – **Comida** carta 24,34 a 32,76.

Óscar Torrijos, Dr. Sumsi 4, ✉ 46005, 𝒸 96 373 29 49, *Fax 96 373 29 49* – ▣. 🅰🅴 ⓪ ⓜⓒ 𝘝𝘐𝘚𝘈. 🚳
FZ h
cerrado 15 agosto-15 septiembre y domingo – **Comida** 51,09 y carta 36,06 a 48,08
Espec. Taco de bacalao con carpaccio de pies de cerdo y salsa de miel. Vieiras con patatas (octubre-abril). Tatin de manzanas con helado de vainilla.

Albacar, Sorní 35, ✉ 46004, 𝒸 96 395 10 05, *Fax 96 395 60 55* – ▣. 🅰🅴 ⓪ ⓜⓒ 𝘝𝘐𝘚𝘈. 🚳
FY s
cerrado Semana Santa, agosto, sábado mediodía, domingo y festivos – **Comida** carta 27,23 a 33,04.

La Sucursal, av. Navarro Reverter 16, ✉ 46004, 𝒸 96 374 66 65, *Fax 96 374 66 65* – ▣. 🅰🅴 ⓪ ⓜⓒ 𝘝𝘐𝘚𝘈. 🚳
FY n
cerrado agosto, sábado mediodía y domingo – **Comida** carta 25,24 a 33,96.

Vinatea - *Hotel Astoria Palace,* Vilaragut 4, ✉ 46002, 𝒸 96 398 10 00, *Fax 96 398 10 10* – ▣. 🅰🅴 ⓪ ⓜⓒ 𝘝𝘐𝘚𝘈 🅹🅲🅱. 🚳
EY p
Comida carta 21,64 a 38,32.

Kailuze, Gregorio Mayáns 5, ✉ 46005, 𝒸 96 335 45 39, *Fax 96 335 48 93* – ▣. 🅰🅴 ⓜⓒ 𝘝𝘐𝘚𝘈. 🚳
FZ d
cerrado Semana Santa y agosto – **Comida** - cocina vasco-navarra - carta 30,05 a 35,46.

El Gastrónomo, av. Primado Reig 149, ✉ 46020, 𝒸 96 369 70 36 – ▣ 🚗. 🅰🅴 ⓜⓒ 𝘝𝘐𝘚𝘈. 🚳
BU z
cerrado del 1 al 7 de enero, Semana Santa, agosto, domingo y lunes noche – **Comida** carta 23,40 a 30,50.

El Ángel Azul, Conde de Altea 33, ✉ 46005, 𝒸 96 374 56 56, *cocinarte@terra.es, Fax 96 374 56 56* – ▣. 🅰🅴 ⓪ ⓜⓒ 𝘝𝘐𝘚𝘈 🅹🅲🅱. 🚳
FZ e
cerrado agosto, domingo y lunes – **Comida** carta 28,50 a 49,50.

Joaquín Schmidt, Visitación 7, ✉ 46009, 𝒸 96 340 17 10, *Fax 96 340 17 10,* 🏠, « En una antigua casa con patio » – ▣. ⓪ ⓜⓒ 𝘝𝘐𝘚𝘈. 🚳
BU v
cerrado 15 días en Semana Santa, 15 días en agosto, domingo y lunes mediodía – **Comida** carta 33,06 a 54,09.

Civera, Lérida 11, ✉ 46009, 𝒸 96 347 59 17, *civera@ole.com, Fax 96 346 50 50* – ▣. 🅰🅴 ⓪ ⓜⓒ 𝘝𝘐𝘚𝘈. 🚳
BU s
cerrado Semana Santa, agosto, domingo noche y lunes – **Comida** - pescados y mariscos - carta aprox. 32,45.

Civera Centro, Mosén Femades 10, ✉ 46002, 𝒸 96 352 97 64, *civera@ole.com, Fax 96 346 50 50,* 🏠 – ▣. 🅰🅴 ⓪ ⓜⓒ 𝘝𝘐𝘚𝘈. 🚳
EZ a
cerrado Semana Santa y 15 junio-15 julio – **Comida** - pescados y mariscos - carta 26,44 a 28,25.

Ca'Sento, Méndez Núñez 17, ✉ 46024, 𝒸 96 330 17 75 – ▣. 🅰🅴 ⓜⓒ 𝘝𝘐𝘚𝘈. 🚳
CV y
cerrado agosto, domingo y lunes noche – **Comida** - es necesario reservar - 60,10 y carta 35,03 a 39,66
Espec. Canelones de trufa y queso. Ventresca de atún fresco con aceite de jengibre (mayo-noviembre). Arroz meloso marinero.

El Gourmet, Martí 3, ✉ 46005, 𝒸 96 395 25 09 – ▣. 🅰🅴 ⓪ ⓜⓒ 𝘝𝘐𝘚𝘈 🅹🅲🅱. 🚳
FZ b
cerrado Semana Santa, agosto y lunes – **Comida** carta aprox. 21,04.

El Timonel, Félix Pizcueta 13, ✉ 46004, 𝒸 96 352 63 00, *restaurante@eltimonel.com, Fax 96 351 17 32* – ▣. 🅰🅴 ⓪ ⓜⓒ 𝘝𝘐𝘚𝘈. 🚳
EZ t
cerrado lunes – **Comida** carta 22,54 a 29,45.

Chust Godoy, Boix 6, ✉ 46003, 𝒸 96 391 38 15, *Fax 96 391 38 15* – ▣. 🅰🅴 ⓪ ⓜⓒ 𝘝𝘐𝘚𝘈. 🚳
FX a
cerrado Semana Santa, agosto, sábado mediodía y domingo – **Comida** carta 25,84 a 36,06.

El Cabanyal, Reina 128, ✉ 46011, 𝒸 96 356 15 03, *Fax 96 355 29 00* – ▣. 🅰🅴 ⓪ ⓜⓒ 𝘝𝘐𝘚𝘈. 🚳
CU f
cerrado 15 agosto-15 septiembre y domingo – **Comida** carta 26,15 a 37,57.

XX **José Mari,** Estación Marítima 1º, ⊠ 46024, ℘ 96 367 27 15, ≼ – ▤. AE ① ⓶ VISA. ⅍
CV s
cerrado agosto – **Comida** - cocina vasca - carta 20,43 a 31,85.

XX **Alghero,** Burriana 52, ⊠ 46005, ℘ 96 333 35 79, *correo@alghero-rest.com* – ▤. AE ① ⓶ VISA. ⅍
FZ m
cerrado 15 días en Semana Santa y del 15 al 31 de agosto – **Comida** carta 21,81 a 26,43.

XX Musqueret, Joaquín Costa 61, ⊠ 46005, ℘ 96 395 90 54, *restmusqueret@fevet.com,*
Fax 96 395 90 54 – ▤
FZ f

XX **Valentina,** Correos 14, ⊠ 46002, ℘ 96 394 49 42, *valentina85@ozu.es* – ▤. AE ① ⓶ VISA. ⅍
EY w
cerrado agosto y domingo – **Comida** carta 19 a 22,40.

X **Montes,** pl. Obispo Amigó 5, ⊠ 46007, ℘ 96 385 50 25 – ▤. AE ① VISA. ⅍
DZ v
cerrado Semana Santa, agosto, domingo noche y lunes – Comida carta 18,34 a 30.

X **San Nicolás,** pl. Horno de San Nicolás 8, ⊠ 46001, ℘ 96 391 59 84, *Fax 96 391 59 84*
– ▤. AE ⓶ VISA JCB. ⅍
DX e
cerrado agosto, domingo noche y lunes – **Comida** carta 26 a 31.

X **Chocomeli,** Poeta Antonino Chocomeli 6, ⊠ 46015, ℘ 96 348 37 90 – ▤. AE ① ⓶ VISA. ⅍
AU c
cerrado Navidades, Semana Santa, del 12 al 25 de agosto, domingo y festivos – **Comida**
- es necesario reservar - carta 25,40 a 36,07.

X **Mey Mey,** Historiador Diago 19, ⊠ 46007, ℘ 96 384 07 47 – ▤. AE ① ⓶ VISA. ⅍
cerrado Semana Santa y 3 últimas semanas de agosto – **Comida** - rest. chino - carta 16,52
a 21,85.
DZ e

X **Eguzki,** av. Baleares 1, ⊠ 46023, ℘ 96 337 50 33 – ▤. ⓶ VISA. ⅍
BU r
cerrado agosto y domingo – **Comida** - cocina vasca - carta 21,34 a 26,45.

X **Palace Fesol,** Hernán Cortés 7, ⊠ 46004, ℘ 96 352 93 23, *Fax 96 352 93 23,* Decoración regional – ▤. AE ① ⓶ VISA. ⅍
FZ s
cerrado Semana Santa, 15 días en agosto, sábado y domingo en verano y lunes resto del
año – **Comida** carta 20 a 30.

X **Bazterretxe,** Maestro Gozalbo 25, ⊠ 46005, ℘ 96 395 18 94 – ▤. AE VISA. ⅍
FZ a
cerrado agosto y domingo noche – Comida - cocina vasca - carta 16,53 a 22,54.

X **El Romeral,** Gran Vía Marqués del Turia 62, ⊠ 46005, ℘ 96 395 15 17 – ▤. AE ① ⓶ VISA. ⅍
FZ z
cerrado Semana Santa, agosto y lunes – Comida carta 18,03 a 22,84.

en la playa de Levante (Les Arenes) CUV :

XX **La Rosa,** av. de Neptuno 70, ⊠ 46011 València, ℘ 96 371 20 76, *Fax 96 371 25 65,* ≼,
🌳 – ▤. AE ① ⓶ VISA. ⅍
CU e
cerrado 15 agosto-7 septiembre y sábado-domingo en julio-agosto – **Comida** - sólo almuerzo en invierno, arroces, pescados y mariscos - carta 24,04 a 31,85.

X **L'Estimat,** av. de Neptuno 16, ⊠ 46011 València, ℘ 96 371 10 18, *Fax 96 372 73 85,*
≼, 🌳 – ⓶ VISA. ⅍
CU t
cerrado 15 días en Semana Santa, 15 agosto-3 septiembre, domingo noche, lunes noche
y martes – **Comida** carta 28,13 a 37,24.

X **La Pepica,** av. de Neptuno 6, ⊠ 46011 València, ℘ 96 371 03 66, *Fax 96 371 42 00,*
≼, 🌳 – ▤. AE ① ⓶ VISA. ⅍
CU t
cerrado del 16 al 30 de noviembre, domingo noche y festivos noche – **Comida** carta 23,14
a 35,46.

X **Chicote** con hab, av. de Neptuno 34, ⊠ 46011 València, ℘ 96 371 61 51, ≼, 🌳 –
▤ rest,. AE ① ⓶ VISA. ⅍
CU e
cerrado del 1 al 15 de enero y del 1 al 15 de septiembre – **Comida** *(cerrado lunes)* carta
15,17 a 27,05 – ☕ 2,55 – **19 hab** 27,05/40,57.

junto a la Fira de Mostres *por la carretera C 234 - Noroeste : 8,5 km :*

🏨 Feria, av. de las Ferias 2, ⊠ 46035 Benimàmet, ℘ 96 364 44 11, *hferia@xpress.es,*
Fax 96 364 54 83 – ▐▌ ▤ TV 🚗 – ▲ 25/250 – **136 suites.**
AU n

🏨 **NH Jardines del Turia,** Pintor Velázquez, ⊠ 46100 Burjassot, ℘ 96 390 54 60, *nhja*
rdinturia@nh-hoteles.es, Fax 96 364 63 61 – ▐▌ ▤ TV 🚗 – ▲ 25/100. AE ① ⓶ VISA. ⅍
AU t
Comida carta 27,05 a 36,06 – ☕ 9 – **97 apartamentos** 119 – 15 hab.

🏨 **Vora Fira,** Cullera 67, ⊠ 46035 Benimàmet, ℘ 96 364 00 52, *hvorafira@accesosis.es,*
Fax 96 364 14 95 – ▐▌ ▤ TV P – ▲ 25/150. AE ① ⓶ VISA. ⅍
AU n
Comida 10,80 – ☕ 6,01 – **110 hab** 114,50/145.

en Almàssera *Noreste : 9 km :*

XX **Lluna de València,** Camí del Mar 56, ⊠ 46132 Almàssera, ✆ 96 185 10 86, *Fax 96 185 10 06*, « *Antigua alquería* » – 🗏 **P.** AE ➀ ⓜⓒ *VISA*. ⌀   CU m
cerrado Semana Santa, sábado mediodía y domingo – **Comida** carta 18,18 a 24,49.

en Benetússer *Sur : 6 km :*

🏠 Benetússer, av. de Paiporta 54, ⊠ 46910 Benetússer, ✆ 96 375 11 44, *Fax 96 376 00 11* – |‡| 🗏 ⊺ⱽ ⇔ – 🕿 25/50   AV s
63 hab.

en Paiporta *Suroeste : 6 km :*

X **Machado Dotze,** Antonio Machado 12, ⊠ 46200 Paiporta, ✆ 96 397 22 27 – 🗏. AE
ⓜⓒ *VISA*. ⌀   AV x
cerrado agosto y domingo – **Comida** carta 25,24 a 33,66.

VALÈNCIA D'ÀNEU 25587 Lleida **443** E 33 – *alt. 1075.*

Madrid 626 – Lleida/Lérida 170 – La Seu d'Urgell/Seo de Urgel 86.

🏠 **La Morera** ⌀, carret. C 28 ✆ 973 62 61 24, *lamorera@autovia.com*, *Fax 973 62 61 07*, ≼, ⌀ – |‡| ⊺ⱽ **P.** AE ⓜⓒ *VISA*. ⌀
26 diciembre-10 enero y 20 marzo-20 octubre – **Comida** 13,20 – ⌷ 5,40 – **27 hab** 39,07/57,10.

X **La Bonaigua** ⌀ con hab, carret. C 28 ✆ 973 62 61 10, *illena@retemail.es*, *Fax 973 62 62 01* – 🗏 rest, ⊺ⱽ **P.** ⓜⓒ *VISA*. ⌀
cerrado 15 enero-24 marzo y noviembre – **Comida** *(cerrado lunes salvo verano)* carta aprox. 24 – ⌷ 4,50 – **11 hab** 45.

VALENCIA DE DON JUAN 24200 León **441** F 13 – *3 920 h alt. 765.*

Madrid 285 – León 38 – Palencia 98 – Ponferrada 116 – Valladolid 105.

🏠 **Villegas,** Palacio 10 ✆ 987 75 01 61, 🗺 – |‡| ⊺ⱽ. *VISA*. ⌀ rest
Comida 13 – ⌷ 3 – **17 hab** 33/55.

X **Casa Alcón,** San Cristobal 1 ✆ 987 75 21 90, *casaalcon@terra.es* – 🗏. ➀ ⓜⓒ
@ *VISA*. ⌀
cerrado del 15 al 30 de octubre y noches de lunes a miércoles en invierno – **Comida** carta 18,04 a 30.

VALENTÍN 30420 Murcia **445** R 24.

Madrid 378 – Albacete 124 – Lorca 78 – Murcia 86.

 Molino Sahajosa ⌀, ✆ 968 72 01 70, *sahajosa@wanadoo.es*, *Fax 968 43 30 87*, « *Instalado en un antiguo molino en pleno campo* », ⌀ – & **P.** ⌀
Comida - sólo clientes - 12,02 – **10 hab** ⌷ 30/42.

La VALL DE BIANYA 17858 Girona **443** F 37 – *1 025 h alt. 480.*

Madrid 706 – Figueres 48 – Girona/Gerona 74 – Vic 74.

en la carretera C 26 :

XX **Ca l'Enric,** Noroeste : 2 km, ⊠ 17858, ✆ 972 29 00 15, *Fax 972 29 12 06*, 🏡 – 🗏
P. AE ⓜⓒ *VISA*. ⌀
cerrado 24 diciembre-15 enero, domingo noche y lunes – **Comida** carta 26,38 a 37,91.

X **Ca la Nàsia,** Llocalou-Sureste : 2,5 km, ⊠ 17858, ✆ 972 29 02 00, *lanasia@teleline.es*
@ – 🗏 **P.** AE ➀ ⓜⓒ *VISA*. ⌀
cerrado del 1 al 8 de enero, 15 julio-6 agosto, domingo noche y lunes – **Comida** carta 15,32 a 22,62.

La VALL D'UIXÓ 12600 Castelló **445** M 29 – *27 387 h alt. 122.*

Madrid 389 – Castelló de la Plana/Castellón de la Plana 26 – Teruel 118 – València 48.

🏠 **Belcaire,** carret. Chilches ✆ 964 69 00 32, *Fax 964 69 16 87* – |‡| 🗏 ⊺ⱽ **P.** AE *VISA*. ⌀
Comida *(cerrado domingo)* 7,50 – ⌷ 3,50 – **48 hab** 43/63.

en las grutas de San José *Oeste : 2 km :*

X **La Gruta,** ⊠ 12600 La Vall d'Uixó, ✆ 964 66 00 08, *Fax 964 66 08 61*, « *En una gruta* »
– 🗏. AE ➀ ⓜⓒ *VISA*. ⌀
cerrado lunes salvo agosto y festivos – **Comida** carta 21,64 a 26,75.

Ver : *Valladolid isabelino★ : Museo Nacional de Escultura★★★ en el colegio de San Gregorio (portada★★, patio★★, capilla★)* CX – *Iglesia de San Pablo (fachada★★)* CX.

Otras curiosidades : *Catedral★* CY - *Iglesia de las Angustias (Virgen de los siete cuchillos★)* CYL.

✈ *de Valladolid 13 km por* ⑥ ✆ *983 41 54 00 – Iberia : aeropuerto* ✉ *47620* ✆ *983 56 01 62.*

🚂 *Santiago 19 bis* ✉ *47001* ✆ *983 34 40 13 Fax 983 35 47 31 –* **R.A.C.E.** *Santa María 21* ✉ *47001* ✆ *983 39 20 99 Fax 983 39 68 95.*

Madrid 191 ④ *– Burgos 125* ① *– León 139* ⑥ *– Salamanca 115* ⑤ *– Zaragoza 420* ①

Planos páginas siguientes

Olid Meliá, pl. San Miguel 10, ✉ 47003, ✆ 983 35 72 00, *melia.olid@solmelia.es*, Fax 983 33 68 28, ⌐ – 🛗 ▤ TV ⟷ – 🛎 25/270. AE ① MC VISA JCB. ⌗ BX a
Comida 22,51 – ⛄ 9,62 – **204 hab** 77,62/121,40 – 7 suites – PA 43,42.

Felipe IV, Gamazo 16, ✉ 47004, ✆ 983 30 70 00, *hotel@hfelipeiv.com*, Fax 983 30 86 87 – 🛗 ▤ TV ⟷ – 🛎 25/700. AE ① MC VISA. ⌗ BZ d
Comida 13,22 – ⛄ 9,01 – **129 hab** 66,86/106,07 – 2 suites.

Juan de Austria, paseo de Zorrilla 108, ✉ 47006, ✆ 983 45 74 75, *juandeaustria @proinnet.com, Fax 983 45 76 58* – 🛗 ▤ TV ⟷ – 🛎 25/140. AE ① MC VISA. ⌗
Comida 16,82 – ⛄ 10,52 – **89 hab** 100,97/113,59. AZ m

Conde Ansúrez, av. de Gijón 100, ✉ 47009, ✆ 983 36 23 10, *hotel@condeansure z.com, Fax 983 36 23 14* – 🛗 ▤ TV ⟷ – 🛎 25/500. AE ① MC VISA. ⌗ AX w
El Caserón : **Comida** carta 24,04 a 27,65 – ⛄ 3,01 – **49 hab** 51,09/72,12.

NH Ciudad de Valladolid, av. Ramón Pradera 10, ✉ 47009, ✆ 983 35 11 11, Fax 983 33 50 50 – 🛗 ▤ TV ⟷ – 🛎 25/350. AE ① MC VISA. ⌗ AX a
Comida 24,04 – ⛄ 10,82 – **78 hab** 78,13/96,16 – 2 suites.

Lasa Sport ⌐, carret. de Rueda 187, ✉ 47008, ✆ 983 24 54 44, *hotellasasport@t erra.es, Fax 983 24 71 11*, ⌐, ⌐, ⌐ – 🛗 ▤ TV ℗ – 🛎 25/550. AE ① MC VISA. ⌗ rest
Comida 15 – ⛄ 3 – **42 hab** 60/72 – 1 suite – PA 30.   por carret. C 610 AZ

Parque, Joaquín García Morato 17 bis, ✉ 47007, ✆ 983 47 39 38, *hotelera@mugen at.es, Fax 983 47 50 29* – 🛗 ▤ TV 🚭 ⟷ – 🛎 25/220. AE ① MC VISA. ⌗ BZ a
Comida 12,30 – ⛄ 9,02 – **178 hab** 68,87/110 – PA 32,41.

Lasa sin rest, Acera de Recoletos 21, ✉ 47004, ✆ 983 39 02 55, *hotellasa@infonegocio. com, Fax 983 30 25 61* – 🛗 ▤ TV ⟷ – 🛎 25/60. AE ① MC VISA JCB. ⌗ BZ t
⛄ 3,31 – **62 hab** 45,08/84,14.

Tryp Sofía-Parquesol, Hernando de Acuña 35, ✉ 47014, ✆ 983 37 28 93, *sofiap arquesol@trypnet.com, Fax 983 37 70 27* – 🛗 ▤ TV ⟷ – 🛎 25/45. AE MC VISA JCB. ⌗   por Doctor Villacián AZ
Comida 11,42 – ⛄ 9,02 – **58 hab** 86,84/108,63.

Mozart sin rest con cafetería, Menéndez Pelayo 7, ✉ 47001, ✆ 983 29 77 77, *hote lmozart@hotelmozart.net, Fax 983 29 21 90* – 🛗 ▤ TV ⟷ – 🛎 25/50. AE MC VISA. ⌗
⛄ 6,01 – **42 hab** 63,12/90,17. BY q

Imperial, Peso 4, ✉ 47001, ✆ 983 33 03 00, *imperial@imperial.com, Fax 983 33 08 13* – 🛗 ▤ TV. AE MC VISA JCB. ⌗ BY e
Comida 13,52 – ⛄ 2 – **79 hab** 57/75.

Feria, av. Ramón Pradera (Feria de Muestras), ✉ 47009, ✆ 983 33 32 44, Fax 983 33 33 00, ⌐ – ▤ TV – 🛎 25/400. AE MC VISA. ⌗ AX
Comida 10,22 - *El Horno* (cerrado noches de domingo a miércoles) **Comida** carta 20,50 a 27,70 – ⛄ 2,50 – **34 hab** 38/58.

Roma, Héroes del Alcázar de Toledo 8, ✉ 47001, ✆ 983 35 46 66, Fax 983 35 54 61 – 🛗 ▤ TV ⟷. MC VISA. ⌗ BY f
Comida 12,02 – ⛄ 2,40 – **38 hab** 39,36/59,38 – PA 24,04.

El Nogal, Conde Ansurez 10, ✉ 47003, ✆ 983 34 03 33, Fax 983 35 49 65 – 🛗 ▤ TV. AE ① MC VISA. ⌗ BY s
Comida (cerrado domingo noche) 11,40 – ⛄ 2,14 – **24 hab** 39/57.

Catedral sin rest, Núñez de Arce 11, ✉ 47002, ✆ 983 29 88 11, *catedra@jet.es, Fax 983 29 89 11* – 🛗 ▤ TV – 🛎 25/40. AE ① MC VISA JCB CY v
⛄ 3 – **39 hab** 47/56.

París sin rest, Especería 2, ✉ 47001, ✆ 983 37 06 25, *hostalparis@terra.es, Fax 983 35 83 01* – 🛗 TV. AE ① MC VISA. ⌗ BY u
⛄ 2,70 – **37 hab** 43,27/56,50.

Cervantes, Rastro 6, ✉ 47001, ✆ 983 30 61 38, Fax 983 30 85 53 – ▤. AE ① MC VISA BY r
cerrado agosto y domingo – **Comida** carta 21 a 34.

VALLADOLID

Para circular en ciudad, utilice los planos de la **Guía Michelin**: vías de penetración y circunvalación, cruces y plazas importantes, nuevas calles, aparcamientos, calles peatonales... un sinfín de datos puestos al día cada año.

N 620 - E 80
PALENCIA, BURGOS
1
B
C
X
Y
Z
2
3
4
VA 100 CASTRONUEVO DE E.
RONDILLA
Mirabel
Cardenal
Moradas
de
Palencia
Rondilla
Tirso
de
Molina
Cisneros
Av.
de
Pl. de
San Nicólas
Sta
Sta
Teresa
Sta Clara
Real
Madre de Dios
Mirabel
Católica
Imperial
San
Quirce
MUSEO DE
ESCULTURA
21
13
PALACIO
DE CONGRESOS
Burgos
U
la
Isabel
M
e
37
8
San Pablo
D
J
Angustias
J
Av. de Ramón
45
POL
a
b
24
H
k
t
L
e
f
Paraiso
y Cajal
Pl. del
Poniente
s
T.
3
26
M
Colón
Huelgas
de
h
e
H
u
20
6
CATEDRAL
a
v
6
M
Pl.
Mayor
9
V
Núñez
U
d
M
Fray Luis
40
U
10
a
30
f
de
Arce
25
a
Paseo
Zúñiga
z
41
17
Teresa
Gil
de
León
Merced
Sancho
36
T
16
Montero
Calvo
López Gómez
42
Galdós
de
16
M. de Molina
14
q
18
José María Lacort
A. Pesquera
Don
Cervantes
Pérez
5
29
Mantería
Tudela
Pl. Circular
23
m
r
Salmerón
San
47
x
n
Gamazo
2 de Mayo
Nicolás
Labradores
Estación
N 122
SORIA
CAMPO GRANDE
c
Paseo
de
Recoletos
d
Muro
Ferrocarril
2
Paseo
de
Filipinos
t
Estación
Segovia
Paseo
de
San Vicente
Isidro
2
a
Pl.
de Colón
M
Gabilondo
Garcia
2
Morato
Recondo
DELICIAS
Canterac
Manión
Calasanz
Gabilondo
Farnesio
Av.
Padre
San José
Carret.
de Cicunvalación
2
Paseo
Argales
Arca
Real
de
CL 601
B
4
MADRID
3
SEGOVIA
C
3
Acera
de
32
26
717

XX **La Corte,** paseo de Zorrilla 10, ✉ 47006, ☎ 983 33 87 85, *sancho2@helcon.es, Fax 983 34 27 38* – 🗐. AE ⓓ MO VISA. ✋ BY y
cerrado domingo noche – **Comida** carta 26,45 a 30,06.

XX **La Rosada,** Tres Amigos 1, ✉ 47006, ☎ 983 22 01 64, *Fax 983 47 15 18* – 🗐. AE VISA. ✋
Comida carta 21,04 a 25,84. AZ a

XX **Santi,** Correos 1, ✉ 47001, ☎ 983 33 93 55, *Fax 983 33 81 57*, 🏠, « En un edificio renacentista con bonito patio » – 🗐. AE ⓓ MO VISA. ✋ BY v
cerrado 2ª quincena de agosto y domingo – **Comida** carta 20 a 29,32.

XX **La Parrilla de San Lorenzo,** Pedro Niño 1, ✉ 47001, ☎ 983 33 50 88, *Fax 983 33 50 88*, « Instalado en los sótanos de un antiguo monasterio » – 🗐. AE ⓓ MO VISA. ✋ BY a
cerrado domingo noche y lunes en julio-agosto, domingo noche resto del año – **Comida** carta 22,23 a 25,84.

XX El **Figón de Recoletos,** Acera de Recoletos 3, ✉ 47004, ☎ 983 39 60 43, *Fax 983 39 60 43*, « Decoración castellana » – 🗐. ⓓ MO VISA. ✋ BY x
cerrado 20 julio-10 agosto y domingo noche – **Comida** - cordero asado - carta 24,20 a 28,55.

XX **Miguel Ángel,** Mantilla 1, ✉ 47001, ☎ 983 20 46 15 – 🗐. MO VISA. ✋ BY m
cerrado del 5 al 20 de agosto y domingo noche – **Comida** carta 25,05 a 31,45.

XX **Fátima,** Pasión 3-1º, ✉ 47001, ☎ 983 34 28 39, *r.fatima@turinet.ret. Fax 983 34 28 39* – 🗐. AE ⓓ MO VISA. ✋ BY f
cerrado domingo noche y lunes noche en verano, domingo y lunes noche resto del año – **Comida** carta 27,05 a 43,28.

XX **Ponte Vecchio,** Adolfo Miaja de la Muela 14, ✉ 47014, ☎ 983 37 02 00, *Fax 983 37 07 73* – 🗐. AE ⓓ MO VISA. ✋ por Doctor Villacián AZ
cerrado del 1 al 15 de agosto y lunes – **Comida** - cocina italiana - carta 14,72 a 24,93.

XX **La Perla de Castilla,** av. Ramón Pradera 15, ✉ 47009, ☎ 983 37 18 28, *Fax 983 37 39 07* – 🗐. AE ⓓ MO VISA. ✋ AX f
cerrado del 15 al 31 de agosto, domingo en verano y domingo noche resto del año – **Comida** carta 22,02 a 32,03.

XX **Don Bacalao,** pl. Santa Brígida 5, ✉ 47003, ☎ 983 34 39 37, *d.bacalao@inicia.es, Fax 983 35 49 96* – 🗐. AE ⓓ MO VISA. ✋ BX e
cerrado domingo noche – **Comida** - espec. en bacalao - carta 18 a 28.

XX **María,** Rastro 1, ✉ 47001, ☎ 983 30 07 99 – 🗐. AE ⓓ MO VISA. ✋ BY r
cerrado domingo (julio-agosto) y domingo noche resto del año – **Comida** carta 19,22 a 25,83.

XX **La Parrilla de Santiago,** Atrio de Santiago 7, ✉ 47001, ☎ 983 37 67 76 – 🗐. AE ⓓ MO VISA. ✋ BY z
cerrado del 13 al 28 de agosto y lunes – **Comida** - carnes a la brasa - carta 23 a 28.

XX **La Criolla,** Calixto Fernández de la Torre 2, ✉ 47001, ☎ 983 37 38 22, *Fax 983 37 49 87* – 🗐. AE ⓓ MO VISA. ✋ BY d
cerrado lunes – **Comida** carta 25,24 a 33,66.

X **La Goya,** puente Colgante 79, ✉ 47014, ☎ 983 34 00 23, *Fax 983 35 57 24*, 🏠, « Patio castellano » – P. AE MO VISA. ✋ AZ b
cerrado agosto, domingo noche y lunes – **Comida** carta 20,43 a 28,85.

X **Mesón Panero,** Marina Escobar 1, ✉ 47001, ☎ 983 30 16 73, *Fax 983 30 70 19*, « Decoración castellana » – 🗐. AE ⓓ MO VISA. ✋ BY m
cerrado domingo en julio-agosto y domingo noche resto del año – **Comida** carta 24,64 a 33,96.

X **Mesón Germán,** Renedo 13, ✉ 47005, ☎ 983 21 06 67 – 🗐. AE ⓓ MO VISA. ✋ CY a
cerrado domingo en julio-agosto y lunes resto del año – **Comida** carta 22,24 a 28,86.

X **La Abadía,** Guadamacileros 5, ✉ 47003, ☎ 983 33 02 99, *abadia@elvet.es, Fax 983 37 79 66*, « Decoración castellano-medieval » – 🗐. AE ⓓ MO VISA. ✋ BY t
cerrado miércoles – **Comida** carta 23,74 a 27,35.

X **Portobello,** Marina Escobar 5, ✉ 47001, ☎ 983 30 95 31 – 🗐. AE MO VISA. ✋ BY n
Comida - pescados y mariscos - carta 19,60 a 30.

X **La Pedriza,** Colmenares 10, ✉ 47004, ☎ 983 39 79 51, *Fax 983 39 60 43* – 🗐. ⓓ MO VISA. ✋ BY c
cerrado 11 agosto-2 septiembre y lunes noche – **Comida** - cordero asado - carta 20,89 a 25,54.

X **Ángela,** Dr. Cazalla 1, ✉ 47003, ☎ 983 35 06 23, *abadia@elvex.es, Fax 983 37 07 54* – 🗐. AE ⓓ MO VISA. ✋ BY b
Comida carta 19 a 27.

X **La Solana,** Solanilla 9, ✉ 47003, ☎ 983 29 49 72, « Decoración castellana » – 🗐. AE ⓓ MO VISA. ✋ CY e
Comida carta 25,24 a 43,27.

Y/ **Taberna del Hidalgo,** Paraíso 4, ⊠ 47003, ✆ 983 29 07 85 – 🍽. AE ⓪ ⓂⒸ
VISA. ⌗   CY f
cerrado lunes – **Tapa** 1,35 **Ración** aprox. 6,01.

Y/ **VinoTinto,** Campanas 4, ⊠ 47001, ✆ 983 34 22 91, *vinotinto@sabioss.es,*
Fax 983 35 76 63 – 🍽. AE ⓪ ⓂⒸ *VISA*. ⌗   BY h
cerrado del 15 al 31 de agosto – **Tapa** 1,50 **Ración** aprox. 3,60.

Y/ Prada a Tope, Francisco Zarandona 10, ⊠ 47003, ✆ 983 37 02 09 – 🍽   BY k
- *productos de El Bierzo.*

Y/ **La Tasquita,** Caridad 2, ⊠ 47001, ✆ 983 35 13 51 – 🍽. ⓪ ⓂⒸ *VISA*. ⌗   BY d
cerrado del 15 al 31 de julio y lunes – **Tapa** 1,20 **Ración** aprox. 4,80.

Y/ **La Mina,** Correos 7, ⊠ 47001, ✆ 983 33 30 08, *Fax 983 37 49 87* – 🍽. AE ⓪ ⓂⒸ
VISA. ⌗   BY h
cerrado del 1 al 24 de julio y martes – **Tapa** 1,80 **Ración** aprox. 6,01.

Y/ **La Taberna del Herrero,** Calixto Fernández de la Torre 4, ⊠ 47001, ✆ 983 34 23 10,
tabernadelherrero@sabioss.es, Fax 983 35 76 63, 🌿 – 🍽. ⓂⒸ *VISA*. ⌗   BY d
cerrado del 1 al 15 de agosto – **Tapa** 1,50 **Ración** aprox. 3,60.

en la urbanización Fuente Berrocal *Norte : 6 km :*

XX **El Hueco,** pl. de la Ópera, 4, ⊠ 47009, ✆ 983 38 08 30, *admon-eh@elhuecorestaur*
ante.com, Fax 983 34 99 05, 🌿 – 🍽. ⓪ ⓂⒸ *VISA*. ⌗
Comida carta 27,11 a 31,23.   *por carret. de Fuensaldaña* AX

Ver también : **Arroyo de la Encomienda** *por* ⑤ : *10 km.*

VALLDEMOSA *Illes Balears – ver Balears (Mallorca).*

VALLE *– ver el nombre propio del valle.*

VALLE *39815 Cantabria* 442 **C 19** *– alt. 138.*
Madrid 364 – Bilbao 84 – Burgos 130 – Santander 54.

🏠 **Torre de Ruesga** ⌂, ✆ 942 64 10 60, *reservas@t-ruesga.com, Fax 942 64 11 72,*
« *Palacete del siglo XVIII* », ⌨, ♨ – 🍽 📺 🅿. AE ⓪ ⓂⒸ *VISA*. ⌗
cerrado del 15 al 31 de enero – **Comida** *(cerrado domingo noche y lunes)* 16,03 – ☕ 6,02
– **10 hab** 66,12/102,19 – 5 *apartamentos.*

VALLE DE CABUÉRNIGA *39510 Cantabria* 442 **C 17** *– 1091 h alt. 260.*
Madrid 389 – Burgos 154 – Oviedo 163 – Palencia 172 – Santander 52.

🏠 **Camino Real** ⌂, Selores - Sur : 1,5 km, ⊠ 39511 Selores, ✆ 942 70 61 71, *camin*
o-real@mundivia.es, Fax 942 70 63 76, « Conjunto acogedor en una antigua casona » –
📺 🅿. AE ⓪ ⓂⒸ *VISA*. ⌗
Comida *(cerrado lunes y martes)* carta aprox. 27,96 – ☕ 6,01 – **17 hab** 78,13/93,16.

🏠 **La Casona del Peregrino** ⌂, Terán - Sur : 1 km, ⊠ 39511 Terán de Cabuérniga,
✆ 942 70 63 43, *info@casonadelperegrino.es, Fax 942 70 63 44,* « Antigua casa de
campo » – 📺 ⟨ 🅿. ⓂⒸ *VISA*. ⌗
cerrado 7 enero-7 febrero – **Comida** - sólo cena, sólo clientes - carta aprox. 26,60 – ☕ 4,50
– **14 hab** 66,10/72,12.

VALLEJERA DE RIOFRÍO *37717 Salamanca* 441 **K 12** *– 52 h alt. 1 141.*
Madrid 210 – Ávila 100 – Plasencia 64 – Salamanca 70.

🏠 **Cubino H.** ⌂, carret. N 630 ✆ 923 40 46 00, *info@cubinohotel.net, Fax 923 40 46 03,*
≤ Sierra de Béjar, 🌿, ⌨, ▨, ✗ – 🛗, 🍽 rest, 📺 ⟨ 🅿. ⓂⒸ *VISA*. ⌗ rest
Comida 9,02 – ☕ 2,70 – **30 hab** 52,30/61,30 – PA 20,43.

VALLFOGONA DE RIUCORB *43427 Tarragona* 443 **H 33** *– 101 h alt. 698 – Balneario.*
Alred. : *Guimerà★ Oeste : 5 km.*
Madrid 523 – Barcelona 106 – Lleida/Lérida 64 – Tàrrega 20 – Tarragona 74.

🏠 **Balneario** ⌂, carret. del Balneario - Este : 1,8 km ✆ 977 88 00 25, *Fax 977 88 04 43,*
Servicios terapéuticos, « En un parque », ▨, 🚲 – 🛗 📺 🅿 – ♨ 25/300
temp – **96 hab.**

XX **Hostal del Rector,** av. del Riu Corb 13 ✆ 977 88 13 48, « Antiguo café » – 🍽. ⓂⒸ
VISA. ⌗
Comida carta 23,78 a 31,01.

VALLROMANES 08188 Barcelona **443** H 36 – 654 h alt. 153.

⯅ Vallromanes, Afueras 🛎 93 572 90 64 Fax 93 572 93 30.

Madrid 643 – *Barcelona* 22 – Tarragona 123.

XX **Sant Miquel,** pl. de l'Església 12 🛎 93 572 90 29, *stmiquel@terra.es*, Fax 93 572 96 43 – 🔲. AE ① MC VISA JCB

cerrado miércoles – **Comida** - *sólo almuerzo salvo fines de semana* - carta 24,10 a 35,76.

X **El Petit Mont Bell,** carret. de Granollers - Oeste : 1 km 🛎 93 572 81 00, *montbell @ mont-bell.es*, Fax 93 572 81 03, ≤ – 🔲 P. AE MC VISA. ❀

cerrado Semana Santa, del 1 al 21 de agosto y lunes – **Comida** - *sólo almuerzo salvo viernes y sábado* - carta 31,60 a 42.

X **Mont Bell,** carret. de Granollers - Oeste : 1 km 🛎 93 572 81 00, *montbell @ mont-bell.es*, Fax 93 572 81 03 – 🔲 P. AE MC VISA. ❀

cerrado Semana Santa, del 1 al 21 de agosto y domingo – **Comida** carta 21,80 a 26,70.

VALLS 43800 Tarragona **443** I 33 – 20 124 h alt. 215.

Ver : Localidad★ – Teatro Principal★.

🛈 de la Cort 61 🛎 977 61 25 30 Fax 977 61 28 72.

Madrid 535 – Barcelona 100 – Lleida/Lérida 78 – Tarragona 19.

X **Gourmet,** carret. de Lleida 🛎 977 60 61 58, Fax 977 60 61 58 – 🔲. AE ① MC VISA

cerrado 16 agosto-2 septiembre, domingo noche y lunes – **Comida** carta 14,39 a 23,74.

en la carretera N 240 *Sur : 1,5 km :*

🏨 **Félix,** ⊠ 43800, 🛎 977 60 90 90, *hotel@felixhotel.net*, Fax 977 60 50 07, �🏊, ✕ – 🛗 🔲 TV P – 🕴 25/100. MC VISA. ❀

Comida - ver rest. *Casa Félix* - 12,02 – ⊇ 6,01 – **56 hab** 37,26/66,71.

XX **Casa Félix** - Hotel Félix, ⊠ 43800, 🛎 977 60 13 50, *restaurant @ felixhotel.net*, Fax 977 60 00 14 – 🔲 P. MC VISA. ❀

Comida carta 20,42 a 30,04.

en la antigua carretera N 240 *Noroeste : 1,8 km :*

XX **Masía Bou,** ⊠ 43800, 🛎 977 60 04 27, *masiabou@ tinet.org*, Fax 977 61 32 94, 🏡,

« Terrazas bajo los árboles » – 🔲 P. AE MC VISA. ❀

cerrado martes en verano – **Comida** carta 24,64 a 31,86.

VALSAIN Segovia – ver La Granja.

VALTIERRA 31514 Navarra **442** F 25 – 2 377 h alt. 265.

Madrid 335 – Iruña/Pamplona 80 – Soria 106 – Zaragoza 100.

en la carretera N 121 *Noroeste : 3 km :*

🏨 **Los Abetos,** ⊠ 31514, 🛎 948 86 70 00, Fax 948 40 75 12, ≤ – 🔲 TV P – 🕴 25/75

32 hab.

VALVANERA (Monasterio de) 26323 La Rioja **442** F 21.

Madrid 359 – Burgos 120 – Logroño 63.

🏠 **Hospedería Nuestra Señora de Valvanera** 🦮, 🛎 941 37 70 44, Fax 941 37 71 94, ≤, « Instalado en un antiguo monasterio » – P – 🕴 30. AE ① MC VISA. ❀

Comida (cerrado 22 diciembre-7 enero) 9,62 – ⊇ 4,81 – **28 hab** 29,45/41,47.

VALVERDE Santa Cruz de Tenerife – ver Canarias (El Hierro).

VALVERDE DEL FRESNO 10890 Cáceres **444** L 9 – 2 618 h alt. 498.

Madrid 328 – Alcántara 81 – Cáceres 130 – Castelo Branco 82 – Salamanca 156.

🏠 **La Palmera,** av. de Santos Robledo 🛎 927 51 03 23, *palmera@ blasfer.com*, Fax 927 51 03 65 – 🔲 TV 🚗. VISA. ❀

Comida 8 – ⊇ 1,80 – **22 hab** 24,04/42,07.

VALVERDE DEL MAJANO 40140 Segovia **442** J 17 – 524 h alt. 923.

Madrid 94 – *Segovia* 12 – Ávila 63 – Valladolid 118.

al Noreste : *3,5 km por la carretera de Hontanares de Eresma y desvío 1,5 km :*

🏨 **Caserío de Lobones** 🦮, ⊠ 40140, 🛎 921 12 84 08, Fax 921 12 83 44, 🏡, « Posada rural en pleno campo » – TV P. AE ① MC VISA. ❀

Comida - *sólo cena* - carta aprox. 17,58 – ⊇ 7,49 – **9 hab** 74,90/107.

VARADERO (Playa del) Alacant – ver Santa Pola.

VECINDARIO Las Palmas – ver Canarias (Gran Canaria).

El VEDAT València – ver Torrent.

VEGA DE SAN MATEO Las Palmas – ver Canarias (Gran Canaria).

VEGA DE VALCARCE 24520 León **441** E 9 – 1 141 h.
Madrid 422 – León 143 – Lugo 85 – Ponferrada 36.

en La Portela de Valcarce Sureste : 3 km :

Valcarce, carret. N VI, ✉ 24524 La Portela de Valcarce, ✆ 987 54 31 80, valcarce @mx2.redestb.es, Fax 987 54 31 08 – ⭣, ▤ rest, TV P. ① MC VISA JCB. ✗
Comida 10,20 – ⛲ 2,40 – **46 hab** 27/48 – PA 21,70.

VEGA DEL CODORNO 16150 Cuenca **444** K 24 – 271 h alt. 1 450.
Madrid 253 – Cuenca 71 – Teruel 114.

Río Cuervo ⬎, barrio de la Cueva ✆ 969 28 32 40, Fax 969 28 32 40 – ⭣ P. MC VISA. ✗
Semana Santa-diciembre – **Comida** 9,02 – ⛲ 2,40 – **20 hab** 24,04/36,06.

VEJER DE LA FRONTERA 11150 Cádiz **446** X 12 – 12 773 h alt. 193.
Ver : Localidad★ – ⬍★ del valle de Barbate.
Alred. : Parque Natural La Breña y Marismas de Barbate★ – Playa de los Caños de Meca★★.
🛈 Marqués de Tamarón 10 ✆ 956 45 01 91 turismo.vejer@terra.es Fax 956 45 16 20.
Madrid 667 – Algeciras 82 – Cádiz 50.

Convento de San Francisco, La Plazuela ✆ 956 45 10 01, convento-san-francisc o.tugasa@cadiz.org, Fax 956 45 10 04, « Antiguo convento » – ⭣ ▤ TV – 🔺 25/40. AE ① MC VISA. ✗
El Refectorio (cerrado martes) **Comida** carta 20,90 a 31,84 – ⛲ 3,60 – **25 hab** 47/66.

Trafalgar, pl. de España 31 ✆ 956 44 76 38, Fax 956 44 75 69, 🌿 – ▤. AE ① MC VISA. ✗
cerrado enero y lunes salvo julio-agosto – **Comida** carta 23,44 a 28,85.

VÉLEZ BLANCO 04830 Almería **446** S 23 – 2 251 h alt. 1 070.
Madrid 506 – Almería 148 – Granada 168 – Lorca 52 – Murcia 122.

Casa de los Arcos sin rest, San Francisco 2 ✆ 950 61 48 05, losarcos@fenpa.org, Fax 950 61 49 47, « Antigua casa señorial » – TV – 🔺 25. MC VISA. ✗
⛲ 3,01 – **8 hab** 41,80/54,66 – 6 suites.

Velad Al-Abyadh sin rest, Balsa Parra 28 ✆ 950 41 51 09, hotelveladal-abyadh@tu rinet.net, Fax (467) 41 50 98, ⬍, « Decoración rústica » – ⭣ ▤ TV. MC VISA. ✗
26 hab ⛲ 39,07/54,09 – 1 suite.

El Molino, Curtidores ✆ 950 41 50 70, 🌿 – ▤. AE ① MC VISA JCB. ✗
cerrado del 1 al 15 de julio y jueves – **Comida** carta 21,04 a 27,65.

VÉLEZ MÁLAGA 29700 Málaga **446** V 17 – 52 150 h alt. 67.
Madrid 530 – Almería 180 – Granada 100 – Málaga 35.

Dila sin rest y sin ⛲, av. Vivar Téllez 3 ✆ 95 250 39 00, hoteldila@hoteldila.com, Fax 95 250 39 08 – ⭣ ▤ TV. MC VISA. ✗
18 hab 36,81/58,90.

La VELILLA 40173 Segovia **442** I 18.
Madrid 130 – Aranda de Duero 80 – Segovia 50.

La Farola, ✆ 921 50 99 23, 🌿 – ▤ P. MC VISA. ✗
cerrado del 1 al 15 de enero y lunes – **Comida** - sólo fines de semana en invierno - carta 17,72 a 30,04.

VELILLA (Playa de) Granada – ver Almuñécar.

El VENDRELL 43700 Tarragona **443** I **34** – 15 456 h.

Ver : *Localidad*★.

Alred. : *Sant Salvador*★ *Sureste : 3,5 km.*

🛈 *Dr Robert 33* ℰ *977 66 02 92 cit@megaiweb.comd Fax 977 66 59 24.*

Madrid 570 – Barcelona 75 – Lleida/Lérida 113 – Tarragona 27.

X **Pí,** Rambla 2 ℰ 977 66 00 02, « Estilo 1900 » – ▤. **MC VISA**. ❊ – *cerrado 15 octubre-1 noviembre y domingo noche salvo julio-agosto* – **Comida** carta 18,32 a 24,04.

X **El Molí de Cal Tof,** av. de Santa Oliva 2 ℰ 977 66 26 51, « Decoración rústica » – ▤ **P. AE ◑ MC VISA**. ❊
cerrado lunes salvo vísperas y festivos – **Comida** carta 25,25 a 37,27.

en la playa de Sant Salvador *Sur : 3,5 km :*

🏠 Europe San Salvador ⬎, Llobregat 11, ✉ 43880 Sant Salvador, ℰ 977 68 40 41, *ghe@europe-hotels.org, Fax 977 68 27 70,* ⏗, ❊ – 🛗, ▤ rest, **P.**
Comida - sólo buffet – **155 hab.**

🏠 L'Ermita, carret. Sant Salvador, ✉ 43880 Sant Salvador, ℰ 977 68 07 10, *ramblas@ext.step.es, Fax 977 68 17 05,* ⏗ – 🛗, ▤ rest, **P.** – **Comida** - sólo buffet – **57 hab.**

en la carretera N 340 *Suroeste : 6,5 km :*

XX **La Tenalla,** ✉ 43880 Roda de Barà, ℰ 977 68 34 34, *assunpolo@worldonline.es,* Fax 977 68 34 34, ⛲ – ▤ **P. AE MC VISA**. ❊ – *cerrado 15 octubre-15 noviembre, lunes noche y martes salvo agosto* – **Comida** carta 21,93 a 33,19.

VENTAS DE ARRAITZ 31797 Navarra **442** C **25** – *alt. 588.*

Madrid 427 – Bayonne 90 – Iruña/Pamplona 28 – Donostia-San Sebastián 73.

X Juan Simón con hab, carret. N 121-A ℰ 948 30 50 52, « Decoración rústica » – **TV P.**
8 hab.

VERA 04620 Almería **446** U **24** – 5 931 h alt. 102.

🛈 *pl. Mayor 1* ℰ *950 39 31 42 aytovera@larural.es Fax 950 39 31 44.*

Madrid 512 – Almería 95 – Murcia 126.

🏠 **Terraza Carmona,** Manuel Giménez 1 ℰ 950 39 07 60, *terracarmo@cajamar.es,* Fax 950 39 13 14 – 🛗 ▤ **TV P.** – 🔔 25/150. **AE ◑ MC VISA**. ❊
Comida - ver rest. **Terraza Carmona** – ☕ 5,41 – **38 hab** 41,47/60,70.

XX **Terraza Carmona** - Hotel Terraza Carmona, Manuel Giménez 1 ℰ 950 39 07 60, *terracarmo@cajamar.es, Fax 950 39 13 14* – ▤ **P. AE ◑ MC VISA**. ❊
cerrado del 1 al 15 de septiembre y lunes – **Comida** carta 20,74 a 24,49.

en la carretera de Garrucha *Sureste : 2 km :*

🏠 **Vera Hotel,** ✉ 04620, ℰ 950 39 03 82, *verahotel@interbook.net, Fax 950 39 31 48,* ⛲ – 🛗 ▤ **TV P. AE ◑ MC VISA**. ❊
Comida 10,22 – ☕ 4,21 – **25 hab** 46/65 – PA 20,50.

VERA DE BIDASOA Navarra – *ver Bera.*

VERDICIO 33448 Asturias **441** B **12**.

Madrid 493 – Oviedo 43 – Avilés 14 – Gijón 26.

🏠 **Palacio de Fiame** ⬎ sin rest, Fiame ℰ 98 587 81 50, *palaciodefiame@hotmail.com,* Fax 98 587 80 04 – **TV P. MC VISA**. ❊
☕ 4,50 – **18 hab** 45/58.

X **La Fustariega,** Fiame ℰ 98 587 81 03 – ▤ **P. ◑ MC VISA**. ❊
cerrado del 2 al 29 de noviembre y miércoles (salvo en verano, vísperas o festivos – **Comida** carta 27,20 a 33,10.

VERÍN 32600 Ourense **441** G **7** – 11 018 h alt. 612 – Balneario.

Alred. : *Castillo de Monterrey* (✳★ - *Iglesia : portada*★) *Oeste : 6 km.*

Madrid 430 – Ourense/Orense 69 – Vila Real 90.

🏠 **Villa de Verín,** Monte Mayor 14 ℰ 988 41 19 81, Fax 988 41 17 70 – 🛗, ▤ rest, **TV** 🚗. **AE ◑ MC VISA**. ❊ rest
Comida 8,41 – ☕ 3 – **25 hab** 29,75/47,78.

🛎 **San Luis,** av. de Castilla ℰ 988 41 09 00, Fax 988 41 09 00 – ▤ rest, **TV. AE ◑ MC VISA JCB**. ❊ rest
cerrado 22 diciembre-7 enero – **Comida** (*cerrado sábado*) 7,50 – ☕ 2,25 – **13 hab** 13,50/23.

junto al castillo *Noroeste : 4 km :*

🏰 **Parador de Verín** 🏊, ✉ 32600, ☎ 988 41 00 75, *verin @ parador.es*, *Fax 988 41 20 17*, « Edificio de estilo regional con ≤ castillo y valle », 🏊, 🦌 – 🔲 📺 📵 – 🛎 25/300. 🆎 ⓞ 📵 𝖵𝖨𝖲𝖠. 🐾
cerrado 15 diciembre-7 febrero – **Comida** 21,04 – ☕ 8,11 – **22 hab** 66,20/82,76 – 1 suite.

en la carretera N 525 *Noroeste : 4,5 km :*

🏠 **Gallego,** ✉ 32680 apartado 82, ☎ 988 41 82 02, *gallegosa @ arrakis.es*, 🕷 *Fax 988 41 82 02*, ≤, 🏊 – 🛗, 📧 rest, 📺 🚗 📵 – 🛎 25/300. 🆎 ⓞ 📵 𝖵𝖨𝖲𝖠. 🐾 rest
Comida carta 23,41 a 28 – ☕ 4,51 – **40 hab** 33,45/51,45.

VIANA 31230 Navarra **442** E 22 – *3 276 h alt. 470.*
Madrid 341 – Logroño 10 – Iruña/Pamplona 82.

🍴🍴 **Borgia,** Serapio Urra ☎ 948 64 57 81 – 🆎 ⓞ 📵 𝖵𝖨𝖲𝖠
cerrado agosto, domingo y lunes – **Comida** carta 24,03 a 33,05.

VIAVÉLEZ 33750 Asturias **441** B 9.
Madrid 600 – Lugo 109 – Oviedo 128 – Viveiro 80.

🍴🍴 **Taberna Viavélez Puerto,** puerto ☎ 98 547 83 39, *Fax 98 547 83 39*, « En una ter-
ꝸ raza acristalada frente a un pintoresco puerto pesquero » – 📧 📵. 🆎 ⓞ 📵
𝖵𝖨𝖲𝖠. 🐾
cerrado 15 enero-1 marzo, martes noche y miércoles – **Comida** 33,67 y carta 30,19 a 40,89
Espec. Porrusalda de bacalao con pilpil de perejil y raviolis de berza líquida. Pichón asado
en dos cocciones con maíz y cardamomo. Sopa de guayaba con crema helada de plátano,
gelatina de miel y polvo de queso.

VIC 08500 Barcelona **443** G 36 – *29 113 h alt. 494.*
Ver : *Localidad★★ - Museo episcopal★★★* BY – *Catedral★ (pinturas★, retablo★★)* BCY –
Plaça Major★ BY.
Alred. : *L'Estany★ : Monasterio de Santa María de L'Estany★ Suroeste : 19 km.*
🛈 *Ciutat 4* ☎ *93 886 20 91 turisme @ ajvic.es Fax 93 889 26 37.*
Madrid 637 ④ *– Barcelona 66* ④ *– Girona/Gerona 79* ③ *– Manresa 52* ④
Planos páginas siguientes

🏰 **NH Ciutat de Vic,** passatge Can Mastrot ☎ 93 889 25 51, *nhcvic @ nhhoteles.es*, *Fax 93 889 14 47* – 🛗 📧 📺 🚗 – 🛎 25/120. 🆎 ⓞ 📵 𝖵𝖨𝖲𝖠 𝖩𝖢𝖡   BX a
Comida *(cerrado agosto y domingo noche)* 15 – ☕ 8,71 – **36 hab** 83/93,15.

🏠 **Balmes** sin rest, Francesc Pla 6 ☎ 93 889 12 72, *balmesvic90 @ hotmail.com*, *Fax 93 889 29 15* – 🛗 📺 ♿. 🆎 ⓞ 📵 𝖵𝖨𝖲𝖠   CX a
50 hab ☕ 48,08/67,31.

🍴🍴 **Jordi Parramon,** Cardona 7 ☎ 93 886 38 15, *Fax 93 886 38 15* – 📧. ⓞ
ꝸ 📵 𝖵𝖨𝖲𝖠   BY b
cerrado del 15 al 28 de febrero, del 1 al 15 de septiembre, domingo noche y lunes – **Comida**
54,60 y carta 37,55 a 43,55
Espec. Arroz con plátano y pichón. Rape escabechado con verduras, manzana y dátiles.
Crujiente de chocolate caliente, helado de turrón y regaliz.

🍴🍴 **Art de Coch,** Sant Miquel dels Sants 1 ☎ 93 886 40 33, *Fax 93 888 70 04* – 📧. 🆎 ⓞ
📵 𝖵𝖨𝖲𝖠. 🐾   BY u
cerrado 29 julio-13 agosto, domingo y lunes noche – **Comida** carta 26,50 a 34.

🍴 **La Taula,** pl. de Don Miquel de Clariana 4 ☎ 93 886 32 29 – 🆎 📵 𝖵𝖨𝖲𝖠   CY e
*cerrado 2 semanas en febrero, 2 semanas en agosto, lunes, domingo de junio-septiembre
y domingo noche resto del año –* **Comida** - espec. en bacalaos - carta 19,54 a
25,54.

🍴 **Basset,** Sant Sadurní 4 ☎ 93 889 02 12, *estevecamps @ hotmail.com, Fax 93 883 25 16*
– 📧. 🆎 ⓞ 📵 𝖵𝖨𝖲𝖠 𝖩𝖢𝖡. 🐾   BY n
cerrado domingo y festivos – **Comida** carta 18,78 a 25,54.

🍴 **Boccatti,** Mossèn Josep Gudiol 21 ☎ 93 889 56 44 – 📧. 🆎 ⓞ 📵
𝖵𝖨𝖲𝖠. 🐾   AY f
*cerrado del 15 al 30 de abril, del 15 al 31 de agosto, domingo noche, miércoles noche y
jueves –* **Comida** - pescados y mariscos - carta 27,94 a 41,15.

🍴 **Mamma Meva,** Rambla del Passeig 61 ☎ 93 886 39 98, *Fax 93 886 22 50* – 📧. 🆎 ⓞ
📵 𝖵𝖨𝖲𝖠. 🐾   CY d
cerrado 10 días en febrero, 20 días en octubre, miércoles y jueves mediodía – **Comida**
- cocina italiana - carta 13,95 a 20,42.

VIC

RIPOLL , PUIGCERDÀ
SANT BARTOMEU DEL GRAU
A
Pirineu
Forat
Puigmal
Micó
la Sagrada Família
Miquel Martí i Pol
Pl. del Mil.lenari
U
Perot
47
Bisbe
Miramarges
Arquebisbe
PARC DELS ESTUDIS
TORRE DELS FRARES
Pl. de l'Estació
Bisbe Font Andreu
U
Rocaguinarda
C 17
Jacint
Morató
Mossèn – J. – Gudiol
Vilabella
f
Dr Junyent
Historiador Ramon d'Abadal i de Vinyals
Catalans
BERGA
Carret. de Prats
C 25D
P
P
P
LLEIDA / LERIDA
Joan Miró
Av. del
Mercat
Països
Av. dels
St Pere
P
Pg.
Pep
Ventura
58
SENTFORES
C 25 MANRESA
Méder
d'en
PARC DE L'HORTA NOVA
Carret.
de
la
Guixa
Sant Isidre
P
Remei
Bisbe
Candi
Bayés
Raimon
C 17
Dr
0   200m
BARCELONA
A

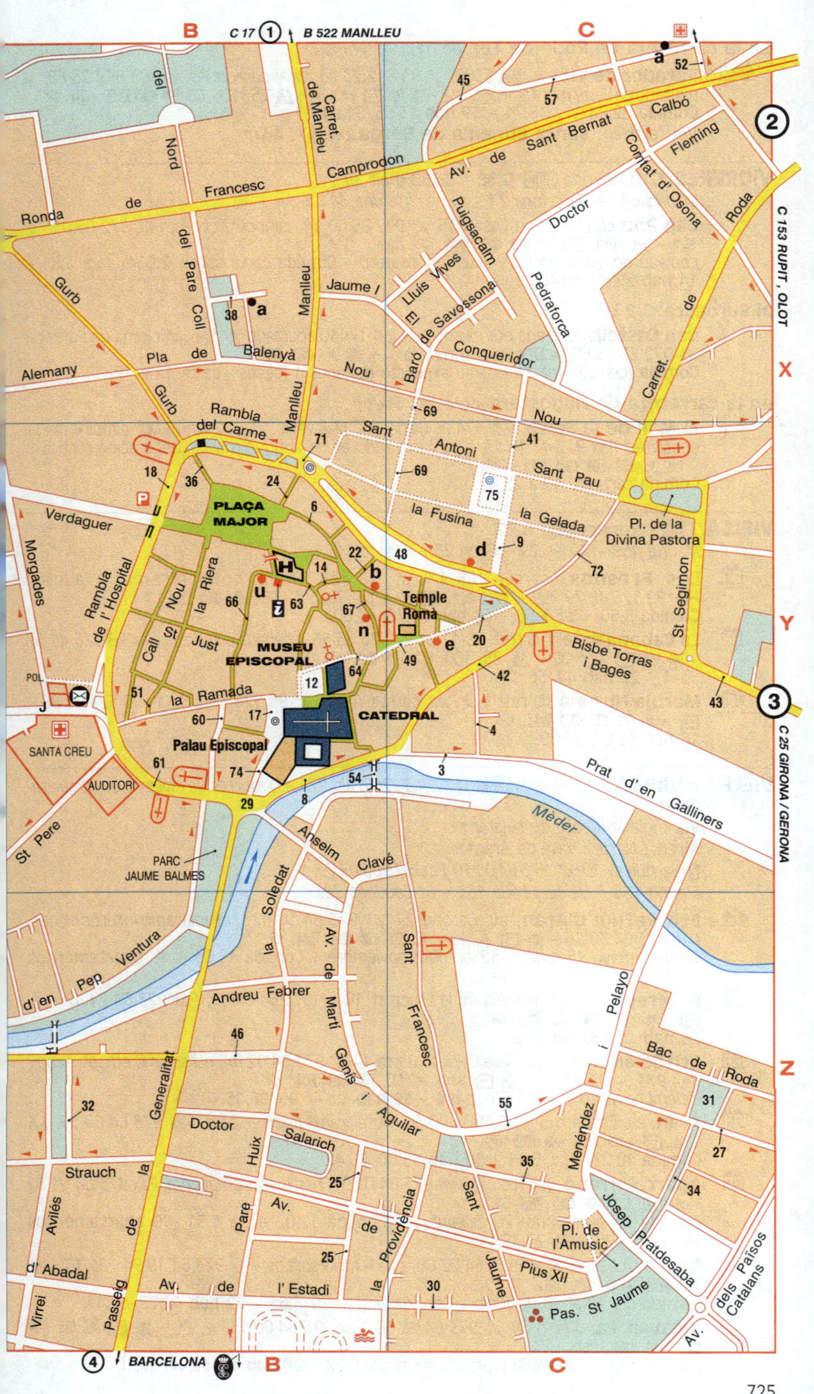

B
C 17
B 522 MANLLEU
C
a
52
45
57
Calbó
Av. de Sant Bernat
Confat d'Osona
Fleming
Roda
2
Carret. de Manlleu
Camprodon
Doctor
Pedraforca
C 153 RUPIT, OLOT
Nord
Francesc
del Pare Coll
Puigsacalm
Ronda
de
Gurb
Manlleu
Jaume I
Lluís Vives
de Savossona
El
Carret.
de
38
a
Balenyà
Alemany
Pla
de
Nou
Baró
Conqueridor
X
Gurb
Manlleu
Rambla del Carme
71
Sant
69
Nou
Verdaguer
18
36
24
6
Antoni
41
Sant Pau
Sant
69
75
la Gelada
PLAÇA MAJOR
la Fusina
Pl. de la Divina Pastora
Morgades
Rambla de l' Hospital
Nou
la Riera
22
48
d
9
St Segimon
Y
H
14
b
72
66
u
63
67
Temple
Romà
n
MUSEU EPISCOPAL
49
e
20
POL
Call St Just
12
64
42
Bisbe Torras i Bages
43
3
J
51
la Ramada
CATEDRAL
C 25 GIRONA / GERONA
SANTA CREU
60
17
4
AUDITORI
61
Palau Episcopal
74
3
29
54
8
Prat d' en Galliners
St Pere
Mèder
PARC JAUME BALMES
Anselm
Clavé
d' en Pep
Ventura
la
Soledat
Sant
Francesc
Pelayo
Andreu Febrer
Av. de Martí
i
Bac
de
Roda
Generalitat
46
Genís
31
32
i Aguilar
55
27
Doctor
Salarich
Menéndez
34
Strauch
Huix
25
35
Josep Pratdesaba
Aviiés
de
Av.
la Providència
Pl. de l'Amusic
d' Abadal
Pare
25
Pius XII
dels Països Catalans
Virrei
Passeig
Av.
de
l' Estadi
la
30
Jaume
Sant
Pas. St Jaume
Av.
4
BARCELONA
B
C

en la carretera de Roda de Ter *por ② : 15 km :*

🏨 **Parador de Vic** 🦢, ✉ 8500, ☎ 93 812 23 23, vic@parador.es, Fax 93 812 23 68, ≤ pantano de Sau y montañas, ⏋, ✕ – 🛗 🗏 📺 🚗 🅿 – 🛎 25/100. 🆎 ⓓ ⓜⓞ 𝑽𝑰𝑺𝑨 🇯🇨🇧. ✵
Comida 22,84 – ☕ 8,71 – **39 hab** 73,55/91,94.
Ver también : **Santa Eugenia de Berga** *por ③ : 4 km.*

VIDRERES *17411 Girona* 443 *G 38 – 3 780 h alt. 93.*
Madrid 687 – Barcelona 74 – Girona/Gerona 31.

✕ **Can Pou** con hab, Pau Casals 15 ☎ 972 85 00 14, canpou@ctv.es, Fax 972 85 05 76, 🍃 – 🗏 rest, 📺 🅿 ⓓ ⓜⓞ 𝑽𝑰𝑺𝑨. ✵ hab
cerrado domingo noche y lunes en invierno – **Comida** carta aprox. 21,64 – ☕ 3,61 – **14 hab** 22,69/38,46.

al Suroeste : *2 km :*

✕ **Can Castells,** entrada por carret. N II, ✉ 17430 apartado 77 Santa Coloma de Farners, ☎ 972 85 03 69, « Decoración rústica » – 🗏 🅿 ⓜⓞ 𝑽𝑰𝑺𝑨
Comida *(cerrado martes)* - sólo almuerzo de lunes a jueves - carta 12 a 17.

en la carretera de Llagostera *Noreste : 5 km :*

✕ **El Molí de la Selva,** ✉ 17455 Caldes de Malavella, ☎ 972 47 15 00, elmoli@mx3.redestb.es, Fax 972 47 15 13, 🍃, « Instalado en un antiguo molino. Decoración rústica » – 🗏 🅿 🆎 ⓓ ⓜⓞ 𝑽𝑰𝑺𝑨. ✵
Comida carta 20,40 a 25,80.

VIELLA *33429 Asturias* 441 *B 12.*
Madrid 459 – Avilés 29 – Gijón 25 – Oviedo 10.

🏨 **Los Fresnos,** carret. AS-17 ☎ 98 526 59 26, hotelosfresnos@fade.es, Fax 98 526 49 79, ✕ – 🗏 rest, 📺 🅿 – 🛎 25/100. 🆎 ⓓ ⓜⓞ 𝑽𝑰𝑺𝑨
Comida 8,50 – ☕ 3,50 – **68 hab** 60,70/83,60.

🏨 **La Cabaña** sin rest, carret. AS-17 ☎ 98 526 53 36, lacabana@fade.es, Fax 98 526 41 57 – 🛗 🗏 📺 🚗 🅿 – 🛎 25/300. 🆎 ⓓ ⓜⓞ 𝑽𝑰𝑺𝑨. ✵
☕ 4 – **22 hab** 44/56.

🏨 **Maruja Nozana** sin rest y sin ☕, carret. AS-17 ☎ 98 526 55 21, Fax 98 526 91 86 – 📺 🚗 🅿 🆎 ⓜⓞ 𝑽𝑰𝑺𝑨. ✵
16 hab 36,06/54,09.

VIELHA o VIELLA *25530 Lleida* 443 *D 32 – 3 220 h alt. 971 – Deportes de invierno en Baqueira-Beret.*
Ver : *Iglesia (Cristo de Mijaran★).*
Alred. : *Norte : Valle de Arán★★.*
🛈 *Sarriulera 10 ☎ 973 64 01 10 Fax 973 64 03 72.*
Madrid 595 – Lleida/Lérida 163 – St-Gaudens 70.

🏨 **Eth Refugi d'Aran,** av. Garona 27 ☎ 973 64 30 02, refugiaran@interbook.net, Fax 973 64 30 56 – 🛗 📺 ♿ 🚗 🅿 🆎 ⓓ ⓜⓞ 𝑽𝑰𝑺𝑨. ✵
cerrado mayo-15 junio y 12 octubre-noviembre – **Comida** 15,03 – **48 apartamentos** ☕ 109,80.

🏨 **Fonfreda** sin rest, passeig de la Llibertat 18 ☎ 973 64 04 86, Fax 973 64 24 42 – 🛗 📺 🚗. 🆎 ⓓ ⓜⓞ 𝑽𝑰𝑺𝑨. ✵
26 hab ☕ 53,49/69,12.

🏨 **Eth Solan** sin rest, av. Baile Calbetó Barra 14 ☎ 973 64 02 04, ethsolan@ethsolan.com, Fax 973 64 03 17, ≤ – 🛗 📺 🚗 🅿 🆎 ⓓ ⓜⓞ 𝑽𝑰𝑺𝑨. ✵
diciembre-mayo y julio-15 octubre – **39 hab** ☕ 46,95/96,46.

🏨 **Arán,** av. Castiero 5 ☎ 973 64 00 50, hotelaran@jazzfree.com, Fax 973 64 00 53, 🚲 – 🛗 📺 🚗. 🆎 ⓓ ⓜⓞ 𝑽𝑰𝑺𝑨. ✵
Comida 10,22 – ☕ 5,11 – **50 hab** 45,08/69,42.

🏨 **Apart. Serrano,** San Nicolás 2 ☎ 973 64 01 50, hssl@sispromat.com, Fax 973 64 01 52 – 🛗 📺. 🆎 ⓓ ⓜⓞ 𝑽𝑰𝑺𝑨 🇯🇨🇧. ✵
cerrado 25 septiembre-20 diciembre – **Comida** 12,02 – ☕ 4,51 – **9 apartamentos** 96,16/120,20 – PA 27,35.

🏨 **Orla,** av. Castiero 3 ☎ 973 64 22 60, orla@millorsoft.es, Fax 973 64 19 94 – 🛗 📺. ⓓ ⓜⓞ 𝑽𝑰𝑺𝑨 🇯🇨🇧. ✵ hab
cerrado del 10 al 30 de junio – **Comida** 9,02 – ☕ 3,61 – **22 hab** 46,28/66,11.

🏨 **Delavall,** Pas d'Arró 38 ☎ 973 64 02 00, Fax 973 64 00 13, ≤, ⏋ – 🛗 📺 🅿 🆎 ⓓ ⓜⓞ 𝑽𝑰𝑺𝑨. ✵ rest
cerrado mayo – **Comida** *(cerrado domingo)* 9,02 – **28 hab** ☕ 36,07/57,10.

Eth Pomèr sin rest, carret. de Gausach 4 ☎ 973 64 28 88, *hotelethpomer@autovia.com, Fax 973 64 14 80* – |**$**| **TV** & 🚗. AE ◑ MC VISA. ❄
33 hab ☞ 91,32.

Pirene ♨, carret. del Túnel ☎ 973 64 00 75, *pirene@vallearan.com, Fax 973 64 22 95,* ≼ Viella, valle y montañas – |**$**| **TV** P. AE ◑ MC VISA. ❄
cerrado noviembre – **Comida** *12,02* – **32 hab** ☞ 44/72.

Viella, carret. de Gausach 18 ☎ 973 64 02 75, *hotelviella.@husa.es, Fax 973 64 09 34* – |**$**| **TV** & P. MC VISA. ❄
Comida 9,30 – **108 hab** ☞ 41,92/71,82.

Urogallo, av. Castiero 7 ☎ 973 64 00 00, *urogallo@aranweb.com, Fax 973 64 21 61* – |**$**| **TV** 🚗. MC VISA. ❄ hab
Comida *(cerrado noviembre-5 diciembre)* 9,92 – **37 hab** ☞ 44,37/74,60.

Ribaeta, pl. Coto Março ☎ 973 64 20 36, *hribaeta@terra.es, Fax 973 64 30 47* – |**$**| **TV**. ◑ MC VISA. ❄
cerrado mayo y noviembre – **Comida** *(cerrado del 1 al 15 de junio y del 15 al 31 de octubre)* 12 – **27 hab** ☞ 55/73,32.

Baricauba y Riu Nere, Mayor 4 ☎ 973 64 01 50, *hssl@sispromat.com, Fax 973 64 01 52* – |**$**| **TV**. AE ◑ MC VISA JCB. ❄
cerrado 25 septiembre-20 diciembre – **Comida** - en el **Apart. Serrano** – ☞ 4,51 – **48 hab** 48,08/90,15.

Ostau d'Òc sin rest, Castèth 13 ☎ 973 64 15 97, *Fax 973 64 23 81* – |**$**| **TV**. AE ◑ MC VISA
☞ 3 – **15 hab** 31,90/39,70.

La Bonaigua sin rest, Castèth 9 bis ☎ 973 64 01 44, *Fax 973 64 12 18* – |**$**| **TV** 🚗. ◑ VISA. ❄
23 hab ☞ 31,85/51,08.

Antonio, carret. del Túnel ☎ 973 64 08 87, *Fax 973 64 18 23* – AE ◑ MC VISA
cerrado del 15 al 30 de junio, del 15 al 30 de noviembre y lunes – **Comida** carta 22 a 28,25.

Era Lucana, av. Alcalde Calbetó 1 ☎ 973 64 17 98 – AE ◑ MC VISA JCB. ❄
cerrado del 1 al 15 de julio y lunes salvo festivos – **Comida** carta 23,14 a 26,14.

Gustavo-María José (Era Mola), Marrec 14 ☎ 973 64 24 19 – VISA
diciembre-15 abril y 6 julio-15 septiembre – **Comida** - sólo cena en invierno salvo fines de semana - carta 20,30 a 30.

Nicolás, Castèth 7 ☎ 973 64 18 20 – AE VISA
cerrado 7 días en mayo, 7 días en noviembre y miércoles – **Comida** carta 25,25 a 31,86.

Deth Gormán, Met Dìa 8 ☎ 973 64 04 45 – MC VISA. ❄
cerrado junio y martes – **Comida** carta 18,62 a 25,69.

All i Oli, Major 9 ☎ 973 64 17 57 – MC VISA. ❄
cerrado 15 mayo-15 junio – **Comida** carta 18,03 a 32,16.

en Betrén *por la carretera de Salardú - Este : 1 km :*

Tuca ♨, ✉ 25539 Betrén, ☎ 973 64 07 00, *hotel.tuca@husa.es, Fax 973 64 07 54,* ≼, ⊠ climatizada – |**$**| **TV** 🚗 P – 🏋 25/130. AE ◑ MC VISA. ❄
cerrado 15 octubre-1 diciembre – **Comida** 17,70 – ☞ 6,01 – **117 hab** 62,12/109,39, 1 suite – PA 38,81.

en Escunhau *por la carretera de Salardú - Este : 3 km :*

Es Pletieus, carret. C 28, ✉ 25539 Escunhau, ☎ 973 64 07 90, *espletieus@aranweb.com, Fax 973 64 10 04,* ≼ – |**$**| **TV** P. AE ◑ MC VISA JCB. ❄
cerrado mayo y noviembre – **Comida** - ver rest. **Es Pletieus** – **18 hab** ☞ 42,05/75,13.

Casa Estampa ♨, Sortaus 9, ✉ 25539 Escunhau, ☎ 973 64 00 48, *Fax 973 64 00 48,* ≼ – P. MC VISA. ❄
Posible cierre por reformas de abril a septiembre – **Comida** *(cerrado martes)* 11,42 – **26 hab** ☞ 33,96/52,29.

Es Pletieus - *Hotel Es Pletieus,* carret. C 28, ✉ 25539 Escunhau, ☎ 973 64 04 85, *espletieus@aranweb.com, Fax 973 64 10 04,* ≼ – P. AE ◑ MC VISA JCB. ❄
cerrado mayo, noviembre y martes – **Comida** carta aprox. 22,90.

Casa Turnay, San Sebastián, ✉ 25539 Escunhau, ☎ 973 64 02 92, *Fax 973 69 02 92,* « Decoración rústica » – AE VISA. ❄
cerrado mayo-15 julio y domingo noche en invierno – **Comida** carta 13,83 a 17,43.

en la carretera N 230 *Sur : 2,5 km :*

Parador de Viella ♨, ✉ 25530, ☎ 973 64 01 00, *viella@parador.es, Fax 973 64 11 00,* ≼ valle y montañas, ⊠ – |**$**| **TV** 🚗 P – 🏋 25/50. AE ◑ MC VISA. ❄
cerrado por obras hasta el 20 de enero – **Comida** 22,84 – ☞ 8,71 – **126 hab** 90,72/113,40.

en Garos *por la carretera de Salardú - Este : 5 km :*

Vilagaros ⌂, ✉ 25539 Garos, ☎ 973 64 12 50, *vilagaros@husl.es*, Fax 973 64 22 20, ↳, ▨ – ⌸ TV ⛍ – ♨ 25/100. AE MC VISA. ⛥
Comida 24,04 – **32 hab** ⌑ 153,26/204,34 – 21 apartamentos.

Plaça Garos con hab, D'Era Hont 2, ✉ 25539 Garos, ☎ 973 64 17 74, *plazagaros@e resmas.com*, Fax 973 64 25 30 – TV. ① MC VISA. ⛥ rest
cerrado mayo-junio y octubre-noviembre – **Comida** carta aprox. 20,43 – **4 hab** ⌑ 45/64.

en Pont d'Arrós *Noroeste : 6 km :*

Peña, carret. N 230, ✉ 25537 Pont d'Arrós, ☎ 973 64 08 86, *hotelp@a-ver.es*, Fax 973 64 23 29, ≤, ↳ – ▤ rest, TV ℗. AE MC VISA
cerrado noviembre – **Comida** *(cerrado lunes)* 12,25 – ⌑ 5,80 – **24 hab** 41,80/61,10.

Cal Manel, carret. N 230, ✉ 25537 Pont d'Arrós, ☎ 973 64 11 68, ⛲ – ▤ ℗. MC VISA. ⛥
cerrado 22 junio-8 julio, del 3 al 23 de noviembre y lunes (salvo julio-agosto y festivos) – **Comida** carta 21,04 a 25,84.

VIGO 36200 Pontevedra **441** F 3 – 278 050 h alt. 31.

Ver : *Emplazamiento★ – El Castro ≤★★* AZ.

Alred. : *Ría de Vigo★★ – Mirador de la Madroa★★ ≤★★ por carret. del aeropuerto : 6 km* BZ.

🏌 *Vigo, por ② : 11 km* ☎ 986 48 66 45 Fax 986 48 66 43.

✈ *de Vigo por N 550 : 9 km* BZ ☎ 986 26 82 00 – *Iberia : Marqués de Valladares 13* ✉ 36201 ☎ 986 22 70 05 AY – *Aviaco : aeropuerto* ☎ 986 48 76 25.

🚕 ☎ 986 22 35 97.

🛥 *Cía. Trasmediterránea, Luis Taboada 6* ✉ 36201 ☎ 986 44 76 01 Fax 986 44 74 30.

🛈 *Cánovas del Castillo 22* ✉ 36202 ☎ 986 43 05 77 Fax 986 43 00 80 – **R.A.C.E.** *Elduayen 24* ✉ 36202 ☎ 986 22 70 61 Fax 986 43 01 62.

Madrid 588 ② – A Coruña/La Coruña 156 ① – Ourense/Orense 101 ② – Pontevedra 27 ① – Porto 157 ②

Plano página siguiente

N.H. Palacio de Vigo, av. de García Barbón 17, ✉ 36201, ☎ 986 43 36 43, *nhvigo @nh-hoteles.es*, Fax 986 22 74 32, ↳ – ⌸ ▤ TV ♿ ⛍ – ♨ 25/500. AE ① MC VISA. ⛥ rest
⠀⠀⠀BY y
Comida 30 – ⌑ 11 – **107 hab** 120/150 – 1 suite.

Meliá Confort Los Galeones, av. de Madrid 21, ✉ 36204, ☎ 986 48 04 05, *dire ccion@galeones.com*, Fax 986 48 06 66 – ⌸ ▤ TV ⛍ – ♨ 25/270. AE ① MC VISA. ⛥
⠀⠀⠀BZ a
Comida 21 – ⌑ 9,70 – **76 hab** 94,50/118,50 – 4 suites.

Bahía de Vigo, av. Cánovas del Castillo 24, ✉ 36202, ☎ 986 22 67 00, *hotelbahia@h otelbahiadevigo.es*, Fax 986 43 74 87, ≤ – ⌸ ▤ TV ⛍ – ♨ 25/400⠀⠀⠀⠀⠀⠀⠀⠀⠀AY n
161 hab.

Ciudad de Vigo, Concepción Arenal 5, ✉ 36201, ☎ 986 22 78 20, *cvigo@lander.es*, Fax 986 43 98 71 – ⌸ ▤ TV ⛍ – ♨ 25/220. AE ① MC VISA. ⛥⠀⠀⠀⠀⠀⠀⠀⠀⠀⠀BY z
Comida 15,78 – ⌑ 7,51 – **99 hab** 90,75/114,79 – 2 suites – PA 35,16.

Coia, Sanxenxo 1, ✉ 36209, ☎ 986 20 18 20, *info@hotelcoia.com*, Fax 986 20 95 06 – ⌸ ▤ TV ⛍ ℗ – ♨ 25/600. AE ① MC VISA. ⛥⠀⠀⠀⠀⠀⠀⠀⠀⠀⠀⠀⠀⠀⠀⠀⠀⠀⠀por ③
Comida 15,03 – ⌑ 6,91 – **111 hab** 75,73/92,56 – 15 suites – PA 36,96.

Hesperia Vigo, av. de la Florida 60-A, ✉ 36210, ☎ 986 29 66 00, *hotel@hesperia -vigo.es*, Fax 986 29 18 00 – ⌸ ▤ TV ⛍ – ♨ 25/300. AE ① MC VISA. ⛥⠀⠀⠀por ③
Comida 15,03 – ⌑ 7,21 – **122 hab** 90,15/108,18 – 1 suite.

Tres Luces, Cuba 19, ✉ 36204, ☎ 986 48 02 50, *reservas@hotel3luces.com*, Fax 986 48 33 27 – ⌸ ▤ TV ⛍ – ♨ 25/150. AE ① MC VISA. ⛥⠀⠀⠀⠀⠀⠀BZ e
Comida 15,33 – ⌑ 5,71 – **70 hab** 55,89/79,93 – 2 suites.

Zenit Lisboa, Gran Vía 1, ✉ 36204, ☎ 986 41 72 55, *hotellisboa@zenithoteles.com*, Fax 986 48 26 48 – ⌸ ▤ TV ⛍ – ♨ 25/150. AE ① MC VISA. ⛥⠀⠀⠀⠀⠀⠀BZ m
Comida 10,22 – **100 hab** ⌑ 65,81/86,54 – 1 suite.

México sin rest con cafetería, Vía del Norte 10, ✉ 36204, ☎ 986 43 16 66, *info@m exicohotel.com*, Fax 986 43 55 53, ≤ – ⌸ ▤ TV ⛍ – ♨ 25/60. AE ① MC VISA. ⛥⠀⠀BZ f
⌑ 6,46 – **104 hab** 52,45/83,70.

VIGO

América sin rest, Pablo Morillo 6, ✉ 36201, ✆ 986 43 89 22, *reservas@hotelameric a-vigo.com, Fax 986 43 70 56* – 🛗 🖥 📺. AE MC VISA. ⚡ AY r
44 hab ☕ 57,10/72,12.

Compostela sin rest con cafetería, García Olloqui 5, ✉ 36201, ✆ 986 22 82 27, *hcom pos@teleline.es, Fax 986 22 59 04* – 🛗 📺. AE ① MC VISA. ⚡ AY e
☕ 4,21 – **30 hab** 42/56.

Galicia sin rest con cafetería, Colón 11, ✉ 36201, ✆ 986 43 40 22, *Fax 986 22 32 28* – 🛗 📺 – 🏄 25/60. AE ① MC VISA. ⚡ BY a
☕ 4,80 – **53 hab** 47/67,75.

Canaima sin rest con cafetería, av. de García Barbón 42, ✉ 36201, ✆ 986 43 09 34, *canaima42@mixmail.com, Fax 986 22 13 85* – 🛗 📺 🚗 AE ① MC
VISA. ⚡ BYZ c
☕ 3,01 – **56 hab** 36/51.

Puerta del Sol sin rest, Porta do Sol 14, ✉ 36202, ✆ 986 22 71 53, *puertadelsol @vigonet.com, Fax 986 22 23 64* – 🛗 📺. AE ① MC VISA AY c
☕ 3 – **16 hab** 36,06/51,09.

XX **Paco Feixó,** Areal 28, ⊠ 36201, ℰ 986 43 57 34, *pacofeixo@terra.es,*
Fax 986 43 87 33 – AE ① MC VISA   BY q
cerrado Semana Santa, 1 semana en agosto, sábado mediodía y domingo – **Comida** carta
28 a 40.

XX **El Castillo,** paseo de Rosalía de Castro, ⊠ 36203, ℰ 986 42 11 11, *elcastillo@infon*
egocio.com, Fax 986 42 12 99, ≼ *ría de Vigo y ciudad,* « En un parque » – ⧉ ▤ P. AE
① MC VISA. ⅏   AZ s
cerrado Semana Santa, domingo noche y lunes – **Comida** carta 24,34 a 31,75.

XX **Las Bridas,** Ecuador 54-56, ⊠ 36203, ℰ 986 43 00 37, *bridasvigo@terra.es,*
Fax 986 43 13 91 – ▤. AE ① MC VISA. ⅏   BZ d
Comida carta 25,25 a 33,06.

XX **Puesto Piloto Alcabre,** av. Atlántida 98, ⊠ 36208, ℰ 986 24 15 24,
Fax 986 24 03 85, ≼ – ▤ P. AE ① MC VISA JCB. ⅏ *por av. Beiramar : 5 km* AY
cerrado 15 días en noviembre y domingo noche – **Comida** carta 22,20 a 30,07.

XX **La Oca,** Purificación Saavedra 8 (frente mercado de Teis), ⊠ 36207, ℰ 986 37 12 55,
⊕ *rlaoca@teleline.es* – AE MC VISA. ⅏   *por av. de García Barbón* BY
cerrado Semana Santa, 15 días en agosto, sábado, domingo, lunes noche y martes noche
– **Comida** carta 19,84 a 23,58.

X **El Mosquito,** pl. da Pedra 4, ⊠ 36202, ℰ 986 22 44 41 – ▤. AE ① MC VISA. ⅏   AY u
cerrado 15 agosto-10 septiembre y domingo – **Comida** - pescados y mariscos - carta 27
a 46.

X **La Espuela,** Teófilo Llorente 2, ⊠ 36202, ℰ 986 43 73 07 – ▤. AE ① MC VISA. ⅏
Comida - pescados y mariscos - carta 19,98 a 33,06.   AY a

X Laxeiro, Ecuador 80, ⊠ 36204, ℰ 986 42 52 04 – ▤   BZ s

⬚ **Prada a Tope,** pl. de Compostela 19, ⊠ 36201, ℰ 986 44 72 36, *fpastor@eresmas.es,*
Fax 986 44 32 29 – ▤. AE ① MC VISA. ⅏   BY v
Ración - productos de El Bierzo - aprox. 5,40.

en Bembrive *por* ② *: 6 km :*

XX **Soriano,** Chans 23, ⊠ 36613 Bembrive, ℰ 986 48 13 73, *asadorsoriano@terra.es,*
⊕ *Fax 986 41 00 72,* ≼ *ciudad y alrededores,* ⌂ – ▤ P. AE ① MC VISA. ⅏
Comida carta 19,22 a 25,24.

en la playa de La Barca *por av. Beiramar : 7,5 km* AY :

X **Timón Playa,** Canido 8, ⊠ 36330 Corujo, ℰ 986 49 08 15, *timonpla@teleline.es,*
Fax 986 49 11 26, « Al borde del mar con las islas Cíes al fondo » – P. AE MC VISA. ⅏
cerrado 22 diciembre-22 enero y domingo – **Comida** - pescados y mariscos - carta aprox.
42,07.

Ver también : **Chapela** *por av. de García Barbón* BY *: 7 km*
                 Canido *por av. Beiramar* AY *: 10 km.*

La VILA JOIOSA o VILLAJOYOSA 03570 Alacant 445 Q 29 – 23 160 h.

🛈 Costera del Mar ℰ 96 685 13 71 *touristinfo.vilajoiosa@turisme.m400.gva.es* Fax
96 685 29 47.

Madrid 450 – Alacant/Alicante 32 – Gandía 79.

por la carretera de Alacant *Suroeste : 3 km :*

🏨 **El Montíboli** ⅏, ⊠ 03570, ℰ 96 589 02 50, *montiboli@servigroup.es,*
Fax 96 589 38 57, ≼, ⌁, ⇆, ⅔ – ⧉ ▤ TV P – 🛎 25/65. AE ① MC VISA. ⅏
Emperador : **Comida** carta 40,27 a 48,09 - **Minarete** *(sólo almuerzo, cerrado enero y*
lunes) **Comida** carta 26,75 a 33,36 – **53 hab** ⊡ 146,10/185,11 – 5 suites.

🏨 **Eurotennis,** ⊠ 03570, ℰ 96 589 12 50, *reservas@hoteleurotennis.com,*
Fax 96 589 11 94, ≼, ↯, ⌁, ⇆, ⅔ – ⧉ ▤ TV P – 🛎 50/200. AE ① MC VISA. ⅏ rest
Comida 13 – ⊡ 8,50 – **98 hab** 66/90.

VILA-REAL o VILLARREAL 12540 Castelló 445 M 29 – 37 660 h alt. 35.

Madrid 416 – Castelló de la Plana/Castellón de la Plana 8 – València 61.

🏨 **Vila-Real Palace,** Arcadi García Sanz 1 ℰ 964 50 66 00, *vilarealpalace@marinador.com,*
Fax 964 50 66 01, ↯, ⌁ – ⧉ ▤ TV ⅊ ⇆ – 🛎 25/150. AE ① MC VISA. ⅏
Comida carta aprox. 31,26 – ⊡ 9,34 – **74 hab** 81,08/101,57 – 3 suites.

🏠 **Azul** sin rest, Arcadi García Sanz 2 ℰ 96 450 64 44, *Fax 96 450 66 01* – ⧉ ▤ TV ⇆
AE ① MC VISA. ⅏
⊡ 6,92 – **34 hab** 39,15/45,18.

XX **Ihintza**, av. Pius XII-31 ☎ 964 52 75 41, Fax 964 52 75 41 – ▤. AE MC VISA. ⚗
cerrado del 6 al 26 de agosto, domingo y lunes noche – **Comida** carta 27,05 a 33,66.

XX **Espliego**, Escultor Fuster ☎ 964 53 03 05, Fax 964 52 09 78 – ▤. VISA. ⚗
cerrado Semana Santa, del 15 al 30 de agosto, domingo y lunes noche (julio-agosto),
domingo noche y lunes resto del año – **Comida** carta 22,54 a 29,75.

VILA-SACRA 17485 Girona **443** F 39 – 412 h alt. 16.
Madrid 738 – Figueres 5 – *Girona/Gerona* 42.

XX **La Cúpula**, Doctor Pagès 1 ☎ 972 51 20 99, lacupula@teleline.es, Fax 972 51 20 99,
« Masía del siglo XVIII » – ▤ P. AE ◑ MC VISA. ⚗
cerrado del 18 al 28 de febrero y miércoles salvo julio-agosto – **Comida** carta 27,62 a 34,85.

VILABOA 36141 Pontevedra **441** E 4 – 5 785 h alt. 50.
Madrid 618 – Pontevedra 9 – Vigo 27.

en Paredes Sureste : 2 km :

▥ **Las Islas** sin rest, Paredes 31, ✉ 36141 Vilaboa, ☎ 986 70 88 92, Fax 986 70 84 84,
≤, ⊒, ✗ – TV P. MC VISA. ⚗
☕ 3 – **26 hab** 24,04/33,65.

VILADECANS 08840 Barcelona **443** I 36 – 48 092 h alt. 18.
Madrid 603 – *Barcelona* 22 – Tarragona 78 – Manresa 63.

XX **Cal Mingo**, carret. C 245 - Noreste : 0,5 km ☎ 93 637 38 47, Fax 93 637 12 38 – ▤.
AE ◑ MC VISA. ⚗
cerrado Semana Santa, agosto, domingo noche, lunes noche y martes – **Comida** - espec.
en bacalaos - carta 28,65 a 33,50.

VILADRAU 17406 Girona **443** G 37 – 883 h alt. 821.
🛈 Migdia 1 ☎ 93 884 80 35 ccen.viladrau@ddgi.es Fax 93 884 91 31 (temp).
Madrid 647 – Barcelona 76 – Girona/Gerona 61.

🏠 **Xalet La Coromina**, carret. de Vic ☎ 93 884 92 64, xaletcoromina@teleline.es,
Fax 93 884 81 60, « Antigua casa señorial », ✿ – TV P. AE ◑ MC VISA
cerrado del 1 al 26 de enero – **Comida** 16 – ☕ 7 – **8 hab** 68/85.

▥ **De la Gloria** ⚗, Torreventosa 12 ☎ 93 884 90 34, hostalgloria@informail, lacaixa.es,
Fax 93 884 94 65, ⊒ – TV ⇔ – ⚖ 25/200. MC VISA. ⚗
cerrado 22 diciembre-8 enero – **Comida** 21 – ☕ 6 – **23 hab** 48/63.

VILAFLOR Santa Cruz de Tenerife – ver (Canarias) Tenerife.

VILAFRAMIL 27797 Lugo **441** B 8.
Madrid 604 – A Coruña/La Coruña 14 – Lugo 98 – Ribadeo 5 – Oviedo 150.

XX **La Villa** con hab, carret. N 634 - km 559 ☎ 982 12 30 01, Fax 982 12 30 02 – TV P.
AE ◑ MC VISA. ⚗
Comida carta 21,94 a 27,65 – ☕ 4,21 – **10 hab** 39,07/60,10.

VILAFRANCA DEL PENEDÈS 08720 Barcelona **443** H 35 – 28 018 h alt. 218.
Ver : Localidad★ – Museo de Vilafranca★ – Museo del Vino★ – Convento de Sant Francesc★.
🛈 Cort 14 ☎ 93 892 03 58 Fax 93 892 28 66.
Madrid 572 – *Barcelona* 54 – Tarragona 54.

🏨 **Domo**, Francesc Macià 4 ☎ 93 817 24 26, info@domohotel.com, Fax 93 817 08 53 – |⊡|
▤ TV ⚒ ⇔ – ⚖ 25/200. AE ◑ MC VISA. ⚗
Comida 12,02 – ☕ 7,51 – **44 hab** 76,93/102,14.

XX **Cal Ton**, Casal 8 ☎ 93 890 37 41, restaurant@cal-ton.com – ▤. AE ◑ MC VISA
cerrado Semana Santa, del 1 al 21 de agosto, festivos noche y lunes – **Comida** carta 22,07
a 32,73.

X **Casa Joan**, pl. de l'Estació 8 ☎ 93 890 31 71 – ▤. AE MC VISA. ⚗
cerrado Navidades, Semana Santa, del 15 al 31 de agosto, domingo y festivos – **Comida**
- sólo almuerzo salvo sábado - carta 22,17 a 31,16.

por la carretera N 340 Suroeste : 2,5 km :

🏨 **Alfa Penedès**, ✉ 08720, ☎ 93 817 20 26, reservas@alfapenedes.com,
Fax 93 817 22 45, ⊒ – |⊡| ▤ TV ⚒ P. – ⚖ 25/200. AE ◑ MC VISA. ⚗ rest
Gran Mercat : Comida carta 20,73 a 32,30 – **58 hab** ☕ 99,77/130,12 – 1 suite.

VILAGRASSA *25330 Lleida* **443** **H 33** – *392 h alt. 355.*
Madrid 510 – Barcelona 119 – Lleida/Lérida 41 – Tarragona 78.

Del Carme, antigua carret. N II ℰ 973 31 10 00, *hostaldelcarme@millorsoft.es*,
Fax 973 31 07 77, ⤼, 🚣, ✻ – 🛗, 🍽 rest, 📺 🅿 – 🔌 25/300. 🆇 VISA. 🛇 rest
Comida *(cerrado domingo noche)* 17,73 – ☕ 3,91 – **40 hab** 33,06/45,08.

Catalunya, Major 2 ℰ 973 31 14 65 – 🍽. 🆇 VISA. 🛇
cerrado del 1 al 22 de julio, domingo noche y lunes salvo festivos – **Comida** - carnes a
la brasa - carta 17,82 a 28,44.

VILALBA *27800 Lugo* **441** **C 6** – *15 643 h alt. 492.*
Madrid 540 – A Coruña/La Coruña 87 – Lugo 36.

Parador de Vilalba, Valeriano Valdesuso ℰ 982 51 00 11, *vilalba@parador.es*,
Fax 982 51 00 90, « Instalado parcialmente en una torre medieval », ⌘ – 🛗 🍽 📺 ♿
🚗 – 🔌 25/50. 🆇 🅞 🆇 VISA. 🛇
Comida 21,64 – ☕ 8,71 – **48 hab** 85,82/107,28.

Villamartín, av. Tierra Llana ℰ 982 51 12 15, *correo@hotelvillamartin.com*,
Fax 982 51 11 35, ⌘, ⤼, ✻ – 🛗, 🍽 rest, 📺 🚗 🅿 – 🔌 25/200. 🆇 🅞 🆇 VISA. 🛇
Comida 10 – ☕ 4 – **60 hab** 40,50/50.

VILALONGA *36990 Pontevedra* **441** **E 3**.
Madrid 629 – Pontevedra 23 – Santiago de Compostela 66.

Pazo El Revel sin rest, camino de la Iglesia ℰ 986 74 30 00, *Fax 986 74 33 90*, « Pazo
del siglo XVII con jardín », ⤼, ✻ – 📺 🅿 🆇 VISA. 🛇
junio-15 septiembre – **22 hab** ☕ 51,09/81,14.

en la carretera de Sanxenxo *Sureste : 3 km :*

Nuevo Astur sin rest, Gondar 38, ✉ 36990, ℰ 986 74 30 06, *Fax 986 74 43 92*, ⤼,
✻ – 🛗 📺 🅿 🆇 VISA. 🛇
☕ 6,31 – **143 hab** 68,82/81,74.

Asturiana sin rest, Gondar 31, ✉ 36990, ℰ 986 74 30 06, *Fax 986 74 43 92* – 🛗 📺.
🆇 VISA. 🛇
☕ 6,31 – **14 hab** 55,95/64,46.

VILAMARTÍN DE VALDEORRAS *32340 Ourense* **441** **E 8** – *2 446 h alt. 314.*
Madrid 448 – Lugo 129 – Ourense/Orense 104 – Ponferrada 54.

Paladium 🍴, Valdegodos - Noreste : 1,5 km ℰ 988 33 68 01, *Fax 988 33 68 88*, ≤,
⤼ – 🛗 🍽 📺 🅿 – 🔌 25/1000. 🆇 🆇 VISA. 🛇
Comida 10,24 – ☕ 3,31 – **27 hab** 30,12/48,19.

VILANOVA DEL VALLÈS *Barcelona – ver Granollers.*

VILANOVA I LA GELTRÚ *08800 Barcelona* **443** **I 35** – *45 883 h – Playa.*
Ver : *Localidad★ - Museo romántico-Casa Papiol★ – Biblioteca-Museo Balaguer★, Museo*
del Ferrocarril★.
🅱 *Parc de Ribes Roges* ℰ *93 815 45 17 turisme@vng.es Fax 93 815 26 93.*
Madrid 589 – Barcelona 50 – Lleida/Lérida 132 – Tarragona 46.

en la zona de la playa :

César, Isaac Peral 4, ✉ 08800, ℰ 93 815 11 25, *vilanova@hotelcesar.net*,
Fax 93 815 67 19, ⛲ – 🛗 🍽 📺 – 🔌 25/120. 🆇 🅞 🆇 VISA
Comida - ver rest. **La Fitorra** – ☕ 7 – **34 hab** 61,40/80 – 2 suites.

Ceferino, passeig Ribes Roges 2, ✉ 08800, ℰ 93 815 17 19, *Fax 93 815 89 31*, ⤼ –
🛗 🍽 📺 🆇 🆇 VISA. 🛇
Comida *(cerrado lunes salvo festivos)* 15 – ☕ 4,80 – **30 hab** 60/78.

Aparthotel Ceferino sin rest y sin ☕, passeig Ribes Roges 9, ✉ 08800,
ℰ 93 815 21 59, *Fax 93 815 89 31* – 🛗 🍽 📺 🚗. 🆇 🆇 VISA. 🛇
15 apartamentos 85.

Ribes Roges sin rest, Joan d'Àustria 7, ✉ 08800, ℰ 93 815 03 61, *Fax 93 814 39 04*
– 🛗 🍽 📺. 🅞 🆇 VISA JCB
12 hab ☕ 60.

Solvi 70, passeig Ribes Roges 1, ✉ 08800, ℰ 93 815 12 45, *solvi70@yahoo.com*,
Fax 93 815 70 02, ≤ – 🛗 🍽 📺 🚗. 🆇 VISA. 🛇
cerrado 8 octubre-25 noviembre – **Comida** *(cerrado domingo noche y lunes)* 10,50 –
☕ 4,50 – **30 hab** 42/60 – PA 21.

XX **La Fitorra** - *Hotel César,* Isaac Peral 4, ✉ 08800, 🕿 93 815 11 25, *vilanova@hotelc esar.net,* Fax 93 815 67 19, 🌂 – 🍽. 𝖠𝖤 ⓪ ⓜⓒ 𝖵𝖨𝖲𝖠. 🞅
cerrado del 1 al 15 de enero, del 1 al 15 de noviembre, domingo noche y lunes salvo julio-agosto – **Comida** carta 29,60 a 35,40.

XX **Peixerot,** passeig Marítim 56, ✉ 08800, 🕿 93 815 06 25, *peixerotvil@arrakis.es,* Fax 93 815 04 50, 🌂 – 🍽. 𝖠𝖤 ⓪ ⓜⓒ 𝖵𝖨𝖲𝖠. 🞅
Comida - pescados y mariscos - carta 25,24 a 37,26.

X **Pere Peral,** Isaac Peral 15, ✉ 08800, 🕿 93 815 29 96, *pereperal@terra.es,* Fax 93 815 26 02, « Terraza bajo los pinos » 🌂 – 🍽. ⓜⓒ 𝖵𝖨𝖲𝖠. 🞅
cerrado noviembre y lunes – **Comida** carta 19,73 a 30,35.

X **Chez Bernard,** Ramón Llull 4, ✉ 08800, 🕿 93 815 56 04, 🌂 – 🍽. 𝖠𝖤 ⓪ ⓜⓒ
𝖵𝖨𝖲𝖠. 🞅
cerrado domingo noche y lunes salvo festivos o vísperas – **Comida** - cocina francesa - carta 27,65 a 31,85.

X **La Botiga,** passeig Marítim 75, ✉ 08800, 🕿 93 815 60 78, 🌂 – 🍽. ⓪ ⓜⓒ
𝖵𝖨𝖲𝖠. 🞅
Comida - arroces, pescados y mariscos - carta 32 a 41.

en Racó de Santa Llúcia *Oeste : 2 km :*

XX **La Cucanya,** ✉ 08800 Vilanova i La Geltrú, 🕿 93 815 19 34, *cucanya/vilanova@ars web.com,* Fax 93 815 43 54, ≤, 🚗 – 🍽 ℙ. 𝖠𝖤 ⓪ ⓜⓒ 𝖵𝖨𝖲𝖠. 🞅
cerrado del 1 al 15 de noviembre y martes salvo vísperas o festivos – **Comida** carta 22,22 a 25,96.

VILASOBROSO *36879 Pontevedra* **441** **F 4**.
Madrid 560 – Ourense/Orense 66 – Pontevedra 40 – Vigo 34.

X **O'Rianxo,** carret. N 120 🕿 986 65 44 34 – 🍽.
𝖠𝖤 ⓪ ⓜⓒ 𝖵𝖨𝖲𝖠. 🞅
Comida carta 20,73 a 30,05.

VILLA DEL PRADO *28630 Madrid* **444** **L 17** *– 3 290 h alt. 510.*
Madrid 61 – Ávila 80 – Toledo 78.

🕯 **El Extremeño** ≶, av. del Generalísimo 78 🕿 91 862 24 28, Fax 91 862 24 04, 🌂 –
🍽 rest. ℙ. ⓜⓒ 𝖵𝖨𝖲𝖠. 🞅
Comida 7,21 – 🍵 2,10 – **16 hab** 21,04/33,06 – PA 16,53.

VILLABALTER *24191 León* **441** **E 13**.
Madrid 348 – León 6 – Ponferrada 109 – Palencia 134 – Oviedo 113.

X **La Tahona de Ambrosia,** carret. C 623 - Noreste : 1,5 km 🕿 987 23 08 18,
Fax 987 27 05 04, 🌂, « Decoración rústica » – ℙ. 𝖠𝖤 ⓪ ⓜⓒ 𝖵𝖨𝖲𝖠. 🞅
cerrado lunes – Comida carta aprox. 21,05.

VILLABONA *20150 Gipuzkoa* **442** **C 23** *– 5 295 h alt. 61.*
Madrid 451 – Iruña/Pamplona 71 – Donostia-San Sebastián 20 – Vitoria-Gasteiz 96.

en Amasa *Este : 1 km :*

X **Arantzabi,** ✉ 20150 Villabona, 🕿 943 69 12 55, ≤, 🌂, « Típico caserío vasco » – 🍽
ℙ. 𝖠𝖤 ⓪ ⓜⓒ 𝖵𝖨𝖲𝖠. 🞅
cerrado 15 diciembre-15 enero, domingo noche y lunes – **Comida** - sólo almuerzo de octubre a junio salvo viernes y sábado - carta 18,02 a 22,82.

VILLACAÑAS *45860 Toledo* **444** **N 19** *– 8 711 h alt. 668.*
Madrid 109 – Alcázar de San Juan 35 – Aranjuez 48 – Toledo 72.

X **Montes,** carret. de Tembleque 1 🕿 925 16 02 05, Fax 925 16 02 05 – 🍽.
ⓜⓒ 𝖵𝖨𝖲𝖠
cerrado agosto, domingo y jueves noche – **Comida** carta 17,72 a 24,63.

VILLACARRILLO *23300 Jaén* **446** **R 20** *– 10 925 h alt. 785.*
Madrid 349 – Albacete 172 – Úbeda 32.

🏠 **Sierra Las Villas,** carret. N 322 🕿 953 44 09 57, *fgano@geocities.com,*
Fax 953 44 01 25 – 🛗 🍽 📺 🚗 ℙ – 🔲 25/60. 𝖠𝖤 ⓜⓒ 𝖵𝖨𝖲𝖠. 🞅
Comida 16 – 🍵 3 – **37 hab** 24/42.

VILLACASTÍN 40150 Segovia **442** J 16 – 1 600 h alt. 1 100.
Madrid 79 – Ávila 29 – *Segovia* 38 – Valladolid 105.

Hostería El Pilar, carret. N VI, ⊠ 40150, ℰ 921 19 80 50, Fax 921 19 86 96, 🌦 –
▤ rest, 📺 🅿. 🆎 ⓪ 🔿 *VISA*.
Comida 8,42 – ☲ 3,01 – **21 hab** 21,04/39,07 – PA 17,43.

en la autopista A 6 *Sureste : 4,5 km :*

Las Chimeneas, ⊠ 40150 apartado 11, ℰ 921 19 86 40, Fax 921 19 81 69 – ▤ 🅿.
🆎 ⓪ 🔿 *VISA*. ⛌
Comida carta 19,83 a 26,39.

VILLADIEGO 09120 Burgos **442** E 17 – 2 125 h alt. 842.
Madrid 282 – Burgos 39 – Palencia 84 – Santander 150.

El Condestable, av. Reyes Católicos 2 ℰ 947 36 17 32, Fax 947 36 17 32 – 🅿. *VISA*. ⛌
cerrado 15 septiembre-10 octubre – **Comida** 14,42 – ☲ 4,81 – **24 hab** 45,68.

VILLAFRANCA DEL BIERZO 24500 León **441** E 9 – 4 136 h alt. 511.
Madrid 403 – León 130 – Lugo 101 – Ponferrada 21.

Parador de Villafranca del Bierzo, av. de Calvo Sotelo ℰ 987 54 01 75,
Fax 987 54 00 10 – ▤ rest, 📺 🅿 – 🛁 25/40. 🆎 ⓪ 🔿 *VISA*. ⛌
cerrado 20 diciembre-enero – **Comida** 21,04 – ☲ 8,11 – **39 hab** 66,20/82,76.

Hospedería Convento San Nicolás el Real 🦢, travesía de San Nicolás 4
ℰ 987 54 04 83, hnico@ eresmas.com, Fax 987 54 04 83, 🌦, « Convento del siglo XVII »
– 📺 🅿 🔿 *VISA*. ⛌
cerrado enero-15 febrero – **Comida** 10,21 – ☲ 4,20 – **18 hab** 36/49,80.

San Francisco sin rest, pl. Mayor 6 ℰ 987 54 04 65, Fax 987 54 05 44 – 📺. 🔿
VISA. ⛌
☲ 3,31 – **20 hab** 33,96/47,18.

Casa Méndez, pl. de la Concepción ℰ 987 54 24 08 – ▤ rest, 📺. *VISA*. ⛌
Comida 8,50 – ☲ 2,40 – **12 hab** 21/33 – PA 18.

VILAGARCÍA DE AROUSA 36600 Pontevedra **441** E 3 – 31 760 h – Playa.
Alred. : *Mirador de Lobeira*★ *Sur : 4 km.*
🛈 Juan Carlos I-37 ℰ 986 51 01 44 Fax 986 51 01 44.
Madrid 632 – Ourense/Orense 133 – Pontevedra 25 – *Santiago de Compostela* 42.

Castelao, Arzobispo Lago 5 ℰ 986 51 24 26, info@ hcastelao.com, Fax 986 51 27 79 –
🛗 📺 🚗. 🆎 ⓪ 🔿 *VISA*. ⛌
Comida - sólo clientes - 16,06 – ☲ 5,14 – **35 hab** 41,76/64,25 – 21 apartamentos.

A Plaza sin rest, av. de la Marina 16 ℰ 986 50 73 18, hostalaplaza@ interbook.net,
Fax 986 50 73 18 – 📺
25 hab.

O Fogón da Ría, Fontecarmoa ℰ 986 50 79 62, Fax 986 51 07 63, 🌦, « Instalado en
un pazo rodeado de un extenso jardín » – ▤ 🅿. 🆎 ⓪ 🔿 *VISA*. ⛌
cerrado martes salvo 15 julio-agosto – **Comida** carta 20,44 a 28,63.

VILLAGONZALO-PEDERNALES 09195 Burgos **442** F 18 – 456 h alt. 900.
Madrid 231 – Aranda de Duero 76 – Burgos 8 – Palencia 81.

Rey Arturo, autovía N 620 - salida 6 ó 7 ℰ 947 29 42 51, Fax 947 29 42 54, ≼ – 🛗
▤ rest, 📺 🕭 🚗 🅿. 🆎 ⓪ 🔿 *VISA*. ⛌ rest
Comida 10,22 – ☲ 4,51 – **52 hab** 42,07/65,51 – PA 21,20.

VILLAJOYOSA Alacant – ver La Vila Joiosa.

VILLALBA DE LA SIERRA 16140 Cuenca **444** L 23 – 535 h alt. 950.
Alred. : *Este : Ventano del Diablo (≼ garganta del Júcar★).*
Madrid 183 – Cuenca 21.

El Tablazo 🦢, camino de la Noria ℰ 969 28 14 88, tablazo@ canal21.com,
Fax 969 28 14 88, 🌦, Pesca deportiva, « Integrado en plena naturaleza junto al río
Júcar » – 🛗 📺 🅿. 🔿 *VISA* 🇯🇨🇧. ⛌
cerrado enero – **Comida** 9,91 – ☲ 3,60 – **28 hab** 36,06/48,08 – PA 18,75.

Mesón Nelia, carret. de Cuenca ℰ 969 28 10 21, meson@ mesonnelia.com,
Fax 969 28 10 78, 🌦 – ▤ 🅿. 🆎 🔿 *VISA*. ⛌
Comida carta 20,40 a 24,60.

VILLALCÁZAR DE SIRGA 34449 Palencia **442** F 16 – 209 h alt. 800.

Madrid 285 – Burgos 81 – Palencia 46.

Infanta Doña Leonor ⟋ sin rest, Condes de Toreno 1 ℰ 979 88 80 15, *infantad onaleonor@turwl.com, Fax 979 88 81 64* – **P. AE Ⓞ MC VISA.** ⚒
⚏ 2,25 – **9 hab** 20/35.

VILLALONGA 46720 València **445** P 29 – 3 564 h alt. 92.

Madrid 427 – Alacant/Alicante 112 – Gandía 11 – València 79.

Tarsan, Partida Reprimala - Oeste : 2 km ℰ 96 280 50 79, ≤, 🏫 – ▤ **P. AE Ⓞ MC VISA JCB.** ⚒
Comida - sólo almuerzo de septiembre a junio - carta 18 a 26,74.

VILLAMARTÍN 11650 Cádiz **446** V 13.

Madrid 555 – Algeciras 131 – Cádiz 87 – Ronda 61 – Sevilla 84.

por la carretera A 373 *Sureste : 6,5 km y desvío a la derecha 1,3 km :*

Hacienda El Rosalejo, ✉ 11650, ℰ 956 23 10 00, *rnavarrodelage@wanadoo.es, Fax 956 23 10 00,* 🏫, Bodega, « Decoración elegante en un palacete ducal del siglo XVIII rodeado de jardines », ✂ – ▤ **P. AE MC VISA.** ⚒ – *cerrado del 1 al 15 de febrero, del 1 al 15 de agosto, domingo noche y lunes* – **Comida** carta aprox. 29,21.

VILLAMAYOR 33583 Asturias **441** B 14.

Madrid 508 – Avilés 74 – Gijón 70 – Oviedo 52 – Ribadesella 29.

por la carretera de Cereceda *Noreste : 5 km :*

Palacio de Cutre ⟋, La Goleta, ✉ 33583, ℰ 98 570 80 72, *palacio-de-cutre@ho telesasturianos.com, Fax 98 570 80 19,* « Antigua casa señorial decorada en estilo rústico, en un pintoresco paraje con ≤ valles y montañas », ✂ – **TV P. AE Ⓞ MC VISA JCB.** ⚒
cerrado 28 de enero-febrero – **Comida** carta 24,65 a 34,26 – ⚏ 7,51 – **16 hab** 65,81/107,88.

VILLAMAYOR 37185 Salamanca **441** J 12 – 1 175 h alt. 782.

Madrid 212 – Ávila 103 – Ciudad Rodrigo 96 – Salamanca 3 – Zamora 62.

La Caserna, Larga, 5 ℰ 923 28 95 03, *Fax 923 28 95 03,* 🏫, « Interior castellano con patio » – ▤. **AE Ⓞ MC VISA.** ⚒
cerrado domingo noche – **Comida** carta 27 a 32.

VILLAMAYOR DEL RÍO 09259 Burgos **442** E 20.

Madrid 294 – Burgos 51 – Logroño 63 – Vitoria-Gasteiz 80.

León, carret. N 120 ℰ 947 58 02 37, *Fax 947 58 02 37* – ▤ **P. AE Ⓞ MC VISA.** ⚒
cerrado del 8 al 31 de julio, domingo noche y lunes – Comida carta 18,04 a 24.

VILLAMOROS DE LAS REGUERAS 24195 León **441** E 13.

Madrid 350 – León 6 – Oviedo 120 – Ponferrada 105.

Mesón El Gallego, Real 77 ℰ 987 30 75 22 – ▤. **Ⓞ MC VISA.** ⚒
cerrado 15 julio-5 agosto y lunes – **Comida** - carnes a la brasa - carta 13,51 a 22,83.

VILLANÚA 22870 Huesca **443** D 28 – 268 h alt. 953.

Madrid 496 – Huesca 106 – Jaca 15.

Lacasa, carret. de Francia ℰ 974 37 81 36, *Fax 974 37 81 98,* ≤ – **TV** 🚗
Comida - sólo menú – **10 hab.**

Reno, carret. de Francia 23 ℰ 974 37 80 66, *hotelreno@teleline.es, Fax 974 37 81 30,* ≤ – **TV P. AE Ⓞ MC VISA.** ⚒
cerrado mayo y noviembre – **Comida** (*cerrado domingo noche y lunes*) 13,20 – **15 hab** ⚏ 40,20/65,40.

VILLANUBLA 47620 Valladolid **442** G 15 – 1 721 h alt. 843.

✈ de Valladolid ℰ 983 41 54 00.
Madrid 201 – León 127 – Palencia 56 – Valladolid 13 – Zamora 104.

La Fuente de los Ángeles, carret. de León - Norte : 0,5 km ℰ 983 56 00 01, *Fax 983 56 00 50,* « Antiguo convento de los Santos (siglo XV) con bonita capilla en un paraje verde » – **P. Ⓞ MC VISA.** ⚒
cerrado de 15 al 31 de enero, domingo noche y lunes – **Comida** carta 24 a 30.

VILLANUEVA DE ARGAÑO 09132 Burgos **442** E 18 – 124 h alt. 838.

Madrid 264 – Burgos 21 – Palencia 78 – Valladolid 115.

Las Postas de Argaño con hab, av. Rodríguez de Valcarce ℰ 947 45 01 56, *laspos tas@inicia.es*, Fax 947 45 01 66, ℥ – 🍽 rest, 📺 ⟷ 🅿 ⓜⓒ 𝗩𝗜𝗦𝗔. ℀
cerrado febrero – Comida (cerrado domingo noche) carta 16,81 a 22,22 – ☕ 3,90 – **11 hab** 30,05/37,56.

VILLANUEVA DE GÁLLEGO 50830 Zaragoza **443** G 27 – 2 460 h alt. 243.

Madrid 333 – Huesca 57 – Lleida/Lérida 156 – Iruña/Pamplona 179 – Zaragoza 14.

Sella-La Val d'Onsella, Pilar Lorengar 1 ℰ 976 18 03 88, *sellazgz@teleline.es*, Fax 976 18 61 13 – 🍽 🅿 ⓐⓔ ⓞ ⓜⓒ 𝗩𝗜𝗦𝗔. ℀
cerrado Semana Santa, domingo noche y lunes – Comida carta 19,84 a 26,45.

VILLANUEVA DE LA CAÑADA 28691 Madrid **444** K 17 – 4 300 h.

Madrid 37 – Ávila 93 – Toledo 87.

La Partida, Velázquez 2 ℰ 91 815 68 90, *lapartida1@mundofree.com*, ☂ – 🍽. ⓐⓔ ⓞ
ⓜⓒ 𝗩𝗜𝗦𝗔 ⋯
cerrado 29 julio-29 agosto y lunes – Comida carta 23,95 a 29,30.

VILLANUEVA DE LA PEÑA 39509 Cantabria **442** C 17.

Madrid 386 – Burgos 154 – Oviedo 163 – Palencia 172 – Santander 51.

El Palacio de Bracho ⊗, ℰ 942 70 85 16, Fax 942 70 85 16, ≤, « Antigua casa de campo » – 📺 🅿 ⓐⓔ ⓜⓒ 𝗩𝗜𝗦𝗔. ℀
Comida 7,20 – **8 hab** ☕ 45.

VILLANUEVA DE LAS TORRES 18539 Granada **446** T 20 – 1 073 h alt. 562.

Madrid 444 – Almería 145 – Granada 86 – Murcia 237 – Úbeda 88.

en Alicún de las Torres *Suroeste : 9,5 km :*

Reina Isabel ⊗, carret. de Gorafe, ✉ 18539 Villanueva de las Torres, ℰ 958 69 40 22, *alicun@arrakis.es*, Fax 958 69 44 11, Complejo lúdico-termal, ℥ – 🍽 rest, 📺 ⅙ 🅿
44 hab.

VILLANUEVA DE LOS INFANTES 13320 Ciudad Real **444** P 21 – 5 664 h alt. 840.

Madrid 219 – Albacete 126 – Ciudad Real 100 – Valdepeñas 35.

Hospedería Real El Buscón de Quevedo, Frailes 1 ℰ 926 36 17 88, *hospbusco n@hosteriasreales.com*, Fax 926 36 17 88, « Instalado en un convento del siglo XVI » –
🍽 📺 ⟷ 🅿 – 🔥 25/400. ⓐⓔ ⓞ ⓜⓒ 𝗩𝗜𝗦𝗔. ℀
Comida 12 – ☕ 4 – **24 hab** 36/60 – PA 23,80.

VILLARALBO 49159 Zamora **441** H 12 – 1 488 h alt. 640.

Madrid 246 – Benavente 72 – Salamanca 69 – Valladolid 93 – Zamora 8.

Casa Aurelia ⊗, carret. del río ℰ 980 53 96 26, *aurelia@helcom.es*, Fax 980 53 96 26, ☂ – 🍽 hab, 📺 ⟷ 🅿 ⓐⓔ ⓞ ⓜⓒ 𝗩𝗜𝗦𝗔. ℀
Comida 6,61 – ☕ 2,40 – **44 hab** 30,05/42,07.

VILLARCAYO 09550 Burgos **442** D 19 – 4 121 h alt. 615.

Madrid 321 – Bilbao 81 – Burgos 78 – Santander 100.

Plati, Nuño Rasura 20 ℰ 947 13 10 15, Fax 947 13 02 95, ☞ – 🛗, 🍽 rest, 📺 🅿 ⓜⓒ
𝗩𝗜𝗦𝗔. ℀ rest – cerrado 15 diciembre-enero – Comida (cerrado miércoles) 10,22 – ☕ 3,01
– **20 hab** 28,85/47,48.

La Rubia, av. de Alemania 3 ℰ 947 13 02 60, Fax 947 13 04 51 – 🛗, 🍽 rest, 📺 ⟷
– 🔥 25/300. ⓜⓒ 𝗩𝗜𝗦𝗔. ℀
Comida 9,70 – **20 hab** ☕ 36/54.

Mini-Hostal sin rest con ☕ sólo en verano, Dr. Albiñana 70 ℰ 947 13 15 40 – 📺 🅿 ℀
☕ 2 – **17 hab** 31/36.

en Horna *Sur : 1 km :*

Doña Jimena, ✉ 09554 Horna, ℰ 947 13 05 63, Fax 947 13 05 70, « Decoración elegante », ℥ – 🛗 📺 ⟷ 🅿 ⓜⓒ 𝗩𝗜𝗦𝗔. ℀
Comida - ver rest *Mesón El Cid* – **21 hab** ☕ 36,06/60,10 – 1 suite.

Mesón El Cid - Hotel Doña Jimena, ✉ 09554 Horna, ℰ 947 13 11 71, Fax 947 13 05 70
– 🍽 🅿 ⓜⓒ 𝗩𝗜𝗦𝗔. ℀
cerrado noviembre y lunes salvo en verano – Comida carta aprox. 25.

VILLARLUENGO 44559 Teruel 443 K 28 – 245 h alt. 1 119.
Madrid 370 – Teruel 94.

en la carretera de Ejulve Noroeste : 7 km :

🏨 **Hostal de la Trucha** ⟋, Las Fábricas, ✉ 44559, ☎ 978 77 30 08, reserve@garg
allo-hotels.com, Fax 978 77 31 00, ⚓, ✗ – 🚗 🅿 AE ⑩ VISA JCB. ✗ rest
Comida 15 – ☕ 6 – **55 hab** 57/71.

VILLARREAL Castelló – ver Vila-real.

VILLARREAL DE ÁLAVA Araba – ver Legutiano.

VILLARROBLEDO 02600 Albacete 444 O 22 – 20 396 h alt. 724.
Madrid 183 – Albacete 84 – Alcázar de San Juan 82.

🏨 **Castillo** sin rest, av. Reyes Católicos 20 ☎ 967 14 33 11, Fax 967 14 33 11 – 📺 🅿
VISA. ✗
☕ 3,01 – **28 hab** 24,04/42,07.

VILLARRODIS A Coruña – ver Arteixo.

VILLASANA DE MENA 09580 Burgos 442 C 20 – alt. 312.
Madrid 358 – Bilbao 42 – Burgos 115 – Santander 101.

🏨 **Cadagua** ⟋, Ángel Nuño 26 ☎ 947 12 61 25, Fax 947 12 61 26, ≤, ⚓, 🚣 – 🅿 ⑩
MC VISA. ✗
Comida 10,25 – ☕ 3 – **27 hab** 32/44 – PA 20.

VILLASEVIL 39698 Cantabria 442 C 18.
Madrid 361 – Santander 33 – Bilbao 118 – Burgos 122.

🏨 **La Real Labranza Villasevil** ⟋, Piedrahíta 95 ☎ 942 59 65 10, msernaf@nesco.es,
Fax 942 59 65 00, ≤, « Escalera y artesonado de estilo rústico tradicional en una casa de
estilo indiano », ⚓, 🚣 – 🅿 AE ⑩ MC VISA. ✗
Comida 19,23 – **14 hab** ☕ 53,85/91,95.

VILLATOBAS 45310 Toledo 444 M 20 – 2 451 h alt. 723.
Madrid 80 – Albacete 169 – Cuenca 129 – Toledo 71.

✗ **Seller** con hab, carret. N 301 - Noroeste : 1,7 km ☎ 925 15 20 67, seller@infonegoci
o.com, Fax 925 15 20 10 – 📺 🅿 AE ⑩ MC VISA JCB. ✗
Comida carta 12,62 a 22,84 – ☕ 2,70 – **17 hab** 27,05/39,07.

VILLAVERDE DE PONTONES 39793 Cantabria 442 B 18.
Madrid 387 – Bilbao 86 – Burgos 153 – Santander 14.

✗✗ **Cenador de Amós,** pl. del Sol ☎ 942 50 82 43, cenamos@teleline.es,
Fax 942 50 82 43, « Antigua casona señorial » – 🅿 MC VISA. ✗ – cerrado del 6 al 31 de
enero, domingo noche, lunes y miércoles (febrero-mayo) – **Comida** carta 31,26 a 38,47
Espec. Crema de queso de Guriezo y timbal de huevo frito con puntilla y trufa. Pichón
en corto caldo de lentejas. Torrija fluida de chocolate con naranja y canela.

VILLAVICIOSA 05130 Ávila 444 K 15.
Madrid 136 – Ávila 27 – Béjar 90 – Salamanca 123 – Talavera de la Reina 100.

🏨 **Sancho de Estrada** ⟋, ☎ 920 29 10 82, hotelesmayoral@hotelesmayoral.com,
Fax 920 29 10 82, « Castillo medieval » – 📺 🅿 AE MC VISA. ✗ – cerrado 7 enero-7 febrero
– **Comida** (cerrado martes) 17,43 – ☕ 5,95 – **12 hab** 45,68/64,91 – PA 36,06.

VILLAVICIOSA 33300 Asturias 441 B 13 – 15 093 h alt. 4.
Alred. : Iglesia y Monasterio de San Salvador de Valdediós∗ Suroeste : 7 km.
Madrid 493 – Gijón 30 – Oviedo 43.

🏨 **Carlos I** sin rest, pl. Carlos I-4 ☎ 98 589 01 21, Fax 98 589 00 51, « Antigua casa
señorial » – 📺 AE ⑩ MC VISA. ✗
☕ 3,50 – **16 hab** 53.

🏨 **Casa España** sin rest, pl. Carlos I-3 ☎ 98 589 20 30, HCESPANA@santandersupernet
.com, Fax 98 589 26 82, « Antigua casona de indianos » – 📺 AE ⑩ MC VISA. ✗
☕ 4,21 – **12 hab** 48,08/60,10.

Manquín sin rest, pl. Santa Clara 2 ℘ 98 589 00 24, Fax 98 589 05 06 – |≑| 📺.
VISA. ✵
☐ 2,25 – **24 hab** 33,06/51,09.

Avenida sin rest, Carmen 10 ℘ 98 589 15 09, *cafedevicente@ hotel-avenida.com*,
Fax 98 589 15 09 – 📺. AE ⓘ MⓒO *VISA*. ✵
9 hab ☐ 36,06/54,09.

VILLAVIEJA DEL LOZOYA 28739 Madrid 444 I 18 – 157 h alt. 1 066.
Madrid 86 – Guadalajara 92 – *Segovia* 85.

Hospedería El Arco con hab, El Arco 6 ℘ 91 868 09 11, Fax 91 868 13 20, ≼, « Arco
mudéjar original » – 🍽 rest, 📺. AE MⓒO *VISA*. ✵ rest
15 junio-15 septiembre, fines de semana y festivos salvo Navidades – **Comida** carta 24,34
a 30,36 – ☐ 4,51 – **8 hab** 36,06/46,88.

VILLENA 03400 Alacant 445 Q 27 – 31 141 h alt. 503.
Ver : *Museo Arqueológico (tesoro de Villena★★)*.
Madrid 361 – Albacete 110 – Alacant/Alicante 58 – València 122.

Salvadora, av. de la Constitución 102 ℘ 96 580 09 50, *hrsalvadora@ arrakis.es*,
Fax 96 581 34 66 – |≑| 🍽 📺. AE ⓘ MⓒO *VISA* JCB
Comida 9 – ☐ 2,50 – **45 hab** 42/48.

Wary Nessy, Isabel la Católica 13-A ℘ 96 580 10 47, *restaurante@ warynessy.com* –
🍽. AE ⓘ MⓒO *VISA*. ✵ – *cerrado Semana Santa, 2ª quincena de julio y lunes* – **Comida**
carta 16,53 a 21,04.

VILLOLDO 34131 Palencia 442 F 16 – 558 h alt. 790.
Madrid 253 – Burgos 96 – Palencia 27.

Estrella del Bajo Carrión ⑤ con hab, antigua carret. C 615 ℘ 979 82 70 05,
Fax 979 82 72 69, 🏡 – P. MⓒO *VISA*. ✵
Comida *(cerrado lunes salvo julio-agosto)* carta 30,65 a 37,26 – ☐ 3,91 – **18 hab** 42,07.

VILVIESTRE DEL PINAR 09690 Burgos 442 G 20 – 764 h alt. 1 139.
Madrid 213 – Aranda de Duero 93 – Burgos 78 – Logroño 106 – Soria 75.

Mesón El Molino, Norte : 2,5 km ℘ 947 39 06 76 – P.

VINARÒS 12500 Castelló 445 K 31 – 19 902 h – Playa.
🛈 paseo Colón ℘ 964 45 33 34 *touristinfo.vinaros@ turisme.m400.gva.es* Fax
964 45 56 25.
Madrid 498 – Castelló de la Plana/Castellón de la Plana 76 – Tarragona 109 – Tortosa 48.

Teruel, av. de Madrid 34 ℘ 964 40 04 24, Fax 964 40 04 24 – 🍽 📺 P. MⓒO
VISA. ✵
Comida *(cerrado septiembre)* 9,02 – ☐ 3 – **20 hab** 35/48.

Miramar sin rest y sin ☐, paseo Blasco Ibáñez 12 ℘ 964 45 14 00, Fax 964 45 14 00
– |≑|. AE MⓒO *VISA*. ✵
cerrado Navidades – **17 hab** 27,65/42,90.

Faro de Vinaròs, Port de Vinaròs ℘ 964 45 63 62, *restaurantefaro@ latinmail.com*,
Fax 964 45 13 86 – 🍽. AE ⓘ MⓒO *VISA* JCB. ✵
cerrado domingo noche – **Comida** carta aprox. 34,86.

El Langostino de Oro, San Francisco 31 ℘ 964 45 12 04, Fax 964 45 17 93 – 🍽. AE
ⓘ MⓒO *VISA* JCB. ✵
Comida carta 28,20 a 32,40.

Mistral, paseo Blasco Ibáñez 1 ℘ 964 45 55 57 – 🍽. AE ⓘ MⓒO *VISA*. ✵
cerrado del 16 al 26 de noviembre – **Comida** carta aprox. 29,15.

La Cuina, paseo Blasco Ibáñez 12 ℘ 964 45 47 36 – 🍽 AE ⓘ MⓒO *VISA*. ✵
cerrado Navidades y domingo noche en invierno - **Comida** carta 21,38 a 35,23.

Voramar, av. Colón 34 ℘ 964 45 00 37, *Rvoramar@ eresmas.com*, 🏡 – 🍽. AE MⓒO
VISA. ✵
cerrado enero – **Comida** carta 13,53 a 21,64.

en la carretera N 340 *Sur : 2 km :*

Roca, ✉ 12500, ℘ 964 40 13 12, *info@ hotelroca.com*, Fax 964 40 08 16, ⌁, 🌿, ✕
– 🍽 📺 🚗 P. MⓒO *VISA*. ✵ rest
Comida *(cerrado domingo noche en invierno)* 7,81 – ☐ 2,70 – **36 hab** 27,05/45,08 – PA
16,83.

VIÑUELA 29712 Málaga **446** V 17 – 1 149 h alt. 150.
Madrid 500 – Almería 188 – Granada 114 – *Málaga* 48 – Motril 77.

por la carretera A 335 *Noroeste : 1,5 km y desvío a la izquierda 1,5 km :*

La Viñuela 🛁, ⊠ 29712, 🖉 95 251 91 93, hotel@hotelviñuela.com, Fax 95 251 92 82,
≼, « Conjunto acogedor junto al embalse de la Viñuela con la sierra al fondo », 🏊, 🍴
– 🖃 🆃🆅 🅿 🆀🅴 ⓘ 🆀🅲 *VISA*. 🛠
Comida 14,12 – 🍵 5,20 – **14 hab** 55,81/76,64.

VISO DEL MARQUÉS 13770 Ciudad Real **444** Q 19 – 3 075 h alt. 776.
Madrid 236 – Ciudad Real 72 – Córdoba 166 – Puertollano 66 – Úbeda 107 –
Valdepeñas 39.

Hospedería La Almazara del Marqués, Almagro 🖉 926 33 71 55, Fax 926 33 71 56,
🛖, « Antigua almazara » – 🆃🆅 🅿
15 hab.

VITORIA-GASTEIZ 01000 🅟 Araba **442** D 21 y 22 – 209 704 h alt. 524.
Ver : *Museo de Arqueología (estela del jinete★)* BY**M1** – *Museo del Naipe "Fournier"★*
BY**M4***Museo de Armería★* AZ**M3**.
Alred. : *Gaceo (iglesia : frescos góticos★★) 21 km por* ②.
✈ *de Vitoria, por* ④ *: 8 km* 🖉 945 16 35 91 – *Iberia : av. Gasteiz 84* ⊠ 01012
🖉 945 16 36 37 AY.
🛈 *parque de la Florida* ⊠ 01008 🖉 945 13 13 21 *turisme-bulegoa@ ej-gv.es Fax*
945 13 02 93 y Dato 11 ⊠ 01005 🖉 945 16 15 98 *turismo@ vitoria-gasteiz.org Fax*
945 16 11 05 – **R.A.C.V.N.** *pl. San Martín 4* ⊠ 01009 🖉 945 22 86 00 Fax 945 22 32 07.
Madrid 350 ③ – Bilbao 64 ④ – Burgos 111 ③ – Logroño 93 ③ – Iruña/Pamplona 93 ②
– Donostia-San Sebastián 115 ② – Zaragoza 260 ③
Plano página siguiente

Barceló H. Gasteiz, av. Gasteiz 45, ⊠ 01008, 🖉 945 22 81 00, *hotelbcgasteiz@ ba*
rceloclavel.com, Fax 945 22 62 58 – 🛗 🖃 🆃🆅 🚗 – 🔏 25/250. 🆀🅴 ⓘ 🆀🅲 *VISA*. 🛠
Comida *(cerrado domingo)* 17,46 – **146 hab** 🍵 84,14/132,22 – 4 suites.   AY **e**

Ciudad de Vitoria, Portal de Castilla 8, ⊠ 01008, 🖉 945 14 11 00, *vitoria@ hotele*
s-silken.com, Fax 945 14 36 16, ♨ – 🛗 🖃 🆃🆅 ♿ 🚗 – 🔏 25/400. 🆀🅴 ⓘ 🆀🅲 *VISA*. 🛠
Comida 16,83 – 🍵 10,22 – **148 hab** 120,20/150,25 – 1 suite.   AZ **c**

NH Canciller Ayala, Ramón y Cajal 5, ⊠ 01007, 🖉 945 13 00 00, *nhcanciller@ nhhotel*
es.es, Fax 945 13 35 05 – 🛗 🖃 🆃🆅 🚗 – 🔏 25/250. 🆀🅴 ⓘ 🆀🅲 *VISA*. 🛠   AZ **n**
Comida 18 - *Quejana* : **Comida** carta 30,60 a 35 – 🍵 10 – **184 hab** 101/145.

General Álava, av. Gasteiz 79, ⊠ 01009, 🖉 945 21 50 00, *hga@ jet.es,*
Fax 945 24 83 95 – 🛗 🖃 🆃🆅 ♿ 🚗 – 🔏 25/150. 🆀🅴 ⓘ 🆀🅲 *VISA*   AY **c**
Comida 11,23 – 🍵 9,02 – **113 hab** 59,50/98,57 – 1 suite.

Duque de Wellington sin rest, Duque de Wellington 14, ⊠ 01010, 🖉 945 17 57 07,
duquedewellington@ artesol.com, Fax 945 17 64 43 – 🛗 🖃 🆃🆅 ♿ 🚗. ⓘ 🆀🅲 *VISA*. 🛠
🍵 6,46 – **41 hab** 52,89/79,34.   por ④ AY

Almoneda sin rest, Florida 7, ⊠ 01005, 🖉 945 15 40 84, *informacion@ hotelalmone*
da.com, Fax 945 15 46 86 – 🛗 🖃 🆃🆅 ♿. 🆀🅲 *VISA*   AZ **q**
25 hab 🍵 54,09/90,15.

Dato sin rest y sin 🍵, Dato 28, ⊠ 01005, 🖉 945 14 72 30, *info@ hoteldato-com,*
Fax 945 23 23 20, « Decoración original » – 🆃🆅. 🆀🅴 ⓘ 🆀🅲 *VISA*. 🛠   BZ **a**
14 hab 25,63/35,26.

Páramo sin rest, General Álava 11 (pasaje), ⊠ 01005, 🖉 945 14 02 40, *info@ hotelp*
aramo.com, Fax 945 14 04 92 – 🛗 🆃🆅. 🆀🅴 ⓘ 🆀🅲 *VISA*. 🛠   BZ **n**
cerrado 23 diciembre-7 enero – **37 hab** 🍵 36,06/55,29.

La Bilbaina, Prudencio Mª Verástegui 2, ⊠ 01004, 🖉 945 25 44 00, Fax 945 27 97 57
– 🛗, 🖃 rest, 🆃🆅. ⓘ 🆀🅲 *VISA*. 🛠   BY **s**
Comida *(cerrado domingo noche)* 9,50 – 🍵 4,25 – **29 hab** 30/49 – PA 19,75.

Desiderio sin rest, Colegio de San Prudencio 2, ⊠ 01001, 🖉 945 25 17 00,
Fax 945 25 17 22 – 🛗 🆃🆅. 🆀🅴 ⓘ 🆀🅲 *VISA*. 🛠   BY **m**
cerrado 22 diciembre-2 enero – 🍵 3,61 – **21 hab** 27,05/42,07.

Achuri sin rest, Rioja 11, ⊠ 01005, 🖉 945 25 58 00, Fax 945 26 40 74 – 🛗 🆃🆅. 🆀🅲
VISA. 🛠   BZ **x**
🍵 2,85 – **40 hab** 27,05/41,77.

Iradier sin rest y sin 🍵, Florida 49, ⊠ 01005, 🖉 945 27 90 66, Fax 945 27 97 11 – 🛗
🆃🆅. *VISA*. 🛠   BZ **s**
19 hab 33/48.

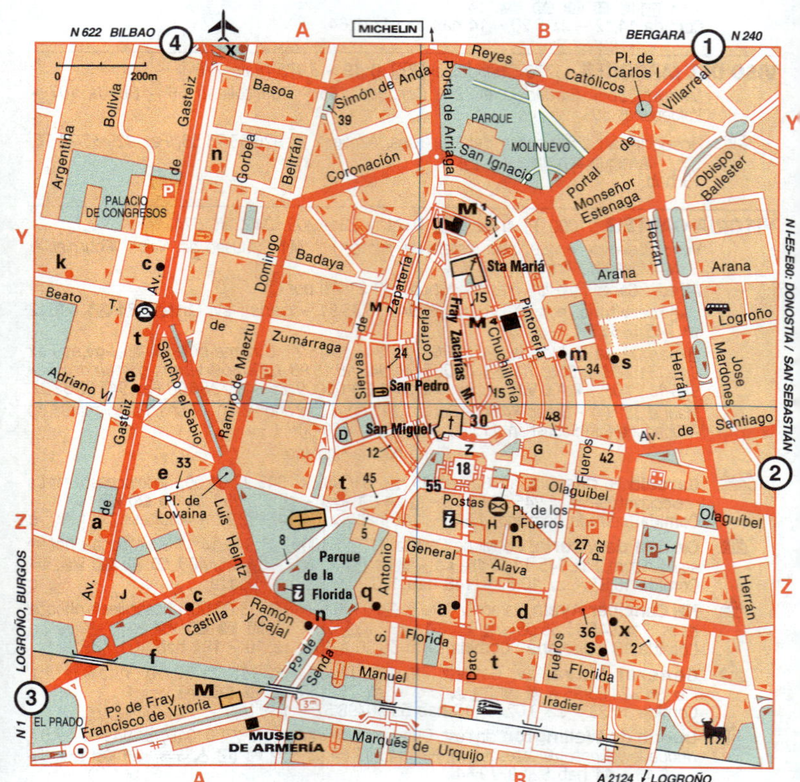

GASTEIZ
VITORIA

Angulema ... BZ 2
Becerro de Bengoa ... AZ 5
Cadena y Eleta ... AZ 8
Dato ... BZ
Diputación ... AZ 12
Escuelas ... BY 15
España (Pl. de) ... BZ 18
Gasteiz (Av. de) ... AYZ
Herrería ... AY 24
Independencia ... BZ 27
Machete (Pl. del) ... BZ 30
Madre Vedruna ... AZ 33
Nueva Fuera ... BY 34
Ortiz de Zárate ... BZ 36
Pascual de Andagoya (Pl. de) ... AY 39
Portal del Rey ... BZ 42
Postas ... BZ
Prado ... AZ 45
San Francisco ... BZ 48
Santa María (Cantón de) ... BY 51
Virgen Blanca (Pl. de la) ... BZ 55

N 622 BILBAO
MICHELIN
BERGARA N 240
0   200m
Bolivia
Argentina
Basoa
Simón de Anda
Reyes
Pl. de Carlos I
Villarreal
Obispo Ballester
Gorbea
Beltrán
Coronación
Portal de Arriaga
PARQUE
MOLINUEVO
Portal Monseñor Estenaga
PALACIO DE CONGRESOS
Domingo
Badaya
San Ignacio
Sta Maríá
Arana
Herrán
Arana
Logroño
Jose Mardones
Beato
Zumárraga
Zapatería
Correría
Fray Zacarías
Pintorería
Chuchillería
Adriano VI
San Pedro
San Miguel
General
Alava
Olaguibel
Pl. de los Fueros
Olaguíbel
Herrán
Av. de Santiago
Pl. de Lovaina
Luís Heintz
Parque de la Florida
Ramón y Cajal
Antonio
Florida
Paz
Castilla
Manuel
Dato
Fueros
Florida
Po de Fray Francisco de Vitoria
MUSEO DE ARMERÍA
Marqués de Urquijo
Iradier
EL PRADO
A 2124 LOGROÑO
LOGROÑO, BURGOS
N 1
N I-E5-E80: DONOSTIA / SAN SEBASTIÁN
Postas

XX **Conde de Álava,** Cruz Blanca 8, ⊠ 01012, ✆ 945 22 50 40, *Fax 945 22 71 76* – 🖳.
AE ① M© VISA. ⚯
AY n
cerrado Semana Santa, del 10 al 30 de agosto, domingo noche y lunes – **Comida** carta
16,70 a 21,63.

XX **Eli Rekondo,** Prado 28, ⊠ 01005, ✆ 945 28 25 84, *elirekondo@jet.es* – 🖳. AE ① M©
VISA. ⚯
AZ t
cerrado del 15 al 30 de septiembre y domingo – **Comida** carta 25,85 a 35,45.

XX **Arkupe,** Mateo Moraza 13, ⊠ 01001, ✆ 945 23 00 80, *arkupevit@euskalnet.net,*
Fax 945 14 54 67 – 🖳. AE ① M© VISA. ⚯
BZ z
Comida carta 23,40 a 28,80.

XX **Gurea,** pl. de la Constitución 10, ⊠ 01012, ✆ 945 24 59 33, *Fax 945 24 59 33* – 🖳. M©
VISA. ⚯
AY x
cerrado Semana Santa, 20 días en agosto y martes – **Comida** carta 18 a 24,60.

X **Mesa,** Chile 1, ⊠ 01009, ✆ 945 22 84 94, *Fax 945 24 34 05* – 🖳. AE M©
VISA. ⚯
AY c
cerrado 10 agosto-8 septiembre y miércoles – **Comida** carta 18,17 a 21,70.

X **El Mesón,** Ortiz de Zárate 5, ⊠ 01005, ✆ 945 14 27 30, *abbyzu@teleline.es,*
Fax 945 14 27 30 – 🖳. AE ① M© VISA. ⚯
BZ d
cerrado del 1 al 15 de febrero y martes – **Comida** carta 19,27 a 27,71.

X **Zabala,** Mateo Moraza 9, ⊠ 01001, ✆ 945 23 00 09 – AE ① M© VISA. ⚯
BZ z
cerrado 13 agosto-13 septiembre y domingo – **Comida** carta 19,35 a 27,90.

🍴 **Saburdi,** Dato 32, ⊠ 01005, ✆ 945 14 70 16, *direccion@saburdi.com,*
Fax 945 16 37 28 – 🖳. M© VISA. ⚯
BZ a
Tapa 1,20 **Ración** aprox. 6,02.

🍴 **El Rincón de Luis Mari,** Rioja 14, ⊠ 01005, ✆ 945 25 01 27 – 🖳. AE ① M©
VISA. ⚯
BZ s
cerrado septiembre y martes – **Tapa** 1,20 **Ración** aprox. 13,22.

🍴 **Dólar,** Florida 26, ⊠ 01005, ✆ 945 23 00 71 – 🖳. ⚯
BZ t
cerrado del 1 al 15 de octubre y domingo – **Tapa** 1,20 **Ración** aprox. 6.

en Elorriaga *por* ② : *1,5 km :*

🏨 **Palacio de Elorriaga** ⑤, ⊠ 01192 Elorriaga, ✆ 945 26 36 16, *Fax 945 26 89 51,*
« Conjunto rústico en una antigua casa solariega », 🚗 – 🖳 📺 ⑤ 🅿 – 🛎 25/160. M©
VISA. ⚯
Comida 36,06 – ☕ 6,01 – **21 hab** 93,76/117,20.

en Armentia *por* ③ : *3 km :*

XX **El Caserón** ⑤ con hab, camino del Monte 49, ⊠ 01007 Armentia, ✆ 945 23 00 48,
Fax 945 23 00 04, ≼, 🚗 – 🖳 rest, 📺 🅿. ① M© VISA. ⚯
Comida *(cerrado domingo noche y lunes noche)* carta 24,64 a 31,86 – ☕ 4,21 – **4 hab**
66,11/90,15 – 1 suite.
Ver también : **Argómaniz** *por* ② : *15 km.*

Es VIVÉ *Illes Balears – ver Balears (Eivissa).*

VIVER *12460 Castelló* 445 **M 28** – *1 205 h alt. 70.*
Madrid 412 – Castelló de la Plana/Castellón de la Plana 90 – Teruel 56 – València 85.

X **Thalassa,** Cazadores 3 ✆ 964 14 12 58, *thalassasl@navegalia.com* – 🖳. M© VISA
cerrado del 15 al 28 de febrero, del 15 al 31 de mayo, lunes, martes y miércoles de octubre
a junio – **Comida** carta 19,83 a 25,84.

VIVEIRO *27850 Lugo* 441 **B 7** – *14 877 h.*
🅱 *av. de Ramón Canosa* ✆ *982 56 08 79 (temp) viveiro@fegamp.es Fax 982 56 11 41.*
Madrid 602 – A Coruña/La Coruña 119 – Ferrol 88 – Lugo 98.

🏨 **Orfeo** sin rest con cafetería, J. García Navia Castrillón 2 ✆ 982 56 21 01, *hotelorfeo*
@jazzfree.com, Fax 982 56 04 53, ≼ – 🛗 📺. AE ① M© VISA. ⚯
☕ 4,10 – **32 hab** 42/70.

en Galdo *por la carretera C 640 - Sur : 3,5 km :*

🏨 **Pazo da Trave** ⑤, ⊠ 27850 Viveiro, ✆ 982 59 81 63, *traveregal@interbook.net,*
Fax 982 59 80 40, ≼, « Instalado en un pazo del siglo XV rodeado de un extenso jardín.
Capilla », 🎱, 🏊, 🎾 – 📺 🅿 – 🛎 25. AE ① M© VISA. ⚯ rest
Comida *(cerrado del 15 al 30 de noviembre y lunes salvo verano)* 15 – ☕ 7,21 – **10 hab**
90,18.

en la playa de Area *por la carretera C 642 - Norte : 4 km :*

🏨 **Ego** ⓢ, ✉ 27850 Viveiro, ☎ 982 56 09 87, *hotelego@infonegocio.com,*
Fax 982 56 17 62, ≼ ría y playa – 📺 🅿 ᴀᴇ ⓜⓒ 𝘝𝘐𝘚𝘈. 🚫
Comida - ver rest. ***Nito*** – ⌓ 6 – **29 hab** 60,02/84,03.

🍴🍴🍴 **Nito** - Hotel Ego, ✉ 27850 Viveiro, ☎ 982 56 09 87, Fax 982 56 17 62, ≼ ría y playa
– 🅿 ᴀᴇ ⓜⓒ 𝘝𝘐𝘚𝘈. 🚫
Comida carta 21 a 33.

XÀBIA o **JÁVEA** *03730 Alacant* **445** **P 30** *– 16 603 h – Playa.*

Alred. : *Cabo de San Antonio★ (≼★) Norte : 5 km – Cabo de la Nao★ (≼★) Sureste : 10 km.*

🏌 *Jávea, carret. de Benitachel 4,5 km* ☎ *96 579 25 84 Fax 96 646 05 54.*

🛈 *en el puerto : pl. Almirante Bastarreche 11* ☎ *96 579 07 36*
touristinfo.xabia@turisme.m400.gva.es Fax 96 579 60 57 y por la carret. del Cabo de la
Nao : av. del Plà 136 ☎ *96 646 06 05 touristinfo.xabiarenal@turisme.m400.gva.es.*

Madrid 457 – Alacant/Alicante 87 – València 109.

🏨 **Villa Mediterránea** ⓢ, León 5 (carret. de Jesús Pobre) ☎ 96 579 52 33, *hotelvilla
med@ctv.es, Fax 96 579 45 81,* ≼ Jávea y mar, 🌿, « Jardín con terrazas escalonadas »,
🏋, ⅃, 🔲 – 🛗 🔲 📺 🅿 ᴀᴇ ⓜⓒ 𝘝𝘐𝘚𝘈. 🚫
cerrado diciembre – **Comida** *(cerrado martes)* 21 – **12 hab** ⌓ 225/263.

en el puerto *Este : 1,5 km :*

🏠 **Miramar** sin rest y sin ⌓, pl. Almirante Bastarreche 12, ✉ 03730, ☎ 96 579 01 00,
Fax 96 579 01 00 – 🔲 📺. ᴀᴇ ① ⓜⓒ 𝘝𝘐𝘚𝘈. 🚫
cerrado 22 diciembre-7 enero – **26 hab** 34,86/63,11.

🏠 Jávea, Pío X-5, ✉ 03730, ☎ 96 579 54 61, *alty@ctv.es, Fax 96 579 54 63* –
🛗 📺
Comida - sólo cena – **24 hab.**

🍴 **La Bombonería,** av. Lepanto 20, ✉ 03730, ☎ 96 579 16 47, 🌿 – 🔲. ⓜⓒ
𝘝𝘐𝘚𝘈. 🚫
cerrado domingo noche – **Comida** carta 20,43 a 31,25.

al Sureste *por la carretera del Cabo de la Nao :*

🏨 **Parador de Jávea** ⓢ, av. Mediterráneo 7 - 4 km, ✉ 03730, ☎ 96 579 02 00, *jave
a@parador.es, Fax 96 579 03 08,* ≼, 🌿, « Jardín con césped y palmeras frente al mar »,
🏋, ⅃ – 🛗 🔲 📺 ♿ 🅿 – 🏊 25/200. ᴀᴇ ① ⓜⓒ 𝘝𝘐𝘚𝘈. 🚫
Comida 22,84 – ⌓ 8,71 – **70 hab** 95,63/119,54.

🏨 **El Rodat** ⓢ, 5,5 km, ✉ 03730, ☎ 96 647 07 10, *info@elrodat.com, Fax 96 647 15 50,*
🏋, ⅃, 🔲, 🌿, 🍴 – 🔲 📺 🅿 – 🏊 25/100. ᴀᴇ ① ⓜⓒ 𝘝𝘐𝘚𝘈. 🚫
Comida *(cerrado lunes)* – ⌓ 8,71 – **38 hab** 114,91/143,64 – 10 apartamentos.

🏨 Solymar sin rest, av. del Mediterráneo 180, ✉ 03730, ☎ 96 646 19 19, Fax 96 646 19 07
– 🛗 🔲 📺 🅿
38 hab.

🍴🍴🍴 **El Negresco,** Plà 55 - 3 km, ✉ 03730, ☎ 96 646 05 52, Fax 96 579 26 65 – 🔲. ᴀᴇ
① ⓜⓒ 𝘝𝘐𝘚𝘈 ᴊᴄʙ. 🚫
cerrado 15 días en febrero, 15 días en noviembre y martes – **Comida** - sólo cena salvo
sábado y domingo de octubre a mayo - carta 22 a 31.

🍴🍴 **Gota de Mar,** Cap Martí 531 - 5,5 km, ✉ 03730, ☎ 96 577 16 48, Fax 96 577 16 48,
🌿 – 🅿 ᴀᴇ ① ⓜⓒ 𝘝𝘐𝘚𝘈. 🚫
cerrado 15 noviembre-15 diciembre y lunes salvo agosto – **Comida** - sólo cena - carta 24,04
a 31,85.

🍴🍴 **L'Escut,** carret. Portixol 124 - 6,5 km, ✉ 03730, ☎ 96 577 05 07, 🌿 – 🅿 ①
ⓜⓒ 𝘝𝘐𝘚𝘈
cerrado 7 enero-1 marzo y martes salvo julio-septiembre – **Comida** - sólo cena - carta
22,23 a 28,25.

🍴 **Chez Ángel,** av. del Plá 143 - 3 km, ✉ 03730, ☎ 96 579 27 23 – 🔲. ᴀᴇ ⓜⓒ 𝘝𝘐𝘚𝘈. 🚫
cerrado enero, febrero y martes – **Comida** carta 18,04 a 27,65.

en el camino Cabanes *Sur : 7 km :*

🍴 **La Rústica,** Partida Adsubia 64, ✉ 03730, ☎ 96 577 08 55, *rustica@wanadoo.es,
Fax 96 577 08 55,* 🌿 – 🅿 ᴀᴇ ① ⓜⓒ 𝘝𝘐𝘚𝘈
cerrado enero y lunes salvo verano – **Comida** - sólo cena - carta 29,40 a 40.

NA XAMENA (Urbanización) *Illes Balears – ver Balears (Eivissa) : Sant Miquel de Balansat.*

La XARA o **La JARA** 03709 Alacant **445** **P 30**.

  ſ18 La Sella, carret. de La Xara a Jesús Pobre, Sur : 4 km ℰ 96 645 42 52 Fax 96 645 42 01.
  Madrid 443 – Alacant/Alicante 88 – València 95.

  ✗ **Venta de Posa,** partida Fredat 12 ℰ 96 578 46 72, Fax 96 643 11 61 – 🔲 **P.** **AE** **MC**
  VISA. ⌘
  cerrado noviembre y lunes – **Comida** - arroces y carnes - carta 16,23 a 21,04.

XARES 32365 Ourense **441** **F 9**.

  Madrid 455 – Benavente 184 – Ourense/Orense 160 – Ponferrada 107 – Verin 91.

  🏠 **El Ciervo** ⌂, ℰ 988 35 02 37, hotelelciervo@ctv.es, Fax 988 35 02 10, ⌘, ✗ –
  🔲 rest, **TV** **P.** – 🏊 25/250. **ⓓ** **MC** **VISA**. ⌘
  cerrado del 8 al 31 de enero – **Comida** 10,82 – ⌸ 3,61 – **20 hab** 36,06/60,10.

XÀTIVA o **JÁTIVA** 46800 València **445** **P 28** – 24 586 h alt. 110.

  Ver : Ermita de Sant Feliu (pila de agua bendita★)..

  🅱 Alameda Jaume I-50 ℰ 96 227 33 46 touristinfo.xativa@turisme.m400.gva.es Fax
  96 228 22 21.

  Madrid 379 – Albacete 132 – Alacant/Alicante 108 – València 59.

  🏠 **Vernisa** sin rest, Académico Maravall 1 ℰ 96 227 10 11, hvernisa@servidex.com,
  Fax 96 228 13 65 – 🔲 **TV** 🚗. **AE** **ⓓ** **MC** **VISA**
  ⌸ 3,60 – **39 hab** 54,10/66,13.

  ✗✗ **Hostería de Mont Sant** ⌂ con hab, carret. del Castillo ℰ 96 227 50 81, montsa
  nt@servidex.com, Fax 96 228 19 05, ⌘, « Antigua alquería en un extenso paraje
  verde », ⌘, ⌘, ⌘ – 🔲 **TV** **P.** **AE** **ⓓ** **MC** **VISA**. ⌘
  cerrado del 7 al 13 de enero – **Comida** carta 31,80 a 42 – ⌸ 8,41 – **12 hab** 87,15/126.

  ✗ **Casa La Abuela,** Reina 17 ℰ 96 228 10 85, caabuela@servidex.com, Fax 96 228 17 09
  – 🔲. **AE** **ⓓ** **MC** **VISA**. ⌘
  cerrado 23 julio-6 agosto, domingo y festivos – **Comida** carta aprox. 24,04.

XILXES o **CHILCHES** 12952 Castelló **445** **M 29** – 2 086 h alt. 7.

  Madrid 384 – Castelló de la Plana/Castellón de la Plana 19 – València 42.

en la carretera N 340 Norte : 2 km :

  🏠 **Simba,** ✉ 12952, ℰ 964 58 40 00, reservas@hotelsimba.com, Fax 964 58 40 09,
  « Interesante museo de caza con animales disecados », ⌘, ⌘, ✗ – 🛗 🔲 **TV** ♿ **P.** –
  🏊 25/400. **AE** **MC** **VISA**. ⌘
  Comida 7,82 – ⌸ 3,61 – **97 hab** 53,04/79,63.

YAIZA Las Palmas – ver Canarias (Lanzarote).

Los YÉBENES 45470 Toledo **444** **N 18** – 6 720 h alt. 819.

  Madrid 113 – Toledo 43.

  🏠 Montes de Toledo ⌂, antigua carret. N 401 - Noreste : 1,6 km ℰ 925 32 01 75, mont
  es.toledo@eh.etursa.es, Fax 925 32 01 75, < olivares y sierra de las Alberquillas, ⌘, ✗
  – 🔲 rest, **TV** **P.**
  41 hab.

  ✗ **Casa Apelio** con hab, Real Arriba 1 ℰ 925 32 00 05, Fax 925 32 04 19 – 🔲 rest,. **AE**
  ⓓ **MC** **VISA**
  cerrado del 15 al 31 de agosto – **Comida** carta 18,63 a 22,84 – ⌸ 2,70 – **13 hab**
  12,02/24,04.

YEGEN 18460 Granada **446** **V 20** – alt. 1 030.

  Madrid 522 – Almería 99 – Granada 104 – Jaén 194.

  ✗ **El Rincón de Yegen** ⌂ con hab, Camino de las Eras ℰ 958 85 12 70,
  Fax 958 85 12 70, ⌘ – **TV** **P.** **MC** **VISA**. ⌘
  cerrado del 4 al 18 de junio – **Comida** (cerrado martes) carta aprox. 17,80 – ⌸ 3,60 –
  4 hab 24/36 – 3 apartamentos.

YÉQUEDA 22193 Huesca **443** **F 28**.

  Madrid 398 – Huesca 6 – Sabiñánigo 48.

  🏠 **Fetra,** carret. N 330 ℰ 974 27 11 08, Fax 974 27 12 23, < – 🛗 🔲 **TV** **P.** **AE** **MC** **VISA**
  cerrado del 24 al 31 de diciembre, 2 semanas en junio y del 1 al 7 de julio – **Comida** 11
  – ⌸ 5 – **23 hab** 39.

YESA 31410 Navarra **442** E 26 – 296 h alt. 492.

Madrid 419 – Jaca 64 – Iruña/Pamplona 47.

Señorío de Monjardín ⌂, carret. de Leyre - Oeste : 1 km ℰ 948 88 41 88, *smon jardin@ es.europost.org, Fax 948 88 42 00*, ⩻ – ⧌, 🍽 rest, 📺 ⅋ ⊞ 🅿 – ⌂ 25/300. 🆎 ⓞ ⓜⓒ 𝗩𝗜𝗦𝗔. ⌫
Comida 15 – ☕ 6 – **40 hab** 72/90.

El Jabalí, carret. de Jaca 48 ℰ 948 88 40 42, Fax 948 88 40 42, ⩻, ⌇ – 🅿. ⓞ ⓜⓒ 𝗩𝗜𝗦𝗔. ⌫ rest
marzo-octubre – **Comida** 9 – ☕ 3,80 – **21 hab** 21/31,30.

✗ Arangoiti, Don René Petit 17 ℰ 948 88 41 22 – 🍽.

YUSO (Monasterio de) *La Rioja – ver San Millán de la Cogolla.*

ZAFRA 06300 Badajoz **444** Q 10 – 14 065 h alt. 509.

Ver : *Las Plazas★.*

🛈 pl. de España 8 ℰ 924 55 10 36 *oitzafra@ teleline.es* Fax 924 55 10 36.

Madrid 401 – Badajoz 76 – Mérida 58 – Sevilla 147.

Parador de Zafra ⌂, pl. Corazón de María 7 ℰ 924 55 45 40, *zafra@ parador.es, Fax 924 55 10 18*, « *Instalado en un castillo del siglo XV. Patio de estilo renacentista* », ⌇ – ⧌ 🍽 📺 – ⌂ 25/150. 🆎 ⓞ ⓜⓒ 𝗩𝗜𝗦𝗔 𝗝𝗖𝗕. ⌫
Comida 22,84 – ☕ 8,71 – **45 hab** 73,55/91,94.

Huerta Honda, López Asme 32 ℰ 924 55 41 00, *reservas@ hotelhuertahonda.com, Fax 924 55 25 04*, « *Ambiente acogedor* » – ⧌ 🍽 📺 ⅋ – ⌂ 25/200. 🆎 ⓜⓒ 𝗩𝗜𝗦𝗔. ⌫
Comida - ver rest. **Barbacana** – ☕ 6 – **41 hab** 96,46/122,18 – 1 suite.

El Ancla sin rest y sin ☕, pl. España 8 ℰ 924 55 43 82 – 🍽 📺 ⓜⓒ 𝗩𝗜𝗦𝗔. ⌫
15 hab 30,05/54,09.

✗✗ **Barbacana** - Hotel Huerta Honda, López Asme 30 ℰ 924 55 41 00, *reservas@ hotelh uertahonda.com, Fax 924 55 25 04*, « *Decoración rústica elegante* » – 🍽. 🆎 ⓜⓒ 𝗩𝗜𝗦𝗔. ⌫
cerrado domingo noche – **Comida** carta 21,03 a 31,24.

✗✗ **La Rebotica,** Botica 12 ℰ 942 55 42 89 – 🍽. ⓞ ⓜⓒ 𝗩𝗜𝗦𝗔. ⌫
cerrado del 1 al 15 de agosto, domingo noche y lunes – **Comida** carta aprox. 24,04.

✗ **Josefina,** López Asme 1 ℰ 924 55 17 01 – 🍽. 🆎 ⓞ ⓜⓒ 𝗩𝗜𝗦𝗔. ⌫
cerrado del 16 al 31 de agosto, domingo noche y lunes noche – **Comida** carta 18 a 25,80.

ZAGRILLA *Córdoba – ver Priego de Córdoba.*

ZAHARA DE LA SIERRA 11688 Cádiz **446** V 13 – 1586 h alt. 511.

Ver : *Localidad★ – Emplazamiento★★.*

Madrid 548 – Cádiz 116 – Ronda 34.

Arco de la Villa ⌂, paseo Nazarí ℰ 956 12 32 54, Fax 956 12 32 44, « *Magnífica situación con* ⩻ *embalse, montañas y pueblos* » – ⧌ 🍽 📺 ⅋ 🅿. ⓞ ⓜⓒ 𝗩𝗜𝗦𝗔. ⌫
Comida 13,53 – ☕ 3,54 – **17 hab** 35,80/58,37.

Marqués de Zahara, San Juan 3 ℰ 956 12 30 61, *hostal@ viautil.com, Fax 956 12 32 68* – ⓜⓒ 𝗩𝗜𝗦𝗔. ⌫
Comida 10 – ☕ 4 – **10 hab** 28/40 – PA 20.

ZAHARA DE LOS ATUNES 11393 Cádiz **446** X 12 – 1591 h – Playa.

Madrid 687 – Algeciras 62 – Cádiz 70 – Sevilla 179.

Gran Sol, Dr. Sánchez Rodríguez ℰ 956 43 93 01, *hotelgransol@ infonegocio.com, Fax 956 43 91 97*, ⩻, 🏖, ⌇ – ⧌ 🍽 📺. 🆎 ⓞ ⓜⓒ 𝗩𝗜𝗦𝗔 𝗝𝗖𝗕. ⌫ rest
Comida 12,20 – ☕ 6,01 – **51 hab** 69,11/84,15.

Pozo del Duque, carret. Atlanterra 32 ℰ 956 43 90 97, Fax 956 43 94 00, ⩻, 🏖, ⌇ – 🍽 📺 ⅋ 🅿 – ⌂ 25/140. ⓞ ⓜⓒ 𝗩𝗜𝗦𝗔. ⌫
Comida 12,02 – ☕ 10,60 – **35 hab** 80,50/106.

en la carretera de Atlanterra :

Meliá Atlanterra ⌂, Sureste : 4 km, ✉ 11393, ℰ 956 43 90 00, *meliaatlanterra @ solmelia.com, Fax 956 43 90 51*, 🏖, ⌇, 🏖, 🗝, ✗ – ⧌ 🍽 📺 🅿 – ⌂ 25/250. 🆎 ⓞ ⓜⓒ 𝗩𝗜𝗦𝗔 𝗝𝗖𝗕. ⌫
22 marzo-18 noviembre – - **Mediterráneo** (sólo cena) **Comida** carta 29,78 a 36,66 – **275 hab** ☕ 167,74/204,42 – 5 suites.

Antonio, Sureste : 1 km, ⊠ 11393, ℰ 956 43 91 41, *info@ antoniohoteles.com,* *Fax 956 43 91 35,* ⩽, 🍴, 🛝 – 🛗 🖥 TV & 🚗. AE ① MC VISA. ✕ *cerrado enero –* **Comida** *15,02 –* **20 hab** ⊡ 72,15/124,20 – 18 suites.

Antonio 🦐, Sureste : 1 km, ⊠ 11393, ℰ 956 43 91 41, *info@ antoniohoteles.com,* *Fax 956 43 91 35,* ⩽, 🍴, 🛝 – 🖥 TV P. AE ① MC VISA JCB. ✕ *cerrado enero –* **Comida** *15,02 –* **30 hab** ⊡ 55,60/88,13.

Porfirio, carret. Atlanterra 33 - Sureste : 0,5 km, ⊠ 11393, ℰ 956 44 95 15, *porfir io@ arrakis.es, Fax 956 43 90 80,* 🛝 – 🖥 TV 🚗. MC VISA. ✕ **Comida** *15,03 –* ⊡ *3,61 –* **24 hab** 72,12/87,15.

ZALDIBIA *20247 Gipuzkoa* **442** **C 23** *– 1518 h alt. 164.*
Madrid 428 – Iruña/Pamplona 73 – Donostia-San Sebastián 43 – Vitoria-Gasteiz 71.

🍴 **Arese,** pl. Iztueta ℰ 943 88 17 14,
🍴 – VISA. ✕
cerrado del 10 al 30 de agosto y lunes – **Comida** *carta aprox. 27.*

ZALLA *48860 Bizkaia* **442** **C 20** *– 7 253 h.*
Madrid 380 – Bilbao 22 – Burgos 132 – Santander 92.

🍴 **Asador Jabei,** Juan F. Estefanía y Prieto 5 ℰ 94 667 06 15, *Fax 94 639 16 92 –* 🖥. AE MC VISA. ✕
cerrado agosto y domingo – **Comida** *carta 15 a 29,45.*

ZAMORA *49000* P **441** **H 12** *– 68 202 h alt. 650.*
Ver : *Catedral★ (cimborrio★, sillería★★)* A- *Museo Catedralicio (tapices flamencos★★) – Iglesias románicas★ (La Magdalena, Santa María la Nueva, San Juan, Santa María de la Orta, Santo Tomé, Santiago del Burgo)* AB.
Alred. : *Arcenillas (Iglesia : Tablas de Fernando Gallego★) Sureste : 7 km - Iglesia visigoda de San Pedro de la Nave★ Noroeste : 19 km por* ④.
🄱 *Santa Clara 20* ⊠ *49015* ℰ *980 53 18 45 Fax 980 53 38 13 –* **R.A.C.E.** *av. Requejo 34* ⊠ *49003* ℰ *980 51 59 72 Fax 980 51 59 72.*
Madrid 246 ③ *– Benavente 66* ① *– Ourense/Orense 266* ① *– Salamanca 62* ③ *– Tordesillas 67* ②

Plano página siguiente

Parador de Zamora 🦐, pl. de Viriato 5, ⊠ 49001, ℰ 980 51 44 97, *zamora@ pa rador.es, Fax 980 53 00 63,* 🍴, « Instalado en un palacio renacentista », 🛎, 🛝 – 🛗 🖥 TV – 🏊 25/80. AE ① MC VISA JCB. ✕
Comida *22,84 –* ⊡ *8,71 –* **46 hab** 85,82/107,28 – 6 suites.   **B a**

Meliá Horus Zamora, pl. del Mercado 20, ⊠ 49003, ℰ 980 50 82 82, *melia.boutiq ue.horus.zamora@ solmelia.com, Fax 980 50 82 83 –* 🛗 🖥 TV & – 🏊 25/60. AE ① MC VISA JCB. ✕
La Bóveda : **Comida** *carta 19,23 a 29,44 –* ⊡ *7,51 –* **38 hab** 108,18 – 7 suites.   **B c**

II Infantas sin rest, Cortinas de San Miguel 3, ⊠ 49015, ℰ 980 50 98 98, *Fax 980 53 35 48 –* 🛗 🖥 TV 🚗 – 🏊 25/50. AE ① MC VISA JCB. ✕
⊡ *4,50 –* **68 hab** 49,30/67,50.   **B b**

Sayagués, pl. Puentica 2, ⊠ 49005, ℰ 980 52 55 11, *Fax 980 51 34 51 –* 🛗 🖥 TV 🚗. MC VISA. ✕
Comida *10,22 –* ⊡ *3,61 –* **52 hab** 45,02/90,15 – 4 suites – PA 20,58.   **A k**

Luz y Sol sin rest y sin ⊡, Benavente 2-3º, ⊠ 49014, ℰ 980 53 31 52, *Fax 980 53 31 52 –* 🛗 TV. VISA. ✕
29 hab 25,38/36,78.   **B z**

Chiqui sin rest y sin ⊡, Benavente 2-2º, ⊠ 49014, ℰ 980 53 14 80 – 🛗 TV. ✕   **B z**
10 hab 24,04/36,06.

París, av. de Portugal 14, ⊠ 49015, ℰ 980 51 43 25, *rpariszamora@ inicia.es, Fax 980 53 25 81 –* 🖥. AE ① MC VISA   **B s**
Comida *carta 21,34 a 31,34.*

La Marina-Sancho 2, parque de la Marina Española, ⊠ 49012, ℰ 980 52 60 54, *sanc ho2@ helcom.es, Fax 980 52 54 52 –* 🖥. AE ① MC VISA. ✕   **B n**
Comida *carta aprox. 30,06.*

Serafín, pl. Maestro Haedo 10, ⊠ 49003, ℰ 980 53 14 22, *Fax 980 52 49 56,* 🍴 – 🖥. AE ① MC VISA JCB. ✕   **B m**
Comida *carta 18,59 a 28,92.*

La Posada, Benavente 2, ⊠ 49014, ℰ 980 51 64 74, *Fax 980 53 43 27 –* 🖥. AE ① MC VISA. ✕   **B k**
cerrado del 1 al 15 de julio y domingo noche – **Comida** *carta 22,85 a 29,45.*

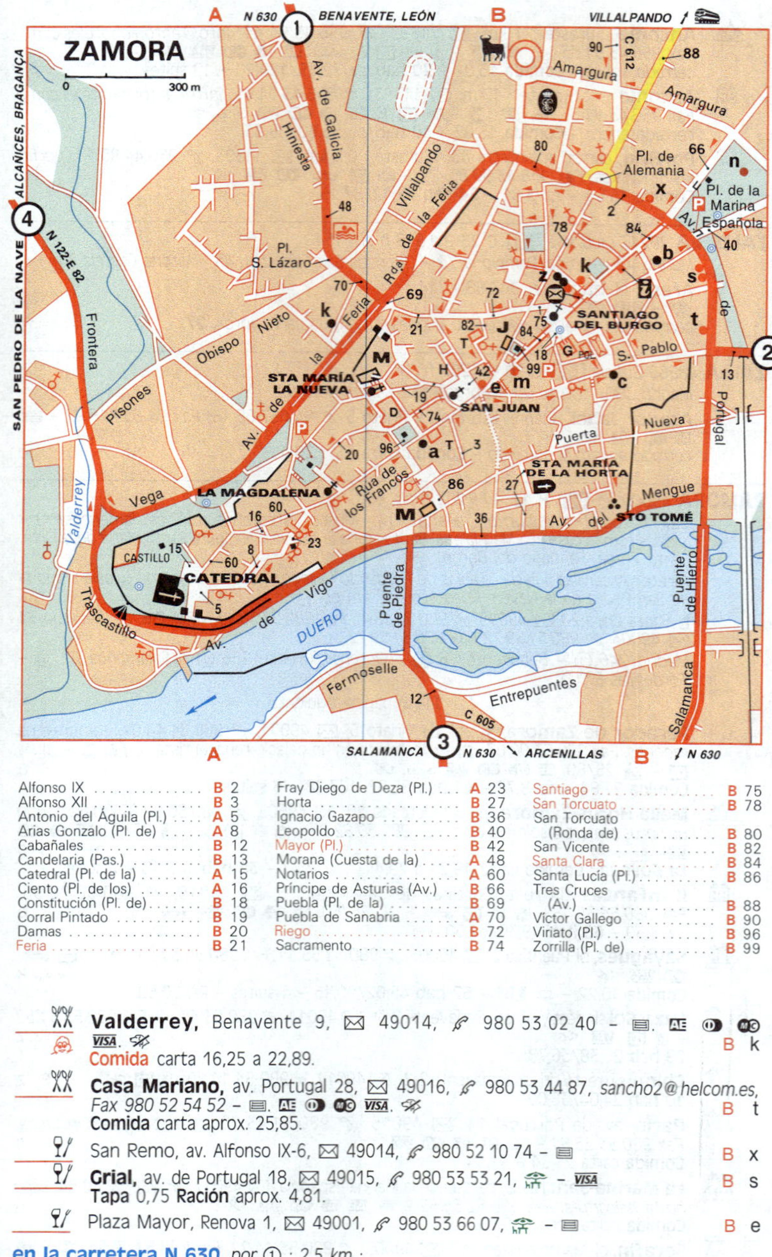

Alfonso IX	B 2	Fray Diego de Deza (Pl.)	A 23	Santiago	B 75
Alfonso XII	B 3	Horta	B 27	San Torcuato	B 78
Antonio del Águila (Pl.)	A 5	Ignacio Gazapo	B 36	San Torcuato (Ronda de)	B 80
Arias Gonzalo (Pl. de)	A 8	Leopoldo	B 40	San Vicente	B 82
Cabañales	B 12	Mayor (Pl.)	B 42	Santa Clara	B 84
Candelaria (Pas.)	B 13	Morana (Cuesta de la)	A 48	Santa Lucía (Pl.)	B 86
Catedral (Pl. de la)	A 15	Notarios	A 60	Tres Cruces (Av.)	B 88
Ciento (Pl. de los)	A 16	Príncipe de Asturias (Av.)	B 66	Víctor Gallego	B 90
Constitución (Pl. de)	B 18	Puebla (Pl. de la)	B 69	Viriato (Pl.)	B 96
Corral Pintado	B 19	Puebla de Sanabria	A 70	Zorrilla (Pl. de)	B 99
Damas	B 20	Riego	B 72		
Feria	B 21	Sacramento	B 74		

Valderrey, Benavente 9, ✉ 49014, ☎ 980 53 02 40 – ▤. AE ⑩ ⑩ VISA ✈. — B k
Comida carta 16,25 a 22,89.

Casa Mariano, av. Portugal 28, ✉ 49016, ☎ 980 53 44 87, sancho2@helcom.es, Fax 980 52 54 52 – ▤. AE ⑩ ⑩ VISA ✈. — B t
Comida carta aprox. 25,85.

San Remo, av. Alfonso IX-6, ✉ 49014, ☎ 980 52 10 74 – ▤ — B x

Grial, av. de Portugal 18, ✉ 49015, ☎ 980 53 53 21, – VISA — B s
Tapa 0,75 **Ración** aprox. 4,81.

Plaza Mayor, Renova 1, ✉ 49001, ☎ 980 53 66 07, – ▤ — B e

en la carretera N 630 por ① : 2,5 km :

Rey Don Sancho, ✉ 49024, ☎ 980 52 34 00, hrds@mixmail.com, Fax 980 51 97 60 – ▥, ▤ rest, TV P – 25/350. AE ⑩ ⑩ VISA ✈.
Comida 9,61 – ☐ 2,88 – **84 hab** 25,83/43,24 – 2 suites.

Ver también : **Coreses** por ② : 15 km.

ZAMUDIO 48170 Bizkaia **442** C 21 – 3 501 h.

Madrid 396 – *Bilbao* 10 – Donostia-San Sebastián 103.

X **Asador Fuentene,** barrio San Martín 1 (carret. N 637) ℰ 94 452 23 79 – 🅿 🕕 🐵 *VISA*. 🛇

Comida - sólo almuerzo salvo viernes y sábado - carta aprox. 26,60.

al Noreste : 2,5 km :

XX **Gaminiz,** Parque Tecnológico - parcela 212 ℰ 94 431 70 25, *gaminiz @ euskalnet.net* – 🗐 🅿 🖭 🕕 🐵 *VISA*. 🛇

cerrado Semana Santa y noches de domingo a miércoles – **Comida** carta aprox. 38,40.

ZANGOZA o **SANGÜESA** 31400 Navarra **442** E 26 – 4 447 h alt. 404.

Ver : Iglesia de Santa María la Real★ (portada sur★★).

🄵 Mayor 2 ℰ 948 87 14 11 Fax 948 87 14 11.

Madrid 408 – Huesca 128 – Iruña/Pamplona 46 – Zaragoza 140.

🏠 **Yamaguchy,** carret. de Javier - Este : 0,5 km ℰ 948 87 01 27, *yamaguchy @ interbo ok.net*, Fax 948 87 07 00, 🌊 – 🗐 rest, 🖭 🚗 🅿 🖭 🕕 🐵 *VISA*. 🛇

Comida 10,49 – 🍵 5,40 – **40 hab** 32,81/51,38.

ZARAGOZA 50000 🅿 **443** H 27 – 622 371 h alt. 200.

Ver : La Seo★★ (retablo del altar mayor★, cúpula★ mudéjar de la parroquieta, Museo capitular★, Museo de tapices★★) Y – La Lonja★ Y – Basílica de Nuestra Señora del Pilar★ (retablo del altar mayor★, Museo pilarista★) Y – Aljafería★ : artesonado de la sala del trono★ AU.

🛫 🛫 Zaragoza, por ⑤ : 12 km ℰ 976 34 28 00 Fax 976 34 28 00.

✈ de Zaragoza, por ⑥ : 9 km ℰ 976 71 23 00 – Iberia : Bilbao 11 ✉ 50004 ℰ 976 71 23 88 Z.

🄵 gta. Pío XII-Torreón de la Zuda ✉ 50003 ℰ 976 39 35 37 Fax 976 39 35 37 pl. del Pilar ✉ 50003 ℰ 976 20 12 00 Fax 976 20 06 35 y Estación de Renfe ✉ 50004 ℰ 976 43 88 29 Fax 976 43 88 29 – **R.A.C.E.** San Juan de la Cruz 2 ✉ 50006 ℰ 976 35 79 72 Fax 976 35 89 51.

Madrid 312 ⑤ – Barcelona 307 ② – Bilbao 305 ⑥ – Lleida/Lérida 150 ② – València 330 ④

Planos páginas siguientes

🏨 **Palafox,** Casa Jiménez, ✉ 50004, ℰ 976 23 77 00, *palafox @ teleline.es*, Fax 976 23 47 05, 🛁 🌊 – 🛗 🗐 🖭 🖐 🚗 – 🔬 25/600. 🖭 🕕 🐵 *VISA*. 🛇 Z k

Aragonia Paradis (cerrado agosto) **Comida** carta 25,23 a 41,16 – 🍵 11,42 – **160 hab** 126,21/150,25 – 19 suites.

🏨 **Boston,** av. de Las Torres 28, ✉ 50008, ℰ 976 59 91 92, Fax 976 59 04 46, 🛁 – 🛗 🗐 🖭 🖐 🚗 – 🔬 25/700. 🖭 🕕 🐵 *VISA*. 🛇 BV e

Comida 25 – 🍵 11 – **297 hab** 117/145 – 16 suites.

🏨 **NH Gran Hotel,** Joaquín Costa 5, ✉ 50001, ℰ 976 22 19 01, *nhgranhotel @ nh-hot eles.es*, Fax 976 23 67 13, 🛁 – 🛗 🗐 🖭 – 🔬 25/450. 🖭 🕕 🐵 *VISA* 🅹🅲🅱 BU d

Comida - ver rest. *La Ontina* – 🍵 10,86 – **114 hab** 120 – 20 suites.

🏨 **Meliá Zaragoza,** av. César Augusto 13, ✉ 50004, ℰ 976 43 01 00, *melia.zaragoza @ sol melia.es*, Fax 976 44 07 34, 🌊 – 🛗 🗐 🖭 – 🔬 25/300. 🖭 🕕 🐵 *VISA*. 🛇 Z z

El Bearn : **Comida** carta aprox. 30,05 – 🍵 12,01 – **237 hab** 132,25/159,25 – 8 suites.

🏨 **Goya,** Cinco de Marzo 5, ✉ 50004, ℰ 976 22 93 31, *hgoya @ teleline.es*, Fax 976 23 21 54 – 🛗 🗐 🖭 🚗 – 🔬 25/300. 🖭 🕕 🐵 *VISA*. 🛇 Z a

Comida 16,41 – 🍵 8,10 – **148 hab** 89,55/107,60 – PA 33,96.

🏨 **Reino de Aragón,** Coso 80, ✉ 50001, ℰ 976 46 82 00, *hreinoreserv @ hoteles-silken.c om*, Fax 976 46 82 11, 🛁 – 🛗 🗐 🖭 🚗 – 🔬 25/400. 🖭 🕕 🐵 *VISA*. 🛇 Z y

Comida 18,03 – 🍵 9,61 – **112 hab** 111,18/123,20 – 6 suites.

🏨 **Zaragoza Royal,** Arzobispo Doménech 4, ✉ 50006, ℰ 976 21 46 00, *zaragozaroyal @ h usa.es*, Fax 976 22 03 59 – 🛗 🗐 🖭 🚗 – 🔬 25/200. 🖭 🕕 🐵 *VISA*. 🛇 BV b

Ascot : **Comida** carta aprox. 19,70 – 🍵 6,70 – **92 hab** 118,70.

🏨 **NH Ciudad de Zaragoza,** av. César Augusto 125, ✉ 50003, ℰ 976 44 21 00, *nhc-z aragoza @ nh-hoteles.es*, Fax 976 44 33 61 – 🛗 🗐 🖭 🚗 – 🔬 25/200. 🖭 🕕 🐵 *VISA*. 🛇 rest Y u

Comida (cerrado domingo) 16,20 – 🍵 9,02 – **122 hab** 87,15/96,17 – 2 suites.

🏨 **Oriente,** Coso 11-13, ✉ 50003, ℰ 976 20 32 82, Fax 976 39 93 35 – 🛗 🗐 🖭 🖐 🖭 🕕 🐵 *VISA*. 🛇 Z f

Comida 15 – 🍵 7,80 – **70 hab** 120,20.

ZARAGOZA

Alcalde Gómez Laguna (Av.) . . . . AV 2
América (Av. de) . . . . . . BV 5
Alonso V . . . . BU 6
Aragón (Pl.) . . . . BU 7
Batalla de Lepanto . . . . BV 9
Capitán Oroquieta . . . . BV 12
Clavé (Av. de) . . . . AU 16
Colón (Paseo de) . . . . . BV 19
Constitución (Pas. de la) BU 22
Damas (Paseo de las) . . BV 24
Escoriaza y Fabro . . . . . AU 25
Fernando el Católico (Paseo de) . . . . AV 26
Franco y López . . . . . . AUV 28
Gascón y Guimbao . . . . BV 29
Jaime Ferrán . . . . BT 30
Jorge Coci . . . . BU 31
José Galiay . . . . BV 32
José García Sánchez . AUV 33
Juan Pablo Bonet . . . . . BV 36
Lapuyade . . . . BV 37
Luis Aula . . . . BV 39
Mariano Barbasán . . . . AV 46
Mina (Paseo de la) . . . . BU 50
Paraíso (Pl.) . . . . BUV 51
Pintor Marín Bagües . . . BV 52
Privilegio de la Unión . . BV 53
Rodrigo Rebolledo . . . . BV 57
Salvador (Av.) . . . . BT 58
San Fernando (Vía de) . BV 59
San Francisco (Pl. de) . . AV 60
San Juan Bosco (Av.) . . AV 61
San Juan de la Cruz . . . AV 62
Silvestre Pérez . . . . BU 64
Los Sitios (Pl. de) . . . . . BU 65
Sobrarbe . . . . BT 66
Tomás Higuera . . . . BV 68
Torrecillas (Caminu de) . BT 69
Vado (Camino del) . . . . BU 72
Yolanda de Bar . . . . BV 73

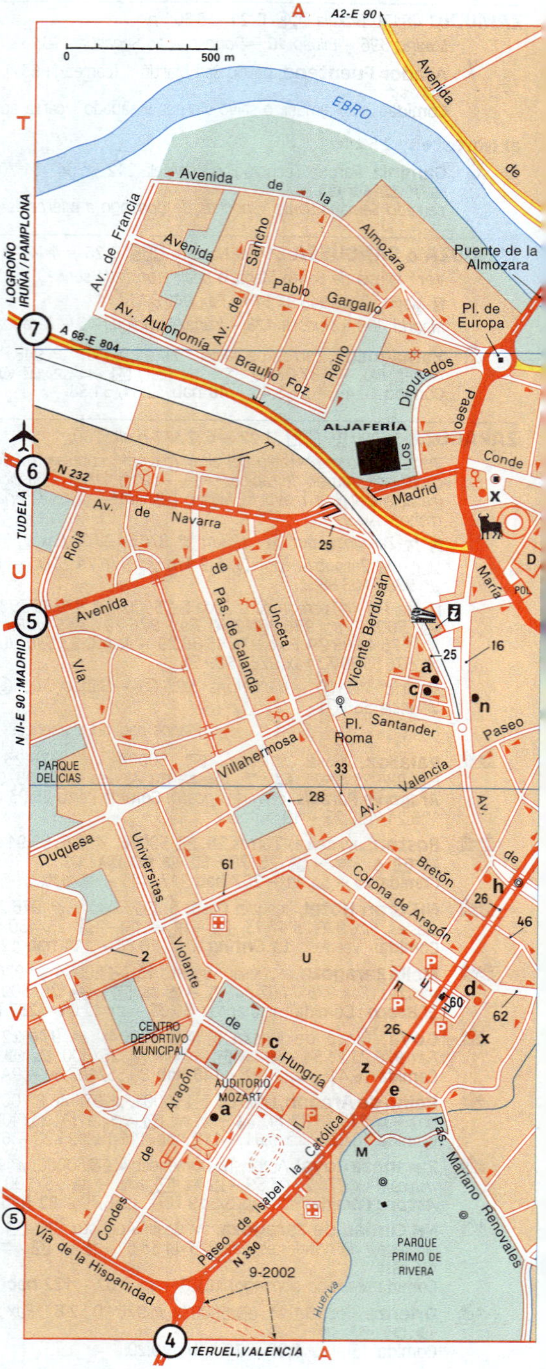

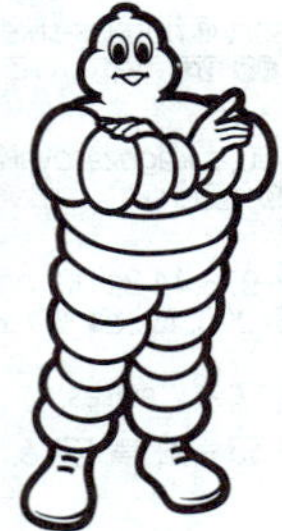

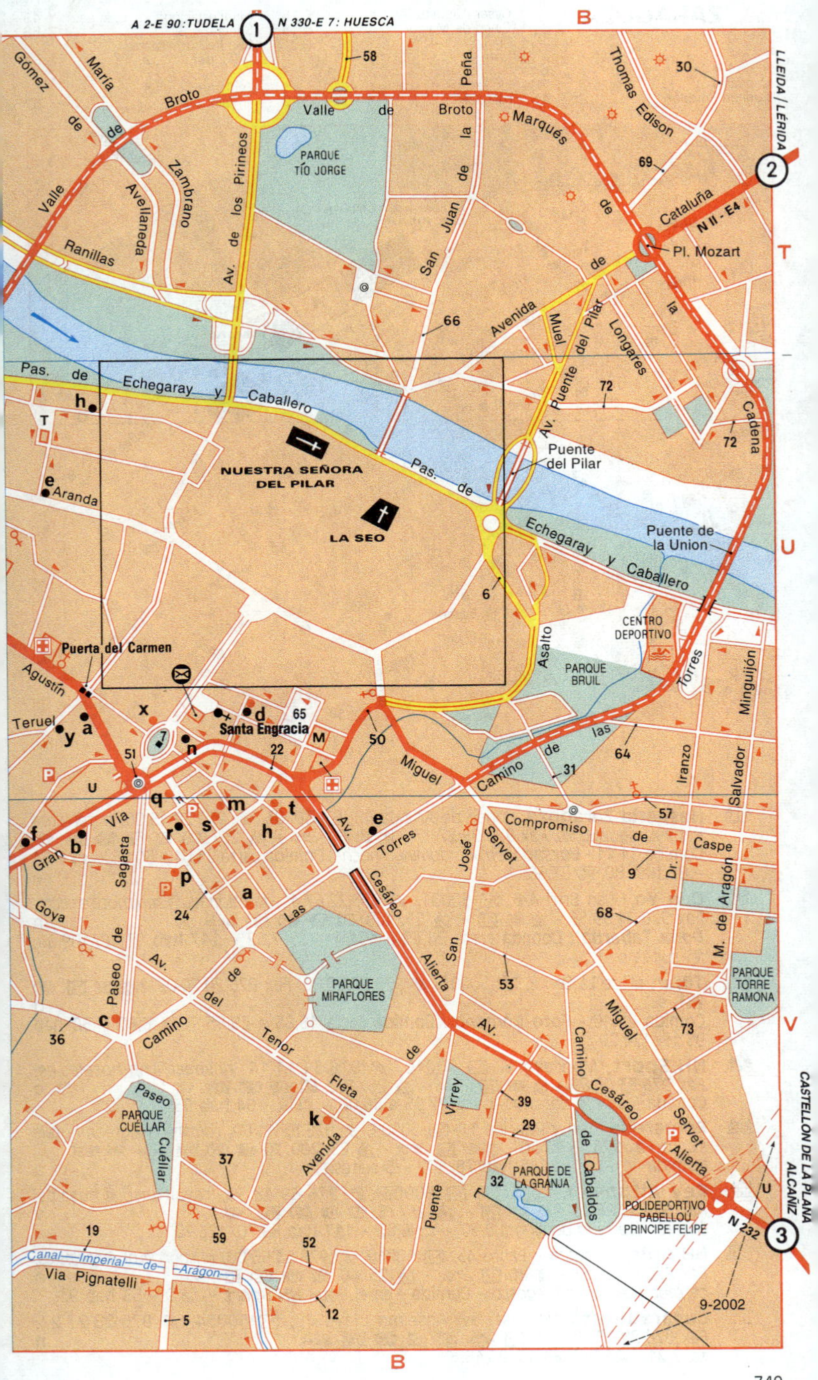

A 2-E 90 : TUDELA
N 330-E 7 : HUESCA
1
58
B
LLEIDA / LÉRIDA
2
Gómez
María
de
de
Broto
Valle de los Pirineos
Valle
Avellaneda
Zambrano
Ranillas
Av. de los Pirineos
Valle
de
Broto
PARQUE
TÍO JORGE
San Juan
de
la
Peña
Marqués
Thomas Edison
30
69
Cataluña
N II - E4
Pl. Mozart
T
Avenida
Muel
Av. Puente del Pilar
Longares
la
Cadena
66
72
72
Pas. de
Echegaray y Caballero
h
T
Pas. de
Puente
del Pilar
Puente del Pilar
NUESTRA SEÑORA
DEL PILAR
Echegaray y Caballero
Puente de
la Union
U
e Aranda
LA SEO
6
CENTRO
DEPORTIVO
Asalto
PARQUE
BRUIL
Torres
Minguijón
Puerta del Carmen
Agustín
x
d
65
50
Camino
de las
64
Iranzo
Salvador
Teruel
y a
Santa Engracia
M
22
Miguel
31
Compromiso
57
9
Dr.
Caspe
M. de Aragón
51
U
n
q
m t
e
Av.
Torres
José
Servet
de
PARQUE
TORRE
RAMONA
f
Gran
b
Vía
Sagasta
r p s
h
Cesáreo
68
Miguel
73
V
Goya
a
P
24
Las
San
53
Camino de Cabaldos
CASTELLON DE LA PLANA
ALCAÑIZ
Paseo de
Av.
del
Camino
Tenor
PARQUE
MIRAFLORES
Alierta
Av.
de
Cesáreo
Servet
N 232
c
36
Fleta
Virrey
39
29
Alierta
U
3
Paseo Cuéllar
PARQUE
CUÉLLAR
k
Avenida
Puente
32
PARQUE DE
LA GRANJA
POLIDEPORTIVO
PABELLOU
PRINCIPE FELIPE
19
37
59
52
12
Canal Imperial de Aragón
Via Pignatelli
5
9-2002
B

ZARAGOZA

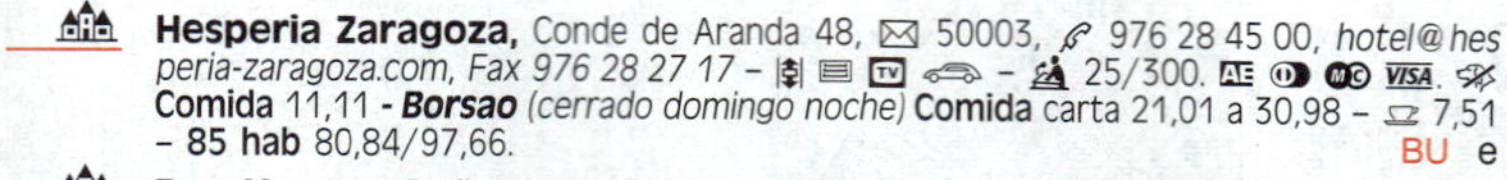

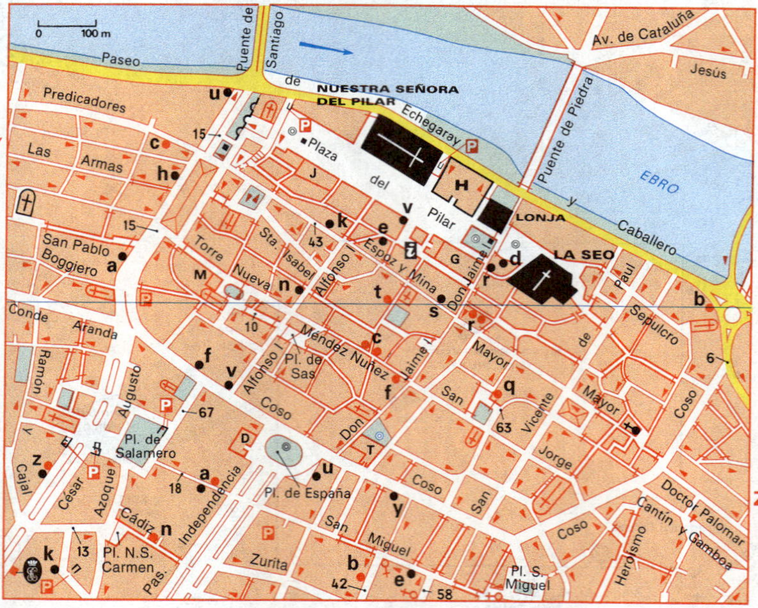

🏨 **Hesperia Zaragoza,** Conde de Aranda 48, ✉ 50003, ☎ 976 28 45 00, hotel@hes
peria-zaragoza.com, Fax 976 28 27 17 – 📶 📧 📺 🚗 – 🔒 25/300. AE ① MC VISA. ⌘
Comida 11,11 - *Borsao* (cerrado domingo noche) **Comida** carta 21,01 a 30,98 – ⌷ 7,51
– **85 hab** 80,84/97,66.
BU **e**

🏨 **Don Yo,** Juan Bruil 4-6, ✉ 50001, ☎ 976 22 67 41, hoteldonyo@zenithoteles.com,
Fax 976 21 99 56 – 📶 📧 📺 – 🔒 25/100. AE ① MC VISA JCB. ⌘
Doña Taberna : **Comida** carta 24,32 a 30,64 – ⌷ 7,52 – **147 hab** 93,16/109,39,
14 suites.
BU **n**

🏨 **Tibur,** pl. de La Seo 2, ✉ 50001, ☎ 976 20 20 00, Fax 976 20 20 02 – 📶 📧 📺. MC
VISA. ⌘
Comida 21,10 - *Foro Romano* : **Comida** carta 18,85 a 29,55 – ⌷ 6,60 – **50 hab**
96,15/120,20.
Y **d**

🏨 **NH Sport,** Moncayo 5, ✉ 50010, ☎ 976 31 11 14, nhsport@nh-hoteles.es,
Fax 976 33 06 89 – 📶 📧 📺 🚗 – 🔒 25/150. AE ① MC VISA. ⌘
Comida (cerrado domingo) carta 27,05 a 36,06 – ⌷ 9 – **64 hab** 93.
AU **c**

🏨 **Romareda,** Asín y Palacios 11, ✉ 50009, ☎ 976 35 11 00, romareda@green-hotele
s.com, Fax 976 35 19 50 – 📶 📧 📺 🚗 – 🔒 25/200. AE ① MC VISA JCB. ⌘ rest
Comida 11 – ⌷ 7 – **85 hab** 76/102 – 5 suites.
AV **a**

🏨 **Rey Alfonso I,** Coso 17, ✉ 50003, ☎ 976 39 48 50, reyalfonsoI@husa.es,
Fax 976 39 96 40 – 📶 📧 📺 – 🔒 25/75. AE ① MC VISA. ⌘
Comida (cerrado domingo) 9,50 – ⌷ 6,02 – **117 hab** 89,70/123,70.
Z **v**

🏨 **NH Orús,** Escoriaza y Fabro 45, ✉ 50010, ☎ 976 53 66 00, nhsport@nh-hoteles.es,
Fax 976 53 61 63 – 📶 📧 📺 🚗 – 🔒 25/40. AE ① MC VISA. ⌘
cerrado Navidades y agosto – **Comida** - en el Hotel **NH Sport** – ⌷ 9 – **53 hab** 93.
AU **a**

🏨 **Cesaraugusta** sin rest, av. Anselmo Clavé 45, ✉ 50004, ☎ 976 28 27 27,
Fax 976 28 28 28 – 📧 📺 🚗 – AE ① MC VISA JCB
⌷ 7,21 – **43 hab** 81,13/90,15.
AU **n**

Inca, Manifestación 33, ⊠ 50003, ℰ 976 39 00 91, *Fax 976 39 01 28* – 🛗 ▤ 📺. ①
🄼🄲 *VISA*. ⌗   Y k
Comida 12,02 – ☕ 6,01 – **30 hab** 90,15/108,18 – PA 22.

París sin rest, Pedro María Ric 14, ⊠ 50008, ℰ 976 23 65 37, *hparis@teleline.es,*
Fax 976 22 53 97 – 🛗 ▤ 📺 – 🛗 25/150. 🄰🄴 ① 🄼🄲 *VISA*. ⌗   BV r
☕ 7,21 – **62 hab** 81,14/99,17.

Sauce sin rest, Espoz y Mina 33, ⊠ 50003, ℰ 976 20 50 50, *sauce@svalero.es,*
Fax 976 39 85 97 – 🛗 ▤ 📺 🚗. 🄰🄴 🄼🄲 *VISA*. ⌗   YZ s
☕ 7,21 – **43 hab** 54,09/78,13.

Vía Romana, Don Jaime I-54, ⊠ 50001, ℰ 976 39 82 15, *viaromana@husa.es,*
Fax 976 29 05 11 – 🛗 ▤ 📺 – 🛗 25/70. 🄰🄴 ① 🄼🄲 *VISA* 🄹🄲🄱. ⌗ rest   Y r
Comida 11,11 – **66 hab** ☕ 69/102.

Conquistador sin rest con cafetería por la noche salvo fin de semana, Hernán Cortés
21, ⊠ 50005, ℰ 976 21 49 88, *hconquiszgz@infonegocio.com, Fax 976 23 80 21* – 🛗
▤ 📺 🚗. 🄰🄴 ① 🄼🄲 *VISA* 🄹🄲🄱. ⌗   BU y
☕ 4,66 – **44 hab** 45/90.

El Príncipe, Santiago 12, ⊠ 50003, ℰ 976 29 41 01, *elprincipe@hotel-elprincipe.com,*
Fax 976 29 90 47 – 🛗 ▤ 📺 – 🛗 25/200. ① 🄼🄲 *VISA*. ⌗   Y e
Comida *(cerrado domingo noche)* 7,81 – ☕ 5,11 – **45 hab** 102,17/114,19.

Gran Vía sin rest, Gran Vía 38, ⊠ 50005, ℰ 976 22 92 13, *reservas@granviahotel.com,*
Fax 976 22 07 07 – ▤ 📺. 🄰🄴 ① 🄼🄲 *VISA* 🄹🄲🄱. ⌗   BV f
☕ 5 – **43 hab** 49/65 – 1 suite.

Conde Blanco sin rest con cafetería, Predicadores 84, ⊠ 50003, ℰ 976 44 14 11,
condeblanco@staragon.com, Fax 976 28 03 39 – 🛗 📺 🚗. 🄰🄴 🄼🄲 *VISA*. ⌗   BU h
☕ 3,37 – **87 hab** 42,91/56,80.

Avenida sin rest, av. César Augusto 55, ⊠ 50003, ℰ 976 43 93 00, *info@hotelave*
nida-zaragoza.com, Fax 976 43 93 64 – 🛗 ▤ 📺. 🄰🄴 ① 🄼🄲 *VISA*   Y a
☕ 2,70 – **85 hab** 51,09/69,12.

Río Arga sin rest, Contamina 20, ⊠ 50003, ℰ 976 39 90 65, *Fax 976 39 90 92* – 🛗
▤ 📺 🚗 – 🛗 25/30. 🄰🄴 ① 🄼🄲 *VISA*. ⌗   Y n
☕ 2,85 – **31 hab** 34,56/59,65.

Hispania sin rest, av. César Augusto 103, ⊠ 50003, ℰ 976 28 49 28, *hotelhispania*
@terra.es, Fax 976 28 39 16 – 🛗 ▤ 📺 🚗. 🄰🄴 ① 🄼🄲 *VISA*. ⌗   Y h
☕ 3,61 – **20 hab** 48,23/65,59.

Maza sin rest, pl. de España 7, ⊠ 50001, ℰ 976 22 93 55, *Fax 976 21 39 01* – 🛗 ▤
📺. 🄰🄴 ① 🄼🄲 *VISA*   Z u
☕ 3 – **55 hab** 39,06/54,09.

Las Torres sin rest, pl. del Pilar 11, ⊠ 50003, ℰ 976 39 42 50, *Fax 976 39 42 54* – 🛗
▤ 📺. ① 🄼🄲 *VISA*   Y v
☕ 3,31 – **54 hab** 36,06/48,10.

Center sin rest, San Miguel 28, ⊠ 50001, ℰ 976 22 49 80, *partnercenter@partner*
-hoteles.com, Fax 976 21 10 32 – 🛗 ▤ 📺. 🄰🄴 ① 🄼🄲 *VISA*. ⌗   Z e
☕ 3,01 – **42 hab** 46,88/72,12.

Paraíso sin rest y sin ☕, paseo Pamplona 23-3º, ⊠ 50004, ℰ 976 21 76 08,
Fax 976 21 76 07 – 🛗 ▤ 📺. 🄼🄲 *VISA*. ⌗   BU a
39 hab 38,50/48,17.

La Mar, pl. Aragón 12, ⊠ 50004, ℰ 976 21 22 64, *Fax 976 21 22 64,* « Decoración
clásica elegante » – ▤. 🄰🄴 ① 🄼🄲 *VISA*. ⌗   BU x
cerrado agosto y domingo – **Comida** carta 33,06 a 38,46.

La Granada, San Ignacio de Loyola 14, ⊠ 50008, ℰ 976 22 39 03, *la-granada@terra.es,*
Fax 976 22 21 68 – ▤. 🄰🄴 ① 🄼🄲 *VISA*. ⌗   BUV q
cerrado 10 días en Semana Santa, del 1 al 15 de agosto y domingo – **Comida** carta 29,95
a 36,55.

La Ontina - *Hotel NH Gran Hotel,* Felipe Sanclemente, ⊠ 50001, ℰ 976 21 45 75, *nhgr*
anhotel@nh-hoteles.es, Fax 976 23 67 13 – ▤. 🄰🄴 ① 🄼🄲 *VISA* 🄹🄲🄱. ⌗   BU d
cerrado domingo en julio-agosto y domingo noche resto del año – **Comida** carta 30,05 a 39.

Risko-Mar, Francisco Vitoria 16, ⊠ 50008, ℰ 976 22 50 53, *Fax 976 22 63 49* – ▤.
🄰🄴 ① 🄼🄲 *VISA*. ⌗   BV h
cerrado agosto – **Comida** carta 29,75 a 33,96.

Los Borrachos, paseo de Sagasta 64, ⊠ 50006, ℰ 976 27 50 36, *Fax 976 37 32 44*
– ▤. 🄰🄴 ① 🄼🄲 *VISA*. ⌗   BV c
Comida carta 31 a 42.

Goyesco, Manuel Lasala 44, ⊠ 50006, ℰ 976 35 68 71, *Fax 976 35 68 70* – ▤. 🄰🄴 ①
🄼🄲 *VISA*. ⌗   AV e
cerrado agosto y domingo – **Comida** carta 22,45 a 27,64.

XX **La Carambola,** Baltasar Gracián 3, ⊠ 50005, ℘ 976 55 55 53, Fax 976 56 29 44, 🌴 – 🗐. 𝔸𝔼 ⓪ Ⓜⓒ 𝘝𝘐𝘚𝘈. ⌗
AV h
cerrado Semana Santa, 15 días en agosto y domingo – **Comida** carta 29,45 a 34,26.

XX **La Bastilla,** Coso 177, ⊠ 50001, ℘ 976 29 84 49, bastilla@efor.es, Fax 976 20 30 81, « Decoración regional » – 🗐. 𝔸𝔼 ⓪ Ⓜⓒ 𝘝𝘐𝘚𝘈. ⌗
YZ b
cerrado domingo – **Comida** carta aprox. 33,06.

XX **Las Lanzas,** av. César Augusto 13, ⊠ 50004, ℘ 976 28 55 22, Fax 976 43 20 49 – 🗐. 𝔸𝔼 ⓪ Ⓜⓒ 𝘝𝘐𝘚𝘈. ⌗
Z z
cerrado Semana Santa, del 1 al 15 de agosto y domingo noche – **Comida** carta 25,52 a 29,73.

XX **Txalupa,** paseo Fernando el Católico 62, ⊠ 50009, ℘ 976 56 61 70 – 🗐. 𝔸𝔼 Ⓜⓒ 𝘝𝘐𝘚𝘈. ⌗
AV z
cerrado Semana Santa, 15 días en agosto, domingo noche y lunes noche – **Comida** carta 17 a 27.

XX **El Asador de Aranda,** Arquitecto Magdalena 6, ⊠ 50001, ℘ 976 22 64 17, Fax 976 22 64 17 – 🗐. 𝔸𝔼 ⓪ Ⓜⓒ 𝘝𝘐𝘚𝘈. ⌗
Z b
cerrado agosto y domingo noche – **Comida** - asados y carnes - carta 20,29 a 39,07.

XX **El Chalet,** Santa Teresa 25, ⊠ 50006, ℘ 976 56 91 04, Fax 976 32 94 97, 🌴, « Villa con terraza » – 🗐. 𝔸𝔼 ⓪ Ⓜⓒ 𝘝𝘐𝘚𝘈. ⌗
AV x
cerrado 15 días en Semana Santa, domingo noche y lunes – **Comida** carta 21,40 a 32.

XX **Antonio,** pl. San Pedro Nolasco 5, ⊠ 50001, ℘ 976 39 74 74 – 🗐. 𝔸𝔼 ⓪ Ⓜⓒ 𝘝𝘐𝘚𝘈 ᴊᴄʙ. ⌗
Z q
cerrado domingo noche – **Comida** carta 24 a 28,85.

XX **El Flambé,** José Pellicer 7, ⊠ 50007, ℘ 976 27 87 31 – 🗐. 𝔸𝔼 ⓪ Ⓜⓒ 𝘝𝘐𝘚𝘈. ⌗
BV k
cerrado del 1 al 15 de agosto, domingo noche y lunes – **Comida** - espec. en bacalaos - carta 18,19 a 26,75.

XX **Churrasco,** Francisco Vitoria 19, ⊠ 50008, ℘ 976 22 91 60, Fax 976 22 63 49 – 🗐. 𝔸𝔼 ⓪ Ⓜⓒ 𝘝𝘐𝘚𝘈. ⌗
BV t
cerrado domingo en agosto – **Comida** carta 25,54 a 30,96.

XX **La Matilde,** Predicadores 7, ⊠ 50003, ℘ 976 43 34 43, Fax 976 44 10 08 – 🗐. 𝔸𝔼 ⓪ Ⓜⓒ 𝘝𝘐𝘚𝘈. ⌗
Y c
cerrado Semana Santa, agosto, domingo y festivos – **Comida** carta 22,86 a 28,89.

XX **Aldaba,** Santa Teresa 26, ⊠ 50006, ℘ 976 55 72 03, Fax 976 55 72 03 – 🗐. 𝔸𝔼 ⓪ Ⓜⓒ 𝘝𝘐𝘚𝘈 ᴊᴄʙ. ⌗
AV d
cerrado domingo noche salvo vísperas de festivos – **Comida** carta 26 a 33.

X **Campo del Toro,** pl. del Portillo 5, ⊠ 50004, ℘ 976 43 87 21, Fax 976 44 37 74, Rest. típico, « Decoración alusiva al mundo del toro » – 🗐. 𝔸𝔼 ⓪ Ⓜⓒ 𝘝𝘐𝘚𝘈. ⌗
AU x
cerrado domingo noche – **Comida** carta 19 a 25.

X **Alberto,** Pedro María Ric 35, ⊠ 50008, ℘ 976 23 65 03, Fax 976 58 00 48 – 🗐 🚗 𝔸𝔼 ⓪ Ⓜⓒ 𝘝𝘐𝘚𝘈. ⌗
BV a
Comida carta 22,23 a 29,14.

X **Guetaria,** Madre Vedruna 10, ⊠ 50008, ℘ 976 21 53 16, Fax 976 23 70 28 – 🗐. 𝔸𝔼 ⓪ Ⓜⓒ 𝘝𝘐𝘚𝘈. ⌗
BV m
cerrado lunes – **Comida** carta aprox. 24.

X **Don Pascual,** paseo de Las Damas-Residencial Paraíso (interior), ⊠ 50008, ℘ 976 21 87 14 – 🗐. 𝔸𝔼 Ⓜⓒ 𝘝𝘐𝘚𝘈. ⌗
BV p
cerrado Semana Santa, del 1 al 15 de agosto y domingo – **Comida** carta 20,70 a 24,62.

X **Casa Portolés,** Santa Cruz 21, ⊠ 50003, ℘ 976 39 06 65, « Decoración rústica » – 🗐. ⓪ Ⓜⓒ 𝘝𝘐𝘚𝘈
YZ t
cerrado domingo noche y lunes – **Comida** carta aprox. 33,06.

X **El Mangrullo,** Francisco Vitoria 19, ⊠ 50008, ℘ 976 21 49 29, direccion@el-mangrullo.com, Fax 976 23 70 95 – 🗐. 𝔸𝔼 ⓪ Ⓜⓒ 𝘝𝘐𝘚𝘈. ⌗
BV t
Comida - carnes, rest. argentino - carta 19,50 a 23.

Y/ **La Republicana,** Méndez Núñez 38, ⊠ 50003, ℘ 976 39 65 09, « Antigua casa de comidas » – 🗐. 𝘝𝘐𝘚𝘈. ⌗
Z f
cerrado domingo – **Tapa** 1,35 **Ración** aprox. 6.

Y/ **Bodeguilla de la Santa Cruz,** Santa Cruz 3, ⊠ 50003, ℘ 976 20 00 18, « Inspirado en una antigua bodeguilla » – 🗐. ⌗
Z c
cerrado domingo noche y lunes – **Tapa** 1,35 **Ración** aprox. 6.

Ψ/ **Los Victorinos,** José de la Hera 6, ⊠ 50001, ℘ 976 39 42 13, « Decorado con motivos taurinos » – 🗐. ✗ **Z r**
cerrado del 15 al 30 de noviembre – **Tapa** 2 **Ración** - sólo noche - aprox. 6.

Ψ/ **Los Zarcillos,** José de la Hera 2, ⊠ 50001, ℘ 976 39 49 04 – 🗐. 𝖵𝖨𝖲𝖠. ✗ **Z r**
cerrado del 1 al 15 de febrero, del 1 al 15 de noviembre y lunes – **Tapa** 1,85 **Ración** aprox. 8,40.

Ψ/ Rincón, Violante de Hungría 4, ⊠ 50009, ℘ 976 56 70 88, 🌴 – 🗐 **AV c**

Ψ/ Rincón, General Sueiro 11, ⊠ 50008, ℘ 976 21 11 43 – 🗐 **BV s**

Ψ/ **Tapasbar,** Cádiz 10, ⊠ 50004, ℘ 976 22 62 16, Fax 976 22 95 10, 🌴 – 🗐. 𝖠𝖤 ⓞ
𝕄𝕆 𝖵𝖨𝖲𝖠. ✗ **Z n**
Tapa 1,80 **Ración** aprox. 3,01.

Ψ/ **Continental,** Cinco de Marzo 2, ⊠ 50004, ℘ 976 23 73 31 – 🗐. 𝖵𝖨𝖲𝖠. ✗ **Z a**
Tapa 1,20.

Ψ/ **El Ensanche de Carlos,** Santa Cruz 2-4, ⊠ 50003, ℘ 976 39 47 03 – 🗐 **Z c**
cerrado agosto y domingo – **Tapa** 1,05 **Ración** aprox. 5.

junto a la autovía N II *por* ⑤ :

🏨 **El Cisne,** margen izquierdo autovía - 10,5 km, ⊠ 50012, ℘ 976 33 20 00, *hotel.cisn
e @ diagram.es, Fax 976 33 22 05,* 🏊 – 🛗 🗐 📺 🅿 – 🚪 25/300. ⓞ 𝕄𝕆 𝖵𝖨𝖲𝖠.
✗ rest
Aral : Comida carta 22,07 a 27,78 – ☕ 6,24 – **70 hab** 95,78/116,18.

🛠 **Venta de los Caballos,** margen derecho autovía - 8 km, ⊠ 50012, ℘ 976 33 23 00,
Fax 976 34 31 63 – 🗐 🅿. 𝖠𝖤 ⓞ 𝕄𝕆 𝖵𝖨𝖲𝖠. ✗
cerrado domingo noche y lunes salvo festivos – **Comida** carta 23,44 a 29,16.

en la autovía N 232 *por* ⑥ : 4,5 km :

🛠 **El Cachirulo,** margen izquierdo autovía, ⊠ 50011, ℘ 976 46 01 46, *elcachirulos@ t
eleline.es, Fax 976 46 01 52,* « Conjunto típico aragonés » – 🗐 🅿. 𝖠𝖤 ⓞ 𝕄𝕆
𝖵𝖨𝖲𝖠. ✗
cerrado del 1 al 15 de agosto y domingo noche – **Comida** carta 24,04 a 44,17.

en la carretera del aeropuerto *por* ⑥ : 8 km :

🛠🛠🛠 **Gayarre,** ⊠ 50190 Garrapinillos, ℘ 976 34 43 86, Fax 976 34 43 86, « En una villa con
jardín » – 🗐 🅿. 𝖠𝖤 ⓞ 𝕄𝕆 𝖵𝖨𝖲𝖠. ✗
cerrado Semana Santa, domingo noche y lunes – **Comida** carta 23,44 a 30,36.

ZARAUTZ 20800 Gipuzkoa 𝟦𝟦𝟤 **C 23** – *18 154 h* – *Playa.*
Alred. : *Carretera en cornisa*★★ *de Zarauz a Guetaria.*
📷 *Zarautz, Este : 1 km ℘ 943 83 01 45 Fax 943 13 15 68.*
🛈 *Nafarroa ℘ 943 83 09 90 turismo.zarautz@ udal.gipuzkoa.net Fax 943 83 56 28.*
Madrid 482 – Bilbao 85 – Iruña/Pamplona 103 – Donostia-San Sebastián 20.

🏨 **Zarauz,** Nafarroa 26 ℘ 943 83 02 00, *hzarauz@ adegi.es, Fax 943 83 01 93* – 🛗, 🗐 rest,
📺 🅿. 𝖠𝖤 ⓞ 𝕄𝕆 𝖵𝖨𝖲𝖠. ✗ rest
cerrado 23 diciembre-6 enero – **Comida** *(cerrado domingo noche de noviembre a mayo)*
8,41 – ☕ 6,61 – **82 hab** 71,82/91,35.

🏨 **Alameda,** Gipuzkoa ℘ 943 13 27 37, *halameda@ euskalnet.net, Fax 943 13 24 74,* 🌴
– 🛗 🗐 📺 🚗 – 🚪 25/70. 𝖠𝖤 ⓞ 𝕄𝕆 𝖵𝖨𝖲𝖠. ✗
cerrado 22 diciembre-6 enero – **Comida** 13 – ☕ 6 – **40 hab** 64/79 – PA 27,20.

🏠 **Roca Mollarri** sin rest, Zumalakarregi 11 ℘ 943 89 07 67, *hotel-rocamollarri@ zaraut
z.com, Fax 943 89 49 10* – 📺 ♿. 𝖠𝖤 ⓞ 𝕄𝕆 𝖵𝖨𝖲𝖠. ✗
cerrado del 15 al 31 de diciembre – **8 hab** ☕ 66,11/90,15.

🍸 **Txiki Polit,** pl. de la Musika ℘ 943 83 53 57, *txikipolit@ euskalnet.net, Fax 943 83 37 31*
– 🛗, 🗐 rest, 📺. 𝖠𝖤 ⓞ 𝕄𝕆 𝖵𝖨𝖲𝖠. ✗ rest
Comida *(cerrado Navidades)* 7,21 – ☕ 3,60 – **31 hab** 33,05/43,27.

🛠🛠🛠 **Karlos Arguiñano** con hab, Mendilauta 13 ℘ 943 13 00 00, *kahotel@ karlosnet.com,
Fax 943 13 34 50,* ≤ mar – 🗐 📺. 𝖠𝖤 ⓞ 𝕄𝕆 𝖵𝖨𝖲𝖠 𝖩𝖢𝖡. ✗ rest
cerrado Navidades – **Comida** *(cerrado domingo noche y miércoles mediodía)* carta 35,46
a 41 – ☕ 5,40 – **12 hab** 129,29/167,08.

🛠🛠🛠 **Aiten Etxe,** carret. de Guetaria 3 ℘ 943 83 18 25, *Fax 943 13 35 13,* ≤ mar y población
– 🗐 🅿. 𝖠𝖤 ⓞ 𝕄𝕆 𝖵𝖨𝖲𝖠 𝖩𝖢𝖡
*cerrado 15 días en febrero, 15 días en noviembre, Navidades, domingo noche y martes
salvo festivos* – **Comida** carta aprox. 48.

🛠🛠 **Gure Txokoa,** Gipuzkoa 22 ℘ 943 83 59 59, *Fax 943 13 35 13* – 🗐. 𝖠𝖤 ⓞ 𝕄𝕆 𝖵𝖨𝖲𝖠 𝖩𝖢𝖡
cerrado 15 días en febrero, 15 días en noviembre, Navidades, domingo noche y lunes –
Comida carta 21 a 36.

en el alto de Meagas *Oeste : 4 km :*

☒ **Azkue**, ✉ 20800 Zarautz, ✆ 943 83 05 54, *Fax 943 13 05 00*, 🏠 – 🅿. 🅼🅲
🆅🆂🅰. 🕸
cerrado diciembre y martes salvo verano – **Comida** *carta 16,81 a 22,22.*

ZARZALEJO *28293 Madrid* **444** *K 17 – 864 h alt. 1 104.*
Madrid 58 – Ávila 59 – Segovia 69.

al Este : *2,7 km :*

☒ **Duque** *con hab, av. de la Estación 65,* ✉ *28293,* ✆ *91 899 23 60, Fax 91 899 25 06,*
🏠 – 🍽 📺 🅿. 🅰🅴 🅳 🅼🅲 🆅🆂🅰. 🕸
cerrado del 15 al 30 de septiembre – **Comida** *(cerrado miércoles) carta 18,64 a 24,94 –*
8 hab ☕ *36,06/60,10.*

ZESTOA o CESTONA *20740 Gipuzkoa* **442** *C 23 – 3 294 h alt. 72 – Balneario.*
Madrid 432 – Bilbao 75 – Iruña/Pamplona 102 – Donostia-San Sebastián 33.

🏨 **Arocena**, *paseo San Juan 16* ✆ *943 14 70 40, reservas@hotelarocena.com,*
Fax 943 14 79 78, ≼, 🛁, 🏊 – 🛗 📺 🅿. 🅰🅴 🅳 🅼🅲 🆅🆂🅰. 🕸 *rest*
cerrado 15 diciembre-15 enero – **Comida** *16,77 –* ☕ *5,41 –* **109 hab** *41,53/*
63,68.

ZIERBENA *48508 Bizkaia* **442** *B 20.*
Madrid 410 – Bilbao 24 – Santander 80.

☒ **Lazcano**, *Travesía Virgen del Puerto 21* ✆ *94 636 50 32, Fax 94 636 50 32,* ≼, *Vivero*
propio – 🅿. 🕸
cerrado agosto – **Comida** *- pescados y mariscos - carta 33,06 a 35,76.*

☒ **El Puerto**, *El Puerto 20* ✆ *94 636 53 48 –* 🅼🅲 🆅🆂🅰. 🕸
Comida *- pescados y mariscos - carta 25,85 a 38,77.*

ZIORDIA *31809 Navarra* **442** *D 23 – 378 h alt. 552.*
Madrid 396 – Iruña/Pamplona 55 – Donostia-San Sebastián 76 – Vitoria-Gasteiz 41.

🏨 **Iturrimurri**, *autovía N I - salida 392* ✆ *948 56 30 12, hiturric@eniac.es,*
Fax 948 56 25 63, ≼ – 🛗, 🍽 *rest.* 📺 🅿 – 🍴 *25/60.* 🅰🅴 🅳 🅼🅲 🆅🆂🅰. 🕸
cerrado Navidades – **Comida** *(cerrado sábado y domingo) 16 –* ☕ *8 –* **29 hab** *72/*
97.

La ZUBIA *18140 Granada* **446** *U 19 – 8 741 h alt. 760.*
Madrid 438 – Granada 8 – Málaga 135 – Murcia 294 – Sevilla 269 – València
549.

🏠 La Zubia *sin rest, Murcia 23* ✆ *958 59 03 54, Fax 958 59 03 54,* 🏊, 🏊 – 🛗 📺
12 hab.

al Sureste : *4,5 km :*

🏨 **Cumbres Verdes** 🕸 *sin rest, Cerro del Caballo - parcela 128 (Cumbres Verdes),*
✉ *18140,* ✆ *958 89 10 58, Fax 958 59 01 06,* ≼, 🏊 – 📺 🅿. 🅰🅴 🅳 🅼🅲
🆅🆂🅰. 🕸
10 hab ☕ *36/46,28 – 1 apartamento.*

ZUBIRI *31630 Navarra* **442** *D 25.*
Madrid 414 – Iruña/Pamplona 20 – Donostia-San Sebastián 97.

🏠 **Hostería de Zubiri**, *av. Roncesvalles 6* ✆ *948 30 43 29, naetayo@can.es,*
Fax 948 30 43 29 – 🅼🅲 🆅🆂🅰. 🕸
cerrado 3 semanas en febrero y 3 semanas en noviembre – **Comida** *- sólo cena, sólo*
clientes - 16,53 – **10 hab** ☕ *43,27/57,10.*

ZUERA *50800 Zaragoza* **443** *G 27 – 5 206 h alt. 279.*
Madrid 349 – Huesca 46 – Zaragoza 26.

🏠 **Las Galias**, *antigua carret. N 330 - Este : 1 km (salida 527 autovía)* ✆ *976 68 02 24,*
lasgalias@arrakis.es, Fax 976 68 00 26, 🏊, 🍽 – 🍽 📺 🅿 – 🍴 *25/60.* 🅰🅴 🅳 🅼🅲 🆅🆂🅰.
🕸 *rest*
Comida *18,03 –* ☕ *4,80 –* **25 hab** *48,08/60,10.*

ZUHEROS 14870 Córdoba **446** **T 17** – *942 h alt. 622.*
Ver : Localidad★ – Emplazamiento★★ – Plaza de la Paz (mirador★★).
Madrid 389 – Antequera 82 – Córdoba 81 – Granada 103 – Jaén 65.

Zuhayra, Mirador 10 ℘ 957 69 46 93, *hotelzuhayra@zuheros.com,* Fax 957 69 47 02, ≼ – |≐| ☰. 💳 ⓪ 💳 ̲V̲I̲S̲A̲. ⚡
Comida 11 – **18 hab** ☕ 38/52.

ZUMARRAGA 20700 Gipuzkoa **442** **C 23** – *10899 h alt. 354.*
Madrid 410 – Bilbao 65 – Donostia-San Sebastián 54 – Vitoria-Gasteiz 55.

Etxe-Berri ⌇, barrio de Etxe Berri - Norte : 1 km ℘ 943 72 02 68, Fax 943 72 44 94, « Decoración elegante » – |≐|, ☰ rest, 📺 🅿 – ⚖ 25/100. 💳 💳 ̲V̲I̲S̲A̲ 🇯🇨🇧
Comida *(cerrado domingo noche)* carta aprox. 39,37 – ☕ 4,81 – **37 hab** 39,07/54,09.

Kabia, Legazpi 5 ℘ 943 72 62 74 – ☰. ⓪ 💳 ̲V̲I̲S̲A̲. ⚡
cerrado martes – **Comida** *-* sólo almuerzo de domingo a jueves - carta 22,44 a 26,14.

Portugal

Estabelecimentos com estrelas _______________
Establecimientos con estrellas _______________
Les établissements à étoiles _______________
Gi esercizi con stelle _______________
Die Stern-Restaurants _______________
Starred establishments _______________

✿✿

Albufeira	*Vila Joya*

✿

Almancil	*Henrique Leis*	**Cascais**	*Fortaleza do Guincho*
"	*São Gabriel*	"	*Porto de Santa Maria*

"Bib Gourmand"

 **Refeição**

Águeda	*Adega do Fidalgo*	Lisboa	*D'Avis*
Alandroal	*A Maria*	"	*A Travessa*
Alcobaça	*Casa da Sofía*	Estreito de Câmara de Lobos	
Alferrarede	*Cascata*		*Santo António*
Alpiarça	*A Casa da Emília*		
Altura	*A Chaminé*	Maia	*Machado*
Arcos de Valdevez	*Grill Costa do Vez*	Melgaço	*Panorama*
Aveiro	*Olaria*	Mogadouro	*A Lareira*
		Montemor-o-Novo	*O Bacalhau*
Beja	*Os Infantes*		
Bucelas	*Barrete Saloio*	Nelas	*Os Antónios*
		Oeiras	*Patricio*
Caminha	*O Barão*	Oliveira de Azeméis	*Diplomata*
"	*Duque de Caminha*		
Canas de Senhorim	*Zé Pataco*	Palmeira	*Pedra Cavalgada*
Carvalhos	*Mario Luso*	Pedra Furada	*Pedra Furada*
Castelo Branco	*Praça Velha*	Póvoa de Lanhoso	*El Gaucho*
Chaves	*Carvalho*		
"	*A Talha*	Queluz	*O Parreirinha*
Coimbra	*Real das Canas*		
		Rio Maior	*Adega da Raposa*
Entre-os-Rios	*Miradouro*	"	*Cantinho da Serra*
"	*Mirante do Douro*	Romeu	*Maria Rita*
Entroncamento	*O Barriga's*		
Évora	*O Antão*	São Pedro do Sul	*Adega da Ti Fernanda*
		Setúbal	*Isidro*
		Sobral de Monte Agraço	*O Folgado*
Fão	*Camelo*		
Figueira da Foz	*O Solar de Lavos*	Viana do Castelo	*Camelo*
		Vila Nova de Famalicão	*Tanoeiro*
Leiria	*O Casarão*	Vila Verde	*Recreio*
"	*Tromba Rija*	Viseu	*Muralha da Sé*

As estrelas
Las estrellas
Les étoiles
Le stelle
Die Sterne
The stars

"Bib Gourmand"

Refeição 25 *Refeições cuidadas a preços moderados*
Buenas comidas a precios moderados
Repas soignés à prix modérés
Pasti accurati a prezzi contenuti
Sorgfältig zubereitete, preiswerte Mahlzeiten
Good food at moderate prices

Atractivos e tranquilidade
Atractivo y tranquilidad
L'agrément
Amenità e tranquillità
Annehmlichkeit
Peaceful atmosphere and setting

Citade com mapa de arredores
Población con mapa de alrededores
Carte de voisinage : voir à la ville choisie
Città con carta dei dintorni
Stadt mit Umgebungskarte
Town with a local map

Rio Miño
Gondarém
Melgaço
Monte do Faro
N 13
Caminha
Arcos de Valdevez
Sta. Marta de Portuzelo
Outeiro
Santa Luzia
A 3
Chaves
Bragança
Viana do Castelo
Vila Verde
Carvalhelos
IP 4
Pedra Furada
Palmeira
Vidago
Apúlia
Póvoa de Lanhoso
Romeu
Laundos
Guimarães
Macedo
Póvoa de Varzim
Pedra
de Cavaleiros
Vila Nova de Famalicão
Salgadas
Mondim
Nogueira
de Basto
OCEANO
ATLÂNTICO
A 4
Vila Real
Porto
Mogadouro
Entre-os-Rios
Carvalhos
RIO
DOURO
Rio Mau
Sª Maria da Feira
Oliveira de Azeméis
N 102
Torreira
A 1
São Pedro do Sul
Aveiro
Cabanões
IP 5
Viseu
Fermentelos
Aguada
Mangualde
IP 5
Sangalhos
de Cima
Nelas
Buçaco
IP 2
Belmonte
Canas
de Senhorim
Caceira de Cima
Manteigas
Figueira da Foz
Coimbra
Lavos
Cernache do Bonjardim
Monfortinho (Termas de)
Marrazes
A 1
Ferreira do Zêzere
Leiria
Castelo Branco
Valado dos Frades
IP 2
Ladoeiro
Alcobaça
Aljubarrota
Castelo de Bode
Alto da Serra
Martinchel
Óbidos
Entroncamento
TEJO
Praia do
Alferrarede
Porto Novo
Rio Maior
Alpiarça
N 118
Praia Azul
Outeiro da Cortiçada
Flor da Rosa
Folgados
Ribeira de São João
ESPAÑA
Bucelas
A 1
RIO
N 18
Sintra
Vila Franca de Xira
Sousel
Cascais
Tercena
Estremoz
Elvas
Lisboa
Oeiras
Arraiolos
Vila-Viçosa
Palmela
A 6
A 6
Praia
Montemor-
Aldeia
Alandroal
do Guincho
Setúbal
o-Novo
da Serra
Évora
A 2
Alcácer do Sal
Monsaraz
Torrão
RIO GUADIANA
Alvito
IP 2
IP 8
IP 1
IP 8
Beja
N 260
IP 8
A 2
IP 2
N 120
N 125
IP 1
Madrid
Lisboa
Casablanca
ILHA DO
PORTO SANTO
ILHA DA MADEIRA
Vila Baleira
Prazeres
Pico
do Arieiro
Eira do Serrado
Monte
Estreito de Câmara
Caniço de Baixo
de Lobos
Funchal

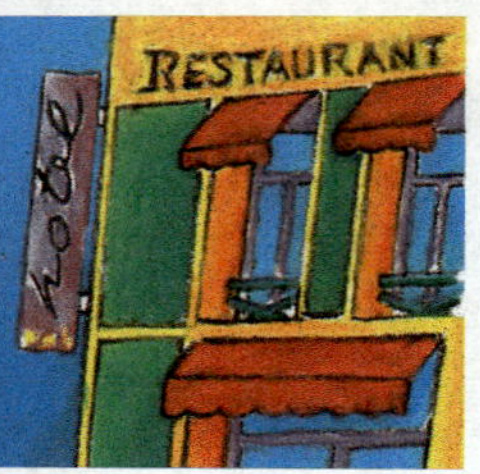

Símbolos essenciais

(lista completa p. 16 a 26)

O conforto

🏨	XXXXX	*Grande luxo e tradição*
🏨	XXXX	*Grande conforto*
🏨	XXX	*Muito confortável*
🏨	XX	*Confortável*
🏠	X	*Simples, mas confortável*
🏠		*Simples, mas aceitável*
sem rest		*O hotel não tem restaurante*
com qto		*O restaurante tem quartos*

As boas mesas

 **Uma mesa excelente, merece um desvio**
Especialidades e vinhos seleccionados : deve estar preparado para uma despesa em concordância.

 *Uma muito boa mesa na sua categoria*

Refeição   *O* **"Bib Gourmand":** *Refeições cuidadas a preços moderados*

Atractivos e tranquilidade

🏨 ... 🏠   *Hotéis agradáveis*

XXXXX ... X   *Restaurantes agradáveis*

« Parque »   *Elemento particularmente agradável*

 *Hotel muito tranquilo ou isolado e tranquilo*

 *Hotel tranquilo*

← mar   *Vista excepcional*

As curiosidades

★★★   *De interesse excepcional*

★★   *Muito interessante*

★   *Interessante*

①	Vinhos Verdes	⑨ a ⑫	Lagoa, Lagos, Portimão, Tavira
②, ③	Porto e Douro, Dão		
④	Bairrada	⑬ a ⑮	Borba, Redondo, Reguengos
⑤ a ⑧	Bucelas, Colares, Carcavelos, Setúbal	⑯	Madeira

Vinhos e especialidades regionais

Portugal possui uma tradição vitivinícola muito antiga. A diversidade das regiões vinícolas tem determinado a necessidade de regulamentar os seus vinhos com Denominações de Origem, indicadas no mapa correspondente.

Regiões e localização no mapa	Características dos vinhos	Especialidades regionais
Minho, Douro Litoral, Trás-Os-Montes, Alto Douro ① e ②	**Tintos** encorpados, novos, ácidos **Brancos** aromáticos, suaves, frutados, delicados, encorpados **Portos** (Branco, Tinto, Ruby, Tawny) ricos em álcool	Caldo verde, Lampreia, Salmão, Bacalhau, Presunto, Cozido, Feijoada, Tripas
Beira Alta, Beira Baixa, Beira Litoral ③ e ④	**Tintos** aromáticos, suaves, aveludados, equilibrados, encorpados **Brancos** cristalinos, frutados, delicados, aromáticos	Queijo da Serra, Papos de Anjo, Mariscos, Caldeiradas, Ensopado de enguias, Leitão assado, Queijo de Tomar, Aguardentes
Estremadura, Ribatejo ⑤ a ⑧	**Tintos** de cor rubí, persistentes, secos, encorpados **Brancos** novos, delicados, aromáticos, frutados, elevada acidez **Moscatel de Setúbal,** rico em álcool, de pouca acidez	Amêijoas à bulhão pato, Mariscos, Caldeiradas, Queijadas de Sintra, Fatias de Tomar
Algarve ⑨ a ⑫	**Tintos** aveludados, suaves, frutados **Brancos** suaves	Peixes e mariscos na cataplana, Figos, Amêndoas
Alentejo ⑬ a ⑮	**Tintos** robustos e elegantes	Migas, Sericaia, Porco à Alentejana, Gaspacho, Açordas, Queijo de Serpa
Madeira ⑯	Ricos em álcool, secos, de subtil aroma	Espetadas (carne, peixe), Bolo de mel

Vinos y especialidades regionales

Portugal posee una tradición vinícola muy antigua. La diversidad de las regiones vinícolas ha determinado la necesidad de regular sus vinos con Denominaciones de Origen (Denominações de Origem), indicadas en el mapa correspondiente.

Regiones y localización en el mapa	Características de los vinos	Especialidades regionales
Minho, Douro Litoral, Trás-Os-Montes, Alto Douro ① y ②	**Tintos** con cuerpo, jóvenes, ácidos **Blancos** aromáticos, suaves, afrutados, delicados, con cuerpo **Oportos** (Blanco, Tinto, Ruby, Tawny) ricos en alcohol	Caldo verde (Sopa de berza), Lamprea, Salmón, Bacalao, Jamón, Cocido, Feijoada (Fabada), Callos
Beira Alta, Beira Baixa, Beira Litoral ③ y ④	**Tintos** aromáticos, suaves, aterciopelados, equilibrados, con cuerpo **Blancos** cristalinos, afrutados, delicados, aromáticos	Queso de Serra, Papos de Anjo (Repostería), Mariscos, Calderetas, Guiso de pan y anguilas, Cochinillo asado, Queso de Tomar, Aguardientes
Estremadura, Ribatejo ⑤ al ⑧	**Tintos** de color rubí, persistentes, secos, con cuerpo **Blancos** jóvenes, delicados, aromáticos, afrutados, elevada acidez **Moscatel de Setúbal,** rico en alcohol, bajo en acidez	Almejas al ajo, Mariscos, Calderetas, Queijadas (Tarta de queso) de Sintra, Torrijas de Tomar
Algarve ⑨ al ⑫	**Tintos** aterciopelados, suaves **Blancos** suaves	Pescados y mariscos « na cataplana », Higos, Almendras
Alentejo ⑬ al ⑮	**Tintos** robustos y elegantes	Migas, Sericaia (Repostería), Cerdo a la Alentejana, Gazpacho (Sopa fría de tomate y cebolla), Açordas (Sopa de pan y ajo), Queso de Serpa
Madeira ⑯	Ricos en alcohol, secos, de sutil aroma	Brochetas (carne, pescado), Pastel de miel

Vins et spécialités régionales

La tradition viticole portugaise remonte aux temps les plus anciens. La diversité des régions rendit nécessaire la réglementation de ses vins. Les Appelations d'Origine (Denominações de Origem), sont indiquées sur la carte.

Régions et localisation sur la carte	Caractéristiques des vins	Spécialités régionales
Minho, Douro Litoral, Trás-Os-Montes, Alto Douro ① et ②	**Rouges** *corsés, jeunes, acidulés* **Blancs** *aromatiques, doux, fruités, délicats, corsés* **Portos** *(Blanc, Rouge, Ruby, Tawny) riches en alcool*	*Caldo verde (Soupe aux choux), Lamproie, Saumon, Morue, Jambon, Pôt-au-feu, Feijoada (Cassoulet au lard), Tripes*
Beira Alta, Beira Baixa, Beira Litoral ③ et ④	**Rouges** *aromatiques, doux, veloutés, équilibrés, corsés* **Blancs** *cristalins, fruités, délicats, aromatiques*	*Fromage de Serra, Papos de Anjo (Gâteau), Fruits de mer, Bouillabaisse, Ensopado de enguias (Bouillabaisse d'anguilles), Cochon de lait rôti, Fromage de Tomar, Eaux de vie*
Estremadura, Ribatejo ⑤ à ⑧	**Rouges** *couleur rubis, amples, secs, corsés* **Blancs** *jeunes, délicats, aromatiques, fruités, acidulés* **Moscatel de Setúbal,** *riche en alcool, faible acidité*	*Palourdes à l'ail, Fruits de mer, Bouillabaisse, Queijadas de Sintra (Gâteau au fromage), Fatias de Tomar (Pain perdu)*
Algarve ⑨ à ⑫	**Rouges** *veloutés, légers, fruités* **Blancs** *doux*	*Poissons et fruits de mer « na cataplana », Figues, Amandes*
Alentejo ⑬ à ⑮	**Rouges** *robustes et élégants*	*Migas (Pain et lardons frits), Sericaia (Gâteau), Porc à l'Alentejana, Gaspacho (Soupe froide à la tomate et oignons), Açordas (Soupe au pain et ail), Fromage de Serpa*
Madeira ⑯	*Riches en alcool, secs, arôme délicat*	*Brochettes (viande, poissons), Gâteau au miel*

Vini e specialità regionali

Il Portogallo possiede una tradizione vinicola molto antica. La diversità delle regioni ha reso necessaria la regolamentazione dei vini attraverso Denominazioni d'Origine (Denominações de Origem), indicate sulla carta corrispondente.

Regioni e localizzazione sulla carta	Caratteristiche dei vini	Specialità regionali
Minho, Douro Litoral, Trás-Os-Montes, Alto Douro ① e ②	**Rossi** *corposi, giovani, aciduli* **Bianchi** *aromatici, dolci, fruttati, delicati, corposi* **Porto** *(Bianco, Rosso Ruby, Tawny) ricchi in alcool*	*Caldo verde (Zuppa di cavolo), Lampreda, Salmone, Merluzzo, Prosciutto, Bollito, Feijoada (Stufato di lardo), Trippa*
Beira Alta, Beira Baixa, Beira Litoral ③ e ④	**Rossi** *aromatici, dolci, vellutati, equilibrati, corposi* **Bianchi** *cristallini, fruttati, delicati, aromatici*	*Formaggio di Serra, Papos de Anjo (Torta), Frutti di mare, Zuppa di pesce, Ensopado de enguias (Zuppa di anguilla), Maialino da latte arrosto, Formaggio di Tomar, Acquavite*
Estremadura, Ribatejo ⑤ a ⑧	**Rossi** *rubino, ampi, secchi, corposi* **Bianchi** *giovani, delicati, aromatici, fruttati, aciduli* **Moscatel de Setúbal,** *ricco in alcool, di bassa acidità*	*Vongole all'aglio, Frutti di mare, Zuppa di pesce, Queijadas de Sintra (Torta al formaggio), Fatias de Tomar (Frittella di pane)*
Algarve ⑨ a ⑫	**Rossi** *vellutati, leggeri, fruttati* **Bianchi** *dolci*	*Pesci e frutti di mare « na cataplana », Fichi, Mandorle*
Alentejo ⑬ a ⑮	**Rossi** *robusti ed eleganti*	*Migas (Pane e pancetta fritta), Sericaia (Torta), Maiale a l'Alentejana, Gaspacho (Zuppa fredda di pomodoro e cipolle), Açordas (Zuppa di pane ed aglio), Formaggio di Serpa*
Madeira ⑯	*Ricchi in alcool, secchi, aroma delicato*	*Spiedini (carne, pesce), Dolce al miele*

Weine und regionale Spezialitäten

Portugal besitzt eine sehr alte Weinbautradition. Die Vielzahl der Regionen, in denen Wein angebaut wird, macht eine Reglementierung der verschiedenen Weine durch geprüfte und und gesetzlich geschützte Herkunftsbezeichnungen (Denominaçoes de Origem) erforderlich.

Regionen und Lage auf der Karte	Charakteristik der Weine	Regionale Spezialitäten
Minho, Douro Litoral, Trás-Os-Montes, Alto Douro ① *und* ②	*Vollmundige, junge, säuerliche* **Rotweine** *Aromatische, liebliche, fruchtige, delikate, vollmundige* **Weißweine** **Portweine** *(Weiß, Rot, Ruby, Tawny), mit hohem Alkoholgehalt*	*Caldo verde (Krautsuppe), Neunauge, Lachs, Stockfisch, Schinken, Rindfleischeintopf, Feijoada (Bohneneintopf), Kutteln*
Beira Alta, Beira Baixa, Beira Litoral ③ *und* ④	*Aromatische, liebliche, volle und milde, ausgeglichene, körperreiche* **Rotweine** *Kristallklare, fruchtige, delikate, aromatische* **Weißweine**	*Käse von Serra, Papos de Anjo (Kuchen), Meeresfrüchte, Fischsuppe, Ensopado de enguias (Fischsuppe mit Aal), Gebratenes Spanferkel, Käse von Tomar, Schnaps*
Estremadura, Ribatejo ⑤ *bis* ⑧	**Rotweine** *von rubinroter Farbe, reich, trocken, vollmundig Junge, delikate, aromatische, fruchtige, säuerliche* **Weißweine** **Muskatwein von Setúbal,** *mit hohem Alkohol- und geringem Säuregehalt*	*Venusmuscheln mit Knoblauch, Meeresfrüchte, Fischsuppe, Queijadas (Käsekuchen) von Sintra, Fatias (in Eiermilch ausgebackenes Brot) von Tomar*
Algarve ⑨ *bis* ⑫	*Volle und milde, leichte, fruchtige* **Rotweine** *Liebliche* **Weißweine**	*Fische und Meeresfrüchte « na cataplana », Feigen, Mandeln*
Alentejo ⑬ *bis* ⑮	*Kräftige und elegante* **Rotweine**	*Migas (Brot und frischer Speck), Sericaia (Kuchen), Schweinefleisch nach der Art von Alentejo, Gaspacho (Kalte Tomaten und Zwiebelsuppe), Açordas (Knoblauch-Brot-Suppe), Käse von Serpa*
Madeira ⑯	*Weine mit hohem Alkoholgehalt, trocken, mit delikatem Aroma*	*Spieße (Fleisch, Fisch), Honigkuchen*

Wines and regional specialities

Portugal has a very old wine producing tradition. The diversity of the wine growing regions made it necessary to regulate those wines by the Appellation d'Origine (Denominações de Origem) indicated on the corresponding map.

Regions and location on the map	Wine's characteristics	Regional Specialities
Minho, Douro Litoral, Trás-Os-Montes, Alto Douro ① *and* ②	**Reds** *full bodied, young, acidic* **Whites** *aromatic, sweet, fruity, delicate, full bodied* **Port** *(White, Red, Ruby, Tawny), strong in alcohol*	*Caldo verde (Cabbage soup), Lamprey, Salmon, Codfish, Ham, Stew, Feijoada (Pork and bean stew), Tripes*
Beira Alta, Beira Baixa, Beira Litoral ③ *and* ④	**Reds** *aromatic, sweet, velvety, well balanced, full bodied* **Whites** *crystal-clear, fruity, delicate, aromatic*	*Serra Cheese, Papos de Anjo (Cake), Seafood, Fishsoup, Ensopado de enguias (Eel stew), Roast pork, Tomar Cheese, Aguardentes (distilled grape skins and pips)*
Estremadura, Ribatejo ⑤ *to* ⑧	*Ruby coloured* **reds,** *big, dry, full bodied* **Young whites** *delicate, aromatic, fruity, acidic* **Moscatel from Setúbal,** *strong in alcohol, slightly acidic*	*Clams with garlic, Seafood, Fish soup, Queijadas (Cheesecake) from Sintra, Fatias (Sweet bread) from Tomar*
Algarve ⑨ *to* ⑫	*Velvety* **reds,** *light, fruity* *Sweet* **whites**	*Fish and Seafood « na cataplana », Figs, Almonds*
Alentejo ⑬ *to* ⑮	*Robust elegant* **reds**	*Migas (Fried breadcrumbs), Sericaia (Cake), Alentejana pork style, Gaspacho (Cold tomato and onion soup), Açordas (Bread and garlic soup), Serpa Cheese*
Madeira ⑯	*Strong in alcohol, dry with a delicate aroma*	*Kebab (Meat, Fish), Honey cake*

Cidades

Poblaciones

Villes

Città

Städte

Towns

ABRANTES *Santarém* 940 **N 5** – *19 410 h alt. 188.*

Ver : *Sítio★.*

🛈 *Largo 1º de Maio* ✉ *2200-320* 📞 *241 36 25 55 Fax 241 37 16 61.*
Lisboa 142 – Santarém 61.

De Turismo, Largo de Santo António, ✉ 2200-349, 📞 241 36 12 61, *hotelabrantes @ iol.*
pt, Fax 241 36 52 18, ≤ Abrantes e vale do Tejo, 🛋, ✗ – 🖳 TV P. AE ① ⓜ VISA JCB. ✗
Refeição lista 17 a 25 – **40 qto** ☕ 64/77.

AFIFE *Viana do Castelo* 940 **G 3.**

Lisboa 393 – Braga 66 – Porto 88 – Vigo 70.

✗ Mariana, Lugar de São Roque, ✉ 4900-011, 📞 258 98 13 27 – 🖳.

AGUADA DE CIMA *Aveiro – ver Águeda.*

ÁGUAS SANTAS *Porto – ver Porto.*

ÁGUEDA *Aveiro* 940 **K 4** – *6 726 h.*

🛈 *Largo Dr. João Elísio Sucena* ✉ *3750-108* 📞 *234 60 14 12 agueda.rotadaluz @ inovanet.pt.*
Lisboa 250 – Aveiro 22 – Coimbra 42 – Porto 85.

em Aguada de Cima *Sudeste : 9,5 km :*

✗ **Adega do Fidalgo,** Almas da Areosa, ✉ 3750-043 Aguada de Cima, 📞 234 66 62 26,
🍴 Fax 234 66 72 26, 🏠, « Rest. típico » – AE ⓜ VISA. ✗
fechado domingo noite – **Refeição** - grelhados - lista 15,45 a 24,94.

ALANDROAL *Évora* 940 **P 7** – *7 346 h.*

Lisboa 192 – Badajoz 53 – Évora 56 – Portalegre 86 – Setúbal 160.

✗ **A Maria,** Rua João de Deus 12, ✉ 7250-142, 📞 268 43 11 43, Fax 268 44 93 37,
🍴 « Decoração regional » – 🖳. AE ① ⓜ VISA JCB. ✗
fechado do 16 ao 31 de agosto e 2ª feira – **Refeição** lista 15,85 a 24,75.

ALBUFEIRA *Faro* 940 **U 5** – *4 324 h – Praia.*

Ver : *Sítio★.*

🏌18 *Vale Parra, Oeste : 8,5 km Salgados Golf Club* 📞 *289 58 30 30 Fax 289 59 11 12.*
🛈 *Rua 5 de Outubro* ✉ *8200-109* 📞 *289 58 52 79 Fax 289 85 82 79.*
Lisboa 326 – Faro 36 – Lagos 52.

Alísios, Av. Infante Dom Henrique 83, ✉ 8200-916, 📞 289 58 92 84, *alisios @ mail.te*
lepac.pt, Fax 289 58 92 88, ≤, 🏊 – 🛗 🖳 TV P. AE ① ⓜ VISA. ✗
Refeição - só jantar - 19,70 – **112 qto** ☕ 99,76/114,72 – 3 suites.

Vila Galé Cerro Alagoa, Rua do Município, ✉ 8200-916, 📞 289 58 31 00, *cerroalagoa @ v*
ilagale.pt, Fax 289 58 31 99, 🛋, 🏊, 🏊 – 🛗 🖳 TV 🚗 P. – 🎪 25/140. AE ① ⓜ VISA. ✗ –
Refeição - só jantar - lista 20 a 25 – **295 qto** ☕ 113,23/150,88 – 15 suites.

✗ **O Cabaz da Praia,** Praça Miguel Bombarda 7, ✉ 8200-076, 📞 289 51 21 37,
Fax 289 51 21 37, ≤, 🏠 – 🖳. AE ⓜ VISA. ✗
fechado janeiro e 5ª feira – **Refeição** lista 15,21 a 35,92.

em Areias de São João *Este : 2,5 km :*

Ondamar, ✉ 8200-918 Albufeira, 📞 289 58 67 74, *info @ ondamarhotel.com,*
Fax 289 58 86 16, 🛋, 🏊, 🏊 – 🛗 🖳 TV 🚗 P. – 🎪 25/50. AE ① ⓜ VISA JCB. ✗
Refeição 12,47 – **92 apartamentos** ☕ 124,70/164,60 – PA 24,95.

✗✗ **La Belgica,** Beco de Santa Eulália, ✉ 8200-037 Albufeira, 📞 289 54 22 12, *lãbelgicã*
restaurant @ hotmail.com, Fax 289 54 23 15 – 🖳. ⓜ VISA. ✗
fechado janeiro e domingo – **Refeição** - só jantar, cozinha francesa - lista 21,20 a 31,93.

✗ **Três Palmeiras,** Av. Infante D. Henrique 51, ✉ 8200-261 Albufeira, 📞 289 51 54 23,
Fax 289 51 54 23 – 🖳 P. AE ⓜ VISA. ✗
fechado janeiro e domingo – **Refeição** lista 16,10 a 31,66.

em Sesmarias *Oeste : 4 km :*

Baía Grande 🦅, Aldeia da Coelha - Oeste : 3,5 km, ✉ 8200-385 Albufeira,
📞 289 58 35 00, Fax 289 58 35 20, 🏠, 🏊, 🏊 – 🛗 🖳 TV P. – 🎪 120. AE ① ⓜ VISA. ✗
Refeição lista aprox. 23,20 – **131 qto** ☕ 137,17/167,10.

✗✗ **O Marinheiro,** Caminho da Praia da Coelha - Oeste : 4 km, ✉ 8200-385 Albufeira,
📞 289 59 23 50, *o.marinheiro @ netc.pt,* Fax 289 59 11 49, 🏠 – 🖳 P. AE ① ⓜ VISA. ✗
fechado 15 janeiro-25 fevereiro – **Refeição** - só jantar salvo domingo - lista 9,98 a 25,69.

na Praia da Galé *Oeste : 6,5 km :*

Vila Galé Praia, ✉ 8200-917 apartado 2204 Albufeira, ✆ 289 59 01 80, *vilagalepra ia@mail.telepac.pt, Fax 289 59 01 88,* 🌊, ✂ – 📶 ▤ 📺 🅿. 🆎 ⓓ 🅜🅒 🆅🅸🆂🅰. 🐾
Refeição - só jantar salvo verão - 19,45 – **40 qto** ☕ 119,59/155,25.

Vila Joya 🍴 com qto, ✉ 8200-416 Guia ABF, ✆ 289 59 17 95, *vilajoya@clix.pt, Fax 289 59 12 01,* 🌿, « Vila elegante com belo jardim, 🌊 climatizada e o mar de frente » – 🅿. 🆎 ⓓ 🅜🅒 🆅🅸🆂🅰. 🐾
fechado 16 novembro-15 fevereiro – **Refeição** lista 59 a 99,75 – **15 qto** ☕ 399, 2 suites
Espec. Chartreuse de codorniz com fígados de pato, ganso e uvas marinadas em vinho branco doce. Pombo de Bresse com trufas pretas e dois aipos diferentes. Parfait e tarta de mousse crocant com ragoût de frutos silvestres.

na Praia da Falésia *Este : 10 km :*

Sheraton Algarve 🍴, ✉ 8200-909 apartado 644 Albufeira, ✆ 289 50 01 00, *sher aton.algarve@luxurycolletion.com, Fax 289 50 19 50,* ≤ mar e campo de golfe, 🌿, « No alto de uma falésia rodeado de zonas verdes », 🎢, 🌊, 🏊, 🎿, 🚣, ✂, 🎯 – 📶 ▤ 📺 ♿ 🅿 – 🎱 25/230. 🆎 ⓓ 🅜🅒 🆅🅸🆂🅰. 🐾
Além-Mar (só jantar) **Refeição** lista 35,92 a 43,89 - *O Pescador (peixes e mariscos, fechado outubro-maio)* **Refeição** lista 38,16 a 48,88 – **182 qto** ☕ 404,03/433,95, 33 suites.

ALCABIDECHE *Lisboa* **940** **P 1** *– 25 178 h.*
Lisboa 29 – Cascais 4 – Sintra 12.

na estrada de Sintra :

Atlantis Sintra-Estoril, junto ao autódromo - Nordeste : 2 km, ✉ 2645-545, ✆ 21 469 07 20, *hse.reservas@graopara.pt, Fax 21 469 07 40,* ≤, 🎢, 🌊, 🚣, ✂ – 📶 ▤ 📺 ♿ 🅿 – 🎱 25/250. 🆎 ⓓ 🅜🅒 🆅🅸🆂🅰 🅹🅲🅱. 🐾
Refeição 21,95 – **185 qto** ☕ 109,24/146,65 – 2 suites.

Mesón Andaluz, Centro Comercial Cascaishopping-Loja 66 A-2° - Este : 1 km, ✉ 2645, ✆ 21 460 06 59, *Fax 21 460 28 09,* « Decoração típica andaluza » – ▤. 🆎 ⓓ 🅜🅒 🆅🅸🆂🅰 🅹🅲🅱. 🐾
Refeição - cozinha espanhola - lista 20 a 25.

ALCÁCER DO SAL *Setúbal* **940** **Q 4** *– 14 391 h.*
🛈 *Rua da República 66* ✉ *7580-135* ✆ *265 61 00 70 cmalcacer@mail.telepac.pt. Fax 265 61 00 79.*
Lisboa 97 – Beja 94 – Évora 75 – Setúbal 55 – Sines 70.

Pousada D. Afonso II 🍴, Castelo de Alcácer, ✉ 7580, ✆ 265 61 30 70, *guest@p ousadas.pt, Fax 265 61 30 74,* ≤, Museu Arqueológico. Igreja, « Antigo castelo-convento numa colina com o rio Sado ao fundo », 🌊 – 📶 ▤ 📺 ♿ 🅿 – 🎱 25/100. 🆎 ⓓ 🅜🅒 🆅🅸🆂🅰. 🐾
Refeição lista 30 a 36 – **33 qto** ☕ 152/162 – 2 suites.

na Barrosinha *Sudeste : 2,5 km :*

Albergaria da Barrosinha, ✉ 7580-091 Alcácer do Sal, ✆ 265 61 20 32, *Fax 265 61 28 33,* 🌊 – 📶 ▤ 📺 🚗 🅿. 🆎 ⓓ 🅜🅒 🆅🅸🆂🅰 🅹🅲🅱. 🐾
Refeição lista aprox. 17,46 – **17 qto** ☕ 34,92/59,86.

ALCOBAÇA *Leiria* **940** **N 3** *– 11 093 h alt. 42.*
Ver : *Mosteiro de Santa Maria*★★ *: Igreja*★★ *(túmulo de D. Inês de Castro*★★*, túmulo de D. Pedro*★★*), edifícios da abadia*★★*.*
🛈 *Praça 25 de Abril* ✉ *2460-018* ✆ *262 58 23 77 rtleiria.fatima@mail.telepac.pt Fax 244 83 35 33.*
Lisboa 110 – Leiria 32 – Santarém 60.

Santa Maria sem rest, Rua Dr. Francisco Zagalo 20, ✉ 2460-041, ✆ 262 59 01 60, *Fax 262 59 01 61* – 📶 ▤ 📺 🚗 – 🎱 25/400. 🆎 🅜🅒 🆅🅸🆂🅰
78 qto ☕ 52,50/75.

Challet Fonte Nova 🍴 sem rest, Rua da Fonte Nova, ✉ 2461-601, ✆ 262 59 83 00, *challet@netvisao.pt, Fax 262 59 84 30,* « Elegante casa senhorial » – 📶 ▤ 📺 🅿. 🆎 🅜🅒 🆅🅸🆂🅰. 🐾
10 qto ☕ 79,81/99,76.

pela estrada da Nazaré *Noroeste : 3,5 km :*

🏨 **Termas da Piedade** ⌖, ✉ 2461-901, ☎ 262 58 20 65, *hoteltermaspiedade@ hot eltermaspiedade.com*, Fax 262 59 69 71, ⊥, ✗ – 🛗 🗏 📺 🅿 – 🏊 25/250. 🆎 ⑪ 🅼🅒 *VISA* *JCB*. ✗
Refeição 11,20 – **60 qto** ⊇ 39,90/64,84 – 3 suites – PA 22,44.

em Aljubarrota *Nordeste : 6,5 km :*

🏠 **Casa da Padeira** sem rest, Estrada N 8, ✉ 2460-711 Aljubarrota (Prazeres), ☎ 262 50 52 40, *casadapadeira@ mail.telepac.pt*, Fax 262 50 52 41, « Situado no campo com ≼ », ⊥ – 🅿 🆎 🅼🅒 *VISA*
8 qto ⊇ 55/70.

✗ **Casa da Sofía**, Rua Misericórdia 8, ✉ 2460-601 Aljubarrota (Prazeres), ☎ 262 50 86 45, *info@ casadasofia.com* – 🗏 🆎 ⑪ 🅼🅒 *VISA*. ✗
fechado 2ª feira – **Refeição** lista 13,98 a 24,94.

ALCOCHETE Setúbal **940** P 3.

🛈 *Largo da Misericórdia* ✉ 2890-025 ☎ 21 234 26 31 Fax 21 234 86 95.
Lisboa 59 – Évora 101 – Santarém 81 – Setúbal 29.

🏨 **Al Foz**, Av. D. Manuel I, ✉ 2890-014, ☎ 21 234 11 79, *comercial@ al-foz.pt*, Fax 21 234 11 90 – 🛗 🗏 📺 ♿ 🚗 – 🏊 25/50. 🆎 ⑪ 🅼🅒 *VISA*. ✗
Refeição - ver rest. **Al Foz** – **32 qto** ⊇ 67,50/77,50.

✗✗ **Al Foz** - Hotel Al Foz, Av. D. Manuel I, ✉ 2890-014, ☎ 21 234 19 37, *comercial@ al-foz.pt*, Fax 21 234 21 32, ≼, 🏠 – 🗏 🅿 🆎 ⑪ 🅼🅒 *VISA*. ✗
fechado 2ª feira – **Refeição** lista 23,50 a 32.

ALCOUTIM Faro **940** T 7 – 4 100 h.
Lisboa 268 – Beja 91 – Faro 89 – Huelva 89.

🏠 **Estalagem do Guadiana** ⌖, Bairro do Rossio, ✉ 8970-052, ☎ 281 54 01 20, Fax 281 54 66 47, 🏠, « Junto ao rio Guadiana », ⊥, ✗ – 🗏 📺. 🆎 ⑪ 🅼🅒 *VISA* *JCB*. ✗
Refeição lista aprox. 14,22 – **30 qto** ⊇ 46,39/72,33.

ALDEIA DA SERRA *Évora – ver Redondo.*

ALDEIA DAS DEZ Coimbra **940** L 6 – *alt. 450.*
Lisboa 286 – Coimbra 81 – Guarda 93.

🏨 **Quinta da Geia** ⌖, Largo do Terreiro do Fundo do Lugar, ✉ 3400-214, ☎ 238 67 00 10, *quintadageia@ mail.telepac.pt*, Fax 238 67 00 19, ≼ vale e Serra da Estrela, « Conjunto arquitectónico do século XVII de traça rústica », ⊥ – 📺 ♿ 🅿 – 🏊 25.
🆎 🅼🅒 *VISA*. ✗
fechado 15 dias em janeiro – **Refeição** lista 16,96 a 21,95 – **15 qto** ⊇ 67,34/79,81, 3 apartamentos.

ALFERRAREDE Santarém **940** N 5 – 4 302 h.
Lisboa 145 – Abrantes 2 – Santarém 79.

✗ **Cascata**, Rua Manuel Lopes Valente Junior 19-A-1º, ✉ 2200-260 Abrantes, ☎ 241 36 10 11, Fax 241 36 10 11 – 🗏. 🅼🅒 *VISA*. ✗
fechado domingo noite e 2ª feira – **Refeição** lista 12,47 a 20.

ALIJÓ Vila Real **940** I 7 – 2 829 h.
Lisboa 411 – Bragança 115 – Vila Real 44 – Viseu 117.

🏨 **Pousada do Barão de Forrester**, Rua Comendador José Rufino, ✉ 5070-031, ☎ 259 95 92 15, *guest@ pousadas.pt*, Fax 259 95 93 04, 🏠, ⊥, 🎾, ✗ – 🗏 📺 🅿 🆎 ⑪ 🅼🅒 *VISA*. ✗
Refeição lista aprox. 24,94 – **21 qto** ⊇ 117,22/125,20.

🏠 Ribadouro sem rest, Av. Dr. Francisco Sá Carneiro 16, ✉ 5070-013, ☎ 259 95 94 52, Fax 259 95 99 37 – 🗏 📺
12 qto.

ALJEZUR Faro 🄰🄰🄰 U 3 – 5 059 h.
Lisboa 249 – Faro 110.

no Vale da Telha Sudoeste : 7,5 km :

🏠 **Vale da Telha** 🛋 sem rest, ✉ 8670-156 Aljezur, ☎ 282 99 81 80, Fax 282 99 81 76,
⚊ – 📺 🅿 AE 🆇🆇 VISA. 🛇
março-outubro – **26 qto** ⊑ 37,41/47,39.

ALJUBARROTA Leiria – ver Alcobaça.

ALMADENA Faro 🄰🄰🄰 U 3.
Lisboa 284 – Faro 92 – Lagos 9.

🏠 **Belo Horizonte** sem rest, Cerro dos Vales - Este : 1 km, ✉ 8600-102 Luz LGS,
☎ 282 69 76 05, Fax 282 69 76 05, 🛌, ⚊ – 📺 🅿
15 qto ⊑ 42/45.

✕ **O Celeiro,** Estrada N 125, ✉ 8600-102 Luz LGS, ☎ 282 69 71 44 – ▤ 🅿 AE ① 🆇🆇
VISA. 🛇
fechado novembro e 2ª feira – **Refeição** lista 20,88 a 29,93.

ALMANCIL Faro 🄰🄰🄰 U 5 – 5 945 h.
Ver : Igreja de S. Lourenço (azulejos★★).

🏌🏌 Vale do Lobo, Sudoeste : 6 km ☎ 289 39 44 44 Fax 289 39 47 13 –
🏌🏌 Quinta do Lago, ☎ 289 39 07 00 Fax 289 39 40 13.
Lisboa 306 – Faro 13 – Huelva 115 – Lagos 68.

✕✕✕ **Pequeno Mundo,** Pereiras - Oeste : 1,5 km, ✉ 8135-907, ☎ 289 39 98 66,
Fax 289 39 98 67, 🌿, « Antiga quinta » – ▤ 🅿 AE ① 🆇🆇 VISA. 🛇
fechado 15 novembro-28 dezembro e domingo – **Refeição** - só jantar, cozinha francesa
- lista aprox. 39,41.

✕✕ **O Tradicional,** Estrada da Fonte Santa, ✉ 8135, ☎ 289 39 90 93, Fax 289 39 90 93,
🌿 – ▤ 🅿 AE 🆇🆇 VISA. 🛇
fechado janeiro e domingo – **Refeição** - só jantar - lista aprox. 31.

✕✕ **Aux Bons Enfants,** Estrada a Quinta do Lago - Sul : 1,5 km, ✉ 8135, ☎ 289 39 68 40,
didiersterckx@hotmail.com, Fax 289 39 68 40, 🌿, Instalado numa antiga casa – ▤ 🅿
🛇
fechado 15 dezembro-15 janeiro, do 11 ao 17 de fevereiro e domingo – **Refeição** - só
jantar, cozinha francesa - lista 24 a 40.

✕✕ **Golfer's Inn,** Rua 25 de Abril 35, ✉ 8135-150, ☎ 289 39 57 25, Fax 289 50 25 83, 🌿
– ▤. AE ① 🆇🆇 VISA. 🛇
fechado do 1 ao 25 de dezembro, do 5 ao 31 de janeiro e domingo – **Refeição** - só jantar
- lista 24,50 a 30,20.

✕ **Couleur France,** Rua da República 15, ✉ 8135-121, ☎ 289 39 95 15,
Fax 289 39 95 15 – ▤. AE 🆇🆇 VISA. 🛇
fechado do 1 ao 22 de julho, 25 novembro-14 dezembro e sábado – **Refeição** - só menú
ao almoço, cozinha francesa - lista 19 a 34,75.

✕ **Bistro des Z'Arts,** Rua do Calvário 69, ✉ 8135-123, ☎ 289 39 51 14,
Fax 289 39 51 14, Bistro francês – ▤. AE 🆇🆇 VISA. 🛇
fechado do 1 ao 14 de janeiro e domingo – **Refeição** lista 21,70 a 29,18.

em Vale Formoso :

✕✕ **Henrique Leis,** Nordeste : 1,5 km, ✉ 8100-267 Loulé, ☎ 289 39 34 38,
❀ Fax 289 39 34 38, 🌿, « Terraço com ≤ » – ▤ 🅿 AE 🆇🆇 VISA. 🛇
fechado 15 novembro-27 dezembro e domingo – **Refeição** - só jantar - lista 30,08 a
45,01
Espec. Sopa de peixes e crustáceos em crosta folhada. Supremo de pregado do Atlântico
com manteiga de trufas de Périgord. Terrina de laranja e blini de alfarroba com creme de
limão.

✕✕ **Jardim do Vale,** Nordeste : 1,8 km, ✉ 8100-267 Loulé, ☎ 289 39 34 44,
Fax 289 39 37 84, 🌿, « Terraço com plantas » – ▤ 🅿 AE 🆇🆇 VISA. 🛇
fechado dezembro e domingo – **Refeição** - só jantar - lista 24 a 46.

ao Sudoeste :

✕✕✕ **Ermitage,** 3 km, ✉ 8136 apartado 533, ☎ 289 39 43 29, Fax 289 39 26 45, 🌿
« Decoração elegante. Terraço com plantas » – ▤ 🅿 AE 🆇🆇 VISA. 🛇
fechado do 1 ao 22 de dezembro, 10 janeiro-5 fevereiro, 2ª feira e 3ª feira – **Refeição**
lista 35 a 52.

São Gabriel, Estrada de Vale do Lobo a Quinta do Lago - 4 km, ✉ 8135-106, ✆ 289 39 45 21, info@saogabriel.com, Fax 289 39 64 08, 🌳, « Vila com terraço » – ▤ P. AE ⒨ⓒ VISA. ⚡
fechado dezembro-janeiro e 2ª feira – **Refeição** - só jantar - lista 35,50 a 53
Espec. Caçarola de camarão com courgettes em molho de vinho branco. Pregado surpresa La Susanne. Lombinho de vitela São Gabriel.

Chez Angelo, Corgo da Zorra - Estrada de Vale do Lobo - 4 km, ✉ 8135-107, ✆ 289 39 22 06, angelo@sdias.pt, Fax 289 39 22 06 – ▤ P. AE ⒨ⓒ VISA. ⚡
fechado do 1 ao 26 de dezembro e 2ª feira – **Refeição** - só jantar, cozinha francesa - lista 33,50 a 43.

Mr. Freddie's, Escanxinas - Estrada de Vale do Lobo - 2 km, ✉ 8135-107, ✆ 289 39 36 51, Fax 289 39 36 32, 🌳 – ▤ P. AE ⓞ ⒨ⓒ VISA. ⚡
fechado domingo – **Refeição** - só jantar - lista 20,69 a 28,67.

Casa dos Pinheiros, Corgo da Zorra - Estrada de Vale do Lobo - 3 km, ✉ 8135, ✆ 289 39 48 32, Fax 289 39 32 88, 🌳 – ▤ P. AE ⒨ⓒ VISA. ⚡
fechado do 1 ao 26 dezembro e domingo – **Refeição** - só jantar, peixes e mariscos - lista 31,25 a 42,50.

em Vale do Lobo Sudoeste : 6 km :

Le Méridien Dona Filipa ⚑, ✉ 8135-901 Almancil, ✆ 289 35 72 00, reservations@lemeridien-donafilipa.com, Fax 289 35 72 01, ≤ pinhal, campo de golfe e mar, 🌳, ⅃ climatizada, ♣, 🌿, ✗ – ▥ ▤ TV P. – 🔒 25/120. AE ⓞ ⒨ⓒ VISA. ⚡
Refeição lista 31 a 39,50 – **141 qto** ☕ 374 – 6 suites.

em Vale do Garrão Sudoeste : 6 km :

Ria Park Resort H. ⚑, ✉ 8135-951 Almancil, ✆ 289 35 98 00, hotel@riaparkhotel.pt, Fax 289 35 98 88, ≤, 🌳, I♂, ⅃, 🌿 – ▥ ▤ TV & P. – 🔒 25/300. AE ⓞ ⒨ⓒ VISA. ⚡
Refeição - só jantar - 25 – **175 qto** ☕ 214,48/264,36 – 5 suites.

na Quinta do Lago Sul : 8,5 km :

Quinta do Lago ⚑, ✉ 8135-024 Almancil, ✆ 289 35 03 50, reservations@quintadolagohotel.com, Fax 289 39 63 93, ≤ o Atlântico e ria Formosa, 🌳, I♂, ⅃ climatizada, ✗, ♣, 🌿, ✗ – ▥ ▤ TV & P. – 🔒 25/200. AE ⓞ ⒨ⓒ VISA. ⚡
fechado do 2 ao 21 de dezembro – - **Ca d'Oro** (cozinha italiana, só jantar, fechado 4ª feira de novembro a junho) **Refeição** lista 45,50 a 54,10 - **Brisa do Mar :** **Refeição** lista 45 a 53,50 – **132 qto** ☕ 389/404 – 9 suites.

Casa Velha, ✉ 8135-024 Almancil, ✆ 289 39 49 83, comandim@mail.telepac.pt, Fax 289 59 15 86, 🌳, « Antiga quinta com bela esplanada » – ▤ P. AE ⒨ⓒ VISA JCB. ⚡
fechado dezembro-janeiro e domingo – **Refeição** - só jantar - lista 37,90 a 45,07.

ALMEIDA Guarda 940 J 9 – 1 487 h.

Ver : Localidade★ – Sistema de fortificações★.
Lisboa 410 – Ciudad Rodrigo 43 – Guarda 49.

Pousada Senhora das Neves ⚑, ✉ 6350, ✆ 271 57 42 83, guest@pousadas.pt, Fax 271 57 43 20, ≤ – ▤ TV P. AE ⓞ ⒨ⓒ VISA. ⚡
Refeição lista 18,70 a 27,67 – **21 qto** ☕ 106,74/114,72.

ALMEIRIM Santarém 940 O 4 – 21 307 h.

Lisboa 88 – Santarém 7 – Setúbal 116.

O Novo Príncipe sem rest, Timor 1, ✉ 2080-103, ✆ 243 57 06 00, Fax 243 57 06 09 – ▥ ▤ TV & P. – 🔒 25/100. AE ⒨ⓒ VISA. ⚡
40 qto ☕ 32,42/47,39.

ALMOUROL (Castelo de) Santarém 940 N 4.

Ver : Castelo★★ (sítio★★, ≤★).
Hotéis e restaurantes ver : **Abrantes** Este : 18 km.

ALPIARÇA Santarem 940 O 4.

Lisboa 93 – Fátima 68 – Santarém 11 – Setúbal 107.

A Casa da Emília, Rua Manuel Nunes Ferreira 101, ✉ 2090-115, ✆ 243 55 63 16, 🌳 – ▤. ⚡
fechado do 1 ao 21 de novembro, 2ª feira e 3ª feira meio-dia – **Refeição** lista 13,97 a 23,44.

ALTE Faro 940 U 5.

Lisboa 314 – Albufeira 27 – Faro 41 – Lagos 63.

Alte H. ⌂, Montinho - Nordeste : 1 km, ✉ 8100-012, ☏ 289 47 85 23, *altehotel@m ail.telepac.pt*, Fax 289 47 86 46, ≤, 🏊, ※ – 🛗 🖻 📺 ♿ 🅿 – 🛗 25/150. 🆎 ⓪ 🅜🅒 🆅🅸🆂🅰. ※
Refeição 13 – **24 qto** ☕ 57/75 – 2 suites – PA 23.

ALTO DA SERRA *Santarém – ver Rio Maior.*

ALTURA Faro 940 U 7 – *Praia.*

Lisboa 352 – Ayamonte 6,5 – Faro 47.

Azul Praia sem rest, Sítio da Alagoa - Sul : 1 km, ✉ 8950-437, ☏ 281 95 68 71, Fax 281 95 68 87, 🖻 – 🛗 🖻 📺 🅿
27 qto.

O Infante, Estrada N 125 - Este : 1 km, ✉ 8950, ☏ 281 95 68 17 – 🖻 🅿 🆎 ⓪ 🅜🅒 🆅🅸🆂🅰. ※
fechado do 1 ao 15 de fevereiro, do 1 ao 15 de novembro e 4ª feira – **Refeição** lista 14,18 a 23,46.

A Chaminé, Sítio da Alagoa - Sul : 1 km, ✉ 8950-411, ☏ 281 95 01 00, Fax 281 95 01 02 – 🖻 🆎 ⓪ 🅜🅒 🆅🅸🆂🅰. ※
fechado do 15 ao 30 de novembro e 3ª feira – **Refeição** lista 15,06 a 22,73.

Fernando, Sítio da Alagoa - Sul : 1 km, ✉ 8950, ☏ 281 95 64 55, Fax 281 95 64 55, 🍹 – 🖻 🅿 🆎 🅜🅒 🆅🅸🆂🅰. ※
fechado do 15 ao 30 de janeiro e 2ª feira – **Refeição** lista aprox. 21,19.

Ti-Zé, Estrada N 125, ✉ 8950-414, ☏ 281 95 61 61, *luis-846@clix.pt*, 🍹 – 🖻 🅜🅒 🆅🅸🆂🅰. ※
fechado novembro e 3ª feira – **Refeição** lista 12,47 a 19,20.

pela estrada da Manta Rota *Sudoeste : 3 km :*

Estalagem Oásis ⌂, Praia da Lota, ✉ 8900 Vila Real de Santo António, ☏ 281 95 16 60, *estalagem.oasis@mail.telepac.pt*, Fax 281 95 16 44, ≤, 🏊 – 🖻 📺 🅿 🆎 ⓪ 🅜🅒 🆅🅸🆂🅰. ※
fechado novembro – **Refeição** 12,47 – **20 qto** ☕ 99,51/117,22 – 2 suites.

ALVITO Beja 940 R 6 – *1 403 h.*

Lisboa 161 – Beja 39 – Grândola 73.

Pousada Castelo de Alvito ⌂, Largo do Castelo, ✉ 7920-999 apartado 9, ☏ 284 48 53 43, *guest@pousadas.pt*, Fax 284 48 53 83, « Antigo castelo. Belo jardim con 🏊 » – 🛗 🖻 📺 ♿ – 🛗 25/40. 🆎 ⓪ 🅜🅒 🆅🅸🆂🅰. ※
Refeição lista aprox. 23,30 – **20 qto** ☕ 148,65/159,12.

AMARANTE Porto 940 I 5 – *10 738 h alt. 100.*

Ver : *Localidade★, Igreja do convento de S. Gonçalo (órgão★) – Igreja de S. Pedro (tecto★).*

Arred. : *Travanca : Igreja (capitéis★) Noroeste : 18 km por N 15, Estrada de Amarante a Vila Real ≤★ Picão de Marão★★.*

🖪 Rua Cândido dos Reis ✉ 4600-055 ☏ 255 43 29 80 e Alameda Teixeira de Pascoaes ✉ 4600-011 ☏ 255 42 02 46 *amarante@cm-amarante.pt* Fax 255 42 02 03.

Lisboa 372 – Porto 64 – Vila Real 49.

Navarras sem rest, Rua António Carneiro, ✉ 4600-049, ☏ 255 43 10 36, Fax 255 43 29 91 – 🛗 🖻 📺 🅿 – 🛗 25/150. 🆎 ⓪ 🅜🅒 🆅🅸🆂🅰 🅹🅒🅑
58 qto ☕ 51,30/62,30.

Albergaria Dona Margaritta sem rest, Rua Cândido dos Reis 53, ✉ 4600-055, ☏ 255 43 21 10, Fax 255 43 79 77, ≤ – 🛗 🖻 📺. ※
22 qto ☕ 35/45.

pela estrada IP 4 *Sudeste : 17 km :*

Pousada de S. Gonçalo ⌂, Serra do Marão - alt. 885, ✉ 4604-909 apartado 286, ☏ 255 46 11 23, *guest@pousadas.pt*, Fax 255 46 13 53, « Ambiente acolhedor com ≤ Serra do Marão » – 🖻 📺 ♿ 🅿 🆎 ⓪ 🅜🅒 🆅🅸🆂🅰. ※
Refeição lista aprox. 20,50 – **14 qto** ☕ 98,76/106,74 – 1 suite.

APÚLIA *Braga – ver Fão.*

ARCOS DE VALDEVEZ Viana do Castelo 940 G 4.

🛈 Campo Trasladario ✉ 4970-593 ✆ 258 51 60 01 Fax 258 51 60 01.
Lisboa 416 – Braga 36 – Viana do Castelo 45.

Costa do Vez, Estrada de Monção, ✉ 4970-483, ✆ 258 52 12 26, Fax 258 52 11 57 – 🛗 ▨ 📺 ᵭ. 🅿. 🆎 ⓓ ⓜⓒ 𝘝𝘐𝘚𝘈. ⌀
Refeição - ver rest. **Grill Costa do Vez** – **28 qto** ⚌ 27,40/43,80 – 1 suite.

Grill Costa do Vez - Hotel Costa do Vez, Estrada de Monção, ✉ 4970-483, ✆ 258 51 61 22, Fax 258 52 11 57 – ▨ 🅿. 🆎 ⓓ ⓜⓒ 𝘝𝘐𝘚𝘈. ⌀
fechado do 15 ao 31 de outubro e 2ª feira – Refeição - grelhados - lista 11,29 a 18,85.

AREIAS DE PORCHES Faro – ver Armação de Pêra.

AREIAS DE SÃO JOÃO Faro – ver Albufeira.

ARGANIL Coimbra 940 L 5 – 3 163 h alt. 115.

🛈 Av. das Forças Armadas - Casa Municipal da Cultura ✉ 3300-011 ✆ 235 20 48 23 bmacmc@mail.telepac.pt Fax 235 20 48 23.
Lisboa 260 – Coimbra 60 – Viseu 80.

De Arganil sem rest, Av. das Forças Armadas, ✉ 3300-011, ✆ 235 20 59 59, Fax 235 20 51 23 – 🛗 📺 – ᴁ 25/150. 🆎 ⓓ ⓜⓒ 𝘝𝘐𝘚𝘈. ⌀
34 qto ⚌ 29,90/42,40.

Canário sem rest, Rua Oliveira Matos, ✉ 3300-062, ✆ 235 20 24 57, Fax 235 20 53 68 – 🛗 ▨ 📺. 🆎 ⓓ ⓜⓒ 𝘝𝘐𝘚𝘈. ⌀
24 qto ⚌ 30/42,50.

ARMAÇÃO DE PÊRA Faro 940 U 4 – 2 894 h – Praia.

Ver : passeio de barco★★ : grutas marinhas★★.
🛈 Av. Marginal ✉ 8365-101 ✆ 282 31 21 45.
Lisboa 315 – Faro 47 – Lagos 41.

Náutico, Vale do Olival, ✉ 8365, ✆ 282 31 00 00, vilagalemarina@mail.telepac.pt, Fax 282 31 00 60, 🏖, 🏋, ⚐, ⚏ – 🛗 ▨ 📺 ᵭ. 🚗 🅿 – ᴁ 25/140. 🆎 ⓓ ⓜⓒ 𝘝𝘐𝘚𝘈. ⌀
Refeição 20,45 – **189 qto** ⚌ 140/150 – 22 suites.

Garbe, Av. Marginal, ✉ 8365, ✆ 282 31 51 87, hotelgarbe@mail.telepac.pt, Fax 282 31 50 87, ≤, 🏖, ⚐ climatizada – 🛗 ▨ 📺 🅿. 🆎 ⓜⓒ 𝘝𝘐𝘚𝘈. ⌀
Refeição 14,47 – **150 qto** ⚌ 114,72/191,16 – PA 28,93.

Algar sem rest, Av. Beira Mar, ✉ 8365-101, ✆ 282 31 47 32, info@hotel-algar.com, Fax 282 31 47 33, ≤, 🏋 – 🛗 ▨ 📺. 🆎 ⓜⓒ 𝘝𝘐𝘚𝘈. ⌀
⚌ 4,98 – **47 apartamentos** 114,70.

Pestana Levante H. ⌖, Quindas Porches, ✉ 8365-909, ✆ 282 31 09 00, reservas.algarve@pestana.com, Fax 282 31 09 99, ≤, ⚐ – 🛗 ▨ 📺 🅿. 🆎 ⓓ ⓜⓒ 𝘝𝘐𝘚𝘈. ⌀
Refeição - só buffet - 23,44 – **88 qto** ⚌ 155,38/193,78.

Santola, Largo da Fortaleza, ✉ 8365-108, ✆ 282 31 23 32, Fax 282 31 36 51, ≤, 🏖 – 🆎 ⓓ ⓜⓒ 𝘝𝘐𝘚𝘈 𝗝𝗖𝗕. ⌀
Refeição lista 15 a 25,96.

ao Oeste :

Vila Vita Parc ⌖, Alporchinhos - 2 km, ✉ 8400-450 Porches, ✆ 282 31 01 00, reservas@vilavitaparc.com, Fax 282 32 03 33, ≤, 🏖, Serviços de terapéutica, « Conjunto em bela harmonia rodeado de jardins junto ao mar », 🏋, ⚐ climatizada, ⚏, ⛱, ✗, ▯9 – 🛗 ▨ 📺 ᵭ. 🚗 🅿 – ᴁ 25/500. 🆎 ⓓ ⓜⓒ 𝘝𝘐𝘚𝘈. ⌀
Aladin Grill (só jantar) Refeição lista 36,41 a 53,62 - **Atlántico** (só jantar, fechado novembro-fevereiro) Refeição lista 36,92 a 54 - **Bela Vita** (só jantar salvo novembro-fevereiro, fechado 6ª feira noite no verão) Refeição lista 38,39 a 53,06 – **151 qto** ⚌ 307/384, 19 suites, 24 apartamentos.

Sofitel Vilalara Thalasso ⌖, Praia das Gaivotas - 2,5 km, ✉ 8365, ✆ 282 32 00 00, h2987@accor-hotels.com, Fax 282 31 49 56, 🏖, Serviços de talassoterapia, « Num complexo de luxo rodeado de magníficos jardins floridos junto ao mar », 🏋, ⚐ climatizada, ⚏, ⛱, ✗ – 📺 🚗 🅿. 🆎 ⓓ ⓜⓒ 𝘝𝘐𝘚𝘈. ⌀
Refeição 32,92 – **89 qto** ⚌ 99/318 – 2 suites, 68 apartamentos.

Albergaria N. Senhora da Rocha sem rest, Praia Nossa Senhora da Rocha - 3 km, ✉ 8365-910 apartado 134, ☎ 282 31 57 52, *senhora.rocha@mail.telepac.pt*, *Fax 282 31 57 54* – 🛗 ▤ TV ⇔ P. AE ① MO VISA. ⊗
30 qto ☕ 75/100.

Casa Bela Moura sem rest, Estrada de Porches - 2 km, ✉ 8365, ☎ 282 31 34 22, *garcialuis@net.sapo.pt, Fax 282 31 30 25*, 🏊 – P. ⊗
fechado novembro-dezembro – **13 qto** ☕ 58,60/72,30.

em Areias de Porches *Noroeste : 4 km :*

Albergaria D. Manuel, ✉ 8400-452 Lagoa, ☎ 282 31 38 03, *dommanu@clix.pt*, *Fax 282 31 32 66*, 🌳, 🏊 – ▤ TV ᵹ P. AE ① MO VISA. ⊗
Refeição *(fechado dezembro, janeiro e 3ª feira)* 12,50 – **43 qto** ☕ 60/67 – PA 22.

ARRAIOLOS Évora 940 P 6 – 3 479 h.

Lisboa 125 – Badajoz 102 – Évora 22 – Portalegre 103 – Setúbal 94.

Pousada Nossa Senhora da Assunção ⌂, Quinta dos Loios - Norte : 1 km, ✉ 7044-909, ☎ 266 41 93 40, *guest@pousadas.pt, Fax 266 41 92 80*, « Antigo convento dos Loios decorado num estilo alentejano em pleno campo », 🏊, ✗ – 🛗 ▤ TV P. – 🚶 25/120. AE ① MO VISA. ⊗
Refeição lista 21,60 a 31,42 – **30 qto** ☕ 148,64/159,12 – 2 suites.

AVEIRO P 940 K 4 – 39 079 h.

Ver : *Bairro dos canais★ (canal Central, canal de São Roque)* Y – *Antigo Convento de Jesus★★ : Igreja★★ (capela-mor★★, coro baixo★, túmulo da princesa Santa Joana★★), Museu★★ (retrato da princesa Santa Joana★)* Z.

Arred. : *Ria de Aveiro★.*

🚗 ☎ 234 42 44 85.

🛈 Rua João Mendonça 8 ✉ 3800-200 ☎ 234 42 36 80 Fax 234 42 83 26 – **A.C.P.** Av. Dr. Lourenço Peixinho 89 - D ✉ 3800-165 ☎ 234 42 25 71 Fax 234 42 52 20.

Lisboa 252 ② – Coimbra 56 ② – Porto 70 ① – Vila Real 170 ① – Viseu 96 ①

Planta página seguinte

Imperial, Rua Dr. Nascimento Leitão, ✉ 3810-108, ☎ 234 38 01 50, *hotel.imperial@mail.telepac.pt, Fax 234 38 01 51* – 🛗 ▤ TV ᵹ – 🚶 25/250. AE ① MO VISA JCB. ⊗ rest   Z u
Refeição 15,96 – **103 qto** ☕ 64,34/82,80 – 4 suites – PA 31,92.

Afonso V ⌂ sem rest, Rua Dr. Manuel das Neves 65, ✉ 3810-101, ☎ 234 42 51 91, *afonsov@ciberguia.pt, Fax 234 38 11 11* – 🛗 ▤ TV ⇔ – 🚶 25/450. ① MO VISA   Z b
76 qto ☕ 47,50/65,50 – 4 suites.

Mercure Aveiro sem rest, Rua Luís Gomes de Carvalho 23, ✉ 3800-211, ☎ 234 40 44 00, *h2934@accor-hotels.com, Fax 234 40 44 01*, « Belo edifício dos anos 30 », 🚃 – 🛗 ▤ TV ᵹ ⇔. AE ① MO VISA. ⊗   X d
45 qto ☕ 70/84,80.

Moliceiro sem rest, Rua Barbosa de Magalhães 15, ✉ 3800-154, ☎ 234 37 74 00, *hotelmoliceiro@hotelmoliceiro.com, Fax 234 37 74 01* – 🛗 ▤ TV ᵹ. AE ① MO VISA. ⊗   Y r
20 qto ☕ 75/87,50.

As Américas ⌂ sem rest, Rua Eng. Von Hafe 20, ✉ 3800-176, ☎ 234 38 46 40, *Fax 234 38 42 58* – 🛗 ▤ TV ᵹ ⇔ – 🚶 25/150. AE ① MO VISA. ⊗   Y k
68 qto ☕ 59,36/75,82 – 2 suites.

Jardim Afonso V ⌂ sem rest, Praceta D. Afonso V, ✉ 3810-094, ☎ 234 42 65 42, *afonsov-jardim@ciberguia.pt, Fax 234 42 41 33* – 🛗 ▤ TV ⇔ – 🚶 25/70. AE MO VISA   Z t
48 qto ☕ 48,60/62,30.

Do Albôi sem rest, Rua da Arrochela 6, ✉ 3810-052, ☎ 234 38 03 90, *alboi@residencial-alboi.com, Fax 234 38 03 91* – TV. AE ① MO VISA. ⊗   Z s
22 qto ☕ 37/49.

José Estevão sem rest, Rua José Estevão 23, ✉ 3800-202, ☎ 234 38 39 64, *Fax 234 38 25 70* – 🛗 ▤ TV. AE ① MO VISA. ⊗   Y a
12 qto ☕ 44,89/54,87.

Arcada sem rest, Rua Viana do Castelo 4, ✉ 3800-275, ☎ 234 42 30 01, *Fax 234 42 18 86* – 🛗 TV. AE ① MO VISA   Y e
43 qto ☕ 46,14/55,36 – 6 suites.

Hotelaria do Albôi sem rest, Rua da Liberdade 10, ✉ 3810-126, ☎ 234 40 41 90, *hotelaria@residencial-alboi.com, Fax 234 40 41 91* – TV   YZ n
18 qto ☕ 38/50.

QUINTA DO FANDANGO
CACIA
IP 5
N 16
A 1 PORTO
VISEU / ÁGUEDA
ESGUEIRA
N 230
R. de Aveiro
SALINAS
PRAIA DA BARRA
IP 5
R. da Pega
Sé
R. do Viso
R. João de L. Evangelista de L. Vidal
CENTRO DE CONGRESSOS
S. TIAGO
VILAR
QUINTA DO GATO
S. BERNARDO
N 109
N 235
N 335
ARADAS
FIGUEIRA DA FOZ
OLIVEIRA DO BAIRRO
A 1 COIMBRA
SALINAS
Canal de São Roque
R. Dr. António Cristo
R. de S. Roque
R. do Carmo
Rua E. Oudinot
Largo Capitão Maia Magalhães
Rua do Gravito
Avenida Dr. Lourenço Peixinho
Canal das Pirâmides
Praça 14 de Julho
Largo da Praça do Peixe
Canal Central
CAPITANIA
Canal do Côjo
Forum
RECINTO PARA EXPOSIÇÕES
Rua Condessa Mumadona Dias
Cal. do Paraíso
Misericórdia
ANTIGO CONVENTO DE JESUS
Praça do Milenário
Rua de Jaime Moniz
Rua Calouste Gulbenkian
POL.
Av. Artur Ravara
Av. Araújo e Silva
Rua Santa Johana
Largo de Luís de Camões
Avenida
Rua de São Sebastião
25 de Abril
200 m

XX **Olaria,** Centro Cultural e de Congressos de Aveiro, ✉ 3810-200, ☎ 234 38 42 21, *olar ia@mail.pt, Fax 234 38 41 39,* 🏠 – 🍽. AE ◎ ⑯ *VISA*. ⚡ X a
fechado do 15 ao 31 de agosto e domingo – **Refeição** lista 14,71 a 19,95.

XX **Centenário,** Largo do Mercado 9, ✉ 3800-223, ☎ 234 42 27 98, *rest.centenario@m ail.telepac.pt, Fax 234 48 14 45,* 🏠 – 🍽. AE ◎ ⑯ *VISA*. ⚡ Y b
Refeição lista 15,50 a 20,50.

X **Salpoente,** Rua Canal São Roque 83, ✉ 3800, ☎ 234 38 26 74, *salpoente@clix.pt, Fax 234 42 52 10, Antigo armazém de sal –* 🍽. AE ⑯ *VISA*. ⚡ X b
fechado do 1 ao 4 de janeiro e domingo – **Refeição** lista 11,99 a 24,94.

X **Adamastor** com snack-bar, Travessa do Lavadouro 1, ✉ 3800-209, ☎ 234 37 17 77, *Fax 234 37 17 79 –* 🍽. AE ◎ ⑯ *VISA*. ⚡ Y c
fechado do 15 ao 31 de outubro e 2ª feira – **Refeição** lista 14 a 19,50.

X **O Moliceiro,** Largo do Rossio 6, ✉ 3800-246, ☎ 234 42 08 58, *Fax 234 42 08 58 –* 🍽. ⑯ *VISA*. ⚡ Y s
fechado do 15 ao 30 de junho, do 15 ao 30 de outubro e 5ª feira – **Refeição** lista 12,65 a 24,44.

em Cacia *pela estrada N 16 : 7 km :*

🏠 **João Padeiro,** Rua da República, ✉ 3800-533 Cacia, ☎ 234 91 13 26, *Fax 234 91 27 51* – 🛗 TV P. AE ◎ ⑯ *VISA*. ⚡
Refeição *(fechado domingo noite)* lista aprox. 32,42 – **27 qto** ⌕ 29/48.

pela estrada de Cantanhede N 335 *por ② : 8 km :*

🏠 **João Capela** 🦅, Quinta do Picado (saída pela Rua Dr. Mario Sacramento), ✉ 3810-832 Oliveirinha, ☎ 234 94 15 97, *rcapela@clix.pt, Fax 234 94 19 70,* 🔲, 🍽 – TV P. ⑯ *VISA*. ⚡
fechado domingo noite e 2ª feira – **Refeição** lista 12,20 a 18,50 – **30 qto** ⌕ 30/45.

em Gafanha da Nazaré *por ④ : 6,5 km :*

X **O Porão,** Av. da Saudade 19, ✉ 3830-596 Gafanha da Nazaré, ☎ 234 36 39 45, Deco-ração marinheira – P. AE ⑯ *VISA*. ⚡
fechado junho e domingo – **Refeição** lista 17,71 a 28,68.

na Praia da Barra *por ④ : 9 km :*

🏠 **Farol** sem rest, Largo do Farol, ✉ 3830-753 Gafanha da Nazaré, ☎ 234 39 06 00, *Fax 234 39 06 06* – 🛗 TV ♿. ⑯ *VISA*. ⚡
12 qto ⌕ 64,84 – 3 suites.

X **Boca da Barra,** Largo do Farol, ✉ 3830-753 Gafanha da Nazaré, ☎ 234 36 95 42, *Fax 234 39 41 44,* ≤, 🏠 – 🍽. AE ◎ ⑯ *VISA*. ⚡
Refeição lista 18 a 32,42.

em Costa Nova *por ④ : 9,5 km :*

🏠 **Azevedo** sem rest, Rua Arrais Ança 16, ✉ 3830-455 Gafanha da Encarnação, ☎ 234 39 01 70, *Fax 234 39 01 71* – 🛗 TV ♿ 🚗. AE ◎ ⑯ *VISA*. ⚡
16 qto ⌕ 60/70.

AZAMBUJA *Lisboa* **940** **O 3**.
Lisboa 51 – Évora 134 – Santarém 28.

🏠 Gaibéu, Antigo Campo da Feira - E.N.3, ✉ 2050, ☎ 263 40 16 41, *Fax 263 40 17 47* – 🍽 TV P. – 🏊 25/150
40 qto.

AZÓIA *Lisboa – ver Colares.*

BARCARENA *Lisboa* **940** **P 2**.
Lisboa 14 – Sintra 19.

na estrada das Fontaínhas *Norte : 1 km :*

XX **Albapólvora,** Fábrica da Pólvora de Barcarena - edifício 48, ✉ 2745-615, ☎ 21 438 20 73, *albapolvora@clix.pt, Fax 21 438 20 74,* « Edifício no recinto da antiga fábrica da pólvora » – 🍽. AE ◎ ⑯ *VISA*. ⚡
fechado 2ª feira – **Refeição** lista 13,46 a 21,94.

Os preços	**Para todos os detalhes sobre os preços indicados neste guia, ver a introdução.**

BARCELOS *Braga* 940 *H 4 – 9 689 h alt. 39.*

Ver : *Interior★ da Igreja Matriz, Igreja de Nossa Senhora do Terço★, (azulejos★).*

🛈 *Torre da Porta Nova* ✉ *4750-329* ☎ *253 81 18 82 turismo-barcelos@ clix.pt Fax 253 82 21 88.*

Lisboa 366 – Braga 18 – Porto 48.

Dom Nuno sem rest, Av. D. Nuno Álvares Pereira 76, ✉ 4750-234, ☎ 253 81 28 10, *Fax 253 81 63 36* – |≱| **TV**. **AE** **MC** **VISA**. ⚛
26 qto ☲ 39,28/47,14.

Bagoeira, Av. Dr. Sidónio Pais 495, ✉ 4750-333, ☎ 253 81 12 36, *Fax 253 82 45 88,* Rest. típico – ▤. **AE** **MC** **VISA**
Refeição lista aprox. 20,45.

BARROSINHA *Setúbal – ver Alcácer do Sal.*

BATALHA *Leiria* 940 *N 3 – 3 209 h alt. 71.*

Ver : *Mosteiro★★★ : Claustro Real★★★, igreja★★ (vitrais★, capela do Fundador★), Sala do Capítulo★★ (abóbada★★★, vitral★), Capelas imperfeitas★★ (portal★★) – Lavabo dos Monges★, Claustro de D. Afonso V★.*

🛈 *Praça Mouzinho de Albuquerque* ✉ *2440-109* ☎ *244 76 51 80.*

Lisboa 120 – Coimbra 82 – Leiria 11.

Pousada do Mestre Afonso Domingues, Largo Mestre Afonso Domingues 6, ✉ 2440-102, ☎ 244 76 52 60, *guest@pousadas.pt, Fax 244 76 52 47* – ▤ **TV** **P**. **AE** **①** **MC** **VISA**. ⚛
Refeição lista 28,42 a 35,62 – **19 qto** ☲ 106,74/114,72 – 2 suites.

Batalha sem rest, Largo da Igreja, ✉ 2440-100, ☎ 244 76 75 00, *Fax 244 76 74 67* – ▤ **TV** **P**. **AE** **①** **MC** **VISA** **JCB**. ⚛
22 qto ☲ 40/55.

Casa do Outeiro sem rest, Largo Carvalho do Outeiro 4, ✉ 2440-108, ☎ 244 76 58 06, *Fax 244 76 58 06,* ≼, ⌇ – **TV** **P**. **AE** **①** **MC** **VISA**. ⚛
8 qto ☲ 40/50.

Dom Duarte, Praça D. João I-5 C, ✉ 2440-108, ☎ 244 76 63 26, *Fax 244 76 63 26* – ▤. **AE** **MC** **VISA**. ⚛
Refeição lista 11,25 a 16,75.

na estrada N 1 *Sudoeste : 1,7 km :*

São Jorge ⚛, Casal da Amieira, ✉ 2440-011, ☎ 244 76 52 10, *motelsjorge@ mail.t elepac.pt, Fax 244 76 53 13,* ≼, ⌇, ⚬, ✗ – ▤ rest, **TV** **P** – ⚿ 25/90. **MC** **VISA**. ⚛ rest
Refeição 12,50 – **47 qto** ☲ 35/45 – 10 apartamentos – PA 25.

BEJA **P** 940 *R 6 – 19 212 h alt. 277.*

Ver : *Antigo Convento da Conceição★,* BZ *- Castelo (torre de menagem★)* BY.

🛈 *Rua Capitão João Francisco de Sousa 25* ✉ *7800-451* ☎ *284 31 19 13 municipiobe-ja@ mail.telepac.pt Fax 284 31 19 13.*

Lisboa 194 ④ – Évora 78 ① – Faro 186 ③ – Huelva 177 ② – Santarém 182 ④ – Setúbal 143 ④ – Sevilla 223 ②

Planta página seguinte

Pousada de São Francisco, Largo D. Nuno Álvares Pereira, ✉ 7801-901, ☎ 284 32 84 41, *guest@pousadas.pt, Fax 284 32 91 43,* ⚘, « Instalado num convento do século XIII. Capela », ⌇, ⚬, ✗ – |≱| ▤ **TV** ⚿ **P** – ⚿ 25/350. **AE** **①** **MC** **VISA**. ⚛
Refeição lista 23,94 a 28,43 – **34 qto** ☲ 148,65/159,12 – 1 suite.   CZ a

Melius, Av. Fialho de Almeida, ✉ 7800-395, ☎ 284 32 18 22, *hotel.melius@ netvisao.pt, Fax 284 32 18 25,* ⚿ – |≱| ▤ **TV** ⚿ ⚬ – ⚿ 25/200. **AE** **①** **MC** **VISA**. ⚛   A b
Refeição - ver rest. **Melius** – **54 qto** ☲ 50/60 – 6 suites.

Cristina sem rest, Rua de Mértola 71, ✉ 7800-475, ☎ 284 32 30 35, *Fax 284 32 04 60* – |≱| ▤ **TV**. **AE** **①** **MC** **VISA**. ⚛   BZ c
31 qto ☲ 40/52.

Santa Bárbara sem rest, Rua de Mértola 56, ✉ 7800-475, ☎ 284 31 22 80, *Fax 284 31 22 89* – |≱| ▤ **TV** **AE** **①** **MC** **VISA**. ⚛   BZ d
26 qto ☲ 30/44.

Melius - Hotel Melius, Av. Fialho de Almeida 68, ✉ 7800-395, ☎ 284 32 98 69, *Fax 284 32 18 25* – ▤. **AE** **①** **MC** **VISA**. ⚛   A b
fechado domingo noite e 2ª feira – **Refeição** lista 13 a 21,50.

Os infantes, Rua dos Infantes 14, ✉ 7800-495, ☎ 284 32 27 89, *osinfantes@ hotm ar.com, Fax 284 32 46 65* – ▤. **AE** **①** **MC** **VISA**. ⚛   BZ f
fechado do 2 ao 18 de janeiro e 4ª feira – **Refeição** lista aprox. 20.

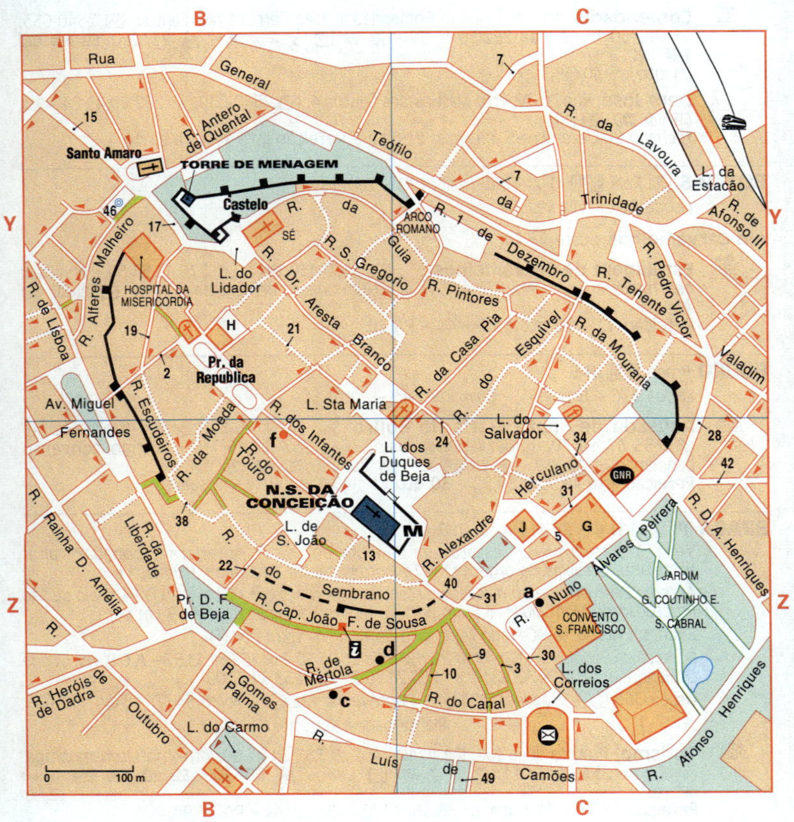

BEJA

ÉVORA, ESTREMOZ
A
BAIRRO DA ESPERANÇA
BAIRRO DOS MOINHOS
IP 8
LISBOA
N 121
STO ANDRÉ
S. SEBASTIÃO
N 260
MOURA
SERPA, HUELVA
HORTA DEL REI
Castelo
Av. Com. R. Correia
R. A. Sardinha
N 18
N.S DA CONCEIÇÃO
R. Zeca Afonso
IP 2 E 802
ALJUSTREL
Av. Fialho de Almeida
R. Cidade de S. Paulo
R. Sousa Porto
b
39
0 500 m
ALBUFEIRA, FARO
A
SALVADA

Abel Viana . . . . BY 2
Acoutados (R. dos) . . . . . . CZ 3
Almeida Garrett . . . . CZ 5
Antonio Raposo
   Tavares (R.) . . . . CY 7
Biscainha (R. da) . . . . CZ 9
Branca (R. da) . . . . CZ 10
Conde de Boavista
   (R.) . . . . BCZ 13
Conselheiro Menezes
   (R.) . . . . BY 15
Dinis (R. de) . . . . BY 17
Dom Manuel (R.) . . . . BY 19
Dr. Antonio J. Almeida . . . . BY 21
Dr. Brito Camacho
   (R.) . . . . BZ 22
Dr. Manuel Arriaga
   (R.) . . . . CZ 24
Frei Manuel
   do Cenaculo (R.) . . . . . . CYZ 28
Infantaria (R. da) . . . . CZ 30
Jacinto Freire
   de Andrade (R.) . . . . . . CZ 31
Marquês de Pombal (R.) . . CZ 34
Portas de Aljustrel
   (R. das) . . . . BZ 39
Portas de Mertola
   (R. das) . . . . CZ 40
Prof. José Sebastião
   e Silva . . . . CZ 42
Santo Amaro
   (Largo de) . . . . BY 46
Vasco da Gama (Av.) . . . . CZ 49

B
C
Rua
General
15
R. Antero de Quental
Teófilo
Santo Amaro
TORRE DE MENAGEM
R. da Lavoura
L. da Estação
46
17
Castelo
R. da Guia
ARCO ROMANO
R. de Afonso III
Y
R. Alferes Malheiro
SÉ
R. S. Gregorio
R. 1 de Dezembro
Trinidade
R. Pedro Victor
Y
R. de Lisboa
HOSPITAL DA MISERICORDIA
L. do Lidador
Dr. Aresta Branco
R. Pintores
Esquivel
R. Tenente da Mouraria
19
H
21
R. da Casa Pia
Valadim
2
Pr. da Republica
R. do
28
Av. Miguel Fernandes
R. Escudeiros
R. da Moeda
L. Sta Maria
24
L. do Salvador
34
42
R. do Touro
f
R. dos Infantes
L. dos Duques de Beja
Herculano
GNR
R. Rainha D. Amelia
R. da Liberdade
38
N.S. DA CONCEIÇÃO
M
31
R. Alexandre Peirera
J
G
5
R. D. A. Henriques
L. de S. João
13
JARDIM
G. COUTINHO E.
S. CABRAL
Z
22
do Sembrano
40
31
a
Nuno Alvares
CONVENTO S. FRANCISCO
Z
Pr. D. F. de Beja
R. Cap. João
F. de Sousa
z
d
R. Afonso
R. Herois de de Dadra
R. Gomes Palma
R. de Mertola
9
3
30
L. dos Correios
Afonso Henriques
Outubro
c
10
R. do Canal
L. do Carmo
Luís
de
49
Camões
R. Afonso Henriques
B
C
0 100 m

BELMONTE *Castelo Branco* 940 K 7.

Ver : *Castelo (* ✳ ★ *)- Torre romana de Centum Cellas* ★ *Norte : 4 km.*

🛈 *Praça da República 18* ✉ *6250-034* 𝄞 *275 91 14 88.*

Lisboa 338 – Castelo Branco 82 – Guarda 20.

pela estrada de Caria *Sul : 0,7 km e desvio a direita 1,5 km :*

  Pousada Convento de Belmonte ✍, Serra da Esperança, ✉ 6250 apartado 76, 𝄞 275 91 03 00, *guest@pousadas.pt, Fax 275 91 03 10,* ≤ Cova da Beira e Serra da Estrela, « *Parcialmente construido sobre as ruinas dum antigo convento* », ⌺ – 🖭 📺 ℙ. AE ① ⓜⓒ VISA. ✗
Refeição lista aprox. 30,93 – **23 qto** ⌑ 148,65/159,12 – 1 suite.

na estrada N 18 *Noroeste : 3 km :*

  Belsol, ✉ 6250-076, 𝄞 275 91 22 06, *hotel.belsol@mail.telepac.pt, Fax 275 91 23 15,* ≤, ⌺, 🚒, ✗ – 🛗 🖭 📺 ℙ – 🕍 25/300. AE ① ⓜⓒ VISA JCB. ✗
Refeição 12,46 – **55 qto** ⌑ 42,39/54,86 – PA 24,90.

BOLEIROS *Santarém – ver Fátima.*

BOM JESUS DO MONTE *Braga – ver Braga.*

BOMBARRAL *Leiria* 940 O 2 – *4 623 h.*

🛈 *Largo do Município (Palácio Gorjão)* ✉ *2540-046* 𝄞 *262 60 90 53 geral@cm-bombarral.pt Fax 262 60 90 41.*

Lisboa 76 – Leira 84 – Óbidos 12 – Santarém 58.

  Comendador sem rest, Largo Comendador João Ferreira dos Santos, ✉ 2540-033, 𝄞 262 60 16 38, *Fax 262 60 16 39* – 🛗 🖭 📺 ⅓ 🚗 ℙ – 🕍 25/200. AE ① ⓜⓒ VISA. ✗
51 qto ⌑ 40/55.

  Dom José, Rua Dr. Alberto Martins dos Santos 4, ✉ 2540-039, 𝄞 262 60 43 84 – 🖭. AE ① ⓜⓒ VISA. ✗
fechado 20 dezembro-5 janeiro e 2ª feira – **Refeição** lista 18,44 a 21,44.

BOTICAS *Vila Real* 940 G 7 – *852 h alt. 490 – Termas.*

Lisboa 471 – Vila Real 62.

em Carvalhelhos *Oeste : 8 km :*

  Estalagem de Carvalhelhos ✍, ✉ 5460-130 Beça, 𝄞 276 41 51 50, *carvalhelhos@mail.telepac.pt, Fax 276 41 51 74,* « *Num quadro de verdura* », 🚒 – 📺 ℙ. AE ⓜⓒ VISA. ✗
Refeição 12 – **20 qto** ⌑ 36/44 – PA 20.

BOURO *Braga* 940 H 5.

Lisboa 370 – Braga 35 – Guimarães 43 – Porto 85.

  Pousada de Santa Maria do Bouro ✍, ✉ 4720-688 Bouro (Santa Marta), 𝄞 253 37 19 70, *guest@pousadas.pt, Fax 253 37 19 76,* « *Antigo convento beneditino* », ⌺, ✗ – 🛗 🖭 📺 ℙ – 🕍 25/150. AE ① ⓜⓒ VISA. ✗
Refeição lista 19,95 a 34,92 – **30 qto** ⌑ 148,64/159,12 – 2 suites.

BRAGA ℙ 940 H 4 – *86 316 h alt. 190.*

Ver : *Sé Catedral* ★ **Z** : *estátua da Senhora do Leite* ★, *interior* ★ *(abóbada* ★, *altar flamejante* ★, *caixas de órgãos* ★ *) – Tesouro* ★, *capela da Glória* ★ *(túmulo* ★ *).*

Arred. : *Santuário de Bom Jesus do Monte* ★★ *(perpectiva* ★ *) 6 km por* ① *– Capela de São Fructuoso de Montélios* ★ *3,5 km por* ⑥ *-Monte Sameiro* ★ *(* ✳ ★★ *) 9 km por* ①*.*

Excurs. : *Nordeste : Cávado (Alto Vale do rio)* ★ *171 km por* ①*.*

🛈 *Praça da República 1* ✉ *4710-251* 𝄞 *253 26 25 50 Fax 253 61 33 87 –* **A.C.P.** Av. Conde D. Henrique 72 ✉ *4700-214* 𝄞 *253 21 70 51 Fax 253 61 67 00.*

Lisboa 368 ③ *– Bragança 223* ⑤ *– Pontevedra 122* ① *– Porto 54* ③ *– Vigo 103* ⑤

Planta página seguinte

  Turismo, Praceta João XXI, ✉ 4710-245, 𝄞 253 61 22 00, *htb@hotelturismobraga.com, Fax 253 61 22 11,* ⌺ – 🛗 🖭 📺 🚗 – 🕍 25/300. AE ① ⓜⓒ VISA JCB. ✗ rest
Refeição 11,97 – **110 qto** ⌑ 58,36/72,33 – 22 suites – PA 23,94.
   Z e

BRAGA

Estação, Largo da Estação 13, ✉ 4700-223, ☎ 253 21 83 81, *hotelestacao@mail.te lepac.pt, Fax 253 27 68 10* – ▯ ▯ ▯ ♿ ▯ AE MO VISA. ▯   **Z** k
Petrópolis : **Comida** lista aprox. 17,46 – **51 qto** ⊐ 54,87/70,33.

D. Sofia sem rest, Largo S. João do Souto 131, ✉ 4700-326, ☎ 253 26 31 60, *Fax 253 61 12 45* – ▯ ▯ ▯ – ▯ 25/60. AE MO VISA. ▯   **Z** f
34 qto ⊐ 49,88/64,85.

Albergaria Senhora-a-Branca sem rest, Largo da Senhora-a-Branca 58, ✉ 4710-443, ☎ 253 26 99 38, *Fax 253 26 99 37* – ▯ ▯ ▯ ▯. AE ① MO
VISA. ▯   **Y** c
20 qto ⊐ 39,90/49,88.

Carandá sem rest, Av. da Liberdade 96, ✉ 4710-250, ☎ 253 61 45 00, *reh@hotelc aranda.com, Fax 253 61 45 50* – ▯ ▯ ▯ ♿. AE ① MO VISA   **Z** n
82 qto ⊐ 33,92/41,90.

Dom Vilas sem rest, Rua Conselheiro Lobato 434, ✉ 4700-338, ☎ 253 61 68 18, *Fax 253 61 68 19* – ▯ ▯ ▯. AE ① MO VISA. ▯   **Z** s
32 qto ⊐ 35/65.

São Marcos sem rest, Rua de São Marcos 80, ⊠ 4700-328, 𝒞 253 27 71 77, Fax 253 27 71 77 – |𝄐| 🗐 TV. AE MC VISA. ⊯ — Z u
13 qto ☕ 40/50.

Ibis Braga sem rest, Rua do Carmo 13, ⊠ 4700-309, 𝒞 253 61 08 60, h1802@accor-hotels.com, Fax 253 61 08 63 – |𝄐| 🗐 TV ⅋ ⇔ – 🏛 25/50. AE ① MC VISA. ⊯ — Y e
☕ 3,99 – **72 qto** 43,89.

Centro Avenida sem rest, Av. Central 27, ⊠ 4710-228, 𝒞 253 27 57 34, Fax 253 61 63 63 – |𝄐| 🗐 TV. MC VISA. ⊯ — Y d
48 qto ☕ 39/41.

Pópulo, Praça Conde de Agrolongo 116, ⊠ 4700-312, 𝒞 253 21 51 47, Fax 253 21 51 53, 🏡 – 🗐. AE ① MC VISA. ⊯ — Y t
fechado 2ª feira – **Refeição** lista 21 a 30,50.

De Bouro, Rua Santo António das Travessas 30-32, ⊠ 4700-441, 𝒞 253 26 16 09 – 🗐. MC VISA. ⊯ — Z a
fechado janeiro e domingo – **Refeição** lista aprox. 28.

Dom Gosto, Rua Fundação Gulbenkian 76, ⊠ 4710-394, 𝒞 253 61 93 99, Fax 253 61 44 61 – 🗐. AE MC VISA. ⊯ por Rua de S. Victor — Y
fechado do 15 ao 31 de agosto e domingo noite – **Refeição** lista 19,45 a 30,18.

Brito's, Praça Mouzinho de Alburquerque 49-A, ⊠ 4710-301, 𝒞 253 61 75 76 – 🗐. AE ① MC VISA JCB. ⊯ — Y a
fechado do 1 ao 15 de setembro e 4ª feira – **Refeição** lista 15,50 a 24.

Inácio, Campo das Hortas 4, ⊠ 4700-210, 𝒞 253 61 32 35, Fax 253 61 32 35, « Rest. típico » – 🗐. AE ① MC VISA. ⊯ — Z b
fechado 6 dias no Natal, 9 dias após a Páscoa, 15 dias em setembro e 3ª feira – **Refeição** lista 17,45 a 24,94.

Cruz Sobral, Campo das Hortas 7-8, ⊠ 4700-210, 𝒞 253 61 66 48, Fax 253 61 66 48 – 🗐. AE MC VISA. ⊯ — Z b
fechado do 24 ao 28 de dezembro, 15 dias em maio e 2ª feira – **Refeição** lista 19,20 a 24,95.

O Alexandre, Campo das Hortas 10, ⊠ 4700-210, 𝒞 253 61 40 03 – 🗐. MC VISA. ⊯ — Z b
fechado do 1 ao 15 de setembro e domingo noite – **Refeição** lista aprox. 30,92.

pela estrada do Bom Jesus do Monte por ① : 4 km :

O Pórtico, Arco-Bom Jesus (junto ao elevador), ⊠ 4710-454, 𝒞 253 67 66 72, Fax 253 67 98 18, 🏡 – 🗐. AE ① MC VISA. ⊯
fechado junho e 5ª feira – **Refeição** lista aprox. 31,42.

no Bom Jesus do Monte por ① :

Elevador ⌂, 6 km, ⊠ 4710-455 Braga, 𝒞 253 60 34 00, Fax 253 60 34 09, ≼ vale e Braga – |𝄐| 🗐 TV P – 🏛 25/120. AE ① MC VISA. ⊯
Refeição 16,21 – **22 qto** ☕ 72/87,50 – PA 32,42.

Parque ⌂ sem rest, 6,2 km, ⊠ 4710-455 Braga, 𝒞 253 60 34 70, Fax 253 60 34 79 – |𝄐| 🗐 TV P. AE ① MC VISA. ⊯
45 qto ☕ 72/87,50 – 4 suites.

na estrada N 14 por ③ : 2,5 km :

Comfort Inn, Ferreiros, ⊠ 4700, 𝒞 253 60 54 70, comfort.braga@mail.telepac.pt, Fax 253 67 38 72 – |𝄐| 🗐 TV ⅋ P – 🏛 25/50. AE ① MC VISA JCB. ⊯
Refeição 12 – **72 qto** ☕ 45/60.

BRAGANÇA P 940 G 9 – 15 624 h alt. 660.

Ver : Cidadela medieval★ – Museu do Abade de Baçal★.
Arred. : Mosteiro de Castro de Avelãs★ 5 km a Oeste.

🛈 Av. Cidade de Zamora ⊠ 5300-111 𝒞 273 38 12 73 Fax 273 32 72 52 – **A.C.P.** Av. Dr. Francisco Sá Carneiro, edifício Montezinho 81, loja A-K ⊠ 5300-252 𝒞 273 32 50 70 Fax 273 32 50 71.

Lisboa 521 – Ciudad Rodrigo 221 – Guarda 206 – Ourense/Orense 189 – Vila Real 140 – Zamora 114.

Pousada de São Bartolomeu ⌂, Estrada de Turismo - Sudeste : 0,5 km, ⊠ 5300-112, 𝒞 273 33 14 93, guest@pousadas.pt, Fax 273 32 34 53, ≼ cidade, castelo e arredores, 🏡, 🏊 climatizada – |𝄐| 🗐 TV P. AE ① MC VISA. ⊯
Refeição lista aprox. 27,43 – **28 qto** ☕ 117,22/125,20.

Classis sem rest, Av. João da Cruz 102, ⊠ 5300-178, 𝒞 273 33 16 31, Fax 273 32 34 58 – |𝄐| 🗐 TV. AE MC VISA. ⊯
20 qto ☕ 35/48.

São Roque sem rest, Rua Miguel Torga, ⊠ 5300-037, ℰ 273 38 14 81, *Fax 273 32 69 37*, ≼ – |‡| TV
36 qto ⊊ 25/38.

Santa Isabel sem rest, Rua Alexandre Herculano 67, ⊠ 5300-075, ℰ 273 33 14 27, *Fax 273 32 69 37* – |‡| TV
14 qto.

Solar Bragançano, Praça da Sé 34-1º, ⊠ 5300-265, ℰ 273 32 38 75, *Fax 273 32 38 75*, 🍽 , « Edifício do século XVIII » – ▤. AE ① MC VISA JCB. ✗
Refeição lista 12,30 a 20,60.

Lá em Casa, Marquês de Pombal 7, ⊠ 5300-197, ℰ 273 32 21 11 – ▤. AE ① MC VISA JCB
Refeição lista aprox. 27,43.

na estrada de Chaves N 103 *Oeste : 1,7 km :*

Nordeste Shalom sem rest, Av. Abade de Baçal 39, ⊠ 5300-068, ℰ 273 33 16 67, *Fax 273 33 16 28* – |‡| ▤ TV 🚗. AE ① MC VISA. ✗
30 qto ⊊ 65/90.

ao Sudeste : *2 km :*

Santa Apolónia sem rest, Av. Sá Carneiro, ⊠ 5300-160, ℰ 273 31 20 73, *santaapolonia@iol.pt, Fax 273 31 20 73* – |‡| ▤ TV P. AE. ✗
13 qto ⊊ 22,45/35.

BUARCOS *Coimbra – ver Figueira da Foz.*

BUÇACO *Aveiro* 940 *K 4 – alt. 545.*
Ver : *Mata★★ : Palace Hotel★★, Cruz Alta ❄★★, Via Sacra★, Obelisco ≼★..*
Lisboa 233 – Aveiro 47 – Coimbra 31 – Porto 109.

Palace H. do Buçaco 🐾 , Floresta do Buçaco - alt. 380, ⊠ 3050-261 Luso, ℰ 231 93 79 70, *bussaco@almeidahotels.com, Fax 231 93 05 09*, ≼, 🌲, « Luxuosas instalações num imponente palácio de estilo manuelino no centro de uma magnífica floresta », 🌳, 🍽 – |‡|, ▤ rest, TV 🚗 P – 🔔 25/100. AE ① MC VISA JCB. ✗
Refeição 40 – **60 qto** ⊊ 180/210 – 4 suites.

BUCELAS *Lisboa* 940 *P 2 – 5 097 h alt. 100.*
Lisboa 30 – Santarém 62 – Sintra 40.

Barrete Saloio, Rua Luís de Camões 28, ⊠ 2670-662, ℰ 21 969 40 04, *barretesaloio@mail.telepac.pt, Fax 21 968 70 45*, « Decoração regional » – ▤. AE MC VISA. ✗
fechado agosto, 2ª feira noite e 3ª feira – Refeição lista 15,06 a 17,56.

BUDENS *Faro* 940 *U 3 – 1 709 h.*
Lisboa 305 – Faro 97 – Lagos 15.

na Praia da Salema *Sul : 4 km :*

Salema sem rest, Rua 28 de Janeiro, ⊠ 8650-200 Budens, ℰ 282 69 53 28, *Fax 282 69 53 29*, ≼ – |‡| ▤. AE ① MC VISA JCB. ✗
15 março-outubro – **32 qto** ⊊ 62,35/72,33.

Estalagem Infante do Mar 🐾 , ⊠ 8650-193 Budens, ℰ 282 69 01 00, *Fax 282 69 01 09*, ≼ mar, 🏊 – P. AE ① MC VISA. ✗
março-outubro – **Refeição** 16 – **30 qto** ⊊ 59,93/79,90.

CABANÕES *Viseu – ver Viseu.*

CACEIRA DE CIMA *Coimbra – ver Figueira da Foz.*

CACIA *Aveiro – ver Aveiro.*

CALDAS DA FELGUEIRA *Viseu* 940 *K 6 – 2 204 h alt. 200 – Termas.*
Lisboa 284 – Coimbra 82 – Viseu 40.

Grande Hotel 🐾 , ⊠ 3525-201 Canas de Senhorim, ℰ 232 94 90 99, *Fax 232 94 94 87*, 🏊 – |‡|, ▤ rest, TV P – 🔔 25/50
65 qto, 7 apartamentos.

CALDAS DA RAINHA *Leiria* 940 **N 2** – *21 070 h alt. 50 – Termas.*

Ver : *Grande Parque das Termas★, Igreja de N. S. do Pópulo (tríptico★).*

🛈 *Rua Engenheiro Duarte Pacheco* ✉ *2500-198* ☎ *262 83 97 00 geral@ c4-caldas-rainha.pt Fax 262 84 23 20 e Praça da República* ✉ *2500-198* ☎ *262 83 45 11 Fax 262 83 97 26 (temp).*

Lisboa 92 – Leiria 59 – Nazaré 29.

Cristal Caldas, Rua António Sérgio 31, ✉ 2500-130, ☎ 262 84 02 60, *cristalcaldas @ hotelcristal.com, Fax 262 84 26 21,* ⌫ – 🛗 ▤ 📺 🚗 – 🏛 30/120. AE ① ⓜⓒ VISA JCB. 🐾
Refeição 11,52 – **113 qto** � 47,14/57,61.

Caldas Internacional H., Rua Dr. Figueirõa Rego 45, ✉ 2500-000, ☎ 262 83 23 07, *Fax 262 84 44 82,* ⌫ – 🛗 ▤ 📺 ♿ 🅿 – 🏛 25/400
80 qto, 3 suites.

Europeia sem rest, Centro Comercial Rua das Montras, ✉ 2500-125, ☎ 262 83 15 08, *Fax 262 83 15 09* – 🛗 📺 – 🏛 25. AE ① ⓜⓒ VISA. 🐾
⊇ 3,75 – **55 qto** 37,50/50.

Dona Leonor sem rest, Hemiciclo João Paulo II-9, ✉ 2500-212, ☎ 262 84 21 71, *Fax 262 84 21 72* – 🛗 📺 – 🏛 25/50. AE ① ⓜⓒ VISA JCB. 🐾
30 qto ⊇ 35/45.

São Rafael, Rua Rafael Bordalo Pinheiro 53, ✉ 2500, ☎ 262 83 93 83, *Fax 262 83 93 81,* « Instalado numa casa museu » – ▤ 🅿. AE ① ⓜⓒ VISA. 🐾
fechado 2ª feira – **Refeição** lista aprox. 24,94.

Sabores d'Itália, Rua Eng. Duarte Pacheco 17, ✉ 2500-198, ☎ 262 84 56 00, *Fax 262 84 55 99* – ▤. AE ⓜⓒ VISA. 🐾
fechado do 13 ao 27 de maio, do 4 ao 18 de novembro e 2ª feira salvo vésperas de feriado e agosto – **Refeição** - cozinha italiana - lista 20,80 a 32.

Supatra, Rua General Amílcar Mota, ✉ 2500-278, ☎ 262 84 29 20, *supatra@ ip.pt, Fax 262 84 29 20* – ▤. AE ⓜⓒ VISA. 🐾
fechado 23 dezembro-6 janeiro, do 13 ao 27 de maio e 2ª feira – **Refeição** - rest. tailandês - lista 14,25 a 20,95.

em Coto *pela estrada de Carvalhal Benfeito – Nordeste : 3 km :*

Adega Típica do Coto, Rua Principal 14, ✉ 2500-432 Coto, ☎ 262 84 48 98 – ▤.

CALDAS DAS TAIPAS *Braga* 940 **H 4** – *Termas.*

Lisboa 341 – Porto 56 – Braga 17.

Das Taipas, Av. Trajano Augusto, ✉ 4800-384, ☎ 253 47 99 80, Fax 253 47 99 86 –
🛗 ▤ 📺 ♿ 🚗. AE ⓜⓒ VISA. 🐾
Refeição 12,47 – **33 qto** ⊇ 49,87/62,34.

CALDAS DE MONCHIQUE *Faro – ver Monchique.*

CALDAS DE VIZELA *Braga* 940 **H 5** – *2 234 h alt. 150 – Termas.*

🛈 *Rua Dr. Alfredo Pinto 42* ✉ *4815-427* ☎ *253 48 12 68 gabinete.gap@ mun-vizela.pt Fax 253 48 12 68.*

Lisboa 358 – Braga 33 – Porto 47.

Sul Americano, Rua Dr. Abílio Torres 855, ✉ 4815-552, ☎ 253 48 03 60, *termasvi zela@ clix.pt, Fax 253 48 03 61* – 🛗 📺 🅿. AE ⓜⓒ VISA. 🐾
Refeição lista 11,50 a 16 – **64 qto** ⊇ 47,50/70.

CALDELAS *Braga* 940 **G 4** – *1 120 h alt. 150 – Termas.*

🛈 *Av. Afonso Manuel Azevedo* ✉ *4720* ☎ *253 99 34 50 Fax 253 99 26 43.*

Lisboa 385 – Braga 17 – Porto 67.

Grande H. da Bela Vista, ✉ 4720-263, ☎ 253 36 01 00, *hotel.belavista@ mail.tel epac.pt, Fax 253 36 11 36,* « Amplo terraço com árvores e ≤ », ⌫, 🐎, ✖ – 🛗 ▤ 📺 🚗 🅿. AE ① ⓜⓒ VISA JCB. 🐾
Refeição 15 – **70 qto** ⊇ 53/100.

De Paços, Av. Afonso Manuel, ✉ 4720-259, ☎ 253 36 11 01, Fax 253 36 85 19 – 🅿.
🐾 rest
maio-outubro – **Refeição** 14,96 – **50 qto** ⊇ 22,45/39,40.

Universal, Av. Afonso Manuel, ✉ 4720, ☎ 253 36 12 36, Fax 253 36 12 45 – 📺 🅿.
22 qto.

CALVOS *Braga – ver Póvoa de Lanhoso.*

CAMINHA *Viana do Castelo* 940 *G 3 – 1870 h.*

Ver : *Igreja Matriz (tecto★).*

🛈 *Rua Ricardo Joaquim de Sousa* ✉ *4910-155* 📞 *258 92 19 52 Fax 258 92 19 52.*
Lisboa 411 – Porto 93 – Vigo 60.

Porta do Sol, Av. Marginal, ✉ 4910-104, 📞 258 72 23 40, *portãdōsol@ mail.norten et.pt*, Fax 258 72 23 47, ≤ *foz do Minho e monte de Santa Tecla*, 🛁, 🏊, 🏊, ✕ – 🛗 🖂 📺 ♿ 🚗 🅿 – 🏖 25/200. AE ① MC VISA. 🚫
Refeição 15 – **89 qto** ⊑ 64,84/79,81 – 4 suites – PA 29,43.

O Barão, Rua Barão de São Roque 33, ✉ 4910-128, 📞 258 72 11 30 – 🖂. AE ① MC VISA. 🚫
fechado 15 janeiro-15 fevereiro, 2ª feira noite e 3ª feira – **Refeição** *lista 15,23 a 21,27.*

Solar do Pescado, Rua Visconde Sousa Rego 85, ✉ 4910-156, 📞 258 72 21 46 – 🖂. AE MC VISA. 🚫
fechado do 15 ao 31 de maio, do 15 ao 30 de novembro, domingo noite e 3ª feira salvo no verão – **Refeição** *- peixes e mariscos - lista 19,95 a 29,93.*

Duque de Caminha, Rua Ricardo Joaquim de Sousa 111, ✉ 4910-155, 📞 258 72 20 46, 🍽 – AE ① MC VISA. 🚫
fechado 15 dias em dezembro e 2ª feira – **Refeição** *lista 17 a 23.*

em Seixas : *Nordeste : 2 km :*

Napoleon, Seara - Coura de Seixas, ✉ 4910-340 Seixas CMN, 📞 258 72 71 15, Fax 258 72 76 38 – 🖂 🅿. AE ① MC VISA. 🚫
fechado do 8 ao 26 de dezembro, 17 maio-5 junho, domingo noite e 2ª feira salvo 15 julho-agosto – **Refeição** *lista aprox. 28,05.*

em Lanhelas *Nordeste : 5 km :*

Casa da Anta 🐾, Lugar da Anta, ✉ 4910-201 Lanhelas, 📞 258 72 15 95, *casa-da -anta@ mail.telepac.pt*, Fax 258 72 12 14, 🍽, « *Conjunto rústico regional com restaurante típico* » – 🖂 qto, 📺 ♿ – 🏖 25/120. AE MC VISA. 🚫
Refeição *lista aprox.* 19,95 – **15 qto** ⊑ 54,87/59,86.

CAMPO MAIOR *Portalegre* 940 *O 8 – 6 940 h.*

Lisboa 244 – Badajoz 16 – Évora 105 – Portalegre 50.

Santa Beatriz, Av. Combatentes da Grande Guerra, ✉ 7370-075, 📞 268 68 00 40, *hotel.s.beatriz@ mail.telepat.pt*, Fax 268 68 81 09, 🏊 – 🛗 🖂 📺 🅿 – 🏖 25/30. AE MC VISA. 🚫
Refeição 14 – **32 qto** ⊑ 60/75 – 2 suites – PA 28.

CANAS DE SENHORIM *Viseu* 940 *K 6 – 3 181 h.*

Lisboa 269 – Coimbra 74 – Viseu 25.

Urgeiriça 🐾, Estrada N 234 - Nordeste : 1,5 km, ✉ 3525, 📞 232 67 12 67, Fax 232 67 13 28, *Num pinhal*, « *Decoração elegante* », 🏊, 🏌, ✕ – 🛗 🖂 📺 ♿ 🅿 – 🏖 25/100. MC VISA. 🚫
Refeição 15 – **83 qto** ⊑ 62,50/75 – 2 suites, 4 apartamentos – PA 29.

Zé Pataco, Rua do Comércio 124, ✉ 3525-052, 📞 232 67 11 21 – 🖂. AE ① MC VISA JCB. 🚫
fechado do 1 ao 15 de setembro e 3ª feira – **Refeição** *lista 10,48 a 19,95.*

CANIÇADA *Braga – ver Vieira do Minho.*

CANIÇO *Madeira – ver Madeira (Arquipélago da).*

CANIÇO DE BAIXO *Madeira – ver Madeira (Arquipélago da) : Caniço.*

CANO *Portalegre* 940 *P 6 – 1641 h.*

Lisboa 183 – Badajoz 77 – Évora 63 – Portalegre 68.

O Lagar, Rua da Misericórdia 2-4, ✉ 7470-082, 📞 268 54 96 21 – 🖂.

CANTANHEDE *Coimbra* 940 *K 4 – 6 330 h.*

    Arred. : *Varziela : retábulo★ Nordeste : 4 km.*

    Lisboa 222 – Aveiro 42 – Coimbra 23 – Porto 112.

XX **Marquês de Marialva,** Largo do Romal 14, ⊠ 3060-129, ℰ 231 42 00 10, *marqu es.marialva@clix.pt, Fax 231 42 91 83,* 🏠 – ⒶⒺ ⑩ ⓜⓒ ⓋⒾⓈⒶ ⓙⒸⒷ. ⊗
    fechado domingo noite – **Refeição** lista 25 a 35.

CARAMULO *Viseu* 940 *K 5 – 1 546 h alt. 800.*

    Ver : *Museu de Caramulo★ (Exposição de automóveis★).*

    Arred. : *Caramulinho★★ (miradouro) Sudoeste : 4 km – Pinoucas★ : ☀ Noroeste : 3 km.*

    🚹 *Estrada Principal do Caramulo* ⊠ *3475-031* ℰ *232 86 14 37.*

    Lisboa 280 – Coimbra 78 – Viseu 38.

🏨 **Pousada de São Jerónimo** ⓢ, ⊠ 3475-031, ℰ 232 86 12 91, *guest@pousadas.pt, Fax 232 86 16 40,* ≼ vale e Serra da Estrela, « Jardim », ⛴ – ▤ ⓣⓥ Ⓟ. ⒶⒺ ⑩ ⓜⓒ
    ⓋⒾⓈⒶ. ⊗
    Refeição lista 17,46 a 21,95 – **12 qto** ⊇ 98,76/106,74.

na estrada N 230 *Este : 1,5 km :*

🏰 **Do Caramulo** ⓢ, Av. Dr. Abel Lacerda, ⊠ 3475-031, ℰ 232 86 01 00, *qualityhotel @mail.telepac.pt, Fax 232 86 12 00,* ≼ vale e Serra da Estrela, « Actividades de lazer e desportivas », ♨, ⛴, ⊠, ⩵ – ▯ ▤ ⓣⓥ ♿ Ⓟ – ⛵ 25/180. ⒶⒺ ⑩ ⓜⓒ
    ⓋⒾⓈⒶ. ⊗
    Refeição 18,70 – **83 qto** ⊇ 91,28/117,72 – 4 suites.

CARCAVELOS *Lisboa* 940 *P 1 – 12 717 h – Praia*

    Lisboa 20 – Sintra 15.

na praia :

🏰 **Riviera,** Rua Bartolomeu Dias-Junqueiro, ⊠ 2775-551, ℰ 21 458 66 00, *Fax 21 458 66 19,* ⛴, ✗ – ▯ ▤ ⓣⓥ ♿ 🚗 – ⛵ 25/160. ⒶⒺ ⑩ ⓜⓒ ⓋⒾⓈⒶ
    ⓙⒸⒷ. ⊗
    Refeição lista 22,20 a 26,69 – **115 qto** ⊇ 117,22/142,66 – 15 suites.

🏰 **Praia-Mar,** Rua do Gurué 16, ⊠ 2775-581, ℰ 21 458 51 00, *praiamar@almeidahote ls.com, Fax 21 457 31 30,* ≼ mar, ⛴ – ▯ ▤ ⓣⓥ Ⓟ – ⛵ 25/170. ⒶⒺ ⑩ ⓜⓒ ⓋⒾⓈⒶ
    ⓙⒸⒷ. ⊗
    Refeição 15,97 – **148 qto** ⊇ 112,23/134,67 – 6 suites.

XX **A Pastorinha,** Av. Marginal, ⊠ 2775, ℰ 21 458 04 92, Fax 21 458 05 32, ≼, 🏠,
    « Decorado com plantas frente ao mar » – ▤ Ⓟ. ⒶⒺ ⓜⓒ ⓋⒾⓈⒶ. ⊗
    fechado 3ª feira – **Refeição** - peixes e mariscos - lista 25,18 a 41,89.

CARREGAL DO SAL *Viseu* 940 *K 6 – 10 679 h.*

    Lisboa 257 – Coimbra 63 – Viseu 29.

XX **Quinta de Cabriz,** antiga Estrada N 234 - Sudoeste : 1 km, ⊠ 3430, ℰ 232 96 12 22, *Fax 232 96 12 03,* 🏠 – ▤ Ⓟ. ⒶⒺ ⑩ ⓜⓒ ⓋⒾⓈⒶ ⓙⒸⒷ. ⊗
    Refeição lista aprox. 34,83.

CARTAXO *Santarém* 940 *O 3 – 21 692 h.*

    Lisboa 65 – Évora 132 – Santarém 14.

em Ereira *Noroeste : 8,5 km :*

XX **Condestável de Luís Suspiro,** Travessa do Olival, ⊠ 2070-326 Ereira CTX,
    ℰ 243 71 97 86, Fax 243 79 08 63, « Decoração rústica elegante » – ▤. ⒶⒺ ⑩ ⓜⓒ
    ⓋⒾⓈⒶ. ⊗
    fechado domingo noite e 3ª feira – **Refeição** - aconselha-mos reservar - lista aprox. 37,41.

CARVALHAL *Viseu* 940 *J 6 – Termas.*

    Lisboa 331 – Aveiro 114 – Viseu 30 – Vila Real 76.

🏨 **Montemuro** ⓢ, nas Termas, ⊠ 3600-398 Mamouros, ℰ 232 38 11 54, *hotelmont emuro@ip.pt, Fax 232 311 12,* ≼ – ▯ ▤ ⓣⓥ ♿ Ⓟ – ⛵ 25/300. ⒶⒺ ⑩ ⓜⓒ
    ⓋⒾⓈⒶ. ⊗
    Refeição 6,98 – **77 qto** ⊇ 32,42/47,39 – 3 suites.

CARVALHELHOS *Vila Real – ver Boticas.*

CARVALHOS Porto 940 I 4.

Lisboa 310 – Amarante 72 – Braga 62 – Porto 12.

XX **Mario Luso,** Largo França Borges 308, ✉ 4415-240, ℰ 22 784 21 11, Fax 22 783 94 87
– 🏠. 🄰🄴 ⓘ ⓂⓒⒸ ⓋⒾⓈⒶ ⓙⒸⒷ. ⬥
fechado do 16 ao 31 de agosto, domingo noite e 2ª feira – **Refeição** lista 13,30
a 21,70.

<table>
<tr><td>Europe</td><td>If the name of the hotel is not in bold type,
on arrival ask the hotelier his prices.</td></tr>
</table>

CASCAIS Lisboa 940 P 1 – 29 882 h – Praia.

Arred. : Estrada de Cascais a Praia do Guincho★ - Sudoeste : Boca do Inferno★ (precipício★)
AY- Praia do Guincho★ por ③ : 9 km.
⌨18 Quinta da Marinha, Oeste : 3 km ℰ 21 486 98 81 Fax 21 486 90 32.
🄱 Rua Visconde da Luz 14 ✉ 2750-326 ℰ 21 486 82 04.
Lisboa 32 ② – Setúbal 72 ② – Sintra 16 ④
Planta página seguinte

🏛 **Albatroz,** Rua Frederico Arouca 100, ✉ 2750-353, ℰ 21 484 73 80, albatroz@mail.
telepac.pt, Fax 21 484 48 27, ⪯ baía e Cascais, « Instalado junto ao mar com belos
palacetes », ☷ – 🛗 🍽 📺 ♿ 🚗 – 🕿 25/100. 🄰🄴 ⓘ ⓂⒸ ⓋⒾⓈⒶ. ⬥   AZ e
Refeição lista 33,91 a 51,86 – ☕ 11,22 – **43 qto** 274,33/299,27 – 3 suites.

🏛 **Vila Galé Village Cascais,** Rua Frei Nicolau de Oliveira - Parque da Gandarinha, ✉ 2750-
641, ℰ 21 482 60 00, villagecascais@vilagale.pt, Fax 21 483 73 19, ⪯, 🏯, « Jardim com
☷ » – 🛗 🍽 📺 🄿 – 🕿 25/80. 🄰🄴 ⓘ ⓂⒸ ⓋⒾⓈⒶ. ⬥   AY a
Refeição 20 – **163 qto** ☕ 128/150 – 70 suites.

🏛 **Estalagem Villa Cascais,** Rua Fernandes Tomaz 1, ✉ 2750-342, ℰ 21 486 34 10,
estalagem@villa.cascais.pt, Fax 21 484 46 80, ⪯, 🏯, « Antiga moradia senhorial » – 🛗
🍽 📺. 🄰🄴 ⓘ ⓂⒸ ⓋⒾⓈⒶ. ⬥   AZ v
Refeição lista 29,41 a 37,39 – ☕ 9,97 – **10 qto** 224,45/249,39 – 1 suite.

🏛 **Pestana Atlantic Gardens,** Av. Manuel Julio Carvalho e Costa 115, ✉ 2754-518,
ℰ 21 482 59 00, atlanticgardens@ip.pt, Fax 21 482 59 77, ⪯, 🏊, 🏊, 🎾, 🍽 – 🛗 🍽
📺 ♿ 🄿 – 🕿 15/300. 🄰🄴 ⓘ ⓂⒸ ⓋⒾⓈⒶ ⓙⒸⒷ. ⬥   perto da Praça de Touros   AY
Refeição 17,46 – ☕ 7,48 – **142 qto** 115,72/131,68 – 7 suites.

🏛 **Baía,** Av. Marginal, ✉ 2754-509, ℰ 21 483 10 33, hotelbaia@mail.telepac.pt,
Fax 21 483 10 95, ⪯, 🏯, 🏊 – 🛗 🍽 📺 ♿ 🄿 – 🕿 25/180. 🄰🄴 ⓘ ⓂⒸ ⓋⒾⓈⒶ. ⬥   AZ u
Refeição 18 – **105 qto** ☕ 90/107,50 – 8 suites – PA 33.

🏛 **Cidadela,** Av. 25 de Abril, ✉ 2754-517, ℰ 21 482 76 00, hotelcidadela@mail.telepac.pt,
Fax 21 486 72 26, ⪯, 🏊 – 🛗 🍽 📺 🄿 – 🕿 25/100. 🄰🄴 ⓘ ⓂⒸ ⓋⒾⓈⒶ ⓙⒸⒷ. ⬥   AZ c
Refeição 17,50 – **110 qto** ☕ 109,70/134,70 – 4 suites, 14 apartamentos.

🏠 **Casa da Pérgola** sem rest, Av. Valbom 13, ✉ 2750-508, ℰ 21 484 00 40, pergola
house@netc.pt, Fax 21 483 47 91, « Moradia senhorial », 🎾 – 🏠. ⬥   AZ y
fechado 15 dezembro-janeiro – **10 qto** ☕ 90/102.

🏠 **Albergaria Valbom** sem rest, Av. Valbom 14, ✉ 2750-508, ℰ 21 486 58 01,
Fax 21 486 58 05 – 🛗 🍽 🚗. 🄰🄴 ⓘ ⓂⒸ ⓋⒾⓈⒶ. ⬥   AZ y
40 qto ☕ 52,37/67,33.

XX **Visconde da Luz,** Jardim Visconde da Luz, ✉ 2750-416, ℰ 21 484 74 10,
Fax 21 486 85 08, 🏯 – 🏠. 🄰🄴 ⓘ ⓂⒸ ⓋⒾⓈⒶ ⓙⒸⒷ. ⬥   AZ d
fechado 3ª feira – **Refeição** - peixes e mariscos - lista 36,10 a 53,66.

XX **Reijos,** Rua Frederico Arouca 35, ✉ 2750-355, ℰ 21 483 03 11, Fax 21 482 19 60, 🏯
– 🏠. 🄰🄴 ⓘ ⓂⒸ ⓋⒾⓈⒶ ⓙⒸⒷ. ⬥   AZ s
fechado do 2 ao 16 de janeiro e domingo – **Refeição** lista 21,90 a 30,43.

XX **Casa Velha,** Av. Valbom 1, ✉ 2750-508, ℰ 21 483 25 86, Fax 21 486 67 51, 🏯,
« Decoração rústica » – 🏠. 🄰🄴 ⓘ ⓂⒸ ⓋⒾⓈⒶ. ⬥   AZ y
fechado 4ª feira – **Refeição** lista 25,94 a 46,28.

XX **O Pipas,** Rua das Flores 18, ✉ 2750-348, ℰ 21 486 45 01, Fax 21 484 07 80 – 🏠. 🄰🄴
ⓘ ⓂⒸ ⓋⒾⓈⒶ. ⬥   AZ f
fechado do 15 ao 31 de dezembro e 2ª feira – **Refeição** - peixes e mariscos - lista 21,95
a 39,40.

X **Os Morgados,** Praça de Touros, ✉ 2750-504, ℰ 21 486 87 51, Fax 21 486 87 51,
« Nos pórticos da Praça de Touros » – 🏠. 🄰🄴 ⓘ ⓂⒸ ⓋⒾⓈⒶ ⓙⒸⒷ. ⬥   por AY
fechado 1º e 3º domingo do mes – **Refeição** lista 14,96 a 29.

X **Beira Mar,** Rua das Flores 6, ✉ 2750-348, ℰ 21 482 73 80, beira.mar@mail.telepac.pt,
Fax 21 482 73 89, 🏯 – 🏠. 🄰🄴 ⓘ ⓂⒸ ⓋⒾⓈⒶ. ⬥   AZ f
fechado do 7 ao 13 de janeiro e 3ª feira – **Refeição** lista 22,94 a 41,90.

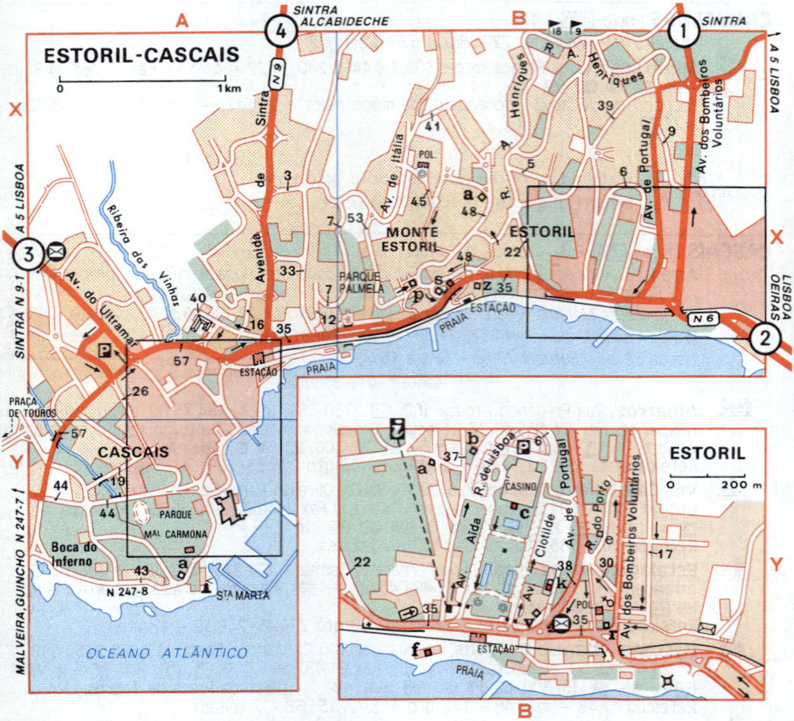

ESTORIL-CASCAIS

Alcaide (R. do) . . . . **AX** 3
Alexandre Herculano (R.) . **AZ** 4
Algarve (R. do) . . . . . . **BX** 5
Almeida Garrett (Pr.) . . **BY** 6
Argentina (Av. de) . . . . **ABX** 7
Beira Litoral (R. da) . . . **BX** 9
Brasil (Av. do) . . . . . . **AX** 12
Carlos I (Av. D.) . . . . . . **AZ** 13
Combatentes G. Guerra
  (Alameda) . . . . **AZ** 14
Costa Pinto (Av.) . . . . . **AX** 16
Dr. António Martins (R.) . **BY** 17
Emídio Navarro (Av.) . . **AZ** 19
Fausto Figueiredo (Av.) . **BY** 22
Francisco de Avilez (R.) . **AZ** 24
Frederico Arouca (R.) . . **AZ** 25
Freitas Reis (R.) . . . . . . **AZ** 26
Gomes Freire (R.) . . . . **AZ** 27
Iracy Doyle (R.) . . . . . . **AZ** 29
Joaquim do Nascimento
  Gourinho . . . . **BY** 30
José Maria Loureiro (R.) . **AZ** 31
Manuel J. Avelar (R.) . . **AZ** 32
Marechal Carmona
  (Avenida) . . . . **AX** 33

Marginal (Estrada) . . **AZ, BY** 35
Marquês Leal Pancada
  (R.) . . . . **AZ** 36
Melo e Sousa (R.) . . . **BY** 37
Nice (Av. de) . . . . **BY** 38
Nuno Álvares Pereira
  (Av. D.) . . . . **BX** 39
Padre Moisés da Silva
  (R.) . . . . **AX** 40
Piemonte (Av.) . . . . . . **BX** 41
Regimento de Inf. 19
  (R.) . . . . **AZ** 42
Rei Humberto II
  de Itália (Av.) . . . . . **AYZ** 43
República (Av. da) . . . **AZ** 44
S. Pedro (Av. de) . . . . **BX** 45
Sabóia (Av.) . . . . **BX** 48
Sebastião J. de Carvalho
  e Melo (R.) . . . . **AZ** 49
Vasco da Gama (Av.) . . **AZ** 52
Venezuela (Av. da) . . . **BX** 53
Visconde da Luz (R.) . . **AZ** 55
Vista Alegre (R. da) . . **AZ** 56
25 de Abril (Av.) . . . . **AYZ** 57

✂ **Luzmar,** Alameda dos Combatentes da Grande Guerra 104, ✉ 2750-326, ☎ 21 484 57 04, Fax 21 486 85 08 – ▤. 𝗔𝗘 ① 𝗠𝗖 𝗩𝗜𝗦𝗔 𝗝𝗖𝗕. ✄ **AZ** n
fechado 2ª feira – **Refeição** lista 26,40 a 35,40.

✂ **Sol e Mar,** Av. D. Carlos I-48, ✉ 2750-310, ☎ 21 484 02 58, Fax 21 484 02 58, ≤ – 𝗔𝗘 𝗠𝗖 𝗩𝗜𝗦𝗔. ✄ **AZ** p
fechado janeiro e 3ª feira – **Refeição** lista aprox. 24,94.

na estrada do Guincho *por Av. 25 de Abril* AY :

🏨 **Estalagem Sra. da Guia,** 3,5 km, ✉ 2750-642, 📞 21 486 92 39, *senhora.da.guia @ mail.telepac.pt, Fax 21 486 92 27,* ≤, « Bonita decoração », ⌇, – 📺 P –
25/80. AE ① MC VISA JCB.
Refeição 29,92 – **40 qto** 199,50/224,45 – 3 suites.

🏨 **Quinta da Marinha** , 4 km e desvio a direita 2 km, ✉ 2750-715, 📞 21 486 01 00, *marinhagolf@mail.telepac.pt, Fax 21 486 94 88,* « Junto ao campo de golfe »,
, 18 – 📺 P – 25/400. AE ① MC VISA.
Refeição - só buffet - 25 – **182 qto** 150/160 – 8 suites.

✕✕ Monte-Mar, 5 km, ✉ 2750-642, 📞 21 486 92 70, Fax 21 486 93 56, ≤, –
P.

✕✕ **Furnas do Guincho,** 3,5 km, ✉ 2750-642, 📞 21 486 92 43, Fax 21 486 90 70, ≤,
– P.
Refeição lista aprox. 34,92.

na Praia do Guincho *por Av. 25 de Abril : 9 km* AY :

🏨 **Fortaleza do Guincho** , ✉ 2750-642 Cascais, 📞 21 487 04 91, *reservations@g uinchotel.pt, Fax 21 487 04 31,* « Antiga fortaleza num promontório rochoso sobre o mar » – 📺 P – 25/200. AE ① MC VISA JCB. rest
Refeição lista 43,89 a 86,29 – **29 qto** 229,45/239,42
Espec. Tarta fina de sardinhas e concassé de tomate com manjericão. Peixe galo escalfado e creme frio de espargos verdes. Guloseima de chocolate.

✕✕ **Porto de Santa Maria,** ✉ 2750-642 Cascais, 📞 21 487 02 40, Fax 21 487 94 58, ≤
– P. AE ① MC VISA JCB.
fechado 2ª feira – **Refeição** - peixes e mariscos - lista 68 a 72,60
Espec. Peixe ao sal ou no pão. Misto de mariscos ao natural ou grelhados. Filetes de pescada com arroz de berbigão e arroz de marisco.

✕✕ **O Faroleiro,** ✉ 2750-642 Cascais, 📞 21 487 02 25, Fax 21 485 82 89, ≤, – P.
AE ① MC VISA JCB.
Refeição - peixes e mariscos - lista 26,19 a 32,17.

✕ **Panorama,** ✉ 2750-642 Cascais, 📞 21 487 00 62, Fax 21 487 94 58, ≤, – P.
AE ① MC VISA JCB.
fechado 15 dias em fevereiro, 15 dias em outubro e 3ª feira – **Refeição** - peixes e mariscos - lista 30 a 44,60.

✕ **Mar do Guincho,** ✉ 2750-642 Cascais, 📞 21 485 82 80, Fax 21 485 82 89, ≤ –
P. AE ① MC VISA JCB.
Refeição lista 24,69 a 31,17.

✕ **Mestre Zé,** ✉ 2750-642 Cascais, 📞 21 487 02 75, Fax 21 485 16 33, ≤, – P.
AE ① MC VISA JCB.
Refeição lista 24,69 a 31,77.

Para grandes viagens de negócios ou de turismo,
Guia MICHELIN vermelho : EUROPE.

For business or tourist interest :
MICHELIN Red Guide : EUROPE.

CASTELO BRANCO P 940 M 7 – *30 624 h alt. 375.*
Ver : *Jardim do Antigo Paço Episcopal*★★.
Excurs. : *Idanha-a-Velha*★ *54 km a Nordeste.*
📞 272 34 22 83.
🛈 Alameda da Liberdade ✉ 6000-074 📞 272 33 03 39 *cmcb@mail.telepac.pt Fax 245 33 03 33.*
Lisboa 256 ③ – *Cáceres 137* ② – *Coimbra 155* ① – *Portalegre 82* ③ – *Santarém 176* ③

Planta página seguinte

🏨 **Rainha D. Amélia,** Rua de Santiago 15, ✉ 6000-179, 📞 272 32 63 15, *hrdamelia @mail.telepac.pt, Fax 272 32 63 90* – 📺 – 25/350. AE ① MC
VISA.   b
Refeição 11,97 – **64 qto** 59,36/72,33 – PA 22,94.

🏨 **Meliá Confort Colina do Castelo** , Rua da Piscina, ✉ 6000, 📞 272 32 98 56, *colinadocastelo@mail.telepac.pt, Fax 272 32 97 59,* ≤ campo e serra, , , –
📺 P – 25/400. AE ① MC VISA.   e
Refeição 11,20 – **97 qto** 64,84/74,81 – 6 suites – PA 22,44.

CASTELO BRANCO

🏠 **Arraiana** sem rest, Av. 1º de Maio 18, ✉ 6000-086, ☏ 272 34 16 34, Fax 272 33 18 84 – 🖵 TV. AE ① MO VISA
31 qto ☕ 25/40.
  s

XX **Praça Velha**, Largo Luís de Camões 17, ✉ 6000-116, ☏ 272 32 86 40, Fax 272 32 86 20, « Decoração rústica » – 🖵 P. AE ① MO VISA. 🐾
fechado 2ª feira – **Refeição** lista 17 a 24,50.
  a

CASTELO DE BODE Santarém – ver Tomar.

CASTELO DE PAIVA Aveiro 940 I 5 – 15 731 h.
Lisboa 321 – Porto 47 – Braga 95 – Vila Real 80.

🏨 **Casa de S. Pedro** 🦢 sem rest, Quinta de S. Pedro, ✉ 4550-271, ☏ 255 68 96 47, Fax 255 68 95 10, ≤, 🏊, XX – 🛗 🖵 TV P. AE ① MO VISA. 🐾
12 qto ☕ 42,40/52,37.

CASTELO DE VIDE Portalegre 940 N 7 – 2 663 h alt. 575 – Termas.
Ver : Castelo ≤★ – Judiaria★.
Arred. : Capela de Na. Sra. de Penha ≤★ Sul : 5 km – Estrada★ escarpada de Castelo de Vide a Portalegre por Carreiras, Sul : 17 km.
🛈 Rua Bartolomeu Álvares da Santa 81 ✉ 7320-117 ☏ 245 90 13 61 cm.castvide@mail-.telepac.pt Fax 245 90 18 27.
Lisboa 213 – Cáceres 126 – Portalegre 22.

🏨 **Garcia d'Orta**, Estrada de São Vicente, ✉ 7320-202, ☏ 245 90 11 00, bevide.sa@o ninet.pt, Fax 245 90 12 00, ≤, 🏊 – 🛗 🖵 TV ৬ P. – 🔼 25/80. AE ① MO VISA. 🐾
Refeição - ver rest. **A Castanha** – **52 qto** ☕ 74,18/86,30 – 1 suite.

🏨 **Sol e Serra**, Estrada de São Vicente, ✉ 7320-202, ☏ 245 90 00 00, Fax 245 90 00 01, 🏊 – 🛗 🖵 TV P. – 🔼 25/120. AE ① MO VISA. 🐾
Refeição 12,50 – **82 qto** ☕ 56/75.

🏠 **Casa do Parque** 🦢, Av. da Aramenha 37, ✉ 7320-101, ☏ 245 90 12 50, vitor-gu imarees@mail.pt, Fax 245 90 12 28 – 🖵 TV. MO. 🐾
fechado novembro – **Refeição** (fechado junho-novembro e 3ª feira) 11,47 – **26 qto** ☕ 32,42/54,87.

Isabelinha sem rest, Paço Novo, ⊠ 7320-136, ☎ 245 90 18 96, *Fax 245 90 12 28* –
▤ ▣. ⚡
11 qto ⌘ 30/40.

A Castanha - *Hotel Garcia d'Orta*, Estrada de São Vicente, ⊠ 7320-202,
☎ 245 90 11 00, *bevide.sa@oninet.pt, Fax 245 90 12 00*, ≤ – ▤ ℙ. ᴁ ⓪ ⓶ ᴠɪꜱᴀ. ⚡
Refeição lista 17,71 a 32,42.

Marino's, Praça D. Pedro V-6, ⊠ 7320-113, ☎ 245 90 14 08, *Fax 245 91 92 07*, ⛺ –
▤. ᴁ ⓪ ⓶ ᴠɪꜱᴀ. ⚡
fechado 20 dezembro-20 janeiro, domingo e 2ª feira meio-dia – **Refeição** lista 15 a 33.

D. Pedro V, Praça D. Pedro V-10, ⊠ 7320-113, ☎ 245 90 12 36, *Fax 245 91 92 31* –
▤. ᴁ ⓶ ᴠɪꜱᴀ. ⚡
fechado 15 dias em junho-julho e 2ª feira – **Refeição** lista 12,30 a 17.

CAXIAS Lisboa 🄌🄌🄌 P 2 – 4 907 h – Praia

Lisboa 24 – Cascais 17.

Mónaco, Rua Direita 9 (Estrada Marginal), ⊠ 2780-438 Paço de Arcos, ☎ 21 443 23 39,
Fax 21 443 12 17, ≤, Música ao jantar – ▤ ℙ.

CELORICO DA BEIRA Guarda 🄌🄌🄌 K 7 – 2 750 h.

Excurs. : Trancoso (fortificações★) 29 km a Nordeste.

🄑 Estrada N 6 ⊠ 6360 ☎ 271 74 21 09.

Lisboa 337 – Coimbra 138 – Guarda 27 – Viseu 54.

Mira Serra, Estrada N 17, ⊠ 6360-323, ☎ 271 74 26 04, *hotelmiraserra@hotmail.com*,
Fax 271 74 13 82, ≤ – 🛗 ▤ ▣ 🚗 ℙ – ᴀ 25/100. ᴁ ⓪ ⓶ ᴠɪꜱᴀ ᴊᴄʙ. ⚡ rest
Refeição 11 – **42 qto** ⌘ 40/50 – PA 20.

Parque sem rest, Rua Andrade Corvo 48, ⊠ 6360-331, ☎ 271 74 21 97,
Fax 271 74 37 98 – ▣ ℙ. ᴁ ⓪ ⓶ ᴠɪꜱᴀ
27 qto ⌘ 22/34.

CERNACHE DO BONJARDIM Castelo Branco 🄌🄌🄌 M 5 – 3 627 h.

Lisboa 187 – Castelo Branco 81 – Santarém 110.

pela estrada N 238 *Sudoeste : 10 km :*

Estalagem Vale da Ursa ⚘, ⊠ 6100-302, ☎ 274 80 29 81, *hotelvaledaursa@m
ail.telepac.pt, Fax 274 80 29 82*, ≤, ⛺, « Na margem do rio Zêzere », 🌊, ⚔ – 🛗 ▤ ▣
♿ ℙ – ᴀ 25/100. ᴁ ⓶ ᴠɪꜱᴀ. ⚡ rest
fechado novembro – **Refeição** 15 – **17 qto** ⌘ 70/90.

CHAMUSCA Santarém 🄌🄌🄌 N 4 – 3 497 h.

Lisboa 121 – Castelo Branco 136 – Leiria 79 – Portalegre 118 – Santarém 31.

no cruzamento das estradas N 118 e N 243 *Nordeste : 3,5 km :*

Paragem da Ponte, Ponte da Chamusca, ⊠ 2140, ☎ 249 76 04 06, *Fax 249 76 14 80*
– ▤ ℙ. ᴁ ⓶ ᴠɪꜱᴀ. ⚡
Refeição lista aprox. 24,94.

CHAVES Vila Real 🄌🄌🄌 G 7 – 13 759 h alt. 350 – Termas.

Ver : Igreja da Misericórdia★.

*Excurs. : Oeste : Alto Vale do rio Cávado★ : estrada de Chaves a Braga pelas barragens
do Alto Rabagão★), da Paradela★ (local★), da Caniçada (≤★) – e ≤★★ do Vale e Serra do
Gerês - Montalegre (local★).*

🄇 Vidago, Sudoeste : 20 km ☎ 276 90 96 62 Fax 276 99 66 62.

🄑 Terreiro de Cavalaria ⊠ 5400-531 ☎ 276 34 06 61 *rturismoato@mail.telepac.pt* Fax
276 32 14 19.

Lisboa 475 – Ourense/Orense 99 – Vila Real 66.

Forte de S. Francisco ⚘, Alto da Pedisqueira, ⊠ 5400-435, ☎ 276 33 37 00, *webm
aster@forte-s-francisco-hoteis.pt, Fax 276 33 37 01*, ⛺, « Fortaleza do século XVII »,
🌊, ⚔ – 🛗 ▤ ▣ ♿ ℙ – ᴀ 25/200. ᴁ ⓪ ⓶ ᴠɪꜱᴀ. ⚡
Refeição 20 – **56 qto** ⌘ 120/140 – 2 suites.

Aquae Flaviae, Praça do Brasil, ⊠ 5400-123, ☎ 276 30 90 00, *hotelaquaeflaviae@m
ail.telepac.pt, Fax 276 30 90 10*, ≤, 🌊, ⚔ – 🛗 ▤ ▣ 🚗 ℙ – ᴀ 25/1000. ᴁ ⓪ ⓶
ᴠɪꜱᴀ. ⚡
O Rodízio (carnes) **Refeição** lista 18,44 a 29,66 – **159 qto** ⌘ 68,33/84,79 – 7 suites.

🏠 **Brites** sem rest, Av. Duarte Pacheco (Estrada de Espanha), ✉ 5400-223, ℘ 276 33 27 77, Fax 276 33 22 21 – ▤ 📺 P. AE Ⓜⓒ *VISA*. ⌗
28 qto ⌑ 40/50.

🏠 **São Neutel** sem rest, Estrada de Outeiro Seco 106, ✉ 5400-234, ℘ 276 33 36 32, Fax 276 33 36 20 – ▤ 📺 🚗 P. Ⓜⓒ *VISA*. ⌗
45 qto ⌑ 25/37,50.

🏠 **Jardim das Caldas,** Alameda do Tabolado 5, ✉ 5400-523, ℘ 276 33 11 89, *jardim dascaldas@ mail.telepac.pt, Fax 276 33 11 91* – ▤ rest, 📺. AE Ⓜⓒ *VISA*. ⌗
Chave d'Ouro 2 : **Refeição** lista 16,50 a 20,50 – **27 qto** ⌑ 32,50/42,50.

🍴🍴 **Carvalho,** Alameda do Tabolado, ✉ 5400-523, ℘ 276 32 17 27, Fax 276 32 17 27 – ▤. AE Ⓜⓒ *VISA*. ⌗
fechado do 23 ao 29 de dezembro, do 8 ao 14 de julho e 5ª feira – **Refeição** lista 15,72 a 20,22.

🍴🍴 **A Talha,** Bairro da Trindade, ✉ 5400, ℘ 276 34 21 91, Fax 276 31 84 75, 🏡 – ▤. AE Ⓜⓒ *VISA*. ⌗
fechado do 16 ao 30 de setembro e sábado salvo agosto – **Refeição** lista aprox. 20.

CINFÃES Viseu 940 I 5.

Lisboa 357 – Braga 93 – Porto 71 – Vila Real 69 – Viseu 67.

em Porto Antigo *Nordeste : 8 km :*

🏨 **Estalagem Porto Antigo** 🦢, ✉ 4690-423 Oliveira do Douro, ℘ 255 56 01 50, *pant igo@ esoterica.pt, Fax 255 56 01 69*, ≤, 🏡, « Debruçada sobre a barragem do Carrapatelo » – 🛗 ▤ 📺 P. – 🏊 25/100. AE ① Ⓜⓒ *VISA* JCB. ⌗
Refeição 15,71 – **23 qto** ⌑ 83,80/94,27.

COIMBRA

P 940 L 4 – *89 639 h. alt. 75.*

Lisboa 200 ③ – Cáceres 292 ② – Porto 118 ① – Salamanca 324 ②.

POSTOS DE TURISMO

ᶿ *Largo da Portagem,* ✉ *3000-337,* ℰ *239 85 59 30, Fax 239 82 55 76, Largo D. Dinis,* ✉ *3020-123,* ℰ *239 83 25 91, Fax 239 70 24 96 e Praça da República,* ✉ *3000-343,* ℰ *239 83 32 02, Fax 239 70 24 96.*

INFORMAÇÕES PRÁTICAS

A.C.P. *Av. Navarro 6* ✉ *3000-150* ℰ *239 85 20 20 Fax 239 83 50 03.*
🚗 ℰ *239 83 49 98.*

CURIOSIDADES

Ver : *Sítio*★ *– Cidade Velha e Universidade*★ *: Sé Velha*★★ *(retábulo*★*, Capela do Sacramento*★*)* Z *– Museu Nacional Machado de Castro*★★ *(cavaleiro medieval*★*)* Z **M2** *– Velha Universidade*★★ *(balcão* ≤★*) : capela*★ *(caixa de órgão*★★*), biblioteca*★★ Z *– Mosteiro de Santa Cruz*★ *: igreja*★ *(pùlpito*★*), claustro do Silêncio*★*, coro (cadeiral*★*)* Y**L** *– Convento de Celas (retábulo*★*)* V *– Mosteiro de Santa Clara a Nova (túmulo*★*)* X.

Arred. : *Miradouro do Vale do Inferno*★ *4 km por* ③ *– Ruinas de Conimbriga*★ *(Casa de Cantaber*★*, casa dos Repuxos*★★ *: mosaicos*★★*) 17 km por* ③ *– Penela* ☀ ★ *desde o castelo 29 km por* ②.

COIMBRA

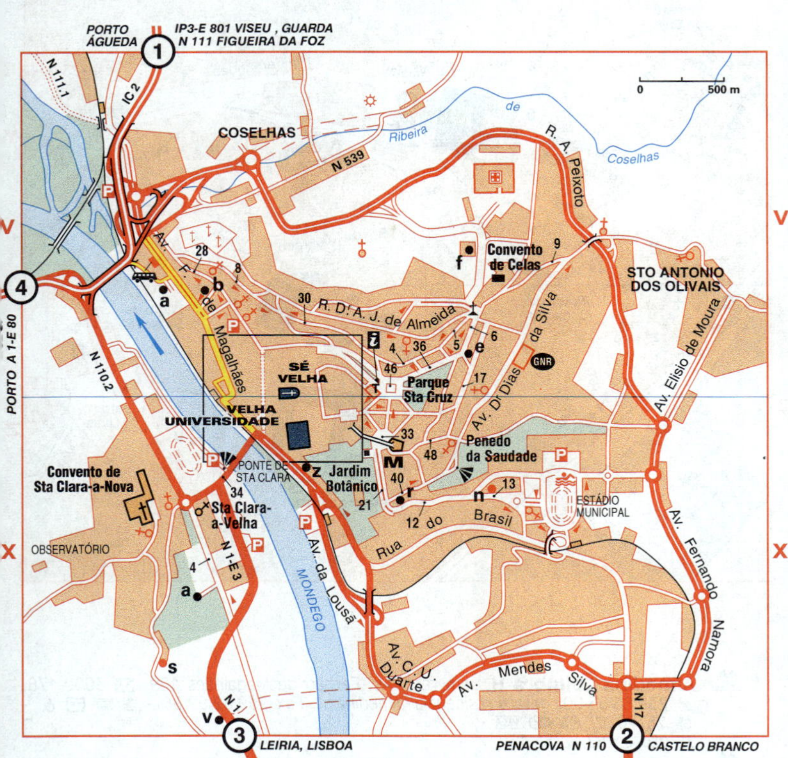

Quinta das Lágrimas ⚑, Santa Clara, ✉ 3041-901, ☎ 239 80 23 80, *hotelagri
mas@mail.telepac.pt, Fax 239 44 16 95*, 🌳, « Palácio do século XVIII com parque
florestal. Adega », 🛋, ✕ – ⫿ ▤ TV ⟁ P – 🏋 25/100. AE ① MC VISA
JCB. ✂   **X** a

***Arcadas da Capela* : Refeição** lista 34,45 a 45,85 – **35 qto** ⊑ 110/170 – 4 suites.

Tivoli Coimbra, Rua João Machado 4, ✉ 3000-226, ☎ 239 85 83 00, *htcoimbra@m
ail.telepac.pt, Fax 239 82 68 27*, ⛾, 🛋 – ⫿ ▤ TV ⟿ – 🏋 25/120. AE ① MC
VISA. ✂   **V** b

Refeição lista aprox. 34,92 – **95 qto** ⊑ 112,20/134,70 – 5 suites.

Dona Inês, Rua Abel Dias Urbano 12, ✉ 3000-001, ☎ 239 85 58 00, *Fax 239 85 58 05*,
≤, ✕ – ⫿ ▤ TV ⟁ ⟿ – 🏋 25/300. AE ① MC VISA. ✂   **V** a

Refeição *(fechado domingo meio-dia)* 18 – **72 qto** ⊑ 62,35/74,82 – 12 suites.

Meliá Confort Coimbra, Av. Armando Gonçalves-Lote 20, ✉ 3000-059,
☎ 239 48 08 00, *hotelmeliacoimb@mail.telepac.pt, Fax 239 48 43 00* – ⫿ ▤ TV ⟁ ⟿
– 🏋 25/150. AE ① MC VISA. ✂   **V** f

Refeição lista 17,46 a 23,94 – **140 qto** ⊑ 84,79/94,77.

D. Luís, Santa Clara, ✉ 3040-267, ☎ 239 80 21 20, *hotel.d.luis@mail.telepac.pt,
Fax 239 44 51 96*, ≤ cidade e rio Mondego – ⫿ ▤ TV P – 🏋 25/200. AE ① MC
VISA. ✂   **X** v

Refeição 16,70 – **98 qto** ⊑ 50,37/65,34 – 2 suites – PA 33,41.

COIMBRA

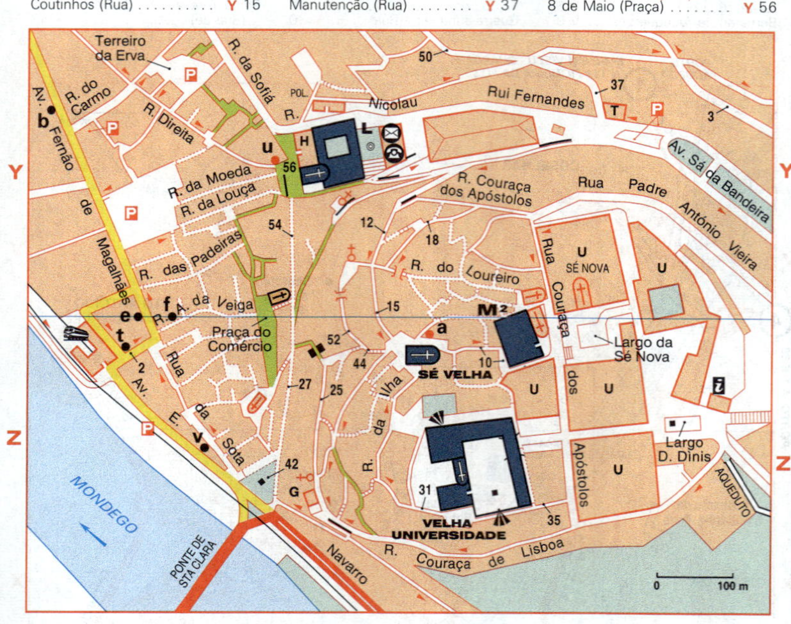

Almedina Coimbra H. sem rest, Av. Fernão de Magalhães 199, ⌧ 3000-176, ✆ 239 85 55 00, *geral@residencial-almedina.pt*, Fax 239 82 99 06 – ⸘ ☰ TV ⅋ – ♨ 25/70. AE ⓪ MC VISA   Y b
75 qto ⌑ 52,12/55,48.

Bragança, Largo das Ameias 10, ⌧ 3000-024, ✆ 239 82 21 71, *hbraganza@mail.telepac.pt*, Fax 239 83 61 35 – ⸘ ☰ TV. AE ⓪ MC VISA.   Z t
Refeição lista 11,97 a 14,96 – **83 qto** ⌑ 48,88/62,35.

Astória, Av. Emídio Navarro 21, ⌧ 3000-150, ✆ 239 85 30 20, *astoria@almeidahotels.com*, Fax 239 82 20 57, ⋖ – ⸘ ☰ TV. AE ⓪ MC VISA.   Z v
Refeição 18 – **64 qto** ⌑ 80/95.

Oslo sem rest, Av. Fernão de Magalhães 25, ⌧ 3000-175, ✆ 239 82 90 71, Fax 239 82 06 14 – ⸘ ☰ TV. AE ⓪ MC VISA JCB.   YZ e
33 qto ⌑ 45/63.

Ibis Coimbra, Av. Emídio Navarro 70, ⌧ 3000-150, ✆ 239 85 21 30, *h1672@accor-hotels.com*, Fax 239 85 21 40 – ⸘ ☰ TV ⅋ ⇔ – ♨ 25/120. AE ⓪ MC VISA.   X z
Refeição lista 13 a 14,50 – ⌑ 4 – **110 qto** 44,50.

Botánico sem rest, Rua Combatentes da Grande Guerra (Ao cimo)-Bairro São José 15, ⌧ 3030-207, ✆ 239 71 48 24, Fax 239 40 51 24 – ⸘ ☰ TV. MC VISA.   X r
24 qto ⌑ 34,92/44,90.

Alentejana sem rest, Rua Dr. António Henriques Seco 1, ⌧ 3000-145, ✆ 239 82 59 03, *residencialalentejana@hotmail.com*, Fax 239 84 24 78 – ☰ TV. MC VISA.   V e
15 qto ⌑ 37,50/50.

Domus sem rest, Rua Adelino Veiga 62, ⌧ 3000-003, ✆ 239 82 85 84, *residomus@sapo.pt*, Fax 239 83 88 18 – TV. AE MC VISA.   YZ f
⌑ 2 – **20 qto** 30/40.

X **A Taberna,** Rua Dos Combatentes da Grande Guerra 86, ⊠ 3030-181, ℰ 239 71 62 65, Fax 239 78 00 34 – ▤. AE ⊙ MC VISA. ⬥ **X n**
fechado do 19 ao 31 de agosto e sábado – **Refeição** lista 14,90 a 27,96.

X **Trovador,** Largo da Sé Velha 17, ⊠ 3000-333, ℰ 239 82 54 75 – MC VISA. ⬥ **Z a**
fechado do 15 ao 28 de dezembro e domingo – **Refeição** lista aprox. 19,20 a 26,19.

X **Real das Canas,** Vila Méndes 7, ⊠ 3040-089, ℰ 239 81 48 77, ≼ – ▤. AE MC VISA **X s**
fechado do 1 ao 15 de agosto, 4ª feira e feriados – Refeição lista 9,81 a 15,94.

X **Carmina de Matos,** Praça 8 de Maio 2, ⊠ 3000-300, ℰ 554 82 35 10, Fax 239 71 87 53 – ▤. AE ⊙ VISA. ⬥ **Y u**
fechado outubro e 2ª feira – **Refeição** lista 18 a 25,50.

COLARES *Lisboa* 940 *P 1 – 6 921 h alt. 50.*
Arred. : *Azenhas do Mar★ (sítio★) Noroeste : 7 km.*
🛈 *Cabo da Roca-Azóia (Sudoeste : 10 km)* ⊠ *2705-001* ℰ *21 928 00 81 Fax 21 928 08 92*
Lisboa 35 – Sintra 8.

🏨 **Estalagem de Colares,** Estrada N 247, ⊠ 2705-199, ℰ 21 928 29 42, Fax 21 928 29 83 – ▤ TV P. AE ⊙ MC VISA. ⬥ rest
Refeição 15 – **13 qto** ⊇ 70/80.

X **Colares Velho,** Largo Dr. Carlos França 1-4, ⊠ 2705-192, ℰ 21 929 24 06 – AE MC VISA. ⬥
fechado fevereiro e 2ª feira – **Refeição** lista 22,83 a 35,40.

na Praia Grande *Noroeste : 3,5 km :*

🏨 **Arribas** ⌂, Av. Alfredo Coelho, ⊠ 2705-329 Colares, ℰ 21 928 90 50, *hotel.arribas @ mail.telepac.pt*, Fax 21 929 24 20, ≼, ⛲, ⚊ – ▯ ▤ TV P – ⚒ 25/200. AE ⊙ MC VISA JCB. ⬥
Refeição lista aprox. 20,44 – **58 qto** ⊇ 74,82/99,76.

em Azóia *estrada do Cabo da Roca - Sudoeste : 10 km :*

🏨 **Aldeia da Roca** ⌂, Rua da Escola Nova 6, ⊠ 2705-001 Colares, ℰ 21 928 00 01, *aldeiadaroca@ mailtelepac.pt*, Fax 21 928 01 63, ⚊, ✗ – ▤ TV P – ⚒ 25/45. AE ⊙ MC VISA JCB. ⬥
Refeição - ver rest. **Da Aldeia** – **7 qto** ⊇ 67,45/87,44 – 7 suites.

XX **Da Aldeia** - *Hotel Aldeia da Roca*, Rua da Escola Nova 10, ⊠ 2705-001 Colares, ℰ 21 928 00 01, *aldeiadaroca@ mailtelepac.pt*, Fax 21 928 01 63, ⛲ – ▤ P. AE ⊙ MC VISA JCB. ⬥
fechado do 2 ao 16 de novembro, domingo noite e 4ª feira – **Refeição** lista 21,48 a 35,23.

X **Refúgio da Roca,** ⊠ 2705-001 Colares, ℰ 21 929 08 98, Fax 21 929 17 52, « *Decoração rústica. Rest. típico* » – ▤. AE ⊙ MC VISA JCB. ⬥
fechado 3ª feira – **Refeição** - grelhados - lista 24,24 a 36,88.

CONDEIXA-A-NOVA *Coimbra* 940 *L 4 – 2 759 h.*
Lisboa 192 – Coimbra 15 – Figueira da Foz 34 – Leiria 62.

🏰 **Pousada de Santa Cristina** ⌂, Rua Francisco Lemos, ⊠ 3150-142, ℰ 239 94 40 25, *guest@pousadas.pt*, Fax 239 94 30 97, ≼, « *Relvado com* ⚊ », ✗ – ▯ ▤ TV P – ⚒ 25/50. AE ⊙ MC VISA. ⬥
Refeição lista aprox. 21,45 – **45 qto** ⊇ 117,22/125,20.

COSTA NOVA *Aveiro – ver Aveiro.*

COSTA DA CAPARICA *Setúbal* 940 *Q 2 – 9 796 h – Praia.*
🛈 *Av. da República 18* ⊠ *2825-399* ℰ *21 290 00 71 Fax 21 290 02 10.*
Lisboa 15 – Setúbal 51.

🏰 **Costa da Caparica,** Av. General Humberto Delgado 47, ⊠ 2829-506, ℰ 21 291 89 00, *hcc.comercial@ mail.telepac.pt*, Fax 21 291 06 87, ≼, ⚊ – ▯ ▤ TV ⟐ 🚗 P – ⚒ 25/350. AE ⊙ MC VISA. ⬥
Refeição lista 27,88 a 44,34 – **340 qto** ⊇ 112,23/139,66 – 13 suites.

COTO *Leiria – ver Caldas da Rainha.*

COVA DA IRIA *Santarém – ver Fátima.*

COVILHÃ *Castelo Branco* 940 **L 7** – *30 224 h alt. 675 – Desportos de inverno na Serra da Estrela :* ⚡3.

    Arred. : *Estrada★ da Covilhã a Seia (≤★, Torre★★ 49 km – Estrada★★ da Covilhã a Gouveia (vale glaciário de Zêzere★★ (≤★), Poço do Inferno★ : cascata★, (≤★) por Manteigas : 65 km – Unhais da Serra (sítio★) Sudoeste : 21 km.*

    🛈 *Av. Frei Heitor Pinto (apartado 438) 6200-113* ☎ *275 39 95 60 turismo.estrela@mail-.telepac.pt Fax 275 31 95 69.*

    Lisboa 301 – Castelo Branco 62 – Guarda 45.

    Covilhã Parque *sem rest, Av. Frei Heitor Pinto-bloco A,* ✉ *6201-909 apartado 459,* ☎ *275 32 75 18, imb@mail.telepac.pt, Fax 275 32 75 19,* ≤ – 📶 🖵 TV & . AE ① ⑩ VISA . ✻
    133 qto ☕ 39,41/54,87 – 1 suite.

ao Sudeste :

    Turismo da Covilhã, *acesso à Estrada N 18 - 3,5 km,* ✉ *6201-909,* ☎ *275 33 04 00, dircon@imb-hotels.com, Fax 275 33 04 40,* ≤ – 📶 🖵 TV & ⇔ P – 🏊 25/400. AE ①
    ⑩ VISA . ✻
    Refeição 13,97 - **Piornos** : *Refeição lista 15,95 a 17,45* – **75 qto** ☕ 59,86/84,80 – 5 suites – PA 23,94.

    Meliá Confort D. Maria, *acceso à Estrada N 18 - 2,5 km,* ✉ *6200-346,* ☎ *275 31 00 00, melia.confort.dmaria@sapo.pt, Fax 275 31 00 09,* ≤, 🌊 – 📶 🖵 TV ⇔
    P – 🏊 25/700. ① ⑩ VISA . ✻
    Refeição 14,47 – **81 qto** ☕ 50,86/84,79 – 6 suites.

    Santa Eufêmia *sem rest, Sítio da Palmatória - 2 km,* ✉ *6200-374,* ☎ *275 31 33 08, Fax 275 31 41 84,* ≤ – 📶 🖵 TV P. ✻
    77 qto ☕ 37,50/50.

na estrada das Penhas da Saúde *Noroeste : 5 km :*

    Estalagem Varanda dos Carquejais ⚓, ✉ *6200,* ☎ *275 31 91 20, vc@turist rela.pt, Fax 275 31 91 24,* ≤ *montanhas e vale,* 🌊, ✕ – TV & P – 🏊 25/50. AE ⑩
    VISA . ✻
    Refeição 14 – **50 qto** ☕ 74,80/98,50 – PA 21,90.

CRATO *Portalegre* 940 **O 7** – *2 123 h.*

    Ver : *Mosteiro de Flor da Rosa★ : igreja★ Norte : 2km.*

    Lisboa 206 – Badajoz 84 – Estremoz 61 – Portalegre 20.

em Flor da Rosa *Norte : 2 km :*

    Pousada Flor da Rosa ⚓, ✉ *7430 Flor da Rosa,* ☎ *245 99 72 10, guest@pousa das.pt, Fax 245 99 72 12,* ≤, « *Num mosteiro do século XIV* », 🌊, 🚣 – 📶 🖵 TV P AE
    ① ⑩ VISA . ✻
    Refeição *lista 23 a 32* – **24 qto** ☕ 149/160.

CURIA *Aveiro* 940 **K 4** – *2 704 h alt. 40 – Termas.*

    🛈 *Praça Dr. Luís Navega* ✉ *3870-541 Tamengos* ☎ *231 51 22 48 info@turismo-curia.pt Fax 231 51 29 66.*

    Lisboa 229 – Coimbra 27 – Porto 93.

    Das Termas ⚓, ✉ *3780-541 Tamengos,* ☎ *231 51 21 85, termasdacuria@mail.tel epac.pt, Fax 231 51 58 38,* « *Num parque com árvores* », 🌊, ✕ – 📶 🖵 TV P –
    🏊 25/120. AE ① ⑩ VISA . ✻
    Refeição 20 - **Dom Carlos** : *Refeição lista 23 a 27,50* – **57 qto** ☕ 75/90 – PA 35.

    Grande H. da Curia ⚓, ✉ *3780-541 Tamengos,* ☎ *231 51 57 20, grhotelcuria@h oteis-belver.pt, Fax 231 51 53 17,* « *Instalado num singular edifício de fins do século XIX* »,
    🏋, 🌊, 🌊, 🚣 – 📶 🖵 TV P – 🏊 25/200. AE ① ⑩ VISA . ✻
    Refeição 16,21 – **81 qto** ☕ 90,28/106 – 3 suites – PA 32,42.

    Do Parque ⚓ *sem rest,* ✉ *3780-541 Tamengos,* ☎ *231 51 20 31, hotelparque@m ail.telepac.pt, Fax 231 51 23 13* – P. AE ① ⑩ VISA
    22 qto ☕ 40/50.

DOMINGUIZO *Castelo Branco* 940 **L 7** – *1 137 h.*

    Lisboa 304 – Castelo Branco 65 – Covilhã 10 – Guarda 55.

    Fonte Velha *sem rest, Rua Pinhos Mansos,* ✉ *6200-547 Dominguizo,* ☎ *275 95 97 77, Fax 275 95 97 77* – 🖵 TV
    16 qto.

EIRA DO SERRADO *Madeira – ver Madeira (Arquipélago da).*

ELVAS Portalegre 𝟵𝟰𝟬 P 8 – 13 187 h alt. 300.

    Ver : *Muralhas*★★ – *Aqueduto da Amoreira*★ – *Largo de Santa Clara*★ *(pelourinho*★ *) – Igreja de N. S. da Consolação*★ *(azulejos*★ *).*

    🛈 *Praça da República* ✉ *7350-126* ✆ *268 62 22 36 cmelvas @ mail.telepac.pt Fax 268 62 51 57.*

    Lisboa 222 – Portalegre 55.

    Pousada de Santa Luzia, Av. de Badajoz (Estrada N 4), ✉ 7350-097, ✆ 268 63 74 70, guest @ pousadas.pt, Fax 268 62 21 27, 🏡, 🏊, ✗ – 🖹 📺 🅿 𝖠𝖤 ⓪ ⓜⓒ 𝗩𝗜𝗦𝗔. ✶
    Refeição lista aprox. 28,68 – **25 qto** ⌑ 106,74/114,72.

    D. Luís, Av. de Badajoz (Estrada N 4), ✉ 7350-096, ✆ 268 62 27 56, Fax 268 62 07 33 – 🛗 🖹 📺 – 🖼 25/50. 𝖠𝖤 ⓪ ⓜⓒ 𝗩𝗜𝗦𝗔. ✶ rest
    Refeição 13,72 – **90 qto** ⌑ 57,37/62,85 – PA 27,44.

pela estrada de Portalegre *Noroeste : 3,5 km e desvío a esquerda pela estrada de Barbacena 4,5 km :*

    Estalagem Quinta de Santo António ✥, ✉ 7350-903, ✆ 268 62 84 06, sant ónio @ mail.telepac.pt, Fax 268 62 50 50, 🏡, « Antiga quinta com capela e amplo jardim », 🏊, ✗ – 🖹 📺 🅿 – 🖼 25/120. 𝖠𝖤 ⓜⓒ 𝗩𝗜𝗦𝗔. ✶
    Refeição 13,74 – **29 qto** ⌑ 72,35/89,80 – 1 suite – PA 25.

na estrada N 4 :

    Varchotel, Varche - Oeste : 5,5 km, ✉ 7350-422, ✆ 268 62 16 21, Fax 268 62 15 96, 🏡 – 🛗 🖹 📺 🅿 𝖠𝖤 ⓜⓒ 𝗩𝗜𝗦𝗔. ✶
    Refeição 14 – **41 qto** ⌑ 30/48 – 2 suites – PA 25.

    Dom Quixote, Oeste : 3 km, ✉ 7350, ✆ 268 62 20 14, 🏡 – 🖹 🅿 𝖠𝖤 ⓪ ⓜⓒ 𝗩𝗜𝗦𝗔 ✶
    Refeição lista aprox. 25.

ENTRE-OS-RIOS Porto 𝟵𝟰𝟬 I 5 – alt. 50 – Termas.

    Lisboa 331 – Porto 51 – Vila Real 96.

    Miradouro, Estrada N 108, ✉ 4575-218, ✆ 255 61 34 22, Fax 255 61 42 14, ≼, 🏡, Junto ao rio – 🖹. 𝖠𝖤 ⓜⓒ 𝗩𝗜𝗦𝗔. ✶
    fechado 2ª feira – **Refeição** - lampreia - lista aprox. 22,45.

em Rio Mau *Sudoeste : 10 km :*

    Mirante do Douro, Estrada N 108, ✉ 4575-621 Rio Mau PNF, ✆ 255 67 79 23, Fax 255 67 77 13, ≼, 🏡, Junto ao rio – 𝖠𝖤 ⓜⓒ 𝗩𝗜𝗦𝗔. ✶
    fechado 3ª feira – **Refeição** - lampreia - lista aprox. 22,45.

ENTRONCAMENTO Santarém 𝟵𝟰𝟬 N 4 – 13 925 h.

    🛈 *Largo da Estação* ✉ *2330* ✆ *249 71 92 29 Fax 249 71 86 15.*

    Lisboa 127 – Castelo Branco 132 – Leiria 55 – Portalegre 114 – Santarém 45.

    O Barriga's, Praça Comunidade Europeia-Casal Saldanha, ✉ 2330-074, ✆ 249 71 76 31, obarrivas @ mail.telepc.pt, Fax 249 71 95 80, « Rest. típico » – 🖹. 𝖠𝖤 ⓜⓒ 𝗩𝗜𝗦𝗔. ✶
    fechado domingo noite e 2ª feira – **Refeição** lista 11,47 a 12,96.

EREIRA Santarém – ver Cartaxo.

ERICEIRA Lisboa 𝟵𝟰𝟬 P 1 – 4 604 h – Praia.

    Ver : *Pitoresco porto piscatório*★.

    🛈 *Mendes Leal (Casa da Cultura Jaime Lobo e Silva)* ✉ *2655* ✆ *261 86 31 22 info@ e riceira.net Fax 261 86 59 09 e Rua Dr. Eduardo Burnay 46* ✉ *2655* ✆ *261 86 31 22 Fax 261 86 59 09.*

    Lisboa 52 – Sintra 24.

    Vilazul, Calçada da Baleia 10, ✉ 2655-238, ✆ 261 86 00 00, vilazul @ nail.pt, Fax 261 86 29 27 – 🛗 🖹 📺. 𝖠𝖤 ⓪ ⓜⓒ 𝗩𝗜𝗦𝗔. ✶
    fechado novembro - **O Poço** : **Refeição** lista 11,98 a 24 – **21 qto** ⌑ 47,66/68,09.

    Pedro o Pescador sem rest, Rua Dr. Eduardo Burnay 22, ✉ 2655, ✆ 261 86 40 32, Fax 261 86 23 21 – 🛗
    25 qto.

    O Barco, Capitão João Lopes, ✉ 2655-295, ✆ 261 86 27 59, Fax 261 86 27 59, ≼ – 🖹. 𝖠𝖤 ⓪ ⓜⓒ 𝗩𝗜𝗦𝗔. ✶
    fechado 24 junho-7 julho, do 15 ao 30 de novembro e 5ª feira – **Refeição** lista 23,94 a 29,92.

na estrada N 247 *Norte : 2 km :*

⚬ **Marisqueira César,** ✉ 2655-319, ☏ 261 86 09 50, *mclaro@clix.pt*, Fax 261 86 09 59, ⬱, Viveiro próprio – P. ⓂⓈ VISA. ⚒
fechado 15 dias em maio, 10 dias em setembro, 10 dias em novembro, 2ª feira noite e 3ª feira – **Refeição** - mariscos lista 21,69 a 23,43.

ESCUSA *Portalegre* 940 *N 7.*
Lisboa 223 – Cáceres 119 – Portalegre 21.

Quinta Curral da Nora *sem rest, Estrada N 246-1,* ✉ 7330-313 São Salvador da Aramenha, ☏ 245 99 35 58, *Fax 245 99 37 65,* ⌕ climatizada, 🚗 – TV P. VISA
9 qto ⌑ 60/80.

ESPINHO *Aveiro* 940 *I 4 – 33 414 h – Praia.*
🚉 *Oporto,* ☏ 22 734 20 08 Fax 22 734 68 95.
🛈 *Ângulo das Ruas 6 e 23* ✉ 4500-357 ☏ 22 734 09 11 Fax 22 731 10 53.
Lisboa 308 – Aveiro 54 – Porto 23.

Praiagolfe H., Rua 6, ✉ 4500-357, ☏ 22 733 10 00, *reservas@praiagolfe.com,* Fax 22 733 10 01, ⬱, ₤ර, ⌕ – ▤ ▤ TV ♿ 🚗 – ⛵ 25/300. AE ① ⓂⓈ VISA JCB. ⚒
Refeição 17,50 – **127 qto** ⌑ 107,37/120,46 – 6 suites.

Solverde *sem rest, Rua 21-77,* ✉ 4500-267, ☏ 22 731 31 44, *hotelapartamento@solverde.pt,* Fax 22 731 31 53, ⬱ – ▤ TV ♿ 🚗. AE ① ⓂⓈ VISA. ⚒
⌑ 5 – **83 apartamentos** 83,90.

Néry *sem rest, Avenida 8-826,* ✉ 4500-207, ☏ 22 734 73 64, *Fax 22 734 85 96,* ⬱ – ▤ ▤ TV 🚗. AE ① ⓂⓈ VISA. ⚒
43 qto ⌑ 40/50.

⚬ **Aquário,** Rua 4-540, ✉ 4500, ☏ 22 733 03 70, Fax 22 733 03 71, 🌰 – ▤. AE ① ⓂⓈ VISA. ⚒
Refeição lista 21,96 a 37,87.

ESPOSENDE *Braga* 940 *H 3 – 2 789 h – Praia.*
🛈 *Av. Eng. Eduardo Arantes e Oliveira* ✉ 4740-204 ☏ 253 96 13 54 Fax 253 96 13 54.
Lisboa 367 – Braga 33 – Porto 49 – Viana do Castelo 21.

Suave Mar 🐦, Av. Eng. Eduardo Arantes e Oliveira, ✉ 4740-204, ☏ 253 96 94 00, *info@suavemar.com, Fax 253 96 94 01,* ₤ර, ⌕, ⚒ – ▤ ▤ TV ♿ 🚗 P. – ⛵ 25/200. AE ① ⓂⓈ VISA. ⚒
Varanda do Cávado : **Refeição** lista 15,26 a 21,45 – **79 qto** ⌑ 83,55/88,54 – 5 suites.

Acrópole *sem rest,* Praça D. Sebastião, ✉ 4740-224, ☏ 253 96 19 41, Fax 253 96 42 38 – ▤ TV. AE ① ⓂⓈ VISA. ⚒
30 qto ⌑ 37,50/47,50.

ESTEFÂNIA *Lisboa – ver Sintra.*

ESTÓI *Faro – ver Faro.*

ESTORIL *Lisboa* 940 *P 1 – 25 230 h – Praia.*
Ver : *Estância balnear★.*
🚉 🚉 *Estoril,* ☏ 21 468 01 76 Fax 21 468 27 96 BX.
🛈 *Arcadas do Parque* ✉ 2769-503 ☏ 21 466 38 13 *estorilcoast@mail.telepac.pt* Fax 21 467 22 80
Lisboa 23 ② *– Sintra 13* ①

Ver planta de Cascais

Palácio, Rua do Parque, ✉ 2769-504, ☏ 21 464 80 00, *palacioestoril@mail.telepac.pt,* Fax 21 468 48 67, ⬱, ⌕, 🚗 – ▤ ▤ TV P. – ⛵ 25/400. AE ① ⓂⓈ VISA JCB. ⚒   BY k
Refeição - ver rest. **Four Seasons** – ⌑ 15,96 – **131 qto** 249,39/274,33 – 31 suites.

Amazónia Lennox Estoril 🐦, Rua Eng. Álvaro Pedro de Sousa 5, ✉ 2765-191, ☏ 21 468 04 24, Fax 21 467 08 59, 🌰, « *Terraços floridos* », ⌕ climatizada – ▤ TV P. – ⛵ 25/50. AE ① ⓂⓈ VISA. ⚒ rest   BY a
Refeição - só jantar - 18,85 – **30 qto** ⌑ 111,73/129,69 – 2 suites, 2 apartamentos.

Inglaterra, Rua do Porto 1, ✉ 2765-271, ☏ 21 468 44 61, *hotelinglaterra@mail.telepac.pt,* Fax 21 468 21 08, ⬱, ⌕ – ▤ ▤ TV – ⛵ 25/80. AE ① ⓂⓈ VISA. ⚒   BY e
Refeição 18,95 – **50 qto** ⌑ 72,58/134,68 – 2 suites – PA 37,91.

Vila Galé Estoril, Av. Marginal, ✉ 2766-901, ✆ 21 464 84 00, *galeestoril@ vilagale.pt,*
Fax 21 464 84 32, ≤, ▫, ⌿, – 🛗 ▤ 📺 🚻 – 🏛 25/140. 🅰🅴 ⑩ 🅼🅲 🆅🅸🆂🅰 🅹🅲🅱. ✗   BY   v
Refeição 22,50 – **126 qto** ⊆ 119,46/140,66 – PA 45.

Sana Classic Paris H., Av. Marginal 7034, ✉ 2765-247, ✆ 21 467 03 22, *sanaclass*
ic.paris@ sanahotels.com, Fax 21 467 11 71, ≤, ▫, ⌿, ⌿ – 🛗 ▤ 📺 🚻 🅿 – 🏛 25/130.
🅰🅴 ⑩ 🅼🅲 🆅🅸🆂🅰 🅹🅲🅱. ✗   BY   r
Refeição 14,97 – **97 qto** ⊆ 99,76/102,74.

Alvorada sem rest, Rua de Lisboa 3, ✉ 2765-240, ✆ 21 464 98 60, *hotelalvorada@ i*
p.pt, Fax 21 468 72 50 – 🛗 ▤ 📺 🅿 🅰🅴 ⑩ 🅼🅲 🆅🅸🆂🅰. ✗   BY   b
53 qto ⊆ 70/107.

Four Seasons - Hotel Palácio, Rua do Parque, ✉ 2769-504, ✆ 21 464 80 00, *palaci*
oestoril@ mail.telepac.pt, Fax 21 468 48 67 – ▤ 🅿 🅰🅴 ⑩ 🅼🅲 🆅🅸🆂🅰 🅹🅲🅱. ✗   BY   k
Refeição lista 26,88 a 40,65.

Estoril Mandarim, Praça José Teodoro dos Santos (Casino Estoril), ✉ 2765-237,
✆ 21 466 72 70, *Fax 21 468 96 00* – ▤. 🅰🅴 ⑩ 🅼🅲 🆅🅸🆂🅰 🅹🅲🅱. ✗   BY   c
fechado 3ª feira – **Refeição** - rest. chinês - lista 18,70 a 39,90.

La Villa, Praia do Estoril 3, ✉ 2765, ✆ 21 468 00 33, *Fax 21 468 63 87,* ≤, ⛱, « Belo
edifício junto ao mar » – ▤. 🅰🅴 ⑩ 🅼🅲 🆅🅸🆂🅰. ✗   BY   f
fechado do 1 ao 8 de janeiro e 2ª feira – **Refeição** lista 26,50 a 29.

no Monte Estoril :

Estoril Eden, Av. Sabóia 209, ✉ 2769-502 Estoril, ✆ 21 466 76 00, *eden@ mail.tele*
pac.pt, Fax 21 466 76 01, ≤, ⌿, ⌿ – 🛗 ▤ 📺 🚻 – 🏛 25/180. 🅰🅴 ⑩ 🅼🅲 🆅🅸🆂🅰. ✗ BX   s
Refeição 19 – ⊆ 7,50 – **162 apartamentos** 70/83 – PA 36.

Tryp Atlântico (obras em curso), Av. Marginal 8023, ✉ 2765-249 Estoril,
✆ 21 468 02 70, *Fax 21 468 36 19,* ≤, ⌿ – 🛗 📺 🅿 – 🏛 25/180   BX   z
175 qto.

Clube do Lago ⚘, Av. do Lago 4, ✉ 2765-420 Monte Estoril, ✆ 21 464 75 90, *rese*
rvas@ hotelclubedolago.com, Fax 21 464 75 99, ▫, ⌿, ⌿, ✗ – 🛗 ▤ 📺 🚗 –
🏛 25/90. 🅰🅴 ⑩ 🅼🅲 🆅🅸🆂🅰 🅹🅲🅱. ✗   BX   a
Refeição - só jantar - 15 – **59 apartamentos** ⊆ 113,23/128,44.

Sabóia sem rest com snack-bar, Rua Belmonte 1, ✉ 2765-398 Estoril, ✆ 21 468 02 02,
Fax 21 468 11 17, ⛱, ⌿ – 🛗 ▤ 📺 – 🏛 25/30. 🅰🅴 ⑩ 🅼🅲 🆅🅸🆂🅰. ✗   BX   p
48 qto ⊆ 89,78/99,76.

Cimas, Av. Marginal, ✉ 2765 Estoril, ✆ 21 468 04 13, *cimas@ clix.pt, Fax 21 468 12 54,*
≤, « Decoração inglesa » – ▤ 🅿 🅰🅴 ⑩ 🅼🅲 🆅🅸🆂🅰 🅹🅲🅱   BX   s
fechado 15 dias em agosto e domingo – **Refeição** lista 28 a 35.

em São João do Estoril *por* ② *: 2 km :*

A Choupana, Av. Marginal 5579, ✉ 2765-248 Estoril, ✆ 21 468 30 99, *Fax 21 467 43 44,*
≤ – ▤ 🅿.

ESTREITO DE CÂMARA DE LOBOS *Madeira – ver Madeira (Arquipélago da).*

ESTREMOZ *Évora* 🄼🄼 *P 7 – 7 869 h alt. 425.*

Ver : *A Vila Velha★ - Sala de Audiência de D. Dinis (colunata gótica★).*

Arred. : *Évoramonte : Sítio★, castelo★ (❋★) Sudoeste : 18 km.*

🄱 *Largo da República 26* ✉ *7100-505* ✆ *268 33 35 41 c.m.estremoz@ maill.telepac.p.t.*
Fax 268 33 40 10.

Lisboa 179 – Badajoz 62 – Évora 46.

Pousada da Rainha Santa Isabel ⚘, Largo D. Diniz - Castelo de Estremoz, ✉ 7100-
509, ✆ 268 33 20 75, *guest@ pousadas.pt, Fax 268 33 20 79,* ≤, ⛲, « Luxuosa pousada
instalada num belo castelo medieval », ⌿ – 🛗 ▤ 📺 – 🏛 25. 🅰🅴 ⑩ 🅼🅲 🆅🅸🆂🅰. ✗
Refeição lista 26,24 a 37,18 – **32 qto** ⊆ 171/181,60 – 1 suite.

D. Dinis sem rest, Rua 31 de Janeiro 46, ✉ 7100-114, ✆ 268 33 27 17, *Fax 268 226 10*
– ▤ 📺. 🅰🅴 🆅🅸🆂🅰
8 qto ⊆ 34,92/49,88.

Águias d'Ouro, Rossio Marquês de Pombal 27, ✉ 7100-513, ✆ 268 33 70 30, *agui*
as-ouro@ clix.pt, Fax 268 33 70 39 – ▤. 🅰🅴 ⑩ 🅼🅲 🆅🅸🆂🅰. ✗
Refeição lista 16,46 a 24,94.

na estrada N 4 *Oeste : 2,5 km :*

Imperador, Fonte do Imperador, ✉ 7100-052, ✆ 268 33 99 50, *Fax 268 33 99 58,* ≤
– 🛗 ▤ 📺 🚗 🅿 🅰🅴 ⑩ 🅼🅲 🆅🅸🆂🅰. ✗
Bife na Pedra : **Refeição** lista 16,46 a 22,94 – **65 qto** ⊆ 49,88/67,34 – 3 suites.

ÉVORA

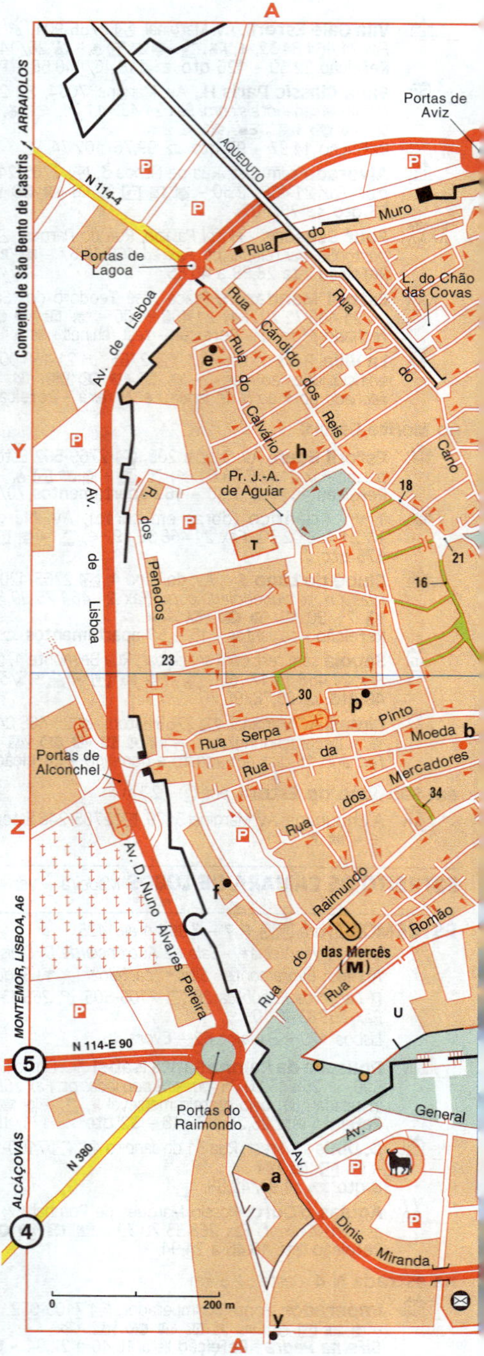

*Este guia não é uma lista
de todos os hotéis
e restaurantes,
nem sequer de todos
os bons hotéis e restaurantes
de Espanha e Portugal.*

*Como procuramos servir
todos os turistas,
vemo-nos obrigados a indicar
estabelecimentos
de todas as categorias
e a citar apenas alguns
de cada uma delas.*

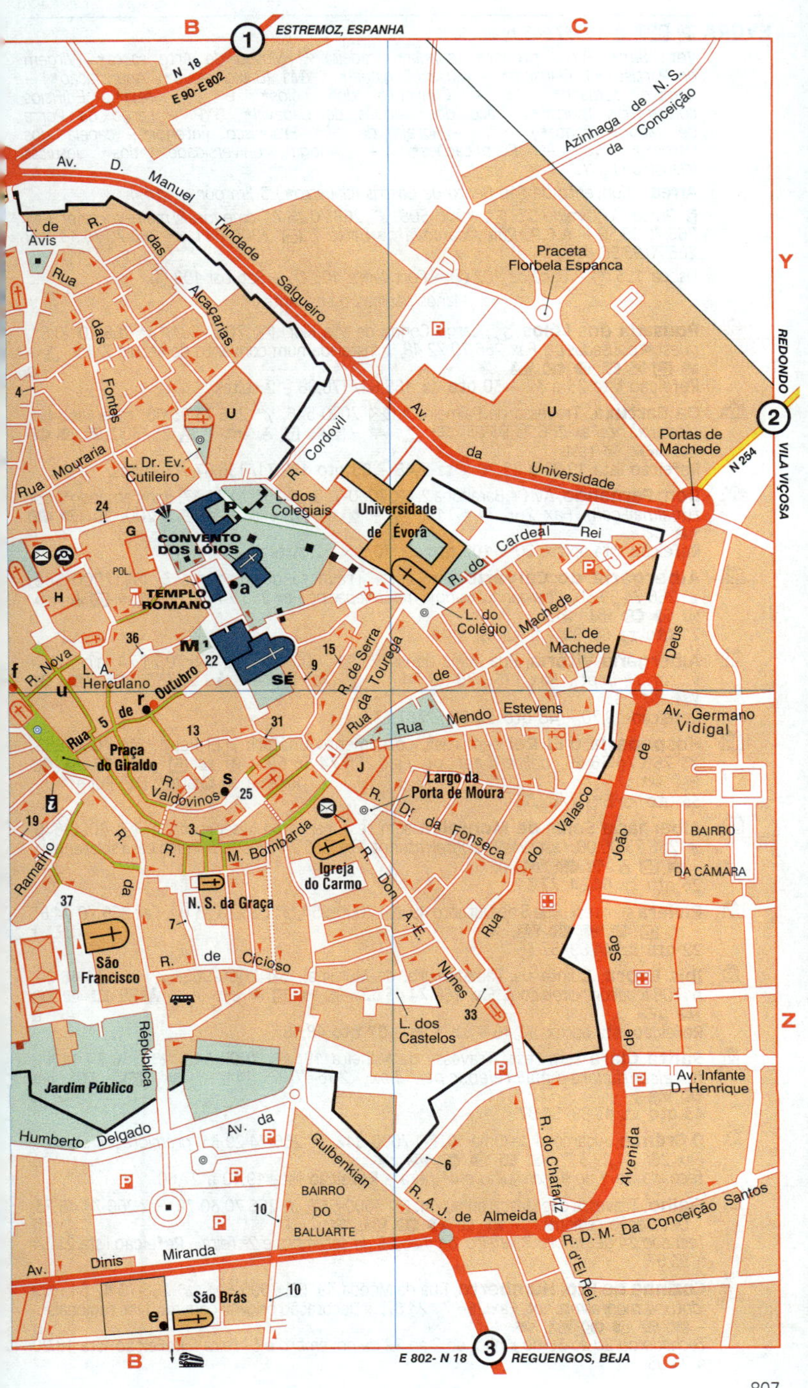
B
C
1
ESTREMOZ, ESPANHA
N 18
E 90-E 802
Azinhaga de N. S. da Conceição
Praceta Florbela Espanca
Y
REDONDO
VILA VIÇOSA
2
N 254
Portas de Machede
Av. D. Manuel
Trindade Salgueiro
L. de Avis
Rua
R. das Alcaçarias
Rua das Fontes
Rua Mouraria
R. Cordovil
L. Dr. Ev. Cutileiro
L. dos Colegiais
Universidade de Évora
U
U
da Universidade
N. S.
4
24
G
POL.
CONVENTO DOS LÓIOS
TEMPLO ROMANO
a
R. do Cardeal Rei
Deus
H
L. do Colégio
Machede
L. de Machede
36
M 1
22
SÉ
15
9
R. de Serra
R. da Tourega
de
f
R. Nova
L. A. Herculano
de Outubro
r
13
31
Rua
Mendo Estevens
Av. Germano Vidigal
U
5
Praça do Giraldo
R. Valdovinos
S
25
3
J
Largo da Porta de Moura
R. Dr. da Fonseca
Valasco
João
BAIRRO DA CÂMARA
19
Ramalho
R.
R. da
M. Bombarda
Igreja do Carmo
R. Don A. F.
Rua do
São
37
São Francisco
N. S. da Graça
7
R. de Cicioso
Nunes
L. dos Castelos
33
de
Z
República
Jardim Público
Humberto Delgado
Av. da
Av. Infante D. Henrique
Avenida
R. do Chafariz
Gulbenkian
6
BAIRRO DO BALUARTE
10
R. A. J. de Almeida
R. D. M. Da Conceição Santos
d'El Rei
Av. Dinis
Miranda
São Brás
10
e
E 802- N 18
3
REGUENGOS, BEJA
B
C

ÉVORA 🅿 **940** Q 6 – *37 965 h alt. 301.*

Ver : *Sé★★* **BY** : *interior★ (cúpula★, cadeiral★,) Museu de Arte sacra★ (Virgem do Paraíso★★), Claustro★ – Museu Regional★* **BY** **M1** *(Baixo-relevo★, Anunciação★) – Templo romano★* **BY** *– Convento dos Lóios★* **BY** : *Igreja★, Edifícios conventuais (portal★), Paço dos Duques de Cadaval★* **BY** P *– Largo da Porta de Moura (fonte★)* **BCZ** *– Igreja de São Francisco (interior★, capela dos Ossos★)* **BZ** *– Fortificações★ – Antiga universidade dos Jesuítas (claustro★)* **CY**.

Arred. : *Convento de São Bento de Castris (claustro★) 3 km por N 114-4.*

🛈 *Praça do Giraldo 73* ✉ *7000-508* ☎ *266 70 26 71 cmevora@ mail.evora.net Fax 266 70 29 50 –* **A.C.P.** *Rua Alcárcova de Baixo 7* ✉ *7000-841* ☎ *266 70 75 33 Fax 266 70 96 96.*

Lisboa 153 ⑤ *– Badajoz 102* ② *– Portalegre 105* ② *– Setúbal 102* ⑤

Planos páginas precedentes

Pousada dos Lóios 🦢, Largo Conde de Vila Flor, ✉ 7000-804, ☎ 266 70 40 51, *guest@pousadas.pt, Fax 266 70 72 48,* « Instalada num convento do século XVI », 🏊 –
🖵 TV P. AE ① MC VISA 🛇   BY a
Refeição lista 23 a 32 – **30 qto** ⛝ 165,61/176,08 – 2 suites.

Da Cartuxa, Travessa da Palmeira 4, ✉ 7000-546, ☎ 266 73 93 00, *reservas@ hotelcartuxa.pt, Fax 266 73 93 05,* 🏛, 🏊, 🌳 – 🛗 🖵 TV 🦽 🚗 – 🔬 25/300. AE ① MC
VISA JCB 🛇 rest   AZ f
Refeição lista 19,20 a 22,20 – ⛝ 7,48 – **85 qto** 120,71/136,67 – 6 suites.

Dom Fernando, Av. Dr. Barahona 2, ✉ 7000-756, ☎ 266 74 17 17, *domfernando@ portugalmail.com, Fax 266 74 17 16,* 🏊 – 🛗 🖵 TV 🚗 – 🔬 25/200. AE ① MC
VISA 🛇   BZ e
Refeição lista aprox. 20 – **102 qto** ⛝ 70/95 – 2 suites.

Albergaria do Calvário sem rest, Travessa dos Lagares 3, ✉ 7000-565,
☎ 266 74 59 30, *albergariacalvario@ mail.telepac.pt, Fax 266 74 59 39 –* 🛗 🖵 TV 🦽 🚗.
AE ① MC VISA 🛇   AY e
21 qto ⛝ 68/90 – 2 suites.

Albergaria Vitória, Rua Diana de Lis 5, ✉ 7000-871, ☎ 266 70 71 74, *albergaria. victoria@ ip.pt, Fax 266 70 09 74 –* 🛗 🖵 TV – 🔬 25/55. AE ① MC
VISA 🛇   AZ y
Refeição 18,70 – **48 qto** ⛝ 52,37/67,33.

Hospedaria d'El Rei sem rest, Loteamento Chafariz d'El Rei 1, ✉ 7000-853,
☎ 266 74 56 60, *del.rei@ netc.pt, Fax 266 74 56 69 –* 🛗 🖵 TV 🚗. AE ① MC
VISA 🛇   por Rua do Chafariz D'El Rei CZ
33 qto ⛝ 51,87/62,35.

Albergaria Solar de Monfalim sem rest, Largo da Misericórdia 1, ✉ 7000-646,
☎ 266 75 00 00, *reservas@ monfalimtur.pt, Fax 266 74 23 67,* « Antiga casa solarenga »
– 🖵 TV 🦽. AE MC VISA 🛇   BZ s
26 qto ⛝ 64,84/77,31.

Riviera sem rest, Rua 5 de Outubro 49, ✉ 7000-854, ☎ 266 70 33 04, *Fax 266 70 04 67*
– 🖵 TV. AE ① MC VISA. 🛇   BZ r
22 qto ⛝ 44,89/57,36.

Ibis Évora, Quinta da Tapada (Urb. da Muralha), ✉ 7000-968, ☎ 266 74 46 20, *h1708@ accor-hotels.com, Fax 266 74 46 32 –* 🛗 🖵 TV 🦽 🚗 P. – 🔬 25. AE ① MC
VISA JCB   AZ a
Refeição lista aprox. 17,46 – ⛝ 3,99 – **87 qto** 48,38.

Santa Clara sem rest, Travessa da Milheira 19, ✉ 7000-545, ☎ 266 70 41 41, *hotelsantaclara@ mail.telepac.pt, Fax 266 70 65 44 –* 🖵 TV. AE ①
MC VISA   AZ p
43 qto ⛝ 43,89/54,87.

O Grémio, Alcárcova de Cima 10, ✉ 7000-842, ☎ 266 74 29 31, *gremiorest@ sapo.pt, Fax 266 74 29 31 –* 🖵. AE ① MC VISA. 🛇   BY u
fechado do 1 ao 15 de julho e 4ª feira – **Refeição** lista 19,10 a 27,60.

Fialho, Travessa das Mascarenhas 14, ✉ 7000-557, ☎ 266 70 30 79, *Fax 266 74 48 73,* « Decoração regional » – 🖵. AE ① MC VISA. 🛇   AY h
fechado 24 dezembro-2 janeiro, do 4 ao 25 de setembro e 2ª feira – **Refeição** lista 23,54 a 33,57.

Cozinha de Sto. Humberto, Rua da Moeda 39, ✉ 7000-513, ☎ 266 70 42 51, *giraldotur@ monfalimtur.pt, Fax 266 74 23 67,* « Decoração original com motivos regionais »
– 🖵. AE ① MC VISA. 🛇   AZ b
fechado do 20 ao 30 de junho, do 2 ao 22 de novembro e 5ª feira – **Refeição** lista 18,20 a 24,93.

O Antão, Rua João de Deus 5, ✉ 7000-534, ☎ 266 70 64 59, *jassis@mail.telepac.pt, Fax 266 70 70 36* – ▤. AE ⓓ ⓜⓒ VISA JCB. ✻ BY f
fechado do 15 ao 30 de junho e 4ª feira – **Refeição** lista 14,37 a 22,20.

Cozinha Alentejana, Rua 5 de Outubro 51, ✉ 7000-854, ☎ 266 70 27 72, *Fax 266 74 47 16* – ▤. AE ⓓ ⓜⓒ VISA JCB BZ r
fechado novembro e 4ª feira – **Refeição** lista aprox. 22.

na estrada N 114 *por ⑤ : 2,5 km :*

Évorahotel, Av. Tulio Espanca-Quinta do Cruzeiro, ✉ 7002-502, ☎ 266 73 48 00, *evorahotel@mail.telepac.pt, Fax 266 73 48 06,* ←, ⛱, ✂ – ⇅ ▤ TV P – 25/450. AE ⓓ ⓜⓒ VISA. ✻
Refeição 13 – **114 qto** ☕ 66,84/83,30 – PA 23,44.

FAFE *Braga* 940 H 5 – *11 713 h.*
Lisboa 375 – Amarante 37 – Guimarães 14 – Porto 67 – Vila Real 72.

Comfort Inn, Av. do Brasil, ✉ 4820-121, ☎ 253 59 52 22, *comfoet.fafe@mail.telepac.pt, Fax 253 59 52 29* – ▤ TV ♿ P – 25/70. AE ⓓ ⓜⓒ VISA. ✻
Refeição 12,47 – **59 qto** ☕ 47,39/54,87 – PA 24,94.

FAIAL *Madeira – ver Madeira (Arquipélago da).*

FÂO *Braga* 940 H 3 – *2 185 h – Praia.*
Lisboa 365 – Braga 35 – Porto 47.

na Praia de Ofir *Noroeste : 1,5 km :*

Ofir ⛱, Av. Raul Sousa Martins, ✉ 4740-405 Fão, ☎ 253 98 98 00, *hotelofir@esoterica.pt, Fax 253 98 18 71,* ←, ⛱, ⛱, ⛱, ✂ – ⇅ ▤ TV P – 25/400. AE ⓓ ⓜⓒ VISA JCB. ✻
Refeição 15 – **188 qto** ☕ 70/85 – 3 suites.

em Apúlia *pela estrada N 13 - Sul : 6,3 km :*

San Remo sem rest, Av. da Praia 45, ✉ 4740-033 Apulia, ☎ 253 98 92 40, *Fax 253 98 92 49* – TV. AE ⓜⓒ VISA. ✻ – **29 qto** ☕ 29,93/37,41.

Camelo, Rua do Facho, ✉ 4740-055 Apulia, ☎ 253 98 76 00 – ▤. AE ⓜⓒ VISA. ✻
fechado do 15 ao 30 de junho e 2ª feira – **Refeição** lista aprox. 20.

Não confundir :

Conforto dos hotéis	: 🏨🏨🏨🏨🏨 ... 🏨, ⛱
Conforto dos restaurantes	: XXXXX ... X
Qualidade da cozinha	: ✿✿✿, ✿✿, ✿, ☺

FARO P 940 U 6 – *33 664 h – Praia.*
Ver : *Vila-a-dentro★-Miradouro de Santo António ✱★* B.
Arred. : *Praia de Faro ←★ 9 km por ① – Olhão (campanário da igreja ✱★) 8 km por ③.*
⛳18 *Vila Sol (Vilamoura), 23 km por ① ☎ 289 30 05 05 Fax 289 31 64 99 – ⛳9 ⛳9 ⛳9 Laguna Golf Course (Vilamoura) ☎ (89) 31 01 80 – ⛳18 Pinhal Golf Course (Vilamoura) ☎ 289 31 03 90 – ⛳18 Old Course (Vilamoura) ☎ 289 31 03 43 Fax 289 31 03 21 – ⛳18 ⛳18 Vale do Lobo, 20 km por ① ☎ 289 39 44 44 Fax 289 39 47 13 – ⛳18 ⛳18 Quinta do Lago, 16 km por ① ☎ 289 39 07 00 Fax 289 39 40 13.*
✈ *de Faro 7 km por ① ☎ 289 80 08 00 – T.A.P., Rua D. Francisco Gomes 8 ✉ 8000-168 ☎ 289 80 02 13.*
🚗 *☎ 289 80 17 26.*
ℹ *Rua da Misericórdia 8-12 ✉ 8000-269 ☎ 289 80 36 04* – **A.C.P.** *Rua Francisco Barreto 26 A ✉ 8000-344 ☎ 289 89 89 50 Fax 289 80 21 32.*
Lisboa 309 ② – Huelva 105 ③ – Setúbal 258 ②

Planta página seguinte

Eva, Av. da República 1, ✉ 8000-078, ☎ 289 80 33 54, *Fax 289 80 23 04,* ←, ⛱ – ⇅ ▤ TV ♿ – 25/300. AE ⓓ ⓜⓒ VISA. ✻ A v
Refeição 18,70 - ***Griséus*** : **Refeição** lista 16 a 30 – **135 qto** ☕ 112,23/129,69, 13 suites.

Dom Bernardo sem rest, Rua General Teófilo da Trindade 20, ✉ 8000-356, ☎ 289 80 68 06, *hdb@net.sapo.pt, Fax 289 80 68 00* – ▯ ▭ TV ☖ – ⚓ 25/40. AE ⓪ MO VISA. ✖
A c
43 qto ⚏ 83/100.

Alnacir sem rest, Estrada Senhora da Saúde 24, ✉ 8000-500, ☎ 289 80 36 78, *hote l.alnacir@clix.pt, Fax 289 80 35 48* – ▯ ▭ TV – ⚓ 25/40. AE ⓪ MO VISA JCB. ✖
A h
53 qto ⚏ 52/65.

Afonso III sem rest, Rua Miguel Bombarda 64, ✉ 8000-394, ☎ 289 80 35 42, *Fax 289 80 51 85* – ▯ ▭ TV. AE ⓪ MO VISA. ✖
A e
40 qto ⚏ 47,38/72,32.

York ☖ sem rest, Rua de Berlim 39, ✉ 8000-278, ☎ 289 82 39 73, *Fax 289 80 49 74,* ≪ – TV
B m
21 qto ⚏ 54,87/59,86.

Algarve sem rest, Rua Infante D. Henrique 52, ✉ 8000-363, ☎ 289 89 57 00, *reser vas@residencialalgarve.com, Fax 289 89 57 03* – ▯ ▭ TV ☖. AE ⓪ MO VISA. ✖
A k
20 qto ⚏ 65.

Alameda sem rest e sem ⚏, Rua Dr. José de Matos 31, ✉ 8000-503, ☎ 289 80 19 62, *Fax 289 80 42 18*
B t
14 qto 35/40.

na estrada N 125 *por* ① : 2,5 km :

Ibis Faro, Pontes de Marchil, ✉ 8000-770, ☎ 289 80 67 71, *h1593-gm@accor-hote ls.com, Fax 289 80 69 30,* ✿, ⚎ – ▯ ▭ TV ☖ P – ⚓ 25/75. AE ⓪ MO VISA. ✖ rest
Refeição lista aprox. 13,49 – ⚏ 4 – **81 qto** 51,38.

na estrada do aeroporto *por* ① : 4 km :

Mónaco, Rua Batista Severino-Montenegro, ✉ 8000-063, ☎ 289 89 50 60, *hotel.mo naco@mail.telepac.pt, Fax 289 89 50 69,* ⚎ – ▯ ▭ TV P – ⚓ 25/150. AE ⓪ MO VISA. ✖
Refeição 15 – **61 qto** ⚏ 80/105 – 3 suites – PA 30.

na Praia de Faro *por* ① : 9 km :

Camané, Av. Nascente, ✉ 8000-795 Faro, ☎ 289 81 75 39, *camane@algarveinfo.net, Fax 289 81 72 36,* ≪, ✿ – ▭. AE MO VISA. ✖
fechado 15 dias em maio e 2ª feira – **Refeição** - peixes e mariscos, em agosto só jantar - lista 35 a 62.

O Costa, Av. Nascente 7, ✉ 8000-795 Faro, ☎ 289 81 74 42, *fabienne.correia@clix.pt, Fax 289 81 83 59,* ≪ ria, Faro e arredores, ✿ – AE MO VISA
fechado janeiro e 3ª feira – **Refeição** lista 26,50 a 35.

FARO

---

em Estói por ② : 11 km :

Monte do Casal 🛏 com qto, Estrada de Moncarapacho - Sudeste : 3 km, ✉ 8000-661 Faro, ✆ 289 99 01 40, *montecasal@mail.telepac.pt*, Fax 289 99 13 41, ≼, 🏕, « Antiga casa de campo com 🏊 climatizada », 🚗 – 🖵 qto, **P**. **AE** **MC** **VISA**. 🛇

fechado 22 novembro-6 fevereiro – **Refeição** lista 32,40 a 52,90 – **8 qto** ⌸ 140/186, 5 suites.

FÁTIMA Santarém 940 N 4 – 7 298 h alt. 346.

Arred.: *Parque natural das serras de Aire e de Candeeiros★ : Sudoeste Grutas de Mira de Aire★ o dos Moinhos Velhos.*

🛈 Av. D. José Alves Correia da Silva (Cova da Iria) ✉ 2495-402 ✆ 249 53 11 39 *info@rt-leiriafatima.pt*.

Lisboa 135 – Leiria 26 – Santarém 64.

Tia Alice, Rua do Adro, ✉ 2495-557, ✆ 249 53 17 37, Fax 249 53 43 70, « Decoração rústica » – 🖵. **AE** **MC** **VISA**. 🛇

fechado julho, domingo noite e 2ª feira – **Refeição** lista 24,94 a 34,92.

na Cova da Iria Noroeste : 2 km :

De Fátima, João Paulo II, ✉ 2496-908 Fátima, ✆ 249 53 33 51, *hotel.fatima@ip.pt*, Fax 249 53 26 91 – 🛗 🖵 **TV** 🛆 🚗 **P** – 🕰 25/500. **AE** ① **MC** **VISA**. 🛇
Refeição 20 – **117 qto** ⌸ 65/78 – 9 suites – PA 40.

Estalagem Dom Gonçalo, Rua Jacinta Marto 100, ✉ 2495-450 Fátima, ✆ 249 53 93 30, *hotel.d.goncalo@ip.pt*, Fax 249 53 93 35 – 🛗 🖵 **TV** 🚗 **P** – 🕰 25/250. **AE** ① **MC** **VISA**. 🛇
Refeição - ver rest. *O Convite* – **42 qto** ⌸ 53,12/69,33.

Cinquentenário, Rua Francisco Marto 175, ✉ 2495-448 Fátima, ✆ 249 53 34 65, Fax 249 53 29 92 – 🛗 🖵 **TV** **P** – 🕰 25/80. **AE** ① **MC** **VISA**. 🛇
Refeição 13,72 – **132 qto** ⌸ 52,87/71,83 – PA 26,94.

Santa Maria, Rua de Santo António, ✉ 2495-430 Fátima, ✆ 249 53 01 10, *santamar ia.saojose.hoteis@ip.pt, Fax 249 53 21 97* – |≑| ▤ TV P
180 qto.

São José, Av. D. José Alves Correia da Silva, ✉ 2495-402 Fátima, ✆ 249 53 01 20, *sant amaria.saojose.hoteis@ip.pt, Fax 249 53 21 97*, ⅃ᵟ – |≑| ▤ TV P – 🏋 25/250
80 qto.

Alecrim, Rua Francisco Marto 84, ✉ 2496-908 Fátima, ✆ 249 53 94 50, *Fax 249 53 94 55* – |≑| ▤ TV ঙ. AE ⑩ ⑩ VISA. ⅍ rest
Refeição 10 – **53 qto** ⏝ 30/60 – PA 20.

Casa das Irmãs Dominicanas, Rua Francisco Marto 50, ✉ 2495-448 Fátima, ✆ 249 53 33 17, *Fax 249 53 26 88* – |≑| TV ঙ P – 🏋 25/100. AE VISA. ⅍
Refeição 9,48 – **120 qto** ⏝ 28,94/45,89.

Estrela de Fátima, Rua Dr. Cónego Manuel Formigão, ✉ 2496-908 Fátima, ✆ 249 53 11 50, *estrela.hoteis@ip.pt, Fax 249 53 21 60* – |≑| ▤ TV 🚗 – 🏋 25/150. AE ⑩ ⑩ VISA. ⅍
Refeição 9 – **57 qto** ⏝ 45/60.

Santo António, Rua de São José 10, ✉ 2495-434 Fátima, ✆ 249 53 36 37, *hotel.s antoantonio@ip.pt, Fax 249 53 36 34* – |≑|, ▤ rest, TV 🚗. AE ⑩ VISA. ⅍
Refeição 12,48 – **39 qto** ⏝ 34,93/49,88 – PA 24,94.

Casa Beato Nuno, Av. Beato Nuno 271, ✉ 2495-401 Fátima, ✆ 249 53 30 69, *Fax 249 53 27 57* – |≑|, ▤ rest, ঙ P – 🏋 25/200. AE ⑩ VISA. ⅍
fechado dezembro – **Refeição** 11 – **135 qto** ⏝ 17/34 – PA 22.

Cruz Alta sem rest, Rua Dr. Cónego Manuel Formigão, ✉ 2496-908 Fátima, ✆ 249 53 14 81, *estrela.hoteis@ip.pt, Fax 249 53 21 60* – |≑| TV P. AE ⑩ ⑩ VISA. ⅍
22 qto ⏝ 45/60.

Floresta, Estrada da Batalha, ✉ 2495-405 Fátima, ✆ 249 53 14 66, *Fax 249 53 31 38* – |≑|, ▤ rest, P. AE ⑩ ⑩ VISA. ⅍
Refeição lista aprox. 19,20 – **31 qto** ⏝ 39,90/59,86.

O Convite - *Estalagem Dom Gonçalo*, Rua Jacinto Marto 100, ✉ 2495-450 Fátima, ✆ 249 53 93 30, *hotel.d.goncalo@ip.pt, Fax 249 53 93 35* – ▤ P. AE ⑩ ⑩ VISA. ⅍
Refeição lista 17,70 a 23,94.

Arcos de Fátima, Av. D. José Alves Correia da Silva 58, ✉ 2495-402 Fátima, ✆ 249 53 37 80, *Fax 249 53 37 80*, 🌿 – ▤. AE ⑩ VISA. ⅍
fechado do 2 ao 9 de julho – **Refeição** lista 12,50 a 20.

O Recinto, Av. D. José Alves Correia da Silva (Galerias do Parque), ✉ 2495-402 Fátima, ✆ 249 53 30 55, *Fax 249 53 30 28*, 🌿 – ▤. AE ⑩ ⑩ VISA. ⅍
Refeição lista 17,71 a 21,20.

em Boleiros *Sul : 5 km :*

O Truão, Largo da Capela, ✉ 2495-311 Fátima, ✆ 249 52 15 42, *Fax 249 52 11 95*, Rest. típico, « Decoração rústica » – ▤ P. ⑩ VISA JCB. ⅍
Refeição lista 13,25 a 16,75.

FELGUEIRAS *Porto* 940 **H 5**.

Lisboa 379 – Braga 38 – Porto 65 – Vila Real 57.

Horus sem rest, Av. Dr. Leonardo Coimbra, ✉ 4614-909, ✆ 255 31 24 00, *hotelhoru s@mail.com, Fax 255 31 23 22*, ⅃ᵟ, ▨ – |≑| ▤ TV ঙ 🚗 – 🏋 25/100. AE ⑩ ⑩ VISA. ⅍
46 qto ⏝ 40,90/55,87 – 12 suites.

Albano, Rua Miguel Bombarda, ✉ 4610-125, ✆ 255 31 88 40, *pensaoalbano@oninet .pt, Fax 255 31 88 49* – ▤ TV P. ⑩ ⑩ VISA. ⅍
Refeição 12,47 – **11 qto** ⏝ 29,93/44,89.

FERMENTELOS Aveiro 940 K 4 – 2 183 h.
Lisboa 244 – Aveiro 20 – Coimbra 42.

Ferpenta sem rest com snack-bar ao jantar, Rua da Fonte Roque 1, ⊠ 3754-904 apartado 22, ℘ 234 72 20 92, Fax 234 72 13 40 – 📶 TV P. AE ⓘ MC VISA
42 qto ⊑ 25/50.

na margem do lago Nordeste : 1 km :

Estalagem da Pateira ⑤, Rua da Pateira 84, ⊠ 3750-439, ℘ 234 72 12 05, Fax 234 72 21 81, ≤, ₺, ⛴, ⛱ – 📶, ▤ qto, TV ♿ 🚗 P – ⚓ 25/200. AE MC VISA. ✹
Refeição 13,72 – **59 qto** ⊑ 58,61/77,31 – PA 27,43.

FERRAGUDO Faro 940 U 4 – 1 911 h – Praia.
Lisboa 288 – Faro 65 – Lagos 21 – Portimão 3.

em Vale de Areia Sul : 2 km :

Casabela H. ⑤, Praia Grande, ⊠ 8400-273, ℘ 282 46 15 80, Fax 282 46 15 81, ≤ Praia da Rocha e mar, ⛱ climatizada, 🌳, ✕ – 📶 ▤ TV P. – ⚓ 25/30. AE ⓘ MC VISA. ✹
Refeição - só jantar - 20 – **63 qto** ⊑ 155/165.

Die im Michelin-Führer
verwendeten Zeichen und Symbole haben
– **fett** oder dünn gedruckt, rot oder **schwarz** –
jeweils eine andere Bedeutung.
Lesen Sie daher die Erklärungen aufmerksam durch.

FERREIRA DO ZÊZERE Santarém 940 M 5 – 1 974 h.
Lisboa 166 – Castelo Branco 107 – Coimbra 61 – Leiria 66.

na margem do rio Zêzere pela estrada N 348 - Sudeste : 8 km :

Estalagem Lago Azul ⑤, ⊠ 2240-332, ℘ 249 36 14 45, lagoazul@hoteldostem plarios.pt, Fax 249 36 16 64, ≤, ⛲, « Na margem do río Zêzere », ⛱, 🌳, ✕ – 📶 ▤ TV P – ⚓ 25/90. AE MC VISA. ✹
Refeição 17,96 – **18 qto** ⊑ 89/104 – 2 suites.

FIGUEIRA DA FOZ Coimbra 940 L 3 – 25 929 h – Praia.
Ver : Localidade★.
🚗 ℘ 233 42 83 16.
🛈 Av. 25 de Abril ⊠ 3081-501 ℘ 233 40 28 20 turismofigueira@mail.telepac.pt Fax 233 40 28 28 – **A.C.P.** Av. 25 de Abril ⊠ 3080-055 ℘ 233 42 88 95 Fax 233 42 88 82.
Lisboa 181 ③ – Coimbra 44 ②

Plantas páginas seguintes

Mercure Figueira da Foz, Av. 25 de Abril 22, ⊠ 3080-086, ℘ 233 40 39 00, h1921@accor-hotels.com, Fax 233 40 39 01, ≤ – 📶 ▤ TV ♿ – ⚓ 25/120. AE ⓘ MC VISA. ✹   A v
Refeição 17,45 – **102 qto** ⊑ 114,72/124,69.

Ibis sem rest, Rua da Liberdade 20, ⊠ 3080-168, ℘ 233 42 20 51, h2104@accor-ho tels.com, Fax 233 42 07 56 – 📶 ▤ TV. AE ⓘ MC VISA. ✹   A a
⊑ 4,23 – **47 qto** 51,87.

Wellington sem rest, Rua Dr. Calado 25, ⊠ 3080-153, ℘ 233 42 67 67, hotelwellin gton@mail.telepac.pt, Fax 233 42 75 93 – 📶 ▤ TV. AE ⓘ MC VISA. ✹   A b
35 qto ⊑ 70/80.

em Buarcos A Noroeste : 5 km :

Teimoso com qto, ⊠ 3080-217 Figueira da Foz, ℘ 233 40 27 20, Fax 233 40 27 29, ≤ – ▤ rest, TV P. AE MC VISA. ✹
Refeição lista aprox. 19,95 – **14 qto** ⊑ 34,92/39,90.

em Caceira de Cima :

Casa da Azenha Velha ⑤, Antiga Estrada de Coimbra - Nordeste : 5,5 km, ⊠ 3080 Figueira da Foz, ℘ 233 42 50 41, Fax 233 42 97 04, « Instalado num agradável âmbito rural », ⛱, 🌳, ✕ – ▤ TV P. VISA. ✹
Refeição - ver rest. **Azenha Velha** – **6 qto** ⊑ 57,36/67,33 – 1 apartamento.

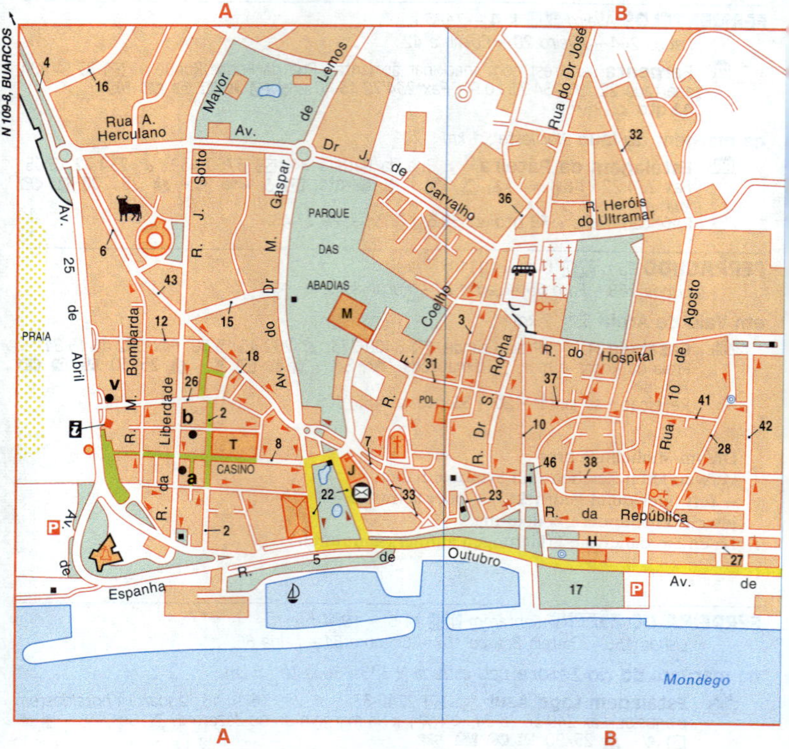

XX **Azenha Velha** - *Hotel Casa da Azenha Velha*, Antiga Estrada de Coimbra - Nordeste : 6 km, ✉ 3080 Figueira da Foz, ☎ 233 42 61 00, *Fax 233 42 97 04* – AE MC VISA.
fechado 15 outubro-15 novembro, domingo noite e 2ª feira – **Refeição** lista aprox. 25,44.

em Lavos *ao Sul por ③ : 11 km :*

XX **O Solar de Lavos,** ✉ 3080-461 Lavos, ☎ 233 94 67 87, *Fax 233 94 71 68* – AE MC VISA
fechado 15 dias em fevereiro, 15 dias em outubro-novembro e domingo noite salvo julho-15 setembro – **Refeição** lista 14,46 a 19,94.

FIGUEIRÓ DOS VINHOS *Leiria* 940 **M 5** – *4 662 h alt. 450.*
Arred. : *Percurso★ de Figueiró dos Vinhos a Pontão 16 km.*
Av. Padre Diogo de Vasconcelos ✉ 3260-429 ☎ 236 55 21 78 Fax 236 55 22 08.
Lisboa 205 – Coimbra 59 – Leiria 74.

FLOR DA ROSA *Portalegre – ver Crato.*

FOLGADOS *Lisboa – ver Sobral de Monte Agraço.*

FOZ DO ARELHO *Leiria* 940 **N 2** – *1 086 h.*
Lisboa 101 – Leiria 62 – Nazaré 27.

Penedo Furado sem rest, Rua dos Camarções 3, ✉ 2500-481, ☎ 262 97 96 10, *penedofurado@clix.pt, Fax 262 97 98 32* – TV AE MC VISA.
28 qto 43/54.

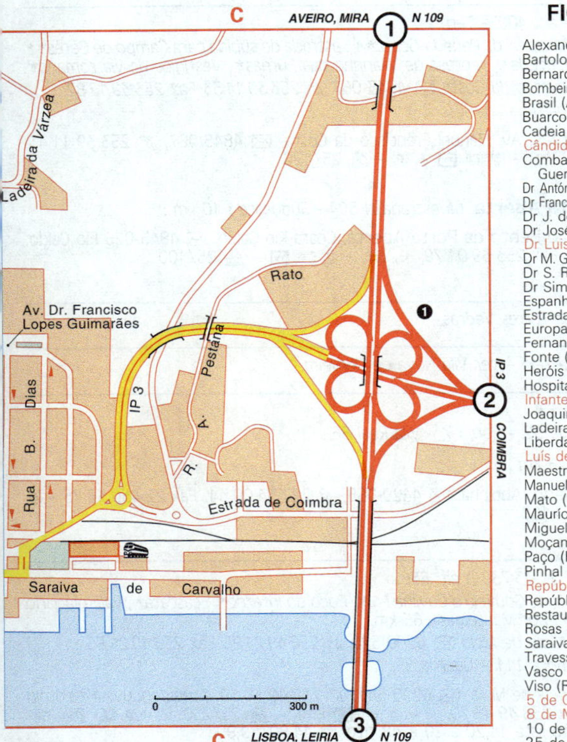

FIGUEIRA DA FOZ

Alexandre Herculano (Rua) ..	A	
Bartolomeu Dias (Rua)	C	
Bernardo Lopes (Rua)	A	2
Bombeiros Voluntários (Rua dos).	B	3
Brasil (Av do)	A	4
Buarcos (Rua de)	A	6
Cadeia (Rua da)	A	7
Cândido dos Reis (Rua)	A	8
Combatentes da Grande Guerra (Rua dos)	B	10
Dr António Lopes Guimarães (Rua) .	A	12
Dr Francisco Lopes Guimarães (Av.) .	C	
Dr J. de Carvalho (Av.)	A	
Dr José (Rua do)	B	
Dr Luis Carriço (Rua)	A	15
Dr M. Gaspar de lemos (Av. do).	A	
Dr S. Rocha (Rua)	B	
Dr Simões Barreto (R.)	A	16
Espanha (Av. de)	C	
Estrada de Coimbra	A	
Europa (Praça da)	B	17
Fernandes Coelho (Rua)	A	
Fonte (Rua da)	A	18
Heróis do Ultramar (Rua)....	B	
Hospital (Rua do)	B	
Infante D. Henrique (P.)	A	22
Joaquim Sotto Mayor (Rua) .	A	
Ladeira da Várzea	C	
Liberdade (Rua de)	A	
Luís de Camões (Largo)	B	23
Maestro David de Sousa (Rua).	A	26
Manuel Fernandes Tomas (Rua).	B	27
Mato (Rua do)	B	28
Maurício Pinto (Rua)	AB	31
Miguel Bombarda (Rua)	A	
Moçambique (Rua de)	B	32
Paço (Rua do)	A	33
Pinhal (Rua do)	B	36
República (Rua da)	B	
República (Rua da)	B	
Restauração (Rua da)	B	37
Rosas (Rua das)	B	38
Saraiva de Carvalho (Av. de) .	BC	
Travessa do Mato	B	41
Vasco da Gama (Ruā)	B	42
Viso (Rua do)	A	43
5 de Outubro (R.)	AB	
8 de Maio (Praça)	B	46
10 de Agosto (Rua)	B	
25 de Abril (Av.)	A	

Europe

Si le nom d'un hôtel figure en petits caractères demandez, à l'arrivée, les conditions à l'hôtelier.

FOZ DO DOURO *Porto – ver Porto.*

FUNCHAL *Madeira – ver Madeira (Arquipélago da).*

FUNDÃO *Castelo Branco* **940** *L 7 – 5 900 h.*

Av. da Liberdade ⊠ 6230-398 ✆ 275 75 27 70.
Lisboa 303 – Castelo Branco 44 – Coimbra 151 – Guarda 63.

Samasa, *Rua Vasco da Gama*, ⊠ 6230-375, ✆ 275 75 12 99, Fax 275 75 18 09 – ⊫ ▥ ⊡. 🆎 ⓪ ⓜⓒ ⓥⓘⓢⓐ
Refeição - *ver rest.* **Hermínia** – **50 qto** ⊇ 44,89/62,35.

Hermínia - *Hotel Samasa, Av. da Liberdade 123*, ⊠ 6230-398, ✆ 275 75 25 37, *Fax 275 75 18 09* – ▤. 🆎 ⓪ ⓜⓒ ⓥⓘⓢⓐ. ⊗
Refeição *lista 13,72 a 18,21.*

na estrada N 18 *Norte : 2,5 km :*

O Alambique de Ouro, *Sítio da Gramenesa*, ⊠ 6230-463, ✆ 275 77 41 69, *Fax 275 77 40 21*, ☷ – ⊫ ▤ ⊡ ℗ – 🕭 25/200. 🆎 ⓜⓒ ⓥⓘⓢⓐ. ⊗
Refeição *(fechado do 1 ao 10 de julho, 28 outubro-6 novembro e sábado no verão) 17,46* – **109 qto** ⊇ 37,41/47,39 – 2 *suites.*

GAFANHA DA NAZARÉ *Aveiro – ver Aveiro.*

GERÊS Braga 940 G 5 – alt. 400 – Termas.

> **Excurs. :** Parque Nacional da Peneda-Gerês★★ : estrada de subida para Campo de Gerês★★
> – Miradouro de Junceda★, represa de Vilarinho das Furnas★, Vestígios da via romana★.
> 🖪 Av. Manuel Francisco da Costa ⊠ 4845-067 ℰ 253 39 11 33 Fax 253 39 12 82.
> Lisboa 412 – Braga 44.

> 🏨 Universal e Termas, Av. Manuel Francisco da Costa, ⊠ 4845-067, ℰ 253 39 11 43,
> Fax 253 39 11 02, ✎ – 🛗 🖭 📺 ⅊ 🅿 – 🛎 25/120
> **80 qto.**

em São Bento da Porta Aberta na estrada N 304 - Sudoeste : 10 km :

> 🏨 Estalagem de São Bento da Porta Aberta, Ceara-Rio Caldo, ⊠ 4845-026 Rio Caldo,
> ℰ 253 39 01 50, Fax 253 39 01 79, ≤, 🌳 – 🛗 🖭 📺 – 🛎 25/100
> **25 qto.**

GIBRALTAR Lisboa – ver Torres Vedras.

GONDARÉM Viana do Castelo – ver Vila Nova de Cerveira.

GONDOMAR Porto 940 I 4.

> Lisboa 306 – Braga 52 – Porto 7 – Vila Real 86.

na estrada N 108 Sul : 5 km :

> 🏠 Estalagem Santiago, Aboínha, ⊠ 4420-088, ℰ 22 454 00 34, Fax 22 450 36 75 – 🛗
> 🖭 📺 🅿 – 🛎 25/100
> **20 qto.**

GOUVEIA Guarda 940 K 7 – 3 738 h alt. 650.

> **Arred. :** Estrada★★ de Gouveia a Covilhã (≤★, Poço do Inferno★ : cascata★, vale glaciário
> do Zêzere★★, ≤★) por Manteigas : 65 km.
> 🖪 Rua Largo Dr. Alípio de Melo ⊠ 6290-520 ℰ 238 49 21 85 Fax 238 49 21 85.
> Lisboa 310 – Coimbra 111 – Guarda 59.

> 🏨 **De Gouveia,** Av. 1º de Maio, ⊠ 6290-541, ℰ 238 49 10 10, hoteldegouveia@hoteld
> egouveia.com, Fax 238 49 43 70, ≤ – 🛗 🖭 📺 🚗 – 🛎 25/250. 🖭 ⓪ 🖭 𝗩𝗜𝗦𝗔. ✑
> **O Foral : Refeição** lista 11,20 a 20 – **48 qto** ⊇ 44,90/59,90.

GRANJA Porto 940 I 4 – Praia.

> Lisboa 317 – Amarante 79 – Braga 69 – Porto 18.

> 🏰 **Solverde,** Estrada N 109, ⊠ 4405-362 São Félix da Marinha, ℰ 22 731 31 62, hotel
> solverde@solverde.pt, Fax 22 731 32 00, ≤, 🕸, 🏊 climatizada, 🏊, ✎ – 🛗 🖭 📺 ⅊ 🚗
> 🅿 – 🛎 25/500. 🖭 ⓪ 🖭 𝗩𝗜𝗦𝗔. ✑
> **Refeição** 17,96 – **170 qto** ⊇ 165/180 – 4 suites – PA 35,91.

GUARDA 🅿 940 K 8 – 17 481 h alt. 1 000.

> **Ver :** Sé★ (interior★).
> **Excurs. :** Castelo Melhor★ (recinto★) 77 km a Nordeste – Sortelha★ (fortaleza★ ✳★)
> 45 km a Sul – Vila Nova de Foz Côa (Igreja Matriz : fachada★) 92 km a Norte – Parque
> Arqueológico do Vale do Côa★★ 77 km a Norte.
> 🚗 ℰ 271 21 15 65.
> 🖪 Praça Luís de Camões ⊠ 6300-725 ℰ 271 20 55 30 postodeturismo@hotmail.com.
> Lisboa 361 – Castelo Branco 107 – Ciudad Rodrigo 74 – Coimbra 161 – Viseu 85.

> 🏨 **De Turismo,** Praça do Município, ⊠ 6301-909, ℰ 271 22 33 66, Fax 271 22 33 99, ≤,
> 🏊 – 🛗, 🖭 rest, 📺 🚗 – 🛎 25/300. 🖭 ⓪ 🖭 𝗩𝗜𝗦𝗔. ✑
> **Refeição** lista 16,50 a 22 – **103 qto** ⊇ 77,31/94,27 – 2 suites.

> 🏠 **Santos** sem rest, Rua Tenente Valadim 14, ⊠ 6300-764, ℰ 271 20 54 00,
> Fax 271 21 29 31, « Nas antigas muralhas » – 🛗 📺. 🖭 ⓪ 🖭 𝗩𝗜𝗦𝗔 𝗝𝗖𝗕. ✑
> **21 qto** ⊇ 35/45.

> ✕✕ O Telheiro (obras em curso), Av. Cidade de Bejar - Este : 1,5 km, ⊠ 6300-534,
> ℰ 271 21 13 56, Fax 271 22 17 27, ≤, 🌳 – 🖭 🅿.

na estrada N 16 Nordeste : 7 km :

> ✕ **Pombeira,** ⊠ 6300-035 Arrifana GRD, ℰ 271 23 96 95, Fax 271 23 09 91 – 🖭 🅿. 🖭
> 🖭 𝗩𝗜𝗦𝗔. ✑
> fechado 2ª feira – **Refeição** lista aprox. 19,95.

GUIA *Faro* 940 **U 5** – *2 298 h.*
Lisboa 258 – Faro 43 – Beja 130 – Lagos 41.

X **La Mangerie,** Largo Luís de Camões, ✉ 8200-417 Guia ABF, ☎ 289 56 15 39, – ▤. AE MC VISA JCB.
fechado janeiro-fevereiro e 5ª feira salvo abril-outubro – **Refeição** - só jantar - lista 24,94 a 31,66.

GUIA *Leiria* 940 **M 3**.
Lisboa 158 – Leiria 30 – Coimbra 56.

na estrada N 109 *Sudoeste : 2 km :*

X Casa dos Leitões da Guia, Lagôa da Guia, ✉ 3100-864 Guia PBL, ☎ 236 95 24 86, *Fax 236 95 10 04* – ▤ P.
Refeição - leitão assado.

GUIMARÃES *Braga* 940 **H 5** – *54 069 h alt. 175.*
Ver : *Castelo★ – Paço dos Duques★ (tectos★, tapeçarias★) – Museu Alberto Sampaio★ (estátua jacente★, ourivesaria★, tríptico★, cruz processional★) – Praça de São Tiago★ – Igreja de São Francisco (azulejos★, sacristia★).*
Arred. : *Penha (✳★) SE : 8 km - Trofa★ (SE : 7,5 km).*
ℹ *Alameda de S. Dâmaso 83 ✉ 4810-286 ☎ 253 41 24 50 turismo.cmg@mail.telepac.pt e Praça de Santiago ✉ 4810-300 ☎ 253 51 87 90.*
Lisboa 364 – Braga 22 – Porto 52 – Viana do Castelo 70.

GUIMARÃES

Agostinho Barbosa (Rua) 3
Alberto Sampaio (Avenida) . . 4
Conde Margaride (Avenida) . . 7
Condessa Mumadona (Largo da) 8
Condessa do juncal (Largo da) 11
D. João IV (Avenida) 12
Dona Teresa (Rua de) 15
Dom Afonso Henriques (Avenida) 16
Doutor Joaquim de Meira (Rua) 17
Duques de Bragança (Rua) . . 19
Gen. Humberto Delgado (Avenida) 20
João Franco (Largo de) 22
Martins Sarmento (Largo) . . .
Martins Sarmento (Largo) . . . 23
Navarros de Andrade (Largo). 25
Nuno Álvares (Rua) 26
Oliveira (Largo da) 28
Paio Galvão (Rua) 29
Rainha (Rua da) 30
Santiago (Praça de) 32
Santo António (Rua de) 33
Serpa Pinto (Rua) 34
Toural (Largo do)
Valentim Moreina de Sá (Largo) 38

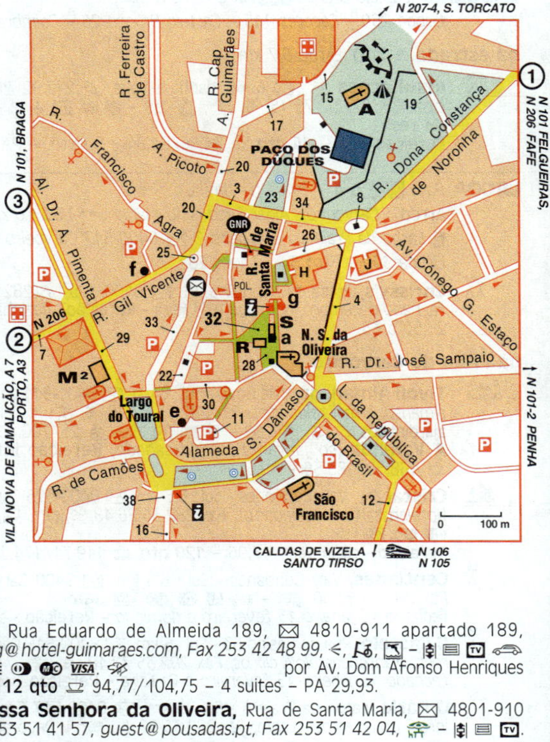

De Guimarães, Rua Eduardo de Almeida 189, ✉ 4810-911 apartado 189, ☎ 253 42 48 00, *hg@hotel-guimaraes.com, Fax 253 42 48 99*, – ▤ TV P – 25/250. AE MC VISA. por Av. Dom Afonso Henriques
Refeição 17,96 – **112 qto** 94,77/104,75 – 4 suites – PA 29,93.

Pousada de Nossa Senhora da Oliveira, Rua de Santa Maria, ✉ 4801-910 apartado 101, ☎ 253 51 41 57, *guest@pousadas.pt, Fax 253 51 42 04*, – ▤ TV. AE MC VISA. a
Refeição lista 26 a 38 – **10 qto** 117,22/125,20 – 6 suites.

Toural sem rest, Feira do Pão, ✉ 4800-153, ☎ 253 51 71 84, *hoteltoural@netc.pt, Fax 253 51 71 49* – ▤ TV. AE MC VISA. e
25 qto 60/75 – 5 suites.

Fundador sem rest, Av. Afonso Henriques 740, ✉ 4810-431, ℰ 253 42 26 40, *hote lfundador@ clix.pt, Fax 253 42 26 49*, ≤ – |✿| 🖥 TV 🚗 – ⛵ 25/100. AE ①
MC VISA
por Av. Dom Afonso Henriques
63 qto ⌷ 60/75.

Albergaria Palmeiras sem rest, Rua Gil Vicente (Centro Comercial das Palmeiras), ✉ 4800-151, ℰ 253 41 03 24, *Fax 253 41 72 61* – |✿| 🖥 TV 🚗. AE ① MC
VISA. ✍
f
22 qto ⌷ 45/60.

✗ **Solar do Arco,** Rua de Santa Maria 48, ✉ 4810-248, ℰ 253 51 30 72, *restaurante. solar.do.arco.@ netc.pt, Fax 253 41 38 23* – 🖥. AE ① MC VISA. ✍
g
fechado domingo noite – **Refeição** lista 12,97 a 21,46.

na estrada da Penha *Este : 2,5 km :*

Pousada de Santa Marinha ⚓, ✉ 4810-011, ℰ 253 51 12 49, *guest@ pousada s.pt, Fax 253 51 44 59*, ≤ Guimarães, « Instalada num antigo convento », 🚗 – |✿| 🖥 TV
P. AE ① MC VISA. ✍
Refeição lista 31 a 44 – **49 qto** ⌷ 148,65/159,12 – 2 suites.

pela estrada N 101 *Noroeste : 4 km :*

✗✗ **Quinta de Castelães,** Lugar de Castelães, ✉ 4810, ℰ 253 55 70 02, *ricardog@ m ail.telepac.pt, Fax 253 55 70 11,* « Decoração rústica numa antiga quinta » – 🖥 P. AE ①
MC VISA. ✍
fechado domingo noite e 2ª feira – **Refeição** lista aprox. 27.

LADOEIRO *Castelo Branco* 940 *M 8 – 1617 h.*
Lisboa 269 – Cáceres 115 – Castelo Branco 26 – Coimbra 172 – Portalegre 107.

na estrada N 240 *Este : 3,7 km :*

Idanhacaça ⚓, ✉ 6060 Idanha-a-Nova, ℰ 277 92 71 30, *indanhacaca@ mail.telepa c.pt, Fax 277 92 75 15*, ≤, 🍃, 🛶, ✗ – |✿| 🖥 TV ♿ P. – ⛵ 25/150. AE ① MC VISA.
✍ rest
Refeição 9,97 – **44 qto** ⌷ 54,86/64,84 – 6 suites – PA 12,47.

LAGOA *Faro* 940 *U 4 – 3 483 h – Praia.*
Arred. : *Carvoeiro : Algar Seco (sítio marinho★★) Sul : 6 km.*
🛈 *Largo da Praia do Carvoeiro 2* ✉ *8400-517 Carvoeiro LGA* ℰ *282 35 77 28.*
Lisboa 300 – Faro 54 – Lagos 26.

✗✗ **Chrissy's,** Praça da República 16, ✉ 8400-305, ℰ 282 34 10 62 – 🖥. MC VISA. ✍
fechado dezembro, domingo e 2ª feira – **Refeição** - cozinha franco-belga, só jantar - lista 26,50 a 35.

na Praia do Carvoeiro :

Tivoli Almansor, Vale Covo - Sul : 6 km, ✉ 8401-911 Carvoeiro LGA, ℰ 282 35 80 26, *almansor@ mail.telepac.pt, Fax 282 35 87 70*, ≤, 🍃, « Relvado com 🛶 e belos socalcos ajardinados », 🏋, 🛶, ✗ – |✿| 🖥 TV P. – ⛵ 25/700. AE ① MC VISA. ✍
A Varanda *(só jantar, fechado sábado)* **Refeição** lista aprox. 29,93 – **289 qto** ⌷ 168,59/183,56 – 4 suites.

Cristal ⚓, Vale Centianes - Sul : 6,5 km, ✉ 8400-525 Carvoeiro LGA, ℰ 282 35 86 01, *hotelcristal@ mail.telepac.pt, Fax 282 35 86 48*, ≤, 🍃, 🏋, 🛶, 🛶, ✗ – |✿| 🖥 TV P. AE
① MC VISA. ✍
Refeição - só jantar - 15,96 – **120 qto** ⌷ 119,71/174,58.

✗ **Centianes,** Vale Centianes - Sul : 6,5 km, ✉ 8400 Carvoeiro LGA, ℰ 282 35 87 24, *Fax 282 35 81 00*, 🍃 – 🖥. AE ① MC VISA JCB
fechado 15 janeiro-15 fevereiro e domingo – **Refeição** - só jantar - lista 22,20 a 43,60.

✗ **O Castelo,** Rua do Casino 63 - Sul : 5 km, ✉ 8400-515 Carvoeiro LGA, ℰ 282 35 72 18, *restauranteocastelo@ clix.pt, Fax 282 35 72 18*, ≤, 🍃 – AE ① MC VISA. ✍
fechado 15 janeiro-15 fevereiro e 2ª feira – **Refeição** - só jantar - lista 16,11 a 24,69.

✗ **O Pátio,** Largo da Praia 6 - Sul : 5 km, ✉ 8400-517 Carvoeiro LGA, ℰ 282 35 73 67, *info@ praiacarvoeiro.com, Fax 282 35 92 14*, 🍃, « Decoração rústica » – 🖥. AE MC VISA.
✍
Refeição lista 22,09 a 30,30.

✗ **Togi,** Rua das Flores 12 - Algar Sêco - Sul : 5 km, ✉ 8401-908 Carvoeiro LGA, ℰ 282 35 85 17, 🍃, « Decoração regional » – ✍
março-outubro – **Refeição** - só jantar - lista 15 a 24,94.

LAGOS Faro 940 U 3 – *11 746 h – Praia.*
Ver : *Sítio* ⩽★ – *Igreja de Santo António★ (decoração barroca★)* Z A.
Arred. : *Ponta da Piedade★★ (sítio★★, ⩽★), Praia de Dona Ana★ Sul : 3 km – Barragem da Bravura★ 15 km por* ②.
☐ Campo de Palmares Meia Praia, por ② ☏ 282 76 29 53 Fax 282 76 25 34.
☐ Rua D. Vasco da Gama (São João) ✉ 8600-722 ☏ 282 76 30 31.
Lisboa 290 ① *– Beja 167* ① *– Faro 82* ② *– Setúbal 239* ①
Planta página seguinte

Tivoli Lagos, Rua Nova da Aldeia, ✉ 8600-755, ☏ 282 76 99 67, *hotel.lagos@mail.t elepac.pt,* Fax 282 76 99 20, 🌳, 🍴, 🏊, 🏊, 🚣 – 📶 🗏 TV 🚗 P – 🚴 25/150. AE ① MC VISA. 🛇 rest
Y e
Lacóbriga (só jantar) **Refeição** 21,20 - *Cantinho Italiano :* **Refeição** lista 17,96 a 23,94 - *Pateo Velho (só jantar)* **Refeição** lista 20,20 a 28,44 – **304 qto** ☕ 100,36/148,74, 11 suites.

Marina Rio sem rest, Av. dos Descobrimentos, ✉ 8600-645, ☏ 282 76 98 59, *marin ario@ip.pt,* Fax 282 76 99 60, ⩽, 🏊 – 📶 🗏 TV. AE ① MC VISA JCB. 🛇
Y a
36 qto ☕ 87,34/89,90.

Montemar sem rest, Rua da Torraltinha-Lote 33, ✉ 8600-549, ☏ 282 76 20 85, *hote lmontemar@mail.telepac.pt,* Fax 282 76 20 88 – 📶 🗏 TV 🚗. AE MC VISA. 🛇
Z a
65 qto ☕ 57,36/74,81.

Sol a Sol sem rest, Rua Lançarote de Freitas 22, ✉ 8600-605, ☏ 282 76 12 90, Fax 282 76 19 55 – 📶 TV
Z b
15 qto.

Lagosmar sem rest, Rua Dr. Faria e Silva 13, ✉ 8600-734, ☏ 282 76 37 22, Fax 282 76 73 24 – 📶 TV. AE. 🛇
Y c
fechado janeiro – **45 qto** ☕ 50/65.

Cidade Velha sem rest, Rua Dr. Joaquim Tello 7, ✉ 8600-583, ☏ 282 76 20 41, Fax 282 76 19 55 – 📶 TV
Z k
17 qto.

Marazul sem rest, Rua 25 de Abril 13, ✉ 8600-763, ☏ 282 76 97 49, *marazul@ip.pt,* Fax 282 76 99 60 – TV. MC VISA. 🛇
Y u
abril-outubro – **18 qto** ☕ 49,31/51,37.

O Castelo, Rua 25 de Abril 47, ✉ 8600-763, ☏ 282 76 09 57 – 🗏. AE ① MC VISA JCB. 🛇
Y f
fechado janeiro – **Refeição** lista aprox. 20,10.

Dom Sebastião, Rua 25 de Abril 20, ✉ 8600-763, ☏ 282 76 27 95, *donsebastiao @ip.pt,* Fax 282 76 99 60, 🌳, « *Decoração rústica* » – 🗏. AE ① MC VISA JCB. 🛇 Y r
Refeição lista 14,59 a 22,70.

No Pátio, Rua Lançarote de Freitas 46, ✉ 8600-605, ☏ 282 76 37 77, *nopatio@ma il.telepac.pt,* 🌳 – AE ① MC VISA. 🛇
Z s
14 março-outubro – **Refeição** *(fechado domingo e 2ª feira)* - só jantar - lista 24,93 a 39,50.

O Galeão, Rua da Laranjeira 1, ✉ 8600-697, ☏ 282 76 39 09 – 🗏. AE ① MC VISA. 🛇
fechado 25 novembro-28 dezembro e domingo – **Refeição** lista 10,97 a 17,65. Z x

A Lagosteira, Rua 1º de Maio 20, ✉ 8600-757, ☏ 282 76 24 86, Fax 282 76 04 27 – 🗏. AE ① MC VISA. 🛇
Y n
fechado 10 janeiro-10 fevereiro, sábado meio-dia e domingo meio-dia – **Refeição** lista 13,50 a 24,94.

Dom Henrique, Rua 25 de Abril 75, ✉ 8600-763, ☏ 282 76 35 63, Fax 282 76 02 74 – 🗏. AE ① MC VISA. 🛇
Z v
Refeição lista 11,80 a 18,45.

na estrada da Meia Praia *por* ② :

Marina São Roque, 1,5 km, ✉ 8600-315, ☏ 282 77 02 20, *marisroque@net.sapo.pt,* Fax 282 77 02 29, ⩽, 🏊 – 📶 🗏 TV. AE ① MC VISA. 🛇
março-outubro – **Refeição** 20 – ☕ 3 – **33 qto** 62,50/89,04 – 3 suites.

Atlântico, 3 km, ✉ 8600-315, ☏ 282 79 20 86 – AE MC VISA. 🛇
fechado 15 novembro-2 janeiro e 2ª feira de janeiro a março – **Refeição** lista 24,94 a 33,92.

na Praia de Dona Ana Z *Sul : 2 km :*

Golfinho, ✉ 8600-500 Lagos, ☏ 282 76 99 00, *hotel.golfinho@sonae.pt,* Fax 282 76 99 99, ⩽, 🏊, 🏊 – 📶 🗏 TV – 🚴 25/400. AE ① MC VISA JCB. 🛇
Refeição - buffet, só jantar - 17,46 – **262 qto** ☕ 87/121,50.

na Praia do Porto de Mós Z *Sul : 2,5 km :*

Romantik H. Vivenda Miranda 🦢, ✉ 8600-282 Lagos, ☏ 282 76 32 22, *romantik-h otel-viv.miranda@ip.pt,* Fax 282 76 03 42, ⩽ mar, 🌳, « *Conjunto rodeado de jardins junto ao mar* », 🏊 climatizada – TV P. MC VISA. 🛇   por Rua da Torraltinha Z
Refeição lista 25,19 a 37,15 – **22 qto** ☕ 130,40/184,10 – 4 suites.

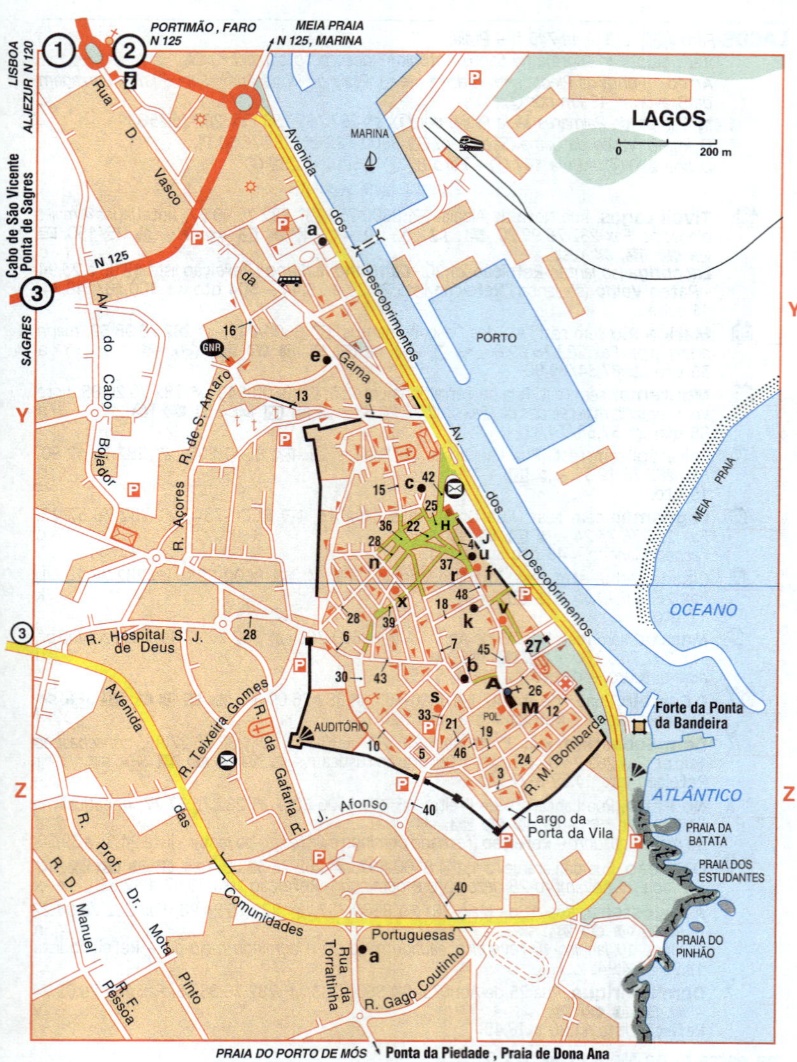

Um conselho da Michelin:

para ser bem sucedido nas suas viagens, prepare-as com antecedência.

Os mapas e guias Michelin dão-lhe todas as indicações úteis sobre:
itinerários, visitas aos pontos com interesse, alojamento, preços, etc...

LAMEGO Viseu 940 I 6 – 9 233 h alt. 500.

Ver : Museu de Lamego★ (pinturas sobre madeira★) – Capela do Desterro (tecto★).
Arred. : Miradouro da Boa Vista★ Norte : 5 km – São João de Tarouca : Igreja S. Pedro★ Sudeste : 15,5 km.
Av. Visconde Guedes Teixeira ⊠ 5100-074 ℰ 254 61 20 05 douro.turismo@mail.telepac.pt Fax 254 61 40 14.
Lisboa 369 – Viseu 70 – Vila Real 40.

Albergaria do Cerrado sem rest, Estrada do Peso da Régua - Lugar do Cerrado, ⊠ 5100, ℰ 254 61 31 64, Fax 254 61 54 64, ⇐ – ‖ ☰ TV ⇔ – 25/40. AE ⓪ ⓂⓒVISA. ⅍ 30 qto ☐ 52/69.

Solar do Espírito Santo sem rest, Alexandro Herculano 1, ⊠ 5100-107, ℰ 254 65 50 60, Fax 254 65 50 60 – ‖ ☰ TV ⇔. AE ⓪ ⓂⓒVISA. ⅍ 28 qto ☐ 29,93/44,89.

São Paulo sem rest, Av. 5 de Outubro, ⊠ 5100-065, ℰ 254 61 31 14, Fax 254 61 23 04 – ‖ TV ⇔ 34 qto ☐ 20/32.

Solar da Sé sem rest, Av. Visconde Guedes Teixeira, ⊠ 5100, ℰ 254 61 20 60, Fax 254 61 59 28 – ☰ TV – **30 qto.**

pela estrada N 2 Sul : 1,5 km :

Parque ⑤, Santuário de Na. Sra. dos Remédios, ⊠ 5100-025, ℰ 254 60 91 40, Fax 254 61 52 03 – TV P – 25/130. AE ⓪ ⓂⓒVISA JCB. ⅍ rest **Refeição** lista 21,97 a 30,94 – **42 qto** ☐ 32,43/47,39.

pela estrada N 2 Nordeste : 2 km :

Lamego, Quinta da Vista Alegre, ⊠ 5100-183, ℰ 254 65 61 71, Fax 254 65 61 80, ⇐, ↖, ⛴ climatizada, ⛱, ⅋ – ‖ ☰ TV ⅙ ⇔ P – 25/400. AE ⓪ ⓂⓒVISA JCB. ⅍ **Refeição** 14,46 – **88 qto** ☐ 66,34/82,80 – 5 suites.

LANHELAS Viana do Castelo – ver Caminha.

LAUNDOS Porto 940 H 3 – 1679 h.
Lisboa 343 – Braga 35 – Porto 38 – Viana do Castelo 47.

Estalagem São Félix Parque ⑤, Monte de São Félix - Nordeste : 1,5 km, ⊠ 4570-345, ℰ 252 60 71 76, estalagemsfp@netc.pt, Fax 252 60 74 44, ⇐ campo com o mar ao fundo, ⛱ – ‖ ☰ TV P – 25/200. AE ⓪ ⓂⓒVISA. ⅍ **Refeição** lista 23 a 31 – **36 qto** ☐ 54,87/77,32 – 1 suite.

LAVOS Coimbra – ver Figueira da Foz.

LEÇA DA PALMEIRA Porto 940 I 3 – Praia.
Lisboa 322 – Amarante 76 – Braga 55 – Porto 13.
ver planta de Porto aglomeração

Meliá Confort Expo Porto, Rotunda da Exponor, ⊠ 4450-801, ℰ 22 999 00 00, hotelmeliaporto@mail.telepac.pt, Fax 22 999 00 99, ⛱ – ‖ ☰ TV ⅙ P – 25/170. AE ⓪ ⓂⓒVISA. ⅍ AU p **Refeição** lista aprox. 25 – **117 qto** ☐ 86/96 – 3 suites.

O Chanquinhas, Rua de Santana 243, ⊠ 4450-781, ℰ 22 995 18 84, Fax 22 996 06 19 – ☰ P. AE ⓪ ⓂⓒVISA JCB. ⅍ AU s fechado agosto e domingo – **Refeição** lista aprox. 31,92.

Garrafão, Rua António Nobre 53, ⊠ 4450-618, ℰ 22 995 17 35, Fax 22 995 16 60, ⛲ – ☰. AE ⓪ ⓂⓒVISA JCB. ⅍ AU t fechado agosto e domingo – **Refeição** - peixes e mariscos - lista 27,93 a 47,90.

Boa Nova, Praia de Boa Nova, ⊠ 4450, ℰ 22 995 17 85, Fax 22 995 21 82, ⇐ mar – ☰ P. AE ⓪ ⓂⓒVISA. ⅍ AU f fechado domingo – **Refeição** lista 27,70 a 37,10.

O Bem Arranjadinho, Travessa do Matinho 2, ⊠ 4450-736, ℰ 22 995 21 06, bamario@mail.teleweb.pt, Fax 22 996 13 89 – ☰. AE ⓪ ⓂⓒVISA. ⅍ AU b fechado domingo – **Refeição** lista 26,75 a 36,80.

LEÇA DO BALIO Porto 940 I 4.
Ver : Igreja do Mosteiro★ : pia baptismal★.
Lisboa 312 – Amarante 58 – Braga 48 – Porto 7.

LEIRIA

FIGUEIRA DA FOZ
COIMBRA
N 1
ALMOINHAS
43
Estrada da Estação
X
LIS
k
MARINHA GRANDE
S. FRANCISCO
de
25
N 242
46
Av.
Y
Estrada da Marinha
Lena
15
OS CAPUCHOS
Z
N 1
João
R. Dr
SÃO
BATALHA, LISBOA
A

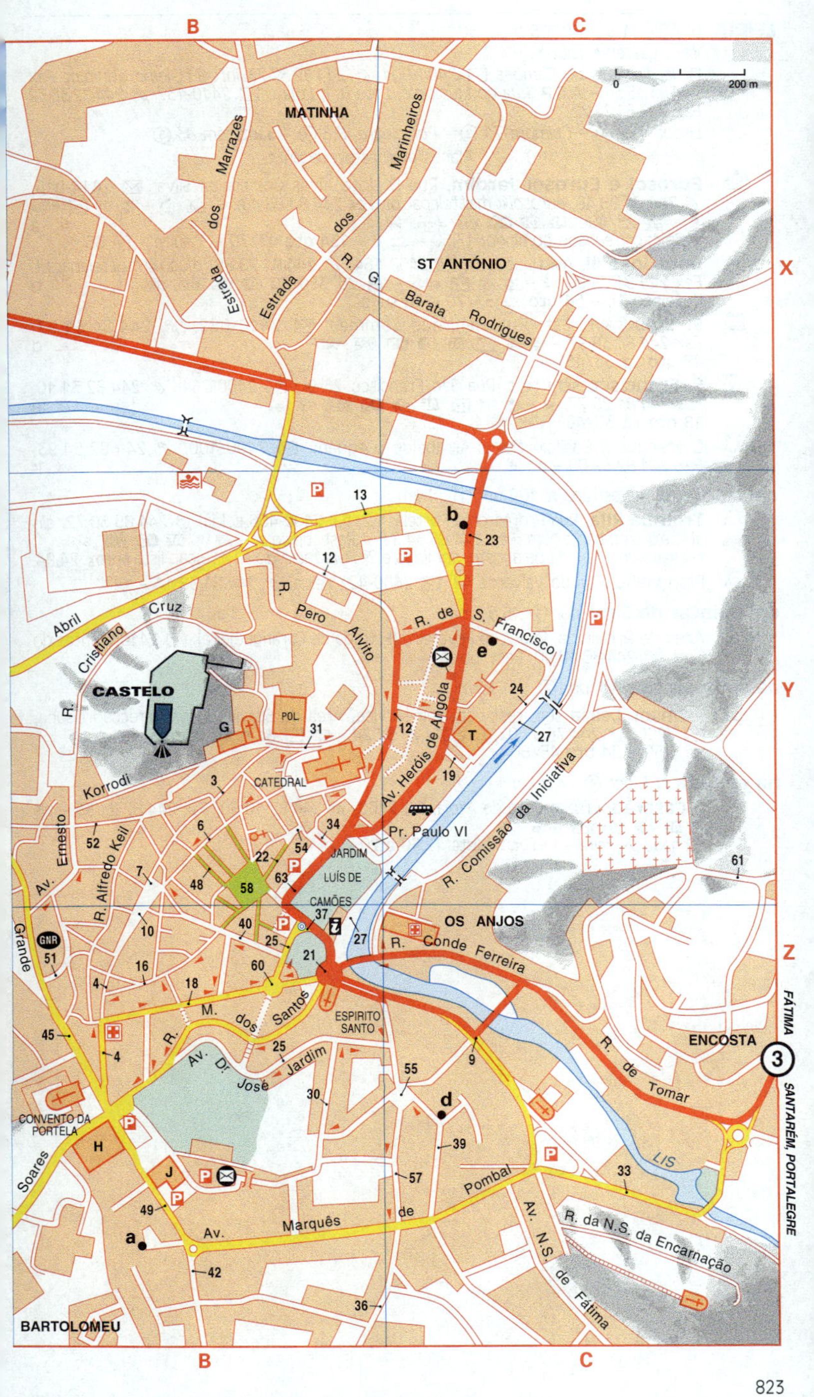

823

LEIRIA Ⓟ 𝟵𝟰𝟬 **M 3** – *29 808 h alt. 50.*
Ver : *Castelo★ (sítio★)* BY.
🛈 *Jardim Luís de Camões* ✉ *2401-801* ☎ *244 82 37 73 info@ rt-leiriafatima.pt Fax
244 83 35 33* – **A.C.P.** *Rua do Municipio, Lote B 1, Loja C* ✉ *2410-137* ☎ *244 82 36 32
Fax 244 81 22 22.*
Lisboa 129 ④ *– Coimbra 71* ② *– Portalegre 176* ③ *– Santarém 83* ③
Planos páginas precedentes

Eurosol e Eurosol Jardim, Rua D. José Alves Correia da Silva, ✉ 2414-010,
☎ 244 84 98 49, *eurosol@ mail.telepac.pt, Fax 244 84 98 40,* ≤, 🛵, ⅃ – ‖⬦‖ 🖿 TV 🚗
Ⓟ – 🏊 25/400. AE ⓘ ⓜⓒ VISA JCB. ⚡   BZ a
Refeição *(fechado domingo)* 17,50 – ⚌ 6 – **134 qto** 47/70 – 1 suite – PA 35.

Dom João III, Av. D. João III, ✉ 2400-164, ☎ 244 81 78 88, *djoao@ mail.telepac.pt,
Fax 244 81 78 80,* ≤ – ‖⬦‖ 🖿 TV 🚗 – 🏊 25/350. AE ⓘ ⓜⓒ VISA. ⚡ CY b
Refeição 14 – **54 qto** ⚌ 57/70 – 10 suites.

S. Luís sem rest, Rua Henrique Sommer, ✉ 2410-089, ☎ 244 81 31 97,
Fax 244 81 38 97 – ‖⬦‖ 🖿 TV. AE ⓘ ⓜⓒ VISA. ⚡   CZ d
48 qto ⚌ 35/45.

S. Francisco sem rest, Rua São Francisco 26-9°, ✉ 2400-261, ☎ 244 82 31 10,
Fax 244 81 26 77, ≤ – ‖⬦‖ 🖿 TV. AE ⓘ ⓜⓒ VISA. ⚡   CY e
18 qto ⚌ 30/40.

XX O Marquês, Edifício Nerlei-Arrabalde d'Aquém, ✉ 2400-100, ☎ 244 82 54 93,
Fax 244 82 37 00 – 🖿 Ⓟ   AX k

em Marrazes *na estrada N 109 por* ① *: 1 km :*

Tromba Rija, Rua Professores Portelas 22, ✉ 2400-406 Leiria, ☎ 244 85 50 72, *elis
abete@ trombarija.com, Fax 244 85 64 21,* « Rest. típico » – 🖿 Ⓟ. AE ⓜⓒ VISA. ⚡
fechado do 15 ao 31 de agosto, domingo e 2ª feira meio-dia – Refeição lista aprox. 24,94.

X Pipo Velho, Rua do Valverde 42, ✉ 2400-427 Leiria, ☎ 244 81 38 14 – 🖿.

em Quintas do Sirol *por* ③ *: 5,5 km :*

X Ares de Província, Rua 7 de Fevereiro (Estrada de Caranguejeira), ✉ 2410 Quintas do
Sirol, ☎ 244 80 10 90, Rest. típico – 🖿 🚗.

na autoestrada A I *por* ③ *: 11,5 km :*

Pransor Leiria sem rest com self-service, Área de Serviço Leiria, direcção Lisboa,
✉ 2400, ☎ 244 74 51 02, *Fax 244 74 51 24* – 🖿 TV ♿ Ⓟ. AE ⓜⓒ VISA. ⚡
⚌ 4,50 – **24 qto** 45/60.

na estrada N I *por* ④ *: 4,5 km :*

XX **O Casarão,** Cruzamento de Azóia, ✉ 2400, ☎ 244 87 10 80, *Fax 244 87 21 55* – 🖿
Ⓟ. AE ⓘ ⓜⓒ VISA JCB. ⚡
fechado 2ª feira – Refeição lista 17,50 a 20.

LISBOA

P 940 P 2 – *662 782 h. alt. 111.*

Madrid 624 ① – Bilbao 902 ① – Paris 1785 ① – Porto 310 ① – Sevilla 402 ②.

POSTOS DE TURISMO

🛈 *Palácio Foz, Praça dos Restauradores,* ✉ *1250-187,* ✆ *21 343 36 72, Fax 21 346 87 72.*

🛈 *Estação Santa Apolónia (chegadas internacionais)* ✉ *1100,* ✆ *21 882 16 04.*

🛈 *Aeroporto,* ✆ *21 844 64 73, Fax 21 848 59 74.*

INFORMAÇÕES PRÁTICAS

BANCOS E CASAS DE CÂMBIO

Todos os bancos : *Abertos de 2ª a 6ª feira das 8,30 h. às 15 h. Encerram aos sábados, domingos e feriados.*
Para câmbio está aberta ao sábado a dependência do Banco Espírito Santo e Comercial de Lisboa (Rossio) : ✆ *21 315 83 31.*

TRANSPORTES

Taxi : *Dístico com a palavra « Táxi » iluminado sempre que está livre. Companhias de rádio-táxi,* ✆ *21 811 90 00.*

Metro, carro eléctrico e autocarros : *Rede de metro, eléctricos e autocarros que ligam as diferentes zonas de Lisboa.*
Para o aeroporto existe uma linha de autocarros -aerobus- com terminal no Cais do Sodré.

Aeroporto e Companhias Aéreas :
✈ *Aeroporto de Lisboa, N : 8 km,* ✆ *21 841 37 00* CDU.
T.A.P., Av. de Berlim (Edifício Garbo Oriente), ✉ *1800-033,* ✆ *21 317 91 00 e no aeroporto,* ✆ *21 841 50 00.*
Portugalia, Rua C-Edifício 70, ✉ *1704-801* ✆ *21 842 55 00.*

ESTAÇÕES DE COMBÓIOS

Santa Apolónia, 🚗 ✆ *21 888 50 92* MX.
Rossio, ✆ *21 343 37 47/8* KX.
Cais do Sodré, ✆ *21 342 47 84 (Lisboa-Cascais)* JZ.

COMPANHIAS MARÍTIMAS

⛴ *para a Madeira : E.N.M., Rua de São Julião 5 – 1º,* ✉ *1100-524,* ☎ *21 887 01 22.*

ACP *(Automóvel Club de Portugal)*

Rua Rosa Araújo 24, ✉ *1250-195,* ☎ *21 318 01 00, Fax 21 318 02 27.*

CAMPOS DE GOLF

🏌 *Lisbon Sports Club 20 km por* ⑤*,* ☎ *21 431 00 77*
🏌 *Club de Campo da Aroeira 15 km por* ②*,* ☎ *21 297 91 10 Aroeira, Charneca da Caparica.*

ALUGUER DE VIATURAS

AVIS, ☎ *0800 201 002 – EUROPCAR,* ☎ *21 940 77 90 – HERTZ,* ☎ *0800 20 12 31 – BUDGET,* ☎ *21 994 24 02.*

CURIOSIDADES

PANORÂMICAS DE LISBOA

Ponte 25 de Abril★ *por* ② *:* ≼ ★★ *– Cristo Rei por* ② *:* ❋ ★★ *– Castelo de São Jorge*★★ *:* ≼ ★★★ LX *– Miradouro de Santa Luzia*★ *:* ≼ ★★ LY L¹ *– Elevador de Santa Justa*★ *:* ≼ ★ KY *– Miradouro de São Pedro de Alcântara*★ *:* ≼★★ JX L² *– Miradouro do Alto de Santa Catarina*★ JZ A¹ *– Miradouro da Senhora do Monte :* ≼★★★ LV *– Largo das Portas do Sol*★ *:* ≼★★ LY. *Igreja e Convento de Nossa Senhora da Graça (Miradourou*★*)* LX.

MUSEUS

Museu Nacional de Arte Antiga★★★ *(políptico da Adoração de S. Vicente*★★★*, Tentação de Santo Antão*★★★*, Biombos japoneses*★★*, Doze Apóstolos*★*, Anunciação*★*, Capela*★*)* EU M¹⁶ *– Fundação Gulbenkian (Museu Calouste Gulbenkian*★★★ FR*, Centro de Arte Moderna*★ FR M²*) – Museu da Marinha*★★ *(modelos*★★★ *de embarcações)* AQ M⁷ *– Museu Nacional do Azulejo (Convento da Madre de Deus)*★★ *: igreja*★★*, sala do capítulo*★ DP M¹⁷ *– Museu da Água da EPAL*★ HT M⁵ *– Museu Nacional do Traje*★ BN M²¹ *– Museu Nacional do Teatro*★ BN M¹⁹ *– Museu Militar (tectos*★*)* MY M¹⁵ *– Museu de Artes Decorativas*★★ *(Fundação Ricardo do Espírito Santo Silva)* LY M¹³ *– Museu Arqueológico – Igreja do Carmo*★ KY M⁴ *– Museu de Arte Sacra de São Roque*★ *(ornamentos sacerdotais*★*)* JKX M¹¹ *– Museu Nacional do Chiado*★ KZ M¹⁸ *– Museu da Música*★ BN M⁹ *– Museu Rafael Bordalo Pinheiro (cerámicas*★*)* CN M²³.

IGREJAS E MOSTEIROS

Sé★★ *(túmulos góticos*★*, grade*★*, tesouro*★*)* LY *– Mosteiro dos Jerónimos*★★★ *(Igreja de Santa Maria*★★★ *: abóbada*★★*, claustro*★★★ *; Museu Nacional de Arqueologia : tesouro*★*)* AQ *– Igreja de São Roque*★ *(capela de São João Baptista*★★*, interior*★*)* JX *– Igreja de São Vicente de Fora (azulejos*★*)* MX *– Igreja de Nossa Senhora de Fátima (vitrais*★*)* FR D² *– Basílica da Estrela*★ *(jardim*★*)* EU A² *– Igreja da Conceição Velha (fachada sul*★*)* LZ D¹ *– Igreja de Santa Engrácia*★ MX.

BAIRROS HISTÓRICOS

Belém★★ *(Centro Cultural*★*)* AQ *– A Baixa pombalina*★★ JKXYZ *– Alfama*★★ LY *– Chiado e Bairro Alto*★ JKY.

LUGARES PITORESCOS

Praça do Comércio (ou Terreiro do Paço★★*)* KZ *– Torre de Belém*★★★ AQ *– Palacio dos Marqueses de Fronteira*★★ *(azulejos*★★*)* ER *– Rossio*★ *(estação : fachada*★ *neo-manuelina)* KX *– Rua do Carmo e Rua Garrett*★ KY *– Avenida da Liberdade*★ JV *– Parque Eduardo VII*★ *(*≼★*, Estufa fria*★*)* FS *– Jardim Zoológico*★★ ER *– Aqueduto das Águas Livres*★ ES *– Jardim Botánico*★ JV *– Parque Florestal de Monsanto*★ *(Miradouro :* ❋★*)* APQ *– Campo de Santa Clara*★ MX *– Escadinhas de Santo Estêvão*★ *(*≼★*)* MY *– Palacio da Ajuda*★ AQ *– Fundação Arpad Szenes-Vieira da Silva*★ EFS *– Passeio no Tejo*★ *(*≼★★*) – Ponte Vasco da Gama*★★ DN *– Oceanário de Lisboa*★★ DN *– Estação de Oriente*★ DN.

COMPRAS

Bairros comerciais : *Baixa (Rua Augusta), Chiado (Rua Garrett).*

Antiguidades : *Rua D. Pedro V, Rua da Escola Politécnica, Feira da Ladra (3ª feira e sábado).*

Centro comercial : *Torres Amoreiras, Colombo.*

Desenhadores : *Bairro Alto.*

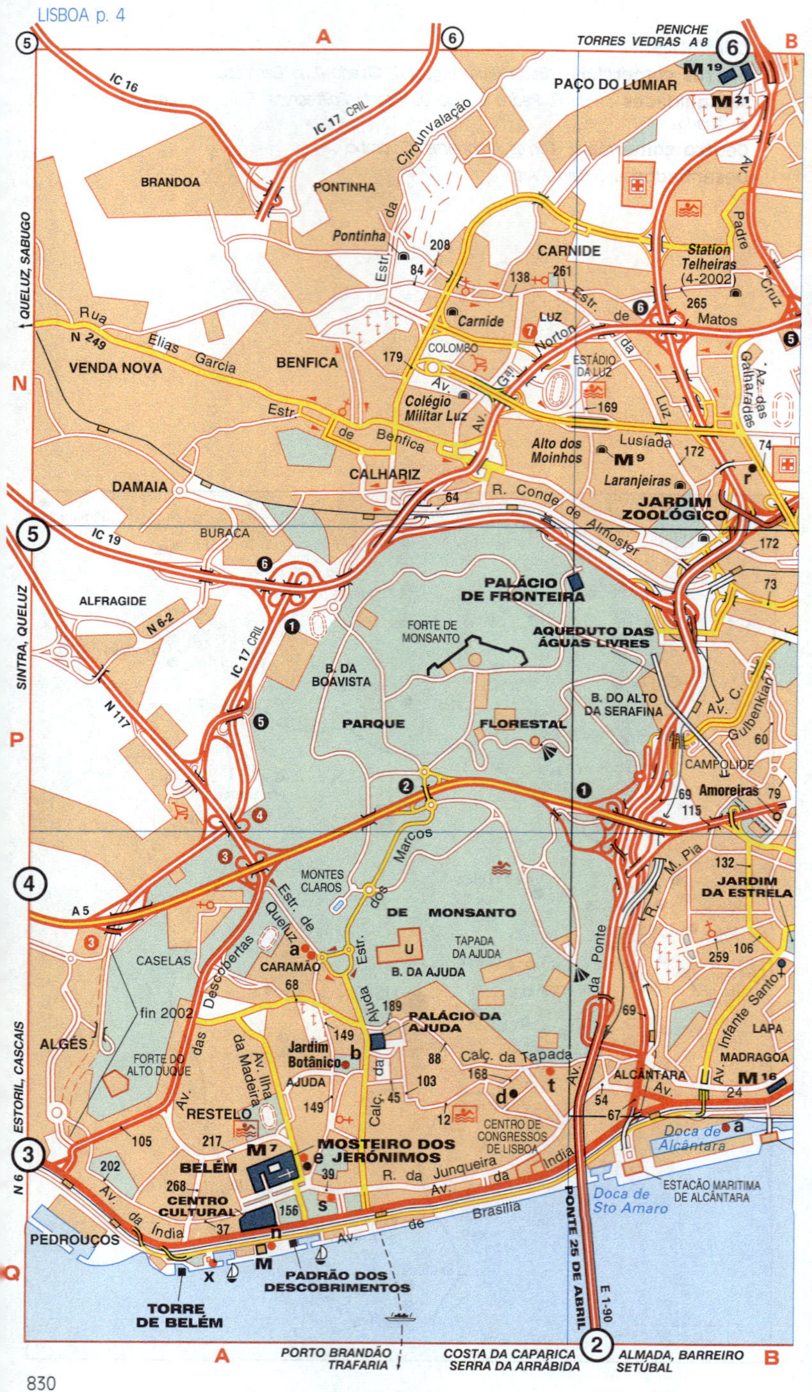
PENICHE
TORRES VEDRAS A 8
PAÇO DO LUMIAR
M 19
M 21
IC 16
IC 17 CRIL
Circunvalação
PONTINHA
BRANDOA
Pontinha
CARNIDE
Station Telheiras (4-2002)
208
84
138
261
265
Matos
Carnide
Luz
COLOMBO
Norton
Av. das Galharadas
179
ESTÁDIO DA LUZ
N 249
Rua Elias Garcia
VENDA NOVA
BENFICA
Colégio Militar Luz
169
Az. das Galharadas
Padre Cruz
N
Estr. de Benfica
Alto dos Moinhos
Lusíada
M 9
74
DAMAIA
CALHARIZ
Laranjeiras
172
JARDIM ZOOLÓGICO
r
64
R. Conde de Almoster
IC 19
BURACA
172
5
PALÁCIO DE FRONTEIRA
73
ALFRAGIDE
N 6-2
6
1
FORTE DE MONSANTO
AQUEDUTO DAS ÁGUAS LIVRES
B. DA BOAVISTA
B. DO ALTO DA SERAFINA
Av. C. Gulbenkian
60
IC 17 CRIL
N 117
PARQUE
FLORESTAL
CAMPOLIDE
P
5
Amoreiras
79
69
115
2
1
R. M. Pia
132
4
Estr. dos Marcos
JARDIM DA ESTRELA
A 5
3
MONTES CLAROS
DE MONSANTO
259
106
3
CASELAS
a
CARAMÃO
U
TAPADA DA AJUDA
69
Estr. de Queluz
Estr. da Ajuda
B. DA AJUDA
R. da Ponte
fin 2002
68
189
PALÁCIO DA AJUDA
LAPA
ALGÉS
149
b
Jardim Botânico
88
Calç. da Tapada
MADRAGOA
FORTE DO ALTO DUQUE
AJUDA
103
168
d
t
ALCÂNTARA
M 16
Av. Ilha da Madeira
149
Calç. da Ajuda
45
54
24
Av. das Descobertas
RESTELO
12
CENTRO DE CONGRESSOS DE LISBOA
67
Doca de Alcântara
a
105
217
M 7
MOSTEIRO DOS e JERÓNIMOS
39
R. da Junqueira
Doca de Sto Amaro
ESTAÇÃO MARÍTIMA DE ALCÂNTARA
3
N 6
202
BELÉM
156
s
Av. da Índia
Av. de Brasília
ESTORIL, CASCAIS
268
CENTRO CULTURAL
37
n
PEDROUÇOS
Av. da Índia
M
PADRÃO DOS DESCOBRIMENTOS
Q
X
TORRE DE BELÉM
SINTRA, QUELUZ
QUELUZ, SABUGO
A
6
B
PORTO BRANDÃO TRAFARIA
COSTA DA CAPARICA SERRA DA ARRÁBIDA
ALMADA, BARREIRO SETÚBAL
PONTE 25 DE ABRIL
E 1-90
2

COIMBRA, FÁTIMA
VILA FRANCA DE XIRA A 1-E 80
MICHELIN
A 1, SACAVÉM
Ponte Vasco da Gama
Torre Vasco da Gama
Av. Dr Alfredo Bensaúde
Pr. José Queirós
F.I.L.
PARQUE DAS NAÇÕES
OLIVAIS NORTE
LISBOA-PORTELA
Avenida
de
Berlim
Pavilhão Atlântico
OLIVAIS SUL
ORIENTE
OCEANÀRIO
LUMIAR
Campo Grande
Mal Craveiro Lopes
Calvanas
Cabo Ruivo
Olivais
Sector em obras
Av.
do Brasil
ALVALADE
Mal Gomes da Costa
Infante
M 23
U
M
Av. Cidade do Porto
215
CIDADE UNIVERSITÁRIA
Av. Campo Grande
Av. de Rio de Janeiro
32
235
116
Chelas
América
BRAÇO DE PRATA
142
c
Alvalade
Av. de E.U. da América
Roma
b
Bela Vista
POÇO DO BISPO
V
Entre Campos
142
273
Roma
a
Areeiro
Av.
AREEIRO
Av. E. U.
da
Chelas
42
João XXI
Av. Afonso Costa
114
62
Olaias
CHELAS
MUSEU GULBENKIAN
177
R. Barão de Sabrosa
Pr. de Espanha
C. Pequeno
18
Alameda
186
216
Reis
ALTO DO PINA
MARVILA
222
M 2
Arroios
BEATO
15
112
Saldanha
22
R. Morais
S. Sebastião
273
66
Soares
153
D. Henrique
181
Picoas
139
4
271
XABREGAS
15
Anjos
192
a
T
PARQUE EDUARDO VII
B. LOPES
M 17
171
Av. Gal Roçadas
87
MADRE DE DEUS
Pr. Marquês de Pombal
Intendente
13
241
Av. da Liberdade
M
M 5
7
Avenida
35
99
RATO
U
199
120
Pr. dos Restauradores
JARDIM BOTÂNICO
237
CASTELO SÃO JORGE
SÃO ROQUE
Infante
ROSSIO
M 15
94
Praça Duque de Terceira Julho
BAIXA
ALFAMA
SANTA APOLÓNIA
SÉ
POL
H
CAIS DO SODRÉ
PR. DO COMÉRCIO
ESTAÇÃO MARITIMA ROCHA DO CONDE DE ÓBIDOS
TEJO
LISBOA
0
1 km
CACILHAS
BARREIRO, MONTIJO, SEIXAL

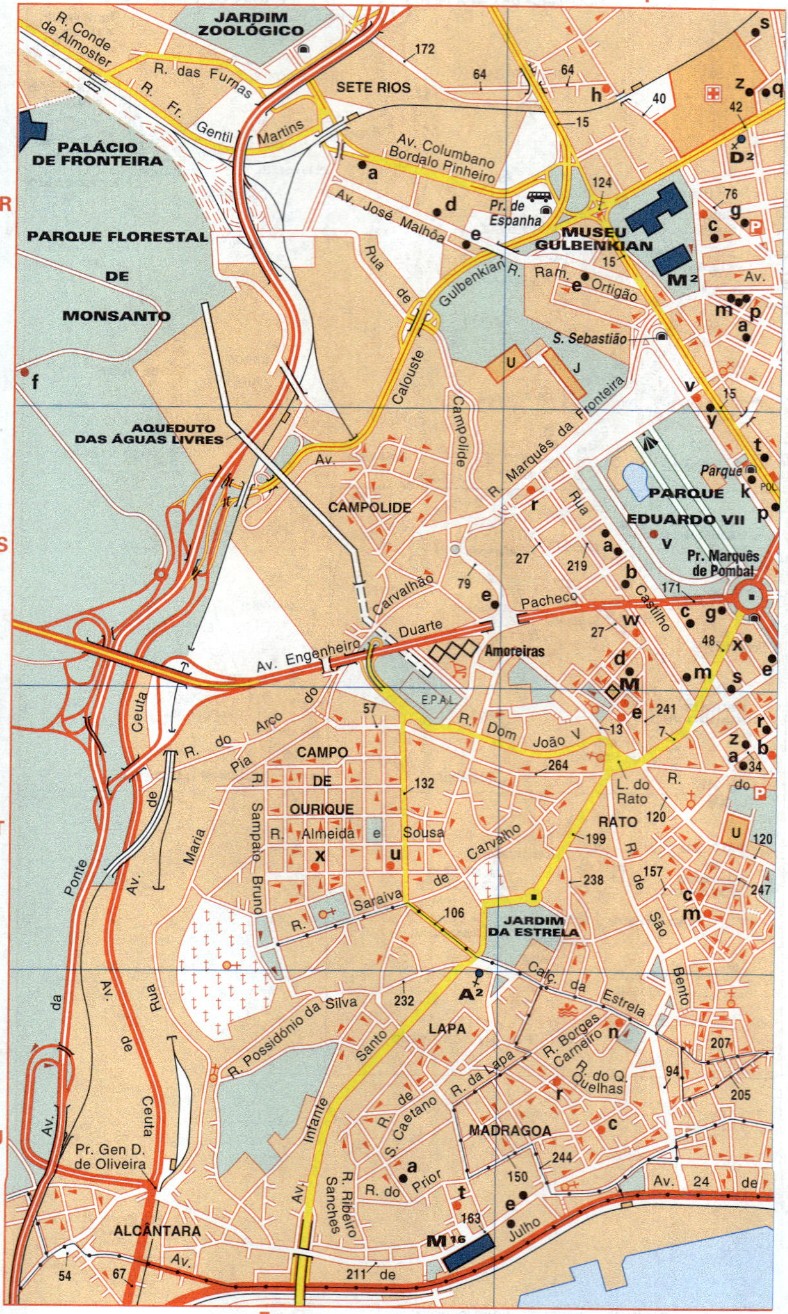

JARDIM ZOOLÓGICO

R. Conde de Almoster

R. das Furnas

R. Fr. Gentil Martins

SETE RIOS

PALÁCIO DE FRONTEIRA

PARQUE FLORESTAL

DE

MONSANTO

Av. Columbano Bordalo Pinheiro

Av. José Malhôa

Pr. de Espanha

MUSEU GULBENKIAN

Ram. Ortigão

S. Sebastião

Av.

M^2

D^2

Rua de Gulbenkian

Calouste

Campolide

R. Marquês da Fronteira

AQUEDUTO DAS ÁGUAS LIVRES

Av.

CAMPOLIDE

PARQUE EDUARDO VII

Pr. Marquês de Pombal

Parque

Carvalhão

Duarte

Av. Engenheiro

Amoreiras

Pacheco

Castilho

E.P.A.L.

Ceuta

do

Arco

R. do

Pia

Maria

Sampaio Bruno

CAMPO

DE

OURIQUE

R. Almeida e Sousa

R. Saraiva

R. Dom João V

L. do Rato

RATO

Carvalho

de

JARDIM DA ESTRELA

A^2

R. Possidónio da Silva

LAPA

R. da Lapa

Santo

R. de S. Caetano

R. Borges Carneiro

R. do Q. Quelhas

MADRAGOA

Calç. da Estrela

R. de Bento

Av.

Ponte

Av. de Ceuta

Rua

Pr. Gen D. de Oliveira

Infante

Av.

R. Ribeiro Sanches

R. do Prior

ALCÂNTARA

Av.

Av. 24 de Julho

M

da

LISBOA
500 m
G
H
R
S
T
U
P
Areeiro
Pr. F. Sá Carneiro Áv.
Afonso Costa
João XXI
Av.
C. Pequeno
CAIXA GERAL DE DEPÓSITOS
Pr. de Londres
Reis
R. Barão de Sabrosa
Olaias
Rotunda das Olaias
(12-2002)
ALTO DO PINA
Av. de Outubro
República
da
Duque de Ávila
Saldanha
R. de Dona
Almirante Reis
Alameda
Arroios
Rua Morais
Soares Av.
(12-2002)
Roçadas
Mouzinho de Albuquerque
Av. Afonso III
Picoas
Pr. J Fontana
Estefânia
R. Pascoal de Melo
Anjos
R. da Penha de França
General
B. LOPES
Gomes Freire
SAPADORES
R. A. Vidal
Intendente
R. dos Sapadores
Calç. dos Barbadinhos
M 5
DA LIBERDADE
Salitre
JARDIM BOTÂNICO
R. da Palma
R. da Graça
GRAÇA
CAMPO DE STA CLARA
R. D. Pedro V
Pr. dos Restauradores
CASTELO DE SÃO JORGE
M 15
D. Henrique
SÃO ROQUE
ROSSIO
BAIRRO ALTO
CHIADO
R. GARRETT
BAIXA
R. do Ouro
R. da Prata
ALFAMA
Calç. do Combro
SÉ
R. de S. Paulo
POL
Infante
Julho
H
Av. da Ribeira das Naus
PR. DO COMÉRCIO
Estação Fluvial
TEJO
G
H
CACILHAS
BARREIRO, MONTIJO, SEIXAL

833

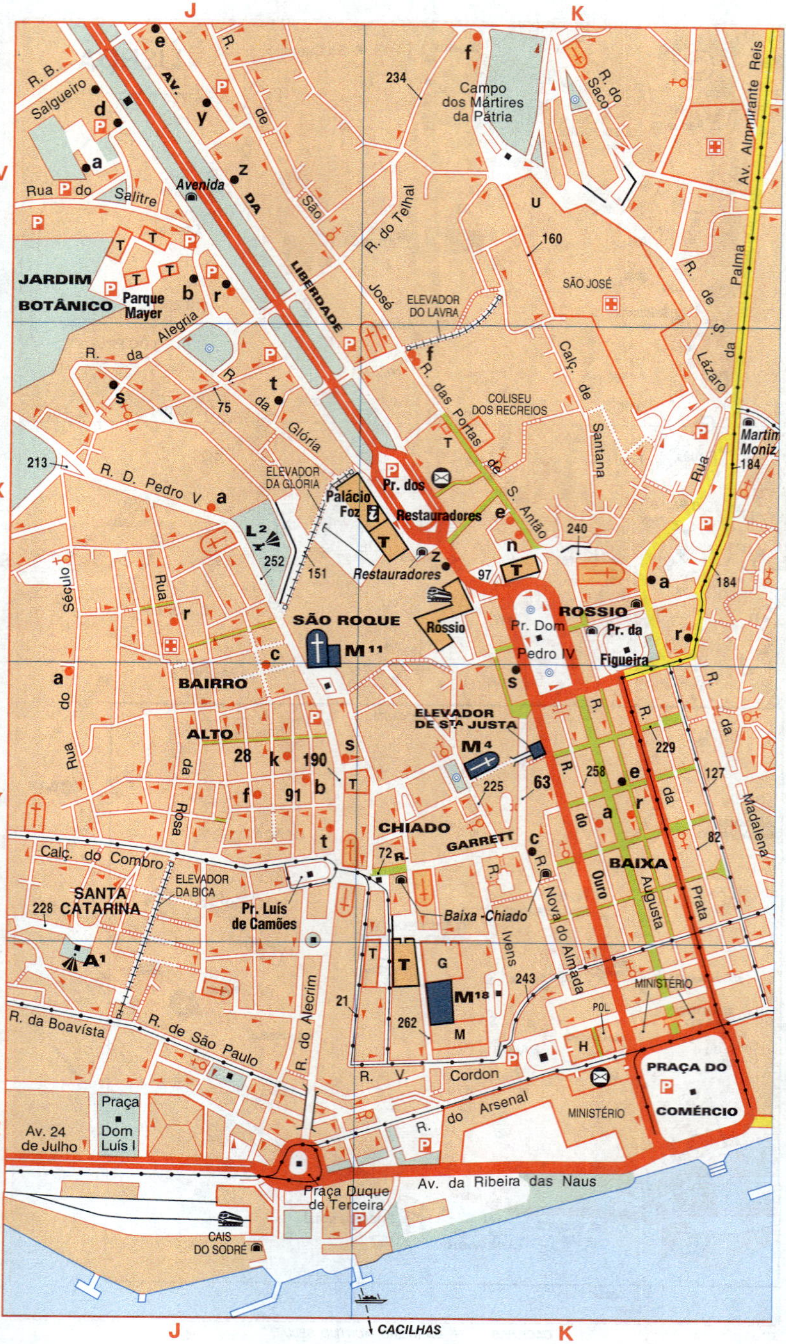

J — K

234

Campo
dos Mártires
da Pátria

R. do Saco

Av. Almirante Reis

Palma

R. de S.

R. B.

Salgueiro

e

P

AV.

y

de

São

R. do Telhal

José

160

SÃO JOSÉ

U

R. de S.

Lázaro

V

d

P

a

Rua P do

Salitre

z

Avenida

Z

ELEVADOR
DO LAVRA

COLISEU
DOS RECREIOS

Calç. de Santana

P

Martim
Moniz
184

P

JARDIM
BOTÂNICO

Parque
Mayer

T T T
P
T T T
P P
b r

LIBERDADE

Alegria

R. das Portas de S. Antão

Rua

R. da

R.

S

R. da

Alegria

R

da Glória

t

75

P

ELEVADOR
DA GLÓRIA

Palácio
Foz

Pr. dos
Restauradores

T

f

T

240

184

e

n

a

X

213

R. D. Pedro V

a

L²

252

151

Restauradores

Z

97

T

Pr. Dom
Pedro IV

ROSSIO

Pr. da
Figueira

r

Século

Rua

r

Rossio

S

BAIRRO

a

do

Rua

SÃO ROQUE

M¹¹

c

ELEVADOR
DE STA JUSTA

M⁴

225

R.

R. do Ouro

258

e

229

127

a

Rua da Madalena

ALTO

da Rosa

28 k 190

S

T

f 91 b

t

63

r

82

CHIADO

GARRETT

72 R.

R.

C R.

C R.

Baixa -Chiado

Augusta

BAIXA

Prata

R. Nova do Almada

Calç. do Combro

ELEVADOR
DA BICA

Pr. Luís
de Camões

Ivens

T G

243

MINISTÉRIO

SANTA
CATARINA

228

A¹

R. do Alecrim

T

M¹⁸

262

M

POL

H

R. da Boavísta

R. de São Paulo

21

R. V. Cordon

R. do Arsenal

MINISTÉRIO

PRAÇA DO

P

COMÉRCIO

Z

Av. 24
de Julho

Praça
Dom
Luís I

Praça Duque
de Terceira

Av. da Ribeira das Naus

CAIS
DO SODRÉ

J — K

↓ CACILHAS

L
M
SAPADORES
R. dos Sapadores
Calç. dos Barbadinhos
V
R. Maria da Fonte
R. A. Vidal
Monteiro
R. Damasceno
da Bombarda
Rua da Graça
Senhora da
R. Vale de S.to António
Miradouro da Senhora do Monte
c
d
GRAÇA
Largo da Graça
da Glória
R. Leite de Vasconcelos
Verónica
Convento N.S. da Graça
R. dos Lagares
R. dos Cavaleiros
Calç. de S.to André
R. Voz do Operário
R. do Mirante
CAMPO DE STA CLARA
X
MOURARIA
São Vicente de Fora
C
CASTELO DE SÃO JORGE
R. de S. Vicente
SANTA ENGRÁCIA
Santa Apolónia
152
P
256
85
R. do Paraíso
SANTA APOLÓNIA
n
Costa do Castelo
M
220
255
s
b
118
CASTELO
226
270
Remédios
M 15
210
148
154
214
Sto Estêvão
236
R. dos
165
M 13
ALFAMA
P
70
231
249
D. Henrique
36
L.1
250
L. dos Lóios
253
ALFÂNDEGA
R. da Saudade
193
S. Miguel
a
Av. Infante
31
175
267
Largo do Chafariz de Dentro
33
246
ALFÂNDEGA
Doca do Terreiro do Trigo
233
Sé
h
90
49
Y
246
Henrique
D.
P
10
Campo das Cebolas
Infante
MINISTÉRIO
Terréiro do Paço
Av.
Doca da Marinha
T E J O
Z
Estação Fluvial
CAIS DA ALFÂNDEGA
LISBOA
0   300 m
M
CACILHAS   L   BARREIRO, MONTIJO, SEIXAL

Lista alfabética dos estabelecimentos
Lista alfabética de los establecimientos
Liste alphabétique des établissements
Elenco alfabetico degli esercizi
Alphabetische liste der Häuser
Alphabetical list of establishments

A

- 21 Adega Machado
- 19 Adega Tia Matilde
- 16 Afonso Henriques (D.)
- 14 Albergaria Senhora do Monte
- 16 Alicante
- 17 Altis
- 15 Altis Park H.
- 18 Amazónia Jamor
- 18 Amazónia Lisboa
- 16 A.S. Lisboa
- 14 Avenida Palace
- 16 Avis (D')

B

- 15 Bachus
- 18 Barcelona
- 19 Berna
- 14 Botánico
- 15 Brasserie Avenue
- 14 Britânia

C

- 17 Carlton Palace H.
- 19 Casa da Comida
- 15 Casa do Leão
- 20 Caseiro
- 21 Celtas
- 19 Chester
- 15 Clara
- 20 Clube de Fado
- 20 Coelho da Rocha
- 19 Comfort Príncipe
- 15 Consenso
- 19 Conventual
- 17 Corinthia Alfa H.

D – E

- 18 Diplomático
- 16 Dom Carlos
- 16 Dom João
- 18 Dom Manuel I
- 17 Dom Pedro Lisboa
- 18 Dom Rodrigo Lisboa
- 18 Eduardo VII
- 15 Escorial
- 19 Estufa Real

F

- 20 Faia (O)
- 15 Faz Figura (O)
- 17 Fénix
- 18 Flórida
- 21 Forcado (O)
- 17 Four Seasons H. The Ritz Lisbon
- 20 Frei Papinhas
- 20 Funil (O)

G – H

- 15 Gambrinus
- 16 Holiday Inn Lisboa
- 17 Holiday Inn Lisboa-Continental
- 19 Horizonte

I

- 19 Ibis José Malhoa
- 19 Ibis Lisboa Liberdade
- 16 Ibis Lisboa Saldanha
- 14 Insulana

J

- 18 Janelas Verdes (As)
- 19 Jorge V

L

- 17 Lapa Palace
- 16 Lar do Areeiro

14 Lisboa
14 Lisboa Plaza
14 Lisboa Regency Chiado
14 Lisboa Tejo
17 Lisbon Marriott H.
16 Lutécia

M

16 Madrid
20 Mãe d'Água
17 Marquês de Pombal
18 Marquês de Sá
16 Meliá Confort Lisboa
16 Meliá Confort Oriente
20 Mercado da Carne (O)
15 Mercado de Santa Clara
20 Mercado do Peixe (O)
17 Meridien Park Atlantic Lisboa (Le)
14 Metropole
17 Metropolitan Lisboa H.
18 Miraparque
14 Mundial
15 Múni (O)

N

18 Nacional
19 Nazareth
14 NH Liberdade
16 Nobre (O)
18 Novotel Lisboa

P

19 Pabe
16 Panorâmico
20 Papagaio da Serafina
15 Paparrucha (La)
15 Paris
20 Polícia (O)
16 Presidente

Q

18 Quality H.
19 Quinta dos Frades

R

15 Radisson SAS
17 Real Parque

19 Real Residência
14 Residência Roma
16 Roma

S

16 Sana Classic Capitol H.
18 Sana Classic Executive H.
17 Sana Classic Reno H.
18 Sana Classic Rex H.
19 São Jerónimo
19 Saraiva's
19 Sétimo
20 Severa (A)
17 Sheraton Lisboa H. & Towers
14 Sofitel Lisboa
20 Solar dos Nunes
15 Solar dos Presuntos
20 Sr. Vinho
15 Stravaganza
20 Sua Excelência

T

19 T Clube
20 Tachinho (O)
15 Tavares
20 Taverna do Embuçado
19 Tejo II
14 Tivoli Jardim
14 Tivoli Lisboa
18 Torre (Da)
20 Travessa (A)

U – V

20 Umpontocinco
20 Varanda da União
16 Vasku's Grill
19 Vela Latina
14 Veneza
15 Verdemar
15 Via Graça

X – Y – Z

19 XL
18 York House
18 Zurique

Centro : Av. da Liberdade, Praça dos Restauradores, Praça Dom Pedro IV (Rossio), Praça do Comércio, Rua Dom Pedro V, Rua de Santa Catarina, Campo de Santa Clara, Rua dos Sapadores (planos p. 8 e 9)

Tivoli Lisboa, Av. da Liberdade 185, ⊠ 1269-050, ℰ 21 319 89 00, *htlisboa@mail.t elepac.pt, Fax 21 319 89 50,* 🍽, « Terraço com ≤ cidade », ≋ climatizada, ✗ – 🛗 ▤ 📺 ♿ ⇔ – ♨ 40/200. 🅰🅴 ⓞ ⓜⓒ 🆅🅸🆂🅰. ✗
Grill Terraço : Refeição lista 39,90 a 51,87 – ⊡ 12,47 – **300 qto** 209,50/229,45, 29 suites.
JV d

Sofitel Lisboa, Av. da Liberdade 127, ⊠ 1269-038, ℰ 21 322 83 00, *h1319@acco r-hotels.com, Fax 21 322 83 60* – 🛗 ▤ 📺 ♿ ⇔ – ♨ 25/300. 🅰🅴 ⓞ ⓜⓒ 🆅🅸🆂🅰. ✗
Refeição - ver rest. *Brasserie Avenue* – ⊡ 14,96 – **165 qto** 160/215 – 5 suites.
JV r

Lisboa Plaza, Travessa do Salitre 7, ⊠ 1269-066, ℰ 21 321 82 18, *plaza.hotels@h eritage.pt, Fax 21 347 16 30* – 🛗 ▤ 📺 – ♨ 25/140. 🅰🅴 ⓞ ⓜⓒ 🆅🅸🆂🅰 ᴊᴄʙ. ✗
Refeição 23 – ⊡ 12 – **94 qto** 183/198 – 12 suites.
JV b

Mundial, Rua D. Duarte 4, ⊠ 1100-198, ℰ 21 884 20 00, *mundial.hot@mail.telepac.pt, Fax 21 884 21 10,* ≤ – 🛗 ▤ 📺 ♿ ⇔ – ♨ 25/120. 🅰🅴 ⓞ ⓜⓒ 🆅🅸🆂🅰 ᴊᴄʙ. ✗
Refeição 18,70 - *Varanda de Lisboa* : Refeição lista 21,20 a 39,90 – **252 qto** ⊡ 33,10/43,50.
KX a

Tivoli Jardim, Rua Julio Cesar Machado 7, ⊠ 1250-135, ℰ 21 353 99 71, *htjardin @mail.telepac.pt, Fax 21 355 65 66,* ≋ climatizada, ✗ – 🛗 ▤ 📺 ♿ ⇔ 🅿 – ♨ 25/40. 🅰🅴 ⓞ ⓜⓒ 🆅🅸🆂🅰. ✗
Refeição 19,95 – ⊡ 7,48 – **119 qto** 137,17/159,62 – PA 39,90.
JV a

Lisboa Regency Chiado, Rua Nova do Almada 114, ⊠ 1200-290, ℰ 21 325 61 00, *regencychiado@madeiraregency.pt, Fax 21 325 61 61* – 🛗 ▤ 📺 ⇔. 🅰🅴 ⓞ ⓜⓒ 🆅🅸🆂🅰. ✗
Refeição 30 – **40 qto** ⊡ 120/130 – PA 60.
KY c

Lisboa sem rest com snack-bar, Rua Barata Salgueiro 5, ⊠ 1166-069, ℰ 21 355 41 31, *hotlis@ip.pt, Fax 21 355 41 39* – 🛗 ▤ 📺 ⇔. 🅰🅴 ⓞ ⓜⓒ 🆅🅸🆂🅰 ᴊᴄʙ. ✗
JV e
55 qto ⊡ 124,70/149,64 – 6 suites.

Avenida Palace sem rest, Rua 1º de Dezembro 123, ⊠ 1200-359, ℰ 21 346 01 51, *hotel.av.palace@mail.telepac.pt, Fax 21 342 28 84* – 🛗 ▤ 📺 – ♨ 25/100. 🅰🅴 ⓞ ⓜⓒ 🆅🅸🆂🅰 ᴊᴄʙ. ✗
KX z
64 qto ⊡ 170/190 – 18 suites.

Britânia sem rest, Rua Rodrigues Sampaio 17, ⊠ 1150-278, ℰ 21 315 50 16, *britan ia.hotel@heritage.pt, Fax 21 315 50 21* – 🛗 ▤ 📺. 🅰🅴 ⓞ ⓜⓒ 🆅🅸🆂🅰 ᴊᴄʙ. ✗
JV y
⊡ 12 – **30 qto** 183/198.

NH Liberdade, Av. da Liberdade 180-B, ⊠ 1250-146, ℰ 21 351 40 60, *nhliberdade @nh-hoteles.es, Fax 21 314 36 74,* ≋ – 🛗 ▤ 📺 ⇔ – ♨ 25/35. 🅰🅴 ⓞ ⓜⓒ 🆅🅸🆂🅰. ✗
Refeição 30 – **83 qto** ⊡ 179/190.
JV z

Veneza sem rest, Av. da Liberdade 189, ⊠ 1250-141, ℰ 21 352 26 18, *comercial@3k hoteis.com, Fax 21 352 66 78,* « Instalado num antigo palacete » – 🛗 ▤ 📺 🅿. 🅰🅴 ⓞ ⓜⓒ 🆅🅸🆂🅰 ᴊᴄʙ. ✗
JV d
37 qto ⊡ 104,75/129,69.

Metropole sem rest, Praça do Rossio 30, ⊠ 1100-200, ℰ 21 321 90 30, *almeidahote ls@ip.pt, Fax 21 346 91 66* – 🛗 ▤ 📺
KY s
36 qto.

Albergaria Senhora do Monte sem rest, Calçada do Monte 39, ⊠ 1170-250, ℰ 21 886 60 02, *Fax 21 887 77 83,* ≤ Castelo de São Jorge, cidade e rio Tejo – 🛗 ▤ 📺. 🅰🅴 ⓞ ⓜⓒ 🆅🅸🆂🅰. ✗
LV c
28 qto ⊡ 99,75/149,63.

Lisboa Tejo sem rest, Poço do Borratém 4, ⊠ 1100-408, ℰ 21 886 61 82, *hlt.rese rvas@mail.telepac.pt, Fax 21 886 51 63* – 🛗 ▤ 📺. 🅰🅴 ⓞ ⓜⓒ 🆅🅸🆂🅰 ᴊᴄʙ. ✗
KX r
58 qto ⊡ 86,04/97,26.

Botánico sem rest, Rua Mãe de Água 16, ⊠ 1250-156, ℰ 21 342 03 92, *Fax 21 342 01 25* – 🛗 ▤ 📺. 🅰🅴 ⓞ ⓜⓒ 🆅🅸🆂🅰 ᴊᴄʙ. ✗
JX s
30 qto ⊡ 80/100.

Insulana sem rest, Rua da Assunção 52, ⊠ 1100-044, ℰ 21 342 76 25, *Fax 21 342 89 24* – 🛗 ▤ 📺. 🅰🅴 ⓞ ⓜⓒ 🆅🅸🆂🅰. ✗
KY e
32 qto ⊡ 50/60.

Residência Roma sem rest, Travessa da Glória 22-A, ⊠ 1250-118, ℰ 21 346 05 57, *Fax 21 346 05 57* – ▤ 📺. 🅰🅴 ⓞ ⓜⓒ 🆅🅸🆂🅰. ✗
JX t
24 qto ⊡ 50/64.

XXXX **Clara,** Campo dos Mártires da Pátria 49, ⊠ 1150-225, *🕾 21 885 30 53, clararestaur
ant@mail.telepac.pt, Fax 21 885 20 82,* 🛋, « Terraço-jardim » – 🗏. AE ① MC VISA
JCB. ⚐   KV f
fechado do 1 ao 15 de agosto, sábado meio-dia e domingo – **Refeição** lista 23,21 a 26,21.

XXXX **Tavares,** Rua da Misericórdia 37, ⊠ 1200-270, *🕾 21 342 11 12, Fax 21 347 81 25,*
« Estilo fim do século XIX » – 🗏. AE ① MC VISA. ⚐   JY t
Refeição lista 36,90 a 53,70.

XXX **Bachus,** Largo da Trindade 9, ⊠ 1200-466, *🕾 21 342 28 28, Fax 21 342 12 60* – 🗏.
AE ① MC VISA. ⚐   JY s
fechado domingo – **Refeição** lista 33 a 41.

XXX **Gambrinus,** Rua das Portas de Santo Antão 25, ⊠ 1150-264, *🕾 21 342 14 66,
Fax 21 346 50 32* – 🗏. AE MC VISA. ⚐   KX n
Refeição lista 65 a 80.

XXX **Brasserie Avenue** - *Hotel Sofitel Lisboa* com buffet, Av. da Liberdade 127 A/B,
⊠ 1269-038, *🕾 21 322 83 50, h1319-fb@accor-hotels.com, Fax 21 322 83 60,* 🛋 – 🗏
🚗. AE ① MC VISA JCB. ⚐ rest   JV r
Refeição lista 23,44 a 29,68.

XXX **Consenso,** Rua da Académia das Ciências 1-A, ⊠ 1200-003, *🕾 21 343 13 13, reserv
as@restauranteconsenso.com, Fax 21 343 13 12,* « Decoração moderna num ambiente
rústico » – 🗏. AE ① MC VISA JCB   JY a
fechado sábado meio-dia, domingo meio-dia e feriados meio-dia – **Refeição** lista 16,50 a
30,95.

XXX **Escorial,** Rua das Portas de Santo Antão 47, ⊠ 1150-160, *🕾 21 346 44 29,
Fax 21 346 37 58,* 🛋 – 🗏. AE ① MC VISA JCB. ⚐   KX e
Refeição lista aprox. 34,92.

XXX **Casa do Leão,** Castelo de São Jorge, ⊠ 1100-129, *🕾 21 887 59 62, guest@pousa
das.pt, Fax 21 887 63 29,* ≼, 🛋 – 🗏. AE ① MC VISA. ⚐   LXY s
Refeição lista 29,18 a 41,65.

XX **Via Graça,** Rua Damasceno Monteiro 9-B, ⊠ 1170-108, *🕾 21 887 08 30,
Fax 21 887 03 05,* ≼ Castelo de São Jorge, cidade e rio Tejo – 🗏. AE ① MC VISA
JCB. ⚐   LV d
fechado do 26 ao 31 de agosto, sábado meio-dia e domingo – **Refeição** lista 16,95 a 28,43.

XX **O Faz Figura,** Rua do Paraíso 15-B, ⊠ 1100-396, *🕾 21 886 89 81, Fax 21 886 89 81,*
≼, 🛋 – 🗏. AE ① MC VISA JCB. ⚐   MX n
fechado sábado meio-dia e domingo – **Refeição** lista 20,22 a 30,94.

XX **Solar Dos Presuntos,** Rua das Portas de Santo Antão 150, ⊠ 1150-269,
🕾 21 342 42 53, spresuntos@ip.pt, Fax 21 346 84 68 – 🗏. AE ① MC VISA. ⚐ KX b
fechado agosto e domingo – **Refeição** lista 18 a 38.

XX **Verdemar,** Rua das Portas de Santo Antão 142, ⊠ 1150-269, *🕾 21 346 44 01* – 🗏.
AE ① MC VISA JCB. ⚐   KX f
fechado sábado – **Refeição** lista 20,50 a 24.

X La Paparrucha, Rua D. Pedro V 18-20, ⊠ 1250-094, *🕾 21 342 53 33, grupo.V@mil.t
elepac.pt, Fax 21 342 53 33,* ≼, 🛋 – 🗏   JX a
Refeição - rest. argentino, carnes.

X **Stravaganza,** Rua do Grémio Lusitano 20, ⊠ 1200-212, *🕾 21 346 88 68,
Fax 21 458 29 34* – 🗏. AE ① MC VISA JCB. ⚐   JY c
fechado do 14 ao 31 de janeiro – **Refeição** - cozinha italiana, sábado, domingo e feriados
so jantar - lista 12,97 a 30.

X **Paris,** Rua dos Sapateiros 126, ⊠ 1100-580, *🕾 21 346 97 97* – 🗏. AE ① MC VISA. ⚐
Refeição lista 17,48 a 24,45.   KY a

X **O Múni,** Rua dos Correeiros 115, ⊠ 1100-163, *🕾 21 342 89 82* – 🗏. AE MC VISA. ⚐
fechado setembro, sábado e domingo – **Refeição** lista 21,20 a 29,93.   KY r

X **Mercado de Santa Clara,** Campo de Santa Clara (no mercado), ⊠ 1170
🕾 21 887 39 86, Fax 21 887 39 86 – 🗏. AE ① MC VISA   MX c
fechado do 15 de agosto ao 15 de setembro, domingo noite e 2ª feira – **Refeição** lista
20,22 a 23,68.

Este : Praça Marquês de Pombal, Av. da Liberdade, Av. Almirante Reis, Av. João XXI, Av.
da República, Av. Estados Unidos de América, Av. de Berlim (planos p. 5 e 7)

Radisson SAS, Av. Marechal Craveiro Lopes 390, ⊠ 1749-009, *🕾 21 759 96 39,
Fax 21 758 66 05,* 🛌 – 🛗 🗏 TV 🕿 🚗 – 🔔 25/200. AE ① MC VISA. ⚐   CN u
Refeição 24 – ☕ 11 – **205 qto** 200/220 – 16 suites.

Altis Park H., Av. Engenheiro Arantes e Oliveira 9, ⊠ 1900-221, *🕾 21 843 42 00,
indiv.reservations@altisparkhotel.com, Fax 21 846 08 38* – 🛗 🗏 TV 🕿 🚗 – 🔔 25/600.
AE ① MC VISA. ⚐ rest   HR z
Refeição 20 – **285 qto** ☕ 134,80/149,80 – 15 suites – PA 40.

Meliá Confort Lisboa, Av. Duque de Loulé 45, ✉ 1050-086, ℰ 21 351 04 80, *h.me lia.lis.reservas@sapo.pt, Fax 21 353 18 65*, 🏊 – 🛗 🗖 📺 ♿ 🚗 – 🔲 25/50. AE ① ⓜⓒ VISA JCB. ⅜   **GS** z
Refeição *(fechado domingo)* lista 18,95 a 29,93 – **80 qto** ⊊ 155/165 – 4 suites.

Holiday Inn Lisboa, Av. António José de Almeida 28-A, ✉ 1000-044, ℰ 21 793 52 22, *Fax 21 793 66 72*, 🚴 – 🛗 🗖 📺 ♿ 🚗 – 🔲 25/300. AE ① ⓜⓒ VISA ⅜   **GR** c
Refeição 20,60 – ⊊ 9,48 – **161 qto** 175/187 – 8 suites.

Lutécia, Av. Frei Miguel Contreiras 52, ✉ 1749-086, ℰ 21 840 31 21, *lutecia@mail.t elepac.pt, Fax 21 840 78 18*, ⇐ – 🛗 🗖 📺 – 🔲 25/100. AE ① ⓜⓒ VISA JCB. ⅜   **DN** b
Refeição lista 20,95 a 28,94 – **143 qto** ⊊ 97,27/119,72 – 8 suites.

Roma, Av. de Roma 33, ✉ 1749-074, ℰ 21 796 77 61, *info@hotelroma.pt, Fax 21 793 29 81*, ⇐, 🚴, 🗖 – 🛗 🗖 📺 ♿ – 🔲 25/230. AE ① ⓜⓒ VISA JCB. ⅜   **CN** a
Refeição 14,95 – **263 qto** ⊊ 80/125 – PA 29,92.

Dom Carlos sem rest com snack-bar, Av. Duque de Loulé 121, ✉ 1050-089, ℰ 21 351 25 90, *hdcarlos@mail.telepac.pt, Fax 21 352 07 28* – 🛗 🗖 📺 – 🔲 25/40. AE ① ⓜⓒ VISA JCB. ⅜   **GS** n
76 qto ⊊ 94/113.

Presidente sem rest, Rua Alexandre Herculano 13, ✉ 1150-005, ℰ 21 317 35 70, *hpresidente@mail.telepac.pt, Fax 21 352 02 72* – 🛗 🗖 📺 – 🔲 25/40. AE ① ⓜⓒ VISA JCB. ⅜   **GS** t
59 qto ⊊ 88/102.

Madrid sem rest, Rua do Conde de Redondo 24, ✉ 1150-106, ℰ 21 319 17 60, *come rcial@3khoteis.com, Fax 21 315 75 75* – 🛗 🗖 📺 ♿ 🚗 – 🔲 25/100. AE ① ⓜⓒ VISA JCB. ⅜   **GS** v
86 qto ⊊ 124,70/149,64.

A.S. Lisboa sem rest, Av. Almirante Reis 188, ✉ 1000-055, ℰ 21 842 93 60, *info@h otel-aslisboa.com, Fax 21 842 93 74* – 🛗 🗖 📺 – 🔲 25/80. AE ① ⓜⓒ VISA. ⅜   **HR** e
75 qto ⊊ 67,34/77,31.

Meliá Confort Oriente, Av. D. João II (Parque das Nações), ✉ 1990-083, ℰ 21 893 00 00, *melia.confort.oriente@esoterica.pt, Fax 21 893 00 99*, ⇐, « Frente ao esturário do Tejo » – 🛗 🗖 📺 ♿ 🚗 – 🔲 25/100. AE ① ⓜⓒ VISA. ⅜   **DN** a
Refeição 12 – **115 qto** ⊊ 95/105 – 1 suite.

Sana Classic Capitol H. sem rest com snack-bar, Rua Eça de Queiroz 24, ✉ 1050-096, ℰ 21 353 68 11, *sanaclassic.capitol@sanahotels.com, Fax 21 352 61 65* – 🛗 🗖 📺 – 🔲 25/75. AE ① ⓜⓒ VISA. ⅜   **GS** f
57 qto ⊊ 100/110.

Ibis Lisboa Saldanha, Av. Casal Ribeiro 23-25, ✉ 1000-090, ℰ 21 319 16 90, *Fax 21 319 16 99* – 🛗 📺 ♿ 🚗 – 🔲 25/150   **GR** r
116 qto.

D. Afonso Henriques sem rest, Rua Cristóvão Falcão 8, ✉ 1900-172, ℰ 21 814 65 74, *Fax 21 812 33 75* – 🛗 🗖 📺 🚗 – 🔲 25/80. AE ① ⓜⓒ VISA   **HR** t
39 qto ⊊ 57,86/68,34.

Dom João sem rest, Rua José Estêvão 43, ✉ 1150-200, ℰ 21 314 41 71, *Fax 21 352 45 69* – 🛗 🗖 📺. AE ① ⓜⓒ VISA. ⅜   **HS** e
18 qto ⊊ 37,50/43.

Alicante sem rest, Av. Duque de Loulé 20, ✉ 1050-090, ℰ 21 353 05 14, *alicante @clix.pt, Fax 21 352 02 50* – 🛗 🗖 📺. AE ① ⓜⓒ VISA JCB. ⅜   **GS** c
42 qto ⊊ 47,38/54,86.

Lar do Areeiro sem rest, Praça Dr. Francisco Sá Carneiro 4, ✉ 1000-159, ℰ 21 849 31 50, *Fax 21 840 63 21* – 🛗 📺. AE ① ⓜⓒ VISA. ⅜   **HR** v
51 qto ⊊ 42,30/52,30.

O Nobre, Marina Expo-Edifício Nau-F 18, ✉ 1990-182, ℰ 21 893 16 00, *Fax 21 896 99 88*, ⇐, 🌿 – 🗖. AE ① ⓜⓒ VISA   **DN** c
Refeição lista 32,11 a 41,59.

Panorâmico, Torre Vasco da Gama, ✉ 1990-173, ℰ 21 893 95 50, *Fax 21 895 60 50*, « No Parque das Nações com ⇐ rio Tejo e cidade » – 🛗 🗖. AE ① ⓜⓒ VISA JCB. ⅜   **DN** e
fechado 2ª feira – **Refeição** lista 30,38 a 39,48.

D'Avis, Rua do Grilo 98, ✉ 1900-707, ℰ 21 868 13 54, *Fax 21 868 13 54*, « Rest. típico » – 🗖. AE ⓜⓒ VISA   **DP** a
fechado domingo – **Refeição** - cozinha alentejana - lista 12,12 a 16,20.

Vasku's Grill, Rua Passos Manuel 30, ✉ 1150-260, ℰ 21 352 22 93, *Fax 21 315 54 32* – 🗖. AE ① ⓜⓒ VISA JCB. ⅜   **HS** a
fechado agosto e domingo – **Refeição** - grelhados - lista 25,43 a 30,42.

Oeste : Av. da Liberdade, Av. 24 de Julho, Largo de Alcântara, Av. da India, Av. Infante Santo, Praça Marquês de Pombal, Av. António Augusto de Aguiar, Av. de Berna, Praça de Espanha (planos p. 4 e 6)

Four Seasons H. The Ritz Lisbon, Rua Rodrigo da Fonseca 88, ✉ 1099-039, ℘ 21 381 14 00, *ritzfourseasons@mail.telepac.pt*, Fax 21 383 17 83, ≤, 余, ₤ – 劇 ▤ 丒 も ⇔ 丒 – 盆 25/500. ㎎ ⓪ ⑩ 丒 丒. ✍   FS b
Varanda : Refeição lista 51,80 a 64 – ☕ 19,50 – **264 qto** 315/340 – 20 suites.

Sheraton Lisboa H. & Towers, Rua Latino Coelho 1, ✉ 1069-025, ℘ 21 312 00 00, *lisboasheraton@sheraton.com*, Fax 21 354 71 64, ≤, ₤, 丒 climatizada – 劇 ▤ 丒 も ⇔ – 盆 25/550. ㎎ ⓪ ⑩ 丒 丒. ✍   GR s
Alfama : Refeição lista 43,90 a 51 - *Caravela* : Refeição lista 31,92 a 37,41 – ☕ 14,96 – **374 qto** 214,48/229,45 – 7 suites.

Lapa Palace 緑, Rua do Pau de Bandeira 4, ✉ 1249-021, ℘ 21 394 94 94, *info@h otelapa.com*, Fax 21 395 06 65, ≤, 余, « Belo jardim entre árvores com cascata e 丒 », ₤, 丒 – 劇 ▤ 丒 も ⇔ 丒 – 盆 25/250. ㎎ ⓪ ⑩ 丒 丒. ✍   EU a
Hotel Cipriani : Refeição (cozinha italiana) lista 54 a 66 – ☕ 20 – **101 qto** 350/375, 8 suites.

Carlton Palace H. 緑, Rua Jau 54, ✉ 1300-314, ℘ 21 361 56 00, *carlton.palace @pestana.com*, Fax 21 361 56 25, « Belo palácio do século XIX rodeado de jardins e 丒 », ₤, 丒, 丒 – 劇 ▤ 丒 も ⇔ – 盆 25/520. ㎎ ⓪ ⑩ 丒 丒. ✍   AQ d
Valle Flôr : Refeição lista 31,50 a 56,50 – ☕ 16 – **173 qto** 325/350 – 17 suites.

Dom Pedro Lisboa, Av. Engenheiro Duarte Pacheco 24, ✉ 1070-109, ℘ 21 389 66 00, *dp.lisboa@dompedro-hotels.com*, Fax 21 389 66 01, ≤, 余 – 劇 ▤ 丒 ⇔ – 盆 25/500. ㎎ ⓪ ⑩ 丒. ✍   ES e
Il Gattopardo (cozinha italiana) **Refeição** lista 26,94 a 37,31 – ☕ 16 – **254 qto** 400/425, 9 suites.

Le Meridien Park Atlantic Lisboa, Rua Castilho 149, ✉ 1099-034, ℘ 21 381 87 00, *reservas.lisboa@lemeridien.lisboa*, Fax 21 389 05 05, ≤ – 劇 ▤ 丒 も ⇔ – 盆 25/550. ㎎ ⓪ ⑩ 丒 丒. ✍ rest   FS a
L'Appart : Refeição lista 34,73 a 54,03 – ☕ 13,97 – **313 qto** 225,21/251,39 – 17 suites.

Altis, Rua Castilho 11, ✉ 1269-072, ℘ 21 310 60 00, *reservations@hotel-altis.pt*, Fax 21 310 62 62, ₤, 丒 – 劇 ▤ 丒 も ⇔ – 盆 25/700. ㎎ ⓪ ⑩ 丒 丒. ✍   FT z
Girassol (só almoço salvo domingo) **Refeição** lista 26,39 a 32,37 - ***Grill Dom Fernando*** (fechado domingo) **Refeição** lista 28,88 a 33,86 – **290 qto** ☕ 180/200 – 13 suites, 40 apartamentos.

Corinthia Alfa H., Av. Columbano Bordalo Pinheiro, ✉ 1099-031, ℘ 21 723 63 63, *alfa.hotel@mail.telepac.pt*, Fax 21 723 63 64, ≤, ₤, 丒 – 劇 ▤ 丒 ⇔ – 盆 25/700. ㎎ ⓪ ⑩ 丒. ✍   ER a
A Aldeia : Refeição lista 29 a 37 – **434 qto** ☕ 240/255 – 7 suites.

Holiday Inn Lisboa-Continental, Rua Laura Alves 9, ✉ 1069-169, ℘ 21 793 50 05, *vcordeiro@grupo-continental.com*, Fax 21 797 36 69 – 劇 ▤ 丒 も ⇔ – 盆 25/180. ㎎ ⓪ ⑩ 丒 丒. ✍   FR q
Refeição 23 – ☕ 8,98 – **210 qto** 160/184 – 10 suites.

Real Parque, Av. Luís Bívar 67, ✉ 1069-146, ℘ 21 319 90 00, *info@hoteisreal.com*, Fax 21 357 07 50 – 劇 ▤ 丒 も ⇔ – 盆 25/100. ㎎ ⓪ ⑩ 丒 丒. ✍   FR a
Cozinha do Real : Refeição lista 24 a 33 – **147 qto** ☕ 139,66/159,62 – 6 suites.

Lisbon Marriott H., Av. dos Combatentes 45, ✉ 1600-042, ℘ 21 723 54 00, *pentah otel@telepac.pt*, Fax 21 726 42 81, ≤, 余, ₤, 丒, 丒 – 劇 ▤ 丒 も ⇔ 丒 – 盆 25/600   BN r
Refeição Citrus – **577 qto**, 12 suites.

Metropolitan Lisboa H., Rua Soeiro Pereira Gomes-parcela 2, ✉ 1600-198, ℘ 21 798 25 00, *comer@metropolitan-lisboa-hotel.pt*, Fax 21 795 08 64 – 劇 ▤ 丒 も ⇔ – 盆 25/250. ㎎ ⓪ ⑩ 丒. ✍   CN v
Refeição 20 – **315 qto** ☕ 124,70/149,64 – PA 38.

Fénix, Praça Marquês de Pombal 8, ✉ 1269-133, ℘ 21 386 21 21, *h.fenix@ip.pt*, Fax 21 386 01 31 – 劇 ▤ 丒 も – 盆 25/100. ㎎ ⓪ ⑩ 丒. ✍   FS g
Bodegón : Refeição lista 19,95 a 34,17 – **119 qto** ☕ 124,70/149,64 – 4 suites.

Marquês de Pombal sem rest com snack-bar, Av. da Liberdade 243, ✉ 1250-143, ℘ 21 319 79 00, *info@hotel-marquesdepombal.pt*, Fax 21 319 79 90 – 劇 ▤ 丒 も ⇔ – 盆 25/120. ㎎ ⓪ ⑩ 丒 丒. ✍   FS e
123 qto ☕ 150/160.

Sana Classic Reno H. sem rest, Av. Duque d'Ávila 195-197, ✉ 1050-082, ℘ 21 313 50 00, *sanaclassicreno@sanchotels.com*, Fax 21 313 50 01, 丒 – 劇 ▤ 丒 も ⇔ – 盆 25/115. ㎎ ⓪ ⑩ 丒. ✍   FR m
89 qto ☕ 109,74/119,71 – 3 suites.

Zurique, Rua Ivone Silva 18, 1050-124, 21 781 40 00, *hotelzurique@viphotels. com, Fax 21 793 72 90,* – 25/250. FR s
Refeição 15 – 7 – **248 qto** 64/74 – 4 suites – PA 30.

Diplomático, Rua Castilho 74, 1250-071, 21 383 90 20, *reservas@hotel-diplo matico.mailpac.pt, Fax 21 386 21 55* – 25/80. FS c
rest
Refeição *(fechado sábado, domingo e feriados)* lista aprox. 22 – **90 qto** 120/125.

Barcelona sem rest, Rua Laura Alves 10, 1050-138, 21 795 42 73, *reservas@3k hoteis.com, Fax 21 795 42 81* – 25/230. FR z
120 qto 124,70/149,64 – 5 suites.

Quality H., Campo Grande 7, 1700-087, 21 791 76 00, *quality.lisboa@mail.tele pac.pt, Fax 21 795 75 00,* – 25/70. CN c
Refeição 18,75 – **80 qto** 159,62/179,57 – 2 suites – PA 37,51.

Amazónia Jamor, Av. Tomás Ribeiro 129 Queijas, 2795-891 Linda-A-Pastora, 21 417 56 38, *Fax 21 417 56 30,* – 25/200. por ④: 10 km
Refeição 18,85 – **93 qto** 89,78/99,76 – 4 suites.

Flórida sem rest, Rua Duque de Palmela 34, 1250-098, 21 357 61 45, *florida @mail.telepac.pt, Fax 21 354 35 84* – 25/100. FS x
72 qto 118/142.

Amazónia Lisboa sem rest, Travessa Fábrica dos Pentes 12, 1250-106, 21 387 70 06, *amazoniahoteis@reetcabo.pt, Fax 21 387 90 90,* climatizada – FS d
192 qto 89,78/99,76.

Dom Rodrigo Lisboa sem rest com snack-bar, Rua Rodrigo da Fonseca 44, 1250-193, 21 386 38 00, *htdrodrigo@mail.telepac.pt, Fax 21 386 30 00,* – FS m
6 – **57 apartamentos** 93.

York House, Rua das Janelas Verdes 32, 1200-691, 21 396 25 44, *yorkhouse @hlcmm.pt, Fax 21 397 27 93,* « Instalado num convento do século XVI decorado num estilo português » – 25/90. FU e
Refeição lista 35,91 a 53,87 – 13,97 – **34 qto** 176,57/199,52.

Novotel Lisboa, Av. José Malhoa 1642, 1099-051, 21 724 48 00, *ho784@ac cor-hotels.com, Fax 21 724 48 01,* – 25/300. ER e
rest
Refeição 16,46 – 6,48 – **246 qto** 64,84/72,82.

Dom Manuel I sem rest, Av. Duque d'Ávila 189, 1050-082, 21 359 30 00, *dman uel@hoteldmanuel.pt, Fax 21 357 69 85* – FR p
64 qto 90/100.

Sana Classic Executive H. sem rest, Av. Conde Valbom 56, 1050-069, 21 795 11 57, *sanaclassic.executive@sanahotels.cem, Fax 21 795 11 66* – FR g
– 25/55.
72 qto 100/110.

Miraparque, Av. Sidónio Pais 12, 1050-214, 21 352 42 86, *miraparque@esote rica.pt, Fax 21 357 89 20* – FS k
Refeição 16 – **101 qto** 75/80 – PA 32.

Eduardo VII, Av. Fontes Pereira de Melo 5, 1069-114, 21 356 88 22, *sales@h oteleduardovii.pt, Fax 21 356 88 33,* – 25/100. FS p
Varanda : **Refeição** lista 19 a 30 – **137 qto** 89/101,50 – 1 suite.

Marquês de Sá, Av. Miguel Bombarda 130, 1050-167, 21 791 10 14, *marquessaho tel@mail.telepac.pt, Fax 21 793 69 86* – 25/150. FR c
Refeição 15,46 – **164 qto** 89,78/99,76.

As Janelas Verdes sem rest, Rua das Janelas Verdes 47, 1200-690, 21 396 81 43, *jverdes@heritage.pt, Fax 21 396 81 44,* « Mansão de fim do século XVIII com belo patio » – FU e
12 – **29 qto** 198/215.

Nacional sem rest, Rua Castilho 34, 1250-070, 21 355 44 33, *hotelnacional@m ail.telepac.pt, Fax 21 356 11 22* – FST s
59 qto 72,82/82,80 – 2 suites.

Sana Classic Rex H., Rua Castilho 169, 1070-050, 21 388 21 61, *sanaclassic. rex@sanahotels.com, Fax 21 388 75 81* – 25/50. FS a
Refeição 18 – **68 qto** 110/120.

Da Torre, Rua dos Jerónimos 8, 1400-211, 21 361 69 40, *hoteldatorre.belem @mail.telepac.pt, Fax 21 361 69 46* – 25/50. AQ e
Refeição - ver rest. ***São Jerónimo*** – **59 qto** 69,83/83,30.

Berna sem rest, Av. António Serpa 13, ⊠ 1069-199, ℰ 21 781 43 00, *hotelberna@ v iphotels.com, Fax 21 793 62 78* – |⫯| ▤ TV ☞ – ⚒ 25/180. AE ① MC VISA. ⌿ GR a ⌑ 6 – **240 qto** 59/69.

Jorge V sem rest, Rua Mouzinho da Silveira 3, ⊠ 1250-165, ℰ 21 356 25 25, *info@h oteljorgev.com, Fax 21 315 03 19* – |⫯| ▤ TV. AE ① MC VISA. ⌿ FT r **49 qto** ⌑ 77/87.

Real Residência, Rua Ramalho Ortigão 41, ⊠ 1070-228, ℰ 21 382 29 00, *info@ho teisreal.com, Fax 21 382 29 30* – |⫯| ▤ TV P. – ⚒ 25/70. AE ① MC VISA JCB. ⌿ FR e **Refeição** lista 11,23 a 21,47 – ⌑ 6 – **24 apartamentos** 139,66/159,62.

Comfort Príncipe sem rest, Av. Duque d'Ávila 201, ⊠ 1050-082, ℰ 21 353 61 51, *comfortprincipe@ esoterica.pt, Fax 21 353 43 14* – |⫯| ▤ TV P. AE ① MC VISA JCB. ⌿ FR m **67 qto** ⌑ 69,50/80,50.

Ibis José Malhoa, Av. José Malhoa-Lote H, ⊠ 1070-158, ℰ 21 723 57 00, *Fax 21 723 57 01* – |⫯| ▤ TV ⚹ ☞ – ⚒ 25/100 – **211 qto.** ER d

Ibis Lisboa Liberdade sem rest, Rua Barata Salgueiro 53, ⊠ 1250-043, ℰ 21 330 06 30, *h3137@ accor-hotels.com, Fax 21 330 06 31* – |⫯| ▤ TV ⚹ ☞. AE ① MC VISA FT a ⌑ 4 – **70 qto** 53,37.

Nazareth sem rest, Av. António Augusto de Aguiar 25-4º, ⊠ 1050-012, ℰ 21 354 20 16, *Fax 21 356 08 36* – |⫯| ▤ TV. AE ① MC VISA. ⌿ FRS y **32 qto** ⌑ 42,50/59.

Horizonte sem rest, Av. António Augusto de Aguiar 42, ⊠ 1050-017, ℰ 21 353 95 26, *residehorizonte@ netcabo.pt, Fax 21 353 84 74* – |⫯| ▤ TV. AE ① MC VISA. ⌿ FS t **52 qto** ⌑ 40,50/51,50.

Casa da Comida, Travessa das Amoreiras 1, ⊠ 1250-025, ℰ 21 388 53 76, *reserv as@ casadacomida.pt, Fax 21 387 51 32,* « Patio com plantas » – ▤. AE ① MC VISA JCB. ⌿ *fechado sábado meio-dia e domingo* – **Refeição** lista 49 a 66. FT e

Pabe, Rua Duque de Palmela 27-A, ⊠ 1250-097, ℰ 21 353 74 84, *Fax 21 353 64 37,* « Pub inglês » – ▤. AE ① MC VISA. ⌿ FS x **Refeição** lista 37,90 a 43,39.

Conventual, Praça das Flores 45, ⊠ 1200-192, ℰ 21 390 91 96, *Fax 21 390 91 96* – ▤. AE ① MC VISA FT m *fechado sábado meio-dia, domingo, feriados meio-dia e 2ª feira meio-dia* – **Refeição** lista 22,48 a 39,50.

São Jerónimo - *Hotel Da Torre,* Rua dos Jerónimos 12, ⊠ 1400-211, ℰ 21 364 87 97, *Fax 21 363 26 92,* « Decoração moderna » – ▤. AE ① MC VISA JCB. ⌿ AQ e *fechado sábado meio-dia e domingo* – **Refeição** lista 29,68 a 37,16.

T Clube, Av. de Brasília, ⊠ 1400-038, ℰ 21 301 66 52, *Fax 21 301 58 81,* ≤ – ▤. AE ① MC VISA. ⌿ AQ n *fechado sábado meio-dia e domingo* – **Refeição** lista aprox. 37,41.

Chester, Rua Rodrigo da Fonseca 87-D, ⊠ 1250-190, ℰ 21 385 73 47, *Fax 21 388 78 11* – ▤. AE ① MC VISA JCB. ⌿ FS w *fechado sábado meio-dia e domingo* – **Refeição** lista 24,71 a 33.

Quinta dos Frades, Rua Luís Freitas Branco 5-D, ⊠ 1600-488, ℰ 21 759 89 80, *Fax 21 758 67 18* – ▤. AE ① MC VISA JCB. ⌿ CN r *fechado agosto, sábado noite, domingo e feriados* – **Refeição** lista aprox. 24,94.

Sétimo, Clube VII-Parque Eduardo VII, ⊠ 1070-099, ℰ 21 386 75 52, *Fax 21 386 58 20,* ⌂, « Num parque » – ▤ FS v

XL, Calçada da Estrela 57, ⊠ 1200-661, ℰ 21 395 61 18, *Fax 21 395 85 12* – ▤. AE MC VISA. ⌿ FU n *fechado 3 semanas em agosto e domingo* – **Refeição** - só jantar, reservas aconselháveis - lista 24,60 a 32,43.

Vela Latina, Doca do Bom Sucesso, ⊠ 1400-038, ℰ 21 301 71 18, *vela-latina@ ip.pt, Fax 21 301 93 11,* ⌂ – ▤. AE ① MC VISA. ⌿ AQ x *fechado domingo* – **Refeição** lista 24,94 a 40,41.

Saraiva's, Rua Engenheiro Canto Resende 3, ⊠ 1050-104, ℰ 21 354 06 09, *Fax 21 353 19 87,* « Decoração moderna » – ▤. AE ① MC VISA JCB. ⌿ FR v *fechado sábado e feriados* – **Refeição** lista 14,77 a 38,79.

Tejo II, Doca da Rocha do Conde de Óbidos, ⊠ 1350, ℰ 21 397 96 39, *Fax 21 395 82 64,* « Num barco atracado no rio Tejo » – ▤ BQ a

Estufa Real, Jardim Botânico da Ajuda - Calçada do Galvão, ⊠ 1400, ℰ 21 361 90 21, *Fax 21 361 90 18,* « Antiga estufa num jardim botânico » – ▤ P. AE ① MC VISA. ⌿ AQ b *fechado 29 julho-18 agosto e sábado* – **Refeição** - só almoço - lista 24,84 a 36,91.

Adega Tia Matilde, Rua da Beneficência 77, ⊠ 1600-017, ℰ 21 797 21 72, *Fax 21 797 21 72* – ▤ ☞. AE ① MC VISA. ⌿ FR h *fechado sábado noite e domingo* – **Refeição** lista aprox. 23,94.

XXX **Papagaio da Serafina,** Parque Recreativo do Alto da Serafina-Monsanto, ✉ 1070-257, 𝄞 21 774 28 88, *Fax 21 778 80 81*, ←, 🏠, « Pavilhão moderno num belo parque »
– 🖭 🅿. AE ➀ MC VISA. ✂
Refeição lista 25,98 a 29,91.
ER f

XXX **Varanda da União,** Rua Castilho 14 C-7º, ✉ 1250-069, 𝄞 21 314 10 45, *Fax 21 314 10 46*, « Varanda com ← para os telhados da cidade » – 🔁 🖭. AE ➀ MC VISA JCB. ✂
fechado sábado meio-dia, domingo e feriados meio-dia – **Refeição** lista 25,44 a 35,16.
FT b

XXX **Umpontocinco,** Rua Marcos Portugal 5, ✉ 1200-256, 𝄞 21 396 48 95, *Fax 21 390 56 37* – 🖭. AE MC VISA. ✂
fechado agosto, sábado meio-dia e domingo – **Refeição** lista 18 a 27.
FT c

XXX **O Polícia,** Rua Marquês Sá da Bandeira 112, ✉ 1050-150, 𝄞 21 796 35 05, *Fax 21 796 97 91* – 🖭. AE MC VISA. ✂
fechado 15 dias em agosto, sábado noite e domingo – **Refeição** lista 22,21 a 28.
FR c

X **Frei Papinhas,** Rua D. Francisco Manuel de Melo 32, ✉ 1070-087, 𝄞 21 385 87 57, *Fax 21 383 14 59*, « Decoração rústica » – 🖭. AE ➀ MC VISA JCB. ✂
Refeição lista 16,71 a 23,70.
FS r

X **Mãe d'Água,** Travessa das Amoreiras 10, ✉ 1250-025, 𝄞 21 388 28 20, *Fax 21 387 12 66* – 🖭. AE ➀ MC VISA. ✂
fechado sábado meio-dia e domingo – **Refeição** lista 24,45 a 41,65.
FT e

X **Sua Excelência,** Rua do Conde 34, ✉ 1200-367, 𝄞 21 390 36 14, *sua xcelencia@m ail.telepac.pt, Fax 21 396 75 85*, 🏠 – 🖭. AE MC VISA JCB
fechado setembro e 4ª feira – **Refeição** lista 24,20 a 36,91.
EU t

X **O Mercado do Peixe,** Estrada do Casal Pedro Teixeira-Caramão da Ajuda, ✉ 1400-047, 𝄞 21 361 60 70, *mercadodopeixe@clix.pt, Fax 21 362 30 23* – 🖭 🅿. AE ➀ MC VISA. ✂
fechado domingo noite e 2ª feira – **Refeição** - peixes e mariscos - lista aprox. 40.
AQ a

X **O Mercado da Carne,** Estrada do Casal Pedro Teixeira-Caramão da Ajuda, ✉ 1400-047, 𝄞 21 361 09 13, *Fax 21 362 23 30* – 🖭 🅿. AE ➀ MC VISA. ✂
fechado domingo noite e 3ª feira – **Refeição** - carnes - lista aprox. 38.
AQ a

X **Solar dos Nunes,** Rua dos Lusíadas 68-72, ✉ 1300-372, 𝄞 21 364 73 59, *Fax 21 363 16 31* – 🖭. AE ➀ MC VISA. ✂
fechado 15 dias em agosto e domingo – **Refeição** lista 23,25 a 36,17.
AQ t

X **O Tachinho,** Rua do 4 de Infantaria 6 E-D, ✉ 1350-271, 𝄞 21 395 77 00, *Fax 21 396 26 84*, 🏠 – 🖭. MC VISA. ✂
fechado do 15 ao 31 de agosto e domingo – **Refeição** lista 11,50 a 26.
ET u

X **A Travessa,** Travessa das Inglesinhas 28 (Madragoa), ✉ 1200-687, 𝄞 21 390 20 34, *Fax 21 397 03 68* – 🖭. AE MC VISA. ✂
fechado domingo – **Refeição** - cozinha francesa - lista 20,95 a 24,94.
FU c

X **Coelho da Rocha,** Rua Coelho da Rocha 104-A, ✉ 1350-079, 𝄞 21 390 08 31 – 🖭. AE MC VISA. ✂
fechado agosto e domingo – **Refeição** lista 14,96 a 26,40.
ET x

X **Caseiro,** Rua de Belém 35, ✉ 1300-354, 𝄞 21 363 88 03, *Fax 21 364 23 39* – 🖭. AE ➀ MC VISA. ✂
fechado agosto e domingo – **Refeição** lista 22,24 a 31,02.
AQ s

X **O Funil,** Av. Elias Garcia 82-A, ✉ 1050-100, 𝄞 21 796 60 07, *o-funil@clix.pt, Fax 21 793 30 51* – 🖭. AE ➀ MC VISA. ✂
fechado domingo noite – **Refeição** lista 15,45 a 21,73.
GR n

Restaurantes de Fados

XXX **O Faia,** Rua da Barroca 56, ✉ 1200-050, 𝄞 21 342 67 42, *Fax 21 342 19 23* – 🖭. AE ➀ MC VISA JCB. ✂
fechado domingo – **Refeição** - só jantar - lista 38,41 a 48,89.
JY f

XXX **Clube de Fado,** São João da Praça 94, ✉ 1100-521, 𝄞 21 885 27 04, *info@clube -de-fado.com, Fax 21 888 26 94* – 🖭. AE ➀ MC VISA JCB. ✂
Refeição - só jantar - lista 45,50 a 52,75.
LYZ h

XXX **Sr. Vinho,** Rua do Meio-à-Lapa 18, ✉ 1200-723, 𝄞 21 397 26 81, *restsrvinho@tele pac.pt, Fax 21 395 20 72* – 🖭. AE ➀ MC VISA. ✂
fechado domingo – **Refeição** - só jantar - lista 30,13 a 44,19.
FU r

XXX **Taverna do Embuçado,** Beco dos Cortumes 10, ✉ 1100-172, 𝄞 21 886 50 88, *embucado@tavernaembucado.com, Fax 21 886 50 78* – 🖭. AE ➀ MC VISA JCB. ✂
fechado do 3 ao 17 de janeiro, do 4 ao 14 de agosto e domingo – **Refeição** - só jantar - lista 31 a 40.
LY a

XXX **A Severa,** Rua das Gáveas 51, ✉ 1200-206, 𝄞 21 342 83 14, *Fax 21 346 40 06* – 🖭. AE ➀ MC VISA JCB. ✂
fechado 5ª feira – **Refeição** lista 31,91 a 46,39.
JY b

✗ **Adega Machado**, Rua do Norte 91, ⊠ 1200-284, ℰ 21 322 46 40, Fax 21 346 75 07
– ▤. 𝖠𝖤 ① 𝖬𝖢 𝖵𝖨𝖲𝖠 𝖩𝖢𝖡. ⊁ — **JY** k
fechado do 10 ao 25 de dezembro e 2ª feira – **Refeição** - só jantar - lista 45 a 55.

✗ **O Forcado**, Rua da Rosa 221, ⊠ 1200-464, ℰ 21 346 85 79, Fax 21 347 48 87 – ▤.
𝖠𝖤 ① 𝖬𝖢 𝖵𝖨𝖲𝖠. ⊁ — **JX** r
fechado 4ª feira – **Refeição** - só jantar - lista aprox. 39,90.

✗ **Celtas**, Rua Gomes Freire 148, ⊠ 1150-180, ℰ 21 357 30 69, Fax 21 357 30 69 – ▤.
𝖠𝖤 𝖬𝖢 𝖵𝖨𝖲𝖠. ⊁ — **GS** k
fechado domingo – **Refeição** lista 28,96 a 53,60.

MICHELIN - Companhia Luso Pneu, Lda Av. Severiano Falcão 6/6A, Zona Industrial
do Prior Velho, ⊠ 2686-402 PRIOR VELHO ℰ 21 940 49 00, Fax 21 941 12 90

LOULÉ *Faro* 𝟿𝟦𝟶 *U 5 – 19 398 h.*

🛈 *Edifício do Castelo* ⊠ *8100-564* ℰ *289 46 39 00.*

Lisboa 299 – Faro 16.

🏨 **Loulé Jardim H.** sem rest, Praça Manuel de Arriaga, ⊠ 8100-665, ℰ 289 41 30 94,
Fax 289 46 31 77, ⤓ – ⮹ ▤ 𝖳𝖵 ⇔ – ♨ 25/100. 𝖠𝖤 ① 𝖬𝖢 𝖵𝖨𝖲𝖠
52 qto ⊇ 49/63.

✗ **O Avenida**, Av. José da Costa Mealha 13, ⊠ 8100-500, ℰ 289 46 21 06 – ▤. 𝖠𝖤 ①
𝖬𝖢 𝖵𝖨𝖲𝖠 𝖩𝖢𝖡. ⊁
fechado novembro e domingo – **Refeição** lista 12,47 a 20.

✗ **Bica Velha**, Rua Martin Moniz 17, ⊠ 8100-606, ℰ 289 46 33 76, Fax 289 46 33 76,
« Decoração rústica » – ▤. 𝖠𝖤 ① 𝖬𝖢 𝖵𝖨𝖲𝖠 𝖩𝖢𝖡. ⊁
fechado do 15 ao 30 de novembro e domingo – **Refeição** lista 17,47 a 25.

LOURINHÃ *Lisboa* 𝟿𝟦𝟶 *O 2 – 2 671 h – Praia.*

Lisboa 74 – Leiria 94 – Santarém 81.

🏠 **Estalagem Bela Vista** ⊁, Rua D. Sancho I - Santo André, ⊠ 2530, ℰ 261 41 41 61,
Fax 261 41 41 38, ⤓, ⯐, ✗ – 𝖳𝖵 𝖯. ⊁ rest
Refeição lista aprox. 20 – **31 qto** ⊇ 60/65.

♟ **Figueiredo** ⊁ sem rest, Largo Mestre Anacleto Marcos da Silva, ⊠ 2530,
ℰ 261 42 25 37 – 𝖳𝖵
18 qto ⊇ 37/40.

LOUSÃ *Coimbra* 𝟿𝟦𝟶 *L 5 – alt. 200.*

🛈 *Rua João de Cáceres* ⊠ *3200-953* ℰ *239 99 03 76 Fax 239 99 03 79.*

Lisboa 212 – Coimbra 36 – Leiria 83.

♟ **Martinho** sem rest, Rua Movimento das Forças Armadas, ⊠ 3200-249,
ℰ 239 99 13 97, Fax 239 99 43 35 – 𝖳𝖵 𝖯. ⊁
13 qto ⊇ 25/30.

LUSO *Aveiro* 𝟿𝟦𝟶 *K 4 – 2 726 h alt. 200 – Termas.*

🛈 *Rua Emídio Navarro 136* ⊠ *3050-902 apartado 2* ℰ *231 93 91 33 Fax 231 93 91 33.*

Lisboa 230 – Aveiro 44 – Coimbra 28 – Viseu 69.

🏨 **Grande H. de Luso** ⊁, Rua Dr. Cid de Oliveira 86, ⊠ 3050-210, ℰ 231 93 79 37,
hoteluso@dix.pt, Fax 231 93 79 30, ⤓, ⯐, ⌑, ✗ – ⮹ ▤ 𝖳𝖵 ⅙ 𝖯 – ♨ 25/380. 𝖠𝖤
① 𝖬𝖢 𝖵𝖨𝖲𝖠 𝖩𝖢𝖡. ⊁
Refeição lista 23,94 a 25,44 – **143 qto** ⊇ 75,82/92,78.

MACEDO DE CAVALEIROS *Bragança* 𝟿𝟦𝟶 *H 9 – 4 435 h alt. 580.*

Lisboa 510 – Bragança 42 – Vila Real 101.

🏨 **Estalagem do Caçador**, Largo Manuel Pinto de Azevedo, ⊠ 5340-219,
ℰ 278 42 63 54, Fax 278 42 63 81, ⛲, ⤓ – ⮹ 𝖳𝖵 ⇔. 𝖠𝖤 ① 𝖬𝖢 𝖵𝖨𝖲𝖠. ⊁ rest
Refeição lista aprox. 18,95 – **25 qto** ⊇ 69/92.

na estrada de Mirandela *Noroeste : 1,7 km :*

🏠 **Costa do Sol**, ⊠ 5340, ℰ 278 42 63 75, Fax 278 42 63 76 – ▤ rest, 𝖳𝖵 𝖯. 𝖠𝖤 ①
𝖬𝖢 𝖵𝖨𝖲𝖠. ⊁
Refeição 14,96 – **30 qto** ⊇ 19,95/37,41.

MACHICO *Madeira – ver Madeira (Arquipélago da).*

MADEIRA
(Arquipélago da)★★★

940 – 255 427 h.

Arquipélago de origem volcânico, está situado a 800 km da Costa Africana e a mais de 900 km ao sudoeste de Lisboa.

O clima suave todo o ano (entre 16ºC e 20ºC) e sua vegetação exuberante fazem das ilhas um lugar privilegiado para o descanso e o ócio.

O arquipélago da Madeira, com uma superfície de 782 km² é composto de duas ilhas (Madeira e Porto Santo) e dois grupos de ilhéus inabitados, as ilhas Desertas e as ilhas Selvagens.

MADEIRA : *A ilha é constituída por uma cadeia de montanhas com uma altitude superior a 1.200 m., onde culminam alguns picos (Pico Ruivo : 1.862 m.). O litoral é muito escarpado. As praias são raras e geralmente pedregosas.*

A capital da ilha é Funchal.

A cultura do vinho da ilha foi introduzida na Madeira a partir do séc. XV. As três principais castas são o Sercial, o Boal e o Malvasía, o mais afamado. Também se produz o Verdelho.

Os bordados (em tela, linho, organdi) são uns dos principais recursos da ilha.

PORTO SANTO : *A ilha prestase aos maiores contrastes. É constituída por uma vasta planície onde se erguem alguns picos, sendo o mais elevado o Pico do Facho (517 m.).*

Uma imensa praia de areia dourada com mais de 7 km., situada ao longo da Costa Sul, um clima ameno e mais seco do que na Madeira, atraem os turistas para esta ilha pacata.

Os habitantes de Porto Santo vivem da pesca e de algumas culturas. A vinha produz um excelente vinho branco, muito doce.

✈ *ver : Funchal e Vila Baleira.*

⛴ *para Madeira ver : Lisboa. Em Madeira ver : Funchal, Vila Baleira.*

MADEIRA

Caniço 940 B Z – *7 249 h.*

Funchal 8.

Quinta Splendida ≫, Rua da Ponte da Oliveira 11, ⊠ 9125-001, ℰ 291 93 04 00, *quintasplendida@mail.telepac.pt*, Fax 291 93 04 01, ≤, ✿, « Harmonioso conjunto em torno dum belo jardim com ☱ climatizada », ♨ – TV P. AE ⓪ MC VISA. ✄
Refeição 19,96 - *La Perla (só jantar)* **Refeição** lista 27,91 a 32,41 – ☕ 9,98 – **121 apartamentos** 154,63 – 20 qto.

em Caniço de Baixo *Sul : 2,5 km :*

Oasis Atlantic ≫, Praia dos Reis Magos, ⊠ 9125-024 Caniço, ℰ 291 93 01 00, *oasis.atlantic@mail.telepac.pt*, Fax 291 93 01 09, ≤, ♨, ☱ climatizada, ☒, ☞ – ♦ ▤ TV ♿ P. – ♨ 25/70. AE ⓪ MC VISA JCB. ✄
Atalaia *(só jantar)* **Refeição** lista 29,86 a 37,45 – **170 qto** ☕ 150/160 – 54 apartamentos.

Ondamar ≫, Rua D. Francisco Santana, ⊠ 9125-031 Caniço, ℰ 291 93 09 30, *ondamar@galeresort.com*, Fax 291 93 45 55, ≤, ♨, ☱, ☒ – ♦, ▤ rest, TV ♿ ⊖ P. – ♨ 25/100. AE ⓪ MC VISA. ✄
Refeição - buffet, só jantar - 15,97 – **78 qto** ☕ 72,82/91,28 – 5 suites.

Tropical ≫ sem rest, Caminho do Cais de Oliveira, ⊠ 9125-028 Caniço, ℰ 291 93 49 91, *hotel.tropical@net.pt*, Fax 291 93 49 93, ≤, ☱ – ♦ TV. AE ⓪ MC VISA. ✄
☕ 6,98 – **39 apartamentos** 59,85/69,83.

Eira do Serrado 940 B Y.

Funchal 14.

Estalagem Eira do Serrado ≫, alt. 1 095, ⊠ 9000-421 Funchal, ℰ 291 71 00 60, *eiradoserrado@mail.telepac.pt*, Fax 291 71 00 61, ✿, « En plena natureza com ≤ montanhas e Curral das Freiras » – ♦ TV P. AE ⓪ MC VISA. ✄
Refeição lista 13,71 a 21,44 – **25 qto** ☕ 59,85/64,84.

Estreito de Câmara de Lobos 940 B Y.

Funchal 9.

Quinta do Estreito ⬲, Rua José Joaquim da Costa, ✉ 9325-034, ☎ 291 91 05 30, *quintaestreito@charminghotelsmadeira.com, Fax 291 91 05 49,* ≤ vinhas, entorno rural e o mar ao fundo, « Elegantes e modernas instalações numa antiga quinta », ⌧ climatizada, ⚞ – ⧄ 🖥 TV ⅙ ⊜ P – ⬥ 25. AE ① MC VISA ⊘
Refeição - ver rest. ***Bacchus*** e rest. ***Adega da Quinta*** – **48 qto** ⬳ 169,59/209,50.

Bacchus - *Hotel Quinta do Estreito*, Rua José Joaquim da Costa, ✉ 9325-034, ☎ 291 91 05 30, *quintaestreito@charminghotelsmadeira.com, Fax 291 91 05 49,* ⛲ « Antiga casa decorada con elegancia » – ⊜ P AE ① MC VISA ⊘
Refeição lista aprox. 49,38.

Adega da Quinta - *Hotel Quinta do Estreito*, Rua José Joaquim da Costa, ✉ 9325-034, ☎ 291 91 05 30, *quintaestreito@charminghotelsmadeira.com, Fax 291 91 05 49,* ≤, ⛲ « Construção rústica » – P AE ① MC VISA ⊘
fechado 2ª feira – **Refeição** - cozinha regional - lista 18,70 a 31,92.

Santo António, Estrada de Ribeira Brava, ✉ 9325, ☎ 291 91 03 60, Fax 291 91 03 69 – P AE ① MC VISA ⊘
Refeição - carnes na brasa - lista aprox. 17,46.

Faial 940 B Y – 2 622 h.

Arred. : *Santana★ (estrada* ≤★*) Noroeste : 8 km – Estrada do Porto da Cruz (*≤★★*)*
Sudeste : 8 km.
Funchal 50.

Funchal 940 B Y – 99 244 h.

Ver : ≤★ *de ponta da angra* BZ V- *Sé★ (tecto★)* BZ – *Museu de Arte Sacra (colecçaõ de quadros★)* BY M1- *Museu Frederico de Freitas★* BY – *Quinta das Cruzes★★* AY – *Largo do Campo Santo★* DZ – *Jardim Botánico★* ≤★ Y.

Arred. : *Miradouro do Pináculo★★ 4 km por* ② - *Pico dos Barcelos★★ (*✳★★*) 3 km por* ③ - *Monte (localidade★) 5 km por* ① – *Quinta do Palheiro Ferreiro★★ 5 km por* ② – *Câmara de Lobos (localidade★, estrada* ≤★*) passeio pela levada do Norte★* - *Cabo Girão★ 9 km por* ③ X – *Eira do Serrado* ✳★★★ *(estrada* ≤★★*,* ≤★*) Noroeste : 13 km pela Rua Dr. Pita – Curral das Freiras (localidade★,* ≤★*) Noroeste : 17 km pela Rua Dr. Pita.*

🏌18 🏌9 *Santo da Serra, 25 km por* ② ☎ 291 55 21 39 Fax 291 55 23 67.

✈ *do Funchal 23 km por* ② - *Direcção dos aeroportos da Madeira* ☎ 291 52 49 41 Fax 291 52 43 22.

⛴ *para Porto Santo : E.N.M., Rua da Praia 45* ✉ 9000 ☎ 291 23 01 95 Fax 291 23 27 58 – *para Porto Santo : Porto Santo Line* ☎ 291 22 65 11.

🛈 *Av. Arriaga 18* ✉ 9004-519 ☎ 291 21 19 00 *info@madeiratourism.org Fax 291 23 21 51 –* **A.C.P.** *Rua Dr. Antonio José de Almeida 17* ✉ 9000-026 ☎ 291 22 36 59 Fax 291 22 05 52 – Porto Moniz 98 ① – Santana 55 ①

Plantas páginas seguintes

Reid's Palace, Estrada Monumental 139, ✉ 9000-098, ☎ 291 71 71 71, *reservations@reidspalace.com, Fax 291 71 71 77,* ≤ baía do Funchal, ⛲ « Magnífico jardim semi-tropical sob um promontório rochoso », ⛬, ⌧ climatizada, ⚞ – ⧄ 🖥 TV P – ⬥ 25/80. AE ① MC VISA ⊘ rest   X z
Refeição - só jantar - 43,40 - ***Les Faunes*** *(só jantar, fechado junho-setembro, domingo e 2ª feira)* **Refeição** lista 37,18 a 56,87 – **150 qto** ⬳ 281,80/399 – **14 suites.**

The Cliff Bay ⬲, Estrada Monumental 147, ✉ 9004-532, ☎ 291 70 77 00, *info@cliffbay.com, Fax 291 76 25 25,* ≤, ⛲ Serviços de terapéutica, ⛬, ⌧ climatizada, ⬛, ⚞ ⚞ – ⧄ 🖥 TV ⊜ P – ⬥ 25/80. AE ① MC VISA ⊘   X c
Il Gallo D'Oro *(cozinha italiana, só jantar, fechado domingo)* **Refeição** lista 33,17 a 42,15 - ***The Rose Garden*** *(só jantar)* **Refeição** lista 17,71 a 34,92 - ***Blue Lagoon*** *(só almoço)* **Refeição** lista 18,45 a 29,68 – **197 qto** ⬳ 234,44/309,25 – **4 suites.**

Savoy, Av. do Infante, ✉ 9004-542, ☎ 291 22 20 31, *savoyreservation@netmadeira.com, Fax 291 22 31 03,* ≤, ⛲ Serviços de terapéutica, ⛬, ⌧ climatizada, ⬛, ⚞ ⚞ – ⧄ 🖥 TV P – ⬥ 25/600. AE ① MC VISA ⊘ rest   X n
Grill Fleur de Lys *(só jantar)* **Refeição** lista 31,92 a 53,63 - ***Cúpula*** *(só jantar)* **Refeição** lista 24,93 a 38,90 - ***Library Garden*** : **Refeição** lista 21,94 a 29,92 – **325 qto** ⬳ 167,60/251,39 – **12 suites.**

Carlton Madeira H., Largo António Nobre, ✉ 9004-531, ☎ 291 23 95 00, *carlton.madeira@pestana.org, Fax 291 22 33 77,* ≤, ⛲ Serviços de terapéutica, ⛬, ⌧ climatizada, ⬛, ⚞ – ⧄ 🖥 TV P – ⬥ 25/450. AE ① MC VISA ⊘ rest   X s
Taverna Grill *(só jantar fechado junho, 2ª feira e 3ª feira)* **Refeição** lista 39,40 a 43,89 - ***Os Arcos*** *(só jantar)* **Refeição** lista 23,20 a 34,17 - ***Buffet Atlântico Pool*** *(só almoço)* **Refeição** lista 25,68 a 29,89 – **360 qto** ⬳ 209,50/239,42 – **15 suites.**

FUNCHAL

Crowne Plaza Resort Madeira, Estrada Monumental 175-177, ⊠ 9000-100, ℰ 291 71 77 00, *crowne.plaza.md@ mail.telepac.pt*, Fax 291 71 77 01, ≪, Serviços de talassoterapia, « Decoração moderna », climatizada, – 25/200

  Refeição The Wild Orchid *(só jantar)* Cervejaria Portuguesa – **276 qto**, 24 suites. X b

Estalagem Quinta da Bela Vista, Caminho do Avista Navios 4 - 3 km, ⊠ 9000-129, ℰ 291 70 64 00, *qbvista@ netmadeira.com*, Fax 291 70 64 01, « Quinta de fim do século XIX com belo jardin », climatizada, – AE ① MC VISA.

  Refeição lista 20,45 a 34,91 – **82 qto** 171,59/202 – 7 suites. por Rua Doctor Pita X

<hr>

Estalagem Quintinha S. João, Rua da Levada de São João 4, ✉ 9000-191, ✆ 291 74 09 20, *quintinhasj@mail.telepac.pt*, Fax *291 74 09 28*, 🛁, ♨ climatizada, 🍽, ✂ – 📶 📋 📺 🚗. AE ⓘ ⓜⓒ VISA. ⚓   **AZ** d
Refeição - ver rest. **A Morgadinha** - **37 qto** ⚏ 130,18/156,62 – 6 suites.

Miramar H., Estrada Monumental 182, ✉ 9000-098, ✆ 291 70 61 00, *miramar@pestana.org*, Fax *291 76 39 88*, 🛁, ♨ climatizada, 🌊 – 📶 📋 📺   **X** e
Refeição Miramar – **54 qto**, 4 suites.

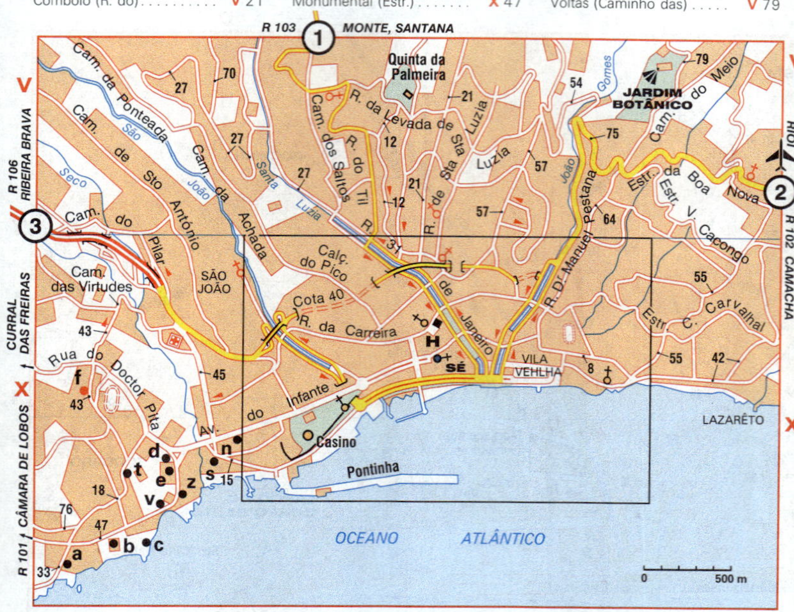

🏨 **Palms H.** ⚓, Rua do Gorgulho 17 - 2,7 km, ✉ 9000-107, ☎ 291 70 92 00, *palms@ p estana.org*, Fax 291 76 62 47, ≤, 🏖, 🏋, ☒ climatizada, 🚗 – 🛗, ▤ rest, 📺 🅿 – 🏊 25/80. AE ① MC VISA. ✄
Refeição - buffet, só jantar - 23,94 – **75 apartamentos** ☕ 136,17/143,15.　　　　**X** a

🏨 **Village H.**, Estrada Monumental 194, ✉ 9000-098, ☎ 291 70 16 00, *village@ pestana.org*, Fax 291 76 57 27, 🏋, ☒ climatizada – 🛗 📺 🅿 – 🏊 25/40　　　　**X** v
Refeição - buffet, só jantar – **87 qto**, 5 suites.

🏨 **Estalagem Quinta da Casa Branca** ⚓, Rua da Casa Branca 7, ✉ 9000-088, ☎ 291 70 07 70, *estalagem@ quintacasabranca.pt*, Fax 291 76 50 70, 🏖, « Instalações modernas nos jardins duma antiga quinta com ☒ climatizada » – ▤ qto, 📺 🅿 AE ① MC VISA. ✄　　　　**X** t
Refeição 35 - *Casa da Quinta (só jantar)* **Refeição** lista 29,97 a 45,40 – **43 qto** ☕ 124,80/156 – PA 70.

🏨 **Quinta Bela São Tiago** ⚓, Rua Bela São Tiago 70, ✉ 9050-042, ☎ 291 20 45 00, *hotel.qba.bela.s.tiago@ mail.telepac.pt*, Fax 291 20 45 10, ≤ mar e cidade, 🏖, 🏋, ☒ climatizada, 🚗 – 🛗 ▤ 📺 🅿 AE ① MC VISA. ✄　　　　**DZ** a
Refeição 20,45 – **42 qto** ☕ 234,44/286,81.

🏨 **Quinta da Penha de França** ⚓ sem rest com snack-bar, Rua Imperatriz D. Amélia 85, ✉ 9000-014, ☎ 291 20 46 50, *info@ hotelquintapenhafranca.com*, Fax 291 22 92 61, « Agradável conjunto num estilo português rodeado de jardim », ☒ climatizada – 🛗 📺 🅿 AE ① MC VISA. ✄　　　　**AZ** e
76 qto ☕ 80/115.

🏨 ***Penha França Mar*** sem rest com snack-bar ao almoço, Rua Carvalho Araújo 1, ✉ 9000-022, ☎ 291 20 46 50, *info@ hotelquintapenhafranca.com*, Fax 291 22 92 61, ≤, ☒ – 🛗 ▤ 📺 🅿 AE ① MC VISA. ✄　　　　**AZ** b
33 qto ☕ 80/115.

🏨 **Estalagem Quinta Perestrello**, Rua Dr. Pita 3, ✉ 9000-089, ☎ 291 70 67 00, *quin taperestrelo@ charminghotelsmadeira.com*, Fax 291 70 67 06, ≤, ☒, 🚗 – 📺 🅿 AE ① MC VISA. ✄　　　　**X** d
Refeição - só jantar - 22,44 – **37 qto** ☕ 134,67/159,61.

Madeira sem rest com snack bar, Rua Ivens 21, ⊠ 9001-801, ℰ 291 23 00 71, *hotelmadeira@ oninet.pt*, Fax 291 22 90 71, ⌇ – ⏐≑⏐ TV – 🛆 25/70. AE ➀ ⓂⒸ VISA JCB. ✼
47 qto ⌁ 57,36/66,34 – 6 suites.
BZ z

Windsor sem rest com snack-bar, Rua das Hortas 4-C, ⊠ 9050-024, ℰ 291 23 30 81, *hotelwindsor@ netmadeira.com*, Fax 291 23 30 80, ⌇ – ⏐≑⏐ TV P
67 qto.
CY r

Quinta Palmeira com snack-bar, Av. do Infante 17-19, ⊠ 9000-015, ℰ 291 22 18 14, *quintapalmeira@ mail-telepac.pt*, Fax 291 22 29 13, 🎋, « Antiga quinta e terraço com plantas », 🚗 – P. AE ➀ ⓂⒸ VISA. ✼
AZ h
Refeição lista aprox. 49,13.

Dom Pepe, Edifício Stadium - Rua Levada dos Barreiros 86, ⊠ 9000-161, ℰ 291 76 32 40, *dompepe@ netmadeira.com*, Fax 291 77 46 83 – ▤. AE ⓂⒸ VISA. ✼
fechado domingo noite – **Refeição** lista aprox. 29,93.
X f

Casa Velha, Rua Imperatriz D. Amélia 69, ⊠ 9000-018, ℰ 291 20 56 00, *albatroz.cvelha@ mail.telepac.pt*, Fax 291 22 25 04, 🎋 – ▤. AE ➀ ⓂⒸ VISA JCB. ✼
AZ a
Refeição lista 23,70 a 25,70.

Dona Amélia, Rua Imperatriz D. Amélia 83, ⊠ 9000-018, ℰ 291 22 57 84, *albatroz.cvelha@ mail.telepac.pt*, Fax 291 22 25 04 – ▤. AE ➀ ⓂⒸ VISA JCB. ✼
AZ c
Refeição lista 23,20 a 25,50.

A Morgadinha - *Hotel Estalagem Quintinha S. João*, Rua da Levada de São João 4, ⊠ 9000-191, ℰ 291 74 09 20, *quintinhasj@ mail.telepac.pt*, Fax 291 74 09 28 – ▤. AE ➀ ⓂⒸ VISA. ✼
AZ d
Refeição - só jantar - lista 18,70 a 24,42.

pela estrada de Camacha *por* ② : 8 km :

Estalagem Casa Velha do Palheiro 🦢, Palheiro Golf-São Gonçalo, ⊠ 9050-296, ℰ 291 79 49 01, *casa.velha@ mail.eunet.pt*, Fax 291 79 49 25, 🌳, « Junto ao campo de golfe rodeado de belos jardins », ⌇ climatizada, 🚗, ✕, ⌗ – TV P. AE ➀ ⓂⒸ VISA. ✼ rest
Refeição - só jantar - lista aprox. 37,41 a 53,12 – **35 qto** ⌁ 152,13/214,48 – 2 suites.

ao Sudoeste da cidade :

Madeira Palácio, Estrada Monumental 265 - 4,5 km, ⊠ 9001-853, ℰ 291 70 27 02, *hmp@ hotelmadeirapalacio.com*, Fax 291 70 27 03, ≤, 🌳, ⌇ climatizada, 🚗, ✕ – ⏐≑⏐ ▤ TV P – 🛆 25/220. AE ➀ ⓂⒸ VISA. ✼
Vice Rei (*só jantar, fechado domingo e 2ª feira*) **Refeição** lista 36 a 58 - **Cristovão Colombo** (*só jantar*) **Refeição** 30 - *La Terrasse* : **Refeição** lista 22,25 a 30,50 – ⌁ 13 – **228 qto** 175/225 – 25 suites.

Madeira Regency Palace 🦢, Estrada Monumental 275 - 4,8 km, ⊠ 9000-250, ℰ 291 70 30 00, *regencypalace@ madeiraregency.pt*, Fax 291 70 30 07, ≤, 🛠, ⌇, ⌇, ✕ – ⏐≑⏐ ▤ TV ⌗ P – 🛆 25/160. AE ➀ ⓂⒸ VISA. ✼
Refeição - só jantar - lista aprox. 37 – **121 apartamentos** ⌁ 130/140 – 91 qto.

Ocean Park Resort H., Estrada Monumental - 3 km, ⊠ 9000-100, ℰ 291 70 20 00, *info@ dorisol.pt*, Fax 291 70 20 20, ≤, 🌳, Serviços de talassoterapia, 🛠, ⌇, ⌇ – ⏐≑⏐ ▤ TV ⌗ 🚗 P – 🛆 25/300. AE ➀ ⓂⒸ VISA. ✼
Atlântico (*só jantar*) **Refeição** 30 - *Kai* (*cozinha japonesa, só jantar, fechado domingo*) **Refeição** lista 23,50 a 35 - *Vela* (*só almoço*) **Refeição** lista 26,50 a 33 – **270 qto** ⌁ 145,65/174,58 – 23 suites, 24 apartamentos.

Atlantic Bay 🦢, Praia Formosa - 5,8 km, ⊠ 9000-247, ℰ 291 70 19 00, *bay@ pestana.org*, Fax 291 76 16 95, ≤, 🛠, ⌇ climatizada, 🚗 – ⏐≑⏐ TV P – 🛆 25/180. AE ➀ ⓂⒸ VISA. ✼ rest
Refeição 22,45 – **193 qto** ⌁ 114,72/164,60 – 13 suites.

Atlantic Gardens 🦢 sem rest com snack-bar, Praia Formosa - 5,8 km, ⊠ 9000-247, ℰ 291 70 01 20, *atgreservas@ pestaua.org*, Fax 291 76 67 33, ≤, ⌇ climatizada – ⏐≑⏐ TV P. AE ➀ ⓂⒸ VISA
⌁ 8,23 – **55 apartamentos** 89,78/139,66.

Mozart, Estrada Monumental 314 - 6,5 km, ⊠ 9000-100, ℰ 291 76 17 77
Refeição - só jantar.

Machico 940 B Y – 2 142 h.

Arred. : *Miradouro Francisco Álvares da Nóbrega★ Sudoeste : 2 km – Santa Cruz (Igreja de S. Salvador★) Sul : 6 km.*

🛈 *Forte de Nossa Senhora do Amparo* ⊠ 9200 ℰ 291 96 22 89 – Funchal 29.

Dom Pedro Baía, ⊠ 9200-126, ℰ 291 96 95 00, *dp.baia@ dompedro-hotel.com*, Fax 291 96 95 01, ≤ mar e montanha, ⌇ climatizada, 🚗, ✕ – ⏐≑⏐, ▤ rest, TV P – 🛆 25/150. AE ➀ ⓂⒸ VISA. ✼
Refeição 14,96 – **218 qto** ⌁ 67,34/97,27.

Monte *Madeira* 940 BY.
Funchal 4.

Estalagem Quinta do Monte, Caminho do Monte 192, ✉ 9050-288 Funchal, ✆ 291 78 01 00, *info@quintadomonte.com, Fax 291 78 01 10,* ≤, « Belas instalações numa antiga quinta rodeada de frondosa vegetação », ₺, ⊡, – |‡| ▤ TV P – 25/50. AE ⓓ MC VISA. ✈
Refeição lista aprox. 24 – **38 qto** ⊒ 130,90/149 – 4 suites.

Pico do Arieiro 940 B Y.
Ver : *Mirador★★.*
Excurs. : *Pico Ruivo★★★ (✳★★) 3 h. a pé.*
Funchal 23.

Pousada do Pico do Arieiro, alt. 1 818, ✉ 9006 apartado 478 Funchal, ✆ 291 23 01 10, *info@dorisol.pt, Fax 291 22 86 11,* ≤ montanhas e mar, « Numa paisagem circundada pelos picos rochosos das montanhas » – TV P. AE ⓓ MC VISA. ✈
Refeição lista aprox. 26,43 – **25 qto** ⊒ 90/110.

Porto Moniz 940 A Y – *3 920 h.*
Ver : *Localidade★, escolhos★.*
Arred. : *Estrada de Santa ≤★ Sudoeste : 6 km – Seixal (localidade★) Sudeste : 10 km – Estrada escarpada★★ (≤★) de Porto Moniz a São Vicente, Sudeste : 18 km.*
ℹ ✉ *9270-095* ✆ *291 85 25 94.*
Funchal 106.

Salgueiro, ✉ 9270-095, ✆ 291 85 00 80, *Fax 291 85 00 89,* – |‡| TV. AE MC VISA. ✈
Refeição lista aprox. 16,75 – **21 qto** ⊒ 32,46/39,95 – 1 apartamento.

Gaivota, ✉ 9270-095, ✆ 291 85 00 40, *Fax 291 85 00 41,* – TV. AE ⓓ MC VISA. ✈
Refeição 7,48 – **6 qto** ⊒ 29,93/34,92 – 4 apartamentos.

Calhau sem rest, ✉ 9270-095, ✆ 291 85 31 04, *Fax 291 85 34 43,* ≤ – MC VISA
15 qto ⊒ 25/35.

Cachalote, ✉ 9270-095, ✆ 291 85 31 80, *Fax 291 85 37 25,* ≤, « Piscinas naturais entre os rochedos vulcânicos » – AE ⓓ MC VISA. ✈
Refeição - só almoço - lista 18,20 a 24,70.

Si busca un hotel tranquilo,
consulte primero los mapas de la introducción
o localice en el texto los establecimientos señalados con el signo ⛺ *o* ⛺.

Prazeres 940 A Y – *707 h.*
Funchal 66.

Jardim Atlântico, Lombo da Rocha - Sudoeste : 1,8 km, ✉ 9370-605, ✆ 291 82 02 20, *refugioatlantic@mail.telepac.pt, Fax 291 82 02 21,* ≤, ₺, ⊡, ⊡, ✂ – |‡|, ▤ rest, TV P. AE ⓓ MC VISA. ✈
Refeição 18,50 – **61 qto** ⊒ 51/85 – 36 apartamentos.

Estalagem Casa de Chá dos Prazeres, Sítio da Estacada, ✉ 9370-602, ✆ 291 82 30 70, *solprazeres@mail.telepac.pt, Fax 291 82 30 72,* – TV P. AE ⓓ MC VISA. ✈
Refeição 14,96 – **10 qto** ⊒ 49,88/59,85.

Ribeira Brava 940 A Y – *6 084 h.*
Funchal 30.

Valemar, Rua de São Pedro 1, ✉ 9350-212, ✆ 291 95 25 63, *Fax 291 95 11 66,* – |‡|, ▤ rest, TV 🚗. AE ⓓ MC VISA. ✈
Refeição** 9,98 – **20 apartamentos ⊒ 39,90/49,88 – PA 19,95.

Santana 940 B Y.
ℹ *Sítio do Serrado* ✉ *9230-107* ✆ *291 57 29 92.*
Funchal 39.

Estrela do Norte, Pico António Fernandes, ✉ 9230-107, ✆ 291 57 20 59, *Fax 291 57 20 59.*

São Vicente 940 A Y – 4374 h.

Funchal 55.

🏨 Estalagem do Mar, Estrada da Ponte Delgada, ✉ 9240-210, 𝓅 291 84 00 10, *estala gem.mar.@mail.telepac.pt*, Fax 291 84 00 19, ≤, ⅙, ⊒, ⊠, ✕ – |♣|, ▤ rest, 📺 🅿
91 qto.

🏨 **Estalagem Praia Mar,** Sítio do Calhãu, ✉ 9240, 𝓅 291 84 23 83, Fax 291 84 27 49, ≤ – |♣| 📺 AE ⓸ MC VISA ✄ rest
Refeição 13 – 20 qto ☕ 28/40.

Serra de Água 940 A Y – 1426 h.

Ver : *Sítio*★.
Funchal 39.

na estrada de São Vicente :

🏨 **Pousada dos Vinháticos** 🍳, Norte : 2,2 km, ✉ 9350-306, 𝓅 291 95 23 44, *infi @dorisol.pt*, Fax 291 95 25 40, « Em plena natureza com ≤ montanhas » – 📺 🅿 AE ⓸ MC VISA ✄
Refeição lista aprox. 23,44 – **21 qto** ☕ 71,83/89,78.

🏨 **Encumeada** 🍳, Norte : 3,8 km, ✉ 9350 Serra de Água, 𝓅 291 95 12 82, Fax 291 95 12 81, ≋, « Em plena natureza com ≤ montanhas » – 📺 🅿 AE ⓸ MC VISA ✄
Refeição lista aprox. 24,94 – **51 qto** ☕ 29,93/49,88.

PORTO SANTO

Vila Baleira 940 D X – *Praia.*

Ver : *Largo do Pelourinho*★.
Arred. : *A Pedreira*★ 8 km a Sudoeste – *Pico das Flores* ≤★ 9 km a Sudoeste.
✈ do Porto Santo 2 km 𝓅 291 98 01 20 Fax 291 52 46 88.
🚢 para Funchal : Porto Santo Line 𝓅 291 21 03 00.
🛈 Av. Henrique Vieira de Castro 5 ✉ 9400-179 Porto Santo 𝓅 291 98 23 61 (ext. 203) Fax 291 98 35 62.

🏨 **Torre Praia** 🍳, Rua Goulart Medeiros, ✉ 9400-164 Porto Santo, 𝓅 291 98 52 92, *torrepraia@mail.telepac.pt*, Fax 291 98 24 87, ≤, ⅙, ⊒ – |♣| ▤ 📺 🅿 – 🕴 25/300. AE ⓸ MC VISA ✄
Refeição lista 14,96 a 21,20 – **62 qto** ☕ 124,70/149,64 – 4 suites.

🏨 **Praia Dourada** sem rest, Rua D. Estêvão de Alencastre, ✉ 9400-161 Porto Santo, 𝓅 291 98 23 15, *terrepraia@telepac.pt*, Fax 291 98 24 84, ⊒ – 📺 AE ⓸ MC VISA ✄
100 qto ☕ 69,83/79,81.

ao Sudoeste :

🏨 **Vila Baleira** 🍳, Cabeço da Ponta - 5,7 km, ✉ 9400-085 apartado 258 Porto Santo, 𝓅 291 98 08 00, *hotel.v.baleira@mail.telepac.pt*, Fax 291 98 08 01, ≤, ⊒, ⊠ – |♣| ▤ 📺 ♿ 🅿 – 🕴 25/190. AE ⓸ MC VISA ✄
Refeição - só buffet - 17,45 – **224 qto** ☕ 149,64/184,56 – 32 suites.

🏨 **Luamar Suite H.** 🍳 sem rest com snack-bar, Cabeço da Ponta - 5,5 km, ✉ 9400-030 Porto Santo, 𝓅 291 98 41 21, *luamar.suite.hotel@netc.pt*, Fax 291 98 31 00, ≤, ⅙, ⊒, ✕ – |♣| 📺 🅿 AE ⓸ MC VISA ✄
63 apartamentos ☕ 84/104.

🏨 Virgilio, Sítio do Espírito Santo - 2,5 km, ✉ 9400-298 Porto Santo, 𝓅 291 98 01 10, Fax 291 98 01 15, ≤ – |♣| ▤ 📺 🅿
28 qto.

MAFRA Lisboa 940 P 1 – 13334 h alt. 250.

Ver : *Palácio e Convento de Mafra*★★ : *basílica*★★ (*zimbório*★), *palácio e convento* (*biblioteca*★).
🛈 Av. 25 de Abril cp 2640-456 𝓅 261 81 20 23 *turismo@cm6mafra.pt* Fax 261 81 51 04.
Lisboa 47 – Sintra 23.

🏨 **Castelão,** Av. 25 de Abril, ✉ 2640, 𝓅 261 81 60 50, Fax 261 81 60 59 – |♣|, ▤ rest, 📺 – 🕴 25/300. AE ⓸ MC VISA ✄
Refeição 17,50 – 35 qto ☕ 61,50/71.

MAIA Porto 940 I 4 – 6 734 h.
Lisboa 314 – Braga 44 – Porto 11 – Vila Real 98.

Central Parque sem rest, Av. Visconde de Barreiros 83, ⊠ 4470-151, ℰ 22 947 55 63, hcp.maia@mail.telepac.pt, Fax 22 947 55 65 – 🛗 ▤ 📺 🔥 🚗 – 🛎 25. 🔤 🔟 🔤 🔤. ✬
40 qto � 69,84/79,81.

em Nogueira Este : 3,5 km :

Machado, Rua Dr. António José de Almeida 467, ⊠ 4475-456 Nogueira Mai, ℰ 22 941 08 39, « Rest. típico » – ▤ 🅿. ✬
fechado 2ª e 3ª feira – **Refeição** - vitela assada - 14,22.

MALVEIRA DA SERRA Lisboa 940 P 1.
Lisboa 37 – Sintra 13.

Adega do Zé Manel, Estrada de Alcabideche, ⊠ 2755 Alcabideche, ℰ 21 487 06 38, Fax 21 487 15 90, « Decoração rústica » – ▤. 🔤 🔟 🔤 🔤. ✬
fechado do 10 ao 23 de junho e do 4 ao 17 de novembro – **Refeição** lista aprox. 22,94.

O Camponês, ⊠ 2755 Alcabideche, ℰ 21 487 01 16, « Rest. típico. Decoração rústica » – 🔤 🔟 🔤 🔤. ✬
fechado do 1 ao 15 de junho e 2ª feira – **Refeição** lista aprox. 19,95.

MANGUALDE Viseu 940 K 6 – 5 113 h alt. 545.
🚗 ℰ 232 62 32 22.
Lisboa 317 – Guarda 67 – Viseu 18.

Estalagem Casa d'Azurara, Rua Nova 78, ⊠ 3530-215, ℰ 232 61 20 10, casa-azurara@esoterica.pt, Fax 232 62 25 75, « Antiga casa solarenga », 🚗 – 🛗 ▤ 📺 🅿. 🔤 🔟 🔤 🔤. ✬ rest
Refeição 14,96 – **15 qto** � 89,78/97,27.

Estalagem Cruz da Mata, Estrada N 16, ⊠ 3530, ℰ 232 61 95 60, Fax 232 61 27 22, ⤢, 🍴 – ▤ 📺 🅿 – 🛎 25/150. 🔤 🔟 🔤 🔤. ✬ rest
Refeição 12,50 – **28 qto** � 52/62 – PA 25.

pela estrada N 16 Este : 2,8 km :

Senhora do Castelo ✋, Monte da Senhora do Castelo, ⊠ 3534-909, ℰ 232 61 99 50, hotel.sra.castelo@mail.telepac.pt, Fax 232 62 38 77, ‹ Serras da Estrela e Caramulo, ⤢, ▨, 🍴 – 🛗 ▤ 📺 🅿 – 🛎 25/150. 🔤 🔟 🔤 🔤 🔤. ✬
Refeição 10 – **83 qto** � 40/53 – 4 suites.

MANTEIGAS Guarda 940 K 7 – 3 428 h alt. 775 – Termas – Desportos de Inverno na Serra da Estrela : ✦3.
Arred. : Poço do Inferno★ (cascata★) Sul : 9 km – Sul : Vale glaciário do Zêzere★★, ‹★.
🅱 Rua Dr. José Carvalho 2 ⊠ 6260-144 ℰ 275 98 11 29 Fax 275 98 11 29.
Lisboa 355 – Guarda 49.

pela estrada das Caldas Sul : 2 km e desvío a esquerda 1,5 km :

Albergaria Berne ✋, Santo António, ⊠ 6260-191, ℰ 275 98 13 51, albergaria-berne@hotmail.com, Fax 275 98 21 14, ‹, 🏞, ⤢ – 🛗, ▤ rest, 📺 🅿. 🔤 🔤
✬
fechado do 15 ao 30 de setembro – **Refeição** (fechado 2ª feira) lista aprox. 16,96 – **17 qto** � 34,92/47,39.

na estrada de Gouveia Norte : 13 km :

Pousada de São Lourenço ✋, ⊠ 6260-200, ℰ 275 98 24 50, guest@pousadas.pt, Fax 275 98 24 53, ‹ vale e montanha – ▤ rest, 📺 🅿. 🔤 🔟 🔤 🔤. ✬
Refeição lista 26,43 a 31,87 – **21 qto** � 108,74/116,72.

MARCO DE CANAVESES Porto 940 I 5 – 46 131 h.
🅱 Alameda Dr. Miranda da Rocha ⊠ 4630-200 ℰ 255 53 41 01 Fax 255 53 40 32.
Lisboa 383 – Braga 72 – Porto 53 – Vila Real 83.

Marco sem rest com snack bar, Rua Dr. Sá Carneiro 236, ⊠ 4630-279, ℰ 255 52 20 93, Fax 255 52 20 93 – 🛗 ▤ 📺. ✬
30 qto � 29,93/49,88.

MARINHA GRANDE Leiria **940** M 3 – 25 504 h alt. 70 – Praia em São Pedro de Moel.

🛈 Rua da Nazaré ✉ 2430 ☎ 244 56 66 44.

Lisboa 143 – Leiria 12 – Porto 199.

Cristal, Estrada de Leiria (Embra), ✉ 2430-091, ☎ 244 56 01 00, hoteiscristal@hote
iscristal.pt, Fax 244 56 00 65 – ⛶ ▤ 📺 🅿 – 🔺 25/100. AE ① ⓂⒸ VISA
JCB. ⚡
Refeição 13 – **70 qto** ☕ 50/67,50.

Paris sem rest, Av. do Vidreiro 13, ✉ 2430-202, ☎ 244 56 98 21, Fax 244 56 98 48 –
📺. AE ① ⓂⒸ VISA. ⚡
25 qto ☕ 35/50.

MARRAZES Leiria – ver Leiria.

MARTINCHEL Santarém **940** N 5.

Lisboa 136 – Castelo Branco 121 – Leiria 74.

ao Nordeste : 2 km :

Estalagem Vale Manso 🐎, ✉ 2200-648, ☎ 241 84 00 00, reservas@estalagem
valepemanso.com, Fax 241 84 91 09, < barragem e montanhas, 🏊, ✖ – ⛶ ▤ 📺 ♿ 🅿
– 🔺 25/120. AE ① ⓂⒸ VISA JCB. ⚡
Refeição lista 16,96 a 22,95 – **22 qto** ☕ 128,44/147,14 – 2 suites.

MARVÃO Portalegre **940** N 7 – 309 h alt. 865.

Ver : Sítio★★ – A Vila★ (balaustradas★) – Castelo★ (❄★★) : aljibe★.

🏔 Estrada N 246-1, Sudoeste : 8 km ☎ 245 99 37 55 Fax 245 99 38 05.

🛈 Rua Largo de Santa Maria ✉ 7330-101 ☎ 245 99 38 86 museu.marvão@mail.telepac.pt
Fax 245 99 35 26.

Lisboa 226 – Cáceres 127 – Portalegre 22.

Pousada de Santa Maria 🐎, Rua 24 de Janeiro 7, ✉ 7330-122, ☎ 245 99 32 01,
guest@pousadas.pt, Fax 245 99 34 40, <, « Decoração regional » – ⛶ ▤ 📺. AE ① ⓂⒸ
VISA. ⚡
Refeição lista 19,70 a 30,92 – **28 qto** ☕ 117,22/125,20 – 1 suite.

Albergaria El Rei D. Manuel 🐎, Largo de Olivença, ✉ 7330-104, ☎ 245 90 91 50,
alberg.d.manuel@mail.telepac.pt, Fax 245 90 91 59, < – ⛶ ▤ 📺. AE ① ⓂⒸ
VISA. ⚡
Refeição lista 13,47 a 21,95 – **15 qto** ☕ 52,37/59,86.

MATOSINHOS Porto – ver Porto.

MEALHADA Aveiro **940** K 4 – 5 239 h alt. 60.

Lisboa 221 – Aveiro 35 – Coimbra 19.

na estrada N 1 Norte : 1,5 km :

Quinta dos 3 Pinheiros, ✉ 3050-382, ☎ 231 20 23 91, trespinheiros@mail.telep
ac.pt, Fax 231 20 34 17, 🏊 – ▤ 📺 🅿 – 🔺 25/450. AE ① ⓂⒸ VISA. ⚡
Refeição 15,75 – **53 qto** ☕ 47,39/62,35.

Pedro dos Leitões, Rua Álvaro Pedro 1, ✉ 3050-382, ☎ 231 20 99 50,
Fax 231 20 99 59 – ▤ 🅿. AE ⓂⒸ VISA. ⚡
fechado 2ª feira – **Refeição** - leitão assado - lista 18,52 a 30,99.

MELGAÇO Viana do Castelo **940** F 5 – Termas.

🛈 Rua da Loja Nova ✉ 4960-558 ☎ 251 40 24 40 Fax 251 40 24 37.

Lisboa 451 – Braga 110 – Ourense/Orense 61 – Viana do Castelo 89 – Vigo 54.

Panorama, Edifício do Mercado Municipal, ✉ 4960, ☎ 251 41 04 00, Fax 251 40 42 83,
< – ▤. AE ① VISA. ⚡
fechado do 15 ao 30 de outubro, domingo noite e 2ª feira – **Refeição** lista
aprox. 24,93.

em Peso Oeste : 3,5 km :

Albergaria Boavista, ✉ 4960-235 Melgaço, ☎ 251 41 64 64, Fax 251 41 63 50, 🏊,
✖ – ⛶ ▤ 📺 ♿ 🅿. AE ⓂⒸ VISA. ⚡
Refeição lista aprox. 24,94 – **51 qto** ☕ 57,36/62,35.

MESÃO FRIO *Vila Real* 940 I 6 – *3 076 h.*
Lisboa 375 – Braga 88 – Porto 77 – Vila Real 36 – Viseu 89.

na estrada N 108 *Este : 2 km :*

Pousada Solar da Rede ⤻, Santa Cristina, ✉ 5040-336, ☎ 254 89 01 30, *guest @ pousadas.pt, Fax 254 89 01 39,* 🔭, « Magnífica casa solarenga com ⩽ vinhedos, vale e rio Douro », ☇, ✗ – ▭ TV P. – 🏛 25/400. AE ① MC VISA ✗
Refeição lista 21,94 a 26,68 – **31 qto** ☕ 148,64/159,11.

MIRA *Coimbra* 940 K 3 – *4563 h – Praia.*
Arred. : *Varziela : Capela (retábulo★) Sudeste : 11 km.*
Lisboa 221 – Coimbra 38 – Leiria 90.

Canhota, Rua Dr. Antonio José Almeida 104, ✉ 3070, ☎ 231 48 05 80, *Fax 231 48 05 89,* ✗ – TV P. – 🏛 25/200. AE MC VISA ✗
Refeição 10 – **16 qto** ☕ 30/35 – PA 20.

na praia *Noroeste : 7 km :*

Sra. da Conceição sem rest, Av. Cidade de Coimbra, ✉ 3070-761, ☎ 231 47 16 45, *Fax 231 47 16 45 –* |≑| ▭ TV P. AE MC VISA
fechado novembro – **23 qto** ☕ 49,80/54,80.

Do Mar sem rest, Av. do Mar, ✉ 3070-806, ☎ 231 47 11 44, *residencialmar @ hotma il.com, Fax 231 47 11 44,* ⩽ – TV ① MC VISA JCB
14 qto ☕ 52,37/57,36.

MIRANDA DO DOURO *Bragança* 940 H 11 – *1841 h alt. 675.*
Ver : *Sé (retábulos★) – Museu Regional da Terra de Miranda★.*
Arred. : *Barragem de Miranda do Douro★ Este : 3 km – Barragem de Picote★ Sudoeste : 27 km.*
🛈 *Largo do Menino Jesus da Cartolinha* ✉ 5210 ☎ 273 43 11 32.
Lisboa 524 – Bragança 85.

Pousada de Santa Catarina ⤻, ✉ 5210-183, ☎ 273 43 12 55, *guest @ pousad as.pt, Fax 273 43 10 65,* ⩽ – ▭ TV P. AE ① MC VISA ✗
Refeição lista 24,68 a 30,42 – **9 qto** ☕ 73,32/81,30 – 3 suites.

Turismo sem rest, Rua 1º de Maio 5, ✉ 5210-191, ☎ 273 43 80 30, Fax 273 43 13 35 – |≑| ▭ TV. AE MC VISA ✗
29 qto ☕ 29,92/39,90.

MIRANDELA *Bragança* 940 H 8 – *7 862 h.*
Ver : *Museu Municipal Armindo Teixeira Lopes★.*
🛈 *Rua D. Afonso II (Praça do Mercado)* ✉ 5370-287 ☎ 278 20 02 72 *info @ bib-sarmento-pimentel.rcts.pt Fax 278 26 57 68.*
Lisboa 475 – Bragança 67 – Vila Real 71.

Grande H. Dom Dinis, Av. Nossa Senhora do Amparo, ✉ 5370-210, ☎ 278 26 01 00, *Fax 278 26 01 01,* ⩽ – |≑| ▭ TV 🚗 P. – 🏛 25/250. AE ① MC VISA ✗
Refeição lista 19,95 a 24,94 – **130 qto** ☕ 62,85/78,81.

Miratua sem rest, Rua da República 42, ✉ 5370-347, ☎ 278 20 01 40, *Fax 278 20 01 43 –* |≑| TV. AE MC VISA ✗
30 qto ☕ 25/40.

D. Maria, Rua Dr. Jorge Pires 3, ✉ 5370-430, ☎ 278 24 84 55, *cep @ netc.pt, Fax 278 24 84 55 –* ▭. AE MC VISA ✗
Refeição lista 17,50 a 24,97.

O Grês, Av. Nossa Senhora do Amparo, ✉ 5370-210, ☎ 278 24 82 02 – ▭. AE MC VISA ✗
fechado domingo noite – **Refeição** lista aprox. 18.

na estrada N 15 *Noreste : 1,3 km :*

Jorge V sem rest, Av. das Comunidades Europeias, ✉ 5370-205, ☎ 278 26 50 24, *Fax 278 26 50 25 –* TV 🚗 P. AE ① MC VISA ✗
32 qto ☕ 22,50/34,92.

MOGADOURO *Bragança* 940 H 9 – *2 648 h.*
Lisboa 471 – Bragança 94 – Guarda 145 – Vila Real 153 – Zamora 97.

A Lareira com qto, Av. Nossa Senhora do Caminho 58, ✉ 5200-207, ☎ 279 34 23 63 – ▭ rest, TV
fechado janeiro – **Refeição** *(fechado 2ª feira)* lista 10,50 a 14,50 – **10 qto** ☕ 15/25.

MONÇÃO *Viana do Castelo* 940 *F 4 – 2 687 h – Termas.*

   Ver : *Miradouro★.*

   🛈 *Praça Deu-La-Deu (Casa do Curro)* ✉ *4950-452* 🕿 *251 65 27 51 rtam@mail.telepac.pt Fax 251 65 27 51.*

   Lisboa 451 – Braga 71 – Viana do Castelo 69 – Vigo 48.

   🏠 **Albergaria Atlântico** sem rest, Rua General Pimenta de Castro 15, ✉ 4950-498, 🕿 251 65 23 55, *Fax 251 65 23 76* – |♿| 🖭 📺. 🖭 ⓞ Ⓜ️ⓒ 𝗩𝗜𝗦𝗔. ✂
   16 qto ☕ 42,50/62,50.

MONCHIQUE *Faro* 940 *U 4 – 2 540 h alt. 458 – Termas.*

   Arred. : *Estrada★ de Monchique à Fóia ⩽★, Monte Fóia★ ⩽★.*

   Lisboa 260 – Faro 86 – Lagos 42.

   ✗ **Albergaria Bica-Boa** com qto, Estrada de Lisboa 266, ✉ 8550, 🕿 282 91 22 71, *Fax 282 91 23 60,* 🌰 – 🖭 Ⓜ️ⓒ 𝗩𝗜𝗦𝗔. ✂
   Refeição lista 14,46 a 18,76 – **4 qto** ☕ 52,37/62,35.

na estrada da Fóia :

   🏨 **Estalagem Abrigo da Montanha** ⌟, Sudoeste : 2 km, ✉ 8550, 🕿 282 91 21 31, *abrigodamontanha@hotmail.com, Fax 282 91 36 60,* ⩽ vale, montanha e mar, 🌰, « Terraços floridos », ⌇ – 🖭. 🖭 ⓞ Ⓜ️ⓒ 𝗩𝗜𝗦𝗔. ✂
   Refeição 20 – **11 qto** ☕ 64,84/79,80 – **3 suites.**

   ✗✗ **Quinta de São Bento** ⌟ com qto, Sudoeste : 5 km, ✉ 8550, 🕿 282 91 27 00, *Fax 282 91 21 43,* ⩽, 🌰, « Numa paragem entre árvores », ⌇ – 🅿. 🖭 Ⓜ️ⓒ 𝗩𝗜𝗦𝗔. ✂
   Refeição lista 25,94 a 39,41 – ☕ 8,98 – **5 qto** 59,86/74,82 – **1 apartamento.**

nas Caldas de Monchique *Sul : 6,5 km :*

   🏠 **Albergaria do Lageado** ⌟, ✉ 8550 Monchique, 🕿 282 91 26 16, *Fax 282 91 13 10,* 🌰, ⌇ de água termal – ✂
   fechado dezembro – **Refeição** 12,47 – **20 qto** ☕ 44,89/59,86.

> **Europe** Si el nombre de un hotel figura en letra pequeña, a la llegada, consulte el precio al hotelero.

MONDIM DE BASTO *Vila Real* 940 *H 6 – 3 165 h.*

   Lisboa 404 – Amarante 35 – Braga 66 – Porto 96 – Vila Real 45.

pela estrada de Vila Real *Sul : 2,5 km :*

   ♈ **Quinta do Fundo** ⌟, Vilar de Viando, ✉ 4880-212, 🕿 255 38 12 91, *Fax 255 38 20 17,* 🌰, « Quinta agrícola com adegas próprias », ⌇, ✗ – 🅿. ✂
   Refeição - só jantar, só clientes - 15 – **5 qto** ☕ 45 – **2 suites.**

MONFORTINHO (Termas de) *Castelo Branco* 940 *L 9 – 879 h alt. 473 – Termas.*

   🛈 *Av. Conde da Covilhã - Edifício das Piscinas Municipais* 🕿 *277 43 42 23 Fax 277 43 42 23.*

   Lisboa 310 – Castelo Branco 70 – Santarém 229.

   🏨 **Astória** ⌟, ✉ 6060-072, 🕿 277 43 04 00, *hotelastoria@monfortur.pt, Fax 277 43 04 09,* 🌰, 🛋, ⌇, ⌇, ⇌, ✗ – |♿| 🖭 📺 🅿 – 🔥 25/150. 🖭 ⓞ Ⓜ️ⓒ 𝗩𝗜𝗦𝗔. ✂
   Refeição 13,97 – **83 qto** ☕ 62,85/94,27 – PA 27,93.

   🏨 **Fonte Santa** ⌟, ✉ 6060-072, 🕿 277 43 03 00, *hotel.fonte.santa@monfortur.pt, Fax 277 43 03 09,* « Num parque », ⌇, ✗ – |♿| 🖭 📺 🅿. 🖭 ⓞ Ⓜ️ⓒ 𝗩𝗜𝗦𝗔. ✂
   Refeição 13,97 – **47 qto** ☕ 62,85/94,27 – PA 27,93.

   🏠 **Das Termas,** Padre Alfredo, ✉ 6060-072, 🕿 277 43 03 10, *Fax 277 43 03 11* – 🖭 📺 🅿. ✂
   fechado janeiro – **Refeição** 13 – **20 qto** ☕ 30/37,41.

MONSANTO *Castelo Branco* 940 *L 8 – alt. 758.*

   Ver : *Castelo : ✳★★.*

   Lisboa 328 – Castelo Branco 73 – Ciudad Rodrigo 132 – Guarda 90.

   🏨 **Pousada de Monsanto** ⌟, Rua da Capela 1, ✉ 6060-091 Monsanto IDN, 🕿 277 31 44 71, *guest@pousadas.pt, Fax 277 31 44 81,* ⩽ – |♿| 🖭 📺. 🖭 ⓞ Ⓜ️ⓒ 𝗩𝗜𝗦𝗔 𝗝𝗖𝗕. ✂
   Refeição lista 18,71 a 25,19 – **10 qto** ☕ 81,30/89,28.

MONSARAZ *Évora* 940 *Q 7 – 1182 h alt. 342.*
Ver : Localidade★★ – Sítio★★ – Rua Direita★.
Lisboa 191 – Badajoz 96 – Évora 59 – Portalegre 144 – Setúbal 159.

ao Sul : *2,5 km :*

Horta da Moura ⌂, ✉ 7200-999 apartado 64 Reguengos de Monsaraz, ℰ 266 55 01 00, *hortadamoura@hotmail.com*, Fax (66) 55 01 08, 🍽, « Num estilo regional alentejano em pleno campo », ⊿, ✗ – ▤ TV P – ♨ 25/180. AE ① MC VISA. ✗ rest
Refeição lista 26,43 a 38,42 – **24 qto** ⊐ 99,76 – 1 apartamento.

MONTALEGRE *Vila Real* 940 *G 6.*
🛈 *Av. D. Nuno Álvarez Pereira (Câmara Municipal)* ✉ 5470-203 ℰ 276 51 02 00 Fax 276 51 02 01 – *Lisboa 449 – Braga 92 – Ourense/Orense 72 – Porto 141 – Vila Real 91.*

Quality Inn Montalegre, Rua do Avelar 2, ✉ 5470-235, ℰ 276 51 02 20, Fax 276 51 02 29, ⸙, ⊿ – ⧉ ▤ TV ໓ ⇔ P
42 qto.

MONTARGIL *Portalegre* 940 *O 5 – 4587 h.*
Lisboa 131 – Portalegre 104 – Santarém 72.

Barragem, Estrada N 2, ✉ 7425-999, ℰ 242 90 41 75, Fax 242 90 42 55, ≤, 🍽, « Junto ao barragem », ⊿, ✗ – ▤ TV P – ♨ 25/180. AE ① MC VISA. ✗
A Panela : Refeição lista 14,25 a 22,50 – **18 qto** ⊐ 60/70 – 3 suites.

MONTE *Madeira – ver Madeira (Arquipélago da).*

MONTE DO FARO *Viana do Castelo – ver Valença do Minho.*

MONTE ESTORIL *Lisboa – ver Estoril.*

MONTE GORDO *Faro – ver Vila Real de Santo António.*

MONTE REAL *Leiria* 940 *M 3 – 2549 h alt. 50 – Termas.*
🛈 *Largo Manuel da Silva Pereira (Parque Municipal)* ✉ 2425-041 ℰ 244 61 21 67.
Lisboa 147 – Leiria 16 – Santarém 97.

D. Afonso, Rua Dr. Oliveira Salazar, ✉ 2425-044, ℰ 244 61 12 38, Fax 244 61 13 22, ⊿, ✗ – ⧉, ▤ rest, TV ⇔ – ♨ 25/600. AE MC VISA. ✗
fechado janeiro-março – **Refeição** *- só menú - 13,72 –* **74 qto** ⊐ 55,87/60,35.

Flora, Rua Duarte Pacheco, ✉ 2425-031, ℰ 244 61 21 21, Fax 244 81 50 99 – ⧉ TV P. VISA. ✗
abril-outubro – **Refeição** *18 –* **35 qto** ⊐ 35,35/38,23.

Santa Rita, Rua de Leiria 35, ✉ 2425-039, ℰ 244 61 21 47, Fax 244 61 21 72, ⊿ – TV P. ✗
abril-outubro – **Refeição** *13 –* **42 qto** ⊐ 27/45 – PA 23.

Colmeia, Estrada da Base Aérea 5, ✉ 2425-022, ℰ 244 61 25 33, *rcolmeia@iol.pt,* Fax 244 61 19 30 – ⧉, ▤ rest, TV P. ✗
maio-outubro – **Refeição** *12 –* **46 qto** ⊐ 32/45.

em Ortigosa *na estrada N 109 - Sudeste : 4 km :*

Saloon, ✉ 2425 Ortigosa, ℰ 244 61 34 38, *info@leiripaul.pt,* Fax 244 61 37 03, 🍽, « Rest. típico. Decoração rústica » – P. AE ① MC VISA. ✗
Refeição lista 14,17 a 22,33.

MONTE-SÃO PEDRO DA TORRE *Viana do Castelo – ver Valença do Minho.*

MONTEMOR-O-NOVO *Évora* 940 *Q 5 – 6660 h alt. 240.*
Lisboa 112 – Badajoz 129 – Évora 30.

Sampaio, Rua Bento Gonçalves 2, ✉ 7050-155, ℰ 266 822 37, Fax 266 801 95, « Decoração rústica regional » – ▤.

Bar Alentejano, Av. Sacadura Cabral 25, ✉ 7050-304, ℰ 266 89 22 24 – ▤. AE MC VISA
fechado domingo noite e 2ª feira – **Refeição** lista 18,72 a 22,21.

O Bacalhau, Av. Gago Coutinho 17-A, ✉ 7050-097, ℰ 266 89 67 65, Fax 266 89 15 06 – ▤. AE ① MC VISA. ✗
fechado 4ª feira – **Refeição** lista 13,50 a 19,45.

MONTEMOR-O-VELHO Coimbra 940 L 3 – 2 355 h.

Ver : Castelo★ (✳★).

Lisboa 206 – Aveiro 61 – Coimbra 29 – Figueira da Foz 16 – Leiria 77.

Abade João sem rest, Rua dos Combatentes da Grande Guerra 15, ✉ 3140-266, ✆ 239 68 94 58, Fax 239 68 94 68, ⩻ – 🛗 📺 🄿 🅰🄴 🄼🄲 🆅🅸🅂🄰. ✗
⚏ 4 – **14 qto** 27,50/40.

Ramalhão, Rua Tenente Valadim 24, ✉ 3140-255, ✆ 239 68 94 35, « Decoração rústica » – 🅰🄴 🄼🄲 🆅🅸🅂🄰. ✗
fechado outubro, domingo noite e 2ª feira – **Refeição** lista 18,70 a 20,70.

MONTIJO Setúbal 940 P 3 – 20 399 h.

Lisboa 40 – Setúbal 24 – Vendas Novas 45.

Sol Inn Montijo Parque H., Av. João XXIII-193, ✉ 2870-159, ✆ 21 232 66 00, hotel.montijo@mail.telepac.pt, Fax 21 231 52 61 – 🛗 🗐 📺 ♿ 🚗 – 🕿 25/180. 🅰🄴 🄾 🄼🄲
🆅🅸🅂🄰 🄹🄲🄱. ✗
Refeição 16,46 – **84 qto** ⚏ 67,34/80,81 – PA 24,94.

NAZARÉ Leiria 940 N 2 – 13 162 h – Praia.

Ver : Sítio★★ - O Sítio ⩻★ B - Farol : sítio marinho★★ – Igreja da Misericórdia (miradouro★) BB.

🛈 Av. da República ✉ 2450-101 ✆ 262 56 11 94 camaranazaregap@mail.telpac.pt Fax 262 55 00 19.

Lisboa 123 ② – Coimbra 103 ① – Leiria 32 ①

Praia, Av. Vieira Guimarães 39, ✉ 2450-110, ✆ 262 56 14 23, hotel.praia@clix.pt, Fax 262 56 14 36 – 🛗 🗐 📺 🚗. 🅰🄴 🄾 🄼🄲 🆅🅸🅂🄰 🄹🄲🄱   A f
Refeição 12,47 – **40 qto** ⚏ 97,27/109,74 – PA 24,94.

NAZARÉ

Abel da Silva (Rua)	**B**	3
Açougue (Trav. do)	**A**	4
Adrião Batalha (Rua)	**A**	6
Azevedo e Sousa (Rua)	**B**	7
Carvalho Laranjo (Rua)	**A**	9
Dom F. Roupinho (Rua)	**B**	10
Dr Rui Rosa (Rua)	**A**	12
Gil Vicente (Rua)	**A**	13
M. de Albuquerque (Rua)	**A**	15
M. de Arriaga (Praça)	**A**	16
República (Avenida da)	**A**	
Sousa Oliveira (Praça)	**A**	18
Sub-Vila (Rua)	**A**	
Vieira Guimarães (Avenida)	**A**	
28 de Maio (Rua)	**B**	19

Miramar, Rua Abel da Silva 36 - Pederneira, ⊠ 2450-060, ℘ 262 55 00 00, *Fax 262 55 00 01,* ⚓ – 🛗 ▤ 📺 🚗. 𝔸𝔼 ⓘ Ⓜⓒ *VISA*. ⊗ B t
Refeição lista aprox. 19,44 – **38 qto** ⊇ 64,84/82,30 – 3 apartamentos.

Maré, Rua Mouzinho de Albuquerque 8, ⊠ 2450-901, ℘ 262 56 12 26, *hotel.mare@ m ail.telepac.pt, Fax 262 56 17 50* – 🛗 ▤ 📺. 𝔸𝔼 ⓘ Ⓜⓒ *VISA* JⒸB. ⊗ A r
Refeição 13 – **36 qto** ⊇ 62/82.

Da Nazaré, Largo Afonso Zuquete, ⊠ 2450-139, ℘ 262 56 90 30, *Fax 262 56 90 38,* ≼ – 🛗 ▤ 📺. 𝔸𝔼 ⓘ Ⓜⓒ *VISA* JⒸB. ⊗ rest A z
fechado janeiro – **Refeição** 9,98 – **52 qto** ⊇ 68,83/71,83.

Ribamar, Rua Gomes Freire 9, ⊠ 2450-222, ℘ 262 55 11 58, *Fax 262 56 22 24,* ≼, « Decoração regional » – 📺. 𝔸𝔼 ⓘ Ⓜⓒ *VISA* JⒸB. ⊗ A b
fechado do 10 ao 25 de dezembro – **Refeição** lista 22,25 a 28,50 – **25 qto** ⊇ 65/77.

A Cubata sem rest, Av. da República 6, ⊠ 2450, ℘ 262 56 17 06, *Fax 262 56 17 00* – 📺. 𝔸𝔼 Ⓜⓒ *VISA*. ⊗ A n
22 qto ⊇ 50/62.

Mar Bravo com qto, Praça Sousa Oliveira 67-A, ⊠ 2450-159, ℘ 262 56 91 60, *marb ravo@ clix.pt, Fax 262 56 91 69,* ≼, 🍽 – 🛗 ▤ 📺. 𝔸𝔼 ⓘ Ⓜⓒ *VISA*. ⊗ A s
Refeição - peixes e mariscos – lista 16,86 a 23,85 – **16 qto** ⊇ 89,79/97,27.

Beira Mar com qto, Av. da República 40, ⊠ 2450-103, ℘ 262 56 13 58 – 📺. 𝔸𝔼 ⓘ Ⓜⓒ *VISA* JⒸB A h
março-novembro – **Refeição** lista 11,50 a 18,75 – **15 qto** ⊇ 50/75.

NELAS *Viseu* 🄼🄸🄳 *K 6 – 3 453 h.*
🄸 *Largo Dr. José Veiga Simão* ⊠ *3520* ℘ *232 94 43 48.*
Lisboa 277 – Coimbra 81 – Viseu 19.

Bem Haja, Rua da Restauração 5, ⊠ 3520-069, ℘ 232 94 49 03, *bemhaja@ clix.pt, Fax 232 94 49 03,* « Decoração rústica » – ▤. 𝔸𝔼 ⓘ Ⓜⓒ *VISA*. ⊗
Refeição lista 14,96 a 24.

Os Antónios, Largo Vasco da Gama, ⊠ 3520-079, ℘ 232 94 95 15, *Fax 232 94 94 91* – ▤. 𝔸𝔼 ⓘ Ⓜⓒ *VISA*. ⊗
fechado 3ª feira – **Refeição** lista 12,12 a 20,35.

NOGUEIRA *Porto – ver Maia.*

ÓBIDOS *Leiria* 🄼🄸🄳 *N 2 – 825 h alt. 75.*
Ver : A Cidadela medieval★★ (Rua Direita★, Praça de Santa Maria★, Igreja de Santa Maria : interior★, Túmulo★) - Murallas★★ (≼★★).
🄸 *Rua Direita* ⊠ *2510-060* ℘ *262 95 92 31 Fax 262 95 50 14.*
Lisboa 92 – Leiria 66 – Santarém 56.

Pousada do Castelo ⊗, Paço Real, ⊠ 2510-999 apartado 18, ℘ 262 95 91 05, *guest@pousadas.pt, Fax 262 95 91 48,* « Belas instalações nas muralhas do castelo. Mobiliário de estilo » – ▤ 📺. 𝔸𝔼 ⓘ Ⓜⓒ *VISA*. ⊗
Refeição lista 26,19 a 33,66 – **9 qto** ⊇ 185/196.

Estalagem do Convento ⊗, Rua D. João d'Ornelas, ⊠ 2510-074, ℘ 262 95 92 16, *estconventhotel@ mail.telepac.pt, Fax 262 95 91 59,* « Decoração estilo antigo » – 📺. 𝔸𝔼 Ⓜⓒ *VISA* JⒸB. ⊗ rest
Refeição *(fechado janeiro e domingo)* - só jantar - 18,94 – **31 qto** ⊇ 72,83/84,80.

Albergaria Josefa d'Óbidos, Rua D. João d'Ornelas, ⊠ 2510-130, ℘ 262 95 92 28, *Fax 262 95 95 33* – 🛗 ▤ 📺. 𝔸𝔼 ⓘ Ⓜⓒ *VISA* JⒸB. ⊗
Refeição *(fechado janeiro)* 13 – **34 qto** ⊇ 55/65.

Louro ⊗ sem rest, Canastra, ⊠ 2510-042, ℘ 262 95 51 00, *Fax 262 95 51 01,* ⚓ – 📺 🄿. 𝔸𝔼 ⓘ Ⓜⓒ *VISA*. ⊗
20 qto ⊇ 34,92/49,88.

Albergaria Rainha Santa Isabel ⊗ sem rest, Rua Direita, ⊠ 2510-060, ℘ 262 95 93 23, *arsio@ oeste.online.pt, Fax 262 95 91 15* – 🛗 ▤ 📺 – 🏛 25/60. 𝔸𝔼 ⓘ Ⓜⓒ *VISA* JⒸB. ⊗
20 qto ⊇ 60/75.

A Ilustre Casa de Ramiro, Rua Porta do Vale, ⊠ 2510-084, ℘ 262 95 91 94 – ▤. 𝔸𝔼 ⓘ Ⓜⓒ *VISA*. ⊗
fechado janeiro e 5ª feira – **Refeição** lista 24,95 a 31,65.

Alcaide, Rua Direita, ⊠ 2510-060, ℘ 262 95 92 20, *j:jadias@ hotmail.com, Fax 262 95 92 20,* ≼, 🍽 – 𝔸𝔼 Ⓜⓒ *VISA*. ⊗
fechado novembro e 2ª feira – **Refeição** lista 21 a 24.

ao Noroeste : *3 km e desvío particular 0,5 km :*

Casal do Pinhão ⤳ *sem rest, Bairro da Senhora da Luz,* ⊠ *2510,* ℰ *262 95 90 78, casalpinhao@clix.pt, Fax 262 95 90 78, « Em pleno campo »,* ⊐ *–* 🅿. ⓂⒸ
🆅🅸🆂🅰. 🚫
8 qto ⌻ *70/80 – 2 apartamentos.*

OEIRAS *Lisboa* 🅆🄰🄾 **P 2** *– 40 149 h – Praia.*

🄱 *Jardim Municipal de Santo Amaro de Oeiras* ⊠ *2780* ℰ *21 442 39 46 dct@cm-oeiras.pt e Antiga Fundição de Oeiras* ⊠ *2780* ℰ *21 440 85 87 dct@cm-oeiras.pt Fax 21 440 85 11.*
Lisboa 18 – Cascais 8 – Sintra 16.

em Santo Amaro de Oeiras :

Patrício, *Rua Mestre de Avis 4-B,* ⊠ *2780-230 Oeiras,* ℰ *21 443 17 86 –* ▤. 🄰🄴 🄾 ⓂⒸ
🆅🅸🆂🅰. 🚫
fechado 15 agosto-15 setembro, 4ª feira noite e 5ª feira – Refeição *lista aprox. 17,46.*

Saisa, *Praia,* ⊠ *2780 Oeiras,* ℰ *21 443 06 34, ⋖, 🏠 –* 🄰🄴 🄾 ⓂⒸ 🆅🅸🆂🅰 🄹🄲🄱. 🚫
fechado 2ª feira – Refeição *- peixes e mariscos - lista 17 a 24,94.*

na autoestrada A 5 *Nordeste : 4 km :*

🏨 *Ibis Lisboa-Oeiras sem rest, Área de Serviço,* ⊠ *2780-826,* ℰ *21 421 62 15, h1634@a ccor-hotels.com, Fax 21 421 70 39 –* ▤ 📺 ♿ 🅿 *–* 🛖 *25*
61 qto.

OLHÃO *Faro* 🅆🄰🄾 **U 6** *– 14 653 h – Praia.*
Lisboa 299 – Faro 9 *– Beja 142 – Portimão 74.*

Boémia *sem rest, Rua da Cerca 20,* ⊠ *8700-387,* ℰ *289 71 45 13, Fax 289 71 45 13 –* ▤ 📺. 🄰🄴 🄾 ⓂⒸ 🆅🅸🆂🅰. 🚫
⌻ *4,90 –* **15 qto** *34,90/44,90.*

OLIVEIRA DE AZEMÉIS *Aveiro* 🅆🄰🄾 **J 4** *– 9 210 h.*
Excurs. : *Arouca (Museu de Arte Sacra : quadros primitivos★) 33 km a Nordeste.*
🄱 *Praça José da Costa* ⊠ *3720-217* ℰ *256 67 44 63.*
Lisboa 275 – Aveiro 38 – Coimbra 76 – Porto 40 – Viseu 98.

Dighton, *Rua Dr. Albino dos Reis,* ⊠ *3720-241,* ℰ *256 68 21 91, hotel.dighton@mai l.telepac.pt, Fax 256 68 22 48 –* 🛗 ▤ 📺 ♿ 🚗 *–* 🛖 *25/200.* 🄰🄴 🄾 ⓂⒸ
🆅🅸🆂🅰. 🚫
D. Gomado : Refeição *lista 17,46 a 27,43 –* **99 qto** ⌻ *54,87/64,84 – 1 suite.*

Diplomata, *Rua Dr. Simões dos Reis 125,* ⊠ *3720-245,* ℰ *256 68 25 90, fiamino-rib eiro@clix.pt, Fax 256 67 41 38 –* ▤. 🄰🄴 🄾 ⓂⒸ 🆅🅸🆂🅰 🄹🄲🄱. 🚫
fechado do 15 ao 31 de agosto e domingo noite – Refeição *lista 19,72 a 24,50.*

pela antiga estrada N 1 *Norte : 2 km e desvío a direita 1 km :*

Albergaria do Campo ⤳ *sem rest, Rua de S. Miguel (Outeiro),* ⊠ *3720-514 Santiago da Riba-UL,* ℰ *256 68 27 45, Fax 256 68 23 85 –* ▤ 📺 🅿. 🄰🄴 🄾 ⓂⒸ 🆅🅸🆂🅰
14 qto ⌻ *42,40/92,40.*

OLIVEIRA DO BAIRRO *Aveiro* 🅆🄰🄾 **K 4** *– 4 351 h.*
🄱 *Estrada N 235* ⊠ *3770* ℰ *234 74 75 50.*
Lisboa 233 – Aveiro 23 – Coimbra 40 – Porto 88.

🏨 *Paraíso, Estrada N 235,* ⊠ *3770-909 apartado 120,* ℰ *234 74 03 00, paraisohotel@m ail.telepac.pt, Fax 234 74 73 56, ⋖ –* 🛗 ▤ 📺 🅿 *–* 🛖 *25/80*
30 qto.

OLIVEIRA DO HOSPITAL *Coimbra* 🅆🄰🄾 **K 6** *– 2 318 h alt. 500.*
Ver : *Igreja Matriz★ (estátua★, retábulo★).*
🄱 *Rua do Colégio (Casa da Cultura César de Oliveira)* ⊠ *3400* ℰ *238 60 92 69 Fax 238 60 92 69.*
Lisboa 284 – Coimbra 82 – Guarda 88.

São Paulo, *Rua Dr. Antunes Varela 3,* ⊠ *3400-133,* ℰ *238 60 90 00, Fax 238 60 90 01, ⋖ –* 🛗 ▤ 📺 🅿 *–* 🛖 *25/80.* ⓂⒸ 🆅🅸🆂🅰. 🚫 rest
Refeição *15 –* **43 qto** ⌻ *47,50/57,50.*

na Póvoa das Quartas *pela estrada N 17 - Este : 7 km :*

Pousada de Santa Bárbara ⑤, ✉ 3404-909 Oliveira do Hospital, ☏ 238 60 96 52, *guest@pousadas.pt, Fax 238 60 96 45,* ≼ vale e Serra da Estrela, 🛆, ✗ – TV, AE ⑩ ⑯ VISA. ✗
Refeição lista 28,23 a 30,96 – **16 qto** ⌣ 98,76/106,74.

ORTIGOSA *Leiria – ver Monte Real.*

OURÉM *Santarém* 940 **N 4**.
Lisboa 135 – Castelo Branco 139 – Leiria 23.

Pousada Conde de Ourém ⑤, Largo João Manso - zona do castelo, ✉ 2490-481, ☏ 249 54 09 20, *guest@pousadas.pt, Fax 249 54 09 55,* 🛆 – 🛗 ▤ TV P. AE ⑩ ⑯ VISA. ✗
Refeição lista aprox. 19,47 – **30 qto** ⌣ 106,74/114,72.

OURIQUE *Beja* 940 **T 5** – *6 134 h.*
Lisboa 190 – Beja 60 – Faro 105 – Portimão 95 – Setúbal 158.

São Lourenço ⑤ sem rest e sem ⌣, Estrada de Garvão, ✉ 7670, ☏ 286 51 27 60, *Fax 286 51 27 67,* ≼ – TV P. ✗
16 qto 19,95/29,93.

junto a Igreja da Senhora da Cola *Sudoeste : 14 km :*

O Chaparrinho, Castro da Cola, ✉ 7670, ☏ 286 51 61 53, ≼ – ▤. AE ⑯ VISA. ✗
fechado do 1 ao 6 de outubro, 2ª feira noite e 3ª feira – **Refeição** lista 19,45 a 27,41.

OUTEIRO *Vila Real* 940 **G 6**.
Lisboa 431 – Braga 74 – Ourense/Orense 85 – Porto 123 – Vila Real 104.

Estalagem Vista Bela do Gerês ⑤, Estrada N 308 - Este : 1 km, ✉ 5470-332 Outeiro MTR, ☏ 276 56 01 20, *Fax 276 56 01 21,* « Em plena montanha com ≼ montanhas e barragem de Paradela » – TV P. ✗
Refeição 7,48 – **14 qto** ⌣ 59,86.

OUTEIRO DA CORTIÇADA *Santarém – ver Rio Maior.*

OVAR *Aveiro* 940 **J 4** – *25 518 h – Praia.*
🛈 *Rua Elias Garcia* ✉ *3880-213* ☏ *256 57 22 15 Fax 256 58 31 92.*
Lisboa 294 – Aveiro 36 – Porto 40.

Meia-Lua ⑤ sem rest, Quinta das Luzes, ✉ 3884-909, ☏ 256 57 50 31, *meia.lua@mail.telepac.pt, Fax 256 57 52 32,* ≼, 🛆 – 🛗 ▤ TV 🚗 – 🅿 25/80. AE ⑩ ⑯ VISA JCB
54 qto ⌣ 54,37/69,34.

Albergaria São Cristóvão, Rua Aquilino Ribeiro 1, ✉ 3880-151, ☏ 256 57 51 05, *Fax 256 57 51 07* – 🛗. ▤ rest, TV 🚗 – 🅿 25/150. AE ⑩ ⑯ VISA. ✗
Refeição *(fechado 2ª feira)* - só jantar - lista aprox. 17,45 – **57 qto** ⌣ 39,90/54,86.

PAÇO DE ARCOS *Lisboa* 940 **P 2** – *Praia*
Lisboa 20.

Sol Palmeiras, Av. Marginal, ✉ 2780-650, ☏ 21 446 83 00, *ncaxias@esoterica.pt, Fax 21 446 83 99,* ≼, 🛆 – 🛗 ▤ TV P. – 🅿 25/35. AE ⑩ ⑯ VISA JCB
Refeição - ver rest. **La Cocagne** – **35 suites** ⌣ 132,69/148,65.

La Cocagne - *Hotel Sol Palmeiras,* Av. Marginal, ✉ 2780-650, ☏ 21 441 42 31, *Fax 21 446 83 99,* ≼, 🍴, « Antiga mansão senhorial » – ▤ P. AE ⑩ ⑯ VISA. ✗
Refeição lista aprox. 39,90.

Os Arcos, Rua Costa Pinto 47, ✉ 2780-582, ☏ 21 443 33 74, Fax 21 441 08 77 – ▤.
AE ⑩ ⑯ VISA JCB. ✗
Refeição - peixes e mariscos - lista 24,34 a 33,41.

PADRÃO DE MOREIRA *Porto* 940 **I 4** – *7 782 h.*
Lisboa 316 – Amarante 62 – Braga 44 – Porto 14.

Tourygalo da Maia, Estrada N 13, ✉ 4470-638 Maia, ☏ 22 944 90 58, *Fax 22 948 89 22* – ▤ P. AE ⑩ ⑯ VISA. ✗
Refeição - grelhados - lista aprox. 24,15.

PALMEIRA *Braga* 940 H 4.

> *Lisboa 362 – Braga 7 – Porto 56 – Vigo 96.*

XX **Pedra Cavalgada**, Assento (Estrada N 101), ⊠ 4700-675 Palmeira BRG, ℰ 253 62 65 96, Fax 253 25 44 18, « Antiga casa de traça campestre com jardim » – P.
AE ① MC VISA. ⊗
fechado agosto e 3ª feira – **Refeição** lista aprox. 17,46.

PALMELA *Setúbal* 940 Q 3 – 18 286 h.

> **Ver** : *Castelo★* (⁜★), *Igreja de São Pedro (azulejos★).*
> 🄩 *Castelo de Palmela* ⊠ 2950-221 ℰ 21 233 21 22 Fax 21 233 33 42.
> *Lisboa 43 – Setúbal 8.*

🏰 **Pousada de Palmela** ⑤, Castelo de Palmela, ⊠ 2950-997, ℰ 21 235 12 26, *gues t@pousadas.pt, Fax 21 233 04 40,* ≼, « Num convento do século XV, nas muralhas dum antigo castelo » – |≑| ▤ TV P – 🚗 25/35. AE ① MC VISA. ⊗
Refeição lista 23,69 a 30,67 – **28 qto** � 165,61/176,08.

🏠 **Varanda Azul**, Rua Hermenegildo Capelo 3, ⊠ 2950-234, ℰ 21 233 14 51, *residenc ial-varandazul@oninet.pt, Fax 21 233 14 54 –* |≑| ▤ TV 🚗. AE ① MC VISA. ⊗
Refeição - ver rest. ***Retiro Azul*** – **17 qto** ⊇ 40/50.

XX **Retiro Azul** - *Hotel Varanda Azul,* Largo do Chafariz 3, ⊠ 2950-227, ℰ 21 235 00 21, Fax 21 233 14 54 – ▤. AE MC VISA. ⊗
fechado 4ª feira – **Refeição** lista aprox. 22,45.

em Quinta do Anjo *Oeste : 3,5 km :*

X **Alcanena** com buffet, Rua Venancio da Costa Lima 99, ⊠ 2950-701 Quinta do Anjo, ℰ 21 287 01 50, *alcanena@clix.pt* – ▤. AE ① MC VISA. ⊗
fechado do 1 ao 15 de agosto e 4ª feira – **Refeição** lista 17,46 a 19,96.

PARADELA *Vila Real* 940 G 6 – 214 h.

> **Ver** : *Represa★ : sítio★.*
> *Lisboa 437 – Braga 70 – Porto 120 – Vila Real 136.*

PARCHAL *Faro – ver Portimão.*

PAREDE *Lisboa* 940 P 1 – 19 960 h – Praia.

> *Lisboa 21 – Cascais 7 – Sintra 15.*

XX **Dom Pepe**, Rua Sampaio Bruno 4-1º, ⊠ 2775-279, ℰ 21 457 06 36, Fax 21 457 06 36, ≼ – ▤. AE ① MC VISA. ⊗
fechado 2ª feira – **Refeição** lista 17,46 a 25,69.

XX **Toscano**, Travessa Barbosa de Magalhães 2, ⊠ 2775-162, ℰ 21 457 28 94, Fax 21 457 28 94, ≼ – ▤. AE ① MC VISA JCB. ⊗
fechado 3ª feira – **Refeição** lista 23 a 29.

PAUL *Lisboa – ver Torres Vedras.*

PEDRA FURADA *Braga* 940 H 4.

> *Lisboa 344 – Braga 29 – Porto 40 – Viana do Castelo 36.*

X **Pedra Furada**, Estrada N 306, ⊠ 4755-392, ℰ 252 95 11 44 – P. AE ① MC VISA. ⊗
fechado do 22 ao 31 de agosto e 2ª feira noite – **Refeição** lista 13,75 a 21,50.

PEDRAS SALGADAS *Vila Real* 940 H 7 – Termas.

> *Lisboa 429 – Braga 105 – Bragança 126 – Porto 129 – Vila Real 36.*

🏰 **Avelames** ⑤, no Parque, ⊠ 5450, ℰ 259 43 71 40, Fax 259 43 71 41, « Num parque », ⊿, ⚐, ⚔ – |≑| ▤ TV & P – 🚗 25/450. AE ① MC VISA. ⊗
Refeição 15 – **80 qto** ⊇ 62 – 5 suites.

PEDREIRAS *Leiria* 940 N 3.

> *Lisboa 113 – Leiria 19 – Santarém 78.*

na estrada N 109 *Sudoeste : 2 km :*

XX **D. Abade**, Santeira, ⊠ 2480-112, ℰ 244 47 01 47, *dom-abade@dom-abade.com,* Fax 244 47 01 81 – ▤ P. AE ① MC VISA. ⊗
fechado 15 dias em outubro e 4ª feira – **Refeição** lista 12,87 a 22,19.

PEDRÓGÃO GRANDE *Leiria* 940 **M 5** – *2 830 h.*
Lisboa 150 – Castelo Branco 82 – Coimbra 65 – Leiria 90.

ao Este : *3 km :*

Lago Verde, Vale de Góis, ✉ 3270-159, ☎ 236 48 62 40, *Fax 236 48 62 44*, ←, « Na margem do rio Zêzere » – ▤ P. AE MC VISA. ✈
fechado do 2 ao 12 de julho e 2ª feira – **Refeição** lista 14,79 a 21,33.

PEGO *Santarém* 940 **N 5** – *3 011 h.*
Lisboa 152 – Castelo Branco 102 – Leiria 91.

na estrada N 118 *Este : 2,5 km :*

Abrantur sem rest, ✉ 2206-905 apartado 2, ☎ 241 83 34 64, *Fax 241 83 32 87*, ←, ⛱, ✂ – |‡| ▤ TV ♿ P. – 🏊 25/200. AE ⓓ MC VISA. ✈
54 qto ☕ 39,90/64,84.

PENAFIEL *Porto* 940 **I 5** – *6 886 h alt. 323.*
Lisboa 352 – Porto 38 – Vila Real 69.

Pena H. sem rest, Parque do Sameiro, ✉ 4560, ☎ 255 71 14 20, *Fax 255 71 14 25*, ⛱, ✂ – |‡| ▤ TV P. – 🏊 25/250. AE ⓓ MC VISA. ✈
46 qto ☕ 57,37/67,34 – 4 suites.

PENEDONO *Viseu* 940 **J 7.**
Lisboa 369 – Guarda 71 – Vila Real 77 – Viseu 67.

Estalagem de Penedono, ✉ 3630-246, ☎ 254 50 91 20, *penedono.inn@mail.telepac.pt, Fax 254 50 91 29* – ▤ TV P. AE MC VISA. ✈
fechado 22 dezembro-11 janeiro – **Refeição** *(fechado domingo noite e 2ª feira)* 19,50 – **13 qto** ☕ 60/80.

PENHAS DA SAÚDE *Castelo Branco* 940 **L 7** – *Desportos de inverno na Serra da Estrela : ⛷ 3.*
Lisboa 311 – Castelo Branco 72 – Covilhã 10 – Guarda 55.

Serra da Estrela, alt. 1 550, ✉ 6200-073 apartado 332 Covilhã, ☎ 275 31 03 00, *hse@turistrel.pt, Fax 275 31 03 09*, ←, ✂ – ▤ rest, TV P. MC VISA. ✈
Refeição 14 – **38 qto** ☕ 74,90/104,75.

PENICHE *Leiria* 940 **N 1** – *15 304 h – Praia.*
Ver : *O Porto : regresso da pesca★.*
Arred. : *Cabo Carvoeiro★ – Papoa (※★) – Remédios (Nossa Senhora dos Remédios : azulejos★) ※★.*
Excurs. : *Ilha Berlenga★★ : passeio em barco★★★, passeio a pé★★ (sítio★, ←★) 1 h. de barco.*
⛴. *para a Ilha da Berlenga (15 maio- 15 setembro) : Viamar, no porto de Peniche, ☎ 262 78 56 46.*
ℹ *Rua Alexandre Herculano ✉ 2520 ☎ 262 78 95 71 turismocmp@sapo.pt Fax 262 78 95 71.*
Lisboa 92 – Leiria 89 – Santarém 79.

Sol Inn Peniche, Estrada do Baleal, ✉ 2520, ☎ 262 78 04 00, *solinnpeniche@nect.pt, Fax 262 78 38 15*, ←, ⛱, ⛱ – |‡| ▤ TV ♿ 🚗 P. – 🏊 25/200. AE ⓓ MC VISA JCB. ✈
Refeição 13 – **100 qto** ☕ 60/74 – 2 suites.

Maciel sem rest, José Estêvão 38, ✉ 2520-466, ☎ 262 78 46 85 – TV. AE MC VISA. ✈
11 qto ☕ 35/50.

PERNES *Santarém* 940 **N 4** – *1 961 h.*
Lisboa 106 – Abrantes 54 – Caldas da Rainha 72 – Fátima 35.

ao Nordeste *na autoestrada A 1 :*

Do Prado, Área de Serviço de Santarém, ✉ 2035, ☎ 243 44 03 02, *Fax 243 44 03 40*, ⛱, 🌳 – ▤ TV ♿ P. – 🏊 25/40. AE MC VISA. ✈
Refeição 12,47 – **30 qto** ☕ 49,38/57,36 – PA 24,94.

PESO *Viana do Castelo – ver Melgaço.*

PESO DA RÉGUA
PESO DA RÉGUA *Vila Real* 940 I 6 – *9 291 h.*

🚩 *Rua da Ferreirinha* ✉ *5050-261* 📞 *254 31 28 46 Fax 254 32 22 71.*

Lisboa 379 – Braga 93 – Porto 102 – Vila Real 25 – Viseu 85.

Régua Douro, Largo da Estação da CP, ✉ 5050-237, 📞 254 32 07 00, *hotelreguad ouro@mail.telepac.pt, Fax 254 32 07 09,* ≤, 🏯, ᛚᕍ, ⌁ – 🛗 🗐 📺 ᕈ ⇔ 🄿 – ♨ 25/200. AE ① ⓂⒸ VISA. ⅍ rest
Refeição 14,96 – **67 qto** ⊒ 66,34/81,30 – 10 suites.

Columbano sem rest, Av. Sacadura Cabral, ✉ 5050, 📞 254 32 07 10, *Fax 254 32 07 19,* ≤, ⌁, ⅍ – 🗐 📺 🄿 ① ⓂⒸ VISA. ⅍
81 qto ⊒ 29,94/37,41.

Império sem rest, Rua Vasques Osório 8, ✉ 5050-280, 📞 254 32 01 20, *Fax 254 32 14 57* – 🗐 📺 ⇔. AE VISA. ⅍
33 qto ⊒ 27/37.

PICO DO ARIEIRO
PICO DO ARIEIRO *Madeira – ver Madeira (Arquipélago da).*

PINHANÇOS
PINHANÇOS *Guarda* 940 K 6 – *1872 h.*

Lisboa 302 – Coimbra 102 – Guarda 63.

🍴 **Santa Luzia,** Estrada N 17 - Este : 1 km, ✉ 6270-141, 📞 238 48 10 10, *restsantalu zia@netc.pt, Fax 238 48 80 06* – 🗐 🄿 AE ⓂⒸ VISA. ⅍
fechado 2ª feira – **Refeição** lista 12 a 16,50.

PINHÃO
PINHÃO *Vila Real* 940 I 7 – *831 h alt. 120.*

Arred. : *Norte : Estrada de Sabrosa*★★ ≤★.

Lisboa 399 – Vila Real 30 – Viseu 100.

Vintage House, Lugar da Ponte, ✉ 5085-034, 📞 254 73 02 30, *vintage@hotelvint agehouse.com, Fax 254 73 02 38,* « Belas instalações numa paragem de vinhedos junto ao Douro », ⌁, ᕁ, ⅍ – 🛗 🗐 📺 🄿 AE ① ⓂⒸ VISA JCB. ⅍
Refeição 28,50 – **43 qto** ⊒ 129,30/140,70.

Douro, Largo da Estação, ✉ 5085-037, 📞 254 73 24 04, Fax 254 73 24 04, ≤ – 🗐 qto, 📺. ⅍
fechado 15 dias em dezembro – **Refeição** 12,50 – **14 qto** ⊒ 35/50.

*La **carte Michelin** est constamment tenue à jour.*

POMBAL
POMBAL *Leiria* 940 M 4 – *4 760 h.*

🚩 *Rua Eduardo Gomes* ✉ *3100* 📞 *236 21 32 30.*

Lisboa 153 – Coimbra 43 – Leiria 28.

Do Cardal sem rest, Largo do Cardal, ✉ 3100-440, 📞 236 21 82 06, Fax 236 21 81 36 – 🛗 🗐 📺 ⇔ – ♨ 25/50. AE ① ⓂⒸ VISA
27 qto ⊒ 30/45.

Sra. de Belém ⌂ sem rest, Av. Heróis do Ultramar 185 (Urb. Sra. de Belém), ✉ 3100-462, 📞 236 21 81 85, Fax 236 21 55 33 – 🛗 🗐 📺 🄿 ⅍
26 qto ⊒ 29,92/39,90.

na estrada N 1 *Noroeste : 2 km :*

O Manjar do Marquês com snack-bar, ✉ 3100, 📞 236 21 81 94, Fax 236 21 88 18 – 🗐 🄿 AE ① ⓂⒸ VISA. ⅍
Refeição lista aprox. 20.

PONTE DA BARCA
PONTE DA BARCA *Viana do Castelo* 940 G 4.

Arred. : *Bravães*★ *(Igreja de São Salvador*★ *: portal*★*) 3,5 km a Sudoeste.*

Excurs. : *Lindoso*★ *(espigueiros*★*) 29 km a Nordeste.*

🚩 *Largo da Misericórdia 11* ✉ *4980-613* 📞 *258 45 28 99 Fax 258 45 28 99.*

Lisboa 412 – Braga 32 – Viana do Castelo 40.

San Fernando sem rest, Rua de Santo António, ✉ 4980-638, 📞 258 45 25 80, *Fax 258 45 37 66* – 📺 🄿 ① ⓂⒸ VISA. ⅍
24 qto ⊒ 23,70/31,93.

Os Poetas sem rest, Jardim dos Poetas, ✉ 4980-617, 📞 258 45 35 78, *Fax 258 45 37 66,* ≤ – 📺. AE ① ⓂⒸ VISA. ⅍
junho-setembro – **10 qto** ⊒ 41,90.

PONTE DE LIMA *Viana do Castelo* 940 *G 4 – 2 438 h alt. 22.*

Ver : *Ponte★ - Igreja-Museu dos Terceiros (talhas★).*

ř Fertosa, Sul : 2 km 𝒫 258 74 34 15 Fax 258 74 34 24.

🛈 *Praça da República* ✉ 4990-062 𝒫 258 94 23 35 Fax 258 94 23 35.

Lisboa 392 – Braga 33 – Porto 85 – Vigo 70.

Império do Minho, Av. dos Plátanos, ✉ 4990-030, 𝒫 258 74 15 10, Fax 258 94 25 67,
ℨ – |≑| ▤ 📺 🅿
50 qto.

na estrada de Valença do Minho *Noroeste : 2,5 km :*

A Carvalheira, Antepaço - Arcozelo (Estrada N 202), ✉ 4990-231, 𝒫 258 74 23 16, 🏡,
« Decoração rústica » – ▤ 🅿.

ao Sudeste : *3,5 km :*

Madalena, Monte de Santa Maria Madalena, ✉ 4990-909 apartado 27, 𝒫 258 94 12 39,
≼, 🏡 – 🅿.

PONTE DE SOR *Portalegre* 940 *O 5.*

Lisboa 173 – Abrantes 35 – Évora 98 – Fátima 99 – Portalegre 67.

Sor, Rua João Pedro de Andrade, ✉ 7400-264, 𝒫 242 20 60 26, Fax 242 20 60 28 – |≑|
▤ 📺 ⴟ 🅿 – 🖵 25/50
39 qto, 2 suites.

PORTAGEM *Portalegre* 940 *N 7.*

Lisboa 246 – Cáceres 115 – Castelo de Vide 9 – Portalegre 17.

Sever, Estrada do Rio Sever, ✉ 7330-347 Marvão, 𝒫 245 99 33 18, Fax 245 99 34 12,
🏡 – 📺 🅿 ᴀᴇ ① ⑩ VISA. ⴞ
Refeição 12,47 – **16 qto** ⴱ 32,42/54,87.

PORTALEGRE Ⓟ 940 *O 7 – 15 383 h alt. 477.*

Arred. : *Pico São Mamede ✳★ – Estrada★ escarpada de Portalegre a Castelo de Vide por
Carreiras, Norte : 17 km.*

🛈 *Rossio (Palácio Póvoas)* ✉ 7300 𝒫 245 33 13 59 Fax 245 33 02 35.

Lisboa 238 – Badajoz 74 – Cáceres 134 – Mérida 138 – Setúbal 199.

Mansão Alto Alentejo sem rest, Rua 19 de Junho 59, ✉ 7300-155, 𝒫 245 20 22 90,
mansaoaltoalentejo@netc.pt, Fax 245 30 92 69, « Mobiliário regional » – ▤ 📺. ᴀᴇ ①
⑩ VISA
12 qto ⴱ 35/45.

Rolo, Av. Pio XII-Lote 7 R/C Dto, ✉ 7300-073, 𝒫 245 20 56 46, Fax 245 20 34 85, 🏡,
« Rest. típico » – ▤. ᴀᴇ ⑩ VISA. ⴞ
fechado 2ª feira – **Refeição** lista 25,94 a 35,91.

na estrada da Serra de São Mamede *Nordeste : 4 km*

Estalagem Quinta da Saude ⴗ, ✉ 7300-426, 𝒫 245 20 23 24, *teresamoreira
@ clix.pt,* Fax 245 20 72 34, 🏡, ℨ, ⴟ – ▤ 📺 🅿 ᴀᴇ VISA
Refeição 12,47 – **12 qto** ⴱ 49,88/59,86.

PORTEL *Évora* 940 *R 6 – 7 523 h.*

Lisboa 176 – Beja 41 – Évora 42 – Faro 181 – Setúbal 144.

Refúgio da Vila, Largo Dr. Miguel Bombarda 8, ✉ 7220-369, 𝒫 266 61 90 10, *info
@ refugiodavila.com,* Fax 266 61 90 11, « Casa senhorial do século XIX », ℨ – |≑| ▤ 📺
🅿 – 🖵 25/120. ᴀᴇ ① ⑩ VISA. ⴞ
Adega do Refúgio : **Refeição** lista 15,49 a 19,95 – **30 qto** ⴱ 72,32/106,75.

PORTIMÃO *Faro* 940 *U 4 – 21 196 h – Praia.*

Ver : *≼★ da ponte sobre o rio Arade* X.

Arred. : *Praia da Rocha★★ (miradouro★, enseadas★★)* ZA.

ř ř ř Penina, por ③ : 5 km 𝒫 282 42 02 00 Fax 282 42 03 00.

🛈 *Av. Zeca Afonso* ✉ 8500-512 𝒫 282 41 91 31 *turismo@cm-portimao.pt* Fax
282 47 07 18 *e Av. Tomás Cabreira (Praia da Rocha)* ✉ 8500-802 𝒫 282 41 91 32.

Lisboa 290 ③ – Faro 62 ② – Lagos 18 ③

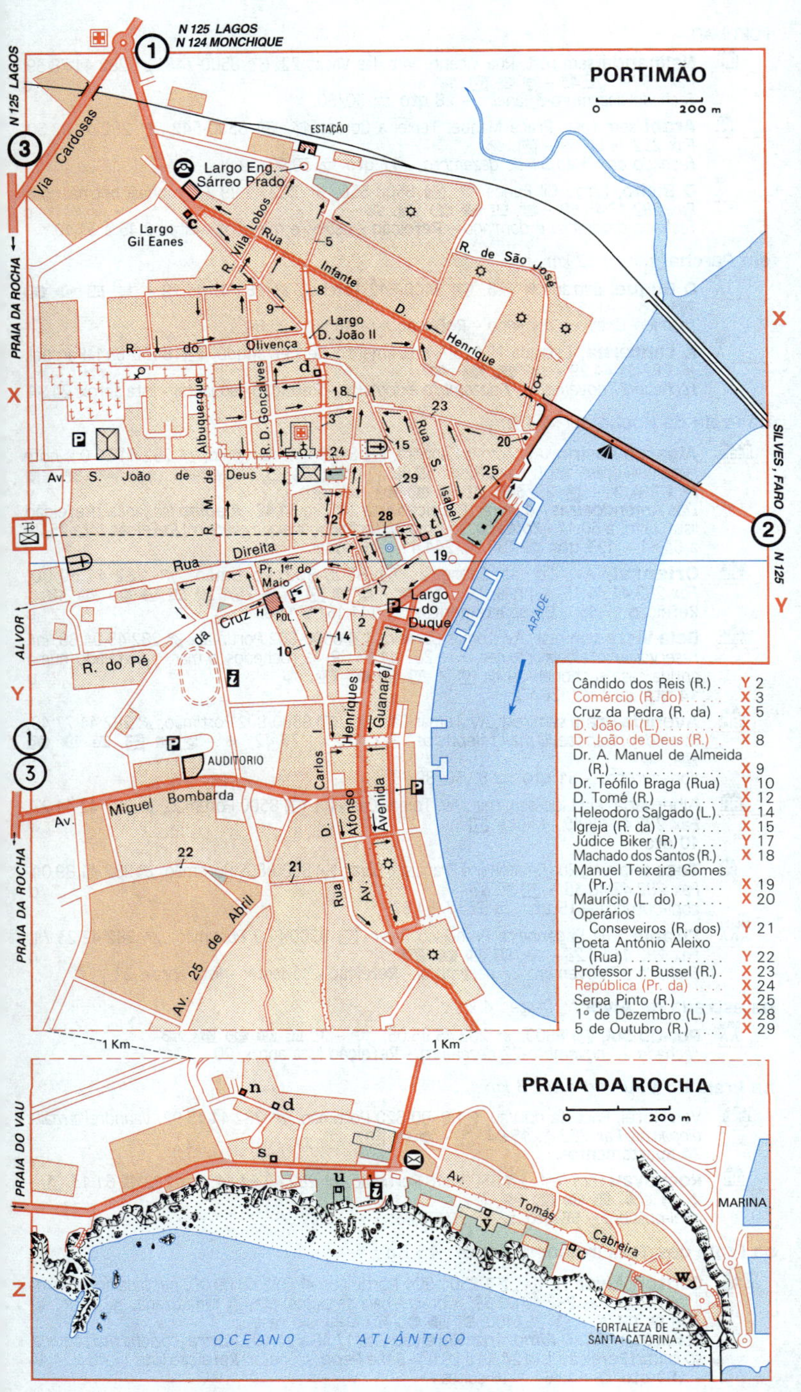

N 125 LAGOS
N 124 MONCHIQUE
PORTIMÃO
0   200 m
N 125 LAGOS
PRAIA DA ROCHA
ESTAÇÃO
Largo Eng.
Sárreo Prado
Via Cardosas
Largo
Gil Eanes
R. Vila Lobos
Rua
Infante
D.
Henrique
R. de São José
SILVES, FARO
N 125
X
X
Y
Largo
D. João II
R. do Olivença
R. D. Gonçalves
Albuquerque
Largo
D. João II
Av. S. João de Deus
R. M. de Deus
ALVOR
Rua Direita
Pr. 1er do Maio
da Cruz
PÓL.
R. do Pé
AUDITORIO
Av. Miguel Bombarda
Av. 25 de Abril
Rua D. Afonso Henriques
Carlos
Av. Guanaré
Largo
do
Duque
ARADE
Rua S. Isabel
Cândido dos Reis (R.) . . . . . Y 2
Comércio (R. do) . . . . . X 3
Cruz da Pedra (R. da) . . X 5
D. João II (L.) X
Dr João de Deus (R.) . . X 8
Dr. A. Manuel de Almeida
    (R.) . . . . X 9
Dr. Teófilo Braga (Rua) . Y 10
D. Tomé (R.) . . . . X 12
Heleodoro Salgado (L.). . Y 14
Igreja (R. da) . . . . X 15
Júdice Biker (R.) . . . . . Y 17
Machado dos Santos (R.). X 18
Manuel Teixeira Gomes
    (Pr.) . . . . X 19
Maurício (L. do) . . . . . . X 20
Operários
    Conseveiros (R. dos) Y 21
Poeta António Aleixo
    (Rua) . . . . Y 22
Professor J. Bussel (R.) . X 23
República (Pr. da) . . . . X 24
Serpa Pinto (R.) . . . . . . X 25
1º de Dezembro (L.) . . X 28
5 de Outubro (R.) . . . . X 29
1 Km
1 Km
PRAIA DA ROCHA
0   200 m
PRAIA DO VAU
MARINA
Av. Tomás Cabreira
FORTALEZA DE
SANTA-CATARINA
OCEANO   ATLÂNTICO
Z

Nelinanda sem rest, Rua Vicente Vaz das Vacas 22, ⊠ 8500-746, 𝒞 282 41 78 39, Fax 282 41 78 43 – ⌷ ▤ TV ⌦   X d
fechado dezembro-3 janeiro – **28 qto** ☕ 30/50.

Arabi sem rest, Praça Manuel Teixeira Gomes 13, ⊠ 8500-542, 𝒞 282 46 02 50, Fax 282 46 02 69 – TV. ⌦   X t
fechado do 15 ao 31 de dezembro – **17 qto** ☕ 39,90/59,86.

✗ **O Bicho,** Largo Gil Eanes 12, ⊠ 8500-536, 𝒞 282 42 29 77, *mpna@hotmail.com*, Fax 282 48 45 60 – ▤. AE Ⓞ MC VISA. ⌦   X c
fechado dezembro e domingo – **Refeição** - peixes e mariscos - lista 12,45 a 31,18.

em Parchal *por* ② *: 2 km :*

✗ **O Buque,** Estrada N 125, ⊠ 8400-612 Parchal, 𝒞 282 42 46 78 – ▤. AE Ⓞ MC VISA. ⌦
fechado janeiro e domingo – **Refeição** lista 16,96 a 21,84.

✗ **A Lanterna,** Estrada N 125 - cruzamento de Ferragudo, ⊠ 8400-611 Parchal, 𝒞 282 41 44 29 – ▤. MC VISA. ⌦
fechado 27 novembro-27 dezembro e domingo – **Refeição** - só jantar - lista aprox. 24,94.

na Praia da Rocha *Sul : 2,3 km :*

Algarve Casino, Av. Tomás Cabreira, ⊠ 8500-802 Portimão, 𝒞 282 41 50 01, *hotelalgarve@solverde.pt*, Fax 282 41 59 99, ≤ praia, ⌘, ⌗ climatizada, ▲, ⌂, ✗ – ⌷ ▤ TV ⌦ P – 🛆 25/340. AE Ⓞ MC VISA. ⌦ rest   Z y
Das Amendoeiras *(só jantar)* **Refeição** lista 20,95 a 34,42 - **Aladino** *(só jantar)* **Refeição** lista 25,13 a 60,17 - **Zodíaco** *(só almoço, fechado janeiro-fevereiro)* **Refeição** lista 25,28 a 61,61 – **193 qto** ☕ 189,54/244,41 – 16 suites.

Oriental, Av. Tomás Cabreira, ⊠ 8500-802 Portimão, 𝒞 282 41 30 00, Fax 282 41 34 13, ≤ praia, ⌘, ⌗, ⌂ – ⌷ ▤ TV – 🛆 25/120. AE Ⓞ MC VISA. ⌦
Refeição 17,45 – **85 apartamentos** ☕ 141,13/171,08.   Z c

Bela Vista sem rest, Av. Tomás Cabreira, ⊠ 8500-802 Portimão, 𝒞 282 45 04 80, *inf. reservas@hotelbelavista.net*, Fax 282 41 53 69, ≤ rochedos e mar, « Instalado numa antiga casa senhorial » – ⌷ TV P. AE Ⓞ MC VISA. ⌦   Z u
14 qto ☕ 121/126,50.

Avenida Praia sem rest, Av. Tomás Cabreira, ⊠ 8500-802 Portimão, 𝒞 282 41 77 40, *avenidapraiahotel@mail.telepac.pt*, Fax 282 41 77 42, ≤ – ⌷ ▤ TV. AE Ⓞ MC VISA. ⌦   Z s
abril-outubro – **61 qto** ☕ 82,30/89,78.

Albergaria Vila Lido sem rest, Av. Tomás Cabreira, ⊠ 8500 Portimão, 𝒞 282 42 41 27, Fax 282 42 42 46, ≤ – ▤ TV   Z w
10 qto.

Toca sem rest, Rua Engenheiro Francisco Bívar, ⊠ 8500-809 Portimão, 𝒞 282 41 89 04, Fax 282 42 40 35 – TV P. ⌦   Z d
abril-outubro – **15 qto** ☕ 52,37/54,87.

✗✗✗ **Titanic,** Rua Engenheiro Francisco Bívar, ⊠ 8500-809 Portimão, 𝒞 282 42 23 71, Fax 282 41 53 23 – ▤. AE Ⓞ MC VISA. ⌦   Z n
fechado 27 novembro-27 dezembro – **Refeição** - só jantar - lista aprox. 21.

na estrada de Alvor Y *Oeste : 4 km :*

✗✗ **Por-do-Sol,** ⊠ 8500, 𝒞 282 45 95 05, ⌘ – P. AE Ⓞ MC VISA. ⌦
fechado 27 novembro-27 dezembro – **Refeição** lista aprox. 20.

na Praia do Vau *Sudoeste : 3 km :*

Vau'Hotel, Encosta do Vau, ⊠ 8500-820 Portimão, 𝒞 282 41 15 92, *vauhotel@mail.telepac.pt*, Fax 282 41 15 94, ⌗ – ⌷ ▤ TV
74 apartamentos.

Rochavau sem rest, ⊠ 8500-510 Portimão, 𝒞 282 42 61 11, Fax 282 42 61 13, ⌗ – ⌷ ▤ ⌸. AE Ⓞ MC VISA
abril-outubro – **56 qto** ☕ 60,20/70,83.

na Praia dos Três Irmãos *Sudoeste : 4,5 km :*

Carlton Alvor H. ⌦, ⊠ 8501-904 Portimão, 𝒞 282 40 09 00, *pestana.hotels@mail.telepac.pt*, Fax 282 40 09 99, ≤ praia e baía de Lagos, ⌘, ⌗ climatizada, ▲, ⌂, ✗ – ⌷ ▤ TV P – 🛆 25/400. AE Ⓞ MC VISA JCB. ⌦ rest
Refeição 17,46 - **O Almofaríz** : **Refeição** lista 17,46 a 24,40 - **Harira** *(cozinha marroquina, só jantar)* **Refeição** lista 24,44 a 28,93 - **Sal e Pepe** *(só jantar)* **Refeição** lista 17,46 a 24,44 – **181 qto** ☕ 149,64 – 16 suites.

Delfim ⑤, ✉ 8501-904 Portimão, ℘ 282 40 08 00, *reservas.algarve@pestana.com*, *Fax 282 40 08 99*, ≤ praia e baía de Lagos, ［δ, ⊿, ⊠, ▲ₛ, ✕ – ⊫ ⊟ ⊡ P. AE ① MC VISA. ⅍
Refeição 21,95 – **312 qto** ⊇ 142,15/167,60 – 13 suites.

O Búzio, Aldeamento da Prainha, ✉ 8500 Portimão, ℘ 282 45 87 72, *gilberto.gato @clix.pt, Fax 282 45 95 69*, ≤, ⊞ – AE ① MC VISA. ⅍
fechado janeiro e fevereiro – **Refeição** - só jantar - lista 20,75 a 29,30.

na Praia de Alvor *Sudoeste : 5 km :*

D. João II ⑤, ✉ 8501-904 Alvor, ℘ 282 40 07 00, *pestana.hotels@ mail.telepac.pt*, *Fax 282 40 07 99*, ≤ praia e baía de Lagos, ⊿ climatizada, ⊠ – ⊫ ⊟ ⊡ & P. AE ① MC VISA JCB. ⅍
Refeição 17,60 – **228 qto** ⊇ 119,71/149,39 – 19 suites.

na estrada N 125 *por ③ : 5 km :*

Le Méridien Penina ⑤, ✉ 8501-952 apartado 146, ℘ 282 42 02 00, *meridienalg .sm@ mail.telepac.pt, Fax 282 42 03 00*, ≤ golfe e campo, ⊞, ［δ, ⊿, ⊠, ✕, ⎸18 ⎸9 ⎸9 – ⊫ ⊟ ⊡ P. – ⚖ 25/125. AE ① MC VISA. ⅍
Refeição - *Sagres* (*só jantar buffet*) **Refeição** 34,42 - *Grill* (*só jantar*) **Refeição** lista 42,90 a 58,60 - *L'Arlecchino* (*só jantar, fechado janeiro-abril, domingo e 2ª feira*) **Refeição** lista aprox. 35,41 – **179 qto** ⊇ 150/185 – 17 suites.

PORTO

P 940 I 3 – *302 472 h. alt. 90.*

Lisboa 310 ⑤ *– A Coruña/La Coruña 305* ① *– Madrid 591* ⑤.

POSTOS DE TURISMO

⋕ *Rua do Clube Fenianos 25* ✉ *4000-172,* ☎ *22 339 34 72, Fax 22 332 33 03 e Praça D. João I-43,* ✉ *4000-295,* ☎ *22 200 97 70, Fax 22 205 32 12.*

INFORMAÇÕES PRÁTICAS

A.C.P. *Rua Gonçalo Cristovão 2,* ✉ *4000-263,* ☎ *22 205 67 32, Fax 22 205 66 98.*

⋕₉ *Miramar, por* ⑥ *: 9 km* ☎ *22 762 20 67.*

✈ *Francisco de Sà Carneiro, 17 km por* ①, ☎ *22 941 25 34 – T.A.P., Praça Mouzinho de Albuquerque 105* ✉ *4100-359,* ☎ *22 608 02 39, Fax 22 600 55 55.*

🚗 ☎ *22 200 72 22.*
Portugalia, Av. da Boavista 1361-4º, ✉ *4100-130,* ☎ *22 600 47 66.*

CURIOSIDADES

Ver : *Sítio*★★ *– Vista de Nossa Senhora da Serra do Pilar*★ EZ *– As Pontes (ponte Maria Pia*★ FZ*, ponte D. Luis I*★★ EZ*) – As Caves do vinho do Porto*★ *(Vila Nova de Gaia)* DEZ *O Velho Porto*★★ *: Sé (altar*★*) – Claustro (azulejos*★*)* EZ*– Casa da Misericórdia (quadro Fons Vitae*★*)* EZ **P** *– Palácio da Bolsa (Salão árabe*★*)* EZ *– Igreja de São Francisco*★★ *(decoração barroca*★★*, árvore de Jessé*★*)* EZ *– Cais da Ribeira*★ EZ *– Torre dos Clérigos*★ ❀ ★ EY *– Museu Soares dos Reis (estátua O Desterrado*★*)* DY.

Outras curiosidades : *Fundação Eng⁰ António de Almeida (colecção de moedas de ouro*★*)* BU **M¹** *– Igreja de Santa Clara*★ *(talhas douradas*★*)* EZ **R** *– Fundação de Serralves*★ *(Museu Nacional de Arte Moderna) : Jardim*★*, grades de ferro forjado*★ AU **M²**.

PORTO

MATOSINHOS

VILA NOVA DE GAIA

N 14 BRAGA
LEÇA
BRAGA
GUIMARÃES
SANTO TIRSO
AGUAS SANTAS
VILA REAL
AMARANTE
Rio Leça
N 208
A 3 IP 1
N 105
A 4
CUSTÓIAS
SÃO GEMIL
de São Gens
Via Norte
N 208
R. Nova do Seixo
SÃO MAMEDE DE INFESTA
R. de Dom Afonso Henriques
N 12
da
Circunvalação
Estr.
R. do Amial
S. JOÃO
PARANHOS
R. Dr. R. Frias
A 3 IP 1
da
Costa Cabral
Circunvalação
N 12
QUINTA DA PRELADA
79
IC 23
Fernão de Magalhães
IP 1
N 15
RALMADE
IC 23
30
R. de S. Dinis
54
de
R.
N 12
Circunvalação
Rio Tinto
Hispano
114
112
Rua
da
10
Constituição
r
ESTÁDIO DAS ANTAS
S. Roque
da Lameira
N 12
3
M
R. Pedro
125
BOAVISTA
58
R. da Alegria
75
25
de
R.
de
Estr.
CAMPANHA
a
81
10
54
Bonfim
d
e
v
t
JARDIM BOTÁNICO
22
n c
s
Av.
do
H
91
do
U
R.
de
60
Ponte da Arrábida
Ouro
67
do
r
Ponte do Freixo
N 209
GONDOMAR
S. FRANCISCO
SÉ
PONTE MARIA PIA
60
DOURO
PONTE D. LUÍS I
Av.
N 208
V
A 1 IC 1
Via 8
CANDAL
24
P
13
IC 23
113
SANTA MARINHA
VILA
NOVA
P
OLIVEIRA DO DOURO
4
ENTRE-OS-RIOS
VALE DO DOURO
da Bélgica
02/2002
37
M
H
da
DE
P
R. Raimundo de Carvalho
IP 1
14
x
P
MAFAMUDE
AVINTES
COIMBRÕES
89
g
República
Av. Vasco de Gama
f
117
GAIA
Conc.
N 222
COSTA
IC 1
Av. Int. D. Henrique
N 1
Fernandes
Monte da Virgem
VILAR DE ANDORINHO
Febros
N 108
VILAR DO PARAÍSO
A 1
LABORIM
ESPINHO AVEIRO
AVEIRO
VISEU COIMBRA
CASTELO DE PAIVA AROUCA

D
E
X
R. de Oliveira Monteiro
R. do Barão de Forrester
Av. da Boavista
Rua
da
Boavista
Pr. de P. Nunes
Cedofeita
99
R. de Anibal Cunha
Rua
R. de
R. de Álvares Cabral
f
LAPA
10
Camões
40
L. de Lapa
87
R. da Lapa
57
70
u
Pr. da República
R. de Gonçalo
Rua
P
p
19
TRINDADE
90
Rua da Torrinha
18
R. dos Bragas
R. de
Almada
6
Rua
66
120
6
Pr. da Trindade
R. do Trindade
R. Boa Nova
78
Rua
R. do Breyner
R. do Rosário
Bombarda
Cedofeita
Pr. do Coronel Pacheco
r
P
R. dos Mártires da Liberdade
R. de J. Falcão
85
36
e
H
Pr. Gen. H. Delgado
19
Rua
R. de Júlio Dinis
R. de Miguel
Museu Soares dos Reis
Pr. de Carlos Alberto
n
Pr. de D. João I
42
43
19
42
Y
JARDIM DO PALÁCIO DE CRISTAL
D. Manuel II
45
SANTO ANTÓNIO
3
93
U
28
61
49
b
a
R.
Av. dos Aliados
CONGREGADOS
PALÁCIO DOS DESPORTOS
P
Restauração
U
72
27
33
Pr. da Liberdade
7
126
São Bento
R. da Monchique
J
76
TORRE DOS CLÉRIGOS
124
R. das Flores
73
31
R. Nova
L. da Alfândega
4
R. das Taipas
R. da Silveira
Mouzinho da Silveira
P
46
106
POL.
ALFÂNDEGA
MIRAGAIA
100
16
103
a
da Alfândega
P
Palácio da Bolsa
102
69
SÉ
108
123
R
M
VELHO PAÇO EPISCOPAL
V
RIBEIRA
96
e
Cais de Gaia
SÃO FRANCISCO
CAIS DA RIBEIRA
D O U R O
PONTE D. LUÍS I
R. do Rei
R. Ramiro
PORTO FERREIRA
PARQUE DE EXPOSIÇÕES
AS CAVES
PORTO CALEM
Leite
Av. da República
Diogo
R.
PORTO RAMOS PINTO
PORTO SANDEMAN
VILA
0   200 m

Em certos restaurantes de grandes cidades, é muitas vezes difícil encontrar uma mesa livre.
É aconselhado reservar com antecedência.

OCEANO
ATLÂNTICO
Pedra Furada
Laundos
Caldas das Taipas
Guimarães
Vila Nova de Famalicão
IC 5 - A 7
Póvoa de Varzim
Vila do Conde
Ave
Caldas de Vizela
Trofa
Santo Tirso
IC 1
A 3 - IP 1
Vilar do Pinheiro
Padrão de Moreira
Maia
Nogueira
Águas Santas
Leça da Palmeira
Matosinhos
A 4
Penafiel
Foz do Douro
PORTO
Praia de Lavadores
Gondomar
Vila Nova de Gaia
DOURO
Entre-os-Rios
Praia da Aguda
Carvalhos
Rio Mau
Granja
Castelo de Paiva
Espinho
30 km
A 1
Santa Maria da Feira
0   10 km

Tivoli Porto sem rest com snack bar, Rua Afonso Lopes Vieira 66, ⊠ 4100-020, ℘ 22 609 49 41, *htporto@ mail.telepac.pt*, Fax 22 606 74 52, ⌇ – |‡| ▤ TV ⚊ – ▵ 25/180. AE ① MC VISA. ✗ AU z
52 qto ⊊ 184,60/199,50 – 6 suites.

Vila Galé Porto, Av. Fernão de Magalhães 7, ⊠ 4300-190, ℘ 22 519 18 00, *galepo rto@ vilagale.pt*, Fax 22 519 18 50, ≼ cidade e arredores, ♨, ⌇ – |‡| ▤ TV ♿ ⚊ P – ▵ 25/230. AE ① MC VISA. ✗ FY z
Refeição 13,96 – **288 qto** ⊊ 69,84/78,56 – 4 suites.

Mercure Batalha, Praça da Batalha 116, ⊠ 4049-028, ℘ 22 200 05 71, *h1975@ accor -hotels.com*, Fax 22 200 24 68, ≼ – |‡| ▤ TV ♿ – ▵ 25/120. AE ① MC VISA JCB. ✗ FY f
Refeição 10,47 – **140 qto** ⊊ 104,75/114,72 – 9 suites.

Dom Henrique, Rua Guedes de Azevedo 179, ⊠ 4049-009, ℘ 22 340 16 16, *d.henrique @ mail.telepac.pt*, Fax 22 340 16 00, ≼ – |‡| ▤ TV – ▵ 25/80. AE ① MC VISA JCB. ✗ FX b
Além Mar : **Refeição** lista 14,47 a 20,45 – **90 qto** ⊊ 106/115 – 22 suites.

Ipanema Porto H., Rua Campo Alegre 156, ⊠ 4150-169, ℘ 22 607 50 59, *ipanem a.porto@ ipanema-porto-hotel.pt*, Fax 22 606 33 39 – |‡| ▤ TV ♿ P – ▵ 25/350. AE ① MC VISA JCB. ✗ rest BV s
Refeição 14,22 – **140 qto** ⊊ 84,30/94,28 – 10 suites.

Tuela Torre sem rest, Rua Gonçalo Sampaio 282, ⊠ 4150-365, ℘ 22 607 18 00, *tuel a@ mail.telepac.pt*, Fax 22 607 18 10 – |‡| ▤ TV ♿ ⚊ – ▵ 25/120 BV n
148 qto.

Casa do Marechal, Av. da Boavista 2674, ⊠ 4100-119, ℘ 22 610 47 02, *casa.mar echal@ mail.telepac.pt*, Fax 22 610 32 41, ☂, « Bela moradia decorada com elegância », ♨, ⚞ – ▤ TV P – ▵ 25/30. AE ① MC VISA. ✗ AU n
fechado agosto – **Refeição** *(fechado sábado e domingo)* lista 33,50 a 35 – **5 qto** ⊊ 140/150.

Inca, Praça Coronel Pacheco 52, ⊠ 4050-453, ℘ 22 208 41 51, *hotel.inca@ mail.telep ac.pt*, Fax 22 205 47 56 – |‡| ▤ TV – ▵ 25/35. AE ① MC VISA JCB. ✗ EY r
Refeição *(fechado sábado e domingo)* lista aprox. 17,25 – **62 qto** ⊊ 74/80,50.

Grande H. do Porto, Rua de Santa Catarina 197, ⊠ 4000-450, ℘ 22 200 81 76, *grande hotel.reserv@ hlcmm.pt*, Fax 22 205 10 61 – |‡| ▤ TV ♿ – ▵ 25/100. AE ① MC VISA. ✗ FY q
Refeição lista aprox. 19,95 – **100 qto** ⊊ 78,56/86,04.

Douro sem rest, Rua da Meditação 71, ⊠ 4150-487, ℘ 22 600 11 22, *hoteldouro@ c lix.pt*, Fax 22 600 10 90 – |‡| ▤ TV ♿ – ▵ 25/30. AE ① MC VISA. ✗ BU v
44 qto ⊊ 64,84/69,83 – 1 suite.

Internacional, Rua do Almada 131, ⊠ 4050-037, ℘ 22 200 50 32, Fax 22 200 90 63 – |‡| ▤ TV – ▵ 25/45. AE ① MC VISA JCB. ✗ EY a
Refeição 13 - *O Almada* *(fechado domingo)* **Refeição** lista 14,96 a 22,44 – **35 qto** ⊊ 67,35/74,90.

Albergaria Miradouro, Rua da Alegria 598, ⊠ 4000-037, ℘ 22 537 07 17, *alb.mi radouro@ netc.pt*, Fax 22 537 02 06, ≼ cidade e arredores – |‡| ▤ TV P. AE ① MC VISA JCB. ✗ FX d
Refeição - ver rest. *Portucale* – **30 qto** ⊊ 44,89/69,83.

Holiday Inn Garden Court sem rest, Praça da Batalha 127, ⊠ 4000-102, ℘ 22 339 23 00, *info@ grupo-continental.com*, Fax 22 200 60 09 – |‡| ▤ TV ♿ – ▵ 25/70. AE ① MC VISA JCB. ✗ FY e
113 qto ⊊ 99,76/124,70.

Menfis sem rest, Rua da Firmeza 19, ⊠ 4000-227, ℘ 22 518 00 03, Fax 22 510 18 26 – |‡| ▤ TV ⚊. AE MC VISA FY k
24 qto ⊊ 54,86/62,34 – 2 suites.

São José sem rest, Rua da Alegria 172, ⊠ 4000-034, ℘ 22 208 02 61, Fax 22 332 04 46 – |‡| ▤ TV ♿ ⚊. AE ① MC VISA JCB. ✗ FY a
43 qto ⊊ 72,33/82,30.

Do Vice-Rei sem rest, Rua Júlio Dinis 779, ⊠ 4050-326, ℘ 22 609 53 71, *albergaria .vicerei@ netc.pt*, Fax 22 609 26 97 – |‡| ▤ TV – ▵ 25/50. AE ① MC VISA. ✗ BV c
55 qto ⊊ 50/60.

Nave, Av. Fernão de Magalhães 247, ⊠ 4300-190, ℘ 22 589 90 30, Fax 22 589 90 39 – |‡| ▤ TV ♿ ⚊. AE ① MC VISA JCB. ✗ FXY m
Refeição 12,47 – **81 qto** ⊊ 44,90/52,38.

Da Bolsa sem rest, Rua Ferreira Borges 101, ⊠ 4050-253, ℘ 22 202 67 68, *hotelda bolsa@ mail.telepac.pt*, Fax 22 205 88 88 – |‡| ▤ TV ♿. AE ① MC VISA. ✗ EZ a
36 qto ⊊ 66/80.

América sem rest, Rua Santa Catarina 1018, ⊠ 4000-447, ℘ 22 339 29 30, Fax 22 208 38 62 – |‡| ▤ TV ♿ ⚊. AE MC VISA FX g
21 qto ⊊ 37,40/47,38 – 1 apartamento.

Solar São Gabriel sem rest, Rua da Alegria 98, ✉ 4000-033, ☎ 22 332 39 32, *Fax 22 332 39 57* – |≑| 🗏 📺 🚗. AE ⓓ 🅜🅒 VISA
FY s
28 qto ⌂ 37/44,40.

Rex sem rest, Praça da República 117, ✉ 4050-497, ☎ 22 207 45 90, *Fax 22 207 45 93*, « Antiga moradia particular conservando os bonitos tectos originais » – |≑| 🗏 📺 🅟. AE
🅜🅒 VISA
EX u
21 qto ⌂ 37,41/54,87.

Malaposta sem rest, Rua da Conceição 80, ✉ 4050-214, ☎ 22 200 62 78, *Fax 22 200 62 95* – |≑| 🗏 📺. AE ⓓ 🅜🅒 VISA. ✳
EY e
37 qto ⌂ 42,40/49,88.

Brasília sem rest, Rua Álvares Cabral 221, ✉ 4050-041, ☎ 22 208 29 81, *Fax 22 200 65 10*, « Antiga casa senhorial » – 🗏 📺. ⓓ. ✳
EX f
15 qto ⌂ 34/42.

XXX **Churrascão do Mar**, Rua João Grave 134, ✉ 4150-427, ☎ 22 609 63 82, *churras* caodomar@mail.telepac.pt, *Fax 22 600 43 37*, « Antiga moradia senhorial » – 🗏 🅟. AE ⓓ
🅜🅒 VISA JCB. ✳
BU d
fechado agosto e domingo – **Refeição** - peixes e mariscos - lista 23,16 a 32,97.

XXX **Portucale** - *Hotel Albergaria Miradouro*, Rua da Alegria 598-13º, ✉ 4000-037, ☎ 22 537 07 17, *rest.portucale@netc.pt*, *Fax 22 537 02 06*, ≤ cidade e arredores – |≑|
🗏 🅟. AE ⓓ 🅜🅒 VISA JCB. ✳
FX d
Refeição lista 23,94 a 46,89.

XX **Bull & Bear**, Av. da Boavista 3431, ✉ 4100-017, ☎ 22 610 76 69, *Fax 22 610 95 36*
– 🗏. AE ⓓ 🅜🅒 VISA JCB. ✳
AU d
fechado do 1 ao 10 de agosto, sabado meio-dia e domingo – **Refeição** lista 29 a 37.

XX **Lider**, Alameda Eça de Queiroz 126, ✉ 4200-272, ☎ 22 502 00 89 – 🗏. AE ⓓ 🅜🅒
VISA. ✳
CU r
Refeição lista 23,50 a 28,97.

XX **O Escondidinho**, Rua Passos Manuel 144, ✉ 4000-382, ☎ 22 200 10 79, *Fax 22 200 10 79*, « Decoração regional » – 🗏. AE ⓓ 🅜🅒 VISA JCB. ✳
FY n
fechado domingo – **Refeição** lista 34 a 43.

XX **Churrascão Gaúcho**, Av. da Boavista 313, ✉ 4050-115, ☎ 22 609 17 38, *churras* caodomar@mail.todopac.pt, *Fax 22 600 43 37*, « Decoração rústica elegante » – 🗏. AE
ⓓ 🅜🅒 VISA JCB. ✳
BU t
fechado agosto e domingo – **Refeição** lista 17,50 a 29,18.

XX **D. Tonho**, Cais da Ribeira 9, ✉ 4050-509, ☎ 22 200 43 07, *porto@dtonho.com*, *Fax 22 208 57 91* – 🗏. AE ⓓ 🅜🅒 VISA JCB. ✳
EZ e
Refeição lista 25 a 31.

XX **Chinês**, Av. Vimara Peres 38, ✉ 4000-544, ☎ 22 200 89 15, *Fax 22 200 90 82* – 🗏.
AE ⓓ 🅜🅒 VISA JCB. ✳
EZ y
Refeição - rest. chinês - lista 11,80 a 15,40.

XX King Long, Largo Dr. Tito Fontes 115, ✉ 4000-538, ☎ 22 205 39 88, *Fax 22 606 64 44*
– 🗏
EX p
Refeição - rest. chinês.

X Di Vino, Rua de São João de Brito 383, ✉ 4100-454, ☎ 22 618 94 55, *Fax 22 617 56 09*, 👁 – 🗏
AU c

X **Cosa Rio**, Rua de São Francisco 8, ✉ 4050-548, ☎ 22 200 07 12 – ✳
EZ v
fechado do 1 ao 15 de agosto e domingo – **Refeição** lista 16,40 a 27.

X **Aquário Marisqueiro**, Rua Rodrigues Sampaio 179, ✉ 4000-425, ☎ 22 200 22 31, *Fax 22 200 22 31* – 🗏. 🅜🅒 VISA
EY n
fechado domingo – **Refeição** lista aprox. 25.

X **Dom Castro**, Rua do Bonjardim 1078, ✉ 4000-122, ☎ 22 205 11 19, « Taberna regional » – ✳
FX t
fechado 2ª quincena de agosto, domingo e feriados – **Refeição** lista 10,97 a 14,96.

X **Toscano**, Rua Dr. Carlos Cal Brandão 22, ✉ 4050-160, ☎ 22 609 24 30, *Fax 22 600 22 53* – 🗏. AE ⓓ 🅜🅒 VISA. ✳
DX f
fechado domingo – **Refeição** - cozinha italiana - lista 16,96 a 20,45.

X *Mendi*, *Av. da Boavista 1430-loja 1*, ✉ 4100-114, ☎ 22 609 12 00 – 🗏. AE 🅜🅒
VISA. ✳
BU a
fechado 3 semanas em agosto e domingo – **Refeição** - cozinha indiana - lista 21,44 a 28,69.

em Águas Santas *na autoestrada A 4 :*

Pransor Águas Santas sem rest com self-service, Área de serviço de Águas Santas, direcção Amarante, ✉ 4445 apartado 146 Ermesinde, ☎ 22 975 76 78, *Fax 22 975 76 83*
– 🗏 📺 &. 🅟. AE 🅜🅒 VISA. ✳
CU a
⌂ 4,50 – **13 qto** 45/60.

🏠 **Pransor Águas Santas** sem rest com self-service, Área de serviço de Águas Santas, direcção Porto, ✉ 4445 apartado 146 Ermesinde, ✆ 22 975 76 69, *Fax 22 975 76 73* – 🖃 📺 ♿ 🅿 AE MC VISA. ✂
☕ 4,50 – **30 qto** 45/60.
CU a

na Foz do Douro :

🏠🏠 **Boa Vista,** Esplanada do Castelo 58, ✉ 4150-196 Porto, ✆ 22 532 00 20, *Fax 22 617 38 18*, ☷ – 🛗 🖃 📺 🚗 – ⛱ 25/55. AE ① MC VISA. ✂
Refeição 14,96 – **71 qto** ☕ 69,58/77,56.
AV e

🏠 **Portofoz** sem rest, Rua do Farol 155-3°, ✉ 4150-310 Porto, ✆ 22 617 23 57, *port ofoz@portofoz.com, Fax 22 617 08 87* – 🛗 🖃 📺. AE ① MC VISA JCB. ✂
19 qto ☕ 49,80/59,80.
AV r

🍴🍴🍴 **Don Manoel,** Av. Montevideu 384, ✉ 4150-516 Porto, ✆ 22 617 01 79, *Fax 22 610 44 37*, ≼, « Instalado num antigo palacete » – 🖃 🅿 AE ① MC VISA. ✂
fechado 15 dias em agosto y domingo – **Refeição** lista 41,50 a 52,28.
AU e

🍴🍴 **O Bule,** Rua do Timor 128, ✉ 4150-728 Porto, ✆ 22 618 87 77, « Terraço junto do jardim », 🚗 – 🅿 AE ① MC VISA. ✂
fechado do 1 ao 15 de agosto – **Refeição** lista 19,70 a 28,68.
AU g

🍴🍴 Ó Macedo, Rua Passeio Alegre 552, ✉ 4150-573 Porto, ✆ 22 617 01 66 – 🖃 AV a
Refeição - peixes.

em Matosinhos :

🏠🏠 **Amadeos** sem rest, Rua Conde Alto Mearim 1229, ✉ 4450-036 Matosinhos, ✆ 22 939 97 00, *hotelamadeos@mail.telepac.pt, Fax 22 939 97 19* – 🛗 🖃 📺 ♿. AE ①
MC VISA JCB
50 qto ☕ 60/70.
AU u

🍴🍴 **Os Lusiadas,** Rua Tomás Ribeiro 257, ✉ 4450-297 Matosinhos, ✆ 22 937 82 42, *Fax 22 937 56 41* – 🖃. AE ① MC VISA JCB
fechado domingo – **Refeição** - peixes e mariscos - lista 22,69 a 42,89.
AU v

🍴🍴 **Esplanada Marisqueira Antiga,** Rua Roberto Ivens 628, ✉ 4450-249 Matosinhos, ✆ 22 938 06 60, *Fax 22 937 89 12*, Viveiro próprio – 🖃. AE ① MC VISA JCB
fechado 2ª feira – **Refeição** - peixes e mariscos - lista 22,69 a 30,89.
AU v

🍴 **O Gaveto** com snack-bar, Rua Roberto Ivens 826, ✉ 4450-249 Matosinhos, ✆ 22 937 87 96, *gaveto@mail.pt, Fax 22 938 38 12* – 🖃. AE ① MC VISA JCB. ✂
fechado 3ª feira – **Refeição** lista 26 a 31.
AU a

🍴 **Marujo** com snack-bar, Rua Tomaz Ribeiro 284, ✉ 4450-294 Matosinhos, ✆ 22 938 37 32, *Fax 22 937 07 81* – 🖃. AE ① MC VISA. ✂
fechado 3ª feira – **Refeição** lista 17,46 a 39,90.
AU v

PORTO ALTO Santarém 940 P 3.
Lisboa 45 – Évora 109 – Santarém 53 – Setúbal 54.

🏠 **Albergaria S. Lourenço** sem rest, Estrada N 10/10-5, ✉ 2135 Samora Correia, ✆ 263 65 44 47, *s.lourenco@mail.telepac.pt, Fax 263 65 46 94* – 🛗 🖃 📺 ♿ 🅿 AE ①
MC VISA. ✂
48 qto ☕ 45/55.

PORTO ANTIGO Viseu – *ver Cinfães.*

PORTO MONIZ *Madeira – ver Madeira (Arquipélago da).*

PORTO SANTO *Madeira – ver Madeira (Arquipélago da).*

PÓVOA DAS QUARTAS *Coimbra – ver Oliveira do Hospital.*

PÓVOA DE LANHOSO Braga 940 H 5.
Lisboa 375 – Braga 19 – Caldelas 24 – Guimarães 21 – Porto 68 – Viana do Castelo 69.

🏠🏠 **Póvoa de Lanhoso** sem rest, Av. da República, ✉ 4830-908 apartado 96, ✆ 253 63 42 43, *hotelpovoalanhoso@netsapo.pt, Fax 253 63 93 36* – 🛗 🖃 📺 ♿ 🚗
AE ① MC VISA. ✂
38 qto ☕ 49,87/59,85.

🍴 **El Gaucho,** Av. 25 de Abril 207-11°, ✉ 4830-512, ✆ 253 63 11 44, ≼, 🏕 – 🛗 🖃. AE
① MC VISA. ✂
fechado 23 setembro-10 outubro e 3ª feira – **Refeição** - carnes grelhadas - lista 21,50 a 24,94.

pela estrada N 205 *Este : 1,5 km e desvío a esquerda 0,5 km :*

🏠 **Vila Joaquina** ⑤ sem rest, Lugar da Aldeia, ✉ 4830-191, ℰ 253 63 90 90, *vilajoa quina@clix.pt, Fax 253 63 90 99, « Modernas instalações em pleno campo »,* ⅃ – ▤ 📺 ✔ 📵 AE VISA. ⌁
15 qto ⌑ 50/65.

em Calvos *Nordeste : 3 km :*

🏠 **Maria da Fonte** ⑤, ✉ 4830-065 Póvoa de Lanhoso, ℰ 253 63 96 00, *info@mari adafonte.com, Fax 253 63 96 01,* ⬃, « *Instalado numa quinta* », 🖾, ⅃ – ▤ 📺 ✔ 📵 – ♨ 25/250. AE ① ◍ VISA. ⌁ rest
Refeição lista 15,21 a 18,20 – **28 qto** ⌑ 62,85/82,30 – 2 suites.

*Dê-nos a sua opinião sobre os restaurantes
que recomendamos, as suas especialidades
e os seus vinhos regionais.*

PÓVOA DE VARZIM *Porto* 940 *H 3 – 23 851 h – Praia.*

Ver : *O bairro dos pescadores★* AZ.
Arred. : *Rio Mau : Igreja de S. Cristóvão (capitéis★) por* ② *: 12 km.*
🇮 *Praça Marquês de Pombal* ✉ *4490-442* ℰ *252 29 81 20 pturismo@cm-pvarzim.pt Fax 252 61 78 72.*
Lisboa 348 ② *– Braga 40* ① *– Porto 31* ②

Planta página seguinte

🏨 **Novotel Vermar,** *Rua Alto de Martim Vaz,* ✉ *4490-518,* ℰ *252 29 89 00, h2124@a ccor-hotels.com, Fax 252 29 89 01,* ⬃, ⅃, ⁒ – ⑂ ▤ 📺 🚗 📵 – ♨ 25/700. AE ①
◍ VISA. ⌁ rest ⠀⠀⠀⠀⠀⠀⠀⠀⠀⠀⠀⠀⠀⠀⠀⠀⠀⠀⠀⠀⠀⠀⠀⠀⠀⠀⠀⠀ AY **a**
Refeição 14,90 – ⌑ 6,75 – **196 qto** 90,50 – 12 suites – PA 29,80.

🏨 **Mercure Póvoa de Varzim,** *Largo do Passeio Alegre 20,* ✉ *4490-428,* ℰ *252 29 04 00, h3016@accor-hotels.com, Fax 252 29 04 01,* ⬃ – ⑂ ▤ 📺 ✔ –
♨ 25/130. AE ① ◍ VISA JCB. ⌁ ⠀⠀⠀⠀⠀⠀⠀⠀⠀⠀⠀⠀⠀⠀⠀⠀⠀⠀⠀⠀⠀⠀⠀ AZ **a**
Refeição 15 – **86 qto** ⌑ 80/90 – PA 30.

🏠 **Luso-Brasileiro** sem rest, *Rua dos Cafés 16,* ✉ *4490-595,* ℰ *252 69 07 10, Fax 252 69 07 19* – ⑂ ▤ 📺 – ♨ 25/50. AE ① ◍ VISA. ⌁ ⠀⠀⠀⠀⠀⠀⠀⠀ AZ **r**
62 qto ⌑ 45,88/58,85.

🏠 **Costa Verde** sem rest, *Av. Vasco da Gama 56,* ✉ *4490-410,* ℰ *252 29 86 00, hcvp ovoa@mail.telepac.pt, Fax 252 29 86 09* – ⑂ 📺 AE ① ◍ VISA. ⌁ ⠀⠀⠀⠀⠀ AY **e**
57 qto ⌑ 48,38/61,85.

🏠 **Gett** sem rest, *Av. Mouzinho de Albuquerque 54,* ✉ *4490-409,* ℰ *252 68 32 22, resi dencial.gett@clix.pt, Fax 252 61 72 95* – ⑂ 📺. AE ① ◍ VISA. ⌁ ⠀⠀⠀⠀⠀ AZ **n**
22 qto ⌑ 49,88.

🍴 **O Pátio,** *Av. Vasco da Gama (Edifício Rio),* ✉ *4490-410,* ℰ *252 68 43 25, Fax 252 68 21 52* – ▤. AE ① ◍ VISA. ⌁ ⠀⠀⠀⠀⠀⠀⠀⠀⠀⠀⠀⠀⠀⠀⠀⠀⠀⠀⠀⠀⠀ AY **m**
Refeição lista 15 a 19,38.

pela estrada N 13 AY :

🏠 **Estalagem Santo André** ⑤, *Aguçadoura - Norte : 5 km,* ✉ *4490 Aguçadoura,* ℰ *252 61 56 66, estalagem.s.andre@oninet.pt, Fax 252 61 58 66,* ⬃, ⅃ – ▤ rest, 📺 📵
46 qto, 4 suites.

🏠 **Torre Mar** sem rest, *A Ver-o-Mar - Norte : 2,3 km,* ✉ *4490-091 A Ver-o-Mar,* ℰ *252 29 86 70, hotel.torre.mar@mail.telepac.pt, Fax 252 29 86 79* – ⑂ ▤ 📺 🚗 📵
AE ① ◍ VISA. ⌁
31 qto ⌑ 40,40/58,36.

🏠 **Sol Póvoa** sem rest, *Rua José Morneiro 100 - Norte : 1,8 km,* ✉ *4490-100 A Ver-o-Mar,* ℰ *252 29 05 10, Fax 252 29 05 19* – ⑂ 📺 ✔ 🚗 📵 ◍ VISA. ⌁
30 qto ⌑ 39,90/57,37.

🏠 **Contriz,** *Estela - Norte : 9 km,* ✉ *4570-229 Estela,* ℰ *252 60 10 19, hotelcontriz@s apo.pt, Fax 252 60 10 19* – ⑂, ▤ rest, 📺 📵 – ♨ 25/300. AE ◍ VISA. ⌁
Refeição *(fechado janeiro e 2ª feira)* 13,97 – **21 qto** ⌑ 32,42/42,40 – 2 suites – PA 27,93.

🍴🍴 **O Marinheiro,** *A Ver-o-Mar - Norte : 2 km,* ✉ *4490-091 A Ver-o-Mar,* ℰ *252 68 21 51, Fax 252 68 21 52,* « *Imitação dum barco* » – ▤ 📵 AE ① ◍ VISA. ⌁
Refeição - peixes e mariscos - lista 21,96 a 28,04.

A
B
A VER-O-MAR N 13
VIANA DO CASTELO E 1-IC1
BARCELOS N 205
1
A VER-O-MAR
BARCELOS
Mar
PENOUCES
BARREIROS
36
a
LAGOA
Av. Repatriamento dos Poveiros
18
58
25
Y
Avenida
do
R. de D. Maria I
PAVILHÃO DESPORTIVO
Y
60
33
Pr. Luís de Camões
4
V. General Humberto Delgado
Graça
CASA DA CULTURA
R. Bonitos de Coimbra
8
m
e
13
Santos
R. de Camilo
24
43
Pinto
8
27
63
Av.
Serpa
33
Dr. Leonardo
19
L. Das Dores
29
8
SALGUEIRA
43
R. Antonio
Garcia
J
47
Elias
Pr. João XXIII
51
15
GNR
55
47
R. Sacra Familia
Banhos
n
POL.
46
53
M
34
40
33
Pr. do Almada
7 r
44
61
REDONDA
6
H
a
26
56
41
PENALVES
CAPITANIA
CASINO
22
31
3
FORTALEZA
O BAIRRO DOS PESCADORES
65
R. dos
R. de Penalves
22
OCEANO
14
Século
Almirante Reis
50
ATLÂNTICO
21
Ferreiros
PORTO DE PESCA
65
POÇA DA BARCA
PÓVOA DE VARZIM
R. A. Bastos
R. dos Goivos
R. das Violetas
0   300 m
Av. Inf. D. Henrique
2
VILA DO CONDE
N 206 VILA NOVA DE FAMALICÃO E1-IC1 PORTO, VILA DO CONDE
Z
Z

PRAIA AZUL Lisboa – ver Silveira.

PRAIA GRANDE Lisboa – ver Colares.

PRAIA DA AGUDA Porto 940 I 4 – Praia.
Lisboa 303 – Porto 16.
- XX **Dulcemar**, Av. Gomes Guerra 960, ✉ 4405-009 Arcozelo VNG, ✆ 22 762 40 77, Fax 22 762 78 24 – 🗏. AE ① MC VISA
  fechado 4ª feira – **Refeição** lista 17,97 a 32,44.

PRAIA DA AREIA BRANCA Lisboa 940 O 1 – Praia.
- 🛈 Praia da Areia Branca ✉ 2530 Lourinhã ✆ 261 42 21 67 Fax 261 41 20 82.
Lisboa 77 – Leiria 91 – Santarém 78.
- 🏨 Estalagem Areia Branca 🦢, ✉ 2530 Lourinhá, ✆ 261 41 24 91, Fax 261 41 31 43, ≤, 🏊 – 🛗 TV 🅿 – 🛦 25/70
  31 qto.
- 🍽 **Dom Lourenço**, ✉ 2530 Lourinhá, ✆ 261 42 28 09, Fax 261 47 11 82 – 🗏 rest, TV 🅿. AE MC VISA. 🛇
  fechado do 1 ao 15 de maio e do 1 ao 15 de novembro – **Refeição** 12,50 – **11 qto** 🍽 25/35 – 7 apartamentos – PA 20.

PRAIA DA BARRA Aveiro – ver Aveiro.

PRAIA DA FALÉSIA Faro – ver Albufeira.

PRAIA DA GALÉ Faro – ver Albufeira.

PRAIA DA ROCHA Faro – ver Portimão.

PRAIA DA SALEMA Faro – ver Budens.

PRAIA DA VIEIRA Leiria 940 M 3 – Praia.
Lisboa 152 – Coimbra 95 – Leiria 24.
- 🏨 **Cristal Vieira Praia**, Av. Marginal, ✉ 2430-696 Vieira de Leiria, ✆ 244 69 79 00, hote iscristal@hoteiscristal.com, Fax 244 69 52 11, ≤ – 🛗 🗏 TV 🛆 🚗 – 🛦 25/150. AE ①
  MC VISA JCB. 🛇
  Refeição 13 – **35 qto** 🍽 40/70 – 1 suite.

PRAIA DAS MAÇÁS Lisboa 940 P 1 – 606 h – Praia.
Lisboa 38 – Sintra 10.
- 🏠 **Océano**, Av. Eugenio Levy 52, ✉ 2705-304 Colares, ✆ 21 929 23 99, pensaoceano @iol.pt, Fax 21 929 21 23, ≤, 🍴 – TV 🅿. AE ① MC VISA JCB
  Refeição (fechado 3ª feira salvo no verão) 12,47 – **26 qto** 🍽 89,78/99,76.

PRAIA DE ALVOR Faro – ver Portimão.

PRAIA DE DONA ANA Faro – ver Lagos.

PRAIA DE FARO Faro – ver Faro.

PRAIA DE LAVADORES Porto – ver Vila Nova de Gaia.

PRAIA DE OFIR Braga – ver Fão.

PRAIA DO CARVOEIRO Faro – ver Lagoa.

PRAIA DO GUINCHO Lisboa – ver Cascais.

PRAIA DO PROTO DE MÓS Faro – ver Lagos.

PRAIA DO PORTO NOVO Lisboa – ver Vimeiro (Termas do).

PRAIA DO VAU *Faro – ver Portimão.*

PRAIA DOS TRES IRMÃOS *Faro – ver Portimão.*

PRAZERES *Madeira – ver Madeira (Arquipélago da).*

QUARTEIRA *Faro* 940 *U 5 – 8 905 h – Praia.*

Vila Sol (Vilamoura), Noroeste : 6 km 📞 *289 30 05 05 Fax 289 31 64 99 –* Laguna Golf Course (Vilamoura), Noroeste : 6 km 📞 *289 31 03 41 Fax 289 31 01 83 –* Pinhal Golf Course (Vilamoura), Noroeste : 6 km 📞 *289 31 01 80 Fax 289 31 03 93.*

Praça do Mar ⊠ 8125 📞 *289 38 92 09.*

Lisboa 308 – Faro *22.*

Atis, Av. Dr. Francisco Sá Carneiro, ⊠ 8125-145, 📞 *289 38 97 71, hotelatis@mail-tel epac.pt, Fax 289 38 97 74,* 🏊 – 🛗 🗏 TV. AE ① MC VISA. ⚘
Refeição 10,97 – **89 qto** ⊑ 64,84/77,31.

Zodíaco, Estrada de Almancil, ⊠ 8125, 📞 *289 38 14 20, hotel.zodiaco@netc.pt, Fax 289 38 14 25,* 🏊, ✗ – 🛗 🗏 TV P. AE MC VISA. ⚘
fechado 15 dezembro-15 janeiro – **Refeição** 9,47 – **60 qto** ⊑ 84,79.

Claudiana sem rest, Rua Torre de Água, ⊠ 8125-504, 📞 *289 30 03 40, Fax 289 30 03 41,* 🏊 – TV 🛗 P. ⚘
24 qto ⊑ 42,50/60.

✗ **Alphonso's,** Rua Abertura Mar, ⊠ 8125-100, 📞 *289 31 46 14,* 🌳 – 🗏. AE ① MC VISA ⚘
fechado domingo salvo abril-outubro – **Refeição** lista 16,97 a 24,94.

em Vilamoura :

Tivoli Marinotel 🐚, Oeste : 3,5 km, ⊠ 8125 Quarteira, 📞 *289 38 99 88, marinot el@mail.telepac.pt, Fax 289 38 98 69,* ≤, 🌳, Ⅰ♂, 🏊, 🏊, ⚓, ✗ – 🛗 🗏 TV 🛗 P. 🏖 25/1200. AE ① MC VISA. ⚘
Refeição 29,93 - **Grill Sirius** *(só jantar)* **Refeição** lista 41,65 a 74,57 – **372 qto** ⊑ 244,41/288,80 – **21 suites.**

Atlantis Vilamoura 🐚, Oeste : 3 km 📞 *289 38 16 00, hav.director@graopara.pt, Fax 289 38 99 62,* ≤, 🌳, « Relvado repousante com 🏊 », Ⅰ♂, 🏊, ✗ – 🛗 🗏 TV 🛗 P. – 🏖 25/350. AE ① MC VISA. ⚘
Refeição 23,94 – **290 qto** ⊑ 157,12/209,99 – **20 suites.**

Vila Galé Marina, Oeste : 3 km, ⊠ 8125-401 Quarteira, 📞 *289 30 00 00, vilagalem arina@mail.telepac.pt, Fax 289 30 00 50,* ≤, 🌳, Ⅰ♂, 🏊, 🏊 – 🛗 🗏 TV 🛗 🚗 – 🏖 25/90. AE ① MC VISA. ⚘
Refeição 19,45 – **229 qto** ⊑ 140/150 – **14 suites.**

Dom Pedro Golf 🐚, Oeste : 3 km, ⊠ 8125-478 Quarteira, 📞 *289 30 07 00, dp.m arina@mail.telepac.pt, Fax 289 30 07 01,* ≤, 🌳, « Relvado repousante com 🏊 », ✗ – 🛗 🗏 TV P. – 🏖 25/600. AE ① MC VISA. ⚘
Refeição 17,46 – **257 qto** ⊑ 160/200 – **4 suites.**

Dom Pedro Marina, Oeste : 3,5 km, ⊠ 8125-410 Quarteira, 📞 *289 38 10 00, dp.m arina@mail.telepac.pt, Fax 289 38 10 01,* ≤, 🌳, 🏊 – 🛗 🗏 TV P. – 🏖 25/100. AE ① MC VISA. ⚘
Refeição 17,46 – **101 qto** ⊑ 160/200 – **54 suites.**

✗✗ **Willie's,** Rua do Brasil 2 - Área do Pinhal Golf Course-Noroeste : 6 km, ⊠ 8125 Quarteira, 📞 *289 38 08 49, Fax 289 38 06 05,* 🌳 – 🗏 P. AE ① MC VISA. ⚘
fechado 5 janeiro-15 fevereiro e 2ª feira – **Refeição** - só jantar - lista 36 a 48.

QUATRO ÁGUAS *Faro – ver Tavira.*

QUELUZ *Lisboa* 940 *P 2 – 47 864 h alt. 125.*

Ver : *Palácio Nacional de Queluz*★★ *(sala do trono*★*) – Jardins do Palácio (escada dos Leões*★*).*

Lisboa *15 – Sintra 15.*

Pousada de D. Maria I, Largo do Palácio, ⊠ 2745-191, 📞 *21 435 61 58, guest@p ousadas.pt, Fax 21 435 61 89,* « Belo palacete » – 🛗 🗏 TV 🛗 P. – 🏖 25/60. AE ① MC VISA JCB. ⚘
Refeição - ver rest. **Cozinha Velha** – **24 qto** ⊑ 148,65/159,12 – **2 suites.**

✗✗✗✗ **Cozinha Velha** - *Hotel Pousada de D. Maria I,* Largo do Palácio, ⊠ 2745-191, 📞 *21 435 61 58, guest@pousadas.pt, Fax 21 435 61 89,* 🌳, « Instalado nas antigas cozinhas do palácio » – 🗏 P. AE ① MC VISA JCB. ⚘
Refeição lista 29,50 a 38.

em Tercena *Oeste : 4 km :*

🍴 🙂 **O Parreirinha,** Av. Santo António 5, ✉ 2745-659 Barcarena, ☎ 21 437 93 11, Fax 21 439 33 30 – 🍴. AE MC VISA. ✂
fechado agosto e domingo – **Refeição** lista aprox. 24,94.

QUINTA DO ANJO *Setúbal – ver Palmela.*

QUINTA DO LAGO *Faro – ver Almancil.*

QUINTAS DO SIROL *Leiría – ver Leiria.*

REDONDO *Évora* 940 *Q 7 – 3 623 h alt. 306.*
🏛 *Praça da República* ✉ *7170-011* ☎ *266 98 92 10 Fax 266 90 90 39.*
Lisboa 179 – Badajoz 69 – Estremoz 27 – Évora 34.

em Aldeia da Serra *Norte : 10 km :*

🏠 **Convento de São Paulo** 🐾, Estrada N 381, ✉ 7170-120 Redondo, ☎ 266 98 91 60, *hotelconvspaulo@mail.telepac.pt, Fax 266 99 91 04,* ≤, « *Antigo convento* », 🏊, 🚣 –
📶 🍴 TV P – 🛁 25/100. AE ① MC VISA. ✂
Refeição lista 24,67 a 32,15 – **35 qto** ⊇ 142,15/164,60.

REGUENGOS DE MONSARAZ *Évora* 940 *Q 7 – 6 404 h.*
Lisboa 169 – Badajoz 94 – Beja 85 – Évora 39 – Portalegre 124.

ao Sudeste : *6 km :*

🍴🍴 **Herdade do Esporão,** ✉ 7200, ☎ 266 50 92 80, *enotur@esporao.com,*
Fax 266 51 97 53, « *Conjunto regional numa extensa área de vinhas com barragem ao*
fundo » – 🍴 P. AE ① MC VISA JCB. ✂
fechado do 1 ao 10 de agosto – **Refeição** *- só almoço -* lista 21,95 a 39,41.

RIBAMAR *Lisboa* 940 *O 1 – Praia*
Lisboa 55 – Santarém 92 – Sintra 20 – Torres Vedras 22.

🍴 **Viveiros do Atlântico,** Estrada N 247, ✉ 2640-027 Mafra, ☎ 261 86 03 00, *viveiros.atlantico@mail.telepac.pt, Fax 261 86 03 09,* ≤, 🏡, *Viveiro próprio* – P. AE ① MC
VISA. ✂
fechado outubro, 2ª feira noite e 3ª feira – **Refeição** *- mariscos -* lista aprox. 22,45.

RIBEIRA BRAVA *Madeira – ver Madeira (Arquipélago da).*

RIBEIRA DE SÃO JOÃO *Santarém – ver Rio Maior.*

RIO DE MOINHOS *Santarém* 940 *N 5 – 1 882 h.*
Lisboa 137 – Portalegre 88 – Santarém 69.

🍴 **Cristina,** Estrada N 3, ✉ 2200-782 Rio de Moinhos ABT, ☎ 241 88 11 77,
Fax 241 88 13 43 – 🍴 P. AE MC VISA. ✂
fechado agosto e 2ª feira – **Refeição** lista aprox. 22,45.

RIO MAIOR *Santarém* 940 *N 3 – 6 686 h.*
Lisboa 77 – Leiria 50 – Santarém 31.

🏠 **RM** sem rest, Rua Dr. Francisco Barbosa, ✉ 2040-247, ☎ 243 99 60 87, Fax 243 99 60 88
– 📶 🍴 TV. ✂
36 qto ⊇ 30/45.

🏠 **Casa do Foral** sem rest, Rua da Boavista 10, ✉ 2040-302, ☎ 243 99 26 10, *moinhoforal@hotmail.com, Fax 243 99 26 11,* « *Casa de traça rústica com* 🏊 » – TV. VISA
8 qto ⊇ 49,88/67,34.

🍴 🙂 **Adega da Raposa,** Travessa da Estalagem, ✉ 2040-274, ☎ 243 99 51 66 – 🍴. AE
MC VISA. ✂
fechado do 1 ao 15 de agosto e domingo noite – **Refeição** lista aprox. 19,95.

no Alto da Serra *Noroeste : 4,5 km :*

🍴 🙂 **Cantinho da Serra,** Antiga Estrada N 1, ✉ 2040-200 Rio Maior, ☎ 243 99 13 67,
Fax 243 99 13 67, « *Rest. típico* » – 🍴. AE MC VISA. ✂
fechado julho e 2ª feira – **Refeição** lista 13,98 a 19,96.

em Ribeira de São João *Sudeste : 7,5 km :*

Quinta da Ferraria ⤶, Estrada N 114, ✉ 2040-511 Ribeira de São João, ☎ 243 94 50 01, *quinta.ferrara@ mail.telepac.pt*, Fax 243 94 56 96, « Antigo moinho de água e museu rural », 🛥, 🚿 – 🔲 📺 P. – 🏊 25/200. AE Ⓞ MC VISA. 🐾
Refeição 21,45 – **12 qto** ☕ 80,31/95,77 – 2 apartamentos.

em Outeiro da Cortiçada *Este : 14 km :*

Quinta da Cortiçada ⤶, ✉ 2040-174 Outeiro da Cortiçada, ☎ 243 47 00 00, *quin
ta.corticada@ mail.telepac.pt*, Fax 243 47 00 09, « Requintadas instalações numa bela quinta », 🛥, 🚿, 🍽 – 🔲 P. – 🏊 25/120. AE Ⓞ VISA. 🐾
Refeição 21,45 – **9 qto** ☕ 98,76/110,73.

RIO MAU *Porto – ver Entre-os-Rios*

ROMEU *Bragança* 940 *H 8 – 936 h.*
Lisboa 467 – Bragança 59 – Vila Real 85.

🍴 **Maria Rita,** Rua da Capela, ✉ 5370-620, ☎ 278 93 91 34, Fax 278 93 91 34,
« Decoração rústica regional » – 🔲. MC VISA
fechado 2ª feira e 4ª feira ao jantar – Refeição lista 12,40 a 16,50.

SABROSA *Vila Real* 940 *I 7.*
Lisboa 419 – Braga 115 – Bragança 115 – Vila Real 20 – Viseu 114.

Quality Inn Sabrosa, Av. Dos Combatentes da Grande Guerra, ✉ 5060-301, ☎ 259 93 02 40, *quality.douro@ mail.telepac.pt*, Fax 259 93 02 60, 🛥 – ⇩ 🔲 📺 🚹 –
🏊 25/70. AE Ⓞ MC VISA. 🐾
Refeição lista aprox. 17,46 – **49 qto** ☕ 52,37/67,34 – 1 suite.

SABUGO *Lisboa* 940 *P 2.*
Lisboa 26 – Sintra 14.

em Vale de Lobos *Sudeste : 1,7 km :*

Vale de Lobos ⤶, ✉ 2715-405 Almargem do Bispo, ☎ 21 962 64 00,
Fax 21 962 64 15, ≼, 🚿, 🍽 – ⇩, 🔲 rest, 📺 P. – 🏊 25/400. AE Ⓞ MC VISA. 🐾
Refeição lista 9 a 16 – **52 qto** ☕ 75/87,50.

SAGRES *Faro* 940 *U 3 – 2 032 h – Praia.*
Arred.: Ponta de Sagres★★★ *Sudoeste : 1,5 km – Cabo de São Vicente*★★★ (≼★★).
🛈 Rua Comandante Matoso ✉ 8650-357 ☎ 282 62 48 73.
Lisboa 286 – Faro 113 – Lagos 33.

Pousada do Infante ⤶, ✉ 8650-385, ☎ 282 62 42 22, *guest@ pousadas.pt*, Fax 282 62 42 25, ≼ falésias e mar, 🌴, 🚿, 🍽 – 🔲 📺 P. – 🏊 25/40. AE Ⓞ MC
VISA. 🐾
Refeição lista aprox. 30,54 – **39 qto** ☕ 126,20/134,18.

Aparthotel Navigator ⤶ sem rest, Rua Infante D. Henrique, ✉ 8650-381, ☎ 282 62 43 54, *hotel.navigator@ mail.telepac.pt*, Fax 282 62 43 60, ≼, 🚿 – ⇩ 🔲 📺
🚗 P. AE Ⓞ MC VISA
☕ 3,74 – **56 apartamentos** 79,80/84,80.

Baleeira ⤶, ✉ 8650-357, ☎ 282 62 42 12, *hotel.baleeira@ mail.telepac.pt*, Fax 282 62 44 25, ≼ falésias e mar, 🌴, 🚿, 🍽 – 🔲 rest, 📺 P. AE Ⓞ MC VISA JCB. 🐾 rest
Refeição 16 – **120 qto** ☕ 91/110,40.

na estrada do Cabo São Vicente *Noroeste : 5 km :*

🍴 **Fortaleza do Beliche** ⤶ com qto, ✉ 8650, ☎ 282 62 41 24, *guest@ pousadas.pt*, Fax 282 62 42 25, « Instalado numa fortaleza sobre uma falésia dominando o mar » –
🔲 qto,. AE Ⓞ MC VISA. 🐾
fechado dezembro-janeiro – Refeição lista 19,10 a 21,69 – **4 qto** ☕ 70,83/81,30.

SANGALHOS *Aveiro* 940 *K 4 – 4 067 h.*
Lisboa 234 – Aveiro 25 – Coimbra 32.

Estalagem Sangalhos ⤶, ✉ 3780-101, ☎ 234 74 36 48, *estalagemdesangalhos
@ sapo.pt*, Fax 234 74 32 74, ≼ vale e montanha, 🌴, 🚿, 🍽 – 🔲 📺 P. – 🏊 25/150.
AE MC VISA. 🐾
Refeição lista 14,95 a 21,93 – **32 qto** ☕ 44,89/57,36.

SANTA CLARA-A-VELHA *Beja* 940 *T 4.*

Lisboa 219 – Beja 110 – Faro 92 – Portimão 56 – Sines 86.

na barragem de Santa Clara *Este : 5,5 km :*

Pousada de Santa Clara , 7665-879, 283 88 22 50, *guest@pousadas.pt,* Fax 283 88 24 02, barragem e montanhas, – TV P. AE O MC VISA.
Refeição lista 18,45 a 31,18 – **18 qto** 117,22/125,20 – 1 suite.

SANTA LUZIA *Viana do Castelo – ver Viana do Castelo.*

SANTA MARIA DA FEIRA *Aveiro* 940 *J 4 – 4 877 h alt. 125.*

Ver : *Castelo*★.

Praça da República 4520-909 apartado 135 256 37 08 02 Fax 256 37 08 03.
Lisboa 291 – Aveiro 47 – Coimbra 91 – Porto 31.

Novacruz sem rest, Rua S. Paulo da Cruz, 4524-909 apartado 125, 256 37 14 00, *novacruz@oninet.pt,* Fax 256 37 23 16 – TV P – 25/130. AE O MC VISA.
60 qto 42,50/51 – 5 suites.

Dos Lóios sem rest, Rua Dr. Antonio C. Ferreira Soares 2, 4520-214, 256 37 95 70, *residencialloios@hotmail.com,* Fax 256 37 95 70 – TV . AE O MC VISA.
32 qto 36/44 – 4 suites.

pela estrada N 223 *Oeste : 4 km :*

Ibis Porto Sul Europarque , Europarque, 4520-153, 256 33 25 07, *h1729@accor-hotels.com,* Fax 256 33 25 09, – TV P – 25/60. AE O MC VISA. rest
Refeição lista aprox. 12,96 – 3,99 – **63 qto** 36,41.

na estrada N 1 :

Feira Pedra Bela, Nordeste : 5 km, 4520-506, 256 91 03 50, *pedrabela@mail.telepac.pt,* Fax 256 91 03 51, , , – TV P. AE MC VISA
Refeição - ver rest. **Pedra Bela** – **50 qto** 32,43/44,90.

Pedra Bela - Hotel Feira Pedra Bela, Nordeste : 5 km, 4520-506, 256 91 13 38, *pedrabela@mail.telepac.pt,* Fax 256 91 03 51 – P. AE O MC VISA.
Refeição lista 12 a 17,50.

Tigre com snack-bar, Lugar de Albarrada - São João de Ver, Nordeste : 5,5 km, 4520-602 São João de Ver, 256 31 22 04, Fax 256 31 28 28 – P. AE O MC VISA.
Refeição - mariscos - lista 16,85 a 26,36.

SANTA MARTA DE PORTUZELO *Viana do Castelo – ver Viana do Castelo.*

SANTANA *Madeira – ver Madeira (Arquipélago da).*

SANTANA *Setúbal – ver Sesimbra.*

SANTARÉM P 940 *O 3 – 28 547 h alt. 103.*

Ver : *Miradouro de São Bento*★ ※★ B – Igreja de São João de Alporão (Museu Arqueológico★)B – Igreja da Graça★ B.

Arred. : *Alpiarça : Casa dos Pátudos*★ (tapeçarias★, faianças e porcelanas★) 10 km por ②.

Campo Infante da Câmara (Casa do Campino) 2000-014 243 33 03 30 *regiao-.ribatejo@nect.pt* Fax (043) 33 03 40 e Rua Capelo Ivens 66 2000-039 243 30 44 00 *turismo@cm-santarem.pt* Fax 243 30 44 01

Lisboa 78 ③ – Évora 115 ② – Faro 330 ② – Portalegre 158 ② – Setúbal 130 ③

Planta página seguinte

Corinthia Santarém H. , Av. Madre Andaluz, 2000-210, 243 30 95 00, *sant arem.corinthia@mail.telepac.pt,* Fax 243 30 95 09, « Terraço con relvado e vale e rio Tejo » – TV P – 25/90. AE O MC VISA.   por Av. D.A. Henriques   A
Refeição 18,69 – **102 qto** 66,34/89,28 – 4 suites – PA 29,93.

Alfageme sem rest, Av. Bernardo Santareno 38, 2000-153, 243 37 08 70, *hotelalfageme@hotelalfageme.com,* Fax 243 37 08 50 – TV P – 25/200. MC VISA.   A e
67 qto 58/73.

Victoria sem rest, Rua Segundo Visconde de Santarém 21, 2000-197, 243 30 91 30, Fax 243 32 82 02 – TV. MC VISA.   A u
23 qto 30/50.

SANTARÉM

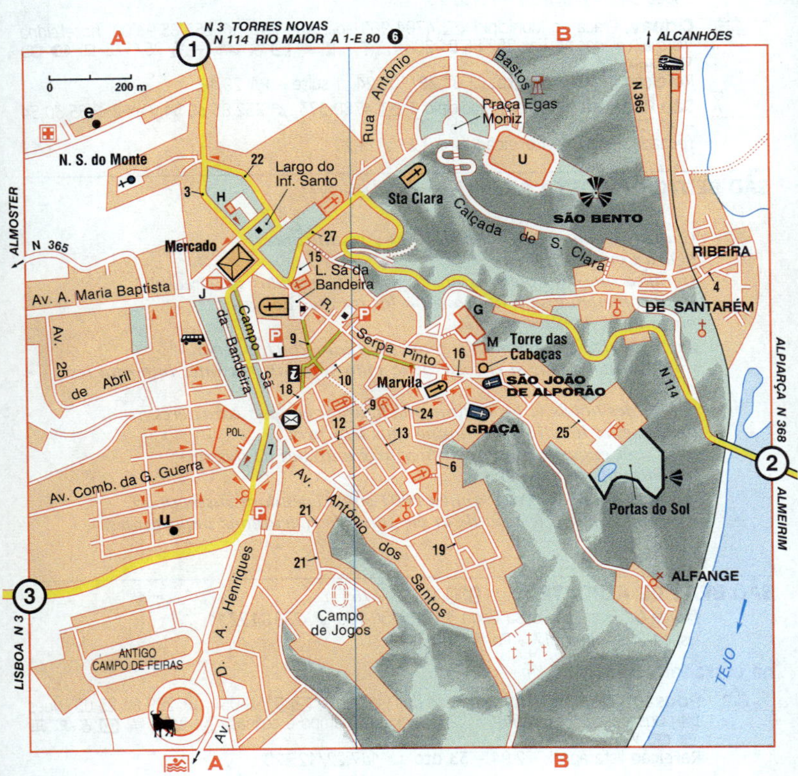

SANTIAGO DO CACÉM Setúbal **940** R 3 – 18 354 h alt. 225.

Ver : Á saida sul da Vila ⩰★.

Largo do Mercado ✉ 7540-135 ✆ 269 82 66 96 Fax 269 82 94 98.
Lisboa 146 – Setúbal 98.

Pousada de Santiago, Estrada de Lisboa, ✉ 7540-237, ✆ 269 82 24 59, *guest@p
ousadas.pt,* Fax 269 82 24 59, 《 Decoração regional 》, – TV P. AE ① MO
VISA.
Refeição lista aprox. 25,93 – **9 qto** ⌕ 73,32/81,30.

Albergaria D. Nuno sem rest, Av. D. Nuno Álvares Pereira 90, ✉ 7450-103,
✆ 269 82 33 25, *alb.d.nuno@mail.telepac.pt,* Fax 269 82 33 28, ⩽, – ⬍ ▤ TV P.
25/50. AE ① MO VISA.
75 qto ⌕ 46/70.

SANTO AMARO DE OEIRAS Lisboa – *ver Oeiras.*

SANTO TIRSO Porto **940** H 4 – *11 708 h alt. 75.*
Praça 25 Abril ✉ *4780-373* 𝄐 *252 83 04 11 Fax 252 85 65 34.*
Lisboa 345 – Braga 29 – Porto 28.

🏨 **Cidnay,** Praça do Município, ✉ 4784-909 apartado 232, 𝄐 252 85 93 00, *hotel.cidna y@mail.telepac.pt, Fax 252 85 93 20,* ≤, 🛠 – 🔲 🔲 📺 ⅙ 🚗 – 🏛 25/175. 🄰🄴 ⓸ 🄼🄲 🆅🅸🆂🅰 🄹🄲🄱. ✖
Refeição 16,71 – **67 qto** ⊑ 87,28/105,24, 1 suite – PA 29,18.

✗ **São Rosendo,** Praça do Município 6, ✉ 4780-373, 𝄐 252 85 30 54, Fax 252 85 30 54 – 🔲. 🄰🄴 ⓸ 🄼🄲 🆅🅸🆂🅰. ✖
fechado 2ª feira – **Refeição** *lista 9,23 a 21,20.*

SÃO BENTO DA PORTA ABERTA Braga – *ver Gerês.*

Cuando los nombres de los hoteles y restaurantes
figuran en negrita,
significa que los hoteleros nos han señalado todos sus precios
comprometiéndose a aplicarlos a los turistas de paso
portadores de nuestra guía.
Estos precios, establecidos a finales del año 2001, pueden
no obstante variar si el coste de la vida sufre alteraciones importantes.

Quand les hôtels et les restaurants figurent en gros caractères,
c'est que les hôteliers ont donné tous leur prix
et se sont engagés à les appliquer aux touristes de passage
porteurs de notre ouvrage.
Ces prix établis en fin d'année 2001 sont cependant susceptibles
d'être modifiés si le coût de la vie subit des variations importantes.

SÃO BRÁS DE ALPORTEL Faro **940** U 6 – *2 763 h.*
Rua Dr. Evaristo Sousa Gago 1 ✉ *8150-739* 𝄐 *289 84 22 11.*
Lisboa 293 – Faro 17 – Portimão 63.

na estrada N 2 *Norte : 2 km :*

🏨 **Pousada de São Brás** 🐾, Poço dos Ferreiros, ✉ 8150-054, 𝄐 289 84 23 05, *gues t@pousadas.pt, Fax 289 84 17 26,* ≤ cidade, campo e colinas, 🏊, ✖ – 🔲 📺 ⅙ 🅿. 🄰🄴 ⓸ 🄼🄲 🆅🅸🆂🅰. ✖ rest
Refeição lista aprox. 22,94 – **33 qto** ⊑ 117,22/125,20.

SÃO JOÃO DO ESTORIL Lisboa – *ver Estoril.*

SÃO MANÇOS Évora **940** Q 6 – *1 135 h.*
Lisboa 157 – Badajoz 123 – Beja 61 – Évora 23 – Portalegre 127.

✗ **Moagem,** Rua Nova do Rossio 14, ✉ 7000-115, 𝄐 266 72 22 00, *moagem@monfali mtur.pt, Fax 266 74 23 67,* « Numa antiga moagem de farinha » – 🔲. ✖
fechado novembro e 5ª feira – **Refeição** *- cozinha regional - lista 13,50 a 18,75.*

SÃO MARTINHO DO PORTO Leiria **940** N 2 – *2 318 h – Praia.*
Ver : ≤★.
Praça Engenhero Federico Ulrich ✉ *2460-649* 𝄐 *262 98 91 10.*
Lisboa 108 – Leiria 51 – Santarém 65.

🏨 **Albergaria São Pedro** sem rest, Largo Vitorino Frois 7, ✉ 2460-684, 𝄐 262 98 50 20, Fax 262 98 50 11 – 🔲 📺. 🄰🄴 🄼🄲 🆅🅸🆂🅰. ✖
abril-setembro – **25 qto** ⊑ 69,84/79,81.

🏨 Concha sem rest, Largo Vitorino Frois 21, ✉ 2460-684, 𝄐 262 98 50 10, Fax 262 98 50 11 – 🔲 🔲 📺 – 🏛 25/50
31 qto.

✗ A Casa, Av. Marginal, ✉ 2460-684, 𝄐 262 98 96 33, *niblle-justiniano@hotmail.com,* ≤ – 🔲

SÃO PEDRO DE MOEL Leiria **940** M 2 – *Praia*.

Lisboa 135 – Coimbra 79 – Leiria 22.

🏨 **Mar e Sol**, Av. da Liberdade 1, ⊠ 2430-501 Marinha Grande, ℰ 244 59 00 00, Fax 244 59 00 19, ≤ – 🛗 ▤ 📺 – 🔥 25/180. 🆎 ⓪ ⓜⓒ 𝗩𝗜𝗦𝗔. ✖
Refeição *(fechado novembro e 2ª feira)* 14 – **63 qto** ⊑ 65/75.

🏩 **São Pedro**, Rua Dr. Adolfo Leitão 22, ⊠ 2430-511 Marinha Grande, ℰ 244 59 91 20, Fax 244 59 91 84 – ▤ 📺 🅿 – 🔥 25/300. 🆎 ⓪ ⓜⓒ 𝗩𝗜𝗦𝗔. ✖
Refeição 13,71 – **50 qto** ⊑ 52,37/57,36 – PA 24,93.

🏯 **Santa Rita** sem rest, Praceta Pinhal do Rei 1, ⊠ 2430 Marinha Grande, ℰ 244 59 94 98 – 📺. ✖
7 qto ⊑ 37,41/69,83.

🍴 **Brisamar**, Rua Dr. Nicolau Bettencourt 23, ⊠ 2430-496 Marinha Grande, ℰ 244 59 92 50, *brisamar@sapo.pt*, Fax 244 59 95 80 – ▤. 🆎 ⓜⓒ 𝗩𝗜𝗦𝗔. ✖
fechado 15 janeiro-15 fevereiro e 2ª feira – **Refeição** lista 19,90 a 21,44.

SÃO PEDRO DE SINTRA Lisboa – *ver Sintra*.

SÃO PEDRO DO SUL Viseu **940** J 5 – *2 464 h alt. 169 – Termas.*

🛈 Largo dos Correios ⊠ 3660 ℰ 232 71 13 20.

Lisboa 321 – Aveiro 76 – Viseu 22.

nas termas *Sudoeste : 3 km :*

🏨 **Do Parque** ⬙, ⊠ 3660, ℰ 232 72 34 61, *hotel.parque@clix.pt*, Fax 232 72 30 47, ✖ – 🛗 📺 🚙 🅿 – 🔥 25/70. 🆎 ⓪ ⓜⓒ 𝗩𝗜𝗦𝗔. ✖
Refeição 9,50 – **53 qto** ⊑ 44,50/67, 3 suites.

🏩 **Lafões** sem rest, Rua do Correio, ⊠ 3660, ℰ 232 72 03 10 – 🛗 📺 🚙 🅿
27 qto.

🍴 **Adega da Ti Fernanda**, Av. da Estação, ⊠ 3660, ℰ 232 71 24 68, 🍱, « Decoração rústica » – ✖
fechado 2ª feira – **Refeição** lista aprox. 24.

SÃO VICENTE Madeira – *ver Madeira (Arquipélago da)*.

SEIA Guarda **940** K 6 – *7 971 h alt. 532.*

Arred. : Estrada★★ de Seia à Covilhã (≤★★, Torre★★, ≤★) 49 km.

🛈 Rua Pintor Lucas Marrão ⊠ 6270-513 ℰ 238 31 77 62 Fax 238 31 77 64.

Lisboa 303 – Guarda 69 – Viseu 45.

🏨 **Camelo**, Av. 1º de Maio 16, ⊠ 6270-479, ℰ 238 31 01 00, *hotelcamelo@mail.telepac.pt*, Fax 238 31 01 01, ≤, ⤡, ✖ – 🛗 ▤ 📺 🅿 – 🔥 25/50. 🆎 ⓪ ⓜⓒ 𝗩𝗜𝗦𝗔. ✖
Refeição *(fechado 15 outubro-15 novembro e 2ª feira)* lista 15,80 a 19,20 – **79 qto** ⊑ 46,89/66,84 – 5 suites.

🏨 **Estalagem de Seia**, Av. Dr. Afonso Costa, ⊠ 6270-481, ℰ 238 31 58 66, Fax 238 31 55 38, ⤡ – 🛗 ▤ 📺 🅿 – 🔥 25/30. ⓜⓒ 𝗩𝗜𝗦𝗔. ✖
Refeição lista aprox. 26,44 – **34 qto** ⊑ 57,50.

na estrada N 339 *Este : 6 km :*

🏩 **Albergaria Senhora do Espinheiro** ⬙ sem rest, ⊠ 6270, ℰ 238 31 20 73, Fax 238 31 20 73, ≤ vale – 📺 🅿
24 qto.

SEIXAS Viana do Castelo – ver Caminha.

SERRA DA ESTRELA Castelo Branco 🔟 K y L 7 – Desportos de inverno ⚡3.
Ver : ★ (Torre★★, ❄★★).
Hotéis e restaurantes ver : **Covilhã, Penhas da Saúde.**

SERRA DE ÁGUA Madeira – ver Madeira (Arquipélago da).

SERRA D'EL-REI Leiria 🔟 N 2.
Lisboa 95 – Leiria 86 – Santarém 82.

Mar Azul sem rest, Largo da Igreja, ✉ 2525-810, ☎ 262 90 96 40, Fax 262 90 96 40
– 📺. 🔴 🈹. ✗
fechado janeiro – **10 qto** ⊆ 24,94/32,42.

Dans ce guide
un même symbole, un même mot,
imprimé en **noir** ou en rouge, en maigre ou en **gras**,
n'ont pas tout à fait la même signification.
Lisez attentivement les pages explicatives.

SERTÃ Castelo Branco 🔟 M 5 – 5 247 h.
Lisboa 248 – Castelo Branco 72 – Coimbra 86.

Lar Verde sem rest, Recta do Pinhal, ✉ 6100-751, ☎ 274 60 35 84, lar.verde@clix.pt,
Fax 274 60 30 95, ≤, 🏊 – 🔲 📺 🅿. 🔴 🔴 🈹
22 qto ⊆ 44,89/54,87.

Pontevelha, Alameda da Carvalha, ✉ 6100-760, ☎ 274 60 01 60, gerencia@s-m.pt,
Fax 274 60 01 69, ≤ – 🔲. 🔴 🔴 🔴 🈹. ✗
fechado 2ª feira – **Refeição** lista aprox. 17,46.

Santo Amaro, Rua Bombeiros Voluntários, ✉ 6100-730, ☎ 274 60 41 15, gerencia
@s-m.pt, Fax 274 60 01 69 – 🔲. 🔴 🔴 🔴 🈹. ✗
fechado 4ª feira – **Refeição** lista aprox. 17,46.

SESIMBRA Setúbal 🔟 Q 2 – 14 530 h – Praia.
Ver : Porto★.
Arred. : Castelo ≤★ Noroeste : 6 km – Cabo Espichel★ (sítio★) Oeste : 15 km – Serra da
Arrábida★ (Portinho de Arrábida★, Estrada de Escarpa★★) Este : 30 km.
🛈 Largo da Marinha 26-27 ✉ 2970-657 ☎ 21 228 85 00 dsedct@mun-sesimbra.pt Fax
21 223 38 55
Lisboa 39 – Setúbal 26.

Do Mar ⚓, Rua General Humberto Delgado 10, ✉ 2970-628, ☎ 21 223 33 26,
Fax 21 223 38 88, ≤ mar, « Relvado com 🏊 rodeado de árvores », 🏊, ✗ – 🛗 🔲 📺
♿ 🅿 – 🔺 25/220. 🔴 🔴 🔴 🈹. ✗
Refeição lista 24 a 39,50 – **168 qto** ⊆ 115/140 – 2 suites.

Villas de Sesimbra ⚓, Altinho de São João, ✉ 2970-622, ☎ 21 228 00 05,
Fax 21 223 15 33, ≤, 🎣, 🏊, 🏊 – 🛗 🔲 📺 🚗 – 🔺 25/100. 🔴 🔴 🔴
🈹. ✗
Refeição 14,96 – ⊆ 5,99 – **207 apartamentos** 109,74.

Sana Park Sesimbra H. sem rest com snack-bar, Av. 25 de Abril, ✉ 2970-634,
☎ 21 228 90 00, sanapark.sesimbra@sanahotels.com, Fax 21 228 90 01, ≤, 🎣, 🏊 – 🛗
🔲 📺 ♿ 🚗 – 🔺 25/100. 🔴 🔴 🔴 🈹 🇯. ✗
96 qto ⊆ 90/115 – 4 suites.

Ribamar, Av. dos Náufragos 29, ✉ 2970-637, ☎ 21 223 48 53, anthel@netc.pt,
Fax 21 223 43 17, 🌴 – 🔲. 🔴 🔴 🔴 🈹. ✗
Refeição - peixes e mariscos - lista 23,20 a 30.

em Santana Norte : 3,5 km :

Angelus, Praça Duques de Palmela, ✉ 2970-592 Sesimbra, ☎ 21 268 13 40,
Fax 21 223 43 17 – 🔲. 🔴 🔴 🈹. ✗
fechado do 10 ao 25 de junho e do 10 ao 25 de novembro – **Refeição** lista 22,20 a
32.

SETÚBAL Ⓟ 940 Q 3 – 89 106 h.

Ver : Castelo de São Felipe★ (☀★) por Rua São Filipe AZ – Igreja de Jesus★ (quadros★) AY.

Arred. : Serra da Arrábida★ (Estrada de Escarpa★★) por ② – Quinta da Bacalhoa★ : jardins (azulejos★) por ③ : 12 km.

⚓ para Tróia, Cais de Setúbal ☎ 265 52 33 84.

🛈 Rua do Corpo Santo ✉ 2900-334 ☎ 265 53 42 22 Fax 265 53 44 02 e Travessa Frei Gaspar 10 ✉ 2901-388 apartado 73 ☎ 265 53 91 20 costa.azul@mail.telepac.pt Fax 265 53 91 27 – **A.C.P.** Av. Bento Gonçalves 18 - A ✉ 2910-431 ☎ 265 53 22 92 Fax 265 23 92 37.

Lisboa 45 ① – Badajoz 196 ① – Beja 143 ① – Évora 102 ① – Santarém 130 ①.

Plantas páginas seguintes

Bonfim sem rest, Av. Alexandre Herculano 58, ✉ 2900-206, ☎ 265 53 41 11, hotel. bonfim@mail.telepac.pt, Fax 265 53 48 58, ≼ – ⧉ ▤ TV & – ♟ 25/130. AE ① MC VISA. ⊁ BY b
100 qto ⌑ 82/92.

Isidro, Rua Professor Augusto Gomes 3, ✉ 2910-123, ☎ 265 53 50 99, Fax 265 53 51 18 – ⧉ ▤ TV & 🚗 – ♟ 25/75. AE ① MC VISA por Av. Jaime Cortesão CZ
Refeição - ver rest. **Isidro** – 57 qto ⌑ 50/60 – 13 apartamentos.

Albergaria Laitau sem rest, Av. General Daniel de Sousa 89, ✉ 2900-345, ☎ 265 534 031, Fax 265 23 60 95 – ⧉ ▤ TV 🚗 – ♟ 25/200. AE ① MC VISA. ⊁ AY b
41 qto ⌑ 59,86/74,82.

Aranguês sem rest, Rua José Pedro da Silva 15, ✉ 2910-575, ☎ 265 52 51 71, Fax 265 52 68 77, 🛏, 🏊 – ⧉ ▤ TV & 🚗. AE ① MC VISA JCB. ⊁ CY a
☕ 4,99 – **48 qto** 56,86 – 2 suites.

Albergaria Solaris sem rest, Praça Marquês de Pombal 12, ✉ 2900-562, ☎ 265 54 17 70, albergaria.solaris@netc.pt, Fax 265 52 20 70 – ⧉ ▤ TV. AE ① MC VISA JCB. ⊁ AZ c
34 qto ⌑ 39,90/49,90 – 4 apartamentos.

Mar e Sol sem rest, Av. Luisa Todi 606-612, ✉ 2900-457, ☎ 265 53 46 03, Fax 265 53 20 36 – ⧉ TV 🚗 – ♟ 25/30. MC VISA. ⊁ AZ r
71 qto ⌑ 34,92/49,88.

Bocage sem rest, Rua de São Cristóvão 14, ✉ 2900-611, ☎ 265 54 30 80, Fax 265 54 30 89 – ▤ TV. AE ① MC VISA. ⊁ BZ e
38 qto ⌑ 37,41/44,89.

🍴 **Isidro** - Hotel Isidro, Rua Professor Augusto Gomes 1, ✉ 2910-123, ☎ 265 53 50 99, Fax 265 53 51 18 – ▤ 🚗. AE ① MC VISA. ⊁ por Av. Jaime Cortesão CZ
Refeição lista 17 a 22.

🍴 **El Toro,** Rua António José Baptista 111, ✉ 2910-401, ☎ 265 52 49 95 – AE ① MC VISA. ⊁ CY m
fechado sábado meio-dia (15 junho-15 setembro) e 4ª feira – **Refeição** - cozinha espanhola - lista aprox. 24.

🍴 **O Beco,** Rua da Misericórdia 24, ✉ 2900-502, ☎ 265 52 46 17, Fax 265 54 81 18 – ▤. AE ① MC VISA BZ a
fechado do 1 ao 15 de maio, do 15 ao 30 de setembro, domingo noite e 3ª feira – **Refeição** lista 16,90 a 27.

🍴 **Novoreno,** Av. Luísa Todi 440, ✉ 2900-455, ☎ 265 23 01 15, Fax 265 23 01 15, 🌳 – ▤. AE ① MC VISA. ⊁ AZ t
Refeição - peixes - lista aprox. 22,45.

na estrada N 10 por ① :

Novotel Setúbal ⑤, Monte Belo - 2,5 km, ✉ 2900-509, ☎ 265 73 93 70, h1557@a ccor-hotels.com, Fax 265 73 93 93, 🌳, 🏊, 🍴 – ⧉ ▤ TV & Ⓟ – ♟ 25/300. AE ① MC VISA. ⊁ rest
Refeição lista aprox. 20 – ⌑ 6,48 – **105 qto** 61,35.

SETÚBAL

A2-E1-90 LISBOA
N 10 BACALHOA
3
A
Rua dos Arcos
R. F. dos Santos
S. Porto
R. de
Brancanes
R. A. José Valério
Rua de
R. A.
R. da Silva
R. L.G. do Nasc
Av. Gal. Daniel de Sousa
Y
R. de O. Martins
R. de A. Barradas
JESUS
M
R. J. A. dos
15
Santos
21
4
R. de João Eloy do Amaral
Rua das Oliveiras
40
31
c
t
Pr. T. Braga
POL
37
Avenida
P
P
39
36
Todi
Av. Luísa
30
r
45
Largo José Afonso
20
44
R. Praia da Silva
20
N
SERRA DA ARRÁBIDA
N 10-4
2
DOCA DOS PESCADORES
A
b

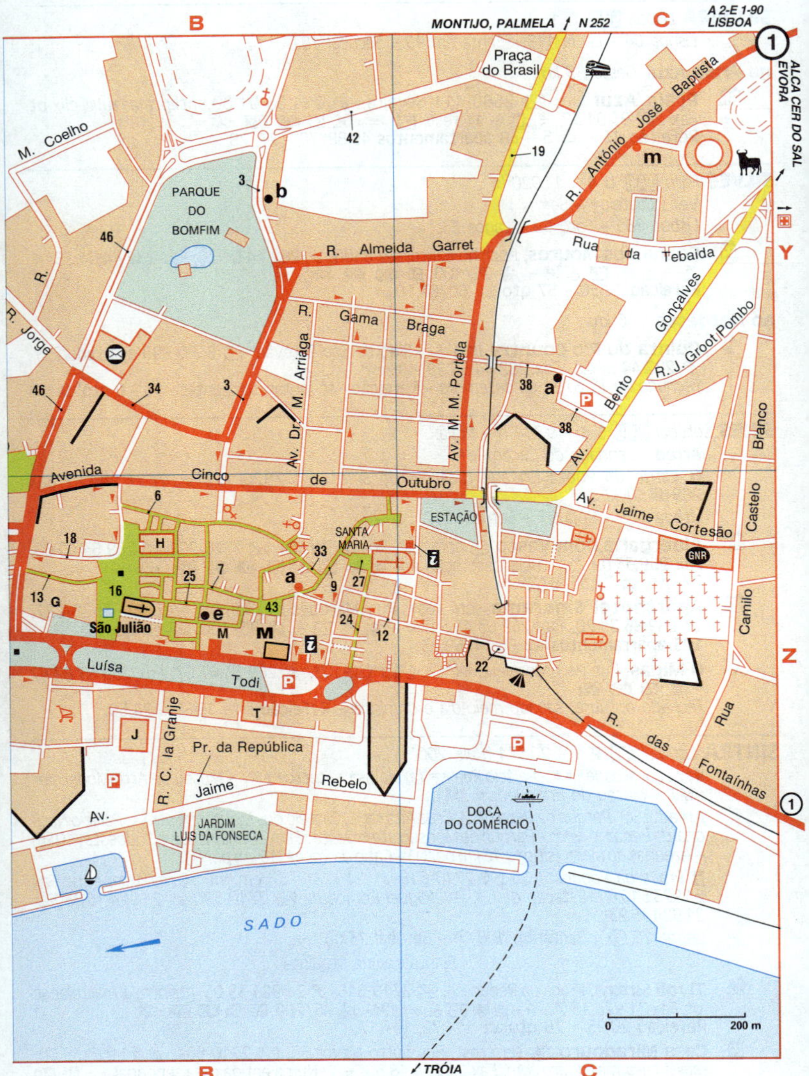

*Halten Sie beim Betreten des Hotels oder des Restaurants
den Führer in der Hand.
Sie zeigen damit, daß Sie aufgrund dieser Empfehlung gekommen sind.*

SEVER DO VOUGA *Aveiro* 940 J 4 – *2 598 h.*
Lisboa 278 – Aveiro 40 – Coimbra 80 – Porto 67 – Viseu 63.

O Cortiço sem rest, Rua do Matadouro, ✉ 3740-255, ✆ 234 55 54 80,
Fax 234 55 54 82, ≤ – 🗏 📺 📱 ① ⑩ **VISA** 🛇
19 qto ⊇ 27,45/35 – 1 suite.

897

SILVEIRA Lisboa 940 O 1.

Lisboa 64 – Leiria 118 – Santarém 90 – Setúbal 101.

na Praia Azul Oeste : 3 km :

Praia Azul ⌂, ✉ 2560-411 Silveira, ☎ 261 93 01 00, htl.praiaazul@clix.pt,
Fax 261 93 01 39, ≤, ⌁ – 🍴 rest, 📺 🚗 P. AE MC VISA ⌁
Refeição 13 – ⌁ 5 – **38 apartamentos** 49,88/70 – PA 28.

SILVES Faro 940 U 4 – 11 020 h.

Ver : Castelo★ - Sé★.

Lisboa 265 – Faro 62 – Lagos 33.

Colina dos Mouros, Pocinho Santo, ✉ 8300, ☎ 282 44 04 20, Fax 282 44 04 26, ≤,
⌁ – |♣| 🍴 📺 ♿ P. – ⌁ 25/100. AE MC VISA ⌁
Refeição 12,50 – **57 qto** ⌁ 60/67,50.

ao Nordeste : 6 km :

Quinta do Rio-Country Inn ⌁, Sítio de São Estévão, ✉ 8300-999 apartado 217,
☎ 282 44 55 28, Fax 282 44 55 28 – P. ⌁
fechado do 15 ao 31 de dezembro – **Refeição** - só jantar, só clientes - 18 – **6 qto** ⌁ 50.

SINES Setúbal 940 S 3 – 9 314 h – Praia.

Arred. : Santiago do Cacém ≤★.

🛈 Largo do Poeta Bocage (Castelo de Sines) ✉ 7520-152 ☎ 269 63 44 72 Fax
269 63 30 22.

Lisboa 165 – Beja 97 – Setúbal 117.

Albergaria Dom Vasco ⌁ sem rest, Rua do Parque, ✉ 7520-202, ☎ 269 63 09 60,
Fax 269 63 09 70, « Bela decoração » – |♣| 🍴 📺 ♿. AE ① MC VISA JCB. ⌁
27 qto ⌁ 72,33/87,29.

Aparthotel Sinerama sem rest, Rua Marquês de Pombal 110, ✉ 7520-227,
☎ 269 86 25 20, Fax 269 63 45 51, ≤ – |♣| 🍴 📺 – ⌁ 25/100. AE ① MC VISA. ⌁
105 apartamentos ⌁ 65,34/69,83.

O Migas, Rua Pero de Alenquer 17, ✉ 7520-157, ☎ 269 63 67 67, Fax 269 63 67 67
– 🍴. AE MC VISA
fechado outubro, sábado meio-dia e domingo – **Refeição** lista 16,50 a 24,50.

SINTRA Lisboa 940 P 1 – 20 574 h alt. 200.

Ver : Localidade★★★ - Palácio Real★★ (azulejos★★, tecto★★) Y – Museu de Arte Moderna★
Y M2 – Museu do Brinquedo★ Z M1.

Arred. : Sul : Parque da Pena★★ Z, Cruz Alta★★ Z, Castelo dos Mouros★ (≤★) Z, Palácio Nacional da Pena★★ ≤★★ – Parque de Monserrate★ Oeste : 3 km – Peninha ≤★★ Sudoeste : 10 km
– Azenhas do Mar★ (sítio★) 16 km por ① – Cabo da Roca★ 16 km por ①.

🛈 Praça da República 23 ✉ 2710-616 ☎ 21 923 11 57 em.sintra@ mail.telepac.pt Fax
21 923 51 76 e Estação da C.P. Av. Miguel Bombarda ✉ 2710-590 ☎ 21 924 16 23 Fax
21 924 16 23

Lisboa 28 ③ – Santarém 100 ③ – Setúbal 73 ③

Planta página seguinte

Tivoli Sintra, Praça da República, ✉ 2710-616, ☎ 21 923 35 05, htsintra@ mailtelepac
.pt, Fax 21 923 15 72, ≤ – |♣| 🍴 📺 ♿ 🚗 P. – ⌁ 25/200. AE ① MC VISA. ⌁   **Y d**
Refeição 20,95 – **76 qto** ⌁ 114,72/137,17.

Casa Miradouro ⌁ sem rest, Rua Sotto Mayor 55, ✉ 2710-801, ☎ 21 923 59 00,
mail@ casa-miradouro.com, Fax 21 924 18 36, ≤, « Numa antiga casa senhorial » – AE MC
VISA. ⌁   **Y k**
fechado 6 janeiro-23 fevereiro – **6 qto** ⌁ 105/118.

Lawrence's ⌁ com qto, Rua Consiglieri Pedroso 38, ✉ 2710-550, ☎ 21 910 55 00,
laurences-hotel@ email.com, Fax 21 910 55 05, ≤, « Ambiente acolhedor » – |♣| 🍴 📺 ♿.
AE ① MC VISA. ⌁   **Z e**
Refeição lista 27,68 a 57,58 – **16 qto** ⌁ 160/209,50.

Tacho Real, Rua da Ferreira 4, ✉ 2710, ☎ 21 923 52 77, Fax 21 923 09 69, ⌁ – AE
MC VISA. ⌁   **Z a**
fechado 4ª feira – **Refeição** lista 23 a 35.

em São Pedro de Sintra :

Estalagem Solar dos Mouros sem rest, Calçada de São Pedro 64, ✉ 2710-508
Sintra, ☎ 21 924 32 53, Fax 21 923 32 16 – 🍴 📺. AE ① MC VISA JCB. ⌁   **Z z**
7 qto ⌁ 69,83 – 1 suite.

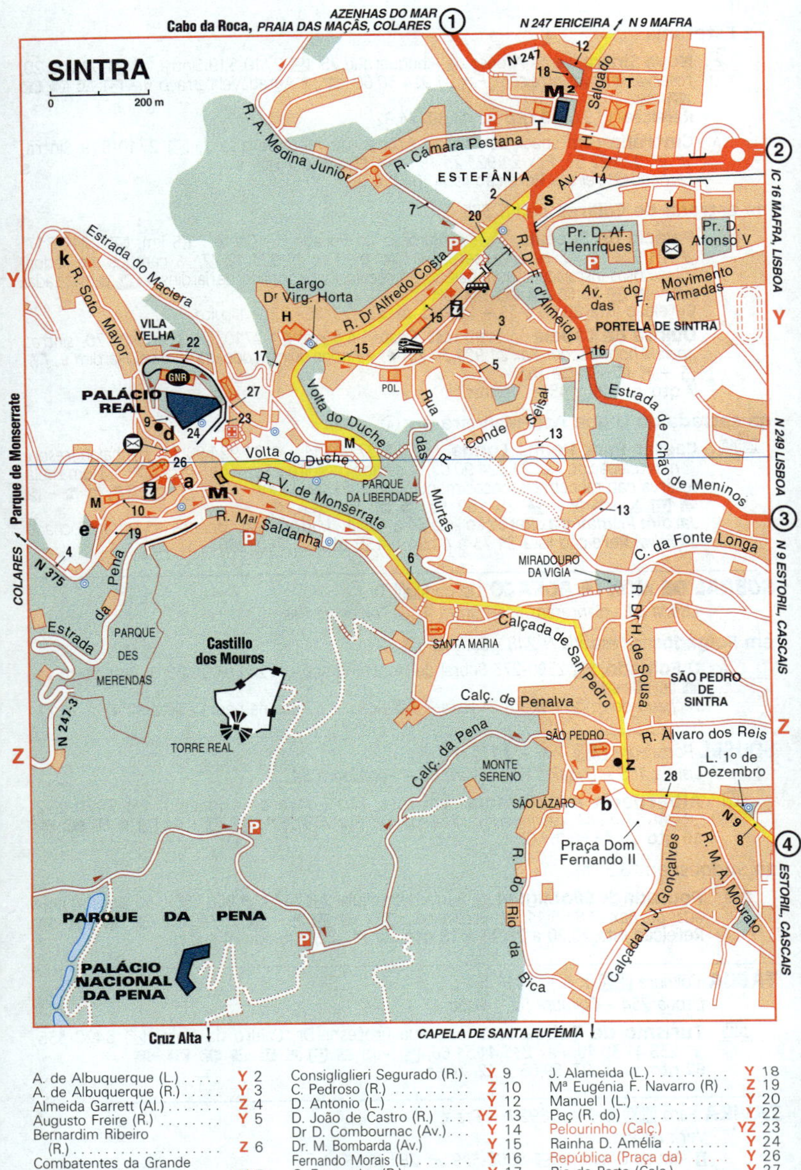

Dona Aurora, Rua 1º de Dezembro 18, ✉ 2710-497 Sintra, ☎ 21 923 55 81 – por L. 1º de Dezembro Z

Cantinho de S. Pedro, Praça D. Fernando II-18, ✉ 2710-483 Sintra, ☎ 21 923 02 67, Fax 21 923 03 17 – AE ① MC VISA. Z b
Refeição lista 26,69 a 32,57.

na Estefânia :

Nova Sintra, Largo Afonso de Albuquerque 25, ✉ 2710-519 Sintra, 𝄞 21 923 02 20, *reservas@novasintra.com, Fax 21 924 30 60*, 🌳, « Agradável terraço » – TV. AE ① ●⓪ VISA. ⌾
Refeição 13,97 – **9 qto** ⌾ 47,39/74,82.

Cintrália com snack-bar, Largo Afonso de Albuquerque 2, ✉ 2710-519 Sintra, 𝄞 21 924 22 99, *Fax 21 923 23 19* – ▤. AE ① ●⓪ VISA. ⌾
fechado 2ª feira – **Refeição** lista 20,50 a 23.

na estrada de Colares *pela N 375 :*

Palácio de Seteais 🖐, Rua Barbosa do Bocage 8 - Oeste : 1,5 km, ✉ 2710-517, 𝄞 21 923 32 00, *reservas.seteais@tivoli.pt, Fax 21 923 42 77*, ≤ campos em redor, « Luxuosas instalações num palácio do século XVIII rodeado de jardins », ⊾ climatizada, ✕ – ⏼ TV ▣. AE ① ●⓪ VISA. ⌾
Refeição lista 28,68 a 39 – **29 qto** ⌾ 236,93/259,37 – 1 suite.

Quinta da Capela 🖐 sem rest, Oeste : 4,5 km, ✉ 2710, 𝄞 21 929 01 70, *sintracapela@hotmail.com, Fax 21 929 34 25*, ≤, « Antiga quinta rodeada dum belo jardim », 🚲, ⊾ – ▣. AE ① ●⓪ VISA
7 qto ⌾ 125/145 – 2 suites.

na estrada da Lagoa Azul-Malveira *por ④ : 7 km :*

Caesar Park Penha Longa 🖐, ✉ 2714-511, 𝄞 21 924 90 11, *penhalongresort@mail.telepac.pt, Fax 21 924 90 07*, ≤ campo de golfe e Serra de Sintra, 🌳, « Numa bela reserva natural com históricos monumentos do século XV », 🚲, ⊾, ⊿, ✕, ⏸18 ⏸9 – ⏼ ▤ TV ♿ 🚗 ▣ – 🛎 25/280. AE ① ●⓪ VISA JCB. ⌾
Jardim Primavera* : Refeição** lista 34 a 43,41 - ***Midori *(rest. japonés, só jantar, fechado 2ª feira)* **Refeição** lista 31,73 a 44,94 – **159 qto** ⌾ 260/280 – 17 suites.

SOBRAL DE MONTE AGRAÇO Lisboa 940 O 2.

Lisboa 51 – Santarém 61 – Sintra 42 – Torres Vedras 17.

em Folgados *na estrada N 248 - Sudeste : 1,5 km :*

O Folgado, ✉ 2590-273 Sobral de Monte Agraço, 𝄞 261 94 20 89, « Rest típico » – ▤ ▣. AE. ⌾
fechado domingo noite e 2ª feira – **Refeição** - carnes na pedra - lista 12,42 a 14,22.

SOUSEL Portalegre 940 P 6 – 2 113 h.

Lisboa 185 – Badajoz 73 – Évora 63 – Portalegre 59.

Albergaria A Galinhola sem rest, Rua Fonte do Concelho, ✉ 7470-232, 𝄞 268 55 46 44, *galinhola@mail.telepac.pt, Fax 268 55 11 45*, ⊿ – ▤ TV ▣. AE ●⓪ VISA
16 qto ⌾ 46,68/57,06.

ao Sudoeste : *3,5 km :*

Pousada de São Miguel 🖐, Estrada Particular, ✉ 7470, 𝄞 268 55 00 50, *guest@pousadas.pt, Fax 268 55 11 55*, ≤ oliveiras, ⊿ – ▤ TV ▣ – 🛎 25/40. AE ① ●⓪ VISA. ⌾
Refeição lista 20,20 a 28,92 – **28 qto** ⌾ 117,22/125,20 – 4 suites.

TÁBUA Coimbra 940 K 5 – 2 416 h alt. 225.

Lisboa 254 – Coimbra 52 – Viseu 47.

Turismo de Tábua sem rest, Rua Profesor Dr. Caeiro da Mata, ✉ 3420-335, 𝄞 235 41 30 40, *Fax 235 41 31 66*, ⊿ – ⏼ ▤ TV ▣. AE ① ●⓪ VISA. ⌾
62 qto ⌾ 29,93/59,86 – 12 suites.

TAVIRA Faro 940 U 7 – 8 892 h – Praia.

Ver : *Localidade★.*

🛈 *Rua da Galeria 9* ✉ *8800-329* 𝄞 *281 32 25 11.*
Lisboa 314 – Faro 30 – Huelva 72 – Lagos 111.

Quinta do Caracol 🖐 sem rest, Bairro de São Pedro, ✉ 8800, 𝄞 281 32 24 75, *quintadocaracol@netc.pt, Fax 281 32 31 75*, « Bungalows num jardim com ⊿ », ✕ – ▣. AE
7 apartamentos ⌾ 92,28/109,74.

Avenida, Av. Dr. Mateus T. de Azevedo 6, ✉ 8800-379, 𝄞 281 32 11 13, 🌳 – ▤. AE ●⓪ VISA. ⌾
fechado maio e 3ª feira – **Refeição** lista 13,17 a 20,55.

París, Rua Silvestre Falcão - lote 8, ✉ 8800-412, 𝄞 281 32 49 96, 🌳 – ▤. AE. ⌾
fechado janeiro – **Refeição** lista aprox. 18,30.

em Quatro Águas :

🏨 **Vila Galé Albacora** ⚓, Sul : 3 km, ⊠ 8800, ✆ 281 38 08 00, *vilacalealbacora@ m ail.telepac.pt*, Fax 281 38 08 50, « Junto a ria », ⅃₅, ⅀, ⅀ – 🗏 📺 ⅙ 🅿 – 🛆 120. 🆎 ① 🅜🅒 *VISA*. 🗫
Refeição - buffet só jantar - 26,50 - **Arraial** (só jantar, fechado 2ª feira e 3ª feira salvo julho-setembro) **Refeição** lista 21,40 a 28 – **161 qto** ☑ 146,14/161,61.

✗ **Portas do Mar,** Sul : 2 km, ⊠ 8800 Tavira, ✆ 281 32 12 55, � – 🗏 🅿. 🆎 ① 🅜🅒 *VISA*. 🗫
fechado do 21 ao 31 de outubro, 3ª feira (15 setembro-15 julho) – **Refeição** - peixes e mariscos - lista 12,48 a 18,96.

✗ **4 Águas,** Sul : 2 km, ⊠ 8800 Tavira, ✆ 281 32 53 29, *restaurant.quatroaguas@onin et.pt*, Fax 281 32 53 96, 🌦 – 🗏 🅿. 🆎 ① 🅜🅒 *VISA*. 🗫
fechado 15 janeiro-15 fevereiro e 2ª feira – **Refeição** - peixes e mariscos - lista 16,60 a 27,44.

TERCENA Lisboa – *ver Queluz.*

TERRUGEM Portalegre 𝟿𝟦𝟢 P 7 – 1384 h.
Lisboa 193 – Badajoz 37 – Evora 73 – Portalegre 63 – Setubal 162.

❌❌❌ **A Bolota Castanha,** Quinta das Janelas Verdes, ⊠ 7350-491 Terrugem ELV, ✆ 268 65 61 18, Fax 268 65 75 04, ≼ campo – 🗏 🅿.
Refeição lista 26,43 a 39,15.

TOLEDO Lisboa 𝟿𝟦𝟢 O 2.
Lisboa 69 – Peniche 26 – Torres Vedras 14.

✗ **O Pão Saloio,** Rua Guerra Peninsular 27, ⊠ 2530-782 Lourinha, ✆ 261 98 43 55, Fax 261 98 47 32, « Rest. típico » – 🗏 🅿. 🗫
fechado 29 abril-15 maio, 26 setembro-12 outubro e 2ª feira – **Refeição** - grelhados - lista 16,73 a 24,96.

TOMAR Santarém 𝟿𝟦𝟢 N 4 – 14 022 h alt. 75.
Ver : *Convento de Cristo★★ : igreja★ (charola dos Templários★★) edifícios conventuais★ (janela★★★) – Igreja de São João Baptista (portal★).*
🅱 Av. Dr. Cândido Madureira ⊠ 2300-531 ✆ 249 32 98 23 *turismo@ cm-tomar.pt* Fax 249 32 24 27.
Lisboa 145 – Leiria 45 – Santarém 65.

🏰 **Dos Templários,** Largo Cândido dos Reis 1, ⊠ 2300, ✆ 249 32 17 30, *gual@ hotel dostemplarios.pt*, Fax 249 32 21 91, ≼, ⅃₅, ⅀, ⅀, 🛶, ✗ – 📶 🗏 📺 ⅙ 🅿 – 🛆 25/600. 🆎 ① 🅜🅒 *VISA*. 🗫
Refeição 19,20 – **171 qto** ☑ 84,29/101,25 – 5 suites – PA 33,91.

🏨 **Estalagem de Santa Iria,** Parque do Mouchão, ⊠ 2300, ✆ 249 31 33 26, Fax 249 32 12 38, « Num parque » – 📺 🅿 – 🛆 25/70. 🆎 🅜🅒 *VISA*. 🗫
Refeição lista aprox. 31,82 – **13 qto** ☑ 73,32/86,42 – 1 suite.

🏠 **Sinagoga** sem rest, Rua Gil Avó 31, ⊠ 2300-580, ✆ 249 32 30 83, Fax 249 32 21 96 – 📶 🗏 📺. 🆎 ① 🅜🅒 *VISA*
23 qto ☑ 32/47.

🏠 Trovador sem rest, Rua 10 de Agosto de 1385, ⊠ 2300-553, ✆ 249 32 25 67, Fax 249 32 21 94 – 📶 🗏 📺
30 qto.

🏠 **Cavaleiros de Cristo** sem rest, Rua Alexandre Herculano 7, ⊠ 2300-554, ✆ 249 32 12 03, Fax 249 32 11 92 – 📶 🗏 📺. 🆎 ① 🅜🅒 *VISA*. 🗫
17 qto ☑ 32,40/49.

em Castelo de Bode *Sudeste : 14 km :*

🏨 **Pousada de São Pedro** ⚓, ⊠ 2300 Tomar, ✆ 249 38 11 59, *guest@ pousadas.pt*, Fax 249 38 11 76 – 🗏 📺 🅿. 🆎 ① 🅜🅒 *VISA*. 🗫 rest
Refeição lista aprox. 18,30 – **24 qto** ☑ 117,22/125,20 – 1 suite.

TONDELA Viseu 𝟿𝟦𝟢 K 5 – 6 962 h.
Lisboa 271 – Coimbra 72 – Viseu 24.

🏨 **São José** sem rest, Av. Francisco Sá Carneiro, ⊠ 3460-523, ✆ 232 81 34 51, Fax 232 81 34 42, ≼, ⅀ – 🗏 📺 🅿 – 🛆 25/200. 🆎 ① 🅜🅒 *VISA*. 🗫
19 qto ☑ 30/43.

🏠 **Tondela** sem rest, Rua Dr. Simões de Carvalho, ⊠ 3460-588, ✆ 232 82 24 11 – 🅿. 🗫
26 qto ☑ 23/30.

TORRÃO Setúbal 940 R 5.

    Excurs. : *Viana do Alentejo (Igreja : portal★) 25 km a Nordeste.*

    Lisboa 126 – Beja 51 – Évora 46 – Faro 168 – Setúbal 95.

ao Sudoeste *pela estrada N 5 : 13,6 km :*

    Pousada de Vale do Gaio 🛶, junto da Barragem Trigo de Morais, ✉ 7595-034, ✆ 265 66 96 10, guest@pousadas.pt, Fax 265 66 95 45, ≤, 🏡, 🏊, 🐎 – 🖃 TV P. AE ◑ MC VISA. ✸ rest
    Refeição lista 20,95 a 27,68 – **14 qto** ⊃ 106,74/119,72.

TORRE DE MONCORVO Bragança 940 I 8 – *2 457 h alt. 399.*

    Ver : ≤★ *desde a Estrada N 220.*

    🛈 *Rua Manuel Seixas* ✉ *5160-290* ✆ *279 25 22 89 Fax 279 25 27 28.*

    Lisboa 403 – Bragança 98 – Vila Real 109.

    Brasília sem rest, Estrada N 220, ✉ 5160, ✆ 279 25 86 11, hotelbrasilia@clix.pt, Fax 279 25 86 10, 🏊 – 🛗 🖃 TV P. AE ◑ MC VISA
    27 qto ⊃ 33/58 – 2 suites.

TORREIRA Aveiro 940 J 3 – *2 308 h – Praia.*

    🛈 *Av. Hintze Ribeiro 30* ✉ *3870-323* ✆ *234 83 82 50.*

    Lisboa 290 – Aveiro 42 – Porto 54.

    Estalagem Riabela 🛶, Estrada N 327, ✉ 3870, ✆ 234 83 81 37, Fax 234 83 81 47, ≤ ria de Aveiro, 🏡, 🏊, 🐎, ✖ – TV P. – 🔥 25/300
    37 qto.

na estrada N 327 *Sul : 5 km :*

    Pousada da Ria 🛶, Bico do Muranzel, ✉ 3870-301, ✆ 234 86 01 80, guest@pousadas.pt, Fax 234 83 83 33, ≤ ria de Aveiro, 🏡, 🏊, ✖ – 🖃 TV P. AE ◑ MC VISA. ✸
    Refeição lista 23 a 35 – **19 qto** ⊃ 139,53/148.

TORRES NOVAS Santarém 940 N 4 – *14 267 h.*

    🛈 *Largo dos Combatentes* ✉ *2350-437* ✆ *249 81 30 19 Fax 249 81 16 96.*

    Lisboa 118 – Castelo Branco 138 – Leiria 52 – Portalegre 120 – Santarém 38.

    Dos Cavaleiros sem rest com snack-bar, Praça 5 de Outubro, ✉ 2350-418, ✆ 249 81 93 70, Fax 249 81 93 70 – 🛗 🖃 TV 🅰. AE MC VISA JCB
    60 qto ⊃ 39,90/64,84.

    Artur's, Av. de São José, ✉ 2350, ✆ 249 82 67 21, Fax 249 82 67 21 – 🖃.

TORRES VEDRAS Lisboa 940 O 2 – *13 394 h alt. 30 – Termas.*

    🛈 *Rua 9 de Abril* ✉ *2560-301* ✆ *261 31 40 94 cmtv@cm-tvedras.pt Fax 261 33 66 65.*

    Lisboa 52 – Santarém 74 – Sintra 62.

    Império Jardim, Praça 25 de Abril, ✉ 2560-285, ✆ 261 31 42 32, reservas@imperio-online.com, Fax 261 32 19 01 – 🛗 🖃 TV 🚗 – 🔥 25/180. AE ◑ MC VISA. ✸
    Refeição 12 – **47 qto** ⊃ 37/45.

    Dos Arcos sem rest, Bairro Arenes (Estrada do Cadaval), ✉ 2560-648, ✆ 261 31 24 89, rui.santos-426@clix.pt, Fax 261 32 38 70 – 🛗 TV 🚗 – 🔥 25/40. AE ◑ MC VISA
    28 qto ⊃ 24,94/39,91.

    São Pedro sem rest, Rua Dias Neiva, ✉ 2560-319, ✆ 261 31 61 44, Fax 261 31 33 41 – 🖃 TV. AE. ✸
    18 qto ⊃ 25/35.

em Paul *pela estrada N 9 - Oeste : 3,5 km :*

    Moínho do Paúl, Av. da Lapa 13, ✉ 2560-232 Torres Vedras, ✆ 261 32 36 96, Fax 261 31 43 75 – 🖃 P. AE MC VISA. ✸
    fechado do 19 ao 30 de setembro e 5ª feira – **Refeição** lista 13,70 a 20,16.

em Gibraltar *na estrada N 9 - Oeste : 5,5 km :*

    Páteo da Figueira sem rest, ✉ 2560-122 Ponte do Rol, ✆ 261 33 22 64, Fax 261 33 22 65 – TV P. MC VISA. ✸
    10 qto ⊃ 29,92/39,90.

TROFA Porto 🟦940🟦 H 4.
Lisboa 330 – Amarante 73 – Braga 26 – Porto 28.

na estrada N 104 Este : 3,5 km :

☖ **A Cêpa** com qto, Abelheira, ⬛ 4785-124, 🖉 252 41 34 77, restaurante.cepa@clix.pt, Fax 252 41 65 65, 🌫 – ▤ rest, 📺. AE ⓂⒸ VISA
Refeição (fechado sábado e domingo noite) lista 15,57 a 23,06 – ☕ 2 – **9 qto** 17,46/22,45.

na autoestrada A 3 Sul : 14 km :

⌂ **Ibis Porto Norte** sem rest, Área de Serviço Santo Tirso, ⬛ 4785, 🖉 22 982 50 00, h1635@accor-hotels.com, Fax 22 982 50 01 – ▤ 📺 ♿ 🅿. AE Ⓞ ⓂⒸ VISA
☕ 3,99 – **61 qto** 38,41.

TURCIFAL Lisboa 🟦940🟦 O 2.
Lisboa 48 – Estoril 69 – Sintra 41 – Torres Vedras 9.

☖ **Lampião**, Rua Engenheiro João Carlos Alves 3, ⬛ 2565-799, 🖉 261 95 11 42 – ▤. ✍
fechado 20 julho-20 agosto, sábado noite e domingo – **Refeição** lista 12,48 a 18,71.

VAGOS Aveiro 🟦940🟦 K 3 – 2 865 h.
Lisboa 233 – Aveiro 12 – Coimbra 43.

⌂ **Santiago** sem rest, Rua Padre Vicente Maria da Rocha 20, ⬛ 3840-453, 🖉 234 79 37 86, hotuvagos@netc.pt, Fax 234 79 37 86 – 🛗 📺. AE Ⓞ ⓂⒸ VISA. ✍
21 qto ☕ 33/43,50.

☖ **Nelita**, Rua Padre Vicente Maria da Rocha, ⬛ 3840-453, 🖉 234 79 35 52 – ▤. AE ⓂⒸ VISA. ✍
Refeição lista 14,22 a 22,18.

VALADO DOS FRADES Leiria 🟦940🟦 N 2.
Lisboa 119 – Leiria 39 – Santarém 74.

pela estrada de Alcobaça Sudeste : 2 km e desvío a esquerda 2 km :

⌂ **Quinta do Pinheiro** 🐴, ⬛ 2450, 🖉 262 59 05 30, Fax 262 59 05 39, ≼, « Em pleno campo » – ▤ 📺 🅿 – 🔖 25/180
22 qto.

VALE DA TELHA Faro – ver Aljezur.

VALE DE AREIA Faro – ver Ferragudo.

VALE DE LOBOS Lisboa – ver Sabugo.

VALE DO GARRÃO Faro – ver Almancil

VALE DO LOBO Faro – ver Almancil.

VALE FORMOSO Faro – ver Almancil

VALENÇA DO MINHO Viana do Castelo 🟦940🟦 F 4 – 2 810 h alt. 72.
Ver : Vila Fortificada★ (≼★).
Arred. : Monte do Faro★★ (❊★★) Este : 7 km e 10 mn. a pé.
🄱 Av. de Espanha ⬛ 4930-677 🖉 251 82 33 29 rtam.@mail.telepac.pt Fax 251 82 33 74.
Lisboa 440 – Braga 88 – Porto 122 – Viana do Castelo 52.

⌂⌂ **Valença do Minho,** Av. Miguel Dantas, ⬛ 4930-678, 🖉 251 82 41 44, Fax 251 82 43 21, 🏊, ☖ – 🛗 ▤ 📺 🚗 🅿 – 🔖 25/150. AE Ⓞ ⓂⒸ VISA. ✍
Refeição 6,25 – **33 qto** ☕ 32,50/50 – 3 suites.

⌂ **Val-Flores** sem rest, São Sebastião, ⬛ 4930-768, 🖉 251 82 41 06, Fax 251 82 41 29 – 🛗 📺. AE Ⓞ ⓂⒸ VISA. ✍
31 qto ☕ 29/40.

dentro das muralhas :

Pousada do São Teotónio ⌂, Baluarte do Socorro, ✉ 4930-735, ☎ 251 80 02 60, *guest@pousadas.pt*, Fax 251 82 43 97, ≼ vale do Minho, Tuy e montanhas de Espanha, 🍴 – 🗏 TV ♿ AE ① MC VISA. ⌂
Refeição lista 19,19 a 33,42 – **18 qto** ⊇ 106,74/114,72.

Bom Jesus, Largo do Bom Jesus, ✉ 4930-685, ☎ 251 82 20 88, Fax 251 82 35 04, 🍴 – 🗏. AE ① MC VISA. ⌂
fechado 15 janeiro-15 fevereiro – **Refeição** lista 19,64 a 27,18.

Fortaleza, Rua Apolinário da Fonseca 5, ✉ 4930-706, ☎ 251 82 31 46, Fax 251 82 54 62, 🍴 – 🗏. AE ① MC VISA. ⌂
fechado 15 janeiro-15 fevereiro e 3ª feira – **Refeição** lista 29,75 a 35.

na Monte do Faro *Este : 7 km :*

Monte do Faro ⌂ com qto, ✉ 4934-909 apartado 120 Valença do Minho, ☎ 251 82 58 07, 🍴, « Num parque » – 🗏 rest, 🅿 AE MC VISA. ⌂
fechado 15 dias em outubro – **Refeição** lista 16,88 a 26 – **6 qto** ⊇ 49,88.

em Monte-São Pedro da Torre *Sudoeste : 7 km :*

Padre Cruz ⌂ sem rest, Estrada N 13, ✉ 4930-509 São Pedro da Torre, ☎ 251 83 92 39, Fax 251 83 96 47, ☓ – TV 🅿 ⌂
31 qto ⊇ 25/35.

VIANA DO CASTELO 🅿 940 G 3 – *13 157 h – Praia.*

Ver : *O Bairro Antigo★* B : *Praça da República★* B – *Hospital da Misericórdia★* B - *Museu Municipal★ (azulejos★★, faianças portuguesas★)* A M.

Arred. : *Monte de Santa Luzia★★, Basílica de Santa Luzia* ❋★★ *Norte : 6 km.*

🛈 Rua do Hospital Velho ✉ 4900-540 ☎ 258 82 26 20 *rtam@mail.telepc.pt* Fax 258 82 78 73.

Lisboa 388 ② – *Braga 53* ② – *Ourense/Orense 154* ③ – *Porto 74* ② – *Vigo 83* ③

VIANA DO CASTELO

Estalagem Casa Melo Alvim 🐦, Av. Conde da Carreira 28, ✉ 4900-343, ☎ 258 80 82 00, *meloalvimhouse@nortenet.pt, Fax 258 80 82 20,* « Conjunção de diferentes estilos numa elegante casa senhorial » – 🛗 ▤ TV 🕭 P – 🏖 25/80. AE ① MC VISA. 🐾
A v
Refeição lista 26,94 a 29,93 – **17 qto** ⊐ 128,32/157,12 – 3 suites.

Do Parque sem rest, Praça da Galiza, ✉ 4900-476, ☎ 258 82 86 05, *Fax 258 82 86 12,* ≤, 🌊 – 🛗 ▤ TV P – 🏖 25/180. AE ① MC VISA JCB. 🐾
B h
124 qto ⊐ 83,50/100.

Viana Sol sem rest, Largo Vasco da Gama, ✉ 4900-322, ☎ 258 82 89 95, *hotelvian asol@mail.telepac.pt, Fax 258 82 34 01,* 🕭, 🌊 – 🛗 TV – 🏖 25/145. AE ① MC VISA JCB. 🐾
B f
65 qto ⊐ 39,90/54,87.

Rali sem rest, Av. Afonso III-180, ✉ 4900-477, ☎ 258 82 97 70, *hotelrali@clix.pt, Fax 258 82 00 60,* 🌊 – 🛗 ▤ TV P – 🏖 25/50. AE ① MC VISA JCB. 🐾
B d
38 qto ⊐ 52/67.

Laranjeira sem rest, Rua General Luís do Rego 45, ✉ 4900-344, ☎ 258 82 22 61, *Fax 258 82 19 02* – TV 🚗. AE ① MC VISA. 🐾
B a
27 qto ⊐ 40/50.

Casa d'Armas, Largo 5 de Outubro 30, ✉ 4900-515, ☎ 258 82 49 99, *casadarmas@hotmail.com, Fax 258 82 49 99* – ▤. ① MC VISA. 🐾
B t
fechado novembro e 4ª feira – **Refeição** lista 26 a 35,50.

Cozinha das Malheiras, Rua Gago Coutinho 19, ✉ 4900-510, ☎ 258 82 36 80 – ▤. AE ① MC VISA. 🐾
B e
fechado 3ª feira – **Refeição** lista 15,25 a 30,25.

Maria de Perre, Rua de Viana 118, ✉ 4900-549, ☎ 258 82 24 10, « Ambiente acolhedor » – AE MC VISA. 🐾
B c
fechado do 11 ao 25 de setembro, domingo noite e 2ª feira – **Refeição** lista 11,22 a 17,96.

Verde Viana, Praça 1º de Maio, ✉ 4900-534, ☎ 258 82 99 32, *Fax 258 80 06 49* – ▤. AE ① MC VISA. 🐾
B b
fechado 5ª feira noite salvo no verão – **Refeição** lista aprox. 17,46.

Os 3 Potes, Beco dos Fornos 7, ✉ 4900-523, ☎ 258 82 99 28, *Fax 258 82 52 50,* « Decoração rústica regional » – AE ① MC VISA JCB
B s
fechado 2ª feira salvo maio-setembro – **Refeição** lista aprox. 19,50.

em Santa Luzia *Norte : 6 km :*

Pousada do Monte de Santa Luzia 🐦, ✉ 4901-909 apartado 30 Viana do Castelo, ☎ 258 82 88 89, *guest@pousadas.pt, Fax 258 82 88 92,* 🌳, « Bela situação com ≤ mar, vale e estuário do Lima », 🕭, 🌊, 🎾, ✖ – 🛗 ▤ TV 🕭 P – 🏖 25/100. AE ① MC VISA. 🐾
Refeição lista aprox. 31,17 – **47 qto** ⊐ 136,17/144,15 – 1 suite.

em Santa Marta de Portuzelo *por ① : 6,5 km :*

Camelo, Estrada N 202, ✉ 4900-252 Portuzelo, ☎ 258 83 90 90, *Fax 258 83 90 99,* 🌳 – ▤ P. AE MC VISA. 🐾
fechado 15 dias em julho e 2ª feira – **Refeição** lista 12,72 a 19,45.

VIDAGO *Vila Real* 940 **H 7** – *alt. 350 – Termas.*

🛈 *Largo Miguel Carvalho* ✉ *5425-322* ☎ *276 90 74 70.*

Lisboa 447 – Braga 108 – Bragança 109 – Porto 140 – Vila Real 38.

Vidago Palace 🐦, ✉ 5425, ☎ 276 99 09 00, *Fax 276 90 73 59,* « Majestuoso edifício do princípio do século XX num frondoso parque », 🌊, 🎾, ✖, ⛳ – 🛗 ▤ TV P – 🏖 25/200. AE ① MC VISA. 🐾
Refeição 21 – **73 qto** ⊐ 104/118 – 9 suites.

VIEIRA DO MINHO *Braga* 940 **H 5** – *2 229 h alt. 390.*

Lisboa 402 – Braga 34 – Porto 84.

em Caniçada *Noroeste : 7 km :*

Pousada de São Bento 🐦, Estrada N 304, ✉ 4850-047 Caniçada, ☎ 253 64 71 90, *guest@pousadas.pt, Fax 253 64 78 67,* ≤ Serra do Gerês e rio Cávado, 🌊, 🎾, ✖ – ▤ TV P. AE ① MC VISA. 🐾
Refeição lista 24,94 a 32,42 – **29 qto** ⊐ 117,22/125,20.

VILA BALEIRA *Madeira – ver Madeira (Arquipélago da) : Porto Santo.*

VILA DO CONDE Porto 940 H 3 – 22259 h – Praia.

Ver : *Convento de Santa Clara★ (túmulos★).*

🛈 Rua 25 de Abril 103 ✉ 4480-722 ☎ 252 24 84 73 turismo@cm-viladoconde.pt Fax 252 24 84 22.

Lisboa 342 – Braga 40 – Porto 28 – Viana do Castelo 42.

Estalagem do Brazão sem rest, Av. Dr. João Canavarro, ✉ 4480-668, ☎ 252 64 20 16, estalagembrazao@mail.telepac.pt, Fax 252 64 20 28 – ▣ ▤ 📺 🅿 – 🔼 25/150. 🆎 ⓞ 🅜🅒 🆅🅸🅂🅰. ✷
26 qto ⌷ 55,87/77,81 – 4 suites.

Le Villageois, Praça da República 94, ✉ 4480-715, ☎ 252 63 11 19, Fax 252 63 11 19, 🏠 – 🆎 ⓞ 🅜🅒 🆅🅸🅂🅰 🅹🅲🅱. ✷
fechado do 15 ao 30 de setembro e 2ª feira salvo julho-setembro – **Refeição** lista aprox. 25.

VILA FRANCA DE XIRA Lisboa 940 P 3 – 19823 h.

🛈 Av. Almirante Cândido dos Reis 147 ✉ 2600-123 ☎ 263 27 60 53 cmvfx.@cm-vila-franca-xira.pt Fax 263 27 07 88.

Lisboa 32 – Évora 111 – Santarém 49.

Flora, Rua Noel Perdigão 12, ✉ 2600-218, ☎ 263 27 12 72, Fax 263 27 65 38 – ▤ rest, 📺. 🆎 ⓞ 🅜🅒 🆅🅸🅂🅰. ✷
Refeição *(fechado 15 agosto-15 setembro e domingo)* lista 21 a 31 – **21 qto** ⌷ 44,89/52,37.

O Redondel, Estrada de Lisboa (Praça de Touros), ✉ 2600, ☎ 263 229 73, « Debaixo das bancadas da Praça de Touros » – ▤ 🅿 🆎 ⓞ 🅜🅒 🆅🅸🅂🅰. ✷
fechado 15 julho-15 agosto e 2ª feira – **Refeição** lista 24,74 a 30,95.

O Forno, Rua Dr. Miguel Bombarda 143, ✉ 2600-195, ☎ 263 28 21 06 – ▤. 🆎 ⓞ 🅜🅒 🆅🅸🅂🅰. ✷
fechado 3ª feira – **Refeição** lista 17,95 a 23,50.

na estrada N 1 *Norte : 2 km :*

Lezíria Parque, ✉ 2600-203, ☎ 263 27 66 70, reservas@leziriaparquehotel.pt, Fax 263 27 69 90 – ▣ ▤ 📺 ⅏ 🅿 – 🔼 25/500. 🆎 ⓞ 🅜🅒 🆅🅸🅂🅰. ✷
Refeição 14,96 - **Aquárius** : **Refeição** lista 17,71 a 29,93 – **67 qto** ⌷ 70,83/83,80, 4 suites.

pela estrada do Miradouro de Monte Gordo :

Quinta do Alto ✷ sem rest, Norte : 3,5 km, ✉ 2600, ☎ 263 27 68 50, Fax 263 27 60 27, ≼, « Casa de campo senhorial rodeada duma quinta », ▨, ☄, ✕ – 📺 🅿 🅜🅒 🆅🅸🅂🅰
10 qto ⌷ 89,78/102,25.

Quinta de Santo André ✷ sem rest, Norte : 2,5 km, ✉ 2600, ☎ 263 27 21 43, Fax 263 27 27 76, ≼, « Instalado numa quinta. Bela decoração interior », ☄, ☄ – 🅿 ✷
4 qto ⌷ 40/75 – 1 suite, 1 apartamento.

VILA FRESCA DE AZEITÃO Setúbal 940 Q 2 y 3.

Lisboa 34 – Sesimbra 14 – Setúbal 12.

Club d'Azeitão sem rest, Estrada N 10, ✉ 2925-483 Azeitão, ☎ 21 218 22 67, Fax 21 219 16 29, « Antiga casa senhorial », ☄, ✕ – ▤ 📺 🅿
30 qto.

VILA NOVA DE CERVEIRA Viana do Castelo 940 G 3 – 1034 h.

🛈 Praça do Municipio ✉ 4926-284 ☎ 251 70 80 23 Fax 251 70 80 24.

Lisboa 425 – Viana do Castelo 37 – Vigo 46.

Pousada D. Diniz ✷, Largo do Terreiro, ✉ 4920-296, ☎ 251 70 81 20, guest@pousadas.pt, Fax 251 70 81 29, « Instalações dentro dum conjunto amuralhado » – ▤ 📺 – 🔼 25/70. 🆎 ⓞ 🅜🅒 🆅🅸🅂🅰. ✷
Refeição lista 22,69 a 30,92 – **26 qto** ⌷ 106,25/116,72 – 3 suites.

em Gondarém *pela estrada N 13 - Sudoeste : 4 km :*

Estalagem da Boega ✷, Quinta do Outeiral, ✉ 4920-061 Gondarem, ☎ 251 70 05 00, Fax 251 70 05 09, « Antiga casa senhorial rodeada duma quinta », ☄, ☄, ✕ – 📺 🅿 – 🔼 25/50. 🆎 ⓞ 🆅🅸🅂🅰. ✷
Refeição *(fechado domingo noite)* - só buffet - 15,96 – **26 qto** ⌷ 94,77/99,76 – 2 suites.

VILA NOVA DE FAMALICÃO Braga 940 H 4 – 7 147 h alt. 88.

🛈 Rua Adriano Pinto Basto 112 ✉ 4760-114 ℰ 252 31 25 64 cm.vnfamalicao@mail.te
lepac.pt Fax 252 32 37 51.

Lisboa 350 – Braga 18 – Porto 33.

Francesa sem rest, Av. Marechal Humberto Delgado 227, ✉ 4760-012,
ℰ 252 31 12 41, Fax 252 31 12 71 – 📶 🗏 TV, AE MC VISA. ✑
38 qto ⊇ 30,40/59,86.

Iris, Rua Adriano Pinto Basto, ✉ 4760-114, ℰ 252 31 15 86, Fax 252 31 66 48 – 🗏. AE
① MC VISA. ✑
fechado 3 semanas em agosto, domingo noite e 2ª feira – **Refeição** lista 22,96 a 28,96.

Tanoeiro, Praça Dª Maria II-720, ✉ 4760-111, ℰ 252 32 21 62, restaurante-tanoeir
o@clix .t., Fax 252 31 71 01 – 🗏. AE MC VISA. ✑
Refeição lista aprox. 24,94.

na estrada N 206 Nordeste : 1,5 km :

Moutados, Av. do Brasil 1223, ✉ 4764-983, ℰ 252 31 23 77, hotelmoutados@mail
.telepac.pt, Fax 252 31 18 81 – 📶 🗏 TV ♿ P. – 🔼 25/100. AE ① MC
VISA. ✑
Refeição - ver também rest. **Moutados de Baixo** - 16,20 – **57 qto** ⊇ 44,14/57,11 –
PA 32,42.

Moutados de Baixo - Hotel Moutados, Av. do Brasil, ✉ 4764-983, ℰ 252 32 22 76,
hotelmoutados@mail.telepac.pt, Fax 252 31 18 81 – 🗏 P. AE ① MC
VISA. ✑
fechado 2ª feira – **Refeição** lista 17,95 a 26,42.

na autoestrada A 7 Sudeste : 8,5 km :

Pransor Ceide sem rest com self-service, Área de serviço de Ceide, direcção Guimarães,
✉ 4760, ℰ 252 32 78 00, Fax 252 32 78 06 – 📶 🗏 TV ♿ P. AE MC
VISA. ✑
⊇ 4,50 – **20 qto** 45/60.

Pransor Ceide sem rest com self-service, Área de Serviço de Ceide, direcção Famalicão,
✉ 4760, ℰ 252 32 78 02, Fax 252 32 78 06 – 📶 🗏 TV ♿ P. AE MC
VISA. ✑
⊇ 4,50 – **20 qto** 45/60.

VILA NOVA DE GAIA Porto 940 I 4 – 63 177 h.

🛈 Av. Diogo Leite 242 ✉ 4400-111 ℰ 22 370 37 35 Fax 22 375 19 02.

Lisboa 316 – Porto 3.

ver planta de Porto

Holiday Inn Porto, Av. da República 2038, ✉ 4430-195 apartado 368,
ℰ 22 379 60 51, holiday.inn.prt@mail.telepac.pt, Fax 22 379 24 35, ≤, 🏋 – 📶 🗏 TV ♿
🚗 – 🔼 25/200. AE ① MC VISA. ✑   BV g
Refeição 13 – ⊇ 6 – **90 qto** 94,77 – 2 suites.

Quinta S. Salvador ✑, Rua Silva Tapada 200, ✉ 4430-239, ℰ 22 370 25 75,
Fax 22 370 36 21, ≤, « Antiga casa senhorial » – 🗏 TV P. – 🔼 25/100. AE ① MC
VISA. ✑   FZ a
Refeição 13,47 – **7 qto** ⊇ 77,31/84,79.

Cervantes sem rest, Av. da República 1559, ✉ 4430-205, ℰ 22 374 59 10, cervant
es1559@netzero.pt, Fax 22 374 59 11 – 📶 🗏 TV. AE ① MC VISA
JCB. ✑   BCV x
53 qto ⊇ 50,37/61,35.

Davilina sem rest, Av. da República 1571, ✉ 4430-205, ℰ 22 375 75 96, davilina@n
etc.pt, Fax 22 375 75 71 – 📶 TV. AE ① MC VISA. ✑   BCV x
28 qto ⊇ 28,68/33,67.

Boucinha, Av. Vasco de Gama, ✉ 4430-341, ℰ 22 782 77 64, info@boucinha.com,
Fax 22 782 78 15, « Instalado numa antiga quinta. Século XVIII », ☘ – 🗏 P. AE ① MC
VISA JCB. ✑   CV f
fechado domingo noite e 2ª feira – **Refeição** lista 18,46 a 23,95.

junto a Autoestrada A 1 :

Novotel Porto Gaia, Lugar das Châs-Afurada, ✉ 4400-499, ℰ 22 772 42 42,
h1050@accor-hotels.com, Fax 22 772 25 90, ≤, 🌳, 🏊, ☘ – 📶 🗏 TV ♿ P. – 🔼 25/200.
AE ① MC VISA JCB. ✑ rest   BV r
Refeição lista 17,70 a 26 – ⊇ 6,50 – **93 qto** 65/75.

🏠 **Ibis Porto Gaia,** Lugar das Chãs-Afurada, ✉ 4400-499, ℘ 22 772 07 72, h1274@a
ccor-hotels.com, Fax 22 772 07 88 – 🛗 📧 📺 ⅓ 🅿 – 🛎 25/80. 🆎 ⓪ ⓜⓒ
𝖵𝖨𝖲𝖠. 🛇
BV r
Refeição lista aprox. 16,46 – ⌣ 4 – **108 qto** 48,38.

na Praia de Lavadores *Oeste : 7 km :*

🏛 **Casa Branca Praia** 🦢, Rua da Bélgica 86, ✉ 4400-044 Vila Nova de Gaia,
℘ 22 772 74 00, casa.branca@mail.telepac.pt, Fax 22 781 36 91, ≤, « Ambiente acol-
hedor em elegantes instalações », ⅃ₒ, 🔲, 🍽 – 🛗 📧 📺 🚗 🅿 – 🛎 25/150. 🆎 ⓪
ⓜⓒ 𝖵𝖨𝖲𝖠 𝖩𝖢𝖡
AV s
Refeição - ver rest. **Casa Branca** – **54 qto** ⌣ 109,74/124,70 – 4 suites.

🍴 **Casa Branca** - *Hotel Casa Branca Praia,* Av. Beira Mar 413, ✉ 4400-382 Vila Nova de
Gaia, ℘ 22 772 74 00, casa.branca@mail.telepac.pt, Fax 22 781 36 91, ≤, « Colecção de
estatuetas de terracota » – 📧 🅿. 🆎 ⓪ ⓜⓒ 𝖵𝖨𝖲𝖠 𝖩𝖢𝖡
AV s
fechado 2ª feira – **Refeição** lista 20,45 a 29,93.

VILA NOVA DE MILFONTES Beja 𝟵𝟰𝟬 S 3 – *3 294 h – Praia.*

🛈 *Rua António Mantas* ✉ *7645-221* ℘ *283 99 65 99.*

Lisboa 185 – Beja 109 – Faro 169 – Lagos 93 – Setúbal 109 – Sines 41.

🏠 **Casa dos Arcos** sem rest, Rua do Cais, ✉ 7645-235, ℘ 283 99 62 64,
Fax 283 99 71 56 – 📧 📺 ⅓ 🅿. 🛇
18 qto ⌣ 52,50.

VILA PRAIA DE ÂNCORA Viana do Castelo 𝟵𝟰𝟬 G 3 – *3 801 h – Termas - Praia.*

🛈 *Av. Dr. Ramos Pereira* ✉ *4910-432* ℘ *258 91 13 84 Fax 258 91 13 38.*

Lisboa 403 – Viana do Castelo 15 – Vigo 68.

🏛 **Meira,** Rua 5 de Outubro 56, ✉ 4910-456, ℘ 258 91 11 11, hotel.meira@mail.telepa
c.pt, *Fax 258 91 14 89,* ⅃ – 🛗 📧 📺 ⅓ 🚗 – 🛎 25/150. 🆎 ⓪ ⓜⓒ
𝖵𝖨𝖲𝖠. 🛇
fechado dezembro – **Refeição** *(fechado 4ª feira noite salvo maio-outubro)* 15 – **52 qto**
⌣ 75/90 – 3 suites – PA 25.

🏠 **Albergaria Quim Barreiros** sem rest, Av. Dr. Ramos Pereira 115, ✉ 4910-432,
℘ 258 95 91 00, Fax 258 95 91 09, ≤ – 🛗 📧 📺. 🆎 ⓪ ⓜⓒ 𝖵𝖨𝖲𝖠. 🛇
fechado novembro – **28 qto** ⌣ 65/70.

VILA REAL ℗ 𝟵𝟰𝟬 I 6 – *13 649 h alt. 425.*

Ver : *Igreja de São Pedro (tecto★).*

Arred. : *Solar de Mateus★★ (fachada★★) Este : 3,5 Km* Z *– Estrada de Vila Real a Amarante*
≤★ *– Estrada de Vila Real a Mondim de Basto (descida escarpada★).*

🛈 *Av. Carvalho Araujo 94* ✉ *5000-657* ℘ *259 32 28 19 turismarao@mail.telepac.pt Fax*
259 32 17 12 – **A.C.P.** *Av. 1º de Maio 199* ✉ *5000-651* ℘ *259 37 56 50*
Fax 259 37 56 50.

Lisboa 400 ② *– Braga 103* ② *– Guarda 156* ② *– Ourense/Orense 159* ① *– Porto 119*
② *– Viseu 108* ②

Planta página seguinte

🏛 **Mira Corgo,** Av. 1º de Maio 76, ✉ 5000-651, ℘ 259 32 50 01, miracorgo@mail.tele
pac.pt, Fax 259 32 50 06, ≤, 🔲 – 🛗 📧 📺 🚗 🅿 – 🛎 25/200. 🆎 ⓪ ⓜⓒ
𝖵𝖨𝖲𝖠. 🛇
Z a
Refeição 13,50 – **144 qto** ⌣ 43,50/63,40 – 22 suites.

🏠 **Cabanelas** sem rest, Rua D. Pedro de Castro, ✉ 5000-669, ℘ 259 32 31 53,
Fax 259 32 30 28 – 🛗 📧 📺 🚗. 🆎 ⓪ ⓜⓒ 𝖵𝖨𝖲𝖠 𝖩𝖢𝖡
Y b
26 qto ⌣ 33/55.

🏠 **Real** sem rest, Rua Serpa Pinto 25, ✉ 5000-653, ℘ 259 32 58 79, hotelrcal@sapo.pt,
Fax 259 32 46 13 – 📺. 🛇
Y c
13 qto ⌣ 22,45/32,42.

🍴 **Espadeiro,** Av. Almeida Lucena, ✉ 5000-660, ℘ 259 32 23 02, Fax 259 37 24 22, 🏕
– 📧. 🆎 ⓪ ⓜⓒ 𝖵𝖨𝖲𝖠
Y d
fechado 2ª feira salvo junho-15 setembro – **Refeição** lista aprox. 30,17.

junto a estrada IP 4 *por* ② *: 12,5 km :*

🏠 **Quality Inn Casa da Campeã** 🦢, Vale de Campeã, ✉ 5000-071 Campeã,
℘ 259 97 96 40, Fax 259 97 97 60, 🏕, ⅃ – 📧 rest, 📺 ⅓ 🅿. 🆎 ⓪ ⓜⓒ 𝖵𝖨𝖲𝖠.
🛇 rest
Refeição 14,47 – **34 qto** ⌣ 42,39/59,86 – 2 suites.

VILA REAL

Alexandre Herculano (R.) . . Y 2
Almeida Lucena (Av.) . . . . . Y 3
António de Azevedo (R.) . . . Y 4
Aureliano Barriga (Av.) . . . . Y 5
Avelino Patena (R.) . . . . Y 6
Bessa Monteiro (R.) . . . . Y 7
Boavista (R.) . . . . Y 8
Calvario (Rampa do) . . . . . . Y 9
Camilo Castelo Branco (R.) . . Z 10
Cândido dos Reis (R.) . . . . . Y 12
Central (R.) . . . . Y
D. Margarida Chaves (R.) . . Y 14
D. Pedro de Meneses (R.) . . Y 15
Direita (R.) . . . . Y
Gonçalo Cristóvão (R.) . . . . . Y 18
Irmã Virtudes (R.) . . . . Z 20
Isabel Carvalho (R.) . . . . Y 21
S. Domingos (Tr.) . . . . Z 24
Santo António (R. de) . . . . . Y 25
Sarg Belizário Augusto (R.) . . . . Y 26
Serpa Pinto (R.) . . . . Y 28
Teixeira de Sousa (R.) . . . . . Z 30
31 de Janeiro (R.) . . . . Y 31

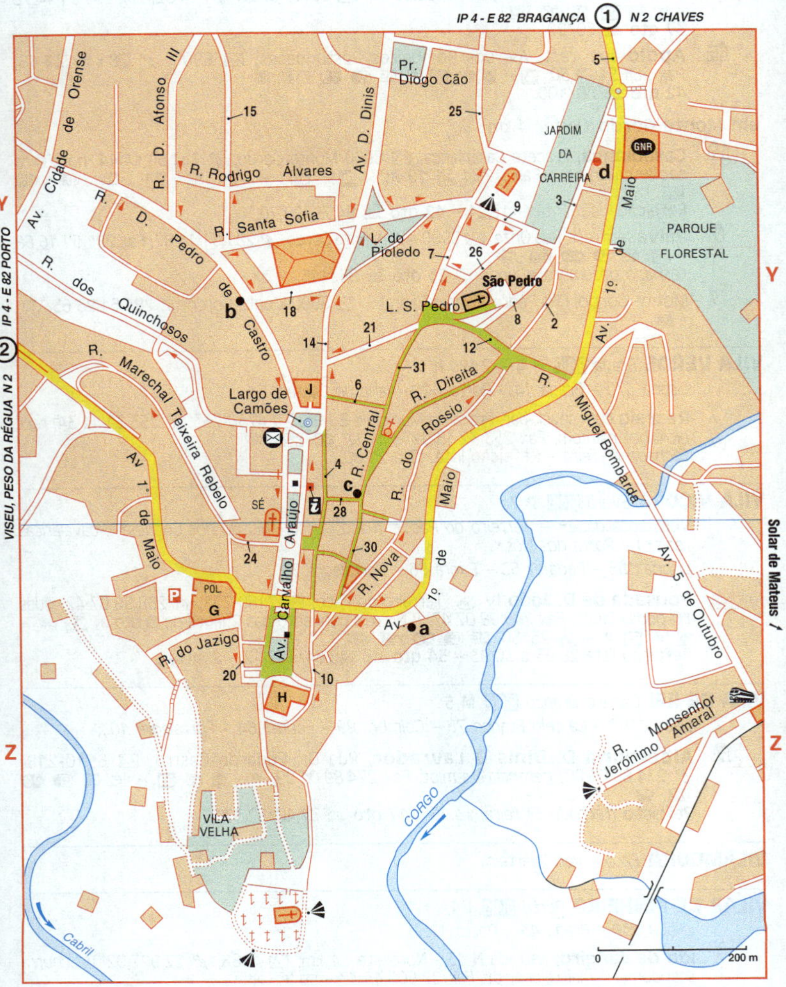

Los hoteles y restaurantes agradables
se indican en la guía con un símbolo rojo.
Ayúdenos señalándonos los establecimientos
que, a su juicio, lo merecen.
La guía del próximo año será aún mejor.

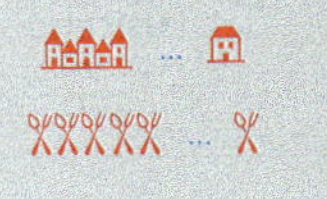

VILA REAL DE SANTO ANTÓNIO Faro 940 U 7 – 10 950 h – Praia.

⛴ para Ayamonte (Espanha), Av. da República 115 ℰ 281 54 31 52.

🛈 Centro Cultural António Aleixo ✉ 8900 ℰ 281 51 00 00 turismo@rt-dao-lafoes.come
Marginal (em Monte Gordo) ✉ 8900 Monte Gordo ℰ 281 54 44 95.
Lisboa 314 – Faro 53 – Huelva 50.

Guadiana sem rest, Av. da República 94, ✉ 8900, ℰ 281 51 14 82, Fax 281 51 14 78
– 📶 🗏 TV. AE MC VISA
37 qto ☕ 60/90.

Apolo sem rest, Av. dos Bombeiros Portugueses, ✉ 8900, ℰ 281 51 24 48,
Fax 281 51 24 50, 🏊 – 📶 🗏 TV. P. AE ① MC VISA. 🛪
42 qto ☕ 80/100.

em Monte Gordo Oeste : 4 km :

Casablanca, Praçeta Casablanca, ✉ 8900 Monte Gordo, ℰ 281 51 14 44, hotel@ca
sablancainn.pt, Fax 281 51 19 99, 🏊, 🏊 – 📶 🗏 TV. AE ① MC
VISA. 🛪
Refeição - só jantar - 13,21 – **42 qto** ☕ 84,79/99,70.

Paiva sem rest, Rua Onze, ✉ 8900-474 Monte Gordo, ℰ 281 51 11 87, Fax 281 51 16 68
– TV. AE ① MC VISA. 🛪
fechado dezembro e janeiro – **26 qto** ☕ 85/115.

✗ Monte Gordo, Rua Pedro Álvares Cabral 5, ✉ 8900 Monte-Gordo, ℰ 281 51 23 63, 🍴
– 🗏.

VILA VERDE Braga 940 H 4 – 2 690 h.
Lisboa 370 – Braga 14 – Porto 64 – Viana do Castelo 64.

✗ **Recreio** com snack-bar, Praça do Município 86-96, ✉ 4730-733, ℰ 253 31 11 34, recr
eio@hotmail.com, Fax 253 32 13 97 – 🗏. AE MC VISA. 🛪
fechado 4ª feira – Refeição lista 13 a 21,80.

VILA VIÇOSA Évora 940 P 7.
Ver : Localidade★ – Terreiro do Paço★ (Paço Ducal★, Museu dos Coches★ : cavalariças
reais★) – Porta dos Nós★.
Lisboa 185 – Badajoz 53 – Évora 56 – Portalegre 76.

Pousada de D. João IV 🦤, Terreiro do Paço, ✉ 7160-251, ℰ 268 98 07 42, gues
t@pousadas.pt, Fax 268 98 07 47, « No real convento das Chagas de Cristo », 🏊, 🚚 –
📶 🗏 TV. P. – 🏌 25/50. AE ① MC VISA. 🛪
Refeição lista 28,93 a 30,93 – **34 qto** ☕ 148,64/159,12 – 2 suites.

VILA DE REI Castelo Branco 940 M 5.
Lisboa 169 – Castelo Branco 78 – Coimbra 99 – Fátima 64 – Portalegre 103.

Albergaria D. Dinis O Lavrador, Rua Dr. Eduardo Castro, ✉ 6110-218,
ℰ 274 89 01 00, gerencia@s-m.pt, Fax 274 89 01 09, ◁ – 📶 🗏 TV. 🚹 P. AE ① MC
VISA. 🛪
Refeição (fechado 3ª feira) 13,96 – **17 qto** ☕ 37,40/52,37.

VILAMOURA Faro – ver Quarteira.

VILAR DE PINHEIRO Porto 940 I 4.
Lisboa 330 – Braga 43 – Porto 17.

✗ **Rio de Janeiro,** Estrada N 13 - Noroeste : 1 km, ✉ 4485, ℰ 22 927 02 04, churra
scaodomar@mail.telepac.pt, Fax 22 600 43 37 – 🗏 P. 🛪
fechado 2ª feira – **Refeição** - rest. brasileiro - lista 16,36 a 29,18.

VILAR FORMOSO Guarda 940 K 9.
Lisboa 382 – Ciudad Rodrigo 29 – Guarda 43.

Lusitano sem rest, Av. da Fronteira, ✉ 6355-286, ℰ 271 51 35 03, hotellusitano@c
lix.pt, Fax 271 51 33 38 – 📶 🗏 TV. 🚗 P. – 🏌 25/100. AE ① MC VISA
30 qto ☕ 52,37/58,36 – 4 suites.

 Lisboa **940** *O 2 – 1 146 h alt. 25 – Termas.*

Vimeiro Praia do Porto Novo ⊠ *2560 Torres Vedras ℰ 261 98 41 57 Fax 261 98 46 21.*
Lisboa 71 – Peniche 28 – Torres Vedras 12.

Rainha Santa *sem rest, Rua da Quinta 5 - Quinta da Piedade (Estrada de A. dos-Cunhados),* ⊠ *2560 Torres Vedras, ℰ 261 98 42 34, Fax 261 98 42 76 –* TV P. AE ⓞ
MC VISA. ⋙
fechado do 15 ao 31 de outubro – **19 qto** ⌑ 25/35.

na Praia do Porto Novo *Oeste : 4 km :*

Golf Mar ⤸, ⊠ *2560-100 Maceira TVD, ℰ 261 98 41 57, hotelgolmar@ip.pt*
Fax 261 98 46 21, ≤, ≋, ⊠, ✕, ⑨ – ⧄ ▭ P. – ⧉ 25/400. AE ⓞ MC VISA. ⋙
Refeição *19,94 –* **269 qto** ⌑ *69,83/91,78 – 9 suites.*

VISEU P **940** *K 6 – 23 672 h alt. 483.*

Ver : Vila Velha★ : Adro da Sé★ Museu Grão Vasco★★ **M***(Trono da Graça★, primitivos★★)*
– Sé★ (liernes★, retábulo★) – Igreja de São Bento (azulejos★).

Av. Gulbenkian ⊠ *3510-055 ℰ 232 42 09 50 turismo@nt-dao-lafoes.com Fax*
232 42 09 57 – **A.C.P.** *Rua da Paz 36* ⊠ *3500-168 ℰ 232 42 24 70 Fax 232 42 24 37.*
Lisboa 292 ④ *– Aveiro 96* ① *– Coimbra 92* ④ *– Guarda 85* ② *– Vila Real 108* ①

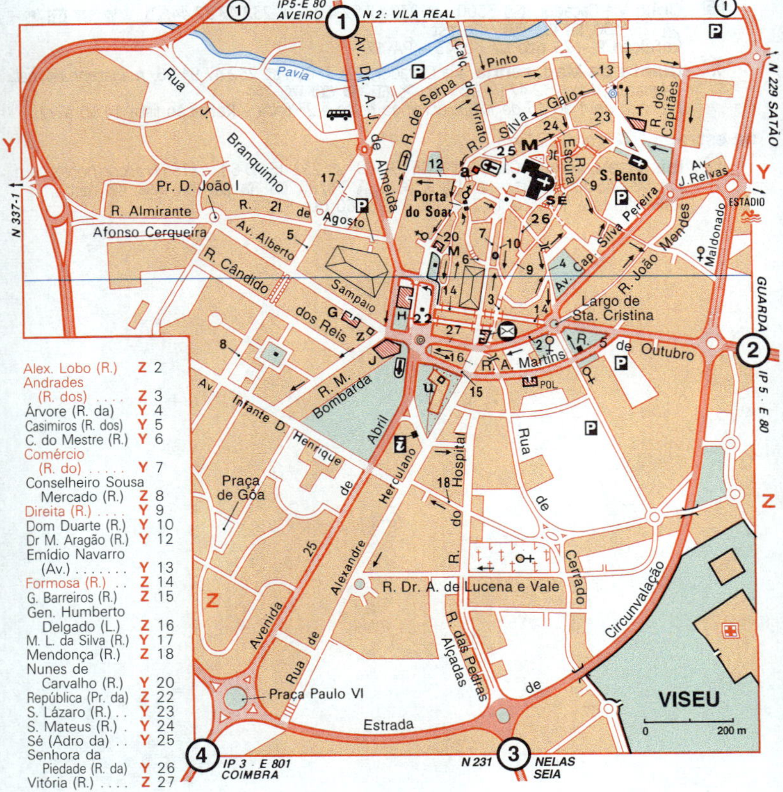

Montebelo ⤸, *Urb. Quinta do Bosque,* ⊠ *3510-020, ℰ 232 420 00 00, hotelmontebelo@grupovisabeira.pt, Fax 232 41 54 00,* ≤, ↻, ⊠, ✕ – ⧄ ▭ TV & P. – ⧉ 25/250.
AE ⓞ MC VISA. ⋙   *por Av. Infante D. Henrique* Z
Refeição *16,21 –* **92 qto** ⌑ *79,81/89,78 – 8 suites – PA 27,43.*

Meliá Confort Grão Vasco, Rua Gaspar Barreiros, ⊠ 3510-032, ✆ 232 42 35 11, *meliagraovasco@mail.telepac.pt, Fax 232 42 64 44,* « Relvado com ☆ » – ⇄ ▤ TV
P – 25/180. AE ① MC VISA. rest Z u
Refeição lista 20 a 26 – **106 qto** ⊐ 70/80 – 4 suites.

Avenida sem rest, Av. Alberto Sampaio 1, ⊠ 3510-030, ✆ 232 42 34 32, *Fax 232 43 56 43* – ⇄ TV. AE ① MC VISA Z z
30 qto ⊐ 34,92/48,89.

Muralha da Sé, Adro da Sé 24, ⊠ 3500-069, ✆ 232 43 77 77, *muralha.se@netc.pt* – ▤. AE MC VISA. Y a
fechado do 1 ao 16 outubro, domingo noite e 2ª feira – **Refeição** lista 15,24 a 20,70.

em Cabanões *por ③ : 3 km :*

Príncipe Perfeito , Bairro da Misericórdia, ⊠ 3500-885 Viseu, ✆ 232 46 92 00, *hotelprincipeperfeito@ip.pt, Fax 232 46 92 10,* ≼ – ⇄ ▤ TV & P – 25/300. AE ①
MC VISA.
O Grifo : **Refeição** lista 12,50 a 17,46 – **38 qto** ⊐ 65/75 – 5 suites.

Magalhães, Urb. da Misericórdia Lote A-5, ⊠ 3500-885 Viseu, ✆ 232 46 91 75, *Fax 232 46 91 75* – ▤. AE ① MC VISA JCB.
fechado 3ª feira – **Refeição** lista 12,25 a 17,23.

na estrada N 16 *por ② : 4 km :*

Onix, Via Caçador, ⊠ 3500, ✆ 232 47 92 43, *Fax 232 47 87 44,* ☆ – ⇄ ▤ TV P –
25/300. AE MC VISA. rest
Refeição 9 – **75 qto** ⊐ 30/43 – PA 17.

Quinta da Magarenha, Via Caçador, ⊠ 3500, ✆ 232 47 91 06, *magarenha@mail. telepac.pt, Fax 232 47 94 22* – ▤ P. AE ① MC VISA.
fechado do 1 ao 15 de julho, domingo noite e 2ª feira – **Refeição** lista 14,50 a 22.

na estrada N 2 *por ① : 4 km :*

Ibis Viseu, Vernum-Campo, ⊠ 3510-469, ✆ 232 45 70 60, *h2166@accor-hotels.com, Fax 232 45 70 70,* – ▤ TV & P – 25/80. AE ① MC VISA JCB. rest
Refeição lista 10,46 a 14,71 – ⊐ 3,99 – **60 qto** 37,91.

a/para/en/in nach/to → desde/da/d'/ dal.a/von/from ↓	AND	A	B	CH	CZ	D	DK	E	FIN	F	GB	GR
AND Andorra		0043	0032	0041	00420	0049	0045	0034	00358	0033	0044	0030
A Austria	00376		0032	0041	00420	0049	0045	0034	00358	0033	0044	0030
B Belgium	00376	0043		0041	00420	0049	0045	0034	00358	0033	0044	0030
CH Swizerland	00376	0043	0032		00420	0049	0045	0034	00358	0033	0044	0030
CZ Czech Republic.	00376	0043	0032	0041		0049	0045	0034	00358	0033	0044	0030
D Germany	00376	0043	0032	0041	00420		0045	0034	00358	0033	0044	0030
DK Denmark	00376	0043	0032	0041	00420	0049		0034	00358	0033	0044	0030
E Spain	00376	0043	0032	0041	00420	0049	0045		00358	0033	0044	0030
FIN Finland	00376	0043	0032	0041	00420	0049	0045	0034		0033	0044	0030
F France	00376	0043	0032	0041	00420	0049	0045	0034	00358		0044	0030
GB United Kingdom	00376	0043	0032	0041	00420	0049	0045	0034	00358	0033		0030
GR Greece	00376	0043	0032	0041	00420	0049	0045	0034	00358	0033	0044	
H Hungary	00376	0043	0032	0041	00420	0049	0045	0034	00358	0033	0044	0030
I Italy	00376	0043	0032	0041	00420	0049	0045	0034	00358	0033	0044	0030
IRL Ireland	00376	0043	0032	0041	00420	0049	0045	0034	00358	0033	0044	0030
J Japan	001376	00143	00132	00141	001420	00149	00145	00134	001358	00133	00144	00130
L Luxembourg	00376	0043	0032	0041	00420	0049	0045	0034	00358	0033	0044	0030
N Norway	00376	0043	0032	0041	00420	0049	0045	0034	00358	0033	0044	0030
NL Netherlands	00376	0043	0032	0041	00420	0049	0045	0034	00358	0033	0044	0030
PL Poland	00376	0043	0032	0041	00420	0049	0045	0034	00358	0033	0044	0030
P Portugal	00376	0043	0032	0041	00420	0049	0045	0034	00358	0033	0044	0030
RUS Russia		81043	81032	81041	810420	81049	81045	*	810358	81033	81044	*
S Sweden	009376	00943	00932	00941	009420	00949	00945	00934	009358	00933	00944	00930
USA	011376	01143	01132	01141	011420	01149	01145	01134	01358	01133	01144	01130

** No es posible la conexión automática*
** Não é possível a ligação automática*
** Pas de sélection automatique*

Importante: para las llamadas internacionales, no se debe marcar el cero (0) inicial del prefijo interurbano (excepto para llamar a Italia).

Importante: para as chamadas internacionais, o (0) inicial do indicativo interurbano não se deve marcar (excepto nas ligações para Italia).

Important : pour les communications internationales, le zéro (0) initial de l'indicatif interurbain n'est pas à composer (excepté pour les appels vers l'Italie).

(H)	(I)	(IRL)	(J)	(L)	(N)	(NL)	(PL)	(P)	(RUS)	(S)	(USA)	
0036	0039	00353	0081	00352	0047	0031	0048	00351	007	0046	001	**Andorra AND**
0036	0039	00353	0081	00352	0047	0031	0048	00351	007	0046	001	**Austria A**
0036	0039	00353	0081	00352	0047	0031	0048	00351	007	0046	001	**Belgium B**
0036	0039	00353	0081	00352	0047	0031	0048	00351	007	0046	001	**Swizerland CH**
0036	0039	00353	0081	00352	0047	0031	0048	00351	007	0046	001	**Czech CZ Republic.**
0036	0039	00353	0081	00352	0047	0031	0048	00351	007	0046	001	**Germany D**
0036	0039	00353	0081	00352	0047	0031	0048	00351	007	0046	001	**Denmark DK**
0036	0039	00353	0081	00352	0047	0031	0048	00351	007	0046	001	**Spain E**
0036	0039	00353	0081	00352	0047	0031	0048	00351	007	0046	001	**Finland FIN**
0036	0039	00353	0081	00352	0047	0031	0048	00351	007	0046	001	**France F**
0036	0039	00353	0081	00352	0047	0031	0048	00351	007	0046	001	**United GB Kingdom**
0036	0039	00353	0081	00352	0047	0031	0048	00351	007	0046	001	**Greece GR**
	0039	00353	0081	00352	0047	0031	0048	00351	007	0046	001	**Hungary H**
0036		00353	0081	00352	0047	0031	0048	00351	*	0046	001	**Italy I**
0036	0039		0081	00352	0047	0031	0048	00351	007	0046	001	**Ireland IRL**
00136	00139	001353		001352	00147	00131	00148	001351	*	00146	0011	**Japan J**
0036	0039	00353	0081		0047	0031	0048	00351	007	0046	001	**Luxembourg L**
0036	0039	00353	0081	00352		0031	0048	00351	007	0046	001	**Norway N**
0036	0039	00353	0081	00352	0047		0048	00351	007	0046	001	**Netherlands NL**
0036	0039	00353	0081	00352	0047	0031		00351	007	0046	001	**Poland PL**
0036	0039	00353	0081	00352	0047	0031	0048		007	0046	001	**Portugal P**
81036	*	*	*	*	*	81031	81048	*		*	*	**Russia RUS**
00936	00939	009353	00981	009352	00947	00931	00948	009351	0097		0091	**Sweden S**
01136	01139	011353	01181	011352	01147	01131	01148	011351	*	01146		**USA**

** Selezione automatica impossibile*
** Automatische Vorwahl nicht möglich*

** Direct dialling not possible*

Importante: per le comunicazioni internazionali, non bisogna comporre lo zero (0) iniziale dell'indicativo interurbano (escluse le chiamate per l'Italia).

Wichtig: bei Auslandsgesprächen darf die Null (0) der Ortsnetzkennzahl nicht gewählt werden (ausser bei Gesprächen nach Italien).

Note: when making an international call, do not dial the first "0" of the city codes (except for calls to Italy).

Distancias **Algunas precisiones**

En el texto de cada localidad encontrará la distancia a las ciudades de los alrededores y a la capital del estado.

Las distancias entre capitales de este cuadro completan las indicadas en el texto de cada localidad.

El kilometraje está calculado a partir del centro de la ciudad por la carretera más cómoda, o sea la que ofrece las mejores condiciones de circulación, pero que no es necesariamente la más corta.

Distâncias **Algumas precisões**

No texto de cada localidade encontrará a distância até às cidades dos arredores e à capital do país.

As distâncias deste quadro completam assim as que são dadas no texto de cada localidade.

A quilometragem é contada a partir do centro da localidade e pela estrada mais prática, ou seja, aquela que oferece as melhores condições de condução, mas que não é necessàriamente a mais curta.

Distances **Quelques précisions**

Au texte de chaque localité vous trouverez la distance des villes environnantes et de sa capitale d'état.

Les distances intervilles de ce tableau complètent ainsi celles données au texte de chaque localité.

*Les distances sont comptées à partir du centre-ville et par la route la plus pratique, c'est-à-dire
celle qui offre les meilleures conditions de roulage, mais qui n'est pas nécessairement la plus courte.*

Distanze **Qualche chiarimento**

Nel testo di ciascuna località troverete la distanza dalle città limitrofe e dalla capitale.

Le distanze fra le città di questa tabella completano quelle indicate nel testo di ciascuna località.

Le distanze sono calcolate a partire dal centro delle città e seguendo la strada più pratica, ossia quella che offre le migliori condizioni di viaggio ma che non é necessariamente la più breve.

Entfernungen **Einige Erklärungen**

In jedem Ortstext finden Sie die Entfernungsangaben nach weiteren Städten in der Umgebung und nach der Landeshauptstadt.

Die Kilometerangaben dieser Tabelle ergänzen somit die Angaben des Ortstextes.

Die Entfernungen gelten ab Stadtmitte unter Berücksichtigung der günstigsten (nicht immer kürzesten) Strecke.

Distances **Commentary**

The text on each town includes its distance from its immediate neighbours and from the capital.

The distances in the table completes that given under individual town headings in calculating total distances.

Distances are calculated from centres and along the best roads from a motoring point of view – not necessarily the shortest.

Distancias entre las ciudades principales
Distancias entre as cidades principais
Distances entre principales villes
Distanze tra le principali città
Entfernungen zwischen den größeren Städten
Distances between major towns

Madrid - Vigo: **592 km**

	Albacete	Alacant/Alicante	Almería	Andorra la Vella	Badajoz	Barcelona	Bilbao	Burgos	Cáceres	Cádiz	Coimbra	Córdoba	A Coruña/La Coruña	Faro	Granada	León	Lleida/Lérida	Lisboa	Logroño	Madrid	Málaga	Murcia	Oviedo	Iruña/Pamplona	Porto	Salamanca	Donostia-San Sebastián	Santander	Segovia	Sevilla	Toledo	València	Valladolid	Vigo	Vitoria-Gasteiz
Alacant/Alicante	169																																		
Almería	349	291																																	
Andorra la Vella	622	615	891																																
Badajoz	536	711	634	1026																															
Barcelona	517	511	785	188	1027																														
Bilbao	643	812	947	554	707	612																													
Burgos	485	654	789	609	547	610	163																												
Cáceres	555	723	683	923	96	924	613	453																											
Cádiz	590	643	456	1247	342	1115	1029	871	392																										
Coimbra	761	930	891	1143	257	1144	697	537	304	599																									
Córdoba	353	517	331	1010	281	877	792	634	331	245	538																								
A Coruña/La Coruña	853	1022	1150	1079	694	1079	563	487	679	1088	413	994																							
Faro	689	807	620	1346	321	1214	1128	970	416	321	465	342	867																						
Granada	355	351	164	950	471	846	818	660	520	293	728	170	1021	457																					
León	592	761	889	764	512	765	332	174	418	807	508	733	314	831	761																				
Lleida/Lérida	497	490	765	159	870	169	455	453	767	1091	975	852	921	1190	825	608																			
Lisboa	885	1054	813	1254	225	1255	902	742	319	522	202	501	604	298	651	699	1098																		
Logroño	551	623	881	474	666	475	139	117	572	963	656	725	604	1062	753	291	318	861																	
Madrid	251	419	552	617	407	618	396	238	304	635	507	396	599	734	424	336	461	635	333																
Málaga	464	474	201	1073	428	969	928	770	477	250	685	164	1131	414	125	869	948	608	862	533															
Murcia	147	85	219	684	657	580	794	636	706	570	912	449	1004	734	279	742	559	928	702	402	402														
Oviedo	705	873	1001	833	624	890	283	294	530	919	614	845	292	943	873	121	733	805	418	450	983	856													
Iruña/Pamplona	561	629	905	480	758	481	161	214	664	1030	750	791	697	1128	819	384	324	956	94	399	928	698	439												
Porto	827	995	1086	1144	400	1145	697	538	447	795	119	676	298	574	923	393	976	310	656	570	880	978	498	749											
Salamanca	463	632	760	842	310	843	398	238	216	605	301	478	463	629	632	201	674	505	356	209	742	614	313	449	359										
Donostia-San Sebastián	714	708	1018	455	778	560	101	234	684	1101	770	862	659	1199	890	403	403	975	147	467	999	777	379	83	769	469									
Santander	638	806	941	653	675	710	103	152	581	1024	665	785	467	994	813	264	553	870	237	391	923	789	187	259	632	365	199								
Segovia	351	520	648	654	398	655	358	199	304	730	464	492	534	829	519	272	498	620	316	96	629	502	384	366	506	166	429	352							
Sevilla	491	603	416	1148	219	1016	930	772	268	125	476	144	913	198	253	682	992	399	864	535	211	531	794	930	619	482	1001	924	631						
Toledo	248	416	506	687	374	688	469	311	271	589	518	350	668	688	378	406	531	602	403	71	488	398	518	469	640	240	540	463	166	490					
València	186	155	430	460	761	356	605	588	658	762	864	523	957	861	490	694	336	989	468	354	613	224	806	474	930	567	554	703	454	662	372				
Valladolid	448	617	745	727	428	728	280	120	334	723	418	589	445	747	617	138	571	622	239	194	726	599	258	332	417	118	351	247	111	600	263	551			
Vigo	847	1015	1143	1121	536	1122	675	515	584	931	256	813	162	710	1015	361	954	447	634	592	1017	998	399	726	141	415	746	574	527	756	661	950	438		
Vitoria-Gasteiz	598	766	901	563	662	564	69	117	567	984	652	746	600	1083	773	287	407	857	92	351	883	749	348	96	652	352	116	168	312	885	424	558	235	629	
Zaragoza	410	477	752	307	723	308	308	306	620	944	842	705	774	1043	733	461	151	951	171	314	843	546	586	177	844	541	256	406	351	845	383	323	423	821	260

CARRETERAS PRINCIPALES	ESTRADAS PRINCIPAIS	PRINCIPALES ROUTES
Nº de carretera .... *N IV.C 535*	Nº da estrada .... *N IV.C 535*	Nº de route .... *N IV.C 535*
Distancia en kilómetros 12	Distancia em quilómetros 12	Distance en kilomètres 12
Establecimientos administrados por el Estado : Parador (España), Pousada (Portugal)	Estabelecimentos dirigidos pelo Estado : Parador (Espanha), Pousada (Portugal)	Etablissements gérés par l'État : Parador (Espagne), Pousada (Portugal)
Periodo probable de nieve (ej : Nov. a Abril)	Periodo provável de neve (ex : Nov. a Abril)	Période approximative d'enneigement (ex : Nov. à Avril)

0   50   100 km

A CORUÑA / LA CORUÑA — Ferrol — Gándara — Viveiro — Ribadeo
Betanzos — Carballo — Villalba
Corcubión — SANTIAGO DE COMPOSTELA — Lugo — Becerreá
Noia — Cambados — Sanxenxo — Pontevedra
VIGO — Baiona — Tui — Ourense / Orense — O Barco — A Gudiña — Verín
Vila Nova de Cerveira — Valença do Minho
Viana do Castelo — Sta Luzia — Bouro — Caniçada — Bragança
Ofir — Braga — Vidago — Pedras Salgadas
Póvoa de Varzim — Guimarães — Macedo de Cavaleiros
Vila do Conde — Amarante — Vila Real — Alijó
Matosinhos — PORTO — Mesão Frio — Lamego
Espinho — Torreira
Aveiro — Albergaria-a-Velha — Viseu — Mangualde — Almeida — Vilar Formoso
Caramulo — Guarda — Fuentes de Oñoro
Figueira da Foz — Póvoa das Quartas — Manteigas — Belmonte — Covilhã
COIMBRA — Condeixa-a-Nova — Monsanto
Leiria — Ourém — Castelo Branco

Rio Miño — Río Miño — RIO DOURO — Rio Mondego — Zêzere

PRINCIPALI STRADE

N° di strada .... *N IV.C 535*

Distanza chilometrica 12

Esercizi gestiti dallo Stato :
Parador (Spagna), Pousada (Portogallo)

Periodo approssimativo d'innevamento-(esempio : Novembre-Aprile)

HAUPTVERKEHRSSTRASSEN

Straßennummer .... *N IV.C 535*

Entfernung in Kilometern 12

Staatlich geleitete Hotels :
Parador (Spanien), Pousada (Portugal)

Voraussichtliche Wintersperre (z.B. : Nov.-April)

MAIN ROADS

Road number .... *N IV.C 535*

Distance in kilometres 12

State operated hotels :
Parador (Spain), Pousada (Portugal)

Period when roads are likely to be blocked by snow (11-6 : Nov.-April)

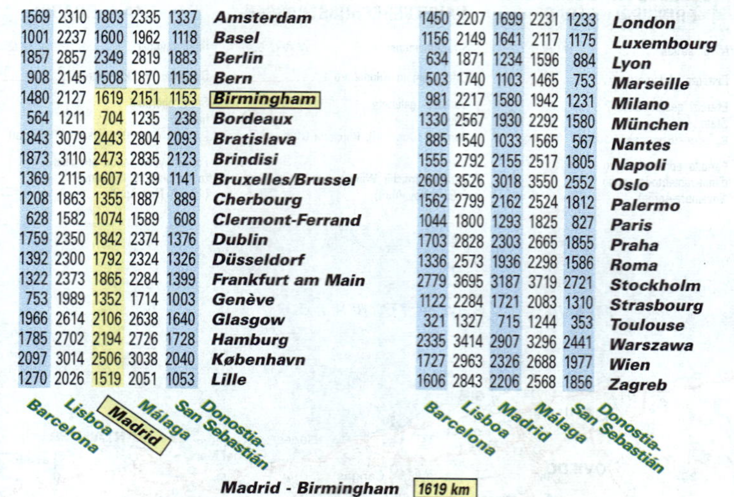

	Barcelona	Lisboa	Madrid	Málaga	Donostia/San Sebastián
Amsterdam	1569	2310	1803	2335	1337
Basel	1001	2237	1600	1962	1118
Berlin	1857	2857	2349	2819	1883
Bern	908	2145	1508	1870	1158
Birmingham	1480	2127	1619	2151	1153
Bordeaux	564	1211	704	1235	238
Bratislava	1843	3079	2443	2804	2093
Brindisi	1873	3110	2473	2835	2123
Bruxelles/Brussel	1369	2115	1607	2139	1141
Cherbourg	1208	1863	1355	1887	889
Clermont-Ferrand	628	1582	1074	1589	608
Dublin	1759	2350	1842	2374	1376
Düsseldorf	1392	2300	1792	2324	1326
Frankfurt am Main	1322	2373	1865	2284	1399
Genève	753	1989	1352	1714	1003
Glasgow	1966	2614	2106	2638	1640
Hamburg	1785	2702	2194	2726	1728
København	2097	3014	2506	3038	2040
Lille	1270	2026	1519	2051	1053
London	1450	2207	1699	2231	1233
Luxembourg	1156	2149	1641	2117	1175
Lyon	634	1871	1234	1596	884
Marseille	503	1740	1103	1465	753
Milano	981	2217	1580	1942	1231
München	1330	2567	1930	2292	1580
Nantes	885	1540	1033	1565	567
Napoli	1555	2792	2155	2517	1805
Oslo	2609	3526	3018	3550	2552
Palermo	1562	2799	2162	2524	1812
Paris	1044	1800	1293	1825	827
Praha	1703	2828	2303	2665	1855
Roma	1336	2573	1936	2298	1586
Stockholm	2779	3695	3187	3719	2721
Strasbourg	1122	2284	1721	2083	1310
Toulouse	321	1327	715	1244	353
Warszawa	2335	3414	2907	3296	2441
Wien	1727	2963	2326	2688	1977
Zagreb	1606	2843	2206	2568	1856

Madrid - Birmingham   1619 km

Oslo
Stockholm
København
Glasgow
Warszawa
Dublin
Birmingham
Hamburg
Amsterdam
Berlin
London
Bruxelles
Brussel
Düsseldorf
Praha
Lille
Frankfurt
Bratislava
Luxembourg
Cherbourg-Octeville
München
Wien
Paris
Strasbourg
Nantes
Basel
Zagreb
Bern
Clermont-Ferrand
Milano
Lyon
Genève
Bordeaux
DONOSTIA/
SAN SEBASTIÁN
Toulouse
Marseille
Roma
BARCELONA
Napoli
Brindisi
MADRID
LISBOA
Palermo
MÁLAGA

Vielha
62
66
N 20
E 9
A 9
E 15
Arties
N 116
Perpignan
100
99
CG 2
30
17
N 114
39
N 145
46
Andorra la Vella
68
100
D 115
29
Cerbère
La Seu d'Urgell
N 260
Llívia
95
le Perthus
49
N 230
64
A 7
E 15
N 152
N 260
Figueres/
Figueras
N 260
87
C 149
C 151
75
Roses
119
N 260
Río Llobregat
32
Olot
34
Río Ter
C 1411
C 25
Girona/
Gerona
C 255
Río Segre
Cardona
16
Aigua Blava
82
C 1410
36
Palafrugell
C 1313
81
Vic
21
60
43
Palamós
73
Manresa
56
S. Feliu de Guixols
48
68
A 7-E 15
47
Tàrrega
C 240
45
67
N 152
65
A 19
Lloret de Mar
N II
34
Terrassa/
Tarrasa
Blanes
87
31
Igualada
20
39
Sabadell
Mataró
53
40
24
40 E 90
A 2
A 7-E 15
36
Badalona
N 240
Sitges
BARCELONA
60
Reus
41
26
9
A 16
Vilanova i la Geltrú
60
3
71
Tarragona
MAR MEDITERRÁNEO
Islas Baleares

OCEANO
ATLÁNTICO
PORTUGAL
ESP
Monsanto
Castelo Branco
Alcántara
Marvão
Portalegre
Flor da Rosa
Sousel
Estremoz
Elvas
Mérida
Badajoz
Arraiolos
Vila Viçosa
Évora
Montemor-o-Novo
Alcácer do Sal
Torrão
Alvito
Grândola
Jerez de los Caballeros
Zafra
Santiago do Cacém
Ferreira do Alentejo
Beja
Sines
Serpa
Aracena
Odemira
Sta Clara-a-Velha
Mértola
Monchique
Portimão
S. Brás de Alportel
Ayamonte
Huelva
Sagres
Lagos
Albufeira
Faro
Olhão
Vila Real de Santo António
Punta Umbría
Mazagón
Sanlúcar de Barrameda
Jerez de la Frontera
Rota
El Puerto de Santa Maria
CÁDIZ
San Fernando
Islas Canarias
Larache
Leiria
Batalha
Ourém
Nazaré
Fátima
Tomar
Castelo de Bode
Acobaçal
Caldas de Rainha
Abrantes
Peniche
Óbidos
Santarém
Torres Vedras
Ericeira
Queluz
Sintra
LISBOA
Estoril
Palmela
SETÚBAL
RIO TEJO
RIO GUADIANA
Rib.ª de Ardilla
Rio Sado
Rio Mira

Río
Plasencia
Jarandilla de la Vera
N 630-E 803
56
64
M 501
71
C 501
40
41
77
NV- E 90
N 401
26
25
Arganda
100
54
55
CM 200
N III-E 901
Cáceres
84
EX 208
N V-E 90
133
Oropesa
42
N 403
Aranjuez
Chinchón
N IV E 5
69
Talavera de la Reina
41
N 400
Tarancón
N 521
31
99
TOLEDO
43
59
90
C 302
78
71
N 630 E 803
50 Trujillo
Guadalupe
135
N 502
CM 401
CM 400
74
68
N 301
54
69
27
EX 102
114
119
Madridejos
CM 400
37
N 420
4
86
Zorita
17
29
75
31
37
Puerto Lápice
21
Alcázar de San Juan
N 430 74
22
N 430
157
N 401
66
38
N 310
92
Río Guadiana
N 430
55
N 430
Ciudad Real
Manzanares
142
EX 322
Almagro
30
A
Ñ
A
Puertollano
61
CM 412
Valdepeñas
CM 412
EX 103
95
144
Río Jabalón
3387
72
A 430
93
A 420
114
N 420
N I-V E 5
6
N 432
35
Llerena
Peñarroya
N 432
82
33
121
126
A 432
119
Andújar
29
Bailén
Linares
91
A 301
119
N 322
34
41
CÓRDOBA
43
N IV E 5
N 323
37
Úbeda
Río Guadalquivir
72
GUADALQUIVIR
52
68
N 432
Martos
46
57
A 316
A 301
Sierra de Cazorla
SEVILLA
E 5 N IV
Écija
70
Baena
15
A 316
80
Jaén
115
A 315
A 330
119
Carmona
53
N 331
A 316
E 902
A 92
38
46
C 3310
A 340
33
Lucena
92
Baza
31
59
A 92
38
45
67
N 432
43
A 334
14
A 364
33
56
A 333
A 92
Guadix
Utrera
18
Estepa
44
Loja
66
GRANADA
55
53
Morón de la Frontera
A 92
27
A 92
46
N 324
40
92
A 382
21
24
A 338
59
85
A 382
68
C 339
A 359
Alhama de Granada
53
104
11-7
Sierra Nevada
332
Arcos de la Frontera
A 366
97
Antequera
N 331
35
A 356
59
E 902 N 323
E 15 N 340
33
Ronda
67
MÁLAGA
33
Vélez-Málaga
60
Motril
123
A 369
A 376
95
47
N 340-E 15
Nerja
Torremolinos
105
Marbella
Melilla
E 5
Estepona
N 340 E 15
San Roque
13
La Línea de la Concepción
Algeciras
3
Tarifa
Gibraltar
TANGER
68
Ceuta
Alborán
S 704
P 28
42
P 38
53
M A R
P 37
M E D I T E R R Á N E O
Málaga Almería
A R O C
60
Melilla
P 28
Chefchaouen
Tétouan

CM 210
141
100
148
CM 200
N 320
Júcar
56
159
N 232
Teruel
Benicarló
115
E S P A Ñ A
A 7-E 15
N 320
Cuenca
84
A 232
150
Benicàssim/
Benicasim
Tarancón
Río
61
N 420
N 420
151
117
N 330
A 7-E 15
Castelló de la Plana/
Castellón de la Plana
78
71
Río Cabriel
128
N 330
N 234
47
Burriana
54
A 7
72
138
Riu Túria
29
Sagunt/Sagunto
N 420
51
Motilla del Palancar
N
420
Alarcón
77
23
40
53
56
A 3-E 901
Requena
51
16
VALÈNCIA
N 301
99
72
N III-E 901
15
El Saler
A 31
N 320
N 322
19
N 310
71
104
RIU XÚQUER
N 430
36
92
La Roda
43
Cullera
82
N 330
A 7-E 15
Gandia
Albacete
72
33
22
46
CM 412
N 322
86
3203
N 430
20
Almansa
N 430
CV 60
82
16
Xàbia/Jávea
Alcaraz
84
N 301
61
CM 412
25
14
40
29
12-1
66
74
Yecla
13
CV 81
Alcoi/
Alcoy
A 7
121
N 344
50
29
N 330
340
85
CM 412
Hellín
38
11
Elda
62
N
164
36
C 3213
58
23
Benidorm
Río Segura
28
23
15
Elx/Elche
69
N 301
52
Orihuela
19
ALACANT/ALICANTE
Caravaca
C 3314
46
E 15
12
45
38
Tabarca
131
8
R. Segura
109
C 330
60
MURCIA
92
Sierra
de Cazorla
C 3211
68
A 332
Totana
N 301
55
A 92 N
112
Río Guadalentín
N 332
La Manga del Mar Menor
Baza
Puerto Lumbreras
Lorca
73
A 32
A 334
78
E 15
N 340
50
33
Cartagena
62
Águilas
N 324
25
A 332
C 3326
A 370
53
Mojácar
E 15
24
N 344
130
E 15
N 340
72
ALMERÍA
Melilla

Barlovento
68
LA PALMA
Puntagorda
39
Santa Cruz de la Palma
Los Llanos de
Aridane
52
TENERIFE
La Laguna
33
Puerto de la Cruz
56
Santa Cruz
de Tenerife
Icod de los Vinos
La Orotava
54
60
Vallehermoso
28
Las Cañadas del Teide
Guía de Isora
38
38
San Sebastián
de la Gomera
28
los Cristianos
17
Granadilla de
Abona
EL HIERRO
LA GOMERA
Frontera
42
Valverde
Islas Baleares

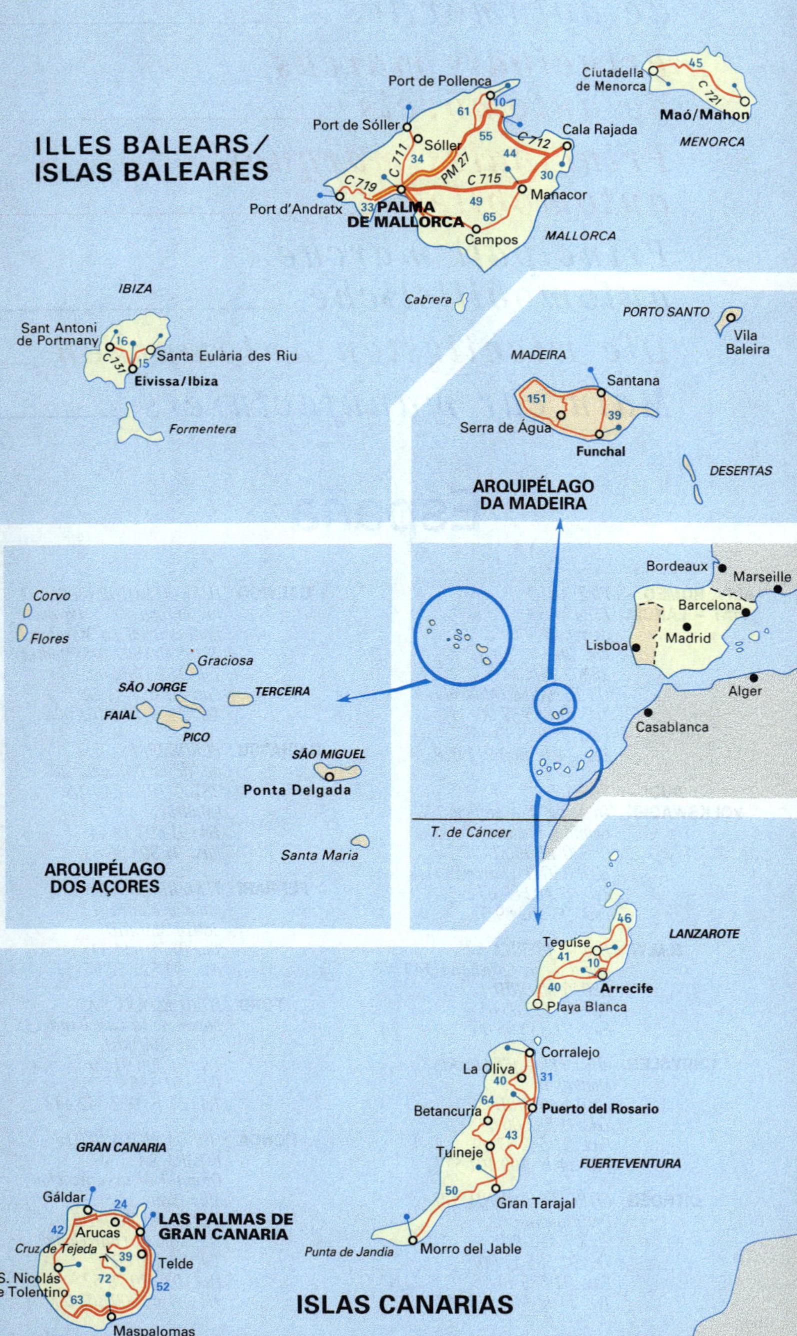

ILLES BALEARS / ISLAS BALEARES
Port de Pollença
Port de Sóller
Port de Sólller
Sóller
Port d'Andratx
PALMA DE MALLORCA
Campos
Manacor
MALLORCA
C 711
C 719
PM 27
C 715
C 712
61
10
55
44
30
34
33
49
65
IBIZA
Sant Antoni de Portmany
Santa Eulària des Riu
Eivissa/Ibiza
C 731
16
15
Formentera
Cabrera
Ciutadella de Menorca
Maó/Mahon
MENORCA
45
C 721
PORTO SANTO
Vila Baleira
MADEIRA
Santana
Serra de Água
Funchal
151
39
DESERTAS
ARQUIPÉLAGO DA MADEIRA
Corvo
Flores
Graciosa
SÃO JORGE
TERCEIRA
FAIAL
PICO
SÃO MIGUEL
Ponta Delgada
Santa Maria
ARQUIPÉLAGO DOS AÇORES
Bordeaux
Marseille
Barcelona
Madrid
Lisboa
Alger
Casablanca
T. de Cáncer
Teguíse
Arrecife
Playa Blanca
LANZAROTE
46
41
10
40
Corralejo
La Oliva
Puerto del Rosario
Betancuria
Tuineje
Gran Tarajal
FUERTEVENTURA
Morro del Jable
Punta de Jandía
40
31
64
43
50
GRAN CANARIA
Gáldar
Arucas
LAS PALMAS DE GRAN CANARIA
Cruz de Tejeda
Telde
S. Nicolás de Tolentino
Maspalomas
24
42
39
72
52
63
ISLAS CANARIAS

España

ALFA ROMEO – **FIAT – LANCIA**	*FIAT AUTO* *ESPAÑA S.A.* *carret. M 300* *km. 28,5* *28802 ALCALÁ* *DE HENARES (Madrid)* *Tel. 91 885 37 00* *Fax. 91 885 39 45* *Tel. 24 h. 900 211 018*	**DAEWOO**	*DAEWOO MOTOR IBERIA S.A.* *av. Europa 22 – Parque* *Empressarial La Moraleja* *28108 ALCOBENDAS (Madrid)* *Tel. 91 657 83 00* *Fax. 91 657 83 22* *Tel. 24 h. 900 101 006*
AUDI – **VOLKSWAGEN**	*VAESA* *La Selva 2 – edificio* *Geminis Business Park* *08820 EL PRAT DE* *LLOBREGAT (Barcelona)* *Tel. 93 402 89 67* *Fax. 93 402 89 57*	**DAIHATSU**	*EUROEMPRESA* *av. de la Industria 28* *28760 TRES CANTOS* *(Madrid)* *Tel. 91 803 42 44* *Fax. 91 803 86 83*
B.M.W.	*B.M.W. IBÉRICA S.A.* *paseo de la Castellana 149* *28046 MADRID* *Tel. 91 335 05 05* *Fax. 91 335 05 06*	**FERRARI**	*TESTARROSA CARS S.A.* *Antonio Maura 4* *28014 MADRID* *Tel. 91 701 11 11* *Fax. 91 521 52 05*
CHRYSLER	*CHRYSLER – JEEP IBERIA S.A.* *Montalbán 7* *28014 MADRID* *Tel. 91 532 06 09* *Fax. 91 532 87 09* *Tel. 24 h. 900 101 577*	**FORD**	*FORD ESPAÑA S.A.* *passeo de la Castellana 135* *28046 MADRID* *Tel. 91 336 91 00* *Fax. 91 336 94 75* *Tel. 24 h. 902 442 442*
CITROËN	*CITROËN HISPANIA S.A.* *Dr. Esquerdo 62* *28007 MADRID* *Tel. 91 585 11 00* *Fax. 91 585 14 46* *Tel. 24 h. 900 515 253*	**HONDA**	*HONDA AUTOMÓVILES* *ESPAÑA S.A.* *Osona 1 – urbanización* *Mas Blau* *08820 EL PRAT DE* *LLOBREGAT (Barcelona)* *Tel. 93 370 80 07* *Fax. 93 370 79 52* *Tel. 24 h. 900 308 080*

HYUNDAI	HYUNDAI ESPAÑA D.A., S.A. Antonio Maura 12 – bajo Izda. 28014 MADRID Tel. 91 522 49 14 Fax. 91 522 55 84 Tel. 24 h. 902 246 902	**PORSCHE – SAAB**	PORSCHE ESPAÑA S.A. av. de Burgos 87 28050 MADRID Tel. 91 203 54 10 Fax. 91 203 54 02 Tel. 24 h. 902 200 880

HYUNDAI HYUNDAI ESPAÑA D.A., S.A.
Antonio Maura 12 –
bajo Izda.
28014 MADRID
Tel. 91 522 49 14
Fax. 91 522 55 84
Tel. 24 h. 902 246 902

JAGUAR JAGUAR HISPANIA S.A.
av. Dos Castillas 33 –
Complejo Atica 7 –
edificio 2
28224 POZUELO DE
ALARCÓN (Madrid)
Tel. 91 799 44 70
Fax. 91 799 44 89

MAZDA MAZDA MOTOR ESPAÑA S.A.
Segre 20
28002 MADRID
Tel. 91 563 54 58
Fax. 91 564 70 55
Tel. 24 h. 901 116 124

MERCEDES BENZ MERCEDES BENZ ESPAÑA
av. de Bruselas 30
Pol. Ind. Arroyo de la
Vega
28100 ALCOBENDAS
(Madrid)
Tel. 91 484 60 00
Fax. 91 484 60 01
Tel. 24 h. 900 268 888

MITSUBISHI MMC AUTOMÓVILES
ESPAÑA, S.A.
travesía Costa Brava 6 – 5ª
28034 MADRID
Tel. 91 387 74 00
Fax. 91 387 74 58
Tel. 24 h. 902 201 030

NISSAN NISSAN MOTOR ESPAÑA
General Almirante 4-10
Torre Nissan
08014 BARCELONA
Tel. 93 290 74 86
Fax. 93 290 74 49
Tel. 24 h. 900 200 094

**OPEL –
GENERAL
MOTORS** OPEL ESPAÑA DE
AUTOMÓVILES, S.A.
paseo de la Castellana 91 – 2ª
28046 MADRID
Tel. 91 456 92 00
Fax. 91 456 93 15
Tel. 24 h. 900 142 142

PEUGEOT PEUGEOT ESPAÑA
Eduardo Barreiros 110
28041 MADRID
Tel. 91 347 20 00
Fax. 91 347 22 43
Tel. 24 h. 900 442 424

**PORSCHE –
SAAB** PORSCHE ESPAÑA S.A.
av. de Burgos 87
28050 MADRID
Tel. 91 203 54 10
Fax. 91 203 54 02
Tel. 24 h. 902 200 880

RENAULT RENAULT ESPAÑA
COMERCIAL S.A.
av. de Burgos 89
28050 MADRID
Tel. 91 374 22 00
Fax. 91 374 10 32
Tel. 24 h. 900 365 000

ROVER ROVER ESPAÑA S.A.
Mar Mediterráneo 2
Polígono Industrial
28830 SAN FERNANDO DE
HENARES (Madrid)
Tel. 91 678 90 00
Fax. 91 656 43 53
Tel. 24 h. 900 116 116

**SANTANA –
SUZUKI** SANTANA MOTOR S.A.
av. 1º de Mayo s/n
23700 LINARES (Jaén)
Tel. 953 69 30 50
Fax. 953 65 32 01

SEAT SEAT, S.A.
Sector A – Calle 2 – 1ª al 25
Zona Franca
08040 BARCELONA
Tel. 93 402 85 00
Fax. 93 4 02 88 44

SSANGYONG INTERNED S.A.
av. de la Industria 28
28760 TRES CANTOS
(Madrid)
Tel. 91 803 16 46
Fax. 91 803 02 52

SUBARU IMPANIP
av. de la Industria 28
28760 TRES CANTOS
(Madrid)
Tel. 91 803 52 21
Fax. 91 803 02 52

TOYOTA TOYOTA ESPAÑA S.L.
pl. Cánovas del Castillo 4 – 6ª
28014 MADRID
Tel. 91 389 11 00
Fax. 91 389 11 30
Tel. 24 h. 900 101 575

VOLVO VOLVO ESPAÑA S.A.
paseo de la Castellana 130
28046 MADRID
Tel. 91 566 61 00
Fax. 91 566 61 05

Portugal

ALFA ROMEO *MOCAR GRANDE CENRO
Estrada Nacional 117 –
km 2,4 Alfragide
2720-412 AMADORA
Tel. 21 416 63 00
Fax 21 417 02 75*

**AUDI –
VOLKSWAGEN –
SKODA** *SIVA
Quinta Mina
Casa S. Pedro Arneiro
2054-909 AZAMBUJA
Tel. 263 40 70 00
Fax 263 40 70 99*

B.M.W. *BAVIERA S.A.
Rua da Guiné
(Edifício Sábado Caetano)
2685-334 PRIOR VELHO
Tel. 21 940 76 50
Fax 21 940 76 65*

CITROËN *AUTOMÓVEIS CITROËN S.A.
Av. Praia da Vitória 9
1000-245 LISBOA
Tel. 21 356 89 00
Fax 21 354 01 67*

DAIHATSU *SOCIEDADE ELECTRO-
MECÂNICA DE
AUTOMÓVEIS, LDA.
Rua Nova de S. Mamede 7
1269-118 LISBOA
Tel. 21 387 81 31
Fax 21 387 65 15*

FERRARI *VIAUTO – AUTOMÓVEIS
E ACESSÓRIOS, LDA.
Rua Borges Carneiro 31 r/c
1200-617 LISBOA
Tel. 21 395 14 10*

**FIAT –
LÂNCIA** *FIAT AUTO PORTUGUESA S.A.
Av. Eng. Duarte Pacheco 15
1070-100 LISBOA
Tel. 21 389 64 00
Fax 21 388 41 88*

FORD *FORD LUSITANIA
Rua Rosa Araújo 2
1250-195 LISBOA
Tel. 21 353 91 41
Fax 21 353 69 96*

HONDA *HONDA AUTOMÓVEL DE
PORTUGAL, S.A.
Abrunheira
2714-506 SINTRA
Tel. 21 915 53 00
Fax 21 925 88 87*

**HYUNDAI-
NISSAN-
SUBARU** *ENTREPOSTO DE LISBOA
Praça José Queiroz 1
1800 LISBOA
Tel. 21 854 11 33
Fax 21 854 11 89*

JAGUAR *JAGUAR AUTOMÓVEIS LDA.
Rua Monte dos Burgos
1062/1070
4250-314 PORTO
Tel. 22 830 37 59
Fax 22 832 95 73*

LADA	*LADA-COMÉRCIO DE AUTOMÓVEIS, LDA.* *Rua do Progresso 145* *4455-533 PERAFITA* *Tel. 22 996 12 03* *Fax 22 995 99 50*
MAZDA	*MAZDA MOTOR DE PORTUGAL* *Rua Rosa Araujo 2-1°* *1250-195 LISBOA* *Tel. 21 351 27 70* *Fax 21 351 27 71*
MERCEDES-BENZ	*MERCEDES BENZ PORTUGAL-COMÉRCIO DE AUTOMÓVEIS, S.A.* *Abrunheira* *2726-901 MEM-MARTINS* *Tel. 21 925 70 00* *Fax 21 915 70 10*
MITSUBISHI	*MITSUBISHI MOTORS DE PORTUGAL, S.A.* *Estrada N 1,* *km 26-Povos* *2600-997 VILA FRANCA DE XIRA* *Tel. 263 200 61 00* *Fax 263 200 62 32*
OPEL	*OPEL PORTUGAL-COMÉRCIO E INDÚSTRIAS DE VEÍCULOS, S.A.* *Quinta da Fonte* *Edifício Fernão de Magalhães-2°* *2780 PORTO SALVO* *Tel. 21 440 75 00* *Fax 21 440 75 62*
PEUGEOT	*PEUGEOT PORTUGAL AUTOMÓVEIS, S.A.* *Rua Quinta do Paizinho 5* *2795-650 CARNAXIDE* *Tel. 21 416 66 11* *Fax 21 417 62 57*
PORSCHE	*ENTREPOSTO LISBOA* *Rua D. Estefânia 118 A* *1000-158 LISBOA* *Tel. 21 352 32 71* *Fax 21 354 43 04*
RENAULT	*RENAULT PORTUGUESA* *Av. Marechal Gomes da Costa 21-D* *1800-255 LISBOA* *Tel. 21 836 10 00* *Fax 21 836 11 91*
ROVER	*ROVER PORTUGAL-VEÍCULOS E PEÇAS, LDA.* *Rua Vasco da Gama 11* *2685 SACAVÉM* *Tel. 21 942 52 98* *Fax 21 940 60 97*
SAAB-SUZUKI	*CIMPOMÓVEL-VEÍCULOS LIGEIROS. S.A.* *Edifício Cimpomóvel* *Estrada Nacional 10, km 11* *2695-370 SANTA IRIA DA AZÓIA* *Tel. 21 956 49 00* *Fax 21 959 30 70*
SEAT	*SOC. HISPÂNICA DE AUTOMÓVEIS, S.A.* *Estrada Nacional 249/4, km 5,9* *2775 TRAJOUCE* *Tel. 21 448 14 00* *Fax 21 444 30 03*
TOYOTA	*SALVADOR CAETANO I.M.V.T. S.A.* *Edifício Salvador Caetano* *Rua Guiné* *Prior Velho* *2685 SACAVÉM* *Tel. 21 940 76 00* *Fax 21 940 76 12*
VOLVO	*AUTO-SUECO LDA.* *Rua José Estêvão 74 A* *1150-203 LISBOA* *Tel. 21 317 02 60* *Fax 21 353 77 07*

Manufacture française des pneumatiques Michelin
Société en commandite par actions au capital de 304 000 000 EUR
Place des Carmes-Déchaux – 63 Clermont-Ferrand (France)
R.C.S. Clermont-Fd B 855 200 507

Michelin et Cie, propriétaires-éditeurs, 2002
Dépôt légal décembre 2001 – ISBN 2-06-100170-X
**Prohibido todo tipo de reproducción, total o parcial,
sin autorización previa del editor.**

Made in France 11-2001

Compogravure : MAURY Imprimeur, Malesherbes
Impression : CASTERMAN à Tournai
Reliure : BRUN, Malesherbes

Illustrations de l'introduction : Cécile Imbert/MICHELIN
Illustrations de la nomenclature : Rodolphe Corbel
Illustrations des vins portugais : Narratif Systèmes/Genclo